SISTEMAS DE BANCO DE DADOS

7ª edição

MISTO
Papel | Apoiando o manejo florestal responsável
FSC® C103535
FSC
www.fsc.org

SISTEMAS DE BANCO DE DADOS

7ª edição

Ramez Elmasri
Departamento de Ciência da Computação e Engenharia
Universidade do Texas em Arlington

Shamkant B. Navathe
Faculdade de Computação
Georgia Institute of Technology

Tradução
Daniel Vieira

Revisão técnica
Enzo Seraphim
Thatyana F. Piola Seraphim
Professores Doutores Associados do Instituto de Engenharia de Sistemas e Tecnologias da Informação - Universidade Federal de Itajubá

Diretor de produtos	Alexandre Mattioli
Supervisora de produção editorial	Silvana Afonso
Coordenador de produção editorial	Jean Xavier
Editora de texto	Sabrina Levensteinas
Editoras assistentes	Karina Ono e Mariana Rodrigues
Estagiário	Rodrigo Orsi
Preparação	Renata Siqueira Campos
Revisão	Maria Aiko
Capa	Natália Gaio (sobre o projeto original de Micha Pawlitzki/Terra/Corbis)
Diagramação e projeto gráfico	Casa de Ideias

Dados Internacionais de Catalogação na Publicação (CIP)
(Câmara Brasileira do Livro, SP, Brasil)

Elmasri, Ramez
Sistemas de banco de dados / Ramez Elmasri, Shamkant B. Navathe; tradução Daniel Vieira; revisão técnica Enzo Seraphim, Thatyana de Faria Piola Seraphim. -- 7. ed. -- São Paulo : Pearson Education do Brasil, 2018.

Título original: Fundamentals of database systems
ISBN 978-85-430-2500-1

1. Banco de dados I. Navathe, Shamkant B. II. Seraphim, Enzo. III. Seraphim, Thatyana de Faria Piola. IV. Título.

18-16099 CDD-005.75

Índice para catálogo sistemático:
1. Banco de dados : Sistemas : Processamento de dados 005.75
2. Banco de dados : Fundamentos : Processamento de dados 005.75

Iolanda Rodrigues Biode - Bibliotecária - CRB-8/10014

Printed in Brazil by Reproset RPSZ 219268

Direitos exclusivos cedidos à
Pearson Education do Brasil Ltda.,
uma empresa do grupo Pearson Education
Avenida Santa Marina, 1193
CEP 05036-001 - São Paulo - SP - Brasil
Fone: 11 2178-8609 e 11 2178-8653
pearsonuniversidades@pearson.com

Distribuição
Grupo A Educação
www.grupoa.com.br
Fone: 0800 703 3444

Para Amalia e para Ramy, Riyad, Katrina e Thomas
R.E.

Para minha esposa Aruna por seu amor, apoio e compreensão,
e para Rohan, Maya e Ayush, por trazer tanta alegria às nossas vidas
S.B.N.

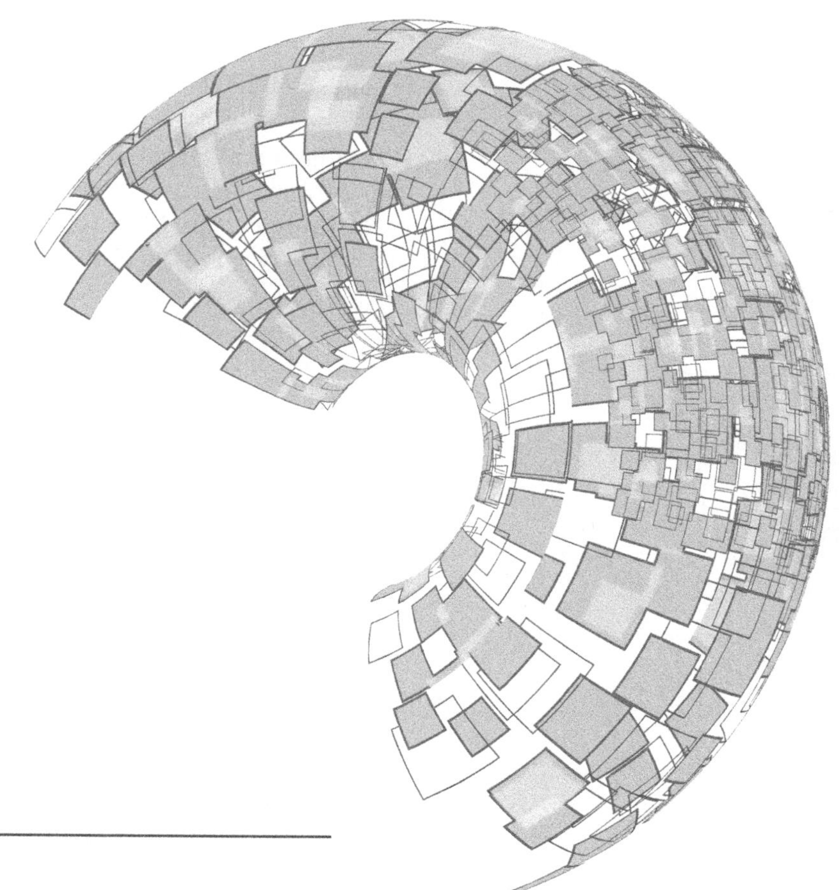

Prefácio

Este livro é uma introdução aos conceitos fundamentais necessários para projetar, usar e implementar sistemas de banco de dados e aplicações de banco de dados. Nossa apresentação enfatiza os fundamentos da modelagem e projeto de banco de dados, as linguagens e modelos fornecidos pelos sistemas de gerenciamento de banco de dados e as técnicas de implementação do sistema de banco de dados. O propósito do livro é que ele seja usado como um livro-texto para um curso de um ou dois semestres sobre sistemas de banco de dados nos níveis técnico, graduação ou pós-graduação, e como um livro de referência. Nosso objetivo é oferecer uma apresentação profunda e atualizada dos aspectos mais importantes dos sistemas e aplicações de banco de dados, bem como das tecnologias relacionadas. Consideramos que os leitores estejam acostumados aos conceitos elementares de programação e estruturação de dados, e que tenham tido algum contato com os fundamentos de organização de computadores.

Novidades nesta edição

Os recursos-chave a seguir foram acrescentados na sétima edição:

- Uma reorganização da ordem dos capítulos (baseada em um estudo feito pelos professores que utilizam o livro); porém, o livro ainda está organizado de modo que o professor individual possa decidir entre seguir a nova ordenação ou *escolher uma ordenação diferente* (por exemplo, seguir a ordem dos capítulos da sexta edição) ao apresentar o material.
- Há dois capítulos novos sobre os avanços recentes em sistemas de banco de dados e processamento big data; um capítulo novo (Capítulo 24) aborda uma introdução à classe mais nova de sistemas de banco de dados, conhecidos como **bancos**

de dados NOSQL, e o outro capítulo novo (Capítulo 25) aborda as tecnologias para processamento de **big data**, incluindo **MapReduce** e **Hadoop**.

- O capítulo sobre processamento e otimização de consulta foi expandido e reorganizado em dois capítulos; o Capítulo 18 é focado nas estratégias e algoritmos para processamento de consulta, enquanto o Capítulo 19 aborda as técnicas de otimização de consulta.
- Um segundo exemplo do banco de dados UNIVERSIDADE foi acrescentado aos primeiros capítulos (capítulos 3 a 8), além do nosso exemplo de banco de dados EMPRESA, das edições anteriores.
- Muitos dos capítulos individuais foram atualizados de várias formas, para incluir técnicas e métodos mais recentes; em vez de discutir essas melhorias aqui, vamos descrevê-las mais adiante neste prefácio, quando discutirmos sobre a organização da sétima edição.

A seguir, estão os principais recursos do livro:

- Uma organização autocontida e flexível, que pode ser ajustada às necessidades individuais; em particular, *os capítulos podem ser usados em diferentes ordens*, dependendo da preferência do professor.
- Um diagrama de dependência (mostrado mais adiante neste prefácio) para indicar quais capítulos dependem de capítulos anteriores; isso poderá orientar o professor que queira ajustar a *ordem de apresentação dos capítulos*.
- A Sala Virtual inclui uma coleção de suplementos, incluindo um rico conjunto de materiais para professores e alunos, como slides do PowerPoint, figuras do texto e um guia do professor com soluções.

Organização e conteúdo da sétima edição

Há algumas mudanças organizacionais na sétima edição, bem como melhorias nos capítulos individuais. O livro agora é dividido em doze partes, da seguinte forma:

- A Parte 1 (capítulos 1 e 2) descreve os conceitos introdutórios básicos, necessários para uma boa compreensão dos modelos, sistemas e linguagens de banco de dados. Os capítulos 1 e 2 apresentam bancos de dados, usuários típicos e conceitos de SGBD, terminologia e arquitetura, bem como uma discussão do progresso das tecnologias de banco de dados com o passar do tempo e uma breve história dos modelos de dados. Esses capítulos têm sido usados para introduzir algumas das novas tecnologias, como sistemas NOSQL.
- A Parte 2 (capítulos 3 e 4) inclui a apresentação sobre modelagem de entidade-relacionamento e projeto de banco de dados; contudo, é importante observar que os professores podem utilizar os capítulos sobre o modelo relacional (capítulos 5 a 8) *antes dos capítulos 3 e 4* se esta for sua ordem de apresentação preferida para o material do curso. No Capítulo 3, apresentamos os conceitos do modelo Entidade-Relacionamento (ER) e dos diagramas ER, usando-os para ilustrar o projeto conceitual do banco de dados. O Capítulo 4 mostra como o modelo ER básico pode ser estendido a fim de incorporar outros conceitos de modelagem, como subclasses, especialização, generalização, tipos (categorias) de união e herança, levando ao modelo de dados Enhanced-ER (EER) e aos diagramas EER. A notação para os diagramas de classe da UML também é apresentada nos Capítulos 7 e 8 como um modelo alternativo e notação diagramática para os diagramas ER/EER.
- A Parte 3 (capítulos 5 a 9) inclui uma apresentação detalhada sobre os bancos de dados relacionais e SQL, com material novo nos capítulos sobre SQL, abordando algumas construções SQL que não estavam na edição anterior. O Capítulo 5 descreve

o modelo relacional básico, suas restrições de integridade e operações de atualização. O Capítulo 6 descreve algumas das partes básicas do padrão SQL para bancos de dados relacionais, incluindo definição de dados, operações de modificação de dados e consultas SQL simples. O Capítulo 7 apresenta consultas SQL mais complexas, bem como os conceitos SQL de gatilhos, asserções, visões e modificação de esquema. O Capítulo 8 descreve as operações formais da álgebra relacional e introduz o cálculo relacional. O material sobre SQL (capítulos 6 e 7) é apresentado antes da nossa apresentação sobre álgebra relacional e cálculo, no Capítulo 8, para permitir que os professores iniciem projetos SQL mais no começo do curso, se desejarem (é possível abordar o Capítulo 8 antes dos capítulos 6 e 7 se o professor preferir essa ordem). O capítulo final da Parte 3, Capítulo 9, aborda o mapeamento ER e EER--relacional, algoritmos que podem ser usados para projetar um esquema de banco de dados relacional a partir de um esquema conceitual ER/EER.

- A Parte 4 (capítulos 10 e 11) são os capítulos referentes às técnicas de programação de banco de dados; esses capítulos podem ser designados como materiais de leitura e aumentados com materiais na linguagem de programação específica usada no curso para projetos de programação (grande parte dessa documentação pode ser facilmente encontrada na web). O Capítulo 10 aborda tópicos tradicionais de programação SQL, como SQL embutida, SQL dinâmica, ODBC, SQLJ, JDBC e SQL/CLI. O Capítulo 11 apresenta a programação de banco de dados na web, usando a linguagem de script PHP em nossos exemplos, e inclui material novo que discute tecnologias Java para a programação de banco de dados da web.
- A Parte 5 (capítulos 12 e 13) aborda o material atualizado sobre bancos de dados objeto-relacional e orientados a objeto (Capítulo 12) e XML (Capítulo 13); ambos os capítulos agora incluem uma apresentação explicando como o padrão SQL incorpora conceitos de objeto e de XML nas versões mais recentes do padrão SQL. O Capítulo 12 primeiro introduz os conceitos para bancos de dados de objeto e depois mostra como eles foram incorporados no padrão SQL para adicionar recursos de objeto a sistemas de banco de dados relacionais. Em seguida, ele aborda o padrão de modelo de objeto ODMG e sua definição de objeto e linguagens de consulta. O Capítulo 13 aborda o modelo e as linguagens XML (eXtensible Markup Language) e discute como a XML está relacionada aos sistemas de banco de dados. Ele apresenta conceitos e linguagens XML e compara o modelo XML com os modelos tradicionais de banco de dados. Mostramos também como os dados podem ser convertidos entre a XML e representações relacionais, e os comandos SQL para extrair documentos XML de tabelas relacionais.
- A Parte 6 (capítulos 14 e 15) são os capítulos de normalização e teoria do projeto relacional (passamos todos os aspectos formais dos algoritmos de normalização para o Capítulo 15). O Capítulo 14 define as dependências funcionais e as formas normais baseadas em dependências funcionais. O Capítulo 14 também desenvolve uma abordagem de normalização intuitiva passo a passo e inclui as definições de dependências multivaloradas e dependências de junção. O Capítulo 15 aborda a teoria da normalização e os formalismos, teorias e algoritmos desenvolvidos para o projeto de banco de dados relacional por meio da normalização, incluindo os algoritmos de decomposição relacionais e os algoritmos de síntese relacional.
- A Parte 7 (capítulos 16 e 17) contém os capítulos sobre organizações de arquivo em disco (Capítulo 16) e indexação de arquivos de banco de dados (Capítulo 17). O Capítulo 16 descreve os principais métodos de organização de arquivos de registros em disco, incluindo arquivos ordenados (classificados), desordenados (heap) e de hash; nele, são abordadas as técnicas de hashing estático e dinâmico. O Capítulo 16 foi atualizado para incluir material sobre estratégias de gerenciamento de buffer para SGBDs, além de uma visão geral dos novos dispositivos de

armazenamento e padrões para arquivos e arquiteturas de armazenamento modernas. O Capítulo 17 descreve as técnicas de indexação para arquivos, incluindo estruturas de dados em B-trees e B^+-trees e arquivos de grade, e foi atualizado com novos exemplos e uma discussão avançada sobre indexação, incluindo como escolher índices apropriados e a criação de índices durante o projeto físico.

- A Parte 8 (capítulos 18 e 19) inclui os capítulos sobre algoritmos de processamento de consulta (Capítulo 18) e técnicas de otimização (Capítulo 19); esses dois capítulos foram atualizados e reorganizados a partir de um único capítulo, nas edições anteriores, que incluía os dois tópicos; eles também incluem algumas técnicas mais recentes utilizadas em SGBDs comerciais. O Capítulo 18 apresenta algoritmos para a pesquisa de registros em arquivos de disco e para a junção de registros a partir de dois arquivos (tabelas), além de outras operações relacionais. O Capítulo 18 também possui material novo, incluindo uma discussão sobre operações de semijunção (semi-join) e antijunção (anti-join), com exemplos de como elas são usadas no processamento de consultas, bem como uma discussão das técnicas para estimativa de seletividade. O Capítulo 19 aborda as técnicas para otimização de consulta usando a estimativa de custo e regras heurísticas; ele inclui material novo sobre otimização de subconsulta aninhada, uso de histogramas, otimização física e métodos de ordenação de junção e otimização de consultas típicas em data warehouses.
- A Parte 9 (capítulos 20, 21 e 22) aborda os conceitos de processamento de transação; controle de concorrência; e recuperação do banco de dados contra falhas. Esses capítulos foram atualizados para incluir algumas das técnicas mais recentes utilizadas em alguns SGBDs comerciais e *open source*. O Capítulo 20 apresenta as técnicas necessárias para os sistemas de processamento de transação e define os conceitos de facilidade de recuperação e serialização de escalonamentos; ele contém uma nova seção sobre políticas de substituição de buffer para SGBDs e uma nova discussão sobre o conceito de isolamento de snapshot. O Capítulo 21 oferece uma visão geral de diversos tipos de protocolos de controle de concorrência, com foco no bloqueio em duas fases. Também discutimos as técnicas de ordenação de timestamp e controle de concorrência otimista, além do bloqueio de detalhamento múltiplo. O Capítulo 21 inclui uma nova apresentação dos métodos de controle de concorrência baseados no conceito de isolamento de snapshot. Por fim, o Capítulo 22 focaliza os protocolos de recuperação de banco de dados e oferece uma visão geral dos conceitos e técnicas usados na recuperação.
- A Parte 10 (capítulos 23, 24 e 25) inclui o capítulo sobre bancos de dados distribuídos (Capítulo 23) e mais dois capítulos novos sobre sistemas de armazenamento NOSQL para big data (Capítulo 24) e tecnologias big data baseadas em Hadoop e MapReduce (Capítulo 25). O Capítulo 23 oferece uma introdução aos conceitos de bancos de dados distribuídos, incluindo disponibilidade e escalabilidade, replicação e fragmentação de dados, manutenção de consistência de dados entre as réplicas e muitos outros conceitos e técnicas relacionadas. No Capítulo 24, os sistemas NOSQL são divididos em quatro categorias gerais, com um sistema de exemplo utilizado em cada categoria; também discutimos e comparamos modelos de dados, operações e estratégias de replicação/distribuição/escalabilidade de cada tipo de sistema NOSQL. No Capítulo 25, introduzimos o modelo de programação MapReduce para o processamento distribuído de big data, e depois apresentamos o sistema Hadoop e o HDFS (Hadoop Distributed File System), além das interfaces de alto nível Pig e Hive e da arquitetura YARN.
- A Parte 11 (capítulos de 26 a 29) é intitulada "Modelos, sistemas e aplicações de bancos de dados avançados", e inclui o seguinte material: o Capítulo 26 introduz vários modelos de dados avançados, incluindo bancos de dados ativos

e triggers (Seção 26.1), bancos de dados temporais (Seção 26.2), bancos de dados espaciais (Seção 26.3), bancos de dados multimídia (Seção 26.4) e bancos de dados dedutivos (Seção 26.5). O Capítulo 27 discute técnicas de recuperação de informações (RI) e pesquisa na web, incluindo tópicos como RI e pesquisa baseada em palavra-chave, comparação de BD com RI, modelos de recuperação, avaliação de busca e algoritmos de ranqueamento (ranking). O Capítulo 28 é uma introdução à mineração de dados (data mining), que inclui uma visão geral de diversos métodos de mineração de dados, como mineração por regra de associação, agrupamento, classificação e descoberta de padrão sequencial. O Capítulo 29 é uma visão geral do data warehousing, incluindo tópicos como modelos e operações de data warehousing e o processo de criação de um data warehouse.
- A Parte 12 (Capítulo 30) inclui apenas um capítulo sobre segurança de banco de dados, que traz uma discussão sobre comandos SQL para o controle de acesso discricionário (GRANT, REVOKE), além dos níveis de segurança obrigatórios e modelos para a inclusão do controle de acesso obrigatório nos bancos de dados relacionais, com uma discussão sobre ameaças, como os ataques de injeção de SQL e outras técnicas e métodos relacionados à segurança e à privacidade dos dados.

O Apêndice A oferece uma série de notações diagramáticas alternativas para exibir um esquema ER ou EER conceitual. Estas podem ser usadas em substituição à notação que usamos, se o professor preferir. O Apêndice B oferece alguns parâmetros físicos importantes dos discos. O Apêndice C contém uma visão geral da linguagem de consulta gráfica QBE.

Orientações para o uso deste livro

Existem muitas maneiras diferentes de ministrar um curso de banco de dados. Os capítulos das partes 1 a 7 podem ser usados em um curso introdutório sobre sistemas de banco de dados, na ordem em que aparecem ou na ordem preferida de cada professor. Capítulos e seções selecionadas podem ser omitidos, e o professor pode acrescentar outros capítulos do restante do livro, dependendo da ênfase do curso. Ao final da seção inicial de muitos dos capítulos do livro, listamos seções que podem ser omitidas sempre que se desejar uma discussão menos detalhada do assunto. Sugerimos incluir até o Capítulo 15 em um curso introdutório de banco de dados e incluir partes selecionadas de outros capítulos, dependendo da base dos alunos e da cobertura desejada. Para uma ênfase em técnicas de implementação de sistemas, os capítulos das partes 7, 8 e 9 devem ser usados em substituição a alguns dos capítulos anteriores.

Os capítulos 3 e 4, que abordam a modelagem conceitual usando os modelos ER e EER, são importantes para um bom conhecimento conceitual dos bancos de dados. Porém, eles podem ser parcialmente abordados, abordados mais adiante em um curso ou até mesmo omitidos, se a ênfase for sobre a implementação do SGBD. Os capítulos 16 e 17, sobre organização de arquivos e indexação, também podem ser abordados mais cedo, mais tarde ou ainda omitidos, se a ênfase for sobre modelos de banco de dados e linguagens. Para alunos que concluíram um curso sobre organização de arquivos, partes desses capítulos podem ser indicadas como material de leitura ou alguns exercícios podem ser passados como revisão para esses conceitos.

Se a ênfase de um curso for no projeto de banco de dados, o professor deverá abordar os capítulos 3 e 4 mais cedo, seguidos pela apresentação dos bancos de dados relacionais. Um curso sobre o ciclo de vida completo do projeto e implementação de bancos de dados incluiria o projeto conceitual (capítulos 3 e 4), bancos de dados relacionais (capítulos 5, 6 e 7), mapeamento do modelo de dados (Capítulo

9), normalização (Capítulo 14) e implementação de programas de aplicação com SQL (Capítulo 10). O Capítulo 11 também deverá ser incluído se a ênfase for na programação e nas aplicações de banco de dados na web. A documentação adicional sobre linguagens de programação e SGBDRs específicos seria necessária. O livro foi escrito de modo que fosse possível abordar tópicos em várias sequências. O gráfico de dependência dos capítulos, a seguir, mostra as principais dependências entre os capítulos. Conforme o diagrama ilustra, é possível começar com vários tópicos diferentes após os dois capítulos introdutórios. Embora o gráfico possa parecer complexo, é importante observar que, se os capítulos forem usados na ordem, as dependências não serão perdidas. O gráfico pode ser consultado por aqueles que desejam usar uma ordem de apresentação alternativa.

Para um curso de um semestre baseado neste livro, capítulos selecionados podem ser atribuídos como material de leitura. O livro também pode ser usado para uma sequência de cursos em dois semestres. O primeiro curso, *Introdução ao Projeto e Sistemas de Bancos de Dados*, em nível de aluno de segundo ano, técnico ou graduação, pode abranger a maioria dos capítulos de 1 a 15. O segundo curso, *Modelos e Técnicas de Implementação de Bancos de Dados*, no nível de aluno de graduação ou pós-graduação, pode abranger a maioria dos capítulos de 16 a 30. A sequência de dois semestres também pode ser elaborada de várias outras maneiras, dependendo da preferência de cada professor.

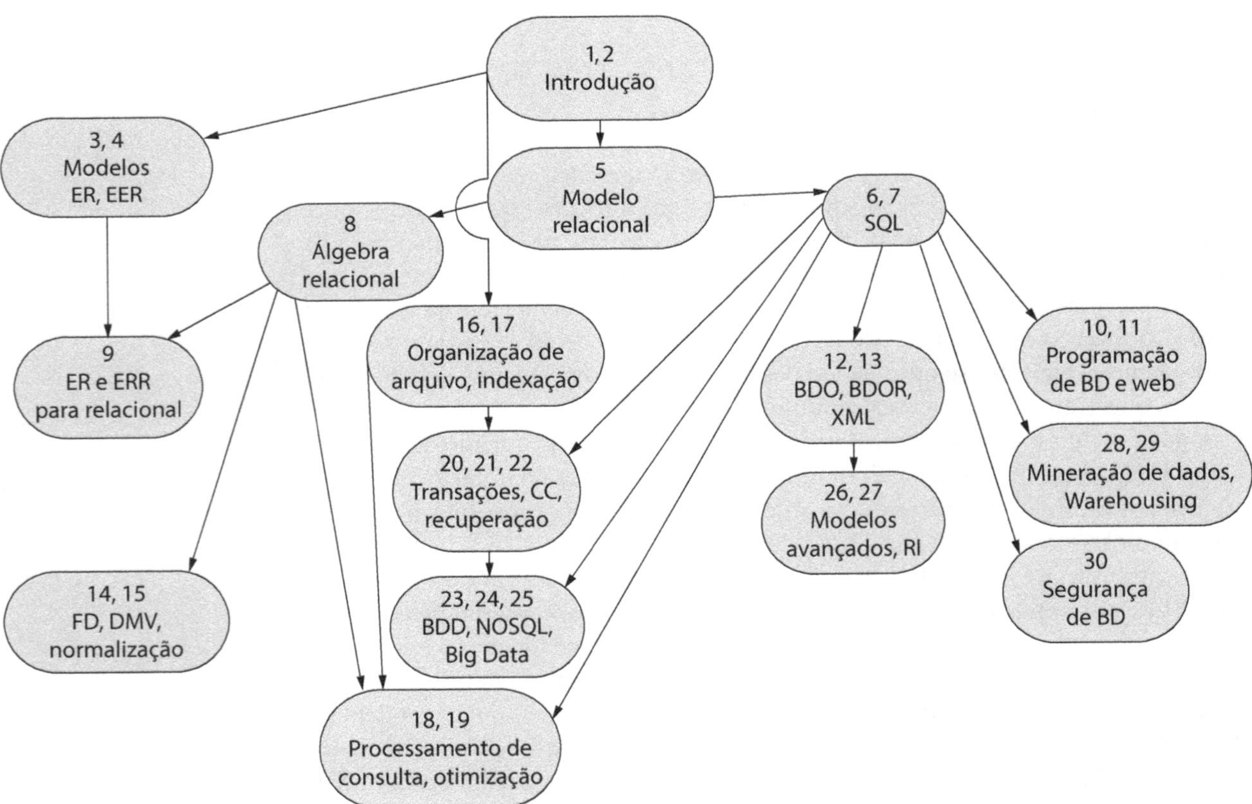

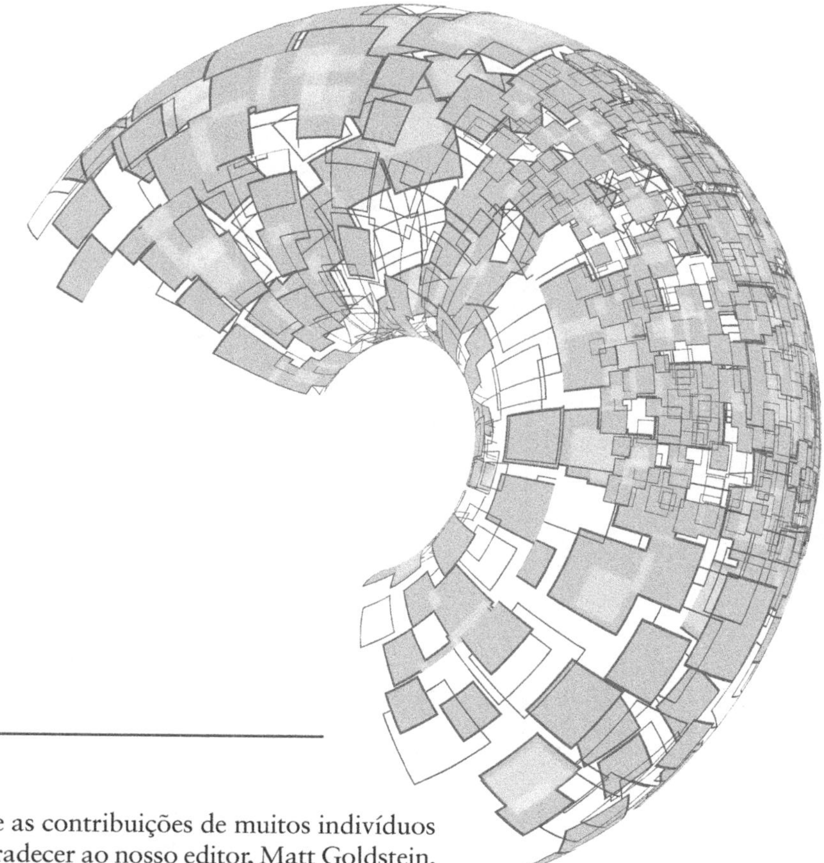

Agradecimentos*

É um grande prazer reconhecer o auxílio e as contribuições de muitos indivíduos para este projeto. Primeiro, gostaríamos de agradecer ao nosso editor, Matt Goldstein, por sua orientação, encorajamento e apoio. Gostaríamos de agradecer o excelente trabalho de Rose Kernan pela gerência de produção, Patricia Daly por uma revisão completa do livro, Martha McMaster por sua diligência na revisão das páginas, e Scott Disanno, editor-chefe da equipe de produção. Também queremos agradecer a Kelsey Loanes, da Pearson, por sua ajuda constante no projeto, e aos revisores Michael Doherty, Deborah Dunn, Imad Rahal, Karen Davis, Gilliean Lee, Leo Mark, Monisha Pulimood, Hassan Reza, Susan Vrbsky, Li Da Xu, Weining Zhang e Vincent Oria.

Ramez Elmasri gostaria de agradecer a Kulsawasd Jitkajornwanich, Vivek Sharma e Surya Swaminathan por sua ajuda na preparação de parte do material do Capítulo 24. Sham Navathe gostaria de agradecer aos seguintes profissionais, que ajudaram na análise crítica e na revisão de diversos tópicos: Dan Forsythe e Satish Damle, pela discussão sobre sistemas de armazenamento; Rafi Ahmed, pela reorganização detalhada do material sobre processamento e otimização de consulta; Harish Butani, Balaji Palanisamy e Prajakta Kalmegh, por sua ajuda com o material sobre Hadoop e tecnologia MapReduce; Vic Ghorpadey e Nenad Jukic, pela revisão do material sobre data warehousing; e, por fim, Frank Rietta, pelas técnicas mais recentes em segurança de banco de dados, Kunal Malhotra, por diversas discussões, e Saurav Sahay, pelos avanços nos sistemas de recuperação de informação.

Gostaríamos de repetir nossos agradecimentos àqueles que revisaram e contribuíram de alguma maneira para as edições anteriores de *Sistemas de Banco de Dados*.

- **Primeira edição.** Alan Apt (editor), Don Batory, Scott Downing, Dennis Heimbinger, Julia Hodges, Yannis Ioannidis, Jim Larson, Per-Ake Larson, Dennis McLeod, Rahul Patel, Nicholas Roussopoulos, David Stemple, Michael Stonebraker, Frank Tompa e Kyu-Young Whang.
- **Segunda edição.** Dan Joraanstad (editor), Rafi Ahmed, Antonio Albano, David Beech, Jose Blakeley, Panos Chrysanthis, Suzanne Dietrich, Vic Ghorpadey, Goetz Graefe, Eric Hanson, Junguk L. Kim, Roger King, Vram Kouramajian, Vijay

* Equipe da 7ª edição original, em inglês.

Kumar, John Lowther, Sanjay Manchanda, Toshimi Minoura, Inderpal Mumick, Ed Omiecinski, Girish Pathak, Raghu Ramakrishnan, Ed Robertson, Eugene Sheng, David Stotts, Marianne Winslett e Stan Zdonick.

- **Terceira edição.** Maite Suarez-Rivas e Katherine Harutunian (editores); Suzanne Dietrich, Ed Omiecinski, Rafi Ahmed, François Bancilhon, Jose Blakeley, Rick Cattell, Ann Chervenak, David W. Embley, Henry A. Etlinger, Leonidas Fegaras, Dan Forsyth, Farshad Fotouhi, Michael Franklin, Sreejith Gopinath, Goetz Craefe, Richard Hull, Sushil Jajodia, Ramesh K. Karne, Harish Kotbagi, Vijay Kumar, Tarcisio Lima, Ramon A. Mata-Toledo, Jack McCaw, Dennis McLeod, Rokia Missaoui, Magdi Morsi, M. Narayanaswamy, Carlos Ordonez, Joan Peckham, Betty Salzberg, Ming-Chien Shan, Junping Sun, Rajshekhar Sunderraman, Aravindan Veerasamy e Emilia E. Villareal.
- **Quarta edição.** Maite Suarez-Rivas, Katherine Harutunian, Daniel Rausch e Juliet Silveri (editores); Phil Bernhard, Zhengxin Chen, Jan Chomicki, Hakan Ferhatosmanoglu, Len Fisk, William Hankley, Ali R. Hurson, Vijay Kumar, Peretz Shoval, Jason T. L. Wang (revisores); Ed Omiecinski (que contribuiu para o Capítulo 27). Os colaboradores da Universidade do Texas em Arlington são Jack Fu, Hyoil Han, Babak Hojabri, Charley Li, Ande Swathi e Steven Wu; os colaboradores da Georgia Tech são Weimin Feng, Dan Forsythe, Angshuman Guin, Abrar Ul-Haque, Bin Liu, Ying Liu, Wanxia Xie e Waigen Yee.
- **Quinta edição.** Matt Goldstein e Katherine Harutunian (editores); Michelle Brown, Gillian Hall, Patty Mahtani, Maite Suarez-Rivas, Bethany Tidd e Joyce Cosentino Wells (da Addison-Wesley); Hani Abu-Salem, Jamal R. Alsabbagh, Ramzi Bualuan, Soon Chung, Sumali Conlon, Hasan Davulcu, James Geller, Le Gruenwald, Latifur Khan, Herman Lam, Byung S. Lee, Donald Sanderson, Jamil Saquer, Costas Tsatsoulis e Jack C. Wileden (revisores); Raj Sunderraman (que contribuiu com os projetos de laboratório); Salman Azar (que contribuiu com alguns exercícios novos); Gaurav Bhatia, Fariborz Farahmand, Ying Liu, Ed Omiecinski, Nalini Polavarapu, Liora Sahar, Saurav Sahay e Wanxia Xie (da Georgia Tech).
- **Sexta edição.** Matt Goldstein (editor); Gillian Hall (gerente de produção); Rebecca Greenberg (revisora de texto); Jeff Holcomb, Marilyn Lloyd, Margaret Waples e Chelsea Bell (da Pearson); Rafi Ahmed, Venu Dasigi, Neha Deodhar, Fariborz Farahmand, Hariprasad Kumar, Leo Mark, Ed Omiecinski, Balaji Palanisamy, Nalini Polavarapu, Parimala R. Pranesh, Bharath Rengarajan, Liora Sahar, Saurav Sahay, Narsi Srinivasan e Wanxia Xie.

Por último, mas não menos importante, gostaríamos de agradecer pelo apoio, encorajamento e paciência de nossas famílias.

R.E.
S.B.N.

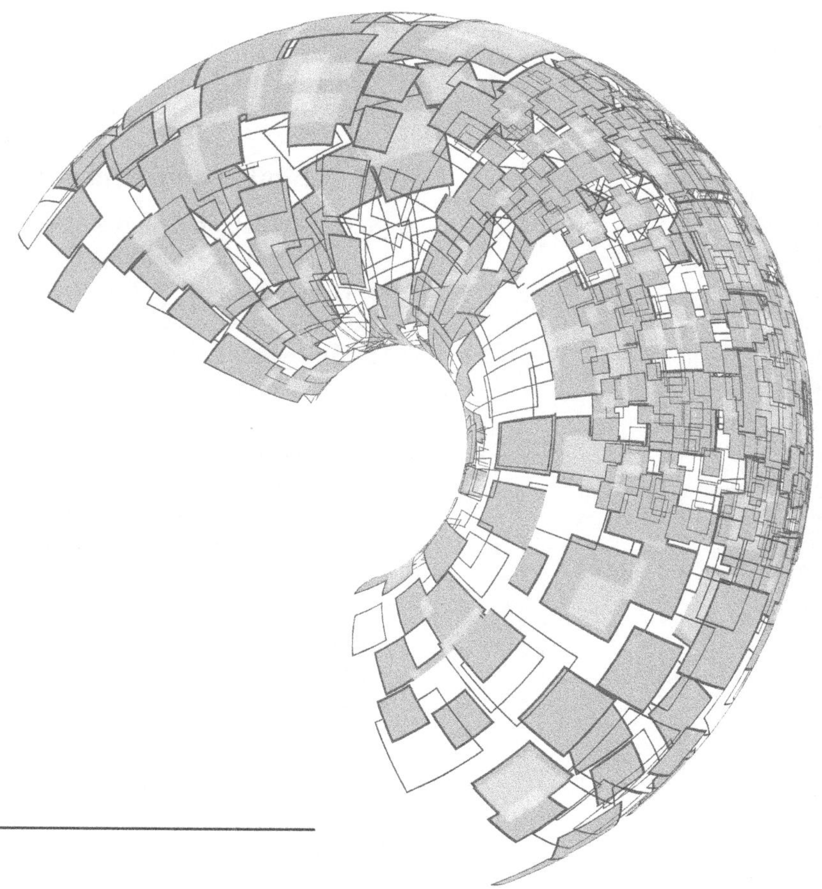

Sumário

PARTE 2 Modelagem conceitual e projeto de banco de dados

PARTE 3 Modelo de dados relacional e SQL

PARTE 5 Objeto, objeto-relacional e XML: conceitos, modelos, linguagens e padrões

PARTE 6 Teoria e normalização de projeto de banco de dados

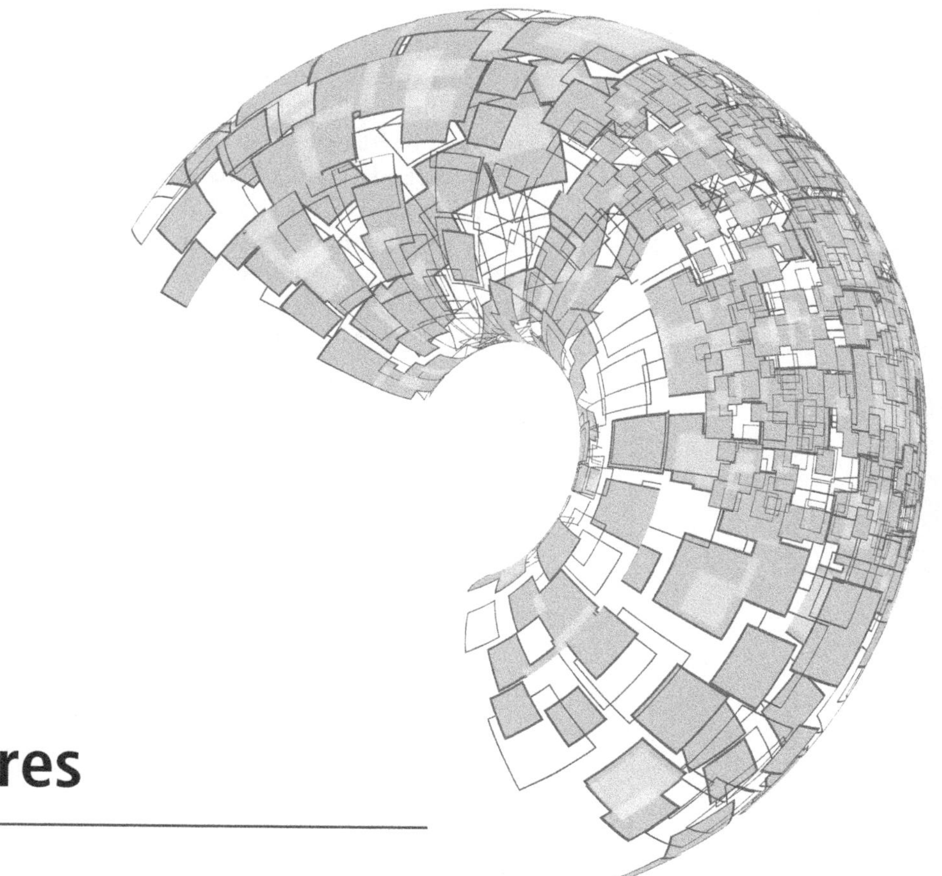

Sobre os autores

Ramez Elmasri é professor e presidente associado do Departamento de Ciência da Computação e Engenharia da Universidade do Texas em Arlington. Ele tem mais de 140 publicações de pesquisa indicadas e supervisionou 16 estudantes de doutorado e mais de 100 estudantes de mestrado. Sua pesquisa cobriu muitas áreas de gerenciamento de banco de dados e big data, incluindo modelagem conceitual e integração de dados, linguagens de consulta e técnicas de indexação, bancos de dados temporais e espaço-temporais, bancos de dados bioinformáticos, coleta de dados de redes de sensores e mineração/análise de dados temporais e espaço-temporais. Elmasri trabalhou como consultor em várias empresas, incluindo Digital, Honeywell, Hewlett-Packard e Action Technologies, além de prestar consultoria sobre patentes em empresas de advocacia. Foi presidente de programa na International Conference on Conceptual Modeling (conferência ER) em 1993 e vice-presidente de programa na IEEE International Conference on Data Engineering em 1994. Ele participou do comitê diretor da conferência ER e esteve nos comitês de programa de muitas conferências. Ele ofereceu vários tutoriais nas conferências VLDB, ICDE e ER. Também foi coautor do livro "Operating Systems: A Spiral Approach" (McGraw-Hill, 2009) com Gil Carrick e David Levine. Elmasri recebeu o Prêmio de Excelência em Ensino da UTA College of Engineering em 1999. É bacharel em Engenharia pela Alexandria University e possui mestrado e doutorado em Ciência da Computação pela Stanford University.

Shamkant B. Navathe é professor e fundador do grupo de pesquisa em banco de dados da Faculdade de Computação do Georgia Institute of Technology, em Atlanta. Ele trabalhou com a IBM e a Siemens em suas divisões de pesquisa e foi consultor de várias empresas, incluindo Digital, Computer Corporation of America, Hewlett Packard, Equifax e Persistent Systems. Ele foi copresidente geral da Conferência Internacional VLDB (Very Large Data Base) em 1996 em Bombaim, na Índia. Ele também foi copresidente de programa da Conferência Internacional ACM SIGMOD em 1985 e copresidente geral do IFIP WG 2.6 Data Semantics Workshop em 1995. Ele trabalhou na fundação VLDB e esteve nos comitês diretores de várias conferências. Navathe foi editor associado de vários periódicos, incluindo *ACM Computing Surveys* e *IEEE Transactions on Knowledge and Data Engineering*. Também foi coautor do livro "Conceptual Design: An Entity Relationship Approach" (Addison Wesley, 1992) com Carlo Batini e Stefano Ceri. Navathe é membro da Association for Computing Machinery (ACM) e recebeu o prêmio TCDE Computer Science, Engineering and Education Impact do IEEE em 2015. Navathe possui doutorado pela Universidade de Michigan e tem mais de 150 publicações indicadas em periódicos e conferências.

Material de apoio do livro

No site www.grupoa.com.br professores e alunos podem acessar os seguintes materiais adicionais:

Para professores:

- Apresentações em PowerPoint.
- Banco de imagens (em inglês).
- Manual de soluções (em inglês).

Esse material é de uso exclusivo para professores e está protegido por senha. Para ter acesso a ele, os professores que adotam o livro devem entrar em contato através do e-mail divulgacao@grupoa.com.br.

Para estudantes:

- Manual de laboratório (em inglês).

PARTE 1
Introdução aos bancos de dados

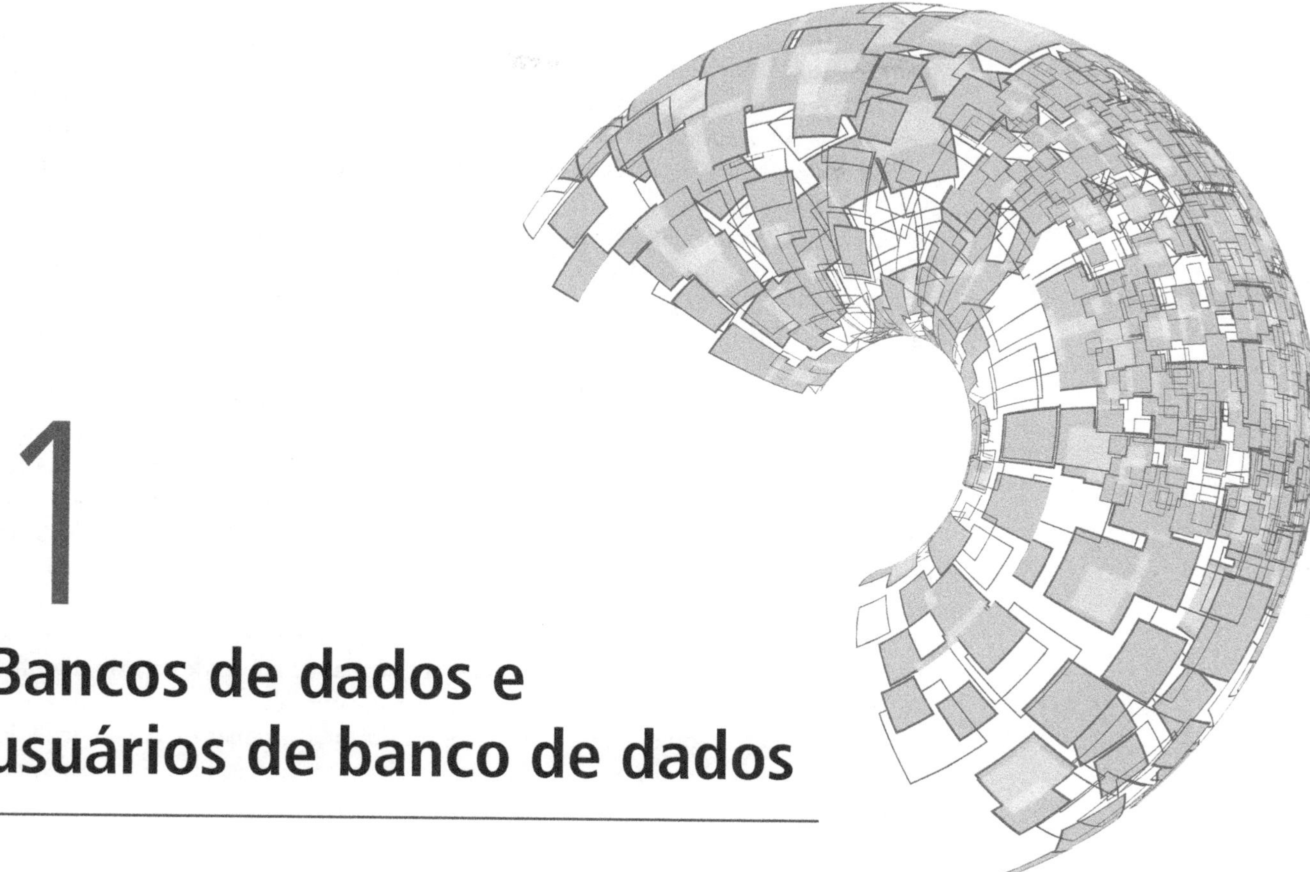

1
Bancos de dados e usuários de banco de dados

Bancos de dados e sistemas de banco de dados são um componente essencial da vida na sociedade moderna; a maioria de nós encontra diariamente diversas atividades que envolvem alguma interação com um banco de dados. Por exemplo, quando vamos ao banco para depositar ou retirar fundos, quando fazemos uma reserva de hotel ou de voo, quando acessamos o catálogo de uma biblioteca para buscar um livro ou quando compramos algo on-line — como um livro, um brinquedo ou um computador —, essas atividades provavelmente envolverão alguém ou algum programa de computador que acessa um banco de dados. Até mesmo a compra de produtos em um supermercado em geral atualiza automaticamente o banco de dados que mantém o controle de estoque dos itens.

Essas interações são exemplos do que podemos chamar de **aplicações de banco de dados tradicionais**, em que a maior parte da informação armazenada e acessada é textual ou numérica. Nos últimos anos, os avanços na tecnologia levaram a novas e interessantes aplicações dos sistemas de banco de dados. A proliferação de websites de redes sociais, como Facebook, Twitter e Flickr, dentre muitos outros, exigiu a criação de bancos de dados imensos, que armazenam dados não tradicionais, como postagens, tuítes, imagens e clipes de vídeos. Novos tipos de sistemas de banco de dados, geralmente chamados de sistemas de armazenamento **big data**, ou **sistemas NOSQL**, foram criados para gerenciar dados para aplicações de mídia social. Esses tipos de sistemas também são usados por empresas como Google, Amazon e Yahoo, para administrar os dados exigidos em seus mecanismos de busca na web, assim como para oferecer **armazenamento em nuvem**, em que os usuários recebem capacidade de armazenamento na web para gerenciar todos os tipos de dados, incluindo documentos, programas, imagens, vídeos e e-mails. O Capítulo 24 oferecerá uma visão geral desses novos tipos de sistemas de banco de dados.

Agora mencionaremos algumas outras aplicações dos bancos de dados. A grande disponibilidade de tecnologia de foto e vídeo em telefones celulares e outros dispositivos tornou possível armazenar imagens, clipes de áudio e streams de vídeo de forma digital. Esses tipos de arquivos estão se tornando um componente importante dos **bancos de dados de multimídia**. Os **sistemas de informações geográficas** (GIS — *Geographic Information Systems*) podem armazenar e analisar mapas, dados de clima e imagens de satélite. Sistemas de **data warehousing** e **processamento analítico on-line** (OLAP — *On-Line Analytical Processing*) são usados em muitas empresas para extrair e analisar informações comerciais úteis a partir de bancos de dados muito grandes, para ajudar na tomada de decisão. A **tecnologia de tempo real** e **banco de dados ativo** é usada para controlar processos industriais e de manufatura. Além disso, **técnicas de pesquisa** de banco de dados estão sendo aplicadas à World Wide Web para melhorar a busca por informações necessárias feita pelos usuários que utilizam a internet.

No entanto, para entender os fundamentos da tecnologia de banco de dados, devemos começar das aplicações básicas de banco de dados tradicional. Na Seção 1.1, começamos definindo um banco de dados, e a seguir explicamos outros termos básicos. Na Seção 1.2, oferecemos um simples exemplo de banco de dados UNIVERSIDADE para ilustrar nossa discussão. A Seção 1.3 descreve algumas das principais características dos sistemas de banco de dados, e as seções 1.4 e 1.5 classificam os tipos de pessoas cujas funções envolvem o uso e a interação com sistemas de banco de dados. As seções 1.6, 1.7 e 1.8 oferecem uma discussão mais profunda sobre as diversas capacidades oferecidas pelos sistemas de banco de dados e discutem algumas aplicações típicas. A Seção 1.9 resume o capítulo.

O leitor interessado em uma introdução rápida aos sistemas de banco de dados pode estudar as seções 1.1 a 1.5, depois pular ou folhear as seções 1.6 a 1.8 e seguir para o Capítulo 2.

1.1 Introdução

Os bancos de dados e sua tecnologia têm um impacto importante sobre o uso cada vez maior dos computadores. É correto afirmar que os bancos de dados desempenham um papel crítico em quase todas as áreas nas quais os computadores são usados, incluindo comércio tradicional, comércio eletrônico, mídias sociais, engenharia, medicina, genética, direito, educação e biblioteconomia. O termo *banco de dados* (do original *database*) é tão utilizado que precisamos começar definindo o que é um banco de dados. Nossa definição inicial é bastante genérica.

Um **banco de dados** é uma coleção de dados[1] relacionados. Com **dados** queremos dizer fatos conhecidos que podem ser registrados e que possuem significado implícito. Por exemplo, considere os nomes, números de telefone e endereços das pessoas que você conhece. Atualmente, esses dados costumam ser armazenados em telefones celulares, que possuem seu próprio software de banco de dados simples. Eles também podem ser registrados em uma agenda indexada ou armazenados em um disco rígido, usando um computador pessoal e um software como Microsoft Access ou Excel. Essa coleção de dados relacionados, com um significado implícito, é um banco de dados.

Essa definição de banco de dados é muito genérica; por exemplo, podemos considerar a coleção de palavras que compõem esta página de texto como dados relacionados e, portanto, constitui um banco de dados. Porém, o uso comum do termo *banco de dados* normalmente é mais restrito. Um banco de dados tem as seguintes propriedades implícitas:

- Um banco de dados representa algum aspecto do mundo real, às vezes chamado de **minimundo** ou de **universo de discurso**. As mudanças no minimundo são refletidas no banco de dados.

[1] O livro original utiliza a palavra *data* no singular e no plural, pois isso é comum na literatura de banco de dados; o contexto determinará se ela está no singular ou no plural. (Em inglês padrão, *data* é usado para o plural e *datum*, para o singular.)

- Um banco de dados é uma coleção logicamente coerente de dados com algum significado inerente. Uma variedade aleatória de dados não pode ser corretamente chamada de banco de dados.
- Um banco de dados é projetado, montado e preenchido com dados para uma finalidade específica. Ele tem um grupo intencionado de usuários e algumas aplicações previamente concebidas nas quais esses usuários estão interessados.

Em outras palavras, um banco de dados tem alguma fonte da qual os dados são derivados, algum grau de interação com eventos no mundo real e uma audiência que está ativamente interessada em seu conteúdo. Os usuários finais de um banco de dados podem realizar transações comerciais (por exemplo, um cliente compra uma câmera) ou podem acontecer eventos (por exemplo, uma funcionária tem um filho) que fazem com que a informação no banco de dados mude. Para que um banco de dados seja preciso e confiável o tempo todo, ele precisa ser um reflexo verdadeiro desse minimundo que representa; portanto, as mudanças precisam ser refletidas no banco de dados o mais rápido possível.

Um banco de dados pode ter qualquer tamanho e complexidade. Por exemplo, a lista de nomes e endereços referenciados anteriormente pode consistir em apenas algumas centenas de registros, cada um com uma estrutura simples. Por outro lado, o catálogo computadorizado de uma grande biblioteca pode conter meio milhão de entradas organizadas sob diferentes categorias — por sobrenome do autor principal, por assunto, por título do livro — com cada categoria organizada alfabeticamente. Um banco de dados de tamanho e complexidade ainda maiores poderia ser mantido por uma empresa de rede social, como o Facebook, que tem mais de um bilhão de usuários. O banco de dados precisa manter informações sobre quais usuários estão relacionados a outros como *amigos*, as postagens de cada usuário, quais usuários poderão ver cada postagem e uma quantidade imensa de outros tipos de informações necessárias para a operação correta de seu website. Para esses sites, é preciso haver uma grande quantidade de bancos de dados para acompanhar as informações, em constante mudança, exigidas pelo site de rede social.

Um exemplo de um grande banco de dados comercial é o Amazon.com. Ele contém dados de mais de 60 milhões de usuários ativos e milhões de livros, CDs, vídeos, DVDs, jogos, produtos eletrônicos, roupas e outros itens. O banco de dados ocupa mais de 42 terabytes (um terabyte equivale a 10^{12} bytes de armazenamento) e é armazenado em centenas de computadores (denominados servidores). Milhões de visitantes acessam o Amazon.com diariamente e utilizam o banco de dados para fazer compras. O banco de dados é continuamente atualizado à medida que novos livros e outros itens são acrescentados ao estoque e as quantidades em estoque são atualizadas à medida que as compras são feitas.

Um banco de dados pode ser gerado e mantido manualmente, ou pode ser computadorizado. Por exemplo, um catálogo de cartão de biblioteca é um banco de dados que pode ser criado e mantido manualmente. Um banco de dados computadorizado pode ser criado e mantido por um grupo de programas de aplicação, escritos especificamente para essa tarefa, ou por um sistema de gerenciamento de banco de dados. Neste livro, naturalmente, vamos tratar apenas dos bancos de dados computadorizados.

Um **sistema de gerenciamento de banco de dados** (**SGBD**) é um sistema computadorizado que permite que os usuários criem e mantenham um banco de dados. O SGBD é um *sistema de software de uso geral* que facilita o processo de *definição, construção, manipulação* e *compartilhamento* de bancos de dados entre diversos usuários e aplicações. A **definição** de um banco de dados envolve especificar os tipos de dados, as estruturas e restrições dos dados a serem armazenados. A definição ou informação descritiva do banco de dados também é armazenada pelo SGBD na forma de um catálogo ou dicionário, chamado de **metadados**. A **construção** do banco de dados é o processo de armazenar os dados em algum meio de armazenamento controlado pelo SGBD. A **manipulação** de um banco de dados inclui funções como consulta, para recuperar dados específicos, atualização, para refletir mudanças no minimundo, e geração de relatórios a partir dos dados. O **compartilhamento** permite que vários usuários e programas acessem o banco de dados simultaneamente.

Um **programa de aplicação** acessa o banco de dados enviando consultas ou solicitações para dados ao SGBD. Uma **consulta**[2] normalmente faz com que alguns dados sejam recuperados; uma **transação** pode fazer com que alguns dados sejam lidos e alguns sejam gravados no banco de dados.

Outras funções importantes fornecidas pelo SGBD incluem *proteção* do banco de dados e sua *manutenção* por um longo período de tempo. A **proteção** inclui *proteção do sistema* contra defeitos (ou falhas) de hardware ou software e *proteção de segurança* contra acesso não autorizado ou malicioso. Um grande banco de dados típico pode ter um ciclo de vida de muitos anos, de modo que o SGBD precisa ser capaz de **manter** o sistema de banco de dados, permitindo que ele evolua à medida que os requisitos mudam com o tempo.

Não é absolutamente necessário usar software de SGBD de uso geral para implementar um banco de dados computadorizado. Poderíamos escrever nosso próprio conjunto de programas para criar e manter o banco de dados, com efeito criando nosso próprio software de SGBD de *uso especial* para uma aplicação específica, como reservas de voos. De qualquer forma — se usarmos um SGBD de uso geral ou não —, normalmente temos de implementar uma quantidade considerável de software complexo. De fato, a maioria dos SGBDs é constituída de sistemas de software muito complexos.

Para completar nossas definições iniciais, chamaremos a união do banco de dados com o software de SGBD de **sistema de banco de dados**. A Figura 1.1 ilustra alguns dos conceitos que discutimos até aqui.

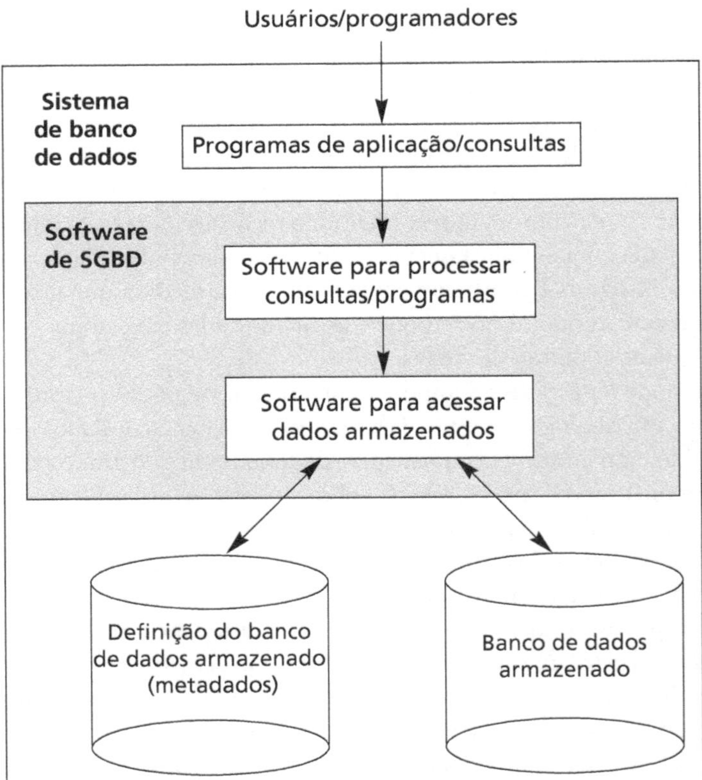

Figura 1.1 Diagrama simplificado de um ambiente de sistema de banco de dados.

[2] O termo *consulta* (em inglês *query*), que originalmente significa uma pergunta ou uma pesquisa, é usado livremente para todos os tipos de interações com bancos de dados, incluindo a modificação dos dados.

1.2 Um exemplo

Vamos considerar um exemplo simples ao qual a maioria dos leitores pode estar acostumada: um banco de dados UNIVERSIDADE, para manter informações referentes a alunos, disciplinas e notas em um ambiente universitário. A Figura 1.2 mostra a estrutura do banco de dados e alguns exemplos de registros de dados. O banco de dados está organizado como cinco arquivos, cada um armazenando **registros**

ALUNO

Nome	Numero_aluno	Tipo_aluno	Curso
Silva	17	1	CC
Braga	8	2	CC

DISCIPLINA

Nome_disciplina	Numero_disciplina	Creditos	Departamento
Introdução à ciência da computação	CC1310	4	CC
Estruturas de dados	CC3320	4	CC
Matemática discreta	MAT2410	3	MAT
Banco de dados	CC3380	3	CC

TURMA

Identificador_turma	Numero_disciplina	Semestre	Ano	Professor
85	MAT2410	Segundo	07	Kleber
92	CC1310	Segundo	07	Anderson
102	CC3320	Primeiro	08	Carlos
112	MAT2410	Segundo	08	Chang
119	CC1310	Segundo	08	Anderson
135	CC3380	Segundo	08	Santos

REGISTRO_NOTA

Numero_aluno	Identificador_turma	Nota
17	112	B
17	119	C
8	85	A
8	92	A
8	102	B
8	135	A

PRE_REQUISITO

Numero_disciplina	Numero_pre_requisito
CC3380	CC3320
CC3380	MAT2410
CC3320	CC1310

Figura 1.2 Exemplo de um banco de dados que armazena informações de aluno e disciplina.

de dados do mesmo tipo.[3] O arquivo ALUNO armazena dados sobre cada aluno, o arquivo DISCIPLINA armazena dados sobre cada disciplina, o arquivo TURMA armazena dados sobre cada turma de uma disciplina, o arquivo REGISTRO_NOTA armazena as notas que os alunos recebem nas várias turmas que eles concluíram, e o arquivo PRE_REQUISITO armazena os pré-requisitos de cada disciplina.

Para *definir* esse banco de dados, precisamos especificar a estrutura dos registros de cada arquivo, especificando os diferentes tipos de **elementos de dados** a serem armazenados em cada registro. Na Figura 1.2, cada registro de ALUNO inclui dados para representar Nome, Numero_aluno, Tipo_aluno (como novato ou '1', segundo ano ou '2', e assim por diante) e Curso (como matemática ou 'MAT' e ciência da computação ou 'CC'); cada registro de DISCIPLINA inclui dados para representar Nome_disciplina, Numero_disciplina, Creditos e Departamento (o departamento que oferece a disciplina), e assim por diante. Também precisamos especificar um **tipo de dado** para cada elemento de dado dentro de um registro. Por exemplo, podemos especificar que o Nome de ALUNO é uma sequência de caracteres alfabéticos; Numero_aluno de ALUNO é um inteiro, e Nota de REGISTRO_NOTA é um único caractere de um conjunto {'A', 'B', 'C', 'D', 'F', 'I'}. Também podemos usar um esquema de codificação para representar os valores de um item de dados. Por exemplo, na Figura 1.2, representamos o Tipo_aluno de um ALUNO como 1 para novato, 2 para segundo ano, 3 para júnior, 4 para sênior e 5 para aluno formado.

Para *construir* o banco de dados UNIVERSIDADE, armazenamos dados para representar cada aluno, disciplina, turma, registro de nota e pré-requisito como um registro no arquivo apropriado. Observe que os registros nos diversos arquivos podem estar relacionados. Por exemplo, o registro para Silva no arquivo ALUNO está relacionado a dois registros no arquivo REGISTRO_NOTA, que especificam as notas de Silva em duas turmas. De modo semelhante, cada registro no arquivo PRE_REQUISITO relaciona-se a dois registros de disciplina: um representando a disciplina e o outro representando o pré-requisito. A maioria dos bancos de dados de tamanho médio e grande inclui muitos tipos de registros e possui *muitos relacionamentos* entre os registros.

A *manipulação* do banco de dados envolve consulta e atualização. Alguns exemplos de consultas são os seguintes:

- Recuperar o histórico — uma lista de todas as disciplinas e notas — de 'Silva'.
- Listar os nomes dos alunos que realizaram a disciplina "Banco de dados" oferecida no segundo semestre de 2008 e suas notas nessa turma.
- Listar os pré-requisitos da disciplina 'Banco de dados'.

Alguns exemplos de atualizações incluem os seguintes:

- Alterar o tipo de aluno de 'Silva' para segundo ano.
- Criar outra turma para a disciplina 'Banco de dados' para este semestre.
- Entrar com uma nota 'A' para 'Silva' na disciplina 'Banco de dados' do último semestre.

Essas consultas e atualizações informais precisam ser especificadas exatamente na linguagem de consulta do SGBD antes que possam ser processadas.

Nesse estágio, é útil descrever o banco de dados como uma parte de uma tarefa maior conhecida como sistema de informação dentro de qualquer organização. O departamento de Tecnologia da Informação (TI) dentro de uma empresa projeta e mantém um sistema de informações que consiste de vários computadores, sistemas de armazenamento, software de aplicação e bancos de dados. O projeto de uma

---

[3] Usamos o termo *arquivo* informalmente aqui. Em um nível conceitual, um *arquivo* é uma *coleção* de registros que podem ou não estar ordenados.

nova aplicação para um banco de dados existente ou o projeto de um novo banco de dados começa com uma fase chamada **especificação e análise de requisitos.** Esses requisitos são documentados com detalhes e transformados em um **projeto conceitual,** que pode ser representado e manipulado com o uso de algumas ferramentas computadorizadas, de modo que possa ser facilmente mantido, modificado e transformado em uma implementação de banco de dados. (Apresentaremos um modelo chamado modelo Entidade-Relacionamento, no Capítulo 3, que é usado para essa finalidade.) O projeto é então traduzido para um **projeto lógico,** que pode ser expresso em um modelo de dados implementado em um SGBD comercial. (Diversos tipos de SGBDs serão discutidos no decorrer do texto, com ênfase nos SGBDs relacionais, nos capítulos 5 a 9.)

O estágio final é o **projeto físico,** durante o qual outras especificações são fornecidas para armazenar e acessar o banco de dados. O projeto de banco de dados é implementado, preenchido com dados reais e mantido continuamente para refletir o estado do minimundo.

1.3 Características da abordagem de banco de dados

Diversas características distinguem a abordagem de banco de dados da técnica muito mais antiga de escrever programas customizados para acessar os dados armazenados em arquivos. No **processamento de arquivo** tradicional, cada usuário define e implementa os arquivos necessários para uma aplicação de software específica como parte da programação da aplicação. Por exemplo, um usuário, o *departamento de registro acadêmico*, pode manter arquivos sobre os alunos e suas notas. Os programas para imprimir o histórico do aluno e entrar com novas notas são implementados como parte da aplicação. Um segundo usuário, o *departamento de finanças*, pode registrar as mensalidades dos alunos e seus pagamentos. Embora os dois usuários estejam interessados em dados sobre os alunos, cada usuário mantém arquivos separados — e programas para manipular esses arquivos —, pois cada um requer algum dado não disponível nos arquivos do outro usuário. Essa redundância na definição e no armazenamento de dados resulta em espaço de armazenamento desperdiçado e em esforços redundantes para manter os dados comuns atualizados.

Na abordagem de banco de dados, um único repositório mantém dados que são definidos uma vez e depois acessados por vários usuários, repetidamente, por meio de consultas, transações e programas de aplicação. As principais características da abordagem de banco de dados *versus* a abordagem de processamento de arquivos são as seguintes:

- Natureza de autodescrição de um sistema de banco de dados.
- Isolamento entre programas e dados, e abstração de dados.
- Suporte de múltiplas visões dos dados.
- Compartilhamento de dados e processamento de transação multiusuário.

Descrevemos cada uma dessas características em uma seção separada. Discutiremos características adicionais dos sistemas de banco de dados nas seções 1.6 a 1.8.

1.3.1 Natureza de autodescrição de um sistema de banco de dados

Uma característica fundamental da abordagem de banco de dados é que o sistema contém não apenas o próprio banco de dados, mas também uma definição ou descrição completa de sua estrutura e suas restrições. Essa definição é armazenada no catálogo do SGBD, que contém informações como a estrutura de cada arquivo, o tipo e o formato de armazenamento de cada item de dados e diversas restrições sobre os dados. A informação armazenada no catálogo é chamada de **metadados**, e descreve a estrutura do banco de dados principal (Figura 1.1). É importante observar que alguns tipos mais novos de sistemas de banco de dados, conhecidos como sistemas NOSQL, não exigem metadados. Em vez disso, os dados são armazenados como **dados autodescritivos**, que incluem os nomes dos itens de dados e os valores de dados, juntos em uma única estrutura (veja no Capítulo 24).

O catálogo é usado pelo software de SGBD e também pelos usuários do banco de dados que precisam de informações sobre a estrutura do banco de dados. Um pacote de software de SGBD de uso geral não é escrito para uma aplicação de banco de dados específica. Portanto, ele precisa consultar o catálogo para conhecer a estrutura dos arquivos em um banco de dados específico, como o tipo e o formato dos dados que acessará. O software de SGBD precisa trabalhar de forma satisfatória com *qualquer quantidade de aplicações de banco de dados* — por exemplo, um banco de dados de universidade, de uma instituição bancária ou corporativo —, desde que a definição do banco de dados esteja armazenada no catálogo.

No processamento de arquivos tradicional, a definição de dados normalmente faz parte dos próprios programas de aplicação. Logo, esses programas são restritos a trabalhar com apenas *um banco de dados específico*, cuja estrutura é declarada nos programas de aplicação. Por exemplo, um programa de aplicação escrito em C++ pode ter declarações de estrutura ou classe. Enquanto o software de processamento de arquivos pode acessar apenas bancos de dados específicos, o software de SGBD pode acessar diversos bancos de dados extraindo e usando as definições do catálogo de banco de dados.

Para o exemplo mostrado na Figura 1.2, o catálogo do SGBD armazenará as definições de todos os arquivos mostrados. A Figura 1.3 mostra alguns exemplos de entradas em um catálogo de banco de dados. Sempre que é feita uma solicitação para acessar, digamos, o Nome de um registro de ALUNO, o software de SGBD acessa o catálogo para determinar a estrutura do arquivo ALUNO e a posição e o tamanho do item de dados Nome dentro do registro de ALUNO. Ao contrário, em uma aplicação típica de processamento de arquivo, a estrutura de arquivo e, no caso extremo, o local exato do Nome dentro de um registro de ALUNO já são codificados dentro de cada programa que acessa esse item de dados.

1.3.2 Isolamento entre programas e dados, e abstração de dados

No processamento de arquivos tradicional, a estrutura dos arquivos de dados está embutida nos programas de aplicação, de modo que quaisquer mudanças na estrutura de um arquivo podem exigir *mudar todos os programas* que acessam esse arquivo. Ao contrário, os programas de acesso ao SGBD não exigem essas mudanças na maioria dos casos. A estrutura dos arquivos de dados é armazenada no catálogo do SGBD separadamente dos programas de acesso. Chamamos essa propriedade de **independência de dados do programa**.

Por exemplo, um programa de acesso a arquivo pode ser escrito de modo que possa acessar apenas registros de ALUNO com a estrutura mostrada na Figura 1.4. Se quisermos acrescentar outro dado a cada registro de ALUNO, digamos Data_nascimento, esse programa não funcionará mais e precisará ser alterado. Ao contrário, em um ambiente de SGBD, só precisamos mudar a *descrição* dos registros de ALUNO no catálogo (Figura 1.3) para refletir a inclusão do novo item de dados Data_nascimento; nenhum programa é alterado. Da próxima vez que o programa de SGBD consultar o catálogo, a nova estrutura dos registros de ALUNO será acessada e usada.

RELACOES

Nome_relacao	Numero_colunas
ALUNO	4
DISCIPLINA	4
TURMA	5
REGISTRO_NOTA	3
PRE_REQUISITO	2

COLUNAS

Nome_coluna	Tipo_de_dado	Pertence_a_relacao
Nome	Caractere (30)	ALUNO
Numero_aluno	Caractere (4)	ALUNO
Tipo_aluno	Inteiro (1)	ALUNO
Curso	Tipo_curso	ALUNO
Nome_disciplina	Caractere (10)	DISCIPLINA
Numero_disciplina	XXXXNNNN	DISCIPLINA
...	...	...
...	...	...
Numero_pre_requisito	XXXXNNNN	PRE_REQUISITO

Nota: Tipo_curso é definido como um tipo enumerado com todas as matérias conhecidas.

XXXXNNNN é usado para definir um tipo com quatro caracteres alfanuméricos seguidos por quatro dígitos.

Figura 1.3 Exemplo de um catálogo para o banco de dados na Figura 1.2.

Em alguns tipos de sistemas de banco de dados, como sistemas orientados a objeto e objeto-relacional (ver Capítulo 12), os usuários podem definir operações sobre dados como parte das definições do banco de dados. Uma **operação** (também chamada de *função* ou *método*) é especificada em duas partes. A *interface* (ou *assinatura*) de uma operação inclui o nome da operação e os tipos de dados de seus argumentos (ou parâmetros). A *implementação* (ou *método*) da operação é especificada separadamente e pode ser alterada sem afetar a interface. Os programas de aplicação do usuário podem operar sobre os dados invocando essas operações por meio de seus nomes e argumentos, independentemente de como as operações são implementadas. Isso pode ser chamado de **independência de operação do programa.**

A característica que permite a independência de dados do programa e a independência da operação do programa é chamada de **abstração de dados.** Um SGBD oferece aos usuários uma **representação conceitual** de dados que não inclui muitos dos detalhes de como os dados são armazenados ou como as operações são implementadas. Informalmente, um **modelo de dados** é um tipo de abstração de dados usado para oferecer essa representação conceitual. O modelo de dados usa conceitos lógicos, como objetos, suas propriedades e seus inter-relacionamentos, que os usuários podem entender mais rapidamente que os conceitos de armazenamento no computador. Logo, o modelo de dados *oculta* os detalhes de armazenamento e implementação que não são do interesse da maioria dos usuários de banco de dados.

Por exemplo, examinando as figuras 1.2 e 1.3, a implementação interna do arquivo ALUNO pode ser definida por seu tamanho de registro — o número de caracteres (bytes) em cada registro — e cada item de dados pode ser especificado pelo byte inicial dentro de um registro e seu tamanho em bytes. O registro de ALUNO, assim, seria representado como mostra a Figura 1.4. Mas um usuário de banco de dados típico não está preocupado com o local de cada item de dados dentro de um registro ou seu tamanho; em vez disso, o usuário se preocupa que, quando for feita uma referência ao Nome do ALUNO, o valor correto seja retornado. Uma representação conceitual dos registros de ALUNO aparece na Figura 1.2. Muitos outros detalhes da organização do armazenamento do arquivo — como os caminhos de acesso especificados em um arquivo — podem ser ocultados dos usuários do banco de dados pelo SGBD; discutiremos detalhes de armazenamento nos capítulos 16 e 17.

Na abordagem de banco de dados, a estrutura e organização detalhadas de cada arquivo são armazenadas no catálogo. Os usuários do banco de dados e os programas de aplicação se referem à representação conceitual dos arquivos, e o SGBD extrai os detalhes do armazenamento do arquivo do catálogo quando estes são necessários pelos módulos de acesso a arquivo do SGBD. Muitos modelos de dados podem ser usados para oferecer essa abstração de dados aos usuários do banco de dados. Uma parte significativa deste livro é dedicada à apresentação dos vários modelos de dados e os conceitos que eles utilizam para abstrair a representação dos dados.

Nos bancos de dados orientado a objeto e objeto-relacional, o processo de abstração inclui não apenas a estrutura dos dados, mas também as operações sobre os dados. Essas operações oferecem uma abstração das atividades do minimundo normalmente entendidas pelos usuários. Por exemplo, uma operação CALCULA_MEDIA pode ser aplicada ao objeto ALUNO para calcular a média das notas. Essas operações podem ser chamadas pelas consultas do usuário ou por programas de aplicação sem ter de saber os detalhes de como as operações são implementadas.

Figura 1.4 Formato de armazenamento interno para um registro de ALUNO, com base no catálogo do banco de dados da Figura 1.3.

Nome do item de dados	Posição inicial no registro	Tamanho em caracteres (bytes)
Nome	1	30
Numero_aluno	31	4
Tipo_aluno	35	1
Curso	36	4

1.3.3 Suporte para múltiplas visões dos dados

Um banco de dados normalmente tem muitos usuários, cada um podendo exigir uma perspectiva ou **visão** diferente. Uma visão (ou *view*) pode ser um subconjunto do banco de dados ou conter **dados virtuais** derivados dos arquivos do banco de dados, mas que não estão armazenados explicitamente. Alguns usuários não precisam saber se os dados a que se referem estão armazenados ou são derivados. Um SGBD multiusuário, cujos usuários têm uma série de aplicações distintas, precisa oferecer facilidades para definir múltiplas visões. Por exemplo, um usuário do banco de dados da Figura 1.2 pode estar interessado apenas em acessar e imprimir o histórico de cada aluno; a visão para esse usuário aparece na Figura 1.5(a). Um segundo usuário, que está interessado apenas em verificar se os alunos possuem todos os pré-requisitos de cada disciplina para a qual se inscreveram, pode exigir a visão mostrada na Figura 1.5(b).

HISTORICO
(a)

Nome_aluno	Historico_aluno				
	Numero_disciplina	Nota	Semestre	Ano	Identificador_turma
Silva	CC1310	C	Segundo	08	119
	MAT2410	B	Segundo	08	112
Braga	MAT2410	A	Segundo	07	85
	CC1310	A	Segundo	07	92
	CC3320	B	Primeiro	08	102
	CC3380	A	Segundo	08	135

PRE_REQUISITO_DISCIPLINA
(b)

Nome_disciplina	Numero_disciplina	Pre_requisitos
Banco de dados	CC3380	CC3320
		MAT2410
Estrutura de dados	CC3320	CC1310

Figura 1.5 Duas visões derivadas do banco de dados da Figura 1.2. (a) A visão HISTORICO. (b) A visão PRE_REQUISITO_DISCIPLINA.

1.3.4 Compartilhamento de dados e processamento de transação multiusuário

Um SGBD multiusuário, como o nome sugere, precisa permitir que múltiplos usuários acessem o banco de dados ao mesmo tempo. Isso é essencial para que dados de várias aplicações sejam integrados e mantidos em um único banco de dados. O SGBD precisa incluir software de **controle de concorrência**, a fim de garantir que vários usuários tentando atualizar os mesmos dados façam isso de maneira controlada, de modo que o resultado das atualizações seja correto. Por exemplo, quando vários agentes de reserva tentam atribuir um assento a um voo de uma companhia aérea, o SGBD precisa garantir que cada assento só possa ser acessado por um agente de cada vez, para que seja reservado para um único passageiro. Esses tipos de aplicações geralmente são chamados de aplicações de **processamento de transação on-line** (**OLTP** — *On-Line Transaction Processing*). Um papel fundamental do software de SGBD multiusuário é garantir que as transações concorrentes operem de modo correto e eficiente.

O conceito de uma **transação** tem se tornado fundamental para muitas aplicações de banco de dados. Uma transação é um *programa em execução* ou *processo* que inclui um ou mais acessos ao banco de dados, como a leitura ou a atualização dos registros. Cada transação deverá executar um acesso ao banco de dados, sendo logicamente correta para ser executada em sua totalidade, sem interferência de outras transações. O SGBD precisa impor diversas propriedades da transação. A propriedade de **isolamento** garante que cada transação pareça executar isoladamente das outras transações, embora centenas de transações possam estar sendo executadas simultaneamente. A propriedade de **atomicidade** garante que todas as operações em uma transação sejam executadas ou nenhuma seja. Discutimos sobre transações com detalhes na Parte 9.

As características anteriores são importantes na distinção entre um SGBD e o software tradicional de processamento de arquivos. Na Seção 1.6, discutiremos recursos adicionais que caracterizam um SGBD. Primeiro, porém, categorizamos os diferentes tipos de pessoas que trabalham em um ambiente de sistema de banco de dados.

1.4 Atores em cena

Para um pequeno banco de dados pessoal, como a lista de endereços discutida na Seção 1.1, uma pessoa normalmente define, constrói e manipula o banco de dados, e não existe compartilhamento. Porém, em grandes organizações, muitas pessoas estão envolvidas no projeto, uso e manutenção de um grande banco de dados, com centenas ou milhares de usuários. Nesta seção, identificamos as pessoas cujas funções envolvem o uso cotidiano de um grande banco de dados; nós os chamamos de *atores em cena*. Na Seção 1.5, consideraremos as pessoas que podem ser chamadas de *trabalhadores dos bastidores* — aqueles que trabalham para manter o ambiente do sistema de banco de dados, mas que não estão ativamente interessados em seu conteúdo como parte de seu trabalho cotidiano.

1.4.1 Administradores de banco de dados

Em qualquer organização na qual muitas pessoas utilizam os mesmos recursos, há uma necessidade de um administrador principal supervisionar e gerenciar esses recursos. Em um ambiente de banco de dados, o recurso principal é o próprio banco de dados, e o recurso secundário é o SGBD e o software relacionado. A administração desses recursos é de responsabilidade do **administrador de banco de dados** (**DBA** — database administrator). O DBA é responsável por autorizar o acesso ao banco de dados, coordenar e monitorar seu uso e adquirir recursos de software e hardware conforme a necessidade. Também é responsável por problemas como falhas na segurança e demora no tempo de resposta do sistema. Em grandes organizações, ele é auxiliado por uma equipe que executa essas funções.

1.4.2 Projetistas de banco de dados

Os **projetistas de banco de dados** são responsáveis por identificar os dados a serem armazenados e escolher estruturas apropriadas para representar e armazenar esses dados. Essas tarefas são realizadas principalmente antes que o banco de dados seja realmente implementado e preenchido. É responsabilidade dos projetistas se comunicarem com todos os usuários do banco de dados em potencial a fim de entender seus requisitos e criar um projeto que os atenda. Em muitos casos, os projetistas estão na equipe do DBA e podem receber outras responsabilidades após o projeto do banco de dados estar concluído. Os projetistas normalmente interagem com cada grupo de usuários em potencial e desenvolvem **visões** do banco de dados que cumprem os requisitos de dados e processamento desses grupos. Cada visão é então analisada e *integrada* às visões de outros grupos de usuários. O projeto de banco de dados final precisa ser capaz de dar suporte aos requisitos de todos os grupos de usuários.

1.4.3 Usuários finais

Os **usuários finais** são pessoas cujas funções exigem acesso ao banco de dados para consulta, atualização e geração de relatórios; o banco de dados existe principalmente para seu uso. Existem várias categorias de usuários finais:

- **Usuários finais casuais** ocasionalmente acessam o banco de dados, mas podem precisar de diferentes informações a cada vez. Eles utilizam uma interface de consulta sofisticada para especificar suas solicitações e normalmente são gerentes de nível intermediário ou alto, ou outros usuários ocasionais.
- **Usuários finais iniciantes** ou **paramétricos** compõem uma grande parte dos usuários finais. Sua função principal gira em torno de consultar e atualizar o banco de dados constantemente, usando tipos padrão de consultas e atualizações — chamadas **transações programadas** — que foram cuidadosamente programadas e testadas. Muitas dessas tarefas estão disponíveis hoje em dia em **aplicações móveis** usadas com dispositivos móveis. As tarefas que esses usuários realizam são variadas. Alguns exemplos são:
  - Clientes e caixas de banco verificam saldos de conta e realizam saques e depósitos.
  - Agentes de reserva ou clientes de companhias aéreas, hotéis e locadoras de automóveis verificam a disponibilidade de determinada solicitação e fazem reservas.
  - Funcionários nas estações de recebimento de transportadoras inserem identificações de pacotes por códigos de barra e informações descritivas por meio de botões para atualizar um banco de dados central de pacotes recebidos e em trânsito.
  - Usuários de redes sociais postam e leem itens nos websites das redes sociais.
- **Usuários finais sofisticados** incluem engenheiros, cientistas, analistas de negócios e outros que estão profundamente familiarizados com as facilidades do SGBD a fim de implementar suas próprias aplicações, que atenderão aos seus requisitos complexos.
- **Usuários isolados** mantêm bancos de dados pessoais usando pacotes de programas prontos, que oferecem interfaces de fácil utilização, com base em menus ou em gráficos. Um exemplo é o usuário de um pacote de software financeiro, que armazena uma série de dados financeiros pessoais.

Um SGBD típico oferece diversas facilidades para acessar um banco de dados. Usuários finais comuns precisam aprender muito pouco sobre as facilidades oferecidas pelo SGBD; eles simplesmente precisam entender as interfaces do usuário das aplicações móveis ou das transações-padrão projetadas e implementadas para seu uso. Os usuários casuais aprendem apenas algumas facilidades que podem usar repetidamente. Usuários sofisticados tentam aprender a maioria das facilidades do SGBD a fim de satisfazer seus requisitos complexos. Usuários isolados normalmente se tornam especialistas no uso de um pacote de software específico.

1.4.4 Analistas de sistemas e programadores de aplicações (engenheiros de software)

Analistas de sistemas determinam os requisitos dos usuários finais, especialmente os usuários comuns e paramétricos, e desenvolvem especificações para transações programadas que cumpram esses requisitos. Os **programadores de aplicações** implementam essas especificações como programas; depois eles testam, depuram, documentam e mantêm essas transações programadas. Esses analistas e programadores — também conhecidos como **desenvolvedores de software** ou **engenheiros de software** — deverão estar familiarizados com toda a gama de capacidades fornecidas pelo SGBD para realizarem suas tarefas.

1.5 Trabalhadores dos bastidores

Além daqueles que projetam, usam e administram um banco de dados, outros estão associados ao projeto, desenvolvimento e operação do *software* do SGBD e do *ambiente de sistema*. Essas pessoas normalmente não estão interessadas no conteúdo do banco de dados em si. Vamos chamá-las de *trabalhadores dos bastidores*, e neles se incluem as seguintes categorias:

- **Projetistas e implementadores de sistema de SGBD** projetam e implementam os módulos e interfaces do SGBD como um pacote de software. Um SGBD é um sistema de software muito complexo, que consiste em muitos componentes, ou **módulos**, incluindo módulos para implementação do catálogo, processamento da linguagem de consulta, processamento de interface, acesso e *buffering* de dados, controle de concorrência e tratamento de recuperação e segurança de dados. O SGBD precisa realizar a interface com outro software de sistemas, como o sistema operacional, e compiladores para diversas linguagens de programação.
- **Desenvolvedores de ferramentas** projetam e implementam **ferramentas** — os pacotes de software que facilitam a modelagem e o projeto do banco de dados, o projeto do sistema de banco de dados e a melhoria do desempenho. Ferramentas são pacotes opcionais que, em geral, são adquiridos separadamente. Elas incluem pacotes para projeto de banco de dados, monitoramento de desempenho, linguagem natural ou interfaces gráficas, protótipo, simulação e geração de dados de teste. Em muitos casos, fornecedores de software independentes desenvolvem e comercializam essas ferramentas.
- **Operadores e pessoal de manutenção** (pessoal de administração de sistemas) são responsáveis pela execução e manutenção real do ambiente de hardware e software para o sistema de banco de dados.

Embora essas categorias de trabalhadores dos bastidores sejam instrumento para disponibilizar o sistema aos usuários finais, eles normalmente não utilizam o conteúdo do banco de dados para fins pessoais.

1.6 Vantagens de usar a abordagem de SGBD

Nesta seção, discutimos algumas das vantagens e as capacidades que um bom SGBD deve possuir. Essas capacidades estão além das quatro principais características discutidas na Seção 1.3. O DBA precisa utilizá-las para realizar uma série de objetivos relacionados ao projeto, à administração e ao uso de um grande banco de dados multiusuário.

1.6.1 Controlando a redundância

No desenvolvimento de software tradicional, utilizando processamento de arquivos, cada grupo de usuários mantém seus próprios arquivos para tratar de suas aplicações de processamento de dados. Por exemplo, considere o exemplo do banco de dados UNIVERSIDADE da Seção 1.2; aqui, dois grupos de usuários podem ser o pessoal do registro acadêmico e o departamento financeiro. Na técnica tradicional, cada grupo mantém, independentemente, os arquivos sobre os alunos. O departamento financeiro mantém dados sobre o registro e as informações de cobrança relacionadas, enquanto o departamento de registro acadêmico acompanha os cursos e as notas dos alunos. Outros grupos podem duplicar ainda mais alguns ou todos os dados em seus próprios arquivos.

Essa **redundância** em armazenar os mesmos dados várias vezes ocasiona vários problemas. Primeiro, é preciso realizar uma única atualização lógica — como a entrada de dados sobre um novo aluno — várias vezes: uma para cada arquivo em que os dados do aluno são registrados. Isso ocasiona uma *duplicação de esforço*.

Segundo, o *espaço de armazenamento é desperdiçado* quando os mesmos dados são armazenados repetidamente, e esse problema pode ser sério para bancos de dados grandes. Terceiro, os arquivos que representam os mesmos dados podem se tornar *inconsistentes*. Isso pode acontecer porque uma atualização é aplicada a alguns dos arquivos, mas não a outros. Mesmo que uma atualização — como a inclusão de um novo aluno — seja aplicada a todos os arquivos apropriados, os dados referentes ao aluno ainda podem ser *inconsistentes* porque as atualizações são aplicadas independentemente por cada grupo de usuários. Por exemplo, um grupo de usuários pode entrar com a data de nascimento de um aluno incorretamente como '19/01/1988', enquanto outros grupos de usuários podem inserir o valor correto, '29/01/1988'.

Na abordagem de banco de dados, as visões de diferentes grupos de usuários são integradas durante o projeto. O ideal é que tenhamos um projeto de banco de dados que armazena cada item de dados lógico — como o nome ou a data de nascimento de um aluno — em *apenas um lugar*. Isso é conhecido como **normalização de dados,** e garante consistência e economiza espaço de armazenamento (a normalização de dados é descrita na Parte 6 do livro).

Porém, na prática, às vezes é necessário usar a **redundância controlada** para melhorar o desempenho das consultas. Por exemplo, podemos armazenar Nome_aluno e Numero_disciplina redundantemente em um arquivo REGISTRO_NOTA [Figura 1.6(a)] porque sempre que recuperamos um REGISTRO_NOTA, queremos recuperar o nome do aluno e o número da disciplina juntamente com a nota, o número do aluno e o identificador de turma. Colocando todos os dados juntos, não precisamos pesquisar vários arquivos para coletar esses dados. Isso é conhecido como **desnormalização.** Nesses casos, o SGBD deverá ter a capacidade de *controlar* essa redundância a fim de proibir inconsistências entre os arquivos. Isso pode ser feito verificando automaticamente se os valores de Nome_aluno-Numero_aluno em qualquer REGISTRO_NOTA na Figura 1.6(a) combinam com um dos valores de Nome-Numero_aluno de um registro de ALUNO (Figura 1.2). De modo semelhante, os valores de Identificador_turma-Numero_disciplina de REGISTRO_NOTA podem ser comparados com os registros de TURMA. Essas verificações podem ser especificadas ao SGBD durante o projeto

REGISTRO_NOTA

(a)

Numero_ aluno	Nome_aluno	Identificador_ turma	Numero_ disciplina	Nota
17	Silva	112	MAT2410	B
17	Silva	119	CC1310	C
8	Braga	85	MAT2410	A
8	Braga	92	CC1310	A
8	Braga	102	CC3320	B
8	Braga	135	CC3380	A

REGISTRO_NOTA

(b)

Numero_ aluno	Nome_aluno	Identificador_ turma	Numero_ disciplina	Nota
17	Braga	112	MAT2410	B

Figura 1.6 Armazenamento redundante de Nome_aluno e Numero_disciplina em REGISTRO_NOTA. (a) Dados consistentes. (b) Registro inconsistente.

do banco de dados e impostas automaticamente pelo SGBD sempre que o arquivo REGISTRO_NOTA for atualizado. A Figura 1.6(b) mostra um REGISTRO_NOTA inconsistente com o arquivo ALUNO na Figura 1.2; esse tipo de erro pode ser inserido se a redundância *não for controlada*. Você consegue identificar a parte inconsistente?

1.6.2 Restringindo o acesso não autorizado

Quando vários usuários compartilham um banco de dados grande, é provável que a maioria deles não esteja autorizada a acessar todas as informações. Por exemplo, dados financeiros, como salários e bonificações, normalmente são considerados confidenciais, e somente pessoas autorizadas têm permissão para acessá-los. Além disso, alguns usuários podem ter permissão apenas para recuperar dados, enquanto outros têm permissão para recuperar e atualizar. Logo, o tipo de operação de acesso — recuperação ou atualização — também deve ser controlado. Normalmente, os usuários ou grupos de usuários recebem números de conta protegidos por senhas, que eles podem usar para obter acesso ao banco de dados. Um SGBD deve oferecer um **subsistema de segurança e autorização**, que o DBA utiliza para criar contas e especificar restrições de conta. Então, o SGBD deve impor essas restrições automaticamente. Observe que podemos aplicar controles semelhantes ao software de SGBD. Por exemplo, somente o pessoal do DBA pode ter permissão para usar certo **software privilegiado**, como o software para criar novas contas. De modo semelhante, usuários paramétricos podem ter permissão para acessar o banco de dados apenas por meio de aplicações predefinidas ou transações programadas, desenvolvidas para seu uso. Discutiremos sobre segurança do banco de dados e autorização no Capítulo 30.

1.6.3 Oferecendo armazenamento persistente para objetos do programa

Os bancos de dados podem ser usados para oferecer **armazenamento persistente** para objetos e estruturas de dados do programa. Esse é um dos principais motivos para usar os **sistemas de banco de dados orientados a objeto** (ver Capítulo 12). Linguagens de programação normalmente possuem estruturas de dados complexas, como definições de struct ou de classe em C++ ou Java. Os valores das variáveis de programa ou objetos são descartados quando um programa termina, a menos que o programador os armazene explicitamente em arquivos permanentes, o que em geral envolve converter essas estruturas complexas em um formato adequado para armazenamento em arquivo. Quando é preciso ler esses dados mais uma vez, o programador precisa converter do formato de arquivo para a variável de programa ou estrutura de objeto. Os sistemas de banco de dados orientados a objeto são compatíveis com linguagens de programação como C++ e Java, e o software de SGBD realiza automaticamente quaisquer conversões necessárias. Logo, um objeto complexo em C++ pode ser armazenado permanentemente em um SGBD orientado a objeto. Esse objeto é considerado **persistente**, pois sobrevive ao término da execução e pode ser recuperado mais tarde diretamente por outro programa.

O armazenamento persistente de objetos e de estruturas de dados de programa é uma função importante dos sistemas de banco de dados. Os sistemas tradicionais normalmente sofrem do chamado **problema de divergência de impedância**, pois as estruturas de dados fornecidas pelo SGBD eram incompatíveis com as estruturas da linguagem de programação. Os sistemas de banco de dados orientados a objeto normalmente oferecem **compatibilidade** da estrutura de dados com uma ou mais linguagens de programação orientadas a objeto.

1.6.4 Oferecendo estruturas de armazenamento e técnicas de pesquisa para o processamento eficiente de consulta

Sistemas de banco de dados precisam oferecer capacidades para *executar consultas e atualizações de modo eficiente*. Como o banco de dados normalmente é armazenado em disco, o SGBD precisa oferecer estruturas de dados e técnicas de pesquisa especializadas para agilizar a busca dos registros desejados no disco. Arquivos auxiliares, chamados **índices**, são comumente utilizados para essa finalidade. Os índices normalmente são baseados em estruturas de dados em árvore ou estruturas de dados em *hash*, que são modificadas de modo adequado para a pesquisa no disco. Para processar os registros de banco de dados necessários por uma consulta em particular, eles precisam ser copiados do disco para a memória principal. Portanto, o SGBD normalmente tem um módulo de **buffering** ou **caching** que mantém partes do banco de dados nos buffers de memória principais. Em geral, o sistema operacional é responsável pelo buffering do disco para a memória. Porém, como o buffering de dados é essencial para o desempenho do SGBD, a maioria desses sistemas realiza seu próprio buffering.

O módulo de **processamento e otimização de consulta** do SGBD é responsável por escolher um plano de execução eficiente para cada consulta, com base nas estruturas de armazenamento existentes. A escolha de quais índices criar e manter faz parte do *projeto e ajuste do banco de dados físico*, que é uma das responsabilidades da equipe de DBAs. Discutiremos sobre o processamento e a otimização de consulta na Parte 8 do livro.

1.6.5 Oferecendo backup e recuperação

Um SGBD precisa oferecer facilidades para recuperar-se de falhas de hardware ou software. O **subsistema de backup e recuperação** do SGBD é responsável pela recuperação. Por exemplo, se o sistema de computador falhar no meio de uma transação de atualização complexa, o subsistema de recuperação é responsável por garantir que o banco de dados seja restaurado ao estado em que estava antes que a transação iniciasse a execução. O backup de disco também é necessário no caso de uma falha de disco catastrófica. Discutiremos a respeito do backup e recuperação no Capítulo 22.

1.6.6 Oferecendo múltiplas interfaces do usuário

Como muitos tipos de usuários com diversos níveis de conhecimento técnico utilizam um banco de dados, um SGBD deve oferecer uma série de interfaces do usuário. Estas incluem aplicativos para usuários móveis, linguagens de consulta para usuários casuais, interfaces de linguagem de programação para programadores de aplicação, formulários e códigos de comando para usuários paramétricos, além de interfaces controladas por menu e interfaces de linguagem natural para usuários isolados. As interfaces no estilo de formulários e controladas por menus normalmente são conhecidas como **interfaces gráficas do usuário** (**GUIs** — *Graphical User Interfaces*). Existem muitas linguagens e ambientes especializados para especificar GUIs. Recursos para oferecer interfaces GUI Web para um banco de dados — ou um banco de dados habilitado para a web — também são muito comuns.

1.6.7 Representando relacionamentos complexos entre os dados

Um banco de dados pode incluir muitas variedades de dados que estão inter-relacionados de diversas maneiras. Considere o exemplo mostrado na Figura 1.2. O registro de 'Braga' no arquivo ALUNO está relacionado a quatro registros no arquivo REGISTRO_NOTA. De modo semelhante, cada registro de turma está relacionado a um registro de curso e a uma série de REGISTRO_NOTA — um para cada aluno que concluiu a turma. Um SGBD precisa ter a capacidade de representar uma série de relacionamentos complexos entre os dados, definir novos relacionamentos à medida que eles surgem e recuperar e atualizar dados relacionados de modo fácil e eficaz.

1.6.8 Impondo restrições de integridade

A maioria das aplicações de banco de dados possui certas **restrições de integridade** que devem ser mantidas para os dados. Um SGBD deve oferecer capacidades para definir e impor essas restrições. O tipo mais simples de restrição de integridade envolve especificar um tipo de dado para cada item de dados. Por exemplo, na Figura 1.3, especificamos que o valor do item de dados Tipo_aluno dentro de cada registro de ALUNO deve ser um inteiro de um dígito e que o valor de Nome precisa ser uma *string* (cadeia de caracteres) de até 30 caracteres alfabéticos. Para restringir o valor de Tipo_aluno entre 1 e 5, seria preciso uma restrição adicional, que não aparece no catálogo atual. Um tipo de restrição mais complexo, que ocorre com frequência, envolve especificar que um registro em um arquivo deve estar relacionado a registros em outros arquivos. Por exemplo, na Figura 1.2, podemos especificar que *cada registro de turma deve estar relacionado a um registro de disciplina*. Isso é conhecido como restrição de **integridade referencial**. Outro tipo de restrição especifica unicidade sobre valores de item de dados, como *cada registro de curso deverá ter um valor único para Numero_disciplina*. Isso é conhecido como uma restrição de **chave** ou **unicidade**. Essas restrições são derivadas do significado ou da **semântica** dos dados e do minimundo que eles representam. É responsabilidade dos projetistas do banco de dados identificar restrições de integridade durante o projeto. Algumas restrições podem ser especificadas ao SGBD e impostas automaticamente. Outras podem ter de ser verificadas por programas de atualização ou no momento da entrada de dados. Normalmente, para aplicações grandes, é comum chamar essas restrições de **regras de negócio**.

Um item de dados pode ser inserido erroneamente e ainda satisfazer as restrições de integridade especificadas. Por exemplo, se um aluno recebe uma nota 'A', mas uma nota 'C' é inserida no banco de dados, o SGBD *não consegue* descobrir esse erro automaticamente, pois 'C' é um valor válido para o tipo de dados Nota. Esses erros de entrada de dados só podem ser descobertos manualmente (quando o aluno receber a nota e reclamar) e corrigidos posteriormente, atualizando o banco de dados. Porém, uma nota 'Z' seria rejeitada automaticamente pelo SGBD, pois 'Z' não é um valor válido para o tipo de dado Nota. Quando discutirmos sobre cada modelo de dados nos próximos capítulos, vamos apresentar regras que pertencem a esse modelo implicitamente. Por exemplo, no modelo Entidade-Relacionamento, no Capítulo 3, um relacionamento deverá envolver pelo menos duas entidades. Regras que pertencem a um modelo de dados específico são chamadas de **regras inerentes** ao modelo de dados.

1.6.9 Permitindo dedução e ações usando regras e gatilhos

Alguns sistemas de banco de dados oferecem capacidades para definir *regras de dedução* a fim de inferir novas informações com base nos fatos armazenados no banco de dados. Esses sistemas são chamados **sistemas de banco de dados dedutivos**. Por exemplo, pode haver regras complexas na aplicação do minimundo para determinar quando um aluno está em época de provas. Estas podem ser especificadas *declarativamente* como **regras** que, quando compiladas e mantidas pelo SGBD, podem determinar todos os alunos em época de provas. Em um SGBD tradicional, um *código de programa de procedimento* explícito teria de ser escrito para dar suporte a tais aplicações. Porém, se as regras do minimundo mudarem, geralmente é mais conveniente mudar as regras de dedução declaradas do que recodificar programas procedurais. Nos sistemas de banco de dados relacionais de hoje, é possível associar **gatilhos** (ou ***triggers***) a tabelas. Um gatilho é uma forma de regra ativada por atualizações na tabela, que resulta na realização de algumas operações adicionais em algumas outras tabelas, envio de mensagens e assim por diante. Procedimentos mais elaborados para impor regras são popularmente chamados de **procedimentos armazenados** (ou ***stored procedures***); eles se tornam parte da definição geral de banco de dados e são chamados apropriadamente quando certas condições são atendidas. A funcionalidade mais poderosa é fornecida por **sistemas de banco de dados ativos**, que oferecem regras ativas que automaticamente iniciam ações quando ocorrem certos eventos e condições (veja, no Capítulo 26, introduções aos bancos de dados ativos, na Seção 26.1, e bancos de dados dedutivos, na Seção 26.5).

1.6.10 Implicações adicionais do uso da abordagem de banco de dados

Esta seção discute algumas implicações adicionais do uso da abordagem de banco de dados, que podem beneficiar a maioria das organizações.

Potencial para garantir padrões. A abordagem de banco de dados permite que o DBA defina e garanta padrões entre os usuários em uma grande organização. Isso facilita a comunicação e a cooperação entre vários departamentos, projetos e usuários dentro da organização. Podem ser definidos padrões para nomes e formatos dos elementos de dados, formatos de exibição, estruturas de relatório, terminologia e assim por diante. O DBA pode garantir padrões em um ambiente de banco de dados centralizado mais facilmente do que em um ambiente no qual cada grupo de usuários tem controle dos seus próprios arquivos de dados e software.

Tempo reduzido para desenvolvimento de aplicação. Uma característica importante de venda da abordagem de banco de dados é que o desenvolvimento de uma nova aplicação — como a recuperação de certos dados para a impressão de um novo relatório — leva muito pouco tempo. Projetar e implementar um grande banco de dados multiusuário do zero pode levar mais tempo que escrever uma única aplicação de arquivo especializada. Porém, quando um banco de dados está pronto e funcionando, geralmente é preciso muito menos tempo para criar novas aplicações usando recursos do SGBD. Estima-se que o tempo de desenvolvimento usando um SGBD seja um sexto a um quarto daquele para um sistema de arquivo tradicional.

Flexibilidade. Pode ser necessário mudar a estrutura de um banco de dados à medida que os requisitos mudam. Por exemplo, pode aparecer um novo grupo de usuários precisando de informações atualmente não incluídas no banco de dados. Em resposta, pode ser preciso acrescentar um arquivo ou estender os elementos de dados em um arquivo existente. Os SGBDs modernos permitem certos tipos de mudanças evolutivas na estrutura sem afetar os dados armazenados e os programas de aplicação existentes.

Disponibilidade de informações atualizadas. Um SGBD torna o banco de dados disponível a todos os usuários. Assim que a atualização de um usuário é aplicada, todos os outros usuários podem ver essa atualização imediatamente. Essa disponibilidade de informações atualizadas é essencial para muitas aplicações de processamento de transação, como nos bancos de dados de sistemas de reserva ou bancários, e ela é possibilitada pelos subsistemas de controle de concorrência e recuperação de um SGBD.

Economias de escala. A abordagem de SGBD permite a consolidação de dados e aplicações, reduzindo assim a quantidade de sobreposição desperdiçada entre as atividades do pessoal de processamento de dados em diferentes projetos ou departamentos, bem como as redundâncias entre as aplicações. Isso permite que a organização inteira invista em processadores, dispositivos de armazenamento ou mecanismos de rede mais poderosos, em vez de cada departamento ter de comprar seu próprio equipamento (menor desempenho). Isso reduz os custos gerais de operação e gerenciamento.

1.7 Uma breve história das aplicações de banco de dados

Agora, vamos apresentar uma breve visão geral histórica das aplicações que usam SGBDs e como essas aplicações forneceram o incentivo para novos tipos de sistemas de banco de dados.

1.7.1 Antigas aplicações de banco de dados usando sistemas hierárquicos e de rede

Muitas aplicações de banco de dados antigas mantinham registros em grandes organizações, como corporações, universidades, hospitais e bancos. Em muitas dessas aplicações, havia grandes quantidades de registros com estrutura semelhante. Por exemplo, em uma aplicação de universidade, informações semelhantes seriam mantidas para cada aluno, cada curso, cada registro de nota e assim por diante. Também havia muitos tipos de registros e muitos inter-relacionamentos entre eles.

Um dos principais problemas com os sistemas de banco de dados antigos era a mistura de relacionamentos conceituais com o armazenamento e o posicionamento físico dos registros no disco. Logo, esses sistemas não ofereciam capacidades suficientes para *abstração de dados* e *independência entre dados e programas*. Por exemplo, os registros de notas de determinado aluno poderiam ser armazenados fisicamente próximos do registro do aluno. Embora isso fornecesse um acesso muito eficiente para as consultas e transações originais que o banco de dados foi projetado para lidar, não oferecia flexibilidade suficiente para acessar registros de modo eficiente quando novas consultas e transações fossem identificadas. Em particular, novas consultas que exigiam uma organização de armazenamento diferente para o processamento eficiente eram muito difíceis de implementar de modo eficaz. Também era muito trabalhoso reorganizar o banco de dados quando eram feitas mudanças nos requisitos da aplicação.

Outra deficiência dos sistemas antigos era que eles ofereciam apenas interfaces da linguagem de programação. Isso tornava a implementação de novas consultas e transações demorada e cara, pois novos programas tinham de ser escritos, testados e depurados. A maioria desses sistemas de banco de dados era implementada em computadores mainframe grandes e caros, começando em meados da década de 1960 e continuando pelos anos 1970 e 1980. Os principais tipos dos primeiros sistemas eram baseados em três paradigmas principais: sistemas hierárquicos, sistemas baseados em modelo de rede e sistemas de arquivo invertidos.

1.7.2 Oferecendo abstração de dados e flexibilidade de aplicação com bancos de dados relacionais

Os bancos de dados relacionais foram propostos originalmente para separar o armazenamento físico dos dados de sua representação conceitual e para fornecer uma base matemática para a representação e a consulta dos dados. O modelo de dados relacional também introduziu linguagens de consulta de alto nível, que forneciam uma alternativa às interfaces de linguagem de programação, tornando muito mais rápido a escrita de novas consultas. A representação relacional dos dados é semelhante ao exemplo que apresentamos na Figura 1.2. Os sistemas relacionais visavam inicialmente às mesmas aplicações dos sistemas mais antigos, e forneciam flexibilidade para desenvolver novas consultas rapidamente e reorganizar o banco de dados à medida que os requisitos mudavam. Logo, a *abstração de dados* e a *independência entre dados e programas* foram muito melhoradas em comparação com os sistemas anteriores.

Os sistemas relacionais experimentais, desenvolvidos no final da década de 1970, e os sistemas de gerenciamento de banco de dados relacionais (SGBDR), introduzidos na década de 1980, eram muito lentos, pois não usavam ponteiros de armazenamento físico ou posicionamento de registro para acessar registros de dados relacionados. Com o desenvolvimento de novas técnicas de armazenamento e indexação e melhorias no processamento e otimização de consulta, seu desempenho melhorou. Por fim, os bancos de dados relacionais se tornaram o tipo de sistema de banco de dados dominante para aplicações tradicionais de banco de dados. Agora existem bancos de dados relacionais para quase todos os tipos de computadores, desde os menores computadores pessoais até os grandes servidores.

1.7.3 Aplicações orientadas a objeto e a necessidade de bancos de dados mais complexos

O surgimento de linguagens de programação orientadas a objeto no final da década de 1980 e a necessidade de armazenar e compartilhar objetos complexos e estruturados levou ao desenvolvimento de bancos de dados orientados a objeto (BDOOs). Inicialmente, os BDOOs eram considerados como concorrentes dos bancos de dados relacionais, pois forneciam estruturas de dados mais gerais. Eles também incorporavam muitos dos paradigmas úteis orientados a objeto, como tipos de dados abstratos, encapsulamento de operações, herança e identidade de objeto. Porém, a complexidade do modelo e a falta de um padrão inicial contribuíram para seu uso limitado. Eles agora são usados principalmente em aplicações especializadas, como projeto de engenharia, publicação de multimídia e sistemas de manufatura. Apesar das expectativas de que eles terão um grande impacto, sua penetração geral no mercado de produtos de banco de dados permanece baixa. Além disso, muitos conceitos de orientação a objeto foram incorporados nas versões mais recentes dos SGBDs relacionais, levando a sistemas de gerenciamento de banco de dados objeto-relacionais, conhecidos como SGBDORs.

1.7.4 Intercâmbio de dados na web para e-commerce usando XML

A World Wide Web oferece uma grande rede de computadores interconectados. Os usuários podem criar páginas estáticas usando uma linguagem de publicação na web, como HyperText Markup Language (HTML), e armazenar esses documentos em servidores web, em que outros usuários (clientes) podem acessá-los e visualizá-los através de navegadores web. Os documentos podem ser vinculados por meio de **hyperlinks**, que são ponteiros para outros documentos. A partir da década de 1990, o comércio eletrônico (e-commerce) surgiu como uma importante aplicação web. Grande parte da informação crítica sobre páginas web de e-commerce consiste em dados extraídos dinamicamente de SGBDs, como informações de voos, preços e disponibilidade de produtos. Diversas técnicas foram desenvolvidas para permitir o intercâmbio de dados extraídos na web para exibição em páginas. A eXtended

Markup Language (XML, em português, linguagem de marcação extensível) é um padrão para intercâmbio entre diversos tipos de bancos de dados e páginas web. A XML combina conceitos dos modelos usados nos sistemas de documentos com os conceitos de modelagem de banco de dados. O Capítulo 13 é dedicado a uma visão geral da XML.

1.7.5 Estendendo as capacidades do banco de dados para novas aplicações

O sucesso dos sistemas de banco de dados nas aplicações tradicionais encorajou os desenvolvedores de outros tipos de aplicações a tentarem utilizá-los. Essas aplicações tradicionalmente usavam suas próprias estruturas especializadas de arquivo e dados. Os sistemas de banco de dados agora oferecem extensões para dar melhor suporte aos requisitos especializados para algumas dessas aplicações. A seguir estão alguns exemplos dessas aplicações:

- Aplicações **científicas** que armazenam grandes quantidades de dados resultantes de experimentos científicos em áreas como física de alta energia, mapeamento do genoma humano e descoberta de estruturas de proteínas.
- Armazenamento e recuperação de **imagens**, incluindo notícias escaneadas e fotografias pessoais, imagens fotográficas de satélite e imagens de procedimentos médicos, como raio X e IRMs (imagens por ressonância magnética).
- Armazenamento e recuperação de **vídeos**, como filmes, e **clipes de vídeo** de notícias ou câmeras digitais pessoais.
- Aplicações de **mineração de dados** (ou **data mining**), que analisam grandes quantidades de dados procurando as ocorrências de padrões ou relacionamentos específicos, e para identificar padrões incomuns em áreas como detecção de fraudes com cartões de crédito.
- Aplicações **espaciais**, que armazenam e analisam as localizações espaciais de dados, como informações de clima, mapas usados em sistemas de informações geográficas e em sistemas de navegação de automóveis.
- Aplicações de **série temporal**, que armazenam informações como dados econômicos em pontos regulares no tempo, como vendas diárias e valores mensais do Produto Interno Bruto (PIB).

Logo ficou claro que os sistemas relacionais básicos não eram muito adequados para muitas dessas aplicações, em geral por um ou mais dos seguintes motivos:

- Estruturas de dados mais complexas eram necessárias para modelar a aplicação do que a representação relacional simples.
- Novos tipos de dados eram necessários além dos tipos básicos numéricos e de cadeia de caracteres.
- Novas operações e construções de linguagem de consulta eram necessárias para manipular os novos tipos de dados.
- Novas estruturas de armazenamento e indexação eram necessárias para a pesquisa eficiente sobre os novos tipos de dados.

Isso levou os desenvolvedores de SGBD a acrescentarem funcionalidades aos seus sistemas. Algumas funcionalidades eram de uso geral, como a incorporação de conceitos dos bancos de dados orientados a objeto aos sistemas relacionais. Outras funcionalidades eram de uso especial, na forma de módulos opcionais que poderiam ser usados para aplicações específicas. Por exemplo, os usuários poderiam comprar um módulo de série de tempo para usar com seu SGBD relacional para sua aplicação de série de tempo.

1.7.6 Surgimento de sistemas de armazenamento big data e bancos de dados NOSQL

Na primeira década do século XXI, a proliferação de aplicações e plataformas, como sites de redes sociais, grandes empresas de comércio eletrônico, índices de pesquisa na web e armazenamento/backup em nuvem, levou a um aumento na quantidade de dados armazenados em grandes bancos de dados e servidores robustos. Novos tipos de sistemas foram necessários para gerenciar esses imensos bancos de dados — sistemas que proporcionariam busca e recuperação rápidas, bem como armazenamento confiável e seguro de tipos não tradicionais de dados, como postagens de redes sociais e tuítes. Alguns dos requisitos desses novos sistemas não eram compatíveis com SGBDs relacionais SQL (SQL é uma padronização do modelo de dados e da linguagem para bancos de dados relacionais). O termo *NOSQL* é geralmente interpretado como Não Apenas SQL (*Not Only SQL*), o que significa que, em sistemas que gerenciam grandes quantidades de dados, alguns deles são armazenados usando sistemas SQL, enquanto outros serão armazenados usando o NOSQL, dependendo dos requisitos da aplicação.

1.8 Quando não usar um SGBD

Apesar das vantagens de usar um SGBD, existem algumas situações em que um SGBD pode envolver custos adicionais desnecessários, que não aconteceriam no processamento de arquivos tradicional. Os custos adicionais do uso de um SGBD devem-se aos seguintes fatores:

- Alto investimento inicial em hardware, software e treinamento.
- A generalidade que um SGBD oferece para a definição e o processamento de dados.
- Esforço adicional para oferecer funções de segurança, controle de concorrência, recuperação e integridade.

Portanto, pode ser mais desejável usar arquivos comuns sob as seguintes circunstâncias:

- Aplicações de banco de dados simples e bem definidas, para as quais não se esperam muitas mudanças.
- Requisitos rigorosos, de tempo real, para alguns programas de aplicação, que podem não ser atendidos em decorrência da sobrecarga de operações executadas pelo SGBD.
- Sistemas embarcados com capacidade de armazenamento limitada, nos quais um SGBD de uso geral não seria apropriado.
- Nenhum acesso de múltiplos usuários aos dados.

Certos setores e aplicações decidiram não usar SGBDs de uso geral. Por exemplo, muitas ferramentas de projeto auxiliado por computador (CAD — computer-aided design) usadas por engenheiros civis e mecânicos possuem software proprietário para gerenciamento de arquivos e dados, preparado para as manipulações internas dos desenhos e objetos 3D. De modo semelhante, sistemas de comunicação e comutação projetados por empresas como AT&T foram manifestações iniciais do software de banco de dados que foi preparado para executar de forma muito rápida, com dados organizados hierarquicamente, para agilizar o acesso e o roteamento das chamadas. De modo semelhante, implementações dos Sistemas de Informações Geográficas (SIG) normalmente usam os próprios esquemas de organização de dados, a fim de implementar, de modo eficiente, funções relacionadas ao processamento de mapas, contornos físicos, linhas, polígonos e assim por diante.

1.9 Resumo

Neste capítulo, definimos um banco de dados como uma coleção de dados relacionados, em que *dados* significa fatos gravados. Um banco de dados típico representa algum aspecto do mundo real e é usado para fins específicos por um ou mais grupos de usuários. Um SGBD é um pacote de software generalizado para implementar e manter um banco de dados computadorizado. Juntos, o banco de dados e o software formam um sistema de banco de dados. Identificamos várias características que distinguem a abordagem de banco de dados das aplicações tradicionais de processamento de arquivo, e discutimos as principais categorias de usuários de banco de dados, ou os *atores em cena*. Observamos que, além dos usuários, existem várias categorias de pessoal de suporte, ou *trabalhadores dos bastidores*, em um ambiente de banco de dados.

Apresentamos uma lista de capacidades que devem ser fornecidas pelo software de SGBD ao DBA, aos projetistas de banco de dados e aos usuários finais para ajudá-los a projetar, a administrar e a usar um banco de dados. Depois, mostramos uma rápida perspectiva histórica da evolução das aplicações de banco de dados. Indicamos o recente crescimento rápido das quantidades e dos tipos de dados que deverão ser armazenados nos bancos de dados, e discutimos o surgimento de novos sistemas para tratar de aplicações "big data". Por fim, discutimos os custos adicionais do uso de um SGBD e algumas situações em que sua utilização pode não ser vantajosa.

PERGUNTAS DE REVISÃO

1.1. Defina os seguintes termos: *dados*, *banco de dados*, *SGBD*, *sistema de banco de dados*, *catálogo de banco de dados*, *independência entre dados e programas*, *visão do usuário*, *DBA*, *usuário final*, *transação programada*, *sistema de banco de dados dedutivo*, *objeto persistente*, *metadados* e *aplicação de processamento de transação*.

1.2. Quais os quatro tipos principais de ações que envolvem bancos de dados? Discuta cada tipo brevemente.

1.3. Discuta as principais características da abordagem de banco de dados e como ela difere dos sistemas de arquivo tradicionais.

1.4. Quais são as responsabilidades do DBA e dos projetistas de banco de dados?

1.5. Quais são os diferentes tipos de usuários finais do banco de dados? Discuta as principais atividades de cada um.

1.6. Discuta as capacidades que devem ser fornecidas por um SGBD.

1.7. Discuta as diferenças entre sistemas de banco de dados e sistemas de recuperação de informações.

EXERCÍCIOS

1.8. Identifique algumas operações informais de consulta e atualização que você esperaria aplicar ao banco de dados mostrado na Figura 1.2.

1.9. Qual é a diferença entre redundância controlada e não controlada? Ilustre com exemplos.

1.10. Especifique todos os relacionamentos entre os registros do banco de dados mostrado na Figura 1.2.

1.11. Mostre algumas visões adicionais que podem ser necessárias a outros grupos de usuários para o banco de dados mostrado na Figura 1.2.

1.12. Cite alguns exemplos de restrições de integridade que você acredita que possam se aplicar ao banco de dados mostrado na Figura 1.2.

1.13. Dê exemplos de sistemas nos quais pode fazer sentido usar o processamento de arquivos tradicional em vez da abordagem de banco de dados.

1.14. Considere a Figura 1.2.

- **a.** Se o nome do departamento 'CC' (Ciência da Computação) mudar para 'CCES' (Ciência da Computação e Engenharia de Software) e o prefixo correspondente para o número da disciplina também mudar, identifique as colunas no banco de dados que precisariam ser atualizadas.
- **b.** Você consegue reestruturar as colunas nas tabelas DISCIPLINA, TURMA e PRE_REQUISITO de modo que somente uma coluna precise ser atualizada?

BIBLIOGRAFIA SELECIONADA

A edição de outubro de 1991 de *Communications of the ACM* e Kim (1995) incluem vários artigos descrevendo SGBDs da próxima geração; muitos dos recursos de banco de dados discutidos no passado agora estão disponíveis comercialmente. A edição de março de 1976 de *ACM Computing Surveys* oferece uma introdução inicial aos sistemas de banco de dados e pode oferecer uma perspectiva histórica para o leitor interessado. Nos capítulos que discutem cada tópico com mais detalhes, incluiremos referências a outros conceitos, sistemas e aplicações que apresentamos neste capítulo.

2

Conceitos e arquitetura do sistema de banco de dados

A arquitetura dos SGBDs tem evoluído desde os primeiros sistemas monolíticos, nos quais todo o software SGBD era um sistema altamente integrado, até os mais modernos, que têm um projeto modular, com arquitetura de sistema cliente/servidor. O recente crescimento na quantidade de dados exigindo armazenamento levou a sistemas de banco de dados com arquiteturas distribuídas, compostas de milhares de computadores que gerenciam os armazenamentos de dados. Essa evolução espelha as tendências na computação, em que grandes computadores mainframe centralizados estão sendo substituídos por centenas de estações de trabalho distribuídas e computadores pessoais conectados por redes de comunicações a vários tipos de máquinas servidoras — servidores web, servidores de banco de dados, servidores de arquivos, servidores de aplicações, e assim por diante. Os atuais ambientes de **computação em nuvem** consistem em milhares de grandes servidores que gerenciam **big data** para usuários da web.

Em uma arquitetura básica de SGBD cliente/servidor, a funcionalidade do sistema é distribuída entre dois tipos de módulos.[1] O **módulo cliente** normalmente é projetado para executar em um dispositivo móvel, estação de trabalho ou computador pessoal (PC). Em geral, os programas de aplicação e interfaces com o usuário que acessam o banco de dados executam no módulo cliente. Logo, esse módulo se encarrega da interação do usuário e oferece interfaces amigáveis, como aplicativos para dispositivos móveis, ou GUIs (interfaces gráficas do usuário) com base em formulário ou menu, para PCs. O outro tipo de módulo, chamado **módulo servidor,** normalmente é responsável pelo armazenamento de dados, acesso, pesquisa e outras funções. Discutiremos sobre arquiteturas cliente/servidor com mais detalhes

[1] Conforme veremos na Seção 2.5, existem variações sobre essa simples arquitetura cliente/servidor em *duas camadas*.

na Seção 2.5. Primeiro, temos de estudar mais os conceitos básicos, que nos darão melhor conhecimento das arquiteturas de banco de dados modernas.

Neste capítulo, apresentamos a terminologia e os conceitos básicos que serão usados no decorrer do livro. A Seção 2.1 discute os modelos de dados e define os conceitos de esquemas e instâncias, que são fundamentais para o estudo dos sistemas de banco de dados. Depois, discutimos a arquitetura do SGBD de três esquemas e a independência de dados na Seção 2.2; isso oferece um ponto de vista do usuário sobre o que um SGBD deve realizar. Na Seção 2.3, descrevemos os tipos de interfaces e linguagens que normalmente são fornecidas por um SGBD. A Seção 2.4 discute o ambiente de software de um sistema de banco de dados. A Seção 2.5 oferece uma visão geral de vários tipos de arquiteturas cliente/servidor. Por fim, a Seção 2.6 apresenta uma classificação dos tipos de pacotes de SGBD. A Seção 2.7 apresenta um resumo do capítulo.

O material nas seções 2.4 a 2.6 oferece conceitos mais detalhados, que podem ser considerados suplementares ao material introdutório básico.

2.1 Modelos de dados, esquemas e instâncias

Uma característica fundamental da abordagem de banco de dados é que ela oferece algum nível de abstração. A **abstração de dados** geralmente se refere à supressão de detalhes de organização e armazenamento, destacando os recursos essenciais para melhor conhecimento desses dados. Uma das principais características da abordagem de banco de dados é possibilitar a abstração, de modo que diferentes usuários possam percebê-los em seu nível de detalhe preferido. Um **modelo de dados** — uma coleção de conceitos que podem ser usados para descrever a estrutura de um banco de dados — oferece os meios necessários para alcançar essa abstração.[2] Com *estrutura de um banco de dados*, queremos dizer os tipos, os relacionamentos e as restrições que se aplicam aos dados. A maioria dos modelos de dados também inclui um conjunto de **operações básicas** para especificar recuperações e atualizações no banco de dados.

Além das operações básicas fornecidas pelo modelo de dados, está se tornando mais comum incluir conceitos no modelo de dados para especificar o **aspecto dinâmico** ou **comportamento** de uma aplicação de banco de dados. Isso permite ao projetista especificar um conjunto de operações válidas, definidas pelo usuário, sobre os objetos do banco de dados.[3] Um exemplo de uma operação definida pelo usuário poderia ser CALCULA_MEDIA, que pode ser aplicada a um objeto ALUNO. Por sua vez, operações genéricas para inserir, excluir, modificar ou recuperar qualquer tipo de objeto normalmente estão incluídas nas *operações básicas do modelo de dados*. Conceitos para especificar o comportamento são fundamentais para os modelos de dados orientados a objeto (ver Capítulo 12), mas também estão sendo incorporados em modelos de dados mais tradicionais. Por exemplo, modelos objeto-relacionais (ver Capítulo 12) estendem o modelo relacional básico para incluir tais conceitos, entre outros. No modelo de dados relacional básico, existe um recurso para conectar um comportamento às relações, na forma de módulos de armazenamento persistente, popularmente conhecidos como procedimentos armazenados ou *stored procedures* (ver Capítulo 10).

---

[2] Às vezes a palavra *modelo* é usada para indicar uma descrição de banco de dados específica, ou esquema — por exemplo, *o modelo de dados de marketing*. Não usaremos essa interpretação.

[3] A inclusão de conceitos para descrever um comportamento reflete uma tendência por meio da qual as atividades do projeto do banco de dados e do projeto de software estão, cada vez mais, sendo combinadas em uma única atividade. Tradicionalmente, especificar um comportamento é algo associado ao projeto de software.

2.1.1 Categorias de modelos de dados

Muitos modelos de dados foram propostos, e podemos classificá-los de acordo com os tipos de conceitos que eles utilizam para descrever a estrutura do banco de dados. **Modelos de dados de alto nível** ou **conceituais** oferecem conceitos próximos ao modo como muitos usuários percebem os dados, enquanto os **modelos de dados de baixo nível** ou **físicos** oferecem conceitos que descrevem os detalhes de como os dados são armazenados no computador, em geral em discos magnéticos. Os conceitos oferecidos pelos modelos de dados físicos costumam ser voltados para especialistas de computadores, não para usuários finais. Entre esses dois extremos está uma classe de **modelos de dados representativos** (ou de **implementação**),[4] que oferece conceitos que podem ser facilmente entendidos pelos usuários finais, mas que não está muito longe do modo como os dados são organizados e armazenados no computador. Modelos de dados representativos ocultam muitos detalhes do armazenamento de dados em disco, mas podem ser implementados diretamente em um sistema de computador.

Os modelos de dados conceituais utilizam conceitos como entidades, atributos e relacionamentos. Uma **entidade** representa um objeto ou conceito do mundo real, como um funcionário ou um projeto do minimundo que é descrito no banco de dados. Um **atributo** representa alguma propriedade de interesse que descreve melhor uma entidade, como o nome ou o salário do funcionário. Um **relacionamento** entre duas ou mais entidades representa uma associação entre elas — por exemplo, um relacionamento trabalha-em, entre um funcionário e um projeto. O Capítulo 3 apresentará o **modelo entidade-relacionamento** — um modelo de dados conceitual popular de alto nível. O Capítulo 4 descreverá abstrações adicionais usadas para a modelagem avançada, como generalização, especialização e categorias (tipos de união).

Os modelos de dados representativos ou de implementação são os usados com mais frequência nos SGBDs comerciais tradicionais. Estes incluem o amplamente utilizado **modelo de dados relacional**, bem como os chamados modelos de dados legados — os **modelos de rede** e **hierárquicos** — que foram bastante usados no passado. A Parte 3 do livro é dedicada ao modelo de dados relacional e suas restrições, operações e linguagens. O padrão SQL para bancos de dados relacionais será descrito nos capítulos 6 e 7. Os modelos de dados representativos mostram os dados usando estruturas de registro e, portanto, às vezes são denominados **modelos de dados baseados em registro**.

Podemos considerar o **modelo de dados de objeto** como um exemplo de uma nova família de modelos de dados de implementação de nível mais alto e que são mais próximos dos modelos de dados conceituais. Um padrão para bancos de dados de objeto, chamado modelo de objeto ODMG, foi proposto pelo grupo de gerenciamento de dados de objeto (ODMG — *Object Data Management Group*). O Capítulo 12 descreve as características gerais dos bancos de dados de objeto e o padrão proposto do modelo de objeto. Os modelos de dados de objeto também são frequentemente utilizados como modelos conceituais de alto nível, em particular no domínio da engenharia de software.

Os modelos de dados físicos descrevem como o dado é armazenado como arquivos no computador, com informações como formatos de registro, ordenações de registro e caminhos de acesso. Um **caminho de acesso** é uma estrutura que torna eficiente a busca por registros de um banco de dados em particular, como indexação ou hashing. Discutiremos as técnicas de armazenamento físico e as estruturas de acesso nos capítulos 16 e 17. Um **índice** é um exemplo de um caminho de acesso que permite o acesso direto aos dados usando um termo de índice ou uma palavra-chave. Ele é

[4] O termo *modelo de dados de implementação* não é um termo padrão; ele foi apresentado para nos referirmos aos modelos de dados disponíveis nos sistemas de banco de dados comerciais.

semelhante ao índice no final deste livro, com a exceção de que pode ser organizado de forma linear, hierárquica (estruturada em árvore) ou de alguma outra maneira.

Outra classe de modelos de dados é conhecida como **modelos de dados autodescritivos.** O armazenamento de dados nos sistemas baseados nesses modelos combina a descrição dos dados com seus próprios valores. Nos SGBDs tradicionais, a descrição (esquema) fica separada dos dados. Esses modelos incluem **XML** (ver Capítulo 12), além de muitos dos **armazenamentos de chave-valor** e **sistemas NOSQL** (ver Capítulo 24), que foram criados recentemente para gerenciar big data.

2.1.2 Esquemas, instâncias e estado do banco de dados

Em um modelo de dados, é importante distinguir entre a *descrição* do banco de dados e o *próprio banco de dados*. A descrição de um banco de dados é chamada de **esquema do banco de dados**, que é especificado durante o projeto e não se espera que mude com frequência.[5] A maioria dos modelos de dados possui convenções para representar esquemas como diagramas.[6] A representação de um esquema é chamada de **diagrama de esquema.** A Figura 2.1 mostra um diagrama de esquema para o banco de dados da Figura 1.2; o diagrama apresenta a estrutura de cada tipo de registro, mas não as instâncias reais dos registros. Chamamos cada objeto no esquema — por exemplo, ALUNO ou DISCIPLINA — de **construtor do esquema.**

Um diagrama de esquema representa apenas *alguns aspectos* de um esquema, como os nomes de tipos de registro e itens de dados, e alguns tipos de restrições. Outros aspectos não são especificados no diagrama de esquema; por exemplo, a Figura 2.1 não mostra nem o tipo de dado de cada item nem os relacionamentos entre os diversos arquivos. Muitos tipos de restrições não são apresentados nos diagramas de esquema. Uma restrição do tipo *alunos prestes a se formarem em ciência da computação precisam realizar o curso CC1310 antes do final de seu segundo ano* é muito difícil de representar em forma de diagrama.

ALUNO

Nome	Numero_aluno	Tipo_aluno	Curso

DISCIPLINA

Nome_disciplina	Numero_ disciplina	Creditos	Departamento

PRE_REQUISITO

Numero_disciplina	Numero_pre_requisito

TURMA

Identificador_turma	Numero_ disciplina	Semestre	Ano	Professor

REGISTRO_NOTA

Numero_aluno	Identificador_turma	Nota

Figura 2.1 Diagrama de esquema para o banco de dados da Figura 1.2.

---

[5] Mudanças no esquema normalmente são necessárias à medida que os requisitos das aplicações do banco de dados mudam. A maioria dos sistemas de banco de dados inclui operações para permitir mudanças de esquema.

[6] Em terminologia de banco de dados, em inglês, é comum usar *schemas* como plural para *schema*, embora *schemata* seja a forma apropriada no plural. A palavra *scheme* também é usada para se referir a um esquema.

Os dados reais armazenados em um banco de dados podem mudar com bastante frequência. Por exemplo, o banco de dados mostrado na Figura 1.2 muda toda vez que acrescentamos um novo aluno ou inserimos uma nova nota. Os dados no banco de dados em determinado momento no tempo são chamados de **estado** ou **instante** (*snapshot*) **do banco de dados.** Também são chamados de conjunto *atual* de **ocorrências** ou **instâncias** no banco de dados. Em determinado estado do banco de dados, cada construtor de esquema tem o próprio *conjunto de instâncias atuais*; por exemplo, o construtor ALUNO terá o conjunto de entidades de cada aluno (registros) como suas instâncias. Muitos estados de banco de dados podem ser construídos para corresponder a um esquema em particular. Toda vez que inserimos ou excluímos um registro ou alteramos o valor de um item de dados em um registro, mudamos de um estado do banco de dados para outro.

A distinção entre esquema e estado de banco de dados é muito importante. Quando **definimos** um novo banco de dados, especificamos seu esquema apenas para o SGBD. Nesse ponto, o estado correspondente é o *estado vazio*, sem dados. Obtemos o *estado inicial* do banco de dados quando ele é **populado** ou **carregado** com os dados iniciais. Daí em diante, toda vez que uma operação de atualização é aplicada ao banco de dados, obtemos outro estado. Em qualquer ponto no tempo, o banco de dados tem um *estado atual*.[7] O SGBD é parcialmente responsável por garantir que todo estado do banco de dados seja um **estado válido** — ou seja, um estado que satisfaça a estrutura e as restrições especificadas no esquema. Logo, especificar um esquema correto para o SGBD é extremamente importante, e o esquema deve ser projetado com extremo cuidado. O SGBD armazena as descrições das construções e restrições do esquema — também denominadas **metadados** — no catálogo do SGBD, de modo que o software do SGBD possa recorrer ao esquema sempre que precisar. O esquema às vezes é chamado de **intenção**, e um estado do banco de dados é chamado de **extensão** do esquema.

Embora, como já mencionamos, o esquema não deva mudar com frequência, não é raro que as mudanças ocasionalmente precisem ser aplicadas ao esquema, à medida que os requisitos da aplicação mudam. Por exemplo, podemos decidir que outro item de dados precisa ser armazenado para cada registro em um arquivo, como a inclusão de Data_ nascimento ao esquema ALUNO da Figura 2.1. Isso é conhecido como **evolução do esquema.** A maioria dos SGBDs modernos possui algumas operações para evolução de esquema que podem ser aplicadas enquanto o banco de dados está em funcionamento.

2.2 Arquitetura de três esquemas e independência de dados

Três das quatro características importantes da abordagem de banco de dados, listadas na Seção 1.3, são (1) uso de um catálogo para armazenar a descrição (esquema) do banco de dados de modo a torná-lo autodescritivo, (2) isolamento de programas e dados (independência entre dados e operação do programa) e (3) suporte para múltiplas visões do usuário. Nesta seção, especificamos uma arquitetura para sistemas de banco de dados, chamada **arquitetura de três esquemas,**[8] que foi

[7] O estado atual também é chamado de *instante atual* do banco de dados. Ele também é chamado de *instância do banco de dados*, mas preferimos usar o termo *instância* para nos referir a registros individuais.

[8] Isso também é conhecido como arquitetura ANSI/SPARC (American National Standards Institute/Standard Planning And Requirement Committee), mesmo nome do comitê que a propôs (Tsichritzis e Klug, 1978).

proposta para ajudar a alcançar e a visualizar essas características. Depois, vamos discutir melhor o conceito de independência de dados.

2.2.1 A arquitetura de três esquemas

O objetivo da arquitetura de três esquemas, ilustrada na Figura 2.2, é separar as aplicações do usuário do banco de dados físico. Nessa arquitetura, os esquemas podem ser definidos nos três níveis a seguir:

1. O **nível interno** tem um **esquema interno**, que descreve a estrutura do armazenamento físico do banco de dados. O esquema interno usa um modelo de dados físico e descreve os detalhes completos do armazenamento de dados e os caminhos de acesso para o banco de dados.
2. O **nível conceitual** tem um **esquema conceitual**, que descreve a estrutura do banco de dados inteiro para uma comunidade de usuários. O esquema conceitual oculta os detalhes das estruturas de armazenamento físico e se concentra na descrição de entidades, tipos de dados, relacionamentos, operações do usuário e restrições. Normalmente, um modelo de dados representativo é usado para descrever o esquema conceitual quando um sistema de banco de dados é implementado. Esse *esquema conceitual de implementação* costuma estar baseado em um *projeto de esquema conceitual* em um modelo de dados de alto nível.
3. O **nível externo** ou **de visão** inclui uma série de **esquemas externos** ou **visões do usuário.** Cada esquema externo descreve a parte do banco de dados em que um grupo de usuários em particular está interessado e oculta o restante do banco de dados do grupo de usuários. Como no nível anterior, cada esquema externo é comumente implementado com o uso de um modelo de dados representativo, possivelmente fundamentado em um projeto de esquema externo em um modelo de dados de alto nível.

A arquitetura de três esquemas é uma ferramenta conveniente, com a qual o usuário pode visualizar os níveis de esquema em um sistema de banco de dados. A maioria dos SGBDs não separa os três níveis completa e explicitamente, mas dá

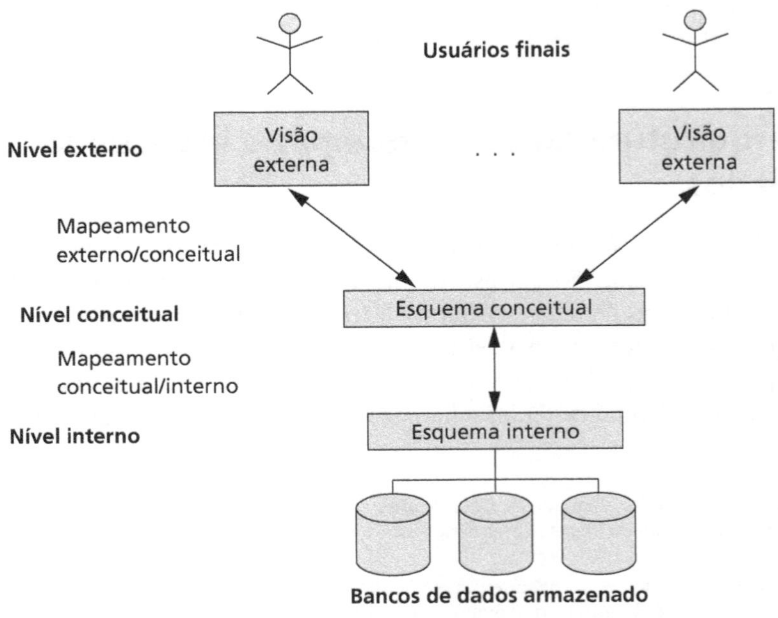

Figura 2.2 A arquitetura de três esquemas.

suporte a eles de alguma forma. Alguns sistemas mais antigos podem incluir detalhes de nível físico no esquema conceitual. A arquitetura ANSI de três níveis tem um lugar importante no desenvolvimento da tecnologia de banco de dados, pois separa claramente o nível externo dos usuários, o nível conceitual e o nível de armazenamento interno no projeto de um banco de dados. Ainda hoje ela é bastante aplicável no projeto de SGBDs. Na maioria dos SGBDs que têm suporte a visões do usuário, os esquemas externos são especificados no mesmo modelo de dados que descreve a informação no nível conceitual (por exemplo, um SGBD relacional como Oracle ou SQLServer utiliza SQL para isso).

Observe que os três esquemas são apenas *descrições* dos dados; os dados armazenados que realmente existem estão apenas no nível físico. Na arquitetura de três esquemas, cada grupo de usuários recorre ao seu próprio esquema externo. Assim, o SGBD precisa transformar uma solicitação especificada em um esquema externo em uma solicitação no esquema conceitual, e depois em uma solicitação no esquema interno para o processamento no banco de dados armazenado. Se a solicitação for uma recuperação no banco, os dados extraídos do banco de dados armazenados devem ser reformatados para corresponder à visão externa do usuário. Os processos de transformação de requisições e os resultados entre os níveis são chamados de **mapeamentos**. Esses mapeamentos podem ser demorados, de modo que alguns SGBDs — especialmente aqueles que servem para dar suporte a pequenos bancos de dados — não oferecem suporte a visões externas. Porém, mesmo em tais sistemas, é necessário transformar solicitações entre os níveis conceitual e interno.

2.2.2 Independência de dados

A arquitetura de três esquemas pode ser usada para explicar melhor o conceito de **independência de dados**, que pode ser definida como a capacidade de alterar o esquema em um nível do sistema de banco de dados sem ter de alterar o esquema no próximo nível mais alto. Podemos definir dois tipos de independência de dados:

1. **Independência lógica de dados** é a capacidade de alterar o esquema conceitual sem ter de alterar os esquemas externos ou os programas de aplicação. Podemos alterar o esquema conceitual para expandir o banco de dados (acrescentando um tipo de registro ou item de dado), para alterar restrições ou para reduzi-lo (removendo um tipo de registro ou item de dado). No último caso, esquemas externos que se referem apenas aos dados restantes não seriam afetados. Por exemplo, o esquema externo da Figura 1.5(a) não deverá ser afetado pela alteração do arquivo (ou tipo de registro) REGISTRO_NOTA, mostrado na Figura 1.2, para aquele mostrado na Figura 1.6(a). Somente a definição da visão e os mapeamentos precisam ser alterados em um SGBD que suporta a independência lógica de dados. Depois que o esquema conceitual passa por uma reorganização lógica, os programas de aplicação que referenciam as construções do esquema externo devem funcionar da mesma forma que antes. As mudanças nas restrições podem ser aplicadas ao esquema conceitual sem afetar os esquemas externos ou os programas de aplicação.
2. **Independência física de dados** é a capacidade de alterar o esquema interno sem ter de alterar o esquema conceitual. Logo, os esquemas externos também não precisam ser alterados. Mudanças no esquema interno podem ser necessárias porque alguns arquivos físicos foram reorganizados — por exemplo, ao criar estruturas de acesso adicionais — para melhorar o desempenho da recuperação ou atualização. Se os mesmos dados de antes permanecerem no banco de dados, provavelmente não teremos de alterar o esquema conceitual. Por exemplo, oferecer um caminho de acesso para melhorar a velocidade de recuperação dos

registros de TURMA (Figura 1.2) por semestre e ano não deverá exigir que uma consulta como *listar todas as turmas oferecidas no segundo semestre de 2008* seja alterada, embora a consulta seja executada com mais eficiência pelo SGBD ao utilizar o novo caminho de acesso.

Em geral, a independência física de dados existe na maioria dos bancos de dados e ambientes de arquivo, nos quais detalhes físicos, como a localização exata dos dados no disco, e detalhes de hardware sobre codificação do armazenamento, posicionamento, compactação, divisão, fusão de registros, e assim por diante, são ocultados do usuário. As demais aplicações desconhecem esses detalhes. Por sua vez, a independência lógica de dados é mais difícil de ser alcançada porque permite alterações estruturais e de restrição sem afetar os programas de aplicação — um requisito muito mais estrito.

Sempre que temos um SGBD de múltiplos níveis, seu catálogo deve ser expandido para incluir informações sobre como mapear solicitações e dados entre os diversos níveis. O SGBD usa software adicional para realizar esses mapeamentos, recorrendo à informação de mapeamento no catálogo. A independência de dados ocorre porque, quando o esquema é alterado em algum nível, o esquema no próximo nível mais alto permanece inalterado; somente o *mapeamento* entre os dois níveis é alterado. Portanto, os programas de aplicação que fazem referência ao esquema de nível mais alto não precisam ser alterados.

2.3 Linguagens e interfaces do banco de dados

Na Seção 1.4, discutimos a variedade de usuários atendidos por um SGBD. O banco de dados precisa oferecer linguagens e interfaces apropriadas para cada categoria de usuário. Nesta seção, discutimos os tipos de linguagens e interfaces oferecidas por um SGBD e as categorias de usuário que são alvo de cada interface.

2.3.1 Linguagens do SGBD

Quando o projeto de um banco de dados é finalizado e um SGBD é escolhido para implementá-lo, o primeiro passo é especificar esquemas conceituais e internos para o banco de dados e quaisquer mapeamentos entre os dois. Em muitos SGBDs, em que não é mantida nenhuma separação estrita de níveis, uma linguagem, chamada **linguagem de definição de dados** (**DDL** — *Data Definition Language*), é usada pelo DBA e pelos projetistas de banco de dados para definir os dois esquemas. O SGBD terá um compilador da DDL cuja função é processar instruções da DDL a fim de identificar as descrições dos construtores de esquema e armazenar a descrição de esquema no catálogo do SGBD.

Nos SGBDs que mantêm uma separação clara entre os níveis conceitual e interno, a DDL é usada para especificar apenas o esquema conceitual. Outra linguagem, a **linguagem de definição de armazenamento** (**SDL** — *Storage Definition Language*), é utilizada para especificar o esquema interno. Os mapeamentos entre os dois esquemas podem ser especificados em qualquer uma dessas linguagens. Na maioria dos SGBDs relacionais, *não existe uma linguagem específica* que realize o papel de SDL. Em vez disso, o esquema interno é especificado por uma combinação de funções, parâmetros e especificações relacionadas ao armazenamento de arquivos. Estes permitem aos DBAs controlar opções de indexação e mapeamento de dados que serão armazenados. Para uma verdadeira arquitetura de três esquemas, precisaríamos de uma terceira linguagem, a **linguagem de definição de visão** (**VDL** — *View Definition Language*), para especificar visões do usuário e seus mapeamentos ao esquema conceitual, mas na maioria dos SGBDs *a DDL é usada para definir tanto o esquema conceitual como o externo*. Nos SGBDs relacionais, a SQL é usada no papel de VDL para definir **visões** do usuário ou da aplicação como resultados de consultas predefinidas (ver capítulos 6 e 7).

Quando os esquemas do banco de dados são compilados e o banco é populado com dados, os usuários precisam de alguma forma para manipulá-lo. As manipulações típicas incluem recuperação, inserção, exclusão e modificação dos dados. O SGBD oferece um conjunto de operações ou uma linguagem chamada **linguagem de manipulação de dados** (**DML** — *Data Manipulation Language*) para essas finalidades.

Nos SGBDs atuais, esses tipos de linguagens normalmente *não são considerados linguagens distintas*; ao contrário, uma linguagem integrada e abrangente é usada na definição do esquema conceitual, definição de visão e manipulação de dados. A definição do armazenamento, em geral, é mantida em separado, pois serve para definir estruturas de armazenamento físicas, para ajustar o desempenho do sistema de banco de dados, o que é normalmente feito pela equipe de DBA. Um exemplo típico de linguagem de banco de dados abrangente é a linguagem relacional SQL (ver capítulos 6 e 7), que representa uma combinação de DDL, VDL e DML, bem como as instruções para especificação de restrição, evolução de esquema e outros recursos. A SDL era um componente nas primeiras versões da SQL, mas foi removida da linguagem para mantê-la apenas nos níveis conceitual e externo.

Existem dois tipos de DML. Uma DML de **alto nível** ou **não procedural** pode ser utilizada para especificar operações de banco de dados complexas de forma concisa. Muitos SGBDs permitem que instruções DML de alto nível sejam inseridas interativamente em um monitor ou terminal ou sejam embutidas em uma linguagem de programação de uso geral. Nesse último caso, as instruções DML precisam ser identificadas dentro do programa, de modo que possam ser extraídas por um pré-compilador e processadas por um SGBD. Uma DML de **baixo nível** ou **procedural** *deve* ser embutida em uma linguagem de programação de uso geral. Esse tipo de DML recupera registros individuais ou objetos do banco de dados e processa cada um deles separadamente. Portanto, precisa de construções de linguagem de programação, como laços (ou loop), para recuperar e processar cada registro de um conjunto de registros. DMLs de baixo nível também são chamadas de DMLs que tratam **um registro de cada vez**, em virtude dessa propriedade. As DMLs de alto nível, como a SQL, podem especificar e recuperar muitos registros em uma única instrução DML; portanto, elas são chamadas de DMLs de **um conjunto de cada vez** ou **orientadas a conjunto**. Uma consulta em uma DML de alto nível normalmente especifica *quais* dados recuperar, em vez de *como* recuperá-los; portanto, essas linguagens também são chamadas **declarativas**.

Sempre que comandos DML, sejam eles de alto ou de baixo nível, são incorporados em uma linguagem de programação de uso geral, ela é chamada de **linguagem hospedeira** e a DML é chamada de **sublinguagem de dados**.[9] Por sua vez, uma DML de alto nível usada em uma maneira interativa é chamada **linguagem de consulta**. Em geral, comandos de recuperação e atualização de uma DML de alto nível podem ser usados de maneira interativa e, portanto, são considerados parte da linguagem de consulta.[10]

---

[9] Em bancos de dados de objeto, as sublinguagens hospedeiras e de dados formam uma linguagem integrada — por exemplo, C++ com algumas extensões para dar suporte à funcionalidade de banco de dados. Alguns sistemas relacionais também oferecem linguagens integradas — por exemplo, a PL/SQL do Oracle.

[10] De acordo com seu significado em inglês, a palavra *consulta* (*query*), na realidade, deveria ser usada para descrever apenas recuperações, e não atualizações.

Usuários finais casuais costumam usar uma linguagem de consulta de alto nível para especificar suas solicitações, enquanto os programadores usam a DML em sua forma embutida. Para usuários comuns e paramétricos, normalmente existem **interfaces amigáveis** para interagir com o banco de dados; estas também podem ser usadas por usuários casuais ou outros que não querem aprender os detalhes de uma linguagem de consulta de alto nível. Discutiremos esses tipos de interface a seguir.

2.3.2 Interfaces de SGBD

As interfaces amigáveis oferecidas por um SGBD podem incluir:

Interfaces baseadas em menu para clientes web ou de navegação. Essas interfaces apresentam ao usuário uma lista de opções (chamadas **menus**) que acompanham o usuário na formulação de uma solicitação. Os menus acabam com a necessidade de memorizar os comandos específicos e a sintaxe de uma linguagem de consulta; em vez disso, a consulta é composta passo a passo ao se escolherem opções de um menu que é exibido pelo sistema. Os menus pull-down são uma técnica muito popular nas **interfaces de usuário baseadas na web.** Eles também são usados com frequência em **interfaces de navegação**, que permitem a um usuário examinar o conteúdo de um banco de dados de uma maneira exploratória e desestruturada.

Aplicativos para dispositivos móveis. Essas interfaces dão acesso aos dados para os usuários móveis. Por exemplo, bancos, empresas de reservas e seguros, entre muitas outras, oferecem aplicativos para permitir que os usuários acessem seus dados por meio de um telefone celular ou outro dispositivo móvel. Os aplicativos possuem interfaces programadas embutidas que, em geral, permitem que os usuários façam login com seu nome de conta e senha; então, os aplicativos oferecem um menu de opções limitado para o acesso móvel aos dados do usuário, além de opções como pagar contas (para bancos) ou fazer reservas (para sites de reserva).

Interfaces baseadas em formulário. Uma interface baseada em formulário apresenta um formulário para cada usuário. Os usuários podem preencher todas as entradas do **formulário** para inserir novos dados ou preencher apenas certas entradas, caso em que o SGBD recuperará os dados correspondentes para as entradas restantes. Os formulários normalmente são projetados e programados para usuários finais como interfaces para transações já programadas. Muitos SGBDs possuem **linguagens de especificação de formulários**, que são linguagens especiais que ajudam os programadores a especificar tais formulários. SQL*Forms é uma linguagem baseada em formulário que especifica consultas usando um formulário projetado em conjunto com o esquema de banco de dados relacional. Oracle Forms é um componente do pacote de produtos da Oracle que oferece um extenso conjunto de recursos para projetar e montar aplicações usando formulários. Alguns sistemas possuem utilitários para definir um formulário, permitindo que o usuário final construa interativamente um formulário de amostra na tela.

Interfaces gráficas com o usuário. Uma GUI normalmente apresenta um esquema para o usuário em formato de diagrama. O usuário pode então especificar uma consulta manipulando o diagrama. Em muitos casos, as GUIs utilizam menus e formulários.

Interfaces de linguagem natural. Essas interfaces aceitam solicitações escritas em inglês ou em outro idioma, e tentam *entendê-las*. Uma interface de linguagem natural costuma ter o próprio *esquema*, que é semelhante ao esquema conceitual do banco de dados, bem como um dicionário de palavras importantes. Essa interface de linguagem natural recorre às palavras em seu esquema, bem como ao conjunto de palavras-padrão em seu dicionário, que são usadas para interpretar a solicitação. Se a interpretação for bem-sucedida, a interface gera uma consulta de alto nível correspondente à solicitação de linguagem natural e a submete ao SGBD para processamento; caso contrário, um diálogo é iniciado com o usuário para esclarecer a solicitação.

Pesquisa do banco de dados baseada em palavra-chave. Estas são semelhantes aos mecanismos de busca na web, que aceitam sequências de palavras de linguagem natural (como inglês ou espanhol) e as combinam com documentos em sites específicos (para mecanismos de busca locais) ou páginas web em geral (para mecanismos como Google ou Ask). Eles utilizam índices predefinidos sobre palavras e funções de pontuação (ranking) para recuperar e apresentar documentos resultantes em um grau decrescente de combinação. Essas interfaces de consulta textual "em forma livre" ainda não são comuns nos bancos de dados de modelo relacional estruturado, embora uma área de pesquisa chamada **consulta baseada em palavra-chave** tenha surgido recentemente para os bancos de dados relacionais.

Entrada e saída de voz. O uso limitado da voz como entrada para uma consulta e como resposta para uma pergunta ou resultado de uma solicitação está se tornando comum. Aplicações com vocabulários limitados, como consultas ao catálogo telefônico, chegada/saída de voo e informações da conta de cartão de crédito, estão permitindo que a voz, como forma de entrada e saída, facilite o acesso a essas informações pelos clientes. A entrada de voz é detectada com o uso de uma biblioteca de palavras predefinidas e usadas para configurar os parâmetros fornecidos para as consultas. Para a saída, acontece uma conversão semelhante de texto ou de números para voz.

Interfaces para usuários paramétricos. Os usuários paramétricos, como caixas de banco, em geral possuem um pequeno conjunto de operações que precisam realizar repetidamente. Por exemplo, um caixa pode usar teclas de função isoladas para fazer transações de rotina e repetitivas, como depósitos em conta ou saques, ou consultas de saldo. Os analistas de sistemas e programadores projetam e implementam uma interface especial para cada classe conhecida de usuários finais. Normalmente, um pequeno conjunto de comandos abreviados é incluído, com o objetivo de minimizar o número de toques de teclas exigido para cada solicitação.

Interfaces para o DBA. A maioria dos sistemas de banco de dados contém comandos privilegiados que podem ser usados apenas pela equipe de DBAs. Estes incluem comandos para criar contas, definir parâmetros do sistema, conceder autorização de conta, alterar um esquema e reorganizar as estruturas de armazenamento de um banco de dados.

2.4 O ambiente do sistema de banco de dados

Um SGBD é um sistema de software complexo. Nesta seção, vamos discutir os tipos de componentes de software que constituem um SGBD e os tipos de software de sistemas de computação com os quais ele interage.

2.4.1 Módulos componentes do SGBD

A Figura 2.3 ilustra, de uma forma simplificada, os componentes típicos do SGBD. A figura está dividida em duas partes. A parte superior refere-se aos diversos usuários do ambiente de banco de dados e suas interfaces. A parte inferior mostra os módulos internos do SGBD, responsáveis pelo armazenamento de dados e processamento de transações.

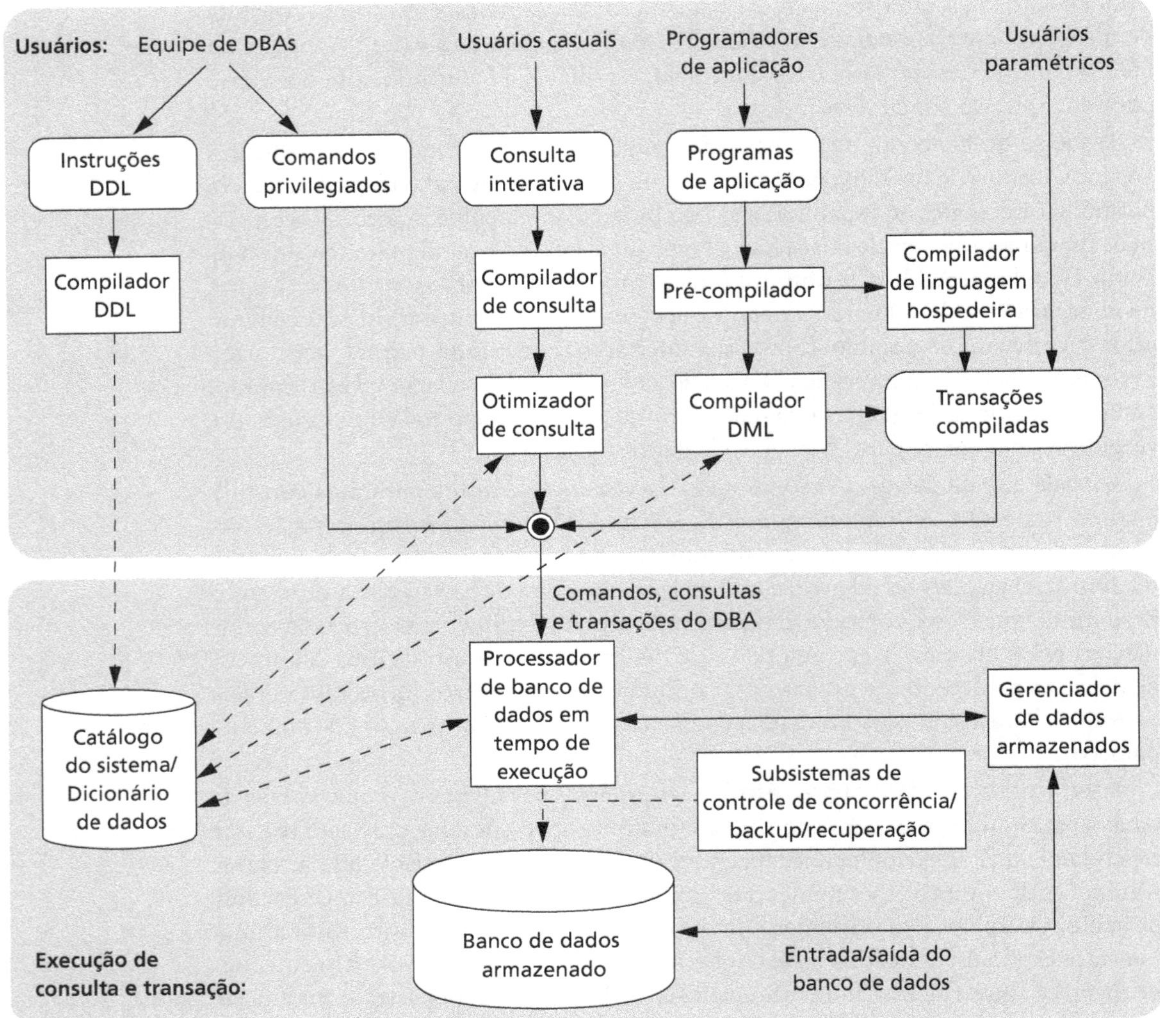

Figura 2.3 Módulos componentes de um SGBD e suas interações.

O banco de dados e o catálogo do SGBD normalmente são armazenados em disco. O acesso ao disco é controlado, em especial, pelo **sistema operacional** (**SO**), que escalona a leitura/escrita em disco. Muitos SGBDs possuem o próprio módulo de **gerenciamento de buffer** para planejar a leitura/escrita em disco, pois isso tem um efeito considerável sobre o desempenho. A redução da leitura/escrita em disco melhora o desempenho de maneira considerável. Um módulo **gerenciador de dados armazenados** de nível mais alto do SGBD controla o acesso às informações do SGBD armazenadas em disco, se elas fizerem parte do banco de dados ou se forem parte do catálogo.

Primeiro, vamos considerar a parte superior da Figura 2.3. Ela mostra as interfaces para a equipe de DBAs, usuários casuais que trabalham com interfaces interativas para formular consultas, programadores de aplicação que criam programas usando algumas linguagens de programação hospedeiras, e usuários paramétricos que realizam a entrada dos dados fornecendo parâmetros para transações predefinidas. A equipe de DBAs define o banco de dados e faz ajustes, alterando sua definição por meio da DDL e de outros comandos privilegiados.

O compilador da DDL processa as definições de esquema especificadas e armazena as descrições dos esquemas (metadados) no catálogo do SGBD. O catálogo inclui informações como nomes e tamanhos dos arquivos, nomes e tipos dos itens de dados, detalhes de armazenamento de cada arquivo, informações de mapeamento entre esquemas, além de restrições. Além disso, o catálogo armazena muitos outros tipos de informações necessárias aos módulos do SGBD, que podem, então, utilizar as informações do catálogo conforme a necessidade.

Usuários casuais e pessoas com necessidade ocasional de informações do banco de dados interagem usando a interface de **consulta interativa,** representada na Figura 2.3. *Não mostramos explicitamente* qualquer interação baseada em menu ou em formulário ou em dispositivo móvel que possa ser usada para gerar a consulta interativa de maneira automática ou para acessar transações programadas. Essas consultas são analisadas e validadas pela exatidão da sintaxe da consulta, os nomes de arquivos e elementos de dados, e assim por diante, por um **compilador de consulta,** que as compila para um formato interno. Essa consulta interna está sujeita à otimização de consultas (discutida nos capítulos 18 e 19). Entre outras coisas, o **otimizador de consulta** preocupa-se com o rearranjo e a possível reordenação de operações, com a eliminação de redundâncias e o uso dos algoritmos de busca eficientes durante a execução. Ele consulta o catálogo do sistema em busca de informações estatísticas e outras informações físicas a respeito dos dados armazenados, gerando um código executável que realiza as operações necessárias para a consulta e faz chamadas ao processador em tempo de execução.

Os programadores de aplicação escrevem programas em linguagens hospedeiras, como Java, C ou C++, que são submetidas a um pré-compilador. O **pré-compilador** extrai comandos DML do programa de aplicação escrito em uma linguagem de programação hospedeira. Esses comandos são enviados ao compilador DML para serem compilados em código objeto para o acesso ao banco de dados. O restante do programa é enviado ao compilador da linguagem hospedeira. Os códigos objeto para os comandos DML e o restante do programa são ligados ("linkados"), formando uma transação programada cujo código executável inclui chamadas para o processador de banco de dados em tempo de execução. É cada vez mais comum usar linguagens de scripting, como PHP e Python, para escrever programas de banco de dados. As transações programadas são executadas repetidamente pelos usuários paramétricos via computador pessoal ou aplicativos móveis; esses usuários apenas fornecem os parâmetros para as transações. Cada execução é considerada uma transação separada. Um exemplo é uma transação de pagamento bancário, na qual o número da conta, o credor e o valor podem ser fornecidos como parâmetros.

Na parte inferior da Figura 2.3, o **processador de banco de dados em tempo de execução** executa (1) os comandos privilegiados, (2) os planos de consulta executáveis e (3) as transações programadas com parâmetros em tempo de execução. Ele trabalha com o **catálogo do sistema** e pode atualizá-lo com estatísticas. Também trabalha com o **gerenciador de dados armazenados,** que, por sua vez, utiliza os serviços básicos do sistema operacional para executar operações de entrada/saída (leitura/escrita) de baixo nível entre o disco e a memória principal. O processador de banco de dados em tempo de execução cuida de outros aspectos da transferência de dados, como o gerenciamento de buffers na memória principal. Alguns SGBDs têm o próprio módulo de gerenciamento de buffer, enquanto outros dependem do SO para fazê-lo. Mostramos os **sistemas de controle de concorrência** e **backup e recuperação** separadamente como um módulo nessa figura. Eles são integrados ao funcionamento do processador de banco de dados em tempo de execução para fins de gerenciamento de transação.

É comum que o **programa cliente** acesse o SGBD executando em um computador separado daquele em que o banco de dados reside. O primeiro é chamado

computador cliente, que executa um software cliente do SGBD, e o segundo é chamado **servidor de banco de dados**. Em alguns casos, o cliente acessa um computador intermediário, conhecido como **servidor de aplicações**, que, por sua vez, acessa o servidor de banco de dados. Abordaremos melhor esse assunto na Seção 2.5.

A Figura 2.3 não pretende descrever um SGBD específico; ao contrário, ela ilustra seus módulos básicos. O SGBD interage com o sistema operacional quando os acessos ao disco — ao banco de dados ou ao catálogo — são necessários. Se o computador for compartilhado por muitos usuários, o SO planejará as solicitações de acesso ao disco do SGBD e o processamento do SGBD com outros processos. Por outro lado, se o computador estiver principalmente dedicado a executar o servidor de banco de dados, o SGBD controlará a memória principal mantendo as páginas do disco em buffers. O SGBD também realiza a interface com compiladores das linguagens de programação hospedeiras de uso geral, e com os servidores de aplicações e programas cliente rodando em máquinas separadas, por meio da interface de rede do sistema.

2.4.2 Utilitários do sistema de banco de dados

Além dos módulos de software que descrevemos, a maioria dos SGBDs possui **utilitários de banco de dados** que ajudam o DBA a gerenciar o sistema. Os utilitários comuns têm os seguintes tipos de funções:

- **Carga.** Um utilitário de carga é usado para carregar os arquivos de dados existentes — como arquivos de texto ou sequenciais — no banco de dados. Normalmente o formato atual do arquivo de dado (origem) e a estrutura do arquivo do banco de dados desejado (destino) são especificados pelo utilitário, que reformata automaticamente os dados e os armazena no banco de dados. Com a proliferação de SGBDs, a transferência de dados de um SGBD para outro está se tornando comum em muitas organizações. Alguns fornecedores de SGBDs estão oferecendo **ferramentas de conversão** que geram os programas de carga apropriados, tendo como base descrições de armazenamento de banco de dados de origem e destino (esquemas internos).
- **Backup.** Um utilitário de backup cria uma cópia de segurança do banco de dados, normalmente copiando-o inteiro para fita ou outro meio de armazenamento em massa. A cópia de backup pode ser usada para restaurar o banco de dados no caso de uma falha catastrófica no disco. Os backups incrementais também costumam ser utilizados e registram apenas as mudanças ocorridas após o backup anterior. O backup incremental é mais complexo, mas economiza espaço de armazenamento.
- **Reorganização do armazenamento do banco de dados.** Esse utilitário pode ser usado para reorganizar um conjunto de arquivos do banco de dados em diferentes organizações de arquivo e cria novos caminhos de acesso para melhorar o desempenho.
- **Monitoração de desempenho.** Esse utilitário monitora o uso do banco de dados e oferece estatísticas ao DBA, que as usa para decidir se deve ou não reorganizar arquivos ou se deve incluir ou remover índices para melhorar o desempenho.

Podem estar disponíveis outros utilitários para classificar arquivos, tratar da compactação de dados, monitorar o acesso pelos usuários, realizar a interface com a rede e desempenhar outras funções.

2.4.3 Ferramentas, ambientes de aplicação e facilidades de comunicações

Outras ferramentas estão frequentemente disponíveis aos projetistas de bancos de dados, usuários e ao SGBD. Ferramentas CASE[11] são usadas na fase de projeto dos sistemas de banco de dados. Outra ferramenta que pode ser muito útil em grandes organizações é um **sistema de dicionário de dados** (ou de **repositório de dados**) expandido. Além de armazenar informações de catálogo sobre esquemas e restrições, o dicionário de dados armazena decisões do projeto, padrões de uso, descrições do programa de aplicação e informações do usuário. Esse sistema também é chamado de **repositório de informação.** Essa informação pode ser acessada *diretamente* pelos usuários ou pelo DBA, quando necessário. Um utilitário de dicionário de dados é semelhante ao catálogo do SGBD, mas inclui uma variedade maior de informações e é acessado principalmente pelos usuários, em vez de pelo software de SGBD.

Ambientes de desenvolvimento de aplicação, como o PowerBuilder (Sybase) ou o JBuilder (Borland), são muito populares. Esses sistemas oferecem um ambiente para desenvolver aplicações de banco de dados e incluem estruturas que ajudam em muitas facetas dos sistemas, incluindo projeto de banco de dados, desenvolvimento GUI, consulta e atualização, e desenvolvimento de programas de aplicação.

O SGBD também precisa realizar a interface com o **software de comunicações,** cuja função é permitir que os usuários em locais remotos do sistema de banco de dados acessem-no por meio de terminais de computador, estações de trabalho ou computadores pessoais. Estes são conectados ao local do banco de dados por meio de hardware de comunicações de dados, como roteadores da internet, linhas telefônicas, redes de longa distância, redes locais ou dispositivos de comunicação por satélite. Muitos sistemas de banco de dados do mercado possuem pacotes de comunicação que trabalham com o SGBD. O sistema integrado de SGBD e comunicações de dados é chamado de sistema **DB/DC.** Além disso, alguns SGBDs estão fisicamente distribuídos em várias máquinas. Nesse caso, são necessárias redes de comunicações para conectar as máquinas. Estas, com frequência, são **redes locais (LANs** — *Local Area Networks*), mas também podem ser outros tipos de redes.

2.5 Arquiteturas centralizadas e cliente/servidor para SGBDs

2.5.1 Arquitetura de SGBDs centralizada

As arquiteturas para SGBDs têm seguido tendências semelhantes às dos sistemas de computação em geral. As arquiteturas mais antigas usavam computadores mainframe para oferecer o processamento principal para todas as funções do sistema, incluindo programas de aplicação do usuário e programas de interface com o usuário, bem como toda a funcionalidade do SGBD. O motivo é que, nos sistemas mais antigos, a maioria dos usuários acessava tais sistemas por terminais de computador, que não tinham poder de processamento e apenas ofereciam capacidades de exibição. Portanto, todo o processamento era realizado remotamente no computador central, que continha o SGBD, e somente informações de exibição e controle eram enviadas do computador para os terminais de vídeo, que eram conectados ao computador central por meio de vários tipos de redes de comunicações.

---

[11] Embora CASE signifique "engenharia de software auxiliada por computador", muitas de suas ferramentas são usadas, principalmente, para o projeto de banco de dados.

À medida que os preços do hardware caíram, a maioria dos usuários substituiu seus terminais por PCs, estações de trabalho e, mais recentemente, por dispositivos móveis. No início, os sistemas de banco de dados usavam esses computadores de modo semelhante à forma que usavam terminais de vídeo, de maneira que o SGBD em si ainda era um SGBD **centralizado**, em que sua funcionalidade, execução de programas de aplicação e processamento de interface do usuário eram realizados em uma máquina. A Figura 2.4 ilustra os componentes físicos em uma arquitetura centralizada. Gradualmente, os sistemas de SGBD começaram a explorar o poder de processamento disponível no lado do usuário, o que levou às arquiteturas de SGBD cliente/servidor.

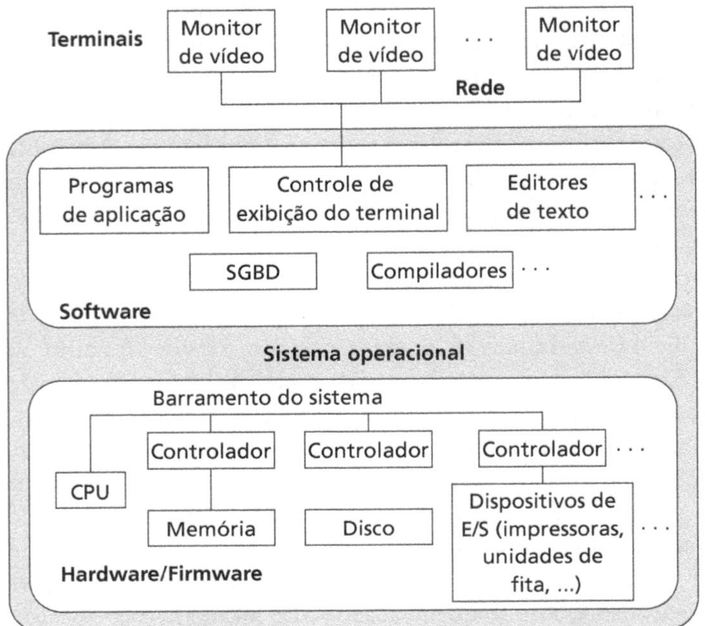

Figura 2.4 Uma arquitetura física centralizada.

2.5.2 Arquiteturas cliente/servidor básicas

Primeiro, vamos discutir a arquitetura cliente/servidor em geral e depois veremos como ela se aplica aos SGBDs. A **arquitetura cliente/servidor** foi desenvolvida para lidar com ambientes de computação em que um grande número de PCs, estações de trabalho, servidores de arquivos, impressoras, servidores de banco de dados, servidores web, servidores de correio (e-mail) e outros softwares e equipamentos são conectados por uma rede. A ideia é definir **servidores especializados** com funcionalidades específicas. Por exemplo, é possível conectar uma série de PCs ou pequenas estações de trabalho como clientes a um **servidor de arquivos** que mantém os arquivos das máquinas clientes. Outra máquina pode ser designada como **servidor de impressão,** sendo conectada a várias impressoras; todas as solicitações de impressão pelos clientes são encaminhadas a essa máquina. Os **servidores web** ou **servidores de correio** também se encontram na categoria de servidor especializado. Os recursos fornecidos pelos servidores especializados podem ser acessados por muitas máquinas clientes. As **máquinas clientes** oferecem ao usuário as interfaces apropriadas para utilizar esses servidores, bem como poder de processamento local para executar aplicações locais. Esse conceito pode ser transportado para outros pacotes de software, com programas especializados — como o pacote de CAD (*Computer-Aided Design*) — sendo armazenados em máquinas servidoras específicas e acessíveis a múltiplos clientes. A Figura 2.5 ilustra a arquitetura cliente/servidor no nível lógico; a Figura 2.6 é um

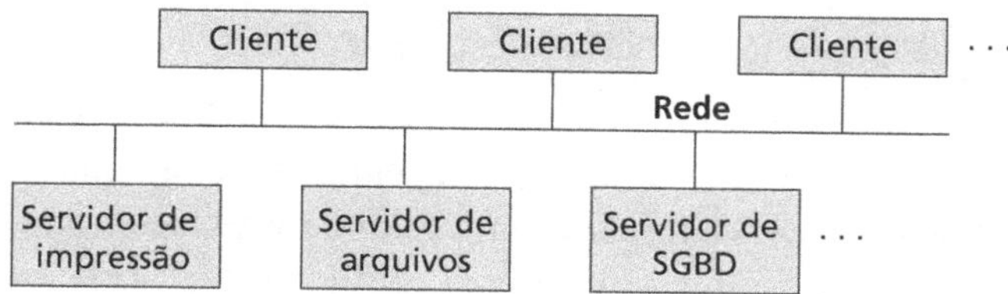

Figura 2.5 Arquitetura cliente/servidor lógica em duas camadas.

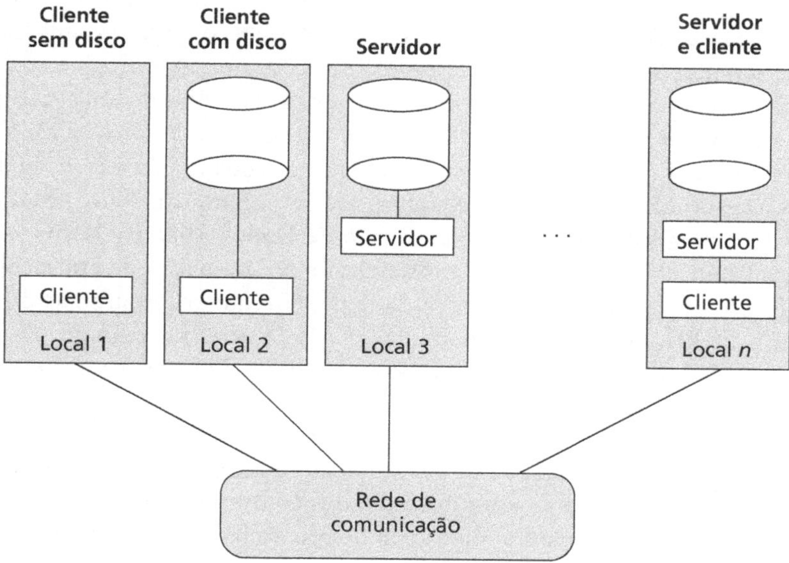

Figura 2.6 Arquitetura cliente/servidor física em duas camadas.

diagrama simplificado que mostra a arquitetura física. Algumas máquinas seriam apenas locais do cliente (por exemplo, dispositivos móveis ou estações de trabalho/ PCs que têm apenas software cliente instalado). Outras máquinas seriam servidores dedicados, e outras ainda teriam funcionalidade de cliente e servidor.

O conceito de arquitetura cliente/servidor assume uma estrutura básica composta por muitos PCs/estações de trabalho e dispositivos móveis, além de um número menor de máquinas servidoras, conectadas por redes sem fio (wireless) ou LANs e outros tipos de redes de computadores. Um **cliente** nessa estrutura normalmente é uma máquina que oferece capacidades de interface com o usuário e processamento local. Quando um cliente requer acesso a alguma funcionalidade adicional — como acesso ao banco de dados — que não existe na máquina do cliente, ele se conecta a um servidor que oferece a funcionalidade necessária. Um **servidor** é um sistema com hardware e software que pode oferecer serviços às máquinas clientes, como acesso a arquivo, impressão, arquivamento ou acesso a banco de dados. Em geral, algumas máquinas têm instalados apenas software cliente, outras, apenas software servidor, e ainda outras podem incluir softwares cliente e servidor, conforme ilustrado na Figura 2.6. Porém, é mais comum que o software cliente e servidor seja executado em máquinas separadas. Dois tipos principais de arquiteturas de SGBD foram criados nessa estrutura cliente/servidor básica: **duas camadas** e **três camadas**.[12] Vamos explicar esses dois tipos a seguir.

[12] Existem muitas outras variações de arquiteturas cliente/servidor. Discutiremos aqui as duas mais usuais.

2.5.3 Arquiteturas cliente/servidor de duas camadas para SGBDs

Em sistemas de gerenciamento de banco de dados relacionais (SGBDRs), muitos dos quais começaram como sistemas centralizados, os componentes do sistema movidos inicialmente para o lado do cliente foram a interface com o usuário e os programas de aplicação. Como a SQL (ver capítulos 6 e 7) fornecia uma linguagem-padrão para os SGBDRs, isso criou um ponto de divisão lógico entre cliente e servidor. Assim, as funcionalidades de consulta e de transação relacionadas ao processamento da SQL permaneceram no lado do servidor. Nesse tipo de arquitetura, o servidor frequentemente é chamado **servidor de consulta** ou **servidor de transação,** pois oferece essas duas funcionalidades. Em um SGBDR, o servidor também é chamado de **servidor SQL**.

Os programas da interface com o usuário e os programas de aplicação podem ser executados no lado do cliente. Quando é necessário acessar o SGBD, o programa estabelece uma conexão com o SGBD (que está no lado do servidor); quando a conexão é criada, o programa cliente pode se comunicar com o SGBD. Um padrão denominado **Conectividade de Banco de Dados Aberta** (**ODBC** — *Open Database Connectivity*) oferece uma **interface de programação de aplicações** (**API** — *Application Programming Interface*), que permite que os programas do cliente chamem o SGBD, desde que as máquinas cliente e servidor tenham o software necessário instalado. A maioria dos fabricantes de SGBD oferece drivers ODBC para seus sistemas. Um programa cliente pode se conectar a vários SGBDRs e enviar solicitações de consulta e transação usando a API da ODBC, que é processada nos servidores. Quaisquer resultados de consulta são enviados de volta ao programa cliente, que pode processar e exibir os resultados conforme a necessidade. Foi definido também um padrão para a linguagem de programação Java, chamado **JDBC**. Isso permite que programas clientes em Java acessem um ou mais SGBDs por meio de uma interface-padrão.

As arquiteturas descritas aqui são chamadas **arquiteturas de duas camadas** porque os componentes de software são distribuídos por dois sistemas: cliente e servidor. As vantagens dessa arquitetura são sua simplicidade e compatibilidade transparente com os sistemas existentes. O surgimento da web mudou os papéis de clientes e servidores, levando à arquitetura de três camadas.

2.5.4 Arquiteturas de três camadas e n camadas para aplicações web

Muitas aplicações web utilizam uma arquitetura chamada **arquitetura de três camadas**, que acrescenta uma camada intermediária entre o cliente e o servidor de banco de dados, conforme ilustrado na Figura 2.7(a).

Essa **camada intermediária** é chamada de **servidor de aplicação** ou **servidor web**, dependendo da aplicação. Esse servidor desempenha um papel intermediário pela execução de programas de aplicação e armazenamento de regras de negócios (procedimentos ou restrições), usados para acessar os dados do servidor de banco de dados. Ela também pode melhorar a segurança do banco de dados, verificando as credenciais de um cliente antes de encaminhar uma solicitação ao servidor. Os clientes têm interfaces com o usuário e navegadores web. O servidor intermediário aceita e processa solicitações do cliente, e envia consultas e comandos do banco de dados ao servidor, e depois atua como um canal para passar (parcialmente) dados processados do servidor aos clientes, onde podem ainda ser processados e filtrados para serem apresentados aos usuários. Assim, a *interface com o usuário*, as *regras da aplicação* e o *acesso aos dados* atuam como três camadas. A Figura 2.7(b) mostra outra visão da arquitetura de três camadas usada pelo banco de dados e outros fabricantes de pacote de aplicação. A camada de apresentação exibe informações

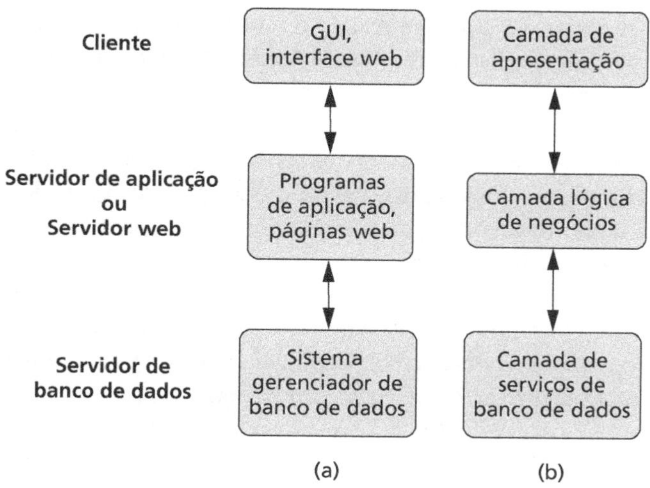

Figura 2.7 Arquitetura cliente/servidor lógica de três camadas, com algumas nomenclaturas comumente utilizadas.

ao usuário e permite a entrada de dados. A camada de lógica de negócios cuida das regras e das restrições intermediárias antes de os dados serem passados para o usuário ou devolvidos ao SGBD. A camada inferior inclui todos os serviços de gerenciamento de dados. A camada do meio também pode atuar como um servidor web, que recupera resultados das consultas do servidor de banco de dados e os formata para as páginas web dinâmicas, que são vistas pelo navegador web no lado do cliente. A máquina cliente geralmente é um PC ou um dispositivo móvel conectado à web.

Outras arquiteturas também foram propostas. É possível dividir as camadas entre o usuário e os dados armazenados em outros componentes mais detalhados, resultando, assim, em arquiteturas de *n* camadas, onde *n* pode ser quatro ou cinco camadas. Em geral, a camada da lógica de negócios é dividida em várias camadas. Além de distribuir a programação e os dados pela rede, as aplicações de *n* camadas têm a vantagem de que qualquer camada pode ser executada em um processador ou em uma plataforma de sistema operacional adequado e ser tratada independentemente. Os fabricantes de pacotes de ERP (*Enterprise Resource Planning — Planejamento dos Recursos da Empresa*) e CRM (*Customer Relationship Management — Gestão de Relacionamento com o Cliente*) costumam utilizar uma *camada mediadora*, que é responsável pelos módulos de front-end (clientes) que se comunicam com uma série de bancos de dados de back-end (servidores).

Os avanços na tecnologia de criptografia tornam mais seguro transferir dados confidenciais em formato codificado do servidor ao cliente, onde serão decodificados. Isso pode ser feito pelo hardware ou por um software avançado. Essa tecnologia oferece níveis mais altos de segurança de dados, mas as questões de segurança da rede continuam sendo uma preocupação constante. Diversas tecnologias de compactação de dados também ajudam a transferir grande quantidade de dados dos servidores aos clientes por redes com e sem fio.

2.6 Classificação dos sistemas gerenciadores de banco de dados

Vários critérios podem ser utilizados para classificar os SGBDs. O primeiro é o **modelo de dados** no qual o SGBD é baseado. O principal modelo de dados usado atualmente em muitos SGBDs comerciais é o **modelo de dados relacional**, e os sistemas baseados nele são conhecidos como **sistemas SQL**. O **modelo de dados de objeto** foi implementado em alguns sistemas comerciais, mas não tem seu uso generalizado. Recentemente, os chamados **sistemas big data**, também conhecidos como **sistemas de armazenamento de chave-valor** e **sistemas NOSQL**, utilizam diversos modelos de dados: **baseados em documento, baseados em gráfico, baseados em coluna** e **chave-valor**. Muitas aplicações legadas ainda rodam em sistemas de banco de dados baseados nos **modelos de dados hierárquico** e **de rede**.

Os SGBDs relacionais estão evoluindo continuamente e, em particular, têm incorporado muitos dos conceitos que foram desenvolvidos nos bancos de dados de objeto. Isso tem levado a uma nova classe de SGBDs, chamados **SGBDs objeto-relacionais**. Assim, podemos categorizar os SGBDs com base no modelo de dados: relacional, objeto, objeto-relacional, NOSQL, chave-valor, hierárquico, rede, entre outros.

Alguns SGBDs experimentais se baseiam no modelo XML (*eXtended Markup Language*), que é um **modelo de dados estruturado em árvore**. Estes têm sido chamados de **SGBDs XML nativos**. Vários SGBDs relacionais comerciais acrescentaram interfaces e armazenamento XML a seus produtos.

O segundo critério usado para classificar SGBDs é o **número de usuários** suportados pelo sistema. **Sistemas monousuário** admitem apenas um usuário de cada vez, e são usados principalmente com computadores pessoais. **Sistemas multiusuário**, que incluem a maioria dos SGBDs, admitem múltiplos usuários simultaneamente.

O terceiro critério é o **número de locais** sobre os quais o banco de dados está distribuído. Um SGBD é **centralizado** se os dados estiverem armazenados em um único computador. Um SGBD centralizado pode atender a vários usuários, mas o SGBD e o banco de dados residem integralmente em um único computador. Um SGBD **distribuído** (SGBDD) pode ter o banco de dados real e o software de SGBD distribuídos por vários locais, conectados por uma rede de computadores. Sistemas big data costumam ser maciçamente distribuídos, com centenas de locais. Os dados normalmente são replicados em vários locais, de modo que a falha em um deles não tornará os dados indisponíveis.

Os SGBDDs **homogêneos** usam o mesmo software de SGBD em todos os locais, ao passo que SGBDDs **heterogêneos** podem usar um software de SGBD diferente em cada local. Também é possível desenvolver **software mediador** para acessar vários bancos de dados autônomos preexistentes, armazenados sob SGBDs heterogêneos. Isso leva a um SGBD **federado** (ou **sistema multibanco de dados**), em que os sistemas participantes são fracamente acoplados e possuem um certo grau de autonomia local. Muitos SGBDDs utilizam arquitetura cliente/servidor, conforme descrito na Seção 2.5.

O quarto critério é o custo. É difícil propor uma classificação dos SGBDs com base no custo. Hoje, temos SGBDs de código aberto (gratuito), como MySQL e PostgreSQL, que têm suporte de fornecedores terceirizados com serviços adicionais. Os principais SGBDRs estão disponíveis em versões gratuitas para testes durante 30 dias, além de versões pessoais, que podem custar menos de US$ 100 e permitir uma funcionalidade razoável. Os sistemas gigantes estão sendo vendidos em formato modular, com componentes para lidar com distribuição, replicação, processamento paralelo, capacidade móvel, e assim por diante, e com um grande número de parâmetros que precisam ser definidos na configuração. Além disso, eles são vendidos na forma de licenças — as licenças por local permitem o uso ilimitado do sistema de banco de dados com qualquer número de cópias rodando na instalação definida pelo comprador. Outro tipo de licença limita o número de usuários simultâneos ou o número total de usuários em determinado local. As versões de alguns sistemas para um único usuário isolado, como Microsoft Access, são vendidas por cópia ou incluídas na configuração geral do computador desktop ou notebook. Além disso, recursos de data warehousing e mineração de dados, bem como o suporte para tipos de dados adicionais, estão disponíveis por um custo extra. É possível pagar milhões de dólares anualmente pela instalação e manutenção de grandes sistemas de banco de dados.

Também podemos classificar um SGBD com base nas opções de **tipos de caminho de acesso** para armazenar arquivos. Uma família bem conhecida de SGBDs é baseada em estruturas invertidas de arquivo. Por fim, um SGBD pode ser de **uso geral** ou de **uso especial**. Quando o desempenho é um aspecto importante, um SGBD de uso especial pode ser projetado e construído para uma aplicação específica; esse sistema não pode ser usado para outras aplicações sem mudanças relevantes. Muitos sistemas de reservas aéreas e catálogo telefônico desenvolvidos no passado são SGBDs de uso especial. Eles se encontram na categoria de sistemas de **processamento de transação on-line** (**OLTP** — *Online Transaction Processing*), que precisam dar suporte a um grande número de transações simultâneas sem causar atrasos excessivos.

Vamos detalhar rapidamente o critério principal para classificar SGBDs: o modelo de dados. O **modelo de dados relacional** básico representa um banco de dados como uma coleção de tabelas, em que cada tabela pode ser armazenada como um arquivo separado. O banco de dados na Figura 1.2 se assemelha a uma representação relacional. A maior parte dos bancos de dados relacionais utiliza a linguagem de consulta de alto nível, chamada SQL, e admite uma forma limitada de visões do usuário. Discutiremos o modelo relacional e suas linguagens e operações nos capítulos 5 a 8, e as técnicas para programar aplicações relacionais nos capítulos 10 e 11.

O **modelo de dados de objeto** define um banco de dados em termos de objetos, suas propriedades e operações. Objetos com a mesma estrutura e comportamento pertencem a uma **classe**, e as classes são organizadas em **hierarquias** (ou **grafos acíclicos**). As operações de cada classe são especificadas com procedimentos predefinidos, chamados **métodos**. Os SGBDs relacionais têm estendido seus modelos para incorporar conceitos de banco de dados de objeto e outras funcionalidades; esses sistemas são chamados de **sistema objeto-relacional** ou **sistema relacional estendido**. Discutiremos os sistemas de bancos de dados de objeto e objeto-relacional no Capítulo 12.

Sistemas big data são baseados em diversos modelos de dados, com os quatro modelos de dados mais comuns citados a seguir. O **modelo de dados de chave-valor** associa uma chave única a cada valor (que pode ser um registro ou um objeto) e fornece acesso muito rápido a um valor a partir de sua chave. O **modelo de dados de documento** é baseado em JSON (Java Script Object Notation) e armazena os dados como documentos, um pouco semelhante a objetos complexos. O **modelo de dados de grafo** armazena objetos como nós de um grafo e relações entre objetos como arestas direcionadas do grafo. Finalmente, os **modelos de dados baseados em coluna** armazenam as colunas de linhas agrupadas em páginas de disco para obter acesso rápido e permitem múltiplas versões dos dados. Vamos discutir alguns deles em detalhes no Capítulo 24.

O **modelo XML** surgiu como um padrão para troca de dados pela web e foi usado como base para implementar vários protótipos de sistemas com XML nativa. A XML utiliza estruturas de árvore hierárquicas e combina conceitos de banco de dados com conceitos dos modelos de representação de documentos. Os dados são representados como elementos; com o uso de tags (rótulos), os dados podem ser aninhados para criar estruturas hierárquicas complexas. Esse modelo é conceitualmente semelhante ao modelo de objeto, mas usa uma terminologia diferente. Funcionalidades XML têm sido acrescentadas a muitos produtos de SGBD comerciais. Apresentaremos uma visão geral da XML no Capítulo 13.

Dois modelos de dados mais antigos, historicamente importantes, agora conhecidos como **modelos de dados legados**, são os modelos de rede e hierárquico. O **modelo de rede** representa dados como tipos de registro e também representa um tipo limitado de relacionamento 1:N, chamado **tipo de conjunto**. Um relacionamento 1:N, ou um para muitos, relaciona uma instância de um registro a muitas instâncias de registros usando algum mecanismo de ligação com ponteiros nesses modelos. O modelo de rede, também conhecido como modelo CODASYL DBTG,[13] possui uma linguagem que trata um registro por vez e que deve estar embutida em uma linguagem de programação hospedeira. A DML do modelo de rede foi proposta no Database Task Group (DBTG) Report de 1971 como uma extensão da linguagem COBOL.

O **modelo hierárquico** representa os dados como estruturas hierárquicas em forma de árvore. Cada hierarquia simboliza uma série de registros relacionados. Não existe uma linguagem-padrão para o modelo hierárquico. Uma DML hierárquica popular é a DL/1 do sistema IMS. Ela dominou o mercado de SGBD por mais de 20 anos, entre 1965 e 1985. Sua DML, chamada DL/1, foi um padrão de fato na indústria por um longo tempo.

2.7 Resumo

Neste capítulo, apresentamos os principais conceitos usados em sistemas de banco de dados. Definimos um modelo de dados e destacamos três categorias principais:

- Modelos de dados de alto nível ou conceituais (baseados em entidades e relacionamentos).
- Modelos de dados de baixo nível ou físicos.
- Modelos de dados representativos ou de implementação (baseados em registro, orientados a objeto).

Destacamos a separação do esquema, ou descrição de um banco de dados, do próprio banco de dados. O esquema não muda com muita frequência, ao passo que o estado do banco de dados muda todas as vezes em que dados são inseridos, excluídos ou modificados. Depois, descrevemos a arquitetura de SGBD, que permite três níveis de esquema:

- Um esquema interno, que descreve a estrutura física do armazenamento do banco de dados.
- Um esquema conceitual, que é uma descrição de alto nível do banco de dados inteiro.
- Esquemas externos, que descrevem as visões de diferentes grupos de usuários.

Um SGBD que separa nitidamente os três níveis precisa ter mapeamentos entre os esquemas para transformar requisições e resultados das consultas de um nível para o seguinte. A maioria dos SGBDs não separa os três níveis completamente. Usamos a arquitetura de três esquemas para definir os conceitos de independência lógica e física dos dados.

Depois, discutimos os principais tipos de linguagens e interfaces para as quais os SGBDs têm suporte. Uma linguagem de definição de dados (DDL) é usada para definir o esquema conceitual do banco de dados. Na maioria dos SGBDs, a DDL também define visões do usuário e, às vezes, estruturas de armazenamento; em outros, existem linguagens ou funções separadas para especificar estruturas de armazenamento. Atualmente, essa distinção está desaparecendo nas implementações

---

[13] CODASYL DBTG significa Conference on Data Systems Languages Database Task Group, que é o nome do comitê que especificou o modelo de rede e sua linguagem.

relacionais, com a SQL servindo como uma linguagem geral para realizar vários papéis, incluindo definição de visões. A parte de definição de armazenamento (SDL) foi incluída nas primeiras versões da SQL, mas agora costuma ser implementada como comandos especiais para o DBA nos SGBDs relacionais. O SGBD compila todas as definições do esquema e armazena suas descrições no catálogo do sistema.

Uma linguagem de manipulação de dados (DML) é usada para especificar leituras e atualizações no banco de dados. As DMLs podem ser de alto nível (orientadas a conjunto, não procedurais) ou de baixo nível (orientadas a registro, procedurais). Uma DML de alto nível pode ser embutida em uma linguagem de programação hospedeira, ou pode ser usada como uma linguagem independente; neste último caso, ela costuma ser chamada de linguagem de consulta.

Discutimos os diferentes tipos de interfaces fornecidas pelos SGBDs e os tipos de usuários com os quais cada interface está associada. Depois, abordamos o ambiente do sistema de banco de dados, módulos de software de SGBD típicos e utilitários de SGBD para ajudar os usuários e as equipes de DBAs a realizar suas tarefas. Continuamos com uma visão geral das arquiteturas de duas e três camadas para aplicações de banco de dados.

Por fim, classificamos os SGBDs de acordo com vários critérios: modelo de dados, número de usuários, número de locais, tipos de caminhos de acesso e custo. Discutimos a disponibilidade dos SGBDs e módulos adicionais — desde nenhum custo, na forma de software de código aberto, até configurações que custam milhões ao ano para serem mantidas. Também indicamos diversos tipos de licença para os SGBDs e produtos relacionados. A principal classificação dos SGBDs é baseada no modelo de dados. Discutimos rapidamente os principais modelos de dados usados nos SGBDs comerciais disponíveis atualmente.

PERGUNTAS DE REVISÃO

2.1. Defina os seguintes termos: *modelo de dados, esquema de banco de dados, estado de banco de dados, esquema interno, esquema conceitual, esquema externo, independência de dados, DDL, DML, SDL, VDL, linguagem de consulta, linguagem hospedeira, sublinguagem de dados, utilitário de banco de dados, catálogo, arquitetura cliente/servidor, arquitetura de três camadas* e *arquitetura de* n *camadas*.

2.2. Discuta as principais categorias de modelos de dados. Quais são as diferenças básicas entre os modelos relacional, de objeto e XML?

2.3. Qual é a diferença entre um esquema de banco de dados e um estado de banco de dados?

2.4. Descreva a arquitetura de três esquemas. Por que precisamos de mapeamentos entre os níveis de esquema? Como diferentes linguagens de definição de esquema dão suporte a essa arquitetura?

2.5. Qual é a diferença entre a independência lógica e a independência física dos dados? Qual é a mais difícil de alcançar? Por quê?

2.6. Qual é a diferença entre DMLs procedurais e não procedurais?

2.7. Discuta os diferentes tipos de interfaces amigáveis e que usuários que normalmente utilizam cada tipo.

2.8. Com que outro software um SGBD interage?

2.9. Qual é a diferença entre as arquiteturas cliente/servidor de duas e três camadas?

2.10. Discuta alguns tipos de utilitários e ferramentas de banco de dados e suas funções.

2.11. Qual é a funcionalidade adicional incorporada na arquitetura de n camadas ($n > 3$)?

EXERCÍCIOS

2.12. Pense nos diferentes usuários para o banco de dados mostrado na Figura 1.2. De que tipos de aplicações cada usuário precisaria? A que categoria de usuário cada um pertenceria e de que tipo de interface cada um precisaria?

2.13. Escolha uma aplicação de banco de dados com a qual você esteja acostumado. Crie um esquema e mostre um exemplo de banco de dados para essa aplicação, usando a notação das figuras 1.2 e 2.1. Que tipos de informações e restrições adicionais você gostaria de representar no esquema? Pense nos diversos usuários de seu banco de dados e projete uma visão para cada tipo.

2.14. Se você estivesse projetando um sistema baseado na web para fazer reservas e vender passagens aéreas, qual arquitetura de SGBD você escolheria, com base na Seção 2.5? Por quê? Por que as outras arquiteturas não seriam uma boa escolha?

2.15. Considere a Figura 2.1. Além das restrições relacionando os valores das colunas de uma tabela às colunas de outra tabela, também existem restrições que impõem limitações sobre valores de uma coluna ou uma combinação de colunas de uma tabela. Uma restrição desse tipo impõe que uma coluna ou um grupo de colunas deva ser exclusivo em todas as linhas na tabela. Por exemplo, na tabela ALUNO, a coluna Numero_aluno deve ser exclusiva (para impedir que dois alunos diferentes tenham o mesmo Numero_aluno). Identifique a coluna ou o grupo de colunas das outras tabelas que precisam ser exclusivos em todas as linhas na tabela.

BIBLIOGRAFIA SELECIONADA

Muitos livros-texto de banco de dados, incluindo Date (2004), Silberschatz et al. (2011), Ramakrishnan e Gehrke (2003), Garcia-Molina et al. (2000, 2009) e Abiteboul et al. (1995), oferecem uma discussão sobre os diversos conceitos de banco de dados apresentados aqui. Tsichritzis e Lochovsky (1982) é o livro-texto mais antigo sobre modelos de dados. Tsichritzis e Klug (1978) e Jardine (1977) apresentam a arquitetura de três esquemas, que foi sugerida inicialmente no relatório CODASYL DBTG de 1971 e, mais tarde, em um relatório do American National Standards Institute (ANSI, instituto norte-americano de padrões) de 1975. Uma análise profunda do modelo de dados relacional e algumas de suas possíveis extensões são apresentadas em Codd (1990). O padrão proposto para bancos de dados orientados a objeto é descrito em Cattell et al. (2000). Muitos documentos descrevendo XML estão disponíveis na web, como XML (2005).

Alguns exemplos de utilitários de banco de dados são as ferramentas Connect, Analyze e Transform, e a ferramenta de administração de banco de dados, DBArtisan, da Embarcadero Technologies (<http://www.embarcadero.com>).

PARTE 2
Modelagem conceitual e projeto de banco de dados

3

Modelagem de dados usando o modelo Entidade--Relacionamento (ER)

A modelagem conceitual é uma fase muito importante no projeto de uma aplicação de banco de dados bem-sucedida. Geralmente, o termo **aplicação de banco de dados** refere-se a um banco de dados em particular e aos programas associados que implementam suas consultas e atualizações. Por exemplo, uma aplicação de banco de dados BANCO que controla contas de clientes incluiria programas que implementam atualizações ao banco de dados correspondentes a depósitos e saques de clientes. Esses programas oferecem interfaces gráficas com o usuário (GUIs) de fácil utilização, com formulários e menus para os usuários finais da aplicação — neste exemplo, os clientes ou caixas de banco. Além disso, agora é comum oferecer interfaces desses programas a clientes do BANCO por meio de dispositivos móveis, usando **aplicativos móveis.** Logo, uma parte importante da aplicação de banco de dados exigirá o projeto, a implementação e o teste desses programas de aplicação. Tradicionalmente, o projeto e o teste dos **programas de aplicação** têm sido considerados parte da *engenharia de software*, em vez do *projeto de banco de dados*. Em muitas ferramentas de projeto de software, as metodologias de projeto de banco de dados e de engenharia de software são interligadas, pois essas atividades estão fortemente relacionadas.

Neste capítulo, abordamos a técnica tradicional de se concentrar nas estruturas e nas restrições de banco de dados durante seu projeto conceitual. O projeto de programas de aplicação normalmente é abordado em cursos de engenharia de software. Apresentamos os conceitos de modelagem do **modelo Entidade-Relacionamento (ER)**, que é um modelo de dados conceitual popular de alto nível. Esse modelo e suas variações costumam ser utilizados para o projeto conceitual de aplicações de banco de dados, e muitas ferramentas de projeto empregam seus conceitos. Descrevemos os conceitos e as restrições básicas de estruturação de dados do modelo ER e discutimos seu uso no projeto de esquemas conceituais para aplicações de banco de dados. Também apresentamos a notação diagramática associada ao modelo ER, conhecida como **diagramas ER**.

As metodologias de modelagem de objeto, como a **Unified Modeling Language** (**UML — Linguagem de Modelagem Unificada**), estão se tornando cada vez mais populares no projeto de software e de banco de dados. Essas metodologias vão além do projeto de banco de dados para especificar o projeto detalhado dos módulos de software e suas interações usando vários tipos de diagramas. Uma parte importante dessas metodologias — a saber, os *diagramas de classe*[1] — é semelhante, de muitas maneiras, aos diagramas ER. Nos diagramas de classe são especificadas *operações* sobre objetos, além da especificação da estrutura do esquema do banco de dados. As operações podem ser usadas para especificar os *requisitos funcionais* durante o projeto, conforme discutiremos na Seção 3.1. Apresentamos parte da notação e dos conceitos em UML para diagramas de classe que são particularmente relevantes ao projeto de banco de dados da Seção 3.8, e os comparamos rapidamente com a notação e os conceitos de ER. Notação e conceitos de UML adicionais serão apresentados na Seção 4.6.

Este capítulo está organizado da seguinte forma: a Seção 3.1 discute o papel dos modelos de dados conceituais de alto nível em projeto de banco de dados. Apresentamos os requisitos para uma aplicação de banco de dados de exemplo na Seção 3.2, para ilustrar o uso dos conceitos do modelo ER. Esse banco de dados de exemplo também é usado no decorrer do livro. Na Seção 3.3, apresentamos os conceitos de entidades e atributos, e gradualmente introduzimos a técnica diagramática para exibir um esquema ER. Na Seção 3.4, apresentamos os conceitos de relacionamentos binários e seu papel e restrições estruturais. A Seção 3.5 apresenta os tipos de entidade fraca. A Seção 3.6 mostra como um projeto de esquema é refinado para incluir relacionamentos. A Seção 3.7 analisa a notação para diagramas ER, resume os problemas e armadilhas comuns que ocorrem no projeto de esquema e discute como escolher os nomes para construções de esquema de banco de dados, como tipos de entidade e tipos de relacionamento. A Seção 3.8 apresenta alguns conceitos de diagrama de classe UML, compara-os com os conceitos do modelo ER e os aplica ao mesmo banco de dados EMPRESA de exemplo. A Seção 3.9 discute tipos de relacionamentos mais complexos. A Seção 3.10 contém um resumo do capítulo.

O material contido nas seções 3.8 e 3.9 pode ser excluído de um curso introdutório. Se for desejada uma cobertura mais completa dos conceitos de modelagem de dados e projeto de banco de dados conceitual, o leitor deverá continuar até o Capítulo 4, no qual descrevemos as extensões ao modelo ER que levam ao modelo EER (ER Estendido), o qual inclui conceitos como especialização, generalização, herança e tipos (categorias) de união.

3.1 Usando modelos de dados conceituais de alto nível para o projeto do banco de dados

A Figura 3.1 mostra uma visão geral simplificada do processo de projeto de banco de dados. A primeira etapa mostrada é o **levantamento e análise de requisitos**. Durante essa etapa, os projetistas entrevistam os usuários esperados para entenderem e documentarem seus **requisitos de dados**. O resultado dessa etapa é um conjunto de requisitos dos usuários escrito de forma concisa. Esses requisitos devem ser especificados da forma mais detalhada e completa possível. Em paralelo com a especificação dos requisitos de dados, é útil determinar os **requisitos funcionais** da aplicação. Estes

[1] Uma **classe** é semelhante a um *tipo de entidade* de várias maneiras.

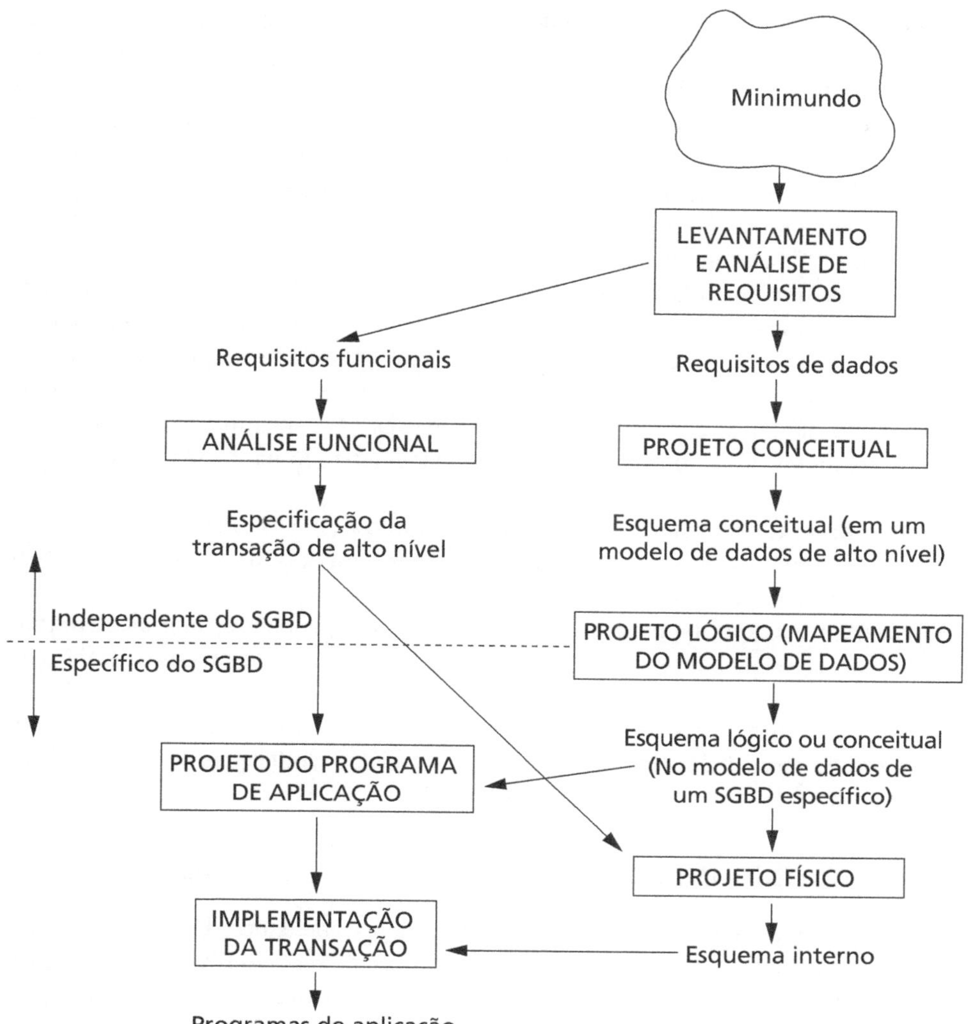

Figura 3.1 Um diagrama simplificado para ilustrar as principais fases do projeto de banco de dados.

consistem em **operações** (ou **transações**) definidas pelo usuário, que serão aplicadas ao banco de dados, incluindo consultas e atualizações. No projeto de software, é comum usar *diagramas de fluxo de dados*, *diagramas de sequência*, *cenários* e outras técnicas para especificar requisitos funcionais. Não discutiremos essas técnicas aqui; elas normalmente são descritas em detalhes nos textos de engenharia de software.

Assim que os requisitos tiverem sido levantados e analisados, a etapa seguinte é criar um **esquema conceitual** para o banco de dados, usando um modelo de dados conceitual de alto nível. Essa etapa é chamada de **projeto conceitual**. O esquema conceitual é uma descrição concisa dos requisitos de dados dos usuários e inclui detalhes dos tipos de entidade, relacionamentos e restrições; estes são expressos com o uso dos conceitos fornecidos pelo modelo de dados de alto nível. Como não incluem descrições detalhadas de implementação, esses conceitos normalmente são mais fáceis de entender e podem ser usados para a comunicação com usuários não técnicos. O esquema conceitual de alto nível também pode ser utilizado como uma referência para garantir que todos os requisitos de dados dos usuários sejam atendidos e que não estejam em conflito. Essa abordagem permite que os projetistas se concentrem em especificar as propriedades dos dados, sem se preocuparem com detalhes de armazenamento e implementação. Isso torna mais fácil criar um bom projeto de banco de dados conceitual.

Durante ou após o projeto do esquema conceitual, as operações básicas do modelo de dados podem ser usadas para especificar as consultas e operações do usuário de alto nível identificadas durante a análise funcional. Isso também serve para confirmar se o esquema conceitual atende a todos os requisitos funcionais identificados. Podem ser introduzidas modificações no esquema conceitual, se alguns requisitos funcionais não puderem ser especificados usando o esquema inicial.

A etapa seguinte no projeto é a implementação real do próprio banco de dados, usando um SGBD comercial. A maioria dos SGBDs comerciais utiliza um modelo de dados de implementação — como o modelo relacional (SQL) —, de modo que o esquema conceitual é transformado do modelo de dados de alto nível para o modelo de dados da implementação. Essa etapa é chamada de **projeto lógico** ou **mapeamento do modelo de dados**. Seu resultado é um esquema de banco de dados no modelo de dados da implementação do SGBD. O mapeamento do modelo de dados normalmente é automatizado ou semiautomatizado nas ferramentas de projeto do banco de dados.

A última etapa é a fase do **projeto físico**, durante a qual as estruturas de armazenamento internas, organizações de arquivo, índices, caminhos de acesso e parâmetros físicos do projeto para os arquivos do banco de dados são especificados. Em paralelo com essas atividades, os programas de aplicação são projetados e implementados como transações de banco de dados correspondentes às especificações da transação de alto nível.

Neste capítulo, apresentamos apenas os conceitos básicos do modelo ER para o projeto do esquema conceitual. Outros conceitos de modelagem serão discutidos no Capítulo 4, quando apresentaremos o modelo EER.

3.2 Exemplo de aplicação de banco de dados

Nesta seção, descrevemos um exemplo de aplicação de banco de dados, chamado EMPRESA, que serve para ilustrar os conceitos básicos do modelo ER e seu uso no projeto do esquema. Listamos os requisitos de dados para o banco de dados aqui, e depois criaremos seu esquema conceitual passo a passo, quando introduzirmos os conceitos de modelagem do modelo ER. O banco de dados EMPRESA registra os funcionários, os departamentos e os projetos de uma empresa. Suponha que, depois da fase de levantamento e análise de requisitos, os projetistas de banco de dados ofereçam a seguinte descrição do *minimundo* — a parte da empresa que será representada no banco de dados:

- A empresa é organizada em departamentos. Cada departamento tem um nome e um número exclusivos e um funcionário em particular que o gerencia. Registramos a data inicial em que esse funcionário começou a gerenciar o departamento. Um departamento pode ter várias localizações.
- Um departamento controla uma série de projetos, em que cada projeto tem um nome e um número exclusivos e uma localização.
- O banco de dados armazena nome, número do CPF (Cadastro de Pessoa Física),[2] endereço, salário, sexo (gênero) e data de nascimento de cada funcionário. Um funcionário é designado para um departamento, mas pode trabalhar em vários projetos, que não necessariamente são controlados pelo mesmo departamento. Registramos o número atual de horas por semana que um funcionário trabalha em cada projeto, bem como o supervisor direto de cada funcionário (que é outro funcionário).
- O banco de dados registra os dependentes de cada funcionário para fins de seguro, incluindo nome, sexo, data de nascimento e parentesco com o funcionário.

[2] O número do Cadastro de Pessoa Física (CPF) é um identificador exclusivo de onze dígitos, atribuído a cada indivíduo no Brasil. Outros países possuem esquemas de identificação semelhantes, como números de Seguro Social (SSN) e identificação civil.

A Figura 3.2 mostra como o esquema para essa aplicação de banco de dados pode ser exibido por meio da notação gráfica conhecida como **diagrama ER**. Essa figura será explicada gradualmente à medida que os conceitos do modelo ER forem apresentados. Descrevemos o processo passo a passo da derivação desse esquema com base nos requisitos declarados — e explicamos a notação diagramática ER — à medida que introduzirmos os conceitos do modelo ER.

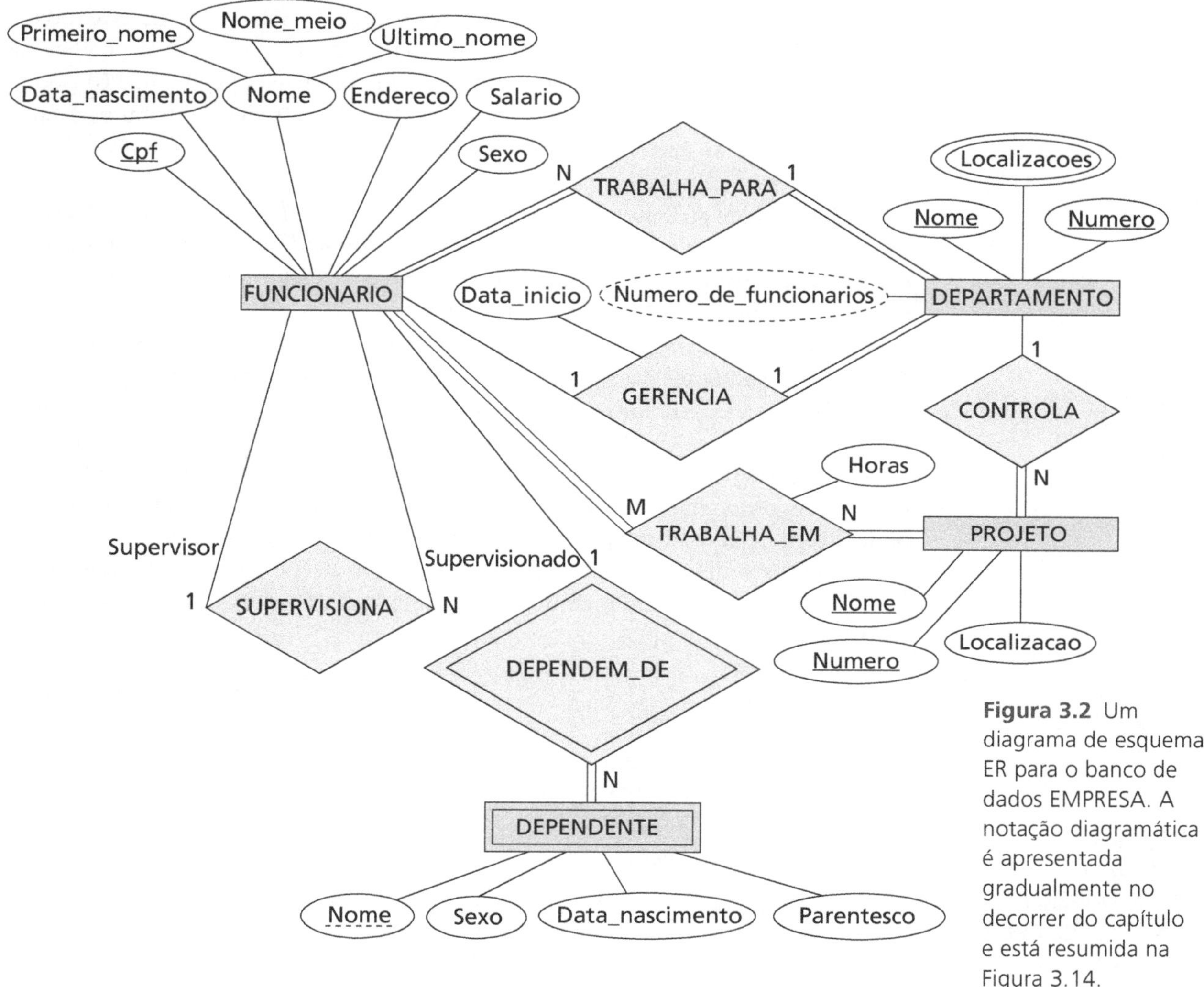

Figura 3.2 Um diagrama de esquema ER para o banco de dados EMPRESA. A notação diagramática é apresentada gradualmente no decorrer do capítulo e está resumida na Figura 3.14.

3.3 Tipos de entidade, conjuntos de entidades, atributos e chaves

O modelo ER descreve os dados como *entidades*, *relacionamentos* e *atributos*. Na Seção 3.3.1, apresentamos os conceitos de entidades e seus atributos. Discutimos os tipos de entidade e os principais atributos chave na Seção 3.3.2. Depois, na Seção 3.3.3, especificamos o projeto conceitual inicial dos tipos de entidade para o banco de dados EMPRESA. Os relacionamentos são descritos na Seção 3.4.

3.3.1 Entidades e atributos

Entidades e seus atributos. O conceito básico que o modelo ER representa é uma **entidade**, que é uma *coisa* ou *objeto* no mundo real com uma existência independente. Uma entidade pode ser um objeto com uma existência física (por exemplo, uma pessoa em particular, um carro, uma casa ou um funcionário), ou pode ser um objeto com uma existência conceitual (por exemplo, uma empresa, um cargo ou um curso universitário). Cada entidade possui **atributos** — as propriedades específicas que a descrevem. Por exemplo, uma entidade FUNCIONARIO pode ser descrita pelo nome, idade, endereço, salário e cargo do funcionário. Uma entidade em particular terá um valor para cada um de seus atributos. Os valores de atributo que descrevem cada entidade tornam-se uma parte importante dos dados armazenados no banco de dados.

A Figura 3.3 mostra duas entidades e os valores de seus atributos. A entidade FUNCIONARIO f_1 tem quatro atributos: Nome, Endereco, Idade e Telefone_residencial; seus valores são 'João Silva', 'Rua das Flores, 751, São Paulo, SP, 07700110', '55' e '11-4749-2630', respectivamente. A entidade EMPRESA e_1 tem três atributos: Nome, Matriz e Presidente; seus valores são 'Empresa Modelo', 'São Paulo' e 'João Silva', respectivamente.

Vários tipos de atributos ocorrem no modelo ER: *simples* versus *composto*, *valor único* versus *multivalorado* e *armazenado* versus *derivado*. Primeiro, vamos definir esses tipos de atributo e ilustrar seu uso por meio de exemplos. Depois, discutiremos o conceito de um *valor* NULL para um atributo.

Atributos compostos *versus* simples (atômicos). Atributos compostos podem ser divididos em subpartes menores, que representam atributos mais básicos, com significados independentes. Por exemplo, o atributo Endereco da entidade FUNCIONARIO mostrada na Figura 3.3 pode ser subdividido em Logradouro, Cidade, Estado e Cep,[3] com os valores 'Rua das Flores, 751', 'São Paulo', 'SP' e '07700110.' Os atributos não divisíveis são chamados **atributos simples** ou **atômicos.** Os atributos compostos podem formar uma hierarquia; por exemplo, Logradouro pode ser subdividido em três atributos simples: Numero, Rua e Numero_apartamento, como mostra a Figura 3.4. O valor de um atributo composto é a concatenação dos valores de seus componentes atributos simples.

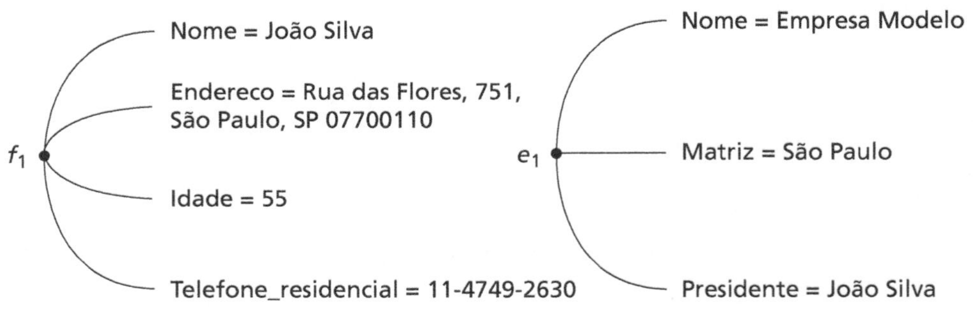

Figura 3.3 Duas entidades, FUNCIONARIO f_1 e EMPRESA e_1, e seus atributos.

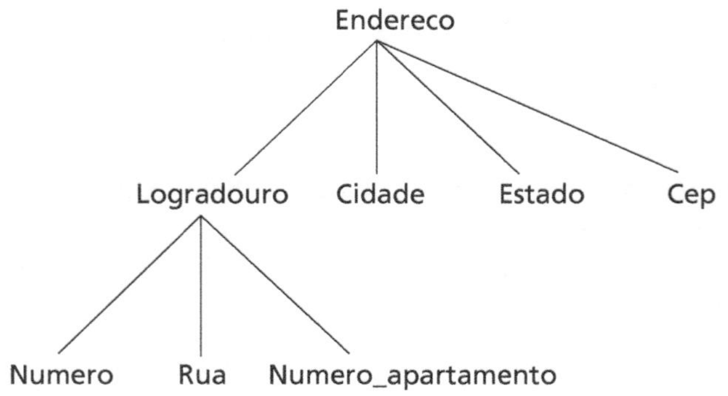

Figura 3.4 Uma hierarquia de atributos compostos.

[3] CEP (Código de Endereçamento Postal) é o nome usado no Brasil para um código postal com oito dígitos, como 07601-090.

Atributos compostos são úteis para modelar situações em que um usuário às vezes se refere ao atributo composto como uma unidade, mas outras vezes se refere especificamente a seus componentes. Se o atributo composto for referenciado apenas como um todo, não é necessário subdividi-lo em atributos componentes. Por exemplo, se não for preciso referenciar os componentes individuais de um endereço (CEP, rua etc.), então o endereço inteiro pode ser designado como um atributo simples.

Atributos de valor único *versus* multivalorados. A maioria dos atributos possui um valor único para uma entidade em particular; tais atributos são chamados de **valor único.** Por exemplo, Idade é um atributo de valor único de uma pessoa. Em alguns casos, um atributo pode ter um conjunto de valores para a mesma entidade — por exemplo, um atributo Cores para um carro, ou um atributo Formacao_academica para uma pessoa. Os carros com uma cor têm um único valor, enquanto os carros com duas cores possuem dois valores de cor. De modo semelhante, uma pessoa pode não ter formação acadêmica, outra pessoa pode ter uma, e uma terceira pode ter duas ou mais formações; portanto, diferentes pessoas podem ter distintos *números de valores* para o atributo Formacao_academica. Esses atributos são chamados de **multivalorados.** Um atributo multivalorado pode ter um limite mínimo e um máximo para restringir o *número de valores* permitidos para cada entidade individual. Por exemplo, o atributo Cores de um carro pode ser restrito a ter entre um e dois valores, se considerarmos que um carro pode ter no máximo duas cores.

Atributos armazenados *versus* derivados. Em alguns casos, dois (ou mais) valores de atributo estão relacionados — por exemplo, os atributos Idade e Data_nascimento de uma pessoa. Para uma entidade de pessoa em particular, o valor de Idade pode ser determinado pela data atual (hoje) e o valor da Data_nascimento dessa pessoa. O atributo Idade, portanto, é chamado de **atributo derivado** e considerado **derivável** do atributo Data_nascimento, que é chamado, por sua vez, de **atributo armazenado.** Alguns valores de atributo podem ser derivados de *entidades relacionadas*; por exemplo, um atributo Numero_de_funcionarios de uma entidade DEPARTAMENTO pode ser derivado contando-se o número de funcionários relacionados a (trabalhando para) esse departamento.

Valores NULL. Em alguns casos, uma entidade em particular pode não ter um valor aplicável para um atributo. Por exemplo, o atributo Numero_apartamento de um endereço só se aplica a endereços que estão em prédios de apartamento, e não a outros tipos de residências, como casas. De modo semelhante, um atributo Formacao_academica só se aplica a pessoas com esse tipo de formação. Para tais situações, foi criado um valor especial, chamado NULL. Um endereço de uma casa teria NULL para seu atributo Numero_apartamento, e uma pessoa sem formação acadêmica teria NULL para Formacao_academica. NULL também pode ser usado quando não conhecemos o valor de um atributo para determinada entidade — por exemplo, se não soubermos o número do telefone residencial de 'João Silva' na Figura 3.3. O significado do primeiro tipo de NULL é *não aplicável*, enquanto o significado do segundo é *desconhecido*. A categoria *desconhecido* ainda pode ser classificada em mais dois casos. O primeiro caso acontece quando se sabe que o valor do atributo existe, mas está *faltando* — por exemplo, se o atributo Altura de uma pessoa for listado como NULL. O segundo caso surge quando *não se sabe* se o valor do atributo existe — por exemplo, se o atributo Telefone_residencial de uma pessoa for NULL.

Atributos complexos. Observe que, em geral, os atributos compostos e multivalorados podem ser aninhados arbitrariamente. Podemos representar o aninhamento arbitrário ao agrupar componentes de um atributo composto entre parênteses ( ) e separá-los com vírgulas, e ao exibir os atributos multivalorados entre chaves { }. Esses atributos são chamados de **atributos complexos.** Por exemplo, se uma pessoa pode ter mais de uma residência e cada residência pode ter um único endereço e vários telefones, um atributo Endereço_telefone para uma pessoa pode ser especificado como na Figura 3.5.[4] Tanto Telefone quanto Endereco são atributos compostos.

{Endereço_telefone({Telefone(Codigo_area,Numero_telefone)},Endereco(Logradouro (Numero,Rua,Numero_apartamento),Cidade,Estado,Cep))}

Figura 3.5 Um atributo complexo: Endereço_telefone.

3.3.2 *Tipos de entidade, conjuntos de entidade, chaves e conjuntos de valores*

Tipos de entidade e conjuntos de entidade. Um banco de dados em geral contém grupos de entidades que são semelhantes. Por exemplo, uma empresa que emprega centenas de funcionários pode querer armazenar informações semelhantes com relação a cada um dos funcionários. Essas entidades de funcionário compartilham os mesmos atributos, mas cada uma tem *o(s) próprio(s) valor(es)* para cada atributo. Um **tipo de entidade** define uma *coleção* (ou *conjunto*) de entidades que têm os mesmos atributos. Cada tipo de entidade no banco de dados é descrito por seu nome e atributos. A Figura 3.6 mostra dois tipos de entidade: FUNCIONARIO e EMPRESA, e uma lista de alguns dos atributos para cada um. Algumas entidades individuais de cada tipo também são ilustradas com os valores de seus atributos. A coleção de todas as entidades de determinado tipo de entidade no banco de dados, em qualquer ponto no tempo, é chamada de **conjunto de entidades** ou **coleção de entidades**. Normalmente, o conjunto de entidades é referenciado como o tipo de entidade, embora sejam dois conceitos separados. Por exemplo, FUNCIONARIO refere-se ao *tipo de entidade* e também ao conjunto atual *de todas as entidades de funcionário* no banco de dados. Agora é mais comum dar nomes separados ao tipo de entidade e à coleção de entidades; por exemplo, nos modelos de dados de objeto e objeto-relacional (ver Capítulo 12).

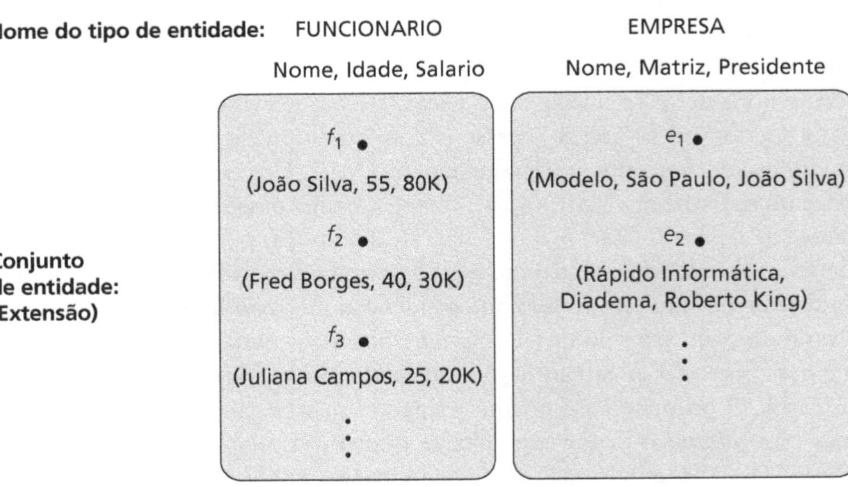

Figura 3.6 Dois tipos de entidade, FUNCIONARIO e EMPRESA, e algumas entidades membros de cada uma.

[4] Para aqueles acostumados com XML, devemos observar que os atributos complexos são semelhantes aos elementos complexos em XML (ver Capítulo 13).

Um tipo de entidade é representado nos diagramas ER[5] (ver Figura 3.2) como uma caixa retangular delimitando seu nome. Os nomes de atributo são representados em ovais, sendo ligados a seu tipo de entidade por linhas retas. Os atributos compostos são ligados aos seus atributos componentes por linhas retas. Os atributos multivalorados aparecem em ovais duplas. A Figura 3.7(a) mostra um tipo de entidade CARRO nessa notação.

Um tipo de entidade descreve o **esquema** ou **conotação** para um *conjunto de entidades* que compartilham a mesma estrutura. A coleção de entidades de determinado tipo é agrupada em um conjunto de entidades, que também é chamado de **extensão** do tipo de entidade.

Atributos-chave de um tipo de entidade. Uma restrição importante das entidades de um tipo de entidade é a **chave** ou **restrição de exclusividade** sobre os atributos. Um tipo de entidade normalmente tem um ou mais atributos cujos valores são distintos para cada entidade individual no conjunto de entidades. Esse atributo é denominado **atributo-chave**, e seus valores podem ser usados para identificar cada entidade de maneira exclusiva. Por exemplo, o atributo Nome é uma chave do tipo de entidade EMPRESA na Figura 3.6, pois duas empresas não podem ter o mesmo nome. Para o tipo de entidade PESSOA, um atributo-chave típico é o Cpf (Cadastro de Pessoa Física). Às vezes, vários atributos juntos formam uma chave, significando que a *combinação* dos valores de atributo deve ser distinta para cada entidade. Se um conjunto de atributos possui essa propriedade, o modo correto de representar isso no modelo ER que descrevemos aqui é definir um *atributo composto* e designá-lo como um atributo-chave do tipo de entidade. Observe que essa chave composta precisa ser *mínima*, ou seja, todos os atributos componentes precisam estar incluídos no atributo composto para ter a propriedade de exclusividade. Atributos supérfluos

(a)

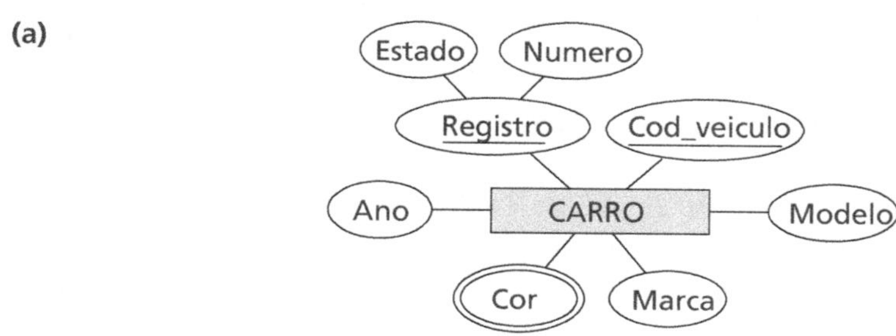

(b)

CARRO
Registro (Numero, Estado), Cod_veiculo, Marca, Modelo, Ano, {Cor}

CARRO$_1$
((ITU, ABC 1234), TKO6290, Volkswagen, Gol, 2004 {vermelho, preto})

CARRO$_2$
((ITATIAIA, ABC 1234), WPL9872, Chevrolet, Corsa 4 portas, 2005, {azul})

CARRO$_3$
((SANTOS, VSY 7200), TDD7299, Ford, Ka 4 portas, 2002, {branco, azul})

⋮

Figura 3.7 O tipo de entidade CARRO com dois atributos-chave, Registro e Cod_veiculo. (a) Notação do diagrama ER. (b) Conjunto de entidade com três entidades.

[5] Usamos a notação para diagramas ER, a qual é próxima da notação da proposta original (Chen, 1976). Muitas outras notações estão em uso; ilustraremos algumas delas mais adiante neste capítulo, quando apresentarmos os diagramas de classe UML, e algumas notações são dadas no Apêndice A.

não devem ser incluídos em uma chave. Na notação diagramática ER, cada atributo-chave tem seu nome **sublinhado** dentro da oval, conforme ilustrado na Figura 3.7(a).

Especificar que um atributo é uma chave de um tipo de entidade significa que a propriedade anterior da exclusividade precisa ser mantida para *cada conjunto de entidades* do tipo de entidade. Logo, essa é uma restrição que proíbe que duas entidades tenham o mesmo valor para o atributo-chave ao mesmo tempo. Essa não é a propriedade de um conjunto de entidades em particular; em vez disso, é uma restrição sobre *qualquer conjunto de entidades* do tipo de entidade em qualquer ponto no tempo. Essa restrição-chave (e outras que discutiremos mais adiante) é derivada das restrições do minimundo que o banco de dados representa.

Alguns tipos de entidade possuem *mais de um* atributo-chave. Por exemplo, cada um dos atributos Cod_veiculo e Registro do tipo de entidade CARRO (Figura 3.7) é uma chave por si só. O atributo Registro é um exemplo de uma chave composta formada por dois atributos componentes simples, Estado e Numero, nenhum deles sendo uma chave por si só. Um tipo de entidade também *pode não ter chave*; nesse caso, ele é chamado de *tipo de entidade fraca* (ver Seção 3.5).

Em nossa notação diagramática, se dois atributos forem sublinhados separadamente, *cada um é uma chave por si só*. Diferentemente do modelo relacional (ver Seção 5.2.2), não existe o conceito de chave primária no modelo ER que apresentamos aqui; a chave primária será escolhida durante o mapeamento para um esquema relacional (ver Capítulo 9).

Conjuntos (domínios) de valores dos atributos. Cada atributo simples de um tipo de entidade é associado a um **conjunto de valores** (ou **domínio** de valores), o qual especifica o conjunto de valores que podem ser designados a esse atributo para cada entidade individual. Na Figura 3.6, se o intervalo de idades permitidas para os funcionários estiver entre 16 e 70, podemos especificar o conjunto de valores do atributo Idade de FUNCIONARIO como sendo o conjunto de números inteiros entre 16 e 70. De modo semelhante, podemos especificar o conjunto de valores para o atributo Nome como sendo o conjunto de cadeias de caracteres alfabéticos separados por caracteres de espaço, e assim por diante. Os conjuntos de valores não são exibidos em diagramas ER básicos, e são semelhantes aos **tipos de dados** básicos disponíveis na maioria das linguagens de programação, como inteiro, cadeia de caracteres, booleano, real, tipo enumerado, intervalo de valores, e assim por diante. No entanto, os tipos de dados dos atributos podem ser especificados em diagramas de classe UML (ver Seção 3.8) e em outras notações diagramáticas usadas em ferramentas de projeto de banco de dados. Outros tipos de dados que representam tipos comuns no banco de dados, como data, hora e outros conceitos, também são utilizados.

Matematicamente, um atributo A do conjunto de entidades E, cujo conjunto de valores é V, pode ser definido como uma **função** de E ao conjunto de potência[6] $P(V)$ de V:

$$A : E \rightarrow P(V)$$

Referimo-nos ao valor do atributo A para a entidade e como $A(e)$. A definição anterior cobre tanto atributos de único valor quanto atributos multivalorados, bem como NULLs. Um valor NULL é representado pelo *conjunto vazio*. Para atributos de único valor, $A(e)$ é restrito a ser um *conjunto singular* para cada entidade e em E, ao passo que não existe restrição sobre atributos multivalorados.[7] Para um atributo composto A, o conjunto de valores V é o conjunto de potência do produto cartesiano

[6] O **conjunto de potência** $P(V)$ de um conjunto V é o conjunto de todos os subconjuntos de V.

[7] Um conjunto **singular** (*ou singleton*) é um conjunto com apenas um elemento (valor).

de $P(V_1)$, $P(V_2)$, ..., $P(V_n)$, onde V_1, V_2, ..., V_n são os conjuntos de valores dos atributos componentes simples que formam A:

$$V = P(P(V_1) \times P(V_2) \times ... \times P(V_n))$$

O conjunto de valores oferece todos os valores possíveis. Em geral, apenas um pequeno número desses valores existe no banco de dados em determinado momento. Esses valores representam os dados do estado atual do minimundo e correspondem aos dados conforme realmente existem no minimundo.

3.3.3 Projeto conceitual inicial do banco de dados EMPRESA

Agora, podemos definir os tipos de entidade para o banco de dados EMPRESA, com base nos requisitos descritos na Seção 3.2. Após definir aqui vários tipos de entidade e seus atributos, refinamos nosso projeto na Seção 3.4, depois de introduzir o conceito de um relacionamento. De acordo com os requisitos listados na Seção 3.2, podemos identificar quatro tipos de entidade — uma correspondente a cada um dos quatro itens na especificação (ver Figura 3.8):

1. Um tipo de entidade DEPARTAMENTO com atributos Nome, Numero, Localizacoes, Gerente e Data_inicio_gerente. Localizacoes é o único atributo multivalorado. Podemos especificar que tanto Nome quanto Numero são atributos-chave (separados), pois cada um foi especificado como sendo exclusivo.

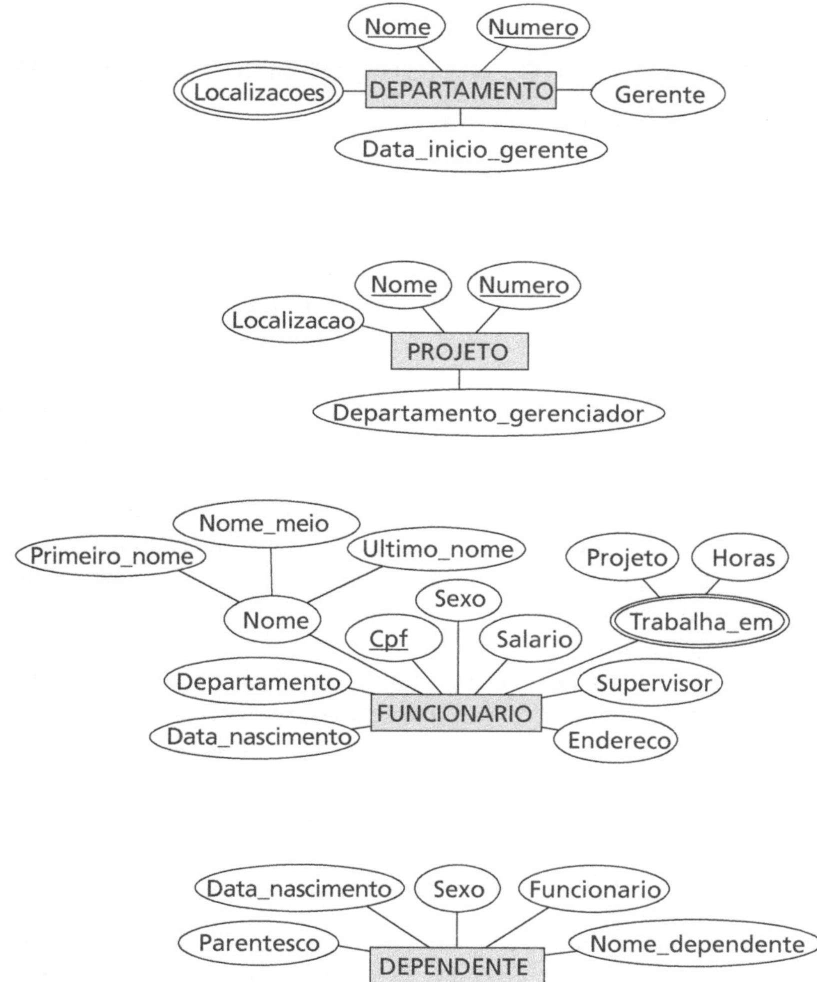

Figura 3.8 Projeto preliminar de tipos de entidade para o banco de dados EMPRESA. Alguns dos atributos mostrados serão refinados nos relacionamentos.

2. Um tipo de entidade PROJETO com atributos Nome, Numero, Localizacao e Departamento_gerenciador. Tanto Nome quanto Numero são atributos-chave (separados).
3. Um tipo de entidade FUNCIONARIO com atributos Nome, Cpf, Sexo, Endereco, Salario, Data_nascimento, Departamento e Supervisor. Tanto Nome quanto Endereco podem ser atributos compostos; no entanto, isso não foi especificado nos requisitos. Temos de voltar aos usuários para ver se algum deles irá se referir aos componentes individuais de Nome — Primeiro_nome, Nome_meio, Ultimo_nome — ou de Endereco. Em nosso exemplo, Nome é modelado como um atributo composto, enquanto Endereco não, talvez depois de uma consulta com os usuários.
4. Um tipo de entidade DEPENDENTE com atributos Funcionario, Nome_dependente, Sexo, Data_nascimento e Parentesco (com o funcionário).

Outro requisito é que um funcionário pode trabalhar em vários projetos, e o banco de dados precisa armazenar o número de horas por semana que um funcionário trabalha em cada projeto. Esse requisito é listado como parte do terceiro requisito na Seção 3.2, e pode ser representado por um atributo composto multivalorado de FUNCIONARIO, chamado Trabalha_em, com os componentes simples (Projeto, Horas). Como alternativa, ele pode ser representado como um atributo composto multivalorado de PROJETO, chamado Trabalhadores, com os componentes simples (Funcionario, Horas). Escolhemos a primeira alternativa na Figura 3.8; veremos, na próxima seção, que isso será refinado em um relacionamento muitos para muitos, quando introduzirmos os conceitos de relacionamentos.

3.4 Tipos e conjuntos de relacionamentos, papéis e restrições estruturais

Na Figura 3.8 existem vários *relacionamentos implícitos* entre os diversos tipos de entidade. De fato, sempre que um atributo de um tipo de entidade se refere a outro tipo de entidade, existe algum relacionamento. Por exemplo, o atributo Gerente de DEPARTAMENTO refere-se a um funcionário que gerencia o departamento; o atributo Departamento_gerenciador de PROJETO refere-se ao departamento que controla o projeto; o atributo Supervisor de FUNCIONARIO refere-se a outro funcionário (aquele que supervisiona esse funcionário); o atributo Departamento de FUNCIONARIO refere-se ao departamento para o qual o funcionário trabalha, e assim por diante. No modelo ER, essas referências não devem ser representadas como atributos, mas como **relacionamentos.** O esquema do banco de dados inicial EMPRESA da Figura 3.8 será refinado na Seção 3.6 para representar relacionamentos de maneira explícita. No projeto inicial dos tipos de entidade, os relacionamentos normalmente são capturados na forma de atributos. À medida que o projeto é refinado, esses atributos são convertidos em relacionamentos entre os tipos de entidade.

Esta seção é organizada da seguinte forma: a Seção 3.4.1 apresenta os conceitos dos tipos, conjuntos e instâncias de relacionamento. Definimos os conceitos de grau de relacionamento, nomes de função e relacionamentos recursivos na Seção 3.4.2, e depois discutimos as restrições estruturais sobre os relacionamentos — como as razões de cardinalidade e dependências de existência — na Seção 3.4.3. A Seção 3.4.4 mostra como os tipos de relacionamento também podem ter atributos.

3.4.1 Tipos, conjuntos e instâncias de relacionamento

Um **tipo de relacionamento** R entre n tipos de entidade $E_1, E_2, ..., E_n$ define um conjunto de associações — ou um **conjunto de relacionamentos** — entre as entidades desses tipos de entidade. Assim como no caso dos tipos de entidades e conjuntos de entidades, um tipo de relacionamento e seu conjunto de relacionamentos correspondente em geral são referenciados pelo *mesmo nome*, R. Matematicamente, o conjunto de relacionamentos R é um conjunto de **instâncias de relacionamento** r_i, onde cada r_i associa-se a n entidades individuais $(e_1, e_2, ..., e_n)$, e cada entidade e_j em r_i é um membro do conjunto de entidades E_j, $1 \leq j \leq n$. Logo, um conjunto de relacionamentos é uma relação matemática sobre $E_1, E_2, ..., E_n$. Como alternativa, ele pode ser definido como um subconjunto do produto cartesiano dos conjuntos de entidades $E_1 \times E_2 \times ... \times E_n$. Cada um dos tipos de entidades $E_1, E_2, ..., E_n$ é dito **participar** no tipo de relacionamento R; de modo semelhante, cada uma das entidades individuais $e_1, e_2, ..., e_n$ é dito **participar** na instância de relacionamento $r_i = (e_1, e_2, ..., e_n)$.

Informalmente, cada instância de relacionamento r_i em R é uma associação de entidades, em que a associação inclui exatamente uma entidade de cada tipo de entidade participante. Cada instância de relacionamento r_i desse tipo representa o fato de que as entidades participantes em r_i estão relacionadas de alguma maneira na situação do minimundo correspondente. Por exemplo, considere um tipo de relacionamento TRABALHA_PARA entre os dois tipos de entidade FUNCIONARIO e DEPARTAMENTO, que associa cada funcionário ao departamento para o qual o funcionário trabalha no conjunto de entidades correspondente. Cada instância de relacionamento no conjunto de relacionamentos TRABALHA_PARA associa uma entidade FUNCIONARIO a uma entidade DEPARTAMENTO. A Figura 3.9 ilustra esse exemplo, em que cada instância de relacionamento r_i aparece conectada às entidades FUNCIONARIO e DEPARTAMENTO que participam de r_i. No minimundo representado pela Figura 3.9, os funcionários f_1, f_3 e f_6 trabalham para o departamento d_1; os funcionários f_2 e f_4 trabalham para o departamento d_2; e os funcionários f_5 e f_7 trabalham para o departamento d_3.

Nos diagramas ER, os tipos de relacionamento são exibidos como caixas em forma de losango, que são conectadas por linhas retas às caixas retangulares que representam os tipos de entidade participantes. O nome do relacionamento é exibido na caixa em forma de losango (ver Figura 3.2).

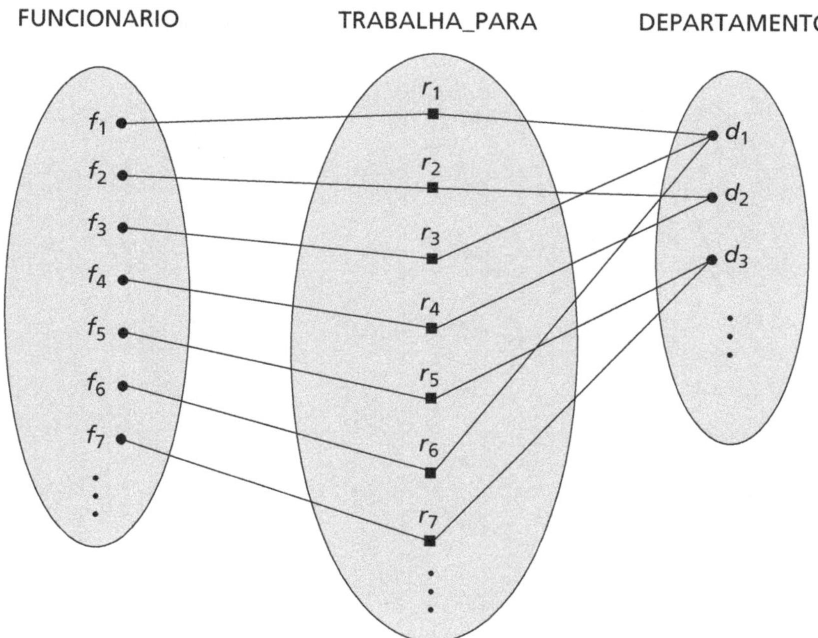

Figura 3.9 Algumas instâncias no conjunto de relacionamentos TRABALHA_PARA, que representa um tipo de relacionamento TRABALHA_PARA entre FUNCIONARIO e DEPARTAMENTO.

3.4.2 Grau de relacionamento, nomes de papéis e relacionamentos recursivos (autorrelacionamento)

Grau de um tipo de relacionamento. O **grau** de um tipo de relacionamento é o número dos tipos de entidade participantes. Logo, o relacionamento TRABALHA_PARA tem grau dois. Um tipo de relacionamento de grau dois é chamado de **binário**, e um tipo de grau três é chamado de **ternário**. Um exemplo de relacionamento ternário é FORNECE, mostrado na Figura 3.10, em que cada instância de relacionamento r_i associa três entidades — um fornecedor *f*, uma peça *p* e um projeto *j* — sempre que *f* fornece a peça *p* ao projeto *j*. Os relacionamentos geralmente podem ser de qualquer grau, mas os mais comuns são os relacionamentos binários. Relacionamentos de grau mais alto geralmente são mais complexos que os binários; nós os caracterizaremos mais adiante, na Seção 3.9.

Relacionamentos como atributos. Às vezes, é conveniente pensar em um tipo de relacionamento binário em termos de atributos, conforme discutimos na Seção 3.3.3. Considere o tipo de relacionamento TRABALHA_PARA da Figura 3.9. Pode-se pensar em um atributo chamado Departamento do tipo de entidade FUNCIONARIO, em que o valor do Departamento para cada entidade FUNCIONARIO é a (uma referência à) entidade DEPARTAMENTO para a qual esse funcionário trabalha. Logo, o conjunto de valores para esse atributo Departamento é o conjunto de *todas* as entidades DEPARTAMENTO, em que está o conjunto de entidades DEPARTAMENTO. Foi isso que fizemos na Figura 3.8, quando especificamos o projeto inicial do tipo de entidade FUNCIONARIO para o banco de dados EMPRESA. Porém, quando pensamos em um relacionamento binário como um atributo, sempre temos duas opções ou dois pontos de vista. Neste exemplo, o ponto de vista alternativo é pensar em um atributo multivalorado Funcionarios do tipo de entidade DEPARTAMENTO, cujos valores para cada entidade DEPARTAMENTO são o conjunto de entidades de FUNCIONARIO que trabalham para esse departamento. O conjunto de valores desse atributo Funcionarios é o conjunto de potência do conjunto de entidades FUNCIONARIO. Qualquer um desses dois atributos — Departamento de FUNCIONARIO ou Funcionarios de DEPARTAMENTO — pode representar o tipo de relacionamento

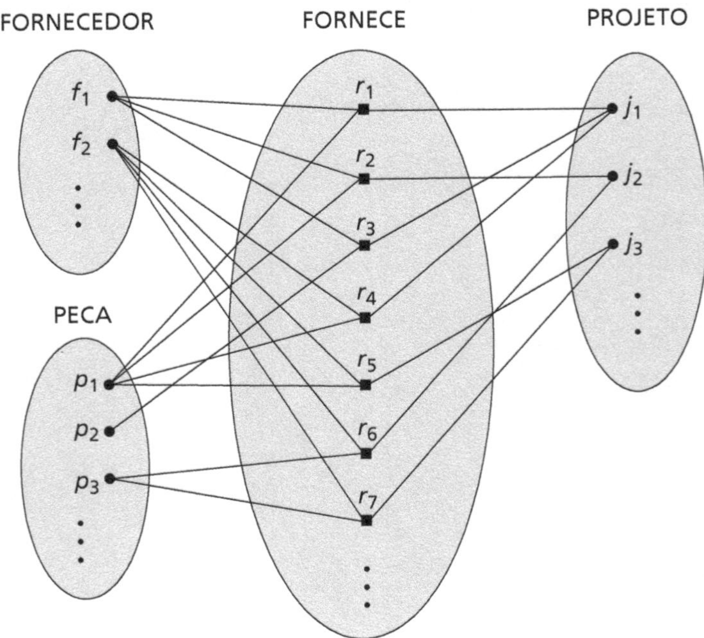

Figura 3.10 Algumas instâncias de relacionamento no conjunto de relacionamento ternário FORNECE.

TRABALHA_PARA. Se os dois forem representados, eles são restringidos a serem o inverso um do outro.[8]

Nomes de papéis e relacionamentos recursivos. Cada tipo de entidade que participa de um tipo de relacionamento desempenha nele um papel em particular. O **nome do papel** significa o papel que uma entidade participante do tipo de entidade desempenha em cada instância de relacionamento, e ajuda a explicar o que o relacionamento significa. Por exemplo, no tipo de relacionamento TRABALHA_PARA, FUNCIONARIO desempenha o papel de *funcionário* ou *trabalhador*, e DEPARTAMENTO desempenha o papel de *departamento* ou *empregador*.

Os nomes dos papéis não são tecnicamente necessários nos tipos de relacionamento em que todos os tipos de entidade participantes são distintos, pois o nome de cada tipo de entidade participante pode ser usado como o nome do papel. Contudo, em algumas ocasiões, o *mesmo* tipo de entidade participa mais de uma vez em um tipo de relacionamento em *papéis diferentes*. Nesses casos, o nome do papel torna-se essencial para distinguir o significado do papel que cada entidade participante desempenha. Esses tipos de relacionamento são chamados de **relacionamentos recursivos** ou **autorrelacionados**. A Figura 3.11 mostra um exemplo. O tipo de relacionamento SUPERVISIONA relaciona um funcionário a um supervisor, no qual as entidades funcionário e supervisor são membros do mesmo conjunto de entidades FUNCIONARIO. Logo, o tipo de entidade FUNCIONARIO *participa duas vezes* em SUPERVISIONA: uma vez no papel de *supervisor* (ou *chefe*) e outra no papel de *supervisionado* (ou *subordinado*). Cada instância de relacionamento r_i em SUPERVISIONA associa duas entidades de funcionário f_j e f_k, uma das quais desempenha o papel de supervisor e a outra, o papel de supervisionado. Na Figura 3.11, as linhas marcadas com '1' representam o papel de supervisor, e aquelas marcadas com '2' representam o papel de supervisionado; assim, f_1 supervisiona f_2 e f_3, f_4 supervisiona f_6 e f_7, e f_5 supervisiona f_1 e f_4. Neste exemplo, cada instância de relacionamento precisa ser conectada com duas linhas, uma marcada com '1' (supervisor) e a outra com '2' (supervisionado).

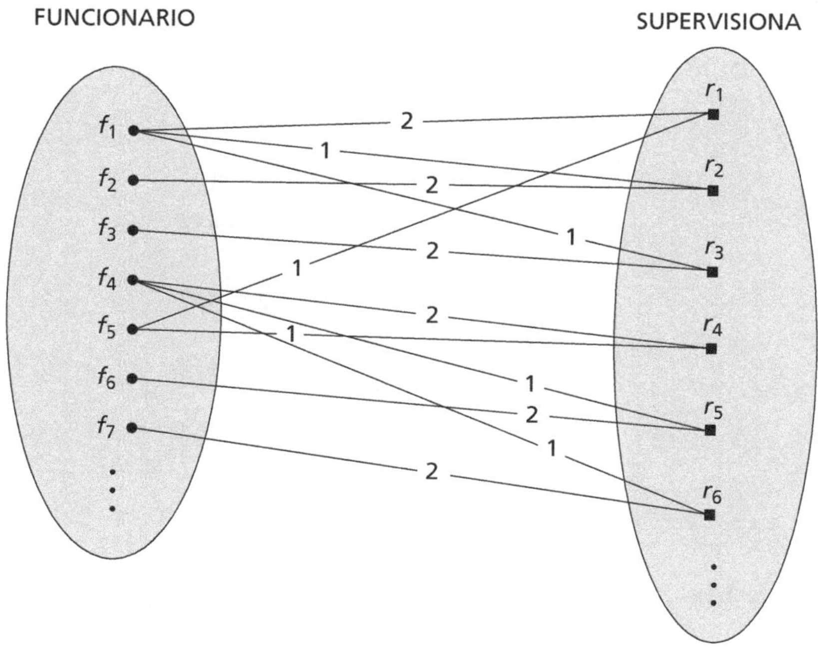

Figura 3.11 Um relacionamento recursivo SUPERVISIONA entre FUNCIONARIO no papel de supervisor (1) e FUNCIONARIO no papel de subordinado (2).

[8] Esse conceito de representar os tipos de relacionamento como atributos é usado em uma classe de modelos de dados chamada **modelos de dados funcionais**. Nos bancos de dados de objeto (ver Capítulo 12), os relacionamentos podem ser representados por atributos de referência, seja em uma direção, seja nas duas direções como inversos. Em bancos de dados relacionais (ver Capítulo 5), as chaves estrangeiras são um tipo de atributo de referência usado para representar relacionamentos.

3.4.3 Restrições sobre tipos de relacionamento binários

Os tipos de relacionamento costumam ter certas restrições que limitam as combinações de entidades que podem participar no conjunto de relacionamentos correspondente. Essas restrições são determinadas com base na situação do minimundo que os relacionamentos representam. Por exemplo, na Figura 3.9, se a empresa tem uma regra de que cada funcionário precisa trabalhar para exatamente um departamento, gostaríamos de descrever essa restrição no esquema. Podemos distinguir dois tipos principais de restrições de relacionamento binário: *razão de cardinalidade* e *participação*.

Razões de cardinalidade para relacionamentos binários. A **razão de cardinalidade** para um relacionamento binário especifica o número *máximo* de instâncias de relacionamento em que uma entidade pode participar. Por exemplo, no tipo de relacionamento binário TRABALHA_PARA, DEPARTAMENTO:FUNCIONARIO tem razão de cardinalidade 1:N, significando que cada departamento pode estar relacionado a (ou seja, emprega) qualquer número de funcionários (N),[9] mas um funcionário só pode estar relacionado a (trabalha para) um departamento. Isso significa que, para esse relacionamento TRABALHA_PARA em particular, uma entidade de departamento específica pode estar relacionada a qualquer número de funcionários (N indica que não existe um número máximo). Por sua vez, um funcionário pode estar relacionado no máximo a um único departamento. As razões de cardinalidade possíveis para tipos de relacionamento binários são 1:1, 1:N, N:1 e M:N.

Um exemplo de relacionamento binário 1:1 é GERENCIA (Figura 3.12), o qual relaciona uma entidade de departamento ao funcionário que gerencia esse departamento. Isso representa as restrições do minimundo que — em qualquer ponto no tempo — um funcionário pode gerenciar apenas um departamento e um departamento pode ter apenas um gerente. O tipo de relacionamento TRABALHA_EM (Figura 3.13) é de razão de cardinalidade M:N, porque a regra do minimundo é que um funcionário pode trabalhar em vários projetos e um projeto pode ter vários funcionários.

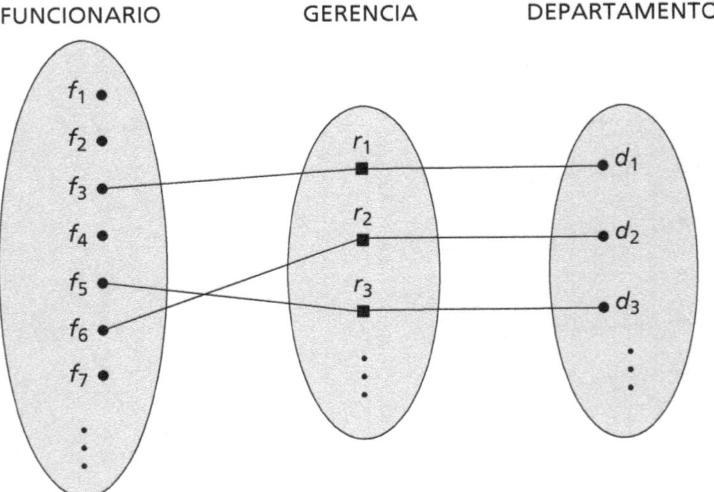

Figura 3.12 Um relacionamento 1:1, GERENCIA.

[9] N significa *qualquer número* de entidades relacionadas (zero ou mais). Em algumas relações, o símbolo do asterisco (*) é usado no lugar de N.

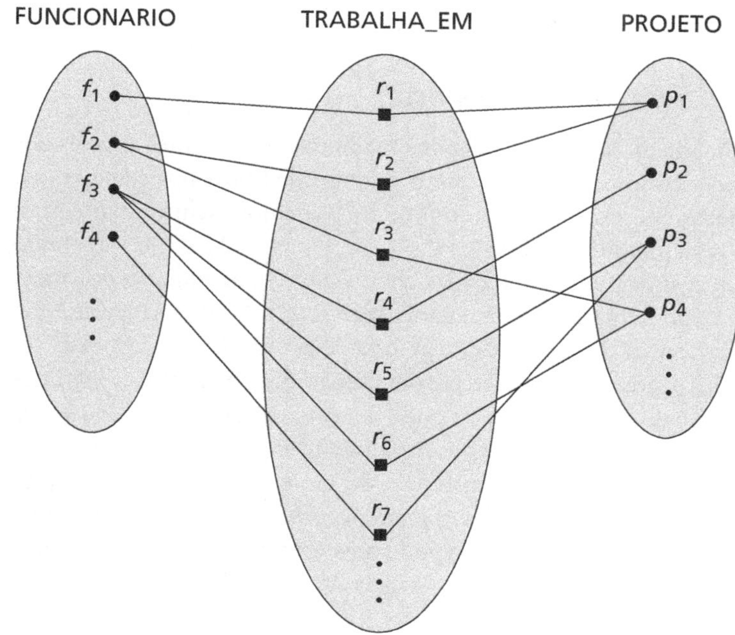

Figura 3.13 Um relacionamento M:N, TRABALHA_EM.

As razões de cardinalidade para relacionamentos binários são representadas nos diagramas ER exibindo 1, M e N nos losangos, como mostra a Figura 3.2. Observe que, nessa notação, podemos especificar nenhum máximo (N) ou um máximo de um (1) na participação. Uma notação alternativa (ver Seção 3.7.4) permite que o projetista especifique um *número máximo* na participação, como 4 ou 5.

Restrições de participação e dependências de existência. A **restrição de participação** especifica se a existência de uma entidade depende de ela estar relacionada a outra entidade por meio do tipo de relacionamento. Essa restrição especifica o número *mínimo* de instâncias de relacionamento em que cada entidade pode participar, e às vezes é chamada de **restrição de cardinalidade mínima.** Existem dois tipos de restrições de participação — total e parcial — que vamos ilustrar. Se a política de uma empresa afirma que *todo* funcionário precisa trabalhar para um departamento, uma entidade de funcionário só pode existir se participar em, pelo menos, uma instância de relacionamento TRABALHA_PARA (Figura 3.9). Assim, a participação de FUNCIONARIO em TRABALHA_PARA é chamada de **participação total,** significando que cada entidade *no conjunto total* de entidades de funcionário deve estar relacionada a uma entidade de departamento por meio de TRABALHA_PARA. A participação total também é conhecida como **dependência de existência.** Na Figura 3.12, não esperamos que cada funcionário gerencie um departamento, de modo que a participação de FUNCIONARIO no tipo de relacionamento GERENCIA é **parcial,** significando que *uma parte do conjunto de* entidades de funcionário está relacionada a alguma entidade de departamento por meio de GERENCIA, mas não necessariamente todas. Vamos nos referir à razão de cardinalidade e restrições de participação, juntas, como as **restrições estruturais** de um tipo de relacionamento.

Em diagramas ER, a participação total (ou dependência de existência) é exibida como uma *linha dupla* que conecta o tipo de entidade participante ao relacionamento, enquanto a participação parcial é representada por uma *linha simples* (ver Figura 3.2). Observe que, nessa notação, podemos especificar nenhum mínimo (participação parcial) ou um mínimo de um (participação total). Uma notação alternativa (ver Seção 3.7.4) permite que o projetista indique um *número mínimo* específico da participação no relacionamento, como 4 ou 5.

Discutiremos as restrições sobre os relacionamentos de grau mais alto na Seção 3.9.

3.4.4 Atributos dos tipos de relacionamento

Os tipos de relacionamento também podem ter atributos, semelhantes àqueles dos tipos de entidade. Por exemplo, para registrar o número de horas por semana que um funcionário trabalha em um determinado projeto, podemos incluir um atributo Horas para o tipo de relacionamento TRABALHA_EM na Figura 3.13. Outro exemplo é incluir a data em que um gerente começou a chefiar um departamento por meio de um atributo Data_inicio para o tipo de relacionamento GERENCIA na Figura 3.12.

Observe que os atributos dos tipos de relacionamento 1:1 ou 1:N podem ser migrados para um dos tipos de entidade participantes. Por exemplo, o atributo Data_inicio para o relacionamento GERENCIA pode ser um atributo de FUNCIONARIO (gerente) ou de DEPARTAMENTO, embora conceitualmente ele pertença a GERENCIA. Isso porque GERENCIA é um relacionamento 1:1, de modo que cada entidade de departamento ou funcionário participa de *no máximo uma* instância de relacionamento. Logo, o valor do atributo Data_inicio pode ser determinado separadamente, pela entidade do departamento participante ou pela entidade do funcionário participante (gerente).

Para um tipo de relacionamento 1:N, um atributo de relacionamento pode ser migrado *somente* para o tipo de entidade no lado N do relacionamento. Por exemplo, na Figura 3.9, se o relacionamento TRABALHA_PARA também tiver um atributo Data_inicio que indica quando um funcionário começou a trabalhar para um departamento, esse atributo pode ser incluído como um atributo de FUNCIONARIO. Isso porque cada funcionário trabalha para somente um departamento e por isso participa de, no máximo, uma instância de relacionamento em TRABALHA_PARA, mas um departamento pode ter muitos funcionários, cada um com uma data de início diferente. Nos tipos de relacionamento 1:1 e 1:N, a decisão de onde colocar um atributo de relacionamento — como um atributo do tipo de relacionamento ou como um atributo de um tipo de entidade participante — é determinada de maneira subjetiva pelo projetista do esquema.

Para tipos de relacionamento M:N (muitos para muitos), alguns atributos podem ser determinados pela *combinação de entidades participantes* em uma instância de relacionamento, e não por qualquer entidade isolada. Esses atributos *precisam ser especificados como atributos de relacionamento*. Um exemplo é o atributo Horas do relacionamento M:N de TRABALHA_EM (Figura 3.13). O número de horas por semana que um funcionário trabalha atualmente em um projeto é determinado por uma combinação FUNCIONARIO-PROJETO, e não de maneira separada por qualquer entidade.

3.5 Tipos de entidade fraca

Tipos de entidade que não possuem atributos-chave próprios são chamados **tipos de entidade fraca.** Ao contrário, os **tipos de entidade regulares** que possuem um atributo-chave — o que inclui todos os exemplos discutidos até aqui — são chamados de **tipos de entidade fortes.** As entidades pertencentes a um tipo de entidade fraca são identificadas por estarem relacionadas a entidades específicas de outro tipo em combinação com um de seus valores de atributo. Chamamos esse outro tipo de entidade de **tipo de entidade de identificação** ou **proprietário,**[10] e chamamos o tipo de relacionamento que relaciona um tipo de entidade fraca a seu proprietário de

[10] O tipo de entidade de identificação é também chamado de **tipo de entidade pai,** ou **tipo de entidade dominante.**

relacionamento de identificação do tipo de entidade fraca.[11] Um tipo de entidade fraca sempre tem uma *restrição de participação total* (dependência de existência) com relação a seu relacionamento de identificação, porque a entidade fraca não pode ser identificada sem uma entidade proprietária. Porém, nem toda dependência de existência resulta em um tipo de entidade fraca. Por exemplo, uma entidade CARTEIRA_MOTORISTA não pode existir, a menos que esteja relacionada a uma entidade PESSOA, embora tenha a própria chave (Numero_habilitacao) e, portanto, não seja uma entidade fraca.

Considere o tipo de entidade DEPENDENTE, relacionado a FUNCIONARIO, que é usado para registrar os dependentes de cada funcionário por meio de um relacionamento 1:N (Figura 3.2). Em nosso exemplo, os atributos de DEPENDENTE são Nome (o primeiro nome do dependente), Data_nascimento, Sexo e Parentesco (com o funcionário). Dois dependentes de *dois funcionários distintos* podem, por coincidência, ter os mesmos valores para Nome, Data_nascimento, Sexo e Parentesco, mas ainda assim eles são entidades distintas. Eles são identificados como entidades distintas apenas depois de determinar a *entidade de funcionário em particular* à qual cada dependente está relacionado. Considera-se que cada entidade de funcionário *possui* as entidades dependentes que estão relacionadas a ele.

Um tipo de entidade fraca normalmente tem uma **chave parcial**, que é o atributo que pode identificar exclusivamente as entidades fracas que estão *relacionadas à mesma entidade proprietária*.[12] Em nosso exemplo, se considerarmos que dois dependentes do mesmo funcionário não poderão ter o mesmo primeiro nome, o atributo Nome de DEPENDENTE é a chave parcial. No pior dos casos, um atributo composto de *todos os atributos da entidade fraca* será a chave parcial.

Em diagramas ER, tanto um tipo de entidade fraca quanto seu relacionamento de identificação são distinguidos ao delimitar suas caixas e losangos com linhas duplas (ver Figura 3.2). O atributo de chave parcial é sublinhado com uma linha tracejada ou pontilhada.

Os tipos de entidade fraca às vezes podem ser representados como atributos complexos (compostos, multivalorados). No exemplo anterior, poderíamos especificar um atributo multivalorado Dependentes para FUNCIONARIO, que é um atributo composto com os atributos componentes Nome, Data_nascimento, Sexo e Parentesco. A escolha de qual representação usar é feita pelo projetista de banco de dados. Um critério que pode ser usado é escolher a representação do tipo de entidade fraca se ela participar independentemente nos tipos de relacionamento além de seu tipo de relacionamento de identificação.

Em geral, podemos definir qualquer quantidade de níveis de tipos de entidade fraca; um tipo de entidade proprietário pode ele mesmo ser um tipo de entidade fraca. Além disso, um tipo de entidade fraca pode ter mais de um tipo de entidade de identificação e um tipo de relacionamento de identificação de grau maior que dois, conforme ilustraremos na Seção 3.9.

3.6 Refinando o projeto ER para o banco de dados EMPRESA

Agora, podemos refinar o projeto de banco de dados da Figura 3.8 alterando os atributos que representam relacionamentos para tipos de relacionamento. A razão de cardinalidade e a restrição de participação de cada tipo de relacionamento são

[11] O tipo de entidade fraca também é chamado de **tipo de entidade filho**, ou **tipo de entidade subordinado**.

[12] A chave parcial às vezes é chamada de **discriminadora**.

determinadas com base nos requisitos listados na Seção 3.2. Se alguma razão de cardinalidade ou dependência não puder ser especificada dessa maneira, os usuários terão de ser questionados ainda mais para determinar essas restrições estruturais.

Em nosso exemplo, especificamos os seguintes tipos de relacionamento:

- GERENCIA, um tipo de relacionamento 1:1 (um para um) entre FUNCIONARIO e DEPARTAMENTO. A participação de FUNCIONARIO é parcial. A participação de DEPARTAMENTO não é clara pelos requisitos. Questionamos os usuários, que dizem que um departamento precisa ter um gerente o tempo todo, o que implica participação total.[13] O atributo Data_inicio é atribuído a esse tipo de relacionamento.
- TRABALHA_PARA, um tipo de relacionamento 1:N (um para muitos) entre DEPARTAMENTO e FUNCIONARIO. As duas participações são totais.
- CONTROLA, um tipo de relacionamento 1:N entre DEPARTAMENTO e PROJETO. A participação de PROJETO é total, enquanto a de DEPARTAMENTO é determinada para ser parcial, depois que os usuários indicaram que alguns departamentos podem não controlar projeto algum.
- SUPERVISIONA, um tipo de relacionamento 1:N entre FUNCIONARIO (no papel de supervisor) e FUNCIONARIO (no papel de supervisionado). As duas participações são determinadas como parciais, depois que os usuários indicaram que nem todo funcionário é um supervisor e nem todo funcionário tem um supervisor.
- TRABALHA_EM, determinado como um tipo de relacionamento M:N (muitos para muitos) com atributo Horas, depois que os usuários indicaram que um projeto pode ter vários funcionários trabalhando nele. As duas participações são determinadas como totais.
- DEPENDEM_DE, um tipo de relacionamento 1:N entre FUNCIONARIO e DEPENDENTE, que também é o relacionamento de identificação para o tipo de entidade fraca DEPENDENTE. A participação de FUNCIONARIO é parcial, enquanto a de DEPENDENTE é total.

Depois de especificar os seis tipos de relacionamento citados, removemos dos tipos de entidade da Figura 3.8 todos os atributos que foram refinados para relacionamentos. Estes incluem Gerente e Data_inicio_gerente de DEPARTAMENTO; Departamento_gerenciador de PROJETO; Departamento, Supervisor e Trabalha_em de FUNCIONARIO; e Funcionario de DEPENDENTE. É importante ter o mínimo possível de redundância quando projetamos o esquema conceitual de um banco de dados. Se alguma redundância for desejada no nível de armazenamento ou no nível de visão do usuário, ela pode ser introduzida mais tarde, conforme discutimos na Seção 1.6.1.

3.7 Diagramas ER, convenções de nomes e questões de projeto

3.7.1 *Resumo da notação para diagramas ER*

As figuras 3.9 a 3.13 ilustram exemplos da participação dos tipos de entidade nos tipos de relacionamento ao exibir seus conjuntos de entidade e relacionamento (ou extensões) — as instâncias de entidade individuais em um conjunto de entidades e as instâncias de relacionamento individuais em um conjunto de relacionamentos. Nos diagramas ER, a ênfase está em representar os esquemas em vez das instâncias. Isso é mais útil no projeto porque um esquema de banco de dados muda raramente,

[13] As regras no minimundo que determinam as restrições também são chamadas de *regras de negócio*, pois elas são determinadas pelo *negócio* ou pela organização que utilizará o banco de dados.

enquanto o conteúdo dos conjuntos de entidades muda com frequência. Além disso, o esquema é obviamente mais fácil de exibir, pois é muito menor.

A Figura 3.2 exibe o **esquema de banco de dados** EMPRESA como um **diagrama ER**. Agora, revisamos a notação completa do diagrama ER. Tipos de entidade regulares (fortes) como FUNCIONARIO, DEPARTAMENTO e PROJETO são mostrados nas caixas retangulares. Tipos de relacionamento como TRABALHA_PARA, GERENCIA, CONTROLA e TRABALHA_EM são mostrados em caixas em forma de losango, conectadas aos tipos de entidade participantes com linhas retas. Os atributos são mostrados em ovais, e cada atributo é conectado por uma linha reta a seu tipo de entidade ou tipo de relacionamento. Os atributos componentes de um atributo composto são conectados à oval que representa o atributo composto, conforme ilustrado pelo atributo Nome de FUNCIONARIO. Os atributos multivalorados aparecem em ovais duplas, conforme ilustrado pelo atributo Localizacoes de DEPARTAMENTO. Os atributos-chave têm seus nomes sublinhados. Os atributos derivados aparecem em ovais tracejadas, conforme ilustrado pelo atributo Numero_de_funcionarios de DEPARTAMENTO.

Os tipos de entidade fraca são distinguidos ao serem colocados em retângulos duplos e terem seu relacionamento de identificação colocado em losangos duplos, conforme ilustrado pelo tipo de entidade DEPENDENTE e o tipo de relacionamento de identificação DEPENDEM_DE. A chave parcial do tipo de entidade fraca é sublinhada com uma linha tracejada.

Na Figura 3.2, a razão de cardinalidade de cada tipo de relacionamento *binário* é especificada pela conexão de um 1, M ou N em cada aresta participante. A razão de cardinalidade de DEPARTAMENTO:FUNCIONARIO em GERENCIA é 1:1, enquanto é 1:N para DEPARTAMENTO:FUNCIONARIO em TRABALHA_PARA, e M:N para TRABALHA_EM. A restrição de participação é especificada por uma linha simples para participação parcial e por linhas duplas para a participação total (dependência de existência).

Na Figura 3.2, mostramos os nomes de papel para o tipo de relacionamento SUPERVISIONA, pois o mesmo tipo de entidade FUNCIONARIO desempenha dois papéis distintos nesse relacionamento. Observe que a razão de cardinalidade é 1:N de supervisor para supervisionado porque cada funcionário no papel de supervisionado tem, no máximo, um supervisor direto, ao passo que um funcionário no papel de supervisor pode controlar zero ou mais funcionários.

A Figura 3.14 resume as convenções para diagramas ER. É importante observar que existem muitas outras notações diagramáticas alternativas (ver Seção 3.7.4 e Apêndice A).

3.7.2 Nomeação apropriada de construções de esquema

Ao projetar um esquema de banco de dados, a escolha de nomes para tipos de entidade, atributos, tipos de relacionamento e (particularmente) papéis nem sempre é simples. É preciso escolher nomes que transmitam, tanto quanto possível, os significados associados às diferentes construções no esquema. Escolhemos usar *nomes no singular* para os tipos de entidade, em vez de nomes no plural, porque o nome se aplica a cada entidade individual pertencente a esse tipo de entidade. Em nossos diagramas ER, usaremos a convenção de que os nomes do tipo de entidade e tipo de relacionamento são escritos em letras maiúsculas, os nomes de atributo têm apenas a letra inicial em maiúscula e os nomes do papel são escritos em letras minúsculas. Usamos essa convenção na Figura 3.2.

Como uma prática geral, dada uma descrição narrativa dos requisitos do banco de dados, os *substantivos* que aparecem na narrativa tendem a gerar nomes de tipo de entidade, e os *verbos* tendem a indicar nomes de tipos de relacionamento. Os

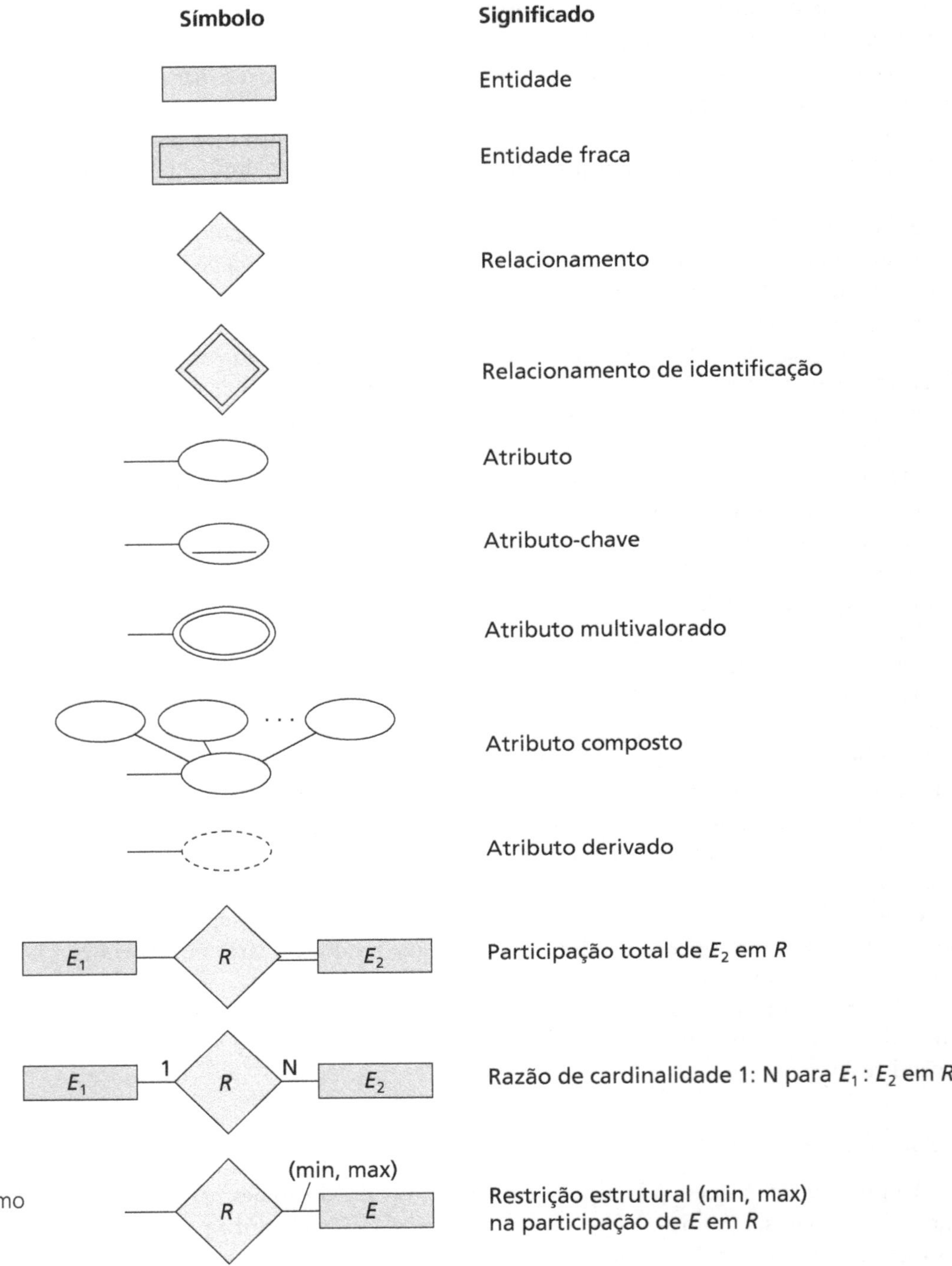

Figura 3.14 Resumo da notação para diagramas ER.

nomes de atributo costumam surgir de substantivos adicionais que descrevem os nomes correspondentes a tipos de entidade.

Outra consideração de nomeação envolve a escolha de nomes de relacionamento binário para tornar o diagrama ER do esquema legível da esquerda para a direita e de cima para baixo. Seguimos essa orientação de modo geral na Figura 3.2. Para explicar melhor essa convenção de nomeação, temos uma exceção para a Figura 3.2 — o tipo de relacionamento DEPENDEM_DE, lido de baixo para cima. Quando descrevemos esse relacionamento, podemos dizer que as entidades DEPENDENTE (tipo de entidade inferior) DEPENDEM_DE (nome de relacionamento) um FUNCIONARIO (tipo de entidade superior). Para mudar isso e ler de cima para baixo, poderíamos renomear o tipo de relacionamento para POSSUI_DEPENDENTES, que então seria lido da seguinte forma: uma entidade FUNCIONARIO (tipo de entidade superior) POSSUI_DEPENDENTES (nome de relacionamento) do tipo DEPENDENTE (tipo de entidade inferior). Observe que esse problema surge porque cada relacionamento binário pode ser descrito começando de qualquer um dos dois tipos de entidades participantes, conforme discutido no início da Seção 3.4.

3.7.3 Escolhas de projeto para o projeto conceitual ER

Às vezes é difícil decidir se um conceito em particular no minimundo deve ser modelado como um tipo de entidade, um atributo ou um tipo de relacionamento. Nesta seção, oferecemos algumas orientações rápidas sobre qual construção deve ser escolhida em situações específicas.

Em geral, o processo de projeto de esquema deve ser considerado um processo de refinamento iterativo, no qual um projeto inicial é criado e depois refinado iterativamente até que o mais adequado seja alcançado. Alguns dos refinamentos frequentemente utilizados incluem o seguinte:

- Um conceito pode ser modelado como um atributo e depois refinado para um relacionamento, pois é determinado que o atributo é uma referência para outro tipo de entidade. Com frequência acontece de um par desses atributos, que são inversos um do outro, ser refinado em um relacionamento binário. Discutimos esse tipo de refinamento com detalhes na Seção 3.6. É importante observar que, em nossa notação, quando um atributo é substituído por um relacionamento, o próprio atributo deve ser removido do tipo de entidade para evitar duplicação e redundância.
- De modo semelhante, um atributo que existe em vários tipos de entidade pode ser elevado ou promovido para um tipo de entidade independente. Por exemplo, suponha que cada tipo de entidade em um banco de dados UNIVERSIDADE, como ALUNO, PROFESSOR e DISCIPLINA, tenha um atributo Departamento no projeto inicial. O projetista pode escolher criar um tipo de entidade DEPARTAMENTO com um único atributo Nome_departamento e relacioná-lo aos três tipos de entidade (ALUNO, PROFESSOR e DISCIPLINA) por meio de relacionamentos apropriados. Outros atributos/relacionamentos de DEPARTAMENTO podem ser descobertos mais tarde.
- Um refinamento inverso para o caso anterior pode ser aplicado — por exemplo, se um tipo de entidade DEPARTAMENTO existir no projeto inicial com um atributo isolado Nome_departamento e estiver relacionado a somente outro tipo de entidade, ALUNO. Nesse caso, DEPARTAMENTO pode ser reduzido ou rebaixado para um atributo de ALUNO.
- A Seção 3.9 vai discutir as escolhas referentes ao grau de um relacionamento. No Capítulo 4, discutiremos outros refinamentos referentes à especialização/generalização.

3.7.4 Notações alternativas para diagramas ER

Existem muitas notações diagramáticas alternativas para exibir diagramas ER. O Apêndice A mostra algumas das mais populares. Na Seção 3.8, vamos introduzir a notação Linguagem de Modelagem Unificada (UML) para diagramas de classe, que foi proposta como um padrão para a modelagem conceitual de objeto.

Nesta seção, descrevemos uma notação ER alternativa para especificar restrições estruturais sobre os relacionamentos, que substitui a razão de cardinalidade (1:1, 1:N, M:N) e a notação de linha simples/dupla para as restrições de participação. Essa notação envolve associar um par de números inteiros (min, max) a cada *participação* de um tipo de entidade E em um tipo de relacionamento R, onde $0 \leq \text{min} \leq \text{max}$ e $\text{max} \geq 1$. Os números significam que, para cada entidade e em E, e precisa participar de pelo menos *min* e no máximo *max* instâncias de relacionamento em R *em qualquer ponto no tempo*. Nesse método, min = 0 implica participação parcial, enquanto min > 0 implica participação total.

A Figura 3.15 mostra o esquema de banco de dados EMPRESA usando a notação (min, max).[14] Em geral, usa-se ou a notação de razão de cardinalidade/linha simples/linha dupla *ou* a notação (min, max). A notação (min, max) é mais precisa, e podemos usá-la para especificar algumas restrições estruturais para os tipos de relacionamento de *maior grau*. Porém, isso não é suficiente para especificar algumas restrições de chave nos relacionamentos de maior grau, conforme discutiremos na Seção 3.9.

A Figura 3.15 também apresenta todos os nomes de papel para o esquema de banco de dados EMPRESA.

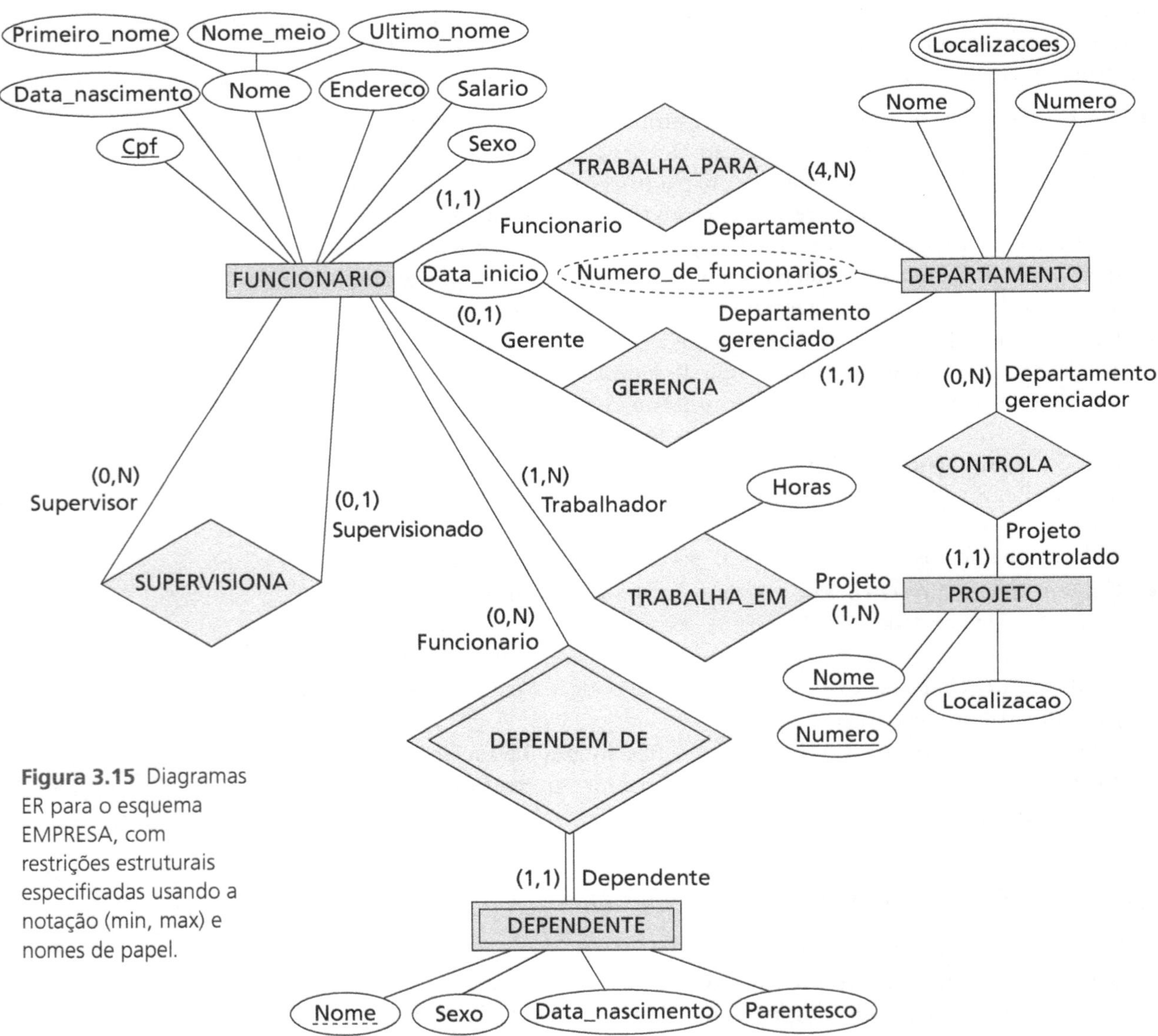

Figura 3.15 Diagramas ER para o esquema EMPRESA, com restrições estruturais especificadas usando a notação (min, max) e nomes de papel.

[14] Em algumas notações, particularmente as usadas nas metodologias de modelagem de objeto, como UML, o (min, max) é colocado nos *lados opostos* aos que mostramos. Por exemplo, para o relacionamento TRABALHA_PARA da Figura 3.15, o (1,1) estaria no lado DEPARTAMENTO, e o (4,N) estaria no lado FUNCIONARIO. Aqui, usamos a notação original de Abrial (1974).

3.8 Exemplo de outra notação: diagramas de classes UML

A metodologia UML está sendo bastante utilizada no projeto de software e tem muitos tipos de diagramas para diversas finalidades do projeto de software. Aqui, apresentamos rapidamente os fundamentos dos **diagramas de classes UML** e os comparamos com os diagramas ER. De algumas maneiras, os diagramas de classes podem ser considerados uma notação alternativa aos diagramas ER. A notação e os conceitos adicionais da UML serão apresentados na Seção 4.6. A Figura 3.16 mostra como o esquema de banco de dados ER EMPRESA da Figura 3.15 pode ser exibido usando a notação de diagrama de classes UML. Os *tipos de entidade* na Figura 3.15 são modelados como *classes* na Figura 3.16. Uma *entidade* em ER corresponde a um *objeto* em UML.

Nos diagramas de classes UML, uma **classe** (semelhante a um tipo de entidade em ER) é exibida como uma caixa (ver Figura 3.16) que inclui três seções: a seção superior mostra o **nome da classe** (semelhante ao nome do tipo de entidade); a seção do meio inclui os **atributos**; e a última seção inclui as **operações** que podem ser aplicadas aos objetos individuais (semelhante às entidades individuais em um conjunto de entidades) da classe. As operações *não* são especificadas em diagramas ER. Considere a classe FUNCIONARIO na Figura 3.16. Seus atributos são Nome, Cpf, Data_nascimento, Sexo, Endereco e Salario. O projetista pode, opcionalmente, especificar o **domínio** (ou o tipo de dado) de um atributo, se desejar, colocando um sinal de dois-pontos (:) seguido pelo nome ou descrição do domínio, conforme ilustrado pelos atributos Nome, Sexo e Data_nascimento de FUNCIONARIO na Figura 3.16. Um atributo composto é modelado como um **domínio estruturado**, conforme ilustrado pelo atributo Nome de FUNCIONARIO. Um atributo multivalorado geralmente será modelado como uma classe separada, conforme ilustrado pela classe LOCALIZACAO na Figura 3.16.

Os tipos de relacionamento são chamados de **associações** em terminologia UML, e as instâncias de relacionamento são chamadas de **ligações**. Uma **associação binária** (tipo de relacionamento binário) é representada como uma linha que conecta as classes

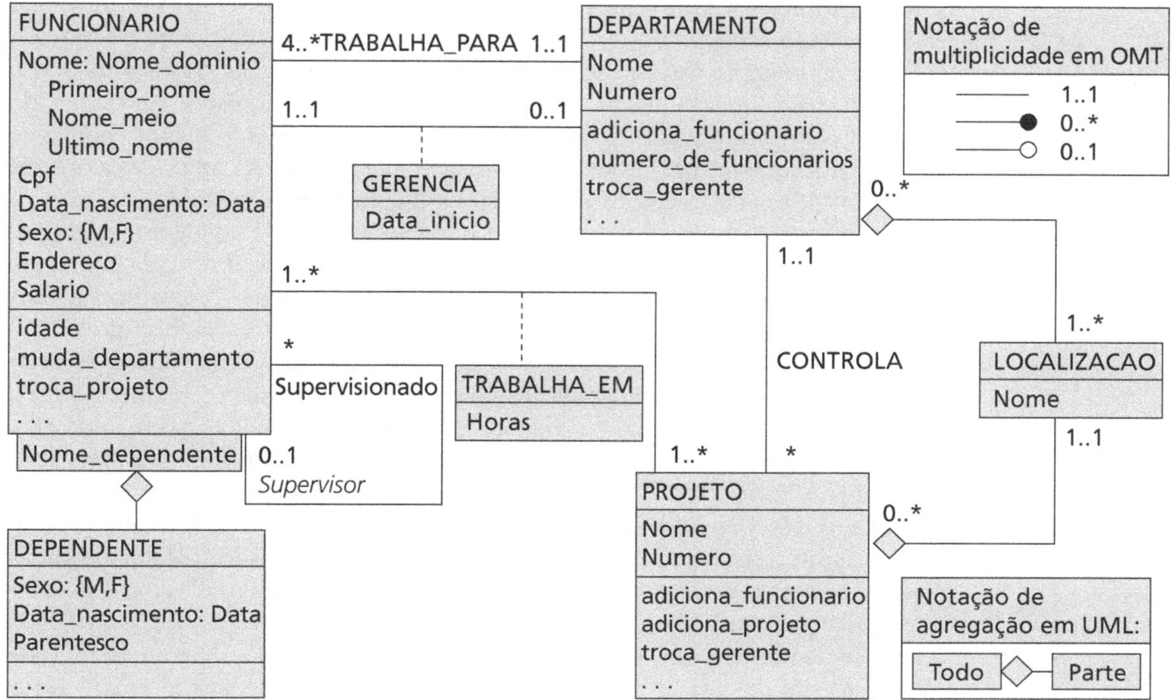

Figura 3.16 O esquema conceitual EMPRESA na notação do diagrama de classes UML.

participantes (tipos de entidade) e pode, opcionalmente, ter um nome. Um atributo de relacionamento, chamado **atributo de ligação**, é colocado em uma caixa que está conectada à linha da associação por uma linha tracejada. A notação (min, max) descrita na Seção 3.7.4 é usada para especificar restrições de relacionamento, que são chamadas **multiplicidades** em terminologia UML. As multiplicidades são especificadas na forma *min..max*, e um asterisco (*) indica nenhum limite máximo na participação. Contudo, as multiplicidades são colocadas *nos lados opostos do relacionamento* quando comparadas com a notação discutida na Seção 3.7.4 (compare as figuras 3.15 e 3.16). Em UML, um único asterisco indica uma multiplicidade de 0..*, e um único 1 indica uma multiplicidade de 1..1. Um tipo de relacionamento recursivo ou autorrelacionamento (ver Seção 3.4.2) é chamado de **associação reflexiva** em UML, e os nomes de papel — como as multiplicidades — são colocados nos cantos opostos de uma associação quando comparados com o posicionamento dos nomes de papel na Figura 3.15.

Em UML, existem dois tipos de relacionamentos: associação e agregação. A **agregação** serve para representar um relacionamento entre um objeto inteiro e suas partes componentes, e possui uma notação diagramática distinta. Na Figura 3.16, modelamos os locais de um departamento e o local isolado de um projeto como agregações. Porém, agregação e associação não possuem propriedades estruturais diferentes, e a escolha quanto a qual tipo de relacionamento usar é um tanto subjetiva. No modelo ER, ambas são representadas como relacionamentos.

A UML também distingue entre associações (ou agregações) **unidirecionais** e **bidirecionais**. No caso unidirecional, a linha que conecta as classes é exibida com uma seta para indicar que é necessária apenas uma direção para acessar objetos relacionados. Se nenhuma seta for exibida, o caso bidirecional é assumido, que é o padrão. Por exemplo, se sempre esperamos acessar o gerente de um departamento começando por um objeto DEPARTAMENTO, podemos desenhar a linha de associação representando a associação GERENCIA com uma seta de DEPARTAMENTO para FUNCIONARIO. Além disso, as instâncias de relacionamento podem ser especificadas para serem **ordenadas**. Por exemplo, poderíamos especificar que os objetos do funcionário relacionados a cada departamento por meio da associação (relacionamento) TRABALHA_PARA devem ser ordenados por seu valor de atributo Data_inicio. Os nomes de associação (relacionamento) são *opcionais* em UML, e os atributos do relacionamento são exibidos em uma caixa conectada com uma linha tracejada à linha que representa a associação/agregação (ver Data_inicio e Horas na Figura 3.16).

As operações dadas em cada classe são derivadas dos requisitos funcionais da aplicação, conforme discutimos na Seção 3.1. Em geral, basta especificar os nomes de operação inicialmente para as operações lógicas que deverão ser aplicadas a objetos individuais de uma classe, conforme mostra a Figura 3.16. À medida que o projeto é refinado, mais detalhes são acrescentados, como os tipos de argumento (parâmetros) exatos para cada operação, mais uma descrição funcional de cada operação. A UML tem *descrições de função* e *diagramas de sequência* para especificar alguns dos detalhes da operação, mas estes estão fora do escopo da nossa discussão.

Entidades fracas podem ser modeladas usando a construção chamada de **associação qualificada** (ou **agregação qualificada**) em UML. Esta pode representar tanto o relacionamento de identificação quanto a chave parcial, que é colocada em uma caixa ligada à classe proprietária. Isso é ilustrado pela classe DEPENDENTE e sua agregação qualificada a FUNCIONARIO na Figura 3.16. A chave parcial Nome_dependente é chamada de **discriminador** em terminologia UML, pois seu valor distingue os objetos associados (relacionados) ao mesmo FUNCIONARIO. As associações qualificadas não são restritas à modelagem de entidades fracas e podem ser usadas para modelar outras situações em UML.

Esta seção não pretende oferecer uma descrição completa dos diagramas de classe UML, mas sim ilustrar um tipo popular de notação diagramática alternativa que pode ser utilizada para representar os conceitos de modelagem ER.

3.9 Tipos de relacionamento de grau maior que dois

Na Seção 3.4.2, definimos o **grau** de um tipo de relacionamento como o número de tipos de entidade participantes e chamamos um tipo de relacionamento de grau dois de *binário* e de grau três de *ternário*. Nesta seção, explicamos melhor as diferenças entre os relacionamentos binário e de grau maior, quando escolher relacionamentos de grau maior *versus* binário, além de como especificar as restrições sobre relacionamentos de grau maior.

3.9.1 Escolhendo entre relacionamentos binário e ternário (ou de grau maior)

A notação de diagrama ER para um tipo de relacionamento ternário aparece na Figura 3.17(a), a qual mostra o esquema para o tipo de relacionamento FORNECE que foi mostrado no nível de instância na Figura 3.10. Lembre-se de que o conjunto de relacionamentos de FORNECE é um conjunto de instâncias de relacionamento (f, j, p), onde f é um FORNECEDOR que atualmente está abastecendo um PROJETO j com uma PECA p. Em geral, um tipo de relacionamento R de grau n terá n arestas em um diagrama ER, uma conectando R a cada tipo de entidade participante.

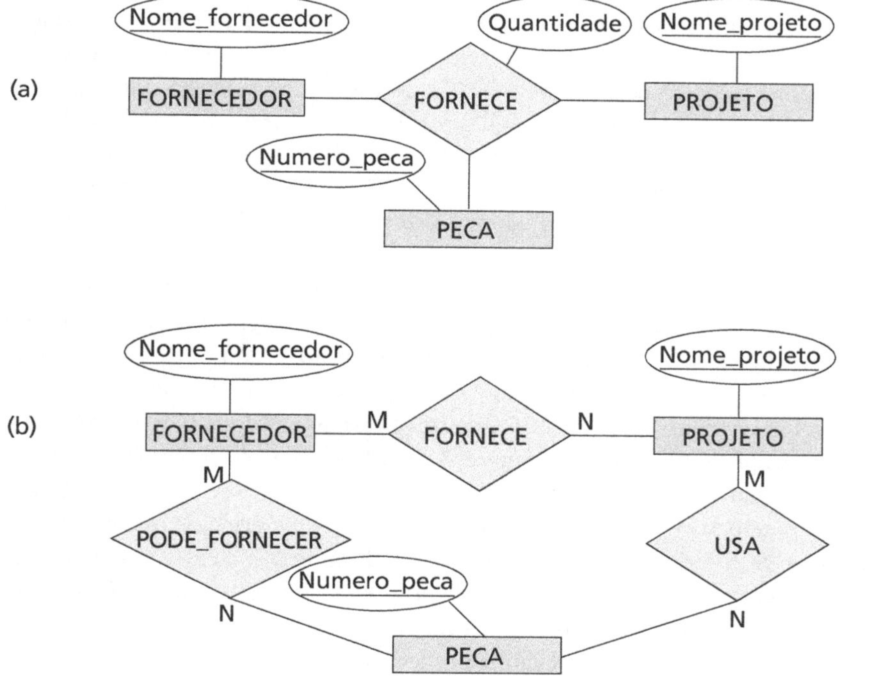

(c)

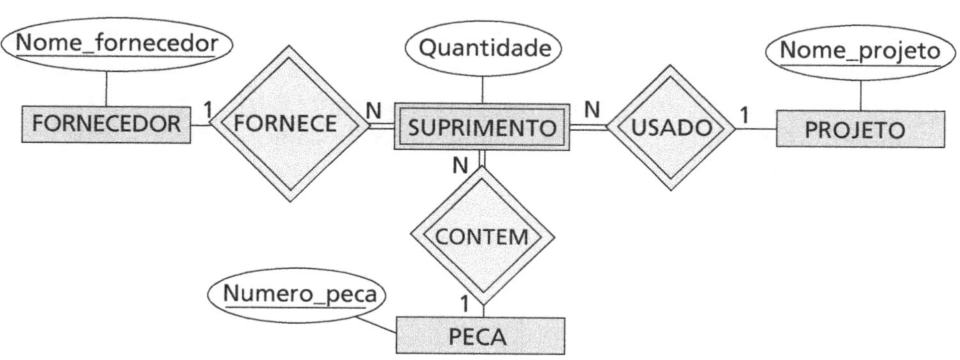

Figura 3.17 Tipos de relacionamento ternário. (a) O relacionamento FORNECE. (b) Três relacionamentos binários não equivalentes a FORNECE. (c) FORNECE representado como um tipo de entidade fraca.

A Figura 3.17(b) mostra um diagrama ER para os três tipos de relacionamento binário PODE_FORNECER, USA e FORNECE. Em geral, um tipo de relacionamento ternário representa informações diferentes dos três tipos de relacionamento binário. Considere os três tipos de relacionamento binário PODE_FORNECER, USA e FORNECE. Suponha que PODE_FORNECER, entre FORNECEDOR e PECA, inclua uma instância (*f*, *p*) sempre que o fornecedor *f* *puder fornecer* a peça *p* (a qualquer projeto); USA, entre PROJETO e PECA, inclui uma instância (*j*, *p*) sempre que o projeto *j* usa a peça *p*; e FORNECE, entre FORNECEDOR e PROJETO, inclui uma instância (*f*, *j*) sempre que o fornecedor *f* fornece *alguma peça* ao projeto *j*. A existência de três instâncias de relacionamento (*f*, *p*), (*j*, *p*) e (*f*, *j*) em PODE_FORNECER, USA e FORNECE, respectivamente, não implica que existe uma instância (*f*, *j*, *p*) no relacionamento ternário FORNECE, pois o *significado é diferente*. Com frequência, é complicado decidir se um relacionamento em particular deve ser representado como um tipo de relacionamento de grau *n* ou se deve ser desmembrado em vários tipos de relacionamento de graus menores. O projetista deverá basear essa decisão na semântica ou no significado da situação em particular que está sendo representada. A solução típica é incluir o relacionamento ternário *com* um ou mais dos relacionamentos binários, se eles representarem significados diferentes e se todos forem necessários à aplicação.

Algumas ferramentas de projeto de banco de dados são baseadas em variações do modelo ER que permitem apenas relacionamentos binários. Nesse caso, um relacionamento ternário como SUPRIMENTO deve ser representado como um tipo de entidade fraca, sem chave parcial e com três relacionamentos de identificação. Os três tipos de entidade participantes FORNECEDOR, PECA e PROJETO são, juntos, os tipos de entidade proprietária (ver Figura 3.17(c)). Logo, uma entidade no tipo de entidade fraca SUPRIMENTO na Figura 3.17(c) é identificada pela combinação de suas três entidades proprietárias de FORNECEDOR, PECA e PROJETO.

Também é possível representar o relacionamento ternário como um tipo de entidade regular introduzindo uma chave artificial ou substituta. Neste exemplo, um atributo-chave Cod_fornecimento poderia ser usado para o tipo de entidade SUPRIMENTO, convertendo-o em um tipo de entidade regular. Três relacionamentos binários N:1 relacionam SUPRIMENTO aos três tipos de entidade participantes.

Outro exemplo é mostrado na Figura 3.18. O tipo de relacionamento ternário OFERECE representa informações sobre professores que oferecem cursos durante determinados semestres; logo, ele inclui uma instância de relacionamento (*p*, *s*, *d*) sempre que o PROFESSOR *p* oferece a DISCIPLINA *d* durante o SEMESTRE *s*. Os três tipos de relacionamento binário mostrados na Figura 3.18 têm os seguintes significados: PODE_LECIONAR relaciona uma disciplina aos professores que *podem lecionar* essa disciplina, LECIONOU_DURANTE relaciona um semestre aos professores que *lecionaram alguma disciplina* durante esse semestre, e OFERECIDA_DURANTE relaciona um semestre às disciplinas oferecidas durante esse semestre *por qualquer professor*. Esses relacionamentos ternários e binários representam informações diferentes, mas certas restrições deverão ser mantidas entre os relacionamentos. Por exemplo, uma instância de relacionamento (*p*, *s*, *d*) não deve existir em OFERECE, *a menos que* exista uma instância (*p*, *s*) em LECIONOU_DURANTE, uma instância (*s*, *d*) em OFERECIDA_DURANTE e uma instância (*p*, *d*) em PODE_LECIONAR. Contudo, a recíproca nem sempre é verdadeira: podemos ter instâncias (*p*, *s*), (*s*, *d*) e (*p*, *d*) nos três tipos de relacionamento binário sem a instância correspondente (*p*, *s*, *d*) em OFERECE. Observe que, neste exemplo, com base no significado dos relacionamentos, podemos deduzir as instâncias de LECIONOU_DURANTE e OFERECIDA_DURANTE com base nas instâncias em OFERECE, mas não podemos deduzir as instâncias de PODE_LECIONAR; portanto, LECIONOU_DURANTE e OFERECIDA_DURANTE são redundantes e podem ser omitidas.

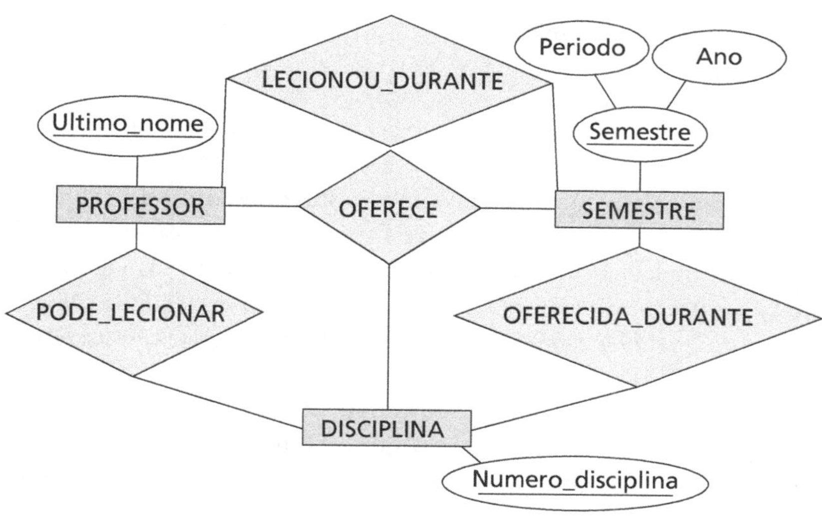

Figura 3.18 Outro exemplo de tipos de relacionamento ternário *versus* binário.

Embora em geral três relacionamentos binários *não possam* substituir um relacionamento ternário, eles podem fazer isso sob certas *restrições adicionais*. Em nosso exemplo, se o relacionamento PODE_LECIONAR for 1:1 (um professor pode lecionar uma disciplina e uma disciplina pode ser lecionada por apenas um professor), então o relacionamento ternário OFERECE pode ser omitido porque ele pode ser deduzido pelos três relacionamentos binários PODE_LECIONAR, LECIONOU_DURANTE e OFERECIDA_DURANTE. O projetista do esquema precisa analisar o significado de cada situação específica para decidir quais dos tipos de relacionamento binário e ternário são necessários.

Observe que é possível ter um tipo de entidade fraca com um ternário (ou n-ário) identificando o tipo de relacionamento. Nesse caso, o tipo de entidade fraca pode ter *vários* tipos de entidade proprietários. Um exemplo é mostrado na Figura 3.19. Ele mostra parte de um banco de dados que registra candidatos para entrevistas de emprego em diversas empresas, que podem fazer parte de um banco de dados da agência de emprego. Nos requisitos, um candidato pode ter várias entrevistas com a mesma empresa (por exemplo, com diferentes departamentos ou em datas separadas), mas uma oferta de emprego é feita com base em uma das entrevistas. Aqui, ENTREVISTA é representada como uma entidade fraca com dois proprietários CANDIDATO e EMPRESA, e com a chave parcial Dep_data. Uma entidade ENTREVISTA é identificada exclusivamente por um candidato, uma empresa e a combinação de data e departamento da entrevista.

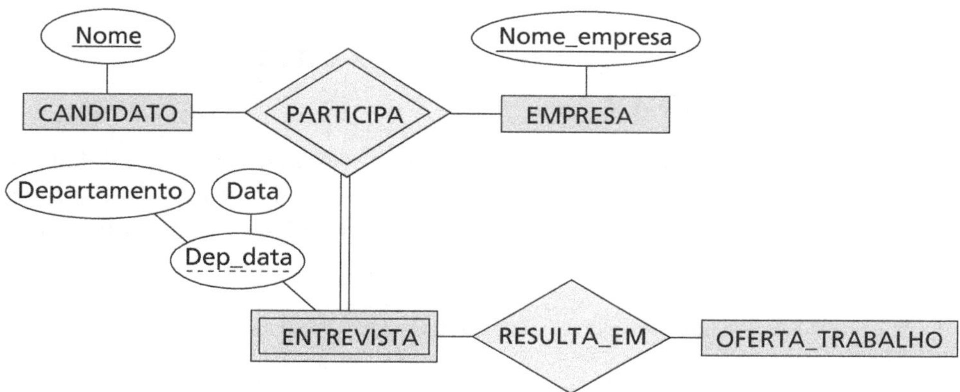

Figura 3.19 Um tipo de entidade fraca ENTREVISTA com um tipo de relacionamento de identificação ternário.

3.9.2 *Restrições sobre relacionamentos ternários (ou de grau mais alto)*

Existem duas notações para especificar restrições estruturais sobre relacionamentos *n*-ários, e elas especificam restrições diferentes. Assim, *ambas devem ser usadas* se for importante determinar totalmente as restrições estruturais sobre um relacionamento ternário ou de grau maior. A primeira notação é baseada na notação de razão de cardinalidade dos relacionamentos binários exibidos na Figura 3.2. Aqui, 1, M ou N é especificado em cada arco de participação (os símbolos M e N significam *muitos* ou *qualquer número*).[15] Vamos ilustrar essa restrição usando o relacionamento SUPRIMENTO da Figura 3.17.

Lembre-se de que o conjunto de relacionamento de SUPRIMENTO é um conjunto de instâncias de relacionamento (*f*, *j*, *p*), em que *f* é um FORNECEDOR, *j* é um PROJETO e *p* é uma PECA. Suponha que exista a restrição de que, para determinada combinação de projeto-peça, somente um fornecedor será usado (somente um fornecedor abastece determinado projeto com determinada peça). Nesse caso, colocamos 1 na participação de FORNECEDOR, e M, N nas participações de PROJETO, PECA na Figura 3.17. Isso especifica a restrição de que uma combinação em particular (*j*, *p*) pode aparecer no máximo uma vez no conjunto de relacionamento, pois cada combinação (PROJETO, PECA) desse tipo determina de maneira exclusiva um único fornecedor. Logo, qualquer instância de relacionamento (*f*, *j*, *p*) é identificada exclusivamente no conjunto de relacionamentos por sua combinação (*j*, *p*), que torna (*j*, *p*) uma chave para o conjunto de relacionamentos. Nessa notação, as participações que têm 1 especificado nelas não precisam fazer parte da chave de identificação para o conjunto de relacionamentos.[16] Se todas as três cardinalidades forem M ou N, a chave será a combinação de todos os três participantes.

A segunda notação é baseada na notação (min, max) exibida na Figura 3.15 para relacionamentos binários. Um (min, max) em uma participação aqui especifica que cada entidade está relacionada a pelo menos *min* e no máximo *max instâncias de relacionamento* no conjunto de relacionamentos. Essas restrições não têm influência na determinação da chave de um relacionamento *n*-ário, no qual $n > 2$,[17] mas especificam um tipo diferente de restrição, que faz restrições sobre o número de instâncias de relacionamento de que cada entidade participa.

3.10 Outro exemplo: um banco de dados UNIVERSIDADE

Apresentamos agora outro exemplo, um banco de dados UNIVERSIDADE, para ilustrar os conceitos de modelagem ER. Suponha que seja necessário um banco de dados para acompanhar as matrículas de aluno em disciplinas e as notas finais dos

[15] Esta notação nos permite determinar a chave da *relação do relacionamento*, conforme discutiremos no Capítulo 9.

[16] Isso também é verdadeiro para razões de cardinalidade dos relacionamentos binários.

[17] As restrições (min, max) podem determinar as chaves para relacionamentos binários.

alunos. Depois de analisar as regras do minimundo e as necessidades dos usuários, determinaram-se os requisitos para esse banco de dados da seguinte forma (para resumir, mostramos os nomes de tipo de entidade e atributo escolhidos para o esquema conceitual entre parênteses, enquanto descrevemos os requisitos; os nomes de tipo de relacionamento aparecem apenas no diagrama do esquema ER):

- A universidade é organizada em faculdades (FACULDADE), e cada faculdade tem um nome exclusivo (Nome_faculdade), uma sala do escritório principal (Sala_faculdade) e telefone (Telefone_faculdade), e um membro em particular que é o reitor. Cada faculdade administra uma série de departamentos acadêmicos (DEPARTAMENTO). Cada departamento tem um nome exclusivo (Nome_departamento), um código numérico exclusivo (Cod_departamento), uma sala do escritório principal (Sala_departamento) e telefone (Telefone_departamento), e um membro em particular que dirige o departamento. Acompanhamos a data de início (Data_inicio) quando esse membro da faculdade começou a dirigir o departamento.
- Um departamento disponibiliza uma série de disciplinas (DISCIPLINA), cada uma com um nome de disciplina exclusivo (Nome_disciplina), um código numérico exclusivo (Cod_disciplina), um nível de disciplina (pode ser codificado como 1 para o nível de primeiro ano, 2 para o segundo ano, 3 para júnior, 4 para sênior, 5 para o nível mestrado e 6 para doutorado), horas de crédito da disciplina (Creditos) e uma descrição da disciplina (Descricao). O banco de dados também registra os professores (PROFESSOR); e cada professor tem um identificador exclusivo (Cod_professor), nome (Nome_professor), escritório (Sala_professor), telefone (Telefone_professor) e pontuação (Pontuacao); além disso, cada professor trabalha para um departamento acadêmico principal.
- O banco de dados manterá dados do aluno (ALUNO) e armazenará o nome de cada um [(Nome_aluno, composto de primeiro nome (Primeiro_nome), nome do meio (Nome_meio), sobrenome (Ultimo_nome)], identificação do aluno (Matricula, exclusivo para cada aluno), endereço (Endereco), telefone (Telefone_aluno), código do curso (Curso) e data de nascimento (Data_nascimento). Um aluno é designado a um departamento acadêmico principal, que deverá registrar as notas do aluno em cada turma que ele tiver concluído.
- As disciplinas são oferecidas como turmas (TURMA). Cada turma está relacionada a uma única disciplina e a um único professor, e possui um identificador de turma exclusivo (Cod_turma). Uma turma também possui um número de turma (Numero_turma: este é codificado como 1, 2, 3, ... para várias turmas oferecidas durante o mesmo período e ano do semestre), período (Periodo), ano (Ano), sala [Sala_aula: esta é codificada como uma combinação de código de prédio (Predio) e número de sala (Numero_sala) dentro do prédio] e dias/horas (Horario_semanal: por exemplo, 'Segunda, Quarta e Sexta 9:00-9:50' ou 'Terça e Sexta 15:30-17:20' — restrito a apenas valores de dias/horários permitidos). (*Nota:* o banco de dados registrará todas as turmas oferecidas durante os últimos anos, além das ofertas atuais. Cod_turma é exclusivo para todas as turmas, não apenas aquelas para um semestre em particular.) O banco de dados registra os alunos em cada turma e a nota é registrada quando estiver disponível (esse é um relacionamento muitos para muitos entre alunos e turmas). Uma turma precisa ter pelo menos cinco alunos.

O diagrama ER para esses requisitos pode ser visto na Figura 3.20, usando a notação diagramática ER min-max. Observe que, para o tipo de entidade TURMA, só mostramos Cod_turma como uma chave sublinhada, mas, em razão das restrições do minimundo, várias outras combinações de valores precisam ser exclusivas para cada entidade de turma. Por exemplo, cada uma das seguintes combinações precisa ser exclusiva, com base nas restrições típicas do minimundo:

1. [Numero_turma, Periodo, Ano, Cod_disciplina (da DISCIPLINA relacionada à TURMA)]: isso especifica que os números de turma de determinada disciplina precisam ser diferentes durante cada período e ano do semestre em particular.
2. (Periodo, Ano, Sala_aula, Horario_semanal): isso especifica que, em determinado período e ano do semestre, uma sala de aula não pode ser usada por duas turmas diferentes nos mesmos dias/horas.
3. [Periodo, Ano, Horario_semanal, Cod_professor (do PROFESSOR lecionando para a TURMA)]: isso especifica que, em determinado período e ano do semestre, um professor não pode lecionar para duas turmas nos mesmos horários semanais. Observe que essa regra não se aplicará se o professor tiver um meio de lecionar para duas turmas combinadas na universidade em particular.

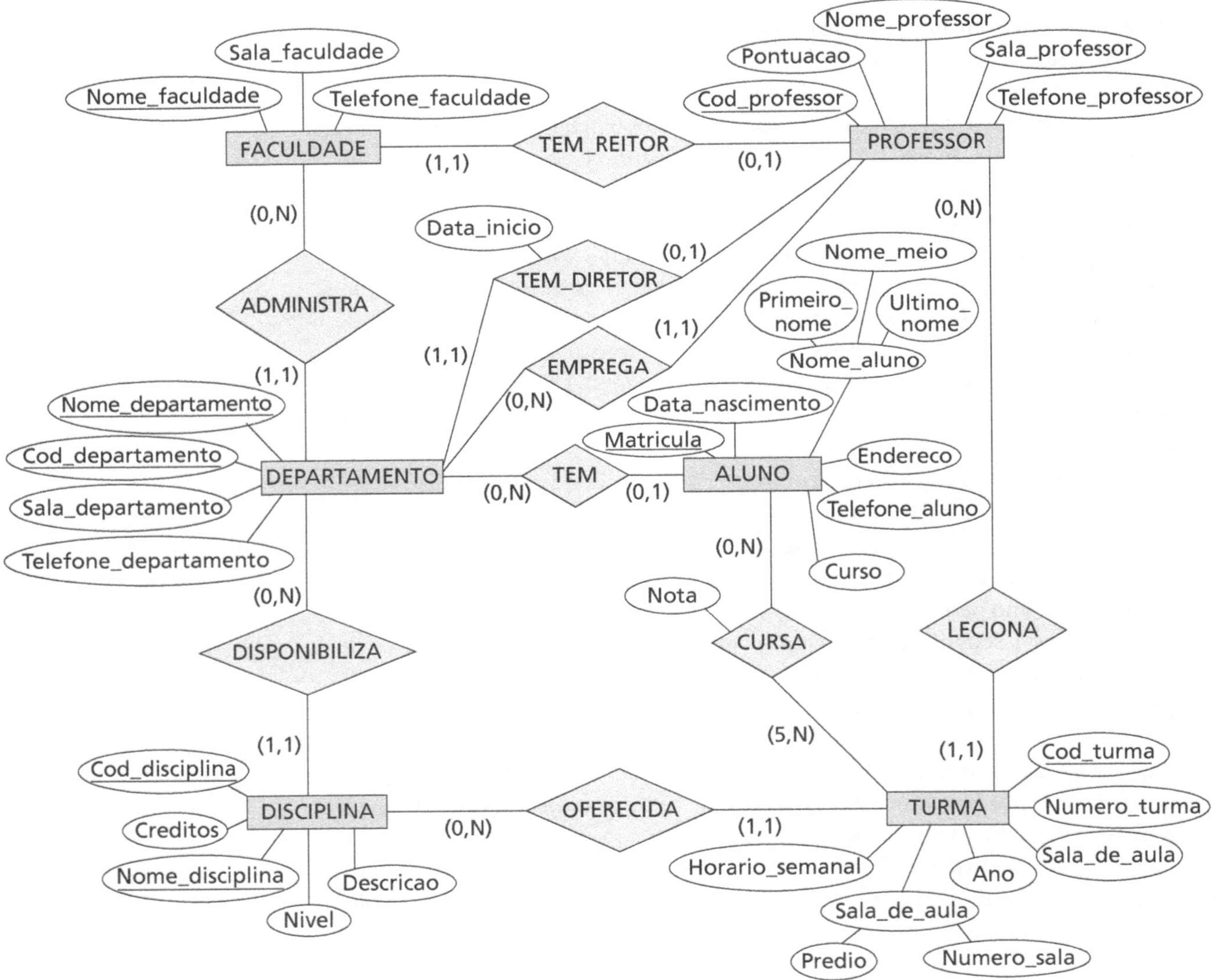

Figura 3.20 Diagrama ER para um esquema de banco de dados UNIVERSIDADE.

Você conseguiria pensar em alguma outra combinação de atributos que precisa ser exclusiva?

3.11 Resumo

Neste capítulo, apresentamos os conceitos de modelagem de um modelo de dados conceitual de alto nível, o modelo Entidade-Relacionamento (ER). Começamos discutindo o papel que um modelo de dados de alto nível desempenha no processo de projeto de banco de dados, e depois apresentamos uma amostra de conjunto de requisitos para o banco de dados EMPRESA, que é um dos exemplos usados no decorrer deste livro. Definimos os conceitos básicos do modelo ER de entidades e seus atributos. Depois, discutimos os valores NULL e apresentamos os diversos tipos de atributos, que podem ser aninhados arbitrariamente para produzir atributos complexos:

- Simples ou atômicos.
- Compostos.
- Multivalorados.

Também discutimos rapidamente atributos armazenados *versus* derivados. Depois, abordamos os conceitos do modelo ER no nível de esquema ou "conotação":

- Tipos de entidade e seus conjuntos de entidades correspondentes.
- Atributos-chave dos tipos de entidade.
- Conjuntos de valores (domínios) dos atributos.
- Tipos de relacionamento e seus conjuntos de relacionamentos correspondentes.
- Papéis de participação dos tipos de entidade nos tipos de relacionamento.

Apresentamos dois métodos para especificar as restrições estruturais nos tipos de relacionamento. O primeiro método distinguiu dois tipos de restrições estruturais:

- Razões de cardinalidade (1:1, 1:N, M:N para relacionamentos binários).
- Restrições de participação (total, parcial).

Observamos que, como alternativa, outro método de especificação de restrições estruturais é fazê-lo com números mínimo e máximo (min, max) sobre a participação de cada tipo de entidade em um tipo de relacionamento. Discutimos sobre tipos de entidade fraca e os conceitos relacionados de tipos de entidade proprietária, tipos de relacionamento de identificação e atributos-chave parciais.

Os esquemas Entidade-Relacionamento podem ser representados de maneira diagramática como diagramas ER. Mostramos como projetar um esquema ER para o banco de dados EMPRESA ao definir, primeiro, os tipos de entidade e seus atributos e depois refinando o projeto para incluir tipos de relacionamento. Apresentamos o diagrama ER para o esquema de banco de dados EMPRESA. Discutimos alguns dos conceitos básicos dos diagramas de classe UML e como eles se relacionam aos conceitos de modelagem ER. Também descrevemos os tipos de relacionamento ternário e de grau maior com mais detalhes, e discutimos as circunstâncias sob as quais eles são distinguidos dos relacionamentos binários. Por fim, como outro exemplo, apresentamos os requisitos para um esquema de banco de dados UNIVERSIDADE e mostramos o projeto do esquema ER.

Os conceitos de modelagem ER que apresentamos até aqui — tipos de entidade, tipos de relacionamento, atributos, chaves e restrições estruturais — podem modelar muitas aplicações de banco de dados. Contudo, aplicações mais complexas — como projeto de engenharia, sistemas de informações médicas e telecomunicações — exigem conceitos adicionais se quisermos modelá-las com maior precisão. Discutiremos alguns conceitos de modelagem avançados no Capítulo 4 e analisaremos técnicas de modelagem de dados ainda mais avançadas no Capítulo 26.

PERGUNTAS DE REVISÃO

3.1. Discuta o papel de um modelo de dados de alto nível no processo de projeto de banco de dados.

3.2. Liste os diversos casos em que o uso de um valor NULL seria apropriado.

3.3. Defina os seguintes termos: *entidade*, *atributo*, *valor de atributo*, *instância de relacionamento*, *atributo composto*, *atributo multivalorado*, *atributo derivado*, *atributo complexo*, *atributo-chave* e *conjunto de valores* (*domínio*).

3.4. O que é um tipo de entidade? O que é um conjunto de entidades? Explique as diferenças entre uma entidade, um tipo de entidade e um conjunto de entidades.

3.5. Explique a diferença entre um atributo e um conjunto de valores.

3.6. O que é um tipo de relacionamento? Explique as diferenças entre uma instância de relacionamento, um tipo de relacionamento e um conjunto de relacionamentos.

3.7. O que é um papel de participação? Quando é necessário usar nomes de papel na descrição dos tipos de relacionamento?

3.8. Descreva as duas alternativas para especificar restrições estruturais sobre tipos de relacionamento. Quais são as vantagens e desvantagens de cada um?

3.9. Sob que condições um atributo de um tipo de relacionamento binário pode ser migrado para se tornar um atributo de um dos tipos de entidade participantes?

3.10. Quando pensamos nos relacionamentos como atributos, quais são os conjuntos de valores desses atributos? Que classe de modelos de dados é baseada nesse conceito?

3.11. O que queremos dizer com um tipo de relacionamento recursivo (autorrelacionamento)? Dê alguns exemplos.

3.12. Quando o conceito de uma entidade fraca é usado na modelagem de dados? Defina os termos *tipo de entidade proprietária*, *tipo de entidade fraca*, *tipo de relacionamento de identificação* e *chave parcial*.

3.13. Um relacionamento de identificação de um tipo de entidade fraca pode ser de um grau maior que dois? Dê exemplos para ilustrar sua resposta.

3.14. Discuta as convenções para exibir um esquema ER como um diagrama ER.

3.15. Discuta as convenções de nomeação usadas para os diagramas de esquema ER.

EXERCÍCIOS

3.16. Indique as combinações de atributos que precisam ser exclusivas para cada entidade TURMA individual no banco de dados UNIVERSIDADE mostrado na Figura 3.20 para impor cada uma das seguintes restrições do minimundo:

- **a.** Durante um período e ano do semestre em particular, somente uma turma pode usar determinada sala de aula em um valor específico de Horario_semanal.
- **b.** Durante um período e ano do semestre em particular, um professor pode lecionar apenas para uma turma em um valor específico de Horario_semanal.
- **c.** Durante um período e ano do semestre em particular, os números de turma para as turmas oferecidas para o mesmo curso deverão ser todos diferentes.

Você conseguiria pensar em outras restrições semelhantes?

3.17. Atributos compostos e multivalorados podem ser aninhados para qualquer número de níveis. Suponha que queiramos projetar um atributo para um tipo de entidade ALUNO a fim de registrar a formação acadêmica anterior. Esse atributo terá uma entrada para cada faculdade frequentada anteriormente, e cada entrada desse tipo será composta de um nome de faculdade, datas de início e término, entradas de título (títulos concedidos nessa faculdade, se houver) e entradas de histórico (disciplinas concluídas nessa faculdade, se houver). Cada entrada de título contém o nome do título, o mês e o ano em que o título foi conferido, e cada entrada de histórico contém um nome de disciplina, período, ano e nota. Crie um atributo para manter essa informação. Use as convenções da Figura 3.5.

3.18. Mostre um projeto alternativo para o atributo descrito no Exercício 3.17 que use apenas tipos de entidade (incluindo tipos de entidade fraca, se for preciso) e tipos de relacionamento.

3.19. Considere o diagrama ER da Figura 3.21, que mostra um esquema simplificado para um sistema de reserva aérea. Extraia do diagrama ER os requisitos e as restrições que produziram esse esquema. Tente ser o mais preciso possível em sua especificação de requisitos e restrições.

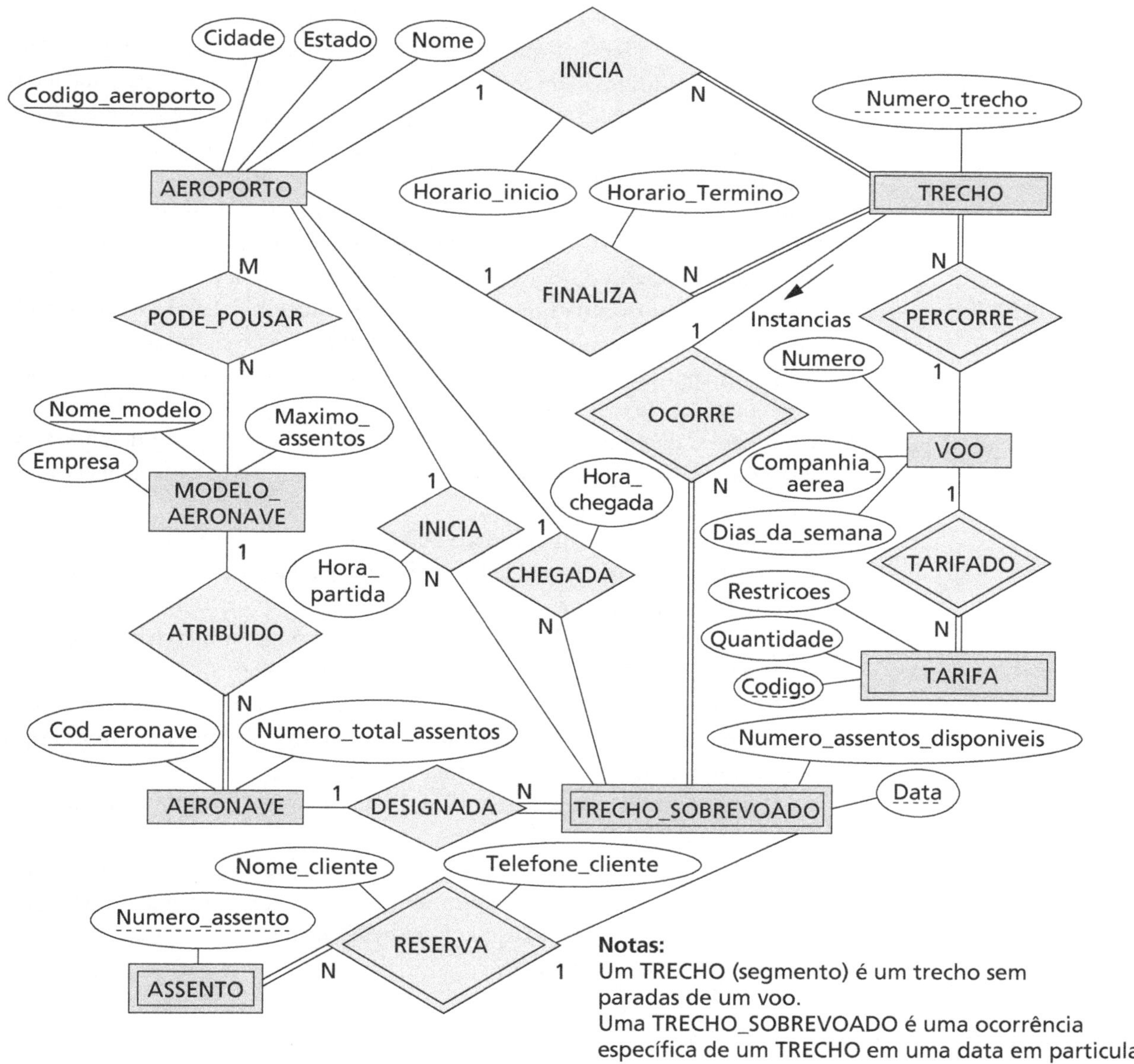

Figura 3.21 Um diagrama ER para um esquema de banco de dados COMPANHIA_AEREA.

3.20. Nos capítulos 1 e 2, discutimos o ambiente e os usuários de banco de dados. Podemos considerar muitos tipos de entidade para descrever tal ambiente, como SGBD, banco de dados armazenado, DBA e catálogo/dicionário de dados. Tente especificar todos os tipos de entidade que podem descrever totalmente um sistema de banco de dados e seu ambiente; depois, especifique os tipos de relacionamento entre eles e desenhe um diagrama ER para descrever tal ambiente de banco de dados geral.

3.21. Projete um esquema ER para registrar informações sobre votos realizados na Câmara dos Deputados durante a sessão atual de dois anos na Câmara. O banco de dados precisa registrar cada nome de ESTADO do Brasil (por exemplo, 'São Paulo', 'Rio de Janeiro', 'Porto Alegre') e incluir a Regiao do estado (cujo domínio é {'Nordeste', 'Centro-Oeste', 'Sudeste', 'Sul', 'Norte'}). Cada DEPUTADO é descrito por seu Nome, mais o Estado representado, a Data_inicio em que o deputado foi eleito pela primeira vez e o Partido político ao qual ele ou ela pertence (cujo domínio é {'Oposição', 'Aliados', 'Independente', 'Outro'}). O banco de dados registra cada PROJETO_LEI (ou seja, lei proposta), incluindo o Nome_projeto, a Data_votacao sobre a lei, se a lei Passou_ou_falhou (cujo domínio é {'Sim', 'Não'}) e o Proponente (o deputado que propôs a lei). O banco de dados também registra como cada deputado votou em cada lei (o domínio do atributo Voto é {'Sim', 'Não', 'Abstenção', 'Ausente'}). Desenhe um diagrama de esquema ER para essa aplicação. Indique claramente quaisquer suposições que você fizer.

3.22. Um banco de dados está sendo construído para registrar os times e os jogos de uma liga esportiva. Um time tem uma série de jogadores, mas nem todos participam em todos os jogos. Deseja-se registrar os jogadores que participam em cada jogo para cada time, as posições em que eles jogaram e o resultado do jogo. Crie um diagrama de esquema ER para essa aplicação, indicando quaisquer suposições que você fizer. Escolha seu esporte favorito (por exemplo, futebol, basquete, voleibol).

3.23. Considere o diagrama ER mostrado na Figura 3.22 para parte de um banco de dados BANCO. Cada banco pode ter várias agências, e cada agência pode ter várias contas e empréstimos.

a. Liste os tipos de entidade forte (não fraca) no diagrama ER.

b. Existe um tipo de entidade fraca? Se houver, diga seu nome, chave parcial e relacionamento de identificação.

c. Quais restrições a chave parcial e o relacionamento de identificação do tipo de entidade fraca especificam nesse diagrama?

d. Liste os nomes de todos os tipos de relacionamento e especifique a restrição (min, max) sobre cada participação de um tipo de entidade em um tipo de relacionamento. Justifique suas escolhas.

e. Liste resumidamente os requisitos do usuário que levaram a esse projeto de esquema ER.

f. Suponha que cada cliente deva ter pelo menos uma conta, mas esteja restrito a no máximo dois empréstimos de cada vez, e que uma agência do banco não pode ter mais que 1.000 empréstimos. Como isso é indicado nas restrições (min, max)?

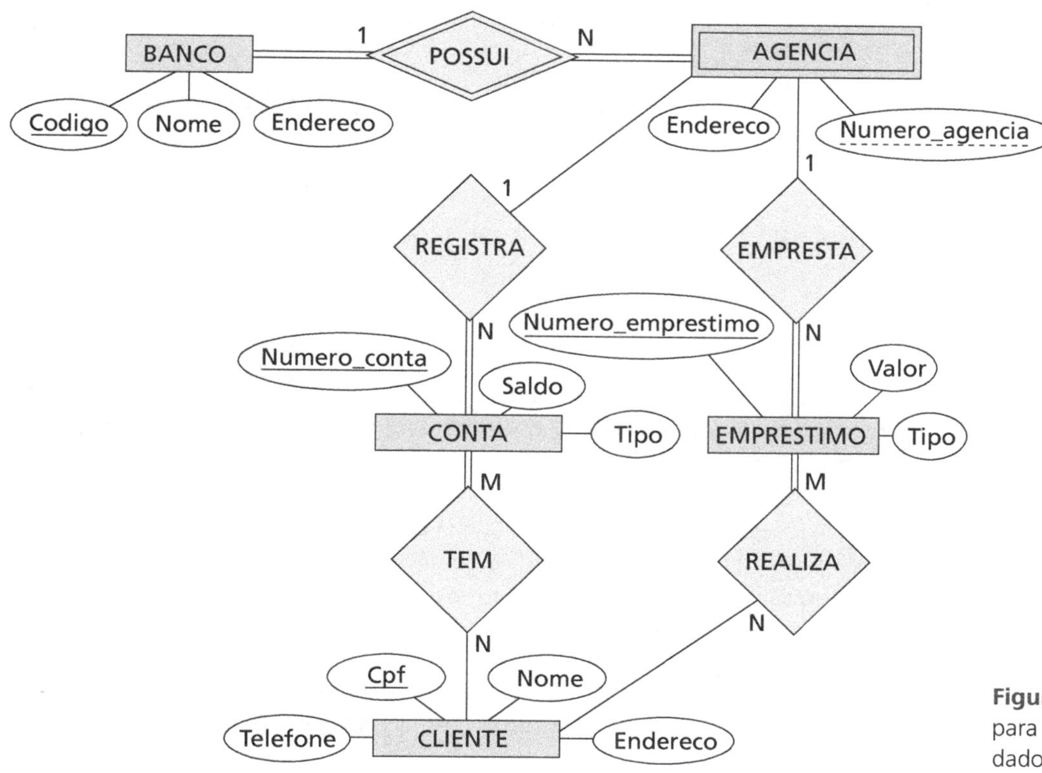

Figura 3.22 Um diagrama ER para um esquema de banco de dados BANCO.

3.24. Considere o diagrama ER da Figura 3.23. Suponha que um funcionário possa trabalhar em até dois departamentos ou possa não ser atribuído a departamento algum. Suponha que cada departamento deva ter um e possa ter até três números de telefone. Forneça restrições (min, max) sobre esse diagrama. *Indique claramente quaisquer suposições adicionais que esteja fazendo.* Sob que condições o relacionamento TEM_TELEFONE seria redundante neste exemplo?

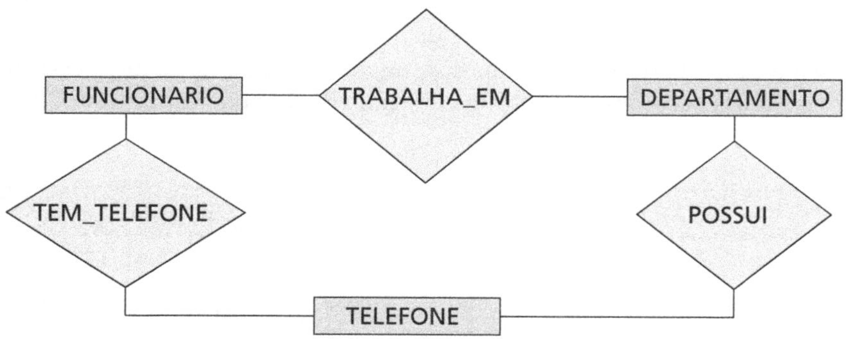

Figura 3.23 Parte de um diagrama ER para um banco de dados EMPRESA.

3.25. Considere o diagrama ER da Figura 3.24. Suponha que uma disciplina possa ou não usar um livro básico, mas que um livro por definição é usado em alguma disciplina. Uma disciplina não pode usar mais que cinco livros. Os professores lecionam de duas a quatro disciplinas. Forneça restrições (min, max) sobre esse diagrama. *Indique claramente quaisquer suposições adicionais que esteja fazendo.* Se acrescentarmos o relacionamento ADOTA, para indicar o(s) livro(s) básicos que um professor utiliza para uma disciplina, ele deverá ser

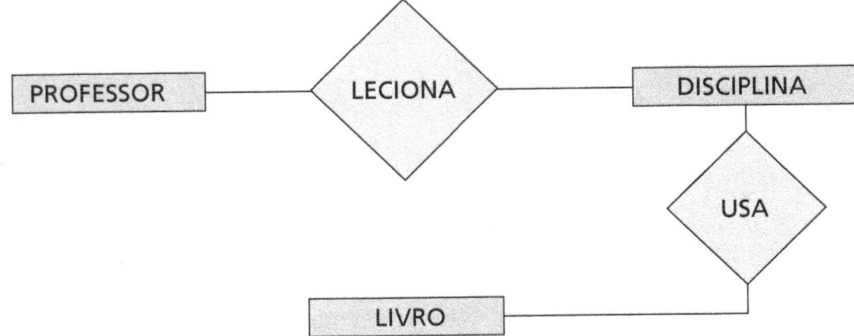

Figura 3.24 Parte de um diagrama ER para um banco de dados DISCIPLINAS.

um relacionamento binário entre PROFESSOR e LIVRO, ou um relacionamento ternário entre todos os três tipos de entidade? Que restrições (min, max) você incluiria no relacionamento? Por quê?

3.26. Considere um tipo de entidade TURMA em um banco de dados UNIVERSIDADE, que descreve as ofertas de turmas das disciplinas. Os atributos da TURMA são Numero_turma, Semestre, Ano, Numero_disciplina, Professor, Numero_sala (onde a turma se localiza), Predio (onde a turma se localiza), Dias_da_semana (domínio são as combinações possíveis de dias da semana em que a turma pode ser oferecida {'SQS', 'SQ', 'TQ' e assim por diante}) e Horas (domínio são todos os períodos possíveis durante os quais as turmas são oferecidas {'9–9:50', '10–10:50', ..., '15:30–16:50', '17:30–18:20', e assim por diante}). Suponha que Numero_turma seja exclusivo para cada disciplina em determinada combinação de semestre/ano (ou seja, se uma disciplina for oferecida várias vezes durante um semestre em particular, suas ofertas são numeradas com 1, 2, 3, e assim por diante). Existem várias chaves compostas por turma, e alguns atributos são componentes de mais de uma chave. Identifique três chaves compostas e mostre como elas podem ser representadas em um diagrama de esquema ER.

3.27. Razões de cardinalidade normalmente ditam o projeto detalhado de um banco de dados. A razão de cardinalidade depende do significado no mundo real dos tipos de entidade envolvidos e é definida pela aplicação específica. Para os seguintes relacionamentos binários, sugira razões de cardinalidade com base no significado comum dos tipos de entidade. Indique claramente quaisquer suposições que você fizer.

Entidade 1	Razão de cardinalidade	Entidade 2
1. ALUNO	______________	CADASTRO_PESSOA_FISICA
2. ALUNO	______________	PROFESSOR
3. SALA_AULA	______________	PAREDE
4. PAIS	______________	PRESIDENTE_ATUAL
5. DISCIPLINA	______________	LIVRO_BASICO
6. ITEM (que pode ser encontrado em um pedido)	______________	PEDIDO
7. ALUNO	______________	AULA
8. AULA	______________	PROFESSOR
9. PROFESSOR	______________	SALA_PROFESSOR
10. ITEM_LEILOADO	______________	COD_LEILAO

3.28. Considere o esquema ER para o banco de dados FILMES mostrado na Figura 3.25. Suponha que FILMES seja um banco de dados preenchido. ATOR é usado como um termo genérico e inclui atrizes. Dadas as restrições mostradas no esquema ER, responda às seguintes afirmações com *Verdadeira*, *Falsa* ou *Talvez*. Atribua uma resposta *Talvez* a declarações que, embora não mostradas explicitamente como sendo *Verdadeiras*, não se pode provar que sejam *Falsas* com base no esquema mostrado. Justifique cada resposta.

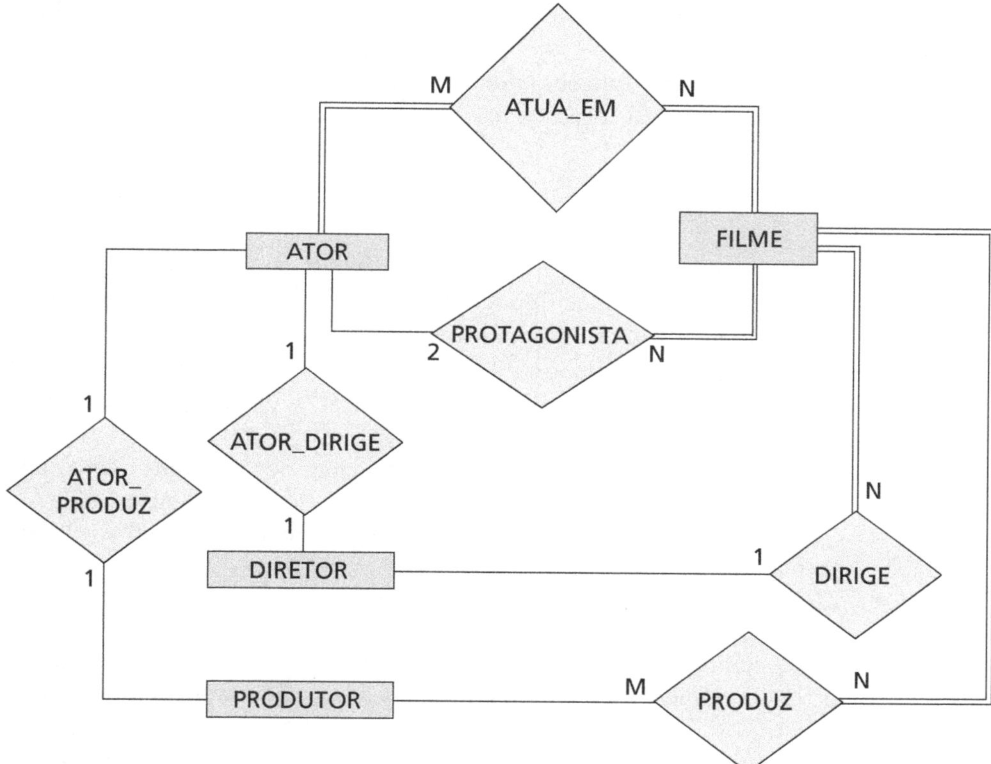

Figura 3.25 Um diagrama ER para um esquema de banco de dados FILMES.

a. Não existem atores neste banco de dados que não estiveram em nenhum filme.
b. Existem alguns atores que atuaram em mais de dez filmes.
c. Alguns atores foram protagonistas em vários filmes.
d. Um filme só pode ter um máximo de dois atores protagonistas.
e. Cada diretor foi ator em algum filme.
f. Nenhum produtor já foi ator.
g. Um produtor não pode ser ator em outro filme.
h. Existem filmes com mais de 12 atores.
i. Alguns produtores também já foram diretores.
j. A maioria dos filmes tem um diretor e um produtor.
k. Alguns filmes têm um diretor, mas vários produtores.
l. Existem alguns atores que foram protagonistas, dirigiram um filme e produziram algum filme.
m. Nenhum filme tem um diretor que também atuou nesse filme.

3.29. Dado o esquema ER para o banco de dados FILMES da Figura 3.25, desenhe um diagrama de instância usando três filmes que foram lançados recentemente. Desenhe instâncias de cada tipo de entidade: FILMES, ATORES, PRODUTORES,

DIRETORES envolvidos; crie instâncias dos relacionamentos conforme existem na realidade para esses filmes.

3.30. Ilustre o diagrama UML para o Exercício 3.16. Seu projeto UML deverá observar os seguintes requisitos:
   a. Um aluno deverá ter a capacidade de calcular sua média e acrescentar ou retirar disciplinas obrigatórias e optativas.
   b. Cada departamento deverá ser capaz de acrescentar ou retirar disciplinas e contratar ou demitir o corpo docente.
   c. Cada professor deverá ser capaz de atribuir ou alterar a nota de um aluno para uma disciplina.

   Nota: algumas dessas funções podem se espalhar por várias turmas.

EXERCÍCIOS DE LABORATÓRIO

3.31. Considere o banco de dados UNIVERSIDADE descrito no Exercício 3.16. Crie o esquema ER para esse banco de dados usando uma ferramenta de modelagem de dados como ERwin ou Rational Rose.

3.32. Considere um banco de dados COMPRA_CATALOGO em que os funcionários recebem pedidos de peças dos clientes. Os requisitos de dados são resumidos da seguinte forma:
   - A empresa que vende por catálogo tem funcionários, cada um identificado por um número de funcionário exclusivo, nome, sobrenome e CEP.
   - Cada cliente da empresa é identificado por um número de cliente exclusivo, nome, sobrenome e CEP.
   - Cada peça vendida pela empresa é identificada por um número de peça exclusivo, um nome de peça, preço e quantidade em estoque.
   - Cada pedido feito por um cliente é recebido por um funcionário e passa a ter um número de pedido exclusivo. Cada pedido contém quantidades especificadas de uma ou mais peças. Cada pedido tem uma data de recebimento, bem como uma data de entrega esperada. A data de entrega real também é registrada.

   Crie um diagrama Entidade-Relacionamento para o banco de dados de compras por catálogo e construa o projeto usando uma ferramenta de modelagem como ERwin ou Rational Rose.

3.33. Considere um banco de dados FILME em que são registrados dados sobre a indústria do cinema. Os requisitos de dados são resumidos a seguir:
   - Cada filme é identificado por título e ano de lançamento. Cada filme tem uma duração em minutos. Cada um tem uma companhia produtora, e é classificado sob um ou mais gêneros (como terror, ação, drama etc.). Cada filme tem um ou mais diretores e um ou mais atores participando dele. Também tem um resumo da trama. Finalmente, cada filme tem zero ou mais falas, cada uma delas dita por um ator em particular que aparece no filme.
   - Os atores são identificados por nome e data de nascimento e aparecem em um ou mais filmes. Cada ator tem um papel no filme.
   - Os diretores também são identificados por nome e data de nascimento e dirigem um ou mais filmes. É possível que um diretor atue em um filme (incluindo aquele que ele ou ela também pode dirigir).
   - As empresas produtoras são identificadas por nome e cada uma tem um endereço. Uma produtora trabalha em um ou mais filmes.

   Crie um diagrama Entidade-Relacionamento para o banco de dados de filmes e construa o projeto usando uma ferramenta de modelagem de dados, como ERwin ou Rational Rose.

3.34. Considere um banco de dados REVISAO_CONFERENCIA em que os pesquisadores submetem seus artigos de pesquisa para avaliação. As análises dos revisores são registradas para uso no processo de seleção de artigo. O sistema de banco de dados atende principalmente a revisores que registram respostas a perguntas de avaliação para cada artigo que eles revisam e fazem recomendações com relação a aceitar ou rejeitar o artigo. Os requisitos de dados são resumidos da seguinte forma:

- Autores de artigos são identificados exclusivamente pelo endereço de e-mail. Os nomes e sobrenomes também são registrados.
- Cada artigo recebe um identificador exclusivo pelo sistema e é descrito por um título, resumo e o nome do arquivo eletrônico que contém o artigo.
- Um artigo pode ter vários autores, mas um deles é designado como o autor de contato.
- Os revisores dos artigos são identificados exclusivamente pelo endereço de e-mail. Nome, sobrenome, número de telefone, afiliação e tópicos de interesse de cada revisor também são registrados.
- Cada artigo é atribuído para dois a quatro revisores. Um revisor avalia cada artigo atribuído a ele ou ela em uma escala de 1 a 10, em quatro categorias: mérito técnico, legibilidade, originalidade e relevância para a conferência. Por fim, cada revisor oferece uma recomendação geral com relação a cada artigo.
- Cada revisão contém dois tipos de comentários escritos: um a ser visto apenas pelo comitê de revisão e o outro como retorno ao(s) autor(es).

Crie um diagrama Entidade-Relacionamento para o banco de dados REVISAO_CONFERENCIA e construa o projeto usando uma ferramenta de modelagem de dados, como ERwin ou Rational Rose.

3.35. Considere o diagrama ER para o banco de dados COMPANHIA_AEREA mostrado na Figura 3.21. Construa esse projeto usando uma ferramenta de modelagem de dados, como ERwin ou Rational Rose.

BIBLIOGRAFIA SELECIONADA

O modelo Entidade-Relacionamento foi introduzido por Chen (1976) e trabalhos relacionados aparecem em Schmidt e Swenson (1975), Wiederhold e Elmasri (1979) e Senko (1975). Desde então, diversas modificações foram sugeridas no modelo ER. Incorporamos algumas delas em nossa apresentação. Restrições estruturais sobre os relacionamentos são discutidas em Abrial (1974), Elmasri e Wiederhold (1980), e Lenzerini e Santucci (1983). Atributos multivalorados e compostos são incorporados ao modelo ER em Elmasri et al. (1985). Embora não tenhamos discutido as linguagens para o modelo ER e suas extensões, há várias propostas para tais linguagens. Elmasri e Wiederhold (1981) propuseram a linguagem de consulta GORDAS para o modelo ER. Outra linguagem de consulta ER foi proposta por Markowitz e Raz (1983). Senko (1980) apresentou uma linguagem de consulta para o modelo DIAM de Senko. Um conjunto formal de operações, chamado álgebra ER, foi apresentado por Parent e Spaccapietra (1985). Gogolla e Hohenstein (1991) apresentaram outra linguagem formal para o modelo ER. Campbell et al. (1985) apresentaram um conjunto de operações ER e mostraram que elas são completas no sentido relacional. Uma conferência para a disseminação dos resultados de pesquisa relacionada ao modelo ER tem sido mantida regularmente desde 1979. A conferência, agora conhecida como International Conference on Conceptual Modeling, foi realizada em Los Angeles (ER 1979, ER 1983, ER 1997), Washington, D.C. (ER 1981), Chicago (ER

1985), Dijon, na França (ER 1986), Nova York (ER 1987), Roma (ER 1988), Toronto (ER 1989), Lausanne, na Suíça (ER 1990), San Mateo, na Califórnia (ER 1991), Karlsruhe, na Alemanha (ER 1992), Arlington, no Texas (ER 1993), Manchester, na Inglaterra (ER 1994), Brisbane, na Austrália (ER 1995), Cottbus, na Alemanha (ER 1996), Cingapura (ER 1998), Paris, na França (ER 1999), Salt Lake City, em Utah (ER 2000), Yokohama, no Japão (ER 2001), Tampere, na Finlândia (ER 2002), Chicago, em Illinois (ER 2003), Shanghai, na China (ER 2004), Klagenfurt, na Áustria (ER 2005), Tucson, no Arizona (ER 2006), Auckland, na Nova Zelândia (ER 2007), Barcelona, Catalunha, na Espanha (ER 2008) e Gramado, no Rio Grande do Sul, Brasil (ER 2009). A conferência de 2010 foi realizada em Vancouver, BC, no Canadá (ER 2010), 2011 em Bruxelas, na Bélgica (ER 2011), 2012 em Florença, na Itália (ER 2012), 2013 em Hong Kong, na China (ER 2013), 2014 em Atlanta, na Geórgia (ER 2014), 2015 em Estocolmo, na Suécia (ER 2015), e a conferência de 2016 foi realizada em Gifu, no Japão (ER 2016). A conferência de 2017 foi realizada em Valência, na Espanha (ER 2017), e a de 2018 será realizada em Xian, na China (ER 2018), de 22 a 25 de outubro de 2018.

4

O modelo Entidade--Relacionamento Estendido (EER)

Os conceitos de modelagem ER discutidos no Capítulo 3 são suficientes para representar muitos esquemas de banco de dados para aplicações *tradicionais*, que incluem diversas aplicações de processamento de dados no comércio e na indústria. Porém, desde o final da década de 1970, os projetistas de aplicações de banco de dados têm tentado projetar esquemas mais precisos, que refletem as propriedades de dados e restrições com mais precisão. Isso foi particularmente importante para aplicações mais novas da tecnologia de banco de dados, como aqueles para projeto de engenharia e manufatura (CAD/CAM),[1] telecomunicações, sistemas de software complexos e sistemas de informações geográficas (GIS — *geographic information systems*), entre muitas outras aplicações. Esses tipos de bancos de dados possuem requisitos mais complexos que as aplicações mais tradicionais. Isso levou ao desenvolvimento de conceitos adicionais de *modelagem semântica de dados*, que foram incorporados em modelos de dados conceituais, como o modelo ER. Vários modelos de dados semânticos têm sido propostos na literatura. Muitos desses conceitos também foram desenvolvidos independentemente nas áreas relacionadas de ciência da computação, como a área de **representação do conhecimento** da inteligência artificial e a área de **modelagem de objeto** na engenharia de software.

Neste capítulo, descrevemos recursos que foram propostos para modelos de dados semânticos e mostramos como o modelo ER pode ser melhorado para incluir esses conceitos, levando ao modelo **ER estendido** (**EER**).[2] Começamos na Seção 4.1 incorporando os conceitos de *relacionamentos de classe/subclasse* e *herança de tipo* ao modelo ER. Depois, na Seção 4.2, acrescentamos os conceitos de *especialização* e

[1] CAD/CAM significa *computer-aided design/computer-aided manufacturing* (projeto auxiliado por computador/fabricação auxiliada por computador).

[2] EER também tem sido usado para indicar o modelo ER *aprimorado*.

generalização. A Seção 4.3 discute os diversos tipos de *restrições* sobre especialização/generalização, e a Seção 4.4 mostra como a construção UNIÃO pode ser modelada ao incluir o conceito de *categoria* no modelo EER. A Seção 4.5 oferece um esquema de banco de dados de exemplo UNIVERSIDADE no modelo EER e resume os conceitos do modelo EER oferecendo definições formais. Usaremos os termos *objeto* e *entidade* com o mesmo significado neste capítulo, pois muitos desses conceitos são comumente usados nos modelos orientados a objeto.

Apresentamos a notação do diagrama de classes UML para representar a especialização e a generalização na Seção 4.6, e as comparamos resumidamente com a notação e os conceitos de EER. Isso serve como um exemplo de notação alternativa, e é uma continuação da Seção 3.8, que apresentou a notação básica do diagrama de classes UML que corresponde ao modelo ER básico. Na Seção 4.7, discutimos as abstrações fundamentais que são usadas como base de muitos modelos de dados semânticos. A Seção 4.8 é um resumo do capítulo.

Para uma introdução detalhada à modelagem conceitual, o Capítulo 4 deve ser considerado uma continuação do Capítulo 3. Contudo, se apenas uma introdução básica à modelagem ER for desejada, este capítulo poderá ser omitido. Como alternativa, o leitor pode pular algumas ou todas as seções posteriores deste capítulo (seções 4.4 a 4.8).

4.1 Subclasses, superclasses e herança

O modelo EER inclui *todos os conceitos de modelagem do modelo ER* que foram apresentados no Capítulo 3. Além disso, inclui os conceitos de **subclasse** e **superclasse** e os conceitos relacionados de **especialização** e **generalização** (ver seções 4.2 e 4.3). Outro conceito incluído no modelo EER é o de uma **categoria** ou **tipo de união** (ver Seção 4.4), usado para representar uma coleção de objetos (entidades), que é a *união* de objetos de diferentes tipos de entidade. Associado a esses conceitos está o importante mecanismo de **herança de atributo e relacionamento**. Infelizmente, não existe uma terminologia-padrão para esses conceitos, de modo que usamos a terminologia mais comum. A terminologia alternativa é dada nas notas de rodapé. Também descrevemos uma técnica diagramática para exibir esses conceitos quando eles surgem em um esquema EER. Chamamos os diagramas de esquema resultantes de **diagramas ER estendidos**, ou **diagramas EER**.

O primeiro conceito do modelo ER estendido (EER) ao qual nos dedicamos é o de um **subtipo** ou **subclasse** de um tipo de entidade. Conforme discutimos no Capítulo 3, o nome de um tipo de entidade é usado para representar um *tipo de entidade* e o *conjunto de entidades* ou *coleção de entidades desse tipo* que existem no banco de dados. Por exemplo, o tipo de entidade FUNCIONARIO descreve o tipo (ou seja, os atributos e relacionamentos) de cada entidade de funcionário, e também se refere ao conjunto atual de entidades FUNCIONARIO no banco de dados EMPRESA. Em muitos casos, um tipo de entidade tem diversos subagrupamentos ou subtipos de suas entidades que são significativos e precisam ser representados explicitamente, por causa de seu significado para a aplicação de banco de dados. Por exemplo, as entidades que são membros do tipo de entidade FUNCIONARIO podem ser distinguidas ainda mais em SECRETARIA, ENGENHEIRO, GERENTE, TECNICO, FUNCIONARIO_MENSAL, FUNCIONARIO_HORISTA, e assim por diante. O conjunto de entidades em cada um desses agrupamentos é um subconjunto das entidades que pertencem ao conjunto de entidades FUNCIONARIO, significando que cada entidade que é membro de um desses subagrupamentos também é um funcionário. Chamamos cada um desses subagrupamentos de **subclasse** ou **subtipo** do tipo de entidade FUNCIONARIO, e o tipo de entidade FUNCIONARIO é chamado de **superclasse** ou **supertipo** para cada uma dessas subclasses. A Figura 4.1 mostra como representar esses conceitos nos diagramas EER. (A notação de círculo na Figura 4.1 será explicada na Seção 4.2.)

Chamamos o relacionamento entre uma superclasse e qualquer uma de suas subclasses de **relacionamento superclasse/subclasse**, ou **supertipo/subtipo**, ou simplesmente **classe/subclasse.**[3] Em nosso exemplo anterior, FUNCIONARIO/SECRETARIA e FUNCIONARIO/TECNICO são dois relacionamentos de classe/subclasse. Observe que uma entidade-membro da subclasse representa a *mesma entidade do mundo real* de algum membro da superclasse. Por exemplo, uma entidade SECRETARIA 'Joana Logano' também é a entidade FUNCIONARIO 'Joana Logano'. Logo, o membro da subclasse é o mesmo que a entidade na superclasse, mas em um *papel específico* distinto. Porém, quando implementamos um relacionamento de superclasse/subclasse no sistema de banco de dados, podemos representar um membro da subclasse como um objeto distinto — digamos, um registro distinto que é relacionado por meio do atributo-chave a sua entidade de superclasse. Na Seção 9.2, discutiremos diversas opções para representar os relacionamentos de superclasse/subclasse nos bancos de dados relacionais.

Uma entidade não pode existir no banco de dados simplesmente por ser um membro de uma subclasse; ela também precisa ser um membro da superclasse. Essa entidade pode ser incluída opcionalmente como um membro de qualquer número de subclasses. Por exemplo, um funcionário assalariado que também é um engenheiro pertence às duas subclasses, ENGENHEIRO e FUNCIONARIO_MENSAL, do tipo de entidade FUNCIONARIO. Contudo, não é necessário que toda entidade em uma superclasse seja um membro de alguma subclasse.

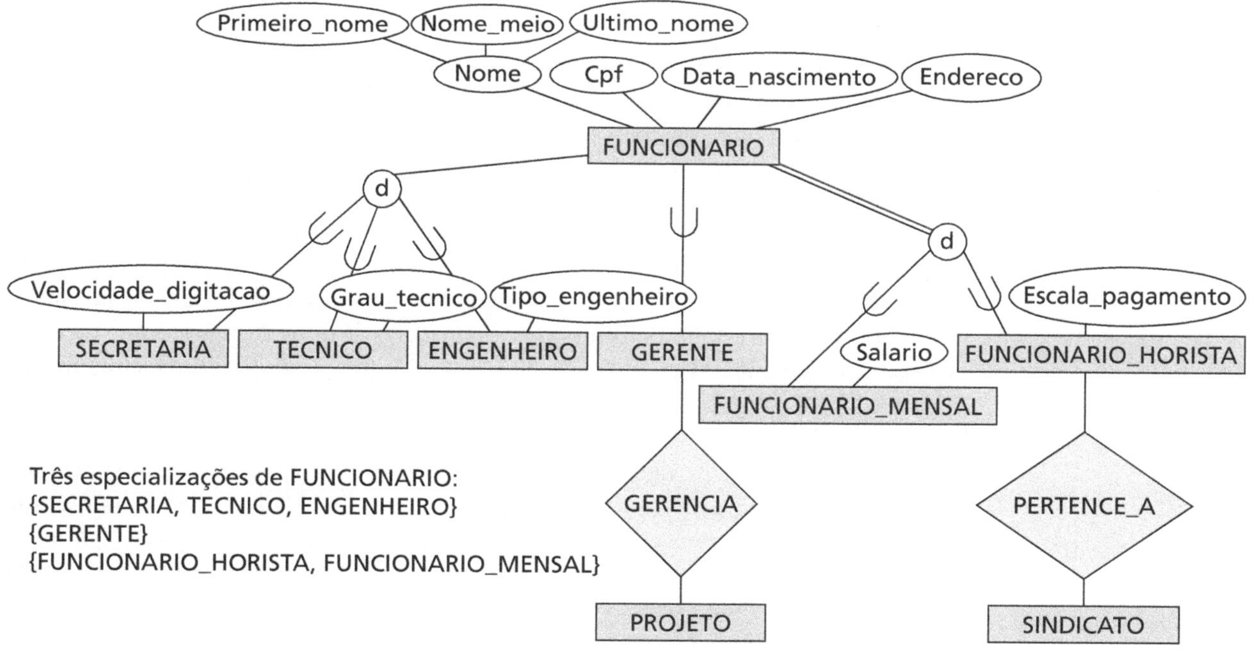

Figura 4.1 Notação do diagrama EER para representar subclasses e especialização.

---

[3] Um relacionamento de classe/subclasse com frequência é chamado de **relacionamento É_UM [IS-A** — ou seja, *é um*(a)], em razão do modo como nos referimos ao conceito. Dizemos que uma SECRETARIA *é uma* FUNCIONARIA, um TECNICO é um FUNCIONARIO, e assim por diante.

Um conceito importante associado às subclasses (subtipos) é o de **herança de tipo**. Lembre-se de que o *tipo* de uma entidade é definido pelos atributos que ela possui e os tipos de relacionamento de que participa. Como uma entidade na subclasse representa a mesma entidade do mundo real da superclasse, ela deve possuir valores para seus atributos específicos, *bem como* valores de seus atributos como um membro da superclasse. Dizemos que uma entidade que é um membro de uma subclasse **herda** todos os atributos da entidade como um membro da superclasse. A entidade também herda todos os relacionamentos de que a superclasse participa. Observe que uma subclasse, com seus próprios atributos específicos (ou locais) e relacionamentos com todos os atributos e relacionamentos que herda da superclasse, pode ser considerada um *tipo de entidade* por si própria.[4]

4.2 Especialização e generalização

4.2.1 Especialização

Especialização é o processo de definir um *conjunto de subclasses* de um tipo de entidade. Esse tipo de entidade é chamado de **superclasse** da especialização. O conjunto de subclasses que forma uma especialização é definido com base em alguma característica distinta das entidades na superclasse. Por exemplo, o conjunto de subclasses {SECRETARIA, ENGENHEIRO, TECNICO} é uma especialização da superclasse FUNCIONARIO, que distingue as entidades do funcionário com base no *tipo de cargo* de cada um. Podemos ter várias especializações do mesmo tipo de entidade com base em características distintas. Por exemplo, outra especialização do tipo de entidade FUNCIONARIO pode gerar o conjunto de subclasses {FUNCIONARIO_MENSAL, FUNCIONARIO_HORISTA}; tal especialização distingue os funcionários baseando-se no *método de pagamento*.

A Figura 4.1 mostra como representamos uma especialização na forma de um diagrama EER. As subclasses que definem uma especialização são conectadas por linhas a um círculo que representa a especialização, o qual está conectado, por sua vez, à superclasse. O *símbolo de subconjunto* em cada linha que conecta uma subclasse ao círculo indica a direção do relacionamento superclasse/subclasse.[5] Os atributos que se aplicam apenas a entidades de uma subclasse em particular — como Velocidade_digitacao de SECRETARIA — são conectados ao retângulo que representa essa subclasse. Estes são chamados de **atributos específicos** (ou **locais**) da subclasse. De modo semelhante, uma subclasse pode participar de **tipos de relacionamento específicos**, como a subclasse FUNCIONARIO_HORISTA que participa do relacionamento PERTENCE_A da Figura 4.1. Mais adiante explicaremos brevemente o símbolo **d** nos círculos da Figura 4.1 e a notação adicional do diagrama EER.

A Figura 4.2 mostra algumas instâncias de entidade que pertencem às subclasses da especialização {SECRETARIA, ENGENHEIRO, TECNICO}. Novamente, observe que uma entidade que pertence a uma subclasse representa *a mesma entidade do mundo real* que a entidade conectada a ela na superclasse FUNCIONARIO, embora a mesma entidade apareça duas vezes; por exemplo, f_1 aparece em FUNCIONARIO e SECRETARIA na Figura 4.2. Como a figura sugere, um relacionamento de superclasse/subclasse, como FUNCIONARIO/SECRETARIA, assemelha-se a um relacionamento 1:1 *no nível de instância* (ver Figura 3.12). A principal diferença é que, em um relacionamento

[4] Em algumas linguagens de programação orientadas a objeto, uma restrição comum é que uma entidade (ou objeto) tem *apenas um tipo*. Isso geralmente é muito restritivo para a modelagem conceitual do banco de dados.

[5] Existem muitas notações alternativas para a especialização; apresentamos a notação UML na Seção 4.6 e outras notações propostas no Apêndice A.

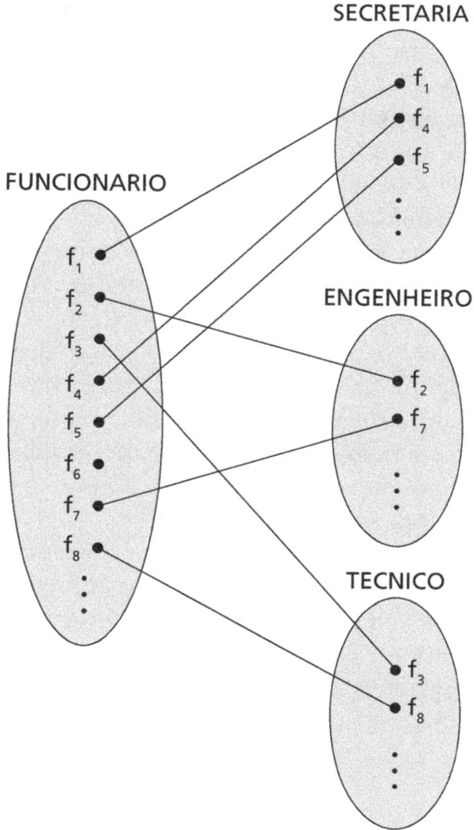

Figura 4.2 Instâncias de uma especialização.

1:1, duas *entidades distintas* estão relacionadas, enquanto em um relacionamento superclasse/subclasse a entidade na subclasse é a mesma entidade do mundo real que a entidade na superclasse, mas está desempenhando um *papel especializado* — por exemplo, um FUNCIONARIO especializado no papel de SECRETARIA, ou um FUNCIONARIO especializado no papel de TECNICO.

Existem dois motivos principais para incluir relacionamentos de classe/subclasse e especializações. O primeiro é que certos atributos podem se aplicar a algumas, mas não a todas as entidades do tipo de entidade da superclasse. Uma subclasse é definida a fim de agrupar as entidades às quais esses atributos se aplicam. Os membros da subclasse ainda podem compartilhar a maioria de seus atributos com os outros membros da superclasse. Por exemplo, na Figura 4.1, a subclasse SECRETARIA tem o atributo específico Velocidade_digitacao, enquanto a subclasse ENGENHEIRO tem o atributo específico Tipo_engenheiro, mas SECRETARIA e ENGENHEIRO compartilham seus outros atributos herdados do tipo de entidade FUNCIONARIO.

O segundo motivo para usar subclasses é que alguns tipos de relacionamento podem participar apenas de entidades que são membros da subclasse. Por exemplo, se apenas FUNCIONARIOS_HORISTAS puderem pertencer a um sindicato, podemos representar esse fato criando a subclasse FUNCIONARIO_HORISTA de FUNCIONARIO e relacionando a subclasse a um tipo de entidade SINDICATO por meio do tipo de relacionamento PERTENCE_A, conforme ilustrado na Figura 4.1.

4.2.2 Generalização

Podemos pensar em um *processo reverso* da abstração em que suprimimos as diferenças entre vários tipos de entidade, identificamos suas características comuns e as **generalizamos** em uma única **superclasse** da qual os tipos de entidade originais são **subclasses** especiais. Por exemplo, considere os tipos de entidade CARRO e CAMINHAO mostrados na Figura 4.3(a). Como eles têm vários atributos comuns, podem ser generalizados no tipo de entidade VEICULO, como mostra a Figura 4.3(b). Tanto CARRO quanto CAMINHAO agora são subclasses da **superclasse generalizada** VEICULO. Usamos o termo **generalização** para nos referir ao processo de definição de um tipo de entidade generalizado com base nos tipos de entidade dados.

Observe que o processo de generalização pode ser visto como funcionalmente o inverso do processo de especialização; podemos ver {CARRO, CAMINHAO} como uma especialização de VEICULO, em vez de VEICULO como uma generalização de CARRO e CAMINHAO. Uma notação diagramática para distinguir generalização de especialização é usada em algumas metodologias de projeto. Uma seta apontando para a superclasse generalizada representa uma generalização, ao passo que setas apontando para subclasses especializadas representam uma especialização. *Não* usaremos essa notação porque a decisão sobre qual processo é seguido em determinada situação costuma ser subjetiva.

Até aqui, apresentamos os conceitos de subclasses e relacionamentos de superclasse/subclasse, bem como os processos de especialização e generalização. Em geral, uma superclasse ou subclasse representa uma coleção de entidades do mesmo tipo e, portanto, também descreve um *tipo de entidade*; é por isso que as superclasses e subclasses são todas mostradas em retângulos nos diagramas EER, como os tipos de entidade.

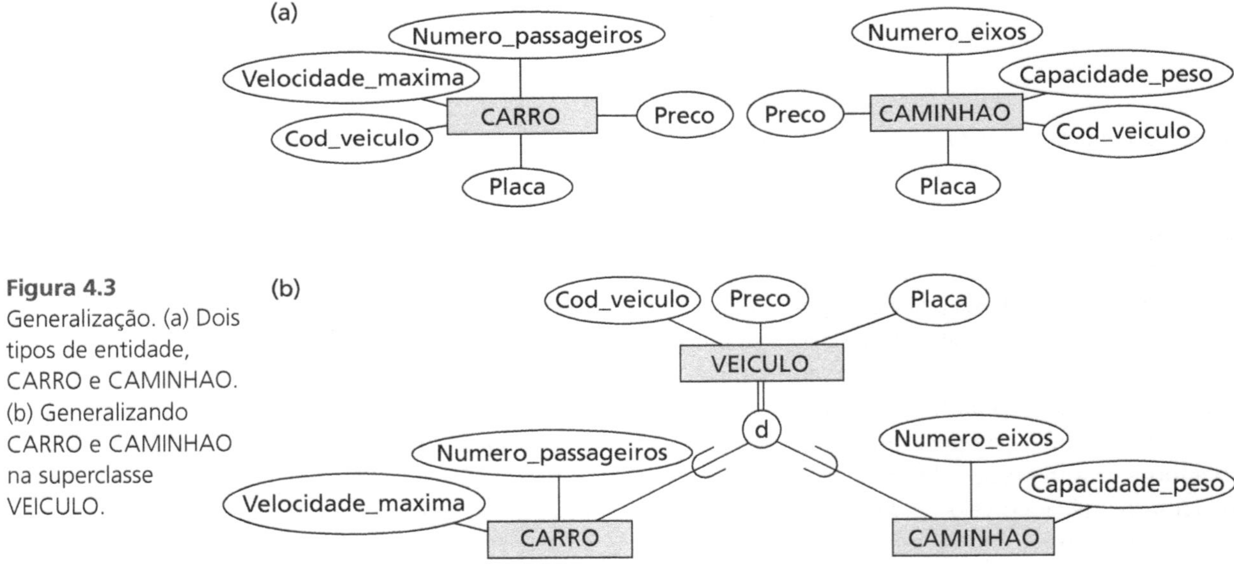

Figura 4.3
Generalização. (a) Dois tipos de entidade, CARRO e CAMINHAO. (b) Generalizando CARRO e CAMINHAO na superclasse VEICULO.

4.3 Restrições e características das hierarquias de especialização e generalização

Primeiro, vamos discutir as restrições que se aplicam a uma única especialização ou a uma única generalização. Para abreviar, nossa discussão refere-se apenas à *especialização*, embora se aplique também à generalização. Depois, vamos discutir as diferenças entre *reticulado* (*múltipla herança*) e *hierarquias* (*herança simples*) de especialização/generalização, e detalhar as diferenças entre os processos de especialização e generalização durante o projeto de esquema de banco de dados conceitual.

4.3.1 Restrições sobre especialização e generalização

Em geral, podemos ter várias especializações definidas no mesmo tipo de entidade (ou superclasse), como mostra a Figura 4.1. Nesse caso, as entidades podem pertencer a subclasses em cada uma das especializações. Uma especialização também pode consistir em uma *única* subclasse, como a especialização {GERENTE} na Figura 4.1; em tal caso, não usamos a notação de círculo.

Em algumas especializações, podemos determinar exatamente as entidades que se tornarão membros de cada subclasse ao colocar uma condição sobre o valor de algum atributo da superclasse. Essas subclasses são chamadas **subclasses definidas por predicado** (ou **definidas por condição**). Por exemplo, se o tipo de entidade FUNCIONARIO tiver um atributo Tipo_emprego, como mostra a Figura 4.4, podemos especificar a condição de membro na subclasse SECRETARIA pela condição (Tipo_emprego = 'Secretaria'), que chamamos de **predicado de definição** da subclasse. Essa condição é uma *restrição* que especifica exatamente que aquelas entidades do tipo de entidade FUNCIONARIO, cujo valor de atributo para Tipo_emprego é 'Secretaria', pertencem à subclasse. Indicamos uma subclasse definida pelo predicado escrevendo a condição de predicado ao lado da linha que conecta a subclasse ao círculo de especialização.

Se *todas* as subclasses em uma especialização tiverem sua condição de membro no *mesmo* atributo da superclasse, a própria especialização é chamada de **especialização definida por atributo**, e o atributo é chamado de **atributo de definição** da especialização.[6] Nesse caso, todas as entidades com o mesmo valor para o atributo pertencem à mesma subclasse. Indicamos uma especialização definida por atributo escrevendo o nome do atributo de definição próximo ao arco que vai do círculo à superclasse, como mostra a Figura 4.4.

Quando não temos uma condição para determinar os membros em uma subclasse, diz-se que esta é **definida pelo usuário**. A condição de membro nessa subclasse é determinada pelos usuários do banco de dados quando eles aplicam a operação para incluir uma entidade à subclasse; logo, a condição de membro é *especificada individualmente para cada entidade pelo usuário*, e não por qualquer condição que possa ser avaliada automaticamente.

Duas outras restrições podem se aplicar a uma especialização. A primeira é a **restrição de disjunção** (ou **desconexão**), que especifica que as subclasses da

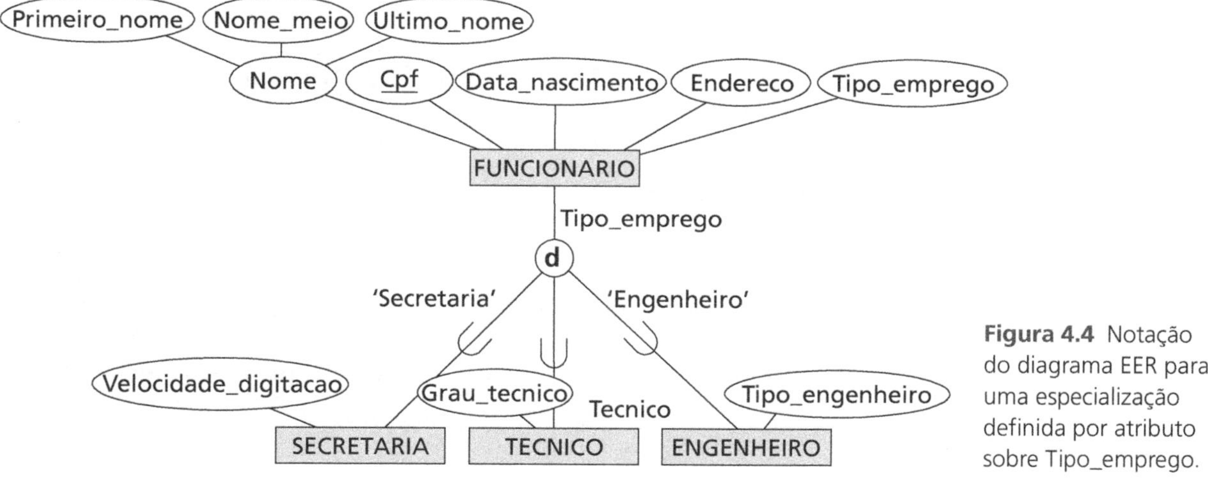

Figura 4.4 Notação do diagrama EER para uma especialização definida por atributo sobre Tipo_emprego.

[6] Tal atributo é chamado de *discriminador* em terminologia UML.

especialização devem ser disjuntas. Isso significa que uma entidade pode ser um membro de *no máximo* uma das subclasses da especialização. Uma especialização definida por atributo implica a restrição de disjunção (se o atributo usado para definir o predicado de membro for de valor único). A Figura 4.4 ilustra esse caso, onde o **d** no círculo significa *disjunção*. A notação **d** também se aplica a subclasses definidas pelo usuário de uma especialização que precisa ser disjunta, conforme ilustrado pela especialização {FUNCIONARIO_HORISTA, FUNCIONARIO_MENSAL} na Figura 4.1. Se as subclasses não forem restringidas a serem disjuntas, seus conjuntos de entidades podem ser **sobrepostos**; ou seja, a mesma entidade (mundo real) pode ser um membro de mais de uma subclasse da especialização. Esse caso, que é o padrão, é exibido colocando-se um **o** (de **overlapping**) no círculo, como mostra a Figura 4.5.

A segunda restrição sobre a especialização é chamada de **restrição de completude** (ou **totalidade**), que pode ser total ou parcial. Uma restrição de **especialização total** especifica que *toda* entidade na superclasse precisa ser um membro de pelo menos uma subclasse na especialização. Por exemplo, se todo FUNCIONARIO tiver de ser um FUNCIONARIO_HORISTA ou um FUNCIONARIO_MENSAL, então a especialização {FUNCIONARIO_HORISTA, FUNCIONARIO_MENSAL} da Figura 4.1 é uma especialização total de FUNCIONARIO. Isso é mostrado nos diagramas EER com uma linha dupla para conectar a superclasse ao círculo. Uma linha simples é utilizada para exibir uma **especialização parcial**, que permite que uma entidade não pertença a qualquer uma das subclasses. Por exemplo, se algumas entidades FUNCIONARIO não pertencerem a nenhuma das subclasses {SECRETARIA, ENGENHEIRO, TECNICO} nas figuras 4.1 e 4.4, então essa especialização será parcial.[7]

Observe que as restrições de disjunção e completude são *independentes*. Logo, temos quatro restrições possíveis na especialização:

- Disjunção, total.
- Disjunção, parcial.
- Sobreposição, total.
- Sobreposição, parcial.

Naturalmente, a restrição correta é determinada com base no significado do mundo real que se aplica a cada especialização. Em geral, uma superclasse identificada por meio do processo de *generalização* costuma ser **total**, pois a superclasse é *derivada das* subclasses e, portanto, contém apenas as entidades que estão nas subclasses.

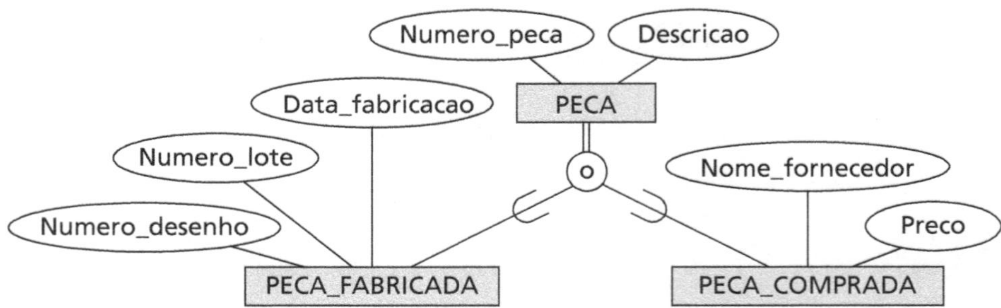

Figura 4.5 Notação de diagrama EER para uma especialização sobreposta (não disjunta).

[7] A notação de usar linhas simples ou duplas é semelhante à da participação parcial ou total de um tipo de entidade em um tipo de relacionamento, conforme descrito no Capítulo 3.

Certas regras de inserção e exclusão se aplicam à especialização (e generalização) como uma consequência das restrições especificadas anteriormente. Algumas dessas regras são as seguintes:

- Excluir uma entidade de uma superclasse implica que ela seja automaticamente excluída de todas as subclasses às quais pertence.
- Inserir uma entidade em uma superclasse implica que a entidade seja obrigatoriamente inserida em todas as subclasses *definidas por predicado* (ou *definidas por atributo*) para as quais a entidade satisfaz a definição do predicado.
- Inserir uma entidade em uma superclasse de uma *especialização total* implica que a entidade é obrigatoriamente inserida em pelo menos uma das subclasses da especialização.

O leitor é encorajado a fazer uma lista completa das regras para inserções e exclusões para os vários tipos de especialização.

4.3.2 Hierarquias e reticulado da especialização e generalização

A própria subclasse pode ter mais subclasses especificadas nela, formando uma hierarquia ou um reticulado de especializações. Por exemplo, na Figura 4.6, ENGENHEIRO é uma subclasse de FUNCIONARIO e também uma superclasse de GERENTE_ENGENHEIRO; isso representa a restrição do mundo real de que cada gerente engenheiro precisa ser um engenheiro. Uma **hierarquia de especialização** tem a restrição de que cada subclasse participa *como uma subclasse* em *apenas um* relacionamento de classe/subclasse; ou seja, cada subclasse tem apenas um pai, que resulta em uma **estrutura de árvore** ou **hierarquia estrita.** Ao contrário, para um **reticulado de especialização,** uma subclasse pode ser uma subclasse em *mais de um* relacionamento de classe/subclasse. Assim, a Figura 4.6 é um reticulado.

A Figura 4.7 mostra outro reticulado de especialização de mais de um nível. Este pode ser parte de um esquema conceitual para um banco de dados UNIVERSIDADE. Observe que esse arranjo teria sido uma hierarquia, exceto para a subclasse ALUNO_COLABORADOR, que é uma subclasse em dois relacionamentos de classe/subclasse distintos.

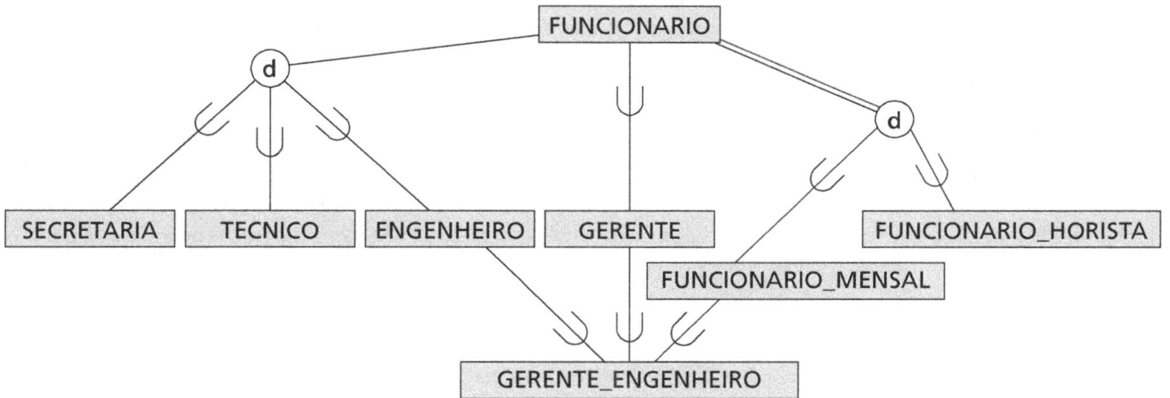

Figura 4.6 Um reticulado de especialização com a subclasse compartilhada GERENTE_ENGENHEIRO.

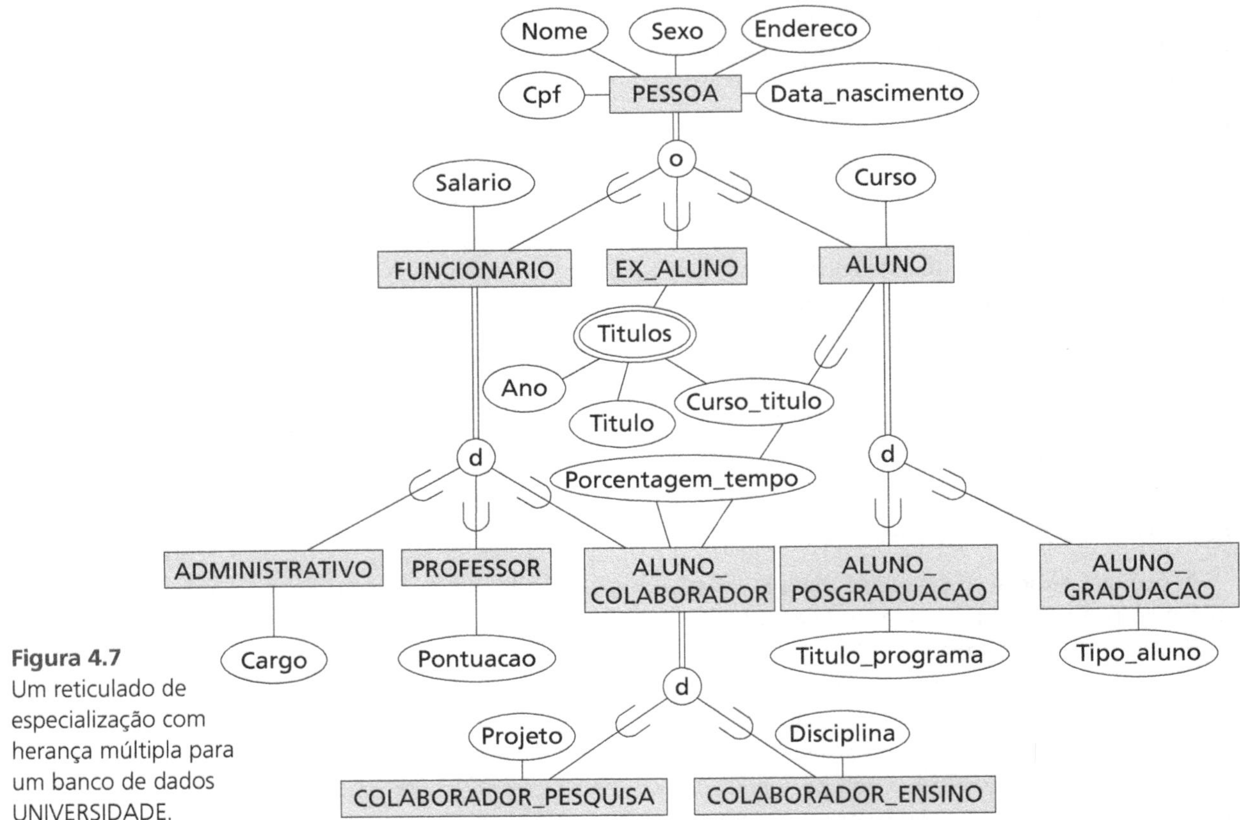

Figura 4.7
Um reticulado de especialização com herança múltipla para um banco de dados UNIVERSIDADE.

Os requisitos para a parte do banco de dados UNIVERSIDADE mostrado na Figura 4.7 são os seguintes:

1. O banco de dados registra três tipos de pessoas: funcionários, ex-alunos e alunos. Uma pessoa pode pertencer a um, dois ou a todos esses três tipos. Cada pessoa tem um nome, CPF, sexo, endereço e data de nascimento.
2. Cada funcionário tem um salário, e existem três tipos de funcionários: professor, administrativo e aluno colaborador. Cada funcionário pertence a exatamente um desses tipos. Para cada ex-aluno, é mantido um registro do título ou dos títulos que ele obteve na universidade, incluindo o nome do título, o ano em que foi concedido e o curso em que o aluno se formou. Cada aluno tem um departamento principal.
3. Cada membro professor tem uma pontuação, enquanto cada membro administrativo tem um cargo administrativo. Os alunos colaboradores são classificados ainda como colaboradores de pesquisa ou colaboradores de ensino, e a porcentagem de tempo em que eles trabalham é registrada no banco de dados. Os colaboradores de pesquisa têm seu projeto de pesquisa armazenado, ao passo que os colaboradores de ensino têm a disciplina atual em que trabalham.
4. Os alunos são classificados ainda como de pós-graduação ou graduação, com os atributos específicos de título do programa (mestrado, doutorado, MBA etc.) para alunos de pós-graduação formados e o tipo de aluno (novato, segundo ano etc.) para os alunos de graduação.

Na Figura 4.7, todas as entidades de pessoa representadas no banco de dados são membros do tipo de entidade PESSOA, que é especializado nas subclasses {FUNCIONARIO, EX_ALUNO, ALUNO}. Essa especialização é sobreposta; por exemplo, um ex-aluno também pode ser um funcionário e ainda pode ser um aluno buscando um título avançado. A subclasse ALUNO é a superclasse para a especialização

{ALUNO_POSGRADUACAO, ALUNO_GRADUACAO}, enquanto FUNCIONARIO é a superclasse para a especialização {ALUNO_COLABORADOR, PROFESSOR, ADMINISTRATIVO}. Observe que ALUNO_COLABORADOR também é uma subclasse de ALUNO. Finalmente, ALUNO_COLABORADOR é a superclasse para a especialização em {COLABORADOR_PESQUISA, COLABORADOR_ENSINO}.

Em tal reticulado ou hierarquia de especialização, uma subclasse herda os atributos não só de sua superclasse direta, mas também de todas as suas superclasses predecessoras, *até chegar à raiz* da hierarquia ou reticulado, se for preciso. Por exemplo, uma entidade em ALUNO_POSGRADUACAO herda todos os atributos dessa entidade como um ALUNO *e* como uma PESSOA. Observe que uma entidade pode existir em vários *nós folha* da hierarquia, em que um **nó folha** é uma classe que *não tem subclasses próprias*. Por exemplo, um membro de ALUNO_GRADUACAO também pode ser um membro de COLABORADOR_PESQUISA.

Uma subclasse com *mais de uma* superclasse é chamada de **subclasse compartilhada,** como GERENTE_ENGENHEIRO na Figura 4.6. Isso leva ao conceito conhecido como **herança múltipla,** na qual a subclasse compartilhada GERENTE_ENGENHEIRO herda diretamente atributos e relacionamentos de múltiplas superclasses. Observe que a existência de pelo menos uma subclasse compartilhada leva a um reticulado (e, portanto, à *herança múltipla*). Se não existisse qualquer subclasse compartilhada, teríamos uma hierarquia em vez de um reticulado, e haveria somente a **herança simples.** Uma regra importante relacionada à herança múltipla pode ser ilustrada pelo exemplo da subclasse compartilhada ALUNO_COLABORADOR na Figura 4.7, que herda atributos de FUNCIONARIO e ALUNO. Aqui, tanto FUNCIONARIO quanto ALUNO herdam *os mesmos atributos* de PESSOA. A regra declara que, se um atributo (ou relacionamento) originado na *mesma superclasse* (PESSOA) é herdado mais de uma vez por caminhos diferentes (FUNCIONARIO e ALUNO) no reticulado, então ele deverá ser incluído apenas uma vez na subclasse compartilhada (ALUNO_COLABORADOR). Logo, os atributos de PESSOA são herdados *apenas uma vez* na subclasse ALUNO_COLABORADOR da Figura 4.7.

É importante observar aqui que alguns modelos e linguagens são limitados à **herança simples** e *não permitem* a herança múltipla (subclasses compartilhadas). Também é importante observar que alguns modelos não permitem que uma entidade tenha tipos múltiplos, e, portanto, uma entidade pode ser membro *de apenas uma classe folha*.[8] Em tal modelo, é necessário criar subclasses adicionais como nós folha para cobrir todas as combinações possíveis de classes que podem ter alguma entidade que pertença a todas essas classes simultaneamente. Por exemplo, em uma especialização de sobreposição de PESSOA para {FUNCIONARIO, EX_ALUNO, ALUNO} (ou {F, E, A} para abreviar), seria necessário criar sete subclasses de PESSOA a fim de cobrir todos os tipos de entidades possíveis: F, E, A, F_E, F_A, E_A e F_E_A. Obviamente, isso pode gerar uma complexidade extra.

Embora tenhamos usado a especialização para ilustrar nossa discussão, conceitos semelhantes se *aplicam igualmente* à generalização, conforme mencionamos no início desta seção. Logo, também podemos falar de **hierarquias de generalização** e **reticulados de generalização.**

4.3.3 *Utilizando especialização e generalização no refinamento de esquemas conceituais*

Agora, vamos detalhar as diferenças entre os processos de especialização e generalização, e como eles são usados para refinar os esquemas conceituais durante o

---

[8] Em alguns modelos, a classe é restringida ainda mais para ser um *nó folha* na hierarquia ou no reticulado.

projeto conceitual do banco de dados. No processo de especialização, os projetistas de banco de dados normalmente começam com um tipo de entidade e depois definem subclasses do tipo de entidade pela especialização sucessiva; ou seja, eles repetidamente definem agrupamentos mais específicos do tipo de entidade. Por exemplo, ao projetar o reticulado de especialização da Figura 4.7, primeiro podemos especificar um tipo de entidade PESSOA para um banco de dados de universidade. Depois, descobriremos que três tipos de pessoas serão representados no banco de dados: funcionários da universidade, ex-alunos e alunos, e criamos a especialização {FUNCIONARIO, EX_ALUNO, ALUNO}. Escolhemos a restrição de sobreposição, pois uma pessoa pode pertencer a mais de uma das subclasses. Especializamos FUNCIONARIO ainda mais em {ADMINISTRATIVO, PROFESSOR, ALUNO_COLABORADOR} e especializamos ALUNO em {ALUNO_POSGRADUACAO, ALUNO_GRADUACAO}. Por fim, especializamos ALUNO_COLABORADOR em {COLABORADOR_PESQUISA, COLABORADOR_ENSINO}. Esse processo é chamado de **refinamento conceitual de cima para baixo (top-down)**. Até aqui, temos uma hierarquia; depois, observamos que ALUNO_COLABORADOR é uma subclasse compartilhada, pois ela também é uma subclasse de ALUNO, o que leva ao reticulado.

É possível chegar à mesma hierarquia ou reticulado vindo de outra direção. Nesse caso, o processo envolve a generalização, em vez da especialização, e corresponde a uma **síntese conceitual de baixo para cima (bottom-up)**. Por exemplo, os projetistas de banco de dados primeiro podem descobrir tipos de entidade como ADMINISTRATIVO, PROFESSOR, EX_ALUNO, ALUNO_POSGRADUACAO, ALUNO_GRADUACAO, COLABORADOR_PESQUISA, COLABORADOR_ENSINO, e assim por diante; depois, eles podem generalizar {ALUNO_POSGRADUACAO, ALUNO_GRADUACAO} para ALUNO; daí generalizar {COLABORADOR_PESQUISA, COLABORADOR_ENSINO} para ALUNO_COLABORADOR; então generalizar {ADMINISTRATIVO, PROFESSOR, ALUNO_COLABORADOR} para FUNCIONARIO; e, finalmente, generalizar {FUNCIONARIO, EX_ALUNO, ALUNO} para PESSOA.

O projeto final de hierarquias ou reticulados resultantes de qualquer processo pode ser idêntico; a única diferença relaciona-se à maneira ou ordem em que as superclasses e subclasses do esquema foram criadas durante o processo de projeto. Na prática, é provável que seja empregada uma combinação dos dois processos. Observe que a noção de representar dados e conhecimento usando hierarquias e reticulados de superclasse/subclasse é muito comum em sistemas baseados em conhecimento e sistemas especialistas, que combinam tecnologia de banco de dados com técnicas de inteligência artificial. Por exemplo, esquemas de representação do conhecimento baseados em quadro são muito semelhantes às hierarquias de classes. A especialização também é comum nas metodologias de projeto de engenharia de software baseadas no paradigma orientado a objeto.

4.4 Modelagem dos tipos UNIAO usando categorias

Às vezes é necessário representar uma coleção de entidades a partir de diferentes tipos de entidade. Neste caso, a subclasse representará uma coleção de entidades que é um subconjunto da UNIAO de entidades de tipos distintos; chamamos essa *subclasse* de **tipo de união** ou **categoria**.[9]

Por exemplo, suponha que tenhamos três tipos de entidade: PESSOA, BANCO e EMPRESA. Em um banco de dados para registro de veículos a motor, o proprietário de um veículo pode ser uma pessoa, um banco (mantendo uma alienação sobre um

[9] Nosso uso do termo *categoria* é baseado no modelo ECR (*entity-category-relationship*, ou entidade-categoria-relacionamento) (Elmasri et al., 1985).

veículo) ou uma empresa. Precisamos criar uma classe (coleção de entidades) que inclua entidades de todos os três tipos para desempenhar o papel de *proprietário de veículo*. Uma categoria (tipo de união) PROPRIETARIO, que é uma *subclasse da UNIAO* dos três conjuntos de entidades de EMPRESA, BANCO e PESSOA, pode ser criada para essa finalidade. Exibimos categorias no diagrama EER, como mostra a Figura 4.8. As superclasses EMPRESA, BANCO e PESSOA são conectadas ao círculo com o símbolo ·, que significa *operação de união de conjuntos*. Um arco com o símbolo de subconjunto conecta o círculo à categoria (subclasse) PROPRIETARIO. Na Figura 4.8, temos duas categorias: PROPRIETARIO, que é uma subclasse (subconjunto) da união de PESSOA, BANCO e EMPRESA; e VEICULO_REGISTRADO, que é uma subclasse (subconjunto) da união de CARRO e CAMINHAO.

Uma categoria tem duas ou mais superclasses que podem representar *tipos de entidade distintos*, enquanto outros relacionamentos de superclasse/subclasse sempre têm uma única superclasse. Para entender melhor a diferença, podemos comparar uma categoria, como PROPRIETARIO (Figura 4.8), com a subclasse compartilhada GERENTE_ENGENHEIRO (Figura 4.6). Esta última é uma subclasse de *cada uma* das três superclasses ENGENHEIRO, GERENTE e FUNCIONARIO_MENSAL, de modo que uma entidade que é um membro de GERENTE_ENGENHEIRO deva existir em *todas as três coleções*. Isso representa a restrição de que um gerente de engenharia precisa ser um ENGENHEIRO, um GERENTE *e* um FUNCIONARIO_MENSAL; ou seja, o conjunto de

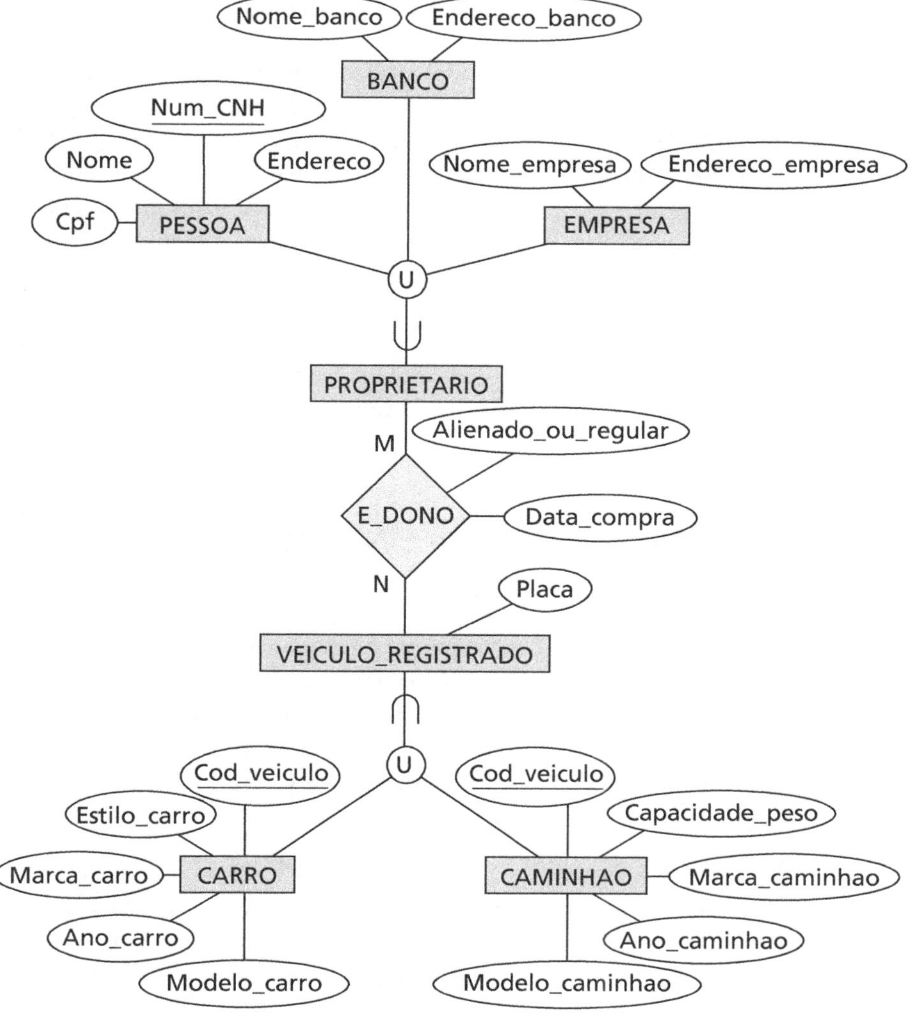

Figura 4.8 Duas categorias (tipos de união): PROPRIETARIO e VEICULO_REGISTRADO.

entidades GERENTE_ENGENHEIRO é um subconjunto da *interseção* dos conjuntos de entidades. Por sua vez, uma categoria é um subconjunto da *união* de suas superclasses. Logo, uma entidade que é um membro de PROPRIETARIO deve existir em *apenas uma* das superclasses. Isso representa a restrição de que um PROPRIETARIO pode ser uma EMPRESA, um BANCO *ou* uma PESSOA na Figura 4.8.

A herança de atributo funciona de maneira mais seletiva no caso de categorias. Por exemplo, na Figura 4.8, cada entidade PROPRIETARIO herda os atributos de uma EMPRESA, uma PESSOA ou um BANCO, dependendo da superclasse à qual a entidade pertence. Por sua vez, uma subclasse compartilhada, como GERENTE_ENGENHEIRO (Figura 4.6), herda *todos* os atributos de suas superclasses FUNCIONARIO_MENSAL, ENGENHEIRO e GERENTE.

É interessante observar a diferença entre a categoria VEICULO_REGISTRADO (Figura 4.8) e a superclasse generalizada VEICULO (Figura 4.3(b)). Na Figura 4.3(b), todo carro e todo caminhão é um VEICULO; mas, na Figura 4.8, a categoria VEICULO_REGISTRADO inclui alguns carros e alguns caminhões, mas não necessariamente todos eles (por exemplo, alguns carros ou caminhões podem não ser registrados). Em geral, uma especialização ou generalização como a da Figura 4.3(b), se fosse *parcial*, não impediria VEICULO de conter outros tipos de entidades, como motocicletas. Porém, uma categoria como VEICULO_REGISTRADO na Figura 4.8 implica que somente carros e caminhões, mas não outros tipos de entidades, possam ser membros de VEICULO_REGISTRADO.

Uma categoria pode ser **total** ou **parcial**. Uma categoria total mantém a *união* de todas as entidades em suas superclasses, enquanto a parcial pode manter um *subconjunto da união*. Uma categoria total é representada em diagrama por uma linha dupla que conecta a categoria e o círculo, ao passo que uma categoria parcial é indicada por uma linha simples.

As superclasses de uma categoria podem ter diferentes atributos de chave, conforme demonstrado pela categoria PROPRIETARIO da Figura 4.8, ou podem ter o mesmo atributo de chave, conforme demonstrado pela categoria VEICULO_REGISTRADO. Observe que, se uma categoria é total (não parcial), ela pode ser representada alternativamente como uma especialização total (ou uma generalização total). Nesse caso, a escolha de qual representação usar é subjetiva. Se as duas classes representam o mesmo tipo de entidades e compartilham diversos atributos, incluindo os mesmos atributos-chave, a especialização/generalização é preferida; caso contrário, a categorização (tipo de união) é mais apropriada.

É importante observar que algumas metodologias de modelagem não possuem tipos de união. Nesses modelos, um tipo de união precisa ser representado de maneira indireta (ver Seção 9.2).

4.5 Um exemplo de esquema UNIVERSIDADE de EER, opções de projeto e definições formais

Nesta seção, primeiro vamos dar um exemplo de esquema de banco de dados no modelo EER para ilustrar o uso dos diversos conceitos discutidos aqui e no Capítulo 3. Depois, vamos discutir as escolhas de projeto para esquemas conceituais e, por fim, resumir os conceitos do modelo EER e defini-los formalmente da mesma maneira que fizemos com os conceitos do modelo ER básico, no Capítulo 3.

4.5.1 Um exemplo do banco de dados UNIVERSIDADE

Considere um banco de dados UNIVERSIDADE contendo *requisitos diferentes* do banco de dados UNIVERSIDADE apresentado na Seção 3.10. Esse banco de dados registra alunos e seus cursos, históricos e registro, bem como as ofertas de disciplina da universidade. O banco de dados também registra os projetos de pesquisa patrocinados dos professores e dos alunos de pós-graduação. Esse esquema aparece na Figura 4.9. Uma discussão dos requisitos que levaram a esse esquema pode ser vista em seguida.

Para cada pessoa, o banco de dados mantém informações sobre o nome dela [Nome], número do Cadastro de Pessoa Física [Cpf], endereço [Endereco], sexo [Sexo] e data de nascimento [Data_nascimento]. Duas subclasses do tipo de entidade PESSOA são identificadas: PROFESSOR e ALUNO. Atributos específicos de PROFESSOR são a

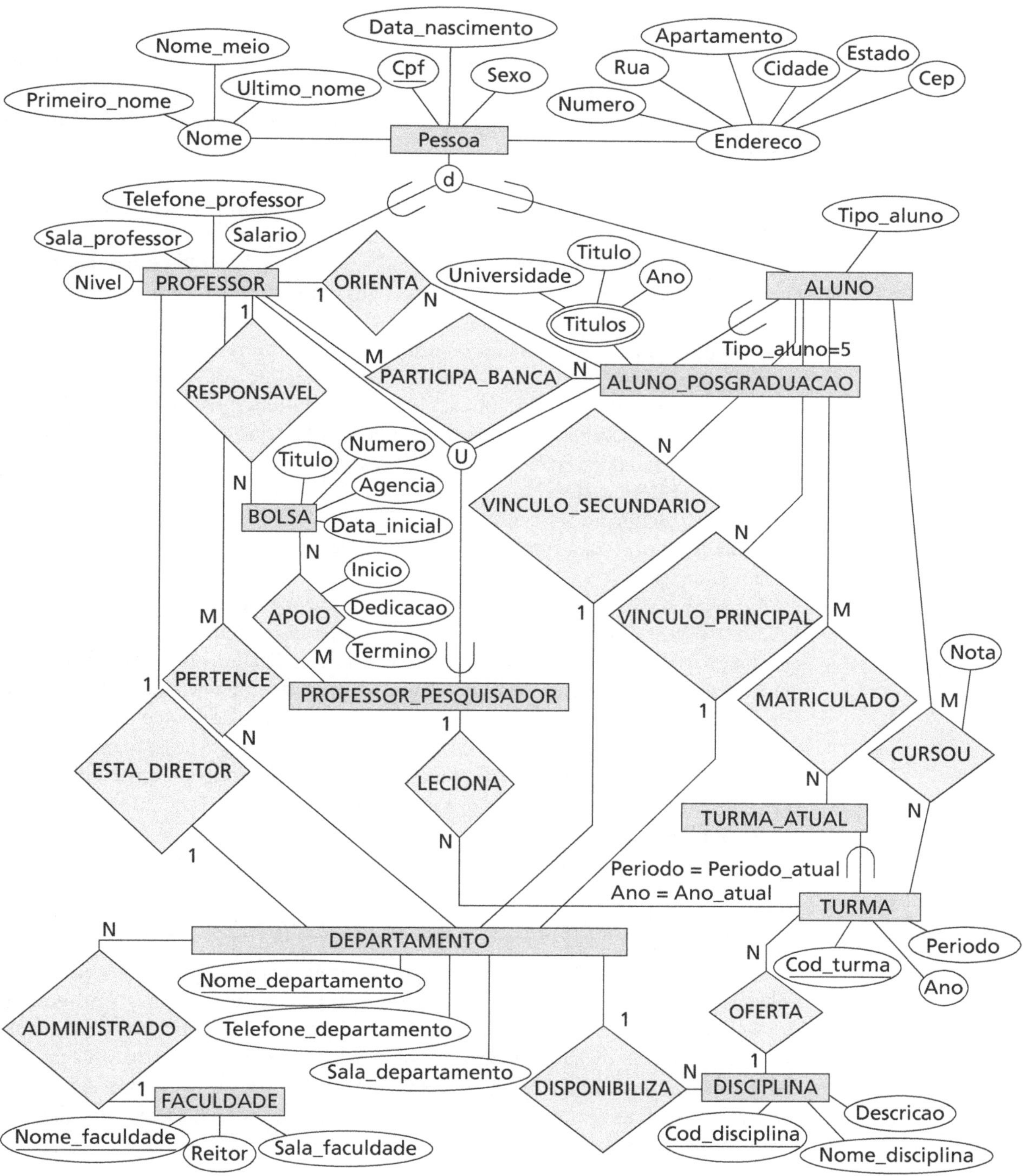

Figura 4.9 Esquema conceitual EER para um banco de dados UNIVERSIDADE.

classificação [Nivel] (assistente, associado, adjunto, pesquisador, visitante etc.), sala [Sala_professor], telefone do professor [Telefone_professor] e salário [Salario]. Todos os professores estão relacionados a departamento(s) acadêmico(s) ao(s) qual(is) eles estão afiliados [PERTENCE] (um membro do corpo docente pode estar associado a vários departamentos, de modo que o relacionamento é M:N). Um atributo específico de ALUNO é [Tipo_aluno] (novato = 1, segundo ano = 2, ..., mestrado = 5, doutorado = 6). Cada ALUNO também está vinculado a seus departamentos principal e secundário (se forem conhecidos) [VINCULO_PRINCIPAL] e [VINCULO_SECUNDARIO], às turmas da disciplina que está frequentando atualmente [MATRICULADO] e às disciplinas concluídas [CURSOU]. Cada instância de CURSOU inclui a nota que o aluno recebeu [Nota] em uma turma de uma disciplina.

ALUNO_POSGRADUACAO é uma subclasse de ALUNO, com o predicado de definição (Tipo_aluno = 5 ou 6). Para cada aluno de pós-graduação, mantemos uma lista dos títulos anteriores em um atributo composto, multivalorado [Titulos]. Também relacionamos o aluno formado a um orientador acadêmico [ORIENTA] e a um comitê de tese [PARTICIPA_BANCA], se existir.

Um departamento acadêmico tem os atributos nome [Nome_departamento], telefone [Telefone_departamento] e número da sala [Sala_departamento], e está relacionado ao membro acadêmico que é seu ESTA_DIRETOR e à faculdade à qual é administrado [ADMINISTRADO]. Cada faculdade tem como atributos o nome da faculdade [Nome_faculdade], o número da sala [Sala_faculdade] e o nome de seu reitor [Reitor].

Uma disciplina tem os atributos número da disciplina [Cod_disciplina], nome da disciplina [Nome_disciplina] e descrição da disciplina [Descricao]. São oferecidas várias turmas de cada disciplina, com cada uma tendo os atributos código da turma [Cod_turma], o ano e o período em que foi oferecida ([Ano] e [Periodo]).[10] Os códigos de turma identificam cada uma de maneira exclusiva. As turmas oferecidas durante o período atual estão em uma subclasse TURMA_ATUAL de TURMA, com o predicado de definição Periodo = Periodo_atual e Ano = Ano_atual. Cada turma está relacionada ao professor que lecionou ou está lecionando ([LECIONA]), se ele estiver no banco de dados.

A categoria PROFESSOR_PESQUISADOR é um subconjunto da união de PROFESSOR e ALUNO_POSGRADUACAO e inclui todos os professores, bem como alunos de pós-graduação que recebem apoio por ensino ou pesquisa. Finalmente, o tipo de entidade BOLSA registra bolsas e contratos de pesquisa outorgados à universidade. Cada bolsa tem os atributos de título da bolsa [Titulo], número da bolsa [Numero], agência de fomento [Agencia] e a data inicial [Data_inicial]. Uma bolsa está relacionada a um docente responsável [RESPONSAVEL] e a todos os pesquisadores a que ele dá apoio [APOIO]. Cada instância de apoio tem como atributos a data inicial do apoio [Inicio], a data final do apoio (se for conhecida) [Termino] e a porcentagem do tempo gasto no projeto [Dedicacao] pelo pesquisador que recebe o apoio.

4.5.2 Escolhas de projeto para especialização/generalização

Nem sempre é fácil escolher o projeto conceitual mais apropriado para uma aplicação de banco de dados. Na Seção 3.7.3, apresentamos algumas das questões típicas enfrentadas por um projetista ao escolher entre os conceitos de tipos de entidade, tipos de relacionamento e atributos para representar uma situação em particular do minimundo como um esquema ER. Nesta seção, vamos discutir as diretrizes e escolhas de projeto para os conceitos EER de especialização/generalização e categorias (tipos de união).

[10] Consideramos que o sistema de *período*, em vez de *semestre*, seja utilizado na universidade do exemplo.

Conforme mencionamos na Seção 3.7.3, o projeto conceitual do banco de dados deve ser considerado um processo de refinamento iterativo, até que o projeto mais adequado seja alcançado. As orientações a seguir ajudam a guiar o processo de projeto para conceitos de EER:

- Em geral, muitas especializações e subclasses podem ser definidas para tornar o modelo conceitual preciso. No entanto, a desvantagem é que o projeto se torna muito confuso. É importante representar apenas as subclasses que se julguem necessárias para evitar uma aglomeração extrema do esquema conceitual.
- Se uma subclasse possui poucos atributos específicos (locais) e nenhum relacionamento específico, ela pode ser mesclada à superclasse. Os atributos específicos manteriam valores NULL para entidades que não são membros da subclasse. Um atributo de *tipo* poderia especificar se uma entidade é um membro da subclasse.
- De modo semelhante, se todas as subclasses da especialização/generalização tiverem alguns atributos específicos e nenhum relacionamento específico, elas podem ser mescladas à superclasse e substituídas por um ou mais atributos de *tipo* que especificam a subclasse ou subclasses a que cada entidade pertence (ver Seção 9.2 para saber como esse critério se aplica aos bancos de dados relacionais).
- Os tipos de união e categorias geralmente devem ser evitados, a menos que a situação definitivamente justifique esse tipo de construção, o que ocorre em algumas situações práticas. Se possível, tentamos modelar usando a especialização/generalização conforme discutimos no final da Seção 4.4.
- A escolha de restrições disjuntas/sobrepostas e totais/parciais sobre a especialização/generalização é controlada pelas regras no minimundo que está sendo modelado. Se os requisitos não indicarem quaisquer restrições em particular, o padrão geralmente seria sobreposição e parcial, pois isso não especifica quaisquer restrições sobre a condição de membro da subclasse.

Como um exemplo da aplicação dessas orientações, considere a Figura 4.6, na qual nenhum atributo específico (local) aparece. Poderíamos mesclar todas as subclasses no tipo de entidade FUNCIONARIO e acrescentar os seguintes atributos a ele:

- Um atributo Tipo_emprego cujo conjunto de valores {'Secretária', 'Engenheiro', 'Técnico'} indicaria a qual subclasse cada funcionário pertence na primeira especialização.
- Um atributo Forma_pagamento cujo conjunto de valores {'Mensal', 'Horista'} indicaria a qual subclasse cada funcionário pertence na segunda especialização.
- Um atributo É_gerente cujo conjunto de valores {'Sim', 'Não'} indicaria se uma entidade de funcionário individual é um gerente ou não.

4.5.3 Definições formais para os conceitos do modelo EER

Agora, vamos resumir os conceitos do modelo EER e mostrar as definições formais. Uma **classe**[11] define um tipo de entidade e representa um conjunto de coleções de entidades desse tipo; isso inclui qualquer uma das construções de esquema EER que correspondem às coleções de entidades, como tipos de entidade, subclasses, superclasses e categorias. Uma **subclasse** *S* é uma classe cujas entidades sempre precisam ser um subconjunto das entidades em outra classe, chamada **superclasse** C do **relacionamento superclasse/subclasse** (ou **É_UM**). Indicamos tal relacionamento por *C*/*S*. Para tal relacionamento superclasse/subclasse, sempre devemos ter

[11] O uso da palavra *classe* aqui se refere à coleção (conjunto) de entidades, que difere de sua utilização mais comum nas linguagens de programação orientadas a objeto, como C++. Em C++, uma classe é uma definição de tipo estruturado com suas funções (operações) aplicáveis.

$S \subseteq C$

Uma **especialização** $Z = \{S_1, S_2, ..., S_n\}$ é um conjunto de subclasses que têm a mesma superclasse G; ou seja, G/S_i é um relacionamento superclasse/subclasse para $i = 1, 2, ..., n$. G é chamado de **tipo de entidade generalizada** (ou a **superclasse** da especialização, ou uma **generalização** das subclasses $\{S_1, S_2, ..., S_n\}$). Z é considerada **total** se sempre (em qualquer ponto no tempo) tivermos

$$\bigcup_{i=1}^{n} S_i = G$$

Caso contrário, Z é considerada **parcial.** Z é considerada **disjunta** se sempre tivermos

$S_i \cap S_j = \varnothing$ (conjunto vazio) para $i \neq j$

Caso contrário, Z é considerada **sobreposta.**

Uma subclasse S de C é considerada **definida por predicado** se um predicado p sobre os atributos de C for usado para especificar quais entidades em C são membros de S; ou seja, $S = C[p]$, onde $C[p]$ é o conjunto de entidades em C que satisfazem p. Uma subclasse que não é definida por um predicado é chamada de **definida pelo usuário.**

Uma especialização Z (ou generalização G) é considerada **definida por atributo** se um predicado $(A = c_i)$, onde A é um atributo de G e c_i é um valor constante do domínio de A, for usado para especificar a condição de membro em cada subclasse S_i em Z. Observe que, se $c_i \neq c_j$ para $i \neq j$, e A for um atributo de único valor, então a especialização será disjunta.

Uma **categoria** T é uma classe que é um subconjunto da união de n que define as superclasses $D_1, D_2, ..., D_n$, $n > 1$, podendo ser especificada formalmente da seguinte maneira:

$T \subseteq (D_1 \cup D_2 ... \cup D_n)$

Um predicado p_i sobre os atributos de D_i pode ser usado para especificar os membros de cada D_i que são membros de T. Se um predicado for especificado sobre cada D_i, obtemos

$T = (D_1[p_1] \cup D_2[p_2] ... \cup D_n[p_n])$

Agora, devemos estender a definição de **tipo de relacionamento** dada no Capítulo 3, permitindo que qualquer classe — não apenas um tipo de entidade — participe de um relacionamento. Logo, devemos substituir as palavras *tipo de entidade* por *classe* naquela definição. A notação gráfica de EER é coerente com ER porque todas as classes são representadas por retângulos.

4.6 Exemplo de outra notação: representando especialização e generalização em diagramas de classes em UML

Agora, vamos discutir a notação UML para especialização/generalização e herança. Já apresentamos a notação e terminologia básica do diagrama de classes UML na Seção 3.8. A Figura 4.10 ilustra um possível diagrama de classes UML correspondente ao diagrama EER da Figura 4.7. A notação básica para especialização/generalização (ver Figura 4.10) é conectar as subclasses por linhas verticais a uma linha horizontal, que tem um triângulo conectando a linha horizontal por meio de outra linha vertical até a superclasse. Um triângulo preto indica uma especialização/generalização com a restrição *disjunta*, e um triângulo contornado indica uma restrição de *sobreposição*. A superclasse raiz é chamada de **classe base,** e as subclasses (nós folhas) são chamadas de **classes de folha.**

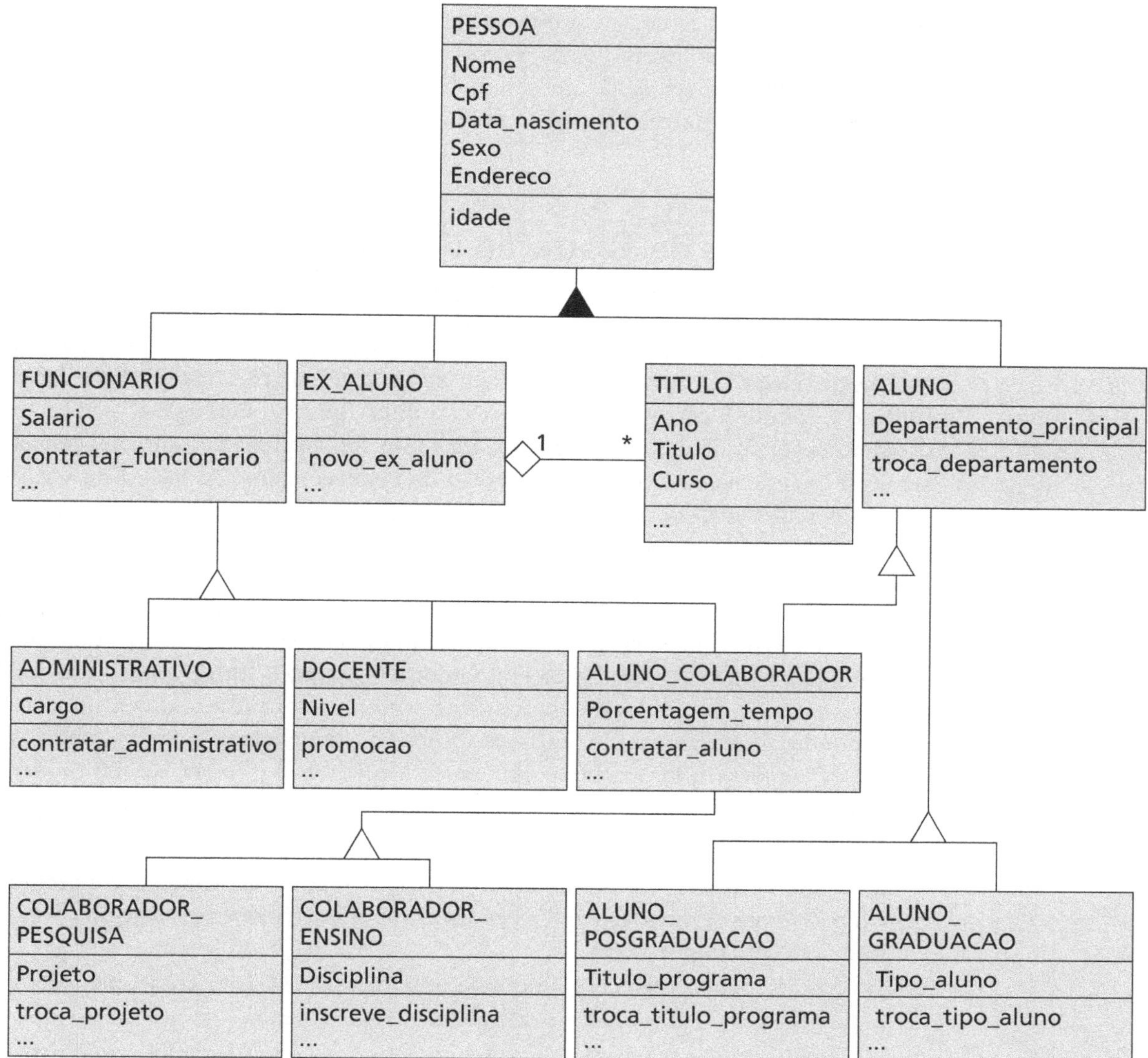

Figura 4.10 Um diagrama de classes UML correspondente ao diagrama EER da Figura 4.7, ilustrando a notação UML para especialização/generalização.

A discussão citada e o exemplo da Figura 4.10, com a apresentação da Seção 3.8, oferecem uma rápida introdução aos diagramas de classes UML e sua terminologia. Focalizamos os conceitos relevantes à modelagem de banco de dados ER e EER, em vez dos conceitos que são mais relevantes à engenharia de software. Em UML, existem muitos detalhes que não discutimos, pois estão fora do escopo deste livro e são relevantes principalmente para a engenharia de software. Por exemplo, as classes podem ser de vários tipos:

- Classes abstratas definem atributos e operações, mas não têm objetos correspondentes a essas classes. Elas são usadas principalmente para especificar um conjunto de atributos e operações que podem ser herdados.
- Classes concretas podem ter objetos (entidades) instanciados para pertencer à classe.
- Classes de *template* especificam um modelo que também pode ser usado para definir outras classes.

No projeto de banco de dados, estamos preocupados principalmente com a especificação de classes concretas, cujas coleções de objetos são permanentemente (ou persistentemente) armazenadas no banco de dados. A bibliografia selecionada ao final deste capítulo oferece algumas referências a livros que descrevem os detalhes completos da UML.

4.7 Conceitos de abstração de dados, representação do conhecimento e ontologia

Nesta seção, discutimos em termos gerais alguns dos conceitos de modelagem que descrevemos bem especificamente em nossa apresentação dos modelos ER e EER no Capítulo 3 e anteriormente neste capítulo. Essa terminologia é usada não só na modelagem de dados conceituais, mas também na literatura de inteligência artificial quando se discute a **representação do conhecimento** (ou **RC**). Esta seção discute as semelhanças e as diferenças entre a modelagem conceitual e a representação do conhecimento, além de introduzir um pouco da terminologia alternativa e de alguns conceitos adicionais.

O objetivo das técnicas de RC é desenvolver conceitos para modelar com precisão algum **domínio de conhecimento**, criando uma **ontologia**[12] que descreve os conceitos do domínio e como esses conceitos estão inter-relacionados. Tal ontologia é usada para armazenar e manipular o conhecimento para tirar conclusões, tomar decisões ou responder a perguntas. Os objetivos da RC são semelhantes aos dos modelos de dados semânticos, mas existem algumas semelhanças e diferenças importantes entre as duas disciplinas:

- Ambas as disciplinas usam um processo de abstração para identificar propriedades comuns e aspectos importantes de objetos no minimundo (também conhecido como *domínio de discurso* em RC), enquanto suprimem diferenças insignificantes e detalhes sem importância.
- As duas disciplinas oferecem conceitos, relacionamentos, restrições, operações e linguagens para definir dados e representar conhecimento.
- A RC geralmente é mais ampla em escopo que os modelos de dados semânticos. Diferentes formas de conhecimento, como regras (usadas na inferência, dedução e pesquisa), conhecimento incompleto e padrão, e conhecimento temporal e espacial, são representadas em esquemas RC. Os modelos de banco de dados estão sendo expandidos para incluir alguns desses conceitos (ver Capítulo 26).
- Esquemas RC incluem **mecanismos de raciocínio** que deduzem fatos adicionais dos armazenados em um banco de dados. Logo, embora a maioria dos sistemas de banco de dados atuais seja limitada a responder a consultas diretas, os sistemas baseados em conhecimento que usam esquemas RC podem responder a consultas que envolvem **inferências** sobre os dados armazenados. A tecnologia de banco de dados está sendo estendida com mecanismos de inferência (ver Seção 26.5).
- Embora a maioria dos modelos de dados se concentre na representação dos esquemas de banco de dados, ou metaconhecimento, os esquemas RC costumam misturar os esquemas com as próprias instâncias, a fim de oferecer flexibilidade na representação de exceções. Isso normalmente resulta em ineficiências quando esses esquemas RC são implementados, especialmente quando comparados com bancos de dados e quando uma grande quantidade de dados estruturados (fatos) precisa ser armazenada.

---

[12] Uma *ontologia* é algo semelhante a um esquema conceitual, mas com mais conhecimento, regras e exceções.

Agora, vamos discutir sobre quatro **conceitos de abstração** usados em modelos de dados semânticos, como o modelo EER, bem como em esquemas RC: (1) classificação e instanciação, (2) identificação, (3) especialização e generalização e (4) agregação e associação. Os conceitos emparelhados de classificação e instanciação são inversos um do outro, assim como a generalização e a especialização. Os conceitos de agregação e associação também são relacionados. Discutimos esses conceitos abstratos e sua relação com as representações concretas usadas no modelo EER para esclarecer o processo de abstração de dados e melhorar nosso conhecimento do processo relacionado de projeto de esquema conceitual. Fechamos a seção com uma rápida discussão sobre *ontologia*, que está sendo bastante usada na pesquisa recente sobre representação do conhecimento.

4.7.1 Classificação e instanciação

O processo de **classificação** consiste em atribuir sistematicamente objetos/entidades semelhantes aos tipos classe/entidade do objeto. Agora, podemos descrever (em BD) ou raciocinar sobre (em RC) as classes em vez dos objetos individuais. Coleções de objetos que compartilham os mesmos tipos de atributos, relacionamentos e restrições são classificadas em classes, a fim de simplificar o processo de descoberta de suas propriedades. A **instanciação** é o inverso da classificação, e refere-se à geração e ao exame específico de objetos distintos de uma classe. Uma instância de objeto está relacionada à sua classe de objeto por um relacionamento **É_UMA_INSTÂNCIA_DE** ou **É_UM_MEMBRO_DE**. Embora os diagramas EER não apresentem instâncias, os diagramas UML permitem uma forma de instanciação ao possibilitar a exibição de objetos individuais. *Não* descrevemos esse recurso em nossa introdução aos diagramas de classes UML.

Em geral, os objetos de uma classe devem ter uma estrutura de tipo semelhante. Contudo, alguns objetos podem exibir propriedades que diferem em alguns aspectos dos outros objetos da classe. Esses **objetos de exceção** também precisam ser modelados, e os esquemas RC permitem exceções mais variadas que os modelos de banco de dados. Além disso, certas propriedades se aplicam à classe como um todo, e não aos objetos individuais; os esquemas RC permitem tais **propriedades de classe**. Os diagramas UML também permitem a especificação de propriedades de classe.

No modelo EER, as entidades são classificadas em tipos de entidade de acordo com seus atributos e relacionamentos básicos. As entidades são classificadas ainda em subclasses e categorias, com base nas semelhanças e nas diferenças adicionais (exceções) entre elas. As instâncias de relacionamento são classificadas em tipos de relacionamento. Logo, os tipos de entidade, subclasses, categorias e tipos de relacionamento são os diferentes conceitos usados para classificação no modelo EER. O modelo EER não provê explicitamente propriedades de classe, mas pode ser estendido para fazer isso. Em UML, os objetos são classificados em classes, e é possível exibir tanto propriedades de classe quanto objetos individuais.

Os modelos de representação do conhecimento permitem múltiplos esquemas de classificação, em que uma classe é uma *instância* de outra classe (chamada **metaclasse**). Observe que isso *não pode* ser representado diretamente no modelo EER, pois temos apenas dois níveis — classes e instâncias. O único relacionamento entre classes no modelo EER é um relacionamento de superclasse/subclasse, ao passo que em alguns esquemas RC um relacionamento adicional de classe/instância pode ser representado diretamente em uma hierarquia de classes. Uma instância pode, por si só, ser outra classe, permitindo esquemas de classificação multiníveis.

4.7.2 Identificação

Identificação é o processo de abstração pelo qual classes e objetos se tornam exclusivamente identificáveis por meio de algum **identificador**. Por exemplo, um nome de classe identifica de maneira exclusiva uma classe inteira dentro de um esquema. É necessário que haja um mecanismo adicional para distinguir instâncias de objeto distintas por meio de identificadores de objeto. Além disso, é necessário identificar múltiplas manifestações no banco de dados do mesmo objeto no mundo real. Por exemplo, podemos ter uma tupla <'Mauro Campos', '610618', '3376-9821'> em uma relação PESSOA e outra tupla <'301-540-836-51', 'CC', 3.8> em uma relação ALUNO que representem a mesma entidade do mundo real. Não há como identificar o fato de que esses dois objetos de banco de dados (tuplas) representam a mesma entidade do mundo real, a menos que tomemos uma providência *em tempo de projeto* para a referência cruzada apropriada, que fornece essa identificação. Logo, a identificação é necessária em dois níveis:

- Para distinguir entre objetos e classes de banco de dados.
- Para identificar objetos de banco de dados e relacioná-los a seus equivalentes no mundo real.

No modelo EER, a identificação das construções de esquema é baseada em um sistema de nomes exclusivos para as construções em um esquema. Por exemplo, cada classe em um esquema EER — seja um tipo de entidade, uma subclasse, uma categoria ou um tipo de relacionamento — precisa ter um nome distinto. Os nomes de atributos de determinada classe também precisam ser distintos. As regras para identificar referências de nome de atributo sem ambiguidade em um reticulado ou hierarquia de especialização ou generalização também são necessárias.

No nível de objeto, os valores dos atributos-chave são usados para distinguir entre entidades de um tipo em particular. Para tipos de entidade fraca, as entidades são identificadas por uma combinação de valores próprios de chave parcial e aquelas às quais estão relacionadas no(s) tipo(s) de entidade do proprietário. As instâncias de relacionamento são identificadas por alguma combinação das entidades às quais estão relacionadas, dependendo da razão de cardinalidade especificada.

4.7.3 Especialização e generalização

Especialização é o processo de classificar uma classe de objetos em subclasses mais especializadas. **Generalização** é o processo inverso de generalizar várias classes em uma classe abstrata de mais alto nível, que inclua os objetos em todas essas classes. A especialização é o refinamento conceitual, enquanto a generalização é a síntese conceitual. Subclasses são usadas no modelo EER para representar a especialização e a generalização. Chamamos o relacionamento entre uma subclasse e suas superclasses de relacionamento **É_UMA_SUBCLASSE_DE**, ou simplesmente um relacionamento **É_UM**. Trata-se do mesmo relacionamento É_UM discutido anteriormente, na Seção 4.5.3.

4.7.4 Agregação e associação

Agregação é um conceito de abstração para a criação de objetos compostos com base em seus objetos componentes. Existem três casos em que esse conceito pode estar relacionado ao modelo EER. O primeiro caso é a situação em que agregamos valores de atributo de um objeto para formar o objeto inteiro. O segundo caso é quando representamos um relacionamento de agregação como um relacionamento comum. O terceiro caso, que o modelo EER não propicia explicitamente, envolve a possibilidade de combinar objetos relacionados por uma instância de relacionamento em particular a um *objeto agregado de nível superior*. Isso às vezes é útil quando o próprio objeto de agregação de nível mais alto tem de estar relacionado a outro objeto. Chamamos o relacionamento entre os objetos primitivos e seu objeto de agregação **É_UMA_PARTE_DE**; o inverso é chamado de **É_UM_COMPONENTE_DE**. A UML possibilita todos os três tipos de agregação.

A abstração de **associação** é usada para associar objetos de várias *classes independentes*. Assim, às vezes ela é semelhante ao segundo uso da agregação. Ela é representada no modelo EER por tipos de relacionamento e, em UML, por associações. Esse relacionamento abstrato é chamado de **É_ASSOCIADO_A**.

Para entender melhor os diferentes usos da agregação, considere o esquema ER mostrado na Figura 4.11(a), que armazena informações sobre entrevistas por candidatos a emprego para várias empresas. A classe EMPRESA é uma agregação dos atributos (ou objetos componentes) Nome_empresa (nome de empresa) e Endereco_empresa (endereço da empresa), enquanto CANDIDATO é uma agregação de Cpf, Nome, Endereco e Telefone. Os atributos de relacionamento Nome_responsavel e Telefone_responsavel representam o nome e o número de telefone da pessoa na empresa que é responsável pela entrevista. Suponha que algumas entrevistas resultem em ofertas de emprego, ao passo que outras não. Gostaríamos de tratar ENTREVISTA como uma classe para associá-la a OFERTA_EMPREGO. O esquema mostrado na Figura 4.11(b) está *incorreto* porque requer que cada instância de relacionamento de entrevista tenha uma oferta de emprego. O esquema mostrado na Figura 4.11(c) *não é permitido* porque o modelo ER não permite relacionamentos entre relacionamentos.

Uma forma de representar essa situação é criar uma classe agregada de nível mais alto, composta por EMPRESA, CANDIDATO e ENTREVISTA, e relacioná-la a OFERTA_EMPREGO, como mostra a Figura 4.11(d). Embora o modelo EER, conforme descrito neste livro, não tenha essa característica, alguns modelos de dados semânticos o permitem, e chamam o objeto resultante de **objeto composto** ou **molecular**. Outros modelos tratam tipos de entidade e tipos de relacionamento de maneira uniforme e, portanto, permitem relacionamentos entre relacionamentos, conforme ilustrado pela Figura 4.11(c).

Para representar essa situação corretamente no modelo ER descrito aqui, precisamos criar um novo tipo de entidade fraca ENTREVISTA, como mostra a Figura 4.11(e), e relacioná-lo a OFERTA_EMPREGO. Logo, sempre podemos representar essas situações de modo correto no modelo ER criando tipos de entidade adicionais, embora possa ser conceitualmente mais desejável permitir a representação direta da agregação, como na Figura 4.11(d), ou permitir relacionamentos entre relacionamentos, como na Figura 4.11(c).

A distinção estrutural principal entre agregação e associação é que, quando uma instância de associação é excluída, os objetos participantes podem continuar a existir. Porém, se dermos suporte à noção de um objeto de agregação — por exemplo, um CARRO que é composto dos objetos MOTOR, CHASSI e PNEUS —, então a exclusão do objeto de agregação CARRO corresponde à exclusão de todos os seus objetos componentes.

4.7.5 Ontologias e a web semântica

Nos últimos anos, a quantidade de dados e informações computadorizadas disponíveis na web se tornou algo fora de controle. Muitos modelos e formatos diferentes são utilizados. Além dos modelos de banco de dados que apresentamos neste livro, muita informação é armazenada na forma de **documentos**, que possuem

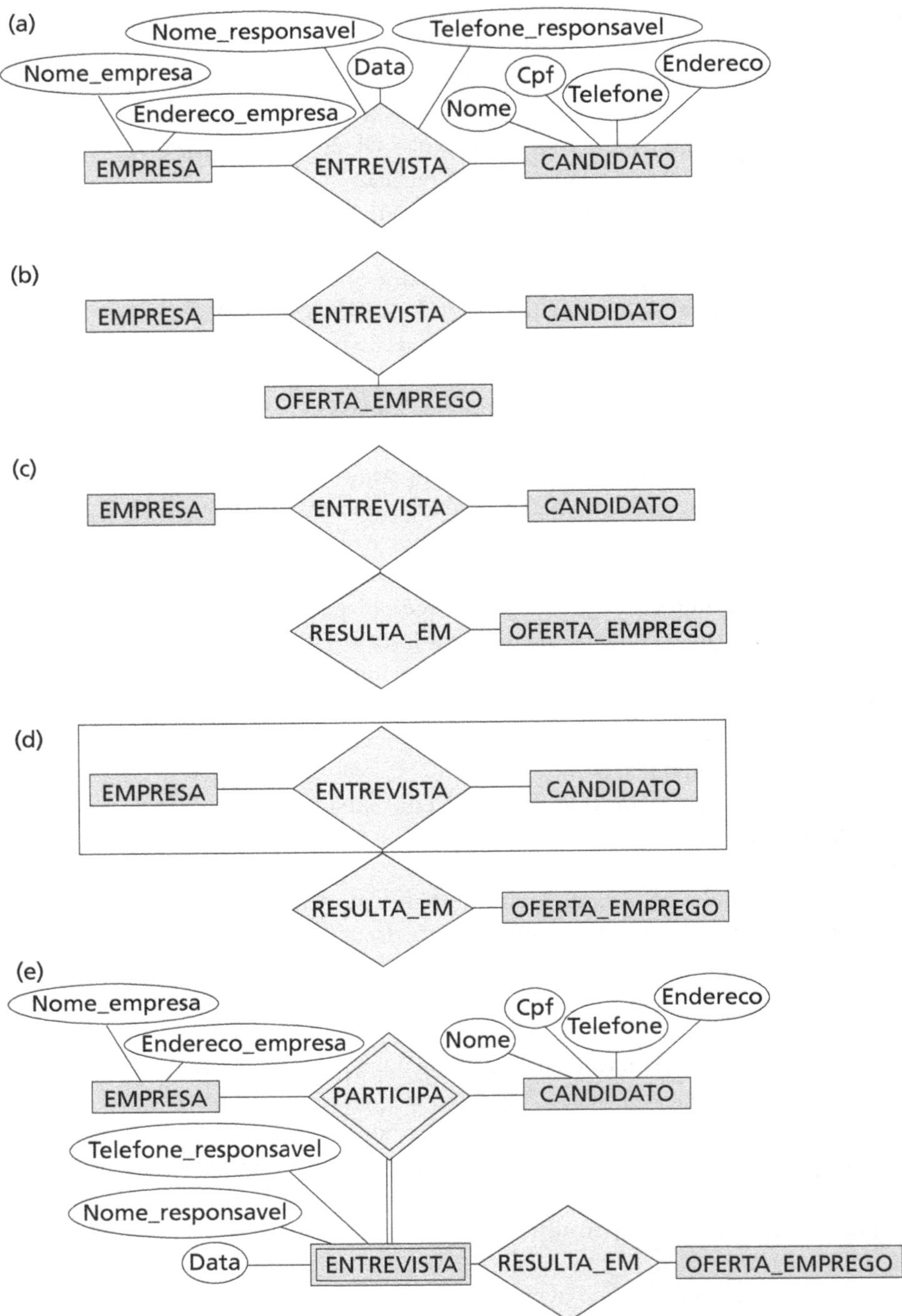

Figura 4.11 Agregação. (a) O tipo de relacionamento ENTREVISTA. (b) Incluindo OFERTA_EMPREGO em um tipo de relacionamento ternário (incorreto). (c) Fazendo o relacionamento RESULTA_EM participar de outros relacionamentos (não permitido em ER). (d) Usando agregação e um objeto composto ou molecular (geralmente não permitido em ER, mas permitido por algumas ferramentas de modelagem). (e) Representação correta em ER.

consideravelmente muito menos estrutura que a informação do banco de dados. Um projeto em andamento, que está tentando permitir a troca de informações entre computadores na web, é chamado de **web semântica**, que tenta criar modelos de representação do conhecimento que sejam bastante genéricos, a fim de permitir a troca e a pesquisa de informações significativas entre máquinas. O conceito de *ontologia* é considerado a base mais promissora para alcançar os objetivos da web semântica e está bastante relacionado à representação do conhecimento. Nesta seção, oferecemos uma rápida introdução ao que é a ontologia e como ela pode ser usada como uma base para automatizar o conhecimento, a busca e a troca de informações.

O estudo das ontologias tenta descrever os conceitos e os relacionamentos possíveis na realidade por meio de um vocabulário comum; portanto, ele pode ser considerado um meio para descrever o conhecimento de uma certa comunidade sobre a realidade. A ontologia originou-se nas áreas de filosofia e metafísica. Uma definição muito usada de **ontologia** é *uma especificação* de uma *conceitualização.*[13]

Nessa definição, uma **conceitualização** é o conjunto de conceitos usados para representar a parte da realidade ou conhecimento que é de interesse de uma comunidade de usuários. **Especificação** refere-se à linguagem e termos do vocabulário usados para especificar a conceitualização. A ontologia inclui tanto a *especificação* quanto a *conceitualização*. Por exemplo, a mesma conceitualização pode ser especificada em duas linguagens diferentes, gerando duas ontologias separadas. Com base nessa definição bastante geral, não existe consenso sobre o que é exatamente uma ontologia. Algumas maneiras possíveis de descrever as ontologias são as seguintes:

- Um ***thesaurus*** (ou ainda um **dicionário** ou um **glossário** de termos) descreve os relacionamentos entre palavras (vocabulário) que representam diversos conceitos.
- Uma **taxonomia** descreve como os conceitos de determinada área do conhecimento são relacionados usando estruturas semelhantes às utilizadas em uma especialização ou generalização.
- Um **esquema de banco de dados** detalhado é considerado por alguns uma ontologia que descreve os conceitos (entidades e atributos) e relacionamentos de um minimundo a partir da realidade.
- Uma **teoria lógica** usa conceitos da lógica matemática para tentar definir conceitos e seus inter-relacionamentos.

Normalmente, os conceitos usados para descrever ontologias são muito semelhantes aos conceitos que discutimos na modelagem conceitual, como entidades, atributos, relacionamentos, especializações e assim por diante. A principal diferença entre uma ontologia e, digamos, um esquema de banco de dados, é que o esquema em geral está limitado a descrever um pequeno subconjunto de um minimundo a partir da realidade a fim de armazenar e gerenciar dados. Uma ontologia costuma ser considerada mais geral no sentido de tentar descrever uma parte da realidade ou de um domínio de interesse (por exemplo, termos médicos, aplicações de comércio eletrônico, esportes etc.) o mais completamente possível.

4.8 Resumo

Neste capítulo, discutimos as extensões ao modelo ER que melhoram suas capacidades de representação. Chamamos o modelo resultante de modelo ER estendido ou EER. Apresentamos o conceito de uma subclasse e sua superclasse e o mecanismo relacionado de herança de atributo/relacionamento. Vimos como às vezes é necessário criar classes de entidades adicionais, por causa dos atributos específicos adicionais ou dos tipos de relacionamento específicos. Discutimos dois processos principais para definir hierarquias e reticulados de superclasse/subclasse: especialização e generalização.

---

[13] Essa definição é dada em Gruber (1995).

Em seguida, mostramos como apresentar essas novas construções em um diagrama EER. Também discutimos os diversos tipos de restrições que podem se aplicar à especialização ou generalização. As duas principais restrições são total/parcial e disjunta/sobreposta. Discutimos o conceito de uma categoria ou tipo de união, que é um subconjunto da união de duas ou mais classes, e mostramos as definições formais de todos os conceitos apresentados.

Apresentamos parte da notação e terminologia da UML para representar a especialização e a generalização. Na Seção 4.7, discutimos rapidamente a disciplina de representação do conhecimento (RC) e como ela está relacionada à modelagem de dados semântica. Também demos uma visão geral e um resumo dos tipos de conceitos abstratos da representação de dados: classificação e instanciação, identificação, especialização e generalização, e agregação e associação. Vimos como os conceitos de EER e UML estão relacionados a cada um deles.

PERGUNTAS DE REVISÃO

4.1. O que é uma subclasse? Quando uma subclasse é necessária na modelagem de dados?

4.2. Defina os seguintes termos: *superclasse de uma subclasse*, *relacionamento de superclasse/subclasse*, *relacionamento É_UM*, *especialização*, *generalização*, *categoria*, *atributos específicos (locais)* e *relacionamentos específicos*.

4.3. Discuta o mecanismo de herança de atributo/relacionamento. De que forma ele é útil?

4.4. Discuta as subclasses definidas pelo usuário e definidas por predicado, e identifique as diferenças entre as duas.

4.5. Discuta as especializações definidas pelo usuário e definidas por atributo, e identifique as diferenças entre as duas.

4.6. Discuta os dois tipos principais de restrições sobre especializações e generalizações.

4.7. Qual é a diferença entre uma hierarquia de especialização e um reticulado de especialização?

4.8. Qual é a diferença entre especialização e generalização? Por que não exibimos essa diferença nos diagramas de esquema?

4.9. Como uma categoria difere de uma subclasse compartilhada regular? Para que uma categoria é usada? Ilustre sua resposta com exemplos.

4.10. Para cada um dos seguintes termos da UML (ver seções 3.8 e 4.6), discuta o termo correspondente no modelo EER, se houver: *objeto*, *classe*, *associação*, *agregação*, *generalização*, *multiplicidade*, *atributos*, *discriminador*, *ligação*, *atributo de ligação*, *associação reflexiva* e *associação qualificada*.

4.11. Discuta as principais diferenças entre a notação para diagramas de esquema EER e diagramas de classe UML comparando como os conceitos comuns são representados em cada um.

4.12. Liste os diversos conceitos de abstração de dados e os conceitos de modelagem correspondentes no modelo EER.

4.13. Que recurso de agregação está faltando do modelo EER? Como o modelo pode ser melhorado para dar suporte a esse recurso?

4.14. Quais são as principais semelhanças e diferenças entre as técnicas conceituais de modelagem de banco de dados e as técnicas de representação do conhecimento?

4.15. Discuta as semelhanças e diferenças entre uma ontologia e um esquema de banco de dados.

EXERCÍCIOS

4.16. Projete um esquema EER para uma aplicação de banco de dados em que você está interessado. Especifique todas as restrições que devem ser mantidas no banco de dados. Cuide para que o esquema tenha pelo menos cinco tipos de entidade, quatro tipos de relacionamento, um tipo de entidade fraca, um relacionamento de superclasse/subclasse, uma categoria e um tipo de relacionamento *n*-ário ($n > 2$).

4.17. Considere o esquema ER BANCO da Figura 3.21 e suponha que seja necessário registrar diferentes tipos de CONTAS (CONTA_POUPANCA, CONTA_CORRENTE, ...) e EMPRESTIMOS (EMPRESTIMO_CARRO, EMPRESTIMO_HABITACAO, ...). Suponha que também se deseje registrar cada uma das TRANSACOES de CONTA (depósitos, saques, cheques, ...) e os PAGAMENTOS de EMPRESTIMO; ambos incluem valor, data e hora. Modifique o esquema BANCO, usando os conceitos de ER e EER de especialização e generalização. Indique quaisquer suposições que você fizer sobre os requisitos adicionais.

4.18. A narrativa a seguir descreve uma versão simplificada da organização das instalações olímpicas planejadas para os Jogos Olímpicos de verão. Desenhe um diagrama EER que mostre os tipos de entidade, atributos, relacionamentos e especializações para essa aplicação. Indique quaisquer suposições que você fizer. As instalações olímpicas são divididas em complexos esportivos, os quais são divididos em tipos de *um esporte* e *poliesportivo*. Os complexos poliesportivos possuem áreas designadas para cada esporte com um indicador de localização (por exemplo, centro, canto NE, e assim por diante). Um complexo tem um local, organizador-chefe, área total ocupada, e assim por diante. Cada complexo mantém uma série de eventos (por exemplo, o estádio com raias pode englobar muitas corridas diferentes). Para cada evento existe uma data planejada, duração, número de participantes, número de oficiais e assim por diante. Uma relação de todos os oficiais será mantida com a lista dos eventos em que cada oficial estará envolvido. Diferentes equipamentos são necessários para os eventos (por exemplo, balizas, postes, barras paralelas), bem como para a manutenção. Os dois tipos de instalações (um esporte e poliesportivo) terão diferentes tipos de informação. Para cada tipo, o número de instalações necessárias é mantido, com um orçamento aproximado.

4.19. Identifique todos os conceitos importantes representados no estudo de caso do banco de dados de biblioteca descrito a seguir. Em particular, identifique as abstrações de classificação (tipos de entidade e tipos de relacionamento), agregação, identificação e especialização/generalização. Especifique as restrições de cardinalidade (min, max) sempre que possível. Liste detalhes que afetarão o eventual projeto, mas que não têm relevância no projeto conceitual. Liste as restrições semânticas separadamente. Desenhe um diagrama EER do banco de dados de biblioteca.

Estudo de caso: A Georgia Tech Library (GTL) tem aproximadamente 16 mil usuários, 100 mil títulos e 250 mil volumes (uma média de 2,5 cópias por livro). Cerca de 10% dos volumes estão emprestados a qualquer momento. Os bibliotecários garantem que os livros estejam disponíveis quando os usuários quiserem pegá-los emprestado. Além disso, eles precisam saber a qualquer momento quantas cópias de cada livro existem na biblioteca ou estão emprestadas. Um catálogo de livros está disponível on-line, listando livros por autor, título e assunto. Para cada título da biblioteca, é mantida uma descrição do livro no catálogo, que varia de uma sentença a várias páginas. Os bibliotecários de referência desejam poder acessar essa descrição quando os usuários solicitarem informações sobre um livro. O pessoal da biblioteca inclui o bibliotecário-chefe, bibliotecários associados ao departamento, bibliotecários de referência, pessoal de despacho e assistentes de bibliotecário.

Os livros podem ser emprestados por 21 dias. Os usuários têm permissão para pegar apenas cinco livros de uma só vez. Os usuários normalmente devolvem os livros dentro de 3 a 4 semanas. A maioria dos usuários sabe que tem uma semana de tolerância antes que um aviso seja enviado para eles e, por isso, tentam devolver os livros antes que o período de tolerância termine. Cerca de 5% dos usuários precisam receber lembretes para devolver os livros. A maioria dos livros atrasados é devolvida dentro de um mês da data de vencimento. Aproximadamente 5% dos livros atrasados são mantidos ou nunca são devolvidos. Os membros mais ativos da biblioteca são definidos como aqueles que pegam livros emprestados pelo menos dez vezes durante o ano. Um por cento dos usuários que mais utilizam empréstimos realizam 15% dos empréstimos, e os maiores 10% dos usuários realizam 40% dos empréstimos. Cerca de 20% dos usuários são totalmente inativos por nunca terem retirado livros.

Para tornar-se um usuário da biblioteca, os candidatos preenchem um formulário incluindo seu CPF, endereço de correspondência da república e da residência familiar e números de telefone. Os bibliotecários emitem um cartão numerado, legível à máquina, com a foto do usuário. Esse cartão tem validade de quatro anos. Um mês antes de o cartão expirar, um aviso é enviado ao usuário para que faça a renovação. Os professores do instituto são considerados usuários automáticos. Quando um novo usuário do corpo docente entra para o instituto, suas informações são puxadas dos registros de funcionários e um cartão da biblioteca é remetido à sua sala de professor no *campus*. Os professores têm permissão para retirar livros por intervalos de três meses, e possuem um período de tolerância de duas semanas. Os avisos de renovação para os professores são enviados para sua sala de professor no *campus*.

A biblioteca não empresta alguns livros, como livros de referência, livros raros e mapas. Os bibliotecários precisam diferenciar livros que podem ser emprestados daqueles que não podem. Além disso, eles possuem uma lista de alguns livros que estão interessados em adquirir, mas não conseguem obter, como livros raros ou que estão esgotados, e livros que foram perdidos ou destruídos, mas não substituídos. Os bibliotecários precisam ter um sistema que registre os livros que não podem ser emprestados, bem como os que eles estão interessados em adquirir. Alguns livros podem ter o mesmo título; portanto, o título não pode ser usado como um meio de identificação. Cada livro é identificado por seu International Standard Book Number (ISBN), um código internacional exclusivo atribuído a todos os livros. Dois livros com o mesmo título podem ter diferentes ISBNs se estiverem em diferentes idiomas ou diferentes encadernações (capa dura ou brochura). As edições de um mesmo livro possuem ISBNs diferentes.

O sistema de banco de dados proposto precisa ser projetado para registrar os usuários, os livros, o catálogo e a atividade de empréstimo.

4.20. Projete um banco de dados para registrar informações para um museu de arte. Suponha que os seguintes requisitos foram coletados:

- O museu tem uma coleção de OBJETOS_ARTE. Cada OBJETO_ARTE tem um codigo exclusivo, um Artista (se conhecido), um Ano (quando foi criado, se conhecido), um Titulo e uma Descricao. Os objetos de arte são categorizados de várias maneiras, conforme discutido a seguir.
- OBJETOS_ARTE são categorizados com base em seu tipo. Existem três tipos principais: PINTURA, ESCULTURA e ESTATUA, mais um tipo chamado OUTRO

para acomodar objetos que não se encaixam em nenhum dos três tipos principais.

- Uma PINTURA tem um Tipo_pintura (óleo, aquarela etc.), material em que é desenhada (Desenhado_em — papel, tela, madeira etc.) e Estilo (moderno, abstrato etc.).
- Uma ESCULTURA ou uma estátua tem um Material com o qual foi criada (madeira, pedra etc.), Altura, Peso e Estilo.
- Um objeto de arte na categoria OUTRO tem um Tipo (impressão, foto etc.) e Estilo.
- OBJETOS_ARTE são categorizados como COLECAO_PERMANENTE (objetos que pertencem ao museu) e EMPRESTADOS. As informações capturadas sobre os objetos na COLECAO_PERMANENTE incluem Data_ aquisicao, Status (em exibição, emprestado ou guardado) e Custo. A informação capturada sobre objetos EMPRESTADOS inclui a Colecao da qual foi emprestado, Data_emprestimo e Data_retorno.
- A informação descrevendo o país ou cultura de Origem (italiano, egípcio, norte-americano, indiano etc.) e Epoca (Renascença, Moderno, Antiguidade, e assim por diante) é capturada para cada OBJETO_ARTE.
- O museu registra a informação de ARTISTA, se for conhecida: Nome, Data_ nascimento (se conhecida), Data_morte (se não estiver vivo), Pais_de_origem, Epoca, Estilo_principal e Descricao. O Nome é considerado exclusivo.
- Ocorrem diferentes EXPOSICOES, cada uma com um Nome, Data_inicio e Data_final. As EXPOSICOES são relacionadas a todos os objetos de arte que estavam em amostra durante a exposição.
- A informação é mantida em outras COLECOES com as quais o museu interage, incluindo Nome (exclusivo), Tipo (museu, pessoal etc.), Descricao, Endereco, Telefone e Pessoa_contato atual.

Desenhe um diagrama de esquema EER para essa aplicação. Discuta quaisquer suposições que você fizer e que justifiquem suas escolhas de projeto.

4.21. A Figura 4.12 mostra um exemplo de diagrama EER para o banco de dados de um pequeno aeroporto particular, que é usado para registrar aeronaves, seus proprietários, funcionários do aeroporto e pilotos. Com base nos requisitos para esse banco de dados, a informação a seguir foi coletada: cada AERONAVE tem um código de registro [Codigo_registro], é de um tipo de avião em particular [ATRIBUIDO] e é mantido em um hangar em particular [GUARDADO_EM]. Cada TIPO_AVIAO tem um número de modelo [Modelo_aeronave], uma capacidade [Capacidade] e um peso [Peso]. Cada HANGAR tem um número [Numero], uma capacidade [Capacidade] e uma localização [Localizacao]. O banco de dados também registra os PROPRIETARIOS de cada avião [PERTENCE] e os FUNCIONARIOS que fazem a manutenção da aeronave [FAZ_MANUTENCAO]. Cada instância de relacionamento em PERTENCE relaciona uma AERONAVE a um PROPRIETARIO e inclui a data de compra [Data_comp]. Cada instância de relacionamento em FAZ_MANUTENCAO relaciona um FUNCIONARIO a um registro de serviço [SERVICO]. Cada aeronave passa por serviço de manutenção muitas vezes; logo, ela é relacionada por [PASSA_POR] a uma série de registros de SERVICO. Um registro de SERVICO inclui como atributos a data da manutenção [Data], o número de horas gastas no trabalho [Horas] e o tipo de trabalho realizado [Codigo_trabalho]. Usamos um tipo de entidade fraca [SERVICO] para representar o serviço na aeronave, pois o código de registro da aeronave é usado para identificar um registro de manutenção. Um PROPRIETARIO é uma pessoa ou uma corporação. Assim, usamos um tipo de união (categoria) [PROPRIETARIO] que é um subconjunto da união dos tipos de

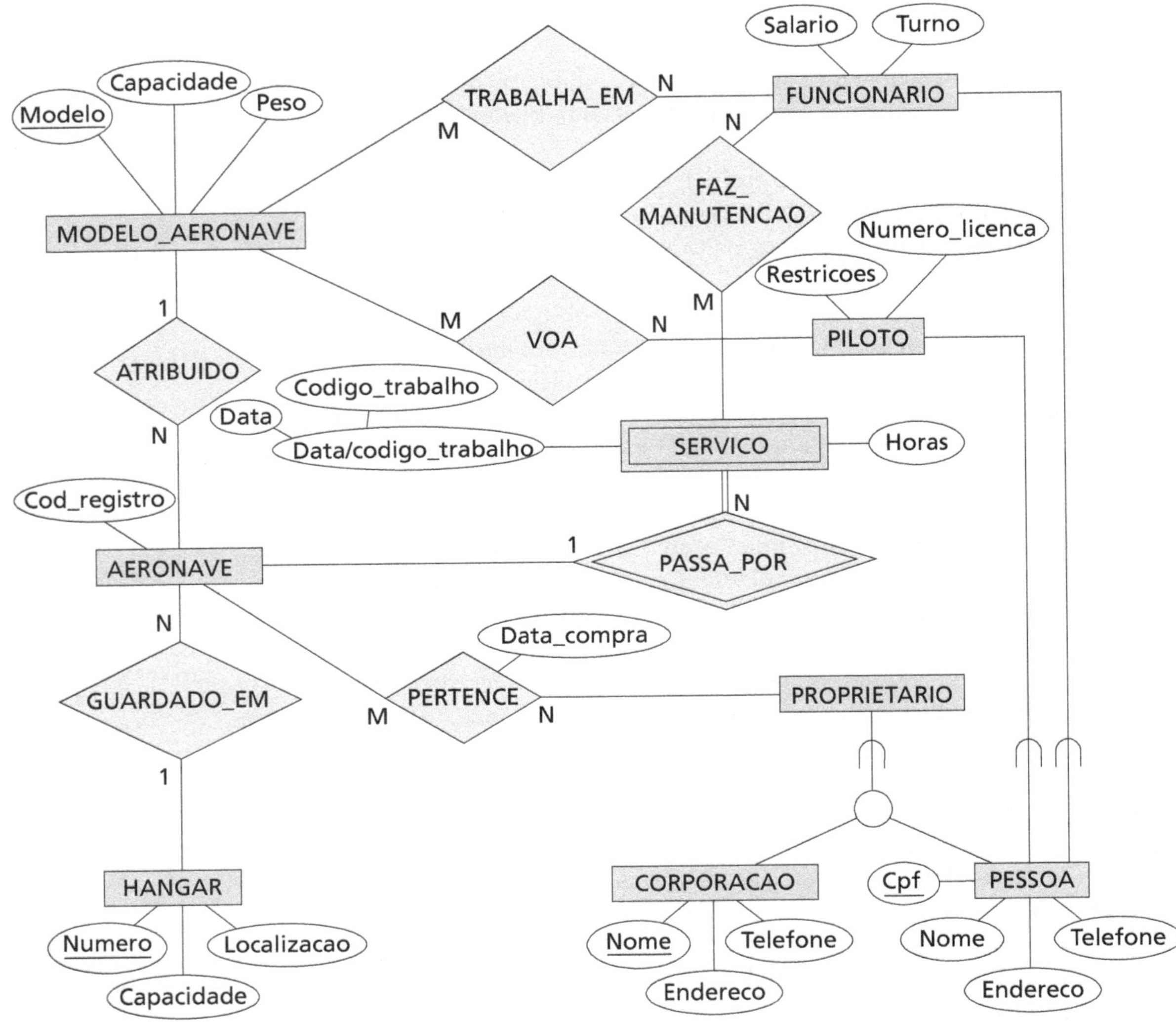

Figura 4.12 Esquema EER para um banco de dados PEQUENO_AEROPORTO.

entidade corporação [CORPORACAO] e pessoa [PESSOA]. Tanto pilotos [PILOTO] quanto funcionários [FUNCIONARIO] são subclasses de PESSOA. Cada PILOTO tem atributos específicos de número de licença [Numero_licenca] e restrições [Restricoes]; cada FUNCIONARIO tem atributos específicos de salário [Salario] e turno trabalhado [Turno]. Todas as entidades PESSOA no banco de dados possuem dados armazenados sobre seu número de Cadastro de Pessoa Física [Cpf], nome [Nome], endereço [Endereco] e número de telefone [Telefone]. Para entidades CORPORACAO, os dados mantidos incluem nome [Nome], endereço [Endereco] e número de telefone [Telefone]. O banco de dados também registra os tipos de aeronaves em que cada piloto é autorizado a voar [VOA] e os tipos de aeronaves em que cada funcionário pode realizar o trabalho de manutenção [TRABALHA_EM]. Mostre como o esquema EER PEQUENO_AEROPORTO da Figura 4.12 pode ser representado em notação UML. (*Nota:* não discutimos como representar categorias (tipos de união) em UML, de modo que você não precisa mapear as categorias nesta e na próxima questão.)

4.22. Mostre como o esquema EER UNIVERSIDADE da Figura 4.9 pode ser representado em notação UML.

4.23. Considere os conjuntos de entidades e atributos mostrados na tabela desta página. Coloque uma marcação em uma coluna de cada linha, para indicar o relacionamento entre as colunas mais à esquerda e à direita.

a. O lado esquerdo tem um relacionamento com o lado direito.
b. O lado direito é um atributo do lado esquerdo.
c. O lado esquerdo é uma especialização do lado direito.
d. O lado esquerdo é uma generalização do lado direito.

	Conjunto de entidades	(a) Tem um relacionamento com	(b) Tem um atributo que é	(c) É uma especialização de	(d) É uma generalização de	Conjunto de entidades ou atributo
1.	MÃE					PESSOA
2.	FILHA					MÃE
3.	ALUNO					PESSOA
4.	ALUNO					Cod_aluno
5.	ESCOLA					ALUNO
6.	ESCOLA					SALA_AULA
7.	ANIMAL					CAVALO
8.	CAVALO					Raça
9.	CAVALO					Idade
10.	FUNCIONÁRIO					CPF
11.	MÓVEL					CADEIRA
12.	CADEIRA					Peso
13.	HUMANO					MULHER
14.	SOLDADO					PESSOA
15.	COMBATENTE_INIMIGO					PESSOA

4.24. Desenhe um diagrama UML para armazenar um jogo de xadrez em um banco de dados. Você pode examinar em <http://www.chessgames.com> como fazer uma aplicação semelhante à que você está projetando. Indique claramente quaisquer suposições que você fizer em seu diagrama UML. Uma amostra das suposições que você pode fazer sobre o escopo é a seguinte:

1. O jogo de xadrez é realizado por dois jogadores.
2. O jogo é realizado em um tabuleiro de 8 × 8, como o que aparece a seguir:

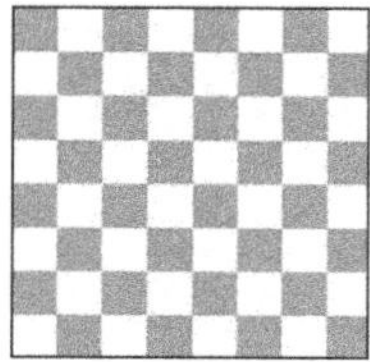

3. Os jogadores recebem uma cor preta ou branca no início do jogo.
4. Cada jogador começa com as seguintes peças:

a. rei
b. rainha
c. 2 torres
d. 2 bispos
e. 2 cavalos
f. 8 peões

5. Cada peça tem sua própria posição inicial.
6. Cada peça tem o próprio conjunto de jogadas válidas com base no estado do jogo. Você não precisa se preocupar com quais jogadas são válidas ou não, exceto pelas seguintes questões:
   a. Uma peça pode se mover para um quadrado vazio ou capturar uma peça do oponente.
   b. Se uma peça for capturada, ela é removida do tabuleiro.
   c. Se um peão se mover para a última fileira, ele é "promovido", sendo convertido para outra peça (rainha, torre, bispo ou cavalo).

   Nota: algumas dessas funções podem se espalhar por várias classes.

4.25. Desenhe um diagrama EER para um jogo de xadrez conforme descrito no Exercício 4.24. Concentre-se nos aspectos de armazenamento persistente do sistema. Por exemplo, o sistema precisaria recuperar todas as jogadas de cada jogo realizado em ordem sequencial.

4.26. Quais dos seguintes diagramas EER são incorretos e por quê? Indique claramente quaisquer suposições que você fizer.

a.

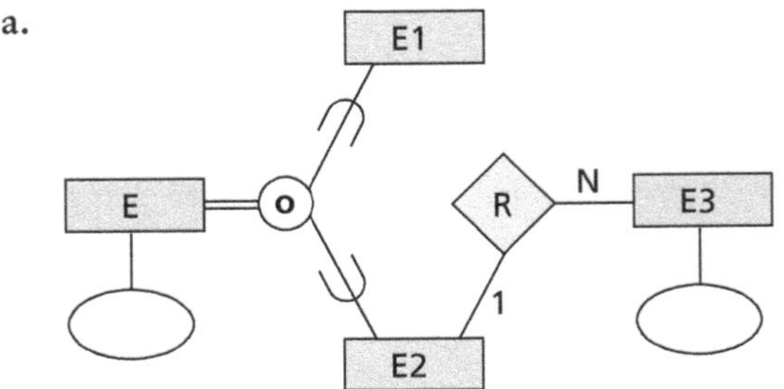

b.

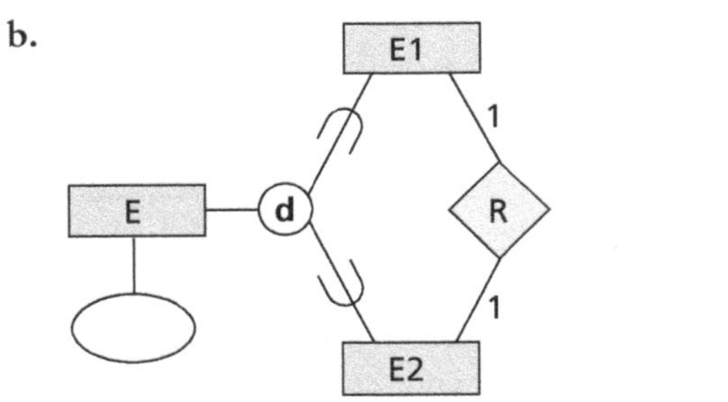

c.

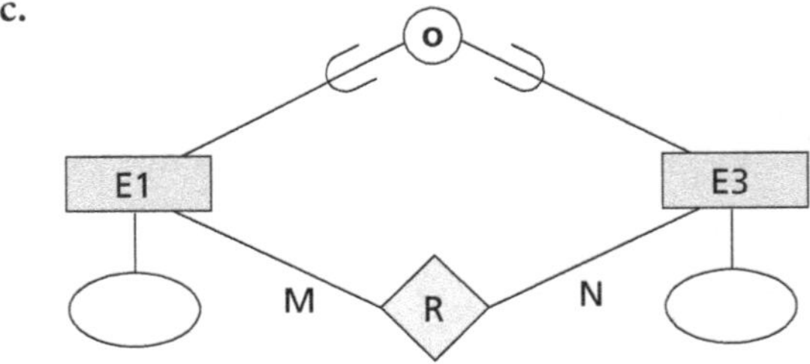

4.27. Considere o seguinte diagrama EER que descreve os sistemas de computador em uma empresa. Forneça os próprios atributos e chave para cada tipo de entidade. Forneça restrições de cardinalidade max justificando sua escolha. Escreva uma descrição narrativa completa do que esse diagrama EER representa.

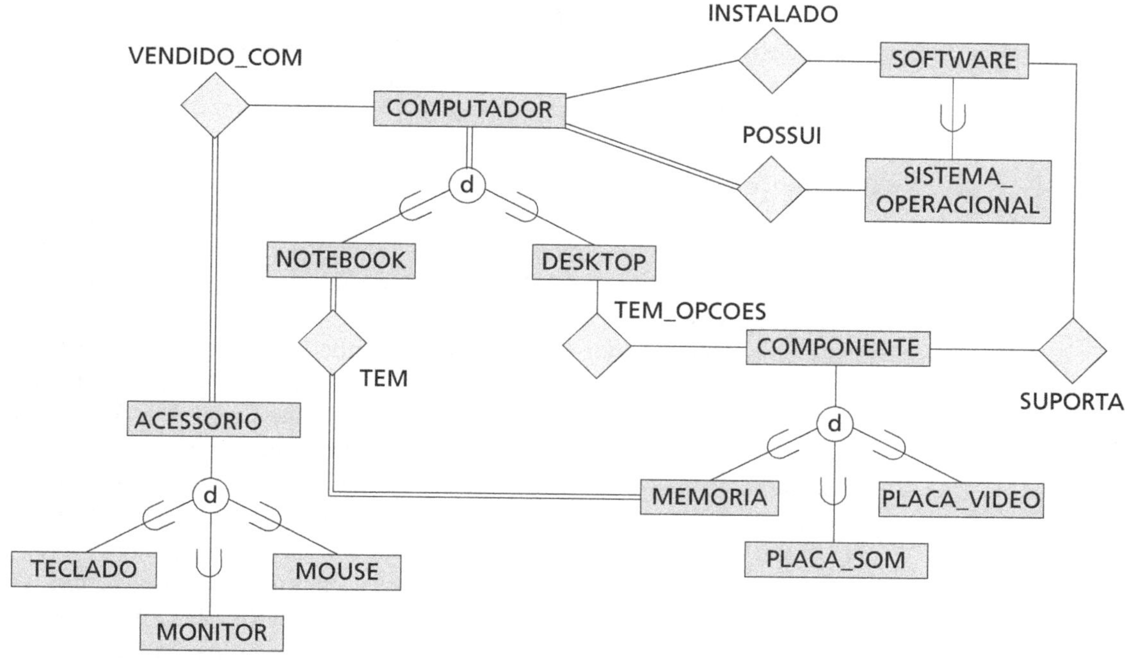

EXERCÍCIOS DE LABORATÓRIO

4.28. Considere um banco de dados DIARIO_NOTAS em que os professores de um departamento acadêmico registram pontos ganhos pelos alunos em suas aulas. Os requisitos de dados são resumidos da seguinte forma:

- Cada aluno é identificado por um identificador exclusivo, nome e sobrenome, e por um endereço de e-mail.
- Cada professor leciona certas disciplinas a cada período. Cada disciplina é identificada por um número, um número de seção e o período em que ela é realizada. Para cada disciplina, o professor especifica o número mínimo de pontos necessários para ganhar conceitos A, B, C, D e F. Por exemplo, 90 pontos para A, 80 pontos para B, 70 pontos para C, e assim por diante.
- Os alunos são matriculados em cada disciplina lecionada pelo professor.
- Cada disciplina tem uma série de componentes de avaliação (como exame do meio do período, exame final, projeto, e assim por diante). Cada componente de avaliação tem um número máximo de pontos (como 100 ou 50) e um peso (como 20% ou 10%). Os pesos de todos os componentes de avaliação de um curso em geral totalizam 100.
- Finalmente, o professor registra os pontos ganhos por aluno em cada um dos componentes de avaliação em cada uma das disciplinas. Por exemplo, o aluno 1234 ganha 84 pontos para o componente de avaliação do meio do período da disciplina CCc2310 da seção 2 no período do segundo semestre de 2009. O componente de avaliação de exame do meio do período pode ter sido definido para ter um máximo de 100 pontos e um peso de 20% da nota da disciplina.

Crie um diagrama entidade-relacionamento estendido para o banco de dados do diário de notas e monte o projeto usando uma ferramenta de modelagem como ERwin ou Rational Rose.

4.29. Considere um sistema de banco de dados LEILAO_ON-LINE em que os membros (compradores e vendedores) participam na venda de itens. Os requisitos de dados para esse sistema estão resumidos a seguir:

- O site on-line tem membros, e cada um é identificado por um número de membro exclusivo e descrito por um endereço de e-mail, nome, senha, endereço residencial e número de telefone.
- Um membro pode ser um comprador ou um vendedor. Um comprador tem um endereço de entrega registrado no banco de dados. Um vendedor tem um número de conta bancária e um número de encaminhamento registrados no banco de dados.
- Os itens são colocados à venda por um vendedor e identificados por um número de item exclusivo, atribuído pelo sistema. Os itens também são descritos por um título de item, uma descrição, um preço de lance inicial, um incremento de lance, a data inicial e a data final do leilão.
- Os itens também são classificados com base em uma hierarquia de classificação fixa (por exemplo, um mouse pode ser classificado como COMPUTADOR → HARDWARE → MOUSE).
- Os compradores fazem lances para os itens em que estão interessados. O preço e a hora do lance são registrados. O comprador com o maior preço de lance ao final do leilão é declarado o vencedor e uma transação entre comprador e vendedor pode então prosseguir.
- O comprador e o vendedor podem registrar uma nota em relação às transações completadas. A nota contém uma pontuação da outra parte na transação (1-10) e um comentário.

Crie um diagrama entidade-relacionamento estendido para o banco de dados LEILAO_ON-LINE e monte o projeto usando uma ferramenta de modelagem como ERwin ou Rational Rose.

4.30. Considere um sistema de banco de dados para uma organização de beisebol como as principais ligas nacionais. Os requisitos de dados estão resumidos a seguir:

- O pessoal envolvido na liga inclui jogadores, técnicos, dirigentes e árbitros. Cada um tem uma identificação pessoal exclusiva. Eles também são descritos por seu nome e sobrenome, com a data e o local de nascimento.
- Os jogadores são descritos ainda por outros atributos, como sua orientação de batida (esquerda, direita ou ambas) e têm uma média de batidas (MB) por toda a vida.
- Dentro do grupo de jogadores existe um subgrupo de jogadores chamados lançadores. Os lançadores têm uma média de corrida ganha (MCG), por toda a vida associada a eles.
- As equipes são identificadas exclusivamente por seus nomes. As equipes também são descritas pela cidade em que estão localizadas e pela divisão e liga em que jogam (como a divisão Central da Liga Norte-americana).
- As equipes possuem um dirigente, uma série de técnicos e uma série de jogadores.
- Os jogos são realizados entre dois times, um designado como o time da casa e o outro, como o time visitante em determinada data. A pontuação (corridas, batidas e erros) é registrada para cada time. O time com a maioria das corridas é declarado o vencedor do jogo.
- A cada jogo terminado, um lançador vencedor e um lançador perdedor são registrados. Caso seja concedido um salvamento, o lançador salvo também é registrado.

- A cada jogo terminado, o número de acertos (simples, duplos, triplos e *home runs*) obtidos por jogador também é registrado.

Crie um diagrama entidade-relacionamento estendido para o banco de dados BEISEBOL e monte o projeto usando uma ferramenta de modelagem como ERwin ou Rational Rose.

4.31. Considere o diagrama EER para o banco de dados UNIVERSIDADE mostrado na Figura 4.9. Entre com seu projeto usando uma ferramenta de modelagem de dados como ERwin ou Rational Rose. Faça uma lista das diferenças na notação entre o diagrama no texto e a notação diagramática equivalente que você acabou usando com a ferramenta.

4.32. Considere o diagrama EER para o pequeno banco de dados AEROPORTO mostrado na Figura 4.12. Monte esse projeto usando uma ferramenta de modelagem de dados como ERwin ou Rational Rose. Tenha cuidado ao modelar a categoria PROPRIETARIO nesse diagrama. (*Dica:* considere o uso de CORPORACAO_E_PROPRIETARIA e PESSOA_E_PROPRIETARIA como dois tipos de relacionamento distintos.)

4.33. Considere o banco de dados UNIVERSIDADE descrito no Exercício 3.16. Você já desenvolveu um esquema ER para esse banco de dados usando uma ferramenta de modelagem de dados como ERwin ou Rational Rose no Exercício de Laboratório 3.31. Modifique esse diagrama classificando DISCIPLINAS como DISCIPLINA_GRADUACAO ou DISCIPLINA_POSGRADUACAO e PROFESSORES como PROFESSORES_JUNIOR ou PROFESSORES_SENIOR. Inclua atributos apropriados para esses novos tipos de entidade. Depois, estabeleça relacionamentos indicando que os professores júnior lecionam disciplinas para alunos em graduação, ao passo que os professores seniores lecionam disciplinas para alunos de pós-graduação.

BIBLIOGRAFIA SELECIONADA

Muitos artigos propuseram modelos de dados conceituais ou semânticos. Aqui, oferecemos uma lista representativa. Um grupo de artigos, incluindo Abrial (1974), modelo DIAM de Senko (1975), o método NIAM (Verheijen e VanBekkum, 1982) e Bracchi et al. (1976), apresenta modelos semânticos que são baseados no conceito de relacionamentos binários. Outro grupo de artigos antigos discute métodos para estender o modelo relacional para melhorar suas capacidades de modelagem. Isso inclui os artigos de Schmid e Swenson (1975), Navathe e Schkolnick (1978), o modelo RM/T de Codd (1979), Furtado (1978) e o modelo estrutural de Wiederhold e Elmasri (1979).

O modelo ER foi proposto originalmente por Chen (1976) e é formalizado em Ng (1981). Desde então, diversas extensões de suas capacidades de modelagem foram propostas, como em Scheuermann et al. (1979), Dos Santos et al. (1979), Teorey et al. (1986), Gogolla e Hohenstein (1991) e o modelo entidade-categoria-relacionamento (ECR) de Elmasri et al. (1985). Smith e Smith (1977) apresentam os conceitos de generalização e agregação. O modelo de dados semântico de Hammer e McLeod (1981) introduziu os conceitos de reticulados de classe/subclasse, bem como outros conceitos de modelagem avançados.

Um estudo da modelagem semântica de dados aparece em Hull e King (1987). Eick (1991) discute projeto e transformações dos esquemas conceituais. A análise de restrições para relacionamentos *n*-ários é dada em Soutou (1998). A UML é descrita detalhadamente em Booch, Rumbaugh e Jacobson (1999). Fowler e Scott (2000) e Stevens e Pooley (2000) oferecem introduções concisas aos conceitos da UML.

Fensel (2000, 2003) discute a web semântica e a aplicação de ontologias. Uschold e Gruninger (1996) e Gruber (1995) discutem sobre ontologias. A edição de junho de 2002 de *Communications of the ACM* é dedicada a conceitos e aplicações da ontologia. Fensel (2003) é um livro que discute as ontologias e o comércio eletrônico.

PARTE 3
Modelo de dados relacional e SQL

5

O modelo de dados relacional e as restrições em bancos de dados relacionais

Este capítulo abre a Parte 3 do livro, que aborda os bancos de dados relacionais. O modelo de dados relacional foi introduzido inicialmente por Ted Codd, da IBM Research, em 1970, em um artigo clássico (Codd, 1970), que atraiu atenção imediata por sua simplicidade e base matemática. O modelo usa o conceito de *relação matemática* — que se parece com uma tabela de valores — como seu bloco de montagem básico, e sua base teórica reside em uma teoria de conjunto e lógica de predicado de primeira ordem. Neste capítulo, discutiremos as características básicas do modelo e suas restrições.

As primeiras implementações comerciais do modelo relacional se tornaram disponíveis no início da década de 1980, como o sistema SQL/DS no sistema operacional MVS, da IBM, e o SGBD, da Oracle. Desde então, o modelo foi implantado em uma grande quantidade de sistemas comerciais, assim como em sistemas de código aberto. Os SGBDs relacionais (SGBDRs) populares atuais incluem o DB2 (da IBM), o Oracle (da Oracle), o SGBD Sybase (agora da SAP) e o SQLServer e Microsoft Access (da Microsoft). Além disso, vários sistemas de código aberto, como MySQL e PostgreSQL, estão disponíveis.

Por causa da importância do modelo relacional, toda a Parte 3 é dedicada a esse modelo e algumas das linguagens associadas a ele. Nos capítulos 6 e 7, descreveremos alguns aspectos SQL, um modelo abrangente e linguagem *padrão* para SGBDs relacionais comerciais. (Outros aspectos da SQL serão abordados em outros capítulos.) O Capítulo 8 abordará as operações da álgebra relacional e introduzirá o cálculo relacional — essas são duas linguagens formais associadas ao modelo relacional. O cálculo relacional é considerado a base para a linguagem SQL, e a álgebra relacional é usada nos detalhes internos de muitas implementações de banco de dados para processamento e otimização de consulta (ver Parte 8 do livro).

Outros aspectos do modelo relacional são apresentados em outras partes do livro. O Capítulo 9 vinculará as estruturas de dados do modelo relacional às construções dos modelos ER e EER (apresentados nos capítulos 3 e 4), e apresentará algoritmos para projetar um esquema de banco de dados relacional mapeando um esquema conceitual no modelo ER ou EER para uma representação relacional. Esses mapeamentos são incorporados em muitas ferramentas de projeto de banco de dados e CASE.[1] Os capítulos 10 e 11, na Parte 4, discutirão as técnicas de programação usadas para acessar sistemas de banco de dados e a noção de conexão com bancos de dados relacionais por meio dos protocolos-padrão ODBC e JDBC. O Capítulo 11 também apresentará o tópico de programação de banco de dados na web. Os capítulos 14 e 15, na Parte 6, apresentarão outro aspecto do modelo relacional, a saber, as restrições formais das dependências funcionais e multivaloradas. Essas dependências são usadas para desenvolver uma teoria de projeto de banco de dados relacional baseada no conceito conhecido como *normalização*.

Neste capítulo, concentramo-nos em descrever os princípios básicos do modelo de dados relacional. Começamos definindo os conceitos de modelagem e a notação do modelo relacional na Seção 5.1. A Seção 5.2 é dedicada a uma discussão das restrições relacionais que são consideradas uma parte importante do modelo relacional e automaticamente impostas na maioria dos SGBDs relacionais. A Seção 5.3 define as operações de atualização do modelo relacional, discute como as violações de restrições de integridade são tratadas e apresenta o conceito de uma transação. A Seção 5.4 contém um resumo do capítulo.

Este capítulo e o Capítulo 8 abordam as bases formais do modelo relacional, enquanto os capítulos 6 e 7 abordam o modelo relacional prático da SQL, que é a base da maioria dos SGBDs relacionais comerciais e de código aberto. Muitos conceitos são comuns aos modelos formal e prático, mas existem algumas diferenças que iremos sinalizar.

5.1 Conceitos do modelo relacional

O modelo relacional representa o banco de dados como uma coleção de *relações*. Informalmente, cada relação é semelhante a uma tabela de valores ou, até certo ponto, a um arquivo *sequencial* de registros. Ele é chamado de **arquivo sequencial (*flat file*)** porque cada registro tem uma estrutura simples linear ou *plana*. Por exemplo, o banco de dados de arquivos mostrado na Figura 1.2 é semelhante à representação do modelo relacional básico. No entanto, existem diferenças importantes entre relações e arquivos, conforme veremos em breve.

Quando uma relação é considerada uma **tabela** de valores, cada linha na tabela representa uma coleção de valores de dados relacionados. Uma linha representa um fato que normalmente corresponde a uma entidade ou relacionamento do mundo real. Os nomes da tabela e da coluna são usados para ajudar a interpretar o significado dos valores em cada linha. Por exemplo, a primeira tabela da Figura 1.2 é chamada de ALUNO porque cada linha representa fatos sobre uma entidade particular de aluno. Os nomes de coluna — Nome, Numero_aluno, Tipo_aluno e Curso — especificam como interpretar os valores de dados em cada linha, com base na coluna em que cada valor se encontra. Todos os valores em uma coluna são do mesmo tipo de dado.

Na terminologia formal do modelo relacional, uma linha é chamada de *tupla*, um cabeçalho da coluna é chamado de *atributo* e a tabela é chamada de *relação*. O tipo de dado que descreve os tipos de valores que podem aparecer em cada coluna é representado por um *domínio* de valores possíveis. Agora, vamos definir esses termos — *domínio*, *tupla*, *atributo* e *relação* — de maneira formal.

---

[1] CASE significa *computer-aided software engineering* (engenharia de software auxiliada por computador).

5.1.1 Domínios, atributos, tuplas e relações

Um **domínio** D é um conjunto de valores atômicos. Com **atômico**, queremos dizer que cada valor no domínio é indivisível em se tratando do modelo relacional formal. Um método comum de especificação de um domínio é definir um tipo de dado do qual são retirados os valores de dados que formam o domínio. Também é útil especificar um nome para o domínio, para ajudar na interpretação de seus valores. Alguns exemplos de domínios são:

- Numeros_telefone_nacional. O conjunto de números de telefone com onze dígitos válidos no Brasil.
- Numeros_telefone_local. O conjunto de números de telefone de nove dígitos válidos dentro de um código de área em particular no Brasil. O uso de números de telefone com oito dígitos está rapidamente se tornando obsoleto, sendo substituído por números-padrão de nove dígitos.
- Cadastro_pessoa_fisica. O conjunto de números do CPF com onze dígitos. (Esse é um identificador exclusivo atribuído a cada pessoa no Brasil para fins de emprego, impostos e benefícios.)
- Nomes. O conjunto de cadeia de caracteres que representa nomes de pessoas.
- Medias_nota. Possíveis valores para calcular a média das notas; cada um deve ser um número real (ponto flutuante) entre 0 e 4.
- Idades_funcionario. Idades possíveis dos funcionários em uma empresa; cada um deve ser um valor inteiro entre 15 e 80.
- Nomes_departamento_academico. O conjunto de nomes de departamentos acadêmicos em uma universidade, como Ciência da Computação, Economia e Física.
- Codigos_departamento_academico. O conjunto de códigos de departamentos acadêmicos, como 'CC', 'ECON' e 'FIS'.

Estas são chamadas definições *lógicas* de domínios. Um **tipo de dado** ou **formato** também é especificado para cada domínio. Por exemplo, o tipo de dado para o domínio Numeros_telefone_nacional pode ser declarado como uma sequência de caracteres na forma *(dd)ddddd-dddd*, em que cada *d* é um dígito numérico (decimal) e os dois primeiros dígitos formam um código de área de telefone válido. O tipo de dado para Idades_funcionario é um número inteiro entre 15 e 80. Para Nomes_departamento_academico, o tipo de dado é o conjunto de todas as cadeias de caracteres que representam nomes de departamento válidos. Um domínio, portanto, recebe um nome, tipo de dado e formato. Informações adicionais para interpretar os valores de um domínio também podem ser dadas; por exemplo, um domínio numérico como Pesos_pessoa deveria ter as unidades de medida, como gramas ou quilos.

Um **esquema**[2] **de relação** R, indicado por $R(A_1, A_2, ..., A_n)$, é composto de um nome de relação R e uma lista de atributos, $A_1, A_2, ..., A_n$. Cada **atributo** A_i é o nome de um papel desempenhado por algum domínio D no esquema de relação R. D é chamado de **domínio** de A_i e indicado por **dom**(A_i). Um esquema de relação é usado para *descrever* uma relação; R é chamado de **nome** dessa relação. O **grau** (ou **aridade**) de uma relação é o número de atributos n desse esquema de relação.

Uma relação de grau sete, que armazena informações sobre alunos universitários, teria sete atributos descrevendo cada aluno, da seguinte forma:

ALUNO(Nome, Cpf, Telefone_residencial, Endereco, Telefone_comercial, Idade, Media)

Usando o tipo de dado de cada atributo, a definição às vezes é escrita como:

ALUNO(Nome: string, Cpf: string, Telefone_residencial: string, Endereco: string, Telefone_comercial: string, Idade: inteiro, Media: real)

---

[2] Um esquema de relação às vezes é chamado de **scheme de relação**.

Para esse esquema de relação, ALUNO é o nome da relação, que tem sete atributos. Na definição anterior, mostramos a atribuição de tipos genéricos, como string ou inteiro, aos atributos. Mais precisamente, podemos especificar os seguintes domínios já definidos para alguns dos atributos da relação ALUNO: dom(Nome) = Nomes; dom(Cpf) = Cadastro_pessoa_fisica; dom(Telefone_residencial) = Numeros_telefone_nacional,[3] dom(Telefone_comercial) = Numeros_telefone_nacional e dom(Media) = Medias_nota. Também é possível referenciar atributos de um esquema de relação por sua posição dentro da relação; assim, o segundo atributo da relação ALUNO é Cpf, enquanto o quarto atributo é Endereco.

Uma **relação** (ou **estado de relação**)[4] r do esquema de relação $R(A_1, A_2, ..., A_n)$, também indicada por $r(R)$, é um conjunto de n tuplas $r = \{t_1, t_2, ..., t_m\}$. Cada n **tuplas** t é uma lista ordenada de n valores $t = <v_1, v_2, ..., v_n>$, em que cada valor v_i, $1 \leq i \leq n$ é um elemento de dom(A_i) ou é um valor especial NULL. (Valores NULL serão discutidos mais adiante, na Seção 5.1.2.) O valor *i-ésimo* na tupla t, que corresponde ao atributo A_i, é referenciado como $t[A_i]$ ou $t.A_i$ (ou $t[i]$, se usarmos a notação posicional). Os termos **intenção da relação** para o esquema R e **extensão da relação** para o estado de relação $r(R)$ também são comumente utilizados.

A Figura 5.1 mostra um exemplo de uma relação ALUNO, que corresponde ao esquema ALUNO já especificado. Cada tupla na relação representa uma entidade de aluno em particular (ou objeto). Apresentamos a relação como uma tabela, na qual cada tupla aparece como uma *linha* e cada atributo corresponde a um *cabeçalho de coluna*, indicando um papel ou interpretação dos valores nesta coluna. *Valores NULL* representam atributos cujos valores são desconhecidos ou não existem para alguma tupla individual de ALUNO.

A definição anterior de uma relação pode ser *refeita* de maneira mais formal usando os conceitos da teoria de conjunto, como segue. Uma relação (ou estado de relação) $r(R)$ é uma **relação matemática** de grau n sobre os domínios dom(A_1), dom(A_2), ..., dom(A_n), que é um **subconjunto** do **produto cartesiano** (indicado por $\times$) dos domínios que definem R:

$$r(R) \subseteq (\text{dom}(A_1) \times \text{dom}(A_2) \times ... \times \text{dom}(A_n))$$

O produto cartesiano especifica todas as combinações possíveis de valores dos domínios subjacentes. Logo, se indicarmos o número total de valores, ou

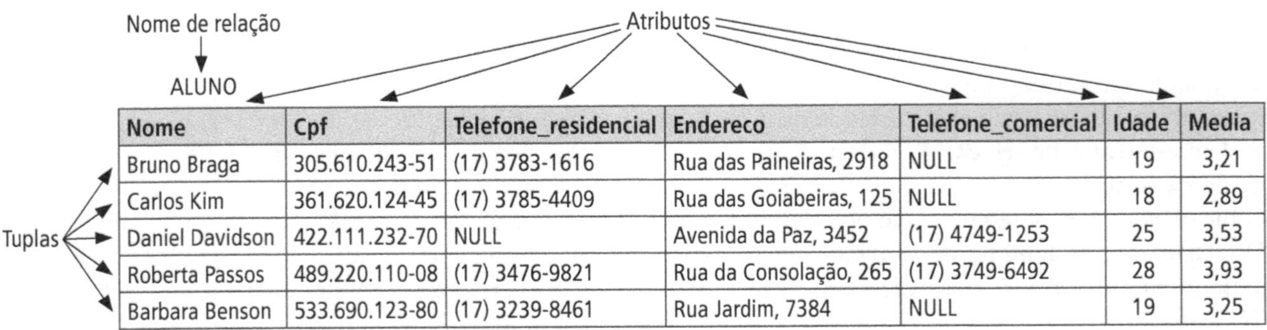

Nome	Cpf	Telefone_residencial	Endereco	Telefone_comercial	Idade	Media
Bruno Braga	305.610.243-51	(17) 3783-1616	Rua das Paineiras, 2918	NULL	19	3,21
Carlos Kim	361.620.124-45	(17) 3785-4409	Rua das Goiabeiras, 125	NULL	18	2,89
Daniel Davidson	422.111.232-70	NULL	Avenida da Paz, 3452	(17) 4749-1253	25	3,53
Roberta Passos	489.220.110-08	(17) 3476-9821	Rua da Consolação, 265	(17) 3749-6492	28	3,93
Barbara Benson	533.690.123-80	(17) 3239-8461	Rua Jardim, 7384	NULL	19	3,25

Figura 5.1 Atributos e tuplas de uma relação ALUNO.

[3] No Brasil, com o grande aumento nos números de telefone causado pela proliferação dos telefones móveis, a maioria das áreas metropolitanas agora possui a discagem local de celular com nove dígitos, de modo que a discagem local de celular com oito dígitos foi descontinuada na maioria das áreas. Mudamos esse domínio para Numeros_telefone_nacional em vez de Numeros_telefones_local, que seria uma opção mais geral. Isso ilustra como os requisitos do banco de dados podem mudar com o tempo.

[4] Isso também tem sido chamado de **instância da relação**. Não usaremos esse termo porque *instância* também é usado para se referir a uma única tupla ou linha.

cardinalidade, em um domínio D como $|D|$ (considerando que todos os domínios são finitos), o número total de tuplas no produto cartesiano é

$|\text{dom}(A_1)| \times |\text{dom}(A_2)| \times ... \times |\text{dom}(A_n)|$

Esse produto de cardinalidades de todos os domínios representa o número total de possíveis instâncias ou tuplas que poderão existir em qualquer estado de relação $r(R)$. De todas as combinações possíveis, um estado de relação em um determinado momento — o **estado de relação atual** — reflete apenas as tuplas válidas que representam um estado em particular do mundo real. Em geral, à medida que o estado do mundo real muda, também muda o estado de relação, sendo transformado em outro estado de relação. Contudo, o esquema R é relativamente estático e muda com *muito pouca* frequência — por exemplo, como resultado da inclusão de um atributo para representar novas informações que não estavam originalmente armazenadas na relação.

É possível que vários atributos *tenham o mesmo domínio*. Os nomes de atributo indicam diferentes **papéis**, ou interpretações, do domínio. Por exemplo, na relação ALUNO, o mesmo domínio Numeros_telefone_nacional desempenha o papel de Telefone_residencial, referindo-se ao *telefone residencial de um aluno*, e o papel de Telefone_comercial, referindo-se ao *telefone comercial do aluno*. Um terceiro atributo possível (não mostrado) com o mesmo domínio poderia ser Telefone_celular.

5.1.2 Características das relações

A definição dada de relações implica certas características que tornam uma relação diferente de um arquivo ou uma tabela. Agora, discutiremos algumas dessas características.

Ordenação de tuplas em uma relação. Uma relação é definida como um *conjunto* de tuplas. Matematicamente, os elementos de um conjunto *não possuem ordem* entre eles; logo, as tuplas em uma relação não possuem nenhuma ordem em particular. Em outras palavras, uma relação não é sensível à ordenação das tuplas. Porém, em um arquivo, os registros estão fisicamente armazenados no disco (ou na memória), de modo que sempre existe uma ordem entre eles. Essa ordenação indica primeiro, segundo, *i-ésimo* e último registros no arquivo. De modo semelhante, quando exibimos uma relação como uma tabela, as linhas são exibidas em certa ordem.

A ordenação da tupla não faz parte da definição da relação porque uma relação tenta representar fatos em um nível lógico ou abstrato. Muitas ordens de tupla podem ser especificadas na mesma relação. Por exemplo, as tuplas na relação ALUNO da Figura 5.1 poderiam ser ordenadas pelos valores de Nome, Cpf, Idade ou algum outro atributo. A definição de uma relação não especifica ordem alguma: *não existe preferência* por uma ou outra ordenação. Logo, a relação apresentada na Figura 5.2 é considerada *idêntica* à mostrada na Figura 5.1. Quando uma relação é implementada como um arquivo ou exibida como uma tabela, uma ordenação em particular pode ser especificada sobre os registros do arquivo ou sobre as linhas da tabela.

Figura 5.2 A relação ALUNO da Figura 5.1 com uma ordem de tuplas diferente.

ALUNO

Nome	Cpf	Telefone_ residencial	Endereco	Telefone_ comercial	Idade	Media
Daniel Davidson	422.111.232-70	NULL	Avenida da Paz, 3452	(17)4749-1253	25	3,53
Barbara Benson	533.690.123-80	(17)3239-8461	Rua Jardim, 7384	NULL	19	3,25
Roberta Passos	489.220.110-08	(17)3476-9821	Rua da Consolação, 265	(17)3749-6492	28	3,93
Carlos Kim	361.620.124-45	(17)3785-4409	Rua das Goiabeiras, 125	NULL	18	2,89
Bruno Braga	305.610.243-51	(17)3783-1616	Rua das Paineiras, 2918	NULL	19	3,21

Ordem dos valores dentro de uma tupla e uma definição alternativa de uma relação. De acordo com a definição anterior de uma relação, uma tupla *n* é uma *lista ordenada* de *n* valores, de modo que a ordem dos valores em uma tupla — e, portanto, dos atributos em um esquema de relação — é importante. No entanto, em um nível mais abstrato, a ordem dos atributos e seus valores *não* é tão importante, desde que a correspondência entre atributos e valores seja mantida.

Uma **definição alternativa** de uma relação pode ser dada, tornando *desnecessária* a ordem dos valores em uma tupla. Nessa definição, um esquema de relação $R = \{A_1, A_2, ..., A_n\}$ é um *conjunto* de atributos (em vez de uma lista ordenada de atributos), e um estado de relação $r(R)$ é um conjunto finito de mapeamentos $r = \{t_1, t_2, ..., t_m\}$, em que cada tupla t_i é um **mapeamento** de R para D, e D é a **união** (indicada por $\cup$) dos domínios de atributo; ou seja, $D = \text{dom}(A_1) \cup \text{dom}(A_2) \cup ... \cup \text{dom}(A_n)$. Nessa definição, $t[A_i]$ deve estar em $\text{dom}(A_i)$ para $1 \leq i \leq n$ para cada mapeamento t em r. Cada mapeamento t_i é chamado de tupla.

De acordo com essa definição de tupla como um mapeamento, uma **tupla** pode ser considerada um **conjunto** de pares (<atributo>, <valor>), em que cada par dá o valor do mapeamento a partir de um atributo A_i para um valor v_i de $\text{dom}(A_i)$. A ordem dos atributos *não* é importante, pois o *nome do atributo* aparece com seu *valor*. Por essa definição, as duas tuplas mostradas na Figura 5.3 são idênticas. Isso faz sentido em um nível abstrato, já que realmente não há motivo para preferir ter um valor de atributo aparecendo antes de outro em uma tupla. Quando o nome e o valor do atributo são incluídos juntos em uma tupla, isso é conhecido como **dados autodescritivos**, pois a descrição de cada valor (nome de atributo) está incluída na tupla.

Geralmente, usaremos a **primeira definição** da relação, em que os atributos e os valores dentro das tuplas *são ordenados* no esquema de relação e os valores dentro das tuplas *são ordenados de modo semelhante*, porque isso simplifica grande parte da notação. Porém, a definição alternativa dada aqui é mais geral.[5]

Valores e NULLs nas tuplas. Cada valor em uma tupla é um valor **atômico**; ou seja, ele não é divisível em componentes dentro da estrutura do modelo relacional básico. Logo, atributos compostos ou multivalorados (ver Capítulo 3) não são permitidos. Esse modelo às vezes é chamado de **modelo relacional plano**. Grande parte da teoria por trás do modelo relacional foi desenvolvida com essa suposição em mente, que é chamada pressuposto da **primeira forma normal**.[6] Assim, atributos multivalorados precisam ser representados por relações separadas, e os atributos compostos são representados apenas por seus atributos de componentes simples no modelo relacional básico.[7]

Um conceito importante é o dos valores NULL, que são usados para representar os valores de atributos que podem ser desconhecidos ou não se aplicam a uma tupla. Um valor especial, chamado NULL, é usado nesses casos. Por exemplo, na Figura 5.1, algumas tuplas ALUNO têm NULL para seus telefones comerciais, pois eles não trabalham (ou seja, o telefone comercial *não se aplica* a esses alunos). Outro aluno tem um NULL para o

Figura 5.3 Duas tuplas idênticas quando a ordem dos atributos e valores não faz parte da definição da relação.

t = < (Nome, Daniel Davidson), (Cpf,422.111.232-70), (Telefone_residencial, NULL), (Endereco, Avenida da Paz, 3452), (Telefone_comercial, (17)4749-1253), (Idade, 25), (Media, 3,53)>

t = <(Endereco, Avenida da Paz, 3452), (Nome, Daniel Davidson), (Cpf, 422.111.232-70), (Idade, 25), (Telefone_comercial, (17)4749-1253), (Media, 3,53), (Telefone_residencial, NULL)>

[5] Usaremos a definição alternativa da relação quando discutirmos o processamento e a otimização da consulta no Capítulo 18.

[6] Discutiremos esse pressuposto com mais detalhes no Capítulo 14.

[7] Extensões do modelo relacional removem essas restrições. Por exemplo, os sistemas objeto-relacional (Capítulo 12) permitem atributos estruturados complexos, assim como os modelos relacionais **não de primeira forma normal** ou **aninhados**.

telefone residencial, talvez porque ele não tenha um telefone residencial ou tenha, mas não o conhecemos (o valor é *desconhecido*). Em geral, podemos ter vários significados para valores NULL, como ***valor desconhecido*, valor existe, mas *não está disponível*** ou ***atributo não se aplica*** a esta tupla (também conhecido como ***valor indefinido***). Um exemplo do último tipo de NULL ocorrerá se acrescentarmos um atributo Tipo_visto (tipo do visto) à relação ALUNO, que se aplica apenas a tuplas que representam alunos estrangeiros. É possível criar diferentes códigos para diversos significados de valores NULL. A incorporação de diferentes tipos de valores NULL nas operações do modelo relacional provou ser muito difícil e, portanto, está fora do escopo de nossa apresentação.

O significado exato de um valor NULL determina como ele será aplicado durante agregações aritméticas ou comparações com outros valores. Por exemplo, uma comparação de dois valores NULL leva a ambiguidades — se os Clientes A e B têm endereços NULL, isso *não significa* que eles tenham o mesmo endereço. Durante o projeto do banco de dados, é melhor evitar ao máximo valores NULL. Discutiremos isso melhor nos capítulos 7 e 8, no contexto de operações e consultas, e no Capítulo 14, no contexto do projeto e normalização de banco de dados.

Interpretação (significado) de uma relação. O esquema de relação pode ser interpretado como uma declaração ou um tipo de **afirmação** (ou **asserção**). Por exemplo, o esquema da relação ALUNO da Figura 5.1 afirma que, em geral, uma entidade de aluno tem um Nome, Cpf, Telefone_residencial, Endereco, Telefone_comercial, Idade e Media. Cada tupla na relação pode então ser interpretada como um **fato** ou uma instância em particular da afirmação. Por exemplo, a primeira tupla na Figura 5.1 afirma que existe um ALUNO cujo Nome é Bruno Braga, o Cpf é 305.610.243-51, a Idade é 19, e assim por diante.

Observe que algumas relações podem representar fatos sobre *entidades*, enquanto outras podem representar fatos sobre *relacionamentos*. Por exemplo, um esquema de relação CURSAR (Cpf_aluno, Codigo_disciplina) afirma que os alunos cursaram disciplinas acadêmicas. Uma tupla nessa relação relaciona um aluno à disciplina cursada. Logo, o modelo relacional representa fatos sobre entidades e relacionamentos *uniformemente* como relações. Isso às vezes compromete a compreensão, pois é preciso descobrir se uma relação representa um tipo de entidade ou um tipo de relacionamento. Apresentamos o modelo entidade-relacionamento (ER) com detalhes no Capítulo 3, no qual os conceitos de entidade e relacionamento foram descritos minuciosamente. Os procedimentos de mapeamento no Capítulo 9 mostram como diferentes construções dos modelos de dados conceituais ER e EER (ver na Parte 2) são convertidas em relações.

Uma interpretação alternativa de um esquema de relação é como um **predicado**; neste caso, os valores em cada tupla são interpretados como valores que *satisfazem* o predicado. Por exemplo, o predicado ALUNO (Nome, Cpf, ...) é verdadeiro para as cinco tuplas na relação ALUNO da Figura 5.1. Essas tuplas representam cinco proposições ou fatos diferentes no mundo real. Essa interpretação é muito útil no contexto das linguagens de programação lógicas, como Prolog, pois permite que o modelo relacional seja usado nessas linguagens (ver Seção 26.5). Um pressuposto, chamado **pressuposto do mundo fechado**, afirma que os únicos fatos verdadeiros no universo são os presentes dentro da extensão (estado) da(s) relação(ões). Qualquer outra combinação de valores torna o predicado falso. Essa interpretação será útil quando considerarmos as consultas sobre relações baseadas em cálculo relacional, na Seção 8.6.

5.1.3 Notação do modelo relacional

Usaremos a seguinte notação em nossa representação:

- Um esquema de relação R de grau n é indicado por $R(A_1, A_2, ..., A_n)$.
- As letras maiúsculas Q, R, S indicam nomes de relação.

- As letras minúsculas q, r, s indicam estados de relação.
- As letras t, u, v indicam tuplas.
- Em geral, o nome de um esquema de relação, como ALUNO, também indica o conjunto atual de tuplas nessa relação — o *estado de relação atual* —, enquanto ALUNO(Nome, Cpf, ...) refere-se *apenas* ao esquema de relação.
- Um atributo A pode ser qualificado com o nome de relação R ao qual pertence usando a notação de ponto $R.A$ — por exemplo, ALUNO.Nome ou ALUNO.Idade. Isso porque o mesmo nome pode ser usado para dois atributos em relações diferentes. Contudo, todos os nomes de atributo *em uma relação em particular* precisam ser distintos.
- Uma tupla-n t em uma relação $r(R)$ é indicada por $t = <v_1, v_2, \ldots, v_n>$, em que v_i é o valor correspondente ao atributo A_i. A notação a seguir refere-se a **valores componentes** de tuplas:
  - Tanto $t[A_i]$ quanto $t.A_i$ (e às vezes $t[i]$) referem-se ao valor v_i em t para o atributo A_i.
  - Tanto $t[A_u, A_w, \ldots, A_z]$ quanto $t.(A_u, A_w, \ldots, A_z)$, em que $A_u, A_w, \ldots, A_z$ é uma lista de atributos de R, que se referem à subtupla de valores $<v_u, v_w, \ldots, v_z>$ de t correspondentes aos atributos especificados na lista.

Como um exemplo, considere a tupla t = <'Barbara Benson', '533.690.123-80', '(17)3239-8461', 'Rua Jardim, 7384', NULL, 19, 3,25> da relação ALUNO na Figura 5.1; temos t[Nome] = <'Barbara Benson'> e t[Cpf, Media, Idade] = <'533.690.123-80', 3,25, 19>.

5.2 Restrições em modelo relacional e esquemas de bancos de dados relacionais

Até aqui, discutimos as características de relações isoladas. No banco de dados relacional, normalmente haverá muitas relações, e as tuplas nessas relações costumam estar relacionadas de várias maneiras. O estado do banco de dados inteiro corresponderá aos estados de todas as suas relações em determinado ponto no tempo. Em geral, existem muitas **restrições** (ou *constraints*) sobre os valores reais em um estado do banco de dados. Essas restrições são derivadas das regras no minimundo que o banco de dados representa, conforme discutido na Seção 1.6.8.

Nesta seção, discutiremos as diversas restrições sobre os dados que podem ser especificadas em um banco de dados relacional na forma de restrições. As restrições nos bancos de dados geralmente podem ser divididas em três categorias principais:

1. Restrições inerentes no modelo de dados. Chamamos estas de **restrições inerentes baseadas no modelo** ou **restrições implícitas.**
2. Restrições que podem ser expressas diretamente nos esquemas do modelo de dados, em geral especificando-as na DDL (linguagem de definição de dados; ver Seção 2.3.1). Chamamos estas de **restrições baseadas em esquema** ou **restrições explícitas.**
3. Restrições que *não podem* ser expressas diretamente nos esquemas do modelo de dados, e, portanto, devem ser expressas e impostas pelos programas de aplicação ou de alguma outra maneira. Chamamos estas de **restrições baseadas na aplicação, restrições semânticas** ou **regras de negócios.**

As características das relações que discutimos na Seção 5.1.2 são as restrições inerentes do modelo relacional e pertencem à primeira categoria. Por exemplo, a restrição de que uma relação não pode ter tuplas duplicadas é uma restrição inerente. As restrições que discutimos nesta seção são da segunda categoria, a saber, restrições que podem ser expressas no esquema do modelo relacional por meio da DDL. As restrições da terceira categoria são mais gerais, relacionando-se ao significado e também ao comportamento dos atributos, e são difíceis de expressar e impor dentro do modelo de dados, de modo que normalmente são verificadas nos programas de aplicação que realizam as atualizações no banco de dados. Em alguns casos, essas restrições podem ser especificadas como **asserções** em SQL (ver Capítulo 7).

Outra categoria importante de restrições é a de *dependências de dados*, que incluem *dependências funcionais* e *dependências multivaloradas*. Elas são usadas principalmente para testar a "virtude" do projeto de um banco de dados relacional e em um processo chamado *normalização*, que será discutido nos capítulos 14 e 15.

As restrições baseadas em esquema incluem restrições de domínio, restrições de chave, restrições sobre NULLs, restrições de integridade de entidade e restrições de integridade referencial.

5.2.1 Restrições de domínio

As restrições de domínio especificam que, dentro de cada tupla, o valor de cada atributo *A* deve ser um valor indivisível do domínio dom(*A*). Já discutimos as maneiras como os domínios podem ser especificados na Seção 5.1.1. Os tipos de dados associados aos domínios normalmente incluem os tipos de dados numéricos padrão para inteiros (como short integer, integer e long integer) e números reais (float e double-precision float). Caracteres, booleanos, cadeia de caracteres de tamanho fixo e cadeia de caracteres de tamanho variável também estão disponíveis, assim como data, hora, marcador de tempo, moeda ou outros tipos de dados especiais. Outros domínios também podem ser descritos por um subintervalo dos valores de um tipo de dados ou como um tipo de dado enumerado, em que todos os valores possíveis são listados explicitamente. Em vez de descrevê-los com detalhes aqui, discutiremos os tipos de dados oferecidos pelo padrão relacional SQL na Seção 6.1.

5.2.2 Restrições de chave e restrições sobre valores NULL

No modelo relacional formal, uma *relação* é definida como um *conjunto de tuplas*. Por definição, todos os elementos de um conjunto são distintos; logo, todas as tuplas em uma relação também precisam ser distintas. Isso significa que duas tuplas não podem ter a mesma combinação de valores para *todos* os seus atributos. Normalmente, existem outros **subconjuntos de atributos** de um esquema de relação *R* com a propriedade de que duas tuplas em qualquer estado de relação *r* de *R* não deverão ter a mesma combinação de valores para esses atributos. Suponha que indiquemos um subconjunto de atributos desse tipo como SCh; então, para duas tuplas *distintas* quaisquer t_1 e t_2 em um estado de relação *r* de *R*, temos a restrição de que:

$$t_1[\text{SCh}] \neq t_2[\text{SCh}]$$

Qualquer conjunto de atributos SCh desse tipo é chamado de **superchave** do esquema de relação *R*. Uma superchave SCh especifica uma *restrição de exclusividade* de que duas tuplas distintas em qualquer estado *r* de *R* não podem ter o mesmo valor de SCh. Cada relação tem pelo menos uma superchave padrão — o conjunto de todos os seus atributos. Contudo, uma superchave pode ter atributos redundantes, de modo que um conceito mais útil é o de uma *chave*, que não tem redundância. Uma **chave** *Ch* de um esquema de relação *R* é uma superchave de *R* com a propriedade adicional de que a remoção de qualquer atributo *A* de *Ch* deixa um conjunto de atributos *Ch*' que não é mais uma superchave de *R*. Logo, uma chave satisfaz duas propriedades:

1. Duas tuplas distintas em qualquer estado da relação não podem ter valores idênticos para (todos) os atributos na chave. Essa propriedade de *exclusividade* também se aplica a uma superchave.

2. Ela é uma *superchave mínima* — ou seja, uma superchave da qual não podemos remover nenhum atributo e ainda mantemos uma restrição de exclusividade. Essa propriedade é exigida para uma chave, mas não para uma superchave.

Assim, uma chave também é uma superchave, mas não o contrário. Uma superchave pode ser uma chave (se for mínima) ou pode não ser (se não for mínima). Considere a relação ALUNO da Figura 5.1. O conjunto de atributos {Cpf} é uma chave de ALUNO porque duas tuplas de aluno não podem ter o mesmo valor para Cpf.[8] Qualquer conjunto de atributos que inclua Cpf — por exemplo, {Cpf, Nome, Idade} — é uma superchave. No entanto, a superchave {Cpf, Nome, Idade} não é uma chave de ALUNO, pois remover Nome, Idade ou ambos do conjunto ainda nos deixa com uma superchave. Em geral, qualquer superchave formada com base em um único atributo também é uma chave. Uma chave com múltiplos atributos precisa exigir que *todos* os seus atributos juntos tenham uma propriedade de exclusividade.

O valor de um atributo de chave pode ser usado para identificar exclusivamente cada tupla na relação. Por exemplo, o valor de Cpf 305.610.243-51 identifica exclusivamente a tupla correspondente a Bruno Braga na relação ALUNO. Observe que um conjunto de atributos constituindo uma chave é uma propriedade do esquema de relação; essa é uma restrição que deve ser mantida sobre *cada* estado de relação válido do esquema. Uma chave é determinada com base no significado dos atributos, e a propriedade é *invariável no tempo*: ela precisa permanecer verdadeira quando inserimos novas tuplas na relação. Por exemplo, não podemos e não devemos designar o atributo Nome da relação ALUNO da Figura 5.1 como uma chave, pois é possível que dois alunos com nomes idênticos existam em algum ponto em um estado válido.[9]

Em geral, um esquema de relação pode ter mais de uma chave. Nesse caso, cada uma das chaves é chamada de **chave candidata**. Por exemplo, a relação CARRO na Figura 5.4 tem duas chaves candidatas: Placa e Numero_chassi. É comum designar uma das chaves candidatas como **chave primária** (ChP, *primary key, PK*) da relação. Essa é a chave candidata cujos valores são usados para *identificar* tuplas na relação. Usamos a convenção de que os atributos que formam a chave primária de um esquema de relação são sublinhados, como mostra a Figura 5.4. Observe que, quando um esquema de relação tem várias chaves candidatas, a escolha de uma para se tornar a chave primária é um tanto quanto arbitrária; porém, normalmente é melhor escolher uma chave primária com um único atributo ou um pequeno número de atributos. As outras chaves candidatas são designadas como **chaves únicas** (*unique keys*), e não são sublinhadas.

CARRO

Placa	Numero_chassi	Marca	Modelo	Ano
Itatiaia ABC-7039	A6935207586	Volkswagen	Gol	02
Itu TVP-3470	B4369668697	Chevrolet	Corsa	05
Santos MPO-2902	X8355447376	Fiat	Uno	01
Itanhaem TFY-6858	C4374268458	Chevrolet	Celta	99
Itatiba RSK-6279	Y8293586758	Renault	Clio	04
Atibaia RSK-6298	U0283657858	Volkswagen	Parati	04

Figura 5.4 A relação CARRO, com duas chaves candidatas: Placa e Numero_chassi.

[8] Observe que Cpf também é uma superchave.

[9] Os nomes às vezes são usados como chaves, mas, nesse caso, algum artefato — como anexar um número ordinal — precisa ser usado para distinguir pessoas com nomes idênticos.

Outra restrição sobre os atributos especifica se valores NULL são permitidos ou não. Por exemplo, se cada tupla de ALUNO precisar ter um valor válido, diferente de NULL, para o atributo Nome, então Nome de ALUNO é restrito a ser NOT NULL.

5.2.3 *Bancos de dados relacionais e esquemas de banco de dados relacional*

As definições e as restrições que discutimos até aqui se aplicam a relações isoladas e seus atributos. Um banco de dados relacional costuma conter muitas relações, com tuplas nas relações que estão relacionadas de várias maneiras. Nesta seção, definimos um banco de dados relacional e um esquema de banco de dados relacional.

Um **esquema de banco de dados relacional** S é um conjunto de esquemas de relação $S = \{R_1, R_2, ..., R_m\}$ e um conjunto de **restrições de integridade** RI. Um **estado de banco de dados relacional**[10] DB de S é um conjunto de estados de relação DB = $\{r_1, r_2, ..., r_m\}$, tal que cada r_i é um estado de R_i e tal que os estados da relação r_i satisfazem as restrições de integridade especificadas em RI. A Figura 5.5 mostra um esquema de banco de dados relacional que chamamos de EMPRESA = {FUNCIONARIO, DEPARTAMENTO, LOCALIZACOES_DEPARTAMENTO, PROJETO, TRABALHA_EM, DEPENDENTE}. Em cada esquema de relação, o atributo sublinhado representa a chave primária. A Figura 5.6 mostra um estado de banco de dados relacional correspondente ao esquema EMPRESA. Usaremos esse esquema e estado de banco de dados neste capítulo e nos capítulos 6 a 8 para desenvolver consultas de exemplo em diferentes linguagens relacionais.

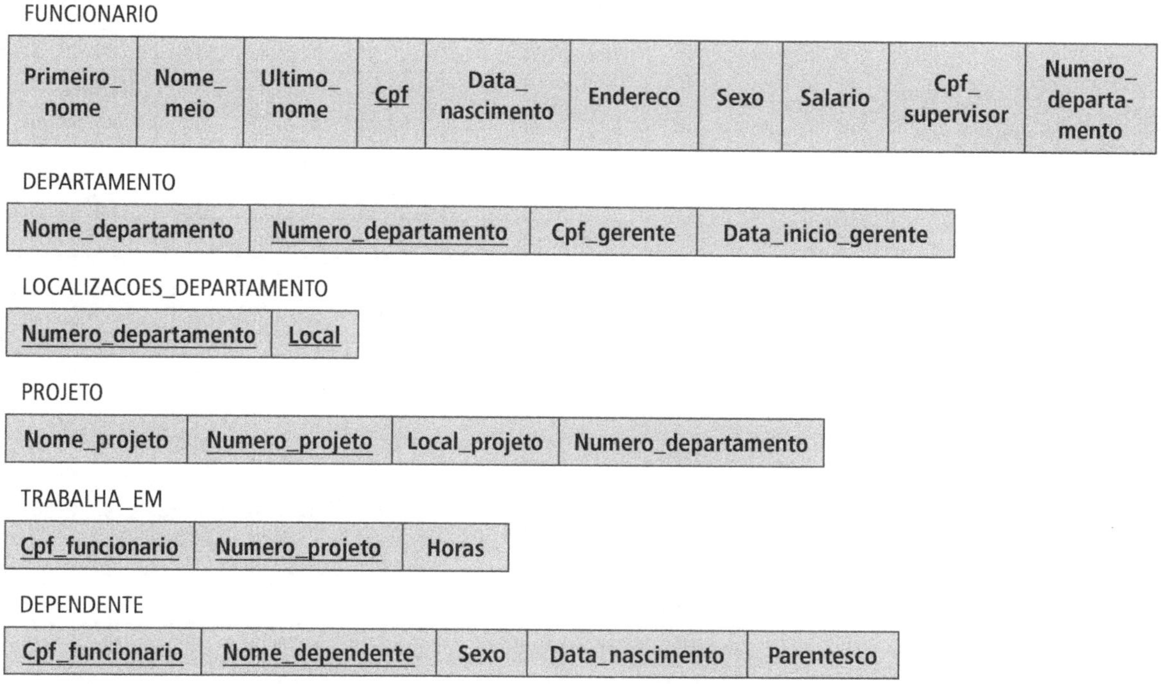

FUNCIONARIO

Primeiro_nome	Nome_meio	Ultimo_nome	<u>Cpf</u>	Data_nascimento	Endereco	Sexo	Salario	Cpf_supervisor	Numero_departamento

DEPARTAMENTO

Nome_departamento	<u>Numero_departamento</u>	Cpf_gerente	Data_inicio_gerente

LOCALIZACOES_DEPARTAMENTO

<u>Numero_departamento</u>	<u>Local</u>

PROJETO

Nome_projeto	<u>Numero_projeto</u>	Local_projeto	Numero_departamento

TRABALHA_EM

<u>Cpf_funcionario</u>	<u>Numero_projeto</u>	Horas

DEPENDENTE

<u>Cpf_funcionario</u>	<u>Nome_dependente</u>	Sexo	Data_nascimento	Parentesco

Figura 5.5 Diagrama de esquema para o esquema de banco de dados relacional EMPRESA.

[10] Um *estado* de banco de dados relacional às vezes é chamado de *instância* de banco de dados relacional. No entanto, como mencionamos anteriormente, não usaremos o termo *instância* porque ele também se aplica a tuplas isoladas.

FUNCIONARIO

Primeiro_ nome	Nome_ meio	Ultimo_ nome	Cpf	Data_ nascimento	Endereco	Sexo	Salario	Cpf_supervisor	Numero_ departamento
João	B	Silva	12345678966	09-01-1965	Rua das Flores, 751, São Paulo, SP	M	30.000	33344555587	5
Fernando	T	Wong	33344555587	08-12-1955	Rua da Lapa, 34, São Paulo, SP	M	40.000	88866555576	5
Alice	J	Zelaya	99988777767	19-01-1968	Rua Souza Lima, 35, Curitiba, PR	F	25.000	98765432168	4
Jennifer	S	Souza	98765432168	20-06-1941	Av. Arthur de Lima, 54, Santo André, SP	F	43.000	88866555576	4
Ronaldo	K	Lima	66688444476	15-09-1962	Rua Rebouças, 65, Piracicaba, SP	M	38.000	33344555587	5
Joice	A	Leite	45345345376	31-07-1972	Av. Lucas Obes, 74, São Paulo, SP	F	25.000	33344555587	5
André	V	Pereira	98798798733	29-03-1969	Rua Timbira, 35, São Paulo, SP	M	25.000	98765432168	4
Jorge	E	Brito	88866555576	10-11-1937	Rua do Horto, 35, São Paulo, SP	M	55.000	NULL	1

DEPARTAMENTO

Nome_ departamento	Numero_ departamento	Cpf_gerente	Data_inicio_ gerente
Pesquisa	5	33344555587	22-05-1988
Administração	4	98765432168	01-01-1995
Matriz	1	88866555576	19-06-1981

LOCALIZACOES_DEPARTAMENTO

Numero_departamento	Local
1	São Paulo
4	Mauá
5	Santo André
5	Itu
5	São Paulo

TRABALHA_EM

Cpf_funcionario	Numero_ projeto	Horas
12345678966	1	32,5
12345678966	2	7,5
66688444476	3	40,0
45345345376	1	20,0
45345345376	2	20,0
33344555587	2	10,0
33344555587	3	10,0
33344555587	10	10,0
33344555587	20	10,0
99988777767	30	30,0
99988777767	10	10,0
98798798733	10	35,0
98798798733	30	5,0
98765432168	30	20,0
98765432168	20	15,0
88866555576	20	NULL

PROJETO

Nome_projeto	Numero_ projeto	Local_projeto	Numero_ departamento
ProdutoX	1	Santo André	5
ProdutoY	2	Itu	5
ProdutoZ	3	São Paulo	5
Informatização	10	Mauá	4
Reorganização	20	São Paulo	1
Novosbenefícios	30	Mauá	4

DEPENDENTE

Cpf_funcionario	Nome_ dependente	Sexo	Data_nascimento	Parentesco
33344555587	Alicia	F	05-04-1986	Filha
33344555587	Tiago	M	25-10-1983	Filho
33344555587	Janaína	F	03-05-1958	Esposa
98765432168	Antonio	M	28-02-1942	Marido
12345678966	Michael	M	04-01-1988	Filho
12345678966	Alicia	F	30-12-1988	Filha
12345678966	Elizabeth	F	05-05-1967	Esposa

Figura 5.6 Um estado de banco de dados possível para o esquema de banco de dados relacional EMPRESA.

Quando nos referimos a um banco de dados relacional, implicitamente incluímos seu esquema e seu estado atual. Um estado de banco de dados que não obedece a todas as restrições de integridade é chamado de **estado inválido**, e um estado que satisfaz todas as restrições no conjunto definido de restrições de integridade RI é chamado de **estado válido**.

Na Figura 5.5, o atributo Numero_departamento em DEPARTAMENTO e LOCALIZACOES_DEPARTAMENTO significa o conceito do mundo real — o número dado a um departamento. O mesmo conceito é chamado Numero_departamento em FUNCIONARIO e Numero_departamento em PROJETO. Os atributos que representam o mesmo conceito do mundo real podem ou não ter nomes idênticos em diferentes relações. Como alternativa, os atributos que representam diferentes conceitos podem ter o mesmo nome em diferentes relações. Por exemplo, poderíamos ter usado o nome de atributo Nome para Nome_projeto de PROJETO e Nome_departamento de DEPARTAMENTO; neste caso, teríamos dois atributos compartilhando o mesmo nome, mas representando diferentes conceitos do mundo real — nomes de projeto e nomes de departamento.

Em algumas versões antigas do modelo relacional, era feita uma suposição de que o mesmo conceito do mundo real, quando representado por um atributo, teria nomes de atributo *idênticos* em todas as relações. Isso cria problemas quando o mesmo conceito do mundo real é usado em diferentes papéis (significados) na mesma relação. Por exemplo, o conceito de Cadastro de Pessoa Física aparece duas vezes na relação FUNCIONARIO da Figura 5.5: uma no papel do CPF do funcionário e outra no papel do CPF do supervisor. Precisamos dar-lhes nomes de atributo distintos — Cpf e Cpf_supervisor, respectivamente — porque eles aparecem na mesma relação e a fim de distinguir seu significado.

Cada SGBD relacional precisa ter uma linguagem de definição de dados (DDL) para estabelecer um esquema de banco de dados relacional. Os SGBDs relacionais atuais costumam usar principalmente SQL para essa finalidade. Apresentaremos a DDL SQL nas seções 6.1 e 6.2.

Restrições de integridade são especificadas em um esquema de banco de dados e espera-se que sejam mantidas em *cada estado de banco de dados válido* desse esquema. Além das restrições de domínio, chave e NOT NULL, dois outros tipos de restrições são considerados parte do modelo relacional: integridade de entidade e integridade referencial.

5.2.4 Integridade, integridade referencial e chaves estrangeiras

A **restrição de integridade de entidade** afirma que nenhum valor de chave primária pode ser NULL. Isso porque o valor da chave primária é usado para identificar tuplas individuais em uma relação. Ter valores NULL para a chave primária implica que não podemos identificar algumas tuplas. Por exemplo, se duas ou mais tuplas tivessem NULL para suas chaves primárias, não conseguiríamos distingui-las ao tentar referenciá-las a partir de outras relações.

As restrições de chave e as restrições de integridade de entidade são especificadas sobre relações individuais. A **restrição de integridade referencial** é especificada entre duas relações e usada para manter a consistência entre tuplas nas duas relações. Informalmente, a restrição de integridade referencial afirma que uma tupla em uma relação que referencia outra relação precisa se referir a uma *tupla existente* nessa relação. Por exemplo, na Figura 5.6, o atributo Numero_departamento de FUNCIONARIO fornece o número de departamento para o qual cada funcionário trabalha; logo, seu valor em cada tupla FUNCIONARIO precisa combinar com o valor de Numero_departamento de alguma tupla na relação DEPARTAMENTO.

Para definir a *integridade referencial* de maneira mais formal, primeiro estabelecemos o conceito de uma *chave estrangeira* (*ChE*, ou *foreign key, FK*). As condições para uma chave estrangeira, dadas a seguir, especificam a restrição de integridade referencial entre os dois esquemas de relação R_1 e R_2. Um conjunto de atributos ChE no esquema de relação R_1 é uma **chave estrangeira** de R_1 que **referencia** a relação R_2 se ela satisfizer as seguintes regras:

1. Os atributos em ChE têm o mesmo domínio (ou domínios) que os atributos de chave primária ChP de R_2; diz-se que os atributos ChE **referenciam** ou **referem-se** à relação R_2.
2. Um valor de ChE em uma tupla t_1 do estado atual $r_1(R_1)$ ocorre como um valor de ChP para alguma tupla t_2 no estado atual $r_2(R_2)$ *ou é NULL*. No primeiro caso, temos $t_1[\text{ChE}] = t_2[\text{ChP}]$, e dizemos que a tupla t_1 **referencia** ou **refere-se** à tupla t_2.

Nessa definição, R_1 é chamada de **relação que referencia** e R_2 é a **relação referenciada.** Se essas condições se mantiverem, diz-se que é mantida uma **restrição de integridade referencial** de R_1 para R_2. Em um banco de dados de muitas relações, normalmente existem muitas restrições de integridade referencial.

Para especificar essas restrições, primeiro devemos ter um conhecimento claro do significado ou papel que cada atributo (ou conjunto de atributos) desempenha nos diversos esquemas de relação do banco de dados. As restrições de integridade referencial surgem com frequência a partir dos *relacionamentos entre as entidades* representadas pelos esquemas de relação. Por exemplo, considere o banco de dados mostrado na Figura 5.6. Na relação FUNCIONARIO, o atributo Numero_departamento refere-se ao departamento para o qual um funcionário trabalha; portanto, designamos Numero_departamento para ser a chave estrangeira de FUNCIONARIO que referencia a relação DEPARTAMENTO. Isso significa que um valor de Numero_departamento em qualquer tupla t_1 da relação FUNCIONARIO precisa combinar com um valor da chave primária de DEPARTAMENTO — o atributo Numero_departamento — em alguma tupla t_2 da relação DEPARTAMENTO, ou o valor de Numero_departamento *pode ser NULL* se o funcionário não pertencer a um departamento ou se mais tarde for atribuído a um departamento. Por exemplo, na Figura 5.6, a tupla para o funcionário 'João Silva' referencia a tupla para o departamento 'Pesquisa', indicando que 'João Silva' trabalha para esse departamento.

Observe que uma chave estrangeira pode *se referir à sua própria relação*. Por exemplo, o atributo Cpf_supervisor em FUNCIONARIO refere-se ao supervisor de um funcionário; esse é outro funcionário, representado por uma tupla na relação FUNCIONARIO. Logo, Cpf_supervisor é uma chave estrangeira que referencia a própria relação FUNCIONARIO. Na Figura 5.6, a tupla que o funcionário 'João Silva' referencia é a do funcionário 'Fernando Wong', indicando que 'Fernando Wong' é o supervisor de 'João Silva'.

Podemos *exibir as restrições de integridade referencial em forma de diagrama*, desenhando um arco direcionado de cada chave estrangeira para a relação que ela referencia. Para ficar mais claro, a ponta da seta pode apontar para a chave primária da relação referenciada. A Figura 5.7 mostra o esquema da Figura 5.5 com as restrições de integridade referencial mostradas dessa maneira.

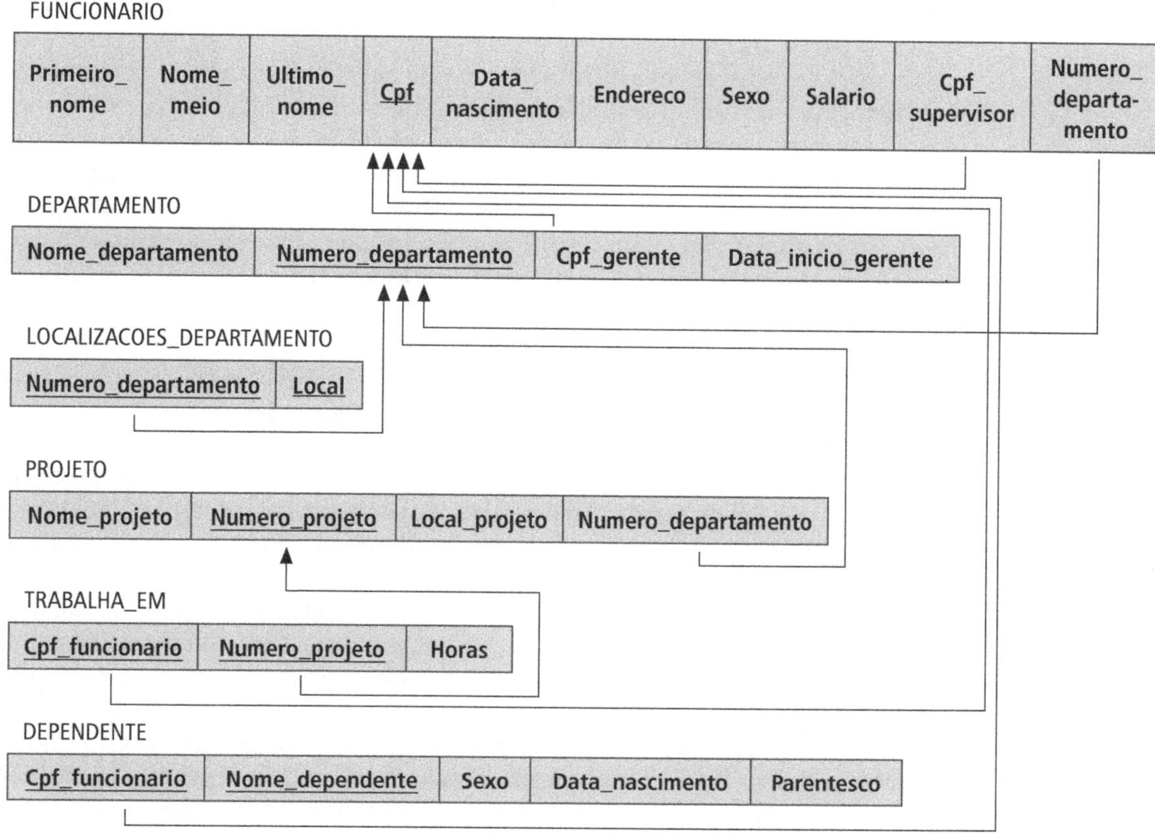

Figura 5.7 Restrições de integridade referencial exibidas no esquema de banco de dados relacional EMPRESA.

Todas as restrições de integridade deverão ser especificadas no esquema de banco de dados relacional (ou seja, especificadas como parte de sua definição) se quisermos que o SGBD imponha essas restrições sobre os estados do banco de dados. Logo, a DDL inclui meios para especificar os diversos tipos de restrições de modo que o SGBD possa impô-las automaticamente. Na SQL, o comando CREATE TABLE da DDL SQL permite a definição de restrições de chave primária, chave única, NOT NULL, integridade de entidade e integridade referencial, entre outras (ver seções 6.1 e 6.2).

5.2.5 Outros tipos de restrições

As restrições de integridade anteriores estão incluídas na linguagem de definição de dados porque ocorrem na maioria das aplicações de banco de dados. No entanto, elas não incluem uma grande classe de restrições gerais, também chamadas de *restrições de integridade semântica*, que podem ter de ser especificadas e impostas de uma maneira diferente. Alguns exemplos dessas restrições são *o salário de um funcionário não deve ser superior ao de seu supervisor* e *o número máximo de horas que um funcionário pode trabalhar em todos os projetos por semana é 56*. Essas restrições podem ser especificadas e impostas em programas de aplicação que atualizam o banco de dados, ou utilizando uma **linguagem de especificação de restrição** de uso geral. Mecanismos chamados **triggers** (gatilhos) e **assertions** (afirmações) podem ser usados na SQL, por meio dos comandos CREATE ASSERTION e CREATE TRIGGER, para especificar algumas dessas restrições (ver Capítulo 7). É mais comum verificar esses tipos de restrições em programas de aplicação que usar linguagens de especificação de restrição, pois estas às vezes são difíceis e complexas de usar, conforme discutiremos na Seção 26.1.

Os tipos de restrições que discutimos até aqui podem ser chamados de **restrições de estado**, pois definem as restrições às quais um *estado válido* do banco de dados precisa satisfazer. Outro tipo de restrição, chamado **restrições de transição**, pode ser definido para lidar com mudanças de estado no banco de dados.[11] Um exemplo de uma restrição de transição é: "o salário de um funcionário só pode aumentar". Tais restrições costumam ser impostas pelos programas de aplicação ou especificadas usando regras ativas e triggers, conforme discutiremos na Seção 26.1.

5.3 Operações de atualização, transações e tratamento de violações de restrição

As operações do modelo relacional podem ser categorizadas em *recuperações* e *atualizações*. As operações da álgebra relacional, que podem ser usadas para especificar **recuperações**, serão discutidas com detalhes no Capítulo 8. Uma expressão da álgebra relacional forma uma nova relação após a aplicação de uma série de operadores algébricos a um conjunto existente de relações; seu uso principal é consultar um banco de dados a fim de recuperar informações. O usuário formula uma consulta que especifica os dados de interesse, e uma nova relação é formada aplicando-se operadores relacionais para recuperar esses dados. Esta **relação resultado** torna-se a resposta para a (ou resultado da) consulta do usuário. O Capítulo 8 também introduz a linguagem chamada cálculo relacional, que é usada para definir a nova relação de forma declarativa sem dar uma ordem específica das operações.

Nesta seção, concentramo-nos nas operações de **modificação** ou **atualização** do banco de dados. Existem três operações básicas que podem mudar os estados das relações: Inserir, Excluir e Alterar (ou Modificar). Elas inserem novos dados, excluem dados antigos ou modificam registros de dados existentes, respectivamente. **Inserir** (**Insert**) é usado para inserir uma ou mais novas tuplas em uma relação, **Excluir** (**Delete**) é usado para excluir tuplas, e **Alterar** (**Update** ou **Modificar**) é usado para alterar os valores de alguns atributos nas tuplas existentes. Sempre que essas operações são aplicadas, as restrições de integridade especificadas sobre o esquema de banco de dados relacional não devem ser violadas. Nesta seção, discutimos os tipos de restrições que podem ser violadas por cada uma dessas operações e os tipos de ações que podem ser tomados se uma operação causar uma violação. Usamos o banco de dados mostrado na Figura 5.6 para os exemplos e discutimos apenas as restrições de domínio, de chave, de integridade de entidade e de integridade referencial, mostradas na Figura 5.7. Para cada tipo de operação, damos alguns exemplos e discutimos as restrições que cada operação pode violar.

5.3.1 A operação Inserir

A operação **Inserir** (**Insert**) oferece uma lista de valores de atributo para que uma nova tupla t possa ser inserida em uma relação R. Ela pode violar qualquer um dos quatro tipos de restrições discutidos na seção anterior. As restrições de domínio podem ser violadas se for dado um valor de atributo que não aparece no domínio correspondente ou não é do tipo de dado apropriado. As restrições de chave podem ser violadas se um valor de chave na nova tupla t já existir em outra tupla na relação $r(R)$. A integridade de entidade pode ser violada se qualquer parte da chave primária

[11] As restrições de estado também podem ser chamadas de *restrições estáticas*, e as restrições de transição também são chamadas de *restrições dinâmicas*.

da nova tupla *t* for NULL. A integridade referencial pode ser violada se o valor de qualquer chave estrangeira em *t* se referir a uma tupla que não existe na relação referenciada. Aqui estão alguns exemplos para ilustrar esta discussão.

- *Operação*:
  Inserir <'Cecilia', 'F', 'Ribeiro', NULL, '05-04-1960', 'Rua Esmeraldas, 35, Bueno Brandão, MG', F, 28000, NULL, 4> em FUNCIONARIO.
  Resultado: esta inserção viola a restrição de integridade de entidade (NULL para a chave primária Cpf), de modo que é rejeitada.
- *Operação*:
  Inserir <'Alice', 'J', 'Zelaya', '99988777767', '05-04-1960', 'Rua Souza Lima, 35, Curitiba, PR', F, 28000, '98765432168', 4> em FUNCIONARIO.
  Resultado: esta inserção viola a restrição de chave porque outra tupla com o mesmo valor de Cpf já existe na relação FUNCIONARIO e, portanto, é rejeitada.
- *Operação*:
  Inserir <'Cecilia', 'F', 'Ribeiro', '67767898976', '05-04-1960', 'Rua Esmeraldas, 35, Bueno Brandão, MG', F, 28000, '98765432168', 7> em FUNCIONARIO.
  Resultado: esta inserção viola a restrição de integridade referencial especificada sobre Numero_departamento em FUNCIONARIO porque não existe uma tupla referenciada correspondente em DEPARTAMENTO com Numero_departamento = 7.
- *Operação*:
  Inserir <'Cecilia', 'F', 'Ribeiro', '67767898976', '05-04-1960', 'Rua Esmeraldas, 35, Bueno Brandão, MG', F, 28000, NULL, 4> em FUNCIONARIO.
  Resultado: esta inserção satisfaz todas as restrições, de modo que é aceitável.

Se uma inserção violar uma ou mais restrições, a opção padrão é *rejeitar a inserção*. Nesse caso, seria útil se o SGBD pudesse oferecer um motivo ao usuário sobre a rejeição da inserção. Outra opção é tentar *corrigir o motivo da rejeição da inserção*, mas isso *normalmente não é usado para violações causadas pela operação Inserir*; em vez disso, é usado com mais frequência na correção de violações das operações Excluir e Alterar. Na primeira operação, o SGBD poderia pedir ao usuário para oferecer um valor para Cpf, e poderia então aceitar a inserção se um valor de Cpf válido fosse fornecido. Na operação 3, o SGBD poderia pedir que o usuário mudasse o valor de Numero_departamento para algum valor válido (ou defini-lo como NULL), ou poderia pedir ao usuário para inserir uma tupla DEPARTAMENTO com Numero_departamento = 7 e poderia aceitar a inserção original somente depois que uma operação fosse aceita. Observe que, no último caso, a violação de inserção pode se **propagar** de volta à relação FUNCIONARIO se o usuário tentar inserir uma tupla para o departamento 7 com um valor para Cpf_gerente que não existe na relação FUNCIONARIO.

5.3.2 A operação Excluir

A operação **Excluir (Delete)** pode violar apenas a integridade referencial. Isso ocorre se a tupla que está sendo excluída for referenciada por chaves estrangeiras de outras tuplas no banco de dados. Para especificar a exclusão, uma condição sobre os atributos da relação seleciona a tupla (ou tuplas) a ser(em) excluída(s). Aqui estão alguns exemplos.

- *Operação*:
  Excluir a tupla em TRABALHA_EM com Cpf_funcionario = '99988777767' e Numero_projeto = 10.
  Resultado: esta exclusão é aceitável e exclui exatamente uma tupla.

- *Operação*:
  Excluir a tupla em FUNCIONARIO com Cpf = '99988777767'.
  Resultado: esta exclusão não é aceitável, pois existem tuplas em TRABALHA_EM que se referenciam a esta tupla. Logo, se a tupla em FUNCIONARIO for excluída, haverá violações de integridade referencial.
- *Operação*:
  Excluir a tupla em FUNCIONARIO com Cpf = '33344555587'.
  Resultado: esta exclusão resultará em ainda mais violações de integridade referencial, pois a tupla envolvida é referenciada por tuplas das relações FUNCIONARIO, DEPARTAMENTO, TRABALHA_EM e DEPENDENTE.

Várias opções estão disponíveis se uma operação de exclusão causar uma violação. A primeira opção, chamada **restringir** (**restrict**), é *rejeitar a exclusão*. A segunda opção, chamada **cascata** (**cascade**), é *tentar propagar* (ou *gerar em cascata*) a *exclusão* excluindo tuplas que referenciam a que está sendo excluída. Por exemplo, na operação 2, o SGBD poderia excluir automaticamente as tuplas problemáticas de TRABALHA_EM com Cpf_funcionario = '99988777767'. Uma terceira opção, chamada **set null** ou **set default**, é *modificar os valores de atributo que referenciam* a causa da violação; cada valor desse tipo é definido para NULL ou alterado para referenciar outra tupla de valor válido. Observe que, se um atributo referenciando que causa uma violação faz *parte da chave primária*, ele *não pode* ser definido como NULL; caso contrário, ele violaria a integridade de entidade.

Combinações dessas três opções também são possíveis. Por exemplo, para evitar que a operação 3 cause uma violação, o SGBD pode excluir automaticamente todas as tuplas de TRABALHA_EM e DEPENDENTE com Cpf_funcionario = '33344555587'. As tuplas em FUNCIONARIO com Cpf_supervisor = '33344555587' e a tupla em DEPARTAMENTO com Cpf_gerente = '33344555587' podem ter seus valores Cpf_supervisor e Cpf_gerente alterados para outros valores válidos ou para NULL. Embora possa fazer sentido excluir automaticamente as tuplas de TRABALHA_EM e DEPENDENTE que se referem a uma tupla de FUNCIONARIO, pode não fazer sentido excluir outras tuplas de FUNCIONARIO ou uma tupla de DEPARTAMENTO.

Em geral, quando uma restrição de integridade referencial é especificada na DDL, o SGBD permitirá que o projetista de banco de dados *especifique qual das opções* se aplica no caso de uma violação da restrição. Discutiremos como especificar essas opções na DDL SQL no Capítulo 6.

5.3.3 A operação Alterar

A operação **Alterar** (**Update** ou **Modificar**) é usada para alterar os valores de um ou mais atributos em uma tupla (ou tuplas) de alguma relação *R*. É necessário especificar uma condição sobre os atributos da relação para selecionar a tupla ou tuplas a serem modificadas. Aqui estão alguns exemplos.

- *Operação*:
  Alterar o salário da tupla em FUNCIONARIO com Cpf = '99988777767' para 28000.
  Resultado: aceitável.
- *Operação*:
  Alterar o Numero_departamento da tupla em FUNCIONARIO com Cpf = '99988777767' para 1.
  Resultado: aceitável.

- *Operação*:
  Alterar o Numero_departamento da tupla em FUNCIONARIO com Cpf = '99988777767' para 7.
  Resultado: inaceitável, pois viola a integridade referencial.
- *Operação*:
  Alterar o Cpf da tupla em FUNCIONARIO com Cpf = '99988777767' para '98765432168'.
  Resultado: inaceitável, pois viola a restrição de chave primária, repetindo um valor que já existe como chave primária em outra tupla; isso viola as restrições de integridade referencial porque existem outras relações que se referem ao valor existente de Cpf.

Atualizar um atributo que *nem faz parte de uma chave primária nem de uma chave estrangeira* em geral não causa problemas; o SGBD só precisa verificar para confirmar se o novo valor é do tipo de dado e domínio corretos. Modificar um valor de chave primária é semelhante a excluir uma tupla e inserir outra em seu lugar, pois usamos a chave primária para identificar tuplas. Logo, as questões discutidas anteriormente nas seções 5.3.1 (Operação Inserir) e 5.3.2 (Operação Excluir) entram em cena. Se um atributo de chave estrangeira for modificado, o SGBD deverá garantir que o novo valor referencia uma tupla existente na relação referenciada (ou que seja definido como NULL). Existem opções semelhantes para lidar com as violações de integridade referencial causadas pela operação Alterar, como as opções discutidas para a operação Excluir. De fato, quando uma restrição de integridade referencial for especificada na DDL, o SGBD permitirá que o usuário escolha opções separadas para lidar com uma violação causada pela operação Excluir e uma violação causada pela operação Alterar (ver Seção 6.2).

5.3.4 O conceito de transação

Um programa de aplicação de banco de dados que executa com um banco de dados relacional normalmente executa uma ou mais *transações*. Uma **transação** é um programa em execução que inclui algumas operações de banco de dados, como fazer a leitura do banco de dados ou aplicar inserções, exclusões ou atualizações a ele. Ao final da transação, ela precisa deixar o banco de dados em um estado válido ou consistente, que satisfaça todas as restrições especificadas no esquema do banco de dados. Uma única transação pode envolver qualquer número de operações de recuperação (a serem discutidas como parte da álgebra e cálculo relacional no Capítulo 8, e como uma parte da linguagem SQL nos capítulos 6 e 7) e qualquer número de operações de atualização. Essas recuperações e atualizações juntas formarão uma unidade de trabalho atômica (ou indivisível) no banco de dados. Por exemplo, uma transação para aplicar um saque bancário costuma ler o registro da conta do usuário, verificar se existe saldo suficiente e depois atualizar o registro pelo valor do saque.

Um grande número de aplicações comerciais, que executam com bancos de dados relacionais em sistemas de **processamento de transação on-line (OLTP — Online Transaction Processing)**, executa transações que atingem taxas de centenas por segundo. Os conceitos de processamento de transação, execução concorrente de transações e recuperação de falhas serão discutidos nos capítulos 20 a 22.

5.4 Resumo

Neste capítulo, apresentamos os conceitos de modelagem, estruturas de dados e restrições, fornecidos pelo modelo relacional de dados. Começamos apresentando os conceitos de domínios, atributos e tuplas. Depois, definimos um esquema de relação como uma lista de atributos que descrevem a estrutura de uma relação. Uma relação, ou estado de relação, é um conjunto de tuplas que correspondem ao esquema.

Várias características diferenciam relações das tabelas ou arquivos comuns. A primeira é que uma relação não é sensível à ordem das tuplas. A segunda envolve a ordem dos atributos em um esquema de relação e a ordem correspondente dos valores dentro de uma tupla. Oferecemos uma definição alternativa de relação que não exige essas duas ordens, mas continuamos a usar a primeira definição, que requer que atributos e valores de tupla sejam ordenados, por conveniência. Depois, discutimos os valores nas tuplas e apresentamos os valores NULL para representar informações faltantes ou desconhecidas. Enfatizamos que valores NULL devem ser evitados ao máximo.

Classificamos as restrições do banco de dados em inerentes baseadas no modelo, explícitas baseadas no esquema e restrições semânticas ou regras de negócios. Depois, discutimos as restrições de esquema pertencentes ao modelo relacional, começando com as de domínio, depois as de chave, incluindo os conceitos de superchave, chave e chave primária, e a restrição NOT NULL sobre atributos. Definimos bancos de dados relacionais e esquemas de banco de dados relacionais. Outras restrições relacionais incluem a restrição de integridade de entidade, que proíbe que atributos de chave primária sejam NULL. Descrevemos a restrição de integridade referencial entre relações, que é usada para manter a consistência das referências entre tuplas de diferentes relações.

As operações de modificação no modelo relacional são Inserir, Excluir e Alterar. Cada operação pode violar certos tipos de restrições (consulte a Seção 5.3). Sempre que uma operação é aplicada, o estado do banco de dados resultante deverá ser um estado válido. Finalmente, apresentamos o conceito de uma transação, que é importante nos SGBDs relacionais porque permite o agrupamento de várias operações em uma única ação indivisível sobre o banco de dados.

PERGUNTAS DE REVISÃO

5.1. Defina os termos a seguir conforme se aplicam ao modelo de dados relacional: *domínio, atributo, tupla-n, esquema de relação, estado de relação, grau de uma relação, esquema de banco de dados relacional* e *estado de banco de dados relacional.*

5.2. Por que as tuplas em uma relação não são ordenadas?

5.3. Por que as tuplas duplicadas não são permitidas em uma relação?

5.4. Qual é a diferença entre uma chave e uma superchave?

5.5. Por que designamos uma das chaves candidatas de uma relação como sendo a chave primária?

5.6. Discuta as características de relações que as tornam diferentes das tabelas e arquivos sequenciais.

5.7. Discuta os diversos motivos que levam à ocorrência de valores NULL nas relações.

5.8. Discuta as restrições de integridade de entidade e integridade referencial. Por que são consideradas importantes?

5.9. Defina a *chave estrangeira*. Para que esse conceito é usado?

5.10. O que é uma transação? Como ela difere de uma operação de atualização?

EXERCÍCIOS

5.11. Suponha que cada uma das seguintes operações de atualização seja aplicada diretamente ao estado do banco de dados mostrado na Figura 5.6. Discuta *todas* as restrições de integridade violadas por cada operação, se houver, e as diferentes maneiras de lidar com essas restrições.

a. Inserir <'Roberto', 'F', 'Santos', '94377554355', '21-06-1972', 'Rua Benjamin, 34, Santo André, SP', M, 58000, '88866555576', 1> em FUNCIONARIO.
b. Inserir <'ProdutoA', 4, 'Santo André', 2> em PROJETO.
c. Inserir <'Producao', 4, '94377554355', '01-10-2007'> em DEPARTAMENTO.
d. Inserir <'67767898944', NULL, '40,0'> em TRABALHA_EM.
e. Inserir <'45345345376', 'João', 'M', '12-12-1990', 'marido'> em DEPENDENTE.
f. Excluir as tuplas de TRABALHA_EM com Cpf_funcionario = '33344555587'.
g. Excluir a tupla de FUNCIONARIO com Cpf = '98765432168'.
h. Excluir a tupla de PROJETO com Nome_projeto = 'ProdutoX'.
i. Modificar Cpf_gerente e Data_inicio_gerente da tupla DEPARTAMENTO com Numero_departamento = 5 para '12345678966' e '01-10-2007', respectivamente.
j. Modificar o atributo Cpf_supervisor da tupla FUNCIONARIO com Cpf = '99988777767' para '94377554355'.
k. Modificar o atributo Horas da tupla TRABALHA_EM com Cpf_funcionario = '99988777767' e Numero_projeto = 10 para '5,0'.

5.12. Considere o esquema do banco de dados relacional COMPANHIA_AEREA mostrado na Figura 5.8, que descreve um banco de dados para informações de voo. Cada VOO é identificado por um Numero_voo, e consiste em um ou mais TRECHOs com Numero_trecho 1, 2, 3, e assim por diante. Cada TRECHO tem horários agendados de chegada e saída, aeroportos e um ou mais TRECHOs_SOBREVOADOs — um para cada Data em que o voo ocorre. TARIFAs são mantidas para cada VOO. Para cada instância de TRECHO_SOBREVOADO, RESERVAs_ASSENTO são mantidas, assim como a AERONAVE usada no trecho e os horários de chegada e saída reais e aeroportos. Uma AERONAVE é identificada por um Codigo_aeronave e tem um TIPO_AERONAVE em particular. PODE_POUSAR relaciona os MODELOs_AERONAVE aos AEROPORTOs em que eles podem aterrissar. Um AEROPORTO é identificado por um Codigo_aeroporto. Considere uma atualização para o banco de dados COMPANHIA_AEREA entrar com uma reserva em um voo em particular ou trecho de voo em determinada data.

a. Indique as operações para esta atualização.
b. Que tipos de restrições você esperaria verificar?
c. Quais dessas restrições são de chave, de integridade de entidade e de integridade referencial, e quais não são?
d. Especifique todas as restrições de integridade referencial que se mantêm no esquema mostrado na Figura 5.8.

5.13. Considere a relação AULA(Cod_disciplina, Cod_turma, Nome_professor, Semestre, Codigo_edificio, Num_sala, Turno, Dias_da_semana, Creditos). Isso representa as aulas lecionadas em uma universidade, com Cod_turma único. Identifique quais você acha que devem ser as diversas chaves candidatas e escreva, com suas palavras, as condições ou suposições sob as quais as chaves candidatas seriam válidas.

AEROPORTO

Codigo_aeroporto	Nome	Cidade	Estado

VOO

Numero_voo	Companhia_aerea	Dias_da_semana

TRECHO

Numero_voo	Numero_trecho	Codigo_aeroporto_inicia	Horario_inicia	Codigo_aeroporto_finaliza	Horario_termino

TRECHO_SOBREVOADO

Numero_voo	Numero_trecho	Data	Numero_assentos_disponiveis	Codigo_aeronave	Codigo_aeroporto_inicia	Horario_inicia	Codigo_aeroporto_finaliza	Horario_termino

TARIFA

Numero_voo	Codigo_tarifa	Quantidade	Restricoes

MODELO_AERONAVE

Nome_modelo	Maximo_assentos	Empresa

PODE_POUSAR

Nome_modelo	Codigo_aeroporto

AERONAVE

Codigo_aeronave	Numero_total_assentos	Modelo_aeronave

RESERVA_ASSENTO

Numero_voo	Numero_trecho	Data	Numero_assentos	Nome_cliente	Telefone_cliente

Figura 5.8 O esquema do banco de dados relacional COMPANHIA_AEREA.

5.14. Considere as seis relações a seguir para uma aplicação de banco de dados de processamento de pedido em uma empresa:

CLIENTE(Num_cliente, Nome_cliente, Cidade)
PEDIDO(Num_pedido, Data_pedido, Num_cliente, Valor_pedido)
ITEM_PEDIDO(Num_pedido, Num_item, Quantidade)
ITEM(Num_item, Preco_unitario)
EXPEDICAO(Num_pedido, Num_deposito, Data_envio)
DEPOSITO(Num_deposito, Cidade)

Aqui, Valor_pedido refere-se ao valor total em reais de um pedido; Data_pedido é a data em que o pedido foi feito; e Data_envio é a data em que um pedido (ou parte de um pedido) é despachado do depósito. Suponha que um pedido possa ser despachado de vários depósitos. Especifique chaves estrangeiras para esse esquema, indicando quaisquer suposições que você faça. Que outras restrições você imagina para esse banco de dados?

5.15. Considere as seguintes relações para um banco de dados que registra viagens de negócios de vendedores em um escritório de vendas:

VENDEDOR(Cpf, Nome, Ano_inicio, Numero_departamento)

VIAGEM(Cpf, Cidade_origem, Cidade_destino, Data_partida, Data_retorno, Cod_viagem)
DESPESA(Cod_viagem, Num_conta, Valor)

Uma viagem pode ser cobrada de uma ou mais contas. Especifique as chaves estrangeiras para esse esquema, indicando quaisquer suposições que você faça.

5.16. Considere as seguintes relações para um banco de dados que registra a matrícula do aluno nas disciplinas e os livros adotados para cada disciplina:

ALUNO(Cpf, Nome, Curso, Data_nascimento)
DISCIPLINA(Cod_disciplina, Nome_disciplina, Departamento)
INSCRICAO(Cpf, Cod_disciplina, Semestre, Nota)
LIVRO_ADOTADO(Cod_disciplina, Semestre, ISBN_livro)
LIVRO(ISBN_livro, Titulo_livro, Editora, Autor)

Especifique as chaves estrangeiras para este esquema, indicando quaisquer suposições que você faça.

5.17. Considere as seguintes relações para um banco de dados que registra vendas de automóveis em um revendedor de carros (OPCIONAL refere-se a algum equipamento opcional instalado em um automóvel):

CARRO(Numero_chassi, Modelo, Fabricante, Preco)
OPCIONAL(Numero_chassi, Nome_opcional, Preco)
VENDA(Cod_vendedor, Numero_chassi, Data, Preco_venda)
VENDEDOR(Cod_vendedor, Nome, Telefone)

Primeiro, especifique as chaves estrangeiras para este esquema, indicando quaisquer suposições que você faça. Depois, preencha as relações com algumas tuplas de exemplo, e então mostre um exemplo de uma inserção nas relações VENDA e VENDEDOR que *viola* as restrições de integridade referencial e de outra inserção que não viola as restrições.

5.18. O projeto de banco de dados normalmente envolve decisões sobre o armazenamento de atributos. Por exemplo, o Cadastro de Pessoa Física pode ser armazenado como um atributo ou dividido em quatro atributos (um para cada um dos quatro grupos separados por hífen em um Cadastro de Pessoa Física — XXX-XXX-XXX-XX). Porém, os números do Cadastro de Pessoa Física costumam ser representados como apenas um atributo. A decisão é baseada em como o banco de dados será usado. Este exercício pede para você pensar nas situações específicas nas quais a divisão do CPF é útil.

5.19. Considere uma relação ALUNO em um banco de dados UNIVERSIDADE com os seguintes atributos (Nome, Cpf, Telefone_local, Endereco, Telefone_celular, Idade, Media). Observe que o telefone celular pode ser de cidade e estado diferentes do telefone local. Uma tupla possível da relação é mostrada a seguir:

Nome	Cpf	Telefone_local	Endereco	Telefone_celular	Idade	Media
Jorge Pereira William Ribeiro	123-459-678-97	5555-1234	Rua Cambará, 33, Bauru, SP	8555-4321	19	3,75

a. Identifique a informação crítica que falta nos atributos Telefone_local e Telefone_celular. (*Dica:* como você liga para alguém que mora em um estado diferente?)

b. Você armazenaria essa informação adicional nos atributos Telefone_local e Telefone_celular ou incluiria novos atributos ao esquema para ALUNO?

c. Considere o atributo Nome. Quais são as vantagens e desvantagens de dividir esse campo de um atributo em três atributos (primeiro nome, nome do meio e sobrenome)?

d. Que orientação geral você daria para decidir quando armazenar informações em um único atributo e quando separar a informação?
e. Suponha que o aluno possa ter entre 0 e 5 telefones. Sugira dois projetos diferentes que permitam esse tipo de informação.

5.20. Mudanças recentes nas leis de privacidade dos EUA não permitem que as organizações usem números de Seguro Social (SSN) para identificar indivíduos, a menos que certas restrições sejam satisfeitas. Como resultado, a maioria das universidades nos EUA não pode usar SSNs como chaves primárias (exceto para dados financeiros). Na prática, Matricula, um identificador exclusivo atribuído a cada aluno, provavelmente será usado como chave primária, em vez do SSN, pois Matricula pode ser usada por todo o sistema.
a. Alguns projetistas de banco de dados relutam em usar chaves geradas (também conhecidas como *chaves substitutas*) para chaves primárias (como Matricula), pois elas são artificiais. Você consegue propor algumas escolhas naturais de chaves que possam ser usadas para identificar o registro do aluno no banco de dados UNIVERSIDADE?
b. Suponha que você consiga garantir a exclusividade de uma chave natural que inclua sobrenome. Você tem garantias de que ele não mudará durante o tempo de vida do banco de dados? Se o sobrenome puder mudar, quais soluções óbvias você pode propor para criar uma chave primária que ainda o inclua, mas permaneça exclusiva?
c. Quais são as vantagens e desvantagens de usar chaves geradas (substitutas)?

BIBLIOGRAFIA SELECIONADA

O modelo relacional foi introduzido por Codd (1970) em um artigo clássico. Codd também introduziu a álgebra relacional e estabeleceu as bases teóricas para o modelo relacional em uma série de artigos (Codd, 1971, 1972, 1972a, 1974); mais tarde, ele recebeu o Turing Award, a honra mais alta da ACM (Association for Computing Machinery) por seu trabalho sobre o modelo relacional. Em um artigo posterior, Codd (1979) discutiu a extensão do modelo relacional para incorporar mais metadados e semântica sobre as relações; ele também propôs uma lógica de três valores para lidar com a incerteza nas relações e incorporar NULLs na álgebra relacional. O modelo resultante é conhecido como RM/T. Childs (1968) usou inicialmente a teoria de conjunto para modelar bancos de dados. Mais tarde, Codd (1990) publicou um livro examinando mais de 300 recursos do modelo de dados relacional e sistemas de banco de dados. Date (2001) oferece uma crítica e análise retrospectiva do modelo de dados relacional.

Desde o trabalho pioneiro de Codd, muita pesquisa tem sido realizada sobre vários aspectos do modelo relacional. Todd (1976) descreve um SGBD experimental, chamado PRTV, que implementa diretamente as operações da álgebra relacional. Schmidt e Swenson (1975) apresentam semântica adicional para o modelo relacional classificando diferentes tipos de relações. O modelo entidade-relacionamento de Chen (1976), que foi discutido no Capítulo 3, é um meio de comunicar a semântica do mundo real de um banco de dados relacional no nível conceitual. Wiederhold e Elmasri (1979) introduzem diversos tipos de conexões entre relações para aprimorar suas restrições. As extensões do modelo relacional serão discutidas nos capítulos 11 e 26. Notas bibliográficas adicionais para outros aspectos do modelo relacional e suas linguagens, sistemas, extensões e teoria serão apresentados nos capítulos 6 a 9, 14, 15, 23 e 30. Maier (1983) e Atzeni e De Antonellis (1993) oferecem um extenso tratamento teórico do modelo de dados relacional.

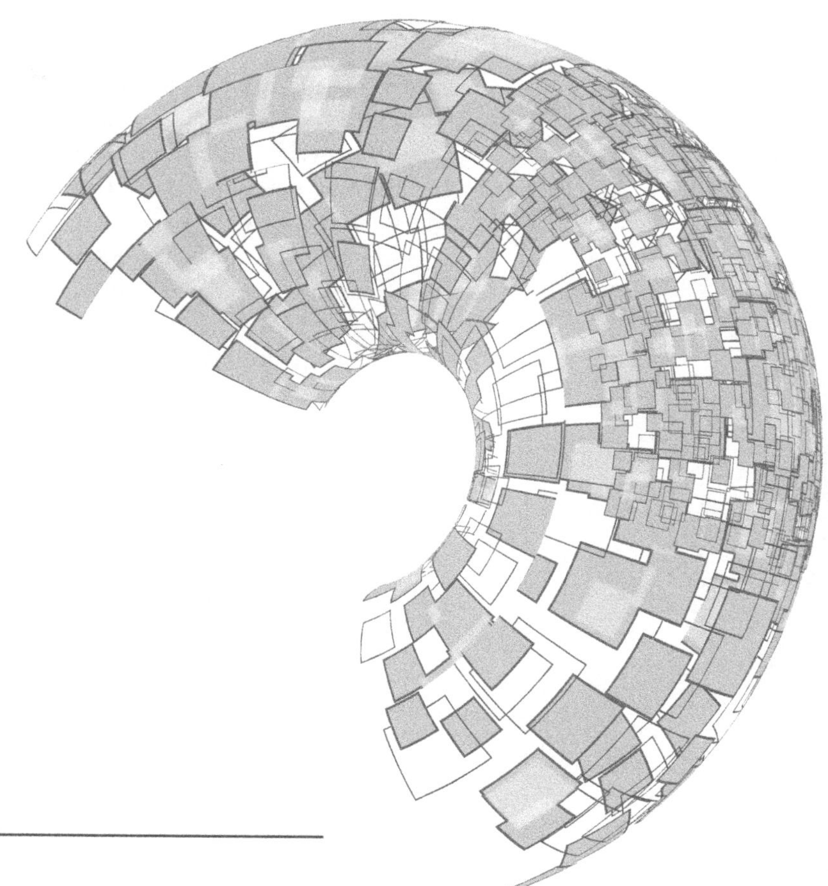

6
SQL básica

A linguagem SQL pode ser considerada um dos principais motivos para o sucesso dos bancos de dados relacionais comerciais. Como ela se tornou um padrão para esse tipo de banco de dados, os usuários ficaram menos preocupados com a migração de suas aplicações de outros tipos de sistemas — por exemplo, sistemas de rede e hierárquicos mais antigos — para sistemas relacionais. Isso aconteceu porque, mesmo que os usuários estivessem insatisfeitos com o produto de SGBD relacional em particular que estavam usando, a conversão para outro produto de SGBD relacional não seria tão cara ou demorada, pois os dois sistemas seguiam os mesmos padrões de linguagem. Na prática, é óbvio, existem muitas diferenças entre diversos pacotes de SGBD relacionais comerciais. Porém, se o usuário for cuidadoso em usar apenas os recursos que fazem parte do padrão, e se os dois sistemas relacionais seguirem fielmente o padrão, a conversão entre ambos deverá ser bastante simplificada. Outra vantagem de ter esse padrão é que os usuários podem escrever comandos em um programa de aplicação de banco de dados que pode acessar dados armazenados em dois ou mais SGBDs relacionais sem ter de mudar a sublinguagem de banco de dados (SQL) se os sistemas admitirem a SQL padrão.

Este capítulo apresenta o modelo relacional *prático*, que é baseado no padrão SQL para SGBDs relacionais *comerciais*, enquanto o Capítulo 5 apresentou os conceitos mais importantes por trás do modelo de dados relacional *formal*. No Capítulo 8 (seções 8.1 a 8.5), discutiremos as operações da *álgebra relacional*, que são muito importantes para entender os tipos de solicitações que podem ser especificadas em um banco de dados relacional. Elas também são importantes para processamento e otimização de consulta em um SGBD relacional, como veremos nos capítulos 18 e 19. No entanto, as operações da álgebra relacional são consideradas muito técnicas para a maioria dos usuários de SGBD comercial, pois uma consulta em álgebra relacional é escrita como uma sequência de operações que, quando executadas, produz o resultado exigido. Logo, o usuário precisa especificar como — ou seja, *em que ordem* — executar as operações de consulta. Por sua vez, a linguagem SQL oferece uma interface de linguagem *declarativa* de nível mais alto, de modo que o usuário apenas especifica *qual* deve ser o resultado, deixando a otimização real e as decisões sobre como executar a consulta para o SGBD. Embora a SQL inclua alguns recursos da álgebra relacional, ela é em grande parte baseada no *cálculo relacional de tupla*, que descrevemos na Seção 8.6. Porém, a sintaxe SQL é mais fácil de ser utilizada que qualquer uma das duas linguagens formais.

O nome **SQL** hoje é expandido como Structured Query Language (Linguagem de Consulta Estruturada). Originalmente, SQL era chamada de SEQUEL (Structured English QUEry Language) e foi criada e implementada na IBM Research como a interface para um sistema de banco de dados relacional experimental, chamado SYSTEM R. A SQL agora é a linguagem padrão para SGBDs relacionais comerciais. A padronização da SQL é um esforço conjunto do American National Standards Institute (ANSI) e da International Standards Organization (ISO), e o primeiro padrão SQL era chamado SQL-86 ou SQL1. Um padrão revisado e bastante expandido, denominado SQL-92 (também conhecido como SQL2), foi desenvolvido mais tarde. O próximo padrão reconhecido foi SQL:1999, que começou como SQL3. Duas atualizações posteriores ao padrão foram SQL:2003 e SQL:2006, que acrescentaram recursos de XML (ver Capítulo 13), entre outras atualizações para a linguagem. Outra atualização em 2008 incorporou mais recursos de banco de dados de objeto na SQL (ver Capítulo 12), e ainda outra atualização foi a SQL:2011. Tentaremos abordar a última versão da SQL ao máximo possível, mas alguns dos recursos mais recentes são discutidos em outros capítulos. Também não é possível abordar a totalidade da linguagem neste texto. É importante observar que, quando novos recursos são acrescentados à SQL, geralmente são necessários alguns anos para que alguns deles façam parte dos SGBDs SQL comerciais.

SQL é uma linguagem de banco de dados abrangente: tem instruções para definição de dados, consultas e atualizações. Logo, ela é uma DDL *e* uma DML. Além disso, ela tem habilidades para definir visões sobre o banco de dados, para especificar segurança e autorização, para definir restrições de integridade e para especificar controles de transação. Ela também possui regras para embutir instruções SQL em uma linguagem de programação de uso geral, como Java ou C/C++.[1]

Os padrões SQL mais recentes (começando com **SQL:1999**) são divididos em uma especificação **núcleo** mais **extensões** especializadas. O núcleo deve ser implementado por todos os fornecedores de SGBDR que sejam compatíveis com SQL. As extensões podem ser implementadas como módulos opcionais a serem adquiridos independentemente para aplicações de banco de dados específicas, como mineração de dados, dados espaciais, dados temporais, data warehousing, processamento analítico on-line (OLAP), dados de multimídia e assim por diante.

Como a SQL é muito importante (e muito grande), dedicamos dois capítulos para explicar seus recursos básicos. Neste capítulo, a Seção 6.1 descreve os comandos de DDL da SQL para a criação de esquemas e tabelas, e oferece uma visão geral dos tipos de dados básicos em SQL. A Seção 6.2 explica como são especificadas as restrições básicas, como chave e integridade referencial. A Seção 6.3 descreve as construções básicas da SQL para especificar consultas de recuperação, e a Seção 6.4 descreve os comandos SQL para inserção, exclusão e alteração de dados.

No Capítulo 7, descreveremos as consultas de recuperação SQL mais complexas, bem como comandos ALTER para alterar o esquema. Também descreveremos a instrução CREATE ASSERTION, que permite a especificação de restrições mais gerais

[1] Originalmente, a SQL tinha instruções para criar e remover índices nos arquivos que representam as relações, mas estas foram retiradas do padrão SQL por algum tempo.

no banco de dados, e o conceito de triggers, que será abordado com mais detalhes no Capítulo 26. Descrevemos a habilidade SQL para definir views no banco de dados no Capítulo 7. As views também são conhecidas como *tabelas virtuais* ou *tabelas derivadas*, pois apresentam ao usuário o que parecem ser tabelas; porém, a informação nessas tabelas é derivada de tabelas previamente definidas.

A Seção 6.5 lista alguns dos recursos da SQL que serão apresentados em outros capítulos do livro; entre eles estão os recursos orientados a objeto no Capítulo 12, XML no Capítulo 13, controle de transação no Capítulo 20, bancos de dados ativos (triggers) no Capítulo 26, recursos de processamento analítico on-line (OLAP) no Capítulo 29 e segurança/autorização no Capítulo 30. A Seção 6.6 resume o capítulo. Os capítulos 10 e 11 discutem as diversas técnicas de programação em banco de dados para programação com SQL.

6.1 Definições e tipos de dados em SQL

A SQL usa os termos **tabela, linha** e **coluna** para os termos do modelo relacional formal *relação*, *tupla* e *atributo*, respectivamente. Usaremos os termos correspondentes para indicar a mesma coisa. O principal comando SQL para a definição de dados é o CREATE, que pode ser usado para criar esquemas, tabelas (relações), tipos e domínios, bem como outras construções, como views, assertions e triggers. Antes de descrevermos as instruções CREATE relevantes, vamos discutir os conceitos de esquema e catálogo na Seção 6.1.1 para contextualizar nossa discussão. A Seção 6.1.2 descreve como as tabelas são criadas, e a Seção 6.1.3, os tipos de dados mais importantes disponíveis para especificação de atributo. Como a especificação SQL é muito grande, oferecemos uma descrição dos recursos mais importantes. Outros detalhes poderão ser encontrados em diversos documentos dos padrões SQL (ver bibliografia selecionada no final do capítulo).

6.1.1 Conceitos de esquema e catálogo em SQL

As primeiras versões da SQL não incluíam o conceito de um esquema de banco de dados relacional; todas as tabelas (relações) eram consideradas parte do mesmo esquema. O conceito de um esquema SQL foi incorporado inicialmente com a SQL2 a fim de agrupar tabelas e outras construções que pertencem à mesma aplicação de banco de dados (em alguns sistemas, um *esquema* é chamado de *banco de dados*). Um **esquema SQL** é identificado por um **nome de esquema**, e inclui um **identificador de autorização** para indicar o usuário ou a conta proprietária do esquema, bem como **descritores** para *cada elemento* no esquema. Esses **elementos** incluem tabelas, tipos, restrições, views, domínios e outras construções (como concessões — *grants* — de autorização) que descrevem o esquema. Um esquema é criado por meio da instrução CREATE SCHEMA, que pode incluir todas as definições dos elementos do esquema. Como alternativa, o esquema pode receber um nome e identificador de autorização, e os elementos podem ser definidos mais tarde. Por exemplo, a instrução a seguir cria um esquema chamado EMPRESA, pertencente ao usuário com identificador de autorização 'Jsilva'. Observe que cada instrução em SQL termina com um ponto e vírgula.

CREATE SCHEMA EMPRESA **AUTHORIZATION** 'Jsilva';

Em geral, nem todos os usuários estão autorizados a criar esquemas e elementos do esquema. O privilégio para criar esquemas, tabelas e outras construções deve ser concedido explicitamente às contas de usuário relevantes pelo administrador do sistema ou DBA.

Além do conceito de um esquema, a SQL usa o conceito de um **catálogo** — uma coleção nomeada de esquemas.[2] As instalações de banco de dados normalmente possuem um ambiente e um esquema padrão; logo, quando um usuário se conecta à instalação desse banco de dados, ele pode se referir diretamente às tabelas e a outras construções dentro desse esquema sem ter de indicar um nome de esquema em particular. Um catálogo sempre contém um esquema especial, chamado INFORMATION_SCHEMA, que provê informações sobre todos os esquemas no catálogo e todos os descritores de elemento nesses esquemas. As restrições de integridade, como a integridade referencial, podem ser definidas entre as relações somente se existirem nos esquemas dentro do mesmo catálogo. Os esquemas dentro do mesmo catálogo também podem compartilhar certos elementos, como definições de domínio.

6.1.2 O comando CREATE TABLE em SQL

O comando **CREATE TABLE** é usado para especificar uma nova relação, dando-lhe um nome e especificando seus atributos e restrições iniciais. Os atributos são especificados primeiro, e cada um deles recebe um nome, um tipo de dado para especificar seu domínio de valores e quaisquer restrições de atributo, como NOT NULL. As restrições de chave, integridade de entidade e integridade referencial podem ser especificadas na instrução CREATE TABLE, depois que os atributos forem declarados, ou acrescentadas depois, usando o comando ALTER TABLE (ver Capítulo 7). A Figura 6.1 mostra exemplos de instruções de definição de dados em SQL para o esquema de banco de dados relacional EMPRESA, mostrado na Figura 5.7.

```
CREATE TABLE FUNCIONARIO
    (Primeiro_nome          VARCHAR(15)         NOT NULL,
    Nome_meio               CHAR,
    Ultimo_nome             VARCHAR(15)         NOT NULL,
    Cpf                     CHAR(11),           NOT NULL,
    Data_nascimento         DATE,
    Endereco                VARCHAR(30),
    Sexo                    CHAR,
    Salario                 DECIMAL(10,2),
    Cpf_supervisor          CHAR(11),
    Numero_departamento     INT                 NOT NULL,
    PRIMARY KEY (Cpf) );
CREATE TABLE DEPARTAMENTO
    (Nome_departamento      VARCHAR(15)         NOT NULL,
    Numero_departamento     INT                 NOT NULL,
    Cpf_gerente             CHAR(11),           NOT NULL,
    Data_inicio_gerente     DATE,
    PRIMARY KEY (Numero_departamento),
    UNIQUE (Nome_departamento),
```

Figura 6.1 Instruções de definição de dados CREATE TABLE da SQL para definição do esquema EMPRESA da Figura 5.7. (*continua*)

[2] A SQL também inclui o conceito de um grupo (*cluster*) de catálogos.

```
    FOREIGN KEY (Cpf_gerente) REFERENCES FUNCIONARIO(Cpf) );
CREATE TABLE LOCALIZACOES_DEPARTAMENTO
    (Numero_departamento    INT              NOT NULL,
    Local                   VARCHAR(15)      NOT NULL,
    PRIMARY KEY (Numero_departamento, Local),
    FOREIGN KEY (Numero_departamento) REFERENCES
    DEPARTAMENTO(Numero_departamento) );
CREATE TABLE PROJETO
    (Nome_projeto           VARCHAR(15)      NOT NULL,
    Numero_projeto          INT              NOT NULL,
    Local_projeto           VARCHAR(15),
    Numero_departamento     INT              NOT NULL,
    PRIMARY KEY (Numero_projeto),
    UNIQUE (Nome_projeto),
    FOREIGN KEY (Numero_departamento) REFERENCES DEPARTAMENTO(Numero_
    departamento) );
CREATE TABLE TRABALHA_EM
    (Cpf_funcionario        CHAR(11)         NOT NULL,
    Numero_projeto          INT              NOT NULL,
    Horas                   DECIMAL(3,1)     NOT NULL,
    PRIMARY KEY (Cpf_funcionario, Numero_projeto),
    FOREIGN KEY (Cpf_funcionario) REFERENCES FUNCIONARIO(Cpf),
    FOREIGN KEY (Numero_projeto) REFERENCES PROJETO(Numero_projeto) );
CREATE TABLE DEPENDENTE
    (Cpf_funcionario        CHAR(11),        NOT NULL,
    Nome_dependente         VARCHAR(15)      NOT NULL,
    Sexo                    CHAR,
    Data_nascimento         DATE,
    Parentesco                               VARCHAR(8),
    PRIMARY KEY (Cpf_funcionario, Nome_dependente),
    FOREIGN KEY (Cpf_funcionario) REFERENCES FUNCIONARIO(Cpf) );
```

Figura 6.1 Instruções de definição de dados CREATE TABLE da SQL para definição do esquema EMPRESA da Figura 5.7. (*continuação*)

Em geral, o esquema SQL em que as relações são declaradas é especificado implicitamente no ambiente em que as instruções CREATE TABLE são executadas. Como alternativa, podemos conectar explicitamente o nome do esquema ao nome da relação, separados por um ponto. Por exemplo, escrevendo

```
CREATE TABLE EMPRESA.FUNCIONARIO
```

em vez de

```
CREATE TABLE FUNCIONARIO
```

como na Figura 6.1, podemos explicitamente (em vez de implicitamente) tornar a tabela FUNCIONARIO parte do esquema EMPRESA.

As relações declaradas por meio das instruções CREATE TABLE são chamadas de **tabelas de base** (ou relações de base); isso significa que a relação e suas tuplas são realmente criadas e armazenadas como um arquivo pelo SGBD. As relações de base são distintas das **relações virtuais**, criadas por meio da instrução CREATE VIEW (ver Capítulo 7), que podem ou não corresponder a um arquivo físico real. Em SQL, os atributos em uma tabela de base são considerados *ordenados na sequência em que são especificados* no comando CREATE TABLE. No entanto, as linhas (tuplas) não são consideradas ordenadas dentro de uma tabela (relação).

É importante observar que, na Figura 6.1, existem algumas *chaves estrangeiras que podem causar erros*, pois são especificadas por referências circulares ou porque dizem respeito a uma tabela que ainda não foi criada. Por exemplo, a chave estrangeira Cpf_supervisor na tabela FUNCIONARIO é uma referência circular, pois se refere à própria tabela. A chave estrangeira Numero_departamento na tabela FUNCIONARIO se refere à tabela DEPARTAMENTO, que ainda não foi criada. Para lidar com esse tipo de problema, essas restrições podem ser omitidas inicialmente do comando CREATE TABLE, e depois acrescentadas usando a instrução ALTER TABLE (ver Capítulo 7). Apresentamos todas as chaves estrangeiras na Figura 6.1, para mostrar o esquema EMPRESA completo em um só lugar.

6.1.3 Tipos de dados de atributo e domínios em SQL

Os **tipos de dados** básicos disponíveis para atributos são numérico, cadeia ou sequência de caracteres, cadeia ou sequência de bits, booleano, data e hora.

- Os tipos de dados **numéricos** incluem números inteiros de vários tamanhos (INTEGER ou INT e SMALLINT) e números de ponto flutuante (reais) de várias precisões (FLOAT ou REAL e DOUBLE PRECISION). Os números formatados podem ser declarados usando DECIMAL(*i*, *j*) — ou DEC(*i*, *j*) ou NUMERIC(*i*, *j*) — em que *i*, a *precisão*, é o número total de dígitos decimais e *j*, a *escala*, é o número de dígitos após o ponto decimal. O valor padrão para a escala é zero e, para a precisão, é definido pela implementação.
- Tipos de dados de **cadeia de caracteres** (também chamados de *string* de caracteres) são de tamanho fixo — CHAR(*n*) ou CHARACTER(*n*), em que *n* é o número de caracteres — ou de tamanho variável — VARCHAR(*n*) ou CHAR VARYING(*n*) ou CHARACTER VARYING(*n*), em que *n* é o número máximo de caracteres. Ao especificar um valor literal de cadeia de caracteres, ele é colocado entre aspas simples (apóstrofos), e é *case sensitive* (diferencia maiúsculas de minúsculas).[3] Para cadeias de caracteres de tamanho fixo, uma cadeia mais curta é preenchida com caracteres em branco à direita. Por exemplo, se o valor 'Silva' for para um atributo do tipo CHAR(10), ele é preenchido com cinco caracteres em branco para se tornar 'Silva   ', se necessário. Os espaços preenchidos geralmente são ignorados quando as cadeias são comparadas. Para fins de comparação, as cadeias de caracteres são consideradas ordenadas em ordem alfabética (ou lexicográfica); se uma cadeia *str1* aparecer antes de outra cadeia *str2* em ordem alfabética, então *str1* é considerada menor que *str2*.[4] Também há um operador de concatenação indicado por || (barra vertical dupla), que pode concatenar duas cadeias de caracteres em SQL. Por exemplo, 'abc' || 'XYZ' resulta em uma única cadeia 'abcXYZ'. Outro tipo de dado de cadeia de caracteres de

---

[3] Isso não acontece com palavras-chave da SQL, como CREATE ou CHAR. Com as palavras-chave, a SQL é *case insensitive*, significando que ela trata letras maiúsculas e minúsculas como equivalentes nessas palavras.

[4] Para caracteres não alfabéticos, existe uma ordem definida.

tamanho variável, chamado CHARACTER LARGE OBJECT ou CLOB, também está disponível para especificar colunas que possuem grandes valores de texto, como documentos. O tamanho máximo de CLOB pode ser especificado em kilobytes (K), megabytes (M) ou gigabytes (G). Por exemplo, CLOB(20M) especifica um tamanho máximo de 20 megabytes.

- Tipos de dados de **sequência de bits** podem ser de tamanho fixo *n* — BIT(*n*) — ou de tamanho variável — BIT VARYING(*n*), em que *n* é o número máximo de bits. O valor padrão para *n*, o tamanho de uma cadeia de caracteres ou sequência de bits, é 1. Os literais de sequência de bits são colocados entre apóstrofos, mas precedidos por um B para distingui-los das cadeias de caracteres; por exemplo, B'10101'.[5] Outro tipo de dados de sequência de bits de tamanho variável, chamado BINARY LARGE OBJECT ou BLOB, também está disponível para especificar colunas que possuem grandes valores binários, como imagens. Assim como para CLOB, o tamanho máximo de um BLOB pode ser especificado em kilobits (K), megabits (M) ou gigabits (G). Por exemplo, BLOB(30G) especifica um tamanho máximo de 30 gigabits.
- Um tipo de dado **booleano** tem os valores tradicionais TRUE (verdadeiro) ou FALSE (falso). Em SQL, em razão da presença de valores NULL (nulos), uma lógica de três valores é utilizada, de modo que um terceiro valor possível para um tipo de dado booleano é UNKNOWN (indefinido). Discutiremos a necessidade de UNKNOWN e a lógica de três valores no Capítulo 7.
- O tipo de dados **DATE** possui dez posições, e seus componentes são DAY (dia), MONTH (mês) e YEAR (ano), na forma DD-MM-YYYY. O tipo de dado TIME (tempo) tem pelo menos oito posições, com os componentes HOUR (hora), MINUTE (minuto) e SECOND (segundo) na forma HH:MM:SS. Somente datas e horas válidas devem ser permitidas pela implementação SQL. Isso implica que os meses devem estar entre 1 e 12 e os dias devem estar entre 1 e 31; além disso, um dia deve ser uma data válida para o mês correspondente. A comparação < (menor que) pode ser usada com datas ou horas — uma data *anterior* é considerada menor que uma data posterior, e da mesma forma com a hora. Os valores literais são representados por cadeias com apóstrofos precedidos pela palavra-chave DATE ou TIME; por exemplo, DATE '27-09-2018' ou TIME '09:12:47'. Além disso, um tipo de dado TIME(*i*), em que *i* é chamado de *precisão em segundos fracionários de tempo*, especifica *i* + 1 posições adicionais para TIME — uma posição para um caractere separador de período adicional (.), e *i* posições para especificar as frações de um segundo. Um tipo de dados TIME WITH TIME ZONE inclui seis posições adicionais para especificar o *deslocamento* com base no fuso horário universal padrão, que está na faixa de +13:00 a –12:59 em unidades de HOURS:MINUTES. Se WITH TIME ZONE não for incluído, o valor padrão é o fuso horário local para a sessão SQL.

Alguns tipos de dados adicionais são discutidos a seguir. A lista apresentada aqui não está completa; diferentes implementações acrescentaram mais tipos de dados à SQL.

- Um tipo de dado **timestamp** (TIMESTAMP) inclui os campos DATE e TIME, mais um mínimo de seis posições para frações decimais de segundos e um qualificador opcional WITH TIME ZONE. Valores literais são representados por cadeias entre apóstrofos precedidos pela palavra-chave TIMESTAMP, com um espaço em branco entre data e hora; por exemplo, TIMESTAMP '27-09-2018 09:12:47.648302'.

---

[5] Sequências de bits cujo tamanho é um múltiplo de 4 podem ser especificadas em notação *hexadecimal*, em que a cadeia literal é precedida por X e cada caractere hexadecimal representa 4 bits.

- Outro tipo de dado relacionado a DATE, TIME e TIMESTAMP é o INTERVAL. Este especifica um **intervalo** — um *valor relativo* que pode ser usado para incrementar ou decrementar um valor absoluto de uma data, hora ou timestamp. Os intervalos são qualificados para serem YEAR/MONTH ou DAY/TIME.

O formato DATE, TIME e TIMESTAMP pode ser considerado um tipo especial de cadeia. Logo, eles geralmente podem ser usados em comparações de cadeias sendo **convertidos** (**cast**) em cadeias equivalentes.

É possível especificar o tipo de dado de cada atributo diretamente, como na Figura 6.1; como alternativa, um domínio pode ser declarado e seu nome, usado com a especificação de atributo. Isso torna mais fácil mudar o tipo de dado para um domínio usado por diversos atributos em um esquema, e melhora a legibilidade do esquema. Por exemplo, podemos criar um domínio TIPO_CPF com a seguinte instrução:

CREATE DOMAIN TIPO_CPF **AS** CHAR(11);

Podemos usar TIPO_CPF no lugar de CHAR(11) na Figura 6.1 para os atributos Cpf e Cpf_supervisor de FUNCIONARIO, Cpf_gerente de DEPARTAMENTO, Cpf_funcionario de TRABALHA_EM e Cpf_funcionario de DEPENDENTE. Um domínio também pode ter uma especificação padrão opcional por meio de uma cláusula DEFAULT, conforme discutiremos mais adiante para os atributos. Observe que os domínios podem não estar disponíveis em algumas implementações da SQL.

Em SQL, também há um comando **CREATE TYPE**, que pode ser usado para criar tipos definidos pelo usuário, ou UDTs (User Defined Types). Estes podem ser usados tanto como tipos de dados para atributos quanto como a base para a criação de tabelas. Explicaremos esse comando em detalhes no Capítulo 12, pois normalmente é usado em conjunto com a especificação dos recursos de banco de dados que foram incorporados em versões mais recentes da SQL.

6.2 Especificando restrições em SQL

Esta seção descreve as restrições básicas que podem ser especificadas em SQL como parte da criação de tabela. Estas incluem restrições de chave e integridade referencial, restrições sobre domínios de atributo e NULLs e restrições sobre tuplas individuais dentro de uma relação, usando a cláusula CHECK. Discutiremos a especificação de restrições mais gerais, chamadas asserções (ou *assertions*), no Capítulo 7.

6.2.1 Especificando restrições de atributo e defaults de atributo

Como a SQL permite NULLs como valores de atributo, uma *restrição* NOT NULL pode ser especificada se o valor NULL não for permitido para determinado atributo. Isso sempre é especificado de maneira implícita para os atributos que fazem parte da *chave primária* de cada relação, mas pode ser especificado para quaisquer outros atributos cujos valores não podem ser NULL, como mostra a Figura 6.1.

Também é possível definir um *valor default* (ou *padrão*) para um atributo anexando a cláusula **DEFAULT** <valor> a uma definição de atributo. O valor default será incluído em qualquer nova tupla se um valor explícito não for fornecido para esse atributo. A Figura 6.2 ilustra um exemplo de especificação de um gerente default para um novo departamento e um departamento default para um novo funcionário. Se nenhuma cláusula default for especificada, o *valor default* será NULL para atributos *que não possuem* a restrição NOT NULL.

```
CREATE TABLE FUNCIONARIO
 ( ... ,
   Numero_departamento INT         NOT NULL        DEFAULT 1,
 CONSTRAINT CHAVEPRIMFUNCIONARIO
    PRIMARY KEY (Cpf),
 CONSTRAINT CHAVEESTRFUNC_SUPERVISOR
    FOREIGN KEY (Cpf_supervisor) REFERENCES FUNCIONARIO(Cpf)
              ON DELETE SET NULL               ON UPDATE CASCADE,
 CONSTRAINT CHAVEESTRFUNC_DEPARTAMENTO
    FOREIGN KEY(Numero_departamento) REFERENCES DEPARTAMENTO(Numero_departamento)
              ON DELETE SET DEFAULT            ON UPDATE CASCADE);
CREATE TABLE DEPARTAMENTO
 ( ... ,
   Cpf_gerente CHAR(11)            NOT NULL        DEFAULT '88866555576',
   ... ,
 CONSTRAINT CHAVEPRIMDEPARTAMENTO
    PRIMARY KEY(Numero_departamento),
 CONSTRAINT CHAVEUNICADEPARTAMENTO
    UNIQUE (Nome_departamento),
 CONSTRAINT CHAVEESTRDEPARTAMENTO_FUNC
    FOREIGN KEY (Cpf_gerente) REFERENCES FUNCIONARIO(Cpf)
              ON DELETE SET DEFAULT            ON UPDATE CASCADE);
CREATE TABLE LOCALIZACOES_DEPARTAMENTO
 ( ... ,
 PRIMARY KEY (Numero_departamento, Local),
 FOREIGN KEY (Numero_departamento) REFERENCES
                                               DEPARTAMENTO(Numero_departamento)
              ON DELETE CASCADE                ON UPDATE CASCADE);
```

Figura 6.2 Exemplo ilustrando como especificar os valores de atributo default e as ações disparadas por integridade referencial em SQL.

Outro tipo de restrição pode limitar valores de atributo ou domínio usando a cláusula **CHECK** após uma definição de atributo ou domínio.[6] Por exemplo, suponha que números de departamento sejam restritos a números inteiros entre 1 e 20; então, podemos mudar a declaração de atributo de Numero_departamento na tabela DEPARTAMENTO (ver Figura 6.1) para o seguinte:

```
Numero_departamento INT NOT NULL CHECK (Numero_departamento > 0 AND
Numero_departamento < 21);
```

A cláusula CHECK também pode ser usada em conjunto com a instrução CREATE DOMAIN. Por exemplo, podemos escrever o seguinte comando:

```
CREATE DOMAIN D_NUM AS INTEGER

CHECK (D_NUM > 0 AND D_NUM < 21);
```

[6] A cláusula CHECK também pode ser usada para outras finalidades, conforme veremos.

Depois, podemos usar o domínio criado D_NUM como o tipo de atributo para todos os atributos que se referem aos números de departamento na Figura 6.1, como Numero_departamento de DEPARTAMENTO, Numero_departamento de PROJETO, Numero_departamento de FUNCIONARIO, e assim por diante.

6.2.2 *Especificando restrições de chave e integridade referencial*

Como restrições de chaves e de integridade referencial são muito importantes, existem cláusulas especiais dentro da instrução CREATE TABLE para especificá-las. Alguns exemplos para ilustrar a especificação de chaves e integridade referencial aparecem na Figura 6.1.[7] A cláusula **PRIMARY KEY** especifica um ou mais atributos que compõem a chave primária de uma relação. Se uma chave primária tiver um *único* atributo, a cláusula pode acompanhar o atributo diretamente. Por exemplo, a chave primária de DEPARTAMENTO pode ser especificada da seguinte forma (em vez do modo como é especificada na Figura 6.1):

Numero_departamento INT **PRIMARY KEY,**

A cláusula **UNIQUE** especifica chaves alternativas (secundárias), também conhecidas como chaves candidatas, conforme ilustramos nas declarações das tabelas DEPARTAMENTO e PROJETO na Figura 6.1. A cláusula **UNIQUE** também pode ser especificada diretamente para uma chave secundária se esta for um único atributo, como no exemplo a seguir:

Nome_departamento VARCHAR(15) **UNIQUE,**

A integridade referencial é especificada por meio da cláusula **FOREIGN KEY** (chave estrangeira), como mostra a Figura 6.1. Conforme discutimos na Seção 5.2.4, uma restrição de integridade referencial pode ser violada quando tuplas são inseridas ou excluídas, ou quando um valor de atributo de chave estrangeira ou chave primária é atualizado. A ação default que a SQL toma para uma violação de integridade é **rejeitar** a operação de atualização que causará uma violação, o que é conhecido como opção RESTRICT. Porém, o projetista do esquema pode especificar uma ação alternativa para ser tomada conectando uma cláusula de **ação de disparo referencial** a qualquer restrição de chave estrangeira. As opções incluem SET NULL, CASCADE e SET DEFAULT. Uma opção deve ser qualificada com ON DELETE ou ON UPDATE. Ilustramos isso com os exemplos mostrados na Figura 6.2. Aqui, o projetista escolhe ON DELETE SET NULL e ON UPDATE CASCADE para a chave estrangeira Cpf_supervisor de FUNCIONARIO. Isso significa que, se a tupla para um *funcionário supervisor* for *excluída*, o valor de Cpf_supervisor será automaticamente definido como NULL para todas as tuplas de funcionários que estavam referenciando a tupla do funcionário excluído. Por sua vez, se o valor de Cpf para um funcionário supervisor for *atualizado* (digamos, porque foi inserido incorretamente), o novo valor será *propagado em cascata* de Cpf_supervisor para todas as tuplas de funcionário que referenciam a tupla de funcionário atualizada.[8]

Em geral, a ação tomada pelo SGBD para SET NULL ou SET DEFAULT é a mesma para ON DELETE e ON UPDATE: o valor dos atributos de referência afetados é mudado para NULL em caso de SET NULL e para o valor padrão especificado do atributo de referência em caso de SET DEFAULT. A ação para CASCADE ON DELETE é excluir todas as tuplas de referência, enquanto a ação para CASCADE ON UPDATE é mudar o valor do(s) atributo(s) da chave estrangeira de referência para o (novo) valor de chave primária atualizado para todas as tuplas de referência. É responsabilidade do projetista

---

[7] As restrições de chave e integridade referencial não estavam incluídas nas primeiras versões da SQL.

[8] Observe que a chave estrangeira Cpf_supervisor na tabela FUNCIONARIO é uma referência circular e, portanto, pode ter de ser incluída mais tarde como uma restrição nomeada, usando a instrução ALTER TABLE, conforme discutimos no final da Seção 6.1.2.

escolher a ação apropriada e especificá-la no esquema do banco de dados. Em geral, a opção CASCADE é adequada para relações de "relacionamento" (ver Seção 9.1), como TRABALHA_EM; para relações que representam atributos multivalorados, como LOCALIZACOES_DEPARTAMENTO; e para relações que representam tipos de entidades fracas, como DEPENDENTE.

6.2.3 Dando nomes a restrições

A Figura 6.2 também ilustra como uma restrição pode receber um **nome de restrição**, seguindo a palavra-chave **CONSTRAINT**. Os nomes de todas as restrições dentro de um esquema em particular precisam ser exclusivos. Um nome de restrição é usado para identificar uma restrição em particular caso ela deva ser removida mais tarde e substituída por outra, conforme discutiremos no Capítulo 7. Dar nomes a restrições é algo opcional. Também é possível *adiar* temporariamente uma restrição até o final de uma transação, conforme veremos no Capítulo 20, quando apresentarmos os conceitos de transação.

6.2.4 Especificando restrições sobre tuplas usando CHECK

Além das restrições de chave e integridade referencial, especificadas por palavras-chave especiais, outras *restrições de tabela* podem ser especificadas por meio de cláusula adicional CHECK ao final de uma instrução CREATE TABLE. Estas podem ser chamadas de restrições **baseadas em tupla**, pois se aplicam a cada tupla *individualmente* e são verificadas sempre que uma tupla é inserida ou modificada. Por exemplo, suponha que a tabela DEPARTAMENTO da Figura 6.1 tivesse um atributo adicional Data_criacao, que armazena a data em que o departamento foi criado. Então, poderíamos acrescentar a seguinte cláusula CHECK ao final da instrução CREATE TABLE para a tabela DEPARTAMENTO para garantir que a data de início de um gerente seja posterior à data de criação do departamento.

```
CHECK (Data_criacao <= Data_inicio_gerente)
```

A cláusula CHECK também pode ser usada para especificar restrições mais gerais usando a instrução CREATE ASSERTION da SQL. Discutiremos isso no Capítulo 7 porque exige o entendimento completo sobre consultas, que são discutidas nas seções 6.3 e 7.1.

6.3 Consultas de recuperação básicas em SQL

A SQL tem uma instrução básica para recuperar informações de um banco de dados: a instrução **SELECT**. A instrução SELECT *não é o mesmo que* a operação de seleção da álgebra relacional, que discutiremos no Capítulo 8. Existem muitas opções e tipos de instrução SELECT em SQL, de modo que introduziremos seus recursos gradualmente. Usaremos consultas de exemplo especificadas no esquema da Figura 5.5 e vamos nos referir ao estado do exemplo de banco de dados mostrado na Figura 5.6 para mostrar os resultados de alguns exemplos de consultas. Nesta seção, apresentamos os recursos da SQL para *consultas de recuperação simples*. Os recursos da SQL para especificar consultas de recuperação mais complexas serão apresentados na Seção 7.1.

Antes de prosseguir, devemos fazer uma *distinção importante* entre a SQL e o modelo relacional formal discutido no Capítulo 5: a SQL permite que uma tabela (relação) tenha duas ou mais tuplas idênticas em todos os seus valores de atributo. Assim, em geral, uma tabela **SQL** não é um *conjunto de tuplas*, pois um conjunto não permite dois membros idênticos; em vez disso, ela é um **multiconjunto** (também chamado de *bag*) de tuplas. Algumas relações SQL são *restritas a serem conjuntos* porque uma restrição de chave foi declarada ou porque a opção DISTINCT foi usada com a instrução SELECT (descrita mais adiante nesta seção). Precisamos estar cientes dessa distinção à medida que discutirmos os exemplos.

6.3.1 A estrutura SELECT-FROM-WHERE das consultas SQL básicas

As consultas em SQL podem ser muito complexas. Começaremos com consultas simples e passaremos para as mais complexas aos poucos. A forma básica do comando SELECT, às vezes chamada de **mapeamento** ou **bloco select-from-where**, é composta pelas três cláusulas SELECT, FROM e WHERE, e tem a seguinte forma:[9]

```
SELECT   <lista atributos>
FROM     <lista tabelas>
WHERE    <condição>;
```

em que

- <lista atributos> é uma lista de nomes de atributo cujos valores devem ser recuperados pela consulta.
- <lista tabelas> é uma lista dos nomes de relação exigidos para processar a consulta.
- <condição> é uma expressão condicional (booleana) que identifica as tuplas a serem recuperadas pela consulta.

Em SQL, os operadores básicos de comparação lógicos para comparar valores de atributo entre si e com constantes literais são =, <, <=, >, >= e <>. Estes correspondem aos operadores da álgebra relacional =, <, ≤, >, ≥ e ≠, respectivamente, e aos operadores da linguagem de programação C/C++ =, <, <=, >, >= e !=. A principal diferença sintática é o operador *diferente* (ou *não igual*). A SQL possui outros operadores de comparação, que apresentaremos aos poucos.

Ilustramos a instrução SELECT básica em SQL com alguns exemplos de consultas. As consultas são rotuladas aqui com os mesmos números de consulta usados no Capítulo 8 para facilitar a referência cruzada.

Consulta 0. Recuperar a data de nascimento e o endereço do(s) funcionário(s) cujo nome seja 'João B. Silva'.

```
C0: SELECT Data_nascimento, Endereco
    FROM   FUNCIONARIO
    WHERE  Primeiro_nome='João' AND Nome_meio='B' AND
           Ultimo_nome='Silva';
```

Esta consulta envolve apenas a relação FUNCIONARIO listada na cláusula FROM. A consulta *seleciona* as tuplas individuais de FUNCIONARIO que satisfazem a condição da cláusula WHERE, depois *projeta* o resultado nos atributos Data_nascimento e Endereco listados na cláusula SELECT.

A cláusula SELECT da SQL especifica os atributos cujos valores devem ser recuperados, chamados **atributos de projeção** na álgebra relacional (ver Capítulo 8), e a cláusula WHERE especifica a condição booleana que deve ser verdadeira para qualquer tupla recuperada, que é conhecida como **condição de seleção** na álgebra relacional. A Figura 6.3(a) mostra o resultado da consulta C0 sobre o banco de dados da Figura 5.6.

---

[9] As cláusulas SELECT e FROM são necessárias em todas as consultas SQL. O WHERE é opcional (ver Seção 6.3.3).

(a)

Data_nascimento	Endereco
09-01-1965	Rua das Flores, 751, São Paulo, SP

(b)

Primeiro_nome	Ultimo_nome	Endereco
João	Silva	Rua das Flores, 751, São Paulo, SP
Fernando	Wong	Rua da Lapa, 34, São Paulo, SP
Ronaldo	Lima	Rua Rebouças, 65, Piracicaba, SP
Joice	Leite	Av. Lucas Obes, 74, São Paulo, SP

(c)

Numero_projeto	DEPARTAMENTO. Numero_departa-mento	Ultimo_nome	Endereco	Data_nascimento
10	4	Souza	Av. Artur de Lima, 54, Santo André, SP	20-06-1941
30	4	Souza	Av. Artur de Lima, 54, Santo André, SP	20-06-1941

(d)

F.Primeiro_nome	F.Ultimo_nome	S.Primeiro_nome	S.Ultimo_nome
João	Silva	Fernando	Wong
Fernando	Wong	Jorge	Brito
Alice	Zelaya	Jennifer	Souza
Jennifer	Souza	Jorge	Brito
Ronaldo	Lima	Fernando	Wong
Joice	Leite	Fernando	Wong
André	Pereira	Jennifer	Souza

(e)

Cpf
12345678966
33344555587
99988777767
98765432168
66688444476
45345345376
98798798733
88866555576

(f)

Cpf	Nome_departamento
12345678966	Pesquisa
33344555587	Pesquisa
99988777767	Pesquisa
98765432168	Pesquisa
66688444476	Pesquisa
45345345376	Pesquisa
98798798733	Pesquisa
88866555576	Pesquisa
12345678966	Administração
33344555587	Administração
99988777767	Administração
98765432168	Administração
66688444476	Administração
45345345376	Administração
98798798733	Administração
88866555576	Administração
12345678966	Matriz
33344555587	Matriz
99988777767	Matriz
98765432168	Matriz
66688444476	Matriz
45345345376	Matriz
98798798733	Matriz
88866555576	Matriz

Figura 6.3 Resultados das consultas SQL quando aplicadas ao estado do banco de dados EMPRESA mostrado na Figura 5.6. (a) C0. (b) C1. (c) C2. (d) C8. (e) C9. (f) C10. (g) C1C. (*continua*)

(g)

Primeiro_nome	Nome_meio	Ultimo_nome	Cpf	Data_nascimento	Endereco	Sexo	Salario	Cpf_supervisor	Numero_departamento
João	B	Silva	12345678966	09-01-1965	Rua das Flores, 751, São Paulo, SP	M	30000	33344555587	5
Fernando	T	Wong	33344555587	08-12-1955	Rua da Lapa, 34, São Paulo, SP	M	40000	88866555576	5
Ronaldo	K	Lima	66688444476	15-09-1962	Rua Rebouças, 65, Piracicaba, SP	M	38000	33344555587	5
Joice	A	Leite	45345345376	31-07-1972	Av. Lucas Obes, 74, São Paulo, SP	F	25000	33344555587	5

Figura 6.3 Resultados das consultas SQL quando aplicadas ao estado do banco de dados EMPRESA mostrado na Figura 5.6. (a) C0. (b) C1. (c) C2. (d) C8. (e) C9. (f) C10. (g) C1C. *(continuação)*

Podemos pensar em uma **variável de tupla** implícita (ou *iterator*) na consulta SQL variando ou *repetindo* sobre cada tupla individual na tabela FUNCIONARIO e avaliando a condição na cláusula WHERE. Somente as tuplas que satisfazem a condição — ou seja, aquelas tuplas para as quais a condição é avaliada como TRUE após substituir seus valores de atributo correspondentes — são selecionadas.

Consulta 1. Recuperar o nome e o endereço de todos os funcionários que trabalham para o departamento 'Pesquisa'.

```
C1: SELECT Primeiro_nome, Ultimo_nome, Endereco
    FROM   FUNCIONARIO, DEPARTAMENTO
    WHERE  Nome_departamento ='Pesquisa' AND DEPARTAMENTO.Numero_
           departamento = FUNCIONARIO.Numero_departamento;
```

Na cláusula WHERE de C1, a condição Nome_departamento = 'Pesquisa' é uma **condição de seleção** que escolhe a tupla de interesse em particular na tabela DEPARTAMENTO, pois Nome_departamento é um atributo de DEPARTAMENTO. A condição FUNCIONARIO.Numero_departamento = DEPARTAMENTO.Numero_departamento é chamada **condição de junção** (ou **join**), pois combina duas tuplas: uma de DEPARTAMENTO e uma de FUNCIONARIO, sempre que o valor de Numero_departamento em DEPARTAMENTO é igual ao valor de Numero_departamento em FUNCIONARIO. O resultado da consulta C1 é mostrado na Figura 6.3(b). Em geral, qualquer número de condições de seleção e junção pode ser especificado em uma única consulta SQL.

Uma consulta que envolve apenas condições de seleção e junção mais atributos de projeção é conhecida como uma consulta **seleção-projeção-junção.** O próximo exemplo é uma consulta seleção-projeção-junção com *duas* condições de junção.

Consulta 2. Para cada projeto localizado em 'Mauá', liste o número do projeto, o número do departamento que o controla e sobrenome, endereço e data de nascimento do gerente do departamento.

```
C2: SELECT Numero_projeto, DEPARTAMENTO.Numero_departamento, Ultimo_
           nome, Endereco, Data_nascimento
    FROM   PROJETO, DEPARTAMENTO, FUNCIONARIO
    WHERE  PROJETO.Numero_departamento = DEPARTAMENTO.Numero_depar-
           tamento AND Cpf_gerente = Cpf AND Local_projeto = 'Mauá';
```

A condição de junção PROJETO.Numero_departamento = DEPARTAMENTO.Numero_departamento relaciona uma tupla de projeto à sua tupla de departamento que o controla, enquanto a condição de junção Cpf_gerente = Cpf relaciona a tupla do departamento que o controla à tupla de funcionário que gerencia esse departamento. Cada tupla no resultado será uma *combinação* de um projeto, um departamento (que controla o projeto) e um funcionário (que gerencia o departamento). Os atributos de projeção são usados para escolher os atributos a serem exibidos com base em cada tupla combinada. O resultado da consulta C2 aparece na Figura 6.3(c).

6.3.2 Nomes de atributos ambíguos, apelido, renomeação e variáveis de tupla

Em SQL, o mesmo nome pode ser usado para dois (ou mais) atributos, desde que estes estejam em *relações diferentes*. Se isso acontecer, e uma consulta em múltiplas relações se referir a dois ou mais atributos com o mesmo nome, é *preciso* **qualificar** o nome do atributo com o nome da relação para evitar ambiguidade. Isso é feito *prefixando* o nome da relação ao nome do atributo e separando os dois por um ponto. Para ilustrar isso, suponha que, nas figuras 5.5 e 5.6, o atributo Ultimo_nome da relação FUNCIONARIO fosse chamado de Nome, e o atributo Nome_departamento de DEPARTAMENTO também fosse chamado Nome. Então, para evitar ambiguidade, a consulta C1 seria reformulada como mostramos em C1A. Devemos prefixar os nomes de atributo Nome e Numero_departamento em C1A para especificar a quais estamos nos referindo, pois os mesmos nomes de atributo são usados nas duas relações:

```
C1A: SELECT Primeiro_nome, FUNCIONARIO.Nome, Endereco
     FROM   FUNCIONARIO, DEPARTAMENTO
     WHERE  DEPARTAMENTO.Nome = 'Pesquisa' AND
            DEPARTAMENTO.Numero_departamento =
            FUNCIONARIO.Numero_departamento;
```

Nomes de atributo totalmente qualificados podem ser usados por clareza mesmo que não haja ambiguidade nos nomes de atributo. C1 aparece dessa maneira como C1' a seguir. Também podemos renomear os nomes de relação para nomes mais curtos, criando um *apelido* para cada nome de relação, para evitar a digitação repetida de nomes de relação longos (ver C8, a seguir).

```
C1': SELECT FUNCIONARIO.Primeiro_nome, FUNCIONARIO.Ultimo_nome,
            FUNCIONARIO.Endereco
     FROM   FUNCIONARIO, DEPARTAMENTO
     WHERE  DEPARTAMENTO.Nome_departamento = 'Pesquisa' AND
            DEPARTAMENTO.Numero_departamento =
            FUNCIONARIO.Numero_departamento;
```

A ambiguidade dos nomes de atributo também surge no caso de consultas que se referem à mesma relação duas vezes, como no exemplo a seguir.

Consulta 8. Para cada funcionário, recupere o primeiro e o último nome do funcionário e o primeiro e o último nome de seu supervisor imediato.

```
C8: SELECT F.Primeiro_nome, F.Ultimo_nome, S.Primeiro_nome, S.Ultimo_nome
    FROM   FUNCIONARIO AS F, FUNCIONARIO AS S
    WHERE  F.Cpf_supervisor=S.Cpf;
```

Neste caso, precisamos declarar nomes de relação alternativos F e S, chamados **apelidos** ou **variáveis de tupla**, para a relação FUNCIONARIO. Um apelido pode vir após a palavra-chave **AS**, como mostramos em C8, ou diretamente após o nome da relação — por exemplo, escrevendo FUNCIONARIO F, FUNCIONARIO S na cláusula FROM de C8. Também é possível **renomear** os atributos da relação dentro da consulta em SQL, dando-lhe apelidos. Por exemplo, se escrevermos

FUNCIONARIO **AS** F(Pn, Nm, Un, Cpf, Dn, End, Sexo, Sal, Cpfs, Nd)

na cláusula FROM, Pn torna-se um apelido para Primeiro_nome, Nm para Nome_meio, Un para Ultimo_nome, e assim por diante.

Em C8, podemos pensar em F e S como duas *cópias diferentes* da relação FUNCIONARIO; a primeira, F, representa funcionários no papel de supervisionados ou subordinados; a segunda, S, representa os funcionários no papel de supervisores. Agora, podemos juntar as duas cópias. Naturalmente, na realidade existe *apenas uma* relação FUNCIONARIO, e a condição de junção serve para juntar a própria relação, combinando as tuplas que satisfazem a condição de junção F.Cpf_supervisor = S.Cpf. Observe que este é um exemplo de uma consulta recursiva de um nível, conforme discutiremos na Seção 8.4.2. Nas versões anteriores da SQL, não era possível especificar uma consulta recursiva geral, com um número desconhecido de níveis, em uma única instrução SQL. Uma construção para especificar consultas recursivas foi incorporada na SQL:1999 (ver Capítulo 7).

O resultado da consulta C8 aparece na Figura 6.3(d). Sempre que um ou mais apelidos são dados a uma relação, podemos usar esses nomes para representar diferentes referências a essa mesma relação. Isso permite múltiplas referências à mesma relação dentro de uma consulta.

Podemos usar esse mecanismo de **nomeação** de apelidos em qualquer consulta SQL para especificar variáveis de tupla para cada tabela na cláusula WHERE, não importando se a mesma relação precisa ser referenciada mais de uma vez. De fato, essa prática é recomendada, pois resulta em consultas mais fáceis de compreender. Por exemplo, poderíamos especificar a consulta C1 como em C1B:

```
C1B: SELECT F.Primeiro_nome, F.Ultimo_nome, F.Endereco
     FROM   FUNCIONARIO AS F, DEPARTAMENTO AS D
     WHERE  D.Nome_departamento = 'Pesquisa' AND
            D.Numero_departamento=F.Numero_departamento;
```

6.3.3 Cláusula WHERE não especificada e uso do asterisco

Vamos discutir aqui mais dois recursos da SQL. A *falta* de uma cláusula WHERE indica que não há condição sobre a seleção de tuplas; logo, *todas as tuplas* da relação especificada na cláusula FROM se qualificam e são selecionadas para o resultado da consulta. Se mais de uma relação for especificada na cláusula FROM e não houver uma cláusula WHERE, então o PRODUTO CARTESIANO — *todas as combinações de tuplas possíveis* — dessas relações será selecionado. Por exemplo, a Consulta 9 seleciona todos os Cpfs de FUNCIONARIO [Figura 6.3(e)] e a Consulta 10 seleciona todas as combinações de um Cpf de FUNCIONARIO e um Nome_departamento de DEPARTAMENTO, independentemente de o funcionário trabalhar ou não para o departamento [Figura 6.3(f)].

Consultas 9 e 10. Selecionar todos os Cpfs de FUNCIONARIO (C9) e todas as combinações de Cpf de FUNCIONARIO e Nome_departamento de DEPARTAMENTO (C10) no banco de dados.

```
C9:   SELECT Cpf
      FROM   FUNCIONARIO;

C10:  SELECT Cpf, Nome_departamento
      FROM   FUNCIONARIO, DEPARTAMENTO;
```

É extremamente importante especificar cada condição de seleção e junção na cláusula WHERE. Se alguma condição desse tipo for esquecida, o resultado poderá ser relações incorretas e muito grandes. Observe que C10 é semelhante a uma operação de PRODUTO CARTESIANO seguida por uma operação PROJECAO na álgebra relacional (ver Capítulo 8). Se especificarmos todos os atributos de FUNCIONARIO e DEPARTAMENTO em C10, obteremos o PRODUTO CARTESIANO real (exceto pela eliminação de duplicatas, se houver).

Para recuperar todos os valores de atributo das tuplas selecionadas, não precisamos listar os nomes de atributo explicitamente em SQL; basta especificar um *asterisco* (*), que significa *todos os atributos*. O * também pode ser iniciado pelo nome da relação ou apelido; por exemplo, FUNCIONARIO.* refere-se a todos os atributos da tabela FUNCIONARIO.

A consulta C1C recupera todos os valores de atributo de qualquer FUNCIONARIO que trabalha no DEPARTAMENTO número 5 [Figura 6.3(g)], a consulta C1D recupera todos os atributos de um FUNCIONARIO e os atributos do DEPARTAMENTO em que ele ou ela trabalha para todo funcionário no departamento 'Pesquisa', e C10A especifica o PRODUTO CARTESIANO das relações FUNCIONARIO e DEPARTAMENTO.

```
C1C:  SELECT *
      FROM   FUNCIONARIO
      WHERE  Numero_departamento = 5;

C1D:  SELECT *
      FROM   FUNCIONARIO, DEPARTAMENTO
      WHERE  Nome_departamento = 'Pesquisa' AND DEPARTAMENTO.Numero_
             departamento = FUNCIONARIO.Numero_departamento;

C10A: SELECT *
      FROM   FUNCIONARIO, DEPARTAMENTO;
```

6.3.4 Tabelas como conjuntos em SQL

Conforme já dissemos, a SQL normalmente trata uma tabela não como um conjunto, mas como um **multiconjunto**; *tuplas duplicadas podem aparecer mais de uma vez* em uma tabela e no resultado de uma consulta. A SQL não elimina automaticamente tuplas duplicadas nos resultados das consultas, pelos seguintes motivos:

- A eliminação de duplicatas é uma operação dispendiosa. Um modo de implementá-la é classificar as tuplas primeiro e depois eliminar as duplicatas.
- O usuário pode querer ver as tuplas duplicadas no resultado de uma consulta.
- Quando uma função agregada (ver Seção 7.1.7) é aplicada às tuplas, na maioria dos casos não queremos eliminar duplicatas.

Uma tabela SQL com uma chave é restrita a ser um conjunto, uma vez que o valor de chave precisa ser distinto em cada tupla.[10] Se *quisermos* eliminar tuplas duplicadas do resultado de uma consulta SQL, usamos a palavra-chave **DISTINCT**

---

[10] Em geral, uma tabela SQL não precisa ter uma chave, embora, na maioria dos casos, exista uma.

na cláusula SELECT, significando que apenas as tuplas distintas deverão permanecer no resultado. Em geral, uma consulta com SELECT DISTINCT elimina duplicatas, enquanto uma consulta com SELECT ALL não elimina. A especificação de SELECT sem ALL ou DISTINCT — como em nossos exemplos anteriores — é equivalente a SELECT ALL. Por exemplo, a C11 recupera o salário de cada funcionário; se vários funcionários tiverem o mesmo salário, esse valor de salário aparecerá muitas vezes no resultado da consulta, como mostra a Figura 6.4(a). Se estivermos interessados apenas em valores de salário distintos, queremos que cada valor apareça apenas uma vez, independentemente de quantos funcionários ganham esse salário. Usando a palavra-chave **DISTINCT**, como em C11A, conseguimos isso, como mostra a Figura 6.4(b).

Consulta 11. Recuperar o salário de cada funcionário (C11) e todos os valores de salário distintos (C11A).

```
C11:   SELECT   ALL Salario
       FROM     FUNCIONARIO;

C11A:  SELECT   DISTINCT Salario
       FROM     FUNCIONARIO;
```

A SQL incorporou diretamente algumas das operações de conjunto da *teoria de conjuntos* da matemática, que também fazem parte da álgebra relacional (ver Capítulo 8). Existem operações de união de conjunto (**UNION**), diferença de conjunto (**EXCEPT**)[11] e interseção de conjunto (**INTERSECT**). As relações resultantes dessas operações de conjunto são conjuntos de tuplas; ou seja, *tuplas duplicadas são eliminadas do resultado*. Essas operações de conjunto se aplicam apenas a *relações compatíveis com o tipo*, de modo que precisamos garantir que as duas relações em que aplicamos a operação tenham os mesmos atributos e que os atributos apareçam na mesma ordem nas duas relações. O próximo exemplo ilustra o uso de UNION.

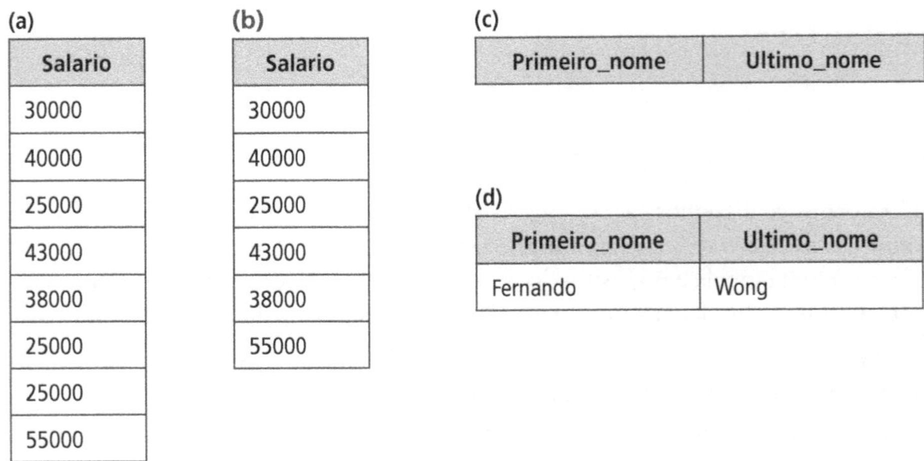

(a)

Salario
30000
40000
25000
43000
38000
25000
25000
55000

(b)

Salario
30000
40000
25000
43000
38000
55000

(c)

Primeiro_nome	Ultimo_nome

(d)

Primeiro_nome	Ultimo_nome
Fernando	Wong

Figura 6.4 Resultados de consultas SQL adicionais, quando aplicadas ao estado de banco de dados EMPRESA, mostrado na Figura 5.6. (a) C11. (b) C11A. (c) C12. (d) C12A.

[11] Em alguns sistemas, a palavra-chave MINUS é usada para a operação de diferença de conjunto, em vez de EXCEPT.

Consulta 4. Fazer uma lista de todos os números de projeto para aqueles que envolvam um funcionário cujo último nome é 'Silva', seja como um trabalhador, seja como um gerente do departamento que controla o projeto.

```
C4A:  ( SELECT  DISTINCT Numero_projeto
        FROM    PROJETO, DEPARTAMENTO, FUNCIONARIO
        WHERE   PROJETO.Numero_departamento = DEPARTAMENTO.
                Numero_departamento AND Cpf_gerente = Cpf
                AND Ultimo_nome = 'Silva')
        UNION
      ( SELECT  DISTINCT PROJETO.Numero_projeto
        FROM    PROJETO, TRABALHA_EM, FUNCIONARIO
        WHERE   PROJETO.Numero_projeto = TRABALHA_EM.Numero_projeto
                AND Cpf_funcionario = Cpf AND Ultimo_nome = 'Silva' );
```

A primeira consulta SELECT recupera os projetos que envolvem um 'Silva' como gerente do departamento que controla o projeto e a segunda recupera os projetos que envolvem um 'Silva' como um trabalhador no projeto. Observe que, se todos os funcionários tiverem o último nome 'Silva', os nomes de projeto envolvendo qualquer um deles seriam recuperados. A aplicação da operação UNION às duas consultas SELECT gera o resultado desejado.

A SQL também possui operações multiconjunto correspondentes, que são acompanhadas da palavra-chave **ALL** (UNION ALL, EXCEPT ALL, INTERSECT ALL). Seus resultados são multiconjuntos (duplicatas não são eliminadas). O comportamento dessas operações é ilustrado pelos exemplos da Figura 6.5. Basicamente, cada tupla — seja ela uma duplicata ou não — é considerada uma tupla diferente ao aplicar essas operações.

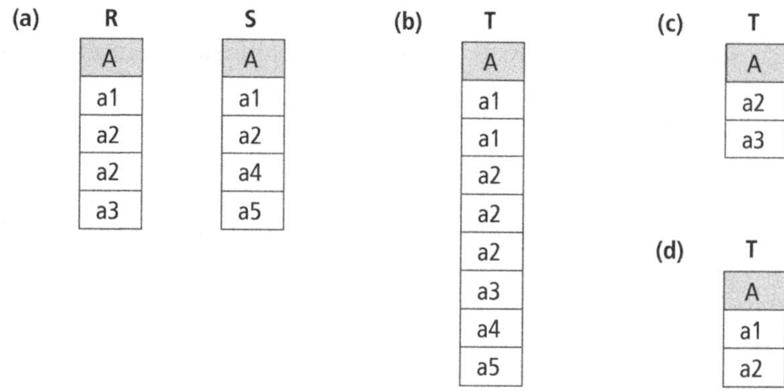

(a) R

A
a1
a2
a2
a3

S

A
a1
a2
a4
a5

(b) T

A
a1
a1
a2
a2
a2
a3
a4
a5

(c) T

A
a2
a3

(d) T

A
a1
a2

Figura 6.5 Os resultados das operações multiconjunto da SQL. (a) Duas tabelas, R(A) e S(A). (b) R(A) UNION ALL S(A). (c) R(A) EXCEPT ALL S(A). (d) R(A) INTERSECT ALL S(A).

6.3.5 Combinação de padrão de subcadeias e operadores aritméticos

Nesta seção, discutimos vários outros recursos da SQL. O primeiro recurso permite condições de comparação apenas sobre partes de uma cadeia de caracteres, usando o operador de comparação **LIKE**. Isso pode ser usado para **combinação de padrão** de cadeia de caracteres. Cadeias de caracteres parciais são especificadas com o uso de dois caracteres reservados: % substitui um número qualquer de zero ou mais caracteres, e o sublinhado (_) substitui um único caractere. Por exemplo, considere a consulta a seguir.

Consulta 12. Recuperar todos os funcionários cujo endereço esteja em Belo Horizonte, MG.

```
C12:   SELECT   Primeiro_nome, Ultimo_nome
       FROM     FUNCIONARIO
       WHERE    Endereco LIKE '%Belo Horizonte,MG%';
```

Para recuperar todos os funcionários que nasceram durante a década de 1950, podemos usar a Consulta C12A. Aqui, '5' precisa ser o nono caractere da cadeia (de acordo com nosso formato para data), de modo que usamos o valor '_ _ _ _ _ _ _ _ 5 _', com cada sublinhado servindo como um marcador de lugar para um caractere qualquer.

Consulta 12A. Encontrar todos os funcionários que nasceram durante a década de 1950.

```
C12A:  SELECT   Primeiro_nome, Ultimo_nome
       FROM     FUNCIONARIO
       WHERE    Data_nascimento LIKE '_ _ _ _ _ _ _ _ 5 _';
```

Se um sublinhado ou % for necessário como um caractere literal na cadeia, este deve ser precedido por um *caractere de escape*, que é especificado após a cadeia usando a palavra-chave ESCAPE. Por exemplo, 'AB_CD\%EF' ESCAPE '\' representa a cadeia literal 'AB_CD%EF', pois \ é especificado como o caractere de escape. Qualquer caractere não usado na cadeia pode ser escolhido como caractere de escape. Além disso, precisamos de uma regra para especificar apóstrofos ou aspas simples (' ') se eles tiverem de ser incluídos em uma cadeia, pois são usados para iniciar e terminar cadeias. Se um apóstrofo (') for necessário, ele será representado como dois apóstrofos consecutivos (''), de modo que não será interpretado como o término da cadeia. Observe que a comparação de subcadeia implica que os valores de atributo não sejam valores atômicos (indivisíveis), conforme assumimos no modelo relacional formal (ver Seção 5.1).

Outro recurso permite o uso de aritmética nas consultas. Os operadores aritméticos padrão para adição (+), subtração (–), multiplicação (*) e divisão (/) podem ser aplicados a valores ou atributos numéricos com domínios numéricos. Por exemplo, suponha que queiramos ver o efeito de dar a todos os funcionários que trabalham no projeto 'ProdutoX' um aumento de 10%; podemos fazer a Consulta 13 para ver quais seriam seus novos salários. Este exemplo também mostra como podemos renomear um atributo no resultado da consulta usando AS na cláusula SELECT.

Consulta 13. Mostrar os salários resultantes se cada funcionário que trabalha no projeto 'ProdutoX' receber um aumento de 10%.

```
C13: SELECT F.Primeiro_nome, F.Ultimo_nome, 1.1 * F.Salario AS Aumento_salario
     FROM   FUNCIONARIO AS F, TRABALHA_EM AS T, PROJETO AS P
     WHERE  F.Cpf = T.Cpf_funcionario AND T.Numero_projeto = P.Numero_projeto
            AND P.Nome_projeto = 'ProdutoX';
```

Para os tipos de dados de cadeia, o operador de concatenação || pode ser usado em uma consulta para anexar dois valores de cadeia. Para tipos de dados date, time, timestamp e interval, os operadores incluem incremento (+) ou decremento (–) de uma data, hora ou data e hora por um intervalo. Além disso, um valor de intervalo é o resultado da diferença entre dois valores de data, ou hora ou data e hora. Outro operador de comparação, que pode ser usado por conveniência, é **BETWEEN**, que está ilustrado na Consulta 14.

Consulta 14. Recuperar todos os funcionários no departamento 5 cujo salário esteja entre R$30.000 e R$40.000.

```
C14: SELECT *
     FROM   FUNCIONARIO
     WHERE  (Salario BETWEEN 30000 AND 40000) AND Numero_departamento = 5;
```

A condição (Salario **BETWEEN** 30000 **AND** 40000) em C14 é equivalente à condição ((Salario >= 30000) **AND** (Salario <= 40000)).

6.3.6 Ordenação dos resultados da consulta

A SQL permite que o usuário ordene as tuplas no resultado de uma consulta pelos valores de um ou mais dos atributos que aparecem no resultado da consulta, usando a cláusula **ORDER BY**. Isso é ilustrado pela Consulta 15.

Consulta 15. Recuperar uma lista dos funcionários e dos projetos em que estão trabalhando, ordenada por departamento e, dentro de cada departamento, ordenada alfabeticamente pelo último nome e depois pelo primeiro nome.

```
C15: SELECT   D.Nome_departamento, F.Ultimo_nome, F.Primeiro_nome,
              P.Nome_projeto
     FROM     DEPARTAMENTO AS D, FUNCIONARIO AS F, TRABALHA_EM AS T,
              PROJETO AS P
     WHERE    D.Numero_departamento = F.Numero_departamento
              AND F.Cpf= T.Cpf_funcionario AND T.Numero_projeto =
              P.Numero_projeto
     ORDER BY D.Nome_departamento, F.Ultimo_nome, F.Primeiro_nome;
```

A ordem padrão está em ordem crescente de valores. Podemos especificar a palavra-chave **DESC** se quisermos ver o resultado em uma ordem decrescente de valores. A palavra-chave **ASC** pode ser usada para especificar a ordem crescente explicitamente. Por exemplo, se quisermos a ordem alfabética decrescente de Nome_departamento e a ordem crescente de Ultimo_nome, Primeiro_nome, a cláusula ORDER BY da C15 pode ser escrita como

```
ORDER BY D.Nome_departamento DESC, F.Ultimo_nome ASC, F.Primeiro_nome ASC
```

6.3.7 Discussão e resumo das consultas de recuperação da SQL básica

Uma consulta de recuperação *simples* em SQL pode consistir em até quatro cláusulas, mas apenas as duas primeiras — SELECT e FROM — são obrigatórias. As cláusulas são especificadas na seguinte ordem, com aquelas entre colchetes [...] sendo opcionais:

```
SELECT     <lista atributos>
FROM       <lista tabelas>
[ WHERE    <condição>]
[ ORDER BY <lista atributos>];
```

A cláusula SELECT lista os atributos a serem recuperados, e a cláusula FROM especifica todas as relações (tabelas) necessárias na consulta simples. A cláusula WHERE identifica as condições para selecionar as tuplas dessas relações, incluindo condições de junção, se necessário. ORDER BY especifica uma ordem para exibir os resultados de uma consulta. Duas cláusulas adicionais, GROUP BY e HAVING, serão descritas na Seção 7.1.8.

No Capítulo 7, apresentaremos recursos mais complexos das consultas SQL. Estes incluem os seguintes: consultas aninhadas, que permitem que uma consulta seja incluída como parte de outra consulta; funções de agregação, que são usadas para fornecer resumos da informação nas tabelas; duas cláusulas adicionais (GROUP BY e HAVING), que podem ser usadas para fornecer mais poder para as funções agregadas; e vários tipos de junções (*joins*), que podem combinar registros de várias tabelas de diferentes maneiras.

6.4 Instruções INSERT, DELETE e UPDATE em SQL

Em SQL, três comandos podem ser usados para modificar o banco de dados: INSERT, DELETE e UPDATE. Discutiremos cada um deles, um por vez.

6.4.1 O comando INSERT

Em sua forma mais simples, INSERT é usado para acrescentar uma única tupla (linha) a uma relação (tabela). Temos de especificar o nome da relação e uma lista de valores para a tupla. Os valores devem ser listados *na mesma ordem* em que os atributos correspondentes foram especificados no comando CREATE TABLE. Por exemplo, para acrescentar uma nova tupla à relação FUNCIONARIO mostrada na Figura 5.5 e especificada no comando CREATE TABLE FUNCIONARIO... da Figura 6.1, podemos usar U1:

```
U1: INSERT INTO  FUNCIONARIO
    VALUES       ('Ricardo', 'K', 'Marini', '65329865388', '30-12-1962',
                 'Rua Itapira, 44, Santos, SP', 'M', 37000, '65329865388', 4 );
```

Uma segunda forma da instrução INSERT permite que o usuário especifique nomes de atributo explícitos que correspondem aos valores fornecidos no comando INSERT. Isso é útil se uma relação tiver muitos atributos, mas apenas alguns deles recebem valores em uma nova tupla. Porém, os valores precisam incluir todos os atributos com a especificação NOT NULL *e* nenhum valor padrão. Os atributos com NULL permitido ou com valores DEFAULT são aqueles que podem ser *omitidos*. Por exemplo, para inserir uma tupla para um novo FUNCIONARIO do qual conhecemos apenas os atributos Primeiro_nome, Ultimo_nome, Numero_departamento e Cpf, podemos usar U1A:

```
U1A: INSERT INTO  FUNCIONARIO (Primeiro_nome, Ultimo_nome, Numero_
                  departamento, Cpf)
     VALUES       ('Ricardo', 'Marini', 4, '65329865388');
```

Os atributos não especificados em U1A são definidos como seu valor DEFAULT ou NULL, e os valores são listados na mesma ordem que os *atributos são listados no próprio comando INSERT*. Também é possível inserir em uma relação *múltiplas tuplas* separadas por vírgulas em um único comando INSERT. Os valores de atributo que formam *cada tupla* ficam entre parênteses.

Um SGBD que implementa totalmente a SQL deve aceitar e impor todas as restrições de integridade que podem ser especificadas na DDL. Por exemplo, se emitirmos o comando em U2 sobre o banco de dados mostrado na Figura 5.6, o SGBD deve *rejeitar* a operação, pois não existe uma tupla DEPARTAMENTO no banco de dados com Numero_departamento = 2. De modo semelhante, U2A seria *rejeitada* porque nenhum valor de Cpf é fornecido e essa é a chave primária, que não pode ser NULL.

```
U2:   INSERT INTO  FUNCIONARIO (Primeiro_nome, Ultimo_nome, Cpf,
                   Numero_departamento)
      VALUES       ('Roberto', 'Gomes', '98076054011', 2);
```

(U2 é rejeitado se a verificação da integridade referencial for oferecida pelo SGBD.)

```
U2A:  INSERT INTO  FUNCIONARIO (Primeiro_nome, Ultimo_nome,
                   Numero_departamento)
      VALUES       ('Roberto', 'Gomes', 5);
```

(U2A é rejeitado se a verificação de NOT NULL for oferecida pelo SGBD.)

Uma variação do comando INSERT inclui várias tuplas em uma relação em conjunto com a criação da relação e sua carga com o *resultado de uma consulta*. Por exemplo, para criar uma tabela temporária que possui o último nome do funcionário, o nome do projeto e as horas por semana para cada funcionário que trabalha em um projeto, podemos escrever as instruções em U3A e U3B:

```
U3A:  CREATE TABLE         INFORMACOES_TRABALHA_EM
      ( Nome_funcionario   VARCHAR(15),
      Nome_projeto         VARCHAR(15),
      Horas_semanal        DECIMAL(3,1) );

U3B:  INSERT INTO          INFORMACOES_TRABALHA_EM ( Nome_funcionario,
                           Nome_projeto, Horas_por_semana )
      SELECT               F.Ultimo_nome, P.Nome_projeto, T.Horas
      FROM                 PROJETO P, TRABALHA_EM T, FUNCIONARIO F
      WHERE                P.Numero_projeto = T.Numero_projeto AND T.Cpf_
                           funcionario = F.Cpf;
```

Uma tabela INFORMACOES_TRABALHA_EM é criada por U3A e carregada com a informação da junção recuperada do banco de dados pela consulta em U3B. Agora, podemos consultar INFORMACOES_TRABALHA_EM como faríamos com qualquer outra relação; quando não precisarmos mais dela, poderemos removê-la usando o comando DROP TABLE (ver Capítulo 7). Observe que a tabela INFORMACOES_TRABALHA_EM pode não estar atualizada; ou seja, se atualizarmos qualquer uma das relações PROJETO, TRABALHA_EM ou FUNCIONARIO depois de emitir U3B, a informação em INFORMACOES_TRABALHA_EM *pode ficar desatualizada*. Temos de criar uma visão, ou view (ver Capítulo 7), para manter essa tabela atualizada.

A maioria dos SGBDs tem ferramentas de *carregamento em massa* que permitem que um usuário carregue dados formatados de um arquivo em uma tabela sem ter de escrever um grande número de comandos INSERT. O usuário também pode escrever um programa para ler cada registro no arquivo, formatá-lo como uma linha na tabela e inseri-lo usando as construções de looping de uma linguagem de programação (ver capítulos 10 e 11, nos quais discutimos técnicas de programação de banco de dados).

Outra variação para carregar dados é criar uma nova tabela TNOVA que tenha os mesmos atributos da tabela T existente e carregar alguns dos dados atualmente em T para TNOVA. A sintaxe para fazer isso usa a cláusula LIKE. Por exemplo, se quisermos criar uma tabela FUNC_DEP_5 com uma estrutura semelhante à tabela FUNCIONARIO e carregá-la com as linhas dos funcionários que trabalham no departamento 5, podemos escrever a seguinte SQL:

```
CREATE TABLE    FUNC_DEP_5 LIKE FUNCIONARIO
(SELECT         F.*
FROM            FUNCIONARIO AS F
WHERE           F.Numero_departamento = 5) WITH DATA;
```

A cláusula WITH DATA especifica que a tabela será criada e carregada com os dados especificados na consulta, embora, em algumas implementações, ela possa ser omitida.

6.4.2 O comando DELETE

O comando **DELETE** remove tuplas de uma relação. Ele inclui uma cláusula WHERE, semelhante à que é usada em uma consulta SQL, para selecionar as tuplas a serem excluídas. As tuplas são explicitamente excluídas de apenas uma tabela por vez. No entanto, a exclusão pode se propagar para as tuplas em outras relações, se *ações de disparo referencial* forem especificadas nas restrições de integridade referencial da DDL (ver Seção 6.2.2).[12] Dependendo do número de tuplas selecionadas pela condição na cláusula WHERE, zero, uma ou várias tuplas podem ser excluídas por um único comando DELETE. Uma cláusula WHERE inexistente especifica que todas as tuplas na relação deverão ser excluídas; porém, a tabela permanece no banco de dados como uma tabela vazia. Temos de usar o comando DROP TABLE para remover a definição da tabela (ver Capítulo 7). Os comandos DELETE em U4A a U4D, se aplicados de maneira independente ao banco de dados da Figura 5.6, excluirão zero, uma, quatro e todas as tuplas, respectivamente, da relação FUNCIONARIO:

```
U4A:  DELETE FROM  FUNCIONARIO
      WHERE        Ultimo_nome = 'Braga';
U4B:  DELETE FROM  FUNCIONARIO
      WHERE        Cpf = '12345678966';
U4C:  DELETE FROM  FUNCIONARIO
      WHERE        Numero_departamento = 5;
U4D:  DELETE FROM  FUNCIONARIO;
```

6.4.3 O comando UPDATE

O comando **UPDATE** é usado para modificar valores de atributo de uma ou mais tuplas selecionadas. Assim como no comando DELETE, uma cláusula WHERE no comando UPDATE seleciona as tuplas a serem modificadas em uma única relação. No entanto, a atualização de uma chave primária pode ser propagada para os valores de chave estrangeira das tuplas em outras relações se tal *ação de disparo referencial* for especificada nas restrições de integridade referencial da DDL (ver Seção 6.2.2). Uma cláusula **SET** adicional no comando UPDATE especifica os atributos a serem modificados e seus novos valores. Por exemplo, para alterar o local e o número de departamento que controla o número de projeto 10 para 'Santo André' e 5, respectivamente, usamos U5:

```
U5:  UPDATE  PROJETO
     SET     Local_projeto = 'Santo André', Numero_departamento = 5
     WHERE   Numero_projeto = 10;
```

Várias tuplas podem ser modificadas com um único comando UPDATE. Um exemplo é dar a todos os funcionários no departamento 'Pesquisa' um aumento de 10% no salário, como mostra U6. Nesta solicitação, o valor de Salario modificado depende do valor de Salario em cada tupla, de modo que duas referências ao atributo Salario são necessárias. Na cláusula SET, a referência ao atributo Salario à direita refere-se

[12] Outras ações podem ser aplicadas automaticamente através do conceito de triggers (ver Seção 26.1) e outros mecanismos.

ao antigo valor de Salario, *antes da modificação*, e aquele à esquerda refere-se ao novo valor de Salario, *após a modificação*:

```
U6:  UPDATE   FUNCIONARIO
     SET      Salario = Salario * 1.1
     WHERE    Numero_departamento = 5;
```

Também é possível especificar NULL ou DEFAULT como o novo valor do atributo. Observe que cada comando UPDATE refere-se explicitamente a apenas uma única relação. Para modificar várias relações, precisamos emitir vários comandos UPDATE.

6.5 Recursos adicionais da SQL

A SQL possui uma série de recursos adicionais que não descrevemos neste capítulo, mas que discutiremos em outras partes do livro. São eles:

- No Capítulo 7, que é uma continuação deste capítulo, apresentaremos os seguintes recursos da SQL: diversas técnicas para especificar consultas de recuperação complexas, incluindo consultas aninhadas, funções de agregação, agrupamento, tabelas com junções (*join*), junções externas (*outer joins*), instruções *case* e consultas recursivas; visões (*views*), gatilhos (*triggers*) e asserções (*assertions*) da SQL; e comandos para modificação de esquema.
- A linguagem SQL possui diversas técnicas para a escrita de programas em várias linguagens de programação, que incluem instruções SQL para acessar um ou mais bancos de dados. Estas incluem SQL embutida (e dinâmica), SQL/CLI (Call Level Interface) e seu predecessor ODBC (Open Data Base Connectivity) e SQL/PSM (Persistent Stored Modules). Discutiremos essas técnicas no Capítulo 10. Também discutiremos como acessar bancos de dados SQL por meio da linguagem de programação Java usando JDBC e SQLJ.
- Cada SGBDR comercial terá, além dos comandos SQL, um conjunto de comandos para especificar parâmetros de projeto do banco de dados físico, estruturas de arquivo para relações e caminhos de acesso como índices. Chamamos esses comandos de *linguagem de definição de armazenamento* (*SDL*) no Capítulo 2. As primeiras versões da SQL tinham comandos para **criar índices**, mas estes foram removidos da linguagem porque não estavam no nível de esquema conceitual. Muitos sistemas ainda têm comandos CREATE INDEX, mas eles exigem um privilégio especial. Discutiremos isso no Capítulo 17.
- A SQL possui comandos de controle de transação. Estes são usados para especificar unidades de processamento de banco de dados para fins de controle de concorrência e recuperação. Discutiremos esses comandos no Capítulo 20, depois de discutirmos o conceito de transações com mais detalhes.
- A SQL possui construções da linguagem para especificar a *concessão e revogação de privilégios* aos usuários. Os privilégios normalmente correspondem ao direito de usar certos comandos SQL para acessar determinadas relações. Cada relação recebe um owner (proprietário), e este ou o DBA pode conceder a usuários selecionados o privilégio de usar uma instrução SQL — como SELECT, INSERT, DELETE ou UPDATE — para acessar a relação. Além disso, o DBA pode conceder os privilégios para criar esquemas, tabelas ou visões a certos usuários. Esses comandos SQL — chamados de **GRANT** e **REVOKE** — serão discutidos no Capítulo 20, no qual falaremos sobre segurança e autorização no banco de dados.
- A SQL possui construções de linguagem para a criação de triggers. Estas geralmente são conhecidas como técnicas de **banco de dados ativo**, pois especificam

ações que são disparadas automaticamente por eventos, como atualizações no banco de dados. Discutiremos esses recursos na Seção 26.1, na qual abordaremos os conceitos de banco de dados ativo.

- A SQL incorporou muitos recursos dos modelos orientados a objeto para ter capacidades mais poderosas, levando a sistemas relacionais avançados, conhecidos como **objeto-relacional**. Capacidades como criar atributos complexos, especificar tipos de dados abstratos (chamados **UDTs** ou tipos definidos pelo usuário) para atributos e tabelas, criar **identificadores de objeto** para referenciar tuplas e especificar **operações** sobre tipos serão discutidas no Capítulo 12.
- SQL e bancos de dados relacionais podem interagir com novas tecnologias, como XML (ver Capítulo 13) e OLAP (Capítulo 29).

6.6 Resumo

Neste capítulo, apresentamos a linguagem de banco de dados SQL. Essa linguagem e suas variações têm sido implementadas como interfaces para muitos SGBDs relacionais comerciais, incluindo Oracle, da Oracle; DB2, da IBM; SQL Server, da Microsoft; e muitos outros sistemas, incluindo Sybase e INGRES. Alguns sistemas de código aberto também oferecem SQL, como MySQL e PostgreSQL. A versão original da SQL foi implementada no SGBD experimental chamado SYSTEM R, que foi desenvolvido na IBM Research. A SQL foi projetada para ser uma linguagem abrangente, que inclui instruções para definição de dados, consultas, atualizações, especificação de restrição e definição de view, ou visão. Neste capítulo, discutimos os seguintes recursos da SQL: comandos de definição de dados para criar tabelas, tipos de dados básicos da SQL, comandos para especificação de restrição, consultas de recuperação simples e comandos de atualização de banco de dados. No próximo capítulo, apresentaremos os seguintes recursos da SQL: consultas de recuperação complexas; views; triggers e assertions; e comandos de modificação de esquema.

PERGUNTAS DE REVISÃO

6.1. Como as relações (tabelas) em SQL diferem das relações definidas formalmente no Capítulo 5? Discuta as outras diferenças na terminologia. Por que a SQL permite tuplas duplicadas em uma tabela ou em um resultado de consulta?

6.2. Liste os tipos de dados que são permitidos para atributos SQL.

6.3. Como a SQL permite a implementação das restrições de integridade de entidade e de integridade referencial descritas no Capítulo 5? E as ações de disparo referencial?

6.4. Descreva as quatro cláusulas na sintaxe de uma consulta de recuperação SQL simples. Mostre que tipo de construção pode ser especificado em cada uma das cláusulas. Quais são obrigatórias e quais são opcionais?

EXERCÍCIOS

6.5. Considere o banco de dados mostrado na Figura 1.2, cujo esquema aparece na Figura 2.1. Quais são as restrições de integridade referencial que devem ser mantidas no esquema? Escreva instruções DDL da SQL apropriadas para definir o banco de dados.

6.6. Repita o Exercício 6.5, mas use o esquema de banco de dados COMPANHIA AEREA da Figura 5.8.

6.7. Considere o esquema de banco de dados relacional BIBLIOTECA mostrado na Figura 6.6. Escolha a ação apropriada (rejeitar, propagar, SET NULL, SET DEFAULT) para cada restrição de integridade referencial, tanto para a *exclusão* de uma tupla referenciada quanto para a *atualização* de um valor de atributo de chave primária em uma tupla referenciada. Justifique suas escolhas.

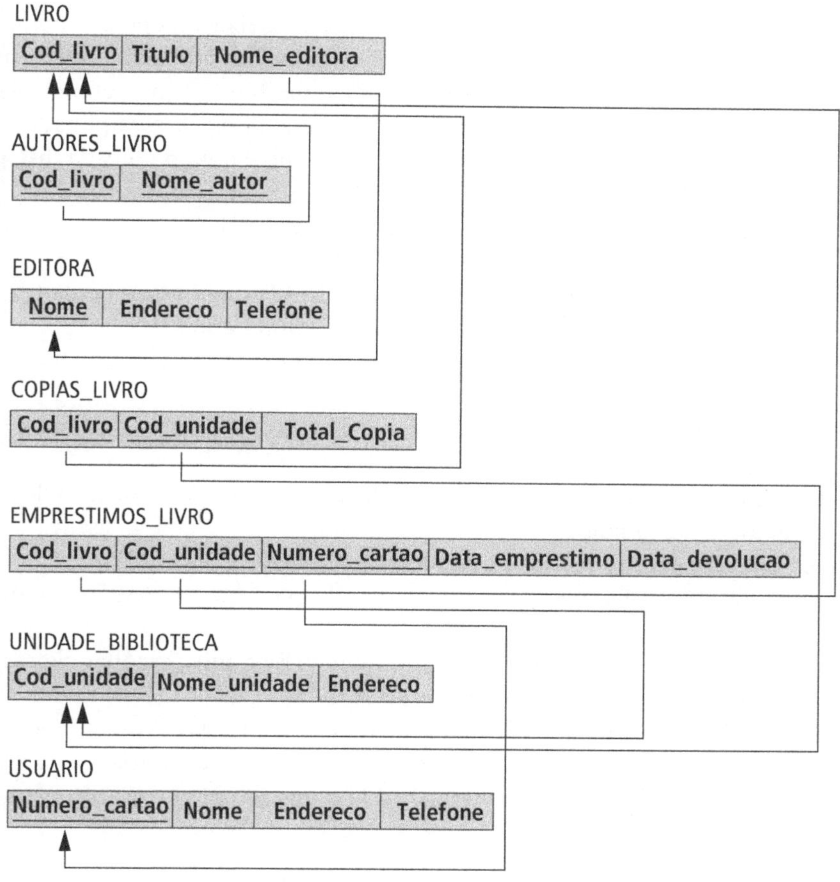

Figura 6.6 Um esquema de banco de dados relacional para um banco de dados BIBLIOTECA.

6.8. Escreva as instruções DDL da SQL apropriadas para declarar o esquema de banco de dados relacional BIBLIOTECA da Figura 6.6. Especifique as chaves e as ações de disparo referencial.

6.9. Como as restrições de chave e de chave estrangeira podem ser impostas pelo SGBD? A técnica de imposição que você sugere é difícil de implementar? As verificações de restrição podem ser executadas de modo eficiente quando as atualizações são aplicadas ao banco de dados?

6.10. Especifique as seguintes consultas em SQL sobre o esquema de banco de dados relacional EMPRESA mostrado na Figura 5.5. Mostre o resultado de cada consulta se ela for aplicada ao banco de dados EMPRESA na Figura 5.6.

   a. Recupere os nomes de todos os funcionários no departamento 5 que trabalham mais de 10 horas por semana no projeto ProdutoX.
   b. Liste os nomes de todos os funcionários que possuem um dependente com o mesmo primeiro nome que seu próprio.
   c. Ache os nomes de todos os funcionários que são supervisionados diretamente por 'Fernando Wong'.

6.11. Especifique as atualizações do Exercício 5.11 usando comandos de atualização da SQL.

6.12. Especifique as consultas a seguir em SQL no esquema de banco de dados da Figura 1.2.

a. Recupere os nomes de todos os alunos sênior que estão se formando em 'CC' (Ciência da Computação).

b. Recupere os nomes de todas as disciplinas lecionadas pelo Professor Kleber em 2007 e 2008.

c. Para cada matéria lecionada pelo Professor Kleber, recupere o número da disciplina, semestre, ano e número de alunos que frequentaram a turma.

d. Recupere o nome e o histórico de cada aluno sênior (Tipo_aluno = 4) que está se formando em CC. Um histórico inclui nome da disciplina, número da disciplina, crédito em horas, semestre, ano e nota para cada disciplina concluída pelo aluno.

6.13. Escreva instruções de atualização SQL para realizar ações sobre o esquema de banco de dados mostrado na Figura 1.2.

a. Inserir um novo aluno, <'Alves', 25, 1, 'MAT'>, no banco de dados.

b. Alterar o tipo do aluno 'Silva' para 2 (segundo ano).

c. Inserir uma nova disciplina, <'Engenharia do conhecimento', 'CC4390', 3, 'CC'>.

d. Excluir o registro para o aluno cujo nome é 'Silva' e cujo número de aluno é 17.

6.14. Crie um esquema de banco de dados relacional para uma aplicação de banco de dados a sua escolha.

a. Declare suas relações, usando a DDL da SQL.

b. Especifique algumas consultas em SQL que sejam necessárias para sua aplicação de banco de dados.

c. Com base em seu uso esperado do banco de dados, escolha alguns atributos que deverão ter índices especificados.

d. Implemente seu banco de dados, se você tiver um SGBD que suporta SQL.

6.15. Considere que a restrição CHAVEESTRFUNC_SUPERVISOR da tabela FUNCIONARIO, conforme especificado na Figura 6.2, seja mudada para:

```
CONSTRAINT CHAVEESTRFUNC_SUPERVISOR
    FOREIGN KEY (Cpf_supervisor) REFERENCES FUNCIONARIO(Cpf)
            ON DELETE CASCADE ON UPDATE CASCADE,
```

Responda às seguintes questões:

a. O que acontece quando o comando a seguir é executado no estado de banco de dados mostrado na Figura 5.6?

```
DELETE FUNCIONARIO WHERE Ultimo_nome = 'Brito'
```

b. É melhor usar CASCADE ou SET NULL no caso da restrição ON DELETE de CHAVEESTRFUNC_SUPERVISOR?

6.16. Escreva instruções SQL para criar uma tabela COPIA_FUNCIONARIO para fazer o backup da tabela FUNCIONARIO mostrada na Figura 5.6.

BIBLIOGRAFIA SELECIONADA

A linguagem SQL, originalmente chamada SEQUEL, foi baseada na linguagem SQUARE (Specifying Queries as Relational Expressions), descrita por Boyce et al. (1975). A sintaxe da SQUARE foi modificada para a SEQUEL (Chamberlin e Boyce, 1974) e depois para SEQUEL 2 (Chamberlin et al., 1976), na qual a SQL é baseada. A implementação original da SEQUEL foi feita na IBM Research, em San Jose, Califórnia. Mostraremos outras referências aos vários aspectos da SQL ao final do Capítulo 7.

7

Mais SQL: consultas complexas, triggers, views e modificação de esquema

Este capítulo descreve recursos mais avançados da linguagem SQL padrão para bancos de dados relacionais. Começamos na Seção 7.1 apresentando recursos mais complexos das consultas de recuperação SQL, como consultas aninhadas, tabelas de junções, junções externas, funções de agregação, agrupamento e comandos case. Na Seção 7.2, descrevemos o comando CREATE ASSERTION, que permite a especificação de restrições mais gerais sobre o banco de dados. Também apresentamos o conceito de triggers (gatilhos) e o comando CREATE TRIGGER, que será descrito com mais detalhes na Seção 26.1, quando mostraremos os princípios dos bancos de dados ativos. Depois, na Seção 7.3, descrevemos a facilidade da SQL para definir views (visões) no banco de dados. As views também são chamadas de *tabelas virtuais* ou *derivadas*, pois apresentam ao usuário o que parecem ser tabelas; porém, a informação nessas tabelas é derivada de tabelas previamente definidas. A Seção 7.4 apresenta o comando SQL ALTER TABLE, que é usado para modificar as tabelas e as restrições do banco de dados. A Seção 7.5 contém um resumo do capítulo.

Este capítulo é uma continuação do Capítulo 6. O leitor poderá pular partes dele se desejar uma introdução menos detalhada à linguagem SQL.

7.1 Consultas de recuperação SQL mais complexas

Na Seção 6.3, descrevemos alguns tipos básicos de consultas de recuperação em SQL. Por causa da generalidade e do poder expressivo da linguagem, existem muitos outros recursos adicionais que permitem que os usuários especifiquem recuperações mais complexas do banco de dados. Discutiremos vários desses recursos nesta seção.

7.1.1 Comparações envolvendo NULL e lógica de três valores

A SQL tem diversas regras para lidar com valores NULL. Lembre-se, da Seção 5.1.2, que NULL é usado para representar um valor que está faltando, mas que em geral tem uma de três interpretações diferentes — valor *desconhecido* (o valor não é conhecido, existindo ou não), valor *não disponível* (o valor existe, mas é propositadamente retido) ou valor *não aplicável* (o atributo não se aplica a essa tupla ou é indefinido para essa tupla). Considere os seguintes exemplos para ilustrar cada um dos significados de NULL.

1. **Valor desconhecido.** A data de nascimento de uma pessoa não é conhecida, e por isso é representada por NULL no banco de dados. Um exemplo do outro caso de desconhecido seria NULL para o telefone residencial de uma pessoa, pois não se sabe se ela tem ou não um telefone residencial.
2. **Valor indisponível ou retido.** Uma pessoa tem telefone residencial, mas não deseja que ele seja listado, por isso ele é retido e representado como NULL no banco de dados.
3. **Atributo não aplicável.** Um atributo TituloUniversitario seria NULL para uma pessoa que não tivesse nível universitário, pois isso não se aplica a ela.

Normalmente, não é possível determinar qual dos significados é intencionado; por exemplo, um NULL para o telefone residencial de uma pessoa pode ter qualquer um dos três significados. Logo, a SQL não distingue entre os diferentes significados de NULL.

Em geral, cada valor NULL individual é considerado diferente de qualquer outro valor NULL nos diversos registros do banco de dados. Quando um registro com NULL em um de seus atributos está envolvido em uma operação de comparação, o resultado é considerado UNKNOWN, ou desconhecido (ele pode ser TRUE ou FALSE). Assim, a SQL usa uma lógica de três valores com os valores TRUE, FALSE e UNKNOWN em vez da lógica de dois valores (booleana) padrão, com os valores TRUE e FALSE. Portanto, é necessário definir os resultados (ou valores-verdade) das expressões lógicas de três valores quando os conectivos lógicos AND, OR e NOT forem usados. A Tabela 7.1 mostra os valores resultantes.

Tabela 7.1 Conectivos lógicos na lógica de três valores.

(a)

AND	TRUE	FALSE	UNKNOWN
TRUE	TRUE	FALSE	UNKNOWN
FALSE	FALSE	FALSE	FALSE
UNKNOWN	UNKNOWN	FALSE	UNKNOWN

(b)

OR	TRUE	FALSE	UNKNOWN
TRUE	TRUE	TRUE	TRUE
FALSE	TRUE	FALSE	UNKNOWN
UNKNOWN	TRUE	UNKNOWN	UNKNOWN

(c)

NOT			
TRUE	FALSE		
FALSE	TRUE		
UNKNOWN	UNKNOWN		

Nas tabelas 7.1(a) e 7.1(b), as linhas e colunas representam os valores dos resultados das condições de comparação, que normalmente apareceriam na cláusula WHERE de uma consulta SQL. Cada resultado de expressão teria um valor TRUE, FALSE ou UNKNOWN. O resultado da combinação de dois valores usando o conectivo lógico AND é mostrado pelas entradas na Tabela 7.1(a). A Tabela 7.1(b) mostra o resultado do uso do conectivo lógico OR. Por exemplo, o resultado de (FALSE AND UNKNOWN) é FALSE, ao passo que o resultado de (FALSE OR UNKNOWN) é UNKNOWN. A Tabela 7.1(c) mostra o resultado da operação lógica NOT. Observe que, na lógica booleana padrão, somente valores TRUE e FALSE são permitidos; não existe um valor UNKNOWN.

Nas consultas seleção-projeção-junção, a regra é que somente as combinações de tuplas que avaliam a expressão lógica na cláusula WHERE da consulta como TRUE são selecionadas. As combinações de tupla avaliadas como FALSE ou UNKNOWN não são selecionadas. Porém, existem exceções a essa regra para certas operações, como junções externas (*outer joins*), conforme veremos na Seção 7.1.6.

A SQL permite consultas que verificam se o valor de um atributo é **NULL**. Em vez de usar = ou <> para comparar o valor de um atributo com NULL, a SQL usa os operadores de comparação **IS** ou **IS NOT**. Isso porque ela considera cada valor NULL sendo distinto de cada outro valor NULL, de modo que a comparação de igualdade não é apropriada. Acontece que, quando uma condição de junção é especificada, as tuplas com valores NULL para os atributos de junção não são incluídas no resultado (a menos que seja uma OUTER JOIN; ver Seção 7.1.6). A Consulta 18 ilustra a comparação com NULL recuperando quaisquer funcionários que não tenham um supervisor.

Consulta 18. Recuperar os nomes de todos os funcionários que não possuem supervisores.

```
C18: SELECT   Primeiro_nome, Ultimo_nome
     FROM     FUNCIONARIO
     WHERE    Cpf_supervisor IS NULL;
```

7.1.2 Consultas aninhadas, tuplas e comparações de conjunto/multiconjunto

Algumas consultas precisam que os valores existentes no banco de dados sejam buscados e depois usados em uma condição de comparação. Essas consultas podem ser formuladas convenientemente com o uso de **consultas aninhadas**, que são blocos select-from-where completos dentro de outra consulta SQL. Essa outra consulta é chamada de **consulta externa**. Essas consultas aninhadas também podem aparecer na cláusula WHERE, ou na cláusula FROM, ou na cláusula SELECT, ou em outras cláusulas SQL, como for preciso. A Consulta 4 é formulada em C4 sem uma consulta aninhada, mas pode ser reformulada para usar consultas aninhadas, como mostramos em C4A. A C4A introduz o operador de comparação **IN**, que compara um valor *v* com um conjunto (ou multiconjunto) de valores *V* e avalia como **TRUE** se *v* for um dos elementos em *V*.

Na C4A, a primeira consulta aninhada seleciona os números dos projetos que possuem um funcionário com sobrenome 'Silva' envolvido como gerente, enquanto a segunda consulta aninhada seleciona os números dos projetos que possuem um funcionário com o sobrenome 'Silva' envolvido como trabalhador. Na consulta externa, usamos o conectivo lógico **OR** para recuperar uma tupla PROJETO se o valor de NUMERO_PROJETO dessa tupla estiver no resultado de qualquer uma das consultas aninhadas.

```
C4A: SELECT   DISTINCT Numero_projeto
     FROM     PROJETO
     WHERE    Numero_projeto IN
              ( SELECT  Numero_projeto
                FROM    PROJETO, DEPARTAMENTO, FUNCIONARIO
                WHERE   PROJETO.Numero_departamento =
                        DEPARTAMENTO.Numero_departamento
                        AND    Cpf_gerente = Cpf AND Ultimo_nome = 'Silva' )
              OR
              Numero_projeto IN
              ( SELECT           Numero_projeto
                FROM             TRABALHA_EM, FUNCIONARIO
                WHERE            Cpf_funcionario = Cpf AND Ultimo_
                                 nome = 'Silva' );
```

Se uma consulta aninhada retornar um único atributo *e* uma única tupla, o resultado da consulta será um único valor (**escalar**). Nesses casos, é permitido usar = em vez de IN para o operador de comparação. Em geral, a consulta aninhada retornará uma **tabela** (relação), que é um conjunto ou multiconjunto de tuplas.

A SQL permite o uso de **tuplas** de valores em comparações, colocando-os entre parênteses. Para ilustrar isso, considere a seguinte consulta:

```
SELECT   DISTINCT Cpf_funcionario
FROM     TRABALHA_EM
WHERE    (Numero_projeto, Horas) IN  ( SELECT   Numero_projeto, Horas
                                       FROM     TRABALHA_EM
                                       WHERE    Cpf_funcionario =
                                                '12345678966' );
```

Essa consulta selecionará os Cpfs de todos os funcionários que trabalham na mesma combinação (projeto, horas) em algum projeto no qual o funcionário 'João Silva' (cujo Cpf = '12345678966') trabalha. Neste exemplo, o operador IN compara a subtupla de valores entre parênteses (Numero_projeto, Horas) dentro de cada tupla em TRABALHA_EM com o conjunto de tuplas com tipos compatíveis produzidas pela consulta aninhada.

Além do operador IN, diversos outros operadores de comparação podem ser usados para comparar um único valor *v* (em geral, um nome de atributo) com um conjunto ou multiconjunto *v* (tipicamente, uma consulta aninhada). O operador = ANY (ou = SOME) retorna TRUE se o valor *v* for igual a *algum valor* no conjunto *V* e, portanto, é equivalente a IN. As duas palavras-chave ANY e SOME possuem o mesmo efeito. Outros operadores que podem ser combinados com ANY (ou SOME) incluem >, >=, <, <= e <>. A palavra-chave ALL também pode ser combinada com cada um desses operadores. Por exemplo, a condição de comparação (*v* > ALL *V*) retorna TRUE se o valor *v* for maior que *todos* os valores no conjunto (ou multiconjunto) *V*. Um exemplo é a consulta a seguir, que retorna os nomes dos funcionários cujo salário é maior que o salário de todos os funcionários no departamento 5:

```
SELECT   Ultimo_nome, Primeiro_nome
FROM     FUNCIONARIO
WHERE    Salario > ALL     ( SELECT    Salario
                             FROM      FUNCIONARIO
                             WHERE     Numero_departamento = 5 );
```

Observe que essa consulta também pode ser especificada usando a função de agregação MAX (ver Seção 7.1.7).

Em geral, podemos ter vários níveis de consultas aninhadas. Podemos mais uma vez lidar com a possível ambiguidade entre nomes de atributo se existirem atributos com o mesmo nome — um em uma relação na cláusula FROM da *consulta externa* e outro em uma relação na cláusula FROM da *consulta aninhada*. A regra é que uma referência a um *atributo não qualificado* refere-se à relação declarada na **consulta aninhada mais interna.** Por exemplo, nas cláusulas SELECT e WHERE da primeira consulta aninhada de C4A, uma referência a qualquer atributo não qualificado da relação PROJETO refere-se à relação PROJETO especificada na cláusula FROM da consulta aninhada. Para se referir a um atributo da relação PROJETO especificada na consulta externa, especificamos e nos referimos a um *apelido* (ou *alias*, ou variável de tupla) para essa relação. Essas regras são semelhantes às regras de escopo para variáveis de programa na maioria das linguagens de programação que permitem procedimentos e funções aninhadas. Para ilustrar a ambiguidade em potencial dos nomes de atributo nas consultas aninhadas, considere a Consulta 16.

Consulta 16. Recuperar o nome de cada funcionário que tem um dependente com o mesmo nome e o mesmo sexo do funcionário.

```
C16: SELECT  F.Primeiro_nome, F.Ultimo_nome
     FROM    FUNCIONARIO AS F
     WHERE   F.Cpf IN    ( SELECT  D.Cpf_funcionario
                           FROM    DEPENDENTE AS D
                           WHERE   F.Primeiro_nome = D.Nome_
                                   dependente AND F.Sexo = D.Sexo );
```

Na consulta aninhada de C16, temos de qualificar F.Sexo porque se refere ao atributo Sexo de FUNCIONARIO da consulta externa, e DEPENDENTE também tem um atributo chamado Sexo. Se houvesse quaisquer referências não qualificadas a Sexo na consulta aninhada, elas se refeririam ao atributo Sexo de DEPENDENTE. No entanto, não *teríamos de* qualificar os atributos Primeiro_nome e Cpf de FUNCIONARIO se eles aparecessem na consulta aninhada, pois a relação DEPENDENTE não tem atributos chamados Primeiro_nome e Cpf, de modo que não existe ambiguidade.

Geralmente, é aconselhável criar variáveis de tupla (apelidos) para *todas as tabelas referenciadas em uma consulta SQL*, para evitar erros e ambiguidades em potencial, conforme ilustrado em C16.

7.1.3 Consultas aninhadas correlacionadas

Sempre que uma condição na cláusula WHERE de uma consulta aninhada referencia algum atributo de uma relação declarada na consulta externa, as duas consultas são consideradas **correlacionadas.** Podemos entender melhor uma consulta correlacionada ao considerar que a *consulta aninhada é avaliada uma vez para cada tupla (ou combinação de tuplas) na consulta externa*. Por exemplo, podemos pensar em C16 da seguinte forma: para *cada* tupla FUNCIONARIO, avalie a consulta aninhada, que recupera os valores de Cpf_funcionario para todas as tuplas de DEPENDENTE com o mesmo sexo e nome que a tupla FUNCIONARIO; se o valor de Cpf da tupla FUNCIONARIO estiver *no* resultado da consulta aninhada, então selecione essa tupla FUNCIONARIO.

Em geral, uma consulta escrita com blocos aninhados select-from-where e usando os operadores de comparação = ou IN *sempre* pode ser expressa como uma única consulta em bloco. Por exemplo, C16 pode ser escrita como em C16A:

```
C16A: SELECT   F.Primeiro_nome, F.Ultimo_nome
      FROM     UNCIONARIO AS F, DEPENDENTE AS D
      WHERE    F.Cpf = D.Cpf_funcionario AND F.Sexo = D.Sexo
               AND F.Primeiro_nome = D.Nome_dependente;
```

7.1.4 As funções EXISTS e UNIQUE em SQL

EXISTS e UNIQUE são funções booleanas que retornam TRUE ou FALSE; logo, elas podem ser usadas em uma condição da cláusula WHERE. A função EXISTS em SQL é usada para verificar se o resultado de uma consulta aninhada correlacionada é *vazio* (não contém tuplas) ou não. O resultado de EXISTS é um valor booleano **TRUE** se o resultado da consulta aninhada tiver pelo menos uma tupla, ou **FALSE**, se o resultado da consulta aninhada não tiver tuplas. Ilustramos o uso de EXISTS — e NOT EXISTS — com alguns exemplos. Primeiro, formulamos a Consulta 16 de uma forma alternativa, que usa EXISTS, como em C16B:

```
C16B: SELECT   F.Primeiro_nome, F.Ultimo_nome
      FROM     FUNCIONARIO AS F
      WHERE    EXISTS ( SELECT   *
                        FROM     DEPENDENTE AS D
                        WHERE    F.Cpf = D.Cpf_funcionario AND F.Sexo =
                                 D.Sexo AND F.Primeiro_nome =
                                 D.Nome_dependente);
```

EXISTS e NOT EXISTS costumam ser usados em conjunto com uma consulta aninhada *correlacionada*. Em C16B, a consulta aninhada referencia os atributos Cpf, Primeiro_nome e Sexo da relação FUNCIONARIO da consulta externa. Podemos pensar em C16B da seguinte forma: para cada tupla FUNCIONARIO, avalie a consulta aninhada, que recupera todas as tuplas DEPENDENTE com os mesmos Cpf_funcionario, Sexo e Nome_dependente que a tupla FUNCIONARIO; se existir (EXISTS) em pelo menos uma tupla no resultado da consulta aninhada, então selecionar essa tupla de FUNCIONARIO. EXISTS(C) retorna **TRUE** se existe *pelo menos uma tupla* no resultado da consulta aninhada C, e retorna **FALSE** em caso contrário. Por sua vez, NOT EXISTS(C) retorna **TRUE** se *não houver tuplas* no resultado da consulta aninhada C, e retorna **FALSE** em caso contrário. Em seguida, ilustramos o uso de NOT EXISTS.

Consulta 6. Recuperar os nomes de funcionários que não possuem dependentes.

```
C6: SELECT   Primeiro_nome, Ultimo_nome
    FROM     FUNCIONARIO
    WHERE    NOT EXISTS ( SELECT   *
                          FROM     DEPENDENTE
                          WHERE    Cpf = Cpf_funcionario );
```

Em C6, a consulta aninhada correlacionada recupera todas as tuplas de DEPENDENTE relacionadas a uma tupla FUNCIONARIO em particular. Se *não existir nenhuma*, a tupla FUNCIONARIO é selecionada, porque a condição da cláusula **WHERE** será avaliada como **TRUE** nesse caso. Podemos explicar C6 da seguinte forma: para *cada* tupla FUNCIONARIO, a consulta aninhada correlacionada seleciona todas as tuplas DEPENDENTE cujo valor de Cpf_funcionario combina com o Cpf de FUNCIONARIO; se o resultado for vazio, nenhum dependente estará relacionado ao funcionário, de modo que selecionamos essa tupla FUNCIONARIO e recuperamos seu Primeiro_nome e Ultimo_nome.

Consulta 7. Listar os nomes dos gerentes que possuem pelo menos um dependente.

```
C7:  SELECT  Primeiro_nome, Ultimo_nome
     FROM    FUNCIONARIO
     WHERE   EXISTS ( SELECT   *
                      FROM     DEPENDENTE
                      WHERE    Cpf = Cpf_funcionario )
             AND
             EXISTS ( SELECT   *
                      FROM     DEPARTAMENTO
                      WHERE    Cpf = Cpf_gerente );
```

Uma maneira de escrever essa consulta é mostrada em C7, em que especificamos duas consultas aninhadas correlacionadas; a primeira seleciona todas as tuplas de DEPENDENTE relacionadas a um FUNCIONARIO, e a segunda seleciona todas as tuplas de DEPARTAMENTO gerenciadas pelo FUNCIONARIO. Se pelo menos uma da primeira e pelo menos uma da segunda existirem, selecionamos a tupla FUNCIONARIO. Você consegue reescrever essa consulta usando apenas uma única consulta aninhada ou nenhuma consulta aninhada?

A consulta C3, *recuperar o nome de cada funcionário que trabalha em* todos *os projetos controlados pelo departamento número 5*, pode ser escrita usando EXISTS e NOT EXISTS nos sistemas SQL. Mostramos duas maneiras de especificar essa consulta C3 em SQL como C3A e C3B. Este é um exemplo de certos tipos de consultas que exigem *quantificação universal*, conforme discutiremos na Seção 8.6.7. Um modo de escrever essa consulta é usar a construção (*S2* EXCEPT *S1*), conforme explicaremos a seguir, e verificar se o resultado é vazio.[1] Essa opção aparece como C3A.

```
C3A: SELECT  Primeiro_nome, Ultimo_nome
     FROM    FUNCIONARIO
     WHERE   NOT EXISTS ( ( SELECT  Numero_projeto
                            FROM    PROJETO
                            WHERE   Numero_departamento = 5)
                            EXCEPT  ( SELECT  Numero_projeto
                                      FROM    TRABALHA_EM
                                      WHERE   Cpf = Cpf_funcionario) );
```

Em C3A, a primeira subconsulta (que não está correlacionada à consulta externa) seleciona todos os projetos controlados pelo departamento 5, e a segunda subconsulta (que está correlacionada) seleciona todos os projetos em que o funcionário em particular trabalha. Se a diferença de conjunto do resultado da primeira subconsulta menos (EXCEPT) o resultado da segunda subconsulta for vazio, significa que o funcionário trabalha em todos os projetos e, portanto, é selecionado.

A segunda opção aparece como C3B. Observe que precisamos de aninhamento de dois níveis em C3B e que essa formulação é muito mais complexa que C3A.

```
C3B: SELECT  Ultimo_nome, Primeiro_nome
     FROM    FUNCIONARIO
     WHERE   NOT EXISTS  ( SELECT  *
                           FROM    TRABALHA_EM AS B
                           WHERE ( B.Numero_projeto IN  ( SELECT  Numero_projeto
                                                          FROM    PROJETO
                                                          WHERE   Numero_departamento = 5 )
```

[1] Lembre-se de que EXCEPT é um operador de diferença de conjunto. A palavra-chave MINUS às vezes é usada, por exemplo, no Oracle.

```
AND
NOT EXISTS   ( SELECT     *
               FROM       TRABALHA_EM AS C
               WHERE      C.Cpf_funcionario = Cpf
               AND        C.Numero_projeto = B.Numero_projeto )));
```

Em C3B, a consulta aninhada externa seleciona quaisquer tuplas de TRABALHA_EM (B) cujo Numero_projeto é de um projeto controlado pelo departamento 5, *se* não houver uma tupla em TRABALHA_EM (C) com o mesmo Numero_projeto e o mesmo Cpf daquele da tupla FUNCIONARIO em consideração na consulta externa. Se não existir tal tupla, selecionamos a tupla FUNCIONARIO. A forma de C3B combina com a reformulação da Consulta 3: selecionar cada funcionário de modo que não exista um projeto controlado pelo departamento 5 em que o funcionário não trabalha. Isso corresponde ao modo como escreveremos essa consulta no cálculo relacional de tupla (ver Seção 8.6.7).

Existe outra função em SQL, UNIQUE(C), que retorna TRUE se não houver tuplas duplicadas no resultado da consulta C; caso contrário, ela retorna FALSE. Isso pode ser usado para testar se o resultado de uma consulta aninhada é um conjunto (sem duplicatas) ou um multiconjunto (existem duplicatas).

7.1.5 Conjuntos explícitos e renomeação de atributos em SQL

Vimos várias consultas com uma consulta aninhada na cláusula WHERE. Também é possível usar um **conjunto explícito de valores** na cláusula WHERE, em vez de uma consulta aninhada. Esse conjunto é delimitado por parênteses em SQL.

Consulta 17. Recuperar os números do CPF de todos os funcionários que trabalham nos projetos de números 1, 2 ou 3.

```
C17: SELECT   DISTINCT Cpf_funcionario
     FROM     TRABALHA_EM
     WHERE    Numero_projeto IN (1, 2, 3);
```

Em SQL, é possível **renomear** qualquer atributo que apareça no resultado de uma consulta acrescentando o qualificador AS, seguido pelo novo nome desejado. Logo, a construção AS pode ser usada para apelidar os nomes tanto do atributo quanto da relação em geral, e ela pode ser usada em partes apropriadas de uma consulta. Por exemplo, a C8A mostra como a consulta C8 da Seção 6.3.2 pode ser ligeiramente alterada para recuperar o último nome de cada funcionário e seu supervisor, enquanto renomeia os atributos resultantes como Nome_funcionario e Nome_supervisor. Os novos nomes aparecerão como cabeçalhos de coluna no resultado da consulta.

```
C8A: SELECT   F.Ultimo_nome AS Nome_funcionario, S.Ultimo_nome AS Nome_
              supervisor
     FROM     FUNCIONARIO AS F, FUNCIONARIO AS S
     WHERE    F.Cpf_supervisor = S.Cpf;
```

7.1.6 Tabelas de junção em SQL e junções externas (outer joins)

O conceito de uma **tabela de junção** (ou **relação de junção**) foi incorporado na SQL para permitir aos usuários especificar uma tabela resultante de uma operação de junção *na cláusula* FROM de uma consulta. Essa construção pode ser mais fácil de compreender que misturar todas as condições de seleção e junção na cláusula WHERE. Por exemplo, considere a consulta C1, que recupera o nome e o endereço de todos os funcionários que trabalham para o departamento 'Pesquisa'. Pode ser mais fácil especificar a junção das relações FUNCIONARIO e DEPARTAMENTO na cláusula WHERE, e depois selecionar as tuplas e atributos desejados. Isso pode ser escrito em SQL como em C1A:

```
C1A: SELECT  Primeiro_nome, Ultimo_nome, Endereco
     FROM    (FUNCIONARIO JOIN DEPARTAMENTO ON FUNCIONARIO.Numero_
             departamento = DEPARTAMENTO.Numero_departamento)
     WHERE   Nome_departamento = 'Pesquisa';
```

A cláusula FROM em C1A contém uma única *tabela de junção*. Os atributos dessa tabela são todos os atributos da primeira tabela, FUNCIONARIO, seguidos por todos os atributos da segunda tabela, DEPARTAMENTO. O conceito de uma tabela de junção também permite que o usuário especifique diferentes tipos de junção, como **NATURAL JOIN** (junção natural), e vários tipos de OUTER JOIN (junção externa). Em uma NATURAL JOIN sobre duas relações *R* e *S*, nenhuma condição de junção é especificada; cria-se uma *condição* EQUIJOIN implícita para *cada par de atributos com o mesmo nome* de *R* e *S*. Cada par de atributos desse tipo é incluído *apenas uma vez* na relação resultante (ver seções 8.3.2 e 8.4.4 para obter mais detalhes sobre os vários tipos de operações de junção na álgebra relacional).

Se os nomes dos atributos de junção não forem os mesmos nas relações básicas, é possível renomear os atributos de modo que eles combinem, e depois aplicar a NATURAL JOIN. Nesse caso, a construção AS pode ser usada para renomear uma relação e todos os seus atributos na cláusula FROM. Isso é ilustrado em C1B, em que a relação DEPARTAMENTO é renomeada como DEP e seus atributos são renomeados como Nome_dep, Numero_departamento (para combinar com o nome do atributo de junção desejado Numero_departamento na tabela FUNCIONARIO), Gerente_dep e Inicio_gerente_dep. O significado da condição de junção para esse NATURAL JOIN é FUNCIONARIO.Numero_departamento = DEP.Numero_departamento, porque esse é o único par de atributos com o mesmo nome após a renomeação:

```
C1B:  SELECT   Primeiro_nome, Ultimo_nome, Endereco
      FROM     (FUNCIONARIO NATURAL JOIN
               (DEPARTAMENTO AS DEP (Nome_dep, Numero_departamento,
               Gerente_dep, Inicio_gerente_dep)))
      WHERE    Nome_dep = 'Pesquisa';
```

O tipo padrão de junção em uma tabela de junção é chamado de **inner join**, em que uma tupla é incluída no resultado somente se uma tupla combinar na outra relação. Por exemplo, na consulta C8A, somente os funcionários que *possuem um supervisor* são incluídos no resultado; uma tupla FUNCIONARIO cujo valor para Cpf_supervisor é NULL é excluída. Se o usuário exigir que todos os funcionários sejam incluídos, uma OUTER JOIN precisa ser usada explicitamente (veja, na Seção 8.4.4, a definição de OUTER JOIN na álgebra relacional). No padrão SQL, isso é tratado especificando explicitamente a palavra-chave OUTER JOIN em uma tabela de junção, conforme ilustrado em C8B:

```
C8B: SELECT  F.Ultimo_nome AS Nome_funcionario,
             S.Ultimo_nome AS Nome_supervisor
     FROM    (FUNCIONARIO AS F LEFT OUTER JOIN FUNCIONARIO AS S
             ON F.Cpf_supervisor = S.Cpf);
```

Em SQL, as opções disponíveis para especificar tabelas de junção incluem INNER JOIN (apenas pares de tuplas que combinam com a condição de junção são recuperados, o mesmo que JOIN), LEFT OUTER JOIN (toda tupla na tabela da esquerda precisa aparecer no resultado; se não tiver uma tupla combinando, ela é preenchida com valores NULL para os atributos da tabela da direita), RIGHT OUTER JOIN (toda tupla na tabela da direita precisa aparecer no resultado; se não tiver uma tupla combinando, ela é preenchida com valores NULL para os atributos da tabela da esquerda) e FULL OUTER JOIN. Nas três últimas opções a palavra-chave OUTER pode ser omitida. Se os atributos de junção tiverem o mesmo nome, também é possível especificar a variação de junção natural das junções externas usando a palavra-chave NATURAL antes da operação (por exemplo, NATURAL LEFT OUTER JOIN). A palavra-chave CROSS JOIN é usada para especificar a operação PRODUTO CARTESIANO (ver Seção 8.2.2), embora isso só deva ser feito com o máximo de cuidado, pois gera todas as combinações de tuplas possíveis.

Também é possível *aninhar* especificações de junção; ou seja, uma das tabelas em uma junção pode ela mesma ser uma tabela de junção. Isso permite a especificação da junção de três ou mais tabelas como uma única tabela de junção, o que é chamado de **junção de tabela múltipla**. Por exemplo, a C2A é um modo diferente de especificar a consulta C2, da Seção 6.3.1, usando o conceito de uma tabela de junção:

```
C2A: SELECT   Numero_projeto, PROJETO.Numero_departamento, Ultimo_nome,
              Endereco, Data_nascimento
     FROM     ((PROJETO JOIN DEPARTAMENTO ON PROJETO.Numero_
              departamento = DEPARTAMENTO.Numero_departamento)
              JOIN FUNCIONARIO ON Cpf_gerente = Cpf)
     WHERE    Local_projeto = 'Mauá';
```

Nem todas as implementações de SQL empregaram a nova sintaxe das tabelas de junção. Em alguns sistemas, uma sintaxe diferente foi usada para especificar junções externas usando os operadores de comparação +=, =+ e +=+ para a junção externa esquerda, direta e completa, respectivamente, ao especificar a condição de junção. Por exemplo, essa sintaxe está disponível no Oracle. Para especificar a junção externa esquerda na C8B usando essa sintaxe, poderíamos escrever a consulta C8C, da seguinte forma:

```
C8C: SELECT   F.Ultimo_nome, S.Ultimo_nome
     FROM     FUNCIONARIO F, FUNCIONARIO S
     WHERE    F.Cpf_supervisor += S.Cpf;
```

7.1.7 Funções de agregação em SQL

As **funções de agregação** são usadas para resumir informações de várias tuplas em uma síntese de tupla única. O **agrupamento** é usado para criar subgrupos de tuplas antes do resumo. O agrupamento e a agregação são exigidos em muitas aplicações de banco de dados, e apresentaremos seu uso na SQL por meio de exemplos. Existem diversas funções de agregação embutidas: **COUNT, SUM, MAX, MIN** e **AVG.**[2] A função COUNT retorna o *número de tuplas ou valores*, conforme especificado em uma consulta. As funções SUM, MAX, MIN e AVG podem ser aplicadas a um conjunto ou multiconjunto de valores numéricos e retornam, respectivamente, a soma, o valor máximo, o valor mínimo e a média desses valores. Essas funções podem ser usadas na cláusula SELECT ou em uma cláusula HAVING (que apresentaremos mais adiante). As funções MAX e MIN também podem ser usadas com atributos que possuem domínios não numéricos, se os valores do domínio tiverem uma *ordenação total* entre si.[3] Vamos ilustrar o uso dessas funções com algumas consultas.

---

[2] Funções de agregação adicionais para cálculo estatístico mais avançado foram acrescentadas na SQL-99.

[3] Ordenação total significa que, para dois valores quaisquer no domínio, pode ser determinado que um aparece antes do outro na ordem definida; por exemplo, os domínios DATE, TIME e TIMESTAMP possuem ordenações totais em seus valores, assim como as cadeias alfabéticas.

Consulta 19. Achar a soma dos salários de todos os funcionários, o salário máximo, o salário mínimo e a média dos salários.

```
C19:  SELECT  SUM (Salario), MAX (Salario), MIN (Salario), AVG (Salario)
      FROM    FUNCIONARIO;
```

Esta consulta retorna um resumo em única linha de todas as linhas na tabela FUNCIONARIO. Poderíamos usar AS para renomear os nomes de coluna na tabela de única linha resultante; por exemplo, como em C19A.

```
C19A: SELECT  SUM (Salario) AS Total_Salario, MAX (Salario) AS Maior_Salario,
              MIN (Salario) AS Menor_Salario, AVG (Salario) AS Media_Salario
      FROM    FUNCIONARIO;
```

Se quisermos obter os valores dessas funções para os funcionários de um departamento específico — digamos, o departamento 'Pesquisa' —, podemos escrever a Consulta 20, na qual as tuplas de FUNCIONARIO são restringidas pela cláusula WHERE aos funcionários que trabalham para o departamento 'Pesquisa'.

Consulta 20. Achar a soma dos salários de todos os funcionários do departamento 'Pesquisa', bem como o salário máximo, o salário mínimo e a média dos salários nesse departamento.

```
C20:  SELECT  SUM (Salario), MAX (Salario), MIN (Salario), AVG (Salario)
      FROM    (FUNCIONARIO JOIN DEPARTAMENTO ON
              FUNCIONARIO.Numero_departamento =
              DEPARTAMENTO.Numero_departamento)
      WHERE   Nome_departamento = 'Pesquisa';
```

Consultas 21 e 22. Recuperar o número total de funcionários na empresa (C21) e o número de funcionários no departamento 'Pesquisa' (C22).

```
C21:  SELECT  COUNT (*)
      FROM    FUNCIONARIO;

C22:  SELECT  COUNT (*)
      FROM    FUNCIONARIO, DEPARTAMENTO
      WHERE   FUNCIONARIO.Numero_departamento =
              DEPARTAMENTO.Numero_departamento AND
              Nome_departamento = 'Pesquisa';
```

Aqui, o asterisco (*) refere-se às *linhas* (tuplas), de modo que COUNT (*) retorna o número de linhas no resultado da consulta. Também podemos usar a função COUNT para contar os valores em uma coluna, em vez de tuplas, como no exemplo a seguir.

Consulta 23. Contar o número de valores de salário distintos no banco de dados.

```
C23:  SELECT  COUNT (DISTINCT Salario)
      FROM    FUNCIONARIO;
```

Se escrevermos COUNT(SALARIO) em vez de COUNT (DISTINCT SALARIO) na C23, então os valores duplicados não serão eliminados. Porém, quaisquer tuplas com NULL para SALARIO não serão contadas. Em geral, valores NULL são **descartados** quando as funções de agregação são aplicadas a determinada coluna (atributo). A única exceção é para COUNT(*), pois são contadas tuplas, e não valores. Nos exemplos anteriores, quaisquer valores de Salario que forem NULL não são incluídos no cálculo da função de agregação. A regra é a seguinte: quando uma função de agregação é aplicada a uma coleção de valores, NULLs são removidos da coleção antes do cálculo; se a coleção se tornar vazia porque todos os valores são NULL, a função de agregação retornará NULL (exceto no caso de COUNT, que retornará 0 para uma coleção de valores vazia).

Os exemplos anteriores resumem *uma relação inteira* (C19, C21, C23) ou um subconjunto selecionado de tuplas (C20, C22), e, portanto, todos produzem uma tabela com uma única linha ou um único valor. Eles ilustram como as funções são aplicadas para recuperar um valor de resumo ou uma tupla de resumo de uma tabela. Essas funções também podem ser usadas nas condições de seleção envolvendo consultas aninhadas. Podemos especificar uma consulta aninhada correlacionada com uma função de agregação, e depois usar a consulta aninhada na cláusula WHERE de uma consulta externa. Por exemplo, para recuperar os nomes de todos os funcionários que têm dois ou mais dependentes (Consulta 5), podemos escrever o seguinte:

```
C5:  SELECT   Ultimo_nome, Primeiro_nome
     FROM     FUNCIONARIO
     WHERE    ( SELECT     COUNT (*)
                FROM       DEPENDENTE
                WHERE      Cpf = Cpf_funcionario ) >= 2;
```

A consulta aninhada correlacionada conta o número de dependentes que cada funcionário tem; se for maior ou igual a dois, a tupla do funcionário é selecionada.

A SQL também possui funções agregadas SOME e ALL, que podem ser aplicadas a uma coleção de valores booleanos; SOME retorna TRUE se, pelo menos, um elemento na coleção for TRUE, enquanto ALL retorna TRUE se todos os elementos na coleção forem TRUE.

7.1.8 Agrupamento: as cláusulas GROUP BY e HAVING

Em muitos casos, queremos aplicar as funções de agregação *a subgrupos de tuplas em uma relação*, na qual os subgrupos são baseados em alguns valores de atributo. Por exemplo, podemos querer achar o salário médio dos funcionários *em cada departamento* ou o número de funcionários que trabalham *em cada projeto*. Nesses casos, precisamos **particionar** a relação em subconjuntos de tuplas (ou **grupos**) não sobrepostos. Cada grupo (partição) consistirá nas tuplas que possuem o mesmo valor de algum(ns) atributo(s), chamado(s) **atributo(s) de agrupamento**. Podemos, então, aplicar a função a cada grupo desse tipo independentemente, para produzir informações de resumo sobre cada grupo. A SQL tem uma cláusula **GROUP BY** para essa finalidade. A cláusula GROUP BY especifica os atributos de agrupamento, que *também devem aparecer na cláusula SELECT*, de modo que o valor resultante da aplicação de cada função de agregação a um grupo de tuplas apareça com o valor do(s) atributo(s) de agrupamento.

Consulta 24. Para cada departamento, recuperar o número do departamento, o número de funcionários no departamento e seu salário médio.

```
C24:  SELECT     Numero_departamento, COUNT (*), AVG (Salario)
      FROM       FUNCIONARIO
      GROUP BY   Numero_departamento;
```

Na C24, as tuplas FUNCIONARIO são divididas em grupos — cada um tendo o mesmo valor para o atributo GROUP BY Numero_departamento. Logo, cada grupo contém os funcionários que trabalham no mesmo departamento. As funções COUNT e AVG são aplicadas a cada grupo de tuplas. Observe que a cláusula SELECT inclui apenas o atributo de agrupamento e as funções de agregação a serem aplicadas a cada grupo de tuplas. A Figura 7.1(a) ilustra como o agrupamento funciona na C24.

(a)

Primeiro_nome	Nome_meio	Ultimo_nome	Cpf	...	Salario	Cpf_supervisor	Numero_departamento
João	B	Silva	12345678966		30000	33344555587	5
Fernando	T	Wong	33344555587		40000	88866555576	5
Ronaldo	K	Lima	66688444476		38000	33344555587	5
Joice	A	Leite	45345345376	...	25000	33344555587	5
Alice	J	Zelaya	99988777767		25000	98765432168	4
Jennifer	S	Souza	98765432168		43000	88866555576	4
André	V	Pereira	98798798733		25000	98765432168	4
Jorge	E	Brito	88866555576		55000	NULL	1

Agrupamento de tuplas FUNCIONARIO pelo valor de Numero_departamento

Numero_departamento	Count (*)	Avg (Salario)
5	4	33250
4	3	31000
1	1	55000

Resultado de C24

(b)

Nome_projeto	Numero_projeto	...	Cpf_funcionario	Numero_projeto	Horas
ProdutoX	1		12345678966	1	32,5
ProdutoX	1		45345345376	1	20,0
ProdutoY	2		12345678966	2	7,5
ProdutoY	2		45345345376	2	20,0
ProdutoY	2		33344555587	2	10,0
ProdutoZ	3		66688444476	3	40,0
ProdutoZ	3		33344555587	3	10,0
Informatização	10	...	33344555587	10	10,0
Informatização	10		99988777767	10	10,0
Informatização	10		98798798733	10	35,0
Reorganização	20		33344555587	20	10,0
Reorganização	20		98765432168	20	15,0
Reorganização	20		88866555576	20	NULL
Novos Benefícios	30		98798798733	30	5,0
Novos Benefícios	30		98765432168	30	20,0
Novos Benefícios	30		99988777767	30	30,0

Estes grupos não são selecionados pela condição de HAVING de C26.

Após aplicar a cláusula WHERE, mas antes de aplicar HAVING

Nome_projeto	Numero_projeto	...	Cpf_funcionario	Numero_projeto	Horas
ProdutoY	2		12345678966	2	7,5
ProdutoY	2		45345345376	2	20,0
ProdutoY	2		33344555587	2	10,0
Informatização	10		33344555587	10	10,0
Informatização	10	...	99988777767	10	10,0
Informatização	10		98798798733	10	35,0
Reorganização	20		33344555587	20	10,0
Reorganização	20		98765432168	20	15,0
Reorganização	20		88866555576	20	NULL
Novos Benefícios	30		98798798733	30	5,0
Novos Benefícios	30		98765432168	30	20,0
Novos Benefícios	30		99988777767	30	30,0

Após aplicar a condição da cláusula HAVING

Nome_projeto	Count (*)
ProdutoY	3
Informatização	3
Reorganização	3
Novos Benefícios	3

Resultado de C26 (Numero_projeto não mostrado)

Figura 7.1 Resultados de GROUP BY e HAVING. (a) C24. (b) C26.

Se houver NULLs no atributo de agrupamento, um **grupo separado** é criado para todas as tuplas com um *valor NULL no atributo de agrupamento*. Por exemplo, se a tabela FUNCIONARIO tivesse algumas tuplas com NULL para o atributo de agrupamento Numero_departamento, haveria um grupo separado para essas tuplas no resultado da C24.

Consulta 25. Para cada projeto, recuperar o número e o nome do projeto e o número de funcionários que trabalham nesse projeto.

```
C25:  SELECT     PROJETO.Numero_projeto, Nome_projeto, COUNT (*)
      FROM       PROJETO, TRABALHA_EM
      WHERE      PROJETO.Numero_projeto = TRABALHA_EM.Numero_projeto
      GROUP BY   PROJETO.Numero_projeto, Nome_projeto;
```

A C25 mostra como podemos usar uma condição de junção em conjunto com GROUP BY. Neste caso, o agrupamento e as funções são aplicados *após* a junção das duas relações na cláusula WHERE.

Às vezes, queremos recuperar os valores dessas funções somente para *grupos que satisfazem certas condições*. Por exemplo, suponha que queremos modificar a Consulta 25, de modo que apenas projetos com mais de dois funcionários apareçam no resultado. A SQL oferece uma cláusula **HAVING**, que pode aparecer em conjunto com uma cláusula GROUP BY, para essa finalidade. A cláusula HAVING oferece uma condição sobre a informação de resumo referente ao grupo de tuplas associadas a cada valor dos atributos de agrupamento. Somente os grupos que satisfazem a condição são recuperados no resultado da consulta. Isso é ilustrado pela Consulta 26.

Consulta 26. Para cada projeto *em que mais de dois funcionários trabalham*, recupere o número e o nome do projeto e o número de funcionários que trabalham no projeto.

```
C26:  SELECT     PROJETO.Numero_projeto, Nome_projeto, COUNT (*)
      FROM       PROJETO, TRABALHA_EM
      WHERE      PROJETO.Numero_projeto = TRABALHA_EM.Numero_pro-
                 jeto
      GROUP BY   PROJETO.Numero_projeto, Nome_projeto
      HAVING     COUNT (*) > 2;
```

Observe que, embora as condições de seleção na cláusula WHERE limitem as *tuplas* às quais as funções são aplicadas, a cláusula HAVING serve para escolher *grupos inteiros*. A Figura 7.1(b) ilustra o uso de HAVING e apresenta o resultado da C26.

Consulta 27. Para cada projeto, recupere o número e o nome do projeto e o número de funcionários do departamento 5 que trabalham no projeto.

```
C27:  SELECT     PROJETO.Numero_projeto, Nome_projeto, COUNT (*)
      FROM       PROJETO, TRABALHA_EM, FUNCIONARIO
      WHERE      PROJETO.Numero_projeto = TRABALHA_EM.Numero_projeto
                 AND Cpf = Cpf_funcionario AND
                 FUNCIONARIO.Numero_departamento = 5
      GROUP BY   PROJETO.Numero_projeto, Nome_projeto;
```

Na C27, restringimos as tuplas na relação (e, portanto, as tuplas em cada grupo) àquelas que satisfazem a condição especificada na cláusula WHERE — a saber, que eles trabalham no departamento número 5. Observe que precisamos ter um cuidado extra quando duas condições diferentes se aplicam (uma para a função de agregação na cláusula SELECT e outra para a função na cláusula HAVING). Por exemplo, suponha que queremos contar o número *total* de funcionários cujos salários são superiores a R$ 40.000 em cada departamento, mas somente para os departamentos em que há mais de cinco funcionários trabalhando. Aqui, a condição (SALARIO > 40000) se aplica apenas à função COUNT na cláusula SELECT. Suponha que escrevamos a seguinte consulta *incorreta*:

```
SELECT      Numero_departamento, COUNT (*)
FROM        FUNCIONARIO
WHERE       Salario>40000
GROUP BY    Numero_departamento
HAVING      COUNT (*) > 5;
```

Ela está incorreta porque selecionará somente departamentos que tenham mais de cinco funcionários *que ganham cada um mais de R$ 40.000*. A regra é que a cláusula WHERE é executada primeiro, para selecionar as tuplas individuais ou tuplas de junção; a cláusula HAVING é aplicada depois, para selecionar grupos individuais de tuplas. Na consulta incorreta, as tuplas já estão restritas a funcionários que ganham mais de R$ 40.000 *antes* que a cláusula HAVING seja aplicada. Um modo de escrever essa consulta corretamente é usar uma consulta aninhada, como mostra a Consulta 28.

Consulta 28. Para cada departamento com mais de cinco funcionários, recuperar o número do departamento e o número de seus funcionários que estão ganhando mais de R$ 40.000.

```
C28: SELECT Numero_departamento, COUNT (*)
     FROM   FUNCIONARIO
     WHERE  Salario>40000 AND Numero_departamento IN
            ( SELECT        Numero_departamento
              FROM FUNCIONARIO
     GROUP BY       Numero_departamento
              HAVING        COUNT (*) > 5)
     GROUP BY       Numero_departamento;
```

7.1.9 Outras construções SQL: WITH e CASE

Nesta seção, ilustramos duas outras construções SQL. A cláusula WITH permite que um usuário defina uma tabela que só será usada em uma consulta específica; ela é semelhante à criação de uma visão (ver Seção 7.3), que será usada apenas em uma consulta e depois descartada. Essa construção foi apresentada como uma conveniência na SQL:99, e pode não estar disponível em todos os SGBDs baseados em SQL. As consultas usando WITH costumam ser escritas usando outras construções SQL. Por exemplo, podemos reescrever C28 como C28':

```
C28': WITH      DEPARTAMENTO_GRANDE (Numero_departamento) AS
                ( SELECT        Numero_departamento
                  FROM          FUNCIONARIO
                  GROUP BY      Numero_departamento
                HAVING          COUNT (*) > 5)
      SELECT    Numero_departamento, COUNT (*)
      FROM      FUNCIONARIO
      WHERE     Salario>40000 AND Numero_departamento IN
                DEPARTAMENTO_GRANDE
      GROUP BY  Numero_departamento;
```

Em C28', definimos na cláusula WITH uma tabela temporária DEPARTAMENTO_GRANDE, cujo resultado mantém o Numero_departamento dos departamentos com mais de cinco funcionários, depois usamos essa tabela na consulta seguinte.

Quando essa consulta é executada, a tabela temporária DEPARTAMENTO_GRANDE é descartada.

A SQL também possui uma construção CASE, que pode ser usada quando um valor pode ser diferente, com base em certas condições. Isso pode ser usado em qualquer parte de uma consulta SQL na qual se espera um valor, incluindo quando consultamos, inserimos ou atualizamos tuplas. Vamos ilustrar isso com um exemplo. Suponha que queiramos dar aos funcionários diferentes aumentos de salário, dependendo do departamento para o qual eles trabalham; por exemplo, os funcionários no departamento 5 recebem um aumento de R$ 2.000, aqueles no departamento 4 recebem R$ 1.500, e aqueles no departamento 1 recebem R$ 3.000 (veja as tuplas de funcionários na Figura 5.6). Depois, poderíamos reescrever a operação de atualização U6, da Seção 6.4.3, como U6':

```
U6': UPDATE   FUNCIONARIO
     SET      Salario =
     CASE     WHEN   Numero_departamento = 5   THEN Salario + 2000
              WHEN   Numero_departamento = 4   THEN Salario + 1500
              WHEN   Numero_departamento = 1   THEN Salario + 3000
              ELSE   Salario + 0 ;
```

Em U6', o valor do aumento de salário é determinado por meio da construção CASE, com base no número do departamento para o qual o funcionário trabalha. A construção CASE também pode ser usada na inserção de tuplas que podem ter diferentes atributos sendo NULL, dependendo do tipo de registro inserido em uma tabela, por exemplo, quando uma especialização (ver Capítulo 4) é mapeada para uma única tabela (ver Capítulo 9) ou quando um tipo de união é mapeado para relações.

7.1.10 Consultas recursivas em SQL

Nesta seção, ilustramos como escrever uma consulta recursiva na SQL. Essa sintaxe foi adicionada na SQL:99 para permitir aos usuários a capacidade de especificar uma consulta recursiva de forma declarativa. Um exemplo de um **relacionamento recursivo** entre as tuplas do mesmo tipo é a relação entre um empregado e um supervisor. Esta relação é descrita pela chave estrangeira Cpf_supervisor da relação FUNCIONARIO nas figuras 5.5 e 5.6, e relaciona cada tupla de funcionário (no papel de supervisionado) com outra tupla de funcionário (no papel de supervisor). Um exemplo de uma operação recursiva é recuperar todos os supervisionados de um funcionário supervisor *e* em todos os níveis — isto é, todos os funcionários *e*' supervisionados diretamente por *e*, todos os funcionários *e*" supervisionados diretamente por cada funcionário *e*', todos os funcionários *e*''' supervisionados diretamente por cada empregado *e*", e assim por diante. Na SQL:99, esta consulta pode ser escrita da seguinte maneira:

```
C29: WITH RECURSIVE       SUPERVISIONA_SUPERVISIONADO (Cpf_
                          supervisiona, Cpf_supervisionado) AS
          ( SELECT        Cpf_supervisor, Cpf
            FROM          FUNCIONARIO
            UNION
            SELECT        F.Cpf, S.Cpf_supervisiona
            FROM          FUNCIONARIO AS F, SUPERVISIONA_
                          SUPERVISIONADO AS S
            WHERE         F.Cpf_supervisor = S.Cpf_supervisionado)
     SELECT*
     FROM          SUPERVISIONA_SUPERVISIONADO;
```

Na C29, estamos definindo uma visão SUPERVISIONA_SUPERVISIONADO que guardará o resultado da consulta recursiva. A visão está inicialmente vazia. Primeiro, ela é carregada com as combinações de CPF do primeiro nível (supervisor, supervisionado) pela primeira parte (**SELECT** Cpf_supervisor, Cpf **FROM** FUNCIONARIO), que é chamada de **consulta básica**. Esta será combinada pela **UNION** com cada nível sucessivo de supervisionados pela segunda parte, em que o conteúdo da visão é unido novamente com os valores básicos para obter as combinações de segundo nível, que são unidas (**UNION**) com as de primeiro nível. Isso é repetido por vários níveis sucessivos, até chegar a um **ponto fixo**, no qual não há mais tuplas adicionadas à visão. Nesse ponto, o resultado da consulta recursiva está na visão SUPERVISIONA_SUPERVISIONADO.

7.1.11 Discussão e resumo das consultas em SQL

Uma consulta de recuperação em SQL pode consistir em até seis cláusulas, mas somente as duas primeiras — SELECT e FROM — são obrigatórias. A consulta pode se espalhar por várias linhas, e termina com um sinal de ponto e vírgula. Os termos da consulta são separados por espaços, e parênteses podem ser usados para agrupar partes relevantes de uma consulta na forma padrão. As cláusulas são especificadas na seguinte ordem, e os colchetes [...] são opcionais:

SELECT <lista de atributos e funções>
FROM <lista de tabelas>
[**WHERE** <condição>]
[**GROUP BY** <atributo(s) de agrupamento>]
[**HAVING** <condição de grupo>]
[**ORDER BY** <lista de atributos>];

A cláusula SELECT lista os atributos ou funções a serem recuperadas. A cláusula FROM especifica todas as relações (tabelas) necessárias na consulta, incluindo as relações de junção, mas não aquelas nas consultas aninhadas. A cláusula WHERE especifica as condições para selecionar as tuplas dessas relações, incluindo as condições de junção, se necessário. GROUP BY especifica atributos de agrupamento, enquanto HAVING especifica uma condição sobre os grupos selecionados, em vez das tuplas individuais. As funções de agregação embutidas COUNT, SUM, MIN, MAX e AVG são usadas em conjunto com o agrupamento, mas também podem ser aplicadas a todas as tuplas selecionadas em uma consulta sem uma cláusula GROUP BY. Por fim, ORDER BY especifica uma ordem para exibir o resultado de uma consulta.

Para formular consultas de maneira correta, é útil considerar as etapas que definem o *significado* ou a *semântica* de cada consulta. Uma consulta é avaliada *conceitualmente*[4] aplicando primeiro a cláusula FROM (para identificar todas as tabelas envolvidas na consulta ou materializar quaisquer tabelas de junção), seguida pela cláusula WHERE para selecionar e juntar tuplas, e depois por GROUP BY e HAVING. Conceitualmente, ORDER BY é aplicado no final para classificar o resultado da consulta. Se nenhuma das três últimas cláusulas (GROUP BY, HAVING e ORDER BY) for especificada, podemos *pensar conceitualmente* em uma consulta sendo executada da seguinte forma: para *cada combinação de tuplas* — uma de cada uma das relações especificadas na cláusula FROM —, avaliar a cláusula WHERE; se ela for avaliada como TRUE, colocar os valores dos atributos especificados na cláusula SELECT dessa combinação de tuplas no resultado da consulta. É óbvio que esse não é um modo eficiente de implementar a consulta em um sistema real, e cada SGBD possui rotinas

[4] A ordem real de avaliação da consulta depende da implementação; esse é apenas um modo de visualizar conceitualmente uma consulta a fim de formulá-la de maneira correta.

especiais de otimização de consulta para decidir sobre um plano de execução que seja eficiente. Discutiremos sobre o processamento e a otimização da consulta nos capítulos 18 e 19.

Em geral, existem várias maneiras de especificar a mesma consulta em SQL. Essa flexibilidade na especificação de consultas possui vantagens e desvantagens. A principal vantagem é que os usuários podem escolher a técnica com a qual estão mais acostumados ao especificar uma consulta. Por exemplo, muitas consultas podem ser especificadas com condições de junção na cláusula WHERE, ou usando relações de junção na cláusula FROM, ou com alguma forma de consultas aninhadas e o operador de comparação IN. Alguns usuários podem se sentir mais confiantes usando uma técnica, ao passo que outros podem estar mais acostumados a outra. Do ponto de vista do programador e do sistema com relação à otimização da consulta, é preferível escrever uma consulta com o mínimo de aninhamento e de ordenação possível.

A desvantagem de ter várias maneiras de especificar a mesma consulta é que isso pode confundir o usuário, que pode não saber qual técnica usar para especificar tipos de consultas em particular. Outro problema é que pode ser mais eficiente executar uma consulta especificada de uma maneira que a mesma consulta especificada de uma maneira alternativa. O ideal é que isso não aconteça: o SGBD deve processar a mesma consulta da mesma maneira, independentemente de como ela é especificada. Porém, isso é muito difícil na prática, pois cada SGBD possui diferentes métodos para processar consultas especificadas de diversas maneiras. Assim, uma tarefa adicional sobre o usuário é determinar qual das especificações alternativas é a mais eficiente de executar. O ideal é que o usuário se preocupe apenas em especificar a consulta corretamente, ao passo que o SGBD determinaria como executar a consulta de forma eficiente. Na prática, contudo, ajuda se o usuário souber quais tipos de construções em uma consulta são mais dispendiosos para processar que outros.

7.2 Especificando restrições como asserções e ações como gatilho (triggers)

Nesta seção, apresentamos dois recursos adicionais da SQL: o comando **CREATE ASSERTION** e o comando **CREATE TRIGGER**. A Seção 7.2.1 discute o CREATE ASSERTION, que pode ser usado para especificar tipos adicionais de restrições que estão fora do escopo das *restrições embutidas do modelo relacional* (chaves primária e única, integridade de entidade e integridade referencial), que apresentamos na Seção 5.2. Essas restrições embutidas podem ser especificadas dentro do comando **CREATE TABLE** da SQL (ver seções 6.1 e 6.2).

Depois, na Seção 7.2.2, apresentamos **CREATE TRIGGER**, que pode ser usado para especificar ações automáticas que o sistema de banco de dados realizará quando houver certos eventos e condições. Esse tipo de funcionalidade costuma ser conhecido como **bancos de dados ativos**. Neste capítulo, só apresentamos os fundamentos básicos de **gatilhos** (**triggers**), e uma discussão mais completa sobre os bancos de dados ativos pode ser encontrada na Seção 26.1.

7.2.1 Especificando restrições gerais como asserções em SQL

Em SQL, os usuários podem especificar restrições gerais — aquelas que não se encaixam em nenhuma das categorias descritas nas seções 6.1 e 6.2 — por meio de **asserções declarativas**, usando o comando **CREATE ASSERTION**. Cada asserção recebe um nome de restrição e é especificada por uma condição semelhante à cláusula WHERE de uma consulta SQL. Por exemplo, para especificar a restrição de que *o salário* *de um funcionário não pode ser maior que o salário do gerente do departamento para o qual o funcionário trabalha* em SQL, podemos escrever a seguinte asserção:

```
CREATE ASSERTION RESTRICAO_SALARIAL
CHECK ( NOT EXISTS  ( SELECT   *
                      FROM     FUNCIONARIO F, FUNCIONARIO G,
                               DEPARTAMENTO D
                      WHERE    F.Salario>G.Salario
                               AND   F.Numero_departamento =
                                     D.Numero_departamento
                               AND   D.Cpf_gerente = G.Cpf ) );
```

O nome de restrição RESTRICAO_SALARIAL é seguido pela palavra-chave CHECK, que é seguida por uma **condição** entre parênteses que precisa ser verdadeira em cada estado do banco de dados para que a asserção seja satisfeita. O nome da restrição pode ser usado mais tarde para se referir à restrição ou para modificá-la ou excluí-la. O SGBD é responsável por garantir que a condição não seja violada. Qualquer condição de cláusula WHERE pode ser usada, mas muitas restrições podem ser especificadas usando o estilo EXISTS e NOT EXISTS das condições em SQL. Sempre que alguma tupla no banco de dados fizer com que a condição de um comando ASSERTION seja avaliada como FALSE, a restrição é **violada.** A restrição é **satisfeita** por um estado do banco de dados se *nenhuma combinação de tuplas* nesse estado violar a restrição.

A técnica básica para escrever essas asserções é especificar uma consulta que seleciona quaisquer tuplas *que violam a condição desejada.* Ao incluir essa consulta em uma cláusula NOT EXISTS, a asserção especificará que o resultado dessa consulta precisa ser vazio para que a condição seja sempre TRUE. Assim, uma asserção é violada se o resultado da consulta não for vazio. No exemplo anterior, a consulta seleciona todos os funcionários cujos salários são maiores que o salário do gerente de seu departamento. Se o resultado da consulta não for vazio, a asserção é violada.

Observe que a cláusula CHECK e a condição de restrição também podem ser utilizadas para especificar restrições sobre atributos e domínios *individuais* (ver Seção 6.2.1) e sobre tuplas *individuais* (ver Seção 6.2.4). A principal diferença entre CREATE ASSERTION e as restrições de domínio e de tupla individuais é que as cláusulas CHECK sobre atributos, domínios e tuplas individuais são verificadas na SQL *somente quando as tuplas são inseridas ou atualizadas* em uma tabela específica. Logo, a verificação de restrição pode ser implementada de maneira mais eficiente pelo SGBD nesses casos. O projetista do esquema deve usar CHECK sobre atributos, domínios e tuplas apenas quando estiver certo de que a restrição *só pode ser violada pela inserção ou atualização de tuplas*. Por outro lado, o projetista do esquema deve usar CREATE ASSERTION somente em casos em que não é possível usar CHECK sobre atributos, domínios ou tuplas, de modo que verificações simples são implementadas de modo mais eficiente pelo SGBD.

7.2.2 Introdução a gatilhos (triggers) em SQL

Outro comando importante em SQL é o CREATE TRIGGER. Em muitos casos, é conveniente especificar um tipo de ação a ser tomada quando certos eventos ocorrem e quando certas condições são satisfeitas. Por exemplo, pode ser útil especificar uma condição que, se violada, faz com que algum usuário seja informado dela. Um gerente pode querer ser informado se as despesas de viagem de um funcionário excederem certo limite, recebendo uma mensagem sempre que isso acontecer. A ação que o SGBD deve tomar nesse caso é enviar uma mensagem apropriada a esse usuário. A condição, portanto, é usada para **monitorar** o banco de dados. Outras ações podem ser especificadas, como executar um específico *procedimento armazenado* (ou *stored procedure*) ou disparar outras atualizações. O comando CREATE TRIGGER é utilizado para implementar essas ações em SQL. Discutiremos sobre triggers (gatilhos) com detalhes na Seção 26.1, quando descreveremos os *bancos de dados ativos*. Aqui, vamos apenas dar um exemplo simples de como os gatilhos podem ser usados.

Suponha que queiramos verificar se o salário de um funcionário é maior que o salário de seu supervisor direto no banco de dados EMPRESA (ver figuras 5.5 e 5.6). Vários eventos podem disparar esta regra: inserir um novo registro de funcionário, alterar o salário de um funcionário ou alterar o supervisor de um funcionário. Suponha que a ação a ser tomada fosse chamar o procedimento armazenado VIOLACAO_SALARIAL,[5] que notificará o supervisor. O gatilho poderia então ser escrito como em R5, a seguir. Aqui, estamos usando a sintaxe do sistema de banco de dados Oracle.

```
R5: CREATE TRIGGER VIOLACAO_SALARIAL
    BEFORE INSERT OR UPDATE OF SALARIO, CPF_SUPERVISOR
      ON FUNCIONARIO
    FOR EACH ROW
      WHEN ( NEW.SALARIO > ( SELECT SALARIO FROM FUNCIONARIO
                             WHERE CPF = NEW.CPF_SUPERVISOR ) )
                             INFORMAR_SUPERVISOR(NEW.Cpf_supervisor,
                             NEW.Cpf );
```

O gatilho recebe o nome VIOLACAO_SALARIAL, que pode ser usado para remover ou desativar o gatilho mais tarde. Um gatilho típico, que é considerado um ECA (Evento, Condição, Ação), possui três componentes:

1. O(s) **evento(s)**: estes em geral são operações de atualização no banco de dados, aplicadas explicitamente a ele. Neste exemplo, os eventos são: inserir um novo registro de funcionário, alterar o salário de um funcionário ou alterar o supervisor de um funcionário. A pessoa que escreve o gatilho precisa garantir que todos os eventos possíveis sejam considerados. Em alguns casos, pode ser preciso escrever mais de um gatilho para cobrir todos os casos possíveis. Esses eventos são especificados após a palavra-chave **BEFORE** em nosso exemplo, o que significa que o gatilho deve ser executado antes que a operação de disparo seja executada. Uma alternativa é usar a palavra-chave **AFTER**, que especifica que o gatilho deve ser executado após a operação especificada no evento ser concluída.
2. A **condição** que determina se a ação da regra deve ser executada: depois que o evento de disparo tiver ocorrido, uma condição *opcional* pode ser avaliada. Se *nenhuma condição* for especificada, a ação será executada uma vez que o evento ocorra. Se uma condição for especificada, ela primeiro é avaliada e, somente *se for avaliada como verdadeira*, a ação da regra será executada. A condição é especificada na cláusula WHEN do gatilho.
3. A **ação** a ser tomada: a ação normalmente é uma sequência de instruções em SQL, mas também poderia ser uma transação de banco de dados ou um programa externo que será executado automaticamente. Neste exemplo, a ação é executar o procedimento armazenado INFORMAR_SUPERVISOR.

Os gatilhos podem ser usados em várias aplicações, como na manutenção da coerência do banco de dados, no monitoramento de atualizações do banco de dados e na atualização de dados derivados automaticamente. Uma discussão mais completa pode ser vista na Seção 26.1.

---

[5] Suponha que um procedimento externo apropriado tenha sido declarado. Discutiremos os procedimentos armazenados no Capítulo 10.

7.3 Visões (views) — tabelas virtuais em SQL

Nesta seção, apresentamos o conceito de uma visão (view) em SQL. Mostraremos como as visões são especificadas, depois discutiremos o problema de atualizá-las e como elas podem ser implementadas pelo SGBD.

7.3.1 Conceito de uma visão em SQL

Uma **visão** em terminologia SQL é uma única tabela que é derivada de outras tabelas.[6] Essas outras tabelas podem ser *tabelas básicas* ou visões previamente definidas. Uma visão não necessariamente existe em forma física; ela é considerada uma **tabela virtual**, ao contrário das **tabelas básicas**, cujas tuplas sempre estão armazenadas fisicamente no banco de dados. Isso limita as possíveis operações de atualização que podem ser aplicadas às visões, mas não oferece quaisquer limitações sobre a consulta de uma visão.

Pensamos em uma visão como um modo de especificar uma tabela que precisamos referenciar com frequência, embora ela possa não existir fisicamente. Por exemplo, em relação ao banco de dados EMPRESA da Figura 5.5, podemos emitir frequentemente consultas que recuperam o nome do funcionário e os nomes dos projetos em que ele trabalha. Em vez de ter de especificar a junção das três tabelas FUNCIONARIO, TRABALHA_EM e PROJETO toda vez que emitirmos essa consulta, podemos definir uma visão que é especificada como o resultado dessas junções. Depois, podemos emitir consultas sobre a visão, que são especificadas como leituras de uma única tabela, em vez de leituras envolvendo duas junções sobre três tabelas. Chamamos as tabelas FUNCIONARIO, TRABALHA_EM e PROJETO de **tabelas de definição** da visão.

7.3.2 Especificação das visões (views) em SQL

Em SQL, o comando para especificar uma visão é **CREATE VIEW**. A visão recebe um nome de tabela (virtual), ou nome de visão, uma lista de nomes de atributo e uma consulta para especificar o conteúdo da visão. Se nenhum dos atributos da visão resultar da aplicação de funções ou operações aritméticas, não temos de especificar novos nomes de atributo para a visão, pois eles seriam iguais aos nomes dos atributos das tabelas de definição no caso default. As visões em V1 e V2 criam tabelas virtuais, cujos esquemas são ilustrados na Figura 7.2, quando aplicadas ao esquema de banco de dados da Figura 5.5.

```
V1: CREATE VIEW   TRABALHA_EM1
    AS SELECT     Primeiro_nome, Ultimo_nome, Nome_projeto, Horas
      FROM        FUNCIONARIO, PROJETO, TRABALHA_EM
      WHERE       Cpf = Cpf_funcionario AND TRABALHA_EM.Numero_projeto =
                  PROJETO.Numero_projeto;

V2: CREATE VIEW   INFORMACAO_DEP(Nome_departamento, Quant_func, Total_
                  sal)
    AS SELECT     Nome_departamento, COUNT (*), SUM (Salario)
      FROM        DEPARTAMENTO, FUNCIONARIO
      WHERE       DEPARTAMENTO.Numero_departamento =
                  FUNCIONARIO.Numero_departamento
      GROUP BY    Nome_departamento;
```

[6] Conforme usado em SQL, o termo *view* é mais limitado que o termo *visão do usuário* discutido nos capítulos 1 e 2, pois este último possivelmente incluiria muitas relações.

TRABALHA_EM1

Primeiro_nome	Ultimo_nome	Nome_projeto	Horas

INFORMACAO_DEP

Nome_departamento	Quant_func	Total_sal

Figura 7.2 Duas visões especificadas sobre o esquema de banco de dados da Figura 5.5.

Em V1, não especificamos quaisquer novos nomes de atributo para a visão TRABALHA_EM1 (embora pudéssemos tê-lo feito); neste caso, TRABALHA_EM1 *herda* os nomes dos atributos de visão das tabelas de definição FUNCIONARIO, PROJETO e TRABALHA_EM. A visão V2 especifica explicitamente novos nomes de atributo para a visão INFORMACAO_DEP, usando uma correspondência um para um entre os atributos especificados na cláusula CREATE VIEW e aqueles especificados na cláusula SELECT da consulta que define a visão.

Agora, podemos especificar consultas SQL em uma visão — ou tabela virtual — da mesma forma como fazemos consultas envolvendo tabelas básicas. Por exemplo, para recuperar o primeiro e o último nome de todos os funcionários que trabalham no projeto 'ProdutoX', podemos utilizar a visão TRABALHA_EM1 e especificar a consulta como na CV1:

```
CV1: SELECT    Primeiro_nome, Ultimo_nome
     FROM      TRABALHA_EM1
     WHERE     Nome_projeto = 'ProdutoX';
```

A mesma consulta exigiria a especificação de duas junções se fosse realizada diretamente sobre as relações básicas; uma das principais vantagens de uma visão é simplificar a especificação de certas consultas. As visões também são usadas como um mecanismo de segurança e autorização (ver Seção 7.3.4 e Capítulo 30).

Supõe-se que uma visão esteja *sempre atualizada*; se modificarmos as tuplas nas tabelas básicas sobre as quais a visão é definida, esta precisa refletir automaticamente essas mudanças. Logo, a visão não é realizada ou materializada no momento de sua *definição*, mas quando *especificamos uma consulta* na visão. É responsabilidade do SGBD, e não do usuário, cuidar para que a visão mantenha-se atualizada. Discutiremos várias maneiras como o SGBD pode manter uma visão atualizada na próxima subseção.

Se não precisarmos mais de uma visão, podemos usar o comando **DROP VIEW** para descartá-la. Por exemplo, para descartarmos a visão V1, podemos usar o comando SQL em V1A:

```
V1A: DROP VIEW  TRABALHA_EM1;
```

7.3.3 Implementação e atualização de visão e visões em linha

O problema de como um SGBD pode implementar uma visão de modo eficiente para gerar uma consulta eficaz é muito complexo. Duas técnicas principais foram sugeridas. Uma estratégia, chamada **modificação de consulta**, consiste em modificar ou transformar a consulta da visão (submetida pelo usuário) em uma consulta nas tabelas básicas. Por exemplo, a consulta CV1 seria automaticamente modificada para a seguinte consulta pelo SGBD:

```
SELECT   Primeiro_nome, Ultimo_nome
FROM     FUNCIONARIO, PROJETO, TRABALHA_EM
WHERE    Cpf = Cpf_funcionario AND TRABALHA_EM.Numero_projeto =
         PROJETO.Numero_projeto AND Nome_projeto = 'ProdutoX';
```

A desvantagem dessa técnica é que ela é ineficaz para visões definidas por consultas complexas, que são demoradas de executar, especialmente se várias delas tiverem de ser aplicadas à mesma visão em um curto período. A segunda estratégia, chamada **materialização de visão**, consiste em criar fisicamente uma tabela de visão temporária quando a visão for criada ou consultada pela primeira vez e manter essa tabela na suposição de que outras consultas na visão acontecerão em seguida. Nesse caso, uma estratégia eficiente para atualizar automaticamente a tabela da visão quando as tabelas básicas forem atualizadas deverá ser desenvolvida para que a visão esteja sempre atualizada. Técnicas que usam o conceito de **atualização incremental** têm sido desenvolvidas para essa finalidade, nas quais o SGBD pode determinar quais novas tuplas devem ser inseridas, excluídas ou modificadas em uma *tabela de visão materializada* quando uma atualização de banco de dados é aplicada *a uma das tabelas básicas definidas*. A visão geralmente é mantida como uma tabela materializada (armazenada fisicamente), desde que esteja sendo consultada. Se a visão não for consultada por certo período, o sistema pode então remover automaticamente a tabela física e recalculá-la do zero quando consultas futuras referenciarem a visão.

É possível haver diferentes estratégias em relação a quando uma visão materializada será atualizada. A estratégia de **atualização imediata** atualiza uma visão assim que as tabelas básicas são alteradas; a estratégia de **atualização adiada** atualiza a visão quando ela for necessária para uma consulta à visão; e a estratégia de **atualização periódica** atualiza a visão periodicamente (nesta última estratégia, uma consulta à visão pode obter um resultado desatualizado).

Um usuário sempre poderá emitir uma consulta de recuperação contra qualquer visão. Porém, a emissão de um comando INSERT, DELETE ou UPDATE sobre uma visão, em muitos casos, não é possível. Em geral, uma atualização em uma visão definida sobre uma *única tabela*, sem quaisquer *funções de agregação*, pode ser mapeada para uma atualização sobre a tabela básica sob certas condições. Para uma visão que envolve junções (*joins*), uma operação de atualização pode ser mapeada para operações de atualização sobre as relações básicas de *múltiplas maneiras*. Logo, quase sempre não é possível que o SGBD determine qual das atualizações é intencionada. Para ilustrar os problemas em potencial com a atualização de uma visão definida sobre múltiplas tabelas, considere a visão TRABALHA_EM1 e suponha que emitamos o comando para atualizar o atributo Nome_projeto de 'João Silva' de 'ProdutoX' para 'ProdutoY'. Essa atualização de visão aparece em UV1:

```
UV1: UPDATE   TRABALHA_EM1
     SET      Nome_projeto = 'ProdutoY'
     WHERE    Ultimo_nome = 'Silva' AND Primeiro_nome = 'João'
              AND Nome_projeto = 'ProdutoX';
```

Essa consulta pode ser mapeada para várias atualizações sobre as relações básicas para gerar o efeito de atualização desejado sobre a visão. Além disso, algumas das atualizações criarão efeitos colaterais adicionais, que afetam o resultado de outras consultas. Por exemplo, aqui estão duas atualizações possíveis, (a) e (b), sobre as relações básicas correspondentes à operação de atualização da visão em UV1:

```
(a) UPDATE TRABALHA_EM
    SET      Numero_projeto =   ( SELECT   Numero_projeto
                                  FROM     PROJETO
                                  WHERE    Nome_projeto = 'ProdutoY' )
    WHERE    Cpf_funcionario IN ( SELECT   Cpf
                                  FROM     FUNCIONARIO
                                  WHERE    Ultimo_nome = 'Silva' AND
                                           Primeiro_nome = 'João' )
             AND
             Numero_projeto =   ( SELECT   Numero_projeto
                                  FROM     PROJETO
                                  WHERE    Nome_projeto = 'ProdutoX' );

(b) UPDATE PROJETO                SET      Nome_projeto = 'ProdutoY'
    WHERE   Nome_projeto = 'ProdutoX';
```

A atualização (a) relaciona 'João Silva' à tupla 'ProdutoY' de PROJETO em vez da tupla 'ProdutoX' de PROJETO e é a atualização provavelmente mais desejada. Porém, (b) também daria o efeito de atualização desejado sobre a visão, mas realiza isso alterando o nome da tupla 'ProdutoX' na relação PROJETO para 'ProdutoY'. É muito pouco provável que o usuário que especificou a atualização de visão UV1 queira que ela seja interpretada como em (b), pois isso também tem o efeito colateral de alterar todas as tuplas de visão com Nome_projeto = 'ProdutoX'.

Algumas atualizações de visão podem não fazer muito sentido; por exemplo, modificar o atributo Total_sal da visão INFORMACAO_DEP não faz sentido porque Total_sal é definido como a soma dos salários de funcionário individuais. Esta solicitação incorreta aparece em UV2:

```
UV2:  UPDATE   INFORMACAO_DEP
      SET      Total_sal = 100000
      WHERE    Nome_departamento = 'Pesquisa';
```

Em geral, uma atualização de visão é viável quando somente *uma atualização possível* sobre as relações básicas pode realizar o efeito desejado sobre a visão. Sempre que uma atualização sobre a visão puder ser mapeada para *mais de uma atualização* sobre as relações básicas, isso geralmente não é permitido. Alguns pesquisadores sugeriram que o SGBD tenha um certo procedimento para escolher uma das atualizações possíveis como a mais provável. Alguns pesquisadores desenvolveram métodos para escolher a atualização mais provável, enquanto outros preferem deixar que o usuário escolha o mapeamento de atualização desejado durante a definição da visão. Porém, essas opções não estão disponíveis na maioria dos SGBDs comerciais.

Resumindo, podemos fazer as seguintes observações:

- Uma visão com uma única tabela de definição é atualizável se seus atributos tiverem a chave primária da relação básica, bem como todos os atributos com a restrição NOT NULL que *não têm* valores default especificados.
- As visões definidas sobre múltiplas tabelas usando junções geralmente não são atualizáveis.
- As visões definidas usando funções de agrupamento e agregação não são atualizáveis.

Em SQL, a cláusula **WITH CHECK OPTION** precisa ser acrescentada ao final da definição de visão se uma visão *tiver de ser atualizada* por comandos INSERT, DELETE ou UPDATE. Isso permite que o sistema rejeite operações que violam as regras da SQL para atualizações de visão. O conjunto completo de regras da SQL para quando uma visão pode ser modificada pelo usuário é mais complexo que as regras já apresentadas.

Também é possível definir uma tabela de visão na **cláusula FROM** de uma consulta SQL. Isso é conhecido como uma **visão em linha**. Nesse caso, a visão é definida na própria consulta.

7.3.4 Visões como mecanismos de autorização

Descreveremos os comandos de autorização de consulta SQL (GRANT e REVOKE) em detalhes no Capítulo 30, quando apresentarmos mecanismos de segurança e autorização de banco de dados. Aqui, vamos dar alguns exemplos simples para ilustrar como as visões podem ser usadas para ocultar certos atributos ou tuplas de usuários não autorizados. Suponha que um determinado usuário só tenha permissão para ver informações de funcionários que trabalham para o departamento 5; então, podemos criar a seguinte visão FUNCDEP5 e conceder ao usuário o privilégio de consultá-la, mas não a tabela básica FUNCIONARIO. Esse usuário só poderá recuperar as informações dos funcionários para as tuplas de funcionários cujo Numero_departamento = 5, e não poderá ver outras tuplas de funcionários quando a visão for consultada.

```
CREATE VIEW   FUNCDEP5   AS
SELECT        *
FROM          FUNCIONARIO
WHERE         Numero_departamento = 5;
```

Da mesma forma, uma visão pode restringir um usuário a ver apenas certas colunas; por exemplo, apenas o primeiro nome, o último nome e o endereço de um funcionário podem ser vistos por meio desta visão:

```
CREATE VIEW   DADOS_BASICOS_FUNC   AS
SELECT        Primeiro_nome, Ultimo_nome, Endereco
FROM          FUNCIONARIO;
```

Assim, ao criar uma visão apropriada e conceder acesso para certos usuários a ela, e não às tabelas básicas, eles podem ficar restritos a recuperarem apenas os dados especificados na visão. O Capítulo 30 discute segurança e autorização com mais detalhes, incluindo os comandos SQL GRANT e REVOKE.

7.4 Instruções de alteração de esquema em SQL

Nesta seção, oferecemos uma visão geral dos **comandos de evolução de esquema** disponíveis em SQL, que podem ser usados para alterar um esquema, acrescentando ou removendo tabelas, atributos, restrições e outros elementos dele. Isso pode ser feito enquanto o banco de dados está operando e não exige recompilação do esquema. Certas verificações precisam ser feitas pelo SGBD para garantir que as mudanças não afetarão o restante do banco de dados, tornando-o inconsistente.

7.4.1 O comando DROP

O comando DROP pode ser usado para remover elementos *nomeados* do esquema, como tabelas, domínios, tipos ou restrições. Também é possível remover um esquema. Por exemplo, se todo um esquema não for mais necessário, o comando DROP SCHEMA pode ser utilizado. Existem duas opções de *comportamento de drop*: CASCADE e RESTRICT. Por exemplo, para remover o esquema de banco de dados

EMPRESA e todas as suas tabelas, domínios e outros elementos, a opção CASCADE é usada da seguinte forma:

DROP SCHEMA EMPRESA **CASCADE**;

Se a opção RESTRICT for escolhida no lugar da CASCADE, o esquema é removido somente se ele *não tiver elementos*; caso contrário, o comando DROP não será executado. Para usar a opção RESTRICT, o usuário deve primeiro remover individualmente cada elemento no esquema e depois remover o próprio esquema.

Se uma relação básica dentro de um esquema não for mais necessária, a relação e sua definição podem ser excluídas usando o comando DROP TABLE. Por exemplo, se não quisermos mais manter os dependentes dos funcionários no banco de dados EMPRESA da Figura 6.1, podemos descartar a relação DEPENDENTE emitindo o seguinte comando:

DROP TABLE DEPENDENTE **CASCADE**;

Se a opção RESTRICT for escolhida em vez da CASCADE, uma tabela é removida somente se ela *não for referenciada* em quaisquer restrições (por exemplo, por definições de chave estrangeira em outra relação) ou visões (ver Seção 7.3), ou por quaisquer outros elementos. Com a opção CASCADE, todas essas restrições, visões e outros elementos que referenciam a tabela sendo removida também são excluídos automaticamente do esquema, junto com a própria tabela.

Observe que o comando DROP TABLE não apenas exclui todos os registros na tabela se tiver sucesso, mas também remove a *definição da tabela* no catálogo. Se for desejado excluir apenas os registros, mas deixar a definição de tabela para uso futuro, o comando DELETE (ver Seção 6.4.2) deve ser usado no lugar de DROP TABLE.

O comando DROP também pode ser empregado para descartar outros tipos de elementos de esquema nomeados, como restrições ou domínios.

7.4.2 O comando ALTER

A definição de uma tabela básica ou de outros elementos de esquema nomeados pode ser alterada usando o comando ALTER. Para as tabelas básicas, as possíveis **ações de alteração de tabela** incluem acrescentar ou remover uma coluna (atributo), alterar uma definição de coluna e acrescentar ou remover restrições de tabela. Por exemplo, para incluir um atributo que mantém as tarefas dos funcionários na relação básica FUNCIONARIO no esquema EMPRESA (ver Figura 6.1), podemos usar o comando

ALTER TABLE EMPRESA.FUNCIONARIO **ADD COLUMN** Tarefa VARCHAR(12);

Ainda devemos inserir um valor para o novo atributo Tarefa para cada tupla individual de FUNCIONARIO. Isso pode ser feito especificando uma cláusula default ou usando o comando UPDATE individualmente sobre cada tupla (ver Seção 6.4.3). Se nenhuma cláusula default for especificada, o novo atributo receberá o valor NULL em todas as tuplas da relação imediatamente após o comando ser executado; logo, a restrição NOT NULL *não é permitida* nesse caso.

Para remover uma coluna, temos de escolher CASCADE ou RESTRICT para o comportamento de remoção. Se CASCADE for escolhido, todas as restrições e visões que referenciam a coluna são removidas automaticamente do esquema, junto com a coluna. Se RESTRICT for escolhido, o comando só tem sucesso se nenhuma visão ou restrição (ou outro elemento do esquema) referenciar a coluna. Por exemplo, o comando a seguir remove o atributo Endereco da tabela básica FUNCIONARIO:

ALTER TABLE EMPRESA.FUNCIONARIO **DROP COLUMN** Endereco **CASCADE**;

Também é possível alterar uma definição de coluna removendo uma cláusula default existente ou definindo uma nova cláusula default. Os exemplos a seguir ilustram essa cláusula:

```
ALTER TABLE EMPRESA.DEPARTAMENTO ALTER COLUMN Cpf_gerente
    DROP DEFAULT;
ALTER TABLE EMPRESA.DEPARTAMENTO ALTER COLUMN Cpf_gerente
    SET DEFAULT '33344555587';
```

Também é possível alterar as restrições especificadas sobre uma tabela ao acrescentar ou remover uma restrição nomeada. Para ser removida, uma restrição precisa ter recebido um nome quando foi especificada. Por exemplo, para descartar a restrição chamada CHAVEETRFUNC_SUPERVISOR da Figura 6.2 da relação FUNCIONARIO, escrevemos:

```
ALTER TABLE EMPRESA.FUNCIONARIO
DROP CONSTRAINT CHAVEETRFUNC_SUPERVISOR CASCADE;
```

Quando isso é feito, podemos redefinir uma restrição substituída acrescentando uma nova restrição à relação, se necessário. Isso é especificado usando a palavra-chave **ADD CONSTRAINT** na instrução ALTER TABLE seguida pela nova restrição, que pode ser nomeada ou não, e pode ser de qualquer um dos tipos de restrição de tabela discutidos.

As subseções anteriores deram uma visão geral dos comandos de evolução de esquema da SQL. Também é possível criar tabelas e visões em um esquema de banco de dados usando os comandos apropriados. Existem muitos outros detalhes e opções; o leitor interessado deverá consultar os documentos sobre SQL listados na Bibliografia selecionada, ao final deste capítulo.

7.5 Resumo

Neste capítulo, apresentamos recursos adicionais da linguagem de banco de dados SQL. Começamos na Seção 7.1, apresentando recursos mais complexos das consultas de recuperação SQL, incluindo consultas aninhadas, tabelas de junção, junções externas, funções agregadas e agrupamento. Na Seção 7.2, descrevemos o comando CREATE ASSERTION, que permite a especificação de restrições mais gerais sobre o banco de dados, e apresentamos o conceito de gatilhos e o comando CREATE TRIGGER. Depois, na Seção 7.3, descrevemos a facilidade da SQL para definir visões no banco de dados. As visões também são chamadas de *tabelas virtuais* ou *derivadas*, pois apresentam ao usuário o que parecem ser tabelas; no entanto, as informações nessas tabelas são derivadas de outras tabelas, definidas anteriormente. A Seção 7.4 introduziu o comando SQL ALTER TABLE, que é usado para modificar as tabelas e restrições do banco de dados.

A Tabela 7.2 resume a sintaxe (ou estrutura) de diversos comandos SQL. Esse resumo não é abrangente, nem descreve cada construção SQL possível; em vez disso, ele serve como uma referência rápida para os principais tipos de construções disponíveis em SQL. Usamos a notação BNF, em que os símbolos não terminais aparecem entre sinais de <...>, as partes opcionais aparecem entre colchetes [...], as repetições aparecem entre chaves {...} e as alternativas aparecem entre parênteses (... | ... | ...).[7]

---

[7] A sintaxe completa da SQL é descrita em muitos documentos volumosos, com centenas de páginas.

Tabela 7.2 Resumo da sintaxe da SQL.

```
CREATE TABLE <nome tabela> (<nome coluna> <tipo coluna> [ <restrição atributo> ]
                            { , <nome coluna> <tipo coluna> [ <restrição atributo> ] }
                            [ <restrição tabela> { , <restrição tabela> } ] )

DROP TABLE <nome tabela>
ALTER TABLE <nome tabela> ADD <nome coluna> <tipo coluna>

SELECT [ DISTINCT ] <lista atributos>
FROM ( <nome tabela> { <apelido> } | <tabela de junção> ) { , ( <nome tabela> { <apelido> } | <tabela de junção> ) }
[ WHERE <condição> ]
[ GROUP BY <atributos agrupamento> [ HAVING <condição seleção grupo> ] ]
[ ORDER BY <nome coluna> [ <ordem> ] { , <nome coluna> [ <ordem> ] } ]

<lista atributos> ::= ( * | ( <nome coluna> | <função> ( ( [ DISTINCT ] <nome coluna> | * ) ) )
                      { , ( <nome coluna> | <função> ( ( [ DISTINCT] <nome coluna> | * ) ) ) } )

<atributos agrupamento> ::= <nome coluna> { , <nome coluna> }

<ordem> ::= ( ASC | DESC )

INSERT INTO <nome tabela> [ ( <nome coluna> { , <nome coluna> } ) ]
( VALUES ( <valor constante> , { <valor constante> } ) { , ( <valor constante> { , <valor constante> } ) }
| <instrução seleção> )

DELETE FROM <nome tabela>
[ WHERE <condição seleção> ]

UPDATE <nome tabela>
SET <nome coluna> = < expressão valor> { , <nome coluna> = <expressão valor> }
[ WHERE <condição seleção> ]

CREATE [ UNIQUE] INDEX <nome índice>
ON <nome tabela> ( <nome coluna> [ <ordem> ] { , <nome coluna> [ <ordem> ] } )
[ CLUSTER ]

DROP INDEX <nome índice>

CREATE VIEW <nome view> [ ( <nome coluna> { , <nome coluna> } ) ]
AS <instrução seleção>

DROP VIEW <nome view>
```

NOTA: os comandos para criar e excluir índices não fazem parte do padrão SQL.

PERGUNTAS DE REVISÃO

7.1. Descreva as seis cláusulas na sintaxe de uma consulta de recuperação SQL. Mostre que tipos de construções podem ser especificados em cada uma das seis cláusulas. Quais das seis cláusulas são obrigatórias e quais são opcionais?

7.2. Descreva conceitualmente como uma consulta de recuperação SQL será executada, especificando a ordem conceitual de execução de cada uma das seis cláusulas.

7.3. Discuta como os NULLs são tratados nos operadores de comparação em SQL. Como os NULLs são tratados quando funções de agregação são aplicadas em uma consulta SQL? Como os NULLs são tratados quando existem nos atributos de agrupamento?

7.4. Discuta como cada uma das seguintes construções é usada em SQL e quais são as diversas opções para cada construção. Especifique a utilidade de cada construção.
   a. Consultas aninhadas.
   b. Tabelas de junção e junções externas.
   c. Funções de agregação e agrupamento.
   d. Gatilhos (Triggers).
   e. Asserções e como elas diferem dos gatilhos.
   f. A cláusula SQL WITH.
   g. A construção SQL CASE.
   h. Visões e suas formas de atualização.
   i. Comandos de alteração de esquema.

EXERCÍCIOS

7.5. Especifique as seguintes consultas no banco de dados da Figura 5.5 em SQL. Mostre os resultados da consulta se cada uma for aplicada ao banco de dados da Figura 5.6.
   a. Para cada departamento cujo salário médio do funcionário seja maior que R$ 30.000,00, recupere o nome do departamento e o número de funcionários que trabalham nele.
   b. Suponha que queiramos o número de funcionários do sexo *masculino* em cada departamento que ganhe mais de R$ 30.000,00, em vez de todos os funcionários (como no Exercício 7.5a). Podemos especificar essa consulta em SQL? Por quê?

7.6. Especifique as seguintes consultas em SQL sobre o esquema de banco de dados da Figura 1.2.
   a. Recupere os nomes e cursos de todos os alunos com notas A (alunos que têm uma nota A em todas as disciplinas).
   b. Recupere os nomes e cursos de todos os alunos que não têm uma nota A em qualquer uma das disciplinas.

7.7. Em SQL, especifique as seguintes consultas sobre o banco de dados da Figura 5.5 usando o conceito de consultas aninhadas e conceitos descritos neste capítulo.
   a. Recupere os nomes de todos os funcionários que trabalham no departamento que tem aquele com o maior salário entre todos os funcionários.
   b. Recupere os nomes de todos os funcionários cujo supervisor do supervisor tenha como Cpf o número '88866555576'.
   c. Recupere os nomes dos funcionários que ganham pelo menos R$ 10.000,00 a mais que o funcionário que recebe menos na empresa.

7.8. Especifique as seguintes visões em SQL no esquema de banco de dados EMPRESA mostrado na Figura 5.5.
   a. Uma visão que tem o nome do departamento, o nome do gerente e o salário do gerente para cada departamento.
   b. Uma visão que tenha o nome do funcionário, o nome do supervisor e o salário de cada funcionário que trabalha no departamento 'Pesquisa'.
   c. Uma visão que tenha o nome do projeto, o nome do departamento que o controla, o número de funcionários e o total de horas trabalhadas por semana em cada projeto.

d. Uma visão que tenha o nome do projeto, o nome do departamento que o controla, o número de funcionários e o total de horas trabalhadas por semana no projeto para cada projeto *com mais de um funcionário trabalhando nele*.

7.9. Considere a seguinte visão, RESUMO_DEPARTAMENTO, definida sobre o banco de dados EMPRESA da Figura 5.6:

```
CREATE VIEW   RESUMO_DEPARTAMENTO (D, C, Total_sal, Media_sal)
AS SELECT     Numero_departamento, COUNT (*), SUM (Salario), AVG (Salario)
FROM          FUNCIONARIO
GROUP BY      Numero_departamento;
```

Indique quais das seguintes consultas e atualizações seriam permitidas sobre a visão. Se uma consulta ou atualização for permitida, mostre como ficaria a consulta ou atualização correspondente nas relações básicas e seu resultado quando aplicado ao banco de dados da Figura 5.6.

a.
```
SELECT   *
FROM     RESUMO_DEPARTAMENTO;
```
b.
```
SELECT   D, C
FROM     RESUMO_DEPARTAMENTO
WHERE    TOTAL_SAL > 100000;
```
c.
```
SELECT   D, MEDIA_SAL
FROM     RESUMO_DEPARTAMENTO
WHERE    C > ( SELECT C FROM RESUMO_DEPARTAMENTO WHERE
         D=4);
```
d.
```
UPDATE   RESUMO_DEPARTAMENTO
SET      D = 3
WHERE    D = 4;
```
e.
```
DELETE   FROM RESUMO_ DEPARTAMENTO
WHERE    C > 4;
```

BIBLIOGRAFIA SELECIONADA

Reisner (1977) descreve uma avaliação dos fatores humanos da SEQUEL, precursora da SQL, em que descobriu que os usuários possuem alguma dificuldade para especificar corretamente as condições de junção e agrupamento. Date (1984) contém uma crítica da linguagem SQL que indica seus portos fortes e fracos. Date e Darwen (1993) descrevem a SQL2. ANSI (1986) esboça o padrão SQL original. Diversos manuais de fabricante descrevem as características da SQL implementadas em DB2, SQL/DS, Oracle, INGRES, Informix e outros produtos de SGBD comerciais. Melton e Simon (1993) oferecem um tratamento abrangente do padrão ANSI 1992, chamado SQL2. Horowitz (1992) discute alguns dos problemas relacionados à integridade referencial e propagação das atualizações em SQL2.

A questão de atualizações de visão é abordada por Dayal e Bernstein (1978), Keller (1982) e Langerak (1990), entre outros. A implementação de visão é discutida em Blakeley et al. (1989). Negri et al. (1991) descrevem a semântica formal das consultas SQL.

Existem muitos livros que descrevem vários aspectos da SQL. Por exemplo, duas referências que descrevem a SQL-99 são Melton e Simon (2002) e Melton (2003). Outros padrões SQL — SQL 2006 e SQL 2008 — são descritos em diversos relatórios técnicos, mas não existem referências-padrão.

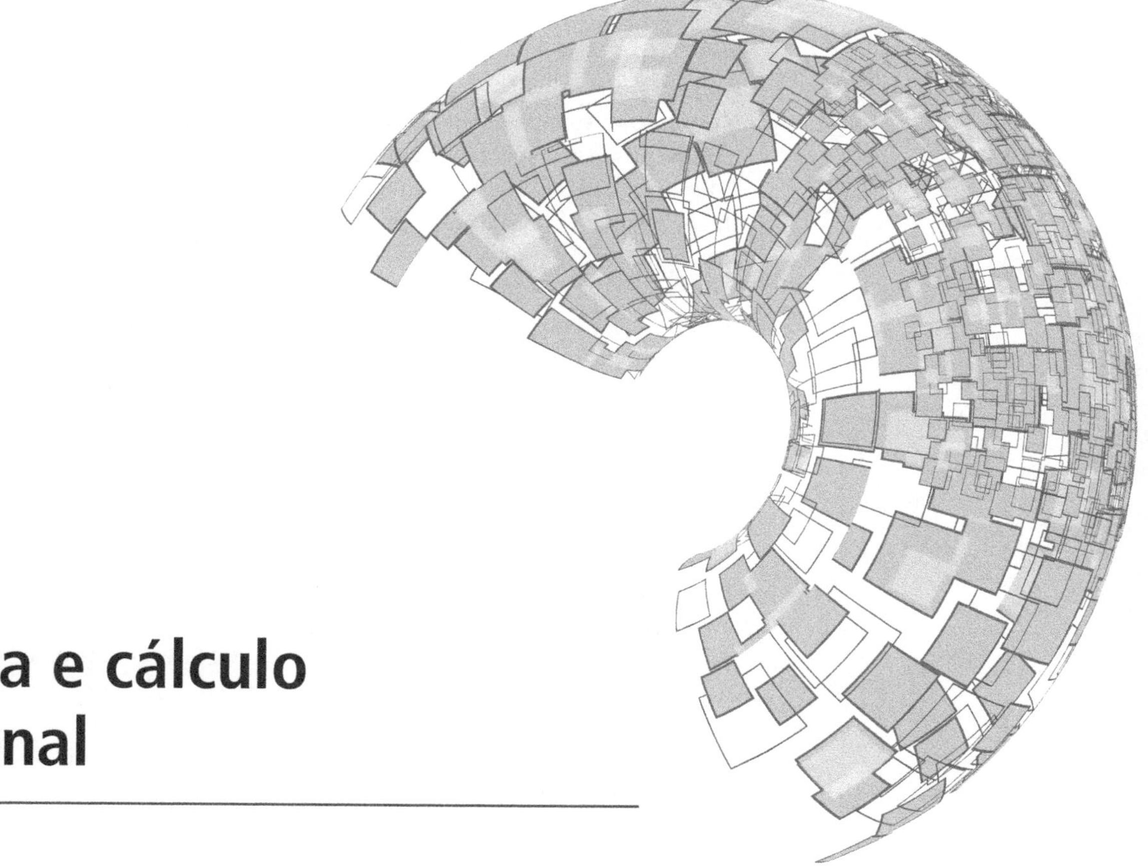

8 Álgebra e cálculo relacional

Neste capítulo, discutimos as duas *linguagens formais* para o modelo relacional: a álgebra relacional e o cálculo relacional. Ao contrário, os capítulos 6 e 7 descreveram a *linguagem prática* para o modelo relacional, a saber, o padrão SQL. Historicamente, a álgebra e o cálculo relacional foram desenvolvidos antes da linguagem SQL. A SQL é baseada principalmente nos conceitos do cálculo relacional, e também foi estendida para incorporar alguns conceitos da álgebra relacional. Como a maioria dos SGBDs relacionais utiliza a SQL como linguagem, nós a apresentamos primeiro.

Lembre-se, do Capítulo 2, de que um modelo de dados precisa incluir um conjunto de operações para manipular o banco de dados, além dos conceitos do modelo para definir a estrutura e as restrições do banco de dados. Apresentamos as estruturas e as restrições do modelo relacional formal no Capítulo 5. O conjunto básico de operações para o modelo relacional é a **álgebra relacional.** Essas operações permitem que um usuário especifique as solicitações de recuperação básicas como *expressões da álgebra relacional.* O resultado de uma recuperação é uma nova relação. Assim, as operações da álgebra produzem novas relações, que podem ser manipuladas ainda mais usando operações da mesma álgebra. Uma sequência de operações da álgebra relacional forma uma **expressão da álgebra relacional**, cujo resultado também será uma relação que representa o resultado de uma consulta de banco de dados (ou consulta de recuperação).

A álgebra relacional é muito importante por diversos motivos. Primeiro, ela oferece um alicerce formal para as operações do modelo relacional. Segundo, e talvez mais importante, ela é usada como base para a implementação e otimização de consultas nos módulos de otimização e processamento de consulta, que são partes integrais dos sistemas de gerenciamento de banco de dados relacional (SGBDRs), conforme discutiremos nos capítulos 18 e 19. Terceiro, alguns de seus conceitos são incorporados na linguagem de consulta padrão SQL para SGBDRs. Embora a maioria dos SGBDRs comerciais em uso hoje não ofereça interfaces de usuário para consultas da álgebra relacional, as operações e as funções essenciais nos módulos internos da maioria dos sistemas relacionais são baseadas nas operações da álgebra relacional. Definiremos essas operações com detalhes nas seções 8.1 a 8.4 deste capítulo.

Embora a álgebra defina um conjunto de operações para o modelo relacional, o **cálculo relacional** oferece uma linguagem *declarativa* de nível mais alto para especificar consultas relacionais. Em uma expressão do cálculo relacional, *não existe ordem de operações* para especificar como recuperar o resultado da consulta — somente qual informação o resultado deve conter. Esse é o principal fator de distinção entre a álgebra relacional e o cálculo relacional. O cálculo relacional é importante porque tem uma firme base na lógica matemática e porque a linguagem de consulta padrão (SQL) para SGBDRs tem alguns de seus alicerces em uma variação do cálculo relacional conhecida como cálculo relacional de tupla.[1]

A álgebra relacional normalmente é considerada uma parte integral do modelo de dados relacional. Suas operações podem ser divididas em dois grupos. Um grupo inclui operações de conjunto da teoria matemática de conjuntos; estas são aplicáveis porque cada relação é definida como um conjunto de tuplas no modelo relacional *formal* (ver Seção 5.1). As operações de conjunto incluem UNIÃO, INTERSEÇÃO, DIFERENÇA DE CONJUNTO e PRODUTO CARTESIANO (também conhecida como PRODUTO CRUZADO). O outro grupo consiste em operações desenvolvidas especificamente para bancos de dados relacionais — entre elas estão SELEÇÃO, PROJEÇÃO e JUNÇÃO, entre outras. Primeiro, vamos descrever as operações SELEÇÃO e PROJEÇÃO na Seção 8.1, pois elas são **operações unárias** que ocorrem sobre uma única relação. Depois, discutimos as operações de conjunto na Seção 8.2. Na Seção 8.3, discutimos JUNÇÃO e outras **operações binárias** complexas, que operam sobre duas tabelas combinando tuplas relacionadas (registros) baseadas em *condições de junção*. O banco de dados relacional EMPRESA, mostrado na Figura 5.6, é usado para nossos exemplos.

Algumas solicitações de banco de dados comuns não podem ser realizadas com as operações originais da álgebra relacional, de modo que operações adicionais foram criadas para expressá-las. Estas incluem **funções de agregação**, que são operações que podem *resumir* dados das tabelas, bem como tipos adicionais de operações JUNÇÃO e UNIÃO, conhecidas como JUNÇÃO EXTERNA e UNIÃO EXTERNA. Essas operações, que foram acrescentadas à álgebra relacional em razão de sua importância para muitas aplicações de banco de dados, são descritas na Seção 8.4. Oferecemos exemplos da especificação de consultas que usam operações relacionais na Seção 8.5. Algumas dessas mesmas consultas foram utilizadas nos capítulos 6 e 7. Ao usar os mesmos números de consulta neste capítulo, o leitor poderá comparar como as mesmas consultas são escritas nas diversas linguagens de consulta.

Nas seções 8.6 e 8.7, descrevemos a outra linguagem formal principal para bancos de dados relacionais: o **cálculo relacional**. Existem duas variações do cálculo relacional. O cálculo relacional de *tupla* é descrito na Seção 8.6, e o cálculo relacional de *domínio*, na Seção 8.7. Algumas das construções SQL discutidas nos capítulos 6 e 7 são baseadas no cálculo relacional de tupla. O cálculo relacional é uma linguagem formal, fundamentada no ramo da lógica matemática chamado de cálculo de predicado.[2] No cálculo relacional de tupla, variáveis estendem-se por *tuplas*, enquanto no cálculo relacional de domínio, variáveis estendem-se por *domínios* (valores) de atributos. No Apêndice C, oferecemos uma visão geral da

[1] A SQL se baseia no cálculo relacional de tupla, mas também incorpora algumas das operações da álgebra relacional e suas extensões, conforme ilustrado nos capítulos 6, 7 e 9.

[2] Neste capítulo, não supusemos que você tenha qualquer familiaridade com o cálculo de predicado de primeira ordem — que lida com variáveis e valores quantificados.

linguagem Query-By-Example (QBE), que é uma linguagem relacional gráfica de uso facilitado, com base no cálculo relacional de domínio. A Seção 8.8 contém um resumo do capítulo.

Para o leitor interessado em uma introdução menos detalhada às linguagens relacionais formais, as seções 8.4, 8.6 e 8.7 podem ser puladas.

8.1 Operações relacionais unárias: SELEÇÃO e PROJEÇÃO

8.1.1 A operação SELEÇÃO

A operação SELEÇÃO é usada para escolher um *subconjunto* das tuplas de uma relação que satisfaça uma **condição de seleção.**[3] Pode-se considerar que a operação SELEÇÃO seja um *filtro* que mantém apenas as tuplas que satisfazem uma condição qualificadora. Como alternativa, podemos considerar que essa operação *restringe* as tuplas em uma relação para apenas aquelas que satisfazem a condição. A operação SELEÇÃO também pode ser visualizada como uma *partição horizontal* da relação em dois conjuntos de tuplas — aquelas que satisfazem a condição e são selecionadas e aquelas que não satisfazem a condição e são descartadas. Por exemplo, para selecionar a tupla FUNCIONARIO cujo departamento é 4, ou aquelas cujo salário é maior que R$ 30.000,00, podemos especificar individualmente cada uma dessas duas condições com uma operação SELEÇÃO da seguinte maneira:

$\sigma_{\text{Numero\_departamento}=4}(\text{FUNCIONARIO})$

$\sigma_{\text{Salario}>30000}(\text{FUNCIONARIO})$

Em geral, a operação SELEÇÃO é indicada por

$\sigma_{\text{<condição de seleção>}}(R)$

em que o símbolo σ (sigma) é usado para indicar o operador SELEÇÃO e a condição de seleção é uma expressão booleana (condição) especificada nos atributos da relação R. Observe que R costuma ser uma *expressão da álgebra relacional* cujo resultado é uma relação — a mais simples expressão desse tipo é apenas o nome de uma relação de banco de dados. A relação resultante da operação SELEÇÃO tem os *mesmos atributos* de R.

A expressão booleana especificada em <condição de seleção> é composta de uma série de **cláusulas** da forma

<nome atributo> <operador de comparação> <valor constante>

ou

<nome atributo> <operador de comparação> <nome atributo>

em que <nome atributo> é o nome de um atributo de R, <operador de comparação> em geral é um dos operadores $\{=, <, \leq, >, \geq, \neq\}$ e <valor constante> é um valor constante do domínio do atributo. As cláusulas podem ser conectadas pelos operadores booleanos padrão *and*, *or* e *not* para formar uma condição de seleção geral. Por exemplo, para selecionar as tuplas para todos os funcionários que ou trabalham no departamento 4 e ganham mais de R$ 25.000,00 por ano, ou trabalham no departamento 5 e ganham mais de R$ 30.000,00, podemos especificar a seguinte operação SELEÇÃO:

$\sigma_{(\text{Numero\_departamento}=4 \textbf{ AND } \text{Salario}>25000) \textbf{ OR } (\text{Numero\_departamento}=5 \textbf{ AND } \text{Salario}>30000)}(\text{FUNCIONARIO})$

[3] A operação SELEÇÃO é **diferente** da cláusula SELECT da SQL. A operação SELEÇÃO escolhe tuplas de uma tabela, e às vezes é chamada de operação RESTRINGIR ou FILTRAR.

O resultado é mostrado na Figura 8.1(a).

Observe que todos os operadores de comparação no conjunto {=, <, ≤, >, ≥, ≠} podem ser aplicados aos atributos cujos domínios são *valores ordenados*, como domínios numéricos ou de data. Os domínios de cadeias de caracteres também são considerados ordenados com base na ordem alfabética dos caracteres. Se o domínio de um atributo for um conjunto de *valores desordenados*, somente os operadores de comparação no conjunto {=, ≠} podem ser usados. Um exemplo de domínio desordenado é o domínio Cor = { 'vermelho', 'azul', 'verde', 'branco', 'amarelo', ...}, em que nenhuma ordem é especificada entre as diversas cores. Alguns domínios permitem tipos adicionais de operadores de comparação; por exemplo, um domínio de cadeias de caracteres pode permitir o operador de comparação SUBSTRING_OF.

Em geral, o resultado de uma operação SELEÇÃO pode ser determinado da forma mostrada a seguir. A <condição de seleção> é aplicada independentemente para cada *tupla individual t* em *R*. Isso é feito substituindo cada ocorrência de um atributo A_i na condição de seleção por seu valor na tupla $t[A_i]$. Se a condição for avaliada como TRUE, então a tupla *t* é **selecionada**. Todas as tuplas selecionadas aparecem no resultado da operação SELEÇÃO. As condições booleanas AND, OR e NOT têm sua interpretação normal, da seguinte forma:

- (cond1 **AND** cond2) é TRUE se (cond1) e (cond2) forem TRUE; caso contrário, é FALSE.
- (cond1 **OR** cond2) é TRUE se (cond1) ou (cond2) ou ambas forem TRUE; caso contrário, é FALSE.
- (**NOT** cond) é TRUE se cond é FALSE; caso contrário, é FALSE.

(a)

Primeiro_ nome	Nome_ meio	Ultimo_ nome	Cpf	Data_ nascimento	Endereco	Sexo	Salario	Cpf_supervisor	Numero_ departamento
Fernando	T	Wong	33344555587	08-12-1955	Rua da Lapa, 34, São Paulo, SP	M	40000	88866555576	5
Jennifer	S	Souza	98765432168	20-06-1941	Av. Arthur de Lima, 54, Santo André, SP	F	43000	88866555576	4
Ronaldo	K	Lima	66688444476	15-09-1962	Rua Rebouças, 65, Piracicaba, SP	M	38000	33344555587	5

(b)

Ultimo_nome	Primeiro_nome	Salario
Silva	João	30000
Wong	Fernando	40000
Zelaya	Alice	25000
Souza	Jennifer	43000
Lima	Ronaldo	38000
Leite	Joice	25000
Pereira	André	25000
Brito	Jorge	55000

(c)

Sexo	Salario
M	30000
M	40000
F	25000
F	43000
M	38000
M	25000
M	55000

Figura 8.1 Resultados das operações SELEÇÃO e PROJEÇÃO. (a) $\sigma_{(\text{Numero\_departamento=4 }\textbf{AND}\text{ Salario>25000) OR (Numero\_departamento=5 }\textbf{AND}\text{ Salario>30000)}}$(FUNCIONARIO). (b) $\pi_{\text{Ultimo\_nome, Primeiro\_nome, Salario}}$(FUNCIONARIO). (c) $\pi_{\text{Sexo, Salario}}$(FUNCIONARIO).

O operador SELEÇÃO é **unário**; ou seja, ele é aplicado a uma única relação. Além disso, a operação de seleção é aplicada a *cada tupla individualmente*; logo, as condições de seleção não podem envolver mais de uma tupla. O **grau** da relação resultante de uma operação SELEÇÃO — seu número de atributos — é o mesmo que o grau de *R*. O número de tuplas na relação resultante é sempre *menor ou igual ao* número de tuplas em *R*. Ou seja, $|\sigma_C(R)| \leq |R|$ para qualquer condição *C*. A fração de tuplas selecionada por uma condição de seleção é conhecida como **seletividade** da condição.

Observe que a operação SELEÇÃO é **comutativa**; ou seja,

$$\sigma_{<cond1>}(\sigma_{<cond2>}(R)) = \sigma_{<cond2>}(\sigma_{<cond1>}(R))$$

Portanto, uma sequência de SELEÇÕES pode ser aplicada em qualquer ordem. Além disso, sempre podemos combinar uma **cascata** (ou **sequência**) de operações SELEÇÃO a uma única operação SELEÇÃO, com uma condição conjuntiva (AND); ou seja,

$$\sigma_{<cond1>}(\sigma_{<cond2>}(\ldots(\sigma_{<condn>}(R))\ \ldots)) = \sigma_{<cond1>\ \textbf{AND}<cond2>\ \textbf{AND}\ldots\textbf{AND}\ <condn>}(R)$$

Em SQL, a condição SELEÇÃO normalmente é especificada na *cláusula WHERE* de uma consulta. Por exemplo, a operação a seguir:

$$\sigma_{\text{Numero\_departamento=4}\ \textbf{AND}\ \text{Salario>25000}}(\text{FUNCIONARIO})$$

corresponderia à seguinte consulta SQL:

```
SELECT   *
FROM     FUNCIONARIO
WHERE    Numero_departamento=4 AND Salario>25000;
```

8.1.2 A operação PROJEÇÃO

Se pensarmos em uma relação como uma tabela, a operação SELEÇÃO escolhe algumas das *linhas* da tabela enquanto descarta outras. A operação **PROJEÇÃO**, por sua vez, seleciona certas *colunas* da tabela e descarta as outras. Se estivermos interessados apenas em certos atributos de uma relação, usamos a operação PROJEÇÃO para *projetar* a relação apenas por esses atributos. Portanto, o resultado da operação PROJEÇÃO pode ser visualizado como uma *partição vertical* da relação em duas relações: uma tem as colunas (atributos) necessárias e contém o resultado da operação, e a outra contém as colunas descartadas. Por exemplo, para listar último nome, primeiro nome e salário de cada funcionário, podemos usar a operação PROJEÇÃO da seguinte forma:

$$\pi_{\text{Ultimo\_nome, Primeiro\_nome, Salario}}(\text{FUNCIONARIO})$$

A relação resultante aparece na Figura 8.1(b). A forma geral da operação PROJEÇÃO é

$$\pi_{<\text{lista de atributos}>}(R)$$

em que π (pi) é o símbolo usado para representar a operação PROJEÇÃO, e <lista de atributos> é a sublista desejada de atributos da relação *R*. Mais uma vez, observe que *R*, em geral, é uma *expressão da álgebra relacional* cujo resultado é uma relação, que no caso mais simples é apenas o nome de uma relação do banco de dados. O resultado da operação PROJEÇÃO tem apenas os atributos especificados em <lista de atributos> *na mesma ordem em que eles aparecem na lista*. Logo, seu **grau** é igual ao número de atributos em <lista de atributos>.

Se a lista de atributos inclui apenas atributos não chave de *R*, provavelmente haverá tuplas duplicadas. A operação PROJEÇÃO *remove quaisquer tuplas duplicadas*, de modo que o resultado dessa operação é um conjunto de tuplas distintas, e, portanto, uma relação válida. Isso é conhecido como **eliminação de duplicatas**. Por exemplo, considere a seguinte operação PROJEÇÃO:

$$\pi_{\text{Sexo, Salario}}(\text{FUNCIONARIO})$$

O resultado é mostrado na Figura 8.1(c). Observe que a tupla <'F', 25000> só aparece uma vez na Figura 8.1(c), embora essa combinação de valores apareça duas vezes na relação FUNCIONARIO. A eliminação de duplicatas envolve a classificação ou alguma outra técnica para detectar duplicatas e, portanto, aumenta o processamento. Se as duplicatas não fossem eliminadas, o resultado seria um **multiconjunto** ou **bag** de tuplas, em vez de um conjunto. Isso não era permitido no modelo relacional formal, mas pode ocorrer na SQL (ver Seção 6.3).

O número de tuplas em uma relação resultante de uma operação PROJEÇÃO é sempre menor ou igual ao número de tuplas em R. Se a lista de atributos da projeção é uma superchave de R — ou seja, inclui alguma chave de R —, a relação resultante tem o *mesmo número* de tuplas que R. Além disso,

$$\pi_{<\text{lista1}>}(\pi_{<\text{lista2}>}(R)) = \pi_{<\text{lista1}>}(R)$$

desde que a <lista2> contenha os atributos em <lista1>; caso contrário, o lado esquerdo é uma expressão incorreta. Também vale a pena notar que a comutatividade *não* é mantida na PROJEÇÃO.

Em SQL, a lista de atributos de PROJEÇÃO é especificada na *cláusula SELECT* de uma consulta. Por exemplo, a operação a seguir:

$$\pi_{\text{Sexo, Salario}}(\text{FUNCIONARIO})$$

corresponderia à seguinte consulta SQL:

```
SELECT   DISTINCT Sexo, Salario
FROM     FUNCIONARIO
```

Observe que, se removermos a palavra-chave **DISTINCT** dessa consulta SQL, as duplicatas não serão eliminadas. Essa opção não está disponível na álgebra relacional formal, mas a álgebra pode ser estendida para incluir essa operação e permitir que relações sejam multiconjuntos (ou bags); não discutiremos essas extensões aqui.

8.1.3 Sequências de operações e a operação RENOMEAR

As relações mostradas na Figura 8.1, que representam resultados de operação, não possuem nome. Em geral, para a maioria das consultas, precisamos aplicar várias operações da álgebra relacional uma após a outra. Ou podemos escrevê-las como uma única **expressão da álgebra relacional** aninhando as operações, ou aplicar uma operação de cada vez e criar relações de resultado intermediário. No último caso, temos de dar nomes às relações que mantêm os resultados intermediários. Por exemplo, para recuperar o primeiro nome, o último nome e o salário de todos os funcionários que trabalham no departamento número 5, devemos aplicar uma operação SELEÇÃO e uma PROJEÇÃO. Podemos escrever uma única expressão da álgebra relacional, também conhecida como uma **expressão em linha**, da seguinte forma:

$$\pi_{\text{Primeiro\_nome, Ultimo\_nome, Salario}}(\sigma_{\text{Numero\_departamento=5}}(\text{FUNCIONARIO}))$$

A Figura 8.2(a) mostra o resultado dessa expressão da álgebra relacional em linha. Como alternativa, podemos explicitamente mostrar a sequência de operações, dando um nome a cada relação intermediária, e usando o **operador de atribuição**, indicado por ← (seta para a esquerda) da seguinte forma:

$$\text{FUNC\_DEP5} \leftarrow \sigma_{\text{Numero\_departamento=5}}(\text{FUNCIONARIO})$$
$$\text{RESULTADO} \leftarrow \pi_{\text{Primeiro\_nome, Ultimo\_nome, Salario}}(\text{FUNC\_DEP5})$$

(a)

Primeiro_nome	Ultimo_nome	Salario
João	Silva	30000
Fernando	Wong	40000
Ronaldo	Lima	38000
Joice	Leite	25000

(b)
TEMP

Primeiro_ nome	Nome_ meio	Ultimo_ nome	Cpf	Data_ nascimento	Endereco	Sexo	Salario	Cpf_supervisor	Numero_ departamento
João	B	Silva	12345678966	09-01-1965	Rua das Flores, 751, São Paulo, SP	M	30000	33344555587	5
Fernando	T	Wong	33344555587	08-12-1955	Rua da Lapa, 34, São Paulo, SP	M	40000	88866555576	5
Ronaldo	K	Lima	66688444476	15-09-1962	Rua Rebouças, 65, Piracicaba, SP	M	38000	33344555587	5
Joice	A	Leite	45345345376	31-07-1972	Av. Lucas Obes, 74, São Paulo, SP	F	25000	33344555587	5

R

Nome	Sobrenome	Salario
João	Silva	30000
Fernando	Wong	40000
Ronaldo	Lima	38000
Joice	Leite	25000

Figura 8.2 Resultados de uma sequência de operações. (a) $\pi_{\text{Primeiro\_nome,Ultimo\_nome,Salario}}$ $(\sigma_{\text{Numero\_departamento}=5}(\text{FUNCIONARIO}))$. (b) Usando relações intermediárias e renomeando atributos.

Às vezes, é mais simples desmembrar uma sequência complexa de operações especificando relações de resultado intermediário que escrever uma única expressão da álgebra relacional. Também podemos usar essa técnica para **renomear** os atributos nas relações intermediárias e de resultado. Isso pode ser útil em conexão com operações mais complexas, como UNIÃO e JUNÇÃO, conforme veremos. Para renomear os atributos em uma relação, simplesmente listamos os novos nomes de atributo entre parênteses, como no exemplo a seguir:

$\text{TEMP} \leftarrow \sigma_{\text{Numero\_departamento}=5}(\text{FUNCIONARIO})$
$R(\text{Nome, Sobrenome, Salario}) \leftarrow \pi_{\text{Primeiro\_nome, Ultimo\_nome, Salario}}(\text{TEMP})$

Essas duas operações são ilustradas na Figura 8.2(b).

Se nenhuma renomeação for aplicada, os nomes dos atributos na relação resultante de uma operação SELEÇÃO serão iguais aos da relação original e na mesma ordem. Para uma operação PROJEÇÃO sem renomeação, a relação resultante tem os mesmos nomes de atributo daqueles na lista de projeção e na mesma ordem em que eles aparecem na lista.

Também podemos definir uma operação **RENOMEAR** formal — que pode renomear o nome da relação, os nomes de atributo, ou ambos — como um operador unário. A operação RENOMEAR geral, quando aplicada à relação *R* de grau *n*, é indicada por qualquer uma das três formas a seguir:

$\rho_{S(B1,\ B2,\ \ldots,\ Bn)}(R)$ ou $\rho_S(R)$ ou $\rho_{(B1,\ B2,\ \ldots,\ Bn)}(R)$

em que o símbolo ρ (rho) é usado para indicar o operador RENOMEAR, S é o nome da nova relação, e $B_1, B_2, ..., B_n$ são os novos nomes de atributo. A primeira expressão renomeia tanto a relação quanto seus atributos, a segunda renomeia apenas a relação, e a terceira renomeia apenas os atributos. Se os atributos de R são $(A_1, A_2, ..., A_n)$, nessa ordem, então cada A_i é renomeado como B_i.

Em SQL, uma única consulta costuma representar uma expressão complexa da álgebra relacional. A renomeação em SQL é obtida por apelidos usando **AS**, como no exemplo a seguir:

```
SELECT   F.Primeiro_nome AS Nome, F.Ultimo_nome AS Sobrenome, F.Salario AS Salario
FROM     FUNCIONARIO AS F
WHERE    F.Numero_departamento=5;
```

8.2 Operações de álgebra relacional com base na teoria dos conjuntos

8.2.1 As operações UNIÃO, INTERSEÇÃO e DIFERENÇA (SUBTRAÇÃO)

O próximo grupo de operações da álgebra relacional é o das operações matemáticas padrão sobre conjuntos. Por exemplo, para recuperar os números de Cadastro de Pessoa Física de todos os funcionários que ou trabalham no departamento 5 ou supervisionam diretamente um funcionário que trabalha nesse departamento, podemos usar a operação UNIÃO da seguinte forma:[4]

$\text{FUNC\_DEP5} \leftarrow \sigma_{\text{Numero\_departamento}=5}(\text{FUNCIONARIO})$
$\text{RESULTADO1} \leftarrow \pi_{\text{Cpf}}(\text{FUNC\_DEP5})$
$\text{RESULTADO2(Cpf)} \leftarrow \pi_{\text{Cpf\_supervisor}}(\text{FUNC\_DEP5})$
$\text{RESULTADO} \leftarrow \text{RESULTADO1} \cup \text{RESULTADO2}$

A relação RESULTADO1 tem o Cpf de todos os funcionários que trabalham no departamento 5, enquanto RESULTADO2 tem o Cpf de todos os funcionários que supervisionam diretamente um funcionário que trabalha nesse departamento. A operação UNIÃO produz as tuplas que estão ou no RESULTADO1 ou no RESULTADO2 ou em ambos (ver Figura 8.3), enquanto elimina quaisquer duplicatas. Assim, o valor de Cpf '33344555587' aparece apenas uma vez no resultado.

Resultado 1
Cpf
12345678966
33344555587
66688444476
45345345376

Resultado 2
Cpf
33344555587
88866555576

Resultado
Cpf
12345678966
33344555587
66688444476
45345345376
88866555576

Figura 8.3 Resultado da operação UNIÃO (RESULTADO ← RESULTADO1 ∪ RESULTADO2).

[4] Como uma única expressão da álgebra relacional, isso se torna $\text{Resultado} \leftarrow \pi_{\text{Cpf}}\ (\sigma_{\text{Numero\_departamento}=5}\ (\text{FUNCIONARIO})) \cup \pi_{\text{Cpf\_supervisor}}\ (\sigma_{\text{Numero\_departamento}=5}(\text{FUNCIONARIO}))$.

Várias operações de teoria de conjunto são usadas para mesclar os elementos de dois conjuntos de diversas maneiras, incluindo **UNIÃO, INTERSEÇÃO** e **DIFERENÇA DE CONJUNTO** (também chamada **SUBTRAÇÃO** ou **EXCEÇÃO**). Estas são operações **binárias**; ou seja, cada uma é aplicada a dois conjuntos (de tuplas). Quando essas operações são adaptadas aos bancos de dados relacionais, as duas relações sobre as quais qualquer uma dessas três operações são aplicadas precisam ter o mesmo **tipo de tuplas**; essa condição é chamada de *compatibilidade de união* ou *compatibilidade de tipo*. Duas relações $R(A_1, A_2, ..., A_n)$ e $S(B_1, B_2, ..., B_n)$ são consideradas **compatíveis na união** (ou **compatíveis no tipo**) se tiverem o mesmo grau n e se $\text{dom}(A_i) = \text{dom}(B_i)$ para $1 \leq i \leq n$. Isso significa que as duas relações têm o mesmo número de atributos e cada par correspondente de atributos tem o mesmo domínio.

Podemos definir as três operações UNIÃO, INTERSEÇÃO e DIFERENÇA DE CONJUNTO sobre duas relações compatíveis na união, R e S, como segue:

- UNIÃO: o resultado dessa operação, indicado por $R \cup S$, é uma relação que inclui todas as tuplas que estão em R ou em S ou tanto em R quanto em S. As tuplas duplicadas são eliminadas.
- INTERSEÇÃO: o resultado dessa operação, indicado por $R \cap S$, é uma relação que inclui todas as tuplas que estão tanto em R quanto em S.
- DIFERENÇA DE CONJUNTO (ou SUBTRAÇÃO): o resultado dessa operação, indicado por $R - S$, é uma relação que inclui todas as tuplas que estão em R, mas não em S.

Adotaremos a convenção de que a relação resultante tem os mesmos nomes de atributo da *primeira* relação R. Sempre é possível renomear os atributos no resultado usando o operador de renomeação.

A Figura 8.4 ilustra as três operações. As relações ALUNO e PROFESSOR na Figura 8.4(a) são compatíveis na união e suas tuplas representam os nomes dos alunos e dos professores, respectivamente. O resultado da operação UNIÃO na Figura 8.4(b) mostra os nomes de todos os alunos e professores. Observe que tuplas duplicadas aparecem apenas uma vez no resultado. O resultado da operação INTERSEÇÃO [Figura 8.4(c)] inclui apenas aqueles que são tanto alunos quanto professores.

Observe que tanto UNIÃO quanto INTERSEÇÃO são *operações comutativas*; ou seja,

$R \cup S = S \cup R$ e $R \cap S = S \cap R$

Tanto UNIÃO quanto INTERSEÇÃO podem ser tratadas como operações n-árias, aplicáveis a qualquer quantidade de relações, pois ambas também são *operações associativas*; ou seja,

$R \cup (S \cup T) = (R \cup S) \cup T$ e $(R \cap S) \cap T = R \cap (S \cap T)$

A operação DIFERENÇA (SUBTRAÇÃO) *não é comutativa*; ou seja, em geral,

$R - S \neq S - R$

A Figura 8.4(d) mostra os nomes dos alunos que não são professores, e a Figura 8.4(e) mostra os nomes dos professores que não são alunos.

Observe que INTERSEÇÃO pode ser expressa em termos de união e diferença de conjunto da seguinte forma:

$R \cap S = ((R \cup S) - (R - S)) - (S - R)$

Em SQL, existem três operações — UNION, INTERSECT e EXCEPT — que correspondem às operações de conjunto descritas aqui. Além disso, existem operações de multiconjunto (UNION ALL, INTERSECT ALL e EXCEPT ALL) que não eliminam duplicatas (ver Seção 6.3.4).

(a) ALUNO

Primeiro_ nome	Ultimo_ nome
Susana	Yao
Ronaldo	Lima
José	Gonçalves
Barbara	Pires
Ana	Tavares
Jonas	Wang
Ernesto	Gilberto

PROFESSOR

Primeiro_ nome	Ultimo_ nome
João	Silva
Ricardo	Braga
Susana	Yao
Francisco	Leme
Ronaldo	Lima

(b)

Primeiro_ nome	Ultimo_ nome
Susana	Yao
Ronaldo	Lima
José	Gonçalves
Barbara	Pires
Ana	Tavares
Jonas	Wang
Ernesto	Gilberto
João	Silva
Ricardo	Braga
Francisco	Leme

(c)

Primeiro_ nome	Ultimo_nome
Susana	Yao
Ronaldo	Lima

(d)

Primeiro_ nome	Ultimo_nome
José	Gonçalves
Barbara	Pires
Ana	Tavares
Jonas	Wang
Ernesto	Gilberto

(e)

Primeiro_ nome	Ultimo_nome
João	Silva
Ricardo	Braga
Francisco	Leme

Figura 8.4 As operações de conjunto UNIÃO, INTERSEÇÃO e SUBTRAÇÃO. (a) Duas relações compatíveis na união. (b) ALUNO ∪ PROFESSOR. (c) ALUNO ∩ PROFESSOR. (d) ALUNO – PROFESSOR. (e) PROFESSOR – ALUNO.

8.2.2 A operação PRODUTO CARTESIANO (PRODUTO CRUZADO)

Em seguida, discutimos a operação **PRODUTO CARTESIANO** — também conhecida como **PRODUTO CRUZADO** ou **JUNÇÃO CRUZADA** —, que é indicada por ×. Esta também é uma operação de conjunto binária, mas as relações sobre as quais ela é aplicada *não* precisam ser compatíveis na união. Em sua forma binária, esta operação de conjunto produz um novo elemento combinando cada membro (tupla) de uma relação (conjunto) com cada membro (tupla) da outra relação (conjunto). Em geral, o resultado de $R(A_1, A_2, ..., A_n) \times S(B_1, B_2, ..., B_m)$ é uma relação Q com grau $n + m$ atributos $Q(A_1, A_2, ..., A_n, B_1, B_2, ..., B_m)$, nessa ordem. A relação resultante Q tem uma tupla para cada combinação de tuplas — uma de R e uma de S. Logo, se R tem n_R tuplas (indicado como $|R| = n_R$) e S tem n_S tuplas, então $R \times S$ terá $n_R \star n_S$ tuplas.

A operação *n*-ária PRODUTO CARTESIANO é uma extensão desse conceito, que produz novas tuplas ao concatenar todas as possíveis combinações de tuplas de n relações básicas. A operação PRODUTO CARTESIANO aplicada isoladamente não tem significado. Ela é mais útil quando seguida por uma seleção que combina valores de atributos vindos das relações componentes. Por exemplo, suponha que queiramos recuperar uma lista dos nomes dos dependentes de cada funcionária. Podemos fazer isso da seguinte forma:

FUNC_MULHERES ← $\sigma_{\text{Sexo='F'}}$(FUNCIONARIO)
FUNC_NOMES ← $\pi_{\text{Primeiro\_nome, Ultimo\_nome, Cpf}}$(FUNC_MULHERES)
FUNC_DEPENDENTES ← FUNC_NOMES × DEPENDENTE
DEPENDENTE_PARTICULAR ← $\sigma_{\text{Cpf=Cpf\_funcionario}}$(FUNC_DEPENDENTES)
RESULTADO ← $\pi_{\text{Primeiro\_nome, Ultimo\_nome, Nome\_dependente}}$(DEPENDENTE_PARTICULAR)

As relações resultantes dessa sequência de operações aparecem na Figura 8.5. A relação FUNC_DEPENDENTES é o resultado da aplicação da operação PRODUTO CARTESIANO a FUNC_NOMES da Figura 8.5 com DEPENDENTE da Figura 5.6. Em FUNC_DEPENDENTES, cada tupla de FUNC_NOMES é combinada com cada tupla de DEPENDENTE, dando um resultado que não é muito significativo (cada dependente é combinado com *cada* funcionária). Queremos combinar uma tupla de funcionária somente com seus dependentes em particular — a saber, as tuplas de DEPENDENTE cujo valor de Cpf_funcionario combina com o valor de Cpf da tupla FUNCIONARIO. A relação DEPENDENTES_PARTICULAR realiza isso. A relação FUNC_DEPENDENTES é um bom exemplo do caso em que a álgebra relacional pode ser corretamente aplicada para gerar resultados que não fazem sentido algum. É responsabilidade do usuário garantir a aplicação apenas de operações significativas às relações.

O PRODUTO CARTESIANO cria tuplas com os atributos combinados de duas relações. Podemos selecionar (SELEÇÃO) *tuplas relacionadas somente* das duas relações especificando uma condição de seleção apropriada após o produto cartesiano, como fizemos no exemplo anterior. Como essa sequência de PRODUTO CARTESIANO seguida por SELEÇÃO é muito utilizada para combinar *tuplas relacionadas* de duas relações, uma operação especial, chamada JUNÇÃO, foi criada para especificar essa sequência como uma única operação. Discutimos a operação JUNÇÃO a seguir.

Em SQL, o PRODUTO CARTESIANO pode ser realizado usando a opção CROSS JOIN nas tabelas de junção (ver Seção 7.1.6). Como alternativa, se houver duas tabelas na cláusula FROM e não houver condição de junção correspondente na cláusula WHERE na consulta SQL, o resultado também será o PRODUTO CARTESIANO das duas tabelas (ver C10, na Seção 6.3.3).

8.3 Operações relacionais binárias: JUNÇÃO e DIVISÃO

8.3.1 A operação JUNÇÃO

A operação **JUNÇÃO**, indicada por ⋈, é usada para combinar *tuplas relacionadas* de duas relações em uma única tupla "maior". Essa operação é muito importante para qualquer banco de dados relacional com mais de uma relação única, porque nos permite processar relacionamentos entre as relações. Para ilustrar a JUNÇÃO, suponha que queiramos recuperar o nome do gerente de cada departamento. Para obter esse nome, precisamos combinar cada tupla de departamento com a tupla de funcionário cujo valor de Cpf combina com o valor de Cpf_gerente na tupla de departamento. Fazemos isso usando a operação JUNÇÃO e depois projetando o resultado nos atributos necessários, da seguinte forma:

DEP_GERENTE ← DEPARTAMENTO $\bowtie_{\text{Cpf\_gerente=Cpf}}$ FUNCIONARIO
RESULTADO ← $\pi_{\text{Nome\_departamento, Ultimo\_nome, Primeiro\_nome}}$(DEP_GERENTE)

FUNC_MULHERES

Primeiro_nome	Nome_meio	Ultimo_nome	Cpf	Data_nascimento	Endereco	Sexo	Salario	Cpf_supervisor	Numero_departamento
Alice	J	Zelaya	99988777767	19-07-1968	Rua Souza Lima, 35, Curitiba, PR	F	25000	98765432168	4
Jennifer	S	Souza	98765432168	20-06-1941	Av. Arthur de Lima, 54, Santo André, SP	F	43000	88866555576	4
Joice	A	Leite	45345345376	31-07-1972	Av. Lucas Obes, 74, São Paulo, SP	F	25000	33344555587	5

FUNC_NOMES

Primeiro_nome	Ultimo_nome	Cpf
Alice	Zelaya	99988777767
Jennifer	Souza	98765432168
Joice	Leite	45345345376

FUNC_DEPENDENTES

Primeiro_nome	Ultimo_nome	Cpf	Cpf_funcionario	Nome_dependente	Sexo	Data_nascimento	...
Alice	Zelaya	99988777767	33344555587	Alicia	F	05-04-1986	...
Alice	Zelaya	99988777767	33344555587	Tiago	M	25-10-1983	...
Alice	Zelaya	99988777767	33344555587	Janaina	F	03-05-1958	...
Alice	Zelaya	99988777767	98765432168	Antonio	M	28-02-1942	...
Alice	Zelaya	99988777767	12345678966	Michael	M	04-01-1988	...
Alice	Zelaya	99988777767	12345678966	Alicia	F	30-12-1988	...
Alice	Zelaya	99988777767	12345678966	Elizabeth	F	05-05-1967	...
Jennifer	Souza	98765432168	33344555587	Alicia	F	05-04-1986	...
Jennifer	Souza	98765432168	33344555587	Tiago	M	25-10-1983	...
Jennifer	Souza	98765432168	33344555587	Janaina	F	03-05-1958	...
Jennifer	Souza	98765432168	98765432168	Antonio	M	28-02-1942	...
Jennifer	Souza	98765432168	12345678966	Michael	M	04-01-1988	...
Jennifer	Souza	98765432168	12345678966	Alicia	F	30-12-1988	...
Jennifer	Souza	98765432168	12345678966	Elizabeth	F	05-05-1967	...
Joice	Leite	45345345376	33344555587	Alicia	F	05-04-1986	...
Joice	Leite	45345345376	33344555587	Tiago	M	25-10-1983	...
Joice	Leite	45345345376	33344555587	Janaina	F	03-05-1958	...
Joice	Leite	45345345376	98765432168	Antonio	M	28-02-1942	...
Joice	Leite	45345345376	12345678966	Michael	M	04-01-1988	...
Joice	Leite	45345345376	12345678966	Alicia	F	30-12-1988	...
Joice	Leite	45345345376	12345678966	Elizabeth	F	05-05-1967	...

DEPENDENTES_PARTICULAR

Primeiro_nome	Ultimo_nome	Cpf	Cpf_funcionario	Nome_dependente	Sexo	Data_nascimento	...
Jennifer	Souza	98765432168	98765432168	Antonio	M	28-02-1942	...

RESULTADO

Primeiro_nome	Ultimo_nome	Nome_dependente
Jennifer	Souza	Antonio

Figura 8.5 A operação PRODUTO CARTESIANO (PRODUTO CRUZADO).

A primeira operação é ilustrada na Figura 8.6. Observe que o Cpf_gerente é uma chave estrangeira da relação DEPARTAMENTO que referencia Cpf, a chave primária da relação FUNCIONARIO. Essa restrição de integridade referencial desempenha um papel importante para que haja tuplas combinando na relação referenciada FUNCIONARIO.

A operação JUNÇÃO pode ser especificada como uma operação PRODUTO CARTESIANO seguida por uma operação SELEÇÃO. Porém, a JUNÇÃO é muito importante porque é usada muito frequentemente quando se especificam consultas de banco de dados. Considere o exemplo anterior, ilustrando PRODUTO CARTESIANO, que incluiu a seguinte sequência de operações:

FUNC_DEPENDENTES ← FUNC_NOMES × DEPENDENTE
DEPENDENTE_PARTICULAR ← $\sigma_{\text{Cpf=Cpf\_funcionario}}$(FUNC_DEPENDENTES)

Essas duas operações podem ser substituídas por uma única operação JUNÇÃO da seguinte forma:

DEPENDENTE_PARTICULAR ← FUNC_NOMES $\bowtie_{\text{Cpf=Cpf\_funcionario}}$ DEPENDENTE

A forma geral de uma operação JUNÇÃO sobre duas relações[5] $R(A_1, A_2, ..., A_n)$ e $S(B_1, B_2, ..., B_m)$ é

$R \bowtie_{\text{<condição junção>}} S$

O resultado da JUNÇÃO é uma relação Q com $n + m$ atributos $Q(A_1, A_2, ..., A_n, B_1, B_2, ..., B_m)$ nessa ordem; Q tem uma tupla para cada combinação de tuplas — uma de R e uma de S — *sempre que a combinação satisfaz a condição de junção.* Essa é a principal diferença entre PRODUTO CARTESIANO e JUNÇÃO. Em JUNÇÃO, apenas combinações de tuplas *que satisfaçam a condição de junção* aparecem no resultado, ao passo que no PRODUTO CARTESIANO *todas* as combinações de tuplas são incluídas no resultado. A condição de junção é especificada sobre atributos das duas relações R e S e é avaliada para cada combinação de tuplas. Cada combinação de tuplas para a qual a condição de junção é avaliada como TRUE é incluída na relação resultante Q *como uma única tupla combinada.*

Uma condição de junção geral tem a forma

<condição> **AND** <condição> **AND**... **AND** <condição>

em que cada <condição> tem a forma $A_i \ \theta \ B_j$, A_i é um atributo de R, B_j é um atributo de S, A_i e B_j têm o mesmo domínio, e θ (teta) é um dos operadores de comparação $\{=, <, \leq, >, \geq, \neq\}$. Uma operação JUNÇÃO com essa condição de junção geral é chamada de **JUNÇÃO THETA**. As tuplas cujos atributos de junção são NULL ou dos quais a

DEP_GERENTE

Nome_ departamento	Numero_ departa- mento	Cpf_gerente	...	Primeiro_ nome	Nome_ meio	Ultimo_ nome	Cpf	...
Pesquisa	5	33344555587	...	Fernando	T	Wong	33344555587	...
Administração	4	98765432168	...	Jennifer	S	Souza	98765432168	...
Matriz	1	88866555576	...	Jorge	E	Brito	88866555576	...

Figura 8.6 Resultado da operação JUNÇÃO em DEP_GERENTE ← DEPARTAMENTO $\bowtie_{\text{Cpf_gerente=Cpf}}$FUNCIONARIO.

[5] Novamente, observe que R e S podem ser quaisquer relações que resultam de *expressões da álgebra relacional* gerais.

condição de junção é FALSE *não* aparecem no resultado. Nesse sentido, a operação JUNÇÃO *não* necessariamente preserva toda a informação das relações participantes, pois as tuplas que não são combinadas com as correspondentes na outra relação não aparecem no resultado.

8.3.2 Variações de JUNÇÃO: EQUIJUNÇÃO e JUNÇÃO NATURAL

O uso mais comum de JUNÇÃO envolve condições de junção apenas em comparações de igualdade. Esse tipo de JUNÇÃO, em que o único operador de comparação usado é =, é chamado de **EQUIJUNÇÃO**. Os dois exemplos anteriores foram EQUIJUNÇÃO. Observe que, no resultado de uma EQUIJUNÇÃO, sempre temos um ou mais pares de atributos que possuem *valores idênticos* em cada tupla. Por exemplo, na Figura 8.6, os valores dos atributos Cpf_gerente e Cpf são idênticos em cada tupla de DEP_GERENTE (o resultado da EQUIJUNÇÃO), porque a condição de junção de igualdade especificada sobre esses dois atributos *requer que os valores sejam idênticos* em cada tupla no resultado. Como um de cada par de atributos com valores idênticos é supérfluo, uma nova operação, chamada **JUNÇÃO NATURAL** — indicada por ⋆ — foi criada para eliminar o segundo atributo (supérfluo) na condição de EQUIJUNÇÃO.[6] A definição padrão de JUNÇÃO NATURAL requer que os dois atributos de junção (ou cada par de atributos de junção) tenham o mesmo nome nas duas relações. Se isso não acontecer, uma operação de renomeação é aplicada primeiro.

Suponha que queiramos combinar cada tupla PROJETO com a tupla DEPARTAMENTO que controla o projeto. No exemplo a seguir, primeiro renomeamos o atributo Numero_departamento de DEPARTAMENTO para Dnumero e o atributo Numero_departamento de PROJETO — de modo que eles tenham o mesmo nome — e depois aplicamos a JUNÇÃO NATURAL:

PROJETO_DEP ← $\rho_{(\text{Nome_projeto, Numero_departamento, Local_projeto, Numero_projeto})}$PROJETO ⋆ $\rho_{(\text{Nome\_departamento, Numero\_departamento, Cpf\_gerente, Data\_inicio\_gerente})}$(DEPARTAMENTO)

A mesma consulta pode ser feita em três etapas criando-se uma tabela intermediária DEP da seguinte forma:

DEP ← $\rho_{(\text{Nome\_departamento, Numero\_departamento, Cpf\_gerente, Data\_inicio\_gerente})}$ (DEPARTAMENTO)

PROJ ← $\rho_{(\text{Nome_projeto, Numero_departamento, Local_projeto, Numero_projeto})}$PROJETO PROJ_DEP ← PROJ ⋆ DEP

O atributo Numero_departamento é chamado de **atributo de junção** para a operação JUNÇÃO NATURAL, pois é o único atributo com o mesmo nome nas duas relações. A relação resultante está ilustrada na Figura 8.7(a). Na relação PROJ_DEP, cada tupla combina uma tupla PROJETO com a tupla DEPARTAMENTO para o departamento que controla o projeto, mas *somente um valor de atributo de junção* é mantido.

Se os atributos sobre os quais a junção natural é especificada *já tiverem os mesmos nomes nas duas relações*, a renomeação não é necessária. Por exemplo, para aplicar uma junção natural aos atributos Numero_departamento de DEPARTAMENTO e LOCALIZACOES_DEPARTAMENTO, basta escrever

DEP_LOCAL ← DEPARTAMENTO ⋆ LOCALIZACOES_DEPARTAMENTO

A relação resultante é mostrada na Figura 8.7(b), que combina cada departamento com sua localização e tem uma tupla para cada local. Em geral, a condição de junção para JUNÇÃO NATURAL é construída igualando-se *cada par de atributos de junção* que tem o mesmo nome nas duas relações e combinando essas condições com **AND**. Pode haver uma lista de atributos de junção de cada relação, e cada par correspondente deve ter o mesmo nome.

---

[6] A JUNÇÃO NATURAL é basicamente uma EQUIJUNÇÃO seguida pela remoção dos atributos supérfluos.

(a)
PROJ_DEP

Nome_ projeto	Numero_ projeto	Local_ projeto	Dnumero	Nome_ departamento	Cpf_gerente	Data_inicio_gerente
ProdutoX	1	Santo André	5	Pesquisa	33344555587	22-05-1988
ProdutoY	2	Itu	5	Pesquisa	33344555587	22-05-1988
ProdutoZ	3	São Paulo	5	Pesquisa	33344555587	22-05-1988
Informatização	10	Mauá	4	Administração	98765432168	01-01-1995
Reorganização	20	São Paulo	1	Matriz	88866555576	19-06-1981
Benefícios	30	Mauá	4	Administração	98765432168	01-01-1995

(b)
DEP_LOCAL

Nome_ departamento	Numero_ departamento	Cpf_gerente	Data_inicio_ge- rente	Local
Matriz	1	88866555576	19-06-1981	São Paulo
Administração	4	98765432168	01-01-1995	Mauá
Pesquisa	5	33344555587	22-05-1988	Santo André
Pesquisa	5	33344555587	22-05-1988	Itu
Pesquisa	5	33344555587	22-05-1988	São Paulo

Figura 8.7 Resultados de duas operações JUNÇÃO NATURAL. (a) PROJ_DEP ← PROJ ⋆ DEP. (b) DEP_LOCAL ← DEPARTAMENTO ⋆ LOCALIZACOES_DEPARTAMENTO.

Observe que, se nenhuma combinação de tuplas satisfizer a condição de junção, o resultado de uma JUNÇÃO será uma relação vazia com zero tupla. Em geral, se R tiver n_R tuplas e S tiver n_S tuplas, o resultado de uma operação JUNÇÃO $R \bowtie_{<\text{condição junção}>} S$ terá entre zero e $n_R \star n_S$ tuplas. O tamanho esperado do resultado da junção dividido pelo tamanho máximo $n_R \star n_S$ leva a uma razão chamada **seletividade de junção**, que é uma propriedade de cada condição de junção. Se não houver condição de junção, todas as combinações de tuplas se qualificam e a JUNÇÃO se degenera em um PRODUTO CARTESIANO, também chamado PRODUTO CRUZADO ou JUNÇÃO CRUZADA.

Como podemos ver, uma única operação JOIN é usada para combinar dados de duas relações de modo que a informação relacionada possa ser apresentada em uma única tabela. Essas operações também são conhecidas como **junções internas** (*inner joins*), para distingui-las de uma variação de junções diferente, chamada *junções externas* (*outer joins*; ver Seção 8.4.4). Informalmente, uma *junção interna* é um tipo de operação de correspondência e combinação definida de maneira formal como uma combinação de PRODUTO CARTESIANO e SELEÇÃO. Observe que, às vezes, uma junção pode ser especificada entre uma relação e si mesma, conforme ilustraremos na Seção 8.4.3. A operação JUNÇÃO NATURAL ou EQUIJUNÇÃO também pode ser especificada entre múltiplas tabelas, levando a uma *junção de n vias*. Por exemplo, considere a junção de três vias a seguir:

$$((\text{PROJETO} \bowtie_{\text{PROJETO.Numero\_departamento=DEPARTAMENTO.Numero\_departamento}} \text{DEPARTAMENTO}) \bowtie_{\text{Cpf\_gerente=Cpf}} \text{FUNCIONARIO})$$

Isso combina cada tupla de projeto com sua tupla de departamento de controle em uma única tupla, e depois a combina com uma tupla de funcionário que é o gerente de departamento. O resultado disso é uma relação consolidada em que cada tupla contém essa informação combinada de projeto-departamento-gerente.

Em SQL, a JUNÇÃO pode ser realizada de diversas maneiras. O primeiro método é especificar as <condições junção> na cláusula WHERE, com quaisquer outras condições de seleção. Isso é muito comum, e está ilustrado pelas consultas C1, C1A, C1B, C2 e C8 nas seções 6.3.1 e 6.3.2, bem como por muitos outros exemplos de consulta nos capítulos 6 e 7. A segunda maneira é usar uma relação aninhada, conforme ilustrado pelas consultas C4A e C16 na Seção 7.1.2. Outra maneira é utilizar o conceito de tabelas de junção, conforme ilustrado pelas consultas C1A, C1B, C8B e C2A na Seção 7.1.6. A construção das tabelas de junção foi acrescentada à SQL2 para permitir ao usuário especificar explicitamente todos os diversos tipos de junções, pois os outros métodos eram mais limitados. Isso também permite que o usuário faça a distinção clara das condições de junção com base nas condições de seleção na cláusula WHERE.

8.3.3 Um conjunto completo de operações da álgebra relacional

Já se mostrou que o conjunto de operações da álgebra relacional $\{\sigma, \pi, \cup, \rho, -, \times\}$ é um conjunto **completo**; ou seja, qualquer uma das outras operações originais da álgebra relacional pode ser expressa como uma *sequência de operações desse conjunto*. Por exemplo, a operação INTERSEÇÃO pode ser expressa usando-se UNIÃO e SUBTRAÇÃO da seguinte forma:

$$R \cap S \equiv (R \cup S) - ((R - S) \cup (S - R))$$

Embora, estritamente falando, a INTERSEÇÃO não seja exigida, é inconveniente especificar essa expressão complexa toda vez que quisermos especificar uma interseção. Outro exemplo: uma operação JUNÇÃO pode ser especificada como um PRODUTO CARTESIANO seguido por uma operação SELEÇÃO, conforme discutimos:

$$R \bowtie_{<\text{condição}>} S \equiv \sigma_{<\text{condição}>}(R \times S)$$

De modo semelhante, uma JUNÇÃO NATURAL pode ser especificada como um PRODUTO CARTESIANO precedido por RENOMEAR e seguido por operações SELEÇÃO e PROJEÇÃO. Logo, as diversas operações JUNÇÃO também *não são estritamente necessárias* para o poder expressivo da álgebra relacional. No entanto, elas são importantes para a inclusão como operações separadas, pois são convenientes de usar e bastante utilizadas em aplicações de banco de dados. Outras operações foram inseridas na álgebra relacional básica por conveniência, em vez de necessidade. Discutimos uma delas — a operação DIVISÃO — na próxima seção.

8.3.4 A operação DIVISÃO

A operação DIVISÃO, indicada por ÷, é útil para um tipo especial de consulta que às vezes ocorre nas aplicações de banco de dados. Um exemplo é *Recuperar os nomes dos funcionários que trabalham em* ***todos*** *os projetos em que 'João Silva' trabalha*. Para expressar essa consulta usando a operação DIVISÃO, prossiga como indicado a seguir. Primeiro, recupere a lista dos números de projeto em que 'João Silva' trabalha na relação intermediária PROJ_SILVA:

$$\text{SILVA} \leftarrow \sigma_{\text{Primeiro\_nome='João' AND Ultimo\_nome='Silva'}}(\text{FUNCIONARIO})$$
$$\text{SILVA\_NUMPROJ} \leftarrow \pi_{\text{Numero\_projeto}}(\text{TRABALHA\_EM} \bowtie_{\text{Cpf\_funcionario=Cpf}} \text{SILVA})$$

Em seguida, crie uma relação que inclua uma tupla <Numero_projeto, Cpf_funcionario> sempre que um funcionário, cujo Cpf é Cpf_funcionario, trabalha no projeto cujo número é Numero_projeto na relação intermediária CPF_NUMPROJ:

$$\text{CPF\_NUMPROJ} \leftarrow \pi_{\text{Cpf\_funcionario, Numero\_projeto}}(\text{TRABALHA\_EM})$$

Finalmente, aplique a operação DIVISÃO às duas relações, o que gera os números de Cadastro de Pessoa Física dos funcionários desejados:

$$\text{CPF\_PROJ\_SILVA(CPF)} \leftarrow \text{CPF\_NUMPROJ} \div \text{SILVA\_NUMPROJ}$$
$$\text{RESULTADO} \leftarrow \pi_{\text{Primeiro\_nome, Ultimo\_nome}}(\text{CPF\_PROJ\_SILVA} \star \text{FUNCIONARIO})$$

As operações anteriores aparecem na Figura 8.8(a).

Em geral, a operação DIVISÃO é aplicada às duas relações $R(Z) \div S(X)$, em que os atributos de S são um subconjunto dos atributos de R; ou seja, $X \subseteq Z$. Considere que Y seja o conjunto de atributos de R que não são atributos de S; ou seja, $Y = Z - X$ (e, portanto, $Z = X \cup Y$). O resultado da DIVISÃO é uma relação $T(Y)$ que inclui uma tupla t se as tuplas t_R aparecerem em R com $t_R [Y] = t$, e com $t_R [X] = t_S$ para *cada* tupla t_S em S. Isso significa que, para uma tupla t aparecer no resultado T da DIVISÃO, os valores em t deverão aparecer em R em combinação com *cada tupla* em S. Observe que, na formulação da operação DIVISÃO, as tuplas na relação do denominador S restringem a relação do numerador R, selecionando aquelas tuplas no resultado que combinam com todos os valores presentes no denominador. Não é necessário saber quais são esses valores, pois eles podem ser calculados por outra operação, conforme ilustrado na relação SILVA_NUMPROJ no exemplo anterior.

(a)

CPF_NUMPROJ

Cpf_funcionario	Numero_projeto
12345678966	1
12345678966	2
66688444476	3
45345345376	1
45345345376	2
33344555587	2
33344555587	3
33344555587	10
33344555587	20
99988777767	30
99988777767	10
98798798733	10
98798798733	30
98765432168	30
98765432168	20
88866555576	20

SILVA_NUMPROJ

Numero_projeto
1
2

CPF_PROJ_SILVA

Cpf
12345678966
45345345376

(b)

R

A	B
a1	b1
a2	b1
a3	b1
a4	b1
a1	b2
a3	b2
a2	b3
a3	b3
a4	b3
a1	b4
a2	b4
a3	b4

S

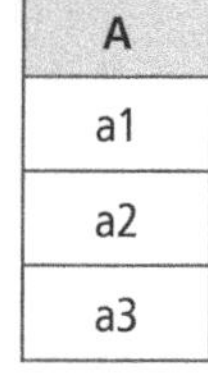

A
a1
a2
a3

T

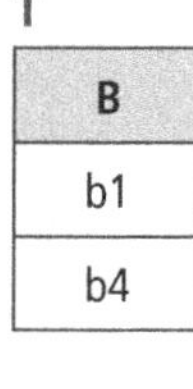

B
b1
b4

Figura 8.8 A operação DIVISÃO. (a) Dividindo CPF_NUMPROJ por SILVA_NUMPROJ. (b) $T \leftarrow R \div S$.

A Figura 8.8(b) ilustra uma operação DIVISÃO em que $X = \{A\}$, $Y = \{B\}$ e $Z = \{A, B\}$. Observe que as tuplas (valores) b_1 e b_4 aparecem em R em combinação com todas as três tuplas em S; é por isso que elas aparecem na relação resultante T. Todos os outros valores de B em R não aparecem com todas as tuplas em S, e não são selecionados: b_2 não aparece com a_2, e b_3 não aparece com a_1.

A operação DIVISÃO pode ser expressa como uma sequência de operações π, $\times$ e $-$, da seguinte forma:

$T1 \leftarrow \pi_Y(R)$
$T2 \leftarrow \pi_Y((S \times T1) - R)$
$T \leftarrow T1 - T2$

A operação DIVISÃO é definida por conveniência para lidar com consultas que envolvem *quantificação universal* (ver Seção 8.6.7) ou a condição *all*. A maioria das implementações de SGBDR com SQL como linguagem de consulta primária não implementa a divisão diretamente. A SQL tem um modo indireto de lidar com o tipo de consulta ilustrado anteriormente (ver Seção 7.1.4, consultas C3A e C3B). A Tabela 8.1 lista as diversas operações básicas da álgebra relacional que discutimos.

Tabela 8.1 Operações de álgebra relacional.

OPERAÇÃO	FINALIDADE	NOTAÇÃO
SELEÇÃO	Seleciona todas as tuplas que satisfazem a condição de seleção de uma relação R.	$\sigma_{\text{<condição seleção>}}(R)$
PROJEÇÃO	Produz uma nova relação com apenas alguns dos atributos de R e remove tuplas duplicadas.	$\pi_{\text{<lista atributos>}}(R)$
JUNÇÃO THETA	Produz todas as combinações de tuplas de R_1 e R_2 que satisfazem a condição de junção.	$R_1 \bowtie_{\text{<condição junção>}} R_2$
EQUIJUNÇÃO	Produz todas as combinações de tuplas de R_1 e R_2 que satisfazem uma condição de junção apenas com comparações de igualdade.	$R_1 \bowtie_{\text{<condição junção>}} R_2$, OR $R_1 \bowtie_{\text{(<atributos junção 1>), (<atributos junção 2>)}} R_2$
JUNÇÃO NATURAL	O mesmo que EQUIJUNÇÃO, exceto que atributos de junção de R_2 não são incluídos na relação resultante; se os atributos de junção tiverem os mesmos nomes, eles nem sequer precisam ser especificados.	$R_1 \star_{\text{<condição junção>}} R_2$, OR $R_1 \star_{\text{(<atributos junção 1>), (<atributos junção 2>)}} R_2$ OR $R_1 \star R_2$
UNIÃO	Produz uma relação que inclui todas as tuplas em R_1 ou R_2 ou tanto R_1 quanto R_2; R_1 e R_2 precisam ser compatíveis na união.	$R_1 \cup R_2$
INTERSEÇÃO	Produz uma relação que inclui todas as tuplas que estão em R_1 e também em R_2; R_1 e R_2 precisam ser compatíveis na união.	$R_1 \cap R_2$
DIFERENÇA	Produz uma relação que inclui todas as tuplas em R_1 que não estão em R_2; R_1 e R_2 precisam ser compatíveis na união.	$R_1 - R_2$
PRODUTO CARTESIANO	Produz uma relação que tem os atributos de R_1 e R_2 e inclui como tuplas todas as possíveis combinações de tuplas de R_1 e R_2.	$R_1 \times R_2$
DIVISÃO	Produz uma relação $R(X)$ que inclui todas as tuplas $t[X]$ em $R_1(Z)$ que aparecem em R_1 em combinação com toda tupla de $R_2(Y)$, em que $Z = X \cup Y$.	$R_1(Z) \div R_2(Y)$

8.3.5 Notação para árvores de consulta

Nesta seção, descrevemos uma notação que costuma ser usada em sistemas relacionais para representar consultas internamente. A notação é chamada *árvore de consulta* ou, às vezes, é conhecida como *árvore de avaliação de consulta* ou *árvore de execução de consulta*. Ela inclui as operações da álgebra relacional em execução e é usada como uma estrutura de dados possível para a representação interna da consulta em um SGBDR.

Uma **árvore de consulta** é uma estrutura de dados em árvore que corresponde a uma expressão da álgebra relacional. Ela representa as relações de entrada da consulta como *nós folha* da árvore, e representa as operações da álgebra relacional como nós internos. Uma execução da árvore de consulta consiste em executar uma operação de nó interno sempre que seus operandos (representados por seus nós filhos) estiverem disponíveis, e depois substituir esse nó interno pela relação que resulta da execução da operação. A execução termina quando o nó raiz é executado e produz a relação de resultado para a consulta.

A Figura 8.9 mostra uma árvore de consulta para a Consulta 2 (ver Seção 6.3.1): *para cada projeto localizado em 'Mauá', liste o número do projeto, o número do departamento que o controla e o último nome, endereço e data de nascimento do gerente do departamento*. Essa consulta é especificada no esquema relacional da Figura 5.5 e corresponde à seguinte expressão da álgebra relacional:

$$\pi_{\text{Numero\_projeto, PROJETO.Numero\_departamento, Ultimo\_nome, Endereco, Data\_nascimento}}$$
$$(((\sigma_{\text{Local\_projeto='Mauá'}}(\text{PROJETO}))$$
$$\bowtie_{\text{PROJETO.Numero\_departamento=DEPARTAMENTO.Numero\_departamento}}(\text{DEPARTAMENTO}))$$
$$\bowtie_{\text{Cpf\_gerente=Cpf}}(\text{FUNCIONARIO}))$$

Na Figura 8.9, os três nós folha P, D e F representam as três relações PROJETO, DEPARTAMENTO e FUNCIONARIO. As operações da álgebra relacional na expressão são representadas pelos nós de árvore internos. A árvore de consulta significa uma ordem de execução explícita no seguinte sentido: para executar C2, o nó marcado com (1) na Figura 8.9 precisa iniciar a execução antes do nó (2), pois algumas tuplas resultantes da operação (1) devem estar disponíveis antes de podermos iniciar a execução da operação (2). De modo semelhante, o nó (2) precisa começar a executar e produzir

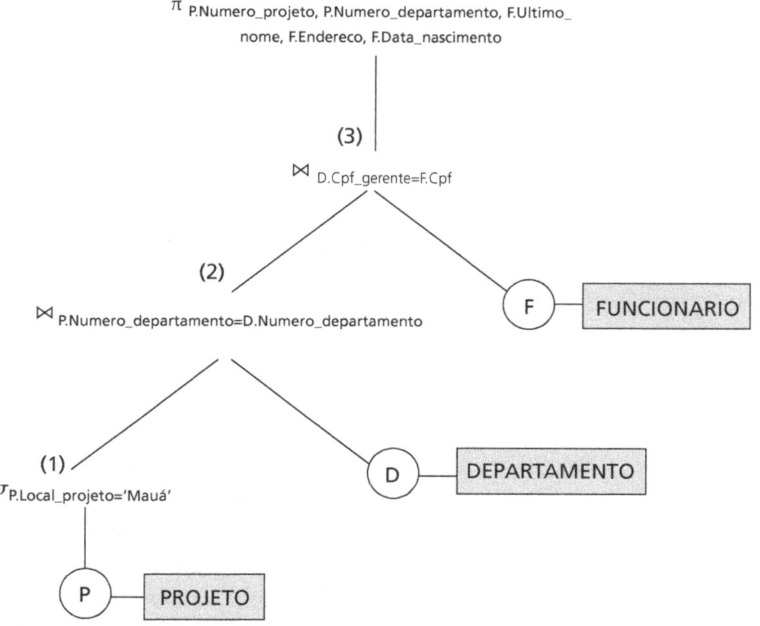

Figura 8.9 Árvore de consulta correspondente à expressão da álgebra relacional para C2.

resultados antes que o nó (3) possa iniciar a execução, e assim por diante. Em geral, uma árvore de consulta oferece uma boa representação visual e compreensão da consulta em relação às operações relacionais que ela usa, e é recomendada como um meio adicional para expressar consultas na álgebra relacional. Retornaremos às árvores de consulta quando discutirmos o processamento e a otimização da consulta nos capítulos 18 e 19.

8.4 Outras operações relacionais

Algumas solicitações comuns no banco de dados — necessárias em aplicações comerciais para SGBDRs — não podem ser realizadas com as operações da álgebra relacional descritas nas seções 8.1 a 8.3. Nesta seção, definimos operações adicionais para expressar essas solicitações. Essas operações melhoram o poder expressivo da álgebra relacional original.

8.4.1 Projeção generalizada

A operação de projeção generalizada estende a operação de projeção, permitindo que as funções dos atributos sejam incluídas na lista de projeção. A forma generalizada pode ser expressa como:

$$\pi_{F1, F2, ..., Fn} (R)$$

em que F_1, F_2, ..., F_n são funções sobre os atributos na relação R e podem envolver operações aritméticas e valores constantes. Essa operação é útil quando se desenvolvem relatórios em que os valores calculados precisam ser produzidos nas colunas de um resultado da consulta.

Como exemplo, considere a relação

FUNCIONARIO (Cpf, Salario, Deducao, Anos_em_servico)

Um relatório pode ser exigido para mostrar

Salario líquido = Salario – Deducao,
Bonus = 2000 ★ Anos_em_servico, e
Imposto = 0,25 ★ Salario.

Então, uma projeção generalizada combinada com a renomeação pode ser usada da seguinte forma:

RELATORIO ← $\rho_{(\text{Cpf, Salario\_liquido, Bonus, Imposto})}(\pi_{\text{Cpf, Salario – Deducao, 2000 * Anos\_em\_servico, 0,25 * Salario}}(\text{FUNCIONARIO}))$

8.4.2 Funções de agregação e agrupamento

Outro tipo de solicitação que pode ser expresso na álgebra relacional básica é especificar **funções de agregação** matemáticas sobre coleções de valores do banco de dados. Alguns exemplos dessas funções incluem recuperar a média ou o salário total de todos os funcionários ou o número total de tuplas de funcionário. Essas funções são usadas em consultas estatísticas simples que resumem informações das tuplas do banco de dados. Funções comuns aplicadas a coleções de valores numéricos são SUM, AVG, MAX e MIN. A função COUNT é usada para contar tuplas ou valores.

Outro tipo comum de solicitação envolve agrupar as tuplas em uma relação pelo valor de alguns de seus atributos e, depois, aplicar uma função de agregação *independentemente para cada grupo*. Um exemplo seria agrupar tuplas FUNCIONARIO por Numero_departamento, de modo que cada grupo inclua as tuplas para funcionários trabalhando no mesmo departamento. Podemos então listar cada valor de Numero_departamento com, digamos, o salário médio dos funcionários no departamento, ou o número de funcionários que trabalham no departamento.

Podemos definir uma operação FUNÇÃO AGREGADA, usando o símbolo $\Im$ (pronuncia-se *F script*),[7] para especificar esses tipos de solicitações da seguinte forma:

$$_{\text{<atributos de agrupamento>}} \Im_{\text{<lista de funções>}} (R)$$

em que <atributos de agrupamento> é uma lista de atributos da relação especificada em *R*, e <lista de funções> é uma lista de pares (<função> <atributo>). Em cada par desse tipo, <função> é uma das funções permitidas — como SUM, AVG, MAX, MIN, COUNT — e <atributo> é um atributo da relação especificada por *R*. A relação resultante tem os atributos de agrupamento mais um atributo para cada elemento na lista de funções. Por exemplo, para recuperar cada número de departamento, o número de funcionários no departamento e seu salário médio, enquanto renomeia os atributos resultantes como indicado a seguir, escrevemos:

$$\rho\, R_{(\text{Dnumero, Total\_funcionarios, Media\_sal})} (_{\text{Numero\_departamento}} \Im_{\text{COUNT Cpf, AVG Salario}} (\text{FUNCIONARIO}))$$

O resultado dessa operação sobre a relação FUNCIONARIO da Figura 5.6 é exibido na Figura 8.10(a).

No exemplo anterior, especificamos uma lista de nomes de atributo — entre parênteses na operação RENOMEAR — para a relação resultante *R*. Se não houver renomeação, os atributos da relação resultante que correspondem à lista de funções serão a concatenação do nome da função com o nome do atributo, na forma <função>_<atributo>.[8] Por exemplo, a Figura 8.10(b) mostra o resultado da seguinte operação:

$$_{\text{Numero\_departamento}} \Im_{\text{COUNT Cpf, AVG Salario}} (\text{FUNCIONARIO})$$

Se nenhum atributo de agrupamento for especificado, as funções são aplicadas a *todas as tuplas* na relação, de modo que a relação resultante tenha *apenas uma única tupla*. Por exemplo, a Figura 8.10(c) mostra o resultado da seguinte operação:

$$\Im_{\text{COUNT Cpf, AVG Salario}} (\text{FUNCIONARIO})$$

(a)

Dnumero	Total_funcionarios	Media_sal
5	4	33250
4	3	31000
1	1	55000

(b)

Numero_departamento	COUNT_Cpf	AVG_Salario
5	4	33250
4	3	31000
1	1	55000

(c)

COUNT_Cpf	AVG_Salario
8	35125

Figura 8.10 A operação de função agregada.

a. $\rho R_{(\text{Dnumero, Total\_funcionarios, Media\_sal})} (_{\text{Numero\_departamento}} \Im_{\text{COUNT Cpf, AVG Salario}} (\text{FUNCIONARIO}))$.

b. $_{\text{Numero\_departamento}} \Im_{\text{COUNT Cpf, AVG Salario}} (\text{FUNCIONARIO})$.

c. $\Im_{\text{COUNT Cpf, AVG Salario}} (\text{FUNCIONARIO})$.

[7] Não existe uma única notação combinada para especificar funções de agregação. Em alguns casos, é usado um 'script A'.

[8] Observe que esta é uma notação arbitrária, consistente com o que a SQL faria.

É importante observar que, em geral, as duplicatas *não são eliminadas* quando uma função de agregação é aplicada; desse modo, a interpretação normal de funções como SUM e AVG é calculada.[9] No entanto, valores NULL não são considerados na agregação, conforme discutimos na Seção 7.1.7. Vale a pena enfatizar que o resultado de aplicar uma função de agregação é uma relação, e não um número escalar — mesmo que ele tenha um único valor. Isso torna a álgebra relacional um sistema matemático fechado.

8.4.3 Operações de fechamento recursivo

Outro tipo de operação que, em geral, não pode ser especificado na álgebra relacional original básica é o **fechamento recursivo**. Essa operação é aplicada a um **relacionamento recursivo** entre tuplas do mesmo tipo, como o relacionamento entre um funcionário e um supervisor. Esse relacionamento é descrito pela chave estrangeira Cpf_supervisor da relação FUNCIONARIO nas figuras 5.5 e 5.6, e relaciona cada tupla de funcionário (no papel de supervisionado) a outra tupla de funcionário (no papel de supervisor). Um exemplo de operação recursiva é recuperar todos os supervisionados de um funcionário *f* em todos os níveis — ou seja, todos os funcionários *f'* supervisionados diretamente por *f*, todos os funcionários *f''* supervisionados diretamente por cada funcionário *f'*, todos os funcionários *f'''*supervisionados diretamente por cada funcionário *f''*, e assim por diante.

Na álgebra relacional, é relativamente simples especificar todos os funcionários supervisionados por *f em um nível específico* juntando uma ou mais vezes a própria tabela. Porém, é difícil especificar todos os supervisionados em *todos* os níveis. Por exemplo, para especificar os Cpfs de todos os funcionários *f'* supervisionados diretamente — *no nível um* — pelo funcionário *f* cujo nome é 'Jorge Brito' (ver Figura 5.6), podemos aplicar a seguinte operação:

$$\text{CPF\_BRITO} \leftarrow \pi_{\text{Cpf}}(\sigma_{\text{Primeiro\_nome='Jorge' } \textbf{AND} \text{ Ultimo\_nome='Brito'}}(\text{FUNCIONARIO}))$$
$$\text{SUPERVISAO(Cpf1, Cpf2)} \leftarrow \pi_{\text{Cpf,Cpf\_supervisor}}(\text{FUNCIONARIO})$$
$$\text{RESULTADO1(Cpf)} \leftarrow \pi_{\text{Cpf1}}(\text{SUPERVISAO} \bowtie_{\text{Cpf2=Cpf}} \text{CPF\_BRITO})$$

Para recuperar todos os funcionários supervisionados por Brito no nível 2 — ou seja, todos os funcionários *f''* supervisionados por algum funcionário *f'* que é supervisionado diretamente por Brito —, podemos aplicar outra **JUNÇÃO** ao resultado da primeira consulta, da seguinte forma:

$$\text{RESULTADO2(Cpf)} \leftarrow \pi_{\text{Cpf1}}(\text{SUPERVISAO} \bowtie_{\text{Cpf2=Cpf}} \text{RESULTADO1})$$

Para obter os dois conjuntos de funcionários supervisionados nos níveis 1 e 2 por 'Jorge Brito', podemos aplicar a operação UNIÃO aos dois resultados, da seguinte forma:

$$\text{RESULTADO} \leftarrow \text{RESULTADO2} \cup \text{RESULTADO1}$$

Os resultados dessas consultas estão ilustrados na Figura 8.11. Embora seja possível recuperar funcionários em cada nível e depois obter sua UNIÃO, normalmente não podemos especificar uma consulta desse tipo como "recuperar os supervisionados de 'Jorge Brito' em todos os níveis" sem utilizar um mecanismo de *looping* (ou laço), a menos que saibamos o número máximo de níveis.[10] Uma operação chamada *fechamento transitivo* das relações foi proposta para calcular o relacionamento recursivo à medida que a recursão prossegue.

[9] Em SQL, a opção de eliminar duplicatas antes de aplicar a função de agregação está disponível com a inclusão da palavra-chave DISTINCT (ver Seção 7.1.7).

[10] O padrão SQL3 inclui sintaxe para fechamento recursivo.

SUPERVISAO
(Cpf de Brito: 88866555576)

Cpf1 (Cpf)	Cpf2 (Cpf_supervisor)
12345678966	33344555587
33344555587	88866555576
99988777767	98765432168
98765432168	88866555576
66688444476	33344555587
45345345376	33344555587
98798798733	98765432168
88866555576	Null

RESULTADO1

Cpf
33344555587
98765432168

(Supervisionado por Brito)

RESULTADO2

Cpf
12345678966
99988777767
66688444476
45345345376
98798798733

(Supervisionado pelos subordinados de Brito)

RESULTADO

Cpf
12345678966
99988777767
66688444476
45345345376
98798798733
33344555587
98765432168

(RESULTADO1 ∪ RESULTADO2)

Figura 8.11 Uma consulta recursiva de dois níveis.

8.4.4 Operações OUTER JOIN (junção externa)

A seguir, discutimos algumas extensões adicionais à operação JUNÇÃO que são necessárias para especificar certos tipos de consultas. As operações JUNÇÃO descritas anteriormente combinam com tuplas que satisfazem a condição de junção. Por exemplo, para uma operação JUNÇÃO NATURAL $R \star S$, somente tuplas de R que possuem tuplas combinando em S — e vice-versa — aparecem no resultado. Logo, as tuplas sem uma tupla *correspondente* (ou *relacionada*) são eliminadas do resultado da JUNÇÃO. As tuplas com valores NULL nos atributos de junção também são eliminadas. Esse tipo de junção, em que as tuplas sem correspondência são eliminadas, é conhecido como **junção interna** (*inner join*). As operações de junção que descrevemos na Seção 8.3 são todas internas. Isso equivale à perda de informações se o usuário quiser que o resultado da JUNÇÃO inclua todas as tuplas em uma ou mais relações componentes.

Um conjunto de operações, chamadas **junções externas** (*outer joins*), foi desenvolvido para o caso em que o usuário deseja manter todas as tuplas em R, ou todas em S, ou todas aquelas nas duas relações no resultado da JUNÇÃO, independentemente de elas possuírem ou não tuplas correspondentes na outra relação. Isso satisfaz a necessidade de consultas em que as tuplas das duas tabelas devem ser combinadas por linhas correspondentes, mas sem perda de quaisquer tuplas por falta de valores correspondentes. Por exemplo, suponha que queiramos uma lista de todos os nomes de funcionários, bem como o nome dos departamentos que eles gerenciam, *se eles gerenciarem um departamento*; caso não o façam, podemos indicar isso com um valor NULL. Podemos aplicar uma operação **JUNÇÃO EXTERNA À ESQUERDA**, indicada por ⟕, para recuperar o resultado da seguinte forma:

$$\text{TEMP} \leftarrow (\text{FUNCIONARIO} ⟕_{\text{Cpf=Cpf\_gerente}} \text{DEPARTAMENTO})$$

$$\text{RESULTADO} \leftarrow \pi_{\text{Primeiro\_nome, Nome\_meio, Ultimo\_nome, Nome\_departamento}}(\text{TEMP})$$

A operação JUNÇÃO EXTERNA À ESQUERDA mantém cada tupla na *primeira* relação, *R*, ou da *esquerda*, em *R* ⟕ *S*; se nenhuma tupla correspondente for encontrada em *S*, os atributos de *S* no resultado da junção são *preenchidos* com valores NULL. O resultado dessas operações é mostrado na Figura 8.12.

Uma operação semelhante, **JUNÇÃO EXTERNA À DIREITA**, indicada por ⟖, mantém cada tupla na *segunda* relação, *S*, ou da *direita*, no resultado de *R* ⟖ *S*. Uma terceira operação, **JUNÇÃO EXTERNA COMPLETA**, indicada por ⟗, mantém todas as tuplas nas relações da esquerda e da direita quando nenhuma tupla correspondente for encontrada, preenchendo-as com valores NULL conforme a necessidade. As três operações de junção externa fazem parte do padrão SQL2 (ver Seção 7.1.6). Essas operações foram acrescentadas mais tarde, como uma extensão da álgebra relacional, em resposta à necessidade típica nas aplicações de negócios para mostrar informações relacionadas de várias tabelas exaustivamente. Às vezes, é preciso gerar um relatório completo dos dados de várias tabelas, havendo ou não valores correspondentes.

RESULTADO

Primeiro_nome	Nome_meio	Ultimo_nome	Nome_departamento
João	B	Silva	NULL
Fernando	T	Wong	Pesquisa
Alice	J	Zelaya	NULL
Jennifer	S	Souza	Administração
Ronaldo	K	Lima	NULL
Joice	A	Leite	NULL
André	V	Pereira	NULL
Jorge	E	Brito	Matriz

Figura 8.12 O resultado de uma operação JUNÇÃO EXTERNA À ESQUERDA.

8.4.5 A operação UNIÃO EXTERNA

A operação **UNIÃO EXTERNA** foi desenvolvida para fazer a união de tuplas de duas relações que possuem alguns atributos comuns, mas *não são compatíveis na união (tipo)*. Essa operação fará a UNIÃO de tuplas nas relações $R(X, Y)$ e $S(X, Z)$ que são **parcialmente compatíveis**, significando que somente alguns de seus atributos, digamos X, são compatíveis na união. Os atributos compatíveis na união são representados apenas uma vez no resultado, e os atributos que não são compatíveis na união de qualquer uma das relações também são mantidos na relação de resultado $T(X, Y, Z)$. Portanto, é o mesmo que uma JUNÇÃO EXTERNA COMPLETA sobre os atributos comuns.

Dizemos que duas tuplas t_1 em R e t_2 em S **combinam** se $t_1[X] = t_2[X]$. Estas serão combinadas (unidas) em uma única tupla em t. As tuplas em qualquer relação que não tiverem uma tupla correspondente na outra relação são preenchidas com valores NULL. Por exemplo, uma UNIÃO EXTERNA pode ser aplicada a duas relações cujos esquemas são ALUNO (Nome, Cpf, Departamento, Orientador) e PROFESSOR (Nome, Cpf, Departamento, Nivel). As tuplas das duas relações são combinadas com base na existência da mesma combinação de valores dos atributos compartilhados — Nome, Cpf, Departamento. A relação resultante, ALUNO_OU_PROFESSOR, terá os seguintes atributos:

ALUNO_OU_PROFESSOR(Nome, Cpf, Departamento, Orientador, Nivel)

Todas as tuplas das duas relações são incluídas no resultado, mas as tuplas com a mesma combinação (Nome, Cpf, Departamento) aparecerão apenas uma vez no resultado. As tuplas que aparecem apenas em ALUNO terão um NULL para o atributo Nivel, ao passo que as tuplas que aparecem apenas em PROFESSOR terão um NULL para o atributo Orientador. Uma tupla que existe nas duas relações, que representa um aluno que também é professor, terá valores para todos os seus atributos.[11]

Observe que a mesma pessoa pode ainda aparecer duas vezes no resultado. Por exemplo, poderíamos ter um aluno formado no departamento de Matemática que seja professor no departamento de Ciência da Computação. Embora as duas tuplas representando essa pessoa em ALUNO e PROFESSOR tenham os mesmos valores (Nome, Cpf), elas não combinarão no valor de Departamento; por esse motivo, não serão combinadas. Isso porque Departamento tem dois significados diferentes em ALUNO (o departamento em que a pessoa estuda) e PROFESSOR (o departamento em que a pessoa foi contratada como professora). Se quiséssemos aplicar a UNIÃO EXTERNA com base apenas na mesma combinação (Nome, Cpf), deveríamos trocar o nome do atributo Departamento em cada tabela para refletir que eles possuem significados diferentes e designá-los como não fazendo parte dos atributos compatíveis na união. Por exemplo, poderíamos renomear os atributos como DepCurso em ALUNO e DepTrabalho em PROFESSOR.

8.5 Exemplos de consultas na álgebra relacional

A seguir temos exemplos adicionais para ilustrar o uso das operações da álgebra relacional. Todos os exemplos referem-se ao banco de dados da Figura 5.6. Em geral, a mesma consulta pode ser indicada de várias maneiras usando-se as diversas operações. Declararemos cada consulta de uma maneira e deixaremos que o leitor apresente formulações equivalentes.

Consulta 1. Recuperar o nome e o endereço de todos os funcionários que trabalham para o departamento 'Pesquisa'.

$\text{DEP\_PESQUISA} \leftarrow \sigma_{\text{Nome\_departamento='Pesquisa'}}(\text{DEPARTAMENTO})$

$\text{FUNC\_PESQUISA} \leftarrow (\text{DEP\_PESQUISA} \bowtie_{\text{DEP\_PESQUISA.Numero\_departamento=FUNCIONARIO.Numero\_departamento}} \text{FUNCIONARIO})$

$\text{RESULTADO} \leftarrow \pi_{\text{Primeiro\_nome, Ultimo\_nome, Endereco}}(\text{FUNC\_PESQUISA})$

Como uma única expressão em linha, esta consulta se torna:

$\pi_{\text{Primeiro\_nome, Ultimo\_nome, Endereco}}(\sigma_{\text{Nome\_departamento='Pesquisa'}}(\text{DEPARTAMENTO} \bowtie_{\text{DEPARTAMENTO.Numero\_departamento=FUNCIONARIO.Numero\_departamento}}(\text{FUNCIONARIO}))$

[11] Observe que UNIÃO EXTERNA é equivalente a uma JUNÇÃO EXTERNA COMPLETA se os atributos de junção forem *todos* os atributos comuns das duas relações.

Esta consulta poderia ser especificada de outras maneiras. Por exemplo, a ordem das operações JUNÇÃO e SELEÇÃO poderia ser invertida, ou a JUNÇÃO poderia ser substituída por uma JUNÇÃO NATURAL após renomear um dos atributos de junção para corresponder ao nome do outro atributo de junção.

Consulta 2. Para cada projeto localizado em 'Mauá', liste o número do projeto, o número do departamento que o controla e o último nome, endereço e data de nascimento do gerente do departamento.

PROJ_MAUA $\leftarrow \sigma_{\text{Local\_projeto='Mauá'}}$(PROJETO)

DEP_CONTROLA $\leftarrow$ (PROJ_MAUA $\bowtie_{\text{PROJ\_MAUA.Numero\_departamento=DEPARTAMENTO.Numero\_departamento}}$ DEPARTAMENTO)

GER_DEP_PROJ $\leftarrow$ (DEP_CONTROLA $\bowtie_{\text{Cpf\_gerente=Cpf}}$ FUNCIONARIO)

RESULTADO $\leftarrow \pi_{\text{Numero\_projeto, Numero\_departamento, Ultimo\_nome, Endereco, Data\_nascimento}}$(GER_DEP_PROJ)

Neste exemplo, primeiro selecionamos os projetos localizados em Mauá, depois os juntamos a seus departamentos de controle, em seguida juntamos o resultado com os gerentes de departamento. Por fim, aplicamos uma operação de projeção sobre os atributos desejados.

Consulta 3. Descobrir os nomes dos funcionários que trabalham em *todos* os projetos controlados pelo departamento número 5.

PROJ_DEP5 $\leftarrow \rho_{\text{(Pnumero)}}(\pi_{\text{Numero\_projeto}}(\sigma_{\text{Numero\_departamento=5}}$(PROJETO)))

FUNC_PROJ $\leftarrow \rho_{\text{(Cpf, Pnumero)}}(\pi_{\text{Cpf\_funcionario, Numero\_projeto}}$(TRABALHA_EM))

RESULTADO_CPF_FUNC $\leftarrow$ FUNC_PROJ $\div$ PROJ_DEP5

RESULTADO $\leftarrow \pi_{\text{Ultimo\_nome, Primeiro\_nome}}$(RESULTADO_CPF_ FUNC $\star$ FUNCIONARIO)

Nesta consulta, primeiro criamos uma tabela PROJ_DEP5 que contém os números de projeto de todos aqueles controlados pelo departamento 5. Depois, criamos uma tabela FUNC_PROJ que mantém tuplas (Cpf, Numero_projeto), e aplicamos a operação de divisão. Observe que renomeamos os atributos de modo que eles sejam usados corretamente na operação de divisão. Por fim, acrescentamos o resultado da divisão, que mantém apenas valores Cpf, com a tabela FUNCIONARIO para recuperar os atributos primeiro nome, ultimo nome de FUNCIONARIO.

Consulta 4. Fazer uma lista dos números de projeto para aqueles que envolvem um funcionário cujo último nome é 'Silva', seja como trabalhador, seja como gerente do departamento que controla o projeto.

SILVA(Cpf_funcionario) $\leftarrow \pi_{\text{Cpf}}$ ($\sigma_{\text{Ultimo\_nome='Silva'}}$(FUNCIONARIO))

PROJS_SILVA_TRAB $\leftarrow \pi_{\text{Numero\_projeto}}$(TRABALHA_EM $\star$ SILVA)

GERENTES $\leftarrow \pi_{\text{Ultimo\_nome, Numero\_departamento}}$(FUNCIONARIO $\bowtie_{\text{Cpf=Cpf\_gerente}}$ DEPARTAMENTO)

DEPS_GERENCIADOS_SILVA $\leftarrow \pi_{\text{Numero\_departamento}}(\sigma_{\text{Ultimo\_nome='Silva'}}$(GERENTES))

PROJS_SILVA_GER $\leftarrow \pi_{\text{Numero\_projeto}}$(DEPS_GERENCIADOS_SILVA $\star$ PROJETO)

RESULTADO $\leftarrow$ (PROJS_SILVA_TRAB $\cup$ PROJS_SILVA_GER)

Nesta consulta, recuperamos os números de projeto que envolvem um funcionário chamado Silva como um trabalhador em PROJS_SILVA_TRAB. Depois, recuperamos os números de projeto que envolvem um funcionário chamado Silva como gerente do departamento que controla o projeto em PROJS_SILVA_GER. Por último, aplicamos a operação **UNIÃO** sobre PROJS_SILVA_TRAB e PROJS_SILVA_GER. Como uma única expressão em linha, esta consulta torna-se:

$\pi_{\text{Numero\_projeto}}$ (TRABALHA_EM $\bowtie_{\text{Cpf\_funcionario=Cpf}}$ (π_{Cpf} ($\sigma_{\text{Ultimo\_nome='Silva'}}$ (FUNCIONARIO))) $\cup$ $\pi_{\text{Numero\_projeto}}$ (($\pi_{\text{Numero\_departamento}}$ ($\sigma_{\text{Ultimo\_nome='Silva'}}$ ($\pi_{\text{Ultimo\_nome, Numero\_departamento}}$(FUNCIONARIO))) $\bowtie_{\text{Cpf=Cpf\_gerente}}$ DEPARTAMENTO)) $\star$ PROJETO)

Consulta 5. Listar os nomes de todos os funcionários com dois ou mais dependentes.

Estritamente falando, esta consulta não pode ser feita na *álgebra relacional básica (original)*. Temos de usar a operação FUNÇÃO DE AGREGAÇÃO com a função de agregação COUNT. Consideramos que os dependentes do *mesmo* funcionário têm valores *distintos* de Nome_dependente.

$T1(\text{Cpf, Total\_dependentes}) \leftarrow {}_{\text{Cpf\_funcionario}} \Im_{\text{COUNT Nome\_dependente}}(\text{DEPENDENTE})$

$T2 \leftarrow \sigma_{\text{Total\_dependentes>2}}(T1)$

$\text{RESULTADO} \leftarrow \pi_{\text{Ultimo\_nome, Primeiro\_nome}}(T2 \star \text{FUNCIONARIO})$

Consulta 6. Recuperar os nomes dos funcionários que não possuem dependentes.

Este é um exemplo do tipo de consulta que usa a operação SUBTRAÇÃO (DIFERENÇA DE CONJUNTO).

$\text{TODOS\_FUNCS} \leftarrow \pi_{\text{Cpf}}(\text{FUNCIONARIO})$

$\text{FUNCS\_COM\_DEPEND(Cpf)} \leftarrow \pi_{\text{Cpf\_funcionario}}(\text{DEPENDENTE})$

$\text{FUNCS\_SEM\_DEPEND} \leftarrow (\text{TODOS\_FUNCS} - \text{FUNCS\_COM\_DEPEND})$

$\text{RESULTADO} \leftarrow \pi_{\text{Ultimo\_nome, Primeiro\_nome}}(\text{FUNCS\_SEM\_DEPEND} \star \text{FUNCIONARIO})$

Primeiro, recuperamos uma relação com todos os Cpfs de funcionários em TODOS_FUNCS. Depois, criamos uma tabela com os Cpfs dos funcionários que possuem pelo menos um dependente em FUNCS_COM_DEPEND. Então aplicamos a operação DIFERENÇA DE CONJUNTO para recuperar os Cpfs de funcionários sem dependentes em FUNCS_SEM_DEPEND, e por fim juntamos isso com FUNCIONARIO para recuperar os atributos desejados. Como uma única expressão em linha, esta consulta se torna:

$\pi_{\text{Ultimo\_nome, Primeiro\_nome}}((\pi_{\text{Cpf}}(\text{FUNCIONARIO}) - \rho_{\text{Cpf}}(\pi_{\text{Cpf\_funcionario}}(\text{DEPENDENTE}))) \star \text{FUNCIONARIO})$

Consulta 7. Listar os nomes dos gerentes que têm pelo menos um dependente.

$\text{GERS(Cpf)} \leftarrow \pi_{\text{Cpf\_gerente}}(\text{DEPARTAMENTO})$

$\text{FUNCS\_COM\_DEPEND(Cpf)} \leftarrow \pi_{\text{Cpf\_funcionario}}(\text{DEPENDENTE})$

$\text{GER\_COM\_DEPEND} \leftarrow (\text{GERS} \cap \text{FUNCS\_COM\_DEPEND})$

$\text{RESULTADO} \leftarrow \pi_{\text{Ultimo\_nome, Primeiro\_nome}}(\text{GERS\_COM\_DEPEND} \star \text{FUNCIONARIO})$

Nessa consulta, recuperamos os Cpfs dos gerentes em GERS, e os Cpfs dos funcionários com pelo menos um dependente em FUNCS_COM_DEPEND, depois aplicamos a operação INTERSEÇÃO para obter os Cpfs dos gerentes que têm pelo menos um dependente.

Conforme mencionamos anteriormente, a mesma consulta pode ser especificada de muitas maneiras diferentes na álgebra relacional. Em particular, as operações podem ser aplicadas com frequência em diversas ordens. Além disso, algumas delas podem ser usadas para substituir outras. Por exemplo, a operação INTERSEÇÃO em C7 pode ser substituída por uma JUNÇÃO NATURAL. Como exercício, tente fazer cada um desses exemplos de consulta usando diferentes operações.[12] Mostramos como escrever consultas como expressões isoladas da álgebra relacional para as consultas C1, C4 e C6. Tente escrever as consultas restantes como expressões isoladas. Nos capítulos 6 e 7 e nas seções 8.6 e 8.7, mostramos como essas consultas são escritas em outras linguagens relacionais.

---

[12] Quando as consultas são otimizadas (ver capítulos 18 e 19), o sistema escolherá uma sequência de operações em particular que corresponde a uma estratégia de execução que pode ser executada de modo eficiente.

8.6 O cálculo relacional de tupla

Nesta e na próxima seção, apresentamos outra linguagem de consulta formal para o modelo relacional, chamada **cálculo relacional**. Esta seção apresenta a linguagem conhecida como **cálculo relacional de tupla**, e a Seção 8.7 apresenta uma variação chamada **cálculo relacional de domínio**. Nas duas variações do cálculo relacional, escrevemos uma expressão **declarativa** para especificar uma solicitação de recuperação; logo, não existe descrição de como, ou *em que ordem*, avaliar uma consulta. Uma expressão de cálculo especifica *o que* deve ser recuperado em vez de *como* recuperá-lo. Portanto, o cálculo relacional é considerado uma linguagem **não procedimental**. Isso difere da álgebra relacional, na qual precisamos escrever uma *sequência de operações* para especificar uma solicitação de recuperação *em uma ordem particular* de aplicação das operações. Assim, ela pode ser considerada um modo **procedimental** de representar uma consulta. É possível aninhar operações da álgebra para formar uma única expressão, porém, certa ordem entre as operações é sempre explicitamente especificada em uma expressão da álgebra relacional. Essa ordem também influencia a estratégia para avaliar a consulta. Uma expressão de cálculo pode ser escrita de maneiras diferentes, mas o modo como ela é escrita não tem relação com o modo como uma consulta deve ser avaliada.

Foi mostrado que qualquer recuperação que possa ser especificada na álgebra relacional básica também pode ser especificada no cálculo relacional e vice-versa. Em outras palavras, o **poder expressivo** das linguagens é *idêntico*. Isso levou à definição do conceito de uma linguagem *relacionalmente completa*. Uma linguagem de consulta relacional *L* é considerada **relacionalmente completa** se pudermos expressar em *L* qualquer consulta que possa ser expressa no cálculo relacional. A integralidade relacional se tornou uma base importante para comparar o poder expressivo das linguagens de consulta de alto nível. No entanto, como vimos na Seção 8.4, certas consultas frequentemente exigidas nas aplicações de banco de dados não podem ser expressas na álgebra ou no cálculo relacional básico. A maioria das linguagens de consulta relacional é relacionalmente completa, mas possui *mais poder expressivo* que a álgebra relacional ou o cálculo relacional, por causa de operações adicionais como funções de agregação, agrupamento e ordenação. Conforme mencionamos na introdução deste capítulo, o cálculo relacional é importante por dois motivos. Primeiro, ele tem uma base firme na lógica matemática. Segundo, a linguagem de consulta padrão (SQL) para SGBDRs tem alguns de seus alicerces no cálculo relacional de tupla.

Nossos exemplos se referem ao banco de dados mostrado nas figuras 5.6 e 5.7. Usaremos as mesmas consultas da Seção 8.5. As seções 8.6.6, 8.6.7 e 8.6.8 discutem o tratamento com quantificadores universais e as questões de segurança de expressão. Os alunos interessados em uma introdução básica ao cálculo relacional de tupla podem pular essas seções.

8.6.1 Variáveis de tupla e relações de intervalo

O cálculo relacional de tupla é baseado na especificação de uma série de **variáveis de tupla**. Cada variável de tupla costuma *percorrer* determinada relação do banco de dados, significando que pode tomar como seu valor qualquer tupla individual dessa relação. Um cálculo relacional de tupla simples tem a forma:

{*t* | COND(*t*)}

em que *t* é uma variável de tupla e COND(*t*) é uma expressão condicional (booleana) que envolve *t* e que é avaliada como TRUE ou FALSE para diferentes atribuições de tuplas à variável *t*. O resultado dessa consulta é o conjunto de todas as tuplas *t* que avaliam COND(t) como TRUE. Diz-se que essas tuplas **satisfazem** COND(t). Por exemplo, para encontrar todos os funcionários cujo salário é maior que R$ 50.000,00, podemos escrever a seguinte expressão de cálculo de tupla:

{t | FUNCIONARIO(t) **AND** t.Salario>50000}

A condição FUNCIONARIO(t) especifica que a **relação de intervalo** da variável de tupla t é FUNCIONARIO. Cada tupla de FUNCIONARIO t que satisfaz a condição t.Salario>50000 será recuperada. Observe que t.Salario referencia o atributo Salario da variável de tupla t; tal notação é semelhante ao modo como os nomes de atributo são qualificados com nomes de relação ou apelidos em SQL, como vimos no Capítulo 6. Na notação do Capítulo 5, t.Salario é o mesmo que escrever t[Salario].

A consulta anterior recupera todos os valores de atributo para cada tupla t de FUNCIONARIO selecionada. Para recuperar apenas *alguns* dos atributos — digamos, o nome e o sobrenome —, escrevemos:

{t.Primeiro_nome, t.Ultimo_nome | FUNCIONARIO(t) **AND** t.Salario>50000}

Informalmente, precisamos especificar a seguinte informação em uma expressão de cálculo relacional de tupla:

- Para cada variável de tupla t, a **relação de intervalo** R de t. Esse valor é especificado por uma condição na forma $R(t)$. Se não especificarmos uma relação de intervalo, a variável t oscilará por todas as tuplas possíveis "no universo", pois ela não é restrita a nenhuma relação isolada.
- Uma condição para selecionar combinações de tuplas em particular. À medida que as variáveis de tupla oscilam em suas respectivas relações de intervalo, a condição é avaliada em cada combinação possível de tuplas, a fim de identificar as **combinações selecionadas** para as quais a condição é avaliada como TRUE.
- Um conjunto de atributos a serem recuperados, os **atributos solicitados**. Os valores desses atributos são recuperados para cada combinação de tuplas selecionada.

Antes de discutirmos a sintaxe formal do cálculo relacional de tupla, considere outra consulta.

Consulta 0. Recuperar a data de nascimento e o endereço do funcionário (ou funcionários) cujo nome é João B. Silva.

C0: {t.Data_nascimento, t.Endereco | FUNCIONARIO(t) **AND** t.Primeiro_nome='João' **AND** t.Nome_meio='B' **AND** t.Ultimo_nome='Silva'}

No cálculo relacional de tupla, primeiro especificamos os atributos solicitados t.Data_nascimento e t.Endereco para cada tupla t selecionada. Depois, especificamos a condição para selecionar uma tupla após a barra (|) — a saber, que t seja uma tupla da relação FUNCIONARIO cujos valores de atributo Primeiro_nome, Nome_meio e Ultimo_nome são 'João', 'B' e 'Silva', respectivamente.

8.6.2 Expressões e fórmulas no cálculo relacional de tupla

Uma **expressão** geral do cálculo relacional de tupla tem a forma

$$\{t_1.A_j, t_2.A_k, ..., t_n.A_m \mid \textbf{COND}(t_1, t_2, ..., t_n, t_{n+1}, t_{n+2}, ..., t_{n+m})\}$$

em que $t_1, t_2, ..., t_n, t_{n+1}, ..., t_{n+m}$ são variáveis de tupla, cada A_i é um atributo da relação em que t_i varia e COND é uma **condição** ou **fórmula**[13] do cálculo relacional de tupla. Uma fórmula é composta de **átomos** de cálculo de predicado, que podem ser um dos seguintes:

[13] Em lógica matemática, também chamada de **fórmula bem formada**, ou **WFF** (**well-formed formula**).

1. Um átomo da forma $R(t_i)$, em que R é um nome de relação e t_i é uma variável de tupla. Esse átomo identifica o intervalo da variável de tupla t_i como a relação cujo nome é R. Ele é avaliado como TRUE se t_i for uma tupla na relação R, e como FALSE em caso contrário.
2. Um átomo da forma $t_i.A$ **op** $t_j.B$, em que **op** é um dos operadores de comparação no conjunto $\{=, <, \leq, >, \geq, \neq\}$, t_i e t_j são variáveis de tupla, A é um atributo da relação em que t_i varia, e B é um atributo da relação em que t_j varia.
3. Um átomo da forma $t_i.A$ **op** c ou c **op** $t_j.B$, em que **op** é um dos operadores de comparação no conjunto $\{=, <, \leq, >, \geq, \neq\}$, t_i e t_j são variáveis de tupla, A é um atributo da relação sobre a qual t_i varia, B é um atributo da relação em que t_j varia e c é um valor constante.

Cada um dos átomos anteriores é avaliado como TRUE ou FALSE para uma combinação específica de tuplas, o que é chamado de **valor verdade** de um átomo. Em geral, uma variável de tupla t oscila em todas as tuplas possíveis *no universo*. Para átomos da forma $R(t)$, se t for atribuído a uma tupla que é um *membro da relação especificada* R, o átomo é TRUE; caso contrário, ele é FALSE. Em átomos dos tipos 2 e 3, se as variáveis de tupla forem atribuídas a tuplas de modo que os valores dos atributos especificados delas satisfaçam a condição, então o átomo é TRUE.

Uma **fórmula** (condição booleana) é composta de um ou mais átomos conectados por meio dos operadores lógicos **AND**, **OR** e **NOT** e é definida recursivamente pelas regras 1 e 2 da seguinte forma:

- *Regra 1*: todo átomo é uma fórmula.
- *Regra 2*: se F_1 e F_2 são fórmulas, o mesmo ocorre para (F_1 **AND** F_2), (F_1 **OR** F_2), **NOT** (F_1) e **NOT** (F_2). Os valores verdade dessas fórmulas são derivados de suas fórmulas componentes F_1 e F_2, como segue:

  a. (F_1 **AND** F_2) é TRUE se tanto F_1 quanto F_2 forem TRUE; caso contrário, é FALSE.
  b. (F_1 **OR** F_2) é FALSE se tanto F_1 quanto F_2 forem FALSE; caso contrário, é TRUE.
  c. **NOT** (F_1) é TRUE se F_1 for FALSE; é FALSE se F_1 for TRUE.
  d. **NOT** (F_2) é TRUE se F_2 for FALSE; é FALSE se F_2 for TRUE.

8.6.3 Os quantificadores existenciais e universais

Além disso, dois símbolos especiais, chamados **quantificadores**, podem aparecer nas fórmulas: o **quantificador universal** ($\forall$) e o **quantificador existencial** ($\exists$). Os valores verdade para fórmulas com quantificadores são descritos nas regras 3 e 4 a seguir. Primeiro, precisamos definir os conceitos de variáveis de tupla livre e limitada em uma fórmula. Informalmente, uma variável de tupla t é limitada se for quantificada, significando que ela aparece em uma cláusula ($\exists t$) ou ($\forall t$); caso contrário, ela é livre. De maneira formal, definimos uma variável de tupla em uma fórmula como **livre** ou **limitada** de acordo com as seguintes regras:

- Uma ocorrência de uma variável de tupla em uma fórmula F que *é um átomo* é livre em F.
- Uma ocorrência de uma variável de tupla t é livre ou limitada em uma fórmula composta de conectivos lógicos — (F_1 **AND** F_2), (F_1 **OR** F_2), **NOT**(F_1) e **NOT**(F_2) — dependendo de ela ser livre ou limitada em F_1 ou F_2 (se ocorrer em uma delas). Observe que, em uma fórmula com a forma F = (F_1 **AND** F_2) ou F = (F_1 **OR** F_2), uma variável de tupla pode ser livre em F_1 e limitada em F_2, ou vice-versa; nesse caso, uma ocorrência da variável de tupla é limitada e a outra é livre em F.

- Todas as ocorrências *livres* de uma variável de tupla t em F são **limitadas** em uma fórmula F' da forma $F' = (\exists t)(F)$ ou $F' = (\forall t)(F)$. A variável de tupla é limitada ao quantificador especificado em F'. Por exemplo, considere as seguintes fórmulas:
  F_1: *d*.Nome_departamento='Pesquisa'
  F_2: $(\exists t)$(*d*.Numero_departamento=*t*.Numero_departamento)
  F_3: $(\forall d)$(*d*.Cpf_gerente='33344555587')

A variável de tupla d é livre em F_1 e F_2, embora seja limitada ao quantificador ($\forall$) em F_3. A variável t é limitada ao quantificador ($\exists$) em F_2.

Agora, podemos dar as regras 3 e 4 para a definição de uma fórmula que iniciamos anteriormente:

- *Regra 3*: se F é uma fórmula, o mesmo vale para $(\exists t)(F)$, em que t é uma variável de tupla. A fórmula $(\exists t)(F)$ é TRUE se a fórmula F é avaliada como TRUE para *alguma* (pelo menos uma) tupla atribuída a ocorrências livres de t em F; caso contrário, $(\exists t)(F)$ é FALSE.
- *Regra 4*: se F é uma fórmula, o mesmo vale para $(\forall t)(F)$, em que t é uma variável de tupla. A fórmula $(\forall t)(F)$ é TRUE se a fórmula F é avaliada como TRUE para *cada tupla* (no universo) atribuída a ocorrências livres de t em F; caso contrário, $(\forall t)(F)$ é FALSE.

O quantificador ($\exists$) é chamado de quantificador existencial porque uma fórmula $(\exists t)(F)$ é TRUE se *existir* alguma tupla que torne F TRUE. Para o quantificador universal, $(\forall t)(F)$ é TRUE se cada tupla possível que pode ser atribuída a ocorrências livres de t em F for substituída por t, e F é TRUE para *cada substituição desse tipo*. Ele é chamado quantificador universal ou *para cada* porque cada tupla no *universo de* tuplas precisa tornar F TRUE para tornar a fórmula quantificada TRUE.

8.6.4 Exemplo de consultas no cálculo relacional de tupla

Usaremos algumas das mesmas consultas da Seção 8.5 para dar uma ideia de como elas são especificadas na álgebra relacional e no cálculo relacional. Observe que algumas consultas são mais fáceis de especificar na álgebra relacional que no cálculo relacional, e vice-versa.

Consulta 1. Listar o nome e o endereço de todos os funcionários que trabalham para o departamento 'Pesquisa'.

C1: {*t*.Primeiro_nome, *t*.Ultimo_nome, *t*.Endereco | FUNCIONARIO(*t*) **AND** ($\exists$*d*) (DEPARTAMENTO(*d*) **AND** *d*.Nome_departamento='Pesquisa' **AND** *d*.Numero_departamento=*t*.Numero_departamento)}

As *únicas variáveis de tupla livres* em uma expressão de cálculo relacional de tupla devem ser aquelas que aparecem à esquerda da barra (|). Em C1, t é a única variável livre; depois, ela é *limitada sucessivamente* a cada tupla. Se uma tupla *satisfaz as condições* especificadas após a barra em C1, os atributos Primeiro_nome, Ultimo_nome e Endereco são recuperados para cada tupla desse tipo. As condições FUNCIONARIO(*t*) e DEPARTAMENTO(*d*) especificam as relações de intervalo para t e d. A condição *d*.Nome_departamento = 'Pesquisa' é uma **condição de seleção** e corresponde a uma operação SELEÇÃO na álgebra relacional, ao passo que a condição *d*.Numero_departamento = *t*.Numero_departamento é uma **condição de junção** e é semelhante em finalidade à operação JUNÇÃO (INTERNA) (ver Seção 8.3).

Consulta 2. Para cada projeto localizado em 'Mauá', listar o número do projeto, o número do departamento de controle e o sobrenome, a data de nascimento e o endereço do gerente do departamento.

C2: {*p*.Numero_projeto, *p*.Numero_departamento, *g*.Ultimo_nome, *g*.Data_nascimento, *g*.Endereco | PROJETO(*p*) **AND** FUNCIONARIO(*g*) **AND** *p*.Local_projeto='Mauá' **AND** ((∃*d*)(DEPARTAMENTO(*d*) **AND** *p*.Numero_departamento=*d*.Numero_departamento **AND** *d*.Cpf_gerente=*g*.Cpf))}

Em C2, existem duas variáveis de tupla livres, *p* e *g*. A variável de tupla *d* é limitada ao quantificador existencial. A condição de consulta é avaliada para cada combinação de tuplas atribuídas a *p* e a *g*, e de todas as combinações possíveis de tuplas às quais *p* e *g* estão limitadas, somente as combinações que satisfazem a condição são selecionadas.

Diversas variáveis de tupla em uma consulta podem percorrer a mesma relação. Por exemplo, para especificar C8 — para cada funcionário, recupere o nome e o último nome do funcionário e o nome e o sobrenome de seu supervisor imediato —, determinamos duas variáveis de tupla *f* e *s* que percorrem a relação FUNCIONARIO:

C8: {*f*.Primero_nome, *f*.Ultimo_nome, *s*.Primeiro_nome, *s*.Ultimo_nome | FUNCIONARIO(*f*) **AND** FUNCIONARIO(*s*) **AND** *f*.Cpf_supervisor=*s*.Cpf}

Consulta 3'. Listar o nome de cada funcionário que trabalha em *algum* projeto controlado pelo departamento número 5. Essa é uma variação de C3 em que *todos* é mudado para *algum*. Neste caso, precisamos de duas condições de junção e dois quantificadores existenciais.

C0': {*f*.Ultimo_nome, *f*.Primeiro_nome | FUNCIONARIO(*f*) **AND** ((∃*p*)(∃*t*)(PROJETO(*p*) **AND** TRABALHA_EM(*t*) **AND** *p*.Numero_departamento=5 **AND** *t*.Cpf_funcionario=*f*.Cpf **AND** *p*.Numero_projeto=*t*.Numero_projeto))}

Consulta 4. Fazer uma lista dos números de projeto que envolvem um funcionário cujo último nome é 'Silva', seja como um trabalhador, seja como um gerente do departamento de controle para o projeto.

C4: { *p*.Numero_projeto | PROJETO(*p*) **AND** (((∃*f*)(∃*t*)(FUNCIONARIO(*f*)
AND TRABALHA_ EM(*t*) **AND** *t*.Numero_projeto=*p*.Numero_projeto
AND *f*.Ultimo_nome='Silva' **AND** *f*.Cpf=*t*.Cpf_funcionario))
OR
((∃*g*)(∃*d*)(FUNCIONARIO(*g*) **AND** DEPARTAMENTO(*d*) **AND** *p*.Numero_departamento=*d*.Numero_departamento **AND** *d*.Cpf_gerente=*g*.Cpf **AND** *g*.Ultimo_nome='Silva')))}

Compare isso com a versão da álgebra relacional dessa consulta na Seção 8.5. A operação UNIÃO na álgebra relacional normalmente pode ser substituída por um conectivo OR no cálculo relacional.

8.6.5 *Notação para grafos de consulta*

Nesta seção, descrevemos uma notação proposta para representar as consultas do cálculo relacional que não envolvem quantificação complexa em uma forma gráfica. Esses tipos de consultas são conhecidos como **consultas seleção-projeção--junção**, pois envolvem essas três operações da álgebra relacional. A notação pode ser expandida para consultas mais gerais, mas não vamos discutir essas extensões aqui. Essa representação gráfica de uma consulta é chamada de **grafo de consulta**. A Figura 8.13 mostra o grafo de consulta para C2. As relações na consulta são representadas por **nós de relação**, que aparecem como círculos isolados. Valores constantes, normalmente das condições de seleção de consulta, são representados por **nós de constante**, que aparecem como círculos ou ovais duplas. As condições de seleção e junção são representadas pelas **arestas** do grafo (as linhas que conectam os nós), como mostra a Figura 8.13. Por fim, os atributos a serem recuperados de cada relação são exibidos entre colchetes acima de cada uma delas.

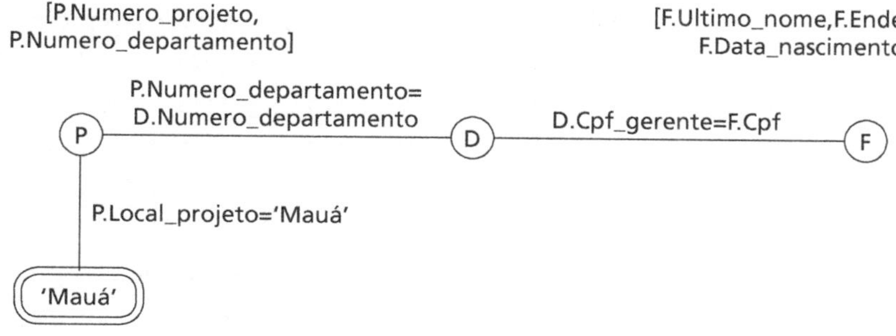

Figura 8.13 Grafo de consulta para C2.

A representação do grafo de consulta não indica uma ordem em particular para especificar quais operações realizar primeiro e, portanto, é uma representação mais neutra de uma consulta seleção-projeção-junção que a representação na árvore de consulta (ver Seção 8.3.5), em que a ordem de execução é especificada de maneira implícita. Existe apenas um grafo de consulta correspondente a cada consulta. Embora algumas técnicas de otimização de consulta fossem baseadas em grafos de consulta, agora as árvores de consulta são preferíveis porque, na prática, o otimizador de consulta precisa mostrar a ordem das operações para a execução da consulta, o que não é possível nos grafos de consulta.

Na próxima seção, discutiremos o relacionamento entre os quantificadores universais e existenciais e mostraremos como um pode ser transformado no outro.

8.6.6 *Transformando os quantificadores universais e existenciais*

Agora, vamos apresentar algumas transformações bem conhecidas da lógica matemática que se relacionam aos quantificadores universais e existenciais. É possível transformar um quantificador universal em um quantificador existencial e vice-versa, para obter uma expressão equivalente. Uma transformação geral pode ser descrita informalmente da seguinte forma: transformar um tipo de quantificador no outro com a negação (precedida por **NOT**); **AND** e **OR** substituem um ao outro; uma fórmula negada torna-se não negada; e uma fórmula não negada torna-se negada. Alguns casos especiais dessa transformação podem ser declarados da seguinte forma, em que o símbolo ≡ significa **equivale a:**

$(\forall x)\ (P(x)) \equiv$ **NOT** $(\exists x)$ (**NOT** $(P(x)))$
$(\exists x)\ (P(x)) \equiv$ **NOT** $(\forall x)$ (**NOT** $(P(x)))$
$(\forall x)\ (P(x)$ **AND** $Q(x)) \equiv$ **NOT** $(\exists x)$ (**NOT** $(P(x))$ **OR NOT** $(Q(x)))$
$(\forall x)\ (P(x)$ **OR** $Q(x)) \equiv$ **NOT** $(\exists x)$ (**NOT** $(P(x))$ **AND NOT** $(Q(x)))$
$(\exists x)\ (P(x)$ **OR** $Q(x)) \equiv$ **NOT** $(\forall x)$ (**NOT** $(P(x))$ **AND NOT** $(Q(x)))$
$(\exists x)\ (P(x)$ **AND** $Q(x)) \equiv$ **NOT** $(\forall x)$ (**NOT** $(P(x))$ **OR NOT** $(Q(x)))$

Observe também que o seguinte é TRUE, em que o símbolo ⇒ significa **implica:**

$(\forall x)(P(x)) \Rightarrow (\exists x)(P(x))$
NOT $(\exists x)(P(x)) \Rightarrow$ **NOT** $(\forall x)(P(x))$

8.6.7 *Usando o quantificador universal nas consultas*

Sempre que usamos um quantificador universal, é prudente seguir algumas regras para garantir que nossa expressão faça sentido. Discutimos essas regras com relação à consulta C3.

Consulta 3. Listar os nomes dos funcionários que trabalham em *todos* os projetos controlados pelo departamento número 5. Um modo de especificar essa consulta é usar o quantificador universal, conforme mostrado:

C3: {*f*.Ultimo_nome, f.Primeiro_nome | FUNCIONARIO(*f*) **AND** ((∀*p*)(**NOT**(PROJETO(*p*)) **OR NOT** (*p*.Numero_departamento=5) **OR** ((∃*t*)(TRABALHA_EM(*t*) **AND** *t*.Cpf_funcionario=*f*.Cpf **AND** *p*.Numero_projeto=*t*.Numero_projeto))))}

Podemos desmembrar C3 em seus componentes básicos, como segue:

C3: {*f*.Ultimo_nome, *f*.Primeiro_nome I FUNCIONARIO(*f*) **AND** F'}
F' = ((∀*p*)(**NOT**(PROJETO(*p*)) **OR** F_1))
F_1 = **NOT**(*p*.Numero_departamento=5) **OR** F_2
F_2 = ((∃*t*)(TRABALHA_EM(*t*) **AND** *t*.Cpf_funcionario=*f*.Cpf
AND *p*.Numero_projeto=*t*.Numero_projeto))

Queremos garantir que um funcionário selecionado *f* trabalha em *todos os projetos* controlados pelo departamento 5, mas a *definição de quantificador universal* diz que, para tornar a fórmula quantificada TRUE, *a fórmula interna* precisa ser TRUE *para todas as tuplas no universo*. O truque é excluir da quantificação universal todas as tuplas em que não estamos interessados, tornando a condição TRUE *para todas essas tuplas*. Isso é necessário porque uma variável de tupla universalmente quantificada, como *p* em C3, precisa ser avaliada como TRUE *para cada tupla possível* atribuída a ela, para tornar a fórmula quantificada TRUE.

As primeiras tuplas a excluir (fazendo que sejam avaliadas automaticamente como TRUE) são aquelas que não estão na relação *R* de interesse. Em C3, o uso da expressão **NOT**(PROJETO(*p*)) na fórmula quantificada universalmente avalia como TRUE todas as tuplas *p* que não estão na relação PROJETO. Depois, excluímos as tuplas em que não estamos interessados da própria *R*. Em C3, o uso da expressão **NOT**(*p*.Numero_departamento=5) avalia como TRUE todas as tuplas *p* que estão na relação PROJETO, mas não são controladas pelo departamento 5. Por fim, especificamos uma condição F_2 que precisa ser mantida sobre todas as tuplas restantes em *R*. Logo, podemos explicar C3 da seguinte forma:

1. Para a fórmula $F' = (\forall p)(F)$ ser TRUE, precisamos fazer que a fórmula *F* seja TRUE *para todas as tuplas no universo que possam ser atribuídas a p*. Porém, em C3 só estamos interessados em *F* ser TRUE para todas as tuplas da relação PROJEÇÃO que são controladas pelo departamento 5. Logo, a fórmula *F* tem a forma (**NOT**(PROJETO(*p*)) **OR** F_1). A condição '**NOT** (*PROJETO*(*p*)) **OR** ...' é TRUE para todas as tuplas que *não estão na relação* PROJETO e tem o efeito de eliminar essas tuplas da consideração no valor verdade de F_1. Para cada tupla na relação PROJETO, F_1 precisa ser TRUE se F' tiver de ser TRUE.
2. Usando a mesma linha de raciocínio, não queremos considerar tuplas na relação PROJETO que não sejam controladas pelo departamento número 5, pois só estamos interessados em tuplas de PROJETO cujo Numero_departamento=5. Portanto, podemos escrever:

   IF (*p*.Numero_departamento=5) **THEN** F_2

   que é equivalente a

   (**NOT** (*p*.Numero_departamento=5) **OR** F_2)

3. Logo, a fórmula F_1 tem a forma **NOT** (*p*.Numero_departamento=5) **OR** F_2. No contexto de C3, isso significa que, para uma tupla *p* na relação PROJETO, ou o seu Numero_departamento≠5 ou ela precisa satisfazer F_2.

4. Por fim, F_2 dá a condição que queremos manter para uma tupla selecionada FUNCIONARIO: que o funcionário trabalhe em *cada tupla de* PROJETO *que ainda não tenha sido excluída*. Essas tuplas de funcionários são selecionadas pela consulta.

Em português, C3 gera a seguinte condição para selecionar uma tupla de FUNCIONARIO *f*: para cada tupla *p* na relação PROJETO com *p*.Numero_departamento=5, é preciso que haja uma tupla *t* em TRABALHA_EM tal que *t*.Cpf_funcionario=*f*.Cpf e *t*.Numero_projeto=*p*.Numero_projeto. Isso equivale a dizer que FUNCIONARIO *f* trabalha em cada PROJETO *p* no DEPARTAMENTO número 5.

Usando a transformação geral dos quantificadores universal para existencial, dada na Seção 8.6.6, podemos reformular a consulta em C3 como mostramos em C3A, que usa um quantificador existencial negado em vez do quantificador universal:

C3A: {*f*.Ultimo_nome, *f*.Primeiro_nome | FUNCIONARIO(*f*) **AND** (**NOT** (∃*p*) (PROJETO(*p*) **AND** (*p*.Numero_departamento=5) **AND** (**NOT** (∃*t*) (TRABALHA_EM(*t*) **AND** *t*.Cpf_funcionario=*f*.Cpf **AND** *p*.Numero_projeto=*t*.Numero_projeto))))}

Agora, mostramos alguns exemplos adicionais de consultas que usam quantificadores.

Consulta 6. Listar os nomes de funcionários que não possuem dependentes.

C6: {*f*.Primeiro_nome, *f*.Ultimo_nome | FUNCIONARIO(*f*) **AND** (**NOT** (∃*d*)(DEPENDENTE(*d*) **AND** *f*.Cpf=*d*.Cpf_funcionario))}

Usando a regra da transformação geral, podemos reformular C6 da seguinte forma:

C6A: {*f*.Primeiro_nome, *f*.Ultimo_nome | FUNCIONARIO(*f*) **AND** ((∀*d*)(**NOT**(DEPENDENTE(*d*)) **OR** **NOT**(*f*.Cpf=*d*.Cpf_funcionario)))}

Consulta 7. Listar os nomes dos gerentes que possuem pelo menos um dependente.

C7: {*f*.Primeiro_nome, *f*.Ultimo_nome | FUNCIONARIO(*f*) **AND** ((∃*d*)(∃ρ) (DEPARTAMENTO(*d*) **AND** DEPENDENTE(ρ) **AND** *f*.Cpf= *d*.Cpf_gerente **AND** ρ.Cpf_funcionario=*f*.Cpf))}

Essa consulta é tratada interpretando-se *os gerentes que possuem pelo menos um dependente* como *gerentes para os quais existe algum dependente*.

8.6.8 Expressões seguras

Sempre que usamos quantificadores universais, quantificadores existenciais ou negação de predicados em uma expressão de cálculo, temos de garantir que a expressão resultante faça sentido. Uma **expressão segura** em cálculo relacional é aquela que garante a geração de um *número finito de tuplas* como resultado; caso contrário, a expressão é chamada de **insegura**. Por exemplo, a expressão

{*t* | **NOT** (FUNCIONARIO(*t*))}

é *insegura*, pois gera todas as tuplas no universo que *não são* tuplas de FUNCIONARIO, e que são infinitamente numerosas. Se seguirmos as regras para C3, discutidas anteriormente, obteremos uma expressão segura ao usar quantificadores universais. Podemos definir expressões seguras com mais precisão introduzindo o conceito do *domínio de uma expressão de cálculo relacional de tupla*: este é o conjunto de todos os valores que aparecem como valores constantes na expressão ou existem em qualquer tupla nas relações referenciadas na expressão. Por exemplo, o domínio de {*t* | **NOT**(FUNCIONARIO(*t*))} é o conjunto de todos os valores de atributo que aparecem em alguma tupla da relação FUNCIONARIO (para qualquer atributo). O domínio da expressão C3A incluiria todos os valores que aparecem em FUNCIONARIO, PROJETO e TRABALHA_EM (unidos com o valor 5 aparecendo na própria consulta).

Uma expressão é considerada **segura** se todos os valores em seu resultado forem do domínio da expressão. Observe que o resultado de $\{t \mid$ **NOT**(FUNCIONARIO(t))$\}$ é inseguro, pois, em geral, incluirá tuplas (e, portanto, valores) de fora da relação FUNCIONARIO; esses valores não estão no domínio da expressão. Todos os outros exemplos são expressões seguras.

8.7 O cálculo relacional de domínio

Existe outro tipo de cálculo relacional, chamado cálculo relacional de domínio, ou apenas **cálculo de domínio.** Historicamente, enquanto a SQL (ver capítulos 6 e 7), que foi baseada no cálculo relacional de tupla, estava sendo desenvolvida pela IBM Research em San Jose, Califórnia, outra linguagem, chamada QBE (Query-By--Example), que está relacionada ao cálculo de domínio, estava sendo desenvolvida quase simultaneamente no IBM T. J. Watson Research Center em Yorktown Heights, Nova York. A especificação formal do cálculo de domínio foi proposta após o desenvolvimento da linguagem e sistema de QBE.

O cálculo de domínio difere do cálculo de tupla no *tipo das variáveis* usadas nas fórmulas: em vez de ter variáveis percorrendo as tuplas, elas o fazem por valores isolados dos domínios de atributos. Para formar uma relação de grau n para um resultado de consulta, precisamos ter n dessas **variáveis de domínio** — uma para cada atributo. Uma expressão do cálculo de domínio tem a forma

$$\{x_1, x_2, ..., x_n \mid \text{COND}(x_1, x_2, ..., x_n, x_{n+1}, x_{n+2}, ..., x_{n+m})\}$$

em que $x_1, x_2, ..., x_n, x_{n+1}, x_{n+2}, ..., x_{n+m}$ são variáveis de domínio que percorrem os domínios (dos atributos) e COND é uma **condição** ou **fórmula** do cálculo relacional do domínio.

Uma fórmula é composta de **átomos.** Os átomos de uma fórmula são ligeiramente diferentes daqueles para o cálculo de tupla e podem ser um dos seguintes:

1. Um átomo da forma R($x_1, x_2, ..., x_j$), em que R é o nome de uma relação de grau j e cada x_i, $1 \le i \le j$, é uma variável de domínio. Esse átomo declara que uma lista de valores de $<x_1, x_2, ..., x_j>$ deve ser uma tupla na relação cujo nome é R, em que x_i é o valor do i-ésimo valor de atributo da tupla. Para tornar uma expressão de cálculo de domínio mais concisa, podemos *remover as vírgulas* em uma lista de variáveis, escrevendo assim:

   $\{x_1, x_2, ..., x_n \mid R(x_1\ x_2\ x_3)$ AND ...$\}$

   no lugar de:

   $\{x_1, x_2, ..., x_n \mid R(x_1, x_2, x_3)$ AND ...$\}$

2. Um átomo da forma x_i **op** x_j, em que **op** é um dos operadores de comparação no conjunto $\{=, <, \le, >, \ge, \ne\}$ e x_i e x_j são variáveis de domínio.
3. Um átomo da forma x_i **op** c ou c **op** x_j, em que **op** é um dos operadores de comparação no conjunto $\{=, <, \le, >, \ge, \ne\}$, x_i e x_j são variáveis de domínio, e c é um valor constante.

Assim como no cálculo de tupla, os átomos são avaliados como TRUE ou FALSE para um conjunto de valores específico, chamados **valores verdade** dos átomos. No caso 1, se as variáveis de domínio receberem valores correspondentes a uma tupla da relação especificada R, o átomo é TRUE. Nos casos 2 e 3, se as variáveis de domínio receberem valores que satisfazem a condição, então o átomo é TRUE.

De forma semelhante ao cálculo relacional de tupla, as fórmulas são compostas de átomos, variáveis e quantificadores, de modo que não repetiremos as especificações de fórmulas aqui. A seguir, apresentamos alguns exemplos de consultas especificadas no cálculo de domínio. Usaremos as letras minúsculas $l, m, n, ..., x, y, z$ para as variáveis de domínio.

Consulta 0. Listar a data de nascimento e o endereço do funcionário cujo nome é 'João B. Silva'.

C0: $\{u, v \mid (\exists q)\ (\exists r)\ (\exists s)\ (\exists t)\ (\exists w)\ (\exists x)\ (\exists y)\ (\exists z)$ (FUNCIONARIO(*qrstuvwxyz*) **AND** *q*='João' **AND** *r*='B' **AND** *s*='Silva')}

Precisamos de dez variáveis para a relação FUNCIONARIO, uma para percorrer cada um dos domínios dos atributos de FUNCIONARIO em ordem. Das dez variáveis $q, r, s, ..., z$, somente u e v são livres, pois aparecem à esquerda da barra e, portanto, não devem estar ligadas a um quantificador. Primeiro, especificamos os *atributos solicitados*, Data_nascimento e Endereco, pelas variáveis de domínio livres u para DATA_NASCIMENTO e v para ENDERECO. Depois, especificamos a condição para selecionar uma tupla após a barra (|) — a saber, que a sequência de valores atribuídos às variáveis *qrstuvwxyz* seja uma tupla da relação FUNCIONARIO e que os valores para q (Primeiro_nome), r (Nome_meio) e s (Ultimo_nome) sejam iguais a 'João', 'B' e 'Silva', respectivamente. Por conveniência, quantificaremos apenas as variáveis que *realmente aparecem em uma condição* (estas seriam q, r e s em C0) no restante de nossos exemplos.[14]

Uma notação abreviada alternativa, usada em QBE, para escrever essa consulta, é atribuir as constantes 'João', 'B' e 'Silva' diretamente como mostramos em C0A. Aqui, todas as variáveis que não aparecem à esquerda da barra são implicitamente quantificadas de maneira existencial:[15]

C0A: $\{u, v \mid$ FUNCIONARIO('João', 'B', 'Silva', t, u, v, w, x, y, z) }

Consulta 1. Recuperar o nome e o endereço de todos os funcionários que trabalham para o departamento 'Pesquisa'.

C1: $\{q, s, v \mid (\exists z)\ (\exists l)\ (\exists m)$ (FUNCIONARIO(*qrstuvwxyz*) **AND** DEPARTAMENTO(*lmno*) **AND** *l*='Pesquisa' **AND** m=z)}

Uma condição relacionando duas variáveis de domínio que percorra os atributos de duas relações, como $m = z$ em C1, é uma **condição de junção**, ao passo que uma condição que relaciona uma variável de domínio a uma constante, como l = 'Pesquisa', é uma **condição de seleção.**

Consulta 2. Para cada projeto localizado em 'Mauá', listar o número do projeto, o número do departamento de controle e o último nome, a data de nascimento e o endereço do gerente do departamento.

C2: $\{i, k, s, u, v \mid (\exists j)(\exists m)(\exists n)(\exists t)$(PROJETO(*hijk*) **AND** FUNCIONARIO(*qrstuvwxyz*) **AND** DEPARTAMENTO(*lmno*) **AND** k=m **AND** n=t **AND** *j*='Mauá')}

Consulta 6. Listar os nomes dos funcionários que não têm dependentes.

C6: $\{q, s \mid (\exists t)$(FUNCIONARIO(*qrstuvwxyz*) **AND** (**NOT**$(\exists l)$(DEPENDENTE(*lmnop*) **AND** t=l)))}

[14] Observe que a notação de quantificar apenas as variáveis de domínio realmente usadas nas condições e de mostrar um predicado como FUNCIONARIO (*qrstuvwxyz*), sem separar as variáveis de domínio com vírgulas, é uma notação abreviada, utilizada por conveniência; essa não é a notação formal correta.

[15] Mais uma vez, esta não é uma notação formalmente precisa.

C6 pode ser reformulada usando quantificadores universais no lugar dos quantificadores existenciais, como mostramos em C6A:

C6A: $\{q, s \mid (\exists t)$(FUNCIONARIO($qrstuvwxyz$) **AND**
((∀l)(**NOT**(DEPENDENTE($lmnop$)) **OR NOT**(t=l))))}

Consulta 7. Listar os nomes dos gerentes que têm pelo menos um dependente.

C7: $\{s, q \mid (\exists t)(\exists j)(\exists l)$(FUNCIONARIO($qrstuvwxyz$) **AND** DEPARTAMENTO($hijk$)
AND DEPENDENTE($lmnop$) **AND** t=j **AND** l=t)}

Como dissemos anteriormente, pode-se mostrar que qualquer consulta que pode ser expressa na álgebra relacional básica também pode ser expressa no cálculo relacional de domínio ou de tupla. Além disso, qualquer *expressão segura* no cálculo relacional de domínio ou de tupla pode ser expressa na álgebra relacional básica.

A linguagem QBE foi baseada no cálculo relacional de domínio, embora isso fosse observado mais tarde, depois que o cálculo de domínio foi formalizado. A QBE foi uma das primeiras linguagens de consulta gráficas com sintaxe mínima desenvolvidas para sistemas de banco de dados. Ela foi desenvolvida na IBM Research e está disponível como um produto comercial da empresa como parte da opção de interface Query Management Facility (QMF) para DB2. As ideias básicas usadas na QBE têm sido aplicadas em vários outros produtos comerciais. Em virtude de seu lugar importante na história das linguagens relacionais, incluímos uma visão geral da QBE no Apêndice C.

8.8 Resumo

Neste capítulo, apresentamos duas linguagens formais para o modelo de dados relacional. Elas são usadas para manipular relações e produzir novas relações como respostas às consultas. Discutimos a álgebra relacional e suas operações, que são usadas para especificar uma sequência de operações para determinar uma consulta. Depois, apresentamos dois tipos de cálculos relacionais, chamados cálculo de tupla e cálculo de domínio.

Nas seções 8.1 a 8.3, apresentamos as operações básicas da álgebra relacional e ilustramos os tipos de consultas para as quais cada uma é usada. Primeiro, discutimos os operadores relacionais unários SELEÇÃO e PROJEÇÃO, bem como a operação RENOMEAR. Depois, discutimos as operações teóricas do conjunto binário exigindo que as relações sobre as quais são aplicadas sejam compatíveis na união (ou tipo); estas incluem UNIÃO, INTERSEÇÃO e DIFERENÇA DE CONJUNTO. A operação PRODUTO CARTESIANO é uma operação de conjunto que pode ser usada para combinar tuplas de duas relações, produzindo todas as combinações possíveis. Ela raramente é usada na prática. Porém, mostramos como o PRODUTO CARTESIANO seguido por SELEÇÃO pode ser usado para definir tuplas combinadas de duas relações e levar à operação JUNÇÃO. Diferentes operações JUNÇÃO, chamadas JUNÇÃO THETA, EQUIJUNÇÃO e JUNÇÃO NATURAL, foram apresentadas. Árvores de consulta foram apresentadas como uma representação gráfica das consultas da álgebra relacional, as quais também podem ser usadas como base para estruturas de dados internas, que o SGBD pode utilizar para representar uma consulta.

Discutimos alguns tipos importantes de consultas que *não podem* ser declarados com as operações básicas da álgebra relacional, mas são importantes para situações práticas. Apresentamos a PROJEÇÃO GENERALIZADA para usar funções de atributos na lista de projeção e a operação FUNÇÃO DE AGREGAÇÃO para lidar com tipos de agregação das solicitações estatísticas, que resumem as informações nas tabelas. Discutimos sobre as consultas recursivas, para as quais não existe suporte direto na álgebra, mas que podem ser tratadas em uma abordagem passo a passo, conforme demonstramos. Depois, apresentamos as operações JUNÇÃO EXTERNA e UNIÃO EXTERNA, que estendem as operações de JUNÇÃO e UNIÃO e permitem que todas as informações nas relações de origem sejam preservadas no resultado.

As duas últimas seções descreveram os conceitos básicos por trás do cálculo relacional, que é baseado no ramo da lógica matemática chamado cálculo de predicado. Existem dois tipos de cálculos relacionais: (1) o cálculo relacional de tupla, que usa variáveis de tupla que percorrem as tuplas (linhas) das relações e (2) o cálculo relacional de domínio, que usa variáveis de domínio que percorrem os domínios (colunas das relações). No cálculo relacional, uma consulta é especificada em um único comando declarativo, sem determinar qualquer ordem ou método para recuperar o resultado da consulta. Logo, o cálculo relacional normalmente é considerado como uma linguagem *declarativa* de nível mais alto que a álgebra relacional, pois uma expressão do cálculo relacional declara *o que* queremos recuperar, independentemente de *como* a consulta pode ser executada.

Apresentamos os grafos de consulta como uma representação interna para as consultas no cálculo relacional. Também discutimos o quantificador existencial (∃) e o quantificador universal (∀). Discutimos o problema de especificar consultas seguras, cujos resultados são finitos. Também discutimos regras para transformar quantificadores universais em existenciais e vice-versa. São os quantificadores que dão poder expressivo ao cálculo relacional, tornando-o equivalente à álgebra relacional básica. Não existe algo semelhante para funções de agrupamento e agregação no cálculo relacional básico, embora algumas extensões tenham sido sugeridas.

PERGUNTAS DE REVISÃO

8.1. Liste as operações da álgebra relacional e a finalidade de cada uma.

8.2. O que é compatibilidade na união? Por que as operações UNIÃO, INTERSEÇÃO e DIFERENÇA exigem que as relações sobre as quais são aplicadas sejam compatíveis na união?

8.3. Discuta alguns tipos de consultas para as quais a renomeação de atributos é necessária para especificar a consulta de forma não ambígua.

8.4. Discuta os vários tipos de operações de *junção interna*. Por que a junção theta é exigida?

8.5. Que papel é desempenhado pela *chave estrangeira* ao especificar os tipos mais comuns de operações de junção significativas?

8.6. O que é a operação de FUNÇÃO? Para que é usada?

8.7. Como as operações JUNÇÃO EXTERNA diferem das operações JUNÇÃO INTERNA? Como a operação UNIÃO EXTERNA é diferente de UNIÃO?

8.8. Em que sentido o cálculo relacional difere da álgebra relacional, e em que sentido eles são semelhantes?

8.9. Como o cálculo relacional de tupla difere do cálculo relacional de domínio?

8.10. Discuta os significados do quantificador existencial (∃) e do quantificador universal (∀).

8.11. Defina os seguintes termos com relação ao cálculo de tupla: *variável de tupla*, *relação de intervalo*, *átomo*, *fórmula* e *expressão*.

8.12. Defina os seguintes termos com relação ao cálculo de domínio: *variável de domínio*, *relação de intervalo*, *átomo*, *fórmula* e *expressão*.

8.13. O que significa uma *expressão segura* no cálculo relacional?

8.14. Quando uma linguagem de consulta é chamada de relacionalmente completa?

EXERCÍCIOS

8.15. Mostre o resultado de cada um dos exemplos de consulta na Seção 8.5 se fosse aplicado ao estado do banco de dados da Figura 5.6.

8.16. Especifique as seguintes consultas no esquema de banco de dados relacional EMPRESA mostrado na Figura 5.5, usando os operadores relacionais discutidos neste capítulo. Mostre também o resultado de cada consulta se fosse aplicada ao estado de banco de dados da Figura 5.6.

a. Recupere o nome de todos os funcionários no departamento 5 que trabalham mais de 10 horas por semana no projeto ProdutoX.
b. Liste o nome de todos os funcionários que têm um dependente com o primeiro nome igual ao seu.
c. Liste o nome de todos os funcionários que são supervisionados diretamente por 'Fernando Wong'.
d. Para cada projeto, liste o nome do projeto e o total de horas por semana gastas nesse projeto por todos os funcionários.
e. Recupere o nome de todos os funcionários que trabalham em cada projeto.
f. Recupere o nome de todos os funcionários que não trabalham em projeto algum.
g. Para cada departamento, recupere o nome do departamento e o salário médio de todos os seus funcionários.
h. Recupere o salário médio de todas as funcionárias.
i. Encontre nome e endereço de todos os funcionários que trabalham em pelo menos um projeto localizado em São Paulo, mas cujo departamento não está localizado lá.
j. Liste o último nome de todos os gerentes de departamento que não possuem dependentes.

8.17. Considere o esquema de banco de dados relacional COMPANHIA_AEREA mostrado na Figura 5.8, descrito no Exercício 5.12. Especifique as seguintes consultas em álgebra relacional:

a. Para cada voo, liste o número do voo, o aeroporto de partida para o primeiro trecho e o aeroporto de chegada para o último trecho.
b. Liste os números de voo e dias da semana de todos os voos ou de seus trechos que saem do Aeroporto Internacional de Guarulhos, em São Paulo (código de aeroporto 'GRU') e chegam ao Aeroporto Internacional Salgado Filho, em Porto Alegre (código de aeroporto 'POA').
c. Liste o número do voo, o código do aeroporto de partida, a hora de partida programada, o código do aeroporto de chegada, a hora de chegada programada e os dias da semana de todos os voos ou trechos que saem de algum aeroporto na cidade de São Paulo e chegam a algum aeroporto na cidade de Porto Alegre.
d. Liste todas as informações de tarifa para o voo número 'CO197'.
e. Recupere o número de assentos disponíveis para o voo número 'CO197' em '09-10-2018'.

8.18. Considere o esquema de banco de dados relacional BIBLIOTECA mostrado na Figura 8.14 , que é usado para registrar livros, usuários e empréstimos de livro. As restrições de integridade referencial aparecem como arcos diretos na Figura 8.14, como na notação da Figura 5.7. Escreva as expressões relacionais para as seguintes consultas:

a. Quantas cópias do livro intitulado *A tribo perdida* existem na unidade da biblioteca cujo nome é 'Central'?

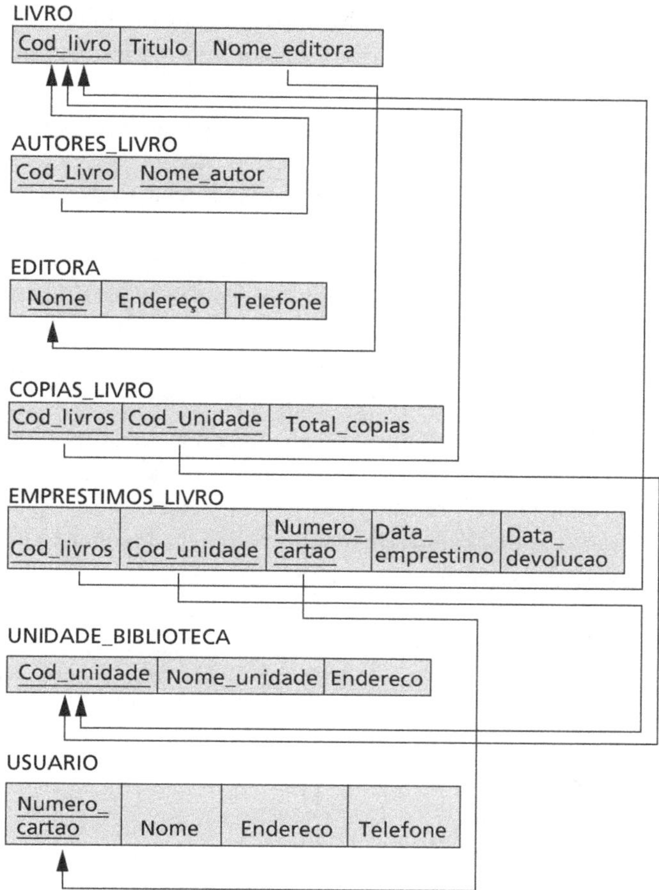

Figura 8.14 Um esquema de banco de dados relacional para um banco de dados BIBLIOTECA.

b. Quantas cópias do livro intitulado *A tribo perdida* existem em cada unidade da biblioteca?
c. Recupere o nome de todos os usuários que não possuem livros emprestados em seu nome.
d. Para cada livro que é emprestado da unidade Central e cuja Data_devolucao é hoje, recupere o título do livro, o nome e o endereço do usuário.
e. Para cada unidade da biblioteca, recupere o nome da unidade e o número total de livros retirados de lá.
f. Recupere o nome, o endereço e o número de livros emprestados para todos os usuários que possuem mais de cinco livros emprestados.
g. Para cada livro cujo autor (ou coautor) é Stephen King, recupere o título e o número de cópias pertencentes à unidade da biblioteca cujo nome é Central.

8.19. Especifique as seguintes consultas na álgebra relacional sobre o esquema de banco de dados mostrado no Exercício 5.14:
a. Liste Num_Pedido e Data_envio para todos os pedidos enviados do Num_deposito com número 2.
b. Liste a informação do DEPOSITO do qual o CLIENTE chamado Jose Lopez recebeu seus pedidos. Produza uma listagem: Num_pedido, Num_deposito.
c. Produza uma listagem com Nome_cliente, Quant_pedido, Media_valor_pedido, em que a coluna do meio seja o número total de pedidos feitos pelo cliente e a última coluna seja o valor médio do pedido para esse cliente.

d. Liste os pedidos que foram entregues em até 30 dias após sua solicitação.
e. Liste o Num_pedido para os pedidos entregues de *todos* os depósitos que a empresa tem em Curitiba.

8.20. Especifique as seguintes consultas em álgebra relacional sobre o esquema de banco de dados mostrado no Exercício 5.15:

a. Dê os detalhes (todos os atributos da relação de viagem) para as viagens que excederam R$ 2.000,00 nas despesas.
b. Imprima o Cpf dos vendedores que realizaram viagens para Pernambuco.
c. Imprima o total de despesas de viagem contraídas pelo vendedor com CPF = '23456789011'.

8.21. Especifique as seguintes consultas na álgebra relacional sobre o esquema de banco de dados dado no Exercício 5.16:

a. Liste o número de cursos realizados por todos os alunos chamados 'João Silva' no segundo semestre de 2017 (ou seja, Semestre=17.2).
b. Produza uma lista dos livros-texto (inclua Num_disciplina, Isbn_livro, Titulo_livro) para os cursos oferecidos pelo departamento 'CC' que usaram mais de dois livros.
c. Liste qualquer departamento que tenha todos os livros adotados publicados pela 'Editora Pearson'.

8.22. Considere as duas tabelas *T1* e *T2* mostradas na Figura 8.15. Mostre os resultados das seguintes operações:

a. $T1 \bowtie_{T1.P = T2.A} T2$
b. $T1 \bowtie_{T1.Q = T2.B} T2$
c. $T1 ⟕_{T1.P = T2.A} T2$
d. $T1 ⟖_{T1.Q = T2.B} T2$
e. $T1 \cup T2$
f. $T1 \bowtie_{(T1.P = T2.A \text{ AND } T1.R = T2.C)} T2$

8.23. Especifique as seguintes consultas na álgebra relacional sobre o esquema de banco de dados do Exercício 5.17:

a. Para a vendedora chamada 'Jane Dolores', liste as seguintes informações para todos os carros que ela vendeu: Numero_chassi, Fabricante, Preco_venda.
b. Liste o Numero_chassi e o Modelo dos carros que não possuem opcionais.
c. Considere a operação JUNÇÃO NATURAL entre VENDEDOR e VENDA. Qual é o significado de uma junção externa esquerda para essas tabelas (não mude a ordem das relações)? Explique com um exemplo.
d. Escreva uma consulta na álgebra relacional envolvendo seleção e uma operação de conjunto e diga, em palavras, o que a consulta faz.

8.24. Especifique as consultas a, b, c, e, f, i e j do Exercício 8.16 no cálculo relacional de tupla e de domínio.

8.25. Especifique as consultas a, b, c e d do Exercício 8.17 no cálculo relacional de tupla e de domínio.

TABELA T1

P	Q	R
10	a	5
15	b	8
25	a	6

TABELA T2

A	B	C
10	b	6
25	c	3
10	b	5

Figura 8.15 Um estado do banco de dados para as relações T1 e T2.

8.26. Especifique as consultas c, d e f do Exercício 8.18 no cálculo relacional de tupla e de domínio.

8.27. Em uma consulta de cálculo relacional de tupla com n variáveis de tupla, qual seria o número mínimo típico de condições de junção? Por quê? Qual é o efeito de ter um número menor de condições de junção?

8.28. Reescreva as consultas do cálculo relacional de domínio que seguiram C0 na Seção 8.7 no estilo da notação abreviada de C0A, em que o objetivo é minimizar o número de variáveis de domínio escrevendo constantes no lugar de variáveis, sempre que possível.

8.29. Considere esta consulta: recupere o Cpf dos funcionários que trabalham pelo menos nos projetos em que o funcionário com Cpf=12345678966 trabalha. Isso pode ser declarado como (FORALL p) (IF P THEN Q), em que

- p é uma variável de tupla que percorre a relação PROJETO.
- $P \equiv$ FUNCIONARIO com Cpf=12345678966 trabalha no PROJETO p.
- $Q \equiv$ FUNCIONARIO f trabalha no PROJETO p.

Expresse a consulta no cálculo relacional de tupla, usando as regras

- $(\forall p)(P(p)) \equiv$ **NOT**$(\exists p)($**NOT**$(P(p)))$.
- (**IF** P **THEN** Q) $\equiv$ (**NOT**(P) **OR** Q).

8.30. Mostre como você pode especificar as seguintes operações da álgebra relacional no cálculo relacional de tupla e de domínio.

a. $\sigma_{A=C}(R(A, B, C))$
b. $\pi_{<A, B>}(R(A, B, C))$
c. $R(A, B, C) \star S(C, D, E)$
d. $R(A, B, C) \cup S(A, B, C)$
e. $R(A, B, C) \cap S(A, B, C)$
f. $R(A, B, C) = S(A, B, C)$
g. $R(A, B, C) \times S(D, E, F)$
h. $R(A, B) \div S(A)$

8.31. Sugira extensões ao cálculo relacional, de modo que ele possa expressar os seguintes tipos de operações que foram discutidos na Seção 8.4: (a) funções de agregação e agrupamento; (b) operações JUNÇÃO EXTERNA; (c) consultas de fechamento recursivo.

8.32. Uma consulta aninhada é uma consulta dentro de outra. Mais especificamente, trata-se de uma consulta entre parênteses cujo resultado pode ser usado como um valor em diversos lugares, como no lugar de uma relação. Especifique as seguintes consultas sobre o banco de dados mostrado na Figura 5.5 usando o conceito de consultas aninhadas e os operadores relacionais discutidos neste capítulo. Mostre também o resultado de cada consulta se fosse aplicado ao estado do banco de dados na Figura 5.6.

a. Liste o nome de todos os funcionários que trabalham no departamento que tem o funcionário com o maior salário entre todos.
b. Liste o nome de todos os funcionários cujo supervisor do supervisor tem como Cpf o número '88866555576'.
c. Liste o nome dos funcionários que ganham pelo menos R$ 10.000,00 a mais que o funcionário que menos recebe na empresa.

8.33. Indique se as seguintes conclusões são verdadeiras ou falsas:

a. **NOT** $(P(x)$ **OR** $Q(x)) \Rightarrow$ (**NOT** $(P(x))$ **AND** (**NOT** $(Q(x)))$
b. **NOT** $(\exists x)\ (P(x)) \Rightarrow \forall\ x$ (**NOT** $(P(x))$
c. $(\exists x)\ (P(x)) \Rightarrow \forall\ x\ ((P(x))$

EXERCÍCIOS DE LABORATÓRIO

8.34. Especifique e execute as seguintes consultas em álgebra relacional (RA — *Relational Algebra*) usando o interpretador RA sobre o esquema de banco de dados EMPRESA da Figura 5.5.

- **a.** Liste o nome de todos os funcionários no departamento 5 que trabalham mais de 10 horas por semana no projeto ProdutoX.
- **b.** Liste o nome de todos os funcionários que têm um dependente com o primeiro nome igual ao dele.
- **c.** Liste o nome dos funcionários que são supervisionados diretamente por Fernando Wong.
- **d.** Liste o nome dos funcionários que trabalham em cada projeto.
- **e.** Liste o nome dos funcionários que não trabalham em projeto algum.
- **f.** Liste o nome e o endereço dos funcionários que trabalham em pelo menos um projeto localizado em São Paulo, mas cujo departamento não está localizado lá.
- **g.** Liste o nome dos gerentes de departamento que não têm dependentes.

8.35. Considere o seguinte esquema relacional PEDIDO_CORREIO descrevendo os dados para uma empresa de vendas por catálogo.

PECAS(Numero_peca, Nome_peca, Quantidade_disponivel, Preco, Nivel_peca)

CLIENTES(Numero_cliente, Nome_cliente, Rua, Cep, Telefone)

FUNCIONARIOS(Numero_funcionario, Nome_funcionario, Cep, Data_contrato)

CEPS(Cep, Cidade)

PEDIDOS(Numero_pedido, Numero_cliente, Numero_funcionario, Recebimento, Envio)

DETALHES_PEDIDO(Numero_pedido, Numero_peca, Quantidade)

Quantidade_disponivel é autoexplicativo: os outros nomes de atributo são relativamente autoexplicativos. Especifique e execute as seguintes consultas usando o interpretador RA sobre o esquema de banco de dados PEDIDO_CORREIO.

- **a.** Recupere o nome das peças que custam menos de R$ 20,00.
- **b.** Recupere o nome e a cidade dos funcionários que receberam pedidos de peças custando mais de R$ 50,00.
- **c.** Recupere os pares de valores de número de cliente daqueles que moram no mesmo CEP.
- **d.** Recupere o nome dos clientes que pediram peças de funcionários que moram em Brasília.
- **e.** Recupere o nome dos clientes que pediram peças que custam menos de R$ 20,00.
- **f.** Recupere o nome de clientes que não fizeram nenhum pedido.
- **g.** Recupere o nome de clientes que fizeram exatamente dois pedidos.

8.36. Considere o seguinte esquema relacional DIARIO_NOTAS descrevendo os dados para um diário de um professor em particular. (*Nota:* os atributos A, B, C e D de DISCIPLINAS armazenam os limites das notas.)

CATALOGO(Numero_catalogo, Titulo_catalogo)

ALUNOS(Cod_aluno, Primeiro_nome, Ultimo_nome, Nome_meio)

DISCIPLINAS(Periodo, Num_turma, Semestre, Numero_catalogo, A, B, C, D)

MATRICULA(Cod_aluno, Periodo, Num_turma)

Especifique e execute as seguintes consultas usando o interpretador RA sobre o esquema de banco de dados DIARIO_NOTAS.

a. Recupere o nome dos alunos matriculados na disciplina de Autômato durante o primeiro semestre de 2018.
b. Recupere os valores de Cod_aluno daqueles que se matricularam em CCc226 e CCc227.
c. Recupere os valores de Cod_aluno daqueles que se matricularam em CCc226 ou CCc227.
d. Recupere o nome dos alunos que não se matricularam em nenhuma disciplina.
e. Recupere o nome dos alunos que se matricularam em todas as disciplinas da tabela CATALOGO.

8.37. Considere um banco de dados que consiste nas relações a seguir:

FORNECEDOR(<u>Numero_fornecedor</u>, Nome_fornecedor)

PECA(<u>Numero_peca</u>, Nome_peca)

PROJETO(<u>Numero_projeto</u>, Nome_projeto)

FORNECIMENTO(<u>Numero_fornecedor</u>, <u>Numero_peca</u>, <u>Numero_projeto</u>)

O banco de dados registra informações sobre fornecedores, peças e projetos, e inclui um relacionamento ternário entre fornecedores, peças e projetos. Este é um relacionamento muitos para muitos. Especifique e execute as seguintes consultas usando o interpretador RA.

a. Recupere os números de peça fornecidos para exatamente dois projetos.
b. Recupere o nome dos fornecedores que fornecem mais de duas peças ao projeto 'P1'.
c. Recupere os números de peça fornecidos por cada fornecedor.
d. Recupere os nomes de projeto fornecidos apenas pelo fornecedor 'F1'.
e. Recupere o nome de cada fornecedor que fornece pelo menos duas peças diferentes a pelo menos dois projetos diferentes.

8.38. Especifique e execute as seguintes consultas para o banco de dados do Exercício 5.16 usando o interpretador RA.

a. Recupere o nome dos alunos que se matricularam em uma disciplina que usa um livro-texto publicado pela Editora Pearson.
b. Recupere o nome das disciplinas em que o livro-texto foi mudado pelo menos uma vez.
c. Recupere o nome dos departamentos que adotam somente livros-texto publicados pela Editora Pearson.
d. Recupere o nome dos departamentos que adotam livros-texto escritos por Navathe e publicados pela Editora Pearson.
e. Recupere o nome dos alunos que nunca usaram um livro (em uma disciplina) escrito por Navathe e publicado pela Editora Pearson.

8.39. Repita os Exercícios de Laboratório 8.34 a 8.38 no cálculo relacional de domínio (DRC — *Domain Relational Calculus*) usando o interpretador DRC.

BIBLIOGRAFIA SELECIONADA

Codd (1970) definiu a álgebra relacional básica. Date (1983a) discute as junções externas. O trabalho sobre a extensão das operações relacionais é discutido por Carlis (1986) e Ozsoyoglu et al. (1985). Cammarata et al. (1989) estendem as restrições de integridade e junções do modelo relacional.

Codd (1971) introduziu a linguagem Alpha, que é baseada nos conceitos do cálculo relacional de tupla. Alpha também inclui a noção de funções de agregação, que vai além do cálculo relacional. A definição formal original do cálculo relacional foi dada por Codd (1972), que também forneceu um algoritmo que transforma qualquer expressão do cálculo relacional de tupla em álgebra relacional. A QUEL (Stonebraker et al., 1976) é baseada no cálculo relacional de tupla, com quantificadores existenciais implícitos, mas sem quantificadores universais, e foi implementada no sistema INGRES como uma linguagem disponível comercialmente. Codd definiu a totalidade relacional de uma linguagem de consulta como pelo menos tão poderosa quanto o cálculo relacional. Ullman (1988) descreve uma prova formal da equivalência da álgebra relacional com expressões seguras de cálculo relacional de tupla e domínio. Abiteboul et al. (1995) e Atzeni e deAntonellis (1993) fazem um tratamento detalhado das linguagens relacionais formais.

Embora as ideias do cálculo relacional de domínio tenham sido propostas inicialmente na linguagem QBE (Zloof, 1975), o conceito foi definido de maneira formal por Lacroix e Pirotte (1977a). A versão experimental do sistema Query-By-Example é descrita em Zloof (1975). A ILL (Lacroix e Pirotte, 1977b) é baseada no cálculo relacional de domínio. Whang et al. (1990) estendem a QBE com quantificadores universais. As linguagens de consulta visuais, dentre as quais a QBE é um exemplo, estão sendo propostas como um meio de consultar bancos de dados. Conferências como a Visual Database Systems Working Conference [por exemplo, Arisawa e Catarci (2000) ou Zhou e Pu (2002)] apresentam uma série de propostas para tais linguagens.

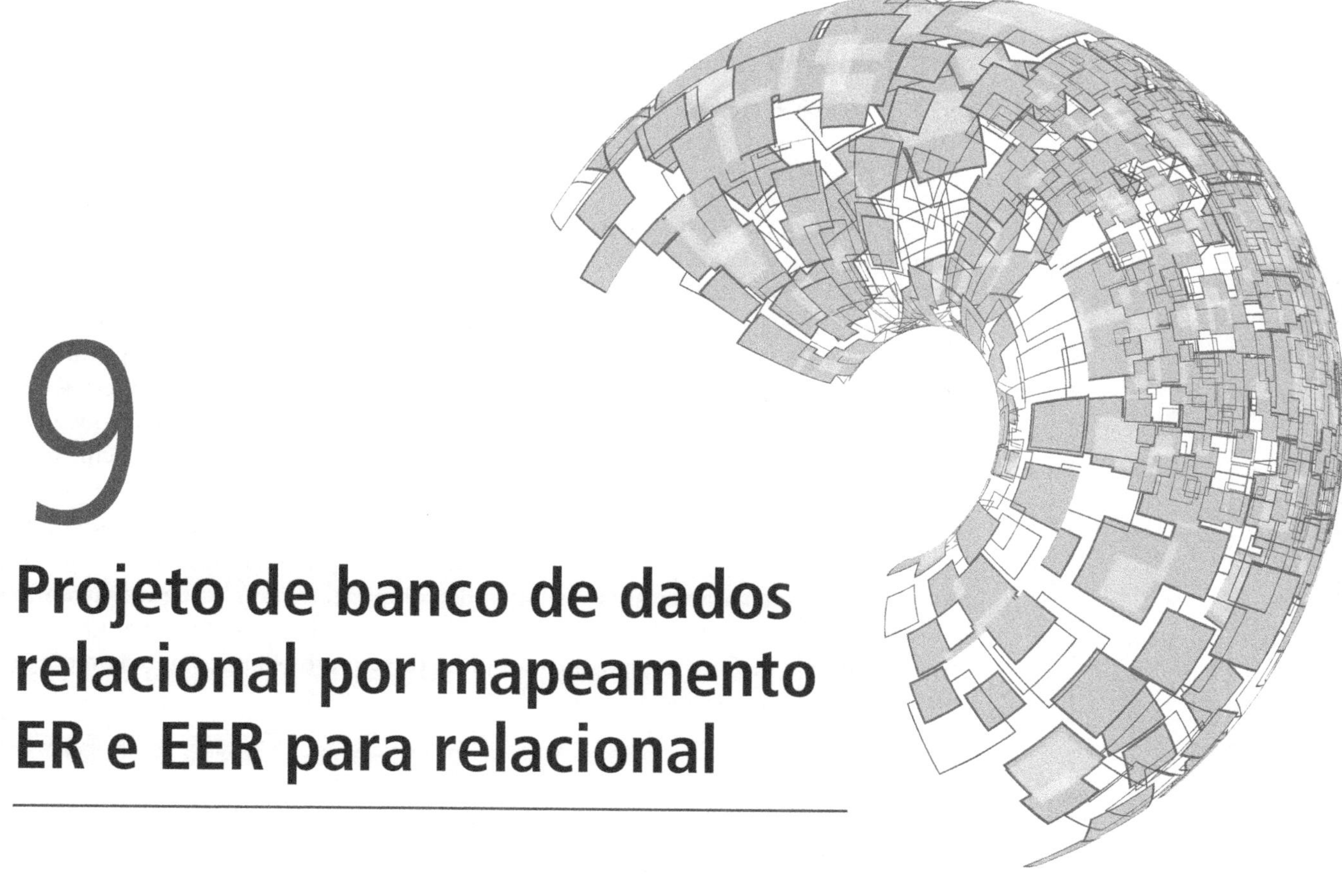

9 Projeto de banco de dados relacional por mapeamento ER e EER para relacional

Este capítulo discute como *projetar um esquema de banco de dados relacional* com base em um projeto de esquema conceitual. A Figura 3.1 apresentou uma visão de alto nível do processo de projeto de banco de dados, e neste capítulo focamos a etapa de **projeto lógico de banco de dados**, que também é conhecido como **mapeamento de modelo de dados**. Apresentamos os procedimentos para criar um esquema relacional com base em um esquema Entidade-Relacionamento (ER) ou ER estendido (EER). Nossa discussão relaciona as construções dos modelos ER e EER, apresentadas nos capítulos 3 e 4, às construções do modelo relacional, apresentadas nos capítulos 5 a 8. Muitas ferramentas de engenharia de software auxiliada por computador (CASE) são baseadas nos modelos ER e EER, ou outros modelos semelhantes, conforme discutimos nos capítulos 3 e 4. Muitas ferramentas utilizam diagramas ER ou EER, ou suas variações, para desenvolver graficamente um esquema e coletar informações sobre os tipos de dados e restrições, e depois converter o esquema ER/EER de maneira automática em um esquema de banco de dados relacional na DDL de um SGBD relacional específico. As ferramentas de projeto empregam algoritmos semelhantes aos apresentados neste capítulo.

Esboçamos um algoritmo de sete etapas na Seção 9.1 para converter as construções básicas do modelo ER — tipos de entidade (forte e fraca), relacionamentos binários (com várias restrições estruturais), relacionamentos *n*-ários e atributos (simples, compostos e multivalorados) — em relações. Depois, na Seção 9.2, continuamos o algoritmo de mapeamento ao descrever como mapear as construções do modelo EER — especialização/generalização e tipos de união (categorias) — em relações. A Seção 9.3 resume o capítulo.

9.1 Projeto de banco de dados relacional usando o mapeamento ER para relacional

9.1.1 Algoritmo de mapeamento ER para relacional

Nesta seção, vamos descrever as etapas de um algoritmo para mapeamento ER para relacional. Usamos o exemplo de banco de dados EMPRESA para ilustrar o procedimento de mapeamento. O esquema ER EMPRESA aparece novamente na Figura 9.1, e o esquema de banco de dados relacional EMPRESA correspondente aparece na Figura 9.2 para ilustrar as etapas de mapeamento. Assumimos que o mapeamento criará tabelas com atributos simples de único valor. As restrições do modelo relacional definidas no Capítulo 5, que incluem chaves primárias, chaves únicas (se houver) e restrições de integridade referencial sobre as relações, também serão especificadas nos resultados do mapeamento.

Etapa 1: Mapeamento de tipos de entidade regular. Para cada tipo de entidade regular (forte) *E* no esquema ER, crie uma relação *R* que inclua todos os atributos simples de *E*. Inclua apenas os atributos de componente simples de um atributo composto. Escolha um dos atributos-chave de *E* como chave primária para *R*. Se a chave escolhida de *E* for composta, o conjunto de atributos simples que a compõem formarão juntos a chave primária de *R*.

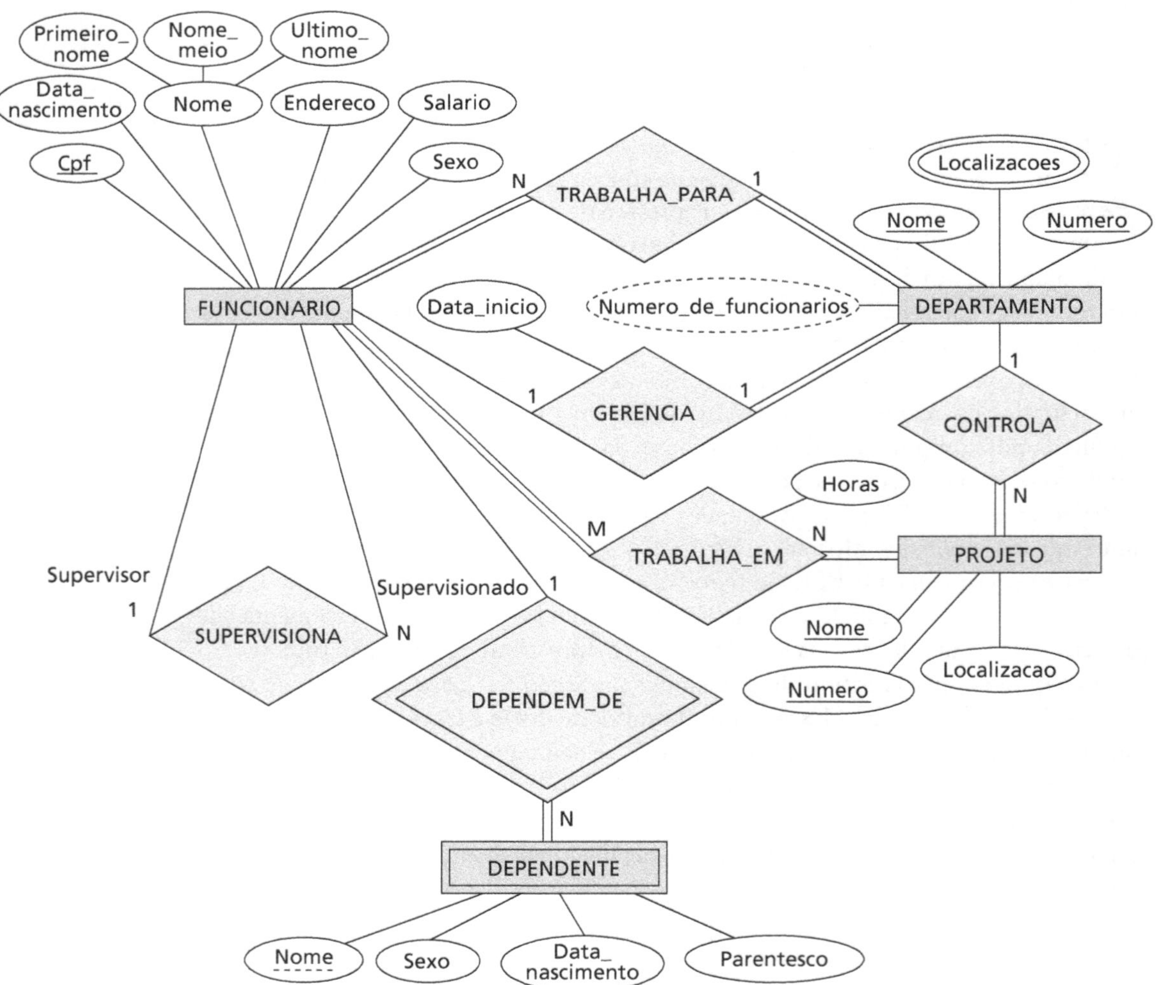

Figura 9.1 Diagrama do esquema conceitual ER para o banco de dados EMPRESA.

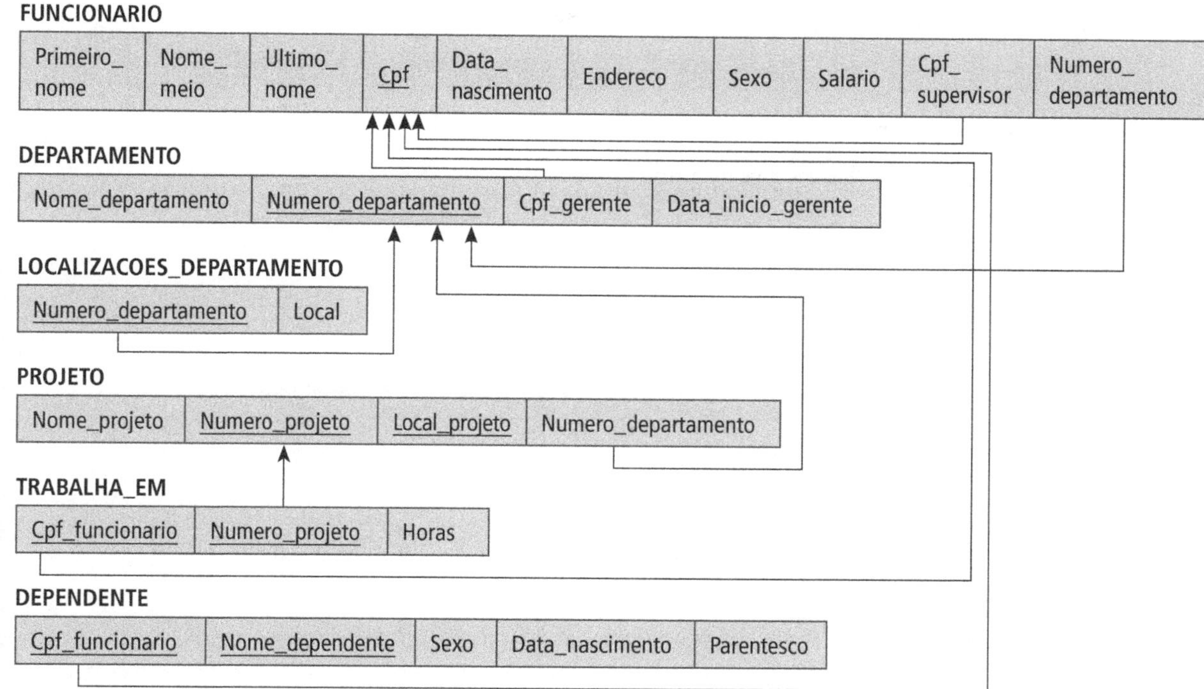

Figura 9.2 Resultado do mapeamento do esquema ER EMPRESA para um esquema de banco de dados relacional.

Se várias chaves fossem identificadas para *E* durante o projeto conceitual, a informação que descreve os atributos que formam cada chave adicional é mantida a fim de especificar chaves adicionais (únicas) da relação *R*. O conhecimento sobre as chaves também é mantido para fins de indexação e outros tipos de análises.

Em nosso exemplo, criamos as relações FUNCIONARIO, DEPARTAMENTO e PROJETO na Figura 9.2 para corresponder aos tipos de entidade regular FUNCIONARIO, DEPARTAMENTO e PROJETO da Figura 9.1. Os atributos de chave estrangeira e relacionamento, se houver, ainda não estão incluídos; eles serão acrescentados durante as etapas seguintes. Estes incluem os atributos Cpf_supervisor e Numero_departamento de FUNCIONARIO, Cpf_gerente e Data_inicio_gerente de DEPARTAMENTO, e Numero_departamento de PROJETO. Em nosso exemplo, escolhemos Cpf, Numero_departamento e Numero_projeto como chaves primárias para as relações FUNCIONARIO, DEPARTAMENTO e PROJETO, respectivamente. O conhecimento de que o Nome_departamento de DEPARTAMENTO e o Nome_projeto de PROJETO são chaves únicas é mantido para possível uso posterior no projeto.

As relações criadas com base no mapeamento dos tipos de entidade às vezes são chamadas **relações de entidade**, pois cada tupla representa uma instância de entidade. O resultado após essa etapa de mapeamento aparece na Figura 9.3(a).

Etapa 2: Mapeamento de tipos de entidade fraca. Para cada tipo de entidade fraca *F* no esquema ER com tipo de entidade proprietária *E*, crie uma relação *R* e inclua todos os atributos simples (ou componentes simples dos atributos compostos) de *F* como atributos de *R*. Além disso, inclua como atributos de chave estrangeira de *R* os atributos de chave primária da(s) relação(ões) que corresponde(m) aos tipos de entidade proprietária. Isso consegue mapear o tipo de relacionamento de identificação de *F*. A chave primária de *R* é a combinação das chaves primárias dos proprietários e a chave parcial do tipo de entidade fraca *F*, se houver. Se houver um

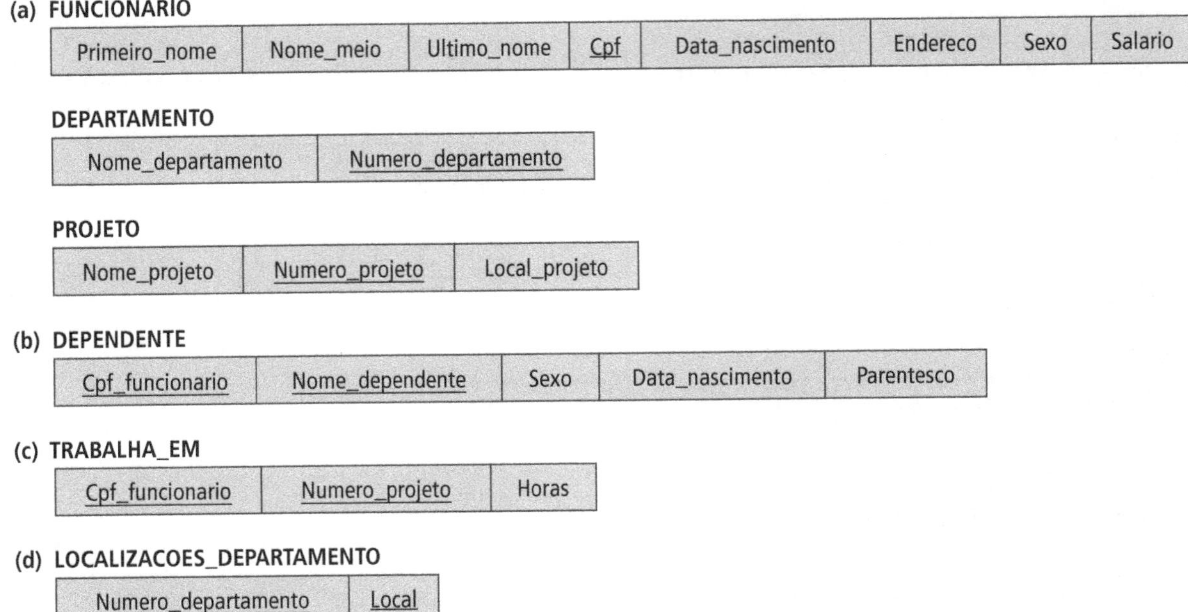

Figura 9.3 Exemplo de algumas etapas de mapeamento. (a) Relações de *entidade* após a etapa 1. (b) Relação de *entidade fraca* após a etapa 2. (c) Relação de *relacionamento* após a etapa 5. (d) Relação representando atributo multivalorado após a etapa 6.

tipo de entidade fraca E_2, cujo proprietário também é um tipo de entidade E_1, então E_1 deve ser mapeado antes de E_2 para determinar primeiro sua chave primária.

Em nosso exemplo, nesta etapa criamos a relação DEPENDENTE para corresponder ao tipo de entidade fraca DEPENDENTE [ver Figura 9.3(b)]. Incluímos a chave primária Cpf da relação FUNCIONARIO — que corresponde ao tipo de entidade proprietária — como um atributo de chave estrangeira de DEPENDENTE; renomeamos para Cpf_funcionario, embora isso não seja necessário. A chave primária da relação DEPENDENTE é a combinação {Cpf_funcionario, Nome_dependente}, pois Nome_dependente (também renomeado como Nome na Figura 9.1) é a chave parcial de DEPENDENTE.

É comum escolher a opção de propagação (CASCADE) para a ação de disparo referencial (ver Seção 6.2) na chave estrangeira na relação correspondente ao tipo de entidade fraca, pois uma entidade fraca tem uma dependência de existência em sua entidade proprietária. Isso pode ser usado para ON UPDATE e ON DELETE.

Etapa 3: Mapeamento dos tipos de relacionamento binários 1:1. Para cada tipo de relacionamento binário 1:1 *R* no esquema ER, identifique as relações *S* e *T* que correspondem aos tipos de entidade participantes em *R*. Existem três técnicas possíveis: (1) a técnica de chave estrangeira, (2) a técnica de relação combinada e (3) a técnica de relação de referência cruzada ou relacionamento. A primeira técnica é a mais útil e deve ser seguida, a menos que haja condições especiais, conforme discutimos a seguir.

1. **Técnica de chave estrangeira:** escolha uma das relações — digamos, *S* — e inclua como chave estrangeira em *S* a chave primária de *T*. É melhor escolher um tipo de entidade com *participação total* em *R* no papel de *S*. Inclua todos os atributos simples (ou componentes simples dos atributos compostos) do tipo de relacionamento 1:1 *R* como atributos de *S*.

Em nosso exemplo, mapeamos o tipo de relacionamento 1:1 GERENCIA da Figura 9.1 ao escolher o tipo de entidade de participação DEPARTAMENTO para servir ao papel de *S*, pois sua participação no tipo de relacionamento GERENCIA é total (cada departamento tem um gerente). Incluímos a chave primária da relação FUNCIONARIO como chave estrangeira na relação DEPARTAMENTO e a renomeamos como Cpf_gerente. Também incluímos o atributo simples Data_inicio do tipo de relacionamento GERENCIA na relação DEPARTAMENTO e o renomeamos como Data_inicio_gerente (ver Figura 9.2).

Observe que é possível incluir a chave primária de *S* como uma chave estrangeira em *T* em vez disso. Em nosso exemplo, isso significa ter um atributo de chave estrangeira, digamos, Departamento_gerenciado na relação FUNCIONARIO, mas terá um valor NULL para as tuplas de funcionários que não gerenciam um departamento. Isso será uma má escolha, pois se apenas 2% dos funcionários gerenciam um departamento, então 98% das chaves estrangeiras seriam NULL neste caso. Outra possibilidade é ter chaves estrangeiras nas relações *S* e *T* de maneira redundante, mas isso cria redundância e agrega uma penalidade para a manutenção da consistência.

2. **Técnica de relação combinada:** um mapeamento alternativo de um tipo de relacionamento 1:1 é combinar os dois tipos de entidade e o relacionamento em uma única relação. Isso é possível quando *ambas as participações são totais*, pois indicaria que as duas tabelas terão exatamente o mesmo número de tuplas o tempo inteiro.
3. **Técnica de relação de referência cruzada ou relacionamento:** a terceira opção é configurar uma terceira relação *R* para a finalidade de referência cruzada das chaves primárias das duas relações *S* e *T* representando os tipos de entidade. Conforme veremos, essa técnica é exigida para relacionamentos M:N binários. A relação *R* é chamada de **relação de relacionamento** (ou, às vezes, de **tabela de pesquisa**), porque cada tupla em *R* representa uma instância de relacionamento que relaciona uma tupla de *S* a uma tupla de *T*. A relação *R* incluirá os atributos de chave primária de *S* e *T* como chaves estrangeiras para *S* e *T*. A chave primária de *R* será uma das duas chaves estrangeiras e a outra chave estrangeira será uma chave única de *R*. A desvantagem é ter uma relação extra e exigir uma operação de junção adicional ao combinar tuplas relacionadas das tabelas.

Etapa 4: Mapeamento de tipos de relacionamento binário 1:N. Existem duas técnicas possíveis: (1) a técnica de chave estrangeira e (2) a técnica de relação de referência cruzada ou relacionamento. A primeira geralmente é a preferida, pois reduz o número de tabelas.

1. **Técnica de chave estrangeira:** para cada tipo de relacionamento *R* binário regular 1:N, identifique a relação *S* que representa o tipo de entidade participante no *lado N* do tipo de relacionamento. Inclua como chave estrangeira em *S* a chave primária da relação *T* que representa o outro tipo de entidade participante em *R*; fazemos isso porque cada instância de entidade no lado N está relacionada a, no máximo, uma instância de entidade no lado 1 do tipo de relacionamento. Inclua quaisquer atributos simples (ou componentes simples dos atributos compostos) do tipo de relacionamento 1:N como atributos de *S*.

   Para aplicar essa técnica ao nosso exemplo, mapeamos os tipos de relacionamento 1:N TRABALHA_PARA, CONTROLA e SUPERVISIONA da Figura 9.1. Em TRABALHA_PARA, incluímos a chave primária Numero_departamento da relação DEPARTAMENTO como chave estrangeira na relação FUNCIONARIO e a chamamos de Numero_departamento. Para SUPERVISIONA, incluímos a chave primária da relação FUNCIONARIO como chave estrangeira na própria relação FUNCIONARIO — pois o relacionamento é recursivo — e a chamamos de Cpf_supervisor. O relacionamento CONTROLA é mapeado para o atributo de chave estrangeira Numero_departamento de PROJETO, que referencia a chave primária Numero_departamento da relação DEPARTAMENTO. Essas chaves estrangeiras são mostradas na Figura 9.2.

2. **A técnica de relação de relacionamento:** uma técnica alternativa é usar a **relação de relacionamento** (referência cruzada) como na terceira opção para os relacionamentos binários 1:1. Criamos uma relação separada *R* cujos atributos são chaves primárias de *S* e *T*, que também serão chaves estrangeiras para *S* e *T*. A chave primária de *R* é a mesma chave primária de *S*. Esta opção pode ser usada se poucas tuplas em *S* participarem do relacionamento, para evitar valores NULL excessivos na chave estrangeira.

Etapa 5: Mapeamento dos tipos de relacionamento binário M:N. No modelo relacional tradicional, sem atributos multivalorados, a única operação para relacionamentos M:N é a **opção de relação de relacionamento (referência cruzada)**. Para cada tipo de relacionamento *R* binário M:N, crie uma nova relação *S* para representar *R*. Inclua como atributos de chave estrangeira em *S* as chaves primárias das relações que representam os tipos de entidade participantes; sua *combinação* formará a chave primária de *S*. Inclua também quaisquer atributos simples do tipo de relacionamento M:N (ou componentes simples dos atributos compostos) como atributos de *S*. Observe que não podemos representar um tipo de relacionamento M:N por um único atributo de chave estrangeira em uma das relações participantes (como fizemos para os tipos de relacionamento 1:1 ou 1:N) em virtude da razão de cardinalidade M:N; temos de criar uma *relação de relacionamento S* separada.

Em nosso exemplo, mapeamos o tipo de relacionamento M:N TRABALHA_EM da Figura 9.1 criando a relação TRABALHA_EM na Figura 9.2. Incluímos as chaves primárias das relações PROJETO e FUNCIONARIO como chaves estrangeiras em TRABALHA_EM e renomeamos Cpf para Cpf_funcionario (a renomeação *não é obrigatória*; essa é uma opção de projeto). Também incluímos um atributo Horas em TRABALHA_EM para representar o atributo Horas do tipo de relacionamento. A chave primária da relação TRABALHA_EM é a combinação dos atributos de chave estrangeira {Cpf_funcionario, Numero_projeto}. Essa **relação de relacionamento** aparece na Figura 9.3(c).

A opção de propagação (CASCADE) para a ação de disparo referencial (ver Seção 4.2) deve ser especificada sobre as chaves estrangeiras na relação correspondente ao relacionamento *R*, pois cada instância de relacionamento tem uma dependência de existência sobre cada uma das entidades a que ela se relaciona. Isso pode ser usado tanto para ON UPDATE quanto para ON DELETE.

Embora possamos mapear relacionamentos 1:1 ou 1:N de maneira semelhante aos relacionamentos M:N usando a técnica de referência cruzada (relação de relacionamento), conforme discutimos anteriormente, essa alternativa só é recomendada quando existem poucas instâncias de relacionamentos, a fim de evitar valores NULL em chaves estrangeiras. Nesse caso, a chave primária da relação de relacionamento será *apenas uma* das chaves estrangeiras que referenciam as relações da entidade participante. Para um relacionamento 1:N, a chave primária da relação de relacionamento será a chave estrangeira que referencia a relação de entidade no lado N. Para um relacionamento 1:1, qualquer chave estrangeira pode ser usada como chave primária da relação de relacionamento.

Etapa 6: Mapeamento de atributos multivalorados. Para cada atributo multivalorado *A*, crie uma nova relação *R*. Essa relação *R* incluirá um atributo correspondente a *A*, mais o atributo da chave primária *Ch* — como uma chave estrangeira em *R* — da relação que representa o tipo de entidade ou o tipo de relacionamento que tem *A* como atributo multivalorado. A chave primária de *R* é a combinação de *A* e *Ch*. Se o atributo multivalorado for composto, incluímos seus componentes simples.

Em nosso exemplo, criamos uma relação LOCALIZACOES_DEPARTAMENTO [ver Figura 9.3(d)]. O atributo Local representa o atributo multivalorado LOCALIZACOES de DEPARTAMENTO, enquanto Numero_departamento — como chave estrangeira — representa a chave primária da relação DEPARTAMENTO. A chave primária de LOCALIZACOES_DEPARTAMENTO é a combinação de {Numero_departamento, Local}. Uma tupla separada existirá em LOCALIZACOES_DEPARTAMENTO para cada local que um departamento tenha. É importante observar que em versões mais recentes do modelo relacional, que permitem os tipos de dados de vetor, o atributo multivalorado pode ser mapeado para um atributo de vetor, em vez de exigir uma tabela separada.

A opção de propagação (CASCADE) para a ação de disparo referencial (ver Seção 6.2) deve ser especificada na chave estrangeira da relação *R* correspondente ao atributo multivalorado para ON UPDATE e ON DELETE. Também devemos observar que a chave de *R*, ao mapear um atributo composto, multivalorado, requer alguma análise do significado dos atributos componentes. Em alguns casos, quando um atributo multivalorado é composto, somente alguns dos atributos componentes precisam fazer parte da chave de *R*; esses atributos são semelhantes à chave parcial de um tipo de entidade fraca que corresponde ao atributo multivalorado (ver Seção 3.5).

A Figura 9.2 mostra o esquema de banco de dados relacional EMPRESA obtido com as etapas 1 a 6, e a Figura 5.6 mostra um exemplo de estado do banco de dados. Observe que ainda não discutimos o mapeamento de tipos de relacionamento *n*-ário ($n > 2$), pois ele não existe na Figura 9.1; estes são mapeados de modo semelhante aos tipos de relacionamento M:N, incluindo a etapa adicional a seguir no algoritmo de mapeamento.

Etapa 7: Mapeamento de tipos de relacionamento *n*-ário. Usamos a **opção de relação de relacionamento.** Para cada tipo de relacionamento *n*-ário *R*, em que $n > 2$, crie uma nova relação *S* para representar *R*. Inclua como atributos de chave estrangeira em *S* as chaves primárias das relações que representam os tipos de entidade participantes. Inclua também quaisquer atributos simples do tipo de relacionamento *n*-ário (ou componentes simples de atributos compostos) como atributos de *S*. A chave primária de *S* normalmente é uma combinação de todas as chaves estrangeiras que referenciam as relações representando os tipos de entidade participantes. Porém, se as restrições de cardinalidade sobre qualquer um dos tipos de entidade *E* participantes em *R* for 1, a chave primária de *S* não deve incluir o atributo de chave estrangeira que referencia a relação *E´* correspondente a *E* (ver discussão na Seção 3.9.2, referente a restrições sobre relacionamentos *n*-ários).

Considere o tipo de relacionamento FORNECIMENTO da Figura 3.17, que relaciona FORNECEDOR *f*, PECA *p* e PROJETO *j* sempre que *f* está fornecendo *p* para *j*; este pode ser mapeado para a relação FORNECIMENTO mostrada na Figura 9.4, cuja chave primária é a combinação das três chaves estrangeiras {Nome_fornecedor, Numero_peca, Nome_projeto}.

9.1.2 *Discussão e resumo do mapeamento para construções no modelo ER*

A Tabela 9.1 resume as correspondências entre as construções e restrições dos modelos ER e relacional.

Um dos principais pontos a observar em um esquema relacional, ao contrário de um esquema ER, é que os tipos de relacionamento não são representados explicitamente. Em vez disso, eles são representados com dois atributos, *A* e *B*; um é uma chave primária e o outro é uma chave estrangeira (no mesmo domínio) incluída em

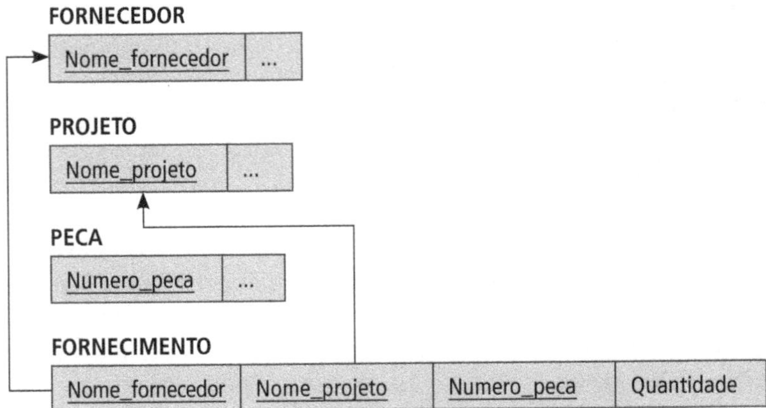

Figura 9.4 Mapeando o tipo de relacionamento *n*-ário FORNECIMENTO da Figura 3.17(a).

duas relações *S* e *T*. Duas tuplas em *S* e *T* são relacionadas quando têm o mesmo valor para *A* e *B*. Usando a operação EQUIJUNÇÃO (ou JUNÇÃO NATURAL, se os dois atributos de junção tiverem o mesmo nome) em *S.A* e *T.B*, podemos combinar todos os pares de tuplas relacionadas de *S* e *T* e materializar o relacionamento. Quando um tipo de relacionamento binário 1:1 ou 1:N é envolvido, uma única operação de junção costuma ser necessária. Quando a técnica de relação de relacionamento é utilizada, como para um tipo de relacionamento binário M:N, duas operações de junção são necessárias, ao passo que, para tipos de relacionamento *n*-ários, *n* junções são necessárias para materializar totalmente as instâncias de relacionamento.

Por exemplo, para formar uma relação que inclui o nome do funcionário, o nome do projeto e as horas que o funcionário trabalha em cada projeto, precisamos conectar cada tupla FUNCIONARIO às tuplas PROJETO relacionadas por meio da relação TRABALHA_EM na Figura 9.2. Logo, precisamos aplicar a operação EQUIJUNÇÃO às relações FUNCIONARIO e TRABALHA_EM com a condição de junção FUNCIONARIO.Cpf = TRABALHA_EM.Cpf_funcionario, e depois aplicar outra operação EQUIJUNÇÃO à relação resultante e a relação PROJETO com a condição de junção TRABALHA_EM.Numero_projeto = PROJETO.Numero_projeto. Em geral, quando vários relacionamentos precisam ser examinados, diversas operações de junção precisam ser especificadas. O usuário sempre precisa estar ciente dos atributos de chave estrangeira para poder usá-los corretamente na combinação

Tabela 9.1 Correspondência entre os modelos ER e relacional.

MODELO ER	MODELO RELACIONAL
Tipo de entidade	Relação de *entidade*
Tipo de relacionamento 1:1 ou 1:N	Chave estrangeira (ou relação de *relacionamento*)
Tipo de relacionamento M:N	Relação de *relacionamento e duas* chaves estrangeiras
Tipo de relacionamento *n*-ário	Relação de *relacionamento e n* chaves estrangeiras
Atributo simples	Atributo
Atributo composto	Conjunto de atributos componentes simples
Atributo multivalorado	Relação e chave estrangeira
Conjunto de valores	Domínio
Atributo-chave	Chave primária (ou secundária)

de tuplas relacionadas de duas ou mais relações. Isso às vezes é considerado uma desvantagem do modelo de dados relacional, porque as correspondências de chave estrangeira/chave primária nem sempre são óbvias pela inspeção dos esquemas relacionais. Se uma EQUIJUNÇÃO for realizada entre atributos de duas relações que não representam um relacionamento de chave estrangeira/chave primária, com frequência o resultado pode ser sem sentido e levar a dados falsos (espúrios). Por exemplo, o leitor pode tentar juntar as relações PROJETO e LOCALIZACOES_DEPARTAMENTO na condição Local = Local_projeto e examinar o resultado.

No esquema relacional, criamos uma relação separada para *cada* atributo multivalorado. Para uma entidade em particular com um conjunto de valores para o atributo multivalorado, o valor do atributo-chave da entidade é repetido uma vez para cada valor do atributo multivalorado em uma tupla separada, pois o modelo relacional básico *não* permite valores múltiplos (uma lista ou um conjunto de valores) para um atributo em uma única tupla. Por exemplo, como o departamento 5 tem três locais, existem três tuplas na relação LOCALIZACOES_DEPARTAMENTO da Figura 5.6; cada tupla especifica um dos locais. Em nosso exemplo, aplicamos EQUIJUNÇÃO a LOCALIZACOES_DEPARTAMENTO e DEPARTAMENTO sobre o atributo Numero_departamento para obter os valores de todas as localizações com outros atributos de DEPARTAMENTO. Na relação resultante, os valores dos outros atributos de DEPARTAMENTO são repetidos em tuplas separadas para cada local que tenha um departamento.

A álgebra relacional básica não tem uma operação ANINHAR ou COMPRIMIR que produziria um conjunto de tuplas na forma {<'1', 'São Paulo'>, <'4', 'Mauá'>, <'5', {'Santo André', 'Itu', 'São Paulo'}>} com base na relação LOCALIZACOES_DEPARTAMENTO da Figura 5.6. Essa é uma desvantagem séria da versão básica normalizada ou *plana* do modelo relacional. O modelo de dados de objeto e os sistemas objeto-relacional (ver Capítulo 12) permitem atributos multivalorados, usando o tipo de vetor para o atributo.

9.2 Mapeando construções do modelo EER para relações

Nesta seção, vamos discutir o mapeamento das construções do modelo EER para relações, estendendo o algoritmo de mapeamento ER para relacional apresentado na Seção 9.1.1.

9.2.1 Mapeamento da especialização ou generalização

Existem várias opções para mapear uma série de subclasses que, juntas, formam uma especialização (ou, como alternativa, que são generalizadas para uma superclasse), como as subclasses {SECRETARIA, TECNICO, ENGENHEIRO} de FUNCIONARIO na Figura 4.4. As duas opções principais são mapear a especialização inteira para uma **única tabela**, ou mapeá-la para **múltiplas tabelas**. Dentro de cada opção existem variações que dependem das restrições sobre a especialização/generalização.

Podemos acrescentar outro passo ao nosso algoritmo de mapeamento da Seção 9.1.1, que tem sete etapas, para lidar com o mapeamento da especialização. A etapa 8, que vem a seguir, oferece as opções mais comuns; outros mapeamentos também são possíveis. Discutimos as condições sob as quais cada opção deve ser usada. Usamos Atrs(R) para indicar *os atributos da relação* R e ChP(R) para indicar a *chave primária de* R. Primeiro vamos descrever o mapeamento formalmente e depois ilustrar com exemplos.

Etapa 8: Opções para mapeamento da especialização ou generalização. Converta cada especialização com m subclasses $\{S_1, S_2, ..., S_m\}$ e superclasse (generalizada) C, em que os atributos de C são $\{ch, a_1, ...a_n\}$ e ch é a chave (primária) para os esquemas da relação usando uma das seguintes opções:

- **Opção 8A: Múltiplas relações — superclasse e subclasses.** Crie uma relação L para C com atributos $\text{Atrs}(L) = \{ch, a_1, ..., a_n\}$ e $\text{ChP}(L) = ch$. Crie uma relação L_i para cada subclasse S_i, $1 \leq i \leq m$, com os atributos $\text{Atrs}(L_i) = \{ch\} \cup \{\text{atributos de } S_i\}$ e $\text{ChP}(L_i) = ch$. Esta opção funciona para qualquer especialização (total ou parcial, disjunta ou sobreposta).
- **Opção 8B: Múltiplas relações — apenas relações de subclasse.** Crie uma relação L_i para cada subclasse S_i, $1 \leq i \leq m$, com os atributos $\text{Atrs}(L_i) = \{\text{atributos de } S_i\} \cup \{ch, a_1, ..., a_n\}$ e $\text{ChP}(L_i) = ch$. Esta opção só funciona para uma especialização cujas subclasses são *totais* (cada entidade na superclasse deve pertencer a, pelo menos, uma das subclasses). Além disso, isso só é recomendado se a especialização tiver a *restrição de disjunção* (ver Seção 4.3.1). Se a especialização for *sobreposta*, a mesma entidade pode ser duplicada em várias relações.
- **Opção 8C: Relação única com um atributo de tipo.** Crie uma única relação L com atributos $\text{Atrs}(L) = \{ch, a_1, ..., a_n\} \cup \{\text{atributos de } S_1\} \cup ... \cup \{\text{atributos de } S_m\} \cup \{t\}$ e $\text{ChP}(L) = ch$. O atributo t é chamado de atributo de **tipo** (ou **discriminador**), cujo valor indica a subclasse à qual cada tupla pertence, se houver alguma. Essa opção funciona somente para uma especialização cujas subclasses são *disjuntas*, e tem o potencial para gerar muitos valores NULL se diversos atributos específicos existirem nas subclasses.
- **Opção 8D: Relação isolada com atributos de múltiplos tipos.** Crie um único esquema de relação L com atributos $\text{Atrs}(L) = \{ch, a_1, ..., a_n\} \cup \{\text{atributos de } S_1\} \cup ... \cup \{\text{atributos de } S_m\} \cup \{t_1, t_2, ..., t_m\}$ e $\text{ChP}(L) = ch$. Cada t_i, $1 \leq i \leq m$, é um **atributo de tipo booleano** indicando se uma tupla pertence à subclasse S_i. Essa opção é usada para uma especialização cujas subclasses são *sobrepostas* (mas também funcionará para uma especialização disjunta).

As opções 8A e 8B podem ser chamadas de **opções de relação múltipla,** ao passo que as opções 8C e 8D podem ser chamadas de **opções de relação única.** A opção 8A cria uma relação L para a superclasse C e seus atributos, mais uma relação L_i para cada subclasse S_i; cada L_i inclui os atributos específicos (ou locais) de S_i, mais a chave primária da superclasse C, que é propagada para L_i e torna-se sua chave primária. Ela também se torna uma chave estrangeira para a relação da superclasse. Uma operação EQUIJUNÇÃO na chave primária entre qualquer L_i e L produz todos os atributos específicos e herdados das entidades em S_i. Esta opção é ilustrada na Figura 9.5(a) para o esquema EER da Figura 4.4. A opção 8A funciona para quaisquer restrições sobre a especialização: disjuntas ou sobrepostas, totais ou parciais. Observe que a restrição

$$\pi_{<ch>}(L_i) \subseteq \pi_{<ch>}(L)$$

precisa ser mantida para cada L_i. Esta especifica uma chave estrangeira de cada L_i para L.

Na opção 8B, a operação EQUIJUNÇÃO entre cada subclasse e a superclasse é *embutida* no esquema e a relação L é abolida, conforme ilustra a Figura 9.5(b) para a especialização EER na Figura 4.3(b). Esta opção funciona bem somente quando *ambas* as restrições, de disjunção e total, são mantidas. Se a especialização não for total, uma entidade que não pertence a qualquer uma das subclasses S_i é perdida. Se a especialização não for disjunta, uma entidade pertencente a mais de uma subclasse terá seus atributos herdados da superclasse C armazenada de maneira redundante em

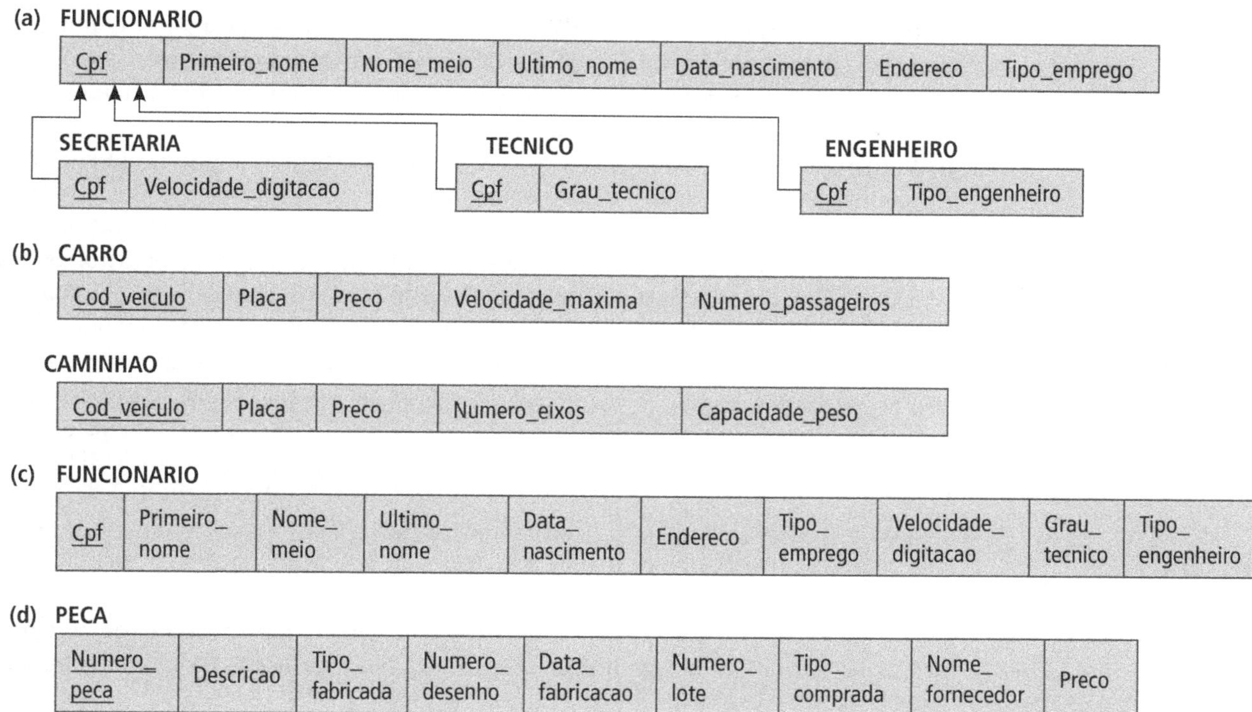

Figura 9.5 Opções para mapeamento de especialização ou generalização. (a) Mapeando o esquema EER na Figura 4.4 ao usar a opção 8A. (b) Mapeando o esquema EER na Figura 4.3(b) ao usar a opção 8B. (c) Mapeando o esquema EER na Figura 4.4 ao usar a opção 8C. (d) Mapeando a Figura 4.5 ao usar a opção 8D com campos de tipo booleano Tipo_fabricada e Tipo_comprada.

mais de uma tabela L_i. Com a opção 8B, nenhuma relação mantém todas as entidades na superclasse C; consequentemente, temos de aplicar uma operação UNIÃO EXTERNA (ou JUNÇÃO EXTERNA COMPLETA) (ver Seção 8.4) às relações L_i para recuperar todas as entidades em C. O resultado da união externa será semelhante às relações sob as opções 8C e 8D, exceto que os campos de tipo estarão faltando. Sempre que procurarmos uma entidade arbitrária em C, devemos procurar todas as m relações L_i.

As opções 8C e 8D criam uma única relação para representar a superclasse C e todas as suas subclasses. Uma entidade que não pertence a nenhuma das subclasses terá valores NULL para os atributos específicos (locais) dessas subclasses. Essas opções não são recomendadas se muitos atributos específicos forem definidos para as subclasses. Contudo, se houver poucos atributos de subclasse, esses mapeamentos são preferíveis às opções 8A e 8B porque dispensam a necessidade de especificar operações de JUNÇÃO; portanto, eles podem produzir uma implementação mais eficiente para as consultas.

A opção 8C é utilizada para lidar com subclasses disjuntas, incluindo um único **atributo de tipo** (ou de **imagem** ou **discriminador**) t para indicar a qual das m subclasses cada tupla pertence; logo, o domínio de t poderia ser $\{1, 2, ..., m\}$. Se a especialização for parcial, t pode ter valores NULL em tuplas que não pertencem a nenhuma subclasse. Se a especialização for definida por atributo, esse próprio atributo atende à finalidade de t, e t não é necessário; tal opção é ilustrada na Figura 9.5(c) para a especialização EER da Figura 4.4.

A opção 8D é projetada para lidar com subclasses sobrepostas, incluindo m campos de **tipo** *booleano* (ou **flag**), um para *cada* subclasse. Ela também pode ser usada para subclasses disjuntas. Cada campo de tipo t_i pode ter um domínio {sim, não}, em que um valor sim indica que a tupla é um membro da subclasse S_i. Se usássemos essa opção para a especialização EER na Figura 4.4, incluiríamos três atributos de tipo — tipo_secretaria, tipo_engenheiro e tipo_tecnico — no lugar do atributo Tipo_emprego da Figura 9.5(c). A Figura 9.5(d) mostra o mapeamento da especialização da Figura 4.5 usando a opção 8D.

Quando temos uma hierarquia ou reticulado de especialização (ou generalização) multinível, não precisamos seguir a mesma opção de mapeamento para todas as especializações. Em vez disso, podemos utilizar uma opção de mapeamento para parte da hierarquia ou reticulado e outras opções para outras partes. A Figura 9.6 mostra um mapeamento possível para as relações do reticulado EER da Figura 4.7. Aqui, usamos a opção 8A para PESSOA/{FUNCIONARIO, EX_ALUNO, ALUNO}, a opção 8C para FUNCIONARIO/{ADMINISTRATIVO, DOCENTE, ALUNO_COLABORADOR}, incluindo o atributo de tipo Tipo_funcionario. Depois usamos a opção de única tabela 8D para ALUNO_COLABORADOR/{COLABORADOR_PESQUISA, COLABORADOR_ENSINO}, ao incluir os atributos de tipo Tipo_colaborador_ensino e Tipo_colaborador_pesquisa em FUNCIONARIO. Também usamos a opção 8D para ALUNO/ALUNO_COLABORADOR, incluindo os atributos de tipo Tipo_aluno_colaborador em ALUNO, e para ALUNO/{ALUNO_POSGRADUACAO, ALUNO_GRADUACAO}, incluindo os atributos de tipo Tipo_posgraduacao e Tipo_graduacao em ALUNO. Na Figura 9.6, todos os atributos cujos nomes iniciam com *tipo* são campos de tipo.

9.2.2 Mapeamento de subclasses compartilhadas (herança múltipla)

Uma subclasse compartilhada, como GERENTE_ENGENHEIRO da Figura 4.6, é uma subclasse de várias superclasses, indicando a herança múltipla. Todas essas classes precisam ter o mesmo atributo-chave; caso contrário, a subclasse compartilhada seria modelada como uma categoria (tipo de união), conforme discutimos na Seção 4.4. Podemos aplicar qualquer uma das opções discutidas na etapa 8 a uma subclasse compartilhada, sujeita às restrições discutidas na etapa 8 do algoritmo de mapeamento. Na Figura 9.6, as opções 8C e 8D são usadas para a subclasse compartilhada ALUNO_COLABORADOR. A opção 8C é usada na relação FUNCIONARIO (atributo Tipo_funcionario) e a opção 8D, na relação ALUNO (atributo Tipo_aluno_colaborador).

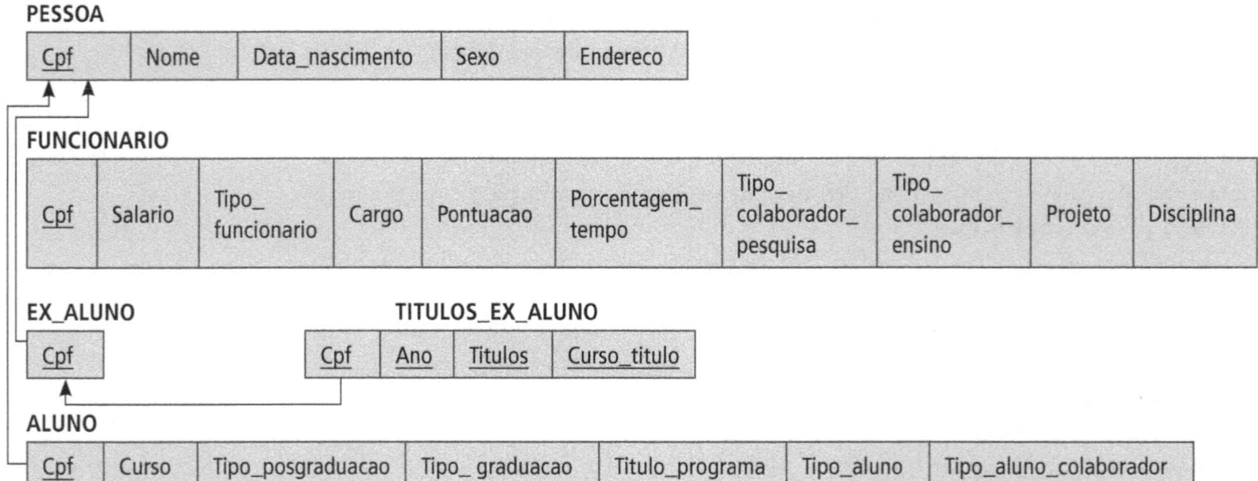

Figura 9.6 Mapeando o reticulado de especialização EER da Figura 4.7 usando opções múltiplas.

9.2.3 *Mapeamento de categorias (tipos de união)*

Acrescentamos outra etapa ao procedimento de mapeamento — etapa 9 — para lidar com categorias. Uma categoria (ou tipo de união) é uma subclasse da *união* de duas ou mais superclasses que podem ter diferentes chaves porque podem ser de diferentes tipos de entidade (ver Seção 4.4). Um exemplo é a categoria PROPRIETARIO, mostrada na Figura 4.8, que é um subconjunto da união de três tipos de entidade PESSOA, BANCO e EMPRESA. A outra categoria nessa figura, VEICULO_REGISTRADO, tem duas superclasses que possuem o mesmo atributo de chave.

Etapa 9: Mapeamento de tipos de união (categorias). Para o mapeamento de uma categoria cuja definição de superclasses tem chaves diferentes, é comum especificar um novo atributo-chave, chamado **chave substituta**, ao criar uma relação para corresponder ao tipo de união. As chaves das classes de definição são diferentes e, portanto, não podemos usar nenhuma delas exclusivamente para identificar todas as entidades na relação. Em nosso exemplo da Figura 4.8, criamos uma relação PROPRIETARIO para corresponder à categoria PROPRIETARIO, conforme ilustrado na Figura 9.7, e incluímos alguns atributos da categoria nessa relação. A chave primária da relação PROPRIETARIO é a chave substituta, que chamamos de Cod_proprietario. Também incluímos o atributo de chave substituta Cod_proprietario como uma chave estrangeira em cada relação correspondente a uma superclasse da categoria, para especificar a correspondência nos valores entre a chave substituta e a chave original

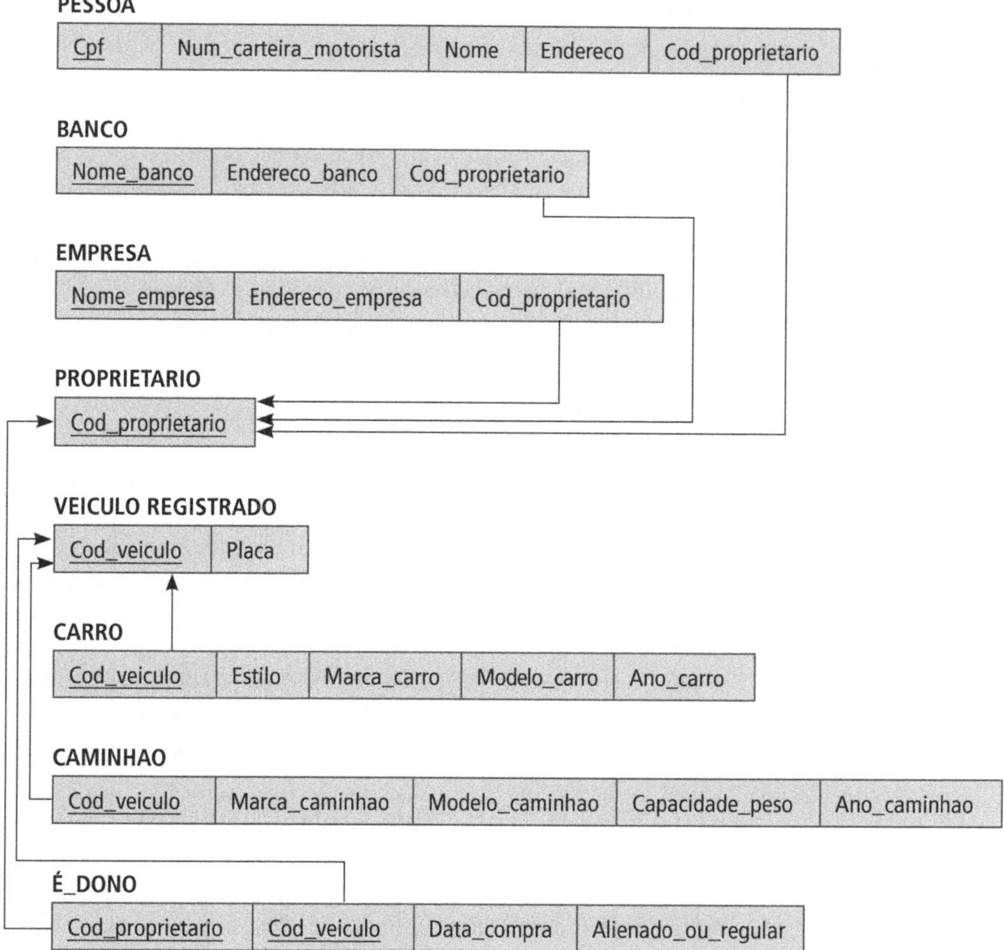

Figura 9.7 Mapeamento das categorias EER (tipos de união) na Figura 4.8 para relações.

de cada superclasse. Observe que, se determinada entidade PESSOA (ou BANCO ou EMPRESA) não for um membro de PROPRIETARIO, ela teria um valor NULL para seu atributo Cod_proprietario em sua tupla correspondente na relação PESSOA (ou BANCO ou EMPRESA), e não teria uma tupla na relação PROPRIETARIO. Também é recomendado acrescentar um atributo de tipo (não mostrado na Figura 9.7) à relação PROPRIETARIO para indicar o tipo de entidade em particular ao qual cada tupla pertence (PESSOA, BANCO ou EMPRESA).

Para uma categoria cujas superclasses têm a mesma chave, como VEICULO na Figura 4.8, não há necessidade de uma chave substituta. O mapeamento da categoria VEICULO_REGISTRADO, que ilustra esse caso, também aparece na Figura 9.7.

9.3 Resumo

Na Seção 9.1, mostramos como um projeto de esquema conceitual no modelo ER pode ser mapeado para um esquema de banco de dados relacional. Um algoritmo para mapeamento ER para relacional foi dado e ilustrado por meio de exemplos do banco de dados EMPRESA. A Tabela 9.1 resumiu as correspondências entre as construções e restrições dos modelos ER e relacional. Em seguida, acrescentamos as etapas adicionais ao algoritmo da Seção 9.2 para mapear as construções do modelo EER para o modelo relacional. Algoritmos semelhantes são incorporados nas ferramentas gráficas de banco de dados para criar um esquema relacional com base em um projeto de esquema conceitual automaticamente.

PERGUNTA DE REVISÃO

9.1. (a) Discuta as correspondências entre as construções do modelo ER e as construções do modelo relacional. Mostre como cada construção do modelo ER pode ser mapeada para o modelo relacional e discuta quaisquer mapeamentos alternativos. (b) Discuta as opções para mapear as construções do modelo EER para relações e as condições sob as quais cada operação poderia ser utilizada.

EXERCÍCIOS

9.2. Mapeie o esquema de banco de dados UNIVERSIDADE mostrado na Figura 3.20 em um esquema de banco de dados relacional.

9.3. Tente mapear o esquema relacional da Figura 6.6 em um esquema ER. Isso faz parte de um processo conhecido como *engenharia reversa*, em que um esquema conceitual é criado para um banco de dados implementado existente. Indique quaisquer suposições que você fizer.

9.4. A Figura 9.8 mostra um esquema ER para um banco de dados que pode ser usado para registrar navios de transporte e seus locais para autoridades marítimas. Mapeie esse esquema para um esquema relacional e especifique todas as chaves primárias e estrangeiras.

9.5. Mapeie o esquema ER BANCO do Exercício 3.23 (mostrado na Figura 3.22) em um esquema relacional. Especifique todas as chaves primárias e estrangeiras. Repita para o esquema COMPANHIA_AEREA (Figura 3.21) do Exercício 3.19 e para os outros esquemas dos exercícios 3.16 a 3.24.

9.6. Mapeie os diagramas EER das figuras 4.9 e 4.12 para esquemas relacionais. Justifique sua escolha de opções de mapeamento.

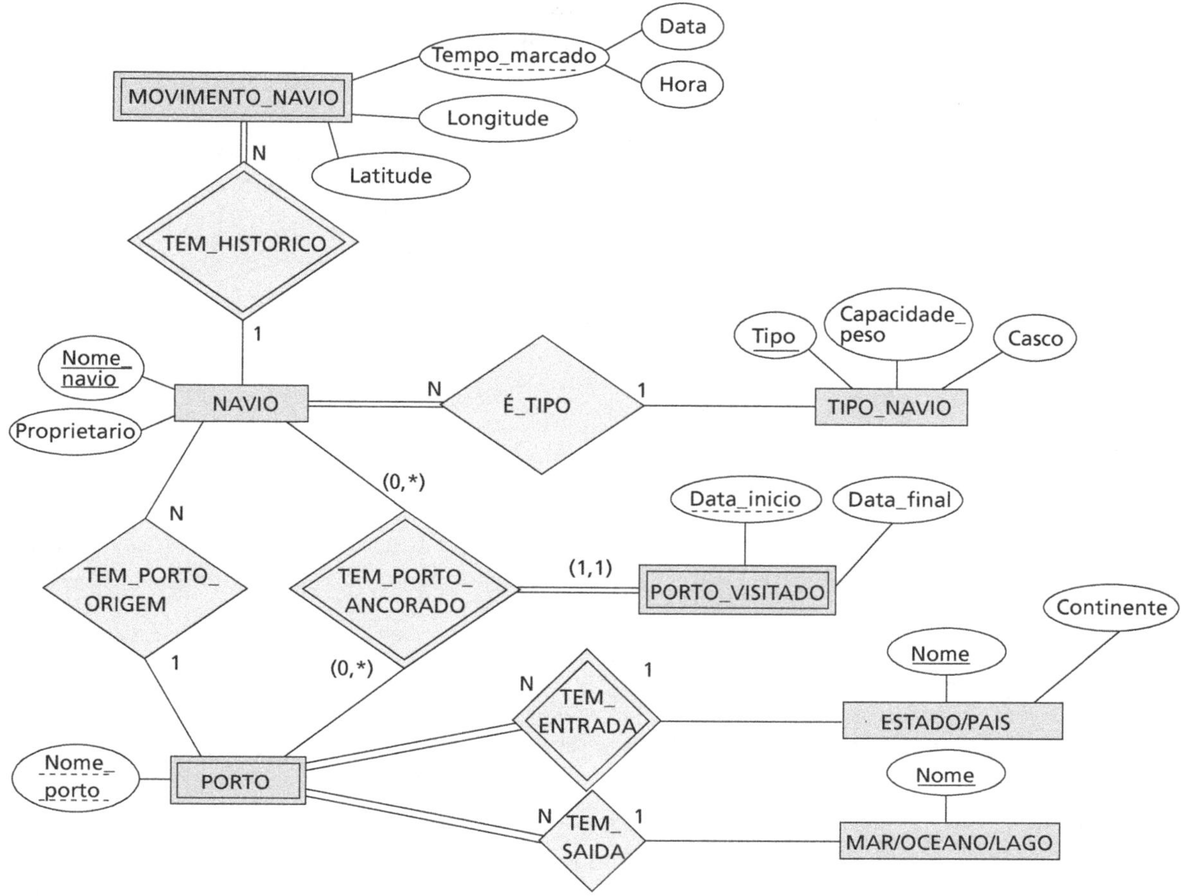

Figura 9.8 Esquema ER para um banco de dados MONITORAMENTO_NAVIO.

9.7. É possível mapear com sucesso um tipo de relacionamento binário M:N sem exigir uma nova relação? Por quê?

9.8. Considere o diagrama EER da Figura 9.9 para um revendedor de automóveis. Mapeie o esquema EER para um conjunto de relações. Para a generalização de VEICULO para CARRO/CAMINHAO/UTILITARIO, considere as quatro opções apresentadas na Seção 9.2.1 e mostre o projeto de esquema relacional sob cada uma dessas opções.

9.9. Usando os atributos que você forneceu para o diagrama EER do Exercício 4.27, mapeie o esquema completo para um conjunto de relações. Escolha uma opção apropriada de 8A até 8D, da Seção 9.2.1, fazendo o mapeamento de generalizações, e defenda sua escolha.

EXERCÍCIOS DE LABORATÓRIO

9.10. Considere o projeto ER para o banco de dados UNIVERSIDADE, modelado usando uma ferramenta como ERwin ou Rational Rose no Exercício de Laboratório 3.31. Utilizando o recurso de geração de esquema SQL da ferramenta de modelagem, gere o esquema SQL para um banco de dados Oracle.

9.11. Considere o projeto ER para o banco de dados PEDIDO_CORREIO, modelado usando uma ferramenta como ERwin ou Rational Rose no Exercício de

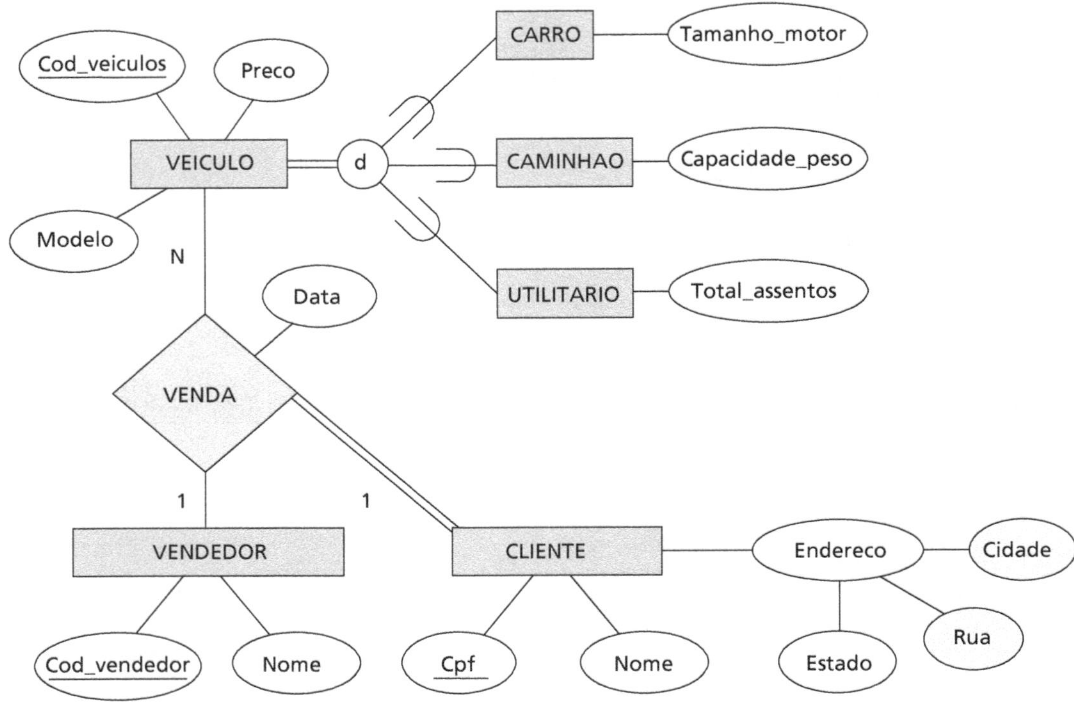

Figura 9.9 Diagrama EER para um revendedor de automóveis.

Laboratório 3.32. Utilizando o recurso de geração de esquema SQL da ferramenta de modelagem, gere o esquema SQL para um banco de dados Oracle.

9.12. Considere o projeto ER para o banco de dados REVISAO_CONFERENCIA, modelado usando uma ferramenta como ERwin ou Rational Rose no Exercício de Laboratório 3.34. Utilizando o recurso de geração de esquema SQL da ferramenta de modelagem, gere o esquema SQL para um banco de dados Oracle.

9.13. Considere o projeto EER para o banco de dados DIARIO_NOTAS, modelado usando uma ferramenta como ERwin ou Rational Rose no Exercício de Laboratório 4.28. Utilizando o recurso de geração de esquema SQL da ferramenta de modelagem, gere o esquema SQL para um banco de dados Oracle.

9.14. Considere o projeto EER para o banco de dados LEILAO_ONLINE, modelado usando uma ferramenta como ERwin ou Rational Rose no Exercício de Laboratório 4.29. Utilizando o recurso de geração de esquema SQL da ferramenta de modelagem, gere o esquema SQL para um banco de dados Oracle.

BIBLIOGRAFIA SELECIONADA

O algoritmo de mapeamento ER para relacional original foi descrito no artigo clássico de Chen (1976). Batini et al. (1992) discutem uma série de algoritmos de mapeamento de modelos ER e EER para modelos legados, e vice-versa.

PARTE 4
Técnicas de programação de banco de dados

10
Introdução às técnicas de programação SQL

Nos capítulos 6 e 7, descrevemos vários aspectos da linguagem SQL, que é o padrão para bancos de dados relacionais. Descrevemos as instruções SQL para definição de dados, modificação de esquema, consultas, visões e atualizações. Também descrevemos como são especificadas diversas restrições sobre o conteúdo do banco de dados, como restrições de chave e integridade referencial.

Neste capítulo e no próximo, vamos discutir alguns dos métodos desenvolvidos para acessar bancos de dados a partir dos programas. A maior parte do acesso ao banco de dados em aplicações práticas é realizada por meio de programas de software que implementam **aplicações de banco de dados**. Esse software normalmente é desenvolvido em uma linguagem de programação de uso geral, como Java, C/C++/C#, COBOL (historicamente) ou alguma outra linguagem de programação. Além disso, muitas linguagens de scripting, como PHP, Python e JavaScript, também estão sendo usadas para programação de acesso ao banco de dados em aplicações web. Neste capítulo, focalizamos como os bancos de dados podem ser acessados das linguagens de programação tradicionais C/C++ e Java, enquanto o próximo capítulo vai mostrar como os bancos de dados são acessados com linguagens de scripting, como PHP. Lembre-se, da Seção 2.3.1, que, quando instruções de banco de dados são incluídas em um programa, a linguagem de programação de uso geral é chamada de *linguagem hospedeira*, ao passo que a linguagem de banco de dados — SQL, em nosso caso — é chamada de *sublinguagem de dados*. Em alguns casos, *linguagens de programação de banco de dados* especiais são desenvolvidas especificamente para a escrita de aplicações de banco de dados. Embora muitas delas tenham sido desenvolvidas como protótipos de pesquisa, algumas linguagens de programação de banco de dados notáveis são de uso generalizado, como a PL/SQL (Programming Language/SQL) da Oracle.

É importante observar que a programação de banco de dados é um assunto muito amplo. Existem livros-texto inteiros dedicados a cada técnica de programação de banco de dados e como essa técnica é realizada em um sistema específico. Novas técnicas são desenvolvidas o tempo todo, e as mudanças nas técnicas existentes são incorporadas a versões de sistema e linguagens mais novas. Uma dificuldade adicional na apresentação desse tópico é que, embora existam padrões de SQL, eles mesmos estão continuamente evoluindo, e cada vendedor de SGBD pode ter algumas variações de padrão. Por isso, escolhemos fazer uma introdução a alguns dos principais tipos de técnicas de programação de banco de dados e compará-los, em vez de estudar um método ou sistema em particular com detalhes. Os exemplos que damos servem para ilustrar as principais diferenças que um programador enfrentaria ao usar cada uma dessas técnicas de programação. Tentaremos usar os padrões de SQL em nossos exemplos no lugar de descrever um sistema específico. Ao usar um sistema específico, o material deste capítulo pode servir como uma introdução, mas deve ser expandido com os manuais do sistema e com livros que descrevem o sistema específico.

Iniciamos nossa apresentação da programação de banco de dados na Seção 10.1 com uma visão geral das diferentes técnicas desenvolvidas para acessar um banco de dados a partir dos programas. Depois, na Seção 10.2, discutimos as regras para embutir instruções SQL em uma linguagem de programação de uso geral, comumente conhecida como *SQL embutida*. Essa seção também discute rapidamente a *SQL dinâmica*, em que as consultas podem ser construídas dinamicamente em tempo de execução, e apresenta os fundamentos da variante SQLJ da SQL embutida, desenvolvida especificamente para a linguagem de programação Java. Na Seção 10.3, discutimos a técnica conhecida como *SQL/CLI* (*Call Level Interface*), em que uma biblioteca de procedimentos e funções é fornecida para acessar o banco de dados. Diversos conjuntos de funções de biblioteca foram propostos. O conjunto de funções da SQL/CLI é aquele dado no padrão SQL. Outra biblioteca de funções bastante utilizada é *ODBC* (*Open Data Base Connectivity*), que tem muitas semelhanças com SQL/CLI; de fato, SQL/CLI pode ser pensada como a versão padronizada da ODBC. Uma terceira biblioteca de classes — que descrevemos aqui — é a *JDBC*; esta foi desenvolvida especificamente para acessar bancos de dados baseados a partir da linguagem de programação orientada a objeto (OOPL) Java. Na OOPL, uma biblioteca de classes é usada no lugar de uma biblioteca de funções e procedimentos, e cada classe tem suas próprias operações e funções. Na Seção 10.4, vamos discutir sobre *SQL/PSM* (*Persistent Stored Modules*), que é uma parte do padrão SQL que permite que módulos de programa — procedimentos e funções — sejam armazenados pelo SGBD e acessados através da SQL; isso também especifica uma *linguagem de programação de banco de dados* procedimental para a escrita de módulos armazenados, persistentes. Comparamos rapidamente as três técnicas de programação de banco de dados na Seção 10.5 e oferecemos um resumo do capítulo na Seção 10.6.

10.1 Programação de banco de dados: técnicas e problemas

Agora, vamos voltar nossa atenção para as técnicas que foram desenvolvidas para acessar bancos de dados a partir de programas e, em particular, para a questão de como acessar bancos de dados SQL a partir de programas de aplicação. Nossa apresentação da SQL nos capítulos 6 e 7 focalizou as construções da linguagem para diversas operações do banco de dados — da definição do esquema e especificação de restrição até a consulta, atualização e especificação de visões. A maioria dos sistemas de banco de dados possui uma **interface interativa** na qual esses comandos SQL podem ser digitados diretamente em um monitor para execução pelo sistema de banco de dados. Por exemplo, em um sistema de computador em que o SGBD Oracle está instalado, o comando SQLPLUS inicia a interface interativa. O usuário pode digitar comandos ou consultas SQL diretamente em várias linhas, terminadas com um ponto e vírgula e a tecla Enter (ou seja, '; <cr>'). Como alternativa, um **arquivo de comandos** pode ser criado e executado por meio da interface interativa ao digitar @*<nomearquivo>*. O sistema executará os comandos escritos no arquivo e exibirá os resultados, se houver.

A interface interativa é muito conveniente para a criação de esquema e restrição ou para consultas *ad hoc*, ou ocasionais. Porém, na prática, a maioria das interações de banco de dados é executada por programas que foram cuidadosamente projetados e testados. Esses programas costumam ser conhecidos como **programas de aplicação** ou **aplicações de banco de dados**, e são usados como *transações programadas* pelos usuários finais, conforme discutimos na Seção 1.4.3. Outro uso comum da programação de banco de dados é para acessar um banco por meio de um programa de aplicação que implementa uma **interface web**, por exemplo, quando se faz reservas ou de uma companhia aérea ou compras na web. De fato, a grande maioria das aplicações de comércio eletrônico na web inclui alguns comandos de acesso a banco de dados. O Capítulo 11 nos dará uma visão geral da programação de banco de dados web usando PHP, uma linguagem de scripting que recentemente se tornou bastante utilizada.

Nesta seção, primeiro damos uma visão geral das principais técnicas de programação de banco de dados. Depois, discutimos alguns dos problemas que ocorrem quando se tenta acessar um banco a partir de uma linguagem de programação de uso geral, e a sequência típica de comandos para interagir com um banco de dados a partir de um programa de software.

10.1.1 Técnicas para a programação de banco de dados

Existem várias técnicas para incluir interações do banco de dados nos programas de aplicação. As principais técnicas para programação são as seguintes:

1. **Embutir comandos do banco de dados em uma linguagem de programação de uso geral.** Nesta técnica, os comandos do banco de dados são **embutidos** na linguagem de programação hospedeira, mas são identificados por um prefixo especial. Por exemplo, o prefixo para a SQL embutida é a string EXEC SQL, que precede todos os comandos SQL em um programa da linguagem hospedeira.[1] Um **pré-compilador** ou **pré-processador** varre o código do programa fonte para identificar os comandos de banco de dados e extraí-los para processamento pelo SGBD. Eles são substituídos no programa por chamadas de função ao código gerado pelo SGBD. Essa técnica geralmente é conhecida como **SQL embutida.**
2. **Usar uma biblioteca de funções ou classes de banco de dados.** Há uma **biblioteca de funções** disponível à linguagem de programação hospedeira, para as chamadas de banco de dados. Por exemplo, poderia haver funções para conectar com um banco de dados, preparar uma consulta, executar uma consulta, executar uma atualização, percorrer o resultado da consulta um registro por vez, e assim por diante. Os comandos reais de consulta e atualização do banco de dados e quaisquer outras informações necessárias são incluídos como parâmetros nas chamadas de função. Esta técnica oferece o que é conhecido como **interface de programação de aplicação** (**API** — **Application Programming Interface**) para acessar um banco de dados de programas de aplicação. Para as linguagens de programação orientadas a objeto (OOPLs), é utilizada uma **biblioteca de classes.**

[1] Outros prefixos às vezes são usados, mas este é o mais comum.

Por exemplo, Java possui a biblioteca de classes JDBC, que pode gerar diversos tipos de objetos, como objetos de conexão a um determinado banco de dados, objetos de consulta e objetos de resultado de consulta. Cada tipo de objeto tem um conjunto de operações associado à classe correspondente ao objeto.

3. **Projetar uma linguagem totalmente nova.** Uma **linguagem de programação de banco de dados** é projetada do zero para ser compatível com o modelo de banco de dados e a linguagem de consulta. Estruturas de programação adicionais, como loops e instruções condicionais, são acrescentadas à linguagem para convertê-la em uma linguagem de programação completa. Um exemplo dessa técnica é a PL/SQL da Oracle. O padrão SQL tem a linguagem SQL/PSM para especificar procedimentos armazenados.

Na prática, as duas primeiras técnicas são mais comuns, pois muitas aplicações já são escritas em linguagens de programação de uso geral, mas exigem algum acesso ao banco de dados. A terceira técnica é mais apropriada para aplicações que possuem intensa interação com o banco de dados. Um dos principais problemas com as duas primeiras técnicas é a *divergência de impedância*, que não ocorre na terceira.

10.1.2 Divergência de impedância

Divergência de impedância é o termo usado para se referir aos problemas que ocorrem em decorrência das diferenças entre o modelo de banco de dados e o modelo da linguagem de programação. Por exemplo, o modelo relacional prático tem três construções principais: colunas (atributos) e seus tipos de dados, linhas (também chamadas de tuplas ou registros) e tabelas (conjuntos ou multiconjuntos de registros). O primeiro problema que pode ocorrer é que os *tipos de dados da linguagem de programação* diferem dos *tipos de dados de atributo* disponíveis no modelo de dados. Logo, é necessário ter um **vínculo** para cada linguagem de programação hospedeira que especifica, para cada tipo de atributo, os tipos compatíveis na linguagem de programação. Um vínculo diferente é necessário *para cada linguagem de programação*, pois diferentes linguagens possuem tipos de dados variados. Por exemplo, os tipos de dados disponíveis em C/C++ e Java são diferentes, e ambos diferem dos tipos de dados SQL, que são os tipos de dados padrão para bancos de dados relacionais.

Outro problema ocorre porque os resultados da maioria das consultas são conjuntos ou multiconjuntos de tuplas (linhas), e cada tupla é formada por uma sequência de valores de atributo. No programa, normalmente é necessário acessar os valores de dados individuais nas tuplas individuais para impressão ou processamento. Logo, é preciso que haja um vínculo para mapear a *estrutura de dados do resultado da consulta*, que é uma tabela, para uma estrutura de dados apropriada na linguagem de programação. É necessário que haja um mecanismo para percorrer as tuplas em um **resultado de consulta** a fim de acessar uma única tupla de cada vez e extrair valores individuais dela. Os valores de atributo extraídos costumam ser copiados para as variáveis de programa apropriadas para que o programa continue processando. Um **cursor** ou **variável de iteração** normalmente é usado para percorrer as tuplas em um resultado de consulta. Os valores individuais dentro de cada tupla são, então, extraídos para variáveis de programa distintas do tipo apropriado.

A divergência de impedância é um problema menor quando uma linguagem de programação de banco de dados especial é projetada para usar o mesmo modelo e tipos de dados do banco. Um exemplo dessa linguagem é a PL/SQL da Oracle. O padrão SQL também tem uma proposta para tal linguagem de programação de banco de dados, conhecida como *SQL/PSM*. Para bancos de dados de objeto, o modelo de dados de objeto (ver Capítulo 12) é muito semelhante ao modelo de dados da linguagem de programação Java, de modo que a divergência de impedância é bastante reduzida quando Java é usada como linguagem hospedeira para acessar um banco de dados de objeto compatível com ela. Diversas linguagens de programação de banco de dados foram implementadas como protótipos de pesquisa (ver a Bibliografia Selecionada).

10.1.3 Sequência de interação típica na programação de banco de dados

Quando um programador ou engenheiro de software escreve um programa que exige acesso a um banco de dados, é muito comum que o programa esteja rodando em um sistema de computador enquanto o banco de dados está instalado em outro. Lembre-se, da Seção 2.5, de que uma arquitetura comum para o acesso ao banco de dados é o modelo cliente/servidor em três camadas, no qual um **programa cliente** na camada superior exibe a informação em um notebook ou dispositivo móvel, normalmente como um cliente web ou aplicativo móvel, um **programa de aplicação** na camada intermediária implementa a lógica de uma aplicação de software comercial, mas inclui algumas chamadas para um ou mais **servidores de banco de dados** na camada inferior para acessar ou atualizar os dados.[2] Ao escrever tal programa, uma sequência comum de interação é a seguinte:

1. Quando o programa de aplicação requer acesso a determinado banco de dados, o programa precisa primeiro *estabelecer* ou *abrir* uma **conexão** com o servidor de banco de dados. Normalmente, isso envolve especificar o endereço da internet (URL) da máquina em que o servidor de banco de dados está localizado, além de fornecer um nome de conta de login e senha para o acesso ao banco.
2. Quando a conexão é estabelecida, o programa pode interagir com o banco de dados submetendo consultas, atualizações e outros comandos do banco. Em geral, a maioria dos tipos de instruções SQL pode ser incluída em um programa de aplicação.
3. Quando o programa não precisar mais acessar determinado banco de dados, ele deverá *terminar* ou *fechar* a conexão com o banco.

Um programa pode acessar vários bancos de dados, se for preciso. Em algumas técnicas de programação, somente uma conexão pode estar ativa de uma só vez, enquanto em outras, várias conexões podem ser estabelecidas simultaneamente.

Nas próximas três seções, vamos discutir exemplos de cada uma das três principais técnicas de programação de banco de dados. A Seção 10.2 descreve como a SQL é *embutida* em uma linguagem de programação. A Seção 10.3 discute como as *chamadas de função* e as *bibliotecas de classes* são usadas para acessar o banco de dados usando SQL/CLI (semelhante a ODBC) e JDBC, e a Seção 10.4 discute uma extensão à SQL chamada SQL/PSM, que permite *construções de programação de uso geral* para definir módulos (procedimentos e funções) armazenados no sistema de banco de dados.[3] A Seção 10.5 compara essas técnicas.

10.2 SQL embutida, SQL dinâmica e SQLJ

Nesta seção, fornecemos uma visão geral da técnica que demonstra como as instruções SQL podem ser embutidas em uma linguagem de programação de uso geral. Focalizamos duas linguagens: C e Java. Os exemplos usados com a linguagem

---

[2] Conforme discutimos na Seção 2.5, existem arquiteturas de duas e três camadas; para simplificar nossa discussão, vamos considerar aqui uma arquitetura cliente/servidor de duas camadas.

[3] A SQL/PSM ilustra como as construções típicas da linguagem de programação de uso geral — como loops e estruturas condicionais — podem ser incorporadas à SQL.

C, conhecidos como **SQL embutida**, são apresentados nas seções 10.2.1 a 10.2.3, e podem ser adaptados a outras linguagens de programação semelhantes. Os exemplos que usam Java, conhecidos como **SQLJ**, são apresentados nas seções 10.2.4 e 10.2.5. Nesta técnica embutida, a linguagem de programação é chamada de **linguagem hospedeira** (ou **host**). A maioria das instruções SQL — incluindo definições de dados ou restrições, consultas, atualizações ou definições de visão — pode ser embutida em um programa na linguagem hospedeira.

10.2.1 Recuperando tuplas isoladas com SQL embutida

Para ilustrar os conceitos da SQL embutida, usaremos C como linguagem de programação hospedeira.[4] Ao usar C dessa maneira, uma instrução SQL embutida é distinguida das instruções da linguagem de programação pelas palavras-chave de prefixo EXEC SQL, de modo que um **pré-processador** (ou **pré-compilador**) possa separar as instruções SQL embutidas do código-fonte da linguagem hospedeira. As instruções SQL em um programa terminam com um END-EXEC correspondente ou com um ponto e vírgula (;). Regras semelhantes se aplicam à SQL embutida em outras linguagens de programação.

Em um comando SQL embutido, podemos nos referir a variáveis de programação C especialmente declaradas; estas são chamadas de **variáveis compartilhadas**, porque são usadas tanto no programa C quanto nas instruções SQL embutidas. As variáveis compartilhadas são iniciadas com um sinal de dois pontos (:) *quando aparecem em uma instrução SQL*. Isso distingue os nomes de variável do programa dos nomes das construções do esquema de banco de dados, como atributos (nomes de coluna) e relações (nomes de tabela). Isso também permite que as variáveis do programa tenham os mesmos nomes que os atributos, pois podem ser distinguidos pelo sinal de dois pontos de prefixo na instrução SQL. Os nomes de construções do esquema de banco de dados — como atributos e relações — só podem ser usados nos comandos SQL, mas as variáveis de programa compartilhadas podem ser usadas em qualquer lugar no programa C sem o prefixo de dois pontos.

Suponha que queiramos escrever programas C para processar o banco de dados EMPRESA da Figura 5.5. Precisamos declarar variáveis de programa que correspondam aos tipos dos atributos do banco de dados que o programa processará. O programador pode escolher os nomes das **variáveis de programa**, que podem ou não ter nomes idênticos a seus atributos correspondentes no banco de dados. Usaremos as variáveis de programa C declaradas na Figura 10.1 para todos os nossos exemplos, mostrando os segmentos de programa C *sem declarações de variável*. As variáveis compartilhadas são declaradas em uma **seção de declaração** no programa, como mostra a Figura 10.1 (linhas 1 a 7).[5] Alguns dos vínculos comuns dos tipos C com os tipos SQL são os seguintes: os tipos SQL INTEGER, SMALLINT, REAL e DOUBLE são mapeados para os tipos C long, short, float e double, respectivamente. Strings de tamanho fixo e de tamanho variável (CHAR [*i*], VARCHAR [*i*]) em SQL podem ser mapeadas para *vetores* de caracteres (char [i+1], varchar [i+1]) em C, que possuem um caractere a mais que o tipo SQL, pois as strings em C terminam com um caractere NULL (\0), que não faz parte da string de caracteres em si.[6] Embora varchar não seja um tipo de dado C padrão, ele é permitido quando C é usada para a programação de banco de dados SQL.

---

[4] Nossa discussão aqui também se aplica às linguagens de programação C++ ou C#, pois não usamos nenhum dos recursos orientados a objeto, mas focalizamos o mecanismo de programação de banco de dados.

[5] Usamos números de linha em nossos segmentos de código apenas para facilitar a referência; esses números não fazem parte do código real.

[6] Strings SQL também podem ser mapeadas para tipos char* em C.

```
0)  int loop ;
1)  EXEC SQL BEGIN DECLARE SECTION ;
2)  varchar nome_departamento[16], primeiro_nome[16],
    ultimo_nome[16], endereco[31] ;
3)  char cpf[12], data_nascimento[11], sexo[2], nome_meio[2] ;
4)  float salario, aumento ;
5)  int numero_dep_func, numero_dep ;
6)  int SQLCODE ; char SQLSTATE[6] ;
7)  EXEC SQL END DECLARE SECTION ;
```

Figura 10.1 Variáveis do programa C utilizadas nos exemplos E1 e E2 da SQL embutida.

Observe que os únicos comandos SQL embutidos na Figura 10.1 são as linhas 1 e 7, que dizem ao pré-compilador para atentar para os nomes de variável C entre BEGIN DECLARE e END DECLARE, pois podem ser incluídos em instruções SQL embutidas — desde que precedidas por um sinal de dois pontos (:). As linhas 2 a 5 são declarações normais de programa C. As variáveis de programa C declaradas nas linhas 2 a 5 correspondem aos atributos das tabelas FUNCIONARIO e DEPARTAMENTO do banco de dados EMPRESA da Figura 5.5, que foi declarado pela SQL DDL na Figura 6.1. As variáveis declaradas na linha 6 — SQLCODE e SQLSTATE — são chamadas de **variáveis de comunicação SQL**; elas são usadas para comunicar erros e condições de exceção entre o sistema de banco de dados e o programa em execução. A linha 0 mostra uma variável de programa *loop* que não será usada em nenhuma instrução SQL embutida, de modo que é declarada fora da seção de declaração da SQL.

Conectando ao banco de dados. O comando SQL para estabelecer uma conexão com um banco de dados tem a seguinte forma:

CONNECT TO <nome do servidor> **AS** <nome da conexão>
AUTHORIZATION <nome e senha da conta do usuário>;

Em geral, como um usuário ou programa podem acessar vários servidores de banco de dados, diversas conexões podem ser estabelecidas, mas somente uma pode estar ativa em qualquer ponto no tempo. O programador ou usuário podem usar o <nome da conexão> para mudar da conexão atualmente ativa para uma diferente, usando o comando a seguir:

SET CONNECTION <nome da conexão> ;

Quando uma conexão não é mais necessária, ela pode ser terminada pelo seguinte comando:

DISCONNECT <nome da conexão> ;

Nos exemplos deste capítulo, consideramos que a conexão apropriada já foi estabelecida com o banco de dados EMPRESA e que ela é a conexão atualmente ativa.

Variáveis de comunicação SQLCODE e SQLSTATE. As duas **variáveis de comunicação** especiais usadas pelo SGBD para comunicar condições de exceção ou erro ao programa são SQLCODE e SQLSTATE. A variável **SQLCODE**, mostrada na Figura 10.1, é uma variável inteira. Após cada comando do banco de dados ser executado, o SGBD retorna um valor em SQLCODE. Um valor 0 indica que a instrução foi executada com sucesso pelo SGBD. Se SQLCODE > 0 (ou, mais especificamente, se SQLCODE = 100), isso indica que não há mais dados (registros) disponíveis no resultado de uma consulta. Se SQLCODE < 0, isso indica que houve algum erro. Em alguns sistemas — por exemplo, no SGBDR da Oracle —, SQLCODE é um campo em uma estrutura de registro chamada SQLCA (SQL Communication Area), de modo que é referenciado como SQLCA.SQLCODE. Nesse caso, a definição da SQLCA precisa ser incluída no programa C utilizando a seguinte linha:

```
EXEC SQL include SQLCA ;
```

Em versões mais recentes do padrão SQL, uma variável de comunicação chamada **SQLSTATE** foi acrescentada, que é uma string de cinco caracteres. Um valor '00000' em SQLSTATE indica que não há nenhum erro ou exceção; outros valores indicam diversos erros ou exceções. Por exemplo, '02000' indica 'sem mais dados' quando se usa SQLSTATE. Atualmente, tanto SQLSTATE quanto SQLCODE estão disponíveis no padrão SQL. Muitos dos códigos de erro e exceção retornados em SQLSTATE supostamente estão padronizados para todos os vendedores e plataformas SQL,[7] ao passo que os códigos retornados em SQLCODE não estão padronizados, mas são definidos pelo vendedor do SGBD. Logo, em geral é melhor usar SQLSTATE, pois isso torna o tratamento de erro nos programas de aplicação independente de um SGBD em particular. Como um exercício, o leitor deverá reescrever os exemplos dados mais adiante neste capítulo usando SQLSTATE em vez de SQLCODE.

Exemplo de programação SQL embutida. Nosso primeiro exemplo para ilustrar a programação SQL embutida é um segmento repetitivo (loop) do programa que recupera como entrada o número do Cpf de um funcionário e imprime algumas informações com base no registro de FUNCIONARIO correspondente no banco de dados. O código de programa em C aparece como o segmento de programa E1 na Figura 10.2. O programa lê (solicita) um valor de Cpf e depois recupera a tupla de FUNCIONARIO com esse Cpf do banco de dados por meio do comando SQL embutido. A cláusula **INTO** (linha 5) especifica as variáveis do programa em que os valores de atributo do registro de banco de dados são recuperados. As variáveis do programa em C na cláusula INTO são iniciadas com um sinal de dois pontos (:), conforme discutimos anteriormente. A cláusula INTO só pode ser usada desse modo quando o resultado da consulta é um *único registro*; se vários registros forem recuperados, será gerado um erro. Veremos como múltiplos registros são tratados na Seção 10.2.2.

```
    //Segmento de programa E1:
0)  loop = 1 ;
1)  while (loop) {
2)     prompt("Digite um CPF: ", cpf) ;
3)     EXEC SQL
4)       SELECT Primeiro_nome, Nome_meio, Ultimo_nome, Endereco, Salario
5)       INTO :primeiro_nome, :nome_meio, :ultimo_nome, :endereco, :salario
6)       FROM FUNCIONARIO WHERE Cpf = :cpf ;
7)     if(SQLCODE==0) printf(primeiro_nome, nome_meio, ultimo_nome, endereco, salario);
8)       else printf("CPF não existe: ", cpf) ;
9)     prompt("Mais CPF? (Digite 1 para Sim, 0 para Não): ", loop) ;
10)    }
```

Figura 10.2 Segmento de programa E1, um segmento de programa em C com SQL embutida.

---

7 Em particular, códigos de SQLSTATE começando com os caracteres 0 a 4 ou A a H supostamente são padronizados, enquanto outros valores podem ser definidos pela implementação.

A linha 7 em E1 ilustra a comunicação entre o banco de dados e o programa por meio da variável especial SQLCODE. Se o valor retornado pelo SGBD em SQLCODE for 0, a instrução anterior foi executada sem erros ou condições de exceção. A linha 7 verifica isso e considera que, se ocorreu um erro, foi porque não existia nenhuma tupla FUNCIONARIO com o Cpf dado; portanto, ela gera uma mensagem de saída indicando isso (linha 8).

Quando um único registro é recuperado, como no exemplo E1, o programador pode designar seus valores de atributo diretamente às variáveis do programa em C na cláusula INTO, como na linha 5. Em geral, uma consulta SQL pode recuperar muitas tuplas. Nesse caso, o programa em C costuma percorrer as tuplas recuperadas e as processa uma de cada vez. O conceito de um *cursor* é usado para permitir o processamento de uma tupla por vez no resultado de uma consulta pelo programa da linguagem hospedeira. A seguir, vamos descrever os cursores.

10.2.2 Processando resultados da consulta por meio de cursores

Um **cursor** é uma variável que se refere a uma *única tupla* (*linha*) do **resultado de uma consulta** que recupera uma coleção de tuplas. Ele é usado para percorrer o resultado da consulta, um registro de cada vez. O cursor é declarado quando a consulta SQL é **declarada.** Mais adiante no programa, um comando **OPEN CURSOR** busca o resultado da consulta no banco de dados e define o cursor para uma posição *antes da primeira linha* no resultado da consulta. Esta se torna a **linha atual** para o cursor. Depois, comandos **FETCH** são emitidos no programa. Cada FETCH move o cursor para a *linha seguinte* no resultado da consulta, tornando-a a linha atual e copiando seus valores de atributo para as variáveis do programa em C (linguagem hospedeira) especificadas no comando FETCH por uma cláusula INTO. A variável do cursor é basicamente um **iterador** (iterator) que percorre as tuplas (em um loop) no resultado da consulta — uma tupla de cada vez.

Para determinar quando todas as tuplas no resultado da consulta foram processadas, a variável de comunicação SQLCODE (ou, como alternativa, SQLSTATE) é verificada. Se um comando FETCH for emitido e resultar na movimentação do cursor além da última tupla no resultado da consulta, um valor positivo (SQLCODE > 0) é retornado em SQLCODE, indicando que nenhum dado (tupla) foi encontrado (ou a string '02000' é retornada em SQLSTATE). O programador usa isso para terminar um loop sobre as tuplas no resultado da consulta. Em geral, diversos cursores podem ser abertos ao mesmo tempo. Um comando **CLOSE CURSOR** é emitido para indicar que terminamos com o processamento do resultado da consulta associada a esse cursor.

Um exemplo do uso de cursores para processar um resultado de consulta com múltiplos registros é mostrado na Figura 10.3, em que um cursor chamado FUNC é declarado na linha 4. O cursor FUNC é associado à consulta SQL declarada nas linhas 5 a 6, mas a consulta não é executada até que o comando OPEN FUNC (linha 8) seja processado. O comando OPEN <nome cursor> executa a consulta e busca seu resultado como uma tabela no workspace do programa, em que o programa pode percorrer as linhas (tuplas) individuais por subsequentes comandos FETCH <nome cursor> (linha 9). Consideramos que as variáveis apropriadas no programa em C foram declaradas como na Figura 10.1. O segmento de programa em E2 lê (solicita) um nome de departamento (linha 0), recupera o número de departamento correspondente do banco de dados (linhas 1 a 3) e depois recupera os funcionários que trabalham nesse departamento por meio do cursor FUNC. Um loop (linhas 10 a 18) passa por cada registro no resultado da consulta, um de cada vez, e imprime o nome do funcionário. O programa então lê (solicita) um valor de aumento para esse funcionário (linha 12) e atualiza o salário dele no banco de dados pelo valor do aumento oferecido (linhas 14 a 16).

```
     //Segmento de programa E2:
0)   prompt("Digite o Nome do Departamento: ", nome_departamento) ;
1)   EXEC SQL
2)     SELECT Numero_departamento INTO :numero_dep
3)     FROM DEPARTAMENTO WHERE Nome_departamento = :nome_departamento ;
4)   EXEC SQL DECLARE FUNC CURSOR FOR
5)     SELECT Cpf, Primeiro_nome, Nome_meio, Ultimo_nome, Salario
6)     FROM FUNCIONARIO WHERE Numero_departamento = :numero_dep
7)     FOR UPDATE OF Salario ;
8)   EXEC SQL OPEN FUNC ;
9)   EXEC SQL FETCH FROM FUNC INTO :cpf, :primeiro_nome, :nome_meio, :ultimo_nome, :salario ;
10)  while(SQLCODE==0) {
11)    printf("O nome do funcionario é:", Primeiro_nome, Nome_meio, Ultimo_nome) ;
12)    prompt("Digite o valor do aumento: ", aumento) ;
13)    EXEC SQL
14)      UPDATE FUNCIONARIO
15)      SET Salario = Salario + :aumento
16)      WHERE CURRENT OF FUNC ;
17)    EXEC SQL FETCH FROM FUNC INTO :cpf, :primeiro_nome, :nome_meio, :ultimo_nome,
       :salario ;
18)    }
19)  EXEC SQL CLOSE FUNC ;
```

Figura 10.3 Segmento de programa E2, um segmento de programa em C que usa cursores com SQL embutida para fins de atualização.

Este exemplo também ilustra como o programador pode *atualizar* registros do banco de dados. Quando um cursor é definido para linhas que devem ser modificadas (**atualizadas**), temos de acrescentar a cláusula **FOR UPDATE OF** na declaração do cursor e listar os nomes de quaisquer atributos que serão atualizados pelo programa. Isso é ilustrado na linha 7 do segmento de código E2. Se as linhas tiverem de ser **excluídas**, as palavras-chave **FOR UPDATE** devem ser acrescentadas sem especificar quaisquer atributos. No comando embutido UPDATE (ou DELETE), a condição **WHERE CURRENT OF** <nome cursor> especifica que a tupla atualmente referenciada pelo cursor é aquela a ser atualizada (ou excluída), como na linha 16 de E2.

Não é preciso incluir a cláusula **FOR UPDATE OF** na linha 7 de E2 se os resultados da consulta tiverem de ser usados *apenas para fins de recuperação* (sem atualização ou exclusão).

Opções gerais para uma declaração de cursor. Várias opções podem ser especificadas quando se declara um cursor. O formato geral de uma declaração de cursor é o seguinte:

DECLARE <nome cursor> [**INSENSITIVE**] [**SCROLL**] **CURSOR**
[**WITH HOLD**] **FOR** <especificação da consulta>
[**ORDER BY** <especificação de ordenação>]
[**FOR READ ONLY** | **FOR UPDATE** [**OF** <lista de atributos>]] ;

Já discutimos rapidamente as opções listadas na última linha. O padrão é que a consulta seja para fins de recuperação (FOR READ ONLY). Se algumas das tuplas no resultado da consulta tiverem de ser atualizadas, precisamos especificar FOR UPDATE OF <lista de atributos> e listar os atributos que podem ser atualizados. Se algumas tuplas tiverem de ser excluídas, precisamos especificar FOR UPDATE sem quaisquer atributos.

Quando a palavra-chave opcional SCROLL é especificada em uma declaração de cursor, é possível posicionar o cursor de outras maneiras além de simplesmente para acesso sequencial. Uma **orientação de busca** pode ser acrescentada ao comando FETCH, cujo valor pode ser NEXT, PRIOR, FIRST, LAST, ABSOLUTE *i* e RELATIVE *i*. Nos dois últimos comandos, *i* precisa ser avaliado como um valor inteiro que especifica uma posição de tupla absoluta no resultado da consulta (para ABSOLUTE *i*), ou uma posição de tupla relativa à posição atual do cursor (para RELATIVE *i*). A orientação de busca padrão, que usamos em nossos exemplos, é NEXT. A orientação de busca permite que o programador movimente o cursor pelas tuplas no resultado da consulta com maior flexibilidade, oferecendo acesso aleatório por posição ou acesso na ordem inversa. Quando SCROLL é especificado no cursor, o formato geral de um comando FETCH é o seguinte, com as partes entre colchetes sendo opcionais:

FETCH [[<orientação de busca>] **FROM**] <nome do cursor>
  INTO <lista de destino da busca> ;

A cláusula ORDER BY ordena as tuplas de modo que o comando FETCH as buscará na ordem especificada. Ela é determinada de modo semelhante à cláusula correspondente para consultas SQL (ver Seção 6.3.6). As duas últimas opções quando se declara um cursor (INSENSITIVE e WITH HOLD) referem-se a características de transação dos programas de banco de dados, que discutiremos no Capítulo 20.

10.2.3 Especificando consultas em tempo de execução usando a SQL dinâmica

Nos exemplos anteriores, as consultas SQL embutidas foram escritas como parte do código-fonte do programa hospedeiro. Logo, quando quisermos escrever uma consulta diferente, temos de modificar o código do programa e passar por todas as etapas envolvidas (compilação, depuração, teste etc.). Em alguns casos, é conveniente escrever um programa que possa executar diferentes consultas ou atualizações SQL (ou outras operações) *dinamicamente em tempo de execução*. Por exemplo, podemos querer escrever um programa que aceite uma consulta SQL digitada pelo terminal, execute-a e apresente seu resultado, como as interfaces interativas disponíveis para a maioria dos SGBDs relacionais. Outro exemplo é quando uma interface de fácil utilização gera consultas SQL de maneira dinâmica para o usuário com base na entrada dele por meio de uma interface web ou aplicativo de celular. Nesta seção, apresentamos uma rápida visão geral da **SQL dinâmica**, que é uma técnica para escrever esse tipo de programa de banco de dados, dando um exemplo simples para ilustrar como essa linguagem pode funcionar. Na Seção 10.3, descreveremos outra técnica para lidar com consultas dinâmicas, usando bibliotecas de funções ou de classes.

O segmento de programa E3 da Figura 10.4 lê uma string inserida pelo usuário (essa string deverá ser um *comando de atualização* SQL neste exemplo) para a variável de string do programa *sqlupdatestring* na linha 3. Depois, ele **prepara** isso como um comando SQL na linha 4, associando-o à variável SQL *sqlcommand*. A linha 5 então **executa** o comando. Observe que, nesse caso, nenhuma verificação de sintaxe ou outros tipos de verificações sobre o comando são possíveis *em tempo de compilação*, pois o comando SQL não está disponível antes da execução. Isso é diferente dos nossos exemplos anteriores de SQL embutida, em que a consulta podia ser verificada em tempo de compilação, pois seu texto estava no código-fonte do programa.

```
   //Segmento de programa E3:
0) EXEC SQL BEGIN DECLARE SECTION ;
1) varchar sqlupdatestring[256] ;
2) EXEC SQL END DECLARE SECTION ;
   . . .
3) prompt("Digite o comando Update: ", sqlupdatestring) ;
4) EXEC SQL PREPARE sqlcommand FROM :sqlupdatestring ;
5) EXEC SQL EXECUTE sqlcommand ;
   . . .
```

Figura 10.4 Segmento de programa E3, um segmento de programa em C que usa a SQL dinâmica para atualizar uma tabela.

Em E3, o motivo para separar PREPARE e EXECUTE é que, se o comando tiver de ser executado várias vezes em um programa, ele pode ser preparado apenas uma vez. A **preparação do comando** costuma envolver sintaxe e outros tipos de verificações pelo sistema, bem como a geração do código para executá-lo. É possível combinar os comandos PREPARE e EXECUTE (linhas 4 e 5 em E3) em um único comando ao escrever

```
EXEC SQL EXECUTE IMMEDIATE :sqlupdatestring ;
```

Isso é útil se o comando tiver de ser executado apenas uma vez. Como alternativa, o programador pode separar as duas instruções para recuperar quaisquer erros após a instrução PREPARE, como em E3.

Embora a inclusão de um *comando de atualização* dinâmico seja relativamente simples na SQL dinâmica, uma *consulta de recuperação* dinâmica é muito mais complicada. Isso porque, em geral, não conhecemos os tipos ou o número de atributos a serem recuperados pela consulta SQL quando estamos escrevendo o programa. Às vezes, é preciso que haja uma estrutura de dados complexa para permitir diferentes números e tipos de atributos no resultado da consulta, caso não se conheça nenhuma informação anterior sobre a consulta dinâmica. Técnicas semelhantes às que discutiremos na Seção 10.3 podem ser usadas para atribuir resultados da consulta (e parâmetros da consulta) às variáveis do programa hospedeiro.

10.2.4 SQLJ: embutindo comandos SQL em Java

Nas subseções anteriores, demos uma ideia de como os comandos SQL podem ser embutidos em uma linguagem de programação tradicional, usando a linguagem C em nossos exemplos. Agora, voltamos nossa atenção para como a SQL pode ser embutida em uma linguagem de programação orientada a objeto,[8] em particular, a linguagem Java. A SQLJ é um padrão adotado por diversos vendedores para embutir SQL em Java. Historicamente, a SQLJ foi desenvolvida após a JDBC, a qual é usada para acessar bancos de dados SQL com a linguagem Java usando bibliotecas de classes e chamadas de função. Vamos discutir a JDBC na Seção 10.3.2. Nesta seção, focamos em SQLJ e como ela é usada no SGBDR Oracle. Um tradutor de SQLJ geralmente converterá comandos SQL para Java, que poderão ser executados por meio da interface JDBC. Logo, é necessário instalar um *driver JDBC* ao usar a SQLJ.[9] Nesta seção, mostramos como usar conceitos de SQLJ para escrever SQL embutida em um programa Java.

[8] Esta seção pressupõe que o leitor possui alguma familiaridade com conceitos orientados a objeto (ver Capítulo 12) e conceitos básicos de Java.

[9] Discutiremos sobre drivers JDBC na Seção 10.3.2.

Antes de ser capaz de processar SQLJ com Java em Oracle, é necessário importar várias bibliotecas de classes, mostradas na Figura 10.5. Estas incluem as classes JDBC e IO (linhas 1 e 2), além das classes adicionais listadas nas linhas 3, 4 e 5. Além disso, o programa precisa primeiro se conectar ao banco de dados desejado usando a chamada de função getConnection, que é um dos métodos da classe oracle da linha 5 da Figura 10.5. O formato dessa chamada de função, que retorna um objeto do tipo *contexto default*,[10] é o seguinte:

```
public static DefaultContext
getConnection (String url, String user, String password, Boolean autoCommit)
throws SQLException ;
```

Por exemplo, podemos escrever as instruções nas linhas 6 a 8 da Figura 10.5 para conectar a um banco de dados Oracle localizado no url <nome url> usando o login de <nome usuário> e <senha> com autocommit de cada comando,[11] e depois definir essa conexão como o **contexto default** para os comandos seguintes.

Nos exemplos a seguir, não mostraremos as classes ou programas Java completos, pois não é nossa intenção ensinar Java. Em vez disso, mostraremos segmentos de programa que ilustram o uso da SQLJ. A Figura 10.6 mostra as variáveis de programa Java usadas em nossos exemplos. O segmento de programa J1 na Figura 10.7 lê o Cpf de um funcionário e imprime algumas das informações do funcionário contidas no banco de dados.

```
1)  import java.sql.* ;
2)  import java.io.* ;
3)  import sqlj.runtime.* ;
4)  import sqlj.runtime.ref.* ;
5)  import oracle.sqlj.runtime.* ;
    . . .
6)  DefaultContext cntxt =
7)  Oracle.getConnection("<nome url>", "<nome usuário>",
    "<senha>", true) ;
8)  DefaultContext.setDefaultContext(cntxt) ;
    . . .
```

Figura 10.5 Importando classes necessárias para incluir SQLJ em programas Java no Oracle e estabelecendo uma conexão e um contexto default.

```
string nome_departamento, cpf, primeiro_nome, pnome, ultimo_
nome, unome, data_nascimento, endereco ;
char sexo, nome_meio, nmeio ;
double salario, sal ;
integer numero_dep_func, numero_dep ;
```

Figura 10.6 Variáveis de programa Java usadas nos exemplos de J1 e J2 de SQLJ.

[10] Um *contexto default*, quando definido, se aplica a comandos subsequentes no programa até que ele seja mudado.

[11] *Autocommit* significa mais ou menos que cada comando é aplicado ao banco de dados depois de ser executado. A alternativa é que o programador queira executar vários comandos de banco de dados relacionados e, depois, os confirme juntos. Discutiremos conceitos de confirmação (*commit*) no Capítulo 20, quando descrevermos transações do banco de dados.

```
    //Segmento de programa J1:
1)  cpf = readEntry("Digite o número do CPF: ") ;
2)  try {
3)    #sql { SELECT Primeiro_nome, Nome_meio, Ultimo_nome, Endereco, Salario
4)      INTO :primeiro_nome, :nome_meio, :ultimo_nome, :endereco, :salario
5)      FROM FUNCIONARIO WHERE Cpf = :cpf} ;
6)  } catch (SQLException se) {
7)      System.out.println("Número do CPF não existe: " + cpf) ;
8)      return ;
9)    }
10) System.out.println(primeiro_nome + " " + nome_meio + " " + ultimo_nome + " " +
    endereco + " " + salario)
```

Figura 10.7 Segmento de programa J1, um segmento de programa Java com SQLJ.

Observe que, como Java já usa o conceito de **exceções** para tratamento de erro, uma exceção especial, chamada SQLException, é utilizada para retornar erros ou condições de exceção depois de executar um comando de banco de dados SQL. Isso desempenha um papel semelhante a SQLCODE e SQLSTATE na SQL embutida. A Java tem muitos tipos de exceções predefinidas. Cada operação (função) Java deve especificar as exceções que podem ser **lançadas (thrown)** — ou seja, as condições de exceção que podem ocorrer enquanto se executa o código Java dessa operação. Se ocorrer uma exceção definida, o sistema transfere o controle ao código Java especificado para tratamento dessa exceção. Em J1, o tratamento da exceção para uma SQLException é especificado nas linhas 7 e 8. Em Java, a estrutura a seguir

```
try {<operação>} catch (<exceção>) {<código de tratamento de exceção>}
    <continuação do código>
```

é usada para lidar com exceções que ocorrem durante a execução da <operação>. Se não houver exceção, a <continuação do código> é processada diretamente. As exceções que podem ser lançadas pelo código em determinada operação devem ser especificadas como parte da declaração da operação ou *interface* — por exemplo, no formato a seguir:

```
<tipo de retorno da operação> <nome da operação> (<parâmetros>)
    throws SQLException, IOException ;
```

Em SQLJ, os comandos SQL embutidos em um programa Java são precedidos por #sql, conforme ilustrado na linha 3 de J1, de modo que possam ser identificados pelo pré-processador. O #sql é usado no lugar das palavras-chave EXEC SQL utilizadas na SQL embutida com a linguagem de programação C (ver Seção 10.2.1). A SQLJ usa uma *cláusula INTO* — semelhante àquela da SQL embutida — para retornar os valores de atributo recuperados do banco de dados por uma consulta SQL em variáveis de programa Java. As variáveis de programa são precedidas por sinais de dois pontos (:) na instrução SQL, assim como na SQL embutida.

Em J1, uma *única tupla* é recuperada pela consulta SQLJ embutida. É por isso que podemos atribuir seus valores de atributo diretamente a variáveis do programa Java na cláusula INTO, na linha 4 da Figura 10.7. Para consultas que recuperam mais de uma tupla, a SQLJ usa o conceito de um *iterador* (iterator), que é semelhante a um cursor na SQL embutida.

10.2.5 *Processando resultados de consulta em SQLJ por meio de iteradores*

Em SQLJ, um **iterador** é um tipo de objeto associado a uma coleção (conjunto ou multiconjunto) de registros em um **resultado de consulta**.[12] O iterador está associado às tuplas e aos atributos que aparecem no resultado de uma consulta. Existem dois tipos de iteradores:

1. Um **iterador nomeado** é associado a um resultado de consulta ao listar os *nomes e os tipos* de atributo que aparecem no resultado dela. Os nomes de atributo devem corresponder a variáveis de programa Java apropriadamente declarados, como mostra a Figura 10.6.
2. Um **iterador posicional** lista apenas os *tipos de atributo* que aparecem no resultado da consulta.

Nos dois casos, a lista deveria estar *na mesma ordem* dos atributos listados na cláusula SELECT da consulta. No entanto, o looping sobre um resultado de consulta é diferente para os dois tipos de iteradores. Primeiro, mostramos um exemplo de uso de um iterador *nomeado* na Figura 10.8, segmento de programa J2A. A linha 9 na Figura 10.8 mostra como um *tipo de iterador nomeado* Func é declarado. Observe que os nomes dos atributos em um tipo de iterador nomeado precisam combinar com os nomes dos atributos no resultado da consulta SQL. A linha 10 mostra como um *objeto iterador* f do tipo Func é criado no programa e depois associado a uma consulta (linhas 11 e 12).

```
      //Segmento de programa J2A:
0)    nome_departamento = readEntry("Digite o nome do departamento: ") ;
1)    try {
2)       #sql { SELECT Numero_departamento INTO :numero_dep
3)          FROM DEPARTAMENTO WHERE Nome_departamento = :nome_departamento} ;
4)    } catch (SQLException se) {
5)       System.out.println("Departamento não existe: " + nome_departamento) ;
6)       return ;
7)       }
8)    System.out.println("Informação do funcionário para departamento: " + nome_
      departamento) ;
9)    #sql iterator Func(String cpf, String primeiro_nome, String nome_meio,
      String ultimo_nome, double salario) ;
10)   Func f = null ;
11)   #sql f = { SELECT cpf, primeiro_nome, nome_meio, ultimo_nome, salario
12)      FROM FUNCIONARIO WHERE Numero_departamento = :numero_dep} ;
13)   while (f.next( )) {
14)      System.out.println(f.cpf + " " + f.primeiro_nome + " " + f.nome_meio + " " +
         f.ultimo_nome + " " + f.salario) ;
15)   }
16)   f.close( ) ;
```

Figura 10.8 Segmento de programa J2A, um segmento de programa Java que usa um iterador nomeado para imprimir informações de funcionário em determinado departamento.

[12] Discutiremos sobre iteradores com mais detalhes no Capítulo 12, quando apresentaremos os conceitos de banco de dados de objeto.

Quando o objeto iterador é associado a uma consulta (linhas 11 e 12 da Figura 10.8), o programa busca o resultado da consulta do banco de dados e define o iterador para uma posição *antes da primeira linha* no resultado da consulta. Esta se torna a **linha atual** para o iterador. Subsequentemente, operações **next** são emitidas sobre o objeto iterador. Cada next move o iterador para a *linha seguinte* no resultado da consulta, tornando-a a linha atual. Se a linha existir, a operação recupera os valores de atributo para essa linha nas variáveis de programa correspondentes. Se não houver mais linhas, a operação next retorna NULL, e pode assim ser usada para controlar o looping. Observe que o iterador nomeado *não precisa* de uma cláusula INTO, pois as variáveis do programa correspondentes aos atributos recuperados já estão especificadas quando o tipo iterador é declarado (linha 9 da Figura 10.8).

Na Figura 10.8, o comando (f.next( )) na linha 13 realiza duas funções: recupera a próxima tupla no resultado da consulta e controla o loop while. Quando o programa termina o processamento do resultado da consulta, o comando f.close( ) (linha 16) fecha o iterador.

A seguir, considere o mesmo exemplo usando iteradores *posicionais*, como mostra a Figura 10.9 (segmento de programa J2B). A linha 9 da Figura 10.9 mostra como um *tipo iterador posicional* Funcpos é declarado. A principal diferença entre ele e o iterador nomeado é que não existem nomes de atributo (correspondentes a nomes de variável de programa) no iterador posicional — apenas tipos de atributo. Isso pode oferecer mais flexibilidade, mas torna o processamento do resultado da consulta ligeiramente mais complexo. Os tipos de atributo ainda devem ser compatíveis com os tipos de atributo no resultado da consulta SQL e estar na mesma ordem. A linha 10 mostra como um *objeto iterador posicional* f do tipo Funcpos é criado no programa e depois associado a uma consulta (linhas 11 e 12).

```
    //Segmento de programa J2B:
0)  nome_departamento = readEntry("Digite o nome do departamento: ") ;
1)  try {
2)    #sql { SELECT Numero_departamento INTO : numero_dep
3)      FROM DEPARTAMENTO WHERE Nome_departamento = :nome_departamento} ;
4)  } catch (SQLException se) {
5)    System.out.println("Departamento não existe: " + nome_departamento) ;
6)    return ;
7)  }
8)  System.out.println("Informação do funcionário para departamento: " + nome_departamento) ;
9)  #sql iterator Funcpos(String, String, String, String, double) ;
10) Funcpos f = null ;
11) #sql f = { SELECT cpf, primeiro_nome, nome_meio, ultimo_nome, salario
12)   FROM FUNCIONARIO WHERE Numero_departamento = : numero_dep} ;
13) #sql { FETCH :f INTO :cpf, :pnome, :nmeio, :unome, :sal} ;
14) while (!f.endFetch( )) {
15)   System.out.println(cpf + " " + pnome + " " + nmeio + " " + unome + " " + sal) ;
16)   #sql { FETCH :f INTO :cpf, :pnome, :nmeio, :unome, :sal} ;
17) }
18) f.close( ) ;
```

Figura 10.9 Segmento de programa J2B, um segmento de programa em Java que usa um iterador posicional para imprimir informações de funcionário em um determinado departamento.

O iterador posicional se comporta de uma maneira mais parecida com a SQL embutida (ver Seção 10.2.2). Um comando **FETCH <variável de iteração> INTO <variáveis do programa>** é necessário para colocar a tupla seguinte em um resultado de consulta. Na primeira vez em que fetch é executado, ele recupera a primeira tupla (linha 13 na Figura 10.9). A linha 16 recupera a tupla seguinte até que não haja mais tuplas no resultado da consulta. Para controlar o loop, uma função de iterador posicional f.endFetch( ) é utilizada. Essa função é definida para um valor TRUE quando o iterador é associado inicialmente a uma consulta SQL (linha 11), e é definida como FALSE toda vez que um comando de busca retorna uma tupla válida do resultado da consulta. Ela é definida como TRUE novamente quando um comando de busca não encontra mais tuplas. A linha 14 mostra como o looping é controlado pela negação.

10.3 Programação de banco de dados com chamadas de função e bibliotecas de classes: SQL/CLI e JDBC

A SQL embutida (ver Seção 10.2) às vezes é chamada de técnica de programação de banco de dados estática, pois o texto da consulta é escrito no código-fonte do programa e não pode ser alterado sem uma nova compilação ou reprocessamento do código-fonte. O uso de chamadas de função é uma técnica mais dinâmica para programação de banco de dados que a SQL embutida. Já vimos uma técnica de programação dinâmica de banco de dados — SQL dinâmica — na Seção 10.2.3. As técnicas discutidas aqui oferecem outra abordagem para a programação dinâmica de banco de dados. Uma biblioteca de funções, também conhecida como interface de programação de aplicação (API), é usada para acessar o banco de dados. Embora isso ofereça mais flexibilidade, pois nenhum pré-processador é necessário, uma desvantagem é que a sintaxe e outras verificações sobre comandos SQL precisam ser feitas em tempo de execução. Outra desvantagem é que isso às vezes requer uma programação mais complexa para acessar resultados da consulta, pois os tipos e os números de atributos em um resultado de consulta podem não ser conhecidos previamente.

Nesta seção, damos uma visão geral de duas interfaces de chamada de função. Primeiro, discutimos a **SQL Call Level Interface (SQL/CLI)**, que é parte do padrão SQL. Ela foi desenvolvida como uma padronização de uma biblioteca de funções, conhecida como **ODBC (Open Database Connectivity)**. Usamos C como linguagem hospedeira em nossos exemplos de SQL/CLI. Depois, oferecemos uma visão geral da **JDBC**, que é a interface de chamada de função para acessar bancos de dados com Java. Embora normalmente se considere que JDBC signifique Java Database Connectivity, trata-se apenas de uma marca registrada da Sun Microsystems (agora Oracle), *não* de um acrônimo.

A principal vantagem do uso de uma interface de chamada de função é que ela facilita o acesso a múltiplos bancos de dados no mesmo programa de aplicação, mesmo que eles sejam armazenados sob diferentes pacotes de SGBD. Discutiremos isso melhor na Seção 10.3.2, quando abordaremos a programação de banco de dados Java com JDBC, embora essa vantagem também se aplique à programação de banco de dados com SQL/CLI e ODBC (ver Seção 10.3.1).

10.3.1 Programação de banco de dados com SQL/CLI usando C como linguagem hospedeira

Antes de usar as chamadas de função na SQL/CLI, é necessário instalar os pacotes de bibliotecas apropriados no servidor de banco de dados. Esses pacotes são obtidos com o vendedor do SGBD em uso. Agora, vamos apresentar uma visão geral de como a SQL/CLI pode ser usada em um programa em C.[13] Ilustraremos nossa apresentação com um exemplo de segmento de programa CLI1, mostrado na Figura 10.10.

Tratamento para registro de ambiente, conexão, instrução e descrição. Ao usar a SQL/CLI, as instruções SQL são criadas dinamicamente e passadas como *parâmetros de string* nas chamadas de função. Logo, é necessário registrar as informações sobre as interações do programa hospedeiro com o banco de dados nas estruturas de dados em tempo de execução, pois os comandos do banco são processados em tempo de execução. A informação é mantida em quatro tipos de registros, representados como *structs* em tipos de dados C. Um **registro de ambiente** é usado como recipiente para registrar uma ou mais conexões de banco de dados e definir informações de ambiente. Um **registro de conexão** registra as informações necessárias para determinada conexão de banco de dados. Um **registro de instrução** mantém as informações necessárias para uma instrução SQL. Um **registro de descrição** mantém as informações sobre tuplas ou parâmetros — por exemplo, o número de atributos e seus tipos em uma tupla, ou o número e os tipos de parâmetros em uma chamada de função. Isso é necessário quando o programador não conhece essa informação sobre a consulta ao escrever o programa. Em nossos exemplos, supomos que o

```
//Programa CLI1:
#include "sqlcli.h"
void imprimeSalario( ) {
SQLHSTMT inst1 ;
SQLHDBC con1 ;
SQLHENV amb1 ;
SQLRETURN ret1, ret2, ret3, ret4 ;
ret1 = SQLAllocHandle(SQL_HANDLE_ENV, SQL_NULL_HANDLE, &amb1) ;
if (!ret1) ret2 = SQLAllocHandle(SQL_HANDLE_DBC, amb1, &con1) else exit ;
if (!ret2) ret3 = SQLConnect(con1, "dbs", SQL_NTS, "js", SQL_NTS, "xyz", SQL_NTS) else exit ;
if (!ret3) ret4 = SQLAllocHandle(SQL_HANDLE_STMT, con1, &inst1) else exit ;
SQLPrepare(inst1, "select Ultimo_nome, Salario from FUNCIONARIO where Cpf = ?",
SQL_NTS) ;
prompt("Digite um número de CPF: ", cpf) ;
SQLBindParameter(inst1, 1, SQL_CHAR, &cpf, 11, &fetchlen1) ;
ret1 = SQLExecute(inst1) ;
if (!ret1) {
   SQLBindCol(inst1, 1, SQL_CHAR, &ultimo_nome, 15, &fetchlen1) ;
   SQLBindCol(inst1, 2, SQL_FLOAT, &salario, 4, &fetchlen2) ;
   ret2 = SQLFetch(inst1) ;
   if (!ret2) printf(cpf, ultimo_nome, salario)
      else printf("O número do CPF não existe: ", cpf) ;
   }
}
```

Figura 10.10 Segmento de programa CLI1, um segmento de programa em C com SQL/CLI.

[13] Nossa discussão aqui também se aplica à linguagem de programação C++ e C#, pois não usamos nenhum dos recursos orientados a objeto, mas focalizamos o mecanismo de programação de banco de dados.

programador conheça a consulta exata, de modo que não mostramos quaisquer registros de descrição.

Cada registro é acessível ao programa por meio de uma variável de ponteiro C — chamada **tratamento** (ou **handle**) do registro. O handle é retornado quando um registro é criado pela primeira vez. Para criar um registro e retornar seu handle, a seguinte função SQL é usada:

SQLAllocHandle(<tipo_handle>, <handle_1>, <handle_2>)

Nessa função, os parâmetros são os seguintes:

- <tipo_handle> indica o tipo do registro que está sendo criado. Os valores possíveis para este parâmetro são as palavras-chave SQL_HANDLE_ENV, SQL_HANDLE_DBC, SQL_HANDLE_STMT ou SQL_HANDLE_DESC, para um registro de ambiente, conexão, instrução ou descrição, respectivamente.
- <handle_1> indica o recipiente dentro do qual o novo handle está sendo criado. Por exemplo, para um registro de conexão, este seria o ambiente no qual a conexão está sendo criada, e para um registro de instrução, esta seria a conexão para essa instrução.
- <handle_2> é o ponteiro (handle) para o registro recém-criado do tipo <tipo_handle>.

Etapas em um programa de banco de dados. Ao escrever um programa em C que incluirá chamadas de banco de dados por meio da SQL/CLI, as seguintes etapas típicas são tomadas. Ilustramos as etapas referindo-nos ao exemplo CLI1 da Figura 10.10, que lê o número de Cpf de um funcionário e imprime seu sobrenome e salário.

1. **Incluindo a biblioteca de funções.** A *biblioteca de funções* compreendendo a SQL/CLI deve ser incluída no programa C. Esta é chamada de sqlcli.h, e é incluída usando a linha 0 na Figura 10.10.
2. **Declarando variáveis de tratamento.** Declare *variáveis de tratamento* dos tipos SQLHSTMT, SQLHDBC, SQLHENV e SQLHDESC para as instruções, conexões, ambientes e descrições necessárias no programa, respectivamente (linhas 2 a 4).[14] Também declare variáveis do tipo SQLRETURN (linha 5) para manter os códigos de retorno das chamadas de função da SQL/CLI. Um código de retorno 0 (zero) indica *execução bem-sucedida* da chamada de função.
3. **Registro de ambiente.** Um *registro de ambiente* deve ser configurado no programa usando SQLAllocHandle. A função para fazer isso aparece na linha 6. Como um registro de ambiente não está contido em qualquer outro registro, o parâmetro <handle_1> é o handle NULL SQL_NULL_HANDLE (ponteiro NULL) quando se cria um ambiente. O handle (ponteiro) para o registro de ambiente recém-criado é retornado na variável amb1 na linha 6.
4. **Conectando-se ao banco de dados.** Um *registro de conexão* é configurado no programa usando SQLAllocHandle. Na linha 7, o registro de conexão criado tem o handle con1 e está contido no ambiente amb1. Uma **conexão** é então estabelecida em con1 para um servidor de banco de dados em particular usando a função SQLConnect da SQL/CLI (linha 8). Em nosso exemplo, o nome do servidor de banco de dados ao qual estamos nos conectando é *dbs* e o nome de conta e senha para login são *js* e *xyz*, respectivamente.
5. **Registro de instrução.** Um *registro de instrução* é configurado no programa usando SQLAllocHandle. Na linha 9, o registro de instrução criado tem um handle inst1 e usa a conexão con1.

[14] Para manter nossa apresentação simples, não mostraremos os registros de descrição aqui.

6. **Preparando uma instrução SQL e parâmetros de instrução.** A instrução é *preparada* usando a função SQL/CLI **SQLPrepare**. Na linha 10, isso atribui a **string de instrução** SQL (a *consulta* em nosso exemplo) ao handle inst1. O símbolo de ponto de interrogação (?) na linha 10 representa um **parâmetro de instrução**, que é um valor a ser determinado em tempo de execução — normalmente, por seu vínculo com uma variável de programa em C. Em geral, poderia haver vários parâmetros na string da instrução. Eles são distinguidos pela ordem de aparecimento dos pontos de interrogação na string de instrução (o primeiro ? representa o parâmetro 1, o segundo ? representa o parâmetro 2, e assim por diante). O último parâmetro em SQLPrepare deveria dar o tamanho da string da instrução SQL em bytes, mas, se entrarmos com a palavra-chave SQL_NTS, isso indica que a string que mantém a consulta é uma *string terminada em NULL*, de modo que a SQL pode calcular seu tamanho automaticamente. Esse uso de SQL_NTS também se aplica a *outros parâmetros de string* nas chamadas de função em nossos exemplos.
7. **Vinculando os parâmetros de instrução.** Antes de executar a consulta, quaisquer parâmetros na string de consulta devem ser vinculados a variáveis do programa usando a função SQL/CLI SQLBindParameter. Na Figura 10.10, o parâmetro (indicado por ?) para a consulta preparada referenciada por inst1 é vinculado à variável do programa em C cpf na linha 12. Se houver *n* parâmetros na instrução SQL, devemos ter *n* chamadas de função SQLBindParameter, cada uma com uma *posição de parâmetro* diferente (1, 2, ..., *n*).
8. **Executando a instrução.** Após essas preparações, podemos executar a instrução SQL referenciada pelo handle inst1 usando a função SQLExecute (linha 13). Observe que, embora a consulta seja executada na linha 13, seus resultados ainda não foram atribuídos a quaisquer variáveis do programa em C.
9. **Processando o resultado da consulta.** Para determinar onde o resultado da consulta é retornado, uma técnica comum é a abordagem de **colunas vinculadas.** Aqui, cada coluna em um resultado de consulta é vinculada a uma variável de programa em C usando a função SQLBindCol. As colunas são distinguidas por sua ordem de aparecimento na consulta SQL. Nas linhas 15 e 16 da Figura 10.10, as duas colunas na consulta (Ultimo_nome e Salario) são vinculadas às variáveis do programa em C ultimo_nome e salario, respectivamente.[15]
10. **Recuperando valores de coluna.** Finalmente, para recuperar os valores de coluna nas variáveis de programa em C, usamos a função SQLFetch (linha 17). Essa função é semelhante ao comando FETCH da SQL embutida. Se um resultado de consulta tem uma coleção de tuplas, cada SQLFetch recebe a tupla seguinte e retorna seus valores de coluna para as variáveis do programa vinculadas. A SQLFetch retorna um código de exceção (diferente de zero) se não houver mais tuplas no resultado da consulta.[16]

Como podemos ver, o uso de chamadas de função dinâmicas requer muita preparação para configurar as instruções SQL e vincular parâmetros de instrução e resultados de consulta às variáveis de programa apropriadas.

[15] Uma técnica alternativa, conhecida como **colunas desvinculadas**, utiliza diferentes funções SQL/CLI, a saber, SQLGetCol ou SQLGetData, para recuperar colunas do resultado da consulta sem vinculá-las previamente; estas são aplicadas após o comando SQLFetch na linha 17.

[16] Se forem usadas variáveis de programa desvinculadas, a SQLFetch retorna a tupla em uma área de programa temporária. Cada SQLGetCol (ou SQLGetData) subsequente retorna um valor de atributo em ordem. Basicamente, para cada linha no resultado da consulta, o programa deve percorrer os valores de atributo (colunas) nessa linha. Isso é útil se o número de colunas no resultado da consulta for variável.

Em CLI1, uma *única tupla* é selecionada pela consulta SQL. A Figura 10.11 mostra um exemplo da recuperação de múltiplas tuplas. Consideramos que as variáveis apropriadas do programa em C foram declaradas como na Figura 10.1. O segmento de programa em CLI2 lê (solicita) um número de departamento e depois recupera os funcionários que nele trabalham. Um loop, então, percorre cada registro de funcionário, um de cada vez, e imprime o último nome e o salário do funcionário.

10.3.2 JDBC: biblioteca de classes SQL para programação Java

Agora, vamos voltar nossa atenção para o modo como a SQL pode ser chamada com base na linguagem de programação orientada a objeto Java.[17] As bibliotecas de classes para esse acesso são conhecidas como **JDBC**.[18] A linguagem de programação Java foi projetada para ser independente de plataforma — ou seja, um programa

```
//Segmento de programa CLI2:
#include "sqlcli.h"
void imprimeFuncionariosDep( ) {
SQLHSTMT inst1 ;
SQLHDBC con1 ;
SQLHENV amb1 ;
SQLRETURN ret1, ret2, ret3, ret4 ;
ret1 = SQLAllocHandle(SQL_HANDLE_ENV, SQL_NULL_HANDLE, &amb1) ;
if (!ret1) ret2 = SQLAllocHandle(SQL_HANDLE_DBC, amb1, &con1) else exit ;
if (!ret2) ret3 = SQLConnect(con1, "dbs", SQL_NTS, "js", SQL_NTS, "xyz",
SQL_NTS) else exit ;
if (!ret3) ret4 = SQLAllocHandle(SQL_HANDLE_STMT, con1, &inst1) else exit ;
SQLPrepare(inst1, "select Ultimo_nome, Salario from FUNCIONARIO where
Numero_departamento = ?", SQL_NTS) ;
prompt("Digite o número do Departamento: ", numero_dep_func) ;
SQLBindParameter(inst1, 1, SQL_INTEGER, &numero_dep_func, 4, &fetchlen1) ;
ret1 = SQLExecute(inst1) ;
if (!ret1) {
  SQLBindCol(inst1, 1, SQL_CHAR, &ultimo_nome, 15, &fetchlen1) ;
  SQLBindCol(inst1, 2, SQL_FLOAT, &salario, 4, &fetchlen2) ;
  ret2 = SQLFetch(inst1) ;
  while (!ret2) {
    printf(ultimo_nome, salario) ;
    ret2 = SQLFetch(inst1) ;
    }
  }
}
```

Figura 10.11 Segmento de programa CLI2, um segmento de programa em C que usa SQL/CLI para uma consulta com uma coleção de tuplas em seu resultado.

[17] Esta seção pressupõe uma familiaridade com conceitos orientados a objeto (ver Capítulo 11) e conceitos básicos de Java.

[18] Como já dissemos, JDBC é uma marca registrada da Sun Microsystems, embora normalmente seja considerado um acrônimo para Java Database Connectivity.

deve ser capaz de rodar em qualquer tipo de sistema de computador que tenha um interpretador Java instalado. Em razão dessa portabilidade, muitos fornecedores de SGBDR oferecem drivers JDBC de modo que seja possível acessar seus sistemas por meio de programas Java.

Drivers JDBC. Um **driver JDBC** é basicamente uma implementação das classes e objetos associados e chamadas de função especificadas na JDBC para o SGBDR de determinado fornecedor. Logo, um programa Java com objetos e chamadas de função JDBC pode acessar qualquer SGBDR que tenha um driver JDBC disponível.

Como a Java é orientada a objeto, suas bibliotecas de função são implementadas como **classes**. Antes de ser capaz de processar chamadas de função JDBC com Java, é necessário importar as **bibliotecas de classes JDBC**, que se chamam java.sql.*. Estas podem ser baixadas e instaladas pela web.

A JDBC foi elaborada para permitir que um único programa Java se conecte a vários bancos de dados diferentes. Estes às vezes são chamados de **fontes de dados** acessadas pelo programa Java, e poderiam ser armazenadas usando SGBDRs de diferentes vendedores, residindo em diferentes máquinas. Logo, variados acessos a fontes de dados no mesmo programa Java podem exigir drivers JDBC de diferentes vendedores. Para alcançar essa flexibilidade, uma classe JDBC especial, chamada classe **gerenciadora de driver**, é empregada e registra os drivers instalados. Um driver deve ser *registrado* no gerenciador de driver antes de ser usado. As operações (métodos) da classe gerenciadora de driver incluem getDriver, registerDriver e deregisterDriver. Estas podem ser usadas para acrescentar e remover drivers dinamicamente para diferentes sistemas. Outras funções configuram e fecham conexões com fontes de dados.

Para carregar um driver JDBC de maneira explícita, pode ser usada a função Java genérica para carregar uma classe. Por exemplo, para carregar o driver JDBC para o SGBDR da Oracle, o comando a seguir pode ser usado:

```
Class.forName("oracle.jdbc.driver.OracleDriver")
```

Isso registrará o driver no gerenciador e o tornará disponível ao programa. Também é possível carregar e registrar os drivers necessários na linha de comandos que executa o programa, por exemplo, ao incluir o seguinte na linha de comando:

```
–Djdbc.drivers = oracle.jdbc.driver
```

Etapas de programação em JDBC. A seguir, vemos as etapas típicas realizadas ao escrever um programa de aplicação Java com acesso a banco de dados por meio de chamadas de função JDBC. Ilustramos as etapas nos referindo ao exemplo JDBC1 da Figura 10.12, que lê um número de Cpf de um funcionário e imprime o último nome e o salário dele.

1. **Importar a biblioteca de classes JDBC.** A *biblioteca de classes* JDBC precisa ser importada para o programa Java. Essas classes são chamadas de java.sql.*, e podem ser importadas usando a linha 1 da Figura 10.12. Quaisquer bibliotecas de classe Java adicionais necessárias pelo programa também devem ser importadas.
2. **Carregar o driver JDBC.** Isso é mostrado nas linhas 4 a 7. A exceção Java na linha 5 ocorre se o driver não for carregado com sucesso.
3. **Criar variáveis apropriadas.** Estas são as variáveis necessárias no programa Java (linhas 8 e 9).
4. **O objeto Connection.** Um **objeto de conexão** é criado usando a função getConnection da classe DriverManager do JDBC. Nas linhas 12 e 13, o objeto Connection é criado usando a chamada de função getConnection(urlstring), na qual urlstring tem a forma

```
    //Programa JDBC1:
0)  import java.io.* ;
1)  import java.sql.* ;
      ...
2)  class ObterInfFunc {
3)    public static void main (String args []) throws SQLException, IOException {
4)      try { Class.forName("oracle.jdbc.driver.OracleDriver")
5)      } catch (ClassNotFoundException x) {
6)        System.out.println ("Driver não pode ser carregado") ;
7)      }
8)      String usuariodb, senha, cpf, ultimo_nome ;
9)      Double salario ;
10)     usuariodb= readEntry("Digite o usuário do banco de dados:") ;
11)     senha = readEntry("Digite a senha:") ;
12)     Connection con = DriverManager.getConnection
13)       ("jdbc:oracle:oci8:" + usuariodb + "/" + senha) ;
14)     String inst1 = "select Ultimo_nome, Salario from FUNCIONARIO where Cpf = ?" ;
15)     PreparedStatement p = conn.prepareStatement(inst1) ;
16)     cpf = readEntry("Digite um número de CPF: ") ;
17)     p.clearParameters( ) ;
18)     p.setString(1, cpf) ;
19)     ResultSet r = p.executeQuery( ) ;
20)     while (r.next( )) {
21)       Ultimo_nome = r.getString(1) ;
22)       salario = r.getDouble(2) ;
23)       System.out.println(ultimo_nome + salario) ;
24)   }
25) }
```

Figura 10.12 Segmento de programa JDBC1, um segmento de programa em Java com JDBC.

```
jdbc:oracle:<Tipodriver>:<usuariodb>/<senha>
```

Uma forma alternativa é

```
getConnection(url, usuariodb, senha)
```

Várias propriedades podem ser definidas para um objeto de conexão, mas elas são relacionadas principalmente a propriedades transicionais, que discutiremos no Capítulo 21.

5. **O objeto PreparedStatement.** Um **objeto de instrução** é criado no programa. Em JDBC, existe uma classe de instrução básica, Statement, com duas subclasses especializadas: PreparedStatement e CallableStatement. O exemplo da Figura 10.12 ilustra como objetos **PreparedStatement** são criados e usados. O próximo exemplo (Figura 10.13) ilustra o outro tipo de objetos Statement. Na linha 14 da Figura 10.12, uma string de consulta com um único parâmetro — indicado pelo símbolo ? — é criada na variável de string inst1. Na linha 15, um objeto

```
//Program Segment JDBC2:
import java.io.* ;
import java.sql.* ;
   ...
class imprimeFuncsDepartamento {
  public static void main (String args [ ])
     throws SQLException, IOException {
    try { Class.forName("oracle.jdbc.driver.OracleDriver")
    } catch (ClassNotFoundException x) {
       System.out.println ("Driver não pode ser carregado") ;
    }
  String usuariodb, senha, ultimo_nome ;
  Double salario ;
  Integer numero_dep_func ;
  usuariodb = readEntry("Digite o usuário do banco de dados:") ;
  senha = readEntry("Digite a senha:") ;
  Connection con = DriverManager.getConnection
       ("jdbc:oracle:oci8:" + usuariodb + "/" + senha) ;
  numero_dep_func = readEntry("Digite o número do departamento: ") ;
  String q = "select Ultimo_nome, Salario from FUNCIONARIO
  where numero_dep_func = " + numero_dep_func.tostring( ) ;
  Statement s = con.createStatement( ) ;
  ResultSet r = s.executeQuery(q) ;
  while (r.next( )) {
       ultimo_nome = r.getString(1) ;
       salario = r.getDouble(2) ;
       System.out.println(ultimo_nome + salario) ;
  }
}
```

Figura 10.13 Segmento de programa JDBC2, um segmento de programa que usa JDBC para uma consulta com uma coleção de tuplas em seu resultado.

p do tipo PreparedStatement é criado com base na string de consulta em inst1 e usando o objeto de conexão con. Em geral, o programador deve usar objetos PreparedStatement se uma consulta tiver de ser executada *múltiplas vezes*, pois ela seria preparada, verificada e compilada apenas uma vez, economizando assim esse custo para execuções adicionais da consulta.

6. **Definindo os parâmetros de instrução.** O ponto de interrogação (?) na linha 14 representa um **parâmetro de instrução,** que é um valor a ser determinado em tempo de execução, normalmente vinculando-o a uma variável de programa Java. Em geral, poderia haver vários parâmetros, distinguidos pela ordem de aparecimento dos pontos de interrogação na string de instrução (o primeiro ? representa o parâmetro 1, o segundo ? representa o parâmetro 2, e assim por diante), conforme discutimos anteriormente.
7. **Vinculando os parâmetros de instrução.** Antes de executar uma consulta PreparedStatement, quaisquer parâmetros devem ser vinculados a variáveis do

programa. Dependendo do tipo do parâmetro, diferentes funções, como setString, setInteger, setDouble, e assim por diante, podem ser aplicadas ao objeto PreparedStatement para definir seus parâmetros. A função apropriada deve ser usada para corresponder ao tipo de dado do parâmetro que está sendo definido. Na Figura 10.12, o parâmetro (indicado por ?) no objeto p é vinculado à variável de programa Java cpf na linha 18. A função setString é utilizada porque cpf é uma variável de string. Se houver *n* parâmetros na instrução SQL, devemos ter *n* funções set..., cada uma com uma posição de parâmetro diferente (1, 2, ..., *n*). Geralmente, é aconselhável limpar todos os parâmetros antes de definir quaisquer valores novos (linha 17).

8. **Executando a instrução SQL.** Após essas preparações, podemos executar a instrução SQL referenciada pelo objeto p usando a função executeQuery (linha 19). Existe uma função genérica execute em JDBC, mais duas funções especializadas: executeUpdate e executeQuery. A executeUpdate é utilizada para instruções insert, delete ou update da SQL, e retorna um valor inteiro indicando o número de tuplas que foram afetadas. A executeQuery é empregada para instruções de recuperação SQL e retorna um objeto do tipo ResultSet, que vamos discutir na sequência.
9. **Processando o objeto ResultSet.** Na linha 19, o resultado da consulta é retornado em um *objeto* **r** do tipo **ResultSet.** Isso é semelhante a um array bidimensional ou a uma tabela, na qual as tuplas são as linhas e os atributos retornados são as colunas. Um objeto ResultSet é semelhante a um cursor na SQL embutida e um iterador em SQLJ. Em nosso exemplo, quando a consulta é executada, r refere-se a uma tupla antes da primeira tupla no resultado da consulta. A função r.next( ) (linha 20) se move para a próxima tupla (linha) no objeto ResultSet e retorna NULL se não houver mais objetos. Isso serve para controlar o looping. O programador pode se referir aos atributos na tupla atual usando diversas funções get..., que dependem do tipo de cada atributo (por exemplo, getString, getInteger, getDouble, e assim por diante). O programador pode usar tanto as posições de atributo (1, 2) como os nomes de atributo reais ("Ultimo_nome", "Salario") com as funções get.... Em nossos exemplos, usamos a notação posicional nas linhas 21 e 22.

Em geral, o programador pode verificar exceções SQL depois de cada chamada de função JDBC. Não fizemos isso para simplificar os exemplos.

Observe que a JDBC não distingue consultas que retornam tuplas isoladas daquelas que retornam múltiplas tuplas, diferentemente de algumas outras técnicas. Isso é justificável porque um conjunto de resultados de única tupla é apenas um caso especial.

No Exemplo JDBC1, uma *única tupla* é selecionada pela consulta SQL, de modo que o loop nas linhas 20 a 24 é executado no máximo uma vez. O exemplo mostrado na Figura 10.13 ilustra a recuperação de múltiplas tuplas. O segmento de programa em JDBC2 lê (solicita) um número de departamento e depois recupera os funcionários que trabalham nesse departamento. Um loop, então, percorre cada registro de funcionário, um de cada vez, e imprime o sobrenome e o salário de cada um. Esse exemplo também ilustra como podemos *executar uma consulta diretamente*, sem ter de prepará-la, como no exemplo anterior. Essa técnica é preferível para consultas que serão executadas apenas uma vez, pois é mais simples de programar. Na linha 17 da Figura 10.13, o programador cria um objeto **Statement** (em vez de um PreparedStatement, como no exemplo anterior) sem associá-lo a uma string de consulta em particular. A string de consulta q é *passada ao objeto de instrução* s ao ser executada na linha 18.

Isso conclui nossa breve introdução à JDBC. O leitor interessado deve consultar o website <http://java.sun.com/docs/books/tutorial/jdbc/>, que contém muitos outros detalhes sobre essa linguagem.

10.4 Procedimentos armazenados de banco de dados e SQL/PSM

Esta seção introduz dois tópicos adicionais relacionados à programação de banco de dados. Na Seção 10.4.1, vamos discutir o conceito de procedimentos armazenados, que são módulos de programa armazenados pelo SGBD no servidor de banco de dados. Depois, na Seção 10.4.2, vamos abordar as extensões à SQL especificadas no padrão para incluir construções de programação de uso geral em SQL. Essas extensões são conhecidas como SQL/PSM (SQL/Persistent Stored Modules) e podem ser usadas para escrever procedimentos armazenados. A SQL/PSM também serve como exemplo de uma linguagem de programação de banco de dados que estende um modelo de banco de dados e linguagem — a saber, a SQL — com algumas construções de programação, como instruções condicionais e loops.

10.4.1 Procedimentos e funções armazenados de banco de dados

Em nossa apresentação das técnicas de programação de banco de dados até aqui, houve uma suposição implícita de que o programa de aplicação de banco de dados estava rodando em uma máquina cliente ou, mais provavelmente, no *computador do servidor de aplicação* na camada intermediária de uma arquitetura cliente-servidor de três camadas (ver Seção 2.5.4 e Figura 2.7). Em ambos os casos, a máquina em que o programa está executando é diferente da máquina em que o servidor de banco de dados — e a parte principal do pacote de software de SGBD — está localizado. Embora isso seja adequado para muitas aplicações, às vezes é útil criar módulos de programa de banco de dados — procedimentos ou funções — que são armazenados e executados pelo SGBD no servidor de banco de dados. Estes são historicamente conhecidos como **procedimentos armazenados** (ou **stored procedures**) do banco de dados, embora possam ser funções ou procedimentos. O termo usado no padrão SQL para os procedimentos armazenados é **módulos armazenados persistentes**, porque esses programas são armazenados persistentemente pelo SGBD, de modo semelhante aos dados persistentes armazenados pelo SGBD.

Os procedimentos armazenados são úteis nas seguintes circunstâncias:

- Se um programa de banco de dados é necessário por várias aplicações, ele pode ser armazenado no servidor e invocado por qualquer um dos programas de aplicação. Isso reduz a duplicação de esforço e melhora a modularidade do software.
- A execução de um programa no servidor pode reduzir a transferência de dados e o custo de comunicação entre o cliente e o servidor em certas situações.
- Esses procedimentos podem melhorar o poder de modelagem fornecido pelas visões ao permitir que tipos mais complexos de dados derivados estejam disponíveis aos usuários do banco de dados por meio de procedimentos armazenados. Além disso, eles podem ser usados para verificar restrições complexas que estão além do poder de especificação de asserções e triggers.

Em geral, muitos SGBDs comerciais permitem que procedimentos e funções armazenados sejam escritos em uma linguagem de programação de uso geral. Como alternativa, um procedimento armazenado pode ser feito de comandos SQL simples, como recuperações e atualizações. O formato geral da declaração de procedimentos armazenados é o seguinte:

```
CREATE PROCEDURE <nome do procedimento> (<parâmetros>)
<declarações locais>
<corpo do procedimento> ;
```

Os parâmetros e as declarações locais são opcionais e especificados apenas se necessário. Para declarar uma função, um tipo de retorno é necessário, de modo que o formato da declaração é

```
CREATE FUNCTION <nome da função> (<parâmetros>)
RETURNS <tipo de retorno>
<declarações locais>
<corpo da função> ;
```

Se o procedimento (ou função) for escrito em uma linguagem de programação de uso geral, é comum especificar a linguagem e também um nome de arquivo em que o código do programa é armazenado. Por exemplo, o formato a seguir pode ser utilizado:

```
CREATE PROCEDURE <nome do procedimento> (<parâmetros>)
LANGUAGE <nome da linguagem de programação>
EXTERNAL NAME <nome do caminho do arquivo> ;
```

Em geral, cada parâmetro deve ter um **tipo de parâmetro**, o qual é um dos tipos de dados da SQL. Cada parâmetro também deve ter um **modo de parâmetro**, que é um dentre IN, OUT ou INOUT. Estes correspondem a parâmetros cujos valores são apenas de entrada, apenas de saída (retornados) ou de entrada e saída, respectivamente.

Como os procedimentos e funções são armazenados de maneira persistente pelo SGBD, deve ser possível chamá-los das várias interfaces SQL e linguagens de programação. A **instrução** CALL no padrão SQL pode ser usada para chamar um procedimento armazenado — ou por uma interface interativa, ou SQLJ ou SQL embutida. O formato da instrução é o seguinte:

```
CALL <nome do procedimento ou função> (<lista de argumentos>) ;
```

Se essa instrução for chamada da JDBC, ela deve ser atribuída a um objeto de instrução do tipo **CallableStatement** (ver Seção 10.3.2).

10.4.2 SQL/PSM: estendendo a SQL para especificar módulos armazenados persistentes

A SQL/PSM é a parte do padrão SQL que especifica como escrever módulos armazenados persistentes. Ela inclui as instruções para criar funções e procedimentos que descrevemos na seção anterior. Também inclui construções de programação adicionais para melhorar o poder da SQL com a finalidade de escrever o código (ou o corpo) dos procedimentos e funções armazenados.

Nesta seção, vamos discutir as construções SQL/PSM para instruções condicionais (desvio) e para instruções de looping. Estas darão uma ideia do tipo de construção que a SQL/PSM incorporou.[19] Depois, oferecemos um exemplo para ilustrar como essas construções podem ser usadas.

A instrução de desvio condicional na SQL/PSM tem a seguinte forma:

---

[19] Só oferecemos uma breve introdução à SQL/PSM aqui. Existem muitos outros recursos no padrão SQL/PSM.

```
IF <condição> THEN <lista de instruções>
      ELSEIF <condição> THEN <lista de instruções>
      ...
      ELSEIF <condição> THEN <lista de instruções>
      ELSE <lista de instruções>
END IF ;
```

Considere o exemplo da Figura 10.14, que ilustra como a estrutura de desvio condicional pode ser usada em uma função SQL/PSM. A função retorna um valor de string (linha 1) descrevendo o tamanho de um departamento em uma empresa com base no número de funcionários. Existe um parâmetro inteiro IN, numdep, que indica um número de departamento. Uma variável local Total_de_funcs é declarada na linha 2. A consulta nas linhas 3 e 4 retorna o número de funcionários no departamento, e o desvio condicional nas linhas 5 a 8 então retorna um dos valores {'ENORME', 'GRANDE', 'MEDIO', 'PEQUENO'}, com base no número de funcionários.

A SQL/PSM tem várias construções para looping. Existem estruturas de looping padrão while e repeat, com as seguintes formas:

```
WHILE <condição> DO
      <lista de instruções>
END WHILE ;
REPEAT
      <lista de instruções>
UNTIL <condição>
END REPEAT ;
```

Há também uma estrutura de looping baseada em cursor. A lista de instruções em tal loop é executada uma vez para cada tupla no resultado da consulta. Esta tem a seguinte forma:

```
FOR <nome do loop> AS <nome do cursor> CURSOR FOR <consulta> DO
      <lista de instruções>
END FOR ;
```

Os loops podem ter nomes, e existe uma instrução LEAVE <nome do loop> para parar um loop quando uma condição é satisfeita. A SQL/PSM tem muitos outros recursos, mas eles estão fora do escopo de nossa apresentação.

```
    // Função PSM1:
0)  CREATE FUNCTION Tamanho_dep(IN numdep INTEGER)
1)  RETURNS VARCHAR [7]
2)  DECLARE Total_de_funcs INTEGER ;
3)  SELECT COUNT(*) INTO Total_de_funcs
4)  FROM FUNCIONARIO WHERE Numero_departamento = numdep ;
5)  IF Total_de_funcs > 100 THEN RETURN "ENORME"
6)  ELSEIF Total_de_funcs > 25 THEN RETURN "GRANDE"
7)  ELSEIF Total_de_funcs > 10 THEN RETURN "MEDIO"
8)  ELSE RETURN "PEQUENO"
9)  END IF ;
```

Figura 10.14 Declarando uma função em SQL/PSM.

10.5 Comparando as três técnicas

Nesta seção, comparamos rapidamente as três técnicas para programação de banco de dados e discutimos as vantagens e desvantagens de cada uma.

1. **Técnica da SQL embutida.** A principal vantagem desta técnica é que o texto da consulta faz parte do próprio código-fonte do programa e, portanto, é possível verificar erros de sintaxe e validar contra o esquema do banco de dados em tempo de compilação. Isso também torna o programa bastante legível, pois as consultas são prontamente visíveis no código-fonte. As principais desvantagens são a perda de flexibilidade na mudança da consulta em tempo de execução e o fato de que todas as mudanças nas consultas devem passar pelo processo inteiro de recompilação. Além disso, como as consultas são conhecidas de antemão, a escolha de variáveis de programa para manter os resultados da consulta é uma tarefa simples e, dessa forma, a programação da aplicação costuma ser mais fácil. Porém, para aplicações complexas em que as consultas precisam ser geradas em tempo de execução, a técnica de chamada de função será mais adequada.
2. **Técnica da biblioteca de classes e chamadas de função.** Esta técnica oferece mais flexibilidade porque as consultas podem ser geradas em tempo de execução, se necessário. Contudo, isso leva a uma programação mais complexa, visto que as variáveis do programa que combinam com as colunas no resultado da consulta podem não ser conhecidas de antemão. Como as consultas são passadas como strings de instrução nas chamadas de função, nenhuma verificação pode ser feita em tempo de compilação. Toda verificação de sintaxe e validação de consulta precisa ser feita em tempo de execução, pela preparação da consulta, e o programador deve verificar e levar em conta possíveis erros adicionais em tempo de execução no código do programa.
3. **Técnica da linguagem de programação de banco de dados.** Esta técnica não sofre do problema de divergência de impedância, pois os tipos de dados da linguagem de programação são os mesmos que os tipos de dados do banco de dados. Porém, os programadores precisam aprender uma nova linguagem de programação, em vez de usar uma linguagem com a qual já estão familiarizados. Além disso, algumas linguagens de programação de banco de dados são específicas do vendedor, ao passo que as de uso geral podem funcionar facilmente com sistemas de diversos vendedores.

10.6 Resumo

Neste capítulo, apresentamos recursos adicionais da linguagem de banco de dados SQL. Em particular, apresentamos uma visão geral das técnicas mais importantes para programação de banco de dados na Seção 10.1. Depois, discutimos as diversas técnicas para a programação de aplicação de banco de dados nas seções 10.2 a 10.4.

Na Seção 10.2, discutimos a técnica geral conhecida como SQL embutida, na qual as consultas fazem parte do código-fonte do programa. Um pré-compilador normalmente é usado para extrair comandos SQL do programa, para processamento pelo SGBD, e substituindo-os pelas chamadas de função ao código compilado do SGBD. Apresentamos uma visão geral da SQL embutida, usando a linguagem de programação C como linguagem hospedeira em nossos exemplos. Também discutimos a técnica SQLJ para embutir SQL em programas Java. Os conceitos de cursor (para a SQL embutida) e iterador (para a SQLJ) foram apresentados e ilustrados com exemplos para mostrar como eles são usados para percorrer as tuplas em um resultado de consulta e extrair o valor do atributo de variáveis do programa, para processamento posterior.

Na Seção 10.3, discutimos como as bibliotecas de chamada de função podem ser usadas para acessar bancos de dados SQL. Essa técnica é mais dinâmica que a SQL embutida, mas requer programação mais complexa porque os tipos e o número de atributos em um resultado de consulta podem ser determinados em tempo de execução. Uma visão geral do padrão SQL/CLI foi apresentada, com exemplos usando C como a linguagem hospedeira. Discutimos algumas das funções na biblioteca SQL/CLI, como as consultas são passadas como strings, como os parâmetros de consulta são atribuídos em tempo de execução e como os resultados são retornados às variáveis do programa. Depois, demos uma visão geral da biblioteca de classes JDBC, que é usada em Java, e abordamos algumas de suas classes e operações. Em particular, a classe ResultSet é utilizada para criar objetos que mantêm os resultados da consulta, que podem então ser percorridos pela operação next( ). As funções get e set, para recuperar valores de atributo e definir valores de parâmetro, também foram discutidas.

Na Seção 10.4, falamos rapidamente sobre os procedimentos armazenados e discutimos a SQL/PSM como um exemplo de linguagem de programação de banco de dados. Por fim, comparamos brevemente as três técnicas na Seção 10.5. É importante observar que escolhemos dar uma visão geral comparativa das três técnicas principais para programação de banco de dados, pois o estudo de uma técnica em particular em profundidade é um assunto que merece ser abordado em um livro inteiro.

PERGUNTAS DE REVISÃO

10.1. O que é ODBC? Qual é sua relação com a SQL/CLI?

10.2. O que é JDBC? Ela é um exemplo de SQL embutida ou de uso de chamadas de função?

10.3. Liste as três técnicas principais para programação de banco de dados. Quais são as vantagens e desvantagens de cada uma?

10.4. O que é o problema da divergência de impedância? Qual das três técnicas de programação minimiza esse problema?

10.5. Descreva o conceito de um cursor e como ele é usado na SQL embutida.

10.6. Para que é usada a SQLJ? Descreva os dois tipos de iteradores disponíveis na SQLJ.

EXERCÍCIOS

10.7. Considere o banco de dados mostrado na Figura 1.2, cujo esquema é mostrado na Figura 2.1. Escreva um segmento de programa para ler o nome de um aluno e imprimir sua média de notas, considerando que A = 4, B = 3, C = 2 e D = 1 ponto. Use a SQL embutida com C como linguagem hospedeira.

10.8. Repita o Exercício 10.7, mas use a SQLJ com Java como linguagem hospedeira.

10.9. Considere o esquema de banco de dados relacional de biblioteca da Figura 6.6. Escreva um segmento de programa que recupere a lista de livros que ficaram em atraso ontem e que imprima o título do livro e o nome de quem pegou cada um emprestado. Use a SQL embutida e C como a linguagem hospedeira.

10.10. Repita o Exercício 10.9, mas use SQLJ com Java como linguagem hospedeira.

10.11. Repita os exercícios 10.7 e 10.9, mas use SQL/CLI com C como linguagem hospedeira.

10.12. Repita os exercícios 10.7 e 10.9, mas use JDBC com Java como linguagem hospedeira.

10.13. Repita o Exercício 10.7, mas escreva uma função em SQL/PSM.

10.14. Crie uma função em PSM que calcule o salário médio para a tabela FUNCIONARIO mostrada na Figura 5.5.

BIBLIOGRAFIA SELECIONADA

Existem muitos livros que descrevem os diversos aspectos da programação de banco de dados em SQL. Por exemplo, Sunderraman (2007) descreve a programação no SGBD Oracle 10g e Reese (1997) foca a JDBC e a programação Java. Muitos recursos também estão disponíveis na web.

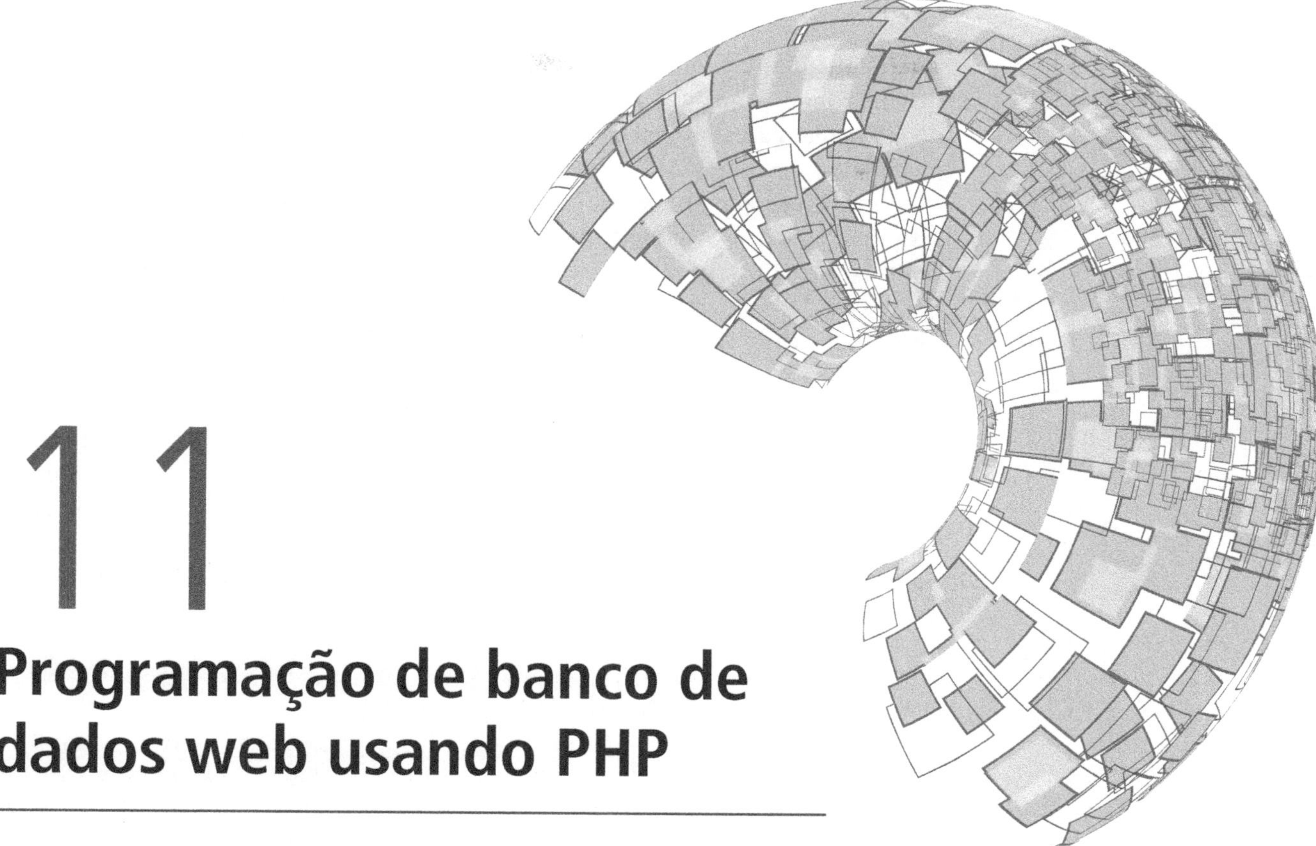

11 Programação de banco de dados web usando PHP

No capítulo anterior, fornecemos uma visão geral das técnicas de programação de banco de dados utilizando linguagens de programação tradicionais, e usamos as linguagens Java e C em nossos exemplos. Agora, vamos voltar nossa atenção para o modo como os bancos de dados são acessados a partir de linguagens de scripting. Muitas aplicações da internet, que oferecem interfaces web para acessar informações armazenadas em um ou mais bancos de dados, utilizam linguagens de scripting. Essas linguagens normalmente são usadas para gerar documentos HTML, que são então exibidos pelo navegador web para interação com o usuário. Em nossa apresentação, consideramos que o leitor já esteja familiarizado com os conceitos básicos de HTML.

A HTML básica é útil para gerar páginas web *estáticas* com texto fixo e outros objetos, mas a maioria das aplicações da internet exige páginas web que oferecem recursos interativos com o usuário. Por exemplo, considere o caso de um cliente de companhia aérea que deseja verificar as informações de hora e portão de chegada de um determinado voo. O usuário pode inserir informações como data e número de voo em certos campos da página web. A interface web enviará essa informação ao programa de aplicação, que formula e submete uma consulta ao servidor de banco de dados da companhia aérea para recuperar a informação de que o usuário precisa. A informação do banco de dados é retornada à página web para exibição. Essas páginas, nas quais parte da informação é extraída de bancos ou de outras fontes de dados, são denominadas páginas web *dinâmicas*. Os dados extraídos e exibidos a cada vez serão para diferentes voos e datas.

Existem várias técnicas para a programação de recursos dinâmicos nas páginas web. Vamos focar em uma técnica aqui, que é baseada no uso da linguagem de scripting do lado do servidor de código aberto PHP. Originalmente, PHP significava Personal Home Page, mas agora significa PHP Hypertext Processor. A PHP passou a ser bastante utilizada. Os interpretadores para PHP são fornecidos gratuitamente e escritos na linguagem C, de modo que estão disponíveis na maioria das plataformas de computador. Um interpretador PHP oferece um pré-processador de hipertexto, que executará comandos PHP em um arquivo de texto e criará o arquivo HTML desejado. Para acessar bancos de dados, uma biblioteca de funções PHP precisa ser incluída no interpretador PHP, conforme discutiremos na Seção 11.3. Os programas PHP são executados no servidor web. Isso é diferente de algumas linguagens de scripting, como o JavaScript, que são executadas no computador cliente. Existem muitas outras linguagens de scripting populares, que podem ser usadas para acessar bancos de dados e criar páginas web dinâmicas, como JavaScript, Ruby, Python e PERL, para citar apenas algumas.

Este capítulo é organizado da seguinte forma. A Seção 11.1 contém um exemplo simples para ilustrar como a PHP pode ser utilizada. A Seção 11.2 oferece uma visão geral da linguagem PHP e como ela é usada para programar algumas funções básicas para páginas web interativas. A Seção 11.3 focaliza o uso da PHP para interagir com bancos de dados SQL por meio de uma biblioteca de funções conhecida como PEAR DB. A Seção 11.4 lista algumas das tecnologias adicionais associadas a Java para programação web e de banco de dados (já discutimos sobre JDBC e SQLJ no Capítulo 10). Por fim, a Seção 11.5 contém um resumo do capítulo.

11.1 Um exemplo simples em PHP

A PHP é uma linguagem de scripting de uso geral com código aberto. O mecanismo interpretador da PHP é escrito na linguagem de programação C, de modo que pode ser utilizado em quase todos os tipos de computadores e sistemas operacionais. A PHP normalmente vem instalada com o sistema operacional UNIX. Para plataformas de computação com outros sistemas operacionais, como Windows, Linux ou Mac OS, o interpretador PHP pode ser baixado em <http://www.php.net>. Assim como outras linguagens de scripting, a PHP é particularmente adequada para a manipulação de páginas de texto, e em particular para a manipulação de páginas HTML dinâmicas no servidor web. Isso é diferente da JavaScript, que é baixada com as páginas web para execução no computador cliente.

A PHP possui bibliotecas de funções para acessar bancos de dados armazenados em diversos tipos de sistemas de bancos de dados relacionais, como Oracle, MySQL, SQLServer e em qualquer sistema que suporta o padrão ODBC (ver Capítulo 10). Sob a arquitetura de três camadas (ver Capítulo 2), o SGBD residiria no **servidor de banco de dados da camada inferior.** A PHP seria executada no **servidor web da camada intermediária,** em que os comandos de programa em PHP manipulariam os arquivos HTML para criar as páginas web dinâmicas personalizadas. A HTML é então enviada à **camada cliente** para exibição e interação com o usuário.

Considere o exemplo mostrado na Figura 11.1(a), que pede que um usuário informe o nome e o último nome e depois imprime uma mensagem de boas-vindas a ele. Os números de linha não fazem parte do código do programa; eles são utilizados a seguir apenas como referência para a explicação:

1. Suponha que o arquivo contendo o script em PHP no segmento de programa P1 esteja armazenado no seguinte local da internet: <http://www.meuservidor.com/exemplo/saudacao.php>. Então, se um usuário digita esse endereço no navegador, o interpretador PHP começa a interpretar o código e a produzir o formulário mostrado na Figura 11.1(b). Explicaremos como isso acontece enquanto examinamos as linhas no segmento de código P1.

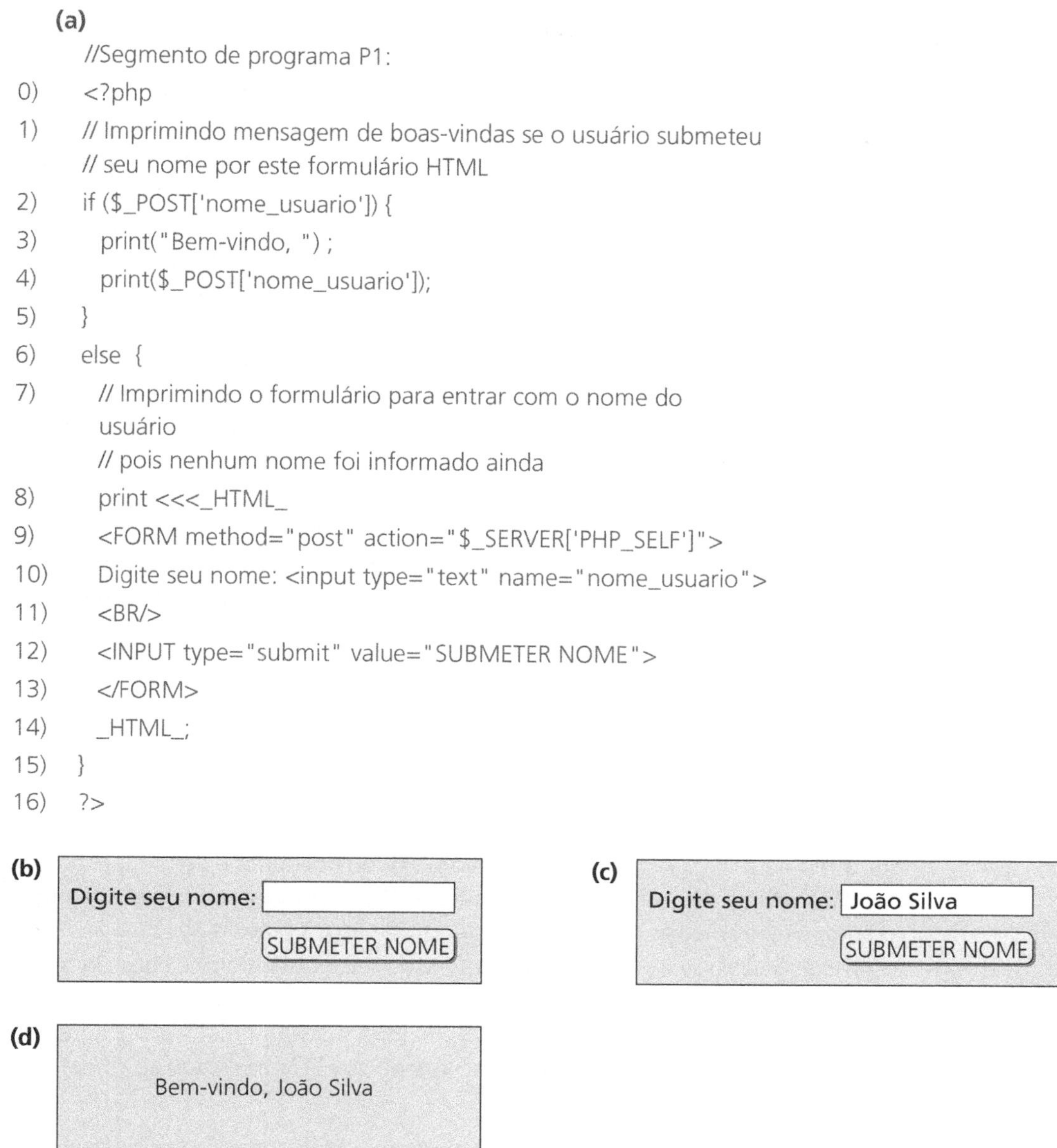

(a)

```
   //Segmento de programa P1:
0)  <?php
1)  // Imprimindo mensagem de boas-vindas se o usuário submeteu
    // seu nome por este formulário HTML
2)  if ($_POST['nome_usuario']) {
3)    print("Bem-vindo, ") ;
4)    print($_POST['nome_usuario']);
5)  }
6)  else {
7)    // Imprimindo o formulário para entrar com o nome do
      usuário
      // pois nenhum nome foi informado ainda
8)    print <<<_HTML_
9)    <FORM method="post" action="$_SERVER['PHP_SELF']">
10)   Digite seu nome: <input type="text" name="nome_usuario">
11)   <BR/>
12)   <INPUT type="submit" value="SUBMETER NOME">
13)   </FORM>
14)   _HTML_;
15) }
16) ?>
```


Figura 11.1 (a) Segmento de programa PHP para a entrada de uma saudação. (b) Formulário inicial exibido pelo segmento de programa PHP. (c) Usuário informa o nome *João Silva*. (d) Formulário imprime saudação para *João Silva*.

2. A linha 0 mostra a tag de início da PHP <?php, que indica ao mecanismo interpretador PHP que ele deverá processar todas as linhas de texto seguintes até encontrar a tag de fim PHP ?>, mostrada na linha 16. O texto fora dessas tags é impresso tal como está. Isso permite que os segmentos de código PHP sejam incluídos em um arquivo HTML maior. Somente as seções no arquivo entre <?php e ?> são processadas pelo pré-processador PHP.
3. A linha 1 mostra um modo de postar comentários em um programa PHP em uma única linha iniciada por //. Comentários de uma linha também podem ser iniciados com #, e terminam ao final da linha em que são inseridos. Comentários em múltiplas linhas começam com /* e terminam com */.
4. A variável PHP **autoglobal** predefinida $_POST (linha 2) é um vetor que mantém todos os valores inseridos por meio de parâmetros do formulário. Vetores em PHP

são *vetores dinâmicos*, sem um número fixo de elementos. Eles podem ser vetores indexados numericamente, cujos índices (posições) são numerados (0, 1, 2, ...), ou podem ser vetores associativos cujos índices podem ser quaisquer valores de string. Por exemplo, um vetor associativo indexado com base na cor pode ter os índices {"vermelho", "azul", "verde"}. Neste exemplo, $_POST é indexado de forma associativa pelo nome do valor postado nome_usuario que é especificado no atributo de nome da tag de entrada na linha 10. Assim, $_POST['nome_ usuario'] conterá o valor digitado pelo usuário. Discutiremos mais sobre vetores em PHP na Seção 11.2.2.

5. Quando a página web em <http://www.meuservidor.com/exemplo/saudacao.php> é aberta inicialmente, a condição if na linha 2 será avaliada como falsa porque ainda não existe valor em $_POST['nome_usuario']. Logo, o interpretador PHP processará as linhas 6 a 15, as quais criam o texto para um arquivo HTML que exibe o formulário mostrado na Figura 11.1(b). Este é então exibido no lado do cliente pelo navegador web.
6. A linha 8 mostra uma maneira de criar **strings de texto longas** em um arquivo HTML. Discutiremos outras maneiras de especificar strings mais adiante nesta seção. Todo texto entre um <<<_HTML_ de abertura e um _HTML_; de fechamento é impresso no arquivo HTML tal como está. O _HTML_; de fechamento precisa estar sozinho, em uma linha separada. Assim, o texto acrescentado ao arquivo HTML enviado ao cliente será o texto entre as linhas 9 e 13. Isso inclui as tags HTML para criar o formulário mostrado na Figura 11.1(b).
7. **Nomes de variável** do PHP começam com um sinal $ e podem incluir caracteres, números e o caractere de sublinhado _. A variável autoglobal (predefinida) do PHP $_SERVER (linha 9) é um vetor que inclui informações sobre o servidor local. O elemento $_SERVER['PHP_SELF'] no vetor é o nome do caminho do arquivo PHP que atualmente está sendo executado no servidor. Portanto, o atributo action da tag FORM (linha 9) instrui o interpretador PHP a reprocessar o mesmo arquivo, quando os parâmetros do formulário forem inseridos pelo usuário.
8. Logo que o usuário digita o nome *João Silva* na caixa de texto e clica no botão *SUBMETER NOME* [(Figura 11.1(c)], o segmento de programa *P1* é reprocessado. Dessa vez, $_POST['nome_usuario'] incluirá a string "João Silva", de modo que as linhas 3 e 4 agora serão colocadas no arquivo HTML enviado ao cliente, que exibe a mensagem da Figura 11.1(d).

Como podemos ver por esse exemplo, o programa PHP pode criar dois comandos HTML diferentes, dependendo se o usuário acabou de entrar ou se já submeteu seu nome pelo formulário. Em geral, um programa PHP pode criar diversas variações de texto HTML em um arquivo HTML no servidor, dependendo dos caminhos condicionais particulares tomados no programa. Logo, a HTML enviada ao cliente será diferente, dependendo da interação com o usuário. Esse é um modo como a PHP é usada para criar páginas web *dinâmicas*.

11.2 Visão geral dos recursos básicos da PHP

Nesta seção, fornecemos uma visão geral de alguns dos recursos da PHP que são úteis na criação de páginas HTML interativas. A Seção 11.3 focalizará como os programas em PHP podem acessar bancos de dados para consulta e atualização. Não podemos oferecer uma discussão abrangente sobre PHP, pois existem livros dedicados apenas a esse assunto. Em vez disso, focalizamos a ilustração de certas características da PHP que são particularmente adequadas para a criação de páginas web dinâmicas que contêm comandos de acesso a banco de dados. Esta seção abrange alguns conceitos e recursos da PHP que serão necessários quando discutirmos o acesso a banco de dados na Seção 11.3.

11.2.1 Variáveis, tipos de dados e construções de programação em PHP

Os **nomes de variável** em PHP começam com o símbolo $ e podem incluir caracteres, letras e o caractere de sublinhado (_). Nenhum outro caractere especial é permitido. Os nomes de variável diferenciam maiúsculas de minúsculas, e o primeiro caractere não pode ser um número. O tipo das variáveis não precisa ser definido antecipadamente. Os valores atribuídos às variáveis determinam seu tipo. De fato, a mesma variável pode mudar seu tipo quando um novo valor for atribuído a ela. A atribuição é feita por meio do operador =.

Como a PHP é direcionada para o processamento de textos, existem vários tipos diferentes de valores de string. Também há muitas funções disponíveis para o processamento de strings. Só vamos discutir algumas propriedades básicas dos valores de string e variáveis aqui. A Figura 11.2 ilustra alguns desses valores. Existem quatro formas principais de expressar strings e texto:

1. **Strings com aspas simples.** Delimite a string com aspas simples, como nas linhas 0, 1 e 2. Se uma aspa simples for necessária dentro da string, use o caractere de escape (\).
2. **Strings com aspas duplas.** Delimite strings com aspas duplas, como na linha 7. Neste caso, *nomes de variável que aparecem dentro da string* são substituídos pelos valores que estão atualmente armazenados nessas variáveis. O interpretador identifica nomes de variável nas strings com aspas duplas por seu caractere inicial $ e os substitui pelo valor na variável. Isso é conhecido como **interpolação de variáveis** nas strings. A interpolação não ocorre nas strings com aspas simples.
3. **Here documents (heredoc).** Delimite uma parte de um documento entre um <<<DOCNAME e termine essa parte com uma única linha contendo o nome do documento DOCNAME. DOCNAME pode ser qualquer string, desde que seja usado tanto para iniciar quanto para terminar o heredoc. Isso é ilustrado nas linhas 8 a 11 da Figura 11.2. As variáveis também são interpoladas substituindo-as por seus valores de string, se aparecerem em heredocs. Esse recurso é utilizado de modo semelhante às strings com aspas duplas, mas é mais conveniente para texto de múltiplas linhas.
4. **Aspas simples e duplas.** Aspas simples e duplas usadas pela PHP para delimitar strings devem ser aspas *retas* (" ") nos dois lados da string. O editor de textos

```
0)   print 'Bem-vindo ao meu web site.';
1)   print 'Eu disse a ele, "Bem-vindo a casa"';
2)   print 'Vamos agora visitar o próximo site';
3)   printf('O preço é R$%.2f e o imposto é R$%.2f', $preço,
     $imposto) ;
4)   print strtolower('AbCdE');
5)   print ucwords(strtolower('JOAO silva'));
6)   print 'abc' . 'efg'
7)   print "envie seu e-mail para: $endereco_email"
8)   print <<<FORM_HTML
9)   <FORM method="post" action="$_SERVER['PHP_SELF']">
10)  Digite seu nome: <input type="text" name="nome_usuario">
11)  FORM_HTML
```

Figura 11.2 Ilustrando valores de string e texto básicos da PHP.

que criar essas aspas não deverá produzir aspas *curvas* de abertura e fechamento (" ") em torno da string.

Há também um operador de concatenação de string especificado pelo símbolo de ponto (.), conforme ilustrado na linha 6 da Figura 11.2. Existem muitas funções de string, mas ilustramos apenas algumas delas aqui. A função strtolower muda os caracteres alfabéticos na string para minúsculas, enquanto a função ucwords converte para maiúsculo o primeiro caractere de cada palavra. Estas são ilustradas nas linhas 4 e 5 da Figura 11.2.

A regra é usar strings com aspas simples para strings literais, que não contêm variáveis de programa em PHP, e os outros dois tipos (strings com aspas duplas e heredocs) quando os valores das variáveis precisarem ser interpolados na string. Para grandes blocos de texto em múltiplas linhas, o programa deverá usar o estilo de *here documents* para as strings.

A PHP também possui tipos de dados para números inteiros e de ponto flutuante, e geralmente segue as regras da linguagem de programação C para o processamento desses tipos. Números podem ser formatados para impressão em strings especificando-se o número de dígitos após o ponto decimal. Uma variação da função print, chamada printf (print formatado), permite a formatação de números em uma string, conforme ilustra a linha 3 da Figura 11.2.

Existem as construções da linguagem de programação padrão para loops for, loops while e instruções if condicionais. Elas costumam ser semelhantes às suas equivalentes na linguagem C; não vamos discuti-las aqui. De modo semelhante, *qualquer valor* é avaliado como verdadeiro se usado como uma expressão booleana, *exceto pelo* zero numérico (0) e a string vazia, que são avaliados como falsos. Há também os valores literais true e false que podem ser atribuídos. Os operadores de comparação em geral também seguem as regras da linguagem C. São eles == (igual), != (não igual), > (maior que), >= (maior ou igual), < (menor que) e <= (menor ou igual).

11.2.2 Vetores em PHP

Vetores são muito importantes em PHP, pois permitem listas de elementos. Eles são usados constantemente em formulários que empregam menus pull-down. Um vetor unidimensional serve para manter a lista de escolhas no menu pull-down. Para resultados de consulta de banco de dados, vetores bidimensionais são utilizados, com a primeira dimensão representando *linhas* de uma tabela e a segunda dimensão representando *colunas* (atributos) em uma linha. Existem dois tipos principais de vetores: numéricos e associativos. A seguir, vamos discutir cada um deles no contexto dos vetores unidimensionais.

Um **vetor numérico** associa um índice numérico (posição ou número de sequência) a cada elemento no vetor. Os índices são números inteiros que começam em zero e crescem de forma incremental. Um elemento no vetor é referenciado por meio de seu índice. Um **vetor associativo** oferece pares de elementos (chave => valor). O valor de um elemento é referenciado por meio de sua chave, e todos os valores de chave em determinado vetor precisam ser exclusivos. Os valores de elemento podem ser strings ou inteiros, ou eles mesmos podem ser vetores, levando assim a vetores de maior dimensão.

A Figura 11.3 oferece dois exemplos de variáveis de vetor: $ensinar e $disciplinas. O primeiro vetor $ensinar é associativo (ver a linha 0 da Figura 11.3), e cada elemento associa um nome de disciplina (como chave) ao nome do professor da disciplina (como valor). Existem três elementos nesse vetor. A linha 1 mostra como o vetor pode ser atualizado. O primeiro comando na linha 1 atribui um novo professor à disciplina 'Gráfico', atualizando seu valor. Como o valor-chave 'Gráfico' já existe no vetor, nenhum elemento é criado, mas o valor existente é atualizado. O segundo

```
0)   $ensinar = array('Banco de dados' => 'Silva', 'SO' =>
                'Carrick', 'Gráfico' => 'Kam');
1)   $ensinar['Gráfico'] = 'Benson'; $ensinar['Mineração
     dados'] = 'Li';
2)   sort($ensinar);
3)   foreach ($ensinar as $chave => $valor) {
4)     print " $chave : $valor\n";}
5)   $disciplinas = array('Banco de dados', 'SO', 'Gráfico',
     'Mineração dados');
6)   $alterna_cor = array('azul', 'amarelo');
7)   for ($i = 0, $num = count($disciplinas); i < $num; $i++) {
8)     print '<TR bgcolor="' . $alterna_cor[$i % 2] . '">';
9)     print "<TD>Disciplina $i is< TD><TD>$disciplina[$i]</TD></TR>\n";
10)  }
```

Figura 11.3 Ilustrando o processamento de vetor básico em PHP.

comando cria um elemento, pois o valor-chave 'Mineração dados' não existia no vetor antes. Novos elementos são acrescentados ao final do vetor.

Se só oferecermos valores (não chaves) como elementos do vetor, as chaves são automaticamente numéricas e numeradas com 0, 1, 2, ... Isso é ilustrado na linha 5 da Figura 11.3, pelo vetor $disciplinas. Vetores associativos e numéricos não têm limites de tamanho. Se algum valor de outro tipo de dado, digamos, um inteiro, for atribuído a uma variável PHP que estava mantendo um vetor, a variável agora mantém o valor inteiro e o conteúdo do vetor é perdido. Basicamente, a maioria das variáveis pode receber valores de qualquer tipo de dado a qualquer momento.

Existem várias técnicas para percorrer vetores em PHP. Ilustramos duas delas na Figura 11.3. As linhas 3 e 4 mostram um método de percorrer todos os elementos em um vetor usando a construção foreach, e de imprimir a chave e o valor de cada elemento em uma linha separada. As linhas 7 a 10 mostram como uma construção de loop for tradicional pode ser usada. Uma função embutida count (linha 7) retorna o número atual de elementos no vetor, que é atribuído à variável $num e utilizado para controlar o término do loop.

O exemplo nas linhas 7 a 10 ilustra como uma tabela HTML pode ser exibida com cores de linha alternadas, ao definir as cores em um vetor $alterna_cor (linha 8). A cada passada do loop, a função de resto $i % 2 muda de uma linha (índice 0) para a seguinte (índice 1) (ver a linha 8). A cor é atribuída ao atributo HTML *bgcolor* da tag <TR> (que em inglês significa *table row* ou linha de tabela).

A função count (linha 7) retorna o número atual de elementos no vetor. A função sort (linha 2) classifica o vetor com base nos valores de elemento nela contidos (não as chaves). Para vetores associativos, cada chave permanece associada ao mesmo valor de elemento após a classificação. Isso não ocorre quando se classificam vetores numéricos. Existem muitas outras funções que podem ser aplicadas a vetores PHP, mas uma discussão completa está fora do escopo de nossa apresentação aqui.

11.2.3 Funções em PHP

Assim como em outras linguagens de programação, as **funções** podem ser definidas em PHP para estruturar melhor um programa complexo e compartilhar seções comuns do código, que podem ser reutilizadas por várias aplicações. A versão mais nova da PHP, a PHP5, também possui recursos orientados a objeto, mas não discutiremos a respeito deles aqui, pois estamos nos concentrando nos fundamentos da PHP. As funções básicas da PHP podem ter argumentos que são *passados por valor*. Variáveis globais podem ser acessadas nas funções. As regras de escopo padrão se aplicam a variáveis que aparecem em uma função e no código que chama a função.

Agora, vamos dar dois exemplos simples para ilustrar as funções básicas da PHP. Na Figura 11.4, mostramos como poderíamos reescrever o segmento de código P1 da Figura 11.1(a) usando funções. O segmento de código P1' da Figura 11.4 tem duas funções: exibir_saudacao( ) (linhas 0 a 3) e exibir_form_vazio( ) (linhas 5 a 13). Nenhuma dessas funções tem argumentos ou valores de retorno. As linhas 14 a 19 mostram como podemos chamar essas funções para produzir o mesmo efeito do segmento de código P1 na Figura 11.1(a). Como podemos ver neste exemplo, as funções podem ser utilizadas apenas para tornar o código PHP mais bem estruturado e mais fácil de acompanhar.

Um segundo exemplo é mostrado na Figura 11.5. Aqui, estamos usando o vetor $ensinar apresentado na Figura 11.3. A função professor_disciplina( ) nas linhas 0 a 8 da Figura 11.5 possui dois argumentos: $disciplina (uma string contendo um nome de disciplina) e $atividades_ensino (um vetor associativo contendo trabalhos de disciplina, semelhante ao vetor $ensinar mostrado na Figura 11.3). A função acha o nome do professor que leciona uma disciplina em particular. As linhas 9 a 14 da Figura 11.5 mostram como essa função pode ser usada.

```
    //Segmento de programa P1':
0)  function exibir_saudacao( ) {
1)    print("Bem-vindo, ") ;
2)    print($_POST['nome_usuario']);
3)  }
4)
5)  function exibir_form_vazio( ); {
6)  print <<<_HTML_
7)  <FORM method="post" action="$_SERVER['PHP_SELF']">
8)  Digite seu nome: <INPUT type="text" name="nome_usuario">
9)  <BR/>
10) <INPUT type="submit" value="Submeter nome">
11) </FORM>
12) _HTML_;
13) }
14) if ($_POST['nome_usuario']) {
15)   exibir_saudacao( );
16) }
17) else {
18)   exibir_form_vazio( );
19) }
```

Figura 11.4 Reescrevendo o segmento de programa P1 como P1' usando funções.

```
0)  function professor_disciplina ($disciplina, $atividades_
    ensino) {
1)    if (array_key_exists($disciplina, $atividades_ensino)) {
2)    $professor = $atividades_ensino [$disciplina];
3)    RETURN "professor está lecionando $disciplina";
4)    }
5)    else {
6)    RETURN "não existe a disciplina $disciplina";
7)    }
8)  }
9)  $ensinar = array('Banco de dados' => 'Silva', 'SO' =>
                    'Carrick', 'Gráfico' => 'Kam');
10) $ensinar['Gráfico'] = 'Benson'; $ensinar['Mineracao dados'] = 'Li';
11) $x = professor_disciplina('Banco de dados', $ensinar);
12) print($x);
13) $x = professor_disciplina('Arquitetura de Computadores',
    $ensinar);
14) print($x);
```

Figura 11.5 Ilustrando uma função com argumentos e valor de retorno.

A chamada de função na linha 11 retornaria a string: *Silva está lecionando Banco de Dados*, pois a entrada de vetor com a chave 'Banco de dados' tem o valor 'Silva' para professor. Por sua vez, a chamada de função na linha 13 retornaria a string: *não existe a disciplina Arquitetura de Computadores*, pois não há uma entrada no vetor com a chave 'Arquitetura de Computadores'. Alguns comentários sobre este exemplo e sobre as funções em PHP em geral:

- A função de vetor em PHP embutida array_key_exists($k, $a) retorna verdadeira se o valor na variável $k *existir como uma chave* no *vetor associativo* na variável $a. Em nosso exemplo, ela verifica se o valor de $disciplina fornecido existe como uma chave no vetor $atividades_ensino (linha 1 da Figura 11.5).
- Os argumentos de função são passados por valor. Logo, neste exemplo, as chamadas nas linhas 11 e 13 não poderiam mudar o vetor $ensinar fornecido como argumento para a chamada. Os valores fornecidos nos argumentos são passados (copiados) para os argumentos da função quando esta é chamada.
- Os valores de retorno de uma função são colocados após a palavra-chave RETURN. Uma função pode retornar qualquer tipo. Neste exemplo, ela retorna um tipo string. Duas strings diferentes podem ser retornadas em nosso exemplo, dependendo de o valor da chave $disciplina fornecido existir no vetor ou não.
- As regras de escopo para nomes de variável se aplicam como nas outras linguagens de programação. Variáveis globais fora da função não podem ser utilizadas, a menos que sejam referenciadas usando o vetor embutido da PHP $GLOBALS. Basicamente, $GLOBALS['abc'] acessará o valor em uma variável global $abc definida fora da função. Caso contrário, as variáveis que aparecem em uma função são locais, mesmo que haja uma variável global com o mesmo nome.

A discussão anterior oferece uma breve introdução às funções da PHP. Vários detalhes não foram discutidos, pois não é nosso objetivo apresentar a PHP detalhadamente.

11.2.4 Variáveis de servidor e formulários em PHP

Existem várias entradas embutidas em uma variável de vetor autoglobal da PHP, chamada $_SERVER, que podem oferecer ao programador informações úteis sobre o servidor em que o interpretador PHP está rodando, bem como outras informações. Estas podem ser necessárias quando se constrói o texto em um documento HTML (por exemplo, veja a linha 7 da Figura 11.4). Aqui estão algumas dessas entradas:

1. **$_SERVER['SERVER_NAME']**. Essa entrada fornece o nome do website do servidor em que o interpretador PHP está rodando. Por exemplo, se o interpretador PHP estiver rodando no website <http://www.uta.edu>, então essa string seria o valor em $_SERVER['SERVER_NAME'].
2. **$_SERVER['REMOTE_ADDRESS']**. Esse é o endereço IP (internet Protocol) do computador usuário do cliente que está acessando o servidor, por exemplo, 129.107.61.8.
3. **$_SERVER['REMOTE_HOST']**. Esse é o nome do website do computador usuário do cliente, por exemplo, abc.uta.edu. Neste caso, o servidor precisará traduzir o nome para um endereço IP para acessar o cliente.
4. **$_SERVER['PATH_INFO']**. Essa é a parte do endereço URL que vem após a barra (/) ao final do URL.
5. **$_SERVER['QUERY_STRING']**. Isso fornece a string que mantém os parâmetros em um URL após o ponto de interrogação (?) ao final do URL. Isso pode manter parâmetros de pesquisa, por exemplo.
6. **$_SERVER['DOCUMENT_ROOT']**. Esse é o diretório raiz que mantém os arquivos no servidor web que são acessíveis aos usuários clientes.

Estas e outras entradas no vetor $_SERVER normalmente são necessárias ao criar o arquivo HTML a ser enviado para exibição.

Outra importante variável embutida de vetor autoglobal da PHP é $_POST. Esta oferece ao programador os valores de entrada submetidos pelo usuário por meio de formulários HTML especificados na tag HTML <INPUT> e outras tags semelhantes. Por exemplo, na linha 14 da Figura 11.4, a variável $_POST['nome_usuario'] oferece ao programador o valor digitado pelo usuário no formulário HTML especificado pela tag <INPUT> na linha 8. As chaves para esse vetor são os nomes dos diversos parâmetros de entrada fornecidos por meio do formulário, por exemplo, usando o atributo name da tag <INPUT> da HTML, como na linha 8. Quando os usuários inserem dados nos formulários, os valores de dados podem ser armazenados nesse vetor.

11.3 Visão geral da programação de banco de dados em PHP

Existem várias técnicas para acessar um banco de dados por meio de uma linguagem de programação. Discutimos algumas delas no Capítulo 10, nas visões gerais sobre como acessar um banco de dados SQL usando as linguagens de programação C e Java. Em particular, discutimos SQL embutida, JDBC, SQL/CLI (semelhante à ODBC) e SQLJ. Nesta seção, oferecemos um panorama de como acessar o banco de dados usando a linguagem de scripting PHP, que é bastante adequada para a criação de interfaces web para busca e atualização de bancos de dados, bem como de páginas web dinâmicas.

Existe uma biblioteca de funções de acesso a banco de dados PHP que faz parte do PHP Extension and Application Repository (PEAR), uma coleção de várias bibliotecas de funções para melhorar a PHP. A biblioteca PEAR DB oferece funções para acesso a banco de dados. Muitos sistemas de banco de dados podem ser acessados por essa biblioteca, incluindo Oracle, MySQL, SQLite e Microsoft SQLServer, entre outros.

Discutiremos várias funções que fazem parte da PEAR DB no contexto de alguns exemplos. A Seção 11.3.1 mostra como se conectar a um banco de dados usando a PHP. A Seção 11.3.2 discute como os dados coletados de formulários HTML podem ser usados para inserir um novo registro em uma tabela (relação) de banco de dados. A Seção 11.3.3 mostra como consultas de recuperação podem ser executadas e ter seus resultados exibidos em uma página web dinâmica.

11.3.1 Conectando a um banco de dados

Para usar as funções de banco de dados em um programa PHP, o módulo de biblioteca PEAR DB, chamado DB.php, precisa ser carregado. Na Figura 11.6, isso é feito na linha 0 do exemplo. Agora as funções de biblioteca DB podem ser acessadas usando DB::<nome_função>. A função para conectar a um banco de dados é chamada de DB::connect('string'), na qual o argumento de string especifica a informação de banco de dados. O formato para 'string' é:

<software SGBD>://<conta do usuário>: <senha>@<servidor de banco de dados>

Na Figura 11.6, a linha 1 conecta ao banco de dados que está armazenado usando Oracle (especificado por meio da string oci8). A parte <software SGBD> da 'string' especifica o pacote de software de SGBD em particular que está sendo conectado. Alguns dos pacotes de software SGBD acessíveis por meio do PEAR DB são:

- **MySQL.** Especificado como mysql para versões mais antigas e mysqli para versões mais recentes, começando com a versão 4.1.2.

```
0)  require 'DB.php';
1)  $d = DB::connect('oci8://conta1:senha12@www.host.com/db1');
2)  if (DB::isError($d)) { "die(não pode conectar – " . $d->getMessage( ));}
    ...
3)  $q = $d->query("CREATE TABLE FUNCIONARIO
4)      (Cod_func INT,
5)      Nome VARCHAR(15),
6)      Cargo VARCHAR(10),
7)      Numero_departamento INT);" );
8)  if (DB::isError($q)) { die ("criação de tabela sem sucesso – " .
                          $q->getMessage( )); }
      ...
9)  $d->setErrorHandling(PEAR_ERROR_DIE);
    ...
10) $cod = $d->nextID('FUNCIONARIO');
11) $q = $d->query("INSERT INTO FUNCIONARIO VALUES
12)     ($cod, $_POST['nome_func'], $_POST['cargo_func'], $_POST['dep_func'])" );
    ...
13) $cod = $d->nextID('FUNCIONARIO');
14) $q = $d->query('INSERT INTO FUNCIONARIO VALUES (?, ?, ?, ?)',
15) array($cod, $_POST['nome_func'], $_POST['cargo_func'], $_POST['dep_func']) );
```

Figura 11.6 Conectando a um banco de dados, criando uma tabela e inserindo um registro.

- **Oracle.** Especificado como oc8i para as versões 7, 8 e 9. Este é usado na linha 1 da Figura 11.6.
- **SQLite.** Especificado como sqlite.
- **Microsoft SQL Server.** Especificado como mssql.
- **Mini SQL.** Especificado como msql.
- **Informix.** Especificado como ifx.
- **Sybase.** Especificado como sybase.
- **Qualquer sistema compatível com ODBC.** Especificado como odbc.

Esta não é uma lista completa.

Após o <software SGDB> no argumento de string passado a DB::connect está o separador ://, seguido pelo nome da conta do usuário <conta do usuário>, seguido pelo separador : e a senha da conta <senha>. Estes são seguidos pelo separador @ e o nome e diretório do servidor <servidor de banco de dados> em que o banco de dados está armazenado.

Na linha 1 da Figura 11.6, o usuário está se conectando ao servidor em www.host.com/db1 usando o nome de conta conta1 e a senha senha12 armazenada sob o SGBD Oracle oci8. A string inteira é passada usando DB::connect. A informação de conexão é mantida na variável de conexão do banco de dados $d, que é usada sempre que uma operação para esse banco de dados em particular é aplicada.

Verificando erros. A linha 2 da Figura 11.6 mostra como verificar se a conexão com o banco de dados foi estabelecida com sucesso ou não. A PEAR DB tem uma função DB::isError, que pode determinar se qualquer operação de acesso ao banco de dados foi bem-sucedida ou não. O argumento para essa função é a variável de conexão de banco de dados ($d neste exemplo). Em geral, o programador PHP pode verificar após cada chamada ao banco de dados para determinar se a última operação do banco de dados teve sucesso ou não, e terminar o programa (usando a função die) se não tiver obtido sucesso. Uma mensagem de erro também é retornada do banco de dados por meio da operação $d–>get_message( ). Esta também pode ser exibida como mostra a linha 2 da Figura 11.6.

Submetendo consultas e outras instruções SQL. Na maioria das vezes, muitos comandos SQL podem ser enviados ao banco de dados por meio da função query, uma vez estabelecida uma conexão. A função $d–>query usa um comando SQL como seu argumento de string e o envia ao servidor de banco de dados para execução. Na Figura 11.6, as linhas 3 a 7 enviam um comando CREATE TABLE para criar uma tabela chamada FUNCIONARIO com quatro atributos. Sempre que uma consulta ou instrução SQL é executada, seu resultado é atribuído a uma variável de consulta, que é chamada $q em nosso exemplo. A linha 8 verifica se a consulta foi executada com sucesso ou não.

A biblioteca PEAR DB da PHP oferece uma alternativa para verificar erros após cada comando do banco de dados. A função

```
$d–>setErrorHandling(PEAR_ERROR_DIE)
```

terminará o programa e imprimirá as mensagens de erro padrão se quaisquer erros subsequentes ocorrerem ao acessar o banco de dados por meio da conexão $d (ver a linha 9 da Figura 11.6).

11.3.2 Coletando dados de formulários e inserindo registros

É comum, em aplicações de banco de dados, coletar informações por meio da HTML ou de outros tipos de formulários web. Por exemplo, ao adquirir uma passagem aérea ou solicitar um cartão de crédito, o usuário precisa entrar com informações pessoais como nome, endereço e número de telefone. Essa informação normalmente é coletada e armazenada em um registro do banco de dados em um servidor.

As linhas 10 a 12 da Figura 11.6 ilustram como isso pode ser feito. Neste exemplo, omitimos o código para criar o formulário e coletar os dados, que pode ser uma variação do exemplo na Figura 11.1. Supusemos que o usuário inseriu valores válidos nos parâmetros de entrada chamados nome_func, cargo_func e dep_func. Estes seriam acessíveis por meio do vetor autoglobal em PHP $_POST, conforme discutido no final da Seção 11.2.4.

No comando SQL INSERT mostrado nas linhas 11 e 12 da Figura 11.6, as entradas de vetor $_POST['nome_func'], $_POST['cargo_func'] e $_POST['dep_func'] manterão os valores coletados do usuário por meio do tag input do formulário HTML. Estes são então inseridos como um novo registro de funcionário na tabela FUNCIONARIO.

Esse exemplo também ilustra outro recurso da PEAR DB. É comum, em algumas aplicações, criar um identificador de registro exclusivo para cada novo registro inserido no banco de dados.[1]

PHP tem uma função $d->nextID para criar uma sequência de valores exclusivos para determinada tabela. Em nosso exemplo, o campo Cod_func da tabela FUNCIONARIO (ver Figura 11.6, linha 4) é criado para essa finalidade. A linha 10 mostra como recuperar o próximo valor exclusivo na sequência para a tabela FUNCIONARIO e inseri-lo como parte do novo registro nas linhas 11 e 12.

O código para inserção nas linhas 10 a 12 da Figura 11.6 pode permitir que strings maliciosas sejam inseridas, podendo alterar o comando INSERT. Um modo mais seguro de realizar inserções e outras consultas é por meio do uso de **marcadores de lugar** (especificados pelo símbolo ?). Um exemplo é ilustrado nas linhas 13 a 15, em que outro registro deve ser inserido. Nessa forma da função $d->query( ), existem dois argumentos. O primeiro argumento é a instrução SQL, com um ou mais símbolos ? (marcadores de lugar). O segundo argumento é um vetor, cujos valores de elemento serão usados para substituir os marcadores de lugar na ordem em que são especificados (ver linhas 13 a 15 da Figura 11.6).

11.3.3 Consultas de recuperação de tabelas do banco de dados

Agora, oferecemos três exemplos de consultas de recuperação por meio da PHP, mostradas na Figura 11.7. As primeiras linhas, de 0 a 3, estabelecem uma conexão de banco de dados $d e definem o tratamento de erro para o default, conforme discutimos na seção anterior. A primeira consulta (linhas 4 a 7) recupera o nome e o número do departamento de todos os registros de funcionários. A variável de consulta $q é usada para se referir ao **resultado da consulta.** Um loop while para percorrer cada linha no resultado aparece nas linhas 5 a 7. A função $q->fetchRow( ) na linha 5 serve para recuperar o próximo registro no resultado da consulta e controlar o loop. O looping começa no primeiro registro.

O segundo exemplo de consulta aparece nas linhas 8 a 13 e ilustra uma consulta dinâmica. Nesta consulta, as condições para a seleção de linhas são baseadas nos valores inseridos pelo usuário. Aqui, queremos recuperar os nomes dos funcionários que têm um cargo específico e trabalham para determinado departamento. O cargo e o número de departamento em particular são inseridos por um formulário nas variáveis de vetor $_POST['cargo_func'] e $_POST['dep_func']. Se o usuário tivesse inserido 'Engenheiro' para o cargo e 5 para o número do departamento, a consulta selecionaria os nomes de todos os engenheiros que trabalharam no departamento 5.

---

[1] Este seria semelhante ao OID gerado pelo sistema, que será discutido no Capítulo 12, para sistemas de banco de dados de objeto e objeto-relacional.

```
0)    require 'DB.php';
1)    $d = DB::connect('oci8://conta1:senha12@www.host.com/db1');
2)    if (DB::isError($d)) { die("não pode conectar – " . $d->getMessage( )); }
3)    $d->setErrorHandling(PEAR_ERROR_DIE);
      ...
4)    $q = $d->query('SELECT Nome, Numero_departamento FROM FUNCIONARIO');
5)    while ($r = $q->fetchRow( )) {
6)        print "funcionário $r[0] trabalha para o departamento $r[1] \n" ;
7)    }
      ...
8)    $q = $d->query('SELECT Nome FROM FUNCIONARIO WHERE Cargo = ? AND Numero_departamento = ?',
9)        array($_POST['cargo_func'], $_POST['dep_func']) );
10)   print "funcionários no departamento $_POST['dep_func'] cujo cargo é $_POST['cargo_func']: \n"
      while ($r = $q->fetchRow( )) {
11)       print "funcionario $r[0] \n" ;
12)   }
13)   ...
14)   $resultados = $d->getAll('SELECT Nome, Cargo, Numero_departamento FROM FUNCIONARIO');
15)   foreach ($resultados as $r) {
16)       print "funcionário $r[0] tem cargo $r[1] e trabalha para o departamento $r[2] \n" ;
17)   }
      ...
```

Figura 11.7 Ilustrando as consultas de recuperação do banco de dados.

Como podemos ver, essa é uma consulta dinâmica, cujos resultados diferem dependendo das escolhas que o usuário informa como entrada. Usamos dois marcadores de lugar ? neste exemplo, conforme discutido no final da Seção 11.3.2.

A última consulta (linhas 14 a 17) mostra uma forma alternativa de especificar uma consulta e percorrer suas linhas. Neste exemplo, a função $d–>getAll mantém todos os registros de um resultado da consulta em uma única variável, chamada $resultados. Para percorrer os registros individuais, um loop foreach pode ser usado, com a variável de linha $r percorrendo cada linha em $resultados.[2]

Como podemos ver, a PHP é adequada tanto para o acesso a banco de dados quanto para a criação de páginas web dinâmicas.

11.4 Panorama das tecnologias Java para programação web com banco de dados

As partes da linguagem de scripting PHP que discutimos rodam no servidor de aplicações e servem como um canal que coleta a entrada do usuário através de formulários, formula consultas ao banco de dados e as submete ao servidor de banco de dados, criando depois as páginas web HTML dinâmicas para exibir resultados da consulta. O ambiente Java possui componentes que rodam no servidor e outros que podem rodar na máquina cliente. Ele também tem padrões para a troca de objetos de dados. Discutimos

[2] A variável $r é semelhante aos cursores e variáveis de iteração, conforme discussões nos capítulos 10 e 12.

aqui, rapidamente, alguns dos componentes relacionados à web e ao acesso a banco de dados. Já discutimos sobre JDBC e SQLJ com alguns detalhes no Capítulo 10.

Servlets Java. Servlets são objetos Java que podem residir na máquina do servidor web e gerenciar as interações com o cliente. Eles podem armazenar informações que foram submetidas pelo cliente durante uma sessão, para que essa informação seja usada para gerar consultas ao banco de dados. Objetos servlet também podem armazenar resultados de consulta, de modo que partes desses resultados possam ser formatadas como HTML e enviadas para exibição no cliente. O objeto servlet pode manter todas as informações produzidas durante determinada interação do cliente, até que a sessão do cliente seja concluída.

Java Server Pages (JSP). Isso permite que o scripting no servidor produza páginas web dinâmicas que serão enviadas ao cliente de maneira semelhante à PHP. Porém, está associado à linguagem Java, e o scripting pode ser combinado com código Java.

JavaScript. JavaScript é uma linguagem de scripting que é diferente da linguagem de programação Java e foi desenvolvida separadamente. Ela é bastante usada em aplicações web, e pode ser executada no computador cliente ou no servidor.

Java Script Object Notation (JSON). É a representação baseada em texto dos objetos de dados, de modo que os dados podem ser formatados em JSON e trocados entre clientes e servidores pela web em formato de texto. Pode ser considerado uma alternativa à XML (ver Capítulo 13) e representa objetos usando o par atributo-valor. JSON também tem sido adotado como modelo de dados por alguns sistemas de banco de dados mais recentes, conhecidos como sistemas NOSQL, como MongoDB (ver Capítulo 24).

11.5 Resumo

Neste capítulo, tivemos uma visão geral de como converter alguns dados estruturados de bancos de dados para elementos a serem inseridos ou exibidos em uma página web. Focalizamos a linguagem de scripting PHP, que está se tornando muito popular para a programação de banco de dados na web. A Seção 11.1 apresentou alguns fundamentos de PHP para programação na web por meio de um exemplo simples. A Seção 11.2 mostrou alguns dos fundamentos da linguagem PHP, incluindo seus tipos de dados de vetor e string, que são bastante utilizados. A Seção 11.3 apresentou um panorama de como a PHP pode ser usada para especificar diversos tipos de comandos de banco de dados, incluindo criação de tabelas, inserção de novos registros e recuperação de registros de banco de dados. A PHP roda no computador servidor, em comparação com algumas outras linguagens de scripting, que rodam no computador cliente. A Seção 11.4 apresentou algumas das tecnologias associadas a Java, que podem ser usadas em contextos semelhantes.

Fizemos apenas uma introdução bastante básica à PHP. Existem muitos livros, além de sites web, dedicados à programação PHP introdutória e avançada. Também existem diversas bibliotecas de funções para PHP, pois esse é um produto de código aberto.

PERGUNTAS DE REVISÃO

11.1. Por que as linguagens de scripting são populares para a programação de aplicações web? Onde, na arquitetura de três camadas, um programa em PHP é executado? Onde um programa em JavaScript é executado?

11.2. Que tipo de linguagem de programação é a PHP?

11.3. Discuta as diferentes maneiras de especificar strings em PHP.

11.4. Discuta os diferentes tipos de vetores em PHP.

11.5. O que são variáveis autoglobais da PHP? Dê alguns exemplos de vetores autoglobais em PHP e discuta como cada um costuma ser usado.

11.6. O que é PEAR? O que é PEAR DB?

11.7. Discuta as principais funções para acessar um banco de dados em PEAR DB e como cada uma é usada.

11.8. Discuta as diferentes maneiras de realizar um looping sobre um resultado de consulta em PHP.

11.9. O que são marcadores de lugar? Como eles são usados na programação de banco de dados em PHP?

EXERCÍCIOS

11.10. Considere o esquema de banco de dados BIBLIOTECA da Figura 6.6. Escreva um código em PHP para criar as tabelas desse esquema.

11.11. Escreva um programa em PHP que crie formulários web para a entrada de informações sobre uma nova entidade USUARIO. Repita para uma nova entidade LIVRO.

11.12. Escreva interfaces web em PHP para as consultas especificadas no Exercício 8.18.

BIBLIOGRAFIA SELECIONADA

Existem muitas fontes para programação PHP, tanto impressas quanto na web. Indicamos dois livros como exemplos. Uma introdução muito boa à PHP é dada em Sklar (2005). Para o desenvolvimento avançado de site web, o livro de Schlossnagle (2005) oferece muitos exemplos detalhados. Nixon (2014) possui um livro popular sobre programação web, que aborda PHP, JavaScript, Jquery, CSS e HTML5.

PARTE 5

Objeto, objeto-relacional e XML: conceitos, modelos, linguagens e padrões

12
Bancos de dados de objeto e objeto-relacional

Neste capítulo, vamos discutir os recursos dos modelos de dados orientados a objeto e mostrar como alguns desses recursos foram incorporados nos sistemas de bancos de dados relacionais e no padrão SQL. Alguns recursos dos modelos de dados de objeto também foram incorporados nos modelos de dados de tipos mais recentes de sistemas de banco de dados, conhecidos como sistemas NOSQL (ver Capítulo 24). Além disso, o modelo XML (ver Capítulo 13) possui semelhanças com o modelo de objeto. Assim, uma introdução ao modelo de objeto dará uma boa perspectiva sobre muitos dos avanços recentes na tecnologia de banco de dados. Os sistemas de banco de dados baseados no modelo de dados de objeto eram conhecidos inicialmente como bancos de dados orientados a objeto (OODBs — *Object-Oriented Databases*), mas agora são chamados de **bancos de dados de objeto** (**BDO**). Sistemas e modelos de dados tradicionais, como de rede, hierárquicos e relacionais, têm tido muito sucesso no desenvolvimento das tecnologias de banco de dados exigidas para muitas aplicações de banco de dados de negócios tradicionais. Porém, eles têm certas deficiências quando aplicações de banco de dados mais complexas precisam ser projetadas e implementadas — por exemplo, bancos de dados para projetos de engenharia e manufatura (CAD/CAM e CIM[1]), biologia e outras ciências, telecomunicações, sistemas de informações geográficas e multimídia.[2] Esses BDOs foram desenvolvidos para aplicações que possuem requisitos que exigem estruturas mais complexas para objetos armazenados. Um recurso-chave dos bancos de dados de objeto é o poder que eles dão ao projetista para especificar tanto a *estrutura* dos objetos complexos quanto as *operações* que podem ser aplicadas a esses objetos.

---

[1] *Computer-Aided Design/Computer-Aided Manufacturing* (projeto auxiliado por computador/fabricação auxiliada por computador) e *Computer-Integrated Manufacturing* (fabricação integrada ao computador).

[2] Bancos de dados de multimídia precisam armazenar vários tipos de objetos de multimídia, como vídeo, áudio, imagens, gráficos e documentos (ver Capítulo 26).

Outro motivo para a criação de bancos de dados orientados a objeto é o grande aumento no uso de linguagens de programação orientadas a objeto para o desenvolvimento de aplicações de software. Os bancos de dados são componentes fundamentais em muitos sistemas de software, e os bancos tradicionais às vezes são difíceis de usar com aplicações de software desenvolvidas em uma linguagem de programação orientada a objeto, como C++ ou Java. Os bancos de dados de objeto são projetados de modo que possam ser integrados diretamente — ou *transparentemente* — ao software desenvolvido usando linguagens de programação orientadas a objeto.

Vendedores de SGBD relacional (SGBDR) também reconheceram a necessidade de incorporar recursos propostos para bancos de dados de objeto, e versões mais novas de sistemas relacionais incorporaram muitos desses recursos. Isso levou a sistemas de banco de dados caracterizados como *objeto-relacional* ou SGBDORs. A versão mais recente do padrão SQL (2008) para SGBDRs, conhecida como SQL/Foundation, inclui muitos desses recursos, que eram conhecidos originalmente como SQL/Object e agora foram incorporados na especificação SQL principal.

Embora muitos protótipos experimentais e sistemas de banco de dados comerciais orientados a objeto tenham sido criados, eles não tiveram uso generalizado por causa da popularidade dos sistemas relacionais e objeto-relacional. Os protótipos experimentais incluíram o sistema Orion, desenvolvido na MCC; o OpenOODB, na Texas Instruments; o sistema Iris, nos laboratórios da Hewlett-Packard; o sistema Ode, na AT&T Bell Labs; e o projeto ENCORE/ObServer, na Brown University. Sistemas disponíveis comercialmente incluíram GemStone Object Server, da GemStone Systems; ONTOS DB, da Ontos; Objectivity/DB, da Objectivity Inc.; Versant Object Database e FastObjects, da Versant Corporation (e Poet); ObjectStore, da Object Design; e Ardent Database, da Ardent.

À medida que os SGBDs de objeto comerciais se tornaram disponíveis, reconheceu-se a necessidade de um modelo e de uma linguagem padrão. Como o procedimento formal para aprovar padrões costuma levar alguns anos, um consórcio de vendedores e usuários de SGBD de objeto, chamado ODMG, propôs um padrão cuja especificação atual é conhecida como padrão ODMG 3.0.

Os bancos de dados orientados a objeto adotaram muitos dos conceitos desenvolvidos originalmente para as linguagens de programação orientadas a objeto.[3] Na Seção 12.1, descrevemos os principais conceitos utilizados em muitos sistemas de banco de dados de objeto e que foram mais tarde incorporados em sistemas objeto-relacional e no padrão SQL. Estes incluem *identidade de objeto*, *estrutura de objeto* e *construtores de tipo*, *encapsulamento de operações* e a definição de *métodos* como parte das declarações de classe, mecanismos para armazenar objetos em um banco de dados, tornando-os *persistentes*, e *hierarquias e herança de tipo e classe*. Depois, na Seção 12.2, vemos como esses conceitos foram incorporados nos padrões SQL mais recentes, levando a bancos de dados objeto-relacional. Os recursos de objeto foram introduzidos originalmente na SQL:1999, e depois atualizados na SQL:2008. Na Seção 12.3, voltamos nossa atenção para os padrões de banco de dados de objeto "puros", apresentando recursos do padrão de banco de dados de objeto ODMG 3.0 e a linguagem de definição de objeto ODL. A Seção 12.4 apresenta uma visão geral do processo de projeto para bancos de dados de objeto. A Seção 12.5 discute a linguagem de consulta de objeto (OQL), que faz parte do padrão ODMG 3.0. Na Seção 12.6, discutimos os bindings (vínculos) da linguagem de programação, que especificam como estender as linguagens de programação orientadas a objeto para incluir recursos do padrão de banco de dados de objeto. A Seção 12.7 resume o capítulo. As seções 12.3 a 12.6 podem ser omitidas se for desejada uma introdução menos completa aos bancos de dados de objeto.

[3] Conceitos semelhantes também foram desenvolvidos nos campos de modelagem de dados semântica e representação do conhecimento.

12.1 Visão geral dos conceitos de banco de dados de objeto

12.1.1 Introdução aos conceitos e recursos orientados a objeto

O termo *orientado a objeto* — abreviado como OO ou O-O — tem suas origens nas linguagens de programação OO, ou LPOO. Hoje, os conceitos de OO são aplicados nas áreas de bancos de dados, engenharia de software, bases de conhecimento, inteligência artificial e sistemas de computação em geral. LPOOs têm suas raízes na linguagem SIMULA, proposta no final da década de 1960. A linguagem de programação Smalltalk, desenvolvida na Xerox PARC[4] nos anos 1970, foi uma das primeiras linguagens a incorporar explicitamente conceitos OO adicionais, como passagem de mensagens e herança. Ela é conhecida como uma linguagem de programação OO *pura*, significando que foi projetada explicitamente para ser orientada a objeto. Isso é diferente das linguagens de programação OO *híbridas*, que incorporam conceitos de OO a uma linguagem já existente. Um exemplo desse segundo tipo é a C++, que incorpora conceitos de OO à popular linguagem de programação C.

Um **objeto** normalmente possui dois componentes: estado (valor) e comportamento (operações). Ele pode ter uma *estrutura de dados complexa*, bem como *operações específicas* definidas pelo programador.[5] Os objetos em uma LPOO existem apenas durante a execução do programa; assim, eles são chamados de *objetos transientes*. Um banco de dados OO pode estender a existência de objetos de modo que eles sejam armazenados permanentemente em um banco de dados e, portanto, os objetos se tornam *objetos persistentes*, que existem além do término do programa e podem ser recuperados mais tarde e compartilhados por outros programas. Em outras palavras, os bancos de dados OO armazenam objetos persistentes de maneira permanente no armazenamento secundário e permitem o compartilhamento desses objetos entre vários programas e aplicações. Isso requer a incorporação de outros recursos bem conhecidos dos sistemas de gerenciamento de banco de dados, como os mecanismos de indexação, para localizar os objetos com eficiência; o controle de concorrência, para permitir o compartilhamento de objeto entre programas concorrentes; e a recuperação de falhas. Um sistema de banco de dados OO costuma interagir com uma ou mais linguagens de programação OO para oferecer capacidades de objeto persistentes e compartilhadas.

A estrutura interna de um objeto nas LPOOs inclui a especificação de **variáveis de instância**, as quais mantêm os valores que definem o estado interno do objeto. Uma variável de instância é semelhante ao conceito de um *atributo* no modelo relacional, exceto que as variáveis de instância podem ser encapsuladas dentro do objeto e, portanto, não são necessariamente visíveis aos usuários externos. As variáveis de instância também podem ter tipos de dados de qualquer complexidade. Os sistemas orientados a objeto permitem a definição das operações ou funções (comportamentos) que podem ser aplicadas a objetos de determinado tipo. De fato, alguns modelos OO insistem para que todas as operações que um usuário pode aplicar a um objeto sejam predefinidas. Isso força um *encapsulamento completo* dos objetos. Essa abordagem rígida tem sido relaxada na maioria dos modelos de dados OO por dois motivos. Primeiro, os usuários do banco de dados normalmente precisam saber os nomes de atributo para poder especificar condições de seleção sobre os atributos a fim de recuperar objetos específicos. Segundo, o encapsulamento completo implica que qualquer recuperação simples exija uma operação predefinida, tornando as consultas casuais difíceis de especificar no ato.

[4] Palo Alto Research Center, Palo Alto, Califórnia.

[5] Os objetos possuem muitas outras características, conforme discutiremos no restante deste capítulo.

Para encorajar o encapsulamento, uma operação é definida em duas partes. A primeira parte, chamada *assinatura* ou *interface* da operação, especifica seu nome e os argumentos (ou parâmetros). A segunda parte, chamada de *método* ou *corpo*, especifica a *implementação* da operação, com frequência escrita em alguma linguagem de programação de uso geral. As operações podem ser invocadas passando uma *mensagem* a um objeto, que inclui o nome da operação e os parâmetros. O objeto, então, executa o método para essa operação. Esse encapsulamento permite a modificação da estrutura interna de um objeto, além da implementação de suas operações, sem a necessidade de interromper os programas externos que chamam essas operações. Logo, o encapsulamento oferece uma forma de independência entre dados e operação (ver Capítulo 2).

Outro conceito fundamental nos sistemas OO é o de *herança* e hierarquias de tipo e classe. Isso permite a especificação de novos tipos ou classes que herdam grande parte de sua estrutura e/ou operações de tipos ou classes previamente definidas. Isso torna mais fácil desenvolver os tipos de dados de um sistema de forma incremental e *reutilizar* definições de tipo existentes em novos tipos de objetos.

Um problema nos primeiros sistemas de banco de dados OO envolvia a representação de *relacionamentos* entre objetos. A insistência sobre encapsulamento completo nos primeiros modelos de dados OO levou ao argumento de que os relacionamentos não devem ser representados explicitamente, mas, em vez disso, ser descritos definindo métodos apropriados que localizam objetos relacionados. No entanto, essa abordagem não funciona muito bem para bancos de dados complexos, com diversos relacionamentos, porque é útil identificar esses relacionamentos e torná-los visíveis aos usuários. O padrão de banco de dados de objeto ODMG reconheceu essa necessidade e representa explicitamente os relacionamentos binários por meio de um par de *referências inversas*, conforme descreveremos na Seção 12.3.

Outro conceito de OO é a *sobrecarga de operador*, que se refere à capacidade de uma operação de ser aplicada a diferentes tipos de objetos. Em tal situação, um *nome de operação* pode se referir a várias *implementações* distintas, dependendo do tipo de objeto ao qual é aplicado. Esse recurso também é chamado *polimorfismo de operador*. Por exemplo, uma operação para calcular a área de um objeto geométrico pode diferir em seu método (implementação), dependendo de o objeto ser do tipo triângulo, círculo ou retângulo. Isso pode exigir o uso da *ligação tardia* do nome da operação ao método apropriado em tempo de execução, quando o tipo de objeto ao qual a operação é aplicada se torna conhecido.

Nas próximas seções, vamos discutir com certos detalhes as principais características dos bancos de dados de objeto. A Seção 12.1.2 discute a identidade do objeto; a Seção 12.1.3 mostra como os tipos para objetos estruturados complexos são especificados por meio de construtores de tipo; a Seção 12.1.4 discute o encapsulamento e a persistência; e a Seção 12.1.5 apresenta conceitos de herança. A Seção 12.1.6 discute alguns conceitos adicionais de OO, e a Seção 12.1.7 oferece um resumo de todos os conceitos de OO que serão apresentados. Na Seção 12.2, mostramos como alguns desses conceitos foram incorporados ao padrão SQL:2008 para bancos de dados relacionais. Depois, na Seção 12.3, mostramos como esses conceitos são realizados no padrão de banco de dados de objeto ODMG 3.0.

12.1.2 *Identidade de objeto e objetos* versus *literais*

Um dos objetivos de um BDO (banco de dados de objeto) é manter uma correspondência direta entre objetos do mundo real e do banco de dados, de modo que os objetos não percam sua integridade e identidade e possam facilmente ser identificados e operados. Assim, uma **identidade única** é atribuída a cada objeto independente armazenado no banco de dados. Essa identidade única normalmente é implementada por meio de um **identificador de objeto (OID)** único, gerado pelo sistema. O valor de um OID não é visível ao usuário externo, mas é utilizado internamente pelo sistema para identificar cada objeto de maneira exclusiva, criar e gerenciar referências entre objetos. O OID pode ser atribuído a variáveis de programa do tipo apropriado, quando necessário.

A principal propriedade exigida de um OID é que ele seja **imutável**; ou seja, o valor do OID de um objeto em particular não deve mudar. Isso preserva a identidade do objeto do mundo real que está sendo representado. Logo, um SGDO precisa ter algum mecanismo para gerar OIDs e preservar a propriedade de imutabilidade. Também é desejável que cada OID seja usado apenas uma vez; isto é, mesmo que um objeto seja removido do banco de dados, seu OID não deverá ser atribuído a outro objeto. Essas duas propriedades implicam que o OID não deve depender de quaisquer valores de atributo do objeto, pois o valor de um atributo pode ser alterado ou corrigido. Podemos comparar isso com o modelo relacional, no qual cada relação precisa ter um atributo de chave primária cujo valor identifica cada tupla de maneira exclusiva. Se o valor da chave primária for alterado, a tupla terá uma nova identidade, embora ainda possa representar o mesmo objeto do mundo real. Como alternativa, um objeto do mundo real pode ter diferentes nomes para atributos-chave em relações distintas, tornando difícil garantir que as chaves representem o mesmo objeto do mundo real (por exemplo, o identificador de objeto pode ser representado como Cod_func de um funcionário em uma relação e como Cpf em outra).

Não é apropriado basear o OID no endereço físico do objeto em seu local de armazenamento, pois esse endereço pode mudar após uma reorganização física do banco de dados. Contudo, alguns dos primeiros SGDOs usaram o endereço físico como OID para aumentar a eficiência da recuperação do objeto. Se o endereço físico do objeto muda, um *ponteiro indireto* pode ser colocado no endereço anterior, dando o novo local físico do objeto. É mais comum usar inteiros longos como OIDs e depois usar alguma forma de tabela de hash para mapear o valor do OID ao endereço físico atual do objeto no local de armazenamento.

Alguns dos primeiros modelos de dados OO exigiam que tudo — desde um simples valor a um objeto complexo — fosse representado como um objeto; logo, cada valor básico, como um inteiro, string ou valor booleano, tem um OID. Isso permite que dois valores básicos idênticos tenham OIDs diferentes, o que pode ser útil em alguns casos. Por exemplo, o valor inteiro 50 às vezes pode ser usado para significar um peso em quilogramas e, em outras ocasiões, para significar a idade de uma pessoa. Então, dois objetos básicos com OIDs distintos poderiam ser criados, mas ambos representariam o valor inteiro 50. Embora útil como um modelo teórico, ele não é muito prático, pois leva à geração de muitos OIDs. Assim, a maioria dos BDOs permite a representação de objetos e **literais** (ou valores). Cada objeto precisa ter um OID imutável, ao passo que um valor literal não tem OID e seu valor simplesmente corresponde a si mesmo. Dessa forma, um valor literal normalmente é armazenado dentro de um objeto e *não pode ser referenciado* a partir de outros objetos. Em muitos sistemas, valores literais estruturados complexos também podem ser criados sem ter um OID correspondente, se for preciso.

12.1.3 Estruturas de tipo complexas para objetos e literais

Outro recurso dos BDOs em geral é que objetos e literais podem ter uma *estrutura de tipo* de *qualquer complexidade*, a fim de conter todas as informações necessárias que descrevem o objeto ou literal. Ao contrário, nos sistemas de banco de dados tradicionais, a informação sobre um objeto complexo com frequência é *espalhada* por muitas relações ou registros, levando à perda de correspondência direta entre um objeto do mundo real e sua representação no banco de dados. Nos BDOs, um tipo complexo pode ser construído com base em outros tipos pelo *aninhamento* de **construtores de tipo**. Os três construtores mais básicos são átomo, struct (ou tupla) e coleção.

1. Um construtor de tipo é chamado de construtor de **átomo**, embora esse termo não seja usado no padrão de objeto mais recente. Ele inclui os tipos de dados embutidos básicos do modelo de objeto, que são semelhantes aos tipos básicos em muitas linguagens de programação: inteiros, cadeias de caracteres, números de ponto flutuante, tipos enumerados, booleanos, e assim por diante. Eles são chamados tipos de **valor único** ou **atômicos**, pois cada valor do tipo é considerado um único valor atômico (indivisível).
2. Um segundo construtor de tipo é chamado de construtor **struct** (ou **tupla**). Ele pode criar tipos estruturados padrão, como tuplas (tipos de registro) no modelo relacional básico. Um tipo estruturado é composto de vários componentes, e às vezes também é chamado de tipo *composto*. Mais precisamente, o construtor struct não é considerado um tipo, mas sim um **gerador de tipo**, pois muitos tipos estruturados diferentes podem ser criados. Por exemplo, dois tipos estruturados diferentes que podem ser criados são: struct Nome<PrimeiroNome: string, NomeMeio: char, UltimoNome: string> e struct TituloAcademico<Curso: string, Titulo: string, Ano: date>. Para criar estruturas de tipo aninhado complexas no modelo de objeto, são necessários construtores do tipo de *coleção*, que discutimos a seguir. Observe que os construtores de tipo *átomo* e *struct* são os únicos disponíveis no modelo relacional original (básico).
3. Construtores de tipo de **coleção** (ou *multivalorados*) incluem os construtores de tipo **set**(T), **list**(T), **bag**(T), **array**(T) e **dictionary**(K,T). Estes permitem que parte de um objeto ou valor literal inclua uma coleção de outros objetos ou valores, quando necessário. Esses construtores também são considerados **geradores de tipos**, pois muitos tipos diferentes podem ser criados. Por exemplo, set(*string*), set(*integer*) e set(*Funcionario*) são três tipos diferentes que podem ser criados com base no construtor de tipo *set*. Todos os elementos em um valor de coleção em particular precisam ser do mesmo tipo. Por exemplo, todos os valores em uma coleção do tipo set(*string*) precisam ser valores de string.

O *construtor de átomo* é usado para representar todos os valores atômicos básicos, como inteiros, números reais, cadeias de caracteres, booleanos e qualquer outro tipo de dado básico que o sistema aceite diretamente. O *construtor de tupla* pode criar valores estruturados e objetos no formato $<a_1{:}i_1, a_2{:}i_2, ..., a_n{:}i_n>$, em que cada a_j é um nome de atributo[6] e cada i_j é um valor ou um OID.

Os outros construtores bastante usados são conhecidos coletivamente como tipos de coleção, mas possuem diferenças individuais entre eles. O **construtor set** (conjunto) criará objetos ou literais que são um conjunto de elementos *distintos* $\{i_1, i_2, ..., i_n\}$, todos do mesmo tipo. O **construtor bag** (às vezes chamado de *multiconjunto*) é semelhante a um conjunto, exceto que os elementos em uma bag *não precisam ser distintos*. O **construtor list** criará uma *lista ordenada* $[i_1, i_2, ..., i_n]$ de OIDs ou valores do mesmo tipo. Uma lista é semelhante a uma **bag**, com exceção de os elementos em uma lista serem *ordenados* e, portanto, podemos nos referir ao primeiro, segundo ou *i*-ésimo elemento. O **construtor array** cria um vetor unidimensional de elementos do mesmo tipo. A principal diferença entre array e lista é que uma lista pode ter um número qualquer de elementos, enquanto um array normalmente tem um tamanho máximo. Por fim, o **construtor dictionary** cria uma coleção de pares chave-valor (*K*, *V*), em que o valor de uma chave *K* pode ser usado para recuperar o valor correspondente *V*.

A principal característica de um tipo de coleção é que seus objetos ou valores serão uma *coleção de objetos ou valores do mesmo tipo*, que podem ser desordenados

[6] Também chamado de *nome de variável de instância* em terminologia OO.

(como um set ou uma bag) ou ordenados (como uma list ou um array). O tipo de construtor **tuple** normalmente é chamado de **tipo estruturado**, pois corresponde à construção **struct** nas linguagens de programação C e C++.

Uma **linguagem de definição de objeto** (**ODL** — *Object Definition Language*)[7] que incorpora os construtores de tipo anteriores pode ser usada para definir os tipos de objeto para determinada aplicação de banco de dados. Na Seção 12.3, descreveremos a ODL padrão do ODMG, mas primeiro vamos apresentar os conceitos gradualmente nesta seção usando uma notação mais simples. Os construtores de tipo podem ser usados para definir as *estruturas de dados* para um *esquema de banco de dados* OO. A Figura 12.1 mostra como podemos declarar os tipos FUNCIONARIO e DEPARTAMENTO.

Na Figura 12.1, os atributos que se referem a outros objetos — como Departamento de FUNCIONARIO ou Projetos de DEPARTAMENTO — são basicamente OIDs que servem como **referências** para outros objetos ao representar *relacionamentos* entre os objetos. Por exemplo, o atributo Departamento de FUNCIONARIO é do tipo DEPARTAMENTO e, portanto, é usado como referência a um objeto DEPARTAMENTO específico (o objeto DEPARTAMENTO em que o funcionário trabalha). O valor de tal atributo seria um OID para um objeto DEPARTAMENTO específico. Um relacionamento binário pode ser representado em um sentido, ou pode ter uma *referência inversa*. Essa última representação facilita a travessia pelo relacionamento nos dois sentidos. Por exemplo, na Figura 12.1, o atributo Funcionarios de DEPARTAMENTO tem como seu valor um *conjunto de referências* (ou seja, um conjunto de OIDs) para objetos do tipo FUNCIONARIO; estes são os funcionários que trabalham para o DEPARTAMENTO. O inverso é o atributo de referência Departamento de FUNCIONARIO. Veremos, na Seção 12.3, como o padrão ODMG permite que os inversos sejam declarados explicitamente como atributos de relacionamento para garantir que as referências inversas sejam coerentes.

```
define type FUNCIONARIO
    tuple (  Primeiro_nome:          string;
             Nome_meio:              char;
             Ultimo_nome:            string;
             Cpf:                    string;
             Data_nascimento:        DATE;
             Endereco:               string;
             Sexo:                   char;
             Salario:                float;
             Supervisor:             FUNCIONARIO;
             Departamento:           DEPARTAMENTO;
define type DATA
    tuple (  Dia:                    integer;
             Mes:                    integer;
             Ano:                    integer;);
define type DEPARTAMENTO
    tuple (  Nome_departamento:      string;
             Numero_departamento:    integer;
             Gerencia:               tuple (  Gerente: FUNCIONARIO;
                                              Data_inicio: DATE; );
             Localizacoes:           set ( string);
             Funcionarios:           set ( FUNCIONARIO);
             Projetos:               set ( PROJETO); );
```

Figura 12.1 Especificando os tipos de objeto FUNCIONARIO, DATA e DEPARTAMENTO usando construtores de tipo.

[7] Esta corresponde à DDL (linguagem de definição de dados) do sistema de banco de dados (ver Capítulo 2).

12.1.4 Encapsulamento de operações e persistência de objetos

Encapsulamento de operações. O conceito de *encapsulamento* é uma das principais características das linguagens e sistemas de OO. Também está relacionado aos conceitos de *tipos de dados abstratos* e *ocultação de informações* nas linguagens de programação. Em modelos e sistemas de banco de dados tradicionais, esse conceito não foi aplicado, já que é comum tornar a estrutura dos objetos do banco de dados visível aos usuários e programas externos. Nesses modelos tradicionais, diversas operações do banco de dados são aplicáveis a objetos *de todos os tipos*. Por exemplo, no modelo relacional, as operações para selecionar, inserir, excluir e modificar tuplas são genéricas e podem ser aplicadas a *qualquer relação* no banco de dados. A relação e seus atributos são visíveis para usuários e programas externos que acessam a relação usando essas operações. O conceito de encapsulamento é aplicado a objetos de banco de dados nos BDOs ao definir o **comportamento** de um tipo de objeto com base nas **operações** que podem ser aplicadas externamente a objetos desse tipo. Algumas operações podem ser usadas para criar (inserir) ou destruir (excluir) objetos; outras podem atualizar o estado do objeto; e outras podem ser utilizadas para recuperar partes do estado do objeto ou para aplicar alguns cálculos. Ainda, outras operações podem realizar uma combinação de recuperação, cálculo e atualização. Em geral, a **implementação** de uma operação pode ser especificada em uma *linguagem de programação de uso geral* que oferece flexibilidade e poder na definição das operações.

Os usuários externos do objeto só se tornam cientes da **interface** das operações, que define o nome e os argumentos (parâmetros) de cada operação. A implementação é escondida desses usuários — inclui a definição de quaisquer estruturas de dados internas ocultas do objeto e a implementação das operações que acessam essas estruturas. A parte de interface de uma operação às vezes é chamada de **assinatura**, e a implementação da operação pode ser chamada de **método**.

Para aplicações de banco de dados, o requisito de que todos os objetos sejam completamente encapsulados é muito rigoroso. Um modo de relaxar esse requisito é dividir a estrutura de um objeto em atributos **visíveis** e **ocultos** (variáveis de instância). Os atributos visíveis podem ser vistos e são acessíveis diretamente pelos usuários e programadores de banco de dados por meio da linguagem de consulta. Os atributos ocultos de um objeto são completamente encapsulados e só podem ser acessados por meio de operações predefinidas. A maioria dos SGDOs emprega linguagens de consulta de alto nível para acessar atributos visíveis. Na Seção 12.5, descreveremos a linguagem de consulta OQL, que é proposta como uma linguagem de consulta padrão para BDOs.

O termo **classe** é frequentemente utilizado para se referir a uma definição de tipo, com as definições das operações para esse tipo.[8] A Figura 12.2 mostra como as definições de tipo na Figura 12.1 podem ser estendidas com operações para definir classes. Diversas operações são declaradas para cada classe, e a assinatura (interface) de cada operação é incluída na definição de classe. Um método (implementação) para cada operação deve ser definido em outro lugar usando uma linguagem de programação. As operações típicas incluem a operação de **construtor de objeto** (normalmente chamada de *new*), utilizada para criar um objeto, e a operação de **destruidor**, que serve para destruir (excluir) um objeto. Diversas operações **modificadoras de objeto** também podem ser declaradas para modificar os estados (valores) de vários atributos de um objeto. Operações adicionais podem **recuperar** informações sobre o objeto.

---

[8] Esta definição de *classe* é semelhante ao modo como é usada na popular linguagem de programação C++. O padrão ODMG usa a palavra *interface* além de *classe* (ver Seção 12.3). No modelo EER, o termo *classe* foi usado para se referir a um tipo de objeto, com o conjunto de todos os objetos desse tipo (ver Capítulo 4).

```
define class FUNCIONARIO
    type tuple ( Primeiro_nome:          string;
                 Nome_meio:              char;
                 Ultimo_nome:                string;
                 Cpf:                    string;
                 Data_nascimento:            DATE;
                 Endereco:               string;
                 Sexo:                   char;
                 Salario:                    float;
                 Supervisor:                 FUNCIONARIO;
                 Departamento:           DEPARTAMENTO; );
    operations   idade:                  integer;
                 criar_funcionario:      FUNCIONARIO;
                 destroi_funcionario:    boolean;
end FUNCIONARIO;
define class DEPARTAMENTO
    type tuple ( Nome_departamento:          string;
                 Numero_departamento:    integer;
                 Gerencia:               tuple (   Gerente: FUNCIONARIO;
                                                   Data_inicio: DATE; );
                 Localizacoes:           set (string);
                 Funcionarios:           set (FUNCIONARIO);
                 Projetos:               set(PROJETO); );
    operations   total_funcionarios:     integer;
                 criar_departamento:     DEPARTAMENTO;
                 destroi_departamento :  boolean;
                 aloca_funcionario (f: FUNCIONARIO): boolean;
                 (* acrescenta um funcionário ao departamento *)
                 remove_funcionario(f: FUNCIONARIO): boolean;
                 (* remove um funcionário do departamento *)
end DEPARTAMENTO;
```

Figura 12.2 Acrescentando operações às definições de FUNCIONARIO e DEPARTAMENTO.

Uma operação costuma ser aplicada a um objeto usando a **notação de ponto**. Por exemplo, se d é uma referência a um objeto de DEPARTAMENTO, podemos chamar uma operação como total_funcionarios escrevendo d.total_funcionarios. De modo semelhante, ao escrever d.destroi_departamento, o objeto referenciado por d é destruído (excluído). A única exceção é a operação construtora, que retorna uma referência a um novo objeto DEPARTAMENTO. Logo, em alguns modelos OO, é comum ter um nome padronizado para a operação construtora, que é o nome da própria classe, embora isso não tenha sido usado na Figura 12.2.[9] A notação de ponto também é utilizada para se referir aos atributos de um objeto — por exemplo, ao escrever d.Numero_departamento ou d.Gerencia.Data_inicio.

Especificando a persistência do objeto por meio de nomeação e acessibilidade. Um SBDO normalmente está bastante ligado a uma linguagem de programação orientada a objeto (LPOO). A LPOO é usada para especificar as implementações de método (operação), bem como outro código de aplicação. Nem todos os objetos visam a ser armazenados permanentemente no banco de dados. **Objetos transientes** existem no programa em execução e desaparecem quando o programa termina. **Objetos persistentes** são armazenados no banco de dados e persistem após o término do programa. Os mecanismos típicos para tornar um objeto persistente são *nomeação* e *acessibilidade*.

O **mecanismo de nomeação** consiste em dar a um objeto um nome persistente único dentro de determinado banco de dados. Esse **nome de objeto** persistente pode

[9] Existem nomes padronizados para as operações construtoras e destruidoras na linguagem de programação C++. Por exemplo, para a classe FUNCIONARIO, o *nome do construtor default* é FUNCIONARIO e o *nome do destruidor default* é ~FUNCIONARIO. Também é comum usar a operação *new* para criar *novos* objetos.

receber uma instrução ou operação específica no programa, como mostra a Figura 12.3. Os objetos persistentes nomeados são utilizados como **pontos de entrada** para o banco de dados, por meio dos quais os usuários e as aplicações podem iniciar seu acesso. Obviamente, não é prático dar nomes a todos os objetos em um banco de dados grande, que inclui milhares de objetos, de modo que a maioria deles se torna persistente pelo uso do segundo mecanismo, chamado **acessibilidade.** O mecanismo de acessibilidade funciona tornando o objeto alcançável a partir de algum outro objeto persistente. Um objeto *B* é considerado **alcançável** com base no objeto *A* se uma sequência de referências no banco de dados levar do objeto *A* até o objeto *B*.

Se primeiro criarmos um objeto persistente nomeado, *N*, cujo estado é um *conjunto* de objetos de alguma classe *C*, podemos tornar objetos de *C* persistentes *acrescentando-os* ao conjunto, tornando-os assim alcançáveis a partir de *N*. Logo, *N* é um objeto nomeado que define uma **coleção persistente** de objetos de classe *C*. No padrão do modelo de objeto, *N* é chamado de **extensão** de *C* (ver Seção 12.3).

Por exemplo, podemos definir uma classe SET_DEPARTAMENTO (ver Figura 12.3), cujos objetos são do tipo set (DEPARTAMENTO).[10] Podemos criar um objeto do tipo SET_DEPARTAMENTO, dando-lhe um nome persistente TODOS_DEPARTAMENTOS, como mostra a Figura 12.3. Qualquer objeto DEPARTAMENTO que seja acrescentado ao conjunto de TODOS_DEPARTAMENTOS usando a operação adiciona_departamento torna-se persistente em virtude de estar sendo alcançável a partir de TODOS_DEPARTAMENTOS. Conforme veremos na Seção 12.3, o padrão ODL do ODMG oferece ao projetista de esquema a opção de nomear uma extensão como parte da definição da classe.

Observe a diferença entre os modelos de banco de dados tradicionais e os BDOs com relação a isso. Nos modelos de banco de dados tradicionais, como o modelo relacional, *todos* os objetos são considerados persistentes. Logo, quando uma tabela como FUNCIONARIO é criada em um banco de dados relacional, ela representa tanto a *declaração de tipo* para FUNCIONARIO quanto um *conjunto persistente* de *todos* os registros (tuplas) de FUNCIONARIO. Na abordagem OO, uma declaração de classe de FUNCIONARIO especifica apenas o tipo e as operações para uma classe de objetos. O usuário precisa definir separadamente um objeto persistente do tipo set(FUNCIONARIO), cujo valor é a *coleção de referências* (OIDs) a todos os objetos FUNCIONARIO persistentes, se isso for desejado, conforme mostra a Figura 12.3.[11] Isso permite

Figura 12.3 Criando objetos persistentes por nomeação e acessibilidade.

```
define class SET_DEPARTAMENTO
   type set (DEPARTAMENTO);
   operations adiciona_departamento(d: DEPARTAMENTO): boolean;
      (* acrescenta um departamento ao objeto SET_DEPARTAMENTO *)
         remove_departamento(d: DEPARTAMENTO): boolean;
      (* remove um departamento do objeto SET_DEPARTAMENTO *)
         criar_set_departamento:        SET_DEPARTAMENTO;
         destroi_set_departamento:  boolean;
end SET_DEPARTAMENTO;
...
persistent name TODOS_DEPARTAMENTOS: SET_DEPARTAMENTO;
(* TODOS_DEPARTAMENTOS é um objeto persistente nomeado do tipo SET_
DEPARTAMENTO *)
...
d:= criar_departamento;
(* cria um objeto DEPARTAMENTO na variável d *)
...
b:= TODOS_DEPARTAMENTOS.adiciona_departamento(d);
(* torna d persistente incluindo-o no conjunto persistente TODOS_DEPARTAMENTOS *)
```

[10] Como veremos na Seção 12.3, a sintaxe ODL do ODMG usa **set**<DEPARTAMENTO> em vez de **set**(DEPARTAMENTO).

[11] Alguns sistemas, como POET, criam automaticamente a extensão para uma classe.

que objetos transientes e persistentes sigam as mesmas declarações de tipo e classe da ODL e da LPOO. Em geral, é possível definir várias coleções persistentes para a mesma definição de classe, se desejado.

12.1.5 Hierarquias de tipo e herança

Modelo simplificado para herança. Outra característica principal dos BDOs é que eles permitem hierarquias de tipo e herança. Usamos um modelo OO simples nesta seção — um modelo em que os atributos e as operações são tratados de maneira uniforme — visto que tanto atributos quanto operações podem ser herdados. Na Seção 12.3, discutiremos o modelo de herança do padrão ODMG, que difere do modelo discutido aqui porque distingue entre *dois tipos de herança*. A herança permite a definição de novos tipos com base em outros predefinidos, levando a uma **hierarquia de tipos** (ou **classes**).

Um tipo é definido atribuindo-lhe um nome e depois estabelecendo uma série de atributos (variáveis de instância) e operações (métodos) para ele.[12] No modelo simplificado que usamos nesta seção, os atributos e operações são chamados de *funções*, pois os primeiros são semelhantes a funções com zero argumento. Um nome de função pode ser usado para se referir ao valor de um atributo ou ao valor resultante de uma operação (método). Usamos o termo **função** para nos referirmos a atributos *e* operações, pois eles são tratados de modo semelhante em uma introdução básica à herança.[13]

Um tipo, em sua forma mais simples, tem um **nome de tipo** e uma lista de **funções** visíveis (*públicas*). Ao especificar um tipo nesta seção, usamos o formato a seguir, que não especifica argumentos de funções, para simplificar a discussão:

NOME_TIPO: função, função, ..., função

Por exemplo, um tipo que descreve as características de uma PESSOA pode ser definido da seguinte forma:

PESSOA: Nome, Endereco, Data_nascimento, Idade, Cpf

No tipo PESSOA, as funções Nome, Endereco, Cpf e Data_nascimento podem ser implementadas como atributos armazenados, ao passo que a função Idade pode ser implementada como uma operação que calcula a Idade do valor do atributo Data_nascimento e a data atual.

O conceito de **subtipo** é útil quando o projetista ou usuário precisa criar um tipo semelhante, mas não idêntico, a um tipo já definido. O subtipo, então, herda todas as funções do tipo predefinido, que é conhecido como **supertipo**. Por exemplo, suponha que queiramos definir dois novos tipos FUNCIONARIO e ALUNO da seguinte forma:

FUNCIONARIO: Nome, Endereco, Data_nascimento, Idade, Cpf, Salario, Data_contratacao, Nivel
ALUNO: Nome, Endereco, Data_nascimento, Idade, Cpf, Curso, Coeficiente

Visto que tanto ALUNO quanto FUNCIONARIO incluem todas as funções definidas para PESSOA, mais algumas funções adicionais próprias, podemos declará-los **subtipos** de PESSOA. Cada um herdará as funções previamente definidas de PESSOA — a saber, Nome, Endereco, Data_nascimento, Idade e Cpf. Para ALUNO, só é necessário definir as novas funções (locais) Curso e Coeficiente, que não são herdadas. Presume-se que Curso possa ser definido como um atributo armazenado, enquanto Coeficiente pode ser implementado como uma operação que calcula a média de pontos da nota do aluno ao acessar os valores de Nota armazenados internamente (ocultos) dentro de

---

[12] Nesta seção, usaremos os termos *tipo* e *classe* para indicar a mesma coisa — a saber, os atributos *e* as operações de algum tipo de objeto.

[13] Veremos, na Seção 12.3, que os tipos com funções são semelhantes ao conceito de interfaces usado na ODL do ODMG.

cada objeto ALUNO como *atributos ocultos*. Para FUNCIONARIO, as funções Salario e Data_contratacao podem ser atributos armazenados, ao passo que Nivel pode ser uma operação que calcula Nivel de experiencia baseando-se no valor de Data_contratacao.

Portanto, podemos declarar FUNCIONARIO e ALUNO da seguinte forma:

FUNCIONARIO **subtype-of** PESSOA: Salario, Data_contratacao, Nivel
ALUNO **subtype-of** PESSOA: Curso, Coeficiente

Em geral, um subtipo inclui *todas* as funções definidas para seu supertipo mais algumas funções adicionais *específicas* apenas ao subtipo. Logo, é possível gerar uma **hierarquia de tipos** para mostrar os relacionamentos de supertipo/subtipo entre todos os tipos declarados no sistema.

Como outro exemplo, considere um tipo que descreve objetos na geometria plana, que podem ser definidos da seguinte forma:

OBJETO_GEOMETRICO: Formato, Area, Ponto_referencia

Para o tipo OBJETO_GEOMETRICO, Formato é implementado como um atributo (seu domínio pode ser um tipo enumerado com valores 'triangulo', 'retangulo', 'circulo', e assim por diante), e Area é um método aplicado para calcular a área. Ponto_referencia especifica as coordenadas de um ponto que determina a localização do objeto. Agora, suponha que queiramos definir uma série de subtipos para o tipo OBJETO_GEOMETRICO, da seguinte forma:

RETANGULO **subtype-of** OBJETO_GEOMETRICO : Largura, Altura
TRIANGULO **subtype-of** OBJETO_GEOMETRICO : Lado1, Lado2, Angulo
CIRCULO **subtype-of** OBJETO_GEOMETRICO : Raio

Observe que a operação Area pode ser implementada por um método diferente para cada subtipo, pois o procedimento para cálculo de área é distinto para retângulos, triângulos e círculos. De modo semelhante, o atributo Ponto_referencia pode ter um significado diferente para cada subtipo; ele poderia ser o ponto central para objetos RETANGULO e CIRCULO, e o ponto de vértice entre os dois lados dados para um objeto TRIANGULO.

Observe que as definições de tipo descrevem objetos, mas *não* geram objetos por si sós. Quando um objeto é criado, em geral ele pertence a um ou mais desses tipos que foram declarados. Por exemplo, um objeto círculo é do tipo CIRCULO e OBJETO_GEOMETRICO (por herança). Cada objeto também se torna um membro de uma ou mais coleções persistentes de objetos (ou extensões), usadas para agrupar coleções de objetos que são armazenadas persistentemente no banco de dados.

Restrições sobre extensões correspondentes a uma hierarquia de tipos. Na maioria dos BDOs, uma **extensão** é definida para armazenar a coleção de objetos persistentes para cada tipo ou subtipo. Neste caso, a restrição é que todo objeto em uma extensão que corresponda a um subtipo também deve ser um membro da *extensão* que corresponde a seu supertipo. Alguns sistemas de banco de dados OO têm um tipo de sistema predefinido (chamado de classe ROOT ou classe OBJETO), cuja extensão contém todos os objetos do sistema.[14]

A classificação, então, prossegue atribuindo objetos a subtipos adicionais que são significativos à aplicação, criando uma **hierarquia de tipos** (ou **hierarquia de classes**) para o sistema. Todas as extensões para classes definidas pelo sistema e pelo usuário são subconjuntos da extensão correspondente à classe OBJETO, direta ou indiretamente. No modelo ODMG (ver Seção 12.3), o usuário pode ou não especificar uma extensão para cada classe (tipo), dependendo da aplicação.

---

[14] Isso é chamado de OBJETO no modelo ODMG (ver Seção 12.3).

Uma extensão é um objeto persistente nomeado cujo valor é uma **coleção persistente** que mantém uma coleção de objetos do mesmo tipo que, por sua vez, são armazenados permanentemente no banco de dados. Os objetos podem ser acessados e compartilhados por vários programas. Também é possível criar uma **coleção transiente**, que existe temporariamente durante a execução de um programa, mas não é mantida quando este termina. Por exemplo, uma coleção transiente pode ser criada em um programa para manter o resultado de uma consulta que seleciona alguns objetos de uma coleção persistente e os copia para a coleção transiente. O programa pode, então, manipular os objetos na coleção transiente e, quando o programa terminar, a coleção transiente deixa de existir. Em geral, diversas coleções — transientes ou persistentes — podem conter objetos do mesmo tipo.

O modelo de herança discutido nesta seção é muito simples. Conforme veremos na Seção 12.3, o modelo ODMG distingue a restrição de herança de tipo — chamada de *herança de interface* e indicada por um sinal de dois pontos (:) — da restrição de *herança de extensão*, indicada pela palavra-chave EXTEND.

12.1.6 Outros conceitos de orientação a objeto

Polimorfismo de operações (sobrecarga de operador). Outra característica dos sistemas OO em geral é que eles oferecem o **polimorfismo** de operações, conhecido também como **sobrecarga de operador**. Esse conceito permite que o mesmo *nome de operador* ou *símbolo* esteja ligado a duas ou mais *implementações* diferentes do operador, dependendo do tipo de objetos aos quais o operador é aplicado. Um exemplo simples, vindo das linguagens de programação, pode ilustrar esse conceito. Em algumas linguagens, o símbolo de operador '+' pode significar coisas distintas quando aplicado a operandos (objetos) de tipos diferentes. Se os operandos de '+' forem do tipo *inteiro*, a operação chamada é adição de inteiros; se forem do tipo *ponto flutuante*, a operação chamada é adição de ponto flutuante; e se forem do tipo *set*, a operação chamada é união de conjunto. O compilador pode determinar qual operação executar com base nos tipos dos operandos fornecidos.

Em bancos de dados OO, pode ocorrer uma situação semelhante. Podemos usar o exemplo OBJETO_GEOMETRICO da Seção 12.1.5 para ilustrar o polimorfismo de operações[15] no BDO. Nesse exemplo, a função Area é declarada para todos os objetos do tipo OBJETO_GEOMETRICO. No entanto, a implementação do método para Area pode ser diferente para cada subtipo de OBJETO_GEOMETRICO. Uma possibilidade é ter uma implementação geral para calcular a área de OBJETO_GEOMETRICO generalizado (por exemplo, ao escrever um algoritmo geral para calcular a área de um polígono) e depois reescrever algoritmos mais eficientes para calcular as áreas de tipos específicos de objetos geométricos, como um círculo, um retângulo, um triângulo, e assim por diante. Nesse caso, a função Area é *sobrecarregada* por diferentes implementações.

O SGDO agora precisa selecionar o método apropriado para a função Area com base no tipo de objeto geométrico ao qual ele é aplicado. Em sistemas com imposição rigorosa de tipos, isso pode ser feito em tempo de compilação, pois os tipos de objeto precisam ser conhecidos. Isso é chamado de **vínculo antecipado** (ou **estático**). Porém, em sistemas com fraca imposição de tipos ou sem imposição (como Smalltalk, LISP, PHP e a maioria das linguagens de scripting), o tipo do objeto ao qual uma função é aplicada pode não ser conhecido antes da execução. Nesse caso, a função precisa verificar o tipo do objeto durante a execução e depois chamar o método apropriado. Isso normalmente é conhecido como **vínculo tardio** (ou **dinâmico**).

---

[15] Em linguagens de programação há diversos tipos de polimorfismo. O leitor interessado deve consultar, na Bibliografia selecionada ao final deste capítulo, os trabalhos que incluem uma discussão mais aprofundada.

Herança múltipla e herança seletiva. A **herança múltipla** ocorre quando certo subtipo T é um subtipo de dois (ou mais) tipos e, portanto, herda as funções (atributos e métodos) dos dois supertipos. Por exemplo, podemos criar um subtipo GERENTE_ENGENHARIA, que é um subtipo tanto de GERENTE quanto de ENGENHEIRO. Isso leva à criação de um **reticulado de tipos**, em vez de uma hierarquia deles. Um problema que pode ocorrer com a herança múltipla é que os supertipos dos quais o subtipo herda podem ter funções distintas com o mesmo nome, criando uma ambiguidade. Por exemplo, tanto GERENTE quanto ENGENHEIRO podem ter uma função chamada Salario. Se a função Salario for implementada por diferentes métodos nos supertipos GERENTE e ENGENHEIRO, haverá uma ambiguidade quanto a qual dos dois é herdado pelo subtipo GERENTE_ENGENHARIA. Contudo, é possível que tanto ENGENHEIRO quanto GERENTE herdem Salario do mesmo supertipo (como FUNCIONARIO) mais acima no reticulado. A regra é que, se uma função é herdada de algum *supertipo comum*, então ela é herdada apenas uma vez. Nesse caso, não existe ambiguidade; o problema só aparece se as funções forem distintas nos dois supertipos.

Existem várias técnicas para lidar com a ambiguidade na herança múltipla. Uma solução é fazer que o sistema verifique a ambiguidade quando o subtipo for criado e deixar que o usuário escolha explicitamente qual função deve ser herdada nesse momento. Uma segunda solução é usar algum default do sistema. Uma terceira solução é não permitir a herança múltipla completamente se houver ambiguidade de nomes, em vez de forçar o usuário a mudar o nome de uma das funções em um dos supertipos. Na realidade, alguns sistemas OO não permitem herança múltipla alguma. No padrão de banco de dados de objeto (ver Seção 12.3), a herança múltipla é permitida para a herança de operação das interfaces, mas não para a herança EXTENDS de classes.

A **herança seletiva** ocorre quando um subtipo herda apenas algumas das funções de um supertipo. Outras funções não são herdadas. Nesse caso, uma cláusula EXCEPT pode ser usada para listar as funções em um supertipo que *não* devem ser herdadas pelo subtipo. O mecanismo de herança seletiva não costuma ser fornecido nos BDOs, mas é usado com mais frequência em aplicações de inteligência artificial.[16]

12.1.7 Resumo dos conceitos de banco de dados de objeto

Para concluir esta seção, oferecemos um resumo dos principais conceitos usados nos BDOs e sistemas objeto-relacional:

- **Identidade de objeto.** Os objetos possuem identidades únicas, independentes de seus valores de atributo e geradas pelo sistema de BDO.
- **Construtores de tipos.** Estruturas de objeto complexas podem ser construídas ao aplicar de maneira aninhada um conjunto de geradores/construtores de tipo básicos, como tuple, set, list, array e bag.
- **Encapsulamento de operações.** Tanto a estrutura do objeto quanto as operações que podem ser aplicadas aos objetos individuais são incluídas nas definições de classe/tipo.
- **Compatibilidade da linguagem de programação.** Objetos persistentes e transientes são tratados de maneira transparente. Os objetos se tornam persistentes ao serem alcançáveis de uma coleção persistente (extensão) ou pela nomeação explícita (atribuição de um nome único pelo qual o objeto possa ser referenciado/recuperado).
- **Hierarquias de tipos e herança.** Os tipos de objetos podem ser especificados usando uma hierarquia de tipos, que permite a herança de atributos e métodos (operações) de tipos previamente definidos. A herança múltipla é permitida em alguns modelos.

[16] No modelo ODMG, a herança de tipos refere-se apenas à herança de operações, e não de atributos (ver Seção 12.3).

- **Extensões.** Todos os objetos persistentes de determinada classe/tipo C podem ser armazenados em uma extensão, que é um objeto nomeado persistente do tipo set(C). As extensões correspondentes a uma hierarquia de tipos possuem restrições de conjunto/subconjunto impostas sobre suas coleções de objetos persistentes.
- **Polimorfismo e sobrecarga de operador.** As operações e nomes de método podem ser sobrecarregadas para que se apliquem a diferentes tipos de objeto com diversas implementações.

Nas seções a seguir, mostramos como esses conceitos são realizados no padrão SQL (Seção 12.2) e no padrão ODMG (Seção 12.3).

12.2 Extensões do banco de dados de objeto para SQL

Apresentamos a SQL como a linguagem-padrão para SGBDRs nos capítulos 6 e 7. Conforme discutimos, a SQL foi especificada inicialmente por Chamberlin e Boyce (1974) e passou por melhorias e padronização em 1989 e 1992. A linguagem continuou sua evolução com um novo padrão, inicialmente chamado SQL3 enquanto estava sendo desenvolvido, e mais tarde ficou conhecido como SQL:99 para as partes da SQL3 que foram aprovadas no padrão. Começando com a versão da SQL conhecida como SQL3, recursos dos bancos de dados de objeto foram incorporados ao padrão SQL. A princípio, essas extensões foram conhecidas como SQL/Object, mas depois foram incorporadas na parte principal da SQL, conhecida como SQL/Foundation no padrão SQL:2008.

O modelo relacional com melhorias de banco de dados de objeto às vezes é conhecido como **modelo objeto-relacional.** Revisões adicionais foram feitas à SQL em 2003 e 2006 para acrescentar recursos relacionados à XML (ver Capítulo 13).

A seguir estão alguns dos recursos do banco de dados de objeto que foram incluídos na SQL:

- Alguns **construtores de tipo** foram acrescentados para especificar objetos complexos. Estes incluem o *tipo de linha*, que corresponde ao construtor de tupla (ou struct). Um *tipo de array* para especificar coleções também é fornecido. Outros construtores de tipo de coleção, como *set*, *list* e *bag*, não fizeram parte das especificações SQL/Object originais na SQL:99, mas foram incluídos mais tarde ao padrão SQL:2008.
- Foi incluído um mecanismo para especificar a **identidade de objeto** por meio do uso de *tipo de referência*.
- O **encapsulamento de operações** é fornecido por meio do mecanismo de tipos definidos pelo usuário (UDTs — *User-Defined Types*), que podem incluir operações como parte de sua declaração. Estes são um pouco semelhantes ao conceito de *tipos de dados abstratos*, que foram desenvolvidos nas linguagens de programação. Além disso, o conceito de rotinas definidas pelo usuário (UDRs — *User-Defined Routines*) permite a definição de métodos (operações) gerais.
- Mecanismos de **herança** são fornecidos usando a palavra-chave UNDER.

Agora, vamos discutir cada um desses conceitos com mais detalhes. Em nossa discussão, vamos nos referir ao exemplo da Figura 12.4.

12.2.1 Tipos definidos pelo usuário usando CREATE TYPE e estruturas complexas para objetos

Para permitir a criação de objetos estruturados complexos e para separar a declaração de uma classe/tipo da criação de uma tabela (que é a coleção de objetos/

linhas e, logo, corresponde à extensão discutida na Seção 12.1), a SQL agora oferece **tipos definidos pelo usuário** (UDTs). Além disso, quatro tipos de coleção foram incluídos para permitir coleções (tipos e atributos multivalorados), a fim de especificar objetos com estruturas complexas, em vez de apenas registros simples (planos). O usuário criará os UDTs para determinada aplicação como parte do esquema do banco de dados. Um **UDT** pode ser especificado em sua forma mais simples usando a seguinte sintaxe:

```
CREATE TYPE NOME_TIPO AS (<declarações de componentes>);
```

A Figura 12.4 ilustra alguns dos conceitos de objeto na SQL. Explicaremos os exemplos dessa figura gradualmente, à medida que explicarmos os conceitos. Primeiro, um UDT pode ser usado como tipo para um atributo ou como tipo para uma tabela. Ao usar um UDT como tipo para um atributo dentro de outro UDT, podemos criar uma estrutura complexa para objetos (tuplas) em uma tabela, como a obtida pelo aninhamento de construtores/geradores de tipos, discutido na Seção 12.1. Isso é semelhante a usar o construtor de tipo *struct* da Seção 12.1.3. Por exemplo, na Figura 12.4(a), o UDT TIPO_ENDERECO_RUA é utilizado como tipo para o atributo ENDERECO_RUA no UDT TIPO_ENDERECO_BRASIL. De modo semelhante, o UDT TIPO_ENDERECO_BRASIL, por sua vez, é usado como tipo para o atributo ENDERECO no UDT TIPO_PESSOA da Figura 12.4(b). Se um UDT não tiver nenhuma operação, como nos exemplos da Figura 12.4(a), é possível usar o conceito de **ROW TYPE** para criar diretamente um atributo estruturado usando a palavra-chave **ROW**. Por exemplo, poderíamos usar o seguinte em vez de declarar TIPO_ENDERECO_RUA como um tipo separado, como na Figura 12.4(a):

```
CREATE TYPE TIPO_ENDERECO_BRASIL AS (
    ENDERECO_RUA ROW (  NUMERO         VARCHAR (5),
                        NOME_RUA       VARCHAR (25),
                        NUMERO_APTO    VARCHAR (5),
                        NUMERO_BLOCO   VARCHAR (5) ),
    CIDADE          VARCHAR (25),
    CEP             VARCHAR (10)
    );
```

Para permitir tipos de coleção a fim de criar objetos estruturados complexos, quatro construtores foram incluídos na SQL: ARRAY, MULTISET, LIST e SET. Estes são semelhantes aos construtores de tipo discutidos na Seção 12.1.3. Na especificação inicial da SQL/Object, apenas o tipo ARRAY foi estabelecido, pois ele pode ser usado para simular os outros tipos, mas os três tipos de coleção adicionais foram incluídos em uma versão mais recente do padrão SQL. Na Figura 12.4(b), o atributo TELEFONES de TIPO_PESSOA tem como tipo um array cujos elementos são do UDT previamente definido TIPO_TELEFONE_BRASIL. Esse array tem um máximo de quatro elementos, significando que podemos armazenar até quatro números de telefone por pessoa. Um array também pode não ter um número máximo de elementos, se desejado.

Um tipo de array pode ter seus elementos referenciados usando a notação comum dos colchetes. Por exemplo, TELEFONES[1] refere-se ao valor do primeiro local em um atributo TELEFONES [ver Figura 12.4(b)]. Uma função embutida **CARDINALITY** pode retornar o número atual de elementos em um array (ou qualquer outro tipo de coleção). Por exemplo, TELEFONES[**CARDINALITY** (TELEFONES)] refere-se ao último elemento no array.

A notação de ponto comumente utilizada serve para se referir aos componentes de um **ROW TYPE** ou um UDT. Por exemplo, ENDERECO.CIDADE refere-se ao componente CIDADE de um atributo ENDERECO [ver Figura 12.4(b)].

```
(a) CREATE TYPE TIPO_ENDERECO_RUA AS (
        NUMERO              VARCHAR (5),
        NOME_RUA            VARCHAR (25),
        NUMERO_APTO         VARCHAR (5),
        NUMERO_BLOCO        VARCHAR (5)
    );
    CREATE TYPE TIPO_ENDERECO_BRASIL AS (
        ENDERECO_RUA        TIPO_ENDERECO_RUA,
        CIDADE              VARCHAR (25),
        CEP                 VARCHAR (10)
    );
    CREATE TYPE TIPO_TELEFONE_BRASIL AS (
        TIPO_TELEFONE       VARCHAR (5),
        CODIGO_AREA         CHAR (3),
        NUMERO_TELEFONE     CHAR (7)
    );
(b) CREATE TYPE TIPO_PESSOA AS (
        NOME                VARCHAR (35),
        SEXO                CHAR,
        DATA_NASCIMENTO     DATE,
        TELEFONES           TIPO_TELEFONE_BRASIL ARRAY [4],
        ENDERECO            TIPO_ENDERECO_BRASIL
    INSTANTIABLE
    NOT FINAL
    REF IS SYSTEM GENERATED
    INSTANCE METHOD IDADE( ) RETURNS INTEGER;
    CREATE INSTANCE METHOD IDADE( ) RETURNS INTEGER
        FOR TIPO_PESSOA
        BEGIN
            RETURN /*   CÓDIGO PARA CALCULAR A IDADE DE UMA PESSOA COM
                        BASE NA DATA DE HOJE E SUA DATA_NASCIMENTO */
        END;
    );
(c) CREATE TYPE TIPO_NOTA AS (
        SIGLA_DISCIPLINA    CHAR (8),
        SEMESTRE            VARCHAR (8),
        ANO                 CHAR (4),
        NOTA                CHAR
    );
    CREATE TYPE TIPO_ALUNO UNDER TIPO_PESSOA AS (
        CODIGO_CURSO        CHAR (4),
        CODIGO_ALUNO        CHAR (12),
        GRAU                VARCHAR (5),
        HISTORICO_ESCOLAR   TIPO_NOTA ARRAY [100]
    INSTANTIABLE
    NOT FINAL
    INSTANCE METHOD COEFICIENTE( ) RETURNS FLOAT;
    CREATE INSTANCE METHOD COEFICIENTE( ) RETURNS FLOAT
        FOR TIPO_ALUNO
        BEGIN
            RETURN /*   CÓDIGO PARA CALCULAR COEFICIENTE MÉDIO DE UM
                        ALUNO COM BASE EM SEU HISTÓRICO ESCOLAR */
        END;
    );
    CREATE TYPE TIPO_FUNCIONARIO UNDER TIPO_PESSOA AS (
        CODIGO_EMPREGO      CHAR (4),
        SALARIO             FLOAT,
        CPF                 CHAR (11)
    INSTANTIABLE
    NOT FINAL
    );
    CREATE TYPE TIPO_GERENTE UNDER TIPO_FUNCIONARIO AS (
        DEPARTAMENTO_GERENCIADO     CHAR (20)
```

Figura 12.4 Ilustrando alguns dos recursos de objeto da SQL. (a) Usando UDTs como tipos para atributos como Endereco e Telefone. (b) Especificando UDT para TIPO_PESSOA. (c) Especificando UDTs para TIPO_ALUNO e TIPO_FUNCIONARIO como dois subtipos de TIPO_PESSOA. *(continua)*

Figura 12.4 Ilustrando alguns dos recursos de objeto da SQL. (d) Criando tabelas com base em alguns dos UDTs e ilustrando a herança de tabela. (e) Especificando relacionamentos com REF e SCOPE. *(continuação)*

```
    INSTANTIABLE
    );
(d) CREATE TABLE PESSOA OF TIPO_PESSOA
        REF IS COD_PESSOA SYSTEM GENERATED;
    CREATE TABLE FUNCIONARIO OF TIPO_FUNCIONARIO
        UNDER PESSOA;
    CREATE TABLE GERENTE OF TIPO_GERENTE
        UNDER FUNCIONARIO;
    CREATE TABLE ALUNO OF TIPO_ALUNO
        UNDER PESSOA;
(e) CREATE TYPE TIPO_EMPRESA AS (
        NOME_EMPRESA      VARCHAR (20),
        LOCALIZACAO       VARCHAR (20));
    CREATE TYPE TIPO_EMPREGO AS (
        Funcionario REF (TIPO_FUNCIONARIO) SCOPE (FUNCIONARIO),
        Empresa REF (TIPO_EMPRESA) SCOPE (EMPRESA) );
    CREATE TABLE EMPRESA OF TIPO_EMPRESA (
        REF IS COD_EMPRESA SYSTEM GENERATED,
        PRIMARY KEY (NOME_EMPRESA) );
    CREATE TABLE EMPREGO OF TIPO_EMPREGO;
```

12.2.2 Identificadores de objeto usando tipos de referência

Identificadores de objeto gerados pelo sistema podem ser criados por meio do **tipo de referência** usando a palavra-chave **REF**. Por exemplo, na Figura 12.4(b), a frase:

REF IS SYSTEM GENERATED

indica que, sempre que um objeto TIPO_PESSOA for criado, o sistema lhe atribuirá um identificador único, gerado pelo sistema. Também é possível não ter um identificador de objeto gerado pelo sistema e usar as chaves tradicionais do modelo relacional básico, se desejado.

Em geral, o usuário pode especificar que devem ser criados identificadores de objeto gerados pelo sistema para linhas individuais em uma tabela. Ao usar a sintaxe:

REF IS <OID_ATRIBUTO> <METODO_GERACAO_VALOR> ;

o usuário declara que o atributo chamado <OID_ATRIBUTO> será usado para identificar tuplas individuais na tabela. As opções para <METODO_GERACAO_VALOR> são SYSTEM GENERATED ou DERIVED. No primeiro caso, o sistema gerará automaticamente um identificador único (exclusivo) para cada tupla. No segundo caso, é aplicado o método tradicional de uso do valor de chave primária fornecido pelo usuário para identificar as tuplas.

12.2.3 Criando tabelas baseadas nos UDTs

Para que cada UDT especificado possa ser instanciável por meio da frase **INSTANTIABLE** [ver Figura 12.4(b)], uma ou mais tabelas podem ser criadas. Isso é ilustrado na Figura 12.4(d), na qual criamos uma tabela PESSOA com base no UDT TIPO_PESSOA. Observe que os UDTs da Figura 12.4(a) são *não instanciáveis* e, portanto, só podem ser usados como tipos para atributos, e não como base para a criação de tabela. Na Figura 12.4(d), o atributo COD_PESSOA manterá o identificador de objeto gerado pelo sistema sempre que um novo registro (objeto) PESSOA for criado e inserido na tabela.

12.2.4 Encapsulamento de operações

Em SQL, um **tipo definido pelo usuário** pode ter a própria especificação comportamental ao definir métodos (ou operações) além dos atributos. A forma geral da especificação de um UDT com métodos é a seguinte:

```
CREATE TYPE <NOME_TIPO> (
    <LISTA DE ATRIBUTOS DO COMPONENTE E SEUS TIPOS>
    <DECLARAÇÃO DE FUNÇÕES (MÉTODOS)>
);
```

Por exemplo, na Figura 12.4(b), declaramos um método Idade( ) que calcula a idade de um objeto individual do tipo TIPO_PESSOA.

O código para implementar o método ainda precisa ser escrito. Podemos nos referir à implementação do método especificando o arquivo que contém o código para o método, ou podemos escrever o código real na própria declaração de tipo [ver Figura 12.4(b)].

A SQL oferece certas funções embutidas para os tipos definidos pelo usuário. Para um UDT chamado TIPO_T, a **função construtora** TIPO_T( ) retorna um novo objeto desse tipo. No novo objeto UDT, cada atributo é inicializado para seu valor default. Uma **função observadora** *A* é criada implicitamente para cada atributo *A*, a fim de ler seu valor. Logo, *A*(*X*) ou *X*.*A* retorna o valor do atributo *A* de TIPO_T se *X* é uma variável que referencia uma linha/objeto do tipo TIPO_T. Uma **função mutante** (ou **mutator**) para atualizar um atributo define um novo valor para o atributo. A SQL permite que essas funções sejam bloqueadas para uso público. Um privilégio EXECUTE é necessário para ter acesso a essas funções.

Em geral, um UDT pode ter uma série de funções definidas pelo usuário associadas a ele. A sintaxe é

```
INSTANCE METHOD <NOME> (<LISTA_ARGUMENTOS>) RETURNS
<TIPO_RETORNO>;
```

Dois tipos de funções podem ser definidos: interna em SQL e externa. Funções internas são escritas na linguagem PSM estendida de SQL (ver Capítulo 10). Funções externas são escritas em uma linguagem hospedeira (host), apenas com sua assinatura (interface) aparecendo na definição do UDT. Uma definição de função externa pode ser declarada da seguinte maneira:

```
DECLARE EXTERNAL <NOME_FUNCAO> <ASSINATURA>
LANGUAGE <NOME_LINGUAGEM>;
```

Atributos e funções nos UDTs são divididos em três categorias:

- PUBLIC (visíveis na interface do UDT).
- PRIVATE (não visíveis na interface do UDT).
- PROTECTED (visíveis apenas aos subtipos).

Também é possível definir atributos virtuais como parte dos UDTs, que são calculados e atualizados usando funções.

12.2.5 Especificando herança e sobrecarga de funções

Na SQL, a herança pode ser aplicada a tipos ou a tabelas; discutiremos o significado de cada uma nesta seção. Lembre-se de que já discutimos muitos dos princípios de herança na Seção 12.1.5. A SQL tem regras para lidar com **herança de tipo** (especificada por meio da palavra-chave **UNDER**). Em geral, atributos e métodos (operações) de instância são herdados. A frase **NOT FINAL** precisa ser incluída em um UDT se os subtipos puderem ser criados sob esse UDT (ver figuras 12.4(b) e (c), em que TIPO_PESSOA, TIPO_ALUNO e TIPO_FUNCIONARIO são declarados como NOT FINAL). Associadas à herança de tipo estão as regras para a sobrecarga de implementações de função e para a resolução de nomes de função. Essas regras de herança podem ser resumidas da seguinte forma:

- Todos os atributos são herdados.
- A ordem dos supertipos na cláusula UNDER determina a hierarquia de herança.
- Uma instância de um subtipo pode ser usada em cada contexto em que uma instância de supertipo é utilizada.
- Um subtipo pode redefinir qualquer função definida em seu supertipo, com a restrição de que a assinatura seja a mesma.
- Quando uma função é chamada, a melhor combinação é selecionada com base nos tipos de todos os argumentos.
- Para a ligação dinâmica, os tipos de parâmetros são considerados em tempo de execução (runtime).

Considere os seguintes exemplos da herança de tipo, que são ilustrados na Figura 12.4(c). Suponha que queiramos criar dois subtipos de TIPO_PESSOA: TIPO_FUNCIONARIO e TIPO_ALUNO. Além disso, também criamos um subtipo TIPO_GERENTE que herda todos os atributos (e métodos) de TIPO_FUNCIONARIO, mas tem um atributo adicional DEPARTAMENTO_GERENCIADO. Esses subtipos são mostrados na Figura 12.4(c).

Em geral, especificamos os atributos locais e quaisquer métodos específicos para o subtipo, que herda os atributos e as operações de seu supertipo.

Outra facilidade em SQL é a **herança de tabela** por meio da facilidade de supertabela/subtabela. Isso também é especificado usando a palavra-chave **UNDER** [ver Figura 12.4(d)]. Aqui, um novo registro inserido em uma subtabela, digamos, a tabela GERENTE, também é inserido em suas supertabelas FUNCIONARIO e PESSOA. Observe que, quando um registro é inserido em GERENTE, temos de oferecer valores para todos os seus atributos herdados. Operações INSERT, DELETE e UPDATE são propagadas de forma correta. Basicamente, a herança de tabela corresponde à *herança de extensão*, discutida na Seção 12.1.5. A regra é que uma tupla em uma subtabela também deverá existir em sua supertabela, para impor a restrição de conjunto/subconjunto sobre os objetos.

12.2.6 Especificando relacionamentos por referência

Um atributo componente de uma tupla pode ser uma **referência** (especificada usando a palavra-chave **REF**) a uma tupla de outra tabela (ou possivelmente a mesma). Um exemplo é mostrado na Figura 12.4(e).

A palavra-chave **SCOPE** especifica o nome da tabela cujas tuplas podem ser referenciadas pelo atributo de referência. Observe que isso é semelhante a uma chave estrangeira, exceto que o valor gerado pelo sistema é usado, em vez do valor da chave primária.

A SQL usa uma **notação de ponto** para montar **expressões de caminho** que se referem aos atributos componentes de tuplas e tipos de linha. Porém, para um atributo cujo tipo é REF, o símbolo de desreferência –> é utilizado. Por exemplo, a consulta a seguir recupera os funcionários que trabalham na empresa chamada 'ABCXYZ' consultando a tabela EMPREGO:

```
SELECT  E.Funcionario –>NOME
FROM    EMPREGO AS E
WHERE   E.Empresa –>NOME_EMPRESA = 'ABCXYZ';
```

Em SQL, –> é usado para **desreferenciar** e tem o mesmo significado atribuído a ele na linguagem de programação C. Assim, se *r* é uma referência a uma tupla (objeto) e *a* é um atributo componente nela, então *r* –> *a* é o valor do atributo *a* nessa tupla.

Se existirem várias relações de mesmo tipo, a SQL oferece a palavra-chave SCOPE, pela qual um atributo de referência pode ser feito para apontar para uma tupla dentro de uma tabela específica daquele tipo.

12.3 O modelo de objeto ODMG e a Object Definition Language (ODL)

Conforme discutimos na introdução ao Capítulo 6, um dos motivos para o sucesso dos SGBDs relacionais é o padrão SQL. A falta de um padrão para os SGDOs por vários anos pode ter evitado que alguns usuários em potencial convertessem para a nova tecnologia. Subsequentemente, um consórcio de vendedores e usuários de banco de dados de objeto, chamado ODMG (*Object Data Management Group*), propôs um padrão conhecido como padrão ODMG-93 ou ODMG 1.0. Este foi revisado para ODMG 2.0 e, mais tarde, para ODMG 3.0. O padrão é composto de várias partes, incluindo o **modelo de objeto**, a **Object Definition Language** (**ODL**), a **Object Query Language** (**OQL**) e os vínculos (**bindings**) com as linguagens de programação orientadas a objeto.

Nesta seção, vamos descrever o modelo de objeto ODMG e a ODL. Na Seção 12.4, discutimos como projetar um BDO com base em um esquema conceitual EER. Mostraremos uma visão geral da OQL na Seção 12.5 e o vínculo da linguagem C++ na Seção 12.6. Alguns exemplos de como usar ODL, OQL e o vínculo da linguagem C++ utilizarão o exemplo de banco de dados UNIVERSIDADE introduzido no Capítulo 3. Em nossa descrição, seguiremos o modelo de objeto ODMG 3.0, conforme descrito em Cattell et al. (2000).[17] É importante observar que muitas das ideias incorporadas no modelo de objeto ODMG são baseadas em duas décadas de pesquisa em modelagem conceitual e bancos de dados de objeto por muitos pesquisadores.

A incorporação de conceitos de objeto ao padrão de banco de dados relacional SQL, levando à tecnologia objeto-relacional, foi apresentada na Seção 12.2.

12.3.1 *Visão geral do modelo de objeto ODMG*

O **modelo de objeto ODMG** é o modelo de dados no qual a linguagem de definição de objeto (ODL) e a linguagem de consulta de objeto (OQL) são baseadas. Ele serve para oferecer um modelo de dados padrão para os bancos de dados de objeto, assim como a SQL descreve um modelo de dados padrão para bancos de dados relacionais. Ele também oferece uma terminologia padrão em um campo no qual os mesmos termos às vezes eram usados para descrever diferentes conceitos. Tentaremos aderir à terminologia ODMG neste capítulo. Muitos dos conceitos no modelo ODMG já foram discutidos na Seção 12.1, e consideramos que o leitor leu essa seção. Faremos a indicação sempre que a terminologia do ODMG diferir da usada na Seção 12.1.

Objetos e literais. Objetos e literais são os blocos básicos de montagem do modelo de objeto. A principal diferença entre os dois é que um objeto tem um identificador de objeto e um **estado** (ou valor atual), ao passo que um literal tem um valor (estado), mas *nenhum identificador de objeto*.[18] Nos dois casos, o valor pode ter uma estrutura complexa. O estado do objeto pode mudar com o tempo, modificando seu valor. Um literal é basicamente um valor constante, com possibilidade de ter uma estrutura complexa; no entanto, ele não muda.

Um **objeto** tem cinco aspectos: identificador, nome, tempo de vida, estrutura e criação.

1. O **identificador do objeto** é um identificador único de todo o sistema (ou **Object_id**).[19] Todo objeto precisa ter um identificador de objeto.
2. Alguns objetos podem opcionalmente receber um **nome** único dentro de um SGDO em particular — esse nome pode ser usado para localizar o objeto, e o

[17] As versões mais antigas do modelo de objeto foram publicadas em 1993 e 1997.

[18] Usaremos os termos *valor* e *estado* para indicar a mesma coisa aqui.

[19] Isso corresponde ao OID da Seção 12.1.2.

sistema deve retornar o objeto que recebeu tal nome.[20] Obviamente, nem todos os objetos individuais possuem nomes exclusivos. Com frequência, alguns objetos, principalmente aqueles que mantêm coleções de objetos de uma classe/tipo de objeto em particular — como *extensões* —, terão um nome. Esses nomes são utilizados como **pontos de entrada** para o banco de dados; ou seja, ao localizar esses objetos por seu nome único, o usuário pode então localizar outros objetos referenciados com base nesses. Outros objetos importantes na aplicação também podem ter nomes exclusivos, e é possível dar *mais de um* nome a um objeto. Todos os nomes em um SGDO em particular precisam ser exclusivos.

3. O **tempo de vida** de um objeto especifica se ele é um *objeto persistente* (ou seja, um objeto do banco de dados) ou um *objeto transiente* (ou seja, um objeto em um programa em execução, que desaparece após o término do programa). Os tempos de vida são independentes das classes/tipos — ou seja, alguns objetos de um tipo em particular podem ser transientes, enquanto outros podem ser persistentes.
4. A **estrutura** de um objeto especifica como ele é moldado usando os construtores de tipo. A estrutura especifica se um objeto é *atômico* ou não. Um **objeto atômico** refere-se a um único objeto que segue um tipo definido pelo usuário, como Funcionario ou Departamento. Se um objeto não é atômico, ele será composto de outros objetos. Por exemplo, um *objeto de coleção* não é um objeto atômico, pois seu estado será uma coleção de outros objetos.[21] O termo *objeto atômico* é diferente de como definimos o *construtor de átomo* na Seção 12.1.3, que se referia a todos os valores de tipos de dados embutidos. No modelo ODMG, um objeto atômico é qualquer *objeto individual definido pelo usuário*. Todos os valores dos tipos de dados embutidos básicos são considerados *literais*.
5. A **criação** do objeto refere-se à maneira como ele pode ser criado. Isso normalmente é realizado por meio de uma operação *new* para uma interface especial Object_Factory. Vamos descrever isso com detalhes mais adiante nesta seção.

No modelo de objeto, uma **literal** é um valor que *não tem* um identificador de objeto. Porém, o valor pode ter uma estrutura simples ou complexa. Existem três tipos de literais: atômicas, estruturadas e de coleção.

1. **Literais atômicas**[22] correspondem aos valores dos tipos de dados básicos e são predefinidas. Os tipos de dados básicos do modelo de objeto incluem números inteiros long, short e unsigned (estes são especificados pelas palavras-chave **long**, **short**, **unsigned long** e **unsigned short** em ODL), números de ponto flutuante de precisão normal e dupla (**float**, **double**), valores booleanos (**boolean**), caracteres isolados (**char**), cadeias de caracteres (**string**) e tipos de enumeração (**enum**), entre outros.
2. **Literais estruturadas** correspondem aproximadamente aos valores construídos usando o construtor de tupla descrito na Seção 12.1.3. As literais estruturadas embutidas incluem Date, Interval, Time e Timestamp [ver Figura 12.5(b)]. Outras literais estruturadas definidas pelo usuário podem ser estabelecidas conforme a necessidade de cada aplicação.[23] As estruturas definidas pelo usuário são criadas usando a palavra-chave **STRUCT** em ODL, assim como nas linguagens de programação C e C++.
3. **Literais de coleção** especificam um valor literal que é uma coleção de objetos ou valores, mas a coleção em si não tem um Object_id. As coleções no modelo de objeto podem ser definidas pelos *geradores de tipo* **set**<*T*>, **bag**<*T*>, **list**<*T*> e

---

[20] Isso corresponde ao mecanismo de nomeação para persistência, descrito na Seção 12.1.4.

[21] No modelo ODMG, *objetos atômicos* não correspondem a objetos cujos valores são tipos de dados básicos. Todos os valores básicos (inteiros, reais etc.) são considerados *literais*.

[22] O uso da palavra *atômica* em *literal atômica* corresponde ao modo como usamos o construtor de átomo na Seção 12.1.3.

[23] As estruturas para Date, Interval, Time e Timestamp podem ser usadas para criar valores literais ou objetos com identificadores.

array<*T*>, em que *T* é o tipo dos objetos ou valores na coleção.[24] Outro tipo de coleção é **dictionary**<*K*, *V*>, que é uma coleção de associações <*K*, *V*>, em que *K* é uma chave (um valor de pesquisa exclusivo) associada a um valor *V*. Este pode ser usado para criar um índice sobre uma coleção de valores *V*.

```
(a) interface Object {
        ...
        boolean         same_as(in Object other_object);
        object          copy( );
        void            delete( );
    };
(b) Class Date :    Object {
        enum        Weekday
                        {   Sunday, Monday, Tuesday, Wednesday,
                            Thursday, Friday, Saturday };
        enum        Month
                        {   January, February, March, April, May, June,
                            July, August, September, October, November,
                            December };
        unsigned short  year( );
        unsigned short  month( );
        unsigned short  day( );
        ...
        boolean         is_equal(in Date other_date);
        boolean         is_greater(in Date other_date);
        ...};
    Class Time : Object {
        ...
        unsigned short  hour( );
        unsigned short  minute( );
        unsigned short  second( );
        unsigned short  millisecond( );
        ...
        boolean         is_equal(in Time a_time);
        boolean         is_greater(in Time a_time);
        ...
        Time            add_interval(in Interval an_interval);
        Time            subtract_interval(in Interval an_interval);
        Interval            subtract_time(in Time other_time); };
    class Timestamp : Object {
        ...
        unsigned short  year( );
        unsigned short  month( );
        unsigned short  day( );
        unsigned short  hour( );
        unsigned short  minute( );
        unsigned short  second( );
        unsigned short  millisecond( );
        ...
        Timestamp           plus(in Interval an_interval);
        Timestamp           minus(in Interval an_interval);
        boolean         is_equal(in Timestamp a_timestamp);
        boolean         is_greater(in Timestamp a_timestamp);
        ...  };
        class Interval:     Object {
        unsigned short  day( );
        unsigned short  hour( );
        unsigned short  minute( );
        unsigned short  second( );
        unsigned short  millisecond( );
```

Figura 12.5 Visão geral das definições de interface para parte do modelo de objeto ODMG. (a) Interface básica Object, herdada por todos os objetos. (b) Algumas interfaces-padrão para literais estruturadas. *(continua)*

[24] Estes são semelhantes aos construtores de tipo correspondentes na Seção 12.1.3.

Figura 12.5 Visão geral das definições de interface para parte do modelo de objeto ODMG. (b) Algumas interfaces-padrão para literais estruturadas. (c) Interfaces para coleções e objetos de iteração. *(continuação)*

```
    ...
    Interval            plus(in Interval an_interval);
    Interval            minus(in Interval an_interval);
    Interval            product(in long a_value);
    Interval            quotient(in long a_value);
    boolean             is_equal(in Interval an_interval);
    boolean             is_greater(in Interval an_interval);
    ... };
```

(c)

```
interface Collection : Object {
    ...
    exception           ElementNotFound{ Object element; };
    unsigned long           cardinality( );
    boolean             is_empty( );
    ...
    boolean             contains_element(in Object element);
    void                insert_element(in Object element);
    void                remove_element(in Object element)
                            raises(ElementNotFound);
    iterator                create_iterator(in boolean stable);
    ... };
interface Iterator {
    exception           NoMoreElements{ };
    ...
    boolean             at_end( );
    void                reset( );
    Object              get_element( ) raises(NoMoreElements);
    void                next_position( ) raises(NoMoreElements);
    ... };
interface set : Collection {
    set                 create_union(in set other_set);
    ...
    boolean             is_subset_of(in set other_set);
    ... };
interface bag : Collection {
    unsigned long           occurrences_of(in Object element);
    bag                 create_union(in bag other_bag);
    ... };
interface list : Collection {
    exception           InvalidIndex{unsigned long index; };
    void                remove_element_at(in unsigned long index)
                            raises(InvalidIndex);
    Object              retrieve_element_at(in unsigned long index)
                            raises(InvalidIndex);
    void                replace_element_at(in Object element, in
                            unsiged long index) raises(InvalidIndex);
    void                insert_element_after(in Object element, in
                            unsigned long index) raises(InvalidIndex);
    ...
    void                    insert_element_first(in Object element);
    ...
    void                    remove_first_element( ) raises
                                (ElementNotFound);
    ...
    Object              retrieve_first_element( ) raises
                                (ElementNotFound);
    ...
    list                concat(in list other_list);
    void                append(in list other_list);
};
interface array : Collection {
    exception           InvalidIndex{unsigned long index; };
    exception           InvalidSize{unsigned long size; };
```

```
    void        remove_element_at(in unsigned long index)
                    raises(InvalidIndex);
    Object      retrieve_element_at(in unsigned long index)
                    raises(InvalidIndex);
    void        replace_element_at(in unsigned long index,
                    in Object element)raises(InvalidIndex);
    void        resize(in unsigned long new_size)
                    raises(InvalidSize);
};
struct association { Object key; Object value; };
interface dictionary : Collection {
    exception   DuplicateName{string key; };
    exception   KeyNotFound{Object key; };
    void        bind(in Object key, in Object value)
                    raises(DuplicateName);
    void        unbind(in Object key) raises(KeyNotFound);
    Object      lookup(in Object key) raises(KeyNotFound);
    boolean     contains_key(in Object key);
};
```

Figura 12.5 Visão geral das definições de interface para parte do modelo de objeto ODMG. (c) Interfaces para coleções e objetos de iteração. *(continuação)*

A Figura 12.5 mostra uma visão simplificada dos tipos básicos e geradores de tipo do modelo de objeto. A notação do ODMG usa três conceitos: interface, literal e class. Seguindo a terminologia do ODMG, usamos a palavra **comportamento** para nos referir às *operações* e **estado** para nos referir às *propriedades* (atributos e relacionamentos). Uma **interface** especifica apenas o comportamento de um tipo de objeto e normalmente é **não instanciável** (ou seja, nenhum objeto é criado correspondendo a uma interface). Embora uma interface possa ter propriedades de estado (atributos e relacionamentos) como parte de suas especificações, estas *não podem* ser herdadas da interface. Logo, uma interface serve para definir operações que podem ser *herdadas* por outras interfaces, assim como por classes que definem os objetos definidos pelos usuários para determinada aplicação. Uma **classe** especifica tanto o estado (atributos) quanto o comportamento (operações) de um tipo de objeto, e é **instanciável.** Assim, objetos de banco de dados e aplicação normalmente são criados com base nas declarações de classe especificadas pelo usuário, que formam um esquema de banco de dados. Finalmente, uma declaração **literal** especifica o estado, mas nenhum comportamento. Dessa forma, uma instância literal mantém um valor estruturado simples ou complexo, mas não tem um identificador de objeto nem operações encapsuladas.

A Figura 12.5 é uma versão simplificada do modelo de objeto. Para especificações completas, consulte Cattell et al. (2000). Descreveremos algumas das construções mostradas na Figura 12.5 à medida que descrevermos o modelo de objeto. Em um modelo de objeto, todos os objetos herdam as operações de interface básicas de Object, mostradas na Figura 12.5(a); estas incluem operações como copy (cria uma cópia do objeto), delete (exclui o objeto) e same_as (compara a identidade do objeto com outro objeto).[25] Em geral, as operações são aplicadas aos objetos usando a **notação de ponto.** Por exemplo, dado um objeto *O*, para compará-lo com outro objeto *P*, escrevemos

O.same_as(*P*)

O resultado retornado por essa operação é booleano e seria verdadeiro se a identidade de *P* fosse a mesma de *O*, e falso em caso contrário. De modo semelhante, para criar uma cópia *P* do objeto *O*, escrevemos

P = *O*.copy( )

Uma alternativa à notação de ponto é a **notação de seta:** *O*–>same_as(*P*) ou *O*–>copy( ).

[25] Operações adicionais são definidas sobre objetos para fins de *bloqueio*, mas não aparecem na Figura 12.5. Discutiremos os conceitos de bloqueio para bancos de dados no Capítulo 22.

12.3.2 Herança no modelo de objeto ODMG

No modelo de objeto ODMG, existem dois tipos de relacionamento de herança: herança apenas de comportamento e herança de estado mais comportamento. A **herança de comportamento** também é conhecida como *herança ISA* ou de *interface*, e é especificada pela notação de dois pontos (:).[26] Logo, no modelo de objeto ODMG, a herança de comportamento requer que um supertipo seja uma interface, enquanto o subtipo poderia ser uma classe ou outra interface.

O outro relacionamento de herança, chamado **herança** EXTENDS, é especificado pela palavra-chave extends. Ele é usado para herdar estado e comportamento estritamente entre classes, de modo que o supertipo e o subtipo devem ser classes. A herança múltipla por extends não é permitida. Porém, a herança múltipla é permitida para a herança de comportamento por meio da notação de dois pontos (:). Logo, uma interface pode herdar comportamento de várias outras interfaces. Uma classe também pode herdar comportamento de diversas interfaces por meio da notação de dois pontos (:), além de herdar o comportamento e o estado de *no máximo uma* outra classe por meio de extends. Na Seção 12.3.4, daremos exemplos de como esses dois relacionamentos de herança — ':' e extends — podem ser usados.

12.3.3 Interfaces e classes embutidas no modelo de objeto

A Figura 12.5 mostra as interfaces embutidas do modelo de objeto. Todas as interfaces, como Collection, Date e Time, herdam a interface Object básica. No modelo de objeto, existe uma distinção entre coleções, cujo estado contém múltiplos objetos ou literais, *versus* objetos atômicos (e estruturados), cujo estado é um objeto ou literal individual. **Objetos de coleção** herdam a interface Collection básica, mostrada na Figura 12.5(c), que mostra as operações para todos os objetos de coleção. Dado um objeto de coleção *O*, a operação *O*.cardinality( ) retorna o número de elementos na coleção. A operação *O*.is_empty( ) retorna verdadeira se a coleção *O* for vazia, e retorna falsa em caso contrário. As operações *O*.insert_element(*E*) e *O*.remove_element(*E*) inserem e removem um elemento *E* da coleção *O*, respectivamente. Por fim, a operação *O*.contains_element(*E*) retorna verdadeira se a coleção *O* incluir o elemento *E*, e retorna falsa em caso contrário. A operação *I* = *O*.create_iterator( ) cria um **objeto de iteração** *I* para o objeto de coleção *O*, que pode percorrer cada elemento na coleção. A interface para os objetos de iteração também aparece na Figura 12.5(c). A operação *I*.reset( ) define o iterador para o primeiro elemento em uma coleção (para uma coleção desordenada, esse seria um elemento qualquer), e *I*.next_position( ) define o iterador para o próximo elemento. *I*.get_element( ) recupera o **elemento atual**, que é o elemento em que o iterador está posicionado atualmente.

O modelo de objeto ODMG usa **exceções** para informar erros ou condições particulares. Por exemplo, a exceção ElementNotFound (elemento não encontrado) na interface Collection seria lançada pela operação *O*.remove_element(*E*) se *E* não fosse um elemento na coleção *O*. A exceção NoMoreElements (sem mais elementos) na interface do iterador seria lançada pela operação *I*.next_position( ) se tal objeto estivesse atualmente posicionado no último elemento da coleção e, portanto, não houvesse mais elementos a serem apontados por ele.

Objetos Collection são especializados ainda mais em set, list, bag, array e dictionary, que herdam as operações da interface Collection. Um **gerador de tipo set<*T*>**

---

[26] O relatório do ODMG também chama a herança de interface de relacionamentos tipo/subtipo, 'é-um' e generalização/especialização, embora, na literatura, esses termos tenham sido usados para descrever a herança tanto de estado quanto de operações (ver Capítulo 4 e Seção 12.1).

pode ser usado para criar objetos de modo que o valor do objeto O seja um *conjunto cujos elementos são do tipo* T. A interface Set inclui a operação adicional P = O.create_union(S) [ver Figura 12.5(c)], que retorna um novo objeto P do tipo set<T>, que é a união dos dois conjuntos O e S. Outras operações semelhantes a create_union [não mostradas na Figura 12.5(c)] são create_intersection(S) e create_difference(S). Operações para comparação de conjunto incluem a operação O.is_subset_of(S), que retorna verdadeiro se o objeto set O for um subconjunto de algum outro objeto set S, e retorna falso em caso contrário. Operações semelhantes [não mostradas na Figura 12.5(c)] são is_proper_subset_of(S), is_superset_of(S) e is_proper_superset_of(S). O **gerador de tipo bag**<T> permite elementos duplicados na coleção e também herda a interface Collection. Ele tem três operações — create_union(b), create_intersection(b) e create_difference(b) —, que retornam um novo objeto do tipo bag<T>.

Um **gerador de tipo list**<T> herda as operações de Collection e pode ser usado para criar coleções em que a ordem dos elementos é importante. O valor de cada objeto O desse tipo é uma *lista ordenada cujos elementos são do tipo* T. Logo, podemos nos referir ao primeiro, ao último e ao i-ésimo elemento na lista. Além disso, quando acrescentamos um elemento à lista, temos de especificar a posição em que o elemento é inserido. Algumas das operações de list são exibidas na Figura 12.5(c). Se O é um objeto do tipo list<T>, a operação O.insert_element_first(E) insere o elemento E antes do primeiro elemento na lista O, de modo que E se torna o primeiro elemento na lista. Uma operação semelhante (não mostrada) é O.insert_element_last(E). A operação O.insert_element_after(E, I), na Figura 12.5(c), insere o elemento E após o i-ésimo elemento na lista O e lançará a exceção InvalidIndex (índice inválido) se não houver um i-ésimo elemento em O. Outra operação semelhante (não mostrada) é O.insert_element_before(E, I). Para remover elementos da lista, as operações são E = O.remove_first_element( ), E = O.remove_last_element( ) e E = O.remove_element_at(I); essas operações removem o elemento indicado da lista *e* retornam o elemento como o resultado da operação. Outras operações recuperam um elemento sem removê-lo da lista. Estas são E = O.retrieve_first_element(), E = O.retrieve_last_element() e E = O.retrieve_element_at(I). Além disso, duas operações para manipular listas são definidas. São elas P = O.concat(I), a qual cria uma nova lista P que é a concatenação das listas O e I (os elementos da lista O seguidos por aqueles da lista I), e O.append(I), que anexa os elementos da lista I ao final da lista O (sem criar um novo objeto de lista).

O **gerador de tipo array**<T> também herda as operações de Collection e é semelhante à lista. Operações específicas para um objeto de array O são O.replace_element_at(I, E), que substitui o elemento de array na posição I pelo elemento E; E = O.remove_element_at(I), que recupera o i-ésimo elemento e o substitui por um valor NULL; e E = O.retrieve_element_at(I), que simplesmente recupera o i-ésimo elemento do array. Qualquer uma dessas operações pode lançar a exceção InvalidIndex se I for maior que o tamanho do array. A operação O.resize(N) muda o número dos elementos do array para N.

O último tipo de objetos de coleção é do tipo **dictionary**<K,V>, que permite a criação de uma coleção de pares associados <K,V>, em que todos os valores K (chave) são únicos. Isso, por sua vez, permite a recuperação associativa de determinado par, dado seu valor de chave (semelhante a um índice). Se O é um objeto de coleção do tipo dictionary<K,V>, então O.bind(K,V) vincula o valor V à chave K como uma associação <K,V> na coleção, enquanto O.unbind(K) remove a associação com chave K de O, e V = O.lookup(K) retorna o valor V associado à chave K em O. As duas últimas operações podem lançar a exceção KeyNotFound (chave não encontrada). Por fim, O.contains_key(K) retorna verdadeiro se a chave K existir em O, e retorna falso em caso contrário.

A Figura 12.6 é um diagrama que ilustra a hierarquia de herança das construções embutidas do modelo de objeto. As operações são herdadas do supertipo para o subtipo. As interfaces de coleção descritas anteriormente *não são diretamente instanciáveis*; ou seja, não se podem criar diretamente objetos com base nessas interfaces. Em vez disso, as interfaces podem ser usadas para gerar tipos de coleção definidos pelo usuário — do tipo set, bag, list, array ou dictionary — para uma aplicação de banco de dados em particular. Se um atributo ou classe tem um tipo de coleção, digamos, um set, então ele herdará as operações da interface set. Por exemplo, em uma aplicação de banco de dados UNIVERSIDADE, o usuário pode especificar um tipo para set<ALUNO>, cujo estado seria conjuntos de objetos ALUNO. O programador pode, então, usar as operações para set<*T*> para manipular uma instância do tipo set<ALUNO>. A criação de classes de aplicação normalmente é feita utilizando a linguagem de definição de objeto ODL (ver Seção 12.3.6).

É importante observar que todos os objetos em uma coleção em particular *precisam ser do mesmo tipo*. Logo, embora a palavra-chave any apareça nas especificações das interfaces de coleção na Figura 12.5(c), isso não significa que os objetos de qualquer tipo podem ser mesclados dentro da mesma coleção. Ao contrário, isso significa que qualquer tipo pode ser usado quando se especifica o tipo dos elementos para determinada coleção (incluindo outros tipos de coleção!).

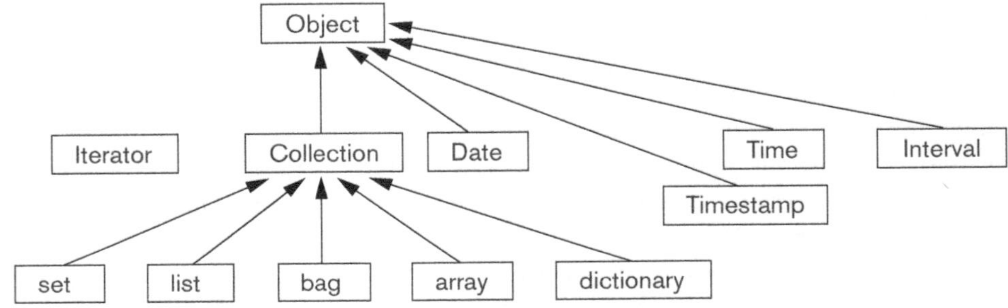

Figura 12.6 Hierarquia de herança para as interfaces embutidas do modelo de objeto.

12.3.4 Objetos atômicos (definidos pelo usuário)

A seção anterior descreveu os tipos de coleção embutidos do modelo de objeto. Agora, vamos discutir como os tipos de objeto para *objetos atômicos* podem ser construídos. Estes são especificados usando a palavra-chave class na ODL. No modelo de objeto, qualquer objeto definido pelo usuário, que não é um objeto de coleção, é chamado de **objeto atômico.**[27]

Por exemplo, em uma aplicação de banco de dados UNIVERSIDADE, o usuário pode especificar o tipo de objeto (classe) para objetos ALUNO. A maior parte desses objetos será de **objetos estruturados.** Por exemplo, um objeto ALUNO terá uma estrutura complexa, com muitos atributos, relacionamentos e operações, mas ainda é considerado atômico porque não é uma coleção. Esse tipo de objeto atômico definido pelo usuário é estabelecido como uma classe ao especificar suas **propriedades** e **operações.** As propriedades definem o estado do objeto e são distinguidas ainda mais em **atributos** e **relacionamentos.** Nesta subseção, detalhamos os três tipos de componentes — atributos, relacionamentos e operações — que um tipo de objeto definido pelo usuário para objetos atômicos (estruturados) pode incluir. Ilustramos nossa discussão com as duas classes, FUNCIONARIO e DEPARTAMENTO, mostradas na Figura 12.7.

[27] Como dissemos anteriormente, essa definição de *objeto atômico* no modelo de objeto ODMG é diferente da definição do construtor de átomo da Seção 12.1.3, que é a definição usada em grande parte da literatura de banco de dados orientado a objeto.

```
class FUNCIONARIO
(   extent       TODOS_FUNCIONARIOS
    key          Cpf )
{
    attribute    string                  Nome;
    attribute    string                  Cpf;
    attribute    date                    Data_nascimento;
    attribute    enum Genero{M, F}       Sexo;
    attribute    short                   Idade;
    relationship DEPARTAMENTO            Trabalha_para
                     inverse DEPARTAMENTO::Tem_funcionarios;
    void         realoca_funcionario(in string Novo_nomeDepartamento)
                     raises(NomeDepartamentoInvalido);
};
class DEPARTAMENTO
(   extent       TODOS_DEPARTAMENTOS
    key          Nome_departamento, Numero_departamento)
{
    attribute    string                  Nome_departamento;
    attribute    short                   Numero_departamento;
    attribute    struct  Gerente_projeto {FUNCIONARIO Gerente,
                             date Data_inicio} Gerencia;
    attribute    set<string>             Localizacoes;
    attribute    struct  Proj {string Nome_projeto, time Horas_semana} Projeto;
    relationship set<FUNCIONARIO>        Tem_funcionarios inverse
                     FUNCIONARIO::Trabalha_para;
    void         adiciona_funcionario(in string Novo_Nome)
                     raises(NomeFuncionarioInvalido);
    void         troca_gerente(in string Novo_Nome_ger; in date Data_inicio);
};
```

Figura 12.7 Os atributos, relacionamentos e operações em uma definição de classe.

Um **attribute** é uma propriedade que descreve algum aspecto de um objeto. Atributos possuem valores (os quais normalmente são literais com uma estrutura simples ou complexa) que são armazenados dentro do objeto. Porém, os valores de atributo também podem ser OIDs de outros objetos. Os valores de atributo podem até mesmo ser especificados por meio de métodos utilizados para calcular o valor do atributo. Na Figura 12.7,[28] os atributos para FUNCIONARIO são Nome, Cpf, Data_nascimento, Sexo e Idade, e para DEPARTAMENTO são Nome_departamento, Numero_departamento, Gerencia, Localizacoes e Projeto. Os atributos Gerencia e Projeto de DEPARTAMENTO possuem estrutura complexa e são definidos por meio de **struct**, que corresponde ao *construtor de tuplas* da Seção 12.1.3. Logo, o valor de Gerencia em cada objeto DEPARTAMENTO terá dois componentes: Gerente, cujo valor é um OID que referencia o objeto FUNCIONARIO que gerencia o DEPARTAMENTO, e Data_inicio, cujo valor é uma date. O atributo Localizacoes de DEPARTAMENTO é definido por meio do construtor set, pois cada objeto DEPARTAMENTO pode ter um conjunto de locais.

Um **relationship** é uma propriedade que especifica que dois objetos no banco de dados estão relacionados. No modelo de objeto ODMG, somente relacionamentos binários (ver Seção 3.4) são representados explicitamente, e cada relacionamento binário é representado por um *par de referências inversas* especificadas por meio da palavra-chave relationship. Na Figura 12.7, existe um relacionamento que relaciona cada FUNCIONARIO ao DEPARTAMENTO em que trabalha — o relacionamento Trabalha_para de FUNCIONARIO. No sentido inverso, cada DEPARTAMENTO está relacionado ao conjunto de FUNCIONARIOS que trabalham no DEPARTAMENTO — o

[28] Estamos usando a notação da Object Definition Language (ODL) na Figura 12.7, que será discutida com mais detalhes na Seção 12.3.6.

relacionamento Tem_funcionarios de DEPARTAMENTO. A palavra-chave **inverse** especifica que essas duas propriedades definem um único relacionamento conceitual nos sentidos inversos.[29]

Ao especificar inversos, o sistema de banco de dados pode manter a integridade referencial do relacionamento automaticamente. Ou seja, se o valor de Trabalha_para para determinado FUNCIONARIO *F* refere-se ao DEPARTAMENTO *D*, o valor de Tem_funcionarios para o DEPARTAMENTO *D* precisa incluir uma referência a *F* em seu conjunto de referências de FUNCIONARIO. Se o projetista de banco de dados quiser que um relacionamento seja representado em *apenas um sentido*, ele precisa ser modelado como um atributo (ou operação). Um exemplo é o componente Gerente do atributo Gerencia em DEPARTAMENTO.

Além dos atributos e relacionamentos, o projetista pode incluir **operações** nas especificações de tipo de objeto (class). Cada tipo de objeto pode ter uma série de **assinaturas de operação**, que especificam o nome da operação, seus tipos de argumento e seu valor retornado, se for o caso. Os nomes de operação são exclusivos dentro de cada tipo de objeto, mas eles podem ser sobrecarregados, fazendo que o mesmo nome de operação apareça em tipos de objeto distintos. A assinatura da operação também pode especificar os nomes das **exceções** sujeitas a ocorrer durante a execução da operação. A implementação da operação incluirá o código para lançar essas exceções. Na Figura 12.7, a classe FUNCIONARIO tem uma operação: realoca_funcionario, e a classe DEPARTAMENTO tem duas operações: adiciona_funcionario e troca_gerente.

12.3.5 Extensões, chaves e fábrica de objetos

No modelo de objeto ODMG, o projetista de banco de dados pode declarar uma *extensão* (usando a palavra-chave **extent**) para qualquer tipo de objeto que seja definido por meio de uma declaração **class**. A extent recebe um nome e terá todos os objetos persistentes dessa classe. Logo, a extent comporta-se como um *objeto de conjunto* que mantém todos os objetos persistentes da classe. Na Figura 12.7, as classes FUNCIONARIO e DEPARTAMENTO possuem extensões chamadas TODOS_FUNCIONARIOS e TODOS_DEPARTAMENTOS, respectivamente. Isso é semelhante a criar dois objetos — um do tipo set<FUNCIONARIO> e outro do tipo set<DEPARTAMENTO> — e torná-los persistentes chamando-os de TODOS_FUNCIONARIOS e TODOS_DEPARTAMENTOS. As extensões também são usadas para impor automaticamente o relacionamento de conjunto/subconjunto entre as extensões de um supertipo e seu subtipo. Se duas classes A e B possuem extensões TODOS_A e TODOS_B, e a classe B é um subtipo da classe A (ou seja, class B extends class A), então a coleção de objetos em TODOS_B precisa ser um subconjunto daqueles em TODOS_A em qualquer ponto. Essa restrição é imposta automaticamente pelo sistema de banco de dados.

Uma classe com uma extensão pode ter uma ou mais chaves. Uma **chave** consiste em uma ou mais propriedades (atributos ou relacionamentos), cujos valores são restritos a serem únicos para cada objeto na extensão. Por exemplo, na Figura 12.7, a classe FUNCIONARIO tem o atributo Cpf como chave (cada objeto FUNCIONARIO na extensão precisa ter um valor de Cpf único), e a classe DEPARTAMENTO tem duas chaves distintas: Nome_departamento e Numero_departamento (cada DEPARTAMENTO deve ter um Nome_departamento único e um Numero_departamento único). Para uma chave composta[30] que é feita de várias propriedades, as que formam a chave estão contidas em parênteses. Por exemplo, se uma classe VEICULO com uma extent

[29] A Seção 7.4 discute como um relacionamento pode ser representado por dois atributos em direções inversas.

[30] Uma chave composta (*composite key*) é chamada de *compound key* no relatório ODMG.

TODOS_VEICULOS tem uma chave composta por uma combinação de dois atributos Estado e Placa, eles poderiam ser colocados entre parênteses, como em (Estado, Placa) na declaração de chave.

Em seguida, apresentamos o conceito de **fábrica de objeto** — um objeto que pode ser usado para gerar ou criar objetos individuais por meio de suas operações. Algumas das interfaces da fábrica de objetos que fazem parte do modelo de objeto ODMG aparecem na Figura 12.8. A interface ObjectFactory tem uma única operação, new( ), que retorna um novo objeto com um Object_id. Ao herdar essa interface, os usuários podem criar as próprias interfaces de fábrica para cada tipo de objeto definido pelo usuário (atômico), e o programador pode implementar a operação *new* de forma diferente para cada tipo de objeto. A Figura 12.8 também mostra uma interface DateFactory, que tem operações adicionais para a criação de um novo calendar_date, e para criar um objeto cujo valor é o current_date, entre outras operações (não mostradas na Figura 12.8). Como podemos ver, uma fábrica de objeto basicamente oferece as **operações construtoras** para novos objetos.

Finalmente, discutimos o conceito de um **banco de dados.** Como um BDO pode criar muitos bancos de dados diferentes, cada um com seu próprio esquema, o

```
interface ObjectFactory {
    Object      new( );
};
interface SetFactory : ObjectFactory {
    Set         new_of_size(in long size);
};
interface ListFactory : ObjectFactory {
    List        new_of_size(in long size);
};
interface ArrayFactory : ObjectFactory {
    Array       new_of_size(in long size);
};
interface DictionaryFactory : ObjectFactory {
    Dictionary new_of_size(in long size);
};
interface DateFactory : ObjectFactory {
    exception InvalidDate{};
    ...
    Date        calendar_date(    in unsigned short year,
                                  in unsigned short month,
                                  in unsigned short day)
                raises(InvalidDate);
    ...
    Date        current( );
};
interface DatabaseFactory {
    Database new( );
};
interface Database {
    ...
    void        open(in string database_name)
                    raises(DatabaseNotFound, DatabaseOpen);
    void        close( ) raises(DatabaseClosed, ...);
    void        bind(in Object an_object, in string name)
                    raises(DatabaseClosed, ObjectNameNotUnique, ...);
    Object      unbind(in string name)
                    raises(DatabaseClosed, ObjectNameNotFound, ...);
    Object      lookup(in string object_name)
                    raises(DatabaseClosed, ObjectNameNotFound, ...);
    ... };
```

Figura 12.8 Interfaces para ilustrar fábrica de objetos e objetos banco de dados.

modelo de objeto ODMG tem interfaces para objetos DatabaseFactory e Database, como mostra a Figura 12.8. Cada banco de dados tem seu próprio *nome de banco de dados*, e a operação **bind** pode ser usada para atribuir nomes únicos individuais a objetos persistentes em um banco em particular. A operação **lookup** retorna um objeto do banco de dados que tem o object_name persistente especificado, e a operação **unbind** remove o nome de um objeto nomeado persistente do banco de dados.

12.3.6 A linguagem de definição de objeto ODL

Depois de nossa visão geral do modelo de objeto ODMG na seção anterior, agora vamos mostrar como esses conceitos podem ser utilizados para criar um esquema de banco de dados de objeto usando a linguagem de definição de objeto ODL.[31]

A ODL é projetada para dar suporte às construções semânticas do modelo de objeto ODMG e é independente de qualquer linguagem de programação em particular. Seu uso principal é para criar especificações de objeto — ou seja, classes e interfaces. Logo, a ODL não é uma linguagem de programação completa. Um usuário pode especificar um esquema de banco de dados na ODL independentemente de qualquer linguagem de programação, e depois usar os bindings da linguagem específica para indicar como as construções ODL podem ser mapeadas em construções nas linguagens de programação específicas, como C++, Smalltalk e Java. Daremos uma visão geral do binding com a C++ na Seção 12.6.

A Figura 12.9(b) mostra um esquema de objeto possível para parte do banco de dados UNIVERSIDADE, que foi apresentado no Capítulo 4. Descreveremos os conceitos da ODL usando esse exemplo, e o da Figura 12.11. A notação gráfica para a Figura 12.9(b) é mostrada na Figura 12.9(a) e pode ser considerada uma variação

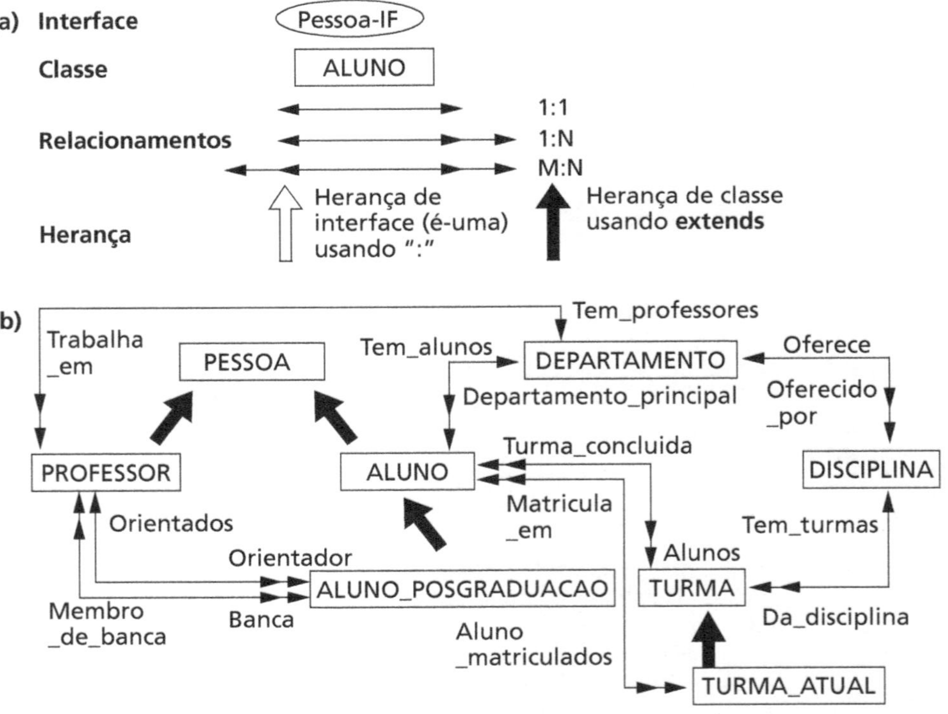

Figura 12.9 Exemplo de um esquema de banco de dados. (a) Notação gráfica para representar esquemas ODL. (b) Um esquema gráfico de banco de dados de objeto para parte do banco de dados UNIVERSIDADE (as classes NOTA e TITULO_ACADEMICO não aparecem).

[31] A sintaxe e os tipos de dados ODL têm como propósito serem compatíveis com a IDL — Linguagem de Definição de Interface (Interface Definition Language) de CORBA (Common Object Request Broker Architecture), com extensões para relacionamentos e outros conceitos de banco de dados.

dos diagramas EER (ver Capítulo 4), com o conceito adicionado de herança de interface, mas sem vários conceitos de EER, como categorias (tipos de união) e atributos de relacionamentos.

A Figura 12.10 mostra um conjunto possível de definições de classes ODL para o banco de dados UNIVERSIDADE. Em geral, pode haver diversos mapeamentos possíveis a partir de um diagrama de esquema de objeto (ou diagrama de esquema EER) para classes ODL. Discutiremos mais sobre essas opções na Seção 12.4.

```
class PESSOA
(   extent          PESSOAS
    key             Cpf )
{   attribute       struct Nome_pessoa {  string  Primeiro_nome,
                                          string  Nome_meio,
                                          string  Ultimo_nome }   Nome;
    attribute       string                                        Cpf;
    attribute       date                                          Data_nascimento;
    attribute       enum Genero{M, F}                             Sexo;
    attribute       struct End {          short   Numero,
                                          string  Rua,
                                          short   Numero_apto,
                                          string  Cidade,
                                          string  Estado,
                                          short   Cep }           Endereco;
    short           Idade( );   };
class PROFESSOR extends   PESSOA
(   extent          PROFESSORES )
{   attribute       string                Nivel;
    attribute       float                 Salario;
    attribute       string                Sala_professor;
    attribute       string                Telefone;
    relationship    DEPARTAMENTO          Trabalha_em inverse
                        DEPARTAMENTO::Tem_professores;
    relationship    set<ALUNO_POSGRADUACAO> Orientados inverse
                        ALUNO_POSGRADUACAO::Orientador;
    relationship    set<ALUNO_POSGRADUACAO> Membro_de_banca inverse
                        ALUNO_POSGRADUACAO::Banca;
    void            dar_aumento(in float aumento);
    void            promocao(in string novo_nivel);};
class NOTA
(   extent NOTAS )
{
    attribute       enum ValoresNota{A,B,C,D,F,I,P} Nota;
    relationship    TURMA Turma inverse TURMA::Notas_alunos;
    relationship    ALUNO Aluno inverse ALUNO::Notas_historico; };
class ALUNO extends PESSOA
(   extent          ALUNOS )
{   attribute       string              Tipo_aluno;
    attribute       Departamento          Departamento_secundario;
    relationship    Departamento          Departamento_principal inverse
                                          DEPARTAMENTO::Tem_alunos;
    relationship    set<NOTA> Notas_historico inverse NOTA::Aluno;
    relationship    set<TURMA_ATUAL> Matricula_em inverse
                        TURMA_ATUAL::Alunos_matriculados;
    void            troca_departamento_principal(in string
                        nome_departamento) raises
                        (DepartamentoInvalido);
    float           coeficiente( );
```

Figura 12.10 Esquema ODL possível para o banco de dados UNIVERSIDADE da Figura 12.9(b). (*continua*)

Figura 12.10 Esquema ODL possível para o banco de dados UNIVERSIDADE da Figura 12.9(b). (*continuação*)

```
    void            matricula(in short numero_turma)
                        raises(TurmaInvalida);
    void            aloca_nota(in short numero_turma; IN ValorNota
                        nota) raises(TurmaInvalida,NotaInvalida); };
class TITULO_ACADEMICO
{   attribute       string  Faculdade;
    attribute       string  Titulo;
    attribute       string  Ano; };
class ALUNO_POSGRADUACAO extends ALUNO
(   extent          ALUNOS_POSGRADUACAO )
{   attribute       set<TITULO_ACADEMICO> Titulos;
    relationship    PROFESSOR Orientador inverse
                        PROFESSOR::Orientados;
    relationship    set<PROFESSOR> Banca inverse PROFESSOR::Membro
                        _de_banca;
    void            aloca_orientador(in string Ultimo_nome; in
                        string Primeiro_nome) raises(DocenteInvalido);
    void            aloca_membro_banca(in string Ultimo_nome; in
                        string Primeiro_nome) raises(DocenteInvalido)
                        ; };
class DEPARTAMENTO
(   extent          DEPARTAMENTOS
    key             Nome_departamento )
{   attribute       string  Nome_departamento;
    attribute       string  Telefone_departamento;
    attribute       string  Sala_departamento;
    attribute       string  Faculdade;
    attribute       PROFESSOR Diretor;
    relationship    set<PROFESSOR> Tem_professores inverse
                        PROFESSOR::Trabalha_em;
    relationship    set<ALUNO> Tem_alunos inverse ALUNO::
                        Departamento_principal;
    relationship    set<DISCIPLINA> Oferece inverse DISCIPLINA::
                        Oferecida_por; };
class DISCIPLINA
(   extent          DISCIPLINAS
    key             Cod_disciplina )
{   attribute       string  Nome_disciplina;
    attribute       string  Cod_disciplina;
    attribute       string  Descricao;
    relationship    set<TURMA> Tem_turmas inverse TURMA::
                        Da_disciplina;
    relationship    <DEPARTAMENTO> Oferecido_por inverse
                        DEPARTAMENTO::Oferece; };
class TURMA
(   extent          TURMAS )
{   attribute       short   Cod_turma;
    attribute       string  Ano;
    attribute       enum Periodo{Primeiro, Segundo} Semestre;
    relationship    set<NOTA> Notas_alunos inverse NOTA::Turma;
    relationship    DISCIPLINA Da_disciplina inverse
                        DISCIPLINA::Tem_turmas; };
class TURMA_ATUAL extends TURMA
(   extent          TURMAS_ATUAIS )
{   relationship    set<ALUNO> Alunos_matriculados
                        inverse ALUNO::Matricula_em
    void            matricular_aluno(in string Cpf)
                        raises(AlunoInvalido, TurmaCheia); };
```

A Figura 12.10 mostra o modo direto de mapear parte do banco de dados UNIVERSIDADE do Capítulo 4. Os tipos de entidade são mapeados para classes ODL, e a herança é feita usando **extends**. Porém, não existe um modo direto de mapear categorias (tipos de união) ou realizar a herança múltipla. Na Figura 12.10, as classes PESSOA, PROFESSOR, ALUNO e ALUNO_POSGRADUACAO têm as extensões PESSOAS, PROFESSORES, ALUNOS e ALUNOS_POSGRADUACAO, respectivamente. Tanto PROFESSOR quanto ALUNO **extends** PESSOA e ALUNO_POSGRADUACAO **extends** ALUNO. Logo, a coleção de ALUNOS (e a coleção de PROFESSOR) será restrita a um subconjunto da coleção de PESSOA a qualquer momento. De modo semelhante, a coleção de ALUNO_POSGRADUACAO será um subconjunto de ALUNOS. Ao mesmo tempo, objetos ALUNO e PROFESSOR individuais herdarão as propriedades (atributos e relacionamentos) e operações de PESSOA, e objetos ALUNO_POSGRADUACAO individuais herdarão as de ALUNO.

As classes DEPARTAMENTO, DISCIPLINA, TURMA e TURMA_ATUAL da Figura 12.10 são mapeamentos diretos dos tipos de entidade correspondentes da Figura 12.9(b). Porém, a classe NOTA requer alguma explicação. A classe NOTA corresponde ao relacionamento M:N entre ALUNO e TURMA na Figura 12.9(b). O motivo para isso ter sido feito em uma classe separada (em vez de em um par de relacionamentos inversos) é porque inclui o atributo de relacionamento Nota.[32]

Assim, o relacionamento M:N é mapeado para a classe NOTA e um par de relacionamentos 1:N, um entre ALUNO e NOTA e o outro entre TURMA e NOTA.[33] Esses relacionamentos são representados pelas seguintes propriedades de relacionamento: Notas_historico de ALUNO; Turma e Aluno de NOTA; e Notas_alunos de TURMA (ver Figura 12.10). Por fim, a classe TITULO_ACADEMICO é usada para representar os graus de atributo compostos, multivalorados, de ALUNO_POSGRADUACAO (ver Figura 4.9).

Como o exemplo anterior não inclui quaisquer interfaces, apenas classes, agora utilizamos um exemplo diferente para ilustrar interfaces e herança de interface (comportamento). A Figura 12.11(a) faz parte de um esquema de banco de dados para armazenar objetos geométricos. Uma interface ObjetoGeometrico é especificada, com operações para calcular o perimetro e a area de um objeto geométrico, mais operações para translacao (mover) e rotacao (girar) um objeto. Várias classes (RETANGULO, TRIANGULO, CIRCULO, ...) herdam a interface ObjetoGeometrico. Como ObjetoGeometrico é uma interface, ela é *não instanciável* — ou seja, nenhum objeto pode ser criado diretamente com base nessa interface. No entanto, objetos do tipo RETANGULO, TRIANGULO, CIRCULO, ... podem ser criados, e herdam todas as operações da interface ObjetoGeometrico. Observe que, com a herança de interface, somente operações são herdadas, e não propriedades (atributos, relacionamentos). Logo, se uma propriedade for necessária na classe de herança, ela precisa ser repetida na definição da classe, como no atributo Ponto_referencia da Figura 12.11(b). Observe que as operações herdadas podem ter diferentes implementações em cada classe. Por exemplo, as implementações das operações area e perimetro podem ser diferentes para RETANGULO, TRIANGULO e CIRCULO.

A *herança múltipla* das interfaces por uma classe é permitida, assim como a herança múltipla de interfaces por outra interface. Contudo, com a herança **extends** (classe), a herança múltipla *não é permitida*. Logo, uma classe pode herdar por **extends** até no máximo uma classe (além de herdar de zero ou mais interfaces).

---

[32] Discutiremos mapeamentos alternativos para atributos de relacionamentos na Seção 12.4.

[33] Isso é semelhante ao modo como um relacionamento M:N é mapeado no modelo relacional (ver Seção 9.1) e no modelo de rede legado.

(a)

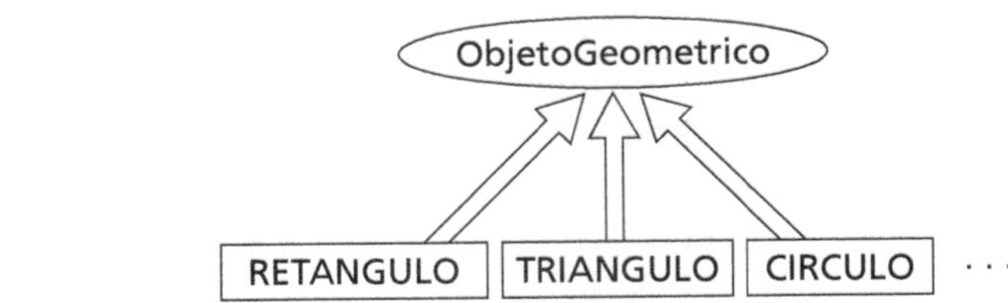

Figura 12.11 Uma ilustração da herança de interface por meio de ':'. (a) Representação de esquema gráfico. (b) Definições de interface e classe correspondentes em ODL.

(b)
```
interface ObjetoGeometrico
{   attribute  enum      Forma{RETANGULO, TRIANGULO, CIRCULO, ... }
                                  Forma;
    attribute  struct    Ponto {short x, short y} Ponto_referencia;
    float      perimetro( );
    float      area( );
    void       translacao(in short translacao_x; in short
                          translacao_y);
    void       rotacao(in float angulo_rotacao); };
class RECTANGLE : ObjetoGeometrico
(   extent     RETANGULOS )
{   attribute  struct    Ponto {short x, short y} Ponto_referencia;
    attribute  short     Comprimento;
    attribute  short     Altura;
    attribute  float     Angulo_orientacao; };
class TRIANGULO : ObjetoGeometrico
(   extent     TRIANGULOS )
{   attribute  struct    Ponto {short x, short y} Ponto_referencia;
    attribute  short     Lado_1;
    attribute  short     Lado_2;
    attribute  float     Angulo_lado1_lado2;
    attribute  float     Angulo_orientacao_lado1; };
class CIRCULO : ObjetoGeometrico
(   extent     CIRCULOS )
{   attribute  struct    Ponto {short x, short y} Ponto_referencia;
    attribute  short     Raio; };
...
```

12.4 Projeto conceitual de banco de dados de objeto

A Seção 12.4.1 discute como o projeto de banco de dados de objeto (BDO) difere do projeto de banco de dados relacional (BDR). A Seção 12.4.2 esboça um algoritmo de mapeamento que pode ser usado para criar um esquema de BDO, feito de definições de classe ODL do ODMG, com base em um esquema EER conceitual.

12.4.1 Diferenças entre o projeto conceitual do BDO e do BDR

Uma das principais diferenças entre o projeto de BDO e de BDR é o modo como os relacionamentos são tratados. No BDO, eles normalmente são tratados como tendo propriedades de relacionamento ou atributos de referência que incluem OID(s) dos objetos relacionados. Estes podem ser considerados *referências de OID* aos objetos relacionados. Tanto referências isoladas quanto coleções de referências são permitidas. As referências para um relacionamento binário podem ser declaradas em um único sentido ou nos dois sentidos, dependendo dos tipos de acesso esperados. Se declaradas nos dois sentidos, elas podem ser especificadas como inversas uma da outra, impondo assim o equivalente BDO da restrição de integridade referencial do modelo relacional.

No BDR, os relacionamentos entre tuplas (registros) são especificados por atributos com valores correspondentes. Estes podem ser considerados *referências de valor* e são especificados por meio de *chaves estrangeiras*, que são valores de atributos de chave primária repetidos em tuplas da relação referenciada. São limitados a serem de único valor em cada registro, pois atributos multivalorados não são permitidos no modelo relacional básico. Assim, relacionamentos M:N devem ser representados não diretamente, mas como uma relação (tabela) separada, conforme discutimos na Seção 9.1.

O mapeamento de relacionamentos binários que contêm atributos não é direto nos BDOs, pois o projetista precisa escolher em que sentido os atributos devem ser incluídos. Se eles forem incluídos nos dois sentidos, haverá redundância no armazenamento, podendo ocasionar dados inconsistentes. Logo, às vezes é preferível usar a técnica relacional de criação de uma tabela separada ao criar uma classe separada para representar o relacionamento. Essa técnica também pode ser usada para relacionamentos *n*-ários, com grau $n > 2$.

Outra área importante da diferença entre o projeto de BDO e BDR é o modo como a herança é tratada. No BDO, essas estruturas são embutidas no modelo, de modo que o mapeamento é alcançado usando as construções de herança, como ***derived*** (:) e ***extends***. No projeto relacional, conforme discutimos na Seção 9.2, existem várias opções para escolher, pois não existe uma construção embutida para a herança no modelo relacional básico. É importante observar, porém, que os sistemas objeto-relacional e relacional estendido estão acrescentando recursos para modelar essas construções diretamente, bem como para incluir especificações de operação nos tipos de dados abstratos (ver Seção 12.2).

A terceira diferença importante é que, no projeto do BDO, é necessário especificar as operações desde cedo no projeto, pois elas fazem parte das especificações de classe. Embora seja importante especificar operações durante a fase de projeto para todos os tipos de bancos de dados, isso pode ser adiado no projeto do BDR, pois não é estritamente exigido antes da fase de implementação.

Existe uma diferença filosófica entre o modelo relacional e o modelo de objeto dos dados em relação à especificação comportamental. O modelo relacional *não* exige que os projetistas de banco de dados predefinam um conjunto de comportamentos ou operações válidas, ao passo que esse é um requisito implícito no modelo de objeto. Uma das vantagens alegadas do modelo relacional é o suporte de consultas e transações ocasionais, ao passo que são contra o princípio de encapsulamento.

Na prática, está se tornando comum ter equipes de projeto de banco de dados aplicando metodologias baseadas em objeto nos estágios iniciais do projeto conceitual, de modo que tanto a estrutura quanto o uso ou as operações dos dados sejam considerados, e uma especificação completa seja desenvolvida durante o projeto conceitual. Essas especificações são então mapeadas para esquemas relacionais, restrições e artefatos comportamentais, como triggers ou procedimentos armazenados (ver seções 7.2 e 10.4).

12.4.2 Mapeando um esquema EER para um esquema BDO

É relativamente simples projetar as declarações de tipo das classes de objeto para um SGBDO com base em um esquema EER que não contém *nem* categorias *nem* relacionamentos *n*-ários com $n > 2$. Porém, as operações das classes não são especificadas no diagrama EER e devem ser acrescentadas às declarações de classe após o término do mapeamento estrutural. Um esboço do mapeamento de EER para ODL é o seguinte:

Etapa 1. Crie uma *classe* ODL para cada tipo de entidade ou subclasse EER. O tipo da classe ODL deve incluir todos os atributos da classe EER.[34] *Atributos multivalorados* normalmente são declarados usando os construtores set, bag ou list.[35] Se os valores do atributo multivalorado para um objeto tiverem de ser ordenados, o construtor list é escolhido; se duplicatas forem permitidas, o construtor bag deverá ser escolhido; caso contrário, o construtor set é escolhido. *Atributos compostos* são mapeados para um construtor de tupla (usando uma declaração struct em ODL).

---

[34] Isso implicitamente usa um construtor de tupla no nível superior da declaração de tipo, mas, em geral, o construtor de tupla não é mostrado de maneira explícita nas declarações de classe ODL.

[35] É preciso haver uma análise melhor do domínio da aplicação para decidir qual construtor usar, pois essa informação não está disponível no esquema EER.

Declare uma extensão para cada classe e especifique quaisquer atributos-chave como chaves da extensão.

Etapa 2. Inclua propriedades de relacionamento ou atributos de referência para cada *relacionamento binário* nas classes ODL que participam do relacionamento. Estas podem ser criadas em um ou nos dois sentidos. Se um relacionamento binário for representado por referências nos *dois* sentidos, declare as referências às propriedades de relacionamento que são inversas uma da outra, se tal facilidade existir.[36] Se um relacionamento binário for representado por uma referência em apenas *um* sentido, declare a referência para que seja um atributo na classe que referencia, cujo tipo é o nome da classe referenciada.

Dependendo da razão de cardinalidade do relacionamento binário, as propriedades de relacionamento ou atributos de referência podem ser tipos de único valor ou de coleção. Eles serão de **único valor** para relacionamentos binários nos sentidos 1:1 ou N:1; e são **tipos de coleção** (valor de conjunto ou valor de lista[37]) para relacionamentos no sentido 1:N ou M:N. Um modo alternativo de mapear os relacionamentos binários M:N é discutido na etapa 7.

Se houver atributos de relacionamento, um construtor de tupla (struct) pode ser usado para criar uma estrutura na forma <referência, atributos de relacionamento>, que pode ser incluída no lugar do atributo de referência. Contudo, isso *não permite o uso da restrição inversa*. Além disso, se essa escolha for representada nos *dois sentidos*, os valores de atributo serão representados duas vezes, criando redundância.

Etapa 3. Inclua operações apropriadas para cada classe. Estas não estão disponíveis no esquema EER e precisam ser acrescentadas ao projeto do banco de dados referenciando os requisitos originais. Um método construtor deverá incluir o código de programa que verifica quaisquer restrições que deverão existir quando um novo objeto for criado. Um método destruidor deve verificar quaisquer restrições que possam ser violadas quando um objeto for excluído. Outros métodos deverão incluir quaisquer outras verificações de restrição que sejam relevantes.

Etapa 4. Uma classe ODL que corresponde a uma subclasse no esquema EER herda (por **extends**) os atributos, os relacionamentos e os métodos de sua superclasse no esquema ODL. Seus atributos *específicos* (locais), referências de relacionamento e operações são especificados, conforme discutimos nas etapas 1, 2 e 3.

Etapa 5. Tipos de entidade fracos podem ser mapeados da mesma maneira que os tipos de entidade regulares. Um mapeamento alternativo é possível para tipos de entidade fraca que não participam de quaisquer relacionamentos, exceto seu relacionamento de identificação. Estes podem ser mapeados como se fossem *atributos multivalorados compostos* do tipo de entidade proprietário, usando os construtores set<struct<...>> ou list<struct<...>>. Os atributos da entidade fraca são incluídos na construção struct<...>, que corresponde a um construtor de tupla. Os atributos são mapeados conforme discutido nas etapas 1 e 2.

Etapa 6. As categorias (tipos de união) em um esquema EER são difíceis de mapear para ODL. É possível criar um mapeamento semelhante ao EER para relacional (ver Seção 9.2), declarando uma classe para representar a categoria e definindo relacionamentos 1:1 entre a categoria e cada uma de suas superclasses.

Etapa 7. Um relacionamento *n*-ário com grau $n > 2$ pode ser mapeado para uma classe separada, com referências apropriadas a cada classe participante. Essas referências são baseadas no mapeamento de um relacionamento 1:N de cada classe que representa um tipo de entidade participante para a classe que representa o

---

[36] O padrão ODL provê a definição explícita dos relacionamentos inversos. Alguns produtos de SGBDO podem não oferecer esse suporte; nesses casos, os programadores precisam manter cada relacionamento explicitamente, codificando os métodos que atualizam os objetos de forma apropriada.

[37] A decisão sobre usar set ou list não está disponível no esquema EER, e precisa ser determinada com base nos requisitos.

relacionamento *n*-ário. Um relacionamento binário M:N, especialmente se tiver atributos de relacionamento, também pode usar essa opção de mapeamento, se desejado.

Na Figura 4.9, o mapeamento foi aplicado a um subconjunto do esquema de banco de dados UNIVERSIDADE no contexto do padrão de banco de dados de objeto ODMG. O esquema de objeto mapeado usando a notação ODL é mostrado na Figura 12.10.

12.5 A linguagem de consulta de objeto (OQL — Object Query Language)

A linguagem de consulta de objeto OQL é a linguagem proposta para o modelo de objeto ODMG. Ela foi projetada para trabalhar de perto com as linguagens de programação para as quais é definido um binding ODMG, como C++, Smalltalk e Java. Logo, uma consulta OQL embutida em uma dessas linguagens de programação pode retornar objetos que correspondem ao sistema de tipos dessa linguagem. Além disso, as implementações de operações de classe em um esquema ODMG podem ter seu código escrito nessas linguagens de programação. A sintaxe OQL para consultas é semelhante à sintaxe da linguagem de consulta SQL do padrão relacional, com recursos adicionais para os conceitos ODMG, como identidade de objeto, objetos complexos, operações, herança, polimorfismo e relacionamentos.

Na Seção 12.5.1, discutiremos a sintaxe das consultas OQL simples e o conceito de usar objetos nomeados ou extensões como pontos de entrada do banco de dados. Depois, na Seção 12.5.2, discutiremos a estrutura dos resultados de consulta e o uso de expressões de caminho para percorrer os relacionamentos entre objetos. Outras características da OQL para tratamento de identidade de objeto, herança, polimorfismo e outros conceitos orientados a objeto são discutidos na Seção 12.5.3. Os exemplos para ilustrar consultas OQL são baseados no esquema de banco de dados UNIVERSIDADE, dado na Figura 12.10.

12.5.1 Consultas em OQL simples, pontos de entrada do banco de dados e variáveis de iteração

A sintaxe OQL básica é uma estrutura **select** ... **from** ... **where** ..., assim como para a SQL. Por exemplo, a consulta para recuperar os nomes de todos os departamentos na faculdade de 'Engenharia' pode ser escrita da seguinte forma:

C0: **select** *D*.Nome_departamento
from *D* **in** DEPARTAMENTOS
where *D*.Faculdade = 'Engenharia';

Em geral, um **ponto de entrada** para o banco de dados é necessário para cada consulta, que pode ser qualquer *objeto persistente nomeado*. Para muitas consultas, o ponto de entrada é o nome da extent de uma classe. Lembre-se de que o nome da extensão é considerado o nome de um objeto persistente cujo tipo é uma coleção (na maioria dos casos, um set) de objetos da classe. Ao examinar os nomes de extensão na Figura 12.10, o objeto nomeado DEPARTAMENTOS é do tipo set<DEPARTAMENTO>; PESSOAS é do tipo set<PESSOA>; PROFESSORES é do tipo set<PROFESSOR>; e assim por diante.

O uso de um nome de extensão — DEPARTAMENTOS em C0 — como um ponto de entrada refere-se a uma coleção persistente de objetos. Sempre que uma coleção é referenciada em uma consulta OQL, devemos definir uma **variável de iteração**[38] — *D* em C0 — que percorre cada objeto na coleção. Em muitos casos, como em C0, a consulta selecionará certos objetos da coleção, com base nas condições especificadas na

[38] Isso é semelhante às variáveis de tupla que percorrem as tuplas nas consultas SQL.

cláusula where. Em C0, somente objetos persistentes *D* na coleção de DEPARTAMENTOS que satisfaçam a condição *D*.Faculdade = 'Engenharia' são selecionados para o resultado da consulta. Para cada objeto selecionado *D*, o valor de *D*.Nome_departamento é recuperado no resultado da consulta. Assim, o *tipo do resultado* para C0 é bag<string> porque o tipo de cada valor Nome_departamento é string (embora o resultado real seja um set, pois Nome_departamento é um atributo-chave). Em geral, o resultado de uma consulta seria do tipo bag para select ... from ... e do tipo set para select distinct ... from ..., como na SQL (a inclusão da palavra-chave distinct elimina duplicatas).

Usando o exemplo em C0, existem três opções de sintaxe para especificar variáveis de iteração:

D **in** DEPARTAMENTOS
DEPARTAMENTOS *D*
DEPARTAMENTOS **AS** *D*

Usaremos a primeira construção em nossos exemplos.[39]

Os objetos nomeados usados como pontos de entrada de banco de dados para consultas OQL não são limitados aos nomes das extensões. Qualquer objeto persistente nomeado, não importando se ele se refere a um objeto atômico (único) ou a um objeto de coleção, pode ser usado como um ponto de entrada do banco de dados.

12.5.2 Resultados de consulta e expressões de caminho

Em geral, o resultado de uma consulta pode ser de qualquer tipo expresso no modelo de objeto ODMG. Uma consulta não precisa seguir a estrutura select ... from ... where ...; no caso mais simples, qualquer nome persistente por si só é uma consulta, cujo resultado é uma referência a esse objeto persistente. Por exemplo, a consulta

C1: DEPARTAMENTOS;

retorna uma referência à coleção de todos os objetos persistentes de DEPARTAMENTO, cujo tipo é set<DEPARTAMENTO>. De modo semelhante, suponha que tenhamos dado (pela operação de vínculo do banco de dados, ver Figura 12.8) um nome persistente CC_DEPARTAMENTO a um único objeto DEPARTAMENTO (o departamento de Ciência da Computação); então, a consulta

C1A: CC_DEPARTAMENTO;

retorna uma referência a esse objeto individual do tipo DEPARTAMENTO. Quando um ponto de entrada for especificado, o conceito de uma **expressão de caminho** poderá ser usado para especificar um *caminho* aos atributos e objetos relacionados. Uma expressão de caminho normalmente começa com um *nome de objeto persistente*, ou com a variável de iteração que percorre os objetos individuais em uma coleção. Esse nome será seguido por zero ou mais nomes de relacionamento ou nomes de atributo conectados que usam a *notação de ponto*. Por exemplo, referindo-se ao banco de dados UNIVERSIDADE da Figura 12.10, a seguir estão exemplos de expressões de caminho, que também são consultas válidas em OQL:

C2: CC_DEPARTAMENTO.Diretor;
C2A: CC_DEPARTAMENTO.Diretor.Nivel;
C2B: CC_DEPARTAMENTO.Tem_professores;

A primeira expressão C2 retorna um objeto do tipo PROFESSOR, pois esse é o tipo do atributo Diretor da classe DEPARTAMENTO. Esta será uma referência ao objeto PROFESSOR que está relacionado ao objeto DEPARTAMENTO, cujo nome persistente é

[39] Observe que as duas últimas opções são semelhantes à sintaxe para especificar variáveis de tupla nas consultas SQL.

CC_DEPARTAMENTO por meio do atributo Diretor; ou seja, uma referência ao objeto PROFESSOR que é diretor do departamento de Ciência da Computação. A segunda expressão C2A é semelhante, exceto que retorna o Nivel desse objeto PROFESSOR (a cadeira de Ciência da Computação), em vez da referência ao objeto; logo, o tipo retornado por C2A é string, que é o tipo de dado para o atributo Nivel da classe PROFESSOR.

As expressões de caminho C2 e C2A retornam valores isolados porque os atributos Diretor (de DEPARTAMENTO) e Nivel (de PROFESSOR) são ambos valores isolados e aplicados a um único objeto. A terceira expressão, C2B, é diferente; ela retorna um objeto do tipo set<PROFESSOR> mesmo quando aplicada a um único objeto, pois esse é o tipo do relacionamento Tem_professores da classe DEPARTAMENTO. A coleção retornada incluirá referências a todos os objetos PROFESSOR que estão relacionados ao objeto DEPARTAMENTO, cujo nome persistente é CC_DEPARTAMENTO por meio do relacionamento Tem_professores; ou seja, um conjunto das referências a todos os objetos PROFESSOR que estão trabalhando no departamento de Ciência da Computação. Agora, para retornar o nível do corpo docente de Ciência da Computação, *não podemos* escrever

C3': CC_DEPARTAMENTO.Tem_professores.Nivel;

porque não está claro se o objeto retornado seria do tipo set<string> ou bag<string> (o último é mais provável, pois vários membros do corpo docente podem compartilhar o mesmo nível). Em razão desse tipo de problema de ambiguidade, a OQL não permite expressões como a C3'. Em vez disso, é preciso usar uma variável de iteração sobre quaisquer coleções, como em C3A ou C3B, a seguir:

```
C3A:    select   P.Nivel
        from     P in CC_DEPARTAMENTO.Tem_professores;

C3B:    select   distinct P.Nivel
        from     P in CC_DEPARTAMENTO.Tem_professores;
```

Aqui, C3A retorna bag<string> (valores de níveis duplicados aparecem no resultado), enquanto C3B retorna set<string> (duplicatas são eliminadas por meio da palavra-chave distinct). Tanto C3A quanto C3B ilustram como uma variável de iteração pode ser definida na cláusula from para percorrer uma coleção restrita especificada na consulta. A variável *P* em C3A e C3B percorre os elementos da coleção CC_DEPARTAMENTO.Tem_professores, que é do tipo set<PROFESSOR> e inclui apenas corpo docente, o qual é membro do departamento de Ciência da Computação.

Em geral, uma consulta OQL pode retornar um resultado com uma estrutura complexa especificada na própria consulta e utilizar a palavra-chave struct. Considere os seguintes exemplos:

```
C4:     CC_DEPARTAMENTO.Diretor.Orientados;

C4A:    select struct (  nome: struct (unome: A.nome.Ultimo_nome, pnome:
                                 A.nome.Primeiro_nome),
                         titulo:( select struct (tit: T.Titulo, ano: T.Ano,
                                         facul: T.Faculdade)
                                  from T in A.Titulos ))
        from A in CC_DEPARTAMENTO.Diretor.Orientados;
```

Aqui, a C4 é direta, retornando um objeto do tipo set<ALUNO_POSGRADUACAO> como seu resultado. Essa é a coleção de alunos formados que são orientados pelo diretor do departamento de Ciência da Computação. Agora, suponha que seja necessária uma consulta para recuperar o nome e o sobrenome desses alunos de pós-graduação, mais a lista de títulos anteriores de cada um. Isso pode ser escrito como na C4A, em que a variável *A* percorre a coleção de alunos de pós-graduação orientados pelo diretor, e a variável T percorre os títulos de cada aluno A. O tipo do resultado de C4A é uma coleção de structs (de primeiro nível) em que cada struct tem dois componentes: nome e titulo.[40]

O componente nome é um outro struct composto de unome e pnome, cada um sendo uma única cadeia. O componente de títulos é definido por uma consulta embutida e por si só é uma coleção de outros structs (segundo nível), cada um com três componentes de string: tit, ano e facul.

Observe que OQL é *ortogonal* com relação à especificação de expressões de caminho. Ou seja, atributos, relacionamentos e nomes de operação (métodos) podem ser usados um no lugar do outro dentro das expressões de caminho, desde que o sistema de tipo da OQL não seja comprometido. Por exemplo, pode-se escrever as seguintes consultas para recuperar a média de notas de todos os alunos sênior que estão se formando em Ciência da Computação, com o resultado ordenado por coeficiente, e dentro disso por sobrenome e primeiro nome.

```
C5A:   select struct ( unome: A.nome.Ultimo_nome, pnome: A.nome.
                           Primeiro_nome, coef: A.coeficiente )
       from          A in CC_DEPARTAMENTO.Tem_alunos
       where         A.Tipo_aluno = 'senior'
       order by      coef desc, unome asc, pnome asc;

Q5B:   select struct ( unome: A.nome.Ultimo_nome, pnome: A.nome.
                           Primeiro_nome, coef: A.coeficiente )
       from          A in ALUNOS
       where         A.Departamento_principal.Nome_departamento =
                           'Ciencia da Computacao' and
                     A.Tipo_aluno = 'senior'
       order by      coef desc, unome asc, pnome asc;
```

A C5A usou o ponto de entrada nomeado CC_DEPARTAMENTO para localizar diretamente a referência ao departamento de Ciência da Computação e depois os alunos por meio do relacionamento Tem_alunos, ao passo que C5B procura a extensão ALUNOS para localizar todos os alunos que estão se formando nesse departamento. Observe como os nomes de atributo, nomes de relacionamento e nomes de operação (método) são todos usados de maneira intercambiável (ortogonal) nas expressões de caminho: coeficiente é uma operação; Departamento_principal e Tem_alunos são relacionamentos; e Tipo_aluno, Nome, Nome_departamento, Ultimo_nome e Primeiro_nome são atributos. A implementação da operação coeficiente calcula o coeficiente de pontos e retorna seu valor como um tipo de ponto flutuante para cada ALUNO selecionado.

A cláusula order by é semelhante à construção SQL correspondente, e especifica em que ordem o resultado da consulta deve ser exibido. Logo, a coleção retornada por uma consulta com uma cláusula order by é do tipo *list*.

12.5.3 Outros recursos da OQL

Especificando visões como consultas nomeadas. O mecanismo de visão (ou *view*) em OQL utiliza o conceito de **consulta nomeada**. A palavra-chave **define** é usada para especificar um identificador da consulta nomeada, que precisa ser um nome exclusivo entre todos os objetos nomeados, nomes de classe, nomes de método e nomes de função no esquema. Se o identificador tem o mesmo nome de uma consulta

---

[40] Como mencionado anteriormente, struct corresponde ao construtor de tupla discutido na Seção 12.1.3.

nomeada existente, a nova definição substitui a anterior. Uma vez definida, a consulta é persistente até que seja redefinida ou excluída. Uma visão também pode ter parâmetros (argumentos) em sua definição.

Por exemplo, a visão V1 a seguir define uma consulta nomeada Tem_departamento_secundario para recuperar o conjunto de objetos para alunos que tenham departamento secundário:

```
V1:  define  Tem_departamento_secundario(Nome_dep) as
     select  A
     from    A in ALUNOS
     where   A.Departamento_secundario.Nome_departamento = Nome_dep;
```

Como o esquema ODL na Figura 12.10 só forneceu um atributo Departamento_secundario unidirecional para um ALUNO, podemos usar a visão mostrada anteriormente para representar seu inverso sem ter de definir um relacionamento explicitamente. Esse tipo de visão pode ser utilizado para representar relacionamentos inversos que não deverão ser usados com frequência. O usuário agora pode utilizar a visão citada para escrever consultas como

```
Tem_departamento_secundario('Ciencia da Computacao');
```

que retornariam uma bag de alunos que tenham departamento secundário de Ciência da Computação. Observe que, na Figura 12.10, definimos Tem_departamento_principal como um relacionamento explícito, possivelmente porque se espera que seja usado com mais frequência.

Extraindo elementos isolados de coleções singulares. Uma consulta OQL, em geral, retornará uma collection como seu resultado, tal como uma bag, set (se distinct for especificado) ou list (se a cláusula order by for usada). Se o usuário solicitar que uma consulta retorne apenas um único elemento, existe um operador **element** na OQL que garante o retorno de um único elemento *E* de uma coleção singular *C*, que contém apenas um elemento. Se *C* tiver mais de um elemento ou se for vazia, o operador de elemento *lança uma exceção*. Por exemplo, C6 retorna a única referência de objeto ao departamento de Ciência da Computação:

```
C6:  element (select  D
              from    D in DEPARTAMENTOS
              where   D.Nome_departamento = 'Ciencia da Computacao' );
```

Como um nome de departamento é único entre todos os departamentos, o resultado deve ser um departamento. O tipo do resultado é *D*:DEPARTAMENTO.

Operadores de coleção (funções de agregação, quantificadores). Como muitas expressões de consulta especificam coleções como seu resultado, diversos operadores foram definidos para serem aplicados a tais coleções. Estes incluem operadores de agregação, bem como condição de membro e quantificação (universal e existencial) sobre uma coleção.

Os operadores de agregação (min, max, count, sum, avg) operam sobre uma coleção.[41] O operador count retorna um tipo inteiro. Os demais operadores de agregação (min, max, sum, avg) retornam o mesmo tipo como o tipo do operando da coleção. Vejamos dois exemplos. A consulta C7 retorna o número de alunos que tenham departamento principal em Ciência da Computação e C8 retorna o coeficiente de todos os formandos em Ciência da Computação.

```
C7:  count ( A in Tem_departamento_principal('Ciencia da Computacao'));
```

[41] Estes correspondem às funções de agregação em SQL.

```
C8:  avg ( select  A.Coeficiente
           from    A in ALUNOS
           where   A.Departamento_principal.Nome_departamento = 'Ciencia
                      da Computacao' and
                   A.Tipo_aluno = 'Senior');
```

Observe que as operações de agregação podem ser aplicadas a qualquer coleção do tipo apropriado e usadas em qualquer parte de uma consulta. Por exemplo, a consulta para recuperar todos os nomes de departamento que possuem mais de cem alunos como departamento principal pode ser escrita como em C9:

```
C9:  select  D.Nome_departamento
     from    D in DEPARTAMENTOS
     where   count (D.Tem_alunos) > 100;
```

As expressões de *condição de membro* e *quantificação* retornam um tipo booleano — ou seja, verdadeiro ou falso. Considere que *V* seja uma variável; *C*, uma expressão de coleção; *B*, uma expressão do tipo Boolean (ou seja, uma condição booleana); e *E*, um elemento do tipo dos elementos na coleção *C*. Então:

(*E* **in** *C*) retorna verdadeiro se o elemento *E* é um membro da coleção *C*.

(**for all** *V* **in** *C* : *B*) retorna verdadeiro se *todos* os elementos da coleção *C* satisfizerem *B*.

(**exists** *V* **in** *C* : *B*) retorna verdadeiro se houver pelo menos um elemento em *C* satisfazendo *B*.

Para ilustrar a condição de membro, suponha que queiramos recuperar os nomes de todos os alunos que completaram a disciplina chamada 'Sistemas de Bancos de Dados I'. Isso pode ser escrito como em C10, em que a consulta aninhada retorna a coleção de nomes de disciplina que cada ALUNO *A* completou, e a condição de membro retorna verdadeira se 'Sistemas de Bancos de Dados I' estiver na coleção para determinado ALUNO *A*:

```
C10: select  A.nome.Ultimo_nome, A.nome.Primeiro_nome
     from    A in ALUNOS
     where   'Sistemas de Bancos de Dados I' in
             ( select  N.Turma.Da_disciplina.Nome_disciplina
               from    N in A.Notas_historico);
```

C10 também ilustra um modo mais simples de especificar a cláusula select das consultas que retornam uma coleção de structs. O tipo retornado por C10 é bag <struct(string, string)>.

Também é possível escrever consultas que retornam resultados verdadeiro/falso. Como exemplo, vamos supor que haja um objeto nomeado, chamado JEREMIAS, do tipo ALUNO. Então, a consulta C11 responde à seguinte pergunta: *Jeremias tem departamento principal em Ciência da Computação?* De modo semelhante, C12 responde à pergunta: *Todos os alunos formados em Ciência da Computação são orientados pelo corpo docente de Ciência da Computação?* Tanto C11 quanto C12 retornam verdadeira ou falsa, que são interpretadas como respostas sim ou não para as perguntas:

```
C11: JEREMIAS in Tem_departamento_secundario('Ciencia da Computacao');

C12: for all P in
       ( select  A
         from    A in ALUNOS_POSGRADUACAO
         where   A.Departamento_principal.Nome_departamento = 'Ciencia
                    da Computacao' )
       : P.Orientador in CC_DEPARTAMENTO.Tem_professores;
```

Observe que a consulta C12 também ilustra como a herança de atributo, relacionamento e operação se aplica às consultas. Embora *A* seja um objeto de iteração que percorre a extent ALUNOS_POSGRADUACAO, podemos escrever *A*.Departamento_principal porque o relacionamento departamento_principal é herdado por ALUNO_POSGRADUACAO de ALUNO por meio de extends (ver Figura 12.10). Por fim, para ilustrar o quantificador **exists**, a consulta C13 responde à seguinte pergunta: *Algum aluno formado no departamento principal Ciência da Computação tem um COEFICIENTE 4,0?* Aqui, novamente, a operação coeficiente é herdada por ALUNO_POSGRADUACAO de ALUNO por meio de extends.

```
C13:    exists     P in
        ( select   A
          from     A in ALUNOS_POSGRADUACAO
          where    A.Departamento_principal.Nome_departamento =
                   'Ciencia da Computacao')
        :  P.Coeficiente = 4;
```

Expressões de coleção ordenada (indexada). Conforme discutimos na Seção 12.3.3, as coleções que são listas e arrays possuem operações adicionais, como recuperar o *i*-ésimo, primeiro e último elementos. Além disso, existem operações para extrair uma subcoleção e concatenar duas listas. Logo, as expressões de consulta que envolvem listas ou arrays podem invocar essas operações. Ilustraremos algumas dessas operações usando exemplos de consulta. A C14 recupera o sobrenome do membro do corpo docente que ganha o maior salário:

```
C14:  first ( select    struct(profnome: P.Nome.Ultimo_nome, salario: P.Salario)
              from      P in PROFESSORES
              order by  salario desc );
```

C14 ilustra o uso do operador **first** sobre uma coleção de lista que contém os salários dos membros do corpo docente classificados em ordem decrescente. Portanto, o primeiro elemento nessa lista classificada contém o membro do corpo docente com o salário mais alto. Essa consulta considera que apenas um membro do corpo docente ganha o salário máximo. A próxima consulta, C15, recupera os três melhores coeficientes do departamento principal de Ciência da Computação.

```
C15:  ( select    struct( unome: A.Nome.Ultimo_nome, pnome: A.Nome.
                          Primeiro_nome, coef: A.Coeficiente )
        from      A in CC_DEPARTAMENTO.Tem_alunos
        order by  coef desc ) [0:2];
```

A consulta select-from-order-by retorna uma lista de alunos de Ciência da Computação ordenados pelo COEFICIENTE em ordem decrescente. O primeiro elemento de uma coleção ordenada tem uma posição de índice 0, de modo que a expressão [0:2] retorna uma lista com o primeiro, o segundo e o terceiro elementos do resultado de select ... from ... order by ... .

O operador de agrupamento. A cláusula **group by** em OQL, embora semelhante à cláusula correspondente em SQL, oferece referência explícita à coleção de objetos dentro de cada *grupo* ou *partição*. Primeiro vamos dar um exemplo e, depois, descrever a forma geral dessas consultas.

C16 recupera o número de alunos em cada departamento principal. Nessa consulta, os alunos são agrupados na mesma partição (grupo) se tiverem o mesmo nome do departamento principal; ou seja, o mesmo valor para *A*.Departamento_principal.Nome_departamento:

```
C16:  ( select    struct( Nome_dep, numero_de_alunos: count (partition) )
        from      A in ALUNOS
        group by  Nome_dep: A.Departamento_principal.Nome_departamento;
```

O resultado da especificação de agrupamento é do tipo set<struct(Nome_dep: string, partition: bag<struct(*A*:ALUNO>)>), que contém uma struct para cada grupo (partition), o qual tem dois componentes: o valor do atributo de agrupamento (Nome_dep) e a bag dos objetos ALUNO no grupo (partition). A cláusula select retorna o atributo de agrupamento (nome do departamento) e uma contagem do número de elementos em cada partição (ou seja, o número de alunos em cada departamento), em que **partition** é a palavra-chave usada para se referir a cada partição. O tipo de resultado da cláusula select é set<struct(Nome_dep: string, numero_de_alunos: integer)>. Em geral, a sintaxe para a cláusula group by é

group by F_1: E_1, F_2: E_2, ..., F_k: E_k

em que F_1: E_1, F_2: E_2, ..., F_k: E_k é uma lista de atributos de particionamento (agrupamento) e cada especificação de atributo de particionamento F_i: E_i define um nome de atributo (campo) F_i e uma expressão E_i. O resultado da aplicação do agrupamento (especificado na cláusula group by) é um conjunto de estruturas:

set<struct(F_1: T_1, F_2: T_2, ..., F_k: T_k, partition: B)>

em que T_i é o tipo retornado pela expressão E_i, partition é um nome de campo distinto (uma palavra-chave) e B é uma estrutura cujos campos são as variáveis de iteração (*A* em C16) declaradas na cláusula from que tem o tipo apropriado.

Assim como em SQL, uma cláusula **having** pode ser utilizada para filtrar os conjuntos particionados (ou seja, selecionar apenas alguns dos grupos com base nas condições do grupo). Em C17, a consulta anterior é modificada para ilustrar a cláusula having (e também mostra a sintaxe simplificada para a cláusula select). C17 recupera, para cada departamento com mais de cem alunos, o coeficiente de seus alunos. A cláusula having em C17 seleciona apenas as partições (grupos) que possuem mais de cem elementos (ou seja, departamentos com mais de cem alunos).

```
C17: select    Nome_dep, media_coef: avg ( select P.coeficiente from P in
                   partition)
     from      A in ALUNOS
     group by  Nome_dep: A.Departamento_principal.Nome_departamento
     having    count (partition) > 100;
```

Observe que a cláusula select de C17 retorna o coeficiente médio dos alunos na partição. A expressão

select *P*.Coeficiente **from** *P* **in partition**

retorna uma bag de coeficientes de aluno para essa partição. A cláusula from declara uma variável de iteração *P* sobre a coleção da partição, que é do tipo bag<struct(*A*: ALUNO)>. Então, a expressão de caminho *P*.coeficiente é usada para acessar o coeficiente de cada aluno na partição.

12.6 Visão geral de binding da linguagem C++ no padrão ODMG

O binding da linguagem C++ especifica como as construções ODL são mapeadas para construções C++. Isso é feito por meio de uma biblioteca de classes C++ que oferece classes e operações que implementam as construções da ODL. Uma linguagem de manipulação de objeto (OML) é necessária para especificar como os objetos de banco de dados são recuperados e manipulados em um programa C++, e isso está baseado na sintaxe e semântica da linguagem de programação C++. Além dos bindings da ODL/OML, um conjunto de construções, chamado *pragmas físicas*, é definido para permitir que o programador tenha algum controle sobre aspectos de armazenamento físico, como o agrupamento de objetos, a utilização de índices e o gerenciamento de memória.

A biblioteca de classes acrescentada à C++ para o padrão ODMG usa o prefixo d_ para declarações de classe que lidam com conceitos de banco de dados.[42] O objetivo é que o programador pense que apenas uma linguagem está sendo usada, e não duas linguagens separadas. Para o programador se referir aos objetos do banco de dados em um programa, uma classe d_Ref<*T*> é definida para cada classe de banco de dados *T* no esquema. Logo, variáveis de programa do tipo d_Ref<*T*> podem se referir a objetos tanto persistentes quanto transientes de classe *T*.

Para utilizar os vários tipos embutidos no modelo de objeto ODMG, como tipos de coleção, várias classes genéricas (template class) são especificadas na biblioteca. Por exemplo, uma classe abstrata d_Objeto<*T*> especifica as operações a serem herdadas por todos os objetos. De modo semelhante, uma classe abstrata d_Collection<*T*> especifica as operações das coleções. Essas classes não são instanciáveis, mas somente especificam as operações que podem ser herdadas por todos os objetos e por objetos de coleção, respectivamente. Uma classe genérica é especificada para cada tipo de coleção; estas incluem d_Set<*T*>, d_List<*T*>, d_Bag<*T*>, d_Varray<*T*> e d_Dictionary<*T*>, e correspondem aos tipos de coleção no modelo de objeto (ver Seção 12.3.1). Assim, o programador pode criar classes de tipos como d_Set<d_Ref<ALUNO>>, cujas instâncias seriam conjuntos de referências a objetos ALUNO, ou d_Set<string>, cujas instâncias seriam conjuntos de strings. Além disso, uma classe d_Iterator corresponde à classe Iterator do modelo de objeto.

A ODL da C++ permite que um usuário especifique as classes de um esquema de banco de dados usando as construções da C++, bem como as construções oferecidas pela biblioteca do banco de dados de objeto. Para especificar os tipos de dados dos atributos,[43] são fornecidos tipos básicos como d_Short (inteiro curto), d_Ushort (inteiro curto sem sinal), d_Long (inteiro longo) e d_Float (número de ponto flutuante). Além dos tipos de dados básicos, vários tipos literais estruturados são fornecidos para corresponderem aos tipos literais estruturados do modelo de objeto ODMG. Estes incluem d_String, d_Interval, d_Date, d_Time e d_Timestamp [ver Figura 12.5(b)].

Para especificar relacionamentos, a palavra-chave rel_ é usada no prefixo dos nomes de tipo; por exemplo, ao escrever

```
d_Rel_Ref<DEPARTAMENTO, Tem_alunos> Departamento_ principal;
```

na classe ALUNO, e

```
d_Rel_Set<ALUNO, Departamento_principal> Tem_alunos;
```

na classe DEPARTAMENTO, estamos declarando que Departamento_principal e Tem_alunos são propriedades de relacionamento inversas uma à outra e, portanto, representam um relacionamento binário 1:N entre DEPARTAMENTO e ALUNO.

Para a OML, o binding sobrecarrega a operação *new*, de modo que pode ser usado para criar objetos persistentes ou transientes. Para criar objetos persistentes, deve-se fornecer o nome do banco de dados e o nome persistente do objeto. Por exemplo, ao escrever

```
d_Ref<ALUNO> A = new(BD1, 'João_Silva') ALUNO;
```

o programador cria um objeto persistente nomeado, do tipo ALUNO, no banco de dados BD1, com nome persistente João_Silva. Outra operação, delete_object( ), pode ser utilizada para excluir objetos. A modificação de objeto é feita pelas operações (métodos) definidas em cada classe pelo programador.

O binding C++ também permite a criação de extensões usando a classe de biblioteca d_Extent. Por exemplo, ao escrever

```
d_Extent<PESSOA> TODAS_PESSOAS(BD1);
```

[42] Presume-se que d_ indique classes de *database* (banco de dados).

[43] Ou seja, *variáveis-membro* na terminologia da programação orientada a objeto.

o programador criaria um objeto de coleção nomeado TODAS_PESSOAS — cujo tipo seria d_Set<PESSOA> — no banco de dados BD1, que manteria objetos persistentes do tipo PESSOA. Porém, as restrições de chave não são aceitas no binding C++, e quaisquer verificações de chave devem ser programadas nos métodos da classe.[44] Além disso, o binding C++ não admite persistência por meio da acessibilidade; o objeto precisa ser declarado estaticamente para ser persistente no momento em que é criado.

12.7 Resumo

Neste capítulo, começamos na Seção 12.1 com uma visão geral dos conceitos utilizados nos bancos de dados de objeto, e discutimos como esses conceitos foram derivados dos princípios gerais da orientação a objeto. Os principais conceitos discutidos foram: identidade e identificadores de objeto; encapsulamento de operações; herança; estrutura complexa de objetos por meio de aninhamento de construtores de tipo; e como os objetos se tornam persistentes. Depois, na Seção 12.2, mostramos como muitos desses conceitos foram incorporados ao modelo relacional e ao padrão SQL, levando à funcionalidade expandida do banco de dados relacional. Esses sistemas eram chamados de bancos de dados objeto-relacional.

Depois, discutimos o padrão ODMG 3.0 para bancos de dados de objeto. Começamos descrevendo as diversas construções do modelo de objeto na Seção 12.3. Os vários tipos embutidos, como Object, Collection, Iterator, set, list, e assim por diante, foram descritos por suas interfaces, que especificam as operações embutidas de cada tipo. Esses tipos embutidos são o alicerce sobre o qual a linguagem de definição de objeto (ODL) e a linguagem de consulta de objeto (OQL) são baseadas. Também descrevemos a diferença entre objetos, que possuem um identificador de objeto (ObjectId), e literais, que são valores sem OID. Os usuários podem declarar classes para sua aplicação que herdam operações das interfaces embutidas apropriadas. Dois tipos de propriedades podem ser especificados em uma classe definida pelo usuário — atributos e relacionamentos — além das operações que podem ser aplicadas a objetos da classe. A ODL permite que os usuários especifiquem interfaces e classes, e dois tipos diferentes de herança — herança de interface por meio de ':' e herança de classe por meio de **extends**. Uma classe pode ter uma extensão e chaves. Uma descrição da ODL foi vista em seguida, e um exemplo de esquema para o banco de dados UNIVERSIDADE foi usado para ilustrar as construções da ODL.

Após a descrição do modelo de objeto ODMG, abordamos uma técnica geral para projetar esquemas de banco de dados de objeto na Seção 12.4. Discutimos como os bancos de dados de objeto diferem dos bancos de dados relacionais em três áreas principais: referências para representar relacionamentos, inclusão de operações e herança. Por fim, mostramos como mapear um projeto de banco de dados conceitual no modelo EER para as construções dos bancos de dados de objeto.

Na Seção 12.5, apresentamos uma visão geral da linguagem de consulta de objeto (OQL). A OQL segue o conceito de ortogonalidade na construção de consultas, significando que uma operação pode ser aplicada ao resultado de outra operação, desde que o tipo do resultado seja o tipo de entrada correto para a operação. A sintaxe da OQL segue muitas das construções da SQL, mas inclui conceitos adicionais, como expressões de caminho, herança, métodos, relacionamentos e coleções. Mostramos alguns exemplos de como usar a OQL no banco de dados UNIVERSIDADE.

Em seguida, na Seção 12.6, fizemos um rápido apanhado do binding da linguagem C++, que estende suas declarações de classe com os construtores de tipo ODL, mas permite a integração transparente da C++ com o SGBDO.

[44] Só fornecemos uma breve visão geral do binding C++. Para obter mais detalhes, consulte Cattell et al. (2000), Capítulo 5.

Em 1997, a Sun aprovou o API (Application Program Interface) ODMG. A O2 Technologies foi a primeira empresa a oferecer um SGBD compatível com ODMG. Muitos fornecedores de SGBDO, incluindo a Object Design (agora eXcelon), a Gemstone Systems, a POET Software e a Versant Corporation,[45] aprovaram o padrão ODMG.

PERGUNTAS DE REVISÃO

12.1. Quais são as origens da abordagem orientada a objeto?

12.2. Quais características principais um OID deve possuir?

12.3. Discuta sobre os diversos construtores de tipo. Como eles são usados para criar estruturas de objeto complexas?

12.4. Discuta o conceito de encapsulamento e diga como ele é utilizado para criar tipos de dados abstratos.

12.5. Explique o que significam os seguintes termos na terminologia de banco de dados orientado a objeto: *método*, *assinatura*, *mensagem*, *coleção*, *extensão*.

12.6. Qual é a relação entre um tipo e seu subtipo em uma hierarquia de tipos? Qual é a restrição imposta sobre as extensões correspondentes aos tipos na hierarquia de tipos?

12.7. Qual é a diferença entre objetos persistentes e transientes? Como a persistência é tratada nos sistemas típicos de banco de dados OO?

12.8. Qual é a diferença entre a herança normal, a herança múltipla e a herança seletiva?

12.9. Discuta o conceito de polimorfismo/sobrecarga de operador.

12.10. Discuta como cada um dos seguintes recursos é realizado na SQL 2008: *identificador de objeto*, *herança de tipo*, *encapsulamento de operações* e *estruturas de objeto complexas*.

12.11. No modelo relacional tradicional, a criação de uma tabela definia tanto o tipo de tabela (esquema ou atributos) quanto a própria tabela (extensão ou conjunto de tuplas atuais). Como esses conceitos podem ser separados na SQL 2008?

12.12. Descreva as regras de herança na SQL 2008.

12.13. Quais são as diferenças e as semelhanças entre os objetos e literais no modelo de objeto ODMG?

12.14. Liste as operações básicas das seguintes interfaces embutidas do modelo de objeto ODMG: Object, Collection, Iterator, Set, List, Bag, Array e Dictionary.

12.15. Descreva as literais estruturadas embutidas do modelo de objeto ODMG e as operações de cada uma.

12.16. Quais são as diferenças e as semelhanças das propriedades de atributo e relacionamento de uma classe (atômica) definida pelo usuário?

12.17. Quais são as diferenças e as semelhanças da herança de classe por **extends** e a herança de interface por ':' no modelo de objeto ODMG?

12.18. Discuta como a persistência é especificada no modelo de objeto ODMG no binding C++.

12.19. Por que os conceitos de extensões e chaves são importantes nas aplicações de banco de dados?

12.20. Descreva os seguintes conceitos de OQL: *pontos de entrada de banco de dados*, *expressões de caminho*, *variáveis de iteração*, *consultas nomeadas (visões)*, *funções de agregação*, *agrupamento* e *quantificadores*.

12.21. O que significa a ortogonalidade de tipo da OQL?

12.22. Discuta os princípios gerais por trás do binding C++ do padrão ODMG.

[45] O produto da Versant Object Technology agora pertence à Actian Corporation.

12.23. Quais são as principais diferenças entre projetar um banco de dados relacional e um banco de dados de objeto?

12.24. Descreva as etapas do algoritmo para o projeto de banco de dados de objeto pelo mapeamento EER para OO.

EXERCÍCIOS

12.25. Converta o exemplo de OBJETO_GEOMETRICO dado na Seção 12.1.5 da notação funcional para a notação dada na Figura 12.2, que distingue atributos e operações. Use a palavra-chave INHERIT para mostrar que uma classe herda de outra classe.

12.26. Compare a herança no modelo EER (ver Capítulo 4) com a herança no modelo OO, descrito na Seção 12.1.5.

12.27. Considere o esquema EER UNIVERSIDADE da Figura 4.9. Quais são as operações necessárias para os tipos de entidade/classes no esquema? Não considere operações construtoras e destruidoras.

12.28. Considere o esquema ER EMPRESA da Figura 3.2. Quais operações são necessárias para os tipos de entidade/classes no esquema? Não considere operações construtoras e destruidoras.

12.29. Projete um esquema OO para uma aplicação de banco de dados em que você esteja interessado. Construa um esquema EER para a aplicação e depois crie as classes correspondentes em ODL. Especifique uma série de métodos para cada classe, e depois especifique consultas em OQL para sua aplicação de banco de dados.

12.30. Considere o banco de dados AEROPORTO descrito no Exercício 4.21. Especifique uma série de operações/métodos que você acredita que deveriam ser adequados à aplicação. Especifique as classes e os métodos ODL para o banco de dados.

12.31. Mapeie o esquema ER EMPRESA da Figura 3.2 para classes ODL. Inclua métodos apropriados para cada classe.

12.32. Especifique em OQL as consultas dos exercícios dos capítulos 6 e 7 que se aplicam ao banco de dados EMPRESA.

BIBLIOGRAFIA SELECIONADA

Os conceitos de banco de dados orientado a objeto são uma combinação de conceitos das linguagens de programação OO e dos sistemas de banco de dados e modelos de dados conceituais. Diversos livros-texto descrevem as linguagens de programação OO — por exemplo, Stroustrup (1997) para C++, e Goldberg e Robson (1989) para Smalltalk. Livros de Cattell (1994) e Lausen e Vossen (1997) descrevem os conceitos de banco de dados OO. Outros livros sobre modelos OO incluem uma descrição detalhada do SGBDOO experimental desenvolvido na Microelectronic Computer Corporation, chamado Orion, e relacionados aos tópicos de OO por Kim e Lochovsky (1989). Bancilhon et al. (1992) descrevem a história da criação do SGBDOO O2, com uma discussão detalhada das decisões de projeto e implementação de linguagem. Dogac et al. (1994) oferecem uma discussão profunda sobre tópicos de banco de dados OO por especialistas em um workshop da OTAN.

Há muita bibliografia sobre bancos de dados OO, de modo que aqui só podemos oferecer uma amostra representativa. A edição de outubro de 1991 da *CACM* e a edição de dezembro de 1990 da *IEEE Computer* descrevem os conceitos e os sistemas de banco de dados OO. Dittrich (1986) e Zaniolo et al. (1986) analisam os conceitos básicos dos modelos de dados OO. Um artigo inicial sobre a implementação de sistema de banco de dados OO é o de Baroody e DeWitt (1981). Su et al. (1988) apresentam um modelo de dados OO que foi usado em aplicações de CAD/CAM. Gupta e Horowitz (1992) discutem aplicações de OO para CAD, Gerenciamento de Redes e outras áreas. Mitschang (1989) estende a álgebra relacional para abranger objetos complexos. Linguagens de consulta e interfaces gráficas com o usuário para OO são descritas em Gyssens et al. (1990), Kim (1989), Alashqur et al. (1989), Bertino et al. (1992), Agrawal et al. (1990) e Cruz (1992).

O *Object-Oriented Manifesto*, de Atkinson et al. (1990), é um artigo interessante que relata a posição de um painel de especialistas com relação aos recursos obrigatórios e opcionais do gerenciamento de banco de dados OO. O polimorfismo nos bancos de dados e nas linguagens de programação OO é discutido em Osborn (1989), Atkinson e Buneman (1987) e Danforth e Tomlinson (1988). A identidade de objeto é discutida em Abiteboul e Kanellakis (1989). Linguagens de programação OO para bancos de dados são discutidas em Kent (1991). Restrições de objeto são discutidas em Delcambre et al. (1991) e Elmasri, James e Kouramajian (1993). Autorização e segurança em bancos de dados OO são examinados em Rabitti et al. (1991) e Bertino (1992).

Cattell et al. (2000) descrevem o padrão ODMG 3.0, que é descrito neste capítulo, e Cattell et al. (1993) e Cattell et al. (1997) descrevem as versões anteriores do padrão. Bancilhon e Ferrari (1995) oferecem uma apresentação tutorial dos aspectos importantes do padrão ODMG. Vários livros descrevem a arquitetura Corba — por exemplo, Baker (1996).

O sistema O2 é descrito em Deux et al. (1991), e Bancilhon et al. (1992) incluem uma lista de referências a outras publicações que descrevem vários aspectos do O2. O modelo O2 foi formalizado em Velez et al. (1989). O sistema ObjectStore é descrito em Lamb et al. (1991). Fishman et al. (1987) e Wilkinson et al. (1990) discutem o IRIS, um SGBD orientado a objeto desenvolvido nos laboratórios da Hewlett-Packard. Maier et al. (1986) e Butterworth et al. (1991) descrevem o projeto do GEMSTONE. O sistema ODE, desenvolvido na AT&T Bell Labs, é descrito em Agrawal e Gehani (1989). O sistema ORION, desenvolvido no MCC, é descrito em Kim et al. (1990). Morsi et al. (1992) descrevem um ambiente de testes OO.

Cattell (1991) analisa conceitos de bancos de dados relacional e de objeto, e discute vários protótipos de sistemas de banco de dados baseados em objeto e relacional estendido. Alagic (1997) indica discrepâncias entre o modelo de dados ODMG e seus bindings de linguagem, propondo algumas soluções. Bertino e Guerrini (1998) propõem uma extensão do modelo ODMG para dar suporte a objetos compostos. Alagic (1999) apresenta vários modelos de dados pertencentes à família ODMG.

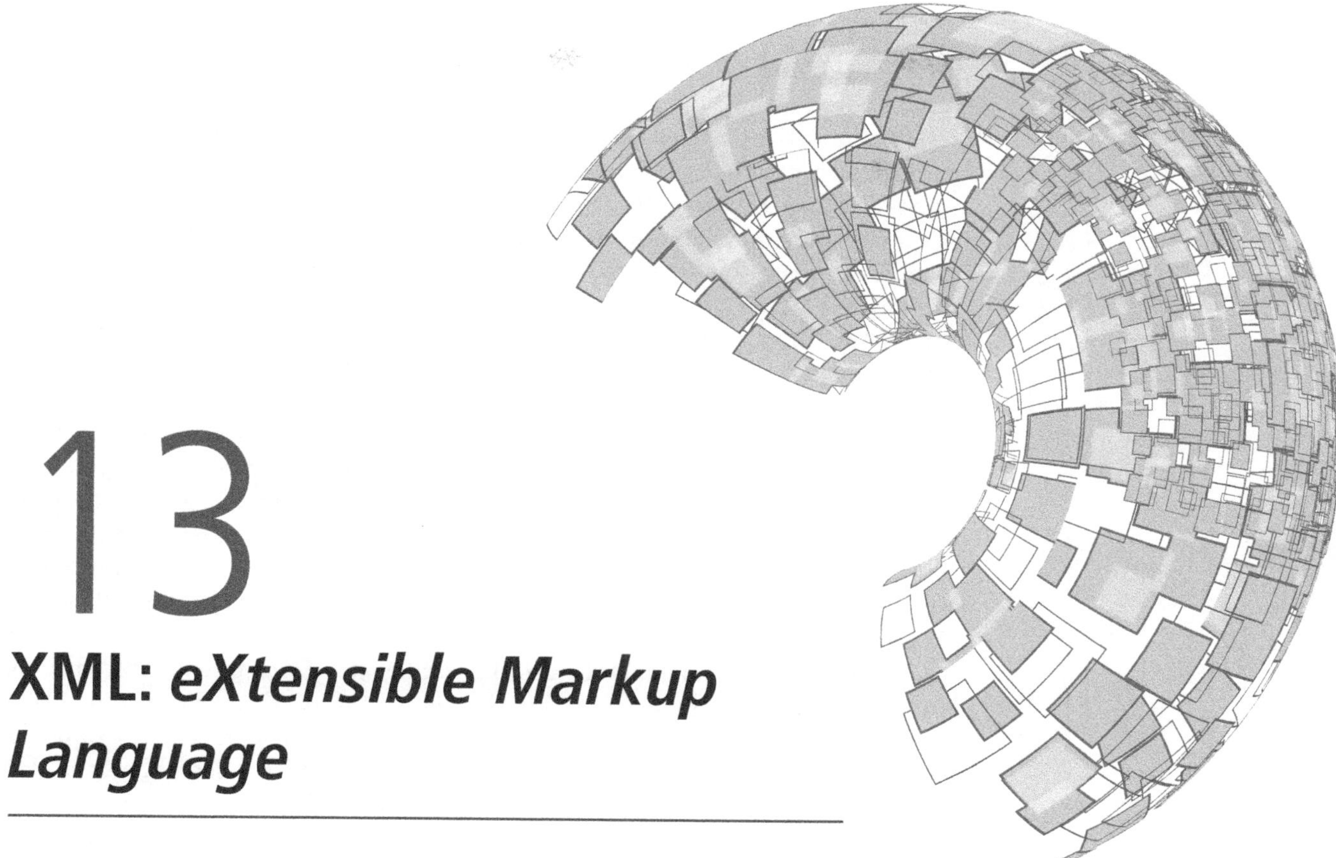

13
XML: *eXtensible Markup Language*

Muitas aplicações da internet oferecem interfaces web para acessar informações armazenadas em um ou mais bancos de dados. Esses bancos normalmente são conhecidos como **fontes de dados.** É comum usar arquiteturas cliente/servidor de três camadas para aplicações da internet (ver Seção 2.5). As aplicações de banco de dados da internet são projetadas para interagir com o usuário por meio de interfaces web que exibem páginas web em desktops, notebooks e dispositivos móveis. O método comum de especificar o conteúdo e a formatação das páginas web é com o uso de **documentos de hipertexto.** Existem várias linguagens para escrever esses documentos, e a mais comum é a HTML (*Hypertext Markup Language*). Embora a HTML seja bastante usada para formatação e estrutura de *documentos* da web, ela não é adequada para especificar *dados estruturados* extraídos de bancos de dados. Uma nova linguagem — a saber, XML (*eXtensible Markup Language*) — surgiu como padrão para estruturação e troca de dados pela web em arquivos de texto. Outra linguagem que pode ser usada para a mesma finalidade é a JSON (JavaScript Object Notation; ver Seção 11.4). A XML pode ser usada para oferecer informações sobre a estrutura e o significado dos dados nas páginas web, em vez de apenas especificar como elas são formatadas para exibição na tela. Tanto documentos XML quanto JSON oferecem informações descritivas, como nomes de atributo, além dos valores desses atributos, em um arquivo de texto; logo, eles são conhecidos como **documentos autodescritíveis.** Os aspectos de formatação das páginas web são especificados separadamente — por exemplo, usando uma linguagem de formatação, como a XSL (*Extensible Stylesheet Language*) ou uma linguagem de transformação, como a XSLT (*Extensible Stylesheet Language for Transformations*, ou simplesmente XSL *Transformations*). Recentemente, a XML também foi proposta como um possível modelo para armazenamento e recuperação de dados, embora apenas alguns sistemas de banco de dados experimentais, baseados em XML, tenham sido desenvolvidos até o momento.

A HTML básica é útil para gerar páginas web *estáticas*, com texto fixo e outros objetos, mas a maioria das aplicações de e-commerce exige páginas web que oferecem recursos interativos com o usuário e utilizam as informações fornecidas pelo usuário para selecionar dados específicos de um banco de dados para exibição. Essas páginas web são chamadas páginas web *dinâmicas*, pois os dados extraídos e exibidos a cada vez serão diferentes, dependendo da entrada do usuário. Por exemplo, considere o caso de um aplicativo de banco que recebe o número da conta do cliente, depois informa o saldo da conta do usuário a partir do banco de dados. No Capítulo 11, discutimos como as linguagens de scripting, como PHP, podem ser usadas para gerar páginas web dinâmicas para aplicações como essas. A XML pode ser usada para transferir informações em arquivos de texto autodescritíveis entre diversos programas em diferentes computadores, quando forem necessárias pelas aplicações.

Neste capítulo, vamos nos concentrar na descrição do modelo de dados XML e suas linguagens associadas, e como os dados extraídos dos bancos de dados relacionais podem ser formatados como documentos XML para serem trocados pela web. A Seção 13.1 discute a diferença entre dados estruturados, semiestruturados e não estruturados. A Seção 13.2 apresenta o modelo de dados da XML, baseado em estruturas de árvore (hierárquicas), em comparação com as estruturas planas do modelo de dados relacional. Na Seção 13.3, verificamos a estrutura dos documentos XML e as linguagens para especificar a estrutura desses documentos, como DTD (*Document Type Definition*) e XML Schema. A Seção 13.4 mostra o relacionamento entre a XML e os bancos de dados relacionais. A Seção 13.5 descreve algumas das linguagens associadas à XML, como XPath e XQuery. A Seção 13.6 discute como os dados extraídos dos bancos de dados relacionais podem ser formatados como documentos XML. Na Seção 13.7, discutimos as novas funções que foram incorporadas à XML com a finalidade de gerar documentos XML a partir de bancos de dados relacionais. Por fim, a Seção 13.8 apresenta um resumo do capítulo.

13.1 Dados estruturados, semiestruturados e não estruturados

A informação armazenada nos bancos de dados é conhecida como **dados estruturados** porque é representada em um formato estrito. Por exemplo, cada registro em uma tabela de banco de dados relacional — como cada uma das tabelas no banco de dados EMPRESA da Figura 5.6 — segue o mesmo formato dos outros registros nessa tabela. Para dados estruturados, é comum projetar cuidadosamente o esquema de banco de dados usando técnicas como as descritas nos capítulos 3 e 4, a fim de definir a estrutura do banco de dados. O SGBD então verifica para ter certeza de que todos os dados seguem as estruturas e as restrições especificadas no esquema.

No entanto, nem todos os dados são coletados e inseridos em bancos de dados estruturados projetados cuidadosamente. Em algumas aplicações, os dados são coletados de uma maneira casual antes que se saiba como serão armazenados e gerenciados. Esses dados podem ter uma estrutura, mas nem todas as informações coletadas terão estrutura idêntica. Alguns atributos podem ser compartilhados entre as diversas entidades, mas outros podem existir em apenas algumas entidades. Além disso, atributos adicionais podem ser introduzidos em alguns dos itens de dados mais novos a qualquer momento, e não existe esquema predefinido. Esse tipo de dado é conhecido como **dados semiestruturados**. Diversos modelos de dados foram introduzidos para representar dados semiestruturados, geralmente com base no uso de estruturas de dados de árvore ou grafo, em vez das estruturas do modelo relacional plano.

A principal diferença entre dados estruturados e semiestruturados diz respeito a como as construções do esquema (como os nomes de atributos, relacionamentos e tipos de entidade) são tratadas. Nos dados semiestruturados, a informação do esquema é *misturada* com os valores dos dados, já que cada objeto de dado pode ter atributos diferentes que não são conhecidos antecipadamente. Logo, esse tipo de dado às vezes é chamado de **dados autodescritivos.** Muitos dos sistemas NOSQL mais novos adotam os esquemas de armazenamento autodescritivos (ver Capítulo 24). Considere o exemplo a seguir. Queremos coletar uma lista de referências bibliográficas relacionadas a certo projeto de pesquisa. Algumas delas podem ser livros ou relatórios técnicos, outras podem ser artigos de pesquisa em jornais ou eventos de conferência, e outras ainda podem se referir a edições completas de jornal ou atas de conferência. Nitidamente, cada uma pode ter diferentes atributos e diversos tipos de informação. Até para o mesmo tipo de referência — digamos, artigos de conferência —, podemos ter diferentes informações. Por exemplo, uma citação de artigo pode ser bastante completa, com todas as informações sobre nomes de autor, título, eventos, números de página e assim por diante, ao passo que outra citação pode não ter toda a informação disponível. Novos tipos de fontes bibliográficas podem aparecer no futuro — por exemplo, referências a páginas web ou tutoriais da conferência —, e estes podem ter novos atributos que os descrevem.

Um modelo para exibir dados semiestruturados é um grafo direcionado, como mostra a Figura 13.1. A informação exibida nessa figura corresponde a alguns dos dados estruturados mostrados na Figura 5.6. Como podemos ver, é um pouco semelhante ao modelo de objeto (ver Seção 12.1.3) em sua capacidade de representar objetos complexos e estruturas aninhadas. Na Figura 13.1, os **rótulos** ou **marcas** (labels ou tags) nas arestas direcionadas representam os nomes de esquema: os *nomes de atributos*, *tipos de objeto* (ou *tipos de entidade* ou *classes*) e *relacionamentos*. Os nós internos representam objetos individuais ou atributos compostos. Os nós de folha representam valores de dados reais de atributos simples (atômicos).

Existem duas diferenças principais entre o modelo semiestruturado e o modelo de objeto que discutimos no Capítulo 12:

1. A informação do esquema — nomes de atributos, relacionamentos e classes (tipos de objeto) no modelo semiestruturado — é misturada com os objetos e seus valores de dados na mesma estrutura de dados.

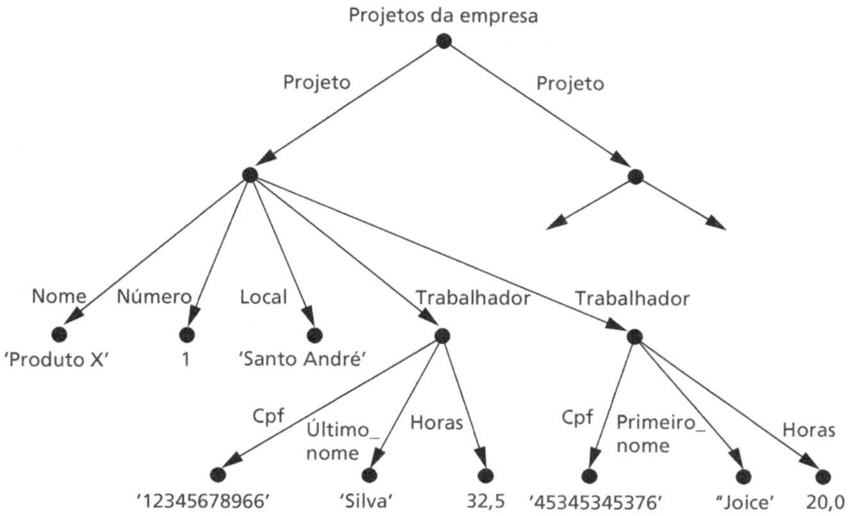

Figura 13.1 Representando dados semiestruturados como um grafo.

2. No modelo semiestruturado, não existe requisito para um esquema predefinido ao qual os objetos de dados precisam se adequar, embora seja possível definir um esquema, se necessário. O modelo de objeto do Capítulo 12 exige um esquema.

Além de dados estruturados e semiestruturados, existe uma terceira categoria, conhecida como **dados não estruturados** porque existe uma indicação muito limitada sobre o tipo de dados. Um exemplo típico é um documento de texto que contém informações incorporadas a ele. As páginas web em HTML que contêm alguns dados são consideradas dados não estruturados. Considere parte de um arquivo HTML, mostrado na Figura 13.2. O texto que aparece entre os sinais < ... > é uma **tag HTML**. Uma tag com uma barra, </...>, indica uma **tag de fim**, que representa o encerramento do efeito de uma **tag de início** correspondente. As tags **marcam** o documento[1] a fim de instruir um processador HTML sobre como exibir o texto entre uma tag de início e uma tag de fim correspondente. Portanto, as tags especificam a formatação do documento, e não o significado dos diversos elementos de dados no documento. As tags HTML especificam informações como tamanho de fonte e estilo (negrito, itálico, e assim por diante), cores, níveis de cabeçalho nos documentos etc. Algumas tags oferecem estruturação de texto nos documentos, como na especificação de lista numerada ou não numerada, ou de tabela. Até mesmo essas tags de estruturação especificam que os dados textuais embutidos devem ser exibidos de certa maneira, em vez de indicar o tipo de dado representado na tabela.

A HTML usa um grande número de tags predefinidas, que servem para especificar uma série de comandos para formatação de documentos web para exibição. As tags de início e fim especificam o intervalo de texto a ser formatado por cada comando. Estes são alguns exemplos das tags mostradas na Figura 13.2:

- As tags <HTML> ... </HTML> especificam os limites do documento.
- A informação de **cabeçalho do documento** — dentro das tags <HEAD> ... </HEAD> — especifica diversos comandos que serão usados em outra parte do documento. Por exemplo, ela pode especificar diversas **funções de script** em uma linguagem como JavaScript ou PERL, ou certos **estilos de formatação** (fontes, estilos de parágrafo, estilos de cabeçalho, e assim por diante) que podem ser utilizados no documento. Ela também pode especificar um título para indicar para que serve o arquivo HTML, e outras informações semelhantes que não serão exibidas como parte do documento.
- O **corpo** do documento — especificado dentro das tags <BODY> ... </BODY> — inclui o texto do documento e as tags de marcação que especificam como o texto deve ser formatado e exibido. Também pode incluir referências a outros objetos, como imagens, vídeos, mensagens de voz e outros documentos.
- As tags <H1> ... </H1> especificam que o texto deve ser exibido como um cabeçalho de nível 1. Existem muitos níveis de cabeçalho (<H2>, <H3>, e assim por diante), cada um exibindo texto em um formato de cabeçalho proeminente.
- As tags <TABLE> ... </TABLE> especificam que o texto seguinte deve ser exibido como uma tabela. Cada *linha de tabela* é delimitada por tags <TR> ... </TR>, e os elementos de dados individuais da tabela, dentro de uma linha, são exibidos dentro de tags <TD> ... </TD>.[2]
- Algumas tags podem ter **atributos**, que aparecem dentro da tag de início e descrevem propriedades adicionais da tag.[3]

---

[1] É por isso que ela é conhecida como linguagem de *marcação* de hipertexto.

[2] <TR> significa *table row* (linha da tabela) e <TD> significa *table data* (dados da tabela).

[3] É assim que o termo *atributo* é usado em linguagens de marcação de documento, o que difere do modo como é usado nos modelos de banco de dados.

```
<HTML>
   <HEAD>
   ...
   </HEAD>
   <BODY>
      <H1>Lista de projetos da empresa e os funcionários em cada projeto</H1>
      <H2>O projeto ProdutoX:</H2>
      <TABLE width="100%" border=0 cellpadding=0 cellspacing=0>
         <TR>
            <TD width="50%"><FONT size="2" face="Arial">João Silva:
               </FONT></TD>
            <TD>32,5 horas por semana</TD>
         </TR>
         <TR>
            <TD width="50%"><FONT size="2" face="Arial">Joice Leite:
               </FONT></TD>
            <TD>20,0 horas por semana</TD>
         </TR>
      </TABLE>
      <H2>O projeto ProdutoY:</H2>
      <TABLE width="100%" border=0 cellpadding=0 cellspacing=0>
         <TR>
            <TD width="50%"><FONT size="2" face="Arial">João Silva:
               </FONT></TD>
            <TD>7,5 horas por semana</TD>
         </TR>
         <TR>
            <TD width="50%"><FONT size="2" face="Arial">Joice Leite:
               </FONT></TD>
            <TD>20,0 horas por semana</TD>
         </TR>
         <TR>
            <TD width="50%"><FONT size="2" face="Arial">Fernando Wong:
               </FONT></TD>
            <TD>10,0 horas por semana</TD>
         </TR>
      </TABLE>
      ...
   </BODY>
</HTML>
```

Figura 13.2 Parte de um documento HTML representando dados não estruturados.

Na Figura 13.2, a tag de início <TABLE> tem quatro atributos que descrevem diversas características da tabela. As tags de início <TD> e <FONT> seguintes têm um e dois atributos, respectivamente.

A HTML tem um número muito grande de tags predefinidas, e livros inteiros são dedicados a descrever como usá-las. Se projetados corretamente, os documentos HTML podem ser formatados de modo que os humanos consigam entender facilmente seu conteúdo, e sejam capazes de navegar pelos documentos web resultantes. Porém, os documentos de texto HTML fonte são muito difíceis de interpretar automaticamente por *programas de computador*, pois eles não incluem informações de esquema sobre o tipo de dado nos documentos. À medida que o comércio eletrônico e outras aplicações da internet se tornam cada vez mais automatizadas, está se tornando essencial a capacidade de trocar documentos web entre diversos sites de computador e interpretar seu conteúdo de maneira automática. Essa necessidade foi um dos motivos que levaram ao desenvolvimento da XML. Além disso, uma versão extensível da HTML, chamada XHTML, foi desenvolvida para permitir que os usuários estendessem as tags da HTML para diferentes aplicações, permitindo que um arquivo XHTML seja interpretado pelos programas de processamento XML padrão. Nossa discussão focalizará apenas a XML.

O exemplo na Figura 13.2 ilustra uma página HTML **estática**, pois toda a informação a ser exibida está escrita explicitamente como um texto fixo no arquivo HTML. Em muitos casos, algumas informações a serem exibidas podem ser extraídas de um banco de dados. Por exemplo, os nomes de projeto e os funcionários que trabalham em cada um deles podem ser extraídos do banco de dados da Figura 5.6 por meio da consulta SQL apropriada. Podemos querer usar as mesmas tags de formatação HTML para exibir cada projeto e os funcionários que trabalham nele, mas podemos querer mudar os projetos em particular (e funcionários) que estão sendo exibidos. Por exemplo, podemos querer ver uma página web exibindo a informação para o *ProjetoX* e, mais tarde, uma página exibindo a informação para o *ProjetoY*. Embora as duas páginas sejam exibidas usando as mesmas tags de formatação HTML, os itens de dados reais exibidos serão diferentes. Essas páginas web são chamadas de **dinâmicas**, pois as partes dos dados da página podem ser diferentes toda vez que ela é exibida, embora a aparência da tela seja a mesma. No Capítulo 11, discutimos como as linguagens de scripting, como PHP, podem ser usadas para gerar páginas web dinâmicas.

13.2 Modelo de dados hierárquico (em árvore) da XML

Agora, vamos apresentar o modelo de dados usado em XML. O objeto básico em XML é o documento XML. Dois conceitos de estruturação principais são usados para construir um documento XML: **elementos** e **atributos**. É importante observar que o termo *atributo* em XML *não é usado da mesma maneira que na terminologia de banco de dados*, mas sim como é usado em linguagens de descrição de documento, como HTML e SGML.[4] Os atributos em XML oferecem informações adicionais que descrevem elementos, conforme veremos. Existem conceitos adicionais na XML, como entidades, identificadores e referências, mas primeiro vamos nos concentrar na descrição de elementos e atributos para mostrar a essência do modelo XML.

A Figura 13.3 mostra um exemplo de elemento XML chamado <Projetos>. Assim como na HTML, os elementos são identificados em um documento por sua tag de início e de fim. Os nomes de tag são delimitados por sinais < ... >, e as tags de fim são identificadas ainda por uma barra, </ ... >.[5]

Elementos complexos são construídos com base em outros elementos hierarquicamente, enquanto **elementos simples** contêm valores de dados. Uma diferença importante entre XML e HTML é que os nomes de tag XML são definidos para descrever o significado dos elementos de dados no documento, em vez de descrever como o texto deve ser exibido. Isso possibilita processar os elementos de dados no documento XML de maneira automática pelos programas de computador. Além disso, os nomes de tag (elemento) XML podem ser definidos em outro documento, conhecido como *documento de esquema*, para dar um significado semântico aos nomes de tag que podem ser trocados entre vários programas e usuários. Em HTML, todos os nomes de tag são predefinidos e fixos; é por isso que eles não são extensíveis.

É fácil ver a correspondência entre a representação textual da XML mostrada na Figura 13.3 e a estrutura de árvore mostrada na Figura 13.1. Na representação de árvore, os nós internos representam elementos complexos, ao passo que os nós

---

[4] A SGML (*Standard Generalized Markup Language*) é uma linguagem mais geral para descrever documentos e oferece capacidades para especificar novas tags. Porém, ela é mais complexa que a HTML e a XML.

[5] Os caracteres < e > são caracteres reservados, assim como o &, o apóstrofo (') e a aspa simples ('). Para incluí-los no texto de um documento, eles precisam ser codificados com escapes, como <, >, &, ' e ", respectivamente.

```
<?xml version= "1.0" standalone="yes"?>
   <Projetos>
      <Projeto>
         <Nome>ProdutoX</Nome>
         <Numero>1</Numero>
         <Localizacao>Santo_Andre</Localizacao>
         <Num_dep>5</Num_dep>
         <Trabalhador>
            <Cpf>12345678966</Cpf>
            <Ultimo_nome>Silva</Ultimo_nome>
            <Horas>32,5</Horas>
         </Trabalhador>
         <Trabalhador>
            <Cpf>45345345376</Cpf>
            <Primeiro_nome>Joice</Primeiro_nome>
            <Horas>20,0</Horas>
         </Trabalhador>
      </Projeto>
      <Projeto>
         <Nome>ProdutoY</Nome>
         <Numero>2</Numero>
         <Localizacao>Itu</Localizacao>
         <Num_dep>5</Num_dep>
         <Trabalhador>
            <Cpf>12345678966</Cpf>
            <Horas>7,5</Horas>
         </Trabalhador>
         <Trabalhador>
            <Cpf>45345345376</Cpf>
            <Horas>20,0</Horas>
         </Trabalhador>
         <Trabalhador>
            <Cpf>33344555587</Cpf>
            <Horas>10,0</Horas>
         </Trabalhador>
      </Projeto>
...
</Projetos>
```

Figura 13.3 Um elemento XML complexo, chamado <Projetos>.

de folha representam elementos simples. É por isso que o modelo XML é conhecido como um **modelo de árvore** ou **modelo hierárquico**. Na Figura 13.3, os elementos simples são aqueles com nomes de tag <Nome>, <Numero>, <Localizacao>, <Num_dep>, <Cpf>, <Ultimo_nome>, <Primeiro_nome> e <Horas>. Os elementos complexos são aqueles com nomes de tag <Projetos>, <Projeto> e <Trabalhador>. Em geral, não existe limite sobre os níveis de aninhamento dos elementos.

É possível caracterizar três tipos principais de documentos XML:

- **Documentos XML centrados em dados.** Esses documentos possuem muitos itens de dados pequenos que seguem uma estrutura específica e, portanto, podem ser extraídos de um banco de dados estruturado. Eles são formatados como documentos XML a fim de trocá-los pela web ou exibi-los nela. Estes normalmente seguem um *esquema predefinido*, que define os nomes de tag.
- **Documentos XML centrados no documento.** Estes são documentos com grande quantidade de texto, como artigos de notícias ou livros. Há poucos ou nenhum elemento de dado estruturado nesses documentos.
- **Documentos XML híbridos.** Esses documentos podem ter partes que contêm dados estruturados e outras partes predominantemente textuais ou não estruturadas. Podem ou não ter um esquema predefinido.

Documentos XML que não seguem um esquema predefinido de nomes de elemento e estrutura de árvore correspondente são conhecidos como **documentos XML sem esquema.** É importante observar que os documentos XML centrados nos dados podem ser considerados dados semiestruturados ou estruturados, conforme definido na Seção 13.1. Se um documento XML obedece a um esquema XML predefinido ou DTD (ver Seção 13.3), esse documento pode ser considerado *dados estruturados*. Além disso, a XML permite documentos que não obedecem a qualquer esquema. Estes seriam considerados *dados semiestruturados* e são *documentos XML sem esquema*. Quando o valor do atributo standalone em um documento XML é yes, como na primeira linha da Figura 13.3, o documento é independente e sem esquema.

Os atributos XML geralmente são usados de maneira semelhante à da HTML (ver Figura 13.2), a saber, para descrever propriedades e características dos elementos (tags) nas quais eles aparecem. Também é possível usar atributos XML para manter os valores de elementos de dados simples; porém, isso não costuma ser recomendado. Uma exceção a essa regra se dá em casos que precisam **referenciar** outro elemento em outra parte do documento XML. Para fazer isso, é comum usar valores de atributo em um elemento como as referências. Isso é semelhante ao conceito de chaves estrangeiras nos bancos de dados relacionais, e é um modo de contornar o modelo hierárquico estrito que o modelo de árvore XML implica. Discutiremos mais sobre os atributos XML na Seção 13.3, quando falarmos sobre esquema XML e DTD.

13.3 Documentos XML, DTD e esquema XML

13.3.1 Documentos XML bem formados e válidos e XML DTD

Na Figura 13.3, vimos como um documento XML simples poderia se parecer. Um documento XML é **bem formado** se seguir algumas condições. Em particular, ele precisa começar com uma **declaração XML** para indicar a versão da linguagem que está sendo usada, bem como quaisquer outros atributos relevantes, como mostra a primeira linha da Figura 13.3. Ele também precisa seguir as diretrizes sintáticas do modelo de dados de árvore. Isso significa que deve haver um *único elemento raiz*, e cada elemento precisa incluir um par correspondente de tags de início e de fim *dentro* das tags de início e de fim *do elemento pai*. Isso garante que os elementos aninhados especificam uma estrutura de árvore bem formada.

Um documento XML bem formado é sintaticamente correto. Isso permite que ele seja processado por processadores genéricos, que percorrem o documento e criam uma representação de árvore interna. Um modelo-padrão com um conjunto associado de funções de API (*Application Programming Interface*), chamado **DOM** (*Document Object Model*), permite que os programas manipulem a representação de árvore resultante correspondente a um documento XML bem formado. No entanto, o documento inteiro precisa ser analisado de antemão quando se usa DOM, para converter o documento para a representação na estrutura de dados interna DOM padrão. Outra API, chamada **SAX** (*Simple API for XML*), permite o processamento de documentos XML no ato ao notificar o programa de processamento por meio de chamadas de eventos sempre que uma tag de início ou fim for encontrada. Isso facilita o processamento de grandes documentos e permite o processamento dos chamados **documentos XML de streaming**, em que o programa de processamento pode processar as tags à medida que forem encontradas. Isso também é conhecido como **processamento baseado em evento.** Também existem outros processadores especializados que trabalham com diversas linguagens de programação e scripting para analisar documentos XML.

Um documento XML bem formado pode não ter esquema; ou seja, ele pode ter quaisquer nomes de tag para os elementos do documento. Nesse caso, não existe um conjunto predefinido de elementos (nomes de tag) que um programa processando o documento saiba esperar. Isso dá ao criador do documento a liberdade de especificar novos elementos, mas limita as possibilidades para interpretar automaticamente o significado ou a semântica dos elementos do documento.

Um critério mais forte é que um documento XML seja **válido**. Nesse caso, o documento deverá ser bem formado e seguir um esquema específico. Ou seja, os nomes de elemento usados nos pares de tag de início e de fim devem seguir a estrutura especificada em um arquivo XML **DTD** (***Document Type Definition***) separado, ou **arquivo de esquema XML**. Primeiro, vamos discutir aqui a XML DTD, e depois daremos uma visão geral do esquema XML na Seção 13.3.2. A Figura 13.4 mostra um arquivo XML DTD simples, que especifica os elementos (nomes de tag) e suas estruturas aninhadas. Quaisquer documentos válidos, em conformidade com essa DTD, devem seguir a estrutura especificada. Existe uma sintaxe especial para especificar arquivos DTD, conforme ilustrado na Figura 13.4(a). Primeiro, um nome é dado à **tag raiz** do documento, que é chamada de Projetos na primeira linha da Figura 13.4. Depois, os elementos e sua estrutura aninhada são especificados.

```
(a) <!DOCTYPE Projetos [
        <!ELEMENT Projetos (Projeto+)>
        <!ELEMENT Projeto (Nome, Numero, Localizacao, Num_dep?, Trabalhadores)>
            <!ATTLIST Projeto
                Code_proj ID #REQUIRED>
        <!ELEMENT Nome (#PCDATA)>
        <!ELEMENT Numero (#PCDATA)
        <!ELEMENT Localizacao (#PCDATA)>
        <!ELEMENT Num_dep (#PCDATA)>
        <!ELEMENT Trabalhadores (Trabalhador*)>
        <!ELEMENT Trabalhador (Cpf, Ultimo_nome?, Primeiro_nome?, Horas)>
        <!ELEMENT Cpf (#PCDATA)>
        <!ELEMENT Ultimo_nome (#PCDATA)>
        <!ELEMENT Primeiro_nome (#PCDATA)>
        <!ELEMENT Horas (#PCDATA)>
    ]>

(b) <!DOCTYPE Empresa [
        <!ELEMENT Empresa((Departamento|Funcionario|Projeto)*)>
        <!ELEMENT Departamento (Nome_dep, Localizacao+)>
            <!ATTLIST Departamento
                Code_dep ID #REQUIRED>

        <!ELEMENT Funcionario (Nome_func, Cargo, Salario)>
            <!ATTLIST Funcionario
                Code_func ID #REQUIRED
                Code_dep IDREF #REQUIRED>
        <!ELEMENT Projeto (Nome_proj, Localizacao)
            <!ATTLIST Projeto
                Code_proj ID #REQUIRED
                Trabalhadores IDREFS #IMPLIED>
        <!ELEMENT Nome_dep (#PCDATA)>
        <!ELEMENT Nome_func (#PCDATA)>
        <!ELEMENT Nome_proj (#PCDATA)>
        <!ELEMENT Cargo (#PCDATA)
        <!ELEMENT Localizacao (#PCDATA)>
        <!ELEMENT Salario (#PCDATA)>
    ]>
```

Figura 13.4 (a) Um arquivo XML DTD chamado *Projetos*. (b) Um arquivo XML DTD chamado *Empresa*.

Ao especificar elementos, devem ser usadas as seguintes notações:

- Um * após o nome do elemento significa que ele pode ser repetido zero ou mais vezes no documento. Esse tipo de elemento é conhecido como um *elemento multivalorado (repetitivo) opcional*.
- Um + após o nome do elemento significa que ele pode ser repetido uma ou mais vezes no documento. Esse tipo de elemento é conhecido como um *elemento multivalorado (repetitivo) obrigatório*.
- Um ? após o nome do elemento significa que ele pode ser repetido zero ou uma vez. Esse tipo é um *elemento de único valor (não repetitivo) opcional*.
- Um elemento sem qualquer um dos três símbolos anteriores precisa aparecer exatamente uma vez no documento. Esse tipo é um *elemento de único valor (não repetitivo) obrigatório*.
- O **tipo** do elemento é especificado por parênteses após ele mesmo. Se os parênteses incluírem nomes de outros elementos, estes são os *filhos* do elemento na estrutura de árvore. Se os parênteses incluírem a palavra-chave #PCDATA ou um dos outros tipos de dados disponíveis em XML DTD, o elemento é um nó folha. PCDATA significa *parsed character data* (dados de caractere analisados), que é mais ou menos equivalente a um tipo de dados de string.
- A lista de atributos que podem aparecer em um elemento também pode ser especificada por meio da palavra-chave !ATTLIST. Na Figura 13.4, o elemento Projeto tem um atributo Code_proj. Se o tipo de um atributo é ID, ele pode ser referenciado com base em outro atributo cujo tipo é IDREF dentro de outro elemento. Observe que os atributos também podem ser usados para manter os valores de elementos de dados simples do tipo #PCDATA.
- Os parênteses podem ser aninhados quando se especificam elementos.
- Um símbolo de barra ($e_1 \mid e_2$) especifica que e_1 ou e_2 podem aparecer no documento.

Podemos ver que a estrutura de árvore na Figura 13.1 e no documento XML na Figura 13.3 estão em conformidade com a XML DTD na Figura 13.4(a). Para exigir que um documento XML seja verificado por conformidade com uma DTD, temos de especificar isso na declaração do documento. Por exemplo, poderíamos mudar a primeira linha na Figura 13.3 para:

```
<?xml version = "1.0" standalone = "no"?>
<!DOCTYPE Projetos SYSTEM "proj.dtd">
```

Quando o valor do atributo standalone em um documento XML é "no", o documento precisa ser verificado contra um documento DTD ou um documento de esquema XML separado (ver a Seção 13.2.2). O arquivo DTD mostrado na Figura 13.4(a) deve ser armazenado no mesmo sistema de arquivos do documento XML, e receber o nome de arquivo proj.dtd. Como alternativa, poderíamos incluir o texto do documento DTD no início do próprio documento XML, para permitir a verificação.

A Figura 13.4(b) mostra outro documento DTD chamado Empresa, para ilustrar o uso de IDREF. Um documento Empresa pode ter qualquer número de elementos Departamento, Funcionario e Projeto, com IDs Code_dep, Code_func e Code_proj, respectivamente. O elemento Funcionario tem um atributo Code_func do tipo IDREF, que é uma referência ao elemento Departamento em que o funcionário trabalha; isso é semelhante a uma chave estrangeira. O elemento Projeto tem um atributo Trabalhadores do tipo IDREFS, que manterá uma lista de Code_func de Funcionarios que trabalham nesse projeto; isso é semelhante a uma coleção ou lista de chaves estrangeiras. A palavra-chave #IMPLIED significa que esse atributo é opcional. Também é possível fornecer um valor default para qualquer atributo.

Embora a XML DTD seja adequada para especificar estruturas de árvore com elementos obrigatórios, opcionais e repetitivos, e com vários tipos de atributos, ela tem diversas limitações. Primeiro, os tipos de dados na DTD não são muito gerais. Em segundo lugar, a DTD tem a própria sintaxe especial e, portanto, requer processadores especializados. Seria vantajoso especificar documentos de esquema XML usando as regras de sintaxe da própria XML, de modo que os mesmos processadores usados para documentos XML pudessem processar descrições de esquema XML. Em terceiro lugar, todos os elementos DTD são sempre forçados a seguir a ordenação especificada do documento, de modo que elementos não ordenados não são permitidos. Essas desvantagens levaram ao desenvolvimento do esquema XML, uma linguagem mais geral, mas também mais complexa, para especificar a estrutura e os elementos dos documentos XML.

13.3.2 XML schema

A **linguagem XML schema** é um padrão para especificar a estrutura de documentos XML. Ela usa as mesmas regras de sintaxe dos documentos XML normais, de modo que os mesmos processadores podem ser utilizados em ambos. Para distinguir os dois tipos de documentos, usaremos o termo *documento de instância XML* ou *documento XML* para um documento XML normal, que contém nomes de tag e valores de dados, e *documento XML schema* para um documento que especifica um esquema XML. Um documento XML schema conteria apenas nomes de tag, informações de estrutura de árvore, restrições e outras descrições, mas nenhum valor de dados. A Figura 13.5 mostra um documento XML schema correspondente ao banco de dados EMPRESA exibido na Figura 5.5. Embora seja improvável que queiramos exibir o banco de dados inteiro como um único documento, há propostas para armazenar dados em formato *XML nativo* como uma alternativa ao armazenamento dos dados em bancos de dados relacionais. O documento XML schema da Figura 13.5 atenderia à finalidade de especificar a estrutura do banco de dados EMPRESA se ela fosse armazenada em um sistema XML nativo. Vamos discutir melhor esse assunto na Seção 13.4.

```
<?xml version="1.0" encoding="UTF-8" ?>
<xsd:schema xmlns:xsd="http://www.w3.org/2001/XMLSchema">
    <xsd:annotation>
        <xsd:documentation xml:lang="pt-br">Esquema Empresa (Definição Elemento) -
                Criado por Babak
            Hojabri</xsd:documentation>
     </xsd:annotation>
<xsd:element name="empresa">
    <xsd:complexType>
        <xsd:sequence>
            <xsd:element name="departamento" type="Departamento"
                    minOccurs="0" maxOccurs="unbounded" />
            <xsd:element name="funcionario" type="Funcionario"
                    minOccurs="0" maxOccurs="unbounded">
                <xsd:unique name="unicoNomeDependente">
                    <xsd:selector xpath="dependenteFuncionario" />
                    <xsd:field xpath="nomeDependente" />
                </xsd:unique>
            </xsd:element>
            <xsd:element name="projeto" type="Projeto" minOccurs="0"
                    maxOccurs="unbounded" />
        </xsd:sequence>
    </xsd:complexType>
    <xsd:unique name="nomeUnicoDepartamento">
        <xsd:selector xpath="departamento" />
        <xsd:field xpath="nomeDepartmento" />
```

Figura 13.5 Um arquivo em XML schema chamado *empresa. (continua)*

Figura 13.5 Um arquivo em XML schema chamado *empresa*. *(continuação)*

```
        </xsd:unique>
        <xsd:unique name="nomeUnicoProjeto">
            <xsd:selector xpath="projeto" />
            <xsd:field xpath="nomeProjeto" />
        </xsd:unique>
        <xsd:key name="chaveNumeroProjeto">
            <xsd:selector xpath="projeto" />
            <xsd:field xpath="numeroProjeto" />
        </xsd:key>
        <xsd:key name="chaveNumeroDepartamento">
            <xsd:selector xpath="departamento" />
            <xsd:field xpath="numeroDepartamento" />
        </xsd:key>
        <xsd:key name="chaveCpfFuncionario">
            <xsd:selector xpath="funcionario" />
            <xsd:field xpath="cpfFuncionario" />
        </xsd:key>
        <xsd:keyref name="refChaveCpfGerenteDepartamento"
            refer="chaveCpfFuncionario">
            <xsd:selector xpath="departamento" />
            <xsd:field xpath="cpfGerenteDepartamento" />
        </xsd:keyref>
        <xsd:keyref name="refChaveNumeroDepartamentoFuncionario"
            refer="chaveNumeroDepartamento">
            <xsd:selector xpath="funcionario" />
            <xsd:field xpath="numeroDepartamentoFuncionario" />
        </xsd:keyref>
        <xsd:keyref name="refChaveCpfGerenteFuncionario"
            refer="chaveCpfFuncionario">
            <xsd:selector xpath="funcionario" />
            <xsd:field xpath="cpfGerenteFuncionario" />
        </xsd:keyref>
        <xsd:keyref name="refChaveNumeroDepartamentoProjeto" refer=
                "chaveNumeroDepartamento">
            <xsd:selector xpath="projeto" />
            <xsd:field xpath="numeroDepartamentoProjeto" />
        </xsd:keyref>
        <xsd:keyref name="refChaveCpfTrabalhadorProjeto"
            refer="chaveCpfFuncionario">
            <xsd:selector xpath="projeto/trabalhadorProjeto" />
            <xsd:field xpath="cpf" />
        </xsd:keyref>
        <xsd:keyref name="refChaveNumeroProjetoTrabalhaEmFuncionario"
            refer="chaveNumeroProjeto">
            <xsd:selector xpath="funcionario/trabalhaEmFuncionario" />
            <xsd:field xpath="numeroProjeto" />
        </xsd:keyref>
    </xsd:element>
    <xsd:complexType name="Departamento">
            <xsd:sequence>
                <xsd:element name="nomeDepartamento" type="xsd:string" />
                <xsd:element name="numeroDepartamento" type="xsd:string" />
                <xsd:element name="cpfGerenteDepartamento" type="xsd:string" />
                <xsd:element name="dataInicioGerenteDepartamento" type="xsd:date" />
                <xsd:element name="localizacaoDepartamento" type="xsd:string"
                    minOccurs="0" maxOccurs="unbounded" />
            </xsd:sequence>
    </xsd:complexType>
    <xsd:complexType name="Funcionario">
        <xsd:sequence>
            <xsd:element name="nomeFuncionario" type="Nome" />
            <xsd:element name="cpfFuncionario" type="xsd:string" />
```

```
        <xsd:element name="sexoFuncionario" type="xsd:string" />
        <xsd:element name="salarioFuncionario" type="xsd:
                unsignedInt" />
        <xsd:element name="dataNascimentoFuncionario" type="xsd:
                date" />
        <xsd:element name="numeroDepartamentoFuncionario" type="xsd:
                string" />
        <xsd:element name="cpfGerenteFuncionario" type="xsd:string" />
        <xsd:element name="enderecoFuncionario" type="Endereco" />
        <xsd:element name="trabalhaEmFuncionario" type="TrabalhaEm"
                minOccurs="1" maxOccurs="unbounded" />
        <xsd:element name="dependenteFuncionario" type="Dependente"
                minOccurs="0" maxOccurs="unbounded" />
    </xsd:sequence>
</xsd:complexType>
<xsd:complexType name="Projeto">
    <xsd:sequence>
        <xsd:element name="nomeProjeto" type="xsd:string" />
        <xsd:element name="numeroProjeto" type="xsd:string" />
        <xsd:element name="localizacaoProjeto" type="xsd:string" />
        <xsd:element name="numeroDepartamentoProjeto" type="xsd:
                string" />
        <xsd:element name="trabalhadorProjeto" type="Trabalhador"
                minOccurs="1" maxOccurs="unbounded" />
    </xsd:sequence>
</xsd:complexType>
<xsd:complexType name="Dependente">
    <xsd:sequence>
        <xsd:element name="nomeDependente" type="xsd:string" />
        <xsd:element name="sexoDependente" type="xsd:string" />
        <xsd:element name="dataNascimentoDependente" type="xsd:date" />
        <xsd:element name="parentescoDependente" type="xsd:string" />
    </xsd:sequence>
</xsd:complexType>
<xsd:complexType name="Endereco">
    <xsd:sequence>
        <xsd:element name="numero" type="xsd:string" />
        <xsd:element name="rua" type="xsd:string" />
        <xsd:element name="cidade" type="xsd:string" />
        <xsd:element name="estado" type="xsd:string" />
    </xsd:sequence>
</xsd:complexType>
<xsd:complexType name="Nome">
    <xsd:sequence>
        <xsd:element name="primeiroNome" type="xsd:string" />
        <xsd:element name="nomeMeio" type="xsd:string" />
        <xsd:element name="ultimoNome" type="xsd:string" />
    </xsd:sequence>
</xsd:complexType>
<xsd:complexType name="Trabalhador">
    <xsd:sequence>
        <xsd:element name="cpf" type="xsd:string" />
        <xsd:element name="horas" type="xsd:float" />
    </xsd:sequence>
</xsd:complexType>
<xsd:complexType name="TrabalhaEm">
    <xsd:sequence>
        <xsd:element name="numeroProjeto" type="xsd:string" />
        <xsd:element name="horas" type="xsd:float" />
    </xsd:sequence>
</xsd:complexType>
</xsd:schema>
```

Figura 13.5 Um arquivo em XML schema chamado *empresa*. *(continuação)*

Assim como a XML DTD, a XML schema é baseada no modelo de dados de árvore, com elementos e atributos sendo os principais conceitos de estruturação. Contudo, ela utiliza conceitos adicionais dos modelos de banco de dados e objeto, como chaves, referências e identificadores. Aqui, descrevemos os recursos da XML schema passo a passo, referindo-nos ao documento XML schema de exemplo na Figura 13.5 para fins de ilustração. Apresentamos e descrevemos alguns dos conceitos de esquema na ordem em que eles são usados na Figura 13.5.

1. **Descrições de esquema e namespaces XML.** É necessário identificar o conjunto específico de elementos da linguagem XML schema (tags) sendo usado ao especificar um arquivo armazenado em um local de website. A segunda linha da Figura 13.5 especifica o arquivo usado neste exemplo, que é http://www.w3.org/2001/XMLSchema. Esse é um padrão normalmente usado para comandos da XML schema. Cada definição desse tipo é chamada de **namespace XML**, pois define o conjunto de comandos (nomes) que podem ser usados. O nome de arquivo é atribuído à variável xsd (descrição de esquema XML, ou *XML Schema Description*) usando o atributo xmlns (XML namespace), e essa variável é utilizada como um prefixo para todos os comandos (nomes de tag) da XML schema. Por exemplo, na Figura 13.5, quando escrevemos xsd:element ou xsd:sequence, estamos nos referindo às definições das tags element e sequence conforme definido no arquivo http://www.w3.org/2001/XMLSchema.
2. **Anotações, documentação e linguagem usada.** As duas linhas seguintes da Figura 13.5 ilustram os elementos (tags) da XML schema xsd:annotation e xsd:documentation, que são usados para oferecer comentários e outras descrições no documento XML. O atributo xml:lang do elemento xsd:documentation especifica o idioma (*language*) usado, no qual pt-br significa *português* (Brasil).
3. **Elementos e tipos.** Em seguida, especificamos o *elemento raiz* de nossa XML schema. Na XML schema, o atributo name da tag xsd:element especifica o nome do elemento, que se chama empresa para o elemento raiz em nosso exemplo (ver Figura 13.5). A estrutura do elemento raiz empresa pode então ser especificada, que em nosso exemplo é xsd:complexType. Esta é especificada ainda mais como uma sequência de departamentos, funcionários e projetos por meio da estrutura xsd:sequence da XML schema. É importante observar aqui que essa não é a única maneira de especificar um esquema XML para o banco de dados EMPRESA. Discutiremos outras opções na Seção 13.6.
4. **Elementos de primeiro nível no banco de dados EMPRESA.** Em seguida, especificamos os três elementos de primeiro nível sob o elemento raiz empresa da Figura 13.5. Esses elementos são chamados funcionario, departamento e projeto, e cada um é especificado em uma tag xsd:element. Observe que, se uma tag tem apenas atributos e não mais subelementos ou dados dentro dela, ela pode ser encerrada com o símbolo de contrabarra (/>) diretamente, em vez de ter uma tag de fim correspondente. Estes são chamados **elementos vazios**; alguns exemplos são os elementos de xsd:element chamados departamento e projeto na Figura 13.5.
5. **Especificando tipo de elemento e ocorrências mínima e máxima.** Na XML schema, os atributos type, minOccurs e maxOccurs na tag xsd:element especificam o tipo e a multiplicidade de cada elemento em qualquer documento que esteja em conformidade com as especificações do esquema. Se especificarmos um atributo type em uma estrutura xsd:element, a estrutura do elemento precisa ser descrita separadamente, em geral usando o elemento xsd:complexType da XML schema. Isso é ilustrado pelos elementos funcionario, departamento e projeto na Figura 13.5. Por outro lado, se nenhum atributo type for especificado, a estrutura de elementos pode ser definida diretamente após a tag, conforme ilustrado pelo elemento raiz empresa da Figura 13.5. As tags minOccurs e maxOccurs são usadas para especificar

os limites inferior e superior sobre o número de ocorrências de um elemento em qualquer documento XML que esteja em conformidade com as especificações do esquema. Se eles não forem especificados, o padrão é exatamente uma ocorrência. Estes têm um papel semelhante aos símbolos *, + e ? da XML DTD.

6. **Especificando chaves.** Na XML schema, é possível especificar restrições que correspondem a restrições únicas e de chave primária em um banco de dados relacional (ver Seção 5.2.2), bem como restrições de chaves estrangeiras (ou integridade referencial) (ver Seção 5.2.4). A tag xsd:unique especifica elementos que correspondem a atributos únicos em um banco de dados relacional. Podemos dar um nome a cada restrição única, e devemos especificar tags xsd:selector e xsd:field para ela, a fim de identificar o tipo de elemento que contém o elemento único e o nome do elemento dentro dela que é único por meio do atributo xpath. Isso é ilustrado pelos elementos unicoNomeDepartamento e unicoNomeProjeto na Figura 13.5. Para especificar **chaves primárias**, a tag xsd:key é usada no lugar de xsd:unique, conforme ilustrado pelos elementos chaveNumeroProjeto, chaveNumeroDepartamento e chaveCpfFuncionario na Figura 13.5. Para especificar **chaves estrangeiras**, a tag xsd:keyref é usada, conforme ilustrado pelos seis elementos xsd:keyref na Figura 13.5. Ao especificar uma chave estrangeira, o atributo refer da tag xsd:keyref especifica a chave primária referenciada, enquanto as tags xsd:selector e xsd:field especificam o tipo de elemento referenciado e a chave estrangeira (ver Figura 13.5).
7. **Especificando as estruturas de elementos complexos por meio de tipos complexos.** A próxima parte de nosso exemplo especifica as estruturas dos elementos complexos Departamento, Funcionario, Projeto e Dependente, usando a tag xsd:complexType (ver Figura 13.5). Especificamos cada um deles como uma sequência de subelementos correspondentes aos atributos de banco de dados de cada tipo de entidade (ver Figura 5.7) ao usar as tags xsd:sequence e xsd:element da XML schema. Cada elemento recebe um nome e tipo por meio dos atributos name e type de xsd:element. Também podemos especificar os atributos minOccurs e maxOccurs se precisarmos mudar o padrão de exatamente uma ocorrência. Para atributos de banco de dados (opcionais) em que o nulo é permitido, precisamos especificar minOccurs = 0, ao passo que, para atributos de banco de dados multivalorados, precisamos especificar maxOccurs = "unbounded" no elemento correspondente. Observe que, se não fôssemos especificar quaisquer restrições de chave, poderíamos ter embutido os subelementos nas definições do elemento pai diretamente sem ter de especificar tipos complexos. Contudo, quando precisam ser especificadas restrições únicas, de chave primária e de chave estrangeira, temos de definir tipos complexos para especificar as estruturas de elemento.
8. **Atributos compostos.** Os atributos compostos da Figura 9.2 também são especificados como tipos complexos na Figura 9.1, conforme ilustrado pelos tipos complexos Endereco, Nome, Trabalhador e TrabalhaEm. Estes poderiam ter sido embutidos diretamente em seus elementos pai.

Este exemplo ilustra alguns dos principais recursos da XML schema. Existem outros recursos, mas eles estão além do escopo de nossa apresentação. Na próxima seção, vamos discutir as diferentes técnicas para criar documentos XML baseando-se em bancos de dados relacionais e armazenar documentos XML.

13.4 Armazenando e extraindo documentos XML de bancos de dados

Foram propostas várias técnicas de organização do conteúdo de documentos XML, para facilitar sua subsequente consulta e recuperação. A seguir, estão as mais comuns:

1. **Usar um sistema de arquivos ou um SGBD para armazenar os documentos como texto.** Um documento XML pode ser armazenado como um arquivo de texto dentro de um sistema de arquivos tradicional. Como alternativa, um SGBD relacional pode ser utilizado para armazenar os documentos XML inteiros como campos de texto nos registros do SGBD. Essa técnica pode ser usada se o SGBD tiver um módulo especial para processamento de documentos, e funcionaria para armazenar documentos XML sem esquema e centrados no próprio documento.
2. **Usar um SGBD para armazenar o conteúdo do documento como elementos de dados.** Essa técnica funcionaria para armazenar uma coleção de documentos que segue uma XML DTD específica ou um esquema XML. Como todos os documentos têm a mesma estrutura, pode-se projetar um banco de dados relacional para armazenar os elementos de dados em nível de folha nos documentos XML. Essa técnica exigiria algoritmos de mapeamento para projetar um esquema de banco de dados compatível com a estrutura do documento XML, conforme especificada na XML schema ou DTD, para recriar os documentos XML com base nos dados armazenados. Esses algoritmos podem ser implementados como um módulo de SGBD interno ou como middleware separado, que não faz parte do SGBD. Se todos os elementos em um documento XML tiverem IDs, uma representação simples seria ter uma tabela com atributos XDOC (CId, PId, Etag, Val) em que CId e PId são os IDs do elemento pai e filho. Etag é o nome do elemento do CId, e Val é o valor se for um nó de folha, supondo que todos os valores sejam do mesmo tipo.
3. **Projetar um sistema especializado para armazenar dados XML nativos.** Um novo tipo de sistema de banco de dados, baseado no modelo hierárquico (de árvore) poderia ser projetado e implementado. Esses sistemas estão sendo chamados de **SGBDs XML nativos.** O sistema incluiria técnicas especializadas para indexação e consulta, e funcionaria para todos os tipos de documentos XML. Ele também poderia incluir técnicas de compactação de dados, para reduzir o tamanho dos documentos para armazenamento. O Tamino, da Software AG, e a Dynamic Application Platform, da eXcelon, são dois produtos populares que oferecem capacidade de SGBD XML. A Oracle também oferece uma opção de armazenamento XML nativo.
4. **Criar ou publicar documentos XML personalizados de bancos de dados relacionais preexistentes.** Como há grande quantidade de dados já armazenados em bancos de dados relacionais, partes desses dados podem ter de ser formatadas como documentos para a troca ou exibição pela web. Essa técnica usaria uma camada separada de software middleware para tratar das conversões necessárias entre os dados relacionais e os documentos XML extraídos. A Seção 13.6 discute essa técnica, em que os documentos XML centrados nos dados são extraídos dos bancos de dados existentes, com mais detalhes. Em particular, mostramos como os documentos estruturados em árvore podem ser criados a partir de bancos de dados estruturados em grafo. A Seção 13.6.2 discute o problema dos ciclos e como lidar com isso.

Todas essas técnicas receberam bastante atenção. Focalizamos a quarta técnica na Seção 13.6, pois ela oferece um bom entendimento conceitual das diferenças entre o modelo de dados em árvore da XML, os modelos tradicionais de banco de dados, baseados em arquivos planos (modelo relacional) e representações gráficas (modelo ER). Mas, primeiro, na Seção 13.5 vamos dar uma visão geral das linguagens de consulta XML.

13.5 Linguagens XML

Houve várias propostas para linguagens de consulta XML, e dois padrões de linguagens de consulta se destacaram. O primeiro é o **XPath**, que oferece construções da linguagem para especificar expressões de caminho a fim de identificar certos nós (elementos) ou atributos em um documento XML que combinam com padrões específicos. O segundo é o **XQuery**, que é uma linguagem de consulta mais geral. A XQuery usa expressões XPath, mas tem construções adicionais. Vamos apresentar uma visão geral de cada uma dessas linguagens nesta seção. Depois, discutiremos algumas linguagens adicionais relacionadas à HTML na Seção 13.5.3.

13.5.1 XPath: especificando expressões de caminho em XML

Uma expressão XPath geralmente retorna uma sequência de itens que satisfazem certo padrão, conforme especificado pela expressão. Esses itens podem ser valores (ou nós de folha), elementos ou atributos. O tipo mais comum de expressão XPath retorna uma coleção de nós de elemento ou atributo que satisfazem certos padrões especificados na expressão. Os nomes na expressão XPath são nomes de nó na árvore de documentos XML, que são também nomes de tag (elemento) ou de atributo, possivelmente com **condições qualificadoras** adicionais, para restringir ainda mais os nós que satisfazem o padrão. Dois **separadores** principais são usados ao especificar um caminho: barra simples (/) e barra dupla (//). Uma barra simples antes de uma tag especifica que esta precisa aparecer como um filho direto da tag anterior (pai), ao passo que uma barra dupla especifica que a tag pode aparecer como um descendente da tag anterior, *em qualquer nível*. Para se referir a um nome de atributo em vez de um nome de elemento (tag), o prefixo @ é usado antes do nome do atributo. Vamos examinar alguns exemplos da XPath, conforme mostrado na Figura 13.6.

A primeira expressão XPath da Figura 13.6 retorna o nó raiz empresa e todos os nós descendentes, o que significa que retorna o documento XML inteiro. Devemos notar que é comum incluir o nome do arquivo na consulta XPath. Isso nos permite especificar qualquer nome de arquivo local ou mesmo qualquer nome de caminho que indique um arquivo na web. Por exemplo, se o documento XML EMPRESA está armazenado no local

www.empresa.com/info.XML

então a primeira expressão XPath da Figura 13.6 pode ser escrita como

doc(www.empresa.com/info.XML)/empresa

Esse prefixo também seria incluído nos outros exemplos de expressões XPath.

O segundo exemplo da Figura 13.6 retorna todos os nós (elementos) de departamento e suas subárvores descendentes. Observe que os nós (elementos) em um documento XML são ordenados, de modo que o resultado de XPath que retorna vários nós fará isso na mesma ordem em que os nós estão ordenados na árvore do documento.

A terceira expressão XPath da Figura 13.6 ilustra o uso de //, que é conveniente se não soubermos o nome do caminho completo que estamos procurando, mas soubermos o nome de algumas tags de interesse no documento XML. Isso é particularmente útil para documentos XML sem esquema ou para documentos com muitos níveis de nós aninhados.[6]

1. /empresa
2. /empresa/departamento
3. //funcionario [salarioFuncionario gt 70000]/nomeFuncionario
4. /empresa/funcionario [salarioFuncionario gt 70000]/nomeFuncionario
5. /empresa/projeto/trabalhadorProjeto [horas ge 20]

Figura 13.6 Alguns exemplos de expressões XPath em documentos XML que seguem o arquivo de esquema XML *empresa* da Figura 13.5.

[6] Usamos os termos *nó*, *tag* e *elemento* para indicar a mesma coisa aqui.

A expressão retorna todos os nós nomeFuncionario que são filhos diretos de um nó funcionario, de modo que o nó funcionario tem outro elemento filho salarioFuncionario cujo valor é maior que 70000. Isso ilustra o uso de condições qualificadoras, que restringem os nós selecionados pela expressão XPath àqueles que satisfazem a condição. A XPath tem uma série de operações de comparação para uso nas condições qualificadoras, incluindo operações de comparação aritmética padrão, de string e de conjunto.

A quarta expressão XPath da Figura 13.6 deve retornar o mesmo resultado da anterior, exceto que especificamos o nome do caminho completo nesse exemplo. A quinta expressão do exemplo retorna todos os nós trabalhadorProjeto e seus nós descendentes, que são filhos sob um caminho /empresa/projeto e têm um nó filho, horas, com um valor maior ou igual que 20 horas.

Quando precisamos incluir atributos em uma expressão XPath, o nome do atributo é iniciado pelo símbolo @ para distingui-lo dos nomes de elemento (tag). É possível usar o símbolo **curinga** *, que representa qualquer elemento, como no exemplo a seguir, que recupera todos os elementos que são elementos filhos da raiz, independentemente de seu tipo de elemento. Quando são usados curingas, o resultado pode ser uma sequência de diferentes tipos de elementos.

```
/empresa/*
```

Os exemplos anteriores ilustram expressões XPath simples, nas quais só podemos descer na estrutura da árvore de determinado nó. Um modelo mais geral para expressões de caminho já foi proposto. Nesse modelo, é possível mover em várias direções a partir do nó atual na expressão de caminho. Estes são conhecidos como **eixos** de uma expressão XPath. Nossos exemplos usaram apenas *três desses eixos*: filho do nó atual (/), descendente ou ele mesmo em qualquer nível do nó atual (//) e atributo do nó atual (@). Outros eixos incluem pai, ancestral (em qualquer nível), irmão anterior (qualquer nó no mesmo nível à esquerda na árvore) e irmão seguinte (qualquer nó no mesmo nível à direita na árvore). Esses eixos permitem o uso de expressões de caminho mais complexas.

A principal restrição de expressões de caminho XPath é que o caminho que especifica o padrão também especifica os itens a serem recuperados. Logo, é difícil especificar certas condições sobre o padrão enquanto se especifica separadamente quais itens do resultado devem ser recuperados. A linguagem XQuery separa esses dois problemas e oferece construções mais poderosas para especificar consultas.

13.5.2 XQuery: especificando consultas em XML

A XPath nos permite escrever expressões que selecionam itens de um documento XML estruturado em árvore. A XQuery possibilita a especificação de consultas mais gerais sobre um ou mais documentos XML. O formato típico de uma consulta em XQuery é conhecido como **expressão FLWOR**, que indica as cinco cláusulas principais da XQuery e tem a seguinte forma:

```
FOR <vínculos de variável para nós (elementos) individuais>
LET <vínculos de variável para coleções de nós (elementos)>
WHERE <condições qualificadoras>
ORDER BY <especificações de ordenação>
RETURN <especificação de resultado da consulta>
```

Pode haver zero ou mais instâncias da cláusula FOR, bem como da cláusula LET, em uma única XQuery. As cláusulas WHERE e ORDER BY são opcionais, mas podem aparecer no máximo uma vez, e a cláusula RETURN deve aparecer exatamente uma vez. Vamos ilustrar essas cláusulas com o seguinte exemplo simples de uma XQuery.

```
LET $d := doc(www.empresa.com/info.xml)
FOR   $x IN $d/empresa/projeto[numeroProjeto = 5]/trabalhadorProjeto,
      $y IN $d/empresa/funcionario
WHERE $x/horas gt 20.0 AND $y.cpf = $x.cpf
ORDER BY $x/horas
RETURN <res> $y/nomeFuncionario/primeiroNome,
             $y/nomeFuncionario/ultimoNome, $x/horas </res>
```

1. As variáveis são iniciadas com o sinal $. No exemplo, $d, $x e $y são variáveis. A cláusula LET atribui uma variável a uma expressão em particular para o restante da consulta. Nesse exemplo, $d recebe o nome do arquivo de documento. É possível ter uma consulta que se refere a vários documentos ao atribuir diversas variáveis dessa forma.
2. A cláusula FOR atribui uma variável ao intervalo sobre cada um dos itens individuais em uma sequência. Em nosso exemplo, as sequências são especificadas por expressões de caminho. A variável $x percorre os elementos que satisfazem a expressão de caminho $d/empresa/projeto[numeroProjeto = 5]/trabalhadorProjeto. A variável $y percorre os elementos que satisfazem a expressão de caminho $d/empresa/funcionario. Logo, $x percorre os elementos trabalhadorProjeto, enquanto $y percorre os elementos funcionario.
3. A cláusula WHERE especifica outras condições para a seleção de itens. Nesse exemplo, a primeira condição seleciona apenas os elementos trabalhadorProjeto que satisfazem a condição (horas gt 20.0). A segunda condição especifica uma condição de junção que combina um funcionario com um trabalhadorProjeto somente se eles tiverem o mesmo valor de cpf.
4. A cláusula ORDER BY especifica que os elementos do resultado serão ordenados pelo valor das horas por semana que eles trabalham no projeto, em ordem crescente de horas.
5. Finalmente, a cláusula RETURN especifica quais elementos ou atributos devem ser recuperados dos itens que satisfazem as condições de consulta. Neste exemplo, ela retornará uma sequência de elementos, cada um contendo <primeiroNome, ultimoNome, horas> para funcionários que trabalham mais de 20 horas por semana no projeto número 5.

A Figura 13.7 inclui alguns exemplos adicionais de consultas em XQuery, as quais podem ser especificadas nos documentos de instância XML que seguem o documento da XML schema na Figura 13.5. A primeira consulta recupera os nomes e sobrenomes dos funcionários que ganham mais de R$ 70.000. A variável $x está ligada a cada elemento nomeFuncionario, que é um filho de um elemento funcionario, mas somente para elementos de funcionario que satisfazem o qualificador de que seu valor de salarioFuncionario é maior que R$ 70.000. O resultado recupera os elementos filhos primeiroNome e ultimoNome dos elementos nomeFuncionario selecionados. A segunda consulta é um modo alternativo de recuperar os mesmos elementos recuperados pela primeira consulta.

A terceira consulta ilustra como uma operação de junção pode ser realizada usando mais de uma variável. Aqui, a variável $x está ligada a cada elemento trabalhadorProjeto, que é um filho do projeto número 5, enquanto a variável $y está ligada a cada elemento funcionario. A condição de junção combina valores de cpf a fim de recuperar os nomes de funcionário. Observe que esse é um modo alternativo de especificar a mesma consulta em nosso exemplo anterior, mas sem a cláusula LET.

A XQuery possui construções muito poderosas para especificar consultas complexas. Em particular, ela pode especificar quantificadores universais e existenciais nas condições de uma consulta, funções de agregação, ordenação dos resultados

Figura 13.7 Alguns exemplos de consultas XQuery em documentos XML que seguem o arquivo de esquema XML *empresa* da Figura 13.5.

```
1. FOR $x IN
   doc(www.empresa.com/info.xml)
   //funcionario [salarioFuncionario gt 70000]/nomeFuncionario
   RETURN <res> $x/primeiroNome, $x/ultimoNome </res>

2. FOR $x IN
   doc(www.empresa.com/info.xml)/empresa/funcionario
   WHERE $x/salarioFuncionario gt 70000
   RETURN <res>$x/nomeFuncionario/primeiroNome,
       $x/nomeFuncionario/ultimoNome</res>

3. FOR $x IN
   doc(www.empresa.com/info.xml)/empresa/projeto[numeroProjeto =
   5]/trabalhadorProjeto, $y IN doc(www.empresa.com/info.xml)/empresa/funcionario
   WHERE $x/horas gt 20 AND $y.cpf = $x.cpf
   RETURN <res> $y/nomeFuncionario/primeiroNome,
       $y/nomeFuncionario/ultimoNome, $x/horas</res>
```

da consulta, seleção baseada na posição em uma sequência, e até mesmo desvio condicional. Portanto, de algumas maneiras, ela se qualifica como uma linguagem de programação completa.

Isso conclui nossa breve introdução à XQuery. O leitor interessado deverá consultar <www.w3.org>, que contém documentos descrevendo os padrões mais recentes relacionados a XML e XQuery. A próxima seção vai discutir rapidamente algumas linguagens e protocolos adicionais relacionados à XML.

13.5.3 Outras linguagens e protocolos relacionados à XML

Existem várias outras linguagens e protocolos relacionados à tecnologia XML. O objetivo em longo prazo destas e de outras linguagens e protocolos é oferecer a tecnologia para a realização da web semântica, na qual toda informação na web possa ser inteligentemente localizada e processada.

- A *Extensible Stylesheet Language* (XSL) pode ser usada para definir como um documento deve ser renderizado para exibição por um navegador web.
- A *Extensible Stylesheet Language for Transformations* (XSLT) pode ser usada para transformar uma estrutura em outra diferente. Logo, pode converter documentos de uma forma para outra.
- A *Web Services Description Language* (WSDL) permite a descrição de Web Services em XML. Isso torna o Web Service disponível para usuários e programas pela web.
- O *Simple Object Access Protocol* (SOAP) é um protocolo independente de plataforma e de linguagem de programação para transmissão de mensagens e chamadas de procedimento remoto.
- O *Resource Description Framework* (RDF) oferece linguagens e ferramentas para trocar e processar descrições de metadados (esquema) e especificações pela web.

13.6 Extraindo documentos XML de bancos de dados relacionais

13.6.1 Criando visões XML hierárquicas sobre dados planos ou baseados em grafos

Esta seção aborda as questões de representação que surgem quando se convertem dados de um sistema de banco de dados para documentos XML. Conforme discutimos, a XML usa um modelo hierárquico (em árvore) para representar documentos. Os sistemas de banco de dados com uso mais difundido seguem o modelo de dados relacional plano. Quando acrescentamos restrições de integridade referencial, um esquema relacional pode ser considerado uma estrutura gráfica (por exemplo, ver Figura 5.7). De modo semelhante, o modelo ER representa dados que usam estruturas tipo grafo (por exemplo, ver Figura 3.2). Vimos no Capítulo 9 que existem mapeamentos diretos entre os modelos ER e relacional, de modo que podemos conceitualmente representar um esquema de banco de dados relacional usando o esquema ER correspondente. Embora usemos o modelo ER em nossa discussão e exemplos para esclarecer as diferenças conceituais entre os modelos de árvore e grafo, as mesmas questões se aplicam à conversão de dados relacionais para XML.

Usaremos o esquema ER UNIVERSIDADE simplificado mostrado na Figura 13.8 para ilustrar nossa discussão. Suponha que uma aplicação precise extrair documentos XML para informações sobre aluno, disciplina e nota do banco de dados UNIVERSIDADE. Os dados necessários para esses documentos estão contidos nos atributos dos tipos de entidade DISCIPLINA, TURMA e ALUNO da Figura 13.8, e nos relacionamentos A-T e D-T entre eles. Em geral, a maioria dos documentos extraídos de um banco de dados só usará um subconjunto dos atributos, tipos de entidade e relacionamentos. Neste exemplo, o subconjunto do banco de dados que é necessário aparece na Figura 13.9.

Pelo menos três hierarquias de documento possíveis podem ser extraídas do subconjunto do banco de dados da Figura 13.9. Primeiro, podemos escolher DISCIPLINA como raiz, conforme ilustramos na Figura 13.10. Aqui, cada entidade de disciplina tem o conjunto de suas turmas como subelementos, e cada turma tem seus alunos como subelementos. Podemos ver uma consequência da modelagem da informação em uma estrutura de árvore hierárquica. Se um aluno estiver matriculado em diversas

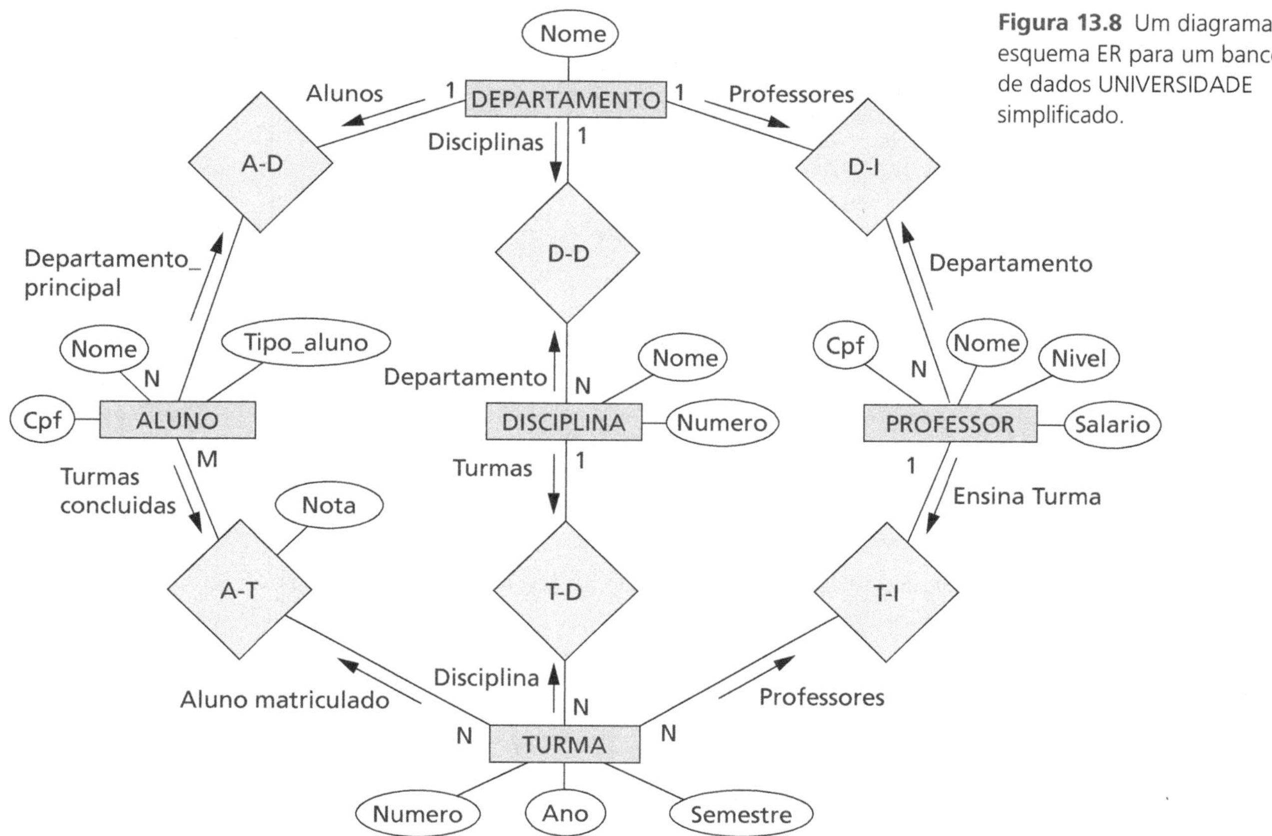

Figura 13.8 Um diagrama de esquema ER para um banco de dados UNIVERSIDADE simplificado.

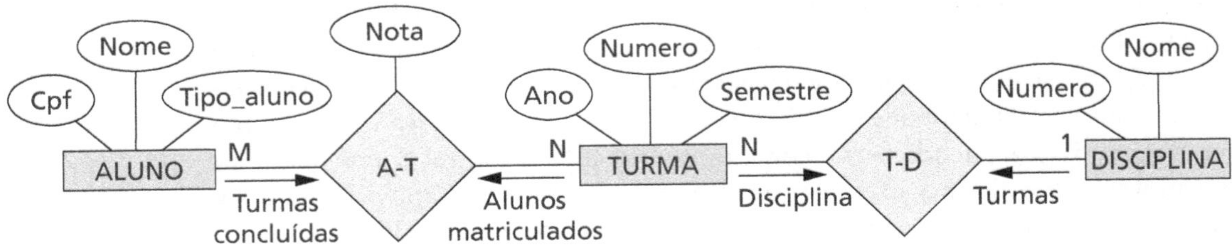

Figura 13.9 Subconjunto do esquema de banco de dados UNIVERSIDADE necessário para a extração de documento XML.

turmas, a informação desse aluno aparecerá várias vezes no documento — uma vez sob cada turma. Um esquema XML simplificado possível para essa visão é mostrado na Figura 13.11. O atributo de banco de dados Nota no relacionamento A-T é migrado para o elemento ALUNO. Isso porque ALUNO torna-se um filho de TURMA nessa hierarquia, de modo que cada elemento ALUNO sob um elemento TURMA específico pode ter uma nota específica nessa turma. Nessa hierarquia de documentos, um aluno matriculado em mais de uma turma terá várias réplicas, uma sob cada turma, e cada réplica terá a nota específica dada nessa turma em particular.

Na segunda visão de documento hierárquico, podemos escolher ALUNO como raiz (Figura 13.12). Nessa visão hierárquica, cada aluno tem um conjunto de turmas como seus elementos filhos, e cada turma está relacionada a uma disciplina como seu filho, pois o relacionamento entre TURMA e DISCIPLINA é N:1. Assim, podemos mesclar os elementos DISCIPLINA e TURMA nessa visão, como mostra a Figura 13.12. Além disso, o atributo de banco de dados NOTA pode ser migrado para o elemento TURMA. Nessa hierarquia, a informação combinada de DISCIPLINA/TURMA é replicada sob cada aluno que concluir a turma. Um esquema XML simplificado possível para essa visão aparece na Figura 13.13.

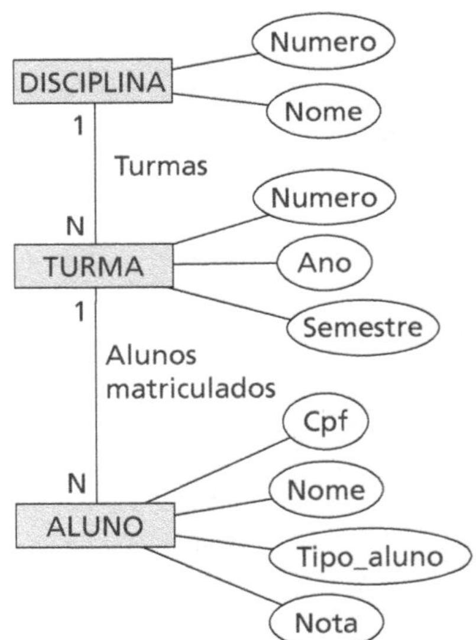

Figura 13.10 Visão hierárquica (em árvore) com DISCIPLINA como a raiz.

```
<xsd:element name="root">
    <xsd:sequence>
    <xsd:element name="disciplina" minOccurs="0" maxOccurs="unbounded">
        <xsd:sequence>
            <xsd:element name="nome_disciplina" type="xsd:string" />
            <xsd:element name="numero_disciplina" type="xsd:unsignedInt" />
            <xsd:element name="turma" minOccurs="0" maxOccurs="unbounded">
                <xsd:sequence>
                    <xsd:element name="numero_turma" type="xsd:unsignedInt" />
                    <xsd:element name="ano" type="xsd:string" />
                    <xsd:element name="semestre" type="xsd:string" />
                    <xsd:element name="aluno" minOccurs="0"
                            maxOccurs="unbounded">
                        <xsd:sequence>
                            <xsd:element name="cpf" type="xsd:string" />
                            <xsd:element name="nome_aluno" type="xsd:string" />
                            <xsd:element name="tipo_aluno" type="xsd:string" />
                            <xsd:element name="nota" type="xsd:string" />
                        </xsd:sequence>
                    </xsd:element>
                </xsd:sequence>
            </xsd:element>
        </xsd:sequence>
    </xsd:element>
    </xsd:sequence>
    </xsd:element>
```

Figura 13.11 Documento XML schema com *disciplina* como a raiz.

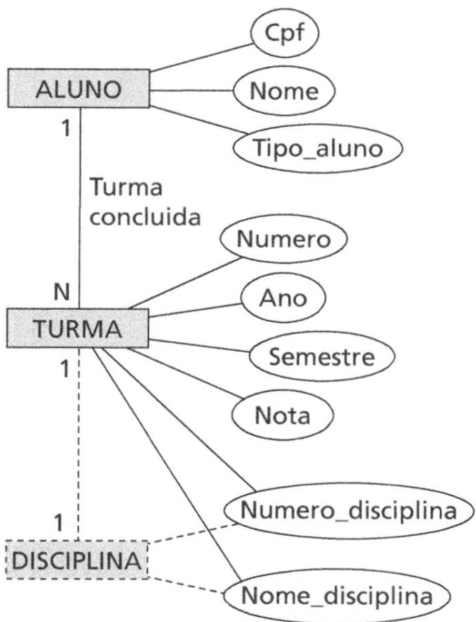

Figura 13.12 Visão hierárquica (em árvore) com ALUNO como a raiz.

Figura 13.13 Documento XML schema com *aluno* como a raiz.

```
<xsd:element name="root">
<xsd:sequence>
<xsd:element name="aluno" minOccurs="0" maxOccurs="unbounded">
    <xsd:sequence>
        <xsd:element name="cpf" type="xsd:string" />
        <xsd:element name="nome_aluno" type="xsd:string" />
        <xsd:element name="tipo_aluno" type="xsd:string" />
        <xsd:element name="turma" minOccurs="0" maxOccurs="unbounded">
            <xsd:sequence>
                <xsd:element name="numero_turma" type="xsd:unsignedInt" />
                <xsd:element name="ano" type="xsd:string" />
                <xsd:element name="semestre" type="xsd:string" />
                <xsd:element name="numero_disciplina" type="xsd:unsignedInt" />
                <xsd:element name="nome_disciplina" type="xsd:string" />
                <xsd:element name="nota" type="xsd:string" />
            </xsd:sequence>
        </xsd:element>
    </xsd:sequence>
</xsd:element>
</xsd:sequence>
</xsd:element>
```

A terceira maneira possível é escolher TURMA como a raiz, conforme mostra a Figura 13.14. Semelhante à segunda visão hierárquica, a informação de DISCIPLINA pode ser mesclada no elemento TURMA. O atributo de banco de dados NOTA pode ser migrado para o elemento ALUNO. Como podemos ver, até mesmo nesse exemplo simples pode haver diversas visões de documento hierárquicas, cada uma correspondendo a uma raiz diferente e a uma estrutura de documento XML diferente.

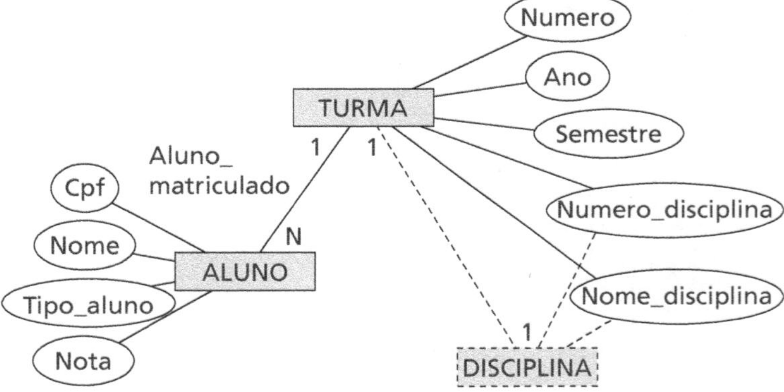

Figura 13.14 Visão hierárquica (em árvore) com TURMA como a raiz.

13.6.2 Quebrando ciclos para converter grafos em árvores

Nos exemplos anteriores, o subconjunto do banco de dados de interesse não tinha ciclos. É possível ter um subconjunto mais complexo com um ou mais ciclos, indicando múltiplos relacionamentos entre as entidades. Nesse caso, é mais difícil decidir como criar as hierarquias de documento. Uma duplicação adicional de entidades pode ser necessária para representar os múltiplos relacionamentos. Ilustraremos isso com um exemplo que usa o esquema ER da Figura 13.8.

Suponha que precisemos da informação em todos os tipos de entidade e relacionamentos da Figura 13.8 para um documento XML em particular, com ALUNO como elemento raiz. A Figura 13.15 ilustra como uma possível estrutura em árvore hierárquica pode ser criada para esse documento. Primeiro, obtemos uma estrutura

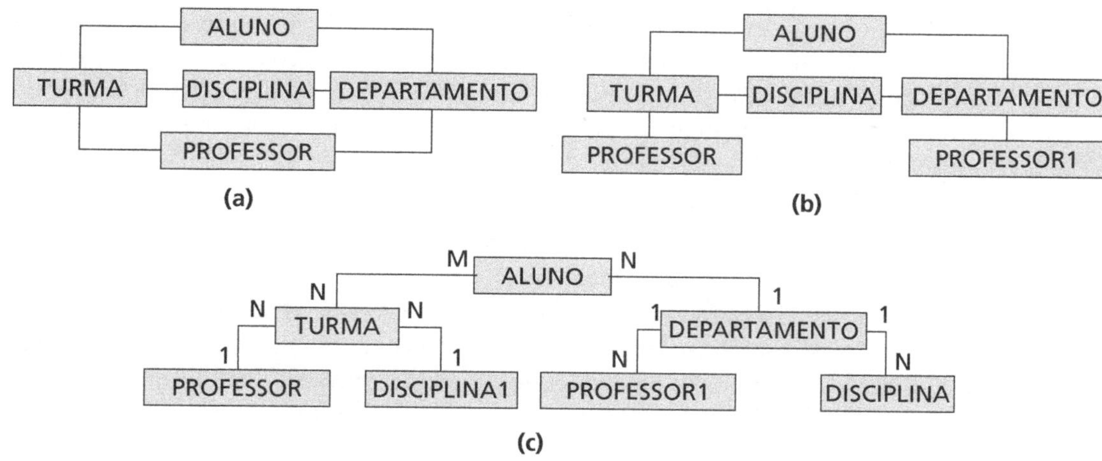

Figura 13.15 Convertendo um grafo com ciclos em uma estrutura hierárquica (em árvore).

com ALUNO como a raiz, conforme mostra a Figura 13.15(a). Essa não é uma estrutura em árvore verdadeira por causa dos ciclos. Um modo de quebrar os ciclos é replicar os tipos de entidade nele envolvidos. Primeiro, replicamos PROFESSOR, como mostra a Figura 13.15(b), chamando a réplica para o PROFESSOR1 à direita. A réplica de PROFESSOR à esquerda representa o relacionamento entre professores e as turmas que eles lecionam, enquanto a réplica PROFESSOR1 à direita representa o relacionamento entre professores e o departamento em que cada um trabalha. Depois disso, ainda temos o ciclo envolvendo DISCIPLINA, de modo que podemos replicar DISCIPLINA de uma maneira semelhante, levando à hierarquia mostrada na Figura 13.15(c). A réplica DISCIPLINA1 à esquerda representa o relacionamento entre disciplinas e suas turmas, ao passo que a réplica de DISCIPLINA à direita representa o relacionamento entre disciplinas e o departamento que oferece cada uma delas.

Na Figura 13.15(c), convertemos o grafo inicial em uma hierarquia. Podemos fazer outra mesclagem, se desejado (como em nosso exemplo anterior) antes de criar a hierarquia final e a estrutura da XML schema correspondente.

13.6.3 Outras etapas para extrair documentos XML de bancos de dados

Além de criar a hierarquia XML apropriada e o documento XML schema correspondente, várias outras etapas são necessárias para extrair um documento XML em particular de um banco de dados:

1. É necessário criar a consulta correta em SQL para extrair a informação desejada para o documento XML.
2. Quando a consulta é executada, seu resultado deve ser reestruturado da forma relacional plana para a estrutura em árvore da XML.
3. A consulta pode ser personalizada para selecionar tanto um único objeto como vários objetos no documento. Por exemplo, na visão da Figura 13.13, a consulta pode selecionar uma única entidade de aluno e criar um documento correspondente a esse único aluno, ou pode selecionar vários — ou mesmo todos os alunos — e criar um documento com múltiplos alunos.

13.7 XML/SQL: funções SQL para a criação de dados XML

Nesta seção, discutimos algumas das funções acrescentadas às versões recentes do padrão SQL com a finalidade de gerar dados XML a partir de bancos de dados relacionais. Essas funções podem ser usadas para formatar os resultados de consultas para elementos e documentos XML, e também para especificar as raízes de uma hierarquia XML, de modo que os dados hierárquicos aninhados podem ser criados a partir de dados puramente relacionais. Primeiro, listamos e descrevemos rapidamente algumas das funções acrescentadas à SQL; depois, mostramos alguns exemplos. Discutimos a respeito das seguintes funções:

1. XMLELEMENT: usada para especificar um nome de tag (elemento) que aparecerá no resultado XML. Pode especificar um nome de tag para um elemento complexo ou para uma coluna individual.
2. XMLFOREST: se várias tags (elementos) forem necessárias no resultado XML, esta função pode criar múltiplos nomes de elemento de uma maneira mais simples que XMLELEMENT. os nomes de coluna podem ser listados diretamente, separados por vírgulas, renomeados ou não. Se um nome de coluna não for renomeado, ele será usado como nome do elemento (tag).
3. XMLAGG: pode agrupar (ou agregar) vários elementos, de modo que possam ser colocados sob um elemento pai, como uma coleção de subelementos.
4. XMLROOT: permite que os elementos selecionados sejam formatados como um documento XML com um único elemento raiz.
5. XMLATTRIBUTES: permite a criação de atributos para os elementos do resultado XML.

Agora, vamos ilustrar essas funções com alguns exemplos de SQL/XML que se referem à tabela FUNCIONARIO das figuras 5.5 e 5.6. O primeiro exemplo, X1, mostra como criar um elemento XML que contém o ultimonome de FUNCIONARIO para o funcionário cujo Cpf é "12345678966":

```
X1:   SELECT   XMLELEMENT (NAME "ultimonome", F.Ultimo_nome)
      FROM     FUNCIONARIO F
      WHERE    F.Cpf = "12345678966" ;
```

A palavra-chave NAME na consulta SQL especifica o nome do elemento XML (tag). O resultado sobre os dados mostrados na Figura 5.6 seria:

<ultimonome>Silva</ultimonome>

Se quisermos recuperar várias colunas para uma única linha, podemos usar várias listas de XMLELEMENT dentro do elemento pai, mas uma forma mais simples seria usar XMLFOREST, que permite a especificação de várias colunas sem repetir a palavra-chave XMLELEMENT várias vezes. Isso pode ser visto como X2:

```
X2:   SELECT   XMLELEMENT (NAME "funcionario",
                  XMLFOREST (
                     F.Ultimo_nome AS "un",
                     F.Primeiro_nome AS "pn",
                     F.Salario AS "sal" ) )
      FROM     FUNCIONARIO AS F
      WHERE    F.Cpf = "12345678966" ;
```

O resultado de X2 sobre os dados mostrados na Figura 5.6 seria:

<funcionario><un>Silva</un><pn>João</pn><sal>30000</sal></funcionario>

Suponha que queiramos criar dados XML que tenham o último nome, o primeiro nome e o salário dos funcionários que trabalham no departamento 4, formatando-os como um documento XML com a tag raiz "funcsdep4". Então, podemos escrever a consulta SQL/XML X3:

```
X3:   SELECT   XMLROOT (
      XMLELEMENT (NAME "funcsdep4",

      XMLAGG (
         XMLELEMENT (NAME "funcionario"
         XMLFOREST (Ultimo_nome, Primeiro_nome, Salario)
         ORDER BY Ultimo_nome ) ) )
FROM     FUNCIONARIO
WHERE    Numero_departamento = 4 ;
```

A função XMLROOT cria um único elemento raiz, de modo que os dados XML estariam em um documento corretamente formatado (uma árvore com uma única raiz). O resultado de X3 sobre os dados mostrados na Figura 5.6 seria:

```
<funcsdep4>
<funcionario><Ultimo_nome>Pereira</Ultimo_nome><Primeiro_nome>André
   </Primeiro_nome><Salario>25000</Salario></funcionario>
<funcionario><Ultimo_nome>Souza</Ultimo_nome><Primeiro_nome>Jennifer
   </Primeiro_nome><Salario>43000</Salario></funcionario>
<funcionario><Ultimo_nome>Zelaya</Ultimo_nome><Primeiro_nome>Alice
   </Primeiro_nome><Salario>25000</Salario></funcionario>
</funcsdep4>
```

Esses exemplos dão uma ideia de como o padrão SQL foi estendido para permitir que os usuários formatem os resultados da consulta como dados XML.

13.8 Resumo

Este capítulo forneceu uma visão geral do padrão XML para representação e troca de dados pela internet. Primeiro, discutimos algumas das diferenças entre diversos tipos de dados, classificando três tipos principais: estruturados, semiestruturados e não estruturados. Os dados estruturados são armazenados em bancos de dados tradicionais. Os dados semiestruturados misturam nomes de tipos de dados e valores de dados, mas nem todos eles precisam seguir uma estrutura predefinida fixa. Os dados não estruturados referem-se à informação exibida na web, especificada pela HTML, em que a informação sobre os tipos dos itens de dados não existe. Descrevemos o padrão XML e seu modelo de dados estruturado em árvore (hierárquico), e discutimos os documentos XML e as linguagens para especificar a estrutura desses documentos, a saber, XML DTD (*Document Type Definition*) e XML schema. Demos uma visão geral das diversas técnicas para armazenar documentos XML, tanto no formato nativo (texto), como no formato compactado ou nos bancos de dados relacionais e de outros tipos. Oferecemos uma visão geral das linguagens XPath e XQuery, propostas para a consulta de dados XML, e discutimos as questões de mapeamento que surgem quando é necessário converter dados armazenados nos bancos de dados relacionais tradicionais para documentos XML. Por fim, discutimos sobre a SQL/XML, que oferece à SQL funcionalidades adicionais para formatar os resultados de consulta SQL como dados XML.

PERGUNTAS DE REVISÃO

13.1. Quais são as diferenças entre dados estruturados, semiestruturados e não estruturados?

13.2. Sob qual das categorias mencionadas na pergunta 13.1 os documentos XML se encontram? E os dados autodescritivos?

13.3. Quais são as diferenças entre o uso de tags em XML *versus* HTML?

13.4. Qual é a diferença entre documentos XML centrados nos dados e centrados nos documentos?

13.5. Qual é a diferença entre os atributos e os elementos na XML? Liste alguns dos atributos importantes usados para especificar elementos na XML schema.

13.6. Qual é a diferença entre XML schema e XML DTD?

EXERCÍCIOS

13.7. Crie parte de um documento de instância XML para corresponder aos dados armazenados no banco de dados relacional mostrado na Figura 5.6, tal que o documento XML corresponda ao documento em XML schema da Figura 13.5.

13.8. Crie documentos XML schema e XML DTDs para corresponderem às hierarquias mostradas nas figuras 13.14 e 13.15(c).

13.9. Considere o esquema de banco de dados relacional BIBLIOTECA da Figura 6.6. Crie um documento XML schema que corresponda a esse esquema de banco de dados.

13.10. Especifique as visões a seguir como consultas em XQuery sobre a XML schema *empresa*, mostrada na Figura 13.5.

a. Uma visão que tem nome de departamento, nome de gerente e salário de gerente para cada departamento.

b. Uma visão que tem nome do funcionário, nome do supervisor e salário de cada funcionário que trabalha no departamento Pesquisa.

c. Uma visão que tem nome do projeto, nome do departamento de controle, número de funcionários e total de horas trabalhadas por semana para cada projeto.

d. Uma visão que tem nome do projeto, nome do departamento de controle, número de funcionários e total de horas trabalhadas por semana para cada projeto com mais de um funcionário trabalhando nele.

BIBLIOGRAFIA SELECIONADA

Existem tantos artigos e livros sobre vários aspectos da XML que seria impossível fazer até mesmo uma lista modesta. Mencionaremos um livro: Chaudhri, Rashid e Zicari (eds.), de 2003. Esse livro discute diversos aspectos da XML e contém uma lista de algumas referências a pesquisa e prática em XML.

PARTE 6
Teoria e normalização de projeto de banco de dados

14

Fundamentos de dependências funcionais e normalização para bancos de dados relacionais

Nos capítulos 5 a 8, apresentamos diversos aspectos do modelo relacional e as linguagens associadas a ele. Cada *esquema de relação* consiste em uma série de atributos, e o *esquema de banco de dados relacional* consiste em uma série de esquemas de relação. Até aqui, consideramos que os atributos são agrupados para formar um esquema de relação usando o bom senso do projetista ou mapeando um projeto de esquema de banco de dados com base no modelo de dados conceitual, como o modelo de dados ER ou ER Estendido (EER). Esses modelos fazem o projetista identificar os tipos de entidade e de relacionamento e seus respectivos atributos, o que leva a um agrupamento natural e lógico dos atributos em relações quando são seguidos os procedimentos de mapeamento discutidos no Capítulo 9. Porém, ainda precisamos de algum modo formal de analisar por que um agrupamento de atributos em um esquema de relação pode ser melhor que outro. Ao discutir o projeto de banco de dados nos capítulos 3, 4 e 9, não desenvolvemos nenhuma medida de adequação ou *boas práticas* para medir a qualidade do projeto, além da intuição do projetista. Neste capítulo, vamos discutir parte da teoria que foi desenvolvida com o objetivo de avaliar esquemas relacionais para a qualidade do projeto — ou seja, para medir formalmente por que um conjunto de agrupamentos de atributos em esquemas de relação é melhor que outro.

Existem dois níveis em que podemos discutir a *adequação* de esquemas de relação. O primeiro é o **nível lógico** (ou **conceitual**) — como os usuários interpretam os esquemas de relação e o significado de seus atributos. Ter bons esquemas de relação nesse nível permite que os usuários entendam claramente o significado dos dados nas relações, e daí formulem suas consultas corretamente. O segundo é o **nível de implementação** (ou **armazenamento físico**) — como as tuplas em uma relação básica são armazenadas e atualizadas. Esse nível se aplica apenas a esquemas das relações básicas — que serão fisicamente armazenadas como arquivos —, enquanto no nível lógico estamos interessados em esquemas de relações tanto básicas quanto virtuais (visões). A teoria de projeto de banco de dados relacional desenvolvida neste capítulo se aplica principalmente a *relações básicas*, embora alguns critérios de adequação também se apliquem a visões, como mostra a Seção 14.1.

Assim como em muitos problemas de projeto, o projeto de banco de dados pode ser realizado usando duas técnicas: de baixo para cima (bottom-up) ou de cima para baixo (top-down). Uma **metodologia de projeto de baixo para cima** (também chamada *projeto por síntese*) considera os relacionamentos básicos *entre atributos individuais* como ponto de partida e os utiliza para construir esquemas de relação. Essa técnica não é muito popular na prática,[1] pois tem o problema de ter de coletar um grande número de relacionamentos binários entre atributos como ponto de partida. Para situações práticas, é quase impossível capturar relacionamentos binários entre todos esses pares de atributos. Ao contrário, uma **metodologia de projeto de cima para baixo** (também chamada *projeto por análise*) começa com uma série de agrupamentos de atributos para formar relações que existem naturalmente juntas, por exemplo, em uma fatura, formulário ou relatório. As relações são então analisadas individual e coletivamente, levando a mais decomposição, até que todas as propriedades desejáveis sejam atendidas. A teoria descrita neste capítulo se aplica principalmente à técnica de projeto de cima para baixo e, portanto, é mais apropriada quando se realiza o projeto de bancos de dados por análise e decomposição de conjuntos de atributos que aparecem juntos em arquivos, em relatórios e em formulários nas situações da vida real.

O projeto de banco de dados relacional por fim produz um conjunto de relações. Os objetivos implícitos da atividade de projeto são *preservação da informação* e *redundância mínima*. A informação é muito difícil de quantificar — logo, consideramos a preservação de informação em matéria de manutenção de todos os conceitos, incluindo tipos de atributo, tipos de entidade e tipos de relacionamento, bem como os relacionamentos de generalização/especialização, descritos usando um modelo como o EER. Assim, o projeto relacional precisa preservar todos esses conceitos, que são capturados originalmente no projeto conceitual, após o mapeamento do projeto conceitual para lógico. Minimizar a redundância implica diminuir o armazenamento redundante da mesma informação e reduzir a necessidade de múltiplas atualizações para manter a consistência entre diversas cópias da mesma informação, em resposta a eventos do mundo real que exijam uma atualização.

Começamos este capítulo discutindo informalmente alguns critérios para esquemas de relação bons e ruins na Seção 14.1. Na Seção 14.2, definimos o conceito de *dependência funcional*, uma restrição formal entre os atributos que é a principal ferramenta para medir formalmente a adequação dos agrupamentos de atributo em esquemas de relação. Na Seção 14.3, vamos discutir as formas normais e o processo de normalização usando dependências funcionais. As formas normais sucessivas são definidas para atender a um conjunto de restrições desejáveis, expressas com chaves primárias e dependências funcionais. O procedimento de normalização consiste em aplicar uma série de testes às relações para atender a esses requisitos cada vez mais rígidos e decompor as relações quando necessário. Na Seção 14.4, discutimos definições mais gerais das formas normais, que podem ser aplicadas diretamente a qualquer projeto dado e não exigem análise e normalização passo a passo. As seções 14.5 a 14.7 discutem outras formas normais, até a quinta forma normal. Na Seção 14.6, apresentamos a dependência multivalorada (MVD), seguida pela dependência de junção (DJ) na Seção 14.7. A Seção 14.8 apresenta um resumo do capítulo.

O Capítulo 15 continuará o desenvolvimento da teoria relacionada ao projeto de bons esquemas relacionais. Discutimos as propriedades desejáveis da decomposição

---

[1] Uma exceção em que essa técnica é usada na prática é baseada em um modelo chamado *modelo relacional binário*. Um exemplo é a metodologia NIAM (Verheijen e VanBekkum, 1982).

relacional — propriedade de junção não aditiva e propriedade de preservação da dependência funcional. Um algoritmo geral testa se uma decomposição tem ou não a propriedade de junção não aditiva (ou *sem perdas*) (o Algoritmo 15.3 também é apresentado). Depois, abordamos as propriedades das dependências funcionais e o conceito de uma cobertura mínima de dependências. Consideramos a técnica de baixo para cima para o projeto de banco de dados que consiste em um conjunto de algoritmos para projetar relações em uma forma normal desejada. Esses algoritmos consideram como entrada determinado conjunto de dependências funcionais e alcançam um projeto relacional em uma forma normal de destino, enquanto aderem às propriedades desejáveis acima. No Capítulo 15, também definimos outros tipos de dependências que melhoram ainda mais a avaliação da *adequação* dos esquemas de relação.

Se o Capítulo 15 não for incluído no curso, recomendamos uma rápida introdução às propriedades desejáveis de decomposição da Seção 15.2 e a importância da junção não aditiva durante a decomposição.

14.1 Diretrizes de projeto informais para esquemas de relação

Antes de discutirmos a teoria formal do projeto de banco de dados relacional, vamos abordar quatro *diretrizes informais* que podem ser usadas como *medidas para determinar a qualidade* de projeto do esquema da relação:

- Garantir que a semântica dos atributos seja clara no esquema.
- Reduzir a informação redundante nas tuplas.
- Reduzir os valores NULL nas tuplas.
- Reprovar a possibilidade de gerar tuplas falsas.

Essas medidas nem sempre são independentes uma da outra, conforme veremos.

14.1.1 Comunicando uma semântica clara aos atributos nas relações

Sempre que agrupamos atributos para formar um esquema de relação, consideramos que aqueles atributos pertencentes a uma relação têm certo significado no mundo real e uma interpretação apropriada associada a eles. A **semântica** de uma relação refere-se a seu significado resultante da interpretação dos valores de atributo em uma tupla. No Capítulo 5, discutimos como uma relação pode ser interpretada como um conjunto de fatos. Se o projeto conceitual descrito nos capítulos 3 e 4 for feito cuidadosamente e o procedimento de mapeamento do Capítulo 9 for seguido de maneira sistemática, o projeto do esquema relacional deverá ter um significado claro.

Em geral, quanto mais fácil for explicar a semântica da relação (em outras palavras, o que uma relação significa exatamente), melhor será o projeto do esquema de relação. Para ilustrar isso, considere a Figura 14.1, uma versão simplificada do esquema de banco de dados relacional EMPRESA da Figura 5.5, e a Figura 14.2, que apresenta um exemplo de estados de relação preenchidos desse esquema. O significado do esquema de relação FUNCIONARIO é muito simples: cada tupla representa um funcionário, com valores para o nome do funcionário (Nome_funcionario), número do Cadastro de Pessoa Física (Cpf), data de nascimento (Data_nascimento), endereço (Endereco) e o número do departamento para o qual o funcionário trabalha (Numero_departamento). O atributo Numero_departamento é uma chave estrangeira (ChE) que representa um *relacionamento implícito* entre FUNCIONARIO e DEPARTAMENTO. A semântica dos esquemas DEPARTAMENTO e PROJETO também é muito simples: cada tupla de DEPARTAMENTO representa uma entidade de departamento, e cada

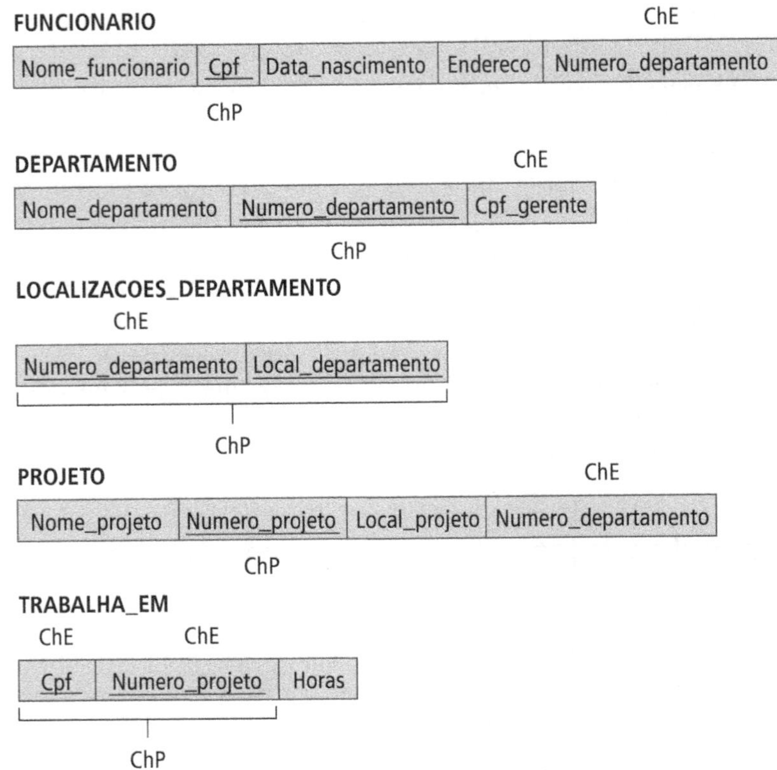

Figura 14.1 Um esquema de banco de dados relacional EMPRESA simplificado.

tupla de PROJETO representa uma entidade de projeto. O atributo Cpf_gerente de DEPARTAMENTO relaciona um departamento ao funcionário que é seu gerente, ao passo que Numero_projeto de PROJETO relaciona um projeto a seu departamento de controle; ambos são atributos de chave estrangeira. A facilidade com que o significado dos atributos de uma relação pode ser explicado é uma *medida informal* de quão bem a relação está projetada.

A semântica dos outros dois esquemas de relação da Figura 14.1 é ligeiramente mais complexa. Cada tupla em LOCALIZACOES_DEPARTAMENTO gera um número de departamento (Numero_departamento) e *um dos* locais do departamento (Local_departamento). Cada tupla em TRABALHA_EM gera um número de Cadastro de Pessoa Física (Cpf), o número de projeto de *um dos* projetos em que o funcionário trabalha (Numero_projeto) e o número de horas por semana que o funcionário trabalha nesse projeto (Horas). Porém, os dois esquemas têm uma interpretação bem definida e não ambígua. O esquema LOCALIZACOES_DEPARTAMENTO representa um atributo multivalorado de DEPARTAMENTO, ao passo que TRABALHA_EM representa um relacionamento M:N entre FUNCIONARIO e PROJETO. Logo, todos os esquemas de relação na Figura 14.1 podem ser considerados fáceis de explicar e, portanto, bons do ponto de vista de terem uma semântica clara. Assim, podemos formular as diretrizes de projeto informal a seguir.

Diretriz 1

Projete um esquema de relação de modo que seja fácil explicar seu significado. Não combine atributos de vários tipos de entidade e de relacionamento em uma única relação. Intuitivamente, se um esquema de relação corresponde a um tipo de entidade ou um tipo de relacionamento, é simples explicar seu significado. Caso contrário, se a relação corresponder a uma mistura de várias entidades e relacionamentos, haverá ambiguidades semânticas e a relação não poderá ser explicada com facilidade.

FUNCIONARIO

Nome_ funcionario	Cpf	Data_ nascimento	Endereco	Numero_ departamento
Silva, Joao B.	12345678966	09-01-1965	Rua das Flores, 751, São Paulo, SP	5
Wong, Fernando T.	33344555587	08-12-1955	Rua da Lapa, 34, São Paulo, SP	5
Zelaya, Alice J.	99988777767	19-07-1968	Rua Souza Lima, 35, Curitiba, PR	4
Souza, Jennifer S.	98765432168	20-06-1941	Av. Arthur de Lima, 54, Santo André, SP	4
Lima, Ronaldo K.	66688444476	15-09-1962	Rua Rebouças, 65, Piracicaba, SP	5
Leite, Joice A.	45345345376	31-07-1972	Av. Lucas Obes, 74, São Paulo, SP	5
Pereira, André V.	98798798733	29-03-1969	Rua Timbira, 35, São Paulo, SP	4
Brito, Jorge E.	88866555576	10-11-1937	Rua do Horto, 35, São Paulo, SP	1

DEPARTAMENTO

Nome_ departamento	Numero_ departamento	Cpf_gerente
Pesquisa	5	33344555587
Administração	4	98765432168
Matriz	1	88866555576

LOCALIZACOES_DEPARTAMENTO

Numero_ departamento	Local_ departamento
1	São Paulo
4	Mauá
5	Santo André
5	Itu
5	São Paulo

TRABALHA_EM

Cpf	Numero_ projeto	Horas
12345678966	1	32,5
12345678966	2	7,5
66688444476	3	40,0
45345345376	1	20,0
45345345376	2	20,0
33344555587	2	10,0
33344555587	3	10,0
33344555587	10	10,0
33344555587	20	10,0
99988777767	30	30,0
99988777767	10	10,0
98798798733	10	35,0
98798798733	30	5,0
98765432168	30	20,0
98765432168	20	15,0
88866555576	20	NULL

PROJETO

Nome_projeto	Numero_ projeto	Local_ projeto	Numero_ departamento
ProdutoX	1	Santo André	5
ProdutoY	2	Itu	5
ProdutoZ	3	São Paulo	5
Informatização	10	Mauá	4
Reorganização	20	São Paulo	1
Novosbenefícios	30	Mauá	4

Figura 14.2 Exemplo de estado de banco de dados para o esquema relacional da Figura 14.1.

Exemplos de violação da diretriz 1. Os esquemas de relação das figuras 14.3(a) e 14.3(b) também têm semântica clara. (O leitor deve ignorar as linhas sob as relações por enquanto; elas são usadas para ilustrar a notação da dependência funcional, discutida na Seção 14.2.) Uma tupla no esquema de relação FUNCIONARIO_DEPARTAMENTO na Figura 14.3(a) representa um único funcionário, mas inclui informações adicionais

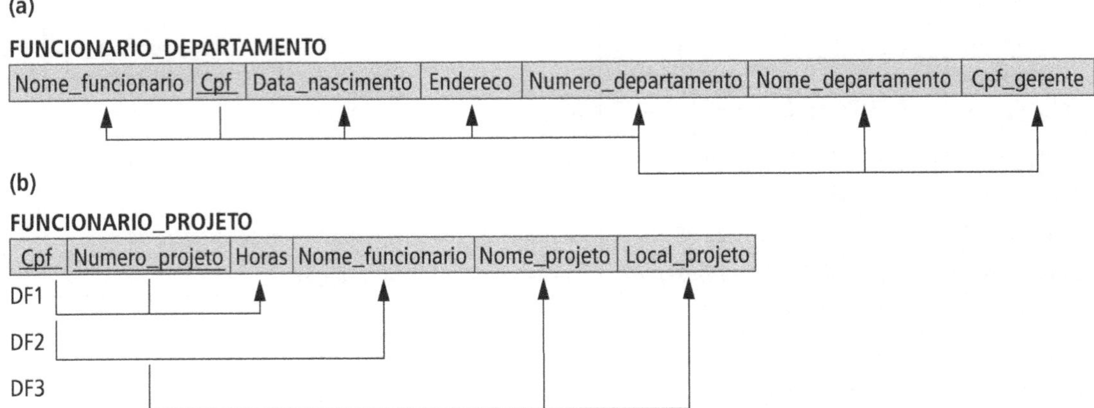

Figura 14.3 Dois esquemas de relação sofrendo de anomalias de atualização. (a) FUNCIONARIO_ DEPARTAMENTO e (b) FUNCIONARIO_PROJETO.

com o Numero_departamento (o identificador do departamento para o qual ele trabalha) — a saber, o nome (Nome_departamento) do departamento para o qual o funcionário trabalha e o número do Cadastro de Pessoa Física (Cpf_gerente) do gerente de departamento. Para a relação FUNCIONARIO_PROJETO da Figura 14.3(b), cada tupla relaciona um funcionário a um projeto, mas também inclui o nome do funcionário (Nome_funcionario), o nome do projeto (Nome_projeto) e o local do projeto (Local_projeto). Embora não haja nada errado logicamente com essas duas relações, elas violam a Diretriz 1 ao misturar atributos de entidades distintas do mundo real: FUNCIONARIO_DEPARTAMENTO mistura atributos dos funcionários e departamentos, e FUNCIONARIO_PROJETO mistura atributos de funcionários e projetos e o relacionamento TRABALHA_EM. Logo, elas se saem mal contra a medida de qualidade de projeto citada. Elas podem ser usadas como visões, mas causam problemas quando utilizadas como relações básicas, conforme discutiremos na próxima seção.

14.1.2 Informação redundante nas tuplas e anomalias de atualização

Um objetivo do projeto de esquema é minimizar o espaço de armazenamento usado pelas relações básicas (e, portanto, pelos arquivos correspondentes). O agrupamento de atributos em esquemas de relação tem um efeito significativo no espaço de armazenamento. Por exemplo, compare o espaço usado pelas duas relações básicas FUNCIONARIO e DEPARTAMENTO da Figura 14.2 com o da relação básica FUNCIONARIO_DEPARTAMENTO da Figura 14.4, que é o resultado da aplicação da operação de junção natural (NATURAL JOIN) em FUNCIONARIO e DEPARTAMENTO. Em FUNCIONARIO_DEPARTAMENTO, os valores de atributo pertencentes a determinado departamento (Numero_departamento, Nome_departamento, Cpf_gerente) são repetidos para *cada funcionário que trabalha para esse departamento*. Ao contrário, a informação de cada departamento aparece apenas uma vez na relação DEPARTAMENTO da Figura 14.2. Somente o número do departamento (Numero_departamento) é repetido na relação FUNCIONARIO para cada funcionário que trabalha nesse departamento, como uma chave estrangeira. Comentários semelhantes se aplicam à relação FUNCIONARIO_PROJETO (ver Figura 14.4), que aumenta a relação TRABALHA_EM com atributos adicionais de FUNCIONARIO e PROJETO.

Redundância

FUNCIONARIO_DEPARTAMENTO

Nome_funcionario	Cpf	Data_nascimento	Endereco	Numero_departamento	Nome_departamento	Cpf_gerente
Silva, João B.	12345678966	09-01-1965	Rua das Flores, 751, São Paulo, SP	5	Pesquisa	33344555587
Wong, Fernando T.	33344555587	08-12-1955	Rua da Lapa, 34, São Paulo, SP	5	Pesquisa	33344555587
Zelaya, Alice J.	99988777767	19-07-1968	Rua Souza Lima, 35, Curitiba, PR	4	Administração	98765432168
Souza, Jennifer S.	98765432168	20-06-1941	Av. Arthur de Lima, 54, Santo André, SP	4	Administração	98765432168
Lima, Ronaldo K.	66688444476	15-09-1962	Rua Rebouças, 65, Piracicaba, SP	5	Pesquisa	33344555587
Leite, Joice A.	45345345376	31-07-1972	Av. Lucas Obes, 74, São Paulo, SP	5	Pesquisa	33344555587
Pereira, André V.	98798798733	29-03-1969	Rua Timbira, 35, São Paulo, SP	4	Administração	98765432168
Brito, Jorge E.	88866555576	10-11-1937	Rua do Horto, 35, São Paulo, SP	1	Matriz	88866555576

Redundância Redundância

FUNCIONARIO_PROJETO

Cpf	Numero_projeto	Horas	Nome_funcionario	Nome_projeto	Local_projeto
12345678966	1	32,5	Silva, João B.	ProdutoX	Santo André
12345678966	2	7,5	Silva, João B.	ProdutoY	Itu
66688444476	3	40,0	Lima, Ronaldo K.	ProdutoZ	São Paulo
45345345376	1	20,0	Leite, Joice A.	ProdutoX	Santo André
45345345376	2	20,0	Leite, Joice A.	ProdutoY	Itu
33344555587	2	10,0	Wong, Fernando T.	ProdutoY	Itu
33344555587	3	10,0	Wong, Fernando T.	ProdutoZ	São Paulo
33344555587	10	10,0	Wong, Fernando T.	Informatização	Mauá
33344555587	20	10,0	Wong, Fernando T.	Reorganização	São Paulo
99988777767	30	30,0	Zelaya, Alice J.	Novosbenefícios	Mauá
99988777767	10	10,0	Zelaya, Alice J.	Informatização	Mauá
98798798733	10	35,0	Pereira, André V.	Informatização	Mauá
98798798733	30	5,0	Pereira, André V.	Novosbenefícios	Mauá
98765432168	30	20,0	Souza, Jennifer S.	Novosbenefícios	Mauá
98765432168	20	15,0	Souza, Jennifer S.	Reorganização	São Paulo
88866555576	20	Null	Brito, Jorge E.	Reorganização	São Paulo

Figura 14.4 Exemplos de estados para FUNCIONARIO_DEPARTAMENTO e FUNCIONARIO_PROJETO resultando na aplicação da NATURAL JOIN às relações da Figura 14.2. Estas podem ser armazenadas como relações básicas por questões de desempenho.

O armazenamento de junções naturais de relações básicas leva a um problema adicional conhecido como **anomalias de atualização.** Estas podem ser classificadas em anomalias de inserção, anomalias de exclusão e anomalias de modificação.[2]

Anomalias de inserção. As anomalias de inserção podem ser diferenciadas em dois tipos, ilustrados pelos seguintes exemplos baseados na relação FUNCIONARIO_DEPARTAMENTO:

- Para inserir uma nova tupla de funcionário em FUNCIONARIO_DEPARTAMENTO, temos de incluir ou os valores de atributo do departamento para o qual o funcionário trabalha ou NULLs (se o funcionário ainda não trabalha para nenhum departamento). Por exemplo, para inserir uma nova tupla para um funcionário que trabalha no departamento 5, temos de inserir todos os valores de atributo do departamento 5 corretamente, de modo que eles sejam *coerentes* com os valores correspondentes para o departamento 5 em outras tuplas de FUNCIONARIO_DEPARTAMENTO. No projeto da Figura 14.2, não temos de nos preocupar com esse problema de coerência, pois entramos apenas com o número do departamento na tupla do funcionário. Todos os outros valores de atributo do departamento 5 são registrados apenas uma vez no banco de dados, como uma única tupla na relação DEPARTAMENTO.
- É difícil inserir um novo departamento que ainda não tenha funcionários na relação FUNCIONARIO_DEPARTAMENTO. A única maneira de fazer isso é colocar valores NULL nos atributos para funcionário. Isso viola a integridade de entidade para FUNCIONARIO_DEPARTAMENTO, porque sua chave primária Cpf não pode ser nula. Além disso, quando o primeiro funcionário é atribuído a esse departamento, não precisamos mais dessa tupla com valores NULL. Esse problema não ocorre no projeto da Figura 14.2, pois um departamento é inserido na relação DEPARTAMENTO independentemente de haver ou não funcionários trabalhando para ele, e sempre que um funcionário é atribuído a esse departamento, uma tupla correspondente é inserida em FUNCIONARIO.

Anomalias de exclusão. O problema das anomalias de exclusão está relacionado à segunda situação de anomalia de inserção que acabamos de discutir. Se excluirmos de FUNCIONARIO_DEPARTAMENTO uma tupla de funcionário que represente o último funcionário trabalhando para determinado departamento, a informação referente a esse departamento se perde inadvertidamente do banco de dados. Esse problema não ocorre no banco da Figura 14.2, pois as tuplas de DEPARTAMENTO são armazenadas separadamente.

Anomalias de modificação. Em FUNCIONARIO_DEPARTAMENTO, se mudarmos o valor de um dos atributos de determinado departamento — digamos, o gerente do departamento 5 —, temos de atualizar as tuplas de *todos* os funcionários que trabalham nesse departamento; caso contrário, o banco de dados ficará inconsistente. Se deixarmos de atualizar algumas tuplas, o mesmo departamento mostrará dois valores diferentes para o gerente em diferentes tuplas de funcionário, o que seria errado.[3]

É fácil ver que essas três anomalias são indesejáveis e causam dificuldades para manter a consistência dos dados, bem como exigem atualizações desnecessárias que podem ser evitadas; logo, podemos declarar a próxima diretriz como a seguir.

---

[2] Essas anomalias foram identificadas por Codd (1972a) para justificar a necessidade de normalização das relações, conforme discutiremos na Seção 14.3.

[3] Este não é tão sério quanto os outros problemas, pois todas as tuplas podem ser atualizadas por uma única instrução SQL.

Diretriz 2

Projete os esquemas de relação básica de modo que nenhuma anomalia de inserção, exclusão ou modificação esteja presente nas relações. Se houver alguma anomalia,[4] anote-as claramente e cuide para que os programas que atualizam o banco de dados operem corretamente.

A segunda diretriz é coerente com a primeira e, de certa forma, é uma reafirmação dela. Também podemos ver a necessidade de uma técnica mais formal para avaliar se um projeto atende a essas diretrizes. As seções 14.2 a 14.4 oferecem esses conceitos formais necessários. É importante observar que essas diretrizes às vezes *podem ter de ser violadas* a fim de *melhorar o desempenho* de certas consultas. Se FUNCIONARIO_DEPARTAMENTO for usado como uma relação armazenada (conhecida de outra forma como uma *visão materializada*) além das relações básicas de FUNCIONARIO e DEPARTAMENTO, as anomalias em FUNCIONARIO_DEPARTAMENTO precisam ser observadas e consideradas (por exemplo, usando triggers ou procedimentos armazenados que fariam atualizações automáticas). Desse modo, sempre que a relação básica é atualizada, não ficamos com inconsistências. Em geral, é aconselhável usar relações básicas sem anomalias e especificar visões que incluem as junções para reunir os atributos frequentemente referenciados nas consultas importantes.

14.1.3 Valores NULL nas tuplas

Em alguns projetos de esquema, podemos agrupar muitos atributos em uma relação "gorda". Se muitos dos atributos não se aplicarem a todas as tuplas na relação, acabamos com muitos NULLs nessas tuplas. Isso pode desperdiçar espaço no nível de armazenamento e também ocasionar problemas com o conhecimento do significado dos atributos e com a especificação de operações JOIN (de junção) no nível lógico.[5] Outro problema com NULLs é como considerá-los quando operações de agregação como COUNT ou SUM são aplicadas. Operações SELECT e JOIN envolvem comparações; se valores NULL estiverem presentes, os resultados podem se tornar imprevisíveis.[6] Além disso, os NULLs podem ter várias interpretações, como as seguintes:

- O atributo *não se aplica* a essa tupla. Por exemplo, Visto_valido pode não se aplicar a alunos nascidos no país.
- O valor do atributo para essa tupla é *desconhecido*. Por exemplo, a Data_nascimento pode ser desconhecida para um funcionário.
- O valor é *conhecido, mas ausente*; ou seja, ele ainda não foi registrado. Por exemplo, o Numero_telefone_residencial para um funcionário pode existir, mas ainda não estar disponível e registrado.

Ter a mesma representação para todos os NULLs compromete os diferentes significados que eles podem ter. Portanto, podemos declarar outra diretriz.

Diretriz 3

Evite, ao máximo possível, colocar atributos em uma relação básica cujos valores podem ser NULL com frequência. Se os NULLs forem inevitáveis, garanta que eles se apliquem apenas a casos excepcionais, e não à maioria das tuplas na relação.

---

[4] Outras considerações de aplicação podem determinar e tornar certas anomalias inevitáveis. Por exemplo, a relação FUNCIONARIO_DEPARTAMENTO pode corresponder a uma consulta ou a um relatório exigido com frequência.

[5] Isso porque as junções interna e externa produzem diferentes resultados quando NULLs são envolvidos nas junções. Assim, os usuários precisam estar cientes dos diferentes significados dos vários tipos de junções. Embora isso seja razoável para usuários sofisticados, pode ser difícil para outros.

[6] Na Seção 7.1.1, apresentamos comparações envolvendo valores NULL em que o resultado (na lógica de três valores) é TRUE, FALSE e UNKNOWN.

Usar o espaço de modo eficaz e evitar junções com valores NULL são os dois critérios prioritários que determinam a inclusão das colunas que podem ter NULLs em uma relação ou que podem ter uma relação separada para essas colunas (com as colunas de chave apropriadas). Por exemplo, se apenas 15% dos funcionários têm salas individuais, há pouca justificativa para incluir um atributo Numero_sala na relação FUNCIONARIO. Em vez disso, uma relação SALAS_FUNCIONARIO (Cpf_funcionario, Numero_sala) pode ser criada para incluir tuplas apenas para funcionários com salas individuais.

14.1.4 Geração de tuplas falsas

Considere os esquemas de duas relações LOCALIZACOES_FUNCIONARIO e FUNCIONARIO_PROJETO1 da Figura 14.5(a), que podem ser usados no lugar da única relação FUNCIONARIO_PROJETO da Figura 14.3(b). Uma tupla em LOCALIZACOES_FUNCIONARIO significa que o funcionário cujo nome é Nome_funcionario trabalha em *algum projeto* cujo local é Local_projeto. Uma tupla em FUNCIONARIO_PROJETO1 refere-se ao fato de o funcionário cujo número de Cadastro de Pessoa Física é

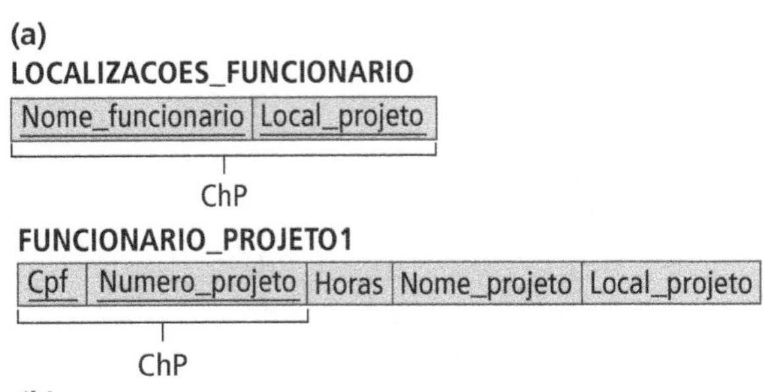

(b)

LOCALIZACOES_FUNCIONARIO

Nome_funcionario	Local_projeto
Silva, João B.	Santo André
Silva, João B.	Itu
Lima, Ronaldo K.	São Paulo
Leite, Joice A.	Santo André
Leite, Joice A.	Itu
Wong, Fernando T.	Itu
Wong, Fernando T.	São Paulo
Wong, Fernando T.	Mauá
Zelaya, Alice J.	Mauá
Pereira, André V.	Mauá
Souza, Jennifer S.	Mauá
Souza, Jennifer S.	São Paulo
Brito, Jorge E.	São Paulo

FUNCIONARIO_PROJETO1

Cpf	Numero_projeto	Horas	Nome_projeto	Local_projeto
12345678966	1	32,5	ProdutoX	Santo André
12345678966	2	7,5	ProdutoY	Itu
66688444476	3	40,0	ProdutoZ	São Paulo
45345345376	1	20,0	ProdutoX	Santo André
45345345376	2	20,0	ProdutoY	Itu
33344555587	2	10,0	ProdutoY	Itu
33344555587	3	10,0	ProdutoZ	São Paulo
33344555587	10	10,0	Informatização	Mauá
33344555587	20	10,0	Reorganização	São Paulo
99988777767	30	30,0	Novosbenefícios	Mauá
99988777767	10	10,0	Informatização	Mauá
98798798733	10	35,0	Informatização	Mauá
98798798733	30	5,0	Novosbenefícios	Mauá
98765432168	30	20,0	Novosbenefícios	Mauá
98765432168	20	15,0	Reorganização	São Paulo
88866555576	20	NULL	Reorganização	São Paulo

Figura 14.5 Projeto particularmente fraco para a relação FUNCIONARIO_PROJETO da Figura 14.3(b). (a) Esquemas de duas relações LOCALIZACOES_FUNCIONARIO e FUNCIONARIO_PROJETO1. (b) Resultado da projeção da extensão de FUNCIONARIO_PROJETO da Figura 14.4 para as relações LOCALIZACOES_FUNCIONARIO e FUNCIONARIO_PROJETO1.

Cpf trabalhar Horas por semana no projeto cujo nome, número e localização são Nome_projeto, Numero_projeto e Local_projeto. A Figura 14.5(b) mostra os estados da relação de LOCALIZACOES_FUNCIONARIO e FUNCIONARIO_PROJETO1 correspondentes à relação FUNCIONARIO_PROJETO da Figura 14.4, que são obtidos aplicando as operações PROJECT (π) apropriadas a FUNCIONARIO_PROJETO.

Suponha que usemos FUNCIONARIO_PROJETO1 e LOCALIZACOES_FUNCIONARIO como relações básicas em vez de FUNCIONARIO_PROJETO. Isso produz um projeto de esquema particularmente ruim, pois não podemos recuperar a informação que havia originalmente em FUNCIONARIO_PROJETO a partir de FUNCIONARIO_PROJETO1 e LOCALIZACOES_FUNCIONARIO. Se tentarmos uma operação NATURAL JOIN sobre FUNCIONARIO_PROJETO1 e LOCALIZACOES_FUNCIONARIO, o resultado produz muito mais tuplas que o conjunto original de tuplas em FUNCIONARIO_PROJETO. Na Figura 14.6, mostramos o resultado da aplicação da junção apenas para as tuplas da parte tracejada em ambas as tabelas (para reduzir o tamanho da relação resultante). Tuplas adicionais, que não estavam em FUNCIONARIO_PROJETO, são chamadas de **tuplas falsas**, pois representam informação falsa, que não é válida. As tuplas falsas são marcadas com asteriscos (*) na Figura 14.6. Deixamos para o leitor a tarefa de completar o resultado da operação NATURAL JOIN sobre as tabelas FUNCIONARIO_PROJETO1 e LOCALIZACOES_FUNCIONARIO em sua totalidade, marcando as tuplas falsas nesse resultado.

	Cpf	Numero_projeto	Horas	Nome_projeto	Local_projeto	Nome_funcionario
	12345678966	1	32,5	ProdutoX	Santo André	Silva, João B.
*	12345678966	1	32,5	ProdutoX	Santo André	Leite, Joice A.
	12345678966	2	7,5	ProdutoY	Itu	Silva, João B.
*	12345678966	2	7,5	ProdutoY	Itu	Leite, Joice A.
*	12345678966	2	7,5	ProdutoY	Itu	Wong, Fernando T.
	66688444476	3	40,0	ProdutoZ	São Paulo	Lima, Ronaldo K.
*	66688444476	3	40,0	ProdutoZ	São Paulo	Wong, Fernando T.
*	45345345376	1	20,0	ProdutoX	Santo André	Silva, João B.
	45345345376	1	20,0	ProdutoX	Santo André	Leite, Joice A.
*	45345345376	2	20,0	ProdutoY	Itu	Silva, João B.
	45345345376	2	20,0	ProdutoY	Itu	Leite, Joice A.
*	45345345376	2	20,0	ProdutoY	Itu	Wong, Fernando T.
*	33344555587	2	10,0	ProdutoY	Itu	Silva, João B.
*	33344555587	2	10,0	ProdutoY	Itu	Leite, Joice A.
	33344555587	2	10,0	ProdutoY	Itu	Wong, Fernando T.
*	33344555587	3	10,0	ProdutoZ	São Paulo	Lima, Ronaldo K.
	33344555587	3	10,0	ProdutoZ	São Paulo	Wong, Fernando T.
	33344555587	10	10,0	Informatiização	Mauá	Wong, Fernando T.
*	33344555587	20	10,0	Reorganização	São Paulo	Lima, Ronaldo K.
	33344555587	20	10,0	Reorganização	São Paulo	Wong, Fernando T.

*
*
*

Figura 14.6 Resultado da aplicação do NATURAL JOIN às tuplas em FUNCIONARIO_PROJETO1 e LOCALIZACOES_FUNCIONARIO da Figura 14.5 apenas para a parte tracejada em ambas as tabelas. As tuplas falsas geradas são marcadas com asteriscos.

A decomposição de FUNCIONARIO_PROJETO em LOCALIZACOES_FUNCIONARIO e FUNCIONARIO_PROJETO1 é indesejável porque, quando as juntamos (operação JOIN) de volta usando NATURAL JOIN, não obtemos a informação original correta. Isso porque, neste caso, Local_projeto é o atributo que relaciona LOCALIZACOES_FUNCIONARIO e FUNCIONARIO_PROJETO1, e Local_projeto não é a chave primária nem uma chave estrangeira em LOCALIZACOES_FUNCIONARIO ou FUNCIONARIO_PROJETO1. Agora podemos declarar informalmente outra diretriz de projeto.

Diretriz 4

Projete esquemas de relação de modo que possam ser unidos com condições de igualdade sobre os atributos pares relacionados corretamente (chave primária, chave estrangeira), de um modo que garanta que nenhuma tupla falsa será gerada. Evite relações com atributos correspondentes que não sejam combinações (chave estrangeira, chave primária), pois a junção sobre tais atributos pode produzir tuplas falsas.

Essa diretriz informal obviamente precisa ser declarada de maneira mais formal. Na Seção 15.2, discutiremos uma condição formal chamada propriedade de junção não aditiva (ou sem perda), que garante que certas junções não produzam tuplas falsas.

14.1.5 Resumo e discussão das diretrizes de projeto

Nas seções 14.1.1 a 14.1.4, discutimos informalmente situações que levam a esquemas de relação problemáticos e propusemos diretrizes informais para um bom projeto relacional. Os problemas que apontamos, que podem ser detectados sem ferramentas de análise adicionais, são os seguintes:

- Anomalias que causam trabalho redundante durante inserção e modificação em uma relação, e que podem causar perda acidental de informação durante a exclusão de uma relação.
- Desperdício de espaço de armazenamento em decorrência de NULLs e a dificuldade de realizar seleções, operações de agregação e junções por causa de valores NULL.
- Geração de dados inválidos e falsos durante as junções em relações básicas com atributos correspondentes que possam não representar um relacionamento apropriado (chave estrangeira, chave primária).

No restante deste capítulo, apresentamos os conceitos formais e a teoria que pode ser usada para definir os pontos *positivos* e *negativos* dos esquemas de relação *individuais* com mais precisão. Primeiro, discutimos a dependência funcional como uma ferramenta para análise. Depois, especificamos as três formas normais e a Forma Normal de Boyce-Codd (FNBC) para esquemas de relação, conforme os padrões de qualidade estabelecidos e aceitos no projeto relacional. A estratégia para alcançar um bom projeto é decompor de maneira correta uma relação mal projetada, a fim de alcançar formas normais mais altas. Também introduzimos rapidamente formas normais adicionais que lidam com dependências adicionais. No Capítulo 15, discutimos as propriedades da decomposição com detalhes e oferecemos uma série de algoritmos relacionados a dependências funcionais, adequação da decomposição e o projeto de relações de baixo para cima, usando as dependências funcionais como ponto de partida.

14.2 Dependências funcionais

Até aqui, lidamos com as medidas informais do projeto de banco de dados. Agora, vamos introduzir uma ferramenta formal para a análise de esquemas relacionais, que nos permite detectar e descrever alguns dos problemas mencionados em termos precisos. O conceito isolado mais importante na teoria de projeto de esquema relacional é o de uma dependência funcional. Nesta seção, definimos formalmente o conceito e, na Seção 14.3, veremos como ele pode ser usado para definir formas normais para esquemas de relação.

14.2.1 Definição de dependência funcional

Dependência funcional é uma restrição entre dois conjuntos de atributos do banco de dados. Suponha que nosso esquema de banco de dados relacional tenha n atributos $A_1, A_2, ..., A_n$. Vamos pensar no banco de dados inteiro sendo descrito por um único esquema de relação **universal** $R = \{A_1, A_2, ... , A_n\}$.[7] Não queremos dizer que realmente armazenaremos o banco de dados como uma única tabela universal — usamos esse conceito apenas no desenvolvimento da teoria formal das dependências de dados.[8]

Definição. Uma **dependência funcional**, indicada por $X \rightarrow Y$, entre dois conjuntos de atributos X e Y que são subconjuntos de R, especifica uma *restrição* sobre possíveis tuplas que podem formar um estado de relação r de R. A restrição é que, para quaisquer duas tuplas t_1 e t_2 em r que tenham $t_1[X] = t_2[X]$, elas também devem ter $t_1[Y] = t_2[Y]$.

Isso significa que os valores do componente Y de uma tupla em r dependem dos (ou são *determinados pelos*) valores do componente X; como alternativa, os valores do componente X de uma tupla *determinam* exclusivamente (ou **funcionalmente**) os valores do componente Y. Também dizemos que existe uma dependência funcional de X para Y, ou que Y é **funcionalmente dependente** de X. A abreviação para dependência funcional é **DF** ou **d.f.** O conjunto de atributos X é chamado de **lado esquerdo** da DF, e Y é chamado de **lado direito**.

Assim, a funcionalidade X determina Y em um esquema de relação R se, e somente se, sempre que duas tuplas de $r(R)$ combinarem sobre seu valor X, elas devem necessariamente combinar sobre seu valor Y. Observe o seguinte:

- Se uma restrição sobre R declarar que não pode haver mais de uma tupla com determinado valor X em qualquer instância de relação $r(R)$ — ou seja, X é uma **chave candidata** de R —, isso implica que $X \rightarrow Y$ para qualquer subconjunto de atributos Y de R (porque a restrição de chave implica que duas tuplas em qualquer estado válido $r(R)$ não terão o mesmo valor de X). Se X for uma chave candidata de R, então $X \rightarrow R$.
- Se $X \rightarrow Y$ em R, isso não quer dizer que $Y \rightarrow X$ em R.

Uma dependência funcional é uma propriedade da **semântica** ou **significado dos atributos.** Os projetistas de banco de dados usarão seu conhecimento da semântica dos atributos de R — ou seja, como eles se relacionam entre si — para especificar as dependências funcionais que devem ser mantidas em *todos* os estados de relação (extensões) r de R. As extensões de relação $r(R)$ que satisfazem as restrições de dependência funcional são chamadas de **estados de relação válidos** (ou **extensões válidas**) de R. Logo, o uso principal das dependências funcionais é para descrever melhor um esquema de relação R ao especificar restrições sobre seus atributos que devem ser mantidas *o tempo todo*. Certas DFs podem ser especificadas sem que se refiram a uma relação específica, mas como uma propriedade desses atributos, dado

[7] Esse conceito de uma relação universal será importante quando discutirmos os algoritmos para o projeto de banco de dados relacional no Capítulo 15.

[8] Esta suposição implica que cada atributo no banco de dados tenha um nome distinto. No Capítulo 5, finalizamos os nomes de atributo com nomes de relação, para obter exclusividade sempre que os atributos em relações distintas tinham o mesmo nome.

seu significado comumente entendido. Por exemplo, {Estado, Num_habilitacao} → Cpf deve ser mantido para qualquer adulto no Brasil e, por isso, mantido sempre que esses atributos aparecerem em uma relação.[9] Também é possível que certas dependências funcionais possam deixar de existir no mundo real se o relacionamento mudar. Por exemplo, a DF Cep → Codigo_area costumava existir como um relacionamento entre os códigos postais e os códigos de área telefônicos no Brasil, mas, com a proliferação dos códigos de área telefônicos, isso não é mais verdadeiro.

Considere o esquema de relação FUNCIONARIO_PROJETO da Figura 14.3(b). Pela semântica dos atributos e da relação, sabemos que as seguintes dependências funcionais devem ser mantidas:

a. Cpf → Nome_funcionario
b. Numero_projeto → {Nome_projeto, Local_projeto}
c. {Cpf, Numero_projeto} → Horas

Essas dependências funcionais especificam que (a) o valor do número do Cadastro de Pessoa Física (Cpf) de um funcionário determina exclusivamente o nome do funcionário (Nome_funcionario), (b) o valor do número de um projeto (Numero_projeto) determina exclusivamente o nome do projeto (Nome_projeto) e seu local (Local_projeto) e (c) uma combinação de valores de Cpf e Numero_projeto determina exclusivamente o número de horas que o funcionário trabalha atualmente no projeto por semana (Horas). Como alternativa, dizemos que Nome_funcionario é determinado de maneira funcional por (ou dependente funcionalmente de) Cpf, ou *dado um valor de Cpf, sabemos o valor de Nome_funcionario*, e assim por diante.

Uma dependência funcional é uma *propriedade do esquema de relação R*, e não um estado de relação válido e específico *r* de *R*. Portanto, uma DF *não pode* ser deduzida automaticamente por determinada extensão de relação *r*, mas deve ser definida de maneira explícita por alguém que conhece a semântica dos atributos de *R*. Por exemplo, a Figura 14.7 mostra um *estado em particular* do esquema de relação ENSINA. Embora à primeira vista possamos pensar que Livro_texto → Disciplina, não podemos confirmar isso, a menos que saibamos que é verdadeiro para *todos os estados válidos possíveis* de ENSINA. No entanto, é suficiente demonstrar *um único contraexemplo* para refutar uma dependência funcional. Por exemplo, como 'Silva' leciona tanto 'Estruturas de Dados' quanto 'Gerenciamento de Dados', podemos concluir que o Professor *não* determina funcionalmente a Disciplina.

Dada uma relação preenchida, não se podem determinar quais DFs são mantidas e quais não são, a menos que o significado e os relacionamentos entre os atributos sejam conhecidos. Tudo o que se pode dizer é que certa DF *pode* existir se for mantida nessa extensão em particular. Não se pode garantir sua existência até que

Figura 14.7 Um estado de relação de ENSINA com uma *possível* dependência funcional LIVRO_TEXTO → DISCIPLINA. Porém, PROFESSOR → DISCIPLINA, LIVRO_TEXTO → PROFESSOR e DISCIPLINA → LIVRO_TEXTO estão excluídos.

ENSINA

Professor	Disciplina	Livro_texto
Silva	Estruturas de Dados	Bartram
Silva	Gerenciamento de Dados	Martin
Neto	Compiladores	Hoffman
Braga	Estruturas de Dados	Horowitz

[9] Observe que existem bancos de dados, como os de companhias de cartão de crédito ou departamentos de polícia, em que essa dependência funcional pode não ser mantida, em virtude de registros fraudulentos resultantes do mesmo número de carteira de habilitação sendo usado por dois ou mais indivíduos diferentes.

o significado dos atributos correspondentes seja claramente compreendido. Porém, pode-se afirmar de modo enfático que certa DF *não se mantém* se houver tuplas que mostrem a violação de tal DF. Veja a relação de exemplo ilustrativa na Figura 14.8. Nela, as DFs a seguir *podem ser mantidas* porque as quatro tuplas na extensão atual não têm violação dessas restrições: $B \rightarrow C$; $C \rightarrow B$; $\{A, B\} \rightarrow C$; $\{A, B\} \rightarrow D$; e $\{C, D\} \rightarrow B$. No entanto, as seguintes *não* se mantêm porque já temos violações delas na extensão dada: $A \rightarrow B$ (as tuplas 1 e 2 violam essa restrição); $B \rightarrow A$ (as tuplas 2 e 3 violam essa restrição); $D \rightarrow C$ (as tuplas 3 e 4 a violam).

A Figura 14.3 apresenta uma **notação diagramática** para exibir DFs: cada DF aparece como uma linha horizontal. Os atributos do lado esquerdo da DF são conectados por linhas verticais à linha que representa a DF, enquanto os atributos do lado direito são conectados pelas linhas com setas que apontam para os atributos.

Indicamos com *F* o conjunto de dependências funcionais especificadas no esquema de relação *R*. Em geral, o projetista do esquema especifica as dependências funcionais *semanticamente óbvias*. Porém, diversas outras dependências funcionais se mantêm em *todas* as instâncias de relação válidas entre conjuntos de atributos que podem ser derivados das (e satisfazem as) dependências em *F*. Essas outras dependências podem ser *deduzidas* das DFs em *F*. Deixaremos os detalhes das regras de inferência e propriedades das dependências funcionais para o Capítulo 15.

A	B	C	D
a1	b1	c1	d1
a1	b2	c2	d2
a2	b2	c2	d3
a3	b3	c4	d4

Figura 14.8 Uma relação *R*(A, B, C, D) com sua extensão.

14.3 Formas normais baseadas em chaves primárias

Após introduzir as dependências funcionais, agora estamos prontos para a especificação de como desenvolver uma metodologia formal para teste e melhoria dos esquemas de relação. Consideramos que um conjunto de dependências funcionais é dado para cada relação e que cada relação tem uma chave primária designada. Essa informação, combinada com os testes (condições) para formas normais, controla o *processo de normalização* para o projeto do esquema relacional. A maioria dos projetos relacionais práticos assume uma das duas técnicas a seguir:

- Realiza um projeto de esquema conceitual usando um modelo conceitual como ER ou EER e mapeia o projeto conceitual para um conjunto de relações.
- Projeta as relações com base no conhecimento externo derivado de uma implementação existente de arquivos, formulários ou relatórios.

Ao seguir uma dessas técnicas, é útil avaliar a virtude das relações e decompô-las ainda mais, conforme a necessidade, para obter formas normais mais altas, usando a teoria de normalização apresentada neste capítulo e no seguinte. Nesta seção, focalizamos as três primeiras formas normais para esquemas de relação e a intuição por trás delas, e discutimos como elas foram desenvolvidas historicamente. Definições mais gerais dessas formas normais, que levam em conta todas as chaves candidatas de uma relação em vez de apenas a chave primária, são adiadas para a Seção 14.4.

Começamos discutindo informalmente as formas normais e a motivação por trás de seu desenvolvimento, bem como revisando algumas definições do Capítulo 5, que são necessárias aqui. Depois, discutimos a primeira forma normal (1FN) na Seção 14.3.4, e apresentamos as definições da segunda forma normal (2FN) e da terceira forma normal (3FN), que são baseadas em chaves primárias, nas seções 14.3.5 e 14.3.6, respectivamente.

14.3.1 Normalização de relações

O processo de normalização, proposto inicialmente por Codd (1972a), leva um esquema de relação por uma série de testes para *certificar* se ele satisfaz certa **forma normal.** O processo, que prossegue em um padrão de cima para baixo, avaliando cada relação em comparação com os critérios para as formas normais e decompondo as relações conforme a necessidade, pode assim ser considerado *projeto relacional por análise*. Inicialmente, Codd propôs três formas normais, que ele chamou de primeira, segunda e terceira forma normal. Uma definição mais forte da 3FN — chamada Forma Normal de Boyce-Codd (FNBC) — foi proposta posteriormente por Boyce e Codd. Todas essas formas normais estão fundamentadas em uma única ferramenta analítica: as dependências funcionais entre os atributos de uma relação. Depois, uma quarta forma normal (4FN) e uma quinta forma normal (5FN) foram propostas, com base nos conceitos de dependências multivaloradas e dependências de junção, respectivamente: estas serão discutidas rapidamente nas seções 14.6 e 14.7.

A **normalização de dados** pode ser considerada um processo de analisar os esquemas de relação dados com base em suas DFs e chaves primárias para conseguir as propriedades desejadas de (1) minimização da redundância e (2) minimização das anomalias de inserção, exclusão e atualização discutidas na Seção 14.1.2. Esse pode ser considerado um processo de "filtragem" ou "purificação", para fazer com que o projeto tenha uma qualidade cada vez melhor. Esquemas de relação insatisfatórios, que não atendem a certas condições para uma forma normal — os **testes de forma normal** —, são decompostos em esquemas de relação menores, que contêm um subconjunto dos atributos e que atendem ao teste que, de outra maneira, não era atendido pela relação original. Assim, o procedimento de normalização oferece aos projetistas de banco de dados o seguinte:

- Uma estrutura formal para analisar esquemas de relação com base em suas chaves e nas dependências funcionais entre seus atributos.
- Uma série de testes de forma normal que podem ser executados em esquemas de relação individuais, de modo que o banco de dados relacional possa ser **normalizado** para qualquer grau desejado.

Definição. A **forma normal** de uma relação refere-se à condição de forma normal mais alta a que ela atende e, portanto, indica o grau ao qual ela foi normalizada.

As formas normais, quando consideradas *isoladamente* de outros fatores, não garantem um bom projeto de banco de dados. Em geral, não é suficiente verificar em separado se cada esquema de relação no banco de dados está, digamos, na FNBC ou na 3FN. Em vez disso, o processo de normalização pela decomposição também precisa confirmar a existência de propriedades adicionais que os esquemas relacionais, tomados juntos, devem possuir. Estas incluiriam duas propriedades:

- A **propriedade de junção não aditiva ou junção sem perdas**, que garante que o problema de geração de tuplas falsas, discutido na Seção 14.1.4, não ocorra com relação aos esquemas de relação criados após a decomposição.
- A **propriedade de preservação de dependência**, que garante que cada dependência funcional seja representada em alguma relação individual resultante após a decomposição.

A propriedade de junção não aditiva é extremamente crítica e **deve ser alcançada a todo custo**, ao passo que a propriedade de preservação de dependência, embora desejável, às vezes é sacrificada, conforme discutiremos na Seção 15.2.2. Adiaremos para o Capítulo 15 a apresentação de conceitos e técnicas formais que garantem as duas propriedades citadas.

14.3.2 Uso prático das formas normais

A maioria dos projetos práticos nos ambientes comercial e governamental adquire projetos existentes de bancos de dados anteriores, projetos em modelos legados ou de arquivos existentes. Eles certamente estão interessados em garantir que os projetos tenham boa qualidade e sejam sustentáveis por longos períodos. Os projetos existentes são avaliados aplicando-se os testes para formas normais, e a normalização é executada na prática, de modo que os projetos resultantes sejam de alta qualidade e atendam às propriedades desejáveis indicadas anteriormente. Embora várias formas normais mais altas tenham sido definidas, como a 4FN e a 5FN, que discutiremos nas seções 14.6 e 14.7, a utilidade prática dessas formas normais torna-se questionável quando as restrições sobre as quais elas estão baseadas são raras e difíceis de entender ou detectar pelos projetistas e usuários de banco de dados. Projetistas e usuários precisam já conhecê-las ou descobrir a respeito delas como parte de negócio. Assim, o projeto de banco de dados praticado na indústria hoje presta atenção particular à normalização apenas até a 3FN, FNBC ou, no máximo, 4FN.

Outro ponto que merece ser observado é que os projetistas de banco de dados *não precisam* normalizar para a forma normal mais alta possível. As relações podem ser deixadas em um estado de normalização inferior, como 2FN, por questões de desempenho, como as discutidas ao final da Seção 14.1.2. Fazer isso gera as penalidades correspondentes de lidar com as anomalias.

Definição. Desnormalização é o processo de armazenar a junção de relações na forma normal mais alta como uma relação básica, que está em uma forma normal mais baixa.

14.3.3 Definições de chaves e atributos participantes em chaves

Antes de prosseguirmos, vejamos novamente as definições de chaves de um esquema de relação do Capítulo 5.

Definição. Uma **superchave** de um esquema de relação $R = \{A_1, A_2, \ldots, A_n\}$ é um conjunto de atributos $S \subseteq R$ com a propriedade de que duas tuplas t_1 e t_2 em qualquer estado de relação válido r de R não terão $t_1[S] = t_2[S]$. Uma **chave** *Ch* é uma superchave com a propriedade adicional de que a remoção de qualquer atributo de *Ch* fará com que *Ch* não seja mais uma superchave.

A diferença entre uma chave e uma superchave é que a primeira precisa ser *mínima*; ou seja, se tivermos uma chave $Ch = \{A_1, A_2, \ldots, A_k\}$ de R, então $Ch - \{A_i\}$ não é uma chave de R para qualquer A_i, $1 \leq i \leq k$. Na Figura 14.1, {Cpf} é uma chave para FUNCIONARIO, enquanto {Cpf}, {Cpf, Nome_funcionario}, {Cpf, Nome_funcionario, Data_nascimento} e qualquer conjunto de atributos que inclua Cpf são todos superchaves.

Se um esquema de relação tiver mais de uma chave, cada uma é chamada de **chave candidata**. Uma das chaves candidatas é *arbitrariamente* designada para ser a **chave primária**, e as outras são chamadas de chaves secundárias. Na prática, em um banco de dados relacional, cada esquema de relação precisa ter uma chave primária. Se nenhuma chave candidata for conhecida para uma relação, a relação inteira pode ser tratada como uma superchave padrão. Na Figura 14.1, {Cpf} é a única chave candidata para FUNCIONARIO, de modo que também é a chave primária.

Definição. Um atributo do esquema de relação *R* é chamado de **atributo principal** de *R* se ele for um membro de *alguma chave candidata* de *R*. Um atributo é chamado **não principal** se não for um atributo principal — ou seja, se não for um membro de qualquer chave candidata.

Na Figura 14.1, tanto Cpf quanto Numero_projeto são atributos principais de TRABALHA_EM, ao passo que outros atributos de TRABALHA_EM são não principais.

Agora, vamos apresentar as três primeiras formas normais: 1FN, 2FN e 3FN. Elas foram propostas por Codd (1972a) como uma sequência para conseguir o estado desejável de relações 3FN ao prosseguir pelos estados intermediários de 1FN e 2FN, se necessário. Conforme veremos, 2FN e 3FN atacam diferentes tipos de problemas que aparecem por dependências funcionais problemáticas entre os atributos. Contudo, por motivos históricos, é comum segui-los nessa sequência. Logo, por definição, uma relação 3FN *já satisfaz* 2FN.

14.3.4 Primeira forma normal

A **primeira forma normal** (**1FN**) agora é considerada parte da definição formal de uma relação no modelo relacional básico (plano). Historicamente, ela foi definida para reprovar atributos multivalorados, atributos compostos e suas combinações. Ela afirma que o domínio de um atributo deve incluir apenas *valores atômicos* (simples, indivisíveis) e que o valor de qualquer atributo em uma tupla deve ser *um único* valor do domínio desse atributo. Logo, 1FN reprova ter um conjunto de valores, uma tupla de valores ou uma combinação de ambos como um valor de atributo para uma *única tupla*. Em outras palavras, a 1FN reprova *relações dentro de relações* ou *relações como valores de atributo dentro de tuplas*. Os únicos valores de atributo permitidos pela 1FN são os **valores atômicos** (ou **indivisíveis**).

Considere o esquema de relação DEPARTAMENTO da Figura 14.1, cuja chave primária é Numero_departamento, e suponha que a estendamos ao incluir o atributo Localizacoes_departamento, conforme mostra a Figura 14.9(a). Supomos que cada departamento pode ter *certo número de* locais. O esquema DEPARTAMENTO e um exemplo de estado de relação são mostrados na Figura 14.9. Como podemos ver, este não está em 1FN porque Localizacoes_departamento não é um atributo atômico, conforme ilustrado pela primeira tupla na Figura 14.9(b). Existem duas maneiras possíveis para examinar o atributo Localizacoes_departamento:

- O domínio de Localizacoes_departamento contém valores atômicos, mas algumas tuplas podem ter um conjunto desses valores. Nesse caso, Localizacoes_departamento não é funcionalmente dependente da chave primária Numero_departamento.
- O domínio de Localizacoes_departamento contém conjuntos de valores e, portanto, é não atômico. Nesse caso, Numero_departamento → Localizacoes_departamento, pois cada conjunto é considerado um único membro do domínio de atributo.[10]

De qualquer forma, a relação DEPARTAMENTO da Figura 14.9 não está na 1FN; de fato, ela nem sequer se qualifica como uma relação, de acordo com nossa definição na Seção 5.1. Existem três técnicas principais para conseguir a primeira forma normal para tal relação:

1. Remover o atributo Localizacoes_departamento que viola a 1FN e colocá-lo em uma relação separada LOCALIZACOES_DEPARTAMENTO, com a chave primária Numero_departamento de DEPARTAMENTO. A chave primária dessa relação

[10] Neste caso, podemos considerar o domínio de Localizacoes_departamento como o **conjunto de potência** do conjunto de locais isolados; ou seja, o domínio é composto por todos os subconjuntos possíveis do conjunto de locais isolados.

(a)

DEPARTAMENTO

Nome_departamento	Numero_departamento	Cpf_gerente	Localizacoes_departamento

(b)

DEPARTAMENTO

Nome_departamento	Numero_departamento	Cpf_gerente	Localizacoes_departamento
Pesquisa	5	33344555587	{Santo André, Itu, São Paulo}
Administração	4	98765432168	{Mauá}
Matriz	1	88866555576	{São Paulo}

(c)

DEPARTAMENTO

Nome_departamento	Numero_departamento	Cpf_gerente	Local_departamento
Pesquisa	5	33344555587	Santo André
Pesquisa	5	33344555587	Itu
Pesquisa	5	33344555587	São Paulo
Administração	4	98765432168	Mauá
Matriz	1	88866555576	São Paulo

Figura 14.9 Normalização na 1FN. (a) Um esquema de relação que não está em 1FN. (b) Exemplo de estado da relação DEPARTAMENTO. (c) Versão 1FN da mesma relação com redundância.

recém-formada é a combinação {Numero_departamento, Local_departamento}, como mostra a Figura 14.2. Existe uma tupla distinta em LOCALIZACOES_DEPARTAMENTO para *cada local* de um departamento. Isso decompõe a relação não 1FN em duas relações 1FN.

2. Expandir a chave de modo que haverá uma tupla separada na relação original DEPARTAMENTO para cada local de um DEPARTAMENTO, como mostra a Figura 14.9(c). Neste caso, a chave primária torna-se a combinação {Numero_departamento, Local_departamento}. Essa solução tem a desvantagem de introduzir a *redundância* na relação e, portanto, raramente é adotada.
3. Se o *número máximo de valores* for conhecido para o atributo — por exemplo, se for conhecido que poderão existir *no máximo três locais* para um departamento —, substituir o atributo Localizacoes_departamento pelos três atributos atômicos: Local1, Local2 e Local3. Esta solução tem a desvantagem de introduzir *valores NULL* se a maioria dos departamentos tiver menos de três locais. Ela ainda introduz uma falsa semântica sobre a ordenação entre os valores de local, o que não era intencionado originalmente. A consulta sobre esse atributo torna-se mais difícil. Por exemplo, considere como você escreveria a consulta: *Listar os departamentos que têm 'Santo André' como um de seus locais* nesse projeto. Por todos esses motivos, é melhor evitar esta alternativa.

Das três soluções anteriores, a primeira geralmente é considerada a melhor, pois não sofre de redundância e é completamente genérica, não tendo limite imposto sobre o número máximo de valores. De fato, se escolhermos a segunda solução, ela será decomposta ainda mais durante as etapas de normalização subsequentes, para voltar à primeira solução.

A primeira forma normal também desaprova atributos multivalorados que por si só sejam compostos. Estes são chamados de **relações aninhadas**, pois cada tupla pode ter uma relação *dentro dela*. A Figura 14.10 mostra como a relação FUNCIONARIO_PROJETO poderia aparecer se o aninhamento fosse permitido. Cada tupla representa uma entidade de funcionário, e a relação PROJETOS(Numero_projeto, Horas) *dentro de cada tupla* representa os projetos do funcionário e o número de horas por semana

Figura 14.10 Normalizando relações aninhadas para a 1FN. (a) Esquema da relação FUNCIONARIO_PROJETO com um atributo de *relação aninhada* PROJETOS. (b) Exemplo de extensão da relação FUNCIONARIO_PROJETO mostrando relações aninhadas dentro de cada tupla. (c) Decomposição de FUNCIONARIO_PROJETO nas relações FUNCIONARIO_PROJETO1 e FUNCIONARIO_PROJETO2 pela propagação da chave primária.

(a)

FUNCIONARIO_PROJETO

		Projetos	
Cpf	Nome_funcionario	Numero_projeto	Horas

(b)

FUNCIONARIO_PROJETO

Cpf	Nome_funcionario	Numero_projeto	Horas
12345678966	Silva, João B.	1	32,5
		2	7,5
66688444476	Lima, Ronaldo K.	3	40,0
45345345376	Leite, Joice A.	1	20,0
		2	20,0
33344555587	Wong, Fernando T.	2	10,0
		3	10,0
		10	10,0
		20	10,0
99988777767	Zelaya, Alice J.	30	30,0
		10	10,0
98798798733	Pereira, André V.	10	35,0
		30	5,0
98765432168	Souza, Jennifer S.	30	20,0
		20	15,0
88866555576	Brito, Jorge E.	20	NULL

(c)

FUNCIONARIO_PROJETO1

Cpf	Nome_funcionario

FUNCIONARIO_PROJETO2

Cpf	Numero_projeto	Horas

que ele trabalha em cada projeto. O esquema dessa relação FUNCIONARIO_PROJETO pode ser representado da seguinte forma:

FUNCIONARIO_PROJETO(Cpf, Nome_funcionario, {PROJETOS(Numero_projeto, Horas)})

O conjunto de chaves { } identifica o atributo PROJETOS como multivalorado, e listamos os atributos componentes que formam o PROJETOS entre parênteses ( ). O interessante é que as tendências recentes para dar suporte a objetos complexos (ver Capítulo 12) e dados XML (ver Capítulo 13) tentam permitir e formalizar as relações aninhadas nos sistemas de bancos de dados relacionais, que eram inicialmente reprovadas pela 1FN.

Observe que Cpf é a chave primária da relação FUNCIONARIO_PROJETO nas figuras 14.10(a) e (b), enquanto Numero_projeto é a chave **parcial** da relação aninhada; ou seja, dentro de cada tupla, a relação aninhada precisa ter valores únicos de Numero_projeto. Para normalizar isso para a 1FN, removemos os atributos da relação aninhada para uma nova relação e *propagamos a chave primária* para ela. A chave primária da nova relação combinará a chave parcial com a chave primária da relação original. A decomposição e a propagação da chave primária resultam nos esquemas FUNCIONARIO_PROJETO1 e FUNCIONARIO_PROJETO2, como mostra a Figura 14.10(c).

Esse procedimento pode ser aplicado recursivamente a uma relação com aninhamento em nível múltiplo para **desaninhar** a relação para um conjunto de relações 1FN. Isso é útil na conversão de um esquema de relação não normalizado com muitos níveis de aninhamento em relações 1FN. Como um exemplo, considere o seguinte:

CANDIDATO (Cpf, Nome, {HISTORICO_EMPREGO (Empresa, Maior_cargo, {HISTORICO_SALARIO (Ano, Salario_maximo)})})

Este exemplo descreve dados sobre candidatos a emprego com seus históricos de emprego sendo uma relação aninhada dentro da qual o histórico de salários está armazenado como uma relação aninhada mais profundamente. A primeira normalização usando chaves parciais internas Empresa e Ano, respectivamente, resulta nas seguintes relações 1FN:

CANDIDATO_1 (Cpf, Nome)
CANDIDATO_HISTORICO_EMPREGO (Cpf, Empresa, Maior_cargo)
CANDIDATO_HISTORICO_SALARIO (Cpf, Empresa, Ano, Salario_maximo)

A existência de mais de um atributo multivalorado em uma relação deve ser tratada com cuidado. Como um exemplo, considere a seguinte relação não 1FN:

PESSOA (Cpf, {Placa}, {Telefone})

Essa relação representa o fato de uma pessoa ter vários carros e vários telefones. Se a estratégia 2 acima for seguida, ela resulta em uma relação com todas as chaves:

PESSOA_NA_1FN (Cpf, Placa, Telefone)

Para evitar a introdução de qualquer relacionamento estranho entre Placa e Telefone, todas as combinações de valores possíveis são representadas para cada Cpf, fazendo surgir a redundância. Isso leva aos problemas que normalmente são descobertos em um estágio posterior da normalização, e que são tratados pelas dependências multivaloradas e 4FN, explicadas na Seção 14.6. O modo certo de lidar com os dois atributos multivalorados em PESSOA mostrados anteriormente é decompô-los em duas relações separadas, usando a estratégia 1 já discutida: P1(Cpf, Placa) e P2(Cpf, Telefone).

Vejamos agora um detalhe sobre as relações que envolvem atributos que vão além de apenas dados numéricos e de cadeia de caracteres. Nos bancos de dados atuais, está se tornando comum incorporar imagens, documentos, clipes de vídeo, clipes de áudio e outros elementos de multimídia. Quando estes são armazenados em uma relação, o objeto ou arquivo inteiro é tratado como um valor indivisível, que é armazenado como um tipo de dado BLOB (objeto binário grande) ou CLOB (objeto de caracteres grande) usando SQL. Para todos os fins práticos, o objeto é tratado como um atributo atômico, de único valor, e, portanto, mantém o *status* de 1FN da relação.

14.3.5 Segunda forma normal

A **segunda forma normal** (2FN) é fundamentada no conceito de *dependência funcional total*. Uma dependência funcional $X \rightarrow Y$ é uma **dependência funcional total** se a remoção de qualquer atributo A de X significar que a dependência não se mantém mais; ou seja, para qualquer atributo $A \in X$, $(X - \{A\})$ *não* determina Y funcionalmente. Uma dependência funcional $X \rightarrow Y$ é uma **dependência parcial** se algum atributo $A \in X$ puder ser removido de X e a dependência ainda se mantiver; ou seja, para algum $A \in X$, $(X - \{A\}) \rightarrow Y$. Na Figura 14.3(b), {Cpf, Numero_projeto} → Horas é uma dependência total (nem Cpf → Horas nem Numero_projeto → Horas se mantêm). Contudo, a dependência {Cpf, Numero_projeto} → Nome_funcionario é parcial porque Cpf → Nome_funcionario se mantém.

Definição. Um esquema de relação *R* está na 2FN se cada atributo não principal *A* em *R* for *total e funcionalmente dependente* da chave primária de *R*.

O teste para a 2FN consiste em testar as dependências funcionais cujos atributos do lado esquerdo fazem parte da chave primária. Se esta tiver um único atributo, o teste não precisa ser aplicado. A relação FUNCIONARIO_PROJETO na Figura 14.3(b) está na 1FN, mas não está na 2FN. O atributo não principal Nome_funcionario viola a 2FN por causa da DF2, assim como os atributos não principais Nome_projeto e Local_projeto, por causa da DF3. Cada uma das dependências funcionais DF2 e DF3 viola a 2FN porque Nome_funcionario pode ser funcionalmente determinado somente por Cpf, e tanto Nome_projeto quanto Local_projeto podem ser funcionalmente determinados somente por Numero_projeto. Os atributos Cpf e Numero_projeto fazem parte da chave primária {Cpf, Numero_projeto} de FUNCIONARIO_PROJETO, violando, assim, o teste da 2FN.

Se um esquema de relação não estiver na 2FN, ele pode ser *segundo normalizado* ou *normalizado pela 2FN* para uma série de relações 2FN em que os atributos não principais são associados apenas com a parte da chave primária em que eles são total e funcionalmente dependentes. Portanto, as dependências funcionais DF1, DF2 e DF3 da Figura 14.3(b) levam à decomposição de FUNCIONARIO_PROJETO nos três esquemas de relação FP1, FP2 e FP3 mostrados na Figura 14.11(a), cada qual estando na 2FN.

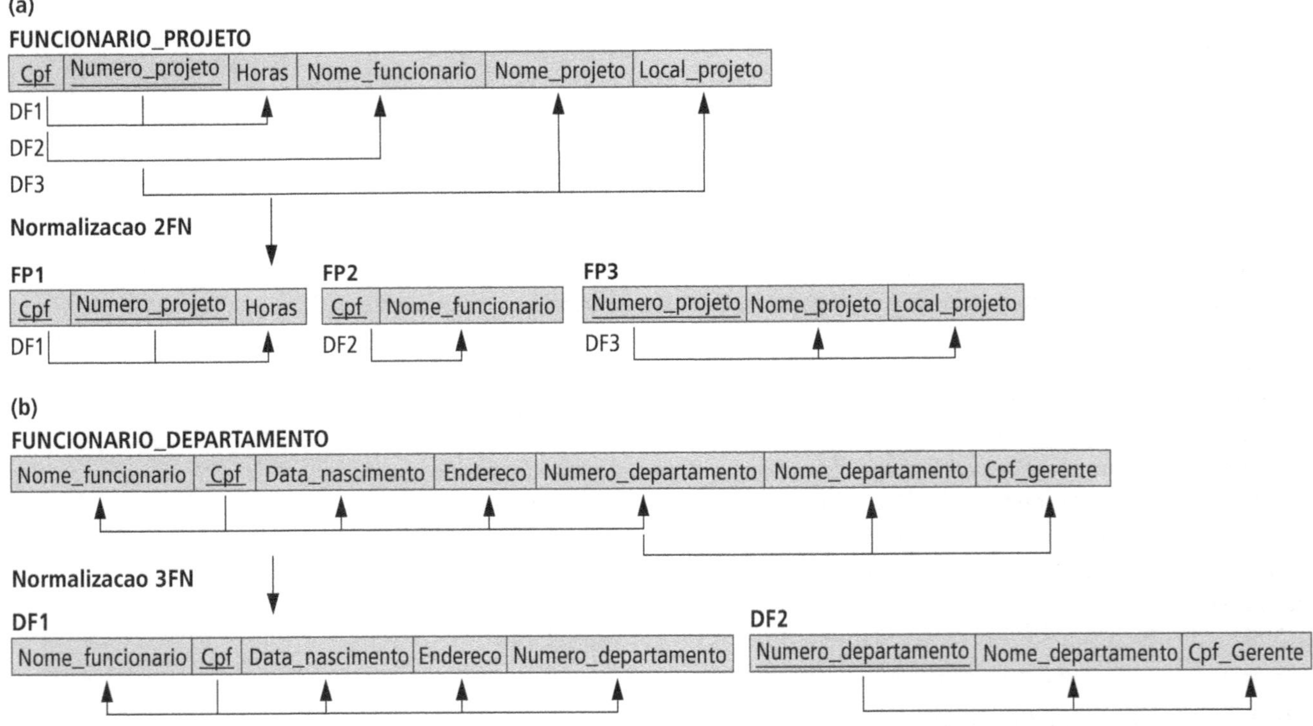

Figura 14.11 Normalizando para 2FN e 3FN. (a) Normalizando FUNCIONARIO_PROJETO em relações 2FN. (b) Normalizando FUNCIONARIO_DEPARTAMENTO em relações 3FN.

14.3.6 Terceira forma normal

A **terceira forma normal** (**3FN**) é baseada no conceito de *dependência transitiva*. Uma dependência funcional $X \rightarrow Y$ em um esquema de relação *R* é uma **dependência transitiva** se houver um conjunto de atributos *Z* em *R* que nem sejam uma chave candidata nem um subconjunto de qualquer chave de *R*,[11] e tanto $X \rightarrow Z$ quanto

[11] Essa é a definição geral de dependência transitiva. Como estamos preocupados apenas com as chaves primárias nesta seção, permitimos dependências transitivas em que *X* é a chave primária, mas *Z* pode ser (um subconjunto de) uma chave candidata.

$Z \rightarrow Y$ se mantiverem. A dependência Cpf → Cpf_gerente é transitiva por meio de Numero_departamento em FUNCIONARIO_DEPARTAMENTO na Figura 14.3(a), pois ambas as dependências Cpf → Numero_departamento e Numero_departamento → Cpf_gerente se mantêm *e* Numero_departamento não é nem uma chave por si só nem um subconjunto da chave de FUNCIONARIO_DEPARTAMENTO. Intuitivamente, podemos ver que a dependência de Cpf_gerente sobre Numero_departamento é indesejável em FUNCIONARIO_DEPARTAMENTO, pois Numero_departamento não é uma chave de FUNCIONARIO_DEPARTAMENTO.

Definição. De acordo com a definição original de Codd, um esquema de relação *R* está na **3FN** se ele satisfizer a 2FN *e* nenhum atributo não principal de *R* for transitivamente dependente da chave primária.

O esquema de relação FUNCIONARIO_DEPARTAMENTO da Figura 14.3(a) está na 2FN, pois não existe dependência parcial sobre uma chave. Porém, FUNCIONARIO_DEPARTAMENTO não está na 3FN em razão da dependência transitiva de Cpf_gerente (e também Nome_departamento) em Cpf por meio de Numero_departamento. Podemos normalizar FUNCIONARIO_DEPARTAMENTO decompondo-o nos dois esquemas de relação 3FN DF1 e DF2 mostrados na Figura 14.11(b). Intuitivamente, vemos que DF1 e DF2 representam fatos de entidades independentes sobre funcionários e departamentos, ambos entidades por si sós. Uma operação NATURAL JOIN sobre DF1 e DF2 recuperará a relação original FUNCIONARIO_DEPARTAMENTO sem gerar tuplas falsas.

De maneira intuitiva, podemos ver que qualquer dependência funcional de que o lado esquerdo faz parte (é um subconjunto apropriado) da chave primária, ou qualquer dependência funcional de que o lado esquerdo é um atributo não chave, é uma DF *problemática*. A normalização 2FN e 3FN remove essas DFs problemáticas ao decompor a relação original em novas relações. Em relação ao processo de normalização, não é necessário remover as dependências parciais antes das dependências transitivas, porém, historicamente, a 3FN tem sido definida com a suposição de que uma relação é testada primeiro pela 2FN, antes de ser testada pela 3FN. Além disso, a definição geral da 3FN que apresentamos na Seção 14.4.2 abrange automaticamente a condição de que a relação também satisfaz a 2FN. A Tabela 14.1 resume informalmente as três formas normais com base nas chaves primárias, os testes usados em cada uma e a *solução* ou normalização realizada para alcançar a forma normal.

Tabela 14.1 Resumo das formas normais baseadas em chaves primárias e a normalização correspondente.

Forma normal	Teste	Solução (normalização)
Primeira (1FN)	Relação não deve ter atributos multivalorados ou relações aninhadas.	Formar novas relações para cada atributo multivalorado ou relação aninhada.
Segunda (2FN)	Para relações em que a chave primária contém múltiplos atributos, nenhum atributo não chave deverá ser funcionalmente dependente de uma parte da chave primária.	Decompor e montar uma nova relação para cada chave parcial com seu(s) atributo(s) dependente(s). Certificar-se de manter uma relação com a chave primária original e quaisquer atributos que sejam total e funcionalmente dependentes dela.
Terceira (3FN)	A relação não deve ter um atributo não chave determinado funcionalmente por outro atributo não chave (ou por um conjunto de atributos não chave). Ou seja, não deve haver dependência transitiva de um atributo não chave sobre a chave primária.	Decompor e montar uma relação que inclua o(s) atributo(s) não chave que determina(m) funcionalmente outro(s) atributo(s) não chave.

14.4 Definições gerais da segunda e da terceira formas normais

Em geral, queremos projetar nossos esquemas de relação de modo que não tenham dependências parciais nem transitivas, pois esses tipos de dependências causam as anomalias de atualização discutidas na Seção 14.1.2. As etapas para normalização para relações 3FN que discutimos até aqui desaprovam dependências parciais e transitivas na *chave primária*. O procedimento de normalização descrito é útil para análise em situações práticas para determinado banco de dados, no qual as chaves primárias já foram definidas. Essas definições, entretanto, não levam em conta outras chaves candidatas de uma relação, se houver. Nesta seção, mostramos as definições mais gerais da 2FN e da 3FN que levam em conta *todas* as chaves candidatas de uma relação. Observe que isso não afeta a definição da 1FN, pois ela independe de chaves e dependências funcionais. Como uma definição geral de **atributo principal**, um atributo que faz parte de *qualquer chave candidata* será considerado principal. Dependências funcionais parciais e totais e dependências transitivas agora serão consideradas *com relação a todas as chaves candidatas* de uma relação.

14.4.1 Definição geral da segunda forma normal

Definição. Um esquema de relação R está na **segunda forma normal** (**2FN**) se cada atributo não principal A em R não for parcialmente dependente de *qualquer* chave de R.[12]

O teste para 2FN consiste em avaliar as dependências funcionais cujos atributos do lado esquerdo façam *parte da* chave primária. Se esta contiver um único atributo, o teste não precisa ser aplicado. Considere o esquema de relação LOTES mostrado na Figura 14.12(a), que descreve lotes de terreno à venda em diversas cidades de um estado. Suponha que existam duas chaves candidatas: Identificador_propriedade e {Nome_cidade, Numero_lote}; ou seja, números de lote são únicos apenas dentro de cada cidade, mas números de Identificador_propriedade são únicos entre as cidades do estado inteiro.

Com base nas duas chaves candidatas Identificador_propriedade e {Nome_cidade, Numero_lote}, as dependências funcionais DF1 e DF2 da Figura 14.12(a) se mantêm. Escolhemos Identificador_propriedade como a chave primária, por isso ela está sublinhada na Figura 14.12(a), mas nenhuma consideração especial será feita a essa chave sobre a outra chave candidata. Suponha que as duas outras dependências funcionais se mantenham em LOTES:

DF3: Nome_cidade → Imposto
DF4: Area → Preco

Em palavras, a dependência DF3 diz que Imposto é fixo para determinada cidade (não varia de lote para lote na mesma cidade), enquanto a DF4 diz que o preço de um lote é determinado por sua área, independentemente da cidade em que esteja. (Suponha que esse seja o preço do lote para fins de impostos.)

O esquema de relação LOTES viola a definição geral da 2FN porque Imposto é parcialmente dependente da chave candidata {Nome_cidade, Numero_lote}, por causa da DF3. Para normalizar LOTES na 2FN, decomponha-o nas duas relações LOTES1 e LOTES2, mostradas na Figura 14.12(b). Construímos LOTES1 ao remover o atributo Imposto que viola a 2FN de LOTES e colocando-o com Nome_cidade (o lado esquerdo da DF3 que causa a dependência parcial) em outra relação LOTES2. Tanto LOTES1 quanto LOTES2 estão na 2FN. Observe que a DF4 não viola a 2FN e é transportada para LOTES1.

---

[12] Essa definição pode ser reformulada da seguinte forma: um esquema de relação R está na 2FN se cada atributo não principal A em R for total e funcionalmente dependente de *cada* chave de R.

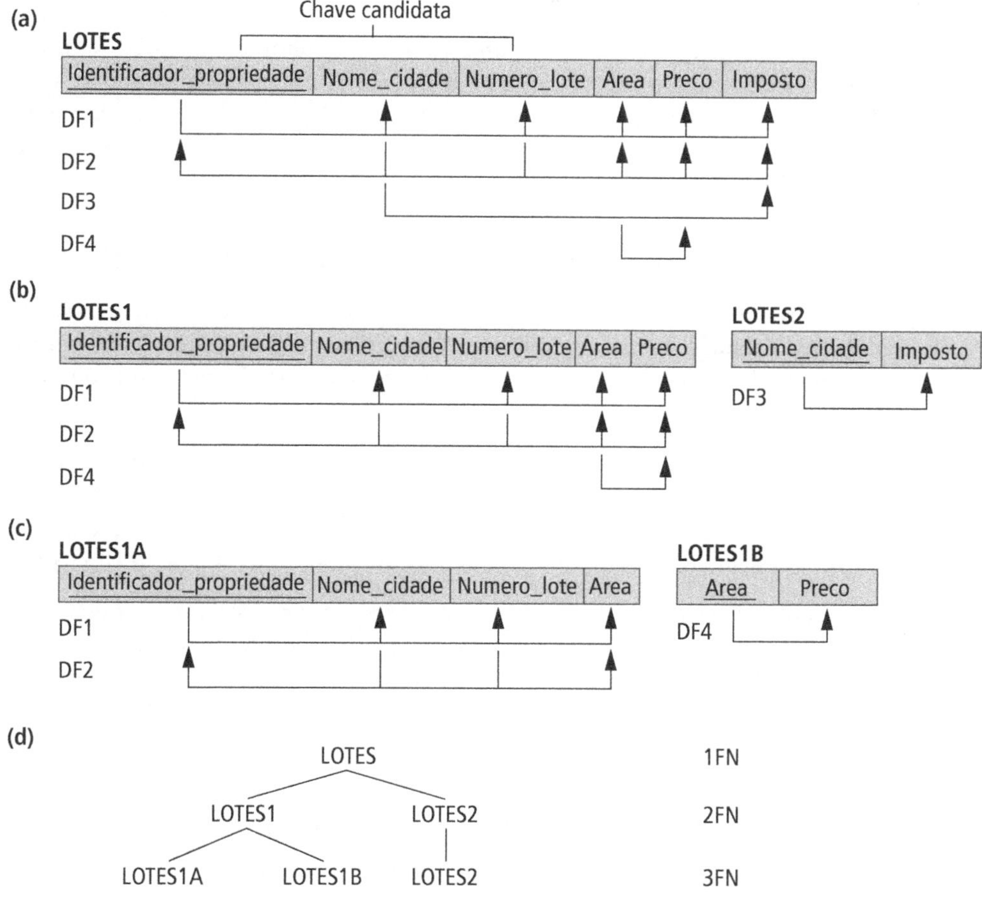

Figura 14.12 Normalização para 2FN e 3FN. (a) A relação LOTES com suas dependências funcionais de DF1 a DF4. (b) Decompondo para as relações 2FN LOTES1 e LOTES2. (c) Decompondo LOTES1 para as relações 3FN LOTES1A e LOTES1B. (d) Normalização progressiva de LOTES para um projeto 3FN.

14.4.2 Definição geral da terceira forma normal

Definição. Um esquema de relação R está na **terceira forma normal** (3FN) se, toda vez que uma dependência funcional *não trivial* $X \rightarrow A$ se mantiver em R, ou (a) X for uma superchave de R ou (b) A for um atributo principal de R.[13]

De acordo com essa definição, LOTES2 [Figura 14.12(b)] está na 3FN. No entanto, DF4 em LOTES1 viola a 3FN, pois Area não é uma superchave e Preco não é um atributo principal em LOTES1. Para normalizar LOTES1 para a 3FN, nós a decompomos nos esquemas de relação LOTES1A e LOTES1B mostrados na Figura 14.12(c). Construímos LOTES1A removendo o atributo Preco que viola a 3FN de LOTES1 e colocando-o com Area (o lado esquerdo de DF4 que causa a dependência transitiva) em outra relação LOTES1B. Tanto LOTES1A quanto LOTES1B estão na 3FN.

Dois pontos precisam ser observados sobre esse exemplo e a definição geral da 3FN:

- LOTES1 viola a 3FN porque Preco é transitivamente dependente em cada uma das chaves candidatas de LOTES1 por meio do atributo não principal Area.
- Essa definição geral pode ser aplicada *diretamente* para testar se um esquema de relação está na 3FN; este *não* precisa passar pela 2FN primeiro. Em outras palavras, se uma relação passa pelo teste geral da 3FN, ela automaticamente passa pelo teste da 2FN.

[13] Observe que, com base nas DFs deduzidas (que serão discutidas na Seção 15.1), a DF $Y \rightarrow YA$ também se mantém sempre que $Y \rightarrow A$ for verdadeiro. Portanto, um modo ligeiramente melhor de fazer essa afirmação é que $\{A\text{-}X\}$ é um atributo principal de R.

Se aplicarmos a definição da 3FN dada a LOTES com as dependências de DF1 a DF4, descobriremos que *tanto* a DF3 *quanto* a DF4 violam a 3FN pela definição geral anterior, pois o Nome_cidade do lado esquerdo na DF3 não é uma superchave. Portanto, poderíamos decompor LOTES em LOTES1A, LOTES1B e LOTES2 diretamente. Logo, as dependências transitiva e parcial que violam a 3FN podem ser removidas *em qualquer ordem*.

14.4.3 Interpretando a definição geral da terceira forma normal

Um esquema de relação *R* viola a definição geral da 3FN se uma dependência funcional $X \rightarrow A$, que se mantém em *R*, não atender a qualquer condição — significando que ela viola *ambas* as condições gerais (a) e (b) da 3FN. A primeira condição "apanha" dois tipos de dependências problemáticas:

- Um atributo não principal determina outro atributo não principal. Aqui, em geral, temos uma dependência transitiva que viola a 3FN.
- Um subconjunto apropriado de uma chave de *R* determina funcionalmente um atributo não principal. Aqui, temos uma dependência parcial que viola a 2FN.

Assim, a condição (a) sozinha resolve as dependências problemáticas que foram causas para a segunda e terceira normalizações, conforme discutimos.

Portanto, podemos indicar uma **definição alternativa geral da 3FN** da seguinte forma:

Definição alternativa. Um esquema de relação *R* está na 3FN se cada atributo não principal de *R* atender às duas condições a seguir:

- Ele é total e funcionalmente dependente de cada chave de *R*.
- Ele é dependente não transitivamente de cada chave de *R*.

Entretanto, observe a cláusula (b) na definição geral da 3FN. Ela permite que certas dependências funcionais escapem, no sentido de que são válidas com a definição da 3FN e, portanto, não são "apanhadas" pela definição da 3FN, mesmo sendo potencialmente problemáticas. A forma normal de Boyce-Codd "apanha" essas dependências porque não as permite. Discutimos essa forma normal em seguida.

14.5 Forma Normal de Boyce-Codd

A **forma normal de Boyce-Codd** (**FNBC**) foi proposta como uma forma mais simples da 3FN, mas descobriu-se que ela era mais rigorosa. Ou seja, cada relação na FNBC também está na 3FN. Porém, uma relação na 3FN *não necessariamente* está na FNBC. Dissemos, na subseção anterior, que embora a 3FN permita dependências funcionais em conformidade com a cláusula (b) da definição da 3FN, a FNBC as desaprova e, portanto, é uma definição mais estrita de uma forma normal.

Intuitivamente, podemos ver a necessidade de uma forma normal mais forte que a 3FN ao voltar ao esquema de relação LOTES da Figura 14.12(a) com suas quatro dependências funcionais, de DF1 a DF4. Suponha que tenhamos milhares de lotes na relação, mas que eles sejam de apenas duas cidades: Ribeirão Preto e Analândia. Suponha também que os tamanhos de lote em Ribeirão Preto sejam de apenas 0,5, 0,6, 0,7, 0,8, 0,9 e 1,0 hectare, enquanto os tamanhos de lote em Analândia sejam restritos a 1,1, 1,2, ..., 1,9 e 2,0 hectares. Em tal situação, teríamos a dependência funcional adicional DF5: Area → Nome_cidade. Se acrescentamos isso às outras dependências, o esquema de relação LOTES1A ainda estará na 3FN, pois essa DF está em conformidade com a cláusula (b) na definição geral da 3FN, e Nome_cidade é um atributo principal.

A área de um lote que determina a cidade, conforme especificada pela DF5, pode ser representada por 16 tuplas em uma relação separada *R*(Area, Nome_cidade), pois existem apenas 16 valores de Area possíveis (ver Figura 14.13). Essa representação diminui a redundância de repetir a mesma informação em milhares de tuplas LOTES1A. A FNBC é uma *forma normal mais forte*, que reprovaria LOTES1A e sugeriria a necessidade de sua decomposição.

Definição. Um esquema de relação *R* está na **FNBC** se toda vez que uma dependência funcional *não trivial* $X \rightarrow A$ se mantiver em *R*, então *X* é uma superchave de *R*.

A definição formal da FNBC difere da definição da 3FN porque a condição (b) da 3FN, que permite que as DFs com o lado direito sejam um atributo principal, está ausente da FNBC. Isso torna a FNBC uma forma normal mais forte em comparação com a 3FN. Em nosso exemplo, a DF5 viola a FNBC em LOTES1A porque Area não é uma superchave de LOTES1A. Podemos decompor LOTES1A em duas relações FNBC, LOTES1AX e LOTES1AY, mostradas na Figura 14.13(a). Essa decomposição perde a dependência funcional DF2 porque seus atributos não coexistem mais na mesma relação após a decomposição.

Na prática, a maioria dos esquemas de relação que estão na 3FN também estão na FNBC. Somente se existir alguma DF $X \rightarrow A$ que seja mantida em um esquema de relação *R* com *X* não sendo uma superchave *e A* sendo um atributo principal é que *R* estará na 3FN, mas não na FNBC. O esquema de relação *R* mostrado na Figura 14.13(b) ilustra o caso geral de tal relação. Tal DF leva a uma potencial redundância de dados, conforme ilustramos anteriormente no caso da DF5: Area → Nome_cidade, na relação LOTES1A. O ideal é que o projeto de banco de dados relacional lute para alcançar a FNBC ou a 3FN para cada esquema de relação. Obter o *status* de normalização apenas de 1FN ou 2FN não é considerado adequado, visto que eles foram desenvolvidos historicamente para serem formas normais intermediárias, como trampolins para a 3FN e a FNBC.

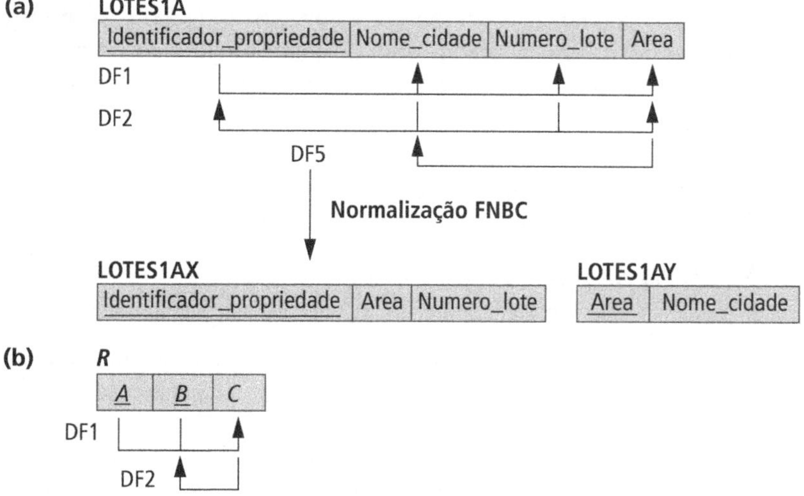

Figura 14.13 Forma normal de Boyce-Codd. (a) Normalização FNBC de LOTES1A com a dependência funcional DF2 sendo perdida na decomposição. (b) Uma relação esquemática com DFs; ela está na 3FN, mas não na FNBC, em virtude da DF $C \rightarrow B$.

14.5.1 Decomposição de relações que não estão na FNBC

Como outro exemplo, considere a Figura 14.14, que mostra uma relação ENSINA com as seguintes dependências:

DF1: {Aluno, Disciplina} → Professor
DF2:[14] Professor → Disciplina

---

[14] Essa dependência significa que *cada professor ensina uma disciplina* é uma restrição para essa aplicação.

Figura 14.14 Uma relação ENSINA que está na 3FN, mas não na FNBC.

ENSINA

Aluno	Disciplina	Professor
Lima	Banco de dados	Marcos
Silva	Banco de dados	Navathe
Silva	Sistemas operacionais	Omar
Silva	Teoria	Charles
Souza	Banco de dados	Marcos
Souza	Sistemas operacionais	Antonio
Wong	Banco de dados	Gomes
Zelaya	Banco de dados	Navathe
Lima	Sistemas operacionais	Omar

Observe que {Aluno, Disciplina} é uma chave candidata para essa relação e que as dependências mostradas seguem o padrão da Figura 14.13(b), com Aluno como A, Disciplina como B e Professor como C. Logo, essa relação está na 3FN, mas não na FNBC. A decomposição desse esquema de relação em dois esquemas não é direta, pois ele pode ser decomposto em um dos três pares possíveis a seguir:

1. R1 (Aluno, Professor) e R2(Aluno, Disciplina)
2. R1 (Disciplina, Professor) e R2(Disciplina, Aluno)
3. R1 (Professor, Disciplina) e R2(Professor, Aluno)

Todas as três decomposições *perdem* a dependência funcional DF1. A questão, então, passa a ser: qual dos três acima é uma *decomposição desejável*? Conforme indicamos anteriormente (Seção 14.3.1), lutamos para alcançar duas propriedades de decomposição durante o processo de normalização: a propriedade de junção não aditiva e a propriedade de preservação da dependência funcional. Não conseguimos atender à preservação da dependência funcional para qualquer uma das decomposições FNBC anteriores conforme apresentadas; mas devemos atender à propriedade da junção não aditiva. Um teste simples é muito prático para testar a decomposição binária de uma relação em duas relações:

Propriedade NJB (junção não aditiva para decomposições binárias). Uma decomposição $D = \{R_1, R_2\}$ de R tem a propriedade de junção sem perda (não aditiva) em relação a um conjunto de dependências funcionais F sobre R se, *e somente se*,

- A DF $((R_1 \cap R_2) \rightarrow (R_1 - R_2))$ estiver em F^+,[15] ou
- A DF $((R_1 \cap R_2) \rightarrow (R_2 - R_1))$ estiver em F^+

Se aplicarmos esse teste às três decomposições anteriores, veremos que somente a terceira decomposição atende aos requisitos do teste. Na terceira decomposição, $R_1 \cap R_2$ para o teste acima é Professor e $R_1 - R_2$ é Disciplina. Como Professor → Disciplina, o teste NJB é satisfeito e a decomposição é não aditiva. (Fica como exercício, para o leitor, mostrar que as duas primeiras decomposições não atendem ao teste NJB.) Logo, a decomposição apropriada de ENSINA para relações FNBC é:

ENSINA1 (Professor, Disciplina) e ENSINA2 (Professor, Aluno)

Temos de garantir que essa propriedade seja mantida, pois a decomposição não aditiva é essencial durante a normalização. Você precisa verificar se essa propriedade é mantida em relação aos nossos exemplos informais de normalização sucessiva,

[15] A notação F^+ refere-se à cobertura do conjunto de dependências funcionais e inclui todas as DFs implicadas por F. Isso é discutido em detalhes na Seção 15.1. Aqui, basta garantir que uma das duas DFs realmente seja mantida para que a decomposição não aditiva em R_1 e R_2 passe nesse teste.

nas seções 14.3 e 14.4, e também pela decomposição de LOTES1A em duas relações na FNBC, LOTES1AX e LOTES1AY.

Em geral, uma relação R não estando na FNBC pode ser decomposta de modo a atender à propriedade de junção não aditiva pelo procedimento a seguir.[16] Ele decompõe R sucessivamente em um conjunto de relações que estão na FNBC:

Considere que R é a relação que não está na FNBC, que $X \subseteq R$ e que $X \rightarrow A$ seja a DF que causa uma violação da FNBC. R pode ser decomposta em duas relações:

$R - A$

XA

Se $R - A$ ou XA não estiver na FNBC, repita o processo.

O leitor deverá verificar que, se aplicássemos esse procedimento a LOTES1A, obteríamos as relações LOTES1AX e LOTES1AY, como antes. De modo semelhante, a aplicação desse procedimento a ENSINA resulta nas relações ENSINA1 e ENSINA2.

Observe que, se designarmos (Aluno, Professor) como chave primária da relação ENSINA, a DF Professor → Disciplina causa uma dependência parcial (não totalmente funcional) de Disciplina sobre uma parte dessa chave. Essa DF pode ser removida como uma parte da segunda normalização (ou por uma aplicação direta do procedimento anterior para alcançar a FNBC), produzindo exatamente as mesmas duas relações no resultado. Esse é um exemplo de caso em que podemos atingir o mesmo projeto definitivo na FNBC por meio de caminhos de normalização alternativos.

14.6 Dependência multivalorada e quarta forma normal

Considere a relação FUNCIONARIO mostrada na Figura 14.15(a). Uma tupla nessa relação FUNCIONARIO representa o fato de que um funcionário cujo nome é Nome_funcionario trabalha no projeto cujo nome é Nome_projeto e tem um dependente cujo nome é Nome_dependente. Um funcionário pode atuar em vários projetos e ter vários dependentes, e seus projetos e dependentes são independentes um do outro.[17] Para manter o estado da relação coerente, e para evitar quaisquer relacionamentos falsos entre os dois atributos independentes, devemos ter uma tupla separada para representar cada combinação de dependente e de projeto de um funcionário. No estado de relação mostrado na Figura 14.15(a), o funcionário com Nome_funcionario Silva trabalha em dois projetos, 'X' e 'Y', e possui dois dependentes, João e Ana; portanto, existem quatro tuplas para representar esses fatores juntos. A relação FUNCIONARIO é uma **relação de todas as chaves** (sua chave são todos os seus atributos juntos) e, portanto, não possui dependências funcionais e se qualifica para ser uma relação FNBC. Podemos ver que existe uma redundância óbvia na relação FUNCIONARIO — a informação do dependente é repetida para cada projeto e a informação do projeto é repetida para cada dependente.

Conforme ilustrado pela relação FUNCIONARIO, algumas relações possuem restrições que não podem ser especificadas como dependências funcionais e, portanto, não estão violando a FNBC. Para resolver essa situação, foi proposto o conceito de *dependência multivalorada* (DMV) e, com base nessa dependência, foi definida a *quarta forma normal*. Uma discussão mais formal das DMVs e suas propriedades

[16] Observe que esse procedimento é baseado no Algoritmo 15.5, do Capítulo 15, para a produção de esquema FNBC pela decomposição de um esquema universal.

[17] Em um diagrama ER, cada um seria representado como um atributo multivalorado ou como um tipo de entidade fraca (ver Capítulo 3).

Figura 14.15 Quarta e quinta formas normais. (a) A relação FUNCIONARIO com duas DMVs: Nome_funcionario ↠ Nome_projeto e Nome_funcionario ↠ Nome_dependente. (b) Decompondo a relação FUNCIONARIO em duas relações 4FN FUNCIONARIO_PROJETOS e FUNCIONARIO_DEPENDENTES. (c) A relação FORNECE sem DMVs está na 4FN, mas não na 5FN se tiver a DJ(R_1, R_2, R_3). (d) Decompondo a relação FORNECE nas relações 5FN R_1, R_2, R_3.

(a)

FUNCIONARIO

Nome_funcionario	Nome_projeto	Nome_dependente
Silva	X	João
Silva	Y	Ana
Silva	X	Ana
Silva	Y	João

(b)

FUNCIONARIO_PROJETOS

Nome_funcionario	Nome_projeto
Silva	X
Silva	Y

FUNCIONARIO_DEPENDENTES

Nome_funcionario	Nome_dependente
Silva	João
Silva	Ana

(c)

FORNECE

Nome_fornecedor	Nome_peca	Nome_projeto
Silva	Parafuso	ProjX
Silva	Porca	ProjY
Adam	Parafuso	ProjY
Walter	Porca	ProjZ
Adam	Prego	ProjX
Adam	Parafuso	ProjX
Silva	Parafuso	ProjY

(d)

R_1

Nome_fornecedor	Nome_peca
Silva	Parafuso
Silva	Porca
Adam	Parafuso
Walter	Porca
Adam	Prego

R_2

Nome_fornecedor	Nome_projeto
Silva	ProjX
Silva	ProjY
Adam	ProjY
Walter	ProjZ
Adam	ProjX

R_3

Nome_peca	Nome_projeto
Parafuso	ProjX
Porca	ProjY
Parafuso	ProjY
Porca	ProjZ
Prego	ProjX

ficará para o Capítulo 15. As dependências multivaloradas são uma consequência da primeira forma normal (1FN) (ver Seção 14.3.4), que não aprova que um atributo em uma tupla tenha um *conjunto de valores*. Se tivermos mais de um atributo multivalorado, a segunda opção de normalização da relação (ver Seção 14.3.4) introduz uma dependência multivalorada. Informalmente, sempre que dois relacionamentos 1:N *independentes* A:B e A:C são misturados na mesma relação, $R(A, B, C)$, uma DMV pode surgir.[18]

[18] Essa DMV é indicada como $A \twoheadrightarrow B|C$.

14.6.1 Definição formal de dependência multivalorada

Definição. Uma dependência multivalorada $X \twoheadrightarrow Y$ especificada sobre o esquema de relação R, em que X e Y são subconjuntos de R, determina a seguinte restrição sobre qualquer estado de relação r de R: se duas tuplas t_1 e t_2 existirem em r tais que $t_1[X] = t_2[X]$, então duas tuplas t_3 e t_4 também deverão existir em r com as seguintes propriedades,[19] nas quais usamos Z para indicar $(R - (X \cup Y))$:[20]

- $t_3[X] = t_4[X] = t_1[X] = t_2[X]$
- $t_3[Y] = t_1[Y]$ e $t_4[Y] = t_2[Y]$
- $t_3[Z] = t_2[Z]$ e $t_4[Z] = t_1[Z]$

Sempre que $X \twoheadrightarrow Y$ se mantiver, diremos que X **multidetermina** Y. Em razão da simetria na definição, toda vez que $X \twoheadrightarrow Y$ for mantido em R, o mesmo acontecerá com $X \twoheadrightarrow Z$. Logo, $X \twoheadrightarrow Y$ implica $X \twoheadrightarrow Z$, e, portanto, às vezes é escrito como $X \twoheadrightarrow Y|Z$.

Uma DMV $X \twoheadrightarrow Y$ em R é chamada de **DMV trivial** se (a) Y for um subconjunto de X, ou (b) $X \cup Y = R$. Por exemplo, a relação FUNCIONARIO_PROJETOS da Figura 14.15(b) tem a DMV trivial Nome_funcionario $\twoheadrightarrow$ Nome_projeto e a relação FUNCIONARIO_DEPENDENTES tem a DMV trivial Nome_funcionario $\twoheadrightarrow$ Nome_dependente. Uma DMV que não satisfaz nem (a) nem (b) é chamada de **DMV não trivial.** Uma DMV trivial será mantida em *qualquer* estado de relação r de R. Ela é chamada dessa maneira porque não especifica qualquer restrição significativa sobre R.

Se tivermos uma *DMV não trivial* em uma relação, talvez precisemos repetir valores redundantemente nas tuplas. Na relação FUNCIONARIO da Figura 14.15(a), os valores 'X' e 'Y' de Nome_projeto são repetidos com cada valor de Nome_dependente (ou, por simetria, os valores 'João' e 'Ana' de Nome_dependente são repetidos com cada valor de Nome_projeto). Essa redundância certamente é indesejável. Contudo, o esquema FUNCIONARIO está na FNBC porque *nenhuma* dependência funcional se mantém em FUNCIONARIO. Portanto, precisamos definir uma quarta forma normal que é mais forte que a FNBC e desaprova esquemas de relação como FUNCIONARIO. Observe que as relações com DMVs não triviais tendem a ser **relações de todas as chaves** — ou seja, sua chave são todos os seus atributos juntos. Além disso, é raro que essas relações de todas as chaves com uma ocorrência combinatória de valores repetidos sejam projetadas na prática. Porém, o reconhecimento das DMVs como uma dependência problemática em potencial é essencial no projeto relacional.

Agora, apresentamos a definição da **quarta forma normal** (**4FN**), que é violada quando uma relação tem dependências multivaloradas indesejáveis e, portanto, pode ser usada para identificar e decompor essas relações.

Definição. Um esquema de relação R está na **4FN** com relação a um conjunto de dependências F (que inclui dependências funcionais e dependências multivaloradas) se, para cada dependência multivalorada *não trivial* $X \twoheadrightarrow Y$ em F^+,[21] X é uma superchave para R.

Podemos declarar os seguintes pontos:

- Uma relação de todas as chaves está sempre na FNBC, pois não tem DFs.
- Uma relação de todas as chaves, como a relação FUNCIONARIO da Figura 14.15(a), que não tem DFs mas tem a DMV Nome_funcionario $\twoheadrightarrow$ Nome_projeto | Nome_dependente, não está na 4FN.

---

[19] As tuplas t_1, t_2, t_3 e t_4 não são necessariamente distintas.

[20] Z é uma forma abreviada para os atributos em R após os atributos em $(X \cup Y)$ serem removidos de R.

[21] F^+ refere-se à cobertura das dependências funcionais F, ou todas as dependências que são implicadas por F. Isso será definido na Seção 15.1.

- Uma relação que não está na 4FN em razão de uma DMV não trivial precisa ser decomposta para convertê-la em um conjunto de relações na 4FN.
- A decomposição remove a redundância causada pela DMV.

O processo de normalização de uma relação envolvendo DMVs não triviais, que não está na 4FN, consiste em decompô-la de modo que cada DMV seja representada por uma relação separada, em que se torna uma DMV trivial. Considere a relação FUNCIONARIO da Figura 14.15(a). FUNCIONARIO não está na 4FN porque, nas DMVs não triviais, Nome_funcionario $\twoheadrightarrow$ Nome_projeto e Nome_funcionario $\twoheadrightarrow$ Nome_dependente, e Nome_funcionario não é uma superchave de FUNCIONARIO. Decompomos FUNCIONARIO em FUNCIONARIO_PROJETOS e FUNCIONARIO_DEPENDENTES, mostrados na Figura 14.15(b). Tanto FUNCIONARIO_PROJETOS quanto FUNCIONARIO_DEPENDENTES estão na 4FN, porque as DMVs Nome_funcionario $\twoheadrightarrow$ Nome_projeto em FUNCIONARIO_PROJETOS e Nome_funcionario $\twoheadrightarrow$ Nome_dependente em FUNCIONARIO_DEPENDENTES são DMVs triviais. Nenhuma outra DMV não trivial é mantida em FUNCIONARIO_PROJETOS ou FUNCIONARIO_DEPENDENTES, assim como nenhuma DF é mantida nesses esquemas de relação.

14.7 Dependências de junção e quinta forma normal

Em nossa discussão até aqui, indicamos as dependências funcionais problemáticas e mostramos como elas foram eliminadas por um processo de decomposição binária repetido para removê-las durante o processo de normalização, para obter 1FN, 2FN, 3FN e FNBC. Essas decomposições binárias precisam obedecer à propriedade NJB que apresentamos na Seção 14.5, ao discutir a decomposição para alcançar a FNBC. Obter a 4FN normalmente consiste em eliminar as DMVs por decomposições binárias repetidas. Entretanto, em alguns casos pode não haver decomposição de junção não aditiva de R em *dois* esquemas de relação, mas pode haver uma decomposição de junção não aditiva em *mais de dois* esquemas de relação. Além disso, pode não haver dependência funcional em R que viole qualquer forma normal até a FNBC, e também pode não haver DMV não trivial presente em R que viole a 4FN. Então, lançamos mão de outra dependência, chamada *dependência de junção* e, se estiver presente, executamos uma *decomposição multivias* para a quinta forma normal (5FN). É importante observar que tal dependência é uma restrição semântica bastante peculiar, que é muito difícil de detectar na prática; portanto, a normalização para a 5FN raramente é feita na prática.

Definição. Uma **dependência de junção (DJ)**, indicada por DJ(R_1, R_2, ..., R_n), especificada no esquema de relação R, determina uma restrição sobre os estados r de R. A restrição indica que cada estado válido r de R deve ter uma decomposição de junção não aditiva para R_1, R_2, ..., R_n. Logo, para cada r desse tipo, temos

$$*(\pi_{R_1}(r), \pi_{R_2}(r), ..., \pi_{R_n}(r)) = r$$

Observe que uma DMV é um caso especial de DJ em que $n = 2$. Ou seja, uma DJ indicada como DJ(R_1, R_2) implica uma DMV $(R_1 \cap R_2) \twoheadrightarrow (R_1 - R_2)$ (ou, por simetria, $(R_1 \cap R_2) \twoheadrightarrow (R_2 - R_1)$). Uma dependência de junção DJ(R_1, R_2, ..., R_n), especificada sobre o esquema de relação R, é uma DJ **trivial** se um dos esquemas de relação R_i em DJ(R_1, R_2, ..., R_n) for igual a R. Tal dependência é chamada de trivial porque tem a propriedade de junção não aditiva para qualquer estado de relação r de R e, portanto, não especifica qualquer restrição sobre R. Agora, podemos definir a quinta forma normal, que também é chamada *forma normal projeção-junção*.

Definição. Um esquema de relação R está na **quinta forma normal (5FN)** (ou **forma normal projeção-junção — FNPJ**), com relação a um conjunto F de dependências funcionais, multivaloradas e de junção se, para cada dependência de junção não trivial DJ(R_1, R_2, ..., R_n) em F^+ (ou seja, implicada por F),[22] cada R_i é uma superchave de R.

Para ver um exemplo de DJ, considere mais uma vez a relação de todas as chaves FORNECE da Figura 14.15(c). Suponha que a seguinte restrição adicional sempre seja mantida: toda vez que um fornecedor *f* fornece a peça *p*, *e* um projeto *j* usa a peça *p*, *e* o fornecedor *f* fornece *pelo menos uma* peça para o projeto *j*, *então* o fornecedor *f* também estará fornecendo a peça *p* ao projeto *j*. Essa restrição pode ser declarada de outras maneiras e especifica uma dependência de junção DJ(R_1, R_2, R_3) entre as três projeções R_1(Nome_fornecedor, Nome_peca), R_2(Nome_fornecedor, Nome_projeto) e R_3(Nome_peca, Nome_projeto) de FORNECE. Se essa restrição for mantida, as tuplas abaixo da linha tracejada na Figura 14.15(c) devem existir em algum estado válido da relação FORNECE, que também contém as tuplas acima da linha tracejada. A Figura 14.15(d) mostra como a relação FORNECE *com a dependência de junção* é decomposta em três relações R_1, R_2 e R_3 que estão, cada uma, na 5FN. Observe que a aplicação de uma junção natural a *duas quaisquer* dessas relações *produz tuplas falsas*, mas a aplicação de uma junção natural a *todas as três juntas* não as produz. O leitor deverá verificar isso no exemplo de relação da Figura 14.15(c) e suas projeções na Figura 14.15(d). Isso porque somente a DJ existe, mas nenhuma DMV é especificada. Observe, também, que a DJ(R_1, R_2, R_3) é especificada em *todos* os estados de relação válidos, não apenas naquele mostrado na Figura 14.15(c).

A descoberta de DJs em bancos de dados práticos com centenas de atributos é quase impossível. Isso só pode ser feito com um grande grau de intuição sobre os dados da parte do projetista. Portanto, a prática atual do projeto de banco de dados não presta muita atenção a elas. Um resultado atribuído a Date e Fagin (1992) está relacionado às condições detectadas usando apenas DFs, e ignora completamente as DJs. Ele declara: "Se um esquema de relação está na 3FN e cada uma de suas chaves consiste em um único atributo, ele também está na 5FN."

14.8 Resumo

Neste capítulo, discutimos várias armadilhas no projeto de banco de dados relacional usando argumentos intuitivos. Identificamos informalmente algumas das medidas para indicar se um esquema de relação é *bom* ou *ruim*, e fornecemos diretrizes informais para um bom projeto. Essas diretrizes são baseadas na realização de um projeto conceitual cuidadoso no modelo ER e EER, seguindo o procedimento de mapeamento do Capítulo 9 corretamente, para mapear entidades e relacionamentos em relações. A imposição apropriada dessas diretrizes e a falta de redundância evitarão as anomalias de inserção/exclusão/atualização, além da geração de dados falsos. Recomendamos limitar os valores NULL, que causam problemas durante operações SELECT, JOIN e de agregação. Depois, apresentamos alguns conceitos formais que nos permitem realizar o projeto relacional de uma maneira de cima para baixo ao analisar as relações individualmente. Definimos esse processo de projeto pela análise e decomposição, introduzindo o processo de normalização.

Definimos o conceito de dependência funcional, que é a ferramenta básica para analisar esquemas relacionais, e discutimos algumas de suas propriedades. As dependências funcionais especificam as restrições semânticas entre os atributos de um esquema de relação. Em seguida, descrevemos o processo de normalização para obter bons projetos ao testar relações para tipos indesejáveis de dependências

[22] Novamente, F^+ refere-se à cobertura de dependências funcionais F, ou todas as dependências implicadas por F. Isso será definido na Seção 15.1.

funcionais *problemáticas*. Oferecemos um tratamento da normalização sucessiva com base em uma chave primária predefinida em cada relação, e depois relaxamos esse requisito e fornecemos definições mais gerais da segunda forma normal (2FN) e da terceira forma normal (3FN), que levam em conta todas as chaves candidatas de uma relação. Apresentamos exemplos para ilustrar como, usando a definição geral da 3FN, determinada relação pode ser analisada e decomposta para eventualmente gerar um conjunto de relações na 3FN.

Apresentamos a Forma Normal de Boyce-Codd (FNBC) e discutimos como ela é uma forma mais forte da 3FN. Também ilustramos como a decomposição de uma relação não FNBC deve ser feita considerando o requisito de decomposição não aditiva. Apresentamos um teste para a propriedade de junção não aditiva de decomposições binárias e também demos um algoritmo geral para converter qualquer relação que não está na FNBC em um conjunto de relações na FNBC. Explicamos a necessidade de uma restrição adicional além das dependências funcionais, com base na mistura de atributos multivalorados independentes em uma única relação. Apresentamos a dependência multivalorada (DMV) para resolver tais condições e definimos a quarta forma normal com base nas DMVs. Por fim, apresentamos a quinta forma normal, que é fundamentada na dependência de junção e que identifica uma restrição peculiar que faz com que uma relação seja decomposta em vários componentes, de modo que eles sempre produzam a relação original de volta, após uma junção. Na prática, a maioria dos projetos comerciais seguiu as formas normais até a FNBC. A necessidade de decomposição para a 5FN raramente surge na prática, e as dependências de junção são difíceis de detectar para a maioria das situações práticas, tornando a 5FN de valor mais teórico.

O Capítulo 15 apresentará a síntese e também a decomposição de algoritmos para o projeto de banco de dados relacional fundamentado em dependências funcionais. Em relação à decomposição, discutimos os conceitos de *junção não aditiva* (ou *sem perdas*) e *preservação de dependência*, que são impostos por alguns desses algoritmos. Outros tópicos no Capítulo 15 incluem um tratamento mais detalhado das dependências funcionais e multivaloradas, além de outros tipos de dependências.

PERGUNTAS DE REVISÃO

14.1. Discuta a semântica de atributo como uma medida informal de boas práticas para um esquema de relação.

14.2. Discuta as anomalias de inserção, exclusão e modificação. Por que elas são consideradas ruins? Ilustre com exemplos.

14.3. Por que os NULLs em uma relação devem ser evitados ao máximo possível? Discuta o problema das tuplas falsas e como podemos impedi-lo.

14.4. Indique as diretrizes informais para o projeto de esquema de relação que discutimos. Ilustre como a violação dessas diretrizes pode ser prejudicial.

14.5. O que é uma dependência funcional? Quais são as possíveis fontes da informação que definem as dependências funcionais que se mantêm entre os atributos de um esquema de relação?

14.6. Por que não podemos deduzir uma dependência funcional automaticamente com base em um estado de relação em particular?

14.7. A que se refere o termo *relação não normalizada*? Como as formas normais se desenvolveram historicamente desde a primeira forma normal até a forma normal de Boyce-Codd?

14.8. Defina a primeira, a segunda e a terceira formas normais quando somente chaves primárias são consideradas. Como as definições gerais de 2FN e 3FN, que consideram todas as chaves de uma relação, diferem das que consideram apenas chaves primárias?

14.9. Que dependências indesejáveis são evitadas quando uma relação está na 2FN?

14.10. Que dependências indesejáveis são evitadas quando uma relação está na 3FN?

14.11. De que maneira as definições generalizadas de 2FN e 3FN estendem as definições além das chaves primárias?

14.12. Defina a *forma normal de Boyce-Codd*. Como ela difere da 3FN? Por que ela é considerada uma forma mais forte de 3FN?

14.13. O que é dependência multivalorada? Quando ela surge?

14.14. Uma relação com duas ou mais colunas sempre tem uma DMV? Mostre com um exemplo.

14.15. Defina a *quarta forma normal*. Quando ela é violada? Quando ela costuma ser aplicada?

14.16. Defina a *dependência de junção* e a *quinta forma normal*.

14.17. Por que a 5FN também é chamada de forma normal projeção-junção (FNPJ)?

14.18. Por que os projetos de banco de dados práticos normalmente visam à FNBC, e não às formas normais mais altas?

EXERCÍCIOS

14.19. Suponha que tenhamos os seguintes requisitos para um banco de dados de universidade, que é usado para registrar os históricos dos alunos:

a. A universidade registra o nome de cada aluno (Nome_aluno), a matrícula do aluno (Matricula_aluno), o número do Cadastro de Pessoa Física (Cpf), o endereço de moradia (Endereco_moradia) e o número do telefone (Telefone_moradia), endereço família (Endereco_familia) e telefone (Telefone_familia), data de nascimento (Data_nascimento), sexo (Sexo), tipo_aluno ('calouro', 'veterano', ... , 'graduado'), departamento principal (Departamento_principal), departamento secundário (Departamento_secundario) (se houver) e programa de título (Titulacao) ('bacharel', 'mestrado', ... , 'doutorado'). Tanto Cpf quanto a matrícula do aluno possuem valores únicos para cada um.

b. Cada departamento é descrito por um nome (Nome_departamento), código de departamento (Codigo_departamento), número da sala (Sala_departamento), telefone de departamento (Telefone_departamento) e instituto (Instituto_departamento). Tanto o nome quanto o código possuem valores únicos para cada departamento.

c. Cada disciplina tem um nome (Nome_disciplina), descrição (Descricao_disciplina), número (Numero_disciplina), número de horas semestrais (Credito), nível (Nivel) e departamento de oferta (Numero_departamento). O número da disciplina é único para cada curso.

d. Cada turma tem um professor (Ultimo_nome), semestre (Semestre), ano (Ano), disciplina (Numero_disciplina) e número de turma (Numero_turma). O número de turma distingue diferentes turmas da mesma disciplina que são lecionadas durante o mesmo semestre/ano; seus valores são 1, 2, 3, ..., até o número total de turmas lecionadas durante cada semestre.

e. Um registro de nota refere-se a um aluno (Cpf), uma turma em particular e uma nota (Nota).

Crie um esquema de banco de dados relacional para essa aplicação. Primeiro, mostre todas as dependências funcionais que devem ser mantidas entre os atributos. Depois, projete esquemas de relação para o banco de dados que estejam, cada uma, na 3FN ou na FNBC. Especifique os principais atributos de cada relação. Observe quaisquer requisitos não especificados e faça suposições apropriadas para tornar a especificação completa.

14.20. Que anomalias de atualização ocorrem nas relações FUNCIONARIO_PROJETO e FUNCIONARIO_DEPENDENTE das figuras 14.3 e 14.4?

14.21. Em que forma normal está o esquema de relação LOTES da Figura 14.12(a) com relação às interpretações restritivas da forma normal que levam em conta *apenas a chave primária*? Ela estaria na mesma forma normal se as definições gerais da forma normal fossem usadas?

14.22. Prove que qualquer esquema de relação com dois atributos está na FNBC.

14.23. Por que ocorrem tuplas falsas no resultado da junção das relações FUNCIONARIO_PROJETO1 e FUNCIONARIO_LOCAL da Figura 14.5 (resultado mostrado na Figura 14.6)?

14.24. Considere a relação universal $R = \{A, B, C, D, E, F, G, H, I, J\}$ e o conjunto de dependências funcionais $F = \{ \{A, B\}\to\{C\}, \{A\}\to\{D, E\}, \{B\}\to\{F\}, \{F\}\to\{G, H\}, \{D\}\to\{I, J\} \}$. Qual é a chave para R? Decomponha R em relações na 2FN e depois na 3FN.

14.25. Repita o Exercício 14.24 para o seguinte conjunto de dependências funcionais $G = \{\{A, B\}\to\{C\}, \{B, D\}\to\{E, F\}, \{A, D\}\to\{G, H\}, \{A\}\to\{I\}, \{H\}\to\{J\} \}$.

14.26. Considere a seguinte relação:

A	B	C	NUM_TUPLA
10	b1	c1	1
10	b2	c2	2
11	b4	c1	3
12	b3	c4	4
13	b1	c1	5
14	b3	c4	6

a. Dada a extensão (estado) anterior, qual das seguintes dependências *pode ser mantida* na relação acima? Se a dependência não puder ser mantida, explique por que, *especificando as tuplas que causam a violação*.

i. $A \to B$, ii. $B \to C$, iii. $C \to B$, iv. $B \to A$, v. $C \to A$

b. A relação anterior tem uma chave candidata em potencial? Se tiver, qual é? Se não, por quê?

14.27. Considere uma relação $R(A, B, C, D, E)$ com as seguintes dependências:

$AB \to C$, $CD \to E$, $DE \to B$

AB é uma chave candidata dessa relação? Se não for, ABD é? Explique sua resposta.

14.28. Considere a relação R, que tem atributos que mantêm horários de disciplinas e turmas em uma universidade; R = {Numero_disciplina, Numero_turma, Numero_departamento, Horas_creditos, Nivel_disciplina, Cpf_professor, Semestre, Ano, Dias_horas, Numero_sala, Numero_alunos}. Suponha que as seguintes dependências funcionais sejam mantidas em R:

{Numero_disciplina} → {Numero_departamento, Horas_creditos, Nivel_disciplina}

{Numero_disciplina, Numero_turma, Semestre, Ano} → {Dias_horas, Numero_sala, Numero_alunos, Cpf_professor}

{Numero_sala, Dias_horas, Semestre, Ano} → {Cpf_professor, Numero_disciplina, Numero_turma}

Tente determinar quais conjuntos de atributos formam chaves de *R*. Como você normalizaria essa relação?

14.29. Considere as seguintes relações para um banco de dados de aplicação de processamento de pedido na ABC, Inc.

PEDIDO (<u>Numero_pedido</u>, Data_pedido, Numero_cliente, Valor_total)

ITEM_PEDIDO (<u>Numero_pedido</u>, <u>Numero_item</u>, Quantidade_pedida, Preco_total, Porcentagem_desconto)

Suponha que cada item tenha um desconto diferente. Preco_total refere-se a um item, Data_pedido é a data em que o pedido foi feito e Valor_total é o valor do pedido. Se aplicarmos uma junção natural nas relações ITEM_PEDIDO e PEDIDO nesse banco de dados, como será o esquema de relação resultante? Qual será sua chave? Mostre as DFs nessa relação resultante. Ela está na 2FN? Está na 3FN? Por quê? (Indique as suposições, se você fizer alguma.)

14.30. Considere a seguinte relação:

VENDA_CARRO (Numero_carro, Data_venda, Numero_vendedor, Porcentagem_comissao, Valor_desconto)

Suponha que um carro possa ser vendido por vários vendedores e, portanto, {Numero_carro, Numero_vendedor} é a chave primária. Dependências adicionais são

Data_venda → Valor_desconto e
Numero_vendedor → Porcentagem_comissao

Com base na chave primária dada, essa relação está na 1FN, na 2FN ou na 3FN? Por quê? Como você a normalizaria completamente com sucesso?

14.31. Considere a seguinte relação para livros publicados:

LIVRO (Titulo_livro, Nome_autor, Tipo_livro, Preco_livro, Afiliacao_autor, Editora)

Afiliacao_autor refere-se à afiliação do autor. Suponha que existam as seguintes dependências:

Titulo_livro → Editora, Tipo_livro

Tipo_livro → Preco_livro

Nome_autor → Afiliacao_autor

a. Em que forma normal essa relação está? Explique sua resposta.

b. Aplique a normalização até não poder mais decompor a relação. Indique os motivos por trás de cada decomposição.

14.32. Este exercício lhe pede para converter declarações de negócios em dependências. Considere a relação DISCO_RIGIDO (Numero_de_serie, Fabricante, Modelo, Lote, Capacidade, Revendedor). Cada tupla na relação DISCO_RIGIDO contém informações sobre uma unidade de disco com um Numero_de_serie exclusivo, criada por um fabricante, com um número de modelo em particular, lançada em certo lote, contendo determinada capacidade de armazenamento e vendida por certo revendedor. Por exemplo, a tupla Disco_rigido ('1978619', 'WesternDigital', 'A2235X', '765234', 500, 'CompUSA') especifica que a WesternDigital fabricou uma unidade de disco com número de série 1978619 e número de modelo A2235X, lançada no lote 765234; ela tem 500 GB e é vendida pela CompUSA.

Escreva cada uma das seguintes dependências como uma DF:

a. O fabricante e o número de série identificam a unidade com exclusividade.

b. Um número de modelo é registrado por um fabricante e, portanto, não pode ser usado por outro fabricante.
c. Todas as unidades de disco em determinado lote são do mesmo modelo.
d. Todas as unidades de disco de certo modelo de um fabricante em particular possuem exatamente a mesma capacidade.

14.33. Considere a seguinte relação:

R (Numero_medico, Numero_paciente, Data, Diagnostico, Codigo_tratamento, Gasto)

Nela, uma tupla descreve uma visita de um paciente a um médico com o código de tratamento e gasto diário. Suponha que o diagnóstico seja determinado (exclusivamente) para cada paciente por um médico. Suponha que cada código de tratamento tenha um custo fixo (independente do paciente). Essa relação está na 2FN? Justifique sua resposta e decomponha, se necessário. Depois, argumente se é necessária uma maior normalização para a 3FN e, se preciso, realize-a.

14.34. Considere a seguinte relação:

VENDA_CARRO (Id_carro, Tipo_opcao, Opcao_preco, Data_venda, Opcao_descontopreco)

Essa relação se refere às opções instaladas nos carros (por exemplo, controle de navegação) que foram vendidas em um revendedor, e os preços normais e com desconto das opções.

Se Id_carro → Data_venda e Tipo_opcao → Opcao_preco e Id_carro, Tipo_opcao → Opcao_descontopreco, argumente usando a definição generalizada da 3FN de que essa relação não está na 3FN. Depois, argumente com base em seu conhecimento da 2FN, por que ela nem sequer está na 2FN.

14.35. Considere a relação:

LIVRO (Nome_livro, Autor, Edicao, Ano)

com os dados:

Nome_livro	Autor	Edicao	Ano
Sistemas BD	Navathe	4	2004
Sistemas BD	Elmasri	4	2004
Sistemas BD	Elmasri	5	2007
Sistemas BD	Navathe	5	2007

a. Com base em um conhecimento de senso comum dos dados acima, quais são as chaves candidatas possíveis dessa relação?
b. Justifique que essa relação tem a DMV {Livro} →→ {Autor} | {Edicao, Ano}.
c. Qual seria a decomposição dessa relação com base na DMV acima? Avalie cada relação resultante para a forma normal mais alta que ela possui.

14.36. Considere a seguinte relação:

VIAGEM (Id_viagem, Data_inicio, Cidades_visitadas, Cartoes_usados)

Essa relação refere-se a viagens de negócios feitas por vendedores da empresa. Suponha que VIAGEM tenha uma única Data_inicio, mas envolva muitas Cidades, e os vendedores podem usar múltiplos cartões de crédito na viagem. Crie uma população fictícia da tabela.

a. Discuta quais DFs e/ou DMVs existem na relação.
b. Mostre como você tratará de sua normalização.

EXERCÍCIO DE LABORATÓRIO

Nota: o exercício a seguir usa o sistema DBD (Data Base Designer), descrito no manual do laboratório (disponível em inglês na Sala Virtual do livro).

O esquema relacional *R* e o conjunto de dependências funcionais *F* precisam ser codificados como listas. Como exemplo, *R* e *F* para este problema são codificados como:

$R =$ [*a*, *b*, *c*, *d*, *e*, *f*, *g*, *h*, *i*, *j*]
$F =$ [[[*a*, *b*],[*c*]],
[[*a*],[*d*, *e*]],
[[*b*],[*f*]],
[[*f*],[*g*, *h*]],
[[*d*],[*i*, *j*]]]

Como o DBD é implementado em Prolog, o uso de termos em maiúsculas é reservado para variáveis na linguagem e, portanto, constantes em minúsculas são usadas para codificar os atributos. Para obter mais detalhes sobre o sistema DBD, por favor, consulte o manual do laboratório.

14.37. Usando o sistema DBD, verifique suas respostas para os seguintes exercícios:

a. 14.24 (3FN apenas)
b. 14.25
c. 14.27
d. 14.28

BIBLIOGRAFIA SELECIONADA

As dependências funcionais foram introduzidas originalmente por Codd (1970). As definições originais da primeira, segunda e terceira formas normais também foram definidas em Codd (1972a), em que pode ser encontrada uma discussão sobre anomalias de atualização. A Forma Normal de Boyce-Codd foi definida em Codd (1974). A definição alternativa da terceira forma normal é dada em Ullman (1988), assim como a definição da FNBC que mostramos aqui. Ullman (1988), Maier (1983) e Atzeni e De Antonellis (1993) contêm muitos dos teoremas e provas referentes a dependências funcionais. Date e Fagin (1992) oferecem alguns resultados simples e práticos relacionados a formas normais mais altas.

Outras referências à teoria do projeto relacional serão dadas no Capítulo 15.

15 Algoritmos de projeto de banco de dados relacional e demais dependências

O Capítulo 14 apresentou uma técnica de **projeto relacional de cima para baixo** (**top-down**) e conceitos relacionados usados extensivamente nos projetos de bancos de dados comerciais atuais. O procedimento envolve projetar um esquema conceitual ER ou EER, depois mapeá-lo para o modelo relacional por um procedimento como o descrito no Capítulo 9. As chaves primárias são atribuídas a cada relação com base nas dependências funcionais conhecidas. No processo subsequente, que pode ser chamado de **projeto relacional por análise**, relações projetadas inicialmente pelo procedimento citado — ou as herdadas de arquivos anteriores, formulários e outras fontes — são analisadas para detectar dependências funcionais indesejáveis. Essas dependências são removidas por sucessivos procedimentos de normalização que descrevemos na Seção 14.3, com as definições das formas normais relacionadas, as quais são estados de projeto sucessivamente melhores das relações individuais. Na Seção 14.3, consideramos que as chaves primárias eram atribuídas a relações individuais; na Seção 14.4, foi apresentado um tratamento mais genérico da normalização, no qual todas as chaves candidatas são consideradas para cada relação, e a Seção 14.5 discutiu outra forma normal, chamada FNBC. Depois, nas seções 14.6 e 14.7, discutimos mais dois tipos de dependências — dependências multivaloradas e dependências de junção —, que também podem causar redundâncias, e mostramos como elas podem ser eliminadas com mais normalização.

Neste capítulo, usamos a teoria das formas normais e dependências funcionais, multivaloradas e de junção desenvolvidas no capítulo anterior e nos baseamos nela enquanto mantemos três investidas diferentes. Primeiro, discutimos o conceito de deduzir novas dependências funcionais com base em um conjunto dado e discutimos noções que incluem fechamento, cobertura, cobertura mínima e equivalência. Conceitualmente, precisamos capturar a semântica dos atributos em uma relação de maneira completa e sucinta, e a cobertura mínima nos permite fazer isso. Segundo, discutimos as propriedades desejáveis das junções não aditivas (sem perdas) e a preservação de dependências funcionais. Apresentamos um algoritmo geral para testar a não aditividade das junções entre um conjunto de relações. Terceiro, apresentamos uma técnica para o **projeto relacional por síntese** das dependências funcionais. Essa é uma **abordagem de baixo para cima (bottom-up) para o projeto**, que pressupõe que as dependências funcionais conhecidas entre os conjuntos de atributos no Universo de Discurso (UoD) foram dadas como entrada. Apresentamos algoritmos para obter as formas normais desejáveis, a saber, 3FN e FNBC, e alcançamos uma ou ambas as propriedades desejáveis da não aditividade de junções e preservação da dependência funcional. Embora a técnica de síntese seja teoricamente atraente como uma técnica formal, ela não tem sido usada na prática para grandes projetos de banco de dados, em razão da dificuldade de oferecer todas as dependências funcionais possíveis antes que o projeto possa ser experimentado. Como alternativa, com a técnica apresentada no Capítulo 14, decomposições sucessivas e refinamentos contínuos ao projeto tornam-se mais tratáveis e podem evoluir com o tempo. O objetivo final deste capítulo é discutir melhor o conceito de dependência multivalorada (DMV) que apresentamos no Capítulo 14 e indicar rapidamente outros tipos de dependências que foram identificados.

Na Seção 15.1, vamos discutir as regras de inferência para dependências funcionais e usá-las para definir os conceitos de cobertura, equivalência e cobertura mínima entre dependências funcionais. Na Seção 15.2, primeiro vamos descrever as duas **propriedades das decomposições**, a saber, a propriedade de preservação de dependência e a propriedade de junção não aditiva (ou sem perdas), utilizadas pelos algoritmos de projeto para alcançar decomposições desejáveis. É importante observar que *não é suficiente* testar os esquemas de relação *independentemente um do outro* para compatibilidade com formas normais mais altas, como 2FN, 3FN e FNBC. As relações resultantes precisam satisfazer coletivamente essas duas propriedades adicionais para que se qualifiquem como um bom projeto. A Seção 15.3 é dedicada ao desenvolvimento de algoritmos de projeto relacional que começam com um esquema de relação gigante, chamada **relação universal**, a qual é hipotética e contém todos os atributos. Essa relação é decomposta (ou, em outras palavras, as dependências funcionais dadas são sintetizadas) em relações que satisfazem certa forma normal, como 3FN ou FNBC, e também atendem a uma ou ambas as propriedades desejáveis.

Na Seção 15.5, discutimos o conceito de dependência multivalorada (DMV) ainda mais, aplicando as noções de inferência e equivalência às DMVs. Por fim, na Seção 15.6, completamos a discussão sobre dependências entre dados ao introduzir dependências de inclusão e de modelo. As dependências de inclusão podem representar restrições de integridade referencial e restrições de classe/subclasse entre as relações. Também descrevemos algumas situações nas quais um procedimento ou função é necessário para declarar e verificar uma dependência funcional entre atributos. Depois, vamos discutir rapidamente a forma normal de domínio-chave (FNDC), considerada a forma normal mais genérica. A Seção 15.7 é um resumo do capítulo.

Em um curso introdutório de banco de dados, é possível pular algumas ou todas as seções 15.3, 15.4 e 15.5.

15.1 Outros tópicos em dependências funcionais: regras de inferência, equivalência e cobertura mínima

Apresentamos o conceito de dependências funcionais (DFs) na Seção 14.2, ilustramos com alguns exemplos e desenvolvemos uma notação para indicar múltiplas DFs em uma única relação. Identificamos e discutimos dependências problemáticas funcionais nas seções 14.3 e 14.4, e mostramos como eliminá-las com uma decomposição de uma relação apropriada. Esse processo foi descrito como *normalização* e mostramos como conseguir da primeira até a terceira formas normais (1FN até 3FN), dadas as chaves primárias na Seção 14.3. Nas seções 14.4 e 14.5, oferecemos testes generalizados para 2FN, 3FN e FNBC, dado qualquer número de chaves candidatas em uma relação, e mostramos como alcançá-las. Agora, retornamos ao estudo das dependências funcionais, mostramos como novas dependências podem ser deduzidas de determinado conjunto e discutimos os conceitos de fechamento, equivalência e cobertura mínima de que precisaremos mais tarde ao considerar uma técnica de síntese para o projeto de relações dado um conjunto de DFs.

15.1.1 Regras de inferência para dependências funcionais

Indicamos com *F* o conjunto de dependências funcionais especificadas no esquema de relação *R*. Em geral, o projetista do esquema especifica as dependências funcionais que são *semanticamente óbvias*. Porém, diversas outras dependências funcionais são mantidas em *todas* as instâncias de relação válidas entre os conjuntos de atributos que podem ser derivados de e satisfazem as dependências em *F*. Essas outras dependências podem ser *deduzidas* das DFs em *F*. Nós as chamamos de dependências funcionais deduzidas ou implicadas.

Definição. Uma DF $X \rightarrow Y$ é **deduzida** ou **implicada por** um conjunto de dependências *F* especificado em *R* se $X \rightarrow Y$ se mantiver em *cada* estado de relação válido *r* de *R*; ou seja, sempre que *r* satisfizer todas as dependências em *F*, $X \rightarrow Y$ também se mantém em *r*.

Na vida real, é impossível especificar todas as dependências funcionais possíveis para determinada situação. Por exemplo, se cada departamento tem um gerente, de modo que Numero_departamento determina unicamente Cpf_gerente (Numero_departamento → Cpf_gerente), e um gerente tem um número de telefone único, chamado Telefone_gerente (Cpf_gerente → Telefone_gerente), essas duas dependências juntas implicam que Numero_departamento → Telefone_gerente. Essa é uma DF deduzida ou implicada e *não* precisa ser explicitamente declarada além das duas DFs dadas. Portanto, é útil definir formalmente um conceito chamado *fechamento*, que inclui todas as eventuais dependências que podem ser deduzidas do conjunto *F* indicado.

Definição. Formalmente, o conjunto de todas as dependências que incluem *F*, bem como todas as dependências que podem ser deduzidas de *F*, é chamado de **fechamento** de *F*, sendo indicado por F^+.

Por exemplo, suponha que especifiquemos o seguinte conjunto *F* de dependências funcionais sobre o esquema de relação na Figura 14.3(a):

F = {Cpf → {Nome_funcionario, Data_nascimento, Endereco, Numero_departamento}, Numero_departamento → {Nome_departamento, Cpf_gerente} }

Algumas das dependências funcionais adicionais que podemos *deduzir* de *F* são as seguintes:

Cpf → {Nome_departamento, Cpf_gerente}
Cpf → Cpf
Numero_departamento → Nome_departamento

O fechamento F^+ de *F* é o conjunto de todas as dependências funcionais que podem ser deduzidas de *F*. Para determinar um modo sistemático de deduzir dependências, temos de descobrir um conjunto de **regras de inferência** que podem ser usadas para deduzir novas dependências de determinado conjunto de dependências. Consideramos algumas dessas regras de inferência em seguida. Usamos a notação $F \models X \rightarrow Y$ para indicar que a dependência funcional $X \rightarrow Y$ é deduzida do conjunto de dependências funcionais *F*.

Na discussão a seguir, usamos uma notação abreviada ao discutirmos as dependências funcionais. Concatenamos as variáveis de atributo e removemos as vírgulas por conveniência. Logo, a DF $\{X, Y\} \rightarrow Z$ é abreviada para $XY \rightarrow Z$, e a DF $\{X, Y, Z\} \rightarrow \{U, V\}$ é abreviada para $XYZ \rightarrow UV$. As três regras a seguir, de RI1 a RI3, são regras de inferência bem conhecidas para as dependências funcionais. Elas foram propostas inicialmente por Armstrong (1974) e, portanto, são conhecidas como **axiomas de Armstrong.**[1]

RI1 (regra reflexiva):[2] se $X \supseteq Y$, então $X \rightarrow Y$.
RI2 (regra do aumento):[3] $\{X \rightarrow Y\} \models XZ \rightarrow YZ$.
RI3 (regra transitiva): $\{X \rightarrow Y, Y \rightarrow Z\} \models X \rightarrow Z$.

Armstrong (1974) mostrou que as regras de inferência de RI1 a RI3 são legítimas e completas. Por **legítimas** queremos dizer que, dado um conjunto de dependências funcionais F especificadas em um esquema de relação R, qualquer dependência que possamos deduzir de F usando de RI1 a RI3 se mantém em cada estado de relação r de R que *satisfaz as dependências* em F. Por **completas** queremos dizer que usar RI1 a RI3 repetidamente para deduzir dependências até que nenhuma outra dependência possa ser deduzida resulta no conjunto completo de *todas as dependências possíveis* que podem ser deduzidas de F. Em outras palavras, o conjunto de dependências F^+, que chamamos de **fechamento** de F, pode ser determinado a partir de F ao usar apenas regras de inferência de RI1 a RI3.

A regra reflexiva (RI1) declara que um conjunto de atributos sempre determina a si mesmo ou a qualquer um de seus subconjuntos, o que é óbvio. Como RI1 gera dependências que são sempre verdadeiras, elas são chamadas de *triviais*. Formalmente, uma dependência funcional $X \rightarrow Y$ é **trivial** se $X \supseteq Y$; caso contrário, ela é **não trivial.** A regra do aumento (RI2) diz que a inclusão do mesmo conjunto de atributos aos lados esquerdo e direito de uma dependência resulta em outra dependência válida. De acordo com a RI3, as dependências funcionais são transitivas.

Cada uma das regras de inferência anteriores pode ser provada pela definição da dependência funcional, seja pela prova direta, seja **por contradição.** Uma prova por contradição considera que a regra não se mantém e mostra que isso não é possível. Agora, vamos provar que as três primeiras regras, de RI1 até RI3, são válidas. A segunda prova é por contradição.

Prova de RI1. Suponha que $X \supseteq Y$ e que duas tuplas t_1 e t_2 existam em alguma instância de relação r de R, tal que $t_1[X] = t_2[X]$. Então, $t_1[Y] = t_2[Y]$ porque $X \supseteq Y$; logo, $X \rightarrow Y$ deverá se manter em r.

Prova de RI2 (por contradição). Suponha que $X \rightarrow Y$ se mantenha em uma instância de relação r de R, mas que $XZ \rightarrow YZ$ não se mantenha. Então, devem existir duas tuplas t_1 e t_2 em r, tais que (1) $t_1[X] = t_2[X]$, (2) $t_1[Y] = t_2[Y]$, (3) $t_1[XZ] = t_2[XZ]$ e (4) $t_1[YZ] \neq t_2[YZ]$. Isso não é possível porque, com base em (1) e (3), deduzimos (5) $t_1[Z] = t_2[Z]$, e de (2) e (5) deduzimos (6) $t_1[YZ] = t_2[YZ]$, contradizendo (4).

Prova de RI3. Suponha que (1) $X \rightarrow Y$ e (2) $Y \rightarrow Z$ se mantenham em uma relação r. Então, para quaisquer duas tuplas t_1 e t_2 em r tais que $t_1[X] = t_2[X]$, devemos ter (3) $t_1[Y] = t_2[Y]$, pela suposição (1). Daí, também devemos ter (4) $t_1[Z] = t_2[Z]$ com base em (3) e na suposição (2); assim, $X \rightarrow Z$ deve se manter em r.

Existem três outras regras de inferência que vêm após RI1, RI2 e RI3. São elas:

---

[1] Na realidade, elas são regras de inferência em vez de axiomas. No sentido estritamente matemático, *axiomas* (fatos dados) são as dependências funcionais em F, pois consideramos que eles estão corretos, ao passo que RI1 a RI3 são as *regras de inferência* para deduzir novas dependências funcionais (novos fatos).

[2] A regra reflexiva também pode ser declarada como $X \rightarrow X$; ou seja, qualquer conjunto de atributos determina funcionalmente a si mesmo.

[3] A regra do aumento também pode ser declarada como $X \rightarrow Y \models XZ \rightarrow Y$; ou seja, aumentar os atributos do lado esquerdo de uma DF produz outra DF válida.

RI4 (regra da decomposição, ou projetiva): $\{X \rightarrow YZ\} \models X \rightarrow Y$.
RI5 (regra da união, ou aditiva): $\{X \rightarrow Y, X \rightarrow Z\} \models X \rightarrow YZ$.
RI6 (regra pseudotransitiva): $\{X \rightarrow Y, WY \rightarrow Z\} \models WX \rightarrow Z$.

A regra da decomposição (RI4) diz que podemos remover atributos do lado direito de uma dependência. A aplicação dessa regra de maneira repetida pode decompor a DF $X \rightarrow \{A_1, A_2, ..., A_n\}$ no conjunto de dependências $\{X \rightarrow A_1, X \rightarrow A_2, ..., X \rightarrow A_n\}$. A regra da união (RI5) nos permite fazer o contrário. Podemos combinar um conjunto de dependências $\{X \rightarrow A_1, X \rightarrow A_2, ..., X \rightarrow A_n\}$ em uma única DF $X \rightarrow \{A_1, A_2, ..., A_n\}$. A regra pseudotransitiva (RI6) nos permite substituir um conjunto de atributos Y no lado esquerdo de uma dependência por outro conjunto X que determina Y funcionalmente, e pode ser derivado de RI2 e RI3 se aumentarmos a primeira dependência funcional $X \rightarrow Y$ com W (a regra do aumento) e depois aplicarmos a regra transitiva.

Uma *nota de cuidado* com relação ao uso dessas regras: embora $X \rightarrow A$ e $X \rightarrow B$ impliquem $X \rightarrow AB$ pela regra da união dada, $X \rightarrow A$ e $Y \rightarrow B$ não implicam $XY \rightarrow AB$. Além disso, $XY \rightarrow A$ *não* necessariamente implica $X \rightarrow A$ ou $Y \rightarrow A$.

Usando argumentos de prova semelhantes, podemos demonstrar as regras de inferência RI4 a RI6 e quaisquer outras regras de inferência válidas. Porém, um modo mais simples de provar a validade de uma regra de inferência para dependências funcionais é usando regras de inferência que já se mostraram válidas. Assim, RI4, RI5 e RI6 são considerados como um corolário das regras de inferência básicas de Armstrong. Por exemplo, podemos provar de RI4 a RI6 usando de *RI1 até RI3*. Apresentamos a prova de RI5 a seguir. As provas de RI4 e RI6 usando RI1 a RI3 ficam como exercício para o leitor.

Prova de RI5 (usando de RI1 a RI3).

1. $X \rightarrow Y$ (dado).
2. $X \rightarrow Z$ (dado).
3. $X \rightarrow XY$ (usando RI2 em 1 ao aumentar com X; observe que $XX = X$).
4. $XY \rightarrow YZ$ (usando RI2 em 2 ao aumentar com Y).
5. $X \rightarrow YZ$ (usando RI3 em 3 e 4).

Normalmente, os projetistas de banco de dados primeiro especificam o conjunto de dependências funcionais F que podem ser facilmente determinadas pela semântica dos atributos de R. Então, RI1, RI2 e RI3 são usados para deduzir dependências funcionais adicionais que também se manterão em R. Um modo sistemático de determinar essas dependências funcionais adicionais consiste em inicialmente determinar cada conjunto de atributos X que aparece como um lado esquerdo de alguma dependência funcional em F e, depois, determinar o conjunto de *todos os atributos* dependentes de X.

Definição. Para cada conjunto de atributos X, especificamos o conjunto X^+ de atributos funcionalmente determinados por X com base em F; X^+ é chamado de **fechamento de X sob F.**

O Algoritmo 15.1 pode ser usado para calcular X^+.

Algoritmo 15.1. Determinando X^+, o fechamento de X sob F

Entrada: um conjunto F de DFs em um esquema de relação R, e um conjunto de atributos X, que é um subconjunto de R.

```
X⁺ := X;
repita
    oldX⁺ := X⁺;
    para cada dependência funcional Y → Z em F faça
        se X⁺ ⊇ Y, então X⁺ := X⁺ ∪ Z;
    até (X⁺ = oldX⁺);
```

O Algoritmo 15.1 começa definindo X^+ para todos os atributos em X. Com RI1, sabemos que todos esses atributos são funcionalmente dependentes de X. Usando as regras de inferência RI3 e RI4, acrescentamos atributos a X^+, utilizando cada dependência funcional em F. Continuamos por todas as dependências em F (o loop *repita*) até que nenhum outro atributo seja acrescentado a X^+ *durante um ciclo completo* (do loop *para cada*) pelas dependências em F. O conceito de fechamento é útil para compreender o significado e as implicações dos atributos ou conjuntos de atributos em uma relação. Por exemplo, considere o esquema de relação a seguir, sobre aulas mantidas em uma universidade em determinado ano acadêmico:

AULA (IdAula, Numero_disciplina, Nome_professor, Horas_credito, Livro_texto, Editora, Sala_aula, Capacidade).

Considere que F, o conjunto de dependências funcionais para a relação acima, inclua as seguintes dependências funcionais:

DF1: IdAula → Numero_disciplina, Nome_professor, Horas_credito, Livro_texto, Editora, Sala_aula, Capacidade;

DF2: Numero_disciplina → Horas_credito;

DF3: {Numero_disciplina, Nome_professor} → Livro_texto, Sala_aula;

DF4: Livro_texto → Editora

DF5: Sala_aula → Capacidade

Observe que as DFs acima expressam certa semântica a respeito dos dados na relação AULA. Por exemplo, a DF1 declara que cada aula tem um IdAula exclusivo. A DF3 declara que, quando determinada disciplina é oferecida por um certo professor, o livro texto é fixado e o professor leciona essa aula em uma sala fixa. Usando as regras de inferência sobre as DFs e aplicando a definição de fechamento, podemos definir os seguintes fechamentos:

{ IdAula } $^+$ = { IdAula, Numero_disciplina, Nome_professor, Horas_credito, Livro_texto, Editora, Sala_aula, Capacidade } = AULA

{ Numero_disciplina } $^+$ = { Numero_disciplina, Horas_credito }

{ Numero_disciplina, Nome_professor}$^+$ = { Numero_disciplina, Horas_credito, Livro_texto, Editora, Sala_aula, Capacidade }

Observe que cada fechamento acima tem uma interpretação reveladora sobre o(s) atributo(s) no lado esquerdo. Por exemplo, o fechamento de Numero_disciplina tem apenas Horas_credito além de si mesmo. Ele não inclui Nome_professor porque diferentes professores poderiam lecionar a mesma disciplina; ele não inclui Livro_texto porque diferentes professores podem usar diferentes livros textos para a mesma disciplina. Observe também que o fechamento de {Numero_disciplina, Nome_professor} não inclui IdAula, significando que ele não é uma chave candidata. Isso significa ainda que uma disciplina com determinado Numero_disciplina poderia ser oferecida por diferentes professores, o que tornaria as disciplinas aulas distintas.

15.1.2 Equivalência de conjuntos de dependências funcionais

Nesta seção, discutimos a equivalência de dois conjuntos de dependências funcionais. Primeiro, damos algumas definições preliminares.

Definição. Diz-se que um conjunto de dependências funcionais F **cobre** outro conjunto de dependências funcionais E se cada DF em E também estiver em F^+, ou seja, se cada dependência em E puder ser deduzida de F. Como alternativa, podemos dizer que E é **coberto por** F.

Definição. Dois conjuntos de dependências funcionais E e F são **equivalentes** se $E^+ = F^+$. Portanto, a equivalência significa que cada DF em E pode ser deduzida de F, e cada DF em F pode ser deduzida de E; ou seja, E é equivalente a F se as duas condições — E cobre F *e* F cobre E — se mantiverem.

Podemos determinar se F cobre E calculando X^+ *com relação a* F para cada DF $X \rightarrow Y$ *em* E, e depois verificando se esse X^+ inclui os atributos em Y. Se isso acontecer para *cada* DF em E, então F cobre E. Determinamos se E e F são equivalentes verificando se E cobre F e se F cobre E. Fica como um exercício para o leitor mostrar que os dois conjuntos de DFs a seguir são equivalentes:

$F = \{A \rightarrow C, AC \rightarrow D, E \rightarrow AD, E \rightarrow H\}$
e $G = \{A \rightarrow CD, E \rightarrow AH\}$.

15.1.3 Conjuntos mínimos de dependências funcionais

Assim como aplicamos regras de inferência para expandir um conjunto F de DFs para chegar a F^+, seu fechamento, é possível pensar no sentido oposto para ver se poderíamos encolher ou reduzir o conjunto F à sua *forma mínima*, de modo que o conjunto mínimo ainda seja equivalente ao conjunto original F. Informalmente, uma **cobertura mínima** de um conjunto de dependências funcionais E é um conjunto de dependências funcionais F que satisfaz a propriedade de que cada dependência em E está no fechamento F^+ de F. Além disso, essa propriedade se perde se qualquer dependência do conjunto F for removida; F não deve ter redundâncias e as dependências em F estão em um formato-padrão.

Usaremos o conceito de um atributo externo em uma dependência funcional para definir a cobertura mínima.

Definição. Um atributo em uma dependência funcional é considerado um **atributo externo** se pudermos removê-lo sem alterar o fechamento do conjunto de dependências. Formalmente, dado F, o conjunto de dependências funcionais, e uma dependência funcional $X \rightarrow A$ em F, o atributo Y é externo em X se $Y \subset X$, e F implica logicamente $(F - (X \rightarrow A) \cup \{ (X - Y) \rightarrow A\})$.

Podemos definir formalmente um conjunto de dependências funcionais F como **mínimas** se ele satisfizer as seguintes condições:

1. Cada dependência em F tem um único atributo para seu lado direito.
2. Não podemos substituir qualquer dependência $X \rightarrow A$ em F por uma dependência $Y \rightarrow A$, em que Y é um subconjunto apropriado de X, e ainda ter um conjunto de dependências que seja equivalente a F.
3. Não podemos remover qualquer dependência de F e ainda ter um conjunto de dependências que seja equivalente a F.

Podemos pensar em um conjunto mínimo de dependências como um conjunto de dependências em uma *forma-padrão* ou *canônica* e *sem redundâncias*. A condição 1 apenas representa cada dependência em uma forma canônica com um único atributo no lado direito, e é um passo preparatório antes que possamos avaliar se as condições 2 e 3 são atendidas.[4] As condições 2 e 3 garantem que não haja redundâncias nas dependências, com atributos redundantes (conhecidos como atributos externos) no lado esquerdo de uma dependência (Condição 2) ou com uma dependência que pode ser deduzida pelas DFs restantes em F (Condição 3).

[4] Esse é o formato-padrão para simplificar as condições e os algoritmos que garantem que não haja redundância em F. Ao usar a regra de inferência RI4, podemos converter uma única dependência com vários atributos no lado direito para um conjunto de dependências com atributos isolados nesse mesmo lado.

Definição. Uma **cobertura mínima** de um conjunto de dependências funcionais E é um conjunto mínimo de dependências (na forma canônica padrão[5] e sem redundância) equivalente a E. Sempre podemos encontrar *pelo menos uma* cobertura mínima F para qualquer conjunto de dependências E usando o Algoritmo 15.2.

Se vários conjuntos de DFs se qualificam como coberturas mínimas de E pela definição dada, é comum usar critérios adicionais de *minimalidade*. Por exemplo, podemos escolher o conjunto mínimo com o *menor número de dependências* ou com o menor *tamanho total* (o tamanho total de um conjunto de dependências é calculado ao concatenar as dependências e tratando-as como uma sequência de caracteres longa).

Algoritmo 15.2. Encontrando uma cobertura mínima F para um conjunto de dependências funcionais E

Entrada: um conjunto de dependências funcionais E.

Nota: comentários explicativos são dados ao final de algumas das etapas. Eles seguem o formato: (**comentário**).

1. Defina $F := E$.
2. Substitua cada dependência funcional $X \rightarrow \{A_1, A_2, ..., A_n\}$ em F pelas n dependências funcionais $X \rightarrow A_1$, $X \rightarrow A_2$, ..., $X \rightarrow A_n$. (*Isso coloca as DFs em uma forma canônica para teste subsequente*)
3. Para cada dependência funcional $X \rightarrow A$ em F
   para cada atributo B que é um elemento de X
   se $\{ \{F - \{X \rightarrow A\} \} \cup \{ (X - \{B\}) \rightarrow A\} \}$ for equivalente a F
   então substitua $X \rightarrow A$ por $(X - \{B\}) \rightarrow A$ em F.
   (*Isso constitui a remoção de um atributo externo B contido no lado esquerdo X de uma dependência funcional $X \rightarrow A$, quando possível*)
4. Para cada dependência funcional restante $X \rightarrow A$ em F
   se $\{F - \{X \rightarrow A\} \}$ for equivalente a F,
   então remova $X \rightarrow A$ de F. (*Isso constitui a remoção de uma dependência funcional redundante $X \rightarrow A$ de F, quando possível*)

Ilustramos o algoritmo anterior com os seguintes exemplos:

Exemplo 1: Seja o conjunto dado de DFs E: $\{B \rightarrow A, D \rightarrow A, AB \rightarrow D\}$. Temos de encontrar a cobertura mínima de E.

- Todas as dependências citadas estão na forma canônica (ou seja, elas têm apenas um atributo no lado direito), de modo que completamos a etapa 1 do Algoritmo 15.2 e podemos prosseguir para a etapa 2. Na etapa 2, precisamos determinar se $AB \rightarrow D$ tem algum atributo redundante (externo) no lado esquerdo; ou seja, ele pode ser substituído por $B \rightarrow D$ ou $A \rightarrow D$?
- Como $B \rightarrow A$, ao aumentar com B nos dois lados (RI2), temos $BB \rightarrow AB$, ou $B \rightarrow AB$ (i). Contudo, $AB \rightarrow D$ conforme indicado (ii).
- Logo, pela regra transitiva (RI3), obtemos de (i) e (ii), $B \rightarrow D$. Assim, $AB \rightarrow D$ pode ser substituído por $B \rightarrow D$.
- Agora, temos um conjunto equivalente ao E original, digamos E': $\{B \rightarrow A, D \rightarrow A, B \rightarrow D\}$. Nenhuma outra redução é possível na etapa 2, pois todas as DFs têm um único atributo no lado esquerdo.
- Na etapa 3, procuramos uma DF redundante em E'. Ao usar a regra transitiva em $B \rightarrow D$ e $D \rightarrow A$, derivamos $B \rightarrow A$. Logo, $B \rightarrow A$ é redundante em E' e pode ser eliminada.

---

[5] É possível usar a regra de inferência RI5 e combinar as DFs com o mesmo lado esquerdo para formar uma única DF na cobertura mínima em um formato não padronizado. O conjunto resultante ainda é uma cobertura mínima, conforme ilustrado no exemplo.

- Portanto, a cobertura mínima de E é F: $\{B \rightarrow D, D \rightarrow A\}$.

O leitor pode verificar que o conjunto original F pode ser deduzido a partir de E; em outras palavras, os dois conjuntos F e E são equivalentes.

Exemplo 2: Seja o conjunto dado de DFs G: $\{A \rightarrow BCDE, CD \rightarrow E\}$.

- Aqui, as DFs indicadas NÃO estão na forma canônica. Logo, primeiro as convertemos para:

$$E: \{A \rightarrow B, A \rightarrow C, A \rightarrow D, A \rightarrow E, CD \rightarrow E\}.$$

- Na etapa 2 do algoritmo, para $CD \rightarrow E$, nem C nem D é externo no lado esquerdo, pois não podemos mostrar que $C \rightarrow E$ ou $D \rightarrow E$ a partir das DFs indicadas. Logo, não podemos substituí-la por nada.
- Na etapa 3, queremos ver se alguma DF é redundante. Visto que $A \rightarrow CD$ e $CD \rightarrow E$, pela regra transitiva (RI3), obtemos $A \rightarrow E$. Assim, $A \rightarrow E$ é redundante em G.
- Logo, ficamos com o conjunto F, equivalente ao conjunto original G, como: $\{A \rightarrow B, A \rightarrow C, A \rightarrow D, CD \rightarrow E\}$. F é a cobertura mínima. Conforme indicamos na nota de rodapé 5, podemos combinar as três primeiras DFs usando a regra da união (RI5) e expressar a cobertura mínima como:

$$\text{Cobertura mínima de } G, F: \{A \rightarrow BCD, CD \rightarrow E\}.$$

Na Seção 15.3, veremos algoritmos que sintetizam relações 3FN ou FNBC com base em determinado conjunto de dependências E achando primeiro a cobertura mínima F para E.

Em seguida, apresentamos um algoritmo simples para determinar a chave de uma relação.

Algoritmo 15.2(a). Encontrando uma chave Ch para R dado um conjunto F de dependências funcionais

Entrada: uma relação R e um conjunto de dependências funcionais F nos atributos de R.

1. Defina $Ch := R$.
2. Para cada atributo A em Ch
   {calcule $(Ch - A)^+$ em relação a F;
   se $(Ch - A)^+$ contiver todos os atributos em R, defina $Ch := Ch - \{A\}$ };

No Algoritmo 15.2(a), começamos pela definição de Ch para todos os atributos de R; podemos dizer que o próprio R é sempre uma **superchave default.** Depois, removemos um atributo de cada vez e verificamos se os atributos restantes ainda formam uma superchave. Observe, também, que o Algoritmo 15.2(a) determina apenas *uma chave* das possíveis chaves candidatas para R; a chave retornada depende da ordem em que os atributos são removidos de R na etapa 2.

15.2 Propriedades de decomposições relacionais

Agora, voltamos nossa atenção para o processo de decomposição que usamos ao longo do Capítulo 14 para decompor relações a fim de nos livrarmos de dependências indesejadas e alcançarmos formas normais maiores. Na Seção 15.2.1, damos exemplos para mostrar que examinar uma relação *individual* para testar se ela está em uma forma normal mais alta, por si só, não garante um bom projeto. Em vez disso, um *conjunto de relações*, que juntas formam o esquema de banco de dados relacional, deve possuir certas propriedades adicionais para garantir um bom projeto. Nas seções 15.2.2 e 15.2.3, discutimos duas dessas propriedades: a propriedade de preservação de dependência e a propriedade de junção não aditiva (ou sem perdas). A Seção 15.2.4 discute as decomposições binárias e a Seção 15.2.5 discute as decomposições sucessivas de junção não aditiva.

15.2.1 Decomposição da relação e insuficiência de formas normais

Os algoritmos do projeto de banco de dados relacional que apresentaremos na Seção 15.3 começam de um único **esquema de relação universal** $R = \{A_1, A_2, ..., A_n\}$, que inclui *todos* os atributos do banco de dados. Implicitamente, tornamos a **suposição de relação universal**, que declara que cada nome de atributo é exclusivo. O conjunto F de dependências funcionais que devem ser mantidas nos atributos de R é especificado pelos projetistas de banco de dados e se torna disponível aos algoritmos de projeto. Ao utilizar as dependências funcionais, os algoritmos decompõem o esquema de relação universal R em um conjunto de esquemas de relação $D = \{R_1, R_2, ..., R_m\}$, que se tornará o esquema do banco de dados relacional; D é chamado de **decomposição** de R.

Temos de garantir que cada atributo em R aparecerá em pelo menos um esquema de relação R_i na decomposição, de modo que nenhum atributo seja *perdido*. Formalmente, temos

$$\bigcup_{i=1}^{m} R_i = R$$

Esta é chamada de condição de **preservação de atributo** de uma decomposição.

Outro objetivo é fazer que cada relação individual R_i na decomposição D esteja na FNBC ou na 3FN. Contudo, essa condição não é suficiente para garantir um bom projeto de banco de dados por si só. Temos de considerar a decomposição da relação universal como um todo, além de examinar as relações individuais. Para ilustrar esse ponto, considere a relação LOCALIZACOES_FUNCIONARIO(Nome_funcionario, Local_projeto) da Figura 14.5, que está na 3FN e também na FNBC. De fato, qualquer esquema de relação com apenas dois atributos está automaticamente na FNBC.[6] Embora LOCALIZACOES_FUNCIONARIO esteja na FNBC, ela ainda faz surgir tuplas falsas quando juntada com FUNCIONARIO_PROJETO(Cpf, Numero_projeto, Horas, Nome_projeto, Local_projeto), que não está na FNBC (ver o resultado da junção natural na Figura 14.6). Logo, LOCALIZACOES_FUNCIONARIO representa um esquema de relação particularmente ruim por sua semântica complicada, pela qual Local_projeto dá o local de *um dos projetos* em que um funcionário trabalha. Juntar LOCALIZACOES_FUNCIONARIO com PROJETO(Nome_projeto, Numero_projeto, Local_projeto, Numero_departamento) na Figura 14.2 — que *está* na FNBC —, usando Local_projeto como um atributo de junção, também faz surgir tuplas falsas. Isso enfatiza a necessidade de outros critérios que, com as condições da 3FN ou FNBC, impedem tais projetos ruins. Nas próximas três subseções, discutiremos essas condições adicionais que devem ser mantidas em uma decomposição D como um todo.

15.2.2 Propriedade de preservação de dependência de uma decomposição

Seria útil se cada dependência funcional $X \rightarrow Y$ especificada em F aparecesse diretamente em um dos esquemas de relação R_i na decomposição D ou pudesse ser deduzida das dependências que aparecem em alguma R_i. Informalmente, essa é a *condição de preservação de dependência*. Queremos preservar as dependências porque cada uma delas em F representa uma restrição no banco de dados. Se uma

[6] Como exercício, o leitor deverá provar que essa afirmação é verdadeira.

das dependências não for representada em alguma relação individual R_i da decomposição, não podemos impor essa restrição ao lidar com uma relação individual. Podemos ter de juntar várias relações a fim de incluir todos os atributos envolvidos nessa dependência.

Não é necessário que as dependências exatas especificadas em F apareçam elas mesmas nas relações individuais da decomposição D. É suficiente que a união das dependências que se mantêm nas relações individuais em D seja equivalente a F. Agora, vamos definir esses conceitos de maneira mais formal.

Definição. Dado um conjunto de dependências F em R, a **projeção** de F em R_i, indicada por $\pi_{R_i}(F)$, em que R_i é um subconjunto de R, é o conjunto das dependências $X \rightarrow Y$ em F^+ tal que os atributos em $X \cup Y$ estejam todos contidos em R_i. Logo, a projeção de F sobre cada esquema de relação R_i na decomposição D é o conjunto de dependências funcionais em F^+, o fechamento de F, tal que todos os atributos dos lados esquerdo e direito estejam em R_i. Dizemos que uma decomposição $D = \{R_1, R_2, ..., R_m\}$ de R está **preservando a dependência** em relação a F se a união das projeções de F em cada R_i em D for equivalente a F; ou seja, $((\pi_{R_1}(F)) \cup ... \cup (\pi_{R_m}(F)))^+ = F^+$.

Se uma decomposição não for do tipo que preserva a dependência, alguma dependência é **perdida** na decomposição. Para verificar se uma dependência perdida se mantém, temos de obter a junção (JOIN) de duas ou mais relações na decomposição para obter uma relação que inclua todos os atributos dos lados esquerdo e direito da dependência perdida, e depois verificar se a dependência se mantém no resultado do JOIN — uma opção que não é prática.

Um exemplo de decomposição que não preserva dependências aparece na Figura 14.13(a), em que a dependência funcional DF2 é perdida quando LOTES1A é decomposto em {LOTES1AX, LOTES1AY}. As decomposições da Figura 14.12, no entanto, estão preservando a dependência. De modo semelhante, para o exemplo da Figura 14.14, não importa que decomposição seja escolhida para a relação ENSINA(Aluno, Disciplina, Professor), das três fornecidas no texto, uma ou ambas as dependências originalmente presentes na certa serão perdidas. Fazemos uma afirmação a seguir relacionada a essa propriedade sem fornecer qualquer prova.

Afirmação 1. Sempre é possível encontrar uma decomposição de preservação de dependência D em relação a F, de modo que cada relação R_i em D esteja na 3FN.

15.2.3 Propriedade de junção não aditiva (sem perdas) de uma decomposição

Outra propriedade que uma decomposição D deve possuir é a de junção não aditiva, que garante que nenhuma tupla falsa é gerada quando uma operação de junção natural (NATURAL JOIN) é aplicada às relações resultantes da decomposição. Já ilustramos esse problema na Seção 14.1.4 com o exemplo das figuras 14.5 e 14.6. Como essa é uma propriedade de uma decomposição de *esquemas* de relação, a condição de nenhuma tupla falsa deve ser mantida em *cada estado de relação válido* — ou seja, cada estado de relação que satisfaça as dependências funcionais em F. Logo, a propriedade de junção sem perda é sempre definida em relação a um conjunto específico F de dependências.

Definição. Formalmente, uma decomposição $D = \{R_1, R_2, ..., R_m\}$ de R tem a **propriedade de junção sem perdas (não aditiva)** em relação ao conjunto de dependências F em R se, para *cada* estado de relação r de R que satisfaça F, o seguinte for mantido, em que $\star$ é o NATURAL JOIN de todas as relações em D: $\star(\pi_{R_1}(r), ..., \pi_{R_m}(r)) = r$.

A palavra "perdas" em *sem perdas* refere-se à *perda de informação*, e não à perda de tuplas. Se uma decomposição não tem a propriedade de junção sem perdas, podemos obter tuplas falsas adicionais após as operações PROJECT (π) e NATURAL JOIN ($\star$)

serem aplicadas; essas tuplas adicionais representam informações errôneas ou inválidas. Preferimos o termo *junção não aditiva* porque ele descreve a situação com mais precisão. Embora o termo *junção sem perdas* seja popular na literatura, usamos o termo *junção não aditiva* na descrição da propriedade NJB da Seção 14.5.1. *Daqui por diante usaremos o termo junção não aditiva*, que é autoexplicativo e não é ambíguo. A propriedade de junção não aditiva garante que não haverá tuplas falsas após a aplicação das operações PROJECT e JOIN. Porém, às vezes podemos usar o termo **projeto sem perdas** para nos referirmos a um projeto que representa uma perda de informação. A decomposição de FUNCIONARIO_PROJETO(Cpf, Numero_projeto, Horas, Nome_funcionario, Nome_projeto, Local_projeto) na Figura 14.3 para LOCALIZACOES_FUNCIONARIO(Nome_funcionario, Local_projeto) e FUNCIONARIO_PROJETO1(Cpf, Numero_projeto, Horas, Nome_projeto, Local_projeto) na Figura 14.5 obviamente não tem a propriedade de junção não aditiva, conforme ilustrado pelo resultado parcial do NATURAL JOIN na Figura 14.6. Fornecemos um teste mais simples no caso das decomposições binárias para verificar se a decomposição é não aditiva — ela foi chamada de propriedade NJB na Seção 14.5.1. Usaremos um procedimento geral para testar se qualquer decomposição D de uma relação em n relações é não aditiva com relação a um conjunto de dependências funcionais dadas F na relação; ele é apresentado como o Algoritmo 15.3.

Algoritmo 15.3. Testando a propriedade de junção não aditiva

Entrada: uma relação universal R, uma decomposição $D = \{R_1, R_2, ..., R_m\}$ de R e um conjunto F de dependências funcionais.

Nota: comentários explicativos são dados ao final de algumas das etapas. Eles seguem o formato: (**comentário**).

1. Crie uma matriz inicial S com uma linha i para cada relação R_i em D, e uma coluna j para cada atributo A_j em R.
2. Defina $S(i, j)$:= b_{ij} para todas as entradas de matriz. (*Cada b_{ij} é um símbolo distinto associado aos índices (i, j)*).
3. Para cada linha i representando o esquema de relação R_i
   {para cada coluna j representando o atributo A_j
      {se (relação R_i inclui atributo A_j) então defina $S(i, j)$:= a_j ;};}; (*cada a_j é um símbolo distinto associado ao índice (j)*).
4. Repita o loop a seguir até que uma *execução de loop completa* resulte em nenhuma mudança para S
   {para cada dependência funcional $X \rightarrow Y$ em F
      {para todas as linhas em S *que têm os mesmos símbolos* nas colunas correspondentes aos atributos em X
         {faça que os símbolos em cada coluna que corresponde a um atributo em Y sejam iguais em todas essas linhas da seguinte forma: se qualquer uma das linhas tiver um símbolo a para a coluna, defina as outras linhas com esse *mesmo símbolo a* na coluna. Se nenhum símbolo a existir para o atributo em qualquer uma das linhas, escolha um dos símbolos b que aparecem em uma das linhas para o atributo e defina as outras linhas com o mesmo símbolo b na coluna ;} ; } ;};
5. Se uma linha for composta inteiramente de símbolos a, então a decomposição tem a propriedade de junção não aditiva; caso contrário, ela não tem.

Dada uma relação R decomposta em uma série de relações $R_1, R_2, ..., R_m$, o Algoritmo 15.3 inicia a matriz S que consideramos ser algum estado de relação r de R. A linha i em S representa uma tupla t_i (correspondente à relação R_i) que tem símbolos a nas colunas que correspondem aos atributos de R_i e símbolos b nas colunas restantes. O algoritmo então transforma as linhas dessa matriz (durante o loop na etapa 4), de modo que representem tuplas que satisfazem todas as dependências funcionais em F. Ao final da etapa 4, duas linhas quaisquer em S — as quais representam duas tuplas em r — que combinam em seus valores para os atributos do lado esquerdo de X de uma dependência funcional $X \rightarrow Y$ em F também combinarão em seus valores para os atributos do lado direito Y. Pode-se demonstrar que, depois de aplicar o loop da etapa 4, se qualquer linha em S acabar com todos os símbolos a, então a decomposição D tem a propriedade de junção não aditiva em relação a F.

Se, ao contrário, nenhuma linha acabar com todos os símbolos a, D não satisfaz a propriedade de junção sem perdas. Nesse caso, o estado de relação r representado por S ao final do algoritmo será um exemplo de um estado de relação r de R que satisfaz as dependências em F, mas não a condição de junção não aditiva. Portanto, essa relação serve como um **contraexemplo** que prova que D não tem a propriedade de junção não aditiva em relação a F. Observe que os símbolos a e b não possuem significado especial ao final do algoritmo.

A Figura 15.1(a) mostra como aplicamos o Algoritmo 15.3 à decomposição do esquema da relação FUNCIONARIO_PROJETO da Figura 14.3(b) para os dois esquemas de relação FUNCIONARIO_PROJETO1 e LOCALIZACOES_FUNCIONARIO da Figura 14.5(a). O loop na etapa 4 do algoritmo não pode mudar quaisquer símbolos b para símbolos a. Logo, a matriz resultante S não tem uma linha com todos os símbolos a e, portanto, a decomposição não tem a propriedade de junção não aditiva.

A Figura 15.1(b) mostra outra decomposição de FUNCIONARIO_PROJETO (para FUNCIONARIO, PROJETO e TRABALHA_EM) que tem a propriedade de junção não aditiva, e a Figura 15.1(c) mostra como aplicamos o algoritmo a essa decomposição. Quando uma linha consiste apenas em símbolos a, concluímos que a decomposição tem a propriedade de junção não aditiva e podemos parar de aplicar as dependências funcionais (etapa 4 no algoritmo) à matriz S.

15.2.4 *Testando decomposições binárias para a propriedade de junção não aditiva*

O Algoritmo 15.3 nos permite testar se determinada decomposição D em n relações obedece à propriedade de junção não aditiva em relação a um conjunto de dependências funcionais F. Existe um caso especial de decomposição, chamado **decomposição binária** — decomposição de uma relação R em duas relações. Um teste, chamado teste de propriedade NJB, mais fácil de aplicar que o Algoritmo 15.3, mas é *limitado* apenas a decomposições binárias, foi apresentado na Seção 14.5.1. Ele foi usado para realizar a decomposição binária da relação ENSINA, que atendeu a 3FN, mas não atendeu a FNBC, em duas relações que satisfizeram essa propriedade.

15.2.5 *Decomposições sucessivas de junção não aditiva*

Vimos a decomposição sucessiva de relações durante o processo de segunda e terceira normalização nas seções 14.3 e 14.4. Para verificar se essas decomposições são não aditivas, precisamos garantir outra propriedade, conforme estabelecido na Afirmação 2.

Afirmação 2 (preservação da não aditividade nas decomposições sucessivas). Se uma decomposição $D = \{R_1, R_2, ..., R_m\}$ de R tem a propriedade de junção não aditiva (sem perdas) em relação a um conjunto de dependências funcionais F em R, e se uma decomposição $D_i = \{Q_1, Q_2, ..., Q_k\}$ de R_i tem a propriedade de junção não aditiva em relação à projeção de F em R_i, então a decomposição $D_2 = \{R_1, R_2, ..., R_{i-1}, Q_1, Q_2, ..., Q_k, R_{i+1}, ..., R_m\}$ de R tem a propriedade de junção não aditiva em relação a F.

(a) R = {Cpf, Nome_funcionario, Numero_projeto, Nome_projeto, Local_projeto, Horas} $D = \{R_1, R_2\}$

R_1 = LOCALIZACOES_FUNCIONARIO {Nome_funcionario, Local_projeto}

R_2 = FUNCIONARIO_PROJETO1{Cpf, Numero_projeto, Horas, Nome_projeto, Local_projeto}

F = {Cpf ⟶ Nome_funcionario; Numero_projeto ⟶ {Nome_projeto, Local_projeto}; {Cpf, Numero_projeto} ⟶ Horas}

	Cpf	Nome_ funcionario	Numero_ projeto	Nome_ projeto	Local_ projeto	Horas
R_1	b_{11}	a_2	b_{13}	b_{14}	a_5	b_{16}
R_2	a_1	b_{22}	a_3	a_4	a_5	a_6

(Nenhuma mudança na matriz após aplicar as dependências funcionais)

(b)

FUNCIONARIO

Cpf	Nome_ funcionario

PROJETO

Numero_ projeto	Nome_ projeto	Local_ projeto

TRABALHA_EM

Cpf	Numero_ projeto	Horas

(c) R = {Cpf, Nome_funcionario, Numero_projeto, Nome_projeto, Local_projeto, Horas} $D = \{R_1, R_2, R_3\}$

R_1 = FUNCIONARIO = {Cpf, Nome_funcionario}

R_2 = PROJETO = {Numero_projeto, Nome_projeto, Local_projeto}

R_3 = TRABALHA_EM = {Cpf, Numero_projeto, Horas}

F = {Cpf ⟶ Nome_funcionario; Numero_projeto ⟶ {Nome_projeto, Local_projeto}; {Cpf, Numero_projeto} ⟶ Horas}

	Cpf	Nome_ funcionario	Numero_ projeto	Nome_ projeto	Local_ projeto	Horas
R_1	a_1	a_2	b_{13}	b_{14}	b_{15}	b_{16}
R_2	b_{21}	b_{22}	a_3	a_4	a_5	b_{26}
R_3	a_1	b_{32}	a_3	b_{34}	b_{35}	a_6

(Matriz original S no início do algoritmo)

	Cpf	Nome_ funcionario	Numero_ projeto	Nome_ projeto	Local_ projeto	Horas
R_1	a_1	a_2	b_{13}	b_{14}	b_{15}	b_{16}
R_2	b_{21}	b_{22}	a_3	a_4	a_5	b_{26}
R_3	a_1	~~b_{32}~~ a_2	a_3	~~b_{34}~~ a_4	~~b_{35}~~ a_5	a_6

(Matriz original S depois de aplicar as duas primeiras dependências funcionais; a última linha tem apenas símbolos 'a' e, por isso, paramos)

Figura 15.1 Teste de junção não aditiva para decomposições *n*-árias. (a) Caso 1: decomposição de FUNCIONARIO_PROJETO em FUNCIONARIO_PROJETO1 e LOCALIZACOES_FUNCIONARIO falha no teste. (b) Uma decomposição de FUNCIONARIO_PROJETO que tem a propriedade de junção sem perdas. (c) Caso 2: decomposição de FUNCIONARIO_PROJETO em FUNCIONARIO, PROJETO e TRABALHA_EM satisfaz o teste.

15.3 Algoritmos para projeto de esquema de banco de dados relacional

Agora, apresentamos dois algoritmos para criar uma decomposição relacional com base em uma relação universal. O primeiro algoritmo decompõe uma relação universal em relações na 3FN que preservam a dependência, que também possui a propriedade da junção não aditiva. O segundo algoritmo decompõe um esquema de relação universal em esquemas na FNBC que possuem a propriedade de junção não aditiva. Não é possível projetar um algoritmo para produzir relações FNBC que satisfaçam a decomposição tanto de preservação de dependência quanto de junção não aditiva.

15.3.1 Decomposição de preservação de dependência e junção não aditiva (sem perdas) em esquemas 3FN

Até aqui, sabemos que *não é possível ter todos os três itens a seguir:* (1) projeto sem perdas (não aditivo) garantido, (2) preservação de dependência garantida e (3) todas as relações na FNBC. Conforme já enfatizamos algumas vezes, a primeira condição é essencial e não pode ser comprometida. A segunda condição é desejável, mas não essencial, e pode ser deixada de lado se insistirmos em alcançar a FNBC. As DFs originais perdidas podem ser recuperadas por uma operação JOIN sobre os resultados da decomposição. Agora, vamos apresentar um algoritmo no qual conseguimos obter as condições 1 e 2 e somente garantir a 3FN. O Algoritmo 15.4 cria uma decomposição *D* de *R* que faz o seguinte:

- Preserva dependências.
- Tem a propriedade de junção não aditiva.
- É tal que cada esquema de relação resultante na decomposição está na 3FN.

Algoritmo 15.4. Síntese relacional para a 3FN com preservação de dependência e propriedade de junção não aditiva

Entrada: uma relação universal *R* e um conjunto de dependências funcionais *F* nos atributos de *R*.

1. Ache uma cobertura mínima *G* para *F* (use o Algoritmo 15.2).
2. Para cada *X* do lado esquerdo de uma dependência funcional que aparece em *G*, crie um esquema de relação em *D* com atributos $\{X \cup \{A_1\} \cup \{A_2\} \ldots \cup \{A_k\}\}$, em que $X \rightarrow A_1, X \rightarrow A_2, \ldots, X \rightarrow A_k$ são as únicas dependências em *G* com *X* como lado esquerdo (*X* é a chave dessa relação).
3. Se nenhum dos esquemas de relação em *D* tiver uma chave de *R*, crie mais um esquema de relação em *D* que contenha atributos que formam uma chave de *R*. (O Algoritmo 15.2(a) pode ser usado para descobrir uma chave.)
4. Elimine relações redundantes do conjunto de relações resultante no esquema de banco de dados relacional. Uma relação *R* é considerada redundante se *R* for uma projeção de outra relação *S* no esquema; como alternativa, *R* é substituída por *S*.[7]

A etapa 3 do Algoritmo 15.4 consiste em identificar uma chave *Ch* de *R*. O Algoritmo 15.2(a) pode ser usado para identificar uma chave *Ch* de *R* com base no conjunto de dependências funcionais *F* dadas. Observe que o conjunto de dependências funcionais usadas para determinar uma chave no Algoritmo 15.2(a) poderia ser *F* ou *G*, pois são equivalentes.

Exemplo 1 do Algoritmo 15.4. Considere a seguinte relação universal:

U(Cpf_funcionario, Numero_projeto, Salario_funcionario, Telefone_funcionario, Numero_departamento, Nome_projeto, Local_projeto)

[7] Observe que existe um tipo adicional de dependência: R é uma projeção da junção de duas ou mais relações no esquema. Esse tipo de redundância é considerado uma dependência de junção, conforme discutimos na Seção 14.7. Daí, tecnicamente, ela pode continuar a existir sem atrapalhar o *status* 3FN para o esquema.

Cpf_funcionario, Salario_funcionario e Telefone_funcionario referem-se ao número do Cadastro de Pessoa Física, salário e número de telefone do funcionário. Numero_projeto, Nome_projeto e Local_projeto referem-se a número, nome e local do projeto. Numero_departamento é o número do departamento.

As seguintes dependências estão presentes:

DF1: Cpf_funcionario → {Salario_funcionario, Telefone_funcionario, Numero_departamento}
DF2: Numero_projeto → {Nome_projeto, Local_projeto}
DF3: Cpf_funcionario, Numero_projeto → {Salario_funcionario, Telefone_funcionario, Numero_departamento, Nome_projeto, Local_projeto}

Em virtude de DF3, o conjunto de atributos {Cpf_funcionario, Numero_projeto} representa uma chave da relação universal. Logo, F, o conjunto de DFs dadas, inclui {Cpf_funcionario → Salario_funcionario, Telefone_funcionario, Numero_departamento; Numero_projeto → Nome_projeto, Local_projeto; Cpf_funcionario, Numero_projeto → Salario_funcionario, Telefone_funcionario, Numero_departamento, Nome_projeto, Local_projeto}.

Ao aplicar o Algoritmo 15.2 de cobertura mínima, na etapa 3 vemos que Numero_projeto é um atributo redundante em Cpf_funcionario, Numero_projeto → Salario_funcionario, Telefone_funcionario, Numero_departamento. Além disso, Cpf_funcionario é externo em Cpf_funcionario, Numero_projeto → Nome_projeto, Local_projeto. Logo, a cobertura mínima consiste em DF1 e DF2 apenas (DF3 sendo completamente redundante) da seguinte forma (se agruparmos atributos com o mesmo lado direito em uma DF):

Cobertura mínima G: {Cpf_funcionario → Salario_funcionario, Telefone_funcionario, Numero_departamento; Numero_projeto → Nome_projeto, Local_projeto}

A segunda etapa do Algoritmo 15.4 produz as relações R_1 e R_2 como:

R_1 (<u>Cpf_funcionario</u>, Salario_funcionario, Telefone_funcionario, Numero_departamento)

R_2 (<u>Numero_projeto</u>, Nome_projeto, Local_projeto)

Na etapa 3, geramos uma relação correspondente à chave {Cpf_funcionario, Numero_projeto} de U. Logo, o projeto resultante contém:

R_1 (<u>Cpf_funcionario</u>, Salario_funcionario, Telefone_funcionario, Numero_departamento)

R_2 (<u>Numero_projeto</u>, Nome_projeto, Local_projeto)

R_3 (<u>Cpf_funcionario</u>, <u>Numero_projeto</u>)

Esse projeto alcança as propriedades desejáveis de preservação de dependência e junção não aditiva.

Exemplo 2 do Algoritmo 15.4 (caso *X*). Considere o esquema de relação LOTES1A mostrado na Figura 14.13(a).

Suponha que essa relação seja dada como uma relação universal U (Propriedade, Cidade, Lote, Area) com as seguintes dependências funcionais:

DF1: Propriedade → Lote, Cidade, Area
DF2: Lote, Cidade → Area, Propriedade
DF3: Area → Cidade

Chamamos LOTES1A(Identificador_propriedade, Nome_cidade, Numero_lote, Area) de DF1, DF2 e DF5 na Figura 14.13(a). Os significados desses atributos e a implicação das dependências funcionais acima foram explicados na Seção 14.4. Para facilitar a referência, vamos abreviar esses atributos com uma letra de cada um e representar as dependências funcionais como o conjunto

F: { P → LCA, LC → AP, A → C }

A relação universal com os atributos abreviados é U (P, C, L, A). Se aplicarmos o Algoritmo 15.2 de cobertura mínima a *F* (na etapa 2), primeiro representamos o conjunto *F* como

F: {P → L, P → C, P → A, LC → A, LC → P, A → C}

No conjunto *F*, P → A pode ser deduzido de P → LC e LC → A; logo, P → A por transitividade e, portanto, é redundante. Assim, uma cobertura mínima possível é

Cobertura mínima *GX*: {P → LC, LC → AP, A → C}

Na etapa 2 do Algoritmo 15.4, produzimos o projeto *X* (antes de remover as relações redundantes) usando a cobertura mínima como

Projeto *X*: R_1 (P, L, C), R_2 (L, C, A, P) e R_3 (A, C)

Na etapa 4 do algoritmo, descobrimos que R_3 está incluído em R_2 (ou seja, R_3 sempre é uma projeção de R_2 e R_1 também é uma projeção de R_2). Logo, essas duas relações são redundantes. Assim, o esquema 3FN que alcança as duas propriedades desejáveis é (depois de remover as relações redundantes)

Projeto *X*: R_2 (L, C, A, P)

ou, em outras palavras, ele é idêntico à relação LOTES1A (Identificador_propriedade, Numero_lote, Nome_cidade, Area) que determinamos, na Seção 14.4.2, que se encontra na 3FN.

Exemplo 2 do Algoritmo 15.4 (caso Y). Começando com LOTES1A como a relação universal e com o mesmo conjunto dado de dependências funcionais, a segunda etapa do Algoritmo 15.2 de cobertura mínima produz, como antes,

F: {P → C, P → A, P → L, LC → A, LC → P, A → C}

A DF LC → A pode ser considerada redundante porque LC → P e P → A implica LC → A por transitividade. Além disso, P → C pode ser considerado redundante porque P → A e A → C implica P → C por transitividade. Isso gera uma cobertura mínima diferente, como

Cobertura mínima *GY*: { P → LA, LC → P, A → C }

O projeto alternativo *Y* produzido pelo algoritmo agora é

Projeto *Y*: S_1 (P, A, L), S_2 (L, C, P) e S_3 (A, C)

Observe que esse projeto tem três relações 3FN, nenhuma delas podendo ser considerada redundante pela condição na etapa 4. Todas as DFs no conjunto original *F* são preservadas. O leitor notará que, das três relações anteriores, S_1 e S_3 foram produzidas como o projeto FNBC pelo procedimento dado na Seção 14.5 (implicando que S_2 é redundante na presença de S_1 e S_3). No entanto, não podemos eliminar a relação S_2 do conjunto de três relações 3FN acima, visto que ela não é uma projeção de S_1 ou S_3. É fácil ver que S_2 é uma relação válida e significativa, que possui as duas chaves candidatas (L, C) e P colocadas lado a lado. Observe ainda que S_2 preserva a DF LC → P, que é perdida se o projeto final tiver apenas S_1 e S_3. O projeto *Y*, portanto, permanece como um resultado final possível da aplicação do Algoritmo 15.4 à relação universal dada, que oferece relações na 3FN.

As duas variações acima da aplicação do Algoritmo 15.4 à mesma relação universal com determinado conjunto de DFs ilustrou duas coisas:

- É possível gerar projetos 3FN alternativos começando com o mesmo conjunto de DFs.

- É concebível que, em alguns casos, o algoritmo realmente produza relações que satisfaçam a FNBC e pode incluir relações que também mantenham a propriedade de preservação de dependência.

15.3.2 Decomposição de junção não aditiva para esquemas FNBC

O próximo algoritmo decompõe um esquema de relação universal $R = \{A_1, A_2, ..., A_n\}$ em uma decomposição $D = \{R_1, R_2, ..., R_m\}$, tal que cada R_i está na FNBC *e* a decomposição D tem a propriedade de junção sem perda em relação a F. O Algoritmo 15.5 utiliza a propriedade NJB e a afirmação 2 (preservação de não aditividade em decomposições sucessivas) para criar uma decomposição de junção não aditiva $D = \{R_1, R_2, ..., R_m\}$ de uma relação universal R baseada em um conjunto de dependências funcionais F, tal que cada R_i em D esteja na FNBC.

Algoritmo 15.5. Decomposição relacional para FNBC com propriedade de junção não aditiva

Entrada: uma relação universal R e um conjunto de dependências funcionais F nos atributos de R.

1. Defina $D := \{R\}$;
2. Enquanto existe um esquema de relação Q em D que não esteja na FNBC, faça

   {

   escolha um esquema de relação Q em D que não esteja na FNBC;
   determine uma dependência funcional $X \rightarrow Y$ em Q que viole a FNBC;
   substitua Q em D pelos dois esquemas de relação $(Q - Y)$ e $(X \cup Y)$;

   } ;

A cada passagem pelo loop no Algoritmo 15.5, decompomos um esquema de relação Q que não está na FNBC em dois esquemas de relação. De acordo com a propriedade NJB para decomposições binárias e a afirmação 2, a decomposição D tem a propriedade de junção não aditiva. Ao final do algoritmo, todos os esquemas de relação em D estarão na FNBC. Ilustramos a aplicação desse algoritmo ao esquema de relação ENSINA da Figura 14.14; ele é decomposto em ENSINA1 (Professor, Disciplina) e ENSINA2 (Professor, Aluno), pois a dependência DF2 Professor → Disciplina viola a FNBC.

Na etapa 2 do Algoritmo 15.5, é necessário determinar se um esquema de relação Q está ou não na FNBC. Um método para fazer isso é testar, para cada dependência funcional $X \rightarrow Y$ em Q, se X^+ deixa de incluir todos os atributos em Q, determinando assim se X é ou não uma (super) chave em Q. Outra técnica está fundamentada em uma observação de que, sempre que um esquema de relação Q tem uma violação da FNBC, existe um par de atributos A e B em Q, tal que $\{Q - \{A, B\}\} \rightarrow A$. Ao calcular o fechamento $\{Q - \{A, B\}\}^+$ para cada par de atributos $\{A, B\}$ de Q, e verificar se o fechamento inclui A (ou B), podemos determinar se Q está na FNBC.

É importante observar que a teoria das decomposições por junção não aditiva se baseia na suposição de que *nenhum valor NULL é permitido para os atributos de junção*. A próxima seção discute alguns dos problemas que os NULLs podem causar nas decomposições relacionais e contém uma discussão geral dos algoritmos para o projeto relacional por síntese, apresentado nesta seção.

15.4 Sobre NULLs, tuplas suspensas e projetos relacionais alternativos

Nesta seção, discutiremos algumas questões gerais relacionadas aos problemas que surgem quando o projeto relacional não é abordado corretamente.

15.4.1 Problemas com valores NULL e tuplas suspensas

Temos de considerar com cuidado os problemas associados a NULLs ao projetar um esquema de banco de dados relacional. Ainda não existe uma teoria de projeto relacional totalmente satisfatória e que inclua valores NULL. Um problema ocorre quando algumas tuplas têm valores NULL para atributos que serão usados para juntar relações individuais na decomposição. Para ilustrar isso, considere o banco de dados mostrado na Figura 15.2(a), no qual mostramos duas relações, FUNCIONARIO e DEPARTAMENTO. As duas últimas tuplas de funcionários — 'Borges' e 'Bentes' — representam funcionários recém-contratados, que ainda não foram atribuídos a um departamento (suponha que isso não viole quaisquer restrições de integridade). Agora, suponha que queiramos recuperar uma lista de valores (Nome_funcionario, Nome_departamento) para todos os funcionários. Se aplicarmos a operação NATURAL JOIN sobre FUNCIONARIO e DEPARTAMENTO [Figura 15.2(b)], as duas tuplas mencionadas *não* aparecerão no resultado. A operação OUTER JOIN, discutida no Capítulo 8, pode lidar com esse problema. Lembre-se de que, se apanharmos a OUTER LEFT JOIN de FUNCIONARIO com DEPARTAMENTO, as tuplas em FUNCIONARIO que possuem NULL para o atributo de junção aparecerão no resultado, com uma tupla *imaginária* em DEPARTAMENTO, que tem NULLs para todos os valores de atributo. A Figura 15.2(c) mostra o resultado.

Em geral, sempre que um esquema de banco de dados relacional é projetado, em que duas ou mais relações são inter-relacionadas por chaves estrangeiras, deve-se dedicar um cuidado em particular para observar os valores NULL em potencial nas chaves estrangeiras. Isso pode causar perda de informação inesperada nas consultas que envolvem junções sobre essa chave estrangeira. Além disso, se houver NULLs em outros atributos, como Salario, seu efeito sobre funções embutidas como SUM e AVERAGE deve ser cuidadosamente avaliado.

Um problema relacionado é o das *tuplas suspensas*, que pode ocorrer se executarmos uma decomposição em demasia. Suponha que decomponhamos a relação FUNCIONARIO da Figura 15.2(a) ainda mais para FUNCIONARIO_1 e FUNCIONARIO_2, como mostram as figuras 15.3(a) e 15.3(b). Se aplicarmos a operação NATURAL JOIN a FUNCIONARIO_1 e FUNCIONARIO_2, obtemos a relação FUNCIONARIO original. Porém, podemos usar a representação alternativa, mostrada na Figura 15.3(c), na qual *não incluímos uma tupla* em FUNCIONARIO_3 se o funcionário não tiver sido atribuído a um departamento (em vez de incluir uma tupla com NULL para Numero_departamento, como em FUNCIONARIO_2). Se usarmos FUNCIONARIO_3 no lugar de FUNCIONARIO_2 e aplicarmos uma NATURAL JOIN em FUNCIONARIO_1 e FUNCIONARIO_3, as tuplas para Borges e Bentes não aparecerão no resultado. Estas são chamadas **tuplas suspensas** em FUNCIONARIO_1 porque são representadas em apenas uma das relações que representam funcionários, e por isso se perdem se aplicarmos uma operação (INNER) JOIN.

15.4.2 Discussão sobre algoritmos de normalização e projetos relacionais alternativos

Um dos problemas com os algoritmos de normalização que descrevemos é que o projetista primeiro precisa especificar *todas* as dependências funcionais relevantes entre os atributos do banco de dados. Essa não é uma tarefa simples para um banco de dados grande, com centenas de atributos. Deixar de especificar uma ou duas dependências importantes pode resultar em um projeto indesejável. Outro problema é que, em geral, esses algoritmos *não são determinísticos*. Por exemplo, os *algoritmos de síntese* (algoritmos 15.4 e 15.6) exigem a especificação de uma cobertura mínima *G*

(a)

FUNCIONARIO

Nome_funcionario	Cpf	Data_ nascimento	Endereco	Numero_ departamento
Silva, João B.	12345678966	09-01-1965	Rua das Flores, 751, São Paulo, SP	5
Wong, Fernando T.	33344555587	08-12-1955	Rua da Lapa, 34, São Paulo, SP	5
Zelaya, Alice J.	99988777767	19-07-1968	Rua Souza Lima, 35, Curitiba, PR	4
Souza, Jennifer S.	98765432168	20-06-1941	Av. Arthur de Lima, 54, Santo André, SP	4
Lima, Ronaldo K.	66688444476	15-09-1962	Rua Rebouças, 65, Piracicaba, SP	5
Leite, Joice A.	45345345376	31-07-1972	Av. Lucas Obes, 74, São Paulo, SP	5
Pereira, André V.	98798798733	29-03-1969	Rua Timbira, 35, São Paulo, SP	4
Brito, Jorge E.	88866555576	10-11-1937	Rua do Horto, 35, São Paulo, SP	1
Borges, Anderson C.	99977555511	26-04-1965	Rua Brás Leme, 6530, Santo André, SP	NULL
Bentes, Carlos M.	88866444433	09-01-1963	Av. Paes de Barros, 7654, São Paulo, SP	NULL

DEPARTAMENTO

Nome_departamento	Numero_ departamento	Gerente_ departamento
Pesquisa	5	33344555587
Administração	4	98765432168
Matriz	1	88866555576

(b)

Nome_ funcionario	Cpf	Data_ nascimento	Endereco	Numero_ departamento	Nome_ departamento	Gerente_ departamento
Silva, João B.	12345678966	09-01-1965	Rua das Flores, 751, São Paulo, SP	5	Pesquisa	33344555587
Wong, Fernando T.	33344555587	08-12-1955	Rua da Lapa, 34, São Paulo, SP	5	Pesquisa	33344555587
Zelaya, Alice J.	99988777767	19-07-1968	Rua Souza Lima, 35, Curitiba, PR	4	Administração	98765432168
Souza, Jennifer S.	98765432168	20-06-1941	Av. Arthur de Lima, 54, Santo André, SP	4	Administração	98765432168
Lima, Ronaldo K.	66688444476	15-09-1962	Rua Rebouças, 65, Piracicaba, SP	5	Pesquisa	33344555587
Leite, Joice A.	45345345376	31-07-1972	Av. Lucas Obes, 74, São Paulo, SP	5	Pesquisa	33344555587
Pereira, André V.	98798798733	29-03-1969	Rua Timbira, 35, São Paulo, SP	4	Administração	98765432168
Brito, Jorge E.	88866555576	10-11-1937	Rua do Horto, 35, São Paulo, SP	1	Matriz	88866555576

(c)

Nome_ funcionario	Cpf	Data_ nascimento	Endereco	Numero_ departamento	Nome_ departamento	Gerente_ departamento
Silva, João B.	12345678966	09-01-1965	Rua das Flores, 751, São Paulo, SP	5	Pesquisa	33344555587
Wong, Fernando T.	33344555587	08-12-1955	Rua da Lapa, 34, São Paulo, SP	5	Pesquisa	33344555587
Zelaya, Alice J.	99988777767	19-07-1968	Rua Souza Lima, 35, Curitiba, PR	4	Administração	98765432168
Souza, Jennifer S.	98765432168	20-06-1941	Av. Arthur de Lima, 54, Santo André, SP	4	Administração	98765432168
Lima, Ronaldo K.	66688444476	15-09-1962	Rua Rebouças, 65, Piracicaba, SP	5	Pesquisa	33344555587
Leite, Joice A.	45345345376	31-07-1972	Av. Lucas Obes, 74, São Paulo. SP	5	Pesquisa	33344555587
Pereira, André V.	98798798733	29-03-1969	Rua Timbira, 35, São Paulo, SP	4	Administração	98765432168
Brito, Jorge E.	88866555576	10-11-1937	Rua do Horto, 35, São Paulo, SP	1	Matriz	88866555576
Borges, Anderson C.	99977555511	26-04-1965	Rua Brás Leme, 6530, Santo André, SP	NULL	NULL	NULL
Bentes, Carlos M.	88866444433	09-01-1963	Av. Paes de Barros, 7654, São Paulo, SP	NULL	NULL	NULL

Figura 15.2 Problemas com junções de valor NULL. (a) Algumas tuplas de FUNCIONARIO têm NULL para o atributo de junção Numero_departamento. (b) Resultado da aplicação do NATURAL JOIN às relações FUNCIONARIO e DEPARTAMENTO. (c) Resultado da aplicação de OUTER LEFT JOIN a FUNCIONARIO e DEPARTAMENTO.

(a) FUNCIONARIO_1

Nome_funcionario	Cpf	Data_nascimento	Endereco
Silva, João B.	12345678966	09-01-1965	Rua das Flores, 751, São Paulo, SP
Wong, Fernando T.	33344555587	08-12-1955	Rua da Lapa, 34, São Paulo, SP
Zelaya, Alice J.	99988777767	19-07-1968	Rua Souza Lima, 35, Curitiba, PR
Souza, Jennifer S.	98765432168	20-06-1941	Av. Arthur de Lima, 54, Santo André, SP
Lima, Ronaldo K.	66688444476	15-09-1962	Rua Rebouças, 65, Piracicaba, SP
Leite, Joice A.	45345345376	31-07-1972	Av. Lucas Obes, 74, São Paulo, PR
Pereira, André V.	98798798733	29-03-1969	Rua Timbira, 35, São Paulo, SP
Brito, Jorge E.	88866555576	10-11-1937	Rua do Horto, 35, São Paulo, SP
Borges, Anderson C.	99977555511	26-04-1965	Rua Brás Leme, 6530, Santo André, SP
Bentes, Carlos M.	88866444433	09-01-1963	Av. Paes de Barros, 7654, São Paulo, SP

(b) FUNCIONARIO_2

Cpf	Numero_departamento
12345678966	5
33344555587	5
99988777767	4
98765432168	4
66688444476	5
45345345376	5
98798798733	4
88866555576	1
99977555511	NULL
88866444433	NULL

(c) FUNCIONARIO_3

Cpf	Numero_departamento
12345678966	5
33344555587	5
99988777767	4
98765432168	4
66688444476	5
45345345376	5
98798798733	4
88866555576	1

Figura 15.3 O problema de tupla suspensa. (a) A relação FUNCIONARIO_1 (inclui todos os atributos de FUNCIONARIO da Figura 15.2(a) exceto Numero_departamento). (b) A relação FUNCIONARIO_2 (inclui o atributo Numero_departamento com valores NULL). (c) A relação FUNCIONARIO_3 (inclui o atributo Numero_departamento, mas não as tuplas para as quais Numero_departamento tem valores NULL).

para o conjunto de dependências funcionais *F*. Como costuma haver muitas coberturas mínimas correspondentes a *F*, conforme ilustramos no Exemplo 2 do Algoritmo 15.4, o algoritmo pode dar origem a diferentes projetos, dependendo da cobertura mínima em particular utilizada. Alguns desses projetos podem não ser desejáveis. O algoritmo de decomposição para alcançar a FNBC (Algoritmo 15.5) depende da ordem em que as dependências funcionais são fornecidas ao algoritmo para verificar a violação da FNBC. Novamente, é possível que surjam muitos projetos diferentes. Alguns dos projetos podem ser preferidos, ao passo que outros podem ser indesejáveis.

Nem sempre é possível encontrar uma decomposição para esquemas de relação que preserve dependências e permita que cada esquema de relação na decomposição esteja na FNBC (em vez de na 3FN, como no Algoritmo 15.4). Podemos verificar os esquemas de relação 3FN na decomposição individualmente para ver se cada um satisfaz a FNBC. Se algum esquema de relação R_i não estiver na FNBC, podemos decidir decompô-la ainda mais e deixá-la como se encontra na 3FN (com algumas possíveis anomalias de atualização). Mostramos, usando a abordagem de projeto de baixo para cima, que diferentes coberturas mínimas nos casos *X* e *Y* do Exemplo 2, sob o Algoritmo 15.4, produziam diferentes conjuntos de relações com base na cobertura mínima. O projeto *X* produziu o projeto 3FN como a relação LOTES1A (Identificador_propriedade, Nome_cidade, Numero_lote, Area), que está na 3FN, mas não na FNBC. Como alternativa, o projeto *Y* produziu três relações: S_1 (Identificador_propriedade, Area, Numero_lote), S_2 (Numero_lote, Nome_cidade, Identificador_propriedade) e S_3 (Area, Nome_cidade). Se testarmos cada uma dessas três relações, descobriremos que estão na FNBC. Também vimos anteriormente que, se aplicarmos o Algoritmo 15.5 a LOTES1Y para decompô-la em relações FNBC, o projeto resultante contém apenas S_1 e S_3 como projeto FNBC. Resumindo, os projetos acima dos casos (chamados Caso *X* e Caso *Y*), controlados por diferentes coberturas mínimas para o mesmo esquema universal, ilustram amplamente que o resultado serão projetos alternativos pela aplicação dos algoritmos de projeto de baixo para cima, que apresentamos na Seção 15.3.

A Tabela 15.1 resume as propriedades dos algoritmos discutidos até aqui neste capítulo.

Tabela 15.1 Resumo dos algoritmos discutidos neste capítulo.

Algoritmo	Entrada	Saída	Propriedades/Finalidade	Comentários
15.1	Um atributo ou um conjunto de atributos *X* e um conjunto de DFs *F*	Um conjunto de atributos no fechamento de *X* com relação a *F*	Determinar todos os atributos que podem ser funcionalmente determinados com base em *X*	O fechamento de uma chave é a relação inteira
15.2	Um conjunto de dependências funcionais *F*	A cobertura mínima de dependências funcionais	Determinar a cobertura mínima de um conjunto de dependências *F*	Pode haver múltiplas coberturas mínimas — depende da ordem de seleção das dependências funcionais
15.2a	Esquema de relação *R* com um conjunto de dependências funcionais *F*	Chave *Ch* de *R*	Encontrar uma chave *Ch* (que seja um subconjunto de *R*)	A relação *R* inteira é sempre uma superchave padrão
15.3	Uma decomposição *D* de *R* e um conjunto *F* de dependências funcionais	Resultado booleano: sim ou não para a propriedade de junção não aditiva	Testar para a decomposição da junção não aditiva	Veja uma NJB de teste mais simples na Seção 14.5 para decomposições binárias
15.4	Uma relação *R* e um conjunto de dependências funcionais *F*	Um conjunto de relações na 3FN	Decomposição de junção não aditiva e preservação de dependência	Pode não alcançar a FNBC, mas alcança *todas* as propriedades desejáveis e a 3FN
15.5	Uma relação *R* e um conjunto de dependências funcionais *F*	Um conjunto de relações na FNBC	Decomposição por junção não aditiva	Não há garantia de preservação de dependência
15.6	Uma relação *R* e um conjunto de dependências funcionais e multivaloradas	Um conjunto de relações na 4FN	Decomposição por junção não aditiva	Não há garantia de preservação de dependência

15.5 Discussão adicional sobre dependências multivaloradas e 4FN

Apresentamos e definimos o conceito de dependências multivaloradas e o usamos para definir a quarta forma normal na Seção 14.6. Agora, retornamos às DMVs para completar nosso tratamento, indicando as regras de inferência sobre elas.

15.5.1 Regras de inferência para dependências funcionais e multivaloradas

Assim como as dependências funcionais (DFs), as regras de inferência para dependências multivaloradas (DMVs) também foram desenvolvidas. Porém, é melhor desenvolver uma estrutura unificada que inclua tanto DFs quanto DMVs, de modo que os dois tipos de restrições possam ser considerados juntos. As regras de inferência RI1 a RI8 a seguir formam um conjunto confiável e completo para deduzir dependências funcionais e multivaloradas de determinado conjunto de dependências. Suponha que todos os atributos estejam incluídos em um esquema de relação *universal* $R = \{A_1, A_2, ..., A_n\}$ e que X, Y, Z e W sejam subconjuntos de R.

RI1 (regra reflexiva para DFs): se $X \supseteq Y$, então $X \rightarrow Y$.
RI2 (regra de aumento para DFs): $\{X \rightarrow Y\} \models XZ \rightarrow YZ$.
RI3 (regra transitiva para DFs): $\{X \rightarrow Y, Y \rightarrow Z\} \models X \rightarrow Z$.
RI4 (regra de complementação para DMVs): $\{X \twoheadrightarrow Y\} \models \{X \twoheadrightarrow (R - (X \cup Y))\}$.
RI5 (regra de aumento para DMVs): se $X \twoheadrightarrow Y$ e $W \supseteq Z$, então $WX \twoheadrightarrow YZ$.
RI6 (regra transitiva para DMVs): $\{X \twoheadrightarrow Y, Y \twoheadrightarrow Z\} \models X \twoheadrightarrow (X - Y)$.
RI7 (regra de replicação para DF para DMV): $\{X \rightarrow Y\} \models X \twoheadrightarrow Y$.
RI8 (regra de coalescência para DFs e DMVs): se $X \twoheadrightarrow Y$ e houver W com as propriedades de que (a) $W \cap Y$ é vazio, (b) $W \rightarrow Z$ e (c) $Y \supseteq Z$, então $X \rightarrow Z$.

De RI1 até RI3 são as regras de inferência de Armstrong apenas para DFs. De RI4 até RI6 são as regras de inferência pertencentes somente às DMVs. As RI7 e RI8 relacionam DFs e DMVs. Em particular, a RI7 diz que uma dependência funcional é um *caso especial* de uma dependência multivalorada; ou seja, cada DF também é uma DMV, pois satisfaz a definição formal de uma DMV. No entanto, essa equivalência tem um problema: uma DF $X \rightarrow Y$ é uma DMV $X \twoheadrightarrow Y$ com a *restrição adicional implícita* de que no máximo um valor de Y é associado a cada valor de X.[8] Dado um conjunto F de dependências funcionais e multivaloradas, especificadas em $R = \{A_1, A_2, ..., A_n\}$, podemos usar de RI1 a RI8 para deduzir o conjunto (completo) de todas as dependências (funcionais e multivaloradas) F^+ que serão mantidas em cada estado de relação r de R que satisfaça F. Novamente chamamos de F^+ o **fechamento** de F.

15.5.2 Revisão da quarta forma normal

Reproduzimos a definição da **quarta forma normal** (4FN) da Seção 14.6:

Definição. Um esquema de relação R está na **4FN** com relação a um conjunto de dependências F (que inclui dependências funcionais e multivaloradas) se, para cada dependência multivalorada *não trivial* $X \twoheadrightarrow Y$ em F^+, X em F^+ é uma superchave para R.

Para ilustrar a importância da 4FN, a Figura 15.4(a) mostra a relação FUNCIONARIO da Figura 14.15 com um funcionário adicional, 'Braga', que tem três dependentes

[8] Ou seja, o conjunto de valores de Y determinados por um valor de X é restrito a ser um conjunto singular, com apenas um valor. Logo, na prática, nunca vemos uma DF como uma DMV.

('Jim', 'Joana' e 'Roberto') e trabalha em quatro projetos diferentes ('W', 'X', 'Y' e 'Z'). Existem 16 tuplas em FUNCIONARIO na Figura 15.4(a). Se decompusermos FUNCIONARIO em FUNCIONARIO_PROJETOS e FUNCIONARIO_DEPENDENTES, como mostra a Figura 15.4(b), precisamos armazenar um total de apenas 11 tuplas nas duas relações. Não apenas a decomposição economizaria armazenamento, mas as anomalias de atualização associadas a dependências multivaloradas também seriam evitadas. Por exemplo, se 'Braga' começar a trabalhar em um novo projeto adicional 'P', temos de inserir *três* tuplas em FUNCIONARIO — uma para cada dependente. Se nos esquecermos de inserir qualquer um deles, a relação viola a DMV e torna-se incoerente porque implica incorretamente um relacionamento entre projeto e dependente.

Se a relação tiver DMVs não triviais, as operações de inserção, exclusão e atualização em tuplas isoladas podem fazer que as tuplas adicionais sejam modificadas além daquela em questão. Se a atualização for tratada incorretamente, o significado da relação pode mudar. No entanto, após a normalização para a 4FN, essas anomalias de atualização desaparecem. Por exemplo, para acrescentar a informação de que 'Braga' será atribuído ao projeto 'P', somente uma única tupla precisa ser inserida na relação 4FN FUNCIONARIO_PROJETOS.

(a) **FUNCIONARIO**

Nome_funcionario	Nome_projeto	Nome_dependente
Silva	X	João
Silva	Y	Ana
Silva	X	Ana
Silva	Y	João
Braga	W	Jim
Braga	X	Jim
Braga	Y	Jim
Braga	Z	Jim
Braga	W	Joana
Braga	X	Joana
Braga	Y	Joana
Braga	Z	Joana
Braga	W	Roberto
Braga	X	Roberto
Braga	Y	Roberto
Braga	Z	Roberto

(b) **FUNCIONARIO_PROJETOS**

Nome_funcionario	Nome_projeto
Silva	X
Silva	Y
Braga	W
Braga	X
Braga	Y
Braga	Z

FUNCIONARIO_DEPENDENTES

Nome_funcionario	Nome_dependente
Silva	Ana
Silva	João
Braga	Jim
Braga	Joana
Braga	Roberto

Figura 15.4 Decompondo um estado de relação de FUNCIONARIO que não está na 4FN. (a) Relação FUNCIONARIO com tuplas adicionais. (b) Duas relações 4FN correspondentes FUNCIONARIO_PROJETOS e FUNCIONARIO_DEPENDENTES.

A relação FUNCIONARIO da Figura 14.15(a) não está na 4FN porque representa dois relacionamentos 1:N *independentes* — um entre funcionários e os projetos em que trabalham e um entre funcionários e seus dependentes. Às vezes, temos um relacionamento entre três entidades, que é um relacionamento ternário legítimo, e não uma combinação de dois relacionamentos binários entre três entidades participantes, como a relação FORNECE mostrada na Figura 14.15(c). (Por enquanto, considere apenas as tuplas na Figura 14.5(c) *acima* da linha tracejada.) Nesse caso, uma tupla representa um fornecedor que entrega uma peça específica *a um projeto em particular*, de modo que *não existem* DMVs não triviais. Logo, a relação de todas as chaves FORNECE já está na 4FN e não deve ser decomposta.

15.5.3 Decomposição de junção não aditiva para relações 4FN

Sempre que decompomos um esquema de relação R em $R_1 = (X \cup Y)$ e $R_2 = (R - Y)$ com base em uma DMV $X \twoheadrightarrow Y$ que se mantém em R, a decomposição tem a propriedade de junção não aditiva. Pode-se mostrar que essa é uma condição necessária e suficiente para decompor um esquema em dois esquemas que têm a propriedade de junção não aditiva, como dado pela Propriedade NJB′, que é mais uma generalização da Propriedade NJB dada anteriormente na Seção 14.5.1. A propriedade NJB tratava apenas de DFs, ao passo que a NJB′ trata de DFs e DMVs (lembre-se de que uma DF também é uma DMV).

Propriedade NJB′. Os esquemas de relação R_1 e R_2 formam uma decomposição de junção não aditiva de R em relação a um conjunto F de dependências funcionais *e* multivaloradas se, e somente se,

$$(R_1 \cap R_2) \twoheadrightarrow (R_1 - R_2)$$

ou, por simetria, se, e somente se,

$$(R_1 \cap R_2) \twoheadrightarrow (R_2 - R_1)$$

Podemos usar uma pequena modificação do Algoritmo 15.5 para desenvolver o Algoritmo 15.7, que cria uma decomposição de junção não aditiva para esquemas de relação que estão na 4FN (em vez de na FNBC). Assim como no Algoritmo 15.5, o Algoritmo 15.7 *não* necessariamente produz uma decomposição que preserva DFs.

Algoritmo 15.7. Decomposição relacional em relações 4FN com propriedade de junção não aditiva

Entrada: uma relação universal R e um conjunto de dependências funcionais e multivaloradas F

1. Defina D:= { R };
2. Enquanto houver um esquema de relação Q em D que não esteja na 4FN,
   { escolha um esquema de relação Q em D que não está na 4FN;
   ache uma DMV não trivial $X \twoheadrightarrow Y$ em Q que viola a 4FN;
   substitua Q em D por dois esquemas de relação $(Q - Y)$ e $(X \cup Y)$;
   };

15.6 Outras dependências e formas normais

15.6.1 Dependências de junção e a quinta forma normal

Já apresentamos outro tipo de dependência, chamada dependência de junção (DJ), na Seção 14.7. Ela surge quando uma relação pode ser decomposta em um conjunto de relações projetadas, que podem ser reunidas de volta para gerar a relação original. Depois de estabelecer a DJ, definimos a quinta forma normal com base nela, na

Seção 14.7. A quinta forma normal também é conhecida como a forma normal de projeção-junção, ou FNPJ (Fagin, 1979). Um problema prático com esta e algumas outras dependências (e formas normais relacionadas, como a FNDC, definida na Seção 15.6.4), é que elas são difíceis de serem descobertas.

Além disso, não existem conjuntos de regras de inferência legítimas e completas para raciocinar sobre elas. Na parte restante desta seção, apresentamos alguns outros tipos de dependências que foram identificadas. Entre elas, as dependências de inclusão e as baseadas em funções aritméticas e semelhantes são usadas com frequência.

15.6.2 Dependências de inclusão

As dependências de inclusão foram definidas a fim de formalizar dois tipos de restrições entre relações:

- A restrição de chave estrangeira (ou integridade referencial) não pode ser especificada como uma dependência funcional ou multivalorada, pois se relaciona aos atributos entre as relações.
- A restrição entre duas relações que representam um relacionamento de classe/subclasse (ver capítulos 4 e 9) também não tem definição formal nos termos das dependências funcionais, multivaloradas e de junção.

Definição. Uma **dependência de inclusão** $R.X < S.Y$ entre dois conjuntos de atributos — X do esquema de relação R e Y do esquema de relação S — especifica a restrição de que, a qualquer momento específico em que r for um estado de relação de R e s um estado de relação de S, devemos ter

$$\pi_X(r(R)) \subseteq \pi_Y(s(S))$$

O relacionamento $\subseteq$ (subconjunto) não necessariamente precisa ser um subconjunto próprio. Obviamente, os conjuntos de atributos em que a dependência de inclusão é especificada — X de R e Y de S — devem ter o mesmo número de atributos. Além disso, os domínios para cada par de atributos correspondentes devem ser compatíveis. Por exemplo, se $X = \{A_1, A_2, ..., A_n\}$ e $Y = \{B_1, B_2, ..., B_n\}$, uma correspondência possível é ter dom(A_i) *compatível com* dom(B_i) para $1 \leq i \leq n$. Nesse caso, dizemos que A_i **corresponde a** B_i.

Por exemplo, podemos especificar as seguintes dependências de inclusão no esquema relacional da Figura 14.1:

DEPARTAMENTO.Cpf_gerente < FUNCIONARIO.Cpf
TRABALHA_EM.Cpf_funcionario < FUNCIONARIO.Cpf
FUNCIONARIO.Numero_departamento < DEPARTAMENTO.Numero_departamento
PROJETO.Numero_departamento < DEPARTAMENTO.Numero_departamento
TRABALHA_EM.Numero_projeto < PROJETO.Numero_projeto
LOCALIZACOES_DEPARTAMENTO.Numero_departamento < DEPARTAMENTO.Numero_departamento

Todas essas dependências de inclusão representam **restrições de integridade referencial.** Também podemos usar dependências de inclusão para representar **relacionamentos de classe/subclasse.** Por exemplo, no esquema relacional da Figura 9.6, podemos especificar as seguintes dependências de inclusão:

FUNCIONARIO.Cpf < PESSOA.Cpf
EX-ALUNO.Cpf < PESSOA.Cpf
ALUNO.Cpf < PESSOA.Cpf

Assim como outros tipos de dependências, existem *regras de inferência de dependência de inclusão* — RIDI. Veja três exemplos a seguir:

RIDI1 (reflexividade): $R.X < R.X$.

RIDI2 (correspondência de atributo): se $R.X < S.Y$, em que $X = \{A_1, A_2, ..., A_n\}$ e $Y = \{B_1, B_2, ..., B_n\}$ e A_i *corresponde a* B_i, então $R.A_i < S.B_i$ para $1 \leq i \leq n$.

RIDI3 (transitividade): se $R.X < S.Y$ e $S.Y < T.Z$, então $R.X < T.Z$.

As regras de inferência anteriores foram consideradas legítimas e completas para dependências de inclusão. Até aqui, nenhuma forma normal foi desenvolvida com base nas dependências de inclusão.

15.6.3 Dependências funcionais com base em funções aritméticas e procedimentos

Às vezes, alguns atributos em uma relação podem estar relacionados por meio de alguma função aritmética ou um relacionamento funcional mais complicado. Contanto que um valor exclusivo de *Y* esteja associado a cada *X*, ainda podemos considerar que a DF $X \rightarrow Y$ existe. Por exemplo, na relação

ITEM_PEDIDO (Numero_pedido, Numero_item, Quantidade, Preco_unitario, Total_item, Preco_desconto)

cada tupla representa um item de um pedido com determinada quantidade e o preço por unidade para esse item. Nessa relação, (Quantidade, Preco_unitario) → Total_item pela fórmula

Total_item = Preco_unitario ★ Quantidade.

Logo, existe um valor exclusivo para Total_item para cada par (Quantidade, Preco_unitario) e, portanto, está de acordo com a definição de dependência funcional.

Além disso, pode haver um procedimento que leve em consideração os descontos por quantidade, o tipo de item, e assim por diante, e calcule um preço com desconto para a quantidade total pedida para esse item. Portanto, podemos dizer

(Numero_item, Quantidade, Preco_unitario) → Preco_desconto, ou
(Numero_item, Quantidade, Total_item) → Preco_desconto

Para verificar as DFs acima, um procedimento mais complexo CALCULAR_PRECO_TOTAL pode ser colocado em ação. Embora os tipos mostrados de DFs estejam tecnicamente presentes na maioria das relações, eles não recebem atenção em particular durante a normalização. Eles podem ser relevantes durante a carga das relações e o processamento da consulta, pois o preenchimento ou a recuperação do atributo no lado direito da dependência exige a execução de um procedimento como o mencionado.

15.6.4 Forma normal de domínio-chave

Não existe uma regra estrita sobre a definição de formas normais apenas até a 5FN. Historicamente, os processos de normalização e de descoberta de dependências indesejáveis eram executados até a 5FN, mas tem sido possível definir formas normais mais rigorosas que levam em conta outros tipos de dependências e restrições. A ideia por trás da **forma normal de domínio-chave** (**FNDC**) é especificar (pelo menos, de maneira teórica) a *forma normal definitiva* que considera todos os tipos possíveis de dependências e restrições. Um esquema de relação é considerado na **FNDC** se todas as restrições e dependências que devem ser mantidas nos estados válidos da relação puderem ser impostas simplesmente ao impor as restrições de domínio e restrições de chave sobre a relação. Para uma relação na FNDC, torna-se muito simples impor todas as restrições do banco de dados simplesmente verificando se cada valor de atributo em uma tupla tem o domínio apropriado e se cada restrição de chave é imposta.

Contudo, pela dificuldade de incluir restrições complexas em uma relação FNDC, sua utilidade prática é limitada, pois pode ser muito difícil especificar restrições de integridade gerais. Por exemplo, considere uma relação CARRO(Marca, Identificador_carro) (em que Identificador_carro é o número de identificação do veículo) e outra relação FABRICANTE(Identificador_carro, Pais) (em que Pais é o país de fabricação). Uma restrição geral pode ter a seguinte forma: *se a marca for 'Toyota' ou 'Lexus', o primeiro caractere de Identificador_carro é 'J' se o país de fabricação for 'Japão'; se a marca for 'Honda' ou 'Acura', o segundo caractere de Identificador_carro é um 'J' se o país de fabricação for 'Japão'*. Não existe um modo simplificado de representar essas restrições além de escrever um procedimento (ou asserções gerais) para testá-las. O procedimento CALCULAR_PRECO_TOTAL é um exemplo desses procedimentos necessários para impor uma restrição de integridade apropriada.

Por esses motivos, embora o conceito da FNDC seja atraente e pareça simples, ele não pode ser testado ou implementado diretamente com quaisquer garantias de consistência ou não redundância de projeto. Logo, ele não é muito utilizado na prática.

15.7 Resumo

Neste capítulo, apresentamos outro conjunto de tópicos relacionados a dependências, uma discussão da decomposição e diversos algoritmos relacionados a eles e também ao projeto de relações 3FN, FNBC e 4FN a partir de um conjunto dado de dependências funcionais e multivaloradas. Na Seção 15.1, apresentamos regras de inferência para dependências funcionais (DFs), a noção de fechamento de um atributo, fechamento de um conjunto de dependências funcionais, equivalência entre conjuntos de dependências funcionais e algoritmos para encontrar o fechamento de um atributo (Algoritmo 15.1) e a cobertura mínima de um conjunto de DFs (Algoritmo 15.2). Depois, discutimos duas propriedades importantes das decomposições: a propriedade de junção não aditiva e a propriedade de preservação de dependência. Foi apresentado um algoritmo de *n* vias para testar a decomposição não aditiva de uma relação (Algoritmo 15.3), e um teste mais simples para verificar a propriedade das decomposições binárias não aditivas (propriedade NJB) já foi descrito na Seção 14.5.1. Depois, abordamos o projeto relacional pela síntese, com base em um conjunto de dependências funcionais dadas. O *algoritmo de síntese relacional* (Algoritmo 15.4) cria relações 3FN de um esquema de relação universal com base em determinado conjunto de dependências funcionais que foram especificadas pelo projetista do banco de dados. Os *algoritmos de decomposição relacional* (como os algoritmos 15.5 e 15.6) criam relações FNBC (ou 4FN) pela decomposição não aditiva sucessiva de relações não normalizadas para duas relações componentes de cada vez. Vimos que é possível sintetizar esquemas de relação 3FN que atendem a ambas as propriedades; porém, no caso das FNBC, é possível visar apenas à não aditividade das junções — a preservação da dependência *não pode* ser garantida. Se o projetista tiver de visar a uma dessas duas, a condição de junção não aditiva é uma necessidade absoluta. Na Seção 15.4, mostramos como certas necessidades surgem em uma coleção de relações em virtude de valores nulos que podem existir em relações, apesar de estas estarem individualmente na 3FN ou na FNBC. Às vezes, quando a decomposição é indevidamente levada muito adiante, certas "tuplas suspensas" podem acontecer, as quais não participam dos resultados das junções e, portanto, podem se tornar invisíveis. Também mostramos como os algoritmos como o 15.4 para a síntese 3FN poderiam levar a projetos alternativos com base na escolha da cobertura mínima. Depois, revisamos as dependências multivaloradas (DMVs) na Seção 15.5, as quais surgem de uma combinação imprópria de dois ou mais atributos multivalorados independentes na mesma relação e que resultam em uma expansão combinatória das tuplas usadas para definir a quarta forma normal (4FN). Discutimos as regras de inferência aplicáveis às DMVs e abordamos a importância da 4FN. Finalmente, na Seção 15.6, discutimos as dependências de inclusão, utilizadas para especificar a integridade referencial e as restrições de classe/subclasse, e indicamos a necessidade de funções aritméticas ou procedimentos mais complexos para impor certas restrições de dependência funcional. Concluímos com uma breve discussão da forma normal de domínio-chave (FNDC).

PERGUNTAS DE REVISÃO

15.1. Qual é o papel das regras de inferência de Armstrong (regras de inferência de RI1 a RI3) no desenvolvimento da teoria do projeto relacional?

15.2. O que significa a completude e legitimidade das regras de inferência de Armstrong?

15.3. O que significa o fechamento de um conjunto de dependências funcionais? Ilustre com um exemplo.

15.4. Quando dois conjuntos de dependências funcionais são equivalentes? Como podemos determinar sua equivalência?

15.5. O que é um conjunto mínimo de dependências funcionais? Cada conjunto de dependências tem um conjunto equivalente mínimo? Ele é sempre exclusivo?

15.6. O que significa a condição de preservação de atributo em uma decomposição?

15.7. Por que as formas normais isoladas são insuficientes como uma condição para um bom projeto de esquema?

15.8. O que é a propriedade de preservação de dependência para uma decomposição? Por que ela é importante?

15.9. Por que *não* garantimos que os esquemas de relação FNBC serão produzidos pelas decomposições de preservação de dependência dos esquemas de relação não FNBC? Dê um contraexemplo para ilustrar esse ponto.

15.10. O que é a propriedade de junção sem perdas (ou não aditiva) de uma decomposição? Por que ela é importante?

15.11. Entre as propriedades da preservação de dependência e "sem perdas", qual deve ser definitivamente satisfeita? Por quê?

15.12. Discuta os problemas do valor NULL e da tupla suspensa.

15.13. Ilustre como o processo de criação de relações na primeira forma normal pode levar a dependências multivaloradas. Como a primeira normalização deve ser feita corretamente de modo que as DMVs sejam evitadas?

15.14. Que tipos de restrições as dependências de inclusão pretendem representar?

15.15. Como as dependências de modelo diferem dos outros tipos de dependências que discutimos?

15.16. Por que a forma normal de domínio-chave (FNDC) é conhecida como a forma normal definitiva?

EXERCÍCIOS

15.17. Mostre que os esquemas de relação produzidos pelo Algoritmo 15.4 estão na 3FN.

15.18. Mostre que, se a matriz *S* resultante do Algoritmo 15.3 não tiver uma linha contendo todos os símbolos *a*, projetar *S* na decomposição e juntá-la novamente sempre produzirá pelo menos uma tupla falsa.

15.19. Mostre que os esquemas de relação produzidos pelo Algoritmo 15.5 estão na FNBC.

15.20. Escreva programas que implementem os algoritmos 15.4 e 15.5.

15.21. Considere a relação GELADEIRA(Numero_modelo, Ano, Preco, Fabrica, Cor), que é abreviada como GELADEIRA(M, A, P, F, C), e o seguinte conjunto F de dependências funcionais: $F = \{M \rightarrow F, \{M, A\} \rightarrow P, F \rightarrow C\}$

a. Avalie cada um dos seguintes como uma chave candidata para GELADEIRA, dando motivos pelos quais ela pode ou não ser uma chave: {M}, {M, A}, {M, C}.

b. Com base na determinação de chave acima, indique se a relação GELADEIRA está na 3FN e na FNBC, dando motivos apropriados.

c. Considere a decomposição de GELADEIRA em $D = \{R_1(M, A, P), R_2(M, F, C)\}$. Essa decomposição é sem perdas? Mostre por quê. (Você pode consultar o teste sob a Propriedade NJB na Seção 14.5.1.)

15.22. Especifique todas as dependências de inclusão para o esquema relacional da Figura 5.5.

15.23. Prove que uma dependência funcional satisfaz a definição formal da dependência multivalorada.

15.24. Considere o exemplo de normalização da relação LOTES nas seções 14.4 e 14.5. Determine se a decomposição de LOTES em {LOTES1AX, LOTES1AY, LOTES1B, LOTES2} tem uma propriedade de junção sem perdas, aplicando o Algoritmo 15.3 e também usando o teste sob a Propriedade NJB da Seção 14.5.1.

15.25. Mostre como as DMVs Nome_funcionario ↠ Nome_projeto e Nome_funcionario ↠ Nome_dependente da Figura 14.15(a) podem surgir durante a normalização para a 1FN de uma relação, na qual os atributos Nome_projeto e Nome_dependente são multivalorados.

15.26. Aplique o Algoritmo 15.2(a) à relação do Exercício 14.24 para determinar uma chave para R. Crie um conjunto mínimo de dependências G que seja equivalente a F e aplique o algoritmo de síntese (Algoritmo 15.4) para decompor R em relações 3FN.

15.27. Repita o Exercício 15.26 para as dependências funcionais do Exercício 14.25.

15.28. Aplique o algoritmo de decomposição (Algoritmo 15.5) à relação R e o conjunto de dependências F no Exercício 15.24. Repita para as dependências G no Exercício 15.25.

15.29. Aplique o Algoritmo 15.2(a) às relações nos exercícios 14.27 e 14.28 para determinar uma chave para R. Aplique o algoritmo de síntese (Algoritmo 15.4) para decompor R em relações 3FN e o algoritmo de decomposição (Algoritmo 15.5) para decompor R em relações FNBC.

15.30. Considere as seguintes decomposições para o esquema de relação R do Exercício 14.24. Determine se cada decomposição tem (1) a propriedade de preservação de dependência e (2) a propriedade de junção sem perdas, com relação a F. Determine também em qual forma normal cada relação na decomposição se encontra.

a. $D_1 = \{R_1, R_2, R_3, R_4, R_5\}$; $R_1 = \{A, B, C\}$, $R_2 = \{A, D, E\}$, $R_3 = \{B, F\}$, $R_4 = \{F, G, H\}$, $R_5 = \{D, I, J\}$

b. $D_2 = \{R_1, R_2, R_3\}$; $R_1 = \{A, B, C, D, E\}$, $R_2 = \{B, F, G, H\}$, $R_3 = \{D, I, J\}$

c. $D_3 = \{R_1, R_2, R_3, R_4, R_5\}$; $R_1 = \{A, B, C, D\}$, $R_2 = \{D, E\}$, $R_3 = \{B, F\}$, $R_4 = \{F, G, H\}$, $R_5 = \{D, I, J\}$

EXERCÍCIO DE LABORATÓRIO

Nota: estes exercícios usam o sistema DBD (*data base designer*) que é descrito no manual do laboratório (disponível em inglês, na Sala Virtual do livro). O esquema relacional R e o conjunto de dependências funcionais F precisam ser codificados como listas. Como um exemplo, R e F para o Problema 14.24 são codificados como:

R = [*a*, *b*, *c*, *d*, *e*, *f*, *g*, *h*, *i*, *j*]
F = [[[*a*, *b*],[*c*]],
[[*a*],[*d*, *e*]],
[[*b*],[*f*]],
[[*f*],[*g*, *h*]],
[[*d*],[*i*, *j*]]]

Como o DBD é implementado em Prolog, o uso de termos em maiúsculas é reservado para variáveis na linguagem e, portanto, constantes minúsculas são utilizadas para codificar os atributos. Para obter mais detalhes sobre o uso do sistema DBD, consulte o manual do laboratório.

15.31. Usando o sistema DBD, verifique suas respostas para os seguintes exercícios:

a. 15.24
b. 15.26
c. 15.27
d. 15.28
e. 15.29
f. 15.30 (a) e (b)

BIBLIOGRAFIA SELECIONADA

Os livros de Maier (1983) e Atzeni e De Antonellis (1993) incluem uma discussão abrangente sobre a teoria da dependência relacional. O Algoritmo 15.4 é baseado no algoritmo de normalização apresentado em Biskup et al. (1979). O algoritmo de decomposição (Algoritmo 15.5) é atribuído a Bernstein (1976). Tsou e Fischer (1982) dão um algoritmo de tempo polinomial para a decomposição da FNBC.

A teoria da preservação de dependência e junções sem perdas é explicada em Ullman (1988), onde aparecem provas de alguns dos algoritmos discutidos aqui. A propriedade de junção sem perda é analisada em Aho et al. (1979). Os algoritmos para determinar as chaves de uma relação com base em dependências funcionais são dados em Osborn (1977); o teste para a FNBC é discutido em Osborn (1979). O teste para a 3FN é discutido em Tsou e Fischer (1982). Os algoritmos para projetar relações FNBC são dados em Wang (1990) e em Hernandez e Chan (1991).

As dependências multivaloradas e a quarta forma normal são definidas em Zaniolo (1976) e em Nicolas (1978). Muitas das formas normais avançadas são atribuídas a Fagin: a quarta forma normal em Fagin (1977), FNPJ em Fagin (1979) e FNDC em Fagin (1981). O conjunto de regras legítimas e completas para dependências funcionais e multivaloradas foi dado por Beeri et al. (1977). As dependências de junção são discutidas por Rissanen (1977) e por Aho et al. (1979). As regras de inferência para dependências de junção são dadas por Sciore (1982). As dependências de inclusão são discutidas por Casanova et al. (1981) e analisadas ainda mais em Cosmadakis et al. (1990). Seu uso na otimização de esquemas relacionais é discutido em Casanova et al. (1989). As dependências de modelo, que são uma forma geral de dependências baseadas em hipóteses e tuplas de conclusão, são discutidas por Sadri e Ullman (1982). Outras dependências são discutidas em Nicolas (1978), em Furtado (1978) e em Mendelzon e Maier (1979). Abiteboul et al. (1995) oferecem um tratamento teórico de muitas das ideias apresentadas neste capítulo e no Capítulo 14.

PARTE 7
Estruturas de arquivo, hashing, indexação e projeto físico de banco de dados

16 Armazenamento de disco, fundamentos de estruturas de arquivo, hashing e arquiteturas de armazenamento modernas

Os bancos de dados são armazenados fisicamente como arquivos de registros, que em geral ficam em discos magnéticos. Este capítulo e o seguinte tratam da organização dos bancos de dados em locais de armazenamento e as técnicas para acessá-los de modo eficiente usando diversos algoritmos, alguns dos quais exigindo estruturas de dados auxiliares, chamadas *índices*. Essas estruturas costumam ser conhecidas como **estruturas físicas de arquivo de banco de dados** e estão no nível físico da arquitetura de três esquemas descrita no Capítulo 2. Começamos a Seção 16.1 introduzindo os conceitos de hierarquias de armazenamento de computador e como elas são usadas nos sistemas de banco de dados. A Seção 16.2 é dedicada a uma descrição dos dispositivos de armazenamento de disco magnético e suas características, memória flash e unidades em estado sólido e unidades ópticas, além dos dispositivos de armazenamento de fita magnética usados para fins de arquivamento. Também discutiremos técnicas mais eficientes para ter acesso aos discos. Depois de discutir diferentes tecnologias de armazenamento, voltamos nossa atenção para os métodos para organizar fisicamente os dados nos discos. A Seção 16.3 aborda a técnica de buffering duplo, usada para agilizar a recuperação de múltiplos blocos de disco. Também discutimos o gerenciamento de buffer e as estratégias de substituição de buffer. Na Seção 16.4, discutimos diversas maneiras de formatar e armazenar registros de arquivo no disco. A Seção 16.5 discute os diversos tipos de operações normalmente aplicadas aos registros do arquivo. Apresentamos três métodos principais para organizar registros de arquivo no disco: registros desordenados, na Seção 16.6; registros ordenados, na Seção 16.7; e registros com hashing, na Seção 16.8.

A Seção 16.9 apresenta rapidamente os arquivos de registros mistos e outros métodos principais para organizar registros, como as B-trees. Estas são particularmente relevantes para o armazenamento de bancos de dados orientados a objeto, que discutimos no Capítulo 12. A Seção 16.10 descreve o RAID (*redundant arrays of inexpensive* — ou *independent* — *disks*), uma arquitetura de sistema de armazenamento de dados que normalmente é usada em grandes organizações para obter melhor confiabilidade e desempenho. Por fim, na Seção 16.11, descrevemos três desenvolvimentos modernos que são importantes para o armazenamento de dados corporativos: área de armazenamento em rede (SAN, do inglês *storage area networks*), armazenamento conectado à rede (NAS, do inglês *network-attached storage*) e iSCSI (internet SCSI — *small computer system interface*), além de outros protocolos de armazenamento baseados em rede, que tornam as redes de área de armazenamento mais acessíveis sem o uso da infraestrutura canais de fibra e, portanto, está obtendo grande aceitação na indústria. Também discutimos as camadas de armazenamento e o armazenamento baseado em objeto. A Seção 16.12 resume o capítulo. No Capítulo 17, discutimos as técnicas para criar estruturas de dados auxiliares, chamadas de índices, que agilizam a busca e a recuperação de registros. Essas técnicas envolvem o armazenamento de dados auxiliares, chamados arquivos de índice, além dos próprios registros do arquivo.

Os capítulos 16 e 17 podem ser folheados ou mesmo omitidos pelos leitores que já estudaram organizações e indexação de arquivos em outro curso. O material abordado aqui, em particular as seções 16.1 a 16.8, é necessário para se entender os capítulos 18 e 19, que tratam do processamento e otimização de consulta e do ajuste do banco de dados para melhorar o desempenho das consultas.

16.1 Introdução

A coleção de dados que compõem um banco de dados computadorizado deve ser armazenada fisicamente em algum **meio de armazenamento** no computador. O software de SGBD pode recuperar, atualizar e processar esses dados conforme a necessidade. A mídia de armazenamento de computador forma uma *hierarquia de armazenamento* que inclui três categorias principais:

- **Armazenamento primário.** Esta categoria inclui a mídia de armazenamento que pode ser operada diretamente pela *unidade central de processamento* (CPU) do computador, como a memória principal do computador e memórias cache menores, porém mais rápidas. O armazenamento primário normalmente oferece acesso rápido aos dados, mas tem capacidade de armazenamento limitada. Embora as capacidades da memória principal estejam crescendo rapidamente nos últimos anos, elas ainda são mais caras e têm menos capacidade de armazenamento que o exigido pelos bancos de dados típicos, em nível corporativo. O conteúdo da memória principal é perdido quando há falta de energia ou uma falha no sistema.
- **Armazenamento secundário.** A escolha principal de meio de armazenamento para os bancos de dados corporativos tem sido os discos magnéticos. Porém, as memórias flash estão se tornando um meio comum para o armazenamento de quantidades moderadas de dados permanentes. Quando usada como um substituto para um disco rígido, essa memória é denominada **unidade em estado sólido** (ou SSD, do inglês **solid-state drive**).
- **Armazenamento terciário.** Os discos ópticos (CD-ROMs, DVDs e outros meios de armazenamento semelhantes) e fitas são meios removíveis usados nos sistemas atuais como armazenamento off-line para o arquivamento de bancos de dados e, portanto, estão incluídos na categoria denominada armazenamento terciário. Estes dispositivos costumam ter uma capacidade maior, menor custo e oferecem acesso mais lento aos dados que os dispositivos de armazenamento primários. Os dados no armazenamento secundário ou terciário não podem ser processados diretamente pela CPU; primeiro, eles precisam ser copiados para o armazenamento primário e, depois, processados pela CPU.

Primeiro, damos uma visão geral dos diversos dispositivos de armazenamento usados para armazenamento primário, secundário e terciário na Seção 16.1.1, e depois, na Seção 16.1.2, discutimos como os bancos de dados normalmente são tratados na hierarquia de armazenamento.

16.1.1 Hierarquias de memória e dispositivos de armazenamento[1]

Em um sistema de computador moderno, os dados residem e são transportados por uma hierarquia de meios de armazenamento. A memória de velocidade mais alta é a mais cara e, portanto, está disponível com a menor capacidade. A memória de velocidade mais lenta é o armazenamento em fita off-line, que basicamente está disponível em capacidade de armazenamento indefinida.

No *nível de armazenamento primário*, a hierarquia de memória inclui, no extremo mais caro, a **memória cache**, que é uma RAM (*random access memory*) estática. A memória cache normalmente é usada pela CPU para agilizar a execução de instruções de programa usando técnicas como pré-busca e pipelining. O próximo nível de armazenamento primário é a DRAM (*dynamic* RAM), que oferece a área de trabalho principal para a CPU, para manter instruções de programa e dados. Ela é popularmente chamada de **memória principal**. A vantagem da DRAM é seu baixo custo, que continua a diminuir; a desvantagem é sua volatilidade[2] e menor velocidade em comparação com a RAM estática.

No *nível de armazenamento secundário e terciário*, a hierarquia inclui discos magnéticos, bem como **armazenamento em massa** na forma de dispositivos de CD-ROM (*compact disk–read-only memory*) e DVD (*digital video disk* ou *digital versatile disk*) e, por fim, fitas no extremo mais barato da hierarquia. A **capacidade de armazenamento** é medida em kilobytes (Kbyte ou 1.000 bytes), megabytes (MB ou 1 milhão de bytes), gigabytes (GB ou 1 bilhão de bytes) e até mesmo terabytes (1.000 GB). A palavra *petabyte* (1.000 terabytes ou 10^{15} bytes) agora está se tornando relevante no contexto de repositórios muito grandes de dados na física, astronomia, ciências terrestres e outras aplicações científicas.

Os programas residem e são executados na DRAM. Em geral, grandes bancos de dados permanentes residem no armazenamento secundário (discos magnéticos) e partes do banco são lidas e escritas de buffers na memória principal conforme a necessidade. Atualmente, os computadores pessoais e as estações de trabalho possuem grandes memórias principais de centenas de megabytes de RAM ou DRAM, de modo que está se tornando possível carregar uma grande parte do banco de dados na memória principal. Oito a 16 GB de memória principal em um único servidor está se tornando algo comum em notebooks, e servidores com 256 GB de capacidade não são raros. Em alguns casos, bancos de dados inteiros podem ser mantidos na memória principal (com uma cópia de backup no disco magnético), levando a **bancos de dados de memória principal**. Estes são particularmente úteis em aplicações de tempo real, que exigem tempos de resposta extremamente rápidos. Um exemplo são as aplicações de comutação de telefone, que armazenam bancos de dados que contêm informações de roteamento e linha na memória principal.

Memória flash. Entre a DRAM e o armazenamento em disco magnético, outra forma de memória, a **memória flash**, está se tornando comum, principalmente porque ela é não volátil. As memórias flash são de alta densidade e alto desempenho e usam

[1] Os autores gostariam de agradecer a valiosa ajuda de Dan Forsyth com relação ao estado atual dos sistemas de armazenamento nas empresas. Os autores também desejam agradecer a Satish Damle por suas sugestões.

[2] A memória volátil normalmente perde seu conteúdo em caso de falta de energia, mas com a memória não volátil isso não acontece.

a tecnologia EEPROM (*electrically erasable programmable read-only memory*). A vantagem da memória flash é a velocidade de acesso rápida; a desvantagem é que um bloco inteiro precisa ser apagado e gravado simultaneamente. As memórias flash podem ser de dois tipos, denominados NAND e NOR, com base no tipo de circuito lógico utilizado. Os dispositivos flash NAND possuem capacidade de armazenamento maior para determinado custo e são usados como meio de armazenamento de dados em aplicações com capacidades variando de 8 GB a 64 GB para as placas populares, que custam menos de um dólar por GB. Os dispositivos flash são usados em câmeras, MP3/MP4 players, telefones celulares, PDAs (*personal digital assistants*), e assim por diante. Unidades flash USB (*universal serial bus*) tornaram-se o meio mais portátil para transportar dados entre computadores pessoais; elas têm um dispositivo de armazenamento de memória flash integrado a uma interface USB.

Unidades ópticas. A forma mais popular de armazenamento óptico removível são os CDs (*compact disks*) e os DVDs. Os CDs possuem capacidade de 700 MB, enquanto os DVDs têm capacidades que variam de 4,5 a 15 GB. Os CD-ROMs (*compact disk — read only memory*) armazenam dados opticamente e são lidos por um dispositivo a laser. Os CD-ROMs contêm dados pré-gravados que não podem ser modificados. A versão dos discos compactos e de vídeo digital, chamada CD-R (*compact disk recordable*) e DVD-R ou DVD+R, que também são conhecidos como WORM (*write-once-read-many*), é uma forma de armazenamento óptico usado para arquivar dados; eles permitem que os dados sejam gravados uma vez e lidos qualquer número de vezes sem a possibilidade de apagamento. Eles mantêm cerca de meio gigabyte de dados por disco e duram muito mais que os discos magnéticos.[3] Um formato de maior capacidade para os DVDs, chamado DVD Blu-ray, pode armazenar 27 GB por camada, ou 54 GB em um disco de duas camadas. **Memórias de jukebox óptico** utilizam um conjunto de placas de CD-ROM, que são carregadas em unidades por demanda. Embora os jukeboxes ópticos tenham capacidades na ordem de centenas de gigabytes, seus tempos de recuperação estão na ordem de centenas de milissegundos, muito mais lento que os discos magnéticos. Esse tipo de **armazenamento terciário** continua a diminuir em decorrência da rápida diminuição no custo e do aumento nas capacidades dos discos magnéticos. A maioria das unidades de disco de computador pessoal agora lê discos de CD-ROM e DVD. Normalmente, as unidades são CD-R (*compact disk recordable*) que podem criar CD-ROMs e CDs de áudio (*compact disks*), bem como gravar DVDs.

Fitas magnéticas. Finalmente, as **fitas magnéticas** são usadas para arquivamento e armazenamento de backup dos dados. Os **jukeboxes de fita** — que contêm um banco de fitas que são catalogadas e podem ser carregadas automaticamente nas unidades de fita — estão se tornando populares como **armazenamento terciário,** para manter terabytes de dados. Por exemplo, o sistema satélite de observação da Terra (EOS — Earth Observation Satellite) da NASA armazena bancos de dados arquivados dessa forma.

Muitas organizações grandes já possuem bancos de dados com tamanhos na ordem dos terabytes. O termo **banco de dados muito grande** não pode mais ser definido com exatidão, pois as capacidades de armazenamento em disco estão aumentando, e os custos, diminuindo. Logo, o termo *banco de dados muito grande* pode ser reservado para bancos de dados com centenas de terabytes ou petabytes.

Para resumir, uma hierarquia de dispositivos e sistemas de armazenamento está disponível hoje para o armazenamento de dados. Dependendo do uso pretendido

[3] Suas velocidades de rotação são mais baixas (em torno de 400 rpm), gerando maiores atrasos de latência e baixas taxas de transferência (em torno de 100 a 200 KB/segundo) para driver 1X. Drivers *n*X (por exemplo: 16X, em que n=16) devem atingir uma taxa de transferência superior multiplicando rpm *n* vezes. A taxa de transferência de DVD 1X é mais ou menos 1,385 MB/s.

e dos requisitos da aplicação, os dados são mantidos em um ou mais níveis dessa hierarquia. A Tabela 16.1 resume o estado atual desses dispositivos e sistemas, mostrando a variedade de capacidades, os tempos médios de acesso, as larguras de banda (velocidades de transferência) e os custos no mercado aberto de commodities. O custo do armazenamento geralmente diminui em todos os níveis dessa hierarquia.

Tabela 16.1 Tipos de armazenamento com capacidade, tempo de acesso, largura de banda (velocidade de transferência) máxima e custo da commodity.

Tipo	Capacidade*	Tempo de acesso	Largura de banda máxima	Preços de commodity (2014)**
Memória principal – RAM	4 GB–1 TB	30 ns	35 GB/s	US$ 100–US$ 20K
Memória flash – SSD	64 GB–1 TB	50 μs	750 MB/s	US$ 50–US$ 600
Memória flash – pen drive	4 GB–512 GB	100 μs	50 MB/s	US$ 2–US$ 200
Disco magnético	400 GB–8 TB	10 ms	200 MB/s	US$ 70–US$ 500
Armazenamento óptico	50 GB–100 GB	180 ms	72 MB/s	US$ 100
Fita magnética	2,5 TB–8,5 TB	10 s–80 s	40–250 MB/s	US$ 2,5K–US$ 30K
Jukebox de fita	25 TB – 2.100.000 TB	10 s–80 s	250 MB/s–1,2 PB/s	US$ 3K–US$ 1M+

* As capacidades são baseadas em unidades populares disponíveis comercialmente em 2014.
** Os custos são baseados em mercados de commodity on-line.

16.1.2 *Organização do armazenamento de bancos de dados*

Os bancos de dados costumam armazenar grande quantidade de dados que precisam persistir por longos períodos de tempo e, portanto, costumam ser considerados **dados persistentes.** Partes desses dados são acessadas e processadas repetidamente durante esse período de armazenamento. Isso é contrário à noção de **dados transientes,** que persistem apenas por um tempo limitado durante a execução do programa. A maioria dos bancos de dados é armazenada de maneira permanente (ou *persistentemente*) no armazenamento secundário do disco magnético, pelos seguintes motivos:

- Em geral, os bancos de dados são muito grandes para caber inteiramente na memória principal.[4]
- As circunstâncias que causam perda permanente de dados armazenados surgem com menos frequência para o armazenamento de disco secundário que para o armazenamento primário. Logo, referimo-nos ao disco — e a outros dispositivos de armazenamento secundário — como **armazenamento não volátil**, ao passo que a memória principal normalmente é chamada de **armazenamento volátil**.
- O custo de armazenamento por unidade de dados está na ordem de grandeza menor para o armazenamento de disco secundário que para o armazenamento primário.

Algumas das tecnologias mais novas, como discos em unidade de estado sólido (SSD), provavelmente oferecem alternativas viáveis ao uso de discos magnéticos. No futuro, portanto, os bancos de dados poderão residir em diferentes níveis de hierarquia de memória, com base nas descritas na Seção 16.1.1. Os níveis podem variar do armazenamento em nível de memória principal de velocidade mais alta até o jukebox de fita, com velocidade mais baixa de armazenamento off-line. Contudo, já se sabe que os discos magnéticos continuarão a ser o meio de escolha principal

[4] Essa afirmação está sendo desafiada pelos recentes desenvolvimentos nos sistemas de banco de dados da memória principal. Exemplos de sistemas comerciais proeminentes são HANA, da SAP, e TIMESTEN, da Oracle.

para bancos de dados grandes por muitos anos. Logo, é importante estudar e entender as propriedades e as características dos discos magnéticos e o modo como os arquivos podem ser organizados neles a fim de projetar bancos de dados eficazes, com desempenho aceitável.

As fitas magnéticas são frequentemente usadas como meio de armazenamento para o backup de bancos de dados, pois o armazenamento em fita custa ainda menos que o armazenamento em disco. Alguma intervenção por um operador — ou um dispositivo de carga automática — para carregar uma fita é necessária antes que os dados se tornem disponíveis para processamento. Ao contrário, os discos são dispositivos **on-line**, que podem ser acessados diretamente a qualquer momento.

As técnicas utilizadas para armazenar grande quantidade de dados estruturados em disco são importantes para os projetistas de banco de dados, para o DBA e para implementadores de um SGBD. Os projetistas de banco de dados e o DBA precisam conhecer as vantagens e as desvantagens de cada técnica de armazenamento quando projetam, implementam e operam um banco de dados em um SGBD específico. Em geral, o SGBD tem várias opções disponíveis para organizar os dados. O processo de **projeto físico de banco de dados** envolve a escolha das técnicas de organização de dados em particular que mais se ajustam a determinados requisitos da aplicação entre as opções. Os implementadores de sistema de SGBD devem estudar as técnicas de organização de dados de modo que possam implementá-las de modo eficaz e, portanto, oferecer opções suficientes ao DBA e aos usuários do SGBD.

As aplicações de banco de dados típicas só precisam de uma pequena parte do banco de dados de cada vez para processamento. Sempre que certa parte dos dados é necessária, ela precisa ser localizada no disco, copiada para a memória principal para processamento e, depois, reescrita para o disco se os dados forem alterados. Os dados armazenados no disco são organizados como **arquivos** de **registros**. Cada registro é uma coleção de valores de dados que podem ser interpretados como fatos sobre entidades, seus atributos e relacionamentos. Os registros devem ser armazenados em disco de uma maneira que torne possível localizá-los de modo eficiente quando necessário. Discutiremos na Seção 17.2.2 algumas das técnicas para tornar o acesso ao disco mais eficiente.

Existem várias **organizações de arquivo primário** que determinam como os registros de arquivo são *colocados fisicamente* no disco *e, daí, como os registros podem ser acessados*. Um *arquivo de heap* (ou *arquivo desordenado*) coloca os registros no disco sem qualquer ordem em particular, acrescentando novos registros ao final do arquivo, ao passo que um *arquivo classificado* (ou *arquivo sequencial*) mantém os registros ordenados pelo valor de um campo em particular (chamado *campo de classificação*). Um *arquivo em hashing* usa uma função de hash aplicada a um campo em particular (chamado *chave hash*) para determinar o posicionamento de um registro no disco. Outras organizações de arquivo primárias, como *B-trees*, usam estruturas em árvore. Discutimos as principais organizações de arquivo nas seções 16.6 a 16.9. Uma **organização secundária** ou **estrutura de acesso auxiliar** permite acesso eficiente aos registros do arquivo com base em *campos alternativos*, além dos que foram usados para a organização de arquivo primário. A maioria destes existe como índices e será discutida no Capítulo 17.

16.2 Dispositivos de armazenamento secundários

Nesta seção, descrevemos algumas características dos dispositivos de armazenamento em disco magnético e fita magnética. Os leitores que já estudaram esses dispositivos podem simplesmente folhear esta seção.

16.2.1 Descrição de hardware dos dispositivos de disco

Os discos magnéticos são usados para armazenar grande quantidade de dados. O dispositivo que mantém os discos é chamado de **unidade de disco rígido**, ou **HDD** (do inglês ***hard disk drive***). A unidade de dados mais básica no disco é um único **bit** de informação. Ao magnetizar uma área do disco de certas maneiras, pode-se fazer que ele represente um valor de bit de 0 (zero) ou 1 (um). Para codificar a informação, os bits são agrupados em **bytes** (ou **caracteres**). Os tamanhos de byte normalmente variam de 4 a 8 bits, dependendo do computador e do dispositivo; 8 bits é a quantidade mais comum. Consideramos que um caractere é armazenado em um único byte, e usamos os termos *byte* e *caractere* para indicar a mesma coisa. A **capacidade** de um disco é o número de bytes que ele pode armazenar, que em geral é muito grande. Pequenos disquetes foram usados com microcomputadores e notebooks durante muitos anos — eles costumavam manter de 400 KB a 1,5 MB; hoje, estão quase totalmente fora de circulação. Os discos rígidos para computadores pessoais normalmente mantêm de várias centenas de gigabytes (GB) até alguns terabytes (TB); e grandes volumes de disco usados com servidores e mainframes têm capacidades de centenas de gigabytes. As capacidades de disco continuam a crescer à medida que a tecnologia se aperfeiçoa.

Independentemente de sua capacidade, todos os discos são feitos de um material magnético na forma de um disco circular fino, como mostra a Figura 16.1(a), e protegidos por uma camada de plástico ou acrílico. Um disco é de **face simples** se armazenar informações apenas em uma de suas superfícies, e de **face dupla** se as duas superfícies forem usadas. Para aumentar a capacidade de armazenamento, os discos são montados em um **volume de discos**, como mostra a Figura 16.1(b), que pode incluir muitos discos e, portanto, muitas superfícies. As informações são armazenadas em uma superfície do disco em círculos concêntricos de *pequena largura*,[5] cada um com um diâmetro distinto. Cada círculo é chamado de **trilha**. Em volumes de discos,

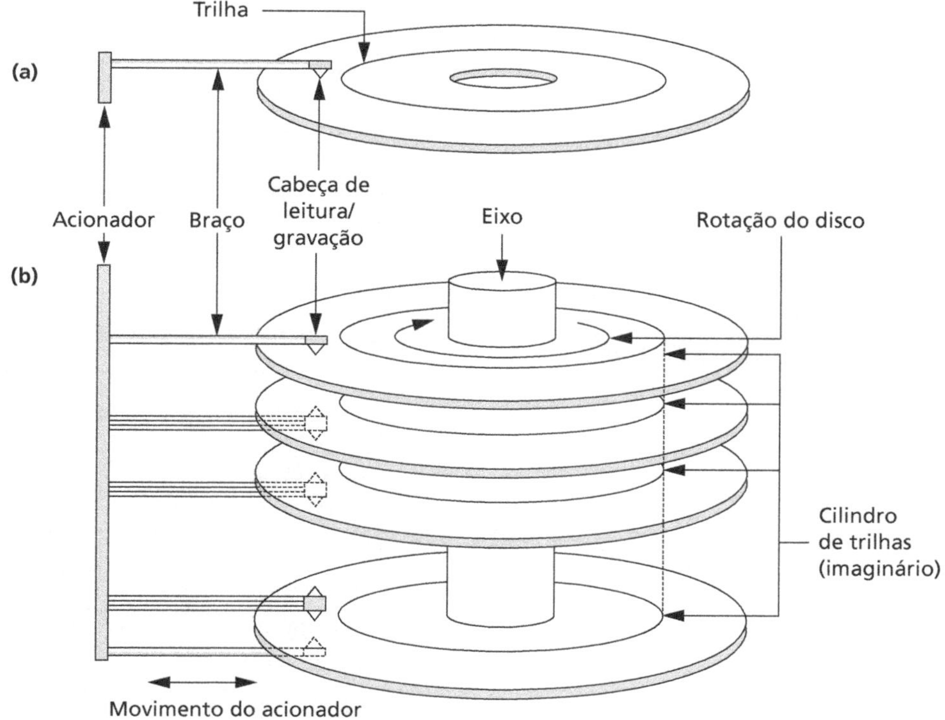

Figura 16.1 (a) Um disco de face simples com hardware de leitura/gravação. (b) Um volume de discos com hardware de leitura/gravação.

[5] Em alguns discos, os círculos agora são conectados em um tipo de espiral contínua.

as trilhas com o mesmo diâmetro nas diversas superfícies formam um **cilindro**, pela forma que elas teriam se fossem conectadas no espaço. O conceito de cilindro é importante porque os dados armazenados em um cilindro podem ser recuperados muito mais rapidamente do que se fossem distribuídos entre diferentes cilindros.

O número de trilhas em um disco varia de alguns milhares até 152.000 nas unidades de disco mostradas na Tabela 16.2, e a capacidade de cada trilha normalmente varia de dezenas de KB até 150 KB. Como uma trilha em geral contém uma grande quantidade de informações, ela é dividida em blocos menores, ou setores. A divisão de uma trilha em **setores** é marcada na superfície do disco e não pode ser alterada. Um tipo de organização de setor, como mostra a Figura 16.2(a), chama uma parte da trilha que se estende por um ângulo fixo no centro de um setor. Várias outras organizações de setor são possíveis, e uma delas é fazer que os setores se estendam por ângulos menores no centro à medida que se move para fora, mantendo assim uma densidade de gravação uniforme, como mostra a Figura 16.2(b). Uma técnica chamada ZBR (*zone bit recording*) permite que um intervalo de cilindros tenha o mesmo número de setores por arco. Por exemplo, os cilindros 0-99 podem ter um setor por trilha, 100-199 podem ter dois por trilha, e assim por diante. O tamanho padrão de setor é de 512 bytes. Nem todos os discos têm suas trilhas divididas em setores.

Tabela 16.2 Especificações de discos típicos de alto nível da Seagate. (a) Seagate Enterprise Performance 10K HDD – 1200 GB.

Especificações	1.200 GB
Número do modelo SED	ST1200MM0017
Número do modelo SED FIPS 140-2	ST1200MM0027
Nome do modelo	Enterprise Performance 10K HDD v7
Interface	6 Gb/s SAS
Capacidade	
Formatada com 512 bytes/setor (GB)	1.200
Taxa de transferência externa (MB/s)	600
Desempenho	
Velocidade do eixo (RPM)	10 K
Latência média (ms)	2,9
Taxa de transferência sustentada do diâmetro externo ao interno (MB/s)	204 a 125
Cache multissegmentado (MB)	64
Configuração/confiabilidade	
Discos	4
Cabeças	8
Erro de leitura não recuperável por bits lidos	1 por 10E16
Taxa de falha anual (AFR)	0,44%
Físico	
Altura (pol./mm, máxima)	0,591/15,00
Largura (pol./mm, máxima)	2,760/70,10
Profundidade (pol./mm, máxima)	3,955/100,45
Peso (lb/kg)	0,450/0,204

Fonte: cortesia da Seagate Technology

(*continua*)

Tabela 16.2 (b) Características internas da unidade de discos Seagate de 300 GB a 900 GB. *(Continuação)*

	ST900MM0006 ST900MM0026 ST900MM0046 ST900MM0036	ST600MM0006 ST600MM0026 ST600MM0046	ST450MM0006 ST450MM0026 ST450MM0046	ST300MM0006 ST300MM0026 ST300MM0046	
Capacidade da unidade	900	600	450	300	GB (formatados, arredondado)
Cabeças de leitura/gravação de dados	6	4	3	2	
Bytes por trilha	997,9	997,9	997,9	997,9	KBytes (média, valores arredondados)
Bytes por superfície	151.674	151.674	151.674	151.674	MB (não formatados, arredondado)
Trilhas por superfície (total)	152	152	152	152	KTrilhas (acessíveis ao usuário)
Trilhas por polegada	279	279	279	279	KTPI (média)
Pico de bits por polegada	1.925	1.925	1.925	1.925	KBPI
Densidade de área	538	538	538	538	Gb/pol.^{2}
Velocidade de rotação do disco	10K	10K	10K	10K	rpm
Latência de rotação média	2,9	2,9	2,9	2,9	ms

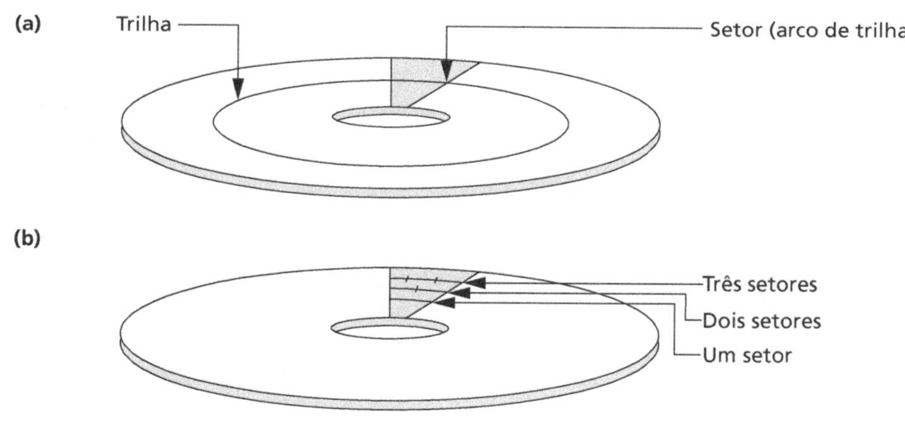

Figura 16.2 Diferentes organizações de setor no disco. (a) Setores se estendendo por um ângulo fixo. (b) Setores mantendo uma densidade de gravação uniforme.

A divisão de uma trilha em **blocos de disco** (ou **páginas**) de mesmo tamanho é definida pelo sistema operacional durante a **formatação** (ou **inicialização**) do disco. O tamanho do bloco é fixado no decorrer da inicialização e não pode ser trocado dinamicamente. Os tamanhos de bloco de disco típicos variam de 512 a 8.192 bytes. Um disco com setores fixos costuma ter os setores subdivididos em blocos durante a inicialização. Os blocos são separados por **lacunas entre blocos** de tamanho fixo, que incluem informações de controle especialmente codificadas, gravadas durante a inicialização do disco. Essa informação é usada para determinar qual bloco da trilha segue cada lacuna entre blocos. A Tabela 16.2 ilustra as especificações dos discos típicos usados em grandes servidores na indústria. O prefixo 10K nos nomes de disco refere-se às velocidades de rotação em rpm (rotações por minuto).

Há uma melhora contínua na capacidade de armazenamento e nas taxas de transferência associadas aos discos. Eles também estão ficando cada vez mais baratos — hoje, custam apenas uma fração de um dólar por megabyte de armazenamento em disco. Os custos estão se reduzindo tão rapidamente que já chegaram a US$ 100/TB.

Um disco é um dispositivo endereçável por *acesso aleatório*. A transferência de dados entre a memória principal e o disco ocorre em unidades de blocos de disco. O **endereço de hardware** de um bloco — uma combinação de número de cilindro, número de trilha (número de superfície no cilindro em que a trilha está localizada) e número de bloco (dentro da trilha) — é fornecido ao hardware de E/S (entrada/saída) do disco. Em muitas unidades de disco modernas, um único número, chamado LBA (*logical block address*), que é um número entre 0 e n (considerando que a capacidade total do disco é $n + 1$ blocos), é mapeado automaticamente para o bloco correto pelo controlador da unidade de disco. O endereço de um **buffer** — uma área reservada contígua no armazenamento principal, que mantém um bloco de disco — também é fornecido. Para um comando de **leitura**, o bloco de disco é copiado para o buffer, ao passo que, para um comando de **gravação**, o conteúdo do buffer é copiado para o bloco de disco. Às vezes, vários blocos contíguos podem ser transferidos como uma unidade, denominada **cluster**. Nesse caso, o tamanho do buffer é ajustado para corresponder ao número de bytes no cluster.

O mecanismo de hardware real que lê ou grava um bloco é a **cabeça de leitura/gravação** do disco, que faz parte de um sistema chamado **unidade de disco**. Um disco ou volume de discos é montado na unidade, que inclui um motor que gira os discos. Uma cabeça de leitura/gravação inclui um componente eletrônico conectado a um **braço mecânico**. Os volumes de discos com superfícies múltiplas são controlados por várias cabeças de leitura/gravação — uma para cada superfície, como mostra a Figura 16.1(b). Todos os braços são conectados a um **acionador** ligado a outro motor elétrico, que move as cabeças de leitura/gravação em harmonia e as posiciona exatamente sobre o cilindro de trilhas especificado em um endereço de bloco.

As unidades de disco rígido giram o volume continuamente a uma velocidade constante (em geral, variando entre 5.400 e 15.000 rpm). Quando a cabeça de leitura/gravação está posicionada na trilha correta e o bloco especificado no endereço de bloco move-se sob a cabeça de leitura/gravação, o componente eletrônico da cabeça de leitura/gravação é ativado para transferir os dados. Algumas unidades de disco possuem cabeças de leitura/gravação fixas, com o número de cabeças correspondente ao de trilhas. Estes são chamados **discos de cabeça fixa**, ao passo que as unidades de disco com um acionador são chamadas de **discos de cabeça móvel**. Para os discos de cabeça fixa, uma trilha ou cilindro é selecionado eletronicamente, passando para a cabeça de leitura/gravação apropriada, em vez de por um movimento mecânico; em consequência, isso é muito mais rápido. Porém, o custo das cabeças de leitura/gravação adicionais é muito alto, de modo que os discos com cabeça fixa não são muito utilizados.

Interface de unidades de disco com sistemas de computação. Um **controlador de disco**, normalmente embutido na unidade de disco, controla a unidade de disco e a interliga ao sistema de computação. Uma das interfaces-padrão usadas para unidades de disco nos PCs e estações de trabalho se chamava **SCSI** (*small computer system interface*). Hoje, para conectar unidades de disco rígido, CDs e DVDs a um computador, a interface escolhida é a SATA. **SATA** significa Serial ATA, e ATA representa *attachment* (ligação); assim, SATA torna-se ligação serial. Ela tem sua origem na ligação do PC/AT, que se referia à ligação direta ao barramento de 16 bits introduzido pela IBM. O AT era uma referência a tecnologia avançada, mas não é usado na expansão do SATA por questões de marca registrada. Outra interface popular usada atualmente é chamada de **SAS** (Serial Attached SCSI). A SATA foi introduzida em 2002 e permite que o controlador de disco esteja na unidade de disco; a placa-mãe só precisa ter um circuito simples. As velocidades de transferência SATA passaram por uma evolução de 2002 a 2008, indo de 1,5 Gbps (gigabits por segundo) para 6 Gbps. A SATA agora é chamada de NL-SAS, significando nearline SAS (SAS perto da linha). As maiores unidades SATA e SAS de 3,5 polegadas são de 8 TB, ao passo que as unidades SAS de 2,5 polegadas são menores e vão até 1,2 TB. As unidades de 3,5 polegadas utilizam velocidades de 7.200 ou 10.000 rpm, ao passo que as unidades de 2,5 polegadas alcançam 15.000 rpm. Em termos de IOPs (operações de entrada/saída) por segundo como um fator custo/desempenho, a SAS é considerada superior à SATA.

O controlador aceita comandos de E/S de alto nível e age de maneira apropriada para posicionar o braço e fazer que aconteça a ação de leitura/gravação. Para transferir um bloco de disco, dado seu endereço, o controlador de disco primeiro deve posicionar mecanicamente a cabeça de leitura/gravação na trilha correta. O tempo exigido para fazer isso é chamado **tempo de busca.** Os tempos de busca típicos são de 5 a 10 ms em desktops e de 3 a 8 ms em servidores. Depois disso, existe outro atraso — chamado de **atraso rotacional** ou **latência** — enquanto o início do bloco desejado gira até a posição sob a cabeça de leitura/gravação. Isso depende das rpm do disco. Por exemplo, a 15.000 rpm, o tempo por rotação é de 4 ms e o atraso rotacional médio é o tempo por meia rotação, ou 2 ms. A 10.000 rpm, o atraso rotacional médio aumenta para 3 ms. Finalmente, algum tempo adicional é necessário para transferir os dados; este é chamado **tempo de transferência de bloco.** Logo, o tempo total necessário para localizar e transferir um bloco qualquer, dado seu endereço, é a soma do tempo de busca, do atraso rotacional e do tempo de transferência de bloco. O tempo de busca e o atraso rotacional costumam ser muito maiores que o tempo de transferência de bloco. Para tornar a transferência de múltiplos blocos mais eficiente, é comum transferir vários blocos consecutivos na mesma trilha ou cilindro. Isso elimina o tempo de busca e o atraso rotacional para todos, menos o primeiro bloco, e pode resultar em uma economia de tempo substancial quando vários blocos contíguos são transferidos. Normalmente, o fabricante do disco oferece uma **taxa de transferência em massa** a fim de calcular o tempo exigido para transferir blocos consecutivos. O Apêndice B contém uma discussão sobre esses e outros parâmetros de disco.

O tempo necessário para localizar e transferir um bloco de disco está na ordem de milissegundos, em geral variando de 9 a 60 ms. Para blocos contíguos, localizar o primeiro bloco leva de 9 a 60 ms, mas transferir os blocos subsequentes pode levar apenas 0,4 a 2 ms cada. Muitas técnicas de busca tiram proveito da recuperação consecutiva de blocos ao procurar dados no disco. De qualquer forma, um tempo de transferência na ordem de milissegundos é considerado bastante alto em comparação com o tempo exigido para processar os dados na memória principal pelas CPUs atuais. Logo, a localização dos dados no disco é um *gargalo principal* nas aplicações de banco de dados. As estruturas de arquivo que discutimos aqui e no Capítulo 17 tentam *minimizar o número de transferências de bloco* necessárias para localizar e transferir os dados exigidos do disco para a memória principal. Colocar "informações relacionadas" em blocos contíguos é o objetivo básico de qualquer organização de armazenamento no disco.

16.2.2 Tornando o acesso aos dados mais eficiente no disco

Nesta subseção, listamos algumas das técnicas comumente usadas para tornar o acesso aos dados mais eficiente nas unidades de disco rígido.

1. **Buffering de dados:** para lidar com a incompatibilidade de velocidades entre uma CPU e o dispositivo eletromecânico, como uma unidade de disco, que é inerentemente mais lenta, o buffering de dados é feito na memória, para que novos dados possam ser mantidos em um buffer enquanto os dados antigos

são processados por uma aplicação. Discutimos a estratégia de buffering duplo seguida de problemas gerais de gerenciamento de buffer e estratégias de substituição de buffer na Seção 16.3.

2. **Organização adequada dos dados no disco:** dadas a estrutura e a organização dos dados no disco, é vantajoso manter dados relacionados em blocos contíguos; quando são necessários múltiplos cilindros por uma relação, cilindros contíguos devem ser usados. Isso evita o movimento desnecessário do braço de leitura/gravação e os tempos de busca relacionados.
3. **Leitura de dados antes de serem solicitados:** para minimizar os tempos de busca, sempre que um bloco é lido para o buffer, os blocos do restante da trilha também podem ser lidos, mesmo que ainda não tenham sido solicitados. Isso funciona bem para aplicações que provavelmente precisarão de blocos consecutivos; para leituras de blocos aleatórios, esta estratégia é contraproducente.
4. **Escalonamento adequado de solicitações de E/S:** se for necessário ler vários blocos do disco, o tempo total de acesso pode ser minimizado escalonando-os para que o braço se mova somente em uma direção e capture os blocos ao longo de seu movimento. Um algoritmo popular é chamado de algoritmo do elevador; ele imita o comportamento de um elevador, que programa as solicitações de vários andares em uma sequência apropriada. Dessa forma, o braço pode atender pedidos ao longo de seus movimentos para fora e para dentro sem muita interrupção.
5. **Uso de discos de registro para manter as escritas temporariamente:** um único disco pode ser atribuído a apenas uma função chamada registro (*log*) de escritas. Todos os blocos a serem escritos podem ir para esse disco sequencialmente, eliminando assim qualquer tempo de busca. Isso funciona muito mais rápido que fazer as escritas em um arquivo em locais aleatórios, o que requer uma busca para cada escrita. O disco de log pode ordenar essas escritas em ordem (cilindro, trilha) para minimizar o movimento do braço ao escrever. Na verdade, o disco de registro pode ser apenas uma área (extensão) de um disco. Ter o arquivo de dados e o arquivo de registro no mesmo disco é uma solução mais barata, mas compromete o desempenho. Embora a ideia de um disco de registro possa melhorar o desempenho da escrita, ela não é viável para a maioria dos dados de aplicações da vida real.
6. **Uso de SSDs ou de memória flash para fins de recuperação:** em aplicações nas quais as atualizações ocorrem com alta frequência, as atualizações podem ser perdidas da memória principal se o sistema falhar. Uma medida preventiva seria aumentar a velocidade das atualizações/escritas no disco. Uma técnica possível envolve a escrita das atualizações para um buffer SSD não volátil, que pode ser uma memória flash ou DRAM alimentada por bateria, ambas operando em velocidades muito mais rápidas (ver Tabela 16.1). O controlador de disco, então, atualiza o arquivo de dados durante seu tempo de inatividade e também quando o buffer se enche. Durante a recuperação de uma falha, os buffers SSD não gravados devem ser registrados no arquivo de dados na unidade de disco. Para obter mais detalhes sobre recuperação e logs, consulte o Capítulo 22.

16.2.3 Armazenamento em dispositivo no estado sólido (SSD)

Este tipo de armazenamento às vezes é conhecido como armazenamento flash, porque é baseado na tecnologia da memória flash, que discutimos na Seção 16.1.1.

A tendência recente é usar memórias flash como uma camada intermediária entre a memória principal e o armazenamento rotativo secundário na forma de discos magnéticos (HDDs). Como eles se assemelham a discos em termos de capacidade de armazenar dados em armazenamento secundário sem a necessidade de alimentação contínua, são chamados de **discos de estado sólido** ou **unidades de estado sólido**

(SSDs, do inglês *solid-state drives*). Primeiro, discutiremos SSDs em termos gerais, e depois comentaremos seu uso no nível corporativo, no qual às vezes são chamados de **drives flash corporativos** (EFDs, do inglês *enterprise flash drives*), um termo introduzido pela EMC Corporation.

O componente principal de um SSD é um controlador e um conjunto de cartões de memória flash interconectados. O uso da memória flash NAND é mais comum. O uso de formatos compatíveis com HDDs de 3,5 polegadas ou 2,5 polegadas torna os SSDs conectáveis em slots já disponíveis para a montagem de HDDs em notebooks e servidores. Para ultrabooks, tablets e similares, estão sendo padronizados formatos baseados em cartões, como mSATA e M.2. Interfaces como **SATA express** foram criadas para acompanhar os avanços nas SSDs. Como não há partes móveis, a unidade é mais robusta, roda silenciosamente, é mais rápida em termos de tempo de acesso e fornece taxas de transferência maiores que uma HDD. Ao contrário das HDDs, em que os dados relacionados da mesma relação devem ser colocados em blocos contíguos, de preferência em cilindros contíguos, não há restrição na colocação de dados em uma SSD, pois qualquer endereço é diretamente endereçável. Como resultado, há menos chance de os dados serem fragmentados; portanto, nenhuma reorganização é necessária. Normalmente, quando uma gravação em disco ocorre em uma HDD, o mesmo bloco é substituído por novos dados. Em SSDs, os dados são gravados em diferentes células NAND para atingir o **nivelamento de desgaste**, o que prolonga a vida útil da SSD. O principal problema que impede uma adoção em larga escala de SSDs hoje é seu custo proibitivo (ver Tabela 16.1), que costuma ser de cerca de 70 a 80 centavos de dólar por GB, ao contrário dos 15 a 20 centavos por GB para HDDs.

Além da memória flash, também estão disponíveis SSDs baseadas em DRAM. Elas são mais caras que a memória flash, mas oferecem tempos de acesso mais rápidos, de cerca de 10 µs (microssegundos), comparados com os 100 µs para a memória flash. A principal desvantagem é que eles precisam de uma bateria interna ou de um adaptador para fornecer energia.

Como exemplo de SSD em nível corporativo, podemos considerar as SSDs da série Invicta UCS (Unified Computing System©) da CISCO. Eles permitiram a implantação de SSDs no nível do datacenter para unificar as cargas de trabalho de todos os tipos, incluindo bancos de dados e infraestrutura de desktop virtual (VDI, do inglês *virtual desktop infrastructure*), e para permitir uma solução econômica, eficiente em termos de energia e com economia de espaço. A CISCO afirma que as SSDs Invicta oferecem melhor relação preço-desempenho para as aplicações em uma arquitetura de múltiplas locações e redes, pelas vantagens das SSDs anteriormente indicadas. A CISCO afirma que, normalmente, quatro vezes mais unidades HDD poderiam ser necessárias para igualar o desempenho de uma arquitetura RAID baseada em SSD.[6] A configuração SSD pode ter uma capacidade de 6 a 144 TB, com até 1,2 milhão de operações de E/S por segundo e uma largura de banda de até 7,2 GB/s, com uma latência média de 200 µs.[7] Os centros de dados modernos estão passando por uma rápida transformação e devem fornecer resposta em tempo real usando arquiteturas baseadas em nuvem. Nesse ambiente, as SSDs provavelmente desempenharão um papel importante.

16.2.4 Dispositivos de armazenamento de fita magnética

Discos são dispositivos de armazenamento secundário de **acesso aleatório**, pois um bloco de disco qualquer pode ser acessado *aleatoriamente* depois que especificamos seu endereço. As fitas magnéticas são dispositivos de acesso sequencial; para

[6] Baseado no CISCO White Paper (CISCO, 2014).

[7] Data sheet para o UCS Invicta Scaling System da CISCO.

acessar o enésimo bloco na fita, primeiro temos de varrer os $n - 1$ blocos anteriores. Os dados são armazenados em bobinas de fita magnética de alta capacidade, semelhantes às fitas de áudio ou vídeo. Uma unidade de fita precisa ler os dados ou gravá-los em uma **bobina de fita**. Em geral, cada grupo de bits que forma um byte é armazenado na fita, e os próprios bytes são armazenados consecutivamente nela.

Uma cabeça de leitura/gravação é usada para ler ou gravar dados na fita. Os registros de dados na fita também são armazenados em blocos — embora os blocos possam ser substancialmente maiores que os dos discos, e as lacunas entre blocos também sejam muito grandes. Com densidades de fita típicas de 1.600 a 6.250 bytes por polegada, uma lacuna entre blocos típica[8] de 0,6 polegada corresponde a 960 até 3.750 bytes de espaço de armazenamento desperdiçado. É comum agrupar muitos registros em um bloco para melhorar a utilização do espaço.

A principal característica de uma fita é seu requisito de que acessemos os blocos de dados em **ordem sequencial**. Para chegar até um bloco no meio da bobina de fita, esta é montada e depois varrida até que o bloco solicitado passe sob a cabeça de leitura/gravação. Por esse motivo, o acesso da fita pode ser lento e elas não são usadas para armazenar dados on-line, exceto para algumas aplicações especializadas. Porém, as fitas têm uma função muito importante — **backup** do banco de dados. Uma razão para haver backup é manter cópias de arquivos de disco no caso de perda de dados por uma falha no disco, que pode acontecer se a sua cabeça de leitura/gravação tocar na superfície por um defeito mecânico. Por esse motivo, os arquivos de disco são copiados periodicamente para a fita. Para muitas aplicações críticas on-line, como sistemas de reserva aérea, para evitar qualquer tempo de paralisação, são usados sistemas espelhados para manter três conjuntos de discos idênticos — dois em operação on-line e um como backup. Aqui, os discos off-line tornam-se um dispositivo de backup. Os três são usados de modo que possam ser trocados caso haja uma falha em uma das unidades de disco ativas. As fitas também podem ser utilizadas para armazenar arquivos de banco de dados excessivamente grandes. Os arquivos do banco de dados que raramente são usados ou estão desatualizados, mas são necessários para manutenção de registro histórico, podem ser **arquivados** em fita. Originalmente, as unidades de fita com bobina de meia polegada eram usadas para o armazenamento de dados, empregando as chamadas fitas de nove trilhas. Mais tarde, fitas magnéticas menores, de 8 mm (semelhantes às usadas em filmadoras portáteis), que podem armazenar até 50 GB, bem como os cartuchos de dados de varredura helicoidal de 4 mm e CDs e DVDs graváveis, tornaram-se mídia popular para o backup de arquivos de dados de PCs e estações de trabalho. Eles também são usados para armazenar imagens e bibliotecas de sistemas.

O backup de bancos de dados corporativos, de modo que nenhuma informação de transação seja perdida, é uma tarefa importante. As bibliotecas de fitas eram bastante comuns, com slots para várias centenas de cartuchos; essas bibliotecas eram usadas com Digital e Superdigital Linear Tapes (DLTs e SDLTs), com capacidades na ordem de centenas de gigabytes, que registram dados em trilhas lineares. Atualmente, essas bibliotecas de fitas não estão mais sendo desenvolvidas. O consórcio LTO (Linear Tape Open), formado por IBM, HP e Seagate, lançou o último padrão LTO-6 em 2012 para fitas. Ele usa fitas magnéticas de meia polegada, como as usadas nas unidades de fita mais antigas, mas em um cartucho menor, em uma bobina única. A geração atual de bibliotecas utiliza unidades LTO-6, em cartucho de 2,5 TB, com uma taxa de transferência de 160 MB/s. O tempo de busca médio está em torno de 80 segundos. A unidade T10000D da Oracle/StorageTek lida com 8,5 TB em um único cartucho, com uma taxa de transferência de até 252 MB/s.

[8] Chamadas de *lacunas entre registros* em terminologia de fita.

Braços robóticos são usados para gravar em vários cartuchos em paralelo, utilizando várias unidades de fita com software de rotulagem automático para identificar os cartuchos de backup. Um exemplo de biblioteca gigante é o modelo SL8500 da Sun Storage Technology. A SL8500 varia de 1.450 a mais de 10.000 slots e de 1 a 64 unidades de fita dentro de cada biblioteca. Ela aceita fitas DLT/SDLT e LTO. Até 10 SL8500s podem ser conectadas dentro de um único complexo de bibliotecas para mais de 100.000 slots e até 640 unidades. Com 100.000 slots, a SL8500 pode armazenar 2,1 exabytes (1 exabyte = 1.000 petabytes, ou 1 milhão de TB = 10^{18} bytes). Vamos adiar a discussão sobre a tecnologia de armazenamento de disco chamada RAID, e sobre as áreas de armazenamento em rede, armazenamento conectado à rede e sistemas de armazenamento iSCSI para o final do capítulo.

16.3 Buffering de blocos

Quando vários blocos precisam ser transferidos do disco para a memória principal e todos os endereços de bloco são conhecidos, vários buffers podem ser reservados na memória principal para agilizar a transferência. Enquanto um buffer está sendo lido ou gravado, a CPU pode processar dados em outro, pois existe um processador (controlador) de E/S de disco separado que, uma vez iniciado, pode prosseguir para transferir um bloco de dados entre a memória e o disco independente e em paralelo com o processamento da CPU.

A Figura 16.3 ilustra como dois processos podem prosseguir em paralelo. Os processos A e B estão rodando **simultaneamente** em um padrão **intervalado**, em que os processos C e D estão rodando **simultaneamente** em um padrão **paralelo**. Quando uma única CPU controla vários processos, a execução paralela não é possível. Contudo, os processos ainda podem ser executados de maneira simultânea de uma forma intervalada. O buffering é mais útil quando os processos podem ser executados simultaneamente em um padrão paralelo, seja porque existe um processador de E/S de disco separado ou porque há vários processadores (CPUs).

A Figura 16.4 ilustra como a leitura e o processamento podem prosseguir em paralelo quando o tempo exigido para processar um bloco de disco na memória é menor que o tempo exigido para ler o bloco seguinte e preencher um buffer. A CPU pode começar a processar um bloco quando sua transferência para a memória principal termina; ao mesmo tempo, o processador de E/S de disco pode estar lendo e transferindo o bloco seguinte para um buffer diferente. Essa técnica é chamada de **buffering duplo** e também pode ser usada para ler um fluxo contínuo de blocos do disco para a memória. O buffering duplo permite a leitura ou a gravação contínua de dados em blocos de disco consecutivos, o que elimina o tempo de busca e o atraso rotacional

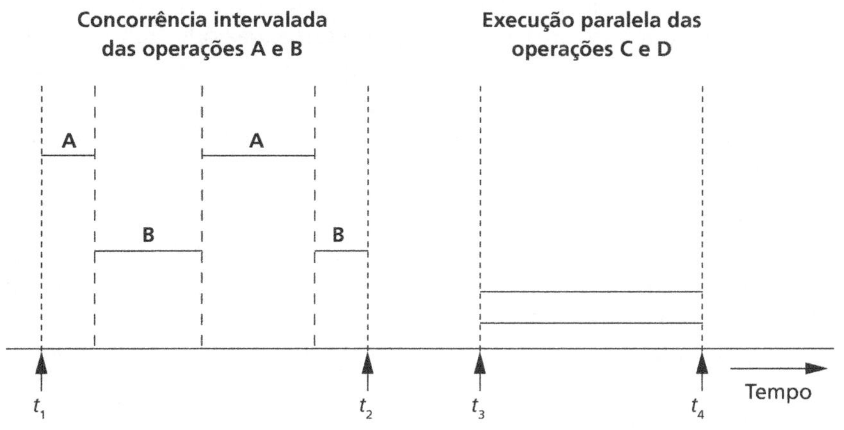

Figura 16.3 Concorrência intervalada *versus* execução paralela.

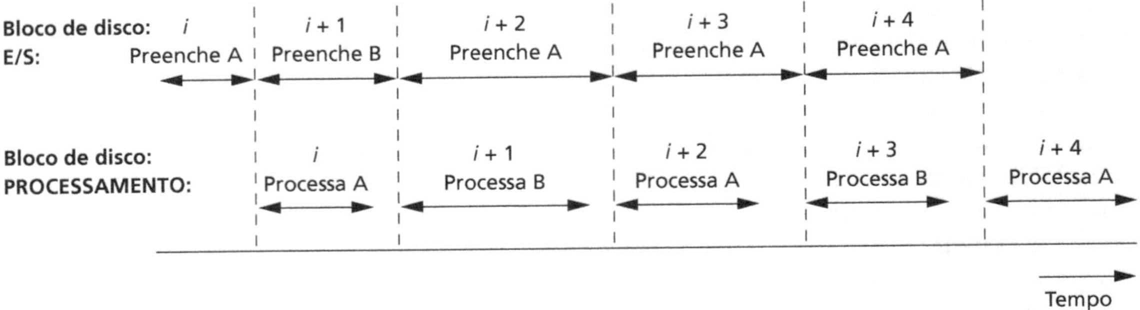

Figura 16.4 Uso de dois buffers, A e B, para a leitura do disco.

para todas as transferências de bloco, com exceção da primeira. Além disso, os dados ficam prontos para processamento, reduzindo assim o tempo de espera nos programas.

16.3.1 Gerenciamento de buffer

Gerenciamento de buffer e estratégias de substituição. Para a maioria dos grandes arquivos de banco de dados, contendo milhões de páginas, não é possível trazer todos os dados para a memória principal de uma só vez. Mencionamos o duplo buffering como uma técnica pela qual podemos obter eficiência em termos de executar a operação de E/S entre o disco e a memória principal em uma área de buffer simultaneamente com o processamento dos dados de outro buffer. O gerenciamento real de buffers e a decisão sobre quais buffers usar para colocar uma página recém-lida é um processo mais complexo. Usamos o termo **buffer** para nos referir a uma parte da memória principal que está disponível para receber blocos ou páginas de dados do disco.[9] O **gerenciador de buffer** é um componente de software de um SGBD que responde aos pedidos de dados e decide qual buffer será usado e quais páginas serão substituídas no buffer para acomodar os blocos recém-solicitados. O gerenciador de buffer vê o armazenamento disponível na memória principal como um **pool de buffers**, que possui uma coleção de páginas. O tamanho do pool de buffers compartilhado geralmente é um parâmetro do SGBD controlado pelos DBAs. Nesta seção, discutimos brevemente o funcionamento do gerenciador de buffer e algumas estratégias de substituição.

Existem dois tipos de gerenciadores de buffer; o primeiro controla a memória principal diretamente, como na maioria dos SGBDRs. O segundo aloca buffers na memória virtual, o que permite que o controle seja transferido para o sistema operacional (SO). O SO, por sua vez, controla quais buffers estão realmente na memória principal e quais estão no disco, sob o controle do SO. Esse segundo tipo de gerenciador de buffer é comum em sistemas de banco de dados na memória principal e em alguns SGBDs orientados a objeto. São dois os objetivos gerais do gerenciador de buffer: (1) maximizar a probabilidade de que a página solicitada seja encontrada na memória principal; e (2) caso seja necessário ler um novo bloco do disco, encontrar uma página a ser substituída que cause o menor dano no sentido de que não será exigida novamente em breve.

Para habilitar sua operação, o gerenciador de buffer mantém dois tipos de informações disponíveis sobre cada página no pool de buffers:

1. **Um contador de visitas:** o número de vezes que a página foi solicitada, ou o número de usuários atuais dessa página. Se esse contador cair para zero, a página é considerada **não visitada.** Inicialmente, o contador de visitas de cada página é definido em zero. O incremento do contador é chamado de **pinning.** Em geral, um bloco visitado não deverá ser gravado em disco.

[9] Usamos os termos página e bloco para nos referir à mesma coisa no contexto atual.

2. **Um bit de modificação**, que inicialmente é definido em zero para todas as páginas, mas passa para 1 sempre que a página é atualizada por qualquer programa de aplicação.

Em termos de gerenciamento de armazenamento, o gerenciador de buffer tem a seguinte responsabilidade: deve certificar-se de que o número de buffers se encaixa na memória principal. Se a quantidade de dados solicitada exceder o espaço de buffer disponível, o gerenciador deverá selecionar quais buffers devem ser esvaziados, conforme regido pela política de substituição do buffer em vigor. Se o gerenciador reservar espaço na memória virtual e todos os buffers em uso excederem a memória principal real, então ocorre o problema comum de "thrashing" do sistema operacional, quando as páginas são movidas continuamente para o espaço de "swap" no disco, sem realizar qualquer trabalho útil.

Quando uma determinada página é solicitada, o gerenciador de buffer realiza as seguintes ações: verifica se a página solicitada já está em um buffer no pool de buffers; se assim for, ele incrementa sua contagem de visitas e libera a página. Se a página não estiver no pool de buffers, o gerenciador faz o seguinte:

a. Escolhe uma página para substituir, usando a política de substituição, e incrementa seu contador de visitas.
b. Se o bit de modificação da página substituta estiver marcado, o gerenciador de buffer grava essa página no disco, substituindo sua cópia antiga no disco. Se o bit não estiver marcado, a página não foi modificada e o gerenciador não precisa gravá-la no disco.
c. Ele lê a página solicitada para o espaço que acabou de ser liberado.
d. O endereço da nova página na memória principal é passado para a aplicação solicitante.

Se não houver página não visitada à disposição no pool de buffers e a página solicitada não estiver disponível no pool, o gerenciador pode ter de esperar até que uma página seja liberada. Uma transação solicitando essa página pode entrar em um estado de espera ou até mesmo ser abortada.

16.3.2 Estratégias de substituição de buffer

A seguir, vemos algumas das estratégias de substituição populares, semelhantes às utilizadas em outras partes do sistema, como nos sistemas operacionais:

1. **Usado menos recentemente (LRU):** a estratégia aqui é remover a página que não foi usada (lida ou escrita) há mais tempo. Isso exige que o gerenciador de buffer mantenha uma tabela na qual registrará a hora toda vez que uma página de um buffer for acessada. Embora isso constitua um esforço extra, a estratégia funciona bem porque, para um buffer que não foi usado há muito tempo, sua chance de ser acessado novamente é pequena.
2. **Política de relógio:** esta é uma variante de rodízio da política LRU. Imagine que os buffers estejam organizados como um círculo, semelhante a um relógio de ponteiros. Cada buffer tem um sinalizador com um valor 0 ou 1. Os buffers com 0 são vulneráveis e podem ser usados para substituição, com seu conteúdo levado de volta para o disco. Os buffers com 1 não são vulneráveis. Quando um bloco é lido para um buffer, o sinalizador é definido como 1. Quando o buffer é acessado, o sinalizador também é definido como 1. O "ponteiro do relógio" é posicionado em um "buffer atual". Quando o gerenciador precisa de um buffer para um novo bloco, ele gira o ponteiro até encontrar um buffer com 0 e o utiliza para ler e inserir o novo bloco. (Se o bit de modificação estiver marcado para

a página que está sendo substituída, essa página será gravada em disco, substituindo assim a página antiga em seu local no disco.) Se o ponteiro do relógio passar por buffers com 1, ele os define para zero. Assim, um bloco é substituído de seu buffer somente se não for acessado até que o ponteiro complete uma volta e retorne a ele, encontrando o bloco com o 0 que ele definiu na última passada.

3. **Primeiro a entrar, primeiro a sair (FIFO):** com essa política, quando um buffer é solicitado, o que foi ocupado há mais tempo por uma página é usado para a substituição. Neste caso, o gerenciador anota a hora em que cada página foi carregada em um buffer, mas ele não precisa registrar a hora em que as páginas são acessadas. Embora a técnica FIFO precise de menos manutenção que a LRU, ela pode ter um comportamento contrário ao desejado. Um bloco que permanece no buffer por muito tempo porque é necessário continuamente, como um bloco raiz de um índice, pode ser descartado e precisar ser trazido de volta imediatamente.

As políticas LRU e de relógio não são as melhores políticas para aplicações de banco de dados se elas exigirem varreduras sequenciais dos dados e o arquivo não couber no buffer de uma só vez. Também há situações em que certas páginas nos buffers não podem ser retiradas e gravadas no disco porque certas outras páginas visitadas apontam para essas páginas. Além disso, políticas como FIFO podem ser modificadas para garantir que os blocos visitados, como o bloco raiz de um índice, possam permanecer no buffer. Também é possível modificar a política de relógio para que buffers importantes tenham valores mais altos que 1 e, portanto, não estejam sujeitos a substituição por várias rodadas do ponteiro. Há também situações em que o SGBD tem a capacidade de gravar certos blocos no disco mesmo que o espaço ocupado por esses blocos não seja necessário. Isso é chamado de **forçar a escrita**, e geralmente ocorre quando registros de log precisam ser gravados em disco antes das páginas modificadas em uma transação, para fins de recuperação (ver Capítulo 22). Existem algumas outras estratégias de substituição, como **MRU** (**usado mais recentemente**, do inglês *most recently used*), que funcionam bem para certos tipos de transações de banco de dados, por exemplo, quando um bloco usado mais recentemente não é mais necessário até que sejam processados todos os blocos restantes na relação.

16.4 Gravando registros de arquivo no disco

Os dados em um banco são considerados como um conjunto de registros organizados em um conjunto de arquivos. Nesta seção, definimos os conceitos de registros, tipos de registro e arquivos. Depois, discutimos sobre as técnicas para gravar registros de arquivo no disco. Note que, daqui por diante neste capítulo, vamos nos referir ao armazenamento secundário persistente de acesso aleatório como "unidade de disco", ou simplesmente "disco". O disco pode estar em diferentes formatos; por exemplo, discos magnéticos com memória rotacional ou discos de estado sólido, com acesso eletrônico e nenhuma espera mecânica.

16.4.1 Registros e tipos de registro

Os dados costumam ser armazenados na forma de **registros**. Cada registro contém uma coleção de **valores** ou **itens** de dados relacionados, em que cada valor é formado por um ou mais bytes e corresponde a um **campo** em particular do registro. Os registros normalmente descrevem entidades e seus atributos. Por exemplo, um registro de FUNCIONARIO representa uma entidade de funcionário e o valor de cada campo no registro especifica algum atributo desse funcionário, como Nome, Data_nascimento, Salario ou Supervisor. Uma coleção de nomes de campo e seus tipos de dados correspondentes constituem uma definição de **tipo de registro** ou **formato de registro.** Um **tipo de dado,** associado a cada campo, especifica os tipos de valores que um campo pode assumir.

O tipo de dado de um campo normalmente é um dos tipos de dado padrão usados na programação. Estes incluem os tipos de dados numéricos (inteiro, inteiro longo ou ponto flutuante), cadeia de caracteres (tamanho fixo ou variável), booleanos (tendo apenas valores 0 e 1, ou TRUE e FALSE) e, às vezes, tipos **data** e **hora** especialmente codificados. O número de bytes exigidos para cada tipo de dado é fixo para determinado sistema de computação. Um inteiro pode exigir 4 bytes; um inteiro longo, 8 bytes; um número real, 4 bytes; um booleano, 1 byte; uma data, 10 bytes (considerando um formato DD-MM-AAAA), e uma cadeia de tamanho fixo de *k* caracteres, *k* bytes. As cadeias (ou *strings*) de tamanho variável podem exibir tantos bytes quantos caracteres existirem no valor de cada campo. Por exemplo, um tipo de registro FUNCIONARIO pode ser definido — usando a notação da linguagem de programação C — com a seguinte estrutura:

```
struct funcionario{
    char nome[30];
    char cpf[11];
    int salario;
    int codigo_cargo;
    char departamento[20];
};
```

Em algumas aplicações de banco de dados, pode haver necessidade de armazenar itens de dados que consistem em grandes objetos não estruturados, que representam imagens, vídeo digitalizado ou *streams* de áudio, ou então texto livre. Estes são conhecidos como **BLOBs** (objetos binários grandes). Um item de dados BLOB costuma ser armazenado separadamente de seu registro, em um conjunto de blocos de disco, e um ponteiro para o BLOB é incluído no registro. Para armazenar texto livre, alguns SGBDs (por exemplo, Oracle, DB2 etc.) oferecem um tipo de dado chamado CLOB (objeto grande de caracteres); alguns SGBDs chamam esse tipo de dado de texto.

16.4.2 Arquivos, registros de tamanho fixo e registros de tamanho variável

Um **arquivo** é uma *sequência* de registros. Em muitos casos, todos os registros em um arquivo são do mesmo tipo de registro. Se cada registro no arquivo tem exatamente o mesmo tamanho (em bytes), o arquivo é considerado composto de **registros de tamanho fixo.** Se diferentes registros no arquivo possuem diversos tamanhos, o arquivo é considerado composto de **registros de tamanho variável.** Um arquivo pode ter registros de tamanho variável por vários motivos:

- Os registros do arquivo são do mesmo tipo de registro, mas um ou mais dos campos são de tamanho variável (**campos de tamanho variável**). Por exemplo, o campo Nome de FUNCIONARIO pode ser um campo de tamanho variável.
- Os registros do arquivo são do mesmo tipo de registro, mas um ou mais dos campos podem ter múltiplos valores para registros individuais; esse campo é chamado de **campo repetitivo,** e um grupo de valores para o campo normalmente é chamado de **grupo repetitivo.**
- Os registros do arquivo são do mesmo tipo de registro, mas um ou mais dos campos são **opcionais,** ou seja, podem ter valores para alguns, mas não para todos os registros do arquivo (**campos opcionais**).
- O arquivo contém registros de *tipos de registro diferentes* e, portanto, de tamanho variável (**arquivo misto**). Isso ocorreria se registros relacionados de diferentes tipos fossem *agrupados* (colocados juntos) em blocos de disco; por exemplo, os

registros de HISTORICO_ESCOLAR de determinado aluno podem ser colocados após o registro desse ALUNO.

Os registros de FUNCIONARIO de tamanho fixo na Figura 16.5(a) têm um tamanho de registro de 71 bytes. Cada registro tem os mesmos campos, e os tamanhos de campo são fixos, de modo que o sistema pode identificar a posição de byte inicial de cada campo em relação à posição inicial do registro. Isso facilita a localização de valores de campo pelos programas que acessam tais arquivos. Observe que é possível representar um arquivo que logicamente deveria ter registros de tamanho variável como um arquivo de registros de tamanho fixo. Por exemplo, no caso dos campos opcionais, poderíamos ter *cada campo* incluído em *cada registro de arquivo*, mas armazenar um valor especial NULL se não houver valor para esse campo. Para um campo repetitivo, poderíamos alocar tantos espaços em cada registro quanto o *número máximo possível de ocorrências* do campo. De qualquer forma, o espaço é desperdiçado quando certos registros não têm valores para todos os espaços físicos fornecidos em cada registro. Agora, vamos considerar outras opções para formatar registros de um arquivo de registros de tamanho variável.

Para *campos de tamanho variável*, cada registro tem um valor para cada campo, mas não sabemos o tamanho exato de alguns valores de campo. Em um registro em particular, para determinar os bytes que representam cada campo, podemos usar caracteres **separadores** especiais (como ? ou % ou $) — que não aparecem em qualquer valor do campo — para terminar os campos de tamanho variável, como mostra a Figura 16.5(b), ou podemos armazenar o tamanho do campo em bytes no próprio registro, antes do valor do campo.

Um arquivo de registros com *campos opcionais* pode ser formatado de várias maneiras. Se o número total de campos para o tipo de registro for grande, mas o número de campos que realmente aparecem em um registro típico for pequeno, podemos incluir em cada registro uma sequência de pares <nome-campo, valor-campo>,

(a)

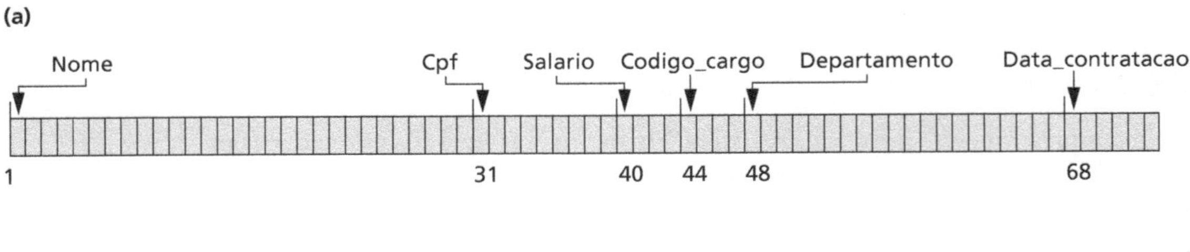

(b)

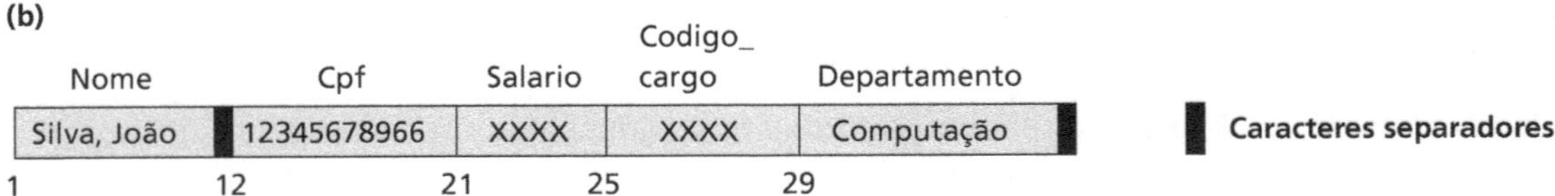

(c)

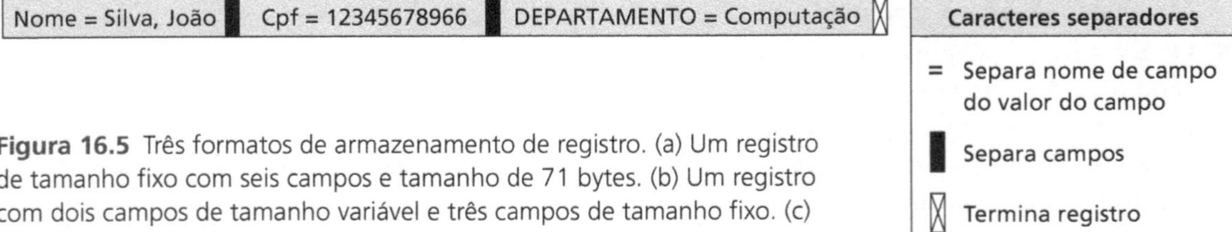

Figura 16.5 Três formatos de armazenamento de registro. (a) Um registro de tamanho fixo com seis campos e tamanho de 71 bytes. (b) Um registro com dois campos de tamanho variável e três campos de tamanho fixo. (c) Um registro de campo variável com três tipos de caracteres separadores.

em vez de apenas os valores de campo. Três tipos de caracteres separadores são usados na Figura 16.5(c), embora pudéssemos usar o mesmo caractere separador para as duas primeiras finalidades — separar o nome do valor do campo e separar um campo do campo seguinte. Uma opção mais prática é atribuir um código curto de **tipo de campo** — digamos, um número inteiro — a cada campo e incluir em cada registro uma sequência de pares <tipo-campo, valor-campo>, em vez de pares <nome-campo, valor-campo>.

Um *campo repetitivo* precisa de um caractere separador para afastar os valores repetitivos do campo e outro caractere separador para indicar o término do campo. Finalmente, para um arquivo que inclui *registros de diferentes tipos*, cada registro é precedido por um indicador de **tipo de registro.** É compreensível que os programas que processam arquivos de registros com tamanho variável — que em geral fazem parte do sistema de arquivos e, portanto, ficam ocultos da maioria dos programadores — tenham de ser mais complexos que aqueles para registros de tamanho fixo, nos quais a posição inicial e o tamanho de cada campo são conhecidos e fixos.[10]

16.4.3 Blocagem de registros e registros espalhados versus *não espalhados*

Os registros de um arquivo precisam ser alocados a blocos de disco, porque um bloco é a *unidade de transferência de dados* entre o disco e a memória. Quando o tamanho do bloco é maior que o tamanho do registro, cada bloco terá diversos registros, embora alguns arquivos possam ter registros excepcionalmente grandes que não cabem em um bloco. Suponha que o tamanho do bloco seja B bytes. Para um arquivo de registros de tamanho fixo, com tamanho de R bytes, sendo $B \geq R$, podemos estabelecer $bfr = \lfloor B/R \rfloor$ registros por bloco, em que $\lfloor (x) \rfloor$ (*função floor*) *arredonda para baixo* o número x para um inteiro. O valor bfr é chamado de **fator de blocagem** para o arquivo. Em geral, R pode não dividir B exatamente, de modo que temos algum espaço não usado em cada bloco, igual a

$$B - (bfr \star R) \text{ bytes}$$

Para aproveitar esse espaço não usado, podemos armazenar parte de um registro em um bloco e o restante em outro. Um **ponteiro** no final do primeiro bloco aponta para o bloco que contém o restante do registro, caso não seja o próximo bloco consecutivo no disco. Essa organização é chamada de **espalhada** porque os registros podem se espalhar por mais de um bloco. Sempre que um registro é maior que um bloco, *temos de* usar uma organização espalhada. Se os registros não puderem atravessar os limites de bloco, a organização é chamada de **não espalhada.** Isso é usado com registros de tamanho fixo tendo $B > R$, pois faz cada registro começar em um local conhecido no bloco, simplificando o processamento do registro. Para registros de tamanho variável, pode-se usar uma organização espalhada ou não espalhada. Se o registro médio for grande, é vantajoso usar o espalhamento para reduzir o espaço perdido em cada bloco. A Figura 16.6 ilustra a organização espalhada *versus* a não espalhada.

Para registros de tamanho variável que usam a organização espalhada, cada bloco pode armazenar um número diferente de registros. Nesse caso, o fator de blocagem bfr representa o número *médio* de registros por bloco para o arquivo. Podemos usar bfr para calcular o número de blocos b necessários para um arquivo de r registros:

$$b = \lceil (r/bfr) \rceil \text{ blocos}$$

em que o $\lceil (x) \rceil$ (*função ceiling*) arredonda para cima o valor de x até o próximo inteiro.

[10] Outros esquemas também são possíveis para representar registros de tamanho variável.

Figura 16.6 Tipos de organização de registro. (a) Não espalhada. (b) Espalhada.

16.4.4 Alocando blocos de arquivo no disco

Existem várias técnicas-padrão para alocar os blocos de um arquivo no disco. Na **alocação contígua**, os blocos de arquivo são alocados a blocos de disco consecutivos. Isso torna a leitura do arquivo inteiro muito rápida usando o buffering duplo, mas dificulta a expansão do arquivo. Na **alocação ligada**, cada bloco de arquivo contém um ponteiro para o próximo bloco. Isso facilita a expansão do arquivo, mas torna sua leitura mais lenta. Uma combinação dos dois aloca **clusters** de blocos de disco consecutivos, e os clusters são ligados. Os clusters às vezes são chamados de **segmentos** ou **extensões de arquivo**. Outra possibilidade é usar a **alocação indexada**, em que um ou mais **blocos de índice** contêm ponteiros para os blocos de arquivo reais. Também é comum usar combinações dessas técnicas.

16.4.5 Cabeçalhos de arquivo

Um **cabeçalho de arquivo** ou **descritor de arquivo** contém informações sobre um arquivo, que são exigidas pelos programas do sistema que acessam os registros do arquivo. O cabeçalho inclui informações para determinar os endereços de disco dos blocos de arquivo, bem como para registrar descrições de formato, que podem incluir tamanhos de campo e a ordem dos campos em um registro, para registros não espalhados de tamanho fixo, e códigos de tipo de campo, caracteres separadores e códigos de tipo de registro, para registros de tamanho variável.

Para procurar um registro no disco, um ou mais blocos são copiados para os buffers da memória principal. Os programas então procuram o registro ou registros desejados nos buffers, usando a informação no cabeçalho de arquivo. Se o endereço do bloco que contém o registro desejado não for conhecido, os programas de pesquisa devem realizar uma **pesquisa linear** pelos blocos de arquivo. Cada bloco é copiado para um buffer e pesquisado até que o registro seja localizado e todos os blocos tenham sido pesquisados sem sucesso. Isso pode ser muito demorado para um arquivo grande. O objetivo de uma boa organização de arquivo é evitar pesquisa linear ou preencher a varredura do arquivo e localizar o bloco que contém um registro desejado com um número mínimo de transferências de bloco.

16.5 Operações em arquivos

Operações em arquivos costumam ser agrupadas em **operações de recuperação** e **operações de atualização.** O primeiro grupo não muda quaisquer dados no arquivo, apenas localiza certos registros de modo que seus valores de campo possam ser examinados e processados. O segundo muda o arquivo pela inserção ou exclusão de registros, ou pela modificação dos valores de campo. De qualquer forma, podemos ter de **selecionar** um ou mais registros para recuperação, exclusão ou modificação com base em uma **condição de seleção** (ou **condição de filtragem**), que especifica critérios que o registro ou registros desejado(s) deve(m) satisfazer.

Considere um arquivo FUNCIONARIO com os campos Nome, Cpf, Salario, Codigo_cargo e Departamento. Uma **condição de seleção simples** pode envolver uma comparação de igualdade em algum valor de campo — por exemplo, (Cpf = '12345678966') ou (Departamento = 'Pesquisa'). Condições mais complexas podem envolver outros tipos de operadores de comparação, como > ou ≥; um exemplo é (Salario ≥ 30000). O caso geral é ter uma expressão booleana qualquer nos campos do arquivo como condição de seleção.

As operações de pesquisa em arquivos geralmente são baseadas em condições de seleção simples. Uma condição complexa deve ser decomposta pelo SGBD (ou pelo programador) para extrair uma condição simples que pode ser usada para localizar os registros no disco. Cada registro localizado é então verificado para determinar se satisfaz a condição de seleção inteira. Por exemplo, podemos extrair a condição simples (Departamento = 'Pesquisa') da condição complexa ((Salario ≥ 30000) AND (Departamento = 'Pesquisa')); cada registro satisfazendo (Departamento = 'Pesquisa') é localizado e depois testado para ver se também satisfaz (Salario ≥ 30000).

Quando vários registros de arquivo satisfazem uma condição de pesquisa, o *primeiro* registro — em relação à sequência física de registros de arquivo — é inicialmente localizado e designado como o **registro atual.** Operações de busca subsequentes começam desse registro e localizam o *próximo* registro no arquivo que satisfaz a condição.

As operações reais para localizar e acessar registros de arquivo variam de um sistema para outro. Na lista a seguir, apresentamos um conjunto de operações representativas. Normalmente, programas de alto nível, como programas de software de SGBD, acessam registros usando esses comandos, de modo que às vezes nos referimos a **variáveis de programa** nas descrições a seguir:

- **Open.** Prepara o arquivo para leitura ou gravação. Aloca buffers apropriados (em geral, pelo menos dois) para manter blocos de arquivo do disco e recupera o cabeçalho do arquivo. Define o ponteiro de arquivo para o início do arquivo.
- **Reset.** Define o ponteiro do arquivo aberto para o início do arquivo.
- **Find** (ou **Locate**). Procura o primeiro registro que satisfaça uma condição de pesquisa. Transfere o bloco que contém esse registro para o buffer da memória principal (se ainda não estiver lá). O ponteiro de arquivo aponta para o registro no buffer e este se torna o *registro atual.* Às vezes, diferentes verbos são usados para indicar se o registro localizado deve ser lido ou atualizado.
- **Read** (ou **Get**). Copia o registro atual do buffer para uma variável de programa no programa do usuário. Este comando também pode avançar o ponteiro do registro atual para o próximo registro no arquivo, que pode precisar ler o próximo bloco de arquivo do disco.
- **FindNext.** Procura o próximo registro no arquivo que satisfaz a condição de pesquisa. Transfere o bloco que contém esse registro para um buffer da memória principal (se ainda não estiver lá). O registro está localizado no buffer e torna-se o registro atual. Várias formas de FindNext (por exemplo, encontrar próximo registro dentro de um registro pai atual, encontrar próximo registro de determinado tipo ou encontrar próximo registro em que uma condição complexa é atendida) estão disponíveis em SGBDs legados com base nos modelos hierárquico e de rede.
- **Delete.** Exclui o registro atual e (no fim) atualiza o arquivo no disco para refletir a exclusão.
- **Modify.** Modifica alguns valores de campo para o registro atual e (no fim) atualiza o arquivo no disco para refletir a modificação.
- **Insert.** Insere um novo registro no arquivo ao localizar o bloco em que o registro deve ser inserido, transferindo esse bloco para um buffer da memória principal (se ainda não estiver lá), gravando o registro no buffer e (no fim) gravando o buffer em disco para refletir a inserção.

- **Close.** Completa o acesso ao arquivo liberando os buffers e realizando quaisquer outras operações de fechamento necessárias.

Estas (exceto por Open e Close) são chamadas operações de **um registro por vez**, pois cada uma se aplica a um único registro. É possível resumir as operações Find, FindNext e Read em uma única operação, Scan, cuja descrição é a seguinte:

- **Scan.** Se o arquivo já tiver sido aberto ou reiniciado, *Scan* retorna o primeiro registro; caso contrário, retorna o próximo registro. Se uma condição for especificada com a operação, o registro retornado é o primeiro ou o próximo registro que satisfaz a condição.

Em sistemas de banco de dados, operações adicionais de nível mais alto, de **um conjunto de cada vez**, podem ser aplicadas a um arquivo. Alguns exemplos são os seguintes:

- **FindAll.** Localiza *todos* os registros no arquivo que satisfazem uma condição de pesquisa.
- **Find** (ou **Locate**) ***n*.** Procura o primeiro registro que satisfaz uma condição de pesquisa e depois continua a localizar os próximos $n - 1$ registros que satisfazem a mesma condição. Transfere os blocos que contêm os n registros para o buffer da memória principal (se ainda não estiverem lá).
- **FindOrdered.** Recupera todos os registros no arquivo em alguma ordem especificada.
- **Reorganize.** Inicia o processo de reorganização. Conforme veremos, algumas organizações de arquivo exigem reorganização periódica. Um exemplo é reordenar os registros do arquivo classificando-os em um campo especificado.

Neste ponto, vale a pena notar a diferença entre os termos *organização de arquivo* e *método de acesso*. Uma **organização de arquivo** refere-se à organização dos dados de um arquivo em registros, blocos e estruturas de acesso; isso inclui o modo como registros e blocos são colocados no meio de armazenamento e interligados. Um **método de acesso**, por sua vez, oferece um grupo de operações — como as listadas anteriormente — que podem ser aplicadas a um arquivo. Em geral, é possível aplicar vários métodos de acesso a um arquivo organizado com uma certa organização. Alguns métodos de acesso, porém, só podem ser aplicados a arquivos organizados de certas maneiras. Por exemplo, não podemos aplicar um método de acesso indexado a um arquivo sem um índice (ver Capítulo 17).

Normalmente, esperamos usar algumas condições de pesquisa mais do que outras. Certos arquivos podem ser **estáticos**, significando que operações de atualização raramente são realizadas; outros arquivos, mais **dinâmicos**, podem mudar com frequência, de modo que as operações de atualização são constantemente aplicadas a eles. Se um arquivo não for atualizável pelo usuário final, ele é considerado um arquivo somente leitura. A maioria dos *data warehouses* (ver Capítulo 29) contém predominantemente arquivos somente leitura. Uma organização de arquivo bem-sucedida deve realizar, do modo mais eficiente possível, as operações que esperamos *aplicar frequentemente* ao arquivo. Por exemplo, considere o arquivo FUNCIONARIO, mostrado na Figura 16.5(a), que armazena os registros para os funcionários atuais em uma empresa. Esperamos inserir registros (quando os funcionários são contratados), excluir registros (quando os funcionários saem da empresa) e modificar registros (por exemplo, quando o salário ou cargo de um funcionário é alterado). A exclusão ou modificação de um registro requer uma condição de seleção para identificar um registro em particular ou um conjunto de registros. A leitura de um ou mais registros também requer uma condição de seleção.

Se os usuários esperam principalmente aplicar uma condição de pesquisa com base no Cpf, o projetista precisa escolher uma organização de arquivo que facilite a localização de um registro, dado seu valor de Cpf. Isso pode envolver a ordenação física dos registros pelo valor do Cpf ou a definição de um índice sobre o número do Cpf (ver Capítulo 17). Suponha que uma segunda aplicação utilize o arquivo para gerar contracheques de funcionários e exija que os contracheques sejam agrupados por departamento. Para essa aplicação, é melhor ordenar os registros de funcionários por departamento e depois por nome dentro de cada departamento. O agrupamento de registros em blocos e a organização de blocos em cilindros agora seriam diferentes. Porém, esse arranjo entra em conflito com a ordenação dos registros por valores de Cpf. Se as duas aplicações são importantes, o projetista deve escolher uma organização que permita que as duas operações sejam realizadas de modo eficiente. Infelizmente, em muitos casos, uma única organização não permite que todas as operações necessárias sobre um arquivo sejam implementadas de maneira eficiente. Como um arquivo só pode ser armazenado uma vez, usando uma organização em particular, os DBAs geralmente precisam fazer uma difícil escolha de projeto sobre a organização do arquivo. Eles fazem isso escolhendo um meio-termo que leve em conta a importância esperada e a mistura de operações de leitura e atualização.

Nas próximas seções e no Capítulo 17, discutiremos métodos para organizar registros de um arquivo no disco. Várias técnicas gerais, como ordenação, hashing e indexação, são usadas para criar métodos de acesso. Além disso, diversas técnicas gerais para lidar com inserções e exclusões funcionam com muitas organizações de arquivo.

16.6 Arquivos de registros desordenados (arquivos de heap)

Neste tipo de organização mais simples e mais básico, os registros são arquivados na ordem em que são inseridos, de modo que novos registros são inseridos ao final do arquivo. Essa organização é chamada **arquivo de heap** ou **pilha.**[11] Normalmente ela é usada com caminhos de acesso adicionais, como os índices secundários discutidos no Capítulo 17. Ela também é usada para coletar e armazenar registros de dados para uso futuro.

A inserção de um novo registro é muito *eficiente*. O último bloco de disco do arquivo é copiado para um buffer, o novo registro é acrescentado e o bloco é então **regravado** de volta no disco. O endereço do último bloco de arquivo é mantido no cabeçalho do arquivo. No entanto, procurar um registro usando qualquer condição de pesquisa envolve uma **pesquisa linear** pelo bloco de arquivo por bloco — um procedimento dispendioso. Se apenas um registro satisfizer a condição de pesquisa, então, na média, um programa lerá a memória e pesquisará metade dos blocos de arquivo antes de encontrar o registro. Para um arquivo de b blocos, isso exige pesquisar ($b/2$) blocos, em média. Se nenhum registro ou vários registros satisfizerem a condição de pesquisa, o programa deve ler e pesquisar todos os b blocos no arquivo.

Para excluir um registro, um programa deve primeiro encontrar seu bloco, copiá-lo para um buffer, excluir o registro do buffer e, finalmente, **regravar o bloco** de volta ao disco. Isso deixa um espaço livre no bloco de disco. A exclusão de um grande número de registros dessa maneira resulta em espaço de armazenamento desperdiçado. Outra técnica usada para exclusão de registro é ter um byte ou bit extra, chamado **marcador de exclusão**, armazenado em cada registro. Um registro é excluído ao definir o marcador de exclusão com determinado valor. Um valor diferente para o marcador indica um registro válido (não excluído). Os programas de pesquisa consideram apenas registros válidos em um bloco quando realizam sua

[11] Às vezes, essa organização é chamada de **arquivo sequencial**.

busca. Essas duas técnicas de exclusão exigem **reorganização** periódica do arquivo para retomar o espaço não usado dos registros excluídos. Durante a reorganização, os blocos de arquivo são acessados de maneira consecutiva e os registros são compactados pela remoção de registros excluídos. Depois dessa reorganização, os blocos são preenchidos até a capacidade mais uma vez. Outra possibilidade é usar o espaço dos registros excluídos ao inserir novos registros, embora isso exija uma manutenção extra para se manter informado sobre os locais vazios.

Podemos usar a organização espalhada ou não espalhada para um arquivo desordenado, e ela pode ser utilizada com registros de tamanho fixo ou variável. A modificação de um registro de tamanho variável pode exigir a exclusão do registro antigo e a inserção de um registro modificado, pois este pode não se encaixar em seu antigo espaço no disco.

Para ler todos os registros na ordem dos valores de algum campo, criamos uma cópia classificada do arquivo. A classificação é uma operação cara para um arquivo de disco grande, e técnicas especiais para **classificação externa** são utilizadas (ver Capítulo 18).

Para um arquivo de *registros de tamanho fixo* desordenados usando *blocos não espalhados* e *alocação contígua*, é simples acessar qualquer registro por sua **posição** no arquivo. Se os registros de arquivo forem numerados com 0, 1, 2, ..., $r - 1$ e os registros em cada bloco forem numerados com 0, 1, ..., $bfr - 1$, em que bfr é o fator de blocagem, então o i-ésimo registro do arquivo está localizado no bloco $\lfloor (i/bfr) \rfloor$ e é o $(i \bmod bfr)^{\underline{o}}$ registro nesse bloco. Tal arquivo costuma ser chamado de **arquivo relativo** ou **direto**, pois os registros podem ser facilmente acessados por suas posições relativas. O acesso a um registro por sua posição não ajuda a localizá-lo com base em uma condição de busca; contudo, facilita a construção de caminhos de acesso no arquivo, como os índices discutidos no Capítulo 17.

16.7 Arquivos de registros ordenados (arquivos classificados)

Podemos ordenar fisicamente os registros de um arquivo no disco com base nos valores de um de seus campos — chamado de **campo de ordenação**. Isso leva a um arquivo **ordenado** ou **sequencial**.[12] Se o campo de ordenação também for um **campo-chave** do arquivo — um campo com garantias de ter um valor exclusivo em cada registro —, então o campo é chamado de **chave de ordenação** para o arquivo. A Figura 16.7 mostra um arquivo ordenado com Nome como campo-chave de ordenação (supondo que os funcionários tenham nomes distintos).

Os registros ordenados têm algumas vantagens em relação aos arquivos desordenados. Primeiro, a leitura dos registros na ordem dos valores da chave de ordenação torna-se extremamente eficiente porque nenhuma classificação é necessária. A condição de pesquisa pode ser do tipo <chave = valor>, ou uma condição de intervalo como <valor1 < chave < valor2>. Segundo, encontrar o próximo registro com base no atual na ordem da chave de ordenação em geral não requer acessos de bloco adicionais porque o próximo registro está no mesmo bloco do atual (a menos que o registro atual seja o último no bloco). Terceiro, o uso de uma condição de pesquisa baseada no valor de um campo-chave de ordenação resulta em acesso mais rápido quando a técnica de pesquisa binária é usada, o que constitui uma melhoria em relação às pesquisas lineares, embora isso normalmente não seja utilizado para arquivos de disco. Os arquivos ordenados estão em blocos e armazenados em cilindros contíguos para minimizar o tempo de busca.

[12] O termo *arquivo sequencial* também tem sido usado para se referir aos arquivos desordenados, embora seja mais apropriado para arquivos ordenados.

	Nome	Cpf	Data_nascimento	Cargo	Salario	Sexo
Bloco 1	Aaron, Eduardo					
	Abílio, Diana					
			⋮			
	Acosta, Marcos					
Bloco 2	Adams, João					
	Adams, Roberto					
			⋮			
	Akers, Janete					
Bloco 3	Alexandre, Eduardo					
	Alfredo, Roberto					
			⋮			
	Allen, Samuel					
Bloco 4	Allen, Tiago					
	Anderson, Kely					
			⋮			
	Anderson, Joel					
Bloco 5	Anderson, Isaac					
	Angeli, José					
			⋮			
	Anita, Sueli					
Bloco 6	Arnold, Marcelo					
	Arnold, Estêvão					
			⋮			
	Atkins, Timóteo					
			⋮			
Bloco *n*–1	Wong, Jaime					
	Wood, Ronaldo					
			⋮			
	Woods, Manuel					
Bloco *n*	Wright, Pâmela					
	Wyatt, Charles					
			⋮			
	Zimmer, André					

Figura 16.7 Alguns blocos de um arquivo ordenado (sequencial) de registros de FUNCIONARIO com Nome como campo-chave de ordenação.

Uma **pesquisa binária** por arquivos de disco pode ser feita nos blocos, em vez de nos registros. Suponha que o arquivo tenha *b* blocos numerados com 1, 2, ..., *b*; os registros são ordenados por valor crescente de seu campo-chave de ordenação; e estamos procurando um registro cujo valor do campo-chave de ordenação seja *K*. Supondo que os endereços de disco dos blocos de arquivo estejam disponíveis no cabeçalho de arquivo, a pesquisa binária pode ser descrita pelo Algoritmo 16.1. Uma pesquisa binária normalmente acessa $\log_2(b)$ blocos, não importando se o registro foi localizado ou não — uma melhora em relação às pesquisas lineares, em que, na média, (*b*/2) blocos são acessados quando o registro é encontrado e *b* blocos são acessados quando o registro não é encontrado.

Algoritmo 16.1. Pesquisa binária em uma chave de ordenação de um arquivo de disco

```
l ← 1; u ← b; (*b é o número de blocos de arquivo*)
enquanto (u ≥ l ) faça
    início i ← (l + u) div 2;
    leia bloco i do arquivo para o buffer;
    se K < (valor do campo-chave de ordenação do primeiro registro no bloco i)
            então u ← i – 1
    senão, se K > (valor do campo-chave de ordenação do último registro no
            bloco i), então l ← i + 1
    senão, se o registro com valor do campo-chave de ordenação = K está no
            buffer, então vá para achou
    senão, vá para nãoachou;
    fim;
vá para nãoachou;
```

Um critério de pesquisa envolvendo as condições >, <, ≥ e ≤ no campo de ordenação é muito eficiente, pois a ordenação física dos registros significa que todos os registros que satisfazem a condição são contíguos no arquivo. Por exemplo, com relação à Figura 16.7, se o critério de pesquisa for (Nome > 'G') — em que > significa *alfabeticamente antes de* —, os registros que satisfazem o critério de pesquisa são os do início do arquivo até o registro antes daquele que tem um valor Nome começando com a letra 'G'.

A ordenação não oferece quaisquer vantagens para o acesso aleatório ou ordenado dos registros com base nos valores dos outros *campos não ordenados* do arquivo. Nesses casos, realizamos uma pesquisa linear para acesso aleatório. Para acessar os registros em ordem baseados em um campo não ordenado, é necessário criar outra cópia ordenada — em uma ordem diferente — do arquivo.

A inserção e a exclusão de registros são operações dispendiosas para um arquivo ordenado, pois os registros devem permanecer fisicamente ordenados. Para inserir um registro, temos de encontrar sua posição correta no arquivo, com base no valor de seu campo de ordenação, e depois criar espaço no arquivo para inserir o registro nessa posição. Para um arquivo grande, isso pode ser muito demorado porque, na média, metade dos registros no arquivo precisa ser movida para criar espaço para o novo registro. Isso significa que metade dos blocos de arquivo deve ser lida e regravada depois que os registros forem movidos entre eles. Para exclusão de registro, o problema é menos grave se forem usados marcadores de exclusão e reorganização periódica.

Uma opção para tornar a inserção mais eficiente é manter algum espaço não usado em cada bloco para novos registros. Porém, quando esse espaço é totalmente utilizado, o problema original reaparece. Outro método frequentemente empregado é criar um arquivo *desordenado* temporário, chamado arquivo de **overflow** ou **transação**. Com essa técnica, o arquivo ordenado real é chamado de arquivo **principal** ou **mestre**. Novos registros são inseridos no final do arquivo de overflow, em vez de em sua posição correta no arquivo principal. De tempos em tempos, o arquivo de overflow é classificado e mesclado ao arquivo mestre durante a reorganização do arquivo. A inserção torna-se muito eficiente, mas ao custo de maior complexidade no algoritmo de pesquisa. Uma opção é manter o valor mais alto da chave em cada bloco em um campo separado, após levar em consideração as chaves que foram retiradas desse bloco. Caso contrário, o arquivo de overflow precisa ser pesquisado usando uma pesquisa linear se, após a pesquisa binária, o registro não for encontrado no arquivo principal. Para aplicações que não exigem a informação mais atualizada, os registros de overflow podem ser ignorados durante uma pesquisa.

A modificação do valor de um campo de registro depende de dois fatores: a condição de pesquisa para localizar o registro e o campo a ser modificado. Se a condição de pesquisa envolver o campo da chave de ordenação, podemos localizar o registro com uma pesquisa binária; caso contrário, temos de realizar uma pesquisa linear. Um campo não ordenado pode ser modificado ao alterar o registro e regravá-lo no mesmo local físico no disco — considerando registros de tamanho fixo. A modificação do campo de ordenação significa que o registro pode alterar sua posição no arquivo. Isso requer a exclusão do registro antigo, seguida pela inserção do registro modificado.

A leitura dos registros do arquivo na ordem do campo de ordenação é muito eficiente se ignorarmos os registros no overflow, pois os blocos podem ser lidos consecutivamente ao usar o buffering duplo. Para incluir os registros no overflow, temos de mesclá-los em suas posições atuais; nesse caso, primeiro podemos reorganizar o arquivo, e depois ler seus blocos na sequência. Para reorganizar o arquivo, classificamos os registros no arquivo de overflow e, depois, os mesclamos com o arquivo mestre. Os registros marcados para exclusão são removidos durante a reorganização.

A Tabela 16.3 resume o tempo de acesso médio em acessos de bloco para encontrar um registro específico em um arquivo com *b* blocos.

Os arquivos ordenados raramente são usados em aplicações de banco de dados, a menos que um caminho de acesso adicional, chamado **índice primário**, seja utilizado; isso resulta em um **arquivo sequencial-indexado**. Isso melhora ainda mais o tempo de acesso aleatório ao campo-chave de ordenação. (Discutiremos índices no Capítulo 17.) Se o atributo de ordenação não for uma chave, o arquivo é chamado de **arquivo agrupado**.

Tabela 16.3 Tempos de acesso médios para um arquivo de *b* blocos sob organizações de arquivo básicas.

Tipo de organização	Método de acesso/pesquisa	Média de blocos para acessar um registro específico
Heap (não ordenado)	Varredura sequencial (pesquisa linear)	$b/2$
Ordenado	Varredura sequencial	$b/2$
Ordenado	Pesquisa binária	$\log_2 b$

16.8 Técnicas de hashing

Outro tipo de organização de arquivo principal é baseado no hashing, que oferece acesso muito rápido aos registros sob certas condições de pesquisa. Essa organização costuma ser chamada de **arquivo de hash**.[13] A condição de pesquisa precisa ser uma condição de igualdade em um único campo, chamado **campo de hash**. Na maior parte dos casos, o campo de hash também é um campo-chave do arquivo, quando é chamado de **chave hash**. A ideia por trás do hashing é oferecer uma função *h*, chamada **função de hash** ou **função de randomização**, que é aplicada ao valor do campo

[13] Um arquivo de hash também é chamado de *arquivo direto*.

de hash de um registro e gera o *endereço* do bloco de disco em que o registro está armazenado. Uma pesquisa pelo registro no bloco pode ser executada em um buffer da memória principal. Para a maioria dos registros, só precisamos de um acesso de único bloco para recuperar esse registro.

O hashing também é utilizado como uma estrutura de pesquisa interna em um programa sempre que um grupo de registros é acessado exclusivamente pelo uso do valor de um campo. Descrevemos o uso do hashing para arquivos internos na Seção 16.8.1; depois, mostramos como ele é modificado para armazenar arquivos externos no disco na Seção 16.8.2. Na Seção 16.8.3, discutimos técnicas para estender o hashing a arquivos dinamicamente crescentes.

16.8.1 Hashing interno

Para arquivos internos, o hashing normalmente é implementado como uma **tabela de hash** por meio do uso de um vetor de registros. Suponha que o intervalo de índice de vetor seja de 0 a $M - 1$, como mostra a Figura 16.8(a). Então, temos M **slots** cujos endereços correspondem aos índices de vetor. Escolhemos uma função de hash que transforma o valor de campo de hash em um inteiro entre 0 e $M - 1$. Uma função de hash comum é $h(K) = K$ **mod** M, que retorna o resto de um valor de campo de hash inteiro K após a divisão por M; esse valor é então usado para o endereço do registro.

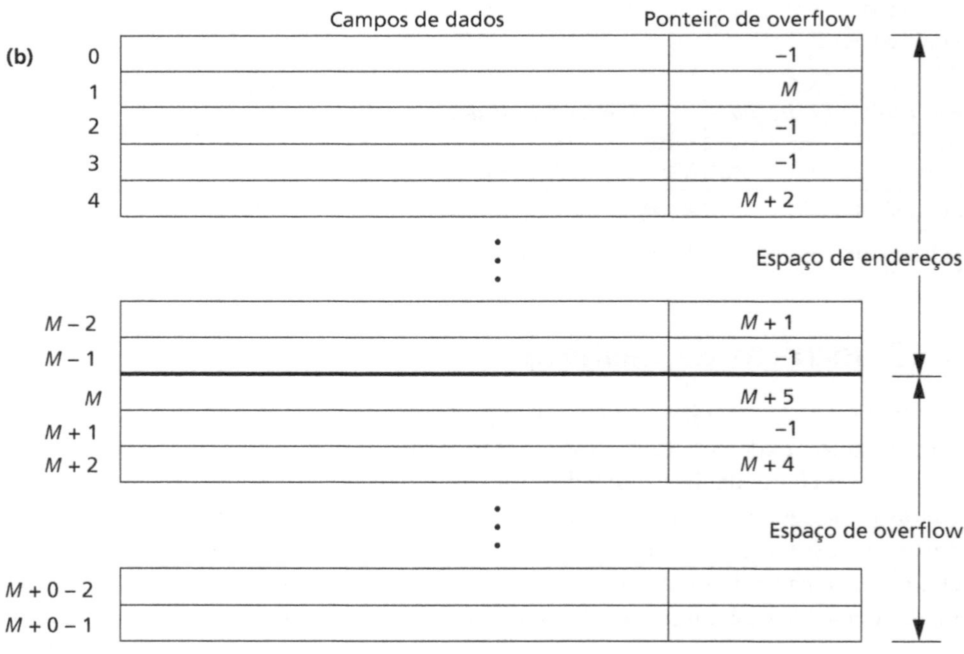

Figura 16.8 Estruturas de dados de hashing interno. (a) Vetor de M posições para uso no hashing interno. (b) Resolução de colisão ao encadear registros.

Os valores de campo de hash não inteiros podem ser transformados em inteiros antes que a função mod seja aplicada. Para cadeias de caracteres, os códigos numéricos (ASCII) associados aos caracteres podem ser usados na transformação — por exemplo, ao multiplicar esses valores de código. Para um campo de hash cujo tipo de dado é uma cadeia (string) de 20 caracteres, o Algoritmo 16.2(a) pode ser utilizado para calcular o endereço de hash. Consideramos que a função de código retorna o código numérico de um caractere e que recebemos um valor de campo de hash *K* do tipo *K*: *array* [1..20] *of char* (em Pascal) ou *char K*[20] (em C).

Algoritmo 16.2. Dois algoritmos de hashing simples: (a) aplicando a função de hash mod a uma cadeia de caracteres K. (b) Resolução de colisão por endereçamento aberto.

```
(a) temp ← 1;
    para i ← 1 até 20 faça temp ← temp * code(K[i]);
    endereco_hash ← temp mod M;
(b) i ← endereco_hash(K); a ← i;
    se local i está ocupado
            então início i ← (i + 1) mod M;
                  enquanto (i ≠ a) e local i está ocupado
                          faça i ← (i + 1) mod M;
                  se (i = a) então todas as posições estão cheias
                  senão novo_endereco_hash ← i;
            fim;
```

Outras funções de hashing podem ser usadas. Uma técnica, chamada **desdobramento**, consiste em aplicar uma função aritmética, como a *adição*, ou uma função lógica, como o *or exclusivo*, a diferentes partes do valor do campo de hash para calcular o endereço de hash (por exemplo, com um espaço de endereços de 0 a 999 para armazenar 1.000 chaves, uma chave de seis dígitos 235469 pode ser desdobrada e armazenada no endereço: (235+964) mod 1000 = 199). Outra técnica consiste em escolher alguns dígitos do valor do campo de hash — por exemplo, terceiro, quinto e oitavo dígitos — para formar o endereço de hash (por exemplo, armazenando 1.000 funcionários com números de CPF de 11 dígitos em um arquivo de hash com 1.000 posições daria ao número de CPF 301-678-923-51 um valor de hash de 172 por essa função de hash).[14] O problema com a maioria das funções de hashing é que elas não garantem que valores distintos terão endereços de hash distintos, pois o **espaço do campo de hash** — o número de valores possíveis que um campo de hash pode ter — normalmente é muito maior que o **espaço de endereços** — o número de endereços disponíveis para registros. A função de hashing mapeia o espaço do campo de hash ao espaço de endereços.

Uma **colisão** ocorre quando o valor do campo de hash de um registro que está sendo inserido é calculado como um endereço que já contém um registro diferente. Nessa situação, temos de inserir o novo registro em alguma outra posição, pois o endereço de hash está ocupado. O processo de localizar outra posição é chamado de **resolução de colisão.** Existem vários métodos para resolução de colisão, incluindo os seguintes:

- **Endereçamento aberto.** Partindo da posição ocupada especificada pelo endereço de hash, o programa verifica as posições subsequentes em ordem, até que uma posição não usada (vazia) seja encontrada. O Algoritmo 16.2(b) pode ser usado para essa finalidade.
- **Encadeamento.** Para este método, vários locais de overflow são mantidos, normalmente estendendo o vetor com uma série de posições de overflow. Além disso, um campo de ponteiro é acrescentado ao local de cada registro. Uma colisão é resolvida ao se colocar o novo registro em um local de overflow não usado e

[14] Uma discussão detalhada das funções de hashing está fora do escopo de nossa apresentação.

definir o ponteiro do local do endereço de hash ocupado como o endereço desse local de overflow. Portanto, é mantida uma lista interligada de registros de overflow para cada endereço de hash, como mostra a Figura 16.8(b).

- **Hashing múltiplo.** O programa aplica uma segunda função de hash se a primeira resultar em uma colisão. Se houver outra colisão, o programa utiliza o endereçamento aberto ou aplica uma terceira função de hash e, depois, usa o endereçamento aberto, se necessário. Observe que a série de funções de hash é utilizada na mesma ordem para a recuperação.

Cada método de resolução de colisão requer os próprios algoritmos para inserção, recuperação e exclusão de registros. Os algoritmos para encadeamento são os mais simples. Os algoritmos de exclusão para endereçamento aberto são mais complicados. Os livros-texto sobre estruturas de dados abordam algoritmos de hashing interno com mais detalhes.

O objetivo de uma boa função de hashing é duplo: primeiro, distribuir os registros de maneira uniforme pelo espaço de endereços de modo a minimizar as colisões enquanto possibilita localizar um registro com a chave dada em um único acesso. O segundo objetivo, um tanto conflitante, é conseguir isso enquanto ocupa os buckets por completo, não deixando muitos locais não usados. A simulação e os estudos de análise mostraram que normalmente é melhor manter uma tabela de hash entre 70 e 90% cheia, de modo que o número de colisões permaneça baixo e não desperdicemos muito espaço. Logo, se esperamos ter r registros para armazenar na tabela, devemos escolher M locais para o espaço de endereços, tal que (r/M) esteja entre 0,7 e 0,9. Também pode ser útil escolher um número primo para M, pois já foi demonstrado que isso distribui melhor os endereços de hash pelo espaço de endereços quando a função de hashing mod é utilizada com um número primo. Outras funções de hash podem exigir que M seja uma potência de 2.

16.8.2 Hashing externo para arquivos de disco

O hashing para arquivos de disco é chamado de **hashing externo**. Para se ajustar às características do armazenamento de disco, o espaço de endereços de destino é feito em **buckets**, cada um mantendo vários registros. Um bucket é um bloco de disco ou um cluster de blocos de disco contíguos. A função de hashing mapeia uma chave em um número de bucket relativo, em vez de atribuir um endereço de bloco absoluto ao bucket. Uma tabela mantida no cabeçalho do arquivo converte o número do bucket para o endereço do bloco de disco correspondente, conforme ilustra a Figura 16.9.

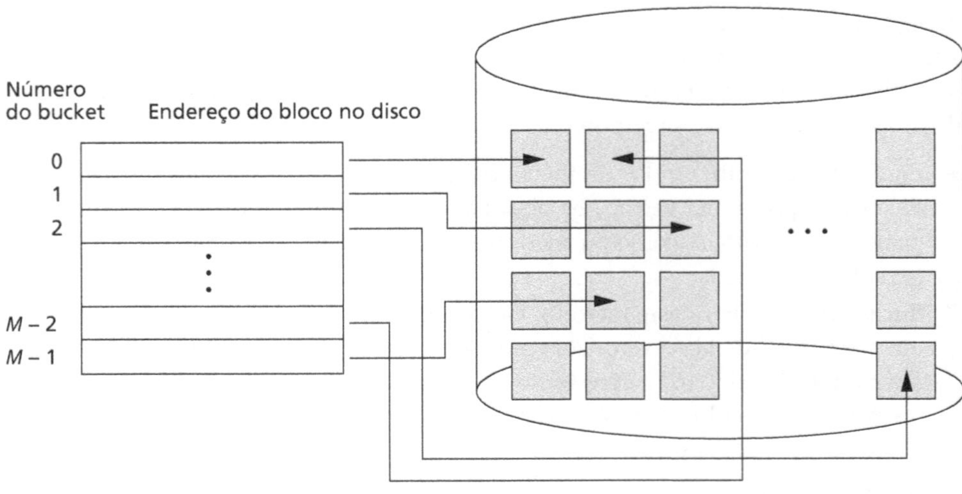

Figura 16.9 Correspondendo números de bucket a endereços de bloco de disco.

O problema de colisão é menos sério com os buckets porque, independentemente de quantos registros possam caber em um bucket, eles podem ser definidos por hashing ao mesmo bucket sem causar problemas. Porém, temos de prever o caso em que um bucket está cheio até sua capacidade e um novo registro a ser inserido tem um hash para esse bucket. Podemos usar uma variação do encadeamento em que um ponteiro é mantido em cada bucket para uma lista interligada de registros de overflow para o bucket, como mostra a Figura 16.10. Os ponteiros na lista interligada devem ser **ponteiros de registro**, que incluem um endereço de bloco e uma posição de registro relativa no bloco.

O hashing oferece o acesso mais rápido possível para recuperar um registro qualquer dado o valor de seu campo de hash. Embora a maioria das boas funções de hash não mantenha registros na ordem dos valores de campo de hash, algumas funções — chamadas **preservação de ordem** — o fazem. Um exemplo simples de uma função de hash de preservação de ordem é usar os três dígitos mais à esquerda de um número de fatura para gerar um endereço de bucket como o endereço de hash e manter os registros classificados por número de fatura em cada bucket. Outro exemplo é usar uma chave hash inteira diretamente como índice para um arquivo relativo, se os valores de chave hash preencherem determinado intervalo; por exemplo, se os números de funcionário em uma empresa forem definidos como 1, 2, 3, ... até o número total de funcionários, podemos usar a função de hash de identidade (isto é, Endereço Relativo = Chave) que mantém a ordem. Infelizmente, isso só funciona se as chaves forem geradas em ordem por alguma aplicação.

O esquema de hashing descrito até aqui é chamado de **hashing estático**, pois é alocado um número fixo *M* de buckets. A função realiza um mapeamento entre chave e endereço, pelo qual estamos fixando o espaço de endereços. Essa pode ser uma desvantagem séria para arquivos dinâmicos. Suponha que aloquemos *M* buckets

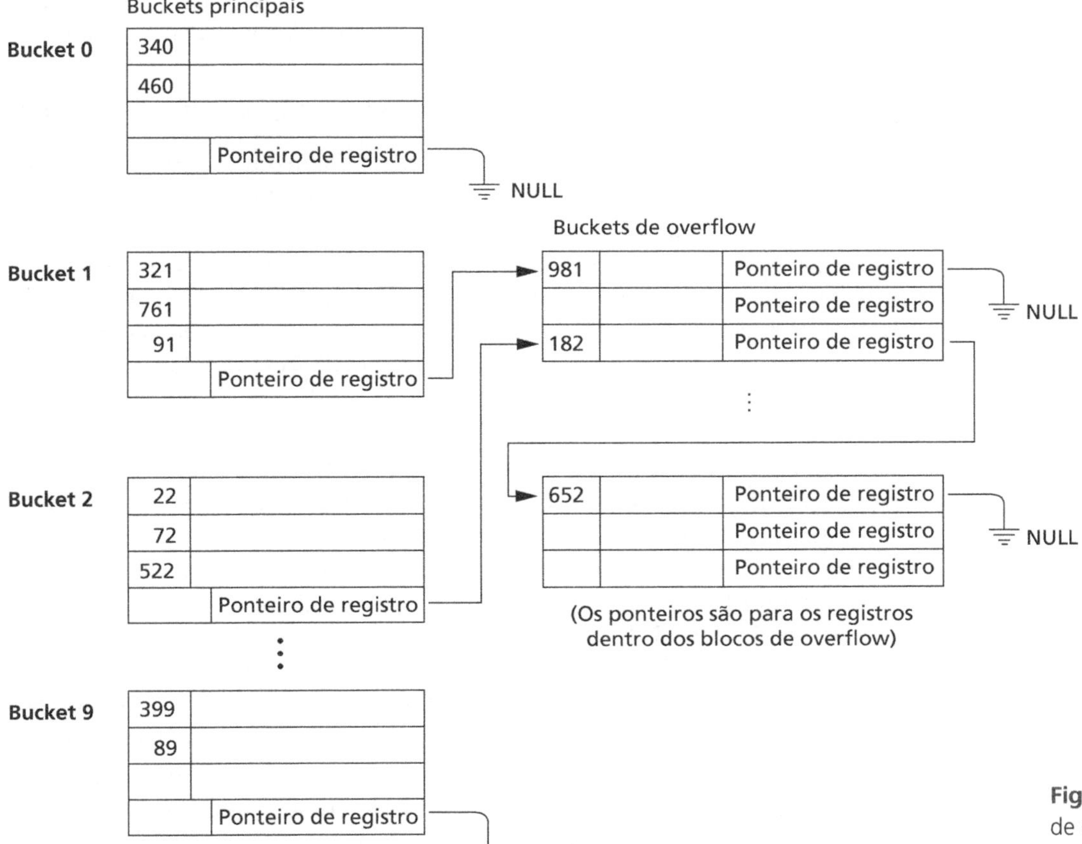

Figura 16.10 Tratamento de overflow para buckets por encadeamento.

para o espaço de endereços e deixemos m como o número máximo de registros que podem caber em um bucket; então, no máximo ($m \star M$) registros caberão no espaço alocado. Se o número de registros for substancialmente menor que ($m \star M$), ficamos com muito espaço não usado. Por sua vez, se o número de registros aumentar para muito mais que ($m \star M$), várias colisões acontecerão, e a recuperação será mais lenta em razão das longas listas de registros de overflow. Em ambos os casos, podemos ter de alterar o número de blocos M alocados e depois usar uma nova função de hashing (com base no novo valor de M) para redistribuir os registros. Essas reorganizações podem ser muito demoradas para arquivos grandes. As mais recentes organizações dinâmicas de arquivo, baseadas em hashing, permitem que o número de buckets varie dinamicamente apenas com uma reorganização localizada (ver Seção 16.8.3).

Ao usar o hashing externo, a busca por um registro, dado um valor de algum campo diferente do campo de hash, é tão dispendiosa quanto no caso de um arquivo desordenado. A exclusão de registro pode ser implementada pela remoção do registro de seu bucket. Se o bucket tiver uma cadeia de overflow, podemos mover um dos registros de overflow para o bucket e substituir o registro excluído. Se o registro a ser excluído já estiver em overflow, simplesmente o removemos da lista interligada. Observe que a remoção de um registro de overflow implica que devemos registrar posições vazias no overflow. Isso é feito facilmente pela manutenção de uma lista interligada de locais de overflow não usados.

A modificação do valor de campo de um registro específico depende de dois fatores: da condição de pesquisa para localizar esse registro específico e do campo a ser modificado. Se a condição de pesquisa for uma comparação de igualdade no campo de hash, podemos localizar o registro de modo eficiente usando a função de hashing; caso contrário, temos de realizar uma pesquisa linear. Um campo não de hash pode ser modificado pela mudança do registro e sua regravação no mesmo bucket. A modificação do campo de hash significa que o registro pode se mover para outro bucket, o que exige a exclusão do registro antigo, seguida pela inserção do registro modificado.

16.8.3 *Técnicas de hashing que permitem a expansão dinâmica do arquivo*

Uma grande desvantagem do esquema de hashing *estático* que acabamos de ver é que o espaço de endereços de hash é fixo. Logo, é difícil expandir ou encolher o arquivo dinamicamente. Os esquemas descritos nesta seção tentam solucionar essa situação. O primeiro esquema — o hashing extensível — armazena uma estrutura de acesso além do arquivo e, portanto, é semelhante à indexação (ver Capítulo 17). A principal diferença é que a estrutura de acesso se baseia nos valores que resultam após a aplicação da função de hash ao campo de pesquisa. Na indexação, a estrutura de acesso é baseada nos valores do próprio campo de pesquisa. A segunda técnica, chamada hashing linear, não requer estruturas de acesso adicionais. Outro esquema, chamado **hashing dinâmico**, usa uma estrutura de acesso baseada em estruturas de dados de árvore binária.

Esses esquemas de hashing tiram proveito do fato de que o resultado da aplicação de uma função de hashing é um inteiro não negativo e, portanto, pode ser representado como um número binário. A estrutura de acesso é feita com base na **representação binária** do resultado da função de hashing, que é uma cadeia de **bits**. Chamamos isso de **valor de hash** de um registro. Os registros são distribuídos entre buckets com base nos valores dos *bits iniciais* em seus valores de hash.

Hashing extensível. No hashing extensível, proposto por Fagin (1979), um tipo de diretório — um vetor de 2^d endereços de bucket — é mantido, no qual d é chamado de **profundidade global** do diretório. O valor inteiro correspondente aos primeiros d bits (ordem alta) de um valor de hash é utilizado como um índice para o vetor para determinar uma entrada de diretório, e o endereço nessa entrada determina o bucket em que os registros correspondentes são armazenados. Porém, não é preciso haver um bucket distinto para cada um dos 2^d locais de diretório. Vários locais de diretório com os mesmos primeiros d' bits para seus valores de hash podem conter o mesmo endereço de bucket se todos os registros que possuem hash para esses locais couberem em um único bucket. Uma **profundidade local d'** — armazenada com cada bucket — especifica o número de bits em que os conteúdos dos buckets são baseados. A Figura 16.11 mostra um diretório com profundidade global $d = 3$.

O valor de d pode ser aumentado ou diminuído em um de cada vez, dobrando ou reduzindo à metade o número de entradas no vetor do diretório. Dobrar é necessário se um bucket, cuja profundidade local d' é igual à profundidade global d, estourar. Reduzir à metade ocorre se $d > d'$ para todos os buckets após ocorrerem algumas exclusões. A maioria das recuperações de registro exige dois acessos de bloco — um para o diretório e outro para o bucket.

Para ilustrar a divisão de bucket, suponha que um novo registro inserido cause overflow no bucket cujos valores de hash começam com 01 — o terceiro bucket na Figura 16.11. Os registros serão distribuídos entre dois buckets: o primeiro contém todos os registros cujos valores de hash começam com 010, e o segundo, todos

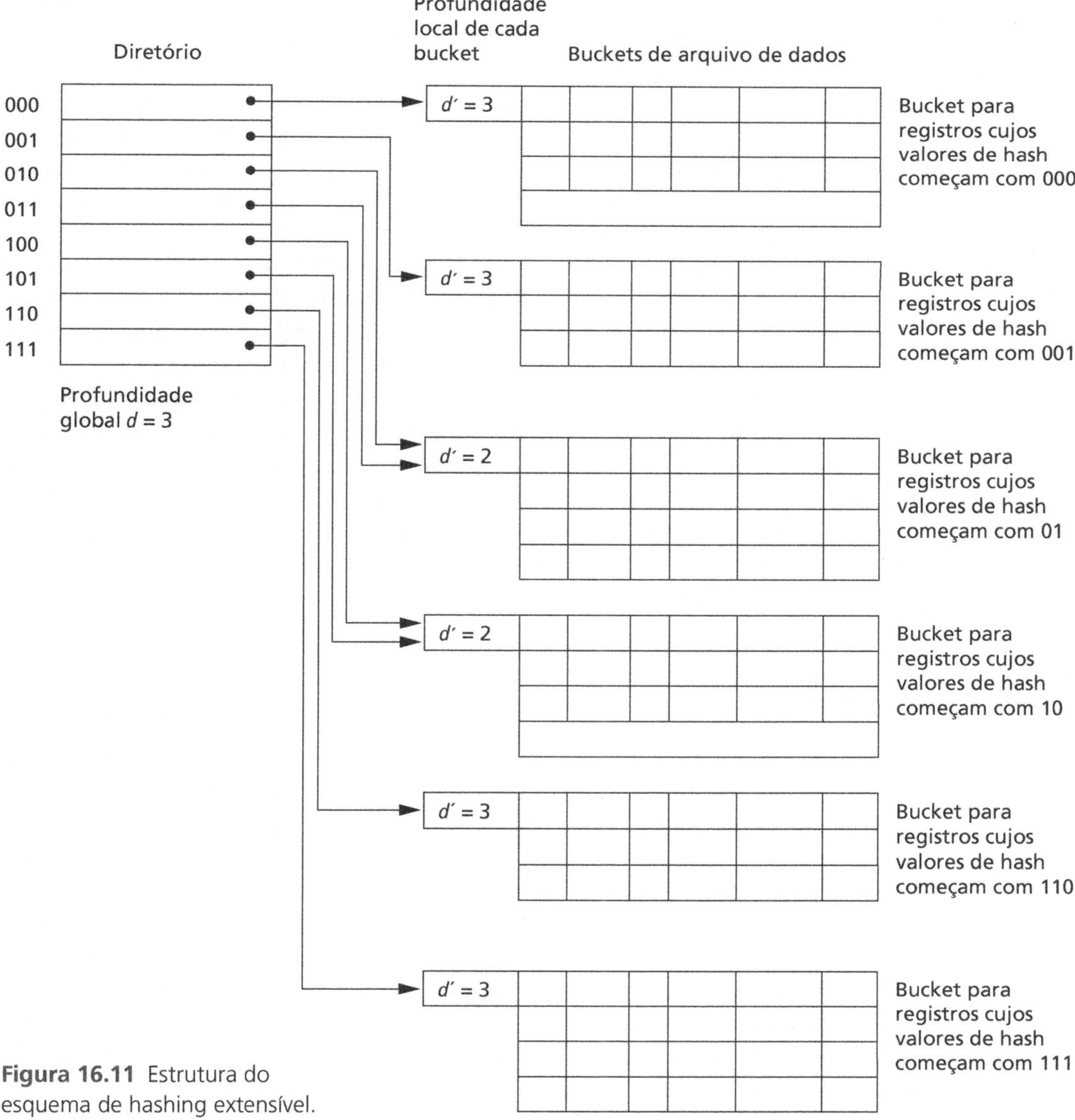

Figura 16.11 Estrutura do esquema de hashing extensível.

aqueles cujos valores de hash começam com 011. Agora, os dois locais de diretório para 010 e 011 apontam para os dois novos buckets distintos. Antes da divisão, eles apontavam para o mesmo bucket. A profundidade local d' dos dois novos buckets é 3, um a mais que a profundidade local do bucket antigo.

Se um bucket que estoura e é dividido costumava ter uma profundidade local d' igual à profundidade global d do diretório, então o tamanho do diretório agora precisa ser dobrado de modo que possamos usar um bit extra para distinguir os dois novos buckets. Por exemplo, se o bucket para registros cujos valores de hash começam com 111 na Figura 16.11 estourar, os dois novos buckets precisam de um diretório com profundidade global $d = 4$, pois os dois buckets agora são rotulados com 1110 e 1111, e, portanto, suas profundidades locais são ambas 4. O tamanho do diretório, então, é dobrado, e cada um dos outros locais originais no diretório também é dividido em dois locais, ambos com o mesmo valor de ponteiro que o local original tinha.

A principal vantagem do hashing extensível que o torna atraente é que *o desempenho do arquivo não degrada enquanto o arquivo cresce,* ao contrário do hashing externo estático, no qual as colisões aumentam e o encadeamento correspondente efetivamente aumenta o número médio de acessos por chave. Além disso, nenhum espaço é alocado no hashing extensível para crescimento futuro, mas buckets adicionais podem ser alocados de maneira dinâmica conforme a necessidade. O overhead de espaço para a tabela de diretório é insignificante. O tamanho de diretório máximo é 2^k, em que k é o número de bits no valor de hash. Outra vantagem é que a divisão causa uma pequena reorganização na maior parte dos casos, visto que apenas os registros em um bucket são redistribuídos para os dois novos buckets. A única ocasião em que a reorganização é mais dispendiosa é quando o diretório precisa ser dobrado (ou reduzido à metade). Uma desvantagem é que o diretório precisa ser pesquisado antes do acesso aos próprios buckets, resultando em dois acessos a bloco em vez de um no hashing estático. Essa penalidade no desempenho é considerada pequena e, portanto, o esquema é tido como bastante desejável para arquivos dinâmicos.

Hashing dinâmico. Um precursor do hashing extensível foi o hashing dinâmico, proposto por Larson (1978), em que os endereços dos buckets eram os n bits de ordem alta ou $n - 1$ bits de ordem alta, dependendo do número total de chaves pertencentes ao respectivo bucket. O eventual armazenamento de registros em buckets para o hashing dinâmico é um tanto semelhante ao hashing extensível. A principal diferença está na organização do diretório. Enquanto o hashing extensível usa a noção de profundidade global (d bits de alta ordem) para o diretório plano e depois combina buckets redutíveis adjacentes em um bucket de profundidade local $d - 1$, o hashing dinâmico mantém um diretório estruturado em árvore com dois tipos de nós:

- Nós internos que têm dois ponteiros — o ponteiro esquerdo correspondente ao bit 0 (no endereço hashed) e um ponteiro direito correspondente ao bit 1.
- Nós folha — estes mantêm um ponteiro para o bucket real com registros.

Um exemplo do hashing dinâmico aparece na Figura 16.12. Quatro buckets são mostrados ("000", "001", "110" e "111") com endereços de três bits de ordem alta (correspondentes à profundidade global de 3) e dois buckets ("01" e "10") são mostrados com endereços de dois bits de ordem alta (correspondentes à profundidade local de 2). Os dois últimos são o resultado de reduzir "010" e "011" para "01" e reduzir "100" e "101" para "10". Observe que os nós de diretório são usados implicitamente para determinar as profundidades "global" e "local" dos buckets no hashing dinâmico. A procura por um registro, dado o endereço hashed, consiste em atravessar a árvore de diretórios, que leva ao bucket que mantém esse registro. Fica para o leitor a tarefa de desenvolver algoritmos para inserção, exclusão e pesquisa de registros para o esquema de hashing dinâmico.

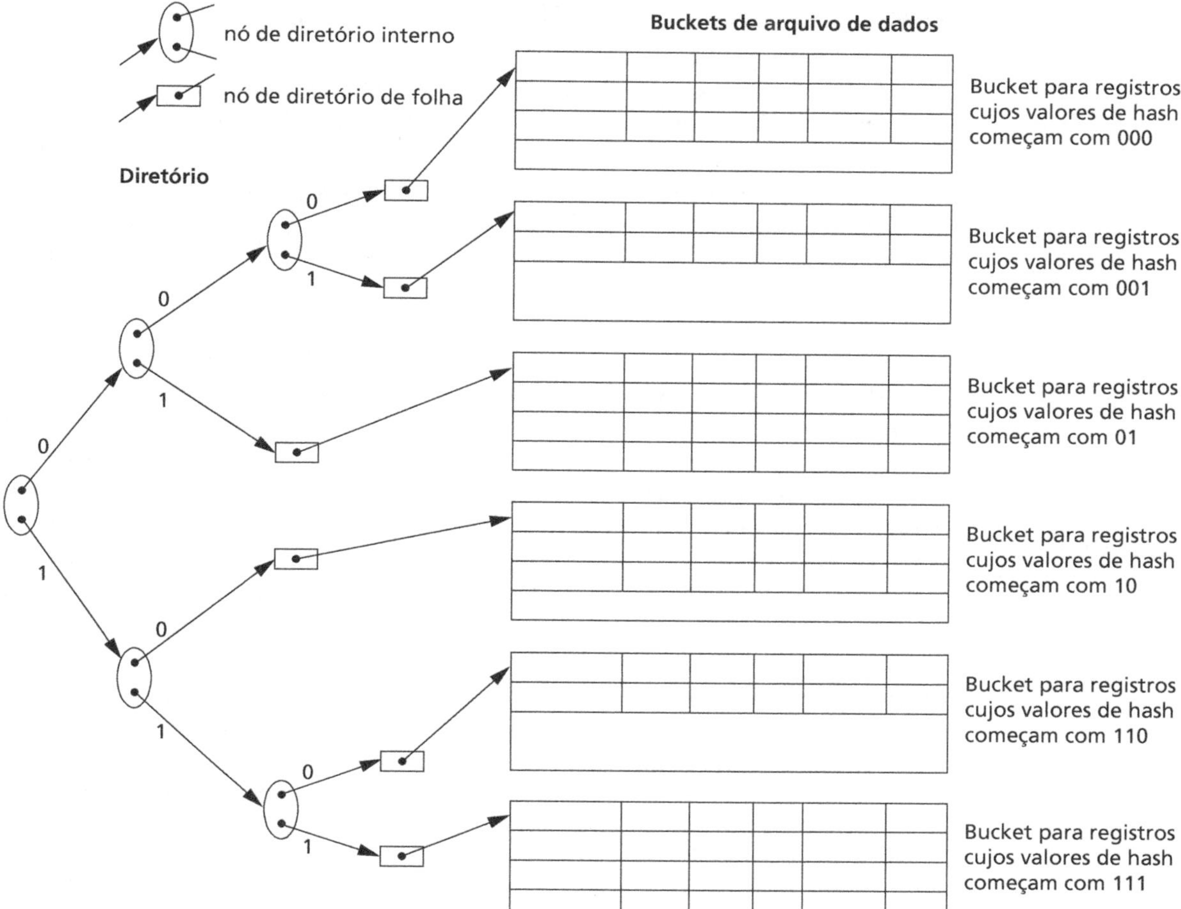

Figura 16.12 Estrutura do esquema de hashing dinâmico.

Hashing linear. A ideia por trás do hashing linear, proposto por Litwin (1980), é permitir que um arquivo de hash expanda e encolha seu número de buckets dinamicamente *sem* precisar de um diretório. Suponha que o arquivo comece com M buckets numerados com 0, 1, ..., $M - 1$ e use a função de hash mod, $h(\mathrm{K}) = \mathrm{K} \bmod M$; essa função de hash é chamada de **função de hash inicial** h_i. O overflow decorrente de colisões ainda é necessário e pode ser tratado ao se manterem as cadeias de overflow individuais para cada bucket. Contudo, quando uma colisão leva a um registro de estouro em *qualquer* bucket de arquivo, o *primeiro* bucket no arquivo — bucket 0 — é dividido em dois buckets: o bucket original 0 e um novo bucket M ao final do arquivo. Os registros originalmente no bucket 0 são distribuídos entre os dois buckets com base em uma função de hashing diferente $h_{i+1}(K) = K \bmod 2M$. Uma propriedade-chave das duas funções de hash h_i e h_{i+1} é que quaisquer registros que receberam hash para o bucket 0 com base em h_i terão um hash para o bucket 0 ou para o bucket M com base em h_{i+1}. Isso é necessário para que o hashing linear funcione.

À medida que mais colisões levam a registros de overflow, buckets adicionais são divididos na ordem *linear* 1, 2, 3, ... Se houver overflows suficientes, todos os buckets de arquivo originais 0, 1, ..., $M - 1$ terão sido divididos, de modo que o arquivo agora tem $2M$ em vez de M buckets, e todos os buckets usam a função de hash h_{i+1}. Logo, os registros no overflow por fim são redistribuídos em buckets regulares, usando a função h_{i+1} por meio de uma *divisão adiada* de seus buckets. Não existe diretório; somente um valor n — que é inicialmente definido como 0 e incrementado por 1 sempre que ocorre uma divisão — é necessário para determinar quais buckets foram divididos. Para recuperar um registro com valor de chave hash

K, primeiro aplique a função h_i a K; se $h_i(K) < n$, então aplique a função h_{i+1} em K, porque o bucket já está dividido. Inicialmente, $n = 0$, indicando que a função h_i se aplica a todos os buckets; n cresce linearmente enquanto os buckets são divididos.

Quando $n = M$ depois de ser incrementado, significa que todos os buckets originais foram divididos e a função de hash h_{i+1} se aplica a todos os registros no arquivo. Nesse ponto, n é retornado a 0 (zero), e quaisquer novas colisões que causem overflow levam ao uso de uma nova função de hashing $h_{i+2}(K) = K \bmod 4M$. Em geral, uma sequência de funções de hashing $h_{i+j}(K) = K \bmod (2^jM)$ é utilizada, na qual $j = 0, 1, 2, ...$; uma nova função de hashing h_{i+j+1} é necessária sempre que todos os buckets $0, 1, ..., (2^jM) - 1$ tiverem sido divididos e n for retornado a 0. A busca por um registro com valor de chave hash K é dada pelo Algoritmo 16.3.

A divisão pode ser controlada ao se monitorar o fator de carga de arquivo em vez de dividir sempre que ocorre um overflow. Em geral, o **fator de carga de arquivo** l pode ser definido como $l = r/(bfr * N)$, em que r é o número atual de registros do arquivo, bfr é o número máximo de registros que podem caber em um bucket, e N é o número atual de buckets de arquivo. Os buckets que foram divididos também podem ser recombinados se o fator de carga do arquivo ficar abaixo de certo patamar. Os blocos são combinados de maneira linear, e N é reduzido adequadamente. A carga do arquivo pode ser usada para disparar divisões e combinações; assim, ela pode ser mantida em um intervalo desejado. As divisões podem ser disparadas quando a carga excede determinado patamar — digamos, 0,9 — e as combinações podem ser disparadas quando a carga cai abaixo de outro patamar — digamos, 0,7. As principais vantagens do hashing linear são que ele mantém o fator de carga razoavelmente constante enquanto o arquivo aumenta e diminui, e ele não requer um diretório.[15]

Algoritmo 16.3. O procedimento de pesquisa para o hashing linear

```
se n = 0
    então m ← h_j (K) (*m é o valor de hash do registro com chave K*)
    senão início
            m ← h_j (K);
            se m < n então m ← h_{j+1} (K)
        fim;
procura o bucket cujo valor de hash é m (e seu overflow, se houver);
```

16.9 Outras organizações de arquivo primárias

16.9.1 Arquivos de registros mistos

As organizações de arquivo que estudamos até aqui consideram que todos os registros de determinado arquivo são do mesmo tipo. Os registros poderiam ser de FUNCIONARIO, PROJETO, ALUNO ou DEPARTAMENTO, mas cada arquivo contém registros de apenas um tipo. Na maioria das aplicações de banco de dados, encontramos situações em que diversos tipos de entidades são inter-relacionadas de várias maneiras, como vimos no Capítulo 3. Os relacionamentos entre registros em vários arquivos podem ser representados por **campos de conexão.**[16] Por exemplo, um registro de ALUNO pode ter um campo de conexão Departamento_principal cujo valor indica o nome do DEPARTAMENTO em que o aluno está se formando. Esse campo Departamento_principal *refere-se* a uma entidade DEPARTAMENTO, que deve ser representada por um registro

[15] Para ver os detalhes sobre inserção e exclusão em arquivos com hashing linear, consulte Litwin (1980) e Salzberg (1988).

[16] O conceito de chaves estrangeiras no modelo de dados relacional (Capítulo 5) e as referências entre os objetos nos modelos orientados a objeto (Capítulo 12) são exemplos de campos de conexão.

próprio no arquivo DEPARTAMENTO. Se quisermos recuperar valores de campo de dois registros relacionados, primeiro temos de recuperar um dos registros. Depois, podemos usar seu valor de campo de conexão para recuperar o registro relacionado no outro arquivo. Logo, os relacionamentos são implementados por **referências de campo lógicas** entre os registros em arquivos distintos.

As organizações de arquivos em SGBDs de objeto, bem como em sistemas legados como os SGBDs hierárquicos e de rede, normalmente implementam relacionamentos entre registros como **relacionamentos físicos** realizados pela continuidade física (ou agrupamento) de registros relacionados ou por ponteiros físicos. Essas organizações de arquivo em geral atribuem uma **área** do disco para manter registros de mais de um tipo, de modo que registros de diferentes tipos podem ser **fisicamente agrupados** no disco. Se for esperado que um relacionamento em particular seja usado com frequência, a implementação física do relacionamento pode aumentar a eficiência do sistema na recuperação de registros relacionados. Por exemplo, se a consulta para recuperar um registro de DEPARTAMENTO e todos os registros de ALUNOs que estão se formando nesse departamento for frequente, seria desejável colocar cada registro de DEPARTAMENTO e seu cluster de registros de ALUNO continuamente no disco em um arquivo misto. O conceito de **agrupamento físico** dos tipos de objeto é utilizado nos SGBDs de objeto para armazenar objetos relacionados juntos em um arquivo misto. Em data warehouses (ver Capítulo 29), os dados de entrada vêm de diversas fontes e inicialmente passam por uma integração, para coletar os dados exigidos em um **armazenamento de dados operacional (ODS)**. Um ODS geralmente contém arquivos em que registros de vários tipos são mantidos juntos. Ele é passado para um data warehouse depois que operações de processamento **ETL** (extrair, transformar, carregar) são realizadas nele.

Para distinguir os registros em um arquivo misto, cada registro tem — além de seus valores de campo — um campo de **tipo de registro**, que especifica esse item. Esse costuma ser o primeiro campo em cada registro e é usado pelo software do sistema para determinar o tipo de registro que ele está prestes a processar. Usando a informação do catálogo, o SGBD pode determinar os campos desse tipo de registro e seus tamanhos, a fim de interpretar os valores de dados nele.

16.9.2 B-trees e outras estruturas de dados como organização primária

Outras estruturas de dados podem ser usadas para organizações de arquivo primárias. Por exemplo, se tanto o tamanho do registro quanto o número de registros em um arquivo forem pequenos, alguns SGBDs oferecem a opção de uma estrutura de dados B-tree como organização de arquivo primária. Descreveremos as B-trees na Seção 17.3.1, quando discutiremos o uso da estrutura de dados B-tree para indexação. Em geral, qualquer estrutura de dados que possa ser adaptada às características dos dispositivos de disco pode ser utilizada como uma organização de arquivo primária para posicionamento de registros no disco. Recentemente, o armazenamento de dados baseado em coluna foi proposto como um método primário para o armazenamento de relações nos bancos de dados relacionais. Vamos apresentá-lo rapidamente no Capítulo 17 como um possível esquema de armazenamento alternativo para bancos de dados relacionais.

16.10 Paralelizando o acesso de disco usando tecnologia RAID

Com o crescimento exponencial no desempenho e na capacidade dos dispositivos semicondutores e memórias, microprocessadores mais rápidos, com memórias primárias cada vez maiores, estão continuamente se tornando disponíveis. Para corresponder a esse crescimento, é natural esperar que a tecnologia de armazenamento secundário também deva acompanhar a tecnologia do processador em desempenho e confiabilidade.

Um avanço importante na tecnologia de armazenamento secundário é representado pelo desenvolvimento do **RAID**, que originalmente significava **redundant arrays of inexpensive disks**. Mais recentemente, o *I* em RAID passou a significar *independent*. A ideia do RAID recebeu um endosso muito positivo da indústria e desenvolveu-se em um elaborado conjunto de arquiteturas RAID alternativas (RAID níveis 0 a 6). Destacamos os principais recursos da tecnologia nesta seção.

O objetivo principal do RAID é nivelar as diferentes taxas de melhora de desempenho dos discos contra aquelas na memória e nos microprocessadores.[17] Enquanto as capacidades da RAM têm se quadruplicado a cada dois ou três anos, os *tempos de acesso* do disco estão melhorando em menos de 10% ao ano, e as *taxas de transferência* do disco estão melhorando em aproximadamente 20% ao ano. As *capacidades* do disco estão realmente melhorando em mais de 50% ao ano, mas as melhoras em velocidade e tempo de acesso são de uma grandeza muito menor.

Existe uma segunda disparidade qualitativa entre a capacidade dos microprocessadores especiais de atender a novas aplicações envolvendo vídeo, áudio, imagem e processamento de dados espaciais (veja, no Capítulo 26, os detalhes sobre essas aplicações), com a correspondente falta de acesso rápido a conjuntos de dados grandes e compartilhados.

A solução natural é um grande vetor de pequenos discos independentes, que atuam como um único disco lógico de maior desempenho. Utiliza-se um conceito chamado striping de dados, que emprega o *paralelismo* para melhorar o desempenho do disco. O **striping de dados** distribui os dados transparentemente por vários discos, para que pareçam ser um único disco grande e rápido. A Figura 16.13 mostra um arquivo distribuído ou *repartido* por quatro discos. No **striping em nível de bit**, um byte é dividido e os bits individuais são armazenados em discos independentes. A Figura 16.13(a) ilustra o striping de bits por quatro discos, onde os bits (0, 4) são atribuídos ao disco 0, os bits (1, 5) ao disco 1, e assim por diante. Com esse striping, cada disco participa em cada operação de leitura ou escrita; o número de acessos por segundo permaneceria o mesmo que em um único disco, mas a quantidade de dados lidos em determinado momento aumentaria quatro vezes. Assim, o striping melhora o desempenho geral de E/S, oferecendo, assim, altas taxas de transferência gerais. O **striping em nível de bloco** reparte os blocos entre os discos. Ele trata o vetor de discos como se fosse um único disco. Os blocos são numerados logicamente a partir de 0, em sequência. Os discos em um vetor de *m* discos são numerados de

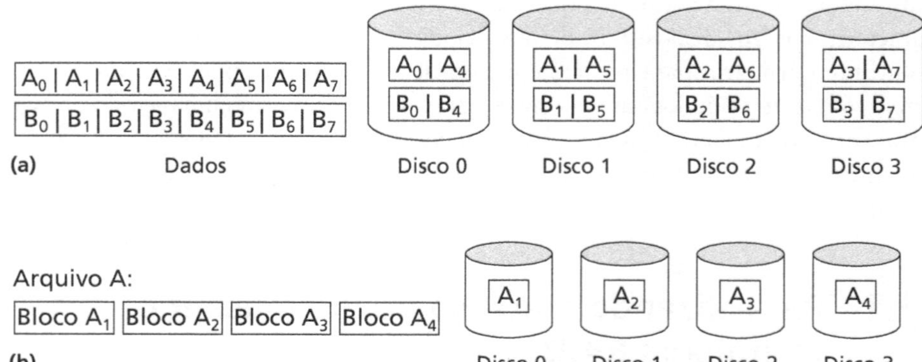

Figura 16.13 Striping de dados em vários discos. (a) Striping em nível de bit em quatro discos. (b) Striping em nível de bloco em quatro discos.

[17] Isso foi previsto por Gordon Bell para ser cerca de 40% a cada ano entre 1974 e 1984, e agora deve ultrapassar os 50% ao ano.

0 a $m - 1$. Com o striping, o bloco j vai para o disco (j mod m). A Figura 16.13(b) ilustra o striping de bloco com quatro discos ($m = 4$). O striping de dados também consegue balancear a carga entre os discos. Além disso, ao armazenar informações redundantes em discos com paridade ou algum outro código de correção de erro, a confiabilidade pode ser melhorada. Nas seções 16.10.1 e 16.10.2, discutimos como o RAID alcança os dois objetivos importantes de melhor confiabilidade e maior desempenho. A Seção 16.10.3 discute as organizações e os níveis de RAID.

16.10.1 Melhorando a confiabilidade com RAID

Para um vetor de n discos, a probabilidade de falha é de n vezes, assim como a de um único disco. Portanto, se o MTBF (tempo médio entre falhas, do inglês, *mean time between failures*) de uma unidade de disco é considerado com 200.000 horas ou cerca de 22,8 anos (para a unidade de disco da Tabela 16.1, chamada Seagate Enterprise Performance 10K HDD, ela é de 1,4 milhão de horas), o MTBF para um banco de 100 unidades de disco torna-se apenas 2.000 horas, ou 83,3 dias (para 1.000 discos Seagate Enterprise Performance 10K HDD, ele seria de 1.400 horas, ou 58,33 dias). Manter uma única cópia de dados nesse tipo de vetor de discos causará uma perda de confiabilidade significativa. Uma solução óbvia é empregar a redundância de dados de modo que as falhas de disco possam ser toleradas. As desvantagens são muitas: operações de E/S adicionais para gravação, computação extra para manter redundância e realizar recuperação de erros, e capacidade de disco adicional para armazenar informações redundantes.

Uma técnica para introduzir redundância é chamada de **espelhamento** ou **sombreamento**. Os dados são gravados de maneira redundante em dois discos físicos idênticos, tratados como um disco lógico. Quando os dados são lidos, eles podem ser apanhados do disco com menores atrasos de fila, busca e rotacionais. Se um disco falhar, o outro é usado até que o primeiro seja reparado. Suponha que o tempo médio para reparo seja de 24 horas; então o tempo médio para a perda de dados de um sistema de disco espelhado que usa 100 discos com MTBF de 200.000 horas cada é $(200.000)^2/(2 * 24) = 8{,}33 * 10^8$ horas, que corresponde a 95.028 anos.[18] O espelhamento de disco também dobra a taxa em que as solicitações de leitura são tratadas, pois uma leitura pode ir para qualquer disco. A taxa de transferência de cada leitura, porém, permanece igual à taxa para um único disco.

Outra solução para o problema de confiabilidade é armazenar informações extras que não são necessárias normalmente, mas que podem ser usadas para reconstruir a informação perdida no caso de falha no disco. A incorporação de redundância precisa considerar dois problemas: selecionar uma técnica para calcular a informação redundante e selecionar um método de distribuição da informação redundante pelo vetor de disco. O primeiro problema é resolvido com o uso de códigos de correção de erro que envolvem bits de paridade, ou códigos especializados como os códigos de Hamming. Sob o esquema de paridade, um disco redundante pode ser considerado como tendo a soma de todos os dados nos outros discos. Quando um disco falha, a informação que falta pode ser construída por um processo semelhante à subtração.

Para o segundo problema, as duas técnicas principais são armazenar a informação redundante em um pequeno número de discos ou distribuí-las uniformemente por todos os discos. A última resulta em melhor balanceamento de carga. Os diferentes níveis de RAID escolhem uma combinação dessas opções para implementar a redundância e melhorar a confiabilidade.

---

[18] As fórmulas para cálculo do MTBF podem ser vistas em Chen et al. (1994).

16.10.2 Melhorando o desempenho com RAID

Os vetores de disco empregam a técnica de striping de dados para obter taxas de transferência mais altas. Observe que os dados podem ser lidos ou gravados em apenas um bloco de cada vez, de modo que uma transferência típica contém de 512 a 8.192 bytes. O striping de disco pode ser aplicado em uma granularidade mais fina dividindo um byte de dados em bits e espalhando os bits em diferentes discos. Assim, o **striping de dados em nível de bit** consiste em dividir um byte de dados e gravar o bit *j* no *j*-ésimo disco. Com bytes de 8 bits, oito discos físicos podem ser considerados um disco lógico, com um aumento de oito vezes na taxa de transferência de dados. Cada disco participa em cada solicitação de E/S e a quantidade total de dados lidos por solicitação é oito vezes maior. O striping em nível de bit pode ser generalizado para um número de discos que é ou um múltiplo ou um fator de oito. Assim, em um vetor de quatro discos, o bit *n* vai para o disco que é (*n* mod 4). A Figura 16.13(a) mostra o striping de dados em nível de bit.

A granularidade da intercalação de dados pode ser mais alta que um bit. Por exemplo, os blocos de um arquivo podem ser espalhados pelos discos, fazendo surgir o **striping em nível de bloco**. A Figura 16.13(b) mostra o striping de dados em nível de bloco considerando que o arquivo de dados contém quatro blocos. Com o striping em nível de bloco, várias solicitações independentes que acessam blocos isolados (pequenas solicitações) podem ser atendidas em paralelo por discos separados, diminuindo assim o tempo de enfileiramento das solicitações de E/S. As solicitações que acessam múltiplos blocos (grandes solicitações) podem ser feitas em paralelo, reduzindo assim o tempo de resposta. Em geral, quanto maior o número de discos em um vetor, maior o benefício do desempenho em potencial. Porém, considerando falhas independentes, o vetor de disco de 100 discos coletivamente tem 1/100 da confiabilidade de um único disco. Portanto, a redundância por meio de códigos de correção de erro e espelhamento de disco é necessária para fornecer confiabilidade com um desempenho alto.

16.10.3 Organizações e níveis de RAID

Diferentes organizações de RAID foram definidas com base em diversas combinações dos dois fatores de detalhamento da intercalação (striping) e do padrão usado para calcular informações redundantes. Na proposta inicial, os níveis de 1 a 5 de RAID foram propostos, e dois níveis adicionais — 0 e 6 — foram acrescentados depois.

O RAID nível 0 usa striping de dados, não tem dados redundantes e, portanto, tem o melhor desempenho de gravação, pois as atualizações não precisam ser duplicadas. Ele divide os dados uniformemente entre dois ou mais discos. Porém, seu desempenho de leitura não é tão bom quanto o do RAID nível 1, que usa discos espelhados. Neste, a melhora do desempenho é possível pelo escalonamento de uma solicitação de leitura ao disco com o menor atraso esperado de busca e rotacional. O RAID nível 2 usa a redundância no estilo da memória ao empregar códigos de Hamming, que contêm bits de paridade para subconjuntos sobrepostos distintos de componentes. Assim, em uma versão em particular desse nível, três discos redundantes são suficientes para quatro discos originais, ao passo que com espelhamento — como no nível 1 —, quatro seriam necessários. O nível 2 inclui detecção e correção de erro, embora a detecção geralmente não seja exigida, pois discos defeituosos se identificam.

O RAID nível 3 utiliza um único disco de paridade contando com o controlador de disco para descobrir qual disco falhou. Os níveis 4 e 5 usam o striping de dados em nível de bloco, com o nível 5 distribuindo informações de dados e paridade por todos os discos. A Figura 16.14(b) mostra uma ilustração de RAID nível 5, em que a paridade aparece com o subscrito p. Se um disco falha, os dados que faltam são calculados com base na paridade disponível dos discos restantes. Finalmente, o RAID nível 6 se

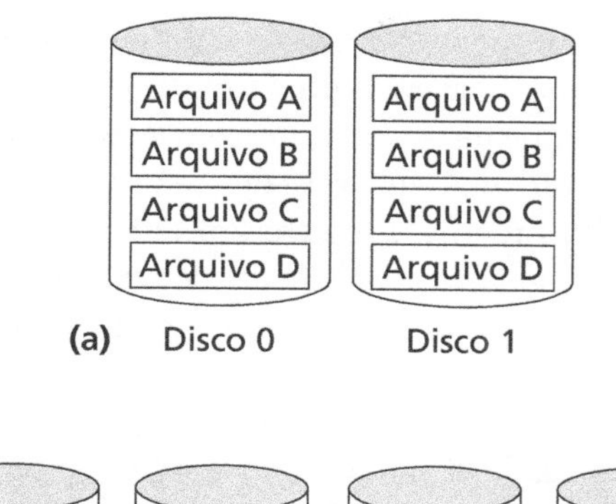

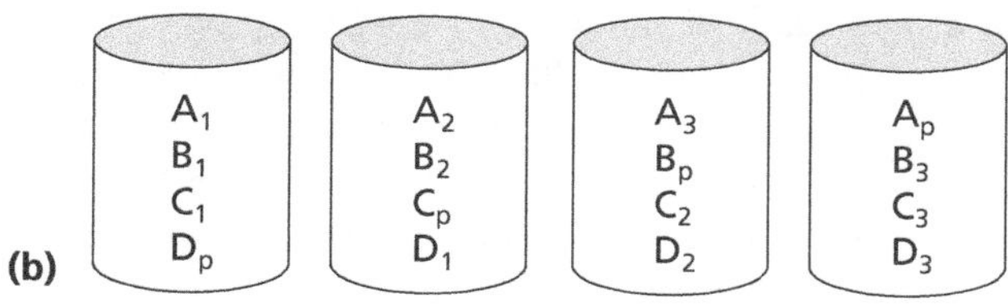

Figura 16.14 Alguns níveis de RAID populares. (a) RAID nível 1: espelhamento de dados em dois discos. (b) RAID nível 5: striping de dados com paridade distribuída por quatro discos.

aplica ao chamado esquema de redundância $P + Q$ usando códigos de Reed-Soloman para proteger contra até duas falhas de disco usando apenas dois discos redundantes.

A reconstrução em caso de falha de disco é mais fácil para RAID nível 1. Outros níveis exigem a reconstrução de um disco defeituoso com a leitura de múltiplos discos. O nível 1 é usado para aplicações críticas, como o armazenamento de logs de transações. Os níveis 3 e 5 são preferidos para armazenamento em grande volume, com o nível 3 oferecendo taxas de transferência mais altas. O uso mais popular da tecnologia RAID atualmente usa nível 0 (com striping), nível 1 (com espelhamento) e nível 5 com uma unidade extra para paridade. Uma combinação de vários níveis RAID também é utilizada — por exemplo, 0 + 1 combina striping e espelhamento usando um mínimo de quatro discos. Outros níveis de RAID fora do padrão são: RAID 1.5, RAID 7, RAID-DP, RAID S ou Parity RAID, Matrix RAID, RAID-K, RAID-Z, RAIDn, Linux MD RAID 10, IBM ServeRAID 1E e unRAID. Uma discussão sobre esses níveis fora do padrão não está no escopo deste livro. Os projetistas de uma configuração RAID para determinada mistura de aplicações precisam confrontar muitas decisões de projeto, como o nível de RAID, o número de discos, a escolha de esquemas de paridade e o agrupamento de discos para o striping em nível de bloco. Existem estudos de desempenho detalhados sobre leituras e gravações (referindo-se a solicitações de E/S para uma unidade de striping) e leituras e gravações grandes (referindo-se a solicitações de E/S para uma unidade de stripe de cada disco em um grupo de correção de erro).

16.11 Arquiteturas de armazenamento modernas

Nesta seção, descrevemos alguns desenvolvimentos recentes em sistemas de armazenamento que estão se tornando parte integrante da maioria das arquiteturas dos sistemas de informação nas empresas. Já mencionamos SATA e a interface SAS, que quase substituiu a anteriormente popular interface SCSI (Small Computer System Interface) nos notebooks e nos pequenos servidores. A interface Fibre Channel (FC) é a escolha predominante para as redes de armazenamento nos centros de dados. Em seguida, vamos analisar algumas das arquiteturas de armazenamento modernas.

16.11.1 Redes de área de armazenamento

Com o rápido crescimento do comércio eletrônico, sistemas de **planejamento de recursos empresariais (ERP — enterprise resource planning)** que integram dados da aplicação entre as organizações, e data warehouses (armazéns de dados) que mantêm informações históricas agregadas (ver Capítulo 29), a demanda por armazenamento tem crescido substancialmente. Para as organizações voltadas para a internet de hoje, torna-se necessário passar de uma operação estática, orientada a um centro de dados fixo, para uma infraestrutura mais flexível e dinâmica para seus requisitos de processamento de informação. O custo total de gerenciamento de todos os dados está crescendo tão rapidamente que, em muitos casos, o custo de gerenciar o armazenamento ligado ao servidor ultrapassa o custo do próprio servidor. Além disso, o custo de aquisição de armazenamento é apenas uma pequena fração — em geral, apenas 10 a 15% do custo geral do gerenciamento do armazenamento. Muitos usuários de sistemas RAID não podem usar a capacidade de modo eficaz porque ela precisa estar ligada de uma maneira fixa a um ou mais servidores. Portanto, a maioria das grandes organizações mudou para um conceito chamado **redes de área de armazenamento (SANs — storage area networks)**. Em uma SAN, os periféricos de armazenamento on-line são configurados como nós em uma rede de alta velocidade e podem ser conectados e desconectados dos servidores de maneira bastante flexível.

Várias empresas têm surgido como provedores de SAN e fornecem as próprias topologias proprietárias. Elas permitem que os sistemas de armazenamento sejam colocados a distâncias maiores dos servidores e oferecem diferentes opções de desempenho e conectividade. As aplicações de gerenciamento de armazenamento existentes podem ser transportadas para configurações SAN por meio de redes Fibre Channel, que encapsulam o protocolo SCSI legado. Como resultado, os dispositivos conectados à SAN aparecem como dispositivos SCSI.

As alternativas arquitetônicas atuais para SAN incluem: conexões ponto a ponto entre servidores e sistemas de armazenamento por Fibre Channel; uso de um switch Fibre Channel para conectar vários sistemas RAID, bibliotecas de fita, e assim por diante, aos servidores; e o uso de hubs e switches Fibre Channel para conectar servidores e sistemas de armazenamento em diferentes configurações. As organizações podem lentamente passar de topologias mais simples para as mais complexas, acrescentando servidores e dispositivos de armazenamento conforme a necessidade. Não oferecemos mais detalhes aqui porque eles variam entre os vendedores de SAN. As principais vantagens alegadas são:

- Conectividade flexível de muitos para muitos entre servidores e dispositivos de armazenamento usando hubs e switches Fibre Channel.
- Até 10 km de separação entre um servidor e um sistema de armazenamento usando cabos de fibra ótica apropriados.
- Melhores capacidades de isolamento, permitindo o acréscimo transparente de novos periféricos e servidores.
- Replicação de dados de alta velocidade entre vários sistemas de armazenamento. As tecnologias típicas usam a replicação síncrona para replicação local e assíncrona para soluções de recuperação de desastre.

As SANs estão crescendo muito rapidamente, mas ainda enfrentam muitos problemas, como a combinação de opções de armazenamento de vários vendedores e o tratamento dos padrões em evolução de software e hardware de gerenciamento de armazenamento. As principais empresas estão avaliando as SANs como uma opção viável para o armazenamento de banco de dados.

16.11.2 Armazenamento conectado à rede

Com o crescimento fenomenal nos dados digitais, particularmente gerados por multimídia e outras aplicações da empresa, a necessidade de soluções de armazenamento de alto desempenho a um baixo custo tornou-se extremamente importante.

Os dispositivos de **armazenamento conectado à rede (NAS — network-attached storage)** estão entre os dispositivos de armazenamento usados para essa finalidade. Esses dispositivos, de fato, são servidores que não oferecem quaisquer dos serviços comuns do servidor, mas simplesmente permitem o acréscimo de armazenamento para **compartilhamento de arquivos**. Dispositivos NAS permitem que uma grande quantidade de espaço de armazenamento em disco rígido seja acrescentada a uma rede e podem tornar esse espaço disponível a múltiplos servidores sem ter de interrompê-los para manutenção e atualizações. Dispositivos NAS residem em qualquer lugar em uma rede local (LAN) e podem ser combinados em diferentes configurações. Um único dispositivo de hardware, normalmente chamado **caixa NAS** ou **cabeça NAS**, atua como a interface entre o sistema NAS e os clientes da rede. Esses dispositivos NAS não exigem monitor, teclado ou mouse. Uma ou mais unidades de disco ou fita podem ser conectadas a muitos sistemas NAS para aumentar a capacidade total. Os clientes se conectam à cabeça NAS, em vez de aos dispositivos de armazenamento individuais. Um NAS pode armazenar quaisquer dados que apareçam na forma de arquivos, como caixas de correio eletrônico, conteúdo web, backups de sistema remoto, e assim por diante. Nesse sentido, os dispositivos NAS estão sendo implantados como uma substituição para os servidores de arquivos tradicionais.

Os sistemas NAS trabalham por operação confiável e administração fácil. Eles incluem recursos embutidos, como autenticação segura, ou o envio automático de alertas de e-mails em caso de erro no dispositivo. Os dispositivos NAS (ou *appliances*, como alguns vendedores se referem a eles) estão sendo oferecidos com um alto grau de escalabilidade, confiabilidade, flexibilidade e desempenho. Esses dispositivos normalmente suportam RAID níveis 0, 1 e 5. As áreas de armazenamento em rede (SANs) tradicionais diferem da NAS de várias maneiras. Especificamente, as SANs costumam utilizar Fibre Channel em vez de Ethernet, e uma SAN em geral incorpora vários dispositivos de rede ou *endpoints* em uma LAN autocontida ou *privativa*, ao passo que a NAS conta com dispositivos individuais conectados diretamente a uma LAN pública existente. Enquanto servidores de arquivos Windows, UNIX e NetWare exigem um suporte de protocolo específico no lado do cliente, os sistemas NAS alegam ter maior independência do sistema operacional dos clientes. Resumindo, NAS oferece uma interface do sistema de arquivos com suporte para arquivos em rede usando protocolos como o Common Internet File System (CIFS) ou o Network File System (NFS).

16.11.3 iSCSI e outros protocolos de armazenamento baseados em rede

Um novo protocolo, chamado **iSCSI** (Internet SCSI) foi proposto recentemente. É um protocolo de armazenamento em blocos, como SAN. Ele permite que os clientes (chamados *iniciadores*) enviem comandos SCSI para dispositivos de armazenamento SCSI em canais remotos. A principal vantagem do iSCSI é que ele não exige o cabeamento especial necessário pelo Fibre Channel e pode se estender por distâncias maiores usando a infraestrutura de rede existente. Ao transportar comandos SCSI por redes IP, o iSCSI facilita as transferências de dados pelas intranets e gerencia o armazenamento por longas distâncias. Ele pode transferir dados por redes locais (LANs), redes remotas (WANs) ou pela internet.

O iSCSI funciona da seguinte forma: quando um SGBD precisa acessar dados, o sistema operacional gera os comandos SCSI apropriados e a requisição de dados, que então passam por procedimentos de encapsulamento e, se for preciso, criptografia. Um cabeçalho de pacote é acrescentado antes que os pacotes IP resultantes sejam transmitidos por uma conexão Ethernet. Quando um pacote é recebido, ele é descriptografado (se foi criptografado antes da transmissão) e desmontado, separando os comandos

SCSI da solicitação. Os comandos SCSI seguem por meio do controlador SCSI para o dispositivo de armazenamento SCSI. Como o iSCSI é bidirecional, o protocolo também pode ser usado para retornar dados em resposta à solicitação original. CISCO e IBM comercializaram switches e roteadores com base nessa tecnologia.

O **armazenamento iSCSI** afetou principalmente empresas de pequeno e médio porte, por causa de sua combinação de simplicidade, baixo custo e funcionalidade dos dispositivos iSCSI. Ele permite que elas não tenham de entender os detalhes da tecnologia Fibre Channel (FC) e, em vez disso, beneficiam-se de sua familiaridade com o protocolo IP e hardware Ethernet. As implementações iSCSI nos centros de dados de empresas muito grandes são lentas no desenvolvimento por causa de seu investimento prévio em SANs baseadas em Fibre Channel.

O iSCSI é uma das duas principais técnicas de transmissão de dados de armazenamento por redes IP. O outro método, **Fibre Channel over IP** (**FCIP**), traduz códigos de controle Fibre Channel e dados em pacotes IP para transmissão entre redes de área de armazenamento Fibre Channel geograficamente distantes. Esse protocolo, também conhecido como *tunelamento Fibre Channel* ou *tunelamento de armazenamento*, só pode ser usado com a tecnologia Fibre Channel, ao passo que o iSCSI pode utilizar as redes Ethernet existentes.

A ideia mais recente a entrar na corrida do armazenamento IP da empresa é o **Fibre Channel over Ethernet** (**FCoE**), que pode ser imaginado como o iSCSI sem o IP. Ele utiliza muitos elementos de SCSI e FC (assim como o iSCSI), mas não inclui os componentes TCP/IP. FCoE tem sido comercializado com sucesso pela CISCO (com o nome "Data Center Ethernet") e Brocade. Ele tira proveito de uma tecnologia Ethernet confiável, que utiliza o buffering e o controle de fluxo de ponta a ponta para evitar a perda de pacotes. Isso promete excelente desempenho, especialmente na 10 Gigabit Ethernet (10GbE), e é relativamente fácil para os vendedores acrescentarem em seus produtos.

16.11.4 Camadas de armazenamento automatizado

Outra tendência no armazenamento é a camada de armazenamento automatizado (AST, do inglês *automated storage tiering*), que move os dados automaticamente entre diferentes tipos de armazenamento, como SATA, SAS e unidades em estado sólido (SSD), dependendo da necessidade. O administrador de armazenamento pode configurar uma política de camadas em que os dados menos usados são movidos para unidades SATA mais lentas e mais baratas, e os dados mais utilizados são movidos para unidades em estado sólido (consulte a Tabela 16.1 para ver as diversas camadas de armazenamento em ordem crescente da velocidade de acesso). Esse nível automatizado pode melhorar bastante o desempenho do banco de dados.

A EMC possui uma implementação dessa tecnologia, chamada FAST (*fully automated storage tiering*), que faz o monitoramento contínuo da atividade de dados e leva ações para mover os dados para a camada apropriada com base na política.

16.11.5 Armazenamento baseado em objeto

Durante os últimos anos, tem havido grandes desenvolvimentos em termos do crescimento rápido do conceito de nuvem, arquiteturas distribuídas para bancos de dados e dados analíticos, e desenvolvimento de aplicações web com uso intensivo de dados (ver capítulos 23, 24 e 25). Esses desenvolvimentos causaram mudanças fundamentais na infraestrutura de armazenamento corporativo. Os sistemas baseados em arquivos orientados por hardware estão evoluindo para novas arquiteturas abertas para armazenamento. O mais recente entre estes é o armazenamento baseado em objeto. Sob esse esquema, os dados são gerenciados na forma de objetos em vez de arquivos compostos de blocos. Os objetos transportam metadados que contêm propriedades que podem ser usadas para gerenciar esses objetos. Cada objeto possui um identificador global exclusivo, que é usado para localizá-lo. O armazenamento de objetos tem suas origens em projetos de pesquisa na CMU (Gibson et al., 1996) sobre a ampliação do armazenamento ligado à rede e no sistema Oceanstore, na UC Berkeley (Kubiatowicz et al., 2000), que tentaram construir uma infraestrutura global sobre todas as formas de servidores confiáveis e não confiáveis para acesso contínuo a dados persistentes. Não é necessário realizar operações de armazenamento de nível inferior em termos de gerenciamento de capacidade ou tomar decisões, como o tipo de arquitetura RAID que deve ser usado para proteção contra falhas.

O armazenamento de objetos também permite uma flexibilidade adicional em termos de interfaces — ele dá o controle a aplicações que podem controlar os objetos diretamente e também permite que os objetos sejam endereçáveis em um amplo espaço de nomes abrangendo múltiplos dispositivos. A replicação e a distribuição de objetos também são suportadas. Em geral, o armazenamento de objetos é ideal para armazenamento escalável de enormes quantidades de dados não estruturados, como páginas web, imagens e clipes e arquivos de áudio/vídeo. Comandos OSD (*object-based storage device*) foram propostos como parte do protocolo SCSI há muito tempo, mas não se tornaram um produto comercial até a Seagate adotar OSDs em sua Kinetic Open Storage Platform. Atualmente, o Facebook usa um sistema de armazenamento de objeto para armazenar fotos na escala de mais de 350 petabytes de armazenamento; o Spotify usa um sistema de armazenamento de objetos para armazenar músicas; e o Dropbox o utiliza para sua infraestrutura de armazenamento. O armazenamento de objetos é a escolha de muitas ofertas de nuvem, como o AWS (Amazon Web Service) S3, da Amazon, e o Azure, da Microsoft, que armazena arquivos, relações, mensagens e outros como objetos. Outros exemplos de produtos incluem HCP, da Hitachi, Atmos, da EMC e RING, da Scality. Openstack Swift é um projeto de código aberto que permite usar os comandos HTTP GET e PUT para recuperar e armazenar objetos — essa é basicamente a API inteira. O Openstack Swift usa hardware muito barato, é totalmente resistente a falhas, aproveita automaticamente a redundância geográfica e pode crescer para utilizar um número muito grande de objetos. Uma vez que o armazenamento de objetos força o bloqueio em nível de objeto, não está clara sua adequação ao processamento simultâneo de transações em sistemas orientados a transações de alto rendimento. Portanto, ele ainda não é considerado viável para as principais aplicações de banco de dados em nível corporativo.

16.12 Resumo

Começamos este capítulo discutindo as características das hierarquias de memória e depois nos concentramos nos dispositivos de armazenamento secundários. Em particular, focalizamos os discos magnéticos porque eles são usados mais frequentemente para armazenar arquivos de banco de dados on-line. A Tabela 16.1 apresentou uma perspectiva sobre as hierarquias de memória e suas capacidades atuais, velocidades de acesso, taxas de transferência e custos.

Os dados no disco são armazenados em blocos; o acesso a um bloco de disco é caro, em virtude do tempo de busca, do atraso rotacional e do tempo de transferência de bloco. Para reduzir o tempo de acesso de bloco médio, o buffering duplo pode ser usado ao acessar blocos de disco consecutivos. (Outros parâmetros de disco serão discutidos no Apêndice B.) Apresentamos diferentes tecnologias de interface em uso atualmente para unidades de disco e dispositivos ópticos. Apresentamos uma lista de estratégias empregadas para melhorar o acesso de dados a partir dos discos. Também apresentamos os dispositivos em estado sólido, que estão rapidamente se tornando populares, e unidades ópticas, que são usadas principalmente como armazenamento terciário. Discutimos o trabalho do gerenciador de buffer, responsável por lidar com solicitações de dados, e apresentamos diversas políticas de substituição de buffer. Apresentamos diversas maneiras de armazenar registros de arquivo no disco. Os registros de arquivo são agrupados em blocos de disco e podem ser de tamanho fixo ou variável, espalhados ou não espalhados, e do mesmo tipo de registro ou de tipos mistos. Discutimos sobre o cabeçalho de arquivo, que descreve os formatos de registro e mantém os endereços de disco dos blocos de arquivo. As informações no cabeçalho de arquivo são usadas pelo software do sistema que acessa os registros de arquivo.

Depois, apresentamos um conjunto de comandos típicos para acessar registros de arquivo individuais e discutimos o conceito do registro atual de um arquivo. Discutimos como as condições complexas de pesquisa de registro são transformadas em condições de pesquisa simples, utilizadas para localizar registros no arquivo.

Três organizações de arquivo primárias foram então abordadas: as não ordenadas, as ordenadas e as hashed. Os arquivos desordenados exigem uma pesquisa linear para localizar registros, mas a inserção de registro é muito simples. Discutimos o problema da exclusão e o uso de marcadores de exclusão.

Os arquivos ordenados encurtam o tempo exigido para ler registros na ordem do campo de ordenação. O tempo exigido para procurar um registro qualquer, dado o valor de seu campo-chave de ordenação, também é reduzido se uma pesquisa binária for usada. Porém, manter os registros em ordem torna a inserção muito dispendiosa. Assim, discutimos a técnica de usar um arquivo de overflow desordenado para reduzir o custo de inserção de registro. Registros de overflow são mesclados com o arquivo mestre periodicamente, e os registros excluídos são descartados fisicamente durante a reorganização do arquivo.

O hashing oferece acesso muito rápido a um registro qualquer de um arquivo, dado o valor de sua chave hash. O método mais adequado para o hashing externo é a técnica de bucket, com um ou mais blocos contíguos correspondendo a cada bucket. As colisões que causam overflow de bucket são tratadas por endereçamento aberto, encadeamento ou hashing múltiplo. O acesso em qualquer campo não de hash é lento, e o mesmo vale para o acesso ordenado dos registros em qualquer campo. Discutimos três técnicas de hashing para arquivos que crescem e encolhem no número de registros dinamicamente: extensíveis, dinâmicos e hashing linear. Os dois primeiros usam os bits de mais alta ordem do endereço de hash para organizar um diretório. O hashing linear é preparado para manter o fator de carga do arquivo dentro de determinado intervalo e acrescentar novos buckets linearmente.

Discutimos rapidamente outras possibilidades para organizações de arquivo primárias, como as B-trees, e arquivos de registros mistos, que implementam relacionamentos entre registros de diferentes tipos fisicamente como parte da estrutura de armazenamento. Revisamos os avanços recentes em tecnologia de disco representados por RAID (*redundant arrays of inexpensive* — ou *independent* — *disks*), que se tornou uma técnica-padrão em grandes empresas para oferecer melhor confiabilidade e recursos de tolerância a falhas no armazenamento. Por fim, revisamos algumas tendências modernas nos sistemas de armazenamento corporativo: redes de área de armazenamento (SANs), armazenamento conectado à rede (NAS), iSCSI e outros protocolos baseados em rede, as camadas de armazenamento automáticas e, por fim, o armazenamento baseado em objeto, que está desempenhando um papel importante na arquitetura de armazenamento dos centros de dados que oferecem serviços baseados em nuvem.

PERGUNTAS DE REVISÃO

16.1. Qual é a diferença entre armazenamento primário e secundário?

16.2. Por que os discos, e não as fitas, são usados para armazenar arquivos de banco de dados on-line?

16.3. Defina os seguintes termos: *disco*, *volume de discos*, *trilha*, *bloco*, *cilindro*, *setor*, *lacuna entre blocos*, *cabeça de leitura/gravação*.

16.4. Discuta o processo de inicialização de disco.

16.5. Discuta o mecanismo usado para ler ou gravar dados no disco.

16.6. Quais são os componentes de um endereço de bloco de disco?

16.7. Por que o acesso a um bloco de disco é dispendioso? Discuta os componentes de tempo envolvidos no acesso a um bloco de disco.

16.8. Como o buffering duplo melhora o tempo de acesso ao bloco?

16.9. Quais são os motivos para a existência de registros de tamanho variável? Que tipos de caracteres separadores são necessários para cada um?

16.10. Discuta as técnicas para alocar blocos de arquivo no disco.

16.11. Qual a diferença entre uma organização de arquivo e um método de acesso?

16.12. Qual a diferença entre arquivos estáticos e arquivos dinâmicos?

16.13. Quais são as operações típicas de um registro de cada vez para acessar um arquivo? Quais delas dependem do registro de arquivo atual?

16.14. Discuta as técnicas para exclusão de registro.

16.15. Discuta as vantagens e as desvantagens do uso de (a) um arquivo desordenado, (b) um arquivo ordenado e (c) um arquivo de hash estático com buckets e encadeamento. Que operações podem ser realizadas de modo eficiente em cada uma dessas organizações, e quais operações são dispendiosas?

16.16. Discuta as técnicas para permitir que um arquivo de hash se expanda e encolha dinamicamente. Quais são as vantagens e as desvantagens de cada uma?

16.17. Qual a diferença entre os diretórios de hashing extensível e de hashing dinâmico?

16.18. Para que são usados arquivos mistos? Quais são os outros tipos de organizações de arquivo primárias?

16.19. Descreva a incompatibilidade entre as tecnologias de processador e disco.

16.20. Quais são os principais objetivos da tecnologia RAID? Como ela os alcança?

16.21. Como o espelhamento de disco ajuda a melhorar a confiabilidade? Dê um exemplo quantitativo.

16.22. O que caracteriza os níveis na organização RAID?

16.23. Quais são os destaques dos níveis de RAID populares 0, 1 e 5?

16.24. O que são redes de área de armazenamento? Que flexibilidade e vantagens elas oferecem?

16.25. Descreva os principais recursos do armazenamento conectado à rede como uma solução de armazenamento corporativo.

16.26. Como os novos sistemas iSCSI melhoraram a aplicabilidade das redes da área de armazenamento?

16.27. O que são os protocolos SATA, SAS e FC?

16.28. O que são unidades em estado sólido (SSDs) e que vantagem elas oferecem em relação aos discos rígidos?

16.29. Qual é a função de um gerenciador de buffer? O que ele faz para atender a uma solicitação de dados?

16.30. Cite algumas das estratégias de substituição de buffer mais usadas.

16.31. O que são jukeboxes ópticos e de fita? Quais são os diferentes tipos de mídia óptica usados pelas unidades ópticas?

16.32. O que é camada de armazenamento automatizado? Por que isso é útil?

16.33. O que é armazenamento baseado em objeto? De que forma ele é superior aos sistemas de armazenamento convencionais?

EXERCÍCIOS

16.34. Considere um disco com as seguintes características (estes não são parâmetros de qualquer unidade de disco em particular): tamanho de bloco $B = 512$ bytes; tamanho da lacuna entre blocos $G = 128$ bytes; número de blocos por trilha = 20; número de trilhas por superfície = 400. Um volume de disco consiste em 15 discos de dupla face.

a. Qual é a capacidade total de uma trilha e qual é sua capacidade útil (excluindo as lacunas entre blocos)?
b. Quantos cilindros existem?
c. O que são a capacidade total e a capacidade útil de um cilindro?
d. O que são a capacidade total e a capacidade útil de um volume de disco?
e. Suponha que a unidade de disco gire o volume de disco a uma velocidade de 2.400 rpm (rotações por minuto); quais são a taxa de transferência (*tr*) em bytes/ms e o tempo de transferência de bloco (*btt*) em ms? Qual é o atraso rotacional (*rd*) médio em ms? Qual é a taxa de transferência em massa? (Ver Apêndice B.)
f. Suponha que o tempo de busca médio seja de 30 ms. Quanto tempo é necessário (em média) em ms para localizar e transferir um único bloco, dado seu endereço de bloco?
g. Calcule o tempo médio que seria necessário para transferir 20 blocos aleatórios e compare isso com o tempo exigido para transferir 20 blocos consecutivos usando o buffering duplo para economizar tempo de busca e atraso rotacional.

16.35. Um arquivo tem $r = 20.000$ registros de ALUNO de *tamanho fixo*. Cada registro tem os seguintes campos: Nome (30 bytes), Cpf (11 bytes), Endereco (40 bytes), Telefone (10 bytes), Data_nascimento (8 bytes), Sexo (1 byte), Departamento_principal (4 bytes), Departamento_secundario (4 bytes), Tipo_aluno (4 bytes, integer) e Titulo_academico (3 bytes). Um byte adicional é usado como um marcador de exclusão. O arquivo é armazenado no disco cujos parâmetros são dados no Exercício 16.34.

a. Calcule o tamanho do registro R em bytes.
b. Calcule o fator de blocagem *bfr* e o número de blocos de arquivo *b*, considerando uma organização não espalhada.
c. Calcule o tempo médio necessário para localizar um registro ao realizar uma pesquisa linear no arquivo se (i) os blocos do arquivo forem armazenados consecutivamente e o buffering duplo for utilizado; (ii) os blocos de arquivo não forem armazenados de maneira consecutiva.
d. Suponha que o arquivo esteja ordenado por Cpf; ao realizar uma pesquisa binária, calcule o tempo necessário para procurar um registro dado seu valor de Cpf.

16.36. Suponha que apenas 80% dos registros de ALUNO do Exercício 16.35 tenham um valor para Telefone, 85% para Departamento_principal, 15% para Departamento_secundario e 90% para Titulo_academico; e suponha ainda que usemos um arquivo com registro de tamanho variável. Cada registro tem um *tipo de campo* de 1 byte para cada campo no registro, mais o marcador de exclusão de 1 byte e um marcador de fim de registro de 1 byte. Suponha que usemos uma organização de registro *espalhada*, em que cada bloco tem um ponteiro de 5 bytes para o próximo bloco (esse espaço não é usado para armazenamento de registro).

a. Calcule o tamanho médio do registro R em bytes.
b. Calcule o número de blocos necessários para o arquivo.

16.37. Suponha que uma unidade de disco tenha os seguintes parâmetros: tempo de busca s = 20 ms; atraso rotacional rd = 10 ms; tempo de transferência de bloco btt = 1 ms; tamanho de bloco B = 2.400 bytes; tamanho da lacuna entre blocos G = 600 bytes. Um arquivo FUNCIONARIO tem os seguintes campos: Cpf, 11 bytes; Ultimo_nome, 20 bytes; Primeiro_nome, 20 bytes; Nome_meio, 1 byte; Data_nascimento, 10 bytes; Endereco, 35 bytes; Telefone, 12 bytes; Cpf_supervisor, 11 bytes; Departamento, 4 bytes; Codigo_cargo, 4 bytes; marcador de exclusão, 1 byte. O arquivo FUNCIONARIO tem r = 30.000 registros, formato de tamanho fixo e blocagem não espalhada. Escreva fórmulas apropriadas *e* calcule os seguintes valores para o arquivo FUNCIONARIO citado:

a. Calcule o tamanho do registro R (incluindo o marcador de exclusão), o fator de blocagem bfr e o número de blocos de disco b.
b. Calcule o espaço desperdiçado em cada bloco de disco em razão da organização não espalhada.
c. Calcule a taxa de transferência tr e a taxa de transferência em massa btr para essa unidade de disco (veja no Apêndice B as definições de tr e btr).
d. Calcule o *número de acessos de bloco* médio necessário para pesquisar um registro qualquer no arquivo, usando a pesquisa linear.
e. Calcule, em ms, o *tempo* médio necessário para pesquisar um registro qualquer no arquivo, usando a pesquisa linear, se os blocos forem armazenados em blocos de disco consecutivos e o buffering duplo for usado.
f. Calcule, em ms, o *tempo* médio necessário para pesquisar um registro qualquer no arquivo, usando a pesquisa linear, se os blocos de arquivo *não* estiverem armazenados em blocos de disco consecutivos.
g. Suponha que os registros estejam ordenados por algum campo-chave. Calcule o *número de acessos a bloco* médio e o *tempo médio* necessário para pesquisar um registro qualquer no arquivo, usando a pesquisa binária.

16.38. Um arquivo PECAS com Numero_peca como chave hash inclui registros com os seguintes valores de Numero_peca: 2369, 3760, 4692, 4871, 5659, 1821, 1074, 7115, 1620, 2428, 3943, 4750, 6975, 4981 e 9208. O arquivo usa oito buckets, numerados de 0 a 7. Cada bucket é um bloco de disco e mantém dois registros. Carregue esses registros no arquivo na ordem indicada, usando a função de hash $h(K) = K \bmod 8$. Calcule o número médio de acessos a bloco para uma leitura aleatória em Numero_peca.

16.39. Carregue os registros do Exercício 16.38 em arquivos de hash expansíveis com base no hashing extensível. Mostre a estrutura do diretório em cada etapa, e as profundidades global e local. Use a função de hash $h(K) = K \bmod 128$.

16.40. Carregue os registros do Exercício 16.38 em um arquivo de hash expansível, usando o hashing linear. Comece com um único bloco de disco, usando a função de hash $h_0 = K \bmod 2^0$, e mostre como o arquivo cresce e como as funções de hash mudam à medida que os registros são inseridos. Suponha que os blocos sejam divididos sempre que ocorre um overflow, e mostre o valor de n em cada estágio.

16.41. Compare os comandos de arquivo listados na Seção 16.5 aos disponíveis em um método de acesso a arquivo com o qual você esteja acostumado(a).

16.42. Suponha que tenhamos um arquivo desordenado de registros de tamanho fixo que use uma organização de registro não espalhada. Esboce algoritmos para inserção, exclusão e modificação de um registro de arquivo. Informe quaisquer suposições que você fizer.

16.43. Suponha que tenhamos um arquivo ordenado de registros de tamanho fixo e um arquivo de overflow desordenado para lidar com a inserção. Os dois arquivos usam registros não espalhados. Esboce algoritmos para inserção, exclusão e modificação de um registro de arquivo e para a reorganização do arquivo. Indique quaisquer suposições que você fizer.

16.44. Você consegue pensar em técnicas que não sejam um arquivo de overflow desordenado, que possam ser usadas para tornar as inserções em um arquivo ordenado mais eficiente?

16.45. Suponha que tenhamos um arquivo de hash e registros de tamanho fixo, e suponha também que o overflow seja tratado por encadeamento. Esboce algoritmos para inserção, exclusão e modificação de um registro de arquivo. Indique quaisquer suposições que você fizer.

16.46. Você consegue pensar em técnicas além do encadeamento para lidar com o estouro de bucket no hashing externo?

16.47. Escreva o pseudocódigo para os algoritmos de inserção para hashing linear e para hashing extensível.

16.48. Escreva o código de programa para acessar campos individuais de registros sob cada uma das seguintes circunstâncias. Para cada caso, indique as suposições que você faz com relação a ponteiros, caracteres separadores, e assim por diante. Determine o tipo de informação necessária no cabeçalho de arquivo a fim de que seu código seja genérico em cada caso.

- **a.** Registros de tamanho fixo com blocagem não espalhada.
- **b.** Registros de tamanho fixo com blocagem espalhada.
- **c.** Registros de tamanho variável com campos de tamanho variável e blocagem espalhada.
- **d.** Registros de tamanho variável com grupos repetitivos e blocagem espalhada.
- **e.** Registros de tamanho variável com campos opcionais e blocagem espalhada.
- **f.** Registros de tamanho variável que permitem todos os três casos nas partes c, d e e.

16.49. Suponha que um arquivo contenha inicialmente r = 120.000 registros de R = 200 bytes cada em um arquivo desordenado (heap). Tamanho do bloco B = 2.400 bytes, tempo de busca médio s = 16 ms, latência rotacional média rd = 8,3 ms e tempo de transferência de bloco btt = 0,8 ms. Suponha que um registro seja excluído para cada dois registros acrescentados até que o número total de registros ativos seja 240.000.

- **a.** Quantas transferências de bloco são necessárias para reorganizar o arquivo?
- **b.** Quanto tempo levará para encontrar um registro imediatamente antes da reorganização?
- **c.** Quanto tempo levará para encontrar um registro imediatamente após a reorganização?

16.50. Suponha que tenhamos um arquivo sequencial (ordenado) de 100.000 registros, em que cada registro tenha 240 bytes. Suponha que B = 2.400 bytes, s = 16 ms, rd = 8,3 ms e btt = 0,8 ms. Suponha que queiramos fazer X leituras de registro aleatório independentes do arquivo. Poderíamos fazer X leituras de bloco aleatórias ou poderíamos realizar uma leitura completa do arquivo inteiro procurando esses X registros. A questão é decidir quando seria mais eficiente realizar uma leitura completa do arquivo inteiro em vez de realizar *X* leituras aleatórias individuais. Ou seja, qual é o valor de *X* quando uma leitura completa do arquivo é mais eficiente que *X* leituras aleatórias? Desenvolva isso como uma função de *X*.

16.51. Suponha que um arquivo de hash estático inicialmente tenha 600 buckets na área principal e que registros sejam inseridos para criar uma área de overflow de 600 buckets. Se reorganizarmos o arquivo de hash, podemos supor que a maior parte do overflow é eliminada. Se o custo de reorganizar o arquivo é o custo das transferências de bucket (leitura e gravação de todos os buckets) e a única operação de arquivo periódica é a operação de busca, quantas vezes teríamos de realizar uma busca (bem-sucedida) para tornar o custo da reorganização econômico? Ou seja, o custo de reorganização e o custo de pesquisa subsequente são menores que o custo de pesquisa antes da reorganização. Explique sua resposta. Considere s = 16 ms, rd = 8,3 ms e btt = 1 ms.

16.52. Suponha que queiramos criar um arquivo de hash linear com um fator de carga de arquivo de 0,7 e um fator de blocagem de 20 registros por bucket, que deve conter inicialmente 112.000 registros.

a. Quantos buckets devemos alocar na área principal?

b. Qual deve ser o número de bits usados para endereços de bucket?

BIBLIOGRAFIA SELECIONADA

Wiederhold (1987) possui uma discussão e análise detalhadas de dispositivos de armazenamento secundários e organizações de arquivo como uma parte do projeto de banco de dados. Os discos ópticos são descritos em Berg e Roth (1989) e analisados em Ford e Christodoulakis (1991). A memória flash é discutida por Dipert e Levy (1993). Ruemmler e Wilkes (1994) apresentam um estudo da tecnologia de disco magnético. A maioria dos livros-texto sobre bancos de dados inclui discussões do material apresentado aqui. A maioria dos livros-texto de estruturas de dados, incluindo Knuth (1998), discute o hashing estático com mais detalhes; Knuth traz uma discussão completa das funções de hash e técnicas de resolução de colisão, bem como sua comparação de desempenho. Knuth também oferece uma discussão detalhada sobre as técnicas para a classificação de arquivos externos. Os livros-texto sobre estruturas de arquivo incluem Claybrook (1992), Smith e Barnes (1987) e Salzberg (1988); eles discutem organizações de arquivo adicionais, incluindo arquivos estruturados em árvore, e possuem algoritmos detalhados para operações sobre arquivos. Salzberg et al. (1990) descrevem um algoritmo de classificação externa distribuída. As organizações de arquivo com um alto grau de tolerância a falhas são descritas por Bitton e Gray (1988) e por Gray et al. (1990). O striping de disco foi proposto em Salem e Garcia Molina (1986). O primeiro artigo sobre RAID é de Patterson et al. (1988). Chen e Patterson (1990) e o excelente estudo de RAID por Chen et al. (1994) são referências adicionais. Grochowski e Hoyt (1996) discutem as tendências futuras em unidades de disco. Diversas fórmulas para a arquitetura RAID aparecem em Chen et al. (1994).

Morris (1968) é um artigo antigo sobre hashing. O hashing extensível é descrito em Fagin et al. (1979). O hashing linear é descrito por Litwin (1980). Os algoritmos para inserção e exclusão para o hashing linear são discutidos com ilustrações em Salzberg (1988). O hashing dinâmico, que apresentamos resumidamente, foi proposto por Larson (1978). Existem muitas variações propostas para o hashing extensível e linear; para ver exemplos, consulte Cesarini e Soda (1991), Du e Tong (1991) e Hachem e Berra (1992).

Gibson et al. (1997) descrevem uma técnica de escala para servidor de arquivos para o armazenamento conectado à rede, e Kubiatowicz et al. (2000) descrevem o sistema Oceanstore para a criação de uma infraestrutura utilitária global para armazenar dados persistentes. Ambas são consideradas técnicas pioneiras que levaram às ideias para o armazenamento baseado em objeto. Mesnier et al. (2003) oferecem uma visão geral do conceito de armazenamento de objeto. O sistema Lustre (Braam & Schwan. 2002) foi um dos primeiros produtos de armazenamento de objeto e é usado na maioria dos supercomputadores, incluindo os dois principais, a saber, Tianhe-2, da China, e Titan, da Oarkridge National Lab.

Os detalhes dos dispositivos de armazenamento em disco podem ser encontrados nos sites do fabricante (por exemplo, <http://www.seagate.com>, <http://www.ibm.com>, <http://www.hp.com>). A IBM tem um centro de pesquisa de tecnologia de armazenamento na IBM Almaden (<http://www.almaden.ibm.com/>). Outros sites úteis incluem as soluções de armazenamento da CISCO em <cisco.com>; Network Appliance (NetApp) em <www.netapp.com>; Hitachi Data Storage (HDS) em <www.hds.com> e SNIA (Storage Networking Industry Association) em <www.snia.org>. Diversos artigos da indústria estão disponíveis nos sites mencionados anteriormente.

17

Estruturas de indexação para arquivos e projeto físico de banco de dados

Neste capítulo, consideramos que um arquivo já exista com alguma organização primária, como as organizações desordenada, ordenada ou hashed, que foram descritas no Capítulo 16. Vamos descrever outras **estruturas de acesso** auxiliares, chamadas **índices**, utilizadas para agilizar a recuperação de registros em resposta a certas condições de pesquisa. As estruturas de índice são arquivos adicionais no disco que oferecem **caminhos de acesso secundários**, os quais oferecem formas alternativas de acessar os registros sem afetar seu posicionamento físico no arquivo de dados primário no disco. Elas permitem o acesso eficiente aos registros com base nos **campos de indexação** usados para construir o índice. Basicamente, *qualquer campo* do arquivo pode servir para criar um índice, e *múltiplos índices* em diferentes campos — bem como índices em *múltiplos campos* — podem ser construídos no mesmo arquivo. Vários índices são possíveis; cada um deles utiliza determinada estrutura de dados para agilizar a pesquisa. Para encontrar um registro ou registros no arquivo de dados com base em uma condição de pesquisa em um campo de índice, o índice é pesquisado, o que leva a ponteiros para um ou mais blocos de disco no arquivo de dados em que os registros exigidos estão localizados. Os tipos mais predominantes de índices são baseados em arquivos ordenados (índices de único nível) e usam estruturas de dados em árvore (índices multinível, B^+-trees) para organizar o índice. Os índices também podem ser construídos com base no hashing ou em outras estruturas de dados de pesquisa. Também vamos abordar os índices que são vetores de bits, chamados *índices bitmap*.

Descrevemos diferentes tipos de índices ordenados de único nível — primários, secundários e agrupamento — na Seção 17.1. Ao visualizar um índice de único nível como um arquivo ordenado, podem-se desenvolver índices adicionais para ele, fazendo surgir o conceito de índices multiníveis. Um esquema de indexação popular, chamado **ISAM** (***indexed sequential access method***) é baseado nessa ideia. Discutimos os índices multiníveis estruturados em árvore na Seção 17.2. Na Seção

17.3, descrevemos as B-trees e as B+-trees, estruturas de dados normalmente usadas em SGBDs para implementar dinamicamente índices multiníveis mutáveis. As B+-trees se tornaram uma estrutura padrão comumente aceita para a geração de índices por demanda na maioria dos SGBDs relacionais. A Seção 17.4 é dedicada a maneiras alternativas de acessar dados com base em uma combinação de múltiplas chaves. Na Seção 17.5, discutimos os índices de hash e apresentamos o conceito de índices lógicos, que dão um nível adicional de indireção dos índices físicos, permitindo que o índice físico seja flexível e extensível em sua organização. Na Seção 17.6, discutimos a indexação de chaves múltiplas e os índices bitmap usados para pesquisar uma ou mais chaves. A Seção 17.7 aborda o projeto físico e a Seção 17.8 resume o capítulo.

17.1 Tipos de índices ordenados de único nível

A ideia por trás de um índice ordenado é semelhante à que está por trás do índice usado em um livro, que lista termos importantes ao final, em ordem alfabética, com uma lista dos números de página onde o termo aparece no livro. Podemos pesquisar no índice do livro por certo termo em seu interior e encontrar uma lista de *endereços* — números de página, nesse caso — e usar esses endereços para localizar as páginas especificadas primeiro e depois *procurar* o termo em cada página citada. A alternativa, se nenhuma outra indicação for dada, seria folhear lentamente o livro inteiro, palavra por palavra, para encontrar o termo em que estamos interessados. Isso corresponde a fazer uma *pesquisa linear*, que varre o arquivo inteiro. Naturalmente, a maioria dos livros possui informações adicionais, como títulos de capítulo e seção, que nos ajudam a localizar um termo sem ter de folhear o livro inteiro. No entanto, o índice é a única indicação exata das páginas onde o termo ocorre no livro.

Para um arquivo com determinada estrutura de registro consistindo em vários campos (ou atributos), uma estrutura de acesso a índice normalmente é definida em um único campo de um arquivo, chamado **campo de índice** (ou **atributo de indexação**).[1] O índice costuma armazenar cada valor do campo de índice com uma lista de ponteiros para todos os blocos de disco que contêm registros com esse valor de campo. Os valores no índice são *ordenados* de modo que possamos realizar uma *pesquisa binária* no índice. Se tanto o arquivo de dados quanto o arquivo de índice estiverem ordenados, e visto que este normalmente é muito menor que o arquivo de dados, a procura no índice que usa pesquisa binária é uma opção melhor. Índices multiníveis estruturados em árvore (ver Seção 17.2) implementam uma extensão da ideia de pesquisa binária, que reduz o espaço de pesquisa através de particionamento de caminho duplo em cada etapa de pesquisa, criando assim uma abordagem de partição enária, que divide o espaço de pesquisa no arquivo em *n* caminhos a cada estágio.

Existem vários tipos de índices ordenados. Um **índice primário** é especificado no *campo de chave de ordenação* de um **arquivo ordenado** de registros. Lembre-se da Seção 16.7, em que um campo de chave de ordenação é usado para *ordenar fisicamente* os registros de arquivo no disco, e cada registro tem um *valor único* para esse campo. Se o campo de ordenação não for um campo de chave — ou seja, se diversos registros no arquivo puderem ter o mesmo valor para o campo de ordenação —, outro tipo de índice, chamado **índice de agrupamento** (**clustering**), pode ser utilizado. O arquivo de dados é chamado de **arquivo agrupado** nesse último caso. Observe que um arquivo pode ter no máximo um campo de ordenação físico, de modo que pode ter no máximo um índice primário ou um índice de agrupamento, *mas não ambos*.

---

[1] Usamos os termos *campo* e *atributo* para indicar a mesma coisa neste capítulo.

Um terceiro tipo de índice, chamado **índice secundário**, pode ser especificado em qualquer campo *não ordenado* de um arquivo. Um arquivo de dados pode ter vários índices secundários além de seu método de acesso primário. Discutimos esses tipos de índices de único nível nas três próximas subseções.

17.1.1 Índices primários

Um **índice primário** é um arquivo ordenado cujos registros são de tamanho fixo com dois campos, e ele atua como uma estrutura de acesso para procurar e acessar de modo eficiente os registros de dados em um arquivo. O primeiro campo é do mesmo tipo de dado do campo de chave de ordenação — chamado de **chave primária** — do arquivo de dados, e o segundo campo é um ponteiro para um bloco de disco (um endereço de bloco). Existe uma **entrada de índice** (ou **registro de índice**) no arquivo de índice para cada *bloco* no arquivo de dados. Cada entrada de índice tem o valor do campo de chave primária para o *primeiro* registro em um bloco e um ponteiro para esse bloco como seus dois valores de campo. Vamos nos referir aos dois valores de campo da entrada de índice i como <$K(i)$, $P(i)$>. No restante deste capítulo, referimo-nos a diferentes tipos de **entradas** de índice < $K(i)$, X > da seguinte maneira:

- X pode ser o endereço físico de um bloco (ou página) no arquivo, como no caso de $P(i)$, acima.
- X pode ser o endereço de registro composto de um endereço de bloco e um id (ou deslocamento) de registro dentro do bloco.
- X pode ser um endereço lógico do bloco ou do registro dentro do arquivo e é um número relativo que seria mapeado para um endereço físico (veja mais explicações na Seção 17.6.1).

Para criar um índice primário no arquivo ordenado mostrado na Figura 16.7, usamos o campo Nome como chave primária, pois esse é o campo de chave de ordenação do arquivo (supondo que cada valor de Nome seja exclusivo). Cada entrada no índice tem um valor de Nome e um ponteiro. As três primeiras entradas de índice são as seguintes:

<$K(1)$ = (Aaron, Eduardo), $P(1)$ = endereço de bloco 1>
<$K(2)$ = (Adams, João), $P(2)$ = endereço de bloco 2>
<$K(3)$ = (Alexandre, Eduardo), $P(3)$ = endereço de bloco 3>

A Figura 17.1 ilustra esse índice primário. O número total de entradas no índice é igual ao *número de blocos de disco* no arquivo de dados ordenado. O primeiro registro em cada bloco do arquivo de dados é chamado de **registro de âncora** do bloco ou, simplesmente, **âncora de bloco.**[2]

Os índices também podem ser caracterizados como densos ou esparsos. Um **índice denso** tem uma entrada de índice para *cada valor de chave de pesquisa* (e, portanto, cada registro) no arquivo de dados. Um **índice esparso** (ou **não denso**), por sua vez, tem entradas de índice para somente alguns dos valores de pesquisa. Um índice esparso tem menos entradas que o número de registros no arquivo. Assim, um índice primário é um índice não denso (esparso), pois inclui uma entrada para cada bloco de disco do arquivo de dados e as chaves de seu registro de âncora, em vez de cada valor de pesquisa (ou cada registro).[3]

---

[2] Podemos usar um esquema semelhante ao que foi descrito aqui, com o último registro em cada bloco (em vez do primeiro) como a âncora de bloco. Isso melhora ligeiramente a eficiência do algoritmo de pesquisa.

[3] O índice primário esparso é chamado de índice (primário) agrupado em alguns livros e artigos.

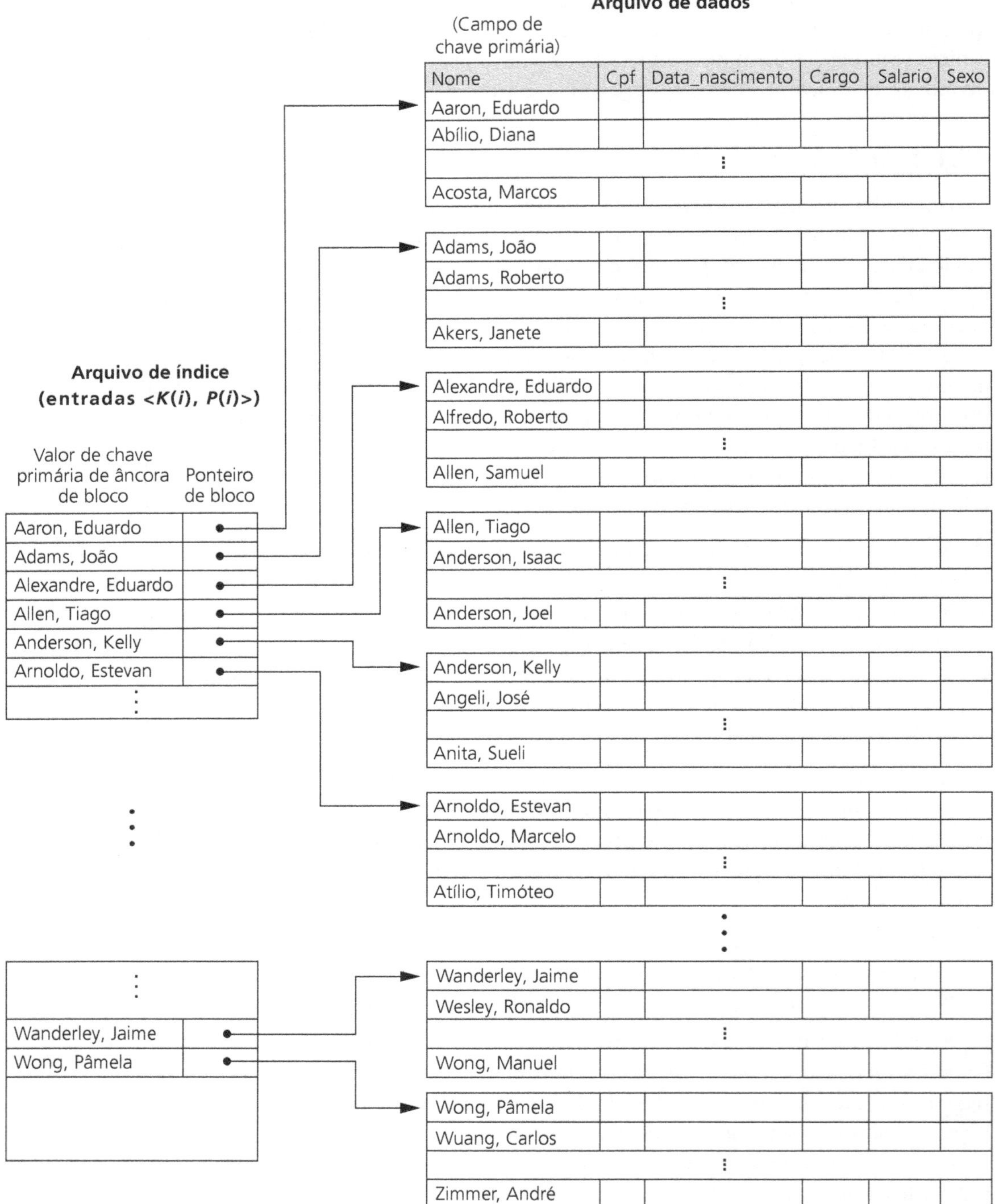

Figura 17.1 Índice primário no campo de chave de ordenação do arquivo mostrado na Figura 16.7.

O arquivo de índice para um índice primário ocupa um espaço muito menor que o arquivo de dados, por dois motivos. Primeiro, existem *menos entradas de índice* que registros no arquivo de dados. Segundo, cada entrada de índice normalmente é *menor em tamanho* que um registro de dados, pois tem apenas dois campos, ambos tendendo a ser menores em tamanho; em consequência, mais entradas de índice que registros de dados podem caber em um bloco. Portanto, uma pesquisa binária no arquivo de índice requer menos acessos de bloco que uma pesquisa binária no arquivo de dados. Com relação à Tabela 16.3, observe que a pesquisa binária para um arquivo de dados ordenado exigia $\log_2 b$ acessos de bloco. Mas, se o arquivo de índice primário tiver apenas b_i blocos, então localizar um registro com um valor de chave de pesquisa exige uma pesquisa binária desse índice e o acesso ao bloco que contém esse registro: um total de $\log_2 b_i + 1$ acessos.

Um registro cujo valor da chave primária é K se encontra no bloco cujo endereço é $P(i)$, em que $K(i) \leq K < K(i + 1)$. O i-ésimo bloco no arquivo de dados contém todos os registros por causa da ordenação física dos registros do arquivo no campo de chave primária. Para recuperar um registro, dado o valor K de seu campo de chave primária, realizamos uma pesquisa binária no arquivo de índice para encontrar a entrada de índice apropriada i, e depois recuperamos o bloco do arquivo de dados cujo endereço é $P(i)$.[4] O Exemplo 1 ilustra a economia em acessos a bloco que pode ser alcançada quando um índice primário é utilizado para procurar um registro.

Exemplo 1. Suponha que tenhamos um arquivo ordenado com $r = 300.000$ registros armazenados em um disco com tamanho de bloco $B = 4.096$ bytes.[5] Os registros de arquivo possuem tamanho fixo e não são espalhados, com tamanho de registro $R = 100$ bytes. O fator de bloco para o arquivo seria $bfr = \lfloor(B/R)\rfloor = \lfloor(4.096/100)\rfloor = 40$ registros por bloco. O número de blocos necessários para o arquivo é $b = \lceil(r/bfr)\rceil = \lceil(300.000/40)\rceil = 7.500$ blocos. Uma pesquisa binária no arquivo de dados precisaria de aproximadamente $\lceil\log_2 b\rceil = \lceil(\log_2 7.500)\rceil = 13$ acessos de bloco.

Agora, suponha que o campo de chave de ordenação do arquivo seja $V = 9$ bytes de extensão, um ponteiro de bloco seja $P = 6$ bytes de extensão e tenhamos construído um índice primário para o arquivo. O tamanho de cada entrada de índice é $R_i = (9 + 6) = 15$ bytes, de modo que o fator de bloco para o índice é $bfr_i = \lfloor(B/R_i)\rfloor = \lfloor(4.096/15)\rfloor = 273$ entradas por bloco. O número total de entradas de índice r_i é igual ao número de blocos no arquivo de dados, que é 7.500. O número de blocos de índice é, portanto, $b_i = \lceil(r_i/bfr_i)\rceil = \lceil(7.500/273)\rceil = 28$ blocos. Para realizar uma pesquisa binária no arquivo de índice seriam necessários $\lceil(\log_2 b_i)\rceil = \lceil(\log_2 28)\rceil = 5$ acessos de bloco. Para procurar um registro usando o índice, precisamos de um acesso de bloco adicional ao arquivo de dados, para um total de $5 + 1 = 6$ acessos de bloco — uma melhora em relação à pesquisa binária no arquivo de dados, que exigiu 13 acessos a bloco de disco. Observe que o índice com 7.500 entradas de 15 bytes cada é muito pequeno (112.500 bytes ou 112,5 Kbytes) e geralmente seria mantido na memória principal, exigindo assim um tempo desprezível para a pesquisa com a busca binária. Nesse caso, fazemos simplesmente um acesso de bloco para recuperar o registro.

Um problema importante com índice primário — assim como com qualquer arquivo ordenado — é a inserção e a exclusão de registros. Com um índice primário, o problema é aumentado porque, se tentarmos inserir um registro em sua posição correta no arquivo de dados, temos de não apenas mover registros para criar espaço para o novo registro, mas também mudar algumas entradas de índice, pois a movimentação de registros mudará os *registros de âncora* de alguns blocos. Ao usar um arquivo de overflow desordenado, conforme discutimos na Seção 16.7, podemos reduzir esse problema. Outra possibilidade é usar uma lista interligada de registros de overflow para cada bloco no arquivo de dados. Isso é semelhante ao método de tratar de registros de overflow descrito com hashing na Seção 16.8.2. Os registros em cada bloco e sua lista interligada de overflow podem ser classificados para melhorar o tempo de recuperação. A exclusão de registro é tratada com marcadores de exclusão.

---

[4] Observe que a fórmula dada não seria correta se o arquivo de dados fosse ordenado por um *campo não chave*; nesse caso, o mesmo valor de índice na âncora de bloco poderia ser repetido nos últimos registros do bloco anterior.

[5] A maioria dos fornecedores de SGBD, incluindo Oracle, está usando 4K ou 4.096 bytes como tamanho padrão de bloco/página.

17.1.2 Índices de agrupamento

Se os registros de arquivo forem fisicamente ordenados em um campo não chave — que *não* tem um valor distinto para cada registro —, esse campo é chamado de **campo de agrupamento**, e o arquivo de dados é chamado de **arquivo agrupado.** Podemos criar um tipo de índice diferente, chamado **índice de agrupamento,** para agilizar a recuperação de todos os registros que têm o mesmo valor para o campo de agrupamento. Isso difere de um índice primário, que exige que o campo de ordenação do arquivo de dados tenha um *valor distinto* para cada registro.

Um índice de agrupamento também é um arquivo ordenado com dois campos; o primeiro campo é do mesmo tipo do campo de agrupamento do arquivo de dados, e o segundo campo é um ponteiro de bloco de disco. Há uma entrada no índice de agrupamento para cada *valor distinto* do campo de agrupamento, e ele contém o valor e um ponteiro para o *primeiro bloco* no arquivo de dados que tem um registro com esse valor para seu campo de agrupamento. A Figura 17.2 mostra um exemplo. Observe que a inserção e a exclusão de registro ainda causam problemas,

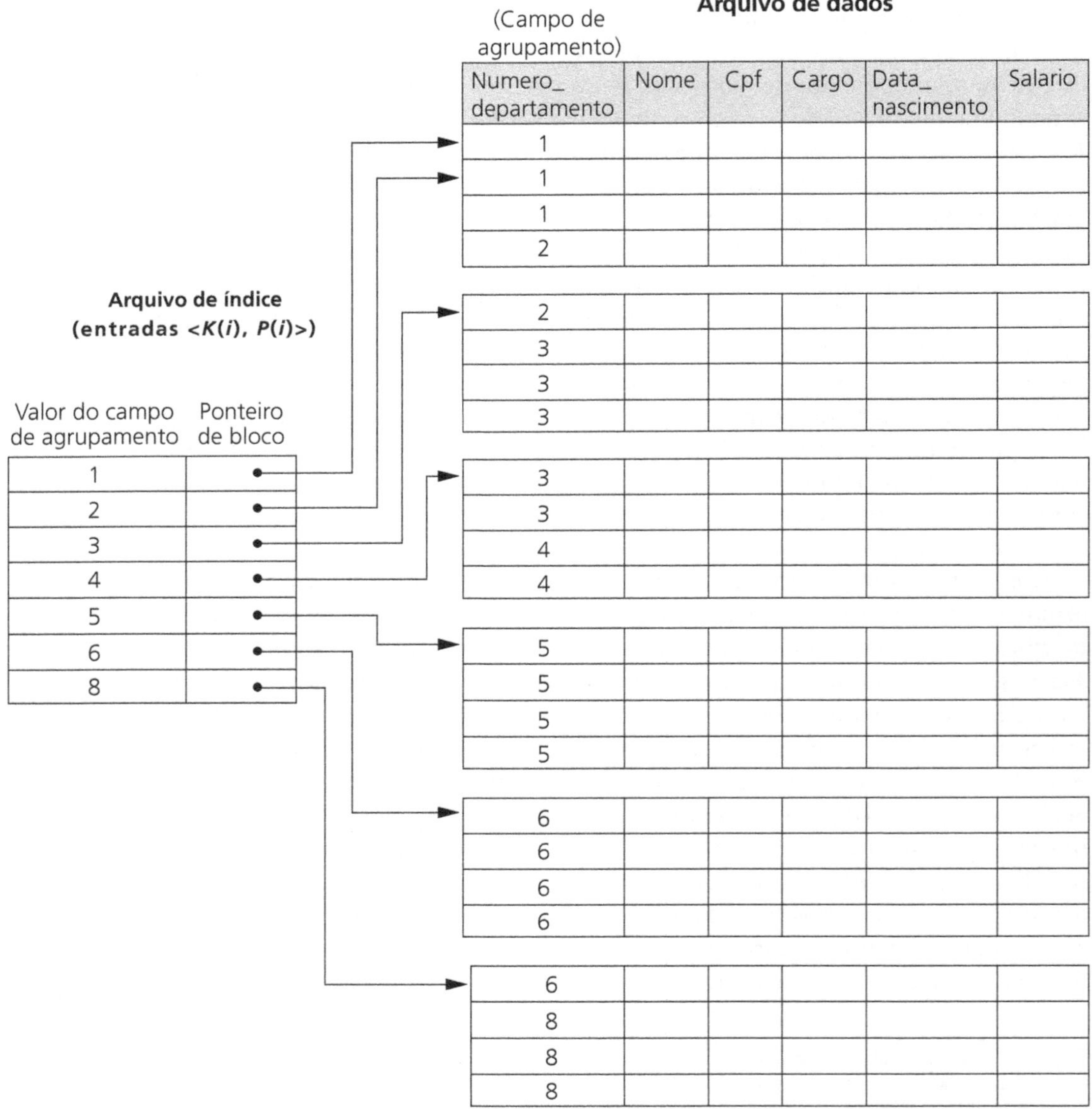

Figura 17.2 Um índice de agrupamento sobre o Numero_departamento que ordena um campo não chave de um arquivo FUNCIONARIO.

pois os registros de dados estão fisicamente ordenados. Para diminuir o problema de inserção, é comum reservar um bloco inteiro (ou um cluster de blocos contínuos) para *cada valor* do campo de agrupamento; todos os registros com esse valor são colocados no bloco (ou cluster de bloco). Isso torna a inserção e a exclusão relativamente simples. A Figura 17.3 mostra esse esquema.

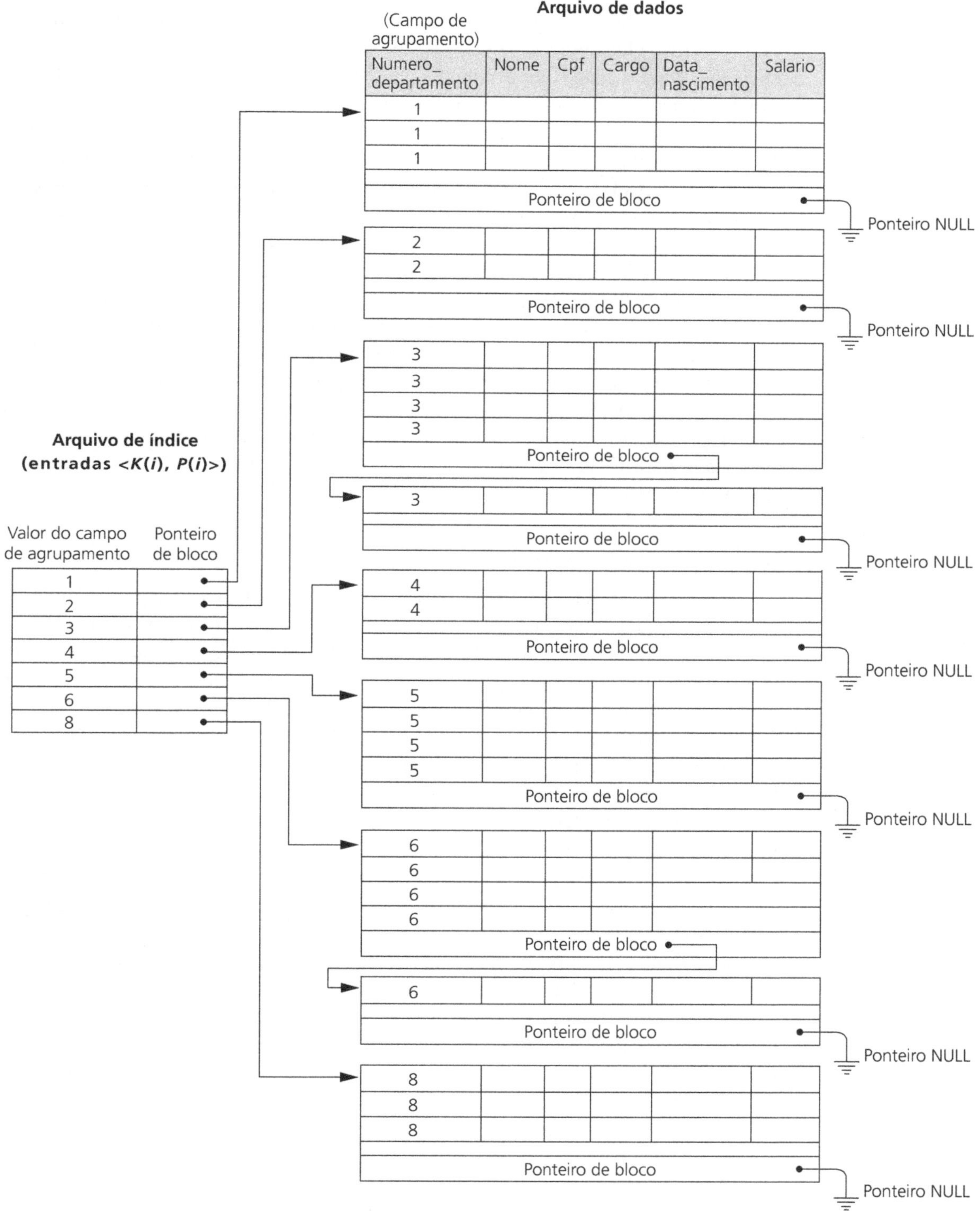

Figura 17.3 Índice de agrupamento com um cluster de bloco separado para cada grupo de registros que compartilham o mesmo valor para o campo de agrupamento.

Um índice de agrupamento é outro exemplo de um índice *não denso*, pois tem uma entrada para cada *valor distinto* do campo de índice, que é uma não chave por definição e, portanto, tem valores duplicados em vez de um valor único para cada registro no arquivo.

Exemplo 2. Suponha que tenhamos o mesmo arquivo ordenado com $r = 300.000$ registros armazenados em um disco com tamanho de bloco $B = 4.096$ bytes. Imagine que ele esteja ordenado pelo atributo Cep e que haja 1.000 códigos de Cep no arquivo (com uma média de 300 registros por código, considerando uma distribuição uniforme pelos códigos de Cep). O índice neste caso possui 1.000 entradas de índice de 11 bytes cada (Cep principal com 5 bytes e ponteiro de bloco com 6 bytes) com um fator de bloco $bfr_i = \lfloor(B/R_i)\rfloor = \lfloor(4.096/11)\rfloor = 372$ entradas de índice por bloco. O número de blocos de índice é, portanto, $b_i = \lceil(r_i/bfr_i)\rceil = \lceil(1.000/372)\rceil = 3$ blocos. Para realizar uma pesquisa binária no arquivo de índice, seriam necessários $\lceil(\log_2 b_i)\rceil = \lceil(\log_2 3)\rceil = 2$ acessos de bloco. Novamente, este índice geralmente seria carregado na memória principal (ocupa 11.000 ou 11 Kbytes) e exige um tempo desprezível para a pesquisa na memória. Um acesso de bloco ao arquivo de dados levaria ao primeiro registro dentro de determinado código de Cep.

Existe alguma semelhança entre as figuras 17.1, 17.2 e 17.3 e as figuras 16.11 e 16.12. Um índice é de alguma forma semelhante ao hashing dinâmico (descrito na Seção 16.8.3) e às estruturas de diretório usadas para o hashing extensível. Ambos são pesquisados para encontrar um ponteiro para o bloco de dados que contém o registro desejado. Uma diferença principal é que uma pesquisa de índice usa os valores do próprio campo de pesquisa, ao passo que uma pesquisa de diretório de hash usa o valor de hash binário que é calculado pela aplicação da função de hash ao campo de pesquisa.

17.1.3 Índices secundários

Um **índice secundário** oferece um meio secundário para acessar um arquivo de dados para o qual algum acesso primário já existe. Os registros do arquivo de dados poderiam ser ordenados, desordenados ou hashed. O índice secundário pode ser criado sobre um campo que é uma chave candidata e tem um valor único em cada registro, ou sobre um campo não chave com valores duplicados. O índice é novamente um arquivo ordenado com dois campos. O primeiro campo é do mesmo tipo de dado de algum *campo não ordenado* do arquivo de dados que seja um **campo de índice**. O segundo campo é um ponteiro de *bloco* ou um ponteiro de *registro*. *Muitos* índices secundários (e, portanto, campos de indexação) podem ser criados para o mesmo arquivo — cada um representa um meio adicional de acessar esse arquivo com base em algum campo específico.

Primeiro, consideramos uma estrutura de acesso de índice secundário em um campo de chave (único) que tem um *valor distinto* para cada registro. Tal campo às vezes é chamado de chave **secundária**; no modelo relacional, isso corresponderia a qualquer atributo de chave UNIQUE ou ao atributo de chave primária de uma tabela. Nesse caso, existe uma entrada de índice para *cada registro* no arquivo de dados, que contém o valor do campo para o registro e um ponteiro para o bloco em que o registro está armazenado ou para o próprio registro. Logo, tal índice é **denso.**

Mais uma vez, referimo-nos aos dois valores de campo da entrada de índice i como $<K(i), P(i)>$. As entradas são **ordenadas** pelo valor de $K(i)$, de modo que podemos realizar uma pesquisa binária. Como os registros do arquivo de dados *não são* fisicamente ordenados pelos valores do campo de chave secundário, *não podemos* usar âncoras de bloco. É por isso que uma entrada de índice é criada para cada registro no arquivo de dados, em vez de para cada bloco, como no caso de um índice primário. A Figura 17.4 ilustra um índice secundário em que os ponteiros $P(i)$ nas entradas de índice são *ponteiros de bloco*, e não ponteiros de registro. Quando o bloco de disco apropriado é transferido para um buffer da memória principal, uma pesquisa pelo registro desejado no bloco pode ser executada.

Um índice secundário em geral precisa de mais espaço de armazenamento e tempo de busca maior que um índice primário, em virtude de seu maior número de entradas. Porém, a *melhora* no tempo de pesquisa para um registro qualquer é muito maior para um índice secundário que para um índice primário, visto que teríamos de fazer uma *pesquisa linear* no arquivo de dados se o índice secundário não existisse. Para um índice primário, ainda poderíamos usar uma pesquisa binária no arquivo principal, mesmo que o índice não existisse. O Exemplo 3 ilustra a melhora no número de blocos acessados.

Exemplo 3. Considere o arquivo do Exemplo 1 com r = 300.000 registros de tamanho fixo de tamanho R = 100 bytes armazenados em um disco com

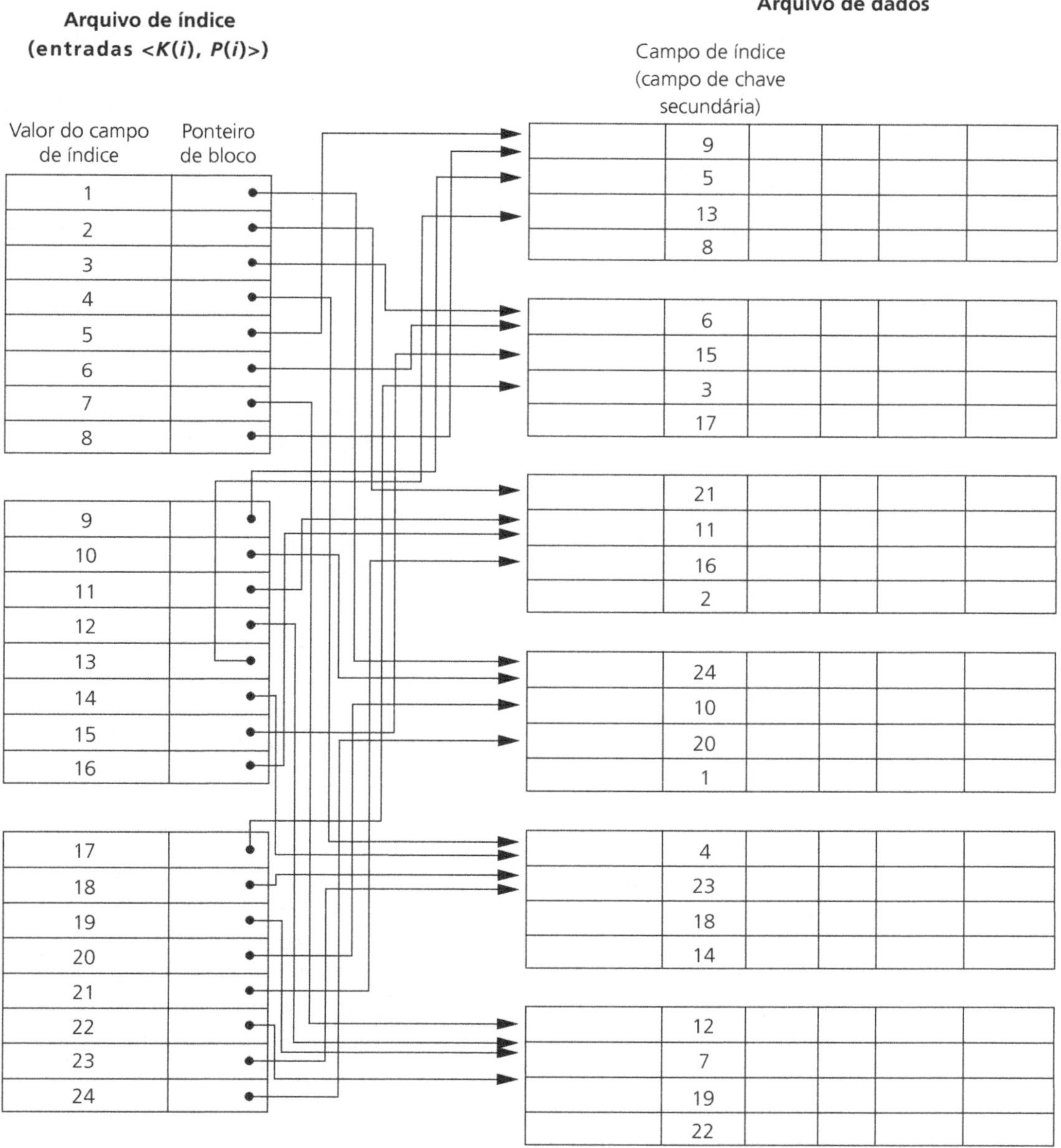

Figura 17.4 Um índice secundário denso (com ponteiros de bloco) em um campo de chave não ordenado de um arquivo.

tamanho de bloco B = 4.096 bytes. O arquivo tem b = 7.500 blocos, conforme calculado no Exemplo 1. Suponha que queiramos procurar um registro com um valor específico para a chave secundária — um campo de chave não ordenado do arquivo que tem V = 9 bytes de extensão. Sem o índice secundário, para fazer uma pesquisa linear no arquivo, seriam necessários $b/2$ = 7.500/2 = 3.750 acessos de bloco na média. Suponha que construíssemos um índice secundário nesse campo de *chave não ordenada* do arquivo. Como no Exemplo 1, um ponteiro de bloco tem P = 6 bytes de extensão, de modo que cada entrada de índice tem R_i = (9 + 6) = 15 bytes, e o fator de bloco para o índice é de $bfr_i = \lfloor(B/R_i)\rfloor = \lfloor(4.096/15)\rfloor$ = 273 entradas de índice por bloco. Em um índice secundário denso como esse, o número total de entradas de índice r_i é igual ao *número de registros* no arquivo de dados, que é 300.000. O número de blocos necessários para o índice é, portanto, $b_i = \lceil(r_i/bfr_i)\rceil = \lceil(300.000/273)\rceil$ = 1.099 blocos.

Uma pesquisa binária sobre esse índice secundário precisa de $\lceil(\log_2 b_i)\rceil = \lceil(\log_2 1.099)\rceil$ = 11 acessos de bloco. Para procurar um registro usando o índice, precisamos de um acesso de bloco adicional ao arquivo de dados para um total de 11 + 1 = 12 acessos de bloco — uma grande melhora em relação aos 3.750 acessos de bloco necessários na média para uma pesquisa linear, mas ligeiramente pior que os 6 acessos de bloco exigidos para o índice primário. Essa diferença surgiu porque o índice primário era não denso e, portanto, menor, com apenas 28 blocos de extensão, ao contrário do índice com densidade de 1.099 blocos aqui.

Também podemos criar um índice secundário em um campo *não chave, não ordenado* de um arquivo. Nesse caso, diversos registros no arquivo de dados podem ter o mesmo valor para o campo de índice. Existem várias opções para implementar tal índice:

- A opção 1 é incluir entradas de índice duplicadas com o mesmo valor $K(i)$ — um para cada registro. Este seria um índice denso.
- A opção 2 é ter registros de tamanho variável para as entradas de índice, com um campo repetitivo para o ponteiro. Mantemos uma lista de ponteiros <$P(i, 1), ..., P(i, k)$> na entrada de índice para $K(i)$ — um ponteiro para cada bloco que contém um registro cujo valor do campo de índice é igual a $K(i)$. Na opção 1 ou na opção 2, o algoritmo de pesquisa binária no índice deve ser modificado apropriadamente para considerar um número variável de entradas de índice por valor de chave de índice.
- A opção 3, a mais usada, é manter as próprias entradas de índice em um tamanho fixo e ter uma única entrada para cada *valor de campo de índice*, mas criar *um nível de indireção extra* para lidar com os múltiplos ponteiros. Neste esquema não denso, o ponteiro $P(i)$ na entrada de índice <$K(i)$, $P(i)$> aponta para um bloco de disco, que contém um *conjunto de ponteiros de registro*. Cada ponteiro nesse bloco de disco aponta para um dos registros de arquivo de dados com valor $K(i)$ para o campo de índice. Se algum valor $K(i)$ ocorrer em muitos registros, de modo que seus ponteiros de registro não possam caber em um único bloco de disco, um cluster ou lista interligada de blocos é utilizada. Essa técnica é ilustrada na Figura 17.5. A recuperação por meio do índice requer um ou mais acessos de bloco adicionais, em razão do nível extra, mas os algoritmos para pesquisar o índice e (mais importante) para inserir novos registros no arquivo de dados são simples. O algoritmo de pesquisa binária aplica-se diretamente ao arquivo de índice, pois ele está ordenado. Para recuperações em intervalo, como ao recuperar os registros em que $V_1 \le K \le V_2$, os ponteiros de bloco podem ser usados no conjunto de ponteiros para cada valor, em vez dos ponteiros de registro. Depois, uma operação de união pode ser usada sobre

os conjuntos de ponteiros de bloco correspondentes às entradas de V_1 a V_2 no índice, para eliminar duplicatas, e os blocos resultantes podem ser acessados. Além disso, recuperações em condições de seleção complexas podem ser tratadas referindo-se aos ponteiros de registro a partir de múltiplos índices secundários não chave, sem ter de recuperar muitos registros desnecessários do arquivo de dados (ver Exercício 17.24).

Observe que um índice secundário oferece uma **ordenação lógica** sobre os registros pelo campo de índice. Se acessarmos os registros na ordem das entradas no índice secundário, nós os obteremos na ordem do campo de índice. Os índices primário e de agrupamento pressupõem que o campo utilizado para a **ordenação física** dos registros no arquivo é o mesmo que o campo de índice.

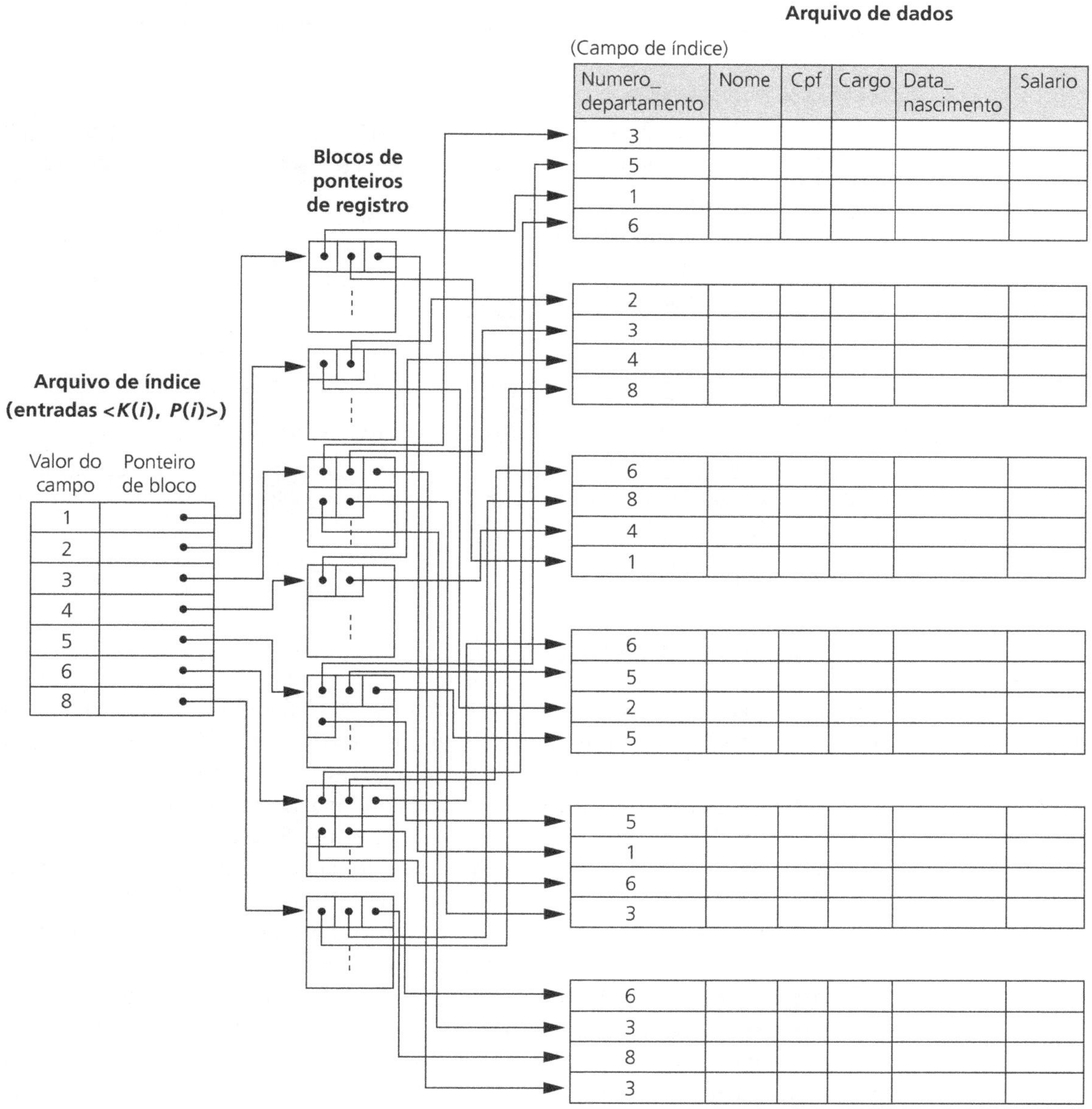

Figura 17.5 Um índice secundário (com ponteiros de registro) sobre um campo não chave implementado usando um nível de indireção, de modo que as entradas de índice são de tamanho fixo e têm valores de campo únicos.

17.1.4 Resumo

Para concluir esta seção, resumimos a discussão dos tipos de índice em duas tabelas. A Tabela 17.1 mostra as características do campo de índice de cada tipo de índice ordenado de único nível discutido — primário, de agrupamento e secundário. A Tabela 17.2 resume as propriedades de cada tipo de índice ao comparar o número de entradas de índice e especificar quais índices são densos e quais usam âncoras de bloco do arquivo de dados.

Tabela 17.1 Tipos de índices baseados nas propriedades do campo de índice.

	Campo de índice usado para ordenação física do arquivo	Campo de índice não usado para ordenação física do arquivo
Campo de índice é chave	Índice primário	Índice secundário (chave)
Campo de índice é não chave	Índice de agrupamento	Índice secundário (não chave)

Tabela 17.2 Propriedades dos tipos de índice.

Tipo de índice	Número de entradas de índice (primeiro nível)	Denso ou não denso (esparso)	Ancoragem de bloco no arquivo de dados
Primário	Número de blocos no arquivo de dados	Não denso	Sim
Agrupamento	Número de valores de campo de índice distintos	Não denso	Sim/não[a]
Secundário (chave)	Número de registros no arquivo de dados	Denso	Não
Secundário (não chave)	Número de registros[b] ou número de valores de campo de índice distintos[c]	Denso ou não denso	Não

[a] Sim, se cada valor distinto do campo de ordenação iniciar um novo bloco; caso contrário, não.
[b] Para a opção 1.
[c] Para as opções 2 e 3.

17.2 Índices multiníveis

Os esquemas de indexação que descrevemos até aqui envolvem um arquivo de índice ordenado. Uma pesquisa binária é aplicada ao índice para localizar ponteiros para um bloco de disco ou para um registro (ou registros) no arquivo que tem um valor específico de campo de índice. Uma pesquisa binária requer aproximadamente $(\log_2 b_i)$ acessos de bloco para um índice com b_i blocos, porque cada etapa do algoritmo reduz a parte do arquivo de índice que continuamos a pesquisar por um fator de 2. É por isso que recuperamos a função log à base 2. A ideia por trás de um **índice multinível** é reduzir a parte do índice que continuamos a pesquisar por bfr_i, o fator de bloco para o índice, que é maior que 2. Logo, o espaço de pesquisa é reduzido muito mais rapidamente. O valor bfr_i é chamado de **fan-out** do índice multinível, e vamos nos referir a ele com o símbolo **fo.** Enquanto dividimos o *espaço de pesquisa de registro* em duas metades a cada passo durante uma pesquisa binária, nós o dividimos *n* vezes (em que *n* é o fan-out) a cada passo de pesquisa, usando o índice multinível. A pesquisa em um índice multinível requer aproximadamente $(\log_{fo} b_i)$ acessos de bloco, que é um número substancialmente menor que para uma pesquisa binária se o fan-out for maior que 2. Na maioria dos casos, o fan-out é muito maior do que 2. Dado um tamanho de bloco de 4.096, que é o mais comum nos SGBDs de hoje, o fan-out depende de quantas entradas (chave + ponteiro de bloco) cabem dentro de um bloco. Com um ponteiro de bloco de 4 bytes (que acomodaria $2^{32} - 1 = 4{,}2 * 10^9$ blocos) e uma chave de 9 bytes, como uma matrícula, o fan-out chegaria a 315.

Um índice multinível considera o arquivo de índice, ao qual nos referimos agora como o **primeiro nível** (ou de **base**) de um índice multinível, como um *arquivo ordenado* com um *valor distinto* para cada $K(i)$. Portanto, considerando o arquivo de índice de primeiro nível como um arquivo de dados classificado, podemos criar um índice primário para o primeiro nível; esse índice para o primeiro nível é chamado de **segundo nível** do índice multinível. Como o segundo nível é um índice primário, podemos usar âncoras de bloco de modo que o segundo nível tenha uma entrada para *cada bloco* do primeiro nível. O fator de bloco bfr_i para o segundo nível — e para todos os níveis subsequentes — é o mesmo daquele para o índice do primeiro nível porque todas as entradas de índice são do mesmo tamanho; cada uma tem um valor de campo e um endereço de bloco. Se o primeiro nível tiver r_1 entradas e o fator de bloco — que também é o fan-out — para o índice for $bfr_i = fo$, então o primeiro nível precisará de $\lceil (r_1/fo) \rceil$ blocos, que é, portanto, o número de entradas r_2 necessárias no segundo nível do índice.

Podemos repetir esse processo para o segundo nível. O **terceiro nível**, que é um índice primário para o segundo nível, tem uma entrada para cada bloco do segundo nível, de modo que o número de entradas do terceiro nível é $r_3 = \lceil (r_2/fo) \rceil$. Observe que só exigimos um segundo nível se o primeiro precisar de mais de um bloco de armazenamento de disco e, de modo semelhante, exigimos um terceiro nível somente se o segundo precisar de mais de um bloco. Podemos repetir o processo anterior até que todas as entradas de algum nível de índice t caibam em um único bloco. Esse bloco no t-ésimo nível é chamado de nível de índice do **topo**.[6] Cada nível reduz o número de entradas nos níveis anteriores por um fator de fo — o fan-out do índice —, de modo que podemos usar a fórmula $1 \leq (r_1/((fo)^t))$ para calcular t. Portanto, um índice multinível com r_1 entradas de primeiro nível terá aproximadamente t níveis, em que $t = \lceil (\log_{fo}(r_1)) \rceil$. Ao pesquisar o índice, um único bloco de disco é recuperado em cada nível. Logo, t blocos de disco são acessados para uma pesquisa de índice, em que t é o *número de níveis de índice*.

O esquema multinível descrito aqui pode ser usado em qualquer tipo de índice — seja ele primário, seja de agrupamento ou secundário —, desde que o índice de primeiro nível tenha *valores distintos para K(i) e entradas de tamanho fixo*. A Figura 17.6 mostra um índice multinível construído sobre um índice primário. O Exemplo 4 ilustra a melhora no número de blocos acessados quando um índice multinível é utilizado para procurar um registro.

Exemplo 4. Suponha que o índice secundário denso do Exemplo 3 seja convertido em um índice multinível. Calculamos o fator de bloco de índice $bfr_i = 273$ entradas de índice por bloco, que é também o fan-out fo para o índice multinível; o número de blocos de primeiro nível $b_1 = 1.099$ também foi calculado. O número de blocos de segundo nível será $b_2 = \lceil (b_1/fo) \rceil = \lceil (1.099/273) \rceil = 5$ blocos, e o número de blocos de terceiro nível será $b_3 = \lceil (b_2/fo) \rceil = \lceil (5/273) \rceil = 1$ bloco. Logo, o terceiro nível é o nível topo do índice, e $t = 3$. Para acessar um registro ao pesquisar um índice multinível, temos de acessar um bloco em cada nível mais um bloco do arquivo de dados, de modo que precisamos de $t + 1 = 3 + 1 = 4$ acessos de bloco. Compare isso com o Exemplo 3, em que foram necessários 12 acessos de bloco quando um índice de único nível e a pesquisa binária foram utilizados.

Observe que também poderíamos ter um índice primário multinível, que seria não denso. O Exercício 17.18(c) ilustra esse caso, em que *temos* de acessar o bloco de

[6] O esquema de numeração para os níveis de índice usados aqui é o contrário do modo como os níveis normalmente são definidos para estruturas de dados de árvore. Nas estruturas de dados de árvore, t é referenciado como o nível 0 (zero), $t - 1$ é o nível 1, e assim por diante.

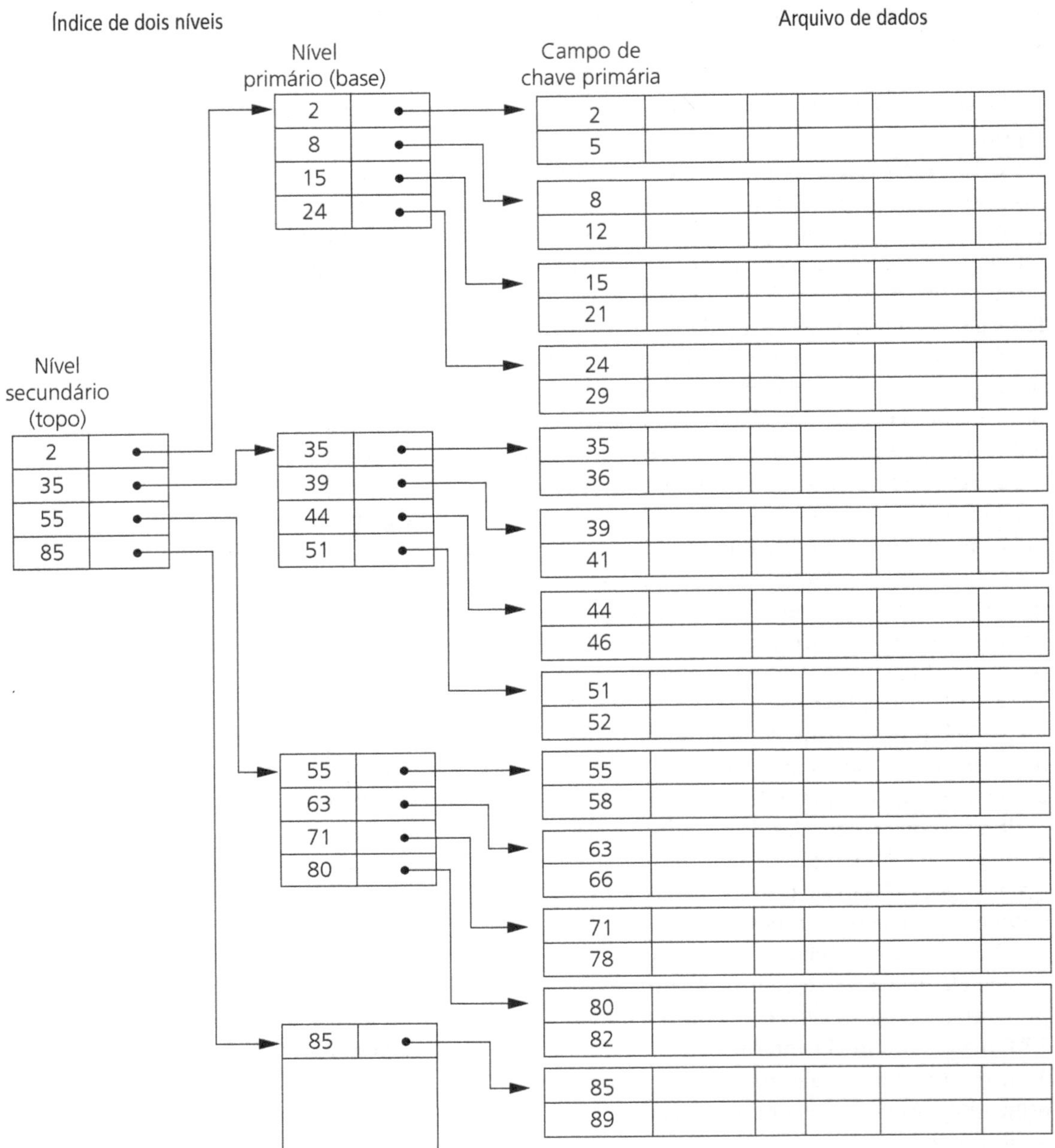

Figura 17.6 Um índice primário de dois níveis semelhante à organização ISAM (*indexed sequential access method*).

dados do arquivo antes de podermos determinar se o registro sendo pesquisado está no arquivo. Para um índice denso, isso pode ser determinado acessando o primeiro nível de índice (sem ter de acessar um bloco de dados), pois existe uma entrada de índice para *cada* registro no arquivo.

Uma organização de arquivo comum usada no processamento de dados comercial é um arquivo ordenado com um índice primário multinível em seu campo de chave de ordenação. Essa organização é chamada de **arquivo sequencial indexado,** e foi empregada em muitos dos primeiros sistemas IBM. A organização **ISAM** da IBM incorpora um índice de dois níveis que está relacionado de perto com a organização do disco em relação a cilindros e trilhas (ver Seção 16.2.1). O primeiro nível é um índice de cilindro, que tem o valor de chave de um registro de âncora para cada cilindro de um volume de disco ocupado pelo arquivo e um ponteiro para o índice de trilha para o cilindro. O índice de trilha tem o valor de chave de um registro de âncora para cada trilha no cilindro e um ponteiro para a trilha. Esta trilha pode então ser pesquisada de forma sequencial para o registro ou o bloco desejado. A inserção é tratada por alguma forma de arquivo de overflow, que é mesclado periodicamente com o arquivo de dados. O índice é recriado durante a reorganização do arquivo.

O Algoritmo 17.1 esboça o procedimento de pesquisa para um registro em um arquivo de dados que utiliza um índice primário multinível não denso com *t* níveis. Referimo-nos à entrada *i* no nível *j* do índice como $<K_j(i), P_j(i)>$ e procuramos um registro cujo valor de chave primária seja *K*. Consideramos que quaisquer registros de overflow são ignorados. Se o registro estiver no arquivo, deverá haver alguma entrada no nível 1 com $K_1(i) \leq K < K_1(i + 1)$ e o registro estará no bloco do arquivo de dados cujo endereço é $P_1(i)$. O Exercício 17.23 discute a modificação do algoritmo de pesquisa para outros tipos de índices.

Algoritmo 17.1. Pesquisando um índice primário multinível não denso com *t* níveis

(* *Consideramos que a entrada de índice seja uma âncora de bloco que é a primeira chave por bloco.* *)
p ← endereço do bloco do nível topo do índice;
para *j* ← *t* passo – 1 até 1 faça
início
lê o bloco de índice (no nível de índice *j*) cujo endereço é *p*;
pesquisa bloco *p* para entrada *i* tal que $K_j(i) \leq K < K_j(i + 1)$
(* se $K_j(i)$
é a última entrada no bloco, é suficiente satisfazer $K_j(i) \leq K$ *);
p ← $P_j(i)$ (* recupera ponteiro apropriado no nível de índice *j* *)
fim;
lê o bloco do arquivo de dados cujo endereço é *p*;
pesquisa bloco *p* pelo registro com chave = *K*;

Como vimos, um índice multinível reduz o número de blocos acessados quando se pesquisa um registro, dado seu valor de campo de indexação. Ainda enfrentamos os problemas de lidar com inserções e exclusões de índice, pois todos os níveis de índice são *arquivos ordenados fisicamente*. Para reter os benefícios do uso da indexação multinível enquanto reduzimos os problemas de inserção e exclusão de índice, os projetistas adotaram um índice multinível chamado **índice multinível dinâmico**, que deixa algum espaço em cada um de seus blocos para inserir novas entradas e usa algoritmos apropriados de inserção/exclusão para criar e excluir novos blocos de índice quando o arquivo de dados cresce e encolhe. Ele normalmente é implementado ao usar estruturas de dados chamadas B-trees e B⁺-trees, que descreveremos na próxima seção.

17.3 Índices multiníveis dinâmicos usando B-trees e B⁺-trees

B-trees e B⁺-trees são casos especiais da famosa estrutura de dados de pesquisa, conhecida como **árvore**. Apresentamos rapidamente a terminologia usada na discussão de estruturas de dados de árvore. Uma **árvore** é formada de **nós**. Cada nó na árvore, exceto pelo nó especial chamado **raiz**, tem um nó **pai** e zero ou mais nós **filhos**. O nó raiz não tem pai. Um nó que não tem filho algum é denominado nó **folha**; um nó não folha é chamado de nó **interno**. O **nível** de um nó é sempre um a mais que o nível de seu pai, com o nível do nó raiz sendo *zero*.[7] Uma **subárvore** de um nó consiste nesse

[7] Essa definição-padrão do nível de um nó de árvore, que usamos ao longo da Seção 17.3, é diferente daquela que demos para índices multiníveis na Seção 17.2.

nó e em todos os seus nós **descendentes** — seus nós filhos, os nós filhos de seus nós filhos, e assim por diante. Uma definição recursiva exata de uma subárvore é que ela consiste em um nó *n* e as subárvores de todos os nós filhos de *n*. A Figura 17.7 ilustra uma estrutura de dados em árvore. Nessa figura, o nó raiz é A, e seus nós filhos são B, C e D. Os nós E, J, C, G, H e K são nós folha. Como os nós folha estão em diferentes níveis da árvore, essa árvore é chamada de **desbalanceada.**

Na Seção 17.3.1, apresentamos árvores de pesquisa e depois discutimos sobre B-trees, que podem ser usadas como índices multiníveis dinâmicos para orientar a busca por registros em um arquivo de dados. Nós de B-tree são mantidos entre 50 e 100% cheios, e os ponteiros para blocos de dados são armazenados nos nós internos e nós folha da estrutura da B-tree. Na Seção 17.3.2, abordamos as B^+-trees, uma variação das B-trees em que os ponteiros para os blocos de dados de um arquivo são armazenados apenas em nós folha, que podem levar a menos níveis e índices de maior capacidade. Nos SGBDs prevalentes no mercado hoje em dia, a estrutura comum usada para indexação é B^+-trees.

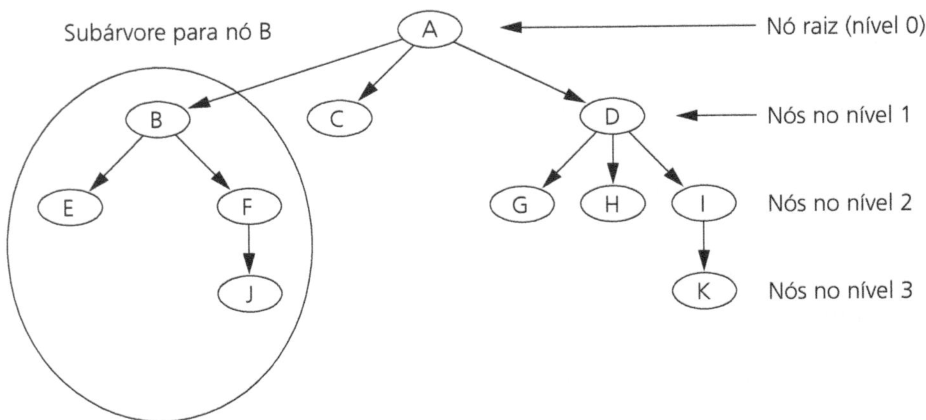

Figura 17.7 Uma estrutura de dados em árvore que mostra uma árvore desbalanceada.

17.3.1 Árvores de pesquisa e B-trees

Uma **árvore de pesquisa** é um tipo especial de árvore utilizada para orientar a pesquisa por um registro, dado o valor de um dos campos do registro. Os índices multiníveis discutidos na Seção 17.2 podem ser imaginados como uma variação de uma árvore de pesquisa; cada nó no índice multinível pode ter inúmeros ponteiros *fo* e valores de chave *fo*, em que *fo* é o fan-out do índice. Os valores de campo de índice em cada nó nos guiam para o próximo nó, até que alcancemos o bloco do arquivo de dados que contém os registros solicitados. Ao seguir um ponteiro, restringimos nossa pesquisa em cada nível a uma subárvore da árvore de pesquisa e ignoramos todos os nós fora dessa subárvore.

Árvores de pesquisa. Uma árvore de pesquisa é ligeiramente diferente de um índice multinível. Uma **árvore de pesquisa de ordem** p é uma árvore tal que cada nó contém *no máximo* $p - 1$ valores de pesquisa e p ponteiros na ordem $<P_1, K_1, P_2, K_2, ..., P_{q-1}, K_{q-1}, P_q>$, em que $q \leq p$. Cada P_i é um ponteiro para um nó filho (ou um ponteiro NULL), e cada K_i é um valor de pesquisa de algum conjunto ordenado de valores. Todos os valores de pesquisa são considerados únicos.[8] A Figura 17.8 ilustra um nó em uma árvore de pesquisa. Duas restrições precisam ser mantidas o tempo todo na árvore de pesquisa:

---

[8] Essa restrição pode ser relaxada. Se o índice for sobre um campo não chave, pode haver valores de pesquisa duplicados, e a estrutura do nó e as regras de navegação para a árvore podem ser modificadas.

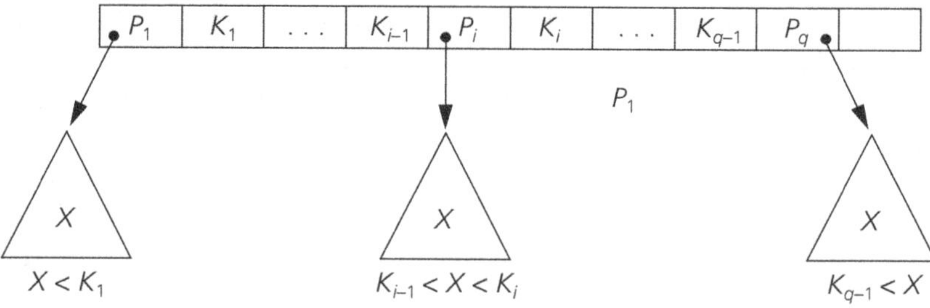

Figura 17.8 Um nó em uma árvore de pesquisa com ponteiros para subárvores abaixo dele.

1. Em cada nó, $K_1 < K_2 < ... < K_{q-1}$.
2. Para todos os valores X na subárvore apontada por P_i, temos $K_{i-1} < X < K_i$ para $1 < i < q$; $X < K_i$ para $i = 1$; e $K_{i-1} < X$ para $i = q$ (ver Figura 17.8).

Sempre que procuramos um valor X, seguimos o ponteiro P_i apropriado, de acordo com as fórmulas na condição 2. A Figura 17.9 ilustra uma árvore de pesquisa de ordem $p = 3$ e valores de pesquisa inteiros. Observe que alguns dos ponteiros P_i em um nó podem ser ponteiros NULL.

Podemos usar uma árvore de pesquisa como um mecanismo para procurar registros armazenados em um arquivo de disco. Os valores na árvore podem ser os valores de um dos campos do arquivo, chamado **campo de pesquisa** (que é o mesmo que o campo de índice se um índice multinível guiar a pesquisa). Cada valor de chave na árvore é associado a um ponteiro para o registro no arquivo de dados que tem esse valor. Como alternativa, o ponteiro poderia ser para o bloco de disco contendo esse registro. A própria árvore de pesquisa pode ser armazenada no disco ao atribuir cada nó de árvore a um bloco de disco. Quando um novo registro é inserido no arquivo, temos de atualizar a árvore de pesquisa inserindo uma entrada na árvore que contém o valor do campo de pesquisa do novo registro e um ponteiro para o novo registro.

São necessários algoritmos para inserir e excluir valores de pesquisa na árvore de pesquisa enquanto se mantêm as duas restrições anteriores. Em geral, esses algoritmos não garantem que uma árvore de pesquisa seja **balanceada**, significando que todos os seus nós folha estão no mesmo nível.[9] A árvore da Figura 17.7 não é balanceada porque tem nós folha nos níveis 1, 2 e 3. Os objetivos para balancear uma árvore de pesquisa são os seguintes:

- Garantir que os nós sejam distribuídos por igual, de modo que a profundidade da árvore seja minimizada para determinado conjunto de chaves e que a árvore não fique distorcida, com alguns nós em níveis muito profundos.
- Tornar a velocidade de pesquisa uniforme, de modo que o tempo médio para encontrar qualquer chave aleatória seja aproximadamente o mesmo.

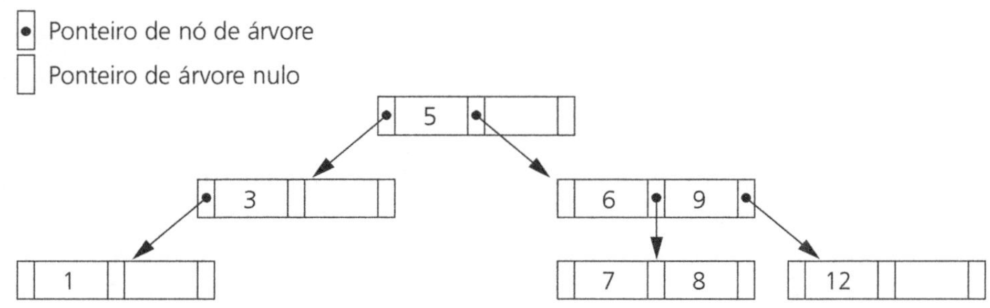

Figura 17.9 Uma árvore de pesquisa de ordem $p = 3$.

[9] A definição de *balanceada* é diferente para árvores binárias. Árvores binárias balanceadas são conhecidas como *árvores AVL*.

Embora minimizar o número de níveis na árvore seja um objetivo, outro objetivo implícito é garantir que a árvore de índice não precise de muita reestruturação quando os registros são inseridos e excluídos do arquivo principal. Assim, queremos que os nós sejam os mais cheios possíveis e não queremos que quaisquer nós sejam vazios se houver muitas exclusões. A exclusão de registro pode deixar alguns nós na árvore quase vazios, desperdiçando assim o espaço de armazenamento e aumentando o número de níveis. A B-tree resolve esses dois problemas, especificando restrições adicionais na árvore de pesquisa.

B-trees. A B-tree tem restrições adicionais que garantem que a árvore sempre esteja balanceada e que o espaço desperdiçado pela exclusão, se houver, nunca se torne excessivo. Os algoritmos para inserção e exclusão, porém, tornam-se mais complexos a fim de manter essas restrições. Apesar disso, a maioria das inserções e exclusões são processos simples. Elas se tornam complicadas somente sob circunstâncias especiais — a saber, sempre que tentamos uma inserção em um nó que já está cheio ou uma exclusão de um nó que o deixa com menos da metade. De maneira mais formal, uma **B-tree de ordem p**, quando usada como uma estrutura de acesso em um *campo de chave* para pesquisar registros em um arquivo de dados, pode ser definida da seguinte forma:

1. Cada nó interno na B-tree [Figura 17.10(a)] tem a forma

   $<P_1, <K_1, Pr_1>, P_2, <K_2, Pr_2>, ..., <K_{q-1}, Pr_{q-1}>, P_q>$

   em que $q \le p$. Cada P_i é um **ponteiro de árvore** — um ponteiro para outro nó na B-tree. Cada Pr_i é um **ponteiro de dados**[10] — um ponteiro para o registro cujo valor do campo de chave de pesquisa é igual a K_i (ou ao bloco do arquivo de dados que contém esse registro).
2. Em cada nó, $K_1 < K_2 < ... < K_{q-1}$.
3. Para todos os valores de campo da chave de pesquisa X na subárvore apontada por P_i [a i-ésima subárvore; ver Figura 17.10(a)], temos:

   $K_{i-1} < X < K_i$ para $1 < i < q$; $X < K_i$ para $i = 1$; e $K_{i-1} < X$ para $i = q$
4. Cada nó tem no máximo p ponteiros de árvore.
5. Cada nó, exceto os nós raiz e folha, tem pelo menos $\lceil (p/2) \rceil$ ponteiros de árvore. O nó raiz tem pelo menos dois ponteiros de árvore, a menos que seja o único nó na árvore.
6. Um nó com q ponteiros de árvore, $q \le p$, tem $q - 1$ valores de campo de chave de pesquisa (e, portanto, tem $q - 1$ ponteiros de dados).
7. Todos os nós folha estão no mesmo nível. Os nós folha têm a mesma estrutura dos nós internos, exceto que todos os seus *ponteiros de árvore* P_i são NULL.

A Figura 17.10(b) ilustra uma B-tree de ordem $p = 3$. Observe que todos os valores de pesquisa K na B-tree são únicos, pois consideramos que a árvore é usada como uma estrutura de acesso em um campo de chave. Se usarmos uma B-tree *em um campo não chave*, temos de mudar a definição dos ponteiros de arquivo Pr_i para apontar para um bloco — ou um cluster de blocos — que contenha os ponteiros para os registros de arquivo. Esse nível de indireção extra é semelhante à opção 3, discutida na Seção 17.1.3, para índices secundários.

Uma B-tree começa com um único nó raiz (que também é um nó folha) no nível 0 (zero). Quando o nó raiz está cheio com $p - 1$ valores de chave de pesquisa e tentamos inserir outra entrada na árvore, o nó raiz se divide em dois nós no nível 1. Somente o valor do meio é mantido no nó raiz, e o restante dos valores é dividido por igual entre os outros dois nós. Quando um nó não raiz

[10] Um ponteiro de dados é um endereço de bloco ou um endereço de registro; o último é basicamente um endereço de bloco e um deslocamento de registro dentro do bloco.

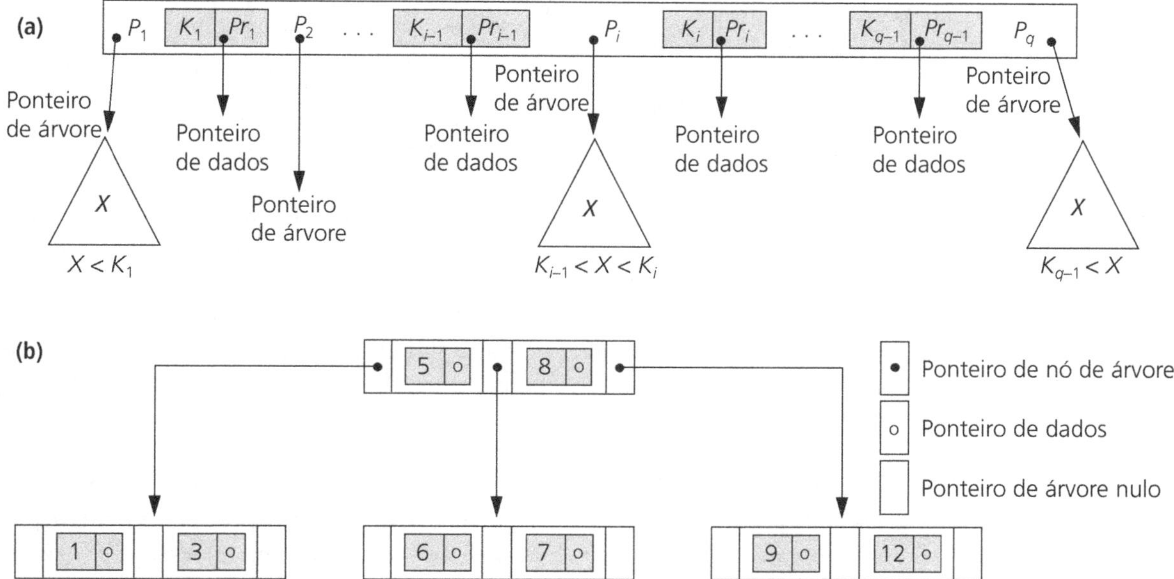

Figura 17.10 Estruturas B-tree. (a) Um nó em uma B-tree com $q - 1$ valores de pesquisa. (b) Uma B-tree de ordem $p = 3$. Os valores foram inseridos na ordem 8, 5, 1, 7, 3, 12, 9, 6.

está cheio e uma nova entrada é inserida nele, esse nó é dividido em dois nós no mesmo nível, e a entrada do meio é movida para o nó pai com dois ponteiros para os novos nós divididos. Se o nó pai estiver cheio, ele também é dividido. A divisão pode se propagar por todo o caminho até o nó raiz, criando um novo nível se a raiz for dividida. Não vamos discutir os algoritmos para B-trees com detalhes neste livro,[11] mas esboçamos os procedimentos de pesquisa e inserção para B⁺-trees na próxima seção.

Se a exclusão de um valor fizer que um nó fique menos da metade cheio, ele é combinado com seus nós vizinhos, e isso também pode se propagar até a raiz. Logo, a exclusão pode reduzir o número de níveis da árvore. Foi demonstrado pelas análises e pela simulação que, após diversas inserções e exclusões aleatórias em uma B-tree, os nós ficam aproximadamente 69% cheios quando o número de valores na árvore se estabiliza. Isso também vale para B⁺-trees. Se isso acontecer, a divisão e a combinação de nós ocorrerão apenas raramente, de modo que a inserção e a exclusão se tornam muito eficientes. Se o número de valores crescer, a árvore se expandirá sem problema — embora a divisão dos nós possa ocorrer, algumas inserções levarão mais tempo. Cada nó de B-tree pode ter *no máximo* p ponteiros de árvore, $p - 1$ ponteiros de dados e $p - 1$ valores de campo de chave de pesquisa [ver Figura 17.10(a)].

Em geral, um nó de B-tree pode conter informações adicionais necessárias pelos algoritmos que manipulam a árvore, como o número de entradas q no nó e um ponteiro para o nó pai. A seguir, ilustramos como calcular o número de blocos e níveis para uma B-tree.

Exemplo 5. Suponha que o campo de pesquisa seja um campo de chave não ordenado, e construamos uma B-tree nesse campo com $p = 23$. Suponha que cada nó da B-tree esteja 69% cheio. Cada nó, na média, terá $p * 0{,}69 = 23 * 0{,}69$ ou, aproximadamente, 16 ponteiros e, portanto, 15 valores de campo de chave de pesquisa. O **fan-out médio** $fo = 16$. Podemos começar na raiz e ver quantos valores e ponteiros podem existir, na média, em cada nível subsequente:

[11] Para obter detalhes sobre algoritmos de inserção e exclusão para B-trees, consulte Ramakrishnan e Gehrke (2003).

Raiz:	1 nó	15 entradas de chave	16 ponteiros
Nível 1:	16 nós	240 entradas de chave	256 ponteiros
Nível 2:	256 nós	3.840 entradas de chave	4.096 ponteiros
Nível 3:	4.096 nós	61.440 entradas de chave	

Em cada nível, calculamos o número de entradas de chave multiplicando o número total de ponteiros no nível anterior por 15, o número médio de entradas em cada nó. Assim, para determinado tamanho de bloco (512 bytes), tamanho de ponteiro de registro/dados (7 bytes), tamanho de ponteiro de árvore/bloco (6 bytes) e tamanho do campo de chave de pesquisa (9 bytes), uma B-tree de dois níveis de ordem 23 com 69% de ocupação mantém 3.840 + 240 + 15 = 4.095 entradas na média; uma B-tree de três níveis mantém 65.535 entradas na média.

As B-trees às vezes são usadas como **organizações de arquivo primárias.** Nesse caso, *registros inteiros* são armazenados nos nós da B-tree, em vez de apenas as entradas <chave de pesquisa, ponteiro de registro>. Isso funciona bem para arquivos com um *número relativamente pequeno de registros* e um *tamanho de registro pequeno*. Caso contrário, o fan-out e o número de níveis tornam-se muito grandes para permitir um acesso eficiente.

Resumindo, as B-trees oferecem uma estrutura de acesso multinível que é uma estrutura de árvore balanceada em que cada nó está cheio pelo menos até a metade. Cada nó em uma B-tree de ordem p pode ter no máximo $p - 1$ valores de pesquisa.

17.3.2 B+-trees

A maioria das implementações de um índice multinível dinâmico utiliza uma variação da estrutura de dados da B-tree chamada **B+-tree.** Em uma B-tree, cada valor do campo de pesquisa aparece uma vez em algum nível na árvore, com um ponteiro de dados. Em uma B+-tree, os ponteiros de dados são armazenados *apenas nos nós folha* da árvore; logo, a estrutura dos nós folha difere da estrutura dos nós internos. Os nós folha têm uma entrada para *cada* valor do campo de pesquisa, com um ponteiro de dados para o registro (ou para o bloco que contém esse registro), se o campo de pesquisa for um campo de chave. Para um campo de pesquisa não chave, o ponteiro aponta para um bloco que contém ponteiros para os registros do arquivo de dados, criando um nível de indireção extra.

Os nós folha da B+-tree normalmente são ligados para oferecer acesso ordenado aos registros sobre o campo de pesquisa. Esses nós folha são semelhantes ao primeiro nível (base) de um índice. Os nós internos da B+-tree correspondem aos outros níveis de um índice multinível. Alguns valores de campo de pesquisa dos nós folha são *repetidos* nos nós internos da B+-tree para guiar a pesquisa. A estrutura dos *nós internos* de uma B+-tree de ordem p [Figura 17.11(a)] é a seguinte:

1. Cada nó interno tem a forma

   $<P_1, K_1, P_2, K_2, ..., P_{q-1}, K_{q-1}, P_q>$

   em que $q \leq p$ e cada P_i é um **ponteiro de árvore.**
2. Em cada nó interno, $K_1 < K_2 < ... < K_{q-1}$.
3. Para todos os valores de campo de pesquisa X na subárvore apontada por P_i, temos $K_{i-1} < X \leq K_i$ para $1 < i < q$; $X \leq K_i$ para $i = 1$; e $K_{i-1} < X$ para $i = q$ [ver Figura 17.11(a)].[12]

[12] Nossa definição segue Knuth (1998). Pode-se definir uma B+-tree de forma diferente ao trocar os símbolos < e ≤ ($K_{i-1} \leq X < K_i$; $K_{q-1} \leq X$), mas os princípios continuam sendo os mesmos.

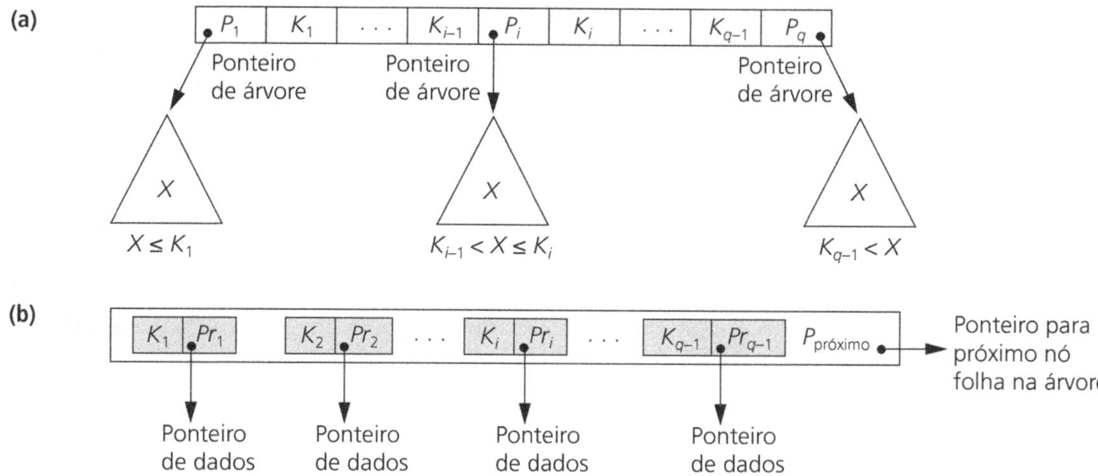

Figura 17.11 Os nós de uma B⁺-tree. (a) Nó interno de uma B⁺-tree com $q - 1$ valores de pesquisa. (b) Nó folha de uma B⁺-tree com $q - 1$ valores de pesquisa e $q - 1$ ponteiros de dados.

4. Cada nó interno tem, no máximo, p ponteiros de árvore.
5. Cada nó interno, exceto a raiz, tem pelo menos $\lceil (p/2) \rceil$ ponteiros de árvore. O nó raiz tem pelo menos dois ponteiros de árvore, se for um nó interno.
6. Um nó interno com q ponteiros, $q \leq p$, tem $q - 1$ valores de campo de pesquisa.

A estrutura dos *nós folha* de uma B⁺-tree de ordem p [Figura 17.11(b)] é a seguinte:

1. Cada nó folha tem a forma

   $<<K_1, Pr_1>, <K_2, Pr_2>, ..., <K_{q-1}, Pr_{q-1}>, P_{\text{próximo}}>$

   em que $q \leq p$, cada Pr_i é um ponteiro de dados e $P_{\text{próximo}}$ aponta para o próximo *nó folha* da B⁺-tree.
2. Em cada nó folha, $K_1 \leq K_2 \ldots , K_{q-1}, q \leq p$.
3. Cada Pr_i é um **ponteiro de dados** que aponta para o registro cujo valor do campo de pesquisa é K_i, ou para um bloco de arquivo que contém o registro (ou para um bloco de ponteiros de registro que aponta para registros cujo valor do campo de pesquisa é K_i se o campo de pesquisa não for uma chave).
4. Cada nó folha tem pelo menos $\lceil (p/2) \rceil$ valores.
5. Todos os nós folha estão no mesmo nível.

Os ponteiros nos nós internos são *três ponteiros* para blocos, que são nós de árvore, ao passo que os ponteiros nos nós folha são *ponteiros de dados* para os registros ou blocos do arquivo de dados — exceto para o ponteiro $P_{\text{próximo}}$, que é um ponteiro de árvore para o próximo nó folha. Ao começar no nó folha mais à esquerda, é possível atravessar os nós folha como uma lista interligada, usando os ponteiros $P_{\text{próximo}}$. Isso oferece acesso ordenado aos registros de dados no campo de índice. Um ponteiro P_{anterior} também pode ser incluído. Para uma B⁺-tree em um campo não chave, é necessário um nível extra de indireção, semelhante ao que mostramos na Figura 17.5, de modo que os *Pr* ponteiros são ponteiros de bloco para os blocos que contêm um conjunto de ponteiros de registro para os registros reais no arquivo de dados, conforme discutimos na opção 3 da Seção 17.1.3.

Como as entradas nos *nós internos* de uma B⁺-tree incluem valores de pesquisa e ponteiros de árvore sem quaisquer ponteiros de dados, mais entradas podem ser compactadas em um nó interno de uma B⁺-tree que para uma B-tree semelhante. Assim, para o mesmo tamanho de bloco (nó), a ordem p será maior para a B⁺-tree que para a B-tree, conforme ilustramos no Exemplo 6. Isso pode levar a menos níveis de B+-tree, melhorando o tempo de pesquisa. Como as estruturas para nós internos e folha de uma B+-tree são diferentes, a ordem p pode ser diferente. Usaremos p para indicar a ordem para *nós internos* e p_{folha} para indicar a ordem para *nós folha*, que definimos como o número máximo de ponteiros de dados em um nó folha.

Exemplo 6. Para calcular a ordem p de uma B+-tree, suponha que o campo de chave de pesquisa seja $V = 9$ bytes de extensão, o tamanho do bloco seja $B = 512$ bytes, um ponteiro de registro seja $Pr = 7$ bytes e um ponteiro de bloco/ponteiro de árvore seja $P = 6$ bytes. Um nó interno da B+-tree pode ter até p ponteiros de árvore e $p - 1$ valores de campo de pesquisa; estes precisam caber em um único bloco. Logo, temos:

$$(p * P) + ((p - 1) * V) \leq B$$
$$(p * 6) + ((p - 1) * 9) \leq 512$$
$$(15 * p) \leq 521$$

Podemos escolher p para ser o maior valor que satisfaça a desigualdade acima, que gera $p = 34$. Isso é maior que o valor de 23 para a B-tree (fica para o leitor a tarefa de calcular a ordem da B-tree considerando ponteiros do mesmo tamanho), resultando em um fan-out maior e mais entradas em cada nó interno de uma B+-tree que na B-tree correspondente. Os nós folha da B+-tree terão o mesmo número de valores e ponteiros, exceto que os ponteiros são ponteiros de dados e um ponteiro de próximo. Logo, a ordem p_{folha} para os nós folha pode ser calculada da seguinte forma:

$$(p_{folha} * (Pr + V)) + P \leq B$$
$$(p_{folha} * (7 + 9)) + 6 \leq 512$$
$$(16 * p_{folha}) \leq 506$$

Segue-se que cada nó folha pode manter até $p_{folha} = 31$ combinações de valor de chave/ponteiro de dados, considerando que os ponteiros de dados são ponteiros de registro.

Assim como a B-tree, podemos precisar de informações adicionais — para implementar os algoritmos de inserção e exclusão — em cada nó. Essa informação pode incluir o tipo de nó (interno ou folha), o número de entradas atuais q no nó e ponteiros para os nós pai e irmão. Logo, antes de fazermos os cálculos acima para p e p_{folha}, devemos reduzir o tamanho do bloco pela quantidade de espaço necessária para toda essa informação. O próximo exemplo ilustra como podemos calcular o número de entradas em uma B+-tree.

Exemplo 7. Suponha que criemos uma B+-tree no campo do Exemplo 6. Para calcular o número aproximado de entradas na B+-tree, consideramos que cada nó está 69% cheio. Na média, cada nó interno terá 34 * 0,69 ou, aproximadamente, 23 ponteiros e, portanto, 22 valores. Cada nó folha, em média, manterá $0,69 * p_{folha} = 0,69 * 31$ ou, aproximadamente, 21 ponteiros de registro de dados. Uma B+-tree terá o seguinte número médio de entradas em cada nível:

Raiz:	1 nó	22 entradas de chave	23 ponteiros
Nível 1:	23 nós	506 entradas de chave	529 ponteiros
Nível 2:	529 nós	11.638 entradas de chave	12.167 ponteiros
Nível folha:	12.167 nós	255.507 ponteiros de registro de dados	

Para o tamanho do bloco, tamanho do ponteiro e tamanho do campo de pesquisa dados acima, uma B+-tree de três níveis mantém até 255.507 ponteiros de registro, com a média de 69% de ocupação de nós. Observe que consideramos o nó folha de modo diferente dos nós não folha e calculamos os ponteiros de dados no nó folha como sendo 12.167 * 21 com base nos 69% de ocupação do nó folha, podendo manter 31 chaves com ponteiros de dados. Compare isso com as 65.535 entradas para a B-tree correspondente do Exemplo 5. Como uma B-tree inclui um ponteiro de dados/registro junto de cada chave de pesquisa em todos os níveis da árvore, ela tende a acomodar um número menor de chaves para determinada quantidade de níveis de índice. Esse é o principal motivo para as B^+-trees serem preferidas às B-trees como índices para arquivos de banco de dados. A maioria dos SGBDs, como Oracle, está criando todos os índices como B^+-trees.

Pesquisa, inserção e exclusão com B^+-trees. O Algoritmo 17.2 esboça o procedimento usando a B^+-tree como estrutura de acesso para pesquisar um registro. O Algoritmo 17.3 ilustra o procedimento para inserir um registro em um arquivo com uma estrutura de acesso de B^+-tree. Esses algoritmos consideram a existência de um campo de pesquisa de chave, e eles devem ser devidamente modificados para o caso de uma B^+-tree em um campo não chave. Ilustramos a inserção e a exclusão com um exemplo.

Algoritmo 17.2. Pesquisando um registro com o valor do campo de chave de pesquisa *K*, usando uma B^+-tree

```
n ← bloco contendo nó raiz da B+-tree;
lê bloco n;
enquanto (n não é um nó folha da B+-tree) faça
    início
    q ← número de ponteiros de árvore no nó n;
    se K ≤ n.K_1 (*n.K_i refere-se ao i-ésimo valor de campo de pesquisa no nó n*)
        então n ← n.P_1 (*n.P_i refere-se ao i-ésimo ponteiro de árvore no nó n*)
        senão se K > n.K_{q−1}
            então n ← n.P_q
        senão início
                procura no nó n uma entrada i tal que n.K_{i−1} < K ≤n.K_i;
                    n ← n.P_i
                fim;
    lê bloco n
    fim;
procura no bloco n uma entrada (K_i, Pr_i) com K = K_i; (* procura nó folha *)
se encontrado
    então lê bloco do arquivo de dados com endereço Pr_i e recupera registro
    senão o registro com valor do campo de pesquisa K não está no arquivo
        de dados;
```

Algoritmo 17.3. Inserindo um registro com valor do campo de chave de pesquisa *K* em uma B^+-tree de ordem *p*

```
n ← bloco contendo nó raiz da B+-tree;
lê bloco n; define pilha S como vazia;
enquanto (n não é nó folha da B+-tree) faça
    início
    coloca endereço de n na pilha S;
        (*pilha S mantém nós pai que são necessários no caso de divisão*)
    q ← número de ponteiros de árvore no nó n;
    se K ≤n.K_1 (*n.K_i refere-se ao i-ésimo valor do campo de pesquisa no nó n*)
        então n ← n.P_1 (*n.P_i refere-se ao i-ésimo ponteiro de árvore no nó n*)
        senão se K > n.K_{q−1}
            então n ← n.P_q
            senão início
```

```
                procura no nó n uma entrada i tal que n.K_{i–1} < K ≤n.K_i;
                n ← n.P_i
                fim;
            lê bloco n
        fim;
    procura no bloco n uma entrada (K_i,Pr_i) com K = K_i; (*procura nó folha n*)
    se encontrado
        então registro já no arquivo; não pode inserir
        senão (*insere registro na B+-tree para apontar para registro*)
            início
            cria entrada (K, Pr) em que Pr aponta para o novo registro;
            se nó folha n não está cheio
                então insere entrada (K, Pr) na posição correta no nó folha n
                senão início (*nó folha n está cheio com ponteiros de registro p_folha;
                    é dividido*)
                    copia n para temp (*temp é um nó folha maior para manter
                        entradas extras*);
                    insere entrada (K, Pr) em temp na posição correta;
                    (*temp agora mantém p_folha + 1 entradas na forma (K_i, Pr_i)*)
                    new ← um novo nó folha vazio para a árvore; new.P_próximo ←
                        n.P_próximo;
                    j ← ⌈(p_folha + 1)/2⌉ ;
                    n ← primeiras j entradas em temp (até entrada (K_j, Pr_j));
                        n.P_próximo ← new;
    new ← entradas restantes em temp; K ← K_j ;
    (*agora temos de mover (K, new) e inserir no nó interno pai;
        porém, se o pai estiver cheio, a divisão pode se propagar*)
    terminado ← false;
    repita
    se pilha S está vazia
        então (*nenhum nó pai; novo nó raiz é criado para a árvore*)
            início
            root ← um novo nó interno vazio para a árvore;
            root ← <n, K, new>; terminado ← true;
            fim
        senão início
            n ← remove da pilha S;
            se nó interno n não está cheio
                então
                    início (*nó pai não cheio; não divide*)
                    insere (K, new) na posição correta no nó interno n;
                    terminado ← true
                    fim
                senão início (*nó interno n está cheio com ponteiros de árvore p;
                    condição de overflow; nó é dividido*)
                copia n para temp (*temp é um nó interno maior*);
                insere (K, new) em temp na posição correta;
                (*temp agora tem p + 1 ponteiros de árvore*)
                new ← um novo nó interno vazio para a árvore;
                j ← ⌊((p + 1)/2⌋ ;
                n ← entradas até o ponteiro de árvore P_j em temp;
                (*n contém <P_1, K_1, P_2, K_2, ..., P_{j–1}, K_{j–1}, P_j >*)
```

```
            new ← entradas até o ponteiro de árvore P_{j+1} em temp;
            (*new contém < P_{j+1}, K_{j+1}, ..., K_{p−1}, P_p, K_p, P_{p+1} >*)
            K ← K_j
            (*agora temos de mover (K, new) e inserir no nó interno pai*)
            fim
        fim
    até terminado
    fim;
fim;
```

A Figura 17.12 ilustra a inserção de registros em uma B⁺-tree de ordem $p = 3$ e $p_{folha} = 2$. Primeiro, observamos que a raiz é o único nó na árvore, de modo que também é um nó folha. Assim que mais de um nível é criado, a árvore é dividida em

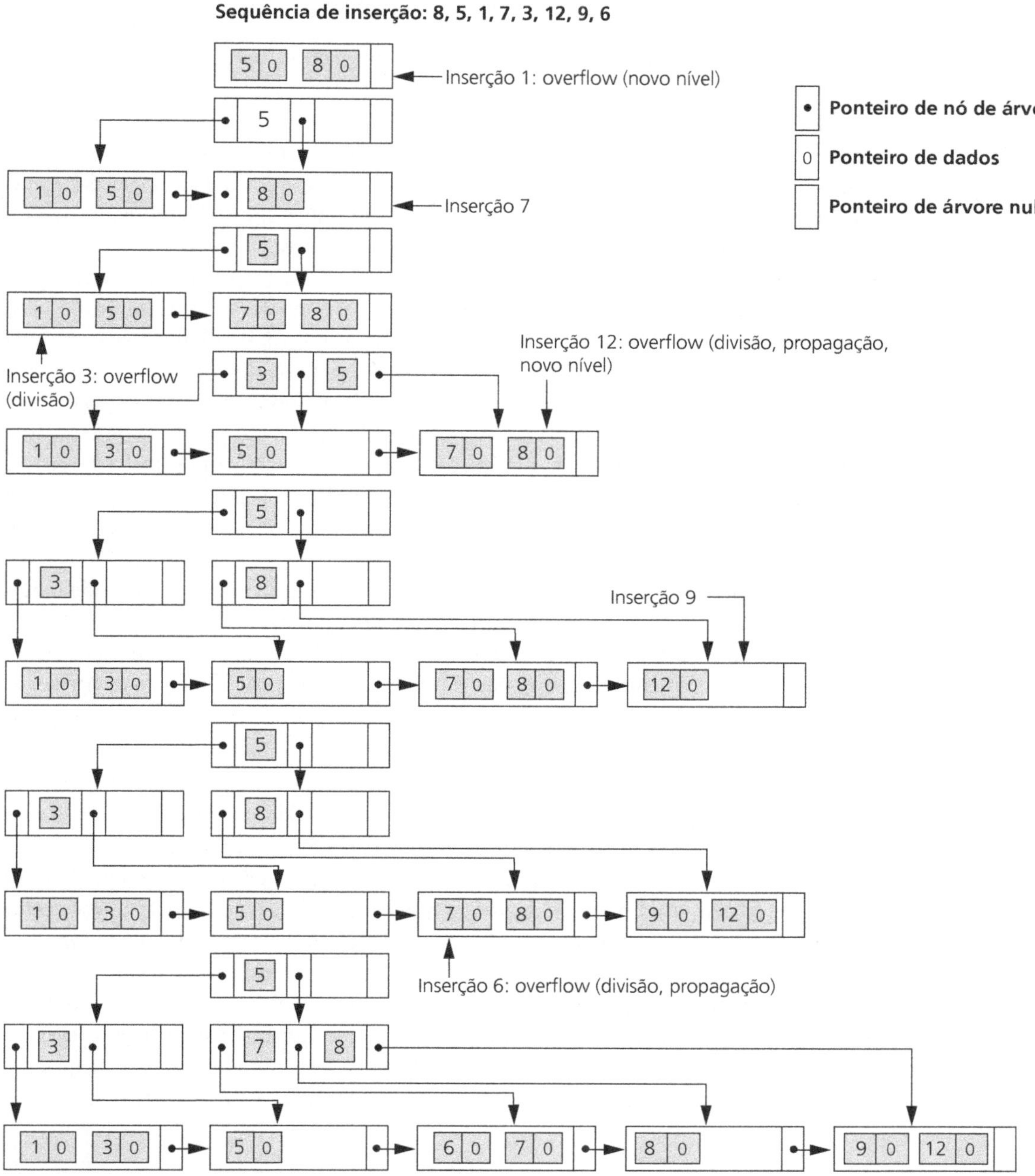

Sequência de inserção: 8, 5, 1, 7, 3, 12, 9, 6

Inserção 1: overflow (novo nível)

Inserção 7

Inserção 3: overflow (divisão)

Inserção 12: overflow (divisão, propagação, novo nível)

Inserção 9

Inserção 6: overflow (divisão, propagação)

- **Ponteiro de nó de árvore**
- 0 **Ponteiro de dados**
- **Ponteiro de árvore nulo**

Figura 17.12 Exemplo de uma inserção em uma B⁺-tree com $p = 3$ e $p_{folha} = 2$.

nós internos e nós folha. Observe que *cada valor de chave precisa existir no nível de folha*, pois todos os ponteiros de dados estão no nível de folha. Contudo, somente alguns valores existem nos nós internos para guiar a pesquisa. Observe também que cada valor que aparece em um nó interno também aparece como *o valor mais à direita* no nível de folha da subárvore apontada pelo ponteiro de árvore à esquerda do valor.

Quando um *nó folha* está cheio e uma nova entrada é inserida lá, ele *estoura* e precisa ser dividido. As primeiras entradas $j = \lceil((p_{\text{folha}} + 1)/2)\rceil$ no nó original são mantidas lá, e as entradas restantes são movidas para um novo nó folha. O j-ésimo valor de pesquisa é replicado no nó interno pai, e um ponteiro extra para o novo nó é criado no pai. Estes precisam ser inseridos no nó pai em sua sequência correta. Se o nó interno pai estiver cheio, o novo valor fará que ele estoure também, de modo que precisará ser dividido. As entradas no nó interno até P_j — o j-ésimo ponteiro de árvore após inserir o novo valor e ponteiro, em que $j = \lfloor((p + 1)/2)\rfloor$ — são mantidas, ao passo que o j-ésimo valor de pesquisa é movido para o pai, não replicado. Um novo nó interno manterá as entradas de P_{j+1} para o final das entradas no nó (ver Algoritmo 17.3). Essa divisão pode se propagar para cima até criar um novo nó raiz e, portanto, um novo nível para a B⁺-tree.

A Figura 17.13 ilustra a exclusão de uma B⁺-tree. Quando uma entrada é excluída, ela sempre é removida do nível folha. Se ocorrer em um nó interno, ela também precisa ser removida de lá. No último caso, o valor à sua esquerda no nó folha precisa substituí-lo no nó interno, pois esse valor agora é a entrada mais à direita na subárvore. A exclusão pode causar **underflow**, reduzindo o número de entradas no nó folha abaixo do mínimo exigido. Nesse caso, tentamos encontrar um nó folha irmão — um nó folha diretamente à esquerda ou à direita do nó com underflow — e redistribuir as entradas entre o nó e seu **irmão**, de modo que ambos estejam pelo menos cheios pela metade; caso contrário, o nó é mesclado com seus irmãos e o número de nós folha é reduzido. Um método comum é tentar **redistribuir** entradas com o irmão da esquerda; se isso não for possível, é feita uma tentativa para redistribuir com o irmão da direita. Se isso também não for possível, os três nós são mesclados em dois nós folha. Nesse caso, o underflow pode se propagar para nós **internos**, porque são necessários menos ponteiro de árvore e valor de pesquisa. Isso pode propagar e reduzir os níveis da árvore.

Observe que a implementação dos algoritmos de inserção e exclusão pode exigir ponteiros pai e irmão para cada nó, ou o uso de uma pilha, como no Algoritmo 17.3. Cada nó também deve incluir o número de entradas nele e seu tipo (folha ou interno). Uma alternativa é implementar a inserção e a exclusão como procedimentos recursivos.[13]

Variações das B-trees e B⁺-trees. Para concluir esta seção, mencionamos rapidamente algumas variações das B-trees e B⁺-trees. Em alguns casos, a restrição 5 na B-tree (ou para os nós internos da B⁺-tree, exceto o nó raiz), que exige que cada nó esteja cheio pelo menos pela metade, pode ser alterada para exigir que cada nó esteja pelo menos dois terços cheio. Nesse caso, a B-tree é chamada de **B*-tree.** Em geral, alguns sistemas permitem que o usuário escolha um **fator de preenchimento** entre 0,5 e 1,0, no qual o último significa que os nós da B-tree (índice) devem estar completamente cheios. Também é possível especificar dois fatores de preenchimento para uma B⁺-tree: um para o nível folha e um para os nós internos da árvore. Quando o índice é construído inicialmente, cada nó é preenchido até aproximadamente os fatores de preenchimento especificados. Alguns pesquisadores sugeriram relaxar o requisito de que um nó esteja cheio pela metade, e, em vez disso, permitir que um nó se torne completamente vazio antes da mesclagem, para simplificar o algoritmo

[13] Para obter mais detalhes sobre algoritmos de inserção e exclusão para B⁺-trees, consulte Ramakrishnan e Gehrke (2003).

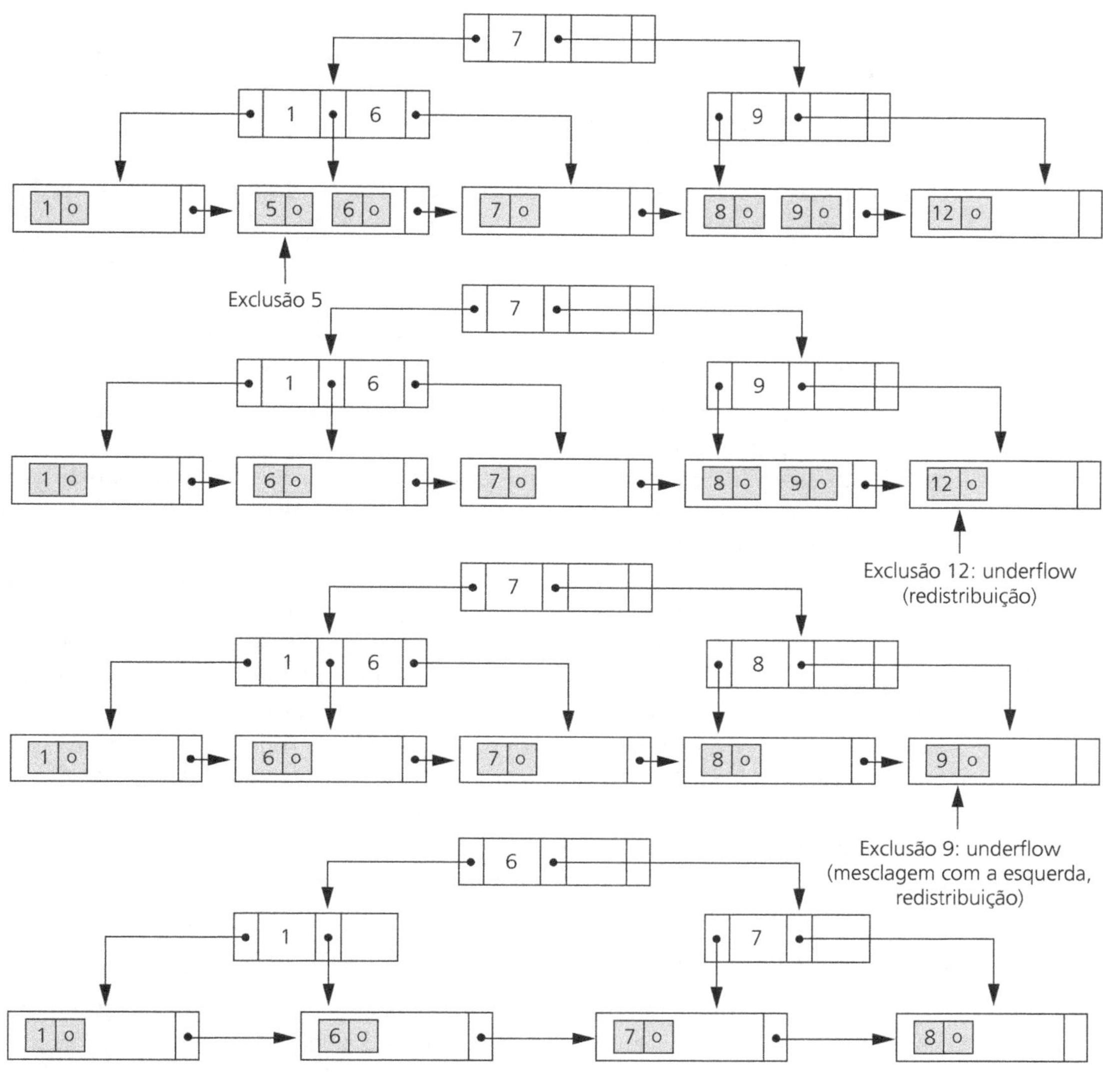

Figura 17.13 Um exemplo de exclusão de uma B⁺-tree.

de exclusão. Estudos de simulação mostram que isso não desperdiça muito espaço adicional sob inserções e exclusões distribuídas aleatoriamente.

17.4 Índices em múltiplas chaves

Em nossa discussão até aqui, consideramos que as chaves primária ou secundária nas quais os arquivos eram acessados eram atributos (campos) únicos. Em muitas solicitações de recuperação e atualização, vários atributos estão envolvidos. Se certa combinação de atributos for usada com frequência, é vantajoso configurar uma estrutura de acesso para oferecer acesso eficaz por um valor de chave que é uma combinação desses atributos.

Por exemplo, considere um arquivo FUNCIONARIO com os atributos Numero_departamento (número de departamento), Idade, Endereco, Cidade, Cep, Salario e Codigo_cargo, com a chave Cpf (número do Cadastro de Pessoa Física). Considere a consulta: *listar os funcionários no departamento número 4 cuja idade é 59*. Observe que tanto Numero_departamento quanto Idade são atributos não chave, o que significa que um valor de pesquisa para um deles apontará para vários registros. As estratégias de pesquisa alternativas a seguir podem ser consideradas:

1. Supondo que Numero_departamento tenha um índice, mas Idade não, acesse os registros com Numero_departamento = 4 usando o índice, e depois selecione entre eles os registros que satisfazem Idade = 59.
2. Como alternativa, se Idade for indexada, mas Numero_departamento não, acesse os registros com Idade = 59 usando o índice, e depois selecione entre eles aqueles registros que satisfazem Numero_departamento = 4.
3. Se os índices tiverem sido criados sobre Numero_departamento e Idade, os dois índices podem ser usados; cada um dá um conjunto de registros ou um conjunto de ponteiros (para blocos ou registros). Uma interseção desses conjuntos de registros ou ponteiros gera os registros ou ponteiros que satisfazem ambas as condições.

Todas essas alternativas por fim geram o resultado correto. Contudo, se o conjunto de registros que atendem a cada condição (Numero_departamento = 4 ou Idade = 59) individualmente for grande, embora apenas alguns registros satisfaçam a condição combinada, então nenhuma das técnicas anteriores é eficiente para a solicitação de pesquisa indicada. Observe também que consultas como "descubra a idade mínima e máxima entre todos os funcionários" podem ser respondidas simplesmente usando o índice sobre Idade, sem ir ao arquivo de dados. No entanto, descobrir a idade máxima ou mínima dentro do Numero_departamentno = 4 não poderia ser respondido pelo simples processamento do índice apenas. Além disso, a listagem dos departamentos em que trabalham funcionários com Idade = 59 também não será possível apenas com o processamento de índices. Existem diversas possibilidades para tratar da combinação <Numero_departamento, Idade> ou <Idade, Numero_departamento> como uma chave de pesquisa composta de vários atributos. Esboçaremos essas técnicas rapidamente nas próximas seções. Vamos nos referir às chaves que contêm múltiplos atributos como **chaves compostas**.

17.4.1 Índice ordenado sobre múltiplos atributos

Toda a discussão até aqui neste capítulo se aplica se criarmos um índice em um campo de chave que é uma combinação de <Numero_departamento, Idade>. A chave de pesquisa é um par de valores <4, 59> no exemplo dado. Em geral, se um índice for criado nos atributos $<A_1, A_2, ..., A_n>$, os valores de chave de pesquisa são tuplas com n valores: $<v_1, v_2, ..., v_n>$.

Uma ordenação lexicográfica desses valores de tupla estabelece uma ordem sobre essa chave de pesquisa composta. Para nosso exemplo, todas as chaves de departamento para o departamento número 3 precedem aquelas para o departamento número 4. Assim, $<3, n>$ precede $<4, m>$ para quaisquer valores de m e n. A ordem de chave crescente para as chaves com Numero_departamento = 4 seria <4, 18>, <4, 19>, <4, 20>, e assim por diante. A ordenação lexicográfica funciona de modo semelhante à ordenação de cadeias (*strings*) de caracteres. Um índice em uma chave composta de n atributos funciona de modo semelhante a qualquer índice discutido até aqui neste capítulo.

17.4.2 Hashing particionado

O hashing particionado é uma extensão do hashing externo estático (Seção 16.8.2), que permite o acesso sobre múltiplas chaves. Ele é adequado apenas para comparações de igualdade; consultas por intervalo não são admitidas. No hashing particionado, para uma chave consistindo em n componentes, a função de hash é elaborada para produzir um resultado com n endereços de hash separados. O endereço do bucket é uma concatenação desses n endereços. Então, é possível procurar a chave de pesquisa composta exigida ao examinar os buckets apropriados, que correspondem às partes do endereço em que estamos interessados.

Por exemplo, considere a chave de pesquisa composta <Numero_departamento, Idade>. Se Numero_departamento e Idade são um hash para um endereço de 3 bits e 5 bits, respectivamente, obtemos um endereço de bucket de 8 bits. Suponha que Numero_departamento = 4 tenha um endereço de hash '100' e Idade = 59 tenha endereço de hash '10101'. Então, para procurar o valor de pesquisa combinado, Numero_departamento = 4 e Idade = 59, temos de ir ao endereço de bucket 100 10101; só para procurar todos os funcionários com Idade = 59, serão pesquisados todos os buckets (oito deles) cujos endereços são '000 10101', '001 10101', ..., e assim por diante. Uma vantagem do hashing particionado é que ele pode ser facilmente estendido para qualquer número de atributos. Os endereços de bucket podem ser atribuídos de modo que os bits de alta ordem nos endereços correspondam a atributos acessados mais frequentemente. Além disso, nenhuma estrutura de acesso separada precisa ser mantida para os atributos individuais. A principal desvantagem do hashing particionado é que ele não pode lidar com consultas de intervalo sobre qualquer um dos atributos componentes. Além disso, a maioria das funções de hash não mantém registros em ordem da chave com hashing. Logo, o acesso aos registros na ordem lexicográfica por uma combinação de atributos como <Numero_departamento, Idade> usada como chave não seria simples ou eficiente.

17.4.3 Arquivos de grade

Uma alternativa é organizar o arquivo FUNCIONARIO como um arquivo de grade. Se quisermos acessar um arquivo sobre duas chaves, digamos, Numero_departamento e Idade, como em nosso exemplo, podemos construir um vetor de grade com uma escala (ou dimensão) linear para cada um dos atributos de pesquisa. A Figura 17.14 mostra um vetor de grade para o arquivo FUNCIONARIO com uma escala linear para Numero_departamento e outra para o atributo Idade. As escalas são feitas de modo a alcançar uma distribuição uniforme desse atributo. Assim, em nosso exemplo, mostramos que a escala linear para Numero_departamento tem Numero_departamento = 1, 2 combinado como um valor 0 na escala, enquanto Numero_departamento = 5 corresponde ao valor 2 nessa escala. De modo semelhante, Idade é dividido em sua escala de 0 a 5 ao agrupar idades de modo a distribuir os funcionários uniformemente por idade. O vetor de grade mostrado para esse arquivo tem um total de 36 células. Cada célula aponta para algum endereço de bucket em que os registros correspondentes a essa célula estão armazenados. A Figura 17.14 também mostra a atribuição de células a buckets (apenas de maneira parcial).

Assim, nossa solicitação para Numero_departamento = 4 e Idade = 59 é mapeada para a célula (1, 5) correspondente ao vetor de grade. Os registros para essa combinação serão encontrados no bucket correspondente. Esse método é particularmente útil para consultas de intervalo que seriam mapeadas para um conjunto de células correspondente a um grupo de valores ao longo de escalas lineares. Se uma consulta de intervalo corresponde a uma combinação em algumas das células de grade, ela pode ser processada acessando exatamente os buckets para essas células de grade. Por exemplo, uma consulta para Numero_departamento ≤ 5 e Idade > 40 refere-se aos dados no bucket do topo mostrado na Figura 17.14.

O conceito de arquivo de grade pode ser aplicado a qualquer quantidade de chaves de pesquisa. Por exemplo, para n chaves de pesquisa, o vetor de grade teria n dimensões. O vetor de grade, assim, permite um particionamento do arquivo ao longo das dimensões

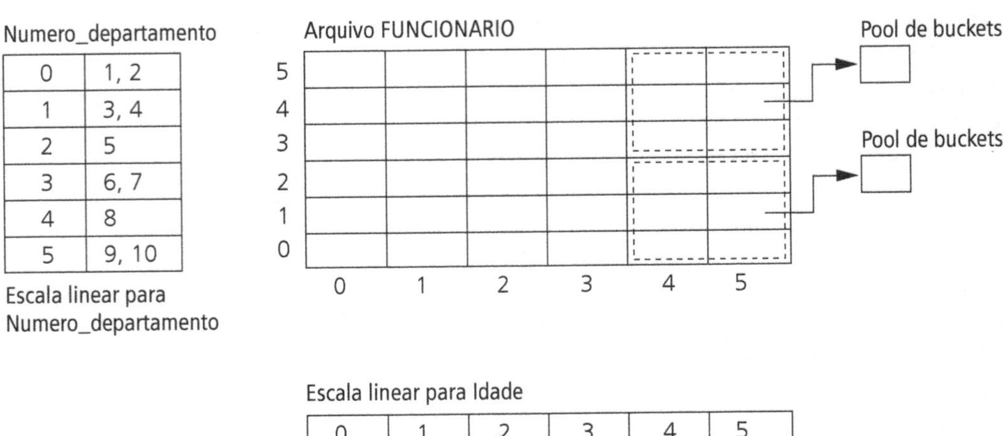

Figura 17.14 Exemplo de um vetor de grade nos atributos Numero_departamento e Idade.

dos atributos de chave e oferece um acesso por combinações de valores ao longo dessas dimensões. Os arquivos de grade funcionam bem em relação à redução no tempo para o acesso com múltiplas chaves. Contudo, eles representam um overhead de espaço em matéria de estrutura de vetor de grade. Além disso, com arquivos dinâmicos, uma reorganização frequente do arquivo aumenta o custo de manutenção.[14]

17.5 Outros tipos de índices

17.5.1 Índices de hash

Também é possível criar estruturas de acesso semelhantes aos índices baseados no *hashing*. O **índice de hash** é uma estrutura secundária para acessar o arquivo usando hashing em uma chave de pesquisa diferente da usada para a organização do arquivo de dados primário. As entradas de índice são do tipo <*K*, *Pr*> ou <*K*, *P*>, em que *Pr* é um ponteiro para o registro que contém a chave, ou *P* é um ponteiro para o bloco que contém o registro para essa chave. O arquivo de índice com essas entradas pode ser organizado como um arquivo de hash dinamicamente expansível, usando uma das técnicas descritas na Seção 16.8.3; a pesquisa por uma entrada usa o algoritmo de pesquisa de hash em *K*. Quando uma entrada é localizada, o ponteiro *Pr* (ou *P*) é utilizado para localizar o registro correspondente no arquivo de dados. A Figura 17.15 ilustra um índice de hash no campo Codigo_funcionario para um arquivo armazenado como um arquivo sequencial, ordenado por Nome. O Codigo_funcionario passa pelo hashing para obter um número de bucket usando a função de hashing: a soma dos dígitos de Codigo_funcionario módulo 10. Por exemplo, para encontrar o Codigo_funcionario 51024, a função de hash resulta no número de bucket 2; esse bucket é acessado primeiro. Ele contém a entrada de índice < 51024, *Pr* >; o ponteiro *Pr* nos leva ao registro real no arquivo. Em uma aplicação prática, pode haver milhares de buckets; o número do bucket, que pode ter vários bits de extensão, estaria sujeito aos esquemas de diretório discutidos no contexto do hashing dinâmico, na Seção 16.8.3. Outras estruturas de pesquisa também podem ser usadas como índices.

[14] Algoritmos de inserção/exclusão para arquivos de grade podem ser encontrados em Nievergelt et al. (1984).

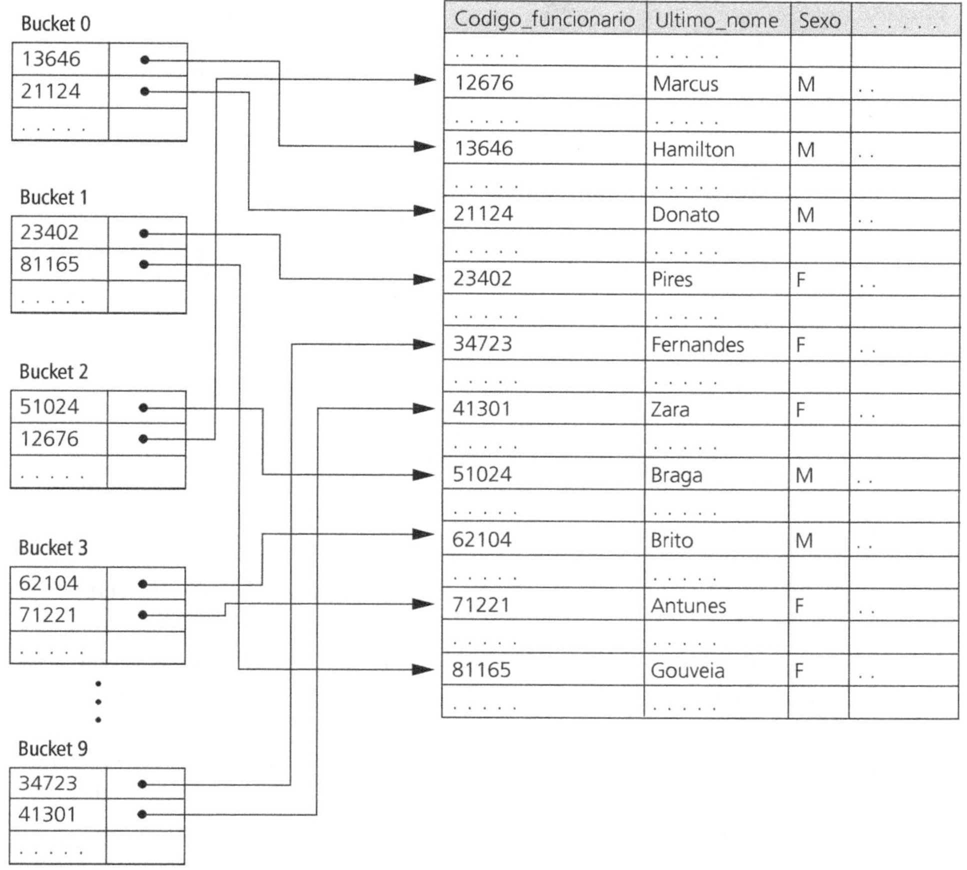

Figura 17.15 Indexação baseada em hash.

17.5.2 Índices bitmap

O **índice bitmap** é outra estrutura de dados popular que facilita a consulta sobre múltiplas chaves. A indexação bitmap é usada para relações que contêm um grande número de linhas. Ela cria um índice para uma ou mais colunas, e cada valor ou intervalo de valores nessas colunas é indexado. Normalmente, um índice bitmap é criado para as colunas que contêm um número muito pequeno de valores únicos. Para criar um índice bitmap sobre um conjunto de registros em uma relação, os registros precisam ser numerados de 0 a *n* com um id (um id de registro ou um id de linha) que pode ser mapeado para um endereço físico composto de um número de bloco e um deslocamento de registro dentro desse bloco.

Um índice bitmap é criado sobre **um valor específico** de um campo em particular (a coluna em uma relação) e é apenas um vetor de bits. Assim, para determinado campo, existe um índice bitmap (ou vetor) separado e mantido, correspondente a cada valor único no banco de dados. Considere um índice bitmap para a coluna *C* e um valor *V* para essa coluna. Para uma relação com *n* linhas, ele contém *n* bits. O *i*-ésimo bit é definido como 1 se a linha *i* tiver o valor *V* para a coluna *C*; caso contrário, ele é definido como 0. Se C contiver o conjunto de valores $<v_1, v_2, ..., v_m>$ com *m* valores distintos, então *m* índices bitmap seriam criados para essa coluna. A Figura 17.16 mostra a relação FUNCIONARIO com colunas Codigo_funcionario, Ultimo_nome, Sexo, Cep e Faixa_salarial (com apenas oito linhas por ilustração) e um índice bitmap para as colunas Sexo e Cep. Como exemplo, se o bitmap para Sexo = F, os bits para Id_linha 1, 3, 4 e 7 são definidos como 1, e o restante dos bits é definido como 0, os índices bitmap poderiam ter as seguintes aplicações de consulta:

FUNCIONARIO

Id_linha	Codigo_funcionario	Ultimo_nome	Sexo	Cep	Faixa_salarial
0	51024	Braga	M	09404011	..
1	23402	Pires	F	03002211	..
2	62104	Brito	M	01904611	..
3	34723	Fernandes	F	03002211	..
4	81165	Gouveia	F	01904611	..
5	13646	Hamilton	M	01904611	..
6	12676	Marcus	M	03002211	..
7	41301	Zara	F	09404011	..

Índice bitmap para Sexo

M	F
10100110	01011001

Índice bitmap para Cep

Cep 01904611	Cep 03002211	Cep 09404011
00101100	01010010	10000001

Figura 17.16 Índices bitmap para Sexo e Cep.

- Para a consulta $C_1 = V_1$, o bitmap correspondente para o valor V_1 retorna os Id_linha contendo as linhas que qualificam.
- Para a consulta $C_1 = V_1$ e $C_2 = V_2$ (uma solicitação de pesquisa de múltiplas chaves), os dois bitmaps correspondentes são recuperados e passam por uma interseção (AND lógico) para gerar o conjunto de Id_linhas que qualificam. Em geral, *k* vetores de bits podem passar por interseção para lidar com *k* condições de igualdade. Condições AND-OR complexas também podem ser admitidas usando a indexação bitmap.
  - Para a consulta $C_1 = V_1$ ou $C_2 = V_2$ ou $C_3 = V_3$ (uma solicitação de pesquisa de múltiplas chaves), os três bitmaps correspondentes para três atributos diferentes são recuperados e unidos (OR lógico) para gerar o conjunto de Id_linhas que qualificam.
- Para recuperar uma contagem das linhas que se qualificam para a condição $C_1 = V_1$, as entradas '1' no vetor de bits correspondente são contadas.
- As consultas com negação, como $C_1 \neg = V_1$, podem ser tratadas ao aplicar-se a operação de *complemento* booleano sobre o bitmap correspondente.

Considere o exemplo de relação FUNCIONARIO da Figura 17.16 com índices bitmap Sexo e Cep. Para encontrar funcionários com Sexo = F e Cep = 03002211, realizamos a interseção dos bitmaps '01011001' e '01010010', resultando nos Id_linhas 1 e 3. Os funcionários que não moram no Cep = 09404011 são obtidos pelo complemento do vetor de bits '10000001', produzindo Id_linhas de 1 a 6. Em geral, se considerarmos a distribuição uniforme dos valores para determinada coluna, e se uma coluna tiver cinco valores distintos e outra tiver dez valores distintos, a condição de junção nessas duas pode ser considerada como tendo uma seletividade de 1/50 (=1/5 * 1/10). Logo, cerca de 2% desses registros realmente teriam de ser recuperados. Se uma coluna tem apenas alguns valores, como a coluna Sexo na Figura 17.16, a recuperação da condição Sexo = M na média recuperaria 50% das linhas; nesses casos, é melhor realizar uma varredura completa, em vez de usar a indexação bitmap.

Em geral, os índices bitmap são eficientes em relação ao espaço de armazenamento de que eles precisam. Se considerarmos um arquivo de 1 milhão de linhas (registros) com tamanho de registro de 100 bytes por linha, cada índice bitmap ocuparia apenas um bit por linha e, portanto, usaria 1 milhão de bits ou 125 Kbytes. Suponha que essa relação seja para um milhão de residentes de um estado, e eles estejam espalhados por 200 Ceps. Os 200 bitmaps em Ceps contribuem com 200 bits (ou 25 bytes) de espaço por linha; logo, os 200 bitmaps ocupam apenas 25% do espaço ocupado pelo arquivo de dados. Eles permitem uma recuperação exata de todos os residentes que moram em determinado Cep produzindo suas Id_linhas.

Quando registros são excluídos, a renumeração de linhas e o deslocamento de bits nos bitmaps tornam-se dispendiosos. Outro bitmap, chamado **bitmap de existência,** pode ser usado para evitar esse gasto. Esse bitmap tem um bit 0 para as linhas que foram excluídas mas ainda estão fisicamente presentes, e um bit 1 para as linhas que realmente existem. Sempre que uma linha for inserida na relação, uma entrada precisa ser criada em todos os bitmaps de todas as colunas que têm um índice bitmap; as linhas costumam ser acrescentadas à relação ou podem substituir as linhas excluídas para minimizar o impacto sobre a reorganização dos bitmaps. Esse processo representa um overhead de indexação.

Vetores de bits grandes são manipulados tratando-os como uma série de vetores de 32 ou 64 bits, e operadores AND, OR e NOT correspondentes são usados com base no conjunto de instruções para lidar com vetores de entrada de 32 ou 64 bits em uma única instrução. Isso torna as operações com vetor de bits computacionalmente muito eficientes.

Bitmaps para nós folha de B$^+$-tree. Os bitmaps podem ser usados nos nós folha dos índices de B$^+$-tree, bem como para apontar para o conjunto de registros que contêm cada valor específico do campo indexado no nó folha. Quando a B$^+$-tree está embutida em um campo de pesquisa não chave, o registro de folha precisa conter uma lista de ponteiros de registro ao longo de cada valor do atributo indexado. Para valores que ocorrem com muita frequência, ou seja, em uma grande porcentagem da relação, um índice bitmap pode ser armazenado em vez dos ponteiros. Como exemplo, para uma relação com n linhas, suponha que um valor ocorra em 10% dos registros de arquivo. Um vetor de bits teria n bits, com o bit '1' para as Id_linhas que contêm esse valor de pesquisa, que é $n/8$ ou $0{,}125n$ bytes em tamanho. Se o ponteiro de registro ocupar 4 bytes (32 bits), então os $n/10$ ponteiros de registro ocupariam $4 * n/10$ ou $0{,}4n$ bytes. Como $0{,}4n$ é mais de três vezes maior que $0{,}125n$, é melhor armazenar o índice bitmap no lugar de ponteiros de registro. Logo, para valores de pesquisa que ocorrem com mais frequência que certa razão (neste caso, seria 1/32), é benéfico usar bitmaps como um mecanismo de armazenamento compactado para representar os ponteiros de registro em B$^+$-trees que indexam um campo não chave.

17.5.3 Indexação baseada em função

Nesta seção, discutimos um novo tipo de indexação, chamado **indexação baseada em função**, que foi introduzida no SGBD relacional Oracle, bem como em alguns outros produtos comerciais.[15]

A ideia por trás da indexação baseada em função é criar um índice tal que o valor que resulta da aplicação de alguma função em um campo ou uma coleção de campos torna-se a chave para o índice. Os exemplos a seguir mostram como criar e usar índices com base em função.

Exemplo 1. A instrução a seguir cria um índice baseado em função sobre a tabela FUNCIONARIO com base em uma representação em maiúscula da coluna Ultimo_nome, que pode ser inserida de muitas maneiras, mas é sempre consultada por sua representação em maiúscula.

```
CREATE INDEX idx_maiusc ON Funcionario (UPPER(Ultimo_nome));
```

[15] Rafi Ahmed contribuiu com a maior parte desta seção.

Essa instrução criará um índice com base na função UPPER(Ultimo_nome), que retorna o sobrenome em letras maiúsculas; por exemplo, UPPER('Silva') retornará 'SILVA'.

Os índices baseados em função garantem que o sistema Oracle Database usará o índice em vez de realizar uma varredura completa da tabela, mesmo quando uma função é usada no predicado de pesquisa de uma consulta. Por exemplo, a consulta a seguir usará o índice:

```
SELECT Primeiro_nome, Ultimo_nome
FROM Funcionario
WHERE UPPER(Ultimo_nome)= 'SILVA'.
```

Sem o índice baseado em função, um Oracle Database poderia realizar uma varredura completa da tabela, pois um índice de B+-tree só é pesquisado pelo uso direto do valor da coluna; o uso de qualquer função em uma coluna impede que tal índice seja utilizado.

Exemplo 2. Neste exemplo, a tabela FUNCIONARIO supostamente contém dois campos — salario e porc_comissao (porcentagem de comissão) — e um índice está sendo criado sobre a soma de salario e a comissão com base na porc_comissao.

```
CREATE INDEX idx_renda
ON Funcionario(Salario + (Salario*porc_comissao));
```

A consulta a seguir usa o índice Idx_renda, embora os campos salario e porc_comissao estejam ocorrendo na ordem contrária na consulta em comparação com a definição do índice.

```
SELECT Primeiro_nome, Ultimo_nome
FROM Funcionario
WHERE ((Salario*porc_commissao) + Salario ) > 15000;
```

Exemplo 3. Este é um exemplo mais avançado do uso da indexação baseada em função para definir a exclusividade condicional. A instrução a seguir cria um índice único com base em função na tabela PEDIDOS, que impede que um cliente tire proveito de um código de promoção mais de uma vez. Ele cria um índice composto nos campos Codigo_cliente e Codigo_promocao juntos, e só permite uma entrada no índice para determinado Codigo_cliente com Codigo_promocao de '2', declarando-o como um índice único.

```
CREATE UNIQUE INDEX idx_promocao ON Pedidos
( CASE WHEN Codigo_promocao = 2 THEN Codigo_cliente ELSE NULL END,
CASE WHEN Codigo_promocao = 2 THEN Codigo_promocao ELSE NULL END);
```

Observe que, usando a instrução CASE, o objetivo é remover do índice quaisquer linhas em que Codigo_promocao não seja igual a 2. O Oracle Database não armazena no índice da B+-tree quaisquer linhas em que todas as chaves são NULL. Portanto, neste exemplo, mapeamos tanto Codigo_cliente quanto Codigo_promocao para NULL, a menos que Codigo_promocao seja igual a 2. O resultado é que a restrição de índice é violada somente se Codigo_promocao for igual a 2, para duas (tentativas de inserção de) linhas com o mesmo valor de Codigo_cliente.

17.6 Algumas questões gerais referentes à indexação

17.6.1 *Índices lógicos* versus *físicos*

Na discussão anterior, consideramos que as entradas de índice <*K*, *Pr*> (ou <*K*, *P*>) sempre incluem um ponteiro físico *Pr* (ou *P*) que especifica o endereço do registro físico no disco como um número de bloco e deslocamento. Este, às vezes, é chamado de **índice físico**, e tem a desvantagem de o ponteiro precisar ser mudado se o registro for movimentado para outro local no disco. Por exemplo, suponha que uma organização de arquivo primária seja fundamentada no hashing linear ou no hashing extensível. Então, toda vez que um bucket for dividido, alguns registros serão alocados para novos buckets e, portanto, terão novos endereços físicos. Se houvesse um índice secundário no arquivo, os ponteiros para esses registros teriam de ser localizados e atualizados, o que é uma tarefa difícil.

Para solucionar essa situação, podemos usar uma estrutura chamada **índice lógico**, cujas entradas de índice têm a forma $<K, K_p>$. Cada entrada tem um valor K para algum campo de índice secundário combinado com o valor K_p do campo usado para a organização do arquivo primário. Ao pesquisar o índice secundário sobre o valor de K, um programa pode localizar o valor correspondente de K_p e usá-lo para acessar o registro pela organização do arquivo primário, usando um índice primário, se houver. Os índices lógicos, assim, introduzem um nível adicional de indireção entre a estrutura de acesso e os dados. Eles são usados quando se espera que os endereços de registro físicos mudem com frequência. O custo dessa indireção é a pesquisa extra fundamentada na organização do arquivo primário.

17.6.2 Criação de índice

Muitos SGBDs possuem um tipo de comando semelhante para a criação de um índice, embora não faça parte do padrão SQL. O formato geral desse comando é:

```
CREATE [ UNIQUE ] INDEX <nome índice>
ON <nome tabela> ( <nome coluna> [ <ordem> ] { , <nome coluna> [ <ordem> ] } )
[ CLUSTER ] ;
```

As palavras-chave UNIQUE e CLUSTER são opcionais. A palavra-chave CLUSTER é usada quando o índice a ser criado também deve ordenar os registros do arquivo de dados sobre o atributo de indexação. Assim, a especificação de CLUSTER em um atributo de chave (única) criaria alguma variação de um índice primário, ao passo que a especificação de CLUSTER em um atributo não chave (não único) criaria alguma variação de um índice de agrupamento. O valor para <ordem> pode ser ASC (crescente) ou DESC (decrescente), e especifica se o arquivo de dados deverá ser classificado em ordem crescente ou decrescente de valores do atributo de indexação. O default é ASC. Por exemplo, o comando a seguir criaria um índice de agrupamento (crescente) sobre o atributo não chave Numero_departamento do arquivo FUNCIONARIO:

```
CREATE INDEX idx_NumDepartamento
ON FUNCIONARIO (Numero_departamento)
CLUSTER ;
```

Processo de criação de índice: em muitos sistemas, um índice não faz parte integral do arquivo de dados, mas pode ser criado e descartado dinamicamente. É por isso que, em geral, é chamado de uma *estrutura de acesso*. Sempre que esperamos acessar um arquivo com frequência com base em alguma condição de pesquisa envolvendo um campo em particular, podemos solicitar que o SGBD crie um índice sobre esse campo, como vimos no exemplo para o idx_NumDepartamento. Normalmente, um índice secundário é criado para evitar a ordenação física dos registros no arquivo de dados em disco.

A principal vantagem dos índices secundários é que — pelo menos teoricamente — eles podem ser criados com *praticamente qualquer organização de registro primária*. Logo, um índice secundário poderia ser usado para complementar outros métodos de acesso primários, como a ordenação ou o hashing, ou poderia ainda ser utilizado com arquivos mistos. Para criar um índice secundário de B+-tree sobre algum campo de um arquivo, se o arquivo for grande e tiver milhões de registros, nem o arquivo nem o índice caberiam na memória principal. A inserção de um grande número de entradas no índice é feita por um processo chamado **carga em massa** (**bulk loading**) do índice. Temos de percorrer todos os registros no arquivo para criar as entradas no nível de folha da árvore. Essas entradas são então classificadas e preenchidas de acordo com o fator de preenchimento especificado; de maneira simultânea, os outros níveis de índice são criados. É mais dispendioso e muito mais difícil criar índices primários e índices de agrupamento dinamicamente, pois os registros do arquivo de dados precisam ser fisicamente classificados no disco na ordem do campo de indexação. Porém, alguns sistemas permitem que os usuários criem esses índices dinamicamente em seus arquivos classificando o arquivo durante a criação do índice.

Indexação de strings: existem algumas questões que se referem particularmente à indexação de strings (ou cadeias de caracteres). Strings podem ter tamanho variável (por exemplo, o tipo de dado VARCHAR na SQL; ver Capítulo 6) e podem ser muito longas, limitando o fan-out. Se um índice B+-tree tiver de ser criado com uma string sendo a chave de pesquisa, pode haver uma quantidade desigual de chaves por nó de índice, e o fan-out pode variar. Alguns nós podem ser forçados a se dividir quando estiverem cheios, independentemente do número de chaves contidas. A técnica de **compactação de prefixo** alivia essa situação. Em vez de armazenar a string inteira nos nós intermediários, ela armazena apenas o prefixo da chave de pesquisa adequado para distinguir as chaves que estão sendo separadas e direcionadas para a subárvore. Por exemplo, se Ultimo_nome fosse uma chave de pesquisa e estivéssemos procurando por "Navathe", o nó não folha poderia conter "Nac" para Nachamkin e "Nay" para Nayuddin como as duas chaves em ambos os lados do ponteiro da subárvore que precisamos seguir.

17.6.3 Ajuste de índices

A escolha inicial de índices pode precisar ser revisada pelos seguintes motivos:

- Certas consultas podem levar muito tempo para serem executadas, por falta de um índice.
- Certos índices podem nem chegar a ser utilizados.
- Certos índices podem sofrer muita atualização, pois o índice é sobre um atributo que sofre mudanças frequentes.

A maioria dos SGBDs possui um comando ou facilidade de *trace*, que pode ser usado pelo DBA para pedir que o sistema mostre como uma consulta foi executada — que operações foram realizadas em que ordem e quais estruturas de acesso secundárias (índices) foram usadas. Analisando esses *planos de execução* (discutiremos esse termo com mais detalhes no Capítulo 18), é possível diagnosticar as causas desses problemas. Alguns índices podem ser removidos e alguns índices novos podem ser criados com base na análise de ajuste.

O objetivo do ajuste é avaliar dinamicamente os requisitos, que às vezes flutuam sazonalmente ou durante diferentes dias do mês ou da semana, e reorganizar os índices e organizações de arquivo para gerar o melhor desempenho geral. A remoção e a criação de novos índices é um trabalho adicional que pode ser justificado em termos de melhoras de desempenho. A atualização de uma tabela geralmente é suspensa enquanto um índice é removido ou criado; essa perda temporária de serviço deverá ser considerada.

Além de remover ou criar índices e passar de um índice não agrupado para um índice agrupado, e vice-versa, a **recriação do índice** pode melhorar o desempenho.

A maioria dos SGBDRs utiliza B+-trees para um índice. Se houver muitas exclusões sobre a chave de índice, as páginas de índice podem conter espaço desperdiçado, que podem ser reobtidas durante a operação de recriação. De modo semelhante, muitas inserções podem causar overflows em um índice agrupado, o que afeta o desempenho. A criação de um índice agrupado significa reorganizar a tabela inteira ordenada sobre essa chave.

As opções disponíveis para indexação e o modo como são definidas, criadas e reorganizadas variam de um sistema para outro. Como ilustração, considere os índices esparso e denso que discutimos na Seção 17.1. Um índice esparso, como um índice primário, terá um ponteiro de índice para cada página (bloco de disco) no arquivo de dados; um índice denso, como um índice secundário único, terá um ponteiro de índice para cada registro. O Sybase oferece índices de agrupamento como índices esparsos, na forma de B+-trees, enquanto o INGRES oferece índices de agrupamento esparsos, como arquivos ISAM, e índices de agrupamento densos, como B+-trees. Em algumas versões do Oracle e do DB2, a opção de configurar um índice de agrupamento é limitada a um índice denso, e o DBA precisa trabalhar com essa limitação.

17.6.4 Questões adicionais relacionadas ao armazenamento de relações e índices

Usando um índice para gerenciar restrições e duplicatas: é comum usar um índice para impor uma *restrição de chave* sobre um atributo. Enquanto se pesquisa o índice para inserir um novo registro, é fácil verificar ao mesmo tempo se outro registro no arquivo — e, portanto, na árvore de índice — tem o mesmo valor de atributo de chave que o novo registro. Nesse caso, a inserção pode ser rejeitada.

Se um índice for criado em um campo não chave, ocorrem *duplicatas*. O tratamento dessas duplicatas é uma questão com que os vendedores de produtos de SGBD precisam lidar e afeta o armazenamento de dados, bem como a criação e o gerenciamento de índice. Os registros de dados para a chave duplicada podem estar contidos no mesmo bloco ou podem se espalhar por vários blocos, nos quais muitas duplicatas são possíveis. Alguns sistemas acrescentam uma identificação de linha para o registro, de modo que os registros com chaves duplicadas tenham os próprios identificadores exclusivos. Nesses casos, o índice da B+-tree pode considerar uma combinação de <chave, id_linha> como a chave de fato para o índice, transformando-o em um índice exclusivo sem duplicatas. A exclusão de uma chave K de tal índice envolveria a exclusão de todas as ocorrências dessa chave K — daí o algoritmo de exclusão ter de considerar isso.

Nos produtos de SGBD reais, a exclusão de índices da B+-tree também é tratada de diversas maneiras para melhorar o desempenho e os tempos de resposta. Os registros excluídos podem ser marcados como excluídos e as entradas de índice correspondentes também não podem ser removidas até que o processo de coleta de lixo retome o espaço no arquivo de dados; o índice é reconstruído on-line após a coleta de lixo.

Arquivos invertidos e outros métodos de acesso: um arquivo que tem um índice secundário em cada um de seus campos costuma ser chamado de **arquivo totalmente invertido.** Como todos os índices são secundários, novos registros são inseridos ao final do arquivo. Portanto, o próprio arquivo de dados é um arquivo desordenado (heap). Os índices normalmente são implementados como B+-trees, de modo que são atualizados de maneira dinâmica para refletir a inserção ou a exclusão de registros. Alguns SGBDs comerciais, como o Adabas da Software AG, utilizam esse método de modo extensivo.

Citamos a popular organização de arquivos da IBM, chamada ISAM, na Seção 17.2. Outro método da IBM, o **método de acesso de armazenamento virtual** (**VSAM — virtual storage access method**), é semelhante à estrutura de acesso da B^+-tree e ainda está sendo usado em muitos sistemas comerciais.

Usando dicas de indexação em consultas: SGBDs como Oracle possuem uma provisão para permitir sugestões nas consultas, que são alternativas ou indicadores sugeridos para o processador e otimizador de consulta, para agilizar a execução da consulta. Uma forma de dica é chamada dica de indexação; esta sugere o uso de um índice para melhorar a execução de uma consulta. As dicas aparecem como um comentário especial (que é precedido por +) e redefinem todas as decisões do otimizador, mas podem ser ignoradas pelo otimizador se forem inválidas, irrelevantes ou formuladas indevidamente. Não entraremos em uma discussão detalhada sobre dicas de indexação, mas vamos ilustrar isso com um exemplo de consulta.

Por exemplo, para recuperar Cpf, salário e número de departamento para os funcionários que trabalham em departamentos com Numero_departamento menor que 10:

```
SELECT /*+ INDEX (FUNCIONARIO idx_numDepartamento_func) */ Cpf_funciona-
    rio, Salario, Numero_departamento
FROM FUNCIONARIO
WHERE Numero_departamento < 10;
```

Essa consulta inclui uma dica para usar um índice válido chamado idx_numDepartamento_func (que é um índice sobre Numero_departamento na relação FUNCIONARIO).

Armazenamento de relações baseado em coluna: há uma tendência recente em considerar um armazenamento de relações baseado em coluna como uma alternativa ao modo tradicional de armazenar relações linha por linha. Os SGBDs relacionais comerciais têm oferecido a indexação da B^+-tree em chaves primárias e secundárias como um mecanismo eficiente para admitir o acesso aos dados por diversos critérios de pesquisa e a capacidade de gravar uma linha ou um conjunto de linhas em disco de uma só vez, para produzir sistemas otimizados para gravação. Para data warehouses (que serão discutidos no Capítulo 29), bancos de dados somente de leitura, o armazenamento baseado em coluna oferece vantagens em particular para as consultas somente de leitura. Em geral, os SGBDs com armazenamento de coluna consideram o armazenamento de cada coluna de dados individualmente e permitem vantagens de desempenho nas seguintes áreas:

- Particionamento vertical da tabela coluna por coluna, de modo que uma tabela de duas colunas pode ser construída para cada atributo e, portanto, somente as colunas necessárias possam ser acessadas.
- Uso de índices por colunas (semelhante aos índices bitmap discutidos na Seção 17.5.2) e índices de junção em várias tabelas para responder às consultas sem ter de acessar as tabelas de dados.
- Uso de visões materializadas (ver Capítulo 7) para dar suporte a consultas em múltiplas colunas.

O armazenamento de dados por coluna permite a liberdade adicional na criação de índices, como os índices bitmap discutidos anteriormente. A mesma coluna pode estar presente em várias projeções de uma tabela e os índices podem ser criados sobre cada projeção. Para armazenar os valores na mesma coluna, estratégias para compactação de dados, supressão de valor nulo, técnicas de codificação de dicionário (em que valores distintos na coluna recebem códigos mais curtos) e técnicas de codificação run-length têm sido idealizadas. MonetDB/X100, C-Store e Vertica são exemplos desses sistemas. Alguns sistemas populares (como Cassandra, Hbase e Hypertable) usaram o armazenamento com base em coluna de modo eficaz, com o conceito de **armazenamento em nível de coluna.** O armazenamento de dados nesses sistemas será explicado no contexto de sistemas NOSQL, que discutiremos no Capítulo 24.

17.7 Projeto físico em bancos de dados relacionais

Nesta seção, discutimos os fatores de projeto físicos que afetam o desempenho de aplicações e transações, e depois comentamos as orientações específicas para SGBDRs no contexto daquilo que discutimos no Capítulo 16 e até este ponto do capítulo.

17.7.1 Fatores que influenciam o projeto físico do banco de dados

O projeto físico é uma atividade em que o objetivo é não apenas criar a estruturação apropriada de dados no armazenamento, mas também fazer isso de modo que garanta um bom desempenho. Para determinado esquema conceitual, existem muitas alternativas de projeto físico em determinado SGBD. Não é possível tomar decisões significativas de projeto físico e análise de desempenho até que o projetista conheça a combinação de consultas, transações e aplicações que deverão usar o banco de dados. Isso é chamado de **combinação de tarefas** para determinado conjunto de aplicações de sistema de banco de dados. Os administradores/projetistas precisam analisar essas aplicações, suas frequências de chamada esperadas, quaisquer restrições de temporização em sua velocidade de execução, a frequência esperada de operações de atualização e quaisquer restrições exclusivas nos atributos. Discutimos cada um desses fatores a seguir.

A. Analisando as consultas e as transações de banco de dados. Antes de realizar o projeto físico de banco de dados, devemos ter uma boa ideia do uso intencionado deste último, definindo em uma forma de alto nível as consultas e as transações que deverão usar o banco de dados. Para cada **consulta de recuperação**, as seguintes informações seriam necessárias:

1. Os arquivos (relações) que serão acessados pela consulta.
2. Os atributos sobre os quais quaisquer condições de seleção para a consulta são especificadas.
3. Se a condição de seleção é uma condição de igualdade, desigualdade ou intervalo.
4. Os atributos sobre os quais são especificadas quaisquer condições de junção ou condições para ligar múltiplas tabelas ou objetos para a consulta.
5. Os atributos cujos valores serão recuperados pela consulta.

Os atributos listados nos itens 2 e 4 são candidatos para a definição de estruturas de acesso, como índices, chaves de hash ou ordenação do arquivo.

Para cada **operação de atualização** ou **transação de atualização**, a informação a seguir seria necessária:

1. Os arquivos que serão atualizados.
2. O tipo de operação em cada arquivo (inserção, atualização ou exclusão).
3. Os atributos sobre os quais as condições de seleção para uma exclusão ou atualização são especificadas.
4. Os atributos cujos valores serão alterados por uma operação de atualização.

Novamente, os atributos listados no item 3 são candidatos para estruturas de acesso nos arquivos, pois eles seriam usados para localizar os registros que serão atualizados ou excluídos. Por sua vez, os atributos listados no item 4 são candidatos para *evitar uma estrutura de acesso*, pois modificá-los exigirá atualização das estruturas de acesso.

B. Analisando a frequência de chamada de consultas e transações esperada. Além de identificar as características das consultas de recuperação e transações de atualização esperadas, temos de considerar suas taxas de chamada esperadas. Essa informação de frequência, com a informação de atributo coletada em cada consulta e transação, é usada para compilar uma lista cumulativa da frequência de uso esperada para todas as consultas e transações. Isso é expresso como a frequência de uso esperada de cada atributo em cada arquivo como um atributo de seleção ou um atributo de junção, sobre todas as consultas e transações. Geralmente, para um grande volume de processamento, a *regra dos 80-20* informal pode ser usada: aproximadamente 80% do processamento é atribuído a apenas 20% das consultas e transações. Portanto, em situações práticas, raramente é necessário coletar estatísticas completas e taxas de chamada em todas as consultas e transações; basta determinar 20% ou mais das mais importantes.

C. Analisando as restrições de tempo de consultas e transações. Algumas consultas e transações podem ter rigorosas restrições de desempenho. Por exemplo, uma transação pode ter a restrição de que deve terminar dentro de 5 segundos em 95% das ocasiões em que é chamada, e que ela nunca deve levar mais que 20 segundos. Essas restrições de tempo colocam ainda mais prioridades nos atributos candidatos para caminhos de acesso. Os atributos de seleção usados por consultas e transações com restrições de tempo tornam-se candidatos de maior prioridade para estruturas de acesso primárias para os arquivos, visto que as estruturas de acesso primárias geralmente são as mais eficientes para localizar registros em um arquivo.

D. Analisando as frequências esperadas de operações de atualização. Um número mínimo de caminhos de acesso deve ser especificado para um arquivo que é frequentemente atualizado, pois a atualização dos próprios caminhos de acesso atrasa esse tipo de operação. Por exemplo, se um arquivo que tem inserções de registro frequentes possui dez índices sobre dez atributos diferentes, cada um desses índices deve ser atualizado sempre que um novo registro é inserido. O overhead para atualizar dez índices pode atrasar as operações de inserção.

E. Analisando as restrições de exclusividade sobre atributos. Os caminhos de acesso devem ser especificados em todos os atributos — ou conjuntos de atributos — de *chave candidata* que são a chave primária de um arquivo ou atributos únicos. A existência de um índice (ou outro caminho de acesso) torna suficiente apenas procurar o índice ao verificar essa restrição de exclusividade, pois todos os valores do atributo existirão nos nós folha do índice. Por exemplo, ao inserir um novo registro, se um valor de atributo-chave do novo registro *já existir no índice*, a inserção do novo registro deve ser rejeitada, pois ela violaria a restrição de exclusividade sobre o atributo.

Quando a informação anterior é compilada, é possível resolver as decisões de projeto físico do banco de dados, que consistem principalmente em decidir sobre as estruturas de armazenamento e caminhos de acesso para os arquivos de banco de dados.

17.7.2 Decisões do projeto físico do banco de dados

A maioria dos sistemas relacionais representa cada relação básica como um arquivo de banco de dados físico. As opções do caminho de acesso incluem a especificação do tipo de organização de arquivo primário para cada relação e os atributos dos quais os índices devem ser definidos. No máximo, um dos índices em cada arquivo pode ser um índice primário ou de agrupamento. Qualquer quantidade de índices secundários adicionais pode ser criada.

Decisões de projeto sobre indexação. Os atributos cujos valores são exigidos nas condições de igualdade ou intervalo (operação de seleção) são os de chave ou que participam nas condições de junção (operação de junção) exigindo caminhos de acesso, como índices.

O desempenho das consultas depende em grande parte de quais índices ou esquemas de hashing existem para agilizar o processamento de seleções e junções. Por outro lado, durante as operações de inserção, exclusão ou atualização, a existência de índices aumenta o overhead. Esse overhead precisa ser justificado em relação ao ganho em eficiência ao agilizar consultas e transações.

As decisões de projeto físico para indexação ficam nas seguintes categorias:

1. **Se um atributo deve ser indexado.** As regras para a criação de um índice sobre um atributo são que o atributo deve ser uma chave (única) ou deve haver alguma consulta que use esse atributo em uma condição de seleção (igualdade ou intervalo de valores) ou em uma condição de junção. Um motivo para a criação de múltiplos índices é que algumas operações podem ser processadas apenas varrendo os índices, sem ter de acessar o arquivo de dados real.
2. **Que atributo ou atributos indexar.** Um índice pode ser construído sobre um único atributo, ou sobre mais de um atributo, se for um índice composto. Se vários atributos de uma relação estiverem envolvidos juntos em várias consultas (por exemplo, (Codigo_estilo_roupa, Cor) em um banco de dados de estoque de roupas), um índice multiatributos (composto) é garantido. A ordenação dos atributos em um índice multiatributos deve corresponder às consultas. Por exemplo, o índice acima considera que as consultas seriam baseadas em uma ordenação de cores em um Codigo_estilo_roupa, em vez do contrário.
3. **Se um índice agrupado deve ser montado.** No máximo, um índice por tabela pode ser um índice primário ou de agrupamento, pois isso implica que o arquivo seja fisicamente ordenado nesse atributo. Na maioria dos SGBDRs, isso é especificado pela palavra chave CLUSTER. (Se o atributo for uma *chave*, *um índice primário* é criado, enquanto um *índice de agrupamento* é criado se o atributo *não for uma chave*.) Se uma tabela exigir vários índices, a decisão sobre qual deve ser o índice primário ou de agrupamento depende da necessidade de manter a tabela ordenada nesse atributo. As consultas de intervalo se beneficiam muito do agrupamento. Se vários atributos exigem consultas de intervalo, benefícios relativos devem ser avaliados antes de se decidir sobre qual atributo agrupar. Se uma consulta tiver de ser respondida com a realização de apenas uma consulta de índice (sem recuperar registros de dados), o índice correspondente *não deverá* ser agrupado, pois o principal benefício do agrupamento é alcançado ao se recuperar os próprios registros. Um índice de agrupamento pode ser configurado como um índice multiatributos se a recuperação de intervalo por essa chave composta for útil na criação de relatório (por exemplo, um índice em Cep, Id_loja e Id_produto pode ser um índice de agrupamento para dados de venda).
4. **Se um índice de hash deve ser usado em um índice de árvore.** Em geral, os SGBDRs usam B+-trees para indexação. Contudo, o ISAM e índices de hash também são fornecidos em alguns sistemas. As B+-trees admitem consultas de igualdade e de intervalo no atributo usado como chave de pesquisa. Os índices de hash funcionam bem com condições de igualdade, particularmente durante junções para encontrar registros correspondentes, mas eles não admitem consultas de intervalo.
5. **Se o hashing dinâmico deve ser usado para o arquivo.** Para arquivos muito voláteis — ou seja, aqueles que aumentam e diminuem de maneira contínua —, um dos esquemas de hashing dinâmico discutidos na Seção 16.8 seria adequado. Atualmente, eles não são oferecidos por muitos SGBDRs comerciais.

17.8 Resumo

Neste capítulo, apresentamos organizações de arquivo que envolvem estruturas de acesso adicionais, chamadas de índices, para melhorar a eficiência da recuperação de registros de um arquivo de dados. Essas estruturas de acesso podem ser usadas *com* as organizações de arquivo primárias, discutidas no Capítulo 16, utilizadas para organizar os próprios registros de arquivo no disco.

Três tipos de índices de único nível ordenados foram apresentados: primário, de agrupamento e secundário. Cada índice é especificado em um campo do arquivo. Índices primários e de agrupamento são construídos sobre o campo de ordenação física de um arquivo, ao passo que os índices secundários são especificados em campos não ordenados como estruturas de acesso adicionais para melhorar o desempenho de consultas e transações. O campo para um índice primário também precisa ser uma chave do arquivo, enquanto é um campo não chave para um índice de agrupamento. Um índice de único nível é um arquivo ordenado e é pesquisado por meio de uma pesquisa binária. Mostramos como os índices multiníveis podem ser construídos para melhorar a eficiência da pesquisa sobre um índice. Um exemplo é o popular método de acesso sequencial indexado (ISAM) da IBM, que é um índice multinível baseado na configuração de cilindro/trilha no disco.

Em seguida, mostramos como os índices multiníveis podem ser implementados como B-trees e B+-trees, estruturas dinâmicas que permitem que um índice se expanda e encolha dinamicamente. Os nós (blocos) dessas estruturas de índice são mantidos entre metade e completamente cheios por algoritmos de inserção e exclusão. Os nós, por fim, se estabilizam em uma ocupação média de 69%, permitindo espaço para inserções sem exigir reorganização do índice para a maioria das inserções. As B+-trees em geral podem manter mais entradas em seus nós internos que as B-trees, de modo que podem ter menos níveis ou manter mais entradas que uma B-tree correspondente.

Demos uma visão geral dos diversos métodos de acesso de chave e mostramos como um índice pode ser construído com base nas estruturas de dados de hash. Apresentamos o conceito de **hashing particionado**, que é uma extensão do hashing externo para lidar com múltiplas chaves. Apresentamos também os **arquivos de grade**, que organizam dados em buckets ao longo de várias dimensões. Discutimos o índice de **hash** com alguns detalhes — essa é uma estrutura secundária para acessar o arquivo, usando o hashing em uma chave de pesquisa diferente da usada para a organização primária. A **indexação bitmap** é outro tipo importante de indexação utilizado para consulta por várias chaves, sendo particularmente aplicável a campos com um pequeno número de valores únicos. Os bitmaps também podem ser usados nos nós folha dos índices da B+-tree. Também abordamos a indexação baseada em função, que está sendo fornecida por vendedores relacionais para permitir índices especiais em uma função de um ou mais atributos.

Apresentamos o conceito de um índice lógico e o comparamos aos índices físicos descritos anteriormente. Eles permitem um nível de indireção adicional na indexação, a fim de permitir maior liberdade para a movimentação dos locais de registro reais no disco. Discutimos a criação de índice em SQL, o processo de carga em massa de arquivos de índice e a indexação de strings. Discutimos as circunstâncias que justificam o ajuste de índices. Também revisamos algumas questões gerais relacionadas à indexação, incluindo gerenciamento de restrições, uso de índices invertidos e uso de dicas de indexação nas consultas; comentamos o armazenamento de relações com base em colunas, que está se tornando uma alternativa viável para o armazenamento e o acesso de grandes bancos de dados. Por fim, discutimos o projeto físico de banco de dados relacionais, que envolve decisões relacionadas ao armazenamento e o acesso aos dados, assuntos que discutimos neste e no capítulo anterior. Essa discussão foi dividida em fatores que influenciam o projeto e os tipos de decisões referentes à indexação ou não de um atributo, quais atributos incluir em um índice, índices agrupados ou não agrupados, índices com hashing e hashing dinâmico.

PERGUNTAS DE REVISÃO

17.1. Defina os seguintes termos: *campo de índice*, *campo de chave primária*, *campo de agrupamento*, *campo de chave secundária*, *âncora de bloco*, *índice denso* e *índice não denso (esparso)*.

17.2. Quais são as diferenças entre índices primário, secundário e de agrupamento? Como essas diferenças afetam as maneiras como esses índices são implementados? Quais dos índices são densos e quais não são?

17.3. Por que podemos ter no máximo um índice primário ou de agrupamento em um arquivo, mas vários índices secundários?

17.4. Como a indexação multinível melhora a eficiência da pesquisa em um arquivo de índice?

17.5. O que é a ordem p de uma B-tree? Descreva a estrutura dos nós da B-tree.

17.6. O que é a ordem p de uma B^+-tree? Descreva a estrutura dos nós internos e de folha de uma B^+-tree.

17.7. Como uma B-tree difere de uma B^+-tree? Por que uma B^+-tree normalmente é preferida como uma estrutura de acesso para um arquivo de dados?

17.8. Explique que escolhas alternativas existem para acessar um arquivo com base em múltiplas chaves de pesquisa.

17.9. O que é hashing particionado? Como ele funciona? Quais são suas limitações?

17.10. O que é um arquivo de grade? Quais são suas vantagens e desvantagens?

17.11. Mostre um exemplo de construção de um vetor de grade sobre dois atributos em algum arquivo.

17.12. O que é um arquivo totalmente invertido? O que é um arquivo sequencial indexado?

17.13. Como o hashing pode ser usado para construir um índice?

17.14. O que é indexação bitmap? Crie uma relação com duas colunas e 16 tuplas, e mostre um exemplo de um índice bitmap sobre uma ou ambas as colunas.

17.15. O que é o conceito de indexação com base em função? Para que finalidade adicional ele serve?

17.16. Qual é a diferença entre um índice lógico e um índice físico?

17.17. O que é armazenamento com base em coluna de um banco de dados relacional?

EXERCÍCIOS

17.18. Considere um disco com tamanho de bloco $B = 512$ bytes. Um ponteiro de bloco tem $P = 6$ bytes de extensão, e um ponteiro de registro tem $P_R = 7$ bytes de extensão. Um arquivo tem $r = 30.000$ registros de FUNCIONARIO de *tamanho fixo*. Cada registro tem os seguintes campos: Nome (30 bytes), Cpf (11 bytes), Codigo_departamento (9 bytes), Endereco (40 bytes), Telefone (10 bytes), Data_nascimento (8 bytes), Sexo (1 byte), Codigo_cargo (4 bytes) e Salario (4 bytes, número real). Um byte adicional é usado como um marcador de exclusão.

a. Calcule o tamanho do registro R em bytes.

b. Calcule o fator de bloco *bfr* e o número de blocos de arquivo *b*, considerando uma organização não estendida.
c. Suponha que o arquivo seja *ordenado* pelo campo de chave Cpf e queiramos construir um *índice primário* sobre Cpf. Calcule (i) o fator de bloco de índice bfr_i (que também é o fan-out do índice *fo*); (ii) o número de entradas de índice de primeiro nível e o número de blocos de índice de primeiro nível; (iii) o número de níveis necessários se o transformarmos em um índice multinível; (iv) o número total de blocos exigidos pelo índice multinível; e (v) o número de acessos de bloco necessários para pesquisar e recuperar um registro do arquivo — dado seu valor de Cpf — usando o índice primário.
d. Suponha que o arquivo *não esteja ordenado* pelo campo de chave Cpf e queiramos construir um *índice secundário* sobre Cpf. Repita o exercício anterior (parte c) para o índice secundário e compare com o índice primário.
e. Suponha que o arquivo *não esteja ordenado* pelo campo não chave Codigo_departamento e queiramos construir um *índice secundário* sobre Codigo_departamento, usando a opção 3 da Seção 17.1.3, com um nível extra de indireção que armazena ponteiros de registro. Suponha que existam 1.000 valores distintos de Codigo_departamento e que os registros de FUNCIONARIO estejam distribuídos uniformemente entre esses valores. Calcule (i) o fator de bloco de índice bfr_i (que também é o fan-out de índice *fo*); (ii) o número de blocos necessários pelo nível de indireção que armazena ponteiros de registro; (iii) o número de entradas de índice de primeiro nível e o número de blocos de índice de primeiro nível; (iv) o número de níveis necessários se o transformarmos em um índice multinível; (v) o número total de blocos exigidos pelo índice multinível e os blocos usados no nível de indireção extra; e (vi) o número aproximado de acessos de bloco necessários para pesquisar e recuperar todos os registros no arquivo que têm um valor específico de Codigo_departamento, usando o índice.
f. Suponha que o arquivo esteja *ordenado* pelo campo não chave Codigo_departamento e que queiramos construir um *índice de agrupamento* sobre Codigo_departamento que use âncoras de bloco (cada novo valor de Codigo_departamento começa no início de um novo bloco). Suponha que existam 1.000 valores distintos de Codigo_departamento e que os registros de FUNCIONARIO sejam distribuídos uniformemente entre esses valores. Calcule (i) o fator de bloco de índice bfr_i (que também é o fan-out do índice *fo*); (ii) o número de entradas de índice de primeiro nível e o número de blocos de índice de primeiro nível; (iii) o número de níveis necessários se o transformarmos em um índice multinível; (iv) o número total de blocos exigidos pelo índice multinível; e (v) o número de acessos de bloco necessários para pesquisar e recuperar todos os registros no arquivo que tenham um valor específico de Codigo_departamento, usando o índice de agrupamento (suponha que vários blocos em um cluster sejam contínuos).
g. Suponha que o arquivo *não* esteja ordenado pelo campo de chave Cpf e que queremos construir uma estrutura de acesso (índice) B^+-tree sobre Cpf. Calcule (i) as ordens p e p_{folha} da B^+-tree; (ii) o número de blocos em nível de folha necessários se os blocos estiverem aproximadamente 69% cheios (arredondado por conveniência); (iii) o número de níveis necessários se os nós internos também estiverem 69% cheios

(arredondado por conveniência); (iv) o número total de blocos exigidos pela B+-tree; e (v) o número de acessos de bloco necessários para procurar e recuperar um registro do arquivo — dado seu valor de Cpf — usando a B+-tree.

h. Repita a parte g, mas para uma B-tree em vez de uma B+-tree. Compare seus resultados para a B-tree e para a B+-tree.

17.19. Um arquivo PECAS com Numero_peca como campo de chave inclui registros com os seguintes valores de Numero_peca: 23, 65, 37, 60, 46, 92, 48, 71, 56, 59, 18, 21, 10, 74, 78, 15, 16, 20, 24, 28, 39, 43, 47, 50, 69, 75, 8, 49, 33, 38. Suponha que os valores do campo de pesquisa sejam inseridos na ordem dada em uma B+-tree de ordem $p = 4$ e $p_{folha} = 3$; mostre como a árvore será expandida e como será sua aparência final.

17.20. Repita o Exercício 17.19, mas use uma B-tree de ordem $p = 4$ no lugar de uma B+-tree.

17.21. Suponha que os valores de campo de pesquisa a seguir sejam excluídos, na ordem indicada, da B+-tree do Exercício 17.19. Mostre como a árvore será encolhida e sua forma final. Os valores excluídos são 65, 75, 43, 18, 20, 92, 59, 37.

17.22. Repita o Exercício 17.21, mas para a B-tree do Exercício 17.20.

17.23. O Algoritmo 17.1 esboça o procedimento de pesquisa sobre um índice primário multinível não denso para recuperar um registro do arquivo. Adapte o algoritmo para cada um dos seguintes casos:

a. Um índice secundário multinível em um campo não ordenado não chave de um arquivo. Suponha que a opção 3 da Seção 17.1.3 seja usada, em que um nível de indireção extra armazena ponteiros para os registros individuais com o valor correspondente de campo de índice.

b. Um índice secundário multinível em um campo de chave não ordenado de um arquivo.

c. Um índice de agrupamento multinível em um campo de ordenação não chave de um arquivo.

17.24. Suponha que existam vários índices secundários em campos não chave de um arquivo, implementados usando a opção 3 da Seção 17.1.3. Por exemplo, poderíamos ter índices secundários nos campos Codigo_departamento, Codigo_cargo e Salario do arquivo FUNCIONARIO do Exercício 17.18. Descreva um modo eficiente de pesquisar e recuperar registros que satisfaçam uma condição de seleção complexa sobre esses campos, como (Codigo_departamento = 5 AND Codigo_cargo = 12 AND Salario = 50000), usando ponteiros de registro no nível de indireção.

17.25. Adapte os algoritmos 17.2 e 17.3, que esboçam procedimentos de pesquisa e inserção de uma B+-tree para uma B-tree.

17.26. É possível modificar o algoritmo de inserção da B+-tree para adiar o caso em que um novo nível é produzido ao verificar uma *redistribuição* possível de valores entre os nós folha. A Figura 17.17 ilustra como isso poderia ser feito para o exemplo da Figura 17.12; em vez de dividir o nó folha mais à esquerda quando 12 é inserido, realizamos uma *redistribuição à esquerda* movendo 7 para o nó folha à sua esquerda (se houver espaço nesse nó). A Figura 17.17 mostra como a árvore ficaria quando a redistribuição é considerada. Também é possível considerar a *redistribuição à direita*. Tente modificar o algoritmo de inserção da B+-tree para levar em conta a redistribuição.

17.27. Esboce um algoritmo para exclusão com base em uma B+-tree.

17.28. Repita o Exercício 17.27 para uma B-tree.

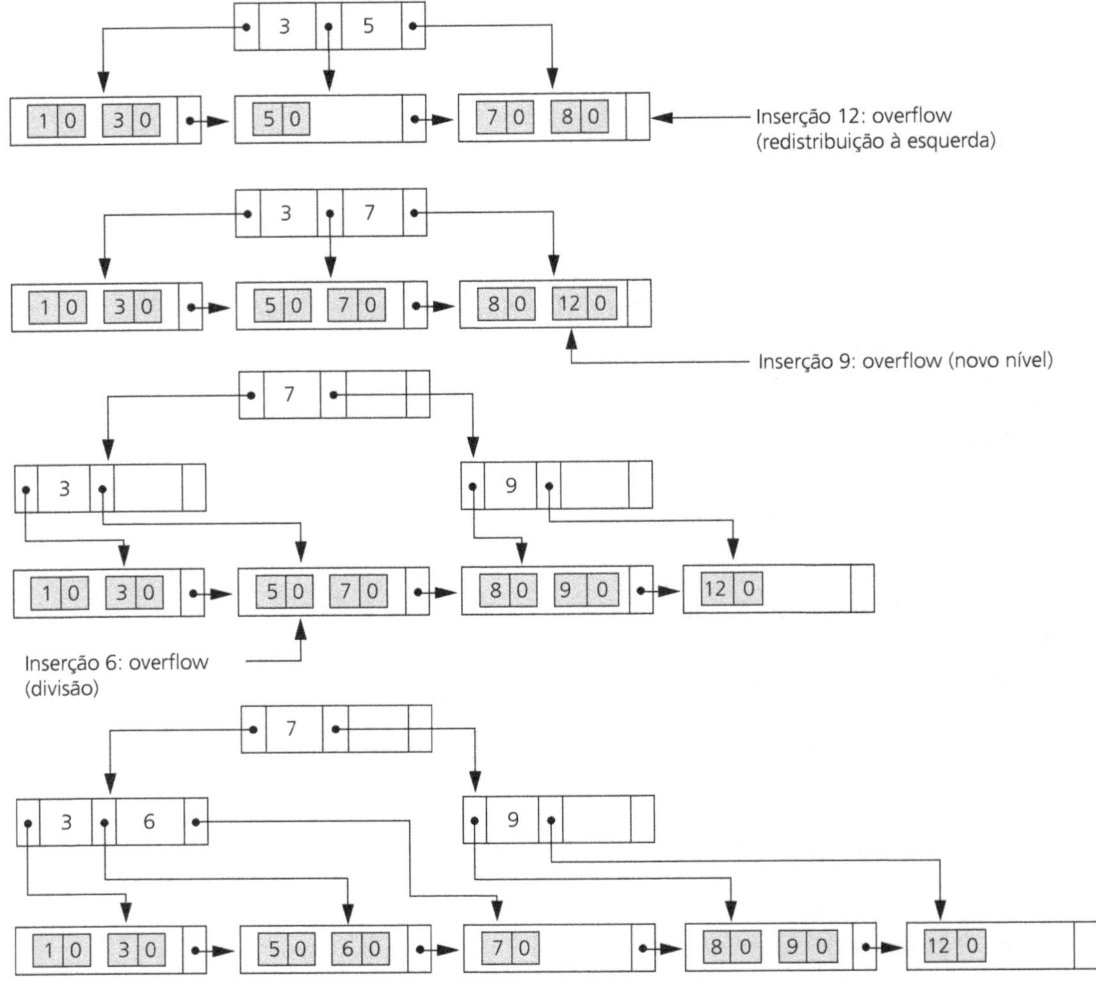

Figura 17.17 Inserção de B+-tree com redistribuição à esquerda.

BIBLIOGRAFIA SELECIONADA

Indexação: Bayer e McCreight (1972) introduziram B-trees e algoritmos associados. Comer (1979) oferece um excelente estudo das B-trees e sua história, além de suas variações. Knuth (1998) faz uma análise detalhada de muitas técnicas de pesquisa, incluindo B-trees e algumas de suas variações. Nievergelt (1974) discute o uso das árvores de pesquisa binária para organização de arquivo. Os livros-texto sobre estruturas de arquivo, incluindo Claybrook (1992), Smith e Barnes (1987) e Salzberg (1988), os livros-texto sobre algoritmos e estruturas de dados de Wirth (1985), bem como o livro-texto de banco de dados de Ramakrishnan e Gehrke (2003) discutem a indexação com detalhes, e podem ser consultados para algoritmos de pesquisa, inserção e exclusão para B-trees e B+-trees. Larson (1981) analisa arquivos sequenciais indexados, e Held e Stonebraker (1978) comparam os índices multiníveis estáticos com índices dinâmicos de B-tree. Lehman e Yao (1981) e Srinivasan e Carey (1991) realizaram mais análise do acesso concorrente a B-trees. Os livros de Wiederhold (1987), Smith e Barnes (1987) e Salzberg (1988), entre outros, discutem muitas das técnicas de pesquisa descritas neste capítulo. Arquivos de grade são apresentados em Nievergelt et al. (1984). A recuperação de combinação parcial, que usa o hashing particionado, é discutida em Burkhard (1976, 1979).

Novas técnicas e aplicações de índices e B^+-trees são discutidas em Lanka e Mays (1991), Zobel et al. (1992) e Faloutsos e Jagadish (1992). Mohan e Narang (1992) discutem a criação de índice. O desempenho de diversos algoritmos de B-tree e B^+-tree é avaliado em Baeza-Yates e Larson (1989) e Johnson e Shasha (1993). O gerenciamento de buffer para índices é discutido em Chan et al. (1992). O armazenamento de bancos de dados com base em colunas foi proposto por Stonebraker et al. (2005) no sistema de banco de dados C-Store; MonetDB/X100, de Boncz et al. (2008), é outra implementação da ideia. Abadi et al. (2008) discutem as vantagens dos bancos de dados armazenados por colunas em relação aos armazenados por linhas para aplicações de banco de dados somente de leitura.

Projeto físico de banco de dados: Wiederhold (1987) aborda questões relacionadas ao projeto físico. O'Neil e O'Neil (2001) têm uma discussão detalhada do projeto físico e questões de transação em referência a SGBDRs comerciais. Navathe e Kerschberg (1986) discutem todas as fases do projeto de banco de dados e apontam o papel dos dicionários de dados. Rozen e Shasha (1991) e Carlis e March (1984) apresentam diferentes modelos para o problema do projeto físico do banco de dados. Shasha e Bonnet (2002) têm uma discussão elaborada das orientações para ajuste de banco de dados. Niemiec (2008) é um entre vários livros disponíveis para administração e ajuste de banco de dados Oracle. Schneider (2006) é voltado para o projeto e o ajuste de bancos de dados MySQL.

PARTE 8
Processamento e otimização de consulta

18 Estratégias para processamento de consulta[1]

Neste capítulo, discutimos as técnicas usadas internamente por um SGBD para processar, otimizar e executar consultas de alto nível. Uma consulta expressa em uma linguagem de consulta de alto nível, como SQL, primeiro precisa ser lida, analisada e validada.[2] A **varredura** (*scanner*) identifica os tokens de consulta — como as palavras-chave SQL, nomes de atributo e nomes de relação — que aparecem no texto da consulta, enquanto o **analisador sintático** (*parser*) verifica a sintaxe da consulta para determinar se ela está formulada de acordo com as regras de sintaxe (regras de gramática) da linguagem de consulta. A consulta também precisa ser **validada** verificando se todos os nomes de atributo e relação são válidos e semanticamente significativos no esquema do banco de dados em particular sendo consultado. Uma representação interna da consulta é então criada, normalmente como uma estrutura de dados de árvore chamada **árvore de consulta**. Também é possível representar a consulta usando uma estrutura de dados de grafo, chamada **grafo de consulta**, que é geralmente um **grafo acíclico direcionado**. O SGBD precisa então idealizar uma **estratégia de execução** ou **plano de consulta** para recuperar os resultados da consulta com base nos arquivos de banco de dados. Uma consulta costuma ter muitas estratégias de execução possíveis, e o processo de escolha de uma estratégia adequada para processá-la é conhecido como **otimização de consulta**.

Deixamos uma discussão detalhada da otimização de consulta para o próximo capítulo. Neste, vamos focar principalmente em como as consultas são processadas e quais algoritmos são usados para realizar as operações individuais dentro da consulta. A Figura 18.1 mostra as diferentes etapas do processamento de uma consulta de alto nível. O módulo **otimizador de consulta** tem a tarefa de produzir

[1] Agradecemos a contribuição de Rafi Ahmed na atualização deste capítulo.

[2] Não discutiremos aqui a fase de análise e verificação de sintaxe do processamento da consulta; esse material é discutido nos livros-texto sobre compilador.

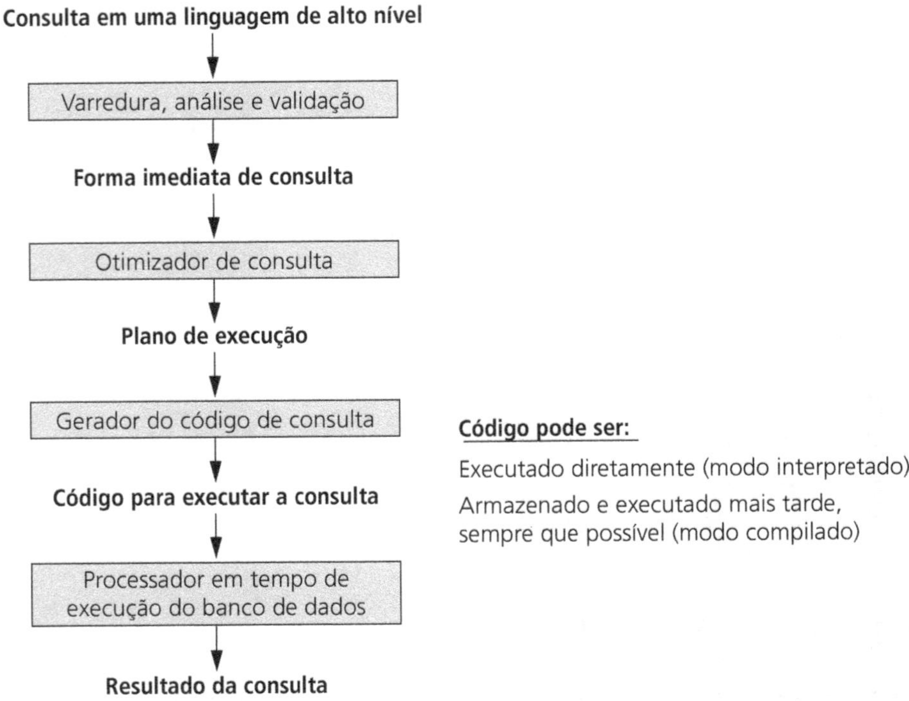

Figura 18.1 Etapas típicas ao processar uma consulta de alto nível.

um bom plano de execução, e o **gerador de código** dá origem ao código para executar esse plano. O **processador em tempo de execução do banco de dados** tem a tarefa de rodar (executar) o código da consulta, seja no modo compilado, seja interpretado, para produzir o resultado da consulta. Se houver um erro em tempo de execução, uma mensagem de erro é gerada pelo processador em tempo de execução do banco de dados.

O termo *otimização* é, na realidade, um nome errado, pois em alguns casos o plano de execução escolhido não é a estratégia ótima (ou a melhor absoluta) — trata-se apenas de uma *estratégia razoavelmente eficiente* ou *a melhor estratégia avaliada* para executar a consulta. Encontrar a estratégia ideal em geral é muito demorado — exceto para a mais simples das consultas. Além disso, tentar encontrar a estratégia de execução de consulta ideal pode exigir informações detalhadas e precisas sobre o tamanho das tabelas e as distribuições de coisas como valores de coluna, que podem não estar totalmente disponíveis no catálogo do SGBD. Além disso, informações detalhadas como o tamanho do resultado esperado deverão ser derivadas com base nos predicados da consulta. Logo, o *planejamento de uma boa estratégia de execução* pode ser uma descrição mais precisa que a *otimização de consulta*.

Para as linguagens de banco de dados navegacionais de nível mais baixo nos sistemas legados — como a DML de rede ou a DL/1 hierárquica —, o programador deve escolher a estratégia de execução de consulta enquanto escreve o programa de banco de dados. Se um SGBD oferece apenas uma linguagem navegacional, existe uma *necessidade ou oportunidade limitada* para otimização de consulta extensiva pelo SGBD; em vez disso, o programador recebe a capacidade de escolher a estratégia de execução de consulta. Por sua vez, uma linguagem de consulta de alto nível — como SQL para SGBDs relacionais (SGBDRs) ou OQL (ver Capítulo 12) para SGBDs de objeto (SGBDOs) — é mais declarativa por natureza, pois especifica quais são os resultados intencionados da consulta, em vez de identificar os detalhes de *como* o resultado deve ser obtido. A otimização de consulta é, portanto, necessária para consultas especificadas em uma linguagem de consulta de alto nível.

Vamos nos concentrar na descrição da otimização de consulta no *contexto de um SGBDR*, pois muitas das técnicas que descrevemos também foram adaptadas para outros tipos de sistemas de gerenciamento de banco de dados, como os SGBDOs.[3] Um SGBD relacional deve avaliar sistematicamente estratégias alternativas de execução de consulta e escolher uma estratégia razoavelmente eficiente ou quase ideal. A maioria dos SGBDs normalmente tem uma série de algoritmos gerais de acesso de banco de dados que implementam operações da álgebra relacional, como SELECT ou JOIN (ver Capítulo 8) ou combinações dessas operações. Somente estratégias de execução que podem ser implementadas pelos algoritmos de acesso do SGBD e que se aplicam à consulta em particular, bem como ao *projeto de banco de dados físico em particular*, podem ser consideradas pelo módulo de otimização de consulta.

Este capítulo está organizado da seguinte forma: a Seção 18.1 começa com uma discussão geral de como as consultas SQL costumam ser traduzidas para consultas da álgebra relacional e operações adicionais, para depois serem otimizadas. Depois, discutimos algoritmos para implementar operações da álgebra relacional nas seções 18.2 a 18.6. Na Seção 18.7, discutimos a estratégia para execução chamada de pipelining. A Seção 18.8 oferece uma breve visão geral da estratégia para execução paralela dos operadores. A Seção 18.9 resume o capítulo.

No próximo capítulo, daremos uma visão geral das estratégias de otimização de consulta. Existem duas técnicas principais empregadas durante a otimização da consulta. A primeira é baseada em **regras heurísticas** para ordenar as operações em uma estratégia de execução de consulta, que funciona bem na maioria dos casos, mas não garante funcionar bem em todos eles. As regras costumam reordenar as operações em uma árvore de consulta. A segunda técnica envolve **estimar sistematicamente o custo** de diferentes estratégias de execução e escolher o plano de execução com a estimativa de custo mais baixa. Os tópicos abordados neste capítulo exigem que o leitor esteja acostumado com o material apresentado em vários capítulos anteriores. Em particular, os capítulos sobre SQL (capítulos 6 e 7), álgebra relacional (Capítulo 8) e estruturas e indexação de arquivo (capítulos 16 e 17) são um pré-requisito para este capítulo. Além disso, é importante observar que o tópico de processamento e otimização de consulta é vasto, e só podemos oferecer uma introdução aos princípios e técnicas básicas neste e no próximo capítulo. Diversos trabalhos importantes são mencionados na Bibliografia selecionada deste e do próximo capítulo.

18.1 Traduzindo consultas SQL para álgebra relacional e outros operadores

Na prática, a SQL é a linguagem de consulta usada na maioria dos SGBDRs comerciais. Uma consulta SQL é primeiro traduzida para uma expressão equivalente da álgebra relacional estendida — representada como uma estrutura de dados de árvore de consulta — que é, então, otimizada. Normalmente, as consultas SQL são decompostas em *blocos de consulta*, que formam as unidades básicas que podem ser traduzidas em operadores algébricos e otimizadas. Um **bloco de consulta** contém uma única expressão SELECT-FROM-WHERE, bem como cláusulas GROUP BY e HAVING, se estas fizerem parte do bloco. Logo, as consultas aninhadas em uma consulta são identificadas como blocos de consulta separados. Como a SQL inclui operadores de agregação — como MAX, MIN, SUM e COUNT — esses operadores também precisam ser incluídos na álgebra estendida, conforme discutimos na Seção 8.4.

[3] Existem alguns problemas e técnicas de otimização de consulta que são pertinentes apenas aos SGBDOs. Contudo, não os discutimos aqui porque oferecemos apenas uma introdução ao processamento de consulta, e não discutimos a otimização da consulta antes do Capítulo 19.

Considere a seguinte consulta SQL na relação FUNCIONARIO na Figura 5.5:

```
SELECT Ultimo_nome, Primeiro_nome
FROM FUNCIONARIO
WHERE Salario > (  SELECT MAX (Salario)
                   FROM    FUNCIONARIO
                   WHERE   Numero_departamento=5 );
```

Essa consulta recupera os nomes dos funcionários (de qualquer departamento na empresa) que ganham um salário maior que o *maior salário no departamento 5*. A consulta inclui uma subconsulta aninhada e, portanto, seria decomposta em dois blocos. O bloco mais interno é:

```
(  SELECT MAX (Salario)
   FROM    FUNCIONARIO
   WHERE   Numero_departamento=5 )
```

Isso recupera o salário mais alto no departamento 5. O bloco de consulta mais externo é:

```
SELECT  Ultimo_nome, Primeiro_nome
FROM    FUNCIONARIO
WHERE   Salario > c
```

em que c representa o resultado retornado do bloco interno. O bloco interno poderia ser traduzido para a seguinte expressão da álgebra relacional estendida:

$$\Im_{\text{MAX Salario}}(\sigma_{\text{Numero\_departamento}=5}(\text{FUNCIONARIO}))$$

e o bloco externo para a expressão:

$$\pi_{\text{Ultimo\_nome,Primeiro\_nome}}(\sigma_{\text{Salario}>c}(\text{FUNCIONARIO}))$$

O *otimizador de consulta*, então, escolheria um plano de execução para cada bloco de consulta. Observe que, no exemplo anterior, o bloco interno só precisa ser avaliado uma vez para produzir o salário máximo dos funcionários no departamento 5, que é então utilizado — como a constante c — pelo bloco externo. Chamamos isso de um *bloco de subconsulta aninhado* (*sem correlação com a consulta externa*) na Seção 7.1.2. É muito mais difícil otimizar as *subconsultas aninhadas correlacionadas* mais complexas (ver Seção 7.1.3), em que uma variável de tupla do bloco de consulta externo aparece na cláusula WHERE do bloco de consulta interno. Muitas técnicas são usadas em SGBDs avançados para remover o aninhamento e otimizar as subconsultas aninhadas correlacionadas.

18.1.1. Operadores adicionais de semijunção e antijunção

A maioria dos SGBDRs atualmente processa consultas SQL que surgem de vários tipos de aplicações corporativas, incluindo consultas ocasionais, consultas padrão com parâmetros e consultas para geração de relatório. Além disso, as consultas SQL originam-se de aplicações OLAP (*on-line analytical processing*) sobre data warehouses (discutiremos sobre data warehousing com detalhes no Capítulo 29). Algumas dessas consultas são transformadas em operações que não fazem parte da álgebra relacional padrão que discutimos no Capítulo 8. Duas operações comumente utilizadas são **semijunção** e **antijunção**. Observe que essas duas operações são um tipo de junção. A semijunção geralmente é usada para desaninhar subconsultas EXISTS, IN e ANY.[4] Aqui, representamos a semijunção pela seguinte sintaxe não

[4] Em alguns casos em que linhas duplicadas não são relevantes, a junção interna também pode ser usada para desaninhar subconsultas EXISTS e ANY.

padronizada: T1.X S = T2.Y, em que T1 é a tabela da esquerda e T2 é a tabela da direita da semijunção. A semântica da semijunção é a seguinte: uma linha de T1 é retornada assim que T1.X encontrar uma combinação com qualquer valor de T2.Y sem procurar outras combinações. Isso é o oposto de localizar todas as combinações possíveis na junção interna.

Considere uma versão ligeiramente modificada do esquema da Figura 5.5, como a seguir:

```
FUNCIONARIO ( Cpf, Data_nascimento, Endereco, Sexo, Salario, Numero_departamento)
DEPARTAMENTO ( Numero_departamento, Nome_departamento, Cpf_gerente, Cep)
```

em que um departamento está localizado em um código postal (Cep) específico.

Vamos considerar a seguinte consulta:

```
Q (SJ) : SELECT COUNT(*)
FROM     DEPARTAMENTO D
WHERE    D.Numero_departamento IN ( SELECT   F.Numero_departamento
                                    FROM     FUNCIONARIO F
                                    WHERE    F.Salario > 200000)
```

Aqui, temos uma consulta aninhada que é unida pelo conector **IN**.

Remover a consulta aninhada:

```
(  SELECT   F.Numero_departamento
   FROM     FUNCIONARIO F
   WHERE    F.Salario > 200000)
```

é chamado de **desaninhar**. Isso leva à seguinte consulta com uma operação chamada **semijunção**,[5] que mostramos com uma notação não padronizada "*S*=" a seguir:

```
SELECT   COUNT(*)
FROM     FUNCIONARIO F, DEPARTAMENTO D
WHERE    D.Numero_departamento S= F.Numero_departamento and
         F.Salario > 200000;
```

A consulta acima está contando o número de departamentos que possuem funcionários que ganham mais de R$ 200.000,00 anualmente. Aqui, a operação é localizar o departamento cujo atributo Numero_departamento corresponde ao(s) valor(es) para o atributo Numero_departamento de FUNCIONARIO com esse salário alto.

Na álgebra, existem notações alternativas. Uma notação comum pode ser vista na figura a seguir.

Agora, considere outra consulta:

```
Q (AJ) :  SELECT COUNT(*)
FROM      FUNCIONARIO
WHERE     FUNCIONARIO.Numero_departamento NOT IN
            (SELECT  DEPARTAMENTO.Numero_departamento
             FROM    DEPARTAMENTO
             WHERE   Cep = 03033211)
```

[5] Observe que esse operador de semijunção não é o mesmo do usado no processamento de consulta distribuída.

Essa consulta conta o número de funcionários que *não* trabalham em departamentos localizados no Cep 03033211. Aqui, a operação é localizar as tuplas de funcionário cujo atributo Numero_departamento *não* corresponde ao(s) valor(es) para o atributo Numero_departamento em DEPARTAMENTO para o código postal indicado. Só estamos interessados em produzir uma contagem desses funcionários, e realizar apenas uma junção interna das duas tabelas, logicamente, produziria resultados errados. Neste caso, portanto, o operador de **antijunção** é usado para desaninhar essa consulta.

A antijunção é usada para desaninhar subconsultas NOT EXISTS, NOT IN e ALL. Representamos a antijunção por meio da seguinte sintaxe fora do padrão: T1.x *A* = T2.y, em que T1 é a tabela da esquerda e T2 é a tabela da direita da antijunção. A semântica da antijunção é a seguinte: uma linha de T1 é rejeitada assim que T1.x encontrar uma correspondência com qualquer valor de T2.y. Uma linha de T1 é retornada, somente se T1.x não corresponder a qualquer valor de T2.y.

No resultado de desaninhamento a seguir, mostramos a antijunção anteriormente mencionada com o símbolo fora do padrão "*A*=" a seguir:

```
SELECT COUNT(*)
FROM   FUNCIONARIO, DEPARTAMENTO
WHERE  FUNCIONARIO.Numero_departamento
          A= DEPARTAMENTO.Numero_departamento AND Cep =03033211
```

Na álgebra, existem notações alternativas. Uma notação comum aparece na figura a seguir.

Antijunção

18.2 Algoritmos para ordenação externa

A ordenação (*sorting*) é um dos principais algoritmos utilizados no processamento de consulta. Por exemplo, sempre que uma consulta SQL especifica uma cláusula ORDER BY, o resultado da consulta precisa ser ordenado. A ordenação também é um componente-chave nos algoritmos ordenação-intercalação (*sort-merge*) usados para JOIN e outras operações (como UNION e INTERSECTION), e em algoritmos de eliminação de duplicata para a operação PROJECT (quando uma consulta SQL especifica a opção DISTINCT na cláusula SELECT). Discutiremos um desses algoritmos nesta seção. Observe que a ordenação de determinado arquivo pode ser evitada se um índice apropriado — como um índice primário ou de agrupamento (ver Capítulo 17) — existir no atributo de arquivo desejado para permitir o acesso ordenado aos registros do arquivo.

Ordenação externa refere-se a algoritmos de ordenação adequados para grandes arquivos de registros armazenados no disco que não cabem inteiramente na memória principal, como a maioria dos arquivos de banco de dados.[6] O algoritmo de ordenação externa típico usa uma **estratégia merge-sort** (**ordenação-intercalação**), que começa ordenando pequenos subarquivos — chamados **pedaços** — do arquivo principal e depois mescla os pedaços ordenados, criando subarquivos ordenados maiores, que, por sua vez, são intercalados. O algoritmo merge-sort, como outros

[6] *Algoritmos de ordenação interna* são adequados para ordenação de estruturas de dados, como tabelas e listas, que podem caber inteiramente na memória principal. Esses algoritmos são descritos com detalhes em livros de estruturas de dados e algoritmos, e incluem técnicas como quick sort, heap sort, bubble sort e muitas outras. Não discutiremos esses algoritmos aqui. Além disso, os SGBDs da memória principal, como HANA, empregam suas próprias técnicas de ordenação.

algoritmos de banco de dados, exige *espaço de buffer* na memória principal, em que a ordenação e a mesclagem reais dos pedaços são realizadas. O algoritmo básico, esboçado na Figura 18.2, consiste em duas fases: a fase de ordenação e a fase de intercalação. O espaço de buffer na memória principal faz parte do **cache de SGBD** — uma área na memória principal do computador que é controlada pelo SGBD. O espaço de buffer é dividido em buffers individuais, em que cada **buffer** tem o mesmo tamanho em bytes que o tamanho de um bloco de disco. Assim, um buffer pode manter o conteúdo de exatamente *um bloco de disco*.

Na **fase de ordenação**, os pedaços (ou partes) do arquivo que podem caber no espaço de buffer disponível são lidos para a memória principal, ordenados usando um algoritmo de ordenação *interno* e gravados de volta para o disco como subarquivos ordenados (ou pedaços) temporários. O tamanho de cada pedaço e o **número de pedaços iniciais** (n_R) são ditados pelo **número de blocos de arquivo** (b) e o **espaço de buffer disponível** (n_B). Por exemplo, se o número de buffers disponíveis da memória principal $n_B = 5$ blocos de disco e o tamanho do arquivo $b = 1.024$ blocos de disco, então $n_R = \lceil(b/n_B)\rceil$ ou 205 pedaços iniciais cada, com tamanho de cinco blocos (exceto o último pedaço, que terá apenas quatro blocos). Logo, após a fase de ordenação, 205 pedaços ordenados (ou 205 subarquivos ordenados do arquivo original) são armazenados como subarquivos temporários no disco.

Na **fase de intercalação**, os pedaços ordenados são intercalados usando um ou mais **passos de intercalação.** Cada passo de intercalação pode ter uma ou mais etapas de intercalação. O **grau de intercalação** (d_M) é o número de subarquivos ordenados que podem ser mesclados em cada etapa de intercalação. Durante cada etapa de intercalação, um bloco de buffer é necessário para manter um bloco de disco de cada um dos subarquivos ordenados sendo intercalados, e um buffer adicional é necessário

```
atribua    i ← 1;
           j ← b;            {tamanho do arquivo em blocos}
           k ← n_B;          {tamanho do buffer em blocos}
           m ← ⌈(j/k)⌉;      {número de subarquivos – cada um cabendo no buffer}
{Fase de Ordenação}
enquanto (i ≤ m)
faça {
      lê próximos k blocos do arquivo no buffer ou, se houver menos de k blocos
         restantes, então lê nos blocos restantes;
      ordena os registros no buffer e grava como um subarquivo temporário;
      i ← i + 1;
}
{Fase de Intercalação: intercala subarquivos até que apenas 1 permaneça}
atribua    i ← 1;
           p ← ⌈log_{k–1}m⌉{p é o número de passos para a fase de intercalação}
           j ← m;
enquanto (i ≤ p)
faça {
           n ← 1;
           q ← ⌈(j/(k–1)⌉ ; {número de subarquivos a gravar nesse passo}
           enquanto (n ≤ q)
           faça {
               lê próximos k–1 subarquivos ou subarquivos restantes (do passo anterior) um bloco por vez;
               intercala e grava como novo subarquivo um bloco por vez;
               n ← n + 1;
           }
           j ← q;
           i ← i + 1;
}
```

Figura 18.2 Esboço do algoritmo merge-sort para ordenação externa.

para manter um bloco de disco do resultado da intercalação, que produzirá um arquivo ordenado maior, que é o resultado da intercalação de vários subarquivos ordenados menores. Logo, d_M é o menor de $(n_B - 1)$ e n_R, e o número de passos de intercalação é $\lceil(\log_{dM}(n_R))\rceil$. Em nosso exemplo, em que $n_B = 5$, $d_M = 4$ (intercalação quádrupla), de modo que os 205 pedaços iniciais ordenados seriam intercalados quatro de cada vez em cada etapa em 52 subarquivos ordenados maiores, ao final do primeiro passo de intercalação. Esses 52 arquivos ordenados são, então, intercalados quatro de cada vez em 13 arquivos ordenados, que são depois intercalados em quatro arquivos ordenados, e, por fim, para um arquivo totalmente ordenado, o que significa que *quatro passos* são necessários.

O desempenho do algoritmo merge-sort pode ser medido no número de leituras e gravações de bloco de disco (entre o disco e a memória principal) antes que a ordenação do arquivo inteiro seja concluída. A fórmula a seguir aproxima esse custo:

$$(2 * b) + (2 * b * (\log_{dM} n_R))$$

O primeiro termo $(2 * b)$ representa o número de acessos de bloco para a fase de ordenação, pois cada bloco de arquivo é acessado duas vezes: uma para leitura em um buffer da memória principal e uma para a gravação dos registros ordenados de volta ao disco, em um dos subarquivos ordenados. O segundo termo representa o número de acessos de bloco para a fase de intercalação. Durante cada passada de intercalação, uma quantidade de blocos de disco aproximadamente igual aos blocos do arquivo original b é lida e gravada. Como o número de passos de intercalação é $(\log_{dM} n_R)$, obtemos um custo total de intercalação de $(2 * b * (\log_{dM} n_R))$.

O número mínimo de buffers da memória principal necessários é $n_B = 3$, que produz um d_M de 2 e um n_R de $\lceil(b/3)\rceil$. O d_M mínimo de 2 gera o desempenho do pior caso do algoritmo, que é:

$$(2 * b) + (2 * (b * (\log_2 n_R))).$$

As próximas seções discutem os diversos algoritmos para as operações da álgebra relacional (ver Capítulo 8).

18.3 Algoritmos para a operação SELECT

18.3.1 Implementando opções para a operação SELECT

Existem muitos algoritmos para executar uma operação SELECT, que é basicamente uma operação de pesquisa para localizar os registros em um arquivo de disco que satisfazem certa condição. Alguns dos algoritmos de pesquisa dependem de o arquivo ter caminhos de acesso específicos, e eles só podem se aplicar a determinados tipos de condições de seleção. Discutimos alguns dos algoritmos para implementar SELECT nesta seção. Usaremos as operações a seguir, especificadas no banco de dados relacional da Figura 5.5, para ilustrar nossa discussão:

OP1: $\sigma_{\text{Cpf = '12345678966'}}$ (FUNCIONARIO)

OP2: $\sigma_{\text{Numero\_departamento > 5}}$ (DEPARTAMENTO)

OP3: $\sigma_{\text{Numero\_departamento = 5}}$ (FUNCIONARIO)

OP4: $\sigma_{\text{Numero\_departamento = 5 AND Salario > 30000 AND Sexo = 'F'}}$ (FUNCIONARIO)

OP5: $\sigma_{\text{Cpf\_funcionario='12345678966' AND Numero\_projeto =10}}$(TRABALHA_EM)

OP6: Uma consulta SQL:

```
SELECT  *
FROM    FUNCIONARIO
WHERE   Numero_departamento IN (3, 27, 49)
```

OP7: Uma consulta SQL (da Seção 17.5.3)

```
SELECT Primeiro_nome, Ultimo_nome
FROM FUNCIONARIO
WHERE ((Salario*porc_Comissao) + Salario) > 15000;
```

Métodos de pesquisa para seleção simples. Diversos algoritmos de pesquisa são possíveis para selecionar registros de um arquivo. Estes são conhecidos como **varreduras de arquivo** porque varrem os registros de um arquivo para procurar e recuperar registros que satisfazem uma condição de seleção.[7] Se o algoritmo de pesquisa envolve o uso de um índice, a pesquisa do índice é denominada **varredura de índice**. Os métodos de pesquisa a seguir (S1 a S6) são exemplos de alguns dos algoritmos de pesquisa que podem ser usados para implementar uma operação de seleção:

- **S1 — Pesquisa linear (algoritmo de força bruta).** Recupera *cada registro* no arquivo e testa se seus valores de atributo satisfazem a condição de seleção. Como os registros são agrupados em blocos de disco, cada um desses blocos é lido para um buffer da memória principal, e depois uma pesquisa pelos registros no bloco de disco é realizada na memória principal.
- **S2 — Pesquisa binária.** Se a condição de seleção envolver uma comparação de igualdade sobre um atributo-chave no qual o arquivo é **ordenado**, a pesquisa binária — que é mais eficiente que a pesquisa linear — pode ser utilizada. Um exemplo é OP1 se Cpf for o atributo de ordenação para o arquivo FUNCIONARIO.[8]
- **S3a — Usando um índice primário.** Se a condição de seleção envolver uma comparação de igualdade sobre um **atributo-chave** com um índice primário — por exemplo, Cpf = '12345678966' em OP1 —, use o índice primário para recuperar o registro. Observe que essa condição recupera um único registro (no máximo).
- **S3b — Usando uma chave hash.** Se a condição de seleção envolver uma comparação de igualdade sobre um **atributo-chave** com uma chave hash — por exemplo, Cpf = '12345678966' em OP1 —, use a chave hash para recuperar o registro. Observe que essa condição recupera um único registro (no máximo).
- **S4 — Usando um índice primário para recuperar vários registros.** Se a condição de comparação for >, >=, < ou <= sobre um campo-chave com um índice primário — por exemplo, Numero_departamento > 5 em OP2 —, use o índice para encontrar o registro que satisfaz a condição de igualdade correspondente (Numero_departamento = 5); depois recupere todos os registros subsequentes no arquivo (ordenado). Para a condição Numero_departamento < 5, recupere todos os registros anteriores.
- **S5 — Usando um índice de agrupamento para recuperar vários registros.** Se a condição de seleção envolver uma comparação de igualdade sobre um **atributo não chave** com um índice de agrupamento — por exemplo, Numero_departamento = 5 em OP3 —, use o índice para recuperar todos os registros que satisfazem a condição.
- **S6 — Usando um índice secundário (B^+-tree) em uma comparação de igualdade.** Este método de pesquisa pode ser utilizado para recuperar um único registro se o campo de índice for uma **chave** (tiver valores únicos) ou para recuperar múltiplos registros se o campo de índice **não for uma chave**. Este também pode ser usado para comparações envolvendo >, >=, < ou <=. Consultas envolvendo um intervalo de valores (por exemplo, 3000 <= Salario <= 4000) em sua seleção são chamadas **consultas de intervalo**. No caso dessas consultas, os nós folha do índice da B^+-tree contêm o valor do campo de indexação em ordem — de modo

[7] Uma operação de seleção às vezes é chamada de **filtro**, pois ela filtra os registros no arquivo que *não* satisfazem a condição de seleção.

[8] Geralmente, a pesquisa binária não é usada em pesquisas de banco de dados porque os arquivos ordenados não são utilizados, a menos que também tenham um índice primário correspondente.

que uma sequência deles é utilizada, correspondendo ao intervalo solicitado desse campo, e oferecem ponteiros de registro para os registros que se qualificam.

- **S7a — Usando um índice bitmap.** (Ver Seção 17.5.2.) Se a condição de seleção envolver um conjunto de valores para um atributo (por exemplo, Numero_departamento **IN** (3, 27, 49) em OP6), os bitmaps correspondentes a cada valor podem passar pela operação OR para gerar o conjunto de ids de registro que se qualificam. Neste exemplo, isso resulta na operação OR de três vetores de bitmap cuja extensão é a mesma que o número de funcionários.
- **S7b — Usando um índice funcional.** (Ver Seção 17.5.3.) Em OP7, a condição de seleção envolve a expressão ((Salario*porc_Comissao) + Salario). Se houver um índice funcional definido como (conforme mostra a Seção 17.5.3):

```
CREATE INDEX idx_renda
ON Funcionario (Salario + (Salario*porc_Comissao));
```

então esse índice pode ser usado para recuperar os registros de funcionário que se qualificam. Observe que a forma exata como a função é escrita enquanto cria o índice é irrelevante.

No próximo capítulo, discutiremos como desenvolver fórmulas que estimam o custo de acesso desses métodos de pesquisa em relação ao número de acessos de bloco e tempo de acesso. O método S1 (**pesquisa linear**) se aplica a qualquer arquivo, mas todos os outros métodos dependem de ter o caminho de acesso apropriado sobre o atributo usado na condição de seleção. O método S2 (**pesquisa binária**) exige que o arquivo seja ordenado sobre o atributo de pesquisa. Os métodos que usam um índice (S3a, S4, S5 e S6) geralmente são conhecidos como **pesquisas de índice**, e exigem que exista um índice apropriado sobre o atributo de pesquisa. Os métodos S4 e S6 podem ser usados para recuperar registros em certo *intervalo* nas **consultas de intervalo.** O método S7a (**pesquisa de índice bitmap**) é adequado para recuperações em que um atributo deve combinar com um conjunto enumerado de valores. O método S7b (**pesquisa de índice funcional**) é adequado quando a combinação for baseada em uma função de um ou mais atributos sobre os quais existe um índice funcional.

18.3.2 Métodos de pesquisa para seleção conjuntiva

Se uma condição de uma operação SELECT for uma **condição conjuntiva** — ou seja, se ela for composta de várias condições simples ligadas com o conectivo lógico AND, como em OP4 —, o SGBD pode usar os seguintes métodos adicionais para implementar a operação:

- **S8 — Seleção conjuntiva usando um índice individual.** Se um atributo envolvido em qualquer **condição simples isolada** na condição de seleção conjuntiva tiver um caminho de acesso que permita o uso de um dos métodos de S2 a S6, use essa condição para recuperar os registros e depois verificar se cada registro recuperado *satisfaz as condições simples restantes* na condição de seleção conjuntiva.
- **S9 — Seleção conjuntiva usando um índice composto.** Se dois ou mais atributos estiverem envolvidos nas condições de igualdade na condição de seleção conjuntiva e um índice composto (ou estrutura hash) existe nos campos combinados — por exemplo, se um índice tiver sido criado sobre a chave composta (Cpf_funcionario, Numero_projeto) do arquivo TRABALHA_EM para OP5 —, podemos usar o índice diretamente.
- **S10 — Seleção conjuntiva por interseção de ponteiros de registro.**[9] Se índices secundários (ou outros caminhos de acesso) estiverem disponíveis em mais de um

[9] Um ponteiro de registro identifica exclusivamente um registro e fornece seu endereço no disco; logo, ele também é chamado de **identificador de registro**, ou **id de registro**.

dos campos envolvidos em condições simples na condição de seleção conjuntiva, e se os índices incluírem ponteiros de registro (em vez de ponteiros de bloco), cada índice pode ser usado para recuperar o **conjunto de ponteiros de registro** que satisfaz a condição individual. A **interseção** desses conjuntos de ponteiros de registros gera os ponteiros que satisfazem a condição de seleção conjuntiva, que são então usados para recuperar esses registros diretamente. Se apenas algumas das condições tiverem índices secundários, cada registro recuperado é testado ainda mais para determinar se ele satisfaz as condições restantes.[10] Em geral, o método S10 pressupõe que cada um dos índices está em um *campo não chave* do arquivo, pois, se uma das condições for uma condição de igualdade em um campo-chave, somente um registro satisfará a condição inteira. Os índices bitmap e funcional discutidos anteriormente em S7 também se aplicam à seleção conjuntiva sobre vários atributos. Para a seleção conjuntiva sobre vários atributos, os bitmaps resultantes passam pela operação AND para produzir a lista de ids de registro; o mesmo pode ser feito quando um ou mais conjuntos de ids de registro vêm de um índice funcional.

Sempre que uma única condição especifica a seleção — como em OP1, OP2 ou OP3 —, o SGBD só pode verificar se existe ou não um caminho de acesso no atributo envolvido nessa condição. Se existir um caminho de acesso (como uma chave de índice ou hash ou um arquivo ordenado), o método correspondente a esse caminho de acesso é utilizado; caso contrário, a técnica de força bruta ou pesquisa linear de S1 pode ser usada. A otimização de consulta para uma operação SELECT é necessária principalmente para condições de seleção conjuntivas sempre que *mais de um* dos atributos envolvidos nas condições tiver um caminho de acesso. O otimizador deve escolher o caminho de acesso que *recupera menos registros* da maneira mais eficiente, estimando os diferentes custos (ver Seção 19.3) e escolhendo o método com o menor custo estimado.

18.3.3 Métodos de pesquisa de seleção disjuntiva

Em comparação com uma condição de seleção conjuntiva, uma **condição disjuntiva** (em que condições simples são ligadas pelo conectivo lógico OR em vez de AND) é muito mais difícil de processar e otimizar. Por exemplo, considere a OP4':

OP4': $\sigma_{\text{Numero\_departamento=5 OR Salario > 30000 OR Sexo='F'}}$(FUNCIONARIO)

Com tal condição, os registros que satisfazem a condição disjuntiva são a *união* dos registros que satisfazem as condições individuais. Logo, se qualquer *uma* das condições não tiver um caminho de acesso, somos atraídos a usar a técnica de força bruta, de pesquisa linear. Somente se houver um caminho de acesso em *cada* condição simples na disjunção é que podemos otimizar a seleção recuperando os registros que satisfazem cada condição — ou seus ids de registro — e depois aplicando a operação de *união* para eliminar duplicatas.

Todos os métodos discutidos em S1 a S7 são aplicáveis a cada condição simples gerando um possível conjunto de ids de registro. O otimizador de consulta precisa escolher o método apropriado para executar cada operação SELECT em uma consulta. Essa otimização usa fórmulas que estimam os custos para cada método de acesso disponível, conforme discutiremos nas seções 19.4 e 19.5. O otimizador escolhe o método de acesso com o menor custo estimado.

---

[10] A técnica pode ter muitas variações — por exemplo, se os índices forem *índices lógicos* que armazenam valores de chave primária em vez de ponteiros de registro.

18.3.4 Estimando a seletividade de uma condição

Para minimizar o custo geral da execução da consulta em termos dos recursos utilizados e do tempo de resposta, o otimizador de consulta recebe informações valiosas do catálogo do sistema, que contém informações estatísticas importantes sobre o banco de dados.

Informações no catálogo do banco de dados. Um catálogo de SGBDR típico contém os seguintes tipos de informação:

Para cada relação (tabela) r com esquema R contendo r_R tuplas:

- O número de linhas/registros ou sua cardinalidade: $|r(R)|$. Vamos nos referir ao número de linhas simplesmente como r_R.
- A "largura" da relação (ou seja, o tamanho de cada tupla na relação). Esse tamanho da tupla é indicado por R.
- O número de blocos que a relação ocupa no armazenamento: indicado por b_R.
- O fator de bloco *bfr*, que é o número de tuplas por bloco.

Para cada atributo A na relação R:

- O número de valores distintos de A em R: NVD (A, R).
- Os valores máximo e mínimo do atributo A em R: max (A, R) e min (A, R).

Observe que muitas outras formas de estatísticas são possíveis e podem ser mantidas, como for preciso. Se houver um índice composto sobre os atributos <*A*, *B*>, então o NVD (*R*, <*A*, *B*>) tem significado. É feito um esforço para manter essas estatísticas o mais preciso possível; porém, é desnecessário mantê-las atualizadas minuto a minuto, pois o overhead para fazer isso em bancos de dados muito ativos é muito alto. Retornaremos a muitos desses parâmetros na Seção 19.3.2.

Quando o otimizador está escolhendo entre várias condições simples em uma condição de seleção conjuntiva, ele normalmente considera a *seletividade* de cada condição. A **seletividade** (*sl*) é definida como a razão entre o número de registros (tuplas) que satisfazem a condição e o número total de registros (tuplas) no arquivo (relação), e, por isso, é um número entre zero e um. *Seletividade zero* significa que nenhum dos registros no arquivo satisfaz a condição de seleção, e uma seletividade de um significa que todos os registros no arquivo satisfazem a condição. Em geral, a seletividade não será um desses dois extremos, mas uma fração que estima a porcentagem dos registros do arquivo a serem recuperados.

Embora as seletividades exatas de todas as condições possam não estar disponíveis, **estimativas de seletividades** costumam ser mantidas no catálogo do SGBD e são usadas pelo otimizador. Por exemplo, para uma condição de igualdade em um atributo-chave da relação $r(R)$, $s = 1/|r(R)|$, em que $|r(R)|$ é o número de tuplas na relação $r(R)$. Para uma condição de igualdade em um atributo não chave com *i valores distintos*, s pode ser estimado por $(|r(R)|/i)/|r(R)|$ ou $1/i$, supondo que os registros sejam igual ou **uniformemente distribuídos** entre os valores distintos. Sob essa suposição, $|r(R)|/i$ registros satisfarão uma condição de igualdade nesse atributo. Para uma consulta de intervalo com a condição de seleção,

$A \geq v$, considerando uma distribuição uniforme,
$sl = 0$ se $v > \max(A, R)$
$sl = \max(A, R) - v / \max(A, R) - \min(A, R)$

Em geral, o número de registros satisfazendo uma condição de seleção com seletividade *sl* é estimado como sendo $|r(R)| * sl$. Quanto menor for essa estimativa, maior o desejo de usar tal condição primeiro para recuperar registros. Para um atributo não chave com NVD (A, R) valores distintos, geralmente esses valores não são distribuídos uniformemente.

Se a distribuição real dos registros entre os diversos valores distintos do atributo for mantida pelo SGBD na forma de um **histograma**, é possível obter estimativas mais precisas do número de registros que satisfazem determinada condição. Discutiremos as informações do catálogo e os histogramas com mais detalhes na Seção 19.3.3.

18.4 Implementando a operação JOIN

A operação JOIN é uma das operações mais demoradas no processamento da consulta. Muitas das operações de junção encontradas nas consultas são das variedades EQUIJOIN e NATURAL JOIN, de modo que consideramos apenas essas duas aqui, pois só estamos dando uma visão geral do processamento e otimização da consulta. Para o restante deste capítulo, o termo **junção** refere-se a uma EQUIJOIN (ou NATURAL JOIN).

Existem muitas maneiras possíveis de implementar uma **junção de duas vias**, que é uma junção em dois arquivos. As junções que envolvem mais de dois arquivos são denominadas **junções multivias**. O número de formas possíveis de executar junções multivias cresce muito rapidamente, em virtude da explosão combinatória de ordenações de junção possíveis. Nesta seção, discutimos as técnicas para implementar *apenas junções de duas vias*. Para ilustrar nossa discussão, referimo-nos ao esquema relacional da Figura 5.5 mais uma vez — especificamente, às relações FUNCIONARIO, DEPARTAMENTO e PROJETO. Os algoritmos que discutimos em seguida são para uma operação de junção na forma:

$$R \bowtie_{A=B} S$$

em que A e B são os **atributos de junção**, que devem ser compatíveis por domínio de R e S, respectivamente. Os métodos que discutimos podem ser estendidos para formas mais gerais de junção. Ilustramos quatro das técnicas mais comuns para realizar tal junção, usando as seguintes operações como exemplo:

OP6: FUNCIONARIO $\bowtie_{\text{Numero\_departamento=Numero\_departamento}}$ DEPARTAMENTO
OP7: DEPARTAMENTO $\bowtie_{\text{Cpf\_gerente=Cpf}}$ FUNCIONARIO

18.4.1 Métodos para implementar junções

- **J1 — Junção de loop aninhado (ou junção de bloco aninhado).** Esse é o algoritmo padrão (força bruta), pois não exige quaisquer caminhos de acesso especiais em qualquer arquivo na junção. Para cada registro t em R (loop externo), recupere cada registro s de S (loop interno) e teste se os dois registros satisfazem a condição de junção $t[A] = s[B]$.[11]
- **J2 — Junção de loop aninhado baseada em índice (usando uma estrutura de acesso para recuperar os registros correspondentes).** Se houver um índice (ou chave hash) para um dos dois atributos de junção — digamos, atributo B do arquivo S —, recupere cada registro t em R (loop sobre o arquivo R) e depois use a estrutura de acesso (como um índice ou uma chave hash) para recuperar diretamente todos os registros correspondentes s de S que satisfazem $s[B] = t[A]$.
- **J3 — Junção merge-sort.** Se os registros de R e S estiverem *fisicamente ordenados* por valor dos atributos de junção A e B, respectivamente, podemos implementar a junção da maneira mais eficiente possível. Os dois arquivos são varridos simultaneamente na ordem dos atributos de junção, combinando os registros que têm os mesmos valores para A e B. Se os arquivos não estiverem

[11] Para arquivos de disco, é óbvio que os loops serão sobre blocos de disco, de modo que esta técnica também tem sido chamada de *junção de bloco aninhado*.

ordenados, eles podem sê-lo, primeiro, usando a ordenação externa (ver Seção 18.2). Neste método, pares de blocos de arquivo são copiados para buffers de memória na ordem e os registros de cada arquivo são varridos apenas uma vez cada, para combinar com o outro arquivo — a menos que *A* e *B* sejam atributos não chave, caso em que o método precisa ser ligeiramente modificado. Um esboço do algoritmo de junção merge-sort aparece na Figura 18.3(a). Usamos *R*(*i*) para nos referirmos ao *i*-ésimo registro no arquivo *R*. Uma variação da junção merge-sort pode ser usada quando houver índices secundários sobre os dois atributos de junção. Os índices oferecem a capacidade de acessar (varrer) os registros na ordem dos atributos de junção, mas os próprios registros estão fisicamente espalhados por todos os blocos do arquivo, de modo que esse método pode ser muito ineficaz, pois cada acesso a registro pode envolver o acesso a um bloco de disco diferente.

- **J4 — Junção de partição-hash (ou simplesmente junção de hash).** Os registros dos arquivos *R* e *S* são particionados em arquivos menores. O particionamento de cada arquivo é feito usando a mesma função hashing *h* sobre o atributo de junção *A* de *R* (para o particionamento do arquivo R) e *B* de *S* (para o particionamento do arquivo S). Primeiro, uma única passada pelo arquivo com menos registros (digamos, *R*) cria hashes de seus registros para as diversas partições de R; essa é a chamada **fase de particionamento**, pois os registros de *R* são particionados nos buckets de hash. No caso mais simples, consideramos que o arquivo menor pode caber inteiramente na memória principal depois de ser particionado, de modo que os subarquivos particionados de *R* são todos mantidos na memória principal. A coleção de registros com o mesmo valor de *h*(*A*) é colocada na mesma partição, que é um **bucket de hash** em uma tabela hash na memória principal. Na segunda fase, chamada **fase de investigação**, uma única passada pelo outro arquivo (*S*) cria então o hash de cada um de seus registros usando a mesma função de hash *h*(*B*) para *investigar* o bucket apropriado, e tal registro é combinado com todos os registros correspondentes de *R* nesse bucket. Essa descrição simplificada da junção de partição-hash pressupõe que o menor dos dois arquivos *cabe inteiramente nos buckets de memória* após a primeira fase. Mais adiante, discutiremos o caso geral da junção de partição-hash que não requer esse pressuposto. Na prática, as técnicas de J1 a J4 são implementadas ao acessar *blocos de disco inteiros* de um arquivo, em vez de registros individuais. Dependendo do número disponível de buffers na memória, o número de blocos lidos do arquivo pode ser ajustado.

```
(a) ordena as tuplas em R sobre atributo A;    (* suponha que R tenha n tuplas
(registros) *)
    ordena as tuplas em S sobre atributo B;    (* suponha que S tenha m tuplas
(registros) *)
    atribua i ← 1, j ← 1;
    enquanto (i ≤ n) e (j ≤ m)
    faça   {  se R(i)[A] > S(j)[B]
                 então atribua j ← j + 1
              senão se R(i)[A] < S(j)[B]
                 então atribua i ← i + 1
              senão {  (* R(i)[A] = S(j)[B], de modo que enviamos uma tupla combinada *)
                    envia a tupla combinada <R(i), S(j)> para T;
                    (* envia outras tuplas que combinam com R(i), se houver *)
                    atribua l ← j + 1;
                    enquanto (l ≤ m) e (R(i)[A] = S(l)[B])
                    faça { envia a tupla combinada <R(i), S(l)> para T;
                        atribua l ← l + 1
                    }
              (* envia outras tuplas que combinam com S(j), se houver *)
```

Figura 18.3 Implementando JUNÇÃO, PROJEÇÃO, UNIÃO, INTERSEÇÃO e DIFERENÇA ao usar merge-sort, em que *R* tem *n* tuplas e *S* tem *m* tuplas. (a) Implementando a operação $T \leftarrow R \bowtie_{A=B}$ *(continua)*

```
            atribua k ← i + 1;
            enquanto (k ≤ n) e (R(k)[A] = S(j)[B])
            faça {  envia a tupla combinada <R(k), S(j)> para T;
                    atribua k ← k + 1
            }
            atribua i ← k, j ← l
        }
    }
(b) cria uma tupla t[<lista atributos>] em T ' para cada tupla t em R;
        (* T ' contém os resultados da projeção antes da eliminação de duplicatas *)
    se <lista atributos> inclui uma chave de R
        então T ← T '
    senão {    ordena as tuplas em T' ;
        atribua i ← 1, j ← 2;
        enquanto i ≤ n
        faça {  envia a tupla T ' [ i ]  para T;
                enquanto T '[i]  = T '[j]  e j ≤ n faça j ← j + 1;      (* elimina duplicatas *)
                i ← j; j ← i + 1
        }
    }
    (* T contém o resultado da projeção após a eliminação de duplicatas *)
(c) ordena as tuplas em R e S usando os mesmos atributos de ordenação únicos;
    atribua i ← 1, j ← 1;
    enquanto (i ≤ n) e (j ≤ m)
    faça {  se R(i) > S(j)
                então {    envia S(j) para T;
                           atribua j ← j + 1
                }
            senão se R(i)  < S(j)
                então {    envia R(i) para T;
                           atribua i ← i + 1
                }
            senão atribua j ← j + 1   (* R(i)= S(j), e pulamos uma das tuplas duplicadas *)
    }
    se (i ≤ n) então acrescenta tuplas R(i) em R(n) para T;
    se (j ≤ m) então acrescenta tuplas S(j) em S(m) para T;
(d) ordena as tuplas em R e S usando os mesmos atributos de ordenação únicos;
    atribua i ← 1, j ← 1;
    enquanto (i  ≤ n) e (j ≤ m)
    faça {  se R(i)  > S(j)
                então atribua j ← j + 1
            senão se  R(i)  < S(j)
                então atribua i ← i + 1
            senão {envia R(j) para T;        (* R(i) = S(j), de modo que enviamos a tupla *)
                   atribua i ← i + 1, j ← j + 1
            }
    }
(e) ordena as tuplas em R e S usando os mesmos atributos de ordenação únicos;
    atribua i ← 1, j ← 1;
    enquanto (i ≤ n) e ( j ≤ m)
    faça {  se R(i)  > S(j)
                então atribua j ← j + 1
            senão se R(i) < S(j)
                então {    envia R(i) para T;  (* R(i) não tem S(j) combinando, e enviamos
R(i)  *)
                          atribua i ← i + 1
                }
         senão atribua i ← i + 1, j ← j + 1
    }
    se (i ≤ n) então acrescenta tuplas R(i) em R(n) para T;
```

Figura 18.3 Implementando JUNÇÃO, PROJEÇÃO, UNIÃO, INTERSEÇÃO e DIFERENÇA ao usar merge-sort, em que *R* tem *n* tuplas e *S* tem *m* tuplas. (a) Implementando a operação $T \leftarrow R \bowtie_{A=B}$. (b) Implementando a operação $T \leftarrow \pi_{\text{<lista atributos>}}(R)$. (c) Implementando a operação $T \leftarrow R \cup S$. (d) Implementando a operação $T \leftarrow R \cap S$. (e) Implementando a operação $T \leftarrow R - S$. *(continuação)*

18.4.2 *Como o espaço do buffer e a escolha do arquivo de loop externo afetam o desempenho da junção de loop aninhado*

O espaço disponível do buffer tem um efeito importante sobre alguns dos algoritmos de junção. Primeiro, vamos considerar a técnica de loop aninhado (J1). Examinando novamente a operação OP6, suponha que o número de buffers disponíveis na memória principal para implementar a junção seja $n_B = 7$ blocos (buffers). Lembre-se de que consideramos que cada buffer da memória tem o mesmo tamanho de um bloco de disco. Por ilustração, suponha que o arquivo DEPARTAMENTO consista em $r_D = 50$ registros armazenados em $b_D = 10$ blocos de disco e que o arquivo FUNCIONARIO consista em $r_F = 6.000$ registros armazenados em $b_F = 2.000$ blocos de disco. É vantajoso ler o máximo de blocos possíveis de uma só vez para a memória a partir do arquivo, cujos registros são usados para o loop externo. Observe que, mantendo um bloco para leitura a partir do arquivo interno e um bloco para escrita para o arquivo externo, $n_B - 2$ blocos estão disponíveis para leitura a partir da relação externa. O algoritmo pode então ler um bloco de cada vez para o arquivo do loop interno e usar seus registros para **investigar** (ou seja, pesquisar) os blocos do loop externo que estão atualmente na memória principal para combinação dos registros. Isso reduz o número total de acessos a bloco. Um buffer extra na memória principal é necessário para conter os registros resultantes após serem juntados, e o conteúdo desse buffer de resultado pode ser anexado ao **arquivo de resultado** — o arquivo de disco que conterá o resultado da junção — sempre que ele for preenchido. Esse bloco de buffer de resultado é então reutilizado para manter registros adicionais de resultado de junção.

Na junção de loop aninhado, faz diferença qual arquivo é escolhido para o loop externo e qual o é para o loop interno. Se FUNCIONARIO for usado para o loop externo, cada bloco de FUNCIONARIO é lido uma vez, e o arquivo DEPARTAMENTO inteiro (cada um de seus blocos) é lido uma vez para *cada vez* que lemos $(n_B - 2)$ blocos do arquivo FUNCIONARIO. Obtemos as seguintes fórmulas para o número de blocos de disco lidos do disco para a memória principal:

Número total de blocos acessados (lidos) para o arquivo de loop externo = b_F
Número de vezes $(n_B - 2)$ que os blocos do arquivo externo são carregados para a memória principal = $\lceil b_F/(n_B - 2)\rceil$
Número total de blocos acessados (lidos) para o arquivo de loop interno = $b_D * \lceil b_F/(n_B - 2)\rceil$

Logo, obtemos o seguinte número total de acessos para leitura de bloco:

$$b_F + (\lceil b_F/(n_B - 2)\rceil * b_D) = 2.000 + (\lceil(2.000/5)\rceil * 10) = 6.000 \text{ acessos de bloco}$$

Por sua vez, se usarmos os registros de DEPARTAMENTO no loop externo, por simetria, obtemos o seguinte número total de acessos de bloco:

$$b_D + (\lceil b_D/(n_B - 2)\rceil * b_F) = 10 + (\lceil(10/5)\rceil * 2.000) = 4.010 \text{ acessos de bloco}$$

O algoritmo de junção usa um buffer para manter os registros juntados do arquivo de resultado. Quando o buffer estiver preenchido, ele será gravado no disco e seu conteúdo anexado ao arquivo de resultado, e depois preenchido novamente com os registros do resultado da junção.[12]

Se o arquivo de resultado da operação de junção tem b_{RES} blocos de disco, cada bloco é gravado uma vez no disco, de modo que b_{RES} acessos de bloco (gravações) adicionais devem ser acrescentados às fórmulas anteriores a fim de estimar o custo total

[12] Se reservarmos dois buffers para o arquivo de resultado, o buffering duplo pode ser usado para agilizar o algoritmo (ver Seção 16.3).

da operação de junção. O mesmo vale para as fórmulas desenvolvidas mais adiante para outros algoritmos de junção. Como este exemplo mostra, é vantajoso usar o arquivo *com menos blocos* como arquivo de loop externo na junção de loop aninhado.

18.4.3 Como o fator de seleção de junção afeta o desempenho da junção

Outro fator que afeta o desempenho de uma junção, particularmente o método de único loop J2, é a fração de registros em um arquivo que será juntada com registros no outro arquivo. Chamamos isso de **fator de seleção de junção**[13] de um arquivo em relação a uma condição de equijunção com outro arquivo. Esse fator depende da condição de equijunção em particular entre os dois arquivos. Para ilustrar isso, considere a operação OP7, que junta cada registro de DEPARTAMENTO com o registro de FUNCIONARIO para o gerente desse departamento. Aqui, cada registro de DEPARTAMENTO (existem 50 desses registros em nosso exemplo) será juntado a um único registro de FUNCIONARIO, mas muitos registros de FUNCIONARIO (os 5.950 deles, que não gerenciam um departamento) não serão juntados com qualquer registro de DEPARTAMENTO.

Suponha que existam índices secundários sobre os atributos Cpf de FUNCIONARIO e Cpf_gerente de DEPARTAMENTO, com o número de níveis de índice $x_{\text{Cpf}} = 4$ e $x_{\text{Cpf\_gerente}} = 2$, respectivamente. Temos duas opções para implementar o método J2. A primeira recupera cada registro de FUNCIONARIO e depois usa o índice sobre Cpf_gerente de DEPARTAMENTO para encontrar um registro de DEPARTAMENTO correspondente. Nesse caso, nenhum registro combinando será encontrado para funcionários que não gerenciam um departamento. O número de acessos de bloco para esse caso é aproximadamente:

$$b_F + (r_F * (x_{\text{Cpf\_gerente}} + 1)) = 2.000 + (6.000 * 3) = 20.000 \text{ acessos de bloco}$$

A segunda opção recupera cada registro de DEPARTAMENTO e depois usa o índice sobre Cpf de FUNCIONARIO para encontrar um registro de FUNCIONARIO gerente correspondente. Nesse caso, cada registro de DEPARTAMENTO terá um registro de FUNCIONARIO correspondente. O número de acessos de bloco para esse caso é aproximadamente:

$$b_D + (r_D * (x_{\text{Cpf}} + 1)) = 10 + (50 * 5) = 260 \text{ acessos de bloco}$$

A segunda opção é mais eficiente porque o fator de seleção de junção de DEPARTAMENTO *em relação à condição de junção* Cpf = Cpf_gerente é 1 (cada registro em DEPARTAMENTO será juntado), enquanto o fator de seleção de junção de FUNCIONARIO em relação à mesma condição de junção é (50/6.000), ou 0,008 (apenas 0,8% dos registros em FUNCIONARIO serão juntados). Para o método J2, o menor arquivo ou o arquivo que tem uma correspondência para cada registro (ou seja, o arquivo com o fator de seleção de junção alto) deve ser usado no (único) loop de junção. Também é possível criar um índice especificamente para realizar a operação de junção se ainda não houver um.

A junção merge-sort J3 é muito eficiente se os dois arquivos já estiverem ordenados por seu atributo de junção. Somente um único passo é feito em cada arquivo. Logo, o número de blocos acessados é igual à soma dos números de blocos nos dois arquivos. Para esse método, tanto OP6 quanto OP7 precisariam de $b_F + b_D = 2.000 + 10 = 2.010$ acessos de bloco. No entanto, os dois arquivos precisam estar ordenados pelos atributos de junção; se um ou ambos não estiverem, deve ser criada uma cópia ordenada de cada arquivo especificamente para realizar a operação de junção. Se estimarmos aproximadamente o custo de ordenação de um arquivo externo por

[13] Isso é diferente da *seletividade de junção*, que discutiremos no Capítulo 19.

($b \log_2 b$) acessos de bloco, e se os dois arquivos precisarem ser ordenados, o custo total de uma junção merge-sort pode ser estimado por ($b_F + b_D + b_F \log_2 b_F + b_D \log_2 b_D$).[14]

18.4.4 *Caso geral para a junção de partição-hash*

O método de junção de hash J4 também é bastante eficiente. Nesse caso, apenas uma única passada é feita sobre cada arquivo, estejam os arquivos ordenados ou não. Se a tabela hash para o menor dos dois arquivos puder ser mantida totalmente na memória principal após o hashing (particionamento) sobre seu atributo de junção, a implementação é simples. Porém, se as partições de ambos os arquivos tiverem de ser armazenadas em disco, o método torna-se mais complexo, e diversas variações para melhorar a eficiência foram propostas. Discutimos duas técnicas: o caso geral de *junção de partição-hash* e uma variação chamada *algoritmo híbrido de junção de hash*, que demonstrou ser muito eficiente.

No caso geral da **junção de partição-hash**, cada arquivo é primeiro particionado em *M* partes usando a mesma **função hash de particionamento** nos atributos de junção. Depois, cada par de partições correspondentes é juntado. Por exemplo, suponha que estejamos juntando relações *R* e *S* sobre os atributos de junção *R.A* e *S.B*:

$R \bowtie_{A=B} S$

Na **fase de particionamento**, *R* é particionado nas *M* partições $R_1, R_2, ..., R_M$, e *S* nas *M* partições $S_1, S_2, ..., S_M$. A propriedade de cada par de partições correspondentes R_i, S_i em relação à operação de junção é que os registros em R_i *só precisam ser juntados* com registros em S_i, e vice-versa. Essa propriedade é garantida usando a *mesma função hash* para particionar os dois arquivos sobre seus atributos de junção — atributo *A* para *R* e atributo *B* para *S*. O número mínimo de buffers na memória necessários para a **fase de particionamento** é $M + 1$. Cada um dos arquivos *R* e *S* é particionado separadamente. Durante o particionamento de um arquivo, *M* buffers na memória são alocados para armazenar os registros que criam hash para cada partição, e um buffer adicional é necessário para manter um bloco de cada vez do arquivo de entrada que está sendo particionado. Sempre que o buffer na memória para uma partição é preenchido, seu conteúdo é anexado a um **subarquivo de disco** que armazena a partição. A fase de particionamento tem *duas iterações*. Após a primeira iteração, o primeiro arquivo *R* é particionado nos subarquivos $R_1, R_2, ..., R_M$, nos quais todos os registros que tiveram hash para o mesmo buffer estão na mesma partição. Após a segunda iteração, o segundo arquivo *S* é particionado de modo semelhante.

Na segunda fase, chamada **fase de junção** ou **investigação**, *M iterações* são necessárias. Durante a iteração *i*, duas partições correspondentes R_i e S_i são juntadas. O número mínimo de buffers necessários para a iteração *i* é o número de blocos na menor das duas partições, digamos R_i, mais dois buffers adicionais. Se usarmos uma junção de loop aninhado durante a iteração *i*, os registros da menor das duas partições R_i são copiados para buffers da memória; depois, todos os blocos da outra partição S_i são lidos — um de cada vez — e cada registro é usado para **investigar** (ou seja, pesquisar) a partição R_i em busca de registro(s) correspondente(s). Quaisquer registros correspondentes são juntados e gravados no arquivo de resultado. Para melhorar a eficiência da investigação na memória, é comum usar uma *tabela hash na memória* para armazenar os registros na partição R_i usando uma função hash *diferente* da função hash de particionamento.[15]

[14] Podemos usar as fórmulas mais exatas da Seção 19.5 se soubermos o número de buffers disponíveis para ordenação.

[15] Se a função hash para o particionamento for usada novamente, todos os registros em uma partição criarão hash para o mesmo bucket novamente.

Podemos aproximar o custo dessa junção de partição-hash como $3 * (b_R + b_S) + b_{RES}$ para nosso exemplo, pois cada registro é lido uma vez e gravado de volta no disco uma vez durante a fase de particionamento. No decorrer da fase de junção (investigação), cada registro é lido uma segunda vez para realizar a junção. A *principal dificuldade* desse algoritmo é garantir que a função hash de particionamento seja **uniforme** — ou seja, os tamanhos de partição são quase iguais em tamanho. Se a função de particionamento for **viesada** (não uniforme), algumas partições podem ser muito grandes para caber no espaço de memória disponível para a segunda fase de junção.

Observe que, se o espaço de buffer disponível na memória $n_B > (b_R + 2)$, em que b_R é o número de blocos para o *menor* dos dois arquivos sendo juntados, digamos, R, então não existe motivo para realizar o particionamento, pois nesse caso a junção pode ser realizada inteiramente na memória, usando alguma variação da junção de loop aninhado baseada no hashing e na investigação. Por exemplo, suponha que estejamos realizando a operação de junção OP6, repetida a seguir:

OP6: FUNCIONARIO $\bowtie_{\text{Numero\_departamento=Numero\_departamento}}$ DEPARTAMENTO

Nesse exemplo, o arquivo menor é o arquivo DEPARTAMENTO; logo, se o número de buffers de memória disponíveis $n_B > (b_D + 2)$, o arquivo DEPARTAMENTO inteiro poderá ser lido para a memória principal e organizado em uma tabela hash no atributo de junção. Cada bloco de FUNCIONARIO é então lido para um buffer, e cada registro de FUNCIONARIO no buffer tem um hash em seu atributo de junção e é usado para *investigar* o bucket correspondente na memória, na tabela hash DEPARTAMENTO. Se um registro correspondente for achado, os registros são juntados, e os registros do resultado são gravados no buffer de resultado e, por fim, no arquivo de resultado em disco. O custo em termos de acessos de bloco é, portanto, $(b_D + b_F)$, mais b_{RES} — o custo de gravar o arquivo de resultado.

18.4.5 Junção hash híbrida

O **algoritmo junção hash híbrido** é uma variação de partição de junção hash, em que a fase de *junção* para *uma das partições* está incluída na fase de *particionamento*. Para ilustrar isso, vamos supor que o tamanho de um buffer de memória seja um bloco de disco; que n_B de tais buffers estejam *disponíveis*; e que a função hash de particionamento utilizada seja $h(K) = K \bmod M$, de modo que M partições estejam sendo criadas, em que $M < n_B$. Por exemplo, suponha que estejamos realizando a operação de junção OP6. No *primeiro passo* da fase de particionamento, quando o algoritmo híbrido de junção hash está particionando o menor dos dois arquivos (DEPARTAMENTO em OP6), o algoritmo divide o espaço do buffer entre as M partições, de modo que todos os blocos da *primeira partição* de DEPARTAMENTO residam completamente na memória principal. Para cada uma das outras partições, somente um único buffer na memória — cujo tamanho é de um bloco de disco — é alocado; o restante da partição é gravado em disco, como na junção normal de partição-hash. Logo, ao final da *primeira passada da fase de particionamento*, a primeira partição de DEPARTAMENTO reside inteiramente na memória principal, enquanto cada uma das outras partições de DEPARTAMENTO reside em um subarquivo do disco.

Para a segunda passada da fase de particionamento, os registros do segundo arquivo sendo juntado — o arquivo maior, FUNCIONARIO em OP6 — estão sendo particionados. Se um registro gera um hash para a *primeira partição*, ele é juntado com o registro correspondente em DEPARTAMENTO e os registros juntados são gravados no buffer de resultado (e, por fim, no disco). Se um registro de FUNCIONARIO gera um hash para uma partição que não seja a primeira, ele é particionado normalmente e armazenado no disco. Logo, ao final do segundo passo da fase de particionamento, todos os registros que geram hash para a primeira partição foram juntados. Nesse ponto, existem $M - 1$ pares de partições no disco. Portanto, durante a segunda fase de **junção** ou **investigação**, $M - 1$ *iterações* são necessárias, em vez de M. O objetivo é juntar o máximo de registros durante a fase de particionamento, de modo a economizar o custo de armazenar esses registros no disco e depois lê-los pela segunda vez durante a fase de junção.

18.5 Algoritmos para operações PROJEÇÃO e de conjunto

Uma operação PROJEÇÃO $\pi_{<\text{lista atributos}>}(R)$ da álgebra relacional significa que, após projetar R sobre apenas as colunas na lista de atributos, quaisquer duplicatas são removidas tratando o resultado estritamente como um conjunto de tuplas. No entanto, a consulta SQL:

```
SELECT  Salario
FROM    FUNCIONARIO
```

produz uma lista de salários de todos os funcionários. Se houver 10.000 funcionários e apenas 80 valores distintos para o salário, isso produz um resultado de uma coluna com 10.000 tuplas. Essa operação é feita pela simples pesquisa linear, fazendo uma passada completa pela tabela.

Obter o verdadeiro efeito da operação da álgebra relacional $\pi_{<\text{lista atributos}>}(R)$ é simples de implementar se <lista atributos> incluir uma chave da relação R, pois nesse caso o resultado da operação terá o mesmo número de tuplas que R, mas com apenas os valores para os atributos em <lista atributos> em cada tupla. Se <lista atributos> não incluir uma chave de R, as *tuplas duplicadas devem ser eliminadas*. Isso pode ser feito ao ordenar o resultado da operação e depois ao eliminar tuplas duplicadas, que aparecem consecutivamente após a ordenação. Um esboço do algoritmo aparece na Figura 18.3(b). O hashing também pode ser usado para eliminar duplicatas: à medida que cada registro gera um hash e é inserido em um bucket do arquivo hash na memória, ele é comparado com os registros que já estão no bucket; se for uma duplicata, ele não é inserido no bucket. É útil lembrar aqui que, nas consultas SQL, o padrão é não eliminar duplicatas do resultado da consulta; estas só são eliminadas se a palavra-chave DISTINCT for incluída.

Operações de conjunto — UNIÃO, INTERSEÇÃO, DIFERENÇA e PRODUTO CARTESIANO — às vezes são dispendiosas de implementar, visto que UNIÃO, INTERSEÇÃO, DIFERENÇA (ou SUBTRAÇÃO) são operadores de conjunto e sempre precisam retornar resultados distintos.

Em particular, a operação PRODUTO CARTESIANO $R \times S$ é muito dispendiosa porque seu resultado inclui um registro para cada combinação de registros de R e S. Além disso, cada registro no resultado inclui todos os atributos de R e S. Se R tem n registros e j atributos, e S tem m registros e k atributos, a relação de resultado para $R \times S$ terá $n * m$ registros e cada registro terá $j + k$ atributos. Logo, é importante evitar a operação PRODUTO CARTESIANO e substituí-la por outras operações, como a junção, durante a otimização da consulta. As outras três operações de conjunto — UNIÃO, INTERSEÇÃO e DIFERENÇA[16] — só se aplicam a relações **compatíveis no tipo** (ou compatíveis na união), que têm o mesmo número de atributos e os mesmos domínios de atributo. O modo comum de implementar essas operações é usar variações da **técnica de merge-sort**: as duas relações são ordenadas sobre os mesmos

[16] DIFERENÇA é chamada de MINUS ou EXCEPT em SQL.

atributos e, depois da ordenação, uma única varredura por cada relação é suficiente para produzir o resultado. Por exemplo, podemos implementar a operação UNIÃO, $R \cup S$, varrendo e intercalando os dois arquivos ordenados simultaneamente, e, sempre que a mesma tupla existir nas duas relações, apenas uma é mantida no resultado intercalado. Para a operação INTERSEÇÃO, $R \cap S$, mantemos no resultado intercalado somente as tuplas que aparecem nas *duas relações ordenadas*. Da Figura 18.3(c) até a (e), há um esboço da implementação dessas operações pela ordenação e intercalação. Alguns dos detalhes não estão incluídos nesses algoritmos.

O **hashing** também pode ser usado para implementar UNIÃO, INTERSEÇÃO e DIFERENÇA. Primeiro, uma tabela é varrida e depois particionada em uma tabela hash na memória com buckets, e os registros na outra tabela são então varridos um de cada vez e usados para investigar a partição apropriada. Por exemplo, para implementar $R \cup S$, primeiro crie o hash (particione) dos registros de R; depois, use o hash (investigue) dos registros de S, mas não insira registros duplicados nos buckets. Para implementar $R \cap S$, primeiro particione os registros de R para o arquivo hash. Depois, enquanto realiza o hashing de cada registro de S, investigue para verificar se um registro idêntico de R existe no bucket e, se houver, acrescente o registro no arquivo de resultado. Para implementar $R - S$, primeiro crie o hash dos registros de R para os buckets do arquivo hash. Ao realizar o hashing (investigar) de cada registro de S, se um registro idêntico for encontrado no bucket, remova esse registro do bucket.

18.5.1 Uso de antijunção para DIFERENÇA (ou EXCEPT ou MINUS na SQL)

O operador MINUS na SQL é transformado em uma antijunção (que apresentamos na Seção 18.1) da seguinte forma: suponha que queiramos descobrir quais departamentos não possuem funcionários no esquema da Figura 5.5:

```
SELECT  Numero_departamento
FROM    DEPARTAMENTO MINUS
SELECT  Numero_departamento FROM FUNCIONARIO;
```

Isso pode ser convertido para o seguinte:

```
SELECT  DISTINCT DEPARTAMENTO.Numero_departamento
FROM    DEPARTAMENTO, FUNCIONARIO
WHERE   DEPARTAMENTO.Numero_departamento
        A=FUNCIONARIO.Numero_departamento
```

Usamos a notação fora do padrão para a antijunção, "*A*=", em que DEPARTAMENTO está à esquerda da antijunção e FUNCIONARIO está à direita.

Em SQL, existem duas variações dessas operações de conjunto. As operações UNION, INTERSECTION e EXCEPT ou MINUS (as palavras-chave SQL para a operação DIFERENÇA) se aplicam a conjuntos tradicionais, nos quais não existe registro duplicado no resultado. As operações UNION ALL, INTERSECTION ALL e EXCEPT ALL se aplicam a multiconjuntos (ou bags). Assim, voltando ao banco de dados da Figura 5.5, considere uma consulta que encontra todos os departamentos em que haja funcionários trabalhando, em que existe pelo menos um projeto controlado por esse departamento, e esse resultado é escrito como:

```
SELECT  Numero_departamento FROM FUNCIONARIO
INTERSECT ALL
SELECT  Numero_departamento FROM PROJETO
```

Isso não eliminaria quaisquer duplicatas de Numero_departamento de FUNCIONARIO enquanto realiza a INTERSECTION. Se todos os 10000 funcionários forem atribuídos a departamentos nos quais existe algum projeto na relação PROJETO, o resultado será a lista de todos os 10000 números de departamento, incluindo duplicatas. Isso pode ser feito pela operação de semijunção, que apresentamos na Seção 18.1, da seguinte forma:

```
SELECT DISTINCT  FUNCIONARIO.Numero_departamento
FROM    DEPARTAMENTO, FUNCIONARIO
WHERE FUNCIONARIO.Numero_departamento
    S=DEPARTAMENTO.Numero_departamento
```

Se INTERSECTION for usado sem o ALL, então uma etapa adicional de eliminação de duplicatas será exigida para os números de departamento selecionados.

18.6 Implementando operações de agregação e diferentes tipos de JOINs

18.6.1 Implementando operações de agregação

Os operadores de agregação (MIN, MAX, COUNT, AVERAGE, SUM), quando aplicados a uma tabela inteira, podem ser calculados por uma varredura de tabela ou usando um índice apropriado, se houver. Por exemplo, considere a seguinte consulta SQL:

```
SELECT   MAX(Salario)
FROM     FUNCIONARIO;
```

Se houver um índice de B^+-tree (crescente) em Salario para a relação FUNCIONARIO, então o otimizador pode decidir sobre o uso do índice Salario para procurar o maior valor de Salario no índice, seguindo o ponteiro *mais à direita* em cada nó índice da raiz até a folha mais à direita. Esse nó incluiria o maior valor de Salario como sua última entrada. Na maioria dos casos, isso seria mais eficiente que uma varredura completa da tabela FUNCIONARIO, pois nenhum registro real precisa ser recuperado. A função MIN pode ser tratada de maneira semelhante, com exceção de que o ponteiro *mais à esquerda* no índice é seguido da raiz até a folha mais à esquerda. Esse nó incluiria o menor valor de Salario como sua *primeira* entrada.

O índice também poderia ser usado para as funções de agregação AVERAGE e SUM, mas somente se for um **índice denso** — ou seja, se houver uma entrada de índice para cada registro no arquivo principal. Nesse caso, o cálculo associado seria aplicado aos valores no índice. Para um **índice não denso**, o número real de registros associados a cada valor de índice deve ser utilizado para um cálculo correto. Isso pode ser feito se o *número de registros associados a cada valor* no índice for armazenado em cada entrada de índice. Para a função de agregação COUNT, o número de valores também pode ser calculado com base no índice de modo semelhante. Se uma função COUNT(*) for aplicada a uma relação inteira, o número de registros atualmente em cada relação costuma ser armazenado no catálogo e, portanto, o resultado pode ser recuperado diretamente do catálogo.

Quando uma cláusula GROUP BY é usada em uma consulta, o operador de agregação deve ser aplicado separadamente a cada grupo de tuplas, conforme particionado pelo atributo de agrupamento. Logo, a tabela precisa primeiro ser particionada em subconjuntos de tuplas, nos quais cada partição (grupo) tem o mesmo valor para os atributos de agrupamento. Nesse caso, o cálculo é mais complexo. Considere a seguinte consulta:

```
SELECT     Numero_departamento, AVG(Salario)
FROM       FUNCIONARIO
GROUP BY   Numero_departamento;
```

A técnica comum para tais consultas é primeiro usar a **ordenação** ou o **hashing** sobre os atributos de agrupamento para particionar o arquivo nos grupos apropriados. Depois, o algoritmo calcula a função de agregação para as tuplas em cada grupo, que têm o mesmo valor de atributo(s) de agrupamento. Na consulta de exemplo, o conjunto de tuplas de FUNCIONARIO para cada número de departamento seria agrupado em uma partição e o salário médio, calculado para cada grupo.

Observe que, se houver um **índice de agrupamento** (ver Capítulo 17) sobre o(s) atributo(s) de agrupamento, os registros *já estão particionados* (agrupados) nos subconjuntos apropriados. Nesse caso, só é preciso aplicar o cálculo a cada grupo.

18.6.2 Implementando diferentes tipos de JOINs

Além do JOIN padrão (também chamado de INNER JOIN em SQL), existem variações de JOIN que são usadas com frequência. Vamos considerar rapidamente três delas a seguir: junções externas, semijunções e antijunções.

Junções externas. Na Seção 8.4, a *operação de junção externa* foi discutida, com suas três variações: junção externa esquerda (*left outer join*), junção externa direita (*right outer join*) e junção externa completa (*full outer join*). Também discutimos, no Capítulo 7, como essas operações podem ser especificadas em SQL. A seguir, vemos um exemplo de uma operação de junção externa esquerda em SQL:

```
SELECT  F.Ultimo_nome, F.Primeiro_nome, D.Nome_departamento
FROM    (FUNCIONARIO F LEFT OUTER JOIN DEPARTAMENTO D ON
            F.Numero_departamento=D.Numero_departamento);
```

O resultado dessa consulta é uma tabela de nomes de funcionário e seus departamentos associados. Ele é semelhante ao resultado de uma junção normal (interna), com a exceção de que, se uma tupla de FUNCIONARIO (uma tupla na relação *esquerda*) *não tiver um departamento associado*, o nome do funcionário ainda aparecerá na tabela resultante, mas o nome do departamento seria NULL para tais tuplas no resultado da consulta. A junção externa pode ser vista como uma combinação da junção interna e da antijunção.

A junção externa pode ser calculada modificando-se um dos algoritmos de junção, como a junção de loop aninhado ou a junção de único loop. Por exemplo, para calcular uma junção externa *esquerda*, usamos a relação esquerda como loop externo ou loop aninhado com base em índice, pois cada tupla na relação esquerda deve aparecer no resultado. Se houver tuplas correspondentes na outra relação, as tuplas juntadas são produzidas e salvas no resultado. Contudo, se nenhuma tupla correspondente for encontrada, a tupla ainda é incluída no resultado, mas é preenchida com valor(es) NULL. Os algoritmos merge-sort e junção hash também podem ser estendidos para calcular junções externas.

Teoricamente, a junção externa também pode ser calculada ao executar uma combinação de operadores da álgebra relacional. Por exemplo, a operação de junção externa à esquerda, mostrada anteriormente, é equivalente à seguinte sequência de operações relacionais:

1. Calcule o JOIN (junção interna) das tabelas FUNCIONARIO e DEPARTAMENTO.

   TEMP1 $\leftarrow \pi_{\text{Ultimo\_nome, Primeiro\_nome, Nome\_departamento}}$ (FUNCIONARIO $\bowtie_{\text{Numero\_departamento=Numero\_departamento}}$ DEPARTAMENTO)

2. Ache as tuplas de FUNCIONARIO que não aparecem no resultado do JOIN (junção interna).

   TEMP2 $\leftarrow \pi_{\text{Ultimo\_nome, Primeiro\_nome}}$ (FUNCIONARIO) $- \pi_{\text{Ultimo\_nome, Primeiro\_nome}}$ (TEMP1)

Essa operação de menos pode ser obtida realizando-se uma antijunção sobre Ultimo_nome, Primeiro_nome entre FUNCIONARIO e TEMP1, conforme discutimos anteriormente na Seção 18.5.2

3. Preencha cada tupla em TEMP2 com um campo Nome_departamento NULL.

   TEMP2 ← TEMP2 × NULL

4. Aplique a operação UNIÃO a TEMP1, TEMP2 para produzir o resultado do LEFT OUTER JOIN.

   RESULT ← TEMP1 ∪ TEMP2

O custo da junção externa, conforme calculado anteriormente, seria a soma dos custos das etapas associadas (junção interna, projeções, diferença e união). Porém, observe que a etapa 3 pode ser feita enquanto a relação temporária está sendo construída na etapa 2; ou seja, podemos simplesmente preencher cada tupla resultante com um NULL. Além disso, na etapa 4, sabemos que os dois operandos da união são disjuntos (sem tuplas comuns), de modo que não há necessidade de eliminação de duplicatas. Assim, o método preferido é usar uma combinação de junção interna e antijunção, em vez das etapas anteriores, pois o método algébrico de projeção seguido pela diferença de conjunto causa o armazenamento de tabelas temporárias, processadas várias vezes.

A junção externa direita pode ser convertida para uma junção externa esquerda trocando os operandos e, portanto, não precisa de uma discussão separada. A **junção externa completa** exige o cálculo do resultado da junção interna e, depois, o preenchimento para as tuplas extras de resultado que surgem de tuplas não correspondentes das relações com operando esquerdo e direito. Geralmente, a junção externa completa seria calculada estendendo os algoritmos merge-sort ou junção hash para levar em conta as tuplas não correspondentes.

Implementando a semijunção e a antijunção. Na Seção 18.1, apresentamos esses tipos de junções como possíveis operações às quais algumas consultas com subconsultas aninhadas são mapeadas. O objetivo é ser capaz de realizar alguma variante de junção em vez de avaliar a subconsulta diversas vezes. O uso da junção interna seria inválido nesses casos, pois, para cada tupla da relação externa, a junção interna procura todas as correspondências possíveis na relação interna. Na semijunção, a busca termina assim que a primeira correspondência é encontrada e a tupla da relação externa é selecionada; na antijunção, a pesquisa termina logo que a primeira correspondência é encontrada e a tupla da relação externa é rejeitada. Ambos os tipos de junção podem ser implementados como uma extensão dos algoritmos de junção que discutimos na Seção 18.4.

Implementando a não equijunção. A operação de junção também pode ser realizada quando a condição de junção é de desigualdade. No Capítulo 8, referimo-nos a esta operação como junção theta. Essa funcionalidade é baseada em uma condição envolvendo qualquer operador, como $<$, $>$, $\geq$, $\leq$, $\neq$, e assim por diante. Todos os métodos de junção discutidos são novamente aplicáveis aqui, com a exceção de que os algoritmos baseados em hash não podem ser usados.

18.7 Combinando operações usando pipelining

Uma consulta especificada em SQL normalmente será traduzida para uma expressão da álgebra relacional, que é *uma sequência de operações relacionais*. Se executarmos uma única operação de cada vez, temos de gerar arquivos temporários no disco para manter os resultados dessas operações temporárias, criando um overhead excessivo. A avaliação de uma consulta pela criação e armazenamento de cada resultado temporário, para depois passá-lo como um argumento para o próximo operador, é chamada de **avaliação materializada**. Cada resultado materializado temporário é, então, gravado em disco e aumenta o custo geral do processamento da consulta.

Gerar e armazenar grandes arquivos temporários em disco é demorado e pode ser desnecessário em muitos casos, uma vez que esses arquivos serão imediatamente usados como entrada para a próxima operação. Para reduzir o número de arquivos temporários, é comum gerar um código de execução de consulta que corresponde a algoritmos para combinações de operações em uma consulta.

Por exemplo, em vez de ser implementada separadamente, uma JOIN pode ser combinada com duas operações SELECT nos arquivos de entrada e uma operação PROJECT final no arquivo resultante; tudo isso é implementado por um algoritmo com dois arquivos de entrada e um único arquivo de saída. Em vez de criar quatro arquivos temporários, aplicamos o algoritmo diretamente e recebemos apenas um arquivo de resultado.

Na Seção 19.1, discutimos como a otimização da álgebra relacional heurística pode agrupar operações para execução. A combinação de diversas operações em uma, evitando a gravação de resultados temporários em disco, é chamada de **pipelining** ou **processamento baseado em fluxo.**

É comum criar o código de execução de consulta de maneira dinâmica para implementar múltiplas operações. O código gerado para produzir a consulta combina vários algoritmos que correspondem a operações individuais. À medida que são produzidas tuplas de resultado de uma operação, elas são fornecidas como entrada para operações subsequentes. Por exemplo, se uma operação JOIN segue duas operações SELECT sobre relações básicas, as tuplas resultantes de cada seleção são fornecidas como entrada para o algoritmo de junção em um **fluxo** ou **pipeline** à medida que são produzidas. A avaliação correspondente é considerada uma **avaliação em pipelining.** Ela tem dois benefícios distintos:

- Evitar o custo e o atraso adicionais contraídos para a gravação dos resultados intermediários em disco.
- Poder começar a gerar resultados o mais rapidamente possível quando o operador raiz é combinado com alguns dos operadores discutidos na seção seguinte significa que a avaliação em pipelining pode começar a gerar tuplas do resultado enquanto as outras tabelas intermediárias em pipelining estão sendo processadas.

18.7.1 Iteradores para implementação de operações físicas

Diversos algoritmos para operações algébricas envolvem a leitura de alguma entrada na forma de um ou mais arquivos, processando-o e gerando um arquivo de saída como uma relação. Se a operação for implementada de forma que resulte em uma tupla por vez, ela pode ser considerada como um **iterador.** Por exemplo, podemos imaginar uma implementação baseada em tupla da junção de loop aninhado que gerará uma tupla de cada vez como saída. Os iteradores funcionam diferente da abordagem de materialização, em que as relações inteiras são produzidas como resultados temporários e armazenadas em disco ou na memória principal e são lidas novamente pelo algoritmo seguinte. O plano de consulta que contém a árvore de consulta pode ser executado invocando os iteradores em uma determinada ordem. Muitos iteradores podem estar ativos ao mesmo tempo, passando resultados para a árvore de execução e evitando a necessidade de armazenamento adicional de resultados temporários. A interface do iterador normalmente consiste nos seguintes métodos:

1. Open(): este método inicializa o operador alocando buffers para sua entrada e saída, inicializando quaisquer estruturas de dados necessárias para o operador.

Ele também é usado para passar argumentos, como as condições de seleção necessárias para realizar a operação. Por sua vez, ele chama Open() para obter os argumentos de que precisa.

2. Get_next(): este método chama o Get_next() em cada um de seus argumentos de entrada e chama o código específico da operação sendo realizada sobre as entradas. A próxima tupla de saída gerada é retornada e o estado do iterador é atualizado para acompanhar a quantidade de entrada processada. Quando não houver mais tuplas a serem retornadas, ele coloca algum valor especial no buffer de saída.
3. Close(): este método encerra a iteração depois que todas as tuplas que podem ser geradas tiverem sido geradas, ou a quantidade de tuplas exigidas/solicitadas tiver sido retornada. Ele também chama Close() nos argumentos do iterador.

Cada iterador pode ser considerado uma classe para sua implementação, com os três métodos apresentados sendo aplicáveis a cada instância dessa classe. Se o operador a ser implementado permitir que uma tupla seja completamente processada quando recebida, pode ser possível usar a estratégia de pipelining de modo eficaz. Porém, se as tuplas de entrada tiverem de ser examinadas por várias passadas, então a entrada precisa ser recebida como uma relação materializada. Isso é equivalente ao método Open() realizando a maior parte do trabalho e o benefício do pipelining não ser totalmente alcançado. Alguns operadores físicos podem não funcionar bem com o conceito de interface de iterador e, portanto, podem não ter suporte para pipelining.

O conceito de iterador também pode ser aplicado aos métodos de acesso. O acesso de uma B^+-tree ou de um índice baseado em hash pode ser considerado uma função que pode ser implementada como um iterador; ele produz, como saída, uma série de tuplas que atendem à condição de seleção passada para o método Open().

18.8 Algoritmos paralelos para processamento de consulta

No Capítulo 2, mencionamos diversas variações das arquiteturas cliente/servidor, incluindo arquiteturas de duas e três camadas. Existe outro tipo de arquitetura, chamada **arquitetura de banco de dados paralela**, que é predominante para aplicações com uso intensivo de dados. Vamos discutir isso com mais detalhes no Capítulo 23 com bancos de dados distribuídos, e no Capítulo 24 com big data e tecnologias NOSQL emergentes.

Três abordagens principais foram propostas para bancos de dados paralelos. Elas correspondem a três diferentes configurações de hardware de processadores e dispositivos de armazenamento secundário (discos) para dar suporte ao paralelismo. Na **arquitetura de memória compartilhada**, diversos processadores são conectados a uma rede de interconexão e podem acessar uma região comum da memória principal. Cada processador tem acesso a todo o espaço de endereços de memória de todas as máquinas. O acesso à memória local e à cache da memória local é mais rápido; o acesso à memória comum é mais lento. Essa arquitetura sofre interferência porque, à medida que mais processadores são acrescentados, há uma disputa cada vez maior pela memória comum. O segundo tipo de arquitetura é conhecido como **arquitetura de disco compartilhado.** Nela, cada processador tem sua própria memória, que não é acessível aos outros processadores. Porém, cada máquina tem acesso a todos os discos através da rede de interconexão. Cada processador não necessariamente possui um disco próprio. Discutimos duas formas de sistemas de armazenamento secundário de nível corporativo na Seção 16.11. Tanto as redes de área de armazenamento (SANs) quanto o armazenamento conectado à rede (NAS) estão na categoria de arquitetura de disco compartilhado e servem para o processamento paralelo. Eles têm diferentes unidades de transferência de dados; as SANs transferem dados em unidades de blocos ou páginas de e para discos e processadores; o NAS se comporta como um servidor de arquivos, que os transfere usando algum protocolo de transferência de arquivos. Nesses sistemas, à medida que mais processadores são acrescentados, há mais disputa pela largura de banda limitada da rede.

As dificuldades anteriores levaram a **arquitetura de nada compartilhado** a se tornar a mais utilizada em sistemas de banco de dados paralelos. Nesta arquitetura, cada processador acessa sua própria memória principal e armazenamento em disco. Quando um processador A solicita dados localizados no disco D_B conectado ao processador B, o processador A envia a solicitação como uma mensagem através de uma rede para o processador B, que acessa seu próprio disco D_B e envia os dados pela rede em forma de uma mensagem ao processador A. Os bancos de dados paralelos que usam arquitetura de nada compartilhado são relativamente baratos para serem construídos. Hoje, os processadores comerciais estão sendo conectados dessa forma em um rack, e vários racks podem ser conectados por uma rede externa. Cada processador tem sua própria memória e armazenamento em disco.

A arquitetura de nada compartilhado oferece a possibilidade de alcançar o paralelismo no processamento de consultas em três níveis, o que discutiremos a seguir: paralelismo de operador individual, paralelismo dentro da consulta e paralelismo entre consultas. Estudos demonstraram que, ao alocar mais processadores e discos, é possível que haja **ganho de velocidade linear** — uma redução linear no tempo usado pelas operações. O **ganho de escala linear**, por outro lado, refere-se a ser capaz de proporcionar um desempenho constante sustentado ao aumentar o número de processadores e discos proporcionais ao tamanho dos dados. Ambos são objetivos implícitos do processamento paralelo.

18.8.1 Paralelismo em nível de operador

Nas operações que podem ser implementadas com algoritmos paralelos, uma das principais estratégias é particionar dados entre os discos. O **particionamento horizontal** de uma relação corresponde à distribuição das tuplas em discos com base em algum método de particionamento. Com *n* discos, a atribuição da *i*-ésima tupla ao disco *i* mod *n* é chamada de **particionamento round-robin.** No **particionamento por intervalo,** as tuplas são distribuídas igualmente (ao máximo possível), dividindo o intervalo de valores de algum atributo. Por exemplo, as tuplas de funcionários da relação EMPREGADO podem ser atribuídas a 10 discos dividindo a faixa etária em 10 intervalos — digamos, 22-25, 26-28, 29-30, e assim por diante —, de modo que cada um tenha aproximadamente um décimo do número total de funcionários. O particionamento por intervalo é uma operação desafiadora e requer um bom conhecimento da distribuição de dados ao longo do atributo envolvido na cláusula do intervalo. Os intervalos usados para particionamento são representados pelo **vetor de intervalo.** Com o **particionamento por hashing,** a tupla *i* é atribuída ao disco *h*(*i*), em que *h* é a função de hashing. Em seguida, discutimos rapidamente como os algoritmos paralelos são projetados para várias operações individuais.

Ordenação. Se os dados tiverem sido particionados em intervalos sobre um atributo — digamos, idade — em *n* discos em *n* processadores, então, para classificar toda a relação por idade, cada partição pode ser classificada separadamente em paralelo e os resultados podem ser concatenados. Isso potencialmente causa uma redução próxima de *n* vezes no tempo total da ordenação. Se a relação foi particionada usando outro esquema, as seguintes técnicas são possíveis:

- Reparticione a relação usando particionamento por intervalo sobre o mesmo atributo que é o alvo para ordenação; depois, ordene cada partição individualmente, seguida de concatenação, conforme mencionado.
- Use uma versão paralela do algoritmo merge-sort externo, mostrado na Figura 18.2.

Seleção. Para uma seleção com base em alguma condição, se for uma condição de igualdade, $<A = v>$ e o mesmo atributo A tiver sido usado para particionamento de intervalo, a seleção pode ser realizada somente na partição à qual o valor v pertence. Em outros casos, a seleção seria realizada em paralelo em todos os processadores e os resultados seriam mesclados. Se a condição de seleção é $v1 \leq A \leq v2$ e o atributo A é usado para particionamento de intervalo, o intervalo de valores $(v1, v2)$ deve se sobrepor a um certo número de partições. A operação de seleção precisa ser realizada somente nesses processadores em paralelo.

Projeção e eliminação de duplicatas. A projeção sem eliminação de duplicatas pode ser obtida realizando a operação em paralelo à medida que os dados são lidos de cada partição. A eliminação de duplicatas pode ser obtida ordenando as tuplas e descartando duplicatas. Para a ordenação, qualquer uma das técnicas mencionadas anteriormente pode ser usada com base na forma como os dados são particionados.

Junção. A ideia básica da junção paralela é dividir as relações a serem unidas, digamos R e S, de tal forma que a junção seja dividida em n junções menores e, em seguida, realizar essas junções menores em paralelo com n processadores e fazer uma união do resultado. Em seguida, discutimos as várias técnicas envolvidas no processo.

a. **Junção particionada baseada em igualdade:** se ambas as relações R e S são particionadas em n partições em n processadores, de modo que a partição r_i e a partição s_i sejam atribuídas ao mesmo processador P_i, a junção pode ser calculada localmente, desde que a junção seja junção por igualdade ou junção natural. Observe que as partições devem ser não sobrepostas sobre a chave de junção; nesse sentido, o particionamento vem estritamente da teoria dos conjuntos. Além disso, o atributo usado na condição de junção também deve satisfazer estas condições:
   - É o mesmo que foi usado para o particionamento de intervalo, e os intervalos usados para cada partição também são os mesmos para R e S. Ou,
   - É o mesmo que foi usado para o particionamento em n partições usando o particionamento por hashing. A mesma função de hash deverá ser usada para R e S. Se as distribuições de valores do atributo de junção forem diferentes em R e S, é difícil chegar a um vetor de intervalo que distribua uniformemente R e S em partições iguais. O ideal é que o tamanho de $|r_i| + |s_i|$ seja uniforme para todas as partições i. Caso contrário, se houver muito viés de dados, os benefícios do processamento paralelo não serão totalmente alcançados. A junção local em cada processador pode ser realizada usando qualquer uma das técnicas discutidas para junção: merge-sort, loop aninhado e junção hash.

b. **Junção de desigualdade com particionamento e replicação:** se a condição de junção for uma condição de desigualdade, envolvendo $<$, $\leq$, $>$, $\geq$, $\neq$, e assim por diante, não é possível particionar R e S de modo que a i-ésima partição de R — ou seja, r_i — se junte à j-ésima partição de S — ou seja, apenas s_j. Essa junção pode ser paralelizada de duas maneiras:
   - *Caso assimétrico*: particionando uma relação R usando um dos esquemas de particionamento; replicando uma das relações (digamos, S) para todas as n partições; e realizando a junção entre r_i e todo o S no processador P_i. Este método é preferido quando S é muito menor que R.
   - *Caso simétrico*: sob este método geral, que se aplica a qualquer tipo de junção, tanto R quanto S são particionados. R é particionado de n maneiras, e S é

particionado de m maneiras. Um total de $m * n$ processadores é usado para a junção paralela. Essas partições são adequadamente replicadas, de modo que os processadores $P_{0,0}$ a $P_{n-1,m-1}$ (total de $m * n$ processadores) possam realizar a junção localmente. O processador $P_{i,j}$ executa a junção de r_i com s_i usando qualquer uma das técnicas de junção. O sistema replica a partição r_i para os processadores $P_{i,0}$, $P_{i,1}$ a $P_{i,m-1}$. Da mesma forma, a partição s_i é replicada para os processadores $P_{0,j}$, $P_{1,j}$, $P_{n-1,j}$. Em geral, o particionamento com replicação tem um custo maior que o particionamento puro; assim, o particionamento com replicação custa mais no caso de uma equijunção.

c. **Junção hash particionada em paralelo:** a junção hash particionada que descrevemos como o algoritmo J4 na Seção 18.4 pode ser paralelizada. A ideia é que, quando R e S são relações grandes, mesmo que particionemos cada relação em n partições igualando o número de processadores, a junção local em cada processador ainda pode ser dispendiosa. Esta junção prossegue da seguinte forma; suponha que s é o menor dentre r e s:

   1. Usando uma função hash $h1$ sobre o atributo de junção, mapeie cada tupla das relações r e s para um dos n processadores. Sejam r_i e s_i as partições com hash para P_i. Primeiro, leia as s tuplas em cada processador em seu disco local e mapeie-as para o processador apropriado usando $h1$.
   2. Dentro de cada processador P_i, as tuplas de S recebidas na etapa 1 são particionadas usando uma função hash $h2$ diferente para, digamos, k buckets. Esta etapa é idêntica à fase de particionamento do algoritmo de hash particionado que descrevemos como J4 na Seção 18.4.
   3. Leia as r tuplas de cada disco local em cada processador e mapeie-as para o processador apropriado usando a função hash $h1$. À medida que são recebidas em cada processador, o processador as particiona usando a mesma função hash $h2$ utilizada na etapa 2 para os k buckets; este processo é exatamente como na fase de investigação do algoritmo J4.
   4. O processador P_i executa o algoritmo de hash particionado localmente nas partições r_i e s_i usando a fase de junção nos k buckets (conforme descrito no algoritmo J4) e produz um resultado de junção.

   Os resultados de todos os processadores P_i são independentemente calculados e unidos para produzir o resultado final.

Agregação. As operações agregadas com agrupamento são obtidas por particionamento sobre o atributo de agrupamento e, em seguida, calculando a função de agregação localmente em cada processador, por meio de qualquer um dos algoritmos de uniprocessador. Podem ser usados tanto o particionamento de intervalo quanto o particionamento de hash.

Operações de conjunto. Para as operações de união, interseção e diferença, se as relações de argumento R e S forem particionadas usando a mesma função hash, elas podem ser feitas em paralelo em cada processador. Se o particionamento for baseado em critérios incombináveis, R e S podem precisar ser redistribuídas usando uma função hash idêntica.

18.8.2 Paralelismo dentro da consulta

Já discutimos como cada operação individual pode ser executada distribuindo dados entre vários processadores e executando a operação em paralelo nesses processadores. Um plano de execução de consulta pode ser modelado como um gráfico de operações. Para alcançar uma execução paralela de uma consulta, uma técnica é usar um algoritmo paralelo para cada operação envolvida na consulta, com o particionamento apropriado da entrada de dados para essa operação. Outra oportunidade para o paralelismo vem da avaliação de uma árvore de operadores em que algumas das operações podem ser executadas em paralelo porque não dependem uma da outra. Essas operações podem ser executadas em processadores separados. Se a saída de uma das operações puder ser gerada tupla por tupla e alimentada em outro operador, o resultado é um **paralelismo com pipelining**. Diz-se que um operador que não produz qualquer saída até que tenha consumido todas as suas entradas **bloqueia o pipelining**.

18.8.3 Paralelismo entre consultas

O paralelismo entre consultas refere-se à execução de múltiplas consultas em paralelo. Nas arquiteturas nada compartilhado ou de disco compartilhado, isso é difícil de alcançar. As atividades de bloqueio, registro e assim por diante entre os processadores (ver os capítulos da Parte 9, sobre Processamento de transações) devem ser coordenadas, e as atualizações contraditórias simultâneas dos mesmos dados por vários processadores devem ser evitadas. Deve haver **coerência de cache**, o que garante que o processador atualizando uma página tenha a versão mais recente dessa página no buffer. Os protocolos de coerência de cache e controle de concorrência (ver Capítulo 21) também devem funcionar em coordenação.

O objetivo principal por trás do paralelismo entre consultas é aumentar a escala (ou seja, aumentar a taxa global em que as consultas ou transações podem ser processadas com o aumento do número de processadores). Uma vez que os próprios sistemas multiusuário de único processador são projetados para dar suporte ao controle de concorrência entre transações com o objetivo de aumentar o throughput de transações (ver Capítulo 21), sistemas de banco de dados usando a arquitetura paralela de memória compartilhada podem alcançar esse tipo de paralelismo com mais facilidade, sem alterações significativas.

A partir da discussão anterior, fica claro que podemos acelerar a execução da consulta realizando várias operações, como ordenação, seleção, projeção, junção e operações de agregação, individualmente, usando sua execução paralela. Podemos acelerar ainda mais executando partes da árvore de consulta que são independentes em paralelo, em diferentes processadores. No entanto, é difícil alcançar o paralelismo entre consultas em arquiteturas paralelas de nada compartilhado. Uma área em que a arquitetura de disco compartilhado tem uma vantagem é aquela em que ela tem uma aplicabilidade mais geral, uma vez que, ao contrário da arquitetura de nada compartilhado, não requer que os dados sejam armazenados de forma particionada. Os atuais sistemas baseados em SAN e NAS possibilitam essa vantagem. Uma série de parâmetros — como número de processadores disponíveis e espaço de buffer disponível — desempenha um papel importante na determinação do ganho de velocidade geral. Uma discussão detalhada sobre o efeito desses parâmetros está fora do escopo deste livro.

18.9 Resumo

Neste capítulo, demos uma visão geral das técnicas usadas pelos SGBDs no processamento de consultas de alto nível. Primeiro, discutimos como as consultas SQL são traduzidas em álgebra relacional. Apresentamos as operações de semijunção e antijunção, às quais certas consultas aninhadas são mapeadas, para evitar realizar a junção interna comum. Discutimos a ordenação externa, que geralmente é necessária durante o processamento da consulta, para ordenar as tuplas de uma relação enquanto trata de agregação, eliminação de duplicatas e assim por diante.

Consideramos diversos casos de seleção e discutimos os algoritmos empregados para a seleção simples com base em um atributo e seleções complexas usando cláusulas conjuntivas e disjuntivas. Muitas técnicas foram discutidas para os diferentes tipos de seleção, incluindo a pesquisa linear e binária, o uso do índice de B^+-tree, índices bitmap, índice de agrupamento e índice funcional. Também foi discutida a ideia da seletividade de condições e as informações típicas colocadas em um catálogo do SGBD. Depois, consideramos a operação de junção com detalhes e propusemos algoritmos chamados junção de loop aninhado, junção de loop aninhado baseada em índice, junção merge-sort e junção de partição-hash.

Oferecemos exemplos de como o espaço do buffer, o fator de seleção de junção e a escolha de relação interna-externa afetam o desempenho dos algoritmos de junção. Também discutimos o algoritmo de hash híbrido, que evita parte do custo da escrita durante a fase de junção. Discutimos os algoritmos para projeção e operações de conjunto, além de algoritmos para agregação. Depois, discutimos os algoritmos para diferentes tipos de junção, incluindo junções externas, semijunção, antijunção e não equijunção. Também abordamos como as operações podem ser combinadas durante o processamento da consulta para criar execução em pipelining ou baseada em fluxo, em vez da execução materializada. Explicamos como os operadores podem ser implementados usando o conceito de iterador. Terminamos a discussão sobre estratégias de processamento de consulta com uma rápida introdução aos três tipos de arquiteturas de sistemas paralelos de banco de dados. Depois, resumimos rapidamente como o paralelismo pode ser alcançado no nível de operações individuais e também discutimos o paralelismo intraconsulta e entre consultas.

PERGUNTAS DE REVISÃO

18.1. Discuta os motivos para converter consultas SQL em consultas da álgebra relacional antes que a otimização seja feita.

18.2. Discuta a semijunção e a antijunção como operações às quais as consultas aninhadas podem ser mapeadas; forneça um exemplo de cada uma.

18.3. Como são ordenadas as tabelas grandes, que não cabem na memória? Indique o procedimento geral.

18.4. Discuta os diferentes algoritmos para implementação de cada um dos seguintes operadores relacionais e as circunstâncias sob as quais cada algoritmo pode ser usado: SELEÇÃO, JUNÇÃO, PROJEÇÃO, UNIÃO, INTERSEÇÃO, DIFERENÇA, PRODUTO CARTESIANO.

18.5. Dê exemplos de uma seleção conjuntiva e uma consulta de seleção disjuntiva, discutindo como pode haver várias opções para sua execução.

18.6. Discuta as formas alternativas para eliminar duplicatas quando uma consulta "SELECT DISTINCT <atributo>" for avaliada.

18.7. Como as operações de agregação são implementadas?

18.8. Como a junção externa e a não equijunção são implementadas?

18.9. O que é o conceito de iterador? Que métodos fazem parte de um iterador?

18.10. Quais são os três tipos de arquiteturas paralelas aplicáveis aos sistemas de banco de dados? Qual é o mais utilizado?

18.11. O que são as implementações paralelas da junção?

18.12. O que são paralelismos intraconsulta e entre consultas? Qual é o mais difícil de se conseguir na arquitetura nada compartilhado? Por quê?

18.13. Sob que condições a execução paralela com pipelining de uma sequência de operações é impedida?

EXERCÍCIOS

18.14. Considere as consultas SQL C1, C8, C1B e 4A do Capítulo 6 e C27 do Capítulo 7.

   a. Desenhe pelo menos duas árvores de consulta que podem representar *cada uma* dessas consultas. Sob que circunstâncias você usaria cada uma de suas árvores de consulta?

   b. Desenhe a árvore de consulta inicial para cada uma dessas consultas e depois mostre como a árvore de consulta é otimizada pelo algoritmo esboçado na Seção 18.7.

   c. Para cada consulta, compare suas próprias árvores de consulta da parte (a) e as árvores de consulta inicial e final da parte (b).

18.15. Um arquivo com 4.096 blocos deve ser ordenado com um espaço de buffer disponível de 64 blocos. Quantas passadas serão necessárias na fase de merge do algoritmo merge-sort externo?

18.16. Um índice não denso pode ser usado na implementação de um operador de agregação? Por quê? Ilustre com um exemplo.

18.17. Estenda o algoritmo de junção merge-sort para implementar a operação LEFT OUTER JOIN.

BIBLIOGRAFIA SELECIONADA

Daremos referências à literatura para a área de processamento e otimização da consulta ao final do Capítulo 19. Assim, as referências do Capítulo 19 se aplicam a este capítulo e ao próximo. É muito difícil separar a literatura que trata apenas das estratégias e dos algoritmos de processamento de consulta da literatura que discute a área da otimização.

19 Otimização de consulta

Neste capítulo,[1] consideraremos que o leitor já está familiarizado com as estratégias de processamento de consultas nos SGBDs relacionais que discutimos no capítulo anterior. O propósito da otimização de consultas é selecionar a melhor estratégia possível para a avaliação da consulta. Como já dissemos, o termo *otimização* é incorreto porque o plano de execução escolhido nem sempre poderá ser o plano ótimo. O principal objetivo é chegar ao plano mais eficiente e econômico usando as informações disponíveis sobre o esquema e o conteúdo das relações envolvidas, e fazê-lo em um período razoável de tempo. Assim, uma maneira correta de descrever a **otimização da consulta** seria que é uma atividade realizada por um otimizador de consulta em um SGBD para selecionar a melhor estratégia disponível para a execução da consulta.

Este capítulo está organizado da seguinte forma: na Seção 19.1, descrevemos a notação para o mapeamento das consultas do SQL em árvores e grafos de consulta. A maioria dos SGBDRs usa uma representação interna da consulta na forma de uma árvore. Apresentamos heurísticas para transformar a consulta em uma forma equivalente mais eficiente, seguida de um procedimento geral para a aplicação dessas heurísticas. Na Seção 19.2, discutimos a conversão de consultas em planos de execução. Discutimos a otimização de subconsulta aninhada. Também apresentamos exemplos de transformação de consulta em dois casos: mesclagem de visões em consultas GROUP BY e transformação de consultas de esquema estrela que surgem em data warehouses. Também discutimos rapidamente as visões materializadas. A Seção 19.3 é dedicada a uma discussão de seletividade e estimativa de tamanho de resultado, e apresenta uma abordagem baseada em custos para a otimização. Revisamos as informações no catálogo do sistema que apresentamos na Seção 18.3.4 e apresentamos os histogramas. Os modelos de custo para a operação de seleção e junção são apresentados nas

[1] Agradecemos a Rafi Ahmed pela grande contribuição dada a este capítulo.

seções 19.4 e 19.5. Discutimos o problema da ordenação da junção, que é crítico, com algum detalhe na Seção 19.5.3. A Seção 19.6 apresenta um exemplo de otimização baseada em custos. A Seção 19.7 discute algumas questões adicionais relacionadas à otimização de consulta. A Seção 19.8 é dedicada a uma discussão de otimização de consulta em data warehouses. A Seção 19.9 oferece uma visão geral da otimização de consultas na Oracle. A Seção 19.10 discute rapidamente a otimização de consulta semântica. Terminamos o capítulo com um resumo na Seção 19.11.

19.1 Árvores de consulta e heurística para otimização de consulta

Nesta seção, discutimos técnicas de otimização que aplicam regras heurísticas para modificar a representação interna de uma consulta — que normalmente está na forma de uma árvore de consulta ou uma estrutura de dados de grafo de consulta — para melhorar seu desempenho esperado. A varredura e o analisador de uma consulta SQL geram primeiro uma estrutura de dados que corresponde a uma *representação inicial da consulta*, que é então otimizada de acordo com regras heurísticas. Isso leva a uma *representação de consulta otimizada*, que corresponde à estratégia de execução da consulta. Depois disso, um plano de execução de consulta é gerado para executar grupos de operações com base nos caminhos de acesso disponíveis nos arquivos envolvidos na consulta.

Uma das principais **regras heurísticas** é aplicar operações SELEÇÃO e PROJEÇÃO *antes* de aplicar a JOIN ou outras operações binárias, pois o tamanho do arquivo resultante de uma operação binária — como JOIN — normalmente é uma função multiplicativa dos tamanhos dos arquivos de entrada. As operações SELEÇÃO e PROJEÇÃO reduzem o tamanho de um arquivo e, portanto, devem ser aplicadas *antes* de uma junção ou outra operação binária.

Na Seção 19.1.1, reiteramos as notações de árvore de consulta e grafo de consulta já introduzidas no contexto da álgebra e cálculo relacional, nas seções 8.3.5 e 8.6.5, respectivamente. Estas podem ser usadas como base para as estruturas de dados que servem para a representação interna das consultas. Uma *árvore de consulta* é utilizada para representar uma expressão da *álgebra relacional* ou da álgebra relacional estendida, enquanto um *grafo de consulta* é usado para representar uma *expressão do cálculo relacional*. Depois, na Seção 19.1.2, mostramos como as regras de otimização heurísticas são aplicadas para converter uma árvore de consulta inicial em uma **árvore de consulta equivalente**, que representa uma expressão da álgebra relacional diferente, a qual é mais eficiente de ser executada, mas gera o mesmo resultado da árvore original. Também discutimos a equivalência de diversas expressões da álgebra relacional. Por fim, a Seção 19.1.3 discute a geração de planos de execução de consulta.

19.1.1 Notação para árvores de consulta e grafos de consulta

Uma **árvore de consulta** é uma estrutura de dados de árvore que corresponde a uma expressão estendida da álgebra relacional. Ela representa as relações de entrada da consulta como *nós folha* da árvore e as operações da álgebra relacional como nós internos. Uma execução da árvore de consulta consiste na execução de uma operação de nó interno sempre que seus operandos estão disponíveis e depois na substituição desse nó interno pela relação que resulta da execução da operação. A ordem de execução das operações *começa nos nós folha*, que representa as relações do banco de dados de entrada para a consulta, e *termina no nó raiz*, que representa a operação final da consulta. A execução termina quando a operação do nó raiz é executada e produz a relação de resultado para a consulta.

A Figura 19.1(a) mostra uma árvore de consulta (a mesma mostrada na Figura 6.9) para a consulta C2 dos capítulos 6 a 8: para cada projeto localizado em 'Mauá', recupere o número do projeto, o número do departamento de controle, o sobrenome, o endereço e a data de nascimento do gerente do departamento. Essa consulta é especificada no esquema relacional EMPRESA da Figura 5.5 e corresponde à seguinte expressão da álgebra relacional:

$$\pi_{\text{Numero\_projeto, Numero\_departamento, Ultimo\_nome, Endereco, Data\_nascimento}}\\(((\sigma_{\text{Local\_projeto='Mauá'}}(\text{PROJETO}))\\ \bowtie_{\text{Numero\_departamento=Numero\_departamento}}(\text{DEPARTAMENTO}))\bowtie_{\text{Cpf\_gerente=Cpf}}\\(\text{FUNCIONARIO}))$$

Isso corresponde à seguinte consulta SQL:

```
C2:  SELECT  P.Numero_projeto, P.Numero_departamento, F.Ultimo_nome,
                F.Endereco, F.Data_nascimento
     FROM    PROJETO P, DEPARTAMENTO D, FUNCIONARIO F
     WHERE   P.Numero_departamento=D.Numero_departamento AND
                D.Cpf_gerente=F.Cpf AND P.Local_projeto = 'Mauá';
```

(a) π P.Numero_projeto, P.Numero_departamento, F.Ultimo_nome, F.Endereco, F.Data_nascimento

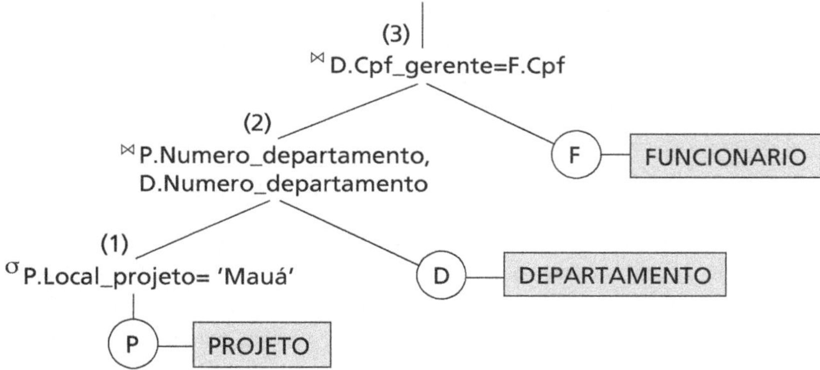

(b) π P.Numero_projeto, P.Numero_departamento, F.Ultimo_nome, F.Endereco, F.Data_nascimento

σ P.Numero_departamento=D.Numero_departamento AND D.Cpf_gerente=F.Cpf AND P.Local_projeto= 'Mauá'

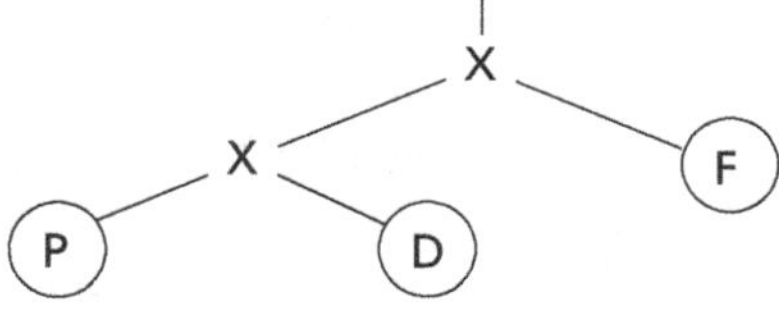

(c) [P.Numero_projeto, P.Numero_departamento] [F.Ultimo_nome, F.Endereco, F.Data_nascimento]

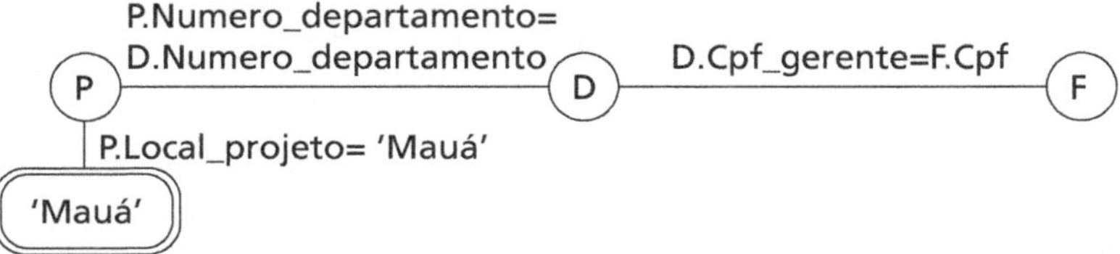

Figura 19.1 Duas árvores de consulta para a consulta C2. (a) Árvore de consulta correspondente à expressão da álgebra relacional para C2. (b) Árvore de consulta inicial (canônica) para a consulta SQL C2. (c) Grafo de consulta para C2.

Na Figura 19.1(a), os nós folha P, D e F representam as três relações PROJETO, DEPARTAMENTO e FUNCIONARIO, respectivamente, e os nós da árvore interna representam as *operações da álgebra relacional* da expressão. Quando essa árvore de consulta é executada, o nó marcado com (1) na Figura 19.1(a) deve iniciar a execução antes do nó (2), porque algumas tuplas resultantes da operação (1) devem estar disponíveis antes de podermos iniciar a execução da operação (2). De modo semelhante, o nó (2) deve começar a executar e a produzir resultados antes que o nó (3) possa iniciar a execução, e assim por diante.

Como podemos ver, a árvore de consulta representa uma ordem de operações específica para a execução de uma consulta. Uma estrutura de dados mais neutra para a representação de uma consulta é a notação do **grafo de consulta**. A Figura 19.1(c) (a mesma mostrada na Figura 6.13) traz o grafo de consulta para a consulta C2. As relações na consulta são representadas por **nós de relação**, exibidos como círculos isolados. Os valores de constantes, normalmente das condições de seleção de consulta, são representados por **nós de constante**, exibidos como círculos duplos ou ovais. As condições de seleção e junção são representadas pelas **arestas** do grafo, como mostra a Figura 19.1(c). Por fim, os atributos a serem recuperados de cada relação são exibidos entre colchetes, acima dela.

A representação do grafo de consulta não indica uma ordem sobre quais operações realizar primeiro. Existe apenas um único grafo correspondente a cada consulta.[2] Embora algumas técnicas de otimização fossem baseadas em grafos de consulta, como as originalmente no SGBD INGRES, agora costuma-se aceitar que as árvores de consulta são preferíveis porque, na prática, o otimizador de consulta precisa mostrar a ordem das operações para a execução da consulta, o que não é possível nos grafos de consulta.

19.1.2 Otimização heurística das árvores de consulta

Em geral, muitas expressões diferentes da álgebra relacional — e, portanto, muitas árvores de consulta diferentes — podem ser **semanticamente equivalentes**; ou seja, elas podem representar a *mesma consulta e produzir os mesmos resultados*.[3]

O analisador de consulta normalmente gerará uma **árvore de consulta inicial** padrão para corresponder a uma consulta SQL, sem realizar qualquer otimização. Por exemplo, para uma consulta SELEÇÃO-PROJEÇÃO-JUNÇÃO, como C2, a árvore inicial aparece na Figura 19.1(b). O PRODUTO CARTESIANO das relações especificadas na cláusula FROM é aplicado primeiro; depois, as condições de seleção e junção da cláusula WHERE são aplicadas, seguidas pela projeção nos atributos da cláusula SELECT. Essa **árvore de consulta canônica** representa uma expressão da álgebra relacional que é *muito ineficaz se executada diretamente*, por causa das operações do PRODUTO CARTESIANO (×). Por exemplo, se as relações PROJETO, DEPARTAMENTO e FUNCIONARIO tivessem tamanhos de registro de 100, 50 e 150 bytes, e tivessem 100, 20 e 5.000 tuplas, respectivamente, o resultado do PRODUTO CARTESIANO conteria 10 milhões de tuplas com tamanho de registro de 300 bytes cada. Porém, a árvore de consulta canônica na Figura 19.1(b) está em uma forma padrão simples, que pode ser facilmente criada com base na consulta SQL. Ela nunca será executada. O otimizador de consulta heurística transformará essa árvore de consulta inicial em uma **árvore de consulta final** equivalente, que é eficiente para executar.

[2] Portanto, um grafo de consulta corresponde a uma expressão do *cálculo relacional*, como mostramos na Seção 8.6.5.

[3] A mesma consulta também pode ser declarada de várias maneiras em uma linguagem de consulta de alto nível, como a SQL (ver capítulos 6 e 7).

O otimizador deve incluir regras para *equivalência entre expressões da álgebra relacional estendida* que podem ser aplicadas para transformar a árvore inicial na árvore de consulta otimizada final. Primeiro, discutimos informalmente como uma árvore de consulta é transformada pelo uso da heurística, e depois discutimos as regras de transformação gerais e mostramos como elas podem ser usadas em um otimizador heurístico algébrico.

Exemplo de transformação de uma consulta. Considere a seguinte consulta C sobre o banco de dados da Figura 5.5: *ache os sobrenomes dos funcionários nascidos após 1957 que trabalham em um projeto chamado 'Aquarius'*. Essa consulta pode ser especificada em SQL da seguinte forma:

```
C: SELECT  F.Ultimo_nome
   FROM    FUNCIONARIO F, TRABALHA_EM T, PROJETO P
   WHERE   P.Nome_projeto='Aquarius' AND
           P.Numero_projeto=T.Numero_projeto AND
           F.Cpf_funcionario=T.Cpf AND F.Data_nascimento > '31-12-1957';
```

A árvore de consulta inicial para C aparece na Figura 19.2(a). A execução dessa árvore primeiro cria um arquivo muito grande contendo o PRODUTO CARTESIANO dos arquivos FUNCIONARIO, TRABALHA_EM e PROJETO inteiros. É por isso que a árvore de consulta inicial nunca é executada, mas sim transformada em outra árvore equivalente, que é eficiente para executar. Essa consulta em particular só precisa de um registro da relação PROJETO — para o projeto 'Aquarius' — e apenas os registros de FUNCIONARIO para aqueles cuja data de nascimento se dá após '31-12-1957'. A Figura 19.2(b) mostra uma árvore de consulta melhorada, que primeiro aplica as operações SELEÇÃO para reduzir o número de tuplas que aparecem no PRODUTO CARTESIANO.

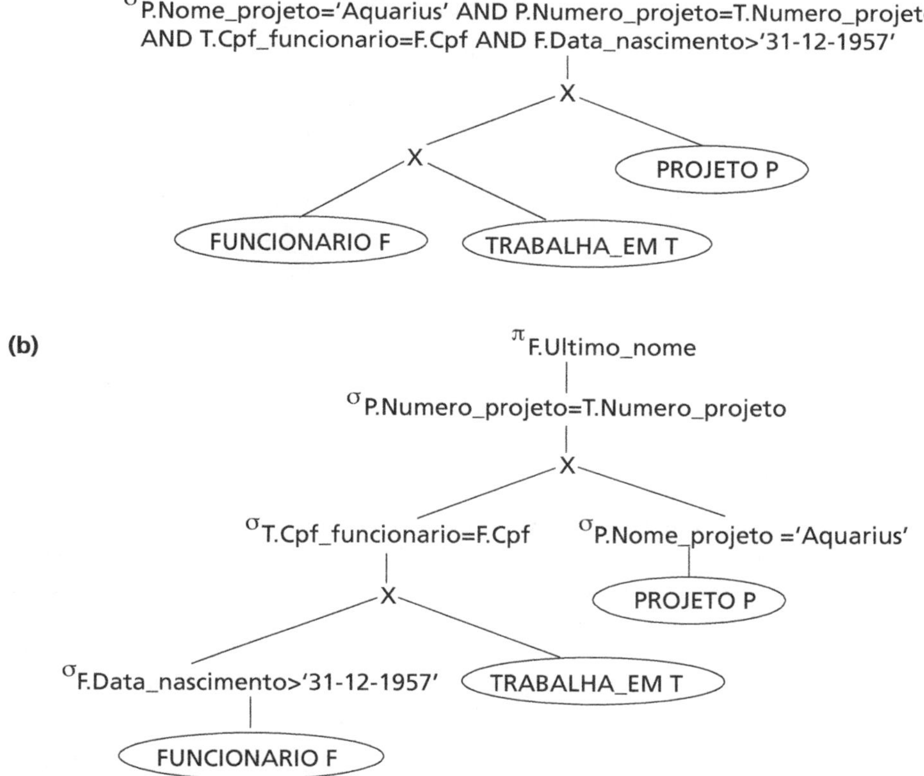

Figura 19.2 Etapas na conversão de uma árvore de consulta durante a otimização heurística. (a) Árvore de consulta inicial (canônica) para a consulta SQL C. (b) Movendo as operações SELEÇÃO mais para baixo na árvore de consulta. *(continua)*

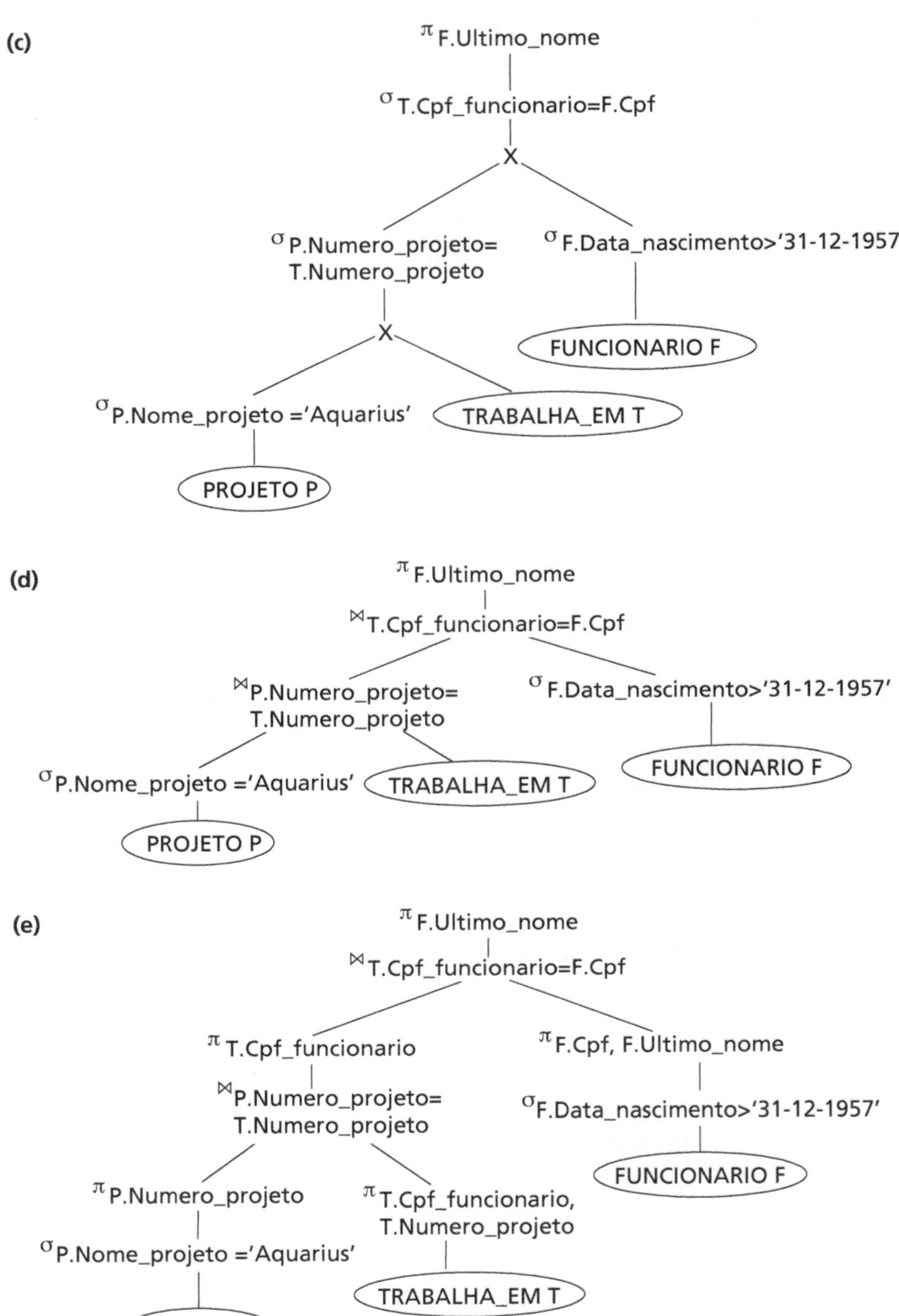

Figura 19.2 Etapas na conversão de uma árvore de consulta durante a otimização heurística. (c) Aplicando a operação SELEÇÃO mais restritiva primeiro. (d) Substituindo PRODUTO CARTESIANO e SELEÇÃO por operações JUNÇÃO. (e) Movendo operações PROJEÇÃO mais para baixo na árvore de consulta. *(continuação)*

Outra melhora é alcançada trocando as posições das relações FUNCIONARIO e PROJETO na árvore, como mostra a Figura 19.2(c). Isso usa a informação de que Numero_projeto é um atributo de chave da relação PROJETO e, portanto, a operação SELEÇÃO na relação PROJETO recuperará um único registro. Podemos melhorar ainda mais a árvore de consulta ao substituir qualquer operação de PRODUTO CARTESIANO que seja acompanhada por uma condição de junção por uma operação JOIN, como mostra a Figura 19.2(d). Outra melhora é manter apenas os atributos necessários pelas operações subsequentes nas relações intermediárias, incluindo operações PROJEÇÃO (π) o mais cedo possível na árvore de consulta, como mostra a Figura

19.2(e). Isso reduz os atributos (colunas) das relações intermediárias, enquanto as operações SELEÇÃO reduzem o número de tuplas (registros).

Conforme mostra o exemplo anterior, uma árvore de consulta pode ser transformada passo a passo em uma árvore de consulta equivalente que é mais eficiente de executar. Porém, temos de garantir que as etapas de transformação sempre levem a uma árvore de consulta equivalente. Para fazer isso, o otimizador de consulta precisa saber quais regras de transformação *preservam essa equivalência*. Discutiremos algumas dessas regras de transformação a seguir.

Regras gerais de transformação para operações da álgebra relacional. Existem muitas regras para transformar operações da álgebra relacional em equivalentes. Para fins de otimização de consulta, estamos interessados no significado das operações e das relações resultantes. Logo, se duas relações tiverem o mesmo conjunto de atributos em uma *ordem diferente*, mas ambas representarem a mesma informação, consideramos que as relações são equivalentes. Na Seção 5.1.2, demos uma definição alternativa da *relação* que torna a ordem dos atributos não importante; usaremos essa definição aqui. Vamos expressar algumas regras de transformação que são úteis na otimização da consulta, sem prová-las:

1. **Cascata de σ.** Uma condição de seleção conjuntiva pode ser desmembrada em uma cascata (ou seja, uma sequência) de operações σ individuais:

   $\sigma_{c_1 \text{ AND } c_2 \text{ AND} \ldots \text{AND } c_n}(R) \equiv \sigma_{c_1}(\sigma_{c_2}(\ldots(\sigma_{c_n}(R))\ldots))$
2. **Comutatividade de σ.** A operação σ é comutativa:

   $\sigma_{c_1}(\sigma_{c_2}(R)) \equiv \sigma_{c_2}(\sigma_{c_1}(R))$
3. **Cascata de π.** Em uma cascata (sequência) de operações π, todas podem ser ignoradas, menos a última:

   $\pi_{\text{Lista}_1}(\pi_{\text{Lista}_2}(\ldots(\pi_{\text{Lista}_n}(R))\ldots)) \equiv \pi_{\text{Lista}_1}(R)$
4. **Comutação de σ com π.** Se a condição de seleção c envolver apenas os atributos $A_1, \ldots, A_n$ na lista de projeção, as duas operações podem ser comutadas:

   $\pi_{A_1, A_2, \ldots, A_n}(\sigma_c(R)) \equiv \sigma_c(\pi_{A_1, A_2, \ldots, A_n}(R))$
5. **Comutatividade de ⋈ (e ×).** A operação de junção é comutativa, assim como a operação ×:

   $R \bowtie_c S \equiv S \bowtie_c R$
   $R \times S \equiv S \times R$

   Observe que, embora a ordem dos atributos possa não ser a mesma nas relações resultantes das duas junções (ou dois produtos cartesianos), o *significado* é o mesmo porque a ordem dos atributos não é importante na definição alternativa da relação.
6. **Comutação de σ com ⋈ (ou ×).** Se todos os atributos na condição de seleção c envolverem apenas os atributos de uma das relações sendo juntadas — digamos, R —, as duas operações podem ser comutadas da seguinte forma:

   $\sigma_c(R \bowtie S) \equiv (\sigma_c(R)) \bowtie S$

   Como alternativa, se a condição de seleção c puder ser escrita como (c_1 AND c_2), em que a condição c_1 envolve apenas os atributos de R e a condição c_2 envolve apenas os atributos de S, as operações são comutadas da seguinte forma:

   $\sigma_c(R \bowtie S) \equiv (\sigma_{c_1}(R)) \bowtie (\sigma_{c_2}(S))$

   As mesmas regras se aplicam se a ⋈ for substituída por uma operação ×.

7. **Comutação de π com ⋈ (ou ×).** Suponha que a lista de projeção seja $L = \{A_1, ..., A_n, B_1, ..., B_m\}$, em que $A_1, ..., A_n$ são os atributos de R e $B_1, ..., B_m$ são atributos de S. Se a condição de junção c envolver apenas atributos em L, as duas operações podem ser comutadas da seguinte forma:

   $\pi_L (R \bowtie_c S) \equiv (\pi_{A_1, ..., A_n} (R)) \bowtie_c (\pi_{B_1, ..., B_m} (S))$

   Se a condição de junção c contiver atributos adicionais não em L, estes devem ser acrescentados à lista de projeção, e uma operação π final é necessária. Por exemplo, se os atributos $A_{n+1}, ..., A_{n+k}$ de R e $B_{m+1}, ..., B_{m+p}$ de S estiverem envolvidos na condição de junção c, mas não estiverem na lista de projeção L, as operações são comutadas da seguinte forma:

   $\pi_L (R \bowtie_c S) \equiv \pi_L ((\pi_{A_1, ..., A_n, A_{n+1}, ..., A_{n+K}} (R)) \bowtie_c (\pi_{B_1, ..., B_m, B_{m+1}, ..., B_{m+p}} (S)))$

   Para ×, não existe condição c, de modo que a primeira regra de transformação sempre se aplica substituindo $\bowtie_c$ por ×.

8. **Comutatividade das operações de conjunto.** As operações de conjunto ∪ e ∩ são comutativas, mas – não é.

9. **Associatividade de ⋈, ×, ∪ e ∩.** Essas quatro operações são associativas individualmente; ou seja, se as duas ocorrências de θ indicarem a mesma operação que qualquer uma dessas quatro operações (por toda a expressão), temos:

   $(R\ \theta\ S)\ \theta\ T \equiv R\ \theta\ (S\ \theta\ T)$

10. **Comutação de σ com operações de conjunto.** A operação σ comuta com ∪, ∩ e –. Se θ indicar qualquer uma dessas três operações (por toda a expressão), temos:

    $\sigma_c (R\ \theta\ S) \equiv (\sigma_c (R))\ \theta\ (\sigma_c (S))$

11. **A operação π comuta com ∪.**

    $\pi_L (R \cup S) \equiv (\pi_L (R)) \cup (\pi_L (S))$

12. **Convertendo uma sequência (σ, ×) em ⋈.** Se a condição c de um σ que segue um × corresponde a uma condição de junção, converta a sequência (σ, ×) em uma ⋈, da seguinte forma:

    $(\sigma_c (R \times S)) \equiv (R \bowtie_c S)$

13. **Empurrando σ em conjunto com a diferença de conjunto.**

    $\sigma_c (R - S) = \sigma_c (R) - \sigma_c (S)$

    No entanto, σ pode ser aplicado a apenas uma relação:

    $\sigma_c (R - S) = \sigma_c (R) - S$

14. **Empurrando σ para apenas um argumento em ∩.**

    Se, na condição σ_c, todos os atributos forem da relação R, então:

    $\sigma_c (R \cap S) = \sigma_c (R) \cap S$

15. **Algumas transformações triviais.**

    Se S estiver vazia, então $R \cup S = R$.
    Se a condição c em σ_c for verdadeira para a R inteira, então $\sigma_c (R) = R$.

Existem outras transformações possíveis. Por exemplo, uma condição de seleção ou junção c pode ser convertida para uma condição equivalente usando as seguintes regras padrão da álgebra booleana (leis de DeMorgan):

NOT (c_1 AND c_2) ≡ (NOT c_1) OR (NOT c_2)
NOT (c_1 OR c_2) ≡ (NOT c_1) AND (NOT c_2)

Transformações adicionais discutidas nos capítulos 6, 7 e 8 não são repetidas aqui. Discutimos em seguida como as transformações podem ser usadas na otimização heurística.

Esboço de um algoritmo de otimização algébrica heurística. Agora, podemos esboçar as etapas de um algoritmo que utiliza algumas das regras anteriores para transformar uma árvore de consulta inicial em uma árvore final que seja mais eficiente de executar (na maioria dos casos). O algoritmo levará a transformações semelhantes às discutidas em nosso exemplo da Figura 19.2. As etapas do algoritmo são as seguintes:

1. Usando a Regra 1, desmembre quaisquer operações SELEÇÃO com condições conjuntivas em uma cascata de operações SELEÇÃO. Isso permite um maior grau de liberdade na movimentação para baixo de operações SELEÇÃO por diferentes ramos da árvore.
2. Usando as regras 2, 4, 6 e 10, 13 e 14 referentes à comutatividade de SELEÇÃO com outras operações, mova cada operação SELEÇÃO o mais para baixo possível na árvore de consulta que for permitido pelos atributos envolvidos na condição de seleção. Se a condição envolver atributos de *apenas uma tabela*, o que significa que ela representa uma *condição de seleção*, a operação é movida até o nó folha que representa essa tabela. Se a condição envolver atributos de *duas tabelas*, o que significa que ela representa uma *condição de junção*, a condição é movida para um local mais abaixo na árvore, após as duas tabelas serem combinadas.
3. Usando as regras 5 e 9 referentes à comutatividade e associatividade de operações binárias, reorganize os nós folha da árvore usando os critérios a seguir. Primeiro, posicione as relações do nó folha com as operações SELEÇÃO mais restritivas, de modo que sejam executadas primeiro na representação da árvore de consulta. A definição da SELEÇÃO *mais restritiva* pode significar aquelas que produzem uma relação com menos tuplas ou com o menor tamanho absoluto.[4] Outra possibilidade é definir a SELEÇÃO mais restritiva como aquela com a menor seletividade; isso é mais prático, pois as estimativas de seletividades normalmente estão disponíveis no catálogo do SGBD. Em segundo lugar, garanta que a ordenação dos nós folha não cause operações de produto cartesiano; por exemplo, se as duas relações com a SELEÇÃO mais restritiva não tiverem uma condição de junção direta entre elas, pode ser desejável mudar a ordem dos nós folha para evitar produtos cartesianos.[5]
4. Usando a Regra 12, combine uma operação PRODUTO CARTESIANO com uma operação SELEÇÃO subsequente na árvore para uma operação JUNÇÃO, se a condição representar uma condição de junção.
5. Usando as regras 3, 4, 7 e 11 referentes à cascata de PROJEÇÃO e a comutação de PROJEÇÃO com outras operações, desmembre e mova as listas de atributos de projeção para baixo na árvore o máximo possível, criando novas operações PROJEÇÃO, conforme a necessidade. Somente os atributos necessários no resultado da consulta e nas operações subsequentes na árvore de consulta devem ser mantidos após cada operação PROJEÇÃO.
6. Identifique subárvores que representam grupos de operações que podem ser executados por um único algoritmo.

Em nosso exemplo, a Figura 19.2(b) mostra a árvore da Figura 19.2(a) após aplicar as etapas 1 e 2 do algoritmo; a Figura 19.2(c) mostra a árvore após a etapa 3; a Figura 19.2(d), após a etapa 4; e a Figura 19.2(e), após a etapa 5. Na etapa 6,

---

[4] Qualquer definição pode ser usada, pois essas regras são heurísticas.

[5] Observe que um PRODUTO CARTESIANO é aceitável em alguns casos — por exemplo, se cada relação só tiver uma única tupla, pois cada uma teve uma condição de seleção anterior sobre um campo-chave.

podemos agrupar as operações na subárvore cuja raiz é a operação $\pi_{Cpf\_funcionario}$ em um único algoritmo. Também podemos agrupar as operações restantes em outra subárvore, na qual as tuplas resultantes do primeiro algoritmo substituem a subárvore cuja raiz é a operação $\pi_{Cpf\_funcionario}$, pois o primeiro agrupamento significa que essa subárvore é executada primeiro.

Resumo da heurística para otimização algébrica. A heurística principal é aplicar primeiro as operações que reduzem o tamanho dos resultados intermediários. Isso inclui a realização o mais cedo possível de operações SELEÇÃO para reduzir o número de tuplas e de operações PROJEÇÃO para reduzir o número de atributos — ao mover as operações SELEÇÃO e PROJEÇÃO o mais para baixo na árvore possível. Além disso, as operações SELEÇÃO e JUNÇÃO que são mais restritivas — ou seja, que resultam em relações com menos tuplas ou com o menor tamanho absoluto — devem ser executadas antes de outras operações semelhantes. A última regra é realizada por meio da reordenação dos nós folha da árvore entre eles mesmos, enquanto evita produtos cartesianos, e do ajuste adequado do restante da árvore.

19.2 Escolha de planos de execução de consulta

19.2.1 Alternativas para avaliação de consulta

Um plano de execução para uma expressão da álgebra relacional representada como uma árvore de consulta inclui informações sobre os métodos de acesso disponíveis para cada relação, bem como os algoritmos a serem usados na computação dos operadores relacionais representados na árvore. Como um exemplo simples, considere a consulta C1 do Capítulo 6, cuja expressão da álgebra relacional correspondente é

$$\pi_{Primeiro\_nome,\ Ultimo\_nome,\ Endereco}(\sigma_{Nome\_departamento='Pesquisa'}(\text{DEPARTAMENTO}) \bowtie_{Numero\_departamento=Numero\_departamento} \text{FUNCIONARIO})$$

A árvore de consulta é mostrada na Figura 19.3. Para converter isso em um plano de execução, o otimizador poderia escolher uma busca de índice para a operação SELEÇÃO em DEPARTAMENTO (supondo que exista uma), um algoritmo de junção de único loop que percorra os registros no resultado da operação SELEÇÃO em DEPARTAMENTO para a operação de junção (supondo que exista um índice no atributo Numero_departamento de FUNCIONARIO), e uma varredura do resultado de JUNÇÃO para a entrada do operador PROJEÇÃO. Além disso, a técnica usada para executar a consulta pode especificar uma avaliação materializada ou canalizada (*pipelined*), embora em geral uma avaliação canalizada seja preferida sempre que viável.

Com a **avaliação materializada**, o resultado de uma operação é armazenado como uma relação temporária (ou seja, o resultado é *fisicamente materializado*). Por exemplo, a operação JUNÇÃO pode ser calculada e o resultado inteiro, armazenado como uma relação temporária, que é então lida como entrada pelo algoritmo que calcula a operação PROJEÇÃO, que produziria a tabela de resultado da consulta.

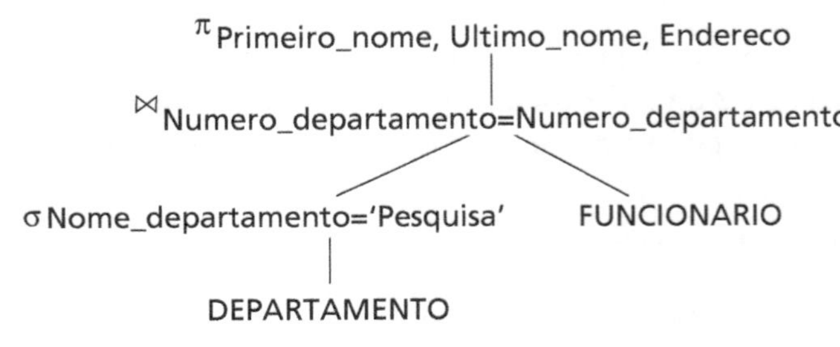

Figura 19.3 Uma árvore de consulta para a consulta C1.

Por sua vez, com a **avaliação em pipeline**, à medida que as tuplas resultantes de uma operação são produzidas, elas são encaminhadas diretamente à operação seguinte na sequência de consulta. Discutimos pipelining como uma estratégia para o processamento de consultas na Seção 18.7. Por exemplo, à medida que as tuplas selecionadas de DEPARTAMENTO são produzidas pela operação SELEÇÃO, elas são colocadas em um buffer; o algoritmo da operação JUNÇÃO consumiria então as tuplas do buffer, e as tuplas que resultam da operação JUNÇÃO são canalizadas para o algoritmo da operação de projeção. A vantagem do pipeline é a economia de custo por não ter de gravar os resultados imediatos em disco e não ter de lê-los de volta para a operação seguinte.

Na Seção 19.1, discutimos a possibilidade de converter árvores de consulta em árvores equivalentes para que a avaliação da consulta seja mais eficiente em termos de tempo de execução e recursos gerais consumidos. Existem transformações mais elaboradas de consultas que são possíveis de otimizar, ou melhor, de "melhorar". As transformações podem ser aplicadas de forma heurística ou com base nos custos.

Conforme discutimos nas seções 7.1.2 e 7.1.3, as subconsultas aninhadas podem ocorrer na cláusula WHERE, bem como na cláusula FROM das consultas SQL. Na cláusula WHERE, se um bloco interno faz uma referência à relação usada no bloco externo, esta é chamada de consulta aninhada correlacionada. Quando uma consulta é usada dentro da cláusula FROM para definir uma relação resultante ou derivada, que participa como uma relação na consulta externa, ela é equivalente a uma visão. As duas formas de subconsultas aninhadas são tratadas pelo otimizador, que as transforma e reescreve toda a consulta. Nas próximas duas subseções, consideramos essas duas variações de transformação de consulta e reescrita com exemplos. Vamos chamá-las de otimização de subconsulta aninhada e transformação de mesclagem de subconsulta (visão). Na Seção 19.8, revisamos esse assunto no contexto dos data warehouses e ilustramos otimizações de transformação em estrela.

19.2.2 Otimização de subconsulta aninhada

Discutimos as consultas aninhadas na Seção 7.1.2. Considere a consulta:

```
SELECT  F1.Primeiro_nome, F1.Ultimo_nome
FROM    FUNCIONARIO F1
WHERE   F1.Salario = ( SELECT MAX (Salario)
                       FROM FUNCIONARIO F2)
```

Nesta consulta aninhada, existe um bloco de consulta dentro de um bloco de consulta externo. A avaliação desta consulta envolve a execução inicial da consulta aninhada, que produz um valor único do salário máximo M na relação FUNCIONARIO; depois, o bloco externo é simplesmente executado com a condição de seleção Salario = M. O salário máximo pode ser obtido simplesmente pelo valor mais alto no índice de salário (se existir) ou pelo catálogo, se estiver atualizado. A consulta externa é avaliada com base no mesmo índice. Se não houver índice algum, então a busca linear seria necessária para ambos.

Discutimos as consultas SQL aninhadas correlacionadas na Seção 7.1.3. Em uma subconsulta correlata, a consulta interna contém uma referência à consulta externa através de uma ou mais variáveis. A subconsulta atua como uma função que retorna um conjunto de valores para cada valor dessa variável ou combinação de variáveis.

Suponhamos que, no banco de dados da Figura 5.5, modifiquemos a relação DEPARTAMENTO como:

DEPARTAMENTO (Numero_departamento, Nome_departamento, Cpf_gerente, Data_inicio_gerente, Cep)

Considere a consulta:

```
SELECT Primeiro_nome, Ultimo_nome, Salario
FROM FUNCIONARIO F
WHERE EXISTS ( SELECT *
               FROM DEPARTAMENTO D
               WHERE D.Numero_departamento = F.Numero_departamento
                 AND D.Cep=30332000);
```

Nesta consulta, a subconsulta aninhada apanha o F.Numero_departamento, o departamento em que o funcionário trabalha, como um parâmetro e retorna um valor verdadeiro ou falso como uma função, caso o departamento esteja localizado no Cep 30332000. A estratégia ingênua para avaliar a consulta é avaliar a subconsulta interna para cada tupla da relação externa, o que é ineficaz. Sempre que possível, o otimizador SQL tenta converter as consultas com subconsultas aninhadas em uma operação de junção. A JUNÇÃO pode então ser avaliada com uma das opções que consideramos na Seção 18.4. A consulta anterior seria convertida para

```
SELECT Primeiro_nome, Ultimo_nome, Salario
FROM FUNCIONARIO F, DEPARTAMENTO D
WHERE D.Numero_departamento = F.Numero_departamento AND D.Cep=30332000
```

O processo de remover a consulta aninhada e converter a consulta externa e interna em um bloco é chamado de **desaninhamento**. Aqui, a junção interna é usada, já que D.Numero_departamento é único e a união é uma equijunção; isso garante que uma tupla da relação Funcionario combinará com, no máximo, uma tupla da relação Departamento. Mostramos, no Capítulo 7, que a consulta C16, que possui uma subconsulta conectada com o conector IN, também foi desaninhada para uma única consulta em bloco envolvendo uma junção. Em geral, as consultas envolvendo uma subconsulta aninhada conectada por IN ou ANY em SQL sempre podem ser convertidas em uma única consulta em bloco. Outras técnicas utilizadas incluem a criação de tabelas de resultados temporários de subconsultas e seu uso em junções.

Repetimos a consulta de exemplo mostrada na Seção 18.1. (Observe que o operador IN é equivalente ao operador =ANY.)

```
C (SJ):
SELECT COUNT(*)
FROM DEPARTAMENTO D
WHERE D.Numero_departamento IN ( SELECT F.Numero_departamento
                                 FROM FUNCIONARIO F
                                 WHERE F.Salario > 200000)
```

Neste caso, novamente, existem duas opções para o otimizador:

1. Avaliar a subconsulta aninhada para cada tupla externa; isso é ineficaz.
2. Desaninhar a subconsulta usando a **semijunção**, o que é muito mais eficaz que a opção 1. Na Seção 18.1, usamos essa alternativa para introduzir e definir o operador de semijunção. Observe que, para desaninhar esta subconsulta, que se refere a expressá-la como um único bloco, a junção interna *não poderá* ser usada, pois, na junção interna, uma tupla de DEPARTAMENTO pode combinar mais de uma tupla de FUNCIONARIO e, desse modo, produzir resultados errados. É fácil ver que uma subconsulta aninhada atua como um **filtro** e, portanto, não pode, ao contrário da junção interna, produzir mais linhas que na tabela DEPARTAMENTO. A semijunção simula esse comportamento.

O processo que descrevemos como **desaninhamento** às vezes é chamado de **descorrelação**. Mostramos outro exemplo na Seção 18.1 usando o conector "NOT IN", que foi convertido em uma única consulta de bloco por meio da operação **antijunção**. A otimização de subconsultas aninhadas complexas é difícil e requer técnicas que podem ser bastante complicadas. Ilustramos duas dessas técnicas na Seção 19.2.3, a seguir. O desaninhamento é uma poderosa técnica de otimização, bastante utilizada por otimizadores SQL.

19.2.3 Transformação de mesclagem de subconsulta (visão)

Existem casos em que uma subconsulta aparece na cláusula FROM de uma consulta e resulta na inclusão de uma relação derivada, semelhante a uma visão predefinida envolvida na consulta. Essa subconsulta da cláusula FROM é muitas vezes referida como uma visão em linha. Às vezes, uma visão real definida anteriormente como uma consulta separada é usada como uma das relações do argumento de uma nova consulta. Nesses casos, a transformação da consulta pode ser referida como uma transformação de mesclagem de visão ou de subconsulta. As técnicas de mesclagem de visão discutidas aqui aplicam-se igualmente a visões em linha e predefinidas.

Considere as três relações a seguir:

FUNCIONARIO (Cpf, Primeiro_nome, Ultimo_nome, Numero_departamento)
DEPARTAMENTO (Numero_departamento, Nome_departamento, Nome_gerente, Codigo_predio)
PREDIO (Codigo_predio, Numero_andares, Endereco, Telefone)

O significado das relações é autoexplicativo; a última representa os prédios em que estão localizados os departamentos; o telefone refere-se a um número de telefone na recepção do prédio.

A consulta a seguir usa uma visão em linha na cláusula FROM; ela recupera, para os funcionários de nome "João", o sobrenome, endereço e número de telefone do prédio onde trabalham:

```
SELECT F.Ultimo_nome, V.Endereco, V.Telefone
FROM FUNCIONARIO F, (  SELECT D.Numero_departamento,
                          D.Nome_departamento, P.Endereco, P.Telefone
                       FROM DEPARTAMENTO D, PREDIO P
                       WHERE D.Codigo_predio = P.Codigo_predio ) V
WHERE V.Numero_departamento = F.Numero_departamento AND
      F.Primeiro_nome = "João";
```

Esta consulta junta a tabela EMPRESA com uma visão chamada V, que fornece o endereço e o telefone do prédio onde o funcionário trabalha. Por sua vez, a visão junta as duas tabelas DEPARTAMENTO e PREDIO. Esta consulta pode ser executada primeiro materializando temporariamente a visão e depois juntando-a com a tabela EMPRESA. O otimizador é então obrigado a considerar a ordem de junção F, V ou V, F; e, para resultar na visão, as ordens de junção possíveis são D, P e P, D. Assim, o número total de candidatos à ordem de junção é limitado a 4. Além disso, a junção baseada em índice sobre F, V está impedida, pois não há índice sobre V na coluna de junção Numero_departamento. A operação de **mesclagem de visão** mescla as tabelas na visão com as tabelas do bloco de consulta externo e produz a seguinte consulta:

```
SELECT F.Ultimo_nome, P.Endereco, P.Telefone
FROM FUNCIONARIO F, DEPARTAMENTO D, PREDIO P
WHERE D.Codigo_predio = P.Codigo_predio AND D.Numero_departamento =
      F.Numero_departamento AND F.Primeiro_nome = "João";
```

Com o bloco de consulta mesclado anterior, três tabelas aparecem na cláusula FROM, oferecendo oito possíveis ordens de junção e índices sobre Numero_departamento em DEPARTAMENTO, e Codigo_predio em PREDIO pode ser usado para junções de loop aninhadas e baseadas em índice, que foram anteriormente excluídas. Deixamos para o leitor o desenvolvimento dos planos de execução com e sem mesclagem para efeito de comparação.

Em geral, as visões que contêm operações de seleção-projeção-junção são consideradas visões simples e sempre podem ser submetidas a esse tipo de mesclagem de visão. Normalmente, a mesclagem de visão permite que outras opções sejam consideradas e resulta em um plano de execução melhor do que se não mesclasse a visão. Às vezes, outras otimizações são permitidas, como remover uma tabela na consulta externa se ela for usada dentro da visão. A mesclagem da visão pode ser inválida sob certas condições em que a visão é mais complexa e envolve operações de conjunto DISTINCT, OUTER JOIN, AGGREGATION, GROUP BY e assim por diante. Em seguida, consideremos uma possível situação de mesclagem de visão com GROUP BY.

Mesclagem de visão com GROUP BY: quando a visão possui construções adicionais além de seleção-projeção-junção, como mencionado anteriormente, a mesclagem da visão que mencionamos pode ou não ser desejável. Adiar o GROUP BY para depois de realizar as junções pode oferecer a vantagem de reduzir os dados submetidos ao agrupamento, caso as junções tenham baixa seletividade de junção. Como alternativa, a realização antecipada do GROUP BY pode ser vantajosa por reduzir a quantidade de dados submetidos a junções subsequentes. O otimizador normalmente consideraria planos de execução com e sem a mesclagem e compararia seus custos para determinar a viabilidade de realizar a mesclagem. Vamos ilustrar isso com um exemplo.

Considere as seguintes relações:

VENDAS (Codigo_cliente, Codigo_produto, Data, Qtd_vendida)
CLIENTE (Codigo_cliente, NomeCliente, Pais, Email)
PRODUTO (Codigo_produto, NomeProduto, Qtd_estoque)

A consulta para listar os clientes da França que tenham comprado mais de 50 unidades de um produto "Anel_234" pode ser montada da seguinte forma:

Uma visão é criada para contar a quantidade total de qualquer item comprado para os pares <Codigo_cliente, Codigo_produto>:

```
CREATE VIEW VISAO_COMPRA AS
SELECT SUM (V.Qtd_vendida) as Comprou, V.Codigo_cliente, V.Codigo_produto
FROM VENDAS V
GROUP BY V.Codigo_cliente, V.Codigo_produto;
```

Então, a consulta usando esta visão torna-se:

```
CG: SELECT C.Codigo_cliente, C.NomeCliente, C.Email
FROM CLIENTE C, PRODUTO P, VISAO_COMPRA V1
WHERE   P.Codigo_produto = V1.Codigo_produto AND C.Codigo_cliente =
        V1.Codigo_cliente AND V1.Comprou >50
        AND NomeProduto = "Anel_234" AND C.Pais = "França";
```

A visão V1 pode ser avaliada primeiro, e seus resultados temporariamente materializados, depois a consulta CG pode ser avaliada usando a visão materializada como uma das tabelas na junção. Usando a transformação de mesclagem, essa consulta torna-se:

```
CT: SELECT C.Codigo_cliente, C.NomeCliente, C.Email
FROM CLIENTE C, PRODUTO P, VENDAS V
WHERE   P.Codigo_produto = V.codigo_produto AND C.Codigo_cliente =
        V.Codigo_cliente AND NomeProduto = "Anel_234" AND C.Pais = "França"
```

```
GROUP BY P.Codigo_produto, P.rowid, C.rowid, C.Codigo_cliente, C.NomeCliente,
         C.Email
HAVING SUM (V.Qtd_vendida) > 50;
```

Após a mesclagem, a consulta resultante CT é muito mais eficiente e menos dispendiosa de ser executada. O raciocínio é o seguinte. Antes da mesclagem, a visão V1 agrupa toda a tabela VENDAS e materializa o resultado, e isso é dispendioso. Na consulta transformada, o agrupamento é aplicado à junção das três tabelas; nessa operação, uma única tupla de produto é envolvida na tabela PRODUTO, filtrando assim os dados de VENDAS consideravelmente. A junção na CT após a transformação pode ser um pouco mais dispendiosa na medida em que a relação VENDAS inteira está envolvida, em vez da tabela de visão agregada VISÃO_COMPRA na CG. Observe, no entanto, que a operação GROUP BY na V1 produz uma tabela cuja cardinalidade não é consideravelmente menor que a cardinalidade de VENDAS, pois o agrupamento é sobre <Codigo_cliente, Codigo_produto>, que pode não ter alta repetição em VENDAS. Observe também o uso de P.rowid e C.rowid, que se referem aos identificadores de linha únicos que são acrescentados para manter a equivalência com a consulta original. Reiteramos que a decisão de mesclar as visões GROUP BY deve ser feita pelo otimizador com base nos custos estimados.

19.2.4 Visões materializadas

Discutimos o conceito de visões na Seção 7.3, introduzindo também o conceito de materialização de visões. Uma visão é definida no banco de dados como uma consulta, e uma **visão materializada** armazena os resultados dessa consulta. O uso de visões materializadas para evitar parte da computação envolvida em uma consulta é outra técnica de otimização de consulta. Uma visão materializada pode ser armazenada temporariamente, para permitir que mais consultas sejam processadas contra ela, ou de forma permanente, como é comum nos data warehouses (ver Capítulo 29). Uma visão materializada é constituída de dados derivados, pois seu conteúdo pode ser computado como um resultado do processamento da consulta que define a visão. A principal ideia por trás da materialização é que é muito menos dispendioso consultá-la quando necessário que refazê-la do zero. A economia pode ser significativa quando a visão envolve operações dispendiosas, como junção, agregação e outras.

Considere, por exemplo, a visão V2 na Seção 7.3, que define a visão como uma relação juntando as relações DEPARTAMENTO e FUNCIONARIO. Para cada departamento, ela calcula o número total de funcionários e o salário total pago aos funcionários nesse departamento. Se essa informação for frequentemente necessária em relatórios ou consultas, esta visão pode ser armazenada permanentemente. A visão materializada pode conter dados relacionados a apenas um fragmento ou subexpressão da consulta do usuário. Portanto, é preciso que haja um algoritmo para substituir apenas os fragmentos relevantes da consulta com uma ou mais visões materializadas e calcular o restante da consulta de um modo convencional. Na Seção 7.3, também mencionamos três estratégias de atualização (também conhecida como *refresh*) para atualizar a visão:

- Atualização imediata, que atualiza a visão assim que qualquer uma das relações que participam da visão seja atualizada.
- Atualização adiada, que recompõe a visão somente por demanda.
- Atualização periódica (ou atualização diferida), que atualiza a visão mais tarde, possivelmente com frequência regular.

Quando a atualização imediata está em vigor, ela constitui uma grande quantidade de sobrecarga para manter a visão atualizada quando qualquer uma das relações de base subjacentes tiver uma alteração na forma de inserção, exclusão ou modificação. Por exemplo, excluir um funcionário do banco de dados, alterar o salário de um funcionário ou contratar um novo funcionário afeta a tupla correspondente a esse departamento na visão e, portanto, exige que a visão V2 da Seção 7.3 seja atualizada imediatamente. Essas atualizações às vezes são tratadas manualmente por programas que atualizam todas as visões definidas em cima de uma relação básica sempre que essa relação básica é atualizada. Mas, obviamente, não há garantias de que todas as visões possam ser levadas em consideração. Triggers (ver Seção 7.2), que são ativados após uma atualização na relação básica, podem ser usadas para atuar e fazer as mudanças apropriadas nas visões materializadas. A abordagem direta e ingênua é recalcular toda a visão a cada atualização em qualquer tabela básica, mas isso é proibitivamente dispendioso. Portanto, a manutenção incremental da visão é feita atualmente na maioria dos SGBDRs. Discutiremos isso a seguir.

Manutenção incremental da visão. A ideia básica por trás da manutenção incremental da visão é que, em vez de criar a visão a partir do zero, ela pode ser atualizada de forma incremental, considerando apenas as mudanças que ocorreram desde a última vez em que ela foi criada/atualizada. O truque é descobrir exatamente qual é a mudança resultante na visão materializada com base em um conjunto de tuplas inseridas ou excluídas na relação básica. Descrevemos a seguir as técnicas gerais para a manutenção de visão incremental para visões que envolvem junção, seleção, projeção e alguns tipos de agregação. Para lidar com a modificação, podemos considerar essas técnicas como uma combinação de exclusão da tupla antiga, seguida de uma inserção da nova tupla. Considere uma visão V definida sobre as relações R e S. As instâncias respectivas são v, r e s.

Junção: se uma visão contém junção interna de relações r e s, $v_{\text{antiga}} = r \bowtie s$, e existe um novo conjunto de tuplas inseridas: r_i, em r, então o novo valor da visão contém $(r \cup r_i) \bowtie s$. A mudança incremental para a visão pode ser calculada como $v_{\text{nova}} = r \bowtie s \cup r_i \bowtie s$. De modo semelhante, deletar um conjunto de tuplas r_d de r resulta na nova visão como $v_{\text{nova}} = r \bowtie s - r_d \bowtie s$. Teremos expressões semelhantes de forma simétrica quando s passar por uma adição ou exclusão.

Seleção: se uma visão for definida como $V = \sigma_C$ R com a condição C para seleção, quando um conjunto de tuplas r_i for inserido em r, a visão pode ser modificada como $v_{\text{nova}} = v_{\text{antiga}} \cup \sigma_C\, r_i$. Por outro lado, após a exclusão das tuplas r_d de r, obtemos $v_{\text{nova}} = v_{\text{antiga}} - \sigma_C\, r_d$.

Projeção: comparada com a estratégia anterior, a projeção requer um trabalho adicional. Considere a visão definida como $V = \pi_{Sexo,Salario}R$, em que R é a relação FUNCIONARIO, e suponha que os seguintes pares <Sexo, Salário> existem para Salario de 50000 em r em três tuplas distintas: t_5 contém <M, 50000>, t_{17} contém <M, 50000> e t_{23} contém <F, 50000>. A visão v contém, portanto, <M, 50000> e <F, 50000> como duas tuplas derivadas das três tuplas de r. Se a tupla t_5 fosse excluída de r, isso não afetaria a visão. No entanto, se t_{23} fosse excluída de r, a tupla <F, 50000> teria de ser removida da visão. Da mesma forma, se outra nova tupla t_{77} contendo <M, 50000> fosse inserida na relação r, também não teria efeito sobre a visão. Assim, a manutenção das visões de projeção exige que uma contagem seja mantida além das colunas reais na visão. No exemplo anterior, os valores de contagem originais são 2 para <M, 50000> e 1 para <F, 50000>. Cada vez que uma inserção na relação básica resultar em uma contribuição para a visão, a contagem é incrementada; se uma tupla excluída da relação básica tiver sido representada na visão, seu contador é diminuído. Quando a contagem de uma tupla na visão atinge zero, a tupla é realmente removida da visão. Quando uma nova tupla inserida contribui para a visão, sua contagem é definida como 1. Observe que essa discussão pressupõe que SELECT DISTINCT está sendo usado na definição da visão, para corresponder à operação de projeção (π). Se a versão multiconjunto da projeção for usada sem DISTINCT, os contadores ainda serão usados. Existe uma opção para exibir a tupla da visão tantas vezes quanto sua contagem, caso a visão deva ser exibida como um multiconjunto.

Interseção: se a visão for definida como V = R ∩ S, quando uma nova tupla r_i for inserida, ela é comparada com a relação s para ver se está presente. Se estiver, ela é inserida em *v*, caso contrário, não. Se a tupla r_d for deletada, ela é comparada com a visão *v* e, se estiver presente, é removida da visão.

Agregação (Group By): para a agregação, consideremos que GROUP BY é usado na coluna G na relação R e a visão contém (SELECT G, função agregada (A)). A visão é um resultado de alguma função de agregação aplicada ao atributo A, que corresponde a (ver Seção 8.4.2):

$_{G}\Im_{\text{Função-agregação}}(A)$

A seguir, vamos considerar algumas funções de agregação:

- **Count:** para manter a contagem de tuplas para cada grupo, se uma nova tupla for inserida em r, e se tiver um valor para G = g1, e se g1 estiver presente na visão, sua contagem será incrementada em 1. Se não houver uma tupla com o valor g1 na visão, uma nova tupla é inserida nela: <g1, 1>. Quando a tupla que está sendo excluída tem o valor G = g1, sua contagem é decrementada em 1. Se a contagem de g1 chegar a zero após a exclusão na visão, essa tupla é removida da visão.
- **Sum:** suponha que a visão contenha (G, sum(A)). Há um contador sendo mantido para cada grupo na visão. Se uma tupla for inserida na relação r e tiver (g1, x1) sob as colunas R.G e R.A, e se a visão não tiver uma entrada para g1, uma nova tupla <g1, x1> será inserida na visão e sua contagem será definida como 1. Se já houver uma entrada para g1 como <g1, s1> na visão antiga, ela é modificada para <g1, s1 + x1> e sua contagem é incrementada em 1. Para a exclusão a partir da relação básica de uma tupla com R.G, R.A sendo <g1, x1>, se a contagem do grupo correspondente g1 for 1, a tupla para o grupo g1 seria removida da visão. Se ela estiver presente e tiver uma contagem maior que 1, a contagem será diminuída em 1 e a soma s1 será diminuída para s1 – x1.
- **Average:** a função de agregação não pode ser mantida por si mesma sem manter a soma e as funções de contagem e depois calcular a média como a soma dividida pela contagem. Portanto, as funções sum e count precisam ser mantidas e atualizadas de forma incremental, como discutido anteriormente para calcular a nova média.
- **Max e Min:** podemos considerar apenas Max. Min seria tratada de forma simétrica. Novamente, para cada grupo, a combinação (g, max(a), count) é mantida, em que max(a) representa o valor máximo de R.A na relação básica. Se a tupla inserida tiver um valor de R.A inferior ao valor atual de max(a), ou se tiver um valor igual a max(a) na visão, somente a contagem para o grupo é incrementada. Se tiver um valor maior que max(a), o valor máximo na visão é definido como o novo valor e a contagem é incrementada. Após a exclusão de uma tupla, se o seu valor de R.A for inferior a max(a), apenas a contagem é diminuída. Se o valor de R.A corresponder a max(a), a contagem é diminuída em 1; então a tupla que representou o valor máximo de A foi excluída. Portanto, um novo máximo deve ser calculado para A no grupo, o que requer uma quantidade substancial de trabalho. Se a contagem chegar a 0, esse grupo é removido da visão porque a tupla excluída foi a última do grupo.

Discutimos a materialização incremental como uma técnica de otimização para manter visões. No entanto, também podemos considerar visões materializadas como uma forma de reduzir o esforço em certas consultas. Por exemplo, se uma consulta tiver um componente, digamos, R ⋈ S ou π_LR que esteja disponível como uma visão, a consulta pode ser modificada para usar a visão e evitar computação desnecessária. Às vezes ocorre a situação inversa. Uma visão V é usada na consulta Q e essa visão foi materializada como v; digamos que a visão inclua R ⋈ S; no entanto, nenhuma estrutura de acesso (como índices) está disponível em v. Suponha que os índices estejam disponíveis sobre certos atributos (por exemplo, A da relação componente R) e que a consulta Q envolve uma condição de seleção sobre A. Nesses casos, a consulta contra a visão pode se beneficiar com o uso do índice sobre uma relação componente, e a visão é substituída por sua consulta de definição; a relação que representa a visão materializada nem é usada.

19.3 Usando seletividades na otimização baseada em custo

Um otimizador de consulta não depende unicamente de regras heurísticas ou de transformações de consulta; ele também estima e compara os custos da execução de uma consulta utilizando diferentes estratégias de execução e algoritmos e, depois, escolhe a estratégia com a *estimativa de custo mais baixa*. Para que essa técnica funcione, *estimativas de custo* precisas são exigidas, de modo que diferentes estratégias possam ser comparadas justa e realisticamente. Além disso, o otimizador precisa limitar o número de estratégias de execução a serem consideradas; caso contrário, muito tempo será gasto ao fazer estimativas de custo para as muitas estratégias de execução possíveis. Logo, essa técnica é mais adequada para **consultas compiladas**, em vez de consultas ocasionais, nas quais a otimização é feita na hora da compilação e o código da estratégia de execução resultante é armazenado e executado diretamente em tempo de execução. Para **consultas interpretadas**, nas quais o processo inteiro mostrado na Figura 18.1 ocorre em tempo de execução, uma otimização em escala total pode atrasar o tempo de resposta. Uma otimização mais elaborada é indicada para consultas compiladas, ao passo que uma otimização parcial, menos demorada, funciona melhor para consultas interpretadas.

Essa técnica geralmente é denominada **otimização de consulta baseada em custo.**[6] Ela usa técnicas de otimização tradicionais que pesquisam o *espaço da solução* para um problema em busca de uma solução que minimize uma função de objetivo (custo). As funções de custo usadas na otimização de consulta são estimativas e não funções de custo exatas, de modo que a otimização pode selecionar uma estratégia de execução de consulta que não é a ideal (melhor absoluta). Na Seção 19.3.1, discutimos os componentes do custo de execução da consulta. Na Seção 19.3.2, discutimos o tipo de informação necessária em funções de custo. Essa informação é mantida no catálogo do SGBD. Na Seção 19.3.3, descrevemos histogramas usados para manter detalhes sobre as distribuições de valor de atributos importantes.

O processo de tomada de decisão durante a otimização de consulta não é trivial, e possui vários desafios. Podemos resumir a técnica geral de otimização de consulta baseada em custo da seguinte forma:

- Para determinada subexpressão na consulta, pode haver várias regras de equivalência que se aplicam. O processo de aplicação das equivalências é feito em cascata; ele não tem qualquer limite e não existe convergência definitiva. É difícil realizar isso de uma forma que não ocupe muito espaço.

---

[6] Esta técnica foi usada inicialmente no otimizador para o SYSTEM R em um SGBD experimental desenvolvido na IBM (Selinger et al., 1979).

- É necessário lançar mão de qualquer medição quantitativa para avaliar as alternativas. Usando os requisitos de espaço e tempo e reduzindo-os a alguma métrica comum chamada custo, é possível elaborar alguma metodologia para otimização.
- Estratégias de pesquisa apropriadas podem ser criadas mantendo-se as alternativas menos dispendiosas e aparando as alternativas mais custosas.
- O escopo da otimização da consulta geralmente é um bloco de consulta. Diversos caminhos de acesso a tabela e índice, permutações (ordens) de junção, métodos de junção, métodos de agrupamento e outros proveem as alternativas das quais o otimizador de consulta deverá escolher.
- Em uma otimização de consulta global, o escopo da otimização são múltiplos blocos de consulta.[7]

19.3.1 Componentes de custo para execução da consulta

O custo da execução de uma consulta inclui os seguintes componentes:

1. **Custo de acesso ao armazenamento secundário.** É o custo de transferir (ler e gravar) blocos de dados entre o armazenamento de disco secundário e os buffers da memória principal. Isso também é conhecido como *custo de E/S (entrada/saída) de disco.* O custo de procurar registros em um arquivo de disco depende do tipo de estruturas de acesso nesse arquivo, como ordenação, hashing e índices primário ou secundário. Além disso, outros fatores afetam o custo de acesso, por exemplo, se os blocos de arquivo estão alocados consecutivamente no mesmo cilindro de disco ou espalhados pelo disco.
2. **Custo de armazenamento em disco.** É o custo de armazenar no disco quaisquer arquivos intermediários que sejam gerados por uma estratégia de execução para a consulta.
3. **Custo de computação.** É o custo de realizar operações na memória em registros dentro dos buffers de dados durante a execução da consulta. Essas operações incluem procurar e ordenar registros, mesclar registros para uma operação de junção ou ordenação, e realizar cálculos sobre valores de campo. Isso também é conhecido como *custo de CPU (unidade central de processamento).*
4. **Custo de uso da memória.** É o custo que diz respeito ao número de buffers da memória principal necessários durante a execução da consulta.
5. **Custo de comunicação.** É o custo de envio da consulta e seus resultados do local do banco de dados até o local ou terminal em que a consulta foi originada. Nos bancos de dados distribuídos (ver Capítulo 23), isso também incluiria o custo de transferência de tabelas e resultados entre vários computadores durante a avaliação da consulta.

Para bancos de dados grandes, a ênfase principal costuma estar na minimização do custo de acesso para armazenamento secundário. Funções de custo simples ignoram outros fatores e comparam diferentes estratégias de execução de consulta em relação ao número de transferências de bloco entre buffers do disco e da memória principal. Para bancos de dados menores, nos quais a maioria dos dados nos arquivos envolvidos na consulta pode ser armazenada completamente na memória, a ênfase é na minimização do custo de computação. Em bancos de dados distribuídos, nos quais muitos locais estão envolvidos (ver Capítulo 23), o custo da comunicação também precisa ser minimizado. É difícil incluir todos os componentes de custo em uma função de custo (ponderada), pela dificuldade de atribuir pesos adequados aos

[7] Neste capítulo, não discutimos a otimização global nesse sentido. Os detalhes poderão ser encontrados em Ahmed et al. (2006).

componentes de custo. É por isso que algumas funções de custo consideram apenas um único fator — acesso de disco. Na próxima seção, vamos tratar de algumas informações necessárias para formular funções de custo.

19.3.2 Informação de catálogo usada nas funções de custo

Para estimar os custos de diversas estratégias de execução, temos de registrar qualquer informação necessária para as funções de custo. Essa informação pode ser armazenada no catálogo do SGBD, em que é acessada pelo otimizador de consulta. Primeiro, temos de saber o tamanho de cada arquivo. Para um arquivo cujos registros são do mesmo tipo, o **número de registros (tuplas)** (*r*), o **tamanho do registro** (médio) (***R***) e o **número de blocos de arquivo** (***b***) (ou estimativas próximas deles) são necessários. O **fator de bloco** (***bfr***) para o arquivo também pode ser necessário. Estes foram mencionados na Seção 18.3.4, e utilizados na ilustração dos diversos algoritmos de implementação para operações relacionais. Também devemos registrar a *organização de arquivo primária* para cada arquivo. Os registros da organização de arquivo primária podem ser *desordenados*, *ordenados* por um atributo com ou sem um índice primário ou de agrupamento, ou *hashed* (hashing estático ou um dos métodos de hashing dinâmico) sobre um atributo-chave. A informação também é mantida em todos os índices primários, secundários ou de agrupamento e seus atributos de indexação. O **número de níveis** (*x*) de cada índice multinível (primário, secundário ou de agrupamento) é necessário para funções de custo que estimam o número de acessos de bloco que ocorrem durante a execução da consulta. Em algumas funções de custo, o **número de blocos de índice de primeiro nível** (b_{I1}) é necessário.

Outro parâmetro importante é o **número de valores distintos NVD (A, R)** de um atributo na relação *R* e sua **seletividade** (*sl*), que é a fração de registros que satisfazem uma condição de igualdade no atributo. Isso permite a estimativa da **cardinalidade de seleção** ($s = sl * r$) de um atributo, que é o número *médio* de registros que satisfarão uma condição de seleção de igualdade nesse atributo.

Informações como o número de níveis de índice são fáceis de manter porque não mudam com muita frequência. Porém, outras informações podem mudar frequentemente; por exemplo, o número de registros *r* em um arquivo muda toda vez que um registro é inserido ou deletado. O otimizador de consulta precisará de valores bem próximos, mas não necessariamente atualizados até o último minuto desses parâmetros para uso na estimativa do custo de diversas estratégias de execução. Para ajudar na estimativa do tamanho dos resultados das consultas, é importante ter a melhor estimativa possível da distribuição de valores. Para essa finalidade, a maioria dos sistemas armazena um histograma.

19.3.3 Histogramas

Histogramas são tabelas ou estruturas de dados mantidas pelo SGBD para registrar informações sobre a distribuição de dados. É comum para a maioria dos SGBDRs armazenar histogramas para a maioria dos atributos importantes. Sem um histograma, o melhor pressuposto é que os valores de um atributo são distribuídos uniformemente ao longo de seu intervalo alto a baixo. Os histogramas dividem o atributo em intervalos importantes (chamados buckets) e armazenam o número total de registros que pertencem a esse bucket nessa relação. Às vezes, eles também podem armazenar o número de valores distintos em cada bucket. Costuma-se fazer uma suposição implícita de que, entre os valores distintos dentro de um bucket, há uma distribuição uniforme. Todos esses pressupostos raramente são verdadeiros. Portanto, é sempre útil manter um histograma com um maior detalhamento (isto é, maior número de buckets). São comuns algumas variações de histogramas: em histogramas de **equilargura**, o intervalo de valores é dividido em subfaixas iguais. Em histogramas de **equialtura**, os buckets são formados de modo que cada um tenha aproximadamente o mesmo número de registros. Os histogramas de equialtura são considerados melhores, pois mantêm menor quantidade de valores que ocorrem com mais frequência em um bucket e maior quantidade de valores menos frequentes em um bucket diferente. Desse modo, a suposição de distribuição uniforme dentro de um bucket parece ser melhor. Mostramos um exemplo de histograma para informações salariais de uma empresa na Figura 19.4. Este histograma divide o intervalo salarial em cinco buckets que podem corresponder às subfaixas importantes sobre as quais as consultas podem ser prováveis, porque pertencem a certos tipos de funcionários. Este não é nem um histograma de equilargura nem de equialtura.

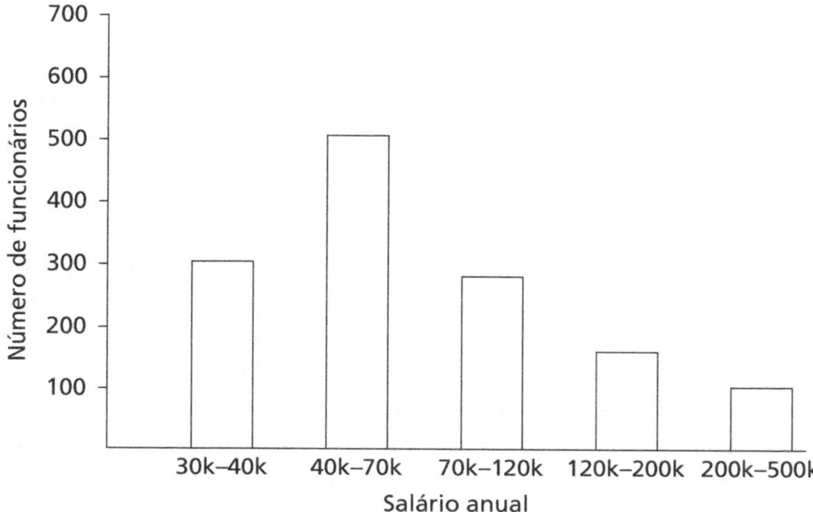

Figura 19.4 Histograma de salários na relação FUNCIONARIO.

19.4 Funções de custo para a operação SELEÇÃO

Agora, mostraremos as funções de custo para os algoritmos de seleção S1 a S8 discutidos na Seção 18.3.1 em relação ao *número de transferências de bloco* entre a memória e o disco. O algoritmo S9 envolve uma interseção de ponteiros de registro após eles terem sido recuperados por algum outro meio, como o algoritmo S6, e, portanto, a função de custo será baseada no custo para S6. Essas funções de custo são estimativas que ignoram o tempo de computação, o custo de armazenamento e outros fatores. Para reiterar, a seguinte notação é utilizada nas fórmulas a seguir:

C_{Si}: custo para o método *Si* em acessos de bloco
r_X: número de registros (tuplas) em uma relação *X*
b_X: número de blocos ocupados pela relação *X* (também indicado por *b*)
bfr_X: fator de bloco (ou seja, número de registros por bloco) na relação *X*
sl_A: seletividade de um atributo *A* para determinada condição
sA: cardinalidade de seleção do atributo sendo selecionado ($= sl_A * r$)
xA: número de níveis do índice para o atributo *A*
$b_{I1}A$: número de blocos de primeiro nível do índice sobre o atributo *A*
NVD (*A*, *X*): número de valores distintos do atributo *A* na relação *X*

Nota: ao usar a notação anterior nas fórmulas, omitimos o nome da relação ou do atributo quando este for óbvio.

- **S1 — Técnica de pesquisa linear (força bruta).** Pesquisamos todos os blocos do arquivo para recuperar todos os registros que satisfazem a condição de seleção; logo, $C_{S1a} = b$. Para uma *condição de igualdade em um atributo-chave*, somente metade dos blocos de arquivo é pesquisada *na média* antes de encontrar o registro, de modo que uma estimativa aproximada para $C_{S1b} = (b/2)$ se o registro for encontrado; se nenhum registro for encontrado satisfazendo a condição, $C_{S1b} = b$.
- **S2 — Pesquisa binária.** Esta pesquisa acessa aproximadamente $C_{S2} = \log_2 b + \lceil (s/bfr) \rceil - 1$ blocos de arquivo. Isso reduz para $\log_2 b$ se a condição de igualdade estiver em um atributo único (chave), pois $s = 1$ neste caso.
- **S3a — Usando um índice de chave primária para recuperar um único registro.** Para um índice primário, recupere um bloco de disco em cada nível de índice, mais um bloco de disco do arquivo de dados. Logo, o custo é um bloco de disco a mais que o número de níveis de índice: $C_{S3a} = x + 1$.
- **S3b — Usando uma chave hash para recuperar um único registro.** Para o hashing, somente um bloco de disco precisa ser acessado na maioria dos casos. A função de custo é aproximadamente $C_{S3b} = 1$ para o hashing estático ou o hashing linear, e é dois acessos de bloco de disco para o hashing extensível (ver Seção 16.8).
- **S4 — Usando um índice de ordenação para recuperar múltiplos registros.** Se a condição de comparação for >, >=, < ou <= em um campo-chave com um índice de ordenação, aproximadamente metade dos registros do arquivo satisfarão a condição. Isso produz uma função de custo de $C_{S4} = x + (b/2)$. Essa é uma estimativa muito aproximada e, embora possa estar correta na média, pode ser muito imprecisa em casos individuais. Uma estimativa mais precisa é possível se a distribuição de registros for armazenada em um histograma.
- **S5 — Usando um índice de agrupamento para recuperar múltiplos registros.** Um bloco de disco é acessado em cada nível de índice, que oferece o endereço do primeiro bloco de disco do arquivo no cluster. Dada uma condição de igualdade no atributo de indexação, *s* registros satisfarão a condição, em que *s* é a cardinalidade de seleção do atributo de indexação. Isso significa que $\lceil (s/bfr) \rceil$ blocos de arquivo estarão no cluster de blocos de arquivo que mantêm todos os registros selecionados, gerando $C_{S5} = x + \lceil (s/bfr) \rceil$.
- **S6 — Usando um índice secundário (B^+-tree).** Para um índice secundário sobre um atributo-chave (único), com uma condição de seleção de igualdade (ou seja, <atributo = valor>), o custo é $x + 1$ acessos de bloco de disco. Para um índice secundário sobre um atributo não chave (não único), *s* registros satisfarão uma condição de igualdade, em que *s* é a cardinalidade de seleção do atributo de indexação. Porém, como o índice é de não agrupamento, cada um dos registros pode residir em um bloco de disco diferente, de modo que a estimativa de custo (pior caso) é $C_{S6a} = x + 1 + s$. O 1 adicional é levado em conta para o bloco de disco que contém os ponteiros de registro após o índice ser pesquisado (ver Figura 17.5). Para consultas de intervalo, se a condição de comparação for >, >=, < ou <= e metade dos registros de arquivo forem considerados para satisfazer a condição, então (muito aproximadamente) metade dos blocos de índice de primeiro nível são acessados, mais metade dos registros de arquivo por meio do índice. A estimativa de custo para este caso, de maneira aproximada, é $C_{S6b} = x + (b_{I1}/2) + (r/2)$. O fator $r/2$ pode ser refinado se existirem melhores estimativas de seletividade por meio de um histograma. O último método C_{S6b} pode ser muito dispendioso. Para uma condição de intervalo como $v1 < A < v2$, a cardinalidade de seleção *s* deve ser calculada a partir do histograma ou como um default, sob a hipótese de distribuição uniforme; depois, o custo seria calculado com base em se *A* não é uma chave ou não chave com um índice de B^+-tree sobre *A*. (Deixamos como um exercício para o leitor o cálculo sob as diferentes condições.)

- S7 — **Seleção conjuntiva.** Podemos usar S1 ou um dos métodos de S2 a S6 já discutidos. Neste último caso, usamos uma condição para recuperar os registros e depois verificamos nos buffers da memória principal se cada registro recuperado satisfaz as condições restantes na conjunção. Se existirem vários índices, a pesquisa de cada índice pode produzir um conjunto de ponteiros de registro (ids de registro) nos buffers da memória principal. A interseção dos conjuntos de ponteiros de registro (indicados em S9) pode ser calculada na memória principal e, então, os registros resultantes são lidos com base em seus ids de registro.
- S8 — **Seleção conjuntiva usando um índice composto.** O mesmo que S3*a*, S5 ou S6, dependendo do tipo de índice.
- S9 — **Seleção usando um índice bitmap.** (Ver Seção 17.5.2.) Dependendo da natureza da seleção, se pudermos reduzir a seleção a um conjunto de condições de igualdade, cada uma igualando o atributo com um valor (por exemplo, $A = \{7, 13, 17, 55\}$), então um vetor de bits para cada valor é acessado, contendo r bits ou $r/8$ bytes de extensão. Um bloco pode conter diversos vetores de bits. Então, se s registros se qualificarem, s blocos são acessados para os registros de dados.
- S10 — **Seleção usando um índice funcional.** (Ver Seção 17.5.3.) Esta funciona de modo semelhante a S6, exceto que o índice é baseado em uma função de vários atributos; se essa função estiver aparecendo na cláusula SELECT, o índice correspondente poderá ser utilizado.

Técnica de otimização baseada em custo. Em um otimizador de consulta, é comum enumerar as diversas estratégias possíveis para execução de uma consulta e estimar seus custos para diferentes estágios. Uma técnica de otimização, como a programação dinâmica, pode ser usada para encontrar a estimativa de custo ideal (menor) com eficiência, sem ter de considerar todas as estratégias de execução possíveis. A **programação dinâmica** é uma técnica de otimização[8] em que os subproblemas são resolvidos apenas uma vez. Esta técnica se aplica quando um problema pode ser quebrado em subproblemas que, por si sós, possuem subproblemas. Retornaremos à técnica de programação dinâmica quando discutirmos sobre a ordenação de junção, na Seção 19.5.5. Não discutimos aqui os algoritmos de otimização; em vez disso, usamos um exemplo simples para ilustrar como as estimativas de custo podem ser usadas.

19.4.1 Exemplo de otimização de seleção baseada em fórmulas de custo

Suponha que o arquivo FUNCIONARIO da Figura 5.5 tenha $r_F = 10000$ registros armazenados em $b_F = 2000$ blocos de disco com fator de bloco $bfr_F = 5$ registros/bloco e os seguintes caminhos de acesso:

1. Um índice de agrupamento sobre Salario, com níveis $x_{\text{Salario}} = 3$ e cardinalidade de seleção média $s_{\text{Salario}} = 20$. (Isso corresponde a uma seletividade de $sl_{\text{Salario}} = 20/10000 = 0{,}002$).
2. Um índice secundário sobre um atributo-chave Cpf, com $x_{\text{Cpf}} = 4$ ($s_{\text{Cpf}} = 1$, $sl_{\text{Cpf}} = 0{,}0001$).
3. Um índice secundário sobre o atributo não chave Numero_departamento, com $x_{\text{Numero\_departamento}} = 2$ e blocos de índice de primeiro nível $b_{I1\text{Numero\_departamento}} = 4$. Existem *NVD (Numero_departamento, FUNCIONARIO)* = 125 valores distintos para Numero_departamento, de modo que a seletividade de Numero_departamento é $sl_{\text{Numero\_departamento}} = (1/NVD(Numero\_departamento, FUNCIONARIO)) = 0{,}008$,

[8] Para obter uma discussão detalhada da programação dinâmica como uma técnica de otimização, o leitor poderá consultar um livro-texto sobre algoritmos, como Corman et al. (2003).

e a cardinalidade de seleção é $s_{\text{Numero\_departamento}} = (r_F * sl_{\text{Numero\_departamento}}) = (r_F / NVD\ (Numero\_departamento,\ FUNCIONARIO)) = 80$.

4. Um índice secundário sobre Sexo, com $x_{\text{Sexo}} = 1$. Existem *NVD (Sexo, FUNCIONARIO)* = 2 valores para o atributo Sexo, de modo que a cardinalidade de seleção média é $s_{\text{Sexo}} = (r_F/NVD\ (Sexo,\ FUNCIONARIO)) = 5000$. (Observe que, neste caso, um histograma que dá a porcentagem dos funcionários do sexo masculino e feminino pode ser útil, a menos que as porcentagens sejam aproximadamente iguais.)

Ilustramos o uso das funções de custo com os seguintes exemplos:

OP1: $\sigma_{\text{Cpf='12345678966'}}$(FUNCIONARIO)
OP2: $\sigma_{\text{Numero\_departamento}>5}$(FUNCIONARIO)
OP3: $\sigma_{\text{Numero\_departamento}=5}$(FUNCIONARIO)
OP4: $\sigma_{\text{Numero\_departamento}=5 \text{ AND SALARIO}>30000 \text{ AND Sexo='F'}}$(FUNCIONARIO)

O custo da opção de força bruta (pesquisa linear ou varredura de arquivo) S1 será estimado como $C_{S1a} = b_F = 2000$ (para uma seleção em um atributo não chave) ou $C_{S1b} = (b_F/2) = 1000$ (custo médio para uma seleção em um atributo-chave). Para OP1, podemos usar o método S1 ou o método S6*a*; a estimativa de custo para S6*a* é $C_{S6a} = x_{\text{Cpf}} + 1 = 4 + 1 = 5$, e ele é escolhido em relação ao método S1, cujo custo médio é $C_{S1b} = 1000$. Para OP2, podemos usar ou o método S1 (com custo estimado $C_{S1a} = 2000$) ou o método S6*b* (com custo estimado $C_{S6b} = x_{\text{Numero\_departamento}} + (b_{I1\text{Numero\_departamento}}/2) + (r_F/2) = 2 + (4/2) + (10000/2) = 5004$), de modo que escolhemos a técnica de pesquisa linear para OP2. Para OP3, podemos utilizar o método S1 (com custo estimado $C_{S1a} = 2000$) ou o método S6*a* (com custo estimado $C_{S6a} = x_{\text{Numero\_departamento}} + s_{\text{Numero\_departamento}} = 2 + 80 = 82$), de modo que escolhemos o método S6*a*.

Finalmente, considere OP4, que tem uma condição de seleção conjuntiva. Precisamos estimar o custo de usar qualquer um dos três componentes da condição de seleção para recuperar os registros, mais a técnica de pesquisa linear. A última gera a estimativa de custo $C_{S1a} = 2000$. O uso da condição (Numero_departamento = 5) primeiro gera a estimativa de custo $C_{S6a} = 82$. O uso da condição (Salario > 30000) primeiro gera a estimativa de custo $C_{S4} = x_{\text{Salario}} + (b_F/2) = 3 + (2000/2) = 1003$. O uso da condição (Sexo = 'F') primeiro gera a estimativa de custo $C_{S6a} = x_{\text{Sexo}} + s_{\text{Sexo}} = 1 + 5000 = 5001$. O otimizador, então, escolheria o método S6*a* sobre o índice secundário em Numero_departamento, pois ele tem a menor estimativa de custo. A condição (Numero_departamento = 5) serve para recuperar os registros, e a parte restante da condição conjuntiva (Salario > 30000 AND Sexo = 'F') é verificada para cada registro selecionado depois que ele for recuperado para a memória. Apenas os registros que satisfazem essas condições adicionais são incluídos no resultado da operação. Considere a condição Numero_departamento = 5 em OP3, mostrada; Numero_departamento tem 125 valores e, portanto, um índice de B$^+$-tree seria apropriado. Em vez disso, se tivéssemos um atributo Cep em FUNCIONARIO e se a condição fosse Cep = 30332000, e tivéssemos apenas cinco códigos postais, a indexação bitmap poderia ser usada para descobrir quais registros se qualificam. Considerando uma distribuição uniforme, $s_{\text{Cep}} = 2000$. Isso resultaria em um custo de 2000 para a indexação bitmap.

19.5 Funções de custo para a operação JUNÇÃO

Para desenvolver funções de custo razoavelmente precisas para operações JUNÇÃO, precisamos ter uma estimativa do tamanho (número de tuplas) do arquivo resultante *após* as operações JUNÇÃO. Isso costuma ser mantido como uma razão entre o tamanho (número de tuplas) do arquivo de junção resultante e o tamanho do arquivo de produto cartesiano (PRODUTO CARTESIANO), se ambos forem aplicados aos mesmos arquivos de entrada, e é chamado de **seletividade de junção** (*js*). Se indicarmos o número de tuplas de uma relação R como $|R|$, temos:

$$js = |(R \bowtie_c S)| \,/\, |(R \times S)| = |(R \bowtie_c S)| \,/\, (|R| * |S|)$$

Se não houver condição de junção c, então $js = 1$ e a junção é igual ao produto cartesiano. Se nenhuma tupla das relações satisfizer a condição de junção, então $js = 0$. Em geral, $0 \leq js \leq 1$. Para uma junção em que a condição c é uma comparação de igualdade $R.A = S.B$, chegamos aos dois casos especiais a seguir:

1. Se A é uma chave de R, então $|(R \bowtie_c S)| \leq |S|$, de modo que $js \leq (1/|R|)$. Isso porque cada registro no arquivo S será juntado com no máximo um registro no arquivo R, pois A é uma chave de R. Um caso especial dessa condição é quando o atributo B é uma *chave estrangeira* de S que referencia a *chave primária* A de R. Além disso, se a chave estrangeira B tiver a restrição NOT NULL, então $js = (1/|R|)$, e o arquivo de resultado da junção terá $|S|$ registros.
2. Se B é uma chave de S, então $|(R \bowtie_c S)| \leq |R|$, de modo que $js \leq (1/|S|)$.

Daí uma **fórmula simples** para usar para a seletividade de junção é:

$$js = 1/\max\ (\text{NVD}(A, R), \text{NVD}\ (B,S)\ )$$

Ter uma estimativa da seletividade de junção para condições de junção que ocorrem normalmente permite que o otimizador de consulta estime o tamanho do arquivo resultante após a operação de junção, que chamamos de **cardinalidade de junção** (*jc*).

$$jc = |(R_c\ S)| = js * |R| * |S|$$

Agora, podemos dar alguns exemplos de funções de custo *aproximado* para estimar o custo de alguns dos algoritmos de junção dados na Seção 18.4. As operações de junção têm a forma:

$$R \bowtie_{A=B} S$$

em que A e B são atributos compatíveis em domínio de R e S, respectivamente. Suponha que R tenha b_R blocos e que S tenha b_S blocos:

- **J1 — Junção de loop aninhado.** Suponha que usemos R para o loop externo; depois obtemos a seguinte função de custo para estimar o número de blocos para este método, considerando *três buffers de memória*. Consideramos que o fator de bloco para o arquivo resultante seja bfr_{RS} e que a seletividade de junção seja conhecida:

  $$C_{J1} = b_R + (b_R * b_S) + ((\ js * |R| * |S|)/bfr_{RS})$$

  A última parte da fórmula é o custo de gravar o arquivo resultante em disco. Esta fórmula de custo pode ser modificada para levar em conta diferentes números de buffers de memória, conforme apresentado na Seção 19.4. Se n_B blocos de buffers da memória principal estiverem disponíveis para realizar a junção, a fórmula de custo torna-se:

  $$C_{J1} = b_R + (\lceil b_R/(n_B - 2)\rceil * b_S) + ((js * |R| * |S|)/bfr_{RS})$$

- **J2 — Junção de loop aninhado baseada em índice [usando uma estrutura de acesso para recuperar o(s) registro(s) que combina(m)].** Se existir um índice para o atributo de junção B de S com níveis de índice x_B, podemos recuperar cada registro s em R e depois usar o índice para recuperar todos os registros t de S que combinam e que satisfaçam $t[B] = s[A]$. O custo depende do tipo de índice. Para um índice secundário em que s_B é a cardinalidade de seleção para o atributo de junção B de S,[9] obtemos:

$C_{J2a} = b_R + (|R| * (x_B + 1 + s_B)) + ((js * |R| * |S|)/bfr_{RS})$

Para um índice de agrupamento em que s_B é a cardinalidade de seleção de B, obtemos

$C_{J2b} = b_R + (|R| * (x_B + (s_B/bfr_B))) + ((js * |R| * |S|)/bfr_{RS})$

Para um índice primário, obtemos

$C_{J2c} = b_R + (|R| * (x_B + 1)) + ((js * |R| * |S|)/bfr_{RS})$

Se houver uma **chave hash** para um dos dois atributos de junção — digamos, B de S —, obtemos

$C_{J2d} = b_R + (|R| * h) + ((js * |R| * |S|)/bfr_{RS})$

em que $h \geq 1$ é o número médio de acessos de bloco para recuperar um registro, dado seu valor de chave hash. Normalmente, h é estimado como *1* para o hashing estático e linear e 2 para o hashing extensível. Essa é uma estrutura otimista e em geral h varia de 1,2 a 1,5 em situações práticas.

- **J3 — Junção merge-sort.** Se os arquivos já estiverem ordenados sobre os atributos de junção, a função de custo para esse método é

  $C_{J3a} = b_R + b_S + ((js * |R| * |S|)/bfr_{RS})$

  Se tivermos de ordenar os arquivos, o custo de ordenação precisa ser acrescentado. Podemos usar as fórmulas da Seção 18.2 para estimar esse custo.
- **J4 — Junção de partição-hash (ou simplesmente junção de hash).** Os registros dos arquivos R e S são particionados em arquivos menores. O particionamento de cada arquivo é feito usando-se a mesma função de hashing h sobre o atributo de junção A de R (para o arquivo de particionamento R) e B de S (para o arquivo de particionamento S). Conforme mostramos na Seção 18.4, o custo dessa junção pode ser aproximado para:

  $C_{J4} = 3 * (b_R + b_S) + ((js * |R| * |S|)/bfr_{RS})$

19.5.1 Seletividade e cardinalidade de junção para semijunção e antijunção

Consideramos estas duas operações importantes, usadas para o desaninhamento de certas consultas. Na Seção 18.1, mostramos exemplos de subconsultas que são transformadas nessas operações. O objetivo dessas operações é evitar o esforço desnecessário de realizar uma correspondência em pares exaustiva de duas tabelas com base na condição de junção. Vamos considerar a seletividade e a cardinalidade desses dois tipos de junções.

Semijunção

```
SELECT COUNT(*)
FROM T1
WHERE T1.X IN (SELECT T2.Y
   FROM T2);
```

[9] A *cardinalidade de seleção* foi definida como o número médio de registros que satisfazem uma condição de igualdade sobre um atributo, que é o número médio de registros que têm o mesmo valor para o atributo e, portanto, serão juntados a um único registro no outro arquivo.

O desaninhamento da consulta anterior leva à semijunção. (Na consulta a seguir, a notação "*S*=" para a semijunção não faz parte do padrão.)

```
SELECT COUNT(*)
FROM T1, T2
WHERE T1.X S= T2.Y;
```

A seletividade de junção da semijunção anterior é dada por:

js = MIN(1,NVD(Y,T2)/NVD(X,T1))

A cardinalidade de junção da semijunção é dada por:

$jc = |T1| * js$

Antijunção

Considere a seguinte consulta:

```
SELECT COUNT(*)
FROM T1
WHERE T1.X NOT IN ( SELECT T2.Y
                    FROM T2);
```

O desaninhamento da consulta anterior leva à antijunção.[10] (Na consulta a seguir, a notação "*A*=" para a antijunção não faz parte do padrão.)

```
SELECT COUNT(*)
FROM T1, T2
WHERE T1.X A= T2.Y;
```

A seletividade de junção da antijunção anterior é dada por:

js = 1 – MIN(1,NVD(T2.y)/NVD(T1.x))

A cardinalidade de junção da antijunção é dada por:

$jc = |T1| * js$

19.5.2 Exemplo de otimização de junção baseada em fórmulas de custo

Suponha que tenhamos o arquivo FUNCIONARIO descrito no exemplo da seção anterior, e que o arquivo DEPARTAMENTO da Figura 5.5 consista em $r_D = 125$ registros armazenados em $b_D = 13$ blocos de disco. Considere as duas operações de junção:

OP6: FUNCIONARIO $\bowtie_{\text{Numero\_departamento=Numero\_departamento}}$ DEPARTAMENTO

OP7: DEPARTAMENTO $\bowtie_{\text{Cpf\_gerente=Cpf}}$ FUNCIONARIO

Suponha que tenhamos um índice primário sobre Numero_departamento de DEPARTAMENTO com $x_{\text{Numero\_departamento}} = 1$ nível e um índice secundário sobre Cpf_gerente de DEPARTAMENTO com cardinalidade de seleção $s_{\text{Cpf\_gerente}} = 1$ e níveis $x_{\text{Cpf\_gerente}} = 2$. Suponha que a seletividade de junção para OP6 seja js_{OP6} = (1/|DEPARTAMENTO|) = 1/125,[11] pois Numero_departamento é uma chave de DEPARTAMENTO. Suponha também que o fator de bloco para o arquivo de junção resultante seja bfr_{FD}= 4 registros por

[10] Observe que, para que a antijunção seja usada na subconsulta de NOT IN, os dois atributos da junção, T1.X e T2.Y, precisam ter valores não nulos. Para obter uma discussão detalhada, consulte Bellamkonda et al. (2009).

[11] Observe que isso coincide com nossas outras fórmulas: = 1/max(NVD(Numero_departamento, FUNCIONARIO), NVD(Numero_departamento, DEPARTAMENTO) = 1/max (125,125) = 1/125.

bloco. Podemos estimar os custos no pior caso para a operação JUNÇÃO OP6 usando os métodos aplicáveis J1 e J2, da seguinte forma:

1. Usando o método J1 com FUNCIONARIO como loop externo:

   $C_{J1} = b_F + (b_F * b_D) + ((js_{OP6} * r_F * r_D)/bfr_{FD}) = 2000 + (2000 * 13) + ((1/125) * 10000 * 125)/4) = 30500$

2. Usando o método J1 com DEPARTAMENTO como loop externo:

   $C_{J1} = b_D + (b_F * b_D) + ((js_{OP6} * r_F * r_D)/bfr_{FD}) = 13 + (13 * 2000) + ((1/125) * 10000 * 125/4) = 28513$

3. Usando o método J2 com FUNCIONARIO como loop externo:

   $C_{J2c} = b_F + (r_F * (x_{\text{Numero\_departamento}} + 1)) + ((js_{OP6} * r_F * r_D)/bfr_{FD} = 2000 + (10000 * 2) + ((1/125) * 10000 * 125/4) = 24500$

4. Usando o método J2 com DEPARTAMENTO como loop externo:

   $C_{J2a} = b_D + (r_D * (x_{\text{Numero\_departamento}} + s_{\text{Numero\_departamento}})) + ((js_{OP6} * r_F * r_D)/bfr_{FD}) = 13 + (125 * (2 + 80)) + ((1/125) * 10000 * 125/4) = 12763$

5. Usando o método J4, obtemos:

   $C_{J4} = 3 * (b_D + b_F) + ((js_{OP6} * r_F * r_D)/bfr_{FD}) = 3 * (13 + 2000) + 2500 = 8539$

O caso 5 tem a menor estimativa de custo e será escolhido. Observe que, no caso 2, se 15 buffers de memória (ou mais) estivessem disponíveis para executar a junção em vez de apenas três, 13 deles poderiam ser usados para manter a relação DEPARTAMENTO inteira (relação de loop externo) na memória, um poderia ser usado como buffer para o resultado e um seria usado para manter um bloco de cada vez do arquivo FUNCIONARIO (arquivo de loop interno), e o custo para o caso 2 seria drasticamente reduzido para apenas $b_F + b_D + ((js_{OP6} * r_F * r_D)/bfr_{FD})$, ou 4513, conforme discutimos na Seção 18.4. Se algum outro número de buffers da memória principal estivesse disponível, digamos, $n_B = 10$, então o custo para o caso 2 seria calculado da seguinte forma, que também daria um desempenho melhor que o caso 4:

$$C_{J1} = b_D + (\lceil b_D/(n_B - 2)\rceil * b_F) + ((js * |R| * |S|)/bfr_{RS})$$
$$= 13 + (\lceil 13/8\rceil * 2000) + ((1/125) * 10000 * 125/4) = 28513$$
$$= 13 + (2 * 2000) + 2500 = 6513$$

Como um exercício, o leitor deverá realizar uma análise semelhante para OP7.

19.5.3 Consultas de múltiplas relações e ordenação de junção

As regras de transformação algébrica na Seção 19.1.2 incluem uma regra comutativa e uma regra associativa para a operação de junção. Com essas regras, muitas expressões de junção equivalentes podem ser produzidas. Como resultado, o número de árvores de consulta alternativas cresce muito rapidamente à medida que o número de junções em uma consulta aumenta. Um bloco de consulta que junta *n* relações normalmente terá *n* – 1 operações de junção e, portanto, pode ter um grande número de diferentes ordens de junção. Em geral, para um bloco de consulta que tenha *n* relações, existem *n*! ordens de junção; os produtos cartesianos estão incluídos nesse número total. A estimativa do custo de cada árvore de junção possível para uma consulta com um grande número de junções exigirá um tempo substancial do otimizador de consulta. Logo, é preciso realizar alguma poda das árvores de consulta possíveis. Os otimizadores de consulta em geral limitam a estrutura de uma árvore de consulta (junção) à das árvores com profundidade esquerda (ou profundidade direita). Uma **árvore com profundidade esquerda** é uma árvore binária em que o filho da direita de cada nó não folha é sempre uma relação da base. O otimizador escolheria a árvore com profundidade esquerda em particular com o custo estimado mais baixo. Dois exemplos de árvores com profundidade esquerda aparecem na Figura 19.5(a). (Observe que as árvores na Figura 19.2 também são árvores com profundidade esquerda.) Uma **árvore com profundidade direita** é uma árvore binária em que o filho da esquerda de cada nó folha é uma relação básica [Figura 19.5(b)].

Uma **árvore de junção espessa** é uma árvore binária em que o filho esquerdo ou direito de um nó interno pode ser um nó interno. A Figura 19.5(b) mostra uma árvore de junção com profundidade direita, enquanto a Figura 19.5(c) mostra uma árvore espessa usando quatro relações básicas. A maior parte dos otimizadores de consulta considera que as árvores de junção com profundidade esquerda são as preferidas, e então escolhe uma entre as $n!$ ordens de junção possíveis, em que n é o número de relações. Discutiremos a questão da ordem de junção com mais detalhes nas seções 19.5.4 e 19.5.5. A árvore com profundidade esquerda tem exatamente uma forma, e as ordens de junção para N tabelas em uma árvore com profundidade esquerda são dadas por $N!$. Ao contrário, as formas de uma árvore espessa são dadas pela seguinte relação de recorrência (ou seja, função recursiva), com $S(n)$ definido da seguinte forma: $S(1) = 1$.

$$S(n) = \sum_{i=1}^{n-1} S(i) * S(n-i)$$

Essa equação recursiva para $S(n)$ pode ser explicada da seguinte forma: ela declara que, para i entre 1 e $N - 1$ como o número de folhas na subárvore esquerda, essas folhas podem ser reorganizadas de $S(i)$ maneiras. De modo semelhante, as $N - i$ folhas restantes na subárvore direita podem ser reorganizadas de $S(N - i)$ maneiras. O número de permutações das árvores espessas é dado por:

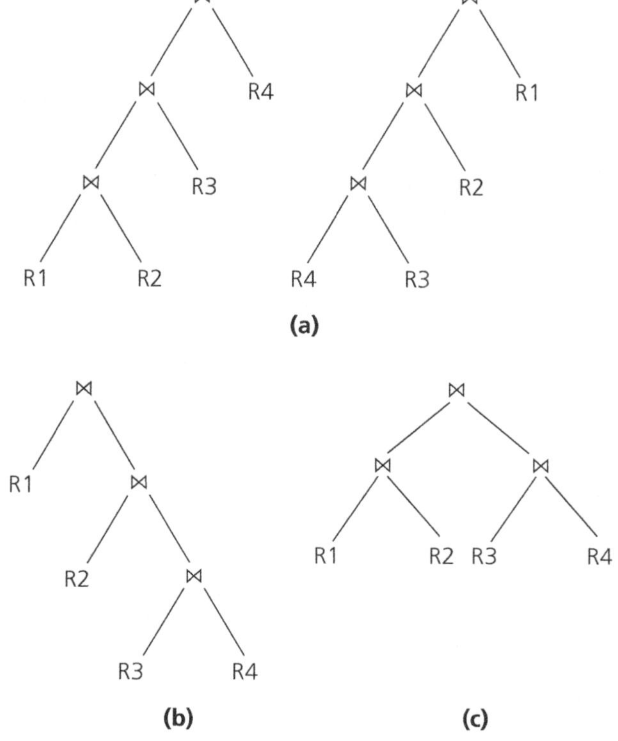

Figura 19.5 (a) Duas árvores de consulta (JOIN) com profundidade esquerda. (b) Uma árvore de consulta com profundidade direita. (c) Uma árvore de consulta espessa.

$P(n) = n! * S(n) = (2n - 2)!/(n - 1)!$

A Tabela 19.1 mostra o número de árvores de junção com profundidade esquerda (ou direita) possíveis e as árvores de junção espessas para as junções de até sete relações.

Pela Tabela 19.1, fica claro que o espaço possível de alternativas se torna rapidamente incontrolável se todas as alternativas possíveis da árvore espessa tivessem de ser consideradas. Em certos casos, como em versões complexas de esquemas floco de neve (ver Seção 29.3), foram propostas técnicas para considerar alternativas de árvore espessa.[12]

Nas árvores com profundidade esquerda, o filho da direita é considerado a relação mais interna quando se executa uma junção de loop aninhado, ou a relação de investigação quando se executa uma junção de único loop baseada em índice. Uma vantagem das árvores com profundidade esquerda (ou direita) é que elas são receptivas em pipeline, conforme discutimos na Seção 18.7. Por exemplo, considere a primeira árvore com profundidade esquerda na Figura 19.5(a) e suponha que o algoritmo de junção seja o método de loop aninhado baseado em índice; nesse caso, uma página de disco de tuplas da relação mais externa é usada para investigar a relação interna em busca de tuplas correspondentes. À medida que tuplas (registros) resultantes são produzidas com base na junção de R1 e R2, elas podem ser utilizadas para investigar R3 para localizar seus registros correspondentes para junção. De modo semelhante, à medida que as tuplas resultantes são produzidas a partir dessa junção, elas poderiam ser usadas para investigar R4. Outra vantagem das árvores com profundidade esquerda (ou direita) é que ter uma relação básica como uma das entradas de cada junção permite que o otimizador utilize quaisquer caminhos de acesso nessa relação que possam ser úteis na execução da junção.

Se a materialização for usada no lugar de pipelining (ver seções 18.7 e 19.2), os resultados da junção podem ser materializados e armazenados como relações temporárias. A ideia-chave do ponto de vista do otimizador em relação à ordenação de junção é encontrar uma ordenação que reduza o tamanho dos resultados temporários, pois estes (em pipelining ou materializados) são usados por operadores subsequentes e, portanto, afetam o custo de execução desses operadores.

Tabela 19.1 Número de permutações de árvores de junção com profundidade esquerda e espessa de *n* relações.

Nº de relações *N*	Nº de árvores com profundidade esquerda *N*!	Nº de formas espessas *S*(*N*)	Nº de árvores espessas $(2N - 2)!/(N - 1)!$
2	2	1	2
3	6	2	12
4	24	5	120
5	120	14	1.680
6	720	42	30.240
7	5.040	132	665.280

19.5.4 *Otimização física*

Para um determinado plano lógico de consulta com base nas heurísticas que discutimos até agora, cada operação precisa de uma decisão adicional em termos de execução da operação por um algoritmo específico no nível físico. Isso é

[12] Como um caso representativo das árvores espessas, consulte Ahmed et al. (2014).

chamado de **otimização física**. Se essa otimização for baseada no custo relativo de cada implementação possível, nós a chamamos de otimização física baseada em custo. Os dois conjuntos de abordagens para essa tomada de decisão podem ser classificados de modo geral como abordagens top-down (de cima para baixo) e de bottom-up (de baixo para cima). Na abordagem **top-down**, consideramos as opções para implementar cada operação descendo na árvore e escolher a melhor alternativa em cada etapa. Na abordagem **bottom-up**, consideramos as operações subindo na árvore, avaliando opções para execução física e escolhendo a melhor em cada etapa. Teoricamente, ambas as abordagens equivalem a uma avaliação de todo o espaço possível de soluções de implementação para minimizar o custo da avaliação; porém, a estratégia bottom-up é a mais natural para o pipelining e, portanto, é usada nos SGBDRs comerciais. Entre as decisões físicas mais importantes está a ordenação das operações de junção, que discutiremos resumidamente na Seção 19.5.5. Existem certas heurísticas aplicadas no estágio de otimização física que tornam desnecessários os cálculos de custo elaborados. Essas heurísticas incluem:

- Para seleções, use varreduras de índice sempre que possível.
- Se a condição de seleção for conjuntiva, use primeiro a seleção que resultar em menor cardinalidade.
- Se as relações já estiverem ordenadas sobre os atributos que estão sendo correspondidos em uma junção, prefira junção merge-sort a outros métodos de junção.
- Para a união e interseção de mais de duas relações, use a regra associativa; considere as relações na ordem crescente de suas cardinalidades estimadas.
- Se um dos argumentos em uma junção tiver um índice sobre o atributo de junção, use esta como a relação mais interna.
- Se a relação da esquerda é pequena e a relação da direita é grande e tem índice sobre a coluna de junção, experimente a junção de loop aninhado baseada em índice.
- Considere apenas as ordens de junção em que não há produtos cartesianos ou em que todas as junções aparecem antes dos produtos cartesianos.

Os seguintes são apenas alguns dos tipos de heurísticas de nível físico usadas pelo otimizador. Se o número de relações for pequeno (geralmente menor que seis) e, portanto, as possíveis opções de implementação forem limitadas, a maioria dos otimizadores optaria por aplicar diretamente uma abordagem de otimização baseada em custo, em vez de explorar as heurísticas.

19.5.5 Técnica de programação dinâmica para ordenação de junção

Na Seção 19.5.3, vimos que existem muitas maneiras possíveis de ordenar n relações em uma junção de n vias. Mesmo para $n = 5$, que não é incomum em aplicações práticas, as permutações possíveis são 120 com árvores de profundidade esquerda e 1.680 com árvores espessas. Uma vez que as árvores espessas expandem bastante o espaço da solução, as árvores com profundidade esquerda geralmente são preferidas (tanto em relação a árvores espessas como as com profundidade direita). Elas têm diversas vantagens: em primeiro lugar, funcionam bem com os algoritmos comuns para junção, incluindo loop aninhado, loop aninhado baseado em índice e outros algoritmos de uma passada. Em segundo lugar, podem gerar **planos totalmente em pipeline** (ou seja, planos em que todas as junções podem ser avaliadas usando o pipelining). Observe que as tabelas internas devem sempre ser materializadas porque, nos algoritmos de implementação de junção, toda a tabela interna é necessária para realizar a correspondência sobre o atributo de junção. Isso não é possível nas árvores com profundidade direita.

A abordagem comum para avaliar possíveis permutações de relações de junção é uma abordagem heurística voraz, chamada programação dinâmica. A **programação dinâmica** é uma técnica de otimização[13] em que os subproblemas são resolvidos apenas uma vez, e se aplica quando um problema pode ser dividido em subproblemas que, por si sós, possuem subproblemas. Um algoritmo típico de programação dinâmica possui as seguintes características:[14]

1. A estrutura de uma solução ótima é desenvolvida.
2. O valor da solução ótima é definido recursivamente.
3. A solução ótima é calculada e seu valor é desenvolvido em um padrão bottom-up.

Observe que a solução desenvolvida por este procedimento é uma solução ótima e não a solução ideal absoluta. Para considerar como a programação dinâmica pode ser aplicada na seleção da ordem de junção, considere o problema de ordenar uma junção de 5 vias das relações $r1, r2, r3, r4, r5$. Este problema possui 120 (= 5!) soluções de árvore com profundidade esquerda possíveis. De forma ideal, o custo de cada uma delas pode ser estimado e comparado, e o melhor, selecionado. A programação dinâmica usa uma abordagem que desmembra esse problema para torná-lo mais fácil de usar. Sabemos que, para três relações, existem apenas seis soluções possíveis de árvores com profundidade esquerda. Observe que, se todas as soluções possíveis de junção com árvore espessa fossem avaliadas, haveria 12 delas. Portanto, podemos considerar que a junção é desmembrada como:

$$r1 \bowtie r2 \bowtie r3 \bowtie r4 \bowtie r5 = (r1 \bowtie r2 \bowtie r3) \bowtie r4 \bowtie r5$$

As 6 (= 3!) opções possíveis de $(r1 \bowtie r2 \bowtie r3)$ podem então ser combinadas com as 6 opções possíveis de tomar o resultado da primeira junção, digamos, temp1, e, em seguida, considerar a próxima junção:

$$(\text{temp1} \bowtie r4 \bowtie r5)$$

Se considerássemos as 6 opções para avaliar temp1 e, para cada uma delas, tomássemos as 6 opções de avaliação da segunda junção (temp1 $\bowtie r4 \bowtie r5$), o espaço de solução possível possui 6 * 6 = 36 alternativas. É aí que a programação dinâmica pode ser usada para fazer uma espécie de otimização voraz. É preciso seguir o plano "ótimo" para avaliação de temp1 e *não* retornar a esse plano. Portanto, o espaço da solução agora se reduz a apenas 6 opções a serem consideradas para a segunda junção. Assim, o número total de opções consideradas se torna 6 + 6 em vez de 120 (= 5!) na abordagem exaustiva não heurística.

A ordem em que o resultado da junção é gerado também é importante para encontrar a melhor ordem geral das junções, visto que, para usar a junção merge-sort com a próxima relação, ela desempenha um papel importante. A ordenação benéfica para a próxima junção é considerada uma **ordem de junção interessante**. Esta abordagem foi proposta pela primeira vez no System R na IBM Research.[15] Além dos atributos de junção da última junção, o System R também incluiu atributos de agrupamento de um GROUP BY posterior ou uma ordem de classificação na raiz da árvore entre as ordens de classificação interessantes. Por exemplo, no caso discutido, as ordens de junção interessantes para a relação temp1 incluirão aquelas que combinam os atributos de junção necessários para a junção com $r4$ ou com $r5$. O algoritmo de programação dinâmica pode ser estendido para considerar as melhores ordens de junção para cada ordem de classificação interessante. O número de subconjuntos

---

[13] Para uma discussão detalhada da programação dinâmica como técnica de otimização, o leitor poderá consultar um livro-texto sobre algoritmo, como Corman et al. (2003).

[14] Baseado no Capítulo 16 de Corman et al. (2003).

[15] Veja a referência clássica nesta área em Selinger et al. (1979).

de n relações é 2^n (para $n = 5$ é 32; $n = 10$ resulta em 1.024, o que ainda é viável) e o número de ordens de junção interessantes é pequeno. A complexidade do algoritmo estendido de programação dinâmica para determinar a permutação da árvore de junção com profundidade esquerda ideal é indicada como $O(3^n)$.

19.6 Exemplo para ilustrar a otimização de consulta baseada em custo

Vamos considerar a consulta C2 e sua árvore de consulta mostrada na Figura 19.1(a) para ilustrar a otimização de consulta baseada em custo:

```
C2:  SELECT  Numero_projeto, Numero_departamento, Ultimo_nome,
             Endereco, Data_nascimento
     FROM    PROJETO, DEPARTAMENTO, FUNCIONARIO
     WHERE   Numero_departamento=Numero_departamento AND
             Cpf_gerente=Cpf AND Local_projeto='Mauá';
```

Suponha que tenhamos a informação sobre as relações mostradas na Figura 19.6. As estatísticas de VALOR_MINIMO e VALOR_MAXIMO foram normalizadas por clareza. A árvore da Figura 19.1(a) é considerada para representar o resultado do processo algébrico de otimização heurística e o início da otimização baseada em custo (neste exemplo, consideramos que o otimizador heurístico não leva as operações de projeção para baixo na árvore).

A primeira otimização baseada em custo a considerar é a ordenação de junção. Conforme mencionado anteriormente, pressupomos que o otimizador considera apenas árvores com profundidade esquerda, de modo que as ordens de junção em potencial — sem que haja produto cartesiano — são:

1. PROJETO ⋈ DEPARTAMENTO ⋈ FUNCIONARIO
2. DEPARTAMENTO ⋈ PROJETO ⋈ FUNCIONARIO

(a)

Nome_tabela	Nome_coluna	Numero_distinto	Valor_minimo	Valor_maximo
PROJETO	Local_projeto	200	1	200
PROJETO	Numero_projeto	2000	1	2000
PROJETO	Numero_departamento	50	1	50
DEPARTAMENTO	Numero_departamento	50	1	50
DEPARTAMENTO	Cpf_gerente	50	1	50
FUNCIONARIO	Cpf	10000	1	10000
FUNCIONARIO	Numero_departamento	50	1	50
FUNCIONARIO	Salario	500	1	500

(b)

Nome_tabela	Numero_linhas	Blocos
PROJETO	2000	100
DEPARTAMENTO	50	5
FUNCIONARIO	10000	2000

(c)

Nome_indice	Exclusividade	Bnível*	Blocos_folha	Chaves_distintas
LOCAL_PROJETO	NAO UNICA	1	4	200
CPF_FUNCIONARIO	UNICA	1	50	10000
SAL_FUNCIONARIO	NÃO UNICA	1	50	500

*Bnível é o número de níveis sem o nível folha.

Figura 19.6 Informações estatísticas de exemplo para as relações em C2. (a) Informação de coluna. (b) Informação de tabela. (c) Informação de índice.

3. DEPARTAMENTO ⋈ FUNCIONARIO ⋈ PROJETO
4. FUNCIONARIO ⋈ DEPARTAMENTO ⋈ PROJETO

Suponha que a operação de seleção já tenha sido aplicada à relação PROJETO. Se considerarmos uma técnica materializada, então uma nova relação temporária é criada após cada operação de junção. Para examinar o custo da ordem de junção (1), a primeira junção é entre PROJETO e DEPARTAMENTO. Tanto o método de junção quanto os métodos de acesso para as relações de entrada precisam ser determinados. Como DEPARTAMENTO não tem índice, de acordo com a Figura 19.6, o único método de acesso disponível é uma varredura de tabela (ou seja, uma pesquisa linear). A relação PROJETO terá a operação de seleção realizada antes da junção, de modo que existem duas opções: varredura de tabela (pesquisa linear) ou utilização de seu índice LOCAL_PROJETO, de modo que o otimizador deve comparar os custos estimados dessas duas opções. A informação estatística sobre o índice LOCAL_PROJETO (ver Figura 19.6) mostra o número de níveis de índice $x = 2$ (raiz mais níveis folha). O índice é não único (porque Local_projeto não é uma chave de PROJETO), de modo que o otimizador assume uma distribuição de dados uniforme e estima o número de ponteiros de registro para cada valor de Local_projeto como sendo 10. Isso é calculado com base nas tabelas da Figura 19.6 ao multiplicar Seletividade * Numero_linhas, em que Seletividade é estimado por 1/Numero_distinto. Assim, o custo do uso do índice e acessos dos registros é estimado como sendo 12 acessos de bloco (2 para o índice e 10 para os blocos de dados). O custo de uma varredura de tabela é estimado como sendo de 100 acessos de bloco, de modo que o acesso ao índice é mais eficiente, conforme esperado.

Em uma técnica materializada, um arquivo temporário TEMP1 com tamanho de 1 bloco é criado para manter o resultado da operação de seleção. O tamanho do arquivo é calculado ao determinar o fator de bloco, usando a fórmula Numero_linhas/Blocos, que gera 2.000/100 ou 20 linhas por bloco. Portanto, os 10 registros selecionados da relação PROJETO caberão em um único bloco. Agora, podemos calcular o custo estimado da primeira junção. Vamos considerar apenas o método de junção de loop aninhado, no qual a relação externa é o arquivo temporário, TEMP1, e a relação interna é DEPARTAMENTO. Como o arquivo TEMP1 inteiro cabe no espaço de buffer disponível, precisamos ler cada um dos cinco blocos da tabela DEPARTAMENTO apenas uma vez, de modo que o custo da junção é de seis acessos de bloco mais o custo de gravar o arquivo de resultado temporário, TEMP2. O otimizador teria de determinar o tamanho de TEMP2. Como o atributo de junção Numero_departamento é a chave para DEPARTAMENTO, qualquer valor de Numero_departamento de TEMP1 se juntará com no máximo um registro de DEPARTAMENTO, de modo que o número de linhas em TEMP2 será igual ao número de linhas em TEMP1, que é 10. O otimizador determinaria o tamanho do registro para TEMP2 e o número de blocos necessários para armazenar essas 10 linhas. Para simplificar, considere que o fator de bloco para TEMP2 seja cinco linhas por bloco, de modo que um total de dois blocos é necessário para armazenar TEMP2.

Finalmente, o custo da última junção precisa ser estimado. Podemos usar uma junção de único loop em TEMP2, pois nesse caso o índice CPF_FUNCIONARIO (ver Figura 19.6) pode ser usado para sondar e localizar registros correspondentes de FUNCIONARIO. Logo, o método de junção envolveria a leitura em cada bloco de TEMP2 e a pesquisa de cada um dos cinco valores de Cpf_gerente usando o índice CPF_FUNCIONARIO. Cada pesquisa de índice exigiria um acesso raiz, um acesso de folha e um acesso de bloco de dados ($x + 1$, em que o número de níveis x é 2). Assim, 10 pesquisas exigem 30 acessos de bloco. Somando os dois acessos de bloco para TEMP2, temos um total de 32 acessos de bloco para essa junção.

Para a projeção final, considere que o pipelining seja usado para produzir o resultado final, que não exige acessos de bloco adicionais, de modo que o custo total para a ordem de junção (1) é estimado como a soma dos custos anteriores. O otimizador, então, estimaria os custos de uma maneira semelhante para outras três ordens de junção e escolheria aquela com a estimativa mais baixa. Deixamos isso como um exercício para o leitor.

19.7 Outras questões relacionadas à otimização de consulta

Nesta seção, discutiremos algumas questões de interesse que não pudemos tratar anteriormente.

19.7.1 Exibindo o plano do sistema para execução da consulta

A maioria dos SGBDRs comerciais tem a possibilidade de exibir o plano de execução produzido pelo otimizador de consultas para que o pessoal em nível de DBA possa visualizar esses planos de execução e tentar entender a decisão feita pelo otimizador.[16] A sintaxe comum é alguma variação de EXPLAIN <consulta>.

- **Oracle** usa

  EXPLAIN PLAN FOR
  <consulta SQL>

  A consulta pode envolver comandos INSERT, DELETE e UPDATE; a saída vai para uma tabela chamada PLAN_TABLE. Pode-se escrever uma consulta SQL apropriada para ler a PLAN_TABLE. Como alternativa, a Oracle oferece dois scripts UTLXPLS.SQL e UTLXPLP.SQL para exibir a saída da tabela de plano para execução serial e paralela, respectivamente.

- **IBM DB2** usa

  EXPLAIN PLAN SELECTION [opções adicionais]
  FOR <consulta SQL>

  Não existe tabela de plano. A PLAN SELECTION é um comando para indicar que as tabelas de explicação devem ser carregadas com as explicações durante a fase de seleção do plano. O mesmo comando também é usado para explicar as instruções XQUERY.

- **SQL SERVER** usa

  SET SHOWPLAN_TEXT ON ou
  SET SHOWPLAN_XML ON ou
  SET SHOWPLAN_ALL ON

  Os comandos anteriores são usados antes da emissão da TRANSACT-SQL, de modo que o resultado do plano é apresentado como texto ou XML ou em uma forma de texto extensa, correspondente às três opções anteriores.

- **PostgreSQL** usa

  EXPLAIN [conjunto de opções] <consulta>,
  em que as opções incluem:
  ANALYZE, VERBOSE, COSTS, BUFFERS, TIMING etc.

---

[16] Acabamos de ilustrar essa facilidade sem descrever os detalhes sintáticos de cada sistema.

19.7.2 *Estimativa de tamanho de outras operações*

Nas seções 19.4 e 19.5, discutimos as operações de seleção e junção e a estimativa de tamanho do resultado da consulta quando a consulta envolve essas operações. Aqui, consideramos a estimativa de tamanho de algumas outras operações.

Projeção: para a projeção na forma π_{Lista} (R) expressa como SELECT <lista-atributos> FROM R, uma vez que a SQL a trata como um multiconjunto, o número estimado de tuplas no resultado é |R|. Se a opção DISTINCT for usada, então o tamanho de π_A (R) é NVD (A, R).

Operações de conjunto: se os argumentos para uma interseção, união ou diferença de conjunto são feitos de seleções sobre a mesma relação, então eles podem ser reescritos como conjunção, disjunção ou negação, respectivamente. Por exemplo, $\sigma_{c1}(R) \cap \sigma_{c2}(R)$ pode ser reescrito como $\sigma_{c1\ AND\ c2}(R)$; e $\sigma_{c1}(R) \cup \sigma_{c2}(R)$ pode ser reescrito como $\sigma_{c1\ OR\ c2}(R)$. A estimativa de tamanho pode ser feita com base na seletividade das condições c1 e c2. Caso contrário, o limite superior estimado sobre o tamanho de r ∩ s é o mínimo entre os tamanhos de r e s; o limite superior estimado de r ∪ s é a soma de seus tamanhos.

Agregação: o tamanho de ${}_{G}\mathfrak{I}_{Função\text{-}agregação}(A)$ R é NVD (G, R), pois existe um grupo para cada valor exclusivo de G.

Junção externa: o tamanho de R LEFT OUTER JOIN S seria |R ⋈ S| mais |R antijunção S|. De modo semelhante, o tamanho de R FULL OUTER JOIN S seria |r ⋈ s| mais |r antijunção s| mais |s antijunção r|. Discutimos a estimativa da seletividade de antijunção na Seção 19.5.1.

19.7.3 *Caching do plano*

No Capítulo 2, referimo-nos a usuários paramétricos que executam as mesmas consultas ou transações repetidamente, mas com um conjunto diferente de parâmetros de cada vez. Por exemplo, um caixa de banco usa um número de conta e algum código de função para verificar o saldo nessa conta. Para executar tais consultas ou transações repetidamente, o otimizador de consulta calcula o melhor plano quando a consulta é enviada pela primeira vez e o armazena em cache para uso futuro. Esse armazenamento do plano e sua reutilização compõem o que é conhecido como **caching do plano.** Quando a consulta é reenviada usando constantes diferentes como parâmetros, o mesmo plano é reutilizado com os novos parâmetros. É admissível que o plano precise ser modificado em determinadas situações; por exemplo, se a consulta envolver a geração de relatórios em um intervalo de datas ou de contas, então, dependendo da quantidade de dados envolvidos, podem ser aplicadas diferentes estratégias. Sob uma variação chamada **otimização de consulta paramétrica,** uma consulta é otimizada sem um certo conjunto de valores para seus parâmetros e o otimizador emite uma série de planos para diferentes conjuntos de valores possíveis, todos os quais estando em cache. À medida que uma consulta é enviada, os parâmetros são comparados com os utilizados para os vários planos e o menos dispendioso entre os planos aplicáveis é usado.

19.7.4 *Otimização dos primeiros* k *resultados*

Quando se espera que o resultado de uma consulta seja grande, às vezes o usuário se contenta em receber apenas os primeiros *k* resultados com base em alguma ordem de classificação. Alguns SGBDRs possuem uma **cláusula de limite** ***K*** para limitar o resultado a esse tamanho. Da mesma forma, dicas podem ser especificadas para informar ao otimizador que limite a geração do resultado. Tentar gerar todo o resultado e, em seguida, apresentar apenas os primeiros *k* resultados por meio da classificação é uma estratégia ingênua e ineficaz. Entre as estratégias sugeridas, uma utiliza a geração de resultados em uma certa ordenação para que possa ser interrompida após *K* tuplas. Outras estratégias foram propostas, como a introdução de condições de seleção adicionais com base no valor estimado mais alto. Os detalhes estão fora do escopo deste livro. O leitor pode consultar as notas bibliográficas para obter mais detalhes.

19.8 Exemplo de otimização de consulta em data warehouses

Nesta seção, apresentamos outro exemplo de transformação e reescrita de consulta como uma técnica para otimização de consulta. Na Seção 19.2, vimos exemplos de transformação e reescrita de consultas. Esses exemplos tratavam de subconsultas aninhadas e utilizavam heurísticas em vez de otimização baseada em custo. O exemplo de mesclagem da subconsulta (visão) que mostramos pode ser considerado uma transformação heurística; mas a mesclagem de visão group-by também utiliza a otimização baseada em custo. Nesta seção, consideramos uma transformação de consultas no esquema estrela sobre data warehouses com base em considerações de custo. Essas consultas geralmente são usadas em aplicativos de data warehouse que seguem o esquema estrela. (Veja, na Seção 29.3, uma discussão sobre esquemas estrela.)

Vamos nos referir a esse procedimento como **otimização de transformação estrela.** O esquema estrela contém uma coleção de tabelas; seu nome foi dado pela semelhança do esquema com uma forma semelhante a uma estrela, cujo centro contém uma ou mais tabelas (relações) de fatos que referenciam tabelas (relações) de múltiplas dimensões. A tabela de fatos contém informações sobre os relacionamentos (por exemplo, vendas) entre as diversas tabelas de dimensão (por exemplo, cliente, peça, fornecedor, canal, ano etc.) e colunas de medição (por exemplo, quantidade_vendida etc.). Considere a consulta representativa chamada C_ESTRELA a seguir. Suponha que D1, D2, D3 sejam aliases (apelidos) para as tabelas de dimensões DIM1, DIM2, DIM3, cujas chaves primárias são, respectivamente, D1.Chp, D2.Chp e D3.Chp. Essas dimensões têm atributos de chave estrangeira correspondentes na tabela de fatos FATO com alias F, ou seja, F.Che1, F.Che2, F.Che3 — sobre os quais as associações podem ser definidas. A consulta cria um agrupamento sobre os atributos D1.X, D2.Y e produz uma soma do chamado atributo "medido" (ver Seção 29.3) F.M da tabela de fatos F. Existem condições sobre os atributos A, B, C em DIM1, DIM2, DIM3, respectivamente:

```
Consulta C_ESTRELA:
SELECT D1.X, D2.Y, SUM (F.M)
FROM FATO F, DIM1 D1, DIM2 D2, DIM3 D3
WHERE F.Che1 = D1.Chp and F.Che2 = D2.Chp and F.Che3 = D3.Chp and
      D1.A > 5 and D2.B < 77 and D3.C = 11
GROUP BY D1.X, D2.Y
```

A tabela de fatos geralmente é muito grande em comparação com as tabelas de dimensão. C_ESTRELA é uma consulta estrela típica, e sua tabela de fatos geralmente é muito grande, após passar por uma junção com diversas tabelas de dimensão pequenas. A consulta também pode conter predicados de filtro de única tabela, geralmente restritivos, sobre outras colunas das tabelas de dimensão. A combinação desses filtros ajuda a reduzir significativamente o conjunto de dados processados a partir da tabela de fatos (como D1.A > 5 na consulta anterior). Esse tipo de consulta geralmente agrupa sobre colunas provenientes de tabelas de dimensão e agrega sobre colunas de medição provenientes da tabela de fatos.

O objetivo da otimização da transformação estrela é acessar apenas esse conjunto reduzido de dados da tabela de fatos e evitar o uso de uma varredura completa de tabela sobre eles. São possíveis dois tipos de otimizações de transformação estrela: (A) transformação estrela clássica e (B) transformação estrela de índice bitmap. Ambas as otimizações são realizadas com base nos custos comparativos das consultas originais e transformadas.

A. Transformação estrela clássica

Nesta otimização, primeiro é realizado um produto cartesiano das tabelas de dimensão, após a aplicação dos filtros (como D1.A > 5) a cada tabela de dimensão. Observe que, geralmente, não existem predicados de junção entre as tabelas de dimensão. O resultado desse produto cartesiano é então juntado com a tabela de fatos por meio de índices B-tree (se houver) sobre as chaves de junção da tabela de fatos.

B. Transformação estrela de índice bitmap

O requisito com esta otimização é que deve haver índices bitmap[17] sobre as chaves de junção da tabela de fatos referenciadas na consulta. Por exemplo, em C_ESTRELA, deverá haver índices bitmap (ver Seção 17.5.2) sobre os atributos FATO.Che1, FATO.Che2 e FATO.Che3; cada bit no bitmap corresponde a uma linha na tabela de fatos. O bit é marcado se o valor de chave do atributo aparecer em uma linha da tabela de fatos. A consulta C_ESTRELA que apresentamos é transformada em C2_ESTRELA, da seguinte forma:

Consulta C2_ESTRELA:

```
SELECT D1.X, D2.Y, SUM (F.M)
FROM FATO F, DIM1 D1, DIM2 D2
WHERE F.Che1 = D1.Chp and F.Che2 = D2.Chp and D1.A > 5 and D2.B
        < 77 and F.Che1 IN(SELECT D1.Chp
                            FROM DIM1 D1
                            WHERE D1.A > 5) AND
    F.Che2 IN (SELECT D2.Chp
               FROM DIM2 D2
               WHERE D2.B < 77) AND
    F.Che3 IN (SELECT D3.Chp
               FROM DIM3 D3
               WHERE D3.C = 11)
GROUP BY D1.X, D2.Y;
```

A transformação estrela com bitmap acrescenta predicados de subconsulta correspondentes às tabelas de dimensão. Observe que as subconsultas introduzidas em C2_ESTRELA podem ser examinadas como uma operação de membro de conjunto; por exemplo, F.Che1 IN (5, 9, 12, 13, 29 ...).

Quando acionadas pelas operações de bitmap AND e OR dos valores de chave fornecidos pelas subconsultas de dimensão, apenas as linhas relevantes da tabela de fatos precisam ser recuperadas. Se os predicados de filtro nas tabelas de dimensão e a interseção da tabela de fatos juntando cada tabela de dimensão filtraram um subconjunto significativo das linhas da tabela de fatos, então essa otimização será muito mais eficiente que uma varredura completa, pela força bruta, da tabela de fatos.

---

[17] Em alguns casos, as chaves de índice B-tree podem ser convertidas em bitmaps, mas não discutiremos essa técnica aqui.

As operações a seguir são realizadas em C2_ESTRELA a fim de acessar e juntar a tabela FATO:

1. Pela iteração sobre os valores de chave vindos de uma subconsulta de dimensão, os bitmaps são recuperados para determinado valor de chave a partir de um índice bitmap na tabela FATO.
2. Para uma subconsulta, os bitmaps recuperados para diversos valores de chave são mesclados (sofrem uma operação OR).
3. Os bitmaps mesclados para cada uma das subconsultas de dimensão sofrem uma operação AND; ou seja, é realizada uma conjunção das junções.
4. Pelo bitmap final, são gerados os IDs de tupla correspondentes para a tabela FATO.
5. As linhas da tabela FATO são recuperadas diretamente usando os IDs de tupla.

Juntando de volta: as árvores bitmap da subconsulta filtram a tabela de fatos com base nos predicados de filtro nas tabelas de dimensão; portanto, ainda pode ser necessário juntar as tabelas de dimensão de volta para as linhas relevantes na tabela de fatos, por meio dos predicados de junção originais. A junção de volta de uma tabela de dimensão pode ser evitada se a(s) coluna(s) selecionada(s) da subconsulta for(em) única(s) e as colunas das tabela de dimensão não forem referenciadas nas cláusulas SELECT e GROUP BY. Observe que, em C2_ESTRELA, a tabela DIM3 não é juntada de volta à tabela FATO, pois ela não é referenciada nas cláusulas SELECT e GROUP BY, e DIM3.Chp é única.

19.9 Visão geral da otimização da consulta na Oracle[18]

Esta seção oferece uma visão geral dos diversos recursos no processamento de consulta da Oracle, incluindo otimização de consulta, execução e dados analíticos.[19]

19.9.1 Otimizador físico

O otimizador físico da Oracle foi introduzido na Oracle 7.1 e é baseado em custo. O escopo do otimizador físico é um único bloco de consulta. O otimizador físico examina caminhos de acesso alternativos para tabela e índice, algoritmos de operadores, ordenações de junção, métodos de junção, métodos de distribuição de execução paralela e assim por diante. Ele escolhe o plano de execução com o menor custo estimado. O custo estimado da consulta é um número relativo proporcional ao tempo decorrido que se espera ser necessário para executar a consulta com o plano de execução dado.

O otimizador físico calcula esse custo com base em estatísticas de objeto (como cardinalidades de tabela, número de valores distintos em uma coluna, valores altos e baixos na coluna, distribuição de dados dos valores de coluna), o uso estima do de recursos (como tempo de E/S e CPU) e memória necessária. Seu custo estimado é uma métrica interna que corresponde aproximadamente ao tempo de execução e aos recursos necessários. O objetivo da otimização baseada em custo na Oracle é encontrar o melhor meio-termo entre o tempo de execução mais baixo e a menor utilização de recursos.

---

[18] Esta seção tem a contribuição de Rafi Ahmed, da Oracle Corporation.

[19] O suporte para dados analíticos foi introduzido na Oracle 10.2.

19.9.2 Otimizador de consulta global

Nos SGBDRs tradicionais, a otimização de consultas consiste em duas fases de otimização distintas, lógica e física. Por outro lado, a Oracle possui um otimizador de consulta global, no qual as fases de transformação lógica e otimização física foram integradas para gerar um plano de execução ótimo para a árvore de consulta inteira. A arquitetura do processamento da consulta da Oracle é ilustrada na Figura 19.7.

A Oracle executa uma infinidade de transformações de consulta, que alteram e transformam as consultas dos usuários em formas equivalentes, mas potencialmente melhores. As transformações podem ser baseadas em heurística ou em custos. A estrutura de transformação de consulta baseada em custos (CBQT, do inglês *cost-based query transformation*),[20] introduzida na Oracle 10g, fornece mecanismos eficientes para explorar o espaço de estados gerado pela aplicação de uma ou mais transformações. Durante a transformação baseada em custos, um comando SQL, que pode incluir vários blocos de consulta, é copiado e transformado e seu custo é calculado usando o otimizador físico. Esse processo é repetido várias vezes, aplicando a cada vez um novo conjunto de transformações possivelmente interdependentes; e, no final, uma ou mais transformações são selecionadas e aplicadas no comando SQL original, se essas transformações resultarem em um plano de execução ótimo. Para lidar com a explosão combinatória, o framework CBQT oferece estratégias eficientes para pesquisar o espaço de estados de várias transformações.

A disponibilidade da estrutura geral para a transformação baseada em custos permitiu que outras transformações inovadoras fossem adicionadas ao vasto repertório das técnicas de transformação de consulta da Oracle. As principais entre essas transformações são a mesclagem de subconsulta com group-by e distinct (na cláusula FROM da consulta), o desaninhamento da subconsulta, a movimentação do predicado, a eliminação de subexpressão comum, a descida do predicado de junção, a expansão OR, a união da subconsulta, a fatoração da junção, a remoção da subconsulta por meio da função de janela, a transformação estrela, o posicionamento de group-by e as árvores de junção espessas.[21]

A estrutura de transformação baseada em custos da Oracle 10g é um bom exemplo da abordagem sofisticada utilizada para otimizar consultas SQL.

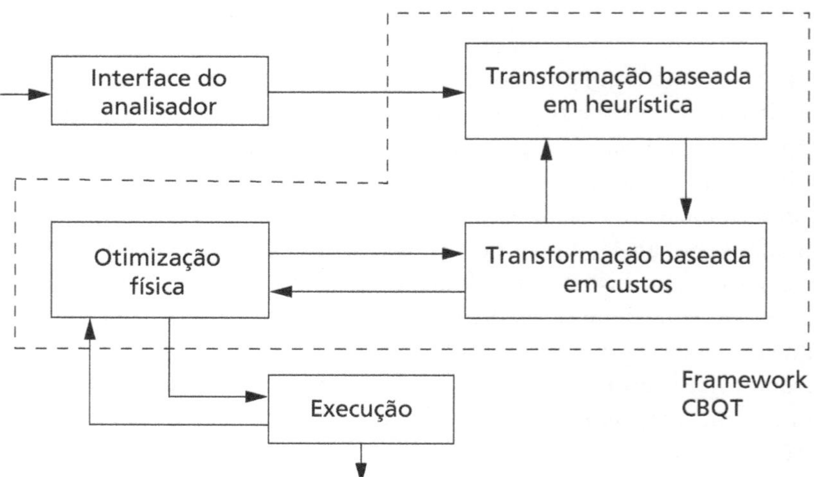

Figura 19.7 Estrutura de transformação de consulta baseada em custo (com base em Ahmed et al., 2006).

[20] Conforme apresentada em Ahmed et al. (2006).

[21] Veja mais detalhes em Ahmed et al. (2006, 2014).

19.9.3 Otimização adaptativa

O otimizador físico da Oracle é adaptável e usa um loop de feedback do nível de execução para melhorar suas decisões anteriores. O otimizador seleciona o melhor plano de execução para uma determinada instrução SQL usando o modelo de custo, que depende de estatísticas de objetos (por exemplo, número de linhas, distribuição de valores de coluna etc.) e estatísticas do sistema (por exemplo, largura de banda de E/S do subsistema de armazenamento). O grau de otimalidade do plano de execução final depende principalmente da precisão das estatísticas alimentadas no modelo de custos, bem como da sofisticação do próprio modelo de custos. Na Oracle, o loop de feedback mostrado na Figura 19.7 estabelece uma ponte entre o mecanismo de execução e o otimizador físico. A ponte traz informações estatísticas valiosas para permitir que o otimizador físico avalie o impacto de suas decisões e tome melhores decisões para as execuções atuais e futuras. Por exemplo, com base no valor estimado da cardinalidade da tabela, o otimizador pode escolher o método de união de loop aninhado com base em índice. Porém, durante a fase de execução, pode-se detectar que a cardinalidade real da tabela diverge significativamente do valor estimado. Essa informação pode disparar o otimizador físico para revisar sua decisão e trocar dinamicamente o método de junção de acesso por índice para o método de junção hash.

19.9.4 Processamento de vetor

Uma das deficiências críticas das implementações de SQL é sua falta de suporte para a computação baseada em matriz de *N* dimensões. A Oracle criou extensões para dados analíticos e OLAP; essas extensões foram integradas ao mecanismo do SGBDR Oracle.[22] Vamos ilustrar a necessidade de consultas OLAP quando discutirmos sobre data warehousing, no Capítulo 29. Essas extensões SQL envolvendo cálculos baseados em matriz para modelagem complexa e otimizações incluem estruturas de acesso e estratégias de execução para o processamento desses cálculos de modo eficiente. A cláusula de cálculo (os detalhes estão fora de nosso escopo aqui) permite que o SGBDR Oracle trate uma tabela como uma matriz multidimensional e especifique um conjunto de fórmulas sobre ela. As fórmulas substituem múltiplas junções e operações UNIÃO, que devem ser executadas para a computação equivalente com o ANSI SQL atual (ANSI significa American National Standards Institute). A cláusula de cálculo não apenas permite a facilidade de desenvolvimento de aplicações, mas também oferece ao SGBDR Oracle a oportunidade de realizar uma otimização melhor.

19.9.5 Dicas

Um acréscimo interessante ao otimizador de consulta da Oracle é a capacidade para um desenvolvedor de aplicação especificar dicas (também chamadas *anotações* ou *diretivas* da consulta em outros sistemas) ao otimizador. As dicas ficam embutidas no texto de um comando SQL. Elas normalmente são usadas para resolver os casos pouco frequentes em que o otimizador escolhe um plano abaixo do ideal. A ideia é que um desenvolvedor de aplicação ocasionalmente possa precisar modificar as decisões do otimizador com base em erros de estimativas de custo ou cardinalidade. Por exemplo, considere a tabela FUNCIONARIO mostrada na Figura 5.6. A coluna Sexo dessa tabela tem apenas dois valores distintos. Se houver 10.000 funcionários, então o otimizador, na ausência de um histograma sobre a coluna Sexo, estimaria que metade é do sexo masculino e metade é do sexo feminino, considerando uma distribuição de dados uniforme. Se houver um índice secundário, será mais do que provável que ele

---

[22] Para obter mais detalhes, consulte Witkowski et al. (2003).

não seria usado. Porém, se o desenvolvedor da aplicação souber que há apenas 100 funcionários do sexo masculino, uma dica poderia ser especificada em uma consulta SQL cuja condição da cláusula WHERE fosse Sexo = 'M', de modo que o índice associado seja usado no processamento da consulta. Diversas dicas podem ser especificadas para diferentes operações; essas dicas incluem as seguintes, porém não são limitadas a elas:

- O caminho de acesso para uma determinada tabela.
- A ordem de junção para um bloco de consulta.
- Uma operação de junção em particular para uma junção entre tabelas.
- Ativação e desativação de uma transformação.

19.9.6 Outlines

Em SGBDRs Oracle, outlines são usados para preservar os planos de execução dos comandos SQL ou consultas. Outlines são implementados e expressos como uma coleção de dicas, pois as dicas são facilmente transportáveis e compreensíveis. A Oracle oferece um extenso conjunto de dicas, poderosas o suficiente para especificar qualquer plano de execução, não importa sua complexidade. Quando um outline é usado durante a otimização de um comando SQL, essas dicas são aplicadas em estágios apropriados pelo otimizador (e outros componentes). Cada comando SQL processado pelo otimizador Oracle gera automaticamente um outline, que pode ser exibido com o plano de execução. Os outlines são usados para finalidades como estabilidade do plano, análise hipotética e experimentos de desempenho.

19.9.7 Gerenciamento de plano SQL

Os planos de execução para comandos SQL possuem um impacto significativo sobre o desempenho geral de um sistema de banco de dados. Novas estatísticas do otimizador, mudanças de parâmetro de configuração, atualizações de software, introdução de novas técnicas de otimização e processamento de consulta e utilizações de recurso de hardware estão entre os inúmeros fatores que podem fazer com que o otimizador de consulta da Oracle gere um novo plano de execução para as mesmas consultas ou comandos SQL. Embora a maioria das mudanças nos planos de execução seja benéfica ou benigna, alguns planos de execução podem ficar abaixo do ideal, podendo causar um impacto negativo sobre o desempenho do sistema.

Na Oracle 11g, um novo recurso, denominado gerenciamento de plano SQL (SPM, do inglês *SQL plan management*) foi introduzido[23] para gerenciar os planos de execução para um conjunto de consultas ou cargas de trabalho (workloads). O SPM oferece desempenho estável e ideal para um conjunto de comandos SQL ao impedir que novos planos abaixo do ideal sejam executados, enquanto permite que novos planos sejam executados se forem comprovadamente melhores que os anteriores. O SPM encapsula um elaborado mecanismo para gerenciar os planos de execução de um conjunto de comandos SQL, para os quais o usuário habilitou o SPM. Este mantém os planos de execução anteriores na forma de outlines armazenados, associados a textos de comandos SQL, e compara os desempenhos dos planos de execução antigos e novos para determinado comando SQL antes de permitir que sejam usados pelo usuário. O SPM pode ser configurado para atuar automaticamente, ou pode ser controlado manualmente para um ou mais comandos SQL.

[23] Ver Ziauddin et al. (2008).

19.10 Otimização de consulta semântica

Uma técnica diferente para a otimização de consulta, chamada **otimização de consulta semântica**, foi sugerida. Esta técnica, que pode ser utilizada em combinação com as técnicas discutidas anteriormente, usa restrições especificadas no esquema de banco de dados — como atributos exclusivos e outras restrições mais complexas — a fim de modificar uma consulta para outra que seja mais eficiente de executar. Não discutiremos esta técnica com detalhes, mas a ilustraremos com um exemplo simples. Considere a consulta SQL:

```
SELECT   F.Ultimo_nome, S.Ultimo_nome
FROM     FUNCIONARIO AS F, FUNCIONARIO AS S
WHERE    F.Cpf_supervisor=S.Cpf AND F.Salario > S.Salario
```

Essa consulta recupera os nomes dos funcionários que ganham mais que seus supervisores. Suponha que tivéssemos uma restrição no esquema de banco de dados que indicasse que nenhum funcionário pode ganhar mais que seu supervisor direto. Se o otimizador de consulta semântica verificar a existência dessa restrição, ele não precisa executar a consulta de forma alguma, pois sabe que seu resultado será vazio. Isso pode economizar bastante tempo se a verificação de restrição puder ser feita de modo eficiente. Contudo, a pesquisa por meio de muitas restrições para encontrar as que se aplicam a determinada consulta e que podem otimizá-la semanticamente também pode ser muito demorada.

Considere outro exemplo:

```
SELECT   Ultimo_nome, Salario
FROM     FUNCIONARIO, DEPARTAMENTO
WHERE    FUNCIONARIO.Numero_departamento =
           DEPARTAMENTO.Numero_departamento AND
           FUNCIONARIO.Salario > 100000
```

Neste exemplo, os atributos recuperados são de apenas uma relação: FUNCIONARIO; a condição de seleção também é sobre essa única relação. Porém, existe uma restrição de integridade referencial, que FUNCIONARIO.Numero_departamento é uma chave estrangeira que se refere à chave primária DEPARTAMENTO.Numero_departamento. Portanto, essa consulta pode ser transformada removendo-se a relação DEPARTAMENTO da consulta e, desse modo, evitando a junção interna, da seguinte forma:

```
SELECT   Ultimo_nome, Salario
FROM     FUNCIONARIO
WHERE    FUNCIONARIO.Numero_departamento IS NOT NULL AND
           FUNCIONARIO.Salario > 100000
```

Esse tipo de transformação é baseado na semântica do relacionamento de chave primária e estrangeira, que é uma restrição entre as duas relações.

Com a inclusão de regras ativas e metadados adicionais nos sistemas de banco de dados (ver Capítulo 26), as técnicas de otimização semântica estão sendo gradualmente incorporadas nos SGBDs.

19.11 Resumo

No capítulo anterior, apresentamos as estratégias de processamento de consultas usadas por SGBDs relacionais. Consideramos algoritmos para vários operadores relacionais padrão, incluindo seleção, projeção e junção. Também discutimos outros tipos de junções, incluindo junção externa, semijunção e antijunção, e discutimos a agregação, bem como a ordenação externa. Neste capítulo, nosso objetivo foi focar em técnicas de otimização de consultas usadas por SGBDs relacionais. Na Seção 19.1, apresentamos a notação para árvores e grafos de consulta e descrevemos as técnicas heurísticas para a otimização de consultas; essas técnicas utilizam regras heurísticas e métodos algébricos para melhorar a eficiência da execução da consulta. Mostramos como uma árvore de consulta que representa uma expressão da álgebra relacional pode ser heuristicamente otimizada reorganizando os nós da árvore e transformando a árvore em outra árvore de consulta equivalente, cuja execução é mais eficiente. Também oferecemos regras de transformação para a preservação da equivalência e um procedimento sistemático para aplicá-las a uma árvore de consulta. Na Seção 19.2 descrevemos planos alternativos de avaliação de consulta, incluindo pipelining e avaliação materializada. Em seguida, apresentamos a noção de transformação de consultas SQL; essa transformação otimiza as subconsultas aninhadas. Também ilustramos, com exemplos, a mesclagem de subconsultas que ocorrem na cláusula FROM, que atuam como relações ou visões derivadas. Também discutimos a técnica de materialização de visões.

Discutimos em detalhes, na Seção 19.3, a técnica baseada em custos para otimização de consultas. Falamos a respeito de informações mantidas em catálogos, utilizados pelo otimizador de consultas. Também discutimos histogramas para manter a distribuição de atributos importantes. Mostramos como as funções de custo são desenvolvidas para alguns algoritmos de acesso ao banco de dados para seleção e junção nas seções 19.4 e 19.5, respectivamente. Ilustramos, com um exemplo na Seção 19.6, como essas funções de custo são usadas para estimar os custos de diferentes estratégias de execução. Diversos problemas adicionais, como a exibição de planos de consulta, a estimativa de tamanho de resultados, o caching do plano e a otimização dos primeiros *k* resultados, foram discutidos na Seção 19.7. A Seção 19.8 foi dedicada a uma discussão sobre como são otimizadas as consultas típicas nos data warehouses. Mostramos um exemplo de transformação de consulta baseada em custos em consultas do data warehouse no chamado esquema estrela. Na Seção 19.9, apresentamos uma visão geral detalhada do otimizador de consultas da Oracle, que usa uma série de técnicas adicionais, cujos detalhes estavam além do nosso escopo. Finalmente, na Seção 19.10, mencionamos a técnica de otimização de consulta semântica, que usa as restrições semânticas ou de integridade para simplificar a consulta ou evitar completamente o acesso aos dados ou à execução real da consulta.

PERGUNTAS DE REVISÃO

19.1. O que é um plano de execução de consulta?

19.2. O que significa o termo *otimização heurística*? Discuta as principais heurísticas que são aplicadas durante a otimização da consulta.

19.3. Como uma árvore de consulta representa uma expressão da álgebra relacional? O que significa uma execução de uma árvore de consulta? Discuta as regras para a transformação de árvores de consulta e identifique quando cada regra deve ser aplicada durante a otimização.

19.4. Quantas ordens de junção diferentes existem para uma consulta que junta 10 relações? Quantas árvores com profundidade esquerda são possíveis?

19.5. O que significa *otimização de consulta baseada em custos*?

19.6. O que é a técnica de otimização baseada em programação dinâmica? Como ela é usada durante a otimização da consulta?

19.7. Quais são os problemas associados à manutenção de visões materializadas?

19.8. Qual é a diferença entre *pipelining* e *materialização*?

19.9. Discuta os componentes de custo para uma função de custo usada para estimar o custo de execução da consulta. Quais componentes de custo são usados com mais frequência como base para as funções de custo?

19.10. Discuta os diferentes tipos de parâmetros usados nas funções de custo. Onde a informação é mantida?

19.11. O que são semijunção e antijunção? O que são parâmetros de seletividade de junção e cardinalidade de junção associados a elas? Indique as fórmulas apropriadas.

19.12. Relacione as funções de custo para os métodos SELEÇÃO e JUNÇÃO discutidos nas seções 19.4 e 19.5.

19.13. Quais são os recursos especiais da otimização de consulta na Oracle que não discutimos neste capítulo?

19.14. O que significa a *otimização de consulta semântica*? Como ela difere das outras técnicas de otimização de consulta?

EXERCÍCIOS

19.15. Desenvolva as funções de custo para os algoritmos de PROJEÇÃO, UNIÃO, INTERSEÇÃO, DIFERENÇA e PRODUTO CARTESIANO discutidos na Seção 19.4.

19.16. Desenvolva as funções de custo para um algoritmo que consista em duas SELEÇÕES, uma JUNÇÃO e uma PROJEÇÃO final, em termos das funções de custo para as operações individuais.

19.17. Desenvolva um algoritmo no estilo de pseudolinguagem para descrever o procedimento de programação dinâmica para a seleção por ordenação de junção.

19.18. Calcule as funções de custo para diferentes opções de execução da operação JUNÇÃO OP7 discutida na Seção 19.4.

19.19. Desenvolva fórmulas para o algoritmo híbrido de junção hash para calcular o tamanho do buffer para o primeiro bucket. Desenvolva fórmulas de estimativa de custo mais precisas para o algoritmo.

19.20. Estime o custo das operações OP6 e OP7 usando as fórmulas desenvolvidas no Exercício 19.19.

19.21. Compare o custo de dois planos de consulta diferentes para a seguinte consulta:

$$\sigma_{Salario<40000}(\text{FUNCIONARIO} \bowtie_{Numero\_departamento=Numero\_departamento} \text{DEPARTAMENTO})$$

Use as estatísticas de banco de dados mostradas na Figura 19.6.

BIBLIOGRAFIA SELECIONADA

Esta bibliografia contém referências da literatura para os tópicos de processamento e otimização de consultas. Discutimos algoritmos e estratégias de processamento de consultas no capítulo anterior, mas é difícil separar a literatura que aborda a otimização da literatura que aborda estratégias e algoritmos de processamento de consultas. Assim, a bibliografia é consolidada.

Um algoritmo detalhado para a otimização da álgebra relacional é dado por Smith e Chang (1975). A tese de Ph.D. de Kooi (1980) fornece uma base para técnicas de processamento de consultas. Um documento de pesquisa de Jarke e Koch (1984) fornece uma taxonomia da otimização de consultas e inclui uma bibliografia do trabalho nessa área. Uma pesquisa realizada por Graefe (1993) discute a execução da consulta em sistemas de banco de dados e inclui uma extensa bibliografia.

Whang (1985) discute a otimização de consulta em OBE (Office-By-Example), que é um sistema baseado na linguagem QBE (Query By Example). A otimização baseada em custos foi introduzida no SGBD experimental SYSTEM R e é discutida em Astrahan et al. (1976). Selinger et al. (1979) é um artigo clássico que discutiu a otimização baseada em custos das junções de múltiplas vias em SYSTEM R. Os algoritmos de junção são discutidos em Gotlieb (1975), Blasgen e Eswaran (1976) e Whang et al. (1982). Os algoritmos de hashing para implementar junções são descritos e analisados em DeWitt et al. (1984), Bratbergsengen (1984), Shapiro (1986), Kitsuregawa et al. (1989) e Blakeley e Martin (1990), entre outros. Blakely et al. (1986) discutem a manutenção de visões materializadas. Chaudhari et al. (1995) discutem a otimização de consultas com visões materializadas. As abordagens para encontrar uma boa ordem de junção são apresentadas em Ioannidis e Kang (1990) e em Swami e Gupta (1989). Uma discussão sobre as implicações das árvores de junção com profundidade esquerda e espessas é apresentada em Ioannidis e Kang (1991). Kim (1982) discute as transformações das consultas SQL aninhadas em representações canônicas. A otimização de funções de agregação é discutida em Klug (1982) e Muralikrishna (1992). A otimização de consultas com Group By é apresentada em Chaudhari e Shim (1994). Yan e Larson (1995) discutem a agregação antecipada e tardia. Salzberg et al. (1990) descrevem um algoritmo rápido de classificação externa. Estimar o tamanho das relações temporárias é crucial para a otimização da consulta. Os esquemas de estimativa baseada em amostragem são apresentados em Haas et al. (1995), Haas e Swami (1995) e Lipton et al. (1990). O tópico de Muralikrishna e DeWitt (1988) e Poosala et al. (1996) é fazer com que o sistema de banco de dados armazene e utilize estatísticas mais detalhadas na forma de histogramas. Galindo-Legaria e Joshi (2001) discutem a subconsulta aninhada e a otimização de agregação.

O'Neil e Graefe (1995) discutem as junções multitabelas usando índices bitmap. Kim et al. (1985) discutem tópicos avançados sobre otimização de consultas. A otimização de consulta semântica é discutida em King (1981) e Malley e Zdonick (1986). O trabalho sobre otimização de consulta semântica é relatado em Chakravarthy et al. (1990), Shenoy e Ozsoyoglu (1989) e Siegel et al. (1992). Volcano, um otimizador de consultas com base em regras de equivalência de consulta, foi desenvolvido por Graefe e Mckenna (1993). Volcano e a técnica Cascades decorrente de Graefe (1995) são a base para a otimização de consulta do Microsoft SQL Server. Carey e Kossman (1998) e Bruno et al. (2002) apresentam técnicas para otimização de consulta para os primeiros *k* resultados. Galindo Legaria et al. (2004) discutem o processamento e a otimização de atualizações de banco de dados.

Ahmed et al. (2006) discutem a transformação de consultas baseada em custos na Oracle e fornecem uma boa visão geral da arquitetura global de otimização de consultas na Oracle 10g. Ziauddin et al. (2008) discutem a ideia de fazer com que o otimizador mude o plano de execução para uma consulta. Eles discutem o recurso de gerenciamento de plano SQL (SPM) da Oracle, que proporciona estabilidade ao desempenho. Bellamkonda et al. (2009) oferecem técnicas adicionais para otimização de consulta. Ahmed et al. (2014) consideram as vantagens das árvores espessas sobre as alternativas para execução. Witkowski et al. (2003) discutem o suporte para computação baseada em matriz com *N* dimensões para dados analíticos integrados ao mecanismo do SGBDR Oracle.

PARTE 9
Processamento de transações, controle de concorrência e recuperação

20

Introdução aos conceitos e teoria de processamento de transações

O conceito de *transação* oferece um mecanismo para descrever unidades lógicas de processamento de banco de dados. Os **sistemas de processamento de transação** são sistemas com grandes bancos de dados e centenas de usuários simultâneos que executam transações de banco de dados. Alguns exemplos desses sistemas incluem reservas aéreas, sistemas bancários, processamento de cartão de crédito, compras on-line, mercados de ações, caixas de supermercado e muitas outras aplicações. Esses sistemas exigem alta disponibilidade e tempo de resposta rápido para centenas de usuários simultâneos. Neste capítulo, apresentamos os conceitos necessários em sistemas de processamento de transação. Definimos o conceito de uma transação, usado para representar uma unidade lógica de processamento de banco de dados que deve ser concluída por inteiro para garantir a exatidão. Uma transação normalmente é implementada por um programa de computador, que inclui comandos de banco de dados como recuperações, inserções, exclusões e atualizações. Apresentamos algumas das técnicas básicas para programação de banco de dados nos capítulos 10 e 11.

Neste capítulo, focalizamos os conceitos básicos e a teoria necessários para garantir a execução correta das transações. Discutimos o problema de controle de concorrência, que ocorre quando várias transações submetidas por diversos usuários interferem umas com as outras de uma maneira que produz resultados incorretos. Também discutimos os problemas que podem ocorrer quando as transações falham, e como o sistema de banco de dados pode se recuperar de diversos tipos de falha.

Este capítulo é organizado da seguinte forma: a Seção 20.1 discute informalmente por que o controle de concorrência e a recuperação são necessários em um sistema de banco de dados. A Seção 20.2 define o termo *transação* e discute conceitos adicionais relacionados ao processamento de transação nos sistemas de banco de dados. A Seção 20.3 apresenta as propriedades importantes de atomicidade, a preservação de consistência, o isolamento e a durabilidade ou permanência — chamadas propriedades ACID —, que são consideradas desejáveis nos sistemas de processamento de transação.

A Seção 20.4 apresenta o conceito de schedules (ou históricos) de execução de transações e caracteriza sua *recuperabilidade*. A Seção 20.5 discute a noção de *serialização* da execução concorrente da transação, que pode ser usada para definir as sequências de execução (ou schedules) corretas de transações simultâneas. Na Seção 20.6, apresentamos alguns dos comandos que dão suporte ao conceito de transação em SQL, além dos conceitos de níveis de isolamento. A Seção 20.7 é um resumo do capítulo.

Os dois capítulos seguintes fornecem mais detalhes sobre os métodos e técnicas reais usados para dar suporte ao processamento de transação. O Capítulo 21 oferece uma visão geral dos protocolos básicos de controle de concorrência e o Capítulo 22 introduz as técnicas de recuperação.

20.1 Introdução ao processamento de transações

Nesta seção, discutimos os conceitos de execução concorrente de transações e recuperação de transações com falhas. A Seção 20.1.1 compara sistemas de banco de dados monousuário e multiusuário, e demonstra como a execução simultânea de transações pode ocorrer nos sistemas multiusuário. A Seção 20.1.2 define o conceito de transação e apresenta um modelo simples de execução de transação baseado em operações de leitura e gravação de banco de dados. Esse modelo é usado como base para definir e formalizar os conceitos de controle de concorrência e recuperação. A Seção 20.1.3 utiliza exemplos informais para mostrar por que as técnicas de controle de concorrência são necessárias em sistemas multiusuário. Por fim, a Seção 20.1.4 discute por que são necessárias técnicas para lidar com a recuperação do sistema e falhas de transação, discutindo as diferentes maneiras como as transações podem falhar quando são executadas.

20.1.1 Sistemas monousuário versus *multiusuário*

Um critério para classificar um sistema de banco de dados é de acordo com o número de usuários que podem usar o sistema **simultaneamente.** Um SGBD é **monousuário** se no máximo um usuário de cada vez pode utilizar o sistema, e é **multiusuário** se muitos usuários puderem fazê-lo — e, portanto, acessar o banco de dados — simultaneamente. Os SGBDs monousuário são principalmente restritos a sistemas de computador pessoal; a maioria dos outros SGBDs é multiusuário. Por exemplo, um sistema de reservas aéreas é acessado por centenas de usuários e agentes de viagens de maneira simultânea. Os sistemas de banco de dados usados em bancos, agências de seguros, corretoras de valores, supermercados e muitas outras aplicações são multiusuário. Nesses sistemas, centenas ou milhares de usuários normalmente estão operando sobre o banco de dados ao submeter transações ao sistema ao mesmo tempo.

Múltiplos usuários podem acessar os bancos de dados — e usar sistemas de computação — simultaneamente em razão do conceito da **multiprogramação,** que permite que o sistema operacional do computador execute vários programas — ou **processos** — ao mesmo tempo. Uma única unidade central de processamento (CPU) só pode estar executando, no máximo, um processo de cada vez. Porém, **sistemas operacionais de multiprogramação** executam alguns comandos de um processo, depois suspendem esse processo e executam alguns comandos do processo seguinte, e assim por diante. Um processo é retomado no ponto em que foi suspenso sempre que chega sua vez de usar a CPU novamente. Assim, a execução simultânea dos processos é, na realidade, **intercalada,** conforme ilustrado na Figura 20.1, que mostra dois processos, A e B, executando simultaneamente em um padrão intercalado. A intercalação mantém a CPU ocupada quando um processo exige uma operação de entrada ou saída (E/S), como a leitura de um bloco do disco. A CPU é trocada para

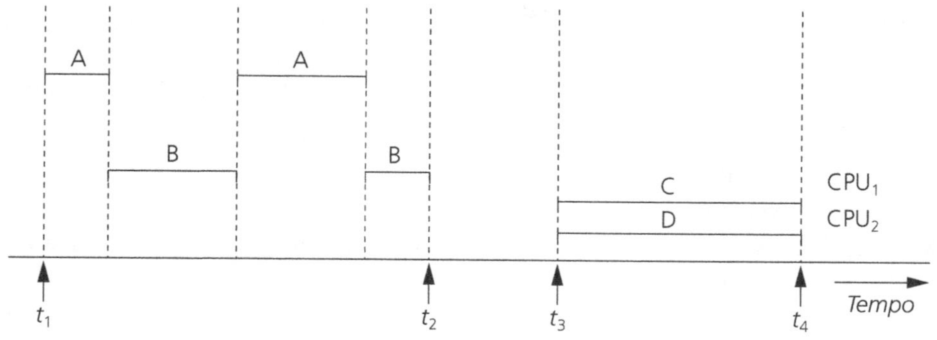

Figura 20.1 Processamento intercalado *versus* processamento paralelo de transações simultâneas.

executar outro processo, em vez de permanecer ociosa durante o tempo da E/S. A intercalação também impede que um processo longo atrase os demais processos.

Se o sistema de computação tiver múltiplos processadores de hardware (CPUs), o **processamento paralelo** de vários processos é possível, conforme ilustrado pelos processos C e D da Figura 20.1. A maior parte da teoria referente ao controle de concorrência nos bancos de dados é desenvolvida em relação à **concorrência intercalada,** de modo que, para o restante deste capítulo, assumiremos esse modelo. Em um SGBD multiusuário, os itens de dados armazenados são os recursos principais que podem ser acessados simultaneamente por usuários ou programas de aplicação interativos, que estão constantemente recuperando informações e modificando o banco de dados.

20.1.2 Transações, itens de banco de dados, operações de leitura e gravação e buffers do SGBD

Uma **transação** é um programa em execução que forma uma unidade lógica de processamento de banco de dados. Ela inclui uma ou mais operações de acesso ao banco — estas podem incluir operações de inserção, exclusão, modificação (atualização) ou recuperação. As operações que formam uma transação podem ser embutidas em um programa de aplicação ou podem ser especificadas interativamente por meio de uma linguagem de consulta de alto nível, como a SQL. Um modo de especificar os limites de uma transação é especificando comandos **begin transaction** e **end transaction** explícitos em um programa de aplicação; nesse caso, consideramos que todas as operações de acesso ao banco de dados entre os dois formam uma transação. Um único programa de aplicação pode conter mais de uma transação se tiver vários limites de transação. Se as operações de banco de dados em uma transação não atualizarem o banco de dados, mas apenas recuperarem dados, a transação é chamada de **transação somente de leitura;** caso contrário, ela é conhecida como **transação de leitura-gravação.**

O *modelo de banco de dados* utilizado para apresentar conceitos de processamento de transação é muito simples em comparação com modelos de dados que discutimos anteriormente no livro, como o modelo relacional ou o modelo de objeto. Um **banco de dados** é basicamente representado como uma coleção de *itens de dados nomeados*. O tamanho de um item de dados é chamado de sua **granularidade.** Um **item de dados** pode ser um *registro de banco de dados*, mas também uma unidade maior, como um *bloco de disco* inteiro, ou mesmo uma unidade menor, como um *valor de campo* (*atributo*) individual de algum registro no banco de dados. Os conceitos de processamento de transação que discutimos são independentes da granularidade (tamanho) do item de dados e se aplicam a itens de dados em geral. Cada item de dados tem um *nome único*, mas esse nome em geral não é usado pelo programador; em vez disso, ele é apenas um meio para *identificar exclusivamente cada item de dados*. Por exemplo, se a granularidade do item de dados for um bloco de disco, então o endereço do bloco de disco pode ser utilizado como o nome do item de dados. Se a granularidade do item for um único registro, então a id do registro pode ser o nome do item. Ao usar esse modelo de banco de dados simplificado, as operações básicas de acesso ao banco que uma transação pode incluir são as seguintes:

- **read_item(*X*)**. Lê um item do banco de dados chamado *X* para uma variável do programa. Para simplificar nossa notação, consideramos que *a variável de programa também é chamada X*.
- **write_item(*X*)**. Grava o valor da variável de programa *X* no item de banco de dados chamado *X*.

Conforme discutimos no Capítulo 16, a unidade básica de transferência de dados do disco para a memória principal é uma página de disco (bloco de disco). A execução de um comando read_item(*X*) inclui as seguintes etapas:

1. Ache o endereço do bloco de disco que contém o item *X*.
2. Copie esse bloco para um buffer na memória principal (se esse bloco ainda não estiver em algum buffer da memória principal). O tamanho do buffer é o mesmo que o tamanho do bloco de disco.
3. Copie o item *X* do buffer para a variável de programa chamada *X*.

A execução de um comando write_item(*X*) inclui as seguintes etapas:

1. Ache o endereço do bloco de disco que contém o item *X*.
2. Copie esse bloco para um buffer na memória principal (se esse bloco ainda não estiver em algum buffer da memória principal).
3. Copie o item *X* da variável de programa chamada *X* para o local correto no buffer.
4. Armazene o bloco atualizado do buffer de volta no disco (imediatamente ou em algum momento posterior).

É a etapa 4 que de fato atualiza o banco de dados no disco. Em alguns casos, o buffer não é imediatamente armazenado no disco, caso mudanças adicionais tenham de ser feitas no buffer. Em geral, a decisão sobre quando armazenar um bloco de disco modificado cujo conteúdo está em um buffer da memória principal é tratada pelo gerenciador de recuperação do SGBD em cooperação com o sistema operacional subjacente. O SGBD manterá na **cache do banco de dados** uma série de **buffers de dados** na memória principal. Cada buffer costuma manter o conteúdo de um bloco de disco do banco de dados, que contém alguns dos itens de banco de dados que estão sendo processados. Quando esses buffers estão todos ocupados, e blocos adicionais devem ser copiados para a memória, alguma **política de substituição de buffer** é utilizada para escolher quais buffers atuais devem ser substituídos. Algumas políticas de substituição de buffer comumente utilizadas são do tipo **LRU** (*least recently used* — usado menos recentemente). Se um buffer escolhido tiver de ser modificado, ele precisa ser gravado de volta no disco antes de ser reutilizado.[1] Há também políticas de substituição de buffer que são específicas às características do SGBD. Discutiremos a respeito de algumas delas rapidamente na Seção 20.2.4.

Uma transação inclui operações read_item e write_item para acessar e atualizar o banco de dados. A Figura 20.2 mostra exemplos de duas transações muito simples. O **conjunto de leitura** de uma transação é o conjunto de todos os itens que a transação lê, e o **conjunto de gravação** é o conjunto de todos os itens que a transação grava. Por exemplo, o conjunto de leitura de T_1 da Figura 20.2 é $\{X, Y\}$ e seu conjunto de gravação também é $\{X, Y\}$.

[1] Não discutiremos as políticas de substituição de buffer aqui, pois elas normalmente são abordadas em livros-texto sobre sistemas operacionais.

(a)

T_1
read_item(X);
$X := X - N$;
write_item(X);
read_item(Y);
$Y := Y + N$;
write_item(Y);

(b)

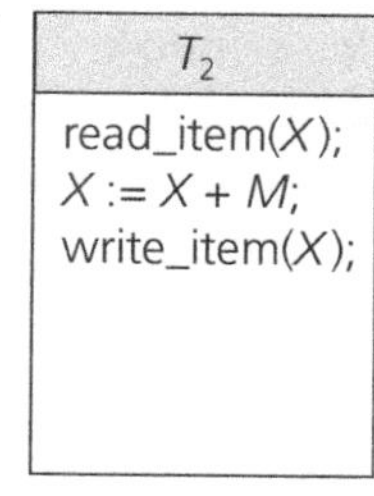
T_2
read_item(X);
$X := X + M$;
write_item(X);

Figura 20.2 Duas transações de exemplo. (a) Transação T_1. (b) Transação T_2.

Os mecanismos de controle de concorrência e recuperação tratam principalmente dos comandos de banco de dados em uma transação. As transações submetidas pelos diversos usuários podem ser executadas simultaneamente, acessar e atualizar os mesmos itens de banco de dados. Se essa execução simultânea for *descontrolada*, ela pode ocasionar problemas, como um banco de dados inconsistente. Na próxima seção, apresentamos de maneira informal alguns dos problemas que podem ocorrer.

20.1.3 Por que o controle de concorrência é necessário

Vários problemas podem acontecer quando transações simultâneas são executadas de maneira descontrolada. Ilustramos alguns desses problemas ao nos referirmos a um banco de dados de reservas aéreas muito simplificado, em que um registro é armazenado para cada voo. Cada registro inclui o *número de assentos reservados* nesse voo como um *item de dados nomeado* (*identificável exclusivamente*), entre outras informações. A Figura 20.2(a) mostra uma transação T_1 que *transfere* N reservas de um voo cujo número de assentos reservados é armazenado no item de banco de dados chamado X para outro voo cujo número de assentos reservados é armazenado no item de banco de dados chamado Y. A Figura 20.2(b) mostra uma transação mais simples T_2 que apenas *reserva* M assentos no primeiro voo (X) referenciados na transação T_1.[2] Para simplificar nosso exemplo, não mostramos partes adicionais das transações, como a verificação de um voo ter assentos suficientes disponíveis antes de reservar assentos adicionais.

Quando um programa de acesso ao banco de dados é escrito, ele tem o número do voo, a data do voo e o número de assentos a serem reservados como parâmetros; logo, o mesmo programa pode ser utilizado para executar *muitas transações diferentes*, cada uma com um número diferente de voo, data e número de assentos a serem reservados. Para fins de controle de concorrência, uma transação é uma *execução em particular* de um programa em uma data, voo e número de assentos específicos. Nas figuras 20.2(a) e (b), as transações T_1 e T_2 são *execuções específicas* dos programas que se referem aos voos específicos cujos números de assentos são armazenados nos itens de dados X e Y no banco de dados. Em seguida, discutimos os tipos de problemas que podemos encontrar com essas duas transações simples se elas forem executadas simultaneamente.

O problema da atualização perdida. Este problema ocorre quando duas transações que acessam os mesmos itens do banco de dados têm suas operações intercaladas de modo que isso torna incorreto o valor de alguns itens do banco. Suponha que as transações T_1 e T_2 sejam submetidas aproximadamente ao mesmo tempo, e suponha que suas operações sejam intercaladas, como mostra a Figura 20.3(a); então, o valor final do item X é incorreto porque T_2 lê o valor de X *antes* que T_1 o mude no banco de dados, e, portanto, o valor atualizado resultante de T_1 é perdido. Por exemplo,

[2] Um exemplo semelhante, mais utilizado, considera um banco de dados bancário, com uma transação realizando uma transferência de fundos da conta X para a conta Y e outra transação realizando um depósito na conta X.

se X = 80 no início (originalmente havia 80 reservas no voo), N = 5 (T_1 transfere cinco reservas de assento do voo correspondente a X para o voo correspondente a Y) e M = 4 (T_2 reserva quatro assentos em X), o resultado final deveria ser X = 79. No entanto, na intercalação de operações mostrada na Figura 20.3(a), ele é X = 84, pois a atualização em T_1 que removeu os cinco assentos de X foi *perdida*.

O problema da atualização temporária (ou leitura suja). Este problema ocorre quando uma transação atualiza um item do banco de dados e depois a transação falha por algum motivo (ver Seção 20.1.4). Nesse meio-tempo, o item atualizado é acessado (lido) por outra transação, antes de ser alterado de volta para seu valor original. A Figura 20.3(b) mostra um exemplo em que T_1 atualiza o item X e então falha antes de terminar, de modo que o sistema deve mudar X de volta para seu valor

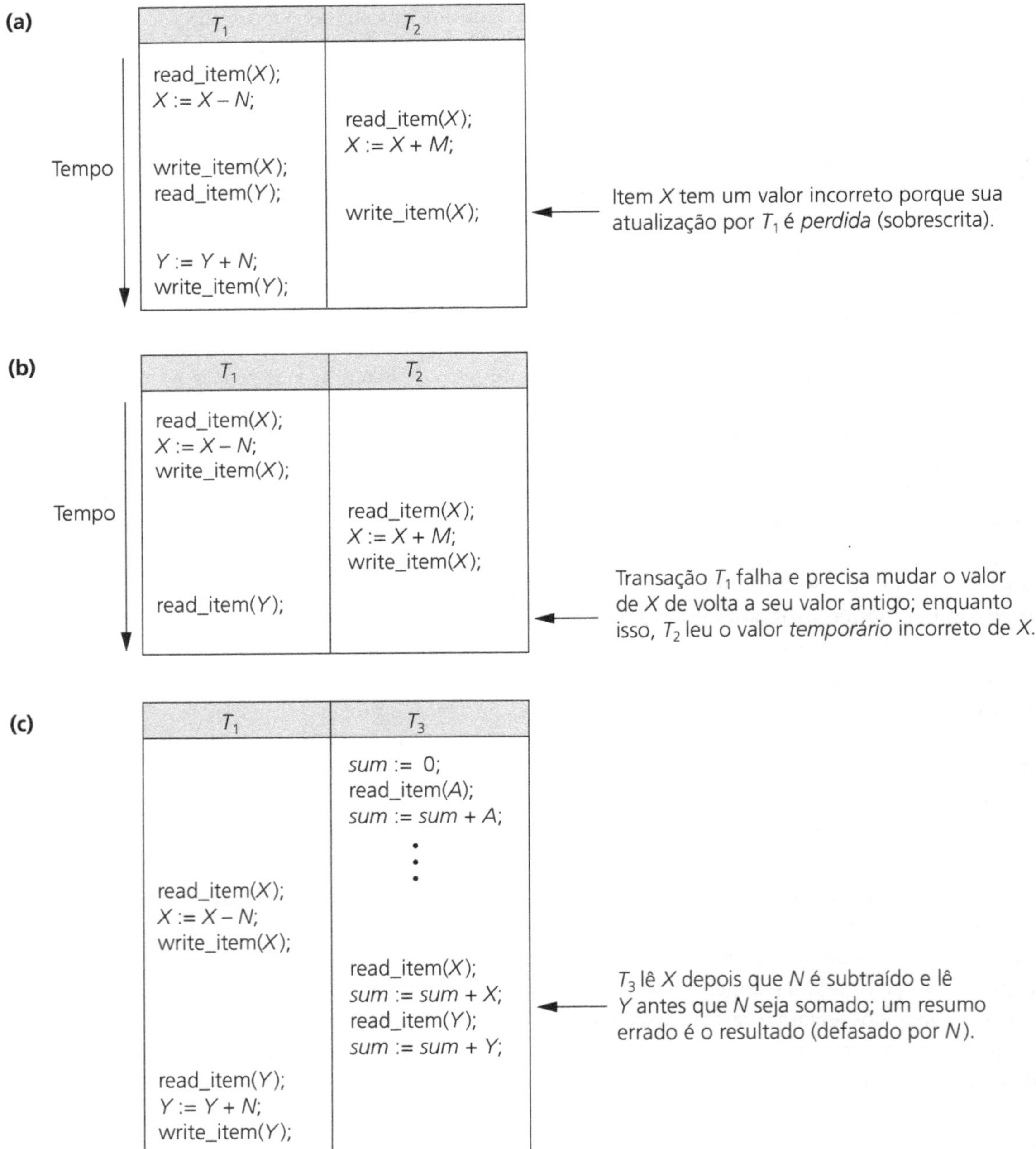
(a)
T1
T2
Tempo
read_item(X);
X := X − N;
read_item(X);
X := X + M;
write_item(X);
read_item(Y);
write_item(X);
Y := Y + N;
write_item(Y);
Item X tem um valor incorreto porque sua atualização por T1 é perdida (sobrescrita).
(b)
T1
T2
Tempo
read_item(X);
X := X − N;
write_item(X);
read_item(X);
X := X + M;
write_item(X);
read_item(Y);
Transação T1 falha e precisa mudar o valor de X de volta a seu valor antigo; enquanto isso, T2 leu o valor temporário incorreto de X.
(c)
T1
T3
sum := 0;
read_item(A);
sum := sum + A;
read_item(X);
X := X − N;
write_item(X);
read_item(X);
sum := sum + X;
read_item(Y);
sum := sum + Y;
read_item(Y);
Y := Y + N;
write_item(Y);
T3 lê X depois que N é subtraído e lê Y antes que N seja somado; um resumo errado é o resultado (defasado por N).

Figura 20.3 Alguns problemas que ocorrem quando a execução simultânea não é controlada. (a) O problema da atualização perdida. (b) O problema da atualização temporária. (c) O problema do resumo incorreto.

original. Contudo, antes que ele possa fazer isso, a transação T_2 lê o valor *temporário* de X, que não será gravado permanentemente no banco de dados em virtude da falha de T_1. O valor do item X que foi lido por T_2 é chamado de *dado sujo*, pois foi criado por uma transação que não foi concluída nem confirmada; portanto, este problema também é conhecido como problema de leitura suja.

O problema do resumo incorreto. Se uma transação está calculando uma função de resumo de agregação sobre uma série de itens do banco de dados, enquanto outras transações estão atualizando alguns desses itens, a função de agregação pode calcular alguns valores antes que eles sejam atualizados e outros depois que eles forem atualizados. Por exemplo, suponha que uma transação T_3 esteja calculando o número total de reservas em todos os voos; enquanto isso, a transação T_1 está sendo executada. Se a intercalação de operações mostrada na Figura 20.3(c) acontecer, o resultado de T_3 estará defasado por uma quantidade N, pois T_3 lê o valor de X *após* N assentos terem sido subtraídos dele, mas lê o valor de Y *antes* que esses N assentos tenham sido acrescentados.

O problema da leitura não repetitiva. Outro problema que pode acontecer é chamado de *leitura não repetitiva*, em que uma transação T lê o mesmo item duas vezes e o item é alterado por outra transação T' entre as duas leituras. Logo, T recebe *valores diferentes* para suas duas leituras do mesmo item. Isso pode acontecer, por exemplo, se, durante uma transação de reserva aérea, um cliente consultar a disponibilidade de assento em vários voos. Quando o cliente decide sobre um voo em particular, a transação lê o número de assentos nesse voo pela segunda vez antes de completar a reserva, e pode acabar lendo um valor diferente para o item.

20.1.4 Por que a recuperação é necessária

Sempre que uma transação é submetida a um SGBD para execução, o sistema é responsável por garantir que todas as operações na transação sejam concluídas com sucesso e seu efeito seja registrado permanentemente no banco de dados, ou que a transação não tenha qualquer efeito no banco ou quaisquer outras transações. No primeiro caso, a transação é considerada **confirmada** (committed), ao passo que, no segundo caso, a transação é **abortada**. O SGBD não deve permitir que algumas operações de uma transação T sejam aplicadas ao banco de dados enquanto outras operações de T não o são, pois a *transação inteira* é uma unidade lógica de processamento de banco de dados. Se a transação **falhar** depois de executar algumas de suas operações, mas antes executar todas elas, as operações já executadas precisam ser desfeitas e não têm efeito duradouro.

Tipos de falhas. As falhas geralmente são classificadas como falhas de transação, sistema e mídia. Existem vários motivos possíveis para uma transação falhar no meio da execução:

1. **Uma falha do computador (falha do sistema).** Um erro de hardware, software ou rede no sistema de computação durante a execução da transação. Falhas do hardware normalmente são falhas de mídia — por exemplo, uma falha na memória principal.
2. **Um erro de transação ou do sistema.** Alguma operação na transação pode fazer que esta falhe, como um estouro de inteiro ou divisão por zero. A falha da transação também pode ocorrer em razão de valores de parâmetro errôneos ou de um erro lógico de programação.[3] Além disso, o usuário pode interromper a transação durante sua execução.

[3] Em geral, uma transação deve ser testada completamente para garantir que não tenha quaisquer bugs (erros lógicos de programação).

3. **Erros locais ou condições de exceção detectadas pela transação.** Durante a execução da transação, podem ocorrer certas condições que necessitam de cancelamento da transação. Por exemplo, os dados da transação podem não ser encontrados. Uma condição de exceção,[4] como um saldo de conta insuficiente em um banco de dados bancário, pode fazer que uma transação, como um saque, seja cancelada. Essa exceção poderia ser programada na própria transação, e nesse caso não seria considerada uma falha da transação.
4. **Imposição de controle de concorrência.** O método de controle de concorrência (ver Capítulo 21) pode decidir abortar uma transação porque ela viola a serialização (ver Seção 20.5), ou pode abortar uma ou mais transações para resolver um estado de deadlock (impasse) entre várias transações (ver Seção 21.1.3). As transações abortadas por violações de serialização ou deadlock em geral são reiniciadas automaticamente em outro momento.
5. **Falha de disco.** Alguns blocos de disco podem perder seus dados por um defeito de leitura, gravação ou por causa de uma falha da cabeça de leitura/gravação. Isso pode acontecer durante uma operação de leitura ou gravação da transação.
6. **Problemas físicos e catástrofes.** Refere-se a uma lista sem fim de problemas que incluem falta de energia, falha do ar-condicionado, incêndio, roubo, sabotagem, regravação de discos ou fitas por engano e montagem da fita errada pelo operador.

As falhas dos tipos 1, 2, 3 e 4 são mais comuns que as dos tipos 5 ou 6. Sempre que ocorre uma falha dos tipos de 1 a 4, o sistema precisa manter informações suficientes para recuperar-se rapidamente da falha. A falha de disco ou outras falhas catastróficas de tipo 5 ou 6 não acontecem com frequência; se ocorrerem, a recuperação é uma tarefa importante. Discutiremos sobre a recuperação de falhas no Capítulo 22.

O conceito de transação é fundamental para muitas técnicas de controle de concorrência e recuperação de falhas.

20.2 Conceitos de transação e sistema

Nesta seção, discutimos conceitos adicionais relevantes ao processamento de transação. A Seção 20.2.1 descreve os diversos estados em que uma transação pode estar, e discute outras operações necessárias no processamento de transação. A Seção 20.2.2 discute o log do sistema, que mantém informações sobre transações e itens de dados que serão necessários para a recuperação. A Seção 20.2.3 descreve o conceito de pontos de confirmação das transações, e por que eles são importantes no processamento da transação. Finalmente, a Seção 20.2.4 discute brevemente políticas de substituição de buffers do SGBD.

20.2.1 Estados de transação e operações adicionais

Uma transação é uma unidade atômica de trabalho, que deve ser concluída totalmente ou não ser feita de forma alguma. Para fins de recuperação, o sistema precisa registrar quando cada transação começa, termina e confirma ou aborta (ver Seção 20.2.3). Portanto, o gerenciador de recuperação do SGBD precisa acompanhar as seguintes operações:

- BEGIN_TRANSACTION. Esta marca o início da execução da transação.
- READ ou WRITE. Estas especificam operações de leitura ou gravação nos itens do banco de dados executados como parte de uma transação.

[4] Condições de exceção, se programadas corretamente, não constituem falhas de transação.

- END_TRANSACTION. Esta especifica que operações de transação READ e WRITE terminaram e marca o final da execução da transação. Porém, nesse ponto pode ser necessário verificar se as mudanças introduzidas pela transação podem ser permanentemente aplicadas ao banco de dados (confirmadas) ou se a transação precisa ser abortada, pois viola a serialização (ver Seção 20.5) ou por algum outro motivo.
- COMMIT_TRANSACTION. Esta sinaliza um *final bem-sucedido* da transação, de modo que quaisquer mudanças (atualizações) executadas pela transação podem ser seguramente **confirmadas** ao banco de dados e não serão desfeitas.
- ROLLBACK (ou ABORT). Esta operação sinaliza que a transação *foi encerrada sem sucesso*, de modo que quaisquer mudanças ou efeitos que a transação possa ter aplicado ao banco de dados precisam ser **desfeitos**.

A Figura 20.4 mostra um diagrama de transição de estado que ilustra como uma transação percorre seus estados de execução. Uma transação entra em um **estado ativo** imediatamente após iniciar a execução, onde pode executar suas operações READ e WRITE. Quando a transação termina, ela passa para o **estado parcialmente confirmado**. Nesse ponto, alguns protocolos de recuperação precisam garantir que uma falha no sistema não resultará em uma incapacidade de registrar as mudanças da transação permanentemente (em geral, gravando mudanças no log do sistema, discutido na próxima seção).[5] Quando essa verificação é bem-sucedida, diz-se que a transação alcançou seu ponto de confirmação e ela entra no **estado confirmado**. Os pontos de confirmação serão discutidos com mais detalhes na Seção 20.2.3. Quando uma transação é confirmada, ela concluiu sua execução com sucesso e todas as suas mudanças precisam ser gravadas permanentemente no banco de dados, mesmo que haja uma falha no sistema.

Entretanto, uma transação pode ir para o **estado de falha** se uma das verificações falhar ou se a transação for abortada durante seu estado ativo. A transação pode, então, ter de ser cancelada para desfazer o efeito de suas operações WRITE no banco de dados. O **estado terminado** corresponde à transação que sai do sistema. A informação da transação que é mantida nas tabelas do sistema enquanto a transação estava rodando é removida quando esta termina. As transações com falha ou abortadas podem ser *reiniciadas* depois — seja de maneira automática, seja depois de serem submetidas outra vez pelo usuário — como transações totalmente novas.

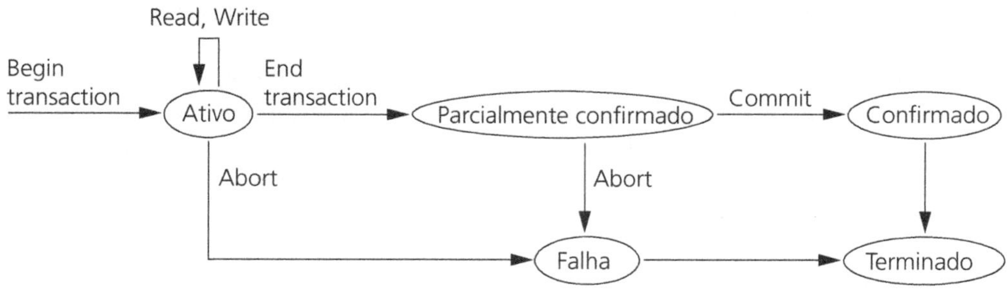

Figura 20.4 Diagrama de transição de estado ilustrando os estados para execução da transação.

20.2.2 O log do sistema

Para poder recuperar-se de falhas que afetam transações, o sistema mantém um **log**[6] para registrar todas as operações de transação que afetam os valores dos itens de banco de dados, bem como outras informações de transação que podem ser necessárias

[5] O controle de concorrência otimista (ver Seção 21.4) também exige que certas verificações sejam feitas nesse ponto para garantir que a transação não interfira em outras transações em execução.

[6] O log às vezes é chamado de *diário do SGBD*.

para permitir a recuperação de falhas. O log é um arquivo sequencial, apenas para inserção, que é mantido no disco, de modo que não é afetado por qualquer tipo de falha, exceto por falha de disco ou catastrófica. Normalmente, um (ou mais) buffers de memória principal, chamados de buffers de log, mantêm a última parte do arquivo de log, de modo que as entradas do log são primeiro acrescentadas ao buffer da memória principal. Quando o **buffer de log** é preenchido, ou quando ocorrem certas condições, ele é *anexado ao final do arquivo de log no disco*. Além disso, o arquivo de log do disco é periodicamente copiado para arquivamento (fita), para proteger contra falhas catastróficas. A seguir estão os tipos de entradas — chamados **registros de log** — gravados no arquivo de log e a ação correspondente para cada registro de log. Nessas entradas, *T* refere-se a uma **id de transação** exclusiva que é gerada automaticamente pelo sistema para cada transação e que é usada para identificar cada transação:

1. **[start_transaction, *T*].** Indica que a transação *T* iniciou sua execução.
2. **[write_item, *T*, *X*, *valor_antigo*, *valor_novo*].** Indica que a transação *T* mudou o valor do item do banco de dados *X* de *valor_antigo* para *valor_novo*.
3. **[read_item, *T*, *X*].** Indica que a transação *T* leu o valor do item de banco de dados *X*.
4. **[commit, *T*].** Indica que a transação *T* foi concluída com sucesso, e afirma que seu efeito pode ser confirmado (gravado permanentemente) no banco de dados.
5. **[abort, *T*].** Indica que a transação *T* foi abortada.

Protocolos para recuperação que evitam a propagação de rollbacks (ver Seção 20.4.2) — que incluem quase todos os protocolos práticos — *não exigem que* operações READ sejam gravadas no log do sistema. Contudo, se o log também for usado para outras finalidades — como auditoria (manutenção do registro de todas as operações do banco de dados) —, essas entradas podem ser incluídas. Além disso, alguns protocolos de recuperação que exigem entradas WRITE mais simples só incluem um *valor_novo* ou *valor_antigo* em vez de incluir ambos (ver Seção 20.4.2).

Observe que não estamos considerando que todas as mudanças permanentes no banco de dados ocorrem nas transações, de modo que a noção de recuperação de uma falha de transação equivale a desfazer ou refazer operações de transação individualmente com base no log. Se o sistema falhar, podemos recuperar para um estado coerente do banco de dados ao examinar o log e usar uma das técnicas descritas no Capítulo 22. Como o log contém um registro de cada operação WRITE que muda o valor de algum item do banco de dados, é possível **desfazer** o efeito dessas operações WRITE de uma transação *T* rastreando o log de volta e retornando todos os itens alterados por uma operação WRITE de *T* a seus *valores_antigos*. Também pode ser necessário **refazer** uma operação se uma transação tiver suas atualizações registradas no log, mas houver uma falha antes que o sistema possa estar certo de que todos esses *novos_valores* tenham sido gravados no banco de dados real em disco com base nos buffers da memória principal.[7]

20.2.3 Ponto de confirmação de uma transação

Uma transação *T* alcança seu **ponto de confirmação** quando todas as suas operações que acessam o banco de dados tiverem sido executadas com sucesso *e* o efeito de todas as operações de transação no banco de dados tiver sido registrado no log. Além do ponto de confirmação, a transação é considerada **confirmada,** e seu efeito deve ser *registrado permanentemente* no banco de dados. A transação grava um registro de confirmação [commit, *T*] no log. Se houver uma falha no sistema, podemos pesquisar

[7] Desfazer e refazer são operações discutidas de maneira mais completa no Capítulo 22.

de volta no log para todas as transações T que gravaram um registro [start_transaction, T] no log, mas ainda não gravaram seu registro [commit, T]. Essas transações podem ter de ser *descartadas* para *desfazer seu efeito* sobre o banco de dados durante o processo de recuperação. As transações que gravaram seu registro de confirmação no log também devem ter gravado todas as suas operações WRITE no log, de modo que seu efeito no banco de dados possa ser *refeito* com base nos registros de log.

Observe que o arquivo de log precisa ser mantido no disco. Conforme discutimos no Capítulo 16, a atualização de um arquivo do disco envolve copiar o bloco apropriado do arquivo para um buffer na memória principal, atualizar o buffer na memória principal e copiar o buffer para o disco. Como já dissemos, é comum manter um ou mais blocos do arquivo de log nos buffers da memória principal, chamado **buffer de log**, até que eles sejam preenchidos com entradas de log e, depois, gravá-los de volta ao disco apenas uma vez, em vez de gravar em disco toda vez que uma entrada de log é acrescentada. Isso economiza o overhead de várias gravações de disco do mesmo buffer do arquivo de log. No momento de uma falha do sistema, apenas as entradas de log que foram *gravadas de volta para o disco* são consideradas no processo de recuperação, pois o conteúdo da memória principal pode ser perdido. Logo, *antes* que uma transação alcance seu ponto de confirmação, qualquer parte do log que ainda não tenha sido gravada no disco deve ser gravada agora. Esse processo é chamado de **gravação forçada** do buffer de log antes da confirmação de uma transação.

20.2.4 Políticas de substituição de buffer específicas do SGBD

A cache do SGBD manterá as páginas do disco que contêm informações atualmente em processamento nos buffers da memória principal. Se todos os buffers na cache do SGBD estiverem ocupados e as novas páginas do disco tiverem de ser carregadas do disco para a memória principal, é necessária uma **política de substituição de página** para selecionar os buffers específicos a serem substituídos. Algumas políticas de substituição de página que foram desenvolvidas especificamente para sistemas de banco de dados são discutidas resumidamente a seguir.

Método de Separação de Domínio (DS). Em um SGBD, existem vários tipos de páginas de disco: páginas de índice, páginas de arquivos de dados, páginas de arquivos de log, e assim por diante. Neste método, a cache do SGBD é dividida em domínios separados (conjuntos de buffers). Cada domínio lida com um tipo de páginas de disco e as substituições de página em cada domínio são tratadas pela substituição de página LRU (usada menos recentemente) básica. Embora, na média, isso atinja um desempenho melhor que a LRU básica, este é um *algoritmo estático* e, portanto, não se adapta à mudança dinâmica nas cargas, pois o número de buffers disponíveis para cada domínio é predeterminado. Foram propostas diversas variações da política de substituição da página DS, que adicionam características dinâmicas de balanceamento de carga. Por exemplo, o **GRU** (Group LRU) fornece um nível de prioridade a cada domínio e seleciona primeiro para substituição as páginas do domínio de nível de prioridade mais baixo, enquanto outro método muda dinamicamente o número de buffers em cada domínio com base na carga de trabalho atual.

O método de "hot set". Este algoritmo de substituição de página é útil em consultas que precisam verificar um conjunto de páginas repetidamente, como quando uma operação de junção é realizada usando o método de loop aninhado (ver Capítulo 18). Se o arquivo de loop interno for completamente carregado nos buffers da memória principal sem substituição (o "hot set"), a junção será executada de forma eficiente porque cada página no arquivo de loop externo terá de verificar todos os registros no arquivo de loop interno para encontrar correspondências de junção. O método de "hot set" determina, para cada algoritmo de processamento de banco de dados, o conjunto de páginas de disco que serão acessadas repetidamente, e não as substituirá até que seu processamento seja concluído.

O Método DBMIN. Esta política de substituição de página usa um modelo conhecido como **QLSM** (*query locality set model* — modelo de conjunto de localidade de consulta), que predetermina o padrão de referências de página para cada algoritmo para um tipo específico de operação de banco de dados. No Capítulo 18, discutimos diversos algoritmos para operações relacionais, como SELEÇÃO e JUNÇÃO. Dependendo do tipo de método de acesso, das características do arquivo e do algoritmo utilizado, o QLSM estimará o número de buffers da memória principal necessários para cada arquivo envolvido na operação. A política de substituição de página DBMIN calculará um **conjunto de localidade** usando QLSM para cada instância de arquivo envolvida na consulta (algumas consultas podem referenciar o mesmo arquivo duas vezes, de modo que haveria um conjunto de localidade para cada instância de arquivo necessária na consulta). DBMIN então aloca o número apropriado de buffers para cada instância de arquivo envolvida na consulta com base no conjunto de localidade para essa instância de arquivo. O conceito de conjunto de localidade é semelhante ao conceito de *conjunto de trabalho*, usado pelo sistema operacional nas políticas de substituição de página para processos, mas existem vários conjuntos de localidade, um para cada instância de arquivo na consulta.

20.3 Propriedades desejáveis das transações

As transações devem possuir várias propriedades, normalmente chamadas propriedades **ACID;** elas devem ser impostas pelos métodos de controle de concorrência e recuperação do SGBD. A seguir estão as propriedades ACID:

- **Atomicidade.** Uma transação é uma unidade de processamento atômica; ela deve ser realizada em sua totalidade ou não ser realizada de forma alguma.
- **Consistência preservada.** Uma transação deve preservar a consistência, significando que, se ela for completamente executada do início ao fim sem interferência de outras transações, deve levar o banco de dados de um estado consistente para outro.
- **Isolamento.** Uma transação deve parecer como se fosse executada isoladamente de outras transações, embora muitas delas estejam sendo executadas de maneira simultânea. Ou seja, a execução de uma transação não deve sofrer interferência de quaisquer outras transações que acontecem simultaneamente.
- **Durabilidade ou permanência.** As mudanças aplicadas ao banco de dados pela transação confirmada precisam persistir no banco de dados. Essas mudanças não devem ser perdidas por causa de alguma falha.

A *propriedade de atomicidade* exige que executemos uma transação até o fim. É responsabilidade do *subsistema de recuperação de transação* de um SGBD garantir a atomicidade. Se uma transação não for completada por algum motivo, como uma falha no sistema no meio da execução da transação, a técnica de recuperação precisa desfazer quaisquer efeitos da transação sobre o banco de dados. Por sua vez, as operações de gravação de uma transação confirmada devem ser, por fim, gravadas no disco.

A preservação da *consistência* geralmente é considerada uma responsabilidade dos programadores que escrevem os programas de banco de dados e do módulo de SGBD que impõe restrições de integridade. Lembre-se de que um **estado de banco de dados** é uma coleção de todos os itens de dados (valores) armazenados no banco de dados em determinado ponto no tempo. Um **estado consistente** do banco de dados satisfaz as restrições especificadas no esquema, bem como quaisquer outras restrições no banco que devem ser mantidas. Um programa de banco de dados deve ser escrito de modo que garanta que, se o banco estiver em um estado consistente antes de executar a transação, ele estará em um estado consistente depois da execução *completa* da transação, supondo que *não haja interferência em outras transações*.

A *propriedade de isolamento* é imposta pelo *subsistema de controle de concorrência* do SGBD.[8] Se cada transação não tornar suas atualizações (operações de gravação) visíveis para outras transações até que seja confirmada, uma forma de isolamento é imposta para solucionar o problema da atualização temporária e eliminar rollbacks em cascata (ver Capítulo 22), mas ela não elimina todos os outros problemas.

A *propriedade de durabilidade* é a responsabilidade do *subsistema de recuperação* do SGBD. Na próxima seção, vamos apresentar o modo como os protocolos de recuperação impõem a durabilidade e a atomicidade, e então discutiremos isso com mais detalhes no Capítulo 22.

Níveis de isolamento. Tem havido tentativas de definir o **nível de isolamento** de uma transação. Uma transação é considerada como tendo isolamento de nível 0 (zero) se não gravar sobre as leituras sujas das transações de nível mais alto. O isolamento de nível 1 (um) não tem atualizações perdidas, e o isolamento de nível 2 não tem atualizações perdidas ou leituras sujas. Finalmente, o isolamento de nível 3 (também chamado *isolamento verdadeiro*) tem, além das propriedades de nível 2, leituras repetitivas.[9] Outro tipo de isolamento é denominado **isolamento de snapshot**, e diversos métodos de controle de concorrência práticos são baseados nele. Discutiremos o isolamento de snapshot na Seção 20.6, e novamente no Capítulo 21, Seção 21.4.

20.4 Caracterizando schedules com base na facilidade de recuperação

Quando as transações estão executando simultaneamente em um padrão intercalado, a ordem da execução das operações de todas as diversas transações é conhecida como um **schedule** (ou **histórico**). Nesta seção, primeiro definimos o conceito de schedules e, depois, caracterizamos os tipos de schedules que facilitam a recuperação quando ocorrem falhas. Na Seção 20.5, caracterizamos os schedules em relação à interferência das transações participantes, levando aos conceitos de serialização e schedules serializáveis.

20.4.1 *Schedules (históricos) de transações*

Um **schedule** (ou **histórico**) S de n transações $T_1, T_2, ..., T_n$ é uma ordenação das operações das transações. As operações das diferentes transações podem ser intercaladas no schedule S. Contudo, para cada transação T_i que participa no schedule S, as operações de T_i em S precisam aparecer na mesma ordem em que ocorrem em T_i. A ordem das operações em S é considerada uma *ordenação total*, significando *que para duas operações quaisquer* no schedule, uma precisa ocorrer antes da outra. É possível teoricamente lidar com schedules cujas operações formam *ordens parciais*, mas por enquanto consideraremos a ordenação total das operações em um schedule.

Para fins de recuperação e controle de concorrência, estamos interessados principalmente nas operações read_item e write_item das transações, bem como nas operações commit e abort. Uma notação abreviada para descrever um schedule utiliza os símbolos b, r, w, e, c e a para as operações begin_transaction, read_item, write_item, end_transaction,

[8] Discutiremos os protocolos de controle de concorrência no Capítulo 21.

[9] A sintaxe SQL para o nível de isolamento, discutida mais adiante na Seção 20.6, está bastante relacionada a esses níveis.

commit e abort, respectivamente, e acrescenta como um *subscrito* a id da transação (número da transação) a cada operação no schedule. Nessa notação, o item de banco de dados X que é lido ou gravado segue as operações r e w entre parênteses. Em alguns schedules, só mostraremos as operações *read* e *write*, ao passo que, em outros, mostraremos todas as operações, como *commit* ou *abort*. O schedule na Figura 20.3(a), que chamaremos de S_a, pode ser escrito da seguinte forma nessa notação:

S_a: $r_1(X)$; $r_2(X)$; $w_1(X)$; $r_1(Y)$; $w_2(X)$; $w_1(Y)$;

De modo semelhante, o schedule para a Figura 20.3(b), que chamamos S_b, pode ser escrito da seguinte forma, se considerarmos que a transação T_1 foi cancelada após sua operação read_item(Y):

S_b: $r_1(X)$; $w_1(X)$; $r_2(X)$; $w_2(X)$; $r_1(Y)$; a_1;

Operações conflitantes em um schedule. Duas operações em um schedule são consideradas como entrando em **conflito** se satisfizerem a todas as três condições a seguir: (1) elas pertencem a *diferentes transações*; (2) elas acessam o *mesmo item* X; e (3) *pelo menos uma* das operações é um write_item(X). Por exemplo, no schedule S_a, as operações $r_1(X)$ e $w_2(X)$ estão em conflito, assim como as operações $r_2(X)$ e $w_1(X)$ e as operações $w_1(X)$ e $w_2(X)$. No entanto, as operações $r_1(X)$ e $r_2(X)$ não estão em conflito, pois ambas são operações de leitura; as operações $w_2(X)$ e $w_1(Y)$ não estão em conflito porque operam sobre itens de dados distintos X e Y; e as operações $r_1(X)$ e $w_1(X)$ não estão em conflito porque pertencem à mesma transação.

Intuitivamente, duas operações estão em conflito se a mudança de sua ordem puder resultar em algo diferente. Por exemplo, se mudarmos a ordem das duas operações $r_1(X)$; $w_2(X)$ para $w_2(X)$; $r_1(X)$, então o valor de X que é lido pela transação T_1 muda, pois na segunda ordem o valor de X é lido por $r_1(X)$ *depois* de ser alterado por $w_2(X)$, ao passo que na primeira ordem o valor é lido *antes* de ser alterado. Isso é chamado de **conflito de leitura-gravação.** O outro tipo é chamado de **conflito de gravação-gravação,** e é ilustrado pelo caso em que mudamos a ordem das duas operações como $w_1(X)$; $w_2(X)$ para $w_2(X)$; $w_1(X)$. Para um conflito de gravação-gravação, o *último valor* de X será diferente porque em um caso ele é gravado por T_2 e, no outro caso, por T_1. Observe que duas operações de leitura não estão em conflito, porque mudar sua ordem não faz diferença no resultado.

O restante desta seção aborda algumas definições teóricas com relação a schedules. Um schedule S de n transações $T_1, T_2, ..., T_n$ é considerado um **schedule completo** se as seguintes condições forem mantidas:

1. As operações em S são exatamente as operações em $T_1, T_2, ..., T_n$, incluindo uma operação de confirmação ou cancelamento como última operação em cada transação no schedule.
2. Para qualquer par de operações da mesma transação T_i, sua ordem de aparecimento relativa em S é a mesma que sua ordem de aparecimento em T_i.
3. Para duas operações quaisquer em conflito, uma das duas precisa ocorrer antes da outra no schedule.[10]

A condição anterior (3) permite que duas *operações que não estão em conflito* ocorram no mesmo schedule sem definir qual ocorre primeiro, levando assim à definição de um schedule como uma **ordem parcial** das operações nas n transações.[11]

[10] Teoricamente, não é necessário determinar uma ordem entre pares de operações *que não estão em conflito*.

[11] Na prática, a maioria dos schedules possui uma ordem total de operações. Se o processamento paralelo for empregado, na teoria é possível ter schedules com operações que não estão em conflito parcialmente ordenadas.

Porém, uma ordem total precisa ser especificada no schedule para qualquer par de operações em conflito (condição 3) e para qualquer par de operações da mesma transação (condição 2). A condição 1 simplesmente indica que todas as operações nas transações precisam aparecer no schedule completo. Como cada transação é confirmada ou cancelada, um schedule completo *não terá quaisquer transações ativas* ao final do schedule.

Em geral, é difícil encontrar schedules completos em um sistema de processamento de transação, pois novas transações estão sendo continuamente submetidas ao sistema. Logo, é útil definir o conceito da **projeção confirmada** $C(S)$ de um schedule S, que inclui apenas as operações em S que pertencem a transações confirmadas — ou seja, transações T_i cuja operação de confirmação c_i está em S.

20.4.2 Caracterizando schedules com base na facilidade de recuperação

Para alguns schedules, é fácil recuperar-se de falhas de transação e sistema, ao passo que, para outros, o processo de recuperação pode ser bem complicado. Em alguns casos, nem sequer é possível recuperar-se corretamente após uma falha. Portanto, é importante caracterizar os tipos de schedules para os quais *a recuperação é possível*, bem como aqueles para os quais a *recuperação é relativamente simples*. Essas caracterizações não oferecem de fato o algoritmo de recuperação; elas só tentam caracterizar de modo teórico os diferentes tipos de schedules.

Primeiro, gostaríamos de garantir que, quando uma transação T é confirmada, *nunca* deve ser necessário cancelar T. Isso garante que a propriedade de durabilidade das transações não é violada (ver Seção 20.3). Os schedules que teoricamente atendem a esse critério são chamados *schedules recuperáveis*. Um schedule em que uma transação confirmada pode ter de ser cancelada durante a recuperação é chamado **schedule não recuperável** e, portanto, não deve ser permitido pelo SGBD. A condição para um **schedule recuperável** é a seguinte: um schedule S é recuperável se nenhuma transação T em S for confirmada até que todas as transações T' que tiverem gravado algum item X que T lê sejam confirmadas. Uma transação T **lê** da transação T' em um schedule S se algum item X for gravado primeiro por T' e depois lido por T. Além disso, T', não deve ser cancelado antes que T leia o item X, e não deve haver transações que gravam X depois que T' o grave e antes que T o leia (a menos que essas transações, se houver, forem abortadas antes que T leia X).

Alguns schedules recuperáveis podem exigir um processo de recuperação complexo, conforme veremos, mas, se forem mantidas informações suficientes (no log), um algoritmo de recuperação poderá ser criado para qualquer schedule recuperável. Os schedules (parciais) S_a e S_b da seção anterior são ambos recuperáveis, pois satisfazem a definição mostrada. Considere o schedule S_a' dado a seguir, que é o mesmo que o schedule S_a, exceto que duas operações de confirmação foram acrescentadas a S_a:

S_a': $r_1(X)$; $r_2(X)$; $w_1(X)$; $r_1(Y)$; $w_2(X)$; c_2; $w_1(Y)$; c_1;

S_a' é recuperável, embora sofra do problema da atualização; esse problema é tratado pela teoria da serialização (ver Seção 20.5). Porém, considere os dois schedules (parciais) S_c e S_d a seguir:

S_c: $r_1(X)$; $w_1(X)$; $r_2(X)$; $r_1(Y)$; $w_2(X)$; c_2; a_1;
S_d: $r_1(X)$; $w_1(X)$; $r_2(X)$; $r_1(Y)$; $w_2(X)$; $w_1(Y)$; c_1; c_2;
S_e: $r_1(X)$; $w_1(X)$; $r_2(X)$; $r_1(Y)$; $w_2(X)$; $w_1(Y)$; a_1; a_2;

S_c não é recuperável porque T_2 lê o item X de T_1, mas T_2 confirma antes que T_1 confirme. O problema ocorre se T_1 abortar depois da operação c_2 em S_c, então o valor de X que T_2 lê não é mais válido e T_2 precisa ser abortado *depois* de ser confirmado, levando a um schedule que *não é recuperável*. Para o schedule ser recuperável, a operação c_2 em S_c precisa ser adiada até depois de T_1 confirmar, como mostrado em S_d. Se T_1 abortar em vez de confirmar, então T_2 também deve abortar, conforme mostrado em S_e, pois o valor de X lido não é mais válido. Em S_e, abortar T_2 é aceitável porque ainda não foi confirmado, o que não é o caso para o schedule não recuperável S_c.

Em um schedule recuperável, nenhuma transação confirmada precisa ser cancelada e, portanto, a definição da transação confirmada como durável não é violada. Porém, é possível que um fenômeno conhecido como **rollback em cascata** (ou **propagação de cancelamento**) ocorra em alguns schedules recuperáveis, no qual uma transação *não confirmada* foi cancelada porque leu um item de uma transação que falhou. Isso é ilustrado no schedule S_e, em que a transação T_2 foi cancelada porque leu o item X de T_1, e T_1 então foi cancelada.

Como o rollback em cascata pode ser muito demorado — pois diversas transações podem ser canceladas (ver Capítulo 22) —, é importante caracterizar os schedules nos quais esse fenômeno certamente não ocorrerá. Um schedule é considerado **sem cascata**, ou que **evita o rollback em cascata**, se cada transação nele ler apenas itens que foram gravados por transações confirmadas. Nesse caso, todos os itens lidos não serão descartados, porque as transações que os gravaram foram confirmadas, de modo que nenhum rollback em cascata ocorrerá. Para satisfazer esse critério, o comando $r_2(X)$ nos schedules S_d e S_e precisa ser adiado até depois que T_1 tiver sido confirmada (ou cancelada), adiando assim T_2, mas garantindo que não haja rollback em cascata se T_1 for cancelada.

Finalmente, existe um terceiro tipo de schedule, mais restritivo, chamado **schedule estrito**, em que as transações *não podem ler nem gravar* um item X até que a última transação que gravou X tenha sido confirmada (ou cancelada). Schedules estritos simplificam o processo de recuperação. Em um schedule estrito, o processo de desfazer uma operação write_item(X) de uma transação abortada serve apenas para restaurar a **imagem anterior** (*valor_antigo* ou BFIM — BeFore IMage) do item de dados X. Esse procedimento simples sempre funciona corretamente para schedules estritos, mas pode não funcionar para schedules recuperáveis ou sem cascata. Por exemplo, considere o schedule S_f:

S_f: $w_1(X, 5)$; $w_2(X, 8)$; a_1;

Suponha que o valor de X fosse originalmente 9, que é a imagem anterior armazenada no log do sistema com a operação $w_1(X, 5)$. Se T_1 for cancelada, como em S_f, o procedimento de recuperação que restaura a imagem anterior de uma operação de gravação cancelada restaurará o valor de X para 9, embora já tenha sido alterado para 8 pela transação T_2, levando, então, a resultados potencialmente incorretos. Embora o schedule S_f seja sem cascata, ele não é um schedule estrito, pois permite que T_2 grave o item X embora a transação T_1, que gravou X por último, ainda não tenha sido confirmada (ou cancelada). Um schedule estrito não tem esse problema.

É importante observar que qualquer schedule estrito também é sem cascata, e qualquer schedule sem cascata também é recuperável. Suponha que tenhamos i transações $T_1, T_2, ..., T_i$, e seu número de operações seja $n_1, n_2, ..., n_i$, respectivamente. Se criarmos um conjunto de *todos os schedules possíveis* dessas transações, podemos dividir os schedules em dois subconjuntos disjuntos: recuperáveis e não recuperáveis. Os schedules sem cascata serão um subconjunto dos schedules recuperáveis, e os schedules estritos serão um subconjunto dos schedules sem cascata. Assim, todos os schedules estritos são sem cascata, e todos os schedules sem cascata são recuperáveis.

A maioria dos protocolos de recuperação permite apenas os schedules estritos, de modo que o processo de recuperação em si não é complicado (ver Capítulo 22).

20.5 Caracterizando schedules com base na facilidade de serialização

Na seção anterior, caracterizamos os schedules com base em suas propriedades de facilidade de recuperação. Agora, caracterizamos os tipos de schedules que são sempre considerados *corretos* quando transações concorrentes estão sendo executadas. Esses schedules são conhecidos como *schedules serializáveis*. Suponha que dois usuários — por exemplo, dois agentes de reservas aéreas — submetam às transações do SGBD T_1 e T_2 da Figura 20.2 aproximadamente ao mesmo tempo. Se nenhuma intercalação de operações for permitida, existem apenas dois resultados possíveis:

1. Executar todas as operações da transação T_1 (em sequência) seguidas por todas as operações da transação T_2 (em sequência).
2. Executar todas as operações da transação T_2 (em sequência) seguidas por todas as operações da transação T_1 (em sequência).

Esses dois schedules — chamados *schedules seriais* — são mostrados nas figuras 20.5(a) e (b), respectivamente. Se a intercalação de operações for permitida, haverá muitas ordens possíveis em que o sistema pode executar as operações individuais das transações. Dois schedules possíveis aparecem na Figura 20.5(c). O conceito de **serialização de schedules** é usado para identificar quais schedules estão corretos quando as execuções da transação tiverem intercalação de suas operações nos schedules. Esta seção define a serialização e discute como ela pode ser usada na prática.

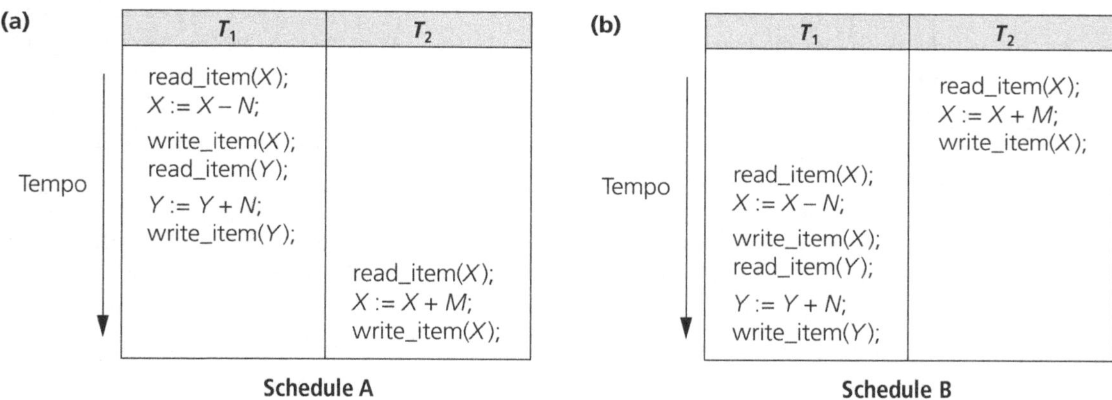
(a)
T1
T2
read_item(X);
X := X − N;
write_item(X);
read_item(Y);
Y := Y + N;
write_item(Y);
read_item(X);
X := X + M;
write_item(X);
Tempo
Schedule A
(b)
T1
T2
read_item(X);
X := X + M;
write_item(X);
read_item(X);
X := X − N;
write_item(X);
read_item(Y);
Y := Y + N;
write_item(Y);
Tempo
Schedule B

(c)

T_1	T_2
read_item(X); $X := X - N$;	
	read_item(X); $X := X + M$;
write_item(X); read_item(Y);	
	write_item(X);
$Y := Y + N$; write_item(Y);	

Tempo

Schedule C

T_1	T_2

read_item(X);
$X := X - N$;
write_item(X);	

	read_item(X);
	$X := X + M$;
	write_item(X);

read_item(Y);
$Y := Y + N$;
write_item(Y);	

Tempo

Schedule D

Figura 20.5 Exemplos de schedules seriais e não seriais envolvendo as transações T_1 e T_2. (a) Schedule serial A: T_1 seguida por T_2. (b) Schedule serial B: T_2 seguida por T_1. (c) Dois schedules não seriais C e D com intercalação de operações.

20.5.1 Schedules seriais, não seriais e serializáveis por conflito

Os schedules A e B das figuras 20.5(a) e (b) são chamados de *seriais* porque as operações de cada transação são executadas consecutivamente, sem quaisquer operações intercaladas da outra transação. Em um schedule serial, transações inteiras são realizadas em série: T_1 e, depois, T_2 na Figura 20.5(a), e T_2 e, depois, T_1 na Figura 20.5(b). Os schedules C e D da Figura 20.5(c) são chamados de *não seriais*, pois cada sequência intercala operações das duas transações.

De mesma forma, um schedule S é **serial** se, para cada transação T participante do schedule, todas as operações de T forem executadas consecutivamente no schedule; caso contrário, o schedule é chamado de **não serial**. Portanto, em um schedule serial, somente uma transação de cada vez está ativa — o commit (ou abort) da transação ativa inicia a execução da transação seguinte. Não ocorre nenhuma intercalação em um schedule serial. Uma suposição razoável que podemos fazer, se considerarmos que as transações são *independentes*, é que *cada schedule serial é considerado correto*. Podemos supor isso porque cada transação é considerada correta se executada por conta própria (de acordo com a propriedade de *preservação de consistência* da Seção 20.3). Logo, não importa qual transação é executada em primeiro lugar. Desde que cada transação seja executada do início ao fim isoladamente das operações das outras transações, obtemos um resultado final correto.

O problema com os schedules seriais é que eles limitam a concorrência ao proibir a intercalação de operações. Em um schedule serial, se uma transação espera que uma operação de E/S termine, não podemos passar o processador (CPU) para outra transação, desperdiçando assim um valioso tempo de processamento da CPU. Além disso, se alguma transação T for muito longa, as outras transações deverão esperar até que T termine todas as suas operações antes de poderem começar. Portanto, os schedules seriais são *considerados inaceitáveis* na prática. Porém, se pudermos determinar quais outros schedules são *equivalentes* a um schedule serial, podemos permitir que estes ocorram.

Para ilustrar nossa discussão, considere os schedules da Figura 20.5 e considere que os valores iniciais dos itens de banco de dados sejam $X = 90$ e $Y = 90$, e que $N = 3$ e $M = 2$. Depois de executar as transações T_1 e T_2, esperamos que os valores do banco de dados sejam $X = 89$ e $Y = 93$, de acordo com o significado das transações. Com certeza, a execução dos schedules seriais A ou B produz os resultados corretos. Agora, considere os schedules não seriais C e D. O schedule C [que é o mesmo da Figura 20.3(a)] produz os resultados $X = 92$ e $Y = 93$, em que o valor X está errado, enquanto o schedule D produz os resultados corretos.

O schedule C produz um resultado errado em razão do *problema da atualização perdida*, discutido na Seção 20.1.3. A transação T_2 lê o valor de X antes de ele ser alterado pela transação T_1, de modo que somente o efeito de T_2 sobre X é refletido no banco de dados. O efeito de T_1 sobre X é *perdido*, sobrescrito por T_2, levando ao resultado incorreto para o item X. No entanto, alguns schedules não seriais produzem o resultado correto esperado, como o schedule D. Gostaríamos de determinar quais dos schedules não seriais *sempre* produzem o resultado correto e quais podem gerar resultados errôneos. O conceito utilizado para caracterizar schedules dessa maneira é o da serialização de um schedule.

A definição de *schedule serializável* é a seguinte: um schedule S de n transações é **serializável** se for *equivalente a algum schedule serial* das mesmas n transações. Definiremos o conceito de *equivalência de schedules* de forma breve. Observe que existem $n!$ schedules seriais possíveis de n transações e muito mais schedules não seriais possíveis. Podemos formar dois grupos distintos dos schedules não seriais — aqueles equivalentes a um (ou mais) dos schedules seriais e, portanto, que são serializáveis, e aqueles que não são equivalentes a *qualquer* schedule serial e, portanto, não são serializáveis.

Dizer que um schedule não serial *S* é serializável é equivalente a dizer que ele é correto, pois é equivalente a um schedule serial, que é considerado correto. A pergunta que resta é: quando dois schedules são considerados *equivalentes*?

Existem várias maneiras de definir a equivalência de schedule. A definição mais simples, porém menos satisfatória, consiste em comparar os efeitos dos schedules no banco de dados. Dois schedules são chamados **equivalentes no resultado** se produzirem o mesmo estado final do banco de dados. Contudo, dois schedules diferentes podem acidentalmente produzir o mesmo estado final. Por exemplo, na Figura 20.6, os schedules S_1 e S_2 produzirão o mesmo estado de banco de dados final se forem executados em um banco de dados com um valor inicial de $X = 100$; porém, para outros valores iniciais de *X*, os schedules *não* são equivalentes no resultado. Além disso, esses schedules executam transações diferentes, de modo que definitivamente não deverão ser considerados equivalentes. Assim, a equivalência no resultado isoladamente não pode ser usada para definir a equivalência de schedules. A técnica mais segura e mais geral para definir a equivalência de schedule é focalizar apenas nas operações read_item e write_item das transações, e não fazer quaisquer suposições sobre as outras operações internas incluídas nas transações. Para dois schedules serem equivalentes, as operações aplicadas a cada item de dados afetado pelos schedules devem ser aplicadas a esse item nos dois schedules *na mesma ordem*. Duas definições de equivalência de schedules costumam ser usadas: *equivalência de conflito* e *equivalência de visão*. Vamos discutir a equivalência de conflito em seguida, que é a definição mais utilizada.

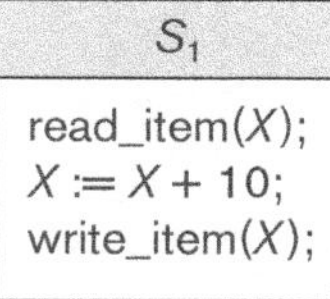

S1
read_item(X);
X := X + 10;
write_item(X);

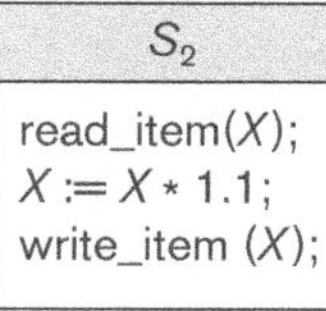

S2
read_item(X);
X := X * 1.1;
write_item (X);

Figura 20.6 Dois schedules que são equivalentes no resultado para o valor inicial de $X = 100$, mas não são equivalentes no resultado em geral.

Equivalência de conflito de dois schedules. Dois schedules são considerados **equivalentes em conflito** se a ordem de duas *operações em conflito* quaisquer for a mesma nos dois schedules. Lembre-se, da Seção 20.4.1, que duas operações em um schedule são consideradas em *conflito* se pertencerem a transações diferentes, acessarem o mesmo item do banco de dados, e se uma ou ambas forem operações write_item ou uma for um write_item e a outra, um read_item. Se duas operações em conflito forem aplicadas em *ordens diferentes* em dois schedules, o efeito pode ser diferente no banco de dados ou nas transações no schedule e, portanto, os schedules não são equivalentes em conflito. Por exemplo, conforme discutimos na Seção 20.4.1, se uma operação de leitura e gravação ocorrer na ordem $r_1(X)$, $w_2(X)$ no schedule S_1, e na ordem contrária $w_2(X)$, $r_1(X)$ no schedule S_2, o valor lido por $r_1(X)$ pode ser diferente nos dois schedules. De modo semelhante, se duas operações de gravação ocorrerem na ordem $w_1(X)$, $w_2(X)$ em S_1, e na ordem contrária $w_2(X)$, $w_1(X)$ em S_2, a operação $r(X)$ seguinte nos dois schedules lerá valores potencialmente diferentes; ou, então, se estas forem as últimas operações gravando o item *X* nos schedules, o valor final do item *X* no banco de dados será diferente.

Schedules serializáveis. Usando a noção de equivalência de conflito, definimos um schedule *S* como sendo **serializável**[12] se ele for equivalente (em conflito) a algum schedule serial *S'*. Nesse caso, podemos reordenar as operações *que não estão em conflito* em *S* até formarmos o schedule serial equivalente *S'*. De acordo com essa definição, o schedule D da Figura 20.5(c) é equivalente ao schedule serial A da Figura 20.5(a). Em ambos os schedules, o read_item(*X*) de T_2 lê o valor de *X* gravado por T_1, enquanto as outras operações read_item leem os valores do banco de dados com base no estado inicial do banco de dados. Além disso, T_1 é a última transação a gravar *Y*, e T_2 é a última transação a gravar *X* nos dois schedules. Como A é um schedule serial e o schedule D é equivalente a A, D é um schedule serializável. Observe que as operações $r_1(Y)$ e $w_1(Y)$ do schedule D não estão em conflito com as operações

[12] Usaremos o termo *serializável* para indicar serializável de conflito. Outra definição de serializável usada na prática (ver Seção 20.6) é ter leituras repetitivas, não leituras sujas, e nenhum registro fantasma (ver na Seção 21.7.1 uma discussão sobre fantasmas).

$r_2(X)$ e $w_2(X)$, pois acessam itens de dados diferentes. Portanto, podemos mover $r_1(Y)$, $w_1(Y)$ antes de $r_2(X)$, $w_2(X)$, levando ao schedule serial equivalente T_1, T_2.

O schedule C da Figura 20.5(c) não é equivalente a qualquer um dos dois possíveis schedules seriais A e B, e, portanto, *não é serializável*. Tentar reordenar as operações do schedule C para encontrar um schedule serial equivalente gera uma falha, pois $r_2(X)$ e $w_1(X)$ estão em conflito, o que significa que não podemos mover $r_2(X)$ para baixo para obter o schedule serial equivalente T_1, T_2. De modo semelhante, como $w_1(X)$ e $w_2(X)$ estão em conflito, não podemos mover $w_1(X)$ para baixo para obter o schedule serial equivalente T_2, T_1.

Outra definição de equivalência, mais complexa — chamada *equivalência de visão*, que leva ao conceito de serialização de visão —, é discutida na Seção 20.5.4.

20.5.2 Testando a serialização por conflito de um schedule

Existe um algoritmo simples para determinar se um schedule em particular é serializável (de conflito) ou não. A maioria dos métodos de controle de concorrência *não* testa realmente a serialização. Em vez disso, protocolos ou regras são desenvolvidos para garantir que qualquer schedule que siga essas regras será serializável. Alguns métodos garantem a serialização na maioria dos casos, mas não a garantem de forma absoluta, a fim de reduzir o overhead do controle de concorrência. Discutimos aqui o algoritmo para testar a serialização de conflito dos schedules, para entendermos melhor esses protocolos de controle de concorrência, que serão discutidos no Capítulo 21.

O Algoritmo 20.1 pode ser usado para testar um schedule para serialização de conflito. O algoritmo examina apenas as operações read_item e write_item em um schedule para construir um **grafo de precedência** (ou **grafo de serialização**), o qual é um **grafo direcionado** $G = (N, A)$ que consiste em um conjunto de nós $N = \{T_1, T_2, ..., T_n\}$ e um conjunto de arestas direcionadas $A = \{a_1, a_2, ..., a_n\}$. Existe um nó no grafo para cada transação T_i no schedule. Cada aresta a_i no grafo tem a forma $(T_j \rightarrow T_k)$, $1 \leq j \leq n$, $1 \leq k \leq n$, em que T_j é o **nó inicial** de a_i e T_k é o **nó final** de a_i. Tal aresta do nó T_j ao nó T_k é criada pelo algoritmo se uma das operações em T_j aparecer no schedule *antes* da *operação de conflito* em T_k.

Algoritmo 20.1. Testando a serialização de conflito de um schedule S

1. Para cada transação T_i participante no schedule S, crie um nó rotulado com T_i no grafo de precedência.
2. Para cada caso em S em que T_j executa um read_item(X) depois de T_i executar um write_item(X), crie uma aresta ($T_i \rightarrow T_j$) no grafo de precedência.
3. Para cada caso em S em que T_j executa um write_item(X) após T_i executar um read_item(X), crie uma aresta ($T_i \rightarrow T_j$) no grafo de precedência.
4. Para cada caso em S em que T_j executa um write_item(X) após T_i executar um write_item(X), crie uma aresta ($T_i \rightarrow T_j$) no grafo de precedência.
5. O schedule S é serializável se, e somente se, o grafo de precedência não tiver ciclos.

O grafo de precedência é construído conforme descrito no Algoritmo 20.1. Se houver um ciclo no grafo de precedência, o schedule S não é serializável (de conflito); se não houve ciclo, S é serializável. Um **ciclo** em um grafo direcionado é uma **sequência de arestas** $C = ((T_j \rightarrow T_k), (T_k \rightarrow T_p), ..., (T_i \rightarrow T_j))$ com a propriedade de que o nó inicial de cada aresta — exceto a primeira — é o mesmo que o nó final da aresta anterior, e o nó inicial da primeira aresta é o mesmo que o nó final da última aresta (a sequência começa e termina no mesmo nó).

No grafo de precedência, uma aresta de T_i para T_j significa que a transação T_i precisa vir antes da transação T_j em qualquer schedule serial que seja equivalente a S, pois duas operações em conflito aparecem no schedule nessa ordem. Se não houver ciclo no grafo de precedência, podemos criar um **schedule serial equivalente** S' que é equivalente a S, ordenando as transações que participam em S da seguinte forma: sempre que existir uma aresta no grafo de precedência de T_i para T_j, T_i deve aparecer antes de T_j no schedule serial equivalente S'.[13] Observe que as arestas ($T_i \rightarrow T_j$) em um grafo de precedência opcionalmente podem ser rotuladas pelo(s) nome(s) do item (ou itens) de dados que leva(m) à criação da aresta. A Figura 20.7 mostra esses rótulos nas arestas. Ao verificar se há um ciclo, os rótulos não são relevantes.

Em geral, vários schedules seriais podem ser equivalentes a S se o grafo de precedência para S não tiver ciclo. Contudo, se o grafo de precedência tiver um ciclo, é fácil mostrar que não podemos criar qualquer schedule serial equivalente, de modo que S não é serializável. Os grafos de precedência criados para os schedules A a D, respectivamente, na Figura 20.5, aparecem nas figuras 20.7(a) a (d). O grafo para o schedule C tem um ciclo, de modo que não é serializável. O grafo para o schedule D não tem ciclo, de modo que é serializável, e o schedule serial equivalente é T_1 seguido por T_2. Os grafos para os schedules A e B não têm ciclos, como é de se esperar, pois os schedules são seriais e, portanto, serializáveis.

Outro exemplo, em que três transações participam, aparece na Figura 20.8. A Figura 20.8(a) mostra as operações read_item e write_item em cada transação. Dois schedules E e F para essas transações são exibidos nas figuras 20.8(b) e (c), respectivamente, e os grafos de precedência para os schedules E e F aparecem nas partes (d) e (e). O schedule E não é serializável porque o grafo de precedência correspondente tem ciclos. O schedule F é serializável, e o schedule serial equivalente a F aparece na Figura 20.8(e). Embora só exista um schedule serial equivalente para F, em geral pode haver mais de um schedule serial equivalente para um schedule serializável. A Figura 20.8(f) mostra um grafo de precedência representando um schedule que tem dois schedules seriais equivalentes. Para achar um schedule serial equivalente, comece com um nó que não tem quaisquer arestas chegando, e depois cuide para que a ordem dos nós para cada aresta não seja violada.

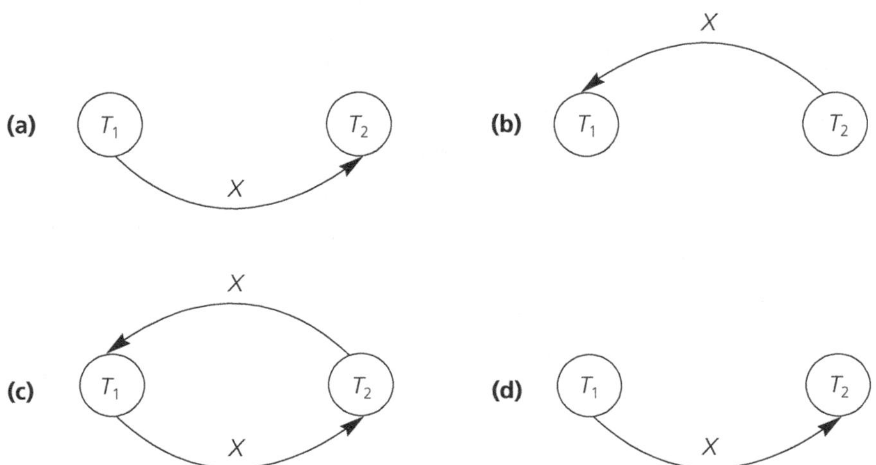

Figura 20.7 Construindo os grafos de precedência para os schedules A a D da Figura 20.5 para testar a serialização de conflito. (a) Grafo de precedência para o schedule serial A. (b) Grafo de precedência para o schedule serial B. (c) Grafo de precedência para o schedule C (não serializável). (d) Grafo de precedência para o schedule D (serializável, equivalente ao schedule A).

[13] Esse processo de ordenação dos nós de um grafo acíclico é conhecido como *ordenação topológica*.

(a)

Transação T_1
read_item(X);
write_item(X);
read_item(Y);
write_item(Y);

Transação T_2
read_item(Z);
read_item(Y);
write_item(Y);
read_item(X);
write_item(X);

Transação T_3
read_item(Y);
read_item(Z);
write_item(Y);
write_item(Z);

(b)

Tempo ↓

Transação T_1	Transação T_2	Transação T_3
	read_item(Z);	
	read_item(Y);	
	write_item(Y);	
		read_item(Y);
		read_item(Z);
read_item(X);		
write_item(X);		
		write_item(Y);
		write_item(Z);
	read_item(X);	
read_item(Y);		
write_item(Y);		
	write_item(X);	

Schedule E

(c)

Tempo ↓

Transação T_1	Transação T_2	Transação T_3
		read_item(Y);
		read_item(Z);
read_item(X);		
write_item(X);		
		write_item(Y);
		write_item(Z);
	read_item(Z);	
read_item(Y);		
write_item(Y);		
	read_item(Y);	
	write_item(Y);	
	read_item(X);	
	write_item(X);	

Schedule F

(d)

Schedules seriais equivalentes

Nenhum

Motivo

Ciclo $X(T_1 \rightarrow T_2), Y(T_2 \rightarrow T_1)$

Ciclo $X(T_1 \rightarrow T_2), YZ\ (T_2 \rightarrow T_3), Y(T_3 \rightarrow T_1)$

(e)

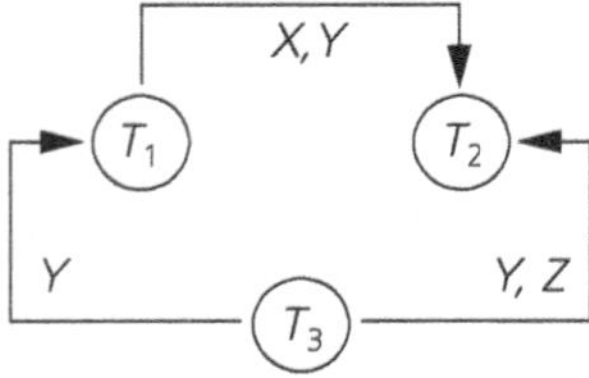

Schedules seriais equivalentes

$T_3 \rightarrow T_1 \rightarrow T_2$

(f)

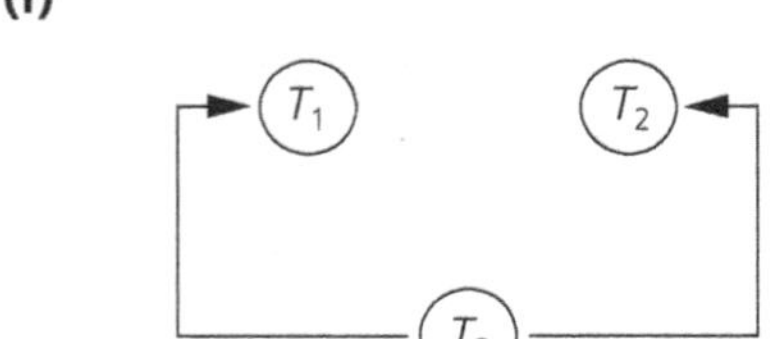

Schedules seriais equivalentes

$T_3 \rightarrow T_1 \rightarrow T_2$

$T_3 \rightarrow T_2 \rightarrow T_1$

Figura 20.8 Outro exemplo de teste de serialização. (a) As operações de leitura e gravação de três transações T_1, T_2 e T_3. (b) Schedule E. (c) Schedule F. (d) Grafo de precedência para o schedule E. (e) Grafo de precedência para o schedule F. (f) Grafo de precedência com dois schedules seriais equivalentes.

20.5.3 Como a serialização é usada para controle de concorrência

Conforme discutimos anteriormente, dizer que um schedule *S* é serializável (de conflito) — ou seja, *S* é equivalente (em conflito) a um schedule serial — é equivalente a dizer que *S* está correto. Contudo, ser *serializável* é diferente de ser *serial*. Um schedule serial representa um processamento ineficiente, pois nenhuma intercalação de operações de diferentes transações é permitida. Isso pode levar a uma baixa utilização de CPU enquanto uma transação espera pela E/S de disco, ou que outra transação termine, dessa forma, atrasando consideravelmente o processamento. Um schedule serializável oferece os benefícios da execução concorrente sem abrir mão de qualquer exatidão. Na prática, é muito difícil testar a serialização de um schedule. A intercalação de operações de transações concorrentes — que normalmente são executadas como processos pelo sistema operacional — costuma ser determinada pelo scheduler do sistema operacional, que aloca recursos para todos os processos. Fatores como carga do sistema, tempo de submissão de transação e prioridades de processos contribuem para a ordenação de operações em um schedule. Logo, é difícil determinar como as operações de um schedule serão intercaladas de antemão para garantir a serialização.

Se as transações forem executadas à vontade e depois o schedule resultante tiver a serialização testada, temos de cancelar o efeito do schedule se ele não for serializável. Esse é um problema sério, que torna essa técnica impraticável. A técnica usada na maioria dos SGBDs comerciais é projetar **protocolos** (conjuntos de regras) que — se seguidos por *toda* transação individual ou se impostos por um subsistema de controle de concorrência do SGBD — garantirão a serialização de *todos os schedules em que as transações participam*. Alguns protocolos podem permitir schedules não serializáveis em casos raros, a fim de reduzir o overhead do método de controle de concorrência (ver Seção 20.6).

Outro problema é que as transações são submetidas continuamente ao sistema, de modo que é difícil determinar quando um schedule começa e quando ele termina. A teoria da serialização pode ser adaptada para lidar com esse problema, considerando apenas a projeção confirmada de um schedule *S*. Lembre-se, da Seção 20.4.1, de que a *projeção confirmada* *C*(*S*) de um schedule *S* inclui apenas as operações em *S* que pertencem às transações confirmadas. Teoricamente, podemos definir um schedule *S* para ser serializável se sua projeção confirmada *C*(*S*) for equivalente a algum schedule serial, pois apenas transações confirmadas são garantidas pelo SGBD.

No Capítulo 21, discutiremos uma série de protocolos de controle de concorrência diferentes, que garantem a serialização. A técnica mais comum, chamada *bloqueio em duas fases*, é baseada no bloqueio de itens de dados para impedir que transações concorrentes interfiram umas com as outras, e na imposição de uma condição adicional que garanta a serialização. Isso é usado em alguns dos SGBDs comerciais. Discutiremos também um protocolo baseado no conceito de *isolamento de snapshot*, que garante a serialização em quase todos os casos; este é usado em alguns SGBDs comerciais, pois tem menos overhead que o protocolo de bloqueio em duas fases. Outros protocolos foram propostos;[14] entre eles a *ordenação por rótulo de tempo* (timestamp), em que cada transação recebe um rótulo de tempo único e o protocolo garante que quaisquer operações em conflito sejam executadas na ordem dos rótulos de tempo da transação; *protocolos multiversão*, baseados na manutenção de várias versões dos itens de dados; e *protocolos otimistas* (também chamados de *certificação* ou *validação*), que verificam as possíveis violações de serialização após as transações terminarem, mas antes que elas possam ser confirmadas.

---

[14] Esses outros protocolos não foram incorporados em muitos sistemas comerciais; a maioria dos SGBDs relacionais utiliza alguma variação do protocolo de bloqueio em duas fases ou isolamento de snapshot.

20.5.4 Equivalência de visão e serialização de visão

Na Seção 20.5.1, definimos os conceitos de equivalência de conflito dos schedules e serialização de conflito. Outra definição menos restritiva da equivalência de schedules é chamada *equivalência de visão*. Isso leva a outra definição de serialização, chamada *serialização de visão*. Dois schedules S e S' são considerados **equivalentes de visão** se as três condições a seguir forem mantidas:

1. O mesmo conjunto de transações participa em S e S', e S e S' incluem as mesmas operações dessas transações.
2. Para qualquer operação $r_i(X)$ de T_i em S, se o valor de X lido pela operação tiver sido gravado por uma operação $w_j(X)$ de T_j (ou se for o valor original de X antes de o schedule ter sido iniciado), a mesma condição deve ser mantida para o valor de X lido pela operação $r_i(X)$ de T_i em S'.
3. Se a operação $w_k(Y)$ de T_k for a última operação a gravar o item Y em S, então $w_k(Y)$ de T_k também deve ser a última operação a gravar o item Y em S'.

A ideia por trás da equivalência de visão é que, desde que cada operação de leitura de uma transação leia o resultado da mesma operação de gravação nos dois schedules, as operações de gravação de cada transação devem produzir os mesmos resultados. As operações de leitura, portanto, *veem a mesma visão* nos dois schedules. A condição 3 garante que a operação de gravação final em cada item de dados seja a mesma nos dois schedules, de modo que o estado do banco de dados deverá ser o mesmo ao final dos dois schedules. Um schedule S é considerado **serializável de visão** se for equivalente de visão a um schedule serial.

As definições de serialização de conflito e serialização de visão são semelhantes se uma condição conhecida como **suposição de gravação restrita** (ou **sem gravações cegas**) se mantiver em todas as transações no schedule. Essa condição afirma que qualquer operação de gravação $w_i(X)$ em T_i é precedida por um $r_i(X)$ em T_i e que o valor gravado por $w_i(X)$ em T_i depende apenas do valor de X lido por $r_i(X)$. Isso considera que o cálculo do novo valor de X é uma função $f(X)$ baseada no valor antigo de X lido do banco de dados. Uma **gravação cega** é uma operação de gravação em uma transação T sobre um item X que não depende do valor antigo de X, de modo que não é precedida por uma leitura de X na transação T.

A definição de serialização de visão é menos restrita que a da serialização de conflito sob a **suposição de gravação irrestrita**, em que o valor gravado por uma operação $w_i(X)$ em T_i pode ser independente de seu valor antigo. Isso é possível quando as *gravações cegas* são permitidas, e é ilustrado pelo schedule S_g a seguir, de três transações T_1: $r_1(X)$; $w_1(X)$; T_2: $w_2(X)$; e T_3: $w_3(X)$:

S_g: $r_1(X)$; $w_2(X)$; $w_1(X)$; $w_3(X)$; c_1; c_2; c_3;

Em S_g, as operações $w_2(X)$ e $w_3(X)$ são gravações cegas, pois T_2 e T_3 não leem o valor de X. O schedule S_g é serializável de visão, pois é equivalente de visão ao schedule serial T_1, T_2, T_3. Porém, S_g não é serializável de conflito, visto que não é equivalente de conflito para qualquer schedule serial (como um exercício, o leitor deverá construir o grafo de serialização para S_g e verificar se há ciclos). Já foi mostrado que qualquer schedule serializável de conflito também é serializável de visão, mas não o contrário, conforme ilustrado pelo exemplo anterior. Existe um algoritmo para testar se um schedule S é serializável de visão ou não. Contudo, o problema de testar a serialização de visão tem se mostrado um algoritmo polinomial não determinístico difícil (NP-hard), significando que descobrir um algoritmo de tempo polinomial eficiente para esse problema é altamente improvável.

20.5.5 Outros tipos de equivalência de schedules

A serialização de schedules às vezes é considerada muito restritiva como uma condição para garantir a exatidão das execuções concorrentes. Algumas aplicações podem produzir schedules corretos ao satisfazer condições menos rigorosas que a serialização de conflito ou a serialização de visão. Um exemplo é o tipo de transação conhecido como **transações de débito-crédito** — por exemplo, aquelas que aplicam depósitos e saques a um item de dados cujo valor é o saldo atual de uma conta bancária. A semântica das operações de débito-crédito é que elas atualizam o valor de um item de dados *X* ao subtrair ou somar ao valor do item de dados. Como as operações de adição e subtração são comutativas — ou seja, podem ser aplicadas em qualquer ordem —, é possível produzir schedules corretos que não sejam serializáveis. Por exemplo, considere as transações a seguir, cada qual podendo ser usada para transferir um valor monetário entre duas contas bancárias:

T_1: $r_1(X)$; $X := X - 10$; $w_1(X)$; $r_1(Y)$; $Y := Y + 10$; $w_1(Y)$;
T_2: $r_2(Y)$; $Y := Y - 20$; $w_2(Y)$; $r_2(X)$; $X := X + 20$; $w_2(X)$;

Considere o schedule não serializável S_h a seguir para as duas transações:

S_h: $r_1(X)$; $w_1(X)$; $r_2(Y)$; $w_2(Y)$; $r_1(Y)$; $w_1(Y)$; $r_2(X)$; $w_2(X)$;

Com o conhecimento adicional, ou **semântica**, de que as operações entre cada $r_i(I)$ e $w_i(I)$ são comutativas, sabemos que a ordem de execução das sequências que consistem em (ler, atualizar, gravar) não é importante, desde que cada sequência (ler, atualizar, gravar) por uma transação T_i em particular sobre um item I em particular não seja interrompida por operações em conflito. Logo, o schedule S_h é considerado correto, embora não seja serializável. Pesquisadores têm trabalhado na extensão da teoria do controle de concorrência para lidar com casos em que a serialização é considerada muito restritiva como uma condição para a exatidão dos schedules. Além disso, em certos domínios de aplicações, como o projeto auxiliado por computador (CAD) de sistemas complexos, como aeronaves, as transações de projeto duram um longo período. Em tais aplicações, esquemas de controle de concorrência mais relaxados têm sido propostos para manter a consistência do banco de dados, como a *consistência eventual*. Discutiremos sobre a consistência eventual no contexto dos bancos de dados distribuídos no Capítulo 23.

20.6 Suporte para transação em SQL

Nesta seção, oferecemos uma rápida introdução ao suporte para transação em SQL. Existem muito mais detalhes, e os padrões mais novos têm mais comandos para processamento de transação. A definição básica de uma transação SQL é semelhante ao conceito já definido de uma transação. Ou seja, ela é uma unidade lógica de trabalho e tem garantias de ser atômica (ou indivisível). Uma única instrução SQL sempre é considerada atômica — ou ela completa a execução sem um erro, ou falha e deixa o banco de dados inalterado.

Com a SQL, não existe uma instrução Begin_Transaction explícita. O início da transação é feito implicitamente quando instruções SQL em particular são encontradas. Porém, cada transação precisa ter uma instrução de fim explícita, que é um COMMIT ou um ROLLBACK. Cada transação tem certas características atribuídas a ela. Essas características são especificadas por uma instrução SET TRANSACTION em SQL. As características são o *modo de acesso*, o *tamanho da área de diagnóstico* e o *nível de isolamento*.

O **modo de acesso** pode ser especificado como READ ONLY ou READ WRITE. O default é READ WRITE, a menos que o nível de isolamento de READ UNCOMMITTED seja especificado (ver a seguir), caso em que READ ONLY é assumido. Um modo READ WRITE permite a execução de comandos de seleção, atualização, inserção, exclusão e criação. Um modo READ ONLY, como o nome indica, serve simplesmente para a recuperação de dados.

A opção de **tamanho da área de diagnóstico,** DIAGNOSTIC SIZE *n*, especifica um valor inteiro *n*, que indica o número de condições que podem ser mantidas de maneira simultânea na área de diagnóstico. Essas condições fornecem informações de feedback (erros ou exceções) ao usuário ou programa nas *n* instruções SQL executadas mais recentemente.

A opção de **nível de isolamento** é especificada com o uso da instrução ISOLATION LEVEL <isolamento>, em que o valor para <isolamento> pode ser READ UNCOMMITTED, READ COMMITTED, REPEATABLE READ ou SERIALIZABLE.[15] O nível de isolamento default é SERIALIZABLE, embora alguns sistemas usem READ COMMITTED como default. O uso do termo SERIALIZABLE aqui é baseado em não permitir violações que causam leitura suja, leitura não repetitiva e fantasmas,[16] e, assim, não é idêntico ao modo como a serialização foi definida anteriormente na Seção 20.5. Se uma transação é executada em um nível de isolamento inferior a SERIALIZABLE, então uma ou mais das três violações a seguir pode ocorrer:

1. **Leitura suja.** Uma transação T_1 pode ler a atualização de uma transação T_2, que ainda não foi confirmada. Se T_2 falhar e for abortada, T_1 teria lido um valor que não existe e é incorreto.
2. **Leitura não repetitiva.** Uma transação T_1 pode ler determinado valor de uma tabela. Se outra transação T_2 mais tarde atualizar esse valor e T_1 ler o valor novamente, T_1 verá um valor diferente.
3. **Fantasmas.** Uma transação T_1 pode ler um conjunto de linhas de uma tabela, talvez com base em alguma condição especificada na cláusula SQL WHERE. Agora, suponha que uma transação T_2 insira uma nova linha que também satisfaça a condição da cláusula WHERE usada em T_1, na tabela usada por T_1. O registro *r* é chamado de **registro fantasma** porque não existe quando T_1 começa, mas sim quando termina. T_1 pode ou não ver o fantasma, uma linha que anteriormente não existia. Se a ordem serial equivalente é T_1 seguida por T_2, o registro *r* não deverá ser visto; mas, se for T_2 seguida por T_1, o registro fantasma deverá estar no resultado dado a T_1. Se o sistema não puder garantir o comportamento correto, ele não lida com o problema do registro fantasma.

A Tabela 20.1 resume as possíveis violações para os diferentes níveis de isolamento. Uma entrada *Sim* indica que uma violação é possível e uma entrada *Não* indica que ela não é possível. READ UNCOMMITTED é a mais complacente, e SERIALIZABLE é a mais restritiva porque evita todos os três problemas mencionados anteriormente.

Tabela 20.1 Violações possíveis com base nos níveis de isolamento definidos na SQL.

	Tipo de violação		
Nível de isolamento	**Leitura suja**	**Leitura não repetitiva**	**Fantasma**
READ UNCOMMITTED	Sim	Sim	Sim
READ COMMITTED	Não	Sim	Sim
REPEATABLE READ	Não	Não	Sim
SERIALIZABLE	Não	Não	Não

[15] Estes são semelhantes aos *níveis de isolamento* discutidos rapidamente ao final da Seção 20.3.

[16] Os problemas de leitura suja e leitura não repetitiva foram discutidos na Seção 20.1.3. Fantasmas serão discutidos na Seção 21.7.1.

Uma transação SQL de exemplo pode se parecer com o seguinte:

```
EXEC SQL WHENEVER SQLERROR GOTO UNDO;
EXEC SQL SET TRANSACTION
    READ WRITE
    DIAGNOSTIC SIZE 5
    ISOLATION LEVEL SERIALIZABLE;
EXEC SQL INSERT INTO FUNCIONARIO (Primeiro_nome, Ultimo_nome, Cpf,
        Numero_departamento, Salario)
    VALUES ('Roberto', 'Silva', '99100432111', 2, 35000);
EXEC SQL UPDATE FUNCIONARIO
    SET Salario = Salario * 1.1 WHERE Numero_departamento = 2;
EXEC SQL COMMIT;
GOTO FINAL;
UNDO: EXEC SQL ROLLBACK;
FINAL: ... ;
```

Essa transação consiste em primeiro inserir uma nova linha na tabela FUNCIONARIO e, depois, atualizar o salário de todos os funcionários que trabalham no departamento 2. Se houver um erro em qualquer uma das instruções SQL, a transação inteira é cancelada. Isso implica que qualquer salário atualizado (por essa transação) seria restaurado a seu valor anterior e que a linha recém-inserida seria removida.

Conforme vimos, a SQL oferece uma série de recursos orientados à transação. O DBA ou programadores de banco de dados podem tirar proveito dessas opções para tentar melhorar o desempenho da transação ao relaxar a serialização, se isso for aceitável para suas aplicações.

Isolamento de snapshot. Outro nível de isolamento, conhecido como isolamento de snapshot, é usado em alguns SGBDs comerciais, e existem alguns protocolos de controle de concorrência baseados nesse conceito. A definição básica de **isolamento de snapshot** é que uma transação vê os itens de dados que lê com base nos valores confirmados dos itens no *snapshot do banco de dados* (ou estado do banco de dados) quando a transação é iniciada. O isolamento de snapshot garantirá que o problema do registro fantasma não ocorra, uma vez que a transação do banco de dados ou, em alguns casos, o comando de banco de dados, verá apenas os registros confirmados no banco de dados no momento em que a transação começar. Quaisquer inserções, exclusões ou atualizações que ocorrem após a transação iniciar não serão vistas pela transação. Discutiremos um protocolo de controle de concorrência baseado nesse conceito no Capítulo 21.

20.7 Resumo

Neste capítulo, discutimos os conceitos de SGBD para processamento de transação. Apresentamos o conceito de uma transação de banco de dados e as operações relevantes ao processamento de transação na Seção 20.1. Comparamos sistemas monousuário com sistemas multiusuário e, depois, apresentamos exemplos de como a execução não controlada de transações simultâneas em um sistema multiusuário pode gerar resultados e valores de banco de dados incorretos na Seção 20.1.1. Também discutimos os diversos tipos de falhas que podem ocorrer durante a execução da transação na Seção 20.1.4.

Em seguida, na Seção 20.2, apresentamos os estados típicos pelos quais uma transação passa durante a execução e discutimos vários conceitos usados nos métodos de recuperação e controle de concorrência. O log do sistema (Seção 20.2.2) registra os acessos do banco de dados, e o sistema utiliza essa informação para se recuperar de falhas. Uma transação pode ter sucesso e atingir seu ponto de confirmação, ou pode falhar e precisar ser cancelada. Uma transação confirmada (Seção 20.2.3) tem suas mudanças gravadas permanentemente no banco de dados. Na Seção 20.3, apresentamos uma visão geral das propriedades desejáveis das transações — atomicidade, preservação de consistência, isolamento e durabilidade — que normalmente são conhecidas como propriedades ACID.

Depois, na Seção 20.4.1, definimos um schedule (ou histórico) como uma sequência de execução das operações de várias transações com possível intercalação. Caracterizamos os schedules em relação a sua facilidade de recuperação na Seção 20.4.2. Os schedules recuperáveis garantem que, quando uma transação é confirmada, ela nunca precisará ser desfeita. Os schedules sem cascata acrescentam uma condição para garantir que nenhuma transação cancelada exija o cancelamento em cascata de outras transações. Schedules estritos oferecem uma condição ainda mais forte que permite um esquema de recuperação simples, consistindo em restaurar os valores antigos dos itens que foram alterados por uma transação abortada.

Na Seção 20.5, definimos a equivalência dos schedules e vimos que um schedule serializável é equivalente a algum schedule serial. Definimos os conceitos de equivalência de conflito e equivalência de visão. Um schedule serializável é considerado correto. Apresentamos um algoritmo para testar a serialização (de conflito) de um schedule na Seção 20.5.2. Na Seção 20.5.3, discutimos por que o teste de serialização é impraticável em um sistema real, embora possa ser usado para definir e verificar os protocolos de controle de concorrência, e mencionamos rapidamente definições menos restritivas de equivalência de schedule nas seções 20.5.4 e 20.5.5. Por fim, na Seção 20.6, fornecemos uma breve visão geral de como os conceitos de transação são usados na prática dentro da SQL e apresentamos o conceito de isolamento de snapshot, que é usado em diversos SGBDs comerciais.

PERGUNTAS DE REVISÃO

20.1. O que significa a execução concorrente de transações de banco de dados em um sistema multiusuário? Discuta por que o controle de concorrência é necessário e dê exemplos informais.

20.2. Discuta os diferentes tipos de falhas. O que significa uma falha catastrófica?

20.3. Discuta as ações tomadas pelas operações read_item e write_item em um banco de dados.

20.4. Desenhe um diagrama de estado e discuta os estados típicos pelos quais uma transação passa durante a execução.

20.5. Para que o log do sistema é usado? Quais são os tipos característicos de registros em um log do sistema? O que são pontos de confirmação da transação e por que eles são importantes?

20.6. Discuta as propriedades de atomicidade, durabilidade, isolamento e preservação da consistência de uma transação de banco de dados.

20.7. O que é um schedule (histórico)? Defina os conceitos de schedules recuperáveis, sem cascata e estritos, e compare-os em termos de sua facilidade de recuperação.

20.8. Discuta as diferentes medidas de equivalência de transação. Qual é a diferença entre equivalência de conflito e equivalência de visão?

20.9. O que é um schedule serial? O que é um schedule serializável? Por que um schedule serial é considerado correto? Por que um schedule serializável é considerado correto?

20.10. Qual é a diferença entre as suposições de gravação restrita e gravação irrestrita? Qual é mais realista?

20.11. Discuta como a serialização é usada para impor o controle de concorrência em um sistema de banco de dados. Por que a serialização às vezes é considerada muito restritiva como uma medida da exatidão para os schedules?

20.12. Descreva os quatro níveis de isolamento em SQL. Discuta também o conceito de isolamento de snapshot e seu efeito sobre o problema do registro fantasma.

20.13. Defina as violações causadas por cada um dos seguintes itens: leitura suja, leitura não repetitiva e fantasmas.

EXERCÍCIOS

20.14. Mude a transação T_2 da Figura 20.2(b) para

```
read_item(X);
X := X + M;
if X > 90 then exit
else write_item(X);
```

Discuta o resultado final dos diferentes schedules nas figuras 20.3(a) e (b), em que $M = 2$ e $N = 2$, em relação às seguintes questões: a inclusão da condição acima muda o resultado final? O resultado obedece à regra de consistência implícita (de que a capacidade de X é 90)?

20.15. Repita o Exercício 20.14, acrescentando uma verificação em T_1 de modo que Y não exceda 90.

20.16. Inclua o commit da operação ao final de cada uma das transações T_1 e T_2 na Figura 20.2, e depois liste todos os schedules possíveis para as transações modificadas. Determine quais dos schedules são recuperáveis, quais são sem cascata e quais são estritos.

20.17. Liste todos os schedules possíveis para as transações T_1 e T_2 na Figura 20.2 e determine quais são serializáveis de conflito (corretos) e quais não são.

20.18. Quantos schedules *seriais* existem para as três transações da Figura 20.8(a)? Quais são eles? Qual é o número total de schedules possíveis?

20.19. Escreva um programa para criar todos os schedules possíveis para as três transações da Figura 20.8(a) e para determinar quais desses schedules são serializáveis de conflito e quais não são. Para cada schedule serializável de conflito, seu programa deverá imprimir o schedule e listar todos os schedules seriais equivalentes.

20.20. Por que uma instrução de fim de transação explícita é necessária em SQL, mas não uma instrução de início explícita?

20.21. Descreva situações em que cada um dos diferentes níveis de isolamento seria útil para o processamento de transação.

20.22. Qual dos seguintes schedules é serializável (de conflito)? Para cada schedule serializável, determine os schedules seriais equivalentes.

a. $r_1(X); r_3(X); w_1(X); r_2(X); w_3(X);$
b. $r_1(X); r_3(X); w_3(X); w_1(X); r_2(X);$
c. $r_3(X); r_2(X); w_3(X); r_1(X); w_1(X);$
d. $r_3(X); r_2(X); r_1(X); w_3(X); w_1(X);$

20.23. Considere as três transações T_1, T_2 e T_3, e os schedules S_1 e S_2 a seguir. Desenhe os grafos de serialização (precedência) para S_1 e S_2 e indique se cada schedule é serializável ou não. Se um schedule for serializável, escreva o(s) schedule(s) serial(is) equivalente(s).

T_1: $r_1(X); r_1(Z); w_1(X);$
T_2: $r_2(Z); r_2(Y); w_2(Z); w_2(Y);$

T_3: r_3 (X); r_3 (Y); w_3 (Y);

S_1: r_1 (X); r_2 (Z); r_1 (Z); r_3 (X); r_3 (Y); w_1 (X); w_3 (Y); r_2 (Y); w_2 (Z); w_2 (Y);

S_2: r_1 (X); r_2 (Z); r_3 (X); r_1 (Z); r_2 (Y); r_3 (Y); w_1 (X); w_2 (Z); w_3 (Y); w_2 (Y);

20.24. Considere os schedules S_3, S_4 e S_5 a seguir. Determine se cada schedule é estrito, sem cascata, recuperável ou não recuperável. (Determine a condição de facilidade de recuperação mais estrita que cada schedule satisfaz.)

S_3: r_1 (X); r_2 (Z); r_1 (Z); r_3 (X); r_3 (Y); w_1 (X); c_1; w_3 (Y); c_3; r_2 (Y); w_2 (Z); w_2 (Y); c_2;

S_4: r_1 (X); r_2 (Z); r_1 (Z); r_3 (X); r_3 (Y); w_1 (X); w_3 (Y); r_2 (Y); w_2 (Z); w_2 (Y); c_1; c_2; c_3;

S_5: r_1 (X); r_2 (Z); r_3 (X); r_1 (Z); r_2 (Y); r_3 (Y); w_1 (X); c_1; w_2 (Z); w_3 (Y); w_2 (Y); c_3; c_2;

BIBLIOGRAFIA SELECIONADA

O conceito de serialização e as ideias relacionadas para manter a consistência em um banco de dados foram introduzidos em Gray et al. (1975). O conceito da transação de banco de dados foi discutido inicialmente em Gray (1981), que ganhou o cobiçado ACM Turing Award em 1998 por seu trabalho sobre transações de banco de dados e implementação de transações em SGBDs relacionais. Bernstein, Hadzilacos e Goodman (1988) focalizam as técnicas de controle de concorrência e recuperação em sistemas de banco de dados centralizados e distribuídos; trata-se de uma excelente referência. Papadimitriou (1986) oferece um ponto de vista mais teórico. Um grande livro de referência de mais de mil páginas, por Gray e Reuter (1993), oferece um ponto de vista mais prático dos conceitos e técnicas de processamento de transação. Elmagarmid (1992) oferece coleções de artigos de pesquisa sobre processamento de transação para aplicações avançadas. O suporte de transação em SQL é descrito em Date e Darwen (1997). A serialização de visão é definida em Yannakakis (1984). A facilidade de recuperação de schedules e a confiabilidade em bancos de dados são discutidas em Hadzilacos (1983, 1988). As políticas de substituição de buffer são discutidas em Chou e DeWitt (1985). O isolamento de snapshot é discutido em Ports e Grittner (2012).

21
Técnicas de controle de concorrência

Neste capítulo, discutimos diversas técnicas de controle de concorrência usadas para garantir a propriedade de não interferência ou isolamento das transações executadas simultaneamente. A maior parte dessas técnicas garante a serialização de schedules — que definimos na Seção 20.5 — usando **protocolos de controle de concorrência** (conjuntos de regras) que garantem a serialização. Um conjunto de protocolos importante — conhecido como *protocolos de bloqueio em duas fases* — emprega a técnica de **bloqueio** de itens de dados para impedir que múltiplas transações acessem os itens ao mesmo tempo; diversos protocolos de bloqueio são descritos nas seções 21.1 e 21.3.2. Os protocolos de bloqueio são utilizados na maioria dos SGBDs comerciais, mas considera-se que eles tenham um alto custo em termos de desempenho. Outro conjunto de protocolos de controle de concorrência utiliza **rótulos de tempo (timestamps)**. Um rótulo de tempo é um identificador exclusivo para cada transação, gerado pelo sistema. Os valores de rótulo de tempo são gerados na mesma ordem que os tempos de início de transação. Os protocolos de controle de concorrência que usam ordenação de rótulo de tempo para garantir a serialização são introduzidos na Seção 21.2. Na Seção 21.3, discutimos os protocolos de controle de concorrência **multiversão** que utilizam múltiplas versões de um item de dados. Um protocolo multiversão estende a ordem do rótulo de tempo para a ordenação de rótulo de tempo multiversão (Seção 21.3.1), e outro estende o bloqueio em duas fases (Seção 21.3.2). Na Seção 21.4, apresentamos um protocolo fundamentado no conceito de **validação** ou **certificação** de uma transação depois que ela executa suas operações. Ele às vezes é chamado de **protocolo otimista**, e também pressupõe que múltiplas versões de um item de dados podem existir. Ainda na Seção 21.4, discutimos o protocolo que é fundamentado no conceito de **isolamento de snapshot**, que pode utilizar técnicas semelhantes às que foram propostas nos métodos baseados em validação e multiversão; esses protocolos são usados em diversos SGBDs comerciais e, em certos casos, são considerados como tendo menor perda de desempenho que os protocolos baseados em bloqueio.

Outro fator que afeta o controle de concorrência é a **granularidade** (ou o nível de detalhamento) dos itens de dados — ou seja, que parte do banco de dados um item de dados representa. Um item pode ser pequeno como um único valor de atributo (campo) ou tão grande quanto um bloco de disco, ou, ainda, um arquivo inteiro ou o banco de dados inteiro. Discutimos a granularidade dos itens e um protocolo de controle de concorrência com granularidade múltipla, que é uma extensão do bloqueio em duas fases, na Seção 21.5. Na Seção 21.6, descrevemos as questões de controle de concorrência que surgem quando índices são usados para o processamento das transações e, na Seção 21.7, discutimos alguns conceitos adicionais do controle de concorrência. Na Seção 21.8 há um resumo.

Se o seu interesse principal for uma introdução às técnicas de controle de concorrência baseadas no bloqueio, é suficiente ler as seções 21.1, 21.5, 21.6 e 21.7, e possivelmente a Seção 21.3.2.

21.1 Técnicas de bloqueio em duas fases para controle de concorrência

Algumas das principais técnicas usadas para controlar a execução concorrente de transações são baseadas no conceito de bloqueio de itens de dados. Um **bloqueio** é uma variável associada a um item de dados que descreve o status do item em relação a possíveis operações que podem ser aplicadas a ele. Em geral, existe um bloqueio para cada item no banco de dados. Os bloqueios são utilizados como um meio de sincronizar o acesso por transações concorrentes aos itens do banco de dados. Na Seção 21.1.1, discutimos a natureza e os tipos de bloqueios. Depois, na Seção 21.1.2, apresentamos protocolos que utilizam o bloqueio para garantir a serialização de schedules de transação. Finalmente, na Seção 21.1.3, descrevemos dois problemas associados ao uso de bloqueios — *deadlock* e inanição (*starvation*) — e mostramos como esses problemas são tratados em protocolos de controle de concorrência.

21.1.1 Tipos de bloqueios e tabelas de bloqueio do sistema

Vários tipos de bloqueios são usados no controle de concorrência. Para introduzir os conceitos de bloqueio gradualmente, primeiro discutimos os bloqueios binários, que são simples, mas também *muito restritivos para fins de controle de concorrência* e, portanto, não são usados na prática. Depois, discutimos os bloqueios *compartilhados/exclusivos* — também conhecidos como bloqueios de *leitura/gravação* —, que oferecem capacidades de bloqueio mais gerais e são utilizados em esquemas de bloqueio de banco de dados. Na Seção 21.3.2, descrevemos um tipo adicional de bloqueio, chamado *bloqueio de certificação*, e mostramos como ele pode ser usado para melhorar o desempenho dos protocolos de bloqueio.

Bloqueios binários. Um **bloqueio binário** pode ter dois **estados** ou **valores**: bloqueado e desbloqueado (ou 1 e 0, para simplificar). Um bloqueio distinto é associado a cada item do banco de dados X. Se o valor do bloqueio em X for 1, o item X *não pode ser acessado* por uma operação de banco de dados que requisita o item. Se o valor do bloqueio em X for 0, o item pode ser acessado quando requisitado, e o valor do bloqueio é mudado para 1. Referimo-nos ao valor atual (ou estado) do bloqueio associado ao item X como **lock**(X).

Duas operações, lock_item e unlock_item, são usadas com o bloqueio binário. Uma transação requisita acesso a um item X emitindo primeiro uma operação **lock_item**(X). Se LOCK(X) = 1, a transação é forçada a esperar. Se LOCK(X) = 0, ela é configurada como 1 (a transação **bloqueia** o item) e a transação tem permissão para acessar o item *X*. Quando a transação termina de usar o item, ela emite uma operação **unlock_item(*X*)**, que define LOCK(*X*) de volta para 0 (**desbloqueia** o item), para que *X* possa ser acessado por outras transações. Logo, um bloqueio binário impõe a **exclusão mútua** no item de dados. Uma descrição das operações lock_item(*X*) e unlock_item(*X*) é mostrada na Figura 21.1.

Observe que as operações lock_item e unlock_item devem ser implementadas como unidades indivisíveis (conhecidas como **seções críticas** em sistemas operacionais); ou seja, nenhuma intercalação deve ser permitida quando uma operação de bloqueio ou desbloqueio é iniciada, até que a operação termine ou a transação espere. Na Figura 21.1, o comando wait na operação lock_item(*X*) normalmente é implementado ao colocar a transação em uma fila de espera para o item *X* até que *X* seja desbloqueado e a transação possa receber acesso a ele. Outras transações que também querem acessar *X* são colocadas na mesma fila. Logo, o comando wait é considerado fora da operação lock_item.

É muito simples implementar um bloqueio binário; basta uma variável de valor binário, LOCK, associada a cada item de dados *X* no banco de dados. Em sua forma mais simples, cada bloqueio pode ser um registro com três campos: <Nome_item_dado, LOCK, Bloqueio_de_transação> mais uma fila para transações que estão esperando para acessar o item. O sistema precisa manter *apenas esses registros para os itens que estão atualmente bloqueados* em uma **tabela de bloqueio**, que poderiam ser organizados como um arquivo de hash no nome do item. Os itens que não estão na tabela de bloqueio são considerados desbloqueados. O SGBD possui um **subsistema gerenciador de bloqueio** para registrar e controlar o acesso aos bloqueios.

Se for utilizado o esquema de bloqueio binário simples descrito aqui, cada transação precisa obedecer às seguintes regras:

1. Uma transação *T* precisa emitir a operação lock_item(*X*) antes de quaisquer operações read_item(*X*) ou write_item(*X*) serem realizadas em *T*.
2. Uma transação *T* precisa emitir a operação unlock_item(*X*) após todas as operações read_item(*X*) e write_item(*X*) serem completadas em *T*.
3. Uma transação *T* não emitirá uma operação lock_item(*X*) se já mantiver o bloqueio no item *X*.[1]
4. Uma transação *T* não emitirá uma operação unlock_item(*X*), a menos que já mantenha o bloqueio no item *X*.

```
lock_item(X):
B: se LOCK(X) = 0          (* item está desbloqueado *)
      então LOCK(X) ←1     (* bloqueia o item *)
   senão
      início
      wait (until LOCK(X) = 0
         e o gerenciador de bloqueio desperta a transação);
      go to B
      fim;
   unlock_item(X):
      LOCK(X) ← 0;                (* desbloqueia o item *)
      se alguma transação estiver esperando
         então acorda uma das transações em espera;
```

Figura 21.1 Operações de bloqueio e desbloqueio para bloqueios binários.

[1] Essa regra pode ser removida se modificarmos a operação lock_item(*X*) na Figura 21.1 de modo que, se o item estiver atualmente bloqueado *pela transação requisitante*, o bloqueio seja concedido.

Essas regras podem ser impostas pelo módulo gerenciador de bloqueio do SGBD. Entre as operações lock_item(X) e unlock_item(X) na transação T, diz-se que T **mantém o bloqueio** sobre o item X. No máximo uma transação pode manter o bloqueio sobre um item em particular. Assim, duas transações não podem acessar o mesmo item simultaneamente.

Bloqueios compartilhados/exclusivos (ou de leitura/gravação). O esquema de bloqueio binário que explicamos é muito restritivo para itens de banco de dados porque no máximo uma transação pode manter um bloqueio sobre determinado item. Devemos permitir que várias transações acessem o mesmo item X se todas elas acessarem X *apenas para fins de leitura*. Isso porque as operações de leitura no mesmo item por diferentes transações *não estão em conflito* (ver Seção 21.4.1). Contudo, se uma transação tiver de gravar um item X, ela precisa ter acesso exclusivo a X. Para essa finalidade, é utilizado um tipo diferente de bloqueio, chamado **bloqueio de modo múltiplo**. Nesse esquema — chamado bloqueios **compartilhados/exclusivos** ou de **leitura/gravação** —, existem três operações de bloqueio: read_lock(X), write_lock(X) e unlock(X). Um bloqueio associado a um item X, LOCK(X), agora tem três estados possíveis: *bloqueado para leitura*, *bloqueado para gravação* ou *desbloqueado*. Um **item bloqueado para leitura** também é chamado de **bloqueio compartilhado**, pois outras transações podem ler o item, enquanto um **item bloqueado para gravação** é chamado de **bloqueio exclusivo**, visto que uma única transação mantém exclusivamente o bloqueio sobre o item.

Um método para implementar as operações anteriores em um bloqueio de leitura/gravação é registrar, na tabela de bloqueios, o número de transações que mantêm um bloqueio compartilhado (leitura) sobre um item, assim como uma lista de identificadores de transação que mantêm um bloqueio compartilhado. Cada registro na tabela de bloqueios terá quatro campos: <Nome_item_dado, LOCK, Numero_de_leituras, Transações_bloqueando>. O sistema precisa manter registros de bloqueio somente para os itens bloqueados na tabela de bloqueios. O valor (estado) de LOCK é bloqueado para leitura ou bloqueado para gravação, adequadamente codificado (se considerarmos que nenhum registro é mantido na tabela de bloqueios para itens desbloqueados). Se LOCK(X) = bloqueado para gravação, o valor de Transações_bloqueando é uma *única transação* que mantém o bloqueio exclusivo (gravação) sobre X. Se LOCK(X) = bloqueado para leitura, o valor de Transações_bloqueando é uma lista de uma ou mais transações que mantêm o bloqueio compartilhado (leitura) em X. As três operações read_lock(X), write_lock(X) e unlock(X) são descritas na Figura 21.2.[2] Como antes, cada uma dessas operações de bloqueio deve ser considerada indivisível; nenhuma intercalação deve ser permitida depois que uma das operações for iniciada até que a operação termine concedendo o bloqueio ou a transação seja colocada em uma fila de espera para o item.

Quando usamos o esquema de bloqueio compartilhado/exclusivo, o sistema deve impor as seguintes regras:

1. Uma transação T precisa emitir a operação read_lock(X) ou write_lock(X) antes que qualquer operação read_item(X) seja realizada em T.
2. Uma transação T precisa emitir a operação write_lock(X) antes que qualquer operação write_item(X) seja realizada em T.
3. Uma transação T precisa emitir a operação unlock(X) após todas as operações read_item(X) e write_item(X) serem completadas em T.[3]

---

[2] Esses algoritmos não permitem *upgrading* ou *downgrading* de bloqueios, conforme descreveremos mais adiante nesta seção. O leitor pode estender os algoritmos para permitir essas operações adicionais.

[3] Essa regra pode ser flexível para permitir que uma transação desbloqueie um item, depois o bloqueie novamente mais tarde. Porém, o bloqueio em duas fases não permite isso.

```
read_lock(X):
B: se LOCK(X) = "unlocked"
      então início LOCK(X) ← "read-locked";
         numero_de_leituras(X) ← 1
         fim
   senão se LOCK(X) = "read-locked"
      então numero_de_leituras(X) ← numero_de_leituras(X) + 1
   senão início
         wait (até que LOCK(X) = "unlocked"
            e o gerenciador de bloqueio desperta a transação);
         go to B
         fim;
write_lock(X):
B: se LOCK(X) = "unlocked"
      então LOCK(X) ← "write-locked"
   senão início
         wait (até que LOCK(X) = "unlocked"
            e o gerenciador de bloqueio desperta a transação);
         go to B
         fim;
unlock (X):
   se LOCK(X) = "write-locked"
      então início LOCK(X) ← "unlocked";
            desperta uma das transações aguardando, se houver
            fim
   senão se LOCK(X) = "read-locked"
      então início
            numero_de_leituras(X) ← numero_de_leituras(X) −1;
            se numero_de_leituras(X) = 0
               então início LOCK(X) = "unlocked";
                  desperta uma das transações aguardando, se houver
                  fim
            fim;
```

Figura 21.2 Operações de bloqueio e desbloqueio para bloqueios de dois modos (leitura/gravação ou compartilhado/exclusivo).

4. Uma transação T não emitirá uma operação read_lock(X) se ela já mantiver um bloqueio de leitura (compartilhado) ou um bloqueio de gravação (exclusivo) sobre o item X. Esta regra pode ser flexível para downgrading de bloqueio, conforme discutiremos em breve.
5. Uma transação T não emitirá uma operação write_lock(X) se ela já mantiver um bloqueio de leitura (compartilhado) ou um bloqueio de gravação (exclusivo) sobre o item X. Esta regra pode ser flexível para upgrading de bloqueio, conforme discutiremos em breve.
6. Uma transação T não emitirá uma operação unlock(X), a menos que já mantenha um bloqueio de leitura (compartilhado) ou um bloqueio de gravação (exclusivo) sobre o item X.

Conversão (Upgrading/Downgrading) de bloqueios. Pode ser desejável flexibilizar as condições 4 e 5 da lista anterior a fim de permitir a **conversão de bloqueio**; ou seja, uma transação que já mantém um bloqueio sobre o item X tem permissão, sob certas condições, de **converter** o bloqueio de um estado bloqueado para outro. Por exemplo, é possível que uma transação T emita um read_lock(X) e depois faça um **upgrade** do bloqueio, emitindo uma operação write_lock(X). Se T for a única transação que mantém um bloqueio de leitura sobre X no momento em que emite a operação write_lock(X), o bloqueio pode passar pelo upgrade; caso contrário, a transação deve esperar. Também é possível que uma transação T emita um write_lock(X) e depois faça um **downgrade** do bloqueio ao emitir uma operação read_lock(X). Quando se usa o upgrade ou o downgrade de bloqueios, a tabela de bloqueios precisa incluir identificadores de transação na estrutura do registro para cada bloqueio (no campo Transações_bloqueando) para armazenar a informação sobre quais transações mantêm bloqueios sobre o item. As descrições das operações read_lock(X) e write_lock(X) da Figura 21.2 precisam ser alteradas adequadamente para permitir o upgrading e o downgrading do bloqueio. Deixamos isso como exercício para o leitor.

O uso de bloqueios binários ou de leitura/gravação, conforme descrito anteriormente, não garante a serialização de schedules por si só. A Figura 21.3 mostra um exemplo em que as regras de bloqueio anteriores são seguidas, mas pode resultar em um schedule não serializável. Isso porque, na Figura 21.3(a), os itens Y em T_1 e X em T_2 foram desbloqueados muito cedo. Isso permite que ocorra um schedule como o mostrado na Figura 21.3(c), que não é um schedule serializável e, portanto, gera resultados incorretos. Para garantir a serialização, temos de seguir um *protocolo adicional* em relação ao posicionamento das operações de bloqueio e desbloqueio em cada transação. O protocolo mais conhecido, o bloqueio em duas fases, é descrito na próxima seção.

Figura 21.3 Transações que não obedecem ao bloqueio em duas fases. (a) Duas transações T_1 e T_2. (b) Resultados de possíveis schedules seriais de T_1 e T_2. (c) Um schedule não serializável S que usa bloqueios.

(a)

T_1	T_2

read_lock(Y);
read_item(Y);
unlock(Y);
write_lock(X);
read_item(X);
$X := X + Y$;
write_item(X);
unlock(X);
	read_lock(X);
	read_item(X);
	unlock(X);
	write_lock(Y);
	read_item(Y);
	$Y := X + Y$;
	write_item(Y);
	unlock(Y);

(b) Valores iniciais: X=20, Y=30

Schedule serial resultante T_1 seguido por T_2: X=50, Y=80

Schedule serial resultante T_2 seguido por T_1: X=70, Y=50

(c)

Tempo	T_1	T_2

↓	read_lock(Y);
	read_item(Y);
	unlock(Y);	

		read_lock(X);
		read_item(X);
		unlock(X);
		write_lock(Y);
		read_item(Y);
		$Y := X + Y$;
		write_item(Y);
		unlock(Y);

↓	write_lock(X);
	read_item(X);
	$X := X + Y$;
	write_item(X);
	unlock(X);	

Resultado de schedule S:
X=50, Y=50
(não serializável)

21.1.2 Garantindo a serialização pelo bloqueio em duas fases

Diz-se que uma transação segue o **protocolo de bloqueio em duas fases** se *todas* as operações de bloqueio (read_lock, write_lock) precedem a *primeira* operação de desbloqueio na transação.[4] Essa transação pode ser dividida em duas fases: uma **fase**

[4] Isso não está relacionado ao protocolo de confirmação em duas fases para recuperação nos bancos de dados distribuídos (ver Capítulo 23).

de expansão ou **crescimento (primeira)**, durante a qual podem ser adquiridos novos bloqueios sobre os itens, mas nenhum pode ser liberado; e uma **fase de encolhimento (segunda)**, durante a qual os bloqueios existentes podem ser liberados, mas nenhum novo bloqueio pode ser adquirido. Se a conversão de bloqueio for permitida, o upgrading de bloqueios (de read-locked para write-locked) deve ser feito durante a fase de expansão, e o downgrading de bloqueios (de write-locked para read-locked) deve ser feito na fase de encolhimento.

As transações T_1 e T_2 da Figura 21.3(a) não seguem o protocolo de bloqueio em duas fases porque a operação write_lock(X) segue a operação unlock(Y) em T_1, e, de maneira semelhante, a operação write_lock(Y) segue a operação unlock(X) em T_2. Se forçarmos o bloqueio em duas fases, as transações poderão ser reescritas como T_1' e T_2', como mostra a Figura 21.4. Agora, o schedule exibido na Figura 21.3(c) não é permitido para T_1' e T_2' (com sua ordem modificada de operações de bloqueio e desbloqueio) sob as regras de bloqueio descritas na Seção 21.1.1, pois T_1' emitirá seu write_lock(X) *antes* de desbloquear o item Y. Consequentemente, quando T_2' emite seu read_lock(X), ela é forçada a esperar até que T_1' libere o bloqueio emitindo um unlock(X) no schedule. No entanto, isso pode levar a um deadlock (ver Seção 21.1.3).

Pode ser provado que, se *cada* transação em um schedule seguir o protocolo de bloqueio em duas fases, o schedule é *garantidamente serializável*, evitando a necessidade de testar a serialização dos schedules. O protocolo de bloqueio, ao impor as regras de bloqueio em duas fases, também impõe a serialização.

O bloqueio em duas fases pode limitar a quantidade de concorrência passível de ocorrer em um schedule, visto que uma transação T pode não ser capaz de liberar um item X depois de usá-lo se T tiver de bloquear um item adicional Y depois; ou, reciprocamente, T precisa bloquear um item adicional Y antes que precise dele, de modo que pode liberar X. Logo, X precisa permanecer bloqueado por T até que todos os itens que a transação precisa ler ou gravar tenham sido bloqueados; somente então X pode ser liberado por T. Nesse meio-tempo, outra transação buscando acessar X pode ser forçada a esperar, embora T tenha terminado de usar X. De maneira recíproca, se Y estiver bloqueado antes que seja necessário, outra transação buscando acessar Y é forçada a esperar, embora T ainda não esteja usando Y. Esse é o preço para garantir a serialização de todos os schedules sem ter de verificar os próprios schedules.

Embora o protocolo de bloqueio em duas fases garanta a serialização (ou seja, cada schedule permitido é serializável), ele não permite *todos os schedules serializáveis possíveis* (ou seja, alguns schedules serializáveis serão proibidos pelo protocolo).

Bloqueio em duas fases básico, conservador, estrito e rigoroso. Existem diversas variações do bloqueio em duas fases (2PL). A técnica que descrevemos é conhecida como **2PL básico.** Uma variação conhecida como **2PL conservador** (ou **2PL estático**) requer que uma transação bloqueie todos os itens que ela acessa *antes que a transação inicie a execução*, **pré-declarando** seu *conjunto de leitura* e *conjunto de*

T_1'	T_2'

read_lock(Y);
read_item(Y);
write_lock(X);
unlock(Y)
read_item(X);
$X := X + Y$;
write_item(X);
unlock(X);
	read_lock(X);
	read_item(X);
	write_lock(Y);
	unlock(X)
	read_item(Y);
	$Y := X + Y$;
	write_item(Y);
	unlock(Y);

Figura 21.4 Transações T_1' e T_2', que são iguais a T_1 e T_2 da Figura 21.3, mas seguem o protocolo de bloqueio em duas fases. Observe que elas podem produzir um deadlock.

gravação. Lembre-se, da Seção 21.1.2, que o **conjunto de leitura** de uma transação é o conjunto de todos os itens que a transação lê, e o **conjunto de gravação** é o conjunto de todos os itens que ela grava. Se qualquer um dos itens pré-declarados necessários não puder ser bloqueado, a transação não bloqueia item algum; em vez disso, ela espera até que todos os itens estejam disponíveis para bloqueio. O 2PL conservador é um *protocolo livre de deadlock*, conforme veremos na Seção 21.1.3, quando discutirmos o problema de deadlock. Porém, ele é difícil de ser usado na prática, por causa da necessidade de pré-declarar o conjunto de leitura e o conjunto de gravação, o que não é possível em muitas situações.

Na prática, a variação mais popular do 2PL é o **2PL estrito**, que garante schedules estritos (ver Seção 21.4). Nessa variação, uma transação *T* não libera nenhum de seus bloqueios exclusivos (gravação) até *depois* de confirmar ou abortar. Logo, nenhuma outra transação pode ler ou gravar um item gravado por *T*, a menos que *T* tenha sido confirmado, levando a um schedule estrito para facilidade de recuperação. O 2PL estrito não é livre de deadlock. Uma variação mais restritiva do 2PL estrito é o **2PL rigoroso**, que também garante schedules estritos. Nessa variação, uma transação *T* não libera nenhum de seus bloqueios (exclusivo ou compartilhado) até depois de confirmar ou abortar, e, portanto, é mais fácil de implementar que o 2PL estrito.

Observe a diferença entre o 2PL conservador e o rigoroso: o primeiro precisa executar todas as operações write_lock até sua confirmação; enquanto o segundo precisa bloquear tudo (read e write). Outra diferença entre o 2PL conservador e o rigoroso é que o primeiro precisa bloquear todos os itens *antes de começar*, de modo que, quando a transação começa, ela está em sua fase de encolhimento; o segundo não desbloqueia nenhum dos seus itens até *depois de terminar* (confirmando ou abortando), de modo que a transação está em sua fase de expansão até que termine.

Em muitos casos, o próprio **subsistema de controle de concorrência** é responsável por gerar as solicitações read_lock e write_lock. Por exemplo, suponha que o sistema deva impor o protocolo 2PL estrito. Então, sempre que a transação *T* emitir um read_item(*X*), o sistema chama a operação read_lock(*X*) em favor de *T*. Se o estado de LOCK(*X*) for bloqueado para gravação por alguma outra transação *T'*, o sistema coloca *T* na fila de espera para o item *X*; caso contrário, ele concede a solicitação read_lock(*X*) e permite que a operação read_item(*X*) de *T* execute. Por sua vez, se a transação *T* emitir um write_item(*X*), o sistema chama a operação write_lock(*X*) em favor de *T*. Se o estado de LOCK(*X*) estiver bloqueado para gravação ou bloqueado para leitura por alguma outra transação *T'*, o sistema coloca *T* na fila de espera para o item *X*; se o estado de LOCK(*X*) for bloqueado para leitura e o próprio *T* for a única transação que mantém o bloqueio de leitura em *X*, o sistema faz o upgrade do bloqueio para bloqueado para gravação e permite a operação write_item(*X*) por *T*. Finalmente, se o estado de LOCK(*X*) estiver desbloqueado, o sistema concede a solicitação write_lock(*X*) e permite que a operação write_item(*X*) seja executada. Após cada ação, o sistema precisa *atualizar sua tabela de bloqueio* corretamente.

Geralmente, considera-se que o bloqueio prejudica o desempenho, pois cada operação de leitura ou gravação é precedida por uma solicitação de bloqueio ao sistema. O uso de bloqueios também pode causar dois problemas adicionais: deadlock e inanição (*starvation*). Discutiremos esses problemas e suas soluções na próxima seção.

21.1.3 Lidando com deadlock e inanição

O **deadlock** (impasse) ocorre quando *cada* transação *T* em um conjunto de *duas ou mais transações* está esperando por algum item que está bloqueado por alguma outra transação *T'* no conjunto. Logo, cada transação no conjunto está em uma fila de espera, aguardando que uma das outras transações no conjunto libere o bloqueio sobre um item. Mas, como a outra transação também está esperando, ela nunca liberará o bloqueio. Um exemplo simples aparece na Figura 21.5(a), em que as duas transações T_1' e T_2' estão em deadlock em um schedule parcial; T_1' está na fila de espera para *X*, que está bloqueado por T_2', enquanto T_2' está na fila de espera para *Y*, que está bloqueado por T_1'. Nesse meio-tempo, nem T_1', nem T_2', nem qualquer outra transação podem acessar os itens *X* e *Y*.

Protocolos de prevenção de deadlock. Uma maneira de impedir o deadlock é usar um **protocolo de prevenção de deadlock.**[5] Um protocolo de prevenção de deadlock, utilizado no bloqueio de duas fases conservador, requer que cada transação bloqueie *todos os itens que precisar com antecedência* (o que geralmente não é uma suposição prática) — se qualquer um dos itens não puder ser obtido, nenhum item é bloqueado. Ao contrário, a transação espera e, depois, tenta novamente bloquear todos os itens de que precisa. É claro que essa solução limita ainda mais a concorrência. Um segundo protocolo, que também limita a concorrência, envolve *ordenar todos os itens* no banco de dados e garantir que uma transação que precisa de vários itens os bloqueará de acordo com essa ordem. Isso requer que o programador (ou o sistema) esteja ciente da ordem escolhida dos itens, o que também não é prático no contexto do banco de dados.

Diversos outros esquemas de prevenção de deadlock foram propostos para tomar uma decisão sobre o que fazer com uma transação envolvida em uma possível situação de deadlock: ela deve ser bloqueada e aguardar, deve ser abortada, ou a transação deve apoderar-se de outra transação e abortá-la? Algumas dessas técnicas utilizam o conceito de **rótulo de tempo** (timestamp) **de transação,** TS(T'), que é um identificador exclusivo atribuído a cada transação. Os rótulos de tempo normalmente são baseados na ordem em que as transações são iniciadas; logo, se a transação T_1 iniciar antes da transação T_2, então TS(T_1) < TS(T_2). Observe que a transação *mais antiga* (que começa primeiro) tem o *menor* valor de rótulo de tempo. Dois esquemas que impedem o deadlock são chamados *esperar-morrer* (wait-die) e *ferir-esperar* (wound-wait). Suponha que a transação T_i tente bloquear um item *X*, mas não consiga porque *X* está bloqueado por alguma outra transação T_j com um bloqueio em conflito. As regras seguidas por esses esquemas são:

- **Esperar-morrer** (wait-die). Se TS(T_i) < TS(T_j), então (T_i mais antigo que T_j) T_i tem permissão para esperar; caso contrário (T_i mais novo que T_j) aborta T_i (T_i *morre*) e o reinicia mais tarde *com o mesmo rótulo de tempo*.
- **Ferir-esperar** (wound-wait). Se TS(T_i) < TS(T_j), então (T_i mais antigo que T_j) T_i aborta T_j (T_i *fere* T_j) e o reinicia mais tarde *com o mesmo rótulo de tempo*; caso contrário (T_i mais novo que T_j), T_i tem permissão para esperar.

(a)

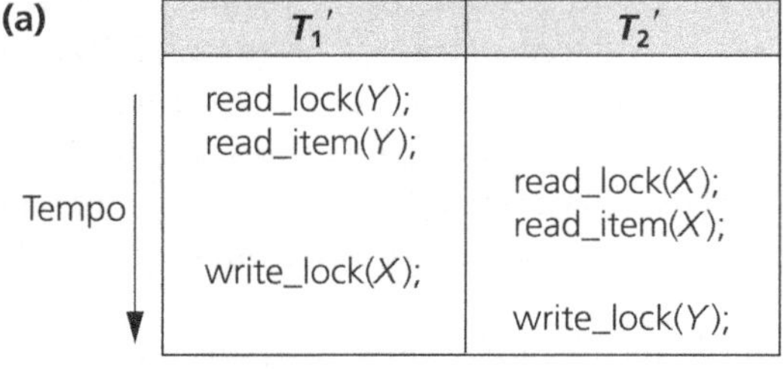

T_1'	T_2'
read_lock(*Y*); read_item(*Y*);	
	read_lock(*X*); read_item(*X*);
write_lock(*X*);	
	write_lock(*Y*);

Tempo

(b)

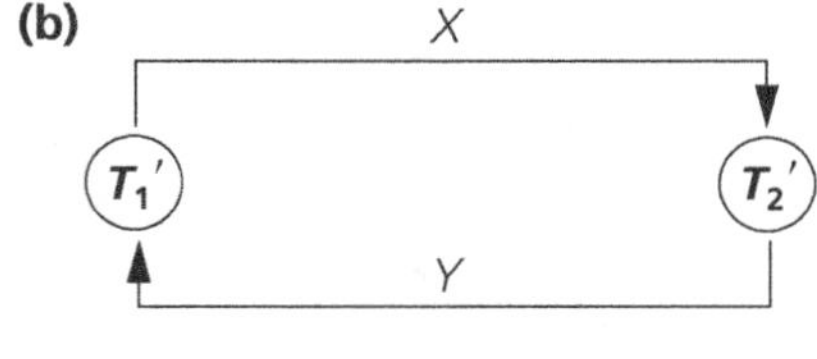

Figura 21.5 Ilustrando o problema do deadlock. (a) Um schedule parcial de T_1' e T_2' que está em um estado de deadlock. (b) Um grafo de espera para o schedule parcial em (a).

[5] Esses protocolos geralmente não são usados na prática, ou por causa de suposições não realistas ou por causa de sua possível redução no desempenho. A detecção de deadlock e os timeouts (tempos-limite, abordados nas próximas seções) são mais práticos.

No esquema esperar-morrer, uma transação mais antiga tem permissão para *esperar por uma transação mais nova*, enquanto uma transação mais nova que solicita um item mantido por uma transação mais antiga é abortada e reiniciada. A técnica ferir-esperar faz o contrário: uma transação mais nova tem permissão para *esperar por uma mais antiga*, enquanto uma transação mais antiga que solicita um item mantido por uma transação mais nova *apodera-se* da transação mais nova ao abortá-la. Os dois esquemas acabam abortando a *mais nova* das duas transações (a transação que foi iniciada mais tarde), que *pode estar envolvida* em um deadlock, supondo que isso desperdiçará menos processamento. Pode-se mostrar que essas duas técnicas são *livres de deadlock*, pois em esperar-morrer as transações apenas esperaram pelas transações mais novas, de modo que nenhum ciclo é criado. De maneira semelhante, em ferir-esperar, as transações só esperam pelas transações mais antigas, de modo que o ciclo não é criado. Porém, as duas técnicas podem fazer que algumas transações sejam abortadas e reiniciadas sem necessidade, embora elas *nunca possam realmente causar um deadlock*.

Outro grupo de protocolos que impede o deadlock não exige rótulos de tempo. Estes incluem os algoritmos sem espera (NW — *no waiting*) e espera cuidadosa (CW — *cautious waiting*). No **algoritmo sem espera**, se uma transação for incapaz de obter um bloqueio, ela é imediatamente abortada e, depois, reiniciada após certo tempo sem verificar se um deadlock realmente ocorrerá ou não. Nesse caso, nenhuma transação espera, de modo que nenhum deadlock ocorrerá. Contudo, esse esquema pode fazer que as transações abortem e reiniciem sem necessidade. O algoritmo de **espera cuidadosa** foi proposto para tentar reduzir o número de abortos/reinícios desnecessários. Suponha que a transação T_i tente bloquear um item X, mas não consiga fazer isso porque X está bloqueado por alguma outra transação T_j com um bloqueio em conflito. As regras de espera cuidadosa são as seguintes:

- **Espera cuidadosa.** Se T_j não estiver bloqueada (não esperando por outro item bloqueado), então T_i é bloqueada e tem permissão para esperar; caso contrário, aborte T_i.

Pode-se demonstrar que a espera cuidadosa é livre de deadlock, pois nenhuma transação esperará por outra transação bloqueada. Considerando o tempo $b(T)$ em que cada transação bloqueada T foi bloqueada, se as duas transações T_i e T_j se tornarem bloqueadas, e T_i estiver esperando por T_j, então $b(T_i) < b(T_j)$, uma vez que T_i só pode esperar por T_j em um momento em que a própria T_j não está bloqueada. Logo, os tempos de bloqueio formam uma ordenação total em todas as transações bloqueadas, de modo que nenhum ciclo que causa deadlock pode acontecer.

Detecção de deadlock. Uma segunda técnica, mais prática, para lidar com o deadlock, é a **detecção de deadlock**, em que o sistema verifica se um estado de deadlock realmente existe. Essa solução é atraente se soubermos que haverá pouca interferência entre as transações — ou seja, se diferentes transações raramente acessarem os mesmos itens ao mesmo tempo. Isso pode acontecer se as transações forem curtas e cada uma bloquear apenas alguns itens, ou se a carga da transação for leve. No entanto, se as transações forem longas e cada transação usar muitos itens, ou se a carga da transação for muito pesada, pode ser vantajoso usar um esquema de prevenção de deadlock.

Um modo simples de detectar um estado de deadlock é que o sistema construa e mantenha um **grafo de espera**. Um nó é criado no grafo de espera para cada transação que está sendo atualmente executada. Sempre que uma transação T_i está esperando para bloquear um item X que está atualmente bloqueado por uma transação T_j, uma aresta direcionada ($T_i \longrightarrow T_j$) é criada no grafo de espera. Quanto T_j libera o(s) bloqueio(s) sobre os itens que T_i estava esperando, a aresta direcionada é removida do grafo de espera. Temos um estado de deadlock se, e somente se, o grafo de espera tiver um ciclo. Um problema com essa técnica é a questão de determinar *quando* o sistema deve procurar um deadlock. Uma possibilidade é verificar um ciclo toda vez que uma aresta for acrescentada ao grafo de espera, mas isso pode causar sobrecarga excessiva. Critérios como o número de transações atualmente em execução ou o período em que várias transações estiveram esperando para bloquear itens podem ser usados em vez de verificar um ciclo. A Figura 21.5(b) mostra o grafo de espera para o schedule (parcial) mostrado na Figura 21.5(a).

Se o sistema estiver em um estado de deadlock, algumas das transações que causam o deadlock precisam ser abortadas. A escolha de quais transações abortar é conhecida como **seleção de vítima**. O algoritmo para a seleção de vítima geralmente deve evitar a seleção de transações que estiveram em execução por muito tempo e que realizaram muitas atualizações, e deve tentar, em vez disso, selecionar transações que não fizeram muitas mudanças (transações mais novas).

Timeouts. Outro esquema simples para lidar com o deadlock é o uso de **timeouts**. Este método é prático em razão de sua baixa sobrecarga e sua simplicidade. Neste método, se uma transação esperar por um período maior que o período de timeout (tempo-limite) definido pelo sistema, o sistema pressupõe que a transação pode entrar em deadlock e a aborta — haja um deadlock ou não.

Inanição. Outro problema que pode ocorrer quando usamos o bloqueio é a **inanição** (*starvation*), que acontece quando uma transação não pode prosseguir por um período indefinido enquanto outras transações no sistema continuam normalmente. Isso pode ocorrer se o esquema de espera para itens bloqueados for injusto, dando prioridade a algumas transações em relação a outras. Uma solução para a inanição é ter um esquema de espera justo, como o uso de uma fila **primeiro-a-chegar-primeiro-a-ser-atendido**; as transações são habilitadas para bloquear um item na ordem em que solicitaram o bloqueio originalmente. Outro esquema permite que algumas transações tenham prioridade sobre outras, mas aumenta a prioridade de uma transação quanto mais tempo ela esperar, até que, por fim, receba a maior prioridade e prossiga. A inanição também pode ocorrer por causa da seleção de vítima se o algoritmo selecionar a mesma transação como vítima repetidamente, fazendo, assim, que ela aborte e nunca termine a execução. O algoritmo pode usar prioridades maiores para transações que tiverem sido abortadas várias vezes, para evitar esse problema. Os esquemas esperar-morrer e ferir-esperar, discutidos anteriormente, evitam a inanição, pois reiniciam uma transação que foi abortada com o mesmo rótulo de tempo original, de modo que a possibilidade de que a mesma transação seja abortada repetidamente é pequena.

21.2 Controle de concorrência baseado na ordenação de rótulo de tempo (timestamp)

O uso de bloqueios, combinado com o protocolo 2PL, garante a serialização de schedules. Os schedules serializáveis produzidos pelo 2PL têm seus schedules seriais equivalentes com base na ordem em que as transações em execução bloqueiam os itens que elas adquirem. Se uma transação precisar de um item que já está bloqueado, ela pode ser forçada a esperar até que o item seja liberado. Algumas transações podem ser abortadas e reiniciadas em decorrência do problema de deadlock. Uma técnica diferente para o controle de concorrência envolve o uso de rótulos de tempo de transação para ordenar a execução da transação para um schedule serial equivalente. Na Seção 21.2.1, discutimos rótulos de tempo e, na Seção 21.2.2, abordamos como a serialização é imposta ao ordenar as operações conflitantes nas diferentes transações, com base em seus rótulos de tempo.

21.2.1 Rótulos de tempo (timestamps)

Lembre-se de que um **rótulo de tempo** é um identificador exclusivo criado pelo SGBD para identificar uma transação. Normalmente, os valores de rótulo de tempo são atribuídos na ordem em que as transações são submetidas ao sistema, de modo que um rótulo de tempo pode ser imaginado como a *hora de início da transação*. Vamos nos referir ao rótulo de tempo da transação *T* como **TS**(*T*). As técnicas de controle de concorrência baseadas na ordenação de rótulo de tempo não usam bloqueios; logo, *não pode haver deadlocks*.

Os rótulos de tempo podem ser gerados de várias maneiras. Uma possibilidade é utilizar um contador que é incrementado toda vez que seu valor é atribuído a uma transação. Neste método, os rótulos de tempo de transação são numerados com 1, 2, 3 etc. Um contador do computador tem um valor máximo finito, de modo que o sistema precisa reiniciar o contador periodicamente para zero quando nenhuma transação estiver sendo executada por algum período curto de tempo. Outra maneira de implementar rótulos de tempo é usar o valor atual de data/hora do clock do sistema e garantir que dois valores de rótulo de tempo quaisquer nunca sejam gerados durante a mesma batida do clock.

21.2.2 O algoritmo de ordenação de rótulo de tempo para controle de concorrência

A ideia para esse esquema é impor a ordem serial equivalente nas transações com base em seus rótulos de tempo. Um schedule em que as transações participam é então serializável, e o *único schedule serial equivalente permitido* tem as transações na ordem de seus valores de rótulo de tempo. Isso é chamado de **ordenação de rótulo de tempo** (**TO**, de *timestamp ordering*). Observe como isso difere do 2PL, em que um schedule é serializável por ser equivalente a algum schedule serial permitido pelos protocolos de bloqueio. Na ordenação de rótulo de tempo, porém, o schedule é equivalente à *ordem serial em particular* correspondente à ordem dos rótulos de tempo da transação. O algoritmo permite a intercalação de operações da transação, mas precisa garantir que, para cada par de *operações em conflito* no schedule, a ordem em que o item é acessado deve seguir a ordem de rótulo de tempo. Para fazer isso, o algoritmo associa a cada item *X* do banco de dados dois valores de rótulo de tempo (**TS**):

1. **read_TS**(X). O **rótulo de tempo de leitura** do item *X* é o maior entre todos os rótulos de tempo das transações que leram com sucesso o item *X* — ou seja, read_TS(*X*) = TS(*T*), em que *T* é a transação *mais recente* que leu *X* com sucesso.
2. **write_TS**(X). O **rótulo de tempo de gravação** do item *X* é o maior de todos os rótulos de tempo das transações que gravaram com sucesso o item *X* — ou seja, write_TS(*X*) = TS(*T*), em que *T* é a transação *mais recente* que gravou *X* com sucesso. Com base no algoritmo, *T* também será a última transação a gravar o item *X*, conforme veremos.

Ordenação de rótulo de tempo (TO) básica. Sempre que alguma transação *T* tenta emitir uma operação read_item(*X*) ou write_item(*X*), o algoritmo de **TO básico** compara o rótulo de tempo de *T* com read_TS(*X*) e write_TS(*X*) para garantir que a ordem do rótulo de tempo da execução da transação não seja violada. Se essa ordem for violada, a transação *T* é abortada e submetida novamente ao sistema como uma nova transação com um *novo rótulo de tempo*. Se T for abortada e revertida, qualquer transação T_1 que possa ter usado um valor gravado por T também precisa ser revertida. De modo semelhante, qualquer transação T_2 que possa ter utilizado um valor gravado por T_1 também precisa ser revertida, e assim por diante. Esse efeito é conhecido como **propagação de reversão** (ou reversão em cascata), e é um dos problemas associados à TO básica, pois os schedules produzidos não têm garantias de serem recuperáveis. Um *protocolo adicional* precisa ser imposto para garantir que os schedules sejam recuperáveis, sem cascata ou estritos. Primeiro, descrevemos o algoritmo de TO básico aqui. O algoritmo de controle de concorrência deve verificar se as operações em conflito violam a ordenação de rótulo de tempo nos dois casos a seguir:

1. Sempre que uma transação T emitir uma operação write_item(X), o seguinte deve ser verificado:
   a. Se read_TS(X) > TS(T) ou se write_TS(X) > TS(T), aborte e reverta T e rejeite a operação. Isso deve ser feito porque alguma transação *mais recente* com um rótulo de tempo maior que TS(T) — e, portanto, *depois de* T na ordem de rótulos de tempo — já leu ou gravou o valor do item X antes que T tivesse uma chance de gravar X, violando, assim, a ordenação de rótulo de tempo.
   b. Se a condição na parte (a) não ocorrer, execute a operação write_item(X) de T e defina write_TS(X) como TS(T).
2. Sempre que uma transação T emitir a operação read_item(X), o seguinte deve ser verificado:
   a. Se write_TS(X) > TS(T), aborte e reverta T e rejeite a operação. Isso deve ser feito porque alguma transação mais recente com rótulo de tempo maior que TS(T) — e, portanto, *depois de* T na ordem dos rótulos de tempo — já gravou o valor do item X antes que T tivesse uma chance de ler X.
   b. Se write_TS(X) ≤ TS(T), execute a operação read_item(X) de T e defina read_TS(X) como o *maior* entre TS(T) e o read_TS(X) atual.

Sempre que o algoritmo de TO básico detecta duas *operações em conflito* que ocorrem na ordem incorreta, ele rejeita a última das duas, abortando a transação que a emitiu. Os schedules produzidos pela TO básica, portanto, têm garantias de serem *serializáveis por conflito*. Conforme já mencionamos, o deadlock não ocorre com a ordenação de rótulo de tempo. Porém, o reinício cíclico (e, portanto, a inanição) pode acontecer se uma transação for continuamente abortada e reiniciada.

Ordenação de rótulo de tempo (TO) estrita. Uma variação da TO básica, chamada **TO estrita**, garante que os schedules sejam tanto **estritos** (para maior facilidade de recuperação) quanto serializáveis (em conflito). Nessa variação, uma transação T emite um read_item(X) ou write_item(X), tal que TS(T) > write_TS(X) tenha sua operação de leitura ou gravação *adiada* até que a transação T' que *gravou* o valor de X (portanto, TS(T') = write_TS(X)) tenha sido confirmada ou abortada. Para implementar esse algoritmo, é necessário simular o bloqueio de um item X que foi gravado pela transação T' até que essa transação seja confirmada ou abortada. Esse algoritmo *não causa deadlock*, pois T espera por T' somente se TS(T) > TS(T').

Regra da gravação de Thomas. Uma modificação do algoritmo de TO básico, conhecida como **regra da gravação de Thomas**, não impõe a serialização por conflito, mas rejeita menos operações de gravação ao modificar as verificações para a operação write_item(X) da seguinte forma:

1. Se read_TS(X) > TS(T), aborte e reverta T, e rejeite a operação.
2. Se write_TS(X) > TS(T), não execute a operação de gravação, mas continue processando. Isso porque alguma transação com rótulo de tempo maior que

TS(T) — e, portanto, depois de T na ordenação de rótulo de tempo — já gravou o valor de X. Assim, temos de ignorar a operação write_item(X) de T porque ela já está desatualizada e obsoleta. Observe que qualquer conflito que surja dessa situação seria detectado pelo caso (1).

3. Se nem a condição na parte (1) nem a condição na parte (2) acontecer, execute a operação write_item(X) de T e defina write_TS(X) para TS(T).

21.3 Técnicas de controle de concorrência multiversão

Estes protocolos para controle de concorrência mantêm cópias dos valores antigos de um item de dados quando este é atualizado (gravado); eles são conhecidos como **controle de concorrência multiversão**, pois diversas versões (valores) de um item são mantidas pelo sistema. Quando uma transação requer a leitura de um item, uma versão *apropriada* é escolhida para manter a serialização do schedule atualmente em execução. Um motivo para manter múltiplas versões é que algumas operações de leitura, que seriam rejeitadas em outras técnicas, ainda podem ser aceitas ao ler uma *versão mais antiga* do item para manter a serialização. Quando uma transação grava um item, ela grava uma *nova versão*, e a(s) versão(ões) antiga(s) do item é(são) retida(s). Alguns algoritmos de controle de concorrência multiversão usam o conceito de serialização de visão em vez da serialização de conflito.

Uma desvantagem óbvia das técnicas de multiversão é a necessidade de mais armazenamento para manter várias versões dos itens do banco de dados. Em alguns casos, versões mais antigas podem ter de ser mantidas em armazenamentos temporários. É também possível que versões antigas tenham de ser mantidas de qualquer forma — por exemplo, para fins de recuperação. Além disso, algumas aplicações de banco de dados exigem que versões mais antigas sejam mantidas como um histórico da evolução de valores do item de dados. O caso extremo é um *banco de dados temporal* (ver Seção 26.2), que registra todas as mudanças e os momentos em que elas ocorreram. Nesses casos, não existe penalidade de armazenamento adicional para técnicas multiversão, pois as versões mais antigas já são mantidas.

Vários esquemas de controle de concorrência multiversão foram propostos. Discutimos dois esquemas aqui, um com base na ordenação de rótulo de tempo e o outro com base no bloqueio 2PL. Além disso, o método de controle de concorrência de validação (ver Seção 21.4) também mantém múltiplas versões, e a técnica de *isolamento de snapshot* usada em diversos sistemas comerciais (ver Seção 21.4) pode ser implementada, mantendo versões mais antigas dos itens em um armazenamento temporário.

21.3.1 Técnica multiversão baseada na ordenação de rótulo de tempo

Neste método, são mantidas várias versões $X_1, X_2, ..., X_k$ de cada item de dados X. Para *cada versão*, o valor da versão X_i e os dois rótulos de tempo a seguir são mantidos:

1. **read_TS(X_i).** O **rótulo de tempo de leitura** de X_i é o maior de todos os rótulos de tempo de transações que leram a versão X_i com sucesso.
2. **write_TS(X_i).** O **rótulo de tempo de gravação** de X_i é o rótulo de tempo da transação que gravou o valor da versão X_i.

Sempre que uma transação T tem permissão para executar uma operação write_item(X), uma nova versão X_{k+1} do item X é criada, e tanto write_TS(X_{k+1}) quanto read_TS(X_{k+1}) são definidos como TS(T). De modo correspondente, quando uma transação T tem permissão para ler o valor da versão X_i, o valor de read_TS(X_i) é definido como sendo o maior dentre o read_TS(X_i) atual e TS(T).

Para garantir a serialização, as seguintes regras são usadas:

1. Se a transação T emitir uma operação write_item(X) e a versão i de X tiver o write_TS(X_i) mais alto de todas as versões de X que também seja *menor ou igual a* TS(T), e read_TS(X_i) > TS(T), aborte e reverta a transação T; caso contrário, crie uma nova versão X_j de X com read_TS(X_j) = write_TS(X_j) = TS(T).
2. Se a transação T emitir uma operação read_item(X), encontre a versão i de X que tenha o write_TS(X_i) mais alto de todas as versões de X que também seja *menor ou igual a* TS(T); depois, retorne o valor de X_i à transação T, e defina o valor de read_TS(X_i) ao maior dentre TS(T) e o read_TS(X_i) atual.

Como podemos ver no caso 2, um read_item(X) *sempre tem sucesso*, pois encontra a versão apropriada X_i para ler com base no write_TS de diversas versões existentes de X. No caso 1, porém, a transação T pode ser abortada e retrocedida. Isso acontece se T tentar gravar uma versão de X que deveria ter sido lida por outra transação T' cujo rótulo de tempo é read_TS(X_i); no entanto, T' já leu a versão X_i, que foi gravada pela transação com rótulo de tempo igual a write_TS(X_i). Se houver esse conflito, T é revertida; caso contrário, é criada uma nova versão de X, gravada pela transação T. Observe que, se T for retrocedida, pode haver rollback em cascata. Portanto, para garantir a facilidade de recuperação, uma transação T não deve ter permissão para confirmar até que todas as transações que gravaram alguma versão que T leu tenham sido confirmadas.

21.3.2 Bloqueio em duas fases multiversão usando bloqueios de certificação

Neste esquema de bloqueio em modo múltiplo, existem *três modos de bloqueio* para um item: leitura, gravação e *certificação*, em vez de apenas dois modos (leitura, gravação) discutidos anteriormente. Logo, o estado de LOCK(X) para um item X pode ser um dentre os seguintes: bloqueado para leitura, bloqueado para gravação, bloqueado para certificação ou desbloqueado. No esquema de bloqueio padrão, apenas com bloqueios de leitura e gravação (ver Seção 21.1.1), um bloqueio de gravação é um bloqueio exclusivo. Podemos descrever a relação entre bloqueios de leitura e gravação no esquema-padrão por meio da **tabela de compatibilidade de bloqueio** mostrada na Figura 21.6(a). Uma entrada *Sim* significa que, se uma transação T mantiver o tipo de bloqueio especificado no cabeçalho da coluna no item X e se a transação T' solicitar o tipo de bloqueio especificado no cabeçalho de linha no mesmo item X, então T' *pode obter o bloqueio*, pois os modos de bloqueio são compatíveis. Por sua vez, uma entrada *Não* na tabela indica que os bloqueios não são compatíveis, de modo que T' *precisa esperar* até que T *libere* o bloqueio.

(a)

	Leitura	Gravação
Leitura	Sim	Não
Gravação	Não	Não

(b)

	Leitura	Gravação	Certificação
Leitura	Sim	Sim	Não
Gravação	Sim	Não	Não
Certificação	Não	Não	Não

Figura 21.6 Tabelas de compatibilidade de bloqueio. (a) Tabela de compatibilidade para o esquema de bloqueio leitura/gravação. (b) Tabela de compatibilidade para o esquema de bloqueio leitura/gravação/certificação.

No esquema de bloqueio padrão, quando uma transação obtém um bloqueio de gravação em um item, nenhuma outra transação pode acessar esse item. A ideia por trás do 2PL multiversão é permitir que outras transações T' leiam um item X enquanto uma única transação T mantém um bloqueio de gravação sobre X. Isso é realizado ao permitir *duas versões* para cada item X; uma delas, a **versão confirmada**, sempre precisa ser gravada por alguma transação confirmada. A segunda **versão local** X' pode ser criada quando uma transação T adquire um bloqueio de gravação sobre X. Outras transações podem continuar a ler a *versão confirmada* de X enquanto T mantém o bloqueio de gravação. A transação T pode gravar o valor de X' conforme a necessidade, sem afetar o valor da versão confirmada X. Porém, quando T estiver pronta para confirmar, ela deve obter um **bloqueio de certificação** em todos os itens sobre os quais atualmente mantém bloqueios de gravação antes que possa confirmar; esta é outra forma de **upgrading de bloqueio.** O bloqueio de certificação não é compatível com os bloqueios de leitura, de modo que a transação pode ter de esperar sua confirmação até que todos os itens bloqueados para gravação sejam liberados por quaisquer transações de leitura, a fim de obter os bloqueios de certificação. Quando os bloqueios de certificação — que são bloqueios exclusivos — são adquiridos, a versão confirmada X do item de dados é definida como o valor da versão X', a versão X' é descartada e os bloqueios de certificação são então liberados. A tabela de compatibilidade de bloqueio para esse esquema aparece na Figura 21.6(b).

Nesse esquema 2PL multiversão, as leituras podem prosseguir simultaneamente com uma única operação de gravação — um arranjo não permitido sob os esquemas 2PL padrão. O custo é que uma transação pode ter de esperar sua confirmação até que obtenha bloqueios de certificação exclusivos em *todos os itens* que atualizou. Pode-se mostrar que esse esquema evita a propagação de abortos, pois as transações só têm permissão para ler a versão X que foi gravada por uma transação confirmada. Porém, podem ocorrer deadlocks, e estes devem ser tratados por variações das técnicas discutidas na Seção 21.1.3.

21.4 Técnicas de validação (otimista) e controle de concorrência por isolamento de snapshot

Em todas as técnicas de controle de concorrência que discutimos até aqui, certo grau de verificação é feito *antes* que uma operação do banco de dados possa ser executada. Por exemplo, no bloqueio, uma verificação é feita para determinar se o item acessado está bloqueado. Na ordenação de rótulo de tempo, o rótulo de tempo da transação é verificado contra os rótulos de tempo de leitura e gravação do item. Essa verificação representa a sobrecarga durante a execução da transação, com o efeito de atrasar todas as transações.

Nas **técnicas de controle de concorrência otimistas**, também conhecidas como **técnicas de validação** ou **certificação**, *nenhuma verificação* é feita enquanto a transação está executando. Vários métodos teóricos de controle de concorrência são baseados na técnica de validação. Descreveremos apenas um esquema na Seção 21.4.1. Depois, na Seção 21.4.2, discutiremos as técnicas de controle de concorrência baseadas no conceito de **isolamento de snapshot**. As implementações desses métodos de controle de concorrência podem utilizar uma combinação dos conceitos das técnicas baseadas em validação e versionamento, além da utilização de rótulos de tempo. Alguns desses métodos podem sofrer de anomalias que violam a serialização, mas, como geralmente possuem menor sobrecarga que o bloqueio 2PL, foram implementados em diversos SGBDs relacionais.

21.4.1 Controle de concorrência baseado em validação (otimista)

Neste esquema, as atualizações na transação *não são* aplicadas diretamente aos itens do banco de dados até que a transação alcance seu final e seja *validada*. Durante a execução da transação, todas as atualizações são aplicadas a *cópias locais* dos itens de dados que são mantidas para a transação.[6] Ao final da execução da transação, uma **fase de validação** verifica se qualquer uma das atualizações da transação viola a serialização. Algumas informações necessárias à fase de validação precisam ser mantidas pelo sistema. Se a serialização não for violada, a transação é confirmada e o banco de dados é atualizado com base em cópias locais; caso contrário, a transação é abortada e reiniciada mais tarde.

Existem três fases para esse protocolo de controle de concorrência:

1. **Fase de leitura.** Uma transação pode ler valores dos itens de dados confirmados com base no banco de dados. Porém, as atualizações são aplicadas apenas a cópias locais (versões) dos itens de dados mantidos no espaço de trabalho da transação.
2. **Fase de validação.** A verificação é realizada para garantir que a serialização não será violada se as atualizações da transação forem aplicadas ao banco de dados.
3. **Fase de gravação.** Se a fase de validação for bem-sucedida, as atualizações da transação são aplicadas ao banco de dados; caso contrário, as atualizações são descartadas e a transação é reiniciada.

A ideia por trás do controle de concorrência otimista é realizar todas as verificações ao mesmo tempo; logo, a execução da transação prossegue com um mínimo de sobrecarga até que a fase de validação seja alcançada. Se houver pouca interferência entre as transações, a maioria será validada com sucesso. Contudo, se houver muita interferência, muitas transações que executam até o término terão seus resultados descartados e deverão ser reiniciadas mais tarde; sob essas circunstâncias, as técnicas otimistas não funcionam bem. As técnicas são chamadas de *otimistas* porque consideram que haverá pouca interferência e, portanto, a maior parte da transação será validada com sucesso, não havendo necessidade de realizar verificação durante a execução da transação. Essa suposição geralmente é verdadeira em muitas cargas de trabalho de processamento de transação.

O protocolo otimista que descrevemos usa rótulos de tempo de transação e também requer que os write_sets e read_sets das transações sejam mantidos pelo sistema. Além disso, tempos de *início* e *fim* para algumas das três fases precisam ser mantidos para cada transação. Lembre-se de que o write_set de uma transação é o conjunto de itens que ela grava, e o read_set é o conjunto de itens que ela lê. Na fase de validação para a transação T_i, o protocolo verifica se T_i não interfere em quaisquer transações confirmadas ou em quaisquer outras transações concorrentes que tenham iniciado sua fase de validação. A fase de validação para T_i verifica se, para *cada* transação T_j que é recentemente confirmada ou está em sua fase de validação, *uma* das seguintes condições é mantida:

1. A transação T_j completa sua fase de gravação antes que T_i inicie sua fase de leitura.
2. T_i inicia sua fase de gravação depois que T_j completa sua fase de gravação, e o read_set de T_i não tem itens em comum com o write_set de T_j.
3. Tanto o read_set quanto o write_set de T_i não têm itens em comum com o write_set de T_j, e T_j completa sua fase de leitura antes que T_i complete sua fase de leitura.

[6] Observe que isso pode ser considerado mantendo múltiplas versões dos itens!

Ao validar a transação T_i contra cada uma das transações T_j, a primeira condição é verificada primeiro para cada transação T_j, pois (1) é a condição mais simples de verificar. Somente se a condição 1 for falsa é que a condição 2 é verificada, e somente se (2) for falsa é que a condição 3 — a mais complexa de ser avaliada — é verificada. Se qualquer uma dessas três condições se mantiver com cada transação T_j, não haverá interferência e T_i será validada com sucesso. Se *nenhuma* dessas três condições for mantida para qualquer T_j, a validação da transação T_i falha (visto que T_i e T_j podem violar a serialização) e T_i é abortada e reiniciada mais tarde, pois *pode* ter havido uma interferência com T_j.

21.4.2 Controle de concorrência com base em isolamento de snapshot

Conforme discutimos na Seção 20.6, a definição básica do **isolamento de snapshot** é que uma transação vê os itens de dados que ela lê com base nos valores confirmados dos itens no *snapshot do banco de dados* (ou estado do banco de dados) quando a transação é iniciada. O isolamento de snapshot garantirá que não haverá o problema de registro fantasma, pois a transação do banco de dados ou, em alguns casos, a instrução do banco de dados, verá apenas os registros que foram confirmados no banco de dados no momento em que a transação foi iniciada. Quaisquer inserções, exclusões ou atualizações que ocorrerem após o início da transação não serão vistas pela transação. Além disso, o isolamento de snapshot não permite que ocorram problemas de leitura suja e leitura não repetível. No entanto, podem ocorrer certas anomalias que violam a serialização quando o isolamento de snapshot é usado como base para o controle de concorrência. Embora essas anomalias sejam raras, elas são muito difíceis de detectar e podem resultar em um banco de dados inconsistente ou corrompido. O leitor interessado pode consultar a bibliografia no fim do capítulo para ver artigos que discutem em detalhes os tipos raros de anomalias que podem ocorrer.

Neste esquema, as operações de leitura não exigem que os bloqueios de leitura sejam aplicados aos itens, reduzindo assim a sobrecarga associada ao bloqueio de duas fases. No entanto, as operações de gravação exigem bloqueios de gravação. Assim, para transações que possuem muitas leituras, o desempenho é muito melhor que o 2PL. Quando ocorrem gravações, o sistema terá de acompanhar as versões mais antigas dos itens atualizados em um **armazenamento de versão temporário** (às vezes conhecido como *tempstore*), com os rótulos de tempo de quando a versão foi criada. Isso é necessário para que uma transação iniciada antes da gravação do item ainda possa ler o valor (versão) do item que estava no snapshot do banco de dados quando a transação foi iniciada.

Para acompanhar as versões, os itens que foram atualizados terão ponteiros para uma lista de versões recentes do item no *tempstore*, para que o item correto possa ser lido para cada transação. Os itens do tempstore serão removidos quando não forem mais necessários, portanto será preciso usar um método para decidir quando remover versões desnecessárias.

Variações deste método foram usadas em vários SGBDs comerciais e de código aberto, incluindo Oracle e PostGRES. Se os usuários precisarem de serialização garantida, os problemas com anomalias que violam a serialização terão de ser resolvidos pelos programadores/engenheiros de software, analisando o conjunto de transações para determinar quais tipos de anomalias podem ocorrer e incluindo verificações que não permitam essas anomalias. Isso pode sobrecarregar os desenvolvedores de software quando comparado ao SGBD que impõe serialização em todos os casos.

Variações das técnicas de isolamento de snapshot (SI), conhecidas como **isolamento de snapshot serializável** (SSI), foram propostas e implementadas em alguns dos SGBDs que usam SI como seu principal método de controle de concorrência. Por exemplo, versões recentes do SGBD PostGRES permitem que o usuário escolha entre o SI básico e o SSI. A escolha é entre garantir serialização completa com SSI *versus* conviver com possíveis anomalias raras, porém tendo o melhor desempenho com o SI básico. O leitor interessado pode consultar a bibliografia no fim do capítulo para obter discussões mais completas sobre esses assuntos.

21.5 Granularidade dos itens de dados e bloqueio de granularidade múltipla

Todas as técnicas de controle de concorrência consideram que o banco de dados é formado por uma série de itens de dados nomeados. Um item de banco de dados poderia ser escolhido como sendo um dos seguintes:

- Um registro de banco de dados.
- Um valor de campo de um registro de banco de dados.
- Um bloco de disco.
- Um arquivo inteiro.
- O banco de dados inteiro.

A escolha em particular do tipo de item de dados pode afetar o desempenho do controle de concorrência e recuperação. Na Seção 21.5.1, discutimos alguns dos dilemas com relação à escolha do nível de granularidade usado para o bloqueio e, na Seção 21.5.2, tratamos de um esquema de bloqueio com granularidade múltipla, em que o nível de granularidade (tamanho do item de dados) pode ser alterado dinamicamente.

21.5.1 Considerações de nível de granularidade para o bloqueio

O tamanho dos itens de dados normalmente é chamado de **granularidade do item de dados**. Uma *granularidade fina* refere-se a tamanhos de item pequenos, enquanto a *granularidade grossa* refere-se a tamanhos de item grandes. Vários dilemas precisam ser considerados na escolha do tamanho do item de dados. Discutiremos o tamanho do item de dados no contexto do bloqueio, embora argumentos semelhantes possam ser dados para outras técnicas de controle de concorrência.

Primeiro, observe que, quanto maior o tamanho do item de dados, menor o grau de concorrência permitido. Por exemplo, se o tamanho do item de dados for um bloco de disco, uma transação *T* que precisa bloquear um registro *B* deve bloquear o bloco de disco *X* inteiro que contém *B*, pois um bloqueio está associado ao item de dados (bloco) inteiro. Agora, se outra transação *S* quiser bloquear um registro *C* diferente, que por acaso reside no mesmo bloco *X* em um modo de bloqueio em conflito, ela é forçada a esperar. Se o tamanho do item de dados fosse um único registro, em vez de um bloco de disco, a transação *S* poderia prosseguir, pois estaria bloqueando um item de dados (registro) diferente.

Por sua vez, quanto menor o tamanho do item de dados, maior é o número de itens no banco. Como cada item está associado a um bloqueio, o sistema terá uma quantidade maior de bloqueios ativos para serem tratados pelo gerenciador de bloqueios. Mais operações de bloqueio e desbloqueio serão realizadas, causando uma sobrecarga maior. Além disso, mais espaço de armazenamento será exigido para a tabela de bloqueios. Para os rótulos de tempo, o armazenamento é exigido para read_TS e write_TS para cada item de dados, e haverá uma sobrecarga semelhante para o tratamento de um grande número de itens.

Dados esses dilemas, uma pergunta óbvia pode ser feita: qual é o melhor tamanho de item? A resposta é que isso *depende dos tipos de transações envolvidas*. Se uma transação típica acessa um pequeno número de registros, é vantajoso ter uma granularidade de item de dados com um registro. Mas, se uma transação normalmente acessa muitos registros no mesmo arquivo, pode ser melhor ter granularidade de bloco ou arquivo, de modo que a transação considerará todos esses registros como um (ou alguns) item(ns) de dados.

21.5.2 Bloqueio com nível de granularidade múltiplo

Como o melhor tamanho de granularidade depende da transação em particular, parece apropriado que um sistema de banco de dados admita múltiplos níveis de granularidade, e este pode ser ajustado dinamicamente para vários tipos de transações. A Figura 21.7 mostra uma hierarquia de granularidade simples com um banco de dados que contém dois arquivos, cada um com várias páginas de disco, e cada página contendo vários registros. Isso pode ser usado para ilustrar um protocolo 2PL com **nível de granularidade múltiplo**, com os modos de bloqueio compartilhado/exclusivo, em que um bloqueio pode ser solicitado em qualquer nível. Porém, tipos adicionais de bloqueios serão necessários para dar suporte a tal protocolo com eficiência.

Considere o seguinte cenário, que se refere ao exemplo da Figura 21.7. Suponha que a transação T_1 queira atualizar *todos os registros* no arquivo f_1, e T_1 solicite e receba um bloqueio exclusivo para f_1. Então todas as páginas de f_1 (p_{11} até p_{1n}) e os registros contidos nessas páginas são bloqueados no modo exclusivo. Isso é benéfico para T_1, porque a definição de um bloqueio único em nível de arquivo é mais eficiente que a definição de n bloqueios em nível de página ou ter de bloquear cada registro individualmente. Agora, suponha que outra transação T_2 só queira ler o registro r_{1nj} da página p_{1n} do arquivo f_1; então, T_2 solicitaria um bloqueio compartilhado em nível de registro sobre r_{1nj}. No entanto, o sistema de banco de dados (ou seja, o gerenciador de transação ou, mais especificamente, o gerenciador de bloqueios) deve verificar a compatibilidade do bloqueio solicitado com os bloqueios já mantidos. Um modo de verificar isso é atravessar a árvore, subindo da folha r_{1nj} para p_{1n} para f_1 para db. Se, a qualquer momento, um bloqueio em conflito for mantido sobre qualquer um desses itens, a solicitação de bloqueio para r_{1nj} é negada e T_2 é bloqueada, precisando esperar. Essa travessia seria muito eficiente.

Mas, e se a solicitação da transação T_2 veio *antes* da solicitação da transação T_1? Neste caso, o bloqueio de registro compartilhado é concedido a T_2 para r_{1nj}, mas, quando o bloqueio em nível de arquivo de T_1 for solicitado, pode ser muito demorado para o gerenciador de bloqueios verificar todos os nós (páginas e registros) descendentes do nó f_1 em busca de um conflito de bloqueio. Isso seria muito ineficaz e frustraria o propósito de ter múltiplos bloqueios em nível de granularidade.

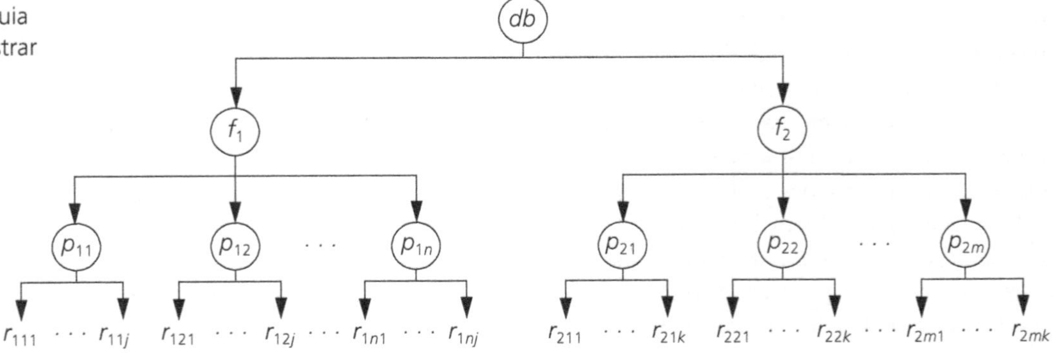

Figura 21.7 Uma hierarquia de granularidade para ilustrar o bloqueio com nível de granularidade múltiplo.

Para tornar prático o bloqueio com nível de granularidade múltiplo, outros tipos de bloqueios, chamados **bloqueios de intenção**, são necessários. A ideia por trás dos bloqueios de intenção é que uma transação indique, com o caminho da raiz até o nó desejado, que tipo de bloqueio (compartilhado ou exclusivo) ela exigirá de um dos descendentes do nó. Existem três tipos de bloqueios de intenção:

1. Intention-shared (IS) indica que um ou mais bloqueios compartilhados serão solicitados em algum ou alguns nós descendentes.
2. Intention-exclusive (IX) indica que um ou mais bloqueios exclusivos serão solicitados em algum ou alguns nós descendentes.
3. Shared-intention-exclusive (SIX) indica que o nó atual está bloqueado no modo compartilhado (shared), mas que um ou mais bloqueios exclusivos serão solicitados em algum ou alguns nós descendentes.

A tabela de compatibilidade dos três bloqueios de intenção, e os bloqueios compartilhados e exclusivos, é mostrada na Figura 21.8. Além da introdução dos três tipos de bloqueios de intenção, um protocolo de bloqueio apropriado precisa ser usado. O protocolo de **bloqueio com granularidade múltipla** (**MGL — multiple granularity locking**) consiste nas seguintes regras:

1. A compatibilidade de bloqueio (baseada na Figura 21.8) deve ser aderida.
2. A raiz da árvore precisa ser bloqueada primeiro, em qualquer modo.
3. Um nó *N* pode ser bloqueado por uma transação *T* no modo S ou IS somente se o nó pai *N* já estiver bloqueado pela transação *T* no modo IS ou IX.
4. Um nó *N* só pode ser bloqueado por uma transação *T* no modo X, IX ou SIX se o pai do nó *N* já estiver bloqueado pela transação *T* no modo IX ou SIX.
5. Uma transação *T* só pode bloquear um nó se ela não tiver desbloqueado qualquer nó (para impor o protocolo 2PL).
6. Uma transação *T* só pode desbloquear um nó, *N*, se nenhum dos filhos do nó *N* estiver atualmente bloqueado por *T*.

A regra 1 afirma simplesmente que os bloqueios em conflito não podem ser concedidos. As regras 2, 3 e 4 indicam as condições quando uma transação pode bloquear determinado nó em qualquer um dos modos de bloqueio. As regras 5 e 6 do protocolo MGL impõem regras 2PL para produzir schedules serializáveis. Basicamente, o bloqueio *começa da raiz* e "desce" pela árvore até que seja encontrado o nó que precisa ser bloqueado, enquanto o desbloqueio *começa do nó bloqueado* e "sobe" na árvore até que a própria raiz seja desbloqueada. Para ilustrar o protocolo MGL com a hierarquia de banco de dados na Figura 21.7, considere as três transações a seguir:

1. T_1 deseja atualizar os registros r_{111} e r_{211}.

	IS	IX	S	SIX	X
IS	Sim	Sim	Sim	Sim	Não
IX	Sim	Sim	Não	Não	Não
S	Sim	Não	Sim	Não	Não
SIX	Sim	Não	Não	Não	Não
X	Não	Não	Não	Não	Não

Figura 21.8 Matriz de compatibilidade de bloqueio para bloqueio com granularidade múltipla.

2. T_2 deseja atualizar todos os registros na página p_{12}.
3. T_3 deseja ler o registro r_{11j} e o arquivo f_2 inteiro.

A Figura 21.9 mostra um schedule serializável possível para essas três transações. Somente as operações de bloqueio e desbloqueio aparecem. A notação <tipo_bloqueio>(<item>) é usada para exibir as operações de bloqueio no schedule.

O protocolo de nível de granularidade múltiplo é especialmente adequado quando se processa uma mistura de transações que inclui (1) transações curtas que acessam apenas alguns itens (registros ou campos) e (2) transações longas que acessam arquivos inteiros. Nesse ambiente, menos bloqueio de transação e menos sobrecarga de bloqueio são contraídos por tal protocolo quando comparado com uma técnica de bloqueio com granularidade de único nível.

Figura 21.9 Operações de bloqueio para ilustrar um schedule serializável.

T_1	T_2	T_3
IX(db)		
IX(f_1)		
	IX(db)	
		IS(db)
		IS(f_1)
		IS(p_{11})
IX(p_{11})		
X(r_{111})		
	IX(f_1)	
	X(p_{12})	
		S(r_{11j})
IX(f_2)		
IX(p_{21})		
X(p_{211})		
unlock(r_{211})		
unlock(p_{21})		
unlock(f_2)		
		S(f_2)
	unlock(p_{12})	
	unlock(f_1)	
	unlock(db)	
unlock(r_{111})		
unlock(p_{11})		
unlock(f_1)		
unlock(db)		
		unlock(r_{11j})
		unlock(p_{11})
		unlock(f_1)
		unlock(f_2)
		unlock(db)

21.6 Usando bloqueios para controle de concorrência em índices

O bloqueio em duas fases também pode ser aplicado a índices B-tree e B+tree (ver Capítulo 17), nos quais os nós de um índice correspondem a páginas de disco. Porém, manter bloqueios em páginas de índice até a fase de encolhimento do 2PL poderia causar uma quantidade indevida de bloqueio de transação, porque a pesquisa de um índice sempre se *inicia na raiz*. Por exemplo, se uma transação quiser inserir um registro (operação de gravação), a raiz é bloqueada no modo exclusivo, de modo que todas as outras solicitações de bloqueio em conflito para o índice devem esperar que a transação entre na fase de encolhimento. Isso bloqueia todas as outras transações de acessarem o índice, de modo que, na prática, outras técnicas para o bloqueio de um índice devem ser usadas.

A estrutura de árvore do índice pode ser aproveitada quando se desenvolve um esquema de controle de concorrência. Por exemplo, quando uma pesquisa de índice (operação de leitura) está sendo executada, um caminho na árvore é atravessado da raiz até uma folha. Quando um nó no nível inferior no caminho for acessado, os nós de nível mais alto nesse caminho não serão usados novamente. Assim, quando um bloqueio de leitura em um nó filho for obtido, o bloqueio no pai pode ser liberado. Quando uma inserção está sendo aplicada a um nó folha (ou seja, quando uma chave e um ponteiro são inseridos), um nó folha específico deve ser bloqueado no modo exclusivo. Porém, se esse nó não estiver cheio, a inserção não causará mudanças nos nós índice de nível mais alto, o que implica que eles não precisarão ser bloqueados de maneira exclusiva.

Uma técnica conservadora para inserções seria bloquear o nó raiz no modo exclusivo e depois acessar o nó filho apropriado da raiz. Se o nó filho não estiver cheio, o bloqueio no nó raiz pode ser liberado. Essa técnica pode ser aplicada em todo o caminho descendente da árvore, até a folha, que normalmente está a três ou quatro níveis da raiz. Embora os bloqueios exclusivos sejam mantidos, eles são logo liberados. Uma técnica alternativa, mais **otimista**, seria requisitar e manter bloqueios *compartilhados* sobre os nós que levam ao nó folha, com um bloqueio *exclusivo* na folha. Se a inserção fizer que a folha seja dividida, a inserção se propagará para um ou mais nós de nível mais alto. Depois, os bloqueios nos nós de nível mais alto podem receber um upgrade para o modo exclusivo.

Outra técnica para o bloqueio de índice é usar uma variante da B$^+$-tree, chamada **árvore B-link**. Em uma árvore B-link, nós irmãos no mesmo nível são vinculados em cada nível. Isso permite que os bloqueios compartilhados sejam usados quando se solicita uma página e exige que o bloqueio seja liberado antes de acessar o nó filho. Para uma operação de inserção, o bloqueio compartilhado em um nó receberia um upgrade para o modo exclusivo. Se houver uma divisão, o nó pai precisa ser bloqueado novamente no modo exclusivo. Uma complicação se dá para operações de pesquisa executadas simultaneamente com a atualização. Suponha que uma operação de atualização concorrente siga o mesmo caminho que a pesquisa, e insira uma nova entrada no nó folha. Além disso, suponha que a inserção faça que o nó folha seja dividido. Quando a inserção é feita, o processo de pesquisa retoma, seguindo o ponteiro para a folha desejada, somente para descobrir que a chave que ele está procurando não está presente, pois a divisão moveu essa chave para um novo nó folha, que seria o *irmão da direita* do nó folha original. Entretanto, o processo de pesquisa ainda pode ter sucesso se seguir o ponteiro (vínculo) no nó folha original para seu irmão da direita, para onde a chave desejada foi movida.

O tratamento no caso de exclusão, em que dois ou mais nós da árvore de índice são mesclados, também faz parte do protocolo de concorrência da árvore B-link. Neste caso, os bloqueios sobre os nós a serem mesclados são mantidos, bem como um bloqueio sobre o pai dos dois nós a serem mesclados.

21.7 Outras questões de controle de concorrência

Nesta seção, discutimos algumas outras questões relevantes ao controle de concorrência. Na Seção 21.7.1, abordamos os problemas associados à inserção e à exclusão de registros e ao chamado *problema do fantasma*, que pode ocorrer quando os registros são inseridos. Este foi descrito como um problema em potencial, que exige uma medida de controle de concorrência, na Seção 20.6. Na Seção 21.7.2, discutimos problemas que podem ocorrer quando uma transação envia alguns dados a um monitor antes que ela seja confirmada, e depois a transação é abortada.

21.7.1 Inserção, exclusão e registros fantasma

Quando um novo item de dados é **inserido** no banco de dados, ele obviamente não pode ser acessado antes que o item seja criado e a operação de inserção seja concluída. Em um ambiente de bloqueio, um bloqueio para o item pode ser criado e definido com o modo exclusivo (gravação); o bloqueio pode ser liberado ao mesmo tempo que outros bloqueios de gravação seriam liberados, com base no protocolo de controle de concorrência que está sendo usado. Para um protocolo com base em rótulo de tempo, os rótulos de tempo de leitura e gravação do novo item são definidos como o rótulo de tempo da transação de criação.

Em seguida, considere uma **operação de exclusão** que é aplicada em um item de dados existente. Para protocolos de bloqueio, novamente um bloqueio exclusivo (gravação) deve ser obtido antes que a transação possa excluir o item. Para a ordenação do rótulo de tempo, o protocolo precisa garantir que nenhuma transação posterior tenha lido ou gravado o item antes de permitir que este seja excluído.

Uma situação conhecida como **problema do fantasma** pode ocorrer quando um novo registro que está sendo inserido por alguma transação *T* satisfaz uma condição que um conjunto de registros acessados por outra transação *T'* precisa satisfazer. Por exemplo, suponha que a transação *T* esteja inserindo um novo registro de FUNCIONARIO cujo Numero_departamento = 5, enquanto a transação *T'* está acessando todos os registros de FUNCIONARIO cujo Numero_departamento = 5 (digamos, para somar todos os seus valores de Salario e calcular o orçamento com pessoal para o departamento 5). Se a ordem serial equivalente for *T* seguido por *T'*, então *T'* precisa ler o novo registro de FUNCIONARIO e incluir seu Salario no cálculo da soma. Para a ordem serial equivalente *T'* seguida por *T*, o novo salário não deve ser incluído. Observe que, embora as transações estejam logicamente em conflito, no último caso não existe de fato um registro (item de dados) em comum entre as duas transações, pois *T'* pode ter bloqueado todos os registros com Numero_departamento = 5 *antes que* *T* tenha inserido o novo registro. Isso porque o registro que causa o conflito é um **registro fantasma**, que de repente apareceu no banco de dados ao ser inserido. Se outras operações nas duas transações estiverem em conflito, o conflito decorrente do registro fantasma pode não ser reconhecido pelo protocolo de controle de concorrência.

Uma solução para o problema do registro fantasma é usar o **bloqueio de índice**, conforme discutido na Seção 21.6. Lembre-se, do Capítulo 17, que um índice inclui entradas que têm um valor de atributo, mais um conjunto de ponteiros para todos os registros no arquivo com esse valor. Por exemplo, um índice sobre Numero_departamento de FUNCIONARIO incluiria uma entrada para cada valor de Numero_departamento distinto, mais um conjunto de ponteiros para todos os registros de FUNCIONARIO com esse valor. Se a entrada de índice for bloqueada antes que o próprio registro possa ser acessado, o conflito no registro fantasma pode ser detectado, pois a transação *T'* solicitaria um bloqueio de leitura na *entrada de índice* para Numero_departamento = 5, e *T* solicitaria um bloqueio de gravação na mesma entrada *antes* que elas pudessem colocar os bloqueios nos registros atuais. Como os bloqueios de índice estão em conflito, o conflito fantasma seria detectado.

Uma técnica mais geral, chamada **bloqueio de predicado**, bloquearia o acesso a todos os registros que satisfazem um *predicado* (condição) qualquer de uma maneira semelhante; porém, os bloqueios de predicado provaram ser difíceis de implementar de modo eficiente. Se o método de controle de concorrência for baseado em isolamento de snapshot (ver Seção 21.4.2), então a transação que lê os itens acessará o snapshot do banco de dados no momento em que a transação é iniciada; quaisquer registros inseridos depois disso não serão recuperados pela transação.

21.7.2 Transações interativas

Outro problema ocorre quando transações interativas leem entrada e gravam saída em um dispositivo interativo, como uma tela de monitor, antes que sejam confirmadas. O problema é que um usuário pode inserir um valor de um item de dados em uma transação *T*, que é baseado em algum valor escrito na tela pela transação *T'*, a qual pode não ter sido confirmada. Essa dependência entre *T* e *T'* não pode ser modelada pelo método de controle de concorrência do sistema, pois só é baseada no usuário interagindo com as duas transações.

Uma técnica para lidar com esse problema é adiar a saída de transações para a tela até que elas tenham sido confirmadas.

21.7.3 Latches

Os bloqueios mantidos por uma curta duração normalmente são chamados de **latches**. Os latches não seguem o protocolo de controle de concorrência normal, como o bloqueio em duas fases. Por exemplo, um latch pode ser usado para garantir a integridade física de uma página do disco quando ela está sendo gravada do buffer para o disco. Um latch seria adquirido para a página, a página seria gravada no disco e, depois, o latch seria liberado.

21.8 Resumo

Neste capítulo, discutimos técnicas de SGBD para controle de concorrência. Começamos na Seção 21.1 abordando os protocolos baseados em bloqueio, bastante usados na prática. Na Seção 21.1.2, descrevemos o protocolo de bloqueio em duas fases (2PL) e diversas de suas variações: 2PL básico, 2PL estrito, 2PL conservador e 2PL rigoroso. As variações estrita e rigorosa são mais comuns por causa de suas melhores propriedades de recuperação. Apresentamos os conceitos de bloqueios compartilhado (leitura) e exclusivo (gravação) na Seção 21.1.1, e mostramos como o bloqueio pode garantir a serialização quando usado em conjunto com a regra do bloqueio em duas fases. Também mostramos várias técnicas para lidar com o problema de deadlock na Seção 21.1.3, que pode ocorrer com o bloqueio. Na prática, é comum usar timeouts e detecção de deadlock (grafos de espera). Protocolos de prevenção de deadlock, como algoritmos sem espera e com espera cuidadosa, também podem ser usados.

Apresentamos outros protocolos de controle de concorrência. Estes incluem o protocolo de ordenação de rótulo de tempo (timestamp), na Seção 21.2, que garante a serialização com base na ordem dos rótulos de tempo da transação. Os rótulos de tempo são identificadores de transação únicos, gerados pelo sistema. Discutimos a regra da gravação de Thomas, que melhora o desempenho, mas não garante a serialização. O protocolo de ordenação de rótulo de tempo estrito também foi apresentado. Discutimos dois protocolos multiversão (Seção 21.3), que assumem que as versões mais antigas dos itens de dados podem ser mantidas no banco de dados. Uma técnica, chamada bloqueio em duas fases multiversão (que tem sido usado na prática), considera que podem existir duas versões para um item e tenta aumentar a concorrência ao tornar bloqueios de gravação e leitura compatíveis (ao custo de introduzir um modo de bloqueio de certificação adicional). Também apresentamos um protocolo multiversão baseado na ordenação de rótulo de tempo. Na Seção 21.4.1, apresentamos um exemplo de um protocolo otimista, que também é conhecido como protocolo de certificação ou validação.

Discutimos então os métodos de controle de concorrência baseados no conceito de isolamento de snapshot, na Seção 21.4.2; estes são usados em vários SGBDs, em virtude de sua sobrecarga mais baixa. O método básico de isolamento de snapshot pode permitir schedules não serializáveis em casos raros, em decorrência de certas anomalias difíceis de detectar; essas anomalias podem levar a um banco de dados corrompido. Uma variação, conhecida como isolamento de snapshot serializável, foi desenvolvida recentemente e garante schedules serializáveis.

Depois, na Seção 21.5, voltamos nossa atenção para a importante questão prática da granularidade do item de dados. Descrevemos um protocolo de bloqueio de multigranularidade que permite a mudança de granularidade (tamanho do item) com base no conjunto de transações atual, com o objetivo de melhorar o desempenho do controle de concorrência. Uma questão prática importante foi então apresentada na Seção 21.6, que é desenvolver protocolos de bloqueio para índices, de modo que estes não se tornem um empecilho para o acesso concorrente. Finalmente, na Seção 21.7, apresentamos o problema do fantasma e problemas com transações interativas, e descrevemos rapidamente o conceito de latches e como ele difere dos bloqueios.

PERGUNTAS DE REVISÃO

21.1. O que é o protocolo de bloqueio em duas fases. Como ele garante a serialização?

21.2. Cite algumas variações do protocolo de bloqueio em duas fases. Por que o bloqueio em duas fases estrito ou rigoroso normalmente é preferido?

21.3. Discuta os problemas de deadlock e inanição e as diferentes técnicas para lidar com esses problemas.

21.4. Compare os bloqueios binários com os bloqueios exclusivo/compartilhado. Por que este último tipo de bloqueio é preferível?

21.5. Descreva os protocolos esperar-morrer e ferir-esperar para a prevenção de deadlock.

21.6. Descreva os protocolos de espera cuidadosa, nenhuma espera e timeout para a prevenção de deadlock.

21.7. O que é um rótulo de tempo? Como o sistema gera rótulos de tempo?

21.8. Discuta o protocolo de ordenação de rótulo de tempo para o controle de concorrência. Como a ordenação estrita de rótulo de tempo difere da ordenação básica de rótulo de tempo?

21.9. Discuta duas técnicas multiversão para o controle de concorrência. O que é um bloqueio de certificação? Quais são as vantagens e as desvantagens do uso desses bloqueios?

21.10. Como as técnicas de controle de concorrência otimistas diferem de outras técnicas de controle de concorrência? Por que elas também são chamadas de técnicas de validação ou certificação? Discuta as fases típicas de um método de controle de concorrência otimista.

21.11. O que é isolamento de snapshot? Quais são as vantagens e as desvantagens dos métodos de controle de concorrência que são baseados em isolamento de snapshot?

21.12. Como a granularidade de itens de dados afeta o desempenho do controle de concorrência? Que fatores afetam a seleção do tamanho de granularidade para itens de dados?

21.13. Que tipo de bloqueio é necessário para operações de inserção e exclusão?
21.14. O que é o bloqueio com granularidade múltipla? Sob que circunstâncias ele é usado?
21.15. O que são bloqueios de intenção?
21.16. Quando são usados os latches?
21.17. O que é um registro fantasma? Discuta o problema que um registro fantasma pode causar para o controle de concorrência.
21.18. Como o bloqueio de índice resolve o problema do fantasma?
21.19. O que é um bloqueio de predicado?

EXERCÍCIOS

21.20 Prove que o protocolo básico de bloqueio em duas fases garante a serialização de conflito dos schedules. (*Dica:* mostre que, se um grafo de serialização para um schedule tiver um ciclo, pelo menos uma das transações participantes do schedule não obedece ao protocolo de bloqueio em duas fases.)
21.21. Modifique as estruturas de dados para bloqueios de modo múltiplo e os algoritmos para read_lock(*X*), write_lock(*X*) e unlock(*X*), de modo que o upgrade e o downgrade dos bloqueios sejam possíveis. (*Dica:* o bloqueio precisa verificar os identificadores de transação que mantêm o bloqueio, se houver algum.)
21.22. Prove que o bloqueio estrito em duas fases garante schedules estritos.
21.23. Prove que os protocolos esperar-morrer e ferir-esperar evitam deadlock e inanição.
21.24. Prove que a espera cuidadosa evita deadlock.
21.25. Aplique o algoritmo de ordenação de rótulo de tempo aos schedules nas figuras 21.8(b) e (c) e determine se o algoritmo permitirá a execução dos schedules.
21.26. Repita o Exercício 21.25, mas use o método de ordenação de rótulo de tempo multiversão.
21.27. Por que o bloqueio em duas fases não é usado como método de controle de concorrência para índices como B^+-trees?
21.28. A matriz de compatibilidade na Figura 21.8 mostra que os bloqueios IS e IX são compatíveis. Explique por que isso é válido.
21.29. O protocolo MGL afirma que uma transação *T* pode desbloquear um nó *N*, somente se nenhum dos filhos do nó *N* ainda estiver bloqueado pela transação *T*. Mostre que, sem essa condição, o protocolo MGL estaria incorreto.

BIBLIOGRAFIA SELECIONADA

O protocolo de bloqueio em duas fases e o conceito de bloqueios de predicado foram propostos inicialmente por Eswaran et al. (1976). Bernstein et al. (1987), Gray e Reuter (1993), e Papadimitriou (1986) focalizam o controle de concorrência e a recuperação. Kumar (1996) focaliza o desempenho dos métodos de controle de concorrência. O bloqueio é discutido em Gray et al. (1975), Lien e Weinberger (1978), Kedem e Silbershatz (1980), e Korth (1983). Os deadlocks e os grafos de espera são formalizados por Holt (1972), e os esquemas esperar-ferir e ferir-morrer são apresentados em Rosenkrantz et al. (1978). A espera cuidadosa é discutida em Hsu e Zhang (1992). Helal et al. (1993) comparam diversas técnicas de bloqueio.

As técnicas de controle de concorrência baseadas em rótulo de tempo são discutidas em Bernstein e Goodman (1980) e Reed (1983). O controle de concorrência otimista é discutido em Kung e Robinson (1981) e Bassiouni (1988). Papadimitriou e Kanellakis (1979) e Bernstein e Goodman (1983) discutem técnicas multiversão. A ordenação de rótulo de tempo multiversão foi proposta em Reed (1979, 1983), e o bloqueio em duas fases multiversão é discutido em Lai e Wilkinson (1984). Um método para granularidade de bloqueio múltiplo foi proposto em Gray et al. (1975), e os efeitos das granularidades de bloqueio são analisados em Ries e Stonebraker (1977). Bhargava e Reidl (1988) apresentam uma técnica para escolher dinamicamente entre vários métodos de controle de concorrência e recuperação. Estes métodos de controle de concorrência para índices são apresentados em Lehman e Yao (1981) e em Shasha e Goodman (1988). Um estudo de desempenho de diversos algoritmos de controle de concorrência de B^+-tree é apresentado em Srinivasan e Carey (1991).

Anomalias que podem ocorrer com o isolamento de snapshot básico são discutidas em Fekete et al. (2004), Jorwekar et al. (2007) e Ports e Grittner (2012), dentre outros. A modificação do isolamento de snapshot para torná-lo serializável é discutida em Cahill et al. (2008), Fekete et al. (2005), Revilak et al. (2011) e Ports e Grittner (2012).

Outro trabalho sobre controle de concorrência inclui o controle de concorrência com base em semântica (Badrinath e Ramamritham, 1992), modelos de transação para atividades de longa duração (Dayal et al., 1991) e gerenciamento de transação multinível (Hasse e Weikum, 1991).

22
Técnicas de recuperação de banco de dados

Neste capítulo, discutimos algumas das técnicas que podem ser usadas para a recuperação do banco de dados contra falhas. Na Seção 20.1.4, abordamos as diferentes causas de falha, como as do sistema e erros de transação. Além disso, na Seção 20.2, cobrimos muitos dos conceitos usados pelos processos de recuperação, como log do sistema e pontos de confirmação.

Este capítulo apresenta conceitos adicionais relevantes aos protocolos de recuperação e oferece uma visão geral dos diversos algoritmos de recuperação de banco de dados. Começamos na Seção 22.1 com um esboço de um procedimento de recuperação típico e uma categorização dos algoritmos de recuperação, depois discutimos diversos conceitos de recuperação, incluindo o logging write-ahead (escrita antecipada), atualizações no local *versus* sombra, e o processo de reverter (desfazer) o efeito de uma transação incompleta ou com falha. Na Seção 22.2, apresentamos técnicas de recuperação baseadas na *atualização adiada*, também conhecida como técnica NO-UNDO/REDO, em que os dados no disco só são atualizados *depois* que uma transação é confirmada. Na Seção 22.3, discutimos as técnicas de recuperação baseadas na *atualização imediata*, na qual os dados podem ser atualizados no disco durante a execução da transação; estas incluem os algoritmos UNDO/REDO e UNDO/NO-REDO. Tratamos da técnica conhecida como sombreamento e paginação de sombra, que pode ser categorizada como um algoritmo NO-UNDO/NO-REDO na Seção 22.4. Um exemplo de esquema de recuperação de SGBD prático, chamado ARIES, é apresentado na Seção 22.5. A recuperação em multibancos de dados é discutida rapidamente na Seção 22.6. Finalmente, técnicas para recuperação de falha catastrófica são discutidas na Seção 22.7. A Seção 22.8 contém um resumo do capítulo.

Nossa ênfase está na descrição conceitual de várias técnicas de recuperação diferentes. Para obter descrições dos recursos de recuperação em sistemas específicos, o leitor deve consultar as notas bibliográficas no fim do capítulo e os manuais de usuário on-line e impressos relativos a esses sistemas. As técnicas de recuperação normalmente estão intercaladas com os mecanismos de controle de concorrência. Certas técnicas de recuperação são mais bem usadas com métodos específicos de controle de concorrência. Discutiremos os conceitos de recuperação independentemente dos mecanismos de controle de concorrência.

22.1 Conceitos de recuperação

22.1.1 Esboço da recuperação e categorização dos algoritmos de recuperação

A recuperação de falhas de transação em geral significa que o banco de dados é *restaurado* ao estado consistente mais recente antes do momento da falha. Para fazer isso, o sistema precisa manter informações sobre as mudanças aplicadas aos itens de dados pelas diversas transações. Essa informação costuma ser mantida no **log do sistema**, conforme discutimos na Seção 21.2.2. Uma estratégia típica para recuperação pode ser resumida informalmente da seguinte maneira:

1. Se houver dano extensivo a uma grande parte do banco de dados decorrente de falha catastrófica, como uma falha de disco, o método de recuperação restaura uma cópia antiga do banco de dados que teve *backup* para o arquivamento (normalmente, fita ou outro meio de armazenamento off-line de grande capacidade) e reconstrói um estado mais recente, reaplicando ou *refazendo* as operações das transações confirmadas do log em *backup*, até o momento da falha.
2. Quando o banco de dados no disco não está danificado fisicamente e uma falha não catastrófica dos tipos de 1 a 4 na Seção 21.1.4 tiver ocorrido, a estratégia de recuperação é identificar quaisquer mudanças que possam causar uma inconsistência no banco de dados. Por exemplo, uma transação que atualizou alguns itens do banco de dados no disco, mas não confirmou as necessidades de ter suas mudanças revertidas *ao desfazer* suas operações de gravação. Também pode ser preciso *refazer* algumas operações a fim de restaurar um estado consistente do banco de dados; por exemplo, se uma transação tiver sido confirmada, mas algumas de suas operações de gravação ainda não tiverem sido gravadas em disco. Para a falha não catastrófica, o protocolo de recuperação não precisa de uma cópia de arquivamento completa do banco de dados. Em vez disso, as entradas mantidas no log do sistema on-line no disco são analisadas para determinar as ações apropriadas para recuperação.

Conceitualmente, podemos distinguir duas técnicas principais para recuperação de falhas de transação não catastróficas: atualização adiada e atualização imediata. As técnicas de **atualização adiada** não atualizam fisicamente o banco de dados no disco *até* que uma transação atinja seu ponto de confirmação; então, as atualizações são registradas no banco de dados. Antes de atingir a confirmação, todas as atualizações de transação são registradas no espaço de trabalho de transação local ou nos buffers da memória principal que o SGBD mantém (o cache de memória principal do SGBD; ver Seção 20.2.4). Antes da confirmação, as atualizações são gravadas persistentemente no log e, após a confirmação, elas são gravadas no banco de dados no disco, a partir dos buffers na memória principal. Se uma transação falhar antes de atingir seu ponto de confirmação, ela não terá alterado o banco de dados de forma alguma, de modo que o UNDO não é necessário. Pode ser preciso um REDO para desfazer o efeito das operações de uma transação confirmada com base no log, pois seu efeito pode ainda não ter sido registrado no banco de dados em disco. Assim, a atualização adiada também é conhecida como **algoritmo NO-UNDO/REDO.** Discutimos essa técnica na Seção 22.2.

Nas técnicas de **atualização imediata**, o banco de dados *pode ser atualizado* por algumas operações de uma transação *antes* que a transação alcance seu ponto de confirmação. Porém, essas operações também precisam ser registradas no log *no disco* ao forçar a gravação *antes* que elas sejam aplicadas ao banco de dados no disco, tornando a recuperação ainda possível. Se uma transação falhar depois de gravar algumas mudanças no disco, mas antes de atingir seu ponto de confirmação, o efeito de suas operações no banco de dados precisa ser desfeito; ou seja, a transação deve ser revertida. No caso geral da atualização imediata, tanto *undo* quanto *redo* podem ser exigidos durante a recuperação. Essa técnica, conhecida como **algoritmo UNDO/REDO**, requer as duas operações durante a recuperação, e é usada com mais frequência na prática. Uma variação do algoritmo, em que todas as atualizações precisam ser registradas no banco de dados em disco *antes* que a transação confirme, requer apenas *undo*, de modo que é conhecida como **algoritmo UNDO/NO-REDO**. Discutiremos essas técnicas na Seção 22.3.

As operações UNDO e REDO precisam ser **idempotentes** — ou seja, a execução de uma operação várias vezes é equivalente a executá-la apenas uma vez. De fato, o processo de recuperação inteiro deve ser idempotente, pois, se o sistema falhasse durante o processo de recuperação, a tentativa seguinte de recuperação poderia realizar um UNDO e um REDO de certas operações write_item que já tinham sido executadas durante o primeiro processo de recuperação. O resultado da recuperação de uma falha do sistema *durante a recuperação* deve ser igual ao resultado da recuperação *quando não há falha durante esse processo!*

22.1.2 Caching (buffering) de blocos de disco

O processo de recuperação em geral está bastante interligado às funções do sistema operacional — em particular, o buffering de páginas de disco do banco de dados no cache de memória principal do SGBD. Normalmente, várias páginas de disco que incluem os itens de dados a serem atualizados são **mantidas em cache** nos buffers da memória principal e, depois, atualizadas na memória antes de serem gravadas de volta no disco. O caching de páginas de disco é tradicionalmente uma função do sistema operacional, mas, por sua importância para a eficiência dos procedimentos de recuperação, ele é tratado pelo SGBD chamando rotinas de baixo nível do sistema operacional (ver Seção 20.2.4).

Em geral, é conveniente considerar a recuperação em relação às páginas de disco (blocos) do banco de dados. Normalmente, uma coleção de buffers na memória, chamada **cache do SGBD**, é mantida sob o controle do SGBD com a finalidade de manter esses buffers. Um **diretório** para o cache é usado para acompanhar quais itens de banco de dados estão nos buffers.[1] Isso pode ser uma tabela de entradas <Endereço_página_disco, Localização_buffer, ...>. Quando o SGBD solicita ação sobre algum item, primeiro ele verifica o diretório do cache para determinar se a página de disco que contém o item está no cache do SGBD. Se não estiver, o item precisa ser localizado no disco, e as páginas de disco apropriadas são copiadas para o cache. Pode ser necessário **substituir** (ou **esvaziar**) alguns dos buffers de cache para criar espaço disponível para o novo item (ver Seção 20.2.4).

As entradas no diretório de cache do SGBD mantêm informações adicionais relevantes ao gerenciamento de buffer. Associado a cada buffer na cache está um **bit sujo**, que pode ser incluído na entrada de diretório, para indicar se o buffer foi modificado ou não. Quando uma página é lida inicialmente do disco do banco de dados para o buffer no cache, uma nova entrada é inserida no diretório de cache com o novo endereço de página do disco, e o bit sujo é definido como 0 (zero). Assim que o buffer é modificado, o bit sujo para a entrada de diretório correspondente é definido como 1 (um). Informações adicionais, como o(s) identificador(es) de transação das transações que modificaram o buffer, também podem ser mantidas no diretório. Quando o

[1] Isso é semelhante ao conceito de tabelas de página usadas pelo sistema operacional.

conteúdo do buffer é substituído (esvaziado) do cache, o conteúdo primeiro precisa ser gravado de volta à página de disco correspondente *somente se seu bit sujo for 1*.

Outro bit, chamado bit de **preso-solto**, também é necessário — uma página no cache está **presa** [valor de bit 1 (um)] se ainda não puder ser gravada de volta no disco. Por exemplo, o protocolo de recuperação pode impedir que certas páginas de buffer sejam gravadas de volta no disco até que as transações que mudaram esse buffer tenham sido confirmadas.

Duas estratégias principais podem ser empregadas quando se esvazia um buffer modificado para o disco. A primeira estratégia, conhecida como **atualização no local**, grava o buffer no *mesmo local de disco original*, modificando assim o valor antigo de quaisquer itens de dados alterados no disco.[2] Logo, uma única cópia de cada bloco de disco do banco de dados é mantida. A segunda estratégia, conhecida como **sombreamento**, grava um buffer atualizado em um local diferente no disco, de modo que múltiplas versões dos itens de dados podem ser mantidas, mas essa técnica normalmente não é utilizada na prática.

Em geral, o valor antigo do item de dados antes da atualização é chamado de **imagem antes** (**BFIM** — *before image*), e o novo valor após a atualização é chamado de **imagem depois** (**AFIM** — *after image*). Se o sombreamento for usado, tanto a BFIM quanto a AFIM podem ser mantidas no disco; assim, não é estritamente necessário manter um log para recuperação. Na Seção 22.4, discutimos rapidamente a recuperação baseada no sombreamento.

22.1.3 Logging write-ahead, steal/no-steal e force/no-force

Quando a atualização no local é utilizada, é necessário usar um log para recuperação (ver Seção 21.2.2). Nesse caso, o mecanismo de recuperação precisa garantir que a BFIM do item de dados esteja registrada na entrada de log apropriada e que a entrada de log seja esvaziada para o disco antes de a BFIM ser modificada pela AFIM no banco de dados em disco. Esse processo geralmente é conhecido como **logging write-ahead**, e é necessário poder desfazer (UNDO) a operação se isso for exigido durante a recuperação. Antes de podermos descrever um protocolo para o logging write-ahead, precisamos distinguir entre dois tipos de informação de entrada de log incluída para um comando de gravação: a informação necessária para UNDO e a informação necessária para REDO. Uma **entrada de log tipo REDO** inclui um **valor novo** (AFIM) do item gravado pela operação, pois isso é necessário para *refazer* seu efeito com base no log (ao definir o valor do item no banco de dados em disco para sua AFIM). As **entradas de log tipo UNDO** incluem o **valor antigo** (BFIM) do item, visto que isso é necessário para *desfazer* o efeito da operação baseada no log (ao definir o valor do item no banco de dados de volta para sua BFIM). Em um algoritmo UNDO/REDO, os dois tipos BFIM e AFIM são combinados em uma única entrada. Além disso, quando o rollback em cascata é possível (ver Seção 22.1.5), entradas read_item no log são consideradas entradas tipo UNDO.

Como dissemos, o cache do SGBD mantém os blocos de disco do banco de dados em cache nos buffers da memória principal. O cache do SGBD inclui não apenas *blocos de arquivo de dados*, mas também *blocos de arquivo de índice* e *blocos de arquivo de log* do disco. Quando um registro de log é gravado, ele é armazenado no buffer de log atual no cache do SGBD. O log é simplesmente um arquivo de disco sequencial (apenas para acréscimo) e o cache do SGBD pode conter vários blocos de log nos buffers da memória principal (em geral, os últimos *n* blocos de log do arquivo de log). Quando é feita uma atualização em um bloco de dados — armazenado no cache do SGBD —, um registro de log associado é gravado no último buffer de log

[2] A atualização no local é usada na maioria dos sistemas na prática.

no cache do SGBD. Com a técnica de logging write-ahead, os buffers (blocos) de log que contêm os registros de log associados para determinada atualização do bloco de dados *precisam primeiro ser gravados em disco*, antes que o próprio bloco de dados possa ser gravado de volta no disco com base em seu buffer de memória principal.

A terminologia de recuperação de SGBD padrão inclui os termos **steal/no-steal** e **force/no-force**, que especificam as regras que controlam *quando* uma página do banco de dados pode ser gravada do cache para o disco:

1. Se uma página do buffer em cache atualizada por uma transação *não puder* ser gravada em disco antes que a transação confirme, o método de recuperação é chamado de **técnica no-steal.** O bit de preso-solto será definido como 1 (preso) para indicar que um buffer de cache não pode ser gravado de volta no disco. Contudo, se o protocolo de recuperação permitir gravar um buffer atualizado *antes* que a transação confirme, isso é chamado de **steal.** Steal é usado quando o gerenciador de cache (buffer) do SGBD precisa de um frame do buffer para outra transação e o gerenciador de buffer substitui uma página existente que tinha sido atualizada, mas cuja transação não foi confirmada. A *regra no-steal* significa que o UNDO nunca será necessário durante a recuperação, pois uma transação confirmada não terá qualquer uma de suas atualizações no disco antes de ser confirmada.
2. Se todas as páginas atualizadas por uma transação forem imediatamente gravadas em disco *antes* que a transação confirme, essa é chamada de **técnica force.** Caso contrário, ela é chamada **no-force.** A *regra do force* significa que REDO nunca será necessário durante a recuperação, pois qualquer transação confirmada terá todas as suas atualizações em disco antes de ser confirmada.

O esquema de recuperação com atualização adiada (NO-UNDO) discutido na Seção 22.2 segue uma técnica *no-steal.* Porém, os sistemas de banco de dados típicos empregam uma estratégia *steal/no-force* (UNDO/REDO). A *vantagem do steal* é que ele evita a necessidade de um espaço de buffer muito grande para armazenar todas as páginas atualizadas na memória. A *vantagem do no-force* é que uma página atualizada de uma transação confirmada ainda pode estar no buffer quando outra transação precisar atualizá-la, eliminando assim o custo de E/S para gravar essa página várias vezes em disco, e possivelmente ter de lê-la novamente do disco. Isso pode oferecer uma economia substancial no número de operações de E/S de disco quando uma página específica é bastante atualizada por várias transações.

Para permitir a recuperação quando a atualização no local é usada, as entradas apropriadas exigidas precisam ser permanentemente gravadas no log em disco antes que as mudanças sejam aplicadas ao banco de dados. Por exemplo, considere o seguinte protocolo de **logging write-ahead** (**WAL**) para um algoritmo de recuperação que exige tanto UNDO quanto REDO:

1. A "imagem antes" de um item não pode ser modificada por sua "imagem depois" no banco de dados em disco até que todos os registros de log tipo UNDO para a transação em atualização — até este ponto — tenham sido gravados à força no disco.
2. A operação de confirmação de uma transação não pode ser concluída até que todos os registros de log tipo REDO e tipo UNDO para essa transação tenham sido gravados à força no disco.

Para facilitar o processo de recuperação, o subsistema de recuperação do SGBD pode manter uma série de listas relacionadas às transações que estão sendo processadas no sistema. Estas incluem uma lista para **transações ativas** que começaram, mas ainda não foram confirmadas, e também podem incluir listas de todas as **transações confirmadas** e **abortadas** desde o último check point (ver a próxima seção). Manter essas listas torna o processo de recuperação mais eficiente.

22.1.4 *Check points no log do sistema e check point fuzzy*

Outro tipo de entrada no log é chamado de **check point.**[3] Um registro [checkpoint, *lista de transações ativas*] é gravado no log periodicamente no ponto em que o sistema grava, no banco de dados em disco, todos os buffers do SGBD que foram modificados. Como consequência disso, todas as transações que têm suas entradas [commit, *T*] no log antes de uma entrada [checkpoint] não precisam ter suas operações WRITE *refeitas* no caso de uma falha do sistema, pois todas as suas atualizações serão registradas no banco de dados em disco durante o check point. Como parte do check point, a lista de identificadores de transação para transações ativas no momento do check point é incluída no registro do check point, de modo que essas transações possam ser facilmente identificadas durante a recuperação.

O gerenciador de recuperação de um SGBD precisa decidir em que intervalos realizar um check point. O intervalo pode ser medido em tempo — digamos, a cada m minutos — ou no número t de transações confirmadas desde o último check point, em que os valores de m ou t são parâmetros do sistema. Realizar um check point consiste nas seguintes ações:

1. Suspender a execução de transações temporariamente.
2. Forçar a gravação em disco de todos os buffers da memória principal que foram modificados.
3. Gravar um registro [checkpoint] no log e forçar a gravação do log em disco.
4. Retomar a execução das transações.

Como uma consequência da etapa 2, um registro de check point no log também pode incluir informações adicionais, como uma lista de identificadores de transações ativas e os locais (endereços) do primeiro e do mais recente (último) registro no log para cada transação ativa. Isso pode facilitar desfazer operações de transação caso uma transação tenha de ser revertida.

O tempo necessário para forçar a gravação de todos os buffers de memória modificados pode atrasar o processamento da transação por causa da etapa 1, o que não é aceito na prática. Para reduzir esse atraso, é comum usar uma técnica chamada **check point fuzzy.** Nessa técnica, o sistema pode retomar o processamento da transação após um registro [begin_checkpoint] ser gravado no log sem esperar que a etapa 2 termine. Quando a etapa 2 é concluída, um registro [end_checkpoint, ...] é gravado no log com a informação relevante coletada durante o check point. Porém, até que a etapa 2 termine, o registro do check point anterior deve permanecer válido. Para isso, o sistema mantém um arquivo no disco que contém um ponteiro para o check point válido, que continua a apontar para o registro do check point anterior no log. Quando a etapa 2 termina, o ponteiro é mudado de modo a apontar para o novo check point no log.

22.1.5 *Rollback de transação e rollback em cascata*

Se uma transação falhar por um motivo qualquer depois de atualizar o banco de dados, mas antes que a transação seja confirmada, pode ser preciso **reverter** (roll back) a transação. Se quaisquer valores de item de dados tiverem sido alterados pela transação e gravados em disco, no banco de dados, eles precisam ser restaurados para seus valores anteriores (BFIMs). As entradas de log do tipo undo são usadas para restaurar os valores antigos dos itens de dados que precisam ser revertidos.

Se uma transação T for revertida, qualquer transação S que tenha, enquanto isso, lido o valor de algum item de dados X gravado por T também deve ser revertida. De modo semelhante, quando S for revertida, qualquer transação R que tenha lido

[3] O termo *check point* tem sido usado para descrever situações mais restritivas em alguns sistemas, como no DB2. Ele também tem sido empregado na literatura para descrever conceitos totalmente diferentes.

o valor de algum item de dados Y gravado por S também precisa ser revertida, e assim por diante. Esse fenômeno é chamado de **reversão em cascata** (ou propagação de reversão, ou rollback em cascata), e pode ocorrer quando o protocolo de recuperação garante schedules *recuperáveis*, mas não garante schedules *estritos* ou *sem propagação* (ver Seção 20.4.2). É fácil entender que o rollback em cascata pode ser muito complexo e demorado. É por isso que quase todos os mecanismos de recuperação são projetados de modo que o rollback em cascata *nunca seja necessário*.

A Figura 22.1 mostra um exemplo em que o rollback em cascata é exigido. As operações de leitura e gravação de três transações individuais aparecem na Figura 22.1(a). A Figura 22.1(b) mostra o log do sistema no ponto de uma falha no sistema para determinado schedule de execução dessas transações. Os valores dos itens de dados A, B, C e D, que são utilizados pelas transações, aparecem à direita das entradas do log do sistema. Supomos que os valores de item originais, mostrados na primeira linha, sejam $A = 30$, $B = 15$, $C = 40$ e $D = 20$. No ponto de falha do sistema, a transação T_3 não alcançou sua conclusão e deve ser revertida. As operações WRITE de T_3, marcadas

(a)

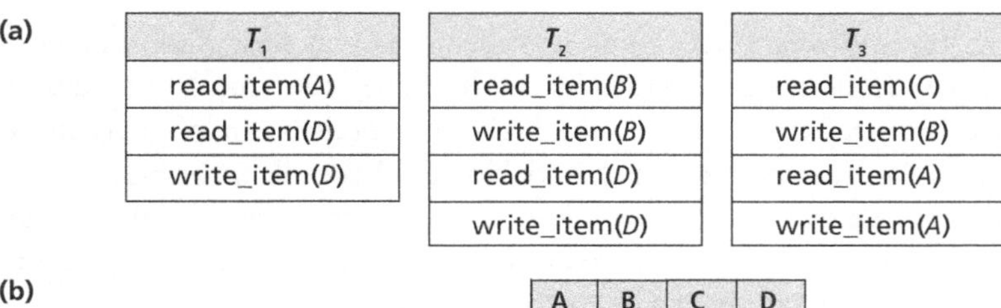

T_1	T_2	T_3
read_item(*A*)	read_item(*B*)	read_item(*C*)
read_item(*D*)	write_item(*B*)	write_item(*B*)
write_item(*D*)	read_item(*D*)	read_item(*A*)
	write_item(*D*)	write_item(*A*)

(b)

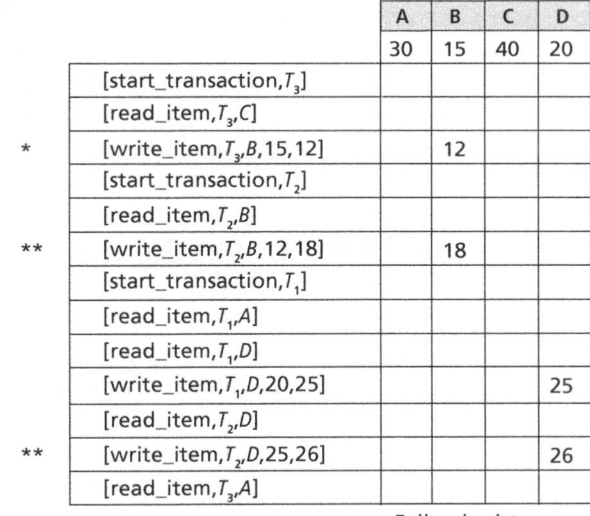

		A	B	C	D
		30	15	40	20
	[start_transaction,T_3]				
	[read_item,T_3,*C*]				
*	[write_item,T_3,*B*,15,12]		12		
	[start_transaction,T_2]				
	[read_item,T_2,*B*]				
**	[write_item,T_2,*B*,12,18]		18		
	[start_transaction,T_1]				
	[read_item,T_1,*A*]				
	[read_item,T_1,*D*]				
	[write_item,T_1,*D*,20,25]				25
	[read_item,T_2,*D*]				
**	[write_item,T_2,*D*,25,26]				26
	[read_item,T_3,*A*]				

← Falha do sistema

* T_3 é revertido porque não atingiu seu ponto de confirmação.

** T_2 é revertido porque lê o valor do item *B* gravado por T_3.

(c)

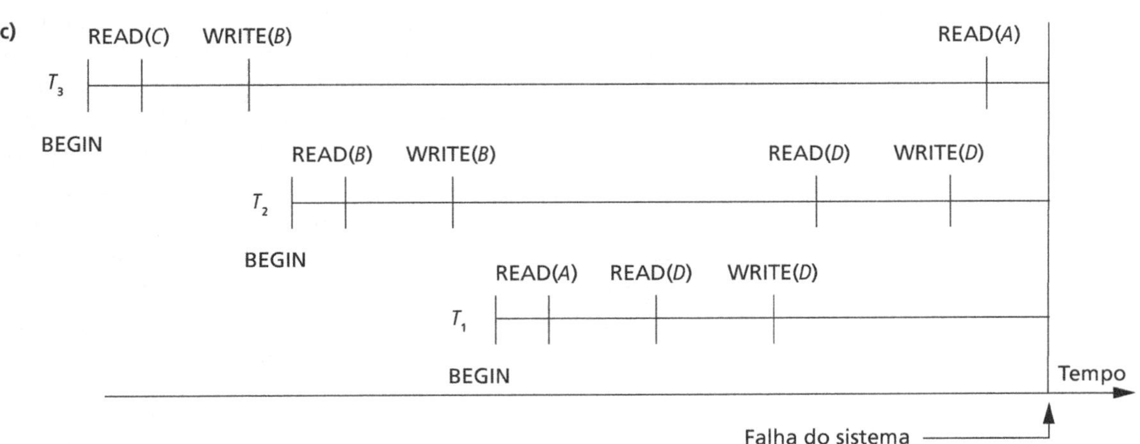

Figura 22.1 Ilustrando o rollback em cascata (um processo que nunca ocorre nos schedules estritos ou sem cascata). (a) As operações de leitura e gravação de três transações. (b) O log do sistema no ponto de falha. (c) Operações antes da falha.

com um único * na Figura 22.1(b), são as operações T_3 desfeitas durante o rollback da transação. A Figura 22.1(c) mostra graficamente as operações das diferentes transações ao longo do eixo do tempo.

Agora, temos de verificar o rollback em cascata. Pela Figura 22.1(c), vemos que a transação T_2 lê o valor do item *B* que foi gravado pela transação T_3; isso também pode ser determinado ao examinar o log. Como T_3 é revertido, T_2 agora também precisa ser revertido. As operações WRITE de T_2, marcadas com ** no log, são aquelas que são desfeitas. Observe que somente as operações write_item precisam ser desfeitas durante o rollback da transação; as operações read_item são gravadas no log somente para determinar se o rollback em cascata das transações adicionais é necessário.

Na prática, o rollback em cascata das transações *nunca* é exigido porque os métodos de recuperação práticos *garantem schedules sem cascata ou estritos*. Logo, não é necessário gravar quaisquer operações read_item no log, pois estas só são necessárias para determinar o rollback em cascata.

22.1.6 Ações da transação que não afetam o banco de dados

Em geral, uma transação terá ações que *não* afetam o banco de dados, como a geração e a impressão de mensagens ou relatórios das informações que foram lidas no banco de dados. Se uma transação falhar antes de concluir, podemos não querer que o usuário receba esses relatórios, pois a transação deixou de se completar. Se esses relatórios errôneos forem produzidos, parte do processo de recuperação teria de informar ao usuário que esses relatórios estão errados, visto que o usuário pode tomar uma ação, com base nesses relatórios, que afeta o banco de dados. Logo, esses relatórios só devem ser gerados *depois que a transação atingir seu ponto de confirmação*. Um método comum de tratar tais ações é emitir os comandos que geram os relatórios, mas mantê-las como tarefas em batch, que são executadas somente depois que a transação atinge seu ponto de confirmação. Se a transação falha, as tarefas em batch são canceladas.

22.2 Recuperação NO-UNDO/REDO baseada em atualização adiada

A ideia por trás da atualização adiada é adiar ou postergar quaisquer atualizações reais para o banco de dados em disco até que a transação termine sua execução com sucesso e atinja seu ponto de confirmação.[4]

Durante a execução da transação, as atualizações são registradas apenas no log e nos buffers de cache. Depois que a transação atinge seu ponto de confirmação e o log é forçado a gravar em disco, as atualizações são registradas no banco de dados. Se uma transação falhar antes de atingir seu ponto de confirmação, não é preciso desfazer qualquer operação, pois a transação não afetou o banco de dados no disco de forma alguma. Portanto, somente **entradas de log tipo REDO** são necessárias no log, que incluem o **valor novo** (AFIM) do item gravado por uma operação de gravação. As **entradas de log tipo UNDO** não são necessárias, pois não será preciso desfazer as operações durante a recuperação. Embora isso possa simplificar o processo de recuperação, não pode ser usado na prática, a menos que as transações sejam curtas e que cada transação mude poucos itens. Para outros tipos de transações, existe o potencial de esgotar o espaço de buffer, pois as mudanças na transação devem ser mantidas nos buffers de cache até o ponto de confirmação, de modo que muitos buffers de cache ficarão *presos* e não poderão ser substituídos.

---

[4] Logo, a atualização adiada geralmente pode ser caracterizada como uma *técnica no-steal*.

Podemos enunciar um protocolo de atualização adiada típico da seguinte forma:

1. Uma transação não pode mudar o banco de dados no disco até que atinja seu ponto de confirmação; logo, todos os buffers alterados pela transação deverão estar presos até que a transação seja confirmada (isso corresponde a uma *política no-steal*).
2. Uma transação não atinge seu ponto de confirmação até que todas as suas entradas de log tipo REDO sejam registradas no log *e* o buffer de log seja gravado à força no disco.

Observe que a etapa 2 desse protocolo é uma reafirmação do protocolo de logging write-ahead (WAL). Como o banco de dados nunca é atualizado em disco antes de a transação ser confirmada, nunca é preciso desfazer (UNDO) quaisquer operações. REDO é necessário caso o sistema falhe depois que a transação for confirmada, mas antes que todas as mudanças sejam gravadas no banco de dados em disco. Nesse caso, as operações da transação são refeitas a partir das entradas de log durante a recuperação.

Para sistemas multiusuário com controle de concorrência, os processos de controle de concorrência e recuperação são inter-relacionados. Considere um sistema em que o controle de concorrência usa o bloqueio estrito em duas fases, de modo que os bloqueios nos itens permanecem em vigor *até que a transação atinja seu ponto de confirmação*. Depois disso, os bloqueios podem ser liberados. Isso garante schedules estritos e serializáveis. Supondo que entradas [checkpoint] sejam incluídas no log, um algoritmo de recuperação possível para esse caso, que chamamos RDU_M (recuperação usando atualização adiada em um ambiente multiusuário), é dado a seguir.

Procedimento RDU_M (NO-UNDO/REDO com check points). Use duas listas de transações mantidas pelo sistema: as transações confirmadas T desde o último check point (**lista de confirmação**) e as transações ativas T' (**lista ativa**). Refaça (REDO) todas as operações WRITE das transações confirmadas com base no log, *na ordem em que foram gravadas nele*. As transações que estão ativas mas que não foram confirmadas são efetivamente canceladas e devem ser submetidas de novo.

O procedimento REDO é definido da seguinte maneira:

Procedimento REDO (WRITE_OP). Refazer uma operação write_item WRITE_OP consiste em examinar sua entrada de log [write_item, T, X, novo_valor] e definir o valor do item X no banco de dados para novo_valor, que é a imagem depois (AFIM).

A Figura 22.2 ilustra uma linha de tempo para um schedule possível de transações executáveis. Quando o check point foi tomado no tempo t_1, a transação T_1 tinha sido confirmada, enquanto as transações T_3 e T_4 não o tinham. Antes da falha do sistema no tempo t_2, T_3 e T_2 tinham sido confirmadas, mas não T_4 e T_5. De acordo com o método RDU_M, não é preciso refazer as operações write_item da transação T_1 — ou quaisquer transações confirmadas antes do momento do último check point t_1. As operações write_item de T_2 e T_3 devem ser refeitas, contudo, pois as duas transações atingiram seus pontos de confirmação após o último check point. Lembre-se de que o log é gravado à força antes de confirmar uma transação. As transações T_4 e T_5 são ignoradas: elas são efetivamente canceladas ou revertidas porque nenhuma de suas operações write_item foram gravadas no banco de dados em disco sob o protocolo de atualização adiado (política no-steal).

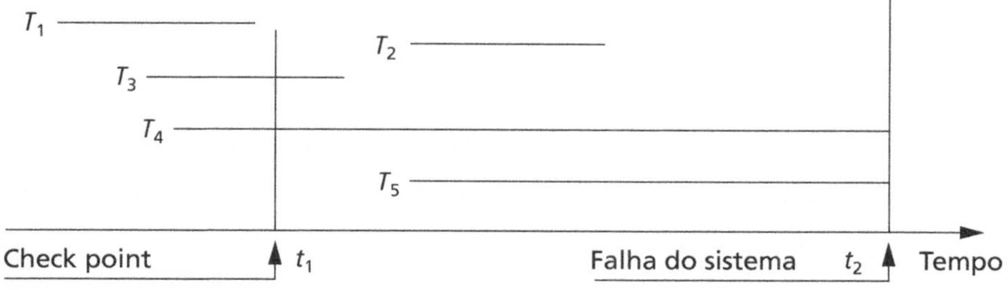

Figura 22.2 Exemplo de uma linha de tempo de recuperação para ilustrar o efeito do check point.

Podemos tornar o algoritmo de recuperação NO-UNDO/REDO *mais eficiente* ao observar que, se um item de dados X tiver sido atualizado — conforme indicado nas entradas de log — mais de uma vez por transações confirmadas desde o último check point, só é necessário refazer (REDO) *a última atualização de* X com base no log durante a recuperação, pois as outras atualizações seriam modificadas por esse último REDO. Nesse caso, começamos *do final do log*; depois, sempre que um item for refeito, ele é acrescentado a uma lista de itens refeitos. Antes que o REDO seja aplicado a um item, a lista é verificada; se o item aparecer na lista, ele não é refeito novamente, pois seu último valor já foi recuperado.

Se uma transação for abortada por qualquer motivo (digamos, pelo método de detecção de deadlock), ela é simplesmente submetida novamente, pois não alterou o banco de dados no disco. Uma desvantagem do método descrito aqui é que ele limita a execução concorrente das transações, porque *todos os itens bloqueados para a gravação permanecem bloqueados até que a transação atinja seu ponto de confirmação*. Além disso, pode ser exigido um espaço de buffer excessivo para manter todos os itens atualizados até que as transações sejam confirmadas. O principal benefício do método é que as operações da transação *nunca precisam ser desfeitas* por dois motivos:

1. Uma transação não registra quaisquer mudanças no banco de dados em disco até que atinja seu ponto de confirmação — ou seja, até que complete sua execução com sucesso. Portanto, uma transação nunca é revertida por falha durante sua execução.
2. Uma transação nunca lerá o valor de um item gravado por uma transação não confirmada, visto que os itens permanecem bloqueados até que uma transação atinja seu ponto de confirmação. Assim, não haverá rollback em cascata.

A Figura 22.3 mostra um exemplo de recuperação para um sistema multiusuário que utiliza o método de recuperação e controle de concorrência que descrevemos.

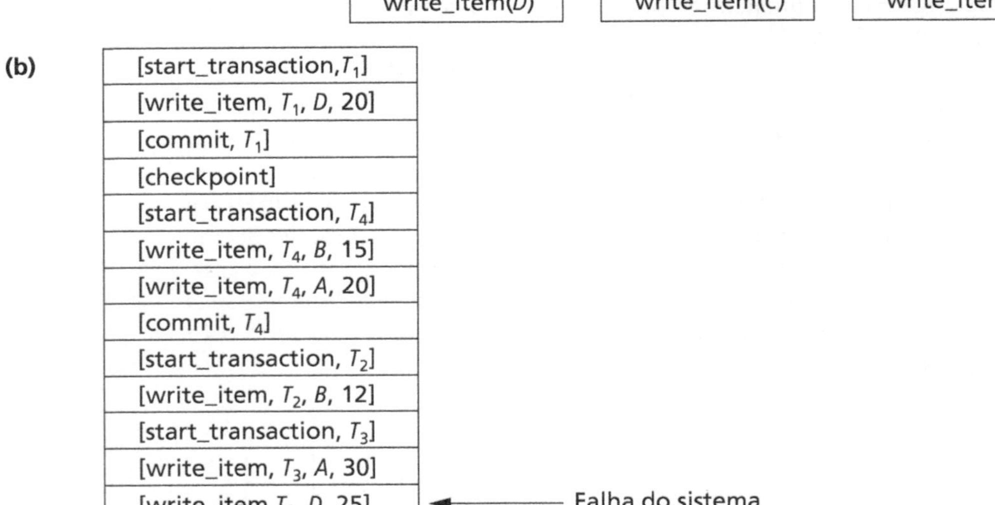

(a)

T_1	T_2	T_3	T_4
read_item(*A*)	read_item(*B*)	read_item(*A*)	read_item(*B*)
read_item(*D*)	write_item(*B*)	write_item(*A*)	write_item(*B*)
write_item(*D*)	read_item(*D*)	read_item(*C*)	read_item(*A*)
	write_item(*D*)	write_item(*C*)	write_item(*A*)

(b)

[start_transaction, T_1]
[write_item, T_1, *D*, 20]
[commit, T_1]
[checkpoint]
[start_transaction, T_4]
[write_item, T_4, *B*, 15]
[write_item, T_4, *A*, 20]
[commit, T_4]
[start_transaction, T_2]
[write_item, T_2, *B*, 12]
[start_transaction, T_3]
[write_item, T_3, *A*, 30]
[write_item, T_2, *D*, 25] ← Falha do sistema

T_2 e T_3 são ignorados porque não atingiram seus pontos de confirmação.

T_4 é refeito porque seu ponto de confirmação está depois do último check point do sistema.

Figura 22.3 Exemplo de recuperação usando a atualização adiada com transações concorrentes. (a) As operações READ e WRITE de quatro transações. (b) Log do sistema no ponto de falha.

22.3 Técnicas de recuperação baseadas em atualização imediata

Nestas técnicas, quando uma transação emite um comando de atualização, o banco de dados no disco pode ser atualizado *imediatamente*, sem qualquer necessidade de esperar que a transação atinja seu ponto de confirmação. Observe que *não é um requisito* que cada atualização seja aplicada imediatamente ao disco; é apenas possível que algumas atualizações sejam aplicadas ao disco *antes que a transação seja confirmada*.

Devem-se tomar providências para *desfazer* o efeito das operações de atualização que foram aplicadas ao banco de dados por uma *transação com falha*. Isso é obtido ao reverter a transação e desfazer o efeito das operações write_item da transação. Portanto, as **entradas de log tipo UNDO**, que incluem o **valor antigo** (BFIM) do item, devem ser armazenadas no log. Como um UNDO pode ser necessário durante a recuperação, esses métodos seguem uma **estratégia steal** para decidir quando os buffers da memória principal atualizados podem ser gravados de volta no disco (ver Seção 22.1.3).

Teoricamente, podemos distinguir duas categorias principais de algoritmos de atualização imediata:

1. Se a técnica de recuperação garante que todas as atualizações de uma transação são gravadas no banco de dados em disco *antes que a transação seja confirmada*, não há motivo para refazer (REDO) quaisquer operações das transações confirmadas. Isso é chamado de **algoritmo de recuperação UNDO/NO-REDO**. Neste método, todas as atualizações por uma transação devem ser gravadas em disco *antes que a transação seja confirmada*, de modo que o REDO nunca é necessário. Assim, este método precisa utilizar a **estratégia steal/force** para decidir quando os buffers atualizados da memória principal são gravados de volta ao disco (ver Seção 22.1.3).
2. Se a transação puder confirmar antes que todas as mudanças sejam gravadas no banco de dados, temos o caso mais geral, conhecido como **algoritmo de recuperação UNDO/REDO**. Neste caso, a **estratégia steal/no-force** é aplicada (ver Seção 22.1.3). Esta também é a técnica mais complexa, mas a mais comum. Vamos esboçar um algoritmo de recuperação UNDO/REDO e deixar como um exercício para o leitor desenvolver a variação UNDO/NO-REDO. Na Seção 22.5, descrevemos uma técnica mais prática, conhecida como técnica de recuperação ARIES.

Quando a execução concorrente é permitida, o processo de recuperação novamente depende dos protocolos usados para o controle de concorrência. O procedimento RIU_M (recuperação usando atualizações imediatas para um ambiente multiusuário) esboça um algoritmo de recuperação para transações concorrentes com atualizações imediatas (recuperação UNDO/REDO). Suponha que o log inclua check points e que o protocolo de controle de concorrência produza *schedules estritos* — por exemplo, como faz o protocolo de bloqueio em duas fases. Lembre-se de que um schedule estrito não permite que uma transação leia ou grave um item, a menos que a transação que gravou o item por último tenha sido confirmada. Porém, podem ocorrer deadlocks no bloqueio estrito em duas fases, exigindo assim o cancelamento e UNDO de transações. Para um schedule estrito, o UNDO de uma operação exige a mudança do item de volta a seu valor antigo (BFIM).

Procedimento RIU_M (UNDO/REDO com check points).

1. Use duas listas de transações mantidas pelo sistema: as transações confirmadas desde o último check point e as transações ativas.
2. Desfaça todas as operações write_item das transações *ativas* (não confirmadas), usando o procedimento UNDO. As operações devem ser desfeitas na ordem reversa em que foram gravadas no log.

3. Refaça todas as operações write_item das transações *confirmadas* com base no log, na ordem em que foram gravadas nele, usando o procedimento REDO definido anteriormente.

O procedimento UNDO é definido da seguinte forma:

Procedimento UNDO (WRITE_OP). Desfazer uma operação write_item write_op consiste em examinar sua entrada de log [write_item, *T*, *X*, valor_antigo, valor_novo] e definir o valor do item *X* no banco de dados para valor_antigo, que é a imagem antiga (BFIM). Desfazer uma série de operações write_item de uma ou mais transações do log deve prosseguir na *ordem reversa* daquela em que as operações foram gravadas no log.

Conforme discutimos no procedimento **NO-UNDO/REDO**, a etapa 3 é realizada com mais eficiência ao iniciar do *final do log* e refazer apenas *a última atualização de cada item* X. Sempre que um item é refeito, ele é acrescentado à lista de itens refeitos e não é refeito novamente. Um procedimento semelhante pode ser elaborado para melhorar a eficiência da etapa 2, de modo que um item possa ser desfeito no máximo uma vez durante a recuperação. Nesse caso, o UNDO mais antigo é aplicado primeiro ao varrer o log para a frente (começando do início do log). Sempre que um item é desfeito, ele é acrescentado a uma lista de itens desfeitos e não é desfeito novamente.

22.4 Paginação de sombra

Esse esquema de recuperação não exige o uso de um log em um ambiente monousuário. Em um ambiente multiusuário, um log pode ser necessário para o método de controle de concorrência. A paginação de sombra (ou *shadow*) considera o banco de dados composto de uma série de páginas de disco (ou blocos de disco) de tamanho fixo — digamos, *n* — para fins de recuperação. Um **diretório** com *n* entradas[5] é construído, no qual a *i*-ésima entrada aponta para a *i*-ésima página de banco de dados no disco. O diretório é mantido na memória principal se não for muito grande, e todas as referências — leituras e gravações — a páginas do banco de dados no disco passam por ela. Quando uma transação começa a ser executada, o **diretório atual** — cujas entradas apontam para as páginas de banco de dados mais recentes no disco — é copiado para um **diretório de sombra**. O diretório de sombra é, então, salvo em disco enquanto o diretório ativo é usado pela transação.

Durante a execução da transação, o diretório de sombra *nunca* é modificado. Quando uma operação write_item é realizada, uma nova cópia da página de banco de dados modificada é criada, mas a cópia antiga dessa página *não é modificada*. Em vez disso, a nova página é gravada em outro lugar — em algum bloco de disco anteriormente não utilizado. A entrada do diretório atual é modificada para que aponte para o novo bloco de disco, enquanto o diretório de sombra não é modificado e continua a apontar para o antigo bloco não modificado. A Figura 22.4 ilustra os conceitos de diretórios de sombra e atual. Para as páginas atualizadas pela transação, duas versões são mantidas. A versão antiga é referenciada pelo diretório de sombra e a nova versão, pelo diretório atual.

Para recuperar-se de uma falha durante a execução da transação, é suficiente liberar as páginas de banco de dados modificadas e descartar o diretório ativo. O estado do banco de dados antes da execução da transação está disponível por meio do diretório de sombra, e esse estado é recuperado ao restaurar o diretório de sombra. O banco de dados, assim, é retornado a seu estado anterior à transação que estava executando

[5] O diretório é semelhante à tabela de página mantida pelo sistema operacional para cada processo.

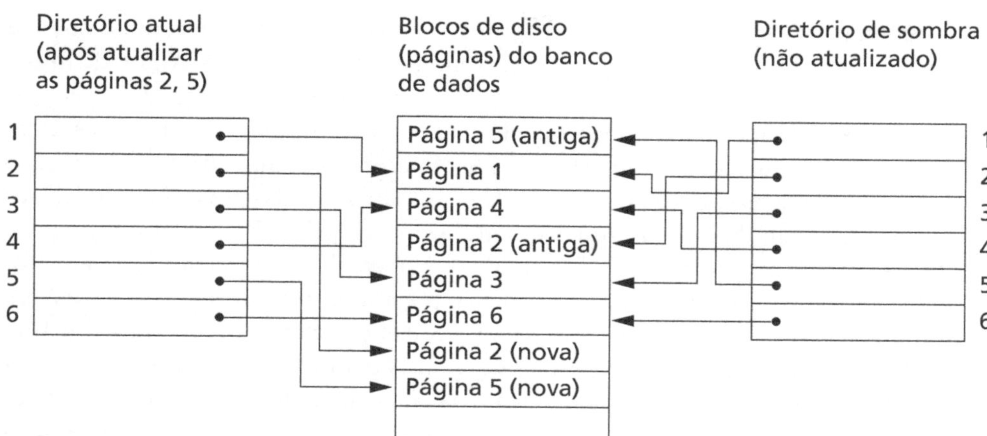

Figura 22.4 Um exemplo de paginação de sombra.

quando ocorreu a falha, e quaisquer páginas modificadas são descartadas. A confirmação de uma transação corresponde a descartar o diretório de sombra anterior. Como a recuperação não envolve desfazer nem refazer itens de dados, esta técnica pode ser categorizada como uma técnica NO-UNDO/NO-REDO para recuperação.

Em um ambiente multiusuário com transações concorrentes, logs e check points precisam ser incorporados à técnica de paginação de sombra. Uma desvantagem da página de sombra é que as páginas de banco de dados atualizadas mudam de local no disco. Isso torna difícil manter páginas de banco de dados relacionadas próximas no disco sem o uso de complexas estratégias de gerenciamento de armazenamento. Além disso, se o diretório for grande, a sobrecarga por gravar diretórios de sombra em disco, à medida que as transações são confirmadas, é significativa. Outra complicação é o modo como se trata a **coleta de lixo** quando uma transação é confirmada. As páginas antigas referenciadas pelo diretório de sombra que foram atualizadas devem ser liberadas e acrescentadas à lista de páginas livres para uso futuro. Essas páginas não são mais necessárias após a confirmação da transação. Outra questão é que a operação para migrar entre os diretórios atual e de sombra deve ser implementada como uma operação indivisível.

22.5 O algoritmo de recuperação ARIES

Agora, descrevemos o algoritmo ARIES como um exemplo de algoritmo de recuperação usado em sistemas de banco de dados. Ele é utilizado em muitos produtos relacionados a banco de dados relacional da IBM. O ARIES possui uma técnica steal/no-force para gravação, e é baseado em três conceitos: logging write-ahead, histórico repetitivo durante o redo e mudanças no logging durante o undo. Discutimos o logging write-ahead na Seção 22.1.3. O segundo conceito, **histórico repetitivo**, significa que o ARIES retraçará todas as ações do sistema de banco de dados antes da falha para reconstruir o estado do banco de dados *quando a falha ocorrer*. As transações não confirmadas no momento da falha (transações ativas) são desfeitas. O terceiro conceito, **logging durante o undo**, impedirá que o ARIES repita as operações de undo completadas se houver uma falha durante a recuperação, causando reinício do processo de recuperação.

O procedimento de recuperação ARIES consiste em três etapas principais: análise, REDO e UNDO. A **etapa de análise** identifica as páginas sujas (atualizadas) no buffer[6]

[6] Os buffers reais podem se perder durante uma falha, pois estão na memória principal. Tabelas adicionais armazenadas no log durante o check point (Tabela de Páginas Sujas, Tabela de Transações) permitem que o ARIES identifique essa informação (conforme discutiremos mais adiante nesta seção).

e o conjunto de transações ativas no momento da falha. O ponto apropriado no log em que a operação REDO deveria começar também é determinado. A **fase de REDO** na realidade reaplica as atualizações do log ao banco de dados. Em geral, a operação REDO é aplicada apenas a transações confirmadas. Porém, isso não acontece no ARIES.

Certas informações no log do ARIES oferecerão o ponto de partida para o REDO, com base no qual as operações de REDO são aplicadas até o final do log ser alcançado. Além disso, as informações armazenadas pelo ARIES e nas páginas de dados permitirão que o ARIES determine se a operação a ser refeita realmente foi aplicada ao banco de dados e, portanto, não precisa ser reaplicada. Assim, *somente as operações de REDO necessárias* são aplicadas durante a recuperação. Por fim, durante a **fase de UNDO**, o log é varrido de trás para a frente e as operações das transações que estavam ativas no momento da falha são desfeitas na ordem contrária. As informações necessárias para o ARIES realizar seu procedimento de recuperação incluem o log, a Tabela de Transações e a Tabela de Páginas Sujas. Além disso, o check point é utilizado. Essas tabelas são mantidas pelo gerenciador de transação e gravadas no log durante o check point.

Em ARIES, cada registro de log tem um **número de sequência de log** (**LSN** — *log sequence number*) associado, que aumenta monotonicamente e indica o endereço do registro de log no disco. Cada LSN corresponde a uma *mudança específica* (ação) de alguma transação. Além disso, cada página de dados armazenará o LSN do *registro de log mais recente correspondente a uma mudança para essa página*. Um registro de log é gravado para qualquer uma das seguintes ações: atualizar uma página (write), confirmar uma transação (commit), abortar uma transação (abort), desfazer uma atualização (undo) e encerrar uma transação (end). A necessidade de incluir as três primeiras ações no log já foi discutida, mas as duas últimas precisam de alguma explicação. Quando uma atualização é desfeita, um *registro de log de compensação* é gravado no log, de modo que o UNDO não precisa ser repetido. Quando uma transação termina, seja por confirmação, seja por abortamento, um *registro de log de fim* é gravado.

Os campos comuns em todos os registros de log incluem o LSN anterior para essa transação, a ID da transação e o tipo de registro de log. O LSN anterior é importante porque liga os registros de log (em ordem reversa) para cada transação. Para uma ação de atualização (write), campos adicionais no registro de log incluem a ID de página para a página que contém o item, o comprimento do item atualizado, seu *offset* do início da página, a imagem antes do item e sua imagem depois.

Além do log, duas tabelas são necessárias para uma recuperação eficiente: a **Tabela de Transações** e a **Tabela de Páginas Sujas**, que são mantidas pelo gerenciador de transação. Quando ocorre uma falha, essas tabelas são reconstruídas na fase de análise da recuperação. A Tabela de Transações contém uma entrada para *cada transação ativa*, com informações como a ID de transação, o status da transação e o LSN do registro de log mais recente para a transação. A Tabela de Páginas Sujas contém uma entrada para cada página suja no cache do SGBD, que inclui a ID de página e o LSN correspondente à atualização mais antiga nessa página.

O **check point** no ARIES consiste no seguinte: gravar um registro begin_checkpoint no log, gravar um registro end_checkpoint no log e gravar o LSN do registro begin_checkpoint em um arquivo especial. Esse arquivo especial é acessado durante a recuperação para localizar a última informação de check point. Com o registro end_checkpoint, os conteúdos da Tabela de Transações e da Tabela de Páginas Sujas são anexados ao final do log. Para reduzir o custo, o **check point fuzzy** é usado de modo que o SGBD possa continuar a executar as transações durante o check point (ver Seção 22.1.4). Além disso, o conteúdo do cache do SGBD não precisa ser transferido para o disco durante o check point porque a Tabela de Transações e a Tabela de Páginas Sujas — que são anexadas ao log no disco — contêm as informações necessárias para a recuperação. Observe que, se houver uma falha durante o check point, o arquivo especial se referirá ao check point anterior, que seria usado para recuperação.

Após uma falha, o gerenciador de recuperação ARIES assume. A informação do último check point primeiro é acessada por meio do arquivo especial. A **fase de análise** começa no registro begin_checkpoint e prossegue até o final do log. Quando o registro end_checkpoint é encontrado, a Tabela de Transações e a Tabela de Páginas Sujas são acessadas (lembre-se de que essas tabelas foram gravadas no log durante o check point). No decorrer da análise, os registros de log sendo analisados podem causar modificações nessas duas tabelas. Por exemplo, se um registro de log de fim foi encontrado para uma transação *T* na Tabela de Transações, a entrada para *T* é excluída dessa tabela. Se algum outro tipo de registro de log for encontrado para uma transação *T'*, uma entrada para *T'* é inserida na Tabela de Transações, se ainda não estiver presente, e o último campo LSN é modificado. Se o registro de log corresponder a uma mudança para a página *P*, uma entrada seria feita para a página *P* (se não estiver presente na tabela) e o campo LSN associado seria modificado. Quando a fase de análise termina, a informação necessária para REDO e UNDO já foi compilada nas tabelas.

A **fase de REDO** vem em seguida. Para reduzir a quantidade de trabalho desnecessário, o ARIES começa a refazer em um ponto no log em que ele sabe (com certeza) que as mudanças anteriores nas páginas sujas *já foram aplicadas ao banco de dados no disco*. Ele pode determinar isso ao localizar o menor LSN, *M*, de todas as páginas sujas na Tabela de Páginas Sujas, que indica a posição no log em que o ARIES precisa iniciar a fase de REDO. Quaisquer mudanças correspondentes a um LSN < *M*, para transações que podem ser refeitas, já precisam ter sido propagadas para o disco ou alteradas no buffer; caso contrário, essas páginas sujas com esse LSN estariam no buffer (e na Tabela de Páginas Sujas). Assim, a REDO começa no registro de log com LSN = *M* e varre para a frente até o final do log.

Para cada mudança registrada no log, o algoritmo de REDO verificaria se a mudança foi reaplicada ou não. Por exemplo, se uma mudança registrada no log pertence à página *P* que não está na Tabela de Páginas Sujas, então essa mudança já está no disco e não precisa ser reaplicada. Ou, se uma mudança registrada no log (digamos, com LSN = *N*) pertence à página *P* e a Tabela de Páginas Sujas contém uma entrada para *P* com LSN maior que *N*, então a mudança já está presente. Se nenhuma dessas duas condições acontecer, a página *P* é lida do disco e o LSN armazenado nessa página, LSN(*P*), é comparado com *N*. Se *N* < LSN(*P*), então a mudança foi aplicada e a página não precisa ser regravada no disco.

Quando a fase de REDO terminar, o banco de dados estará no estado exato em que estava quando a falha ocorreu. O conjunto de transações ativas — chamadas undo_set — foi identificado na Tabela de Transações durante a fase de análise. Agora, a **fase de UNDO** prossegue varrendo de trás para a frente, do final do log, e desfazendo as ações apropriadas. Um registro de log de compensação é gravado para cada ação desfeita. O UNDO lê de trás para a frente no log até que cada ação do conjunto de transações no undo_set tenha sido desfeita. Quando isso é concluído, o processo de recuperação termina e o processamento normal pode ser iniciado novamente.

Considere o exemplo de recuperação mostrado na Figura 22.5. Existem três transações: T_1, T_2 e T_3. T_1 atualiza a página *C*, T_2 atualiza as páginas *B* e *C*, e T_3 atualiza a página A. A Figura 22.5(a) mostra o conteúdo parcial do log, e a Figura 22.5(b) mostra o conteúdo da Tabela de Transações e da Tabela de Páginas Sujas. Agora, suponha que ocorra uma falha nesse ponto. Como houve um check point, o endereço do registro begin_checkpoint associado é recuperado, que é o local 4. A fase

(a)

Lsn	Ultimo_lsn	Identificador_ transacao	Tipo	Identificador_ pagina	Outra_informacao
1	0	T_1	update	*C*	...
2	0	T_2	update	*B*	...
3	1	T_1	commit		...
4	begin checkpoint				
5	end checkpoint				
6	0	T_3	update	*A*	...
7	2	T_2	update	*C*	...
8	7	T_2	commit		...

(b)

TABELA DE TRANSAÇÕES

Identificador_ transacoes	Ultimo_lsn	Status
T_1	3	commit
T_2	2	in progress

TABELA DE PÁGINAS SUJAS

Identificador_ pagina	Lsn
C	1
B	2

(c)

TABELA DE TRANSAÇÕES

Identificador_ transacoes	Ultimo_lsn	Status
T_1	3	commit
T_2	8	commit
T_3	6	in progress

TABELA DE PÁGINAS SUJAS

Identificador_ pagina	Lsn
C	7
B	2
A	6

Figura 22.5 Exemplo de recuperação em ARIES. (a) O log no ponto da falha. (b) As Tabelas de Transações e de Páginas Sujas no momento do check point. (c) As Tabelas de Transações e de Páginas Sujas após a fase de análise.

de análise começa do local 4 até chegar ao final. O registro end_checkpoint teria a Tabela de Transações e a Tabela de Páginas Sujas da Figura 22.5(b), e a fase de análise ainda reconstruiria essas tabelas. Quando a fase de análise encontra o registro de log 6, uma nova entrada para a transação T_3 é feita na Tabela de Transações e uma nova entrada para a página A é feita na Tabela de Páginas Sujas. Após o registro 8 ser analisado, o status da transação T_2 é mudado para confirmado na Tabela de Transações. A Figura 22.5(c) mostra as duas tabelas após a fase de análise.

Para a fase de REDO, o menor LSN na Tabela de Páginas Sujas é 1. Logo, o REDO começará no registro de log 1 e prosseguirá com o REDO das atualizações. Os LSNs {1, 2, 6, 7} correspondentes às atualizações para as páginas C, B, A e C, respectivamente, são menores que os LSNs dessas páginas (como mostra a Tabela de Páginas Sujas). Assim, essas páginas de dados serão lidas novamente e as atualizações, reaplicadas com base no log (supondo que os LSNs reais armazenados nessas páginas de dados sejam menores que a entrada de log correspondente). Nesse ponto, a fase de REDO termina e a fase de UNDO começa. Pela Tabela de Transações [Figura 22.5(c)], UNDO é aplicado somente à transação ativa T_3. A fase de UNDO se inicia na entrada de log 6 (a última atualização para T_3) e prossegue de trás para a frente no log. A cadeia inversa de atualizações para a transação T_3 (somente o registro de log 6 neste exemplo) é seguida e desfeita.

22.6 Recuperação em sistemas de múltiplos bancos de dados

Até aqui, assumimos implicitamente que uma transação acessa um único banco de dados. Em alguns casos, uma única transação, chamada **transação multibanco de dados**, pode exigir acesso a vários bancos de dados. Esses bancos podem ainda ser armazenados em diferentes tipos de SGBDs; por exemplo, alguns SGBDs podem ser relacionais, enquanto outros são orientados a objeto, hierárquicos ou de rede. Nesse caso, cada SGBD envolvido na transação multibanco de dados pode ter a própria técnica de recuperação e gerenciador de transação separados daqueles dos outros SGBDs. Essa situação é um tanto quanto semelhante ao caso de um sistema de gerenciamento de banco de dados distribuído (ver Capítulo 23), em que partes do banco de dados residem em diferentes locais que estão conectados por uma rede de comunicação.

Para manter a atomicidade de uma transação multibanco de dados, é preciso ter um mecanismo de recuperação de dois níveis. Um **gerenciamento de recuperação global**, ou **coordenador,** é necessário para manter informações usadas para recuperação, além dos gerenciadores de recuperação locais e das informações que eles mantêm (log, tabelas). O coordenador costuma seguir um protocolo chamado **protocolo de confirmação em duas fases**, cujas fases podem ser indicadas da seguinte forma:

- **Fase 1.** Quando todos os bancos de dados participantes sinalizam ao coordenador que a parte da transação multibanco de dados que envolve cada um tiver sido concluída, o coordenador envia uma mensagem de *preparação para confirmação* a cada participante, para que se preparem para confirmar a transação. Cada banco de dados participante, ao receber essa mensagem, forçará a gravação de todos os registros do log e as informações necessárias para a recuperação local em disco, e depois enviará um sinal *pronto para confirmação* ou *OK* ao coordenador. Se a gravação forçada em disco falhar ou a transação local não puder confirmar por alguma razão, o banco de dados participante enviará um sinal *não posso confirmar* ou *não OK* ao coordenador. Se o coordenador não receber uma resposta do banco de dados dentro de certo limite de tempo, ele supõe uma resposta *não OK*.
- **Fase 2.** Se *todos* os bancos de dados participantes responderem *OK* e o voto do coordenador também for *OK*, a transação terá sido bem-sucedida, e o coordenador envia um sinal de *confirmação* para a transação aos bancos de dados participantes. Como todos os efeitos locais da transação e as informações necessárias para a recuperação local foram registrados nos logs dos bancos de dados participantes, a recuperação da falha agora é possível. Cada banco de dados participante completa a confirmação da transação ao gravar uma entrada [commit] para a transação no log e ao atualizar permanentemente o banco de dados, se necessário. Contudo, se um ou mais dos bancos de dados participantes ou o coordenador tiverem uma resposta *não OK*, a transação terá falhado, e o coordenador enviará uma mensagem para *reverter* ou UNDO (desfazer) o efeito local da transação a cada banco de dados participante. Isso é feito ao desfazer as operações da transação, usando o log.

O efeito final do protocolo de confirmação em duas fases é que ou todos os bancos de dados participantes confirmam o efeito da transação ou nenhum deles o faz. Caso qualquer um dos participantes — ou o coordenador — falhe, sempre é possível recuperar para um estado em que ou a transação é confirmada ou é revertida. Uma falha durante ou antes da Fase 1 normalmente requer que a transação seja revertida, enquanto uma falha durante a Fase 2 significa que uma transação bem-sucedida pode se recuperar e ser confirmada.

22.7 Backup e recuperação de banco de dados contra falhas catastróficas

Até aqui, todas as técnicas que discutimos se aplicam a falhas não catastróficas. Uma suposição-chave foi de que o log do sistema é mantido no disco e não se perde como resultado da falha. De modo semelhante, o diretório de sombra precisa ser armazenado no disco para permitir recuperação quando a página de sombra for utilizada. As técnicas de recuperação que discutimos usam as entradas no log do sistema ou no diretório de sombra para se recuperarem da falha ao retornar o banco de dados a um estado consistente.

O gerenciador de recuperação de um SGBD também precisa ser equipado para lidar com falhas mais catastróficas, como as de disco. A principal técnica utilizada para lidar com essas falhas é um **backup do banco de dados**, em que o banco inteiro e o log são periodicamente copiados para um meio de armazenamento barato, como fitas magnéticas ou outros dispositivos de armazenamento off-line de grande capacidade. No caso de uma falha catastrófica do sistema, a cópia de backup mais recente pode ser recarregada da fita para o disco, e o sistema pode ser reiniciado.

Os dados de aplicações críticas, como bancos, seguros, mercado de ações e outros bancos de dados, são copiados de tempos em tempos em sua totalidade e movidos para locais seguros e fisicamente separados. Câmaras de armazenamento subterrâneas têm sido usadas para proteção contra danos ocasionados por inundação, tempestade, terremoto ou incêndio. Eventos como o ataque terrorista de 11 de setembro em Nova York (em 2001) e o desastre do furacão Katrina em Nova Orleans (em 2005) criaram maior conscientização da *recuperação de desastres dos bancos de dados críticos aos negócios*.

Para evitar perder todos os efeitos das transações executadas desde o último backup, é comum fazer o backup do log do sistema em intervalos mais frequentes que o do banco de dados inteiro, copiando-o periodicamente para fita magnética. O log do sistema costuma ser muito menor que o próprio banco de dados, e, portanto, pode ser copiado com mais frequência. Portanto, os usuários não perdem todas as transações que realizaram desde o último backup. Todas as transações confirmadas e registradas na parte do log do sistema que foi copiada para fita podem ter efeito sobre o banco de dados refeito. Um novo log é iniciado após cada backup. Assim, para recuperar-se da falha do disco, o banco de dados é primeiro recriado no disco com base em sua cópia de backup mais recente em fita. Depois disso, os efeitos de todas as transações confirmadas, cujas operações foram registradas nas cópias do log do sistema, são refeitos.

22.8 Resumo

Neste capítulo, discutimos as técnicas para recuperação de falhas na transação. O objetivo principal da recuperação é garantir a propriedade de atomicidade de uma transação. Se uma transação falhar antes de terminar sua execução, o mecanismo de recuperação precisa garantir que a transação não possui efeitos duradouros no banco de dados. Primeiro, na Seção 22.1, fizemos um esboço informal para um processo de recuperação e, depois, discutimos os conceitos do sistema para recuperação. Estes incluíram uma discussão de caching, atualização no local *versus* sombra, imagens antes e depois de um item de dados, operações de recuperação UNDO *versus* REDO, políticas steal/no-steal e force/no-force, check point do sistema e o protocolo de logging write-ahead.

Em seguida, abordamos duas técnicas diferentes para recuperação: atualização adiada (Seção 22.2) e atualização imediata (Seção 22.3). As técnicas de atualização adiada postergam qualquer atualização real do banco de dados em disco até que uma transação atinja seu ponto de confirmação (commit). A transação força a gravação do log em disco antes de gravar as atualizações no banco de dados. Essa técnica, quando usada com certos métodos de controle de concorrência, foi elaborada para nunca exigir a reversão (rollback) da transação, e a recuperação consiste simplesmente em refazer as operações das transações confirmadas após o último check point a partir do log. A desvantagem é que muito espaço em buffer pode ser necessário, pois as atualizações são mantidas nos buffers e não são aplicadas ao disco até que a transação seja confirmada. A atualização adiada pode levar a um algoritmo de recuperação conhecido como NO-UNDO/REDO. As técnicas de atualização imediata podem aplicar mudanças ao banco de dados no disco antes que a transação alcance uma conclusão bem-sucedida. Quaisquer mudanças aplicadas devem primeiro ser registradas no log e forçar a gravação para o disco, de modo que essas operações possam ser desfeitas, se for preciso. Demos uma visão geral de um algoritmo de recuperação para atualização imediata, conhecido como UNDO/REDO. Outro algoritmo, conhecido como UNDO/NO-REDO, também pode ser desenvolvido para atualização imediata se todas as ações da transação forem registradas no banco de dados antes da confirmação.

Na Seção 22.4, discutimos a técnica de paginação de sombra para a recuperação, que registra as antigas páginas do banco de dados usando um diretório de sombra. Essa técnica, que é classificada como NO-UNDO/NO-REDO, não exige um log nos sistemas monousuário, mas ainda precisa do log para sistemas multiusuário. Também apresentamos o ARIES, na Seção 22.5; trata-se de um esquema de recuperação específico utilizado em muitos produtos de banco de dados relacional da IBM. Depois, na Seção 22.6, discutimos o protocolo de confirmação em duas fases, que é usado para a recuperação de falhas que envolvem transações multibanco de dados. Finalmente, discutimos a recuperação de falhas catastróficas na Seção 22.7; esta costuma ser feita com o backup para fita magnética do banco de dados e do log. O log pode ser copiado com mais frequência que o banco de dados, e o log de backup pode servir para refazer operações com base no último backup completo do banco de dados.

PERGUNTAS DE REVISÃO

22.1. Discuta os diferentes tipos de falhas de transação. O que significa uma *falha catastrófica*?

22.2. Discuta as ações tomadas pelas operações read_item e write_item em um banco de dados.

22.3. Para que é usado o log do sistema? Quais são os tipos mais comuns de entradas em um log do sistema? O que são check points e por que eles são importantes? O que são pontos de confirmação da transação e por que eles são importantes?

22.4. Como as técnicas de buffering e caching são usadas pelo subsistema de recuperação?

22.5. O que são a imagem antes (BFIM) e a imagem depois (AFIM) de um item de dados? Qual é a diferença entre a atualização no local e a sombra, com relação ao tratamento de BFIM e AFIM?

22.6. O que são entradas de log tipo UNDO e REDO?

22.7. Descreva o protocolo de logging write-ahead.

22.8. Identifique três listas típicas de transações mantidas pelo subsistema de recuperação.

22.9. O que significa *reversão* (ou rollback) *de transação*? O que significa *reversão (ou rollback) em cascata*? Por que os métodos de recuperação práticos utilizam protocolos que não permitem a propriedade de rollback em cascata? Que técnicas de recuperação não exigem qualquer rollback?

22.10. Discuta as operações UNDO e REDO e as técnicas de recuperação que utilizam cada uma.

22.11. Discuta a técnica de recuperação com atualização adiada. Quais são as vantagens e desvantagens dessa técnica? Por que ela é chamada de método NO-UNDO/REDO?

22.12. Como a recuperação pode tratar de operações com transação que não afetam o banco de dados, como a impressão de relatórios por uma transação?

22.13. Discuta a técnica de recuperação com atualização imediata nos ambientes monousuário e multiusuário. Quais são as vantagens e as desvantagens da atualização imediata?

22.14. Qual é a diferença entre os algoritmos de UNDO/REDO e UNDO/NO-REDO para a recuperação com atualização imediata? Desenvolva o esboço para um algoritmo UNDO/NO-REDO.

22.15. Descreva a técnica de recuperação com paginação de sombra. Sob quais circunstâncias ela não exige um log?

22.16. Descreva as três fases de recuperação do ARIES.

22.17. O que são números de sequência de log (LSNs) em ARIES? Como eles são usados? Que informação a Tabela de Páginas Sujas e a Tabela de Transações contêm? Descreva como o check point fuzzy é usado no ARIES.

22.18. O que significam os termos *steal/no-steal* e *force/no-force* com relação ao gerenciamento de buffer para processamento de transação?

22.19. Descreva o protocolo de confirmação em duas fases para transações multibanco de dados.

22.20. Discuta como é tratada a recuperação de desastre contra falhas catastróficas.

EXERCÍCIOS

22.21. Suponha que o sistema falhe antes da entrada [read_item, T_3, A] ser gravada no log da Figura 22.1(b). Isso fará alguma diferença no processo de recuperação?

22.22. Suponha que o sistema falhe antes de a entrada [write_item, T_2, D, 25, 26] ser gravada no log da Figura 22.1(b). Isso fará alguma diferença no processo de recuperação?

22.23. A Figura 22.6 mostra o log correspondente a determinado schedule no ponto de uma falha do sistema para quatro transações T_1, T_2, T_3 e T_4. Suponha que usemos o *protocolo de atualização imediata* com check point. Descreva o processo de recuperação da falha do sistema. Especifique quais transações são revertidas, quais operações no log são refeitas e quais (se houver) são desfeitas, e se ocorre algum rollback em cascata.

22.24. Suponha que usemos um protocolo de atualização adiada para o exemplo da Figura 22.6. Mostre como o log seria diferente no caso de atualização adiada ao remover as entradas de log desnecessárias; depois, descreva o processo de recuperação, usando seu log modificado. Suponha que apenas

[start_transaction, T_1]
[read_item, T_1, A]
[read_item, T_1, D]
[write_item, T_1, D, 20, 25]
[commit, T_1]
[checkpoint]
[start_transaction, T_2]
[read_item, T_2, B]
[write_item, T_2, B, 12, 18]
[start_transaction, T_4]
[read_item, T_4, D]
[write_item, T_4, D, 25, 15]
[start_transaction, T_3]
[write_item, T_3, C, 30, 40]
[read_item, T_4, A]
[write_item, T_4, A, 30, 20]
[commit, T_4]
[read_item, T_2, D]
[write_item, T_2, D, 15, 25]

Falha do sistema

Figura 22.6 Exemplo de schedule e seu log correspondente.

operações REDO sejam aplicadas e especifique quais operações no log são refeitas e quais são ignoradas.

22.25. Como o processo de check point do ARIES difere do check point descrito na Seção 22.1.4?

22.26. Como os números de sequência de log são usados pelo ARIES para reduzir a quantidade de trabalho de REDO necessária para a recuperação? Ilustre com um exemplo usando a informação mostrada na Figura 22.5. Você pode fazer suas suposições em relação a quando uma página é gravada no disco.

22.27. Que implicações uma política de gerenciamento de buffer no-steal/force tem sobre o check point e a recuperação?

Escolha a resposta correta para cada uma das seguintes perguntas de múltipla escolha:

22.28. O logging incremental com atualizações adiadas implica que o sistema de recuperação deve
- **a.** armazenar o valor antigo do item atualizado no log.
- **b.** armazenar o valor novo do item atualizado no log.
- **c.** armazenar o valor antigo e o novo do item atualizado no log.
- **d.** armazenar apenas os registros Begin Transaction e Commit Transaction no log.

22.29. O protocolo de logging write-ahead (WAL) simplesmente significa que
- **a.** a gravação de um item de dados deve ser feita antes de qualquer operação de logging.
- **b.** o registro de log para uma operação deve ser gravado antes que os registros dos dados reais sejam gravados.
- **c.** todos os registros de log devem ser gravados antes que uma nova transação inicie a execução.
- **d.** o log nunca precisa ser gravado em disco.

22.30. No caso de falha da transação sob um esquema de logging incremental com atualização adiada, qual das seguintes operações será necessária?
- **a.** Uma operação undo.
- **b.** Uma operação redo.
- **c.** Uma operação undo e redo.
- **d.** Nenhuma das alternativas anteriores.

22.31. Para o logging incremental com atualizações imediatas, um registro de log para uma transação conteria
- **a.** um nome de transação, um nome de item de dados e os valores antigo e novo do item.
- **b.** um nome de transação, um nome de item de dados e o valor antigo do item.
- **c.** um nome de transação, um nome de item de dados e o valor novo do item.
- **d.** um nome de transação e um nome de item de dados.

22.32. Para o comportamento correto durante a recuperação, operações de undo e redo devem ser
- **a.** comutativas.
- **b.** associativas.
- **c.** idempotentes.
- **d.** distributivas.

22.33. Quando ocorre uma falha, o log é consultado e cada operação é desfeita ou refeita. Isso é um problema porque
- **a.** a pesquisa do log inteiro é demorada.
- **b.** muitos redos são desnecessários.

c. as alternativas (a) e (b) estão corretas.
d. nenhuma das alternativas anteriores.

22.34. Ao usar um esquema de recuperação com base em log, isso poderia melhorar o desempenho e também oferecer um mecanismo de recuperação ao
a. gravar os registros de log em disco quando cada transação é confirmada.
b. gravar os registros de log apropriados em disco durante a execução da transação.
c. esperar para gravar os registros de log até que múltiplas transações sejam confirmadas e gravá-las como um batch.
d. nunca gravar os registros de log em disco.

22.35. Existe uma possibilidade de rollback em cascata quando
a. uma transação grava itens gravados apenas por uma transação confirmada.
b. uma transação grava um item anteriormente gravado por uma transação não confirmada.
c. uma transação lê um item anteriormente gravado por uma transação não confirmada.
d. as alternativas (b) e (c) estão corretas.

22.36. Para lidar com falhas de mídia (disco), é necessário
a. que o SGBD só execute transações em um ambiente monousuário.
b. manter uma cópia redundante do banco de dados.
c. nunca abortar uma transação.
d. todas as alternativas anteriores.

22.37. Se a técnica de sombreamento for usada para transferir um item de dados para o disco, então
a. o item é gravado em disco somente depois que a transação é confirmada.
b. o item é gravado em um local diferente no disco.
c. o item é gravado em disco antes que a transação seja confirmada.
d. o item é gravado no mesmo local do disco em que ele foi lido.

BIBLIOGRAFIA SELECIONADA

Os livros de Bernstein et al. (1987) e Papadimitriou (1986) são dedicados à teoria e aos princípios de controle de concorrência e recuperação. O livro de Gray e Reuter (1993) é um trabalho enciclopédico sobre controle de concorrência, recuperação e outras questões de processamento de transação.

Verhofstad (1978) apresenta um tutorial e estudo das técnicas de recuperação nos sistemas de banco de dados. A categorização de algoritmos com base em suas características de UNDO/REDO é discutida em Haerder e Reuter (1983) e em Bernstein et al. (1983). Gray (1978) discute a recuperação, com outros aspectos do sistema de implementação de sistemas operacionais para bancos de dados. A técnica de paginação de sombra é discutida em Lorie (1977), Verhofstad (1978) e Reuter (1980). Gray et al. (1981) discutem o mecanismo de recuperação no SYSTEM R. Lockemann e Knutsen (1968), Davies (1973) e Bjork (1973) são artigos antigos que discutem a recuperação. Chandy et al. (1975) discutem o rollback da transação. Lilien e Bhargava (1985) discutem o conceito de bloco de integridade e seu uso para melhorar a eficiência da recuperação.

A recuperação usando o logging write-ahead é analisada em Jhingran e Khedkar (1992) e é utilizada no sistema ARIES (Mohan et al., 1992). O trabalho mais recente sobre recuperação inclui transações de compensação (Korth et al., 1990) e recuperação de banco de dados na memória principal (Kumar, 1991). Os algoritmos de recuperação ARIES (Mohan et al., 1992) têm sido muito bem-sucedidos na prática. Franklin et al. (1992) discutem a recuperação no sistema EXODUS. Os livros de Kumar e Hsu (1998) e Kumar e Song (1998) discutem a recuperação em detalhes e contêm descrições dos métodos de recuperação usados em diversos produtos de bancos de dados relacionais. Alguns exemplos de estratégias de substituição de página que são específicas para bancos de dados são discutidos em Chou e DeWitt (1985) e Pazos et al. (2006).

PARTE 10
Bancos de dados distribuídos, sistemas NOSQL e Big Data

23 Bancos de dados distribuídos

Neste capítulo, voltamos nossa atenção para os bancos de dados distribuídos (BDDs), sistemas de gerenciamento de bancos de dados distribuídos (SGBDDs) e para a forma que a arquitetura cliente-servidor é usada como uma plataforma para o desenvolvimento de aplicações de banco de dados. Os bancos de dados distribuídos levam as vantagens da computação distribuída para o domínio de banco de dados. Um **sistema de computação distribuído** consiste em uma série de sites ou nós de processamento interconectados por uma rede de computadores e que cooperam na execução de certas tarefas atribuídas. Como objetivo geral, os sistemas de computação distribuídos dividem um problema grande e difícil de ser administrado em partes menores, solucionando-o de modo eficiente, de uma maneira coordenada. Logo, mais poder de computação é aproveitado para solucionar uma tarefa complexa, e cada nó de processamento autônomo pode ser gerenciado independentemente, enquanto coopera para fornecer as funcionalidades necessárias para resolver o problema. A tecnologia de BDD é o resultado de uma fusão de duas tecnologias: a de banco de dados e a de sistemas distribuídos.

Diversos sistemas de protótipo de banco de dados distribuído foram desenvolvidos nas décadas de 1980 e 1990 para resolver as questões de distribuição de dados, replicação de dados, consulta distribuída e processamento de transação, gerenciamento de metadados de banco de dados distribuído e outros temas. Mais recentemente, surgiram muitas tecnologias novas, que combinam tecnologias distribuídas e de banco de dados. Essas tecnologias e esses sistemas estão sendo desenvolvidos para lidar com o armazenamento, a análise e a mineração de grandes quantidades de dados que estão sendo produzidos e coletados, e geralmente são conhecidas como **tecnologias big data**. As origens das tecnologias big data vêm dos sistemas distribuídos e de banco de dados, além de algoritmos de mineração de dados e aprendizado de máquina, que podem processar essas grandes quantidades de dados para extrair o conhecimento necessário.

Neste capítulo, discutimos os conceitos fundamentais à distribuição de dados e ao gerenciamento de dados distribuídos. Depois, nos dois capítulos seguintes, apresentamos uma visão geral de algumas das novas tecnologias que surgiram para gerenciar e processar big data. O Capítulo 24 discute a nova classe de sistemas de banco de dados, conhecidos como sistemas NOSQL, voltados para oferecer soluções distribuídas no gerenciamento de grandes quantidades de dados necessárias em aplicações como mídia social, saúde e segurança, para citar apenas algumas. O Capítulo 25 apresenta os conceitos e sistemas sendo usados para processamento e análise de big data, como MapReduce e outras tecnologias de processamento distribuído, assim como discute os conceitos de computação em nuvem.

A Seção 23.1 introduz conceitos de gerenciamento de banco de dados distribuído e outros relacionados. As questões de projeto de banco de dados distribuído, envolvendo a fragmentação e o sharding de dados e sua distribuição por vários sites, além da replicação de dados, são discutidas na Seção 23.2. A Seção 23.3 contém uma visão geral do controle de concorrência e recuperação nos bancos de dados distribuídos. As seções 23.4 e 23.5 apresentam as técnicas de processamento de transação e consulta de banco de dados distribuído, respectivamente. As seções 23.6 e 23.7 apresentam diferentes tipos de sistemas de bancos de dados distribuídos e suas arquiteturas, incluindo sistemas federados e multibanco de dados. Os problemas de heterogeneidade e as necessidades de autonomia nos sistemas de bancos de dados federados também são destacados. A Seção 23.8 discute os esquemas de gerenciamento de catálogo nos bancos de dados distribuídos. A Seção 23.9 é um resumo do capítulo.

Para uma rápida introdução ao assunto de bancos de dados distribuídos, as seções de 23.1 a 23.5 podem ser estudadas, e as outras seções podem ser omitidas.

23.1 Conceitos de banco de dados distribuído

Podemos definir um **banco de dados distribuído** (**BDD**) como uma coleção de múltiplos bancos de dados logicamente inter-relacionados, distribuídos por uma rede de computadores, e um **sistema de gerenciamento de banco de dados distribuído** (**SGBDD**) como um sistema de software que gerencia um banco de dados distribuído enquanto torna a distribuição transparente ao usuário.

23.1.1 Constituição de um BDD

Para um banco de dados ser chamado de distribuído, as seguintes condições mínimas devem ser satisfeitas:

- **Conexões de nós de banco de dados por uma rede de computadores.** Existem vários computadores, chamados **sites** ou **nós**. Esses nós devem ser conectados por uma **rede de comunicação** básica para transmitir dados e comandos entre os nós.
- **Inter-relação lógica dos bancos de dados conectados.** É essencial que as informações nos diversos nós de bancos de dados sejam relacionadas logicamente.
- **Possível ausência de homogeneidade entre os nós conectados.** Não é necessário que todos os nós sejam idênticos em relação aos dados, hardware e software.

Todos os nós podem estar localizados nas proximidades físicas — digamos, dentro do mesmo prédio ou de um grupo de prédios adjacentes — e conectados por uma **rede local**, ou podem estar distribuídos geograficamente por grandes distâncias e conectados por uma **rede de longa distância** ou **rede remota**. As redes locais costumam utilizar hubs sem fio ou cabos, ao passo que as redes de longa distância utilizam linhas telefônicas, cabos, infraestruturas de comunicação sem fio ou satélites. Também é possível usar uma combinação de vários tipos de redes.

As redes podem ter diferentes **topologias** que definem os caminhos de comunicação diretos entre os nós. O tipo e a topologia da rede utilizada podem ter um impacto significativo no desempenho e, portanto, nas estratégias para o processamento de consulta distribuído e o projeto de banco de dados distribuído. Para questões arquitetônicas de alto nível, porém, não importa o tipo da rede utilizada; o que importa é que cada nó seja capaz de se comunicar, direta ou indiretamente, com todos os outros nós. Para o restante deste capítulo, consideramos que existe algum tipo de rede de comunicação entre os nós, independentemente de qualquer topologia em particular. Não abordaremos quaisquer questões específicas da rede, embora seja importante entender que, para uma operação eficiente de um sistema de banco de dados distribuído (SBDD), questões de projeto e desempenho da rede são críticos e fazem parte integral da solução geral. Os detalhes da rede de comunicação básica são invisíveis ao usuário final.

23.1.2 Transparência

O conceito de transparência estende a ideia geral de ocultar detalhes da implementação dos usuários finais. Um sistema altamente transparente oferece muita flexibilidade ao usuário final/desenvolvedor de aplicação, pois requer pouco ou nenhum conhecimento dos detalhes básicos de sua parte. No caso de um banco de dados centralizado tradicional, a transparência simplesmente pertence à independência lógica e física de dados para desenvolvedores de aplicação. Contudo, em um cenário de BDD, dados e software são distribuídos por vários nós conectados por uma rede de computadores, de modo que tipos adicionais de transparências são introduzidos.

Considere o banco de dados de empresa da Figura 5.5, que usamos como exemplo no decorrer do livro. As tabelas FUNCIONARIO, PROJETO e TRABALHA_EM podem ser fragmentadas horizontalmente (ou seja, em conjuntos de linhas, conforme discutiremos na Seção 23.2) e armazenadas com possível replicação, como mostra a Figura 23.1. Os seguintes tipos de transparência são possíveis:

- **Transparência da organização dos dados (também conhecida como *transparência de distribuição* ou *de rede*).** Isso se refere à liberdade para o usuário de detalhes operacionais da rede e ao posicionamento dos dados no sistema distribuído. Ela pode ser dividida em transparência de local e transparência de nomes. **Transparência de local** refere-se ao fato de que o comando usado para realizar uma tarefa é independente do local dos dados e do local do nó onde o comando foi emitido. **Transparência de nomes** implica que, quando um nome é associado a um objeto, os objetos nomeados podem ser acessados sem ambiguidade, sem especificação adicional quanto ao local onde os dados se encontram.
- **Transparência de replicação.** Como mostramos na Figura 23.1, as cópias dos mesmos objetos de dados podem ser armazenadas em vários nós para melhores disponibilidade, desempenho e confiabilidade. A transparência de replicação torna o usuário desavisado da existência dessas cópias.
- **Transparência de fragmentação.** Dois tipos de fragmentação são possíveis. A **fragmentação horizontal** distribui uma relação (tabela) em sub-relações que são subconjuntos de tuplas (linhas) na relação original; isso também é conhecido como **sharding** nos sistemas big data e de computação em nuvem mais recentes. A **fragmentação vertical** distribui uma relação em sub-relações em que cada uma é definida por um subconjunto das colunas da relação original. A transparência de fragmentação torna o usuário desavisado da existência de fragmentos.

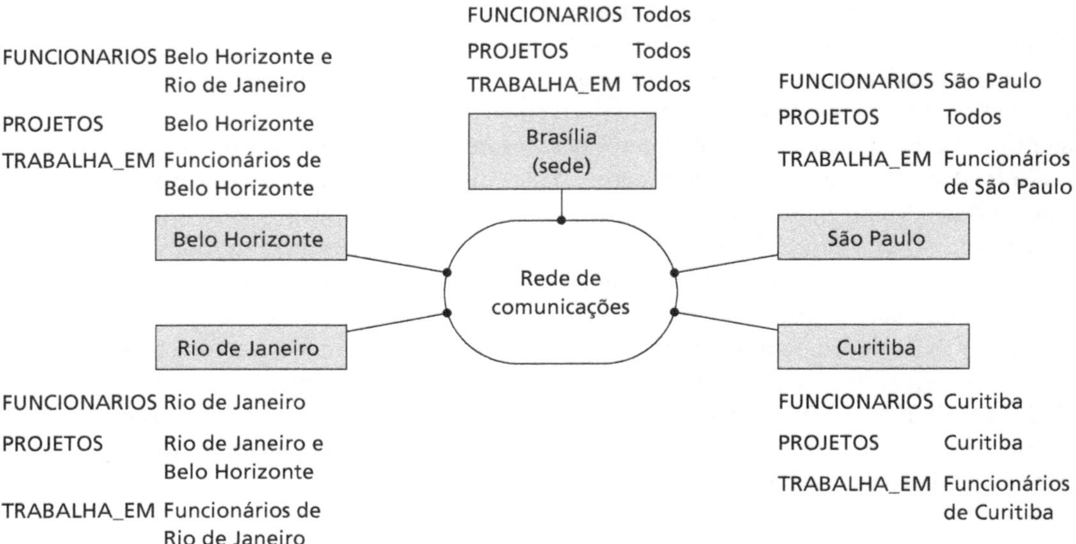

Figura 23.1 Distribuição e replicação de dados entre bancos de dados distribuídos.

- Outras transparências incluem **transparência de projeto** e **transparência de execução** — referindo-se à liberdade de saber como o banco de dados distribuído é projetado e onde uma transação é executada.

23.1.3 Confiabilidade e disponibilidade

Confiabilidade e disponibilidade são duas das vantagens em potencial mais comuns citadas para bancos de dados distribuídos. A **confiabilidade** é definida em termos gerais como a probabilidade de um sistema estar funcionando (não parado) em certo ponto no tempo, enquanto a **disponibilidade** é a probabilidade de que o sistema esteja continuamente disponível durante um intervalo de tempo. Podemos relacionar diretamente confiabilidade e disponibilidade do banco de dados aos defeitos, erros e falhas associadas a ele. Uma **falha** pode ser descrita como um desvio de um comportamento do sistema daquele especificado a fim de garantir a execução correta das operações. **Erros** constituem o subconjunto de estados do sistema que causam a falha. **Defeito** é a causa de um erro.

Para construir um sistema que seja confiável, podemos adotar várias técnicas. Uma técnica comum enfatiza a *tolerância a falha*; ela reconhece que haverá falhas, e projeta mecanismos que podem detectar e remover falhas antes que possam resultar em uma falha do sistema. Outra técnica mais rigorosa tenta garantir que o sistema final não terá falha alguma. Isso é feito por meio de um processo de projeto abrangente, seguido por controle de qualidade e teste abrangentes. Um SGBDD confiável tolera falhas dos componentes básicos e processa solicitações do usuário desde que a consistência do banco de dados não seja violada. Um gerenciador de recuperação do SGBDD precisa lidar com falhas que surgem de transações, hardware e redes de comunicação. As falhas de hardware podem ser as que resultam em perda do conteúdo da memória primária ou perda de conteúdo do armazenamento secundário. As falhas de comunicação ocorrem devido a erros associados a mensagens e falhas na linha de comunicação. Os erros de mensagem podem incluir sua perda, adulteração ou chegada fora de ordem ao destino.

Essas definições são usadas em sistemas de computação em geral, nos quais há uma distinção técnica entre confiabilidade e disponibilidade. Na maioria das discussões relacionadas a BDD, o termo **disponibilidade** geralmente é usado de forma abrangente, englobando os dois conceitos.

23.1.4 Escalabilidade e tolerância à partição

A **escalabilidade** determina a extensão à qual o sistema pode expandir sua capacidade e continuar operando sem interrupção. Existem dois tipos de escalabilidade:

1. **Escalabilidade horizontal:** refere-se à expansão do número de nós no sistema distribuído. À medida que são acrescentados nós ao sistema, deverá ser possível distribuir alguns dos dados e cargas de processamento dos nós existentes para os novos nós.
2. **Escalabilidade vertical:** refere-se à expansão da capacidade dos nós individuais no sistema, como a expansão da capacidade de armazenamento ou do poder de processamento de um nó.

À medida que o sistema expande seu número de nós, é possível que a rede que conecta os nós tenha falhas, fazendo com que os nós sejam particionados em grupos de nós. Os nós dentro de cada partição ainda estão conectados por uma sub-rede, mas a comunicação entre as partições pode ser perdida. O conceito de **tolerância à partição** afirma que o sistema deverá ter a capacidade de continuar operando enquanto a rede estiver particionada.

23.1.5 Autonomia

A **autonomia** determina a extensão à qual os nós individuais ou BDs em um BDD conectado podem operar independentemente. Um alto grau de autonomia é desejável para maior flexibilidade e manutenção personalizada de um nó individual. A autonomia pode ser aplicada ao projeto, à comunicação e à execução. A **autonomia de projeto** refere-se à independência do uso do modelo de dados e técnicas de gerenciamento de transação entre nós. A **autonomia de comunicação** determina a extensão à qual cada nó pode decidir sobre o compartilhamento de informações com outros nós. A **autonomia de execução** refere-se à independência dos usuários para atuarem conforme desejarem.

23.1.6 Vantagens dos bancos de dados distribuídos

Algumas vantagens importantes dos BDDs são listadas a seguir.

1. **Maiores facilidade e flexibilidade de desenvolvimento da aplicação.** O desenvolvimento e a manutenção de aplicações em nós geograficamente distribuídos de uma organização são facilitados pela transparência da distribuição e controle de dados.
2. **Maior disponibilidade.** Isso é obtido pelo isolamento da falha ao seu nó de origem, sem afetar os outros bancos de dados conectados à rede. Quando os dados e o software de SGBDD são distribuídos por vários nós, um deles pode apresentar falha enquanto outros continuam a operar. Apenas os dados e o software que existem no nó defeituoso não poderão ser acessados. Isso melhora tanto a confiabilidade quanto a disponibilidade. Uma melhora ainda maior é obtida pela devida replicação dos dados e software em mais de um nó. Em um sistema centralizado, uma falha em um único nó torna o sistema inteiro indisponível a todos os usuários. Em um banco de dados distribuído, alguns dos dados podem ficar inalcançáveis, mas os usuários ainda podem ser capazes de acessar outras partes. Se os dados no nó que apresentou falha tiverem sido replicados em outro nó antes da falha, o usuário não será afetado de forma alguma. A capacidade do sistema de sobreviver ao particionamento da rede também contribui para uma alta disponibilidade.

3. **Melhor desempenho.** Um SGBD distribuído fragmenta o banco de dados ao manter os dados mais próximos de onde são mais necessários. A **localização de dados** reduz a disputa pela CPU e serviços de E/S e, ao mesmo tempo, reduz os atrasos no acesso envolvidos nas redes remotas. Quando um banco de dados grande é distribuído por vários nós, existem bancos menores em cada nó. Como resultado, consultas e transações locais que acessam dados em um único nó possuem melhor desempenho por causa dos bancos de dados locais menores. Além disso, cada nó tem um número menor de transações executando do que se todas as transações fossem submetidas a um único banco de dados centralizado. Além disso, o paralelismo interconsultas e intraconsulta pode ser alcançado ao executar várias consultas em diferentes nós, ou ao desmembrar uma consulta em uma série de subconsultas executadas em paralelo. Isso contribui para melhorar o desempenho.
4. **Facilidade de expansão por meio da escalabilidade.** Em um ambiente distribuído, a expansão do sistema por meio da inclusão de mais dados, aumento dos tamanhos do banco de dados ou inclusão de mais nós é muito mais fácil que nos sistemas centralizados (não distribuídos).

As transparências que discutimos na Seção 23.1.2 levam a um comprometimento entre a facilidade de uso e o custo adicional da provisão de transparência. A transparência total oferece ao usuário global uma visão do SBDD inteiro, como se fosse um único sistema centralizado. A transparência é fornecida como um complemento à **autonomia**, que dá aos usuários um controle mais estrito sobre os bancos de dados locais. Os recursos de transparência podem ser implementados como uma parte da linguagem do usuário, que pode traduzir os serviços requisitados em operações apropriadas.

23.2 Técnicas de fragmentação, replicação e alocação de dados para projeto de banco de dados distribuído

Nesta seção, discutimos técnicas usadas para dividir o banco de dados em unidades lógicas, chamadas **fragmentos**, que podem ser atribuídas para armazenamento nos vários nós. Também discutimos o uso da **replicação de dados**, que permite que certos dados sejam armazenados em mais de um nó, para aumentar a disponibilidade e a confiabilidade, e o processo de **alocação** de fragmentos — ou réplicas de fragmentos — para armazenamento em vários nós. Essas técnicas são usadas durante o processo de **projeto do banco de dados distribuído**. As informações referentes à fragmentação, alocação e replicação de dados são armazenadas em um **diretório global**, acessado pelas aplicações de SBDD conforme a necessidade.

23.2.1 Fragmentação de dados e sharding

Em um BDD, precisam ser tomadas decisões com relação a qual nó deve ser usado para armazenar quais partes do banco de dados. Por enquanto, vamos considerar que *não existe replicação*; ou seja, cada relação — ou parte de uma relação — é armazenada apenas em um nó. Discutiremos a replicação e seus efeitos mais adiante nesta seção. Também usamos a terminologia dos bancos de dados relacionais, mas conceitos semelhantes também se aplicam a outros modelos de dados. Vamos considerar que estamos começando com um esquema de banco de dados relacional e precisamos decidir sobre como distribuir as relações pelos diversos nós. Para ilustrar nossa discussão, utilizamos o esquema de banco de dados relacional da Figura 5.5.

Antes de decidirmos sobre como distribuir os dados, temos de determinar as *unidades lógicas* do banco de dados que devem ser distribuídas. As unidades lógicas mais simples são as próprias relações; ou seja, cada relação *inteira* deve ser armazenada em um determinado nó. Em nosso exemplo, temos de decidir sobre um nó para armazenar cada uma das relações FUNCIONARIO, DEPARTAMENTO, PROJETO, TRABALHA_EM e DEPENDENTE da Figura 5.5. Em muitos casos, porém, uma relação pode ser dividida em unidades lógicas menores para distribuição. Por exemplo, considere o banco de dados de empresa, mostrado na Figura 5.6, e suponha que existam três nós de computador — um para cada departamento na empresa.[1]

Podemos querer armazenar a informação do banco de dados relativa a cada departamento no nó de computador para esse departamento. Uma técnica, chamada *fragmentação horizontal* ou *sharding*, pode ser usada para particionar cada relação por departamento.

Fragmentação horizontal (sharding). Um **fragmento horizontal** ou **shard** de uma relação é um subconjunto das tuplas nessa relação. As tuplas que pertencem ao fragmento horizontal são especificadas por uma condição em um ou mais atributos da relação, ou por algum outro mecanismo. Com frequência, apenas um único atributo é envolvido na condição. Por exemplo, podemos definir três fragmentos horizontais na relação FUNCIONARIO da Figura 5.6 com as seguintes condições: (Numero_departamento = 5), (Numero_departamento = 4) e (Numero_departamento = 1) — cada fragmento contém as tuplas de FUNCIONARIO trabalhando para um departamento em particular. De modo semelhante, podemos definir três fragmentos horizontais para a relação PROJETO, com as condições (Numero_departamento = 5), (Numero_departamento = 4) e (Numero_departamento = 1) — cada fragmento contém as tuplas de PROJETO controladas por um determinado departamento. A **fragmentação horizontal** divide a relação *horizontalmente*, agrupando as linhas para criar subconjuntos de tuplas, em que cada subconjunto tem um significado lógico. Esses fragmentos podem então ser atribuídos a diferentes nós no sistema distribuído. A **fragmentação horizontal derivada** se aplica ao particionamento de uma relação primária (DEPARTAMENTO, em nosso exemplo) para outras relações secundárias (FUNCIONARIO e PROJETO, em nosso exemplo), que estão relacionadas à primária por meio de uma chave estrangeira. Desse modo, os dados relacionados entre as relações primária e secundária são fragmentados da mesma maneira.

Fragmentação vertical. Cada nó pode não precisar de todos os atributos de uma relação, o que poderia indicar a necessidade de um tipo de fragmentação diferente. A **fragmentação vertical** divide uma relação "verticalmente", por colunas. Um **fragmento vertical** de uma relação mantém apenas certos atributos da relação. Por exemplo, podemos querer fragmentar a relação FUNCIONARIO em dois fragmentos verticais. O primeiro fragmento inclui informações pessoais — Nome, Data_nascimento, Endereco e Sexo — e o segundo inclui informações relacionadas ao trabalho — Cpf, Salario, Cpf_supervisor e Numero_departamento. Esta fragmentação vertical não é muito apropriada, pois, se os dois fragmentos forem armazenados separadamente, não podemos colocar as tuplas de funcionário originais de volta, pois *não existe um atributo comum* entre os dois fragmentos. É necessário incluir a chave primária ou algum atributo de chave candidata em *cada* fragmento vertical, de modo que a relação completa possa ser reconstruída com base nos fragmentos. Logo, precisamos acrescentar o atributo Cpf ao fragmento de informações pessoais.

[1] Naturalmente, em uma situação real, haverá muito mais tuplas na relação que as mostradas na Figura 5.6.

Observe que cada fragmento horizontal em uma relação R pode ser especificado na álgebra relacional por uma operação $\sigma_{C_i}(R)$ (seleção). Um conjunto de fragmentos horizontais, cujas condições $C_1, C_2, ..., C_n$ incluem todas as tuplas em R — ou seja, cada tupla em R satisfaz (C_1 OR C_2 OR ... OR C_n) —, é chamado de **fragmentação horizontal completa** de R. Em muitos casos, uma fragmentação horizontal completa também é **disjunta**; isto é, nenhuma tupla em R satisfaz (C_i AND C_j) para qualquer $i \neq j$. Nossos dois exemplos anteriores de fragmentação horizontal para as relações FUNCIONARIO e PROJETO foram completos e disjuntos. Para reconstruir a relação R com base em uma fragmentação horizontal *completa*, precisamos aplicar a operação UNIÃO aos fragmentos.

Um fragmento vertical em uma relação R pode ser especificado por uma operação $\pi_{L_i}(R)$ na álgebra relacional. Um conjunto de fragmentos verticais cujas listas de projeção $L_1, L_2, ..., L_n$ incluem todos os atributos em R, mas compartilham apenas o atributo de chave primária de R, é chamado de **fragmentação vertical completa** de R. Nesse caso, as listas de projeção satisfazem as duas condições a seguir:

- $L_1 \cup L_2 \cup ... \cup L_n$ = ATRIBS(R).
- $L_i \cap L_j$ = CHP(R) para qualquer $i \neq j$, em que ATRIBS(R) é o conjunto de atributos de R e CHP(R) é a chave primária de R.

Para reconstruir a relação R baseando-se em uma fragmentação vertical *completa*, aplicamos a operação UNIÃO EXTERNA aos fragmentos verticais (supondo que nenhuma fragmentação horizontal seja usada). Observe que também poderíamos aplicar uma operação JUNÇÃO EXTERNA COMPLETA e obter o mesmo resultado para uma fragmentação vertical completa, mesmo quando alguma fragmentação horizontal também tiver sido aplicada. Os dois fragmentos verticais da relação FUNCIONARIO com listas de projeção L_1 = {Cpf, Nome, Data_nascimento, Endereco, Sexo} e L_2 = {Cpf, Salario, Cpf_supervisor, Numero_departamento} constituem uma fragmentação vertical completa de FUNCIONARIO.

Dois fragmentos horizontais, que não são completos nem disjuntos, são os definidos sobre a relação FUNCIONARIO na Figura 5.5 pelas condições (Salario > 50000) e (Numero_departamento = 4); eles podem não incluir todas as tuplas de FUNCIONARIO, e podem incluir tuplas comuns. Dois fragmentos verticais que não são completos são os definidos pelas listas de atributos L_1 = {Nome, Endereco} e L_2 = {Cpf, Nome, Salario}; essas listas violam as duas condições de uma fragmentação vertical completa.

Fragmentação mista (híbrida). Podemos misturar os dois tipos de fragmentação, produzindo uma **fragmentação mista**. Por exemplo, podemos combinar as fragmentações horizontal e vertical da relação FUNCIONARIO dada anteriormente em uma fragmentação mista que inclui seis fragmentos. Neste caso, a relação original pode ser reconstruída ao aplicar operações UNIÃO *e* UNIÃO EXTERNA (ou JUNÇÃO EXTERNA) na ordem apropriada. Em geral, um **fragmento** de uma relação R pode ser especificado por uma combinação SELEÇÃO-PROJEÇÃO de operações $\pi_L(\sigma_C(R))$. Se C = TRUE (ou seja, todas as tuplas são selecionadas) e $L \neq$ ATRIBS(R), obtemos um fragmento vertical, e se $C \neq$ TRUE e L = ATRIBS(R), obtemos um fragmento horizontal. Finalmente, se $C \neq$ TRUE e $L \neq$ ATRIBS(R), obtemos um fragmento misto. Observe que uma relação por si só pode ser considerada um fragmento com C = TRUE e L = ATRIBS(R). Na discussão a seguir, o termo *fragmento* é usado para se referir a uma relação ou a qualquer um dos tipos anteriores de fragmentos.

Um **esquema de fragmentação** de um banco de dados é uma definição de um conjunto de fragmentos que inclui *todos* os atributos e tuplas no banco de dados e satisfaz a condição de que o banco de dados inteiro pode ser reconstruído com base nos fragmentos ao aplicar alguma sequência de operações UNIÃO EXTERNA (ou JUNÇÃO EXTERNA) e UNIÃO. Às vezes é útil — embora não necessário — ter todos os fragmentos disjuntos, exceto para a repetição das chaves primárias entre os fragmentos verticais (ou mistos). Nesse último caso, toda replicação e distribuição de fragmentos é claramente especificada em um estágio subsequente, separadamente da fragmentação.

Um **esquema de alocação** descreve a alocação de fragmentos aos nós (sites) do SBDD; logo, esse é um mapeamento que especifica para cada fragmentação o(s) nó(s) em que ela está armazenada. Se um fragmento for armazenado em mais de um nó, ele é considerado **replicado**. Abordamos a replicação e a alocação de dados a seguir.

23.2.2 Replicação e alocação de dados

A replicação é útil na melhora da disponibilidade de dados. O caso mais extremo é a replicação do *banco de dados inteiro* em cada nó no sistema distribuído, criando assim um **banco de dados distribuído totalmente replicado**. Isso pode melhorar bastante a disponibilidade porque o sistema continua a operar desde que pelo menos um nó esteja funcionando. Isso também melhora o desempenho da recuperação (leitura) para consultas globais, pois os resultados dessas consultas podem ser obtidos localmente, de qualquer nó; logo, uma consulta de recuperação pode ser processada no nó local onde ela é submetida, se esse nó incluir um módulo servidor. A desvantagem da replicação total é que ela pode atrasar bastante as operações de atualização (gravação), já que uma única atualização local precisa ser realizada em *cada cópia* do banco de dados, para manter as cópias consistentes. Isso é verdade especialmente se houver muitas cópias do banco de dados. A replicação total torna as técnicas de controle de concorrência e recuperação mais dispendiosas do que seriam se não houvesse replicação, conforme veremos na Seção 23.3.

O outro extremo da replicação total envolve **não ter replicação** — ou seja, cada fragmento é armazenado em exatamente um nó. Nesse caso, todos os fragmentos *precisam ser* disjuntos, exceto pela repetição das chaves primárias entre os fragmentos verticais (ou mistos). Isso também é chamado de **alocação não redundante**.

Entre esses dois extremos, temos uma grande variedade de **replicação parcial** dos dados — ou seja, alguns fragmentos do banco de dados podem ser replicados, enquanto outros, não. O número de cópias de cada fragmento pode variar de uma até o total de nós no sistema distribuído. Um caso especial de replicação parcial está ocorrendo bastante em aplicações em que trabalhadores móveis — como o pessoal de vendas, planejadores financeiros e consultores de seguros — transportam bancos de dados parcialmente replicados com eles em laptops e PDAs e os sincronizam periodicamente com o banco de dados do servidor. Uma descrição da replicação de fragmentos às vezes é chamada de **esquema de replicação**.

Cada fragmento — ou cada cópia de um fragmento — precisa ser atribuído a um nó em particular no sistema distribuído. Esse processo é chamado de **distribuição de dados** (ou **alocação de dados**). A escolha de nós e o grau de replicação dependem dos objetivos de desempenho e disponibilidade do sistema e dos tipos e frequências de transações submetidas em cada nó. Por exemplo, se a alta disponibilidade for exigida, as transações podem ser submetidas a qualquer nó e, se a maioria delas for apenas para recuperação, um banco de dados totalmente replicado é uma boa escolha. Porém, se certas transações que acessam determinadas partes do banco de dados forem submetidas principalmente a um nó em particular, o conjunto de fragmentos correspondente pode ser alocado apenas nesse nó. Os dados acessados em vários nós podem ser replicados nestes últimos. Se muitas atualizações forem realizadas, pode ser útil limitar a replicação. Encontrar uma solução ideal ou mesmo uma solução boa para a alocação de dados distribuídos é um problema de otimização bastante complexo.

23.2.3 Exemplo de fragmentação, alocação e replicação

Agora, vamos considerar um exemplo de fragmentação e distribuição do banco de dados da empresa nas figuras 5.5 e 5.6. Suponha que a empresa tenha três nós de computadores — um para cada departamento atual. Os nós 2 e 3 são para os departamentos 5 e 4, respectivamente. Em cada um desses nós, esperamos ter acesso frequente à informação de FUNCIONARIO e PROJETO para os funcionários *que trabalham nesse departamento* e os projetos *controlados por esse departamento*. Além disso, assumimos que esses nós acessam principalmente os atributos Nome, Cpf, Salario e Cpf_supervisor de FUNCIONARIO. O nó 1 é usado pela sede da empresa e acessa todas as informações de funcionário e projeto regularmente, além de registrar a informação de DEPENDENTE para fins de seguro.

De acordo com esses requisitos, o banco de dados inteiro na Figura 5.6 pode ser armazenado no nó 1. Para determinar os fragmentos a serem replicados nos nós 2 e 3, primeiro podemos fragmentar horizontalmente DEPARTAMENTO por sua chave Numero_departamento. Depois, aplicamos a fragmentação derivada às relações FUNCIONARIO, PROJETO e LOCALIZACOES_DEPARTAMENTO com base em suas chaves estrangeiras para número de departamento — chamadas FUNCIONARIO.Numero_departamento, PROJETO.Numero_departamento e LOCALIZACOES_DEPARTAMENTO.Numero_departamento, respectivamente, na Figura 5.5. Podemos fragmentar verticalmente os fragmentos de FUNCIONARIO resultantes para incluir apenas os atributos {Nome, Cpf, Salario, Cpf_supervisor, Numero_departamento}. A Figura 23.2 mostra os fragmentos mistos FUNCIONARIO_DEP_5 e FUNCIONARIO_DEP_4, que incluem as tuplas de FUNCIONARIO que satisfazem as condições Numero_departamento = 5 e Numero_departamento = 4, respectivamente. Os fragmentos horizontais de PROJETO, DEPARTAMENTO e LOCALIZACOES_DEPARTAMENTO são fragmentados de maneira semelhante por número de departamento. Todos esses fragmentos — armazenados nos nós 2 e 3 — são replicados porque também são armazenados na sede — nó 1.

Agora, devemos fragmentar a relação TRABALHA_EM e decidir quais de seus fragmentos armazenar nos nós 2 e 3. Confrontamos o problema de que nenhum atributo de TRABALHA_EM indica diretamente o departamento ao qual cada tupla pertence. De fato, cada tupla em TRABALHA_EM relaciona um funcionário *F* a um projeto *P*. Poderíamos fragmentar TRABALHA_EM com base no departamento *D* em que *F* trabalha *ou* baseado no departamento *D'* que controla *P*. A fragmentação torna-se fácil se temos uma restrição indicando que *D* = *D'* para todas as tuplas de TRABALHA_EM — ou seja, se os funcionários só puderem trabalhar nos projetos controlados pelo departamento em que trabalham. Contudo, não existe tanta restrição em nosso banco de dados da Figura 5.6. Por exemplo, a tupla de TRABALHA_EM <33344555587, 10, 10,0> relaciona um funcionário que trabalha para o departamento 5 com um projeto controlado pelo departamento 4. Nesse caso, poderíamos fragmentar TRABALHA_EM com base no departamento em que o funcionário trabalha (que é expresso pela condição *C*) e, depois, continuar fragmentando com base no departamento que controla os projetos em que o funcionário está trabalhando, como mostra a Figura 23.3.

(a) FUNCIONARIO_DEP_5

Primeiro_nome	Nome_meio	Ultimo_nome	Cpf	Salario	Cpf_supervisor	Numero_departamento
João	B	Silva	12345678966	30000	33344555587	5
Fernando	T	Wong	33344555587	40000	88866555576	5
Ronaldo	K	Lima	66688444476	38000	33344555587	5
Joice	A	Leite	45345345376	23000	33344555587	5

DEPARTAMENTO_5

Nome_departamento	Numero_departamento	Cpf_gerente	Data_inicio_gerente
Pesquisa	5	33344555587	22-05-1988

LOCAL_DEP_5

Numero_departamento	Localizacao
5	Santo André
5	Itu
5	São Paulo

TRABALHA_EM_DEP_5

Cpf_funcionario	Numero_projeto	Horas
12345678966	1	32,5
12345678966	2	7,5
66688444476	3	40,0
45345345376	1	20,0
45345345376	2	20,0
33344555587	2	10,0
33344555587	3	10,0
33344555587	10	10,0
33344555587	20	10,0

PROJETO_DEP_5

Nome_projeto	Numero_projeto	Local_projeto	Numero_departamento
Produto X	1	Santo André	5
Produto Y	2	Itu	5
Produto Z	3	São Paulo	5

Dados no nó 2

(b) FUNCIONARIO_DEP_4

Primeiro_nome	Nome_meio	Ultimo_nome	Cpf	Salario	Cpf_supervisor	Numero_departamento
Alice	J	Zelaya	99988777767	23000	98765432168	4
Jennifer	S	Souza	98765432168	43000	88866555576	4
André	V	Pereira	98765432168	23000	98765432168	4

DEPARTAMENTO_4

Nome_departamento	Numero_departamento	Cpf_gerente	Data_inicio_gerente
Administração	4	98765432168	01-01-1995

LOCAL_DEP_4

Numero_departamento	Localizacao
4	Mauá

TRABALHA_EM_DEP_4

Cpf_funcionario	Numero_projeto	Horas
33344555587	10	10,0
99988777767	30	30,0
99988777767	10	10,0
98798798733	10	35,0
98798798733	30	5,0
98798798733	30	20,0
98798798733	20	15,0

PROJETO_DEP_4

Nome_projeto	Numero_projeto	Local_projeto	Numero_departamento
Informatização	10	Mauá	4
Novos_beneficios	30	Mauá	4

Dados no nó 3

Figura 23.2 Alocação de fragmentos aos nós. (a) Fragmentos de relação no nó 2 correspondentes ao departamento 5. (b) Fragmentos de relação no nó 3 correspondentes ao departamento 4.

(a) Funcionários no Departamento 5

G1

Cpf_funcionario	Numero_projeto	Horas
12345678966	1	32,5
12345678966	2	7,5
66688444476	3	40,0
45345345376	1	20,0
45345345376	2	20,0
33344555587	2	10,0
33344555587	3	10,0

C1 = C e (Numero_projeto in (SELECT Numero_projeto FROM PROJETO WHERE Numero_departamento = 5))

G2

Cpf_funcionario	Numero_projeto	Horas
33344555587	10	10,0

C2 = C e (Numero_projeto in (SELECT Numero_projeto FROM PROJETO WHERE Numero_departamento = 4))

G3

Cpf_funcionario	Numero_projeto	Horas
33344555587	20	10,0

C3 = C e (Numero_projeto in (SELECT Numero_projeto FROM PROJETO WHERE Numero_departamento = 1))

(b) Funcionários no Departamento 4

G4

Cpf_funcionario	Numero_projeto	Horas

C4 = C e (Numero_projeto in (SELECT Numero_projeto FROM PROJETO WHERE Numero_departamento = 5))

G5

Cpf_funcionario	Numero_projeto	Horas
99988777767	30	30,0
99988777767	10	10,0
98798798733	10	35,0
98798798733	30	5,0
98765432168	30	20,0

C5 = C e (Numero_projeto in (SELECT Numero_projeto FROM PROJETO WHERE Numero_departamento = 4))

G6

Cpf_funcionario	Numero_projeto	Horas
98765432168	20	15,0

C6 = C e (Numero_projeto in (SELECT Numero_projeto FROM PROJETO WHERE Numero_departamento = 1))

(c) Funcionários no Departamento 5

G7

Cpf_funcionario	Numero_projeto	Horas

C7 = C e (Numero_projeto in (SELECT Numero_projeto FROM PROJETO WHERE Numero_departamento = 5))

G8

Cpf_funcionario	Numero_projeto	Horas

C8 = C e (Numero_projeto in (SELECT Numero_projeto FROM PROJETO WHERE Numero_departamento = 4))

G9

Cpf_funcionario	Numero_projeto	Horas
888665555	20	Null

C9 = C e (Numero_projeto in (SELECT Numero_projeto FROM PROJETO WHERE Numero_departamento = 1))

Figura 23.3 Fragmentos completos e disjuntos da relação TRABALHA_EM. (a) Fragmentos de TRABALHA_EM para funcionários que trabalham no departamento 5, onde C = [Cpf_funcionario in (SELECT Cpf FROM FUNCIONARIO WHERE Numero_departamento = 5)]. (b) Fragmentos de TRABALHA_EM para funcionários que trabalham no departamento 4, onde C = [Cpf_funcionario in (SELECT Cpf FROM FUNCIONARIO WHERE Numero_departamento = 4)]. (c) Fragmentos de TRABALHA_EM para funcionários que trabalham no departamento 1, onde C = [Cpf_funcionario in (SELECT Cpf FROM FUNCIONARIO WHERE Numero_departamento = 1)].

Na Figura 23.3, a união de fragmentos G_1, G_2 e G_3 oferece todas as tuplas de TRABALHA_EM para os funcionários que trabalham para o departamento 5. De modo semelhante, a união dos fragmentos G_4, G_5 e G_6 oferece todas as tuplas de TRABALHA_EM para os funcionários que trabalham para o departamento 4. Por sua vez, a união dos fragmentos G_1, G_4 e G_7 oferece todas as tuplas de TRABALHA_EM para os projetos controlados pelo departamento 5. A condição para cada um dos fragmentos de G_1 a G_9 é mostrada na Figura 23.3. As relações que representam relacionamentos M:N, como TRABALHA_EM, normalmente têm diversas fragmentações lógicas possíveis. Em nossa distribuição na Figura 23.2, escolhemos incluir todos os fragmentos que podem ser reunidos a uma tupla FUNCIONARIO ou a uma tupla PROJETO nos nós 2 e 3. Logo, colocamos a união dos fragmentos G_1, G_2, G_3, G_4 e G_7 no nó 2 e a união dos fragmentos G_4, G_5, G_6, G_2 e G_8 no nó 3. Observe que os fragmentos G_2 e G_4 são replicados nos dois nós. Essa estratégia de alocação permite a junção entre os fragmentos de FUNCIONARIO ou PROJETO locais no nó 2 ou no nó 3 e o fragmento de TRABALHA_EM local para serem realizados completamente no local. Isso demonstra com clareza como o problema de fragmentação e alocação de banco de dados é complexo para bancos de dados grandes. A Bibliografia selecionada ao final deste capítulo discute parte do trabalho feito nessa área.

23.3 Visão geral do controle de concorrência e recuperação em bancos de dados distribuídos

Para fins de controle de concorrência e recuperação, diversos problemas não encontrados em um ambiente de SGBD centralizado surgem em um ambiente de SGBD distribuído. Entre eles estão os seguintes:

- **Lidar com *múltiplas cópias* dos itens de dados.** O método de controle de concorrência é responsável por manter a consistência entre essas cópias. O método de recuperação é responsável por tornar uma cópia coerente com outras cópias se o nó em que ela é armazenada falhar e se recuperar mais tarde.
- **Falha de nós individuais.** O SGBDD deve continuar a operar com seus nós em execução, se possível, quando um ou mais nós individuais falharem. Quando um nó se recupera, seu banco de dados local precisa ser atualizado com o restante dos nós antes que se junte novamente ao sistema.
- **Falha dos links de comunicação.** O sistema precisa ser capaz de lidar com a falha de um ou mais dos links de comunicação que conectam os nós. Um caso extremo desse problema é que pode haver **particionamento da rede.** Isso divide os nós em duas ou mais partições, em que os nós dentro de cada partição só podem se comunicar entre si e não com nós em outras partições.
- **Confirmação distribuída.** Pode haver problemas com a confirmação de uma transação que está acessando bancos de dados armazenados em vários nós se alguns deles falharem durante o processo de confirmação. O **protocolo de confirmação em duas fases** (ver Seção 22.6) costuma ser usado para lidar com esse problema.
- **Deadlock distribuído.** Pode haver deadlock entre vários nós, de modo que as técnicas para lidar com os deadlocks precisam ser estendidas para levar isso em consideração.

As técnicas distribuídas de controle de concorrência e recuperação precisam lidar com esses e outros problemas. Nas subseções a seguir, revisamos algumas das técnicas sugeridas para lidar com a recuperação e o controle de concorrência nos SGBDDs.

23.3.1 Controle de concorrência distribuído com base em uma cópia distinta de um item de dados

Para lidar com itens de dados replicados em um banco de dados distribuído, diversos métodos de controle de concorrência foram propostos, estendendo as técnicas de controle de concorrência para bancos de dados centralizados. Discutimos essas técnicas no contexto da extensão do *bloqueio* centralizado. Extensões semelhantes se aplicam a outras técnicas de controle de concorrência. A ideia é designar *uma cópia em particular* de cada item de dados como uma **cópia distinguida**. Os bloqueios para esse item de dados são associados *à cópia distinguida*, e todas as solicitações de bloqueio e desbloqueio são enviadas ao nó que contém essa cópia.

Diversos métodos são baseados nessa ideia, mas diferem em seu método de escolha das cópias distinguidas. Na **técnica de nó primário**, todas as cópias distinguidas são mantidas no mesmo nó. Uma modificação dessa técnica é o nó primário com um **nó de backup**. Outra técnica é o método da **cópia primária**, em que as cópias distinguidas dos diversos itens de dados podem ser armazenadas em diferentes nós. Um nó que inclui uma cópia distinguida de um item de dados basicamente atua como o **nó coordenador** para controle de concorrência sobre esse item. Discutimos essas técnicas a seguir.

Técnica de nó primário. Neste método, um único **nó primário** é designado para ser o **nó coordenador** *para todos os itens do banco de dados*. Logo, todos os bloqueios são mantidos nesse nó, e todas as solicitações para bloquear ou desbloquear são enviadas para lá. Esse método, portanto, é uma extensão da técnica de bloqueio centralizado. Por exemplo, se todas as transações seguirem o protocolo de bloqueio em duas fases, a serialização está garantida. A vantagem desta técnica é que ela é uma extensão simples da técnica centralizada e, portanto, não é demasiadamente complexa. No entanto, ela tem certas desvantagens inerentes. Uma delas é que todas as solicitações de bloqueio são enviadas para um único nó, possivelmente sobrecarregando-o e causando um gargalo no sistema. Uma segunda desvantagem é que falhas do nó principal paralisam o sistema, pois toda a informação de bloqueio é mantida nesse nó. Isso pode limitar a confiabilidade e a disponibilidade do sistema.

Embora todos os bloqueios sejam acessados no nó primário, os próprios itens podem ser acessados em qualquer nó em que residem. Por exemplo, quando uma transação obtém um Read_lock sobre um item de dados do nó primário, ela pode acessar qualquer cópia desse item de dados. Porém, quando uma transação obtém um Write_lock e atualiza um item de dados, o SGBDD é responsável por atualizar *todas as cópias* do item de dados antes de liberar o bloqueio.

Nó primário com nó de backup. Esta técnica enfrenta a segunda desvantagem do método do nó primário ao designar um segundo nó para ser um **nó de backup**. Toda a informação de bloqueio é mantida nos nós primário e de backup. No caso de uma falha no nó primário, o nó de backup assume como primário, e um novo nó de backup é escolhido. Isso simplifica o processo de recuperação de falhas do nó primário, pois o nó de backup assume e o processamento pode retomar após um novo nó de backup ser escolhido e a informação de *status* de bloqueio ser copiada para esse nó. Contudo, isso atrasa o processo de aquisição de bloqueios, pois todas as solicitações de bloqueio e concessões de bloqueios devem ser registradas nos *nós primário e de backup* antes que uma resposta seja enviada à transação solicitante. O problema dos nós primário e de backup tornarem-se sobrecarregados com solicitações e atrasos no sistema permanece inalterado.

Técnica de cópia primária. Este método tenta distribuir a carga da coordenação de bloqueio entre vários nós, tendo as cópias distinguidas de diferentes itens de dados *armazenadas em diferentes nós*. A falha de um nó afeta quaisquer transações que estão acessando bloqueios em itens cujas cópias primárias residem nesse nó, mas outras transações não são afetadas. Este método também pode usar nós de backup para melhorar a confiabilidade e a disponibilidade.

Escolhendo um novo nó coordenador em caso de falha. Sempre que um nó coordenador falha em qualquer uma das técnicas anteriores, os nós que ainda estão funcionando devem escolher um novo coordenador. No caso da técnica de nó primário *sem* nó de backup, todas as transações em execução precisam ser abortadas e reiniciadas em um processo de recuperação tedioso. Parte do processo de recuperação envolve a escolha de um novo nó primário e a criação de um processo gerenciador de bloqueio e um registro de toda a informação de bloqueio nesse nó. Para métodos que usam nós de backup, o processamento de transação é suspenso enquanto o nó de backup é designado como o primário e um novo nó de backup é escolhido e envia cópias de toda a informação de bloqueio do novo nó primário.

Se um nó de backup *X* está para se tornar o novo nó primário, *X* pode escolher o novo nó de backup dentre os nós em execução no sistema. Porém, se não existir um nó de backup, ou se os nós primário e de backup estiverem parados, um processo denominado **eleição** pode ser utilizado para escolher o novo nó coordenador. Nesse processo, qualquer nó *Y*, que tenta se comunicar com o nó coordenador repetidamente e falha ao fazer isso, pode considerar que o coordenador está parado e iniciar o processo de eleição ao enviar uma mensagem a todos os nós em funcionamento, propondo que *Y* se torne o novo coordenador. Assim que *Y* recebe uma maioria dos votos a favor, *Y* pode declarar que é o novo coordenador. O algoritmo de eleição em si é muito complexo, mas essa é a ideia principal por trás do método de eleição. O algoritmo também resolve qualquer tentativa por dois ou mais nós de se tornarem o coordenador ao mesmo tempo. As referências na Bibliografia selecionada, ao final deste capítulo, discutem o processo com detalhes.

23.3.2 *Controle de concorrência distribuído com base em votação*

Todos os métodos de controle de concorrência para itens replicados, discutidos anteriormente, utilizam a ideia de uma cópia distinguida que mantém os bloqueios para esse item. No **método de votação**, não existe cópia distinguida; em vez disso, uma solicitação de bloqueio é enviada a todos os nós, que inclui uma cópia do item de dados. Cada cópia mantém o próprio bloqueio e pode conceder ou negar a solicitação por ele. Se uma transação que solicita um bloqueio receber esse bloqueio por *uma maioria* das cópias, ela mantém o bloqueio e informa a *todas as cópias* que ela recebeu a concessão. Se uma transação não receber uma maioria dos votos concedendo-lhe um bloqueio dentro de certo *período de tempo limite*, ela cancela sua solicitação e informa a todos os nós sobre o cancelamento.

O método de votação é considerado um método de controle de concorrência verdadeiramente distribuído, pois a responsabilidade por uma decisão reside em todos os nós envolvidos. Estudos de simulação mostraram que a votação tem tráfego de mensagens mais alto entre os nós que os métodos de cópia distinguida. Se o algoritmo levar em conta possíveis falhas do nó durante o processo de votação, ele se torna extremamente complexo.

23.3.3 *Recuperação distribuída*

O processo de recuperação em bancos de dados distribuídos é bastante complicado. Aqui, damos apenas uma rápida ideia de algumas das questões. Em alguns casos, é muito difícil até mesmo determinar se um nó está parado sem trocar diversas mensagens com outros nós. Por exemplo, suponha que o nó *X* envie uma mensagem ao nó *Y* e espere uma resposta de *Y*, mas não a receba. Existem várias explicações possíveis:

- A mensagem não foi entregue a *Y* por uma falha de comunicação.
- O nó *Y* está parado e não conseguiu responder.
- O nó *Y* está rodando e enviou uma resposta, mas esta não foi entregue.

Sem informações adicionais ou o envio de mensagens adicionais, é difícil determinar o que realmente aconteceu.

Outro problema com a recuperação distribuída é a confirmação distribuída. Quando uma transação está atualizando dados em vários nós, ela não pode ser confirmada até que tenha certeza de que o efeito da transação em *cada* nó não poderá ser perdido. Isso significa que cada nó precisa ter registrado os efeitos locais das transações permanentemente no log do nó local em disco. O protocolo de confirmação em duas fases normalmente é usado para garantir a exatidão da confirmação distribuída (ver Seção 22.6).

23.4 Visão geral do gerenciamento de transação em bancos de dados distribuídos

Os módulos de software de gerenciamento de transação global e local, com o gerenciador de controle de concorrência e recuperação de um SGBDD, coletivamente garantem as propriedades ACID das transações (ver Capítulo 20).

Um componente adicional, chamado **gerenciador de transação global**, é introduzido para dar suporte a transações distribuídas. O nó em que a transação foi originada pode assumir temporariamente o papel de gerenciador de transação global e coordenar a execução das operações de banco de dados com gerenciadores de transação por múltiplos nós. Os gerenciadores de transação exportam suas funcionalidades como uma interface para os programas de aplicação. As operações exportadas por essa interface são semelhantes àquelas cobertas na Seção 20.2.1, a saber, BEGIN_TRANSACTION, READ ou WRITE, END_TRANSACTION, COMMIT_TRANSACTION e ROLLBACK (ou ABORT). O gerenciador armazena informações contábeis relacionadas a cada transação, como um identificador único, nó de origem, nome, e assim por diante. Para operações READ, ele retorna uma cópia local se for válida e estiver disponível. Para operações WRITE, ele garante que as atualizações sejam visíveis em todos os nós que contêm cópias (réplicas) do item de dados. Para operações ABORT, o gerenciador garante que nenhum efeito da transação seja refletido em qualquer nó do banco de dados distribuído. Para operações COMMIT, ele garante que os efeitos de uma gravação sejam registrados persistentemente em todos os bancos de dados que contêm cópias do item de dados. O término atômico (COMMIT/ABORT) de transações distribuídas normalmente é implementado usando o protocolo de confirmação em duas fases (ver Seção 22.6).

O gerenciador de transação passa ao módulo controlador de concorrência as operações do banco de dados e as informações associadas. O controlador é responsável pela aquisição e liberação dos bloqueios associados. Se a transação exigir acesso a um recurso bloqueado, ela é adiada até que o bloqueio seja adquirido. Quando o bloqueio é adquirido, a operação é enviada ao processador em tempo de execução, que trata da execução real da operação do banco de dados. Quando a operação é concluída, os bloqueios são liberados e o gerenciador de transação é atualizado com o resultado da operação.

23.4.1 Protocolo de confirmação em duas fases

Na Seção 22.6, descrevemos o *protocolo de confirmação em duas fases* (**2PC**), que exige um **gerenciador de recuperação global**, ou **coordenador**, para manter as informações necessárias para recuperação, além dos gerenciadores de recuperação locais e as informações que eles mantêm (log, tabelas). O protocolo de confirmação em duas fases tem certas desvantagens que levaram ao desenvolvimento do protocolo de confirmação em três fases, que discutiremos a seguir.

23.4.2 Protocolo de confirmação em três fases

A maior desvantagem do 2PC é que ele é um protocolo de bloqueio. Uma falha do coordenador bloqueia todos os nós participantes, fazendo que esperem até que o coordenador se recupere. Isso pode causar diminuição do desempenho, especialmente se os participantes estiverem mantendo bloqueios para recursos compartilhados. Outros tipos de problemas também podem ocorrer, dificultando a determinação do resultado da transação.

Esses problemas são solucionados pelo protocolo de confirmação em três fases (3PC), que basicamente divide a segunda fase de confirmação em duas subfases, chamadas **preparar para confirmar** e **confirmar**. A fase preparar para confirmar é utilizada para comunicar o resultado da fase de voto a todos os participantes. Se todos os participantes votarem sim, então o coordenador os instrui a entrar no estado preparar para confirmar. A subfase confirmar é idêntica à sua correspondente em duas fases. Agora, se o coordenador falhar durante essa subfase, outro participante pode ver a transação inteira até o término. Ele pode simplesmente perguntar a um participante que falhou se ele recebeu uma mensagem de preparar para confirmar. Se não tiver recebido, então ele assume seguramente que deve abortar. Assim, o estado do protocolo pode ser recuperado independentemente de qual participante falhou. Além disso, ao limitar o tempo exigido para uma transação confirmar ou abortar a um tempo-limite máximo, o protocolo garante que uma transação tentando confirmar por 3PC libera os bloqueios ao atingir o tempo-limite.

A ideia principal é limitar o tempo de espera para os participantes que confirmaram e estão esperando por uma confirmação ou aborto global do coordenador. Quando um participante recebe uma mensagem de pré-confirmação, ele sabe que o restante dos participantes votou para confirmar. Se uma mensagem de pré-confirmação não tiver sido recebida, o participante abortará e liberará todos os bloqueios.

23.4.3 Suporte do sistema operacional para o gerenciamento de transações

A seguir estão os principais benefícios do gerenciamento de transação apoiado pelo sistema operacional (SO):

- Em geral, os SGBDs usam os próprios semáforos[2] para garantir o acesso mutuamente exclusivo aos recursos compartilhados. Como esses semáforos são implementados no espaço do usuário no nível do software de aplicação do SGBD, o SO não tem conhecimento deles. Logo, se o SO desativar um processo do SGBD mantendo um bloqueio, outros processos do SGBD que esperam esse recurso bloqueado são bloqueados. Essa situação pode causar uma séria degradação no desempenho. O conhecimento em nível de SO dos semáforos pode ajudar a eliminar tais situações.
- O suporte especializado do hardware para bloqueio pode ser explorado para reduzir os custos associados. Isso pode ser de grande importância, visto que o bloqueio é uma das operações mais comuns do SGBD.
- Fornecer um conjunto de operações comuns de suporte à transação por meio do kernel permite que os desenvolvedores de aplicação focalizem a inclusão de novos

[2] Semáforos são estruturas de dados usadas para o acesso sincronizado e exclusivo a recursos compartilhados, para impedir condições de disputa em um sistema de computação paralelo.

recursos a seus produtos, em vez de reimplementarem a funcionalidade comum para cada aplicação. Por exemplo, se diferentes SGBDDs tiverem de coexistir na mesma máquina e escolherem o protocolo de confirmação em duas fases, então é mais benéfico que esse protocolo seja implementado como parte do kernel, de modo que os desenvolvedores de SGBDD possam focalizar mais na inclusão de novos recursos para seus produtos.

23.5 Processamento e otimização de consulta em bancos de dados distribuídos

Agora, vamos apresentar uma visão geral de como um SGBDD processa e otimiza uma consulta. Primeiro, discutimos as etapas envolvidas no processamento da consulta e, depois, detalhamos os custos de comunicação do processamento de uma consulta distribuída. Por fim, discutimos uma operação especial, chamada *semijunção*, que é usada para otimizar alguns tipos de consultas em um SGBDD. Uma discussão detalhada sobre algoritmos de otimização está fora do escopo deste livro. Tentamos ilustrar os princípios de otimização com exemplos adequados.[3]

23.5.1 Processamento de consulta distribuído

Uma consulta a um banco de dados distribuído é processada em estágios, da seguinte forma:

1. **Mapeamento de consulta.** A consulta de entrada aos bancos de dados distribuídos é especificada formalmente usando uma linguagem de consulta. Depois, ela é traduzida para uma consulta algébrica em relações globais. Essa tradução é feita ao se referir ao esquema conceitual global e não leva em conta a distribuição e a replicação real dos dados. Portanto, essa tradução é em grande parte idêntica à realizada em um SGBD centralizado. Ela é, primeiro, normalizada, analisada quanto a erros semânticos, simplificada e finalmente reestruturada em uma consulta algébrica.
2. **Localização.** Em um banco de dados distribuído, a fragmentação resulta em relações armazenadas em nós separados, com alguns fragmentos possivelmente sendo replicados. Este estágio mapeia a consulta distribuída no esquema global para consultas separadas em fragmentos individuais, usando informações de distribuição e replicação de dados.
3. **Otimização global da consulta.** A otimização consiste em selecionar uma estratégia com base em uma lista de candidatas que está mais próxima do ideal. Uma lista de consultas candidatas pode ser obtida ao permutar a ordenação das operações em uma consulta de fragmento gerada pelo estágio anterior. O tempo é a unidade preferida para medir o custo. O custo total é uma combinação ponderada de custos, como o de CPU, os de E/S e os de comunicação. Como os BDDs são conectados por uma rede, em geral os custos de comunicação pela rede são os mais significativos. Isso é especialmente verdadeiro quando os nós são conectados por uma rede remota (WAN — *wide area network*).
4. **Otimização de consulta local.** Este estágio é comum a todos os nós no BDD. As técnicas são semelhantes às usadas nos sistemas centralizados.

Os três primeiros estágios citados são realizados em um nó de controle central, enquanto o último estágio é realizado localmente.

[3] Para obter uma discussão detalhada dos algoritmos de otimização, consulte Ozsu e Valduriez (1999).

23.5.2 *Custos de transferência de dados do processamento de consulta distribuído*

Nos capítulos 18 e 19, discutimos as questões envolvidas no processamento e na otimização de uma consulta em um SGBD centralizado. Em um sistema distribuído, vários fatores adicionais complicam ainda mais o processamento da consulta. O primeiro é o custo de transferir dados pela rede. Isso pode incluir arquivos intermediários transferidos para outros nós para que haja mais processamento, bem como os arquivos de resultado finais que podem ter de ser transferidos para o nó em que o resultado da consulta é necessário. Embora esses custos possam não ser muito altos se os nós estiverem conectados por uma rede local de alto desempenho, eles se tornam bastante significativos em outros tipos de redes. Assim, os algoritmos de otimização de consulta do SGBDD consideram o objetivo de reduzir *a quantidade de transferência de dados* como um critério de otimização na escolha de uma estratégia de execução de consulta distribuída.

Ilustramos isso com duas consultas simples de exemplo. Suponha que as relações FUNCIONARIO e DEPARTAMENTO na Figura 5.5 sejam distribuídas em dois nós, como mostra a Figura 23.4. Vamos supor, neste exemplo, que nenhuma relação seja fragmentada. De acordo com a Figura 23.4, o tamanho da relação FUNCIONARIO é 100 * 10.000 = 10^6 bytes, e o tamanho da relação DEPARTAMENTO é 35 * 100 = 3.500 bytes. Considere a consulta C: *para cada funcionário, recupere o nome do funcionário e o nome do departamento para o qual ele trabalha*. Isso pode ser indicado da seguinte forma na álgebra relacional:

$$C: \pi_{\text{Primeiro\_nome,Ultimo\_nome,Nome\_departamento}} (\text{FUNCIONARIO} \bowtie_{\text{Numero\_departamento=Numero\_departamento}} \text{DEPARTAMENTO})$$

O resultado dessa consulta incluirá 10.000 registros, supondo que cada funcionário esteja relacionado a um departamento. Suponha que cada registro no resultado da consulta tenha *40 bytes de extensão*. A consulta é submetida a um nó distinto 3, chamado **nó de resultado**, pois o resultado da consulta é necessário lá. Nem a relação FUNCIONARIO nem a relação DEPARTAMENTO residem no nó 3. Existem três estratégias simples para executar essa consulta distribuída:

1. Transferir tanto FUNCIONARIO quanto DEPARTAMENTO para o nó de resultado e realizar a junção no nó 3. Neste caso, um total de 1.000.000 + 3.500 = 1.003.500 bytes devem ser transferidos.
2. Transferir a relação FUNCIONARIO para o nó 2, executar a junção no nó 2 e enviar o resultado para o nó 3. O tamanho do resultado da consulta é

Nó 1:

FUNCIONARIO

Primeiro_nome	Nome_meio	Ultimo_nome	<u>Cpf</u>	Data_nascimento	Endereco	Sexo	Salario	Cpf_supervisor	Numero_departamento

10.000 registros
cada registro tem 100 bytes
Campo Cpf tem 11 bytes
Campo Numero_departamento tem 4 bytes
Campo Primeiro_nome tem 15 bytes
Campo Ultimo_nome tem 15 bytes

Nó 2:

DEPARTAMENTO

Nome_departamento	<u>Numero_departamento</u>	Cpf_gerente	Data_inicio_gerente

100 registros
cada registro tem 35 bytes
Campo Numero_departamento tem 4 bytes
Campo Cpf_gerente tem 11 bytes
Campo Nome_departamento tem 10 bytes

Figura 23.4 Exemplo para ilustrar o volume dos dados transferidos.

40 * 10.000 = 400.000 bytes, de modo que 400.000 + 1.000.000 = 1.400.000 devem ser transferidos.

3. Transferir a relação DEPARTAMENTO para o nó 1, executar a junção no nó 1 e enviar o resultado ao nó 3. Neste caso, 400.000 + 3.500 = 403.500 bytes devem ser transferidos.

Se a redução na quantidade de transferência de dados é nosso critério de otimização, devemos escolher a estratégia 3. Agora, considere outra consulta C': *para cada departamento, recupere seu nome e o nome de seu gerente.* Isso pode ser indicado da seguinte forma na álgebra relacional:

C': $\pi_{\text{Primeiro\_nome,Ultimo\_nome,Nome\_departamento}}$ (DEPARTAMENTO $\bowtie_{\text{Cpf\_gerente=Cpf}}$ FUNCIONARIO)

Novamente, suponha que a consulta seja submetida no nó 3. As mesmas três estratégias para execução da consulta C se aplicam a C', exceto que o resultado de C' inclui apenas 100 registros, imaginando que cada departamento tenha um gerente:

1. Transferir tanto FUNCIONARIO quanto DEPARTAMENTO para o nó de resultado e realizar a junção no nó 3. Nesse caso, um total de 1.000.000 + 3.500 = 1.003.500 bytes devem ser transferidos.
2. Transferir a relação FUNCIONARIO para o nó 2, executar a junção no nó 2 e enviar o resultado para o nó 3. O tamanho do resultado da consulta é 40 * 100 = 4.000 bytes, de modo que 4.000 + 1.000.000 = 1.004.000 bytes devem ser transferidos.
3. Transferir a relação DEPARTAMENTO para o nó 1, executar a junção no nó 1 e enviar o resultado ao nó 3. Nesse caso, 4.000 + 3.500 = 7.500 bytes devem ser transferidos.

De novo, escolheríamos a estratégia 3 — dessa vez, por uma margem muito grande em relação às estratégias 1 e 2. As três estratégias anteriores são as mais óbvias para o caso em que o nó de resultado (nó 3) é diferente de todos os nós que contêm arquivos envolvidos na consulta (nós 1 e 2). Porém, suponha que o nó de resultado seja o nó 2; dessa forma, temos duas estratégias simples:

1. Transferir a relação FUNCIONARIO para o nó 2, executar a consulta e apresentar o resultado ao usuário no nó 2. Aqui, o mesmo número de bytes — 1.000.000 — deve ser transferido tanto para C quanto para C'.
2. Transferir a relação DEPARTAMENTO para o nó 1, executar a consulta no nó 1 e enviar o resultado de volta para o nó 2. Nesse caso, 400.000 + 3.500 = 403.500 bytes devem ser transferidos para C e 4.000 + 3.500 = 7.500 bytes para C'.

Uma estratégia mais complexa, que às vezes funciona melhor que essas mais simples, utiliza uma operação chamada **semijunção**. A seguir, apresentamos essa operação e discutimos a execução distribuída usando semijunções.

23.5.3 Processamento de consulta distribuído usando semijunção

A ideia por trás do processamento de consulta distribuído usando uma *operação de semijunção* é reduzir o número de tuplas em uma relação antes de transferi-la para outro nó. Intuitivamente, a ideia é enviar a *coluna de junção* de uma relação *R* para o nó em que a outra relação *S* está localizada; é então realizada a junção dessa coluna com *S*. Depois disso, os atributos de junção, com os atributos exigidos no resultado, são projetados para fora e enviados de volta ao nó original e juntados com *R*. Logo, somente a coluna de junção de *R* é transferida em uma direção, e um subconjunto de *S* sem tuplas ou atributos estranhos é transferido na outra direção. Se apenas uma pequena fração das tuplas em *S* participar da junção, esta pode ser uma solução eficiente para minimizar a transferência de dados.

Para ilustrar isso, considere a seguinte estratégia para executar C ou C′:

1. Projetar os atributos de junção de DEPARTAMENTO no nó 2 e transferi-los para o nó 1. Para C, transferimos $F = \pi_{\text{Numero\_departamento}}$(DEPARTAMENTO), cujo tamanho é 4 * 100 = 400 bytes, ao passo que, para C′, transferimos $F' = \pi_{\text{Cpf\_gerente}}$(DEPARTAMENTO), cujo tamanho é 9 * 100 = 900 bytes.
2. Juntar o arquivo transferido com a relação FUNCIONARIO no nó 1 e transferir os atributos exigidos do arquivo resultante no nó 2. Para C, transferimos $R = \pi_{\text{Numero\_departamento, Primeiro\_nome, Ultimo\_nome}}(F \ltimes_{\text{Numero\_departamento=Numero\_departamento}}$ FUNCIONARIO), cujo tamanho é 34 * 10.000 = 340.000 bytes, ao passo que, para C′, transferimos $R' = \pi_{\text{Cpf\_gerente, Primeiro\_nome, Ultimo\_nome}}(F' \ltimes_{\text{Cpf\_gerente=Cpf}}$ FUNCIONARIO), cujo tamanho é 39 * 100 = 3.900 bytes.
3. Executar a consulta de junção do arquivo transferido R ou R' com DEPARTAMENTO e apresentar o resultado ao usuário no nó 2.

Ao utilizar essa estratégia, transferimos 340.400 bytes para C e 4.800 bytes para C′. Limitamos os atributos de FUNCIONARIO e tuplas transmitidas ao nó 2 na etapa 2 para apenas os que *realmente serão usados na junção* com uma tupla DEPARTAMENTO na etapa 3. Para a consulta C, isso significou incluir todas as tuplas de FUNCIONARIO, de modo que pouca melhora foi alcançada. Contudo, para C′, apenas 100 das 10.000 tuplas de FUNCIONARIO foram necessárias.

A operação de semijunção foi criada para formalizar essa estratégia. Uma **operação de semijunção** $R \ltimes_{A=B} S$, em que A e B são atributos compatíveis em domínio de R e S, respectivamente, produz o mesmo resultado que a expressão da álgebra relacional $\pi_R(R \ltimes_{A=B} S)$. Em um ambiente distribuído em que R e S residem em diferentes nós, a semijunção costuma ser implementada primeiro ao transferir $F = \pi_B(S)$ ao nó onde R reside e, depois, ao juntar F com R, levando assim à estratégia discutida aqui.

Observe que a operação de semijunção não é comutativa; ou seja,

$R \ltimes S \neq S \ltimes R$

23.5.4 Decomposição de consulta e atualização

Em um SGBDD *sem transparência de distribuição*, o usuário elabora uma consulta diretamente em relação a fragmentos específicos. Por exemplo, considere outra consulta C: *recupere os nomes e horas por semana para cada funcionário que trabalha em algum projeto controlado pelo departamento 5*, especificado no banco de dados distribuído onde as relações nos nós 2 e 3 aparecem na Figura 23.2, e as no nó 1 aparecem na Figura 5.6, como em nosso exemplo anterior. Um usuário que submete tal consulta precisa especificar se ela referencia as relações PROJETO_DEP_5 e TRABALHA_EM_DEP_5 no nó 2 (Figura 23.2) ou as relações PROJETO e TRABALHA_EM no nó 1 (Figura 5.6). O usuário também deve manter a consistência dos itens de dados replicados ao atualizar um SGBDD *sem transparência de replicação*.

Por outro lado, um SGBDD que oferece suporte à *transparência completa de distribuição, fragmentação* e *replicação* permite que o usuário especifique uma solicitação de consulta ou atualização no esquema da Figura 5.5 como se o SGBD fosse centralizado. Para as atualizações, o SGBDD é responsável por manter a *consistência entre itens replicados* usando um dos algoritmos de controle de concorrência distribuídos discutidos na Seção 23.3. Para consultas, um módulo de **decomposição de consulta** precisa desmembrar ou **decompor** uma consulta em **subconsultas** que possam ser executadas nos nós individuais. Além disso, deve ser gerada uma estratégia para combinar os resultados das subconsultas, a fim de formar o resultado da consulta. Sempre que o SGBDD determina que um item referenciado na consulta é replicado, ele deve escolher ou **materializar** uma réplica em particular durante a execução da consulta.

Para determinar quais réplicas incluem os itens de dados referenciados em uma consulta, o SGBDD refere-se à informação de fragmentação, replicação e distribuição armazenada no catálogo do SGBDD. Para a fragmentação vertical, a lista de atributos para cada fragmento é mantida no catálogo. Para a fragmentação horizontal, uma condição, às vezes chamada de **guarda**, é mantida para cada fragmento. Esta é basicamente uma condição de seleção que especifica quais tuplas existem no fragmento; ela é chamada de guarda porque *apenas tuplas que satisfazem essa condição* têm permissão para serem armazenadas no fragmento. Para fragmentos mistos, tanto a lista de atributos quanto a condição de guarda são mantidas no catálogo.

Em nosso exemplo anterior, as condições de guarda para os fragmentos no nó 1 (Figura 5.6) são TRUE (todas as tuplas) e as listas de atributos são * (todos os atributos). Para os fragmentos mostrados na Figura 23.2, temos as condições de guarda e as listas de atributos mostradas na Figura 23.5. Quando o SGBDD decompõe uma solicitação de atualização, ele pode determinar quais fragmentos devem ser atualizados ao examinar suas condições de guarda. Por exemplo, uma solicitação do usuário para inserir uma nova tupla de FUNCIONARIO <'Alex', 'B', 'Coleman', '34567123911', '22-ABR-1964', 'Rua Sabarás, 3306, São Paulo, SP', M, 33000, '98765432168', 4> seria decomposta pelo SGBDD em duas solicitações de inserção: a primeira insere a tupla anterior no fragmento FUNCIONARIO no nó 1, e a segunda insere a tupla projetada <'Alex', 'B', 'Coleman', '34567123911', 33000, '98765432168', 4> no fragmento FUNCIONARIO_DEP_4 no nó 3.

Para a decomposição da consulta, o SGBDD pode determinar quais fragmentos podem conter as tuplas exigidas ao comparar a condição de consulta com as condições de guarda. Por exemplo, considere a consulta C: *recupere os nomes e horas por semana para cada funcionário que trabalha em algum projeto controlado pelo departamento 5*. Isso pode ser especificado em SQL no esquema da Figura 5.5 da seguinte forma:

```
C: SELECT  Primeiro_nome, Ultimo_nome, Horas
   FROM    FUNCIONARIO, PROJETO, TRABALHA_EM
   WHERE   Numero_departamento=5 AND PROJETO.Numero_projeto =
             TRABALHA_EM.Numero_projeto AND Cpf_funcionario=Cpf;
```

Suponha que a consulta seja submetida no nó 2, que é onde o resultado dela será necessário. O SGBDD pode determinar, pela condição de guarda em PROJETO_DEP_5 e TRABALHA_EM_DEP_5, que todas as tuplas que satisfazem as condições (Numero_departamento = 5 AND PROJETO.Numero_projeto = TRABALHA_EM.Numero_projeto) residem no nó 2. Logo, ele pode decompor a consulta nas seguintes subconsultas da álgebra relacional:

$$T_1 \leftarrow \pi_{\text{Cpf\_funcionario}}(\text{PROJETO\_DEP\_5} \bowtie_{\text{Numero\_projeto=Numero\_projeto}} \text{TRABALHA\_EM\_DEP\_5})$$

$$T_2 \leftarrow \pi_{\text{Cpf\_funcionario, Primeiro\_nome, Ultimo\_nome}}(T_1 \bowtie_{\text{Cpf\_funcionario=Cpf}} \text{FUNCIONARIO})$$

$$\text{RESULTADO} \leftarrow \pi_{\text{Primeiro\_nome, Ultimo\_nome, Horas}}(T_2 * \text{TRABALHA\_EM\_DEP\_5})$$

Essa decomposição pode ser utilizada para executar a consulta usando uma estratégia de semijunção. O SGBDD sabe, pelas condições de guarda, que PROJETO_DEP_5 contém exatamente as tuplas que satisfazem (Numero_departamento = 5) e que TRABALHA_EM_DEP_5 contém todas as tuplas a serem juntadas com PROJETO_DEP_5; logo, a subconsulta T_1 pode ser executada no nó 2, e a coluna projetada Cpf_funcionario pode ser enviada ao nó 1. A subconsulta T_2 pode então ser executada no nó 1, e o resultado pode ser enviado de volta ao nó 2, no qual o resultado da consulta final é calculado e apresentado ao usuário. Uma estratégia alternativa seria enviar a própria consulta C ao nó 1, que inclui todas as tuplas do banco de dados, no qual seria executada localmente e da qual o resultado seria enviado de volta ao nó 2. O otimizador de consulta estimaria os custos das duas estratégias e escolheria aquela com a estimativa de custo mais baixa.

(a) FUNCIONARIO_DEP_5
lista atributo: Primeiro_nome, Nome_meio, Ultimo_nome, Cpf, Salario, Cpf_supervisor, Numero_departamento
condição guarda: Numero_departamento = 5
DEPARTAMENTO_5
lista atributo: * (todos os atributos Nome_departamento, Numero_departamento, Cpf_gerente, Data_inicio_gerente)
condição guarda: Numero_departamento = 5
LOCAL_DEP_5
lista atributo: * (todos os atributos Numero_departamento, Localizacoes_departamento)
condição guarda: Numero_departamento = 5
PROJETO_DEP_5
lista atributo: * (todos os atributos Nome_projeto, Numero_projeto, Local_projeto, Numero_departamento)
condição guarda: Numero_departamento = 5
TRABALHA_EM_DEP_5
lista atributo: * (todos os atributos Cpf_funcionario, Numero_projeto, Horas)
condição guarda: Cpf_funcionario IN (π_{Cpf} (FUNCIONARIO_DEP_5)) OR Numero_projeto IN ($\pi_{Numero\_projeto}$ (PROJETO_DEP_5))

(b) FUNCIONARIO_DEP_4
lista atributo: Primeiro_nome, Nome_meio, Ultimo_nome, Cpf, Salario, Cpf_supervisor, Numero_departamento
condição guarda: Numero_departamento = 4
DEPARTAMENTO_4
lista atributo: * (todos os atributos Nome_departamento, Numero_departamento, Cpf_gerente, Data_inicio_gerente)
condição guarda: Numero_departamento = 4
LOCAL_DEP_4
lista atributo: * (todos os atributos Numero_departamento, Localizacoes_departamento)
condição guarda: Numero_departamento = 4
PROJETO_DEP_4
lista atributo: * (todos os atributos Nome_projeto, Numero_projeto, Local_projeto, Numero_departamento)
condição guarda: Numero_departamento = 4
TRABALHA_EM_DEP_4
lista atributo: * (todos os atributos Cpf_funcionario, Numero_projeto, Horas)
condição guarda: Cpf_funcionario IN (π_{Cpf} (FUNCIONARIO_DEP_4))
OR Numero_projeto IN ($\pi_{Numero\_projeto}$ (PROJETO_DEP_4))

Figura 23.5 Condições de guarda e listas de atributos para fragmentos. (a) Fragmentos do nó 2. (b) Fragmentos do nó 3.

23.6 Tipos de sistemas de bancos de dados distribuídos

O termo *sistema de gerenciamento de banco de dados distribuído* pode descrever diversos sistemas que diferem um do outro em muitos aspectos. O item principal que todos os sistemas têm em comum é o fato de os dados e o software serem distribuídos por vários nós conectados por alguma forma de rede de comunicação. Nesta seção, discutimos uma série de tipos de SGBDDs e os critérios e fatores que tornam alguns desses sistemas diferentes.

O primeiro fator que consideramos é o **grau de homogeneidade** do software de SGBDD. Se todos os servidores (ou SGBDs locais individuais) usarem software idêntico e todos os usuários (clientes) utilizarem software idêntico, o SGBDD é chamado de **homogêneo**; caso contrário, é chamado de **heterogêneo**. Outro fator relacionado ao grau de homogeneidade é o **grau de autonomia local**. Se não houver provisão para o nó local funcionar como um SGBD independente, o sistema **não tem**

autonomia local. Contudo, se o *acesso direto* por transações locais a um servidor for permitido, o sistema tem algum grau de autonomia local.

A Figura 23.6 mostra a classificação das alternativas do SGBDD com eixos ortogonais de distribuição, autonomia e heterogeneidade. Para um banco de dados centralizado, existe autonomia completa, mas uma total falta de distribuição e heterogeneidade (ponto A na figura). Vemos que o grau de autonomia local oferece mais espaço para classificação em sistemas federados e multibanco de dados. No outro extremo do espectro da autonomia, temos um SGBDD que *se parece* com um SGBD centralizado para o usuário, com autonomia zero (ponto B). Existe um único esquema conceitual, e todo acesso ao sistema é obtido por meio de um nó que faz parte do SGBDD — o que significa que não existe autonomia local. Ao longo do eixo da autonomia encontramos dois tipos de SGBDDs, chamados *sistema de banco de dados federado* (ponto C) e *sistema multibanco de dados* (ponto D). Em tais sistemas, cada servidor é um SGBD centralizado independente e autônomo, que tem os próprios usuários locais, transações locais e DBA, e, portanto, tem um grau bem alto de *autonomia local*. O termo **sistema de banco de dados federado (SBDF)** é usado quando existe alguma visão ou esquema global da federação de bancos de dados que é compartilhado pelas aplicações (ponto C). Por sua vez, um **sistema multibanco de dados** tem uma autonomia local completa porque não possui um esquema global, mas constrói um interativamente conforme a necessidade da aplicação (ponto D). Ambos os sistemas são híbridos entre sistemas distribuídos e centralizados, e a distinção que fizemos entre eles não é estritamente seguida. Vamos nos referir a eles como SBDFs em um sentido genérico. O ponto D no diagrama também pode indicar um sistema com autonomia local e heterogeneidade totais — este poderia ser um sistema de banco de dados peer-to-peer. Em um SBDF heterogêneo, um servidor pode ser um SGBD relacional; outro, um SGBD de rede (como o IDMS da Computer Associates ou o IMAGE/3000 da HP); e um terceiro, um SGBD de objeto (como o ObjectStore da Object Design) ou um SGBD hierárquico (como o IMS da IBM); nesse caso, é necessário ter uma linguagem de sistema canônica e incluir tradutores para passar subconsultas da linguagem canônica para a linguagem de cada servidor.

Em seguida, discutimos rapidamente as questões que afetam o projeto dos SBDFs.

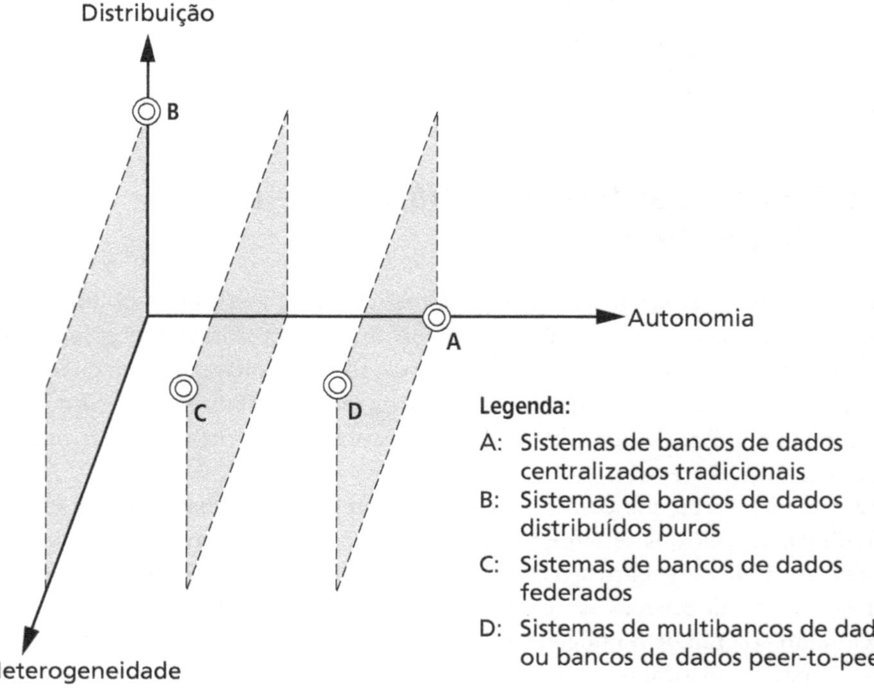

Figura 23.6 Classificação de bancos de dados distribuídos.

23.6.1 *Problemas com sistemas de gerenciamento de banco de dados federados*

O tipo de heterogeneidade presente nos SBDFs pode surgir de várias fontes. Discutimos primeiro essas fontes e, depois, indicamos como os diferentes tipos de autonomias contribuem para uma heterogeneidade semântica que deve ser resolvida em um SBDF heterogêneo.

- **Diferenças nos modelos de dados.** Os bancos de dados em uma organização vêm de uma série de modelos de dados, incluindo os chamados modelos legados (hierárquicos e de rede), o modelo de dados relacional, o modelo de dados de objeto e até mesmo arquivos. As capacidades de modelagem variam. Portanto, lidar com os modelos uniformemente por meio de um único esquema global ou processá-los em uma única linguagem é algo desafiador. Mesmo que dois bancos de dados sejam ambos do ambiente do SGBDR, a mesma informação pode ser representada como um nome de atributo, como um nome de relação ou como um valor em bancos de dados diferentes. Isso exige um mecanismo inteligente de processamento de consulta, que possa relacionar informações com base em metadados.
- **Diferenças nas restrições.** As facilidades de restrição para a especificação e a implementação variam de um sistema para outro. Existem recursos comparáveis que devem ser reconciliados na construção de um esquema global. Por exemplo, os relacionamentos dos modelos ER são representados como restrições de integridade referencial no modelo relacional. Triggers (gatilhos) podem precisar ser usados para implementar certas restrições no modelo relacional. O esquema global também deve lidar com conflitos em potencial entre as restrições.
- **Diferenças nas linguagens de consulta.** Até com o mesmo modelo de dados, as linguagens e suas versões variam. Por exemplo, a SQL tem diversas versões, como SQL-89, SQL-92, SQL-99 e SQL:2008, e cada sistema tem o próprio conjunto de tipos de dados, operadores de comparação, recursos de manipulação de string etc.

Heterogeneidade semântica. A heterogeneidade semântica ocorre quando existem diferenças no significado, na interpretação e no uso intencionado dos mesmos dados ou dados relacionados. A heterogeneidade semântica entre os sistemas de banco de dados (SBDs) componentes cria o maior obstáculo no projeto de esquemas globais de bancos de dados heterogêneos. A **autonomia de projeto** dos SBDs componentes refere-se à sua liberdade de escolher os seguintes parâmetros de projeto, que, por sua vez, afetam a eventual complexidade do SBDF:

- **O universo de discurso do qual os dados são retirados.** Por exemplo, para duas contas de cliente, os bancos de dados na federação podem ser dos Estados Unidos e do Japão e ter conjuntos de atributos totalmente diferentes sobre contas de cliente, exigidos pelas práticas contábeis. Flutuações de taxa de câmbio também apresentam um problema. Logo, as relações desses dois bancos de dados que possuem nomes idênticos — CLIENTE ou CONTA — podem ter algumas informações comuns e outras totalmente distintas.
- **Representação e nomeação.** A representação e a nomeação dos elementos de dados e da estrutura do modelo de dados podem ser previamente especificadas para cada banco de dados local.
- **O conhecimento, o significado e a interpretação subjetiva dos dados.** Essa é uma contribuição importante para a heterogeneidade semântica.
- **Restrições de transação e de política.** Lidam com critérios de serialização, transações de compensação e outras políticas de transação.
- **Derivação de resumos.** Agregação, resumo e outros recursos e operações de processamento de dados admitidos pelo sistema.

Esses problemas relacionados à heterogeneidade semântica estão sendo encarados por todas as principais organizações multinacionais e governamentais em todas as áreas de aplicação. No ambiente comercial de hoje, a maioria das empresas está lançando mão de SBDFs heterogêneos, investindo pesado no desenvolvimento de sistemas de banco de dados individuais, usando diversos modelos de dados em diferentes plataformas nos últimos 20 a 30 anos. As empresas estão utilizando diversas formas de software — normalmente chamado de **middleware**, ou pacotes baseados na web, chamados **servidores de aplicação** (por exemplo, WebLogic ou WebSphere), e até mesmo sistemas genéricos, chamados **sistemas de Enterprise Resource Planning (ERP)** (por exemplo, SAP, J. D. Edwards ERP) — para gerenciar o transporte de consultas e transações da aplicação global para bancos de dados individuais (com possível processamento adicional para regras de negócios) e os dados dos servidores de banco de dados heterogêneos para a aplicação global. Uma discussão detalhada desses tipos de sistemas de software está fora do escopo deste livro.

Assim como oferecer a transparência definitiva é o objetivo de qualquer arquitetura de banco de dados distribuído, os bancos de dados componentes locais lutam para preservar a autonomia. A **autonomia de comunicação** de um SBD componente refere-se à sua capacidade de decidir se irá se comunicar com outro SBD componente. A **autonomia da execução** refere-se à capacidade de um SBD componente executar operações locais sem interferência das operações externas por outros SBDs componentes e sua capacidade de decidir a ordem em que serão executadas. A **autonomia da associação** de um SBD componente implica que ele tem a capacidade de decidir se e quanto compartilhar de sua funcionalidade (operações que ele suporta) e recursos (dados que ele gerencia) com outros SBDs componentes. O maior desafio do projeto de SBDFs é permitir que os SBDs componentes interoperem enquanto ainda lhes fornecem os tipos de autonomias apresentados anteriormente.

23.7 Arquiteturas de banco de dados distribuídas

Nesta seção, primeiro mostramos rapidamente a distinção entre arquiteturas de banco de dados paralela e distribuída. Embora ambas estejam bastante presentes na indústria hoje, existem diversas manifestações das arquiteturas distribuídas que estão continuamente evoluindo entre as grandes empresas. A arquitetura paralela é mais comum na computação de alto desempenho, em que há uma necessidade de arquiteturas multiprocessadoras para enfrentar o volume de dados passando por aplicações de processamento de transação e warehousing. Depois, apresentamos a arquitetura genérica de um banco de dados distribuído. Isso é seguido por discussões sobre a arquitetura dos sistemas de banco de dados de três camadas cliente-servidor e federados.

23.7.1 Arquiteturas paralelas versus *distribuídas*

Existem dois tipos principais de arquiteturas de sistema multiprocessador comumente utilizados:

- **Arquitetura de memória compartilhada (altamente acoplada).** Múltiplos processadores compartilham armazenamento secundário (disco) e também memória primária.
- **Arquitetura de disco compartilhado (livremente acoplada).** Múltiplos processadores compartilham armazenamento secundário (disco), mas cada um tem a própria memória primária.

Essas arquiteturas permitem que os processadores se comuniquem sem a sobrecarga resultante da troca de mensagens por uma rede.[4] Os sistemas de

[4] Se as memórias primária e secundária forem compartilhadas, a arquitetura também é conhecida como *arquitetura tudo compartilhado*.

gerenciamento de banco de dados desenvolvidos que utilizam esses tipos de arquiteturas são chamados de **sistemas de gerenciamento de banco de dados paralelos**, em vez de SGBDDs, pois utilizam a tecnologia de processadores paralelos. Outro tipo de arquitetura de multiprocessador é chamado de **arquitetura nada compartilhado**. Nessa arquitetura, cada processador tem a própria memória primária e secundária (disco), não existe memória comum e os processadores se comunicam por uma rede de interconexão de alta velocidade (barramento ou switch). Embora a arquitetura nada compartilhado seja semelhante a um ambiente de computação de banco de dados distribuído, existem diferenças importantes no modo de operação. Nos sistemas de multiprocessador nada compartilhado, há simetria e homogeneidade de nós; isso não acontece no ambiente de banco de dados distribuído, no qual a heterogeneidade do hardware e do sistema operacional em cada nó é muito comum. A arquitetura nada compartilhado também é considerada um ambiente para bancos de dados paralelos. A Figura 23.7(a) ilustra um banco de dados paralelo (nada compartilhado), enquanto a Figura 23.7(b) ilustra um banco de dados centralizado com acesso distribuído e a Figura 23.7(c) mostra um banco de dados distribuído puro. Não vamos nos aprofundar aqui nas arquiteturas paralelas e em questões de gerenciamento de dados relacionadas.

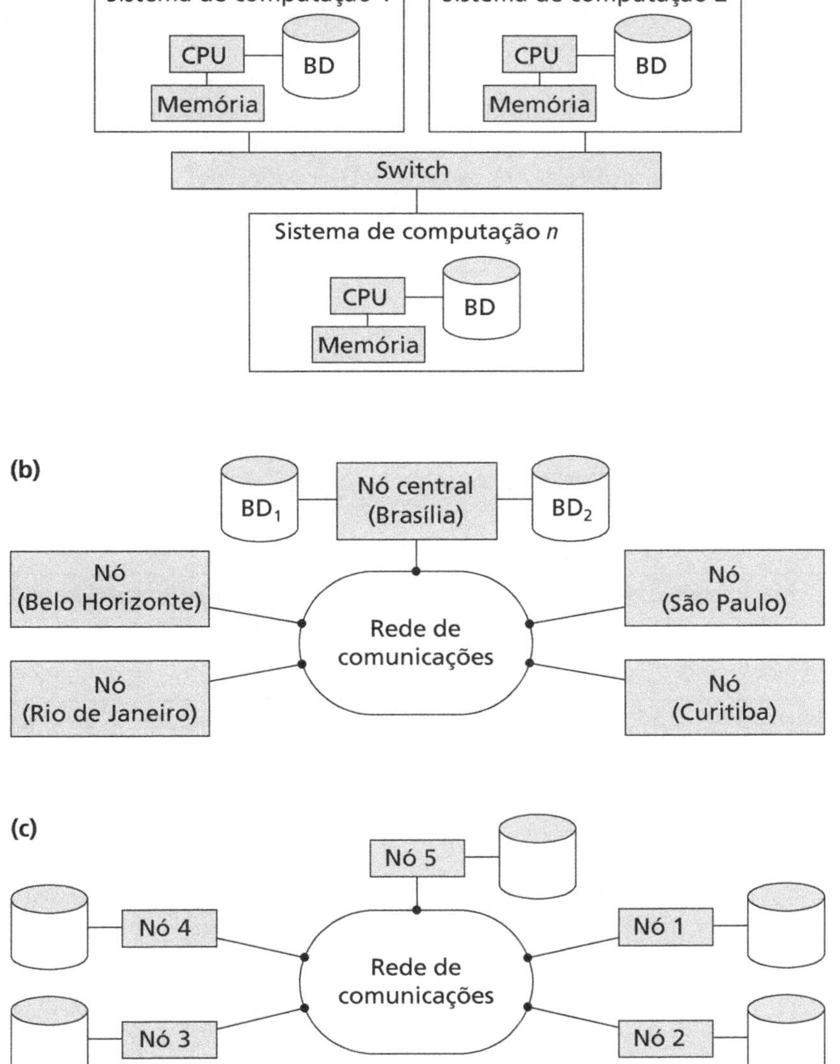

Figura 23.7 Algumas arquiteturas de sistema de banco de dados diferentes. (a) Arquitetura nada compartilhado. (b) Uma arquitetura em rede com um banco de dados centralizado em um dos nós. (c) Uma arquitetura de banco de dados verdadeiramente distribuída.

23.7.2 Arquitetura geral de bancos de dados distribuídos puros

Nesta seção, discutimos os modelos arquiteturais lógicos e de componente de um BDD. Na Figura 23.8, que descreve a arquitetura de esquema genérico de um BDD, a empresa é apresentada com uma visão consistente, unificada, que mostra a estrutura lógica dos dados básicos por todos os nós. Essa visão é representada pelo esquema conceitual global (ECG), que oferece transparência de rede (ver Seção 23.1.2). Para acomodar a heterogeneidade em potencial no BDD, cada nó aparece como tendo o próprio esquema interno local (EIL) com base nos detalhes da organização física nesse nó em particular. A organização lógica dos dados em cada nó é especificada pelo esquema conceitual local (ECL). O ECG, o ECL e seus mapeamentos básicos oferecem a transparência de fragmentação e replicação discutida na Seção 23.1.2. A Figura 23.8 mostra a arquitetura de componentes de um BDD. Ela é uma extensão de sua correspondente centralizada (Figura 2.3) do Capítulo 2. Para simplificar, os elementos comuns não são mostrados aqui. O compilador de consulta global referencia o esquema conceitual global com base no catálogo global do sistema para verificar e impor as restrições definidas. O otimizador de consulta global referencia os esquemas conceituais globais e locais e gera consultas locais otimizadas com base nas consultas globais. Ele avalia todas as estratégias candidatas usando uma função que estima o custo com base no tempo de resposta (CPU, E/S e latências de rede) e tamanhos estimados de resultados intermediários. O último é particularmente importante em consultas que envolvem junções. Após calcular o custo para cada candidato, o otimizador seleciona o candidato com o menor custo para execução. Cada SGBD local teria seu otimizador de consulta local, gerenciador de transação e mecanismos de execução, bem como o catálogo do sistema local, que abriga os esquemas locais. O gerenciador de transação global é responsável por coordenar a execução por vários nós em conjunto com o gerenciador de transação local nesses nós.

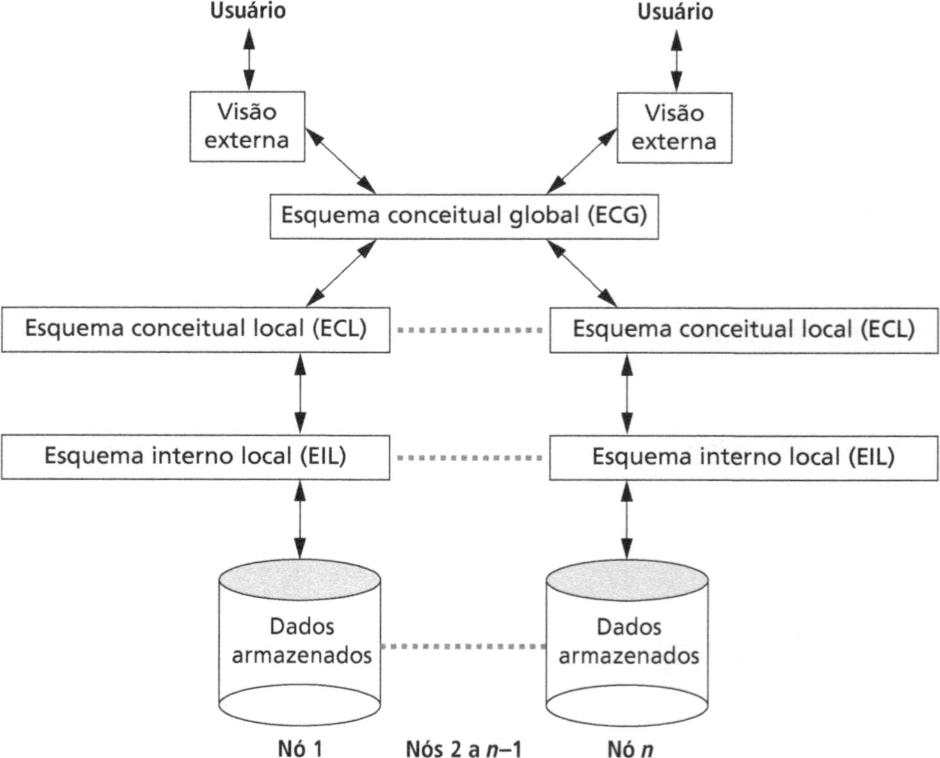

Figura 23.8 Arquitetura do esquema para bancos de dados distribuídos.

23.7.3 Arquitetura do esquema de banco de dados federado

A arquitetura típica do esquema de cinco níveis para dar suporte a aplicações globais no ambiente de SBDF aparece na Figura 23.9. Nessa arquitetura, o **esquema local** é o esquema conceitual (definição de banco de dados completa) de um banco de dados componente, e o **esquema componente** é derivado ao traduzir o esquema local para um modelo de dados canônico ou um modelo de dados comum (MDC) para o SBDF. A tradução de um esquema local para o esquema componente é acompanhada pela geração de mapeamentos para transformar comandos em um esquema componente em comandos no esquema local correspondente. O **esquema de exportação** representa o subconjunto de um esquema componente que está disponível ao SBDF. O **esquema federado** é o esquema ou visão global, que é o resultado da integração de todos os esquemas de exportação compartilháveis. Os **esquemas externos** definem o esquema para um grupo de usuários ou uma aplicação, assim como na arquitetura de esquema em três níveis.

Todos os problemas relacionados ao processamento de consulta, processamento de transação e gerenciamento e recuperação de diretório e metadados se aplicam aos SBDFs com considerações adicionais. Não está em nosso escopo discutir esses problemas em detalhes aqui.

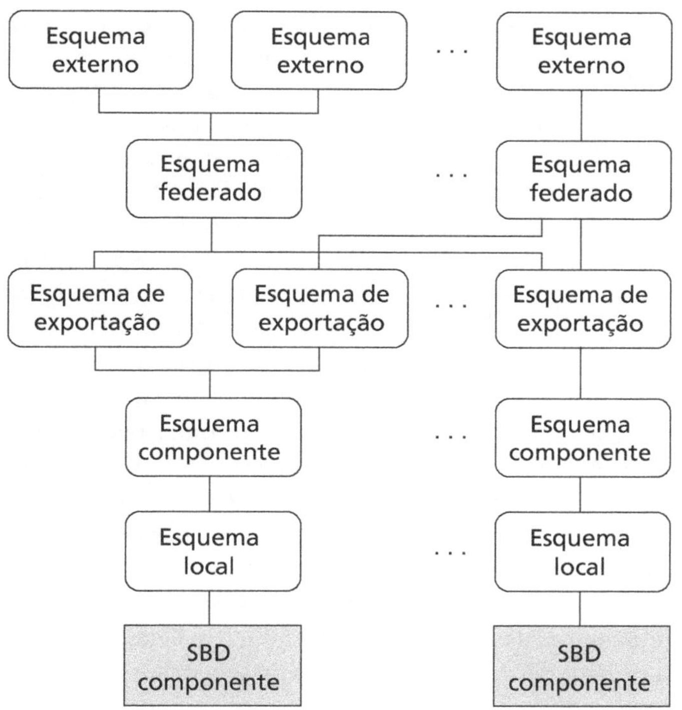

Figura 23.9 A arquitetura de esquema em cinco níveis em um sistema de banco de dados federado (SBDF).

Fonte: adaptado de Sheth e Larson, "Federated database systems for managing distributed, heterogeneous, and autonomous databases", *ACM Computing Surveys*, v. 22, n. 3, set. 1990.

23.7.4 Visão geral da arquitetura cliente-servidor de três camadas

Conforme indicado na introdução do capítulo, os SGBDDs em escala completa não foram desenvolvidos para dar suporte a todos os tipos de funcionalidades discutidos até aqui. Em vez disso, aplicações de banco de dados distribuído estão sendo desenvolvidas no contexto das arquiteturas cliente-servidor. Apresentamos a arquitetura cliente-servidor de duas camadas na Seção 2.5. Agora, é mais comum usar uma arquitetura de três camadas, particularmente em aplicações web. Essa arquitetura é ilustrada na Figura 23.10.

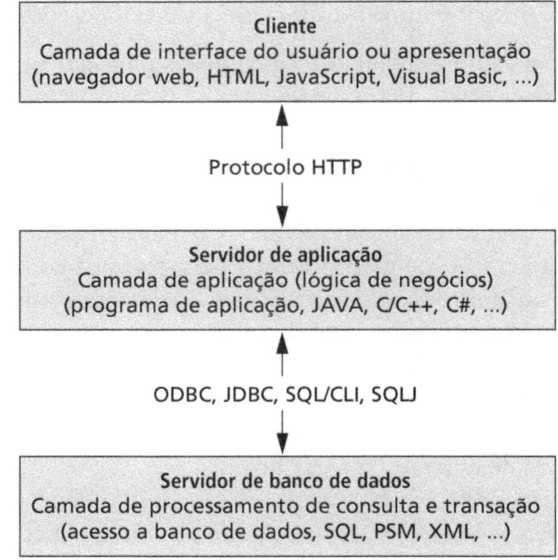

Figura 23.10 Arquitetura cliente-servidor de três camadas.

Nessa arquitetura cliente-servidor, existem as seguintes camadas:

1. **Camada de apresentação (cliente).** Essa oferece a interface com o usuário e interage com ele. Os programas nesta camada apresentam interfaces web ou formulários para o cliente, a fim de realizar interface com a aplicação. Os navegadores web normalmente são utilizados, e as linguagens e especificações usadas incluem HTML, XHTML, CSS, Flash, MathML, Scalable Vector Graphics (SVG), Java, JavaScript, Adobe Flex e outras. Esta camada trata da entrada, saída e navegação do usuário, aceitando comandos dele e exibindo a informação necessária, em geral na forma de páginas web estáticas ou dinâmicas. Estas últimas são empregadas quando a interação envolve acesso a banco de dados. Quando uma interface web é utilizada, esta camada costuma se comunicar com a camada de aplicação por meio do protocolo HTTP.
2. **Camada de aplicação (lógica de negócios).** Esta camada programa a lógica da aplicação. Por exemplo, as consultas podem ser formuladas com base na entrada do usuário pelo cliente, ou os resultados da consulta podem ser formatados e enviados ao cliente para apresentação. A funcionalidade adicional da aplicação pode ser tratada nesta camada, como as verificações de segurança, a verificação de identidade e outras funções. A camada de aplicação pode interagir com um ou mais bancos ou fontes de dados, conforme a necessidade, ao conectar ao banco de dados usando ODBC, JDBC, SQL/CLI ou outras técnicas de acesso ao banco de dados.
3. **Servidor de banco de dados.** Esta camada trata de solicitações de consulta e atualização da camada de aplicação, processa as solicitações e envia os resultados. Normalmente, a SQL é usada para acessar o banco de dados se ele for relacional ou objeto-relacional, e procedimentos armazenados do banco de dados também podem ser chamados. Resultados de consulta (e consultas) podem ser formatados em XML (ver Capítulo 13) quando transmitidos entre o servidor de aplicação e o servidor de banco de dados.

O modo exato como a funcionalidade do SGBD deve ser dividida entre o cliente, o servidor de aplicação e o servidor de banco de dados pode variar. A técnica comum é incluir a funcionalidade de um SGBD centralizado no nível de servidor de banco de dados. Diversos produtos de SGBD relacional utilizaram essa técnica, na qual um **servidor SQL** é fornecido. O servidor de aplicação deve então formular as consultas SQL apropriadas e se conectar ao servidor de banco de dados quando necessário. O cliente oferece o processamento para as interações da interface com o usuário.

Como a SQL é um padrão relacional, diversos servidores em SQL, possivelmente fornecidos por diferentes fornecedores, podem aceitar comandos SQL por meio de padrões como ODBC, JDBC e SQL/CLI (ver Capítulo 10).

Nessa arquitetura, o servidor de aplicação também pode se referir a um dicionário de dados que inclui informações sobre a distribuição de dados entre os diversos servidores SQL, bem como módulos para decompor uma consulta global em uma série de consultas locais que podem ser executadas nos diversos nós. A interação entre um servidor de aplicação e o servidor de banco de dados pode prosseguir da seguinte forma durante o processamento de uma consulta em SQL:

1. O servidor de aplicação formula uma consulta do usuário com base na entrada da camada do cliente e a decompõe em uma série de consultas independentes ao nó. Cada consulta é enviada ao nó do servidor de banco de dados apropriado.
2. Cada servidor de banco de dados processa a consulta local e envia os resultados ao nó do servidor de aplicação. Cada vez mais, a XML está sendo recomendada como o padrão para a troca de dados (ver Capítulo 13), de modo que o servidor de banco de dados pode formatar o resultado da consulta em XML antes de enviá-lo ao servidor de aplicação.
3. O servidor de aplicação combina os resultados das subconsultas para produzir o resultado da consulta requisitada originalmente, o formata para HTML ou alguma outra forma aceita pelo cliente e o envia para o nó do cliente, para exibição.

O servidor de aplicação é responsável por gerar um plano de execução distribuído para uma consulta ou transação em múltiplos nós e por supervisionar a execução distribuída ao enviar comandos aos servidores. Esses comandos incluem consultas locais e transações a serem executadas, bem como comandos para transmitir dados a outros clientes ou servidores. Outra função controlada pelo servidor de aplicação (ou coordenador) é garantir a consistência de cópias replicadas de um item de dados empregando técnicas de controle de concorrência distribuído (ou global). O servidor de aplicação também precisa garantir a atomicidade de transações globais realizando recuperação global quando certos nós falham.

Se o SGBDD tiver a capacidade de *ocultar* os detalhes da distribuição de dados do servidor de aplicação, ele permitirá que tal servidor execute consultas e transações globais como se o banco de dados fosse centralizado, sem ter de especificar os nós onde residem os dados referenciados na consulta ou na transação. Essa propriedade é chamada de **transparência de distribuição**. Alguns SGBDDs não oferecem transparência de distribuição, exigindo, em seu lugar, que as aplicações conheçam os detalhes da distribuição de dados.

23.8 Gerenciamento de catálogo distribuído

O gerenciamento de catálogo eficiente nos bancos de dados distribuídos é crítico para garantir o desempenho satisfatório relacionado à autonomia do nó, gerenciamento de visão e distribuição e replicação de dados. Os catálogos são por si sós bancos de dados que contêm metadados sobre o sistema de banco de dados distribuído.

Três sistemas de gerenciamento populares para catálogos distribuídos são catálogos *centralizados*, catálogos *totalmente replicados* e catálogos *parcialmente replicados*. A escolha do esquema depende do próprio banco de dados e também dos padrões de acesso das aplicações aos dados básicos.

- **Catálogos centralizados.** Neste esquema, o catálogo inteiro é armazenado em um único nó. Em virtude de sua natureza central, ele é fácil de implementar. Por outro lado, as vantagens de confiabilidade, disponibilidade, autonomia e distribuição do processamento da carga são afetadas de maneira adversa. Para operações de leitura a partir de nós não centrais, os dados de catálogo solicitados são bloqueados no nó central e, depois, enviados ao nó solicitante. Ao terminar a operação de leitura, uma confirmação é enviada ao nó central, que, por sua vez, desbloqueia esses dados. Todas as operações de atualização devem ser processadas por meio do nó central. Isso pode rapidamente se tornar um gargalo de desempenho para aplicações com uso intensivo de gravação.

- **Catálogos totalmente replicados.** Neste esquema, cópias idênticas do catálogo completo estão presentes em cada nó. Este esquema facilita leituras mais rápidas ao permitir que sejam respondidas localmente. Porém, todas as atualizações devem ser transmitidas a todos os nós. As atualizações são tratadas como transações e um esquema de confirmação em duas fases centralizado é empregado para garantir a consistência do catálogo. Assim como no esquema centralizado, as aplicações com uso intensivo da gravação podem causar maior tráfego de rede em razão do broadcast associado às gravações.
- **Catálogos parcialmente replicados.** Os esquemas centralizados e totalmente replicados restringem a autonomia do nó, pois precisam garantir uma visão global coerente do catálogo. Sob o esquema parcialmente replicado, cada nó mantém informações de catálogo completas sobre os dados armazenados localmente nesse nó. Cada nó também tem permissão para colocar em cache as entradas recuperadas de nós remotos. Porém, não há garantias de que essas cópias em cache serão as mais recentes e atualizadas. O sistema rastreia entradas de catálogo para nós nos quais o objeto foi criado e para nós que contêm cópias desse objeto. Quaisquer mudanças nas cópias são propagadas imediatamente para o nó original (de nascimento). Recuperar cópias atualizadas para que substituam dados antigos pode ser adiado até que haja um acesso a esses dados. Em geral, os fragmentos de relações entre os nós devem ser exclusivamente acessíveis. Além disso, para garantir a transparência na distribuição de dados, os usuários devem ter permissão para criar sinônimos para objetos remotos e utilizá-los para referências subsequentes.

23.9 Resumo

Neste capítulo, fornecemos uma introdução aos bancos de dados distribuídos. Esse é um assunto muito amplo, e discutimos apenas algumas das técnicas básicas usadas com bancos de dados distribuídos. Primeiro, na Seção 23.1, abordamos os motivos para a distribuição e os conceitos de BDD na Seção 23.1.1. Depois, o conceito de transparência de distribuição e os conceitos relacionados de transparência de fragmentação e transparência de replicação foram definidos na Seção 23.1.2. Discutimos os conceitos de disponibilidade e confiabilidade de bancos de dados distribuídos na Seção 23.1.3 e fornecemos uma visão geral das questões de escalabilidade e tolerância à partição na Seção 23.1.4. Discutimos sobre a autonomia dos nós em um sistema distribuído na Seção 23.1.5, e as vantagens em potencial dos bancos de dados distribuídos em relação ao sistema centralizado na Seção 23.1.6.

Na Seção 23.2, discutimos as questões de projeto relacionadas à fragmentação de dados, replicação e distribuição, e distinguimos entre fragmentação horizontal (sharding) e vertical das relações na Seção 23.2.1. O uso da replicação de dados para melhorar confiabilidade e disponibilidade do sistema foi discutido em seguida, na Seção 23.2.2. Na Seção 23.3, discutimos rapidamente sobre o controle de concorrência e as técnicas de recuperação usadas nos SGBDDs, e então revisamos alguns dos problemas adicionais que devem ser tratados em um ambiente distribuído e que não aparecem em um ambiente centralizado. Em seguida, na Seção 23.4, discutimos o gerenciamento de transação, incluindo diferentes protocolos de confirmação (2 fases, 3 fases), e suporte do sistema operacional para o gerenciamento de transação.

Ilustramos algumas das técnicas empregadas no processamento de consulta distribuído na Seção 23.5, e discutimos o custo da comunicação entre os nós, que é considerado um fator importante na otimização de consulta distribuída. As diferentes técnicas para executar junções foram comparadas e, depois, apresentamos a técnica de semijunção para juntar relações que residem em diferentes nós na Seção 23.5.3.

Depois disso, na Seção 23.6, categorizamos os SGBDDs com critérios como o grau de homogeneidade dos módulos de software e o grau de autonomia local. Na Seção 23.7, distinguimos arquiteturas de sistemas paralela e distribuída e, depois, apresentamos a arquitetura genérica dos bancos de dados distribuídos de um ponto de vista de arquitetura de componente e também esquemático. Na Seção 23.7.3, as questões de gerenciamento de banco de dados federado foram então discutidas com alguns detalhes, focalizando as necessidades de suporte a vários tipos de autonomias e tratando da heterogeneidade semântica. Também revisamos os conceitos da arquitetura cliente/servidor e os relacionamos aos bancos de dados distribuídos na Seção 23.7.4. Revisamos o gerenciamento de catálogo nos bancos de dados distribuídos e resumimos suas vantagens e desvantagens relativas na Seção 23.8.

Os capítulos 24 e 25 descreverão avanços recentes nos bancos de dados distribuídos e na computação distribuída, relacionados a big data. O Capítulo 24 descreve os chamados sistemas NOSQL, sistemas de banco de dados altamente escaláveis e distribuídos, que lidam com grandes volumes de dados. O Capítulo 25 discute as tecnologias de computação em nuvem e computação distribuída, necessárias para processar big data.

PERGUNTAS DE REVISÃO

23.1. Quais são os principais motivos e vantagens em potencial dos bancos de dados distribuídos?

23.2. Que funções adicionais um SGBDD tem sobre um SGBD centralizado?

23.3. Discuta o significado dos seguintes termos: *grau de homogeneidade de um SGBDD*, *grau de autonomia local de um SGBDD*, *SGBD federado*, *transparência de distribuição*, *transparência de fragmentação*, *transparência de replicação*, *sistema multibanco de dados*.

23.4. Discuta a arquitetura de um SGBDD. Dentro do contexto de um SGBD centralizado, explique resumidamente os novos componentes introduzidos pela distribuição de dados.

23.5. Quais são os principais módulos de software de um SGBDD? Discuta as principais funções de cada um desses módulos no contexto da arquitetura cliente/servidor.

23.6. Compare as arquiteturas cliente/servidor de duas e três camadas.

23.7. O que é um fragmento de uma relação? Quais são os principais tipos de fragmentos? Por que a fragmentação é um conceito útil no projeto de banco de dados distribuído?

23.8. Por que a replicação de dados é útil nos SGBDDs? Que unidades de dados típicas são replicadas?

23.9. O que significa *alocação de dados* no projeto de banco de dados distribuído? Que unidades de dados típicas são distribuídas pelos nós?

23.10. Como um particionamento horizontal de uma relação é especificado? Como uma relação pode ser reunida com base em um particionamento horizontal completo?

23.11. Como um particionamento vertical de uma relação é especificado? Como uma relação pode ser reunida novamente com base em um particionamento vertical completo?

23.12. Discuta o problema de nomeação nos bancos de dados distribuídos.

23.13. Quais são os diferentes estágios de processamento de uma consulta em um SGBDD?

23.14. Discuta as diferentes técnicas para executar uma equijunção de dois arquivos localizados em nós diferentes. Que fatores principais afetam o custo da transferência de dados?

23.15. Discuta o método de semijunção para executar uma equijunção de dois arquivos localizados em nós diferentes. Sob quais condições uma estratégia de equijunção é eficiente?

23.16. Discuta os fatores que afetam a decomposição da consulta. Como as condições de guarda e as listas de atributos dos fragmentos são usadas durante o processo de decomposição da consulta?

23.17. Como a decomposição de uma solicitação de atualização é diferente da decomposição de uma consulta? Como as condições de guarda e as listas de atributos dos fragmentos são usadas durante a decomposição de uma solicitação de atualização?

23.18. Liste o suporte oferecido pelos sistemas operacionais para um SGBDD e também seus benefícios.

23.19. Discuta os fatores que não aparecem nos sistemas centralizados que afetam o controle de concorrência e a recuperação nos sistemas distribuídos.

23.20. Discuta o protocolo de confirmação em duas fases usado para gerenciamento de transação em um SGBDD. Liste suas limitações e explique como elas são contornadas usando o protocolo de confirmação em três fases.

23.21. Compare o método de nó primário com o método de cópia primária para o controle de concorrência distribuído. Como o uso de nós de backup afeta cada um deles?

23.22. Quando a votação e as eleições são usadas em bancos de dados distribuídos?

23.23. Discuta o gerenciamento de catálogo nos bancos de dados distribuídos.

23.24. Quais são os principais desafios enfrentados por um SGBDD tradicional no contexto das aplicações da internet de hoje? Como a computação em nuvem tenta resolvê-los?

23.25. Discuta em poucas palavras o suporte oferecido pelo Oracle para arquiteturas de banco de dados distribuído homogêneas, heterogêneas e baseadas em cliente/servidor.

23.26. Discuta resumidamente os diretórios on-line, seu gerenciamento e seu papel nos bancos de dados distribuídos.

EXERCÍCIOS

23.27. Considere a distribuição de dados do banco de dados EMPRESA, em que os fragmentos nos nós 2 e 3 são como aparecem na Figura 23.3 e os fragmentos no nó 1 são como aparecem na Figura 3.6. Para cada uma das consultas a seguir, mostre pelo menos duas estratégias de decomposição e execução da consulta. Sob que condições cada uma de suas estratégias funcionaria bem?

a. Para cada funcionário no departamento 5, recupere o nome do funcionário e os nomes de seus dependentes.

b. Imprima os nomes de todos os funcionários que trabalham no departamento 5, mas que trabalham em algum projeto *não* controlado pelo departamento 5.

23.28. Considere as seguintes relações:

LIVROS(Numero_livro, Autor_principal, Assunto, Estoque_total, preco)
LIVRARIA(Numero_livraria, Cidade, Estado, Cep, Valor_estoque_total)
ESTOQUE(Numero_livraria, Numero_livro, Qtd)

Estoque_total é o número total de livros em estoque e Valor_estoque_total é o valor de estoque total para a loja em reais.

a. Dê um exemplo de dois predicados simples que seriam significativos para a relação LIVRARIA para particionamento horizontal.
b. Como um particionamento horizontal derivado de ESTOQUE seria baseado no particionamento de LIVRARIA?
c. Mostre predicados pelos quais LIVROS pode ser particionado horizontalmente por tópico.
d. Mostre como o ESTOQUE pode ser particionado ainda mais pelas partições em (b) ao acrescentar os predicados em (c).

23.29. Considere um banco de dados distribuído para uma cadeia de livrarias chamada Livros Nacionais com três nós chamados LESTE, CENTRO e OESTE. Os esquemas de relação são dados no Exercício 23.28. Considere que LIVROS são fragmentados por quantias de preco em:

B_1: LIVRO 1: preco até R$20,00
B_2: LIVRO 2: preco de R$20,01 até R$50,00
B_3: LIVRO 3: preco de R$50,01 até R$100,00
B_4: LIVRO 4: preco de R$100,01 em diante

De modo semelhante, LIVRARIAS são divididas por códigos de CEP (Cep) em:

S_1: LESTE: Cep até 35.000
S_2: CENTRO: Cep 35.001 até 70.000
S_3: OESTE: Cep 70.001 até 99.999

Suponha que ESTOQUE seja um fragmento derivado com base apenas em LIVRARIA.

a. Considere a consulta:

```
SELECT  Numero_livro, Estoque_total
FROM    Livros
WHERE   preco > 15 AND preco < 55;
```

Suponha que os fragmentos de LIVRARIA sejam não replicados e atribuídos com base na região. Suponha ainda que LIVROS sejam alocados como:

LESTE: B_1, B_4
CENTRO: B_1, B_2
OESTE: B_1, B_2, B_3, B_4

Supondo que a consulta fosse submetida em LESTE, que subconsultas remotas ela gera? (Escreva em SQL.)

b. Se o preço de Numero_livro = 1234 for atualizado de R$45,00 para R$55,00 no nó CENTRO, que atualizações isso gera? Escreva em português e, depois, em SQL.
c. Dê um exemplo de consulta emitida em OESTE que gerará uma subconsulta para CENTRO.
d. Escreva uma consulta envolvendo seleção e projeção nas relações anteriores e mostre duas árvores de consulta possíveis que indicam diferentes formas de execução.

23.30. Considere que você tenha sido solicitado a propor uma arquitetura de banco de dados em uma grande organização (General Motors, por exemplo) para consolidar todos os dados, incluindo bancos de dados legados (de modelos hierárquicos e de rede; nenhum conhecimento específico desses modelos é necessário), bem como bancos de dados relacionais, distribuídos geograficamente, de modo que as aplicações globais possam ser admitidas. Suponha que a alternativa 1 é manter todos os bancos de dados como estão, enquanto a alternativa 2 é primeiro convertê-los para relacionais e depois dar suporte às aplicações por um banco de dados integrado distribuído.

a. Desenhe dois diagramas esquemáticos para ambas as alternativas, mostrando as ligações entre os esquemas apropriados. Para a alternativa 1, escolha a técnica de oferecer esquemas de exportação para cada banco de dados e construir esquemas unificados para cada aplicação.

b. Liste as etapas pelas quais você teria de passar sob cada alternativa da situação presente até que as aplicações globais fossem viáveis.

c. Compare essas alternativas com:

i. considerações em tempo de projeto.

ii. considerações em tempo de execução.

BIBLIOGRAFIA SELECIONADA

Os livros-texto de Ceri e Pelagatti (1984a) e Ozsu e Valduriez (1999) são dedicados a bancos de dados distribuídos. Peterson e Davie (2008), Tannenbaum (2003) e Stallings (2007) abordam as comunicações de dados e as redes de computadores. Comer (2008) discute as redes e a internet. Ozsu et al. (1994) têm uma coleção de artigos sobre gerenciamento de objeto distribuído.

A maior parte da pesquisa sobre projeto de banco de dados distribuído, processamento de consulta e otimização ocorreu nos anos 1980 e 1990; aqui, revisamos rapidamente as referências importantes. O projeto de banco de dados distribuído foi focalizado em matéria de fragmentação horizontal e vertical, alocação e replicação. Ceri et al. (1982) definiram o conceito de fragmentos horizontais minterm. Ceri et al. (1983) desenvolveram um modelo de otimização baseado em programação de inteiros para fragmentação e alocação horizontais. Navathe et al. (1984) desenvolveram algoritmos para fragmentação vertical com base na afinidade de atributos e mostraram uma série de contextos para alocação de fragmento vertical. Wilson e Navathe (1986) apresentam um modelo analítico para alocação ideal de fragmentos. Elmasri et al. (1987) discutem a fragmentação para o modelo ECR; Karlapalem et al. (1996) discutem questões para projeto distribuído de bancos de dados de objeto. Navathe et al. (1996) discutem a fragmentação mista ao combinar fragmentações horizontal e vertical; Karlapalem et al. (1996) apresentam um modelo para reprojeto de bancos de dados distribuídos.

O processamento de consulta distribuído, otimização e decomposição são discutidos em Hevner e Yao (1979), Kerschberg et al. (1982), Apers et al. (1983), Ceri e Pelagatti (1984) e Bodorick et al. (1992). Bernstein e Goodman (1981) discutem a teoria por trás do processamento de semijunção. Wong (1983) discute o uso de relacionamentos na fragmentação da relação. Os esquemas de controle de concorrência e recuperação são discutidos em Bernstein e Goodman (1981a). Kumar e Hsu (1998) compilam alguns artigos relacionados à recuperação nos bancos de dados distribuídos. As eleições nos sistemas distribuídos são discutidas em Garcia-Molina (1982). Lamport (1978) discute os problemas com a geração de rótulos de tempo exclusivos em um sistema distribuído. Rahimi e Haug (2007) discutem um modo mais flexível de construir metadados críticos de consulta para bancos de dados P2P.

Ouzzani e Bouguettaya (2004) esboçam problemas fundamentais no processamento de consulta distribuído por fontes de dados baseadas na web.

Uma técnica de controle de concorrência para dados replicados, que é baseada na votação, é apresentada por Thomas (1979). Gifford (1979) propõe o uso da votação ponderada, e Paris (1986) descreve um método chamado *votação com testemunhas*. Jajodia e Mutchler (1990) discutem a votação dinâmica. Uma técnica chamada de *cópia disponível* é proposta por Bernstein e Goodman (1984), e uma que usa a ideia de um grupo é apresentada em ElAbbadi e Toueg (1988). Outros trabalhos que discutem os dados replicados são Gladney (1989), Agrawal e ElAbbadi (1990), ElAbbadi e Toueg (1989), Kumar e Segev (1993), Mukkamala (1989) e Wolfson e Milo (1991). Bassiouni (1988) discute os protocolos otimistas para controle de concorrência de BDD. Garcia-Molina (1983) e Kumar e Stonebraker (1987) discutem técnicas que usam a semântica das transações. As técnicas de controle de concorrência distribuído baseadas em bloqueio e cópias distinguidas são apresentadas por Menasce et al. (1980) e Minoura e Wiederhold (1982). Obermark (1982) apresenta algoritmos para a detecção de impasse distribuída. Em trabalho mais recente, Vadivelu et al. (2008) propõem o uso do mecanismo de backup e segurança multinível para desenvolver algoritmos para melhorar a concorrência. Madria et al. (2007) propõem um mecanismo baseado em um esquema de bloqueio em duas fases multiversão e rótulo de tempo para resolver questões de concorrência específicas aos sistemas de banco de dados móveis. Boukerche e Tuck (2001) propõem uma técnica que permite que transações estejam fora de ordem até certo ponto. Eles tentam facilitar a carga no desenvolvedor da aplicação ao explorar o ambiente de rede e produzir um schedule equivalente a um schedule serial ordenado temporalmente. Han et al. (2004) propõem um modelo de rede Petri estendido sem impasse e serializável para bancos de dados de tempo real distribuídos, baseados na web.

Um estudo de técnicas de recuperação nos sistemas distribuídos é dado por Kohler (1981). Reed (1983) discute ações atômicas em dados distribuídos. Bhargava (1987) apresenta uma compilação editada de várias abordagens e técnicas para concorrência e confiabilidade nos sistemas distribuídos.

Os sistemas de banco de dados federados foram definidos inicialmente em McLeod e Heimbigner (1985). Técnicas para integração de esquema nos bancos de dados federados são apresentadas em Elmasri et al. (1986), Batini et al. (1987), Hayne e Ram (1990) e Motro (1987). Elmagarmid e Helal (1988) e Gamal-Eldin et al. (1988) discutem o problema de atualização em SBDDs heterogêneos. As questões de banco de dados distribuído heterogêneo são discutidas em Hsiao e Kamel (1989). Sheth e Larson (1990) apresentam um estudo abrangente sobre o gerenciamento de banco de dados federado.

Desde o final da década de 1980, os sistemas multibanco de dados e a interoperabilidade se tornaram tópicos importantes. As técnicas para lidar com incompatibilidades semânticas entre múltiplos bancos de dados são examinadas em DeMichiel (1989), Siegel e Madnick (1991), Krishnamurthy et al. (1991) e Wang e Madnick (1989). Castano et al. (1998) apresentam um excelente estudo de técnicas para análise de esquemas. Pitoura et al. (1995) discutem a orientação a objeto nos sistemas multibanco de dados. Xiao et al. (2003) propõem um modelo baseado em XML para um modelo de dados comum para sistemas multibanco de dados e apresentam uma nova técnica para mapeamento de esquema, com base nesse modelo. Lakshmanan et al. (2001) propõem estender a SQL para interoperabilidade, e descrevem a arquitetura e os algoritmos para conseguir o mesmo.

O processamento de transação em multibancos de dados é discutido em Mehrotra et al. (1992), Georgakopoulos et al. (1991), Elmagarmid et al. (1990) e Brietbart et al. (1990), entre outros. Elmagarmid (1992) discute o processamento de transação para aplicações avançadas, incluindo aplicações de engenharia discutidas em Heiler et al. (1992).

Os sistemas de fluxo de trabalho, que estão se tornando populares para gerenciar informações em organizações complexas, usam transações multinível e aninhadas com bancos de dados distribuídos. Weikum (1991) discute o gerenciamento de transação multinível. Alonso et al. (1997) discutem as limitações dos sistemas atuais de fluxo de trabalho. Lopes et al. (2009) propõem que os usuários definam e executem os próprios fluxos de trabalho usando um navegador web no lado do cliente. Eles tentam aproveitar as tendências da Web 2.0 para simplificar o trabalho do usuário para gerenciamento de fluxo de trabalho. Jung e Yeom (2008) exploram o fluxo de trabalho de dados para desenvolver um sistema de gerenciamento de transação melhorado, que oferece acesso simultâneo e transparente aos armazenamentos heterogêneos que constituem o HVEM DataGrid. Deelman e Chervanak (2008) listam os desafios nos fluxos de trabalho científicos com uso intenso de dados. Especificamente, eles examinam o gerenciamento automatizado de dados, técnicas de mapeamento eficientes e questões de feedback do usuário no mapeamento de fluxo de trabalho. Eles também argumentam em favor do reúso de dados como um meio eficiente para gerenciar dados e apresentar os desafios a esse respeito.

Diversos SGBDs distribuídos experimentais têm sido implementados. Estes incluem INGRES distribuído, por Epstein et al. (1978), DDTS, por Devor e Weeldreyer (1980), SDD-1, por Rothnie et al. (1980), System R*, por Lindsay et al. (1984), SIRIUS-DELTA, por Ferrier e Stangret (1982), e MULTIBASE, por Smith et al. (1981). O sistema OMNIBASE, por Rusinkiewicz et al. (1988), e o Federated Information Base, desenvolvido com o modelo de dados Candide, por Navathe et al. (1994), são exemplos de SGBDDs federados. Pitoura et al. (1995) apresentam um estudo comparativo dos protótipos de sistemas de bancos de dados federados. A maioria dos vendedores de SGBD comercial possui produtos que usam a abordagem cliente/servidor e oferecem versões distribuídas de seus sistemas. Algumas questões de sistema referentes a arquiteturas SGBD cliente/servidor são discutidas em Carey et al. (1991), DeWitt et al. (1990) e Wang e Rowe (1991). Khoshafian et al. (1992) discutem questões de projeto para SGBDs relacionais no ambiente cliente/servidor. As questões de gerenciamento cliente/servidor são discutidas em muitos livros, como Zantinge e Adriaans (1996). Di Stefano (2005) discute questões de distribuição de dados específicas à computação de grade. Uma parte importante dessa discussão também pode se aplicar à computação em nuvem.

24 Bancos de dados NOSQL e sistemas de armazenamento Big Data

Agora, vamos voltar nossa atenção para a classe de sistemas desenvolvidos com o intuito de gerenciar grandes quantidades de dados, em organizações como Google, Amazon, Facebook e Twitter, e em aplicações como mídias sociais, links da web, perfis de usuários, marketing e vendas, postagens e tweets, mapas rodoviários e dados espaciais e e-mail. O termo **NOSQL** é geralmente interpretado como Not Only SQL — em vez de NO to SQL — e tem por finalidade transmitir a ideia de que muitas aplicações precisam de sistemas diferentes dos sistemas SQL relacionais tradicionais para ampliar suas necessidades de gerenciamento de dados. A maioria dos sistemas NOSQL são bancos de dados distribuídos ou sistemas de armazenamento distribuído, com foco no armazenamento de dados semiestruturados, alto desempenho, disponibilidade, replicação de dados e escalabilidade, ao contrário da ênfase em consistência imediata de dados, linguagens de consulta poderosas e armazenamento de dados estruturados.

Começamos na Seção 24.1 com uma introdução aos sistemas NOSQL, suas características e como eles diferem dos sistemas SQL. Também descrevemos quatro categorias gerais de sistemas NOSQL — baseados em documentos, armazenamentos de chave-valor, baseados em colunas e baseados em grafos. A Seção 24.2 discute como os sistemas NOSQL abordam a questão da consistência entre múltiplas réplicas (cópias), usando o paradigma conhecido como **consistência eventual**. Discutimos o teorema **CAP**, que pode ser usado para que se entenda a ênfase dos sistemas NOSQL na disponibilidade. Nas seções 24.3 a 24.6, apresentamos uma visão geral de cada categoria de sistemas NOSQL — começando com sistemas baseados em documentos, seguidos por armazenamentos de chave-valor, depois baseados em colunas e, por fim, baseados em grafos. Alguns sistemas podem não se encaixar perfeitamente em uma única categoria, mas usar técnicas que abrangem duas ou mais categorias de sistemas NOSQL. Por fim, a Seção 24.7 contém um resumo do capítulo.

24.1 Introdução aos sistemas NOSQL

24.1.1 Surgimento de sistemas NOSQL

Muitas empresas e organizações possuem aplicações que armazenam quantidades imensas de dados. Imagine uma aplicação de e-mail gratuito, como o Gmail ou o Yahoo Mail ou algum outro serviço semelhante — essa aplicação pode ter milhões de usuários e cada usuário pode ter milhares de mensagens de e-mail. Existe a necessidade de um sistema de armazenamento que possa gerenciar todos esses e-mails; um sistema SQL relacional estruturado pode não ser apropriado porque (1) os sistemas SQL oferecem muitos serviços (linguagem de consulta poderosa, controle de concorrência etc.) de que essa aplicação pode não necessitar; e (2) um modelo de dados estruturados, como o modelo relacional tradicional, pode ser muito restritivo. Embora os sistemas relacionais mais recentes tenham opções de modelagem objeto-relacional mais complexas (veja o Capítulo 12), eles ainda exigem esquemas, que não são exigidos por muitos dos sistemas NOSQL.

Como outro exemplo, considere uma aplicação como o Facebook, com milhões de usuários que enviam postagens, muitas com imagens e vídeos; em seguida, essas postagens devem ser exibidas em páginas de outros usuários usando os relacionamentos de mídia social entre eles. Perfis de usuário, relacionamentos entre usuários e postagens devem ser todos armazenados em uma enorme coleção de armazenamentos de dados, e as postagens apropriadas devem estar disponíveis aos conjuntos de usuários que se inscreveram para ver essas postagens. Alguns dos dados para esse tipo de aplicação não são adequados para um sistema relacional tradicional e normalmente precisam de vários tipos de bancos de dados e sistemas de armazenamento de dados.

Algumas das organizações que depararam com essas aplicações de gerenciamento e armazenamento de dados decidiram desenvolver seus próprios sistemas:

- A Google desenvolveu um sistema NOSQL proprietário conhecido como **BigTable**, que é usado em muitas aplicações da empresa que exigem grandes quantidades de armazenamento de dados, como o Gmail, o Google Maps e a indexação de sites. O Apache Hbase é um sistema NOSQL de código aberto com base em conceitos semelhantes. A inovação da Google levou à categoria de sistemas NOSQL conhecidos como armazenamento **baseado em colunas** ou **largura de colunas**; eles também são às vezes chamados de armazenamento de **família de colunas.**
- A Amazon desenvolveu um sistema NOSQL chamado **DynamoDB**, que está disponível por meio dos serviços em nuvem da Amazon. Essa inovação levou à categoria conhecida como armazenamento de dados de **chave-valor** ou, às vezes, armazenamento de dados **chave-tupla** ou **chave-objeto.**
- O Facebook desenvolveu um sistema NOSQL chamado **Cassandra,** que agora é de código aberto e conhecido como Apache Cassandra. Esse sistema NOSQL usa conceitos de armazenamento de chave-valor e sistemas baseados em colunas.
- Outras empresas de software começaram a desenvolver suas próprias soluções e disponibilizá-las aos usuários que precisam desses recursos — por exemplo, **MongoDB** e **CouchDB**, que são classificados como sistemas NOSQL **baseados em documentos** ou **armazenamentos de documentos.**
- Outra categoria de sistemas NOSQL são os sistemas NOSQL **baseados em grafos,** ou **bancos de dados de grafos**; estes incluem **Neo4J** e **GraphBase**, dentre outros.
- Alguns sistemas NOSQL, como o **OrientDB**, combinam conceitos de muitas das categorias discutidas anteriormente.

- Além dos tipos mais recentes de sistemas NOSQL listados aqui, também é possível classificar sistemas de banco de dados baseados no modelo de objeto (veja o Capítulo 12) ou no modelo XML nativo (veja o Capítulo 13) como sistemas NOSQL, embora possam não ter as características de alto desempenho e replicação dos outros tipos de sistemas NOSQL.

Estes são apenas alguns exemplos de sistemas NOSQL que foram desenvolvidos. Mas existem muitos sistemas, e uma listagem de todos eles está fora do escopo de nossa apresentação.

24.1.2 Características dos sistemas NOSQL

Agora, vejamos as características de muitos sistemas NOSQL e como esses sistemas diferem dos sistemas SQL tradicionais. Dividimos as características em duas categorias — as relacionadas aos bancos de dados distribuídos e sistemas distribuídos, e as relacionadas a modelos de dados e linguagens de consulta.

Características do NOSQL relacionadas a bancos de dados distribuídos e sistemas distribuídos. Sistemas NOSQL enfatizam a alta disponibilidade, de modo que a replicação dos dados é inerente a muitos desses sistemas. A escalabilidade é outra característica importante, porque muitas das aplicações que usam sistemas NOSQL tendem a ter dados que continuam aumentando de volume. O alto desempenho é outra característica necessária, ao passo que a consistência da serialização pode não ser tão importante para algumas das aplicações NOSQL. A seguir, discutimos algumas dessas características.

1. **Escalabilidade:** como discutimos na Seção 23.1.4, há dois tipos de escalabilidade em sistemas distribuídos: horizontal e vertical. Nos sistemas NOSQL, geralmente é usada a **escalabilidade horizontal**, na qual o sistema distribuído é expandido adicionando mais nós para armazenamento e processamento de dados à medida que o volume de dados aumenta. A escalabilidade vertical, por outro lado, refere-se à expansão do poder de armazenamento e computação dos nós existentes. Nos sistemas NOSQL, a escalabilidade horizontal é empregada enquanto o sistema está operacional, portanto são necessárias técnicas para distribuir os dados existentes entre os novos nós sem interromper a operação do sistema. Discutiremos algumas dessas técnicas nas seções 24.3 a 24.6, quando tratarmos de sistemas específicos.
2. **Disponibilidade, replicação e consistência eventual:** muitas aplicações que utilizam sistemas NOSQL exigem disponibilidade contínua do sistema. Para conseguir isso, os dados são replicados em dois ou mais nós de maneira transparente, de modo que, se um nó falhar, os dados ainda estarão disponíveis em outros nós. A replicação melhora a disponibilidade dos dados e também pode melhorar o desempenho da leitura, porque muitas vezes as solicitações de leitura podem ser atendidas a partir de qualquer um dos nós de dados replicados. No entanto, o desempenho de gravação torna-se mais complicado porque uma atualização deve ser aplicada a todas as cópias dos itens de dados replicados; isso pode retardar o desempenho de gravação se a consistência da serialização for necessária (consulte a Seção 23.3). Muitas aplicações NOSQL não requerem consistência da serialização e por isso são usadas formas de consistência mais relaxadas, conhecidas como **consistência eventual**. Discutimos isso com mais detalhes na Seção 24.2.
3. **Modelos de replicação:** dois modelos principais de replicação são usados em sistemas NOSQL: replicação mestre-escravo e mestre-mestre. A **replicação mestre-escravo** exige que uma cópia seja a principal; todas as operações de gravação devem ser aplicadas à cópia principal e, em seguida, propagadas para as cópias escravas, geralmente usando a consistência eventual (as cópias escravas *eventualmente* serão

as mesmas da cópia principal). Para leitura, o paradigma mestre-escravo pode ser configurado de várias maneiras. Uma configuração requer que todas as leituras também estejam na cópia principal (mestre), portanto, isso seria semelhante ao site primário ou aos métodos de cópia primária do controle de concorrência distribuído (veja a Seção 23.3.1), com vantagens e desvantagens semelhantes. Outra configuração permitiria leituras nas cópias escravas, mas não garantiria que os valores seriam os mais atualizados, uma vez que as gravações nos nós escravos podem ser feitas após serem aplicadas à cópia principal. A **replicação mestre-mestre** permite leituras e escritas em qualquer uma das réplicas, mas pode não garantir que as leituras nos nós que armazenam cópias diferentes vejam os mesmos valores. Usuários diferentes podem gravar o mesmo item de dados simultaneamente em diferentes nós do sistema, de modo que os valores do item ficarão temporariamente inconsistentes. Deve-se implementar um método de reconciliação para resolver operações de gravação conflitantes do mesmo item de dados em nós diferentes como parte do esquema de replicação mestre-mestre.

4. **Sharding de arquivos:** em muitas aplicações NOSQL, os arquivos (ou coleções de objetos de dados) podem ter muitos milhões de registros (ou documentos ou objetos), e esses registros podem ser acessados simultaneamente por milhares de usuários. Portanto, não é prático armazenar o arquivo inteiro em um nó. O **sharding** (também conhecido como **particionamento horizontal**; veja a Seção 23.2) dos registros do arquivo é frequentemente empregado em sistemas NOSQL. Isso serve para distribuir a carga do acesso aos registros do arquivo para vários nós. A combinação de sharding dos registros do arquivo e replicação dos fragmentos funciona em conjunto para melhorar o balanceamento de carga, bem como a disponibilidade dos dados. Discutiremos algumas das técnicas de sharding nas seções 24.3 a 24.6, quando tratarmos de sistemas específicos.
5. **Acesso a dados de alto desempenho:** em muitas aplicações NOSQL, é necessário encontrar registros ou objetos individuais (itens de dados) dentre os milhões de registros de dados ou objetos em um arquivo. Para conseguir isso, a maioria dos sistemas usa uma das duas técnicas: hashing ou particionamento por intervalo sobre as chaves de objeto. A maioria dos acessos a um objeto será fornecendo o valor da chave em vez de usar condições de consulta complexas. A chave do objeto é semelhante ao conceito de id do objeto (veja a Seção 12.1). No **hashing**, uma função hash $h(K)$ é aplicada à chave K, e a localização do objeto com a chave K é determinada pelo valor de $h(K)$. No **particionamento por intervalo,** a localização é determinada por meio de um intervalo de valores de chave; por exemplo, a localização i manteria os objetos cujos valores de chave K estão no intervalo $Ki_{mín} \leq K \leq Ki_{máx}$. Em aplicações que exigem consultas de intervalo, em que vários objetos dentro de um intervalo de valores de chave são recuperados, o particionamento por intervalo é o preferido. Outros índices também podem ser usados para localizar objetos com base em condições de atributo diferentes da chave K. Discutiremos algumas das técnicas de hashing, particionamento e indexação nas seções 24.3 a 24.6, quando tratarmos de sistemas específicos.

Características do NOSQL relacionadas a modelo de dados e linguagens de consulta. Sistemas NOSQL enfatizam desempenho e flexibilidade em relação a poder de modelagem e consulta complexa. A seguir, discutimos algumas dessas características.

1. **Não exigência de um esquema:** a flexibilidade de não exigir um esquema é alcançada em muitos sistemas NOSQL, permitindo dados semiestruturados e autodescritivos (veja a Seção 13.1). Os usuários podem especificar um esquema parcial em alguns sistemas para melhorar a eficiência do armazenamento, *mas não é preciso que haja um esquema* na maioria dos sistemas NOSQL. Como pode não haver um

esquema para especificar restrições, quaisquer restrições nos dados teriam de ser programadas nos programas de aplicação que acessam os itens de dados. Existem várias linguagens para descrever dados semiestruturados, como JSON (JavaScript Object Notation) e XML (Extensible Markup Language; veja o Capítulo 13). JSON é usado em vários sistemas NOSQL, porém, outros métodos para descrever dados semiestruturados também podem ser usados. Discutiremos o JSON na Seção 24.3, quando apresentarmos os sistemas NOSQL baseados em documentos.

2. **Linguagens de consulta menos poderosas:** muitas aplicações que usam sistemas NOSQL podem não exigir uma linguagem de consulta poderosa, como SQL, porque as consultas de pesquisa (leitura) nesses sistemas geralmente localizam objetos únicos em um único arquivo com base em suas chaves de objeto. Os sistemas NOSQL normalmente fornecem um conjunto de funções e operações como uma API (interface de programação de aplicações) de programação, portanto, a leitura e a gravação de objetos de dados são realizadas chamando as operações apropriadas pelo programador. Em muitos casos, as operações são denominadas **operações CRUD**, de *create*, *read*, *update* e *delete* (criação, leitura, atualização e exclusão). Em outros casos, elas são conhecidas como **SCRUD**, pelo acréscimo da operação *search* (ou *find* — localização). Alguns sistemas NOSQL também oferecem uma linguagem de consulta de alto nível, mas esta pode não ter todo o poder da SQL; seria oferecido apenas um subconjunto de recursos de consulta da SQL. Em particular, muitos sistemas NOSQL não oferecem operações de junção como parte da própria linguagem de consulta; as junções precisam ser implementadas nos programas de aplicação.
3. **Versionamento:** alguns sistemas NOSQL fornecem armazenamento de múltiplas versões dos itens de dados, com os rótulos de tempo (*timestamps*) de quando foi criada a versão dos dados. Discutiremos esse aspecto na Seção 24.5, quando apresentarmos os sistemas NOSQL baseados em colunas.

Na próxima seção, daremos uma visão geral das diversas categorias de sistemas NOSQL.

24.1.3 Categorias de sistemas NOSQL

Sistemas NOSQL têm sido caracterizados em quatro categorias principais, com algumas categorias adicionais que compreendem outros tipos de sistemas. A categorização mais comum lista as quatro principais categorias a seguir:

1. **Sistemas NOSQL baseados em documentos:** estes sistemas armazenam dados na forma de documentos usando formatos conhecidos, como JSON (JavaScript Object Notation). Os documentos são acessíveis por meio de seu ID de documento, mas também podem ser acessados rapidamente usando outros índices.
2. **Armazenamentos de chave-valor do NOSQL:** estes sistemas possuem um modelo de dados simples, com base no acesso rápido pela chave ao valor associado à chave; o valor pode ser um registro, um objeto, um documento ou até mesmo ter uma estrutura de dados mais complexa.
3. **Sistemas NOSQL baseados em coluna ou em largura de coluna:** estes sistemas particionam uma tabela por coluna em famílias de colunas (uma forma de particionamento vertical; consulte a Seção 23.2), em que cada família de colunas é armazenada em seus próprios arquivos. Eles também permitem o versionamento dos valores de dados.
4. **Sistemas NOSQL baseados em grafos:** os dados são representados como grafos e os nós relacionados podem ser encontrados percorrendo suas arestas por meio de expressões de caminho.

Outras categorias podem ser adicionadas da seguinte maneira para incluir alguns sistemas que não são facilmente categorizados nas quatro categorias citadas anteriormente, bem como alguns outros tipos de sistemas que estavam disponíveis antes mesmo que o termo NOSQL fosse utilizado de forma mais ampla.

5. **Sistemas NOSQL híbridos:** estes sistemas têm características de duas ou mais das quatro categorias apresentadas anteriormente.
6. **Bancos de dados de objetos:** estes sistemas foram discutidos no Capítulo 12.
7. **Bancos de dados XML:** discutimos a XML no Capítulo 13.

Até mesmo os mecanismos de pesquisa baseados em palavras-chave armazenam grandes quantidades de dados para agilizar a busca, de modo que os dados armazenados podem ser considerados como grandes armazenamentos NOSQL de big data.

O restante deste capítulo está organizado da seguinte maneira: em cada uma das seções 24.3 a 24.6, discutiremos uma das quatro principais categorias de sistemas NOSQL e detalharemos em quais características cada categoria se concentra. Antes disso, na Seção 24.2, discutimos mais detalhadamente o conceito de consistência eventual, e discutimos o teorema CAP associado.

24.2 O teorema CAP

Quando discutimos o controle de concorrência em bancos de dados distribuídos na Seção 23.3, assumimos que o sistema de banco de dados distribuído (SBDD) é necessário para impor as propriedades ACID (atomicidade, consistência, isolamento, durabilidade) das transações executadas simultaneamente (veja a Seção 20.3). Em um sistema com replicação de dados, o controle de concorrência se torna mais complexo, pois pode haver várias cópias de cada item de dados. Portanto, se uma atualização for aplicada a uma cópia de um item, ela deverá ser aplicada a todas as outras cópias de forma consistente. Existe a possibilidade de que uma cópia de um item X seja atualizada por uma transação T_1, enquanto outra cópia é atualizada por uma transação T_2, ou seja, haverá duas cópias inconsistentes do mesmo item em dois nós diferentes no sistema distribuído. Se duas outras transações T_3 e T_4 quiserem ler X, cada uma pode ler uma cópia diferente do item X.

Na Seção 23.3, vimos que existem métodos de controle de concorrência distribuído que não permitem essa inconsistência entre as cópias do mesmo item de dados, reforçando assim a serialização e, portanto, a propriedade de isolamento na presença de replicação. No entanto, essas técnicas geralmente causam uma alta sobrecarga, o que frustraria o propósito de criar várias cópias para melhorar o desempenho e a disponibilidade em sistemas de bancos de dados distribuídos, como o NOSQL. No campo de sistemas distribuídos, há vários níveis de consistência entre itens de dados replicados, desde consistência fraca até forte. A imposição da serialização é considerada a forma mais forte de consistência, mas gera uma alta sobrecarga, de modo que pode reduzir o desempenho das operações de leitura e gravação e, portanto, afetar negativamente o desempenho do sistema.

O teorema CAP, introduzido originalmente como o princípio CAP, pode ser usado para explicar alguns dos requisitos concorrentes em um sistema distribuído com replicação. As três letras no CAP referem-se a três propriedades desejáveis de sistemas distribuídos com dados replicados: **consistência** (*consistency* — consistência entre as cópias replicadas), **disponibilidade** (*availability* — disponibilidade do sistema para operações de leitura e gravação) e **tolerância à partição** (*partition tolerance* — tolerância à partição, em face de os nós no sistema estarem sendo particionados por uma falha na rede). *Disponibilidade* significa que cada solicitação de leitura ou gravação de um item de dados será processada com êxito ou receberá uma mensagem informando que a operação não pode ser concluída. A *tolerância à partição* significa que o sistema pode continuar operando se a rede que conecta os nós tiver um defeito que resulte em duas ou mais partições, em que os nós de cada partição só poderão se comunicar entre si. *Consistência* significa que os nós terão as mesmas cópias de um item de dados replicado visíveis para várias transações.

É importante notar aqui que o uso da palavra *consistência* no CAP e seu uso no ACID *não se referem ao mesmo conceito, de forma idêntica*. No CAP, o termo *consistência* refere-se à consistência dos valores em diferentes cópias do mesmo item de dados em um sistema distribuído replicado. No ACID, refere-se ao fato de que uma transação não violará as restrições de integridade especificadas no esquema do banco de dados. No entanto, se considerarmos que a consistência das cópias replicadas é uma *restrição especificada*, os dois usos do termo *consistência* seriam relacionados.

O **teorema CAP** afirma que *não é possível garantir todas as três* propriedades desejáveis — consistência, disponibilidade e tolerância à partição — ao mesmo tempo em um sistema distribuído com replicação de dados. Se esse for o caso, o projetista do sistema distribuído terá de escolher duas propriedades dentre as três para garantir. Geralmente, assume-se que, em muitas aplicações tradicionais (SQL), é importante garantir a consistência por meio das propriedades ACID. Por outro lado, em um armazenamento de dados distribuído NOSQL, um nível de consistência mais fraco costuma ser aceitável, sendo importante garantir as outras duas propriedades (disponibilidade e tolerância à partição). Portanto, níveis de consistência mais fracos costumam ser usados no sistema NOSQL, em vez de garantir a serialização. Em particular, uma forma de consistência conhecida como **consistência eventual** é adotada com frequência em sistemas NOSQL. Nas seções 24.3 a 24.6, discutiremos alguns dos modelos de consistência usados em sistemas NOSQL específicos.

As próximas quatro seções deste capítulo discutem as características das quatro principais categorias de sistemas NOSQL. Discutimos os sistemas NOSQL baseados em documentos na Seção 24.3 e usamos o MongoDB como um sistema representativo. Na Seção 24.4, discutimos os sistemas NOSQL conhecidos como armazenamentos chave-valores. Na Seção 24.5, apresentamos uma visão geral dos sistemas NOSQL baseados em colunas, com uma discussão sobre o Hbase como um sistema representativo. Por fim, introduzimos os sistemas NOSQL baseados em grafos na Seção 24.6.

24.3 Sistemas NOSQL baseados em documentos e MongoDB

Sistemas NOSQL baseados em documentos ou orientados a documento geralmente armazenam dados como **coleções** de **documentos** semelhantes. Esses tipos de sistemas também são conhecidos como **armazenamentos de documentos**. Os documentos individuais lembram um pouco os *objetos complexos* (veja a Seção 12.3) ou documentos XML (veja o Capítulo 13), mas uma grande diferença entre os sistemas baseados em documentos *versus* os sistemas de objeto e objeto-relacional e XML é que não há necessidade de especificar um esquema — em vez disso, os documentos são especificados como **dados autoexplicativos** (consulte a Seção 13.1). Embora os documentos em uma coleção devam ser *semelhantes*, eles podem ter diferentes elementos de dados (atributos), e novos documentos podem ter novos elementos de dados que não existem em nenhum dos documentos atuais na coleção. O sistema basicamente extrai os nomes dos elementos de dados dos documentos autodescritivos na coleção, e o usuário pode solicitar que o sistema crie índices sobre alguns dos elementos de dados. Os documentos podem ser especificados em vários formatos, como XML (veja o Capítulo 13). Uma linguagem popular para especificar documentos em sistemas NOSQL é **JSON** (JavaScript Object Notation).

Existem muitos sistemas NOSQL baseados em documentos, incluindo MongoDB e CouchDB, entre muitos outros. Vamos dar uma visão geral do MongoDB nesta seção. É importante notar que sistemas diferentes podem usar diferentes modelos, linguagens e métodos de implementação, mas fornecer um levantamento completo de todos os sistemas NOSQL baseados em documentos está fora do escopo de nossa apresentação.

24.3.1 Modelo de dados MongoDB

Documentos MongoDB são armazenados em formato BSON (Binary JSON), uma variação do JSON com alguns tipos de dados adicionais e mais eficiente para armazenamento que o JSON. **Documentos** individuais são armazenados em uma **coleção.** Usaremos um exemplo simples com base em nosso banco de dados EMPRESA, que usamos no decorrer deste livro. A operação createCollection é usada para criar cada coleção. Por exemplo, o comando a seguir pode ser usado para criar uma coleção chamada **projeto**, para manter objetos PROJETO do banco de dados EMPRESA (ver figuras 5.5 e 5.6):

```
db.createCollection("projeto", { capped : true, size : 1310720, max : 500 } )
```

O primeiro parâmetro "projeto" é o **nome** da coleção, seguido por um documento opcional que especifica **opções de coleção.** Em nosso exemplo, a coleção é **capped;** isso significa que ela tem limites superiores em seu espaço de armazenamento (**size**) e o número de documentos (**max**). Os parâmetros de topo (capping) ajudam o sistema a escolher as opções de armazenamento para cada coleção. Existem outras opções de coleção, mas não as discutimos aqui.

Para nosso exemplo, criaremos outra coleção de documentos chamada **trabalhador**, para manter informações sobre os FUNCIONARIOs que trabalham em cada projeto; por exemplo:

```
db.createCollection("trabalhador", { capped : true, size : 5242880, max : 2000 } ) )
```

Cada documento em uma coleção tem um campo **ObjectId** exclusivo, chamado **_id,** que é indexado automaticamente na coleção, a menos que o usuário explicitamente não solicite um índice para o campo _id. O valor de ObjectId pode ser *especificado pelo usuário*, ou *gerado pelo sistema* se o usuário não especificar um campo _id para determinado documento. ObjectIds *gerados pelo sistema* têm um formato específico, que combina o rótulo de tempo quando o objeto é criado (4 bytes, em um formato MongoDB interno), o identificador do nó (3 bytes), o identificador do processo (2 bytes) e um contador (3 bytes) para um valor de Id de 16 bytes. ObjectIds *gerados pelo usuário* podem ter qualquer valor especificado pelo usuário, desde que identifiquem o documento de forma exclusiva, e, portanto, esses Ids são semelhantes a chaves primárias nos sistemas relacionais.

Uma coleção não tem um esquema. A estrutura dos campos de dados nos documentos é escolhida com base em como os documentos serão acessados e usados, e o usuário pode escolher um projeto normalizado (semelhante às tuplas relacionais normalizadas) ou um projeto desnormalizado (semelhante a documentos XML ou objetos complexos). Referências entre documentos podem ser especificadas armazenando, em um documento, o ObjectId ou ObjectIds de outros documentos relacionados. A Figura 24.1(a) mostra um documento MongoDB simplificado, contendo alguns dos dados da Figura 5.6 do exemplo de banco de dados EMPRESA, usado no decorrer do livro. Em nosso exemplo, os valores de _id são definidos pelo usuário, e os documentos cujo _id começa com P (de projeto) serão armazenados na coleção "projeto", ao passo que aqueles cujo _id começa com T (de trabalhador) serão armazenados na coleção "trabalhador".

(a) documento de projeto com um vetor embutido de trabalhadores:

```
{
    _id:              "P1",
    Nome_projeto:     "ProdutoX",
    Local_projeto:    "São Paulo",
    Trabalhadores: [
                      { Nome_func: "João Silva",
                      Horas: 32.5
                      },
                      { Nome_func: "Joice Leite",
                      Horas: 20.0
                      }
                   ]
};
```

(b) documento de projeto com um vetor embutido de ids de trabalhador:

```
{
    _id:              "P1",
    Nome_projeto:     "ProdutoX",
    Local_projeto:    "São Paulo",
    IdsTrabalhador:   [ "T1", "T2" ]
}
    { _id:            "T1",
    Nome_func:        "João Silva",
    Horas:               32.5
}
    { _id:            "T2",
    Nome_func:        "Joice Leite",
    Horas:            20.0
}
```

(c) documentos de projeto e trabalhador normalizados (não um projeto totalmente normalizado para relacionamentos M:N):

```
{
    _id:              "P1",
    Nome_projeto:     "ProdutoX",
    Local_projeto:    "São Paulo"
}
{   _id:              "T1",
    Nome_func:        "João Silva",
    IdProjeto:        "P1",
    Horas:               32.5
}
{   _id:              "T2",
        Nome_func:    "Joice Leite",
        IdProjeto:    "P1",
        Horas:           20.0
}
```

(d) inserindo os documentos de (c) em suas coleções "projeto" e "trabalhador":

```
db.projeto.insert( { _id: "P1", Nome_projeto: "ProdutoX", Local_projeto: "São Paulo" } )
db.trabalhador.insert( [ { _id: "T1", Nome_func: "João Silva", IdProjeto: "P1", Horas:
                        32.5 },
        { _id: "T2", Nome_func: "Joice Leite", IdProjeto: "P1", Horas: 20.0 } ] )
```

Figura 24.1 Exemplo de documentos simples em MongoDB. (a) Projeto de documento desnormalizado com subdocumentos embutidos. (b) Vetor embutido de referências de documento. (c) Documentos normalizados. (d) Inserindo os documentos da Figura 24.1(c) em suas coleções.

Na Figura 24.1(a), a informação dos trabalhadores está *embutida no documento de projeto*; logo, não há necessidade da coleção "trabalhador". Isso é conhecido como o *padrão desnormalizado*, que é semelhante à criação de um objeto complexo (ver Capítulo 12) ou de um documento XML (ver Capítulo 13). Uma lista de valores delimitados por *colchetes* [...] dentro de um documento representa um campo cujo valor é um **vetor**.

Outra opção é usar o projeto na Figura 24.1(b), em que *referências de trabalhador* são incorporadas no documento do projeto, mas os próprios documentos do trabalhador são armazenados em uma coleção "trabalhador" separada. Uma terceira opção na Figura 24.1(c) usaria um projeto normalizado, semelhante às relações na Primeira Forma Normal (ver Seção 14.3.4). A escolha de qual opção de projeto usar depende de como os dados serão acessados.

É importante observar que o projeto simples na Figura 24.1(c) *não é o projeto geral normalizado* para um relacionamento muitos para muitos, como o que ocorre entre funcionários e projetos; em vez disso, precisaríamos de três coleções para "projeto", "funcionário" e "trabalha_em", conforme discutimos em detalhes na Seção 9.1. Muitas das escolhas de projeto discutidas nos capítulos 9 e 14 (para relações na primeira forma normal e para opções de mapeamento ER-relacional) e nos capítulos 12 e 13 (para objetos complexos e XML) se aplicam para a escolha do projeto apropriado para estruturas e coleções de documentos, e por isso não repetiremos as discussões aqui. No projeto da Figura 24.1(c), um FUNCIONARIO que trabalha em vários projetos seria representado por *vários documentos de trabalhador* com diferentes valores de _id; cada documento representaria o funcionário *como trabalhador para um projeto específico*. Isso é semelhante às decisões de projeto para o projeto do esquema XML (consulte a Seção 13.6). No entanto, novamente é importante observar que o sistema típico baseado em documentos *não possui um esquema*, de modo que as regras de projeto devem ser seguidas sempre que documentos individuais são inseridos em uma coleção.

24.3.2 Operações CRUD em MongoDB

MongoDb possui diversas **operações CRUD**, em que CRUD significa criar, ler, atualizar, excluir (*create*, *read*, *update*, *delete*). Os documentos podem ser *criados* e inseridos em suas coleções usando a operação **insert**, cujo formato é:

db.<nome_coleção>.insert(<documento(s)>)

Os parâmetros da operação de inserção podem incluir um único documento ou um vetor de documentos, como mostra a Figura 24.1(d). A operação de *exclusão* é chamada de **remove**, e seu formato é:

db.<nome_coleção>.remove(<condição>)

Os documentos a serem removidos da coleção são especificados por uma condição boolena sobre alguns dos campos nos documentos da coleção. Há também uma operação **update**, que tem uma condição para selecionar certos documentos, e uma cláusula *$set*, para especificar a atualização. Também é possível usar a operação de atualização para substituir um documento existente por outro, mas manter o mesmo ObjectId.

Para consultas de *leitura*, o comando principal é chamado **find**, e seu formato é:

db.<nome_coleção>.find(<condição>)

Condições booleanas gerais podem ser especificadas como <condição>, e os documentos na coleção que retornam **true** são selecionados para o resultado da consulta. Para obter uma discussão completa das operações CRUD do MongoDB, consulte a documentação on-line do MongoDB, nas referências do capítulo.

24.3.3 Características dos sistemas distribuídos em MongoDB

A maioria das atualizações do MongoDB é atômica quando se refere a um único documento, mas o MongoDB também fornece um padrão para especificar transações sobre vários documentos. Como o MongoDB é um sistema distribuído, o método de **confirmação de duas fases** é usado para garantir a atomicidade e a consistência das transações multidocumento. Discutimos as propriedades de atomicidade e consistência das transações na Seção 20.3 e o protocolo de confirmação de duas fases na Seção 22.6.

Replicação no MongoDB. O conceito de **conjunto de réplicas** é usado no MongoDB para criar diversas cópias do mesmo conjunto de dados em nós diferentes no sistema distribuído e usa uma variação da abordagem **mestre-escravo** para replicação. Por exemplo, suponha que queiramos replicar uma determinada coleção de documentos C. Um conjunto de réplicas terá uma **cópia primária** da coleção C armazenada em um nó N1 e pelo menos uma **cópia secundária** (réplica) de C armazenada em outro nó N2. Cópias adicionais podem ser armazenadas nos nós N3, N4 etc., conforme necessário, mas o custo de armazenamento e atualização (gravação) aumenta com o número de réplicas. O número total de participantes em um conjunto de réplicas deve ser de pelo menos três; portanto, se apenas uma cópia secundária for necessária, um participante no conjunto de réplicas conhecido como **árbitro** deverá executar no terceiro nó N3. O árbitro não mantém uma réplica da coleção, mas participa das **eleições** para escolher uma nova cópia primária se o nó que está armazenando a cópia primária atual falhar. Se o número total de membros em um conjunto de réplicas for n (uma primária mais i secundárias, para um total de $n = i + 1$), então n deve ser um número ímpar; se não for, um *árbitro* será adicionado para garantir que o processo de eleição funcione corretamente se a cópia primária falhar. Discutimos as eleições em sistemas distribuídos na Seção 23.3.1.

Na replicação do MongoDB, todas as operações de gravação devem ser aplicadas à cópia primária e depois propagadas para as secundárias. Para operações de leitura, o usuário pode escolher a **preferência de leitura** específica para sua aplicação. A *preferência de leitura default* processa todas as leituras na cópia primária, de modo que todas as operações de leitura e gravação são executadas no nó primário. Nesse caso, as cópias secundárias são principalmente para garantir que o sistema continue a funcionar se a primária falhar, e o MongoDB pode garantir que cada solicitação de leitura receba o valor do documento mais recente. Para aumentar o desempenho de leitura, é possível definir a preferência de leitura para que as *solicitações de leitura possam ser processadas em qualquer réplica* (primária ou secundária); no entanto, não há garantias de que uma leitura secundária obtenha a versão mais recente de um documento, visto que pode haver um atraso na propagação de gravações da cópia primária para as secundárias.

Sharding no MongoDB. Quando uma coleção mantém um grande número de documentos ou requer um grande espaço de armazenamento, armazenar todos os documentos em um nó pode causar problemas de desempenho, especialmente se houver muitas operações de usuário acessando os documentos simultaneamente usando várias operações CRUD. O **sharding** dos documentos na coleção — também conhecido como *particionamento horizontal* — divide os documentos em partições disjuntas conhecidas como **shards**. Isso permite que o sistema adicione mais nós, conforme a necessidade, a um processo conhecido como **escalonamento horizontal** do sistema distribuído (consulte a Seção 23.1.4) e armazene os fragmentos da coleção em nós diferentes, para obter o balanceamento de carga. Cada nó processará apenas as operações pertencentes aos documentos no fragmento armazenado nesse nó. Além disso, cada fragmento conterá menos documentos do que se a coleção inteira fosse armazenada em um nó, melhorando ainda mais o desempenho.

Há duas maneiras de particionar uma coleção em fragmentos no MongoDB — **particionamento de intervalo** e **particionamento de hash**. Ambos exigem que o usuário especifique um campo de documento específico a ser usado como base para particionar os documentos em fragmentos. O *campo de particionamento* — conhecido como **chave de fragmento** no MongoDB — deve ter duas características: existir em *todos os documentos* da coleção e ter um *índice*. O ObjectId pode ser usado, mas qualquer outro campo que possua essas duas características também pode ser usado como base para o sharding. Os valores da chave de fragmento são divididos em **pedaços**, por meio do particionamento de intervalo ou do particionamento de hash, e os documentos são particionados com base nos fragmentos dos valores da chave de fragmento.

O *particionamento de intervalo* cria os fragmentos especificando um intervalo de valores de chave; por exemplo, se os valores da chave de fragmento variam de um a dez milhões, é possível criar dez intervalos — de 1 a 1.000.000; 1.000.001 a 2.000.000; ...; 9.000.001 a 10.000.000 — e cada pedaço deve conter os valores-chave em um intervalo. O *particionamento de hash* aplica uma função de hash $h(K)$ a cada chave de fragmento K, e o particionamento de chaves em fragmentos é baseado nos valores de hash (discutimos o hashing e suas vantagens e desvantagens na Seção 16.8). Em geral, se as **consultas de intervalo** forem comumente aplicadas a uma coleção (por exemplo, recuperando todos os documentos cujo valor de chave de fragmento esteja entre 200 e 400), o particionamento de intervalo será preferido, visto que cada consulta de intervalo normalmente será enviada a um único nó que contenha todos os documentos necessários em um fragmento. Se a maioria das pesquisas recuperar um documento de cada vez, o particionamento de hash poderá ser preferível, pois distribui aleatoriamente os valores de chave de fragmento em partes.

Quando o sharding é utilizado, as consultas do MongoDB são submetidas a um módulo chamado **roteador de consulta**, que controla quais nós contêm quais fragmentos com base no método de particionamento específico usado nas chaves de fragmento. A consulta (operação CRUD) será roteada para os nós que contêm os fragmentos que mantêm os documentos solicitados pela consulta. Se o sistema não puder determinar quais fragmentos armazenam os documentos necessários, a consulta será enviada a todos os nós que contêm fragmentos da coleção. O sharding e a replicação são usados juntos; o sharding se concentra na melhoria do desempenho por meio de balanceamento de carga e escalabilidade horizontal, enquanto a replicação se concentra em garantir a disponibilidade do sistema quando determinados nós falham no sistema distribuído.

Há muitos detalhes adicionais sobre a arquitetura do sistema distribuído e os componentes do MongoDB, mas uma discussão completa está fora do escopo de nossa apresentação. O MongoDB também fornece muitos outros serviços em áreas como administração do sistema, indexação, segurança e agregação de dados, mas não discutiremos esses recursos aqui. A documentação completa do MongoDB está disponível on-line (veja a Bibliografia selecionada ao final do capítulo).

24.4 Armazenamentos chave-valor em NOSQL

Os **armazenamentos chave-valor** se concentram no alto desempenho, disponibilidade e escalabilidade, armazenando dados em um sistema de armazenamento distribuído. O modelo de dados utilizado nos armazenamentos chave-valor é relativamente simples e, em muitos desses sistemas, não há linguagem de consulta, mas sim um conjunto de operações que podem ser usadas pelos programadores de aplicações. A **chave** é um identificador único associado a um item de dados e é usada para localizar esse item de dados rapidamente. O **valor** é o próprio item de dados e pode ter formatos muito diferentes para diferentes sistemas de armazenamento chave-valor. Em alguns casos, o valor é apenas uma *cadeia de bytes* ou uma *matriz de bytes*, e a aplicação que usa o armazenamento chave-valor precisa interpretar a estrutura do valor de dados. Em outros casos, alguns dados formatados padrão são permitidos; por exemplo, linhas de dados estruturados (tuplas) semelhantes a dados relacionais, ou dados semiestruturados usando JSON ou algum outro formato de dados autoexplicativo. Armazenamentos chave-valor diferentes podem, assim, armazenar itens de dados não estruturados, semiestruturados ou estruturados (veja a Seção 13.1). A principal característica dos armazenamentos chave-valor é o fato de que cada valor (item de dados) precisa estar associado a uma chave única e que a recuperação do valor, ao fornecer uma chave, deve ser muito rápida.

Existem muitos sistemas que se enquadram no rótulo de armazenamento chave-valor; portanto, em vez de fornecer muitos detalhes sobre um sistema específico, faremos uma rápida introdução a alguns desses sistemas e suas características.

24.4.1 Visão geral do DynamoDB

O sistema DynamoDB é um produto da Amazon e está disponível como parte das plataformas **AWS/SDK** (Amazon Web Services/Software Development Kit) da Amazon. Ele pode ser usado como parte dos serviços de computação em nuvem da Amazon, para o componente de armazenamento de dados.

Modelo de dados do DynamoDB. O modelo de dados básico no DynamoDB usa os conceitos de tabelas, itens e atributos. Uma **tabela** no DynamoDB *não possui* um **esquema**; ela contém uma coleção de *itens autoexplicativos*. Cada **item** consistirá em diversos pares (atributo, valor) e os valores dos atributos podem ter um valor único ou múltiplo. Portanto, basicamente, uma tabela conterá uma coleção de itens, e cada item é um registro autoexplicativo (ou objeto). O DynamoDB também permite que o usuário especifique os itens no formato JSON e o sistema os converterá para o formato de armazenamento interno do DynamoDB.

Quando uma tabela é criada, é necessário especificar um **nome de tabela** e uma **chave primária**; a chave primária será usada para localizar rapidamente os itens na tabela. Assim, a chave primária é a **chave** e o item é o **valor** do armazenamento de chave-valor no DynamoDB. O atributo da chave primária deverá existir em todos os itens da tabela. A chave primária pode ser um dos dois tipos a seguir:

- **Um único atributo.** O sistema DynamoDB usará esse atributo para criar um índice de hash sobre os itens da tabela. Isso é chamado de *chave primária do tipo hash*. Os itens não são ordenados no armazenamento sobre o valor do atributo de hash.
- **Um par de atributos.** Isso é chamado de *chave primária do tipo hash e intervalo*. A chave primária será um par de atributos (A, B): o atributo A será usado para o hashing e, como haverá vários itens com o mesmo valor de A, os valores de B serão usados para ordenar os registros com o mesmo valor A. Uma tabela com esse tipo de chave pode ter índices secundários adicionais definidos em seus atributos. Por exemplo, se quisermos armazenar várias versões de algum tipo dos itens em uma tabela, podemos usar ItemID como hash e Date ou Timestamp (quando a versão foi criada) como intervalo em uma chave primária do tipo hash e intervalo.

Características distribuídas do DynamoDB. Como o DynamoDB é um sistema proprietário, na próxima subseção discutiremos os mecanismos usados para replicação, fragmentação (sharding) e outros conceitos de sistemas distribuídos em um sistema chave-valor de software livre, chamado Voldemort. Voldemort é baseado em muitas das técnicas propostas para o DynamoDB.

24.4.2 Voldemort: armazenamento de dados distribuído por chave-valor

Voldemort é um sistema de código aberto disponível pelas regras de licenciamento de código aberto do Apache 2.0. É baseado no DynamoDB da Amazon. O foco está no alto desempenho e na escalabilidade horizontal, bem como no fornecimento de replicação para altas disponibilidade e fragmentação (sharding) para melhorar a latência (tempo de resposta) das solicitações de leitura e gravação. Todos esses três recursos — replicação, fragmentação e escalabilidade horizontal — são realizados por meio de uma técnica para distribuir os pares chave-valor entre os nós de um cluster distribuído; essa distribuição é conhecida como **hashing consistente**. Voldemort é usado pelo LinkedIn para o armazenamento de dados. Algumas das características do Voldemort são as seguintes:

- **Operações básicas simples.** Uma coleção de pares (chave, valor) é mantida em um **armazenamento** Voldemort. Em nossa discussão, vamos supor que o armazenamento se chama *s*. A interface básica para armazenamento e recuperação de dados é muito simples e inclui três operações: get, put e delete. A operação s.put (k, v) insere um item como um par chave-valor com chave k e valor v. A operação s.delete (k) exclui do armazenamento o item cuja chave é k e a operação v = s.get (k) recupera o valor v associado à chave k. A aplicação pode usar essas operações básicas para criar seus próprios requisitos. No nível de armazenamento básico, as chaves e os valores são matrizes de bytes (cadeias ou strings).
- **Valores de dados formatados de alto nível.** Os valores v nos itens (k, v) podem ser especificados em JSON (JavaScript Object Notation) e o sistema será convertido entre JSON e o formato de armazenamento interno. Outros formatos de objetos de dados também podem ser especificados se a aplicação fornecer a conversão (também conhecida como **serialização**) entre o formato do usuário e o formato do armazenamento como uma *classe Serializer*. A classe Serializer deverá ser fornecida pelo usuário e incluirá operações para converter o formato do usuário em uma cadeia de bytes para armazenamento como um valor, e também para converter de volta uma string (matriz de bytes) recuperada via *s.get(k)* para o formato do usuário. O Voldemort possui alguns serializadores integrados para formatos diferentes de JSON.
- **Hashing consistente para distribuir pares (chave, valor).** Uma variação do algoritmo de distribuição de dados, conhecido como **hashing consistente**, é usada no Voldemort para distribuição de dados entre os nós no cluster distribuído de nós. Uma função hash $h(k)$ é aplicada à chave k de cada par (k, v), e $h(k)$ determina onde o item será armazenado. O método considera que $h(k)$ é um valor inteiro, geralmente no intervalo entre 0 e $Hmax = 2^{n-1}$, em que n é escolhido com base no intervalo desejado para os valores de hash. Este método pode ser mais bem visualizado considerando-se o intervalo de todos os possíveis valores de hash inteiros de 0 a $Hmax$ sendo distribuídos uniformemente em um círculo (ou anel). Os nós no sistema distribuído também estão localizados no mesmo anel; geralmente, cada nó terá vários locais no anel (veja a Figura 24.2). O posicionamento dos pontos no anel que representam os nós é feito de maneira pseudoaleatória. Um item (k, v)

será armazenado no nó cuja posição no anel *vem após* a posição de $h(k)$ no anel *no sentido horário*. Na Figura 24.2(a), consideramos que há três nós no cluster distribuído, rotulados como A, B e C, em que o nó C tem uma capacidade maior que os nós A e B. Em um sistema típico, haverá muito mais nós. No círculo, foram incluídas duas instâncias de A e B e três instâncias de C (em razão de sua maior capacidade), de maneira pseudoaleatória, para cobrir o círculo. A Figura 24.2(a) indica quais itens (k, v) são colocados em quais nós, com base nos valores $h(k)$.

- Os valores $h(k)$ que caem nas partes do círculo marcadas como *intervalo 1* na Figura 24.2(a) terão seus itens (k, v) armazenados no nó A, porque esse é o nó cujo rótulo vem após $h(k)$ no anel, no sentido horário; aqueles no *intervalo 2* são armazenados no nó B; e aqueles no *intervalo 3* são armazenados no nó C. Esse esquema permite a *escalabilidade horizontal*, porque quando um novo nó é adicionado ao sistema distribuído, ele pode ser incluído em um ou mais locais no anel, dependendo da capacidade do nó. Apenas uma porcentagem limitada dos itens (k, v) será reatribuída ao novo nó a partir dos nós existentes, com base no algoritmo de posicionamento de hash consistente. Além disso, os itens atribuídos ao novo nó podem não vir todos de apenas um dos nós existentes, porque o novo

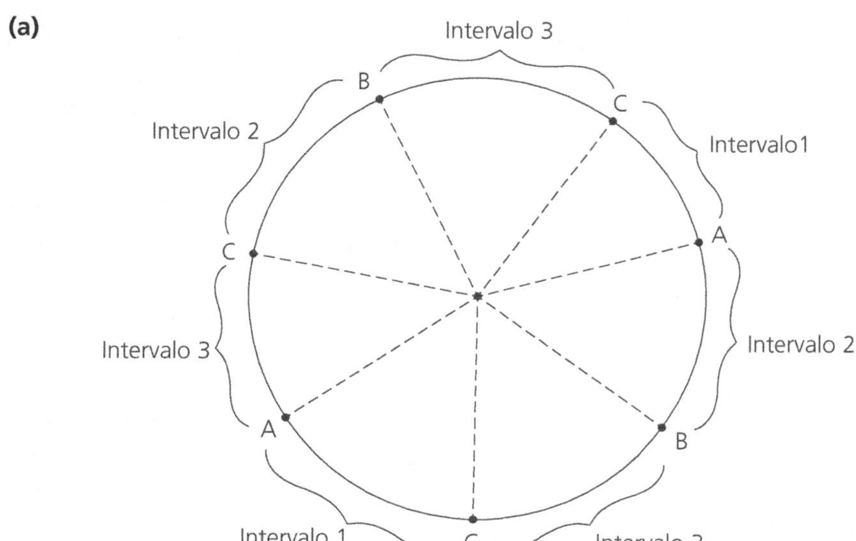

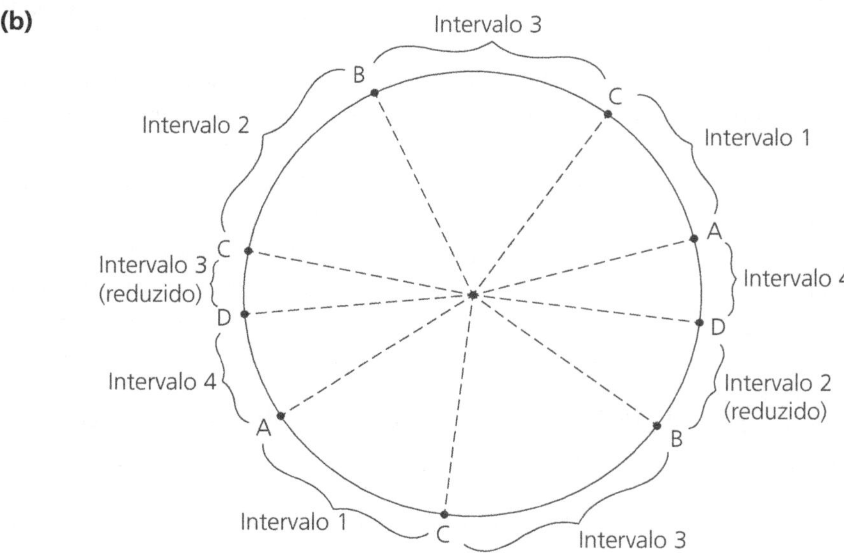

Figura 24.2 Exemplo de hashing consistente. (a) Anel com três nós A, B e C, com C tendo maior capacidade. Os valores $h(k)$ mapeados para os pontos do círculo no *intervalo 1* têm seus itens (k, v) armazenados no nó A, *intervalo 2* no nó B, *intervalo 3* no nó C. (b) Acréscimo de um nó D ao anel. Os itens no *intervalo 4* são movidos para o nó D, vindos do nó B (o *intervalo 2* é reduzido) e do nó C (o *intervalo 3* é reduzido).

nó pode ter vários locais no anel. Por exemplo, se um nó D for adicionado e tiver duas localizações no anel, como mostrado na Figura 24.2(b), alguns dos itens dos nós B e C seriam movidos para o nó D. Os itens cujas chaves são hash para o *intervalo 4* no círculo [consulte a Figura 24.2(b)] seriam migrados para o nó D. Esse esquema também permite a *replicação* colocando o número de réplicas especificadas de um item em nós sucessivos no anel, no sentido horário. O *sharding* é incorporado ao método, e diferentes itens no armazenamento (arquivo) estão localizados em diferentes nós no cluster distribuído, o que significa que os itens são fragmentados horizontalmente (*sharded*) entre os nós no sistema distribuído. Quando um nó falha, sua carga de itens de dados pode ser distribuída para os outros nós existentes cujos rótulos vêm após os rótulos do nó que falhou no anel. E os nós com maior capacidade podem ter mais locais no anel, conforme ilustrado pelo nó C na Figura 24.2(a), e assim armazenam mais itens que os nós de menor capacidade.

- **Consistência e versionamento.** O Voldemort usa um método semelhante ao desenvolvido para o DynamoDB para a consistência na presença de réplicas. Basicamente, as operações de gravação simultâneas são permitidas por diferentes processos, para que possa haver dois ou mais valores diferentes associados à mesma chave em diferentes nós quando os itens são replicados. A consistência é obtida quando o item é lido, usando uma técnica conhecida como *versionamento e reparo de leitura*. Gravações simultâneas são permitidas, mas cada gravação é associada a um valor de *clock vetorial*. Quando ocorre uma leitura, é possível que versões diferentes do mesmo valor (associadas à mesma chave) sejam lidas de nós diferentes. Se o sistema puder chegar a um único valor final, ele passará esse valor para a leitura; caso contrário, mais de uma versão pode ser passada de volta para a aplicação, que reconcilia as diversas versões em uma versão com base na semântica da aplicação e retorna esse valor reconciliado aos nós.

24.4.3 Exemplos de outros armazenamentos chave-valor

Nesta seção, analisamos brevemente três outros armazenamentos chave-valor. É importante notar que existem muitos sistemas que podem ser classificados nessa categoria, e só podemos mencionar alguns desses sistemas.

Armazenamento chave-valor do Oracle. A Oracle possui um dos mais conhecidos sistemas de bancos de dados relacionais SQL, e também oferece um sistema baseado no conceito de armazenamento chave-valor; esse sistema é chamado de **Oracle NoSQL Database.**

Cache e armazenamento chave-valor do Redis. Redis difere dos outros sistemas discutidos aqui porque armazena em cache seus dados na memória principal para melhorar ainda mais o desempenho. Ele oferece replicação mestre-escravo e alta disponibilidade, além de oferecer persistência ao fazer o backup de cache em disco.

Apache Cassandra. Cassandra é um sistema NOSQL que não é facilmente classificado em uma categoria; às vezes, é listado na categoria NOSQL baseado em coluna (veja a Seção 24.5) ou na categoria chave-valor. Ele oferece recursos de várias categorias NOSQL e é usado pelo Facebook, assim como muitos outros clientes.

24.5 Sistemas NOSQL baseados em coluna ou em largura de coluna

Outra categoria de sistemas NOSQL é conhecida como sistemas **baseados em coluna** ou em **largura de coluna.** O sistema de armazenamento distribuído do Google para big data, conhecido como **BigTable**, é um exemplo bem conhecido dessa classe de sistemas NOSQL e é usado em muitas aplicações do Google que exigem grandes quantidades de armazenamento de dados, como o Gmail. BigTable usa o **Google File System (GFS)** para armazenamento e distribuição de dados. Um sistema de código aberto conhecido como **Apache Hbase** é semelhante ao Google BigTable, mas normalmente usa o **HDFS (Hadoop Distributed File System)** para armazenamento de dados. O HDFS é usado em muitas aplicações de computação em nuvem, conforme discutiremos no Capítulo 25. O Hbase também pode usar o **Simple Storage System** da Amazon (conhecido como **S3**) para armazenamento de dados. Outro exemplo bem conhecido de sistemas NOSQL baseados em colunas é o Cassandra, que discutimos brevemente na Seção 24.4.3, porque ele também pode ser caracterizado como um armazenamento chave-valor. Nesta seção, vamos nos concentrar no Hbase como um exemplo dessa categoria de sistemas NOSQL.

BigTable (e Hbase) às vezes é descrito como um *mapa ordenado persistente distribuído multidimensional esparso*, em que a palavra *mapa* significa uma *coleção de pares (chave, valor)* (a chave é *mapeada* para o valor). Uma das principais diferenças que distinguem os sistemas baseados em colunas dos armazenamentos chave-valor (veja a Seção 24.4) é a *natureza da chave*. Em sistemas baseados em coluna, como o Hbase, a chave é *multidimensional* e, portanto, possui vários componentes: geralmente, uma combinação de nome de tabela, chave de linha, coluna e rótulo de data e hora (*timestamp*). Como veremos, a coluna geralmente é composta de dois componentes: família e qualificador. Discutiremos esses conceitos mais detalhadamente a seguir, conforme implementados no Apache Hbase.

24.5.1 Modelo de dados e versionamento no Hbase

Modelo de dados no Hbase. O modelo de dados no Hbase organiza os dados usando os conceitos de *namespaces*, *tabelas*, *famílias de colunas*, *qualificadores de colunas*, *colunas*, *linhas* e *células de dados*. Uma coluna é identificada por uma combinação de (família de coluna:qualificador de coluna). Os dados são armazenados em uma forma autoexplicativa associando colunas a valores de dados, em que os valores são strings. O Hbase também armazena *múltiplas versões* de um item de dados, com um *timestamp* associado a cada versão, de modo que as versões e os timestamps também fazem parte do modelo de dados do Hbase (isso é semelhante ao conceito de versionamento de atributos em bancos de dados temporais, que discutiremos na Seção 26.2). Como com outros sistemas NOSQL, chaves únicas são associadas a itens de dados armazenados para acesso rápido, mas as chaves identificam *células* no sistema de armazenamento. Como o foco está no alto desempenho ao armazenar grandes quantidades de dados, o modelo de dados inclui alguns conceitos relacionados ao armazenamento. Discutimos os conceitos de modelagem de dados do Hbase e definimos a terminologia a seguir. É importante observar que o uso das palavras *tabela*, *linha* e *coluna* não é idêntico ao seu uso em bancos de dados relacionais, mas os usos estão relacionados.

- **Tabelas e linhas.** Os dados no Hbase são armazenados em **tabelas** e cada uma delas possui um nome de tabela. Os dados em uma tabela são armazenados como **linhas** autoexplicativas. Cada linha tem uma **chave de linha** única e as chaves de linha são strings que devem ter a propriedade de poder ser lexicograficamente ordenadas, portanto, caracteres que não têm uma ordem lexicográfica no conjunto de caracteres não podem ser usados como parte de uma chave de linha.
- **Famílias de coluna, qualificadores de coluna e colunas.** Uma tabela está associada a uma ou mais **famílias de colunas**. Cada família de colunas terá um nome, e as famílias de colunas associadas a uma tabela *deverão ser especificadas* quando a tabela for criada e não poderão ser alteradas posteriormente. A Figura 24.3(a)

mostra como uma tabela pode ser criada; o nome da tabela é seguido pelos nomes das famílias de colunas associadas à tabela. Quando os dados são carregados em uma tabela, cada família de colunas pode ser associada a muitos **qualificadores de coluna**, mas os qualificadores de coluna *não são especificados* como parte da criação de uma tabela. Portanto, os qualificadores de colunas transformam o modelo em um modelo de dados autoexplicativo, porque os qualificadores podem ser especificados dinamicamente, à medida que novas linhas são criadas e inseridas na tabela. Uma **coluna** é especificada por uma combinação de FamíliaColuna:QualificadorColuna. Basicamente, as famílias de colunas são uma maneira de agrupar colunas relacionadas (atributos, na terminologia relacional) para fins de armazenamento, exceto que os nomes dos qualificadores de colunas não são especificados durante a criação da tabela. Em vez disso, eles são especificados quando os dados são criados e armazenados em linhas; portanto, os dados são *autoexplicativos*, pois qualquer nome de qualificador de coluna pode ser usado em uma nova linha de dados [veja a Figura 24.3(b)]. No entanto, é importante que os programadores de aplicação saibam quais qualificadores de coluna pertencem a cada família de colunas, mesmo que tenham a flexibilidade de criar novos qualificadores de coluna rapidamente quando novas linhas de dados forem criadas. O conceito de família de colunas é um pouco semelhante ao *particionamento vertical* (veja a Seção 23.2), porque as colunas (atributos) que são acessadas juntas, pois pertencem à mesma família de colunas, são armazenadas nos mesmos arquivos. Cada família de colunas de uma tabela é armazenada em seus próprios arquivos usando o sistema de arquivos HDFS.

- **Versionamento e timestamps.** O Hbase pode manter várias **versões** de um item de dados, com o **timestamp** associado a cada versão. O timestamp (registro de data e hora) é um número inteiro longo que representa a hora do sistema quando a versão foi criada, de modo que versões mais novas têm valores de timestamp

Figura 24.3 Exemplos em Hbase. (a) Criando uma tabela chamada FUNCIONARIO com três famílias de colunas: Nome, Endereco e Detalhes. (b) Inserindo alguns dados na tabela FUNCIONARIO; diferentes linhas podem ter diferentes qualificadores de coluna autoexplicativos (Primeiro_nome, Ultimo_nome, Apelido, Nome_meio, Inicial_meio, Sufixo, ... para a família de colunas Nome; Cargo, Avalia, Supervisor, Salario para a família de colunas Detalhes). (c) Algumas operações CRUD do Hbase.

(a) criando uma tabela:

```
create 'FUNCIONARIO', 'Nome', 'Endereco', 'Detalhes'
```

(b) inserindo alguns dados de linha na tabela FUNCIONARIO:

```
put 'FUNCIONARIO', 'row1', 'Nome:Primeiro_nome', 'João'
put 'FUNCIONARIO', 'row1', 'Nome:Ultimo_nome', 'Silva'
put 'FUNCIONARIO', 'row1', 'Nome:Apelido', 'Jô'
put 'FUNCIONARIO', 'row1', 'Detalhes:Cargo', 'Engenheiro'
put 'FUNCIONARIO', 'row1', 'Detalhes:Avalia', 'Bom'
put 'FUNCIONARIO', 'row2', 'Nome:Primeiro_nome', 'Alice'
put 'FUNCIONARIO', 'row2', 'Nome:Ultimo_name', 'Zelaya'
put 'FUNCIONARIO', 'row2', 'Nome:Nome_meio, 'Jennifer'
put 'FUNCIONARIO', 'row2', 'Detalhes:Cargo', 'DBA'
put 'FUNCIONARIO', 'row2', 'Detalhes:Supervisor', 'Jorge Brito'
put 'FUNCIONARIO', 'row3', 'Nome:Primeiro_nome', 'Jorge'
put 'FUNCIONARIO', 'row3', 'Nome:Inicial_meio', 'E'
put 'FUNCIONARIO', 'row3', 'Nome:Ultimo_nome', 'Brito'
put 'FUNCIONARIO', 'row3', 'Nome:Sufixo', 'Jr.'
put 'FUNCIONARIO', 'row3', 'Detalhes:Cargo', 'CEO'
put 'FUNCIONARIO', 'row3', 'Detalhes:Salario', '1000000'
```

(c) Algumas operações CRUD básicas do Hbase:

```
Criando uma tabela: create <nome tabela>, <família coluna>, <família coluna>, ...
Inserindo dados: put <nome tabela>, <id linha>, <família coluna>:<qualificador
coluna>,                        <valor>
Lendo dados (todos em uma tabela): scan <nome tabela>
Recuperando dados (um item): get <nome tabela>,<id linha>
```

maiores. O Hbase usa a "meia-noite de 1 de janeiro de 1970 UTC" como valor de timestamp zero, e usa um número inteiro longo que mede o número de milissegundos desde esse momento como o valor de timestamp do sistema (isso é semelhante ao valor retornado pelo utilitário java.util.Date.getTime() da linguagem Java, e também é usado no MongoDB). Também é possível que o usuário defina o valor do timestamp explicitamente, em um formato de data, em vez de usar o timestamp gerado pelo sistema.

- **Células.** Uma **célula** contém um item de dados básico no Hbase. A chave (endereço) de uma célula é especificada por uma combinação de (tabela, id linha, família coluna, qualificador coluna, timestamp). Se o timestamp for omitido, a versão mais recente do item será recuperada, a menos que um número padrão de versões seja especificado, digamos, as três versões mais recentes. O número padrão de versões a serem recuperadas, bem como o número padrão de versões que o sistema precisa manter, são parâmetros que podem ser especificados durante a criação da tabela.
- **Namespaces.** Um **namespace** é uma coleção de tabelas. Um namespace basicamente especifica uma coleção de uma ou mais tabelas que normalmente são usadas juntas pelas aplicações do usuário, e corresponde a um banco de dados que contém uma coleção de tabelas na terminologia relacional.

24.5.2 Operações CRUD no Hbase

O Hbase possui operações CRUD de baixo nível (criar, ler, atualizar, excluir), como em muitos dos sistemas NOSQL. Os formatos de algumas das operações básicas de CRUD no Hbase são mostrados na Figura 24.3(c).

O Hbase fornece apenas operações CRUD de baixo nível. É responsabilidade dos programas de aplicação implementar operações mais complexas, como junções entre linhas em diferentes tabelas. A operação *create* cria uma nova tabela e especifica uma ou mais famílias de colunas associadas a essa tabela, mas não especifica os qualificadores de coluna, conforme discutimos anteriormente. A operação *put* é usada para inserir novos dados ou novas versões de itens de dados existentes. A operação *get* serve para recuperar os dados associados a uma única linha em uma tabela e a operação *scan* recupera todas as linhas.

24.5.3 Conceitos de armazenamento e sistema distribuído no Hbase

Cada tabela Hbase é dividida em várias **regiões**, onde cada região manterá um *intervalo* das chaves de linha na tabela; é por isso que as chaves de linha devem ser lexicograficamente ordenadas. Cada região terá um certo número de **stores**, onde cada família de colunas é atribuída a um store na região. As regiões são atribuídas a **servidores de região** (nós de armazenamento) para armazenamento. Um **servidor mestre** (nó mestre) é responsável por monitorar os servidores de região e por dividir uma tabela em regiões, atribuindo regiões a servidores de região.

O Hbase usa o sistema de software livre **Apache Zookeeper** para serviços relacionados ao gerenciamento de nomeação, distribuição e sincronismo dos dados do Hbase nos nós do servidor Hbase distribuído, bem como para serviços de coordenação e replicação. O Hbase também usa o Apache HDFS (Hadoop Distributed File System) para serviços de arquivos distribuídos. Então, o Hbase é construído sobre o HDFS e o Zookeeper. O próprio Zookeeper pode ter várias réplicas em vários nós, para fins de disponibilidade, e mantém os dados necessários na memória principal para acelerar o acesso aos servidores mestres e regionais.

Não abordaremos muitos detalhes adicionais sobre a arquitetura do sistema distribuído e os componentes do Hbase; uma discussão completa está fora do escopo de nossa apresentação. A documentação completa do Hbase está disponível on-line (veja a Bibliografia selecionada ao final do capítulo).

24.6 Bancos de dados de grafos NOSQL e Neo4j

Outra categoria de sistemas NOSQL é conhecida como **bancos de dados de grafos** ou sistemas **NOSQL orientados a grafos.** Os dados são representados como um grafo, que é uma coleção de vértices (nós) e arestas. Tanto nós quanto arestas podem ser rotulados para indicar os tipos de entidades e relacionamentos que eles representam, e geralmente é possível armazenar dados associados a nós e arestas individuais. Muitos sistemas podem ser categorizados como bancos de dados de grafos. Vamos concentrar nossa discussão em um sistema específico, o Neo4j, que é usado em muitas aplicações. Neo4j é um sistema de código aberto e implementado em Java. Discutiremos o modelo de dados do Neo4j na Seção 24.6.1 e faremos uma introdução aos recursos de consulta do Neo4j na Seção 24.6.2. A Seção 24.6.3 oferece uma visão geral dos sistemas distribuídos e algumas outras características do Neo4j.

24.6.1 *Modelo de dados do Neo4j*

O modelo de dados no Neo4j organiza os dados usando os conceitos de **nós** e **relacionamentos.** Ambos podem ter **propriedades,** que armazenam os itens de dados associados a nós e relacionamentos. Nós podem ter **rótulos**; os nós que possuem o *mesmo rótulo* são agrupados em uma coleção que identifica um subconjunto dos nós no grafo do banco de dados para fins de consulta. Um nó pode ter zero, um ou vários rótulos. Relacionamentos são direcionados; cada relacionamento tem um *nó inicial* e um *nó final*, bem como um **tipo de relacionamento,** que oferece uma função semelhante a um rótulo de nó, identificando relacionamentos semelhantes que possuem o mesmo tipo de relacionamento. As propriedades podem ser especificadas por meio de um **padrão de mapa,** composto de um ou mais pares "nome: valor" entre chaves; por exemplo, {Ultimo_nome: 'Silva', Primeiro_nome: 'João', Nome_meio: 'B'}.

Na teoria convencional dos grafos, nós e relacionamentos geralmente são chamados de *vértices* e *arestas*. O modelo de dados de grafo do Neo4j lembra um pouco o modo como os dados são representados nos modelos ER e EER (veja os capítulos 3 e 4), mas com algumas diferenças importantes. Comparando o modelo de grafo do Neo4j com os conceitos de ER/EER, os nós correspondem às *entidades*, os rótulos dos nós correspondem aos *tipos e subclasses de entidade*, os relacionamentos correspondem às *instâncias de relacionamento*, os tipos de relacionamento correspondem aos *tipos de relacionamento* e as propriedades correspondem aos *atributos*. Uma diferença digna de nota é que um relacionamento é *direcionado* no Neo4j, mas não no ER/EER. Outra é que um nó pode não ter rótulo no Neo4j, o que não é permitido no ER/EER, já que toda entidade deve pertencer a um tipo de entidade. Uma terceira diferença crucial é que o modelo de grafo do Neo4j é usado como base para um sistema de banco de dados distribuído de alto desempenho real, ao passo que o modelo ER/EER é usado principalmente para o projeto do banco de dados.

A Figura 24.4(a) mostra como alguns nós podem ser criados no Neo4j. Existem várias maneiras pelas quais nós e relacionamentos podem ser criados; por exemplo, chamando operações Neo4j apropriadas a partir de diversas APIs do Neo4j. Vamos apenas mostrar a sintaxe de alto nível para criar nós e relacionamentos; para fazer isso, usaremos o comando CREATE do Neo4j, que faz parte da linguagem de consulta declarativa de alto nível **Cypher.** O Neo4j tem muitas opções e variações para criar nós e relacionamentos usando várias interfaces de scripting, mas uma discussão completa está fora do escopo de nossa apresentação.

(a) criando alguns nós para o banco de dados EMPRESA (da Figura 5.6):

```
CREATE (f1: FUNCIONARIO, {FuncId: '1', Ultimo_nome: 'Silva', Primeiro_nome: 'João', Nome_meio: 'B'})
CREATE (f2: FUNCIONARIO, {FuncId: '2', Ultimo_nome: 'Wong', Primeiro_nome: 'Fernando'})
CREATE (f3: FUNCIONARIO, {FuncId: '3', Ultimo_nome: 'Zelaya', Primeiro_nome: 'Alice'})
CREATE (f4: FUNCIONARIO, {FuncId: '4', Ultimo_nome: 'Souza', Primeiro_nome: 'Jennifer', Nome_meio: 'S'})
...
CREATE (d1: DEPARTAMENTO, {Numero_departamento: '5', Nome_departamento: 'Pesquisa'})
CREATE (d2: DEPARTAMENTO, {Numero_departamento: '4', Nome_departamento: 'Administração'})
...
CREATE (p1: PROJETO, {Numero_projeto: '1', Nome_projeto: 'ProdutoX'})
CREATE (p2: PROJETO, {Numero_projeto: '2', Nome_projeto: 'ProdutoY'})
CREATE (p3: PROJETO, {Numero_projeto: '10', Nome_projeto: 'Informatização'})
CREATE (p4: PROJETO, {Numero_projeto: '20', Nome_projeto: 'Reorganização'})
...
CREATE (loc1: LOCALIZACOES_DEPARTAMENTO, {Local: 'São Paulo'})
CREATE (loc2: LOCALIZACOES_DEPARTAMENTO, {Local: 'Mauá'})
CREATE (loc3: LOCALIZACOES_DEPARTAMENTO, {Local: 'Santo André'})
CREATE (loc4: LOCALIZACOES_DEPARTAMENTO, {Local: 'Itu'})
...
```

(b) criando alguns relacionamentos para o banco de dados EMPRESA (da Figura 5.6):

```
CREATE (f1) – [ : TrabalhaPara ] –> (d1)
CREATE (f3) – [ : TrabalhaPara ] –> (d2)
...
CREATE (d1) – [ : Gerente ] –> (f2)
CREATE (d2) – [ : Gerente ] –> (f4)
...
CREATE (d1) – [ : LocalizadoEm ] –> (loc1)
CREATE (d1) – [ : LocalizadoEm ] –> (loc3)
CREATE (d1) – [ : LocalizadoEm ] –> (loc4)
CREATE (d2) – [ : LocalizadoEm ] –> (loc2)
...
CREATE (f1) – [ : TrabalhaEm, {Horas: '32.5'} ] –> (p1)
CREATE (f1) – [ : TrabalhaEm, {Horas: '7.5'} ] –> (p2)
CREATE (f2) – [ : TrabalhaEm, {Horas: '10.0'} ] –> (p1)
CREATE (f2) – [ : TrabalhaEm, {Horas: 10.0} ] –> (p2)
CREATE (f2) – [ : TrabalhaEm, {Horas: '10.0'} ] –> (p3)
CREATE (f2) – [ : TrabalhaEm, {Horas: 10.0} ] –> (p4)
...
```

(c) Sintaxe básica simplificada de algumas cláusulas comuns em Cypher:

Encontrando nós e relacionamentos que combinam com um padrão: MATCH <padrão>
Especificando agregados e outras variáveis de consulta: WITH <especificações>
Especificando condições sobre os dados a serem recuperados: WHERE <condição>
Especificando os dados a serem retornados: RETURN <dados>
Ordenando os dados a serem retornados: ORDER BY <dados>
Limitando o número de itens de dados retornados: LIMIT <número máximo>
Criando nós: CREATE <nó, rótulos e propriedades opcionais>
Criando relacionamentos: CREATE <relacionamento, tipo de relacionamento e propriedades opcionais>
Exclusão: DELETE <nós ou relacionamentos>
Especificando valores e rótulos de propriedade: SET <valores e rótulos de propriedade>
Removendo valores e rótulos de propriedade: REMOVE <valores e rótulos de propriedade>

Figura 24.4 Exemplos em Neo4j usando a linguagem Cypher. (a) Criando alguns nós. (b) Criando alguns relacionamentos. (c) Sintaxe básica das consultas em Cypher. *(continua)*

Figura 24.4 Exemplos em Neo4j usando a linguagem Cypher. (d) Exemplos de consultas em Cypher. *(continuação)*

(d) Exemplos de consultas simples em Cypher:

```
1. MATCH (d : DEPARTAMENTO {Numero_departamento: '5'}) – [ : LocalizadoEm ] → (loc)
   RETURN d.Nome_departamento , loc.Local
2. MATCH (f: FUNCIONARIO {FuncId: '2'}) – [ t: TrabalhaEm ] → (p)
   RETURN f.Primeiro_nome , t.Horas, p.Nome_projeto
3. MATCH (f ) – [ t: TrabalhaEm ] → (p: PROJETO {Pnr: 2})
   RETURN p.Nome_projeto, f.Primeiro_nome , t.Horas
4. MATCH (f) – [ t: TrabalhaEm ] → (p)
   RETURN f.Primeiro_nome , t.Horas, p.Nome_projeto
   ORDER BY f.Primeiro_nome
5. MATCH (f) – [ t: TrabalhaEm ] → (p)
   RETURN f.Primeiro_nome , t.Horas, p.Nome_projeto
   ORDER BY f.Primeiro_nome
   LIMIT 10
6. MATCH (f) – [ t: TrabalhaEm ] → (p)
   WITH f, COUNT(p) AS Numero_De_Projetos
   WHERE Numero_De_Projetos > 2
   RETURN f.Primeiro_nome, Numero_De_Projetos
   ORDER BY Numero_De_Projetos
7. MATCH (f) – [ t: TrabalhaEm ] → (p)
   RETURN f , t, p
   ORDER BY f.Primeiro_nome
   LIMIT 10
8. MATCH (f: FUNCIONARIO {FuncId: '2'})
   SET f.Cargo = 'Engenheiro'
```

- **Etiquetas e propriedades.** Quando um nó é criado, seu rótulo pode ser especificado. Também é possível criar nós sem rótulos. Na Figura 24.4(a), os rótulos dos nós são FUNCIONARIO, DEPARTAMENTO, PROJETO e LOCALIZACOES_DEPARTAMENTO, e os nós criados correspondem a alguns dos dados do banco de dados EMPRESA na Figura 5.6 com algumas modificações; por exemplo, usamos FuncId em vez de CPF e incluímos apenas um pequeno subconjunto dos dados para fins de ilustração. As propriedades são colocadas entre chaves {...}. É possível que alguns nós tenham vários rótulos; por exemplo, o mesmo nó pode ser rotulado como PESSOA, FUNCIONARIO e GERENTE, listando todos os rótulos separados pelo símbolo de dois pontos da seguinte forma: PESSOA:FUNCIONARIO:GERENTE. Ter vários rótulos é semelhante a uma entidade que pertence a um tipo de entidade (PESSOA) mais algumas subclasses de PESSOA (a saber, FUNCIONARIO e GERENTE) no modelo EER (veja o Capítulo 4), mas que também pode ser usada para outras finalidades.
- **Relacionamentos e tipos de relacionamento.** A Figura 24.4(b) mostra alguns exemplos de relacionamentos no Neo4j, com base no banco de dados EMPRESA na Figura 5.6. A → especifica a direção do relacionamento, mas o relacionamento pode ser percorrido em qualquer direção. Os tipos de relacionamento (rótulos) na Figura 24.4(b) são TrabalhaPara, Gerente, LocalizadoEm e TrabalhaEm; somente relacionamentos com o tipo de relacionamento TrabalhaEm possuem propriedades (Horas) na Figura 24.4(b).
- **Caminhos.** Um **caminho** especifica um percurso de parte do grafo. Normalmente é usado como parte de uma consulta para especificar um padrão, em que a consulta será recuperada dos dados do gráfico que correspondem ao padrão. Um caminho normalmente é especificado por um nó inicial, seguido por um ou mais relacionamentos, levando a um ou mais nós finais que satisfazem o padrão. Ele é semelhante aos conceitos de expressões de caminho que discutimos nos capítulos

12 e 13 no contexto de linguagens de consulta para bancos de dados de objetos (OQL) e XML (XPath e XQuery).

- **Esquema opcional.** Um **esquema** é opcional no Neo4j. Os gráficos podem ser criados e usados sem um esquema, mas, no Neo4j versão 2.0, algumas funções relacionadas ao esquema foram adicionadas. Os principais recursos relacionados à criação de esquemas envolvem a criação de índices e restrições com base nos rótulos e propriedades. Por exemplo, é possível criar o equivalente a uma restrição de chave sobre uma propriedade de um rótulo, portanto, todos os nós na coleção de nós associados ao rótulo devem ter valores exclusivos para essa propriedade.
- **Indexação e identificadores de nó.** Quando um nó é criado, o sistema Neo4j cria um identificador interno único, definido pelo sistema, para cada nó. Para recuperar nós individuais usando outras propriedades dos nós de maneira eficiente, o usuário pode criar **índices** para a coleção de nós que possuem um rótulo específico. Normalmente, uma ou mais das propriedades dos nós nessa coleção podem ser indexadas. Por exemplo, FuncId pode ser usado para indexar nós com o rótulo FUNCIONARIO, Numero_departamento para indexar os nós com o rótulo DEPARTAMENTO e Numero_projeto para indexar os nós com o rótulo PROJETO.

24.6.2 Linguagem de consulta Cypher do Neo4j

Neo4j tem uma linguagem de consulta de alto nível, Cypher. Existem comandos declarativos para criar nós e relacionamentos [veja as figuras 24.4(a) e (b)], bem como para encontrar nós e relacionamentos baseados na especificação de padrões. A exclusão e a modificação de dados também são possíveis no Cypher. Introduzimos o comando CREATE na seção anterior, então vamos dar uma breve visão geral de alguns dos outros recursos do Cypher.

Uma consulta Cypher é composta de *cláusulas*. Quando uma consulta tem várias cláusulas, o resultado de uma delas pode ser a entrada para a próxima cláusula na consulta. Vamos dar uma rápida ideia da linguagem, discutindo algumas das cláusulas por meio de exemplos. Nossa apresentação não pretende ser uma exposição detalhada sobre o Cypher, apenas uma introdução a alguns dos recursos da linguagem. A Figura 24.4(c) resume algumas das principais cláusulas que podem fazer parte de uma consulta em Cyber. A linguagem Cyber pode especificar consultas e atualizações complexas em um banco de dados de grafo. Vamos apresentar alguns exemplos para ilustrar consultas simples em Cyber na Figura 24.4(d).

A consulta 1 na Figura 24.4(d) mostra como usar as cláusulas MATCH e RETURN em uma consulta, e a consulta recupera os locais para o departamento número 5. MATCH especifica o *padrão* e as *variáveis de consulta* (*d* e *loc*) e RETURN especifica o resultado da consulta a ser recuperado referindo-se às variáveis de consulta. A consulta 2 tem três variáveis (*f*, *t* e *p*) e retorna os projetos e horas por semana em que o funcionário com FuncId = 2 trabalha. A consulta 3, por outro lado, retorna os funcionários e a quantidade de horas por semana que trabalham no projeto com Numero_projeto = 2. A consulta 4 ilustra a cláusula ORDER BY e retorna todos os funcionários e os projetos nos quais eles trabalham, classificados por Primeiro_nome. Também é possível limitar o número de resultados retornados usando a cláusula LIMIT, como na consulta 5, que retorna apenas as 10 primeiras respostas.

A consulta 6 ilustra o uso de WITH e agregação, embora a cláusula WITH possa ser usada para separar cláusulas em uma consulta, mesmo que não haja agregação. A consulta 6 também ilustra a cláusula WHERE para especificar condições adicionais e a consulta retorna os funcionários que trabalham em mais de dois projetos, bem como o número de projetos em que cada funcionário trabalha. Também é comum retornar os próprios nós e relacionamentos no resultado da consulta, em vez dos valores de propriedade dos nós, como nas consultas anteriores. A consulta 7 é semelhante à consulta 5, mas retorna apenas os nós e os relacionamentos, portanto, o resultado da consulta pode ser exibido como um grafo, usando a ferramenta de visualização do Neo4j. Também é possível adicionar ou remover rótulos e propriedades dos nós. A consulta 8 mostra como adicionar mais propriedades a um nó, adicionando uma propriedade Cargo a um nó de funcionário.

O relato anterior oferece uma rápida introdução à linguagem de consulta Cypher do Neo4j. O manual completo está disponível on-line (veja a Bibliografia selecionada ao final do capítulo).

24.6.3 Interfaces do Neo4j e características do sistema distribuído

O Neo4j possui outras interfaces que podem ser usadas para criar, recuperar e atualizar nós e relacionamentos em um banco de dados de grafo. Ele também tem duas versões principais: a edição corporativa, que vem com recursos adicionais, e a edição comunitária. Nesta subseção, discutimos alguns dos recursos adicionais do Neo4j.

- **Edição empresarial *versus* edição comunitária.** Ambas as edições suportam o modelo de dados de grafo e o sistema de armazenamento do Neo4j, bem como a linguagem de consulta de grafo Cypher e várias outras interfaces, incluindo uma API nativa de alto desempenho, drivers de linguagem para várias linguagens de programação populares, como Java, Python, PHP e a API REST (Representational State Transfer). Além disso, ambas as edições suportam propriedades ACID. A edição empresarial suporta recursos adicionais para aprimorar o desempenho, como caching e clusterização de dados e bloqueio.
- **Interface de visualização de grafos.** O Neo4j possui uma interface de visualização de grafos, para que um subconjunto de nós e bordas em um de banco de dados de grafo possa ser exibido como um grafo. Essa ferramenta pode ser usada para visualizar os resultados da consulta em uma representação de grafos.
- **Replicação mestre-escravo.** O Neo4j pode ser configurado em um cluster de nós de sistema distribuído (computadores), em que um nó é designado como o nó mestre. Os dados e os índices são totalmente replicados em cada nó no cluster. Diversas formas de sincronismo dos dados entre os nós mestre e escravo podem ser configuradas no cluster distribuído.
- **Caching.** Um cache na memória principal pode ser configurado para armazenar os dados do grafo, a fim de melhorar o desempenho.
- **Logs lógicos.** Logs podem ser mantidos para a recuperação de falhas.

Uma discussão completa de todos os recursos e interfaces do Neo4j está fora do escopo de nossa apresentação. A documentação completa do Neo4j está disponível on-line (veja a Bibliografia selecionada ao final do capítulo).

24.7 Resumo

Neste capítulo, discutimos a classe de sistemas de banco de dados conhecidos como sistemas NOSQL, que se concentram no armazenamento e recuperação eficientes de grandes quantidades de "big data". As aplicações que usam esses tipos de sistemas incluem mídias sociais, links da web, perfis de usuários, marketing e vendas, postagens e *tweets*, mapas de estradas, dados espaciais e e-mail. O termo *NOSQL* é geralmente interpretado como Not Only SQL — em vez de NO to SQL — e tem por finalidade transmitir a ideia de que muitas aplicações precisam de sistemas diferentes dos sistemas SQL relacionais tradicionais para aumentar suas necessidades de gerenciamento de dados. Esses sistemas são bancos de dados distribuídos ou sistemas de armazenamento distribuído, com foco no armazenamento de dados semiestruturados, alto desempenho, disponibilidade, replicação de dados e escalabilidade, em vez de ênfase na consistência de dados imediata, linguagens de consulta poderosas e armazenamento de dados estruturados.

Na Seção 24.1, começamos com uma introdução aos sistemas NOSQL, suas características e como eles diferem dos sistemas SQL. Quatro categorias gerais de sistemas NOSQL são baseadas em documentos, armazenamentos de chave-valor, em colunas e em grafos. Na Seção 24.2, discutimos como os sistemas NOSQL abordam a questão da consistência entre múltiplas réplicas (cópias) usando o paradigma conhecido como consistência eventual. Discutimos o teorema CAP, que pode ser usado para entender a ênfase dos sistemas NOSQL na disponibilidade. Nas seções 24.3 a 24.6, apresentamos uma visão geral de cada uma das quatro categorias principais de sistemas NOSQL — começando com sistemas baseados em documentos na Seção 24.3, seguidos por armazenamentos chave-valor na Seção 24.4, depois sistemas baseados em coluna na Seção 24.5, e finalmente sistemas baseados em grafos na Seção 24.6. Também notamos que alguns sistemas NOSQL podem não se enquadrar em uma única categoria, mas usar técnicas que abrangem duas ou mais categorias.

PERGUNTAS DE REVISÃO

24.1. Para quais tipos de aplicações os sistemas NOSQL foram desenvolvidos?

24.2. Quais são as principais categorias dos sistemas NOSQL? Relacione alguns dos sistemas NOSQL em cada categoria.

24.3. Quais são as principais características dos sistemas NOSQL nas áreas relacionadas aos modelos de dados e linguagens de consulta?

24.4. Quais são as principais características dos sistemas NOSQL nas áreas relacionadas a sistemas distribuídos e bancos de dados distribuídos?

24.5. O que é o teorema CAP? Quais das três propriedades (consistência, disponibilidade, tolerância à partição) são mais importantes nos sistemas NOSQL?

24.6. Quais são as semelhanças e diferenças entre o uso de consistência no CAP *versus* o uso da consistência no ACID?

24.7. Quais são os conceitos de modelagem de dados usados no MongoDB? Quais são as principais operações CRUD do MongoDB?

24.8. Discuta como a replicação e o sharding são realizados no MongoDB.

24.9. Discuta os conceitos de modelagem de dados no DynamoDB.

24.10. Descreva o esquema de hashing consistente para distribuição de dados, replicação e sharding. Como a consistência e o versionamento são tratados no Voldermort?

24.11. Quais são os conceitos de modelagem de dados usados nos sistemas NOSQL baseados em coluna e no Hbase?

24.12. Quais são as principais operações CRUD no Hbase?

24.13. Discuta os métodos de armazenamento e sistema distribuído usados no Hbase.

24.14. Quais são os conceitos de modelagem de dados usados no sistema NOSQL Neo4j orientado a grafos?

24.15. Qual é a linguagem de consulta para o Neo4j?

24.16. Discuta as interfaces e as características de sistema distribuído do Neo4j.

BIBLIOGRAFIA SELECIONADA

O artigo original que descreveu o sistema de armazenamento distribuído Google BigTable é Chang et al. (2006), e o artigo original que descreveu o sistema de armazenamento chave-valor Dynamo da Amazon é DeCandia et al. (2007). Existem inúmeros artigos que comparam diversos sistemas NOSQL com SQL (sistemas relacionais); por exemplo, Parker et al. (2013). Outros artigos comparam sistemas NOSQL com outros sistemas NOSQL; por exemplo, Cattell (2010), Hecht e Jablonski (2011) e Abramova e Bernardino (2013).

A documentação, os manuais do usuário e os tutoriais para muitos sistemas NOSQL podem ser encontrados na web. Aqui estão alguns exemplos:

Tutoriais do MongoDB: <docs.mongodb.org/manual/tutorial/>

Manual do MongoDB: <docs.mongodb.org/manual/>

Site web do Cassandra: <cassandra.apache.org>

Site web do Hbase: <hbase.apache.org>

Documentação do Neo4j: <neo4j.com/docs/>

Além disso, diversos sites web categorizam os sistemas NOSQL em outras subcategorias, com base na finalidade; <nosql-database.org> é um exemplo de um site desse tipo.

25 Tecnologias Big Data baseadas em MapReduce e Hadoop[1]

A quantidade de dados disponível em todo o mundo tem crescido desde o surgimento da World Wide Web, por volta de 1994. Os primeiros mecanismos de busca — a saber, AltaVista (adquirido pela Yahoo em 2003 e que depois se tornou o mecanismo de busca Yahoo!) e Lycos (que era um mecanismo de busca e também um portal web) — foram estabelecidos logo depois que surgiu a web. Eles mais tarde foram ofuscados pelo Google e pelo Bing. Depois, surgiu uma série de redes sociais, como Facebook, inaugurado em 2004, e Twitter, em 2006. LinkedIn, uma rede profissional inaugurada em 2003, possui mais de 250 milhões de usuários no mundo inteiro. O Facebook tem mais de 1,3 bilhão de usuários atualmente em todo o mundo; destes, cerca de 800 milhões são ativos na rede diariamente. O Twitter teve uma estimativa de 980 milhões de usuários no início de 2014 e chegou a atingir 1 bilhão de tweets por dia em outubro de 2012. Essas estatísticas estão continuamente sendo atualizadas e podem ser encontradas facilmente na web.

Uma implicação importante do estabelecimento e crescimento exponencial da web, que levou a computação para leigos de todo o mundo, é que pessoas comuns começaram a criar todos os tipos de transações e conteúdo que geram novos dados. Esses usuários e consumidores de dados multimídia exigem que os sistemas forneçam dados específicos do usuário instantaneamente, a partir de armazenamentos de dados gigantescos, ao mesmo tempo em que criam enormes quantidades de dados. O resultado é um crescimento explosivo na quantidade de dados gerados e comunicados em redes em todo o mundo. Além disso, empresas e instituições governamentais registram eletronicamente todas as transações de cada cliente, vendedor e fornecedor e, portanto, acumulam dados nos chamados "data warehouses" (a serem discutidos no Capítulo 29). Adicionados a essa montanha de dados estão os dados gerados por

---

[1] Agradecemos a contribuição significativa, para este capítulo, de Harish Butani, membro do Hive Program Management Committee, e Balaji Palanisamy, da Universidade de Pittsburgh.

sensores embutidos em dispositivos como smartphones, medidores inteligentes de energia, automóveis e em todos os tipos de dispositivos e máquinas que detectam, criam e comunicam dados na "internet das coisas". E, claro, temos de considerar os dados gerados diariamente a partir de imagens de satélite e redes de comunicação.

Esse crescimento fenomenal da geração de dados significa que a quantidade de dados em um único repositório pode ser calculada em petabytes (10^{15} bytes, o que equivale a 2^{50} bytes) ou terabytes (por exemplo, 1.000 terabytes). O termo *big data* entrou em nossa linguagem comum e refere-se a quantidades de dados nessa magnitude. O relatório McKinsey[2] define o termo *big data* como conjuntos de dados cujo tamanho excede o alcance típico de um SGBD para capturar, armazenar, gerenciar e analisar esses dados. O significado e as implicações dessa enxurrada de dados se refletem em alguns dos fatos mencionados no relatório McKinsey:

- Um disco de US$ 600 pode armazenar toda a música do mundo atualmente.
- Todos os meses, 30 bilhões de itens de conteúdo são armazenados no Facebook.
- Há mais dados armazenados em 15 dos 17 setores da economia dos Estados Unidos que na Biblioteca do Congresso norte-americano, que, a partir de 2011, armazenou 235 terabytes de dados.
- Atualmente, são necessários mais de 140.000 cargos de análise profunda de dados e mais de 1,5 milhão de gerentes com experiência em dados nos Estados Unidos. A análise profunda de dados envolve mais análises do tipo descoberta do conhecimento.

O big data está em toda parte, de modo que todos os setores da economia se beneficiam ao aproveitá-lo de forma adequada com tecnologias que ajudarão usuários e gerentes de dados a tomar melhores decisões com base em evidências históricas. De acordo com o relatório McKinsey:

> Se o [sistema] de saúde dos EUA pudesse usar big data de forma criativa e eficaz para impulsionar a eficiência e a qualidade, estimamos que o valor em potencial dos dados no setor poderia ser superior a US$ 300 bilhões a cada ano.

O big data criou inúmeras oportunidades para prestar informações aos consumidores em tempo hábil — informações que serão úteis para tomar decisões, descobrir necessidades e melhorar o desempenho, personalizar produtos e serviços, fornecer aos tomadores de decisão ferramentas algorítmicas mais eficazes e agregar valor com inovações em termos de novos produtos, serviços e modelos de negócios. A IBM corroborou essa afirmação em um livro recente,[3] que descreve por que embarcou em uma missão mundial de análise de big data por toda a empresa. O livro da IBM descreve vários tipos de aplicações analíticas:

- **Análise descritiva e preditiva:** a análise descritiva deve relatar o que aconteceu, analisar os dados que contribuíram para descobrir por que isso aconteceu e monitorar novos dados para descobrir o que está acontecendo agora. A análise preditiva usa técnicas estatísticas e de mineração de dados (veja no Capítulo 28) para fazer previsões sobre o que acontecerá no futuro.
- **Análise prescritiva:** refere-se a análises que recomendam ações.
- **Análise de mídia social:** consiste em fazer uma análise de opinião para avaliar a opinião pública sobre temas ou eventos. Ela também permite que os usuários descubram os padrões de comportamento e os gostos dos indivíduos, o que pode ajudar a indústria a direcionar bens e serviços de maneira personalizada.

---

[2] A introdução é, em grande parte, baseada no relatório McKinsey (2012) sobre big data, do McKinsey Global Institute.

[3] Veja IBM (2014): *Analytics Across the Enterprise: How IBM Realizes Business Value from Big Data and Analytics.*

- **Análise de entidade:** esta é uma área relativamente nova, que agrupa dados sobre entidades de interesse e aprende mais sobre elas.
- **Computação cognitiva:** refere-se a uma área de desenvolvimento de sistemas de computação que interagirão com as pessoas para lhes fornecer melhor compreensão e conselhos úteis.

Em outro livro, Bill Franks, da Teradata,[4] expressa um tema semelhante; ele afirma que a utilização de big data para obter melhores análises é essencial para obter uma vantagem competitiva em qualquer setor atual, e mostra como desenvolver um "ecossistema de análise avançada de big data" em qualquer organização, para descobrir novas oportunidades nos negócios.

Como podemos ver em todas essas publicações de especialistas, baseadas na indústria, o big data está entrando em uma nova fronteira na qual os big data serão aproveitados para fornecer aplicações orientadas à análise, que levarão ao aumento da produtividade e a maior qualidade e crescimento em todos os setores. Este capítulo discute a tecnologia criada na última década para aproveitar o big data. Vamos nos concentrar nas tecnologias que podem ser atribuídas ao ecossistema MapReduce/Hadoop, que abrange a maior parte do território de projetos de código aberto para aplicações de big data. Não poderemos entrar nas aplicações da tecnologia de big data para análise. Por si só, essa é uma área gigantesca. Alguns dos conceitos básicos de mineração de dados são mencionados no Capítulo 28; no entanto, as ofertas de análise de hoje vão muito além dos conceitos básicos que descreveremos naquele capítulo.

Na Seção 25.1, apresentamos os recursos essenciais do big data. Na Seção 25.2, fornecemos o histórico da tecnologia MapReduce/Hadoop e comentamos sobre as diversas versões do Hadoop. A Seção 25.3 discute o sistema de arquivos subjacente chamado Hadoop Distributed File System, para o Hadoop. Discutimos sua arquitetura, as operações de E/S aceitas e sua escalabilidade. A Seção 25.4 fornece mais detalhes sobre MapReduce (MR), incluindo seu ambiente de runtime e suas interfaces de alto nível, chamadas Pig e Hive. Também mostramos o poder do MapReduce em termos da junção relacional implementada de várias maneiras. A Seção 25.5 é dedicada ao desenvolvimento posterior, chamado Hadoop v2 ou MRv2 ou YARN, que separa o gerenciamento de recursos do gerenciamento de tarefas. Seu raciocínio é explicado primeiro, e em seguida sua arquitetura e outros frameworks sendo desenvolvidos no YARN são abordados. Na Seção 25.6, discutimos alguns problemas gerais relacionados à tecnologia MapReduce/Hadoop. Primeiro, discutimos essa tecnologia em comparação à tecnologia de SGBD paralela. Em seguida, discutimos isso no contexto da computação em nuvem e mencionamos os problemas de localidade de dados para melhorar o desempenho. O YARN como plataforma de serviços de dados é discutido a seguir, seguido pelos desafios da tecnologia big data em geral. Terminamos este capítulo na Seção 25.7, mencionando alguns projetos em andamento e resumindo o capítulo.

25.1 O que é Big Data?

Big data está se tornando um termo popular e até elegante. As pessoas usam esse termo sempre que está envolvida uma grande quantidade de dados em alguma análise; elas acham que usar esse termo fará com que a análise se pareça com uma aplicação avançada. No entanto, o termo *big data* refere-se legitimamente a conjuntos de dados cujo tamanho está além da capacidade típica das ferramentas de software de banco de dados: capturar, armazenar, gerenciar e analisar. No ambiente

[4] Veja Franks (2013): *Taming The Big Data Tidal Wave.*

atual, o tamanho dos conjuntos de dados que podem ser considerados como big data varia de terabytes (10^{12} bytes) ou petabytes (10^{15} bytes) ou até exabytes (10^{18} bytes). A noção do que é big data dependerá do setor, de como os dados são usados, de quantos dados históricos estão envolvidos e de muitas outras características. O Gartner Group, uma organização popular de nível corporativo que a indústria pesquisa para descobrir sobre tendências, em 2011 caracterizou big data pelos três Vs: volume, velocidade e variedade. Outras características, como veracidade e valor, foram adicionadas à definição por outros pesquisadores. Vejamos rapidamente o que significam.

Volume. O volume de dados obviamente se refere ao tamanho total dos dados gerenciados pelo sistema. Dados gerados automaticamente costumam ser volumosos. Alguns exemplos incluem dados de sensores, como os dados em fábricas ou usinas de processamento, gerados por sensores; dados de equipamentos de varredura, como leitores de cartão inteligente (smart card) e de cartão de crédito; e dados de dispositivos de medição, como medidores inteligentes ou dispositivos de registro ambiental.

Espera-se que a **internet industrial das coisas** (IIOT ou IOT — *Internet of Things*) promova uma revolução que melhore a eficiência operacional das empresas e abra novas fronteiras para o aproveitamento de tecnologias inteligentes. A IOT fará com que bilhões de dispositivos sejam conectados à internet, visto que geram dados continuamente. Por exemplo, no sequenciamento de genes, a tecnologia de sequenciamento da nova geração (NGS — *Next Generation Sequencing*) significa que o volume de dados de sequência genética será aumentado exponencialmente.

Muitas aplicações adicionais estão sendo desenvolvidas e lentamente se tornando realidade. Essas aplicações incluem o uso de sensoriamento remoto para detectar fontes subterrâneas de energia, monitoramento ambiental, monitoramento e regulação de tráfego por sensores automáticos montados em veículos e estradas, monitoramento remoto de pacientes com scanners e equipamentos especiais, e controle e reposição mais rigorosos de estoques, usando identificação por radiofrequência (RFID — *Radio-frequency Identification*) e outras tecnologias. Todos esses desenvolvimentos geram um grande volume de dados. As redes sociais, como o Twitter e o Facebook, têm centenas de milhões de assinantes em todo o mundo, gerando novos dados em cada mensagem que enviam ou publicam. O Twitter atingiu meio bilhão de *tweets* diariamente em outubro de 2012.[5] A quantidade de dados necessários para armazenar um segundo de vídeo de alta definição pode ser igual a 2.000 páginas de dados de texto. Assim, os dados de multimídia que estão sendo carregados no YouTube e em plataformas de hospedagem de vídeo semelhantes são significativamente mais volumosos que simples dados numéricos ou de texto. Em 2010, as empresas armazenaram mais de 13 exabytes (10^{18} bytes) de dados, o que equivale a mais de 50.000 vezes a quantidade de dados armazenados pela Biblioteca do Congresso norte-americano.[6]

Velocidade. A definição de *big data* vai além da dimensão do volume; inclui os tipos e a frequência de dados que afetam as ferramentas tradicionais de gerenciamento de banco de dados. O relatório McKinsey sobre big data[7] descreveu a velocidade como a taxa na qual os dados são criados, acumulados, ingeridos e processados. A alta velocidade é atribuída aos dados quando consideramos a velocidade típica das transações nas bolsas de valores; essa velocidade atinge bilhões de transações por dia em determinados dias. Se tivermos de processar essas transações para detectar fraudes em potencial ou precisarmos processar bilhões de registros de chamadas em

[5] Veja Terdiman (2012): <http://www.cnet.com/news/report-twitter-hits-half-a-billion-tweets-a-day/>

[6] De Jagadish et al. (2014)

[7] Veja McKinsey (2013).

telefones celulares diariamente para detectar atividades maliciosas, enfrentaremos a dimensão da velocidade. Dados em tempo real e dados de streaming são acumulados pelas curtidas (*likes*) do Twitter e do Facebook a uma velocidade muito alta. A velocidade é útil na detecção de tendências entre pessoas que estão twitando um milhão de *tweets* a cada três minutos. O processamento de dados streaming para análise também envolve a dimensão de velocidade.

Variedade. As fontes de dados nas aplicações tradicionais foram principalmente transações envolvendo finanças, seguros, viagens, saúde, indústrias de varejo e processamento governamental e judicial. Os tipos de fontes expandiram-se drasticamente e agora incluem dados da internet (por exemplo, fluxo de cliques e mídia social), dados de pesquisa (por exemplo, levantamentos e relatórios da indústria), dados de localização (por exemplo, dados de dispositivos móveis e geoespaciais), imagens (por exemplo, vigilância, satélites e varredura na medicina), e-mails, dados da cadeia de suprimentos (por exemplo, EDI — intercâmbio eletrônico de dados, catálogos de fornecedores), dados de sinais (por exemplo, sensores e dispositivos de RFID) e vídeos (o YouTube insere centenas de minutos de vídeo a cada minuto). Big data inclui dados estruturados, semiestruturados e não estruturados (veja a discussão no Capítulo 26) em diferentes proporções com base no contexto.

Os dados estruturados apresentam um modelo de dados formalmente estruturado, como o modelo relacional, no qual os dados estão na forma de tabelas contendo linhas e colunas, e um banco de dados hierárquico no IMS, que apresenta tipos de registro como segmentos e campos em um registro.

Dados não estruturados não possuem estrutura formal identificável. Discutimos sistemas como o MongoDB (no Capítulo 24), que armazena dados não estruturados orientados a documentos, e o Neo4j, que armazena dados na forma de um grafo. Outras formas de dados não estruturados incluem e-mails e blogs, arquivos PDF, áudio, vídeo, imagens, fluxos de cliques e conteúdo da web. O advento da World Wide Web, em 1993-1994, levou a um enorme crescimento na quantidade de dados não estruturados. Algumas formas de dados não estruturados podem se encaixar em um formato que permite tags bem definidas, que separam os elementos semânticos; esse formato pode incluir a capacidade de impor hierarquias dentro dos dados. XML é hierárquico em seu mecanismo descritivo, e várias formas de XML surgiram em diversos domínios; por exemplo, biologia (bioML — linguagem de marcação de biopolímero), GIS (gML — linguagem de marcação geográfica) e cervejeira (BeerXML — linguagem para troca de dados de fermentação), para citar apenas alguns. Dados não estruturados constituem o maior desafio nos grandes sistemas de dados atuais.

Veracidade. A dimensão da veracidade do big data é um acréscimo mais recente que o advento da internet. A veracidade tem dois recursos integrados: a credibilidade da fonte e a adequação dos dados ao público-alvo. Está intimamente relacionada à confiança; listar a veracidade como uma das dimensões do big data equivale a dizer que os dados que chegam às chamadas aplicações de big data têm uma variedade de confiabilidade e, portanto, antes de aceitarmos os dados para aplicações analíticas ou outras, eles precisam passar por algum grau de teste de qualidade e análise de credibilidade. Muitas fontes geram dados incertos, incompletos e imprecisos, tornando sua veracidade questionável.

Agora voltamos nossa atenção para as tecnologias consideradas pilares das tecnologias de big data. Previa-se que, até 2016, mais da metade dos dados no mundo poderia ser processada por tecnologias relacionadas a Hadoop. Portanto, é importante para nós rastrear a revolução do MapReduce/Hadoop e entender como essa tecnologia está posicionada nos dias atuais. O desenvolvimento histórico começa com o paradigma de programação chamado de programação MapReduce.

25.2 Introdução a MapReduce e Hadoop

Nesta seção, apresentaremos a tecnologia para análise de big data e processamento de dados conhecida como Hadoop, uma implementação em código aberto do modelo de programação MapReduce. Os dois principais componentes do Hadoop são o paradigma de programação MapReduce e o HDFS, o Hadoop Distributed File System. Vamos explicar brevemente o histórico por trás do Hadoop e, em seguida, o MapReduce. Depois, faremos algumas breves observações sobre o ecossistema Hadoop e suas versões.

25.2.1 Antecedentes históricos

Hadoop originou-se da pesquisa por um mecanismo de busca em código aberto. A primeira tentativa foi feita pelo então diretor de arquivamento da internet, Doug Cutting, e pelo estudante Mike Carafella, da Universidade de Washington. Cutting e Carafella desenvolveram um sistema chamado Nutch, que poderia rastrear e indexar centenas de milhões de páginas da web. Esse é um projeto Apache de código aberto.[8] Depois que a Google lançou o Google File System,[9] em outubro de 2003, e o documento do paradigma de programação MapReduce,[10] em dezembro de 2004, Cutting e Carafella perceberam que várias coisas que estavam fazendo poderiam ser melhoradas com base nas ideias desses dois artigos. Eles criaram um sistema de arquivos subjacente e um *framework* de processamento que veio a ser conhecido como Hadoop (que usava a linguagem Java, em vez da C++ usada no MapReduce) e colocaram o Nutch em cima dele. Em 2006, Cutting juntou-se ao Yahoo, onde havia um trabalho em andamento para construir tecnologias de código aberto usando ideias do Google File System e do paradigma de programação MapReduce. A Yahoo queria aprimorar seu processamento de pesquisa e criar uma infraestrutura de código aberto com base no Google File System e no MapReduce. Assim, a Yahoo desmembrou o mecanismo de armazenamento e as partes de processamento do Nutch como **Hadoop** (em homenagem ao brinquedo de elefante do filho de Cutting). Os requisitos iniciais para o Hadoop eram executar o processamento em lote usando casos com alto grau de escalabilidade. No entanto, o Hadoop de 2006 só podia ser executado em alguns poucos nós. Mais tarde, a Yahoo criou um fórum de pesquisa para os cientistas de dados da empresa; isso aprimorou a relevância da pesquisa e a receita vinda de anúncios do mecanismo de pesquisa e, ao mesmo tempo, ajudou a amadurecer a tecnologia Hadoop. Em 2011, a Yahoo criou a Hortonworks como uma empresa de software centrada no Hadoop. Na época, a infraestrutura da Yahoo continha centenas de petabytes de armazenamento e 42.000 nós no cluster. Nos anos desde que o Hadoop se tornou um projeto Apache de código aberto, milhares de desenvolvedores em todo o mundo haviam contribuído para isso. Um esforço conjunto das empresas Google, IBM e NSF usou um cluster Hadoop de 2.000 nós em um *data center* em Seattle e ajudou na pesquisa acadêmica sobre o Hadoop. Este teve um enorme crescimento desde o lançamento da Cloudera em 2008, como a primeira empresa comercial de Hadoop, e o subsequente desenvolvimento rápido de um grande número de *startups*. A IDC, uma empresa de análise de mercado da indústria de software, previu que o mercado do Hadoop superaria US$ 800 milhões em 2016; a IDC previu que o mercado de big data como um todo atingiria US$ 23 bilhões em 2016. Para mais detalhes sobre a história do Hadoop, consulte um artigo em quatro partes de Harris.[11]

---

[8] Para ver a documentação sobre o Nutch, consulte <nutch.apache.org>.

[9] Ghemawat, Gbioff e Leung (2003).

[10] Dean e Ghemawat (2004).

[11] Derreck Harris: "The history of Hadoop: from 4 nodes to the future of data," em <https://gigaom.com/2013/03/04/the-history-of-hadoop-from-4-nodes-to-the-future-of-data/>.

Uma parte integral do Hadoop é a estrutura de programação MapReduce. Antes de prosseguirmos, vamos tentar entender o que é o paradigma de programação MapReduce. Deixamos uma discussão detalhada do sistema de arquivos HDFS para a Seção 25.3.

25.2.2 MapReduce

O modelo de programação MapReduce e seu ambiente de runtime foram descritos pela primeira vez por Jeffrey Dean e Sanjay Ghemawat (Dean e Ghemawat, 2004), com base em seu trabalho no Google. Os usuários escrevem seus programas em um estilo funcional de tarefas de *mapear* e *reduzir*, automaticamente paralelizadas e executadas em grandes clusters de hardware. O paradigma de programação já existia desde a linguagem LISP, projetada por John McCarthy no final da década de 1950. No entanto, a reencarnação desse modo de realizar programação paralela e a maneira como esse paradigma foi implementado no Google deram origem a uma nova onda de pensamento que contribuiu para os desenvolvimentos subsequentes de tecnologias como o Hadoop. O sistema de runtime lida com muitos dos aspectos complicados de engenharia da paralelização, tolerância a falhas, distribuição de dados, balanceamento de carga e gerenciamento de comunicação de tarefas. Desde que os usuários aceitaram os **contratos** estabelecidos pelo sistema MapReduce, eles podem se concentrar apenas nos aspectos lógicos desse programa; isso permite que os programadores sem experiência em sistemas distribuídos realizem análises em conjuntos de dados muito grandes.

A motivação por trás do sistema MapReduce foram os anos gastos pelos autores e outros no Google implementando centenas de cálculos para fins especiais sobre grandes conjuntos de dados (por exemplo, calculando índices invertidos de conteúdo da web coletado por meio de crawling da web; construindo gráficos da web e extraindo estatísticas de logs da web, como distribuição de frequência de solicitações de busca por tópico, por região, por tipo de usuário etc.). Conceitualmente, essas tarefas não são difíceis de expressar; no entanto, dada a escala dos dados em bilhões de páginas da web e com os dados espalhados por milhares de máquinas, a tarefa de execução não foi trivial. Questões de controle de programa e gerenciamento de dados, distribuição de dados, paralelismo de computação e tratamento de falhas tornaram-se extremamente importantes.

O modelo de programação MapReduce e o ambiente de runtime foram projetados para lidar com a complexidade anteriormente citada. A abstração é inspirada pelas primitivas map e reduce presentes na linguagem LISP e em muitas outras linguagens funcionais. Considerou-se um modelo subjacente de dados; esse modelo trata um objeto de interesse na forma de uma chave única que tenha conteúdo ou valor associados. Este é o par chave-valor. Surpreendentemente, muitos cálculos podem ser expressos como a aplicação de uma operação map a cada "registro" lógico que produz um conjunto de pares de chave-valor intermediários e depois a aplicação de uma operação reduce a todos os valores que compartilharam a mesma chave (o objetivo do compartilhamento é combinar os dados derivados). Esse modelo permite que a infraestrutura paralelize grandes cálculos com facilidade e use a reexecução como o mecanismo principal para a tolerância a falhas. A ideia de fornecer um modelo de programação restrito para que o runtime possa executar cálculos em paralelo automaticamente não é nova. MapReduce é o aprimoramento dessas ideias existentes. Conforme é compreendido hoje, MapReduce é uma implementação tolerante a falhas e um ambiente de runtime dimensionado para milhares de processadores. O programador evita a preocupação com o tratamento de falhas. Nas próximas seções, abreviaremos MapReduce como **MR**.

O modelo de programação MapReduce. Na descrição a seguir, usamos o formalismo e a descrição como foram originalmente descritos por Dean e Ghemawat (2010).[12] As funções map e reduce possuem o seguinte formato geral:

```
map[K1,V1] que é (chave, valor) : List[K2,V2] e
reduce(K2, List[V2]) : List[K3,V3]
```

Map é uma função genérica que usa uma chave do tipo K1 e um valor do tipo V1, e retorna uma lista de pares de chave-valor do tipo K2 e V2. **Reduce** é uma função genérica que usa uma chave do tipo K2 e uma lista de valores do tipo V2 e retorna pares do tipo (K3, V3). Em geral, os tipos K1, K2, K3 etc. são diferentes, com o único requisito de que os tipos de saída da função Map devem corresponder ao tipo de entrada da função Reduce.

O fluxo de trabalho básico da execução do MapReduce é mostrado na Figura 25.1.

Suponha que tenhamos um documento e queiramos fazer uma lista de palavras com as respectivas frequências. Este conhecido exemplo de *contagem de palavras*, citado diretamente por Dean e Ghemawat (2004), é o seguinte em pseudocódigo:

```
Map (String chave, String valor):
    para cada Palavra p em valor
        EmissaoIntermediaria (p, "1");
```

Aqui, a chave é o nome do documento, e o valor é o conteúdo de texto do documento.

Então, a lista de pares (p, 1) é somada aos contadores de total de saída de todas as palavras encontradas no documento, da seguinte forma:

```
Reduce (String chave, Iterator valores) : // aqui, a chave é uma
        palavra, e os valores são as listas de seus contadores //
    int resultado = 0;
    para cada v in valores :
        resultado += ParseInt (v);
    Emissao (chave, AsString (resultado));
```

O exemplo anterior na programação MapReduce se parece com:

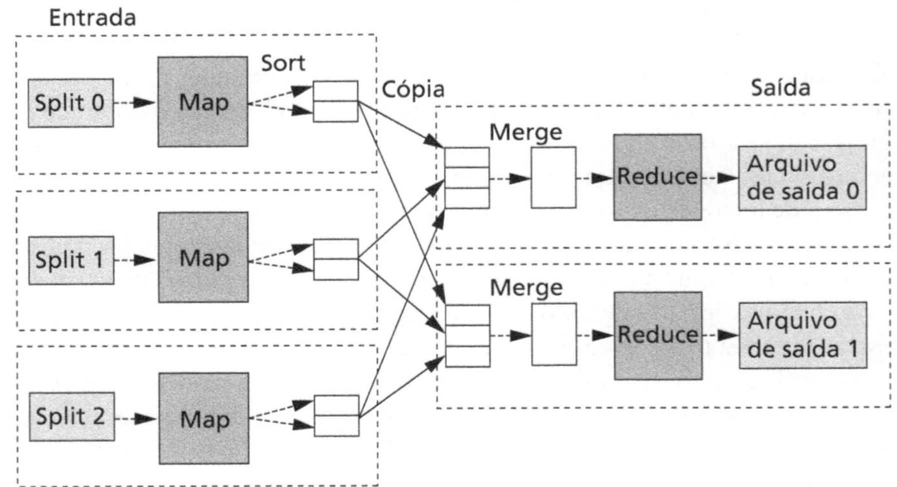

Figura 25.1 Visão geral da execução do MapReduce. (Adaptado de T. White, 2012)

[12] Jeffrey Dean e Sanjay Ghemawat, "MapReduce: Simplified Data Processing on Large Clusters", em OSDI (2004).

```
map[LongWritable,Text](chave, valor):List[Text,LongWritable] = {
    String[] palavras = split(valor)
    for(p : palavras) {
        context.out(Text(p), LongWritable(1))
    }
}
reduce[Text, Iterable[LongWritable]](chave, valores):List[Text, LongWritable] = {
    LongWritable c = 0
    for( v : valores) {
        c += v
    }
    context.out(chave,c)
    }
```

Os tipos de dados usados no exemplo anterior são LongWritable e Text. Cada job em MapReduce deve registrar uma função Map e Reduce. A função Map recebe cada par de chave-valor e, em cada chamada, pode gerar 0 ou mais pares de chave-valor. A assinatura da função Map especifica os tipos de dados de seus pares de chave-valor de entrada e saída. A função Reduce recebe uma chave e um iterador de valores associados a essa chave. Ela pode gerar um ou mais pares de chave-valor em cada chamada. Novamente, a assinatura da função Reduce indica os tipos de dados de suas entradas e saídas. O tipo de saída de Map deve corresponder ao tipo de entrada da função Reduce. No exemplo do contador de palavras, a função map recebe cada linha como um valor, divide-a em palavras e emite (por meio da função context.out) uma linha para cada palavra com frequência 1. Cada chamada da função Reduce recebe, para uma determinada palavra, a lista de frequências calculadas no lado Map. Ela soma esses valores e envia cada palavra e sua frequência como saída. As funções interagem com um *contexto*. O contexto é usado para interagir com o framework. Ele é usado por clientes para enviar informações de configuração para as tarefas; e as tarefas podem usá-lo para obter acesso ao HDFS e ler dados diretamente dele, para emitir pares de chave-valor e para enviar *status* (por exemplo, contadores de tarefas) de volta ao cliente.

A forma MapReduce de implementar algumas outras funções, baseada em Dean e Ghemawat (2004), é a seguinte:

Grep distribuído
Grep procura por um determinado padrão em um arquivo. A função Map emite uma linha se corresponder a um padrão fornecido. A função Reduce é uma função de identidade que copia os dados intermediários fornecidos para a saída. Este é um exemplo de uma *tarefa apenas de Map*; não há necessidade de incorrer no custo de um **Shuffle.** Daremos mais informações quando explicarmos o runtime do MapReduce.

Grafo invertido de link da web
O objetivo aqui é gerar pares de saída (URL de destino, URL de origem) para cada link a uma página de destino encontrada em uma página denominada origem. A função Reduce concatena a lista de todos os URLs de origem associados a um determinado URL de destino e emite o par <destino, lista(origem)>.

Índice invertido
O objetivo é construir um índice invertido com base em todas as palavras presentes em um repositório de documentos. A função Map analisa cada documento e emite uma sequência de pares (palavra, id_documento). A função Reduce apanha todos os pares para uma determinada palavra, ordena-os por id_documento e emite um par (palavra, lista(id_documento)). O conjunto de todos esses pares forma um índice invertido.

Essas aplicações ilustrativas dão uma ideia da ampla aplicabilidade do modelo de programação MapReduce e da facilidade de expressar a lógica da aplicação usando as fases Map e Reduce.

Um **job** em MapReduce compreende o código para as fases Map e Reduce (geralmente empacotadas como um jar), um conjunto de artefatos necessários para executar as tarefas (como arquivos, outros jars e arquivos) e, mais importante, um conjunto de propriedades especificadas em uma configuração. Existem centenas de propriedades que podem ser especificadas, mas as principais são as seguintes:

- a tarefa Map;
- a tarefa Reduce;
- a entrada na qual o job é executado: geralmente especificada como caminho(s) HDFS;
- o formato (Estrutura) da entrada;
- o caminho da saída;
- a estrutura de saída;
- o paralelismo no lado Reduce.

Um job é submetido ao **JobTracker**, que então escalona e gerencia a execução do job. Ele fornece um conjunto de interfaces para monitorar os jobs em execução. Veja a Wiki[13] do Hadoop para obter mais detalhes sobre o funcionamento do JobTracker.

25.2.3 Versões do Hadoop

Desde o advento do Hadoop como um novo framework distribuído para executar programas MapReduce, várias versões foram produzidas:

As versões 1.x do Hadoop são uma continuação da base original 0.20 do código. As versões secundárias a essa linha adicionaram segurança, melhorias adicionais no HDFS e no MapReduce para dar suporte ao HBase, um modelo melhor de programação MR, bem como outras melhorias.

As versões 2.x incluem os seguintes recursos principais:

- YARN (Yet Another Resource Navigator) é um gerenciador geral de recursos extraído do JobTracker da MR versão 1.
- Um novo runtime MR que é executado em cima do YARN.
- HDFS aprimorado, que tem suporte para federação e maior disponibilidade.

No momento em que este livro foi escrito, o Hadoop 2.0 já existia havia cerca de um ano. Sua adoção está aumentando rapidamente; mas uma porcentagem significativa de implementações Hadoop ainda é executada sobre Hadoop v1.

25.3 Hadoop Distributed File System (HDFS)

Como já dissemos, além do MapReduce, o outro componente básico do Hadoop é o sistema de arquivos HDFS subjacente. Nesta seção, primeiro vamos explicar a arquitetura do HDFS, para depois descrever as operações de entrada/saída de arquivo admitidas no HDFS e, por fim, comentar sobre a escalabilidade do HDFS.

25.3.1 Aspectos preliminares do HDFS

O Hadoop Distributed File System (HDFS) é o componente do sistema de arquivos do Hadoop e foi projetado para ser executado em um cluster de hardware comum. O

[13] A Wiki do Hadoop está em <http://hadoop.apache.org/>.

HDFS tem por modelo o sistema de arquivos UNIX; no entanto, ele relaxa alguns requisitos POSIX (Portable Operating System Interface) para permitir o acesso por streaming aos dados do sistema de arquivos. O HDFS fornece acesso de alto rendimento a grandes conjuntos de dados. O HDFS armazena metadados do sistema de arquivos e dados da aplicação separadamente. Enquanto os metadados são armazenados em um servidor dedicado, chamado de NameNode, os dados da aplicação são armazenados em outros servidores, chamados DataNodes. Todos os servidores estão totalmente conectados e se comunicam entre si usando protocolos baseados em TCP. Para tornar os dados duráveis, o conteúdo do arquivo é replicado em vários DataNodes, como no Google File System. Isso não só aumenta a confiabilidade, mas também multiplica a largura de banda para transferência de dados e permite a junção de computação e dados no mesmo local. Ele foi projetado com as seguintes suposições e metas:

Falha de hardware: usando hardware comum, a falha de hardware é normal em vez de uma exceção. Portanto, com milhares de nós, detecção e recuperação automáticas de falhas tornam-se essenciais.

Processamento em lote: o HDFS foi projetado principalmente para uso em lote, em vez de uso interativo. A alta taxa de transferência é enfatizada pela baixa latência do acesso aos dados. Varreduras completas de arquivos são muito comuns.

Grandes conjuntos de dados: o HDFS foi projetado para suportar arquivos enormes, da casa das centenas de gigabytes até a faixa dos terabytes.

Modelo de coerência simples: as aplicações HDFS precisam de um escritor e muitos modelos de acesso de leitura para arquivos. O conteúdo do arquivo não pode ser atualizado, mas apenas incrementado. Este modelo impede os problemas de coerência entre as cópias dos dados.

25.3.2 *Arquitetura do HDFS*

O HDFS possui uma arquitetura mestre-escravo. O servidor mestre, chamado **NameNode**, gerencia a área de armazenamento do sistema de arquivos, ou namespace. Os clientes acessam o namespace por meio do NameNode. Os escravos, chamados **DataNodes**, são executados em um cluster de máquinas comuns, geralmente um por máquina. Eles gerenciam o armazenamento anexado ao nó em que são executados. O namespace em si compreende arquivos e diretórios. Os NameNodes mantêm *inodes* (nós de índice) sobre Arquivos e Diretórios com atributos como propriedade, permissões, tempos de criação e acesso e cotas de espaço em disco. Usando inodes, o mapeamento de blocos de arquivos para DataNodes é determinado. Os DataNodes são responsáveis por atender solicitações de leitura e gravação de clientes. Os DataNodes executam operações de criação, exclusão e replicação de blocos, conforme instruído pelo NameNode. Um cluster pode ter milhares de DataNodes e dezenas de milhares de clientes HDFS conectados simultaneamente.

Para ler um arquivo, um cliente primeiro se conecta ao NameNode e obtém os locais dos blocos de dados no arquivo que deseja acessar; em seguida, ele se conecta diretamente com os DataNodes que hospedam os blocos e lê os dados.

A arquitetura do HDFS tem os seguintes destaques:

1. O HDFS permite desacoplar os metadados das operações de dados. As operações com metadados são rápidas, ao passo que as transferências de dados são muito mais lentas. Se a localização dos metadados e a transferência de dados não forem desacopladas, a velocidade sofrerá em um ambiente distribuído, porque a transferência de dados é dominante e atrasa a resposta.
2. A replicação é usada para fornecer confiabilidade e alta disponibilidade. Cada bloco é replicado (o padrão é de três cópias) para um número de nós no cluster.

Arquivos altamente controversos, como as bibliotecas de job do MapReduce, teriam um número maior de réplicas para reduzir o tráfego da rede.

3. O tráfego da rede é mantido no mínimo. Para leituras, os clientes são direcionados para o DataNode mais próximo. Tanto quanto possível, uma leitura do sistema de arquivos local é tentada e não envolve tráfego de rede; a próxima opção é uma cópia em um nó no mesmo rack antes de passar para outro rack. Para gravações, a fim de reduzir a utilização da largura de banda da rede, a primeira cópia é gravada no mesmo nó que o cliente. Para as outras cópias, o percurso entre os racks é minimizado.

NameNode. O NameNode mantém uma **imagem** do sistema de arquivos, incluindo *i*-nodes e localizações de blocos correspondentes. As alterações no sistema de arquivos são mantidas em um log de confirmação Write-ahead (consulte a discussão sobre logs Write-ahead no Capítulo 22), chamado **Journal**. Checkpoints (pontos de verificação) são tomados para fins de recuperação; eles representam um registro persistente da imagem sem as informações dinâmicas relacionadas ao posicionamento do bloco. As informações de posicionamento de blocos são obtidas periodicamente dos DataNodes, conforme descrito a seguir. Durante o reinício, a imagem é restaurada para o último Checkpoint e as entradas do Journal são aplicadas a essa imagem. Um novo Checkpoint e um Journal vazio são criados para que o NameNode possa começar a aceitar novas solicitações de clientes. O tempo de inicialização de um NameNode é proporcional ao tamanho de arquivo do Journal. Mesclar o ponto de verificação com o Journal reduz periodicamente o tempo de reinicialização.

Observe que, com a arquitetura descrita, é catastrófico ter qualquer dano no Checkpoint ou no Journal. Para proteger contra danos, ambos são gravados em vários diretórios de diferentes volumes.

NameNodes secundários. Estes são NameNodes adicionais que podem ser criados para executar a função de ponto de verificação ou uma função de backup. Um nó do Checkpoint combina periodicamente os arquivos existentes de Checkpoint e Journal. No modo de backup, ele atua como outro local de armazenamento para o Journal do NameNode principal. O NameNode de backup permanece atualizado com o sistema de arquivos e pode assumir em caso de falha. No Hadoop v1, esse repasse deve ser feito manualmente.

DataNodes. Os blocos são armazenados em um DataNode no sistema de arquivos nativo do nó. O NameNode direciona os clientes para os DataNodes que contêm uma cópia do bloco que eles desejam ler. Cada bloco tem sua representação em dois arquivos no sistema de arquivos nativo: um arquivo contendo os dados e um segundo contendo os metadados, que inclui as somas de verificação para os dados do bloco e o carimbo de geração do bloco. DataNodes e NameNodes não se comunicam diretamente, mas por meio do chamado **mecanismo heartbeat**, que se refere a um relatório periódico do estado do DataNode para o NameNode; o relatório é chamado de Block Report (relatório de blocos). O relatório contém o id do bloco, o carimbo de geração e o comprimento de cada bloco. Os locais dos blocos não fazem parte da imagem do namespace. Eles devem ser obtidos a partir dos relatórios de blocos, e mudam conforme os blocos são movidos. O JobTracker do MapReduce, com o NameNode, usa as últimas informações do relatório de blocos para fins de escalonamento. Em resposta a um heartbeat do DataNode, o NameNode envia um dos seguintes tipos de comandos para o DataNode:

- Replicar um bloco para outro nó.
- Remover uma réplica de bloco.
- Registrar novamente o nó ou encerrá-lo.
- Enviar um relatório de bloqueios imediato.

25.3.3 Organizações de E/S de arquivo e gerenciamento de réplicas no HDFS

O HDFS fornece um modelo de gravador único e vários leitores. Os arquivos não podem ser atualizados, mas apenas incrementados. Um arquivo consiste em blocos. Os dados são gravados em pacotes de 64 KB em um **pipeline de gravação**, configurado para minimizar a utilização da rede, conforme descrito anteriormente. Os dados gravados no último bloco ficam disponíveis somente após uma operação hflush explícita. É possível haver leitura simultânea pelos clientes enquanto os dados estão sendo gravados. Uma soma de verificação é gerada e armazenada para cada bloco, sendo verificada pelo cliente para detectar adulteração de dados. Após a detecção de um bloco adulterado, o NameNode é notificado; ele inicia um processo para replicar o bloco e instrui o DataNode a remover o bloco adulterado. Durante a operação de leitura, é feita uma tentativa de buscar uma réplica de um nó o mais próximo possível, ordenando os nós em ordem crescente de distância do cliente. Uma leitura falha quando o DataNode está indisponível, quando o teste da soma de verificação falha ou quando a réplica não está mais no DataNode. O HDFS foi otimizado para processamento em lote, semelhante ao MapReduce.

Posicionamento de blocos. Os nós de um cluster Hadoop geralmente estão espalhados por vários racks. Eles normalmente são organizados de forma que os nós de um rack compartilhem um switch e os switches do rack estejam conectados a um switch de alta velocidade no nível superior. Por exemplo, o nível do rack pode ter um switch de 1 Gb, ao passo que no nível superior pode haver um switch de 10 Gb. O HDFS estima a largura de banda da rede entre DataNodes com base em sua distância. DataNodes no mesmo nó físico têm uma distância de 0, no mesmo rack estão a uma distância de 2, e em racks diferentes estão a uma distância de 4. A política de posicionamento do bloco default do HDFS se equilibra entre minimizar o custo de gravação e maximizar a confiabilidade e a disponibilidade dos dados, bem como a largura de banda de leitura agregada. A largura de banda da rede consumida é estimada com base na distância entre os DataNodes. Assim, para DataNodes no mesmo nó físico, a distância é 0, ao passo que no mesmo rack é 2 e em um rack diferente é 4. O objetivo final do posicionamento de blocos é minimizar o custo de gravação e, ao mesmo tempo, maximizar a disponibilidade e a confiabilidade dos dados, bem como a largura de banda disponível para leitura. As réplicas são gerenciadas para que haja pelo menos uma no nó original do cliente que a criou e outras sejam distribuídas entre outros racks. De preferência, as tarefas são executadas nos nós onde os dados residem; três réplicas dão ao escalonador uma margem suficiente para colocar as tarefas onde os dados estão.

Gerenciamento de réplicas. Com base nos relatórios de blocos dos DataNodes, o NameNode rastreia o número de réplicas e a localização de cada bloco. Uma fila de prioridade de replicação contém blocos que precisam ser replicados. Um thread de segundo plano monitora essa fila e instrui um DataNode a criar réplicas e distribuí-las entre os racks. O NameNode prefere ter tantos racks diferentes quanto possível para hospedar as réplicas de um bloco. Os blocos replicados em excesso fazem com que algumas réplicas sejam removidas com base na utilização de espaço dos DataNodes.

25.3.4 Escalabilidade do HDFS

Como estamos discutindo tecnologias de big data neste capítulo, é importante discutir alguns limites de escalabilidade no HDFS. Shvachko, membro do comitê de gerenciamento de programas do Hadoop, comentou que o cluster HDFS do Yahoo alcançou os níveis mostrados a seguir, em oposição aos alvos pretendidos (Shvachko,

2010). Os números entre parênteses são os alvos que ele listou. Capacidade: 14 petabytes (contra 10 petabytes); número de nós: 4.000 (contra 10.000); clientes: 15.000 (contra 100.000); e arquivos: 60 milhões (contra 100 milhões). Assim, o Yahoo chegou muito perto de suas metas pretendidas em 2010, com um cluster menor de 4.000 nós e menos clientes; mas o Yahoo realmente excedeu a meta com relação à quantidade total de dados manipulados.

Algumas das observações feitas por Shvachko (2010) merecem destaque. Elas são baseadas na configuração do HDFS usada no Yahoo em 2010. A seguir, apresentamos os números reais e estimados para dar ao leitor uma noção do que está envolvido nesses gigantescos ambientes de processamento de dados.

- O tamanho do bloco usado foi 128K e um arquivo médio continha 1,5 bloco. O NameNode usava cerca de 200 bytes por bloco e 200 bytes adicionais para um *i*-node. Cem milhões de arquivos referentes a 200 milhões de blocos exigiriam capacidade de memória RAM superior a 60 GB.
- Para 100 milhões de arquivos com tamanho de 200 milhões de blocos e um fator de replicação de 3, o espaço em disco necessário é de 60 PB. Assim, uma regra prática foi proposta, segundo a qual 1 GB de RAM em NameNode corresponde aproximadamente a 1 PB de armazenamento de dados com base na suposição de 128K de tamanho de bloco e de 1,5 bloco por arquivo.
- Para armazenar 60 PB de dados em um cluster de 10.000 nós, cada nó precisa de uma capacidade de 6 TB. Isso pode ser obtido com oito drives de 0,75 TB.
- A carga de trabalho interna do NameNode é um relatório de blocos. Cerca de 3 relatórios por segundo contendo informações de blocos em 60K blocos por relatório foram recebidos pelo NameNode.
- A carga externa no NameNode consistia em conexões externas e tarefas de jobs do MapReduce. Isso resultou em dezenas de milhares de conexões simultâneas.
- A leitura do cliente consistia em realizar uma pesquisa de blocos para obter localizações de blocos do NameNode, seguido do acesso à réplica mais próxima do bloco. Um cliente típico (o job Map de uma tarefa MR) leria dados de 1.000 arquivos com uma leitura média de metade de um arquivo cada, totalizando 96 MB de dados. Estimou-se que isso levava 1,45 segundo. Nessa taxa, 100.000 clientes enviariam 68.750 solicitações de localização de bloco por segundo para o NameNode. Isso foi considerado bem dentro da capacidade do NameNode, que poderia lidar com 126 mil solicitações por segundo.
- A carga de trabalho de gravação: considerando uma taxa de transferência de gravação de 40 MB/s, um cliente em média grava 96 MB em 2,4s. Isso cria mais de 41 mil solicitações de "criar bloco" a partir de 100.000 nós no NameNode. Isso foi considerado muito acima da capacidade do NameNode.

A análise apresentada considerou que havia apenas uma tarefa por nó. Na realidade, pode haver várias tarefas por nó, como no sistema real do Yahoo, que executou quatro tarefas MapReduce (MR) por nó. O resultado foi um gargalo no NameNode. Questões como essas foram tratadas no Hadoop v2, que discutiremos na próxima seção.

25.3.5 O ecossistema do Hadoop

O Hadoop é mais conhecido pelo modelo de programação MapReduce, sua infraestrutura de runtime e pelo HDFS (Hadoop Distributed File System). No entanto, o ecossistema do Hadoop possui um conjunto de projetos relacionados que fornecem funcionalidade adicional em cima desses projetos centrais. Muitos deles são projetos Apache de código aberto de alto nível e têm uma grande comunidade de usuários contribuintes. Listamos alguns importantes aqui:

Pig e Hive: fornecem uma interface de nível superior para trabalhar com o framework Hadoop.

- Pig fornece uma linguagem de fluxo de dados. Um script escrito em PigScript se traduz em um grafo acíclico direcionado de jobs MapReduce.
- Hive fornece uma interface SQL em cima do MapReduce. O suporte para SQL no Hive inclui a maioria dos recursos da SQL-92 e muitos dos recursos de análise avançada de padrões SQL posteriores. Hive também define a abstração SerDe (Serialização/Desserialização), que define um modo de modelar a estrutura de registros em conjuntos de dados no HDFS além de apenas pares de chave-valor. Discutiremos ambos em detalhes na Seção 25.4.4.

Oozie: serviço para escalonamento e execução de fluxos de trabalho de jobs; etapas individuais podem ser jobs MR, consultas do Hive, scripts do Pig e assim por diante.

Sqoop: biblioteca e ambiente de runtime para mover dados com eficiência entre bancos de dados relacionais e HDFS.

HBase: armazenamento de chave-valor orientado à coluna, que usa o HDFS como seu armazenamento subjacente. (Consulte o Capítulo 24 para ver uma discussão mais detalhada sobre o HBase.) Ele suporta o processamento em lote usando MR e pesquisas baseadas em chave. Com o projeto adequado do esquema de chave-valor, diversas aplicações são implementadas usando o HBase. Entre elas estão análise de séries temporais, data warehousing, geração de cubos e pesquisas multidimensionais, e streaming de dados.

25.4 MapReduce: detalhes adicionais

Apresentamos o paradigma MapReduce na Seção 25.2.2. Agora, vamos analisá-lo um pouco mais em termos do runtime MapReduce. Discutimos como a operação relacional de junção (join) pode ser tratada por meio do MapReduce. Examinamos as interfaces de alto nível do Pig e do Hive. Por fim, discutimos as vantagens da combinação MapReduce/Hadoop.

25.4.1 Runtime do MapReduce

O objetivo desta seção é fornecer uma visão geral ampla do ambiente de runtime do MapReduce. Para obter uma descrição detalhada, o leitor poderá consultar White (2012). MapReduce é um sistema mestre-escravo que geralmente é executado no mesmo cluster que o HDFS. Normalmente, clusters de médio a grande porte do Hadoop consistem em uma arquitetura de dois ou três níveis construída com servidores montados em rack.

JobTracker. O processo mestre é chamado de *JobTracker*. Ele é responsável por gerenciar o ciclo de vida dos jobs e escalonar tarefas (Tasks) no cluster. É responsável por:

- Enviar o job, inicializando-o, fornecendo seu status e estado para os clientes e os TaskTrackers (os escravos), e concluir o job.
- Escalonar tarefas Map e Reduce no cluster. Ele faz isso usando um plugin de escalonador.

TaskTracker. O processo escravo é chamado de *TaskTracker*. Existe um em execução em todos os **nós Worker** do cluster. As tarefas Map-Reduce são executadas nos nós Worker. Os daemons do TaskTracker em execução nesses nós se registram no JobTracker na inicialização. Eles executam tarefas que o JobTracker lhes atribui. As tarefas são executadas em um processo separado no nó; o ciclo de vida do processo é gerenciado pelo TaskTracker. O TaskTracker cria o processo da tarefa, monitora sua execução, envia heartbeats de *status* periódicos para o JobTracker e, sob condições de falha, pode encerrar o processo a pedido do JobTracker. O TaskTracker fornece serviços para as tarefas, o mais importante dos quais é o **Shuffle**, que descreveremos mais adiante.

A. Fluxo geral de um job MapReduce

Um job MapReduce passa pelos processos de Submissão do job, Inicialização do job, Atribuição de tarefa, Execução de tarefa e, finalmente, Conclusão do job. O JobTracker e o TaskTracker, que descrevemos anteriormente, estão ambos envolvidos nestes processos. A seguir, vamos apresentar uma rápida explicação de cada um.

Submissão do job: Um cliente submete um job para o **JobTracker**. O pacote do job contém os executáveis (como jar), quaisquer outros componentes (arquivos, arquivamentos jars) necessários para executar o job e as divisões de entrada (InputSplits) para o job.

Inicialização do job: O JobTracker aceita o job e o coloca em uma fila de jobs. Com base nas divisões de entrada, cria tarefas de mapeamento para cada divisão. O número de tarefas de redução é criado com base na configuração do job.

Atribuição de tarefa: O escalonador do JobTracker atribui a tarefa ao TaskTracker a partir de um dos jobs em execução. No Hadoop v1, os TaskTrackers têm um número fixo de slots para tarefas de mapeamento e para tarefas de redução. O escalonador considera as informações de localização dos arquivos de entrada ao escalonar tarefas nos nós do cluster.

Execução de tarefas: Uma vez que uma tarefa foi escalonada em um slot, o TaskTracker gerencia a execução dela: disponibilizando todos os artefatos de tarefa ao processo da tarefa, iniciando a tarefa JVM, monitorando o processo e coordenando com o JobTracker para executar operações de gerenciamento, como limpeza na saída de tarefas e exclusão de tarefas em condições de falha. O TaskTracker também fornece o *Serviço de Shuffle* às tarefas; descreveremos isso quando discutirmos o Procedimento de Shuffle, mais adiante.

Conclusão do job: Quando a última tarefa em um job é concluída, o JobTracker executa a tarefa de limpeza do job (que é usada para limpar arquivos intermediários no HDFS e nos sistemas de arquivos locais dos TaskTrackers).

B. Tolerância a falhas no MapReduce

Existem três tipos de falhas: falha da tarefa, falha do TaskTracker e falha do JobTracker.

Falha da tarefa: Esta pode ocorrer se o código da tarefa lançar uma exceção de Runtime ou se a Java Virtual Machine falhar inesperadamente. Outro problema é quando o TaskTracker não recebe atualizações do processo da tarefa por um tempo (o período de tempo é configurável). Em todos esses casos, o TaskTracker notifica o JobTracker de que a tarefa falhou. Quando o JobTracker for notificado da falha, ele reprogramará a execução da tarefa.

Falha do TaskTracker: Um processo do TaskTracker pode falhar ou ser desconectado do JobTracker. Depois que o JobTracker marca um TaskTracker como tendo uma falha, todas as tarefas de mapeamento concluídas pelo TaskTracker são colocadas de volta na fila para serem reescalonadas. Da mesma forma, qualquer tarefa de mapeamento ou tarefa de redução em andamento em um TaskTracker com falha também é reescalonada.

Falha do JobTracker: No Hadoop v1, a falha do JobTracker não é recuperável. O JobTracker é um ponto único de falha. O JobTracker precisa ser reiniciado manualmente. Na reinicialização, todos os jobs em execução devem ser ressubmetidos. Esse é um dos inconvenientes do Hadoop v1, que foi tratado pela próxima geração do Hadoop MapReduce, chamado de YARN.

Semântica na presença de falha: Quando os operadores de mapeamento e redução fornecidos pelo usuário são funções determinísticas de seus valores de entrada, o sistema MapReduce produz a mesma saída que teria sido produzida por uma execução sequencial sem falhas do programa inteiro. Cada tarefa grava sua saída em um diretório de tarefas particular. Se o JobTracker receber várias conclusões para a mesma tarefa, ele ignorará todas, exceto a primeira. Quando um job é concluído, as saídas da tarefa são movidas para o diretório de saída do job.

C. O procedimento Shuffle

Um recurso importante do modelo de programação MapReduce (MR) é que os redutores juntam todas as linhas de uma determinada chave. Isso é entregue pelo chamado **shuffle** do MR. O shuffle é dividido nas fases Map, Copy e Reduce.

Fase Map: quando as linhas são processadas em tarefas de mapeamento, elas são inicialmente mantidas em um buffer na memória, cujo tamanho é configurável (o padrão é 100 MB). Uma thread em segundo plano particiona as linhas em buffer com base no número de redutores no job e no *Particionador*. O *Particionador* é uma interface plugin que é solicitada a escolher um redutor para um determinado valor de chave e o número de redutores no job. As linhas particionadas são classificadas em seus valores de chave. Elas podem ser classificadas em um *Comparador* (*Comparator*) fornecido, para que as linhas com a mesma chave tenham uma ordem de classificação estável. Isso é usado para junção a fim de garantir que, para linhas com o mesmo valor de chave, as linhas da mesma tabela estejam agrupadas. Outra interface que pode ser conectada é a interface *Combinadora* (*Combiner*). Esta é usada para reduzir o número de linhas de saída por chave de um mapeador e é feita aplicando uma operação de redução em cada mapeador para todas as linhas com a mesma chave. Durante a fase de mapeamento, várias iterações de particionamento, classificação e combinação podem acontecer. O resultado final é um único arquivo local por redutor, que é classificado sobre a chave.

Fase de cópia (copy): os redutores extraem seus arquivos de todos os mapeadores assim que estiverem disponíveis. Estes são fornecidos pelo JobTracker em respostas heartbeat. Cada mapeador possui um conjunto de threads de escuta que atendem a solicitações do redutor por esses arquivos.

Fase de redução (reduce): o redutor lê todos os seus arquivos dos mapeadores. Todos os arquivos são mesclados antes de serem transmitidos para a função de redução. Pode haver vários estágios de mesclagem, dependendo de como os arquivos do mapeador se tornam disponíveis. O redutor evitará mesclagens desnecessárias; por exemplo, os últimos N arquivos serão mesclados conforme as linhas estiverem sendo transmitidas para a função de redução.

D. Escalonamento de jobs

O JobTracker no MR 1.0 é responsável por escalonar o trabalho nos nós do cluster. Os jobs submetidos dos clientes são adicionados à fila de jobs do JobTracker. As versões iniciais do Hadoop usavam um escalonador FIFO que escalonava jobs sequencialmente conforme eram submetidos. A qualquer momento, o cluster executaria as tarefas de um único job. Isso causava atrasos indevidos em jobs curtos, como consultas hive ocasionais, se tivessem de esperar por tarefas tipo aprendizado de máquina, de longa duração. Os tempos de espera excederiam os tempos de execução, e a taxa de transferência no cluster sofreria. Além disso, o cluster também permaneceria subutilizado. Descrevemos de forma sucinta dois outros tipos de escalonadores, chamados de Escalonador Fair e Escalonador Capacity, que aliviam essa situação.

Escalonador Fair: o objetivo do Escalonador Fair é fornecer um tempo de resposta rápido para pequenos jobs em um cluster compartilhado do Hadoop. Para esse escalonador, os jobs são agrupados em pools. A capacidade do cluster é uniformemente compartilhada entre os pools. Em qualquer momento, os recursos do cluster são divididos igualmente entre os pools, utilizando assim a capacidade do cluster uniformemente. Uma maneira típica de configurar pools é atribuir um pool a cada usuário e atribuir a determinados pools um número mínimo de slots.

Escalonador Capacity: o Escalonador Capacity é voltado para atender às necessidades de grandes clientes corporativos. Ele foi projetado para permitir que vários locatários compartilhem recursos de um grande cluster Hadoop alocando recursos de maneira oportuna sob um determinado conjunto de restrições de capacidade. Em grandes empresas, os departamentos individuais estão preocupados em usar um cluster Hadoop centralizado por preocupações de que talvez não consigam atender aos SLAs (*service-level agreements* — contratos de nível de serviço) de suas aplicações. O Escalonador Capacity foi projetado para oferecer garantias a cada locatário sobre a capacidade do cluster, usando as seguintes provisões:

- Há suporte para várias filas, com limites rígidos e flexíveis em termos de fração de recursos.
- Listas de controle de acesso são usadas para determinar quem pode submeter, visualizar e modificar os jobs em uma fila.
- A capacidade em excesso é distribuída uniformemente entre as filas ativas.
- Locatários têm limites de uso; tais limites impedem que eles monopolizem o cluster.

25.4.2 Exemplo: alcançando junções no MapReduce

Para compreender o poder e a utilidade do modelo de programação MapReduce, é instrutivo considerar a operação mais importante da álgebra relacional, chamada Join (junção), que introduzimos no Capítulo 6. Discutimos seu uso por meio de consultas SQL (capítulos 7 e 8) e sua otimização (capítulos 18 e 19). Vamos considerar o problema de juntar duas relações *R(A, B)* com *S(B, C)* com a condição de junção *R.A* = *S.B*. Suponha que ambas as tabelas residam no HDFS. Aqui, listamos as diversas estratégias que foram criadas para realizar equijunções no ambiente MapReduce.

Junção merge-sort. A estratégia mais ampla para executar uma junção é utilizar o Shuffle para particionar e classificar (sort) os dados e fazer com que os redutores façam a mesclagem (merge) e gerem a saída. Podemos configurar um job MR que lê blocos de ambas as tabelas na fase de mapeamento. Configuramos um *Particionador* para as linhas de partição hash de *R* e *S* sobre o valor da coluna *B*. A saída de chave da fase de mapeamento inclui uma *tag* de tabela. Então a chave tem o formato (tag, (chave)). Em MR, podemos configurar uma classificação personalizada para o shuffle do job; o Sort personalizado classifica as linhas que possuem a mesma chave. Nesse caso, classificamos as linhas com o mesmo valor *B* com base na tag. Damos à tabela menor uma tag de *0* e à tabela maior uma tag de *1*. Assim, um redutor verá todas as linhas com o mesmo valor *B* na ordem: linhas da tabela menor primeiro, depois as linhas da tabela maior. O redutor pode armazenar em buffer as linhas da tabela menor; uma vez começando a receber as linhas da tabela maior, ele pode fazer um produto cartesiano na memória com as linhas da tabela menor em buffer para gerar a saída da junção. O custo dessa estratégia é dominado pelo custo do shuffle, que grava e lê cada linha várias vezes.

Junção de hash do lado de mapeamento. Para o caso em que uma das relações de *R* ou *S* é uma tabela pequena, que pode ser carregada na memória de cada tarefa, podemos fazer com que a fase de mapeamento funcione somente nas grandes divisões de tabela. Cada tarefa de mapeamento pode ler a tabela pequena inteira e criar um mapeamento de hash da memória com base em *B* como a chave de hash. Em seguida, pode executar uma junção de hash. Isso é semelhante aos Hash Joins nos bancos de dados. O custo dessa tarefa é aproximadamente o custo de ler a tabela grande.

Junção de partição. Suponha que *R* e *S* estejam armazenadas de tal forma que sejam particionadas pelas chaves de junção. Então, todas as linhas em cada divisão pertencem a um determinado intervalo identificável do domínio do campo de junção, que é *B* em nosso exemplo. Suponha que *R* e *S* sejam armazenados com *p* arquivos. Suponha que o arquivo (*i*) contenha linhas tais que (Valor *B*)mod *p* = *i*. Então só precisamos unir o *i*-ésimo arquivo de \(*R*\)*R* com o *i*-ésimo arquivo correspondente de *S*. Uma maneira de fazer isso é executar uma variação da junção do lado de mapeamento que discutimos anteriormente: fazer com que o Mapper que manipula a *i*-ésima partição da tabela maior leia a *i*-ésima partição da tabela menor. Essa estratégia pode ser expandida para funcionar mesmo quando as duas tabelas não tiverem o mesmo número de partições. Basta que uma seja um múltiplo da outra. Por exemplo, se a tabela A é dividida em duas partições e a tabela B é dividida em quatro partições, então a partição 1 da tabela A precisa unir-se às partições 1 e 3 de B, e a partição 2 de A precisa unir-se às partições 2 e 4 de B. A oportunidade de executar Junção com Bucket (veja a seguir) também é comum: por exemplo, suponha que *R* e *S* sejam as saídas de junções merge-sort anteriores. A saída da junção merge-sort é particionada nas expressões de junção. Outra junção desse conjunto de dados nos permitirá evitar um shuffle.

Junções com Bucket. Esta é uma combinação de junções do lado de mapeamento e de junções de particionamento. Neste caso, apenas uma relação, digamos a relação do lado direito, é particionada. Podemos, então, executar Mappers na relação do lado esquerdo e executar uma junção de mapeamento contra cada partição do lado direito.

Junções de *N vias* do lado de mapeamento. Uma junção em *R*(*A*, *B*, *C*, *D*), *S*(*B*, *E*) e *T*(*C*, *F*) pode ser obtida em um job MR, desde que as linhas de uma chave para todas as tabelas pequenas possam ser armazenadas na memória. A junção é típica em Data Warehouses (consulte o Capítulo 29), em que *R* é uma tabela de fatos e *S* e *T* são tabelas de dimensões cujas chaves são *B* e *C*, respectivamente. Em geral, em um data warehouse, os filtros de consulta são especificados em atributos dimensionais. Portanto, cada tarefa de mapeamento possui memória suficiente para manter o mapeamento hash de várias tabelas dimensionais pequenas. Como as linhas da tabela de Fato estão sendo lidas na tarefa de mapeamento, elas podem ser juntadas com todas as tabelas dimensionais que a tarefa de mapeamento leu para a memória.

Junções simples de *N vias*. Uma junção em *R*(*A*, *B*), *S*(*B*, *C*) e *T*(*B*, *D*) pode ser obtida em um job MR, desde que as linhas de uma chave para todas as tabelas pequenas possam ser armazenadas em buffers na memória. Suponha que *R* seja uma tabela grande e *S* e *T* sejam tabelas relativamente menores. Então é comum que, para qualquer valor de chave *B*, o número de linhas em *S* ou *T* caiba na memória de uma tarefa. Em seguida, dando à tabela grande a tag maior, é fácil generalizar a junção Merge-Sort para uma junção de *N* vias em que as expressões de junção são as mesmas. Em um redutor para um valor de chave B, o redutor receberá primeiro as linhas de *S*, depois as linhas de *T* e, finalmente, as linhas de *R*. Como a suposição é de que não há um grande número de linhas em *S* e *T*, o redutor pode armazená-las em cache. À medida que ele recebe linhas de *R*, pode fazer um produto cartesiano com as linhas de *S* e *T* armazenadas em cache e gerar o resultado da junção.

Além das estratégias anteriores para executar junções usando o paradigma MapReduce, algoritmos foram propostos para outros tipos de junções (por exemplo, a junção natural geral de multivias com casos especiais de junção de cadeia ou junção de estrela em data warehouses foram manipuladas como um único job MR).[14] Da mesma forma, foram propostos algoritmos para lidar com a distorção nos atributos de junção (por exemplo, em uma tabela de fatos de vendas, alguns dias podem ter um número desproporcional de transações). Para junções em atributos com viés, um algoritmo modificado deixaria o *Particionador* atribuir valores exclusivos aos dados que possuem um grande número de entradas e deixá-los ser manipulados por tarefas de redução, enquanto o restante dos valores pode passar pelo particionamento de hash, como de costume.

Essa discussão deverá dar ao leitor um bom senso das muitas possibilidades de implementar estratégias de junção sobre o MapReduce. Há outros fatores que afetam o desempenho, como o armazenamento de linha *versus* coluna e o envio de predicados para os manipuladores de armazenamento. Estes estão fora do escopo da nossa discussão aqui. Os leitores interessados encontrarão publicações de pesquisa em andamento nessa área que são semelhantes a Afrati e Ullman (2010).

O objetivo desta seção é destacar dois desenvolvimentos importantes que impactaram a comunidade de big data fornecendo interfaces de alto nível em cima da tecnologia básica de Hadoop e MapReduce. Vamos dar uma breve visão geral da linguagem Pig Latin e do sistema Hive.

Apache Pig. Pig[15] era um sistema que foi projetado no Yahoo Research para preencher a lacuna entre interfaces de estilo declarativo como SQL, que estudamos no contexto do modelo relacional, e o estilo de programação procedural de baixo nível, mais rígido, exigido pelo MapReduce, que descrevemos na Seção 25.2.2. Embora seja possível expressar uma análise muito complexa em MR, o usuário deve expressar programas como um processo de uma entrada e dois estágios (mapear e reduzir). Além disso, o MR não oferece métodos para descrever um fluxo de dados complexo, que aplica uma sequência de transformações na entrada. Não há uma maneira padrão de realizar operações comuns de transformação de dados, como Projeções, Filtragem, Agrupamento e Junção. Vimos todas essas operações sendo expressas declarativamente em SQL nos capítulos 7 e 8. No entanto, existe uma comunidade de usuários e programadores que pensa mais em forma de procedimento. Então os desenvolvedores do Pig inventaram a linguagem Pig Latin para preencher o "ponto ideal" entre SQL e MR. Mostramos um exemplo de uma consulta Group By simples expressa em Pig Latin em Olston et al. (2008):

Existe uma tabela de urls: (url,categoria,pagerank).

Desejamos encontrar, para categorias com um grande número de URLs, a média de pagerank de URLs com pagerank alta nessa categoria. Isso requer um agrupamento de URLs por categoria. A consulta SQL que expressa esse requisito pode ser semelhante a:

```
SELECT categoria, AVG(pagerank)
FROM urls WHERE pagerank > 0.2
GROUP BY categoria
HAVING COUNT(*) > 10**6
```

A mesma consulta em Pig Latin é escrita como:

[14] Veja Afrati e Ullman (2010).

[15] Veja Olston et al. (2008).

```
bons_urls = FILTER urls BY pagerank > 0.2;
grupos = GROUP bons_urls BY categoria;
grandes_grupos = FILTER grupos BY COUNT(bons_urls) > 10**6;
resultado = FOREACH grandes_grupos GENERATE
    categoria, AVG(bons_urls.pagerank);
```

Como mostrado nesse exemplo, um Pigscript escrito usando a linguagem de script Pig Latin é uma sequência de etapas de transformação de dados. Em cada etapa, é indicada uma transformação básica, como Filter, Group By ou Projection. O script se assemelha a um plano de consulta para a consulta SQL, semelhante aos planos que discutimos no Capítulo 19. A linguagem suporta a operação sobre estruturas de dados aninhadas, como JSON (Java Script Object Notation) e XML. Ele tem uma biblioteca de funções extensa e extensível e também uma capacidade de vincular o esquema aos dados bem mais tarde, ou não vincular de forma alguma.

O Pig foi projetado para resolver problemas como análises *ad hoc* de logs da web e clickstreams. Os logs e os clickstreams geralmente exigem processamento customizado em nível da linha, bem como em nível de agregação. O Pig acomoda funções definidas pelo usuário (UDFs) extensivamente. Ele também suporta um modelo de dados aninhados com os quatro tipos a seguir:

Átomos: valores indivisíveis simples, como um número ou uma cadeia de caracteres.

Tuplas: uma sequência de campos, cada um dos quais podendo ter qualquer tipo permitido.

Bag: uma coleção de tuplas, com possíveis duplicatas.

Map: uma coleção de itens de dados em que cada item tem uma chave e que permite o acesso direto a ela.

Olston et al. (2008) demonstram aplicações interessantes em logs usando Pig. Um exemplo é a análise de registros de atividades de um mecanismo de busca por qualquer período de tempo (dia, semana, mês etc.) para calcular a frequência dos termos de busca pela localização geográfica do usuário. Aqui, as funções necessárias incluem o mapeamento de endereços IP às localizações geográficas e a utilização de extração de histogramas. Outro aplicativo consiste em agrupar consultas de busca de um período com as de outro período no passado, com base nos termos de busca.

Pig foi arquitetado para poder rodar em diferentes ambientes de execução. Ao implementar Pig, Pig Latin foi compilado em planos físicos que foram traduzidos em uma série de jobs MR e executados no Hadoop. Pig foi uma ferramenta útil para melhorar a produtividade dos programadores no ambiente do Hadoop.

25.4.3 Apache Hive

Hive foi desenvolvido no Facebook[16] com um propósito semelhante — fornecer uma interface de nível superior para o Hadoop usando consultas semelhantes à SQL e dar suporte ao processamento de consultas analíticas de agregação que são típicas em data warehouses (veja no Capítulo 29). Hive continua sendo uma interface principal para acessar dados em Hadoop no Facebook; ele foi amplamente adotado na comunidade de código aberto e está passando por melhorias contínuas. O Hive foi além do Pig Latin porque ofereceu não apenas uma interface de linguagem de alto nível para o Hadoop, mas também uma camada que faz o Hadoop se parecer com um SGBD com DDL, repositório de metadados, acesso por JDBC/ODBC e um compilador de SQL. A arquitetura e os componentes do Hive são mostrados na Figura 25.2.

---

[16] Veja Thusoo et al. (2010).

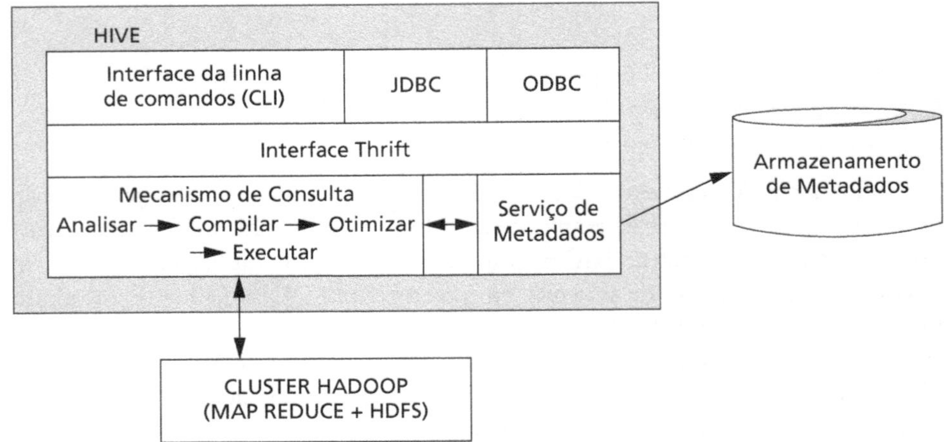

Figura 25.2 Arquitetura e componentes do sistema Hive.

A Figura 25.2 mostra o Apache Thrift como interface no Hive. O Apache Thrift define uma linguagem de definição de interface (IDL — *interface definition language*) e um protocolo de comunicação usado para desenvolver serviços remotos. Ele vem com um mecanismo de runtime e geração de código que pode ser usado para desenvolver serviços remotos em muitas linguagens, incluindo Java, C++, Python e Ruby. O Apache Thrift suporta protocolos binários e baseados em JSON; ele suporta transportes HTTP, socket e arquivo.

A linguagem de consulta do Hive, HiveQL, inclui um subconjunto da SQL que inclui todos os tipos de junções e operações Group By, bem como funções úteis relacionadas a tipos de dados primitivos e complexos. A seguir, comentamos alguns dos destaques do sistema Hive.

Interface com HDFS:

- As tabelas no Hive estão vinculadas a diretórios no HDFS. Os usuários podem definir partições dentro de tabelas. Por exemplo, uma tabela de log da web pode ser particionada por dia e, dentro do dia, por hora. Cada nível de partição introduz um nível de diretórios no HDFS. Uma tabela também pode ser armazenada como *buckets* em um conjunto de colunas. Isso significa que os dados armazenados são particionados fisicamente pela(s) coluna(s). Por exemplo, dentro de um diretório de hora, os dados podem ser *bucketed* por Userid; isso significa que os dados de cada hora são armazenados em um conjunto de arquivos, cada arquivo representando um bucket de usuários, e o bucket baseia-se no hashing da coluna Userid. Os usuários podem especificar em quantos buckets os dados devem ser divididos.
- A arquitetura do plug-in SerDe (Serialização/Desserialização) permite que os usuários especifiquem como os dados em formatos de arquivo nativos são expostos como linhas para operadores Hive SQL. O Hive vem com um rico conjunto de funções SerDe e formatos de arquivo suportados (por exemplo, CSV, JSON, SequenceFile); formatos colunares (por exemplo, RCFile, ORCFile, Parquet); e suporte para o Avro — outro sistema de serialização de dados. Os diferentes *StorageHandlers* expandem o mecanismo SerDe para permitir o comportamento plugável de como os dados são lidos/gravados e a capacidade de enviar *predicados* para o StorageHandler para realizar uma avaliação antecipada. Por exemplo, o *JDBC StorageHandler* permite que um usuário do Hive defina uma tabela que está, na verdade, armazenada em algum SGBD relacional e é acessada usando o protocolo JDBC (veja no Capítulo 10) durante a execução da consulta.

Suporte de SQL e otimizações no Hive. O Hive incorporou os conceitos de Otimizações Lógicas e Físicas semelhantes aos utilizados na otimização de consultas SQL, que discutimos nos capítulos 18 e 19. Anteriormente, havia suporte para otimizações lógicas, como a remoção de colunas desnecessárias e o transporte dos predicados de seleção para baixo na árvore de consultas. Também foram incorporadas otimizações físicas da conversão de junções merge-sort em junções do lado do mapeamento, com base nas dicas do usuário e nos tamanhos dos arquivos de dados. O Hive começou com suporte para um subconjunto da SQL-92 que incluía SELECT, JOIN, GROUP BY e filtros com base nas condições da cláusula WHERE. Os usuários podem expressar comandos SQL complexos no Hive. No início de seu desenvolvimento, Hive era capaz de executar as 22 consultas do benchmark TPCH (benchmark do *Transaction Processing Performance Council* para suporte à decisão), embora com uma reescrita manual considerável.

Avanços significativos foram feitos no suporte a linguagens e nas técnicas do otimizador e do runtime. Aqui estão alguns exemplos dessas melhorias:

- Hive SQL acrescentou muitos recursos analíticos da SQL, como predicados de subconsulta, expressões Common Table (essa é a cláusula WITH da SQL que permite aos usuários nomear blocos de subconsultas comuns e referenciá-los várias vezes na consulta; essas expressões podem ser consideradas visões em nível de consulta), agregação em determinada janela nos dados, Rollups (que se referem a níveis de agregação mais altos) e Grouping sets (esse recurso permite expressar vários níveis de agregação em um nível de Group by). Considere, por exemplo, conjunto de agrupamento Group By ((ano, mês), (diadasemana)); isso expressa agregação tanto no nível (Ano, Mês) quanto no DiaDaSemana. Um conjunto completo de tipos de dados SQL, incluindo varchars, tipos numéricos e datas, agora é aceito. O Hive também admite o fluxo ETL comum do Change Data Capture por meio das instruções Insert e Update. Em um data warehouse, o processo de entrega de dimensões que mudam lentamente (por exemplo, clientes em um data warehouse de varejo) exige um fluxo de dados complexo para identificar registros novos e atualizados nessa dimensão. Isso é chamado de processo Change Data Capture (CDC). Adicionando instruções Insert e Update no Hive, é possível modelar e executar processos CDC no Hive SQL.
- O Hive agora tem um conjunto bastante expandido de DDLs para expressar concessões e privilégios em termos de controle de acesso discricionário (consulte a Seção 30.2).
- Várias otimizações de banco de dados padrão foram incorporadas, incluindo remoção de partições, reordenação de junção, reescrita de índice e redução do número de jobs MR. Tabelas muito grandes, como tabelas de fatos em data warehouses, geralmente são particionadas. O tempo é provavelmente o atributo mais comum usado para particionamento. Com o HDFS sendo usado como camada de armazenamento, os usuários tendem a reter dados por longos períodos. Mas um warehouse típico incluirá apenas os períodos de tempo mais atuais (por exemplo, o último trimestre ou o ano atual). Os períodos são especificados como filtros na consulta. A remoção de partição é a técnica de extrair predicados relevantes dos filtros de consulta e traduzi-los para uma lista de partições de tabela que precisam ser lidas. Obviamente, isso tem um enorme impacto no desempenho e na utilização do cluster: em vez de verificar todas as partições retidas nos últimos *N* anos, apenas as partições das últimas semanas/meses são verificadas. O trabalho em andamento inclui a coleta de estatísticas no nível de coluna e tabela e a geração de planos com base em um modelo de custo que usa essas estatísticas (semelhante ao que consideramos para os SGBDRs no Capítulo 19).
- O Hive agora suporta o Tez como um ambiente de runtime que possui vantagens significativas sobre o MR, incluindo que não há necessidade de gravar no disco

entre os jobs; e não há restrição em processos de uma entrada e dois estágios. Há também um trabalho ativo para suportar o Hive no Spark, uma nova tecnologia que mencionaremos rapidamente na Seção 25.6.

25.4.4 Vantagens da tecnologia Hadoop/MapReduce

Hadoop versão 1 foi otimizado para processamento em lote em conjunto de dados muito grandes. Diversos fatores contribuem para o seu sucesso:

1. A taxa de busca de disco é um fator limitante quando lidamos com cargas de trabalho em nível de petabytes. A busca é limitada pela estrutura mecânica do disco, enquanto a taxa de transferência é um recurso eletrônico e aumenta constantemente. (Consulte a Seção 16.2 para ver uma discussão sobre unidades de disco.) O modelo MapReduce de varredura de conjunto de dados em paralelo alivia essa situação. Por exemplo, a varredura de um conjunto de dados de 100 TB sequencialmente usando uma máquina a uma taxa de 50 Mbps levará cerca de 24 dias para ser concluída. Por outro lado, a varredura dos mesmos dados usando 1.000 máquinas em paralelo levará apenas 35 minutos. Hadoop recomenda tamanhos de bloco muito grandes, com 64 MB ou mais. Portanto, ao varrer conjuntos de dados, a porcentagem de tempo gasta nas buscas de disco é insignificante. Taxas de busca de disco ilimitadas combinadas com o processamento de grandes conjuntos de dados em partes e em paralelo é o que impulsiona a escalabilidade e a velocidade do modelo MapReduce.
2. O modelo MapReduce permite o tratamento de dados semiestruturados e conjuntos de dados chave-valor mais facilmente em comparação com os SGBDRs tradicionais, que exigem um esquema predefinido. Arquivos como arquivos de log muito grandes apresentam um problema específico nos SGBDRs porque precisam ser percorridos de várias maneiras antes de poderem ser analisados.
3. O modelo MapReduce tem escalabilidade linear, na qual os recursos podem ser adicionados para melhorar a latência de trabalho e o rendimento de maneira linear. O modelo de falha é simples e os jobs individuais com falha podem ser executados novamente sem um grande impacto sobre o job inteiro.

25.5 Hadoop v2, também chamado YARN

Nas seções anteriores, discutimos o desenvolvimento do Hadoop com detalhes. Nossa discussão incluiu os conceitos fundamentais do paradigma MapReduce para programação e infraestrutura de armazenamento subjacente do HDFS. Também discutimos interfaces de alto nível, como Pig e Hive, que possibilitam o processamento de dados de alto nível, semelhantes a SQL, no topo da estrutura do Hadoop. Agora, voltamos nossa atenção para desenvolvimentos subsequentes, que em grande parte são chamados de Hadoop v2 ou MRv2 ou YARN (*yet another resource negotiator*). Primeiro, destacamos as deficiências da plataforma Hadoop v1 e a lógica e o raciocínio por trás do YARN.

25.5.1 Raciocínio por trás do YARN

Apesar do sucesso do Hadoop v1, a experiência do usuário com ele em aplicações corporativas enfatizou algumas deficiências e sugeriu que poderia ser necessário um upgrade do Hadoop v1:

- À medida que o tamanho dos clusters e o número de usuários cresceram, o JobTracker tornou-se um gargalo. Ele sempre foi conhecido por ser o ponto de falha isolado.

- Com uma alocação estática de recursos para as funções de mapeamento e redução, a utilização do cluster de nós ficou abaixo do desejável.
- O HDFS foi considerado como um sistema de armazenamento simples para dados corporativos. Os usuários queriam executar diferentes tipos de aplicativos que não se encaixariam facilmente no modelo de MR. Os usuários tendiam a contornar essa limitação executando jobs somente de mapeamento, mas isso apenas agravava problemas de escalonamento e utilização.
- Em grandes clusters, tornou-se problemático acompanhar as novas versões de código aberto do Hadoop, as quais eram lançadas a cada poucos meses.

Essas razões explicam a justificativa para o desenvolvimento da versão 2 do Hadoop. Alguns dos pontos mencionados na lista anterior merecem uma discussão mais detalhada, que apresentamos em seguida.

Multilocação: multilocação refere-se a acomodar vários inquilinos/usuários simultaneamente para que eles possam compartilhar recursos. À medida que o tamanho dos clusters e o número de usuários aumentavam, várias comunidades de usuários compartilhavam o cluster Hadoop. No Yahoo, a solução original para esse problema foi o **Hadoop on Demand**, que era baseado no gerenciador de recursos Torque e no escalonador Maui. Os usuários podem configurar um cluster separado para cada job ou conjunto de jobs. Isso teve várias vantagens:

- Cada cluster pôde executar sua própria versão do Hadoop.
- As falhas do JobTracker foram isoladas em um único cluster.
- Cada usuário/organização pôde tomar decisões independentes sobre o tamanho e a configuração de seu cluster, dependendo das cargas de trabalho esperadas.

Mas o Yahoo abandonou o Hadoop on Demand pelos seguintes motivos:

- A alocação de recursos não era baseada na localidade dos dados. Portanto, a maioria das leituras e gravações do HDFS eram acessos remotos, o que anulou um dos principais benefícios do modelo MR de acessos a dados principalmente locais.
- A alocação de um cluster era estática. Isso significava que grandes partes de um cluster estavam praticamente ociosas:
    - Dentro de um job MR, os slots de redução não eram utilizáveis durante a fase de mapeamento e os slots de mapeamento não eram utilizáveis durante a fase de redução. Ao usar linguagens de mais alto nível, como Pig e Hive, cada script ou consulta gerava vários jobs. Como a alocação de clusters era estática, o máximo de nós necessários em qualquer tarefa precisava ser adquirido antecipadamente.
    - Mesmo com o uso do escalonador Fair ou Capacity (veja nossa discussão na Seção 25.4.2), dividir o cluster em slots fixos de mapeamento e redução significava que o cluster era subutilizado.
- A latência envolvida na aquisição de um cluster era alta — um cluster só seria concedido quando houvesse um número suficiente de nós disponíveis. Os usuários começaram a estender a vida útil dos clusters e mantê-los por mais tempo do que precisavam. Isso afetou negativamente a utilização do cluster.

Escalabilidade do JobTracker. À medida que os tamanhos de clusters aumentavam para mais de 4.000 nós, problemas com gerenciamento de memória e bloqueio dificultavam o aprimoramento do JobTracker para lidar com a carga de trabalho. Várias opções foram consideradas, como a retenção de dados sobre jobs na memória, limitação do número de tarefas por job, limitação do número de jobs submetidos por usuário e limitação do número de jobs em execução simultânea. Nada disso parecia satisfazer plenamente todos os usuários; o JobTracker muitas vezes ficava sem memória.

Um problema relacionado dizia respeito a jobs concluídos. Os jobs concluídos eram mantidos no JobTracker e ocupavam memória. Muitos esquemas tentaram reduzir o número e a pegada de memória de jobs concluídos. Por fim, uma solução viável foi deixar essa função a cargo de um daemon separado do Job History.

À medida que o número de TaskTrackers crescia, as latências para heartbeats (sinais do TaskTracker para o JobTracker) foram de quase 200 ms. Isso significava que os intervalos de heartbeat dos TaskTrackers poderiam ser de 40 segundos ou mais quando houvesse mais de 200 rastreadores de tarefas no cluster. Foram feitos esforços para consertar isso, mas acabaram sendo abandonados.

JobTracker: ponto de falha isolado. O modelo de recuperação do Hadoop v1 era muito fraco. Uma falha do JobTracker derrubaria todo o cluster. Nesse caso, o estado de execução de jobs foi perdido e todos os jobs precisariam ser reenviados e o JobTracker, reiniciado. Os esforços para fazer com que as informações sobre jobs persistissem não tiveram êxito. Um problema relacionado foi implantar novas versões do software. Isso exigia o agendamento de um tempo de inatividade do cluster, o que resultava em acúmulo de jobs e uma sobrecarga subsequente no JobTracker na reinicialização.

Uso indevido do modelo de programação MapReduce. O runtime do MR não se encaixava bem no processamento iterativo; isso foi particularmente verdadeiro para algoritmos de aprendizado de máquina em cargas de trabalho analíticas. Cada iteração é tratada como um job MR. Os algoritmos gráficos são mais bem expressos com o uso de um modelo paralelo síncrono em massa (BSP), que usa a passagem de mensagens, em oposição às primitivas Map e Reduce. Os usuários contornaram esses impedimentos por meio de alternativas ineficientes, como a implementação de algoritmos de aprendizado de máquina como tarefas apenas de mapeamento de longa duração. Esses tipos de jobs inicialmente liam dados do HDFS e executavam a primeira passada em paralelo; mas depois trocaram dados uns com os outros fora do controle do framework. Além disso, a tolerância a falhas foi perdida. O JobTracker não sabia como esses jobs funcionavam; essa falta de consciência levou à má utilização e instabilidade no cluster.

Problemas do modelo de recursos. No Hadoop v1, um nó é dividido em um número fixo de slots de mapeamento e redução. Isso levava à subutilização do cluster, porque os slots inativos não podiam ser usados. Jobs diferentes de MR não podiam ser executados facilmente nos nós porque a capacidade do nó permanecia imprevisível.

Os problemas mencionados anteriormente ilustram por que o Hadoop v1 precisava de atualização. Embora tenham sido feitas tentativas para correção de muitos dos problemas listados no Hadoop v1, ficou claro que era necessário um novo projeto. Os objetivos do novo projeto foram definidos da seguinte forma:

- Levar adiante a conscientização de escalabilidade e localidade do Hadoop v1.
- Ter multilocação e alta utilização de cluster.
- Não ter um ponto de falha isolado e ser altamente disponível.
- Dar suporte a mais do que apenas jobs MapReduce. Os recursos do cluster não deveriam ser modelados como slots estáticos de mapeamento e redução.
- Para ser compatível com versões anteriores, os jobs existentes deveriam ser executados conforme são atualmente e, possivelmente, sem qualquer recompilação.

O resultado de tudo isso foi o YARN, ou Hadoop v2, que discutimos com detalhes na próxima seção.

25.5.2 Arquitetura do YARN

Visão geral. Depois de apresentar a motivação por trás da atualização do Hadoop v1, vamos agora discutir a arquitetura detalhada da próxima geração do Hadoop, que é popularmente conhecida como MRv2, MapReduce 2.0, Hadoop v2 ou YARN.[17] A ideia central do YARN é a separação do gerenciamento de recursos do cluster do gerenciamento de jobs. Além disso, o YARN introduz a noção de um *ApplicationMaster*, que agora é responsável por gerenciar o trabalho (fluxos de dados de tarefas, ciclos de vida de tarefas, recuperação de falhas nas tarefas etc.). O MapReduce agora está disponível como um serviço/aplicativo fornecido pelo *MapReduce ApplicationMaster*. As implicações dessas duas decisões são de longo alcance e fundamentais para a noção de um sistema operacional de serviço de dados. A Figura 25.3 mostra um diagrama esquemático de alto nível do Hadoop v1 e do Hadoop v2 lado a lado.

O Gerenciador de Recursos (*ResourceManager*) e o nó por trabalhador *NodeManager*, juntos, formam a plataforma na qual qualquer aplicação pode ser hospedada no YARN. O Gerenciador de Recursos gerencia o cluster, distribuindo recursos com base em uma política de escalonamento plugável (como uma política de justiça ou de otimização de utilização do cluster). Ele também é responsável pelo ciclo de vida dos nós no cluster, pois rastreará quando os nós forem desativados, quando eles se tornarem inacessíveis ou quando novos nós se juntarem. Falhas de nó são relatadas aos ApplicationMasters que tinham contêineres no nó que falhou. Novos nós ficam disponíveis para uso por ApplicationMasters.

ApplicationMasters enviam ResourceRequests para o ResourceManager que, em seguida, responde com locações de Container de cluster. Um **Container** é uma locação feita pelo ResourceManager ao ApplicationManager para usar determinada quantidade de recursos em um nó do cluster. O ApplicationMaster apresenta um Container Launch Context ao NodeManager para o nó ao qual essa locação faz referência. O Launch Context, além de conter a locação, também especifica como executar o processo para a tarefa e como obter recursos como jars, libs para o processo, variáveis de ambiente e tokens de segurança. Um nó tem um certo poder de processamento em termos de número de núcleos, memória, largura de banda de rede etc. Atualmente, o YARN considera apenas a memória. Com base em seu poder de processamento, um nó pode ser dividido em um conjunto intercambiável de contêineres. Uma vez que um ApplicationMaster recebe uma locação de contêiner, é livre para escalonar o trabalho da maneira que lhe convier. ApplicationMasters, com base em sua carga de trabalho, podem alterar continuamente seus requisitos de

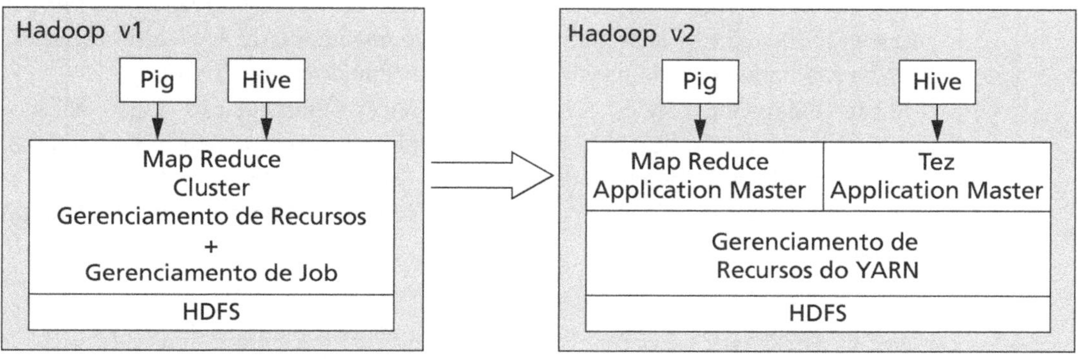

Figura 25.3 Esquema comparativo entre Hadoop v1 e Hadoop v2.

[17] Veja o website do Apache: <http://hadoop.apache.org/docs/current/hadoop-yarn/hadoop-yarn-site/YARN.html> para documentação atualizada sobre o YARN.

recursos. O ResourceManager baseia suas decisões de escalonamento apenas nessas solicitações, no estado do cluster e na política de escalonamento de clusters. Ele não está ciente das tarefas reais que estão sendo executadas nos nós. A responsabilidade por gerenciar e analisar o trabalho real é deixada para os ApplicationMasters.

O *NodeManager* é responsável por gerenciar contêineres em seus nós. Os contêineres são responsáveis por relatar a integridade do nó. Também lidam com o procedimento de junção dos nós ao cluster. Os contêineres fornecem o serviço Container Launch aos ApplicationMasters. Outros serviços disponíveis incluem um cache local, que pode ser em nível de usuário, nível de aplicação ou nível de contêiner. Os contêineres também podem ser configurados para fornecer outros serviços para as tarefas executadas neles. Por exemplo, para tarefas MR, o shuffle agora é fornecido como um serviço no nível de nó.

O *ApplicationMaster* agora é responsável pela execução de tarefas no cluster. Com base em seus jobs, os clusters negociam recursos com o ResourceManager. O próprio *ApplicationMaster* é executado no cluster; no momento da inicialização, um cliente envia uma aplicação ao ResourceManager, que então aloca um contêiner para o ApplicationMaster e o inicia nesse contêiner. No caso do MR, o ApplicationMaster assume a maioria das tarefas do JobTracker: ele inicia as tarefas de mapeamento e redução, toma decisões sobre seu posicionamento, gerencia a recuperação de falhas das tarefas, mantém contadores semelhantes aos contadores de estado do job e fornece uma interface de monitoramento para a execução de jobs. O gerenciamento e a interface de jobs concluídos foram movidos para um Job History Server separado.

As vantagens a seguir advêm da separação do gerenciamento de recursos do gerenciamento de aplicativos na arquitetura YARN:

- Uma rica diversidade de serviços de dados está disponível para utilizar o cluster. Cada um deles pode expor seu próprio modelo de programação.
- Os ApplicationMasters são livres para negociar recursos em padrões otimizados para seu trabalho: por exemplo, aplicativos de aprendizado de máquina podem manter contêineres por longos períodos.
- O modelo de Recurso e Contêiner permite que os nós sejam utilizados de maneira dinâmica, o que aumenta a utilização geral do cluster.
- O ResourceManager faz apenas uma coisa — gerenciar recursos; por isso, é altamente escalável para dezenas de milhares de nós.
- Com ApplicationMasters gerenciando os jobs, é possível ter várias versões de uma aplicação em execução no cluster. Não há necessidade de uma atualização de cluster global, o que exigiria a interrupção de todos os jobs.

A falha de um ApplicationMaster afeta apenas os trabalhos gerenciados por ele. O ResourceManager fornece algum grau de gerenciamento de ApplicationMasters. Vejamos rapidamente cada um dos componentes do ambiente YARN.

ResourceManager (RM). O ResourceManager está preocupado apenas em alocar recursos para as aplicações, e não em otimizar o processamento dentro delas. A política de alocação de recursos é plugável. Application Masters devem solicitar recursos que otimizem sua carga de trabalho. O ResourceManager expõe as seguintes interfaces:

1. Uma API para clientes iniciarem ApplicationMasters.
2. Um protocolo para ApplicationMasters negociarem recursos de cluster.
3. Um protocolo para NodeManagers relatarem os recursos do nó e serem gerenciados pelo ResourceManager.

O escalonador no ResourceManager compara as solicitações de recursos enviadas pelas aplicações com o estado global dos recursos de cluster. A alocação é baseada nas políticas do escalonador plugável (como Capacity ou Fair). Recursos são solicitados por ApplicationMasters como Solicitações de Recursos (**Resource Requests**). Uma Solicitação de Recurso especifica:

- O número de contêineres necessários.
- Os recursos físicos (CPU, memória) necessários por contêiner.
- As preferências de localidade (nó físico, rack) dos contêineres.
- A prioridade do pedido para a aplicação.

O escalonador satisfaz essas solicitações com base no estado do cluster conforme relatado pelos heartbeats do NodeManager. A localidade e a prioridade orientam o escalonador em direção às alternativas: por exemplo, se um nó solicitado estiver ocupado, a próxima melhor alternativa é outro nó no mesmo rack.

O escalonador também tem a capacidade de solicitar recursos de volta de uma aplicação, se necessário, e pode até mesmo recuperar os recursos à força. As aplicações, ao retornar um contêiner, podem migrar o trabalho para outro contêiner ou criar um checkpoint do estado e restaurá-lo em outro contêiner. É importante ressaltar que o ResourceManager *não* é responsável por: manipular a execução de tarefas dentro de uma aplicação, fornecer informações de *status* sobre as aplicações, fornecer histórico dos jobs concluídos e fornecer qualquer recuperação para as tarefas que falharam.

ApplicationMaster (AM). O ApplicationMaster é responsável por coordenar a execução de uma aplicação no cluster. Uma aplicação pode ser um conjunto de processos, como um job MR, ou pode ser um serviço de longa duração, como um cluster Hadoop on Demand (HOD) que atende a vários jobs MR. Isso é deixado para o Application Writer.

O ApplicationMaster notificará periodicamente o ResourceManager de suas solicitações de recursos atuais por meio de um mecanismo de heartbeat. Os recursos são entregues ao ApplicationMaster como locações de contêineres. Os recursos usados por uma aplicação são dinâmicos: eles são baseados no progresso da aplicação e no estado do cluster. Considere um exemplo: o ApplicationMaster MR executando um job MR solicitará um contêiner em cada um dos m nós em que reside um InputSplit. Se obtiver um contêiner em um dos nós, o ApplicationMaster removerá a solicitação de contêineres no restante dos m-1 nós ou, pelo menos, reduzirá sua prioridade. Por outro lado, se a tarefa de mapeamento falhar, é o AM que verifica essa falha e solicita contêineres em outros nós que possuem uma réplica do mesmo InputSplit.

NodeManager. Um NodeManager é executado em todos os nós de trabalho do cluster. Ele gerencia contêineres e fornece serviços plugáveis para contêineres. Com base em uma especificação detalhada do *Container Launch Context*, um NodeManager pode iniciar um processo em seu nó com o ambiente e os diretórios locais configurados. Ele também monitora para garantir que a utilização de recursos não exceda as especificações. Ele também reporta periodicamente o estado dos contêineres e a integridade do nó. Um NodeManager fornece serviços locais para todos os contêineres em execução. O serviço *Log Aggregation* é usado para encaminhar a saída padrão e o erro padrão de cada tarefa (stdout e stderr) para o HDFS. Um NodeManager pode ser configurado para executar um conjunto de *serviços auxiliares* plugáveis. Por exemplo, o MR Shuffle é fornecido como um serviço NodeManager. Um contêiner executando uma tarefa de mapeamento produz a saída do mapeamento e a grava no disco local. A saída é disponibilizada aos Reducers do job por meio do serviço Shuffle em execução no nó.

Tolerância a falhas e disponibilidade. O RM continua sendo o ponto de falha isolado no YARN. Na reinicialização, o RM pode recuperar seu estado a partir de um armazenamento persistente. Ele encerra todos os contêineres no cluster e reinicia cada ApplicationMaster. Atualmente há um esforço para fornecer um modo ativo/passivo para RMs. A falha de um ApplicationMaster não é um evento catastrófico; ela afeta apenas uma aplicação. É responsável por recuperar o estado de sua aplicação. Por exemplo, o MR ApplicationMaster recuperará sua tarefa concluída e executará novamente todas as tarefas em execução.

A falha de um contêiner por problemas com o nó ou por causa do código do Aplicativo é rastreada pelo framework e reportada ao ApplicationMaster. É de responsabilidade do ApplicationMaster recuperar-se da falha.

25.5.3 Outros frameworks no YARN

A arquitetura YARN descrita anteriormente tornou possível que outros frameworks de aplicação sejam desenvolvidos, bem como outros modelos de programação sejam admitidos, que podem fornecer serviços adicionais no cluster Hadoop compartilhado. Aqui, listamos alguns dos frameworks que estavam disponíveis no YARN no momento em que este texto foi escrito.

Apache Tez. Tez é uma estrutura extensível que está sendo desenvolvida na Hortonworks para criar aplicações de alto desempenho no YARN; essas aplicações manipularão grandes conjuntos de dados, até petabytes. O Tez permite que os usuários expressem seu fluxo de trabalho como um grafo acíclico direcionado (DAG) de tarefas. Os jobs são modelados como DAGs, em que vértices são tarefas ou operações e arestas representam dependências interoperação ou fluxos de dados. O Tez suporta os padrões de fluxo de dados comuns, como pipeline, scatter-gather e broadcast. Os usuários podem especificar a concorrência em um DAG, bem como as características de recuperação de falhas, como armazenar a saída da tarefa em armazenamento persistente ou recalculá-la. O DAG pode ser alterado em tempo de execução com base no estado do job e do cluster. O modelo DAG é uma escolha mais natural (do que executar como um ou mais jobs MapReduce) para scripts Pig e planos físicos da SQL. Tanto Hive quanto Pig agora fornecem um modo para serem executados no Tez. Ambos se beneficiaram em termos de planos mais simples e melhorias de desempenho significativas. Uma otimização de desempenho frequentemente citada é o padrão Map-Reduce-Reduce; uma consulta SQL que tenha uma junção seguida por uma Group By normalmente é convertida em dois jobs MR: um para a junção e outro para o Group By. No primeiro estágio MR, a saída da junção será gravada no HDFS e lida de volta na fase de mapeamento do segundo MR para o job Group By. No Tez, essa gravação e leitura extra de/para o HDFS pode ser evitada fazendo com que o Join Vertex do DAG transmita as linhas resultantes para o vértice Group By.

Apache Giraph. Apache Giraph é a implementação de código aberto do sistema Pregel do Google,[18] que era um sistema de processamento de grafos em grande escala usado para calcular o PageRank. (Veja na Seção 27.7.3 uma definição de PageRank.) O Pregel foi baseado no modelo de computação de processamento síncrono em massa (BSP).[19] O Giraph adicionou vários recursos ao Pregel, incluindo agregadores fragmentados (sharding, conforme definido no Capítulo 24, refere-se a uma forma de particionamento) e entrada orientada à aresta. A versão Hadoop v1 do Giraph era executada como jobs MR, que se encaixavam muito bem. Ela fazia isso executando jobs apenas de mapeamento de longa duração. No YARN, a implementação Giraph expõe um modelo de processamento iterativo. Giraph é

[18] O Pregel é descrito em Malewicz et al. (2010).

[19] BSP é um modelo para o projeto de algoritmos paralelos, e foi proposto inicialmente por Valiant (1990).

usado atualmente no Facebook para analisar o grafo de usuários da rede social, que tem usuários como nós e suas conexões como arestas; o número atual de usuários é de aproximadamente 1,3 bilhão.

Hoya: HBase no YARN. O projeto Hortonworks Hoya (HBase no YARN) fornece clusters HBase elásticos em execução no YARN com o objetivo de alcançar maior flexibilidade e melhor utilização do cluster. Na Seção 24.5, discutimos o HBase como um banco de dados não relacional distribuído de código aberto que gerencia tabelas com bilhões de linhas e milhões de colunas. O HBase é moldado no BigTable do Google,[20] mas é implementado usando Hadoop e HDFS. O Hoya está sendo desenvolvido para atender à necessidade de criar clusters HBase por demanda, possivelmente com diferentes versões do HBase em execução no mesmo cluster. Cada uma das instâncias do HBase pode ser configurada individualmente. O Hoya ApplicationMaster inicia o HBase Master localmente. O Hoya AM também solicita ao RM do YARN um conjunto de contêineres para iniciar o HBase RegionServers no cluster. Os RegionServers do HBase são os processos de trabalho do Hbase; cada ColumnFamily (que é como um conjunto de colunas em uma tabela relacional) é distribuído por um conjunto de RegionServers. Isso pode ser usado para iniciar uma ou mais instâncias do HBase no cluster, sob demanda. Os clusters são elásticos e podem crescer ou encolher com base na demanda.

Os três exemplos das aplicações desenvolvidas no YARN apresentados devem dar ao leitor uma noção das possibilidades que foram abertas pelo desacoplamento entre Resource Management e Application Management na arquitetura geral Hadoop/ MapReduce pelo YARN.

25.6 Discussão geral

Até agora, discutimos o desenvolvimento da tecnologia big data que ocorreu aproximadamente no período de 2004–2014 e enfatizamos o Hadoop v1 e o YARN (também conhecido como Hadoop v2 ou MRv2). Nesta seção, devemos primeiro afirmar o seguinte: há vários projetos em andamento anunciados como código aberto do Apache, bem como em empresas dedicadas ao desenvolvimento de produtos nessa área (por exemplo, Hortonworks, Cloudera, MapR), além de muitas empresas startup. Da mesma forma, o Amplab da Universidade da Califórnia e outras instituições acadêmicas estão contribuindo fortemente para o desenvolvimento de tecnologia, e não conseguimos abordar todas elas em detalhes. Há também uma série de problemas associados ao conceito de nuvem, como a execução do MapReduce no ambiente de nuvem e data warehousing na nuvem, que não discutimos. Diante desse pano de fundo, agora abordamos alguns tópicos gerais que merecem ser mencionados no contexto das descrições elaboradas que apresentamos até agora neste capítulo. Apresentamos questões relacionadas à disputa entre a abordagem tradicional de aplicativos de alto desempenho em implementações de SGBDR paralelas e tecnologias baseadas em Hadoop e YARN. Em seguida, apresentamos alguns pontos relacionados à maneira que o big data e as tecnologias de nuvem serão complementares por natureza. Descrevemos os problemas relacionados à localidade dos dados e aos problemas de otimização inerentes às nuvens de armazenamento e às de computação. Também discutimos o YARN como uma plataforma de serviços de dados e o movimento contínuo para aproveitar big data para fins de análise. Por fim, apresentamos alguns desafios atuais enfrentados por todo o movimento big data.

---

[20] BigTable é descrita em Chang et al. (2006).

25.6.1 *Hadoop/MapReduce e SGBDRs paralelos*

Uma equipe de especialistas em dados, incluindo Abadi, DeWitt, Madden e Stonebracker, fez um estudo metodológico comparando um par de sistemas de banco de dados paralelos com a versão open source do Hadoop/MR (veja, por exemplo, Pavlo et al., 2009). Esses especialistas mediram o desempenho dessas duas abordagens no mesmo benchmark usando um cluster de 100 nós. Eles admitem que o banco de dados paralelo demorou mais para carregar e ajustar em comparação com MR, mas o desempenho de SGBDs paralelos foi "notavelmente melhor". Listamos as áreas que os especialistas compararam no estudo e tentamos mostrar o progresso feito nos SGBDs e no Hadoop desde então.

Desempenho. Em seu artigo, Pavlo et al. concluíram que SGBDs paralelos foram de três a seis vezes mais rápidos que MR. O documento lista muitas razões pelas quais os SGBDs tiveram melhor desempenho. Entre as razões apresentadas estão as seguintes: (i) indexação com árvores B^+, que agiliza a seleção e a filtragem; (ii) nova orientação de armazenamento (por exemplo, o armazenamento baseado em coluna tem certas vantagens); (iii) técnicas que permitem operações em dados compactados diretamente; e (iv) técnicas de otimização de consultas paralelas comuns em SGBDs paralelos.

Desde a época da comparação de Pavlo et al., que envolveu a versão 0.19 do Hadoop, grandes avanços foram feitos no runtime do MR, nos formatos de armazenamento e nos recursos de planejamento para escalonamento de job e otimização de fluxos de dados complexos no ecossistema Hadoop. Os formatos de arquivo *ORC* e *Parquet* são formatos colunares sofisticados, que possuem as mesmas técnicas de compactação agressiva, a capacidade de enviar predicados para a camada de armazenamento e a capacidade de responder a consultas agregadas sem varrer os dados. Vamos falar rapidamente sobre as melhorias no HDFS e no MR; o Apache Hive fez grandes avanços tanto no tempo de execução quanto nas otimizações baseadas em custo de SQLs complexas. Em sua busca por transformar o Hadoop de batch para o modo de consulta interativa e em tempo real, Hortonworks (2014) reporta ganhos de uma ordem de grandeza no desempenho de consultas com um benchmark do tipo TPC-DS (apoio à decisão). O produto Impala da Cloudera, conforme relatado em Cloudera (2014), usa o Parquet (o formato de dados colunares em código aberto) e afirma-se que é executado de forma comparável aos SGBDRs tradicionais.

Vantagem de custo inicial. Hadoop manteve sua vantagem de custo. Com poucas exceções, ele continua sendo basicamente uma plataforma de código aberto. YARN, Hive e Spark são todos desenvolvidos como projetos Apache e estão disponíveis como pacotes gratuitos para download.

Manipulação de dados não estruturados/semiestruturados. MR lê dados aplicando a definição do esquema; isso permite lidar com conjuntos de dados semiestruturados, como documentos CSV, JSON e XML. O processo de carga é relativamente pouco dispendioso para os sistemas Hadoop/MR. No entanto, o suporte para dados não estruturados está definitivamente aumentando nos SGBDRs. O PostgreSQL agora suporta armazenamentos de chave-valor e JSON; a maioria dos SGBDRs tem suporte para XML. Por outro lado, um dos motivos para os ganhos de desempenho no lado do Hadoop tem sido o uso de formatos de dados especializados, como ORC (Optimized Row Columnar) e Parquet (outro formato colunar de código aberto). O último talvez não permaneça uma característica fortemente diferenciadora entre SGBDRs e sistemas baseados em Hadoop por muito tempo, visto que os SGBDRs também podem incorporar formatos de dados especiais.

Suporte para linguagem de mais alto nível. SQL era um recurso diferencial que favorecia os SGBDRs para escrever consultas analíticas complexas. No entanto, o Hive incorporou um grande número de recursos SQL no HiveQL, incluindo agrupamento e agregação, bem como subconsultas aninhadas e múltiplas funções que são úteis em data warehouses, como discutimos anteriormente. O Hive 0.13 é capaz de executar cerca de 50 consultas a partir do benchmark TPC-DS sem qualquer reescrita manual. Novas bibliotecas de funções orientadas a aprendizado de máquina estão surgindo (por exemplo, a biblioteca de funções em madlib.net suporta SGBDRs tradicionais como o PostgreSql, bem como a distribuição da Pivotal do banco de dados Hadoop — PHD). HAWQ da Pivotal afirma ser o mecanismo SQL paralelo mais recente e mais poderoso, combinando as vantagens de SQL e Hadoop. Além disso, a arquitetura de plugins do YARN que discutimos simplifica o processo de estender a estrutura com novos componentes e novas funções. Pig e Hive possuem extensibilidade com UDFs (funções definidas pelo usuário). Vários serviços de dados estão agora disponíveis no YARN, como Revolution R e Apache Mahout para aprendizado de máquina e Giraph para processamento de gráficos. Muitos SGBDs tradicionais agora são executados na plataforma YARN; por exemplo, a plataforma analítica Vortex, da Actian, e BigSQL, 3.0 da IBM.[21]

Tolerância a falhas. A tolerância a falhas continua sendo uma vantagem decisiva dos sistemas baseados em MR. O painel de autores em Pavlo et al. (2009) também reconheceu que "MR faz um trabalho superior ao minimizar a quantidade de trabalho perdido quando ocorre um defeito de hardware". Como apontado por esses autores, essa capacidade tem o custo de materializar arquivos intermediários entre as fases de mapeamento e redução. Mas, à medida que o Hadoop começa a lidar com fluxos de dados muito complexos (como no Apache Tez) e com a diminuição da necessidade de latências, os usuários podem compensar desempenho com tolerância a falhas. Por exemplo, no Apache Spark, é possível configurar um RDD (*resilient distributed dataset*)[22] intermediário para ser materializado no disco ou na memória, ou mesmo para ser recalculado a partir de sua entrada.

Como podemos ver nesta discussão, mesmo que o MR tenha começado com o objetivo de suportar cargas de trabalho orientadas a batch, ele não conseguia acompanhar os SGBDRs paralelos tradicionais em termos de cargas de trabalho de consulta interativa, conforme exemplificado por Pavlo et al. (2009). No entanto, os dois campos se aproximaram muito mais um do outro em capacidade. As forças do mercado, como a necessidade de capital de risco para novas startups, exigem um mecanismo SQL para novos aplicativos que lidam bastante com datasets semiestruturados muito grandes; e o interesse e envolvimento da comunidade de pesquisa trouxeram melhorias substanciais na capacidade do Hadoop de lidar com cargas de trabalho analíticas tradicionais. Mas ainda há uma recuperação significativa a ser feita em todas as áreas apontadas em Pavlo et al. (2009): tempo de execução, planejamento e otimização, e conjuntos de recursos analíticos.

25.6.2 Big data na computação em nuvem

O movimento de computação em nuvem e o movimento de big data estão ocorrendo simultaneamente há mais de uma década. Não é possível abordar os detalhes dos problemas de computação em nuvem no contexto atual. No entanto, apresentamos algumas razões convincentes pelas quais a tecnologia de big data é,

---

[21] Veja a apresentação em <http://www.slideshare.net/Hadoop_Summit/w-325p230-azubirigrayatv4> para obter uma descrição atual.

[22] Veja Zaharia et al. (2012).

de certa forma, dependente da tecnologia de nuvem, não apenas para sua expansão posterior, mas também para sua existência continuada.

- O modelo de nuvem oferece um alto grau de flexibilidade em termos de gerenciamento de recursos: "escalabilidade", que se refere à adição de mais nós ou recursos; "ampliação", que se refere à adição de mais recursos a um nó no sistema; ou mesmo *downgrading* são facilmente tratados quase instantaneamente.
- Os recursos são intercambiáveis; esse fato, aliado ao projeto de software distribuído, cria um bom ecossistema em que as falhas podem ser facilmente absorvidas e as instâncias de computação virtual podem ser deixadas imperturbáveis. Pelo custo de algumas centenas de dólares, é possível realizar operações de mineração de dados que envolvem varreduras completas de bancos de dados da ordem de terabytes e rastrear imensos sites da web, que contêm milhões de páginas.
- Não é incomum que os projetos de big data exibam necessidades imprevisíveis ou de pico de capacidade e armazenamento de computação. Esses projetos enfrentam o desafio de atender a essa demanda de pico conforme a necessidade, e não necessariamente de forma contínua. Ao mesmo tempo, as partes interessadas nos negócios esperam produtos e resultados de projeto rápidos, baratos e confiáveis. Para atender a esses requisitos conflitantes, os serviços em nuvem oferecem uma solução ideal.
- Uma situação comum na qual os serviços de nuvem e big data andam lado a lado é a seguinte: os dados são transferidos para ou coletados em um sistema de armazenamento de dados em nuvem, como o Amazon S3, com o objetivo de coletar arquivos de log ou exportar dados em arquivos de texto formatados. Como alternativa, adaptadores de banco de dados podem ser utilizados para acessar dados de bancos de dados na nuvem. Frameworks de processamento de dados como Pig, Hive e MapReduce, que descrevemos na Seção 25.4, são usados para analisar dados brutos (que podem ter se originado na nuvem).
- Empresas de projetos de big data e startups se beneficiam muito do uso de um serviço de armazenamento em nuvem. Elas podem negociar gastos de capital para despesas operacionais; este é um excelente negócio, porque não requer dispêndio de capital ou risco. O armazenamento em nuvem fornece soluções de armazenamento confiáveis e escalonáveis com uma qualidade que, de outra forma, seria inatingível.
- Os serviços e recursos em nuvem são distribuídos globalmente. Eles garantem alta disponibilidade e durabilidade inatingíveis pela maioria, exceto as maiores organizações.

O caso Netflix para o casamento de nuvem e big data.[23] Netflix é uma grande organização caracterizada por um modelo de negócios muito lucrativo e um serviço extremamente barato e confiável para os consumidores. A Netflix oferece hoje serviços de streaming de vídeo para milhões de clientes, graças a um sistema de informações e data warehouse altamente eficaz. A empresa usa o Amazon S3 em vez do HDFS como plataforma de processamento e análise de dados por vários motivos. Atualmente, ela usa a distribuição Hadoop Elastic MapReduce (EMR) da Amazon. A Netflix cita o principal motivo para sua escolha: S3 é projetado para 99,999999999% de durabilidade e 99,99% de disponibilidade de objetos em um determinado ano, e o S3 pode sustentar a perda simultânea de dados em duas instalações. O S3 fornece controle de versão de *bucket*, o que permite que a Netflix recupere dados apagados inadvertidamente. A elasticidade do S3 permitiu à Netflix uma capacidade de armazenamento praticamente ilimitada; essa capacidade

[23] Baseado em <http://techblog.netflix.com/2013/01/hadoop-platform-as-service-in-cloud.html>.

permitiu à empresa ampliar seu armazenamento de algumas centenas de terabytes para petabytes sem qualquer dificuldade ou planejamento prévio. O uso do S3 como data warehouse permite que a Netflix trabalhe com vários clusters do Hadoop que sejam tolerantes a falhas e possam suportar o excesso de carga. Os executivos da Netflix alegam que não têm preocupações sobre a redistribuição ou perda de dados durante expansão ou encolhimento do warehouse. Embora os clusters de produção e consulta da Netflix sejam clusters de longa duração na nuvem, eles podem ser tratados essencialmente como sendo completamente transitórios. Se um cluster ficar inativo, a Netflix pode simplesmente substituí-lo por outro cluster de tamanho idêntico, possivelmente em uma zona geográfica diferente, em poucos minutos, sem sustentar qualquer perda de dados.

25.6.3 Problemas de localidade de dados e otimização de recursos para aplicações big data em uma nuvem

O crescente interesse pela computação em nuvem, combinado com as demandas da tecnologia big data, significa que os data centers devem ser cada vez mais econômicos e voltados para o consumidor. Além disso, muitas infraestruturas em nuvem não são projetadas de forma intrínseca para lidar com a escala de dados necessária para a análise de dados atual. Os provedores de serviços de nuvem enfrentam desafios assustadores em termos de gerenciamento de recursos e planejamento de capacidade para fornecer aplicações de tecnologia de big data.

A carga na rede de muitas aplicações big data, incluindo Hadoop/MapReduce, é uma preocupação especial em um data center, pois grandes quantidades de dados podem ser geradas durante a execução do job. Por exemplo, em um job MapReduce, cada tarefa de redução precisa ler a saída de todas as tarefas de mapeamento, e uma explosão repentina de tráfego de rede pode deteriorar significativamente o desempenho da nuvem. Além disso, quando os dados estão localizados em uma infraestrutura (digamos, em uma nuvem de armazenamento como o Amazon S3) e processados em uma nuvem de computação (como Amazon EC2), o desempenho do job sofre atrasos significativos em virtude da carga de dados.

Projetos de pesquisa propuseram[24] uma estrutura de gerenciamento de dados e de máquinas virtuais autoconfigurável, baseada em localidade, a partir do modelo armazenamento-computação. Essa estrutura permite que os jobs MapReduce acessem a maioria de seus dados localmente ou de nós próximos, incluindo todos os dados de entrada, saída e intermediários gerados durante o mapeamento, e reduzam as fases de mapeamento e redução dos jobs. Esses frameworks categorizam os jobs usando um classificador sensível ao tamanho de dados em quatro classes baseadas em um patamar relativo ao tamanho dos dados. Em seguida, eles provisionam clusters MapReduce virtuais de uma maneira que reconhece a localidade, o que permite o emparelhamento e a alocação eficientes de máquinas virtuais (VMs) MapReduce para reduzir a distância da rede entre nós de armazenamento e computação, para o processamento de mapeamento e redução.

Recentemente, as técnicas de armazenamento em cache têm demonstrado melhorar o desempenho de tarefas MapReduce para várias cargas de trabalho.[25] O framework PACMan fornece suporte para caching na memória, e o sistema MixApart fornece suporte para o caching baseado em disco, quando os dados são armazenados em um servidor de armazenamento corporativo dentro do mesmo site. As técnicas de

[24] Veja Palanisamy et al. (2011).

[25] Veja o framework PACMAN de Ananthanarayanan et al. (2012) e o sistema MixApart de Mihailescu et al. (2013).

caching permitem flexibilidade em que os dados são armazenados em uma infraestrutura de armazenamento separada, que permite a pré-busca e o caching dos dados mais essenciais. Trabalhos recentes[26] abordaram o problema do cache de big data no contexto de cenários conscientes da privacidade, em que os dados armazenados em formato criptografado em uma nuvem pública devem ser processados em um site corporativo seguro e separado.

Além do problema de localização de dados, uma das metas mais desafiadoras para os provedores de nuvem é otimizar o provisionamento de clusters virtuais para jobs, minimizando o custo geral de consumo do data center em nuvem.

Um foco importante da otimização de recursos da nuvem é otimizar globalmente em todas as tarefas na nuvem, em oposição às otimizações de recursos por job. Um bom exemplo de sistema globalmente otimizado gerenciado pela nuvem é o recente sistema Google BigQuery,[27] que permite que o Google execute consultas semelhantes à SQL em relação a conjuntos de dados muito grandes, com bilhões de linhas, usando uma interface semelhante ao Excel. No serviço BigQuery, os clientes só enviam as consultas para serem processadas nos grandes datasets, e o sistema em nuvem gerencia de maneira inteligente os recursos para as consultas, semelhante à SQL. Da mesma forma, o modelo Cura de otimização de recursos[28] proposto para o MapReduce em uma nuvem permite a otimização global de recursos, minimizando a utilização geral de recursos na nuvem, ao contrário da otimização de recursos por job ou por cliente.

25.6.4 YARN como plataforma de serviço de dados

A separação do gerenciamento de recursos do gerenciamento de aplicativos levou o Hadoop para outro nível como uma plataforma. O Hadoop v1 tinha tudo a ver com o MapReduce. No Hadoop v2, MapReduce é um dos muitos frameworks de aplicação que podem ser executados no cluster. Como discutimos na Seção 25.5, isso abriu a porta para muitos serviços (com seus próprios modelos de programação) serem fornecidos no YARN. Não há necessidade de traduzir todas as técnicas e algoritmos de processamento de dados em um conjunto de jobs MapReduce. Atualmente, o MapReduce está sendo usado apenas para processamento orientado a batch, como o processo ETL (*extract, transform, load* — extrair, transformar, carregar) em data warehouses (veja no Capítulo 29). A tendência emergente é ver o Hadoop como um **data lake**, em que reside uma parte significativa dos dados da empresa e acontece o processamento. Tradicionalmente, o HDFS tem sido o local onde os dados históricos de uma empresa residem porque ele pode lidar com a escala de tais dados. A maioria das novas fontes de dados, que nos aplicativos de redes sociais e de pesquisa atuais são provenientes de logs da web e da máquina, dados de fluxo de cliques, dados de mensagens (como no Twitter) e dados de sensores também estão sendo armazenados em grande parte no HDFS.

O modelo Hadoop v1 era o modelo de **federação:** embora o HDFS fosse a camada de armazenamento para a empresa, o processamento era uma mistura de MapReduce e outros mecanismos. Uma alternativa era extrair dados do armazenamento HDFS para os mecanismos em execução fora do cluster em seus próprios silos; esses dados foram movidos para mecanismos gráficos, aplicações analíticas de aprendizado de máquina e assim por diante. As mesmas máquinas usadas para o cluster do Hadoop estavam sendo usadas para aplicativos totalmente diferentes, como o processamento

[26] Veja Palanisamy et al. (2014a).

[27] Para o sistema Google BigQuery, veja <https://developers.google.com/bigquery/>.

[28] Palanisamy et al. (2014b).

de stream fora do Hadoop. Esse cenário estava longe de ser ideal, já que os recursos físicos precisavam ser divididos de maneira estática e era difícil migrar e atualizar para novas versões quando vários frameworks rodavam nas mesmas máquinas. Com o YARN, os problemas citados são resolvidos. Os serviços tradicionais estão aproveitando o ResourceManager do YARN e estão fornecendo seus serviços no mesmo cluster Hadoop em que os dados residem.

Embora o suporte para SQL no Hadoop tenha sido prometido por vários fornecedores, o suporte real tem sido menor que completamente desejável. Alguns fornecedores exigiram que os dados do HDFS fossem movidos para outro banco de dados para executar a SQL; alguns exigiram "wrappers" para ler os dados do HDFS antes de uma consulta SQL ser executada. Uma nova tendência entre SGBDRs e sistemas de bancos de dados tradicionais considera um cluster YARN como uma plataforma viável. Um exemplo é a plataforma de análise do Actian, que fornece SQL no Hadoop e que é considerada uma implementação SQL completa e robusta usando o banco de dados colunar Actian Vectorwise (que é executado como uma aplicação YARN). O Big SQL 3.0[29] da IBM é um projeto que faz com que um SGBD nada compartilhado da IBM seja executado em um cluster YARN.

O Apache Storm é um mecanismo de streaming escalável distribuído que permite aos usuários processar feeds de dados em tempo real. É amplamente utilizado pelo Twitter. Storm no YARN (<http://hortonworks.com/labs/storm/>) e SAS no YARN (<http://hortonworks.com/partner/sas/>) são aplicações que tratam Storm (uma aplicação de processamento de fluxo distribuído) e SAS (software de análise estatística) como aplicações na plataforma YARN. Como já dissemos, Giraph e HBase Hoya são esforços contínuos que estão adotando rapidamente o YARN. Uma ampla variedade de sistemas de aplicativos usa o cluster Hadoop para armazenamento; alguns exemplos incluem serviços como streaming, aprendizado de máquina/estatística, processamento de grafos, OLAP e armazenamentos de chave-valor. Esses serviços vão muito além do MapReduce. O objetivo/promessa do YARN é que esses serviços coexistam no mesmo cluster e tirem vantagem da localidade dos dados no HDFS, enquanto o YARN orquestra o uso dos recursos do cluster.

25.6.5 Desafios enfrentados por tecnologias big data

Em um artigo recente,[30] vários especialistas em banco de dados expressaram suas preocupações sobre os desafios iminentes enfrentados pelas tecnologias big data quando estas são usadas principalmente para aplicações analíticas. Essas preocupações incluem o seguinte:

- **Heterogeneidade de informações:** a heterogeneidade em termos de tipos de dados, formatos de dados, representação de dados e semântica é inevitável quando se trata de fontes de dados. Uma das fases do ciclo de vida do big data envolve a integração desses dados. O custo de fazer um trabalho limpo de integração para reunir todos os dados em uma única estrutura é proibitivo para a maioria das aplicações, como saúde, energia, transporte, planejamento urbano e modelagem ambiental. A maioria dos algoritmos de aprendizado de máquina espera que os dados sejam alimentados em uma estrutura uniforme. A proveniência de dados (que se refere às informações sobre a origem e a propriedade dos dados) normalmente não é mantida na maioria dos aplicativos analíticos. A interpretação adequada dos resultados da análise de dados requer grandes quantidades de metadados.

---

[29] A documentação atual está disponível em <http://www.slideshare.net/Hadoop_Summit/w-325p230-azubirigrayatv4>.

[30] Veja Jagadish et al. (2014).

- **Privacidade e confidencialidade:** os regulamentos e as leis referentes à proteção de informações confidenciais nem sempre estão disponíveis e, portanto, não são aplicados estritamente durante a análise de big data. A imposição dos regulamentos da HIPAA no ambiente da saúde é um dos poucos casos em que a privacidade e a confidencialidade são rigorosamente aplicadas. Aplicações baseadas em localização (como em smartphones e outros dispositivos equipados com GPS), logs de transações de usuários e clickstreams que capturam o comportamento do usuário revelam informações confidenciais. O movimento do usuário e os padrões de compra podem ser rastreados para revelar sua identidade pessoal. Como agora é possível aproveitar e analisar bilhões de registros de usuários por meio das tecnologias descritas neste capítulo, existe uma preocupação generalizada quanto ao comprometimento das informações pessoais (por exemplo, dados sobre indivíduos podem ser vazados de redes sociais que estão de alguma forma vinculadas a outras redes de dados). Os dados sobre clientes, portadores de cartões e funcionários são mantidos por organizações e, portanto, estão sujeitos a violações de confidencialidade. Jagadish et al. (2014) expressaram a necessidade de um controle mais rigoroso sobre a gestão de dados digitais semelhante ao controle exercido na indústria da música.
- **Necessidade de visualização e melhores interfaces humanas:** grandes volumes de dados são consumidos por sistemas big data, e os resultados das análises devem ser interpretados e compreendidos por seres humanos. As preferências humanas devem ser consideradas e os dados devem ser apresentados de forma adequada. Seres humanos são especialistas em detectar padrões e têm grande intuição sobre os dados com os quais estão familiarizados. As máquinas não podem corresponder aos humanos a esse respeito. Deve ser possível reunir vários especialistas humanos para compartilhar e interpretar os resultados da análise e, assim, aumentar a compreensão desses resultados. Vários modos de exploração visual devem ser possíveis para fazer o melhor uso dos dados e para interpretar adequadamente os resultados que estão fora do intervalo e, portanto, são classificados como valores discrepantes.
- **Informação inconsistente e incompleta:** este tem sido um problema perene na coleta e no gerenciamento de dados. Futuros sistemas big data permitirão que múltiplas fontes sejam manipuladas por múltiplas aplicações coexistentes, de modo que problemas decorrentes de dados perdidos, errados e incertos serão aumentados. O grande volume e a redundância embutida nos dados em sistemas tolerantes a falhas podem compensar, até certo ponto, os valores ausentes, os valores conflitantes, os relacionamentos ocultos e aspectos semelhantes. Existe uma incerteza inerente sobre os dados coletados de usuários regulares usando dispositivos normais quando esses dados vêm em vários formatos (por exemplo, imagens, taxas de velocidade, direção do tráfego). Ainda há muito a ser aprendido sobre como usar dados de crowdsourcing para gerar tomadas de decisão eficazes.

As questões mencionadas não são novas para os sistemas de informação. No entanto, o grande volume e a ampla variedade de informações inerentes aos sistemas big data agravam esses problemas.

25.6.6 Seguindo adiante

O YARN permite que empresas executem e gerenciem muitos serviços em um cluster. Mas construir soluções de dados no Hadoop ainda é um desafio assustador. Uma solução pode envolver a montagem de processamento ETL (extrair, transformar, carregar), aprendizado de máquina, processamento de grafos e/ou criação de relatório. Embora esses diferentes mecanismos funcionais sejam executados no mesmo cluster, seus modelos de programação e metadados não são unificados. Os desenvolvedores de aplicações de análise devem tentar integrar todos esses serviços em uma solução coerente.

No hardware atual, cada nó contém uma quantidade significativa de memória principal e armazenamento em memória flash. O cluster torna-se, assim, um vasto recurso de memória principal e armazenamento flash. Inovação significativa demonstrou os ganhos de desempenho dos **mecanismos de dados na memória**; por exemplo, o SAP HANA é um SGBDR escalável, por colunas, na memória, que está conquistando muitos seguidores.[31]

A plataforma Spark da Databricks (<https://databricks.com/>), que é um desdobramento da Berkeley Data Analytics Stack da AMPLabs em Berkeley,[32] aborda ambos os avanços mencionados anteriormente — a capacidade de abrigar diversas aplicações em um cluster e a capacidade de usar grandes quantidades de memória principal para obter uma resposta mais rápida. Matei Zaharia desenvolveu o conceito de *resilient distributed datasets* (RDD)[33] como parte de sua tese de Ph.D. na Universidade da Califórnia em Berkeley, que deu origem ao sistema Spark. O conceito é genérico o suficiente para ser usado em todos os mecanismos do Spark: núcleo do Spark (fluxo de dados), Spark-SQL, GraphX (processamento de grafos), MLLib (aprendizado de máquina) e Spark-Streaming (processamento de stream). Por exemplo, é possível escrever um script no Spark que expresse um fluxo de dados que lê dados do HDFS, modifica os dados usando uma consulta Spark-SQL, transmite essas informações para uma função MLLib para análise do tipo aprendizado de máquina e, em seguida, armazena o resultado de volta no HDFS.[34]

Os RDDs são construídos com base nos recursos das coleções da linguagem Scala,[35] que podem se recriar a partir de suas entradas. RDDs podem ser configurados com base em como seus dados são distribuídos e como são representados: eles sempre podem ser recriados a partir da entrada e podem ser armazenados em cache no disco ou na memória. As representações na memória variam de objetos Java serializados a formatos colunares altamente otimizados, que possuem todas as vantagens dos bancos de dados colunares (por exemplo, velocidade, footprint, operação em formato serializado).

Os recursos de um modelo de programação unificado e conjuntos de dados na memória provavelmente serão incorporados ao ecossistema Hadoop. O Spark já está disponível como um serviço no YARN (<http://spark.apache.org/docs/1.0.0/running-on-yarn.html>). A discussão detalhada do Spark e das tecnologias relacionadas no Berkeley Data Analysis Stack está além do nosso escopo aqui. Agneeswaran (2014) discute o potencial do Spark e produtos relacionados; os leitores interessados deverão consultar essa fonte.

25.7 Resumo

Neste capítulo, discutimos as tecnologias de big data. Relatórios da IBM, McKinsey e do cientista Bill Franks, da Tearadata, preveem um futuro vibrante para essa tecnologia, que estará no centro de futuras aplicações de análise de dados e aprendizado de máquina e que deverá economizar bilhões de dólares nos próximos anos.

---

[31] Veja em <http://www.saphana.com/welcome> uma série de documentações sobre o sistema HANA da SAP.

[32] Veja em <https://amplab.cs.berkeley.edu/software/> projetos em Amplab da Universidade da Califórnia em Berkeley.

[33] O conceito de RDD foi proposto inicialmente em Zaharia et al. (2012).

[34] Veja um exemplo do uso do Spark em <https://databricks.com/blog/2014/03/26/spark-sql-manipulating-structured-data-using-spark-2.html>.

[35] Veja em <http://docs.scala-lang.org/overviews/core/architecture-of-scala-collections.html> mais informações sobre Scala Collections.

Começamos nossa discussão concentrando-nos nos desenvolvimentos do Google com o sistema de arquivos do Google e MapReduce (MR), um paradigma de programação para processamento distribuído que é dimensionável para grandes quantidades de dados que chegam aos petabytes. Depois de fornecer um desenvolvimento histórico da tecnologia e mencionar o ecossistema Hadoop, que abrange um grande número de projetos Apache atualmente ativos, discutimos o sistema de arquivos distribuídos do Hadoop (HDFS), delineando sua arquitetura e seu tratamento de operações com arquivos; também abordamos os estudos de escalabilidade feitos no HDFS. Em seguida, fornecemos detalhes do ambiente de runtime do MapReduce. Fornecemos exemplos de como o paradigma MapReduce pode ser aplicado a uma série de contextos; demos um exemplo detalhado de sua aplicação para otimizar vários algoritmos de junção relacional. Em seguida, apresentamos resumidamente os desenvolvimentos de Pig e Hive, sistemas que oferecem uma interface semelhante à SQL com Pig Latin e HiveQL em cima da programação de baixo nível MapReduce. Também mencionamos as vantagens da tecnologia conjunta Hadoop/MapReduce.

Hadoop/MapReduce está em desenvolvimento e está sendo reposicionado como versão 2, conhecida como MRv2 ou YARN; a versão 2 separa o gerenciamento de recursos do gerenciamento de tarefas/jobs. Discutimos o raciocínio por trás do YARN, sua arquitetura e outros frameworks em andamento baseados no YARN, incluindo Apache Tez, um ambiente de modelagem de fluxo de trabalho; Apache Giraph, um sistema de processamento gráfico em grande escala, baseado no Pregel da Google; e Hoya, uma renderização Hortonworks de clusters elásticos HBase no YARN.

Por fim, apresentamos uma discussão geral de alguns problemas relacionados à tecnologia MapReduce/Hadoop. Comentamos rapidamente sobre o estudo feito para essa arquitetura em comparação com os SGBDs paralelos. Há circunstâncias em que uma é superior à outra e as afirmações sobre a superioridade dos SGBDs paralelos para jobs em batch estão se tornando menos relevantes em razão dos avanços na arquitetura, na forma de desenvolvimentos relacionados ao YARN. Discutimos a relação entre big data e tecnologias de nuvem e o trabalho que está sendo feito para tratar de problemas de localidade de dados no armazenamento em nuvem, para análise de big data. Afirmamos que o YARN está sendo considerado como uma plataforma genérica de serviços de dados e listamos os desafios para essa tecnologia, conforme descrito em um documento de um grupo de especialistas em banco de dados. Concluímos com um resumo dos projetos em andamento no campo de big data.

PERGUNTAS DE REVISÃO

25.1. O que é análise de dados e qual é o seu papel na ciência e na indústria?

25.2. Como o movimento big data dará suporte à análise de dados?

25.3. Quais são os pontos importantes feitos no relatório de 2012 do McKinsey Global Institute?

25.4. Como você define big data?

25.5. Quais são os diversos tipos de análise mencionados no livro da IBM (2014)?

25.6. Quais são as quatro principais características do big data? Dê exemplos de cada característica, retirados da prática atual.

25.7. O que significa *veracidade dos dados*?

25.8. Indique a história cronológica do desenvolvimento da tecnologia MapReduce/Hadoop.

25.9. Descreva o fluxo de trabalho da execução do ambiente de programação MapReduce.
25.10. Dê alguns exemplos de aplicações MapReduce.
25.11. Quais são as propriedades fundamentais de um job no MapReduce?
25.12. Qual é a função do JobTracker?
25.13. Quais são as diferentes versões do Hadoop?
25.14. Descreva a arquitetura do Hadoop com suas próprias palavras.
25.15. Qual é a função do NameNode e do NameNode secundário no HDFS?
25.16. A que se refere o Journal no HDFS? Quais dados são mantidos nele?
25.17. Descreva o mecanismo de heartbeat no HDFS.
25.18. Como as cópias dos dados (réplicas) são gerenciadas no HDFS?
25.19. Shvachko (2012) relatou sobre o desempenho do HDFS. O que ele descobriu? Liste alguns de seus resultados.
25.20. Que outros projetos estão incluídos no ecossistema Hadoop de código aberto?
25.21. Descreva o funcionamento do JobTracker e do TaskTracker no MapReduce.
25.22. Descreva o fluxo geral do job no MapReduce.
25.23. Quais são as diferentes maneiras como o MapReduce oferece tolerância a falhas?
25.24. O que é o procedimento Shuffle no MapReduce?
25.25. Descreva como funcionam os diversos escalonadores de job para o MapReduce.
25.26. Quais são os diferentes tipos de junções que podem ser otimizadas usando o MapReduce?
25.27. Descreva os procedimentos de junção do MapReduce para a junção Merge-Sort, Junção por Partição, junção de *N* vias no lado de mapeamento e junção simples de *N* vias.
25.28. O que é Apache Pig e o que é Pig Latin? Dê um exemplo de uma consulta em Pig Latin.
25.29. Quais são os principais recursos do Apache Hive? Qual é sua linguagem de consulta de alto nível?
25.30. O que é a arquitetura SERDE no Hive?
25.31. Liste algumas das otimizações em Hive e seu suporte para SQL.
25.32. Cite algumas vantagens da tecnologia MapReduce/Hadoop.
25.33. Indique o raciocínio na mudança do Hadoop v1 para o Hadoop v2 (YARN).
25.34. Dê uma visão geral da arquitetura YARN.
25.35. Como o ResourceManager funciona no YARN?
25.36. O que são Apache Tez, Apache Giraph e Hoya?
25.37. Compare os SGBDs relacionais paralelos e os sistemas MapReduce/Hadoop.
25.38. De que maneira big data e a tecnologia de nuvem se complementam?
25.39. Quais são os problemas de localidade de dados relacionados a aplicações big data no armazenamento em nuvem?
25.40. Que serviços o YARN pode oferecer além de MapReduce?
25.41. Quais são alguns dos desafios enfrentados pelas tecnologias big data hoje?
25.42. Discuta o conceito de RDDs (*resilient distributed datasets*).
25.43. Descubra mais sobre os projetos em andamento, como Spark, Mesos, Shark e BlinkDB em relação ao Berkeley Data Analysis Stack.

BIBLIOGRAFIA SELECIONADA

As tecnologias para big data discutidas neste capítulo surgiram principalmente nos últimos dez anos. A origem dessa onda remonta aos documentos seminais da Google, incluindo o sistema de arquivos (Ghemawat, Gobioff & Leung, 2003) e o paradigma de programação MapReduce (Dean & Ghemawat, 2004). O sistema Nutch com trabalho de acompanhamento no Yahoo é um precursor da tecnologia Hadoop e continua como um projeto de código aberto Apache (nutch.apache.org). O sistema BigTable da Google (Fay Chang et al., 2006) descreve um sistema de armazenamento escalável distribuído para gerenciar dados estruturados na faixa de petabytes em milhares de servidores comerciais.

Não é possível nomear uma única publicação específica como "o" documento do Hadoop. Muitos estudos relacionados ao MapReduce e ao Hadoop foram publicados na última década. Vamos listar aqui apenas alguns dos maiores desenvolvimentos. Schvachko (2012) descreve as limitações do sistema de arquivos HDFS. Afrati e Ullman (2010) é um bom exemplo do uso da programação MapReduce em vários contextos e aplicações; eles demonstram como otimizar as operações de junção relacional no MapReduce. Olston et al. (2008) descrevem o sistema Pig e introduzem o Pig Latin como uma linguagem de programação de alto nível. Thusoo et al. (2010) descrevem o Hive como um data warehouse na escala de petabytes em cima do Hadoop. Um sistema para processamento de grafos em grande escala, chamado Pregel no Google, é descrito em Malewicz et al. (2010). Ele usa o modelo de paralelismo síncrono em massa (BSP) da computação paralela, proposto inicialmente por Valiant (1990). Em Pavlo et al. (2009), vários especialistas em tecnologia de banco de dados compararam dois SGBDRs paralelos com o Hadoop/MapReduce e mostraram como o SGBD paralelo pode, na verdade, ter um melhor desempenho sob certas condições. Os resultados desse estudo não devem ser considerados definitivos, em razão das melhorias de desempenho significativas alcançadas no Hadoop v2 (YARN). A abordagem dos datasets resilientes distribuídos (RDDs) para a computação em cluster de memória está no centro do sistema Spark de Berkeley, desenvolvido por Zaharia et al. (2013). Um artigo de Jagadish et al. (2014) contém a opinião coletiva de vários especialistas em banco de dados sobre os desafios enfrentados pelas atuais tecnologias big data.

O recurso definitivo para desenvolvedores de aplicações Hadoop é o livro *Hadoop: The Definitive Guide*, de Tom White (2012), que está em sua terceira edição. Um livro do fundador do projeto YARN, Arun Murthy, com Vavilapalli (2014), descreve como o YARN aumenta a escalabilidade e a utilização de cluster, permite novos modelos e serviços de programação e estende a aplicabilidade para além de aplicações batch e Java. Agneeswaran (2014) escreveu sobre ir além do Hadoop e descreve o BDAS (Berkeley Data Analysis Stack) para análise em tempo real e aprendizado de máquina; Stack inclui Spark, Mesos e Shark. Ele também descreve o Storm, um mecanismo complexo de processamento de eventos do Twitter, amplamente utilizado na indústria atual para computação e análise em tempo real.

A wiki do Hadoop está em <Hadoop.apache.org>. Há muitos projetos big data de código aberto no Apache, como Hive, Pig, Oozie, Sqoop, Storm e HBase. Informações atualizadas sobre esses projetos podem ser encontradas na documentação dos sites e wikis Apache dos projetos. As empresas Cloudera, MapR e Hortonworks incluem em seus sites web a documentação sobre suas próprias distribuições de tecnologias relacionadas a MapReduce/Hadoop. O Berkeley Amplab (<https://amplab.cs.berkeley.edu/>) fornece documentação sobre o Berkeley Data Analysis Stack (BDAS), incluindo projetos em andamento, como GraphX, MLbase e BlinkDB.

Há algumas boas referências que descrevem a promessa da tecnologia de big data e do gerenciamento de dados em grande escala. Bill Franks (2012) fala sobre como aproveitar as tecnologias big data para análises avançadas e fornece insights que ajudarão os profissionais a tomar melhores decisões. Schmarzo (2013) discute como a análise de big data pode capacitar as empresas. Dietrich et al. (2014) descrevem como a IBM aplicou o poder da análise de big data por toda a empresa em aplicações em todo o mundo. Um livro publicado pelo McKinsey Global Institute (2012) oferece um ângulo estratégico sobre as tecnologias big data, concentrando-se em produtividade, competitividade e crescimento.

Tem havido desenvolvimento paralelo em tecnologias de nuvem que não pudemos discutir em detalhes neste capítulo. O leitor poderá consultar livros sobre computação em nuvem. Erl et al. (2013) discutem modelos, arquiteturas e práticas de negócios e descrevem como essa tecnologia amadureceu na prática. Kavis (2014) apresenta os vários modelos de serviços, incluindo *Software as a Service* (SaaS), *Platform as a Service* (PaaS) e *Infrastructure as a Service* (IaaS). Bahga e Madisetti (2013) oferecem uma introdução prática à computação em nuvem. Eles descrevem como desenvolver aplicações em nuvem em várias plataformas de nuvem, como o Amazon Web Service (AWS), o Google Cloud e o Microsoft Windows Azure.

PARTE 11
Modelos, sistemas e aplicações de bancos de dados avançados

26

Modelos de dados avançados: introdução a bancos de dados ativos, temporais, espaciais, multimídia e dedutivos

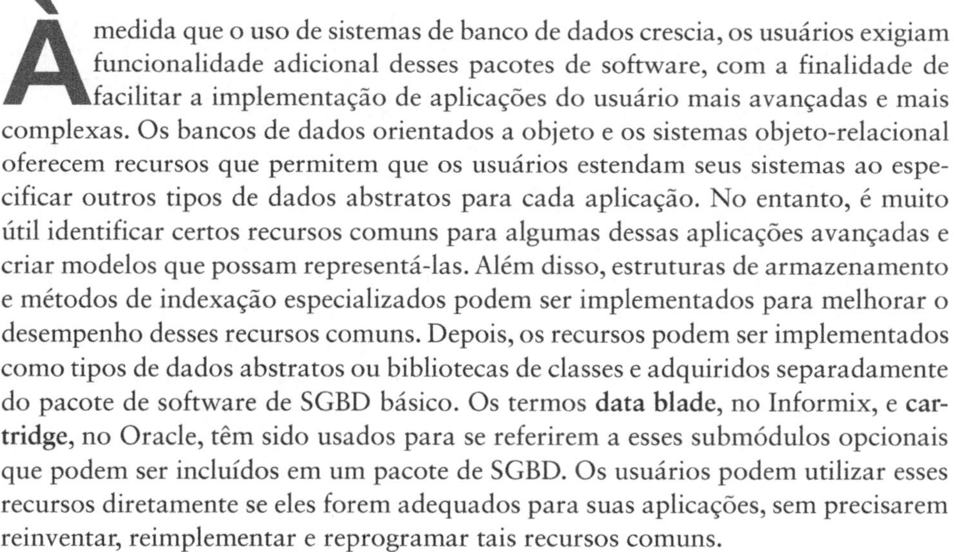

À medida que o uso de sistemas de banco de dados crescia, os usuários exigiam funcionalidade adicional desses pacotes de software, com a finalidade de facilitar a implementação de aplicações do usuário mais avançadas e mais complexas. Os bancos de dados orientados a objeto e os sistemas objeto-relacional oferecem recursos que permitem que os usuários estendam seus sistemas ao especificar outros tipos de dados abstratos para cada aplicação. No entanto, é muito útil identificar certos recursos comuns para algumas dessas aplicações avançadas e criar modelos que possam representá-las. Além disso, estruturas de armazenamento e métodos de indexação especializados podem ser implementados para melhorar o desempenho desses recursos comuns. Depois, os recursos podem ser implementados como tipos de dados abstratos ou bibliotecas de classes e adquiridos separadamente do pacote de software de SGBD básico. Os termos **data blade**, no Informix, e **cartridge**, no Oracle, têm sido usados para se referirem a esses submódulos opcionais que podem ser incluídos em um pacote de SGBD. Os usuários podem utilizar esses recursos diretamente se eles forem adequados para suas aplicações, sem precisarem reinventar, reimplementar e reprogramar tais recursos comuns.

Este capítulo apresenta os conceitos de banco de dados para alguns dos recursos comuns exigidos por aplicações avançadas e que estão sendo muito utilizados. Abordaremos as *regras ativas* usadas nas aplicações de bancos de dados ativos, *conceitos temporais* empregados em aplicações de bancos de dados temporais e, resumidamente, algumas das questões que envolvem *bancos de dados espaciais* e *bancos de dados multimídia*. Também discutiremos os *bancos de dados dedutivos*. É importante observar que cada um desses assuntos é muito amplo, e damos apenas uma rápida introdução a cada um. De fato, cada uma dessas áreas pode servir como assunto isolado de um livro inteiro.

Na Seção 26.1, apresentamos o tópico de bancos de dados ativos, que oferecem funcionalidade adicional para especificar **regras ativas**. Essas regras podem ser disparadas automaticamente por eventos, como atualizações ao banco de dados ou certos momentos sendo alcançados, e podem iniciar determinadas ações que foram especificadas na declaração da regra para que ocorram se certas condições forem atendidas. Muitos pacotes comerciais incluem parte da funcionalidade fornecida pelos bancos de dados ativos na forma de **triggers**. Triggers agora fazem parte da SQL-99 e de padrões mais recentes.

Na Seção 26.2, apresentamos os conceitos de **bancos de dados temporais**, que permitem que o sistema de banco de dados armazene um histórico de mudanças e que os usuários consultem os estados atual e passado do banco de dados. Alguns modelos de banco de dados temporais também permitem que os usuários armazenem informações esperadas no futuro, como escalonamentos planejados. É importante observar que muitas aplicações de banco de dados são temporais, mas elas normalmente são implementadas sem que haja muito suporte temporal do pacote de SGBD — ou seja, os conceitos temporais são implementados nos programas de aplicação que acessam o banco de dados. A capacidade de criar e consultar dados temporais foi acrescentada ao padrão SQL na SQL:2011 e está disponível no sistema DB2, mas não iremos analisá-la aqui. O leitor interessado poderá consultar a bibliografia ao final do capítulo.

A Seção 26.3 oferece uma breve visão geral dos conceitos de **banco de dados espacial**. Discutimos tipos de dados espaciais, diferentes tipos de análises espaciais, operações sobre dados espaciais, tipos de consultas espaciais, indexação de dados espaciais, mineração de dados espaciais e aplicações de bancos de dados espaciais. A maioria dos sistemas relacionais comerciais e de código aberto oferece suporte espacial em seus tipos de dados e linguagens de consulta, além de oferecer indexação e processamento de consulta eficiente para operações espaciais comuns.

A Seção 26.4 é dedicada a conceitos de banco de dados de multimídia. Os **bancos de dados de multimídia** oferecem recursos que permitem que os usuários armazenem e consultem diferentes tipos de informações de multimídia, que incluem **imagens** (como figuras e desenhos), **clipes de vídeo** (como filmes, curtas-metragens e vídeos caseiros), **clipes de áudio** (como canções, mensagens telefônicas e discursos) e **documentos** (como livros e artigos). Discutimos a análise automática de imagens, o reconhecimento de objeto em imagens e a marcação semântica de imagens.

Na Seção 26.5, discutimos sobre bancos de dados dedutivos,[1] uma área que está na interseção de bancos de dados, lógica e inteligência artificial ou bases de conhecimento. Um **sistema de banco de dados dedutivo** inclui capacidades para definir **regras** (**dedutivas**), que podem deduzir ou inferir informações adicionais dos fatos armazenados em um banco de dados. Como parte da base teórica para alguns sistemas de banco de dados dedutivos é a lógica matemática, essas regras costumam ser chamadas de **bancos de dados lógicos**. Outros tipos de sistemas, conhecidos como **sistemas de banco de dados especialistas** ou **sistemas baseados em conhecimento**, também incorporam capacidades de raciocínio e dedução; eles utilizam técnicas desenvolvidas no campo da inteligência artificial, incluindo redes semânticas, frames, sistemas de produção ou regras para capturar conhecimento específico do domínio. A Seção 26.6 é um resumo do capítulo.

Os leitores podem examinar cuidadosamente os tópicos em que possuem interesse particular, pois as seções deste capítulo são praticamente independentes uma da outra.

26.1 Conceitos de banco de dados ativo e triggers

As regras que especificam ações disparadas automaticamente por certos eventos têm sido consideradas melhorias importantes para os sistemas de banco de dados há muito tempo. De fato, o conceito de **triggers** — uma técnica para especificar certos

[1] A Seção 26.5 é um resumo dos bancos de dados dedutivos.

tipos de regras ativas — já existia nas primeiras versões da especificação SQL para bancos de dados relacionais, e as triggers agora fazem parte do padrão SQL-99 e outros mais recentes. Os SGBDs relacionais comerciais — como Oracle, DB2 e Microsoft SQLServer — possuem diversas versões de triggers disponíveis. Contudo, desde que os primeiros modelos de triggers foram propostos, muita pesquisa tem sido feita sobre como deve ser um modelo geral para bancos de dados ativos. Na Seção 26.1.1, apresentaremos os conceitos gerais propostos para especificar regras para bancos de dados ativos. Usaremos a sintaxe do SGBD relacional comercial Oracle para ilustrar esses conceitos com exemplos específicos, pois as triggers do Oracle são próximas ao modo como as regras são especificadas no padrão SQL. A Seção 26.1.2 discutirá algumas questões gerais de projeto e implementação para os bancos de dados ativos. Mostramos exemplos de como os bancos de dados ativos são implementados no SGBD experimental STARBURST na Seção 26.1.3, pois o STARBURST provê muitos dos conceitos de bancos de dados ativos generalizados em sua estrutura. A Seção 26.1.4 discute as aplicações possíveis dos bancos de dados ativos. Finalmente, a Seção 26.1.5 descreve como as triggers são declaradas no padrão SQL-99.

26.1.1 Modelo generalizado para bancos de dados ativos e triggers no Oracle

O modelo que tem sido usado para especificar regras de banco de dados ativo é conhecido como modelo **evento-condição-ação** (**ECA**). Uma regra no modelo ECA tem três componentes:

1. O(s) **evento(s)** que dispara(m) a regra: esses eventos normalmente são operações de atualização do banco de dados que são aplicadas explicitamente ao banco de dados. No entanto, no modelo geral, eles também poderiam ser eventos temporais[2] ou outros tipos de eventos externos.
2. A **condição** que determina se a ação da regra deve ser executada: quando o evento que dispara a ação tiver ocorrido, uma condição *opcional* pode ser avaliada. Se *nenhuma condição* for especificada, a ação será executada quando ocorrer o evento. Se uma condição for especificada, ela é primeiro avaliada e, somente *se for avaliada como verdadeira*, a ação da regra será executada.
3. A **ação** a ser tomada: a ação normalmente é uma sequência de comandos SQL, mas também poderia ser uma transação do banco de dados ou um programa externo que será executado automaticamente.

Vamos considerar alguns exemplos para ilustrar esses conceitos. Os exemplos são baseados em uma variação muito simplificada da aplicação de banco de dados EMPRESA da Figura 5.5 e que aparece na Figura 26.1, com cada funcionário tendo um nome (Nome), número de cadastro de pessoa física (Cpf), salário (Salario), departamento ao qual eles estão atualmente designados (Numero_departamento, uma chave estrangeira para DEPARTAMENTO) e um supervisor direto (Cpf_supervisor, uma chave estrangeira e recursiva para FUNCIONARIO). Para este exemplo, vamos supor que NULL seja permitido para Numero_departamento, indicando que um funcionário pode não estar temporariamente designado a um departamento. Cada departamento tem um nome (Nome_departamento), número (Numero_departamento), salário total de todos os funcionários alocados ao departamento (Salario_total) e um gerente (Cpf_gerente, que é uma chave estrangeira para FUNCIONARIO).

---

[2] Um exemplo seria um evento temporal especificado como uma hora qualquer, como: dispare esta regra todo dia às 5h30.

FUNCIONARIO

Nome	Cpf	Salario	Numero_departamento	Cpf_supervisor

DEPARTAMENTO

Nome_departamento	Numero_departamento	Salario_total	Cpf_gerente

Figura 26.1 Um banco de dados EMPRESA simplificado usado para os exemplos de regra ativa.

Observe que o atributo Salario_total é, na realidade, um atributo derivado, cujo valor deve ser a soma dos salários de todos os funcionários atribuídos ao departamento em particular. A manutenção do valor correto desse atributo derivado pode ser feita por uma regra ativa. Primeiro, temos de determinar os **eventos** que *podem causar* uma mudança no valor de Salario_total, que são os seguintes:

1. Inserir (uma ou mais) tuplas de novos funcionários.
2. Alterar o salário de (um ou mais) funcionários existentes.
3. Alterar a designação dos funcionários existentes de um departamento para outro.
4. Excluir (uma ou mais) tuplas de funcionários.

No caso do evento 1, só precisamos recalcular Salario_total se o novo funcionário for imediatamente atribuído a um departamento — ou seja, se o valor do atributo Numero_departamento para a nova tupla de funcionário não for NULL (supondo que NULL seja permitido para Numero_departamento). Logo, esta seria a **condição** a ser verificada. Uma condição semelhante poderia ser verificada para os eventos 2 e 4, para determinar se o funcionário cujo salário é alterado (ou que está sendo excluído) está atualmente atribuído a um departamento. Para o evento 3, sempre executaremos uma ação para manter o valor de Salario_total corretamente, de modo que nenhuma condição seja necessária (a ação sempre é executada).

A **ação** para os eventos 1, 2 e 4 é atualizar automaticamente o valor de Salario_total para o departamento do funcionário, a fim de refletir o salário do funcionário recém-inserido, atualizado ou excluído. No caso do evento 3, é necessária uma ação dupla: uma é atualizar o Salario_total do antigo departamento do funcionário e a outra é atualizar o Salario_total do novo departamento do funcionário.

As quatro regras ativas (ou triggers) R1, R2, R3 e R4 — correspondentes à situação anterior — podem ser especificadas na notação do SGBD Oracle, como mostra a Figura 26.2(a). Vamos considerar a regra R1 para ilustrar a sintaxe da criação de triggers em Oracle. A instrução CREATE TRIGGER especifica o nome de uma trigger (ou regra ativa) — Salario_total1 para R1. A cláusula AFTER especifica que a regra será disparada *depois* que ocorrerem os eventos que disparam a regra. Os eventos de disparo — uma inserção de um novo funcionário, neste exemplo — são especificados após a palavra-chave AFTER.[3]

A cláusula ON determina a relação em que a regra é especificada — FUNCIONARIO para R1. As palavras-chave *opcionais* FOR EACH ROW especificam que a regra será disparada *uma vez para cada linha* que é afetada pelo evento de disparo.[4]

A cláusula *opcional* WHEN é utilizada para especificar quaisquer condições que precisam ser verificadas após a regra ser disparada, mas antes que a ação seja executada. Por fim, as ações a serem tomadas são especificadas como um bloco PL/SQL, que normalmente contém um ou mais comandos SQL ou chamadas para executar procedimentos externos.

[3] Conforme veremos, também é possível especificar BEFORE em vez de AFTER, que indica que a regra é disparada *antes que o evento de disparo seja executado*.

[4] Novamente, veremos que uma alternativa é disparar a regra *apenas uma vez*, mesmo que várias linhas (tuplas) sejam afetadas pelo evento de disparo.

```
(a) R1: CREATE TRIGGER Salario_total1
        AFTER INSERT ON FUNCIONARIO
        FOR EACH ROW
        WHEN ( NEW.Numero_departamento IS NOT NULL )
            UPDATE DEPARTAMENTO
            SET Salario_total = Salario_total + NEW.Salario
            WHERE Numero_departamento = NEW.Numero_departamento;
    R2: CREATE TRIGGER Salario_total2
        AFTER UPDATE OF Salario ON FUNCIONARIO
        FOR EACH ROW
        WHEN ( NEW.Numero_departamento IS NOT NULL )
            UPDATE DEPARTAMENTO
            SET Salario_total = Salario_total + NEW.Salario – OLD.Salario
            WHERE Numero_departamento = NEW.Numero_departamento;
    R3: CREATE TRIGGER Salario_total3
        AFTER UPDATE OF Numero_departamento ON FUNCIONARIO
        FOR EACH ROW
            BEGIN
            UPDATE DEPARTAMENTO
            SET Salario_total = Salario_total + NEW.Salario
            WHERE Numero_departamento = NEW.Numero_departamento;
            UPDATE DEPARTAMENTO
            SET Salario_total = Salario_total – OLD.Salario
            WHERE Numero_departamento = OLD.Numero_departamento;
            END;
    R4: CREATE TRIGGER Salario_total4
        AFTER DELETE ON FUNCIONARIO
        FOR EACH ROW
        WHEN ( OLD.Numero_departamento IS NOT NULL )
            UPDATE DEPARTAMENTO
            SET Salario_total = Salario_total – OLD.Salario
            WHERE Numero_departamento = OLD.Numero_departamento;
(b) R5: CREATE TRIGGER Informar_supervisor1
        BEFORE INSERT OR UPDATE OF Salario, Cpf_supervisor
            ON FUNCIONARIO
        FOR EACH ROW
        WHEN ( NEW.Salario > ( SELECT Salario FROM FUNCIONARIO
                               WHERE Cpf = NEW.Cpf_supervisor ) )
                informar_supervisor (NEW.Cpf_supervisor, NEW.Cpf );
```

Figura 26.2 Especificando regras ativas como triggers na notação do Oracle. (a) Triggers para manter automaticamente a consistência de Salario_total de DEPARTAMENTO. (b) Trigger para comparar o salário de um funcionário com o de seu supervisor.

As quatro triggers (regras ativas) R1, R2, R3 e R4 ilustram uma série de recursos das regras ativas. Primeiro, os **eventos** básicos que podem ser especificados para disparar as regras são os comandos de atualização da SQL padrão: INSERT, DELETE e UPDATE. Eles são especificados pelas palavras-chave **INSERT, DELETE** e **UPDATE** na notação Oracle. No caso de UPDATE, podem-se especificar os atributos a serem atualizados — por exemplo, ao escrever **UPDATE OF** Salario, Numero_departamento. Segundo, o projetista da regra precisa ter um modo de se referir às tuplas inseridas, excluídas ou modificadas pelo evento de disparo. As palavras-chave **NEW** e **OLD** são empregadas na notação Oracle; NEW é utilizada para se referir a uma tupla recém-inserida ou recém-atualizada, enquanto OLD é usada para se referir a uma tupla excluída ou a uma tupla antes que ela seja atualizada.

Assim, a regra R1 é disparada após uma operação INSERT ser aplicada à relação FUNCIONARIO. Em R1, a condição (**NEW.**Numero_departamento **IS NOT NULL**) é verificada e, se for avaliada como verdadeira, significando que a tupla de funcionário recém-inserida está relacionada a um departamento, então a ação é executada. A ação atualiza a(s) tupla(s) de DEPARTAMENTO relacionada(s) ao funcionário recém-inserido, acrescentando seu salário (**NEW**.Salario) ao atributo Salario_total de seu departamento relacionado.

A regra R2 é semelhante à R1, mas é disparada por uma operação UPDATE que atualiza o SALARIO de um funcionário, em vez de por um INSERT. A regra R3 é disparada por uma atualização no atributo Numero_departamento de FUNCIONARIO, o que significa alterar a designação de um funcionário de um departamento para outro. Não existe condição a verificar em R3, de modo que a ação é executada sempre que o evento de disparo ocorre. A ação atualiza tanto o departamento antigo quanto o novo dos funcionários redesignados, somando seu salário a Salario_total de seu *novo* departamento e subtraindo seu salário do Salario_total de seu *antigo* departamento. Observe que isso deve funcionar mesmo que o valor de Numero_departamento seja NULL, pois nesse caso nenhum departamento será selecionado para a ação da regra.[5]

É importante notar o efeito da cláusula FOR EACH ROW, que significa que a regra é disparada separadamente *para cada tupla*. Isso é conhecido como uma **trigger de nível de linha.** Se essa cláusula fosse omitida, a trigger seria conhecida como uma **trigger em nível de sentença,** e seria disparada uma vez para cada comando de disparo. Para ver a diferença, considere a seguinte operação de atualização, que gera um aumento de 10% para todos os funcionários designados para o departamento 5. Essa operação seria um evento que dispara a regra R2:

```
UPDATE  FUNCIONARIO
SET     Salario = 1,1 * Salario
WHERE   Numero_departamento = 5;
```

Como o comando anterior poderia atualizar vários registros, uma regra que usa a semântica em nível de linha, como R2 na Figura 26.2, seria disparada *uma vez para cada linha*, ao passo que uma regra que utiliza a semântica em nível de sentença é disparada *apenas uma vez*. O sistema Oracle permite que o usuário escolha qual dessas opções deve ser usada para cada regra. A inclusão da cláusula opcional FOR EACH ROW cria uma trigger em nível de linha, e omiti-la cria uma trigger em nível de sentença. Observe que as palavras-chave NEW e OLD só podem ser utilizadas com triggers em nível de linha.

Como um segundo exemplo, suponha que queiramos verificar sempre se o salário de um funcionário é maior que o salário de seu supervisor direto. Vários eventos podem disparar essa regra: inserir um novo funcionário, alterar o salário de um funcionário ou alterar o supervisor de um funcionário. Suponha que a ação a tomar seja chamar um procedimento externo informar_supervisor,[6] que notificará o supervisor. A regra poderia, então, ser escrita como em R5 [ver Figura 26.2(b)].

A Figura 26.3 mostra a sintaxe para especificar algumas das principais opções disponíveis nas triggers do Oracle. Na Seção 26.1.5, descreveremos a sintaxe para as triggers no padrão SQL-99.

Figura 26.3 Um resumo de sintaxe para especificar triggers no sistema Oracle (apenas opções principais).

```
<trigger>           ::= CREATE TRIGGER <nome trigger>
                        ( AFTER | BEFORE ) <eventos disparo> ON <nome tabela>
                        [ FOR EACH ROW ]
                        [ WHEN <condição> ]
                        <acoes trigger> ;
<eventos disparo>   ::= <evento trigger> {OR <evento trigger> }
<evento trigger >   ::= INSERT | DELETE | UPDATE [ OF <nome coluna> {, <nome
                           coluna> } ]
< acoes trigger >   ::= <bloco PL/SQL>
```

[5] R1, R2 e R4 também podem ser escritas sem uma condição. Porém, pode ser mais eficiente executá-las com a condição, pois a ação não é chamada, a menos que seja exigida.

[6] Considerando que um procedimento externo apropriado tenha sido declarado. Esse é um recurso que está disponível na SQL-99 e em padrões posteriores.

26.1.2 Questões de projeto e implementação para bancos de dados ativos

A seção anterior forneceu uma visão geral de alguns dos principais conceitos para especificar regras ativas. Nesta seção, discutimos algumas questões adicionais referentes à forma como as regras são projetadas e implementadas. A primeira questão está relacionada à ativação, desativação e agrupamento de regras. Além de criar regras, um sistema de banco de dados ativo deve permitir que os usuários *ativem*, *desativem* e *removam* regras ao referir-se a seus nomes de regra. Uma **regra desativada** não será disparada pelo evento de disparo. Esse recurso permite que os usuários seletivamente desativem regras por certos períodos quando elas não forem necessárias. O **comando de ativação** tornará a regra ativa novamente. O **comando de remoção** exclui a regra do sistema. Outra opção é agrupar as regras em **conjuntos de regras** nomeados, de modo que o conjunto inteiro de regras possa ser ativado, desativado ou removido. Também é útil ter um comando que possa disparar uma regra ou conjunto de regras por meio de um comando **PROCESS RULES** explícito, emitido pelo usuário.

A segunda questão diz respeito a se a ação disparada deve ser executada *antes*, *depois*, *no lugar de* ou *juntamente com* o evento de disparo. Uma **trigger before** executa a trigger antes de executar o evento que a causou. Ela pode ser usada em aplicações como a verificação de violações de restrição. Uma **trigger after** executa a trigger depois de executar o evento, e pode ser usada em aplicações como a manutenção de dados derivados e o monitoramento de eventos e condições específicas. Uma **trigger instead of** executa a trigger em vez de executar o evento, e pode ser utilizada em aplicações como executar atualizações correspondentes sobre relações básicas em resposta a um evento que é uma atualização de uma visão.

Uma questão relacionada é se a ação que está sendo executada deve ser considerada como uma *transação separada* ou se deve fazer parte da mesma transação que disparou a regra. Tentaremos categorizar as diversas opções. É importante observar que nem todas as opções podem estar disponíveis para determinado sistema de banco de dados ativo. De fato, a maioria dos sistemas comerciais é *limitada a uma ou duas das opções* que discutiremos em seguida.

Vamos supor que o evento de disparo ocorra como parte da execução de uma transação. Devemos considerar primeiro as diversas opções de como o evento de disparo está relacionado à avaliação da condição da regra. A *avaliação de condição* da regra também é conhecida como **consideração da regra,** pois a ação deve ser executada somente depois de considerar se a condição é avaliada como verdadeira ou falsa. Existem três possibilidades principais para a consideração da regra:

1. **Consideração imediata.** A condição é avaliada como parte da mesma transação que o evento de disparo, e é avaliada *imediatamente*. Este caso pode ser categorizado ainda em três opções:
   - Avaliar a condição *antes* de executar o evento de disparo.
   - Avaliar a condição *depois* de executar o evento de disparo.
   - Avaliar a condição *em vez de* executar o evento de disparo.
2. **Consideração adiada.** A condição é avaliada ao final da transação que incluiu o evento de disparo. Neste caso, pode haver muitas regras disparadas esperando para ter suas condições avaliadas.
3. **Consideração separada.** A condição é avaliada como uma transação separada, gerada com base na transação de disparo.

O próximo conjunto de opções refere-se ao relacionamento entre a avaliação da condição de regra e a *execução* da ação da regra. Aqui, novamente, três opções são possíveis: execução **imediata, adiada** ou **separada.** A maioria dos sistemas ativos utiliza a primeira opção. Ou seja, assim que a condição é avaliada, se ela retornar verdadeiro, a ação é executada *imediatamente*.

O sistema Oracle (ver Seção 26.1.1) utiliza o modelo de *consideração imediata*, mas permite que o usuário especifique para cada regra se a opção *before* ou *after* deve ser usada com a avaliação de condição imediata. Ele também usa o modelo de *execução imediata*. O sistema STARBURST (ver Seção 26.1.3) tem a opção de *consideração adiada*, significando que todas as regras disparadas por uma transação esperam até que a transação de disparo alcance seu fim e emita seu comando COMMIT WORK antes que as condições da regra sejam avaliadas.[7]

Outra questão referente a regras de banco de dados ativo é a distinção entre *regras em nível de linha* e *regras em nível de sentença*. Como as instruções de atualização SQL (que atuam como eventos de disparo) podem especificar um conjunto de tuplas, é preciso distinguir se a regra deve ser considerada uma vez para o *comando inteiro* ou se deve ser considerada separadamente *para cada linha* (ou seja, tupla) afetada pelo comando. O padrão SQL-99 (ver Seção 26.1.5) e o sistema Oracle (ver Seção 26.1.1) permitem que o usuário escolha qual das opções deve ser usada para cada regra, enquanto o STARBURST utiliza apenas a semântica em nível de comando. Daremos exemplos de como as triggers em nível de sentença podem ser especificadas na Seção 26.1.3.

Uma das dificuldades que podem ter limitado o uso generalizado de regras ativas, apesar de seu potencial para simplificar o desenvolvimento de banco de dados e software, é que não existem técnicas de fácil utilização para projetar, escrever e verificar regras. Por exemplo, é muito difícil verificar se um conjunto de regras é **consistente**, significando que duas ou mais regras no conjunto não contradizem uma à outra. É difícil garantir o **término** de um conjunto de regras sob todas as circunstâncias. Para ilustrar o problema do término resumidamente, considere as regras da Figura 26.4. Aqui, a regra R1 é disparada por um evento INSERT na TABELA1, e sua ação inclui um evento de atualização em Atributo1 de TABELA2. Porém, o evento de disparo da regra R2 é um evento UPDATE em Atributo1 de TABELA2, e sua ação inclui um evento INSERT na TABELA1. Nesse exemplo, é fácil ver que essas duas regras podem disparar uma à outra indefinidamente, levando a um ciclo sem fim. Contudo, se dezenas de regras forem escritas, é muito difícil determinar se o término é garantido ou não.

Se as regras ativas tiverem de alcançar seu potencial, é necessário desenvolver ferramentas para o projeto, depuração e monitoramento de regras ativas que possam ajudar os usuários a projetar e a depurar suas regras.

Figura 26.4 Um exemplo para ilustrar o problema de término para regras ativas.

```
R1: CREATE TRIGGER T1
    AFTER INSERT ON TABELA1
    FOR EACH ROW
        UPDATE TABELA2
        SET Atributo1 = ... ;
R2: CREATE TRIGGER T2
    AFTER UPDATE OF Atributo1 ON TABELA2
    FOR EACH ROW
        INSERT INTO TABELA1 VALUES ( ... );
```

26.1.3 Exemplos de regras ativas em nível de sentença no STARBURST

Agora, oferecemos alguns exemplos para ilustrar como as regras podem ser especificadas no SGBD experimental STARBURST. Isso nos permitirá demonstrar como as regras em nível de sentença podem ser escritas, pois estes são os únicos tipos de regras permitidas no STARBURST.

[7] O STARBURST também permite que o usuário inicie a consideração da regra explicitamente por meio do comando PROCESS RULES.

As três regras ativas R1S, R2S e R3S da Figura 26.5 correspondem às três primeiras regras da Figura 26.2, mas elas usam a notação do STARBURST e a semântica em nível de sentença. Podemos explicar a estrutura da regra com a regra R1S. O comando CREATE RULE especifica um nome de regra — Salario_total1 para R1S. A cláusula ON especifica a relação na qual a regra é especificada — FUNCIONARIO para R1S. A cláusula WHEN é usada para especificar os **eventos** que disparam a regra.[8] A cláusula IF *opcional* é utilizada para especificar quaisquer **condições** que precisam ser verificadas. Finalmente, usa-se a cláusula THEN para especificar as **ações** a serem tomadas, que normalmente são um ou mais comandos SQL.

No STARBURST, os eventos básicos que podem ser especificados para disparar as regras são os comandos de atualização SQL padrão: INSERT, DELETE e UPDATE.

```
R1S: CREATE RULE Salario_total1 ON FUNCIONARIO
     WHEN      INSERTED
     IF        EXISTS   ( SELECT * FROM INSERTED WHERE Numero_departamento
                           IS NOT NULL )
     THEN      UPDATE    DEPARTAMENTO AS D
               SET       D.Salario_total = D.Salario_total +
                        ( SELECT SUM (I.Salario) FROM INSERTED AS I WHERE
                           D.Numero_departamento = I.Numero_departamento )
               WHERE     D.Numero_departamento IN ( SELECT Numero_
                           departamento FROM INSERTED );
R2S: CREATE RULE Salario_total2 ON FUNCIONARIO
     WHEN      UPDATED   (   Salario )
     IF        EXISTS   ( SELECT * FROM NEW-UPDATED
                           WHERE Numero_departamento IS NOT NULL )
               OR EXISTS(SELECT * FROM OLD-UPDATED
                           WHERE Numero_departamento IS NOT NULL )
     THEN      UPDATE    DEPARTAMENTO AS D
               SET       D.Salario_total = D.Salario_total +
                        ( SELECT SUM (N.Salario) FROM NEW-UPDATED AS N WHERE
                           D.Numero_departamento = N.Numero_departamento ) –
                        ( SELECT SUM (O.Salario) FROM OLD-UPDATED AS O
                          WHERE D.Numero_departamento = O.Numero_
                           departamento )
               WHERE     D.Numero_departamento IN ( SELECT Numero_departamento
                           FROM NEW-UPDATED ) OR
                         D.Numero_departamento IN ( SELECT Numero_
                           departamento FROM OLD-UPDATED );
R3S: CREATE RULE Salario_total3 ON FUNCIONARIO
     WHEN      UPDATED   (   Numero_departamento )
     THEN      UPDATE    DEPARTAMENTO AS D
               SET       D.Salario_total = D.Salario_total +
                        ( SELECT SUM (N.Salario) FROM NEW-UPDATED AS N WHERE
                           D.Numero_departamento = N.Numero_departamento )
               WHERE     D.Numero_departamento IN ( SELECT Numero_
                           departamento FROM NEW-UPDATED );
               UPDATE    DEPARTAMENTO AS D
               SET       D.Salario_total = D.Salario_total –
                        ( SELECT SUM (O.Salario) FROM OLD-UPDATED AS O WHERE
                           D.Numero_departamento = O.Numero_departamento )
               WHERE     D. Numero_departamento IN ( SELECT Numero_
                           departamento FROM OLD-UPDATED );
```

Figura 26.5 Regras ativas usando semântica em nível de sentença na notação do STARBURST.

[8] Observe que a palavra-chave WHEN especifica *eventos* no STARBURST, mas serve para especificar a regra *condição* em SQL e triggers Oracle.

Estes são especificados pelas palavras-chave **INSERTED, DELETED** e **UPDATED** na notação do STARBURST. Segundo, o projetista de regra precisa ter um modo de referenciar as tuplas que foram modificadas. As palavras-chave **INSERTED, DELETED, NEW-UPDATED** e **OLD-UPDATED** são empregadas na notação do STARBURST para se referirem a quatro **tabelas de transição** (relações) que incluem as tuplas recém-inseridas, as tuplas excluídas, as tuplas atualizadas *antes* que fossem atualizadas e as tuplas atualizadas *depois* que foram atualizadas, respectivamente. Obviamente, dependendo dos eventos de disparo, somente algumas dessas tabelas de transição podem estar disponíveis. O escritor da regra pode se referir a essas tabelas ao escrever suas partes de condição e ação. As tabelas de transição contêm tuplas do mesmo tipo que aquelas na relação especificada na cláusula ON da regra — para R1S, R2S e R3S, esta é a relação FUNCIONARIO.

Na semântica em nível de sentença, o projetista da regra só pode se referir às tabelas de transição como um todo, e a regra é disparada apenas uma vez, de modo que as regras precisam ser escritas de forma diferente daquela para a semântica em nível de linha. Como várias tuplas de funcionários podem ser inseridas em um único comando de inserção, temos de verificar se *pelo menos uma* das tuplas de funcionário recém-inseridas está relacionada a um departamento. Em R1S, a condição

EXISTS (**SELECT** * **FROM INSERTED WHERE** Numero_departamento **IS NOT NULL**)

é verificada e, se for avaliada como verdadeiro, a ação é executada. A ação atualiza em um único comando as tuplas de DEPARTAMENTO relacionadas aos funcionários recém-inseridos ao acrescentar seus salários ao atributo Salario_total de cada departamento relacionado. Como mais de um funcionário recém-inserido pode pertencer ao mesmo departamento, usamos a função de agregação SUM para garantir que todos os seus salários sejam atualizados.

A regra R2S é semelhante à R1S, mas é disparada por uma operação UPDATE que atualiza o salário de um ou mais funcionários, em vez de um INSERT. A regra R3S é disparada por uma atualização no atributo Numero_departamento de FUNCIONARIO, que significa alterar a designação de um ou mais funcionários de um departamento para outro. Não existe condição em R3S, de modo que a ação é executada sempre que o evento de disparo ocorre.[9] A ação atualiza tanto o(s) departamento(s) antigo(s) quanto o(s) departamento(s) novo(s) dos funcionários redesignados, somando seu salário a Salario_total de cada departamento *novo* e subtraindo-o de Salario_total de cada departamento *antigo*.

Em nosso exemplo, é mais complexo escrever as regras em nível de sentença que em nível de linha, como pode ser ilustrado ao se comparar as figuras 26.2 e 26.5. No entanto, essa não é uma regra, e outros tipos de regras ativas podem ser mais fáceis de especificar quando se usa a notação em nível de sentença do que quando se usa a notação em nível de linha.

O modelo de execução para regras ativas no STARBURST usa a **consideração adiada**. Ou seja, todas as regras disparadas em uma transação são colocadas em um conjunto — chamado **conjunto de conflito** — que não é considerado para a avaliação de condições e execução até que a transação termine (emitindo seu comando COMMIT WORK). O STARBURST também permite que o usuário inicie explicitamente a consideração da regra no meio de uma transação por meio de um comando PROCESS RULES explícito. Como várias regras precisam ser avaliadas, é necessário especificar uma ordem entre as regras. A sintaxe para a declaração da regra no STARBURST permite a especificação da *ordenação* entre as regras para instruir o

[9] Assim como nos exemplos do Oracle, as regras R1S e R2S podem ser escritas sem uma condição. Porém, pode ser mais eficiente executá-las com a condição, já que a ação não é chamada a menos que seja exigida.

sistema sobre a ordem em que um conjunto de regras deve ser considerado.[10] Além disso, as tabelas de transição — INSERTED, DELETED, NEW-UPDATED e OLD-UPDATED — contêm o *efeito de entrelaçamento* (net effect) de todas as operações na transação que afetaram cada tabela, pois múltiplas operações podem ter sido aplicadas a cada tabela durante a transação.

26.1.4 Aplicações em potencial para bancos de dados ativos

Agora, discutimos rapidamente algumas das aplicações em potencial das regras ativas. Obviamente, uma aplicação importante é permitir a **notificação** de certas condições que ocorrem. Por exemplo, um banco de dados ativo pode ser usado para monitorar, digamos, a temperatura de uma fornalha industrial. A aplicação pode inserir periodicamente no banco de dados os registros de leitura de temperatura vindos diretamente dos sensores de temperatura, e regras ativas podem ser escritas, que são disparadas sempre que um registro de temperatura for inserido, com uma condição que verifica se a temperatura excede o nível de perigo e resulta na ação para disparar um alarme.

As regras ativas também podem ser usadas para **impor restrições de integridade** ao especificar os tipos de eventos que podem fazer que as restrições sejam violadas e, depois, avaliar condições apropriadas que verificam se as restrições são realmente violadas pelo evento ou não. Logo, restrições complexas da aplicação, normalmente conhecidas como **regras de negócios**, podem ser impostas dessa forma. Por exemplo, na aplicação de banco de dados UNIVERSIDADE, uma regra pode monitorar a média dos alunos sempre que uma nova nota for inserida, e pode alertar o orientador se a média de um aluno ficar abaixo de certo patamar. Outra regra pode verificar se os pré-requisitos da disciplina são satisfeitos antes de permitir que um aluno matricule-se em uma disciplina; e assim por diante.

Outras aplicações incluem a **manutenção automática de dados derivados**, como os exemplos das regras de R1 a R4 que mantêm o atributo derivado Salario_total sempre que tuplas de funcionário individual são modificadas. Uma aplicação semelhante é usar regras ativas para manter a consistência de **visões materializadas** (ver Seção 5.3) sempre que as relações básicas são modificadas. Como alternativa, uma operação de atualização especificada em uma visão pode ser um evento de disparo, que pode ser convertido para atualizações nas relações básicas ao usar uma trigger *instead of*. Essas aplicações também são relevantes para as novas tecnologias de data warehousing (ver Capítulo 29). Uma aplicação relacionada mantém que **tabelas replicadas** são consistentes ao especificar regras que modificam as réplicas sempre que a tabela mestre é modificada.

26.1.5 Triggers na SQL-99

As triggers na SQL-99 e padrões posteriores são muito semelhantes aos exemplos que discutimos na Seção 26.1.1, com algumas pequenas diferenças sintáticas. Os **eventos** básicos que podem ser especificados para disparar as regras são os comandos de atualização SQL padrão: INSERT, DELETE e UPDATE. No caso de UPDATE, podem-se especificar os atributos a serem atualizados. Tanto as triggers em nível de linha quanto em nível de comando são permitidas, indicadas na trigger pelas cláusulas FOR EACH ROW e FOR EACH STATEMENT, respectivamente. Uma diferença sintática é que a trigger pode especificar nomes de variável de tupla em particular para as tuplas antiga e nova em vez de usar as palavras-chave NEW e OLD, como mostrado na Figura 26.2. A trigger T1 da Figura 26.6 mostra como a trigger em nível de linha R2

[10] Se nenhuma ordem for especificada entre um par de regras, a ordem default do sistema é baseada na colocação da regra declarada primeiro, antes da outra regra.

Figura 26.6 Trigger T1 ilustrando a sintaxe para definir triggers na SQL-99.

```
T1: CREATE TRIGGER Salario_total1
    AFTER UPDATE OF Salario ON FUNCIONARIO
    REFERENCING OLD ROW AS O, NEW ROW AS N
    FOR EACH ROW
    WHEN ( N.Numero_departamento IS NOT NULL )
    UPDATE DEPARTAMENTO
    SET Salario_total = Salario_total + N.Salario – O.Salario
    WHERE Numero_departamento = N.Numero_departamento;
T2: CREATE TRIGGER Salario_total2
    AFTER UPDATE OF Salario ON FUNCIONARIO
    REFERENCING OLD TABLE AS O, NEW TABLE AS N
    FOR EACH STATEMENT
    WHEN    EXISTS  ( SELECT * FROM N WHERE N.Numero_departamento IS NOT
                      NULL ) OR
            EXISTS  ( SELECT * FROM O WHERE O.Numero_departamento IS NOT
                      NULL )
    UPDATE DEPARTAMENTO AS D
    SET D.Salario_total = D.Salario_total
    + (  SELECT SUM (N.Salario) FROM N
         WHERE D.Numero_departamento=N.Numero_departamento )
    – (  SELECT SUM (O.Salario) FROM O
         WHERE D.Numero_departamento=O.Numero_departamento )
    WHERE Numero_departamento IN ( ( SELECT Numero_departamento FROM N )
    UNION ( SELECT Numero_departamento FROM O ) );
```

da Figura 26.2(a) pode ser especificada na SQL-99. Dentro da cláusula REFERENCING, nomeamos variáveis de tupla (apelidos) O e N para nos referirmos à tupla OLD (antes da modificação) e à tupla NEW (após a modificação), respectivamente. A trigger T2 da Figura 26.6 mostra como a trigger em nível de sentença R2S da Figura 26.5 pode ser especificada na SQL-99. Para uma trigger em nível de sentença, a cláusula REFERENCING é usada para se referir à tabela de todas as tuplas novas (recém-inseridas ou recém-atualizadas) como N, enquanto a tabela de todas as tuplas antigas (tuplas excluídas ou tuplas antes que sejam atualizadas) é referenciada como O.

26.2 Conceitos de banco de dados temporal

Bancos de dados temporais, no sentido mais amplo, abrangem todas as aplicações de banco de dados que exigem algum aspecto de tempo quando organizam suas informações. Logo, eles oferecem um bom exemplo para ilustrar a necessidade de desenvolver um conjunto de conceitos de unificação para os desenvolvedores de aplicação usarem. Aplicações de banco de dados temporal têm sido desenvolvidas desde o início do uso do banco de dados. Porém, na criação dessas aplicações, fica principalmente a cargo dos projetistas e desenvolvedores de aplicação descobrir, projetar, programar e implementar os conceitos temporais de que eles necessitam. Existem muitos exemplos de aplicações em que algum aspecto de tempo é necessário para manter as informações em um banco de dados. Entre eles estão a área de *saúde*, em que históricos de pacientes precisam ser mantidos; *seguro*, em que históricos de reivindicações e sinistros são necessários, bem como informações sobre as datas em que as apólices estão em vigor; *sistemas de reservas* em geral (hotéis, companhias aéreas, aluguel de carros etc.), em que informações sobre datas e horários das reservas são necessárias; *bancos de dados científicos*, em que os dados coletados de experimentos incluem o horário em que cada dado é medido; e assim por diante. Até mesmo os dois exemplos usados neste livro podem ser facilmente expandidos para aplicações temporais. No banco de dados EMPRESA, podemos querer manter históricos de SALARIO, CARGO e PROJETO sobre cada funcionário. No banco de dados UNIVERSIDADE, a dimensão de tempo já está incluída em SEMESTRE e ANO de cada TURMA de uma DISCIPLINA, o histórico de notas de um ALUNO e as informações sobre concessões de pesquisa. De fato, é correto concluir que a maioria das aplicações de banco de dados possui alguma informação temporal. Porém, os usuários normalmente tentam simplificar ou ignorar os aspectos temporais por causa da complexidade que eles acrescentam às suas aplicações.

Nesta seção, apresentaremos alguns dos conceitos desenvolvidos para lidar com a complexidade das aplicações de bancos de dados temporais. A Seção 26.2.1 contém uma visão geral de como o tempo é representado nos bancos de dados, os diferentes tipos de informações temporais e algumas das diferentes dimensões do tempo que podem ser necessárias. A Seção 26.2.2 discute como o tempo pode ser incorporado nos bancos de dados relacionais. A Seção 26.2.3 oferece algumas opções adicionais para representar o tempo, possíveis nos modelos de banco de dados que permitem objetos estruturados complexos, como bancos de dados de objeto. A Seção 26.2.4 introduz operações para consulta de bancos de dados temporais e oferece uma breve visão geral da linguagem TSQL2, que estende a SQL com conceitos temporais. A Seção 26.2.5 focaliza os dados de série temporal, que é um tipo de dado temporal muito importante na prática.

26.2.1 Representação de tempo, calendários e dimensões de tempo

Para bancos de dados temporais, o tempo é considerado uma *sequência ordenada* de **pontos** em alguma **granularidade** determinada pela aplicação. Por exemplo, suponha que alguma aplicação temporal nunca exija unidades de tempo menores que um segundo. Então, cada ponto no tempo representa um segundo usando essa granularidade. Na realidade, cada segundo é uma (curta) *duração de tempo*, e não um ponto, pois ele pode ser dividido ainda em milissegundos, microssegundos, e assim por diante. Os pesquisadores de banco de dados temporal têm usado o termo **crônon** em vez de *ponto* para descrever essa granularidade mínima para determinada aplicação. A principal consequência da escolha de uma granularidade mínima — digamos, um segundo — é que os eventos que ocorrem no mesmo segundo serão considerados *eventos simultâneos*, embora na realidade eles possam não ser.

Como não existe um início ou fim conhecido para o tempo, é preciso que haja um ponto de referência para medir pontos específicos no tempo. Diversos calendários são usados por várias culturas (como o gregoriano ou ocidental, o chinês, o islâmico, o hindu, o judeu, o cóptico etc.), com diferentes pontos de referência. Um **calendário** organiza o tempo em diferentes unidades por conveniência. A maioria dos calendários agrupa 60 segundos em um minuto, 60 minutos em uma hora, 24 horas em um dia (com base no tempo físico da rotação da Terra em relação a seu eixo) e sete dias em uma semana. Outros agrupamentos de dias em meses e de meses em anos seguem o fenômeno natural solar ou lunar e geralmente são irregulares. No calendário gregoriano, usado na maioria dos países ocidentais, os dias são agrupados em meses, que têm 28, 29, 30 ou 31 dias, e 12 meses são agrupados em um ano. Fórmulas complexas são utilizadas para mapear as diferentes unidades de tempo entre si.

Na SQL2, os tipos de dados temporais (ver Capítulo 6) incluem DATE (especificando dia, mês e ano como DD-MM-AAAA), TIME (especificando hora, minuto e segundo como HH:MM:SS), TIMESTAMP (especificando uma combinação de data/hora, com opções para incluir divisões de subsegundo, se forem necessárias), INTERVAL (uma duração de tempo relativa, como 10 dias ou 250 minutos) e PERIOD (uma duração de tempo *ancorada* com um ponto de partida fixo, como o período de 10 dias desde 1 de janeiro de 2019 até 10 de janeiro de 2019, inclusive).[11]

---

[11] Infelizmente, a terminologia não tem sido usada de forma consistente. Por exemplo, o termo *interval* normalmente é usado para indicar uma duração ancorada. Por coerência, usaremos a terminologia da SQL.

Informação de evento *versus* informação de duração (ou estado). Um banco de dados temporal ainda armazenará informações referentes a quando certos eventos ocorrem, ou quando certos fatos são considerados verdadeiros. Existem vários tipos de informações temporais. **Eventos** ou **fatos pontuais** em geral são associados no banco de dados a um **único ponto no tempo** em alguma granularidade. Por exemplo, um evento de depósito bancário pode ser associado ao rótulo de tempo de quando o depósito foi feito, ou as vendas totais mensais de um produto (fato) podem ser associadas a determinado mês (digamos, fevereiro de 2019). Observe que, embora tais eventos ou fatos possam ter diferentes níveis de granularidade, cada um ainda é associado a um *único valor de tempo* no banco de dados. Esse tipo de informação costuma ser representado como **dado de série temporal**, conforme discutiremos na Seção 26.2.5. **Eventos** ou **fatos de duração**, por sua vez, são associados a um **período** específico no banco de dados.[12] Por exemplo, um funcionário pode ter trabalhado em uma empresa desde 15 de agosto de 2013 até 20 de novembro de 2018.

Um **período de tempo** é representado por seus **pontos inicial e final** [START-TIME, END-TIME]. Por exemplo, o período que acabamos de indicar é representado como [15-08-2013, 20-11-2018]. Esse período normalmente é interpretado para indicar o *conjunto de todos os pontos de tempo* desde a data inicial até a data final, inclusive na granularidade especificada. Logo, considerando a granularidade de dia, o período [15-08-2013, 20-11-2018] representa o conjunto de todos os dias desde 15 de agosto de 2013 até 20 de novembro de 2018, inclusive.[13]

Dimensões de tempo válido e tempo de transação. Dado um evento ou fato em particular, associado a um ponto no tempo ou período em particular no banco de dados, a associação pode ser interpretada para indicar coisas diferentes. A interpretação mais natural é que o tempo associado é a hora em que o evento ocorreu, ou o período durante o qual o fato foi considerado como verdadeiro *no mundo real*. Se essa interpretação for usada, o tempo associado com frequência é conhecido como **tempo válido**. Um banco de dados temporal que usa essa interpretação é chamado de **banco de dados de tempo válido**.

Contudo, uma interpretação diferente pode ser utilizada, na qual o tempo associado refere-se ao momento em que a informação foi realmente armazenada no banco de dados; ou seja, é o valor do clock de tempo do sistema quando a informação é válida *no sistema*.[14] Nesse caso, o tempo associado é chamado de **tempo de transação**. Um banco de dados temporal que usa essa interpretação é chamado de **banco de dados de tempo de transação**.

Outras interpretações também podem ser intencionadas, mas essas são consideradas as mais comuns e conhecidas como **dimensões de tempo**. Em algumas aplicações, somente uma das dimensões é necessária e, em outros casos, as duas dimensões de tempo são necessárias, quando o banco de dados temporal é chamado de **banco de dados bitemporal**. Se outras interpretações forem intencionadas para o tempo, o usuário pode definir a semântica e programar as aplicações devidamente, e ele é chamado de **tempo definido pelo usuário**.

A próxima seção mostra como esses conceitos podem ser incorporados aos bancos de dados relacionais, e a Seção 26.2.3 aborda uma técnica para incorporar os conceitos temporais em bancos de dados de objeto.

---

[12] Isso é o mesmo que uma *duração ancorada*. Também tem sido constantemente chamado de *intervalo de tempo*, mas, para evitar confusão, usaremos *período* para sermos coerentes com a terminologia da SQL.

[13] A representação [15-08-2013, 20-11-2018] é chamada de representação de *intervalo fechado*. Também é possível usar um *intervalo aberto*, indicado como [15-08-2013, 21-11-2018), em que o conjunto de pontos não inclui o ponto final. Embora essa última representação às vezes seja mais conveniente, usaremos os intervalos fechados, exceto quando indicado de outra forma.

[14] A explicação é mais extensa, conforme veremos na Seção 26.2.3.

26.2.2 Incorporando o tempo nos bancos de dados relacionais com versionamento de tupla

Relações de tempo válidas. Vamos agora ver como diferentes tipos de bancos de dados temporais podem ser representados no modelo relacional. Primeiro, suponha que queiramos incluir o histórico das mudanças conforme ocorrem no mundo real. Considere novamente o banco de dados da Figura 26.1, e vamos supor que, para essa aplicação, a granularidade seja em nível de dia. Então, poderíamos converter as duas relações FUNCIONARIO e DEPARTAMENTO para **relações de tempo válidas** ao acrescentar os atributos Tiv (Tempo Inicial Válido) e Tfv (Tempo Final Válido), cujo tipo de dado é DATE, a fim de oferecer granularidade de dia. Isso é mostrado na Figura 26.7(a), em que as relações foram renomeadas para FUNCIONARIO_TV e DEPARTAMENTO_TV, respectivamente.

Considere como a relação FUNCIONARIO_TV difere da relação não temporal FUNCIONARIO (Figura 26.1).[15] Em FUNCIONARIO_TV, cada tupla V representa uma **versão** da informação de um funcionário que é válida (no mundo real) apenas durante o período [V.Tiv, V.Tfv], ao passo que em FUNCIONARIO cada tupla representa apenas o estado ou a versão atual de cada funcionário. Em FUNCIONARIO_TV, a **versão atual** de cada funcionário normalmente tem um valor especial, *now*, como seu tempo final válido. Esse valor especial, ***now***, é uma **variável temporal** que implicitamente representa a hora atual à medida que o tempo progride. A relação não temporal FUNCIONARIO só incluiria as tuplas da relação FUNCIONARIO_TV cujo Tfv é *now*.

A Figura 26.8 mostra algumas versões de tupla nas relações de tempo válido FUNCIONARIO_TV e DEPARTAMENTO_TV. Existem duas versões de Silva, três versões de Wong, uma versão de Braga e uma versão de Lima. Agora, podemos ver como uma relação de tempo válida deve se comportar quando as informações são trocadas. Sempre que um ou mais atributos de um funcionário são **atualizados**, em vez de simplesmente sobrescreverem os valores antigos, como aconteceria em uma relação não temporal, o sistema deve criar outra versão e **fechar** a versão atual ao alterar seu Tfv para o tempo final. Logo, quando o usuário emitiu o comando para atualizar o salário de Silva a partir de 1 de junho de 2013 para R$30.000, a segunda versão

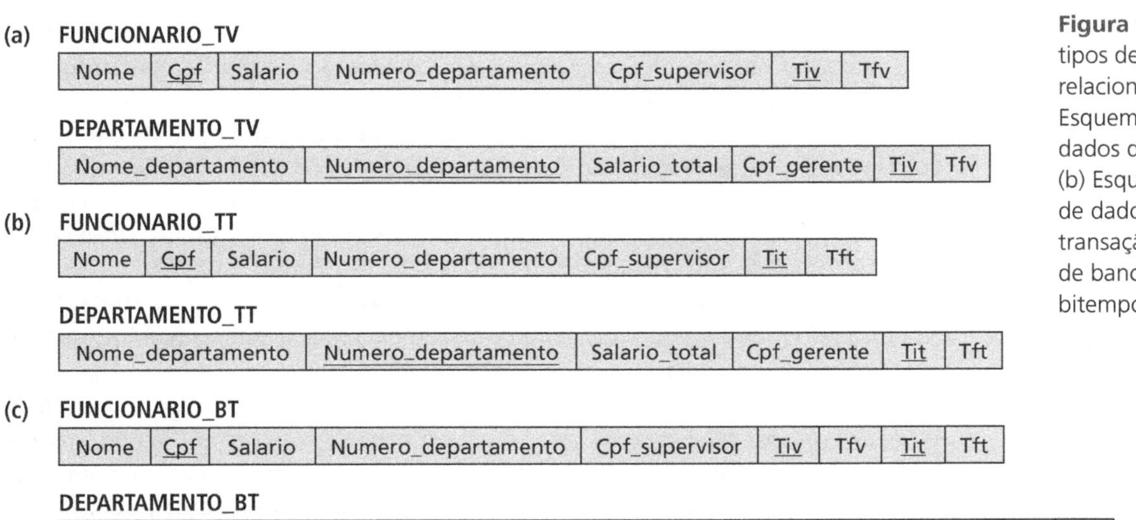

Figura 26.7 Diferentes tipos de bancos de dados relacionais temporais. (a) Esquema de banco de dados de tempo válido. (b) Esquema de banco de dados de tempo de transação. (c) Esquema de banco de dados bitemporal.

[15] Uma relação não temporal também é chamada de **relação de snapshot**, pois mostra apenas o *snapshot atual* ou o *estado atual* do banco de dados.

FUNCIONARIO_TV

Nome	Cpf	Salario	Numero_ departamento	Cpf_supervisor	Tiv	Tfv
Silva	12345678966	25.000	5	33344555587	15-06-2012	31-05-2013
Silva	12345678966	30.000	5	33344555587	01-06-2013	Now
Wong	33344555587	25.000	4	99988777767	20-08-2009	31-01-2011
Wong	33344555587	30.000	5	99988777767	01-02-2011	31-03-2012
Wong	33344555587	40.000	5	88866555576	01-04-2012	Now
Braga	22244777711	28.000	4	99988777767	01-05-2011	10-08-2012
Lima	66688444476	38.000	5	33344555587	01-08-2013	Now

...

DEPARTAMENTO_TV

Nome_departamento	Numero_departamento	Cpf_gerente	Tiv	Tfv
Pesquisa	5	88866555576	20-09-2011	31-03-2012
Pesquisa	5	33344555587	01-04-2012	Now

....

Figura 26.8 Algumas versões de tupla nas relações de tempo válidas FUNCIONARIO_TV e DEPARTAMENTO_TV.

de Silva foi criada (ver Figura 26.8). No momento dessa atualização, a primeira versão de Silva era a versão atual, com *now* como seu Tfv, mas após a atualização *now* foi alterado para 31 de maio de 2013 (um a menos que 1 de junho de 2013, com granularidade de dia), para indicar que a versão se tornou uma **versão fechada** ou **histórica** e que a nova (segunda) versão de Silva agora é a atual.

É importante observar que, em uma relação de tempo válida, o usuário geralmente precisa oferecer o tempo válido de uma atualização. Por exemplo, a atualização de salário de Silva pode ter sido inserida no banco de dados em 15 de maio de 2013, às 8:52:12, digamos, embora a mudança de salário no mundo real tenha sido efetivada em 1 de junho de 2013. Isso é chamado de **atualização proativa**, pois é aplicada ao banco de dados *antes* que se torne efetiva no mundo real. Se a atualização for aplicada ao banco de dados *após* ter se tornado efetiva no mundo real, é chamada de **atualização retroativa.** Uma atualização aplicada ao mesmo tempo em que se torna efetiva é chamada de **atualização simultânea.**

A ação que corresponde a **excluir** um funcionário em um banco de dados não temporal em geral seria aplicada a um banco de dados de tempo válido *ao fechar a versão atual* do funcionário sendo excluído. Por exemplo, se Silva tivesse deixado a empresa a partir de 19 de janeiro de 2014, então isso seria aplicado ao alterar o Tfv da versão atual de Silva de *now* para 19-01-2014. Na Figura 26.8, não existe uma versão atual para Braga, pois presume-se que ele saiu da empresa em 10-08-2012, e foi *excluído logicamente*. Mas, como o banco de dados é temporal, a informação antiga sobre Braga ainda está lá.

A operação para **inserir** um novo funcionário corresponderia a *criar a primeira versão de tupla* para esse funcionário e torná-la a versão ativa, com o Tiv sendo o tempo de efetivação (mundo real) em que o funcionário começa a trabalhar. Na Figura 26.7, a tupla em Lima ilustra isso, pois a primeira versão ainda não foi atualizada.

Observe que, em uma relação de tempo válida, a *chave não temporal*, como Cpf em FUNCIONARIO, não é mais única em cada tupla (versão). A nova chave da relação para FUNCIONARIO_TV é uma combinação da chave não temporal e o atributo de hora de início válido Tiv,[16] de modo que usamos (Cpf, Tiv) como chave primária. Isso porque, em qualquer ponto no tempo, deve haver *no máximo uma versão válida* de cada entidade. Logo, a restrição de que duas versões de tupla quaisquer representando a mesma entidade devem ter *períodos válidos sem interseção* que deve ser mantida nas relações de tempo válidas. Observe que, se o valor da chave primária não temporal puder mudar com o tempo, é importante ter um **atributo de chave substituta** único, cujo valor nunca muda para cada entidade do mundo real, a fim de relacionar todas as versões da mesma entidade do mundo real.

Relações de tempo válidas basicamente acompanham o histórico das mudanças à medida que são efetivadas no *mundo real*. Assim, se todas as mudanças do mundo real são aplicadas, o banco de dados mantém um histórico dos *estados do mundo real* que são representados. No entanto, como atualizações, inserções e exclusões podem ser aplicadas de maneira retroativa ou proativa, não há registro do *estado do banco de dados* real em qualquer ponto no tempo. Se os estados reais do banco de dados forem importantes para uma aplicação, é preciso usar *relações de tempo de transação*.

Relações de tempo de transação. Em um banco de dados de tempo de transação, sempre que uma mudança é aplicada ao banco de dados, o **rótulo de tempo (timestamp)** real da transação que aplicou a mudança (inserção, exclusão ou atualização) é registrado. Esse banco de dados é mais útil quando as mudanças são aplicadas *simultaneamente* na maioria dos casos — por exemplo, em transações de negociações de ações ou bancárias em tempo real. Se convertermos o banco de dados não temporal da Figura 26.1 em um banco de dados de tempo de transação, as duas relações FUNCIONARIO e DEPARTAMENTO são convertidas para **relações de tempo de transação** ao acrescentar os atributos Tit (Tempo Inicial de Transação) e Tft (Tempo Final de Transação), cujo tipo de dados normalmente é TIMESTAMP. Isso aparece na Figura 26.7(b), em que as relações foram renomeadas como FUNCIONARIO_TT e DEPARTAMENTO_TT, respectivamente.

Em FUNCIONARIO_TT, cada tupla *V* representa uma *versão* das informações de um funcionário, que foi criada no tempo real *V*.Tit e (logicamente) removida no tempo real *V*.Tft (porque a informação não estava mais correta). Em FUNCIONARIO_TT, a *versão atual* de cada funcionário costuma ter um valor especial, ***uc*** (**Until Changed** — até ser alterada), como seu tempo final de transação, que indica que a tupla representa informações corretas *até que seja alterada* por alguma outra transação.[17] Um banco de dados de tempo de transação também é chamado de **banco de dados de rollback**,[18] pois um usuário pode reverter logicamente para o estado real do banco de dados em qualquer ponto do passado no tempo *T* ao recuperar todas as versões de tupla *V* cujo período de transação [*V*.Tit, *V*.Tft] inclui o ponto no tempo *T*.

Relações bitemporais. Algumas aplicações exigem tanto o tempo válido quanto o tempo de transação, levando a **relações bitemporais**. Em nosso exemplo, a Figura 26.7(c) mostra como as relações não temporais FUNCIONARIO e DEPARTAMENTO na Figura 26.1 apareceriam como relações bitemporais FUNCIONARIO_BT e DEPARTAMENTO_BT, respectivamente. A Figura 26.9 mostra algumas tuplas nessas relações. Nessas tabelas, as tuplas cujo tempo final de transação Tft é *uc* são aquelas que representam informações atualmente válidas, enquanto as tuplas cujo

[16] Uma combinação da chave não temporal e do atributo de tempo final válido **Tfv** também poderia ser usada.

[17] A variável *uc* nas relações de tempo de transação corresponde à variável *now* nas relações de tempo válido. Contudo, a semântica é ligeiramente diferente.

[18] Aqui, o termo *rollback* não tem o mesmo significado que *rollback de transação* (ver Capítulo 23) durante a recuperação, em que as atualizações de transação são *desfeitas fisicamente*. Em vez disso, aqui as atualizações podem ser *desfeitas logicamente*, permitindo que o usuário examine o banco de dados conforme ele apareceu em um ponto anterior no tempo.

FUNCIONARIO_BT

Nome	Cpf	Salario	Numero_ departamento	Cpf_ supervisor	Tiv	Tfv	Tit	Tft
Silva	12345678966	25.000	5	33344555587	15-06-2012	Atual	08-06-2012, 13:05:58	04-06-2013, 08:56:12
Silva	12345678966	25.000	5	33344555587	15-06-2012	31-05-2013	04-06-2013, 08:56:12	uc
Silva	12345678966	30.000	5	33344555587	01-06-2013	Atual	04-06-2013, 08:56:12	uc
Wong	33344555587	25.000	4	99988777767	20-08-2009	Atual	20-08-2009, 11:18:23	07-01-2011, 14:33:02
Wong	33344555587	25.000	4	99988777767	20-08-2009	31-01-2011	07-01-2011, 14:33:02	uc
Wong	33344555587	30.000	5	99988777767	01-02-2011	Atual	07-01-2011, 14:33:02	28-03-2012, 09:23:57
Wong	33344555587	30.000	5	99988777767	01-02-2011	31-03-2012	28-03-2012, 09:23:57	uc
Wong	33344555587	40.000	5	88866777767	01-04-2012	Atual	28-03-2012, 09:23:57	uc
Braga	22244777711	28.000	4	99988777767	01-05-2011	Atual	27-04-2011, 16:22:05	12-08-2012, 10:11:07
Braga	22244777711	28.000	4	99988777767	01-05-2011	10-08-2012	12-08-2012, 10:11:07	uc
Lima	66688444476	38.000	5	33344555587	01-08-2013	Atual	28-07-2013, 09:25:37	uc

...

DEPARTAMENTO_BT

Nome_ departamento	Numero_ departamento	Cpf_gerente	Tiv	Tfv	Tit	Tft
Pesquisa	5	88866555576	20-09-2011	Atual	15-09-2011, 14:52:12	28-03-2011, 09:23:57
Pesquisa	5	88866555576	20-09-2011	31-03-2007	28-03-2012, 09:23:57	uc
Pesquisa	5	33344555587	01-04-2012	Atual	28-03-2012, 09:23:57	uc

Figura 26.9 Algumas versões de tupla nas relações bitemporais FUNCIONARIO_BT e DEPARTAMENTO_BT.

Tft é um rótulo de tempo (timestamp) absoluto são tuplas que eram válidas até (imediatamente antes de) esse rótulo de tempo. Logo, as tuplas com *uc* da Figura 26.9 correspondem às tuplas de tempo válidas da Figura 26.7. O atributo de tempo de início de transação Tit em cada tupla é o rótulo de tempo de transação que criou essa tupla.

Agora, considere como uma **operação de atualização** seria implementada em uma relação bitemporal. Nesse modelo de bancos de dados bitemporais,[19] *nenhum atributo é fisicamente alterado* em qualquer tupla, exceto pelo atributo de tempo

[19] Tem havido muitos modelos de banco de dados temporais propostos. Descrevemos modelos específicos aqui como exemplos para ilustrar os conceitos.

final de transação Tft com um valor de *uc*.[20] Para ilustrar como as tuplas são criadas, considere a relação FUNCIONARIO_BT. A *versão atual* V de um funcionário tem *uc* em seu atributo Tft e *now* em seu atributo Tfv. Se algum atributo — digamos, Salario — for atualizado, a transação T que realiza a atualização deverá ter dois parâmetros: um novo valor de Salario e o tempo válido TV quando o novo salário foi efetivado (no mundo real). Suponha que TV– seja o ponto no tempo antes de TV na granularidade de tempo válido indicada e que a transação T tenha um rótulo de tempo RT(T). Então, as mudanças físicas a seguir seriam aplicadas à tabela FUNCIONARIO_BT:

1. Faça uma cópia V_2 da versão atual V; defina V_2.Tfv para TV–, V_2.Tit para RT(T), V_2.Tft para *uc*, e insira V_2 em FUNCIONARIO_BT; V_2 é uma cópia da versão atual e anterior V *depois de ser fechada* no tempo válido TV–.
2. Faça uma cópia V_3 da versão atual V; defina V_3.Tiv como TV, V_3.Tft como *now*, V_3.Salario como o novo valor do salário, V_3.Tit como RT(T), V_3.Tft como *uc* e insira V_3 em FUNCIONARIO_BT; V_3 representa a nova versão atual.
3. Defina V.Tft como RT(T), pois a versão atual não está mais representando a informação correta.

Como um exemplo, considere as três primeiras tuplas V_1, V_2 e V_3 em FUNCIONARIO_BT da Figura 26.9. Antes da atualização do salário de Silva de 25000 para 30000, somente V_1 estava em FUNCIONARIO_BT, essa era a versão atual e seu Tft era *uc*. Depois, uma transação T cujo rótulo de tempo RT(T) é '04--06-2013,08:56:12' atualiza o salário para 30000 com o tempo válido efetivo de '01-06-2013'. A tupla V_2 é criada, que é uma cópia de V_1, exceto que seu Tfv é definido como '31-05-2013', um dia a menos que o novo tempo válido, e seu Tit é o rótulo de tempo de transação em atualização. A tupla V_3 também é criada, que tem o novo salário, seu Tiv é definido como '01-06-2013' e seu Tit também é o rótulo de tempo de transação em atualização. Por fim, o Tft de V_1 é definido como o rótulo de tempo da transação em atualização, '04-06-2013, 08:56:12'. Observe que essa é uma *atualização retroativa*, pois a transação de atualização rodou em 4 de junho de 2013, mas a mudança de salário é efetivada em 1 de junho de 2013.

De modo semelhante, quando o salário e o departamento de Wong são atualizados (ao mesmo tempo) para 30000 e 5, o rótulo de tempo da transação de atualização é '07-01-2011, 14:33:02', e o tempo válido efetivo para a atualização é '01-02-2011'. Logo, essa é uma *atualização proativa*, pois a transação rodou em 7 de janeiro de 2011, mas a data de efetivação foi 1 de fevereiro de 2011. Nesse caso, a tupla V_4 é logicamente substituída por V_5 e V_6.

Em seguida, vamos ilustrar como uma **operação de exclusão** seria implementada em uma relação bitemporal ao considerar as tuplas V_9 e V_{10} na relação FUNCIONARIO_BT da Figura 26.9. Aqui, o funcionário Braga saiu da empresa efetivamente em 10 de agosto de 2012, e a exclusão lógica é executada por uma transação T com RT(T) = 12-08-2012,10:11:07. Antes disso, V9 era a versão atual de Braga, e seu Tft era *uc*. A exclusão lógica é implementada ao definir V_9.Tft como 12-08-2012, 10:11:07 para invalidá-la, e ao criar a *versão final* V_{10} para Braga, com seu Tfv = 10-08-2012 (ver Figura 26.9). Finalmente, uma **operação de inserção** é implementada ao criar a *primeira versão*, conforme ilustrada por V_{11} na tabela FUNCIONARIO_BT.

Considerações de implementação. Existem diversas opções para armazenar as tuplas em uma relação temporal. Uma é armazenar todas as tuplas na mesma tabela, como mostram as figuras 26.8 e 26.9. Outra opção é criar duas tabelas: uma para a informação atualmente válida e a outra para o restante das tuplas. Por exemplo, na

[20] Alguns modelos bitemporais permitem que o atributo Tfv também seja alterado, mas as interpretações das tuplas são diferentes nesses modelos.

relação bitemporal FUNCIONARIO_BT, as tuplas com *uc* para seu Tft e *now* para seu Tfv estariam em uma relação, a *tabela atual*, pois elas são as atualmente válidas (ou seja, representam o snapshot atual), e todas as outras tuplas estariam em outra relação. Isso permite que o administrador de banco de dados tenha diferentes caminhos de acesso, como índices para cada relação, e mantenha o tamanho da tabela atual razoável. Outra possibilidade é criar uma terceira tabela para as tuplas corrigidas cujo Tft não é *uc*.

Outra opção disponível é *particionar verticalmente* os atributos da relação temporal em relações separadas, de modo que, se uma relação tem muitos atributos, uma nova versão de tupla inteira é criada sempre que qualquer um dos atributos for atualizado. Se os atributos forem atualizados assincronamente, cada nova versão pode diferir apenas em um dos atributos, repetindo assim, de maneira desnecessária, os outros valores de atributo. Se uma relação separada for criada para conter apenas os atributos que *sempre mudam sincronamente*, com a chave primária replicada em cada relação, diz-se que o banco de dados está em **forma normal temporal**. Contudo, para combinar a informação, uma variação de junção conhecida como **junção de interseção temporal** seria necessária, que geralmente é dispendiosa de implementar.

É importante observar que os bancos de dados bitemporais permitem um registro completo das mudanças. Até mesmo um registro de correções é possível. Por exemplo, é possível que duas versões de tupla do mesmo funcionário possam ter o mesmo tempo válido, mas diferentes valores de atributo, desde que seus tempos de transação sejam disjuntos. Nesse caso, a tupla com o tempo de transação mais recente é uma **correção** da outra versão de tupla. Até mesmo tempos válidos incorretamente inseridos podem ser corrigidos dessa maneira. O estado incorreto do banco de dados ainda estará disponível como um estado de banco de dados anterior para fins de consulta. Um banco de dados que mantém tal registro completo de mudanças e correções às vezes é chamado de **banco de dados apenas de inserção.**

26.2.3 *Incorporando o tempo nos bancos de dados orientados a objeto com o versionamento de atributo*

A seção anterior discutiu a **técnica de versionamento de tupla** para implementação de bancos de dados temporais. Nessa técnica, sempre que um valor de atributo é mudado, uma nova versão de tupla inteira é criada, embora todos os outros valores de atributo sejam idênticos à versão de tupla anterior. Uma técnica alternativa pode ser usada nos sistemas de banco de dados que dão suporte a **objetos estruturados complexos**, como bancos de dados de objeto (ver Capítulo 12) ou sistemas objeto-relacional. Essa técnica é chamada de **versionamento de atributo**.

No versionamento de atributo, um único objeto complexo é usado para armazenar todas as mudanças temporais do objeto. Cada atributo que muda com o tempo é chamado de **atributo variável com o tempo**, e ele tem seus valores versionados com o tempo pela inclusão de períodos temporais ao atributo. Os períodos temporais podem representar tempo válido, tempo de transação ou bitemporal, dependendo dos requisitos da aplicação. Os atributos que não mudam com o tempo são chamados de **não variáveis com o tempo** e não são associados a períodos temporais. Para ilustrar isso, considere o exemplo da Figura 26.10, que é uma representação de tempo válido versionada por atributo de FUNCIONARIO que usa a notação da linguagem de definição de objeto (ODL) para bancos de dados de objeto (ver Capítulo 12). Aqui, consideramos que nome e número de CPF são atributos não variáveis com o tempo, ao passo que salário, departamento e supervisor são atributos variáveis com o tempo (eles podem mudar com o tempo). Cada atributo variável com o tempo é representado como uma lista de tuplas <Tempo_inicial_valido, Tempo_final_valido, Valor>, ordenada por tempo inicial válido.

```
class SALARIO_TEMPORAL
{    attribute Date                    Tempo_inicial_valido;
     attribute Date                    Tempo_final_valido;
     attribute float                   Salario;
};

class DEPARTAMENTO_TEMPORAL
{    attribute Date                    Tempo_inicial_valido;
     attribute Date                    Tempo_final_valido;
     attribute DEPARTAMENTO_TV         Dep;
};

class SUPERVISOR_TEMPORAL
{    attribute Date                    Tempo_inicial_valido;
     attribute Date                    Tempo_final_valido;
     attribute FUNCIONARIO_TV          Supervisor;
};

class EXPECTATIVA_VIDA_TEMPORAL
{    attribute Date                    Tempo_inicial_valido;
     attribute Date                    Tempo_final_valido;
};

class FUNCIONARIO_TV
(    extent FUNCIONARIO )
{    attribute list<EXPECTATIVA_VIDA_TEMPORAL> vida_util;
     attribute string                          Nome;
     attribute string                          Cpf;
     attribute list<SALARIO_TEMPORAL>          Historico_sal;
     attribute list<DEPARTAMENTO_TEMPORAL>          Historico_dep;
     attribute list<SUPERVISOR_TEMPORAL>            Historico_supervisor;
};
```

Figura 26.10 Esquema ODL possível para uma classe de objeto FUNCIONARIO_TV de tempo válido temporal usando versionamento de atributo.

Sempre que um atributo é mudado nesse modelo, a versão do atributo atual é *fechada* e uma **nova versão de atributo** é apenas anexada à lista. Isso permite que os atributos mudem assincronamente. O valor atual para cada atributo tem *now* para seu Tempo_final_valido. Ao usar o versionamento de atributo, é útil incluir um **atributo temporal de expectativa de vida** associado ao objeto inteiro cujo valor é um ou mais períodos válidos, que indicam o tempo válido de existência para o objeto inteiro. A exclusão lógica do objeto é implementada ao fechar a expectativa de vida. A restrição de que qualquer período de tempo de um atributo em um objeto deva ser um subconjunto de sua expectativa de vida precisa ser imposta.

Para bancos de dados bitemporais, cada versão de atributo teria uma tupla com cinco componentes:

<Tempo_inicial_valido, Tempo_final_valido, Tempo_inicial_transacao, Tempo_final_transacao, Valor>

A expectativa de vida do objeto também incluiria dimensões de tempo válidas e de transação. Portanto, as capacidades completas dos bancos de dados bitemporais podem estar disponíveis com o versionamento de atributo. Mecanismos semelhantes aos discutidos anteriormente para atualização de versões de tupla podem ser aplicados à atualização de versões de atributo.

26.2.4 Construções de consulta temporal e a linguagem TSQL2

Até aqui, discutimos como os modelos de dados podem ser estendidos com construções temporais. Agora, oferecemos uma breve visão geral de como as operações de consulta precisam ser estendidas para a consulta temporal. Vamos discutir rapidamente a linguagem TSQL2, que estende a SQL para a consulta de tabelas de tempo válido e tempo de transação, além da consulta de tabelas relacionais bitemporais.

Em bancos de dados relacionais não temporais, as condições de seleção típicas envolvem condições de atributo, e tuplas que satisfazem essas condições são selecionadas com base no conjunto de *tuplas atuais*. Seguindo isso, os atributos de interesse à consulta são especificados por uma *operação de projeção* (ver Capítulo 8). Por exemplo, na consulta para recuperar os nomes de todos os funcionários que trabalham no departamento 5 cujo salário é maior que 30.000, a condição de seleção seria a seguinte:

((Salario > 30000) AND (Numero_departamento = 5))

O atributo projetado seria Nome. Em um banco de dados temporal, as condições podem envolver o tempo além dos atributos. Uma **condição de tempo pura** envolve apenas tempo — por exemplo, para selecionar todas as versões de tupla de funcionário que eram válidas em certo *ponto no tempo* T ou que eram válidas *durante certo período* $[T_1, T_2]$. Nesse caso, o período especificado é comparado com o período válido de cada versão de tupla [*T*.Tiv, *T*.Tfv], e somente as tuplas que satisfazem a condição são selecionadas. Nessas operações, um período é considerado equivalente ao conjunto de pontos de tempo de T_1 a T_2 inclusive, de modo que as operações de comparação do conjunto-padrão podem ser usadas. Operações adicionais, como se um período termina *antes* de outro começar, também são necessárias.[21]

Algumas das operações mais comuns usadas nas consultas são as seguintes:

[*T*.Tiv, *T*.Tfv] **INCLUDES** $[T_1, T_2]$	Equivalente a $T_1 \geq$ *T*.Tiv AND $T_2 \leq$ *T*.Tfv
[*T*.Tiv, *T*.Tfv] **INCLUDED_IN** $[T_1, T_2]$	Equivalente a $T_1 \leq$ *T*.Tiv AND $T_2 \geq$ *T*.Tfv
[*T*.Tiv, *T*.Tfv] **OVERLAPS** $[T_1, T_2]$	Equivalente a ($T_1 \leq$ *T*.Tfv AND $T_2 \geq$ *T*.Tiv)[22]
[*T*.Tiv, *T*.Tfv] **BEFORE** $[T_1, T_2]$	Equivalente a $T_1 \geq$ *T*.Tfv
[*T*.Tiv, *T*.Tfv] **AFTER** $[T_1, T_2]$	Equivalente a $T_2 \leq$ *T*.Tiv
[*T*.Tiv, *T*.Tfv] **MEETS_BEFORE** $[T_1, T_2]$	Equivalente a T_1 = *T*.Tfv + 1[23]
[*T*.Tiv, *T*.Tfv] **MEETS_AFTER** $[T_1, T_2]$	Equivalente a $T_2 + 1$ = *T*.Tiv

Além disso, são necessárias operações para manipular períodos de tempo, como para calcular a união ou a interseção de dois períodos de tempo. Os resultados dessas operações podem não ser períodos, mas sim **elementos temporais** — uma coleção de um ou mais períodos *disjuntos*, de modo que dois períodos de tempo em um elemento temporal não sejam diretamente adjacentes. Ou seja, para dois períodos quaisquer $[T_1, T_2]$ e $[T_3, T_4]$ em um elemento temporal, as três condições a seguir devem ser mantidas:

- A interseção de $[T_1, T_2]$ com $[T_3, T_4]$ é vazia.
- T_3 não é o ponto no tempo após T_2 na granularidade indicada.
- T_1 não é o ponto no tempo após T_4 na granularidade indicada.

Essas últimas condições são necessárias para garantir representações únicas dos elementos temporais. Se dois períodos de tempo $[T_1, T_2]$ e $[T_3, T_4]$ são adjacentes, eles são combinados em um único período de tempo $[T_1, T_4]$. Isso é chamado de **aglutinação** de períodos de tempo. A aglutinação também combina períodos de tempo que possuem interseção.

---

21 Um conjunto completo de operações, conhecido como **álgebra de Allen** (Allen, 1983), tem sido definido para a comparação de períodos de tempo.

22 Esta operação retorna verdadeiro se a *interseção* dos dois períodos não for vazia; ela também tem sido chamada de INTERSECTS_WITH.

23 Aqui, 1 refere-se a um ponto no tempo na granularidade especificada. As operações MEETS basicamente especificam se um período começa imediatamente após outro período terminar.

Para ilustrar como as condições de tempo puras podem ser usadas, suponha que um usuário queira selecionar todas as versões de funcionário que foram válidas em qualquer ponto durante 2012. A condição de seleção apropriada aplicada à relação na Figura 26.8 seria

[*T*.Tiv, *T*.Tfv] **OVERLAPS** [01-01-2012, 31-12-2012]

Normalmente, a maioria das seleções temporais é aplicada à dimensão de tempo válida. Para um banco de dados bitemporal, em geral se aplicam as condições às tuplas atualmente corretas com *uc* como seus tempos finais de transação. Contudo, se a consulta precisa ser aplicada a um estado de banco de dados anterior, uma cláusula AS_OF *T* é anexada à consulta, o que significa que a consulta é aplicada às tuplas de tempo válido que estavam corretas no banco de dados no tempo *T*.

Além das condições de tempo puras, outras seleções envolvem **condições de atributo e tempo**. Por exemplo, suponha que queiramos recuperar todas as versões de tupla T de FUNCIONARIO_TV para funcionários que trabalharam no departamento 5 em qualquer momento durante 2012. Nesse caso, a condição é

[*T*.Tiv, *T*.Tfv] **OVERLAPS** [01-01-2012, 31-12-2012] AND (*T*.Numero_departamento = 5)

Finalmente, damos uma breve visão geral da linguagem de consulta TSQL2, que estende a SQL com construções para bancos de dados temporais. A ideia principal por trás da TSQL2 é permitir que os usuários especifiquem se uma relação é não temporal (ou seja, uma relação SQL padrão) ou temporal. O comando CREATE TABLE é estendido com uma cláusula *opcional* AS para permitir que os usuários declarem diferentes opções temporais. As seguintes opções estão disponíveis:

- AS VALID STATE <GRANULARITY> (relação de tempo válida com período válido)
- AS VALID EVENT <GRANULARITY> (relação de tempo válida com ponto no tempo válido)
- AS TRANSACTION (relação de tempo de transação com período de transação)
- AS VALID STATE <GRANULARITY> AND TRANSACTION (relação bitemporal, período de tempo válido)
- AS VALID EVENT <GRANULARITY> AND TRANSACTION (relação bitemporal, ponto de tempo válido)

As palavras-chave STATE e EVENT são usadas para especificar se um *período* ou *ponto* no tempo está associado à dimensão de tempo válido. Em TSQL2, em vez de um usuário realmente ver como as tabelas temporais são implementadas (conforme discutimos nas seções anteriores), a linguagem TSQL2 acrescenta construções da linguagem de consulta para especificar diversos tipos de seleções temporais, projeções temporais, agregações temporais, transformação entre granularidades e muitos outros conceitos. O livro de Snodgrass et al. (1995) descreve a linguagem.

26.2.5 Dados de série temporais

Os dados de série temporais são usados com muita frequência em aplicações financeiras, de vendas e economia. Eles envolvem valores de dados registrados de acordo com uma sequência predefinida de pontos no tempo. Portanto, eles são um tipo especial de **dados de evento válidos**, em que os pontos no tempo do evento são predeterminados de acordo com um calendário fixo. Considere o exemplo do preço de fechamento diário das ações de determinada empresa na Bovespa. A granularidade aqui é o dia, mas os dias em que a bolsa de valores está aberta são conhecidos (dias de semana que não sejam feriados). Logo, tem sido comum especificar um procedimento computacional que calcula o **calendário** em particular associado à série de tempo. Consultas típicas sobre séries de tempo envolvem **agregação temporal** em intervalos de granularidade maior — por exemplo, encontrar o preço de fechamento de ação médio ou máximo *semanal*, ou o preço de fechamento de ação máximo e mínimo *mensal* com base na informação *diária*.

Como outro exemplo, considere as vendas diárias em reais em cada loja de uma cadeia de supermercados pertencente a determinada empresa. Novamente, as agregações temporais típicas estariam recuperando as vendas semanais, mensais ou anuais da informação de vendas diárias (usando a função de agregação de soma), ou comparando algumas vendas mensais da loja com as vendas mensais anteriores, e assim por diante.

Em virtude da natureza especializada dos dados de série de tempo e da falta de suporte para isso nos SGBDs mais antigos, tem sido comum usar **sistemas de gerenciamento de série de tempo** especializados em vez de SGBDs de uso geral para gerenciar tais informações. Nesses sistemas, tem sido comum armazenar valores de série de tempo em ordem sequencial em um arquivo e aplicar procedimentos de série de tempo especializados para analisar as informações. O problema com essa técnica é que o poder total da consulta de alto nível em linguagens como SQL não estará disponível em tais sistemas.

Mais recentemente, alguns pacotes de SGBD comerciais estão oferecendo extensões de série de tempo, como o cartridge de tempo da Oracle e a data blade de dados de série temporal do Informix Universal Server. Além disso, a linguagem TSQL2 oferece algum suporte para a série de tempo na forma de tabelas de evento.

26.3 Conceitos de banco de dados espacial[24]

26.3.1 Introdução aos bancos de dados espaciais

Os bancos de dados espaciais incorporam a funcionalidade que oferece suporte para bancos de dados que registram objetos em um espaço multidimensional. Por exemplo, bancos de dados cartográficos que armazenam mapas incluem descrições espaciais bidimensionais de seus objetos — de países e estados até rios, cidades, estradas, mares, e assim por diante. Os sistemas que gerenciam dados geográficos e aplicações relacionadas são conhecidos como **sistemas de informações geográficas** (**GIS** — ***geographic information systems***), e são usados em áreas como aplicações ambientais, sistemas de transporte, sistemas de resposta à emergência e gerenciamento de batalha. Outros bancos de dados, como os meteorológicos para informações de clima, são tridimensionais, pois as temperaturas e outras informações meteorológicas estão relacionadas a pontos espaciais tridimensionais. Em geral, um **banco de dados espacial** armazena objetos que possuem características espaciais que os descrevem e que possuem relacionamentos espaciais entre eles. Os relacionamentos espaciais entre os objetos são importantes, e eles costumam ser necessários quando se consulta o banco de dados. Embora um banco de dados espacial em geral possa se referir a um espaço n-dimensional para qualquer n, limitaremos nossa discussão a duas dimensões como um exemplo.

Um banco de dados espacial é otimizado para armazenar e consultar dados relacionados a objetos no espaço, incluindo pontos, linhas e polígonos. Imagens de satélite são um exemplo de destaque para os dados espaciais. As consultas impostas nesses dados espaciais, em que os predicados para seleção lidam com parâmetros espaciais, são chamadas **consultas espaciais**. Por exemplo, "Quais são os nomes de todas as livrarias que estão até cinco quilômetros do prédio da Faculdade de

[24] Agradecemos a contribuição de Pranesh Parimala Ranganathan a esta seção.

Computação na USP?" é uma consulta espacial. Enquanto os bancos de dados típicos processam dados numéricos e de caractere, uma funcionalidade adicional precisa ser acrescentada aos bancos de dados para que processem tipos de dados espaciais. Uma consulta como "Liste todos os clientes localizados até 20 quilômetros da sede da empresa" exigirá o processamento de tipos de dados espaciais normalmente fora do escopo da álgebra relacional padrão, e pode envolver a consulta a um banco de dados geográfico externo, que mapeia a sede da empresa e cada cliente em um mapa 2-D com base em seu endereço. Efetivamente, cada cliente estará associado a uma posição de <latitude, longitude>. Um índice B^+-tree tradicional, baseado nos CEPs dos clientes ou em outros atributos não espaciais, não pode ser usado para processar essa consulta, visto que os índices tradicionais não são capazes de ordenar dados de coordenadas multidimensionais. Portanto, existe uma necessidade especial para bancos de dados ajustados para tratar de dados e consultas espaciais.

A Tabela 26.1 mostra as operações analíticas comuns envolvidas no processamento de dados geográficos ou espaciais.[25] **Operações de medição** são usadas para medir algumas propriedades globais de objetos isolados (como a área, o tamanho relativo das partes de um objeto, compactação ou simetria) e a posição relativa de diferentes objetos em relação a distância e direção. Operações de **análise espacial**, que normalmente usam técnicas estatísticas, são utilizadas para desvendar *relacionamentos espaciais* dentro e entre camadas de dados mapeadas. Um exemplo seria criar um mapa — conhecido como *mapa de previsão* — que identifica os locais de prováveis clientes para produtos em particular com base nas informações de vendas históricas e demográficas. Operações de **análise de fluxo** ajudam a determinar o caminho mais curto entre dois pontos e também a conectividade entre nós ou regiões em um grafo. A **análise de local** visa a descobrir se o conjunto dado de pontos e linhas se encontra em um determinado polígono (local). O processo consiste em gerar um buffer em torno dos recursos geográficos existentes e, depois, identificar ou selecionar características tendo como base se eles estão dentro ou fora do limite do buffer. A **análise digital de terreno** é utilizada para montar modelos tridimensionais, nos quais a topografia de um local geográfico pode ser representada com um modelo de dados x, y, z conhecido como Digital Terrain (ou Elevation) Model (DTM/DEM). As dimensões x e y de um DTM representam o plano horizontal e z representa alturas pontuais para as respectivas coordenadas x, y. Esses modelos podem ser usados para análise de dados ambientais ou durante o desenho de projetos de engenharia que exijam informações de terreno. A busca espacial permite que um usuário procure objetos em determinada região espacial. Por exemplo, a **busca temática** nos permite procurar objetos relacionados a determinado tema ou classe, como "Encontre todas as fontes de água localizadas até 25 quilômetros de Uberlândia", onde a classe é *água*.

Tabela 26.1 Tipos comuns de análise para dados espaciais.

Tipo de análise	Tipo de operações e medidas
Medições	Distância, perímetro, forma, adjacência e direção
Análise/estatística espacial	Padrão, autocorrelação e índices de similaridade e topologia usando dados espaciais e não espaciais
Análise de fluxo	Conectividade e caminho mais curto
Análise de local	Análise de pontos e linhas dentro de um polígono
Análise de terreno	Inclinação/aspecto, área de captação, rede de drenagem
Pesquisa	Busca temática, busca por região

[25] Lista de operações de análise de GIS proposta em Albrecht (1996).

Também há **relacionamentos topológicos** entre objetos espaciais. Esses normalmente são usados em predicados booleanos para selecionar objetos com base em seus relacionamentos espaciais. Por exemplo, se um limite de cidade for representado como um polígono e as rodovias forem representadas como multilinhas, uma condição como "Encontrar todas as rodovias que passam por Campinas, SP" envolveria uma operação de *interseção*, para determinar quais rodovias (linhas) cruzam o limite da cidade (polígono).

26.3.2 Tipos de dados e modelos espaciais

Esta seção descreve resumidamente os modelos e tipos de dados comuns para armazenamento de dados espaciais. Os dados espaciais vêm em três formas básicas. Essas formas se tornaram um padrão *de fato* por seu uso generalizado em sistemas comerciais.

- **Dados de mapa**[26] incluem diversos recursos geográficos ou espaciais de objetos em um mapa, como a forma de um objeto e seu local no mapa. Os três tipos básicos de recursos são pontos, linhas e polígonos (ou áreas). **Pontos** são usados para representar características espaciais dos objetos cujos locais correspondem a uma única coordenada 2-D (x, y ou longitude/latitude) na escala de uma aplicação em particular. Dependendo da escala, alguns exemplos de objetos de ponto poderiam ser prédios, torres de celular ou veículos estacionários. Veículos em movimento e outros objetos em movimento podem ser representados por uma sequência de locais de ponto que mudam com o tempo. As **linhas** representam objetos que têm comprimento, como estradas e rios, cujas características espaciais podem ser aproximadas por uma sequência de linhas conectadas. **Polígonos** são usados para representar características espaciais de objetos que têm um limite, como países, estados, lagos ou cidades. Observe que alguns objetos, como prédios ou cidades, podem ser representados como pontos ou polígonos, dependendo da escala de detalhe.
- **Dados de atributo** são os dados descritivos que os sistemas de GIS associam a **recursos de mapa**. Por exemplo, suponha que um mapa contenha recursos que representam municípios em um estado do Brasil (como São Paulo ou Minas Gerais). Os atributos para cada recurso de município (objeto) poderiam incluir população, maior cidade, área em quilômetros quadrados, e assim por diante. Outros dados de atributo poderiam ser incluídos para outros recursos no mapa, como estados, cidades, distritos, partido político dominante etc.
- **Dados de imagem** incluem dados como imagens de satélite e fotografias aéreas, que são tipicamente criadas por câmeras. Objetos de interesse, como prédios e estradas, podem ser identificados e sobrepostos nessas imagens. As imagens também podem ser atributos de recursos de mapa. Podem-se acrescentar imagens a outros recursos de mapa, de modo que o clique no recurso exibiria a imagem. Imagens aéreas e de satélite são exemplos típicos de dados de rastreio.

Modelos de informações espaciais às vezes são agrupados em duas categorias gerais: *campo* e *objeto*. Uma aplicação espacial (como sensoriamento remoto ou controle de tráfego de rodovia) é modelada usando um modelo baseado em campo ou objeto, dependendo dos requisitos e da escolha tradicional do modelo para a aplicação. **Modelos de campo** normalmente são utilizados para modelar dados espaciais que são contínuos em natureza, como elevação de terreno, dados de temperatura e características de variação de solo, enquanto **modelos de objeto** tradicionalmente

[26] Esses tipos de dados geográficos são baseados no guia de ESRI para o GIS. Disponível em: <https://www.esri.com/en-us/what-is-gis/overview>.

têm sido usados para aplicações como redes de transporte, lotes de terra, prédios e outros objetos que possuem atributos espaciais e não espaciais.

26.3.3 Operadores espaciais e consultas espaciais

Operadores espaciais são usados para capturar todas as propriedades geométricas relevantes dos objetos embutidos no espaço físico e as relações entre elas, bem como realizar análise espacial. Os operadores são classificados em três categorias gerais.

- **Operadores topológicos.** Propriedades topológicas são invariáveis quando transformações topológicas são aplicadas. Essas propriedades não mudam após transformações como rotação, translação ou escala. Operadores topológicos são hierarquicamente estruturados em diversos níveis, e o nível básico oferece aos operadores a capacidade de verificar relações topológicas detalhadas entre regiões com um limite amplo, e os níveis mais altos oferecem operadores mais abstratos, que permitem que os usuários consultem dados espaciais incertos independentemente do modelo de dados geométricos básico. Alguns exemplos incluem aberto (região), fechado (região) e interno (ponto, loop).
- **Operadores projetivos.** Operadores projetivos, como *corpo convexo*, são usados para expressar predicados sobre a concavidade/convexidade de objetos, bem como outras relações espaciais (por exemplo, estar dentro da concavidade de determinado objeto).
- **Operadores métricos.** Operadores métricos oferecem uma descrição mais específica da geometria do objeto. Eles são usados para medir algumas propriedades globais de objetos isolados (como a área, o tamanho relativo das partes de um objeto, a compactação e a simetria) e para medir a posição relativa de diferentes objetos em relação a distância e direção. Alguns exemplos incluem comprimento (arco) e distância (ponto, ponto).

Operadores espaciais dinâmicos. As operações realizadas pelos operadores mencionados são estáticas, no sentido de que os operandos não são afetados pela aplicação da operação. Por exemplo, calcular o comprimento da curva não tem efeito sobre a própria curva. **Operações dinâmicas** alteram os objetos sobre os quais as operações atuam. As três operações dinâmicas fundamentais são *criar*, *destruir* e *atualizar*. Um exemplo representativo das operações dinâmicas seria atualizar um objeto espacial que pode ser subdividido em traduzir (deslocar posição), girar (mudar orientação), escalar para cima ou para baixo, refletir (produzir uma imagem de espelho) e cortar (deformar).

Consultas espaciais. As consultas espaciais são solicitações para dados espaciais que exigem o uso de operações espaciais. As categorias a seguir ilustram três tipos típicos de consultas espaciais:

- **Consulta de intervalo (range).** Encontra todos os objetos de determinado tipo que estão dentro de determinada área espacial; por exemplo, encontre todos os hospitais dentro da área da cidade metropolitana de São Paulo. Uma variação dessa consulta é encontrar todos os objetos dentro de determinada distância de um local indicado; por exemplo, encontre todas as ambulâncias no raio de cinco quilômetros do local de um acidente.
- **Consulta do vizinho mais próximo.** Encontra um objeto de determinado tipo que esteja mais próximo de determinado local; por exemplo, encontre o carro de polícia que esteja mais próximo do local de um crime. Isso pode ser generalizado para encontrar os *k* vizinhos mais próximos, como as 5 ambulâncias mais próximas do local de um acidente.

- **Junções ou sobreposições espaciais.** Normalmente, a junção dos objetos de dois tipos com base em alguma condição espacial, como os objetos que se cruzam ou se sobrepõem espacialmente ou que estão dentro de certa distância um do outro. Por exemplo, encontre todas as cidades localizadas em uma rodovia importante entre duas cidades ou encontre todas as casas que estejam a menos de três quilômetros de um lago. O primeiro exemplo junta espacialmente objetos *cidade* e um objeto *rodovia*, e o segundo exemplo junta espacialmente objetos *lago* e objetos *casa*.

26.3.4 Indexação de dados espaciais

Um índice espacial é usado para organizar objetos em um conjunto de buckets (que correspondem a páginas de memória secundária), de modo que os objetos em determinada região espacial possam ser facilmente localizados. Cada bucket tem uma região, uma parte do espaço que contém todos os objetos armazenados nele. As regiões do bucket normalmente são retângulos; para estruturas de dados pontuais, essas regiões são disjuntas e dividem o espaço de modo que cada ponto pertença a exatamente um bucket. Existem basicamente duas maneiras de oferecer um índice espacial:

1. Estruturas de indexação especializadas, que permitem a busca eficiente por objetos de dados com base nas operações de busca espacial, são incluídas no sistema de banco de dados. Essas estruturas de indexação desempenhariam um papel semelhante ao realizado pelos índices da B^+-tree nos sistemas de banco de dados tradicionais. Alguns exemplos dessas estruturas de indexação são *arquivos de grade* e *R-trees*. Tipos especiais de índices espaciais, conhecidos como *índices de junção espacial*, podem ser usados para agilizar operações de junção espacial.
2. Em vez de criar estruturas de indexação totalmente novas, os dados espaciais bidimensionais (2-D) são convertidos em dados unidimensionais (1-D), para que possam ser usadas técnicas de indexação tradicionais (B^+-tree). Os algoritmos para converter 2-D para 1-D são conhecidos como *curvas de preenchimento de espaço*. Não discutiremos esses métodos com detalhes (veja outras referências na bibliografia selecionada ao final deste capítulo).

A seguir, oferecemos uma visão geral de algumas das técnicas de indexação espacial.

Arquivos de grade. Apresentamos os arquivos de grade para indexação de dados em múltiplos atributos no Capítulo 17. Eles também podem ser usados para indexação de dados espaciais bidimensionais e de dimensão n mais alta. O **método de grade fixa** divide um hiperespaço n-dimensional em buckets de mesmo tamanho. A estrutura de dados que implementa a grade fixa é um vetor n-dimensional. Os objetos cujos locais espaciais se encontram em uma célula (total ou parcialmente) podem ser armazenados em uma estrutura dinâmica para lidar com overflows. Essa estrutura é útil para dados uniformemente distribuídos, como imagens de satélite. Porém, a estrutura de grade fixa é rígida, e seu diretório pode ser esparso e grande.

***R*-trees.** A ***R*-tree** é uma árvore com altura balanceada, que é uma extensão da B^+-tree para k dimensões, em que $k > 1$. Para duas dimensões (2-D), os objetos espaciais são aproximados na *R*-tree por seu **retângulo delimitador mínimo (MBR — *minimum bounding rectangle*)**, que é o menor retângulo, com lados paralelos ao eixo do sistema de coordenadas (x e y), que contém o objeto. As *R*-trees são caracterizadas pelas propriedades a seguir, que são semelhantes às propriedades das B^+-trees (ver Seção 17.3), mas são adaptadas para objetos espaciais 2-D. Como na Seção 17.3, usamos M para indicar o número máximo de entradas que podem caber em um nó da *R*-tree.

1. A estrutura de cada entrada de índice (ou registro de índice) em um nó folha é (I, *identificador-objeto*), em que I é o MBR para o objeto espacial cujo identificador é *identificador-objeto*.
2. Cada nó, exceto o nó raiz, deve estar cheio pelo menos até a metade. Assim, um nó folha que não é a raiz deve conter m entradas (I, *identificador-objeto*), em que $M/2 \leq m \leq M$. De modo semelhante, um nó não folha que não é a raiz deve conter m entradas (I, *ponteiro-filho*), em que $M/2 \leq m \leq M$, e I é o MBR que contém a união de todos os retângulos no nó apontado pelo *ponteiro-filho*.
3. Todos os nós folha estão no mesmo nível, e o nó raiz deve ter pelo menos dois ponteiros, a menos que seja um nó folha.
4. Todos os MBRs têm seus lados paralelos aos eixos do sistema de coordenada global.

Outras estruturas de armazenamento espaciais incluem quadtrees e suas variações. **Quadtrees** costumam dividir cada espaço ou subespaço em áreas de mesmo tamanho, e prosseguem com as subdivisões de cada subespaço para identificar as posições de vários objetos. Recentemente, muitas estruturas de acesso espaciais mais novas têm sido propostas, e essa continua sendo uma área de pesquisa ativa.

Índice de junção espacial. Um índice de junção espacial pré-calcula uma operação de junção espacial e armazena os ponteiros para o objeto relacionado em uma estrutura de índice. Os índices de junção melhoram o desempenho das consultas de junção recorrentes em tabelas que possuem baixas taxas de atualização. As condições de junção espaciais são usadas para responder a desafios como "Crie uma lista de combinações de rodovia e estrada que se cruzam". A junção espacial é usada para identificar e recuperar esses pares de objetos que satisfazem o relacionamento espacial *cruzado*. Como o cálculo dos resultados dos relacionamentos espaciais geralmente é demorado, o resultado pode ser calculado uma vez e armazenado em uma tabela que tem os pares de identificadores de objetos (ou ids de tupla) que satisfazem o relacionamento espacial, o qual basicamente é o índice de junção.

Um índice de junção pode ser descrito por um grafo bipartite $G = (V_1, V_2, E)$, em que V_1 contém as ids de tupla da relação R, e V_2 contém as ids de tupla da relação S. O conjunto de arestas contém uma aresta (v_r, v_s) para v_r em R e v_s em S, se existir uma tupla correspondente a (v_r, v_s) no índice de junção. O grafo bipartite modela todas as tuplas relacionadas como vértices conectados nos gráficos. Os índices de junção espacial são usados nas operações (ver Seção 26.3.3) que envolvem o cálculo de relacionamentos entre objetos espaciais.

26.3.5 Mineração de dados espaciais

Dados espaciais tendem a ser altamente correlacionados. Por exemplo, as pessoas com características, ocupações e bases semelhantes tendem a se agrupar nas mesmas vizinhanças. As três técnicas principais de mineração de dados espaciais são classificação espacial, associação espacial e agrupamento espacial.

- **Classificação espacial.** O objetivo da classificação é estimar o valor de um atributo de uma relação com base no valor dos outros atributos da relação. Um exemplo do problema de classificação espacial é determinar os locais dos ninhos em um pântano com base no valor de outros atributos (por exemplo, durabilidade da vegetação e profundidade da água); isso também é chamado de *problema da previsão de local*. De modo semelhante, onde esperar os principais pontos de atividade criminosa também é um problema de previsão de local.
- **Associação espacial.** As **regras de associação espacial** são definidas em termos de predicados espaciais, em vez de itens. Uma regra de associação espacial tem a forma

$P_1 \wedge P_2 \wedge \ldots \wedge P_n \Rightarrow Q_1 \wedge Q_2 \wedge \ldots \wedge Q_m$, em que pelo menos um dos P_i ou Q_j é um predicado espacial. Por exemplo, a regra

is_a(x, país) ^ touches(x, Mediterrâneo) ⇒ is_a (x, exportador-vinho)

(ou seja, um país que é adjacente ao Mar Mediterrâneo normalmente é um exportador de vinho) é um exemplo de uma regra de associação, que terá certo suporte s e confiança c.[27]

Regras de colocação espacial tentam generalizar as regras de associação para que apontem para conjuntos de dados de coleta que são indexados por espaço. Existem várias diferenças cruciais entre associações espaciais e não espaciais, incluindo:

1. A noção de uma transação é ausente em situações espaciais, pois os dados são embutidos no espaço contínuo. O particionamento do espaço em transações levaria a uma superestimativa ou a uma subestimativa de medidas de interesse, por exemplo, suporte ou confiança.
2. O tamanho dos conjuntos de itens nos bancos de dados espaciais é pequeno, ou seja, existem muito menos itens no conjunto de itens em uma situação espacial que em uma situação não espacial.

Na maioria dos casos, os itens espaciais são uma versão discreta das variáveis contínuas. Por exemplo, no Brasil, as regiões de receita podem ser definidas como regiões onde a receita anual média está dentro de certos intervalos, como abaixo de R$ 10.000, de R$ 10.000 a R$ 25.000, e acima de R$ 25.000.

- O **agrupamento (clustering) espacial** tenta agrupar objetos do banco de dados de modo que os objetos mais semelhantes estejam no mesmo cluster, e objetos em clusters diferentes sejam os mais divergentes possíveis. Uma aplicação do agrupamento espacial é agrupar eventos sísmicos a fim de determinar falhas de terremoto. Um exemplo de algoritmo de agrupamento espacial é o **agrupamento baseado em densidade**, que tenta encontrar clusters com base na densidade dos pontos de dados em uma região. Esses algoritmos tratam dos clusters como regiões densas de objetos no espaço de dados. Duas variações desses algoritmos são o agrupamento espacial baseado em densidade das aplicações com ruído (DBSCAN)[28] e o agrupamento baseado em densidade (DENCLUE).[29] O DBSCAN é um algoritmo de agrupamento baseado em densidade porque encontra uma série de clusters que começam a partir da distribuição de densidade estimada dos nós correspondentes.

26.3.6 Aplicações de dados espaciais

O gerenciamento de dados espaciais é útil em muitas disciplinas, incluindo geografia, sensores remotos, planejamento urbano e gerenciamento de recursos naturais. O gerenciamento de banco de dados espacial está desempenhando um papel importante na solução de problemas científicos desafiadores, como mudanças globais no clima e no genoma. Em decorrência da natureza espacial dos dados de genoma, o GIS e sistemas de gerenciamento de banco de dados espacial têm um papel importante a desempenhar na área de bioinformática. Algumas das aplicações típicas incluem reconhecimento de padrão (por exemplo, para verificar se a topologia de determinado gene no genoma é encontrada em qualquer outro mapa de característica de sequência no banco de dados), desenvolvimento de navegador de genoma e mapas de visualização. Outra área de aplicação importante da mineração de dados espaciais é a detecção de outlier (caso

[27] Os conceitos de suporte e confiança para regras de associação serão discutidos como parte da mineração de dados na Seção 28.2.

[28] O DBSCAN foi proposto por Martin Ester, Hans-Peter Kriegel, Jörg Sander e Xiaowei Xu (1996).

[29] O DENCLUE foi proposto por Hinnenberg e Gabriel (2007).

isolado) espacial. Um **caso isolado (outlier) espacial** é um objeto referenciado espacialmente cujos valores de atributo não espaciais são significativamente diferentes dos de outros objetos referenciados espacialmente em sua vizinhança espacial. Por exemplo, se uma vizinhança de casas mais antigas tiver apenas uma casa nova, essa casa seria um caso isolado (outlier), com base no atributo não espacial "casa_antiga". A detecção de outliers espaciais é útil em muitas aplicações de sistemas de informações geográficas e bancos de dados espaciais. Esses domínios de aplicação incluem transporte, ecologia, segurança pública, saúde pública, climatologia e serviços baseados em local.

26.4 Conceitos de banco de dados multimídia

Os **bancos de dados multimídia** oferecem recursos que permitem que os usuários armazenem e consultem diferentes tipos de informações de multimídia, que incluem *imagens* (como fotos ou desenhos), *clipes de vídeo* (como filmes, noticiários ou vídeos caseiros), *clipes de áudio* (como canções, mensagens telefônicas ou discursos) e *documentos* (como livros ou artigos). Os principais tipos de consultas de banco de dados necessários envolvem localização de fontes de multimídia que contêm certos objetos de interesse. Por exemplo, alguém pode querer localizar todos os clipes de vídeo em um banco de dados de vídeo que incluam certa pessoa, digamos, Michael Jackson. Também se pode querer recuperar clipes de vídeo com base em certas atividades incluídas neles, como clipes de vídeo nos quais um gol no futebol é marcado por certo jogador ou time.

Esses tipos de consultas são conhecidos como **recuperação baseada em conteúdo**, pois a fonte de multimídia está sendo recuperada se contiver certos objetos ou atividades. Logo, um banco de dados multimídia precisa usar algum modelo para organizar e indexar as fontes de multimídia com base em seus conteúdos. A *identificação do conteúdo* das fontes de multimídia é uma tarefa difícil e demorada. Existem duas técnicas principais. A primeira se baseia na **análise automática** das fontes de multimídia para identificar certas características matemáticas de seu conteúdo. Essa abordagem usa diferentes técnicas, dependendo do tipo de fonte de multimídia (imagem, vídeo, áudio ou texto). A segunda abordagem depende da **identificação manual** dos objetos e atividades de interesse em cada fonte de multimídia e do uso dessa informação para indexar as fontes. Essa técnica pode ser aplicada a todas as fontes de multimídia, mas requer uma fase de pré-processamento manual, em que uma pessoa precisa analisar cada fonte de multimídia para identificar e catalogar os objetos e atividades que ela contém, de modo que possam ser usados para indexar as fontes.

Na primeira parte desta seção, discutiremos rapidamente algumas das características de cada tipo de fonte de multimídia — imagens, vídeo, áudio e texto/documentos. Depois, abordaremos técnicas para a análise automática de imagens, seguidas pelo problema de reconhecimento de objeto nelas. Terminamos esta seção com alguns comentários sobre a análise de fontes de áudio.

Uma **imagem** costuma ser armazenada em forma bruta, como um conjunto de valores de pixel ou célula, ou em forma compactada, para economizar espaço. O *descritor de forma* da imagem descreve a forma geométrica da imagem bruta, que normalmente é um retângulo de **células** de certa largura e altura. Logo, cada imagem pode ser representada por uma grade de células de m por n. Cada célula contém um valor de pixel que descreve seu conteúdo. Nas imagens em preto e branco, os pixels podem ter um bit. Em imagens com escala de cinza ou coloridas, um pixel tem múltiplos bits. Como as imagens podem exigir grande quantidade de espaço, elas normalmente são armazenadas em forma compactada. Os padrões de compactação, como GIF, JPEG ou MPEG, utilizam diversas transformações matemáticas para reduzir o número de células armazenadas, mas ainda mantêm as principais características da imagem. Transformações matemáticas aplicáveis incluem *discrete Fourier transform* (DFT), *discrete cosine transform* (DCT) e transformações de *wavelet*.

Para identificar objetos de interesse em uma imagem, esta normalmente é dividida em segmentos homogêneos que usam um *predicado de homogeneidade*. Por exemplo, em uma imagem colorida, células adjacentes que possuem valores de pixel semelhantes são agrupadas em um segmento. O predicado de homogeneidade define condições para agrupar essas células automaticamente. A segmentação e a compactação podem, então, identificar as principais características de uma imagem.

Uma consulta típica a um banco de dados de imagem seria encontrar imagens no banco de dados que são similares a determinada imagem. A imagem dada poderia ser um segmento isolado que contém, digamos, um padrão de interesse, e a consulta deve localizar outras imagens que contenham esse mesmo padrão. Existem duas técnicas principais para esse tipo de consulta. A primeira utiliza uma **função de distância** para comparar a imagem dada com as imagens armazenadas e seus segmentos. Se o valor de distância retornado for pequeno, a probabilidade de uma combinação é alta. Podem ser criados índices para agrupar imagens armazenadas que são próximas na métrica da distância para limitar o espaço de pesquisa. A segunda, chamada de **técnica da transformação**, mede a semelhança da imagem tendo um pequeno número de transformações que podem mudar as células de uma imagem para combinar com a outra imagem. As transformações incluem rotações, translações e escala. Embora a abordagem da transformação seja mais geral, ela também é mais demorada e difícil.

Uma **fonte de vídeo** em geral é representada como uma sequência de quadros, na qual cada quadro ainda é uma imagem. Porém, em vez de identificar os objetos e as atividades em cada quadro individual, o vídeo é dividido em **segmentos de vídeo**, em que cada segmento compreende uma sequência de quadros contíguos que inclui os mesmos objetos/atividades. Cada segmento é identificado por seus quadros inicial e final. Os objetos e atividades identificados em cada segmento de vídeo podem ser usados para indexar os segmentos. Uma técnica de indexação chamada *árvores de segmento de quadro* foi proposta para a indexação do vídeo. O índice inclui tanto objetos, como pessoas, casas e carros, quanto atividades, como uma pessoa *realizando* uma fala ou duas pessoas *conversando*. Os vídeos também costumam ser compactados usando padrões como MPEG.

Fontes de áudio incluem mensagens gravadas armazenadas, como discursos, apresentações em sala de aula ou mesmo gravações de vigilância de mensagens ou conversas telefônicas por imposição da lei. Aqui, transformações discretas podem ser usadas para identificar as principais características da voz de uma pessoa a fim de ter indexação e recuperação baseada em semelhança. Comentaremos rapidamente sobre sua análise na Seção 26.4.4.

Uma **fonte de texto/documento** é basicamente o texto completo de algum artigo, livro ou revista. Essas fontes normalmente são indexadas ao identificar as palavras-chave que aparecem no texto e suas frequências relativas. Contudo, palavras de preenchimento ou palavras comuns, chamadas **stopwords**, são eliminadas do processo. Como pode haver muitas palavras-chave ao tentar indexar uma coleção de documentos, foram desenvolvidas técnicas para reduzir o número de palavras-chave às que são mais relevantes para a coleção. Uma técnica de redução de dimensionalidade, chamada *decomposição de valor singular* (SVD), baseada em transformações de matriz, pode ser utilizada para essa finalidade. Uma técnica de indexação, chamada *árvores de vetor telescópico* (árvores TV), pode então ser usada para agrupar documentos semelhantes. O Capítulo 27 discutirá o processamento de documentos em detalhes.

26.4.1 Análise automática de imagens

A análise de fontes de multimídia é crítica para o suporte de qualquer tipo de consulta ou interface de pesquisa. Precisamos representar dados de fonte de multimídia, como imagens, em relação aos recursos que nos permitiriam definir similaridade. O trabalho feito até aqui nessa área usa recursos visuais de baixo nível, como cor, textura e forma, que estão diretamente relacionados aos aspectos perceptivos do conteúdo da imagem. Esses recursos são fáceis de extrair e representar, e é conveniente projetar medidas de similaridade com base em suas propriedades estatísticas.

A **cor** é um dos recursos visuais mais usados na recuperação de imagens com base em conteúdo, pois não depende do tamanho ou da orientação da imagem. A recuperação com base em semelhança de cor é feita principalmente ao calcular um histograma de cor para cada imagem, que identifica a proporção de pixels dentro de uma imagem para os três canais de cor (vermelho, verde, azul — **RGB**, *red*, *green*. *blue*). Porém, a representação RGB é afetada pela orientação do objeto com relação à iluminação e direção da câmera. Portanto, as técnicas atuais de recuperação de imagens calculam histogramas de cores que usam representações invariáveis concorrentes, como **HSV** (matiz, saturação, valor — *hue*, *saturation*, *value*). O HSV descreve cores como pontos em um cilindro cujo eixo central varia de preto, no fundo, até branco, no topo, com cores neutras entre os dois extremos. O ângulo em torno do eixo corresponde ao matiz; a distância do eixo, à saturação; e a distância ao longo do eixo, ao valor (brilho).

A **textura** refere-se aos padrões em uma imagem que apresentam as propriedades de homogeneidade que não resultam da presença de um único valor de cor ou de intensidade. Alguns exemplos de classes de textura são a bruta e a lustrosa. Alguns exemplos de texturas que podem ser identificadas incluem couro de bezerro prensado, esteira de palha, tela de algodão, e assim por diante. Assim como as figuras são representadas por vetores de pixels (elementos de imagem), as texturas são representadas por **vetores de texels** (elementos de textura). Essas texturas são então colocadas em uma série de conjuntos, dependendo de quantas texturas são identificadas na imagem. Tais conjuntos não apenas contêm a definição de textura, mas também indicam onde a textura está localizada na imagem. A identificação de textura é feita principalmente ao modelá-la como uma variação bidimensional, de nível de cinza. O brilho relativo dos pares de pixels é calculado para estimar o grau de contraste, regularidade, rispidez e direcionalidade.

A **forma** refere-se ao formato de uma região em uma imagem. Ela geralmente é determinada ao aplicar segmentação ou detecção de borda a uma imagem. A **segmentação** é uma técnica baseada em região que usa uma região inteira (conjuntos de pixels), enquanto a **detecção de borda** é uma técnica baseada em limites, que utiliza apenas as características de contorno externo das entidades. A representação da forma em geral precisa ser invariável a translação, rotação e escala. Alguns métodos bem conhecidos para a representação de forma incluem descritores de Fourier e invariáveis de movimento.

26.4.2 Reconhecimento de objeto em imagens

O **reconhecimento de objeto** é a tarefa de identificar objetos do mundo real em uma imagem ou sequência de vídeo. O sistema precisa ser capaz de identificar o objeto mesmo quando suas imagens variam em pontos de vista, tamanho, escala ou mesmo quando elas são giradas ou passam por translação. Algumas técnicas foram desenvolvidas para dividir a imagem original em regiões com base na semelhança dos pixels contíguos. Assim, em determinada imagem que mostra um tigre na selva, uma subimagem do tigre pode ser detectada contra o fundo da selva e, quando comparada com um conjunto de imagens em treinamento, ela pode ser marcada como um tigre.

A representação do objeto de multimídia em um modelo de objeto é extremamente importante. Uma técnica consiste em dividir a imagem em segmentos homogêneos usando um predicado homogêneo. Por exemplo, em uma imagem colorida, células adjacentes que possuem valores de pixel semelhantes são agrupadas em um segmento. O predicado de homogeneidade define condições para agrupar automaticamente essas células. A segmentação e a compactação, portanto, podem identificar as principais características de uma imagem. Outra técnica encontra medições do objeto que são invariáveis às transformações. É impossível manter um banco de dados de exemplos de todas as diferentes transformações de uma imagem. Para lidar com isso, as técnicas de reconhecimento de objeto encontram pontos (ou características) interessantes em uma imagem, que não variam com as transformações.

Uma contribuição importante para esse campo foi feita por Lowe,[30] que usou características invariáveis na escala com base nas imagens para realizar um reconhecimento de objeto confiável. Essa técnica é chamada de **transformação de característica invariável em escala** (***scale-invariant feature transform*** — **SIFT**). As características SIFT são invariáveis ao redimensionamento e na rotação da imagem, e parcialmente invariáveis à mudança na iluminação e no ponto de vista da câmera 3-D. Eles são bem localizados nos domínios espacial e de frequência, reduzindo a probabilidade de interrupção por oclusão, aglomeração ou ruído. Além disso, as características são altamente distintivas, o que permite que uma única característica seja corretamente combinada com alta probabilidade contra um grande banco de dados de características, oferecendo uma base para o reconhecimento de objeto e cena.

Para combinação e reconhecimento de imagem, as características do SIFT (também conhecidas como *características de ponto-chave*) primeiro são extraídas de um conjunto de imagens de referência e armazenadas em um banco de dados. O reconhecimento de objeto é então realizado ao comparar cada característica da nova imagem com aquelas armazenadas no banco de dados e ao encontrar prováveis características correspondentes com base na distância euclidiana de seus vetores de característica. Como as características de ponto-chave são altamente distintas, uma única característica pode ser combinada corretamente com boa probabilidade em um grande banco de dados de características.

Além do SIFT, existem diversos métodos concorrentes disponíveis para reconhecimento de objeto sob aglomeração ou oclusão parcial. Por exemplo, o **RIFT**, uma generalização invariável à rotação do SIFT, identifica grupos de regiões afins locais (características de imagem com uma aparência característica e forma elíptica) que permanecem aproximadamente afins por uma gama de visões de um objeto, e por múltiplas instâncias da mesma classe de objeto.

26.4.3 Marcação semântica de imagens

A noção de marcação implícita é importante para reconhecimento e comparação de imagem. Múltiplas tags podem se conectar a uma imagem ou uma subimagem: por exemplo, no caso que referenciamos anteriormente, tags como "tigre", "selva", "verde" e "listras" podem ser associadas a essa imagem. A maioria das técnicas de pesquisa de imagem recupera imagens com base em tags fornecidas pelo usuário, que normalmente não são muito precisas ou abrangentes. Para melhorar a qualidade da pesquisa, diversos sistemas recentes visam à geração automatizada dessas tags de imagem. No caso de dados de multimídia, a maioria de sua semântica está presente em seu conteúdo. Esses sistemas utilizam técnicas de processamento de imagem e modelagem estatística para analisar o conteúdo da imagem e gerar tags de anotação precisas, que podem então ser usadas para recuperar imagens por conteúdo. Como diferentes esquemas de anotação empregarão vocabulários distintos para anotar imagens, a qualidade da recuperação da imagem será fraca. Para resolver esse problema, técnicas de pesquisa recentes propuseram o uso de hierarquias de conceito, taxonomias ou ontologias usando **OWL** (**Web Ontology Language**), em que termos e seus relacionamentos são

[30] Ver Lowe (2004), "Distinctive image features from scale-invariant keypoints".

claramente definidos. Estes podem ser usados para deduzir conceitos de nível mais alto com base nas tags. Conceitos como "céu" e "grama" podem ser divididos ainda em "céu claro" e "céu nublado" ou "grama seca" e "grama verde" nessa taxonomia. Essas técnicas costumam vir sob a marcação semântica e podem ser usadas em conjunto com as estratégias citadas de análise de recursos e identificação de objetos.

26.4.4 *Análise de fontes de dados de áudio*

As fontes de áudio em geral são classificadas em dados de voz, música e outros dados de áudio. Cada uma delas é significativamente diferente da outra; portanto, diversos tipos de dados de áudio são tratados de formas diferentes. Os dados de áudio precisam ser digitalizados antes que possam ser processados e armazenados. A indexação e recuperação de dados de áudio é comprovadamente a mais difícil entre todos os tipos de mídia, pois, assim como o vídeo, ela é contínua no tempo e não tem características facilmente mensuráveis, como texto. A clareza das gravações de som é fácil de perceber humanamente, mas difícil de ser quantificada para aprendizado da máquina. É interessante que os dados de voz com frequência usam técnicas de reconhecimento de voz para auxiliar o conteúdo de áudio real, e isso pode tornar a indexação desses dados muito mais fácil e precisa. Isso às vezes é chamado de *indexação de dados de áudio baseada em texto*. Os metadados de voz costumam depender do conteúdo, na medida em que eles são gerados a partir do conteúdo de áudio, como o comprimento da fala, o número de pessoas falando, e assim por diante. Porém, alguns dos metadados poderiam ser independentes do conteúdo real, como o comprimento da fala e o formato em que os dados são armazenados. A indexação da música, por sua vez, é feita com base na análise estatística do sinal de áudio, também conhecida como *indexação baseada em conteúdo*. Tal tipo de indexação normalmente utiliza os principais recursos do som: intensidade, tom, timbre e ritmo. É possível comparar diferentes trechos de dados de áudio e recuperar informações deles com base no cálculo de certas características, bem como a aplicação de certas transformações.

26.5 Introdução aos bancos de dados dedutivos

26.5.1 *Visão geral dos bancos de dados dedutivos*

Em um sistema de banco de dados dedutivo, é comum especificarmos regras por meio de uma **linguagem declarativa** — uma linguagem em que especificamos o que conseguir em vez de como consegui-lo. Um **mecanismo de inferência** (ou **mecanismo de dedução**) dentro do sistema pode deduzir novos fatos a partir do banco de dados ao interpretar essas regras. O modelo usado para bancos de dados dedutivos está bastante relacionado ao modelo de dados relacional, e particularmente ao formalismo do cálculo relacional do domínio (ver Seção 8.6). Ele também está relacionado ao campo da **programação lógica** e à linguagem **Prolog**. O trabalho com banco de dados dedutivo baseado na lógica tem usado Prolog como ponto de partida. Uma variação da Prolog, chamada **Datalog**, é utilizada para definir regras em forma de declaração, com um conjunto de relações existentes, que por si sós são tratadas como literais na linguagem. Embora a estrutura da linguagem da Datalog seja semelhante à da Prolog, sua semântica operacional — ou seja, como um programa em Datalog é executado — ainda é diferente.

Um banco de dados dedutivo usa dois tipos principais de especificações: fatos e regras. **Fatos** são especificados de uma maneira semelhante ao modo como as relações são especificadas, exceto que não é necessário incluir nomes de atributo. Lembre-se de que uma tupla em uma relação descreve algum fato do mundo real, cujo significado é parcialmente determinado pelos nomes de atributo. Em um banco de dados dedutivo, o significado de um valor de atributo em uma tupla é determinado unicamente por sua *posição* na tupla. **Regras** são semelhantes a visões relacionais. Elas especificam relações virtuais que não estão realmente armazenadas, mas podem ser formadas com base nos fatos, ao aplicar mecanismos de inferência baseados nas especificações da regra. A principal diferença entre regras e visões é que as regras podem envolver recursão e, portanto, gerar relações virtuais que não podem ser definidas em relação a visões relacionais básicas.

A avaliação de programas Prolog se baseia em uma técnica chamada *backward chaining*, que envolve uma avaliação top-down (de cima para baixo) dos objetivos. Em bancos de dados dedutivos que usam Datalog, a atenção deve ser dedicada ao tratamento de grande volume de dados armazenados em um banco de dados relacional. Logo, técnicas de avaliação foram criadas, semelhantes àquelas para uma avaliação bottom-up (de baixo para cima). O Prolog sofre da limitação de que a ordem da especificação dos fatos e regras é significativa na avaliação; além disso, a ordem de literais (definidas na Seção 26.5.3) em uma regra é significativa. As técnicas de execução para programas Datalog tentam contornar esses problemas.

26.5.2 Notação Prolog/Datalog

A notação usada em Prolog/Datalog é baseada em fornecimento de predicados com nomes únicos. Um **predicado** tem um significado implícito, que é sugerido pelo nome do predicado, e um número fixo de **argumentos.** Se os argumentos forem todos valores constantes, o predicado simplesmente indica que certo fato é verdadeiro. Se, caso contrário, o predicado tiver variáveis como argumentos, ele é considerado uma consulta ou parte de uma regra ou restrição. Em nossa discussão, adotamos a convenção Prolog de que todos os **valores constantes** em um predicado são *strings numéricas* ou de *caractere*; eles são representados como identificadores (ou nomes) que começam com uma *letra minúscula*, ao passo que **nomes de variáveis** sempre começam com uma *letra maiúscula.*

Considere o exemplo mostrado na Figura 26.11, que é baseado no banco de dados relacional da Figura 5.6, mas em uma forma bastante simplificada. Existem três nomes de predicado: *supervisiona*, *superior* e *subordinado*. O predicado SUPERVISIONA é definido por meio de um conjunto de fatos, cada um com dois argumentos: um nome de supervisor, seguido pelo nome de um supervisionado *direto* (subordinado) desse supervisor. Esses fatos correspondem aos dados reais armazenados no banco de dados, e podem ser considerados constituintes de um conjunto de tuplas em uma relação SUPERVISIONA com dois atributos, cujo esquema é

SUPERVISIONA(Supervisor, Supervisionado)

Figura 26.11 (a) Notação Prolog. (b) A árvore de supervisão.

(a) **Fatos**

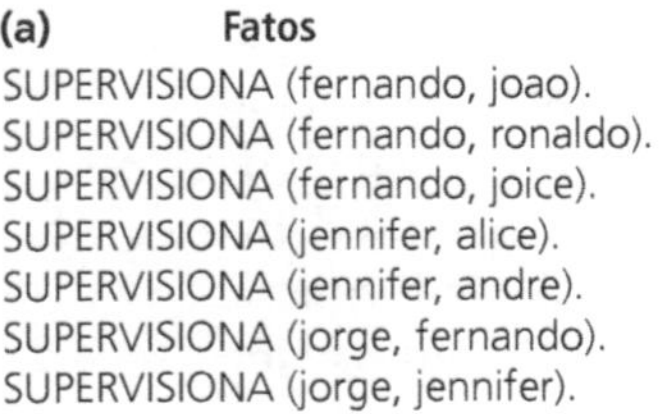

SUPERVISIONA (fernando, joao).
SUPERVISIONA (fernando, ronaldo).
SUPERVISIONA (fernando, joice).
SUPERVISIONA (jennifer, alice).
SUPERVISIONA (jennifer, andre).
SUPERVISIONA (jorge, fernando).
SUPERVISIONA (jorge, jennifer).
...

Regras

SUPERIOR(*X*, *Y*) :– SUPERVISIONA(*X*, *Y*).
SUPERIOR(*X*, *Y*) :– SUPERVISIONA(*X*, *Z*), SUPERIOR(*Z*, *Y*).
SUBORDINADO(*X*, *Y*) :– SUPERIOR(*Y*, *X*).

Consultas

SUPERIOR(jorge, *Y*)?
SUPERIOR(jorge, joice)?

(b)

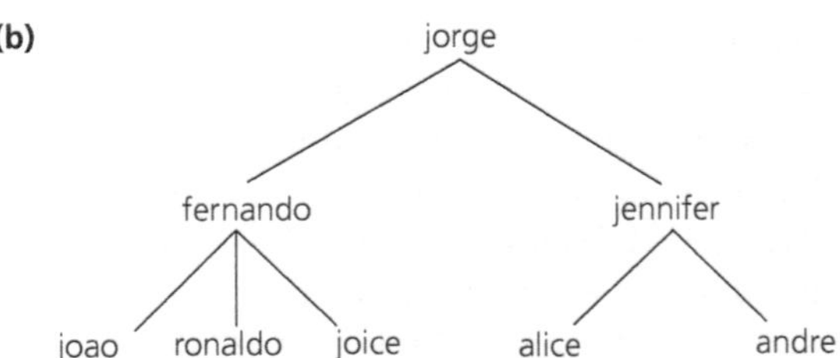

Assim, SUPERVISIONA(*X*, *Y*) declara o fato de que *X supervisiona Y*. Observe a omissão dos nomes de atributo na notação Prolog. Os nomes de atributo só são representados em virtude da posição de cada argumento em um predicado: o primeiro argumento representa o supervisor, e o segundo argumento representa um subordinado direto.

Os outros dois nomes de predicado são definidos por regras. As principais contribuições dos bancos de dados dedutivos são a capacidade de especificar regras recursivas e oferecer uma estrutura ou *framework* para deduzir novas informações com base nas regras específicas. Uma regra tem a forma **cabeça :– corpo**, em que :– é lido como *se e somente se*. Uma regra normalmente tem um único **predicado** à esquerda do símbolo :– — chamado de **cabeça** ou **left-hand side** (LHS) ou **conclusão** da regra — e *um ou mais* **predicados** à direita do símbolo :– — chamado de **corpo** ou **right-hand side** (RHS) ou **premissa(s)** da regra. Um predicado com constantes como argumentos é considerado **base**; também nos referimos a ele como um **predicado instanciado**. Os argumentos dos predicados que aparecem em uma regra costumam incluir uma série de símbolos variáveis, embora os predicados também possam conter constantes como argumentos. Uma regra especifica que, se determinada atribuição ou **vínculo** dos valores constantes às variáveis no corpo (predicados RHS) tornar *todos* os predicados RHS **verdadeiros**, ela também torna a cabeça (predicado LHS) verdadeira ao usar a mesma atribuição de valores constantes às variáveis. Logo, uma regra nos oferece um modo de gerar novos fatos que são instanciações da cabeça da regra. Esses novos fatos são baseados em fatos que já existem, correspondentes às instanciações (ou vínculos) de predicados no corpo da regra. Observe que, ao listar vários predicados no corpo de uma regra, aplicamos implicitamente o operador lógico **AND** a esses predicados. Assim, as vírgulas entre os predicados RHS podem ser lidas como significando *and*.

Considere a definição do predicado SUPERIOR da Figura 26.11, cujo primeiro argumento é um nome de funcionário e cujo segundo argumento é um funcionário subordinado *direto* ou *indireto* do primeiro funcionário. Com *subordinado indireto*, queremos dizer o subordinado de algum subordinado abaixo até qualquer número de níveis. Assim, SUPERIOR(*X*,*Y*) indica o fato de que *X é um superior de* *Y* por meio de supervisão direta ou indireta. Podemos escrever duas regras que, juntas, especificam o significado do novo predicado. A primeira regra sob Regras na figura indica que, para cada valor de *X* e *Y*, se SUPERVISIONA(*X*,*Y*) — o corpo da regra — for verdadeiro, então SUPERIOR(*X*,*Y*) — a cabeça da regra — também é verdadeiro, pois *Y* seria um subordinado direto de *X* (um nível abaixo). Essa regra pode ser usada para gerar todos os relacionamentos diretos de superior/subordinado com base nos fatos que definem o predicado SUPERVISIONA. A segunda regra recursiva indica que, se SUPERVISIONA(*X*,*Z*) *e* SUPERIOR(*Z*,*Y*) são *ambos* verdadeiros, então SUPERIOR(*X*,*Y*) também é verdadeiro. Esse é um exemplo de uma **regra recursiva**, em que um dos predicados do corpo da regra no RHS é o mesmo que o predicado de cabeça da regra no LHS. Em geral, o corpo da regra define uma série de premissas, de modo que, se todas elas são verdadeiras, podemos deduzir que a conclusão na cabeça da regra também é verdadeira. Observe que, se tivermos duas (ou mais) regras com a mesma cabeça (predicado LHS), isso é equivalente a dizer que o predicado é verdadeiro (ou seja, que pode ser instanciado) se *um* dos corpos for verdadeiro; logo, isso é equivalente a uma operação lógica **OR**. Por exemplo, se tivermos duas regras *X* :– *Y* e *X* :– *Z*, elas são equivalentes a uma regra *X* :– *Y* OR *Z*. Porém, a última forma não é usada nos sistemas dedutivos, pois não está na forma padrão da regra, chamada *cláusula de Horn*, como discutiremos na Seção 26.5.4.

Um sistema Prolog contém uma série de predicados **embutidos** que o sistema pode interpretar diretamente. Eles costumam incluir o operador de comparação de igualdade = (*X*, *Y*), que retorna verdadeiro se *X* e *Y* forem idênticos e também pode ser escrito como $X = Y$ ao utilizar a notação de infixo padrão.[31] Outros operadores de comparação para números, como <, <=, > e >=, podem ser tratados como predicados binários. As funções aritméticas como +, –, * e / podem ser usadas como argumentos em predicados Prolog. Por sua vez, Datalog (em sua forma básica) *não* permite, como argumentos, funções do tipo das operações aritméticas; na realidade, essa é uma das principais diferenças entre Prolog e Datalog. Contudo, foram propostas extensões à Datalog, que incluem funções.

Uma **consulta** normalmente envolve um símbolo de predicado com alguns argumentos variáveis, e seu significado (ou *resposta*) é deduzir todas as diferentes combinações de constantes que, quando **vinculadas** (atribuídas) às variáveis, podem tornar o predicado verdadeiro. Por exemplo, a primeira consulta na Figura 26.11 solicita os nomes de todos os subordinados de *jorge* em qualquer nível. Um tipo diferente de consulta, que tem apenas símbolos constantes como argumentos, retorna um resultado verdadeiro ou falso, dependendo de os argumentos fornecidos poderem ser deduzidos dos fatos e regras. Por exemplo, a segunda consulta na Figura 26.11 retorna verdadeiro, pois SUPERIOR(jorge, joice) pode ser deduzido.

26.5.3 Notação Datalog

Em Datalog, como em outras linguagens baseadas na lógica, um programa é criado a partir de objetos básicos, chamados **fórmulas atômicas**. É comum definir a sintaxe de linguagens baseadas em lógica ao descrever a sintaxe de fórmulas atômicas e identificar como elas podem ser combinadas para formar um programa. Em Datalog, as fórmulas atômicas são **literais** na forma $p(a_1, a_2, ... a_n)$, em que p é o nome do predicado e n é o número de argumentos para o predicado p. Diferentes símbolos de predicado podem ter distintos números de argumentos, e o número de argumentos n do predicado p às vezes é chamado de **aridez** ou **grau** de p. Os argumentos podem ser valores constantes ou nomes variáveis. Como já dissemos, usamos a convenção de que valores constantes ou são numéricos ou começam com um caractere *minúsculo*, ao passo que nomes de variável sempre começam com um caractere *maiúsculo*.

Uma série de **predicados embutidos** está incluída em Datalog, que também pode ser usada para construir fórmulas atômicas. Os predicados embutidos são de dois tipos principais: os predicados de comparação binária < (less), <= (less_or_equal), > (greater) e >= (greater_or_equal) em domínios ordenados; e os predicados de comparação = (equal) e /= (not_equal) em domínios ordenados ou não ordenados. Estes podem ser utilizados como predicados binários com a mesma sintaxe funcional de outros predicados — por exemplo, ao escrever less(X,3) — ou eles podem ser especificados ao usar a notação infixa comum X<3. Observe que, como os domínios desses predicados são potencialmente infinitos, eles devem ser usados com cuidado nas definições de regra. Por exemplo, o predicado greater(X,3), se usado isoladamente, gera um conjunto infinito de valores para X que satisfaz o predicado (todos os números inteiros maiores que 3).

Uma **literal** é uma fórmula atômica, conforme definido anteriormente — chamado **literal positiva** —, ou uma fórmula atômica precedida por **not**. A última é uma fórmula atômica negada, chamada **literal negativa.** Os programas em Datalog podem ser considerados um *subconjunto* das fórmulas de cálculo de predicado, semelhantes às fórmulas do cálculo relacional de domínio (ver Seção 8.7). Em Datalog, porém, essas fórmulas são primeiro convertidas no que é conhecido como **forma clausular** antes que sejam expressas em Datalog, e somente fórmulas dadas em uma forma clausular restrita, denominadas *cláusulas de Horn*,[32] podem ser usadas em Datalog.

---

[31] Um sistema Prolog normalmente tem uma série de predicados de igualdade diferentes, que possuem interpretações variadas.

[32] Em homenagem ao matemático Alfred Horn.

26.5.4 *Forma clausular e cláusulas de Horn*

Lembre-se, da Seção 8.6, que uma fórmula no cálculo relacional é uma condição que inclui predicados chamados *átomos* (com base nos nomes de relação). Além disso, uma fórmula pode ter quantificadores — a saber, o *quantificador universal* (para todos) e o *quantificador existencial* (existe). Na forma clausular, uma fórmula precisa ser transformada em outra com as seguintes características:

- Todas as variáveis na fórmula são quantificadas universalmente. Logo, não é necessário incluir os quantificadores universais (para todos) explicitamente; os quantificadores são removidos, e todas as variáveis na fórmula são *implicitamente* quantificadas pelo quantificador universal.
- Na forma clausular, a fórmula é composta de uma série de cláusulas, em que cada **cláusula** é composta por uma série de *literais* conectadas apenas por conectivos lógicos OR. Logo, cada cláusula é uma *disjunção* de literais.
- As *próprias cláusulas* são conectadas apenas por conectivos lógicos AND, para formar uma fórmula. Assim, a **forma clausular de uma fórmula** é uma *conjunção* de cláusulas.

Pode-se mostrar que *qualquer fórmula pode ser convertida para uma forma clausular*. Para nossos propósitos, estamos interessados principalmente na forma das cláusulas individuais, cada qual sendo uma disjunção das literais. Lembre-se de que as literais podem ser positivas ou negativas. Considere a cláusula na forma:

$$\text{NOT}(P_1) \text{ OR NOT}(P_2) \text{ OR} \ldots \text{OR NOT}(P_n) \text{ OR } Q_1 \text{ OR } Q_2 \text{ OR} \ldots \text{OR } Q_m \qquad (1)$$

Essa cláusula tem n literais negativas e m literais positivas. Ela pode ser transformada na seguinte fórmula lógica equivalente:

$$P_1 \text{ AND } P_2 \text{ AND} \ldots \text{AND } P_n \Rightarrow Q_1 \text{ OR } Q_2 \text{ OR} \ldots \text{OR } Q_m \qquad (2)$$

em que ⇒ é o símbolo **implica**. As fórmulas (1) e (2) são equivalentes, significando que seus valores verdade são sempre os mesmos. Isso acontece porque, se todas as literais P_i (i = 1, 2, ..., n) forem verdadeiras, a fórmula (2) só é verdadeira se pelo menos um dos Q_i for verdadeiro, que é o significado do símbolo ⇒ (implica). Para a fórmula (1), se todas as literais P_i (i = 1, 2, ..., n) forem verdadeiras, suas negações são todas falsas; assim, nesse caso, a fórmula (1) só é verdadeira se pelo menos um dos Q_i for verdadeiro. Em Datalog, as regras são expressas como uma forma restrita de cláusulas, chamadas **cláusulas de Horn**, em que uma cláusula pode conter *no máximo* uma literal positiva. Logo, uma cláusula de Horn pode ter a forma

$$\text{NOT}(P_1) \text{ OR NOT}(P_2) \text{ OR} \ldots \text{OR NOT}(P_n) \text{ OR } Q \qquad (3)$$

ou a forma

$$\text{NOT}(P_1) \text{ OR NOT}(P_2) \text{ OR} \ldots \text{OR NOT}(P_n) \qquad (4)$$

A cláusula de Horn em (3) pode ser transformada na cláusula

$$P_1 \text{ AND } P_2 \text{ AND} \ldots \text{AND } P_n \Rightarrow Q \qquad (5)$$

que é escrita em Datalog como a seguinte regra:

$$Q :- P_1, P_2, \ldots, P_n. \qquad (6)$$

A cláusula de Horn em (4) pode ser transformada para

$$P_1 \text{ AND } P_2 \text{ AND} \ldots \text{AND } P_n \Rightarrow \qquad (7)$$

que é escrita em Datalog da seguinte forma:

$$P_1, P_2, \ldots, P_n. \qquad (8)$$

Uma **regra Datalog**, como em (6), é, portanto, uma cláusula de Horn, e seu significado, baseado na fórmula (5), é que, se os predicados P_1 AND P_2 AND ... AND P_n forem todos verdadeiros para um vínculo em particular com seus argumentos variáveis, então Q também é verdadeiro e, portanto, pode ser deduzido. A expressão Datalog (8) pode ser considerada uma restrição de integridade, em que todos os predicados devem ser verdadeiros para satisfazer a consulta.

Em geral, uma **consulta em Datalog** consiste em dois componentes:

- Um programa Datalog, que é um conjunto finito de regras.
- Uma literal $P(X_1, X_2, ..., X_n)$, em que cada X_i é uma variável ou uma constante.

Um sistema em Prolog ou Datalog tem um **mecanismo de inferência** interno que pode ser usado para processar e calcular os resultados de tais consultas. Os mecanismos de inferência em Prolog normalmente retornam um resultado para a consulta (ou seja, um conjunto de valores para as variáveis na consulta) de cada vez e devem ser solicitados a retornar resultados adicionais. Ao contrário, Datalog retorna resultados um conjunto de cada vez.

26.5.5 Interpretações de regras

Existem duas alternativas principais para interpretar o significado teórico das regras: *teórico de prova* e *teórico de modelo*. Em sistemas práticos, o mecanismo de inferência em um sistema define a interpretação exata, que pode não coincidir com nenhuma das interpretações teóricas. O mecanismo de inferência é um procedimento computacional e, portanto, oferece uma interpretação computacional do significado das regras. Nesta seção, primeiro discutimos as duas interpretações teóricas. Depois, discutimos rapidamente os mecanismos de inferência como um modo de definir o significado das regras.

Na interpretação **teórica de prova** das regras, consideramos os fatos e as regras como afirmações verdadeiras, ou **axiomas. Axiomas de base** não possuem variáveis. Os fatos são axiomas de base dados como verdadeiros. Regras são chamadas de **axiomas dedutivos,** pois podem ser usadas para deduzir novos fatos. Os axiomas dedutivos podem ser utilizados para construir provas que derivam novos fatos de fatos existentes. Por exemplo, a Figura 26.12 mostra como provar o fato SUPERIOR(jorge, andre) com base nas regras e fatos dados na Figura 26.11. A interpretação teórica de prova nos dá uma técnica procedimental e computacional para calcular uma resposta à consulta Datalog. O processo de provar se certo fato (teorema) é mantido é conhecido como **prova do teorema.**

O segundo tipo de interpretação é chamado de interpretação **teórica de modelo.** Aqui, dado um domínio finito ou infinito de valores constantes,[33] atribuímos a um predicado cada combinação possível de valores como argumentos. Devemos, então, determinar se o predicado é verdadeiro ou falso. Em geral, é suficiente especificar as combinações de argumentos que tornam o predicado verdadeiro e indicar que todas as outras combinações tornam o predicado falso. Se for feito para cada

1. SUPERIOR(*X*, *Y*) :– SUPERVISIONA(*X*, *Y*).	(regra 1)
2. SUPERIOR(*X*, *Y*) :– SUPERVISIONA(*X*, *Z*), SUPERIOR(*Z*, *Y*).	(regra 2)
3. SUPERVISIONA(jennifer, andre).	(axioma de base, dado)
4. SUPERVISIONA(jorge, jennifer).	(axioma de base, dado)
5. SUPERIOR(jennifer, andre).	(aplicar regra 1 sobre 3)
6. SUPERIOR(jorge, andre).	(aplicar regra 2 sobre 4 e 5)

Figura 26.12 Provando um novo fato.

[33] O domínio escolhido mais comum é finito e se chama *Universo de Herbrand.*

predicado, isso é chamado de uma **interpretação** do conjunto de predicados. Por exemplo, considere a interpretação mostrada na Figura 26.13 para os predicados SUPERVISIONA e SUPERIOR. Essa interpretação atribui um valor verdade (verdadeiro ou falso) para cada combinação possível de valores de argumento (de um domínio finito) para os dois predicados.

Uma interpretação é chamada de **modelo** para um *conjunto específico de regras* se essas regras forem *sempre verdadeiras* sob essa interpretação; ou seja, para quaisquer valores atribuídos às variáveis nas regras, a cabeça das regras é verdadeira quando substituímos os valores verdade atribuídos aos predicados no corpo da regra por essa interpretação. Logo, sempre que determinada substituição (vínculo) para as variáveis nas regras é aplicada, se todos os predicados no corpo de uma regra forem verdadeiros sob a interpretação, o predicado na cabeça da regra também precisa ser verdadeiro. A interpretação da Figura 26.13 é um modelo para as duas regras mostradas, pois nunca pode fazer que as regras sejam violadas. Observe que uma regra é violada se determinado vínculo de constantes para variáveis tornar todos os predicados no corpo da regra verdadeiros, mas tornar o predicado na cabeça da regra falso. Por exemplo, se SUPERVISIONA(*a*, *b*) e SUPERIOR(*b*, *c*) forem ambos verdadeiros sob alguma interpretação, mas SUPERIOR(*a*, *c*) não for verdadeiro, a interpretação não pode ser um modelo para a regra recursiva:

SUPERIOR(*X*, *Y*) :– SUPERVISIONA(*X*, *Z*), SUPERIOR(*Z*, *Y*)

Na técnica teórica de modelo, o significado das regras é estabelecido ao oferecer um modelo para essas regras. Um modelo é chamado de **modelo mínimo**

Regras
SUPERIOR(*X*, *Y*) :– SUPERVISIONA(*X*, *Y*).
SUPERIOR(*X*, *Y*) :– SUPERVISIONA(*X*, *Z*), SUPERIOR(*Z*, *Y*).

Interpretação

Fatos conhecidos:
SUPERVISIONA(fernando, joao) é **verdadeiro**.
SUPERVISIONA(fernando, ronaldo) é **verdadeiro**.
SUPERVISIONA(fernando, joice) é **verdadeiro**.
SUPERVISIONA(jennifer, alice) é **verdadeiro**.
SUPERVISIONA(jennifer, andre) é **verdadeiro**.
SUPERVISIONA(jorge, fernando) é **verdadeiro**.
SUPERVISIONA(jorge, jennifer) é **verdadeiro**.
SUPERVISIONA(*X*, *Y*) é **falso** para todas as outras combinações possíveis de (*X*, *Y*)

Fatos derivados:
SUPERIOR(fernando, joao) é **verdadeiro**.
SUPERIOR(fernando, ronaldo) é **verdadeiro**.
SUPERIOR(fernando, joice) é **verdadeiro**.
SUPERIOR(jennifer, alice) é **verdadeiro**.
SUPERIOR(jennifer, andre) é **verdadeiro**.
SUPERIOR(jorge, fernando) é **verdadeiro**.
SUPERIOR(jorge, jennifer) é **verdadeiro**.
SUPERIOR(jorge, joao) é **verdadeiro**.
SUPERIOR(jorge, ronaldo) é **verdadeiro**.
SUPERIOR(jorge, joice) é **verdadeiro**.
SUPERIOR(jorge, alice) é **verdadeiro**.
SUPERIOR(jorge, andré) é **verdadeiro**.
SUPERIOR(*X*, *Y*) é **falso** para todas as outras combinações possíveis de (*X*, *Y*)

Figura 26.13 Uma interpretação que é um modelo mínimo.

para um conjunto de regras se não pudermos mudar nenhum fato de verdadeiro para falso e ainda obter um modelo para essas regras. Por exemplo, considere a interpretação na Figura 26.13, e suponha que o predicado SUPERVISIONA seja definido por um conjunto de fatos conhecidos, ao passo que o predicado SUPERIOR é definido como uma interpretação (modelo) para as regras. Suponha que acrescentemos o predicado SUPERIOR(jorge, roberto) aos predicados verdadeiros. Este permanece um modelo para as regras mostradas, mas não é um modelo mínimo, pois mudar o valor verdade de SUPERIOR(jorge, roberto) de verdadeiro para falso ainda nos oferece um modelo para as regras. O modelo mostrado na Figura 26.13 é o modelo mínimo para o conjunto de fatos definidos pelo predicado SUPERVISIONA.

Em geral, o modelo mínimo que corresponde a determinado conjunto de fatos na interpretação teórica de modelo deve ser o mesmo que os fatos gerados pela interpretação teórica de prova para o mesmo conjunto original de axiomas de base e dedutivos. Porém, isso geralmente é verdadeiro apenas para regras com uma estrutura simples. Quando permitimos a negação na especificação das regras, a correspondência entre as interpretações *não* se mantém. De fato, com a negação, diversos modelos mínimos são possíveis para um determinado conjunto de fatos.

Uma terceira técnica para interpretar o significado das regras envolve a definição de um mecanismo de inferência usado pelo sistema para deduzir fatos das regras. Esse mecanismo de inferência definiria uma **interpretação computacional** para o significado das regras. A linguagem de programação lógica Prolog utiliza seu mecanismo de interface para definir o significado das regras e fatos em um programa Prolog. Nem todos os programas Prolog correspondem às interpretações teóricas de prova ou teóricas de modelo; isso depende do tipo de regras no programa. Porém, para muitos programas Prolog simples, o mecanismo de inferência Prolog deduz os fatos que correspondem ou à interpretação teórica de prova ou a um modelo mínimo sob a interpretação teórica de modelo.

26.5.6 Programas Datalog e sua segurança

Existem dois métodos principais para definir os valores verdade de predicados em programas Datalog reais. **Predicados definidos por fato** (ou **relações**) são definidos ao listar todas as combinações de valores (as tuplas) que tornam o predicado verdadeiro. Estas correspondem às relações de base cujo conjunto é armazenado em um sistema de banco de dados. A Figura 26.14 mostra os predicados definidos por fato FUNCIONARIO, MASCULINO, FEMININO, DEPARTAMENTO, SUPERVISIONA, PROJETO e TRABALHA_EM, que correspondem à parte do banco de dados relacional mostrado na Figura 5.6. **Predicados definidos por regra** (ou **visões**) são definidos por serem a cabeça (LHS) de uma ou mais regras Datalog; eles correspondem a *relações virtuais* cujo conteúdo pode ser deduzido pelo mecanismo de inferência. A Figura 26.15 mostra uma série de predicados definidos por regra.

Um programa ou uma regra é considerado **seguro** se gerar um conjunto *finito* de fatos. O problema teórico geral de determinar se um conjunto de regras é seguro é indecidível. Contudo, pode-se determinar a segurança de formas restritas de regras. Por exemplo, as regras mostradas na Figura 26.16 são seguras. Uma situação em que obtemos regras inseguras que podem gerar um número infinito de fatos surge quando uma das variáveis na regra pode variar por um domínio infinito de valores, e essa variável não é limitada a variar por uma relação finita. Por exemplo, considere a regra a seguir:

ALTO_SALARIO(*Y*) :– *Y*>60000

```
FUNCIONARIO(joao).
FUNCIONARIO(fernando).
FUNCIONARIO(alice).
FUNCIONARIO(jennifer).
FUNCIONARIO(ronaldo).
FUNCIONARIO(joice).
FUNCIONARIO(andre).
FUNCIONARIO(jorge).

SALARIO(joao, 30000).
SALARIO(fernando, 40000).
SALARIO(alice, 25000).
SALARIO(jennifer, 43000).
SALARIO(ronaldo, 38000).
SALARIO(joice, 25000).
SALARIO(andre, 25000).
SALARIO(jorge, 55000).

DEPARTAMENTO(joao, pesquisa).
DEPARTAMENTO(fernando, pesquisa).
DEPARTAMENTO(alice, administracao).
DEPARTAMENTO(jennifer, administracao).
DEPARTAMENTO(ronaldo, pesquisa).
DEPARTAMENTO(joice, pesquisa).
DEPARTAMENTO(andre, administracao).
DEPARTAMENTO(jorge, matriz).

SUPERVISIONA(fernando, joao).
SUPERVISIONA(fernando, ronaldo).
SUPERVISIONA(fernando, joice).
SUPERVISIONA(jennifer, alice).
SUPERVISIONA(jennifer, andre).
SUPERVISIONA(jorge, fernando).
SUPERVISIONA(jorge, jennifer).

HOMEM(joao).
HOMEM(fernando).
HOMEM(ronaldo).
HOMEM(andre).
HOMEM(jorge).

MULHER(alice).
MULHER(jennifer).
MULHER(joice).

PROJETO(produtox).
PROJETO(produtoy).
PROJETO(produtoz).
PROJETO(informatizacao).
PROJETO(reorganizacao).
PROJETO(novosbeneficios).

TRABALHA_EM(joao, produtox, 32).
TRABALHA_EM(joao, produtoy, 8).
TRABALHA_EM(ronaldo, produtoz, 40).
TRABALHA_EM(joice, produtox, 20).
TRABALHA_EM(joice, produtoy, 20).
TRABALHA_EM(fernando, produtoy, 10).
TRABALHA_EM(fernando, produtoz, 10).
TRABALHA_EM(fernando, informatizacao, 10).
TRABALHA_EM(fernando, reorganizacao, 10).
TRABALHA_EM(alice, novosbeneficios, 30).
TRABALHA_EM(alice, informatizacao, 10).
TRABALHA_EM(andre, informatizacao, 35).
TRABALHA_EM(andre, novosbeneficios, 5).
TRABALHA_EM(jennifer, novosbeneficios, 20).
TRABALHA_EM(jennifer, reorganizacao, 15).
TRABALHA_EM(jorge, reorganizacao, 10).
```

Figura 26.14 Predicados definidos por fato para parte do banco de dados da Figura 5.6.

```
SUPERIOR(X, Y) :– SUPERVISIONA(X, Y).
SUPERIOR(X, Y) :– SUPERVISIONA(X, Z), SUPERIOR(Z, Y).

SUBORDINADO(X, Y) :– SUPERIOR(Y, X).

SUPERVISOR(X) :– FUNCIONARIO(X), SUPERVISIONA(X, Y).
FUNCIONARIO_ACIMA_40K(X) :– FUNCIONARIO(X), SALARIO(X, Y), Y >= 40000.
SUPERVISOR_ABAIXO_40K(X) :– SUPERVISOR(X), NOT(FUNCIONARIO_ACIMA_40K(X)).
FUNCIONARIO_PRINC_PRODUTO(X) :– FUNCIONARIO(X), TRABALHA_EM(X, produtox, Y),
      Y >=20.
PRESIDENTE(X) :– FUNCIONARIO(X), NOT(SUPERVISIONA(Y, X) ).
```

Figura 26.15 Predicados definidos por regra.

Aqui, podemos obter um resultado infinito se *Y* variar por todos os inteiros possíveis. Mas suponha que mudemos a regra da seguinte forma:

ALTO_SALARIO(*Y*) :– FUNCIONARIO(*X*), Salario(*X*, *Y*), *Y*>60000

Na segunda regra, o resultado não é infinito, pois os valores aos quais *Y* pode estar vinculado agora são restringidos a valores que são o salário de algum funcionário no banco de dados — presumidamente, um conjunto de valores finito. Também podemos reescrever a regra da seguinte forma:

ALTO_SALARIO(*Y*) :– *Y*>60000, FUNCIONARIO(*X*), Salario(*X*, *Y*)

```
REL_ONE(A, B, C).
REL_TWO(D, E, F).
REL_THREE(G, H, I, J).

SELECT_ONE_A_EQ_C(X, Y, Z) :- REL_ONE(C, Y, Z).
SELECT_ONE_B_LESS_5(X, Y, Z) :- REL_ONE(X, Y, Z), Y<5.
SELECT_ONE_A_EQ_C_AND_B_LESS_5(X, Y, Z) :- REL_ONE(C, Y, Z), Y<5.

SELECT_ONE_A_EQ_C_OR_B_LESS_5(X, Y, Z) :- REL_ONE(C, Y, Z).
SELECT_ONE_A_EQ_C_OR_B_LESS_5(X, Y, Z) :- REL_ONE(X, Y, Z), Y<5.

PROJECT_THREE_ON_G_H(W, X) :- REL_THREE(W, X, Y, Z).

UNION_ONE_TWO(X, Y, Z) :- REL_ONE(X, Y, Z).
UNION_ONE_TWO(X, Y, Z) :- REL_TWO(X, Y, Z).

INTERSECT_ONE_TWO(X, Y, Z) :- REL_ONE(X, Y, Z), REL_TWO(X, Y, Z).

DIFFERENCE_TWO_ONE(X, Y, Z) :- REL_TWO(X, Y, Z) NOT(REL_ONE(X, Y, Z )).

CART PROD_ONE_THREE(T, U, V, W, X, Y, Z) :-
    REL_ONE(T, U, V), REL_THREE(W, X, Y, Z).

NATURAL_JOIN_ONE_THREE_C_EQ_G(U, V, W, X, Y, Z) :-
    REL_ONE(T, U, V), REL_THREE(W, X, Y, Z).
```

Figura 26.16 Predicados para ilustrar operações relacionais.

Nesse caso, a regra ainda é teoricamente segura. Porém, em Prolog ou em qualquer outro sistema que usa um mecanismo de inferência top-down, começando na profundidade, a regra cria um ciclo infinito, visto que primeiro procuramos um valor para *Y* e, depois, verificamos se ele é o salário de um funcionário. O resultado é a geração de um número infinito de valores *Y*, embora estes, após certo ponto, não possam levar a um conjunto de predicados RHS verdadeiros. Uma definição da Datalog considera que as duas regras são seguras, pois isso não depende de um mecanismo de inferência em particular. Apesar disso, em geral é aconselhável escrever tal regra na forma mais segura, com os predicados que restringem possíveis vínculos das variáveis colocados em primeiro lugar. Como outro exemplo de uma regra insegura, considere a regra a seguir:

TEM_ALGO(*X*, *Y*) :- FUNCIONARIO(*X*)

Aqui, um número infinito de valores *Y* novamente pode ser gerado, pois a variável *Y* só aparece na cabeça da regra e, portanto, não é limitada a um conjunto finito de valores. Para definir regras seguras mais formalmente, usamos o conceito de uma variável limitada. Uma variável *X* é **limitada** em uma regra se: (1) ela aparecer em um predicado regular (não embutido) no corpo da regra; (2) ela aparecer em um predicado na forma $X = c$ ou $c = X$ ou ($c_1 <= X$ e $X <= c_2$) no corpo da regra, em que c, c_1 e c_2 são valores constantes; ou (3) ela aparecer em um predicado na forma $X = Y$ ou $Y = X$ no corpo da regra, em que *Y* é uma variável limitada. Uma regra é considerada **segura** se todas as suas variáveis forem limitadas.

26.5.7 Uso de operações relacionais

É fácil especificar muitas operações da álgebra relacional na forma de regras Datalog que definem o resultado da aplicação dessas operações em relações do banco de dados (predicados de fato). Isso significa que as consultas e visões relacionais podem ser facilmente especificadas em Datalog. O poder adicional que o Datalog oferece está na especificação de consultas recursivas e visões baseadas em consultas recursivas. Nesta seção, mostramos como algumas das operações relacionais padrão podem ser especificadas como regras Datalog. Nossos exemplos usarão as relações da base (predicados definidos por fato) REL_ONE, REL_TWO e REL_THREE, cujos esquemas são exibidos na Figura 26.16. Em Datalog, não precisamos especificar os nomes de atributo como na Figura 26.16; em vez disso, a aridez (grau) de cada predicado é o aspecto importante. Em um sistema prático, o domínio (tipo de dado) de cada atributo também é relevante para operações como UNIÃO, INTERSEÇÃO e JUNÇÃO, e consideramos que os tipos de atributo são compatíveis para as diversas operações, conforme discutimos no Capítulo 5.

A Figura 26.16 ilustra uma série de operações relacionais básicas. Observe que, se o modelo Datalog for baseado no modelo relacional e, portanto, pressupuser que os predicados (relações de fato e resultados de consulta) especificam conjuntos de tuplas, as tuplas duplicadas no mesmo predicado são automaticamente eliminadas. Isso pode ou não ser verdade, dependendo do mecanismo de inferência do Datalog. Contudo, esse definitivamente *não* é o caso em Prolog, de modo que qualquer uma das regras da Figura 26.16 que envolva eliminação de duplicatas não está correta para o Prolog. Por exemplo, se quisermos especificar regras Prolog para a operação UNIÃO com eliminação de duplicatas, temos de reescrevê-las da seguinte forma:

UNION_ONE_TWO(*X*, *Y*, *Z*) :– REL_ONE(*X*, *Y*, *Z*).
UNION_ONE_TWO(*X*, *Y*, *Z*) :– REL_TWO(*X*, *Y*, *Z*), NOT(REL_ONE(*X*,*Y*, *Z*)).

Entretanto, as regras mostradas na Figura 26.16 devem funcionar para Datalog, se as duplicatas forem automaticamente eliminadas. De modo semelhante, as regras para a operação PROJEÇÃO exibida na Figura 26.16 devem funcionar para Datalog nesse caso, mas não estão corretas para Prolog, pois as duplicatas apareceriam nesse último caso.

26.5.8 Avaliação de consultas Datalog não recursivas

Para usar o Datalog como um sistema de banco de dados dedutivo, é apropriado definir um mecanismo de inferência com base nos conceitos de processamento de consulta a banco de dados relacional. A estratégia inerente envolve uma avaliação bottom-up, começando com as relações da base; a ordem das operações é mantida flexível e sujeita à otimização da consulta. Nesta seção, discutimos um **mecanismo de inferência** com base nas operações relacionais que podem ser aplicadas a consultas Datalog **não recursivas.** Usamos as bases de fato e de regra das figuras 26.14 e 26.15 para ilustrar nossa discussão.

Se uma consulta envolver apenas predicados definidos por fato, a inferência se torna procurar o resultado da consulta nos fatos. Por exemplo, uma consulta como

DEPARTAMENTO(*X*, Pesquisa)?

é uma seleção de todos os nomes de funcionário *X* que trabalham para o departamento Pesquisa. Na álgebra relacional, ela é a consulta:

$\pi_{\$1}$ $(\sigma_{\$2\ =\ \text{"Pesquisa"}}$ (DEPARTAMENTO))

que pode ser respondida ao pesquisar o predicado departamento(*X*,*Y*), definido por fato. A consulta envolve as operações relacionais SELECT e PROJECT sobre uma relação básica, e pode ser tratada pelas técnicas de processamento e otimização da consulta de banco de dados discutidas nos capítulos 18 e 19.

Quando uma consulta envolve predicados definidos por regra, o mecanismo de inferência precisa calcular o resultado com base nas definições de regra. Se uma consulta for não recursiva e envolver um predicado p que aparece como cabeça de uma regra $p :- p_1, p_2, ..., p_n$, a estratégia é primeiro calcular as relações correspondentes a $p_1, p_2, ..., p_n$ e, depois, calcular a relação correspondente a p. É útil acompanhar a dependência entre os predicados de um banco de dados dedutivo em um **grafo de dependência de predicados**. A Figura 26.17 mostra o grafo para os predicados de fato e regra mostrados nas figuras 26.14 e 26.15. O grafo de dependência contém um **nó** para cada predicado. Sempre que um predicado *A* é especificado no corpo (RHS) de uma regra, e a cabeça (LHS) dessa regra é o predicado *B*, dizemos que *B* **depende de** *A*, e desenhamos uma aresta direcionada de *A* para *B*. Isso indica que, para calcular os fatos para o predicado *B* (a cabeça da regra), primeiro temos de calcular os fatos para todos os predicados *A* no corpo da regra. Se o grafo de dependência não tiver ciclos, chamamos o conjunto de regras de **não recursivo.** Se houver pelo menos um ciclo, chamamos o conjunto de regras de **recursivo.** Na Figura 26.17, existe um predicado definido recursivamente — chamado SUPERIOR — que tem uma aresta recursiva apontando de volta para si mesma. Além disso, como o predicado subordinado depende de SUPERIOR, ele também requer recursão no cálculo de seu resultado.

Uma consulta que inclui apenas predicados não recursivos é chamada de **consulta não recursiva.** Nesta seção, discutimos apenas mecanismos de inferência para consultas não recursivas. Na Figura 26.17, qualquer consulta que não envolva os predicados SUBORDINADO ou SUPERIOR é não recursiva. No grafo de dependência de predicado, os nós correspondentes a predicados definidos por fato não têm quaisquer arestas chegando, pois todos os predicados definidos por fato têm seus fatos armazenados em uma relação do banco de dados. O conteúdo de um predicado definido por fato pode ser calculado ao recuperar diretamente as tuplas na relação correspondente do banco de dados.

A função principal de um mecanismo de inferência é calcular os fatos que correspondem aos predicados de consulta. Isso pode ser realizado ao gerar uma **expressão relacional** que envolva operadores relacionais como SELEÇÃO, PROJEÇÃO, JUNÇÃO, UNIÃO e DIFERENÇA (com a devida provisão para lidar com questões de segurança) que, quando executada, forneça o resultado da consulta. A consulta pode, então, ser executada utilizando o processamento de consulta interno e operações de otimização de um sistema de gerenciamento de banco de dados relacional. Sempre que o mecanismo de inferência precisa calcular o conjunto de fatos correspondente a um

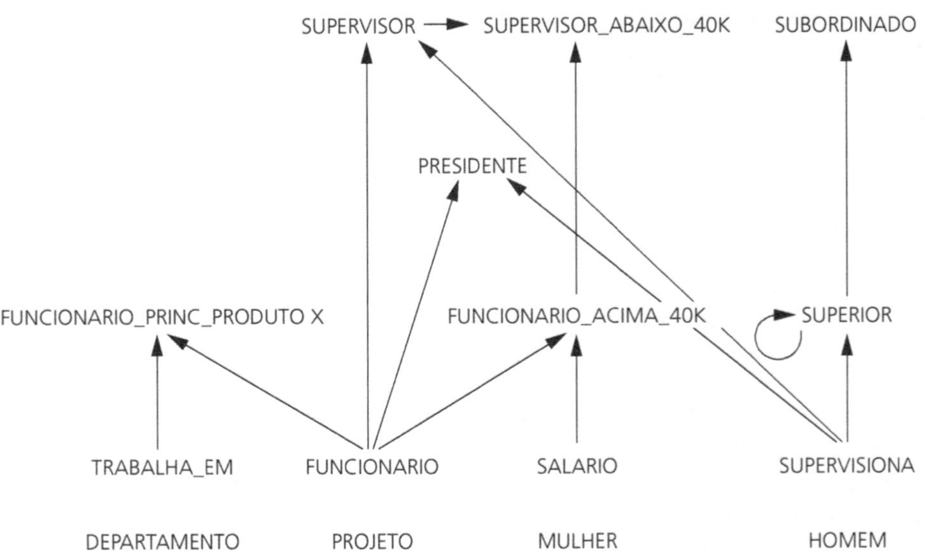

Figura 26.17 Grafo de dependência de predicados para as figuras 26.15 e 26.16.

predicado definido por regra não recursivo *p*, ele primeiro localiza todas as regras que têm *p* como sua cabeça. A ideia é calcular o conjunto de fatos para cada regra desse tipo e, depois, aplicar a operação UNIÃO aos resultados, pois UNIÃO corresponde a uma operação lógica OR. O grafo de dependência indica todos os predicados *q* dos quais cada *p* depende e, como consideramos que o predicado é não recursivo, sempre podemos determinar uma ordem parcial entre tais predicados *q*. Antes de calcular o conjunto de fatos para *p*, primeiro calculamos os conjuntos de fatos para todos os predicados *q* dos quais *p* depende, com base em sua ordem parcial. Por exemplo, se uma consulta envolve o predicado SUPERVISOR_ACIMA_40K, primeiro temos de calcular tanto SUPERVISOR quanto FUNCIONARIO_ACIMA_40K. Como os dois últimos dependem apenas dos predicados definidos por fato FUNCIONARIO, SALARIO e SUPERVISIONA, eles podem ser calculados diretamente das relações armazenadas no banco de dados.

Isso conclui nossa introdução aos bancos de dados dedutivos. Incluímos uma extensa bibliografia do trabalho realizado sobre bancos de dados dedutivos, processamento de consulta recursiva, conjuntos mágicos, combinação de bancos de dados relacionais com regras dedutivas e o GLUE-NAIL! System ao final deste capítulo.

26.6 Resumo

Neste capítulo, apresentamos os conceitos de banco de dados para alguns dos recursos comuns exigidos por aplicações avançadas: bancos de dados ativos, bancos de dados temporais, bancos de dados espaciais, bancos de dados de multimídia e bancos de dados dedutivos. É importante observar que cada um deles é um assunto amplo e justifica um livro-texto inteiro.

Primeiro, apresentamos o tópico de bancos de dados ativos, que oferecem funcionalidade adicional para especificar regras ativas. Apresentamos o modelo evento-condição-ação (ECA) para bancos de dados ativos. As regras podem ser disparadas automaticamente por eventos que ocorrem — como uma atualização no banco de dados — e iniciar certas ações que foram especificadas na declaração da regra se certas condições forem verdadeiras. Muitos pacotes comerciais possuem parte da funcionalidade oferecida por bancos de dados ativos na forma de triggers. Na Seção 26.1.1, demos exemplos de triggers em nível de linha no sistema comercial Oracle. Discutimos as diferentes opções para especificar triggers na Seção 26.1.2, como regras em nível de linha *versus* em nível de comando, before *versus* after e imediata *versus* adiada. Depois, na Seção 26.1.3, demos exemplos de regras em nível de comando no sistema experimental STARBURST. Abordamos rapidamente algumas questões de projeto e algumas aplicações possíveis para bancos de dados ativos na Seção 26.1.4. A sintaxe para triggers no padrão SQL-99 também foi discutida na Seção 26.1.5.

Em seguida, na Seção 26.2, apresentamos alguns dos conceitos de bancos de dados temporais, que permitem que o sistema armazene um histórico das mudanças e permite que os usuários consultem os estados atual e passado do banco de dados. Na Seção 26.2.1, discutimos como o tempo é representado e distinguido entre as dimensões de tempo válido e tempo de transação. Na Seção 26.2.2, abordamos como o tempo válido, o tempo de transação e as relações bitemporais podem ser implementados usando versionamento de tupla no modelo relacional, com exemplos para ilustrar como as atualizações, inserções e exclusões são implementadas. Também mostramos como objetos complexos podem ser usados para implementar bancos de dados temporais com versionamento de atributos, na Seção 26.2.3. Examinamos algumas das operações de consulta para bancos de dados relacionais temporais e demos uma rápida introdução à linguagem TSQL2 na Seção 26.2.4.

Depois, passamos para os bancos de dados espaciais na Seção 26.3. Estes oferecem conceitos para bancos de dados que registram objetos que possuem características espaciais na Seção 26.3.1. Discutimos os tipos de dados espaciais e modelos de dados espaciais na Seção 26.3.2, e os tipos de operadores para processamento de dados espaciais e tipos de consultas espaciais na Seção 26.3.3. Na Seção 26.3.4, demos uma visão geral das técnicas de indexação espacial, incluindo as populares *R*-trees. Na sequência, falamos sobre algumas técnicas de mineração de dados espaciais na Seção 26.3.5 e discutimos sobre algumas aplicações que exigem bancos de dados espaciais na Seção 26.3.6.

Na Seção 26.4, tratamos de alguns tipos básicos de banco de dados de multimídia e suas características mais importantes. Os bancos de dados de multimídia oferecem recursos que permitem aos usuários armazenar e consultar diferentes tipos de informações de multimídia, incluindo imagens (como figuras e desenhos), clipes de vídeo (como filmes, noticiários e vídeos caseiros), clipes de áudio (como canções, mensagens telefônicas e discursos) e documentos (como livros e artigos). Oferecemos uma rápida visão geral dos diversos tipos de fontes de mídia e como as fontes de multimídia podem ser indexadas. As imagens são um tipo de dado extremamente comum entre os bancos de dados de hoje, e provavelmente ocuparão uma grande proporção dos dados armazenados. Portanto, oferecemos um tratamento mais detalhado das imagens: sua análise automática (Seção 26.4.1), reconhecimento de objetos em imagens (Seção 26.4.2) e sua marcação semântica (Seção 26.4.3) — todos contribuindo para o desenvolvimento de sistemas melhores para recuperar imagens por conteúdo, o que ainda continua sendo um problema desafiador. Também comentamos sobre a análise de fontes de dados de áudio na Seção 26.4.4.

Concluímos o capítulo com uma introdução aos bancos de dados dedutivos, na Seção 26.5. Introduzimos os bancos de dados dedutivos na Seção 26.5.1 e demos uma visão geral da notação Prolog e Datalog nas seções 26.5.2 e 26.5.3. Discutimos a forma clausular das fórmulas na Seção 26.5.4. Regras Datalog são restritas a cláusulas de Horn, que contêm no máximo uma literal positiva. Abordamos a interpretação teórica de prova e teórica de modelo das regras na Seção 26.5.5. Discutimos rapidamente as regras Datalog e sua segurança na Seção 26.5.6, e as maneiras de expressar operações relacionais usando regras Datalog na Seção 26.5.7. Finalmente, tratamos de um mecanismo de inferência baseado em operações relacionais, que pode ser usado para avaliar consultas Datalog não recursivas com técnicas de otimização de consulta relacional na Seção 26.5.8. Embora a Datalog seja uma linguagem popular com muitas aplicações, implementações de sistemas de banco de dados dedutivos, como LDL ou VALIDITY, não se tornaram amplamente disponíveis comercialmente.

PERGUNTAS DE REVISÃO

26.1. Quais são as diferenças entre as regras ativas em nível de linha e em nível de sentença?

26.2. Quais são as diferenças entre a *consideração* imediata, adiada e separada das condições da regra ativa?

26.3. Quais são as diferenças entre a *execução* imediata, adiada e separada das ações da regra ativa?

26.4. Discuta rapidamente os problemas de consistência e término ao projetar um conjunto de regras ativas.

26.5. Discuta algumas aplicações dos bancos de dados ativos.

26.6. Discuta como o tempo é representado nos bancos de dados temporais e compare as diferentes dimensões de tempo.

26.7. Quais são as diferenças entre relações de tempo válido, de tempo de transação e bitemporais?

26.8. Descreva como os comandos de inserção, exclusão e atualização devem ser implementados em uma relação de tempo válido.

26.9. Descreva como os comandos de inserção, exclusão e atualização devem ser implementados em uma relação bitemporal.

26.10. Descreva como os comandos de inserção, exclusão e atualização devem ser implementados em uma relação de tempo de transação.

26.11. Quais são as principais diferenças entre versionamento de tupla e versionamento de atributo?

26.12. Como os bancos de dados espaciais diferem dos bancos de dados regulares?

26.13. Quais são os diferentes tipos de dados espaciais?

26.14. Cite os principais tipos de operadores espaciais e diferentes classes de consultas espaciais.

26.15. Quais são as propriedades das *R*-trees que atuam como um índice para dados espaciais?

26.16. Descreva como um índice de junção espacial entre objetos espaciais pode ser construído.

26.17. Quais são os diferentes tipos de mineração de dados espacial?

26.18. Indique a forma geral de uma regra de associação espacial. Dê um exemplo de regra de associação espacial.

26.19. Quais são os diferentes tipos de fontes de multimídia?

26.20. Como as fontes de multimídia são indexadas para recuperação baseada em conteúdo?

26.21. Que características importantes das imagens são usadas para compará-las?

26.22. Quais são as diferentes técnicas para o reconhecimento de objetos em imagens?

26.23. Como é usada a marcação semântica das imagens?

26.24. Quais são as dificuldades na análise de fontes de áudio?

26.25. O que são bancos de dados dedutivos?

26.26. Escreva exemplos de regras em Prolog para definir que os cursos com número acima de CC5000 são cursos de graduação e que DBgrads são os alunos formados que se matriculam nos cursos CC6400 e CC8803.

26.27. Defina a forma clausular das fórmulas e as cláusulas de Horn.

26.28. O que é prova do teorema e o que é interpretação teórica de prova das regras?

26.29. O que é interpretação teórica de modelo e como ela difere da interpretação teórica de prova?

26.30. O que são predicados definidos por fato e predicados definidos por regra?

26.31. O que é uma regra segura?

26.32. Dê exemplos de regras que podem definir operações relacionais SELEÇÃO, PROJEÇÃO, JUNÇÃO e CONJUNTO.

26.33. Discuta o mecanismo de inferência com base em operações relacionais que pode ser aplicado para avaliar consultas Datalog não recursivas.

EXERCÍCIOS

26.34. Considere o banco de dados EMPRESA descrito na Figura 5.6. Usando a sintaxe das triggers em Oracle, escreva regras ativas para fazer o seguinte:

a. Sempre que as tarefas de projeto de um funcionário mudarem, verifique se o total de horas gastas por semana nos projetos do funcionário são menores que 30 ou maiores que 40; neste caso, notifique o supervisor direto do funcionário.

b. Sempre que um funcionário for excluído, exclua as tuplas de PROJETO e as tuplas de DEPENDENTE relacionadas a esse funcionário, e se o funcionário gerenciar um departamento ou supervisionar funcionários, defina o Cpf_gerente para esse departamento como NULL e defina o Cpf_supervisor para esses funcionários como NULL.

26.35. Repita o Exercício 26.34, mas use a sintaxe das regras ativas do STARBURST.

26.36. Considere o esquema relacional mostrado na Figura 26.18. Escreva regras ativas para manter o atributo Comissoes_soma de VENDEDOR igual à soma do atributo Commissao em VENDAS para cada vendedor. Suas regras também deverão verificar se a Comissoes_soma ultrapassa 100.000; nesse caso, chame um procedimento Notifica_gerente (id_S). Escreva regras em nível de comando na notação STARBURST e regras em nível de linha no Oracle.

VENDAS

Id_S	Id_V	Comissao

VENDEDOR

Id_vendedor	Nome	Titulo	Telefone	Comissoes_soma

Figura 26.18 Esquema de banco de dados para comissões de vendas e vendedores do Exercício 26.36.

26.37. Considere o esquema EER UNIVERSIDADE da Figura 4.10. Escreva algumas regras (em português) que poderiam ser implementadas por meio de regras ativas para impor algumas restrições de integridade comuns, que você acredita serem relevantes a essa aplicação.

26.38. Discuta quais das atualizações que criaram cada uma das tuplas mostradas na Figura 26.9 foram aplicadas retroativamente e quais foram aplicadas proativamente.

26.39. Mostre como as seguintes atualizações, se aplicadas em sequência, mudariam o conteúdo da relação bitemporal FUNCIONARIO_BT na Figura 26.9. Para cada atualização, indique se ela é uma atualização retroativa ou proativa.

a. Em 10-03-2014,17:30:00, o salário de Lima é atualizado para 40.000, efetivado em 01-03-2014.

b. Em 30-07-2013,08:31:00, o salário de Silva foi corrigido para mostrar que deveria ter sido informado como 31.000 (em vez de 30.000, conforme aparece), efetivado em 01-06-2013.

c. Em 18-03-2014,08:31:00, o banco de dados foi alterado para indicar que Lima estava saindo da empresa (ou seja, excluído logicamente), com efetivação em 31-03-2014.

d. Em 20-04-2014,14:07:33, o banco de dados foi alterado para indicar a contratação de um novo funcionário chamado Jonas, com a tupla <"Jonas", "33445566711", 1, NULL >, efetivado em 20-04-2014.

e. Em 28-04-2014,12:54:02, o banco de dados foi alterado para indicar que Wong estava saindo da empresa (ou seja, foi logicamente excluído), com data de efetivação 01-06-2014.

f. Em 05-05-2014,13:07:33, o banco de dados foi alterado para indicar a recontratação de Braga, com o mesmo departamento e supervisor, mas com salário de 35.000, efetivado em 01-05-2014.

26.40. Mostre como as atualizações dadas no Exercício 26.39, se aplicadas em sequência, mudariam o conteúdo da relação de tempo válido FUNCIONARIO_TV da Figura 26.8.

26.41. Acrescente os seguintes fatos ao banco de dados de exemplo da Figura 26.11:

SUPERVISIONA(andre, roberto), SUPERVISIONA(fernando, gisele)

Primeiro, modifique a árvore de supervisão na Figura 26.11(b) para refletir essa mudança. Depois, construa um diagrama mostrando a avaliação top-down da consulta SUPERIOR(jorge, *Y*) usando as regras 1 e 2 da Figura 26.12.

26.42. Considere o seguinte conjunto de fatos para a relação PAI(*X*,*Y*), em que *Y* é o pai de *X*:

PAI(a, aa), PAI(a, ab), PAI(aa, aaa), PAI(aa, aab),
PAI(aaa, aaaa), PAI(aaa, aaab)

Considere as regras

r_1: ANCESTRAL(*X*, *Y*) :– PAI(*X*, *Y*)
r_2: ANCESTRAL(*X*, *Y*) :– PAI(*X*, *Z*), ANCESTRAL(*Z*, *Y*)

que definem o ancestral *Y* de *X*, como anteriormente.

a. Mostre como solucionar a consulta Datalog.
ANCESTRAL(aa, *X*)?
e mostre seu trabalho a cada etapa.

b. Mostre a mesma consulta calculando apenas as mudanças na relação ancestral e usando isso na regra 2 a cada vez.

[*Esta questão é derivada de Bancilhon e Ramakrishnan (1986).*]

26.43. Considere um banco de dados dedutivo com as seguintes regras:

ANCESTRAL(*X*, *Y*) :– PAI(*X*, *Y*)
ANCESTRAL(*X*, *Y*) :– PAI(*X*, *Z*), ANCESTRAL(*Z*, *Y*)

Observe que PAI(*X*, *Y*) significa que *Y* é o pai de *X*; ANCESTRAL(*X*, *Y*) significa que *Y* é o ancestral de *X*.

Considere a seguinte base de fatos:

PAI(Hamilton, Isaque), PAI(Isaque, Joao), PAI(Joao, Carlos)

a. Construa uma interpretação teórica de modelo das regras citadas usando os fatos dados.

b. Considere que um banco de dados contém as relações anteriores PAI(*X*,*Y*), outra relação IRMAO(*X*,*Y*) e uma terceira relação DATANASC(*X*,*B*), em que *B* é a data de nascimento da pessoa *X*. Indique uma regra que calcule os primeiros primos da seguinte variedade: seus pais devem ser irmãos.

c. Mostre um programa Datalog completo, com literais baseadas em fato e baseadas em regra, que calcule a seguinte relação: lista de pares de primos, em que a primeira pessoa nasceu depois de 1960 e a segunda, depois de 1970. Você pode usar *greater-than* como predicado embutido. (*Nota:* fatos de amostra para irmão, nascimento e pessoa também precisam ser mostrados.)

26.44. Considere as seguintes regras:

ALCANCAVEL(*X*, *Y*) :– VOO(*X*, *Y*)
ALCANCAVEL(*X*, *Y*) :– VOO(*X*, *Z*), ALCANCAVEL(*Z*, *Y*)

em que ALCANCAVEL(*X*, *Y*) significa que a cidade *Y* pode ser alcançada a partir da cidade *X* e VOO(*X*, *Y*) significa que existe um voo da cidade *X* para a cidade *Y*.

a. Construa predicados de fato que descrevam o seguinte:
Los Angeles, Nova York, Chicago, Atlanta, Frankfurt, Paris, Cingapura, Sydney são cidades.
Existem os seguintes voos: LA para NY, NY para Atlanta, Atlanta para Frankfurt, Frankfurt para Atlanta, Frankfurt para Cingapura e Cingapura para Sydney. (*Nota*: nenhum voo na direção oposta pode ser suposto automaticamente.)

b. Os dados apresentados são cíclicos? Se forem, em que sentido?
c. Construa uma interpretação teórica de modelo (ou seja, uma interpretação semelhante à mostrada na Figura 26.13) dos fatos e regras citados.
d. Considere a consulta
ALCANCAVEL(Atlanta, Sydney)?
Como essa consulta será executada? Liste a série de etapas por que ela passará.
e. Considere os seguintes predicados definidos por regra:
IDA_VOLTA_ALCANCAVEL(*X*, *Y*) :–
ALCANCAVEL(*X*, *Y*), ALCANCAVEL(*Y*, *X*)
DURACAO(*X*, *Y*, *Z*)
Desenhe um grafo de dependência de predicado para os predicados citados. (*Nota:* DURACAO(*X*, *Y*, *Z*) significa que você pode fazer um voo de *X* para *Y* em *Z* horas.)
f. Considere a consulta a seguir: que cidades podem ser alcançadas em 12 horas saindo de Atlanta? Mostre como expressar isso em Datalog. Considere que haja predicados embutidos como greater-than(*X*,*Y*). Isso pode ser convertido para um comando da álgebra relacional de uma forma direta? Por quê?
g. Considere o predicado população(*X*, *Y*), em que *Y* é a população da cidade *X*. Considere a seguinte consulta: liste todos os vínculos possíveis do par de predicados (*X*, *Y*), em que *Y* é uma cidade que pode ser alcançada em dois voos saindo da cidade *X*, que tem mais de 1 milhão de pessoas. Mostre essa consulta em Datalog. Desenhe uma árvore de consulta correspondente em termos algébricos relacionais.

BIBLIOGRAFIA SELECIONADA

O livro de Zaniolo et al. (1997) consiste em várias partes, cada uma descrevendo um conceito avançado de banco de dados, como bancos de dados ativos, temporais e espaciais/texto/multimídia. Widom e Ceri (1996) e Ceri e Fraternali (1997) focalizam os conceitos e sistemas de bancos de dados ativos. Snodgrass (1995) descreve a linguagem e o modelo de dados TSQL2. Khoshafian e Baker (1996), Faloutsos (1996) e Subrahmanian (1998) descrevem conceitos de banco de dados multimídia. Tansel et al. (1993) é uma coleção de capítulos sobre bancos de dados temporais. As extensões temporais à SQL:2011 são discutidas em Kulkarni e Michels (2012).

As regras do STARBURST são descritas em Widom e Finkelstein (1990). Um dos trabalhos mais antigos sobre bancos de dados ativos é o projeto HiPAC, discutido em Chakravarthy et al. (1989) e Chakravarthy (1990). Um glossário para bancos de dados temporais é dado em Jensen et al. (1994). Snodgrass (1987) focaliza a TQuel, uma antiga linguagem de consulta temporal.

A normalização temporal é definida em Navathe e Ahmed (1989). Paton (1999) e Paton e Diaz (1999) analisam os bancos de dados ativos. Chakravarthy et al. (1994) descrevem o SENTINEL e sistemas ativos baseados em objeto. Lee et al. (1998) discutem o gerenciamento de série temporal.

O livro de Shekhar e Chawla (2003) consiste em todos os aspectos dos bancos de dados espaciais, incluindo modelos de dados espaciais, armazenamento e indexação espacial e mineração de dados espacial. Scholl et al. (2001) é outro livro-texto sobre gerenciamento de dados espaciais. Albrecht (1996) descreve com detalhes as diversas operações de análise GIS. Clementini e Di Felice (1993) dão uma descrição detalhada dos operadores espaciais. Güting (1994) descreve as estruturas de dados espaciais e as linguagens de consulta para sistemas de banco de dados espaciais. Guttman (1984) propôs *R*-trees para a indexação de dados espaciais. Manolopoulos et al. (2005) é um livro sobre a teoria e as aplicações de *R*-trees. Papadias et al. (2003) discutem o processamento de consulta usando *R*-trees para redes espaciais. Ester et al. (2001) oferecem uma discussão abrangente sobre os algoritmos e as aplicações da mineração de dados espacial. Koperski e Han (1995) discutem a descoberta da regra de associação com base em bancos de dados geográficos. Brinkhoff et al. (1993) oferecem uma visão geral abrangente do uso de R-trees para o processamento eficaz de junções espaciais. Rotem (1991) descreve índices de junção espacial de modo abrangente. Shekhar e Xiong (2008) é uma compilação de diversas fontes, que discute diferentes aspectos dos sistemas de gerenciamento de banco de dados espacial e GIS. Os algoritmos de agrupamento baseados em densidade DBSCAN e DENCLUE são propostos por Ester et al. (1996) e Hinnenberg e Gabriel (2007), respectivamente.

A modelagem de banco de dados de multimídia tem uma grande quantidade de literatura — é difícil indicar todas as referências importantes aqui. O sistema QBIC (Query By Image Content) da IBM, descrito em Niblack et al. (1998), foi uma das primeiras técnicas abrangentes para consultar imagens com base no conteúdo. Agora, ele está disponível como parte do extensor de imagem de banco de dados DB2 da IBM. Zhao e Grosky (2002) discutem a recuperação de imagens baseada em conteúdo. Carneiro e Vasconselos (2005) apresentam uma visão centrada em banco de dados da anotação e recuperação semânticas de imagens. A recuperação de subimagens baseada em conteúdo é discutida por Luo e Nascimento (2004). Tuceryan e Jain (1998) abordam diversos aspectos da análise de textura. O reconhecimento de objetos usando SIFT é discutido em Lowe (2004). Lazebnik et al. (2004) descrevem o uso de regiões afins locais para modelar objetos 3-D (RIFT). Em outras técnicas de reconhecimento de objetos, G-RIF é descrito em Kim et al. (2006). Bay et al. (2006) discutem SURF, Ke e Sukthankar (2004) apresentam PCA-SIFT, e Mikolajczyk e Schmid (2005) descrevem GLOH. Fan et al. (2004) apresentam uma técnica para a anotação automática de imagem usando objetos sensíveis ao conceito. Fotouhi et al. (2007) foi o primeiro workshop internacional sobre as muitas faces da semântica de multimídia, que continua anualmente. Thuraisingham (2001) classifica os dados de áudio em diferentes categorias e, ao tratar cada uma delas de maneira diferente, desenvolve o uso de metadados para áudio. Prabhakaran (1996) também discutiu como as técnicas de processamento de voz podem acrescentar informações de metadados valiosas ao trecho de áudio.

Os primeiros desenvolvimentos da técnica de lógica e banco de dados são analisados por Gallaire et al. (1984). Reiter (1984) oferece uma reconstrução da teoria de banco de dados relacional, enquanto Levesque (1984) fornece uma discussão do conhecimento incompleto do ponto de vista da lógica. Gallaire e Minker (1978) oferecem um livro anterior sobre esse assunto. Um tratamento detalhado da lógica e bancos de dados aparece em Ullman (1989, volume 2) e há um capítulo relacionado no volume 1 (1988). Ceri, Gottlob e Tanca (1990) apresentam um tratamento abrangente, porém conciso, sobre lógica e bancos de dados. Das (1992) é um livro abrangente sobre bancos de dados dedutivos e programação lógica. A história antiga da Datalog é abordada em Maier e Warren (1988). Clocksin e Mellish (2003) é uma excelente referência sobre a linguagem Prolog.

Aho e Ullman (1979) oferecem um algoritmo antigo para lidar com consultas recursivas, usando o operador de ponto fixo mínimo. Bancilhon e Ramakrishnan (1986) dão uma descrição excelente e detalhada das técnicas para o processamento de consulta recursiva, com exemplos detalhados das técnicas naive e seminaive. Artigos de estudo excelentes sobre bancos de dados dedutivos e processamento de consulta recursiva incluem Warren (1992) e Ramakrishnan e Ullman (1995). Uma descrição completa da técnica seminaive baseada na álgebra relacional é dada em Bancilhon (1985). Outras técnicas para o processamento de consulta recursiva incluem a estratégia de consulta/subconsulta recursiva de Vieille (1986), que é uma estratégia interpretada top-down, e a estratégia iterativa compilada top-down de Henschen-Naqvi (1984). Balbin e Ramamohanrao (1987) discutem uma extensão da técnica diferencial seminaive para predicados múltiplos.

O artigo original sobre conjuntos mágicos é de Bancilhon et al. (1986). Beeri e Ramakrishnan (1987) o estendem. Mumick et al. (1990a) mostram a aplicabilidade dos conjuntos mágicos às consultas SQL aninhadas não recursivas. Outras técnicas para otimizar regras sem reescrevê-las aparecem em Vieille (1986, 1987). Kifer e Lozinskii (1986) propõem uma técnica diferente. Bry (1990) discute como as técnicas top-down e bottom-up podem ser reconciliadas. Whang e Navathe (1992) descrevem uma técnica de forma normal disjuntiva estendida para lidar com a recursão nas expressões da álgebra relacional, para oferecer uma interface de sistema especialista em um SGBD relacional.

Chang (1981) descreve um antigo sistema para combinar regras dedutivas com bancos de dados relacionais. O protótipo de sistema LDL é descrito em Chimenti et al. (1990). Krishnamurthy e Naqvi (1989) apresentam a noção de *escolha* em LDL. Zaniolo (1988) discute as questões de linguagem para o sistema LDL. Uma visão geral da linguagem do CORAL é fornecida em Ramakrishnan et al. (1992), e a implementação é descrita em Ramakrishnan et al. (1993). Uma extensão para dar suporte a recursos orientados a objeto, chamada CORAL++, é descrita em Srivastava et al. (1993). Ullman (1985) oferece a base para o sistema NAIL!, que é descrito em Morris et al. (1987). Phipps et al. (1991) descrevem o sistema de banco de dados dedutivo GLUE-NAIL!

Zaniolo (1990) analisa a base teórica e a importância prática dos bancos de dados dedutivos. Nicolas (1997) oferece um histórico excelente dos desenvolvimentos levando até os sistemas deductive object-oriented database (DOOD). Falcone et al. (1997) analisam o panorama do DOOD. As referências sobre o sistema VALIDITY incluem Friesen et al. (1995), Vieille (1998) e Dietrich et al. (1999).

27
Introdução à recuperação de informações e busca na web

Na maioria dos capítulos deste livro até aqui, discutimos técnicas para modelagem, projeto, consulta, processamento de transação e gerenciamento de *dados estruturados*. Na Seção 13.1, discutimos a diferença entre dados estruturados, semiestruturados e desestruturados. A recuperação de informações lida principalmente com *dados desestruturados*, e as técnicas para indexação, pesquisa e recuperação de informações de grandes coleções de documentos desestruturados. No Capítulo 24, sobre tecnologias NOSQL, consideramos sistemas como MongoDB, que são adequados para lidar com dados na forma de documentos. Neste capítulo,[1] faremos uma introdução à recuperação de informações. Esse é um tópico muito amplo, de modo que focalizaremos as semelhanças e as diferenças entre as tecnologias de recuperação de informação e banco de dados, além das técnicas de indexação que formam a base de muitos sistemas de recuperação de informações.

Este capítulo é organizado da seguinte forma: na Seção 27.1, apresentamos os conceitos de recuperação de informação (RI) e discutimos como ela difere dos bancos de dados tradicionais. A Seção 27.2 é dedicada a uma discussão dos modelos de recuperação, que formam a base para a consulta RI. A Seção 27.3 aborda diferentes tipos de consultas em sistemas de RI. A Seção 27.4 discute o pré-processamento de textos e a Seção 27.5 oferece uma visão geral da indexação RI, que está no âmago de qualquer sistema de RI. Na Seção 27.6, descrevemos as diversas métricas de avaliação para desempenho de sistemas de RI. A Seção 27.7 detalha a análise da web e seu relacionamento com a recuperação de informações, e a Seção 27.8 apresenta resumidamente as tendências atuais em RI. Na Seção 27.9 há um resumo do capítulo. Para ter uma noção geral limitada da RI, sugerimos que os alunos leiam as seções 27.1 a 27.6.

[1] Este capítulo tem como coautor Saurav Sahay, da Intel Labs.

27.1 Conceitos de recuperação de informações (RI)

Recuperação de informações é o processo de recuperar documentos de uma coleção em resposta a uma consulta (ou solicitação de consulta) feita por um usuário. Esta seção oferece uma visão geral dos conceitos de recuperação de informações (RI). Na Seção 27.1.1, apresentamos a recuperação de informações em geral e, depois, discutimos os diferentes tipos e níveis de pesquisa que a RI abrange. Na Seção 27.1.2, comparamos a RI e as tecnologias de banco de dados. A Seção 27.1.3 oferece um breve histórico da RI. Depois, apresentamos os diferentes modos de interação do usuário com sistemas de RI na Seção 27.1.4. Na Seção 27.1.5, descrevemos o processo de RI típico com um conjunto detalhado de tarefas e, depois, com um fluxo de processo simplificado, e terminamos com uma breve discussão sobre as bibliotecas digitais e a web.

27.1.1 Introdução à recuperação de informações

Primeiro, revemos a distinção entre dados estruturados e desestruturados (ver Seção 13.1) para entender como a recuperação de informações difere do gerenciamento de dados estruturados. Considere uma relação (ou tabela) chamada CASAS com os atributos:

CASAS(<u>Numero_lote</u>, Endereco, Metragem_quadrada, Preco_listado)

Esse é um exemplo de *dados estruturados*. Podemos comparar essa relação com documentos de contrato de compra de casa, que são exemplos de *dados desestruturados*. Esses tipos de documentos podem variar de uma cidade para outra, e até mesmo de um município para outro, em determinado estado no Brasil. Normalmente, um documento de contrato em determinado estado terá uma lista-padrão de cláusulas descritas em parágrafos dentro de seções do documento, com algum texto predeterminado (fixo) e algumas áreas variáveis cujo conteúdo deve ser fornecido pelo comprador e vendedor específico. Outras informações variáveis incluiriam taxa de juros para financiamento, valor de pagamento antecipado, datas de fechamento, e assim por diante. Os documentos também poderiam incluir algumas imagens tiradas durante uma inspeção da casa. O conteúdo das informações em tais documentos pode ser considerado *dados desestruturados*, que podem ser armazenados em diversos arranjos e formatos possíveis. Com **informação desestruturada** geralmente queremos dizer informações que não têm um modelo formal bem definido e uma linguagem formal correspondente para representação e argumento, mas que é baseada no conhecimento da linguagem natural.

Com o advento da World Wide Web (ou web, para abreviar), o volume de informações desestruturadas armazenadas em mensagens e documentos que contêm informações textuais e de multimídia explodiu. Esses documentos são armazenados em uma série de formatos-padrão, incluindo HTML, XML (ver Capítulo 13) e diversos padrões de formatação de áudio e vídeo. A recuperação de informações lida com os problemas de armazenamento, indexação e recuperação (busca) de tais informações para satisfazer as necessidades dos usuários. Os problemas com que a RI lida são aumentados pelo fato de o número de páginas web e o número de eventos de interação social já estar na casa dos bilhões, e crescer em um ritmo fenomenal. Todas as formas de dados desestruturados descritas estão sendo acrescentadas a taxas de milhões por dia, expandindo o espaço pesquisável na web em taxas que crescem rapidamente.

Historicamente, a **recuperação de informações** é "a disciplina que trata da estrutura, análise, organização, armazenamento, pesquisa e recuperação de informações", conforme definido por Gerald Salton, um pioneiro em RI.[2] Podemos aperfeiçoar ligeiramente a definição para dizer que ela se aplica ao contexto de documentos desestruturados para satisfazer as necessidades de informação de um usuário. Esse campo já existia bem antes do campo de banco de dados, e originalmente tratava da recuperação de informações catalogadas em bibliotecas baseadas em títulos, autores, tópicos e palavras-chave. Em programas acadêmicos, o campo de RI há muito tem feito parte de programas de Ciência da Informação e Biblioteca. A informação no contexto da RI não requer estruturas que a máquina possa entender, como nos sistemas de bancos de dados relacionais. Alguns exemplos desse tipo de informação são textos escritos, resumos, documentos, livros, páginas da web, e-mails, mensagens instantâneas e coleções de bibliotecas digitais. Portanto, toda a informação livremente representada (desestruturada) ou semiestruturada também faz parte da disciplina de RI.

Apresentamos a modelagem e recuperação da XML no Capítulo 13 e discutimos tipos avançados de dados, incluindo dados espaciais, temporais e multimídia, no Capítulo 26. Vendedores de SGBDR estão oferecendo módulos para dar suporte a muitos desses tipos de dados, bem como dados em XML, nas versões mais recentes de seus produtos, às vezes conhecidos como *SGBDRs estendidos*, ou *sistemas de gerenciamento de banco de dados objeto-relacional* (SGBDORs, ver Capítulo 12). O desafio de lidar com dados desestruturados é em grande parte um problema de recuperação de informações, embora os pesquisadores de banco de dados estejam aplicando indexação e técnicas de pesquisa a alguns desses problemas.

Os sistemas de RI vão além dos sistemas de banco de dados, pois não limitam o usuário a uma linguagem de consulta específica, nem esperam que ele conheça a estrutura (esquema) ou conteúdo de um banco de dados em particular. Os sistemas de RI utilizam a necessidade de informação de um usuário como uma **solicitação de pesquisa em forma livre** (às vezes chamada de **consulta por pesquisa de palavra-chave**, ou apenas **consulta** ou **query**) para interpretação pelo sistema. Embora o campo de RI historicamente tenha tratado de catalogação, processamento e acesso de texto na forma de documentos há décadas, no mundo de hoje, o uso de mecanismos de busca da web está se tornando o modo dominante de encontrar informações. Os problemas tradicionais da indexação de texto e da elaboração de coleções de documentos pesquisáveis têm sido transformados ao tornar a própria web um repositório de conhecimento humano rapidamente acessível ou uma biblioteca digital virtual.

Um sistema de RI pode ser caracterizado em diferentes níveis: por tipos de *usuários*, tipos de *dados* e tipos de *necessidade de informação*, com o tamanho e a escala do repositório de informações que ele trata. Diferentes sistemas de RI são designados para lidar com problemas específicos que exigem uma combinação de diversas características. Essas características podem ser rapidamente descritas da seguinte forma:

Tipos de usuários. Os usuários podem variar muito em suas capacidades de interagir com os sistemas de computação. Essa capacidade depende de diversos fatores, como educação, cultura e exposição a ambientes computacionais no passado. O usuário pode ser um *usuário especialista* (por exemplo, um curador ou um bibliotecário), que está procurando informações específicas que estão claras em sua mente e entende o escopo e a estrutura do repositório disponível e forma consultas relevantes para a tarefa, ou um *usuário leigo* com uma necessidade de informação genérica. Este último não pode criar consultas altamente relevantes para pesquisa (por exemplo, alunos tentando encontrar informações sobre um novo assunto, pesquisadores tentando assimilar diferentes pontos de

[2] Ver o livro de 1968 de Salton, intitulado *Automatic information organization and retrieval.*

vista sobre uma questão histórica, um cientista verificando uma declaração de outro cientista ou uma pessoa tentando comprar roupas). O projeto de sistemas adequados para diferentes tipos de usuários é um tópico importante da RI, geralmente estudado em um campo conhecido como Recuperação de Informações Humano-Computador.

Tipos de dados. Sistemas de pesquisa podem ser ajustados a tipos de dados específicos. Por exemplo, o problema de recuperar informações sobre um tópico específico pode ser tratado de modo mais eficiente por sistemas de pesquisa personalizados, criados para coletar e recuperar apenas informações relacionadas a esse tópico específico. O repositório de informações poderia ser organizado hierarquicamente com base em uma hierarquia de conceito ou tópico. Esses *sistemas de RI específicos do domínio* ou *verticais* não são tão grandes ou tão diversos como a World Wide Web genérica, que contém informações sobre todos os tipos de tópicos. Visto que essas coleções específicas do domínio existem e podem ter sido adquiridas por meio de um processo específico, elas podem ser exploradas com muito mais eficiência por um sistema especializado. Os tipos de dados podem ter diferentes dimensões, como *velocidade*, *variedade*, *volume* e *veracidade*. Discutimos a respeito disso na Seção 25.1.

Tipos de informação necessária. No contexto de pesquisa na web, as necessidades de informação dos usuários podem ser definidas como navegacional, informativa ou transacional.[3] **Pesquisa navegacional** refere-se a encontrar um pedaço de informação em particular (como o website da Georgia Tech University) de que um usuário precisa rapidamente. A finalidade de **pesquisa informativa** é encontrar informações atuais sobre um tópico (como atividades de pesquisa na faculdade de computação da Georgia Tech — essa é a tarefa clássica do sistema de RI). O objetivo da **pesquisa transacional** é alcançar um site em que acontece mais interação, resultando em algum evento transacional (como juntar-se a uma rede social, comprar produtos, fazer reservas on-line, acessar bancos de dados, e assim por diante).

Níveis de escala. Nas palavras do ganhador do prêmio Nobel Herbert Simon,

O que a informação consome é bastante óbvio: ela consome a atenção de seus destinatários. Logo, uma rica fonte de informações cria uma pobreza de atenção e uma necessidade de alocar essa atenção de forma eficiente entre a superabundância de fontes de informação que poderiam consumi-la.[4]

Essa superabundância de fontes de informação de fato cria uma alta relação sinal–ruído em sistemas de RI. Especialmente na web, onde bilhões de páginas são indexadas, as interfaces de RI são montadas com algoritmos escaláveis eficientes para pesquisa distribuída, indexação, caching, intercalação e tolerância a falhas. Mecanismos de pesquisa de RI podem ser limitados em nível para coleções de documentos mais específicas. **Sistemas de pesquisa empresarial** oferecem soluções de RI para pesquisar diferentes entidades na **intranet** de uma empresa, que consiste na rede de computadores dentro dessa empresa. As entidades pesquisáveis incluem e-mails, documentos corporativos, manuais, gráficos e apresentações, bem como relatórios relacionados a pessoas, reuniões e projetos. Eles ainda costumam lidar com centenas de milhões de entidades em grandes empresas globais. Em uma escala menor, existem sistemas de informações pessoais, como aqueles em desktops ou notebooks, chamados **mecanismos de pesquisa de desktop** (por exemplo, Google Desktop, OS X Spotlight), para recuperar arquivos, pastas e diferentes tipos de entidades armazenadas no computador. Existem outros sistemas que utilizam tecnologia peer-to-peer,

---

[3] Veja mais detalhes em Broder (2002).

[4] De Herbert A. Simon (1971), "Designing organizations for an information-rich world".

como o protocolo BitTorrent, que permite o compartilhamento de música na forma de arquivos de áudio, bem como mecanismos de pesquisa especializados para áudio, como a pesquisa de áudio do Lycos e do Yahoo!

27.1.2 Bancos de dados e sistemas de RI: uma comparação

Na disciplina de ciência da computação, os bancos de dados e sistemas de RI são campos intimamente relacionados. Os bancos de dados lidam com recuperação de informações estruturadas por meio de linguagens formais bem definidas para representação e manipulação com base nos modelos de dados criados de maneira teórica. Algoritmos eficientes têm sido desenvolvidos para operadores, que permitem rápida execução de consultas complexas. A RI, por outro lado, lida com a pesquisa desestruturada com semântica de consulta ou pesquisa possivelmente vaga e sem uma representação esquemática lógica bem definida. Algumas das principais diferenças entre bancos de dados e sistemas de RI estão listadas na Tabela 27.1.

Enquanto os bancos de dados têm esquemas fixos definidos em algum modelo de dados, como o relacional, um sistema de RI não tem modelo de dados fixo; ele vê os dados ou documentos de acordo com algum esquema, como o modelo de espaço de vetor, e auxilia no processamento de consulta (ver Seção 27.2). Os bancos de dados que usam o modelo relacional empregam a SQL para consultas e transações. As consultas são mapeadas em operações da álgebra relacional e algoritmos de pesquisa (ver Capítulo 19) e retornam uma nova relação (tabela) como resultado da consulta, oferecendo uma resposta exata à consulta para o estado atual do banco de dados. Em sistemas de RI, não existe linguagem fixa para definir a estrutura (esquema) do documento ou para operar sobre um documento — as consultas tendem a ser um conjunto de termos de consulta (palavras-chave) ou uma frase na linguagem natural em forma livre. Um resultado de consulta RI é uma lista de ids de documento, ou algumas partes de texto, ou objetos de multimídia (imagens, vídeos e assim por diante), ou uma lista de links para páginas web.

O resultado de uma consulta de banco de dados é uma resposta exata; se não forem encontrados registros (tuplas) correspondentes na relação, o resultado é vazio (nulo). Além disso, a resposta para uma solicitação do usuário em uma consulta RI representa a melhor tentativa do sistema de RI de recuperar a informação mais relevante para essa consulta. Enquanto sistemas de banco de dados mantêm uma grande quantidade de

Tabela 27.1 Uma comparação dos bancos de dados e sistemas de RI.

Bancos de dados	Sistemas de RI
Dados estruturados	Dados desestruturados
Controlados por esquema	Sem esquema fixo; vários modelos de dados (por exemplo, modelo de espaço de vetor)
Modelo relacional (ou de objeto, hierárquico e rede) é predominante	Modelos de consulta em forma livre
Modelo de consulta estruturada	Operações ricas com dados
Operações ricas com metadados	Solicitação de pesquisa retorna lista ou ponteiros para documentos
Consulta retorna dados	Resultados são baseados na combinação aproximada e medidas de eficácia (podem ser imprecisos e pontuados)
Resultados são baseados em combinação exata (sempre correta)	

metadados e permitem seu uso na otimização da consulta, as operações nos sistemas de RI contam com os próprios valores de dados e suas frequências de ocorrência. A análise estatística complexa às vezes é realizada para determinar a *relevância* de cada documento ou partes de um documento à solicitação do usuário.

27.1.3 Um breve histórico da RI

A recuperação de informações tem sido uma tarefa comum desde as antigas civilizações, que criaram maneiras de organizar, armazenar e catalogar documentos e registros. Mídias como os rolos de papiro e as tábuas de pedra foram usadas para registrar informações documentadas nos tempos antigos. Esses esforços permitiram que o conhecimento fosse retido e transferido entre gerações. Com o surgimento de bibliotecas públicas e da prensa tipográfica, surgiram métodos em grande escala para produzir, coletar, arquivar e distribuir documentos e livros. Quando surgiram computadores e sistemas de armazenamento automático, houve a necessidade de aplicar esses métodos a sistemas computadorizados. Várias técnicas surgiram na década de 1950, como o trabalho inicial de H. P. Luhn,[5] que propôs o uso de palavras e suas contagens de frequência como unidades de indexação para documentos, e o uso de medidas de sobreposição de palavras entre consultas e documentos como critério de recuperação. Logo, foi observado que armazenar grande quantidade de texto não era difícil. A tarefa mais dura foi procurar e recuperar essa informação seletivamente para usuários com necessidades de informação específicas. Métodos que exploraram estatísticas de distribuição de palavras fizeram surgir a escolha de palavras-chave com base em suas propriedades de distribuição[6] e esquemas de peso com base em palavra-chave.

Os primeiros experimentos com sistemas de recuperação de documentos, como o SMART[7] na década de 1960, adotaram a *organização de arquivo invertida* com base em palavras-chave e seus pesos como o método de indexação (ver Seção 17.6.4 sobre indexação invertida). A organização serial (ou sequencial) provou ser inadequada se as consultas solicitassem tempos de resposta rápidos, quase em tempo real. A organização apropriada desses arquivos tornou-se uma área de estudo importante; como resultado, apareceram esquemas de classificação e agrupamento de documentos. A escala de experimentos de recuperação continuou sendo um desafio pela falta de disponibilidade de grandes coleções de texto. Isso logo mudou com a World Wide Web. Além disso, a Text Retrieval Conference (TREC) foi iniciada pelo NIST (National Institute of Standards and Technology — Instituto Nacional de Padrões e Tecnologia), em 1992, como uma parte do programa TIPSTER,[8] com o objetivo de oferecer uma plataforma para avaliar metodologias de recuperação de informações e facilitar a transferência de tecnologia para desenvolver produtos de RI.

Um **mecanismo de busca** é uma aplicação prática da recuperação de informações para coleções de documentos em grande escala. Com avanços significativos em computadores e tecnologias de comunicação, as pessoas hoje possuem acesso interativo a uma enorme quantidade de conteúdo distribuído gerado pelo usuário na web. Isso incentivou o rápido crescimento na tecnologia de mecanismo de busca, na qual tais mecanismos tentam descobrir diferentes tipos de conteúdo de tempo real encontrados na web. A parte de um mecanismo de busca responsável por descobrir, analisar e indexar esses novos documentos é conhecida como **crawler**. Existem outros tipos de mecanismos de busca para domínios de conhecimento específicos. Por exemplo, o

[5] Ver Luhn (1957), "A statistical approach to mechanized encoding and searching of literary information".

[6] Ver Salton, Yang e Yu (1975).

[7] Para mais detalhes, consulte Buckley et al. (1993).

[8] Para mais detalhes, consulte Harman (1992).

banco de dados de pesquisa da literatura biomédica foi iniciado na década de 1970 e agora tem o apoio do mecanismo de busca PubMed,[9] que dá acesso a mais de 20 milhões de resumos.

Embora tenha havido progresso contínuo para ajustar os resultados de busca às necessidades de um usuário final, ainda resta o desafio de oferecer informações de alta qualidade, pertinentes e oportunas, que estejam alinhadas com precisão às necessidades de informação dos usuários individuais.

27.1.4 Modos de interação em sistemas de RI

No início da Seção 27.1, definimos a *recuperação de informações* como o processo de recuperar documentos de uma coleção em resposta a uma consulta (ou a uma solicitação de consulta) por um usuário. Normalmente, a coleção é composta de documentos que contêm dados desestruturados. Outros tipos de documentos incluem imagens, gravações de áudio, trechos de vídeo e mapas. Os dados podem estar espalhados de modo não uniforme nesses documentos, sem uma estrutura definitiva. Uma **consulta** é um conjunto de **termos** (também chamados de **palavras-chave**) usados pelo pesquisador para especificar uma necessidade de informação (por exemplo, os termos *bancos de dados* e *sistemas operacionais* podem ser considerados uma consulta para um banco de dados bibliográfico de ciência da computação). Uma solicitação informativa ou uma consulta de pesquisa também podem ser uma frase ou uma pergunta em linguagem natural (por exemplo, "Qual é a moeda oficial da China?" ou "Encontre restaurantes italianos na cidade de São Paulo.").

Existem dois modos principais de interação com sistemas de RI — recuperação e navegação — que, embora semelhantes em objetivo, são realizados por meio de diferentes tarefas de interação. A **recuperação** refere-se à extração de informações relevantes de um repositório de documentos por meio de uma consulta de RI, ao passo que a **navegação** significa a atividade de um usuário que visita ou navega por documentos semelhantes ou relacionados com base na avaliação de relevância pelo usuário. Durante a navegação, a necessidade de informação de um usuário pode não ser definida *a priori* e é flexível. Considere o seguinte cenário de navegação: um usuário especifica "Atlanta" como uma palavra-chave. O sistema de recuperação de informações recupera links para documentos de resultado relevantes que contêm diversos aspectos de Atlanta para o usuário. Ele encontra o termo "Georgia Tech" em um dos documentos retornados, utiliza alguma técnica de acesso (como clicar na frase "Georgia Tech" em um documento, que tem um link embutido) e visita documentos sobre Georgia Tech no mesmo website ou em um site diferente (repositório). Lá, o usuário encontra uma entrada para "Athletics", que o leva a informações sobre diversos programas atléticos na Georgia Tech. Por fim, o usuário termina sua pesquisa na programação do segundo semestre para a equipe de futebol Yellow Jackets, que ele descobre ser de grande interesse. Essa atividade do usuário é conhecida como navegação (ou *browsing*). **Hiperlinks** são usados para interconectar páginas web e servem, principalmente, para navegação. **Textos de âncora** são frases em documentos usadas para rotular hiperlinks, consideradas muito relevantes à navegação.

A **busca na web** combina os dois aspectos — navegação e recuperação — e é uma das principais aplicações da recuperação de informações hoje. Páginas web são semelhantes a documentos. Os mecanismos de busca na web mantêm um repositório indexado de páginas web, normalmente usando a técnica de indexação invertida (ver Seção 27.5). Eles recuperam as páginas web mais relevantes para o usuário

[9] Consulte <www.ncbi.nlm.nih.gov/pubmed/>.

em resposta a sua solicitação de pesquisa com uma possível pontuação em ordem decrescente de relevância. O **rank de uma página web** em um conjunto recuperado é a medida de sua relevância à consulta que gerou o conjunto de resultados.

27.1.5 Pipeline RI genérica

Como já mencionamos, os documentos são feitos de texto em linguagem natural desestruturada, composto de cadeias de caracteres do português e outras linguagens. Exemplos comuns de documentos incluem serviços de *notícias* (como AP ou Reuters), manuais e relatórios corporativos, notícias do governo, artigos de página web, blogs, tweets, livros e artigos de jornal. Existem duas abordagens principais para RI: estatística e semântica.

Em uma **abordagem estatística**, os documentos são analisados e desmembrados em trechos de texto (palavras, frases ou *n*-gramas, que são todos subsequências com comprimento de *n* caracteres em um texto ou documento), e cada palavra ou frase é contada, pesada e medida por sua relevância ou importância. Essas palavras e suas propriedades são, então, comparadas com os termos de consulta em grau de combinação em potencial, para produzir uma lista pontuada de documentos resultantes que contêm as palavras. As técnicas estatísticas são classificadas ainda com base no método empregado. As três técnicas principais são a booleana, espaço de vetor e probabilística (ver Seção 27.2).

Abordagens semânticas para RI usam técnicas de recuperação baseadas em conhecimento, que contam bastante com os níveis sintático, léxico, sentencial, baseado em discurso e pragmático do entendimento do conhecimento. Na prática, as técnicas semânticas também aplicam alguma forma de análise estatística para melhorar o processo de recuperação.

A Figura 27.1 mostra os diversos estágios envolvidos em um sistema de processamento de RI. As etapas mostradas à esquerda na Figura 27.1 normalmente são processos off-line, que preparam um conjunto de documentos para recuperação eficiente; estes são pré-processamento de documento, modelagem de documento e indexação. O lado direito da Figura 27.1 lida com o processo de um usuário interagindo com o sistema de RI durante uma consulta, navegação ou pesquisa. Ele mostra as etapas envolvidas; ou seja, formação da consulta, processamento da consulta, mecanismo de pesquisa, recuperação de documento e feedback de relevância. Em cada caixa, destacamos os conceitos e questões importantes. O restante deste capítulo descreve alguns dos conceitos envolvidos nas diversas tarefas do processo de RI mostrado na Figura 27.1.

A Figura 27.2 mostra uma pipeline de processamento de RI simplificada. Para realizar a recuperação, os documentos são primeiro representados em uma forma adequada à recuperação. Os termos significativos e suas propriedades são extraídos dos documentos e representados em um índice de documento no qual as palavras/termos e suas propriedades são armazenados em uma matriz que contém esses termos e as referências aos documentos que os contêm. Esse índice é então convertido para um índice invertido (ver Figura 27.4) de uma palavra/termo *versus* matriz de documentos. Dadas as palavras de consulta, os documentos que contêm essas palavras — e as propriedades do documento, como data de criação, autor e tipo de documento — são buscados no índice invertido e comparados com a consulta. Essa comparação resulta em uma lista pontuada mostrada ao usuário. O usuário pode então fornecer feedback sobre os resultados, o que dispara a modificação da consulta implícita ou explícita para buscar resultados que sejam mais relevantes para o usuário. A maioria dos sistemas de RI permite uma pesquisa interativa em que a consulta e os resultados são sucessivamente refinados.

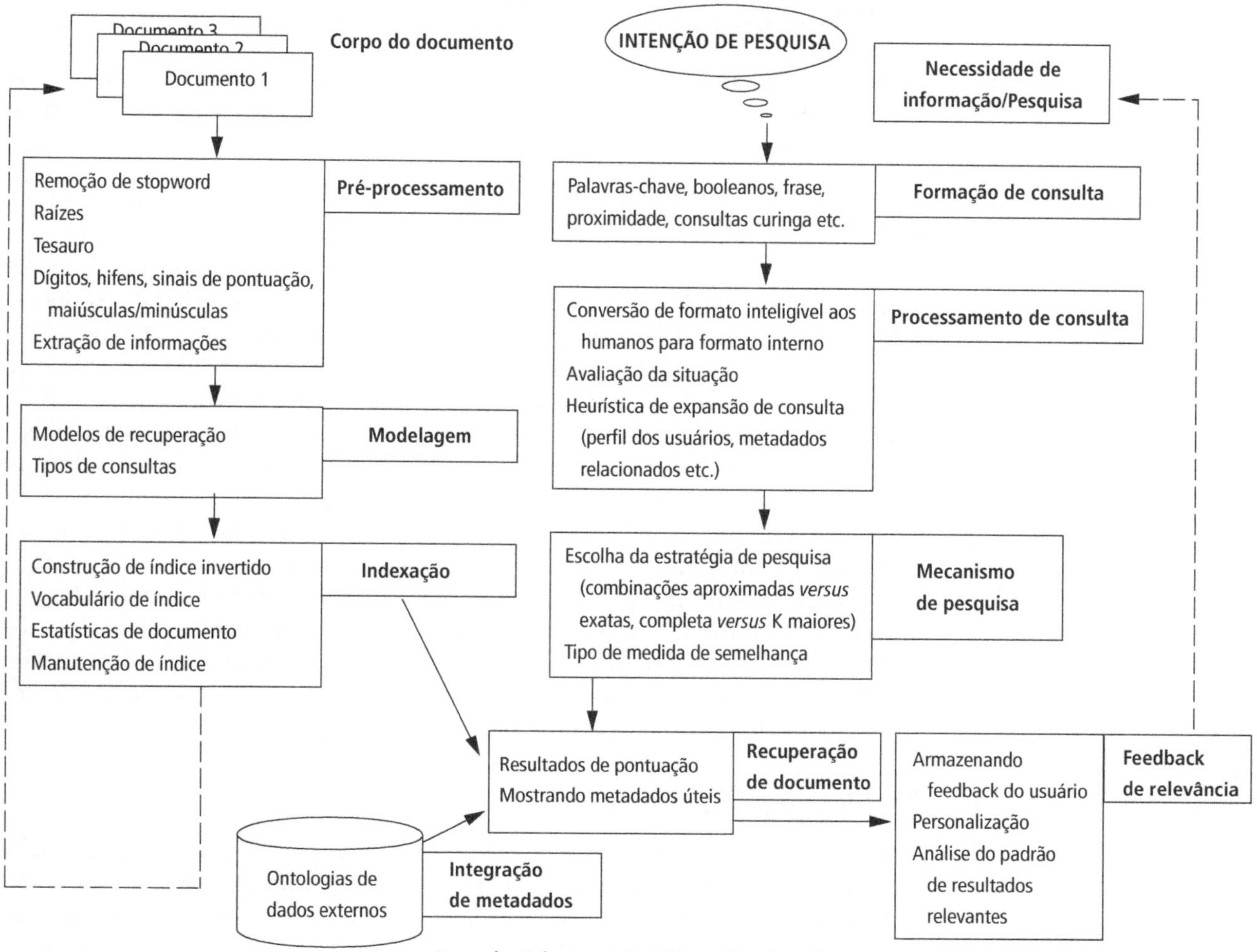

Documento 3
Documento 2
Documento 1
Corpo do documento

Remoção de stopword
Raízes
Tesauro
Dígitos, hifens, sinais de pontuação, maiúsculas/minúsculas
Extração de informações
Pré-processamento

Modelos de recuperação
Tipos de consultas
Modelagem

Construção de índice invertido
Vocabulário de índice
Estatísticas de documento
Manutenção de índice
Indexação

INTENÇÃO DE PESQUISA

Necessidade de informação/Pesquisa

Palavras-chave, booleanos, frase, proximidade, consultas curinga etc.
Formação de consulta

Conversão de formato inteligível aos humanos para formato interno
Avaliação da situação
Heurística de expansão de consulta (perfil dos usuários, metadados relacionados etc.)
Processamento de consulta

Escolha da estratégia de pesquisa (combinações aproximadas *versus* exatas, completa *versus* K maiores)
Tipo de medida de semelhança
Mecanismo de pesquisa

Resultados de pontuação
Mostrando metadados úteis
Recuperação de documento

Armazenando feedback do usuário
Personalização
Análise do padrão de resultados relevantes
Feedback de relevância

Ontologias de dados externos
Integração de metadados

Legenda: Linha tracejada indica próxima iteração.

Figura 27.1 Estrutura geral da RI.

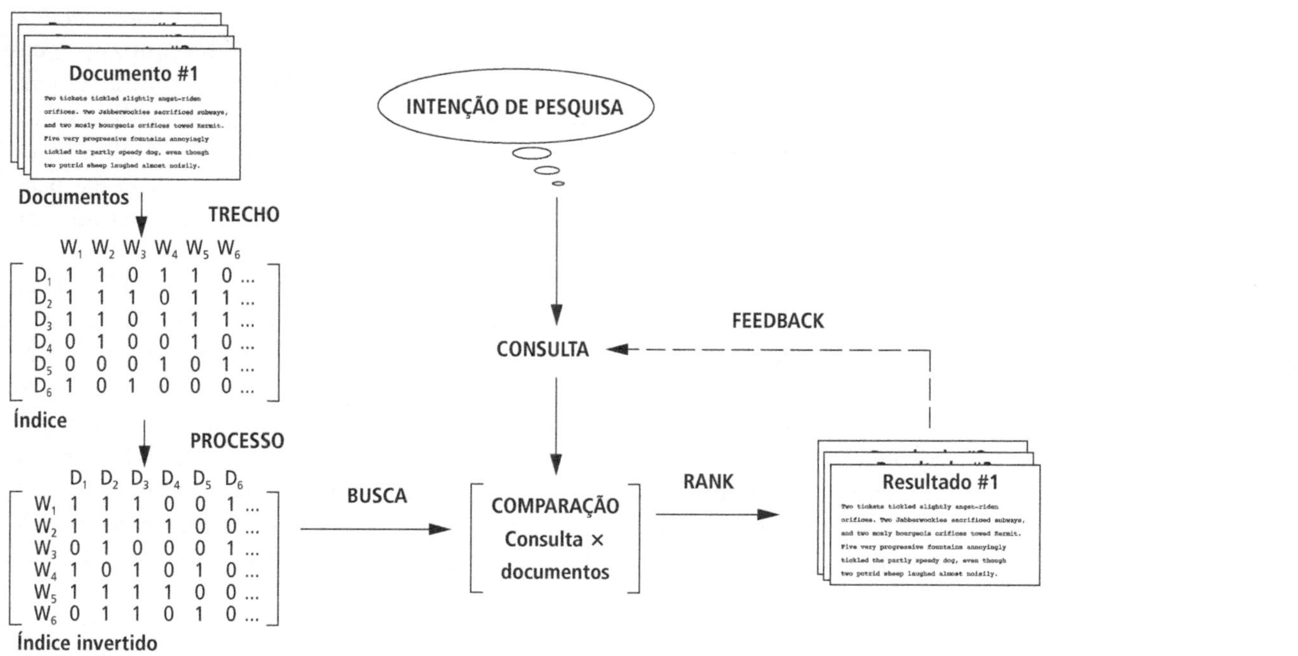

Figura 27.2 Pipeline simplificada do processo de RI.

27.2 Modelos de recuperação

Nesta seção, descrevemos rapidamente os importantes modelos de RI. Trata-se dos três modelos estatísticos principais — booleano, espaço de vetor e probabilístico — e do modelo semântico.

27.2.1 Modelo booleano

Nesse modelo, os documentos são representados como um conjunto de *termos*. As consultas são formuladas como uma combinação de termos usando os operadores teóricos de conjunto padrão da lógica booleana, como AND, OR e NOT. A recuperação e a relevância são consideradas conceitos binários nesse modelo, de modo que os elementos recuperados são uma recuperação de "combinação exata" dos documentos relevantes. Não existe a noção de ranqueamento dos documentos resultantes. Todos os documentos recuperados são considerados igualmente importantes — uma simplificação relevante, que não considera frequências de termos do documento ou sua proximidade com outros termos comparados com os termos da consulta.

Os modelos de recuperação booleanos não possuem algoritmos de ranqueamento sofisticados e estão entre os modelos de recuperação de informações mais antigos e mais simples. Esses modelos facilitam a associação de informações de metadados e a escrita de consultas que combinam o conteúdo dos documentos, bem como outras propriedades deles, como data de criação, autor e tipo de documento.

27.2.2 Modelo de espaço de vetor

O modelo de espaço de vetor oferece uma estrutura em que o peso do termo, o rank dos documentos recuperados e o feedback de relevância são possíveis. Usando termos individuais como dimensões, cada documento é representado por um vetor *n*-dimensional de valores. Os próprios valores podem ser um valor booleano para representar a existência ou ausência do termo nesse documento; como alternativa, eles podem ser um número que representa o peso ou a frequência dentro do documento. **Recursos** são um subconjunto dos termos em um *conjunto de documentos* considerados mais relevantes para uma pesquisa de RI para esse conjunto de documentos em particular. O processo de selecionar esses termos importantes (características) e suas propriedades como uma lista esparsa (limitada) de um número muito grande de termos disponíveis (o vocabulário pode conter centenas de milhares de termos) é independente da especificação do modelo. A consulta também é especificada como um vetor de termos (vetor de características) e este é comparado aos vetores de documentos para avaliação da similaridade/relevância.

A função de avaliação de similaridade que compara dois vetores não é inerente ao modelo — diferentes funções de similaridade podem ser usadas. Contudo, o cosseno do ângulo entre a consulta e o vetor de documentos é uma função normalmente utilizada para avaliação de similaridade. À medida que o ângulo entre os vetores diminui, o cosseno do ângulo se aproxima de um, significando que a similaridade da consulta com um vetor de documentos aumenta. Os termos (características) são proporcionalmente pesados às suas contagens de frequência para refletir a importância dos termos no cálculo da medida de relevância. Isso é diferente do modelo booleano, que não leva em conta a frequência das palavras no documento para combinação de relevância.

No modelo de vetor, o *peso do termo do documento* w_{ij} (para o termo i no documento j) é representado com base em alguma variação do esquema TF (*term frequency*, frequência do termo) ou TF-IDF (term frequency-inverse document frequency, frequência do termo-frequência inversa do documento), conforme descreveremos mais adiante. **TF-IDF** é uma medida estatística de peso usada para avaliar a importância de uma palavra do documento em uma coleção de documentos. A fórmula a seguir costuma ser utilizada:

$$\text{cosseno}(d_j, q) = \frac{\langle d_j \times q \rangle}{||d_j|| \times ||q||} = \frac{\sum_{i=1}^{|V|} w_{ij} \times w_{iq}}{\sqrt{\sum_{i=1}^{|V|} w_{ij}^2} \times \sqrt{\sum_{i=1}^{|V|} w_{iq}^2}}$$

Na fórmula dada, usamos os seguintes símbolos:

- d_j é o vetor do documento para o documento j.
- q é o vetor de consulta.
- w_{ij} é o peso do termo i no documento j.
- w_{iq} é o peso do termo i no vetor de consulta q.
- $|V|$ é o número de dimensões no vetor que é o número total de palavras-chave (ou características) importantes.

O esquema TF-IDF usa o produto da frequência normalizada de um termo i (TF_{ij}) no documento D_j e a frequência inversa do documento do termo i (IDF_i) para pesar um termo em um documento. A ideia é que os termos que capturam a essência de um documento ocorrem com frequência no documento (ou seja, seu TF é alto), mas, se tal termo for bom para diferenciar o documento de outros, ele deve ocorrer em apenas alguns documentos na população geral (ou seja, seu IDF também deve ser alto).

Valores de IDF podem ser facilmente calculados para uma coleção fixa de documentos. No caso de mecanismos de busca da web, tomar uma amostra representativa dos documentos aproxima o cálculo do IDF. As seguintes fórmulas podem ser usadas:

$$TF_{ij} = f_{ij} \Big/ \sum_{i=1 \text{ para } |V|} f_{ij}$$

$$IDF_i = \log(N / n_i)$$

Nessas fórmulas, o significado dos símbolos é:

- TF_{ij} é a frequência do termo normalizada do termo i no documento D_j.
- f_{ij} é o número de ocorrências do termo i no documento D_j.
- IDF_i é o peso de frequência do documento inverso para o termo i.
- N é o número de documentos na coleção.
- n_i é o número de documentos em que o termo i ocorre.

Observe que, se um termo i ocorre em todos os documentos, então $n_i = N$ e, portanto, $IDF_i = \log(1)$ torna-se zero, anulando sua importância e criando uma situação em que poderá haver divisão por zero. O peso do termo i no documento j, w_{ij}, é calculado com base em seu valor de TF-IDF em algumas técnicas. Para impedir a divisão por zero, é comum somar 1 ao denominador em fórmulas como a anterior, a do cosseno.

Às vezes, a relevância do documento com relação a uma consulta (rel(D_j,Q)) é medida diretamente como a soma dos valores de TF-IDF dos termos na Consulta Q:

$$\text{rel}(D_j, Q) = \sum_{i \in Q} TF_{ij} \times IDF_i$$

O fator de normalização (semelhante ao denominador da fórmula do cosseno) é incorporado à própria fórmula do TF-IDF, medindo assim a relevância de um documento à consulta pelo cálculo do produto escalar da consulta e vetores de documento.

O algoritmo de Rocchio[10] é um algoritmo de feedback de relevância bem conhecido, com base no modelo de espaço de vetor, que modifica o vetor de consulta inicial e seus pesos em resposta aos documentos relevantes identificados pelo usuário. Ele expande o vetor de consulta original q para um novo vetor q_e da seguinte forma:

$$q_e = \alpha q + \frac{\beta}{|D_r|} \sum_{d_r \in D_r} d_r - \frac{\gamma}{|D_{nr}|} \sum_{d_{nr} \in D_{nr}} d_{nr},$$

Aqui, D_r significa documento relevante e D_{nr} significa documento não relevante; esses termos representam conjuntos de documentos relevantes e não relevantes, respectivamente. Termos dos documentos relevantes e não relevantes são acrescentados ao vetor de consulta original com pesos positivos e negativos, respectivamente, para criar o vetor de consulta modificado. α, β e γ são parâmetros da equação. O somatório sobre d_r representa o somatório de todos os termos relevantes do documento d_r. De modo semelhante, o somatório sobre d_{nr} representa o somatório sobre todos os termos não relevantes do documento d_{nr}. Os valores desses parâmetros determinam como o feedback afeta a consulta original, e estes podem ser determinados após uma série de experimentos de tentativa e erro.

27.2.3 Modelo probabilístico

As medidas de semelhança no modelo de espaço de vetor às vezes são ocasionais. Por exemplo, o modelo considera que os documentos mais próximos da consulta no espaço do cosseno são mais relevantes para o vetor de consulta. No modelo probabilístico, considera-se uma abordagem mais concreta e definitiva: ranquear os documentos por sua probabilidade estimada de relevância com relação à consulta e ao documento. Essa é a base do *Princípio do ranqueamento de probabilidade*, desenvolvido por Robertson.[11]

Na estrutura probabilística, o sistema de RI precisa decidir se os documentos pertencem ao **conjunto relevante** ou ao conjunto **não relevante** para uma consulta. Para tomar essa decisão, considera-se que existe um conjunto relevante predefinido e um conjunto não relevante para a consulta — a tarefa é calcular a probabilidade de que o documento pertença ao conjunto relevante e comparar isso com a probabilidade de que o documento pertença ao conjunto não relevante.

Dada a representação D de um documento, estimar a relevância R e a não relevância NR desse documento envolve o cálculo da probabilidade condicional $P(R|D)$ e $P(NR|D)$. Essas probabilidades condicionais podem ser calculadas com a regra de Bayes:[12]

$$P(R|D) = P(D|R) \times P(R)/P(D)$$
$$P(NR|D) = P(D|NR) \times P(NR)/P(D)$$

Um documento D é classificado como relevante se $P(R|D) > P(NR|D)$. Descartando a constante $P(D)$, isso é equivalente a dizer que um documento é relevante se:

$$P(D|R) \times P(R) > P(D|NR) \times P(NR)$$

A razão de probabilidade $P(D|R)/P(D|NR)$ é usada como uma nota para determinar a probabilidade de o documento com representação D pertencer ao conjunto relevante.

---

[10] Ver Rocchio (1971).

[11] Para obter uma descrição do sistema Cheshire II, ver Robertson (1997).

[12] O teorema de Bayes é uma técnica-padrão para medir a probabilidade; ver Howson e Urbach (1993), por exemplo.

A *independência de termo* ou suposição *naïve Bayes* é utilizada para estimar $P(D|R)$ usando o cálculo de $P(t_i|R)$ para o termo t_i. As razões de probabilidade $P(D|R)/P(D|NR)$ dos documentos são usadas como um substituto para o ranqueamento com base na suposição de que documentos altamente ranqueados terão uma probabilidade alta de pertencerem ao conjunto relevante.[13]

Com algumas suposições e estimativas razoáveis sobre o modelo probabilístico ao longo das extensões para incorporar pesos de termo de consulta e pesos de termo de documento no modelo, um algoritmo de ranqueamento probabilístico chamado **BM25** (Best Match 25) é bastante popular. Esse esquema de pesos evoluiu de várias versões do sistema **Okapi.**[14]

O peso do Okapi para o documento d_j e consulta q é calculado pela fórmula a seguir. Eis algumas anotações adicionais:

- t_i é um termo.
- f_{ij} é a contagem de frequência bruta do termo t_i do documento d_j.
- f_{iq} é a contagem de frequência bruta do termo t_i na consulta q.
- N é o número total de documentos na coleção.
- df_i é o número total de documentos que contêm o termo t_i.
- dl_j é o tamanho do documento (em bytes) de d_j.
- $avdl$ é o tamanho de documento médio da coleção.

A pontuação de relevância Okapi de um documento d_j para uma consulta q é dada pela equação a seguir, em que k_1 (entre 1,0 e 2,0), b (normalmente, 0,75) e k_2 (entre 1 e 1.000) são parâmetros:

$$\text{okapi}(d_j, q) = \sum_{t_i \in q, d_j} \ln \frac{N - df_i + 0{,}5}{df_i + 0{,}5} \times \frac{(k_1 + 1) f_{ij}}{k_1\left(1 - b + b\dfrac{dl_j}{avdl}\right) + f_{ij}} \times \frac{(k_2 + 1) f_{iq}}{k_2 + f_{iq}}$$

27.2.4 Modelo semântico

Por mais sofisticados que os modelos estatísticos se tornem, eles podem perder muitos documentos relevantes, pois não capturam o significado completo ou a necessidade de informação transmitida pela consulta de um usuário. Nos modelos semânticos, o processo de combinação de documentos com determinada consulta é baseado no nível de conceito e combinação semântica, em vez de na combinação do termo de índice (palavra-chave). Isso permite a recuperação de documentos relevantes que compartilham associações significativas com outros documentos no resultado da consulta, mesmo quando essas associações não são inerentemente observadas ou estatisticamente capturadas.

Abordagens semânticas incluem diferentes níveis de análise, como as análises morfológica, sintática e semântica, para recuperar documentos com mais eficiência. Na **análise morfológica**, raízes e afixos são analisados para determinar as partes do discurso (substantivos, verbos, adjetivos etc.) das palavras. Seguindo a análise morfológica, a **análise sintática** divide e analisa as frases completas nos documentos. Por fim, os métodos semânticos precisam resolver ambiguidades de palavra e/ou gerar sinônimos relevantes com base nos **relacionamentos semânticos** entre níveis de entidades estruturais em documentos (palavras, parágrafos, páginas ou documentos inteiros).

O desenvolvimento de um sistema semântico sofisticado requer bases de conhecimento complexas da informação semântica, bem como heurísticas de recuperação.

---

[13] Os leitores deverão consultar Croft et al. (2009), páginas 246-247, para obter uma descrição detalhada.

[14] City University of London Okapi System, de Robertson, Walker e Hancock-Beaulieu (1995).

Esses sistemas normalmente exigem técnicas de inteligência artificial e sistemas especialistas. Bases de conhecimento como Cyc[15] e WordNet[16] têm sido desenvolvidas para uso nos *sistemas de RI baseados em conhecimento*, com base nos modelos semânticos. A base de conhecimento Cyc, por exemplo, é uma representação de uma vasta quantidade de conhecimento comum. Atualmente, ela contém 15,94 milhões de asserções, 498.271 conceitos atômicos e 441.159 conceitos derivados não atômicos para a conclusão sobre os objetos e eventos da vida cotidiana. WordNet é um tesauro extenso (mais de 117.000 conceitos) muito popular, usado por diversos sistemas e que está em desenvolvimento contínuo (ver Seção 27.4.3).

27.3 Tipos de consultas em sistemas de RI

Diferentes palavras-chave são associadas ao conjunto de documentos durante o processo de indexação. Essas palavras-chave geralmente consistem em palavras, frases e outras caracterizações de documentos, como data de criação, nomes de autor e tipo de documento. Elas são usadas por um sistema de RI para montar um índice invertido (ver Seção 27.5), que é, então, consultado durante a pesquisa. As consultas formuladas pelos usuários são comparadas com o conjunto de palavras-chave de índice. A maioria dos sistemas de RI também permite o uso de operadores booleanos e outros para montar uma consulta complexa. A linguagem de consulta com esses operadores enriquece a expressividade da necessidade de informação de um usuário.

27.3.1 Consultas por palavra-chave

As consultas baseadas em palavra-chave são as formas mais simples e mais utilizadas de consultas RI: o usuário apenas informa combinações de palavra-chave para recuperar documentos. Os termos da palavra-chave são implicitamente conectados por um operador lógico AND. Uma consulta como "conceitos SGBD" recupera documentos que contêm as palavras "conceitos" e "SGBD" no topo dos resultados recuperados. Além disso, a maioria dos sistemas também recupera documentos que contêm apenas "conceitos" ou apenas "SGBD" em seu texto. Alguns sistemas removem as palavras que ocorrem com mais frequência (como *um*, *o*/*a*, *de* etc., chamadas **stopwords**) como uma etapa de pré-processamento antes de enviar as palavras-chave de consulta filtradas ao mecanismo de RI. A maioria dos sistemas de RI não presta atenção à ordenação dessas palavras na consulta. Todos os modelos de recuperação oferecem suporte para consultas por palavra-chave.

27.3.2 Consultas booleanas

Alguns sistemas de RI permitem o uso dos operadores booleanos AND, OR, NOT, ( ), + e – em combinações de formulações de palavra-chave. AND requer que os dois termos sejam encontrados. OR permite que um dos termos seja encontrado. NOT significa que qualquer registro contendo o segundo termo seja excluído. "( )" significa que os operadores booleanos podem ser aninhados usando parênteses. "+" é equivalente a AND, e exige o termo; o "+" deve ser colocado diretamente na frente do termo de pesquisa. "–" é equivalente a AND NOT e significa excluir o termo; o "–" deve ser colocado diretamente na frente do termo de pesquisa não desejado. Consultas booleanas complexas podem ser montadas com base nesses operadores e suas combinações, e eles são avaliados de acordo com as regras clássicas da álgebra booleana. Nenhuma

---

[15] Ver Lenat (1995).

[16] Ver em Miller (1990) uma descrição detalhada do WordNet.

escala de ranqueamento é possível, pois um documento ou satisfaz tal consulta (é "relevante") ou não a satisfaz (é "não relevante"). Um documento é recuperado para uma consulta booleana se a consulta for logicamente verdadeira como uma combinação exata no documento. Os usuários não costumam usar combinações desses operadores booleanos complexos, e os sistemas de RI admitem uma versão restrita desses operadores de conjunto. Os modelos de recuperação booleanos podem aceitar diretamente implementações diferentes de operador booleano para esses tipos de consultas.

27.3.3 Consultas por frase

Quando os documentos são representados usando-se um índice de palavra-chave invertida para pesquisa, a ordem relativa dos termos no documento é perdida. Para realizar uma recuperação de frase exata, essas frases devem ser codificadas no índice invertido ou implementadas de modo diferente (com posições relativas de ocorrências de palavra nos documentos). Uma consulta por frase consiste em uma sequência de palavras que compõem uma frase. A frase geralmente é delimitada por aspas. Cada documento recuperado precisa conter pelo menos uma ocorrência da frase exata. A consulta por frase é uma versão mais restrita e específica da pesquisa por proximidade, que mencionaremos a seguir. Por exemplo, uma consulta por frase poderia ser "projeto conceitual banco de dados". Se as frases forem indexadas pelo modelo de recuperação, qualquer modelo de recuperação pode ser usado para esses tipos de consulta. Um tesauro de frases também pode ser usado nos modelos semânticos para uma rápida pesquisa de frases no dicionário.

27.3.4 Consultas por proximidade

A consulta por proximidade considera a proximidade em um registro com que múltiplos termos devem estar um do outro. A opção de consulta por proximidade mais utilizada é uma consulta de frase que requer que os termos estejam na ordem exata. Outros operadores de proximidade podem especificar a proximidade com que os termos devem estar uns dos outros. Alguns também especificarão a ordem dos termos de pesquisa. Cada mecanismo de pesquisa pode definir operadores de proximidade de forma diferente, e os mecanismos de pesquisa utilizam vários nomes de operador, como NEAR (próximo), ADJ (adjacente) ou AFTER (depois). Em alguns casos, é dada uma sequência de palavras isoladas, com uma distância máxima permitida entre elas. Os modelos de espaço de vetor, que também mantêm informações sobre posições e deslocamentos de tokens (palavras), possuem implementações robustas para esse tipo de consulta. Contudo, oferecer suporte para operadores de proximidade complexos torna-se computacionalmente dispendioso, pois requer o pré-processamento demorado dos documentos, e assim é mais adequado para coleções de documentos menores, e não para a web.

27.3.5 Consultas por curinga

A consulta por curinga em geral significa dar suporte a expressões regulares e à pesquisa com base na combinação de padrões no texto. Em sistemas de RI, certos tipos de suporte para consulta por curinga podem ser implementados — normalmente, palavras com caracteres iniciais (por exemplo, "data*" recuperaria *data*, *database*, *datapoint*, *dataset* etc.). Fornecer suporte para consultas por curinga em sistemas de RI envolve o custo adicional do pré-processamento, e isso geralmente não é implementado por muitos dos mecanismos atuais de busca na web.[17] Os modelos

---

[17] Consulte <http://www.livinginternet.com/w/wu_expert_wild.htm> para obter mais detalhes.

de recuperação não oferecem suporte direto para esse tipo de consulta. Lucene[18] oferece suporte para certos tipos de consultas por curinga. O analisador de consulta no Lucene calcula uma consulta booleana grande juntando todas as combinações e expansões de palavras a partir do índice.

27.3.6 Consultas em linguagem natural

Existem alguns mecanismos de consulta em linguagem natural que visam a entender a estrutura e o significado das consultas escritas com texto em linguagem natural, geralmente como uma pergunta ou narrativa. Essa é uma área de pesquisa ativa, que emprega técnicas como análise semântica superficial do texto, ou reformulações de consulta com base no conhecimento da linguagem natural. O sistema tenta formular respostas para tais consultas baseando-se nos resultados recuperados. Alguns sistemas de consulta estão começando a oferecer interfaces de linguagem natural para fornecer respostas a tipos específicos de perguntas, como as de definição e fatos interessantes, que pedem as definições de termos técnicos ou fatos comuns que podem ser recuperados de bancos de dados especializados. Essas perguntas costumam ser mais fáceis de responder porque existem padrões linguísticos fortes que oferecem dicas para tipos específicos de sentenças — por exemplo, "definido como" ou "refere-se a". Os modelos semânticos podem oferecer suporte para esse tipo de consulta.

27.4 Pré-processamento de textos

Nesta seção, analisamos as técnicas de pré-processamento de textos mais usadas que fazem parte da tarefa de processamento de textos da Figura 27.1.

27.4.1 Remoção de stopwords

Stopwords são muito utilizadas em um idioma e desempenham um papel importante na formação de uma sentença, mas raramente contribuem para o significado dessa sentença. Palavras que se espera que ocorram em 80% ou mais dos documentos em uma coleção costumam ser chamadas de *stopwords*, e elas se tornam potencialmente inúteis. Por serem muito comuns e pela função dessas palavras, elas não contribuem muito para a relevância de um documento para uma pesquisa. Alguns exemplos são palavras como *o/a*, *de*, *para*, *um*, *e*, *em*, *diz*, *que*, *ser*, *sobre*, *ele*, *é*, *com* e *por*. Essas palavras são apresentadas aqui com uma frequência de ocorrência decrescente, vindas de um grande corpo de documentos, chamado **AP89**.[19] As seis primeiras dessas palavras são responsáveis por 20% de todas as palavras na listagem, e as 50 palavras mais frequentes são responsáveis por 40% de todo o texto.

A remoção de stopwords de um documento deve ser realizada antes da indexação. Artigos, preposições, conjunções e alguns pronomes geralmente são classificados como stopwords. As consultas também devem ser pré-processadas para a remoção de stopwords antes do processo de recuperação real. A remoção de stopwords resulta na eliminação de possíveis índices falsos, reduzindo assim o tamanho de uma estrutura de índice em cerca de 40% ou mais. Contudo, isso poderia afetar a pesquisa se a stopword for parte integral de uma consulta (por exemplo, uma pesquisa pela frase "Ser ou não ser", em que a remoção de stopwords torna a consulta imprópria, pois todas as palavras na frase são stopwords). Muitos mecanismos de pesquisa não empregam a remoção de stopwords na consulta por esse motivo.

---

[18] <http://lucene.apache.org/>

[19] Para mais detalhes, consultar Croft et al. (2009), páginas 75–90.

27.4.2 Raízes

A **raiz** de uma palavra é definida como a palavra obtida depois de remover o sufixo e o prefixo de uma palavra original. Por exemplo, "comput" é a palavra raiz para *computador*, *computação* e *computadorizado*. Esses sufixos e prefixos são muito comuns na língua portuguesa, para dar suporte à noção de verbos, tempos e formas no plural. As **raízes** reduzem as diferentes formas da palavra formada por inflexão (decorrente de plurais e tempos verbais) e derivação a uma raiz comum.

Um algoritmo de raiz pode ser aplicado para reduzir qualquer palavra à sua raiz. Em inglês, o algoritmo de raiz mais famoso é o de Martin Porter. O Porter stemmer[20] é uma versão simplificada da técnica de Lovin que usa um conjunto reduzido de cerca de 60 regras (dos 260 padrões de sufixo da técnica de Lovin) e as organiza em conjuntos; conflitos em um subconjunto de regras são resolvidos antes de passar para o seguinte. O uso de raízes para o pré-processamento de dados resulta em uma diminuição no tamanho da estrutura de indexação e em um aumento no conjunto retornado, possivelmente à custa da precisão.

27.4.3 Utilizando um tesauro

Um **tesauro** compreende uma lista pré-compilada de conceitos importantes e a palavra principal que descreve cada conceito para determinado domínio de conhecimento. Para cada conceito nessa lista, um conjunto de sinônimos e palavras relacionadas também é compilado.[21] Assim, um sinônimo pode ser convertido para seu conceito correspondente durante o pré-processamento. Essa etapa de pré-processamento auxilia no fornecimento de um vocabulário padrão para indexação e pesquisa. O uso de um tesauro, também conhecido como uma *coleção de sinônimos*, tem um impacto substancial no retorno obtido pelos sistemas de informação. Esse processo pode ser complicado porque muitas palavras possuem significados diferentes em variados contextos.

O **UMLS**[22] é um grande tesauro biomédico com milhões de conceitos (chamado *metathesaurus*) e uma rede semântica de metaconceitos e relacionamentos que organizam o metathesaurus (ver Figura 27.3). Os conceitos recebem rótulos da rede semântica. Esse tesauro de conceitos contém sinônimos de termos médicos, hierarquias de termos mais amplos e mais estritos, e outros relacionamentos entre palavras e conceitos, que o tornam um recurso muito extenso para a recuperação de informações de documentos no domínio médico. A Figura 27.3 ilustra parte da UMLS Semantic Network.

O **WordNet**[23] é um tesauro construído manualmente, que agrupa palavras em conjuntos de sinônimos estritos, chamados *synsets*. Esses synsets são divididos em categorias de substantivo, verbo, adjetivo e advérbio. Em cada categoria, tais synsets são vinculados por relacionamentos apropriados, como classe/subclasse ou relacionamentos "é-um" para substantivos.

O WordNet está baseado na ideia de uso de um vocabulário controlado para indexação, eliminando assim as redundâncias. Ele também é útil para oferecer assistência a usuários com a localização de termos para uma formulação de consulta apropriada.

---

[20] Ver Porter (1980).

[21] Ver Baeza-Yates e Ribeiro-Neto (1999).

[22] Unified Medical Language System da National Library of Medicine.

[23] Ver em Fellbaum (1998) uma descrição detalhada do WordNet.

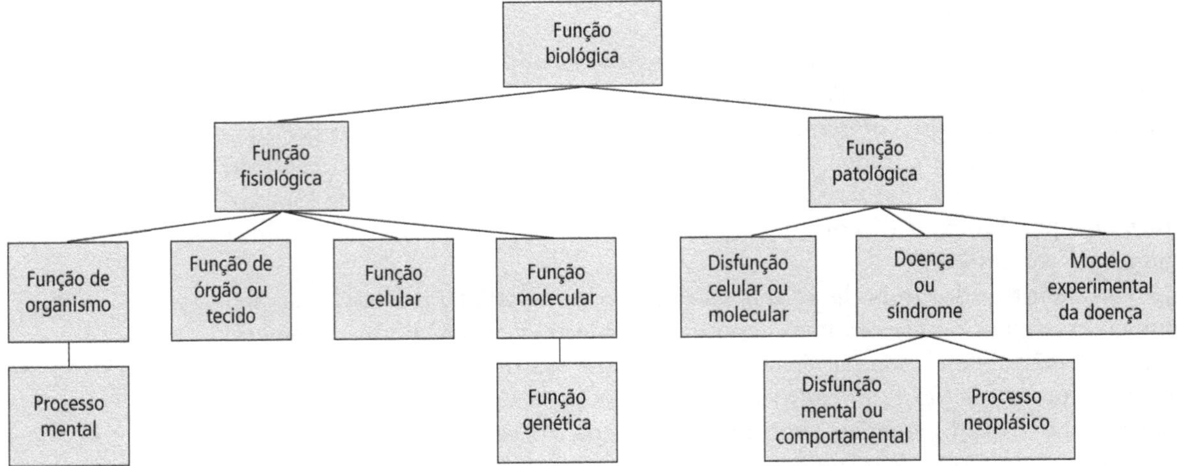

Figura 27.3 Uma parte da UMLS Semantic Network: hierarquia "Função biológica". *Fonte:* UMLS Reference Manual, National Library of Medicine.

27.4.4 Outras etapas de pré-processamento: dígitos, hifens, sinais de pontuação, maiúsculas/minúsculas

Dígitos, datas, números de telefone, endereços de e-mail, URLs e outros tipos padrão de texto podem ou não ser removidos durante o pré-processamento. Mecanismos de busca da web, porém, os indexam a fim de usar esse tipo de informação nos metadados do documento, para melhorar a precisão e a revocação (veja definições detalhadas de *precisão* e *revocação* na Seção 27.6).

Hifens e sinais de pontuação podem ser tratados de maneiras diferentes. A frase inteira pode ser usada com os hifens/sinais de pontuação, ou então eles podem ser eliminados. Em alguns sistemas, o caractere que representa o hífen/sinal de pontuação pode ser removido, ou pode ser substituído por um espaço. Diferentes sistemas de recuperação de informações seguem diferentes regras de processamento. Tratar de hifens de maneira automática pode ser complexo: pode ser feito como um problema de classificação ou, mais comumente, por algumas regras heurísticas. Por exemplo, o StandardTokenizer[24] no Lucene trata o hífen como um delimitador para quebrar palavras — com a exceção de que, se houver um número no token, as palavras não são divididas (por exemplo, palavras como AK-47, números de telefone etc.). Muitos termos específicos do domínio, como catálogos de produtos, diferentes versões de um produto e assim por diante possuem hifens embutidos. Quando os mecanismos de busca vasculham a web em busca de indexação, fica difícil tratar os hifens automaticamente de forma correta; portanto, estratégias mais simples são elaboradas para processá-los.

A maioria dos sistemas de recuperação de informações realiza pesquisa sem considerar maiúsculas/minúsculas, convertendo todas as letras do texto para maiúsculas ou minúsculas. Também é preciso observar que muitas dessas etapas de pré-processamento de textos são específicas da linguagem, como as que envolvem acentos e diacríticos, e as idiossincrasias que estão associadas a determinado idioma.

27.4.5 Extração de informações

A **extração de informações** (IE — *information extraction*) é um termo genérico usado para extrair conteúdo estruturado do texto. Tarefas analíticas de texto,

[24] Ver mais detalhes sobre o StandardTokenizer em <https://lucene.apache.org/>.

como identificar frases substantivas, fatos, eventos, pessoas, lugares e relacionamentos são exemplos de tarefas de IE. Essas tarefas também são chamadas de *tarefas nomeadas de reconhecimento de entidade* e usam abordagens baseadas em regra com um tesauro, expressões regulares e gramáticas, ou técnicas probabilísticas. Para RI e aplicações de pesquisa, as tecnologias de IE são usadas principalmente para identificar entidades nomeadas, que envolvem análise de texto, combinação e categorização, para melhorar a relevância dos sistemas de pesquisa. As tecnologias da linguagem que utilizam marcação de parte da voz são aplicadas para anotar semanticamente os documentos com recursos extraídos e auxiliar na relevância da pesquisa.

27.5 Indexação invertida

A forma mais simples de procurar ocorrências de termos de consulta em coleções de texto pode ser realizada ao varrer o texto sequencialmente. Esse tipo de consulta on-line só é apropriado quando coleções de texto são pequenas. A maioria dos sistemas de recuperação de informações processa as coleções de texto para criar índices e operar sobre a estrutura de dados de índice invertido (consulte a tarefa de indexação na Figura 27.1). Uma estrutura de índice invertido compreende informações de vocabulário e documento. **Vocabulário** é um conjunto de termos de consulta distintos no conjunto de documentos. Cada termo em um conjunto de vocabulário tem uma coleção associada de informações sobre os documentos que contêm o termo, como id de documento, contagem de ocorrência e deslocamentos no documento em que o termo ocorre. A forma mais simples de termos de vocabulário consiste em palavras de tokens individuais dos documentos. Em alguns casos, esses termos de vocabulário também consistem em frases, *n*-gramas, entidades, links, nomes, datas ou termos descritores atribuídos manualmente com base em documentos e/ou páginas web. Para cada termo no vocabulário, as ids de documento correspondentes, os locais e número de ocorrências do termo em cada documento e outras informações relevantes podem ser armazenados na seção de informações do documento.

Pesos são atribuídos a termos do documento para representar uma estimativa da utilidade de determinado termo como um descritor para distinguir um documento de outros na mesma coleção. Um termo pode ser um descritor melhor de um documento do que de outro, pelo processo de pesos (ver Seção 27.2).

Um **índice invertido** de uma coleção de documentos é uma estrutura de dados que anexa termos distintos a uma lista de todos os documentos que contêm o termo. O processo de construção de índice invertido envolve as etapas de extração e processamento mostradas na Figura 27.2. O texto adquirido é primeiro pré-processado e os documentos são representados com os termos do vocabulário. As estatísticas dos documentos são coletadas em tabelas de pesquisa de documento. Elas geralmente incluem contadores de termos de vocabulário em documentos individuais, bem como diferentes coleções, suas posições de ocorrência nos documentos e os tamanhos destes. Os termos do vocabulário são pesados em tempo de indexação, de acordo com diferentes critérios para coleções. Por exemplo, em alguns casos, os termos nos títulos dos documentos podem ter peso maior que os termos que ocorrem em outras partes dos documentos.

Um dos esquemas de peso mais populares é a métrica TF-IDF (*term frequency-inverse document frequency*), descrita na Seção 27.2. Para determinado termo, esse esquema de peso distingue até certo ponto os documentos em que o termo ocorre com mais frequência daqueles em que o termo ocorre muito pouco ou nunca. Esses pesos são normalizados para considerar tamanhos de documento variáveis, garantindo ainda mais que os documentos maiores, proporcionalmente com mais ocorrências de uma palavra, não sejam favorecidos para recuperação em relação a documentos menores, com ocorrências proporcionalmente menores. Esses fluxos (matrizes) de documento-termo processados são então invertidos para fluxos (matrizes) de termo-documento, para outras etapas de RI.

A Figura 27.4 mostra um exemplo dos vetores de termo-documento-posição para os quatro termos ilustrativos — *exemplo*, *invertido*, *índice* e *mercado* — que se referem aos três documentos e à posição em que ocorrem nesses três documentos.

As diferentes etapas envolvidas na construção do índice invertido podem ser resumidas da seguinte forma:

1. Divida os documentos em termos de vocabulário ao criar tokens, limpar, remover stopwords, definir a raiz e/ou usar um tesauro adicional como vocabulário.
2. Reúna estatísticas de documento e armazene-as em uma tabela de pesquisa de documento.
3. Inverta o fluxo documento-termo para um fluxo termo-documento, com informações adicionais como frequências, posições e pesos de termo.

A pesquisa por documentos relevantes com base no índice invertido, dado um conjunto de termos de consulta, geralmente é um processo em três etapas.

1. **Pesquisa de vocabulário.** Se a consulta compreende múltiplos termos, eles são separados e tratados como termos independentes. Cada termo é pesquisado no vocabulário. Diversas estruturas de dados, como variações da B⁺-tree ou hashing, podem ser usadas para otimizar o processo de pesquisa. Termos de consulta também podem ser organizados em ordem lexicográfica para melhorar a eficiência do espaço.
2. **Recuperação de informações do documento.** As informações do documento para cada termo são recuperadas.

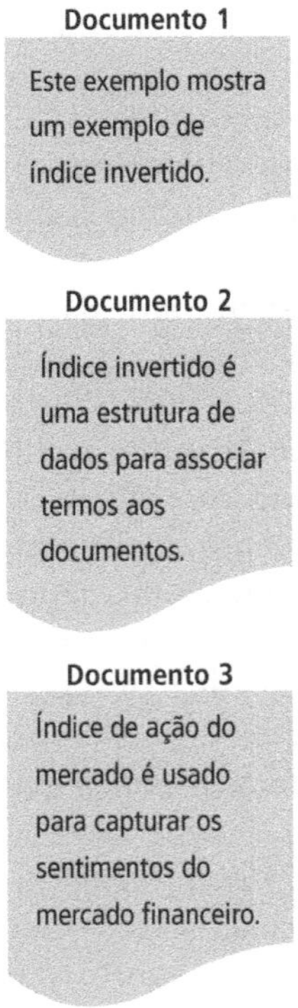

Documento 1

Este exemplo mostra um exemplo de índice invertido.

Documento 2

Índice invertido é uma estrutura de dados para associar termos aos documentos.

Documento 3

Índice de ação do mercado é usado para capturar os sentimentos do mercado financeiro.

ID	Termo	Documento: posição
1.	exemplo	1:2, 1:5
2.	invertido	1:8, 2:2
3.	índice	1:7, 2:1, 3:1
4.	mercado	3:5, 3:13

Figura 27.4 Exemplo de um índice invertido.

3. **Manipulação de informações recuperadas.** O vetor de informações do documento para cada termo obtido na etapa 2 agora é processado ainda mais para incorporar diversas formas de lógica da consulta. Vários tipos de consultas, como consultas de prefixo, abrangência, contexto e proximidade, são processados nesta etapa para construir o resultado final com base nas coleções de documentos retornadas na etapa 2.

27.5.1 Introdução ao Lucene

Lucene é um mecanismo de indexação/pesquisa de software livre, mantido ativamente, que se tornou popular em ambientes acadêmicos e comerciais. A indexação é o foco principal do Lucene, mas ele usa indexação para facilitar a pesquisa. A biblioteca do Lucene é escrita em Java e já vem com recursos escaláveis e de alto desempenho, prontos para o uso. Lucene é o mecanismo que impulsiona outro aplicativo de busca corporativa bastante popular, chamado Solr.[25] O Solr oferece muitos recursos complementares ao Lucene, como o fornecimento de interfaces da web para indexar muitos formatos de documentos diferentes.

Um livro de Moczar (2015) discute a respeito do Lucene e do Solr.

Indexação. No Lucene, os documentos devem passar por um processo de indexação antes de se tornarem disponíveis para pesquisa. Um documento Lucene é composto por um conjunto de campos. Os campos mantêm o tipo de dados no índice e são vagamente comparáveis às colunas em uma tabela de banco de dados. Um campo pode ser do tipo de dados binários, numéricos ou de texto. Os campos de texto consistem em um trecho inteiro de texto sem tokens ou em uma série de unidades léxicas processadas, chamadas fluxos de tokens. Os fluxos de tokens são criados por meio da aplicação de diferentes tipos de algoritmos de filtragem e tokenização disponíveis. Por exemplo, o StandardTokenizer é um dos tokenizadores disponíveis no Lucene, o qual implementa a segmentação de texto Unicode para separar as palavras. Existem outros tokenizadores, como o WhitespaceTokenizer, que dividem o texto em espaços em branco. Também é fácil estender esses tokenizadores e filtros no Lucene para criar algoritmos de análise de texto personalizados para tokenização e filtragem. Esses algoritmos de análise são fundamentais para alcançar os resultados de pesquisa desejados. Lucene fornece APIs e várias implementações para muitos algoritmos de filtragem e tokenização de alta velocidade e eficientes. Esses algoritmos foram estendidos para várias linguagens e domínios diferentes, e apresentam implementações de algoritmos de processamento de linguagem natural para extrair raízes, realizar lematização conduzida por dicionário, análise morfológica, análise fonética e assim por diante.

Pesquisa. Com uma poderosa API de pesquisa, as consultas são comparadas com os documentos e uma lista classificada de resultados é recuperada. As consultas são comparadas com os vetores de termos em índices invertidos para calcular as pontuações de relevância com base no modelo de espaço de vetor (consulte a Seção 27.2.2). O Lucene fornece uma API de pesquisa altamente configurável, na qual é possível criar consultas para pesquisas por curingas, exatas, booleanas, de proximidade e de abrangência. O algoritmo de pontuação default do Lucene usa variantes de pontuação TF-IDF para ranquear os resultados da pesquisa. Para acelerar a pesquisa, o Lucene mantém pré-calculados os fatores de normalização dependentes do documento em tempo de indexação; estas são chamadas normas de vetores de termo nos campos dos documentos. Essas normas pré-calculadas agilizam o processo de pontuação no Lucene. Os algoritmos de correspondência

[25] Veja em <http://lucene.apache.org/solr/>.

de consulta reais usam funções que fazem muito pouco cálculo em tempo de correspondência de consulta.

Aplicações. Um dos motivos da imensa popularidade do Lucene é a facilidade de disponibilidade dos aplicativos Lucene para lidar com várias coleções de documentos e sistemas de implantação para indexar grandes coleções de documentos não estruturados. A aplicação de pesquisa corporativa criada sobre o Lucene é chamada de Solr. Solr é uma aplicação de servidor web que oferece suporte para busca facetada (consulte a respeito de busca facetada na Seção 27.8.1), suporte a processamento de documentos em formato personalizado (como PDF, HTML etc.) e serviços web para várias funções de API para indexação e pesquisa em Lucene.

27.6 Medidas de avaliação de relevância da pesquisa

Sem técnicas de avaliação apropriadas, não se pode comparar e medir a relevância de diferentes modelos de recuperação e sistemas de RI a fim de fazer melhorias. As técnicas de avaliação dos sistemas de RI medem a *relevância tópica* e a *relevância do usuário*. A **relevância tópica** mede a extensão à qual o tópico de um resultado combina com o tópico da consulta. O mapeamento da necessidade de informação de alguém com consultas "perfeitas" é uma tarefa cognitiva, e muitos usuários não são capazes de efetivamente formar consultas que recuperem resultados mais adequados a sua necessidade de informação. Além disso, como uma parte importante das consultas do usuário é informativa por natureza, não existe um conjunto fixo de respostas corretas para mostrar ao usuário. A **relevância do usuário** é um termo utilizado para descrever a adequação de um resultado recuperado com relação à necessidade de informação do usuário. A relevância do usuário inclui outros fatores implícitos, como a percepção do usuário, o contexto, o senso de oportunidade, o ambiente do usuário e as necessidades da tarefa em mãos. A avaliação da relevância do usuário também pode envolver a análise subjetiva e o estudo das tarefas de recuperação do usuário, a fim de capturar algumas das propriedades dos fatores implícitos envolvidos na consideração da tendência dos usuários para julgar o desempenho.

Na recuperação de informações da web, nenhuma decisão de classificação binária é feita sobre se um documento é relevante ou não para uma consulta (enquanto o modelo de recuperação booleano, ou binário, usa esse esquema, conforme discutimos na Seção 27.2.1). Ao contrário, um ranqueamento dos documentos é produzido para o usuário. Portanto, algumas medidas de avaliação focalizam a comparação de diferentes pontuações produzidas por sistemas de RI. Discutimos algumas dessas medidas em seguida.

27.6.1 Revocação e precisão

Métricas de revocação e precisão são baseadas na suposição de relevância binária (se cada documento é relevante ou não para a consulta). A **revocação** é definida como o número de documentos relevantes recuperados por uma pesquisa dividido pelo número total de documentos relevantes existentes no banco de dados. A **precisão** é definida como o número de documentos relevantes recuperados por uma pesquisa dividido pelo número total de documentos recuperados por essa pesquisa. A Figura 27.5 é uma representação gráfica dos termos *recuperado* e *relevante*, mostrando como os resultados da pesquisa se relacionam com quatro conjuntos diferentes de documentos.

		Relevante?	
		Sim	Não
Recuperado?	Sim	Acertos VP	Alarmes falsos FP
	Não	Perdas FN	Rejeições corretas VN

Figura 27.5 Resultados de pesquisa recuperados *versus* relevantes.

A notação para a Figura 27.5 é a seguinte:

- VP: verdadeiro positivo.
- FP: falso positivo.
- FN: falso negativo.
- VN: verdadeiro negativo.

Os termos *verdadeiro positivo*, *falso positivo*, *falso negativo* e *verdadeiro negativo* costumam ser usados em qualquer tipo de tarefa de classificação para comparar determinada classificação de um item com a classificação correta desejada. Usando o termo *acertos* para os documentos que verdadeiramente ou "corretamente" correspondem à solicitação do usuário, podemos definir:

Revocação = |Acertos|/|Relevantes|
Precisão = |Acertos|/|Recuperados|

Revocação e precisão também podem ser definidos em um ambiente de recuperação ranqueado. Vamos supor que haja um documento em cada posição de ranqueamento. A revocação na posição do rank i para o documento d_i^q (indicado por $r(i)$) (d_i^q é o documento recuperado na posição i para a consulta q) é a fração de documentos relevantes de d_1^q a d_i^q no conjunto de resultados para a consulta. Considere o conjunto de documentos relevantes de d_1^q a d_i^q nesse conjunto como S_i com cardinalidade $| S_i |$. Considere que ($|D_q|$ seja o tamanho dos documentos relevantes para a consulta. Nesse caso, $|S_i| \leq |D_q|$). Então:

Revocação_Recuperação_ranqueada: $r(i) = |S_i|/|D_q|$

A precisão na posição de ranqueamento i ou documento d_i^q (indicada por $p(i)$) é a fração dos documentos de d_1^q a d_i^q no conjunto de resultados que são relevantes:

Precisão_Recuperação_ranqueada: $p(i) = |S_i|/i$

A Tabela 27.2 ilustra as métricas de $p(i)$, $r(i)$ e a precisão média (a ser discutida na próxima seção). Vê-se que a revocação pode ser aumentada ao apresentar mais resultados ao usuário, mas essa técnica corre o risco de diminuir a precisão. No exemplo, o número de documentos relevantes para alguma consulta = 10. A posição de ranqueamento e a relevância de um documento individual são mostradas. Os valores de precisão e revocação podem ser calculados em cada posição dentro da lista ranqueada, como mostram as duas últimas colunas. Como vemos na Tabela 27.2, a precisão da recuperação ranqueada aumenta de modo linear, ao passo que a precisão é passível de flutuação.

Tabela 27.2 Precisão e revocação para a recuperação ranqueada.

Número_documento	Posição de ranqueamento *i*	Relevante	Precisão(*i*)	Revocação(*i*)
10	1	Sim	1/1 = 100%	1/10 = 10%
2	2	Sim	2/2 = 100%	2/10 = 20%
3	3	Sim	3/3 = 100%	3/10 = 30%
5	4	Não	3/4 = 75%	3/10 = 30%
17	5	Não	3/5 = 60%	3/10 = 30%
34	6	Não	3/6 = 50%	3/10 = 30%
215	7	Sim	4/7 = 57,1%	4/10 = 40%
33	8	Sim	5/8 = 62,5%	5/10 = 50%
45	9	Não	5/9 = 55,5%	5/10 = 50%
16	10	Sim	6/10 = 60%	6/10 = 60%

27.6.2 *Precisão média*

A precisão média é calculada com base na precisão em cada documento relevante no ranqueamento. Essa medida é útil para calcular um único valor de precisão ao comparar diferentes algoritmos de recuperação em uma consulta q.

$$P_{\text{méd}} = \sum_{d_i^q \in D_q} p(i) \Big/ |D_q|$$

Considere os valores de precisão de exemplo dos documentos relevantes da Tabela 27.2. A precisão média (valor de $P_{\text{méd}}$) para o exemplo da Tabela 27.2 é $P(1) + P(2) + P(3) + P(7) + P(8) + P(10)/6 = 79{,}93\%$ (somente documentos relevantes são considerados nesse cálculo). Muitos algoritmos bons tendem a ter alta precisão média dos k primeiros resultados para valores pequenos de k, com valores de retorno correspondentemente baixos.

27.6.3 *Curva de revocação/precisão*

Uma curva de revocação/precisão pode ser desenhada com base nos valores de precisão e revocação em cada posição de ranqueamento, em que o eixo x é a revocação e o eixo y é a precisão. Em vez de usar a precisão e a revocação em cada posição de ranqueamento, a curva geralmente é desenhada usando níveis de revocação $r(i)$ em 0%, 10%, 20%... 100%. A curva normalmente tem uma inclinação negativa, refletindo o relacionamento inverso entre precisão e revocação.

27.6.4 *F-Score*

F-score (F) é a média harmônica dos valores de precisão (p) e revocação (r), ou seja:

$$\frac{1}{F} = \frac{\frac{1}{p} + \frac{1}{r}}{2}$$

A alta precisão é alcançada quase sempre à custa da revocação e vice-versa. O sistema pode ser ajustado para alta precisão ou alta revocação, dependendo do contexto da aplicação. *F*-score normalmente é usado como uma única medida que combina precisão e revocação para comparar diferentes conjuntos de resultados:

$$F = \frac{2pr}{p + r}$$

Uma das propriedades da média harmônica é que aquela de dois números tende a ser mais próxima da menor das duas. Assim, F é automaticamente propenso para o menor entre os valores de precisão e revocação. Portanto, para um F-score alto, a precisão e a revocação devem ser altas.

$$F = \frac{2}{\frac{1}{p} + \frac{1}{r}}$$

27.7 Pesquisa e análise na web[26]

O surgimento da web levou milhões de usuários a procurar informações, que são armazenadas em um número muito grande de sites ativos. Para tornar essas informações acessíveis, mecanismos de busca como Google e Yahoo! precisam sondar e indexar esses sites e documentar coleções em seus bancos de dados de índice. Além disso, os mecanismos de busca precisam atualizar seus índices regularmente, dada a natureza dinâmica da web, à medida que novos sites web são criados e os atuais são atualizados ou removidos. Como existem muitos milhões de páginas disponíveis na web sobre diferentes tópicos, os mecanismos de busca precisam aplicar diversas técnicas sofisticadas, como análise de link, para identificar a importância dessas páginas.

Existem outros tipos de mecanismos de busca além dos que regularmente sondam a web e criam índices automáticos: estes são mecanismos de busca verticais, operados por humanos, ou mecanismos de metabusca. São desenvolvidos com a ajuda de sistemas auxiliados por computador para ajudar os tutores com o processo de atribuir índices. Eles consistem em diretórios web especializados criados manualmente, organizados de maneira hierárquica para guiar a navegação do usuário a diferentes recursos na web. Os **mecanismos de busca verticais** são mecanismos personalizados, específicos do tópico, que sondam e indexam uma coleção específica de documentos na web e oferecem resultados de busca dessa coleção específica. **Mecanismos de metabusca** são criados em cima dos mecanismos de busca: eles consultam diferentes mecanismos de busca simultaneamente, agregam e oferecem resultados de busca dessas fontes.

Outra fonte de documentos web pesquisáveis são as bibliotecas digitais. **Bibliotecas digitais** podem ser definidas de modo geral como coleções de recursos e serviços eletrônicos para a entrega de materiais em uma série de formatos. Essas coleções podem incluir o catálogo da biblioteca de uma universidade, os catálogos de um grupo de universidades participantes do sistema universitário estadual, ou uma compilação de vários recursos externos na World Wide Web, como o Google Scholar ou o índice IEEE/ACM. Essas interfaces oferecem acesso universal a diferentes tipos de conteúdo — como livros, artigos, áudios e vídeos — situados em vários sistemas de banco de dados e repositórios remotos. Semelhantes a bibliotecas reais, essas coleções digitais são mantidas por meio de um catálogo e organizadas em categorias para referência on-line. Bibliotecas digitais "incluem coleções pessoais, distribuídas e centralizadas, como catálogos de acesso público on-line (OPACs — *on-line public access catalogs*) e bancos de dados bibliográficos, bancos de dados de documentos distribuídos, listas de discussão acadêmicas e profissionais e periódicos eletrônicos, outros bancos de dados on-line, fóruns e quadros de avisos".[27]

---

[26] Agradecemos às contribuições de Pranesh P. Ranganathan e Hari P. Kumar para esta seção.

[27] Covi e Kling (1996), página 672.

27.7.1 *Análise da web e seu relacionamento com a recuperação de informações*

Além da navegação e busca na web, outra atividade importante, bastante relacionada com a recuperação de informações, é *analisar* ou *minerar* informações na web para novas informações de interesse. (Discutiremos a mineração de dados baseada em arquivos e bancos de dados no Capítulo 28.) A aplicação de técnicas de análise de dados para descoberta e análise de informações úteis da web é conhecida como **análise da web**. Durante os últimos anos, a World Wide Web surgiu como um repositório importante de informações para muitas aplicações do dia a dia para consumidores individuais, bem como uma plataforma significativa para comércio eletrônico (e-commerce) e redes sociais. Essas propriedades a tornam um alvo interessante para aplicações de análise de dados. O campo de mineração e análise da web é uma integração de uma grande gama de campos que se espalham por recuperação de informações, análise de texto, processamento em linguagem natural, mineração de dados, aprendizado de máquina e análise estatística.

Os objetivos da análise da web são melhorar e personalizar a relevância dos resultados de pesquisa e identificar tendências que possam ser valiosas para diversas empresas e organizações. Elaboramos esses objetivos a seguir:

- **Encontrando informações relevantes.** As pessoas normalmente procuram informações específicas na web inserindo palavras-chave em um mecanismo de busca ou navegando por portais de informação e usando serviços. Os serviços de busca são bastante restritos pelos problemas de relevância de pesquisa, pois precisam mapear e aproximar a necessidade de informação de milhões de usuários como uma tarefa *a priori*. Ocorre uma baixa *precisão* (ver Seção 27.6) em decorrência dos resultados que não são relevantes ao usuário. No caso da web, a alta *revocação* (ver Seção 27.6) é impossível de se determinar pela incapacidade de indexar todas as páginas na web. Além disso, a medição da revocação não faz sentido, pois o usuário se preocupa apenas com os poucos documentos do topo. Os resultados mais relevantes para o usuário costumam ser apenas os primeiros poucos resultados.
- **Personalização da informação.** Diferentes pessoas têm preferências distintas de conteúdo e apresentação. Diversas ferramentas de personalização usadas em aplicações e serviços baseados na web (como a monitoração por meio de clique, rastreamento de globo ocular, aprendizado do perfil de usuário explícito ou implícito e composição dinâmica de serviço usando APIs da web) são usadas para adaptação e personalização de serviço. Um mecanismo de personalização em geral tem algoritmos que utilizam a informação de personalização do usuário — coletada por várias ferramentas — para gerar resultados de busca específicos dele. A web tornou-se um horizonte rico, no qual as pessoas deixam seus vestígios enquanto navegam, clicam, "curtem", comentam e compram coisas nesse espaço virtual. Essa informação tem alto valor comercial, e as empresas de todos os tipos de bens de consumo mineram e vendem essas informações para a segmentação de clientes.
- **Encontrar informações de valor social.** Com mais de 1 bilhão de downloads do aplicativo Facebook em vários dispositivos Android, pode-se imaginar quão populares as diversas redes sociais se tornaram nos últimos tempos. As pessoas constroem o que é chamado de capital social nesses mundos virtuais, como o Twitter e o Facebook. O **capital social** refere-se às características das organizações sociais, como redes, normas e confiança social, que facilitam a coordenação e a cooperação para benefício mútuo. Os cientistas sociais estão estudando o capital

social e como aproveitar esse rico recurso para beneficiar a sociedade de várias maneiras. Abordamos brevemente os aspectos da pesquisa social na Seção 27.8.2.

Podemos classificar a análise da web em três categorias: **análise de estrutura da web**, que descobre conhecimento de hiperlinks que representam a estrutura da web; **análise de conteúdo da web**, que lida com a extração de informações/conhecimento útil do conteúdo da página web; e **análise de uso da web**, que extrai os padrões de acesso do usuário de logs de uso que registram a atividade de cada usuário.

27.7.2 Análise de estrutura da web

A World Wide Web é um imenso corpo de informações, mas a localização de recursos que sejam de alta qualidade e relevantes às necessidades do usuário é muito difícil. O conjunto de páginas web tomadas como um todo quase não possui uma estrutura unificada, com variabilidade no estilo de autoria e conteúdo, tornando assim mais difícil localizar com precisão a informação necessária. Mecanismos de busca baseados em índices têm sido uma das principais ferramentas pelas quais os usuários procuram informações na web. Mecanismos de busca na web **sondam** a rede e criam um índice para fins de pesquisa. Quando um usuário especifica sua necessidade de informação ao fornecer palavras-chave, esses mecanismos de busca consultam seu repositório de índices e produzem links ou URLs com conteúdo abreviado como resultados de pesquisa. Pode haver milhares de páginas relevantes a determinada consulta. Surge um problema quando somente alguns poucos resultados mais relevantes são retornados ao usuário. A discussão que tivemos sobre consulta e ranqueamento baseado em relevância nos sistemas de RI, nas seções 27.2 e 27.3, se aplica a mecanismos de busca na web. Esses algoritmos de ranqueamento exploram a estrutura de links da web.

As páginas web, diferentemente das coleções de texto-padrão, contêm conexões com outras páginas web ou documentos (por meio do uso de hiperlinks), permitindo que os usuários naveguem de uma página para outra. Um **hiperlink** tem dois componentes: uma **página de destino** e um **texto de âncora** que descreve o link. Por exemplo, uma pessoa pode vincular o site do Yahoo! em sua página web com um texto de âncora como "Meu site favorito na web". Os textos de âncora podem ser imaginados como endossos implícitos. Eles oferecem uma anotação humana em potencial muito importante. Supõe-se que uma pessoa que vincula outras páginas web a partir de sua página web tenha alguma relação com essas páginas. Os mecanismos de busca na web visam a destilar resultados por sua relevância e autoridade. Existem muitos hiperlinks redundantes, como os links para a página principal (homepage) em cada página web de um site. Os mecanismos de busca precisam eliminar esses links dos resultados da busca.

Um **hub** é uma página web ou um site que se vincula a uma coleção de sites proeminentes (autoridades) sobre um assunto comum. Uma boa **autoridade** é uma página que é apontada por muitos bons hubs, ao passo que um bom hub é uma página que aponta para muitas boas autoridades. Essas ideias são usadas pelo algoritmo de ranqueamento HITS. A próxima seção analisa rapidamente alguns dos algoritmos de ranqueamento.

27.7.3 Analisando a estrutura de link das páginas web

O objetivo da **análise de estrutura da web** é gerar um resumo estrutural sobre o website e as páginas web. Ela focaliza a estrutura interna dos documentos e lida com a estrutura de link usando hiperlinks entre documentos. A estrutura e o conteúdo das páginas web normalmente são combinados para recuperação de informações pelos mecanismos de busca na web. Dada uma coleção de documentos web interconectados, fatos interessantes e informativos descrevendo sua conectividade no subconjunto da web podem ser descobertos. A análise de estrutura da web também é usada para revelar a estrutura das páginas, que ajuda com a navegação e possibilita a comparação/integração de esquemas de página web. Esse aspecto da análise de estrutura da web facilita a classificação de documentos da web e o agrupamento com base na estrutura.

O algoritmo de ranqueamento *PageRank*. Conforme já discutimos, os algoritmos de ranqueamento são usados para ordenar resultados de busca com base em relevância e autoridade. O Google usa o conhecido algoritmo **PageRank**,[28] que é baseado na "importância" de cada página. Cada página web tem uma série de links adiante (arestas de saída) e links de volta (arestas de entrada). É muito difícil determinar todos os links de volta de uma página web, ao passo que é relativamente simples determinar seus links adiante. De acordo com o algoritmo PageRank, páginas altamente vinculadas são mais importantes (possuem maior autoridade) que páginas com menos links. No entanto, nem todos os links de volta são importantes. Um link de volta a uma página de uma fonte confiável é mais importante que um link de alguma fonte qualquer. Assim, uma página tem um rank alto se a soma dos ranks de seus links de volta for alta. O PageRank foi uma tentativa de ver com que facilidade uma aproximação da "importância" de uma página pode ser obtida a partir da estrutura do link.

O cálculo do rank de página segue uma técnica iterativa. O PageRank de uma página web é calculado como uma soma dos PageRanks de todos os seus links de volta. O PageRank trata a web como um *modelo de Markov*. Um navegador web imaginário visita uma sequência infinita de páginas clicando aleatoriamente. O PageRank de uma página é uma estimativa da frequência com que o navegador entra em determinada página. Ele é uma medida da importância de uma página/nó, independente da consulta. Por exemplo, considere que $P(X)$ seja o PageRank de qualquer página X e $C(X)$ seja o número de links de saída da página X, e considere que d seja o fator de amortecimento no intervalo $0 < d < 1$. Em geral, d é definido como 0,85. Então, o PageRank para uma página A pode ser calculado como:

$$P(A) = (1 - d) + d(P(T_1)/C(T_1) + P(T_2)/C(T_2) + \ldots + P(T_n)/C(T_n))$$

Aqui, $T_1, T_2, \ldots, T_n$ são as páginas que apontam para a Página A (ou seja, são citações para a página A). O PageRank forma uma distribuição de probabilidade sobre páginas web, de modo que a soma dos PageRanks de todas as páginas web seja um.

O algoritmo de ranqueamento *HITS*. O algoritmo HITS,[29] proposto por Jon Kleinberg, é outro tipo de algoritmo de ranqueamento que explora a estrutura de link da web. O algoritmo presume que um bom hub é um documento que aponta para muitos hubs, e uma boa autoridade é um documento que é apontado por muitas outras autoridades. O algoritmo contém duas etapas principais: um componente de amostragem e um componente de propagação de peso. O componente de amostragem constrói uma coleção focalizada S de páginas com as seguintes propriedades:

1. S é relativamente pequena.
2. S é rica em páginas relevantes.
3. S contém a maioria das autoridades mais fortes.

O componente de peso calcula recursivamente os valores de hub e autoridade para cada documento da seguinte forma:

[28] O algoritmo PageRank foi proposto por Lawrence Page (1998) e Sergey Brin, fundadores do Google. Para obter mais informações, consulte <http://en.wikipedia.org/wiki/PageRank>.

[29] Ver Kleinberg (1999).

1. Inicializa valores de hub e autoridade para todas as páginas em *S* ao defini-los como 1.
2. Enquanto (valores de hub e autoridade não convergem):
   a. Para cada página em *S*, calcule o valor de autoridade = soma dos valores de hub de todas as páginas *apontando para* a página atual.
   b. Para cada página em *S*, calcule valor do hub = soma dos valores de autoridade de todas as páginas *apontadas* pela página atual.
   c. Normalize os valores de hub e autoridade de modo que a soma de todos os valores de hub em *S* seja igual a 1 e a soma de todos os valores de autoridade em *S* seja igual a 1.

27.7.4 Análise de conteúdo da web

Como já dissemos, a **análise de conteúdo da web** refere-se ao processo de descobrir informações úteis de conteúdo/dados/documentos da web. Os **dados de conteúdo da web** consistem em dados desestruturados, como texto livre de documentos armazenados eletronicamente, dados semiestruturados normalmente encontrados como documentos HTML, com dados de imagem embutidos, e dados mais estruturados, como dados tabulares e páginas em HTML, XML ou outras linguagens de marcação, geradas como saída de bancos de dados. De maneira mais geral, o termo *conteúdo web* refere-se a quaisquer dados reais na página web que sejam voltados para o usuário que acessa essa página. Isso costuma consistir em texto e gráficos, mas não se limita a isso.

Primeiro, discutiremos algumas tarefas preliminares de análise de conteúdo web e, depois, veremos as tarefas de análise tradicionais da classificação e agrupamento de página web.

Extração de dados estruturados. Os dados estruturados na web normalmente são muito importantes, pois representam informações essenciais, como uma tabela estruturada que mostra os horários de voo entre duas cidades. Existem várias técnicas para a extração de dados estruturados. Uma inclui a escrita de um **wrapper**, ou um programa que procura diferentes características estruturais da informação na página e extrai o conteúdo correto. Outra técnica é escrever manualmente um programa de extração para cada website com base nos padrões de formato observados do site, o que é muito trabalhoso e demorado. Isso não funciona com um número muito grande de sites. Uma terceira técnica é a **indução de wrapper** ou **aprendizado de wrapper**, em que o usuário primeiro rotula manualmente um conjunto de páginas de treinamento, e o sistema de aprendizado gera regras — com base nas páginas de aprendizado — que são aplicadas para extrair itens-alvo de outras páginas web. Uma quarta técnica é a automática, que visa a encontrar padrões/gramáticas das páginas web e depois usa a **geração de wrapper** para produzir um wrapper a fim de extrair dados automaticamente.

Integração de informações da web. A web é imensa e tem milhões de documentos, criados por pessoas e organizações diferentes. Por causa disso, as páginas web que contêm informações semelhantes podem ter uma sintaxe diferente e palavras distintas para descrever os mesmos conceitos. Isso cria a necessidade de integrar informações de diversas páginas web. Duas técnicas populares para a integração de informação da web são:

1. **Integração de interface de consulta web**, para habilitar a consulta de múltiplos bancos de dados na web que não são visíveis nas interfaces externas e estão ocultos na "deep web". A **deep web**[30] consiste nas páginas que não existem até que sejam

[30] A deep web, conforme definida por Bergman (2001).

criadas dinamicamente como resultado de uma pesquisa de banco de dados específica, que produz algumas das informações na página (ver Capítulo 11). Como os *crawlers* de mecanismo de busca tradicionais não podem sondar e coletar informações de tais páginas, a deep web até agora tem ficado escondida deles.

2. **Combinação de esquema**, como a integração de diretórios e catálogos para chegar a um esquema global para aplicações. Um exemplo de tal aplicação seria combinar um registro de saúde pessoal de um indivíduo ao combinar e coletar dados de várias fontes dinamicamente, cruzando registros de saúde de múltiplos sistemas. O resultado seria um registro global de saúde do indivíduo.

Essas técnicas continuam sendo uma área de pesquisa ativa, e uma discussão detalhada delas está além do escopo deste livro. Consulte a bibliografia selecionada, ao final deste capítulo, para obter mais detalhes.

Integração de informações baseada em ontologia. Esta tarefa envolve o uso de ontologias para efetivamente combinar informações de diversas fontes heterogêneas. Ontologias — modelos de representação formais com conceitos definidos explicitamente e relacionamentos nomeados vinculando-os — são usadas para resolver as questões de heterogeneidade semântica nas fontes de dados. Diferentes classes de técnicas para integração de informações usam ontologias:

- **Técnicas de ontologia única** utilizam uma ontologia global que oferece um vocabulário compartilhado para a especificação da semântica. Elas funcionam se todas as fontes de informação a serem integradas oferecerem quase a mesma visão em um domínio de conhecimento. Por exemplo, o UMLS (descrito na Seção 27.4.3) pode servir como uma ontologia comum para aplicações biomédicas.
- Em uma **técnica de ontologia múltipla**, cada fonte de informação é descrita pela própria ontologia. Em princípio, a "ontologia de origem" pode ser uma combinação de várias outras ontologias, mas não se pode garantir que as diferentes "ontologias de origem" compartilham o mesmo vocabulário. Lidar com ontologias múltiplas, parcialmente sobrepostas e potencialmente em conflito, é um problema muito difícil enfrentado por muitas aplicações, incluindo aquelas na área de bioinformática e outros tópicos de estudo complexos.

Criando hierarquias de conceito. Um modo comum de organizar os resultados da pesquisa é por meio de uma lista ranqueada linear de documentos. Mas, para alguns usuários e aplicações, uma maneira melhor de exibir resultados seria criar agrupamentos de documentos relacionados no resultado da busca. Um modo de organizar documentos em um resultado de pesquisa, e organizar informações em geral, é criando uma **hierarquia de conceito**. Os documentos em um resultado de pesquisa são organizados em grupos, em um padrão hierárquico. Outras técnicas relacionadas para organizar documentos são a **classificação** e o **agrupamento** (ver Capítulo 28). O agrupamento cria grupos de documentos, nos quais os documentos em cada grupo compartilham muitos conceitos comuns.

Segmentação de páginas web e detecção de ruído. Existem muitas partes supérfluas em um documento web, como anúncios e painéis de navegação. A informação e o texto nessas partes supérfluas devem ser eliminados como ruído antes de classificar os documentos com base em seu conteúdo. Logo, antes de aplicar algoritmos de classificação ou agrupamento a um conjunto de documentos, as áreas ou blocos dos documentos que contêm ruído devem ser removidos.

27.7.5 Técnicas de análise do conteúdo web

As duas técnicas principais para análise do conteúdo web são: (1) baseada em agente (visão RI); e (2) baseada em banco de dados (visão BD).

A técnica baseada em agente envolve o desenvolvimento de sistemas sofisticados de inteligência artificial que podem atuar de forma autônoma ou semiautônoma em favor de um usuário em particular, para descobrir e processar informações baseadas na web. Em geral, os sistemas de análise web baseados em agente podem ser colocados nas três categorias a seguir:

- **Agentes web inteligentes** são agentes de software que procuram informações relevantes usando características de um domínio de aplicação em particular (e possivelmente um perfil de usuário) para organizar e interpretar a informação descoberta. Por exemplo, um agente inteligente que recupera informações de produto de uma série de sites de vendedor utilizando apenas informações gerais sobre o domínio de produto.
- **Filtragem/categorização de informações** é outra técnica que utiliza agentes web para categorizar documentos web. Esses agentes web empregam métodos da recuperação de informações e informações semânticas com base nos links entre vários documentos para organizar documentos em uma hierarquia de conceito.
- **Agentes web personalizados** são outro tipo de agentes web que utilizam as preferências pessoais dos usuários para organizar resultados de pesquisa ou descobrir informações e documentos que podem ter valor para determinado usuário. As preferências do usuário podem ser descobertas com base em escolhas de usuário anteriores, ou de outros indivíduos que se considera terem preferências semelhantes para o usuário.

A **técnica baseada em banco de dados** visa a deduzir a estrutura do website ou a transformá-lo para organizá-lo como um banco de dados de modo que possibilite melhor gerenciamento de informações e consulta na web. Essa técnica de análise de conteúdo web tenta principalmente modelar os dados e integrá-los de modo que consultas mais sofisticadas que a pesquisa por palavra-chave possam ser realizadas. Estas poderiam ser obtidas ao encontrar o esquema de documentos web, montar um warehouse de documento web, uma base de conhecimento da web ou um banco de dados virtual. A técnica baseada em banco de dados pode usar um modelo como o Object Exchange Model (OEM),[31] que representa dados semiestruturados por um grafo rotulado. Os dados no OEM são vistos como um grafo, com objetos como vértices e rótulos como arestas. Cada objeto é identificado por um identificador de objeto e um valor que é atômico — como inteiro, string, imagem GIF ou documento HTML — ou complexo, na forma de um conjunto de referências de objeto.

O foco da técnica baseada em banco de dados tem sido com o uso de bancos de dados multinível e sistemas de consulta web. Um **banco de dados multinível** em seu nível mais baixo contém informações semiestruturadas primitivas armazenadas em diversos repositórios da web, como documentos de hipertexto. Nos níveis mais altos, metadados ou generalizações são extraídos dos níveis mais baixos e organizados em coleções estruturadas, como bancos de dados relacionais ou orientados a objeto. Em um **sistema de consulta web**, as informações sobre o conteúdo e a estrutura dos documentos web são extraídas e organizadas usando técnicas tipo banco de dados. Linguagens de consulta similares à SQL podem então ser utilizadas para pesquisar e consultar documentos web. Esses tipos de consultas combinam consultas estruturais, baseadas na organização de documentos de hipertexto, e consultas baseadas em conteúdo.

27.7.6 Análise de uso da web

Análise de uso da web é a aplicação das técnicas de análise de dados para descobrir padrões de uso com base em dados da web, a fim de entender e atender melhor

[31] Ver Kosala e Blockeel (2000).

às necessidades das aplicações baseadas na web. Essa atividade não contribui diretamente para a recuperação de informações, mas é importante para melhorar ou aprimorar a experiência de pesquisa dos usuários. Os **dados de uso da web** descrevem o padrão de uso das páginas web, como endereços IP, referências de página, data e hora dos acessos para um usuário, grupo de usuários ou uma aplicação. A análise de uso da web normalmente consiste em três fases principais: pré-processamento, descoberta de padrão e análise de padrão.

1. **Pré-processamento.** O pré-processamento converte a informação coletada sobre estatísticas e padrões de uso para um formato que possa ser utilizado pelos métodos de descoberta de padrão. Por exemplo, usamos o termo *visão de página* para nos referir às páginas vistas ou visitadas por um usuário. Existem vários tipos de técnicas de pré-processamento disponíveis:
   - **Pré-processamento de uso** analisa os dados coletados disponíveis sobre padrões de uso de usuários, aplicações e grupos de usuários. Como esses dados normalmente são incompletos, o processo é difícil. Técnicas de limpeza de dados são necessárias para eliminar o impacto de itens irrelevantes no resultado da análise. Frequentemente, os dados de uso são identificados por um endereço IP e consistem em fluxos de cliques coletados no servidor. Dados melhores estão disponíveis se um processo de rastreamento de uso for instalado no site do cliente.
   - **Pré-processamento de conteúdo** é o processo de converter texto, imagem, scripts e outro conteúdo para um formato que possa ser utilizado pela análise de uso. Em geral, isso consiste em realizar a análise de conteúdo como classificação ou agrupamento. As técnicas de agrupamento ou classificação podem agrupar informações de uso para tipos semelhantes de páginas web, de modo que os padrões de uso podem ser descobertos para classes específicas de páginas que descrevem tópicos em particular. As visões de página também podem ser classificadas de acordo com seu uso intencionado, como para vendas, descoberta ou outros usos.
   - **Pré-processamento de estrutura:** o pré-processamento de estrutura pode ser feito ao analisar e reformatar a informação sobre hiperlinks e estrutura entre as páginas vistas. Uma dificuldade é que a estrutura do site pode ser dinâmica e ter de ser construída para cada sessão do servidor.

2. **Descoberta de padrão.** As técnicas usadas na descoberta de padrão são baseadas nos métodos dos campos de estatística, aprendizado de máquina, reconhecimento de padrão, análise de dados, mineração de dados e outras áreas semelhantes. Essas técnicas são adaptadas de modo que levem em consideração o conhecimento específico e as características para análise da web. Por exemplo, na descoberta da regra de associação (ver Seção 28.2), a noção de uma transação para análise de cesta de mercado considera que os itens estejam desordenados. Mas a ordem de acesso das páginas web é importante, e por isso deve ser considerada na análise de uso da web. Logo, a descoberta de padrão envolve sequências de mineração das visões de página. Em geral, ao usar dados de uso da web, os tipos de atividades de mineração de dados a seguir podem ser realizados para descoberta de padrão:
   - **Análise estatística.** Técnicas estatísticas são o método mais comum de extrair conhecimento sobre os visitantes de um website. Ao analisar o log da sessão, é possível aplicar medidas estatísticas como média, mediana e contagem de frequência a parâmetros como páginas vistas, tempo de visualização por página, extensão dos caminhos de navegação entre páginas e outros parâmetros relevantes à análise de uso da web.

- **Regras de associação.** No contexto da análise de uso da web, regras de associação referem-se a conjuntos de páginas que são acessadas com um valor de suporte que excede algum limite especificado. (Veja a Seção 28.2, sobre regras de associação.) Essas páginas podem não estar conectadas diretamente umas às outras por hiperlinks. Por exemplo, a descoberta da regra de associação pode revelar uma correlação entre os usuários que visitaram uma página contendo produtos eletrônicos e os que visitam uma página sobre equipamento esportivo.
- **Clustering (agrupamento).** No domínio de uso da web, existem dois tipos de grupos interessantes a serem descobertos: grupos de usuários e grupos de páginas. O **agrupamento de usuários** tende a estabelecer grupos de usuários exibindo padrões de navegação semelhantes. Esse conhecimento é útil especialmente para deduzir as demografias de usuários a fim de realizar segmentação de mercado em aplicações de comércio eletrônico (e-commerce) ou para fornecer conteúdo web personalizado aos usuários. O **agrupamento de páginas** é baseado no conteúdo das páginas, e páginas com conteúdo semelhante são agrupadas. Este tipo de agrupamento pode ser utilizado em mecanismos de busca da internet e em ferramentas que oferecem assistência à navegação web.
- **Classificação.** No domínio web, um objetivo é desenvolver um perfil de usuários pertencentes a determinada classe ou categoria. Isso exige extração e seleção de recursos que melhor descrevam as propriedades de determinada classe ou categoria de usuários. Como exemplo, um padrão interessante que pode ser descoberto seria: 60% dos usuários que fazem um pedido on-line em /Product/Books estão na faixa etária de 18 a 25 anos e moram em apartamentos alugados.
- **Padrões sequenciais.** Esses tipos de padrões identificam sequências de acessos à web, que podem ser usados para prever o próximo conjunto de páginas a serem acessadas por certa classe de usuários. Esses padrões podem ser utilizados por marqueteiros para produzir anúncios direcionados nas páginas web. Outro tipo de padrão sequencial pertence a quais itens normalmente são adquiridos após a compra de determinado item. Por exemplo, depois de comprar um computador, costuma-se comprar uma impressora.
- **Modelagem de dependência.** A modelagem de dependência visa a determinar e a modelar dependências significativas entre as diversas variáveis no domínio da web. Como exemplo, pode-se estar interessado em montar um modelo que represente os diferentes estágios pelos quais um visitante passa enquanto compra em uma loja on-line, com base nas ações do usuário (por exemplo, ser um visitante casual ou um comprador sério em potencial).

3. **Análise de padrão.** A última etapa é retirar as regras ou padrões que não são considerados de interesse com base nos padrões descobertos. Uma técnica comum para análise de padrão é usar uma linguagem de consulta como a SQL para detectar diversos padrões e relacionamentos. Outra técnica envolve carregar dados de uso em um data warehouse com ferramentas de ETL e realizar operações OLAP para vê-los por várias dimensões (ver Seção 29.3). É comum utilizar técnicas de visualização, como padrões gráficos, ou atribuir cores para diferentes valores, para destacar padrões ou tendências nos dados.

27.7.7 *Aplicações práticas da análise da web*

Análise da web. O objetivo da **análise da web** é entender e otimizar o desempenho do uso da web. Isso requer coleta, análise e monitoramento do desempenho dos dados de uso da internet. A análise da web no site mede o desempenho de um website em um contexto comercial. Esses dados normalmente são comparados com os principais indicadores de desempenho para medir a eficácia ou o desempenho do website como um todo, e podem ser usados para melhorar um site ou as estratégias de marketing.

Web Spamming. Tem se tornado cada vez mais importante para empresas e indivíduos ter seus sites/páginas web aparecendo nos principais resultados de busca. Para conseguir isso, é essencial entender os algoritmos de ranqueamento dos mecanismos de busca e apresentar a informação na primeira página de alguém de modo que a página tenha um rank alto quando as respectivas palavras-chave forem consultadas. Existe uma linha tênue separando a otimização de página legítima para fins comerciais e o spamming. **Web spamming**, portanto, é definido como uma atividade deliberada de promover a página de alguém ao manipular os resultados retornados pelos mecanismos de busca. A análise da web pode ser usada para detectar tais páginas e descartá-las dos resultados da busca.

Segurança da web. A análise da web pode ser utilizada para encontrar padrões de uso interessantes dos websites. Se qualquer falha em um site tiver sido explorada, isso pode ser deduzido com a análise da web, permitindo assim o projeto de sites mais robustos. Por exemplo, backdoor ou o vazamento de informações dos servidores podem ser detectados usando-se técnicas de análise da web sobre alguns dados anormais no log da aplicação web. Técnicas de análise de segurança, como detecção de intrusão e ataques de negação de serviço, são baseadas na análise de padrão de acesso da web.

Web crawlers. Estes são programas que visitam páginas web e criam cópias de todas as páginas visitadas, para que possam ser processadas por um mecanismo de busca para indexação das páginas baixadas, oferecendo buscas rápidas. Outro uso dos crawlers é para verificar e manter automaticamente os websites. Por exemplo, o código HTML e os links em um website podem ser verificados e validados pelo crawler. Outro uso infeliz dos crawlers é a coleta de endereços de e-mail das páginas web, de modo que posteriormente possam ser utilizados para e-mails de spam.

27.8 Tendências na recuperação de informações

Nesta seção, revisamos alguns conceitos que estão sendo considerados no trabalho de pesquisa mais recente sobre a recuperação de informações.

27.8.1 Busca facetada

A busca facetada é uma técnica que permite a experiência integrada de busca e navegação, ao permitir que os usuários explorem filtrando a informação disponível. Esta técnica de busca é usada com frequência em sites de e-commerce e aplicações que permitem que usuários naveguem por um espaço de informações multidimensional. Facetas geralmente são usadas para manipular três ou mais dimensões de classificação. Essas múltiplas dimensões de classificação permitem que o **esquema de classificação facetada** classifique um objeto de várias maneiras com base nos diferentes critérios taxonômicos. Por exemplo, uma página web pode ser classificada de várias maneiras: por conteúdo (companhias aéreas, música, notícias etc.); por uso (vendas, informações, registro etc.); por local; por linguagem utilizada (HTML, XML etc.) e de outras maneiras ou facetas. Logo, o objeto pode ser classificado de várias maneiras com base em diversas taxonomias.

Uma **faceta** define propriedades ou características de uma classe de objetos. As propriedades devem ser mutuamente exclusivas e completas. Por exemplo, uma coleção de objetos de arte poderia ser classificada usando uma faceta do artista (seu nome), uma faceta de época (quando a arte foi criada), uma faceta de tipo (pintura, escultura, mural etc.), uma faceta de país de origem, uma faceta de mídia (óleo, aquarela, pedra, metal, mídia mista etc.), uma faceta de coleção (onde a arte se localiza), e assim por diante.

A busca facetada utiliza a classificação facetada, que permite que um usuário navegue por informações ao longo de múltiplos caminhos, correspondentes a diferentes ordenações das facetas. Isso é diferente das taxonomias tradicionais, em que a hierarquia das categorias é fixa e inalterável. O projeto Flamenco da Universidade da Califórnia em Berkeley[32] é um dos primeiros exemplos de um sistema de busca facetada. A maioria dos sites de e-commerce atualmente, como Amazon ou Expedia, utiliza a busca facetada em suas interfaces, para comparar e navegar rapidamente por diversos aspectos relacionados aos critérios de busca.

27.8.2 Busca social

A visão tradicional da navegação na web considera que um único usuário está procurando informações. Essa visão é contrária à pesquisa anterior por cientistas de biblioteca, que estudavam os hábitos de busca de informação dos usuários. Tal pesquisa demonstrou que outros indivíduos podem ser recursos de informação valiosos durante a busca de informações por um único usuário. Mais recentemente, a pesquisa indicou que com frequência existe cooperação direta do usuário durante a busca por informações baseada na web. Alguns estudos informam que segmentos significativos da população de usuários estão engajados na colaboração explícita sobre tarefas de busca conjunta na web. A colaboração ativa por várias partes também ocorre em certos casos (por exemplo, ambientes de empresa); em outras ocasiões, e talvez para a maioria das buscas, os usuários costumam interagir com outros remota, assíncrona e até mesmo involuntária e implicitamente.

A busca de informações on-line habilitada socialmente (busca social) é um novo fenômeno facilitado pelas recentes tecnologias web. A **busca social colaborativa** envolve diferentes formas de envolvimento ativo nas atividades relacionadas à pesquisa, como busca colocalizada, colaboração remota em tarefas de busca, uso de rede social para busca, uso de redes especialistas, envolvimento em mineração de dados sociais ou inteligência coletiva para melhorar o processo de busca e até mesmo interações sociais para facilitar a busca de informações e a lógica. Essa atividade de busca social pode ser feita síncrona, assincronamente, colocalizada ou em espaços de trabalho compartilhados remotos. Psicólogos sociais têm experimentalmente validado que o ato das discussões sociais facilita o desempenho cognitivo. As pessoas nos grupos sociais podem oferecer soluções (respostas a perguntas), ponteiros para bancos de dados ou para outras pessoas (metaconhecimento), validação e legitimação de ideias, e podem servir como auxílio à memória e ajuda com a reformulação de problema. A **participação orientada** é um processo em que as pessoas constroem conhecimento com colegas em sua comunidade. A busca de informações é em grande parte uma atividade solitária na web hoje em dia. Algum trabalho recente sobre busca colaborativa relata vários achados interessantes e o potencial dessa tecnologia para melhor acesso à informação. É cada vez mais comum ter pessoas usando redes sociais, como o Facebook, para buscar opiniões e esclarecimentos sobre diversos assuntos, além de ler críticas sobre produtos antes de fazer uma compra.

27.8.3 Acesso à informação conversacional

O **acesso à informação conversacional** é uma interação interativa e colaborativa para a localização de informações. Os participantes se engajam em uma conversação

---

[32] Yee (2003) descreve os metadados facetados para busca por imagem.

natural de humano para humano, e agentes inteligentes escutam a conversação em segundo plano e realizam a **extração de intenções**, a fim de prestar informações específicas às necessidades dos participantes. Os agentes usam interações diretas e sutis com os participantes por intermédio de dispositivos de comunicação móveis ou de vestir. Essas interações exigem tecnologias como identificação do usuário, localização de palavras-chave, reconhecimento automático de voz, conhecimento semântico das conversas e análise de discurso como um meio de dar aos usuários indicadores mais rápidos e relevantes para as conversas. Por meio de tecnologias como as que mencionamos, o acesso às informações é transformado de uma atividade solitária para uma participativa. Além disso, o acesso às informações torna-se mais específico ao objetivo à medida que agentes utilizam várias tecnologias para obter informações relevantes e os participantes oferecem feedback aos agentes durante as conversações.

27.8.4 Modelagem probabilística de tópicos

O crescimento sem precedentes de informações geradas com o advento da web levou a questões sobre como organizar os dados em categorias que facilitarão a disseminação correta e eficiente da informação. Por exemplo, agências de notícias internacionais, como a Reuters e a Associated Press, diariamente coletam notícias do mundo inteiro sobre negócios, esportes, política, tecnologia e assim por diante. É um tremendo desafio organizar efetivamente essa grande quantidade de informações. Os mecanismos de pesquisa têm palavras organizadas convencionalmente e links entre documentos para torná-los acessíveis na web. Organizar as informações de acordo com os tópicos e temas dos documentos permite que os usuários naveguem pela grande quantidade de informações com base nos tópicos em que estão interessados.

Para resolver esse problema, uma classe de algoritmos de aprendizado de máquina, conhecida como **modelos de tópicos probabilísticos**, surgiu na última década. Esses algoritmos podem organizar automaticamente grandes coleções de documentos em temas relevantes. A beleza desses algoritmos é que eles são totalmente não supervisionados, o que significa que não precisam de nenhum conjunto de treinamento ou anotação humana para realizar essa extrapolação temática. O conceito dessa classe de algoritmos é o seguinte: todo documento é inerentemente organizado por temas. Por exemplo, documentos sobre Barack Obama podem mencionar outros presidentes, outras questões relacionadas ao governo ou um tema político específico. Um artigo sobre um dos filmes do *Homem de ferro* pode conter referências a outros personagens de ficção científica da série Marvel ou geralmente tem um tema de ficção científica. Essas estruturas inerentes em documentos podem ser extraídas por métodos probabilísticos de modelagem e estimativa. Como outro exemplo, vamos supor que todo documento seja composto de uma coleção de diferentes tópicos em diferentes proporções (por exemplo, um documento sobre política também pode ser sobre presidentes e história estadunidense). Além disso, cada tópico é composto por uma coleção de palavras.

Ao considerar a Figura 27.6, podemos supor que o documento D, que menciona os presidentes dos EUA Barack Obama e George W. Bush, pode pertencer aos tópicos Presidentes, Políticos, Democratas, Republicanos e Governantes. Em geral, os tópicos compartilham um vocabulário fixo de palavras. Esse vocabulário é extraído da coleção de documentos para os quais desejamos treinar os modelos de tópicos. Em geral, escolhemos o número de tópicos que desejamos extrair da coleção. Cada tópico classifica as palavras de maneira diferente, de acordo com a frequência com que uma palavra é representada sob um determinado tópico em diferentes documentos. Na Figura 27.6, as barras que representam as proporções do tópico devem totalizar 1. O Documento D pertence principalmente ao tópico Presidentes, conforme mostrado

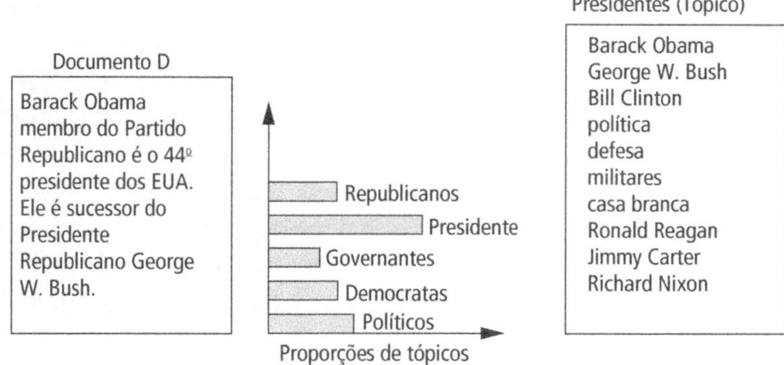

Figura 27.6 Um documento D e suas proporções de tópicos.

no gráfico de barras. A Figura 27.6 mostra os tópicos relacionados a Presidentes, com a lista de palavras associadas a esse tópico.

A modelagem probabilística de tópicos estima distribuições de tópicos usando um algoritmo de aprendizado que pressupõe que os documentos podem ser gerados como uma mistura de proporções de tópicos. Essas estimativas de proporção de tópicos são calculadas com o uso de algoritmos de amostragem e maximização de expectativa. Um algoritmo chamado alocação latente de Dirichlet (LDA)[33] é usado para gerar os modelos de tópicos. O modelo assume um processo generativo em que os documentos são misturas de tópicos latentes e os tópicos são distribuições sobre palavras. Um modelo generativo gera aleatoriamente dados observáveis ao receber alguns parâmetros ocultos. Esses parâmetros ocultos/não observados são os precedentes da distribuição de Dirichlet[34] para palavras e tópicos, distribuições de tópicos e distribuições de palavras por tópico. Métodos de inferência bayesiana, como a amostragem de Gibbs,[35] são usados para ajustar os parâmetros ocultos com base nos dados observados (as palavras nos documentos).

27.8.5 Sistemas de resposta a perguntas

Resposta a perguntas (QA — *question answering*) tornou-se um tópico importante de estudo em virtude do aumento na tecnologia de assistente virtual (por exemplo, Siri da Apple e Cortana da Microsoft). Essas tecnologias de assistente virtual são avanços nos sistemas de resposta de voz interativa (IVR — *interactive voice response*), que dependem principalmente de técnicas de reconhecimento de fala, como a detecção de palavras-chave. A resposta a perguntas lida com a compreensão complexa de consultas na linguagem natural. Recentemente, a IBM fez história desenvolvendo o sistema de QA chamado Watson, que participou do *Jeopardy!* Challenge[36] e derrotou participantes humanos no popular programa de perguntas na TV. A resposta a perguntas emergiu como uma disciplina de engenharia prática que compreende técnicas como análise léxica; reconhecimento de entidade nomeada (NER — *named entity recognition*); extração de foco; extração de tipo de resposta; extração de relações; inferência ontológica; e algoritmos de busca, indexação e classificação. As técnicas de resposta a perguntas também envolvem engenharia do conhecimento de grandes corpos não estruturados, como coleções de documentos

[33] Ver Blei, Ng e Jordan (2003).

[34] S. Kotz, N. Balakrishnan e N. L. Johnson (2000).

[35] German e German (1984).

[36] Ver Ferrucci et al. (2010).

da web e bancos de dados estruturados que incorporam conhecimento de vários domínios. Essas coleções de documentos geralmente são grandes o suficiente para exigir a aplicação de ferramentas e tecnologias de big data, algumas das quais discutimos no Capítulo 25. Nas seções a seguir, consideramos os principais conceitos envolvidos na resposta a perguntas.

Tipos de perguntas: em sistemas de resposta a perguntas, é importante conhecer a categoria ou o tipo da pergunta, porque as estratégias de resposta dependem muito do tipo das perguntas. Algumas dessas categorias nem sempre são mutuamente exclusivas e, portanto, exigem estratégias híbridas de resposta. Geralmente, as perguntas podem ser categorizadas nos seguintes tipos:

Perguntas factoides: este tipo de pergunta aponta a frase certa em um documento ou banco de dados que resolve a questão corretamente. Exemplos deste tipo incluem perguntas como "Quem é o presidente dos Estados Unidos?", "Em que cidade nasceu Elvis Presley?", "Onde fica o Aeroporto Internacional Hartsfield Jackson?" e "A que horas ocorrerá o pôr do sol hoje?".

Perguntas de lista: este tipo de pergunta procura uma lista de respostas factoides que satisfaçam a um determinado critério. Alguns exemplos são: "Cite três peças que foram escritas por Shakespeare", "Dê os nomes dos atores que fizeram o papel de James Bond na série de filmes de James Bond 007" e "Liste três legumes de cor vermelha".

Perguntas de definição: este tipo de pergunta refere-se à definição e ao significado do conceito, extraindo as informações e propriedades essenciais do conceito. Alguns exemplos são: "O que é um gás inerte?", "Quem foi Alexandre, o Grande?" e "O que é a taxa Selic?".

Perguntas de opinião: este tipo de pergunta busca visões diferentes sobre o assunto da pergunta. Por exemplo, "Que países devem ser autorizados a testar armas nucleares?" e "Qual é o sentimento na Arábia Saudita sobre o terrorismo no Oriente Médio?"

Nos últimos anos, iniciativas conjuntas em pesquisa e na academia têm defendido a adoção de métricas, arquiteturas, ferramentas e metodologias comuns para criar linhas de base que facilitarão e melhorarão a técnica de QA.

Arquiteturas. A maioria das arquiteturas de QA de última geração geralmente é composta de pipelines que compreendem os seguintes estágios:

Análise de perguntas: esta etapa envolve a análise de questões e sua conversão em representações estruturais do texto analisado para processamento pelos componentes posteriores. Os tipos de respostas são extraídos de representações de questões analisadas usando algumas ou todas as seguintes técnicas: análise semântica superficial, detecção de foco, classificação do tipo de resposta, reconhecimento de entidade nomeada e resolução de correferência.

- Análise semântica superficial: o processo de atribuir marcações de nível superficial a estruturas da sentença por meio de métodos de aprendizado de máquina supervisionados. Em geral, frames são automaticamente instanciados para sentenças tentando corresponder a "QUEM fez o QUE para QUEM, QUANDO, ONDE, POR QUE e COMO".
- Detecção de foco: em uma imagem, certas coisas se destacam enquanto outras permanecem em segundo plano. Dizemos que as coisas que se destacam estão em foco. Da mesma forma, no QA, as perguntas têm palavras de foco que contêm referências a respostas. Por exemplo, na pergunta "Qual livro de Shakespeare é uma trágica história de amor?", as palavras de foco "livro de Shakespeare" podem ser instanciadas com a regra "qual X", em que X é

um substantivo em uma sentença. Os sistemas de QA usam palavras de foco para acionar pesquisas direcionadas e auxiliar na resolução de respostas.

- Classificação do tipo de resposta: esta fase ajuda a determinar as categorias de respostas em QA. No exemplo anterior, a palavra-chave das palavras de foco, "livro", é o tipo de resposta para essa pergunta. Diversas técnicas de aprendizado de máquina são aplicadas em QA para determinar o tipo de resposta de uma pergunta.
- Reconhecimento da entidade nomeada: o reconhecimento da entidade nomeada procura classificar os elementos no texto em categorias predefinidas, como pessoa, local, animal, país, rio, continente.
- Resolução de correferência: a tarefa de resolução de correferência trata da identificação de múltiplas expressões nos textos que se referem à mesma coisa. Por exemplo, na frase "João disse que ele queria ir ao teatro no domingo", o pronome "ele" refere-se a "João" e é uma correferência no texto.

Geração de consulta: neste estágio, o texto analisado é usado para gerar várias consultas usando técnicas de normalização e expansão de consulta para um ou mais mecanismos de consulta subjacentes nos quais as respostas podem ser incorporadas. Por exemplo, na pergunta: "Qual livro de Shakespeare é uma trágica história de amor?", as consultas expandidas podem ser "história de amor de Shakespeare", "romances de Shakespeare", "história de amor trágica autor Shakespeare", "tragédia do gênero história de amor do autor Shakespeare", e assim por diante. Palavras-chave extraídas, tipos de resposta, informações de sinônimos, entidades nomeadas, todos geralmente são usados em combinações diferentes para criar consultas diferentes.

Busca: neste estágio, as consultas são enviadas a diferentes mecanismos de busca e trechos relevantes são recuperados. Os mecanismos de busca nos quais as pesquisas são realizadas podem estar on-line, como o Google ou o Bing, e off-line, como Lucene ou Indri.[37]

Geração de respostas candidatas: os extratores de entidades nomeadas são usados em trechos recuperados e comparados com os tipos de resposta desejados, a fim de obter respostas candidatas. Dependendo da granularidade desejada da resposta, são aplicados algoritmos para geração de candidatos e correspondência de tipo de resposta (por exemplo, correspondência de padrões superficiais e correspondência estrutural). Na correspondência de padrões superficiais, os modelos de expressões regulares são instanciados com argumentos da pergunta e comparados com partes lexicais das passagens recuperadas, para extrair as respostas. Por exemplo, as palavras de foco são alinhadas com passagens contendo respostas em potencial para extrair candidatos à resposta. Na frase "Romeu e Julieta é uma trágica história de amor de Shakespeare", a frase "Romeu e Julieta" pode simplesmente substituir "Qual livro" na pergunta "Qual livro de Shakespeare é uma trágica história de amor?". Na correspondência estrutural, as perguntas e as passagens recuperadas são analisadas e alinhadas usando o alinhamento sintático e semântico para encontrar candidatos à resposta. Uma sentença como "Shakespeare escreveu a trágica história de amor Romeu e Julieta" não pode ser correspondida superficialmente com a pergunta anteriormente mencionada, mas, com análise e alinhamento corretos, corresponderá estruturalmente com a pergunta.

Pontuação da resposta: nesta fase, são estimadas as pontuações de confiança para as respostas candidatas. Respostas semelhantes são intercaladas; fontes de conhecimento podem ser reutilizadas para coletar evidências de suporte para diferentes respostas candidatas.

[37] <http://www.lemurproject.org/indri/>

27.9 Resumo

Neste capítulo, analisamos uma área importante, chamada recuperação de informações (RI), que está intimamente relacionada com bancos de dados. Com o advento da web, dados desestruturados contendo texto, imagens, áudio e vídeo estão se proliferando em velocidades fenomenais. Embora os sistemas de gerenciamento de banco de dados tenham uma boa relação com dados estruturados, os dados desestruturados que contêm diversos tipos de dados estão sendo armazenados principalmente em repositórios de informações ocasionais na web, que estão disponíveis para consumo principalmente por meio de sistemas de RI. Google, Yahoo e mecanismos de busca semelhantes são sistemas de RI que tornam os avanços nesse campo prontamente disponíveis para o usuário final comum, dando-lhes uma experiência de busca mais rica, com melhoria contínua.

Começamos, na Seção 27.1, introduzindo o campo de RI na Seção 27.1.1 e comparando a RI e as tecnologias de banco de dados na Seção 27.1.2. Um breve histórico da RI foi apresentado na Seção 27.1.3, e os modos de consulta e navegação da interação nos sistemas RI foram apresentados na Seção 27.1.4.

Na Seção 27.2, apresentamos os diversos modelos de recuperação, incluindo modelos booleanos, espaço de vetor, probabilístico e semântico. Eles permitem medir se um documento é relevante a uma consulta de usuário e oferecer heurísticas de medição de semelhança. Na Seção 27.3, apresentamos diferentes tipos de consultas — além de consultas baseadas em palavra-chave, que são dominantes, existem outros tipos, incluindo booleano, frase, proximidade, linguagem natural e outros, para os quais precisa ser fornecido um suporte explícito pelo modelo de recuperação. O pré-processamento de textos é importante nos sistemas de RI, e na Seção 27.4 foram discutidas diversas atividades, como remoção de stopword, raízes e o uso de tesauro. Depois, discutimos a construção e o uso de índices invertidos na Seção 27.5, que estão no núcleo dos sistemas de RI e contribuem para fatores que envolvem eficiência da busca. Depois, na Seção 27.6 discutimos diversas métricas de avaliação, como a precisão da revocação e *F*-score, para medir a adequação dos resultados das consultas em RI. Também discutimos sobre o mecanismo de código livre para indexação e busca, Lucene, e sua extensão, chamada Solr. O feedback de relevância foi analisado rapidamente — é importante modificar e melhorar a recuperação de informações pertinentes para o usuário por meio de sua interação e engajamento no processo de busca.

Na Seção 27.7, fizemos uma introdução um tanto detalhada à análise da web, relacionada à recuperação de informações. Dividimos esse tratamento na análise de conteúdo, estrutura e uso da web. A busca na web foi discutida, incluindo uma análise da estrutura de link da web (Seção 27.7.3), seguida por uma introdução aos algoritmos para ranqueamento dos resultados de uma busca na web, como PageRank e HITS. Por fim, na Seção 27.8, discutimos rapidamente as tendências atuais, incluindo buscas facetada, social e conversacional. Também apresentamos a modelagem probabilística de tópicos de documentos e uma técnica popular, chamada alocação latente de Dirichlet (LDA). Terminamos o capítulo com uma discussão dos sistemas de resposta a perguntas (Seção 27.8.5), que estão se tornando muito populares, e o uso de ferramentas como Siri da Apple e Cortana da Microsoft.

Este capítulo ofereceu um tratamento introdutório a um campo muito vasto, e o leitor interessado deverá consultar o material especializado em recuperação de informações e mecanismos de busca, na bibliografia ao final deste capítulo.

PERGUNTAS DE REVISÃO

27.1. O que são dados estruturados e dados desestruturados? Dê um exemplo de cada um conforme sua experiência.

27.2. Dê uma definição geral de *recuperação de informações* (RI). O que a recuperação de informações envolve quando consideramos informações na web?

27.3. Discuta os tipos de dados e os tipos de usuários nos sistemas de recuperação de informações de hoje.

27.4. O que significa busca *navegacional*, *informativa* e *transformativa*?

27.5. Quais são os dois modos principais de interação com um sistema de RI? Descreva com exemplos.

27.6. Explique as principais diferenças entre banco de dados e sistemas de RI mencionados na Tabela 27.1.

27.7. Descreva os principais componentes do sistema de RI mostrado na Figura 27.1.

27.8. O que são bibliotecas digitais? Que tipos de dados normalmente são encontrados nelas?

27.9. Cite algumas bibliotecas digitais que você acessou. O que elas contêm e até que ponto no passado os dados vão?

27.10. Cite um rápido histórico da RI e mencione os marcos no desenvolvimento nessa área.

27.11. O que é o modelo booleano de RI? Quais são suas limitações?

27.12. O que é o modelo de espaço de vetor da RI? Como um vetor é construído para representar um documento?

27.13. Defina o esquema TF-IDF de determinação do peso de uma palavra-chave em um documento. Qual é a necessidade de incluir IDF no peso de um termo?

27.14. O que são os modelos probabilístico e semântico da RI?

27.15. Defina *revocação* e *precisão* nos sistemas de RI.

27.16. Dê a definição de *precisão* e *revocação* em uma lista ranqueada de resultados na posição *i*.

27.17. De que forma o *F*-score é definido como uma medida de recuperação de informação? De que modo ele considera precisão e revocação?

27.18. Quais são os diferentes tipos de consultas em um sistema de RI? Descreva cada um com um exemplo.

27.19. Quais são as técnicas para o processamento de consultas por frase e proximidade?

27.20. Descreva o processo de RI detalhado mostrado na Figura 27.2.

27.21. O que são remoção de stopword e uso de raízes? Por que esses processos são necessários para uma melhor recuperação de informação?

27.22. O que é um tesauro? Como ele é benéfico à RI?

27.23. O que é extração de informação? Quais são os diferentes tipos de extração de informação do texto estruturado?

27.24. O que são vocabulários nos sistemas de RI? Que papel eles desempenham na indexação de documentos?

27.25. Recupere cinco documentos com cerca de três sentenças cada um com algum conteúdo relacionado. Construa um índice invertido de todas as raízes importantes (palavras-chave) desses documentos.

27.26. Descreva o processo de construção do resultado de uma solicitação de pesquisa usando um índice invertido.

27.27. Defina *feedback de relevância*.

27.28. Descreva os três tipos de análises da web discutidos neste capítulo.

27.29. Liste as tarefas importantes mencionadas que estão envolvidas na análise do conteúdo da web. Descreva cada uma com algumas sentenças.

27.30. Quais são as três categorias de análise de conteúdo da web baseada em agente mencionadas neste capítulo?

27.31. O que é a técnica baseada em banco de dados para a análise do conteúdo da web? O que são sistemas de consulta da web?

27.32. Quais algoritmos são populares no ranqueamento ou na determinação da importância das páginas web? Que algoritmo foi proposto pelos fundadores da Google?

27.33. Qual é a ideia básica por trás do algoritmo PageRank?

27.34. O que são hubs e páginas de autoridade? Como o algoritmo HITS usa esses conceitos?

27.35. O que você pode descobrir com a análise de uso da web? Que dados ela gera?

27.36. Que operações de mineração costumam ser realizadas sobre os dados de uso da web? Dê um exemplo de cada.

27.37. Quais são as aplicações da mineração de uso da web?

27.38. O que é relevância de busca? Como ela é determinada?

27.39. Defina *busca facetada*. Crie um conjunto de facetas para um banco de dados que contenha todos os tipos de prédios. Por exemplo, duas facetas poderiam ser "valor ou preço do prédio" e "tipo de prédio (residencial, comercial, depósito, fábrica etc.)".

27.40. O que é busca social? O que a busca social colaborativa envolve?

27.41. Defina e explique *busca conversacional*.

27.42. Defina *modelagem de tópicos*.

27.43. Como funcionam os sistemas de resposta a perguntas?

BIBLIOGRAFIA SELECIONADA

As tecnologias de recuperação e busca de informações são áreas de pesquisa e desenvolvimento ativas nos setores industrial e acadêmico. Existem muitos livros-texto sobre RI que oferecem uma discussão detalhada sobre o material que apresentamos rapidamente neste capítulo. O livro intitulado *Search Engines: Information Retrieval in Practice*, de Croft, Metzler e Strohman (2009), oferece uma visão geral prática dos conceitos e princípios de mecanismo de busca. *Introduction to Information Retrieval*, de Manning, Raghavan e Schutze (2008), é um livro definitivo sobre recuperação de informações. Outro livro-texto introdutório em RI é *Modern Information Retrieval*, de Ricardo Baeza-Yates e Berthier Ribeiro-Neto (1999), que oferece uma cobertura detalhada dos diversos aspectos da tecnologia de RI. Os livros clássicos de Gerald Salton (1968) e Van Rijsbergen (1979) sobre recuperação de informações fornecem excelentes descrições da pesquisa de base feita no campo de RI até o final da década de 1960. Salton também introduziu o modelo de espaço de vetor como um modelo de RI. Manning e Schutze (1999) oferecem um bom resumo das tecnologias de linguagem natural e pré-processamento de texto. "Interactive Information Retrieval in Digital Environments", de Xie (2008), oferece uma boa abordagem centrada em seres humanos para a recuperação de informações. O livro *Managing Gigabytes*, de Witten, Moffat e Bell (1999), oferece discussões detalhadas para técnicas de indexação. O livro *TREC*, de Voorhees e Harman (2005), faz uma descrição dos procedimentos de coleta e avaliação de teste no contexto das competições TREC.

Broder (2002) classifica consultas da web em três classes distintas — navegacional, informativa e transacional — e apresenta uma taxonomia detalhada da busca na web. Covi e Kling (1996) dão uma definição ampla para bibliotecas digitais e discutem as dimensões organizacionais do uso eficaz da biblioteca digital. Luhn (1957) realizou algum trabalho inicial em RI na IBM, na década de 1950, sobre autoindexação e inteligência de negócios. O sistema SMART (Salton et al., 1993), desenvolvido na Cornell, foi um dos primeiros sistemas de RI avançados que usavam indexação de termo totalmente automática, clustering (agrupamento) hierárquico e pontuação de documentos por grau de semelhança com a consulta. O sistema SMART representava documentos e consultas como vetores de termo ponderados de acordo com o modelo de espaço de vetor.

Porter (1980) tem o crédito pelos algoritmos de raízes fracas e fortes que se tornaram padrões. Robertson (1997) desenvolveu um esquema de peso sofisticado no sistema Okapi da City University de Londres, que se tornou muito popular nas competições TREC. Lenat (1995) iniciou o projeto Cyc na década de 1980 para incorporar lógica formal e bases de conhecimento nos sistemas de processamento de informações. Os esforços para a criação do tesauro WordNet continuaram na década de 1990 e ainda estão em andamento. Os conceitos e princípios do WordNet são descritos no livro de Fellbaum (1998). Rocchio (1971) descreve o algoritmo de feedback de relevância, que é abordado no livro de Salton (1971) sobre *The SMART Retrieval System–Experiments in Automatic Document Processing* (O sistema de recuperação SMART — experimentos em processamento automático de documentos).

Abiteboul, Buneman e Suciu (1999) oferecem uma discussão extensa dos dados na web em seu livro que enfatiza dados semiestruturados. Atzeni e Mendelzon (2000) escreveram um editorial no jornal VLDB sobre bancos de dados e a web. Atzeni et al. (2002) propuseram modelos e transformações para dados baseados na web. Abiteboul et al. (1997) propuseram a linguagem de consulta Lord para gerenciar dados semiestruturados.

Chakrabarti (2002) é um excelente livro sobre descoberta de conhecimento com base na web. O livro de Liu (2006) consiste em várias partes, cada uma oferecendo uma visão geral abrangente dos conceitos envolvidos na análise de dados da web e suas aplicações. Excelentes artigos de estudo sobre análise da web são Kosala e Blockeel (2000) e Liu et al. (2004). Etzioni (1996) oferece um bom ponto de partida para entender a mineração da web e descreve as tarefas e as questões relacionadas com a World Wide Web. Uma excelente visão geral das questões de pesquisa, técnicas e esforços de desenvolvimento associados ao conteúdo da web e análise de uso é apresentada por Cooley et al. (1997). Cooley (2003) focaliza a mineração de padrões de uso da web por meio do uso da estrutura da web. Spiliopoulou (2000) descreve a análise de uso da web com detalhes. A mineração da web baseada na estrutura de página é descrita em Madria et al. (1999) e Chakraborti et al. (1999). Os algoritmos para calcular o rank de uma página web são dados por Page et al. (1999), que descrevem o famoso algoritmo PageRank, e por Kleinberg (1998), que apresenta o algoritmo HITS.

Harth, Hose e Schenkel (2014) apresentam técnicas para consulta e gerenciamento de dados vinculados na web e mostram o potencial dessas técnicas para aplicações de pesquisa e comerciais. A tecnologia de resposta a perguntas é descrita com alguns detalhes por Ferrucci et al. (2010), que desenvolveram o sistema Watson da IBM. Bikel e Zitouni (2012) é um guia abrangente para o desenvolvimento de sistemas NLP (processamento em linguagem natural) multilíngues poderosos e precisos. Blei, Ng e Jordan (2003) oferecem uma visão geral sobre a modelagem de tópicos e a alocação latente de Dirichlet. Para um guia profundo e prático sobre as tecnologias Lucene e Solr, consulte o livro *Enterprise Lucene and Solr*, de Moczar (2015).

28 Conceitos de mineração de dados

Nas últimas décadas, muitas organizações têm gerado uma grande quantidade de dados legíveis à máquina na forma de arquivos e bancos de dados. Para processar esses dados, temos a tecnologia de banco de dados disponível, que dá suporte a linguagens de consulta como a SQL. No entanto, a SQL é uma linguagem estruturada, que supõe que o usuário está ciente do esquema do banco de dados. A SQL dá suporte a operações da álgebra relacional que permitem que um usuário selecione linhas e colunas de dados das tabelas ou informações relacionadas à junção de tabelas com base em campos comuns. No próximo capítulo, veremos que a *tecnologia de data warehouse* proporciona vários tipos de funcionalidade: de consolidação, agregação e resumo de dados. Os data warehouses (ou armazéns de dados) nos permitem ver a mesma informação por várias dimensões. Neste capítulo, voltaremos nossa atenção para outra área de interesse muito popular, conhecida como mineração de dados (ou *data mining*). Como o termo indica, **mineração de dados** refere-se à mineração ou descoberta de novas informações em termos de padrões ou regras com base em grandes quantidades de dados. Para ser útil na prática, a mineração de dados precisa ser executada de modo eficiente sobre grandes arquivos e bancos de dados. Embora alguns recursos de mineração de dados estejam sendo fornecidos em SGBDRs, ela *não* é bem integrada aos sistemas de gerenciamento de banco de dados. O mundo dos negócios atualmente está fascinado pelo potencial da mineração de dados, e esse campo é chamado popularmente de **inteligência de negócios** ou **análise de dados**.

Vamos revisar rapidamente os conceitos e princípios básicos desse vasto campo da mineração de dados, que utiliza técnicas de áreas como aprendizado de máquina, estatística, redes neurais e algoritmos genéticos. Destacaremos a natureza da informação que é descoberta, os tipos de problemas enfrentados quando se tenta minerar bancos de dados e os tipos de aplicações da mineração de dados. Também analisaremos o que há de mais moderno em uma série de ferramentas comerciais disponíveis (ver Seção 28.7) e descreveremos vários avanços de pesquisa necessários para tornar essa área viável.

28.1 Visão geral da tecnologia de mineração de dados

Em relatórios como o popular Gartner Report,[1] a mineração de dados tem sido aclamada como uma das principais tecnologias para o futuro próximo. Nesta seção, relacionamos a mineração de dados à área mais ampla, chamada *descoberta de conhecimento*, e comparamos as duas utilizando um exemplo ilustrativo.

28.1.1 *Mineração de dados* versus *data warehousing*

O objetivo de um data warehouse (ver Capítulo 29) é dar suporte à tomada de decisão com dados. A mineração de dados pode ser usada com um data warehouse para ajudar com certos tipos de decisões. A mineração de dados pode ser aplicada a bancos de dados operacionais com transações individuais. Para tornar a mineração de dados mais eficiente, o data warehouse deve ter uma coleção de dados agregada ou resumida. A mineração de dados ajuda na extração de novos padrões significativos que não necessariamente podem ser encontrados apenas ao consultar ou processar dados ou metadados no data warehouse. Portanto, as aplicações de mineração de dados devem ser fortemente consideradas desde cedo, durante o projeto de um data warehouse. Além disso, ferramentas de mineração de dados devem ser projetadas para facilitar seu uso com data warehouse. De fato, para grandes bancos de dados, que rodam terabytes ou até petabytes de dados, o uso bem-sucedido das aplicações de mineração de dados dependerá, primeiro, da construção de um data warehouse.

28.1.2 *Mineração de dados como parte do processo de descoberta de conhecimento*

A **descoberta de conhecimento nos bancos de dados**, abreviada como **KDD** (*knowledge discovery in databases*), normalmente abrange mais que a mineração de dados. O processo de descoberta de conhecimento compreende seis fases:[2] seleção de dados, limpeza de dados, enriquecimento, transformação ou codificação de dados, mineração de dados e o relatório e exibição da informação descoberta.

Como exemplo, considere um banco de dados de transação mantido por um revendedor de bens de consumo especializados. Suponha que os dados do cliente incluam um nome de cliente, CEP, número de telefone, data de compra, código do item, preço, quantidade e valor total. Uma grande quantidade de conhecimento novo pode ser descoberta pelo processamento KDD nesse banco de dados de cliente. Durante a *seleção de dados*, dados sobre itens específicos ou categorias de itens, ou de lojas em uma região ou área específica do país, podem ser selecionados. O processo de *limpeza de dados*, então, pode corrigir códigos postais inválidos ou eliminar registros com prefixos de telefone incorretos. O *enriquecimento* normalmente melhora os dados com fontes de informação adicionais. Por exemplo, dados os nomes do cliente e números de telefone, a loja pode adquirir outros dados sobre idade, renda e avaliação de crédito e anexá-los a cada registro. A *transformação de dados* e a codificação podem ser feitas para reduzir a quantidade de dados. Por exemplo, os códigos de item podem ser agrupados em relação a categorias de produtos, em áudio, vídeo, suprimentos, aparelhos eletrônicos, câmera, acessórios, e assim por diante. Os CEPs podem ser agregados em regiões geográficas, as rendas

[1] O Gartner Report é um exemplo das muitas publicações de pesquisa de tecnologia que os gerentes corporativos utilizam para discutir a respeito e selecionar tecnologias de mineração de dados.

[2] Esta discussão é em grande parte baseada em Adriaans e Zantinge (1996).

podem ser divididas em faixas, e assim por diante. Na Figura 29.1, mostraremos uma etapa chamada *limpeza* como um precursor para a criação do data warehouse. Se a mineração de dados for baseada em um data warehouse existente para essa cadeia de varejo, podemos esperar que a limpeza já tenha sido aplicada. É somente depois do pré-processamento que as técnicas de *mineração de dados* são usadas para extrair diferentes regras e padrões.

O resultado da mineração pode ser descobrir o seguinte tipo de informação *nova*:

- **Regras de associação** — por exemplo, sempre que um cliente compra um equipamento de vídeo, ele também compra outro aparelho eletrônico.
- **Padrões sequenciais** — por exemplo, suponha que um cliente compre uma câmera e dentro de três meses ele compre suprimentos fotográficos, depois, dentro de seis meses, ele provavelmente comprará um item de acessório. Isso define um padrão sequencial de transações. Um cliente que compra mais que o dobro em períodos fracos provavelmente poderá comprar pelo menos uma vez durante o período de Natal.
- **Árvores de classificação** — por exemplo, os clientes podem ser classificados por frequência de visitas, tipos de financiamento utilizado, valor da compra ou afinidade para tipos de itens; algumas estatísticas reveladoras podem ser geradas para essas classes.

Conforme mostra esse exemplo de loja de varejo, a mineração de dados precisa ser precedida por uma preparação significativa nos dados, antes de gerar informações úteis que possam influenciar diretamente as decisões de negócios.

Os resultados da mineração de dados podem ser informados em diversos formatos, como listagens, saídas gráficas, tabelas de resumo ou visualizações.

28.1.3 Objetivos da mineração de dados e da descoberta de conhecimento

A mineração de dados costuma ser executada com alguns objetivos finais ou aplicações. De modo geral, esses objetivos se encontram nas seguintes classes: previsão, identificação, classificação e otimização.

- **Previsão.** A mineração de dados pode mostrar como certos atributos dos dados se comportarão no futuro. Alguns exemplos de mineração de dados previsível incluem a análise de transações de compra para prever o que os consumidores comprarão sob certos descontos, quanto volume de vendas uma loja gerará em determinado período e se a exclusão de uma linha de produtos gerará mais lucros. Em tais aplicações, a lógica de negócios é usada com a mineração de dados. Em um contexto científico, certos padrões de onda sísmica podem prever um terremoto com alta probabilidade.
- **Identificação.** Os padrões de dados podem ser usados para identificar a existência de um item, um evento ou uma atividade. Por exemplo, intrusos tentando quebrar um sistema podem ser identificados pelos programas executados, arquivos acessados e tempo de CPU por sessão. Em aplicações biológicas, a existência de um gene pode ser identificada por certas sequências de símbolos de nucleotídeos na sequência de DNA. A área conhecida como *autenticação* é uma forma de identificação. Ela confirma se um usuário é realmente um usuário específico ou de uma classe autorizada, e envolve uma comparação de parâmetros, imagens ou sinais contra um banco de dados.
- **Classificação.** A mineração de dados pode particionar os dados de modo que diferentes classes ou categorias possam ser identificadas com base em combinações de parâmetros. Por exemplo, clientes em um supermercado podem ser categorizados

em compradores que buscam descontos, compradores com pressa, compradores regulares leais, compradores ligados a marcas conhecidas e compradores eventuais. Essa classificação pode ser usada em diferentes análises de transações de compra do cliente como uma atividade pós-mineração. Às vezes, a classificação baseada em conhecimento de domínio comum é utilizada como uma entrada para decompor o problema de mineração e torná-lo mais simples. Por exemplo, alimentos saudáveis, alimentos para festas ou alimentos para lanche escolar são categorias distintas nos negócios do supermercado. Faz sentido analisar os relacionamentos dentro e entre categorias como problemas separados. Essa categorização pode servir para codificar os dados corretamente antes de submetê-los a mais mineração de dados.

- **Otimização.** Um eventual objetivo da mineração de dados pode ser otimizar o uso de recursos limitados, como tempo, espaço, dinheiro ou materiais e maximizar variáveis de saída como vendas ou lucros sob determinado conjunto de restrições. Como tal, esse objetivo da mineração de dados é semelhante à função objetiva, usada em problemas de pesquisa operacional, que lida com otimização sob restrições.

O termo *mineração de dados* é popularmente usado em um sentido amplo. Em algumas situações, ele inclui análise estatística e otimização restrita, bem como aprendizado de máquina. Não existe uma linha nítida separando a mineração de dados dessas disciplinas. Portanto, está fora do nosso escopo neste texto discutir, com detalhes, toda a gama de aplicações que compõem esse vasto corpo de trabalho. Para compreender o assunto com detalhes, os leitores poderão consultar livros especializados, dedicados à mineração de dados.

28.1.4 Tipos de conhecimento descoberto durante a mineração de dados

O termo *conhecimento* é interpretado de forma livre como algo que envolve algum grau de inteligência. Há uma progressão de dados brutos da informação ao conhecimento, enquanto passamos pelo processamento adicional. O conhecimento normalmente é classificado como indutivo *versus* dedutivo. O **conhecimento dedutivo** deduz novas informações com base na aplicação de regras lógicas *previamente especificadas* de dedução sobre o dado indicado. A mineração de dados aborda o **conhecimento indutivo**, que descobre novas regras e padrões com base nos dados fornecidos. O conhecimento pode ser representado de várias maneiras: em um sentido desestruturado, ele pode ser representado por regras ou pela lógica proposicional. Em uma forma estruturada, ele pode ser representado em árvores de decisão, redes semânticas, redes neurais ou hierarquias de classes ou frames. É comum descrever o conhecimento descoberto durante a mineração de dados da seguinte forma:

- **Regras de associação.** Estas regras correlacionam a presença de um conjunto de itens com outra faixa de valores para outro conjunto de variáveis. Exemplos: (1) Quando uma compradora adquire uma bolsa, ela provavelmente compra sapatos. (2) Uma imagem de raio X contendo características a e b provavelmente também exibe a característica c.
- **Hierarquias de classificação.** O objetivo é trabalhar partindo de um conjunto existente de eventos ou transações para criar uma hierarquia de classes. Exemplos: (1) Uma população pode ser dividida em cinco faixas de possibilidade de crédito com base em um histórico de transações de crédito anteriores. (2) Um modelo pode ser desenvolvido para os fatores que determinam o desejo de obter a localização de loja em uma escala de 1 a 10. (3) Companhias de investimentos podem ser classificadas com base nos dados de desempenho usando características como crescimento, volume de negócios e estabilidade.

- **Padrões sequenciais.** Uma sequência de ações ou eventos é buscada. Exemplo: se um paciente passou por uma cirurgia de ponte de safena para artérias bloqueadas e um aneurisma e, depois, apresentou ureia sanguínea alta em até um ano após a cirurgia, ele provavelmente sofrerá de insuficiência renal nos próximos 18 meses. A detecção de padrões sequenciais é equivalente à detecção de associações entre eventos com certos relacionamentos temporais.
- **Padrões dentro de série temporal.** As semelhanças podem ser detectadas dentro de posições de uma **série temporal** de dados, que é uma sequência de dados tomados em intervalos regulares, como vendas diárias ou preços de ações de fechamento diário. Exemplos: (1) As ações de uma companhia de energia, ABC Eólica, e uma companhia financeira, XYZ Criptomoedas, mostraram o mesmo padrão durante 2018 em matéria de preços de fechamento de ações. (2) Dois produtos mostraram o mesmo padrão de vendas no verão, mas um padrão diferente no inverno. (3) Um padrão no vento magnético solar pode ser usado para prever mudanças nas condições atmosféricas da Terra.
- **Agrupamento.** Determinada população de eventos ou itens pode ser particionada (segmentada) em conjuntos de elementos "semelhantes". Exemplos: (1) Uma população inteira de dados de tratamento sobre uma doença pode ser dividida em grupos com base na semelhança dos efeitos colaterais produzidos. (2) A população adulta no Brasil pode ser categorizada em cinco grupos, desde *com maior probabilidade de comprar* até *com menor probabilidade de comprar* um novo produto. (3) Os acessos à web feitos por uma coleção de usuários contra um conjunto de documentos (digamos, em uma biblioteca digital) podem ser analisados em relação às palavras-chave dos documentos, para revelar grupos ou categorias de usuários.

Para a maioria das aplicações, o conhecimento desejado é uma combinação dos tipos citados. Expandimos cada um desses tipos de conhecimento nas próximas seções.

28.2 Regras de associação

28.2.1 Modelo de cesta de mercado, suporte e confiança

Uma das principais tecnologias em mineração de dados envolve a descoberta de regras de associação. O banco de dados é considerado uma coleção de transações, cada uma envolvendo um conjunto de itens. Um exemplo comum é o de **dados de cesta de mercado.** Aqui, a cesta de mercado corresponde aos conjuntos de itens que um consumidor compra em um supermercado durante uma visita. Considere quatro dessas transações em uma amostra aleatória exibida na Figura 28.1.

Uma **regra de associação** tem a forma $X \Rightarrow Y$, em que $X = \{x_1, x_2, ..., x_n\}$ e $Y = \{y_1, y_2, ..., y_m\}$ são conjuntos de itens, com x_i e y_j sendo itens distintos para todo i e todo j. Essa associação indica que, se um cliente compra X, ele ou ela provavelmente também comprará Y. Em geral, qualquer regra de associação tem a forma LHS (lado esquerdo ou *left-hand side*) => RHS (lado direito ou *right-hand side*),

Id_transação	Hora	Itens_comprados
101	6:35	leite, pão, biscoito, suco
792	7:38	leite, suco
1130	8:05	leite, ovos
1735	8:40	pão, biscoito, café

Figura 28.1 Exemplo de transações no modelo de cesta de mercado.

em que LHS e RHS são conjuntos de itens. O conjunto LHS ∪ RHS é chamado de **conjunto de itens** (ou **itemset**), o conjunto dos itens comprados pelos clientes. Para que uma regra de associação seja de interesse para um minerador de dados, a regra deve satisfazer alguma medida de interesse. Duas medidas de interesse comuns são suporte e confiança.

O **suporte** para uma regra LHS => RHS é com relação ao conjunto de itens; ele se refere à frequência com que um conjunto de itens específico ocorre no banco de dados. Ou seja, o suporte é o percentual de transações que contêm todos os itens no conjunto de itens LHS ∪ RHS. Se o suporte for baixo, isso implica que não existe evidência forte de que os itens em LHS ∪ RHS ocorrem juntos, pois o conjunto de itens ocorre em apenas uma pequena fração das transações. Outro termo para suporte é *prevalência* da regra.

A **confiança** é com relação à implicação mostrada na regra. A confiança da regra LHS => RHS é calculada como o suporte(LHS ∪ RHS)/suporte(LHS). Podemos pensar nela como a probabilidade de que os itens no RHS sejam comprados, dado que os itens no LSH são comprados por um cliente. Outro termo para confiança é *força* da regra.

Como um exemplo de suporte e confiança, considere as duas regras a seguir: leite => suco e pão => suco. Examinando nossas quatro transações de exemplo na Figura 28.1, vemos que o suporte de {leite, suco} é 50% e o suporte de {pão, suco} é apenas 25%. A confiança de leite => suco é de 66,7% (significando que, das três transações em que ocorre leite, duas contêm suco) e a confiança de pão => suco é de 50% (significando que uma de duas transações que contêm pão também contém suco).

Como podemos ver, o suporte e a confiança não necessariamente andam lado a lado. O objetivo da mineração de regras de associação, então, é gerar todas as regras possíveis que excedem alguns patamares mínimos de suporte e confiança especificados pelo usuário. O problema, portanto, é decomposto em dois subproblemas:

1. Gerar todos os conjuntos de itens que têm um suporte que excede o patamar. Esses conjuntos de itens são chamados de **grandes conjuntos de itens** (ou **frequentes**). Observe que "grande" aqui significa "grande suporte".
2. Para cada conjunto de itens grande, todas as regras que têm uma confiança mínima são geradas da seguinte forma: para um conjunto de itens grande X e $Y \subset X$, considere que $Z = X - Y$; então, se suporte(X)/suporte(Z) > confiança mínima, a regra Z => Y (ou seja, $X - Y$ => Y) é uma regra válida.

A geração de regras usando todos os grandes conjuntos de itens e seus suportes é relativamente simples. Porém, descobrir todos os conjuntos de itens com o valor para seu suporte é um problema difícil se a cardinalidade do conjunto de itens for muito alta. Um supermercado típico possui milhares de itens. O número de conjuntos de itens distintos é 2^m, em que m é o número de itens, e contar o suporte para todos os conjuntos de itens possíveis torna-se uma tarefa que exige uma computação intensa. Para reduzir o espaço de pesquisa combinatória, os algoritmos para encontrar regras de associação utilizam as seguintes propriedades:

- Um subconjunto de um grande conjunto de itens também deve ser grande (ou seja, cada subconjunto de um grande conjunto de itens excede o suporte mínimo exigido).
- Reciprocamente, um superconjunto de um conjunto de itens pequeno também é pequeno (implicando que ele não tem suporte suficiente).

A primeira propriedade é conhecida como **fechamento para baixo**. A segunda propriedade, chamada **antimonotonicidade**, ajuda a reduzir o espaço de busca de possíveis soluções. Ou seja, quando se descobre que um conjunto de itens é pequeno (não um grande conjunto de itens), qualquer extensão a esse conjunto de itens, formada ao acrescentar um ou mais itens ao conjunto, também gerará um conjunto de itens pequeno.

28.2.2 Algoritmo Apriori

O primeiro algoritmo a usar as propriedades de fechamento para baixo e antimonotonicidade foi o **algoritmo Apriori**, mostrado como o Algoritmo 28.1.

Ilustramos o Algoritmo 28.1 utilizando os dados de transação da Figura 28.1 que usam um suporte mínimo de 0,5. Os conjuntos de itens 1 candidatos são {leite, pão, suco, biscoito, ovos, café} e seus respectivos suportes são 0,75, 0,5, 0,5, 0,5, 0,25 e 0,25. Os quatro primeiros itens se qualificam para L_1, pois cada suporte é maior ou igual a 0,5. Na primeira iteração do loop repita, estendemos os conjuntos de itens 1 frequentes para criar os conjuntos de itens 2 frequentes candidatos, C_2. C_2 contém {leite, pão}, {leite, suco}, {pão, suco}, {leite, biscoito}, {pão, biscoito} e {suco, biscoito}. Observe, por exemplo, que {leite, ovos} não aparece em C_2, pois {ovos} é pequeno (pela propriedade da antimonotonicidade) e não aparece em L_1. O suporte para os seis conjuntos contidos em C_2 são 0,25, 0,5, 0,25, 0,25, 0,5 e 0,25 e são calculados com a varredura do conjunto de transações. Somente o segundo conjunto de itens 2 {leite, suco} e o quinto conjunto de itens 2 {pão, biscoito} têm suporte maior ou igual a 0,5. Esses dois conjuntos de itens 2 formam os conjuntos de itens 2 frequentes, L_2.

Algoritmo 28.1. Algoritmo Apriori para encontrar (grandes) conjuntos de itens frequentes
Entrada: Banco de dados D de m transações, e um suporte mínimo, *mins*, representado como uma fração de m.
Saída: Conjuntos de itens frequentes, L_1, L_2, ..., L_k
Início /* passos ou instruções são numeradas para aumentar a legibilidade */

1. Calcule suporte(i_j) = conta(i_j)/m para cada item individual, i_1, i_2, ..., i_n fazendo a varredura do banco de dados uma vez e contando o número de transações em que o item i_j aparece (ou seja, conta(i_j));
2. O conjunto de itens 1 frequente candidato, C_1, será o conjunto de itens i_1, i_2, ..., i_n;
3. O subconjunto de itens contendo i_j de C_1 em que suporte(i_j) >= mins torna-se o conjunto de itens 1 frequente, L_1;
4. k = 1;
   termina = false;
   repita
   1. L_{k+1} = (conjunto vazio);
   2. Crie o conjunto de itens (k+1) frequente candidato, C_{k+1}, combinando membros de L_k que têm k–1 itens em comum (isso forma os conjuntos de itens (k+1) frequentes candidatos ao estender seletivamente os conjuntos de itens k frequentes por um item);
   3. Além disso, apenas considere como elementos de C_{k+1} os k+1 itens tais que cada subconjunto de tamanho k apareça em L_k;
   4. Faça a varredura do banco de dados uma vez e calcule o suporte para cada membro de C_{k+1}; se o suporte para um membro de C_{k+1} >= mins, então acrescente o membro em L_{k+1};
   5. Se L_{k+1} for vazio, então termina = true, se não, k = k + 1;

   até que;

Fim;

Na próxima iteração do loop repita, construímos conjuntos de itens 3 frequentes candidatos acrescentando itens adicionais aos conjuntos em L_2. Contudo, para nenhuma extensão de conjuntos de itens em L_2 todos os subconjuntos de itens 2 estarão contidos em L_2. Por exemplo, considere {leite, suco, pão}; o conjunto de itens 2 {leite, pão} não está em L_2, logo {leite, suco, pão} não pode ser um conjunto de itens 3 frequente pela propriedade de fechamento para baixo. Nesse ponto, o algoritmo termina com L_1 igual a {{leite}, {pão}, {suco}, {biscoito}} e L_2 igual a {{leite, suco}, {pão, biscoito}}.

Vários outros algoritmos foram propostos para minerar regras de associação. Eles variam principalmente em relação a como os conjuntos de itens candidatos são gerados e como os suportes para os conjuntos de itens candidatos são contados. Alguns algoritmos usam essas estruturas de dados como mapas de bits e árvores de hash para manter informações sobre conjuntos de itens. Vários algoritmos foram propostos para usar múltiplas varreduras do banco de dados, pois o número em potencial de conjuntos de itens, 2^m, pode ser muito grande para configurar contadores durante uma única varredura. Examinaremos três algoritmos melhorados (em comparação com o algoritmo Apriori) para mineração da regra de associação: o algoritmo de amostragem, o algoritmo de árvore de padrão frequente e o algoritmo de partição.

28.2.3 Algoritmo de amostragem

A ideia principal para o **algoritmo de amostragem** é selecionar uma amostra pequena, que caiba na memória principal, do banco de dados de transações e determinar os conjuntos de itens frequentes com base nessa amostra. Se esses conjuntos de itens frequentes formarem um superconjunto dos conjuntos de itens frequentes para o banco de dados inteiro, podemos determinar os conjuntos de itens frequentes reais fazendo a varredura do restante do banco de dados a fim de calcular os valores de suporte exatos para os conjuntos de itens do superconjunto. Um superconjunto dos conjuntos de itens frequentes em geral pode ser encontrado na amostra usando, por exemplo, o algoritmo Apriori, com um suporte mínimo reduzido.

Em casos raros, alguns conjuntos de itens frequentes podem ser perdidos e é necessária uma segunda varredura do banco de dados. Para decidir se quaisquer conjuntos de itens frequentes foram perdidos, o conceito de *borda negativa* é usado. A borda negativa com relação a um conjunto de itens frequente, S, e conjunto de itens, I, são os conjuntos de itens mínimos contidos em PowerSet(I) e não em S. A ideia básica é que a borda negativa de conjunto de itens frequentes contém os conjuntos de itens mais próximos que também poderiam ser frequentes. Considere o caso em que um conjunto X não está contido nos conjuntos de itens frequentes. Se todos os subconjuntos de X estiverem contidos no conjunto de conjuntos de itens frequentes, então X estaria na borda negativa.

Ilustramos isso com o exemplo a seguir. Considere o conjunto de itens I = {A, B, C, D, E} e que os conjuntos de itens frequentes combinados de tamanho 1 a 3 sejam S = {{A}, {B}, {C}, {D}, {AB}, {AC}, {BC}, {AD}, {CD}, {ABC}}. A borda negativa é {{E}, {BD}, {ACD}}. O conjunto {E} é o único conjunto de itens 1 não contido em S, {BD} é o único conjunto de itens 2 que não está em S, mas cujos subconjuntos do conjunto de itens 1 estão, e {ACD} é o único conjunto de itens 3 cujos subconjuntos do conjunto de itens 2 estão todos em S. A borda negativa é importante, pois é necessária para determinar o suporte para esses conjuntos de itens na borda negativa, garantindo que nenhum grande conjunto de itens se perca da análise dos dados de amostra.

O suporte para a borda negativa é determinado quando o restante do banco de dados é varrido. Se descobrirmos que um conjunto de itens X na borda negativa pertence ao conjunto de todos os conjuntos de itens frequentes, então existe um potencial para um superconjunto de *X* também ser frequente. Se isso acontecer, uma segunda passada pelo banco de dados é necessária para garantir que todos os conjuntos de itens frequentes sejam localizados.

28.2.4 Algoritmo de árvore de padrão frequente (FP) e de crescimento FP

O algoritmo de **árvore de padrão frequente** (**árvore FP**) é motivado pelo fato de os algoritmos baseados no algoritmo Apriori poderem gerar e testar um número muito grande de conjuntos de itens candidatos. Por exemplo, com 1.000 conjuntos de itens 1 frequentes, o algoritmo Apriori teria de gerar

$$\binom{1000}{2}$$

ou 499.500 conjuntos de itens 2 candidatos. O **algoritmo de crescimento FP** é uma técnica que elimina a geração de um grande número de conjuntos de itens candidatos.

O algoritmo primeiro produz uma versão compactada do banco de dados em relação a uma árvore FP (árvore de padrão frequente). A árvore FP armazena informações relevantes do conjunto de itens e permite a descoberta eficiente de conjuntos de itens frequentes. O processo real de mineração adota uma estratégia de dividir e conquistar, em que o processo de mineração é decomposto em um conjunto de tarefas menores que cada um opera em uma árvore FP condicional, um subconjunto (projeção) da árvore original. Para começar, examinamos como a árvore FP é construída. O banco de dados primeiro é varrido e os conjuntos de itens 1 frequentes com seu suporte são calculados. Com esse algoritmo, o suporte é a *contagem* de transações que contêm o item em vez da fração de transações contendo o item. Os conjuntos de itens 1 frequentes são então classificados em ordem decrescente de seu suporte. Em seguida, a raiz da árvore FP é criada com um rótulo NULL. O banco de dados é varrido uma segunda vez e, para cada transação *T* no banco de dados, os conjuntos de itens 1 mais frequentes em *T* são colocados na ordem que foi feita com os conjuntos de itens 1 frequentes. Podemos designar essa lista ordenada para *T* como consistindo em um primeiro item, a cabeça, e os itens restantes, a cauda. A informação do conjunto de itens (cabeça, cauda) é inserida na árvore FP recursivamente, começando no nó raiz, da seguinte forma:

1. Se o nó atual, *N*, da árvore FP tiver um filho com um nome de item = cabeça, incremente o contador associado ao nó *N* em 1, senão, crie outro nó, *N*, com uma contagem de 1, vincule *N* a seu pai e vincule *N* à tabela do cabeçalho do item (usada para travessia eficiente da árvore).
2. Se a cauda não for vazia, repita a etapa (1) usando como lista ordenada somente a cauda, ou seja, a antiga cabeça é removida, a nova cabeça é o primeiro item da cauda e os itens restantes tornam-se a nova cauda.

A tabela de cabeçalho do item, criada durante o processo de construção da árvore FP, contém três campos por entrada para cada item frequente: identificador de item, contador de suporte e link de nó. O identificador de item e o contador de suporte são autoexplicativos. O link do nó é um ponteiro para uma ocorrência desse item na árvore FP. Como várias ocorrências de um único item podem aparecer na árvore FP, esses itens são vinculados como uma lista em que seu início é apontado pelo link do nó na tabela de cabeçalho do item. Ilustramos a construção da árvore FP com os dados de transação da Figura 28.1. Vamos usar um suporte mínimo de 2. Uma passada pelas quatro transações gera os seguintes conjuntos de itens 1 frequentes com suporte associado: {{(leite, 3)}, {(pão, 2)}, {(biscoito, 2)}, {(suco, 2)}}. O banco de dados é varrido uma segunda vez e cada transação será processada novamente.

Para a primeira transação, criamos a lista ordenada, T = {leite, pão, biscoito, suco}. Os itens em T são conjuntos de itens 1 frequentes com base na primeira transação. Os itens são ordenados com base na ordem decrescente do contador dos conjuntos de itens 1 encontrados na passada 1 (ou seja, leite primeiro, pão em segundo, e assim por diante). Criamos um nó raiz NULL para a árvore FP e inserimos *leite* como um filho da raiz, *pão* como um filho de *leite*, *biscoito* como um filho de *pão* e *suco* como um filho de *biscoito*. Ajustamos as entradas para os itens frequentes na tabela de cabeçalho do item.

Para a segunda transação, temos a lista ordenada {leite, suco}. Começando na raiz, vemos que o nó filho com rótulo *leite* existe, de modo que movemos para esse nó e atualizamos seu contador (para considerar a segunda transação que contém leite). Vemos que não existe filho do nó atual com rótulo *suco*, então criamos um nó com o rótulo *suco*. A tabela de cabeçalho do item é ajustada.

A terceira transação só tem um item frequente, {leite}. Novamente, começando na raiz, vemos que o nó com o rótulo *leite* existe, de modo que passamos para esse nó, incrementamos seu contador e ajustamos a tabela de cabeçalho do item. A transação final contém itens frequentes, {pão, biscoito}. No nó raiz, vemos que não existe um filho com o rótulo *pão*. Assim, criamos outro filho da raiz, inicializamos seu contador e depois inserimos *biscoito* como um filho desse nó, inicializando seu contador. Depois que a tabela de cabeçalho do item é atualizada, acabamos ficando com a árvore FP e a tabela de cabeçalho do item, como mostra a Figura 28.2. Se examinarmos essa árvore FP, vemos que ela realmente representa as transações originais em um formato compactado (ou seja, apenas mostrando os itens de cada transação que são grandes conjuntos de itens 1).

O Algoritmo 28.2 é usado para mineração da árvore FP para padrões frequentes. Com a árvore FP, é possível encontrar todos os padrões frequentes que contêm determinado item frequente, começando da tabela de cabeçalho do item para esse item e atravessando os links do nó na árvore FP. O algoritmo começa com um conjunto de itens 1 frequente (padrão de sufixo) e constrói sua base de padrão condicional e depois sua árvore FP condicional. A base de padrão condicional é composta por um conjunto de caminhos de prefixo, ou seja, onde o item frequente é um sufixo. Por exemplo, se considerarmos o item suco, vemos pela Figura 28.2 que existem dois caminhos na árvore FP que terminam com suco: (leite, pão, biscoito, suco) e (leite, suco). Os dois caminhos de prefixo associados são (leite, pão, biscoito) e (leite). A árvore FP condicional é construída a partir dos padrões na base de padrão condicional. A mineração é realizada recursivamente nessa árvore FP. Os padrões frequentes são formados ao concatenar o padrão de sufixo com os padrões frequentes produzidos de uma árvore FP condicional.

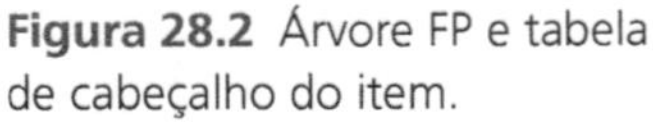

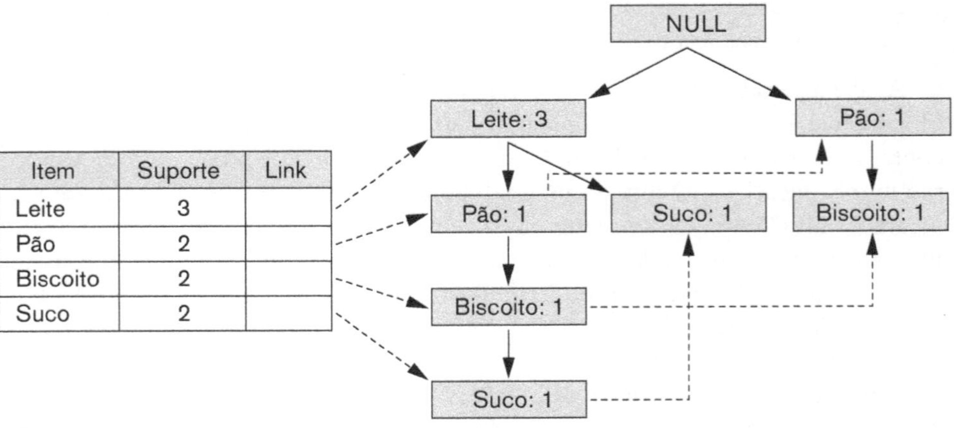

Item	Suporte	Link
Leite	3	
Pão	2	
Biscoito	2	
Suco	2	

Figura 28.2 Árvore FP e tabela de cabeçalho do item.

Algoritmo 28.2. Algoritmo de crescimento FP para localizar conjuntos de itens frequentes

Entrada: Árvore FP e um suporte mínimo, mins
Saída: Padrões frequentes (conjuntos de itens)
procedimento-crescimento-FP (árvore, alfa);

```
Início
    se árvore contém um único caminho P então
        para cada combinação, beta, dos nós no caminho
            gera padrão (beta ∪ alfa)
            com suporte = suporte mínimo de nós em beta
    senão
        para cada item, i, no cabeçalho da árvore faça
            início
                gera padrão beta = (i ∪ alfa) com suporte = i.suporte;
                constrói base de padrão condicional de beta;
                constrói árvore FP condicional de beta, árvore_beta;
                se árvore_beta não está vazio então
                    crescimento-FP(árvore_beta, beta);
            fim;
Fim;
```

Ilustramos o algoritmo usando os dados da Figura 28.1 e a árvore da Figura 28.2. O procedimento crescimento-FP é chamado com dois parâmetros: a árvore FP original e NULL para a variável alfa. Como a árvore FP original tem mais que um único caminho, executamos a parte senão da primeira instrução se. Começamos com o item frequente, suco. Examinaremos os itens frequentes em ordem de menor suporte (ou seja, da última entrada na tabela para a primeira). A variável beta é definida como suco com suporte igual a dois.

Seguindo o link do nó na tabela de cabeçalho do item, construímos a base de padrão condicional que consiste em dois caminhos (com suco como sufixo). Estes são (leite, pão, biscoito: 1) e (leite: 1). A árvore FP condicional consiste em apenas um único nó, leite: 2. Isso se deve a um suporte de apenas 1 para o nó pão e biscoito, que está abaixo do suporte mínimo de 2. O algoritmo é chamado recursivamente com uma árvore FP de apenas um único nó (ou seja, leite: 2) e um valor beta de suco. Como essa árvore FP tem apenas um caminho, todas as combinações de beta e nós no caminho são geradas — ou seja, {leite, suco} — com suporte de 2.

Em seguida, o item frequente, biscoito, é utilizado. A variável beta é definida como biscoito com suporte = 2. Seguindo o link do nó na tabela de cabeçalho do item, construímos a base de padrão condicional que consiste em dois caminhos. Estes são (leite, pão: 1) e (pão: 1). A árvore FP condicional tem apenas um único nó, pão: 2. O algoritmo é chamado recursivamente com uma árvore FP de apenas um único nó (ou seja, pão: 2) e um valor beta de biscoito. Como essa árvore FP só tem um caminho, todas as combinações de beta e nós no caminho são geradas, ou seja, {pão, biscoito} com suporte de 2. O item frequente, pão, é considerado em seguida. A variável beta é definida como pão com suporte = 2. Seguindo o link do nó na tabela de cabeçalho do item, construímos a base de padrão condicional que consiste em um caminho, que é (leite: 1). A árvore FP condicional é vazia, pois a contagem é menor que o suporte mínimo. Como a árvore FP condicional é vazia, nenhum padrão frequente será gerado.

O último item frequente a considerar é leite. Esse é o item do topo na tabela de cabeçalho do item e, como tal, tem uma base de padrão condicional vazia e árvore FP condicional vazia. Em resultado, nenhum padrão frequente é acrescentado. O resultado de execução do algoritmo são os seguintes padrões frequentes (ou conjuntos de itens) com seu suporte: {{leite: 3}, {pão: 2}, {biscoito: 2}, {suco: 2}, {leite, suco: 2}, {pão, biscoito: 2}}.

28.2.5 *Algoritmo de partição*

Outro algoritmo, chamado **algoritmo de partição,**[3] é resumido a seguir. Se recebermos um banco de dados com um pequeno número de grandes conjuntos de itens em potencial, digamos, alguns milhares, o suporte para todos eles pode ser testado em uma só varredura usando uma técnica de particionamento. O particionamento divide o banco de dados em subconjuntos não sobrepostos; estes são individualmente considerados como bancos de dados separados e todos os grandes conjuntos de itens para essa partição, chamados *conjuntos de itens frequentes locais*, são gerados em uma passada. O algoritmo Apriori pode então ser usado de modo eficiente em cada partição se couber inteiramente na memória principal. As partições são escolhidas de modo que cada uma possa ser acomodada na memória principal. Como tal, uma partição é lida apenas uma vez em cada passada. A única desvantagem com esse método é que o suporte mínimo usado para cada partição tem um significado ligeiramente diferente do valor original. O suporte mínimo é baseado no tamanho da partição, em vez de no tamanho do banco de dados, para determinar os grandes conjuntos de itens frequentes locais. O valor do patamar de suporte real é o mesmo dado anteriormente, mas o suporte é calculado apenas para uma partição.

Ao final da passada um, recuperamos a união de todos os conjuntos de itens frequentes de cada partição. Isso forma os conjuntos de itens frequentes candidatos globais para o banco de dados inteiro. Quando essas listas são mescladas, elas podem conter alguns falsos positivos. Ou seja, alguns dos grandes conjuntos de itens que são frequentes em uma partição podem não se qualificar em várias outras partições e, portanto, podem não exceder o suporte mínimo quando o banco de dados original for considerado. Observe que não existem falsos negativos; nenhum grande conjunto de itens será perdido. Os grandes conjuntos de itens candidatos globais identificados na passada 1 são verificados na passada 2; ou seja, seu suporte real é medido para o banco de dados *inteiro*. Ao final da fase 2, todos os grandes conjuntos de itens globais são identificados. O algoritmo de partição serve naturalmente para uma implementação paralela ou distribuída, para melhorar a eficiência. Foram sugeridas outras melhorias nesse algoritmo.[4]

28.2.6 *Outros tipos de regras de associação*

Regras de associação entre hierarquias. Existem certos tipos de associações que são particularmente interessantes por um motivo especial. Essas associações ocorrem entre hierarquias de itens. Em geral, é possível dividir os itens entre hierarquias disjuntas com base na natureza do domínio. Por exemplo, alimentos em um supermercado, itens em uma loja de departamentos ou artigos em uma loja de esportes podem ser categorizados em classes e subclasses que fazem surgir hierarquias. Considere a Figura 28.3, que mostra a taxonomia de itens em um supermercado. A figura mostra duas hierarquias — bebidas e sobremesas, respectivamente. Os grupos inteiros podem não produzir associações da forma bebidas => sobremesas, ou sobremesas => bebidas. Porém, associações do tipo iogurte congelado de marca saudável => água engarrafada, ou sorvete de marca cremosa => cooler de vinho podem produzir confiança e suporte suficientes para serem regras de associação válidas de interesse.

---

[3] Ver em Savasere et al. (1995) os detalhes do algoritmo, as estruturas de dados usadas para implementá-lo e suas comparações de desempenho.

[4] Ver Cheung et al. (1996) e Lin e Dunham (1998).

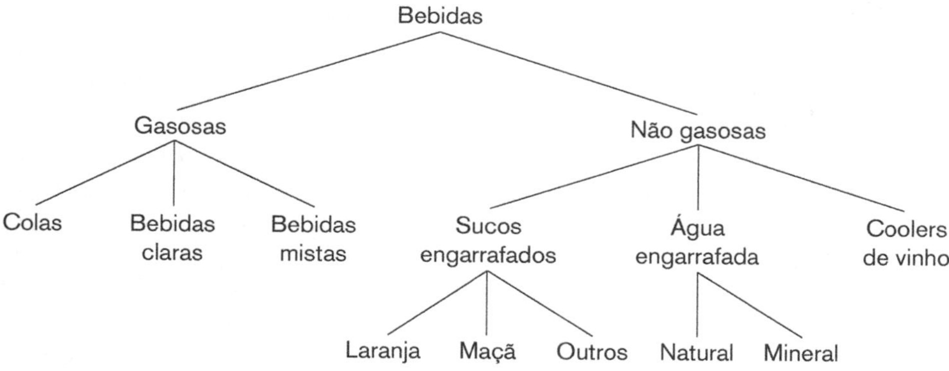

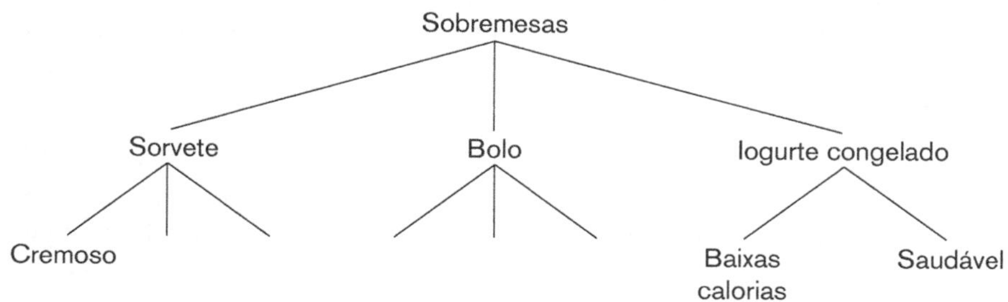

Figura 28.3 Taxonomia de itens em um supermercado.

Portanto, se a área de aplicação tiver uma classificação natural dos conjuntos de itens em hierarquias, descobrir associações *dentro* das hierarquias não tem qualquer interesse particular. Aquelas de interesse específico são associações *entre* hierarquias. Elas podem ocorrer entre agrupamentos de item em diferentes níveis.

Associações multidimensionais. A descoberta de regras de associação envolve a procura por padrões em um arquivo. Na Figura 28.1, temos um exemplo de arquivo de transações de cliente com três dimensões: Id_transação, Hora e Itens_comprados. Porém, nossas tarefas e algoritmos de mineração de dados apresentados até este ponto só envolvem uma dimensão: Itens_comprados. A regra a seguir é um exemplo de inclusão do rótulo da única dimensão: Itens_comprados(leite) => Itens_comprados (suco). Pode ser interessante encontrar regras de associação que envolvam múltiplas dimensões, por exemplo, Hora(6:30...8:00) => Itens_comprados(leite). Regras como estas são chamadas de *regras de associação multidimensionais*. As dimensões representam atributos de registros de um arquivo ou, em matéria de relações, colunas de linhas de uma relação, e podem ser categóricas ou quantitativas. Os atributos categóricos têm um conjunto finito de valores que não exibem qualquer relacionamento de ordenação. Atributos quantitativos são numéricos e seus valores exibem um relacionamento de ordenação, por exemplo, <. Itens_comprados é um exemplo de atributo categórico e Id_transação e Hora são quantitativos.

Uma técnica para lidar com um atributo quantitativo é dividir seus valores em intervalos não sobrepostos que sejam rótulos atribuídos. Isso pode ser feito de uma maneira estática com base no conhecimento específico do domínio. Por exemplo, uma hierarquia de conceitos pode agrupar valores para Salario em três classes distintas: baixa renda (0 < Salario < 29.999), renda média (30.000 < Salario < 74.999) e alta renda (Salario > 75.000). Daqui, o algoritmo do tipo Apriori típico, ou uma de suas variantes, pode ser usado para a mineração de regra, pois os atributos quantitativos agora se parecem com atributos categóricos. Outra técnica para o particionamento é agrupar valores de atributo com base na distribuição de dados (por exemplo, particionamento de mesma profundidade), e atribuir valores inteiros a cada partição. O particionamento nesse estágio pode ser relativamente bom, ou seja, um número maior de intervalos. Depois, durante o processo de mineração, essas partições podem ser combinadas com outras partições adjacentes se seu suporte for menor que algum valor máximo predefinido. Um algoritmo de tipo Apriori pode ser usado aqui, bem como para a mineração de dados.

Associações negativas. O problema da descoberta de uma associação negativa é mais difícil que o da descoberta de uma associação positiva. Uma associação negativa tem o seguinte tipo: *60% dos clientes que compram batatas fritas não compram água engarrafada*. (Aqui, os 60% referem-se à confiança para a regra de associação negativa.) Em um banco de dados com 10.000 itens, existem 210.000 combinações possíveis de itens, e a maioria deles não aparece nem uma vez no banco de dados. Se a ausência de certa combinação de itens significar uma associação negativa, potencialmente temos milhões e milhões de regras de associação negativa com RHSs que não são de nosso interesse. O problema, então, é encontrar apenas regras negativas *de interesse*. Em geral, estamos interessados em casos em que dois conjuntos específicos de itens aparecem muito raramente na mesma transação. Isso impõe dois problemas:

1. Para um estoque total de 10.000 itens, a probabilidade de dois quaisquer serem comprados juntos é (1/10.000) * (1/10.000) = 10^{-8}. Se descobrirmos que o suporte real para esses dois ocorrerem juntos é zero, isso não representa um desvio significativo da expectativa e, portanto, não é uma associação (negativa) interessante.
2. O outro problema é mais sério. Estamos procurando combinações de itens com suporte muito baixo, e existem milhões e milhões com suporte baixo ou mesmo zero. Por exemplo, um conjunto de dados de 10 milhões de transações tem a maioria dos 2,5 bilhões de combinações de pares de 10.000 itens faltando. Isso geraria bilhões de regras inúteis.

Portanto, para tornar as regras de associação negativas interessantes, temos de usar o conhecimento prévio sobre os conjuntos de itens. Uma das técnicas é empregar hierarquias. Suponha que utilizemos as hierarquias de refrigerantes e batatas fritas mostradas na Figura 28.4.

Uma associação positiva forte foi mostrada entre refrigerantes e batatas fritas. Se encontrarmos um suporte grande para o fato de que, quando os clientes compram batatas fritas Lisas, eles predominantemente compram Cola e *não* Soda e *não* Guaraná, isso seria interessante, pois normalmente esperaríamos que, se houvesse uma associação forte entre Lisas e Cola, também deveria haver uma associação forte entre Lisas e Soda ou Lisas e Guaraná.[5]

Nos agrupamentos de iogurte congelado e água engarrafada, mostrados na Figura 28.3, suponha que a divisão entre Baixas calorias e Saudável seja 80-20 e a divisão das categorias Natural e Mineral seja 60-40 entre as respectivas categorias. Isso daria uma probabilidade conjunta de um iogurte congelado natural ser comprado com água engarrafada natural como 48% entre as transações que contêm um iogurte congelado e água engarrafada. Se esse suporte, porém, for de apenas 20%, isso indicaria uma associação negativa significativa entre o iogurte Baixas calorias e a água engarrafada Natural; mais uma vez, isso seria interessante.

Figura 28.4 Hierarquia simples de refrigerantes e batatas fritas.

[5] Para simplificar, estamos considerando uma distribuição uniforme de transações entre os membros de uma hierarquia.

O problema de encontrar associação negativa é importante nas situações anteriormente citadas, dado o conhecimento de domínio na forma de hierarquias de generalização de item (ou seja, as hierarquias dadas de bebida e sobremesa mostradas na Figura 28.3), as associações positivas existentes (como entre os grupos de iogurte congelado e água engarrafada) e a distribuição dos itens (como as marcas dentro de grupos relacionados). O escopo da descoberta de associações negativas é limitado em relação ao conhecimento das hierarquias e distribuições de itens. O crescimento exponencial de associações negativas continua sendo um desafio.

28.2.7 Considerações adicionais para regras de associação

Minerar regras de associação nos bancos de dados da vida real é complicado pelos seguintes fatores:

- A cardinalidade dos conjuntos de itens na maioria das situações é extremamente grande, e o volume de transações é muito alto também. Alguns bancos de dados operacionais nos setores de varejo e comunicações coletam dezenas de milhões de transações por dia.
- As transações mostram variabilidade em fatores como localização geográfica e sazonalidade, dificultando a amostragem.
- As classificações de itens existem ao longo de múltiplas dimensões. Logo, controlar o processo de descoberta com conhecimento de domínio, particularmente para regras negativas, é bastante difícil.
- A qualidade dos dados é variável; existem problemas significativos com dados faltando, errôneos e em conflito, bem como dados redundantes em muitos setores.

28.3 Classificação

Classificação é o processo de aprender um modelo que descreve diferentes classes de dados. As classes são predefinidas. Por exemplo, em uma aplicação bancária, os clientes que solicitam um cartão de crédito podem ser classificados como *risco fraco*, *risco médio* ou *risco bom*. Logo, esse tipo de atividade também é chamado de **aprendizado supervisionado.** Quando o modelo é criado, ele pode ser usado para classificar novos dados. O primeiro passo — aprendizado do modelo — é realizado com um conjunto de treinamento de dados que já foram classificados. Cada registro nos dados de treinamento contém um atributo, chamado rótulo de *classe*, que indica a que classe o registro pertence. O modelo produzido costuma ser na forma de uma árvore de decisão ou um conjunto de regras. Algumas das questões importantes com relação ao modelo e o algoritmo que produz o modelo incluem a capacidade do modelo de prever a classe correta de novos dados, o custo computacional associado ao algoritmo e a escalabilidade do algoritmo.

Examinaremos a técnica em que nosso modelo está na forma de uma árvore de decisão. Uma **árvore de decisão** é simplesmente uma representação gráfica da descrição de cada classe ou, em outras palavras, uma representação das regras de classificação. Uma árvore de decisão de exemplo é representada na Figura 28.5. Vemos, pela Figura 28.5, que se um cliente for *casado* e se o salário for ≥ 50K, ele tem um risco bom para um cartão de crédito bancário. Essa é uma das regras que descrevem a classe *risco bom*. Atravessar a árvore de decisão saindo da raiz para cada nó folha forma outras regras para essa classe e as duas outras classes. O Algoritmo 28.3 mostra o procedimento para construir uma árvore de decisão com base em um conjunto de dados de treinamento. Inicialmente, todas as amostras de treinamento estão na raiz da árvore. As amostras são particionadas de maneira recursiva com

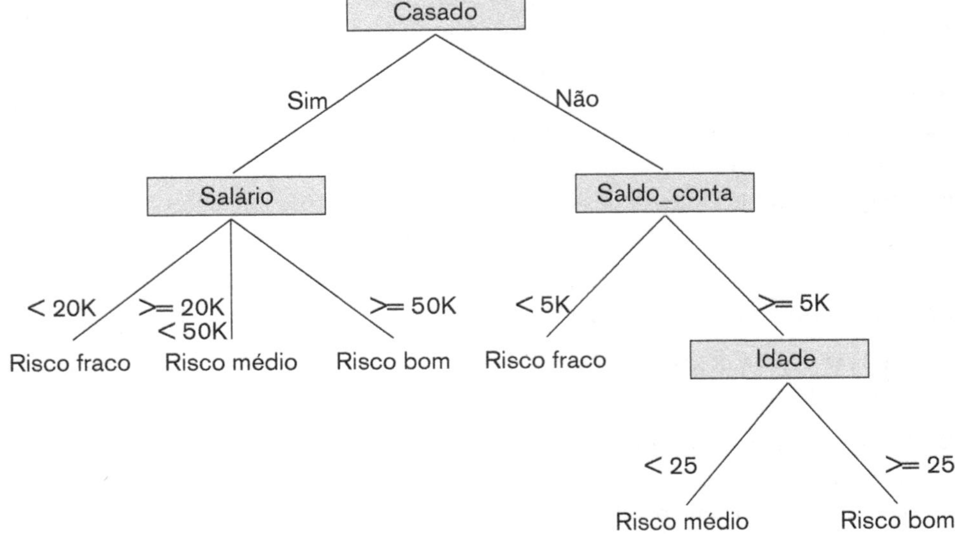

Figura 28.5 Árvore de decisão da amostra para aplicações de cartão de crédito.

base nos atributos selecionados. O atributo usado em um nó para particionar as amostras é aquele com o melhor critério de divisão, por exemplo, o que maximiza a medida de ganho da informação.

Algoritmo 28.3. Algoritmo para indução da árvore de decisão

Entrada: Conjunto de registros de dados de treinamento: $R_1, R_2, ..., R_m$ e conjunto de atributos: $A_1, A_2, ..., A_n$

Saída: Árvore de decisão

procedimento Construcao_arvore (registros, atributos);
Início
    crie um nó N;
    se todos os registros pertencem à mesma classe C, então
        retorna N como nó folha com rótulo de classe C;
    se atributos é vazio então
        retorna N como nó folha com rótulo de classe C, de modo que a maioria dos registros pertença a ele;
    seleciona atributo A_i (*com o ganho de informação mais alto*) dos atributos;
    rotula nó N com A_i;
    para cada valor conhecido, v_j, de A_i faça
        início
            acrescenta um ramo do nó N para a condição $A_i = v_j$;
            S_j = subconjunto de registros em que $A_i = v_j$;
            se S_j é vazio então
                inclua uma folha, L, com rótulo de classe C, tal que a maioria dos registros pertença a ela e retorne L
            senão inclui o nó retornado por Contrucao_arvore(S_j, atributos – A_i);
        fim;
Fim;

Antes de ilustrarmos o Algoritmo 28.3, explicaremos a medida do **ganho de informação** com mais detalhes. O uso de **entropia** como medida de ganho de informação é motivado pelo objetivo de minimizar a informação necessária para classificar os dados de amostra nas partições resultantes e, assim, minimizar o número esperado de testes condicionais necessários para classificar um novo registro. A informação esperada necessária para classificar dados de treinamento de s amostras, nas quais o atributo Classe tem n valores ($v_1, ..., v_n$) e s_i é o número de amostras pertencentes ao rótulo de classe v_i, é dada por

$$I(S_1, S_2, ..., S_n) = -\sum_{i=1}^{n} p_i \log_2 p_i$$

em que p_i é a probabilidade de que uma amostra aleatória pertença à classe com rótulo v_i. Uma estimativa para p_i é s_i/s. Considere um atributo A com valores $\{v_1, ..., v_m\}$ usado como atributo de teste para divisão na árvore de decisão. O atributo A particiona as amostras nos subconjuntos $S_1, ..., S_m$ nos quais amostras em cada S_j têm um valor de v_j para o atributo A. Cada S_j pode conter amostras que pertencem a qualquer uma das classes. O número de amostras em S_j que pertencem à classe i pode ser indicado como s_{ij}. A entropia associada ao uso do atributo A como atributo de teste é definida como

$$E(A) = \sum_{j=1}^{m} \frac{S_{1j} + ... + S_{nj}}{S} \times I(S_{1j}, ..., S_{nj})$$

$I(s_{1j}, ..., s_{nj})$ pode ser definido utilizando a formulação para $I(s_1, ..., s_n)$ com p_i sendo substituído por p_{ij}, em que $p_{ij} = s_{ij}/s_j$. Agora, o ganho de informação ao particionar no atributo A, Ganho(A), é definido como $I(s_1, ..., s_n) - E(A)$. Podemos usar os dados de treinamento de amostra da Figura 28.6 para ilustrar o algoritmo.

O atributo RID representa o identificador de registro usado para identificar um registro individual e é um atributo interno. Nós o utilizamos para identificar um registro em particular em nosso exemplo. Primeiro, calculamos a informação esperada necessária para classificar os dados de treinamento de seis registros como $I(s_1, s_2)$, nos quais existem duas classes: o primeiro valor de rótulo de classe corresponde a *sim* e o segundo, a *não*. Assim,

$$I(3,3) = - 0{,}5\log_2 0{,}5 - 0{,}5\log_2 0{,}5 = 1$$

Agora, calculamos a entropia para cada um dos quatro atributos, como mostrado a seguir. Para Casado = sim, temos $s_{11} = 2$, $s_{21} = 1$ e $I(s_{11}, s_{21}) = 0{,}92$. Para Casado = não, temos $s_{12} = 1$, $s_{22} = 2$ e $I(s_{12}, s_{22}) = 0{,}92$. Portanto, a informação esperada necessária para classificar uma amostra usando o atributo Casado como atributo de particionamento é

$$E(\text{Casado}) = 3/6\ I(s_{11}, s_{21}) + 3/6\ I(s_{12}, s_{22}) = 0{,}92$$

O ganho na informação, Ganho(Casado), seria 1 – 0,92 = 0,08. Se seguirmos etapas semelhantes para calcular o ganho com relação aos outros três atributos, acabamos com

RID	Casado	Salário	Saldo_conta	Idade	Emprestar
1	não	>=50K	<5K	>=25	sim
2	sim	>=50K	>=5K	>=25	sim
3	sim	20K. . .50K	<5K	<25	não
4	não	<20K	>=5K	<25	não
5	não	<20K	<5K	>=25	não
6	sim	20K. . .50K	>=5K	>=25	sim

Figura 28.6 Dados de treinamento de amostra para o algoritmo de classificação.

E(Salario) = 0,33 e Ganho(Salario) = 0,67
E(Saldo_conta) = 0,92 e Ganho(Saldo_conta) = 0,08
E(Idade) = 0,54 e Ganho(Idade) = 0,46

Como o maior ganho ocorre para o atributo Salario, ele é escolhido como atributo de particionamento. A raiz da árvore é criada com rótulo *Salário* e tem três ramos, um para cada valor de Salario. Para dois dos três valores, ou seja, < 20K e > 50K, todas as amostras particionadas de acordo (registros com RIDs 4 e 5 para < 20K e registros com RIDs 1 e 2 para ≥ 50K) caem na mesma classe *emprestar não* e *emprestar sim*, respectivamente, para esses dois valores. Assim, criamos um nó folha para cada um. O único ramo que precisa ser expandido é para o valor 20K ... 50K com duas amostras, registros com RIDs 3 e 6 nos dados de treinamento. Continuando o processo com esses dois registros, descobrimos que Ganho(Casado) é 0, Ganho(Saldo_conta) é 1 e Ganho(Idade) é 1.

Podemos escolher Idade ou Saldo_conta, pois ambos têm o maior ganho. Vamos escolher Idade como atributo de particionamento. Acrescentamos um nó com o rótulo *Idade*, que tem dois ramos: menor que 25 e maior ou igual a 25. Cada ramo particiona os dados de amostra restantes de modo que um registro de amostra pertence a cada ramo e, portanto, a uma classe. Dois nós folha são criados e assim terminamos. A árvore de decisão final está representada na Figura 28.7.

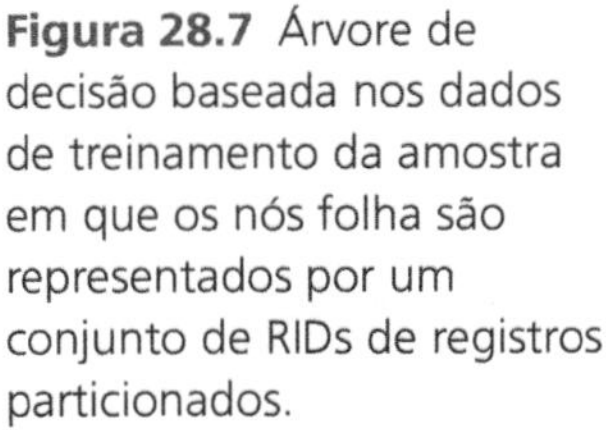

Figura 28.7 Árvore de decisão baseada nos dados de treinamento da amostra em que os nós folha são representados por um conjunto de RIDs de registros particionados.

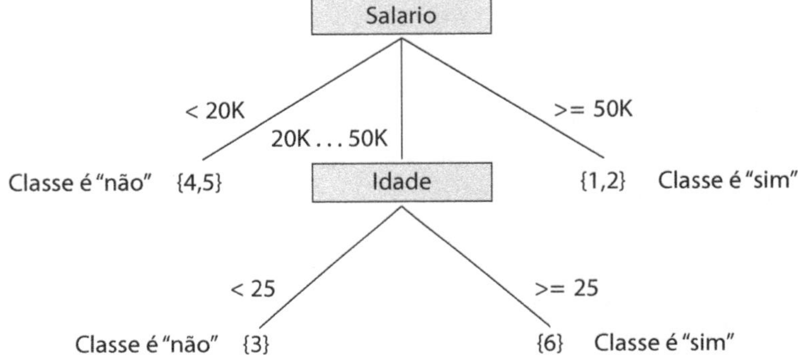

28.4 Agrupamento

A tarefa de mineração de dados anterior, de classificação, lida com o particionamento de dados com base no uso de uma amostra de treinamento pré-classificada. Contudo, em geral é útil particionar os dados sem ter uma amostra de treinamento; isso também é conhecido como **aprendizado não supervisionado.** Por exemplo, no comércio, pode ser importante determinar grupos de clientes que têm padrões de compra semelhantes, ou, na medicina, pode ser importante determinar grupos de pacientes que mostram reações semelhantes aos medicamentos receitados. O objetivo do agrupamento é colocar registros em grupos, de modo que os registros em um grupo sejam semelhantes uns aos outros e diferentes dos registros em outros grupos. Os grupos costumam ser *disjuntos*.

Uma faceta importante do agrupamento é a função de semelhança usada. Quando os dados são numéricos, normalmente é utilizada uma função de semelhança baseada na distância. Por exemplo, a distância euclidiana pode ser usada para medir a semelhança. Considere dois pontos de dados n-dimensionais (registros) r_j e r_k. Podemos considerar o valor da i-ésima dimensão como r_{ji} e r_{ki} para os dois registros. A distância euclidiana entre os pontos r_j e r_k no espaço n-dimensional é calculada como:

$$\text{Distância}(r_j, r_k) = \sqrt{|r_{j1} - r_{k1}|^2 + |r_{j2} - r_{k2}|^2 + \ldots + |r_{jn} - r_{kn}|^2}$$

Quanto menor a distância entre dois pontos, maior é a semelhança conforme pensamos nelas. Um algoritmo de agrupamento clássico é o algoritmo de k-means, o Algoritmo 28.4.

Algoritmo 28.4. Algoritmo de agrupamento de k-means
Entrada: Um banco de dados D, de m registros, $r_1, ..., r_m$ e um número desejado de clusters k
Saída: Conjunto de k clusters que minimiza o critério de erro ao quadrado
Início
  escolha aleatoriamente k registros como os centroides para os k clusters;
  repita
  atribua cada registro, r_i, a um cluster tal que a distância entre r_i e o centroide do cluster (médio) é a menor entre os k clusters;
  recalcule o centroide (médio) para cada cluster com base nos registros atribuídos ao cluster;
  até que não haja mudança;
Fim;

O algoritmo começa escolhendo aleatoriamente k registros para representar os centroides (médias), $m_1, ..., m_k$, dos clusters, $C_1, ..., C_k$. Todos os registros são colocados em determinado cluster com base na distância entre o registro e a média do cluster. Se a distância entre m_i e o registro r_j é a menor entre todas as médias de cluster, então o registro r_j é colocado no cluster C_i. Quando todos os registros tiverem sido colocados inicialmente em um cluster, a média para cada cluster é recalculada. Depois o processo se repete, examinando cada registro novamente e colocando-o no cluster cuja média é a mais próxima. Várias iterações podem ser necessárias, mas o algoritmo convergirá, embora possa terminar em um ponto ideal local. A condição de término normalmente é o critério de erro ao quadrado. Para os clusters $C_1, ..., C_k$ com médias $m_1, ..., m_k$, o erro é definido como:

$$\text{Erro} = \sum_{i=1}^{k} \sum_{\forall r_j \in C_i} \text{Distância}(r_j, m_i)^2$$

Examinaremos como o Algoritmo 28.4 funciona com os registros (bidimensionais) na Figura 28.8. Suponha que o número de clusters k desejados seja 2. Considere que o algoritmo escolha registros com RID 3 para o cluster C_1 e RID 6 para o cluster C_2 como centroides de cluster iniciais. Os registros restantes serão atribuídos a um desses clusters durante a primeira iteração do loop repita. O registro com RID 1 tem uma distância de C_1 igual a 22,4 e uma distância de C_2 de 32,0, de modo que se junta ao cluster C_1. O registro com RID 2 tem uma distância de C_1 igual a 10,0 e uma distância de C_2 igual a 5,0, de modo que se junta ao cluster C_2. O registro com RID 4 tem uma distância de C_1 igual a 25,5 e uma distância de C_2 igual a 36,6, de modo que se junta ao cluster C_1. O registro com RID 5 tem uma distância de C_1 igual a 20,6 e uma distância de C_2 igual a 29,2, de modo que se junta ao cluster C_1. Agora, a nova média (centroide) para os dois clusters é calculada. A média para um cluster, C_i, com n registros de m dimensões é o vetor:

$$\overline{C_i} = \left(\frac{1}{n} \sum_{\forall r_j \in C_i} r_{ji}, \ldots, \frac{1}{n} \sum_{\forall r_j \in C_i} r_{jm} \right)$$

Figura 28.8 Registros de duas dimensões de amostra para o exemplo de agrupamento (a coluna RID não é considerada).

RID	Idade	Anos_de_servico
1	30	5
2	50	25
3	50	15
4	25	5
5	30	10
6	55	25

A nova média para C_1 é (33,75; 8,75) e a nova média para C_2 é (52,5; 25). Uma segunda iteração é realizada e os seis registros são colocados nos dois clusters da seguinte forma: os registros com RIDs 1, 4, 5 são colocados em C_1 e os registros com RIDs 2, 3, 6 são colocados em C_2. A média para C_1 e C_2 é recalculada como (28,3; 6,7) e (51,7; 21,7), respectivamente. Na próxima iteração, todos os registros permanecem em seus clusters anteriores e o algoritmo termina.

Tradicionalmente, os algoritmos de agrupamento consideram que o conjunto de dados inteiro cabe na memória principal. Mais recentemente, os pesquisadores desenvolveram algoritmos eficientes e escaláveis para bancos de dados muito grandes. Um desses algoritmos é chamado de BIRCH. BIRCH é uma abordagem híbrida, que usa agrupamento hierárquico e monta uma representação de árvore dos dados, bem como métodos de agrupamento adicionais, aplicados aos nós folha da árvore. Dois parâmetros de entrada são utilizados pelo algoritmo BIRCH. Um especifica a quantidade de memória principal disponível e o outro é um threshold inicial para o raio de qualquer cluster. A memória principal serve para armazenar informações de cluster descritivas, como o centro (média) de um cluster e o raio do cluster (clusters são considerados esféricos em forma). O threshold do raio afeta o número de clusters produzidos. Por exemplo, se o valor de threshold do raio for grande, menos clusters de muitos registros serão formados. O algoritmo tenta manter o número de clusters de modo que seu raio esteja abaixo do threshold do raio. Se a memória disponível for insuficiente, o threshold do raio é aumentado.

O algoritmo BIRCH lê os registros de dados sequencialmente e os insere em uma estrutura de árvore na memória, que tenta preservar a estrutura de agrupamento dos dados. Os registros são inseridos em nós folha apropriados (clusters em potencial), com base na distância entre o registro e o centro do cluster. O nó folha onde a inserção acontece pode ter de ser dividido, dependendo do centro atualizado, do raio do cluster e do parâmetro de threshold do raio. Além disso, ao dividir, informações extras do cluster são armazenadas, e se a memória se tornar insuficiente, o threshold do raio será aumentado. Aumentar o threshold do raio pode realmente produzir um efeito colateral de reduzir o número de clusters, pois alguns nós podem ser mesclados.

Em geral, o BIRCH é um método de agrupamento eficiente, com uma complexidade computacional linear em relação ao número de registros a serem agrupados.

28.5 Abordagens para outros problemas de mineração de dados

28.5.1 Descoberta de padrões sequenciais

A descoberta de padrões sequenciais é baseada no conceito de uma sequência de conjuntos de itens. Consideramos que transações como as de cesta de mercado, que discutimos anteriormente, são ordenadas por momento da compra. Essa ordenação gera uma sequência de conjuntos de itens. Por exemplo, {leite, pão, suco}, {pão, ovos}, {biscoito, leite, café} podem ser tal **sequência de conjuntos de itens** com base em três visitas pelo mesmo cliente ao mercado. O **suporte** para uma sequência *S* de conjuntos de itens é a porcentagem do conjunto indicado *U* de sequências das quais *S* é uma subsequência. Neste exemplo, {leite, pão, suco} {pão, ovos} e {pão, ovos} {biscoito, leite, café} são consideradas **subsequências**. O problema de identificar padrões sequenciais, então, é encontrar todas as subsequências para os conjuntos de sequências indicados que possuem um suporte mínimo definido pelo usuário. A sequência S_1, S_2, S_3, ... é um **indicador** do fato de que um cliente que compra o conjunto de itens S_1 provavelmente comprará o conjunto de itens S_2 e depois S_3, e assim por diante. Essa previsão é baseada na frequência (suporte) dessa sequência no passado. Diversos algoritmos foram investigados para a detecção de sequência.

28.5.2 *Descoberta de padrões na série temporal*

Séries temporais são sequências de eventos; cada evento pode ser um certo tipo fixo de uma transação. Por exemplo, o preço de fechamento de uma ação ou de um fundo é um evento que ocorre a cada dia da semana para cada ação e fundo. A sequência desses valores por ação ou fundo constitui uma série temporal. Para uma série temporal, pode-se procurar uma série de padrões ao analisar sequências e subsequências, como fizemos antes. Por exemplo, poderíamos achar o período durante o qual o preço da ação subiu ou se manteve constante por *n* dias, ou poderíamos achar o período mais longo sobre o qual o preço da ação teve uma flutuação de não mais que 1% em relação ao preço de fechamento anterior, ou poderíamos achar o trimestre durante o qual o preço da ação teve o maior ganho percentual ou perda percentual. A série temporal pode ser comparada estabelecendo-se medidas de semelhança para identificar empresas cujas ações se comportam de um modo semelhante. A análise e mineração de séries temporais é uma funcionalidade estendida do gerenciamento de dados temporais (ver Capítulo 26).

28.5.3 *Regressão*

A *regressão* é uma aplicação especial da regra de classificação. Se uma regra de classificação é considerada uma função sobre as variáveis, que mapeia essas variáveis em uma variável de classe de destino, a regra é denominada **regra de regressão**. Uma aplicação geral da regressão ocorre quando, em vez de mapear uma tupla de dados de uma relação para uma classe específica, o valor de uma variável é previsto com base nessa tupla. Por exemplo, considere uma relação

TESTES_LAB (ID paciente, teste 1, teste 2, ..., teste *n*)

que contém valores que são resultados de uma série de *n* testes para um paciente. A variável de destino que queremos prever é *P*, a probabilidade de sobrevivência do paciente. Então a regra para regressão toma a forma:

(teste 1 no intervalo$_1$) e (teste 2 no intervalo$_2$) e ... (teste *n* no intervalo$_n$) $\Rightarrow P = x$, ou $x < P \leq y$

A escolha depende de podermos prever um valor único de *P* ou um intervalo de valores para *P*. Se considerarmos *P* uma função:

$P = f$ (teste 1, teste 2, ..., teste *n*)

a função é denominada **função de regressão** para prever P. Em geral, se a função aparece como

$$Y = f(X_1, X_2, ..., X_n),$$

e f é linear nas variáveis de domínio x_i, o processo de derivar f de um conjunto dado de tuplas para $<X_1, X_2, ..., X_n, y>$ é denominado **regressão linear**. A regressão linear é uma técnica estatística comumente utilizada para ajustar um conjunto de observações ou pontos em n dimensões com a variável de destino y.

A análise de regressão é uma ferramenta muito comum para análise de dados em diversos domínios de pesquisa. A descoberta da função para prever a variável de destino é equivalente a uma operação de mineração de dados.

28.5.4 Redes neurais

Uma **rede neural** é uma técnica derivada da pesquisa de inteligência artificial que usa a regressão generalizada e oferece um método iterativo para executá-la. As redes neurais usam a técnica de ajuste de curva para deduzir uma função a partir de um conjunto de amostras. Esta técnica oferece um *foco de aprendizado*; ela é controlada por uma amostra de teste usada para a inferência e o aprendizado iniciais. Com esse tipo de método de aprendizado, as respostas às novas entradas podem ser capazes de ser interpoladas com base nas amostras conhecidas. Essa interpolação, porém, depende do modelo do mundo (representação interna do domínio do problema) desenvolvido pelo método de aprendizado.

As redes neurais podem ser classificadas de modo geral em duas categorias: redes supervisionadas e não supervisionadas. Métodos adaptativos que tentam reduzir o erro da saída são métodos de **aprendizado supervisionado**, enquanto os que desenvolvem representações internas sem saídas de amostra são denominados métodos de **aprendizado não supervisionado**.

As redes neurais se autoadaptam; ou seja, elas aprendem pela informação sobre um problema específico. Elas funcionam bem em tarefas de classificação e, portanto, são úteis na mineração de dados. Mesmo assim, elas não estão livres de problemas. Embora aprendam, não oferecem uma boa representação do *que* aprenderam. Suas saídas são altamente quantitativas e difíceis de entender. Como outra limitação, as representações internas desenvolvidas por redes neurais não são únicas. Além disso, em geral, as redes neurais enfrentam problemas na modelagem dos dados de séries temporais. Apesar desses inconvenientes, elas são populares e constantemente usadas por vários vendedores comerciais.

28.5.5 Algoritmos genéticos

Algoritmos genéticos (GAs — *genetic algorithms*) são uma classe de procedimentos de pesquisa aleatórios capazes de realizar pesquisa adaptativa e robusta por uma grande faixa de topologias de espaço de pesquisa. Modelados com base no surgimento adaptativo de espécies biológicas de mecanismos evolucionários, e introduzidos por Holland,[6] os GAs têm sido aplicados com sucesso em campos tão diversificados quanto análise de imagens, escalonamento e projeto de engenharia.

Os algoritmos genéticos estendem a ideia da genética humana do alfabeto de quatro letras (com base nos nucleotídeos A, C, T, G) do código de DNA humano. A construção de um algoritmo genético envolve a idealização de um alfabeto que codifica as soluções para o problema de decisão em matéria de sequências desse

[6] O trabalho inicial de Holland (1975), intitulado *Adaptation in Natural and Artificial Systems*, introduziu a ideia de algoritmos genéticos.

alfabeto. As sequências são equivalentes aos indivíduos. Uma função de ajuste define quais soluções podem sobreviver e quais não podem. As formas como as soluções podem ser combinadas são moldadas pela operação cruzada de cortar e combinar sequências de um pai e uma mãe. Uma população inicial bem variada é oferecida, e um jogo de evolução é realizado, no qual mutações ocorrem entre sequências. Elas se combinam para produzir uma nova geração de indivíduos; os mais qualificados sobrevivem e realizam mutação, até que uma família de soluções bem-sucedidas se desenvolva.

As soluções produzidas pelos GAs distinguem-se da maioria das outras técnicas de pesquisa pelas seguintes características:

- Uma pesquisa de GA usa um conjunto de soluções durante cada geração, em vez de uma única solução.
- A pesquisa no espaço da sequência representa uma pesquisa paralela muito maior no espaço das soluções codificadas.
- A memória da pesquisa feita é representada unicamente pelo conjunto de soluções disponíveis para uma geração.
- Um algoritmo genético é um algoritmo que se torna aleatório, pois os mecanismos de pesquisa utilizam operadores probabilísticos.
- Ao prosseguir de uma geração para a seguinte, um GA encontra o equilíbrio quase ideal entre aquisição de conhecimento e exploração ao manipular soluções codificadas.

Os algoritmos genéticos são usados para solução e agrupamento de problemas. Sua capacidade de solucionar problemas em paralelo oferece uma ferramenta poderosa para a mineração de dados. As desvantagens dos GAs incluem a grande superprodução de soluções individuais, o caráter aleatório do processo de pesquisa e a alta demanda no processamento do computador. Em geral, um poder de computação substancial é exigido para conseguir algo significativo com algoritmos genéticos.

28.6 Aplicações de mineração de dados

Tecnologias de mineração de dados podem ser aplicadas a uma grande variedade de contextos de tomada de decisão nos negócios. Em particular, algumas áreas de ganhos significativos devem incluir as seguintes:

- **Marketing.** As aplicações incluem análise de comportamento do consumidor com base nos padrões de compra; a determinação das estratégias de marketing que incluem propaganda, local da loja e correio direcionado; segmentação de clientes, lojas ou produtos; e projeto de catálogos, layouts de loja e campanhas publicitárias.
- **Finanças.** As aplicações incluem análise de credibilidade de clientes; segmentação de contas a receber; análise de desempenho de investimentos financeiros, como ações, títulos e fundos de investimentos; avaliação de opções de financiamento; e detecção de fraude.
- **Manufatura.** As aplicações envolvem otimização de recursos como máquinas, mão de obra e matéria-prima; e o projeto ideal de processos de manufatura, layout de galpões e projeto de produtos, como automóveis baseados em solicitações do cliente.
- **Saúde.** Algumas aplicações são descoberta de padrões em imagens radiológicas, análise de dados experimentais de microarray (chip de gene) para agrupar genes

e relacionar sintomas ou doenças, análise de efeitos colaterais de drogas e eficácia de certos tratamentos, otimização de processos em um hospital e análise do relacionamento entre dados de bem-estar do paciente e qualificações do médico.

28.7 Ferramentas comerciais de mineração de dados

Atualmente, as ferramentas comerciais de mineração de dados usam diversas técnicas comuns para extrair conhecimento. Entre elas estão regras de associação, agrupamento, redes neurais, sequenciação e análise estatística. Já discutimos sobre elas. Também são usadas árvores de decisão, que são uma representação das regras utilizadas na classificação ou agrupamento, e análises estatísticas, que podem incluir regressão e muitas outras técnicas. Outros produtos comerciais utilizam técnicas avançadas, como algoritmos genéticos, lógica baseada em caso, redes bayesianas, regressão não linear, otimização combinatória, combinação de padrão e lógica fuzzy. Neste capítulo, já discutimos alguns deles.

A maioria das ferramentas de mineração de dados utiliza a interface ODBC (*open database connectivity*). ODBC é um padrão da indústria que funciona com bancos de dados; ele permite acesso aos dados na maioria dos programas de banco de dados populares, como Access, dBASE, Informix, Oracle e SQL Server. Alguns desses pacotes de software oferecem interfaces para programas específicos de banco de dados; os mais comuns são Oracle, Access e SQL Server. A maior parte das ferramentas funciona no ambiente Microsoft Windows e algumas, no sistema operacional UNIX. A tendência é que todos os produtos operem no ambiente Microsoft Windows. Uma ferramenta, o Data Surveyor, menciona a compatibilidade com ODMG; ver Capítulo 12, no qual discutimos o padrão orientado a objeto ODMG.

Em geral, esses programas realizam processamento sequencial em uma única máquina. Muitos desses produtos atuam no modo cliente-servidor. Alguns deles incorporam o processamento paralelo em arquiteturas de computador paralelas e atuam como uma parte das ferramentas de processamento analítico on-line (OLAP).

28.7.1 Interface com o usuário

A maioria das ferramentas é executada em um ambiente de interface gráfica com o usuário (GUI, do inglês *graphical user interface*). Alguns produtos incluem técnicas de visualização sofisticadas para exibir dados e regras (por exemplo, MineSet da SGI) e são até capazes de manipular dados assim interativamente. As interfaces de texto são raras e mais comuns em ferramentas disponíveis para UNIX, como o Intelligent Miner da IBM.

28.7.2 Interface de programação de aplicações

Normalmente, a interface de programação de aplicações (API) é uma ferramenta opcional. A maioria dos produtos não permite o uso de suas funções internas. Porém, alguns deles permitem que o programador de aplicação reutilize seu código. As interfaces mais comuns são bibliotecas C e Dynamic Link Libraries (DLLs). Algumas ferramentas incluem linguagens próprias de comando de banco de dados.

Na Tabela 28.1, listamos 11 ferramentas de mineração de dados representativas. Até o momento, existem quase cem produtos de mineração de dados comerciais disponíveis em todo o mundo. Fora dos Estados Unidos, temos o Data Surveyor, da Holanda, e o PolyAnalyst, da Rússia.

Tabela 28.1 Algumas ferramentas de mineração de dados representativas.

Empresa	Produto	Técnica	Plataforma	Interface*
AcknoSoft	Kate	Árvores de decisão, raciocínio baseado em caso	Windows UNIX	Microsoft Access
Angoss	Knowledge SEEKER	Árvores de decisão, estatística	Windows	ODBC
Business Objects	Business Miner	Redes neurais, aprendizado de máquina	Windows	ODBC
CrossZ	QueryObject	Análise estatística, algoritmo de otimização	Windows MVS UNIX	ODBC
Data Distilleries	Data Surveyor	Abrangente; pode misturar diferentes tipos de mineração de dados	UNIX	ODBC e compatível com ODMG
DBMiner Technology Inc.	DBMiner	Análise OLAP, associações, classificação, algoritmos de agrupamento	Windows	Microsoft 7.0 OLAP
IBM	Intelligent Miner	Classificação, regras de associação, modelos de previsão	UNIX (AIX)	IBM DB2
Megaputer Intelligence	PolyAnalyst	Aquisição de conhecimento simbólico, programação evolucionária	Windows OS/2	ODBC Oracle DB2
NCR	Management Discovery Tool (MDT)	Regras de associação	Windows	ODBC
Purple Insight	MineSet	Árvores de decisão, regras de associação	UNIX (Irix)	Oracle Sybase Informix
SAS	Enterprise Miner	Árvores de decisão, regras de associação, redes neurais, regressão, agrupamento	UNIX (Solaris) Windows Macintosh	ODBC Oracle AS/400

* ODBC: *open database connectivity*
ODMG: Object Data Management Group

28.7.3 Direções futuras

As ferramentas de mineração de dados estão continuamente evoluindo, com base nas ideias da pesquisa científica mais recente. Muitas dessas ferramentas incorporam os algoritmos mais recentes tomados da inteligência artificial (IA), estatística e otimização. Atualmente, o processamento rápido é feito com o uso de técnicas modernas de banco de dados — como o processamento distribuído — em arquiteturas cliente-servidor, em bancos de dados paralelos e em data warehousing. Para o futuro, a tendência é em direção ao desenvolvimento de capacidades de internet mais completas. Além disso, abordagens híbridas se tornarão comuns, e o processamento será feito usando-se todos os recursos disponíveis. O processamento tirará proveito dos ambientes de computação paralelo e distribuído. Essa mudança é especialmente importante porque os bancos de dados modernos contêm uma quantidade de informação muito grande.

A principal direção para a mineração de dados é na análise de terabytes e petabytes de dados nos chamados sistemas big data que apresentamos no Capítulo 25. Esses sistemas estão sendo equipados com suas próprias ferramentas e bibliotecas para mineração de dados, como Mahout, que roda em cima de Hadoop, que já descrevemos com detalhes. A área de mineração de dados também estará bastante ligada a dados que serão abrigados na nuvem, em data warehouses, e trazidos para serem usados em operações de mineração conforme a necessidade, usando servidores OLAP (*on-line analytical processing*). Não apenas os bancos de dados de multimídia estão crescendo, mas também o armazenamento e a recuperação de imagens são operações lentas. Além disso, o custo do armazenamento secundário está diminuindo, de modo que o armazenamento maciço de informações será viável, até mesmo para pequenas empresas. Assim, os programas de mineração de dados terão de lidar com conjuntos de dados maiores de mais empresas.

A maioria dos softwares de mineração de dados usará o padrão ODBC para extrair dados de bancos de dados comerciais; formatos de entrada proprietários poderão desaparecer. Existe uma necessidade definitiva de incluir dados fora do padrão, inserindo imagens e outros dados de multimídia, como dados de origem para mineração de dados.

28.8 Resumo

Neste capítulo, estudamos a disciplina importante da mineração de dados, que utiliza a tecnologia de banco de dados para descobrir conhecimento e padrões adicionais nos dados. Demos um exemplo ilustrativo da descoberta de conhecimento nos bancos de dados, que tem um escopo maior que a mineração de dados. Para a mineração de dados, entre as diversas técnicas, destacamos os detalhes da mineração da regra de associação, classificação e agrupamento. Apresentamos algoritmos em cada uma dessas áreas e ilustramos com exemplos como eles funcionam.

Diversas outras técnicas, incluindo as redes neurais baseadas em IA e algoritmos genéticos, também foram discutidas resumidamente. Existe pesquisa ativa em mineração de dados, e esboçamos algumas de suas direções esperadas. No mercado futuro de produtos de tecnologia de banco de dados, espera-se muita atividade de mineração de dados. Resumimos 11 das quase cem ferramentas de mineração de dados disponíveis; pesquisas futuras deverão estender significativamente a quantidade e a funcionalidade.

PERGUNTAS DE REVISÃO

28.1. Quais são as diferentes fases da descoberta de conhecimento a partir de bancos de dados? Descreva um cenário de aplicação completo em que o novo conhecimento pode ser minerado com base em um banco de dados de transações existente.

28.2. Quais são os objetivos ou tarefas que a mineração de dados tenta facilitar?

28.3. Quais são os cinco tipos de conhecimento produzidos da mineração de dados?

28.4. O que são regras de associação como um tipo de conhecimento? Dê uma definição de *suporte* e *confiança* e use-as para definir uma regra de associação.

28.5. O que é a propriedade de fechamento para baixo? Como ela auxilia no desenvolvimento de um algoritmo eficiente para encontrar regras de associação, ou seja, com relação à localização de grandes conjuntos de itens?

28.6. Qual foi o fator motivador para o desenvolvimento do algoritmo árvore FP para a mineração da regra de associação?

28.7. Descreva com um exemplo uma regra de associação entre hierarquias.

28.8. O que é uma regra de associação negativa no contexto da hierarquia da Figura 28.3?

28.9. Quais são as dificuldades da mineração de regras de associação de grandes bancos de dados?

28.10. O que são regras de classificação e como as árvores de decisão estão relacionadas a elas?

28.11. O que é entropia e como ela é usada na montagem de árvores de decisão?

28.12. Como o agrupamento difere da classificação?

28.13. Descreva as redes neurais e os algoritmos genéticos como técnicas para a mineração de dados. Quais são as principais dificuldades no uso dessas técnicas?

EXERCÍCIOS

28.14. Aplique o algoritmo Apriori ao seguinte conjunto de dados:

Id_transação	Itens_comprados
101	leite, pão, ovos
102	leite, suco
103	suco, manteiga
104	leite, pão, ovos
105	café, ovos
106	café
107	café, suco
108	leite, pão, biscoito, ovos
109	biscoito, manteiga
110	leite, pão

O conjunto de itens é {leite, pão, biscoito, ovos, manteiga, café, suco}. Use 0,2 para o valor de suporte mínimo.

28.15. Mostre duas regras que possuem uma confiança de 0,7 ou mais para um conjunto de itens que contém três itens do Exercício 28.14.

28.16. Para o algoritmo de partição, prove que qualquer conjunto de itens frequente no banco de dados precisa aparecer como um conjunto de itens frequente local em pelo menos uma partição.

28.17. Mostre a árvore FP que seria criada para os dados do Exercício 28.14.

28.18. Aplique o algoritmo de crescimento FP à árvore FP do Exercício 28.17 e mostre os conjuntos de itens frequentes.

28.19. Aplique o algoritmo de classificação ao seguinte conjunto de registros de dados. O atributo de classe é Cliente_assiduo.

RID	Idade	Cidade	Sexo	Educacao	Cliente_assiduo
101	20...30	SP	F	superior incompleto	SIM
102	20...30	BH	M	superior completo	SIM
103	31...40	SP	F	superior incompleto	SIM
104	51...60	SP	F	superior incompleto	NÃO
105	31...40	RJ	M	nível médio	NÃO
106	41...50	SP	F	superior incompleto	SIM
107	41...50	SP	F	superior completo	SIM
108	20...30	RJ	M	superior incompleto	SIM
109	20...30	SP	F	nível médio	NÃO
110	20...30	SP	F	superior incompleto	SIM

28.20. Considere o seguinte conjunto de registros bidimensionais:

RID	Dimensão1	Dimensão2
1	8	4
2	5	4
3	2	4
4	2	6
5	2	8
6	8	6

Considere também dois esquemas de agrupamento diferentes: (1) no qual $Grupo_1$ contém registros {1, 2, 3} e $Grupo_2$ contém registros {4, 5, 6} e (2) no qual $Grupo_1$ contém registros {1, 6} e $Grupo_2$ contém registros {2, 3, 4, 5}. Qual esquema é melhor e por quê?

28.21. Use o algoritmo de *k*-means para agrupar os dados do Exercício 28.20. Podemos usar um valor de 3 para *K* e considerar que os registros com RIDs 1, 3 e 5 são utilizados para os centroides (médias) de grupo iniciais.

28.22. O algoritmo de *k*-means utiliza uma métrica de semelhança da distância entre um registro e um centroide de cluster. Se os atributos dos registros não forem quantitativos, mas categóricos por natureza, como Nivel_de_renda com valores {baixo, médio, alto} ou Casado com valores {Sim, Não} ou Estado_de_residencia com valores {Acre, Alagoas, ..., Tocantins}, então a métrica de distância não é significativa. Defina uma métrica de semelhança mais adequada, que possa ser usada para agrupamento dos registros de dados que contêm dados categóricos.

BIBLIOGRAFIA SELECIONADA

A literatura sobre mineração de dados vem de vários campos, incluindo estatística, otimização matemática, aprendizado de máquina e inteligência artificial. Chen et al. (1996) dão um bom resumo da perspectiva de banco de dados sobre mineração de dados. O livro de Han e Kamber (2006) é um texto excelente, que descreve com detalhes os diferentes algoritmos e técnicas usadas na área de mineração de dados. O trabalho na pesquisa Almaden da IBM produziu um grande número de conceitos e algoritmos iniciais, bem como resultados de alguns estudos de desempenho. Agrawal et al. (1993) relatam o primeiro estudo importante sobre regras de associação. Seu algoritmo Apriori para dados de cesta de mercado em Agrawal e Srikant (1994) é melhorado com o uso de particionamento em Savasere et al. (1995); Toivonen (1996) propõe a amostragem como um meio de reduzir o esforço de processamento. Cheung et al. (1996) estendem o particionamento para ambientes distribuídos; Lin e Dunham (1998) propõem técnicas para contornar problemas com viés de dados. Agrawal et al. (1993b) discutem a perspectiva de desempenho sobre regras de associação. Mannila et al. (1994), Park et al. (1995) e Amir et al. (1997) apresentam outros algoritmos eficientes relacionados a regras de associação. Han et al. (2000) apresentam o algoritmo árvore FP discutido neste capítulo. Srikant e Agrawal (1995) propõem regras generalizadas de mineração. Savasere et al. (1998) apresentam a primeira técnica de mineração de associações negativas. Agrawal et al. (1996) descrevem o sistema Quest na IBM. Sarawagi et al. (1998) descrevem uma implementação em que as regras de associação são integradas a um sistema de gerenciamento de banco de dados relacional. Piatesky-Shapiro e Frawley (1992) contribuíram com artigos de diversos tópicos relacionados à descoberta de conhecimento. Zhang et al. (1996) apresentam o algoritmo BIRCH para o agrupamento de grandes bancos de dados. Informações sobre aprendizado de árvore de decisão e o algoritmo de classificação apresentado neste capítulo podem ser encontradas em Mitchell (1997).

Adriaans e Zantinge (1996), Fayyad et al. (1997) e Weiss e Indurkhya (1998) são livros dedicados aos diferentes aspectos da mineração de dados e seu uso na previsão. A ideia de algoritmos genéticos foi proposta por Holland (1975); um bom estudo dos algoritmos genéticos aparece em Srinivas e Patnaik (1994). Redes neurais possuem uma vasta literatura; uma introdução abrangente está disponível em Lippman (1987).

Tan, Steinbach e Kumar (2006) oferecem uma introdução abrangente à mineração de dados e possuem um conjunto detalhado de referências. Os leitores também são aconselhados a consultar os anais das duas principais conferências anuais em mineração de dados: a Knowledge Discovery and Data Mining Conference (KDD), que é realizada desde 1995, e a SIAM International Conference on Data Mining (SDM), que acontece desde 2001. Os links para as conferências anteriores podem ser encontrados em <http://dblp.uni-trier.de>.

29 Visão geral de data warehousing e OLAP

Data warehouses são bancos de dados que armazenam e mantêm dados analíticos separadamente dos bancos de dados orientados a transação, para fins de apoio à decisão. Os bancos de dados normais, orientados a transação, armazenam dados por um período limitado, antes que eles percam sua utilidade imediata e sejam arquivados. Por outro lado, os data warehouses costumam manter dados de vários anos, a fim de permitir a análise de dados históricos. Eles oferecem armazenamento, funcionalidade e responsividade às consultas além das capacidades dos bancos de dados orientados a transação. Acompanhando esse poder cada vez maior há uma grande demanda para melhorar o desempenho de acesso aos dados dos bancos de dados. Em organizações modernas, os usuários em geral são completamente retirados das fontes de dados. Muitas pessoas só precisam de acesso de leitura aos dados, mas ainda necessitam de acesso rápido a um volume maior de dados do que pode ser convenientemente baixado para o desktop. Com frequência, esses dados vêm de vários bancos. Como muitas das análises realizadas são recorrentes e previsíveis, os vendedores de software e o pessoal de suporte de sistemas projetam sistemas para dar suporte a essas funções. Os data warehouses são modelados e estruturados de forma diferente, utilizam diferentes tipos de tecnologias para armazenamento e recuperação, e são usados por tipos de usuários diferentes daqueles dos bancos de dados orientados a transação. Atualmente, existe uma grande necessidade de oferecer aos que tomam decisões, da gerência intermediária para cima, informações no nível correto de detalhe para dar apoio à atividade de tomada de decisão. *Data warehousing*, *processamento analítico on-line* (OLAP) e *mineração de dados* oferecem essa funcionalidade. Fizemos uma introdução às técnicas de mineração de dados no Capítulo 28. Neste capítulo, oferecemos uma visão geral mais ampla das tecnologias de data warehousing e OLAP.

29.1 Introdução, definições e terminologia

No Capítulo 1, definimos *banco de dados* como uma coleção de dados relacionados e um *sistema de banco de dados* como um banco de dados e um software de banco de dados juntos. Um data warehouse também é uma coleção de informações, bem como um sistema de suporte. Contudo, existe uma distinção clara. Os bancos de dados tradicionais são transacionais (relacionais, orientados a objeto, em rede ou hierárquicos). Os *data warehouses* têm a característica distintiva de servir principalmente para aplicações de apoio à decisão. Eles são otimizados para recuperação de dados, e não para processamento de transação de rotina.

Como os data warehouses têm sido desenvolvidos em diversas organizações para atender a necessidades particulares, não existe uma única definição canônica desse termo. Artigos de revistas profissionais e livros populares elaboraram o significado de diversas maneiras. Os vendedores aproveitaram a popularidade do termo para ajudar a comercializar uma série de produtos relacionados, e os consultores ofereceram uma grande variedade de serviços, todos sob a bandeira do data warehousing. Contudo, os data warehouses são muito distintos dos bancos de dados tradicionais em sua estrutura, funcionamento, desempenho e finalidade.

W. H. Inmon[1] caracterizou um **data warehouse** como *uma coleção de dados orientada a assunto, integrada, não volátil, variável no tempo para o apoio às decisões da gerência*. Os data warehouses oferecem acesso a dados para análise complexa, descoberta de conhecimento e tomada de decisão por meio de consultas **ocasionais** e prontas. **Consultas prontas** referem-se às consultas definidas *a priori*, com parâmetros que podem ocorrer com alta frequência. Data warehouses dão suporte a demandas de alto desempenho sobre os dados e informações de uma organização. Vários tipos de aplicações — OLAP, SAD e aplicações de mineração de dados — são aceitos. Definimos cada uma delas a seguir.

OLAP (processamento analítico on-line, *online analytical processing*) é um termo usado para descrever a análise de dados complexos do data warehouse. Nas mãos de trabalhadores do conhecimento habilidosos, as ferramentas OLAP permitem a consulta rápida e direta dos dados analíticos armazenados em data warehouses e **data marts** (bancos de dados analíticos semelhantes aos data warehouses, mas com um escopo definido de modo mais estreito).

SAD (sistemas de apoio à decisão, *decision-support systems*), também conhecido como **EIS — sistemas de informações executivas** (ou **sistemas de informações gerenciais**, *management information systems*), que não devem ser confundidos com sistemas de integração empresarial —, ajudam os principais tomadores de decisões de uma organização com dados de nível mais alto (analíticos) em decisões complexas e importantes. A mineração de dados (que discutimos no Capítulo 28) é usada para *descoberta do conhecimento*, o processo ocasional de procurar novo conhecimento imprevisto nos dados (como procurar pérolas de sabedoria em um oceano de dados).

Os bancos de dados tradicionais têm suporte para o **processamento de transação on-line** (**OLTP**, *online transaction processing*), que inclui inserções, atualizações e exclusões, enquanto também têm suporte para requisitos de consulta de informação. Os bancos de dados relacionais tradicionais são otimizados para processar consultas que podem tocar em uma pequena parte do banco de dados e transações que lidam com inserções ou atualizações no processo de algumas tuplas por relação. Assim, eles não podem ser otimizados para OLAP, SAD ou mineração de dados. Ao contrário, os data warehouses são projetados exatamente para dar suporte à extração, ao processamento e à apresentação eficientes para fins analíticos e de tomada de decisão. Em comparação com os bancos de dados tradicionais, os data warehouses em geral

[1] Inmon (1992) tem sido reconhecido como o primeiro a usar o termo *warehouse*. Inmon et al. (2008) é intitulado "DW 2.0: The architecture for the next generation of Data Warehousing".

contêm quantidades muito grandes de dados de várias fontes, que podem incluir bancos de dados de diferentes modelos de dados e, às vezes, arquivos adquiridos de sistemas e plataformas independentes.

29.2 Características dos data warehouses

Para discutir data warehouses e distingui-los dos bancos de dados transacionais, é preciso que haja um modelo de dados apropriado. O modelo de dados multidimensional (explicado com mais detalhes na Seção 29.3) é uma boa escolha para OLAP e tecnologias de apoio à decisão. Ao contrário dos multibancos de dados, que oferecem acesso a bancos de dados disjuntos e normalmente heterogêneos, um data warehouse geralmente é um depósito de dados integrados de múltiplas fontes, processados para armazenamento em um modelo multidimensional. Diferentemente da maioria dos bancos de dados transacionais, data warehouses costumam apoiar a análise de série temporal e tendência, ambas exigindo mais dados históricos do que geralmente é mantido nos bancos de dados transacionais.

Em comparação com os bancos de dados transacionais, os data warehouses são não voláteis. Isso significa que as informações no data warehouse mudam com muito menos frequência e podem ser consideradas como apenas de leitura/acréscimo/eliminação. Um data warehouse pode ser considerado não de tempo real com inserções periódicas. Em sistemas transacionais, as transações são a unidade e o agente de mudança no banco de dados; ao contrário, a informação do data warehouse é muito menos detalhada e atualizada de acordo com uma escolha cuidadosa de política de atualização, normalmente incremental. As inserções no warehouse são tratadas pelo processo de **ETL** (**extração, transformação e carga**, *extract, transform, load*), que realiza uma grande quantidade de pré-processamento e que pode ser visto na Figura 29.1. Também podemos descrever o data warehousing de forma mais geral como *uma coleção de tecnologias de apoio à decisão, visando a habilitar o trabalhador do conhecimento (executivo, gerente, analista) a tomar decisões melhores e mais rápidas*.[2] A Figura 29.1 oferece uma visão geral da estrutura conceitual de um data warehouse. Ela mostra o processo inteiro de data warehousing, que inclui a possível limpeza e reformatação dos dados antes que sejam carregados no warehouse. Esse processo é tratado por ferramentas conhecidas como ferramentas de ETL. No backend do processo, OLAP, mineração de dados e SAD podem gerar novas informações relevantes, como as regras (ou metadados adicionais); essas informações aparecem na figura voltando como entradas de dados adicionais no warehouse. A figura também mostra que as fontes de dados podem incluir arquivos.

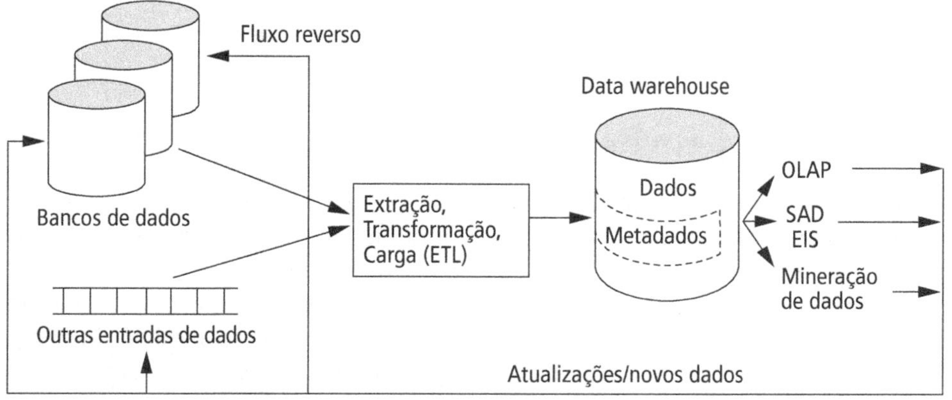

Figura 29.1 Visão geral da arquitetura geral de um data warehouse.

[2] Chaudhuri e Dayal (1997) oferecem um excelente tutorial sobre o assunto, com esta sendo uma definição inicial.

As características importantes dos data warehouses que acompanharam a definição do termo OLAP em 1993 incluíram as seguintes, aplicáveis ainda hoje:[3]

- Visão conceitual multidimensional.
- Dimensões e níveis de agregação ilimitados.
- Operações irrestritas entre dimensões.
- Tratamento dinâmico de matriz esparsa.
- Arquitetura cliente-servidor.
- Suporte para múltiplos usuários.
- Acessibilidade.
- Transparência.
- Manipulação de dados intuitiva.
- Análise indutiva e dedutiva.
- Relatório flexível distribuído.

Como abrangem um grande volume de dados, os data warehouses geralmente são uma ordem de grandeza (às vezes, duas ordens de grandeza) maiores que os bancos de dados de origem. O imenso volume de dados (provavelmente na faixa dos terabytes ou mesmo petabytes) é uma questão que tem sido tratada por meio de data warehouses em nível corporativo, data warehouses virtuais, data warehouses lógicos e data marts:

- **Data warehouses em nível corporativo** são imensos projetos que exigem investimento maciço de tempo e recursos.
- **Data warehouses virtuais** oferecem visões de bancos de dados operacionais que são materializadas para acesso eficiente.
- **Data warehouses lógicos** utilizam técnicas de federação, distribuição e virtualização de dados.
- **Data marts** em geral são voltados para um subconjunto da organização, como um departamento, e possuem um foco mais estreito.

Outros termos encontrados com frequência no contexto do data warehousing são os seguintes:

- **Data store operacional (ODS):** este termo normalmente é usado para a forma intermediária de bancos de dados, antes que sejam limpos, agregados e transformados em um data warehouse.
- **Data store analítico (ADS):** o banco de dados que é montado para fins de realizar análise de dados. Geralmente, ODSs são reconfigurados e replanejados para ADSs por meio de processos de limpeza, agregação e transformação.

29.3 Modelagem de dados para data warehouses

Modelos multidimensionais tiram proveito dos relacionamentos inerentes nos dados para preencher os dados em matrizes multidimensionais, chamadas *cubos de dados*. (Estes podem ser chamados de *hipercubos*, se tiverem mais de três dimensões.) Para dados que se prestam à formatação dimensional, o desempenho da consulta nas matrizes multidimensionais pode ser muito melhor que no modelo de dados relacional. Três exemplos de dimensões em um data warehouse corporativo são os períodos fiscais, produtos e regiões da empresa.

---

[3] Codd e Salley (1993) criaram o termo *OLAP* e mencionaram as características listadas aqui.

Uma planilha-padrão é uma matriz bidimensional. Um exemplo seria uma planilha de vendas regionais por produto para determinado período. Os produtos poderiam ser mostrados como linhas, com as receitas de vendas para cada região compreendendo as colunas. (A Figura 29.2 mostra essa organização bidimensional.) Ao acrescentar uma dimensão de tempo, como os trimestres fiscais de uma organização, seria produzida uma matriz tridimensional, que poderia ser representada usando um cubo de dados.

A Figura 29.3 mostra um cubo de dados tridimensional que organiza os dados de vendas de produtos por trimestres fiscais e regiões de vendas. Cada célula teria dados para um produto específico, trimestre fiscal específico e região específica. Ao incluir outras dimensões, um hipercubo de dados poderia ser produzido, embora mais de três dimensões não possam ser facilmente visualizadas ou apresentadas de maneira gráfica. Os dados podem ser consultados diretamente em qualquer combinação de dimensões, evitando consultas de banco de dados complexas. Existem ferramentas para visualizar dados de acordo com a escolha de dimensões do usuário.

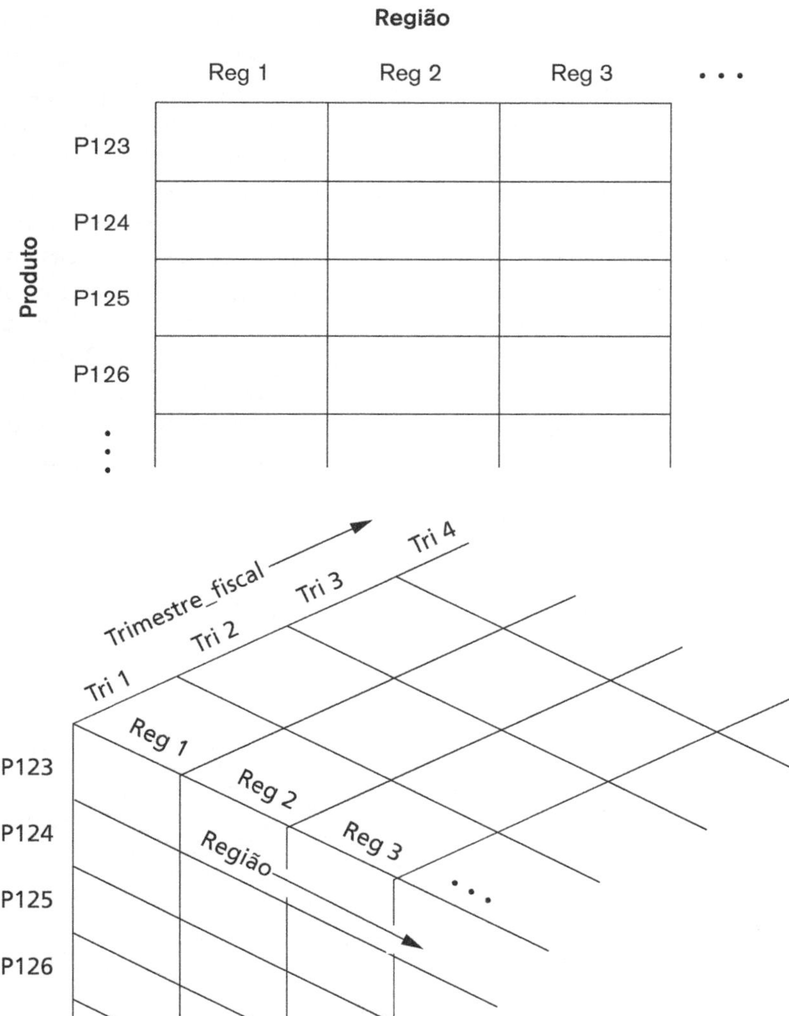

Figura 29.2 Um modelo de matriz bidimensional.

Figura 29.3 Um modelo de cubo de dados tridimensional.

Mudar da hierarquia (orientação) unidimensional para outra é algo feito com facilidade em um cubo de dados com uma técnica chamada de **giro** (também chamada de *rotação*). Nessa técnica, o cubo de dados pode ser imaginado girando para mostrar uma orientação diferente dos eixos. Por exemplo, você poderia girar o cubo de dados para mostrar as receitas de vendas regionais como linhas, os totais de receita por trimestre fiscal como colunas e os produtos da empresa na terceira dimensão (Figura 29.4). Logo, essa técnica é equivalente a ter uma tabela de vendas regionais para cada produto separadamente, em que cada tabela mostra vendas trimestrais para esse produto região por região. O termo **slice** (ou fatia) é usado para se referir a uma visão bidimensional de um cubo tridimensional ou de dimensões maiores. A visão 2-D de Produto *versus* Região mostrada na Figura 29.2 é uma fatia do cubo 3-D mostrado na Figura 29.3. O termo popular "*slice and dice*" implica uma redução sistemática de um corpo de dados em trechos ou visões menores, de modo que a informação esteja visível a partir de vários ângulos ou pontos de vista.

Os modelos multidimensionais atendem prontamente a visões hierárquicas no que é conhecido como exibição roll-up ou exibição drill-down. Uma **exibição roll-up** sobe na hierarquia, agrupando em unidades maiores ao longo de uma dimensão (por exemplo, somando dados semanais por trimestre ou por ano). A Figura 29.5 mostra uma exibição roll-up que se move de produtos individuais para uma categorização maior dos produtos. Na Figura 29.6, uma **exibição drill-down** oferece a capacidade oposta, fornecendo uma visão mais detalhada, talvez desagregando as vendas do país por região e, depois, as vendas regionais por sub-região e também separando produtos por estilos. Geralmente, em um warehouse, a capacidade **drill-down** é limitada ao menor nível de dados agregados armazenados no warehouse. Por exemplo, em comparação com os dados mostrados na Figura 29.6, os dados de nível mais baixo corresponderão a algo como "o total de vendas para o estilo P123 subestilo A cor Preta no CEP 28890-000 da sub-região 1". Esse nível de agregação pode ter sido mantido no ODS. Alguns SGBDs, como o Oracle, oferecem o conceito de "tabela aninhada", que permite o acesso a níveis de dados mais baixos e, portanto, o drill-down penetra mais profundamente.

Figura 29.4 Versão girada do cubo de dados da Figura 29.3.

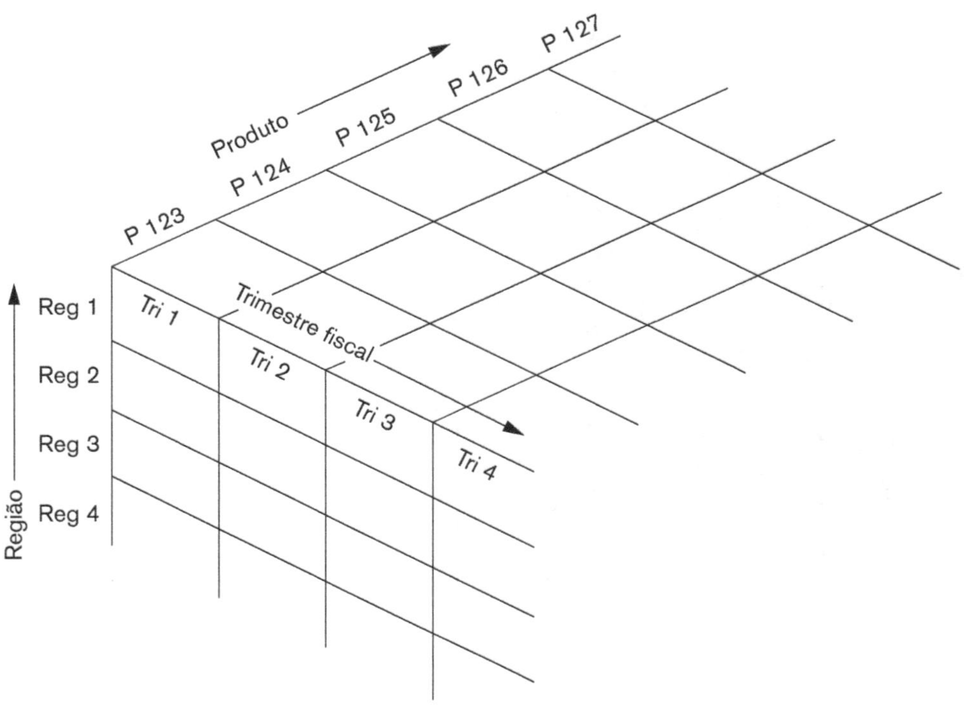

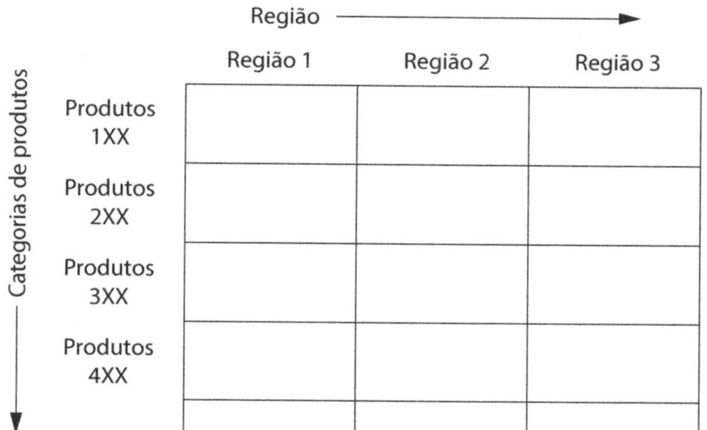

Figura 29.5 A operação roll-up.

		Região 1				Região 2
		Sub_reg 1	Sub_reg 2	Sub_reg 3	Sub_reg 4	Sub_reg 1
Estilos P123	A B C D					
Estilos P124	A B C					
Estilos P125	A B C D					

Figura 29.6 A operação drill-down.

O **modelo multidimensional** (também chamado de **modelo dimensional**) envolve dois tipos de tabelas: tabelas de dimensão e tabelas de fatos. Uma **tabela de dimensão** consiste em tuplas de atributos da dimensão. Uma **tabela de fatos** pode ser imaginada como tendo tuplas, uma para cada fato registrado. Esse fato contém alguma(s) variável(is) medida(s) ou observada(s) e a(s) identifica com ponteiros para tabelas de dimensão. A tabela de fatos contém os dados, e as dimensões identificam cada tupla nesses dados. Outra forma de examinar uma tabela de fatos é como uma visão aglomerada dos dados da transação, enquanto cada tabela de dimensão representa os chamados "dados mestres" aos quais essas transações pertencem. Nos sistemas de banco de dados multidimensionais, o modelo multidimensional foi implementado como um sistema de software especializado, conhecido como *banco de dados multidimensional*, que não discutimos aqui. Nosso tratamento do modelo multidimensional é baseado no armazenamento do warehouse como um banco de dados relacional em um SGBDR.

A Figura 29.7 contém um exemplo de tabela de fatos que pode ser vista da perspectiva de múltiplas tabelas de dimensão. Dois esquemas multidimensionais comuns são o esquema estrela e o esquema floco de neve. O **esquema estrela** consiste em uma tabela de fatos com uma única tabela para cada dimensão (Figura 29.7). O **esquema floco de neve** é uma variação do esquema estrela em que as tabelas dimensionais de um esquema estrela são organizadas em uma hierarquia ao normalizá-las (Figura 29.8). Uma **constelação de fatos** é um conjunto de tabelas de fatos que compartilham algumas tabelas de dimensão. A Figura 29.9 mostra uma constelação de fatos com duas tabelas de fatos, resultados de negócios e previsão de negócios. Estas compartilham a tabela de dimensão chamada produto. As constelações de fatos limitam as possíveis consultas para o warehouse.

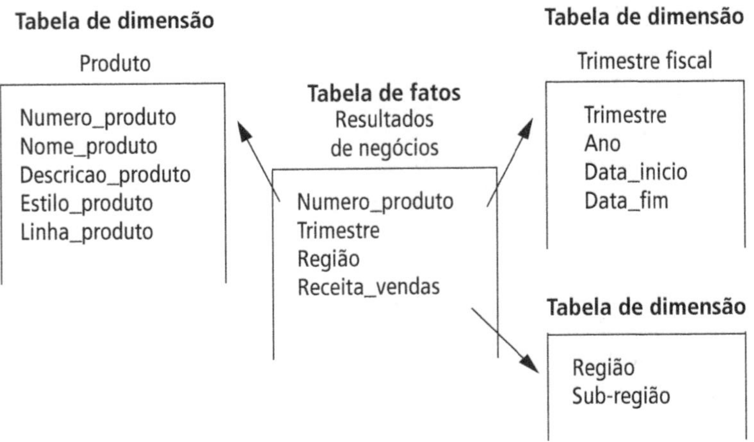

Figura 29.7 Um esquema estrela com tabelas de fato e dimensões.

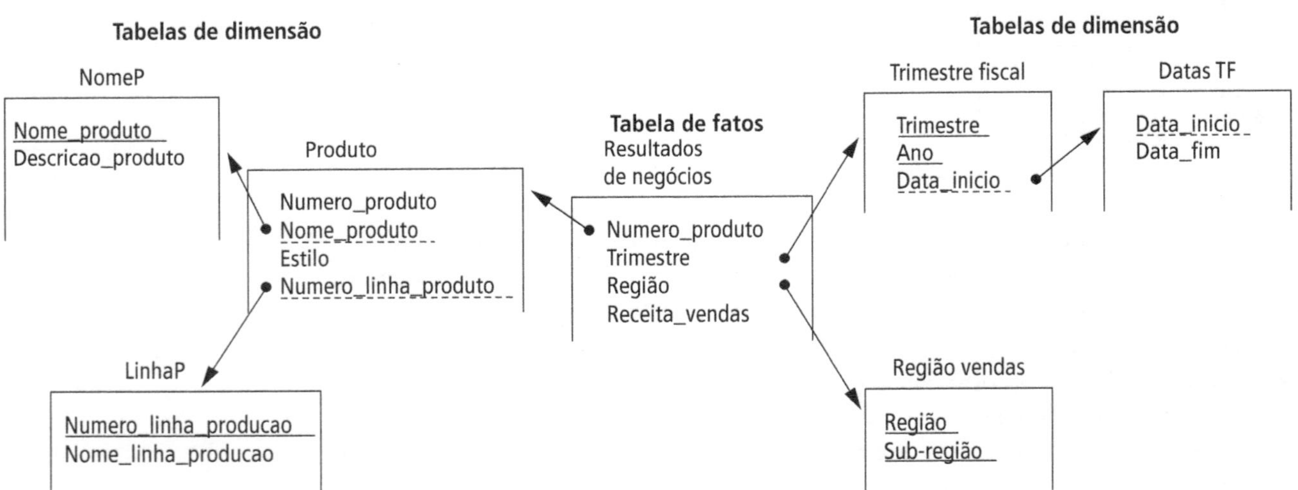

Figura 29.8 Um esquema floco de neve.

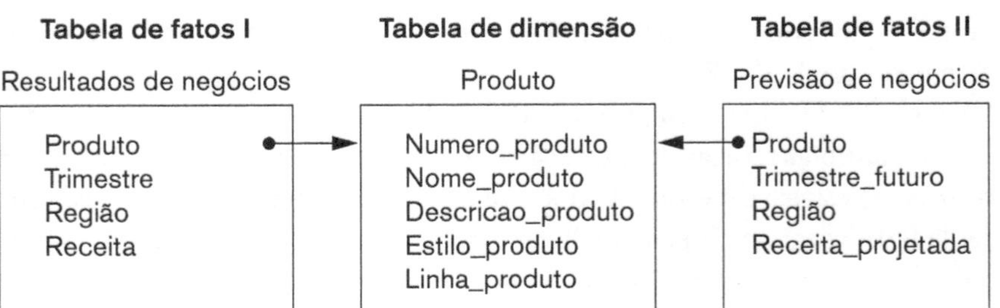

Figura 29.9 Uma constelação de fatos.

O armazenamento do data warehouse também utiliza técnicas de indexação para dar suporte ao acesso de alto desempenho (ver no Capítulo 17 uma discussão sobre indexação). Uma técnica chamada **indexação bitmap** constrói um vetor de bits para cada valor em um domínio (coluna) que está sendo indexado. Ela funciona muito bem para domínios de baixa cardinalidade. Existe um bit 1 colocado na posição *j* no vetor se a linha de ordem *j* tiver o valor sendo indexado. Por exemplo, imagine um estoque de 100.000 carros com um índice bitmap sobre o tamanho do carro. Se houver quatro tamanhos de carro — econômico, compacto, médio e grande —, haverá quatro vetores de bits, cada um contendo 100.000 bits (12,5 KB), com um tamanho total de 50K. A indexação bitmap pode oferecer vantagens consideráveis de entrada/saída e espaço de armazenamento nos domínios de baixa cardinalidade. Com vetores de bits, um índice bitmap pode oferecer grandes melhorias no desempenho de comparação, agregação e junção. Mostramos um exemplo de consulta sobre um esquema estrela na Seção 19.8, e também mostramos a transformação do esquema estrela para a execução eficiente que usa índices de bitmap.

Em um esquema estrela, dados dimensionais podem ser indexados para tuplas na tabela de fatos pela **indexação de junção.** Os índices de junção são índices tradicionais para manter relacionamentos entre valores de chave primária e chave estrangeira. Eles relacionam os valores de uma dimensão de um esquema estrela a linhas na tabela de fatos. Por exemplo, considere uma tabela de fato de vendas que tenha cidade e trimestre fiscal como dimensões. Se houver um índice de junção sobre cidade, para cada cidade o índice de junção mantém as IDs de tupla das tuplas que contêm essa cidade. Os índices de junção podem envolver várias dimensões.

O armazenamento de data warehouse pode facilitar o acesso a dados de resumo, tirando proveito da não volatilidade dos data warehouses e de um grau de previsibilidade das análises que serão realizadas ao utilizá-los. Duas técnicas foram usadas: (1) tabelas menores, incluindo dados de resumo como vendas trimestrais ou receita por linha de produto; e (2) codificação de nível (por exemplo, semanal, trimestral, anual) em tabelas existentes. Por comparação, o trabalho extra de criação e manutenção de tais agregações provavelmente seria excessivo em um banco de dados volátil, orientado a transação.

O objetivo do **gerenciamento de dados mestre** (**MDM** — *master data management*), um conceito popular dentro das empresas, é definir padrões, processos, políticas e governança relacionados às entidades de dados críticas da organização. As tabelas de dimensão — as quais, em um data warehouse, materializam conceitos, como clientes, regiões e categorias de produtos — representam essencialmente os dados mestres. Como as dimensões são compartilhadas entre vários fatos ou relatórios de data marts, os projetistas de data warehouse normalmente gastam uma quantidade considerável de tempo limpando e harmonizando essas dimensões (ou seja, reconciliando as diferenças de definição e notação em vários sistemas de origem provenientes dos dados de dimensão). Dessa forma, as estruturas de tabela que contêm essas dimensões tornam-se boas candidatas para cópias especiais de dados mestres que podem ser usadas em outros ambientes.

29.4 Criando um data warehouse

Na construção de um data warehouse, os responsáveis deverão ter uma visão ampla do uso antecipado do warehouse. Não existe um meio de antecipar todas as consultas ou análises possíveis durante a fase de projeto. Porém, o projeto deve aceitar especificamente a **consulta ocasional**, ou seja, acessar dados com qualquer combinação significativa de valores para os atributos nas tabelas de dimensão ou fatos. Por exemplo, uma empresa de bens de consumo com marketing intenso exigiria diferentes maneiras de organizar o data warehouse do que uma empresa de caridade sem fins lucrativos, voltada para angariar fundos. Um esquema apropriado seria escolhido para refletir o uso antecipado.

A aquisição de dados para o warehouse envolve as seguintes etapas:

1. Os dados precisam ser extraídos de várias fontes heterogêneas, por exemplo, bancos de dados ou outras entradas de dados, como as que contêm dados do mercado financeiro ou dados ambientais.
2. Os dados precisam ser formatados por coerência dentro do warehouse. Nomes, significados e domínios dos dados de fontes não relacionadas precisam ser reconciliados. Por exemplo, empresas subsidiárias de uma grande corporação podem ter diferentes calendários fiscais, com trimestres terminando em datas diferentes, tornando difícil agregar dados financeiros por trimestre. Diversos cartões de crédito podem informar suas transações de modos diferentes, tornando difícil calcular todas as vendas a crédito. Essas inconsistências de formato devem ser resolvidas.
3. Os dados precisam ser limpos para garantir a validade. A limpeza de dados é um processo complicado e complexo, que tem sido identificado como o componente que mais exige trabalho na construção do data warehouse. Para a entrada de dados, a limpeza precisa ocorrer antes que eles sejam carregados no warehouse. Como os dados de entrada precisam ser examinados e formatados de modo consistente, os criadores de data warehouse devem usar essa oportunidade para verificar a validade e a qualidade. Reconhecer dados errôneos e incompletos é difícil de automatizar, e a limpeza que requer correção de erro automática pode ser ainda mais complicada. Alguns aspectos, como a verificação de domínio, são facilmente codificados nas rotinas de limpeza de dados, mas o reconhecimento automático de outros problemas de dados pode ser mais desafiador. (Por exemplo, pode-se exigir que Cidade = "Campinas" com Estado = "RJ" seja reconhecida como uma combinação incorreta.) Depois que tais problemas tiverem sido resolvidos, dados semelhantes de fontes diferentes precisam ser coordenados para carga no warehouse. Quando os gerentes de dados na organização descobrem que seus dados estão sendo limpos para entrada no warehouse, eles provavelmente desejarão uma atualização com os dados limpos. O processo de retornar dados limpos para a origem é chamado de **fluxo reverso** (ver Figura 29.1).
4. Os dados precisam ser ajustados ao modelo de dados do warehouse. Os dados de várias fontes devem ser representados no modelo de dados do warehouse. Eles podem ter de ser convertidos de bancos de dados relacionais, orientados a objeto ou legados (em rede e/ou hierárquico) para um modelo multidimensional.
5. Os dados precisam ser carregados no warehouse. O grande volume de dados no warehouse torna a carga dos dados uma tarefa significativa. São necessárias ferramentas de monitoramento para cargas, bem como métodos para recuperação de cargas incompletas ou incorretas. Com o imenso volume de dados no warehouse, a atualização incremental normalmente é a única técnica viável. A política de renovação provavelmente surgirá como um comprometimento que leva em conta as respostas às seguintes perguntas:
   - Até que ponto os dados devem estar atualizados?
   - O warehouse pode ficar off-line, e por quanto tempo?

- Quais são as interdependências dos dados?
- Qual é a disponibilidade do armazenamento?
- Quais são os requisitos de distribuição (como para replicação e particionamento)?
- Qual é o tempo de carga (incluindo limpeza, formatação, cópia, transmissão e overhead, como a recriação de índice)?

Os dados em um warehouse podem vir de várias origens, geografias e/ou fusos horários. As cargas de dados, portanto, precisam ser cuidadosamente planejadas e organizadas. A ordem em que os dados são carregados no warehouse é crítica; a falha no carregamento de dados na ordem correta pode levar a restrições de integridade ou violações de regras semânticas, que podem causar falhas de carga. Por exemplo, os dados mestres (novos ou alterados), como Cliente e Produto, devem ser carregados antes das transações que os contêm; e os dados da fatura devem ser carregados antes dos dados de faturamento que a referenciam.

Como dissemos, os bancos de dados precisam lutar por um equilíbrio entre eficiência no processamento de transação e suporte dos requisitos da consulta (consultas ocasionais do usuário), mas um data warehouse normalmente é otimizado para acesso com base nas necessidades de um tomador de decisão. O armazenamento de dados em um data warehouse reflete essa especialização e envolve os seguintes processos:

- Armazenamento dos dados de acordo com o modelo de dados do warehouse.
- Criação e manutenção das estruturas de dados exigidas.
- Criação e manutenção dos caminhos de acesso apropriados.
- Fornecimento de dados variáveis no tempo à medida que novos dados são incluídos.
- Suporte à atualização dos dados do warehouse.
- Atualização dos dados.
- Eliminação dos dados.

Embora um tempo adequado possa ser inicialmente dedicado à construção do warehouse, seu imenso volume de dados costuma tornar impossível simplesmente recarregá-lo em sua totalidade mais adiante. As alternativas são a atualização seletiva (parcial) dos dados e versões de warehouse separadas (exigindo capacidade de armazenamento duplo para o warehouse). Quando o warehouse utiliza um mecanismo de atualização de dados incremental, os dados precisam ser periodicamente eliminados; por exemplo, um warehouse que mantém dados sobre os 12 trimestres comerciais anteriores pode, de maneira periódica, eliminar seus dados a cada ano, ou até mesmo a cada trimestre.

Os data warehouses também devem ser projetados com consideração total do ambiente em que residirão. Considerações de projeto importantes incluem as seguintes:

- Projeções de uso.
- O ajuste do modelo de dados.
- Características das fontes disponíveis.
- Projeto do componente de metadados.
- Projeto de componente modular.
- Projeto de facilidade de gerenciamento e mudança.
- Considerações de arquitetura distribuída e paralela.

Discutimos cada um desses itens por vez. O projeto de warehouse é inicialmente controlado por projeções de uso; ou seja, por expectativas sobre quem usará o warehouse e como eles o usarão. A escolha de um modelo de dados para dar suporte a esse uso é uma decisão inicial chave. Projeções de uso e as características das origens de dados do warehouse são levadas em consideração. O projeto modular é uma necessidade prática para permitir que o warehouse evolua com a organização e seu ambiente de informação. Além disso, um data warehouse bem montado deve ser projetado para facilidade de manutenção, permitindo que os gerentes de warehouse planejem e gerenciem a mudança com eficiência, enquanto oferecem suporte ideal para os usuários.

Você deve se lembrar do termo *metadados* do Capítulo 1; metadados foram definidos como a descrição de um banco de dados que inclui sua definição de esquema. O **repositório de metadados** é um componente-chave do data warehouse. O repositório inclui metadados técnicos e de negócios. Os **metadados técnicos** abordam detalhes de aquisição, processamento, estruturas de armazenamento, descrições de dados, operações e manutenção do warehouse, e funcionalidade de suporte ao acesso. Os **metadados de negócios** incluem as regras de negócios relevantes e os detalhes organizacionais que dão suporte ao warehouse.

A arquitetura do ambiente de computação distribuída da organização é uma importante característica determinante para o projeto do warehouse. Existem duas arquiteturas distribuídas básicas: o warehouse distribuído e o warehouse federado. Para um **warehouse distribuído**, todos os aspectos dos bancos de dados distribuídos são relevantes; por exemplo, replicação, particionamento, comunicações e questões de consistência. Uma arquitetura distribuída pode oferecer benefícios particularmente importantes ao desempenho do warehouse, como balanceamento de carga melhorado, escalabilidade de desempenho e maior disponibilidade. Um único repositório de metadados replicado residiria em cada site de distribuição. A ideia do **warehouse federado** é a mesma do banco de dados federado: uma confederação descentralizada de data warehouses autônomos, cada um com o próprio repositório de metadados. Dada a magnitude do desafio inerente aos data warehouses, é provável que tais federações consistam em componentes de escala menor, como os data marts.

As empresas estão ficando insatisfeitas com as técnicas e tecnologias tradicionais de data warehousing. Novos requisitos analíticos estão impulsionando novas aplicações analíticas; alguns exemplos são Netezza da IBM, Greenplum da EMC, Hana da SAP e ParAccel da Tableau Software. A análise de big data levou o Hadoop e outros bancos de dados especializados, como armazenamentos de grafos e chave-valor, para a próxima geração do data warehousing (consulte, no Capítulo 25, uma discussão sobre tecnologia big data baseada em Hadoop). As plataformas de virtualização de dados, como a da Cisco,[4] permitirão que esses data warehouses lógicos sejam construídos no futuro.

29.5 Funcionalidade típica de um data warehouse

Os data warehouses existem para facilitar as consultas ocasionais complexas, com o uso intenso e frequente de dados. Consequentemente, os data warehouses precisam oferecer suporte à consulta muito maior e mais eficiente do que é exigido dos bancos de dados transacionais. O componente de acesso ao data warehouse tem suporte para funcionalidade de planilha avançada, processamento de consulta

[4] Ver a descrição da Data Virtualization Platform da Cisco em <https://www.tibco.com/products/data-virtualization>.

eficiente, consultas estruturadas, consultas ocasionais, mineração de dados e visões materializadas. Em particular, a funcionalidade de planilha avançada inclui suporte para as mais modernas aplicações de planilha (por exemplo, MS Excel), bem como para programas de aplicações OLAP. Estes oferecem funcionalidades pré-programadas, como as seguintes:

- **Roll-up (também drill-up).** Os dados são resumidos com generalização cada vez maior (por exemplo, semanal para trimestral para anual).
- **Drill-down.** Níveis cada vez maiores de detalhes são revelados (o complemento de roll-up).
- **Giro.** A tabulação cruzada (também conhecida como *rotação*) é realizada.
- **Slice and dice.** Operações de projeção são realizadas nas dimensões.
- **Ordenação.** Os dados são ordenados por valor ordinal.
- **Seleção.** Os dados estão disponíveis por valor ou intervalo.
- **Atributos derivados (calculados).** Atributos são calculados por operações sobre valores armazenados e derivados.

Como os data warehouses são livres das restrições do ambiente transacional, existe uma eficiência aumentada no processamento da consulta. Entre as ferramentas e técnicas usadas estão a transformação de consulta; interseção e união de índice; funções especiais **ROLAP** (OLAP relacional) e **MOLAP** (OLAP multidimensional); extensões SQL; métodos de junção avançados; e varredura inteligente (como nas consultas múltiplas piggy-backing).

Há também uma opção **HOLAP** (OLAP híbrido), que combina ROLAP e MOLAP. Para as informações do tipo resumo, HOLAP aproveita a tecnologia de cubo (usando MOLAP) para obter um desempenho mais rápido. Quando são necessárias informações detalhadas, HOLAP pode "mergulhar" no cubo e chegar até os dados relacionais subjacentes (que estão no componente ROLAP).

O melhor desempenho também tem sido obtido com o processamento paralelo. As arquiteturas de servidor paralelas incluem multiprocessador simétrico (SMP), cluster e processamento maciçamente paralelo (MPP), além de combinações deles.

Os trabalhadores do conhecimento e os tomadores de decisão utilizam ferramentas que variam desde consultas parametrizadas até consultas ocasionais e mineração de dados. Assim, o componente de acesso do data warehouse precisa oferecer suporte para consultas estruturadas (tanto parametrizadas quanto ocasionais). Juntos, eles compõem um ambiente de consulta gerenciado. A própria mineração de dados usa técnicas da análise estatística e inteligência artificial. A análise estatística pode ser realizada por planilhas avançadas, por softwares sofisticados de análise estatística e por programas escritos especialmente para isso. Técnicas como *lagging*, médias móveis e análise de regressão normalmente também são empregadas. Técnicas de inteligência artificial, que podem incluir algoritmos genéticos e redes neurais, são usadas para classificação e empregadas para descobrir conhecimento do data warehouse, que pode ser inesperado ou difícil de especificar em consultas. (Tratamos a mineração de dados com detalhes no Capítulo 28.)

29.6 Data warehouses *versus* visões

Algumas pessoas têm considerado os data warehouses uma extensão das visões do banco de dados. Já mencionamos as visões materializadas como um modo de atender aos requisitos para acesso melhorado aos dados (veja uma discussão sobre visões na Seção 7.3). As visões materializadas têm sido exploradas por sua melhoria no desempenho. Na Seção 19.2.4, discutimos como as visões materializadas são mantidas e usadas como parte da otimização da consulta. No entanto, as visões oferecem apenas um subconjunto das funções e capacidades dos data warehouses. Visões e data warehouses são semelhantes porque ambos possuem extratos apenas de leitura dos bancos de dados e permitem a orientação por assunto. Contudo, os data warehouses são diferentes das visões das seguintes maneiras:

- Os data warehouses existem como armazenamento persistente, em vez de serem materializados por demanda.
- Os data warehouses não são apenas visões relacionais, mas sim visões multidimensionais com níveis de agregação.
- Os data warehouses podem ser indexados para otimizar o desempenho. As visões não podem ser indexadas independentemente dos bancos de dados subjacentes.
- Os data warehouses caracteristicamente oferecem suporte específico de funcionalidade; as visões, não.
- Os data warehouses oferecem uma grande quantidade de dados integrados e normalmente temporais, em geral mais do que está contido em um banco de dados, ao passo que as visões são uma síntese de um banco de dados.
- Data warehouses trazem dados de várias fontes por meio de um processo ETL complexo, que envolve limpeza, poda e síntese, ao passo que as visões são uma síntese de um banco de dados por intermédio de uma consulta predefinida.

29.7 Dificuldades de implementação de data warehouses

Algumas questões operacionais significativas surgem com o data warehousing: construção, administração e controle de qualidade. O gerenciamento de projeto — projeto, construção e implementação do warehouse — é uma consideração importante e desafiadora, que não deve ser subestimada. A montagem de um warehouse em nível corporativo em uma grande organização é uma realização importante, potencialmente exigindo anos da conceitualização para implementação. Em virtude da dificuldade e da quantidade de tempo inicial exigidas para tal empreendimento, o desenvolvimento e a implantação generalizada dos data marts podem oferecer uma alternativa atraente, especialmente para as organizações com necessidades urgentes para suporte de OLAP, SAD e/ou mineração de dados.

A administração de um data warehouse é um empreendimento intenso, proporcional ao tamanho e à complexidade do warehouse. Uma organização que tenta administrar um data warehouse precisa realisticamente entender a natureza complexa de sua administração. Embora projetado para acesso de leitura, um data warehouse não é uma estrutura mais estática do que qualquer uma de suas fontes de informação. Os bancos de dados de origem podem evoluir. O esquema e o componente de aquisição do warehouse devem esperar atualização para lidar com essas evoluções.

Uma questão significativa no data warehousing é o controle de qualidade dos dados. Tanto a qualidade quanto a consistência dos dados são questões importantes — especialmente em relação aos dados de dimensão, que, por sua vez, afetam o gerenciamento dos dados mestres. Embora os dados passem por uma função de limpeza durante a aquisição, a qualidade e a consistência continuam sendo questões significativas para o administrador e o projetista do banco de dados. Juntar dados de fontes heterogêneas e distintas é um desafio sério, dadas as diferenças na nomeação, definições de domínio, números de identificação e coisas do tipo. Toda vez que um banco de dados de origem muda, o administrador do data warehouse precisa considerar as possíveis interações com outros elementos do warehouse.

Projeções de uso devem ser estimadas conservadoramente antes da construção do data warehouse e devem ser revisadas de maneira contínua para refletir os requisitos atuais. À medida que os padrões de utilização se tornam claros e mudam com o tempo, o armazenamento e os caminhos de acesso podem ser ajustados para que permaneçam otimizados para o suporte do uso de seu warehouse pela organização. Essa atividade deve continuar por toda a vida do warehouse para que continue antecipando a demanda. O warehouse também deve ser projetado para acomodar o acréscimo e o desgaste das fontes de dados sem um reprojeto importante. As origens e os dados de origem evoluirão, e o warehouse precisa acomodar essa mudança. Ajustar os dados de origem disponíveis ao modelo de dados do warehouse será um desafio contínuo, uma tarefa que é tanto arte quanto ciência. Como existe uma mudança rápida e contínua nas tecnologias, os requisitos e as capacidades do warehouse mudarão consideravelmente com o tempo. Além disso, a própria tecnologia de warehousing continuará a evoluir por algum tempo, de modo que as estruturas e funcionalidades componentes serão continuamente atualizadas. Essa mudança certa é uma motivação excelente para que haja um projeto totalmente modular dos componentes.

A administração de um data warehouse exigirá habilidades muito mais amplas que as necessárias para a administração do banco de dados tradicional. Geralmente, diferentes partes de uma grande organização enxergam os dados de formas diferentes. Provavelmente, será necessária uma equipe de especialistas técnicos altamente habilitados, com áreas de especialização sobrepostas, em vez de um único indivíduo. A equipe também deverá possuir um conhecimento profundo dos negócios e, especificamente, as regras e regulamentações, as restrições e as políticas da empresa. Assim como a administração do banco de dados, a administração do data warehouse é apenas parcialmente técnica; uma grande parte da responsabilidade exige o trabalho eficaz com todos os membros da organização com um interesse no data warehouse. Por mais difícil que às vezes possa ser para os administradores do banco de dados, isso é muito mais desafiador para os administradores do data warehouse, pois o escopo de suas responsabilidades é consideravelmente maior do que o enfrentado pelos administradores de banco de dados.

O projeto da função de gerenciamento e a seleção da equipe de gerenciamento para um data warehouse são cruciais. Seu gerenciamento em uma organização grande certamente será uma tarefa importante. Muitas ferramentas comerciais estão disponíveis para dar suporte a funções de gerenciamento. O gerenciamento eficaz do data warehouse com certeza será uma função de equipe, que exige um grande conjunto de habilidades técnicas, coordenação cuidadosa e liderança eficaz. Assim como precisamos nos preparar para a evolução do warehouse, também temos de reconhecer que as habilidades da equipe da gerência, necessariamente, evoluirão com ela.

29.8 Resumo

Neste capítulo, estudamos o campo conhecido como data warehousing. O data warehousing pode ser visto como um processo que requer uma série de atividades preliminares. Ao contrário, a mineração de dados (ver Capítulo 28) pode ser imaginada como uma atividade que retira conhecimento de um data warehouse existente ou de outras fontes de dados. Em primeiro lugar, na Seção 29.1, apresentamos os principais conceitos relacionados ao data warehousing e definimos termos como *OLAP* e *SAD*, confrontando-os com OLTP. Apresentamos uma arquitetura geral dos sistemas de data warehousing. Na Seção 29.2, discutimos as características fundamentais dos data warehouses e seus diferentes tipos. Depois, na Seção 29.3, discutimos a modelagem de dados em warehouses usando o que é popularmente conhecido como modelo de dados multidimensional. Foram discutidos diferentes tipos de tabelas e esquemas. Oferecemos um relato elaborado dos processos e considerações de projeto envolvidos na criação de um data warehouse na Seção 29.4. Depois, na Seção 29.5, apresentamos a funcionalidade especial típica associada a um data warehouse. O conceito de visão do modelo relacional foi comparado com a visão multidimensional dos dados nos data warehouses, na Seção 29.6. Finalmente, na Seção 29.7, discutimos as dificuldades da implementação de data warehouses e os desafios da administração do data warehouse.

PERGUNTAS DE REVISÃO

29.1. O que é um data warehouse? Como ele difere de um banco de dados?

29.2. Defina os termos: *OLAP* (processamento analítico on-line), *ROLAP* (OLAP relacional), *MOLAP* (OLAP multidimensional) e *SAD* (sistemas de apoio à decisão).

29.3. Descreva as características de um data warehouse. Divida-as em funcionalidade de um warehouse e vantagens que os usuários tiram dele.

29.4. O que é o modelo de dados multidimensional? Como ele é usado no data warehousing?

29.5. Defina os seguintes termos: *esquema estrela*, *esquema floco de neve*, *constelação de fatos*, *data marts*.

29.6. Que tipos de índices são criados para um warehouse? Ilustre os usos para cada um com um exemplo.

29.7. Descreva as etapas para a criação de um warehouse.

29.8. Que considerações desempenham um papel importante no projeto de um warehouse?

29.9. Descreva as funções que um usuário pode realizar em um data warehouse e ilustre os resultados dessas funções em um exemplo de data warehouse multidimensional.

29.10. Como o conceito de uma *visão* relacional está relacionado a um data warehouse e a data marts? Em que eles são diferentes?

29.11. Liste as dificuldades na implementação de um data warehouse.

29.12. Liste as questões abertas e problemas de pesquisa no data warehousing.

29.13. O que é gerenciamento de dados mestres? Qual é sua relação com o data warehousing?

29.14. O que são data warehouses lógicos? Faça uma pesquisa on-line para a plataforma de virtualização de dados da Cisco e discuta como ela ajudará na criação de um data warehouse lógico.

BIBLIOGRAFIA SELECIONADA

Inmon (1992, 2005) tem o crédito por dar aceitação geral ao termo *data warehouse*. Codd e Salley (1993) popularizaram o termo *processamento analítico on-line* (OLAP) e definiram um conjunto de características para data warehouses darem suporte a OLAP. Kimball (1996) é conhecido por sua contribuição ao desenvolvimento do campo de data warehousing. Mattison (1996) é um dos vários livros sobre data warehousing que oferecem uma análise abrangente das técnicas disponíveis nos data warehouses e as estratégias que as empresas devem usar em sua implantação. Ponniah (2010) oferece uma visão geral muito prática do processo de criação de data warehouse com base na coleta de requisitos até a implantação e manutenção. Jukic et al. (2013) é uma boa fonte sobre modelagem de um data warehouse. Bischoff e Alexander (1997) é uma compilação de conselhos de especialistas. Chaudhuri e Dayal (1997) oferecem um excelente tutorial sobre o assunto, enquanto Widom (1995) aponta uma série de problemas pendentes e pesquisa em andamento.

PARTE 12
Tópicos adicionais de banco de dados: segurança

30 Segurança de banco de dados

Este capítulo discute técnicas para proteger os bancos de dados contra uma série de ameaças. Ele também apresenta esquemas para fornecer privilégios de acesso a usuários autorizados. Algumas das ameaças de segurança aos bancos de dados — como injeção de SQL — serão apresentadas. Ao final do capítulo, também resumimos como um SGBDR comercial — especificamente, o sistema Oracle — oferece diferentes tipos de segurança. Começamos na Seção 30.1 com uma introdução às questões de segurança e às ameaças aos bancos de dados, e oferecemos uma visão geral das medidas de controle que são abordadas no restante do capítulo. Também comentamos os relacionamentos entre a segurança de dados e a privacidade aplicadas a informações pessoais. A Seção 30.2 discute os mecanismos usados para conceder e revogar privilégios nos sistemas de banco de dados relacionais e em SQL, mecanismos que normalmente são conhecidos como **controle de acesso discricionário.** Na Seção 30.3, apresentamos uma visão geral dos mecanismos para impor vários níveis de segurança — um problema em particular na segurança do sistema de banco de dados que é conhecido como **controle de acesso obrigatório.** Essa seção também apresenta as estratégias mais recentemente desenvolvidas de **controle de acesso baseado em papéis,** e a segurança baseada em rótulos e baseada em linha. A Seção 30.3 ainda oferece uma breve discussão sobre controle de acesso por XML. A Seção 30.4 discute uma ameaça importante aos bancos de dados, chamada injeção de SQL, e trata de algumas das medidas preventivas propostas contra ela. A Seção 30.5 discute rapidamente o problema de segurança nos bancos de dados estatísticos. A Seção 30.6 introduz o assunto de controle de fluxo e menciona problemas associados aos canais secretos. A Seção 30.7 oferece um breve resumo dos esquemas de criptografia e infraestrutura de chave simétrica e assimétrica (pública). Ela também discute os certificados digitais. A Seção 30.8 introduz técnicas de preservação de privacidade, e a Seção 30.9 apresenta os desafios atuais à segurança do banco de dados. Na Seção 30.10, abordamos a segurança baseada em rótulos do Oracle. Por fim, na Seção 30.11 apresentamos um resumo do capítulo. Os leitores que estiverem interessados apenas nos mecanismos básicos de segurança do banco de dados acharão suficiente abordar o material nas seções 30.1 e 30.2.

30.1 Introdução a questões de segurança de banco de dados[1]

30.1.1 Tipos de segurança

A segurança do banco de dados é uma área extensa, que tenta resolver muitos problemas, incluindo os seguintes:

- Diversas questões legais e éticas com relação ao direito de acessar certas informações — por exemplo, algumas informações podem ser consideradas particulares e não podem ser acessadas legalmente por organizações ou pessoas não autorizadas. Nos Estados Unidos, existem várias leis que controlam a privacidade da informação. No Brasil, recentemente foi aprovada a lei geral de proteção de dados pessoais (LGPDP).
- Questões políticas em nível governamental, institucional ou corporativo quanto aos tipos de informações que não devem se tornar públicas — por exemplo, classificações de crédito e registros médicos pessoais.
- Questões relacionadas ao sistema, como os *níveis de sistema* em que várias funções de segurança devem ser impostas — por exemplo, se uma função de segurança deve ser tratada no nível de hardware físico, no nível do sistema operacional ou no nível do SGBD.
- A necessidade, em algumas organizações, de identificar vários *níveis de segurança* e categorizar os dados e usuários com base nessas classificações — por exemplo, altamente secreta, secreta, confidencial e não classificada. A organização deverá impor uma política de segurança com relação a permitir o acesso a várias classificações dos dados.

Ameaças aos bancos de dados. As ameaças aos bancos de dados podem resultar na perda ou degradação de alguns ou de todos os objetivos de segurança comumente aceitos: integridade, disponibilidade e confidencialidade.

- **Perda de integridade.** A integridade do banco de dados refere-se ao requisito de que a informação seja protegida contra modificação imprópria. A modificação de dados inclui criação, inserção, atualização, mudança do *status* dos dados e exclusão. A integridade é perdida se mudanças não autorizadas forem feitas nos dados por atos intencionais ou acidentais. Se a perda da integridade do sistema ou dos dados não for corrigida, o uso continuado do sistema contaminado ou de dados adulterados poderia resultar em decisões imprecisas, fraudulentas ou errôneas.
- **Perda de disponibilidade.** A *disponibilidade do banco de dados* refere-se a tornar os objetos disponíveis a um usuário humano ou a um programa ao qual eles têm um direito legítimo. *Perda de disponibilidade* ocorre quando o usuário ou o programa não consegue acessar esses objetos.
- **Perda de confidencialidade.** A confidencialidade do banco de dados refere-se à proteção dos dados contra exposição não autorizada. O impacto da exposição não autorizada de informações confidenciais pode variar desde a violação da lei geral de proteção de dados pessoais até o comprometimento da segurança nacional. A

[1] Agradecemos a contribuição substancial de Fariborz Farahmand, Bharath Rengarajan e Frank Rietta a esta e às seções seguintes deste capítulo.

exposição não autorizada, não antecipada ou não intencional poderia resultar em perda de confiança pública, constrangimento ou ação legal contra a organização.

Segurança de banco de dados: não é uma preocupação isolada. Ao considerar as ameaças enfrentadas pelos bancos de dados, é importante lembrar que o sistema de gerenciamento de banco de dados não pode ser responsável por manter a confidencialidade, a integridade e a disponibilidade dos dados. Em vez disso, o banco de dados funciona como parte de uma rede de serviços, incluindo aplicativos, servidores web, firewalls, terminadores SSL e sistemas de monitoramento de segurança. Como a segurança de um sistema como um todo é tão forte quanto seu elo mais fraco, um banco de dados pode ser comprometido, mesmo que esteja perfeitamente seguro por seus próprios méritos.

Para proteger os bancos de dados contra esses tipos de ameaças, é comum implementar *quatro tipos de medidas de controle*: controle de acesso, controle de inferência, controle de fluxo e criptografia. Discutiremos cada um desses itens neste capítulo.

Em um sistema de banco de dados multiusuário, o SGBD precisa oferecer técnicas para permitir que certos usuários ou grupos de usuários acessem partes selecionadas de um banco de dados sem que obtenham acesso ao restante dele. Isso é particularmente importante quando um grande banco de dados integrado precisa ser usado por diversos usuários diferentes dentro da mesma organização. Por exemplo, informações confidenciais, como salários de funcionários ou análises de desempenho, devem ser mantidas como confidenciais para a maioria dos usuários do sistema de banco de dados. Um SGBD normalmente inclui um **subsistema de segurança e autorização do banco de dados** que é responsável por garantir a segurança de partes de um banco de dados contra acesso não autorizado. Agora, é comum referir-se a dois tipos de mecanismos de segurança de banco de dados:

- **Mecanismos de segurança discricionários.** Usados para conceder privilégios aos usuários, incluindo a capacidade de acessar arquivos de dados, registros ou campos específicos em um modo especificado (como leitura, inserção, exclusão ou atualização).
- **Mecanismos de segurança obrigatórios.** Usados para impor a segurança multinível pela classificação de dados e usuários em várias classes (ou níveis) de segurança e, depois, pela implementação da política de segurança apropriada da organização. Por exemplo, uma política de segurança típica é permitir que os usuários em certo nível de classificação (ou liberação) vejam apenas os itens de dados classificados no próprio nível de classificação do usuário (ou em nível inferior). Uma extensão disso é a *segurança baseada em papéis*, que impõe políticas e privilégios com base no conceito de papéis organizacionais. (Veja na Seção 30.4.2 o controle de acesso baseado em papéis.)

Discutiremos a segurança discricionária na Seção 30.2 e a segurança obrigatória e baseada em papéis na Seção 30.3.

30.1.2 Medidas de controle

Quatro medidas de controle principais são usadas para fornecer segurança em bancos de dados:

- Controle de acesso.
- Controle de inferência.
- Controle de fluxo.
- Criptografia de dados.

Um problema de segurança comum aos sistemas de computação é impedir que pessoas não autorizadas acessem o próprio sistema, seja para obter informações, seja para fazer mudanças maliciosas em uma parte do banco de dados. O mecanismo de segurança de um SGBD precisa incluir provisões para restringir o acesso ao sistema de banco de dados como um todo. Essa função, chamada **controle de acesso,** é tratada criando-se contas do usuário e senhas para controlar o processo de login pelo SGBD. Discutimos as técnicas de controle de acesso na Seção 30.1.3.

Bancos de dados estatísticos são usados para fornecer informações estatísticas ou resumos dos valores com base em diversos critérios. Por exemplo, um banco de dados para estatísticas de população pode oferecer estatísticas com base em faixas etárias, níveis de renda, tamanho da residência, graus de instrução e outros critérios. Os usuários de banco de dados estatísticos, como os estatísticos do governo ou de empresas de pesquisa de mercado, têm permissão para acessar o banco de dados e recuperar informações estatísticas sobre uma população, mas não para acessar informações confidenciais detalhadas sobre indivíduos específicos. A segurança para os bancos de dados estatísticos deve garantir que informações sobre os indivíduos não possam ser acessadas. Às vezes, é possível deduzir certos fatos com relação aos indivíduos baseando-se em consultas que envolvem apenas estatísticas de resumo sobre grupos; consequentemente, isso também não deve ser permitido. Esse problema, chamado de **segurança de banco de dados estatístico,** é discutido rapidamente na Seção 30.4. As medidas de controle correspondentes são chamadas de medidas de **controle de inferência.**

Outra questão de segurança é a do **controle de fluxo,** que impede que informações fluam de modo que cheguem até usuários não autorizados. Isso será discutido na Seção 30.6. **Canais secretos** são percursos para as informações fluírem implicitamente de maneiras que violam a política de segurança de uma organização. Discutiremos rapidamente algumas questões relacionadas a canais secretos na Seção 30.6.1.

Uma medida de controle final é a **criptografia de dados,** utilizada para proteger dados confidenciais (como números de cartão de crédito) que são transmitidos por meio de algum tipo de rede de comunicação. A criptografia também pode ser usada para oferecer proteção adicional para partes confidenciais de um banco de dados. Os dados são **codificados** com o uso de algum algoritmo de codificação. Um usuário não autorizado que acessa dados codificados terá dificuldade para decifrá-los, mas os usuários autorizados recebem algoritmos de codificação ou decodificação (ou chaves) para decifrar os dados. Técnicas de criptografia que são muito difíceis de decodificar sem uma chave foram desenvolvidas para aplicações militares. No entanto, os registros criptografados nos bancos de dados atualmente são usados em aplicações de organizações privadas e também governamentais e militares. Na verdade, leis estaduais e federais prescrevem a criptografia para qualquer sistema que lida com informações pessoais protegidas por lei. Por exemplo, de acordo com a Lei do estado da Geórgia (OCGA 10-1-911):

> "Informações pessoais" significa o nome ou a inicial e sobrenome de um indivíduo em combinação com qualquer um ou mais dos seguintes elementos de dados, quando o nome ou os elementos de dados não estiverem criptografados ou editados:
>
> - Número de seguro social.
> - Número da carteira de habilitação ou identificação estadual.
> - Número de conta, cartão de crédito ou débito, se houver circunstâncias nas quais tal número possa ser usado sem informações adicionais de identificação, códigos de acesso ou senhas.
> - Senhas de conta ou números de identificação pessoal ou outros códigos de acesso.

Visto que, nos Estados Unidos, as leis que definem o que constitui informação pessoal variam de um estado para outro, os sistemas precisam proteger a privacidade dos indivíduos e impor medidas de privacidade de forma adequada. Usar somente o controle de acesso discricionário (ver Seção 30.2) pode não ser suficiente. A Seção 30.7 aborda de maneira breve as técnicas de criptografia, incluindo técnicas populares como a criptografia de chave pública, bastante usada para dar suporte a transações baseadas na web em relação a bancos de dados, e assinaturas digitais, utilizadas em comunicações pessoais.

Uma discussão abrangente da segurança nos sistemas de computação e bancos de dados está fora do escopo deste livro. Oferecemos apenas uma rápida visão geral das técnicas de segurança de banco de dados. A segurança baseada em rede e comunicação também é um tópico muito amplo, que não será tratado aqui. Para ver uma discussão abrangente, o leitor interessado pode consultar várias das referências discutidas na bibliografia selecionada ao final deste capítulo.

30.1.3 Segurança de banco de dados e o DBA

Conforme discutimos no Capítulo 1, o administrador do banco de dados (DBA) é a autoridade central para gerenciar um sistema de banco de dados. As responsabilidades do DBA incluem conceder privilégios aos usuários que precisam usar o sistema e classificar os usuários e dados de acordo com a política da organização. O DBA tem uma **conta de DBA** no SGBD, também conhecida como **conta do sistema** ou **conta de superusuário**, que oferece capacidades poderosas que não estão disponíveis às contas e usuários comuns do banco de dados.[2] Os comandos privilegiados do DBA incluem aqueles para conceder e revogar privilégios a contas, usuários ou grupos de usuários individuais e para realizar os seguintes tipos de ações:

1. **Criação de conta.** Esta ação cria uma conta e senha para um usuário ou grupo de usuários para permitir acesso ao SGBD.
2. **Concessão de privilégio.** Esta ação permite que o DBA conceda certos privilégios a determinadas contas.
3. **Revogação de privilégio.** Esta ação permite que o DBA revogue (anule) alguns privilégios que foram dados anteriormente a certas contas.
4. **Atribuição de nível de segurança.** Esta ação consiste em atribuir contas do usuário ao nível de liberação de segurança apropriado.

O DBA é responsável pela segurança geral do sistema de banco de dados. A ação 1 na lista anterior é usada para controlar o acesso ao SGBD como um todo, ao passo que as ações 2 e 3 são utilizadas para controlar a autorização *discricionária* ao banco de dados, e a ação 4, para controlar a autorização *obrigatória*.

30.1.4 Controle de acesso, contas de usuário e auditorias de banco de dados

Sempre que uma pessoa ou um grupo de pessoas precisa acessar um sistema de banco de dados, o indivíduo ou grupo precisa primeiro solicitar uma conta de usuário. O DBA, então, criará um novo **número de conta** e **senha** para o usuário, se houver uma necessidade legítima para acessar o banco de dados. O usuário precisa efetuar o **login** no SGBD ao entrar com o número de conta e senha sempre que o acesso for necessário. O SGBD verifica se os números de conta e senha são válidos; se forem, o usuário tem permissão para usar o SGBD e acessar o banco de dados. Os programas de aplicação também podem ser considerados usuários e precisam efetuar o login (ver Capítulo 10).

É simples registrar os usuários do banco de dados e suas contas e senhas criando uma tabela criptografada ou um arquivo com dois campos: NumeroConta e Senha. Essa tabela pode ser facilmente mantida pelo SGBD. Sempre que uma conta é criada,

---

[2] Esta conta é semelhante às contas *root* ou *superuser* dadas aos administradores de sistema de computação e permitem o acesso a comandos restritos do sistema operacional.

um novo registro é inserido na tabela. Quando uma conta é cancelada, o registro correspondente deve ser excluído.

O sistema também precisa registrar todas as operações no banco de dados que são aplicadas por certo usuário em cada **sessão de login**, que consiste na sequência de interações do banco de dados que o usuário realiza desde o momento do login até o momento do logoff. Quando um usuário efetua o login, o SGBD pode registrar o número de conta do usuário e associá-lo ao computador ou dispositivo do qual o usuário realizou a conexão. Todas as operações aplicadas desse computador ou dispositivo são atribuídas à conta do usuário até que ele efetue o logoff. É particularmente importante registrar as operações de atualização aplicadas ao banco de dados de modo que, se for adulterado, o DBA possa determinar qual usuário mexeu nele.

Para manter um registro de todas as atualizações realizadas no banco de dados e de usuários em particular que aplicaram cada atualização, podemos modificar o *log do sistema*. Lembre-se, dos capítulos 20 e 22, que o **log do sistema** inclui uma entrada para cada operação aplicada ao banco de dados que pode ser exigida para a recuperação de uma falha de transação ou falha do sistema. Podemos expandir as entradas de log de modo que também incluam o número de conta do usuário e o computador on-line ou ID de dispositivo que aplicou cada operação registrada no log. Se houver suspeita de qualquer adulteração, é realizada uma **auditoria do banco de dados**, que consiste em rever o log para examinar todos os acessos e operações aplicadas durante certo período. Quando uma operação ilegal ou não autorizada é encontrada, o DBA pode determinar o número de conta usado para realizar a operação. As auditorias são particularmente importantes para bancos de dados confidenciais, atualizados por muitas transações e usuários, como nos sistemas bancários que os atualizam por meio de seus diversos caixas. Um log de banco de dados, utilizado principalmente para fins de segurança, às vezes é chamado de **trilha de auditoria**.

30.1.5 Dados sensíveis e tipos de exposição

A **sensibilidade de dados** é uma medida da importância atribuída aos dados por seu proprietário, com a finalidade de indicar sua necessidade de proteção. Alguns bancos de dados contêm apenas dados confidenciais, enquanto outros podem não conter qualquer dado confidencial. O tratamento dos bancos de dados que caem nesses dois extremos é relativamente fácil, pois podem ser tratados pelo controle de acesso, explicado na próxima seção. A situação torna-se mais complicada quando alguns dos dados são confidenciais, ao passo que outros não o são.

Diversos fatores podem fazer que os dados sejam classificados como confidenciais:

1. **Inerentemente confidenciais.** O valor dos próprios dados pode ser tão revelador ou confidencial que ele se torna sensível — por exemplo, o salário de uma pessoa ou o fato de um paciente ter HIV/Aids.
2. **De uma fonte confidencial.** A fonte dos dados pode indicar uma necessidade — por exemplo, um informante cuja identidade precisa ser mantida em segredo.
3. **Confidenciais declarados.** O proprietário dos dados pode tê-los declarado explicitamente como confidenciais.
4. **Um atributo ou registro confidencial.** O atributo ou registro em particular pode ter sido declarado confidencial — por exemplo, o atributo de salário de um funcionário ou o registro do histórico de salários em um banco de dados pessoal.
5. **Confidencial em relação a dados previamente expostos.** Alguns dados podem não ser confidenciais por si sós, mas assim se tornarão na presença de algum outro dado — por exemplo, a informação exata de latitude e longitude para um local onde aconteceu algum evento previamente registrado, que mais tarde foi considerado confidencial.

É responsabilidade do administrador de banco de dados e do administrador de segurança impor coletivamente as políticas de segurança de uma organização. Isso indica se o acesso deve ser permitido a certo atributo do banco de dados (também conhecido como *coluna da tabela* ou um *elemento de dados*) ou não para usuários individuais ou para categorias de usuários. Vários fatores precisam ser considerados antes de se decidir se é seguro revelar os dados. Os três fatores mais importantes são disponibilidade de dados, aceitabilidade de acesso e garantia de autenticidade.

1. **Disponibilidade de dados.** Se um usuário estiver atualizando um campo, então esse campo torna-se inacessível e outros usuários não devem visualizar esses dados. Esse bloqueio é temporário e ocorre apenas para garantir que nenhum usuário veja quaisquer dados imprecisos. Isso normalmente é tratado pelo mecanismo de controle de concorrência (ver Capítulo 21).
2. **Aceitabilidade de acesso.** Os dados só devem ser revelados a usuários autorizados. Um administrador de banco de dados também pode negar acesso a uma solicitação do usuário mesmo que esta não acesse diretamente um item de dados confidencial, com base no fato de que os dados solicitados podem revelar informações sobre os dados confidenciais que o usuário não está autorizado a ter.
3. **Garantia de autenticidade.** Antes de conceder acesso, certas características externas sobre o usuário também podem ser consideradas. Por exemplo, um usuário só pode ter acesso permitido durante as horas de trabalho. O sistema pode rastrear consultas anteriores para garantir que uma combinação de consultas não revele dados confidenciais. Este último é particularmente relevante para consultas a banco de dados estatísticos (ver Seção 30.5).

O termo *precisão*, quando usado na área de segurança, refere-se a permitir ao máximo possível que os dados estejam disponíveis, para proteger exatamente o subconjunto de dados confidenciais. As definições de *segurança* versus *precisão* são as seguintes:

- **Segurança:** meio de garantir que os dados sejam mantidos seguros contra adulteração e que o acesso a eles seja controlado de modo adequado. Prover segurança significa expor apenas dados não confidenciais e rejeitar qualquer consulta que referencie um campo confidencial.
- **Precisão:** proteger todos os dados confidenciais enquanto disponibiliza o máximo possível de dados não confidenciais. Observe que essa definição de *precisão* não está relacionada à precisão da recuperação de informações, definida na Seção 27.6.1.

A combinação ideal é manter a segurança perfeita com o máximo de precisão. Se quisermos manter a segurança, algum sacrifício precisa ser feito com a precisão. Logo, em geral existe um dilema entre esses dois conceitos.

30.1.6 Relacionamento entre segurança da informação e privacidade da informação

O avanço rápido do uso da tecnologia da informação (TI) na indústria, no governo e no meio acadêmico gera questões e problemas desafiadores com relação à proteção e ao uso de informações pessoais. Questões como *quem* e *quais* direitos à informação sobre indivíduos para *quais* finalidades tornam-se mais importantes à medida que seguimos para um mundo em que é tecnicamente possível conhecer quase tudo sobre qualquer um.

Decidir como projetar considerações de privacidade na tecnologia para o futuro inclui dimensões filosóficas, legais e práticas. Existe uma sobreposição considerável entre questões relacionadas ao acesso a recursos (segurança) e questões relacionadas ao uso apropriado da informação (privacidade). Agora, definimos a diferença entre *segurança* e *privacidade*.

Segurança na tecnologia da informação diz respeito a muitos aspectos da proteção de um sistema contra uso não autorizado, incluindo autenticação de usuários, criptografia de informação, controle de acesso, políticas de firewall e detecção de intrusão. Para nossos propósitos aqui, limitaremos nosso tratamento da segurança aos conceitos associados a como um sistema pode proteger o acesso às informações nele contidas. O conceito de **privacidade** vai além da segurança. Privacidade examina como o uso da informação pessoal que um sistema adquire sobre um usuário está de acordo com suposições explícitas ou implícitas relativas a esse uso. Do ponto de vista de um usuário final, a privacidade pode ser considerada sob duas perspectivas diferentes: *impedindo o armazenamento* de informações pessoais ou *garantindo o uso apropriado* de informações pessoais.

Para os propósitos deste capítulo, uma definição simples, porém útil, de **privacidade** é *a capacidade de os indivíduos controlarem os termos sob os quais sua informação pessoal é adquirida e usada*. Resumindo, segurança envolve a tecnologia para garantir que a informação está devidamente protegida. A segurança é um bloco de montagem necessário para que exista privacidade. A privacidade envolve mecanismos para dar suporte à conformidade com alguns princípios básicos e outras políticas indicadas explicitamente. Um princípio básico é que as pessoas devem ser informadas sobre a coleta de informações, avisadas com antecedência sobre o que será feito com suas informações e devem receber uma oportunidade razoável de aprovar tal uso da informação. Um conceito relacionado, **confiança**, diz respeito à segurança e à privacidade, e é visto como crescente quando percebido que tanto a segurança quanto a privacidade são oferecidas.

30.2 Controle de acesso discricionário baseado na concessão e revogação de privilégios

O método típico para impor o **controle de acesso discricionário** em um sistema de banco de dados é baseado na concessão e revogação de **privilégios**. Vamos considerar os privilégios no contexto de um SGBD relacional. Em particular, vamos discutir um sistema de privilégios um tanto semelhante ao desenvolvido originalmente para a linguagem SQL (ver capítulos 6 e 7). Muitos SGBDs relacionais atuais utilizam alguma variação dessa técnica. A ideia principal é incluir declarações na linguagem de consulta que permitam que o DBA e os usuários selecionados concedam e revoguem privilégios.

30.2.1 Tipos de privilégios discricionários

Na SQL2 e em versões posteriores,[3] o conceito de **identificador de autorização** é usado para se referir, digamos assim, a uma conta de usuário (ou grupo de contas de usuário). Para simplificar, usaremos as palavras *usuário* ou *conta* para indicar a mesma coisa, no lugar de *identificador de autorização*. O SGBD precisa fornecer acesso seletivo a cada relação no banco de dados com base em contas específicas. As operações também podem ser controladas; assim, ter uma conta não necessariamente capacita seu mantenedor a toda a funcionalidade oferecida pelo SGBD. De maneira informal, existem dois níveis para a atribuição de privilégios na utilização do sistema de banco de dados:

---

[3] Privilégios discricionários foram incorporados à SQL2 e se aplicam a versões posteriores da SQL.

- **O nível de conta.** Neste nível, o DBA especifica os privilégios em particular que cada conta mantém independentemente das relações no banco de dados.
- **O nível de relação (ou tabela).** Neste nível, o DBA pode controlar o privilégio para acessar cada relação ou visão individual no banco de dados.

Os privilégios no **nível de conta** se aplicam às capacidades fornecidas à própria conta e podem incluir o privilégio CREATE SCHEMA ou CREATE TABLE, para criar um esquema ou relação básica; o privilégio CREATE VIEW; o privilégio ALTER, para aplicar mudanças de esquema como a inclusão ou remoção de atributos das relações; o privilégio DROP, para excluir relações ou visões; o privilégio MODIFY, para inserir, excluir ou atualizar tuplas; e o privilégio SELECT, para recuperar informações do banco de dados usando uma consulta SELECT. Observe que esses privilégios de conta se aplicam à conta em geral. Se determinada conta não tiver o privilégio CREATE TABLE, nenhuma relação pode ser criada com base nessa conta. Os privilégios em nível de conta *não são* definidos como parte da SQL2; eles são deixados para os implementadores do SGBD definirem. Nas versões mais antigas da SQL, havia um privilégio CREATETAB para dar a uma conta o privilégio de criar tabelas (relações).

O segundo nível de privilégios se aplica ao **nível de relação,** sejam elas relações básicas ou relações virtuais (visões). Esses privilégios *são* definidos para a SQL2. Na discussão a seguir, o termo *relação* pode se referir a uma relação básica ou a uma visão, a menos que especifiquemos de maneira explícita uma ou outra. Os privilégios no nível de relação especificam para cada usuário as relações individuais sobre as quais cada tipo de comando pode ser aplicado. Alguns privilégios também se referem a colunas (atributos) individuais das relações. Comandos SQL2 oferecem privilégios *apenas no nível de relação e atributo.* Embora isso seja muito geral, torna-se difícil criar contas com privilégios limitados. A concessão e a revogação de privilégios costumam seguir um modelo de autorização para privilégios discricionários conhecido como **modelo de matriz de acesso,** no qual as linhas de uma matriz *M* representam *sujeitos* (usuários, contas, programas) e as colunas representam *objetos* (relações, registros, colunas, visões, operações). Cada posição *M(i, j)* na matriz representa os tipos de privilégios (leitura, gravação, atualização) que o sujeito *i* mantém sobre o objeto *j*.

Para controlar a concessão e revogação de privilégios de relação, cada relação *R* em um banco de dados recebe uma **conta de proprietário,** que normalmente é a conta utilizada quando a relação foi criada em primeiro lugar. O proprietário de uma relação recebe *todos* os privilégios sobre essa relação. Em SQL2, o DBA pode atribuir um proprietário a um esquema inteiro ao criar o esquema e associar o identificador de autorização apropriado com esse esquema, usando o comando CREATE SCHEMA (ver Seção 6.1.1). O mantenedor da conta de proprietário pode passar privilégios para qualquer uma das relações possuídas aos outros usuários, **concedendo** privilégios às suas contas. Em SQL, os seguintes tipos de privilégios podem ser concedidos em cada relação individual *R*:

- **Privilégio SELECT (recuperação ou leitura) em *R*.** Dá o privilégio de recuperação da conta. Em SQL, isso dá à conta o privilégio de usar a instrução SELECT para recuperar tuplas de *R*.
- **Privilégios de modificação em *R*.** Dá à conta a capacidade de modificar as tuplas de *R*. Em SQL, isso inclui três privilégios: UPDATE, DELETE e INSERT. Estes correspondem aos três comandos SQL (ver Seção 6.4) para modificar uma tabela *R*. Além disso, tanto o privilégio INSERT quanto o UPDATE podem especificar que apenas certos atributos de *R* podem ser modificados pela conta.
- **Privilégio de referências em *R*.** Dá à conta a capacidade de *referenciar* (ou referir-se a) uma relação *R* ao especificar restrições de integridade. Esse privilégio também pode ser restrito a atributos específicos de *R*.

Observe que, para criar uma visão, a conta precisa ter o privilégio SELECT em *todas as relações* envolvidas na definição da visão a fim de especificar a consulta que corresponde à visão.

30.2.2 Especificando privilégios por meio do uso de visões

O mecanismo de **visões** (views) é um importante *mecanismo de autorização discricionário* por si só. Por exemplo, se o proprietário *A* de uma relação *R* quiser que outra conta *B* seja capaz de recuperar apenas alguns campos de *R*, então *A* pode criar uma visão *V* de *R* que inclua apenas os atributos e depois conceda SELECT para *B* sobre *V*. O mesmo se aplica à limitação de *B* para recuperar apenas certas tuplas de *R*; uma visão *V'* pode ser criada ao definir a visão por meio de uma consulta que seleciona apenas as tuplas de *R* que *A* deseja permitir que *B* acesse. Ilustraremos essa discussão com o exemplo dado na Seção 30.2.5.

30.2.3 Revogação de privilégios

Em alguns casos, é desejável conceder um privilégio a um usuário temporariamente. Por exemplo, o proprietário de uma relação pode querer conceder o privilégio SELECT a um usuário para uma tarefa específica e, depois, revogar esse privilégio quando a tarefa for concluída. Logo, é preciso que haja um mecanismo para **revogar** privilégios. Em SQL, um comando REVOKE está incluído com a finalidade de cancelar privilégios. Veremos como esse comando é usado no exemplo da Seção 30.2.5.

30.2.4 Propagação de privilégios usando a GRANT OPTION

Sempre que o proprietário *A* de uma relação *R* concede um privilégio em *R* para outra conta *B*, o privilégio pode ser dado a *B* *com* ou *sem* a **GRANT OPTION**. Se a GRANT OPTION for dada, isso significa que *B* também pode conceder esse privilégio em *R* para outras contas. Suponha que *B* receba a GRANT OPTION de *A* e que *B* então conceda o privilégio em *R* a uma terceira conta *C*, também com a GRANT OPTION. Desse modo, os privilégios em *R* podem se **propagar** para outras contas sem o conhecimento do proprietário de *R*. Se a conta de proprietário *A* agora revogar o privilégio concedido a *B*, todos os privilégios que *B* propagou com base nesse privilégio *deverão ser revogados automaticamente* pelo sistema.

É possível que um usuário receba certo privilégio de duas ou mais fontes. Por exemplo, A4 pode receber um privilégio UPDATE *R* tanto de A2 quanto de A3. Nesse caso, se A2 revogar esse privilégio de A4, este ainda continuará a ter o privilégio em virtude de ter sido concedido por A3. Se A3 depois revogar o privilégio de A4, este perde totalmente o privilégio. Logo, o SGBD que permite a propagação de privilégios deve registrar como todos eles foram concedidos, de modo que sua revogação possa ser feita de maneira correta e completa.

30.2.5 Exemplo para ilustrar a concessão e revogação de privilégios

Suponha que o DBA crie quatro contas — A1, A2, A3 e A4 — e queira que apenas A1 possa criar relações básicas. Para fazer isso, o DBA precisa emitir o seguinte comando GRANT em SQL:

GRANT CREATETAB **TO** A1;

O privilégio CREATETAB (criar tabela) dá à conta A1 a capacidade de criar novas tabelas de banco de dados (relações básicas) e, portanto, é um *privilégio de conta*. Esse privilégio fazia parte das versões anteriores da SQL, mas agora fica para cada implementação de sistema individual definir. Observe que A1, A2 e assim por diante podem ser indivíduos, como João no departamento de TI ou Maria no Marketing; mas eles também podem ser aplicações ou programas que queiram acessar um banco de dados.

Em SQL2, o mesmo efeito pode ser realizado com o DBA emitindo um comando CREATE SCHEMA, da seguinte forma:

CREATE SCHEMA EXEMPLO **AUTHORIZATION** A1;

A conta de usuário A1 agora pode criar tabelas sob o esquema chamado EXEMPLO. Para continuar nosso exemplo, suponha que A1 crie as duas relações básicas FUNCIONARIO e DEPARTAMENTO, mostradas na Figura 30.1; A1 é então o **proprietário** dessas duas relações e, portanto, tem *todos os privilégios de relação* em cada uma delas.

Em seguida, suponha que a conta A1 queira conceder à conta A2 o privilégio para inserir e excluir tuplas nessas duas relações. Contudo, A1 não quer que A2 possa propagar esses privilégios para outras contas. A1 pode emitir o seguinte comando:

GRANT INSERT, DELETE **ON** FUNCIONARIO, DEPARTAMENTO **TO** A2;

Observe que a conta proprietário A1 de uma relação automaticamente tem a GRANT OPTION, permitindo que ela conceda privilégios na relação para outras contas. Porém, a conta A2 não pode conceder privilégios INSERT e DELETE nas tabelas FUNCIONARIO e DEPARTAMENTO, pois A2 não recebeu a GRANT OPTION no comando anterior.

A seguir, suponha que A1 queira permitir que a conta A3 recupere informações de qualquer uma das duas tabelas, e que também possa propagar o privilégio SELECT para outras contas. A1 pode emitir o seguinte comando:

GRANT SELECT **ON** FUNCIONARIO, DEPARTAMENTO **TO** A3 **WITH GRANT OPTION**;

A cláusula WITH GRANT OPTION significa que A3 agora pode propagar o privilégio para outras contas usando GRANT. Por exemplo, A3 pode conceder o privilégio SELECT na relação FUNCIONARIO para A4 ao emitir o seguinte comando:

GRANT SELECT **ON** FUNCIONARIO **TO** A4;

Observe que A4 não pode propagar o privilégio SELECT para outras contas, pois a GRANT OPTION não foi dada a A4.

Agora, suponha que A1 decida revogar o privilégio SELECT na relação FUNCIONARIO de A3; A1 pode então emitir este comando:

REVOKE SELECT **ON** FUNCIONARIO **FROM** A3;

O SGBD agora precisa revogar o privilégio SELECT em FUNCIONARIO de A3, e também deve *revogar automaticamente* o privilégio SELECT em FUNCIONARIO de A4. Isso porque A3 concedeu esse privilégio a A4, mas A3 não tem mais o privilégio.

Em seguida, suponha que A1 queira dar de volta a A3 uma capacidade limitada para SELECT da relação FUNCIONARIO e queira permitir que A3 possa propagar o privilégio. A limitação é recuperar apenas os atributos Nome, Data_nascimento e

FUNCIONARIO

Nome	Cpf	Data_nascimento	Endereco	Sexo	Salario	Numero_departamento

DEPARTAMENTO

Numero_departamento	Nome_departamento	Cpf_gerente

Figura 30.1 Esquemas para as duas relações, FUNCIONARIO e DEPARTAMENTO.

Endereco e somente para as tuplas com Numero_departamento = 5. A1, então, cria a seguinte visão:

```
CREATE VIEW A3FUNCIONARIO AS
SELECT Nome, Data_nascimento, Endereco
FROM FUNCIONARIO
WHERE Numero_departamento = 5;
```

Depois que a visão estiver criada, A1 pode conceder SELECT na visão A3FUNCIONARIO para A3 da seguinte forma:

```
GRANT SELECT ON A3FUNCIONARIO TO A3 WITH GRANT OPTION;
```

Finalmente, suponha que A1 queira permitir que A4 atualize apenas o atributo Salario de FUNCIONARIO; A1 pode então emitir o seguinte comando:

```
GRANT UPDATE ON FUNCIONARIO (Salario) TO A4;
```

Os privilégios UPDATE e INSERT especificam atributos em particular que podem ser atualizados ou inseridos em uma relação. Outros privilégios (SELECT, DELETE) não são específicos do atributo, pois essa especificidade pode facilmente ser controlada ao criar as visões apropriadas que incluam apenas os atributos desejados e ao conceder os privilégios correspondentes nas visões. No entanto, como a atualização de visões nem sempre é possível (ver Capítulo 7), os privilégios UPDATE e INSERT recebem a opção de especificar os atributos em particular de uma relação básica que podem ser atualizados.

30.2.6 Especificando limites na propagação de privilégios

Técnicas para limitar a propagação de privilégios foram desenvolvidas, embora ainda não tenham sido implementadas na maioria dos SGBDs e *não façam parte* da SQL. Limitar a **propagação horizontal** para um número inteiro *i* significa que uma conta *B* que recebe a GRANT OPTION pode conceder o privilégio a, no máximo, *i* outras contas. A **propagação vertical** é mais complicada; ela limita a profundidade da concessão de privilégios. A concessão de um privilégio com uma propagação vertical de zero é equivalente a conceder o privilégio *sem* GRANT OPTION. Se a conta *A* concede um privilégio à conta *B* com a propagação vertical definida para um número inteiro $j > 0$, isso significa que a conta *B* tem a GRANT OPTION sobre esse privilégio, mas *B* pode conceder o privilégio a outras contas somente com uma propagação vertical *menor que j*. Com efeito, a propagação vertical limita a sequência de GRANT OPTIONS que podem ser dadas de uma conta para a seguinte, com base em uma única concessão original do privilégio.

Ilustramos rapidamente os limites de propagação horizontal e vertical — que *não estão disponíveis* atualmente em SQL ou em outros sistemas relacionais — com um exemplo. Suponha que A1 conceda SELECT a A2 na relação FUNCIONARIO com propagação horizontal igual a 1 e propagação vertical igual a 2. A2 pode então conceder SELECT a, no máximo, uma conta, pois a limitação de propagação horizontal é definida como 1. Além disso, A2 não pode conceder o privilégio para outra conta, exceto com a propagação vertical definida como 0 (sem GRANT OPTION) ou 1; isso porque A2 precisa reduzir a propagação vertical em pelo menos 1 ao passar o privilégio para outros. Além disso, a propagação horizontal precisa ser menor ou igual à concedida originalmente. Por exemplo, se a conta *A* concede um privilégio à conta *B* com a propagação horizontal definida como um número inteiro $j > 0$, isso significa que *B* pode conceder o privilégio para outras contas apenas com uma propagação horizontal *menor ou igual a j*. Como esse exemplo mostra, as técnicas de propagação horizontal e vertical são projetadas para limitar a profundidade e a largura de propagação de privilégios.

30.3 Controle de acesso obrigatório e controle de acesso baseado em papel para segurança multinível

A técnica de controle de acesso discricionário de conceder e revogar privilégios em relações tradicionalmente tem sido o principal mecanismo de segurança para os sistemas de banco de dados relacional. É um método tudo ou nada: um usuário tem ou não tem certo privilégio. Em muitas aplicações, uma *política de segurança adicional* é necessária para classificar dados e usuários com base nas classes de segurança. Essa técnica, conhecida como **controle de acesso obrigatório** (MAC — *mandatory access control*), normalmente seria *combinada* com os mecanismos de controle de acesso discricionários descritos na Seção 30.2. É importante observar que a maioria dos SGBDRs comerciais hoje oferece mecanismos somente para o controle de acesso discricionário. Porém, a necessidade de segurança multinível existe em aplicações do governo, militares e de inteligência, bem como em muitas aplicações industriais e corporativas. Em virtude das preocupações primordiais com a privacidade, em muitos sistemas, os níveis são determinados por quem tem qual acesso a que informação privada (também chamada de informação pessoalmente identificável). Alguns vendedores de SGBD — por exemplo, Oracle — lançaram versões especiais de seus SGBDRs que incorporam o controle de acesso obrigatório para uso do governo.

Classes de segurança típicas são: altamente confidencial (*top secret*, TS), secreta (*secret*, S), confidencial (*confidential*, C) e não classificada (*unclassified*, U), com TS sendo o nível mais alto e U, o mais baixo. Existem outros esquemas de classificação de segurança mais complexos, em que as classes de segurança são organizadas em um reticulado. Para simplificar, usaremos o sistema com quatro níveis de classificação de segurança, no qual TS $\geq$ S $\geq$ C $\geq$ U, para ilustrar nossa discussão. O modelo normalmente utilizado para segurança multinível, conhecido como *modelo de Bell-LaPadula*,[4] classifica cada **sujeito** (usuário, conta, programa) e **objeto** (relação, tupla, coluna, visão, operação) em uma das classificações de segurança TS, S, C ou U. Vamos nos referir à **autorização** (classificação) de um sujeito *S* como **classe(*S*)** e à **classificação** de um objeto *O* como **classe(*O*)**. Duas restrições são impostas no acesso aos dados com base nas classificações de sujeito/objeto:

1. Um sujeito *S* não tem permissão para acesso de leitura a um objeto *O* a menos que classe(*S*) $\geq$ classe(*O*). Isso é conhecido como **propriedade de segurança simples**.
2. Um sujeito *S* não tem permissão para gravar um objeto *O* a menos que classe(*S*) $\leq$ classe(*O*). Isso é conhecido como **propriedade estrela** (ou propriedade *).

A primeira restrição é intuitiva e impõe a regra óbvia de que nenhum sujeito pode ler um objeto cuja classificação de segurança é maior que a autorização de segurança do sujeito. A segunda restrição é menos intuitiva. Ela proíbe um sujeito de gravar um objeto em uma classificação de segurança inferior que a autorização de segurança do sujeito. A violação dessa regra permitiria que a informação fluísse de classificações mais altas para mais baixas, o que viola um princípio básico da segurança multinível. Por exemplo, um usuário (sujeito) com autorização TS pode fazer uma cópia de um objeto com classificação TS e, depois, gravá-lo de volta como um novo objeto com classificação U, tornando-o assim visível por todo o sistema.

Para incorporar noções de segurança multinível ao modelo de banco de dados relacional, é comum considerar valores de atributo e tuplas como objetos de dados. Logo, cada atributo *A* está associado a um **atributo de classificação** *C* no esquema,

---

[4] Bell e La Padulla (1976) foi um relatório técnico do MITRE sobre sistemas de computação seguros no Multics.

e cada valor de atributo em uma tupla está associado a uma classificação de segurança correspondente. Além disso, em alguns modelos, um atributo de **classificação de tupla** *TC* é acrescentado aos atributos de relação para fornecer uma classificação para cada tupla como um todo. O modelo que descrevemos aqui é conhecido como *modelo multinível*, pois permite classificações em múltiplos níveis de segurança. Um esquema de **relação multinível** *R* com *n* atributos seria representado como:

$$R(A_1, C_1, A_2, C_2, ..., A_n, C_n, TC)$$

em que cada C_i representa o *atributo de classificação* associado ao atributo A_i.

O valor do atributo de classificação de tupla *TC* em cada tupla *t* — que é o *mais alto* de todos os valores de classificação de atributo dentro de *t* — oferece uma classificação geral para a própria tupla. Cada classificação de atributo C_i oferece uma classificação de segurança mais detalhada para cada valor de atributo dentro da tupla. O valor de *TC* em cada tupla *t* é o *mais alto* de todos os valores de classificação de atributo C_i dentro de *t*.

A **chave aparente** de uma relação multinível é o conjunto de atributos que teria formado a chave primária em uma relação comum (único nível). Uma relação multinível parecerá conter diferentes dados para sujeitos (usuários) com níveis de autorização distintos. Em alguns casos, é possível armazenar uma única tupla na relação em um nível de classificação mais alto e produzir as tuplas correspondentes em uma classificação de nível inferior por meio de um processo conhecido como **filtragem**. Em outros casos, é necessário armazenar duas ou mais tuplas em níveis de classificação diferentes, com o mesmo valor para a *chave aparente*. Isso leva ao conceito de **poli-instanciação**,[5] em que várias tuplas podem ter o mesmo valor de chave aparente, mas com diferentes valores de atributo para usuários em diversos níveis de autorização.

Ilustramos esses conceitos com o exemplo simples de uma relação multinível mostrada na Figura 30.2(a), em que apresentamos os valores de atributo de classificação ao lado do valor de cada atributo. Suponha que o atributo Nome seja a chave aparente e considere a consulta **SELECT** * **FROM** FUNCIONARIO. Um usuário com autorização de segurança *S* veria a mesma relação mostrada na Figura 30.2(a), pois todas as classificações de tupla são menores ou iguais a *S*. Contudo, um usuário com autorização de segurança *C* não poderia ver os valores para Salario de 'Borges' e Desempenho_cargo de 'Silva', pois eles têm classificação mais alta. As tuplas seriam **filtradas** para aparecerem como mostra a Figura 30.2(b), com Salario e Desempenho_cargo *aparecendo como nulos*. Para um usuário com autorização de segurança *U*, a filtragem só permite que o atributo Nome de 'Silva' apareça, com todos os outros atributos aparecendo como nulos [Figura 30.2(c)]. Assim, a filtragem introduz valores nulos para valores de atributo cuja classificação de segurança é mais alta que a autorização de segurança do usuário.

Em geral, a regra de **integridade de entidade** para relações multinível indica que todos os atributos que são membros da chave aparente não devem ser nulos e precisam ter a *mesma* classificação de segurança dentro de cada tupla individual. Além disso, todos os outros valores de atributo na tupla precisam ter uma classificação de segurança maior ou igual à da chave aparente. Essa restrição garante que um usuário pode ver a chave se o usuário tiver permissão para ver qualquer parte da tupla. Outras regras de integridade, chamadas **integridade nula** e **integridade entre instâncias**, garantem informalmente que, se um valor de tupla em algum nível de segurança puder ser filtrado (derivado) de uma tupla com classificação mais alta, é suficiente armazenar a tupla classificada mais alto na relação multinível.

[5] Isso é semelhante à noção de ter múltiplas versões no banco de dados que representam o mesmo objeto do mundo real.

(a) FUNCIONARIO

Nome	Salario	Desempenho_cargo	TC
Silva U	40000 C	Regular S	S
Borges C	80000 S	Bom C	S

(b) FUNCIONARIO

Nome	Salario	Desempenho_cargo	TC
Silva U	40000 C	NULL C	C
Borges C	NULL C	Bom C	C

(c) FUNCIONARIO

Nome	Salario	Desempenho_cargo	TC
Silva U	NULL U	NULL U	U

(d) FUNCIONARIO

Nome	Salario	Desempenho_cargo	TC
Silva U	40000 C	Regular S	S
Silva U	40000 C	Excelente C	C
Borges C	80000 S	Bom C	S

Figura 30.2 Uma relação multinível para ilustrar a segurança multinível. (a) As tuplas FUNCIONARIO originais. (b) Aparência de FUNCIONARIO depois da filtragem para usuários com classificação C. (c) Aparência de FUNCIONARIO depois da filtragem para usuários com classificação U. (d) Poli-instanciação da tupla de Silva.

Para ilustrar ainda mais a poli-instanciação, suponha que um usuário com autorização de segurança *C* tente atualizar o valor de Desempenho_cargo de 'Silva' na Figura 30.2 para 'Excelente'; isso corresponde à seguinte atualização SQL sendo submetida por esse usuário:

```
UPDATE  FUNCIONARIO
SET     Desempenho_cargo = 'Excelente'
WHERE   Nome = 'Silva';
```

Como a visão fornecida aos usuários com autorização de segurança *C* [ver Figura 30.2(b)] permite tal atualização, o sistema não deve rejeitá-la; caso contrário, o usuário poderia *deduzir* que algum valor não nulo existe para o atributo Desempenho_cargo de 'Silva', em vez do valor nulo que aparece. Esse é um exemplo de dedução de informações conhecido como um **canal secreto**, que não deve ser permitido em sistemas altamente seguros (ver Seção 30.6.1). Porém, o usuário não deve ter permissão para gravar sobre o valor existente de Desempenho_cargo no nível de classificação mais alto. A solução é criar uma **poli-instanciação** para a tupla 'Silva' no nível de classificação mais baixo *C*, como mostra a Figura 30.2(d). Isso é necessário porque a nova tupla não pode ser filtrada com base na tupla existente na classificação *S*.

As operações de atualização básicas do modelo relacional (INSERT, DELETE, UPDATE) devem ser modificadas para lidar com esta e outras situações semelhantes, mas esse aspecto do problema está fora do escopo de nossa apresentação. O leitor interessado deverá consultar a bibliografia selecionada, ao final deste capítulo, para obter mais detalhes.

30.3.1 Comparando os controles de acesso discricionário e obrigatório

As políticas do controle de acesso discricionário (DAC) são caracterizadas por um alto grau de flexibilidade, que as torna adequadas para uma grande variedade de domínios de aplicação. A principal desvantagem dos modelos DAC é sua vulnerabilidade a ataques maliciosos, como cavalos de Troia embutidos nos programas de aplicação. O motivo é que os modelos de autorização discricionários não impõem qualquer controle sobre como a informação é propagada e utilizada depois de ter sido acessada pelos usuários autorizados a fazer isso. Ao contrário, as políticas obrigatórias garantem um alto grau de proteção — de certa forma, elas impedem qualquer fluxo de informação ilegal. Portanto, são adequadas para aplicações militares e outros tipos de alta segurança, que exigem um grau de proteção mais alto. Porém, as políticas obrigatórias têm a desvantagem de serem muito rígidas porque exigem uma classificação estrita de sujeitos e objetos nos níveis de segurança, e, dessa forma, se aplicam a poucos ambientes e impõem um peso adicional da rotulagem de cada objeto com sua classificação de segurança. Em muitas situações práticas, as políticas discricionárias são preferidas às obrigatórias porque oferecem maior facilidade de escolha entre segurança e aplicabilidade.

30.3.2 Controle de acesso baseado em papéis

O controle de acesso baseado em papéis (RBAC) surgiu rapidamente na década de 1990 como uma tecnologia comprovada para gerenciar e impor a segurança em sistemas em grande escala por toda a empresa. Sua noção básica é que os privilégios e outras permissões são associados a **papéis** organizacionais, em vez de a usuários individuais. Tais usuários individuais recebem então os papéis apropriados. Os papéis podem ser criados com o uso dos comandos CREATE ROLE e DESTROY ROLE. Os comandos GRANT e REVOKE, discutidos na Seção 30.2, podem então ser usados para atribuir e revogar privilégios dos papéis, bem como para usuários individuais, quando necessário. Por exemplo, uma empresa pode ter papéis como gerente de conta de vendas, agente de compras, funcionário de entrega, gerente de suporte ao cliente, e assim por diante. Vários indivíduos podem ser designados para cada papel. Os privilégios de segurança comuns a um papel são concedidos ao nome dele, e qualquer indivíduo designado para esse papel automaticamente teria esses privilégios concedidos.

O RBAC pode ser usado com os controles de acesso discricionário e obrigatório tradicionais; ele garante que somente usuários autorizados em seus papéis especificados recebam acesso a certos dados ou recursos. Os usuários criam sessões durante as quais podem ativar um subconjunto de papéis às quais pertencem. Cada sessão pode ser atribuída a vários papéis, mas ela é mapeada para um usuário ou apenas para um único sujeito. Muitos SGBDs têm permitido o conceito de papéis, nos quais os privilégios podem ser atribuídos aos papéis.

A separação de tarefas é outro requisito importante em diversos SGBDs convencionais. Isso é necessário para impedir que um usuário realize o trabalho que requer o envolvimento de duas ou mais pessoas, impedindo assim a conivência. Um método em que a separação de tarefas pode ser implementada com sucesso é a exclusão mútua de papéis. Dois papéis são considerados **mutuamente exclusivos** se ambos não puderem ser usados simultaneamente pelo usuário. A **exclusão mútua de papéis** pode ser categorizada em dois tipos, a saber, *exclusão em tempo de autorização (estática)* e *exclusão em tempo de execução (dinâmica)*. Na exclusão em tempo de autorização, dois papéis especificados como mutuamente exclusivos não podem fazer parte da autorização de um usuário ao mesmo tempo. Na exclusão em tempo de execução, esses dois papéis podem ser autorizados a um usuário, mas não podem ser ativados por ele ao mesmo tempo. Outra variação na exclusão mútua de papéis é aquela da exclusão completa e parcial.

A **hierarquia de papéis** no RBAC é um modo natural de organizar papéis para refletir as linhas de autoridade e responsabilidade da organização. Por convenção, os papéis júnior no fundo da hierarquia estão conectados a papéis progressivamente sênior à medida que um deles sobe na hierarquia. Os diagramas hierárquicos são ordens parciais, de modo que são reflexivos, transitivos e antissimétricos. Em outras palavras, se um usuário tem um papel, ele automaticamente tem papéis inferiores na hierarquia. A definição de uma hierarquia de papéis envolve escolher o tipo de hierarquia e os papéis, para depois implementar a hierarquia concedendo papéis a outros papéis. Essa hierarquia pode ser implementada da seguinte maneira:

```
GRANT ROLE tempo_integral TO funcionario_tipo1
GRANT ROLE interno TO funcionario_tipo2
```

Estes são exemplos de concessão de papéis *tempo_integral* e *interno* para dois tipos de funcionários.

Outra questão relacionada à segurança é o *gerenciamento de identidade*. **Identidade** refere-se a um nome único de uma pessoa individual. Como os nomes válidos de pessoas não são necessariamente únicos, a identidade de uma pessoa precisa incluir informações adicionais suficientes para tornar único o nome completo. Autorizar essa identidade e gerenciar o esquema dessas identidades é chamado de **gerenciamento de identidade**. O gerenciamento de identidade explica como as organizações podem efetivamente autenticar as pessoas e gerenciar seu acesso a informações confidenciais. Isso tem se tornado mais visível como um requisito de negócios por todos os setores que afetam as organizações de todos os tamanhos. Os administradores de gerenciamento de identidade constantemente precisam satisfazer os proprietários da aplicação enquanto mantêm os gastos sob controle e aumentam a eficiência da TI.

Outra consideração importante nos sistemas RBAC são as restrições temporais possíveis que podem existir nos papéis, como o horário e a duração das ativações de papéis e o disparo temporizado de um papel por uma ativação de outro papel. O uso de um modelo RBAC é um objetivo altamente desejável para a resolução dos principais requisitos de segurança das aplicações baseadas na web. Os papéis podem ser designados a tarefas de fluxo de trabalho, de modo que um usuário com qualquer um dos papéis relacionados a uma tarefa pode ser autorizado a executá-la e pode desempenhar certo papel somente por determinada duração.

Os modelos RBAC têm vários recursos desejáveis, como flexibilidade, neutralidade de política, melhor suporte para gerenciamento e administração de segurança, e uma imposição natural da estrutura organizacional hierárquica dentro das organizações. Eles também possuem outros aspectos que os tornam candidatos atraentes para desenvolver aplicações seguras baseadas na web. Esses recursos não existem nos modelos DAC e MAC. Modelos RBAC incluem as capacidades disponíveis nas políticas DAC e MAC tradicionais. Além disso, um modelo RBAC oferece mecanismos para resolver as questões de segurança relacionadas à execução de tarefas e fluxos de trabalho, e para especificar políticas definidas pelo usuário e específicas da organização. A implantação mais fácil pela internet tem sido outra razão para o sucesso desse tipo de modelos RBAC.

30.3.3 Segurança baseada em rótulos e controle de acesso em nível de linha

Muitos SGBDs convencionais atualmente usam o conceito de controle de acesso em nível de linha, em que regras sofisticadas de controle de acesso podem ser implementadas ao considerar os dados linha por linha. No controle de acesso em nível de linha, cada linha de dados recebe um rótulo, usado para armazenar informações sobre a sensibilidade dos dados. O controle de acesso em nível de linha oferece maior detalhamento de segurança dos dados, deixando que as permissões sejam definidas para cada linha e não apenas para a tabela ou coluna. Inicialmente o usuário recebe um rótulo de sessão padrão pelo administrador do banco de dados. Os níveis correspondem a uma hierarquia de níveis de sensibilidade de dados para exposição ou adulteração, com o objetivo de manter a privacidade ou a segurança. Os rótulos são usados para impedir que usuários não autorizados vejam ou alterem certos dados. Um usuário com baixo nível de autorização, normalmente representado por um número baixo, tem acesso negado a dados com número de nível mais alto. Se esse rótulo não for dado a uma linha, um rótulo de linha é automaticamente atribuído a ela, dependendo do rótulo de sessão do usuário.

Uma política definida por um administrador é chamada de **política de rótulos de segurança**. Sempre que os dados afetados pela política são acessados ou consultados por uma aplicação, a política é automaticamente chamada. Quando uma política é implementada, uma nova coluna é acrescentada a cada linha no esquema. A coluna adicionada contém o rótulo para cada linha que reflete a sensibilidade da linha quanto à política. Semelhante ao MAC, em que cada usuário tem uma autorização de segurança, na segurança baseada em rótulo cada usuário tem uma identidade. A identidade desse usuário é comparada com o rótulo atribuído a cada linha para determinar se ele tem acesso para ver o conteúdo dessa linha. Porém, o próprio usuário pode gravar o valor do rótulo, dentro de certas restrições e diretrizes para essa linha específica. Esse rótulo pode ser definido como um valor que está entre o rótulo da sessão atual do usuário e o nível mínimo do usuário. O DBA tem o privilégio para definir um rótulo de linha padrão inicial.

Os requisitos da segurança de rótulos são aplicados em cima dos requisitos do DAC para cada usuário. Logo, o usuário precisa satisfazer os requisitos do DAC e, depois, os requisitos de segurança de rótulo para acessar uma linha. Os requisitos do DAC garantem que o usuário é legalmente autorizado a executar essa operação no esquema. Na maioria das aplicações, somente algumas das tabelas precisam de segurança baseada em rótulo. Para a maioria das tabelas da aplicação, a proteção fornecida pelo DAC é suficiente.

As políticas de segurança geralmente são criadas por gerentes e pelo pessoal de recursos humanos. Elas são de alto nível, independentes da tecnologia e relacionadas aos riscos. As políticas são um resultado das instruções da gerência para especificar procedimentos organizacionais, princípios de orientação e cursos de ação considerados ágeis, prudentes ou vantajosos. Tais políticas costumam ser acompanhadas por uma definição de penalidades e contramedidas se a política for transgredida. Essas políticas são então interpretadas e convertidas para um conjunto de políticas orientadas a rótulos pelo **administrador de rótulos de segurança**, que define os rótulos de segurança para os dados e autorizações para os usuários; esses rótulos e autorizações controlam o acesso aos objetos protegidos especificados.

Suponha que um usuário tenha privilégios SELECT em uma tabela. Quando o usuário executa uma instrução SELECT nessa tabela, a segurança de rótulos automaticamente avaliará cada linha retornada pela consulta para determinar se o usuário tem direitos para ver os dados. Por exemplo, se o usuário tiver uma sensibilidade de 20, então ele pode ver todas as linhas com um nível de segurança menor ou igual a 20. O nível determina a sensibilidade da informação contida em uma linha; quanto mais sensível a linha, maior é seu valor de rótulo de segurança. Tal rótulo de segurança também pode ser configurado para realizar verificações de segurança em instruções UPDATE, DELETE e INSERT.

30.3.4 Controle de acesso por XML

Com o uso generalizado da XML em aplicações comerciais e científicas, tem havido esforços para desenvolver padrões de segurança. Entre esses esforços estão assinaturas digitais e padrões de criptografia para XML. A especificação de Processamento e Sintaxe de Assinaturas em XML descreve uma sintaxe em XML para representar as associações entre assinaturas criptográficas e documentos em XML ou outros recursos eletrônicos. A especificação também inclui procedimentos para calcular e verificar assinaturas em XML. Uma assinatura digital em XML difere de outros protocolos para assinatura de mensagem, como **OpenPGP** (*pretty good privacy* — um serviço de confidencialidade e autenticação que pode ser usado para aplicações de correio eletrônico e armazenamento de arquivo), em seu suporte para assinar apenas partes específicas da árvore em XML (ver Capítulo 13) em vez do documento completo. Além disso, a especificação de assinatura em XML define mecanismos para adicionar uma assinatura e transformações — a chamada *canonização* — para garantir que duas instâncias de um texto produzam um resumo igual para assinatura, mesmo que suas representações difiram ligeiramente, por exemplo, no espaço em branco tipográfico.

A especificação de Processamento e Sintaxe de Criptografia em XML define o vocabulário em XML e as regras de processamento para proteger a confidencialidade de documentos XML no todo ou em parte, além de dados não XML. O conteúdo codificado e as informações de processamento adicionais para o destinatário são representados na XML bem formada, de modo que o resultado pode ser processado ainda mais usando ferramentas XML. Ao contrário de outras tecnologias normalmente utilizadas para confidencialidade, como a SSL (*secure sockets layer* — um importante protocolo de segurança da internet) e redes privativas virtuais, a criptografia em XML também se aplica a partes de documentos e a documentos em armazenamento persistente. Sistemas de banco de dados como PostgreSQL ou Oracle têm suporte para objetos JSON (*JavaScript object notation*) como formato de dados, e possuem facilidades semelhantes para objetos JSON, como as definidas anteriormente para XML.

30.3.5 Políticas de controle de acesso para a web e aplicativos móveis

Ambientes de aplicação web acessíveis publicamente apresentam um desafio exclusivo para a segurança do banco de dados. Esses sistemas incluem os responsáveis por lidar com informações confidenciais ou privadas e incluem redes sociais, servidores de API de aplicativos móveis e plataformas de transação de comércio eletrônico.

Os ambientes de comércio eletrônico (**e-commerce**) são caracterizados por quaisquer transações que sejam feitas eletronicamente. Eles exigem políticas elaboradas de controle de acesso, que vão além dos SGBDs tradicionais. Em ambientes de banco de dados convencionais, o controle de acesso normalmente é realizado usando-se um conjunto de autorizações indicadas pelos agentes de segurança ou usuários de acordo com algumas políticas de segurança. Esse paradigma simples não é muito adequado para um ambiente dinâmico como o e-commerce. Além disso, em um ambiente de e-commerce, os recursos a serem protegidos não são apenas dados tradicionais, mas também conhecimento e experiência. Essas peculiaridades exigem mais flexibilidade na especificação de políticas de controle de acesso. O mecanismo de controle de acesso precisa ser flexível o suficiente para dar suporte a um grande espectro de objetos de proteção heterogêneos.

Como muitos sistemas de reservas, emissão de bilhetes, pagamentos e compras on-line processam informações protegidas por lei, para proteger as informações, deve-se implementar uma arquitetura de segurança que vai além do simples controle de acesso ao banco de dados. Quando uma parte não autorizada acessa informações protegidas de forma inadequada, isso equivale a um vazamento de dados, que tem consequências legais e financeiras significativas. Essa parte não autorizada pode ser um adversário que busca ativamente roubar informações protegidas ou pode ser um funcionário que extrapolou sua função ou distribuiu incorretamente informações confidenciais para outras pessoas. A manipulação inadequada de dados de cartão de crédito, por exemplo, tem levado a violações de dados significativas nos principais varejistas.

Em ambientes de banco de dados convencionais, o controle de acesso geralmente é executado usando-se um conjunto de autorizações declaradas pelos agentes de segurança. Mas, nos aplicativos da web, é muito comum que o próprio aplicativo seja o usuário, e não um indivíduo devidamente autorizado. Isso dá origem a uma situação em que os mecanismos de controle de acesso do DBMS são ignorados e o banco de dados se torna apenas um armazenamento de dados relacional para o sistema. Em tais ambientes, vulnerabilidades como injeção de SQL (que abordamos em profundidade na Seção 30.4) se tornam significativamente mais perigosas, já que podem levar a uma violação total dos dados, em vez de se limitarem a dados que uma determinada conta está autorizada a acessar.

Para proteger contra violações de dados nesses sistemas, um primeiro requisito é uma política de segurança da informação abrangente, que vá além dos mecanismos técnicos de controle de acesso encontrados nos principais SGBDs. Essa política deve proteger não apenas dados tradicionais, mas também processos, conhecimento e experiência.

Um segundo requisito relacionado é o suporte para controle de acesso baseado em conteúdo. O **controle de acesso baseado em conteúdo** permite que alguém expresse políticas de controle de acesso que levem em consideração o conteúdo do objeto de proteção. Para dar suporte ao controle de acesso baseado em conteúdo, as políticas de controle precisam permitir a inclusão de condições com base no conteúdo do objeto.

Um terceiro requisito está relacionado à heterogeneidade dos sujeitos, que requer políticas de controle de acesso baseadas nas características e qualificações do usuário, em vez de nas características específicas e individuais (por exemplo, IDs de usuário). Uma solução possível, para melhor levar em conta os perfis de usuário na formulação das políticas de controle de acesso, é dar suporte à noção de credenciais. Uma **credencial** é um conjunto de propriedades referentes a um usuário, relevantes para fins de segurança (como idade ou cargo dentro de uma organização). Por exemplo, ao usar credenciais, pode-se simplesmente formular políticas como: *somente o pessoal permanente com cinco ou mais anos de serviço pode acessar documentos relacionados aos detalhes internos do sistema*.

Acredita-se que a XML deverá desempenhar um papel fundamental no controle de acesso para aplicações de e-commerce[6] porque ela está se tornando a linguagem de representação comum para troca de documentos pela web, e também está se tornando a linguagem para e-commerce. Assim, por um lado, existe a necessidade de tornar as representações em XML seguras, oferecendo mecanismos de controle de acesso moldados especificamente à proteção de documentos em XML. Por outro lado, a informação de controle de acesso (ou seja, políticas de controle de acesso e credenciais do usuário) pode ser expressa usando-se a própria XML. A **Linguagem de Marcação do Serviço de Diretórios** (DSML — ***directory services markup language***) é uma representação da informação de serviço de diretório na sintaxe XML. Ela oferece um alicerce para um padrão de comunicação com serviços de diretório que serão responsáveis por oferecer e autenticar credenciais do usuário. A apresentação uniforme de objetos de proteção e políticas de controle de acesso pode ser aplicada às próprias políticas e credenciais. Por exemplo, algumas propriedades de credencial (como o nome do usuário) podem ser acessíveis a todos, ao passo que outras propriedades podem ser visíveis apenas para uma classe de usuários restrita. Ademais, o uso de uma linguagem baseada em XML para especificar credenciais e políticas de controle de acesso facilita a submissão segura da credencial e a exportação de políticas de controle de acesso.

[6] Ver Thuraisingham et al. (2001).

30.4 Injeção de SQL

Injeção de SQL é uma das ameaças mais comuns a um sistema de banco de dados. Vamos discuti-la com detalhes mais adiante, nesta seção. Alguns dos outros ataques a bancos de dados, que são muito frequentes, são:

- **Escalada de privilégios não autorizada.** Este ataque é caracterizado por um indivíduo que tenta elevar seu privilégio atacando pontos vulneráveis nos sistemas de banco de dados.
- **Abuso de privilégio.** Enquanto o ataque anterior é feito por um usuário não autorizado, este é realizado por um usuário privilegiado. Por exemplo, um administrador que tem permissão para alterar a informação do aluno pode usar esse privilégio para atualizar notas de alunos sem a permissão do professor.
- **Negação de serviço.** Um **ataque de negação de serviço** (DOS — ***denial of service***) é uma tentativa de tornar recursos indisponíveis a seus usuários intencionados. Esta é uma categoria de ataque geral em que o acesso a aplicações ou dados da rede é negado aos usuários legítimos pelo estouro do buffer ou esgotamento de recursos.
- **Autenticação fraca.** Se o esquema de autenticação do usuário for fraco, um atacante pode personificar a identidade de um usuário legítimo ao obter suas credenciais de login.

30.4.1 Métodos de injeção de SQL

Conforme discutimos no Capítulo 11, programas e aplicações web que acessam um banco de dados podem enviar comandos e dados a ele, bem como exibir dados recuperados por meio do navegador web. Em um **ataque de injeção de SQL**, o atacante injeta uma entrada de cadeia de caracteres pela aplicação, que muda ou manipula a instrução SQL para o proveito do atacante. Um ataque de injeção de SQL pode prejudicar o banco de dados de várias maneiras, como na manipulação não autorizada do banco de dados, ou na recuperação de dados confidenciais. Ele também pode ser usado para executar comandos em nível do sistema que podem fazer o sistema negar serviço à aplicação. Esta seção descreve tipos de ataques de injeção.

Manipulação de SQL. Um ataque de manipulação, o tipo mais comum de ataque de injeção, muda um comando SQL na aplicação — por exemplo, ao acrescentar condições à cláusula WHERE de uma consulta, ou ao expandir uma consulta com componentes de consulta adicionais, usando operações de união como UNION, INTERSECT ou MINUS. Outros tipos de ataques de manipulação também são possíveis. Um ataque de manipulação típico ocorre durante o login do banco de dados. Por exemplo, suponha que um procedimento de autenticação ingênuo emita a seguinte consulta e verifique se alguma linha foi retornada:

```
SELECT * FROM usuarios WHERE nomeusuario = 'jaime' and SENHA =
    'senhajaime';
```

O atacante pode tentar alterar (ou manipular) a instrução SQL, alterando-a da seguinte forma:

```
SELECT * FROM usuarios WHERE nomeusuario = 'jaime' and (SENHA =
    'senhajaime' or 'x' = 'x');
```

Como resultado, o atacante que sabe que 'jaime' é um login válido de algum usuário pode se logar no sistema de banco de dados como 'jaime' sem conhecer sua senha e ser capaz de fazer tudo o que 'jaime' pode estar autorizado a fazer nesse sistema de banco de dados.

Injeção de código. Este tipo de ataque tenta acrescentar instruções SQL ou comandos adicionais à instrução SQL existente, explorando um bug do computador, causado pelo processamento de dados inválidos. O atacante pode injetar ou introduzir código em um programa de computador para alterar o curso da execução. A injeção de código é uma técnica popular para a invasão ou penetração do sistema para obter informações.

Injeção de chamada de função. Neste tipo de ataque, uma função do banco de dados ou uma chamada de função do sistema operacional é inserida em uma instrução SQL vulnerável para manipular os dados ou fazer uma chamada do sistema privilegiada. Por exemplo, é possível explorar uma função que realiza algum aspecto relacionado à comunicação na rede. Além disso, as funções contidas em um pacote de banco de dados personalizado, ou qualquer função de banco de dados personalizada, podem ser executadas como parte de uma consulta SQL. Em particular, consultas SQL criadas dinamicamente (ver Capítulo 10) podem ser exploradas, visto que são construídas em tempo de execução.

Por exemplo, a tabela *dual* é usada na cláusula FROM da SQL no Oracle quando um usuário precisa executar uma SQL que não tenha logicamente um nome de tabela. Para obter a data de hoje, podemos usar:

```
SELECT SYSDATE FROM dual;
```

O exemplo a seguir demonstra que até mesmo as instruções SQL mais simples podem ser vulneráveis.

```
SELECT TRANSLATE ('user input', 'from_string', 'to_string') FROM dual;
```

Aqui, TRANSLATE é usado para substituir uma cadeia de caracteres por outra cadeia de caracteres. A função TRANSLATE citada substituirá os caracteres de 'from_string' pelos caracteres de 'to_string' um por um. Isso significa que o *f* será substituído pelo *t*, o *r*, pelo *o*, o *o*, pelo _, e assim por diante.

Este tipo de instrução SQL pode estar sujeito a um ataque de injeção de função. Considere o exemplo a seguir:

```
SELECT TRANSLATE ('' || UTL_HTTP.REQUEST ('http://129.107.2.1/') || '',
   '98765432', '9876') FROM dual;
```

O usuário pode inserir a string (' || UTL_HTTP.REQUEST ('http://129.107.2.1/') || '), em que || é o operador de concatenação, solicitando assim uma página de um servidor web. A UTL_HTTP faz chamadas do Hypertext Transfer Protocol (HTTP) com base na SQL. O objeto REQUEST recupera um URL ('http://129.107.2.1/' neste exemplo) como um parâmetro, entra em contato com esse site e retorna os dados (normalmente HTML) obtidos desse site. O atacante poderia manipular a string que ele insere, bem como o URL, para incluir outras funções e realizar outras operações ilegais. Apenas usamos um exemplo fictício para mostrar a conversão de '98765432' para '9876', mas a intenção do usuário seria acessar o URL e obter informações confidenciais. O atacante pode, então, recuperar informações úteis do servidor de banco de dados — localizado no URL que é passado como parâmetro — e enviá-las ao servidor web (que chama a função TRANSLATE).

30.4.2 Riscos associados à injeção de SQL

A injeção de SQL é prejudicial e os riscos associados a ela oferecem motivação para os atacantes. Alguns dos riscos associados a ataques de injeção de SQL são explicados a seguir.

- **Impressão digital do banco de dados.** O atacante pode determinar o tipo de banco de dados que está sendo usado no backend de modo que possa utilizar ataques específicos ao banco de dados que correspondem a pontos fracos em um SGBD em particular.

- **Negação de serviço.** O atacante pode inundar o servidor com solicitações, negando assim o serviço a usuários legítimos, ou pode excluir alguns dados.
- **Contornar a autenticação.** Este é um dos riscos mais comuns, em que o atacante pode obter acesso ao banco de dados como um usuário autorizado e realizar todas as tarefas desejadas.
- **Identificar parâmetros injetáveis.** Neste tipo de ataque, o atacante reúne informações importantes sobre o tipo e a estrutura do banco de dados de backend de uma aplicação web. Esse ataque se torna possível pelo fato de a página de erro padrão retornada pelos servidores de aplicação normalmente ser bastante descritiva.
- **Executar comandos remotos.** Isso oferece aos atacantes uma ferramenta para executar comandos quaisquer no banco de dados. Por exemplo, um usuário remoto pode executar procedimentos armazenados e funções do banco de dados a partir de uma interface interativa SQL remota.
- **Realizar escalada de privilégios.** Este tipo de ataque tira proveito das falhas lógicas dentro do banco de dados para aumentar o nível de acesso.

30.4.3 Técnicas de proteção contra injeção de SQL

A proteção contra ataques de injeção de SQL pode ser obtida ao se aplicarem certas regras de programação a todos os procedimentos e funções acessíveis pela web. Esta seção descreve algumas dessas técnicas.

Variáveis de ligação (usando comandos parametrizados). O uso de variáveis de ligação (também conhecidas como *parâmetros*; ver Capítulo 10) protege contra ataques de injeção e também melhora o desempenho.

Considere o seguinte exemplo usando Java e JDBC:

```
PreparedStatement stmt = conn.prepareStatement( "SELECT * FROM
    FUNCIONARIO WHERE FUNCIONARIO_ID=? AND SENHA=?");
stmt.setString(1, funcionario_id);
stmt.setString(2, senha);
```

Em vez de embutir a entrada do usuário na instrução, ela deverá ser vinculada a um parâmetro. Neste exemplo, a entrada '1' é atribuída (vinculada) à variável de ligação 'funcionario_id' e a entrada '2', à variável de ligação 'senha', em vez de passar parâmetros de cadeia de caracteres diretamente.

Filtragem da entrada (validação da entrada). Esta técnica pode ser usada para remover caracteres de escape das cadeias de caracteres de entrada ao utilizar a função Replace da SQL. Por exemplo, o delimitador de aspa simples (') pode ser substituído por duas aspas simples (''). Alguns ataques de manipulação de SQL podem ser impedidos com essa técnica, pois os caracteres de escape podem ser usados para injetar ataques de manipulação. Porém, como pode haver um grande número de caracteres de escape, esta técnica não é confiável.

Segurança da função. As funções de banco de dados, tanto padrão quanto personalizadas, devem ser restringidas, pois podem ser exploradas nos ataques de injeção de função SQL.

30.5 Introdução à segurança do banco de dados estatístico

Bancos de dados estatísticos são usados principalmente para produzir estatísticas sobre várias populações. O banco de dados pode conter dados confidenciais sobre indivíduos, que devem ser protegidos contra acesso do usuário. Contudo, os usuários têm permissão para recuperar informações estatísticas sobre populações, como médias, somas, contadores, valores máximo e mínimo e desvios padrões. As técnicas desenvolvidas para proteger a privacidade de informações individuais estão além do escopo deste livro. Vamos ilustrar o problema com um exemplo muito simples, que se refere à relação mostrada na Figura 30.3. Essa é uma relação PESSOA com os atributos Nome, Cpf, Renda, Endereco, Cidade, Estado, Cep, Sexo e Escolaridade.

Uma **população** é um conjunto de tuplas de uma relação (tabela) que satisfazem alguma condição de seleção. Logo, cada condição de seleção na relação PESSOA especificará uma população em particular de tuplas de PESSOA. Por exemplo, a condição Sexo = 'M' especifica a população do sexo masculino; a condição ((Sexo = 'F') AND (Escolaridade = 'M.S.' OR Escolaridade = 'Ph.D.')) especifica a população do sexo feminino que tem um título M.S. ou Ph.D. como seu título mais alto; e a condição Cidade = 'Curitiba' especifica a população que mora em Curitiba.

As consultas estatísticas envolvem a aplicação de funções estatísticas a uma população de tuplas. Por exemplo, podemos querer recuperar o número de indivíduos em uma população ou a renda média na população. No entanto, usuários estatísticos não têm permissão para recuperar dados individuais, como a renda de uma pessoa específica. Técnicas de **segurança de banco de dados estatístico** precisam proibir a recuperação de dados individuais. Isso pode ser obtido proibindo-se consultas que recuperam valores de atributo e permitindo apenas consultas que envolvem funções de agregação estatística, como COUNT, SUM, MIN, MAX, AVERAGE e STANDARD DEVIATION. Estas às vezes são chamadas de **consultas estatísticas.**

É responsabilidade de um sistema de gerenciamento de banco de dados garantir a confidencialidade da informação sobre indivíduos, enquanto ainda oferece resumos estatísticos úteis de dados sobre esses indivíduos aos usuários. A provisão da **proteção da privacidade** dos usuários em um banco de dados estatístico é fundamental; sua violação é ilustrada no exemplo a seguir.

Em alguns casos, é possível **deduzir** os valores de tuplas individuais com base em uma sequência de consultas estatísticas. Isso é particularmente verdadeiro quando as condições resultam em uma população que consiste em um pequeno número de tuplas. Como exemplo, considere as seguintes consultas estatísticas:

```
C1: SELECT COUNT (*) FROM PESSOA
    WHERE <condicao>;
C2: SELECT AVG (Renda) FROM PESSOA
    WHERE <condicao>;
```

Agora suponha que estejamos interessados em descobrir o Salario de Jane Silva, e sabemos que ela tem um título de Ph.D. e mora na cidade de Curitiba, Paraná. Emitimos a consulta estatística C1 com a seguinte condição:

(Escolaridade='Ph.D.' AND Sexo='F' AND Cidade='Curitiba' AND Estado='Paraná')

Se obtivermos um resultado de 1 para essa consulta, podemos emitir C2 com a mesma condição e descobrir o Salario de Jane Silva. Mesmo que o resultado de C1 na condição anterior não seja 1, mas seja um número pequeno — digamos, 2 ou 3 —, podemos emitir consultas estatísticas usando as funções MAX, MIN e AVERAGE para identificar o possível intervalo de valores para o Salario de Jane Silva.

A possibilidade de deduzir informações individuais de consultas estatísticas é reduzida se nenhuma consulta estatística for permitida sempre que o número de

PESSOA

Nome	Cpf	Renda	Endereco	Cidade	Estado	Cep	Sexo	Escolaridade

Figura 30.3 O esquema de relação PESSOA para ilustrar a segurança do banco de dados estatístico.

tuplas na população especificada pela condição de seleção estiver abaixo de algum limite. Outra técnica para proibir a recuperação de informações individuais é proibir sequências de consultas que se referem repetidamente à mesma população de tuplas. Também é possível introduzir pequenas imprecisões ou *ruído* nos resultados das consultas estatísticas de maneira deliberada, para tornar difícil deduzir informações individuais dos resultados. Outra técnica é o particionamento do banco de dados. O particionamento implica que os registros sejam armazenados em grupos de algum tamanho mínimo; as consultas podem se referir a qualquer grupo completo ou conjunto de grupos, mas nunca a subconjuntos de registros dentro de um grupo. O leitor interessado deve consultar a bibliografia ao final deste capítulo para uma discussão a respeito dessas técnicas.

30.6 Introdução ao controle de fluxo

O **controle de fluxo** regula a distribuição ou o fluxo de informações entre objetos acessíveis. Um fluxo entre o objeto *X* e o objeto *Y* ocorre quando um programa lê valores de *X* e grava valores em *Y*. Os **controles de fluxo** verificam que a informação contida em alguns objetos não flui explícita ou implicitamente para objetos menos protegidos. Assim, um usuário não pode obter indiretamente em *Y* o que ele ou ela não pode obter de maneira direta em *X*. O controle de fluxo ativo começou no início da década de 1970. A maioria dos controles de fluxo emprega algum conceito de classe de segurança; a transferência de informações de um emissor para um receptor só é permitida se a classe de segurança do receptor for pelo menos tão privilegiada quanto a do emissor. Alguns exemplos de um controle de fluxo incluem impedir que um programa de serviço vaze dados confidenciais de um cliente e bloquear a transmissão de dados militares secretos para um usuário confidencial desconhecido.

Uma **política de fluxo** especifica os canais ao longo dos quais a informação tem permissão para se mover. A política de fluxo mais simples especifica apenas duas classes de informação — confidencial (*C*) e não confidencial (*N*) — e permite todos os fluxos, exceto os da classe *C* para a classe *N*. Essa política pode solucionar o problema de confinamento que surge quando um programa de serviço trata de dados como informações do cliente, alguns dos quais podendo ser confidenciais. Por exemplo, um serviço de cálculo de imposto de renda poderia ter permissão para reter o endereço do cliente e apresentar a conta dos serviços, mas não a receita ou as deduções de um cliente.

Os mecanismos de controle de acesso são responsáveis por verificar as autorizações dos usuários para acesso ao recurso: somente operações concedidas são executadas. Os controles de fluxo podem ser impostos por um mecanismo estendido de controle de acesso, que envolve atribuir uma classe de segurança (normalmente chamada de *autorização*) a cada programa em execução. O programa tem permissão para ler determinado segmento de memória somente se sua classe de segurança for tão alta quanto a do segmento. Ele só tem permissão para gravar em um segmento se sua classe for pelo menos a mesma que a do segmento. Isso automaticamente garante que nenhuma informação transmitida pela pessoa pode passar de uma classe mais alta para uma mais baixa. Por exemplo, um programa militar com autorização secreta só pode ler de objetos públicos e confidenciais, e só pode gravar em objetos secretos ou altamente secretos.

Dois tipos de fluxo podem ser distinguidos: *fluxos explícitos*, que ocorrem como uma consequência das instruções de atribuição, como $Y := f(X_1, X_n,)$, e *fluxos implícitos*, gerados por instruções condicionais, como: se $f(X_{m+1, \ldots,} X_n)$ então $Y := f(X_1, X_m)$.

Os mecanismos de controle de fluxo precisam verificar que apenas fluxos autorizados, explícitos e implícitos, sejam executados. Um conjunto de regras precisa ser satisfeito para garantir fluxos de informação seguros. As regras podem ser expressas com o uso de relações de fluxo entre as classes e atribuídas à informação, indicando os fluxos autorizados dentro de um sistema. (Um fluxo de informação de *A* para *B* ocorre quando a informação associada a *A* afeta o valor da informação associada a *B*. O fluxo resulta de operações que causam transferência de informações de um objeto para outro.) Essas relações podem definir, para uma classe, o conjunto de classes em que a informação (confidencial nessa classe) pode fluir, ou podem indicar as relações específicas a serem verificadas entre duas classes para permitir que a informação flua de uma para a outra. Em geral, os mecanismos de controle de fluxo implementam os controles ao atribuir um rótulo a cada objeto e ao especificar a classe de segurança do objeto. Os rótulos são, então, utilizados para verificar as relações de fluxo definidas no modelo.

30.6.1 Canais secretos

Um canal secreto permite uma transferência de informação que viola a segurança ou a política. Especificamente, um **canal secreto** permite que informações passem de um nível de classificação mais alto para um mais baixo por meios impróprios. Os canais secretos podem ser classificados em duas categorias gerais: canais de temporização e armazenamento. O recurso diferenciador entre as duas é que em um **canal de temporização** a informação é transmitida pela temporização de eventos ou processos, enquanto os **canais de armazenamento** não exigem qualquer sincronismo temporal, visto que a informação é transmitida ao acessar informações do sistema ou o que, de outra forma, é inacessível ao usuário.

Em um exemplo simples de canal secreto, considere um sistema de banco de dados distribuído em que dois nós tenham níveis de segurança do usuário secreto (S) e não classificado (U). Para que uma transação seja confirmada, os dois nós precisam concordar com isso. Eles só podem realizar operações mutuamente que são consistentes com a propriedade *, que afirma que, em qualquer transação, o nó *S* não pode gravar ou passar informações para o nó *U*. Contudo, se esses dois nós combinarem para estabelecer um canal secreto entre eles, uma transação envolvendo dados secretos poderá ser confirmada de maneira incondicional pelo nó *U*, mas o nó *S* pode fazer isso de alguma maneira previamente combinada, de modo que certas informações possam ser passadas do nó *S* para o nó *U*, violando a propriedade *. Isso pode ser alcançado onde a transação é executada repetidamente, mas as ações tomadas pelo nó *S* de modo implícito transmitem informações ao nó *U*. Medidas como bloqueio, que discutimos nos capítulos 21 e 22, impedem a gravação simultânea das informações pelos usuários com diferentes níveis de segurança nos mesmos objetos, impedindo os canais secretos da categoria de armazenamento. Os sistemas operacionais e os bancos de dados distribuídos oferecem controle sobre a multiprogramação de operações, o que permite um compartilhamento de recursos sem a possibilidade de invasão de um programa ou processo na memória ou em outros recursos do sistema, impedindo assim os canais de temporização secretos. Em geral, os canais secretos não são um grande problema nas implementações de banco de dados robustas e bem implementadas. Contudo, certos esquemas que implicitamente transferem informações podem ser idealizados por usuários inteligentes.

Alguns especialistas em segurança acreditam que uma forma de evitar os canais secretos é impedir que os programadores realmente tenham acesso aos dados confidenciais que um programa processará depois que tiver entrado em operação. Por exemplo, um programador de um banco não tem necessidade de acessar os nomes ou saldos nas contas dos clientes. Os programadores de empresas de corretagem não precisam saber quais ordens de compra e venda existem para os clientes. Durante o teste do programa, o acesso a uma forma de dados reais ou alguns dados de teste de exemplo pode ser justificável, mas não depois de o programa ser aceito para uso regular.

30.7 Criptografia e infraestruturas de chave pública

Os métodos de acesso anteriores e o controle de fluxo, apesar de serem medidas de controle fortes, podem não ser capazes de proteger os bancos de dados contra algumas ameaças. Suponha que comuniquemos dados, mas eles caiam nas mãos de um usuário ilegítimo. Nessa situação, ao usar a criptografia, podemos disfarçar a mensagem de modo que, mesmo que a transmissão seja desviada, a mensagem não será revelada. A **criptografia** é a conversão de dados para um formato, chamado **texto cifrado**, que não pode ser facilmente entendido por pessoas não autorizadas. Ela melhora a segurança e a privacidade quando os controles de acesso são evitados, pois, em casos de perda ou roubo, os dados criptografados não podem ser facilmente entendidos por pessoas não autorizadas.

Com essa base, aderimos às seguintes definições-padrão:[7]

- *Texto cifrado*: dados criptografados (codificados).
- *Texto limpo (ou texto claro)*: dados inteligíveis que têm significado e podem ser lidos ou atuados sem a aplicação da descriptografia.
- *Criptografia:* o processo de transformar texto limpo em texto cifrado.
- *Descriptografia:* o processo de transformar texto cifrado de volta para texto limpo.

A criptografia consiste em aplicar um **algoritmo de criptografia** aos dados usando alguma **chave de criptografia** pré-especificada. Os dados resultantes precisam ser **descriptografados** usando uma **chave de descriptografia** para recuperar os dados originais.

30.7.1 Os padrões Data Encryption e Advanced Encryption

O **Data Encryption Standard** (**DES**) é um sistema desenvolvido pelo governo dos Estados Unidos para uso pelo público em geral. Ele foi bastante aceito como padrão criptográfico nos Estados Unidos e no exterior. O DES pode oferecer criptografia de ponta a ponta no canal entre o emissor *A* e o receptor *B*. O algoritmo DES é uma combinação cuidadosa e complexa de dois blocos de montagem fundamentais da criptografia: substituição e permutação (transposição). O algoritmo deriva sua robustez da aplicação repetida dessas duas técnicas para um total de 16 ciclos. O texto limpo (a forma original da mensagem) é criptografado como blocos de 64 bits. Embora a chave tenha 64 bits de extensão, na verdade pode ser qualquer número de 56 bits. Após questionar a adequação do DES, o NIST introduziu o **Advanced Encryption Standard** (**AES**). Esse algoritmo tem um tamanho de bloco de 128 bits, comparado com o tamanho de 56 bits do DES, e pode usar chaves de 128, 192 ou 256 bits, em comparação com a chave de 56 bits do DES. O AES introduz mais chaves possíveis, em comparação com o DES, e, assim, exige muito mais tempo para quebrar uma chave. Em sistemas atuais, AES é o default, com grandes tamanhos de chave. Ele também é o padrão para produtos de criptografia de unidade inteira, com Apple FileVault e Microsoft BitLocker usando chaves de 256 ou 128 bits. TripleDES é uma opção de reserva se um sistema legado não puder usar um padrão de criptografia moderno.

[7] Departamento de Comércio dos Estados Unidos.

30.7.2 Algoritmos de chave simétrica

Uma chave simétrica é uma chave utilizada para criptografia e descriptografia. Ao usar uma chave simétrica, a criptografia e a descriptografia rápidas são possíveis para emprego rotineiro com dados confidenciais no banco de dados. Uma mensagem criptografada com uma chave secreta só pode ser descriptografada com a mesma chave secreta. Os algoritmos usados para a criptografia de chave simétrica são chamados **algoritmos de chave secreta.** Como tais algoritmos são utilizados principalmente para criptografar o conteúdo de uma mensagem, eles também são chamados de **algoritmos de criptografia de conteúdo.**

A principal desvantagem associada aos algoritmos de chave secreta é a necessidade de compartilhar essa chave. Um método possível é derivar a chave secreta de uma cadeia de caracteres de senha fornecida pelo usuário ao aplicar a mesma função à cadeia de caracteres no emissor e no receptor; isso é conhecido como *algoritmo de criptografia baseado em senha.* A robustez da criptografia de chave simétrica depende do tamanho da chave utilizada. Para o mesmo algoritmo, a criptografia que utiliza uma chave mais longa é mais difícil de ser quebrada que a que usa uma chave mais curta.

30.7.3 Criptografia de chave pública (assimétrica)

Em 1976, Diffie e Hellman propuseram um novo tipo de sistema criptográfico, que eles chamaram de **criptografia de chave pública.** Os algoritmos de chave pública são baseados em funções matemáticas em vez de em operações em padrões de bits. Eles resolvem um problema da criptografia de chave simétrica, a saber, que tanto o emissor quanto o destinatário precisam trocar a chave comum de uma maneira segura. Nos sistemas de chave pública, duas chaves são utilizadas para criptografia/descriptografia. A *chave pública* pode ser transmitida de uma maneira não segura, enquanto a *chave privada* não é transmitida. Esses algoritmos — que usam duas chaves relacionadas, uma pública e uma privada, para realizar operações complementares (criptografia e descriptografia) — são conhecidos como **algoritmos de criptografia de chave assimétrica.** O emprego de duas chaves pode ter consequências profundas nas áreas de confidencialidade, distribuição de chave e autenticação. As duas chaves usadas para a criptografia de chave pública são conhecidas como **chave pública** e **chave privada.** A última é mantida em segredo, mas é referenciada como *chave privada* em vez de *chave secreta* (a chave usada na criptografia convencional) para evitar confusão com a criptografia convencional. As duas chaves são matematicamente relacionadas, pois uma delas serve para realizar a criptografia e a outra, para realizar a descriptografia. Contudo, é muito difícil derivar a chave privada com base na chave pública.

Um esquema de criptografia (ou *infraestrutura*) de chave pública tem seis ingredientes:

1. **Texto limpo.** Trata-se dos dados ou mensagem legível que é alimentada no algoritmo como entrada.
2. **Algoritmo de criptografia.** Este algoritmo realiza diversas transformações no texto limpo.
3. e 4. **Chaves pública e privada.** Trata-se de um par de chaves que foram selecionadas de modo que, se uma for usada para criptografia, a outra é utilizada para descriptografia. As transformações exatas realizadas pelo algoritmo de criptografia dependem da chave pública ou privada que é fornecida como entrada. Por exemplo, se uma mensagem é criptografada com a chave pública, ela só pode ser descriptografada com a chave privada.

5. **Texto cifrado.** Esta é a mensagem misturada produzida como saída. Ela depende do texto limpo e da chave. Para determinada mensagem, duas chaves diferentes produzirão dois textos cifrados diferentes.
6. **Algoritmo de descriptografia.** Este algoritmo aceita o texto cifrado e a chave correspondente, e produz o texto limpo original.

Como o nome sugere, a chave pública do par se torna pública para outros a usarem, enquanto a chave privada é conhecida apenas por seu proprietário. Um algoritmo criptográfico de chave pública para uso geral conta com uma chave para criptografia e uma chave diferente, porém relacionada, para descriptografia. As etapas essenciais são as seguintes:

1. Cada usuário gera um par de chaves a serem usadas para criptografar e descriptografar as mensagens.
2. Cada usuário coloca uma das duas chaves em um registrador público ou outro arquivo acessível. Essa é a chave pública. A chave correspondente é mantida privada.
3. Se um emissor deseja enviar uma mensagem privada a um receptor, o emissor criptografa a mensagem usando a chave pública do receptor.
4. Quando o receptor recebe a mensagem, ele ou ela a descriptografa com a chave privada do receptor. Nenhum outro destinatário pode descriptografar a mensagem porque somente o receptor conhece sua chave privada.

O algoritmo de criptografia de chave pública RSA. Um dos primeiros esquemas de chave pública foi introduzido em 1978 por Ron Rivest, Adi Shamir e Len Adleman no MIT[8] e recebeu o nome de **esquema RSA**, as iniciais de seus sobrenomes. Desde então, o esquema RSA tem sido afirmado como a técnica mais aceita e implementada para a criptografia de chave pública. O algoritmo de criptografia RSA incorpora resultados da teoria dos números, combinados com a dificuldade de determinar os fatores primos de um alvo. O algoritmo RSA também opera com a aritmética modular — mod n.

Duas chaves, d e e, são usadas para criptografia e descriptografia. Uma propriedade importante é que elas podem ser trocadas. n é escolhida como um inteiro grande, que é um produto de dois números primos distintos grandes, a e b, $n = a \times b$. A chave de criptografia e é um número escolhido aleatoriamente entre 1 e n que seja relativamente primo de $(a - 1) \times (b - 1)$. O bloco de texto limpo P é criptografado como P^e, em que $P^e = P \bmod n$. Como a exponenciação é realizada como mod n, a fatoração de P^e para desvendar o texto limpo criptografado é difícil. Porém, a chave de descriptografia d é cuidadosamente escolhida de modo que $(P^e)\ d \bmod n = P$. A chave de descriptografia d pode ser calculada com base na condição de que $d \times e = 1 \bmod ((a - 1) \times (b - 1))$. Assim, o receptor legítimo que conhece d simplesmente calcula $(P^e)\ d \bmod n = P$ e recupera P sem ter de fatorar P^e.

30.7.4 Assinaturas digitais

Uma assinatura digital é um exemplo de uso de técnicas de criptografia para fornecer serviços de autenticação em aplicações de comércio eletrônico. Assim como uma assinatura manual, uma **assinatura digital** é um meio de associar uma marca única a um indivíduo com um corpo de texto. A marca deve ser inesquecível, significando que outros devem poder verificar se a assinatura vem do remetente.

Uma assinatura digital consiste em uma string de símbolos. Se a assinatura digital de uma pessoa sempre fosse a mesma para cada mensagem, alguém poderia

[8] Rivest et al. (1978).

facilmente falsificá-la apenas copiando a string de símbolos. Assim, as assinaturas devem ser diferentes para cada uso. Isso pode ser obtido tornando cada assinatura digital uma função da mensagem que ela está assinando, com um rótulo de tempo. Para ser única a cada assinante e à prova de falsificação, cada assinatura digital também precisa depender de algum número secreto que seja exclusivo ao assinante. Dessa forma, em geral, uma assinatura digital à prova de falsificação deve depender da mensagem e de um número secreto único do assinante. O verificador da assinatura, porém, não deve precisar saber qualquer número secreto. As técnicas de chave pública são a melhor maneira de criar assinaturas digitais com essas propriedades.

30.7.5 Certificados digitais

Um certificado digital é utilizado para combinar o valor de uma chave pública com a identidade da pessoa ou do serviço que mantém a chave privada correspondente em uma declaração assinada digitalmente. Os certificados são emitidos e assinados por uma autoridade certificadora (**CA** — ***certification authority***). A entidade que recebe esse certificado de uma CA é o sujeito desse certificado. Em vez de exigir que cada participante em uma aplicação autentique cada usuário, uma autenticação de terceiros conta com o uso de certificados digitais.

O próprio certificado digital contém vários tipos de informação. Por exemplo, estão incluídas informações tanto da autoridade certificadora quanto do proprietário do certificado. A lista a seguir descreve todas as informações incluídas no certificado:

1. A informação do proprietário do certificado, que é representado por um identificador único, conhecido como nome distinto (DN) do proprietário. Isso inclui o nome do proprietário, bem como sua organização e outras informações sobre ele.
2. O certificado também inclui a chave pública do proprietário.
3. A data de emissão do certificado também é incluída.
4. O período de validade é especificado por datas 'Válido de' e 'Válido até', que estão incluídas em cada certificado.
5. A informação do identificador do emissor é incluída no certificado.
6. Finalmente, a assinatura digital da CA emissora para o certificado é incluída. Todas as informações listadas são codificadas por meio de uma função message-digest, que cria a assinatura digital. A assinatura digital basicamente certifica que a associação entre o proprietário do certificado e a chave pública é válida.

30.8 Questões de privacidade e preservação

A preservação da privacidade dos dados é um desafio cada vez maior para os especialistas em segurança e privacidade do banco de dados. Em algumas perspectivas, para preservar a privacidade dos dados, devemos até mesmo limitar a realização da mineração e análise de dados em grande escala. Uma das técnicas mais comuns para resolver esse problema é evitar a criação de warehouses centrais imensos como um único repositório de informações vitais. Esse é um dos principais obstáculos para a criação de registros nacionais de pacientes para muitas doenças importantes. Outra medida possível é modificar ou perturbar dados intencionalmente.

Se todos os dados estivessem disponíveis em um único warehouse, a violação da segurança de um único repositório poderia expor todos os dados. Evitar warehouses centrais e usar algoritmos de mineração de dados distribuídos minimiza a troca de dados necessária para desenvolver modelos globalmente válidos. Ao modificar, atrapalhar e tornar os dados anônimos, também podemos aliviar os riscos de privacidade associados à mineração de dados. Isso pode ser feito ao remover informações de identidade dos dados liberados e injetar ruído aos dados. Porém, ao usar essas técnicas, devemos prestar atenção à qualidade dos dados resultantes no banco de dados, que podem sofrer muitas modificações. Também devemos poder estimar os erros passíveis de serem introduzidos por essas modificações.

A privacidade é uma área importante de pesquisa contínua no gerenciamento de banco de dados. Isso é complicado em razão de sua natureza multidisciplinar e suas questões relacionadas à subjetividade na interpretação da privacidade, confiança, e assim por diante. Como exemplo, considere registros e transações médicos e legais, que devem manter certos requisitos de privacidade. Oferecer controle de acesso e privacidade para dispositivos móveis também está recebendo cada vez mais atenção. Os SGBDs precisam de técnicas robustas para o armazenamento eficiente de informações relevantes à segurança em pequenos dispositivos, bem como técnicas de negociação de confiança. Onde manter informações relacionadas a identidades, perfis, credenciais e permissões e como usá-las para a identificação confiável do usuário ainda é um problema importante. Como fluxos de dados de grande tamanho são gerados em tais ambientes, é preciso elaborar técnicas eficientes para controle de acesso, integrando-as com técnicas de processamento para consultas contínuas. Por fim, é preciso que se garanta a privacidade dos dados de localização do usuário, adquiridos de sensores e redes de comunicação.

30.9 Desafios da segurança do banco de dados

Considerando o grande crescimento em volume e velocidade das ameaças aos bancos de dados e informações, é preciso dedicar esforços de pesquisa às seguintes questões: qualidade dos dados, direitos de propriedade intelectual e sobrevivência do banco de dados, para citar apenas algumas. Vamos resumir o trabalho exigido em algumas áreas importantes que os pesquisadores em segurança de banco de dados estão tentando resolver.

30.9.1 Qualidade dos dados

A comunidade de banco de dados precisa de técnicas e soluções organizacionais para avaliar e atestar a qualidade dos dados. Essas técnicas podem incluir mecanismos simples, como rótulos de qualidade que são postados em sites web. Também precisamos de técnicas que ofereçam verificação eficaz da semântica de integridade e ferramentas para a avaliação da qualidade dos dados, com base em técnicas como a ligação de registros. Técnicas de recuperação em nível de aplicação também são necessárias para reparar automaticamente os dados incorretos. As ferramentas de ETL (***extract, transform, load*** — extração, transformação, carga), bastante usadas para carregar dados em data warehouses (ver Seção 29.4), atualmente estão atacando essas questões.

30.9.2 Direitos de propriedade intelectual

Com o uso generalizado da internet e de intranets, aspectos legais e informativos dos dados estão se tornando preocupações importantes das organizações. Para enfrentar esses problemas, têm sido propostas técnicas de marca d'água para dados relacionais. A finalidade principal da marca d'água digital é proteger o conteúdo contra duplicação e distribuição não autorizadas, habilitando a propriedade provável do conteúdo. Isso tradicionalmente tem ficado por conta da disponibilidade de um grande domínio de ruído, dentro do qual o objeto pode ser alterado enquanto retém suas propriedades essenciais. Porém, é preciso que haja pesquisa para avaliar a robustez dessas técnicas e investigar diferentes técnicas visando à prevenção de violações dos direitos de propriedade intelectual.

30.9.3 Sobrevivência do banco de dados

Os sistemas de banco de dados precisam operar e continuar suas funções, mesmo com capacidades reduzidas, apesar de eventos destruidores, como ataques de busca de vantagem competitiva. Um SGBD, além de realizar todos os esforços para impedir um ataque e detectar um, caso ocorra, deve ser capaz de fazer o seguinte:

- **Confinamento.** Tomar ação imediata para eliminar o acesso do atacante ao sistema e isolar ou conter o problema para impedir que se espalhe mais.
- **Avaliação de danos.** Determinar a extensão do problema, incluindo funções que falharam e dados adulterados.
- **Reconfiguração.** Reconfigurar para permitir que a operação continue em um modo reduzido enquanto a recuperação prossegue.
- **Reparo.** Recuperar dados adulterados ou perdidos e reparar ou reinstalar funções do sistema que falharam, para restabelecer um nível de operação normal.
- **Tratamento de falha.** Ao máximo possível, identificar os pontos fracos explorados no ataque e tomar medidas para impedir uma nova ocorrência.

O objetivo do atacante em busca de vantagem competitiva é prejudicar a operação da organização e a realização de sua missão, por meio de danos a seus sistemas de informação. O alvo específico de um ataque pode ser o próprio sistema ou seus dados. Embora os ataques que paralisam totalmente o sistema sejam graves e dramáticos, eles também devem ser bem temporizados para alcançar o objetivo do atacante, pois receberão atenção imediata e concentrada, a fim de retornar o sistema à condição operacional, diagnosticar como ocorreu o ataque e instalar medidas preventivas.

Até o momento, questões relacionadas à sobrevivência do banco de dados ainda não foram suficientemente investigadas. É preciso que se dedique muito mais pesquisa às técnicas e metodologias que garantam a sobrevivência do sistema de banco de dados.

30.10 Segurança baseada em rótulo no Oracle

Restringir o acesso a tabelas inteiras ou isolar dados confidenciais em bancos de dados separados é uma operação dispendiosa para administrar. A **Oracle Label Security** evita a necessidade dessas medidas ao habilitar o controle de acesso em nível de linha. No momento em que este livro foi escrito, ela estava disponível no Oracle Database 11g Release 1 (11.1) Enterprise Edition. Cada tabela ou visão do banco de dados tem uma política de segurança associada a ela. Essa política é executada toda vez que a tabela ou visão é consultada ou alterada. Os desenvolvedores podem prontamente acrescentar o controle de acesso baseado em rótulo às suas aplicações em Oracle Database. A segurança baseada em rótulo oferece uma forma adaptável de controlar o acesso a dados confidenciais. Tanto usuários quanto dados possuem rótulos associados a eles. A Oracle Label Security usa esses rótulos para oferecer segurança.

30.10.1 Tecnologia Virtual Private Database (VPD)

Virtual Private Databases (VPDs) são um recurso do Oracle Enterprise Edition que acrescenta predicados aos comandos do usuário para limitar seu acesso de uma maneira transparente ao usuário e à aplicação. O conceito de VPD permite o controle de acesso imposto pelo servidor, detalhado, para uma aplicação segura.

O VPD oferece controle de acesso baseado em políticas. Essas políticas de VPD impõem controle de acesso em nível de objeto ou segurança em nível de linha. Isso fornece uma interface de programação de aplicação (API) que permite que as políticas de segurança sejam ligadas às tabelas ou visões do banco de dados. Ao utilizar PL/SQL, uma linguagem de programação hospedeira usada em aplicações Oracle, os desenvolvedores e administradores de segurança podem implementar políticas de segurança com a ajuda de procedimentos armazenados.[9] As políticas VPD permitem que os desenvolvedores removam os mecanismos de segurança de acesso das aplicações e os centralizem no Oracle Database.

O VPD é habilitado ao associar-se uma "política" de segurança a uma tabela, visão ou sinônimo. Um administrador usa o pacote PL/SQL fornecido, SGBD_RLS, para vincular uma função da política a um objeto do banco de dados. Quando um objeto que tem uma política de segurança associada a ela é acessado, a função que implementa essa política é consultada. A função da política retorna um predicado (uma cláusula WHERE) que é então anexado ao comando SQL do usuário, modificando assim, de forma *transparente* e *dinâmica*, o acesso aos dados pelo usuário. A Oracle Label Security é uma técnica de imposição da segurança em nível de linha na forma de uma política de segurança.

30.10.2 Arquitetura Label Security

A Oracle Label Security está embutida na tecnologia VPD entregue no Oracle Database 11.1 Enterprise Edition. A Figura 30.4 ilustra como os dados são acessados sob a Oracle Label Security, mostrando a sequência de verificações do DAC e da segurança de rótulo.

A Figura 30.4 mostra a sequência de verificações do controle de acesso discricionário (DAC) e da segurança de rótulo. A parte da esquerda da figura mostra um usuário de aplicação em uma sessão do Oracle Database 11g Release 1 (11.1) enviando uma requisição SQL. O SGBD Oracle verifica os privilégios do DAC do usuário, garantindo que ele ou ela tenha privilégios SELECT na tabela. Depois,

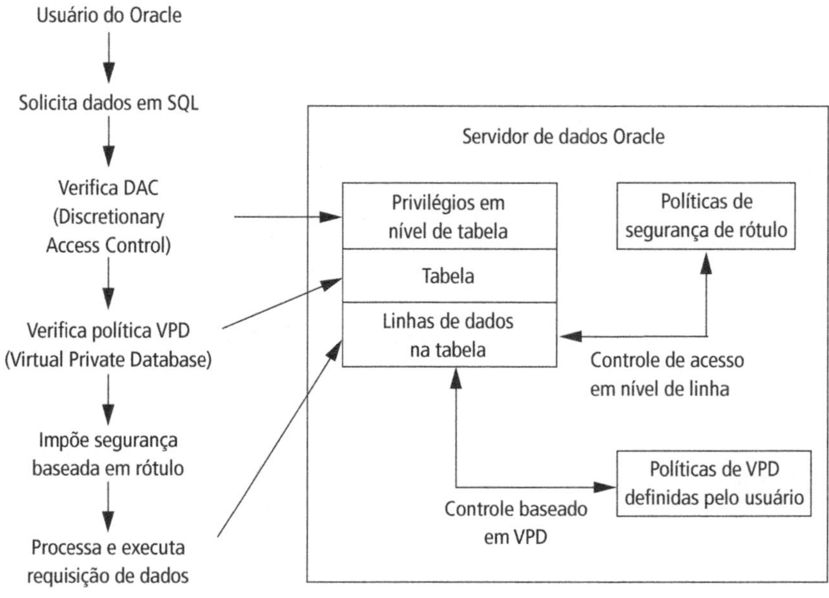

Fonte: Oracle (2007).

Figura 30.4 Arquitetura Oracle Label Security.

[9] Procedimentos armazenados (ou *stored procedures*) foram discutidos na Seção 7.2.2.

ele verifica se a tabela tem uma política de Virtual Private Database (VPD) associada para determinar se ela está protegida ao usar a Oracle Label Security. Se estiver, a modificação SQL da política VPD (cláusula WHERE) é acrescentada à instrução SQL original para encontrar o conjunto de linhas acessíveis que o usuário pode ver. Depois, a Oracle Label Security verifica os rótulos em cada linha, para determinar o subconjunto de linhas às quais o usuário tem acesso (conforme explicaremos na próxima seção). Essa consulta modificada é processada, otimizada e executada.

30.10.3 Como rótulos de dados e rótulos de usuário trabalham juntos

O rótulo de um usuário indica a informação de que ele tem permissão para acessar. Ele também determina o tipo de acesso (leitura ou gravação) que o usuário tem sobre essa informação. O rótulo de uma linha mostra a sensibilidade da informação que a linha contém, bem como a propriedade da informação. Quando uma tabela no banco de dados tem um acesso baseado em rótulo associado a ela, uma linha só pode ser acessada se o rótulo do usuário atender a certos critérios definidos nas definições da política. O acesso é concedido ou negado com base no resultado da comparação do rótulo de dados e do rótulo de sessão do usuário.

Os compartimentos permitem uma classificação mais detalhada da sensibilidade dos dados rotulados. Todos os dados relacionados ao mesmo projeto podem ser rotulados com o mesmo compartimento. Os compartimentos são opcionais; um rótulo pode conter zero ou mais compartimentos.

Os grupos são usados para identificar organizações como proprietárias dos dados com rótulos de grupo correspondentes. Os grupos são hierárquicos; por exemplo, um grupo pode ser associado a um grupo pai.

Se um usuário tiver um nível máximo de SECRETO, então ele potencialmente tem acesso a todos os dados com níveis SECRETO, CONFIDENCIAL e PUBLICO. Esse usuário não tem acesso a dados ALTAMENTE_SECRETO. A Figura 30.5 mostra como os rótulos de dados e de usuário trabalham juntos para oferecer controle de acesso na Oracle Label Security.

Figura 30.5 Rótulos de dados e rótulos de usuário no Oracle.

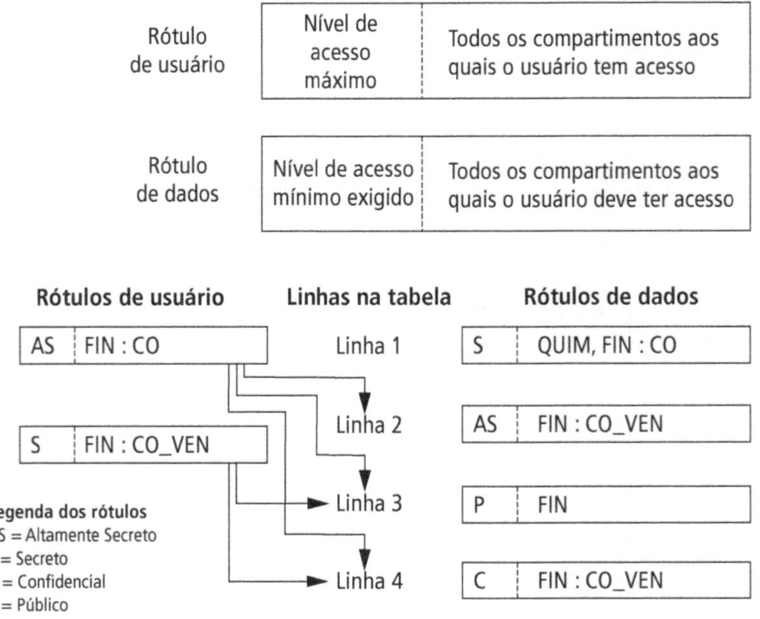

Fonte: Oracle (2007).

Como vemos na Figura 30.5, o Usuário 1 pode ter acesso às linhas 2, 3 e 4, pois seu nível máximo é AS (Altamente_Secreto). Ele tem acesso ao compartimento FIN (Finanças), e seu acesso ao grupo CO (Centro_Oeste) hierarquicamente inclui o grupo CO_VEN (Vendas CO). Ele não pode acessar a linha 1 porque não tem o compartimento QUIM (Química). É importante que um usuário tenha autorização para todos os compartimentos no rótulo de dados de uma linha para poder acessá-la. Com base nesse exemplo, o usuário 2 pode acessar as linhas 3 e 4, e tem um nível máximo de S, que é menor que o AS na linha 2. Portanto, embora o usuário 2 tenha acesso ao compartimento FIN, ele pode acessar apenas o grupo CO_VEN, e, dessa forma, não pode acessar a linha 1.

30.11 Resumo

Neste capítulo, discutimos várias técnicas para impor a segurança do sistema de banco de dados. A Seção 30.1 é uma introdução à segurança do banco de dados. Na Seção 30.1.1, apresentamos diferentes ameaças aos bancos de dados em relação à perda de integridade, disponibilidade e confidencialidade. Discutimos, na Seção 30.1.2, os tipos de medidas de controle para lidar com esses problemas: controle de acesso, controle de inferência, controle de fluxo e criptografia. No restante da Seção 30.1, abordamos diversas questões relacionadas à segurança, incluindo sensibilidade de dados e tipos de exposições, segurança *versus* precisão no resultado quando um usuário solicita informações, e o relacionamento entre segurança e privacidade das informações.

A imposição da segurança lida com o controle do acesso ao sistema de banco de dados como um todo e com o controle da autorização para acessar partes específicas de um banco de dados. O primeiro normalmente é feito ao atribuir contas com senhas aos usuários. O segundo pode ser realizado com o uso de um sistema de concessão e revogação de privilégios a contas individuais para acessar partes específicas do banco de dados. Essa técnica, apresentada na Seção 30.2, geralmente é conhecida como controle de acesso discricionário (DAC). Apresentamos alguns comandos SQL para conceder e revogar privilégios, e ilustramos seu uso com exemplos. Depois, na Seção 30.3, oferecemos uma visão geral dos mecanismos de controle de acesso obrigatório (MAC) que impõem a segurança multinível. Estes exigem as classificações de usuários e valores de dados em classes de segurança e impõem as regras que proíbem o fluxo de informações dos níveis de segurança mais altos para os mais baixos. Foram apresentados alguns dos principais conceitos nos quais o modelo relacional multinível se baseia, incluindo filtragem e poli-instanciação. O controle de acesso baseado em papéis (RBAC) foi introduzido na Seção 30.3.2, e atribui privilégios com base nos papéis que os usuários desempenham. Abordamos a noção de hierarquias de papéis, exclusão mútua de papéis e segurança baseada em linha e rótulo. Explicamos as principais ideias por trás da ameaça da injeção de SQL na Seção 30.4, os métodos nos quais ela pode ser induzida e os vários tipos de riscos associados a ela. Depois, demos uma ideia das diversas formas como a injeção de SQL pode ser impedida.

Discutimos rapidamente na Seção 30.5 o problema de controle de acesso a bancos de dados estatísticos para proteger a privacidade de informações individuais e, ao mesmo tempo, oferecer acesso estatístico a populações de registros. As questões relacionadas a controle de fluxo e os problemas associados a canais secretos foram discutidos em seguida, na Seção 30.6, bem como a criptografia e as infraestruturas baseadas em chave pública/privada na Seção 30.7. A ideia de algoritmos de chave simétrica e o uso do popular esquema de infraestrutura de chave pública (PKI) baseada em chave assimétrica foram explicados na Seção 30.7.3. Também abordamos, nas seções 30.7.4 e 30.7.5, os conceitos de assinaturas digitais e certificados digitais. Destacamos a importância de questões de privacidade na Seção 30.8, e sugerimos algumas técnicas de preservação da privacidade. Na Seção 30.9, discutimos uma série de desafios à segurança, incluindo qualidade de dados, direitos de propriedade intelectual e sobrevivência do banco de dados. Terminamos o capítulo na Seção 30.10, introduzindo a implementação de políticas de segurança ao usar uma combinação da segurança baseada em rótulo e os bancos de dados privados virtuais no Oracle 11g.

PERGUNTAS DE REVISÃO

30.1. Discuta o significado de cada um dos seguintes termos: *autorização de banco de dados*, *controle de acesso*, *criptografia de dados*, *conta privilegiada (sistema)*, *auditoria de banco de dados*, *trilha de auditoria*.

30.2. Que conta é designada como proprietária de uma relação? Que privilégios o proprietário de uma relação possui?

30.3. Como o mecanismo de visão é usado como um mecanismo de autorização?

30.4. Discuta os tipos de privilégios no nível de conta e aqueles no nível de relação.

30.5. O que significa a concessão de um privilégio? O que significa a revogação de um privilégio?

30.6. Discuta o sistema de propagação de privilégios e as restrições impostas pelos limites de propagação horizontais e verticais.

30.7. Liste os tipos de privilégios disponíveis em SQL.

30.8. Qual é a diferença entre controle de acesso *discricionário* (DAC) e *obrigatório* (MAC)?

30.9. Quais são as classificações de segurança típicas? Discuta a propriedade de segurança simples e a propriedade *, e explique a justificativa por trás dessas regras para impor a segurança multinível.

30.10. Descreva o modelo de dados relacional multinível. Defina os seguintes termos: *chave aparente*, *poli-instanciação*, *filtragem*.

30.11. Quais são os méritos relativos do uso do DAC ou do MAC?

30.12. O que é controle de acesso baseado em papel? De que maneiras ele é superior ao DAC e ao MAC?

30.13. Quais são os dois tipos de exclusão mútua no controle de acesso baseado em papel?

30.14. O que significa controle de acesso em nível de linha?

30.15. O que é a segurança de rótulo? Como um administrador a impõe?

30.16. Quais são os diferentes tipos de ataques de injeção de SQL?

30.17. Que riscos estão associados aos ataques de injeção de SQL?

30.18. Que medidas preventivas são possíveis contra os ataques de injeção de SQL?

30.19. O que é um banco de dados estatístico? Discuta o problema da segurança do banco de dados estatístico.

30.20. Como a privacidade está relacionada à segurança do banco de dados estatístico? Que medidas podem ser tomadas para garantir algum grau de privacidade nos bancos de dados estatísticos?

30.21. O que é controle de fluxo como uma medida de segurança? Que tipos de controle de fluxo existem?

30.22. O que são canais secretos? Dê um exemplo de canal secreto.

30.23. Qual é o objetivo da criptografia? Que processo está envolvido na criptografia de dados e sua recuperação na outra ponta?

30.24. Dê um exemplo de algoritmo de criptografia e explique como ele funciona.
30.25. Repita a pergunta anterior para o algoritmo popular RSA.
30.26. O que é algoritmo de chave simétrica para a segurança baseada em chave?
30.27. O que é esquema de infraestrutura de chave pública? Como ele oferece segurança?
30.28. O que são assinaturas digitais? Como elas funcionam?
30.29. Que tipo de informação um certificado digital inclui?

EXERCÍCIOS

30.30. Como a privacidade dos dados pode ser preservada em um banco de dados?
30.31. Cite alguns dos maiores desafios atuais para a segurança do banco de dados.
30.32. Considere o esquema de banco de dados relacional da Figura 5.5. Suponha que todas as relações tenham sido criadas pelo (e, portanto, pertencem ao) usuário *X*, que deseja conceder os seguintes privilégios às contas de usuário *A*, *B*, *C*, *D* e *E*:
   a. A conta *A* pode recuperar ou modificar qualquer relação, exceto DEPENDENTE, e pode conceder qualquer um desses privilégios a outros usuários.
   b. A conta *B* pode recuperar todos os atributos de FUNCIONARIO e DEPARTAMENTO, exceto Salario, Cpf_gerente e Data_inicio_gerente.
   c. A conta *C* pode recuperar ou modificar TRABALHA_EM, mas só pode recuperar os atributos Primeiro_nome, Nome_meio, Ultimo_nome e Cpf de FUNCIONARIO e os atributos Nome_projeto e Numero_projeto de PROJETO.
   d. A conta *D* pode recuperar qualquer atributo de FUNCIONARIO ou DEPENDENTE e pode modificar DEPENDENTE.
   e. A conta *E* pode recuperar qualquer atributo de FUNCIONARIO, mas somente para tuplas de FUNCIONARIO que têm Numero_departamento = 3.
   f. Escreva instruções SQL para conceder esses privilégios. Use visões onde for apropriado.
30.33. Suponha que o privilégio (a) do Exercício 30.32 deva ser dado com GRANT OPTION, mas somente para que a conta *A* possa concedê-lo a no máximo cinco contas, e cada uma dessas contas possa propagar o privilégio a outras contas, mas *sem* o privilégio GRANT OPTION. Quais seriam os limites de propagação horizontal e vertical neste caso?
30.34. Considere a relação mostrada na Figura 30.2(d). Como ela apareceria para um usuário com classificação *U*? Suponha que um usuário com classificação *U* tente atualizar o salário de 'Silva' para R$50.000; qual seria o resultado dessa ação?

BIBLIOGRAFIA SELECIONADA

A autorização baseada na concessão e revogação de privilégios foi proposta para o SGBD experimental SYSTEM R e é apresentada em Griffiths e Wade (1976). Vários livros discutem a segurança nos bancos de dados e sistemas de computação em geral, incluindo os livros de Leiss (1982a), Fernandez et al. (1981) e Fugini et al. (1995). Natan (2005) é um livro prático sobre questões de segurança e auditoria em todos os principais SGBDRs.

Muitos artigos discutem as diferentes técnicas para o projeto e proteção de bancos de dados estatísticos. Entre eles estão McLeish (1989), Chin e Ozsoyoglu (1981), Leiss (1982), Wong (1984) e Denning (1980). Ghosh (1984) discute o uso de bancos de dados estatísticos para o controle da qualidade. Também há muitos artigos que discutem a criptografia e a criptografia de dados, incluindo Diffie e Hellman (1979), Rivest et al. (1978), Akl (1983), Pfleeger e Pfleeger (2007), Omura et al. (1990), Stallings (2000) e Iyer et al. (2004).

Halfond et al. (2006) ajudam a entender os conceitos de ataques de injeção de SQL e as várias ameaças impostas por eles. O documento oficial Oracle (2007a) explica como o Oracle é menos passível a um ataque de injeção de SQL em comparação com o SQL Server. Ele também oferece uma rápida explicação de como esses ataques podem ser impedidos. Outras estruturas propostas são discutidas em Boyd e Keromytis (2004), Halfond e Orso (2005) e McClure e Krüger (2005).

A segurança multinível é discutida em Jajodia e Sandhu (1991), Denning et al. (1987), Smith e Winslett (1992), Stachour e Thuraisingham (1990), Lunt et al. (1990) e Bertino et al. (2001). Visões gerais de questões de pesquisa em segurança de banco de dados são dadas por Lunt e Fernandez (1990), Jajodia e Sandhu (1991), Bertino (1998), Castano et al. (1995) e Thuraisingham et al. (2001). Os efeitos da segurança multinível no controle de concorrência são discutidos em Atluri et al. (1997). A segurança nos bancos de dados da próxima geração, semânticos e orientados a objeto, é discutida em Rabbiti et al. (1991), Jajodia e Kogan (1990) e Smith (1990). Oh (1999) apresenta um modelo para a segurança com controle de acesso discricionário e obrigatório. Os modelos de segurança para aplicações baseadas na web e o controle de acesso baseado em papel são discutidos em Joshi et al. (2001). As questões de segurança para gerentes no contexto das aplicações de e-commerce e a necessidade de modelos de avaliação de risco para a seleção de medidas apropriadas de controle de segurança são discutidas em Farahmand et al. (2005). O controle de acesso em nível de linha é explicado com detalhes em Oracle (2007b) e Sybase (2005). O último também oferece detalhes sobre hierarquia de papel e exclusão mútua. Oracle (2009) explica como o Oracle usa o conceito de gerenciamento de identidade.

Avanços recentes, bem como desafios futuros para a segurança e privacidade de bancos de dados, são discutidos em Bertino e Sandhu (2005). U.S. Govt. (1978), OECD (1980) e NRC (2003) são boas referências sobre a visão da privacidade por importantes agências do governo. Karat et al. (2009) discutem uma estrutura política para segurança e privacidade. XML e controle de acesso são discutidos em Naedele (2003). Mais detalhes sobre as técnicas de preservação da privacidade podem ser encontrados em Vaidya e Clifton (2004), direitos de propriedade intelectual em Sion et al. (2004) e sobrevivência de banco de dados em Jajodia et al. (1999). A tecnologia de VPD e a segurança baseada em rótulo do Oracle são discutidas com mais detalhes em Oracle (2007b).

Agrawal et al. (2002) definiram o conceito de bancos de dados hipocráticos para a preservação da privacidade nas informações da área de saúde. K-anonimato como uma técnica de preservação da privacidade é discutido em Bayardo e Agrawal (2005) e em Ciriani et al. (2007). Técnicas de mineração de dados para a preservação de privacidade com base em k-anonimato são analisadas por Ciriani et al. (2008). Vimercati et al. (2014) discutem a criptografia e a fragmentação como técnicas de proteção em potencial para a confidencialidade de dados na nuvem.

Apêndice A
Notações diagramáticas alternativas para modelos ER

A Figura A.1 mostra uma série de notações diagramáticas diferentes para representar conceitos de modelo ER e EER. Infelizmente, não existe uma notação-padrão: diferentes profissionais de projeto de banco de dados preferem notações distintas. De modo semelhante, diversas ferramentas **CASE** (*computer-aided software engineering* — engenharia de software auxiliada por computador) e metodologias de **OOA** (*object-oriented analysis* — análise orientada a objeto) utilizam várias notações. Algumas notações são associadas a modelos que possuem conceitos e restrições adicionais, além daqueles dos modelos ER e EER descritos nos capítulos 3, 4 e 9, enquanto outros modelos têm menos conceitos e restrições. A notação que usamos no Capítulo 3 é muito próxima da notação original para diagramas ER, que ainda é bastante utilizada. Discutimos aqui algumas notações alternativas.

A Figura A.1(a) mostra diferentes notações para exibir tipos/classes de entidade, atributos e relacionamentos. Nos capítulos 3, 4 e 9, usamos os símbolos marcados com (i) na Figura A.1(a) — a saber, retângulo, oval e losango. Observe que o símbolo (ii) para tipos/classes de entidade, o símbolo (ii) para atributos e o símbolo (ii) para relacionamentos são semelhantes, mas usados por diferentes metodologias para representar três conceitos distintos. O símbolo de linha reta (iii) para representar relacionamentos é utilizado por várias ferramentas e metodologias.

A Figura A.1(b) mostra algumas notações para conectar atributos a tipos de entidade. Usamos a notação (i). A notação (ii) utiliza a terceira notação (iii) para atributos da Figura A.1(a). As duas últimas notações na Figura A.1(b) — (iii) e (iv) — são populares em metodologias OOA e em algumas ferramentas CASE. Em particular, a última notação mostra os atributos e os métodos de uma classe, separados por uma linha horizontal.

A Figura A.1(c) mostra várias notações para representar a razão de cardinalidade dos relacionamentos binários. Usamos a notação (i) nos capítulos 3, 4 e 9. A notação (ii) — conhecida como notação *pé de galinha* — é muito popular. A notação (iv)

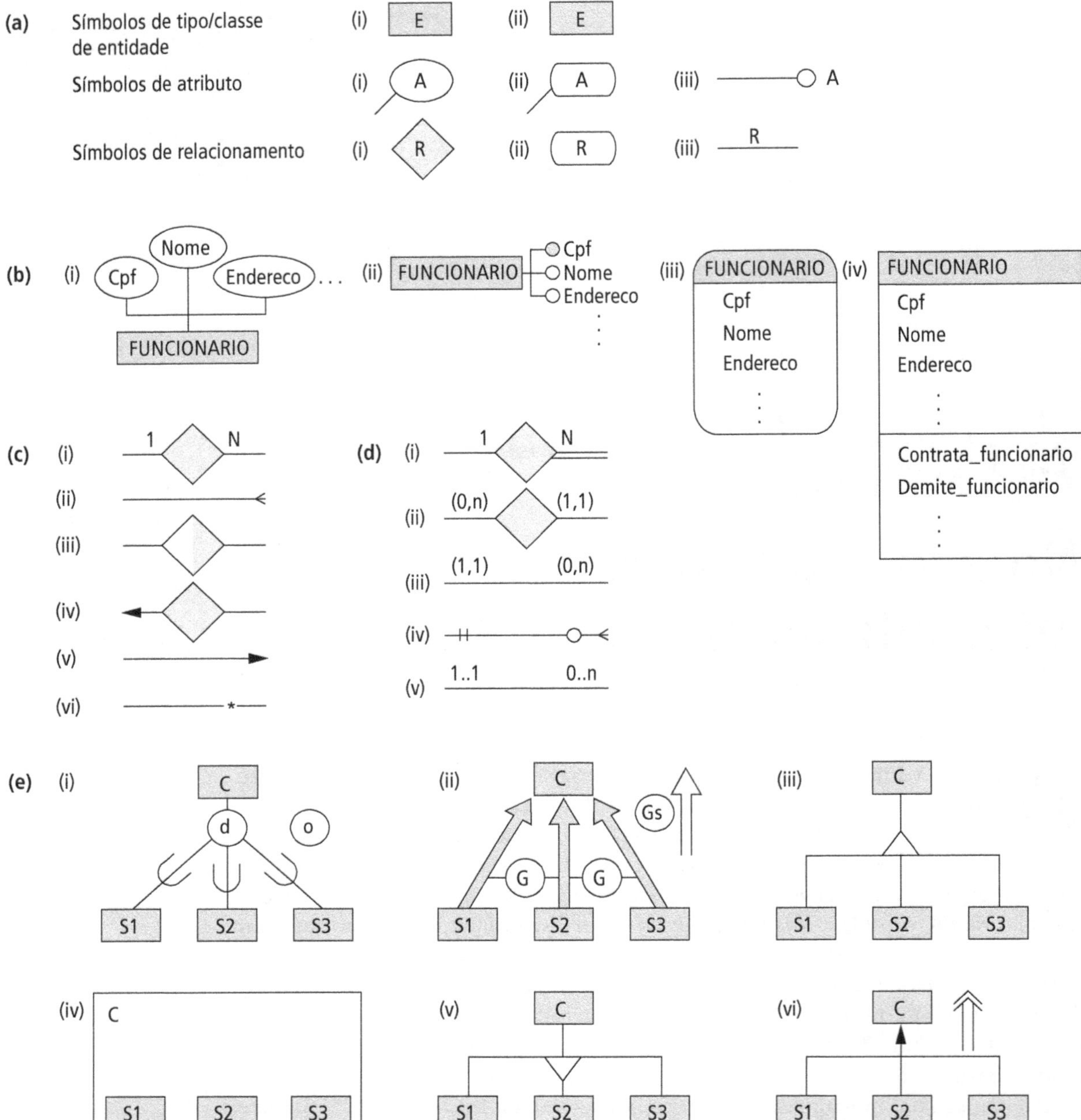

Figura A.1 Notações alternativas. (a) Símbolos para tipo/classe, atributo e relacionamento de entidade. (b) Exibindo atributos. (c) Exibindo razões de cardinalidade. (d) Diversas notações (min, max). (e) Notações para exibir especialização/generalização.

utiliza a seta como uma referência funcional (do N para o lado 1) e é semelhante à nossa notação para chaves estrangeiras no modelo relacional (ver Figura 9.2); a notação (v) — usada nos *diagramas de Bachman* e no modelo de dados de rede — usa a seta na *direção inversa* (do 1 para o lado N). Para um relacionamento 1:1, (ii) utiliza uma linha reta sem qualquer pé de galinha; (iii) torna as duas metades do losango brancas; e (iv) coloca pontas de seta nos dois lados. Para um relacionamento M:N, (ii) usa pés de galinha nas duas pontas da linha; (iii) torna as duas metades do losango escuras; e (iv) não exibe qualquer ponta de seta.

A Figura A.1(d) traz diversas variações para exibição (min, max) de restrições, utilizadas para mostrar a razão de cardinalidade e a participação total/parcial.

Usamos principalmente a notação (i). A notação (ii) é a notação alternativa que empregamos na Figura 3.15 e discutimos na Seção 3.7.4. Lembre-se de que nossa notação especifica a restrição de que cada entidade precisa participar em pelo menos min e no máximo max instâncias de relacionamento. Logo, para um relacionamento 1:1, os dois valores max são 1; para M:N, os dois valores max são n. Um valor min maior que 0 (zero) especifica participação total (dependência de existência). Em metodologias que utilizam a linha reta para exibir relacionamentos, é comum *inverter o posicionamento* das restrições (min, max), como mostramos em (iii); uma variação comum em algumas ferramentas (e na notação UML) aparece em (v). Outra técnica popular — que segue o mesmo posicionamento de (iii) — é exibir o *min* como o (a letra ou um círculo, que representa zero) ou como I (barra vertical, que representa 1), e exibir o max como I (barra vertical, que representa 1) ou como pés de galinha (que representam n), como mostramos em (iv).

A Figura A.1(e) mostra algumas notações para exibir especialização/generalização. Usamos a notação (i) no Capítulo 4, em que um d no círculo especifica que as subclasses (S1, S2 e S3) são disjuntas e um o no círculo especifica subclasses sobrepostas. A notação (ii) usa G (de generalização) para especificar disjunção, e Gs para especificar sobreposição; algumas notações utilizam a seta sólida, enquanto outras usam a seta vazia (mostrada na figura). A notação (iii) utiliza um triângulo que aponta para a superclasse, e a notação (v), um triângulo que aponta para as subclasses; também é possível usar as duas notações na mesma metodologia, com (iii) indicando generalização e (v) indicando especialização. A notação (iv) coloca as caixas que representam subclasses dentro da caixa que representa a superclasse. Das notações baseadas em (vi), algumas usam uma seta de única linha, enquanto outras utilizam uma seta de linha dupla [mostrada na Figura A.1(e)].

As notações mostradas na Figura A.1 trazem apenas alguns dos símbolos diagramáticos que têm sido usados ou sugeridos para exibir esquemas conceituais de banco de dados. Outras notações, bem como diversas combinações das anteriores, também têm sido empregadas. Seria útil estabelecer um padrão a que todos pudessem aderir, a fim de evitar mal-entendidos e reduzir a confusão.

Apêndice B
Parâmetros de discos

O parâmetro de disco mais importante é o tempo exigido para localizar um bloco de disco qualquer, dado seu endereço, e depois transferir o bloco entre o disco e o buffer da memória principal. Esse é o tempo de acesso aleatório para acessar um bloco de disco. Existem três componentes de tempo a considerar:

1. **Tempo de busca** (*s*). É o tempo necessário para posicionar mecanicamente a cabeça de leitura/gravação na trilha correta para os discos de cabeça móvel. (Para os discos de cabeça fixa, é o tempo necessário para alternar eletronicamente para a cabeça de leitura/gravação apropriada.) Para discos de cabeça móvel, esse tempo varia, dependendo da distância entre a trilha atual sob a cabeça e a trilha especificada no endereço do bloco. Em geral, o fabricante do disco oferece um tempo de busca médio em milissegundos. A faixa típica do tempo de busca médio é de 4 a 10 ms. Esse é o principal *culpado* pelo atraso envolvido na transferência de blocos entre o disco e a memória.
2. **Atraso de rotação** (*ar*). Quando a cabeça de leitura/gravação está na trilha correta, o usuário precisa esperar que o início do bloco solicitado gire até a posição sob a cabeça de leitura/gravação. Na média, isso leva cerca de meia rotação do disco, mas na realidade varia do acesso imediato (se o início do bloco solicitado estiver na posição sob a cabeça de leitura/gravação logo após a busca) até uma rotação de disco inteira (se o início do bloco solicitado tiver acabado de passar pela cabeça de leitura/gravação após a busca). Se a velocidade da rotação do disco for *p* rotações por minuto (rpm), o atraso de rotação médio *ar* é dado por

   $$ar = (1/2) \times (1/p) \text{ min} = (60 \times 1.000)/(2 \times p) \text{ ms} = 30.000/p \text{ ms}$$

   Um valor típico para *p* é 10.000 rpm, que gera um atraso de rotação de *ar* = 3 ms. Para discos de cabeça fixa, nos quais o tempo de busca é desprezível, esse componente causa o maior atraso na transferência de um bloco de disco.

3. **Tempo de transferência de bloco** (*ttb*). Quando a cabeça de leitura/gravação estiver no início do bloco solicitado, algum tempo é necessário para transferir os dados no bloco. Esse tempo de transferência do bloco depende do tamanho do bloco, do tamanho da trilha e da velocidade de rotação. Se a **taxa de transferência** para o disco for *tt* bytes/ms e o tamanho do bloco for *B* bytes, então

   $ttb = B/tt$ ms

   Se tivermos um tamanho de trilha de 50 Kbytes e *p* for 3.600 rpm, então a taxa de transferência em bytes/ms é

   $tt = (50 \times 1.000)/(60 * 1.000/3.600) = 3.000$ bytes/ms

   Neste caso, $ttb = B/3.000$ ms, em que *B* é o tamanho do bloco em bytes.

O tempo médio (*s*) necessário para encontrar e transferir um bloco, dado seu endereço de bloco, é estimado por

$(s + ar + ttb)$ ms

Isso se mantém para a leitura ou a gravação de um bloco. O método principal para reduzir esse tempo é transferir vários blocos que estão armazenados em uma ou mais trilhas do mesmo cilindro; depois, o tempo de busca é exigido apenas para o primeiro bloco. Para transferir consecutivamente *k* blocos *não contíguos* que estão no mesmo cilindro, precisamos de aproximadamente

$s + (k \times (ar + ttb))$ ms

Nesse caso, precisamos de dois ou mais buffers no armazenamento principal, pois estamos continuamente lendo ou gravando os *k* blocos, conforme discutimos no Capítulo 17. O tempo de transferência por bloco é reduzido ainda mais quando *blocos consecutivos* na mesma trilha ou cilindro são transferidos. Isso elimina o atraso rotacional para todos menos o primeiro bloco, de modo que a estimativa da transferência de *k* blocos consecutivos é

$s + ar + (k \times ttb)$ ms

Uma estimativa mais precisa para transferir blocos consecutivos leva em conta a lacuna entre blocos (ver Seção 16.2.1), que inclui a informação que permite que a cabeça de leitura/gravação determine qual bloco está para ser lido. Normalmente, o fabricante de disco oferece uma **taxa de transferência bruta** (*ttbr*) que leva em conta o tamanho da lacuna ao ler blocos armazenados consecutivamente. Se o tamanho da lacuna for de *G* bytes, então

$ttbr = (B/(B + G)) \times tt$ bytes/ms

A taxa de transferência bruta é a taxa da transferência de *bytes úteis* nos blocos de dados. A cabeça de leitura/gravação do disco precisa passar por todos os bytes em uma trilha enquanto o disco gira, incluindo os bytes nas lacunas entre blocos, que armazenam informações de controle, mas não dados reais. Quando a taxa de transferência bruta é usada, o tempo necessário para transferir os dados úteis em um bloco para fora dos vários blocos consecutivos é *B*/*ttbr*. Logo, o tempo estimado para ler *k* blocos armazenados consecutivamente no mesmo cilindro torna-se

$s + ar + (k \times (B/ttbr))$ ms

Outro parâmetro dos discos é o **tempo de regravação**. Este é útil nos casos em que lemos um bloco do disco para o buffer da memória principal, atualizamos o buffer e depois gravamos o buffer de volta no mesmo bloco de disco em que ele estava armazenado. Em muitos casos, o tempo exigido para atualizar o buffer na memória principal é menor que o tempo exigido para uma rotação do disco. Se soubermos que o buffer está pronto para regravação, o sistema pode manter as cabeças do disco na mesma trilha e, durante a rotação seguinte do disco, o buffer atualizado é regravado de volta para o bloco do disco. Logo, o tempo de regravação T_r normalmente é estimado como o tempo necessário para uma rotação do disco:

$T_r = 2 \times ar$ ms = 60.000/p ms

Resumindo, a lista a seguir mostra os parâmetros que discutimos e os símbolos que usamos para eles:

Tempo de busca:	*s* ms
Atraso de rotação:	*ar* ms
Tempo de transferência de bloco:	*ttb* ms
Tempo de regravação:	T_r ms
Tempo de transferência:	*tt* bytes/ms
Taxa de transferência bruta:	*ttbr* bytes/ms
Tamanho do bloco:	*B* bytes
Tamanho da lacuna entre blocos:	*G* bytes
Velocidade do disco:	*p* rpm (rotações por minuto)

Apêndice C
Visão geral da linguagem QBE

A linguagem Query-By-Example (QBE) é importante porque é uma das primeiras linguagens de consulta gráficas com sintaxe mínima desenvolvida para sistemas de banco de dados. Ela foi desenvolvida na IBM Research e está disponível como um produto comercial IBM como parte da opção de interface QMF (Query Management Facility) para DB2. A linguagem também foi implementada no SGBD Paradox e está relacionada a uma interface tipo apontar e clicar no SGBD Microsoft Access. Ela difere da SQL porque o usuário não precisa especificar explicitamente uma consulta usando uma sintaxe fixa. Em vez disso, a consulta é formulada ao preencher **modelos** de relações que são exibidos na tela. A Figura C.1 mostra como podem ser esses modelos para o banco de dados da Figura 5.5. O usuário não precisa se lembrar dos nomes dos atributos ou das relações, pois eles são exibidos como parte desses modelos. Além disso, o usuário não precisa seguir regras de sintaxe rígidas para especificação de consulta; em lugar disso, constantes e variáveis são inseridas nas colunas dos modelos para construir um **exemplo** relacionado à solicitação de recuperação ou atualização. A QBE está relacionada ao cálculo relacional do domínio, conforme veremos, e sua especificação original tem sido mostrada como completa do ponto de vista relacional.

C.1 Recuperações básicas em QBE

Em QBE, as consultas de recuperação são especificadas ao preencher uma ou mais linhas nos modelos das tabelas. Para uma consulta de única relação, inserimos constantes ou **elementos de exemplo** (um termo da QBE) nas colunas do modelo dessa relação. Um elemento de exemplo representa uma variável de domínio e é especificado como um valor de exemplo precedido pelo caractere de sublinhado (_). Além disso, um prefixo P. (chamado operador P ponto) é inserido em certas colunas para indicar que gostaríamos

FUNCIONARIO

Primeiro_nome	Nome_meio	Ultimo_nome	Cpf	Data_nascimento	Endereco	Sexo	Salario	Cpf_supervisor	Numero_departamento

DEPARTAMENTO

Nome_departamento	Numero_departamento	Cpf_gerente	Data_inicio_gerente

LOCALIZACOES_DEPARTAMENTO

Numero_departamento	Local

PROJETO

Nome_projeto	Numero_projeto	Local_projeto	Numero_departamento

TRABALHA_EM

Cpf_funcionario	Numero_projeto	Horas

DEPENDENTE

Cpf_funcionario	Nome_dependente	Sexo	Data_nascimento	Parentesco

Figura C.1 O esquema relacional da Figura 5.5 conforme exibido pela QBE.

de imprimir (ou exibir) valores nessas colunas para o resultado. As constantes especificam valores que devem ser combinados de maneira exata nessas colunas.

Por exemplo, considere a consulta C0: *recuperar a data de nascimento e o endereço de João B. Silva*. Nas figuras C.2(a) a C.2(d), mostramos como essa consulta pode ser especificada em uma forma progressivamente mais concisa em QBE. Na Figura C.2(a), um exemplo de funcionário é apresentado como o tipo de linha em que estamos interessados. Ao deixar João B. Silva como constantes nas colunas Primeiro_nome, Nome_meio e Ultimo_nome, estamos especificando uma combinação exata nessas colunas. O restante das colunas é precedido por um sublinhado indicando que elas são variáveis de domínio (elementos de exemplo). O prefixo P. é colocado nas colunas Data_nascimento e Endereco para indicar que gostaríamos de recuperar o(s) valor(es) contido(s) nessas colunas.

(a) **FUNCIONARIO**

Primeiro_nome	Nome_meio	Ultimo_nome	Cpf	Data_nascimento	Endereco	Sexo	Salario	Cpf_supervisor	Numero_departamento
João	B.	Silva	_12345678966	P._9/1/60	P._ Rua das Flores, 751, São Paulo, SP	_M	_25000	_12345678966	_3

(b) **FUNCIONARIO**

Primeiro_nome	Nome_meio	Ultimo_nome	Cpf	Data_nascimento	Endereco	Sexo	Salario	Cpf_supervisor	Numero_departamento
João	B.	Silva		P._9/1/60	P._ Rua das Flores, 751, São Paulo, SP				

(c) **FUNCIONARIO**

Primeiro_nome	Nome_meio	Ultimo_nome	Cpf	Data_nascimento	Endereco	Sexo	Salario	Cpf_supervisor	Numero_departamento
João	B.	Silva		P._X	P._Y				

(d) **FUNCIONARIO**

Primeiro_nome	Nome_meio	Ultimo_nome	Cpf	Data_nascimento	Endereco	Sexo	Salario	Cpf_supervisor	Numero_departamento
João	B.	Silva		P.	P.				

Figura C.2 Quatro maneiras de especificar a consulta C0 em QBE.

C0 pode ser abreviada como mostra a Figura C.2(b). Não é preciso especificar valores de exemplo para colunas em que não estamos interessados. Além disso, como valores de exemplo são completamente arbitrários, podemos simplesmente especificar nomes de variável para eles, como mostra a Figura C.2(c). Por fim, também podemos omitir os valores de exemplo inteiramente, como mostra a Figura C.2(d), e apenas especificar um P. sob as colunas a serem recuperadas.

Para ver como as consultas de recuperação em QBE são semelhantes ao cálculo relacional do domínio, compare a Figura C.2(d) com C0 (simplificada) no cálculo de domínio da seguinte forma:

C0 : { uv | **FUNCIONARIO**(qrstuvwxyz) **and** *q*='João' **and** *r*='B' **and** *s*='Silva'}

Podemos pensar em cada coluna em um modelo QBE como uma *variável de domínio implícita*. Logo, Primeiro_nome corresponde à variável de domínio *q*, Nome_meio corresponde a *r*, ..., e Numero_departamento corresponde a *z*. Na consulta QBE, as colunas com P. correspondem às variáveis especificadas à esquerda da barra no cálculo de domínio, enquanto as colunas com valores constantes correspondem a variáveis de tupla com condições de seleção de igualdade nelas. A condição FUNCIONARIO(qrstuvwxyz) e os quantificadores existenciais são implícitos na consulta QBE, pois o modelo correspondente à relação FUNCIONARIO é utilizado.

Em QBE, a interface com o usuário primeiro permite que ele escolha as tabelas (relações) necessárias para formular uma consulta ao exibir uma lista de todos os nomes de relação. Depois, os modelos para as relações escolhidas são exibidos. O usuário passa para as colunas apropriadas nos modelos e especifica a consulta. Teclas de função especiais são fornecidas para mover entre os modelos e realizar certas funções.

Agora, oferecemos exemplos para ilustrar as facilidades básicas da QBE. Operadores de comparação diferentes de = (como > ou ≥) podem ser inseridos em uma coluna antes de digitar um valor constante. Por exemplo, a consulta C0A: *listar os números de cadastro de pessoa física dos funcionários que trabalham mais de 20 horas por semana no projeto número 1* pode ser especificada como mostra a Figura C.3(a). Para condições mais complexas, o usuário pode solicitar uma **caixa de condição**, que é criada pressionando uma tecla de função em particular. O usuário pode, então, digitar a condição complexa.[1]

(a)

TRABALHA_EM

Cpf_funcionario	Numero_projeto	Horas
P.		> 20

(b)

TRABALHA_EM

Cpf_funcionario	Numero_projeto	Horas
P.	_PX	_HX

CONDICOES

_HX > 20 and (PX = 1 or PX = 2)

(c)

TRABALHA_EM

Cpf_funcionario	Numero_projeto	Horas
P.	1	> 20
P.	2	> 20

Figura C.3 Especificando condições complexas em QBE. (a) A consulta C0A. (b) A consulta C0B com uma caixa de condição. (c) A consulta C0B sem uma caixa de condição.

[1] A negação com o símbolo ¬ não é permitida em uma caixa de condição.

Por exemplo, a consulta C0B: *listar os números de cadastro de pessoa física dos funcionários que trabalham mais de 20 horas por semana no projeto 1 ou no projeto 2* pode ser especificada como mostra a Figura C.3(b).

Algumas condições complexas podem ser especificadas sem uma caixa de condição. A regra é que todas as condições especificadas na mesma linha de um modelo de relação sejam alinhadas por um conectivo lógico **and** (*todas* devem ser satisfeitas por uma tupla selecionada), enquanto as condições especificadas em linhas distintas são conectadas por **or** (*pelo menos uma* deve ser satisfeita). Logo, C0B também pode ser satisfeita, como mostra a Figura C.3(c), inserindo duas linhas distintas no modelo.

Agora, considere a consulta C0C: *listar os números de cadastro de pessoa física dos funcionários que trabalham no projeto 1 e no projeto 2*. Esta não pode ser especificada como na Figura C.4(a), que lista os que trabalham *ou* no projeto 1 ou no projeto 2. A variável de exemplo _FC se ligará aos valores de Cpf_funcionario em tuplas <–, 1, –>, *bem como* àqueles nas tuplas <–, 2, –>. A Figura C.4(b) mostra como especificar C0C corretamente, em que a condição (_FX = _FY) na caixa faz que as variáveis _FX e _FY se vinculem somente a valores idênticos de Cpf_funcionario.

Em geral, quando uma consulta é especificada, os valores resultantes são exibidos no modelo sob as colunas apropriadas. Se o resultado tiver mais linhas do que podem ser exibidas na tela, a maioria das implementações de QBE possui teclas de função para permitir rolar para cima e para baixo nas linhas. De modo semelhante, se um modelo ou vários modelos forem muito largos para aparecerem na tela, é possível rolar de lado para examinar todos eles.

Uma operação de junção é especificada em QBE usando a *mesma variável*[2] nas colunas a serem juntadas. Por exemplo, a consulta C1: *listar o nome e o endereço de todos os funcionários que trabalham para o departamento 'Pesquisa'* pode ser especificada como mostra a Figura C.5(a). Qualquer número de junções pode ser especificado em uma única consulta. Também podemos especificar uma **tabela de resultado** para exibir o resultado da consulta de junção, como mostra a Figura C.5(a); isso é necessário se o resultado incluir atributos de duas ou mais relações. Se nenhuma tabela de resultado for especificada, o sistema oferece um resultado de consulta nas colunas das várias relações, o que pode tornar difícil interpretar. A Figura C.5(a) também ilustra o recurso da QBE para especificar que todos os atributos de uma relação devem ser recuperados, colocando o operador P. sob o nome da relação no modelo da relação.

Figura C.4 Especificando FUNCIONARIOS que trabalham em ambos os projetos. (a) Especificação incorreta de uma condição AND. (b) Especificação correta.

(a)

TRABALHA_EM

Cpf_funcionario	Numero_projeto	Horas
P._FC	1	
P._FC	2	

(b)

TRABALHA_EM

Cpf_funcionario	Numero_projeto	Horas
P._FX	1	
P._FY	2	

CONDICOES

_FX = _FY

[2] Uma variável é chamada de **elemento de exemplo** nos manuais de QBE.

(a) FUNCIONARIO

Primeiro_nome	Nome_meio	Ultimo_nome	Cpf	Data_nascimento	Endereco	Sexo	Salario	Cpf_supervisor	Numero_departamento
_PN		_UN			_End				_DX

DEPARTAMENTO

Nome_departamento	Numero_departamento	Cpf_gerente	Data_inicio_gerente
Pesquisa	_DX		

RESULTADO			
P.	_PN	_UN	_End

(b) FUNCIONARIO

Primeiro_nome	Nome_meio	Ultimo_nome	Cpf	Data_nascimento	Endereco	Sexo	Salario	Cpf_supervisor	Numero_departamento
_F1		_F2						_Xcpf	
_S1		_S2	_Xcpf						

RESULTADO				
P.	_F1	_F2	_S1	_S2

Figura C.5 Ilustrando JOIN e relações de resultado em QBE. (a) A consulta C1. (b) A consulta C8.

Para juntar uma tabela consigo mesma, especificamos diferentes variáveis para representar diversas referências à tabela. Por exemplo, a consulta C8: *para cada funcionário, recupere o nome e o sobrenome do funcionário, bem como o nome e o sobrenome de seu supervisor imediato*, pode ser especificada como mostra a Figura C.5(b), em que as variáveis que começam com F referem-se a um funcionário e as que começam com S referem-se a um supervisor.

C.2 Agrupamento, agregação e modificação de banco de dados em QBE

Em seguida, considere os tipos de consultas que exigem funções de agrupamento ou agregação. Um operador de agrupamento *G.* pode ser especificado em uma coluna para indicar que as tuplas devem ser agrupadas pelo valor dessa coluna. Funções comuns podem ser especificadas, como AVG., SUM., CNT. (contador), MAX. e MIN. Em QBE, as funções AVG., SUM. e CNT. são aplicadas a valores distintos em um grupo no caso default. Se quisermos que essas funções se apliquem a todos os valores, temos de usar o prefixo ALL.[3] Essa convenção é *diferente* em SQL, em que o default é aplicar uma função a todos os valores.

A Figura C.6(a) mostra a consulta C23, que conta o número de valores de salário *distintos* na relação FUNCIONARIO. A consulta C23A [Figura C.6(b)] conta todos os valores de salário, que é o mesmo que contar o número de funcionários. A Figura C.6(c) mostra C24, que recupera cada número de departamento e o número de funcionários e salário médio em cada departamento. Logo, a coluna Numero_departamento é usada para agrupamento, conforme indicado pela função *G*. Diversos dos operadores G., P. e ALL podem ser especificados em uma única coluna. A Figura C.6(d) mostra a consulta C26, que exibe cada nome de projeto e o número de funcionários que trabalham nele para os projetos em que há mais de dois funcionários.

[3] ALL em QBE não está relacionado ao quantificador universal.

(a) FUNCIONARIO

Primeiro_nome	Nome_meio	Ultimo_nome	Cpf	Data_nascimento	Endereco	Sexo	Salario	Cpf_supervisor	Numero_departamento
							P.CNT.		

(b) FUNCIONARIO

Primeiro_nome	Nome_meio	Ultimo_nome	Cpf	Data_nascimento	Endereco	Sexo	Salario	Cpf_supervisor	Numero_departamento
							P.CNT.ALL		

(c) FUNCIONARIO

Primeiro_nome	Nome_meio	Ultimo_nome	Cpf	Data_nascimento	Endereco	Sexo	Salario	Cpf_supervisor	Numero_departamento
			P.CNT.ALL				P.AVG.ALL		P.G.

(d) PROJETO

Nome_projeto	Numero_projeto	Local_projeto	Numero_departamento
P.	_PX		

TRABALHA_EM

Cpf_funcionario	Numero_projeto	Horas
P.CNT.EX	G._PX	

CONDICOES

CNT._EX > 2

Figura C.6 Funções e agrupamento em QBE. (a) A consulta C23. (b) A consulta C23A. (c) A consulta C24. (d) A consulta C26.

A QBE tem um símbolo de negação, ¬, que é usado de uma maneira semelhante à função NOT EXISTS em SQL. A Figura C.7 mostra a consulta C6, que lista os nomes dos funcionários que não possuem dependentes. O símbolo de negação ¬ diz que só selecionaremos valores da variável _SX da relação FUNCIONARIO se eles não ocorrerem na relação DEPENDENTE. O mesmo efeito pode ser produzido ao colocar um ¬ _SX na coluna Cpf_funcionario.

Embora a linguagem QBE, conforme proposta originalmente, fosse demonstrada para dar suporte ao equivalente das funções EXISTS e NOT EXISTS da SQL, a implementação da QBE em QMF (sob o sistema DB2) *não* oferece esse suporte. Assim, a versão QMF da QBE, que discutimos aqui, *não é completa do ponto de vista relacional*. Consultas como C3: *achar todos os funcionários que trabalham em todos os projetos controlados pelo departamento 5*, não podem ser especificadas.

Existem três operadores da QBE para modificar o banco de dados: I. para inserção (insert), D. para exclusão (delete) e U. para atualização (update). Os operadores de inserção e exclusão são especificados na coluna de modelo sob o nome da relação, enquanto o operador de atualização é especificado sob as colunas a serem atualizadas. A Figura C.8(a) mostra como inserir uma nova tupla de FUNCIONARIO. Para

FUNCIONARIO

Primeiro_nome	Nome_meio	Ultimo_nome	Cpf	Data_nascimento	Endereco	Sexo	Salario	Cpf_supervisor	Numero_departamento
P.		P.	_SX						

DEPENDENTE

	Cpf_funcionario	Nome_dependente	Sexo	Data_nascimento	Parentesco
¬	_SX				

Figura C.7 Ilustrando negação pela consulta C6.

exclusão, primeiro inserimos o operador D. e depois especificamos as tuplas a serem excluídas por uma condição [Figura C.8(b)]. Para atualizar uma tupla, especificamos o operador U. sob o nome do atributo, seguido pelo novo valor do atributo. Também devemos selecionar a tupla ou as tuplas a serem atualizadas da forma normal. A Figura C.8(c) mostra uma solicitação de atualização para aumentar o salário de 'João Silva' em 10% e também reatribuí-lo ao departamento número 4.

A QBE também tem capacidades de definição de dados. As tabelas de um banco de dados podem ser especificadas interativamente, e uma definição de tabela também pode ser atualizada por inclusão, renomeação ou remoção de uma coluna. Também podemos especificar diversas características para cada coluna, como: se ela é uma chave da relação, qual é seu tipo de dados e se um índice deve ser criado nesse campo. A QBE também tem facilidades para definição de visão, autorização, armazenamento de definições de consulta para uso posterior, e assim por diante.

A QBE não usa o estilo *linear* da SQL; em vez disso, ela é uma linguagem *bidimensional*, pois os usuários especificam uma consulta movimentando-se por toda a área da tela. Os testes com os usuários têm mostrado que a QBE é mais fácil de aprender que a SQL, principalmente para não especialistas. De certa forma, a QBE foi a *primeira* linguagem de banco de dados de relação *visual* amigável ao usuário.

Mais recentemente, diversas outras interfaces amigáveis ao usuário têm sido desenvolvidas para sistemas de banco de dados comerciais. O uso de menus, gráficos e formulários agora está se tornando muito comum. Preencher formulários de maneira parcial para emitir uma solicitação de busca é semelhante a usar QBE. As linguagens de consulta visuais, que não são sobremaneira comuns, provavelmente serão oferecidas com os bancos de dados relacionais comerciais no futuro.

(a) **FUNCIONARIO**

	Primeiro_nome	Nome_meio	Ultimo_nome	Cpf	Data_nascimento	Endereco	Sexo	Salario	Cpf_supervisor	Numero_departamento
I.	Ricardo	K.	Marini	65329865328	30-12-1952	Rua Perneiras, 55, São Paulo, SP	M	37000	98765432168	4

(b) **FUNCIONARIO**

	Primeiro_nome	Nome_meio	Ultimo_nome	Cpf	Data_nascimento	Endereco	Sexo	Salario	Cpf_supervisor	Numero_departamento
D.				65329865328						

(c) **FUNCIONARIO**

Primeiro_nome	Nome_meio	Ultimo_nome	Cpf	Data_nascimento	Endereco	Sexo	Salario	Cpf_supervisor	Numero_departamento
João		Silva					U._S*1.1		U.4

Figura C.8 Modificando o banco de dados na QBE. (a) Inserção. (b) Exclusão. (c) Atualização na QBE.

Bibliografia

Abreviações usadas na bibliografia

ACM: Association for Computing Machinery

AFIPS: American Federation of Information Processing Societies

ASPLOS: Proceedings of the international Conference on Architectural Support for Programming Languages and Operating Systems

CACM: Communications of the ACM (periódico)

CIKM: Proceedings of the International Conference on Information and Knowledge Management

DASFAA: Proceedings of the International Conference on Database Systems for Advanced Applications

DKE: Data and Knowledge Engineering, Elsevier Publishing (periódico)

EDS: Proceedings of the International Conference on Expert Database Systems

ER Conference: Proceedings of the International Conference on Entity-Relationship Approach (agora chamada de International Conference on Conceptual Modeling)

ICDCS: Proceedings of the IEEE International Conference on Distributed Computing Systems

ICDE: Proceedings of the IEEE International Conference on Data Engineering

IEEE: Institute of Electrical and Electronics Engineers

IEEE Computer: Revista Computer (periódico) da IEEE CS

IEEE CS: IEEE Computer Society

IFIP: International Federation for Information Processing

JACM: Journal of the ACM

KDD: Knowledge Discovery in Databases

LNCS: Lecture Notes in Computer Science

NCC: Proceedings of the National Computer Conference (publicado pela AFIPS)

OOPSLA: Proceedings of the ACM Conference on Object-Oriented Programming Systems, Languages, and Applications

PAMI: Pattern Analysis and Machine Intelligence

PODS: Proceedings of the ACM Symposium on Principles of Database Systems

SIGMETRICS: Proceedings of ACM International Conference on Measurement and Modeling of Computer Systems

SIGMOD: Proceedings of the ACM SIGMOD International Conference on Management of Data

SOSP: ACM Symposium on Operating System Principles

TKDE: IEEE Transactions on Knowledge and Data Engineering (periódico)

TOCS: ACM Transactions on Computer Systems (periódico)

TODS: ACM Transactions on Database Systems (periódico)

TOIS: ACM Transactions on Information Systems (periódico)

TOOIS: ACM Transactions on Office Information Systems (periódico)

TSE: IEEE Transactions on Software Engineering (periódico)

VLDB: Proceedings of the International Conference on Very Large Data Bases (edições após 1981 disponíveis na Morgan Kaufmann, Menlo Park, Califórnia)

Referências bibliográficas

ABADI, D. J.; MADDEN, S. R.; HACHEM, N. Column stores vs. Row stores: How different are they really? In: *SIGMOD*, 2008.

ABBOTT, R.; GARCIA-MOLINA, H. Scheduling real-time transactions with disk resident data. In: *VLDB*, 1989.

ABITEBOUL, S.; KANELLAKIS, P. Object identity as a query language primitive. In: *SIGMOD*, 1989.

______.; HULL, R.; VIANU, V. *Foundations of databases*. Addison-Wesley, 1995.

ABRAMOVA, V.; BERNARDINO, J. [2013] "NoSQL Databases: MongoDB vs Cassandra," Proc. Sixth Int. Conf. on Comp. Sci. and Software Engg. (C3S2E'13), Porto, Portugal, jul. 2013, p. 14–22.

ABRIAL, J. *Data semantics*. In: KLIMBIE; KOFFEMAN, 1974.

ACHARYA, S.; ALONSO, R.; FRANKLIN, M.; ZDONIK, S. Broadcast disks: Data management for asymmetric communication environments. In: *SIGMOD*, 1995.

ADAM, N.; GONGOPADHYAY, A. Integrating functional and data modeling in a computer integrated manufacturing system. In: *ICDE*, 1993.

ADRIAANS, P.; ZANTINGE, D. *Data mining*. Addison-Wesley, 1996.

AFSARMANESH, H.; MCLEOD, D.; KNAPP, D.; PARKEAR, A. An extensible object-oriented approach to databases for VLSI/CAD. In: *VLDB*, 1985.

AFRATI, F.; ULLMAN, J. Optimizing Joins in a MapReduce Environment". In: EDBT, 2010.

AGNEESWARAN, V.S. Big Data Analytics Beyond Hadoop: Real-Time Applications with Storm, Spark, and More Hadoop Alternatives, Pearson FT Press, 2014, 240 p.

AGRAWAL, D.; EL ABBADI, A. Storage efficient replicated databases. *TKDE*, v. 2, n. 3, set. 1990.

AGRAWAL, R. et al. *The claremont report on database research*. Disponível em: <http://db.cs.berkeley.edu/claremont/claremontreport08.pdf>. Acesso em: maio 2008.

______.; GEHANI, N. ODE: The language and the data model. In: *SIGMOD*, 1989.

______.; SRIKANT, R. Fast algorithms for mining association rules in large databases. In: *VLDB*, 1994.

______; GEHANI, N.; SRINIVASAN, J. OdeView: The graphical interface to ode. In: *SIGMOD*, 1990.

______.; IMIELINSKI, T.; SWAMI, A. Mining association rules between sets of items in databases. In: *SIGMOD*, 1993.

______.; ______.; ______. Database mining: A performance perspective. *TKDE*, v. 5, n. 6, dez. 1993.

______. et al. The quest data mining system. In: *KDD*, 1996.

AHAD, R.; BASU, A. ESQL: A query language for the relational model supporting image domains. In: *ICDE*, 1991.

AHMED R. et al. Cost-Based Query Transformation in Oracle". In: *VLDB*, 2006.

______. et al. Of Snowstorms and Bushy Trees. In: *VLDB*, 2014.

AHO, A.; ULLMAN, J. Universality of data retrieval languages. *Proc. POPL Conference*. San Antonio, TX, ACM, 1979.

______.; BEERI, C.; ULLMAN, J. The theory of joins in relational databases. *TODS*, v. 4, n. 3, set. 1979.

______.; SAGIV, Y.; ULLMAN, J. Efficient optimization of a class of relational expressions. *TODS*, v. 4, n. 4, dez. 1979a.

AKL, S. Digital signatures: A tutorial survey. *IEEE Computer*, v. 16, n. 2, fev. 1983.

ALAGIC, S. A family of the ODMG object models. In: EDER, J.; ROZMAN, I.; WELZER, T. (Eds.). Advances in databases and information systems. *Third East European Conference*, ADBIS'99. LNCS, n. 1691. Maribor, Slovenia, Springer, set. 1999.

ALASHQUR, A.; SU, S.; LAM, H. OQL: A query language for manipulating object-oriented databases. In: *VLDB*, 1989.

ALBANO, A.; CARDELLI, L.; ORSINI, R. GALILEO: A strongly typed interactive conceptual language. *TODS*, v. 10, n. 2, p. 230-260, jun. 1985.

ALBRECHT, J. H. *Universal GIS operations*. 1996. Dissertação de Ph.D. - University of Osnabrueck, Germany, 1996.

ALLEN, F.; LOOMIS, M.; MANNINO, M. The integrated dictionary/directory system. *ACM Computing Surveys*, v. 14, n. 2, jun. 1982.

ALLEN, J. Maintaining knowledge about temporal intervals. In: *CACM*, v. 26, n. 11, p. 832-843, nov. 1983.

ALONSO, G. et al. Functionalities and limitations of current workflow management systems. *IEEE Expert*, 1997.

AMIR, A.; FELDMAN, R.; KASHI, R. A new and versatile method for association generation. *Information Systems*, v. 22, n. 6, set. 1997.

ANANTHANARAYANAN, G. et al. PACMan: Coordinated Memory Caching for Parallel Jobs. In: USENIX Symp. on Networked Systems Design and Implementation (NSDI), 2012.

ANDERSON, S. et al. Sequence and organization of the human mitochondrial genome. *Nature*, v. 290, p. 457-465, 1981.

ANDREWS, T.; HARRIS, C. Combining language and database advances in an object-oriented development environment. *OOPSLA*, 1987.

ANSI. American National Standards Institute Study Group on Data Base Management Systems: Interim Report. *FDT*, v. 7, n. 2, ACM, 1975.

ANSI. American National Standards Institute. *The database language SQL*. Documento ANSI X3.135, 1986.

ANSI. American National Standards Institute. *The database lnguage NDL*. Documento ANSI X3.133, 1986a.

ANSI. American National Standards Institute. *Information resource dictionary systems*. Documento ANSI X3.138, 1989.

ANTENUCCI, J. et al. *Geographic information systems: A guide to the technology*. Chapman e Hall, maio 1998.

ANWAR, T.; BECK, H.; NAVATHE, S. Knowledge mining by imprecise querying: A classification based approach. In: *ICDE*, 1992.

APERS, P.; HEVNER, A.; YAO, S. Optimization algorithms for distributed queries. *TSE*, v. 9, n. 1, jan. 1983.

APWEILER, R. et al. Managing core resources for genomics and proteomics. *Pharmacogenomics*, v. 4, n. 3, p. 343-350, maio 2003.

AREF, W. et al. VDBMS: A testbed facility or research in video database benchmarking. In: *Multimedia Systems (MMS)*, v. 9, n. 6, p. 98-115, jun. 2004.

ARISAWA, H.; CATARCI, T. Advances in visual information management. In: ARISAWA, H.; CATARCI, T. (Eds.). Proc. Fifth Working Conf. on Visual Database Systems. *IFIP Conference Proceedings 168*. Fujkuoka, Japão, Kluwer, 2000.

ARMSTRONG, W. Dependency structures of data base relationships. *Proc. IFIP Congress*, 1974.

ASHBURNER, M. et al. Gene ontology: Tool for the unification of biology. *Nature Genetics*, v. 25, p. 25-29, maio 2000.

ASTRAHAN, M. et al. System R: A relational approach to data base management. *TODS*, v. 1, n. 2, jun. 1976.

ATKINSON, M.; BUNEMAN, P. Types and persistence in database programming languages. In: *ACM Computing Surveys*, v. 19, n. 2, jun. 1987.

ATKINSON, Malcolm et al. The object-oriented database system manifesto. *Proc. Deductive and Object Oriented Database Conf. (DOOD)*. Kyoto, Japão, 1990.

ATLURI, V. et al. Multilevel secure transaction processing: Status and prospects. In: *Database Security: Status and Prospects*, p. 79-98. Chapman and Hall, 1997.

ATZENI, P.; De ANTONELLIS, V. *Relational Database Theory*. Benjamin/Cummings, 1993.

______.; MECCA, G.; MERIALDO, P. To weave the Web. In: *VLDB*, 1997.

BACHMAN, C. Data structure diagrams. *Data Base* (Boletim da ACM SIGFIDET), v. 1, n. 2, mar. 1969.

______.The programmer as a navigator. *CACM*, v. 16, n. 1, nov. 1973.

______.The data structure set model. In: *Rustin*, 1974.

______.; WILLIAMS, S. A general purpose programming system for random access memories. *Proc. Fall Joint Computer Conference*, AFIPS, 26, 1964.

BADAL, D.; POPEK, G. Cost and performance analysis of semantic integrity validation methods. In: *SIGMOD*, 1979.

BADRINATH, B.; IMIELINSKI, T. Replication and mobility. *Proc. Workshop on the Management of Replicated Data 1992*, p. 9-12, 1992.

______.; RAMAMRITHAM, K. Semantics-Based concurrency control: Beyond commutativity. *TODS*, v. 17, n. 1, mar. 1992.

BAHGA, A.; MADISETTI, V. Could computing — a hands on approach, (www.cloudcomputingbook.info), 454 p., 2013.

BAEZA-YATES, R.; LARSON, P. A. Performance of B+-trees with partial expansions. *TKDE*, v. 1, n. 2, jun. 1989.

______.; RIBERO-NETO, B. *Modern Information Retrieval*. Addison-Wesley, 1999.

BALBIN, I.; RAMAMOHANRAO, K. A generalization of the different approach to recursive query evaluation. *Journal of Logic Programming*, v. 15, n. 4, 1987.

BANCILHON, F. Naive evaluation of recursively defined relations. In: BRODIE, M.; MYLOPOULOS, J. (Eds.). *On knowledge base management systems*. Islamorada workshop 1985, p. 165-178, Springer, 1985.

______.; BUNEMAN, P. (Eds.). *Advances in database programming languages*. ACM Press, 1990.

______.; FERRAN, G. The ODMG standard for object databases. *DASFAA 1995*, p. 273-283. Singapore, 1995.

______.; RAMAKRISHNAN, R. An amateur's introduction to recursive query processing strategies. In: *SIGMOD*, 1986.

______.; DELOBEL, C.; KANELLAKIS, P. (Eds.). *Building an object-oriented database system*: The story of O2. Morgan Kaufmann, 1992.

______. et al. Magic sets and other strange ways to implement logic programs. *PODS*, 1986.

BANERJEE, J. et al. Data model issues for object-oriented applications. *TOOIS*, v. 5, n. 1, jan. 1987.

______. et al. Semantics and implementation of schema evolution in object-oriented databases. In: *SIGMOD*, 1987a.

BARBARA, D. Mobile computing and databases – A Survey. *TKDE*, v. 11, n. 1, jan. 1999.

BAROODY, A.; DeWITT, D. An object-oriented approach to database system implementation. *TODS*, v. 6, n. 4, dez. 1981.

BARRETT, T. et al. NCBI GEO: mining millions of expression profiles — database and tools. *Nucleic Acid Research*, v. 33, edição de banco de dados, p. 562-566, 2005.

______. et al. NCBI GEO: mining tens of millions of expression profiles — database and tools update. In: *Nucleic Acids Research*, v. 35, n. 1, jan. 2007.

BARSALOU, T. et al. Updating relational databases through object -based views. In: *SIGMOD*, 1991.

BASSIOUNI, M. Single-Site and distributed optimistic protocols for concurrency control. *TSE*, v. 14, n. 8, ago. 1988.

BATINI, C.; CERI, S.; NAVATHE, S. *Database design*: An entity -relationship approach. Benjamin/Cummings, 1992.

______.; LENZERINI, M.; NAVATHE, S. A comparative analysis of methodologies for database schema integration. *ACM Computing Surveys*, v. 18, n. 4, dez. 1987.

BATORY, D. et al. GENESIS: An extensible database management system. *TSE*, v. 14, n. 11, nov. 1988.

______.; BUCHMANN, A. Molecular objects, abstract data types, and data models: A framework. In: *VLDB*, 1984.

BAY, H.; TUYTELAARS, T.; GOOL, L. V. SURF: Speeded up robust features. In: *Proc. Ninth European Conference on Computer Vision*, maio 2006.

BAYER, R.; McCREIGHT, E. Organization and maintenance of large ordered indexes. *Acta Informatica*, v. 1, n. 3, fev. 1972.

______.; GRAHAM, M.; SEEGMULLER, G. (Eds.). *Operating systems: An advanced course*. Springer-Verlag, 1978.

BECK, H.; ANWAR, T.; NAVATHE, S. A conceptual clustering algorithm for database schema design. *TKDE*, v. 6, n. 3, jun. 1994.

______.; GALA, S.; NAVATHE, S. Classification as a query processing technique in the CANDIDE semantic data model. In: *ICDE*, 1989.

BEERI, C.; RAMAKRISHNAN, R. On the power of magic. In: *PODS*, 1987.

______.; FAGIN, R.; HOWARD, J. A complete axiomatization for functional and multivalued dependencies. In: *SIGMOD*, 1977.

BELLAMKINDA, S. et al. Enhanced Subquery Optimization in Oracle. In VLDB, 2009.

BELL, D.E.; L. J. LAPADULA, L.J. *Secure computer system: Unified exposition and Multics Interpretation*, Technical Report MTR-2997, MITRE Corp., Bedford, MA, mar. 1976.

BEN-ZVI, J. The time relational model. Dissertação de Ph.D. - University of California, Los Angeles, 1982.

BENSON, D. et al. GenBank. *Nucleic Acids Research*, v. 24, n. 1, 1996.

______. et al. (2002). GenBank. *Nucleic Acids Research*, v. 36, n. 1, jan. 2008.

BERG, B.; ROTH, J. *Software for optical storage*. Meckler, 1989.

BERGMAN, M. K. The deep Web: Surfacing hidden value. *The Journal of Electronic Publishing*, v. 7, n. 1, ago. 2001.

BERNERS-LEE, T. et al. World-Wide Web: The information universe. *Electronic Networking: Research, applications and policy*, v. 1, n. 2, 1992.

______. et al. The world wide Web. *CACM*, v. 13, n. 2, ago. 1994.

BERNSTEIN, P. Synthesizing third normal form relations from functional dependencies. *TODS*, v. 1, n. 4, dez. 1976.

BERNSTEIN, P.; GOODMAN, N. Multiversion concurrency control — Theory and algorithms. *TODS*, v. 8, n. 4, p. 465-483, 1983.

______.; ______.Timestamp-Based algorithms for concurrency control in distributed database systems. In: *VLDB*, 1980.

______.; ______.Concurrency control in distributed database systems. *ACM Computing Surveys*, v. 13, n. 2, jun. 1981a.

______.; ______.The power of natural semijoins. *SIAM Journal of Computing*, v. 10, n. 4, dez. 1981.

______.; ______. An algorithm for concurrency control and recovery in replicated distributed databases. *TODS*, v. 9, n. 4, dez. 1984.

______.; BLAUSTEIN, B.; CLARKE, E. Fast maintenance of semantic integrity assertions using redundant aggregate data. In: *VLDB*, 1980.

______.; HADZILACOS, V.; GOODMAN, N. *Concurrency control and recovery in database systems*. Addison-Wesley, 1987.

BERTINO, E. Data hiding and security in object-oriented databases. In: *ICDE*, 1992.

______. Data security. In: *DKE*, v. 25, n. 1-2, p. 199-216, 1998.

______.; SANDHU, R. Security — Concepts, approaches and challenges. In: *IEEE Transactions on Dependable Secure Computing* (*TDSC*), v. 2, n. 1, p. 2-19, 2005.

______.; GUERRINI, G. Extending the ODMG object model with composite objects. *OOP-SLA*. Vancouver, Canadá, p. 259-270, 1998.

______.; KIM, W. Indexing techniques for queries on nested objects. *TKDE*, v. 1, n. 2, jun. 1989.

______.; CATANIA, B.; FERRARI, E. A nested transaction model for multilevel secure database management systems. *ACM Transactions on Information and System Security* (*TISSEC*), v. 4, n. 4, p. 321-370, nov. 2001.

______. et al. Object-oriented query languages: The notion and the issues. *TKDE*, v. 4, n. 3, jun. 1992.

______.; PAGANI, E.; ROSSI, G. *Fault tolerance and recovery in mobile computing systems*. In: KUMAR; HAN, 1992.

______.; RABITTI, F.; GIBBS, S. Query processing in a multimedia document system. *TOIS*, v. 6, n. 1, 1988.

BHARGAVA, B.; HELAL, A. Efficient reliability mechanisms in distributed database systems. *CIKM*, nov. 1993.

______.; REIDL, J. A model for adaptable systems for transaction processing. In: *ICDE*, 1988.

BIKEL, D.; ZITOUNI, I. [2012] Multilingual Natural Language Processing Applications: From Theory to Practice, IBM Press, 2012.

BILIRIS, A. The performance of three database storage structures for managing large objects. In: *SIGMOD*, 1992.

BILLER, H. On the equivalence of data base schemas — A semantic approach to data translation. *Information Systems*, v. 4, n. 1, 1979.

BISCHOFF, J.; ALEXANDER, T. (Eds.). *Data warehouse*: Practical advice from the experts. Prentice-Hall, 1997.

BISKUP, J.; DAYAL, U.; BERNSTEIN, P. Synthesizing independent database schemas. In: *SIGMOD*, 1979.

BITTON, D.; GRAY, J. Disk shadowing. In: *VLDB*, p. 331-338, 1988.

BJORK, A. Recovery scenario for a DB/DC system. *Proc. ACM National Conference*, 1973.

BJORNER, D.; LOVENGREN, H. Formalization of database systems and a formal definition of IMS. In: *VLDB*, 1982.

BLAHA, M.; RUMBAUGH, J. *Object-oriented modeling and design with UML*. 2. ed. Prentice-Hall, 2005.

______.; PREMERLANI, W. *Object-oriented modeling and design for database applications*. Prentice-Hall, 1998.

BLAKELEY, J.; LARSON. P; TOMPA, F.W. Efficiently updating materialized views. In: SIGMOD, p. 61-71, 1986.

______.; MARTIN, N. Join index, materialized view, and hybrid -hash join: A performance analysis. In: *ICDE*, 1990.

______.; COBURN, N.; LARSON, P. Updated derived relations: Detecting irrelevant and autonomously computable updates. *TODS*, v. 14, n. 3, set. 1989.

BLASGEN, M. et al. System R: An architectural overview. *IBM Systems Journal*, v. 20, n. 1, jan. 1981.

______.; ESWARAN, K. On the evaluation of queries in a relational database system. *IBM Systems Journal*, v. 16, n. 1, jan. 1976.

BLEI, D.M.; NG, A.Y.; JORDAN, M.I. Latent Dirichlet Allocation. *Journal of Machine. Learning. Reserach. 3*, p. 993-1022, mar. 2003.

BLEIER, R.; VORHAUS, A. File organization in the SDC TDMS. *Proc. IFIP Congress*, 1968.

BOCCA, J. EDUCE — A marriage of convenience: Prolog and a relational DBMS. *Proc. Third International Conference on Logic Programming*. Springer-Verlag, 1986.

______. On the evaluation strategy of EDUCE. In: *SIGMOD*, 1986a.

BODORICK, P.; RIORDON, J.; PYRA, J. Deciding on correct distributed query processing. *TKDE*, v. 4, n. 3, jun. 1992.

BONCZ, P.; ZUKOWSKI, M.; NES, N. MonetDB/X100: Hyper-pipelining query execution. In: *Proc. Conf. on Innovative Data Systems Research CIDR*, 2005.

BONNET, P.; GEHRKE, J.; SESHADRI, P. Towards sensor database systems. In: *Proc. 2nd Int. Conf. on Mobile Data Management*. Hong Kong, China, LNCS 1987, p. 3-14. Springer, jan. 2001.

BOOCH, G.; RUMBAUGH, J.; JACOBSON, I. *Unified modeling language user guide*. Addison-Wesley, 1999.

BORGES, K.; LAENDER, A.; DAVIS, C. Spatial data integrity constraints in object oriented geographic data modeling. *Proc. 7th ACM International Symposium on Advances in Geographic Information Systems*, 1999.

BORGIDA, A. et al. CLASSIC: A structural data model for objects. In: *SIGMOD*, 1989.

BORKIN, S. Data model equivalence. In: *VLDB*, 1978.

BOSSOMAIER, T.; GREEN, D. *Online GIS and Metadata*. Taylor and Francis, 2002.

BOUKERCHE, A.; TUCK, T. Improving concurrency control in distributed databases with predeclared tables. In: *Proc. Euro-Par 2001: Parallel Processing, 7th International Euro-Par Conference*, p. 301-309. Manchester, Reino Unido, 28-31 ago. 2001.

BOUTSELAKIS, H. et al. E-MSD: The european bioinformatics institute macromolecular structure database. *Nucleic Acids Research*, v. 31, n. 1, p. 458-462, jan. 2003.

BOUZEGHOUB, M.; METAIS, E. Semantic modelling of object -oriented databases. In: *VLDB*, 1991.

BOYCE, R. et al. Specifying queries as relational expressions. *CACM*, v. 18, n. 11, nov. 1975.

BOYD, S.; KEROMYTIS, A. SQLrand: Preventing SQL injection attacks. In: *Proc. 2nd Applied Cryptography and Network Security Conf.* (*ACNS 2004*), p. 292-302, jun. 2004.

BRAAM, P.; SCHWAN, P. Lustre: The intergalactic file system, Proc. Ottawa Linux Symposium, jun. 2002. (http://ols.fedora-project.org/OLS/Reprints-2002/braam-reprint.pdf)

BRACCHI, G.; PAOLINI, P.; PELAGATTI, G. *Binary logical associations in data modeling*. In: NIJSSEN, 1976.

BRACHMAN, R.; LEVESQUE, H. What makes a knowledge base knowledgeable? A view of databases from the knowledge level. In: *EDS*, 1984.

BRANDON, M. et al. MITOMAP: A human mitochondrial genome database — 2004 Update. *Nucleic Acid Research*, v. 34, n. 1, jan. 2005.

BRATBERGSENGEN, K. Hashing methods and relational algebra operators. In: *VLDB*, 1984.

BRAY, O. *Computer integrated manufacturing* — The data management strategy. Digital Press, 1988.

BREITBART, Y. et al. Update propagation protocols for replicated databases. In: *SIGMOD*, p. 97-108, 1999.

______.; SILBERSCHATZ, A.; THOMPSON, G. Reliable transaction management in a multidatabase system. In: *SIGMOD*, 1990.

BRINKHOFF, T.; KRIEGEL, H.-P.; SEEGER, B. Efficient processing of spatial joins using R-trees. In: *SIGMOD*, 1993.

BRODER, A. A taxonomy of Web search. In: *SIGIR Forum*, v. 36, n. 2, p.3-10, set. 2002.

BRODEUR, J.; BÉDARD, Y.; PROULX, M. Modelling geospatial application databases using UML-based repositories aligned with international standards in geomatics. *Proc. 8th ACM International Symposium on Advances in Geographic Information Systems*, p. 39-46. Washington, DC, ACM Press, 2000.

BRODIE, M.; MYLOPOULOS, J. (Eds.). *On Knowledge Base Management Systems*. Springer-Verlag, 1985.

______.; ______.; SCHMIDT, J. (Eds.). *On Conceptual Modeling*. Springer-Verlag, 1984.

BROSEY, M.; SHNEIDERMAN, B. Two experimental comparisons of relational and hierarchical database models. *International Journal of Man-Machine Studies*, 1978.

BRUNO, N.; CHAUDHURI, S.; GRAVANO, L. Top-k Selection Queries Over Relational Databases: Mapping Strategies and Performance Evaluation, *ACM TODS*, v. 27 n. 2, p. 153–187, 2002.

BRY, F. Query evaluation in recursive databases: Bottom-up and top-down reconciled. *DKE*, v. 5, p. 289-312, 1990.

BUCKLEY, C.; SALTON, G.; ALLAN, J. The SMART information retrieval project. In: *Proc. of the Workshop on Human Language Technology,* Human Language Technology Conference, Association for Computational Linguistics, mar. 1993.

BUKHRES, O. Performance comparison of distributed deadlock detection algorithms. In: *ICDE*, 1992.

BUNEMAN, P.; FRANKEL, R. FQL: A functional query language. In: *SIGMOD*, 1979.

BURKHARD, W. Hashing and trie algorithms for partial match retrieval. *TODS*, v. 1, n. 2, p. 175-187, jun. 1976.

______. Partial-match hash coding: Benefits of redundancy. *TODS*, v. 4, n. 2, p. 228-239, jun. 1979.

BUSH, V. As we may think. *Atlantic Monthly*, v. 176, n. 1, jan. 1945. Reimpresso: Kochen, M. (Ed.) *The Growth of Knowledge*, Wiley, 1967.

BUTTERWORTH, P.; OTIS, A.; STEIN, J. The gemstone object database management system. In: *CACM*, v. 34, n. 10, p. 64-77, out. 1991.

BYTE. Edição especial sobre computação móvel, jun. 1995.

CACM. Edição especial da *Communications of the ACM* sobre bibliotecas digitais, v. 38, n. 5, maio 1995.

CACM Edição especial da *Communications of the ACM* sobre bibliotecas digitais. Global Scope and Unlimited Access, v. 41, n. 4, abril 1998.

CAHILL, M.J.; ROHM, U.; FEKETE, A. Serializable Isolation for Snapshot Databases. In: SIGMOD, 2008.

CAMMARATA, S.; RAMACHANDRA, P.; SHANE, D. Extending a relational database with deferred referential integrity checking and intelligent joins. In: *SIGMOD*, 1989.

CAMPBELL, D.; EMBLEY, D.; CZEJDO, B. A relationally complete query language for the entity-relationship model. In: *ER Conference*, 1985.

CARDENAS, A. *Data Base Management Systems*. 2. ed. Allyn e Bacon, 1985.

CAREY, M. et al. *The architecture of the EXODUS extensible DBMS*. In: DITTRICH; DAYAL, 1986.

______.; DeWITT, D.; VANDENBERG, S. A data model and query language for exodus. In: *SIGMOD*, 1988.

______. et al. Object and file management in the EXODUS extensible database system. In: *VLDB*, 1986a.

______. et al. Data caching tradeoffs in client-server DBMS architectures. In: *SIGMOD*, 1991.

______.; KOSSMAN, D. Reducing the breaking distance of an SQL Query Engine". In: *VLDB*, p. 158-169, 1998.

CARLIS, J. HAS, a relational algebra operator or divide is not enough to conquer. In: *ICDE*, 1986.

______; MARCH, S. A descriptive model of physical database design problems and solutions. In: *ICDE*, 1984.

CARNEIRO, G.; VASCONSELOS, N. A database centric view of semantic image annotation and retrieval. In: *SIGIR*, 2005.

CARROLL, J. M. *Scenario-based design*: Envisioning work and technology in system development. Wiley, 1995.

CASANOVA, M.; VIDAL, V. Toward a sound view integration method. In: *PODS*, 1982.

______.; FAGIN, R.; PAPADIMITRIOU, C. Inclusion dependencies and their interaction with functional dependencies. In: *PODS*, 1981.

______.; FURTADO, A.; TUCHERMANN, L. A software tool for modular database design. *TODS*, v. 16, n. 2, jun. 1991.

______. et al. Optimization of relational schemas containing inclusion dependencies. In: *VLDB*, 1989.

CASTANO, S. et al. Conceptual schema analysis: Techniques and applications. *TODS*, v. 23, n. 3, p. 286-332, set. 1998.

CATARCI, T. et al. Visual query systems for databases: A survey. *Journal of Visual Languages and Computing*, v. 8, n. 2, p. 215-260, jun. 1997.

______. et al. (Eds.). *Proc. Fourth International Workshop on Advanced Visual Interfaces*. ACM Press, 1998.

CATTELL, R. Object data management: Object-oriented and extended relational database systems. Addison-Wesley, 1991.

______.; BARRY, D. K. *The object data standard*: ODMG 3.0. Morgan Kaufmann, 2000.

______.; SKEEN, J. Object operations benchmark. *TODS*, v. 17, n. 1, mar. 1992.

______. (Ed.). *The object database standard*: ODMG-93, release 1.2. Morgan Kaufmann, 1993.

______. (Ed.). *The object database standard*: ODMG, release 2.0. Morgan Kaufmann, 1997.

______. Scalable SQL and NoSQL data stores", *SIGMOD Record*, v. 39 ed. 4, 2010.

CERI, S.; FRATERNALI, P. *Designing database applications with objects and rules*: The IDEA methodology. Addison-Wesley, 1997.

______.; OWICKI, S. On the use of optimistic methods for concurrency control in distributed databases. *Proc. Sixth Berkeley Workshop on Distributed Data Management and Computer Networks*, fev. 1983.

______.; PELAGATTI, G. Correctness of query execution strategies in distributed databases. *TODS*, v. 8, n. 4, dez. 1984.

______.; ______. *Distributed databases*: Principles and systems. McGraw-Hill, 1984a.

______.; TANCA, L. Optimization of systems of algebraic equations for evaluating datalog queries. In: *VLDB*, 1987.

______.; GOTTLOB, G.; TANCA, L. *Logic programming and databases*. Springer-Verlag, 1990.

______.; NAVATHE, S.; WIEDERHOLD, G. Distribution design of logical database schemas. *TSE*, v. 9, n. 4, jul. 1983.

______.; NEGRI, M.; PELAGATTI, G. Horizontal data partitioning in database design. In: *SIGMOD*, 1982.

CESARINI, F.; SODA, G. A dynamic hash method with signature. *TODS*, v. 16, n. 2, jun. 1991.

CHAKRABARTI, S. *Mining the Web*: Discovering knowledge from hypertext data. Morgan-Kaufmann, 2002.

______. et al. Mining the Web's link structure. *Computer*, v. 32, n. 8, p. 60-67, ago. 1999.

CHAKRAVARTHY, S. Active database management systems: Requirements, state-of-the-art, and an evaluation. In: *ER Conference*, 1990.

______. Divide and conquer: A basis for augmenting a conventional query optimizer with multiple query processing capabilities. In: *ICDE*, 1991.

______. et al. HiPAC: A research project in active, time constrained database management. *Relatório técnico final XAIT-89-02*, Xerox Advanced Information Technology, ago. 1989.

______. et al. Design of sentinel: An object-oriented DBMS with event--based rules. *Information and Software Technology*, v. 36, n. 9, 1994.

______. et al. Database supported co-operative problem solving. *International Journal of Intelligent Cooperative Information Systems*, v. 2, n. 3, set. 1993.

CHAKRAVARTHY, U.; GRANT, J.; MINKER, J. Logic-based approach to semantic query optimization. *TODS*, v. 15, n. 2, jun. 1990.

CHALMERS, M.; CHITSON, P. Bead: Explorations in information visualization. *Proc. ACM SIGIR International Conference*, jun. 1992.

CHAMBERLIN, D. et al. "SEQUEL 2: A unified approach to data definition, manipulation and control. *IBM Journal of Research and Development*, v. 20, n. 6, nov. 1976.

______. et al. A history and evaluation of system R. *CACM*, v. 24, n. 10, out. 1981.

______.; BOYCE, R. "SEQUEL: A structured english query language. In: *SIGMOD*, 1974.

CHAN, C.; OOI, B.; LU, H. Extensible buffer management of indexes. In: *VLDB*, 1992.

CHANDY, K. et al. Analytical models for rollback and recovery strategies in database systems. *TSE*, v. 1, n. 1, mar. 1975.

CHANG, C. *On the evaluation of queries containing derived relations in a relational database*. In: GALLAIRE et al., 1981.

______.; WALKER, A. PROSQL: A prolog programming interface with SQL/DS. In: *EDS*, 1984.

CHANG, E.; KATZ, R. Exploiting inheritance and structure semantics for effective clustering and buffering in object-oriented databases. In: *SIGMOD*, 1989.

CHANG, F. et al. *Bigtable: A distributed storage system for structured data*. In: *OSDI*, 2006.

CHANG, N.; FU, K. Picture query languages for pictorial databases. *IEEE Computer*, v. 14, n. 11, nov. 1981.

CHANG, P.; MYRE, W. OS/2 EE database manager: Overview and technical highlights. *IBM Systems Journal*, v. 27, n. 2, 1988.

CHANG, S.; LIN, B.; WALSER, R. Generalized zooming techniques for pictorial database systems. *NCC*, AFIPS, v. 48, 1979.

CHATZOGLU, P. D.; McCAULAY, L. A. Requirements capture and analysis: A survey of current practice. *Requirements Engineering*, p. 75-88, 1997.

CHAUDHRI, A.; RASHID, A.; ZICARI, R. (Eds.). *XML data management*: Native XML and XML-Enabled database systems. Addison-Wesley, 2003.

CHAUDHURI, S.; DAYAL, U. An overview of data warehousing and OLAP technology. *SIGMOD Record*, v. 26, n. 1, mar. 1997.

______.; SHIM, K. Including Group-By in Query Optimization. In: *VLDB*, 1994.

______. et al. Optimizing Queries with Materialized Views. In: *ICDE*, 1995.

CHEN, M.; YU, P. Determining beneficial semijoins for a join sequence in distributed query processing. In: *ICDE*, 1991.

______.; HAN, J.; YU, P. S. Data mining: An overview from a database perspective. *TKDE*, v. 8, n. 6, dez. 1996.

CHEN, P. The entity relationship mode — Toward a unified view of data. *TODS*, v. 1, n. 1, mar. 1976.

______.; PATTERSON, D. Maximizing performance in a striped disk array. In: *Proceedings of Symposium on Computer Architecture, IEEE*. New York, 1990.

______. et al. RAID high performance, reliable secondary storage. *ACM Computing Surveys*, v. 26, n. 2, 1994.

CHEN, Q.; KAMBAYASHI, Y. Nested relation based database knowledge representation. In: *SIGMOD*, 1991.

CHENG, J. Effective clustering of complex objects in object-oriented databases. In: *SIGMOD*, 1991.

CHEUNG, D. et al. A fast and distributed algorithm for mining association rules. In: *Proc. Int. Conf. on Parallel and Distributed Information Systems*, (*PDIS*), 1996.

CHILDS, D. Feasibility of a set theoretical data structure — A general structure based on a reconstituted definition of relation. *Proc. IFIP Congress*, 1968.

CHIMENTI, D. et al. An overview of the LDL system. *IEEE Data Engineering Bulletin*, v. 10, n. 4, p. 52-62, 1987.

______. et al. The LDL system prototype. *TKDE*, v. 2, n. 1, mar. 1990.

CHIN, F. Security in statistical databases for queries with small counts. *TODS*, v. 3, n. 1, mar. 1978.

______.; OZSOYOGLU, G. Statistical database design. *TODS*, v. 6, n. 1, mar. 1981.

CHINTALAPATI, R.; KUMAR, V.; DATTA, A. An adaptive location management algorithm for mobile computing. *Proc. 22nd Annual Conf. on Local Computer Networks* (*LCN '97*). Minneapolis, 1997.

CHOU, H.-T.; DeWITT, D. An evaluation of buffer management strategies or relational databases. In: *VLDB*, p. 127-141, 1985.

______.; KIM, W. A unifying framework for version control in a CAD environment. In: *VLDB*, p. 336-344, 1986.

CHRISTODOULAKIS, S. et al. Development of a multimedia information system for an office environment. In: *VLDB*, 1984.

______.; FALOUTSOS, C. Design and performance considerations for an optical disk-based multimedia object server. *IEEE Computer*, v. 19, n. 12, dez. 1986.

CHRYSANTHIS, P. Transaction processing in a mobile computing environment. *Proc. IEEE Workshop on Advances in Parallel and Distributed Systems*, p. 77-82, out. 1993.

CHU, W.; HURLEY, P. Optimal query processing for distributed database systems. *IEEE Transactions on Computers*, v. 31, n. 9, set. 1982.

CIBORRA, C.; MIGLIARESE, P.; ROMANO, P. A methodological inquiry of organizational noise in socio-technical systems. *Human Relations*, v. 37, n. 8, 1984.

CISCO Accelerate Application Performance with the Cisco UCS Invicta Series, CISCO White Paper, jan. 2014.

CLAYBROOK, B. *File management techniques*. Wiley, 1992.

______. OLTP: OnLine transaction processing systems. Wiley, 1992.

CLEMENTINI, E.; Di FELICE, P. Spatial operators. In: *SIGMOD Record*, v. 29, n. 3, p. 31-38, 2000.

CLIFFORD, J.; TANSEL, A. On an algebra for historical relational databases: Two views. In: *SIGMOD*, 1985.

CLOCKSIN, W. F.; MELLISH, C. S. *Programming in prolog*: Using the ISO standard. 5. ed. Springer, 2003.

Cloudera Inc. Impala Performance Update: Now Reaching DBMS-Class Speed, by Justin Erickson et al., (http://blog.cloudera.com/blog/2014/01/impala-performance-dbms-class-speed/), jan. 2014.

COCKCROFT, S. A taxonomy of spatial data integrity constraints. *GeoInformatica*, p. 327-343, 1997.

CODASYL. *Data description language journal of development*. Canadian Government Publishing Centre, 1978.

CODD, E. A relational model for large shared data banks. *CACM*, v. 13, n. 6, jun. 1970.

______. A data base sublanguage founded on the relational calculus. *Proc. ACM SIGFIDET Workshop on Data Description, Access, and Control*, nov. 1971.

______. *Relational completeness of data base sublanguages*. In: RUSTIN, 1972.

______. *Further normalization of the data base relational model*. In: RUSTIN, 1972a.

______. Recent investigations in relational database systems. *Proc. IFIP Congress*, 1974.

______. *How about recently?* (English dialog with relational data bases using rendezvous version 1). In: SHNEIDERMAN, 1978.

______. Extending the database relational model to capture more meaning. *TODS*, v. 4, n. 4, dez. 1979.

______. Relational database: A practical foundation for productivity. *CACM*, v. 25, n. 2, dez. 1982.

______. Is your DBMS really relational? e Does your DBMS run by the rules?. *Computer World*, 14 out. e 21 out. 1985.

______. An evaluation scheme for database management systems that are claimed to be relational. In: *ICDE*, 1986.

______. Relational model for data management-version 2. Addison-Wesley, 1990.

CODD, E. F.; CODD, S. B.; SALLEY, C. T. Providing OLAP (On-line analytical processing) to user analyst: An IT mandate, um informe oficial. Disponível em: <http://www.cs.bgu.ac.il/~dbm031/dw042/Papers/olap_to_useranalysts_wp.pdf>, 1993. Não consegui acesso em: 27 abr. 2018.

COMER, D. The ubiquitous B-tree. *ACM Computing Surveys*, v. 11, n. 2, jun. 1979.

______. *Computer networks and internets*. 5. ed. Prentice-Hall, 2008.

COOLEY, R. The use of Web structure and content to identify subjectively interesting Web usage patterns. *ACM Trans.* On Internet Technology, v. 3, n. 2, p. 93-116, maio 2003.

______.; MOBASHER, B.; SRIVASTAVA, J. Web mining: Information and pattern discovery on the world wide Web. In: *Proc. Ninth IEEE Int. Conf. on Tools with Artificial Intelligence* (*ICTAI*), p. 558-567, nov. 1997.

______.; ______.; ______. Automatic personalization based on Web usage mining. *CACM*, v. 43, n. 8, ago. 2000.

CORCHO, C.; FERNANDEZ-LOPEZ, M.; GOMEZ-PEREZ, A. Methodologies, tools and languages for building ontologies. Where is their meeting point? *DKE*, v. 46, n. 1, jul. 2003.

CORMEN, T.; LEISERSON, C; RIVEST, R. Introduction to Algorithms, MIT Press, 1990.

CORNELIO, A.; NAVATHE, S. Applying active database models for simulation. In: *Proceedings of 1993 Winter Simulation Conference*, IEEE. Los Angeles, dez. 1993.

CORSON, S.; MACKER, J. Mobile ad-hoc networking: Routing protocol performance issues and performance considerations. IETF *Request for Comments n. 2501*, jan. 1999. Disponível em: <www. ietf.org/rfc/rfc2501.txt>. Acesso em: 27 abr. 2018.

COSMADAKIS, S.; KANELLAKIS, P. C.; VARDI, M. Polynomial-time implication problems for unary inclusion dependencies. *JACM*, v. 37, n. 1, p. 15-46, 1990.

COVI, L.; KLING, R. Organizational dimensions of effective digital library use: Closed rational and open natural systems models.

Journal of American Society of Information Science (*JASIS*), v. 47, n. 9, p. 672-689, 1996.

CROFT, B.; METZLER, D.; STROHMAN, T. *Search engines*: Information retrieval in practice. Addison-Wesley, 2009.

CRUZ, I. Doodle: A visual language for object-oriented databases. In: *SIGMOD*, 1992.

CURTICE, R. Data dictionaries: An assessment of current practice and problems. In: *VLDB*, 1981.

CUTICCHIA, A. et al. The GDB human genome database anno 1993. *Nucleic Acids Research*, v. 21, n. 13, 1993.

CZEJDO, B. et al. An algebraic language for graphical query formulation using an extended entity-relationship model. *Proc. ACM Computer Science Conference*, 1987.

DAHL, R.; BUBENKO, J. IDBD: An interactive design tool for CODASYL DBTG type databases. In: *VLDB*, 1982.

DAHL, V. Logic programming for constructive database systems. In: *EDS*, 1984.

DANFORTH, S.; TOMLINSON, C. Type theories and object-oriented programming. *ACM Computing Surveys*, v. 20, n. 1, p. 29-72, 1998.

DAS, S. *Deductive databases and logic programming*. Addison-Wesley, 1992.

______. et al. Clouded data: Comprehending scalable data management systems. *UCSB CS Technical Report 2008-18*, nov. 2008.

DATE, C. *An introduction to database systems*. v. 2. Addison-Wesley, 1983.

______. The outer join. *Proc. Second International Conference on Databases* (*ICOD-2*), 1983a.

______. A critique of the SQL database language. *ACM SIGMOD Record*, v. 14, n. 3, nov. 1984.

______. *The database relational model*: A retrospective review and analysis: A historical account and assessment of E. F. Codd's contribution to the field of database technology. Addison-Wesley, 2001.

______. *An introduction to database systems*. 8. ed. Addison-Wesley, 2004.

DATE, C. J.; DARWEN, H. *A guide to the SQL standard*. 3. ed. Addison-Wesley, 1993.

______.; FAGIN, R. Simple Conditions for Guaranteeing Higher Normal Forms in Relational Databases, *TODS*, v. 17 n. 3, 1992.

______.; WHITE, C. *A guide to SQL/DS*. Addison-Wesley, 1988.

______.; ______. *A guide to DB2*. 3. ed. Addison-Wesley, 1989.

DAVIES, C. Recovery semantics for a DB/DC system. *Proc. ACM National Conference*, 1973.

DAYAL, U. et al. *PROBE final report*. Technical report CCA-87-02, computer corporation of America, dez. 1987.

______.; BERNSTEIN, P. On the updatability of relational views. In: *VLDB*, 1978.

______.; HSU, M.; LADIN, R. A transaction model for long -running activities. In: *VLDB*, 1991.

DBTG. *Report of the CODASYL data base task group*. ACM, abril 1971.

DeCANDIA, G. et al. Dynamo: Amazon's Highly Available Key-Value Store. In: *SOSP*, 2007.

DEELMAN, E.; CHERVENAK, A. L. Data management challenges of data-intensive scientific workflows. In: *Proc. IEEE International Symposium on Cluster, Cloud, and Grid Computing*, p. 687-692, 2008.

DELCAMBRE, L.; LIM, B.; URBAN, S. Object-centered constraints. In: *ICDE*, 1991.

DeMARCO, T. *Structured analysis and system specification*. Prentice-Hall, 1979.

DeMERS, M. *Fundamentals of GIS*. John Wiley, 2002.

DeMICHIEL, L. Performing operations over mismatched domains. In: *ICDE*, 1989.

DENNING, D. Secure statistical databases with random sample queries. *TODS*, v. 5, n. 3, set. 1980.

DENNING, D. E.; DENNING, P. J. Data security. *ACM Computing Surveys*, v. 11, n. 3, p. 227-249, set. 1979.

DENNING, D. et al. A multi-level relational data model. In: *Proc. IEEE Symp. On Security and Privacy*, p. 196-201, 1987.

DESHPANDE, A. *An implementation for nested relational databases*. Relatório Técnico. Dissertação de Ph.D., Indiana University, 1989.

DEVOR, C.; WEELDREYER, J. DDTS: A testbed for distributed database research. *Proc. ACM Pacific Conference*, 1980.

DeWITT, D. et al. Implementation techniques for main memory databases. In: *SIGMOD*, 1984.

______. et al. The gamma database machine project. *TKDE*, v. 2, n. 1, mar. 1990.

______. et al. A study of three alternative workstation server architectures for object-oriented database systems. In: *VLDB*, 1990.

DHAWAN, C. *Mobile computing*. McGraw-Hill, 1997.

DI, S. M. *Distributed data management in grid environments*. Wiley, 2005.

DIETRICH, B. L. et al. Analytics Across the Enterprise: How IBM Realizes Business Value from Big Data and Analytics, IBM Press (Pearson plc), 192 p., 2014.

DIETRICH, S.; FRIESEN, O.; CALLISS, W. *On deductive and object oriented databases*: The VALIDITY experience. Technical Report. Arizona State University, 1999.

DIFFIE, W.; HELLMAN, M. Privacy and authentication. *Proceedings of the IEEE*, v. 67, n. 3, p. 397-429, mar. 1979.

DIMITROVA, N. Multimedia content analysis and indexing for filtering and retrieval applications. *Information Science*, edição especial sobre tecnologias de informação de multimídia, Parte 1, v. 2, n. 4, 1999.

DIPERT, B.; LEVY, M. *Designing with flash memory*. Annabooks, 1993.

DITTRICH, K. *Object-oriented database systems*: The notion and the issues. In: DITTRICH e DAYAL, 1986.

______.; DAYAL, U. (Eds.). *Proc. International Workshop on Object-Oriented Database Systems*. IEEE CS, Pacific Grove, CA, set. 1986.

______; KOTZ, A.; MULLE, J. An event/trigger mechanism to enforce complex consistency constraints in design databases. In: *ACM SIGMOD Record*, v. 15, n. 3, 1986.

DKE. Special Issue on Natural Language Processing. *DKE*, v. 22, n. 1, 1997.

DODD, G. APL — A language for associative data handling in PL/I. *Proc. Fall Joint Computer Conference*. AFIPS, v. 29, 1969.

______. Elements of data management systems. *ACM Computing Surveys*, v. 1, n. 2, jun. 1969.

DOGAC, A. Special section on electronic commerce. *ACM SIGMOD Record*, v. 27, n. 4, dez. 1998.

______. et al. (Eds.). Advances in Object-oriented Databases Systems. *NATO ASI series*. Series F: Computer and systems sciences, v. 130. Springer-Verlag, 1994.

DOS SANTOS, C.; NEUHOLD, E.; FURTADO, A. A data type approach to the entity-relationship model. In: *ER Conference*, 1979.

DU, D.; TONG, S. Multilevel extendible hashing: A file structure for very large databases. *TKDE*, v. 3, n. 3, set. 1991.

DU, H.; GHANTA, S. A framework for efficient IC/VLSI CAD databases. In: *ICDE*, 1987.

DUMAS, P. et al. MOBILE-burotique: Prospects for the future. In: *Naffah*, 1982.

DUMPALA, S.; ARORA, S. Schema translation using the entity-relationship approach. In: *ER Conference*, 1983.

DUNHAM, M.; HELAL, A. Mobile computing and databases: Anything new? *ACM SIGMOD Record*, v. 24, n. 4, dez. 1995.

DWYER, S. et al. A diagnostic digital imaging system. *Proc. IEEE CS Conference on Pattern Recognition and Image Processing*, jun. 1982.

EASTMAN, C. (1987) Database facilities for engineering design. *Proceedings of the IEEE*, v. 69, n. 10, out. 1981.

EDS. Expert database systems. KERSCHBERG, L. (Ed.). (*Proc. First International Workshop on Expert Database Systems*. Kiawah Island, SC, out. 1984). Benjamin/Cummings, 1986.

EDS. Expert Database Systems. KERSCHBERG, L. (Ed.). (*Proc. First International Conference on Expert Database Systems*, Charleston. SC, abril 1986). Benjamin/ Cummings, 1987.

EDS. Expert Database Systems. KERSCHBERG, L. (Ed.). (*Proc. Second International Conference on Expert Database Systems*. Tysons Corner, VA, abril 1988). Benjamin/Cummings.

EICK, C. A Methodology for the design and transformation of conceptual schemas. In: *VLDB*, 1991.

ElABBADI, A.; TOUEG, S. The group paradigm for concurrency control. In: *SIGMOD*, 1988.

______.; ______. Maintaining availability in partitioned replicated databases. *TODS*, v. 14, n. 2, jun. 1989.

ELLIS, C.; NUTT, G. Office information systems and computer science. *ACM Computing Surveys*, v. 12, n. 1, mar. 1980.

ELMAGARMID, A. K. (Ed.). *Database transaction models for advanced applications*. Morgan Kaufmann, 1992.

ELMAGARMID, A.; HELAL, A. Supporting updates in heterogeneous distributed database systems. In: *ICDE*, p. 564-569, 1988.

______. et al. A multidatabase transaction model for interbase. In: *VLDB*, 1990.

ELMASRI, R.; LARSON, J. A graphical query facility for ER databases. In: *ER Conference*, 1985.

______.; WIEDERHOLD, G. Data model integration using the structural model. In: *SIGMOD*, 1979.

______.; ______. Structural properties of relationships and their representation. *NCC*, AFIPS, v. 49, 1980.

______.; ______. GORDAS: A formal, high-level query language for the entity-relationship model. In: *ER Conference*, 1981.

______.; WUU, G. A temporal model and query language for ER databases. In: *ICDE*, 1990.

______.; ______. The time index: An access structure for temporal data. In: *VLDB*, 1990a.

______.; JAMES, S.; KOURAMAJIAN, V. Automatic class and method generation for object-oriented databases. *Proc. Third International Conference on Deductive and Object-Oriented Databases* (*DOOD-93*). Phoenix, AZ, dez. 1993.

______.; KOURAMAJIAN, V.; FERNANDO, S. Temporal database modeling: An object-oriented approach. *CIKM*, nov. 1993.

______.; LARSON, J.; NAVATHE, S. *Schema integration algorithms for federated databases and logical database design*. Honeywell CSDD, Relatório técnico CSC-86-9, n. 8212, jan. 1986.

______.; SRINIVAS, P.; THOMAS, G. Fragmentation and query decomposition in the ECR model. In: *ICDE*, 1987.

______.; WEELDREYER, J.; HEVNER, A. The category concept: An extension to the entity-relationship model. *DKE*, v. 1, n. 1, maio 1985.

ENGELBART, D.; ENGLISH, W. A research center for augmenting human intellect. *Proc. Fall Joint Computer Conference*. AFIPS, dez. 1968.

EPSTEIN, R.; STONEBRAKER, M.; WONG, E. Distributed query processing in a relational database system. In: *SIGMOD*, 1978.

ER CONFERENCE. Entity-Relationship Approach to Systems Analysis and Design. CHEN, P. (Ed.). (*Proc. First International Conference on Entity-Relationship Approach*. Los Angeles, dez. 1979). North-Holland, 1980.

ER CONFERENCE. Entity-Relationship Approach to Information Modeling and Analysis. CHEN, P. (Ed.). (*Proc. Second International Conference on Entity-Relationship Approach*, Washington, out. 1981). Elsevier Science, 1981.

ER CONFERENCE. Entity-Relationship Approach to Software Engineering. DAVIS, C. et al. (Eds.). *(Proc. Third International Conference on Entity-Relationship Approach*. Anaheim, CA, out. 1983). North-Holland, 1983.

ER CONFERENCE. Proc. Fourth International Conference on Entity-Relationship Approach. LIU, J. (Ed.). IEEE CS. Chicago, out. 1985.

ER CONFERENCE. Proc. Fifth International Conference on Entity-Relationship Approach. SPACCAPIETRA, S. (Ed.). Express-Tirages. Dijon, France, nov. 1986.

ER CONFERENCE. Proc. Sixth International Conference on Entity-Relationship Approach. MARCH, S. (Ed.). Nova York, nov. 1987.

ER CONFERENCE. Proc. Seventh International Conference on Entity-Relationship Approach. BATINI, C. (Ed.). Roma, nov. 1988.

ER CONFERENCE. Proc. Eighth International Conference on Entity-Relationship Approach. LOCHOVSKY, F. (Ed.). Toronto, out. 1989.

ER CONFERENCE. Proc. Ninth International Conference on Entity-Relationship Approach. KANGASSALO, H. (Ed.). Lausanne, Suíça, set. 1990.

ER CONFERENCE. Proc. Tenth International Conference on Entity-Relationship Approach. TEOREY, T. (Ed.). San Mateo, CA, out. 1991.

ER CONFERENCE. Proc. Eleventh International Conference on Entity-Relationship Approach. PERNUL, G.; TJOA, A. (Eds.). Karlsruhe, Alemanha, out. 1992.

ER CONFERENCE. Proc. Twelfth International Conference on Entity-Relationship Approach. ELMASRI, R.; KOURAMAJIAN, V. (Eds.). Arlington, TX, dez. 1993.

ER CONFERENCE. Proc. Thirteenth International Conference on Entity-Relationship Approach. LOUCOPOULOS, P.; THEODOULIDIS, B. (Eds.). Manchester, Inglaterra, dez. 1994.

ER CONFERENCE. Proc. Fourteenth International Conference on ER-OO Modeling. PAPAZOUGLOU, M.; TARI, Z. (Eds.). Brisbane, Austrália, dez. 1995.

ER CONFERENCE. Proc. Fifteenth International Conference on Conceptual Modeling. THALHEIM, B. (Ed.). Cottbus, Alemanha, out. 1996.

ER CONFERENCE. Proc. Sixteenth International Conference on Conceptual Modeling. EMBLEY, D. (Ed.). Los Angeles, out. 1997.

ER CONFERENCE. Proc. Seventeenth International Conference on Conceptual Modeling. LING, T.-K. (Ed.). Cingapura, nov. 1998.

ER CONFERENCE. Proc. Eighteenth Conference on Conceptual Modeling. AKOKA, J. et al. (Eds.). LNCS 1728. Paris, França, Springer, 1999.

ER CONFERENCE. Proc. Nineteenth Conference on Conceptual Modeling. LAENDER, A.; LIDDLE, S.; STOREY, V. (Eds.). LNCS 1920. Salt Lake City, Springer, 2000.

ER CONFERENCE. Proc. Twentieth Conference on Conceptual Modeling. KUNII, H.; JAJODIA, S.; SOLVEBERG, A. (Eds.). LNCS 2224. Yokohama, Japão, Springer, 2001.

ER CONFERENCE. Proc. 21st Int. Conference on Conceptual Modeling. SPACCAPIETRA, S.; MARCH de, S.; KAMBAYASHI, Y. (Eds.). LNCS 2503. Tampere, Finlândia, Springer, 2002.

ER CONFERENCE. Proc. 22nd Int. Conference on Conceptual Modeling. SONG, I.-Y. et al. (Eds.). LNCS 2813. Tampere, Finlândia, Springer, 2003.

ER CONFERENCE. Proc. 23rd Int. Conference on Conceptual Modeling. ATZENI, P. et al. (Eds.). LNCS 3288. Shanghai, China, Springer, 2004.

ER CONFERENCE. Proc. 24th Int. Conference on Conceptual Modeling. DELACAMBRE, L. M. L. et al. (Eds.). LNCS 3716. Klagenfurt, Áustria, Springer, 2005.

ER CONFERENCE. Proc. 25th Int. Conference on Conceptual Modeling. EMBLEY, D.; OLIVE, A.; RAM, S. (Eds.). LNCS 4215. Tucson, AZ, Springer, 2006.

ER CONFERENCE. Proc. *26th Int. Conference on Conceptual Modeling*. PARENT, C. et al. (Eds.). LNCS 4801. Auckland, Nova Zelândia, Springer, 2007.

ER CONFERENCE. Proc. 27th Int. Conference on Conceptual Modeling. LI, Q. et al. (Eds.). LNCS 5231. Barcelona, Espanha, Springer, 2008.

ER CONFERENCE. Proc. 28th Int. Conference on Conceptual Modeling. LAENDER, A. et al. (Eds.). LNCS 5829. Gramado, RS, Brasil, Springer, 2009.

ER CONFERENCE. Proc. 29th Int. Conference on Conceptual Modeling. PARSONS, J. et al. (Eds.). LNCS 6412. Vancouver, Canada, Springer, 2010.

ER CONFERENCE. Proc. 30th Int. Conference on Conceptual Modeling. JEUSFELD, M.; DELCAMBRE, L.; LING, TOK WANG (eds.). LNCS 6998. Bruxelas, Bélgica, Springer, 2011.

ER CONFERENCE. Proc. 31th Int. Conference on Conceptual Modeling. ATZENI, P.; CHEUNG, D.W.; RAM, SUDHA (eds.). LNCS 7532. Florença, Itália, Springer, 2012.

ER CONFERENCE. Proc. 32th Int. Conference on Conceptual Modeling. NG, WILFRED, STOREY, V.; TRUJILLO, J. (eds.) LNCS 8217. Hong Kong, China, Springer, 2013.

ER CONFERENCE. Proc. 33th Int. Conference on Conceptual Modeling. YU, ERIC, DOBBIE, G.; JARKE, M.; PURAO, S. (eds.), LNCS 8824. Atlanta, USA, Springer, 2014.

ER CONFERENCE. Proc. 34th Int. Conference on Conceptual Modeling. LNCS. Estocolmo, Suécia, Springer, 2015.

ER CONFERENCE. Proc. 35th Int. Conference on Conceptual Modeling. COMYN-WATTIAU, I. et al. (eds.). LNCS. Gifu, Japão, Springer, 2016.

ER CONFERENCE. Proc. 36th Int. Conference on Conceptual Modeling. LNCS. Valencia, Espanha, Springer, 2017.

ER CONFERENCE. Proc. 37th Int. Conference on Conceptual Modeling. LNCS. Xi'an, China, Springer, 2018.

ERL, T. et al. [2013] Cloud Computing: Concepts, Technology and Architecture, Prentice Hall, 489 p., 2013.

ESRI. (2009). The geodatabase: Modeling and managing spatial data. In: *ArcNews*, v. 30, n. 4, ESRI, Winter 2008/2009.

ESTER, M.; KRIEGEL, H.-P.; JORG, S. Algorithms and applications for spatial data mining. In: *Research Monograph in GIS*. CRC Press, 2001.

______. et al. A density-based algorithm for discovering clusters in large spatial databases with noise. In: *KDD*. AAAI Press, p. 226-231, 1996.

ESWARAN, K.; CHAMBERLIN, D. Functional specifications of a subsystem for database integrity. In: *VLDB*, 1975.

______. et al. The notions of consistency and predicate locks in a data base system. *CACM*, v. 19, n. 11, nov. 1976.

ETZIONI, O. The world-wide Web: quagmire or gold mine? *CACM*, v. 39, n. 11, p. 65-68nov. 1996.

EVERETT, G.; DISSLY, C.; HARDGRAVE, W. (1971) *RFMS User Manual*. TRM-16, Computing Center, Universidade do Texas. Austin, 1981.

FAGIN, R. Multivalued dependencies and a new normal form for relational databases. *TODS*, v. 2, n. 3, set. 1977.

______. Normal forms and relational database operators. In: *SIGMOD*, 1979.

______. A normal form for relational databases that is based on domains and keys. *TODS*, v. 6, n. 3, set. 1981.

______. et al. Extendible hashing — A fast access method for dynamic files. *TODS*, v. 4, n. 3, set. 1979.

FALCONE, S.; PATON, N. Deductive object-oriented database systems: A survey. *Proc. 3rd International Workshop Rules in Database Systems* (*RIDS* '97). Skovde, Suécia, jun. 1997.

FALOUTSOS, C. *Searching multimedia databases by content*. Kluwer, 1996.

FALOUTSOS, C. et al. Efficient and effective querying by image content. *Journal of Intelligent Information Systems*, v. 3, n. 4, 1994.

FALOUTSOS, G.; JAGADISH, H. On B-tree indices for skewed distributions. In: *VLDB*, 1992.

FAN, J. et al. Automatic image annotation by using concept-sensitive salient objects for image content representation. In: *SIGIR*, 2004.

FARAG, W.; TEOREY, T. FunBase: A function-based information management system. *CIKM*, nov. 1993.

FARAHMAND, F. et al. Managing vulnerabilities of information systems to security incidents. *Proc. ACM 5th International Conference on Electronic Commerce, ICEC 2003*, p. 348-354. Pittsburgh, PA, set. 2003.

______. et al. A management perspective on risk of security threats to information systems. *Journal of Information Technology & Management*, v. 6, p. 203-225, 2005.

FAYYAD, U. et al. *Advances in knowledge discovery and data mining*. MIT Press, 1997.

FEKETE, A.; O'NEIL, E.; O'NEIL, P. A Read-only Transaction Anomaly Under Snapshot Isolation, *SIGMOD Record*, v. 33, n. 3, p. 12–14, 2004

______. et al. Making Snapshot Isolation Serializable," *ACM TODS*, v. 30, n. 2, p. 492–528, 2005

FELLBAUM, C. (Ed.). *WordNet*: An electronic lexical database. MIT Press, 1998.

FENSEL, D. The semantic Web and its languages. *IEEE Intelligent Systems*, v. 15, n. 6, p. 67-73, nov./dez. 2000.

______. Ontologies: Silver bullet for knowledge management and electronic commerce. 2. ed. Springer-Verlag, Berlim, 2003.

FERNANDEZ, E.; SUMMERS, R.; WOOD, C. *Database security and integrity*. Addison-Wesley, 1981.

FERRIER, A.; STANGRET, C. Heterogeneity in the distributed database management system SIRIUS-DELTA. In: *VLDB*, 1982.

FERRUCI, D. et al. Building Watson: An overview of the DeepQA project. *AI Magazine* v. 31, n. 3, p. 59–79, 2010.

FISHMAN, D. et al. IRIS: An object-oriented DBMS. *TOIS*, v. 5, n. 1, p. 48-69, 1987.

FLICKNER, M. et al. Query by image and video content: The QBIC system. *IEEE Computer*, v. 28, n. 9, p. 23-32, set. 1995.

FLYNN, J.; PITTS, T. *Inside ArcINFO 8*. 2. ed. On Word Press, 2000.

FOLK, M. J.; ZOELLICK, B.; RICCARDI, G. *File structures*: An object oriented approach with C++. 3. ed. Addison-Wesley, 1998.

FONSECA, F. et al. Semantic granularity in ontology-driven geographic information systems. In: *Annals of Mathematics and Artificial Intelligence*, v. 36, n. 1-2, p. 121-151, 2002.

FORD, D.; CHRISTODOULAKIS, S. Optimizing random retrievals from CLV format optical disks. In: *VLDB*, 1991.

______.; BLAKELEY, J.; BANNON, T. Open OODB: A modular object-oriented DBMS. In: *SIGMOD*, 1993.

FOREMAN, G.; ZAHORJAN, J. The challenges of mobile computing. *IEEE Computer*, abril 1994.

FOTOUHI, F.; GROSKY, W.; STANCHEV, P. (Eds.). *Proc. of the First ACM Workshop on Many Faces of the Multimedia Semantics, MS 2007*. Augsburg, Alemanha, set. 2007.

FOWLER, M.; SCOTT, K. *UML Distilled*. 2. ed. Addison-Wesley, 2000.

FRANASZEK, P.; ROBINSON, J.; THOMASIAN, A. Concurrency control for high contention environments. *TODS*, v. 17, n. 2, jun. 1992.

FRANK, A. A linguistically justified proposal for a spatio-temporal ontology. Um artigo em *Proc. COSIT03-Int. Conf. on Spatial Information Theory.* LNCS 2825. Ittingen, Suíça, set. 2003.

FRANKLIN, F. et al. Crash recovery in client-server EXODUS. In: *SIGMOD*, 1992.

FRATERNALI, P. Tools and approaches for data intensive Web applications: A survey. *ACM Computing Surveys*, v. 31, n. 3, set. 1999.

FRENKEL, K. The human genome project and informatics. *CACM*, nov. 1991.

FRIESEN, O. et al. *Applications of deductive object-oriented databases using DEL*. In: RAMAKRISHNAN, 1995.

FRIIS-CHRISTENSEN, A.; TRYFONA, N.; JENSEN, C. S. Requirements and research issues in geographic data modeling. *Proc. 9th ACM International Symposium on Advances in Geographic Information Systems*, 2001.

FUGINI, M. et al. *Database security*. ACM Press e Addison-Wesley, 1995.

FURTADO, A. Formal aspects of the relational model. *Information Systems*, v. 3, n. 2, 1978.

GADIA, S. A homogeneous relational model and query language for temporal databases. *TODS*, v. 13, n. 4, dez. 1988.

GAIT, J. The optical file cabinet: A random-access file system for write-once optical disks. *IEEE Computer*, v. 21, n. 6, jun. 1988.

GALINDO-LEGARIA, C.; JOSHI, M. Orthogonal Optimization of Subqueries and Aggregation. In: *SIGMOD*, 2001.

______.; SEFANI, S.; WAAS, F. Query Processing for SQL Updates. In: *SIGMOD*, p. 844–849, 2004.

GALLAIRE, H.; MINKER, J. (Eds.). *Logic and databases*. Plenum Press, 1978.

______.; ______.; NICOLAS, J. Logic and databases: A deductive approach. *ACM Computing Surveys*, v. 16, n. 2, jun. 1984.

______.; ______.; ______. (Eds.). *Advances in database theory*. v. 1. Plenum Press, 1981.

GAMAL-ELDIN, M.; THOMAS, G.; ELMASRI, R. Integrating relational databases with support for updates. *Proc. International Symposium on Databases in Parallel and Distributed Systems*. IEEE CS, dez. 1988.

GANE, C.; SARSON, T. *Structured systems analysis*: Tools and techniques, improved systems technologies, 1977.

GANGOPADHYAY, A.; ADAM, N. *Database issues in geographic information systems*. Kluwer Academic Publishers, 1997.

GARCIA-MOLINA, H. Elections in distributed computing systems. *IEEE Transactions on Computers*, v. 31, n. 1, jan. 1982.

______. Using semantic knowledge for transaction processing in a distributed database. *TODS*, v. 8, n. 2, jun. 1983.

______.; ULLMAN, J.; WIDOM, J. *Database system implementation*. Prentice-Hall, 2000.

______.; ______.; ______. *Database systems*: The complete book. 2. ed. Prentice-Hall, 2009.

GARTNER Hype Cycle for Information Infrastructure, BEYER, M.; EDJLALI, R. Gartner Press, ago. 2014, 110 p., 2014a.

GARTNER The Logical Data Warehouse Will be a Key Scenario for Using Data Federation, THOO, E.; FRIEDMAN, T. Gartner, set. 2012, 6 p., 2014b.

GEDIK, B.; LIU, L. Location privacy in mobile systems: A personalized anonymization model. In: *ICDCS*, p. 620-629, 2005.

GEHANI, N.; JAGDISH, H.; SHMUELI, O. Composite event specification in active databases: Model and implementation. In: *VLDB*, 1992.

GEMAN, S.; GEMAN, D. Stochastic Relaxation, Gibbs Distributions, and the Bayesian Restoration of Images. *IEEE Transactions on Pattern Analysis and Machine Intelligence*, v. PAMII-6, n. 6, p. 721–741, nov. 1984.

GEORGAKOPOULOS, D.; RUSINKIEWICZ, M.; SHETH, A. On serializability of multidatabase transactions through forced local conflicts. In: *ICDE*, 1991.

GERRITSEN, R. A preliminary system for the design of DBTG data structures. *CACM*, v. 18, n. 10, out. 1975.

GHEMAWAT, S; GOBIOFF, H; LEUNG, S. The Google file system. In: *SOSP*, 2003.

GHOSH, S. An application of statistical databases in manufacturing testing. In: *ICDE*, 1984.

______. Statistical data reduction for manufacturing testing. In: *ICDE*, 1986.

GIBSON, G. et al. File server scaling with Network-attached secure disks. Sigmetrics, 1997.

GIFFORD, D. Weighted voting for replicated data. *SOSP*, 1979.

GLADNEY, H. Data replicas in distributed information services. *TODS*, v. 14, n. 1, mar. 1989.

GOGOLLA, M.; HOHENSTEIN, U. Towards a semantic view of an extended entity-relationship model. *TODS*, v. 16, n. 3, set. 1991.

GOLDBERG, A.; ROBSON, D. *Smalltalk-80*: The language. Addison-Wesley, 1989.

GOLDFINE, A.; KONIG, P. *A technical overview of the information resource dictionary system (IRDS)*. 2. ed. NBS IR 88-3700. National Bureau of Standards, 1988.

GOODCHILD, M. F. Geographical information science. *International Journal of Geographical Information Systems*, p. 31-45, 1992.

______. Geographical data modeling. *Computers & Geosciences*, v. 18, n. 4, p. 401-408, 1992a.

GORDILLO, S.; BALAGUER, F. Refining an object-oriented GIS design model: Topologies and field data. *Proc. 6th ACM International Symposium on Advances in Geographic Information Systems*, 1998.

GOTLIEB, L. Computing joins of relations. In: *SIGMOD*, 1975.

GRAEFE, G. Query evaluation techniques for large databases. *ACM Computing Surveys*, v. 25, n. 2, jun. 1993.

______.; DeWITT, D. The EXODUS optimizer generator. In: *SIGMOD*, 1987.

______.; McKENNA, W. The Volcano optimizer generator. In: *ICDE*, p. 209-218, 1993.

______. The cascades framework for query optimization. Data Engineering Bulletin, v. 18, n. 3, p. 209-218, 1995.

GRAVANO, L.; GARCIA-MOLINA, H. Merging ranks from heterogeneous sources. In: *VLDB*, 1997.

GRAY, J. *Notes on data base operating systems*. In: BAYER; GRAHAM; SEEGMULLER, 1978.

______. The transaction concept: Virtues and limitations. In: *VLDB*, 1981.

______.; REUTER, A. *Transaction processing*: Concepts and techniques. Morgan Kaufmann, 1993.

______. et al. The dangers of replication and a solution. In: *SIGMOD*, 1993.

______.; HORST, B.; WALKER, M. Parity striping of disk arrays: Low-cost reliable storage with acceptable throughput. In: *VLDB*, p. 148-161, 1990.

______.; LORIE, R.; PUTZOLU, G. *Granularity of locks and degrees of consistency in a shared data base*. In: NIJSSEN, 1975.

______.; McJONES, P.; BLASGEN, M. The recovery manager of the system R database manager. *ACM Computing Surveys*, v. 13, n. 2, jun. 1981.

GRIFFITHS, P.; WADE, B. An authorization mechanism for a relational database system. *TODS*, v. 1, n. 3, set. 1976.

GROCHOWSKI, E.; HOYT, R. F. Future trends in hard disk drives. *IEEE Transactions on Magnetics*, v. 32, n. 3, maio 1996.

GROSKY, W. Multimedia information systems. In: *IEEE Multimedia*, v. 1, n. 1, Spring, 1994.

______. Managing multimedia information in database systems. In: *CACM*, v. 40, n. 12, dez. 1997.

______.; JAIN, R.; MEHROTRA, R. (Eds.). *The handbook of multimedia information management*. Prentice-Hall PTR, 1997.

GRUBER, T. Toward principles for the design of ontologies used for knowledge sharing. *International Journal of Human-Computer Studies*, v. 43, n. 5-6, p. 907-928, nov./dez. 1995.

GUPTA, R.; HOROWITZ E. *Object oriented databases with applications to case, networks and VLSI CAD*. Prentice-Hall, 1992.

GÜTING, R. An introduction to spatial database systems. In: *VLDB*, 1994.

GUTTMAN, A. R-Trees: A dynamic index structure for spatial searching. In: *SIGMOD*, 1984.

GWAYER, M. *Oracle designer/2000 Web server generator technical overview* (version 1.3.2). Technical Report, Oracle Corporation, set. 1996.

GYSSENS, M.; PAREDAENS, J.; Van GUCHT, D. A graph-oriented object model for database end-user interfaces. In: *SIGMOD*, 1990.

HAAS, P.; SWAMI, A. Sampling-based selectivity estimation for joins using augmented frequent value statistics. In: *ICDE*, 1995.

______. et al. Sampling-based estimation of the number of distinct values of an attribute. In: *VLDB*, 1995.

HACHEM, N.; BERRA, P. New order preserving access methods for very large files derived from linear hashing. *TKDE*, v. 4, n. 1, fev. 1992.

HADOOP [2014] Hadoop Wiki. Disponível em: <http://hadoop.apache.org/>

HADZILACOS, V. An operational model for database system reliability. In: *Proceedings of SIGACT-SIGMOD Conference*, mar. 1983.

______. (1988). A theory of reliability in database systems. *JACM*, v. 35, n. 1, 1986.

HAERDER, T.; REUTER, A. Principles of transaction oriented database recovery — A taxonomy. *ACM Computing Surveys*, v. 15, n. 4, p. 287-318, set. 1983.

______.; ROTHERMEL, K. Concepts for transaction recovery in nested transactions. In: *SIGMOD*, 1987.

HAKONARSON, H.; GULCHER, J.; STEFANSSON, K. deCODE genetics, Inc. *Pharmacogenomics Journal*, p. 209-215, 2003.

HALFOND, W.; ORSO. A. AMNESIA: Analysis and monitoring for neutralizing SQL-injection attacks. In: *Proc. IEEE and ACM Int. Conf. on Automated Software Engineering (ASE 2005)*, p. 174-183, nov. 2005.

______.; VIEGAS, J.; ORSO, A. A classification of SQL injection attacks and countermeasures. In: *Proc. Int. Symposium on Secure Software Engineering*, mar. 2006.

HALL, P. Optimization of a single relational expression in a relational data base system. *IBM Journal of Research and Development*, v. 20, n. 3, maio 1976.

HAMILTON, G.; CATTELI, R.; FISHER, M. *JDBC database access with Java — A tutorial and annotated reference*. Addison-Wesley, 1997.

HAMMER, M.; McLEOD, D. Semantic integrity in a relational data base system. In: *VLDB*, 1975.

______.; ______. Database description with SDM: A semantic data model. *TODS*, v. 6, n. 3, set. 1981.

______.; SARIN, S. Efficient monitoring of database assertions. In: *SIGMOD*, 1978.

HAN, J.; KAMBER, M.; PEI, J. *Data mining*: Concepts and techniques. 2. ed. Morgan Kaufmann, 2005.

______.; JIANG, C.; LUO, X. A study of concurrency control in Web-based distributed real-time database system using extended time petri nets. *Proc. Int. Symposium on Parallel Architectures, Algorithms, and Networks*, p. 67-72, 2004.

______.; PEI, J. e YIN, Y. Mining frequent patterns without candidate generation. In: *SIGMOD*, 2000.

HANSON, E. Rule condition testing and action execution in Ariel. In: *SIGMOD*, 1992.

HARDGRAVE, W. Ambiguity in processing boolean queries on TDMS tree structures: A study of four different philosophies. *TSE*, v. 6, n. 4, jul. 1980.

______. BOLT: *A retrieval language for tree-structured database systems*. In: TOU, 1984.

HAREL, D. Statecharts: A visual formulation for complex systems. In: *Science of Computer Programming*, v. 8, n. 3, p. 231-274, jun. 1987.

HARMAN, D. Evaluation issues in information retrieval. *Information Processing and Management*, v. 28, n. 4, p. 439-440, 1992.

HARRINGTON, J. *Relational database management for microcomputer*: Design and implementation. Holt, Rinehart, and Winston, 1987.

HARRIS, L. The ROBOT system: Natural language processing applied to data base query. *Proc. ACM National Conference*, dez. 1978.

HARTH, A.; HOSE, K.; SCHENKEL, R. Linked Data Management, Chapman and Hall, CRC Press, 576 p., 2014.

HASKIN, R.; LORIE, R. On extending the functions of a relational database system. In: *SIGMOD*, 1982.

HASSE, C.; WEIKUM, G. A performance evaluation of multi-level transaction management. In: *VLDB*, 1991.

HAYES-ROTH, F.; WATERMAN, D.; LENAT, D. (Eds.). *Building expert systems*. Addison-Wesley, 1983.

HAYNE, S.; RAM, S. Multi-user view integration system: An expert system for view integration. In: *ICDE*, 1990.

HECHT. R.; JABLONSKI, S. NOSQL Evaluation, A Use Case Oriented Survey. In: *Int. Conf. on Cloud and Service Computing*, IEEE, p. 336–341, 2011.

HEILER, S.; ZDONICK, S. Object views: Extending the vision. In: *ICDE*, 1990.

______. et al. *A flexible framework for transaction management in engineering environment*. In: ELMAGARMID, 1992.

HELAL, A. et al. Adaptive transaction scheduling. *CIKM*, nov. 1993.

HELD, G.; STONEBRAKER, M. B-Trees reexamined. *CACM*, v. 21, n. 2, fev. 1978.

HENRIKSEN, C.; LAUZON, J. P.; MOREHOUSE, S. Open geodata access through standards. *Standard View Archive*, v. 2, n. 3, p. 169-174, 1994.

HENSCHEN, L.; NAQVI, S. On compiling queries in recursive first-order databases. *JACM*, v. 31, n. 1, jan. 1984.

HERNANDEZ, H.; CHAN, E. Constraint-time-maintainable BCNF database schemes. *TODS*, v. 16, n. 4, dez. 1991.

HEROT, C. Spatial management of data. *TODS*, v. 5, n. 4, dez. 1980.

HEVNER, A.; YAO, S. Query processing in distributed database systems. *TSE*, v. 5, n. 3, maio 1979.

HINNEBURG, A.; GABRIEL, H.-H. DENCLUE 2.0: Fast clustering based on Kernel density estimation. In: *Proc. IDA'2007: Advances in Intelligent Data Analysis VII, 7th International Symposium on Intelligent Data Analysis*. LNCS 4723. Ljubljana, Eslovênia, set. 2007, Springer, 2007.

HOFFER, J. An empirical investigation with individual differences in database models. *Proc. Third International Information Systems Conference*, dez. 1982.

______.; PRESCOTT, M.; TOPI, H. *Modern database management*. 9. ed. Prentice-Hall, 2009.

HOLLAND, J. *Adaptation in natural and artificial systems*. University of Michigan Press, 1975.

HOLSAPPLE, C.; WHINSTON, A. (Eds.). *Decision support systems theory and application*. Springer-Verlag, 1987.

HOLT, R. C. Some deadlock properties of computer systems. *ACM Computing Surveys*, v. 4, n. 3, p. 179-196, 1972.

HOLTZMAN J. M.; GOODMAN D. J. (Eds.). *Wireless communications*: Future directions. Kluwer, 1993.

HOROWITZ, B. A run-time execution model for referential integrity maintenance. In: *ICDE*, p. 548-556, 1992.

HORTONWORKS, INC. Benchmarking Apache Hive 13 for Enterprise Hadoop, Carter Shanklin, a Hortonworks Blog <http://hortonworks.com/blog/ benchmarking-apache-hive-13-enterprise-hadoop/>, jun. 2014.

HORTONWORKS, INC. Best Practices—Selecting Apache Hadoop Hardware. <http://docs.hortonworks.com/HDP2Alpha/index.htm#Hardware_Recommendations_for_Hadoop.htm>, 2014b.

HOWSON, C. and P.; URBACH, P. *Scientific reasoning*: The Bayesian approach. Open Court Publishing, dez. 1993.

HSIAO, D.; KAMEL, M. Heterogeneous databases: Proliferation, issues, and solutions. *TKDE*, v. 1, n. 1, mar. 1989.

HSU, A.; IMIELINSKY, T. Integrity checking for multiple updates. In: *SIGMOD*, 1985.

HSU, M.; ZHANG, B. Performance evaluation of cautious waiting. *TODS*, v. 17, n. 3, p. 477-512, 1992.

HULL, R.; KING, R. Semantic database modeling: Survey, applications, and research issues. *ACM Computing Surveys*, v. 19, n. 3, set. 1987.

HUXHOLD, W. *An introduction to urban geographic information systems*. Oxford University Press, 1991.

IBM. *QBE Terminal Users Guide*. Form Number SH20-2078-0, 1978.

IBM. *Systems application architecture common programming interface database level 2 reference*. Document Number SC26-4798-01, 1992.

ICDE. *Proc. IEEE CS International Conference on Data Engineering*. In: SHUEY, R. (Ed.). Los Angeles, CA, abril 1984.

ICDE. *Proc. IEEE CS International Conference on Data Engineering*. In: WIEDERHOLD, G. (Ed.). Los Angeles, fev. 1986.

ICDE. *Proc. IEEE CS International Conference on Data Engineering*. In: WAH, B. (Ed.). Los Angeles, fev. 1987.

ICDE. *Proc. IEEE CS International Conference on Data Engineering*. In: CARLIS, J. (Ed.). Los Angeles, fev. 1988.

ICDE. *Proc. IEEE CS International Conference on Data Engineering*. In: SHUEY, R. (Ed.). Los Angeles, fev. 1989.

ICDE. *Proc. IEEE CS International Conference on Data Engineering*. In: LIU, M. (Ed.). Los Angeles, fev. 1990.

ICDE. *Proc. IEEE CS International Conference on Data Engineering*. In: CERCONE, N.; TSUCHIYA, M. (Eds.). Kobe, Japão, abril 1991.

ICDE. *Proc. IEEE CS International Conference on Data Engineering*. In: GOLSHANI, F. (Ed.). Phoenix, AZ, fev. 1992.

ICDE. *Proc. IEEE CS International Conference on Data Engineering*. In: ElMAGARMID, A.; NEUHOLD, E. (Eds.). Vienna, Áustria, abril 1993.

ICDE. *Proc. IEEE CS International Conference on Data Engineering*. Houston, TX, fev. 1994.

ICDE. *Proc. IEEE CS International Conference on Data Engineering*. In: YU, P. S.; CHEN, A. L. A. (Eds.). Taipei, Taiwan, 1995.

ICDE. *Proc. IEEE CS International Conference on Data Engineering*. In: SU, S. Y. W. (Ed.). Nova Orleans, 1996.

ICDE. *Proc. IEEE CS International Conference on Data Engineering*. In: GRAY, W. A.; LARSON, P. A. (Eds.). Birmingham, Inglaterra, 1997.

ICDE. *Proc. IEEE CS International Conference on Data Engineering*. Orlando, FL, fev. 1998.

ICDE. *Proc. IEEE CS International Conference on Data Engineering*. Sydney, Austrália, mar. 1999.

ICDE. *Proc. IEEE CS International Conference on Data Engineering*. San Diego, CA, fev.-mar. 2000.

ICDE. *Proc. IEEE CS International Conference on Data Engineering*. Heidelberg, Alemanha, abril 2001.

ICDE. *Proc. IEEE CS International Conference on Data Engineering*. San Jose, CA, fev.-mar. 2002.

ICDE. *Proc. IEEE CS International Conference on Data Engineering*. In: DAYAL, U.; RAMAMRITHAM, K.; VIJAYARAMAN, T. M. (Eds.). Bangalore, India, mar. 2003.

ICDE. *Proc. IEEE CS International Conference on Data Engineering*. Boston, MA, mar.-abril 2004.

ICDE. *Proc. IEEE CS International Conference on Data Engineering*. Tokyo, Japão, abril 2005.

ICDE. *Proc. IEEE CS International Conference on Data Engineering*. In: LIU, L. et al. (Eds.). Atlanta, GA, abril 2006.

ICDE. *Proc. IEEE CS International Conference on Data Engineering*. Istanbul, Turquia, abril 2007.

ICDE. *Proc. IEEE CS International Conference on Data Engineering*. Cancun, México, abril 2008.

ICDE. *Proc. IEEE CS International Conference on Data Engineering*. Shanghai, China, mar.-abril 2009.

ICDE. *Proc. IEEE CS International Conference on Data Engineering*. Long Beach, CA, mar. 2010.

ICDE. *Proc. IEEE CS International Conference on Data Engineering*. Hannover, Alemanha, abr. 2011.

ICDE. *Proc. IEEE CS International Conference on Data Engineering*. KEMENTSIETSIDIS, A.; ANTONIO VAZ SALES, M. (Eds.). Washington, D.C., abr. 2012.

ICDE. *Proc. IEEE CS International Conference on Data Engineering*. JENSEN, C.; JERMAINE, C.; ZHOU, XIAOFANG (Eds.). Brisbane, Austrália, abr. 2013.

ICDE. *Proc. IEEE CS International Conference on Data Engineering*. CRUZ, SIABEL F. et al. (Eds.). Chicago, mar. -abr. 2014.

ICDE. *Proc. IEEE CS International Conference on Data Engineering*. Seul, Coréia, abr. 2015.

IGES. *International graphics exchange specification version 2*. National Bureau of Standards, U.S. Department of Commerce, jan. 1983.

IMIELINSKI, T.; BADRINATH, B. Mobile wireless computing: Challenges in data management. *CACM*, v. 37, n. 10, out. 1994.

______.; LIPSKI, W. On representing incomplete information in a relational database. In: *VLDB*, 1981.

INDULSKA, M.; ORLOWSKA, M. E. On aggregation issues in spatial data management. (ACM International Conference Proceeding Series). *Proc. Thirteenth Australasian Conference on Database Technologies*, p. 75-84. Melbourne, 2002.

INFORMIX. *Web integration option for informix dynamic server*, 1998. Disponível em: <www.informix.com>.

INMON, W. H. *Building the data warehouse*. Wiley, 1992.

INMON, W.; STRAUSS, D.; NEUSHLOSS, G. *DW 2.0*: The architecture for the next generation of data warehousing. Morgan Kaufmann, 2008.

INTEGRIGY. *An introduction to SQL injection attacks for oracle developers*. Integrigy, abril 2004. Disponível em: <www.net-security.org/dl/articles/IntegrigyIntrotoSQLInjectionAttacks.pdf>.

IETF (Internet Engineering Task Force). An architecture framework for high speed mobile ad hoc network. In: *Proc. 45th IETF Meeting*. Oslo, Norway, jul. 1999. Disponível em: <www.ietf.org/proceeings/ 99jul/>.

IOANNIDIS, Y.; KANG, Y. Randomized algorithms for optimizing large join queries. In: *SIGMOD*, 1990.

______.; ______. Left-deep vs. bushy trees: An analysis of strategy spaces and its implications for query optimization. In: *SIGMOD*, 1991.

______.; WONG, E. Transforming non-linear recursion to linear recursion. In: *EDS*, 1988.

IOSSOPHIDIS, J. A translator to convert the DDL of ERM to the DDL of system 2000. In: *ER Conference*, 1979.

IRANI, K.; PURKAYASTHA, S.; TEOREY, T. A designer for DBMS-processable logical database structures. In: *VLDB*, 1979.

IYER et al. A framework for efficient storage security in RDBMSs. In: *EDBT*, p. 147-164, 2004.

JACOBSON, I.; BOOCH, G.; RUMBAUGH, J. *The unified software development process*. Addison-Wesley, 1999.

______. et al. *Object-oriented software engineering*: A use case driven approach. Addison-Wesley, 1992.

JAGADISH, H. Incorporating hierarchy in a relational model of data. In: *SIGMOD*, 1989.

______. Content-based indexing and retrieval. In: GROSKY et al., 1997.

JAJODIA, S.; AMMANN, P.; McCOLLUM, C. D. Surviving information warfare attacks. *IEEE Computer*, v. 32, n. 4, p. 57-63, abril 1999.

______.; KOGAN, B. Integrating an object-oriented data model with multilevel security. *Proc. IEEE Symposium on Security and Privacy*, p. 76-85, maio 1990.

______.; MUTCHLER, D. Dynamic voting algorithms for maintaining the consistency of a replicated database. *TODS*, v. 15, n. 2, jun. 1990.

______.; SANDHU, R. Toward a multilevel secure relational data model. In: *SIGMOD*, 1991.

______.; NG, P.; SPRINGSTEEL, F. The problem of equivalence for entity-relationship diagrams. *TSE*, v. 9, n. 5, set. 1983.

JARDINE, D. (Ed.). *The ANSI/SPARC DBMS model*. North-Holland, 1977.

JARKE, M.; KOCH, J. Query optimization in database systems. *ACM Computing Surveys*, v. 16, n. 2, jun. 1984.

JENSEN, C. et al. A glossary of temporal database concepts. *ACM SIGMOD Record*, v. 23, n. 1, mar. 1994.

______.; SNODGRASS, R. Temporal specialization. In: *ICDE*, 1992.

______. et al. Location-based services: A database perspective. *Proc. ScanGIS Conference*, p. 59-68, 2001.

JHINGRAN, A.; KHEDKAR, P. Analysis of recovery in a database system using a write-ahead log protocol. In: *SIGMOD*, 1992.

JING, J.; HELAL, A.; ELMAGARMID, A. Client-server computing in mobile environments. *ACM Computing Surveys*, v. 31, n. 2, jun. 1999.

JOHNSON, T.; SHASHA, D. The performance of current B-tree algorithms. *TODS*, v. 18, n. 1, mar. 1993.

JORWEKAR, S. et al. Automating the Detection of Snapshot Isolation Anomalies. In: *VLDB*, p. 1263–1274, 2007.

JOSHI, J. et al. Security models for Web-based applications. *CACM*, v. 44, n. 2, p. 38-44, fev. 2001.

JUKIC, N.; VRBSKY, S.; NESTOROV, S. Database Systems: Introduction to Databases and Data Warehouses, Prentice Hall, 408 p., 2013.

JUNG, I.Y.; YEOM, H.Y. An efficient and transparent transaction management based on the data workflow of HVEM DataGrid. *Proc. Challenges of Large Applications in Distributed Environments*, p. 35-44, 2008.

KAEFER, W.; SCHOENING, H. Realizing a temporal complex -object data model. In: *SIGMOD*, 1992.

KAMEL, I.; FALOUTSOS, C. On packing R-trees. *CIKM*, nov. 1993.

KAMEL, N.; KING, R. A model of data distribution based on texture analysis. In: *SIGMOD*, 1985.

KAPPEL, G.; SCHREFL, M. Object/behavior diagrams. In: *ICDE*, 1991.

KARLAPALEM, K.; NAVATHE, S. B.; AMMAR, M. Optimal redesign policies to support dynamic processing of applications on a distributed relational database system. *Information Systems*, v. 21, n. 4, p. 353-367, 1996.

KAROLCHIK, D. et al. The UCSC genome browser database. In: *Nucleic Acids Research*, v. 31, n. 1, jan. 2003.

KATZ, R. *Information management for engineering design*: Surveys in computer science. Springer-Verlag, 1985.

______.; WONG, E. Decompiling CODASYL DML into relational queries. *TODS*, v. 7, n. 1, mar. 1982.

KAVIS, M. Architecting the Cloud: Design Decisions for Cloud Computing Service Models (SaaS, PaaS, and IaaS), Wiley, 224 p., 2014.

KDD. *Proc. Second International Conference on Knowledge Discovery in Databases and Data Mining*. Portland, Oregon, ago. 1996.

KE, Y.; SUKTHANKAR, R. PCA-SIFT: A more distinctive representation for local image descriptors. In: *Proc. IEEE Conf. on Computer Vision and Pattern Recognition*, 2004.

KEDEM, Z.; SILBERSCHATZ, A. Non-two phase locking protocols with shared and exclusive locks. In: *VLDB*, 1980.

KELLER, A. *Updates to relational database through views involving joins*. In: SCHEUERMANN, 1982.

KEMP, K. Spatial databases: Sources and issues. In: *Environmental Modeling with GIS*. Oxford University Press. New York, 1993.

KEMPER, A.; WALLRATH, M. An analysis of geometric modeling in database systems. *ACM Computing Surveys*, v. 19, n. 1, mar. 1987.

______.; LOCKEMANN, P.; WALLRATH, M. An object-oriented database system for engineering applications. In: *SIGMOD*, 1987.

______.; MOERKOTTE, G.; STEINBRUNN, M. Optimizing boolean expressions in object bases. In: *VLDB*, 1992.

KENT, W. *Data and reality*. North-Holland, 1978.

______. Limitations of record-based information models. *TODS*, v. 4, n. 1, mar. 1979.

______. Object-oriented database programming languages. In: *VLDB*, 1991.

KERSCHBERG, L.; TING, P.; YAO, S. Query optimization in star computer networks. *TODS*, v. 7, n. 4, dez. 1982.

KETABCHI, M. A. et al. Comparative analysis of RDBMS and OODBMS: A case study. *IEEE International Conference on Manufacturing*, 1990.

KHAN, L. *Ontology-based information selection*. Ph.D. dissertation - University of Southern California, ago. 2000.

KHOSHAFIAN, S.; BAKER A. *Multimedia and imaging databases*. Morgan Kaufmann, 1996.

______. et al. *Developing client server applications*. Morgan Kaufmann, 1992.

KHOURY, M. Epidemiology and the continuum from genetic research to genetic testing. In: *American Journal of Epidemiology*, p. 297-299, 2002.

KIFER, M.; LOZINSKII, E. A framework for an efficient implementation of deductive databases. *Proc. Sixth Advanced Database Symposium*. Tóquio, ago. 1986.

KIM, W. *Modern database systems*: The object model, interoperability, and beyond. ACM Press, Addison-Wesley, 1995.

KIM, P. *A taxonomy on the architecture of database gateways for the Web*. Working paper TR-96-U-10 - Chungnam National University, Taejon, Korea, 1996. Disponível em: <http://grigg.chungnam.ac.kr/projects/UniWeb>.

KIM, S.-H.; YOON, K.-J.; KWEON, I.-S. Object recognition using a generalized robust invariant feature and gestalt's law of proximity and similarity. In: *Proc. Conf. on Computer Vision and Pattern Recognition Workshop* (CVPRW '06), 2006.

KIM, W. On optimizing an SQL-like nested query. *TODS*, v. 3, n. 3, set. 1982.

______. A model of queries for object-oriented databases. In: *VLDB*, 1989.

______. Object-oriented databases: Definition and research directions. *TKDE*, v. 2, n. 3, set. 1990.

______. et al. *Features of the ORION object-oriented database system*. Microelectronics and Computer Technology Corporation. Technical Report ACA-ST-308-87, set. 1987.

______.; LOCHOVSKY, F. (Eds.). *Object-oriented concepts, databases, and applications*. ACM Press, Frontier Series, 1989.

______. et al. Architecture of the ORION next-generation database system. *TKDE*, v. 2, n. 1, p. 109-124, 1990.

______.; REINER, D. S.; BATORY, D. (Eds.). *Query processing in database systems*. Springer-Verlag, 1985.

KIMBALL, R. *The data warehouse toolkit*. Wiley, Inc. 1996.

KING, J. QUIST: A system for semantic query optimization in relational databases. In: *VLDB*, 1981.

KITSUREGAWA, M.; NAKAYAMA, M.; TAKAGI, M. The effect of bucket size tuning in the dynamic hybrid GRACE Hash Join method. In: *VLDB*, 1989.

KLEINBERG, J. M. Authoritative sources in a hyperlinked environment. *JACM*, v. 46, n. 5, p. 604-632, set. 1999.

KLIMBIE, J.; KOFFEMAN, K. (Eds.). *Data base management.* North-Holland, 1974.

KLUG, A. Equivalence of relational algebra and relational calculus query languages having aggregate functions. *JACM*, v. 29, n. 3, jul. 1982.

KNUTH, D. *The art of computer programming*: Sorting and searching. v. 3. 2. ed. Addison-Wesley, 1998.

KOGELNIK, A. *Biological information management with application to human genome data.* Dissertação de Ph.D. - Georgia Institute of Technology and Emory University, 1998.

______. et al. MITOMAP: A human mitochondrial genome database — 1998 update. *Nucleic Acids Research*, v. 26, n. 1, jan. 1998.

______.; NAVATHE, S.; WALLACE, D. GENOME: A system for managing human genome project data. *Proceedings of Genome Informatics '97, Eighth Workshop on Genome Informatics.* Patrocinador: Human Genome Center, Universidade de Tóquio. Tóquio, Japão, dez. 1997.

KOHLER, W. A survey of techniques for synchronization and recovery in decentralized computer systems. *ACM Computing Surveys*, v. 13, n. 2, jun. 1981.

KONSYNSKI, B.; BRACKER, L.; BRACKER, W. A model for specification of office communications. *IEEE Transactions on Communications*, v. 30, n. 1, jan. 1982.

KOOI, R. P. *The optimization of queries in relational databases.* Dissertação de Ph.D. - Case Western Reserve University, p. 1-159, 1980.

KOPERSKI, K.; HAN, J. Discovery of spatial association rules in geographic information databases. In: *Proc. SSD'1995, 4th Int. Symposium on Advances in Spatial Databases.* LNCS 951. Portland, Maine, Springer, 1995.

KORFHAGE, R. To see, or not to see: Is that the query?" In: *Proc. ACM SIGIR International Conference*, jun. 1991.

KORTH, H. Locking primitives in a database system. *JACM*, v. 30, n. 1, jan. 1983.

______.; LEVY, E.; SILBERSCHATZ, A. A formal approach to recovery by compensating transactions. In: *VLDB*, 1990.

KOSALA, R.; BLOCKEEL, H. Web mining research: a survey. *SIGKDD Explorations*, v. 2, n. 1, p. 1-15, jun. 2000.

KOTZ, A.; DITTRICH, K.; MULLE, J. Supporting semantic rules by a generalized event/Trigger mechanism. In: *VLDB*, 1988.

______.; BALAKRISHNAN, N.; JOHNSON, N. L. Dirichlet and Inverted Dirichlet Distributions. In: Continuous Multivariate Distributions: Models and Applications, v. 1, 2. ed., John Wiley, 2000.

KRISHNAMURTHY, R.; NAQVI, S. Non-deterministic choice in datalog. *Proceeedings of the 3rd International Conference on Data and Knowledge Bases.* Jerusalém, jun. 1989.

______.; LITWIN, W.; KENT, W. Language features for interoperability of databases with semantic discrepancies. In: *SIGMOD*, 1991.

KROVETZ, R.; CROFT B. Lexical ambiguity and information retrieval. In: *TOIS*, v. 10, abril 1992.

HUBIATOWICZ, J. et al. OceanStore: An Architecture for Global-Scale Persistent Storage, *ASPLOS*, 2000.

KUHN, R. M. et al. The UCSC genome browser database: update 2009. *Nucleic Acids Research*, v. 37, n. 1, jan. 2009.

KULKARNI K. et al. Introducing reference types and cleaning Up SQL3's object model. *ISO WG3 Report X3H2-95-456*, nov. 1995.

KUMAR, A. Performance measurement of some main memory recovery algorithms. In: *ICDE*, 1991.

______.; SEGEV, A. Cost and availability tradeoffs in replicated concurrency control. *TODS*, v. 18, n. 1, mar. 1993.

______.; STONEBRAKER, M. Semantics based transaction management techniques for replicated data. In: *SIGMOD*, 1987.

KUMAR, D. Genomic medicine: A new frontier of medicine in the twenty first century. *Genomic Medicine,* p. 3-7, 2007a.

______. Genome mirror — 2006. *Genomic Medicine,* p. 87-90, 2007b.

KUMAR, V.; HAN, M. (Eds.). *Recovery mechanisms in database systems.* Prentice-Hall, 1992.

______.; HSU, M. *Recovery mechanisms in database systems.* Prentice-Hall (PTR), 1998.

______.; SONG, H. S. *Database recovery.* Kluwer Academic, 1998.

KUNG, H.; ROBINSON, J. Optimistic concurrency control. *TODS*, v. 6, n. 2, jun. 1981.

LACROIX, M.; PIROTTE, A. Domain-oriented relational languages. In: *VLDB*, 1977a.

______.; ______. *ILL*: An english structured query language for relational data bases. In: NIJSSEN, 1977b.

LAI, M.-Y.; WILKINSON, W. K. Distributed transaction management in Jasmin. In: *VLDB*, 1984.

LAMB, C. The objectstore database system. In: *CACM*, v. 34, n. 10, p. 50-63, out. 1991.

LAMPORT, L. Time, clocks, and the ordering of events in a distributed system. *CACM*, v. 21, n. 7, jul. 1978.

LANDER, E. Initial sequencing and analysis of the genome. *Nature*, v. 409, n. 6822, 2001.

LANGERAK, R. View updates in relational databases with an independent scheme. *TODS*, v. 15, n. 1, mar. 1990.

LANKA, S.; MAYS, E. Fully persistent B1-trees. In: *SIGMOD*, 1991.

LARSON, J. Bridging the gap between network and relational database management systems. *IEEE Computer*, v. 16, n. 9, set. 1983.

______.; NAVATHE, S.; ELMASRI, R. Attribute equivalence and its use in schema integration. *TSE*, v. 15, n. 2, abril 1989.

LARSON, P. Dynamic hashing. *BIT*, v. 18, 1978.

______. Analysis of Index-sequential files with overflow chaining. *TODS*, v. 6, n. 4, dez. 1981.

LASSILA, O. Web metadata: A matter of semantics. *IEEE Internet Computing*, v. 2, n. 4, p. 30-37, jul./ago. 1998.

LAURINI, R.; THOMPSON, D. *Fundamentals of spatial information systems.* Academic Press, 1992.

LAUSEN G.; VOSSEN, G. *Models and languages of object oriented databases.* Addison-Wesley, 1997.

LAZEBNIK, S.; SCHMID, C.; PONCE, J. Semi-local affine parts for object recognition. In: *Proc. British Machine Vision Conference.* Kingston University, The Institution of Engineering and Technology, U.K., 2004.

LEE, J.; ELMASRI, R.; WON, J. An integrated temporal data model incorporating time series concepts. *DKE*, v. 24, p. 257-276, 1998.

LEHMAN, P.; YAO, S. Efficient locking for concurrent operations on B-Trees. *TODS*, v. 6, n. 4, dez. 1981.

LEHMAN, T.; LINDSAY, B. The Starburst long field manager. In: *VLDB*, 1989.

LEISS, E. Randomizing: A practical method for protecting statistical databases against compromise. In: *VLDB*, 1982.

______. *Principles of data security*. Plenum Press, 1982a.

LENAT, D. CYC: A large-scale investment in knowledge infrastructure. *CACM*, v. 38, n. 11, p. 32-38, nov. 1995.

LENZERINI, M.; SANTUCCI, C. Cardinality constraints in the entity relationship model. In: *ER Conference*, 1983.

LEUNG, C.; HIBLER, B.; MWARA, N. Picture retrieval by content description. In: *Journal of Information Science*, p. 111-119, 1992.

LEVESQUE, H. *The logic of incomplete knowledge bases*. In: BRODIE et al., cap. 7, 1984.

LI, W.-S. et al. Hierarchical image modeling for object-based media retrieval. In: *DKE*, v. 27, n. 2, p. 139-176, set. 1998.

LIEN, E.; WEINBERGER, P. Consistency, concurrency, and crash recovery. In: *SIGMOD*, 1978.

LIEUWEN, L.; DeWITT, D. A transformation-based approach to optimizing loops in database programming languages. In: *SIGMOD*, 1992.

LILIEN, L.; BHARGAVA, B. Database integrity block construct: Concepts and design issues. *TSE*, v. 11, n. 9, set. 1985.

LIN, J.; DUNHAM, M. H. Mining association rules. In: *ICDE*, 1998.

LINDSAY, B. et al. Computation and communication in R*: A distributed database manager. *TOCS*, v. 2, n. 1, jan. 1984.

LIPPMAN R. An introduction to computing with Neural Nets. *IEEE ASSP Magazine*, abril 1987.

LIPSKI, W. On semantic issues connected with incomplete information. *TODS*, v. 4, n. 3, set. 1979.

LIPTON, R.; NAUGHTON, J.; SCHNEIDER, D. Practical selectivity estimation through adaptive sampling. In: *SIGMOD*, 1990.

LISKOV, B.; ZILLES, S. Specification techniques for data abstractions. *TSE*, v. 1, n. 1, mar. 1975.

LITWIN, W. Linear hashing: A new tool for file and table addressing. In: *VLDB*, 1980.

LIU, B. *Web data mining*: Exploring hyperlinks, contents, and usage data (Data-centric systems and applications). Springer, 2006.

______.; CHEN-CHUAN-CHANG, K. Editorial: Special issue on Web content mining. *SIGKDD Explorations Newsletter*, v. 6, n. 2, p. 1-4, dez. 2004.

LIU, K.; SUNDERRAMAN, R. On representing indefinite and maybe information in relational databases. In: *ICDE*, 1988.

LIU, L.; MEERSMAN, R. Activity model: A declarative approach for capturing communication behavior in object-oriented databases. In: *VLDB*, 1992.

LOCKEMANN, P.; KNUTSEN, W. Recovery of disk contents after system failure. *CACM*, v. 11, n. 8, ago. 1968.

LONGLEY, P. et al. *Geographic information systems and science*. John Wiley, 2001.

LORIE, R. Physical integrity in a large segmented database. *TODS*, v. 2, n. 1, mar. 1977.

______.; PLOUFFE, W. Complex objects and their use in design transactions. In: *SIGMOD*, 1983.

LOWE, D. Distinctive image features from scale-invariant keypoints. *Int. Journal of Computer Vision*, v. 60, p. 91-110, 2004.

LOZINSKII, E. A problem-oriented inferential database system. *TODS*, v. 11, n. 3, set. 1986.

LU, H.; MIKKILINENI, K.; RICHARDSON, J. Design and evaluation of algorithms to compute the transitive closure of a database relation. In: *ICDE*, 1987.

LUBARS, M.; POTTS, C.; RICHTER, C. A review of the state of practice in requirements modeling. *Proc. IEEE International Symposium on Requirements Engineering*. San Diego, CA, 1993.

LUCYK, B. *Advanced topics in DB2*. Addison-Wesley, 1993.

LUHN, H. P. A statistical approach to mechanized encoding and searching of literary information. *IBM Journal of Research and Development*, v. 1, n. 4, p. 309-317, out. 1957.

LUNT, T.; FERNANDEZ, E. Database security. In: *SIGMOD Record*, v. 19, n. 4, p. 90-97, 1990.

______. et al. The seaview security model. *IEEE TSE*, v. 16, n. 6, p. 593-607, 1990.

LUO, J.; NASCIMENTO, M. Content-based sub-image retrieval via hierarchical tree matching. In: *Proc. ACM Int Workshop on Multimedia Databases*, p. 63-69. New Orleans, 2003.

MADRIA, S. et al. Research issues in Web data mining. In: MOHANIA, M.; TJOA, A. (Eds.). *Proc. First Int. Conf. on Data Warehousing and Knowledge Discovery*. LNCS 1676. p. 303-312. Springer, 1999.

______. et al. A transaction model and multiversion concurrency control for mobile database systems. *Distributed and Parallel Databases (DPD)*, v. 22, n. 2-3, p. 165-196, 2007.

MAGUIRE, D.; GOODCHILD, M.; RHIND, D. (Eds.). *Geographical information systems*: Principles and applications. v. 1-2. Longman Scientific and Technical. New York, 1997.

MAHAJAN, S. et al. Grouping techniques for update propagation in intermittently connected databases. In: *ICDE*, 1998.

MAIER, D. *The theory of relational databases*. Computer Science Press, 1983.

______.; WARREN, D. S. *Computing with logic*. Benjamin Cummings, 1988.

______. et al. Development of an object-oriented DBMS. *OOPSLA*, 1986.

MALEWICZ, G. Pregel: a system for large-scale graph processing. In: *SIGMOD*, 2010.

MALLEY, C.; ZDONICK, S. A knowledge-based approach to query optimization. In: *EDS*, 1986.

MANNILA, H.; TOIVONEN, H.; VERKAMO, A. Efficient algorithms for discovering association rules. In: *KDD-94, AAAI Workshop on Knowledge Discovery in Databases*. Seattle, 1994.

MANNING, C.; SCHÜTZE, H. *Foundations of statistical natural language processing*. MIT Press, 1999.

______.; RAGHAVAN, P.; SCHUTZE, H. *Introduction to information retrieval*. Cambridge University Press, 2008.

MANOLA. F. Towards a Richer Web object model. In: *ACM SIGMOD Record*, v. 27, n. 1, mar. 1998.

MANOLOPOULOS, Y. et al. *R-Trees*: Theory and applications. Springer, 2005.

MARCH, S.; SEVERANCE, D. The determination of efficient record segmentations and blocking factors for shared files. *TODS*, v. 2, n. 3, set. 1977.

MARK, L. et al. Incrementally maintained network to relational mappings. *Software Practice & Experience*, v. 22, n. 12, dez. 1992.

MARKOWITZ, V.; RAZ, Y. ERROL: An entity-relationship, role oriented, Query language. In: *ER Conference*, 1983.

MARTIN, J.; ODELL, J. *Principles of object-oriented analysis and design*. Prentice-Hall, 2008.

______.; CHAPMAN, K.; LEBEN, J. *DB2-Concepts, design, and programming*. Prentice-Hall, 1989.

MARYANSKI, F. Backend database machines. *ACM Computing Surveys*, v. 12, n. 1, mar. 1980.

MASUNAGA, Y. Multimedia databases: A formal framework. *Proc. IEEE Office Automation Symposium*, abril 1987.

MATTISON, R. *Data warehousing*: Strategies, technologies, and techniques. McGraw-Hill, 1996.

MAUNE, D. F. *Digital elevation model technologies and applications*: The DEM users manual. ASPRS, 2001.

McCARTY, C. et al. Marshfield clinic personalized medicine research project (PMRP): design, methods and recruitment for a large population-based biobank. *Personalized Medicine*, p. 49-70, 2005.

McCLURE, R.; KRÜGER, I. SQL DOM: Compile time checking of dynamic SQL statements. *Proc. 27th Int. Conf. on Software Engineering*, maio 2005.

MCKINSEY Big data: The next frontier for innovation, competition, and productivity, McKinsey Global Institute, 216 p., 2013.

McLEISH, M. Further results on the security of partitioned dynamic statistical databases. *TODS*, v. 14, n. 1, mar. 1989.

McLEOD, D.; HEIMBIGNER, D. A federated architecture for information systems. *TOOIS*, v. 3, n. 3, jul. 1985.

MEHROTRA, S. et al. The concurrency control problem in multidatabases: Characteristics and solutions. In: *SIGMOD*, 1992.

MELTON, J. *Advanced SQL*: 1999 — Understanding object-relational and other advanced features. Morgan Kaufmann, 2003.

______.; MATTOS, N. An overview of SQL3 — The emerging new generation of the SQL standard. Tutorial n. T5. In: *VLDB*, Bombaim, Índia, set. 1996.

______.; SIMON, A. R. *Understanding the New SQL*: A complete guide. Morgan Kaufmann, 1993.

______.; ______. *SQL*: 1999 — Understanding relational language components. Morgan Kaufmann, 2002.

______.; BAUER, J.; KULKARNI, K. Object ADTs (with improvements for value ADTs). *ISO WG3 Report X3H2-91-083*, abril 1991.

MENASCE, D.; POPEK, G.; MUNTZ, R. A locking protocol for resource coordination in distributed databases. *TODS*, v. 5, n. 2, jun. 1980.

MENDELZON, A.; MAIER, D. Generalized mutual dependencies and the decomposition of database relations. In: *VLDB*, 1979.

______.; MIHAILA, G.; MILO, T. Querying the world wide Web. *Journal of Digital Libraries*, v. 1, n. 1, abril 1997.

MESNIER, M. et al. Object-Based Storage. *IEEE Communications Magazine*, p. 84–90, ago. 2003.

METAIS, E. et al. Using linguistic knowledge in view integration: Toward a third generation of tools. *DKE*, v. 23, n. 1, jun. 1998.

MIHAILESCU, M.; SOUNDARARAJAN, G.; AMZA, C. MixApart: Decoupled Analytics for Shared Storage Systems. In: *USENIX Conf on File And Storage Technologies* (FAST), 2013.

MIKKILINENI, K.; SU, S. An evaluation of relational join algorithms in a pipelined query processing environment. *TSE*, v. 14, n. 6, jun. 1988.

MIKOLAJCZYK, K.; SCHMID, C. A performance evaluation of local descriptors. *IEEE Transactions on PAMI*, v. 10, n. 27, p. 16151630, 2005.

MILLER, G. A. Nouns in WordNet: a lexical inheritance system. *International Journal of Lexicography*, v. 3, n. 4, p. 245-264, 1990.

MILLER, H. J. Tobler's first law and spatial analysis. *Annals of the Association of American Geographers*, v. 94, n. 2, p. 284-289, 2004.

MILOJICIC, D. et al. *Peer-to-Peer computing*, HP laboratories technical report n. HPL-2002-57, HP Labs. Palo Alto, 2002. Disponível em: <www.hpl.hp.com/techreports/2002/HPL-2002-57R1. html>.

MINOURA, T.; WIEDERHOLD, G. Resilient extended true-copy token scheme for a distributed database. *TSE*, v. 8, n. 3, maio 1981.

MISSIKOFF, M.; WIEDERHOLD, G. Toward a unified approach for expert and database systems. In: *EDS*, 1984.

MITCHELL, T. *Machine learning*. McGraw-Hill, 1997.

MITSCHANG, B. Extending the relational algebra to capture complex objects. In: *VLDB*, 1989.

MOCZAR, L. Enterprise Lucene and Solr, Addison Wesley, 496 p., 2015.

MOHAN, C. IBM's relational database products: Features and technologies. In: *SIGMOD*, 1993.

______. et al. ARIES: A transaction recovery method supporting fine-granularity locking and partial rollbacks using write-ahead logging. *TODS*, v. 17, n. 1, mar. 1992.

______.; LEVINE, F. ARIES/IM: An efficient and high-concurrency index management method using write-ahead logging. In: *SIGMOD*, 1992.

______.; NARANG, I. Algorithms for creating indexes for very large tables without quiescing updates. In: *SIGMOD*, 1992.

______. et al. ARIES: A transaction recovery method supporting fine-granularity locking and partial rollbacks using write-ahead logging. *TODS*, v. 17, n. 1, mar. 1992.

MORRIS, K. et al. YAWN! (Yet another window on NAIL!). In: *ICDE*, 1987.

______.; ULLMAN, J.; VANGELDEN, A. Design overview of the NAIL! System. *Proc. Third International Conference on Logic Programming*. Springer-Verlag, 1986.

MORRIS, R. Scatter storage techniques. *CACM*, v. 11, n. 1, jan. 1968.

MORSI, M.; NAVATHE, S.; KIM, H. An extensible object-oriented database testbed. In: *ICDE*, 1992.

MOSS, J. Nested transactions and reliable distributed computing. *Proc. Symposium on Reliability in Distributed Software and Database Systems,* IEEE CS, jul. 1982.

MOTRO, A. Superviews: Virtual integration of multiple databases. *TSE*, v. 13, n. 7, jul. 1987.

MOURATIDIS, K. et al. Continuous nearest neighbor monitoring in road networks. In: *VLDB*, p. 43-54, 2006.

MUKKAMALA, R. Measuring the effect of data distribution and replication models on performance evaluation of distributed systems. In: *ICDE*, 1989.

MUMICK, I. et al. Magic is relevant. In: *SIGMOD*, 1990a.

______. et al. The magic of duplicates and aggregates. In: *VLDB*, 1990b.

MURALIKRISHNA, M. Improved unnesting algorithms for join and aggregate SQL queries. In: *VLDB*, 1992.

______.; DeWITT, D. Equi-depth histograms for estimating selectivity factors for multi-dimensional queries. In: *SIGMOD*, 1988.

MURTHY, A.C.; VAVILAPALLI, V.K. Apache Hadoop YARN: Moving beyond MapReduce and Batch Processing with Apache Hadoop 2, Addison Wesley, 304 p., 2014.

MYLOPOLOUS, J.; BERNSTEIN, P.; WONG, H. A language facility for designing database-intensive applications. *TODS*, v. 5, n. 2, jun. 1980.

NAEDELE, M. Standards for XML and Web services security. *IEEE Computer*, v. 36, n. 4, p. 96-98, abril 2003.

NAISH, L.; THOM, J. The MU-PROLOG deductive database. *Technical Report 83/10*, Department of Computer Science, University of Melbourne, 1983.

NATAN, R. *Implementing database security and auditing*: Includes examples from Oracle, SQL Server, DB2 UDB, and Sybase. Digital Press, 2005.

NAVATHE, S. An intuitive approach to normalize network-structured data. In: *VLDB*, 1980.

______.; BALARAMAN, A. A transaction architecture for a general purpose semantic data model. In: *ER*, p. 511-541, 1991.

NAVATHE, S. B.; KARLAPALEM, K.; RA, M. Y. A mixed fragmentation methodology for the initial distributed database design. *Journal of Computers and Software Engineering*, v. 3, n. 4, 1996.

______. et al. *Object modeling using classification in CANDIDE and its application*. In: DOGAC et al., 1994.

NAVATHE, S.; AHMED, R. A temporal relational model and Query language. *Information Sciences*, v. 47, n. 2, p. 147-175, mar. 1989.

______.; GADGIL, S. A methodology for view integration in logical database design. In: *VLDB*, 1982.

______.; KERSCHBERG, L. Role of data dictionaries in database design. *Information and Management*, v. 10, n. 1, jan. 1986.

______.; SAVASERE, A. A practical schema integration facility using an object oriented approach. In: ELMAGARMID, A.; BUKHRES, O. (Eds). *Multidatabase Systems*. Prentice-Hall, 1996.

______.; SCHKOLNICK, M. View representation in logical database design. In: *SIGMOD*, 1978.

______. et al. Vertical partitioning algorithms for database design. *TODS*, v. 9, n. 4, dez. 1984.

______.; ELMASRI, R.; LARSON, J. Integrating user views in database design. *IEEE Computer*, v. 19, n. 1, jan. 1986.

______.; PATIL, U.; GUAN, W. Genomic and proteomic databases: Foundations, current status and future applications. In: *Journal of Computer Science and Engineering*, Korean Institute of Information Scientists and Engineers (KIISE), v. 1, n. 1, p. 1-30, 2007.

______.; SASHIDHAR, T.; ELMASRI, R. Relationship merging in schema integration. In: *VLDB*, 1984a.

NEGRI, M.; PELAGATTI, S.; SBATELLA, L. Formal semantics of SQL queries. *TODS*, v. 16, n. 3, set. 1991.

NG, P. Further analysis of the entity-relationship approach to database design. *TSE*, v. 7, n. 1, jan. 1981.

NGU, A. Transaction modeling. In: *ICDE*, p. 234-241, 1989.

NICOLAS, J. Mutual dependencies and some results on undecomposable relations. In: *VLDB*, 1978.

______. Deductive object-oriented databases, technology, products, and applications: Where are we? *Proc. Symposium on Digital Media Information Base (DMIB '97)*. Nara, Japão, nov. 1997.

______. et al. Glue-NAIL!: A deductive database system. In: *SIGMOD*, 1991.

NIEMIEC, R. *Oracle database 10g performance tuning tips & techniques*. 967 p. McGraw Hill Osborne Media, 2008.

NIEVERGELT, J. Binary search trees and file organization. *ACM Computing Surveys*, v. 6, n. 3, set. 1974.

______.; HINTERBERGER, H.; SEVEIK, K. The grid file: An adaptable symmetric multikey file structure. *TODS*, v. 9, n. 1, p. 38-71, mar. 1984.

NIJSSEN, G. (Ed.). *Modelling in data base management systems*. North-Holland, 1976.

______. (Ed.). *Architecture and models in data base management systems*. North-Holland, 1977.

NWOSU, K.; BERRA, P.; THURAISINGHAM, B. (Eds.). *Design and implementation of multimedia database management systems*. Kluwer Academic, 1996.

O'NEIL, P.; O'NEIL, P. (2001) *Database*: Principles, programming, performance. Morgan Kaufmann, 1994.

OBERMARCK, R. Distributed deadlock detection algorithms. *TODS*, v. 7, n. 2, jun. 1982.

OH, Y.-C. *Secure database modeling and design*. Ph.D. dissertation - College of Computing, Georgia Institute of Technology, mar. 1999.

OHSUGA, S. Knowledge based systems as a new interactive computer system of the next generation. In: *Computer Science and Technologies*. North-Holland, 1982.

OLKEN, F.; JAGADISH, J. Management for integrative biology. *OMICS: A Journal of Integrative Biology*, v. 7, n. 1, jan. 2003.

OLLE, T. *The CODASYL approach to data base management*. Wiley, 1978.

______.; SOL, H.; VERRIJN-STUART, A. (Eds.). *Information system design methodology*. North-Holland, 1982.

OLSTON, C. et al. Pig Latin: A Not-So-Foreign language for Data Processing. In: *SIGMOD*, 2008.

OMIECINSKI, E.; SCHEUERMANN, P. A parallel algorithm for record clustering. *TODS*, v. 15, n. 4, dez. 1990.

OMURA, J. K. Novel applications of cryptography in digital communications. *IEEE Communications Magazine*, v. 28, n. 5, p. 21-29, maio 1990.

OPEN GIS CONSORTIUM, INC. *OpenGIS® simple features specification for SQL*. Revision 1.1, OpenGIS Project Document 99-049, maio 1999.

______. *OpenGIS® Geography markup language (GML) implementation specification*. Version 3, OGC 02-023r4., 2003.

ORACLE. *Oracle 10*. Introduction to LDAP and Oracle Internet Directory 10g Release 2. Oracle Corporation, 2005.

______. *Oracle label security administrator's guide*, 11g (release 11.1). Part n. B28529-01. Oracle, 2007. Disponível em: <http://download.oracle.com/docs/cd/B28359_01/network.111/b28529/intro.htm>.

______. *Oracle 11 distributed database concepts*, 11g release 1. Oracle Corporation, 2008.

______. *An Oracle white paper*: Leading practices for driving down the costs of managing your Oracle identity and access management suite. Oracle, abril 2009.

OSBORN, S. L. *Normal forms for relational databases*. Dissertação de Ph.D. - University of Waterloo, 1977.

______. The role of polymorphism in schema evolution in an object-oriented database. *TKDE*, v. 1, n. 3, set. 1989.

______. Towards a universal relation interface. In: *VLDB*, 1979.

OZSOYOGLU, G.; OZSOYOGLU, Z.; MATOS, V. (1985) Extending relational algebra and relational calculus with set valued attributes and aggregate functions. *TODS*, v. 12, n. 4, dez. 1987.

OZSOYOGLU, Z.; YUAN, L. A new normal form for Nested relations. *TODS*, v. 12, n. 1, mar. 1987.

OZSU, M. T.; VALDURIEZ, P. *Principles of distributed database systems*. 2. ed. Prentice-Hall, 1999.

PALANISAMY, B. et al. Purlieus: locality-aware resource allocation for MapReduce in a cloud. In: *Proc. ACM/IEEE Int. Conf for High Perf Computing, Networking, Storage and Analysis*, (SC) 2011.

______. et al. VNCache: Map Reduce Analysis for Cloud-archived Data. In: *Proc. 14th IEEE/ACM Int. Symp. on Cluster, Cloud and Grid Computing*, 2014.

______; SINGH, A.; LIU, LING Cost-effective Resource Provisioning for MapReduce in a Cloud, IEEE TPDS, v. 26, n. 5, maio 2015.

PAPADIAS, D. et al. Query processing in spatial network databases. In: *VLDB*, p. 802-813, 2003.

PAPADIMITRIOU, C. The serializability of concurrent database updates. *JACM*, v. 26, n. 4, out. 1979.

______. *The theory of database concurrency control*. Computer Science Press, 1986.

______.; KANELLAKIS, P. (1979) On concurrency control by multiple versions. *TODS*, v. 9, n. 1, mar. 1974.

PAPAZOGLOU, M.; VALDER, W. *Relational database management*: A systems programming approach. Prentice-Hall, 1989.

PAREDAENS, J.; Van GUCHT, D. Converting Nested algebra expressions into Flat algebra expressions. *TODS*, v. 17, n. 1, mar. 1992.

PARENT, C.; SPACCAPIETRA, S. An algebra for a general entity -relationship model. *TSE*, v. 11, n. 7, jul. 1985.

PARIS, J. Voting with witnesses: A consistency scheme for replicated files. In: *ICDE*, 1986.

PARK, J.; CHEN, M.; YU, P. An effective hash-based algorithm for mining association rules. In: *SIGMOD*, 1995.

PARKER Z.; POE, S.; VRBSKY, S.V. Comparing NoSQL MongoDB to an SQL DB. In: *Proc. 51st ACM Southeast Conference* [ACMSE '13], Savannah, GA, 2013.

PATON, A. W. (Ed.). *Active rules in database systems*. Springer-Verlag, 1999.

PATON, N. W.; DIAZ, O. Survey of active database systems. *ACM Computing Surveys*, v. 31, n. 1, p. 63-103, 1999.

PATTERSON, D.; GIBSON, G.; KATZ, R. A case for redundant arrays of inexpensive disks (RAID). In: *SIGMOD*, 1988.

PAUL, H. et al. Architecture and implementation of the Darmstadt Database Kernel System. In: *SIGMOD*, 1987.

PAVLO, A. et al. A Comparison of Approaches to Large Scale Data Analysis. In: *SIGMOD*, 2009.

PAZANDAK, P.; SRIVASTAVA, J. Evaluating Object DBMSs for Multimedia. *IEEE Multimedia*, v. 4, n. 3, p. 34-49.

PAZOS-RANGEL, R. et. al. Least likely to use: A new page replacement strategy for improving database management system response time. In: *Proc. CSR 2006: Computer Science ¾ Theory and Applications*. LNCS, v. 3967, p. 314-323. St. Petersburg, Russia, Springer, 2006.

PDES A high-lead architecture for implementing a PDES/STEP data sharing environment. *Publication Number PT 1017.03.00*. PDES Inc., maio 1991.

PEARSON, P. et al. The status of Online Mendelian Inheritance in Man (OMIM) Medio 1994. *Nucleic Acids Research*, v. 22, n. 17, 1994.

PECKHAM, J.; MARYANSKI, F. Semantic data models. *ACM Computing Surveys*, v. 20, n. 3, p. 153-189, set. 1988.

PENG, T.; TSOU, M. *Internet GIS*: Distributed geographic information services for the internet and wireless network. Wiley, 2003.

PFLEEGER, C. P.; PFLEEGER, S. *Security in computing*. 4. ed. Prentice-Hall, 2007.

PHIPPS, G.; DERR, M.; ROSS, K. Glue-NAIL!: A Deductive database system. In: *SIGMOD*, 1991.

PIATETSKY-SHAPIRO, G.; FRAWLEY, W. (Eds.). Knowledge discovery in databases. *AAAI Press/MIT Press*, 1991.

PISTOR P.; ANDERSON, F. Designing a generalized NF2 model with an SQL-type language interface. In: *VLDB*, p. 278-285, 1986.

PITOURA, E.; BHARGAVA, B. Maintaining consistency of data in mobile distributed environments. In: *15th ICDCS*, p. 404-413, maio 1995.

______.; SAMARAS, G. *Data management for mobile computing*. Kluwer, 1998.

______.; BUKHRES, O.; ELMAGARMID, A. Object orientation in multidatabase systems. *ACM Computing Surveys*, v. 27, n. 2, jun. 1995.

POLAVARAPU, N. et al. Investigation into biomedical literature screening using support vector machines. In: *Proc. 4th Int. IEEE Computational Systems Bioinformatics Conference (CSB'05)*, p. 366-374, ago. 2005.

PONCELEON D. et al. CueVideo: Automated multimedia indexing and retrieval. *Proc. 7th ACM Multimedia Conf.*, p. 199. Orlando, Fl., out. 1999.

PONNIAH, P. *Data warehousing fundamentals*: A comprehensive guide for IT professionals. Wiley Interscience, 2002.

POOSALA, V. et al. Improved histograms for selectivity estimation of range predicates. In: *SIGMOD*, 1996.

PORTER, M. F. An algorithm for suffix stripping. *Program*, v. 14, n. 3, p. 130-137, 1980.

POTTER, B.; SINCLAIR, J.; TILL, D. *An introduction to formal specification and Z*. 2. ed. Prentice-Hall, 1996.

PRABHAKARAN, B. *Multimedia database management systems*. Springer-Verlag, 1996.

PRASAD, S. et al. SyD: A middleware testbed for collaborative applications over small heterogeneous devices and data stores. *Proc. ACM/IFIP/USENIX 5th International Middleware Conference (MW-04)*. Toronto, Canadá, out. 2004.

PRICE, B. *ESRI systems integrationtechnical Brief* — ArcSDE high-availability overview. ESRI, Rev 2, 2004. Disponível em: <www. lincoln.ne.gov/city/pworks/gis/pdf/arcsde.pdf>. (não consegui acessar a página em 09/11/10)

RABITTI, F. et al. A model of authorization for next-generation database systems. *TODS*, v. 16, n. 1, mar. 1991.

RAMAKRISHNAN, R.; GEHRKE, J. *Database management systems*. 3. ed. McGraw-Hill, 2003.

______.; ULLMAN, J. Survey of research in deductive database systems. *Journal of Logic Programming*, v. 23, n. 2, p. 125-149, 1995.

______. (Ed.). *Applications of logic databases*. Kluwer Academic, 1995.

______.; SRIVASTAVA, D.; SUDARSHAN, S. {CORAL} : {C} ontrol, {R} elations and {L} ogic. In: *VLDB*, 1992.

______. et al. Implementation of the {CORAL} deductive database system. In: *SIGMOD*, 1993.

RAMAMOORTHY, C.; WAH, B. The placement of relations on a distributed relational database. *Proc. First International Conference on Distributed Computing Systems*. IEEE CS, 1979.

RAMESH, V.; RAM, S. Integrity constraint integration in heterogeneous databases an enhanced methodology for schema integration. *Information Systems*, v. 22, n. 8, p. 423-446, dez. 1997.

RATNASAMY, S. et al. A scalable content-addressable network. *SIGCOMM*, 2001.

REED, D. P. Implementing atomic actions on decentralized data. *TOCS*, v. 1, n. 1, p. 3-23, fev. 1983.

REESE, G. *Database programming with JDBC and Java*. O'Reilley, 1997.

REISNER, P. Use of psychological experimentation as an aid to development of a Query language. *TSE*, v. 3, n. 3, maio 1977.

______. Human factors studies of database query languages: A survey and assessment. *ACM Computing Surveys*, v. 13, n. 1, mar. 1981.

REITER, R. *Towards a logical reconstruction of relational database theory*. In: BRODIE et al., cap. 8, 1984.

REUTER, A. A fast transaction oriented logging scheme for UNDO recovery. *TSE*, v. 6, n. 4, p. 348-356, 1980.

RIES, D.; STONEBRAKER, M. Effects of locking granularity in a database management system. *TODS*, v. 2, n. 3, set. 1977.

RISSANEN, J. Independent components of relations. *TODS*, v. 2, n. 4, dez. 1977.

RIVEST, R. et al. A method for obtaining digital signatures and public-key cryptosystems. *CACM*, v. 21, n. 2, p. 120-126, fev. 1978.

ROBBINS, R. Genome informatics: Requirements and challenges. *Proc. Second International Conference on Bioinformatics, Supercomputing and Complex Genome Analysis*. World Scientific Publishing, 1993.

ROBERTSON, S. The probability ranking principle in IR. In: JONES, K. S.; WILLETT, P. (Eds.). *Readings in information retrieval*. Morgan Kaufmann Multimedia Information and Systems Series, p. 281286, 1997.

______.; WALKER, S.; HANCOCK-BEAULIEU, M. Large test collection experiments on an operational, interactive system: Okapi at TREC. *Information Processing and Management*, v. 31, p. 345360, 1995.

ROCCHIO, J. Relevance feedback in information retrieval. In: SALTON, G. (Ed.). *The SMART retrieval system*: Experiments in automatic document processing, p. 313-323. Prentice-Hall, 1971.

ROSENKRANTZ, D.; STEARNS, D.; LEWIS, P. System-level concurrency control for distributed database systems. *TODS*, v. 3, n. 2, p. 178-198, 1978.

ROTEM, D. Spatial join indices. In: *ICDE*, 1991.

ROTH, M. A.; KORTH, H. F.; SILBERSCHATZ, A. Extended algebra and calculus for Non-1NF relational databases. *TODS*, v. 13, n. 4, p. 389-417, 1988.

ROTH, M.; KORTH, H. The design of Non-1NF relational databases into Nested normal form. In: *SIGMOD*, 1987.

ROTHNIE, J. et al. Introduction to a system for distributed databases (SDD-1). *TODS*, v. 5, n. 1, mar. 1980.

ROUSSOPOULOS, N. An incremental access method for view-cache: Concept, algorithms, and cost analysis. *TODS*, v. 16, n. 3, set. 1991.

______.; KELLEY, S.; VINCENT, F. Nearest neighbor queries. In: *SIGMOD*, p. 71-79, 1995.

ROZEN, S.; SHASHA, D. A framework for automating physical database design. In: *VLDB*, 1991.

RUDENSTEINER, E. Multiview: A methodology for supporting multiple views in object-oriented databases. In: *VLDB*, 1992.

RUEMMLER, C.; WILKES, J. An introduction to disk drive modeling. *IEEE Computer*, v. 27, n. 3, p. 17-27, mar. 1994.

RUMBAUGH, J. et al. *Object oriented modeling and design*. Prentice-Hall, 1991.

______.; JACOBSON, I.; BOOCH, G. *The unified modeling language reference manual*. Addison-Wesley, 1999.

RUSINKIEWICZ, M. et al. OMNIBASE — A loosely coupled: Design and implementation of a multidatabase system. *IEEE Distributed Processing Newsletter*, v. 10, n. 2, nov. 1988.

RUSTIN, R. (Ed.). *Data base systems*. Prentice-Hall, 1972.

______. (Ed.). *Proc. BJNAV2*, 1974.

SACCA, D.; ZANIOLO, C. (1987) Implementation of recursive queries for a data language based on pure horn clauses. *Proc. Fourth International Conference on Logic Programming*. MIT Press, 1986.

SADRI, F.; ULLMAN, J. Template dependencies: A large class of dependencies in relational databases and its complete axiomatization. *JACM*, v. 29, n. 2, abril 1982.

SAGIV, Y.; YANNAKAKIS, M. Equivalence among relational expressions with the union and difference operators. *JACM*, v. 27, n. 4, nov. 1981.

SAHAY, S. et al. Discovering semantic biomedical relations utilizing the Web. In: *Journal of ACM Transactions on Knowledge Discovery from Data* (*TKDD*). Special issue on Bioinformatics, v. 2, n. 1, 2008.

SAKAI, H. Entity-relationship approach to conceptual schema design. In: *SIGMOD*, 1980.

SALEM, K.; GARCIA-MOLINA, H. Disk striping. In: *ICDE*, p. 336342, 1986.

SALTON, G. *Automatic information organization and retrieval*. McGraw Hill, 1968.

______. *The SMART retrieval system* — Experiments in automatic document processing. Prentice-Hall, 1971.

______. Full text information processing using the smart system. *IEEE Data Engineering Bulletin*, v. 13, n. 1, p. 2-9, 1990.

______.; BUCKLEY, C. Global text matching for information retrieval. In: *Science*, v. 253, ago. 1991.

______.; YANG, C. S.; YU, C. T. A theory of term importance in automatic text analysis. *Journal of the American Society for Information Science*, v. 26, p. 33-44, 1975.

SALZBERG, B. *File structures*: An analytic approach. Prentice-Hall, 1988.

______. et al. FastSort: A distributed single-input single-output external sort. In: *SIGMOD*, 1990.

SAMET, H. *The design and analysis of spatial data structures*. Addison-Wesley, 1990.

______. *Applications of spatial data structures*: Computer graphics, image processing, and GIS. Addison-Wesley, 1990a.

SAMMUT, C.; SAMMUT, R. The implementation of UNSW-PROLOG. *The Australian Computer Journal*, maio 1983.

SANTUCCI, G. Semantic schema refinements for multilevel schema integration. *DKE*, v. 25, n. 3, p. 301-326, 1998.

SARASUA, W.; O'NEILL, W. GIS in Transportation. In: *Taylor and Francis*, 1999.

SARAWAGI, S.; THOMAS, S.; AGRAWAL, R. Integrating association rules mining with relational database systems: Alternatives and implications. In: *SIGMOD*, 1998.

SAVASERE, A.; OMIECINSKI, E.; NAVATHE, S. An efficient algorithm for mining association rules. In: *VLDB*, 1995.

______.; ______.; ______. Mining for strong negative association in a large database of customer transactions. In: *ICDE*, 1998.

SCHATZ, B. Information analysis in the Net: The interspace of the twenty-first century. *Keynote Plenary Lecture at American Society for Information Science (ASIS) Annual Meeting*. Chicago, 11 out. 1995.

______. Information retrieval in digital libraries: Bringing search to the Net. *Science*, v. 275, n. 17, jan. 1997.

SCHEK, H. J.; SCHOLL, M. H. The relational model with relation-valued attributes. *Information Systems*, v. 11, n. 2, 1986.

______. et al. The DASDBS project: Objects, experiences, and future projects. *TKDE*, v. 2, n. 1, 1990.

SCHEUERMANN, P.; SCHIFFNER, G.; WEBER, H. Abstraction capabilities and invariant properties modeling within the entity-relationship approach. In: *ER Conference*, 1979.

SCHLIMMER, J.; MITCHELL, T.; MCDERMOTT, J. *Justification based refinement of expert knowledge*. In: PIATETSKY-SHAPIRO; FRAWLEY, 1991.

SCHMARZO, B. Big Data: Understanding How Data Powers Big Business, Wiley, 240 p., 2013.

SCHLOSSNAGLE, G. *Advanced PHP programming*. Sams, 2005.

SCHMIDT, J.; SWENSON, J. On the semantics of the relational model. In: *SIGMOD*, 1975.

SCHNEIDER, R. D. *MySQL database design and tuining*. MySQL Press, 2006.

SCHOLL, M. O.; VOISARD, A.; RIGAUX, P. *Spatial database management systems*. Morgan Kauffman, 2001.

SCIORE, E. A complete axiomatization for full join dependencies. *JACM*, v. 29, n. 2, abril 1982.

SCOTT, M.; FOWLER, K. *UML distilled*: Applying the standard object modeling language. Addison-Wesley, 1997.

SELINGER, P. et al. Access path selection in a relational database management system. In: *SIGMOD*, 1979.

SENKO, M. Specification of stored data structures and desired output in DIAM II with FORAL. In: *VLDB*, 1975.

______. A Query maintenance language for the data independent accessing Model II. *Information Systems*, v. 5, n. 4, 1980.

SHAPIRO, L. Join processing in database systems with large main memories. *TODS*, v. 11, n. 3, 1986.

SHASHA, D.; BONNET, P. *Database tuning*: Principles, experiments, and troubleshooting techniques. Ed. rev. Morgan Kaufmann, 2002.

______.; GOODMAN, N. Concurrent search structure algorithms. *TODS*, v.13, n. 1, mar. 1988.

SHEKHAR, S.; CHAWLA, S. *Spatial Databases*, A Tour. Prentice-Hall, 2003.

______.; XONG, H. *Encyclopedia of GIS*. Springer Link (Online service), 2008.

SHEKITA, E.; CAREY, M. Performance enhancement through replication in an object-oriented DBMS. In: *SIGMOD*, 1989.

SHENOY, S.; OZSOYOGLU, Z. Design and implementation of a semantic Query optimizer. *TKDE*, v. 1, n. 3, set. 1989.

SHETH, A. P.; LARSON, J. A. Federated database systems for managing distributed, heterogeneous, and autonomous databases. *ACM Computing Surveys*, v. 22, n. 3, p. 183-236, set. 1990.

SHETH, A.; GALA, S.; NAVATHE, S. On automatic reasoning for schema integration. In: *International Journal of Intelligent Co-operative Information Systems*, v. 2, n. 1, mar. 1993.

______. et al. A tool for integrating conceptual schemas and user views. In: *ICDE*, 1988.

SHIPMAN, D. The functional data model and the data language DAPLEX. *TODS*, v. 6, n. 1, mar. 1981.

SHLAER, S.; MELLOR, S. *Object-oriented system analysis*: Modeling the world in data. Prentice-Hall, 1988.

SHNEIDERMAN, B. (Ed.). *Databases*: Improving usability and responsiveness. Academic Press, 1978.

SHVACHKO, K.V. HDFS Scalability: the limits of growth. In: Usenix legacy publications, Login, v. 35, n. 2, p. 6–16, abr. 2010. Disponível em: <https://www.usenix.org/legacy/publications/login/2010-04/openpdfs/shvachko.pdf>

SIBLEY, E.; KERSCHBERG, L. Data architecture and data model considerations. *NCC, AFIPS*, v. 46, 1977.

SIEGEL, M.; MADNICK, S. A metadata approach to resolving semantic conflicts. In: *VLDB*, 1991.

______.; SCIORE, E.; SALVETER, S. A method for automatic rule derivation to support semantic query optimization. *TODS*, v. 17, n. 4, dez. 1992.

SIGMOD. *Proc. ACM SIGMOD-SIGFIDET Conference on Data Description, Access, and Control*. In: RUSTIN, R. (Ed.)., maio 1974.

SIGMOD. *Proc. 1975 ACM SIGMOD International Conference on Management of Data*. In: KING, F. (Ed.). San Jose, CA, maio 1975.

SIGMOD. *Proc. 1976 ACM SIGMOD International Conference on Management of Data*. In: ROTHNIE, J. (Ed.). Washington, jun. 1976.

SIGMOD. *Proc. 1977 ACM SIGMOD International Conference on Management of Data*. In: SMITH, D. (Ed.). Toronto, ago. 1977.

SIGMOD. *Proc. 1978 ACM SIGMOD International Conference on Management of Data*. In: LOWENTHAL, E.; DALE, N. (Eds.). Austin, TX, maio/jun. 1978.

SIGMOD. *Proc. 1979 ACM SIGMOD International Conference on Management of Data*. In: BERNSTEIN, P. (Ed.). Boston, MA, maio/jun. 1979.

SIGMOD. *Proc. 1980 ACM SIGMOD International Conference on Management of Data*. In: CHEN, P.; SPROWLS, R. (Eds.). Santa Monica, CA, maio 1980.

SIGMOD. *Proc. 1981 ACM SIGMOD International Conference on Management of Data*. In: LIEN, Y. (Ed.). Ann Arbor, MI, abril/ maio 1981.

SIGMOD. *Proc. 1982 ACM SIGMOD International Conference on Management of Data*. In: SCHKOLNICK, M. (Ed.). Orlando, FL, jun. 1982.

SIGMOD. *Proc. 1983 ACM SIGMOD International Conference on Management of Data*. In: DeWITT, D.; GARDARIN, G. (Eds.). San Jose, CA, maio 1983.

SIGMOD. *Proc. 1984 ACM SIGMOD International Conference on Management of Data*. In: YORMARK, E. (Ed.). Boston, MA, jun. 1984.

SIGMOD. *Proc. 1985 ACM SIGMOD International Conference on Management of Data.* In: NAVATHE, S. (Ed.). Austin, TX, maio 1985.

SIGMOD. *Proc. 1986 ACM SIGMOD International Conference on Management of Data.* In: ZANIOLO, C. (Ed.). Washington, maio 1986.

SIGMOD. *Proc. 1987 ACM SIGMOD International Conference on Management of Data.* In: DAYAL, U.; TRAIGER, I. (Eds.). San Francisco, CA, maio 1987.

SIGMOD. *Proc. 1988 ACM SIGMOD International Conference on Management of Data.* In: BORAL, H.; LARSON, P. (Eds.). Chicago, jun. 1988.

SIGMOD. *Proc. 1989 ACM SIGMOD International Conference on Management of Data.* In: CLIFFORD, J.; LINDSAY, B.; MAIER, D. (Eds.). Portland, OR, jun. 1989.

SIGMOD. *Proc. 1990 ACM SIGMOD International Conference on Management of Data.* In: GARCIA-MOLINA, H.; JAGADISH, H. (Eds.). Atlantic City, NJ, jun. 1990.

SIGMOD. *Proc. 1991 ACM SIGMOD International Conference on Management of Data.* In: CLIFFORD, J.; KING, R. (Eds.). Denver, CO, jun. 1991.

SIGMOD. *Proc. 1992 ACM SIGMOD International Conference on Management of Data.* In: STONEBRAKER, M. (Ed.). San Diego, CA, jun. 1992.

SIGMOD. *Proc. 1993 ACM SIGMOD International Conference on Management of Data.* In: BUNEMAN, P.; JAJODIA, S. (Eds.). Washington, jun. 1993.

SIGMOD. *Proceedings of 1994 ACM SIGMOD International Conference on Management of Data.* In: SNODGRASS, R. T.; WINSLETT, M. (Eds.). Minneapolis, MN, jun. 1994.

SIGMOD. *Proceedings of 1995 ACM SIGMOD International Conference on Management of Data.* In: CAREY, M.; SCHNEIDER, D. A. (Eds.). Minneapolis, MN, jun. 1995.

SIGMOD. *Proceedings of 1996 ACM SIGMOD International Conference on Management of Data.* In: JAGADISH, H. V.; MUMICK, I. P. (Eds.). Montreal, jun. 1996.

SIGMOD. *Proceedings of 1997 ACM SIGMOD International Conference on Management of Data.* In: PECKHAM, J. (Ed.). Tucson, AZ, maio 1997.

SIGMOD. *Proceedings of 1998 ACM SIGMOD International Conference on Management of Data.* In: HAAS, L.; TIWARY, A. (Eds.). Seattle, WA, jun. 1998.

SIGMOD. *Proceedings of 1999 ACM SIGMOD International Conference on Management of Data.* In: FALOUTSOS, C. (Ed.). Filadélfia, PA, maio 1999.

SIGMOD. *Proceedings of 2000 ACM SIGMOD International Conference on Management of Data.* In: CHEN, W.; NAUGHTON J.; BERNSTEIN, P. (Eds.). Dallas, TX, maio 2000.

SIGMOD. *Proceedings of 2001 ACM SIGMOD International Conference on Management of Data.* In: AREF, W. (Ed.). Santa Barbara, CA, maio 2001.

SIGMOD. *Proceedings of 2002 ACM SIGMOD International Conference on Management of Data.* In: FRANKLIN, M.; MOON, B.; AILAMAKI, A. (Eds.). Madison, WI, jun. 2002.

SIGMOD. *Proceedings of 2003 ACM SIGMOD International Conference on Management of Data.* In: HALEVY, Y.; ZACHARY, G.; DOAN, A. (Eds.). San Diego, CA, jun. 2003.

SIGMOD. *Proceedings of 2004 ACM SIGMOD International Conference on Management of Data.* In: WEIKUM, G.; CHRISTIAN KÖNIG, A.; DeBLOCH, S. (Eds.). Paris, França, jun. 2004.

SIGMOD. *Proceedings of 2005 ACM SIGMOD International Conference on Management of Data.* In: WIDOM, J. (Ed.). Baltimore, MD, jun. 2005.

SIGMOD. *Proceedings of 2006 ACM SIGMOD International Conference on Management of Data.* In: CHAUDHARI, S.; HRISTIDIS, V.; POLYZOTIS, N. (Eds.). Chicago, IL, jun. 2006.

SIGMOD. *Proceedings of 2007 ACM SIGMOD International Conference on Management of Data.* In: CHAN, C.-Y.; OOI, B.-C.; ZHOU, A. (Eds.). Beijing, China, jun. 2007.

SIGMOD. *Proceedings of 2008 ACM SIGMOD International Conference on Management of Data.* In: WANG, J. T.-L. (Ed.). Vancouver, Canadá, jun. 2008.

SIGMOD. *Proceedings of 2009 ACM SIGMOD International Conference on Management of Data.* In: CETINTEMEL, U. et al. (Eds.). Providence, RI, jun.-jul. 2009.

SIGMOD. *Proceedings of 2010 ACM SIGMOD International Conference on Management of Data.* Indianapolis, IN, jun. 2010.

SIGMOD. *Proceedings of 2011 ACM SIGMOD International Conference on Management of Data.* In: SELLIS, T.; MILLER, R.; KEMENTSIETSIDIS, A.; VELEGRAKIS, Y. (Eds.). Atenas, Grécia, jun. 2011.

SIGMOD. *Proceedings of 2012 ACM SIGMOD International Conference on Management of Data.* In: SELLIS, T.; MILLER, R.; KEMENTSIETSIDIS, A.; VELEGRAKIS, Y. (Eds.). Scottsdale, Arizona, jun. 2012.

SIGMOD. *Proceedings of 2013 ACM SIGMOD International Conference on Management of Data.* In: ROSS, K.; SRIVASTAVA, D.; PAPADIAS, D. (Eds.). New York, jun. 2013.

SIGMOD. *Proceedings of 2014 ACM SIGMOD International Conference on Management of Data.* In: DYRESON, C.; LI, FEIFEI.; OZSU, T. (Eds.). Snowbird, UT, jun. 2014.

SIGMOD. *Proceedings of 2015 ACM SIGMOD International Conference on Management of Data.* Melbourne, Austrália, maio-jun. 2015.

SILBERSCHATZ, A.; KORTH, H.; SUDARSHAN, S. *Database system concepts.* 5. ed. McGraw-Hill, 2006.

______.; STONEBRAKER, M.; ULLMAN, J. Database systems: Achievements and opportunities. In: *ACM SIGMOD Record*, v. 19, n. 4, dez. 1990.

SIMON, H. A. Designing organizations for an information-rich world. In: GREENBERGER, M. (Ed.). *Computers, communications and the public interest,* p. 37-72. The Johns Hopkins University Press, 1971.

SION, R.; ATALLAH, M.; PRABHAKAR, S. Protecting rights proofs for relational data using watermarking. *TKDE*, v. 16, n. 12, p. 1509-1525, 2004.

SKLAR, D. *Learning PHP5.* O'Reilly Media, Inc., 2005.

SMITH, G. The semantic data model for security: Representing the security semantics of an application. In: *ICDE*, 1990.

SMITH, J. et al. MULTIBASE: Integrating distributed heterogeneous database systems. *NCC, AFIPS*, v. 50, 1981.

SMITH, J. R.; CHANG, S.-F. VisualSEEk: A fully automated content-based image query system. *Proc. 4th ACM Multimedia Conf.*, p. 8798. Boston, MA, nov. 1996.

SMITH, J.; CHANG, P. Optimizing the performance of a relational algebra interface. *CACM*, v. 18, n. 10, out. 1975.

______.; SMITH, D. Database abstractions: Aggregation and generalization. *TODS*, v. 2, n. 2, jun. 1977.

SMITH, K.; WINSLETT, M. Entity modeling in the MLS relational model. In: *VLDB*, 1992.

SMITH, P.; BARNES, G. *Files and databases*: An introduction. Addison-Wesley, 1987.

SNODGRASS, R. The temporal query language TQuel. *TODS*, v. 12, n. 2, jun. 1987.

______; AHN, I. A taxonomy of time in databases. In: *SIGMOD*, 1985.

______. (Ed.). *The TSQL2 temporal Query language*. Springer, 1995.

SOUTOU, G. Analysis of constraints for N-ary relationships. In: *ER98*, 1998.

SPACCAPIETRA, S.; JAIN, R. (Eds.). *Proc. Visual Database Workshop*. Lausanne, Suíça, out. 1995.

SPILIOPOULOU, M. Web usage mining for Web site evaluation. *CACM*, v. 43, n. 8, p. 127-134, ago. 2000.

SPOONER D.; MICHAEL, A.; DONALD, B. Modeling CAD data with data abstraction and object-oriented technique. In: *ICDE*, 1986.

SRIKANT, R.; AGRAWAL, R. Mining generalized association rules. In: *VLDB*, 1995.

SRINIVAS, M.; PATNAIK, L. Genetic algorithms: A survey. *IEEE Computer*, v. 27, n. 6, p.17-26, jun. 1994.

SRINIVASAN, V.; CAREY, M. Performance of B-Tree concurrency control algorithms. In: *SIGMOD*, 1991.

SRIVASTAVA, D. et al. Coral++: Adding object-orientation to a logic database language. In: *VLDB*, 1993.

SRIVASTAVA, J. et al. Web usage mining: Discovery and applications of usage patterns from Web data. *SIGKDD Explorations*, v. 1, n. 2, 2000.

STACHOUR, P.; THURAISINGHAM, B. The design and implementation of INGRES. *TKDE*, v. 2, n. 2, jun. 1990.

STALLINGS, W. *Data and computer communications*. 5. ed. Prentice-Hall, 1997.

______. *Network security essentials, applications and standards*. 4. ed. Prentice-Hall, 2010.

STEVENS, P.; POOLEY, R. *Using UML*: Software engineering with objects and components. Ed. rev. Addison-Wesley, 2003.

STOESSER, G. et al. The EMBL nucleotide sequence database: Major new developments. *Nucleic Acids Research*, v. 31, n. 1, p. 17-22, jan. 2003.

STOICA, I. et al. Chord: A Scalable peer-to-peer lookup service for internet applications. *SIGCOMM*, 2001.

STONEBRAKER, M. et al. Mariposa: A wide-Area distributed database system. *VLDB J*, v. 5, n. 1,
p. 48-63, 1996.

______. et al. C-store: A column oriented DBMS. In: *VLDB*, 2005.

______. Implementation of integrity constraints and views by query modification. In: *SIGMOD*, 1975.

______. The Miro DBMS. In: *SIGMOD*, 1993.

______.; ROWE, L. The design of POSTGRES. In: *SIGMOD*, 1986.

______. (Ed.). *Readings in database systems*. 2. ed. Morgan Kaufmann, 1994.

______.; HANSON, E.; HONG, C. The design of the POSTGRES rules system. In: *ICDE*, 1987.

______.; MOORE, D. *Object-relational DBMSs*: The next great wave. Morgan Kaufmann, 1996.

______. et al. The design and implementation of INGRES. *TODS*, v. 1, n. 3, set. 1976.

STROUSTRUP, B. *The C++ programming language*: Special edition. Pearson, 1997.

SU, S. A semantic association model for corporate and scientific-statistical databases. *Information Science*, v. 29, 1985.

______. *Database computers*. McGraw-Hill, 1988.

______.; KRISHNAMURTHY, V.; LAM, H. An object-oriented semantic association model (OSAM*). In: *AI in industrial engineering and manufacturing*: Theoretical issues and applications. American Institute of Industrial Engineers, 1988.

SUBRAHMANIAN, V. S.; JAJODIA, S. (Eds.). *Multimedia database systems*: Issues and research directions. Springer-Verlag, 1996.

SUBRAHMANIAN, V. *Principles of multimedia databases systems*. Morgan Kaufmann, 1998.

SUNDERRAMAN, R. *ORACLE 10g programming*: A primer. Addison-Wesley, 2007.

SWAMI, A.; GUPTA, A. Optimization of large join queries: Combining heuristics and combinatorial techniques. In: *SIGMOD*, 1989.

SYBASE. *System administration guide*: v. 1-2 (Adaptive server enterprise 15.0). Sybase, 2005.

TAN, P.; STEINBACH, M.; KUMAR, V. *Introduction to data mining*. Addison-Wesley, 2006.

TANENBAUM, A. *Computer networks*. 4. ed. Prentice-Hall PTR, 2003.

TANSEL, A. et al. (Eds.). *Temporal databases*: Theory, design, and implementation. Benjamin Cummings, 1993.

TEOREY, T. *Database modeling and design*: The fundamental principles. 2. ed. Morgan Kaufmann, 1994.

______.; YANG, D.; FRY, J. A logical design methodology for relational databases using the extended entity-relationship model. *ACM Computing Surveys*, v. 18, n. 2, jun. 1986.

THOMAS, J.; GOULD, J. A psychological study of query by example. *NCC AFIPS*, v. 44, 1975.

THOMAS, R. A majority consensus approach to concurrency control for multiple copy data bases. *TODS*, v. 4, n. 2, jun. 1979.

THOMASIAN, A. Performance limits of two-phase locking. In: *ICDE*, 1991.

THURAISINGHAM, B. *Managing and mining multimedia databases*. CRC Press, 2001.

______. et al. Directions for Web and E-commerce applications security. *Proc. 10th IEEE International Workshops on Enabling Technologies: Infrastructure for Collaborative Enterprises*, p. 200-204, 2001.

THUSOO, A. et al. Hive—A Petabyte Scale Data Warehouse Using Hadoop. In: *ICDE*, 2010.

TODD, S. The Peterlee relational test vehicle — A system overview. *IBM Systems Journal*, v. 15, n. 4, dez. 1976.

TOIVONEN, H. Sampling large databases for association rules. In: *VLDB*, 1996.

TOU, J. (Ed.). *Information systems COINS-IV*. Plenum Press, 1984.

TSANGARIS, M.; NAUGHTON, J. On the performance of object clustering techniques. In: *SIGMOD*, 1992.

TSICHRITZIS, D. Forms management. *CACM*, v. 25, n. 7, jul. 1982.

______.; KLUG, A. (Eds.). *The ANSI/X3/SPARC DBMS framework*. AFIPS Press, 1978.

______.; LOCHOVSKY, F. Hierarchical database management: A survey. *ACM Computing Surveys*, v. 8, n. 1, mar. 1976.

______.; ______. *Data models*. Prentice-Hall, 1982.

TSOTRAS, V.; GOPINATH, B. Optimal versioning of object classes. In: *ICDE*, 1992.

TSOU, D. M.; FISCHER, P. C. Decomposition of a relation scheme into Boyce codd normal form. *SIGACT News*, v. 14, n. 3, p. 23-29, 1982.

U.S. CONGRESS. Office of technology report, appendix D: Databases, repositories, and informatics. In: *Mapping our genes*: Genome projects: How big, how fast? John Hopkins University Press, 1988.

U.S. DEPARTMENT OF COMMERCE. *TIGER/Line files*. Bureau of Census, Washington, 1993.

ULLMAN, J. *Principles of database systems*. 2. ed. Computer Science Press, 1982.

______. Implementation of logical Query languages for databases. *TODS*, v. 10, n. 3, set. 1985.

______. *Principles of database and knowledge-base systems*. v. 1. Computer Science Press, 1988.

______. *Principles of database and knowledge-base systems*. v. 2. Computer Science Press, 1989.

ULLMAN, J. D.; WIDOM, J. *A first course in database systems*. Prentice-Hall, 1997.

USCHOLD, M.; GRUNINGER, M. Ontologies: Principles, methods and applications. *Knowledge Engineering Review*, v. 11, n. 2, jun. 1996.

VADIVELU, V. et al. A backup mechanism with concurrency control for multilevel secure distributed database systems. *Proc. Int. Conf. on Digital Information Management*, p. 57-62, 2008.

VAIDYA, J.; CLIFTON, C. Privacy-preserving data mining: Why, how, and what for? *IEEE Security & Privacy* (*IEEESP*), p. 19-27, nov.-dez. 2004.

VALDURIEZ, P.; GARDARIN, G. *Analysis and comparison of relational database systems*. Addison-Wesley, 1989.

Van RIJSBERGEN, C. J. *Information retrieval*. Butterworths, 1979.

VALIANT, L. A Bridging Model for Parallel Computation. In: *CACM*, v. 33, n. 8, ago. 1990.

VASSILIOU, Y. Functional dependencies and incomplete information. In: *VLDB*, 1980.

VÉLEZ, F.; BERNARD, G.; DARNIS, V. The O2 object manager: An overview. In: *VLDB*, p. 357-366, 1989.

VERHEIJEN, G.; Van BEKKUM, J. *NIAM*: An information analysis method. In: OLLE et al., 1982.

VERHOFSTAD, J. Recovery techniques for database systems. *ACM Computing Surveys*, v. 10, n. 2, jun. 1978.

VIELLE, L. Recursive axioms in deductive databases: The Query-subquery approach. In: *EDS*, 1986.

______. Database complete proof production based on SLD-resolution. In: *Proc. Fourth International Conference on Logic Programming*, 1987.

______. From QSQ towards QoSaQ: Global optimization of recursive queries. In: *EDS*, 1988.

______. VALIDITY: Knowledge independence for electronic mediation. *Practical Applications of Prolog/Practical Applications of Constraint Technology* (*PAP/PACT '98*). Londres, mar. 1998.

VIN, H. et al. Multimedia conferencing in the etherphone environment. *IEEE Computer*, *Special Issue on Multimedia Information Systems*, v. 24, n. 10, out. 1991.

VLDB. *Proc. First International Conference on Very Large Data Bases*. In: KERR, D. (Ed.). Framingham, MA, set. 1975.

VLDB. Systems for large databases. In: LOCKEMANN, P.; NEUHOLD, E. (Eds.). *Proc. Second International Conference on Very Large Data Bases*. Brussels, Belgium, jul. 1976; North-Holland, 1976.

VLDB. *Proc. Third International Conference on Very Large Data Bases*. In: MERTEN, A. (Ed.). Tóquio, Japão, out. 1977.

VLDB. *Proc. Fourth International Conference on Very Large Data Bases*. In: BUBENKO, J.; YAO, S. (Eds.). Berlim Ocidental, Alemanha, set. 1978.

VLDB. *Proc. Fifth International Conference on Very Large Data Bases*. In: FURTADO, A.; MORGAN, H. (Eds.). Rio de Janeiro, Brasil, out. 1979.

VLDB. *Proc. Sixth International Conference on Very Large Data Bases*. In: LOCHOVSKY, F.; TAYLOR, R. (Eds.). Montreal, Canadá, out. 1980.

VLDB. *Proc. Seventh International Conference on Very Large Data Bases*. In: ZANIOLO, C.; DELOBEL, C. (Eds.). Cannes, França, set. 1981.

VLDB. *Proc. Eighth International Conference on Very Large Data Bases*. In: McLEOD, D.; VILLASENOR, Y. (Eds.). Cidade do México, set. 1982.

VLDB. *Proc. Ninth International Conference on Very Large Data Bases*. In: SCHKOLNICK, M.; THANOS, C. (Eds.). Florença, Itália, out./nov. 1983.

VLDB. *Proc. Tenth International Conference on Very Large Data Bases*. In: DAYAL, U.; SCHLAGETER, G.; SENG, L. (Eds.). Cingapura, ago. 1984.

VLDB. *Proc. Eleventh International Conference on Very Large Data Bases*. In: PIROTTE, A.; VASSILIOU, Y. (Eds.). Estocolmo, Suécia, ago. 1985.

VLDB. *Proc. Twelfth International Conference on Very Large Data Bases*. In: CHU, W.; GARDARIN, G.; OHSUGA, S. (Eds.). Kyoto, Japão, ago. 1986.

VLDB. *Proc. Thirteenth International Conference on Very Large Data Bases*. In: STOCKER, P.; KENT, W.; HAMMERSLEY, P. (Eds.). Brighton, Inglaterra, set. 1987.

VLDB. *Proc. Fourteenth International Conference on Very Large Data Bases*. In: BANCILHON, F.; DeWITT, D. (Eds.). Los Angeles, ago./set. 1988.

VLDB. *Proc. Fifteenth International Conference on Very Large Data Bases*. In: APERS, P.; WIEDERHOLD, G. (Eds.). Amsterdã, ago. 1989.

VLDB. *Proc. Sixteenth International Conference on Very Large Data Bases*. In: MCLEOD, D.; SACKS-DAVIS, R.; SCHEK, H. (Eds.). Brisbane, Austrália, ago. 1990.

VLDB. *Proc. Seventeenth International Conference on Very Large Data Bases*. In: LOHMAN, G.; SERNADAS, A.; CAMPS, R. (Eds.). Barcelona, Catalunha, Espanha, set. 1991.

VLDB. *Proc. Eighteenth International Conference on Very Large Data Bases*. In: YUAN, L. (Ed.). Vancouver, Canadá, ago. 1992.

VLDB. *Proc. Nineteenth International Conference on Very Large Data Bases*. In: AGRAWAL, R.; BAKER, S.; BELL, D. A. (Eds.). Dublin, Irlanda, ago. 1993.

VLDB. *Proc. 20th International Conference on Very Large Data Bases*. In: BOCCA, J.; JARKE, M.; ZANIOLO, C. (Eds.). Santiago, Chile, set. 1994.

VLDB. *Proc. 21st International Conference on Very Large Data Bases*. In: DAYAL, U.; GRAY, P. M. D.; NISHIO, S. (Eds.). Zurich, Suíça, set. 1995.

VLDB. *Proc. 22nd International Conference on Very Large Data Bases*. In: VIJAYARAMAN, T. M. et al. (Eds.). Bombaim, Índia, set. 1996.

VLDB. *Proc. 23rd International Conference on Very Large Data Bases*. In: JARKE, M. et al. (Eds.). Zurich, Suíça, set. 1997.

VLDB. *Proc. 24th International Conference on Very Large Data Bases*. In: GUPTA, A.; SHMUELI, O.; WIDOM, J. (Eds.). Nova York, set. 1998.

VLDB. *Proc. 25th International Conference on Very Large Data Bases*. In: ZDONIK, S. B.; VALDURIEZ, P.; ORLOWSKA, M. (Eds.). Edimburgo, Escócia, set. 1999.

VLDB. *Proc. 26th International Conference on Very Large Data Bases*. In: ABBADI, A. et al. (Eds.). Cairo, Egito, set. 2000.

VLDB. *Proc. 27th International Conference on Very Large Data Bases*. In: APERS, P. et al. (Eds.). Roma, Itália, set. 2001.

VLDB. *Proc. 28th International Conference on Very Large Data Bases*. In: BERNSTEIN, P.; IONNIDIS, Y.; RAMAKRISHNAN, R. (Eds.). Hong Kong, China, ago. 2002.

VLDB. *Proc. 29th International Conference on Very Large Data Bases*. In: FREYTAG, J. et al. (Eds.). Berlim, Alemanha, set. 2003.

VLDB. *Proc. 30th International Conference on Very Large Data Bases*. In: NASCIMENTO, M. et al. (Eds.). Toronto, Canadá, set. 2004.

VLDB. *Proc. 31st International Conference on Very Large Data Bases*. In: BÖHM, K. et al. (Eds.). Trondheim, Noruega, ago.-set. 2005.

VLDB. *Proc. 32nd International Conference on Very Large Data Bases*. In: DAYAL, U. et al. (Eds.). Seoul, Coreia, set. 2006.

VLDB. *Proc. 33rd International Conference on Very Large Data Bases*. In: KOCH, C. et al. (Eds.). Vienna, Áustria, set. 2007.

VLDB. *Proc. 34th International Conference on Very Large Data Bases*. Proceedings of the *VLDB* Endowment, v. 1. Auckland, Nova Zelândia, ago. 2008.

VLDB. *Proc. 35th International Conference on Very Large Data Bases*. Proceedings of the *VLDB* Endowment, v. 2. Lyon, França, ago. 2009.

VLDB. *Proc. 36th International Conference on Very Large Data Bases*. Proceedings of the *VLDB* Endowment, v. 3. Cingapura, ago. 2010.

VLDB. *Proc. 37th International Conference on Very Large Data Bases*. Proceedings of the *VLDB* Endowment, v. 4. Seattle, ago. 2011.

VLDB. *Proc. 38th International Conference on Very Large Data Bases*. Proceedings of the *VLDB* Endowment, v. 5. Istambul, Turquia, ago. 2012.

VLDB. *Proc. 39th International Conference on Very Large Data Bases*. Proceedings of the *VLDB* Endowment, v. 6. Riva del Garda, Trento, Itália, ago. 2013.

VLDB. *Proc. 40th International Conference on Very Large Data Bases*. Proceedings of the *VLDB* Endowment, v. 7. Hangzhou, China, set. 2014.

VLDB. *Proc. 41th International Conference on Very Large Data Bases*. Proceedings of the *VLDB* Endowment, v. 8. Kohala Coast, Havaí, set. 2015.

VOORHEES, E.; HARMAN, D. (Eds.). *TREC experiment and evaluation in information retrieval*. MIT Press, 2005.

VORHAUS, A.; MILLS, R. *The time-shared data management system*: A new approach to data management. System Development Corporation, Report SP-2634, 1967.

WALLACE, D. 1994 William Allan award address: Mitochondrial DNA variation in human evolution, degenerative disease, and aging. *American Journal of Human Genetics*, v. 57, p. 201-223, 1995.

WALTON, C.; DALE, A.; JENEVEIN, R. A taxonomy and performance model of data skew effects in parallel joins. In: *VLDB*, 1991.

WANG, K. Polynomial time designs toward both BCNF and efficient data manipulation. In: *SIGMOD*, 1990.

WANG, Y.; MADNICK, S. The inter-database instance identity problem in integrating autonomous systems. In: *ICDE*, 1989.

______.; ROWE, L. Cache consistency and concurrency control in a client/server DBMS architecture. In: *SIGMOD*, 1991.

WARREN, D. Memoing for logic programs. *CACM*, v. 35, n. 3, ACM, mar. 1992.

WEDDELL, G. Reasoning about functional dependencies generalized for semantic data models. *TODS*, v. 17, n. 1, mar. 1992.

WEIKUM, G. Principles and realization strategies of multilevel transaction management. *TODS*, v. 16, n. 1, mar. 1991.

WEISS, S.; INDURKHYA, N. *Predictive data mining*: A practical guide. Morgan Kaufmann, 1998.

WHANG, K. Query optimization in office by example. *IBM Research Report RC 11571*, dez. 1985.

______.; NAVATHE, S. An extended disjunctive normal form approach for processing recursive logic queries in loosely coupled environments. In: *VLDB*, 1987.

______.; ______. Integrating expert systems with database management systems — An extended disjunctive normal form approach. *Information Sciences*, v. 64, mar. 1992.

______. et al. Supporting universal quantification in a two-dimensional database Query language. In: *ICDE*, 1990.

______.; WIEDERHOLD, G.; SAGALOWICZ, D. Physical design of network model databases using the property of separability. In: *VLDB*, 1982.

WHITE, TOM Hadoop: The Definitive Guide, (3. ed.), Oreilly, Yahoo! Press, 2012. [hadoopbook.com].

WIDOM, J. Research problems in data warehousing. *CIKM*, nov. 1995.

______.; CERI, S. *Active database systems*. Morgan Kaufmann, 1996.

______.; FINKELSTEIN, S. Set oriented production rules in relational database systems. In: *SIGMOD*, 1990.

WIEDERHOLD, G. Knowledge and database management. *IEEE Software*, jan. 1984.

______. *File organization for database design*. McGraw-Hill, 1987.

______. Digital libraries, value, and productivity. *CACM*, abril 1995.

______.; ELMASRI, R. The structural model for database design. In: *ER Conference*, 1979.

______.; BEETEM, A.; SHORT, G. A database approach to communication in VLSI design. *IEEE Transactions on Computer-Aided Design of Integrated Circuits and Systems*, v. 1, n. 2, abril 1982.

WILKINSON, K.; LYNGBAEK, P.; HASAN, W. The IRIS architecture and implementation. *TKDE*, v. 2, n. 1, mar. 1990.

WILLSHIRE, M. How spacey can they get? Space overhead for storage and indexing with object-oriented databases. In: *ICDE*, 1991.

WILSON, B.; NAVATHE, S. An analytical framework for limited redesign of distributed databases. *Proc. Sixth Advanced Database Symposium*. Tóquio, ago. 1986.

WIORKOWSKI, G.; KULL, D. *DB2*: Design and development guide. 3. ed. Addison-Wesley, 1992.

WITKOWSKI, A. et al. Spreadsheets in RDBMS for OLAP. In: *SIGMOD*, 2003.

WIRTH, N. *Algorithms and data structures*. Prentice-Hall, 1985.

WITTEN, I. H.; BELL, T. C.; MOFFAT, A. Managing gigabytes: Compressing and indexing documents and images. Wiley, 1994.

WOLFSON, O. et al. *Modeling moving objects for location based services*. NSF workshop on infrastructure for mobile and wireless systems. LNCS 2538, p. 46-58, 2001.

WONG, E. Dynamic rematerialization: Processing distributed queries using redundant data. *TSE*, v. 9, n. 3, maio 1983.

______.; YOUSSEFI, K. Decomposition — A strategy for Query processing. *TODS*, v. 1, n. 3, set. 1976.

WONG, H. Micro and macro statistical/Scientific database management. In: *ICDE*, 1984.

WOOD, J.; SILVER, D. *Joint application design*: How to design quality systems in 40% less time. Wiley, 1989.

WORBOYS, M.; DUCKHAM, M. *GIS* – A computing perspective. 2. ed. CRC Press, 2004.

WRIGHT, A.; CAROTHERS, A.; CAMPBELL, H. Gene-environment interactions the BioBank UK study. *Pharmacogenomics Journal*, p. 75-82, 2002.

WU, X.; ICHIKAWA, T. KDA: A knowledge-based database assistant with a Query guiding facility. *TKDE*, v. 4, n. 5, out. 1992.

<www.oracle.com/ocom/groups/public/@ocompublic/documents/Webcontent/039544.pdf>.

XIE, I. *Interactive information retrieval in digital environments*. IGI Publishing, Hershey, PA, 2008.

XIE, W. *Supporting distributed transaction processing over mobile and heterogeneous platforms*. Dissertação de Ph.D. Georgia Tech, 2005.

______.; NAVATHE, S.; PRASAD, S. Supporting QoS-Aware transaction in the middleware for a system of mobile devices (SyD). *Proc. 1st Int. Workshop on Mobile Distributed Computing in ICDCS '03*. Providence, RI, maio 2003.

XML. <www.w3.org/XML/>. 2005.

YAN, W.P.; LARSON, P.A. Eager aggregation and Lazy Aggregation. In: *VLDB*, 1995.

YANNAKAKIS, Y. Serializability by locking. *JACM*, v. 31, n. 2, 1984.

YAO, S. Optimization of Query evaluation algorithms. *TODS*, v. 4, n. 2, jun. 1979.

______. (Ed.). *Principles of database design*, v. 1: Logical organizations. Prentice-Hall, 1985.

YEE, K.-P. et al. Faceted metadata for image search and browsing. *Proc.ACM CHI 2003 (Conference on Human Factors in Computing Systems)*. Ft. Lauderdale, FL, p. 401-408, 2003.

YEE, W. et al. Efficient data allocation over multiple channels at broadcast servers. *IEEE Transactions on Computers, Special Issue on Mobility and Databases*, v. 51, n. 10, 2002.

______.; DONAHOO, M.; NAVATHE, S. Scaling replica maintenance in intermittently synchronized databases. In: *CIKM*, 2001.

YOSHITAKA, A.; ICHIKAWA, K. A survey on content-based retrieval for multimedia databases. *TKDE*, v. 11, n. 1, jan. 1999.

YOUSSEFI, K.; WONG, E. Query processing in a relational database management system. In: *VLDB*, 1979.

ZADEH, L. The role of fuzzy logic in the management of uncertainty in expert systems. In: *Fuzzy Sets and Systems*, v. 11. North-Holland, 1983.

ZAHARIA M. et al. Resilient Distributed Datasets: A Fault-Tolerant Abstraction for In-Memory Cluster Computing. In: *Proc. Usenix Symp. on Networked System Design and Implementation (NSDI)*, p. 15–28, abr. 2012.

ZANIOLO, C. [1976] "Analysis and Design of Relational Schemata for Database Systems", Ph.D. dissertation, University of California, Los Angeles, 1976.

______. Design and implementation of a logic based language for data intensive applications. *ICLP/SLP 1988*, p. 1666-1687, 1988.

______. Deductive databases: Theory meets practice. In: *EDBT*, p. 1-15, 1990.

______. et al. (1986) Object-oriented database systems and knowledge systems. In: *EDS*, 1984.

______. *Advanced database systems*. Morgan Kaufmann, 1997.

ZANTINGE, D.; ADRIAANS, P. *Managing client server*. Addison-Wesley, 1996.

ZAVE, P. Classification of research efforts in requirements engineering. *ACM Computing Surveys*, v. 29, n. 4, dez. 1997.

ZEILER, Michael. *Modeling our world* — The ESRI guide to geodatabase design, 1999.

ZHANG, T.; RAMAKRISHNAN, R.; LIVNY, M. Birch: An efficient data clustering method for very large databases. In: *SIGMOD*, 1996.

ZHAO, R.; GROSKY, W. Bridging the semantic Gap in image retrieval. In: SHIH, T. K. (Ed.). *Distributed multimedia databases*: Techniques and applications. Idea Publishing, 2002.

ZHOU, X.; PU, P. Visual and multimedia information management. In: ZHOU, X.; PU, P. (Eds.). *Proc. Sixth Working Conf. on Visual Database Systems*. Brisbane, Austrália, IFIP Conference Proceedings 216, Kluwer, 2002.

ZIAUDDIN, M. et al. Optimizer Plan Change Management: Improved Stability and Performance in Oracle 11g. In *VLDB*, 2008.

ZICARI, R. A framework for schema updates in an object-oriented database system. In: *ICDE*, 1991.

ZLOOF, M. Query by example. *NCC, AFIPS*, v. 44, 1975.

______. Office by example: A business language that unifies data, word processing, and electronic mail. *IBM Systems Journal*, v. 21, n. 3, 1982.

ZOBEL, J.; MOFFAT, A.; SACKS-DAVIS, R. An efficient indexing technique for full-text database systems. In: *VLDB*, 1992.

ZVIELI, A. A Fuzzy relational calculus. In: *EDS*, 1986.

Índice remissivo

J

K

L

N

O

S

T

U

V